权威性·科学性·准确性·实用性

河北经济年鉴

HEBEI ECONOMIC YEARBOOK

2012

(总第28卷)

河北省人民政府　主办

图书在版编目（CIP）数据

河北经济年鉴．2012/河北省人民政府编．-北京：中国统计出版社，2012.9

ISBN 978-7-5037-6697-8

Ⅰ．①河… Ⅱ．①河… Ⅲ．①地方经济－河北省－2012－年鉴 Ⅳ．①F127.22-54

中国版本图书馆CIP数据核字(2012)第213230号

河北经济年鉴-2012

作　　者/ 河北省人民政府办公厅　河北省统计局　河北省社会科学院
责任编辑/ 佘竞雄　潘保海　谢英欣
责任校对/ 李俊杰　杜荣水
封面设计/ 张小霞
出版发行/ 中国统计出版社
通信地址/ 北京市西城区月坛南街57号　邮政编码 100826
办公地址/ 北京市丰台区西三环南路甲6号　邮政编码 100073
电　　话/ 邮购（010）63376909　书店（010）68783171
网　　址/ http// csp.stats.gov.cn
印　　刷/ 中国标准出版社秦皇岛印刷厂
经　　销/ 新华书店
开　　本/ 889×1194毫米　1/16
字　　数/ 2100千字
印　　张/ 52.5
印　　数/ 1-5000册
版　　别/ 2012年9月第1版
版　　次/ 2012年9月第1次印刷
定　　价/ 380.00元

本书附同版本CD-ROM一张，光盘内容以书面文字为准。
如有印装差错，由本社发行部调换。

编 辑 说 明

《河北经济年鉴—2012》是本书出版以来的第28卷，主要记载了2011年河北省经济社会发展和改革开放的业绩与历程。

2011年是实施“十二五”规划的第一年，是中共河北省委八次党代会胜利召开之年。面对国内外错综复杂的形势，河北人民在党中央、国务院和河北省委、省政府的正确领导下，坚持以科学发展为主题，以加快转变经济发展方式为主线，全力以赴稳增长、调结构、控物价、惠民生，较好地完成了省十一届人大四次会议确定的目标任务，实现了“十二五”开门红。但发展中还存在一些突出问题：部分企业生产经营困难，经济增长下行压力加大；市场物价高位运行，城乡居民生活受到影响；资金供给紧张，金融生态环境有待改善；外部需求萎缩，外贸出口形势严峻；能耗污染出现反弹，节能减排任务艰巨。本卷对此都尽量予以全面、系统、忠实地记载。

本《年鉴》作为中国统计出版社出版的省级年鉴系列丛书之一，在总体结构和指标体系上，继续与国家和各省市保持规范、统一。统计资料篇的数字大部分来自年度统计报表，部分来自抽样调查。由于多种原因，其他篇的个别数字，可能与统计资料篇不相吻合，使用时应以后者为依据。读者在使用本《年鉴》统计资料时，如有不明之处，请参阅本卷统计资料篇的使用说明和主要统计指标解释。

如有错误与不当之处，恳请读者批评指正。

《河北经济年鉴》编辑部

2012年9月

《河北经济年鉴—2012》编委会、编辑人员名单

主　任　杨崇勇　河北省人民政府常务副省长
副主任　苏银增　河北省人民政府常务副秘书长
　　　　郭洪波　河北省统计局局长
　　　　周文夫　河北省社会科学院院长
委　员　刘志军　河北省政府办公厅副巡视员
　　　　杨景祥　河北省统计局副局长
　　　　孙继民　河北省社会科学院副院长
　　　　张英香　国家统计局河北调查总队纪检组长
　　　　孟祥云　河北省统计局总统计师
　　　　刘学库　河北省发展和改革委员会主任
　　　　贾红星　河北省科学技术厅厅长
　　　　赵文海　河北省财政厅副厅长
　　　　张瑞书　河北省人力资源和社会保障厅副厅长
　　　　朱正举　河北省住房和城乡建设厅厅长
　　　　王　昌　河北省工业和信息化厅厅长
　　　　王　宇　河北省农业厅副厅长
　　　　王志欣　河北省商务厅厅长
　　　　周　杰　河北省人民政府国有资产监督管理委员会主任
　　　　李亚民　河北省国家税务局局长
　　　　邢国辉　河北省地方税务局局长
　　　　姬振海　河北省环境保护厅厅长
　　　　张廷华　河北省工商行政管理局副巡视员
　　　　张文汇　中国人民银行石家庄中心支行行长
　　　　郭锦洲　中国银行业监督管理委员会河北监管局局长
　　　　张林武　国家开发银行河北省分行行长
　　　　李　玉　中国农业发展银行河北省分行行长
　　　　许　杰　中国工商银行河北省分行行长
　　　　杨　光　中国农业银行河北省分行行长
　　　　张志勇　中国银行股份有限公司河北省分行行长
　　　　李秀昆　中国建设银行股份有限公司河北省分行行长
　　　　吴春节　交通银行股份有限公司石家庄分行行长
　　　　韩光聚　中信银行石家庄分行行长
　　　　高名安　中国光大银行股份有限公司石家庄分行行长
　　　　王文进　河北省农村信用社联合社理事长
　　　　乔志强　河北银行股份有限公司董事长
　　　　魏丙申　中国人民财产保险股份有限公司河北省分公司总经理

地区生产总值(亿元)

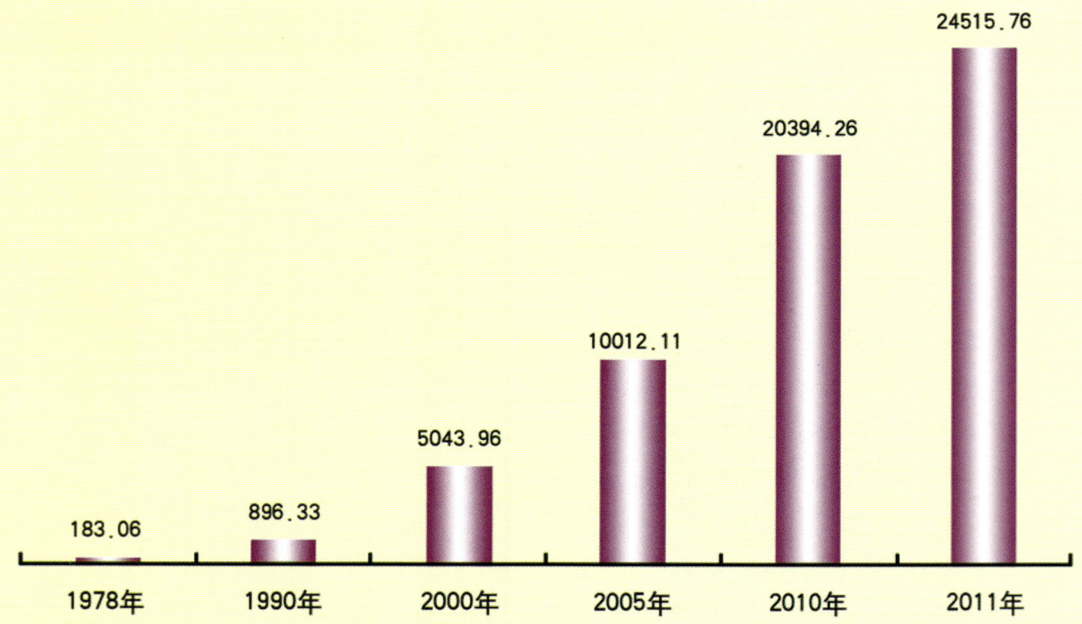

产业结构(%)

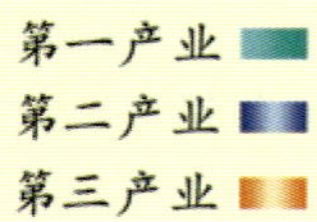

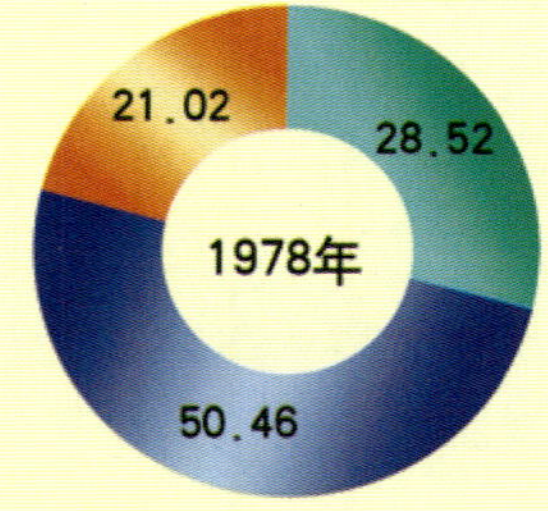

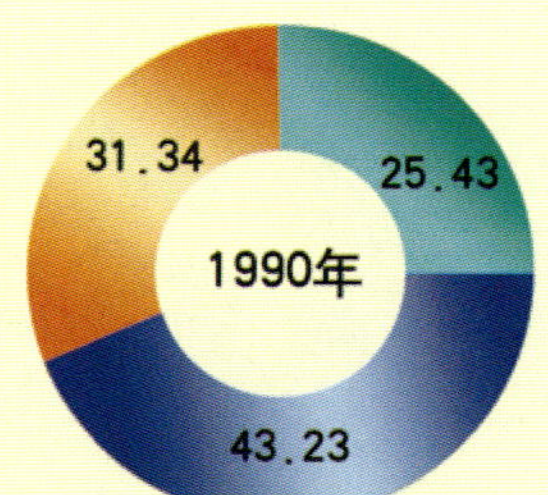

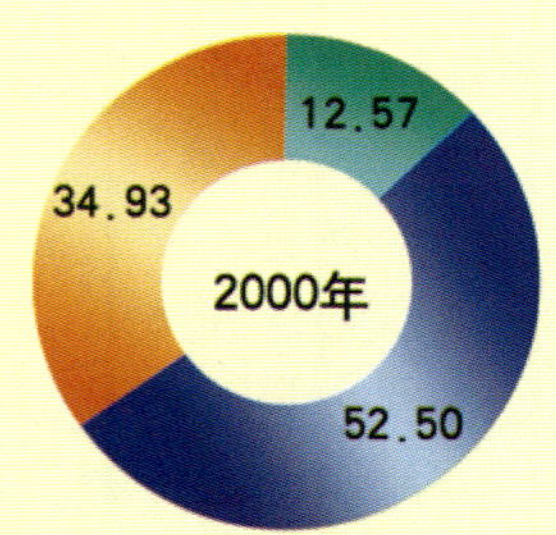

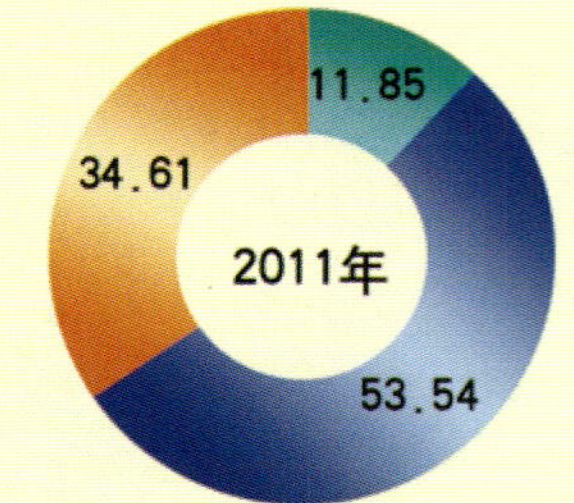

全社会固定资产投资总额(亿元)

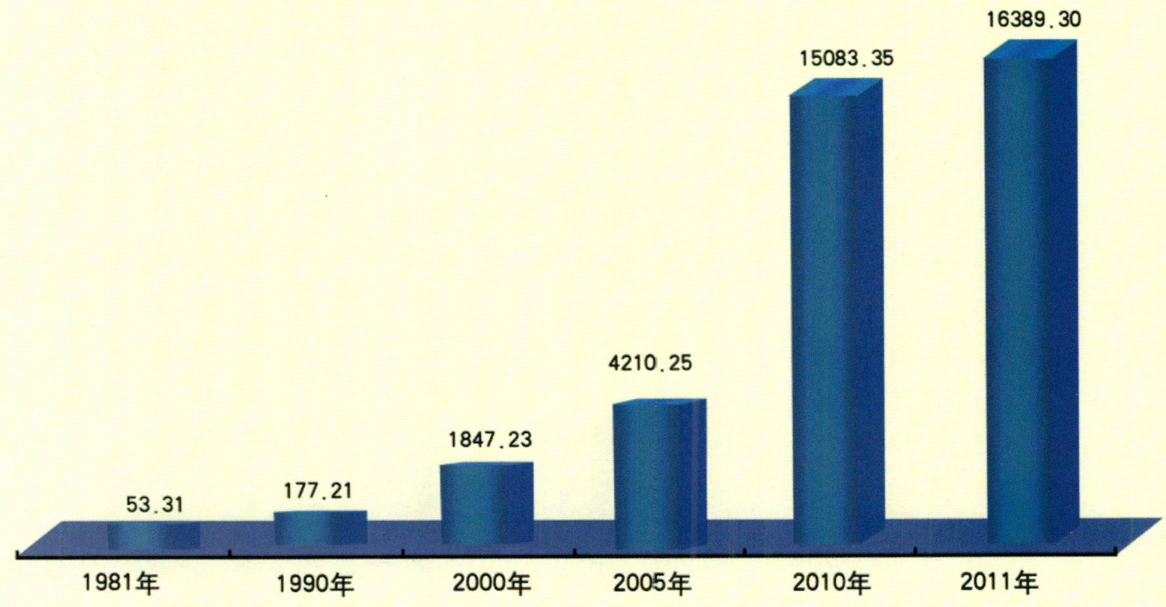

全部财政收入与财政支出(亿元)

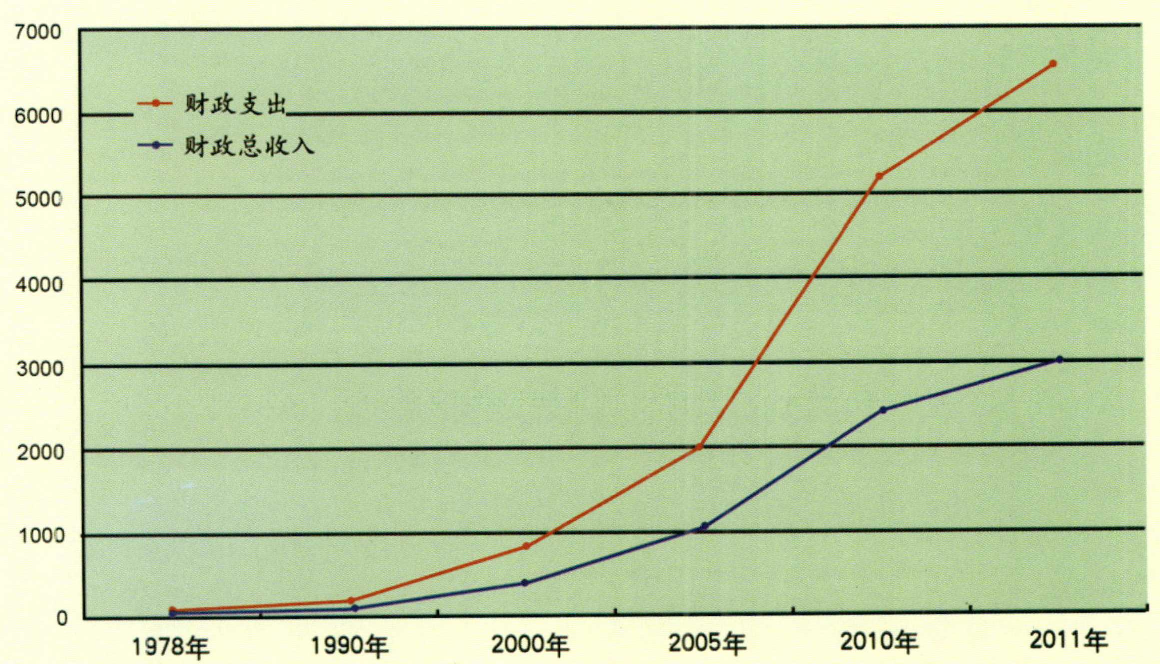

社会消费品零销售总额(亿元)

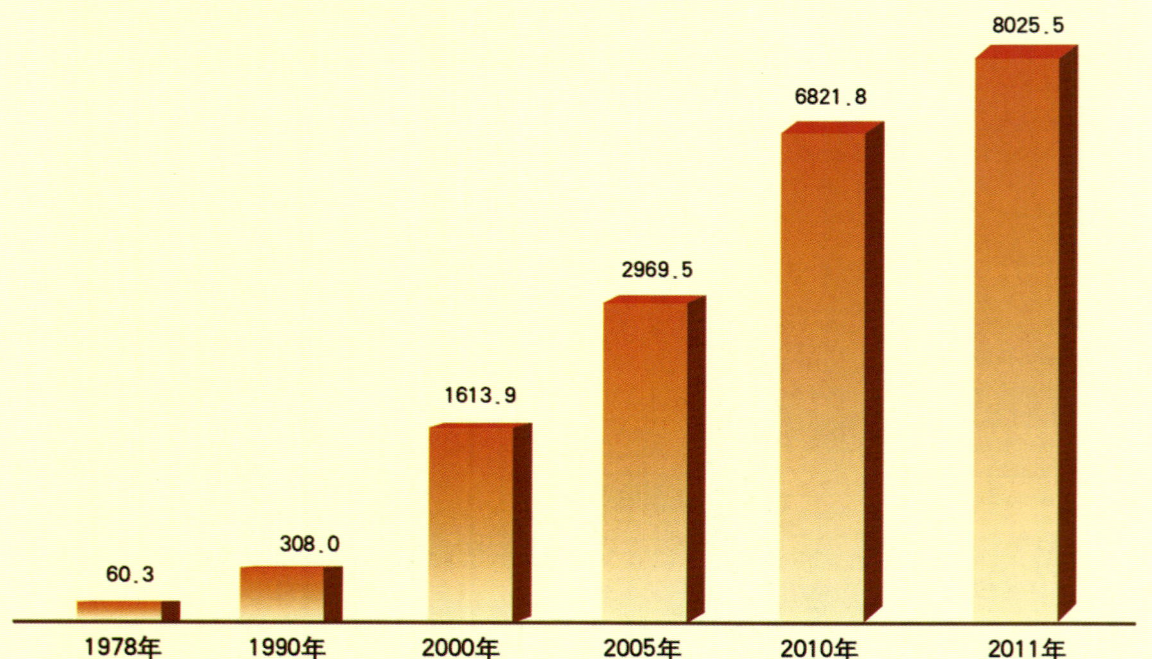

城乡居民人均收入(元)

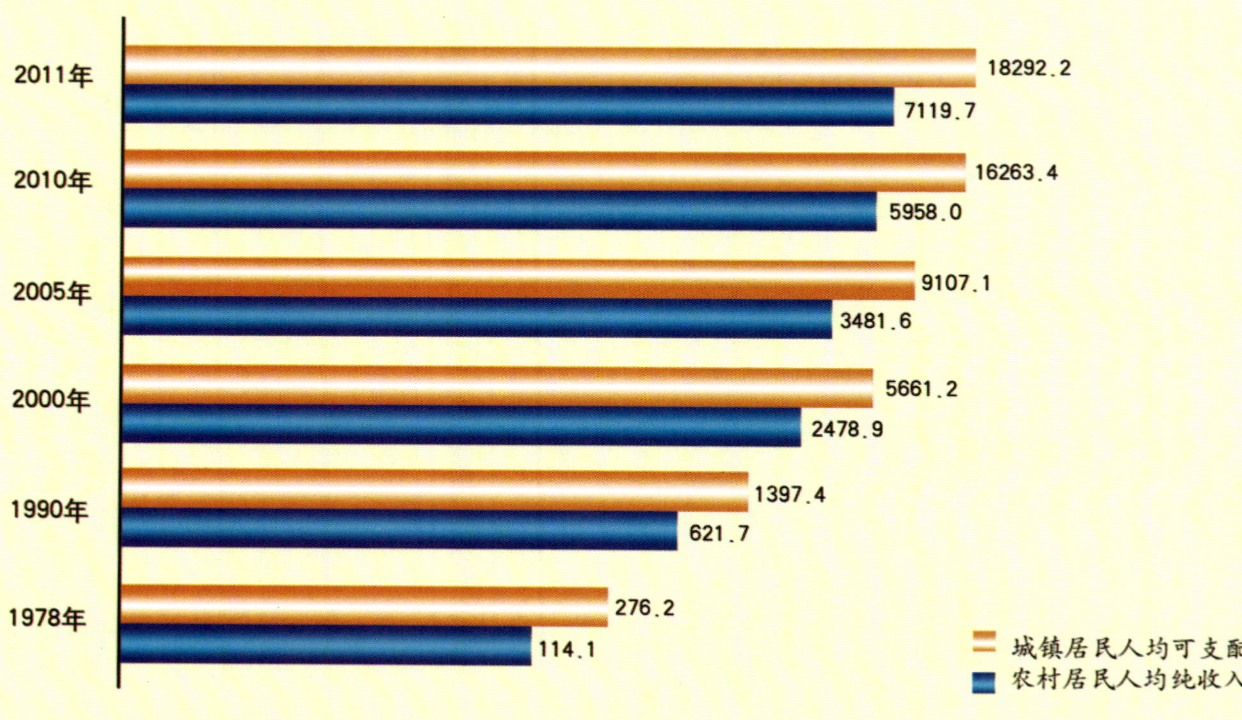

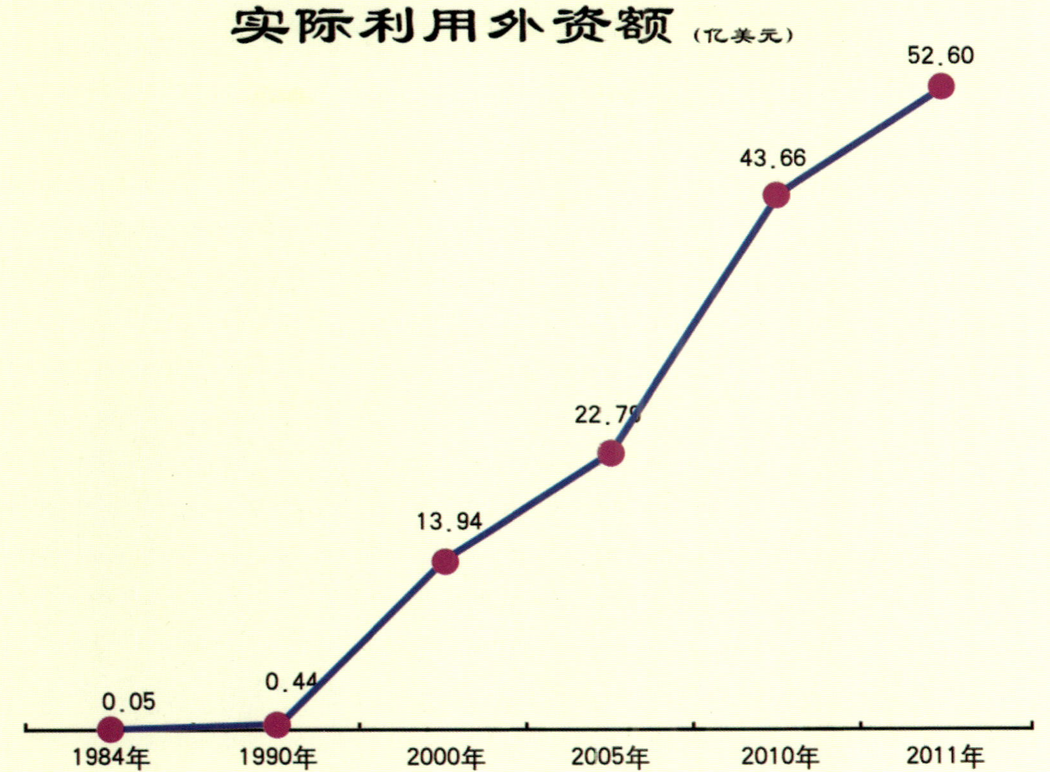
实际利用外资额（亿美元）
52.60
43.66
22.79
13.94
0.44
0.05
1984年
1990年
2000年
2005年
2010年
2011年

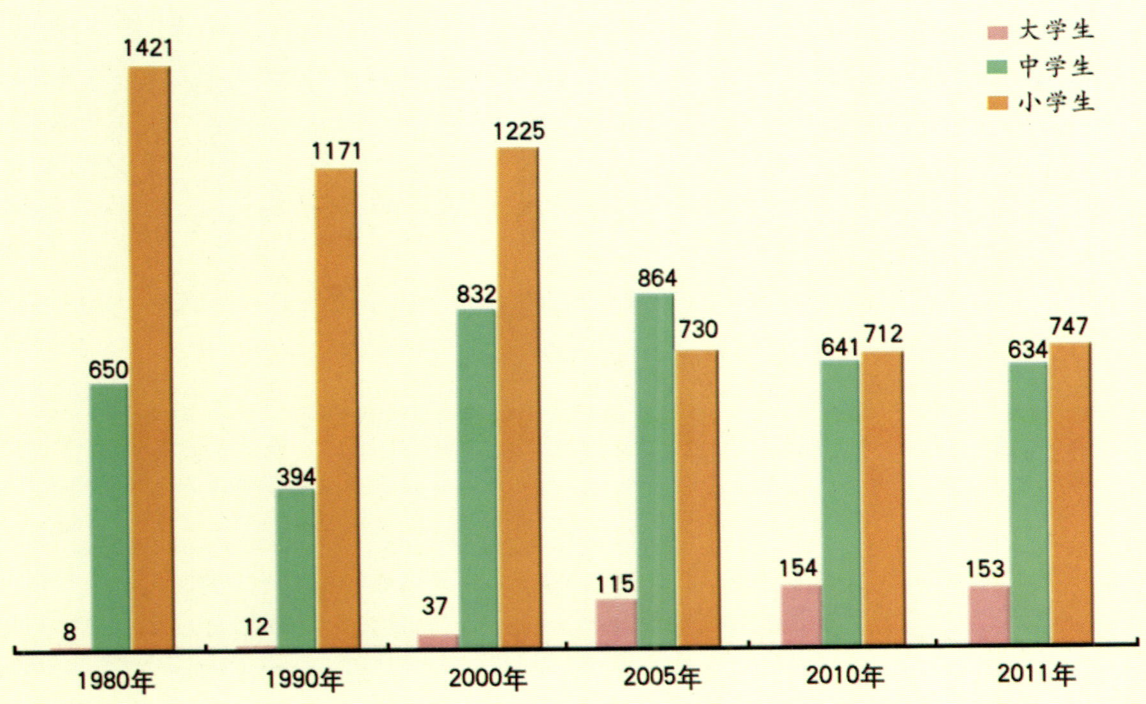
每万人口在校学生数（人）
大学生
中学生
小学生
1421
650
8
1171
394
12
1225
832
37
864
730
115
641
712
154
634
747
153
1980年
1990年
2000年
2005年
2010年
2011年

2011
稳增长 调结构 控物价 惠民生

中共河北省第八次党代会隆重召开　开启建设经济强省和谐河北新征程　2011年11月18日至22日，中国共产党河北省第八次代表大会胜利召开。700多名来自全省各条战线的代表以对党和人民事业高度负责的精神，审查通过了中国共产党河北省第七届委员会工作报告和省第七届纪律检查委员会工作报告。大会深入贯彻落实科学发展观，旗帜鲜明地提出了建设经济强省、和谐河北的战略目标。上图：大会会场　（郭昭　摄）下图：新当选的省委常委合影：张庆黎（中）、张庆伟（右六）、赵勇（左六）、史鲁泽（右五）、杨崇勇（左五）、梁滨（右四）、臧胜业（左四）、聂辰席（右三）、张越（左三）、孙瑞彬（右二）、景春华（左二）、田向利（右一）、艾文礼（左一）（郭昭　摄）

积极推进文化强省建设　倾力打造五大文化名牌　2011年11月18日，在张庆黎同志所作的省八次党代会报告中提出：要“以建设文化强省为目标推动文化大发展大繁荣”；要倾力打造“红色太行、壮美长城、诚义燕赵、神韵京畿、弄潮渤海”文化品牌。　上图：新编京剧《响九霄》剧照。该剧由著名戏曲表演艺术家裴艳玲领衔主演。自2008年5月首演以来观众超过30万人次，引起轰动，并获多个国家级大奖，裴艳玲也凭借此剧在花甲之年获得中国戏剧梅花大奖。在2009—2010年度国家舞台艺术精品工程重点资助剧目评选中，《响九霄》入选，国家资助100万元用于该剧的推广、宣传、传承、演出等，实现了河北省在这一奖项上零的突破　（谢荣泉 摄）　下图：2011年10月2日，省会二环路至西柏坡高速公路连接段紧张施工。该工程路线全长9.056公里，双向六车道，设计速度为100公里/小时，路基宽为33.5米。该工程竣工通车后，从省会前往西柏坡、参与红色太行旅游将更为便捷　（田瑞夫 摄）

产业结构调整持续推进 政策调控取得积极成效 2011年，河北省工业完成技改投资4200亿元，其中钢铁、装备制造、石化三大传统产业技改投资2300亿元，均增长40%。高新技术产业增加值增长25%左右，新能源、生物医药、电子信息等战略性新兴产业分别增长50%、10%和17%，全省淘汰落后炼钢产能1600万吨、炼铁930万吨、水泥2500万吨、平板玻璃1100万重量箱。上图：在2011年“5.18经洽会”上，以绿色环保为特色的张家口市风力发电等新兴产业的规划沙盘吸引了众多客商 （续铁标 摄）下图：在清河中航上大循环经济工业园内，金属再生科技有限公司真空感应炉加工车间工人正在生产。该循环经济工业园项目总投资22.29亿元，投产后年产再生不锈钢基料和镍铜、镍钼、镍铬等中间合金3万吨，将为河北省节能减排作出重要贡献

（周晓喻 摄）

农业农村经济稳定增长　粮食总产量实现“八连增”　2011年，河北省农业生产再获丰收，粮食总产量达到634.5亿斤，实现“八连增”，创历史最好水平；肉、蛋、奶、茶、果等农产品产量不断增加，畜牧、蔬菜、果品三大优势产业产值占农林牧渔业总产值的比重达到68.5%，农业各业发展为农民增收奠定了坚实基础。上图：2011年6月10日河北省小麦机收会战在临漳县双庙村打响　（田瑞夫　摄）　下图：临漳县夏粮抢收通宵达旦，茫茫夜色中收割机的灯光映照着忙碌的麦农，构成一幅感人的夏夜抢收图　（贾恒　摄）

国民经济保持平稳较快发展　各项社会事业取得全面进步　2011年，河北省生产总值实现2.4万亿元，比上年增长11.3%；全部财政收入完成3020.1亿元，比上年增长25.4%；城镇居民人均可支配收入达18292.2元，比上年增长12.5%；农民人均纯收入达7119.7元，比上年增长19.5%。 上图：长城汽车股份有限公司装配线。（郭昭 摄） 2011年长城汽车整车产能达80万辆，拥有5000余人的专业研发团队，成为“国家级创新型企业” 下图：紧张繁忙的沽源县塞北现代牧场有限公司挤奶生产线 （郭昭 摄）

110家央企河北谋合作　掀开互利双赢新篇章　2011年11月24日，省委书记张庆黎，省委副书记、代省长张庆伟在石家庄与国务院国资委主任、党委书记王勇等国资委领导和110家央企负责人就推动河北与央企的合作向更高层次、更宽领域、更大规模目标迈进举行座谈。之后，河北省与50家央企签署战略合作框架协议，意向总投资超过1万亿元。图为省委书记张庆黎与国务院国资委主任王勇一同步入座谈会会场　（周晓喻 摄）

沿海发展规划等升至国家战略　河北面临重大发展新机遇　2011年12月1日，国务院新闻办召开新闻发布会，宣布：国务院批准实施《河北沿海地区发展规划》。《规划》明确：要努力把河北沿海地区建设成为环渤海地区新兴增长区域、京津城市功能拓展和产业转移的重要承接地，全国重要的新型工业化基地、我国开放合作的新高地、我国北方沿海生态良好宜居区。这标志着河北沿海地区的发展上升到国家战略层面，建设经济强省、和谐河北迎来前所未有的重大机遇。上图：2011年7月2日，国内最大地铁用盾构机从秦皇岛天业通联重工股份有限公司下线。该设备开挖直径达10.26米，最高掘进速度每分钟8.5厘米，从2010年9月开始在秦皇岛制造（吴永哲 摄） 下图：正在崛起的曹妃甸新区一角 （赵威 摄）

城乡面貌发生可喜变化　保障房建设超额完成任务　2011年，河北省城镇化进程加快，全省城镇化率达到45.5%；城镇建设水平提高，完成城市基础设施投资3060亿元；超额完成国家下达的保障性住房目标任务，开工建设38.5万套。上图：石家庄243米高的开元大厦将成为河北第一高楼　（全昌植　摄）　下图：昌黎县城新貌。该县2010年以来，总投资逾100亿元，精心谋划实施了旧城改造、安居工程、道路工程等69项重点工程，城市建设提高到新水平，也缓解了群众住房难　（贾恒　摄）

开滦（集团）

中央国家部委课题组召开“开滦转型发展座谈会”

开滦集团始建于1878年，至今已有134年开采历史，是一个历史厚重沧桑的企业，被称为中国煤炭工业的源头，中国北方工业的摇篮。开滦作为“中国近代民族工业发展先锋”、“中国近代煤炭工业源头”和“中国北方民族工业摇篮”，诞生了中国民族工业的诸多“第一”：最早使用机器开采、最早实行股份制经营、最早准轨铁路——唐胥铁路、最早蒸汽机车——龙号机车、第一桶水泥——麒麟牌水泥以及中国企业第一个煤炭码头——秦皇岛港。目前已发展成为一个集煤炭生产、洗选加工、煤化工、现代物流、装备制造、建筑施工、文化旅游和房地产开发等多产业并举的大型能源企业集团。

开滦博物馆

2008年以来，开滦集团致力于加快企业转型发展，认真贯彻落实科学发展观，调整企业发展战略，变比较优势为竞争优势，变资源依赖为创新驱动，变一元独大为多元发展，变规模导向为战略引领和文化支撑，初步走出了一条资源型企业成功转型的路子。2008年至2011开滦集团4年企业营业收入增长了8倍多，利润增长近5倍，资产总额增长了1．4倍多。在2012年《财富》世界500强排行榜中，开滦集团以年营业收入225.193亿美元(1456亿元人民币)，位居第490位，在收入增长最快的世界500强企业排名第11位。

“十二五”时期，开滦集团将认真贯彻落实科学发展观，在省委省政府的正确领导下，加大产业结构调整力度，加快推进企业转型发展，全力打造行业航空母舰。2012年原煤产量完成8000万吨以上，营业收入完成1600亿元以上。到“十二五”末，原煤产量达到1亿吨，营业收入达到2500亿元。在世界企业500强企业中争先进位，进入中国企业500强前80位，全国煤炭百强企业前10位，中国化工企业前10位，中国物流百强企业前5位，探索出一条资源型老企业成功转型、可持续发展之路。

开滦唐山中润煤化工有限公司工业园区

有限责任公司

繁忙的唐山港开滦码头

开滦的综采工作面

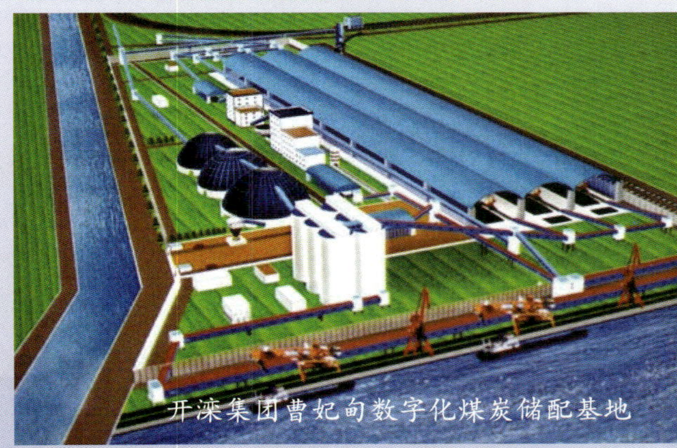
开滦集团曹妃甸数字化煤炭储配基地

国内首创的污水深度处理工艺

办公楼

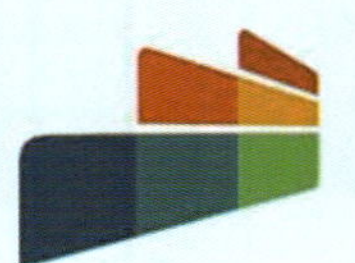

河北银行

2011年7月2日，中共中央政治局委员、国务院副总理王岐山到河北银行华兴支行考察指导

2011年5月25日，乔志强董事长代表河北银行向赞皇县野草湾联办小学捐资200万元

河北银行股份有限公司成立于1996年5月28日，是全国首批五家城市合作银行试点之一，也是全省成立最早的城市商业银行。15年来，河北银行不断改革管理体制，完善经营机制，创新金融产品，丰富服务渠道，形成了自身经营特色，逐步成长为河北省乃至环渤海地区一家资本充足、内控严密、资产优良、效益良好、具有重要市场影响力的现代股份制商业银行。河北银行股份有限公司董事长、党委书记乔志强，2008年被评为中国城商行年度人物及中国城商行杰出创新商业领袖，并当选为2009年河北十大经济风云人物、2009年和2010年中国银行业年度人物，荣获“2010年最具社会责任奖　河北十大企业家”等荣誉称号。

经营规模不断扩大，综合实力不断增强。截至2011年末，资产规模成功突破千亿元，达到1065.71亿元，是建行初期的15.4倍，已跻身全国大型城商行之列。各项贷款余额390.42亿元，各项存款余额734.02亿元，分别是建行初期的14.8倍和13.3倍。全行共设有7家分行，营业网点78家，在岗员工2800余人。

明晰市场定位，坚持特色发展。全行紧紧围绕“服务地方经济、服务中小企业、服务城市居民”的市场定位，坚定不移地走差异化、特色化经营之路。紧密围绕地方经济发展战略，支持能源、制药、纺织、教育等产业发展，助力市政公共基础设施等民生项目建设，取得了良好的经济社会效益；从广大中小企业客户特点出发，着力为中小企业提供优质金融服务；针对居民日益增长的多样化、个性化服务需求，不断完善业务品种，拓宽服务渠道，提高服务质量。

2011年11月18日，河北银行与石家庄市工业和信息化局签订中小企业战略合作协议

2011年5月28日，河北银行成立15周年庆典暨颁奖晚会

股份有限公司

稳步推进机构建设，环渤海区域布局初现雏形。自2009年6月成功设立首家分行——唐山分行以来，河北银行环渤海机构布局稳步推进，相继在邯郸、天津、廊坊、沧州、保定、青岛等地设立分行。今后，河北银行将持续深化机构布局，为建设环渤海区域领先的公众银行而努力。

走品牌化之路，升华服务内涵。秉持“合心合力 共生共荣”的经营理念，河北银行创造性地提出“朋友金融 知心致行”的理念，并针对小企业金融服务和个人理财服务，重点推出“惠友亨通”与“益友融通”两个核心子品牌。“朋友金融 知心致行”体现出的是河北银行对客户的郑重承诺，河北银行始终与客户并肩同行。

2011年1月13日，中国银监会副主席王兆星一行到河北银行进行调研

2011年5月28日，乔志强董事长与姚浩俊行长共同开启河北银行行史馆

2011年4月26日，河北银行品牌发布会隆重举行

2011年12月29日，河北银行与邢台市政府在战略合作暨银企对接会上签约

2011年5月22日，河北银行青岛分行盛大开业

河北钢铁集团

集团董事长、总经理　王义芳

河北钢铁集团有限公司（以下简称集团）于2008年6月30日，由原唐钢集团和邯钢集团联合组建而成。2011年，集团粗钢产量4436万吨，居国内第一、世界第二，实现营业收入2503亿元，在册员工14万人。集团连续三年跻身世界500强，2011年居279位。

集团以钢铁为主业，横跨钢铁、资源、制造、金融、物流五大板块，拥有唐钢、邯钢、宣钢、承钢、舞钢、矿业、石钢、销售、采购、国际物流、钢研总院、国贸、财达证券、衡板、宣工、燕山大酒店16个子、分公司。集团总部坐落在河北省省会石家庄。

水处理中心

经过坚持不懈的技术改造、淘汰落后，实施产业升级，集团主体生产装备实现了大型化、现代化。目前，拥有2000立方米级高炉8座、3200立方米高炉5座，200 平方米以上烧结机13台，6米以上大型焦炉10座；拥有120吨以上炼钢转炉20座、100吨超高功率电炉4座，LF精炼炉26座，双工位RH精炼炉8座，VOD精炼炉2座，AOD精炼炉1座，VD精炼炉4座；拥有棒材、高线、型钢、窄带生产线54条，1580毫米到2250毫米热轧生产线6条；拥有冷轧生产线7条，并配备有酸洗、镀锌、电镀锡、彩涂等强大的涂镀层板材深加工能力，还拥有2800毫米到4200毫米中厚板生产线6条，产能达860万吨。

集团拥有两个国家级技术中心，346项自主知识产权，制定出《低焊接裂纹敏感性高强度钢板》、《耐磨钢板》、《石油天然气输送管线用宽厚钢板》、《建筑结构用钢板》、《厚度方向性能钢板》5项国家产品标准，200多个钢材品种替代进口。从规格最薄的0.16毫米超薄精密冷轧板，到最厚的700毫米特宽特厚板，集团已经成为规模大、品种多、牌号齐全的专业化精品板材生产基地。“舞钢牌”中厚板，筑起了12大系列、300多个品种、400多个厚度规格的名牌体系；以家电面板、汽车用板为代表的精品冷轧系列，挺进20多家国内外知名家电、汽车制造企业；五氧化二钒、三氧化二钒、氧化钒、80钒铁、50钒铁等钒系列产品，占据全球市场的8%、国内市场的35%。“燕山牌”螺纹钢以其高承载、强抗震的优质性能独享市场美誉。钒系列、宽厚板、

冷轧生产线

冷轧产品

有限公司

超薄精密冷轧镀锡基板等一批“高、精、尖”产品出口美、英、德等40多个国家和地区，赢得国际市场青睐，彰显企业竞争实力。

大学生宿舍

在一大批闻名中外的工程项目建设中，集团产品发挥出关键作用。北京奥运“鸟巢”、世博中国馆、三峡工程、西电东送、南水北调、中央电视台新台址等工程；上海卢浦大桥、美国旧金山新海湾大桥等40多座世界著名桥梁；首都机场三号航站楼、京沪高铁、北京地铁、广深高速等一批交通枢纽干线，“神舟”五号、“嫦娥”1号、特种装甲车等国防军工领域，集团产品均做出突出贡献。

目前，以“精品板材、优质建材、特殊用钢、钒钛制品、”四大系列为主导，集团产品覆盖航空、航天、军工、汽车、石油、铁路、桥梁、建筑、电力、交通、机械、造船、轻工、家电等20多个重要应用领域。

站在新的起点上，河北钢铁集团将以科学发展观为指导，加快转变经济发展方式，大力调整产业结构，全力推进钢铁主业由“粗加工向精加工、由低端产品向高端产品、由内地布局向沿海布局、由分散发展向集中发展”的四大转变，实施全面转型升级，到“十二五”末，基本实现规划战略目标，成为钢铁报国、奉献社会的“科学发展”示范者，人、钢铁、环境和谐共生的“绿色钢铁”引领者，促进员工全面发展的“幸福钢铁”实践者。

绿色钢城

3200立方米高炉

250吨转炉

热轧生产线

世界500强企业

集团董事长、党委书记、总经理　王社平

冀中能源集团有限责任公司（简称冀中能源集团）是经河北省人民政府批准，于2008年6月由金能集团和峰峰集团联合重组而成。原煤炭部在河北8家直属单位中的6家已经融入冀中能源集团。2009年6月重组了华北制药集团，2010年6月组建了河北航空投资集团和河北航空公司，现已发展成为以煤炭为主业，医药、航空、化工、电力、装备制造、现代物流等多产业综合发展的特大型现代企业集团。拥有峰峰、邯郸、邢台、井陉、张家口、山西晋中和内蒙等7个生产矿区，下辖峰峰集团、华北制药集团、河北航空投资集团、冀中股份、邯矿集团、张矿集团、井矿集团、邢矿集团、山西矿业集团、机械装备集团和国际物流公司等11个子公司。在深、沪两市拥有冀中能源、华北制药和金牛化工3家上市公司，并拥有一家企业财务公司。企业资产总额1160亿元，在册职工13万人，世界500强第458位，中国企业500强第60位，综合实力位居全国煤炭企业第3位。

2011年是冀中能源集团发展史上具有里程碑意义的一年，是企业改革发展取得历史性突破，实现历史性跨越的一年。集团以科学发展观为统领，围绕“煤炭产量过亿吨、销售收入2000亿元”总体目标，以“转方式、调结构、促升级、增效益”为主线，科学谋划，全面部署，广泛发动，奋力跨越，各单位、各产业板块协调推进、竞相发展，实现了“十二五”的良好开局，取得了彪炳史册的辉煌成就。

经济总量大幅攀升，企业发展迈上新台阶。以挺进世界500强为动力，自我加压，勇挑重担，争创一流，争作贡献，主要经济指标再创历史新水平。目前，集团公司资产总额1160亿元，同比增加230亿元，增幅24.7%；全年销售收入2176亿元，同比增加737亿元，增幅40.3%，提前完成“十二五”规划目标，实现了“资产总额过千亿，销售收入双千亿”。全年利税140亿元，其中利润50亿元，连续三年位居省属国有企业首位。

煤炭主业强势增长，亿吨级目标提前实现。继续把煤炭作为兴企之源、强企之本，集中要素资源，予以优先发展，全年煤炭产量1.02亿吨，同比增加3178万吨，增幅45.3%，成为全国7个亿吨级煤炭企业之一，提前实现了“十二五前两年产量过亿吨”目标。精煤产量3000万吨，同比增加600万吨，继续巩固了全国第二大焦煤基地地位。总进尺67.8万米，同比增加14.8万米，实现了采掘衔接总体平衡，保持了煤炭“三量”科学合理。

多元发展步伐稳健，一体两翼布局向纵深推进。华北制药全面打响转型升级攻坚战，新头孢项目放量生产，新制剂项目顺利竣工，全年销售收入130亿元。河北航空以转机型发展为重点，与川航、厦航深度合作，全年引进飞行员100多名，正在形成以B737和E190为主要机型的自主运力体系。石家庄国际机场改扩建航站楼主

河北航空大厦

石家庄国际机场改扩建工程

—— 冀中能源集团

体工程已经竣工，航空城基地项目积极推进。物流产业成为集团公司重要经济增长极。国际物流公司成立仅一年，就在钢铁、煤炭、焦炭、铁矿石等领域建立了稳定的贸易合作群，全年销售收入280亿元，利润8000万元。化工板块，峰峰煤化工二期四座焦炉全部投产，焦化系统具备生产条件，甲醇系统土建工程基本完工。宁晋盐化工项目资源勘探完成，一期工程正式奠基。装备制造、电力等其他产业，继续保持稳步发展。全年发电29亿千瓦时，生产焦炭560万吨，甲醇28万吨，PVC16万吨，钾碱（折百）7.8万吨，硝盐9.5万吨，机械装备制造总量11.5万吨，水泥280万吨，水泥熟料175万吨，玻纤原丝8万吨，同比均有不同程度增长。

集团综合办公大楼

科技创新再结硕果，核心竞争力不断增强。成功申请成立了冀中能源集团国家级企业技术中心和院士工作站，共取得省部级以上科技成果33项，其中国家科技进步二等奖一项，河北省科技进步一等奖一项，获得授权专利41项。自主研发的远程智能硬岩掘进机、综采充填液压支架填补了行业空白。投资3.1亿元，实施节能减排项目73个，5个新老“双三十”单位全部完成任务目标。在“十一五”全国煤炭工业能源消费和综合利用表彰会上，受表彰的30家单位，冀中能源集团占了3个。

管控能力持续强化，企业运营质量进一步提升。夯实管理基础，加强集中管控，集团整体优势得到彰显。全年获得企业管理现代化创新成果国家级二等奖一项，河北省一等奖31项。

全国煤炭工业绿色开采生态矿山建设现在会在冀中能源召开

2011年7月9日，世界500强庆祝会

“冀中能源”号

冀中能源自主研发的五米一次采全高等技术工艺达到了国际领先、国内首创水平

华药新区头孢大楼

曹妃甸新区

LNG项目开工仪式

首钢二期启动仪式

2011年，曹妃甸新区深入贯彻党的十七届六中全会和省、市党代会精神，以项目建设为重点，着力破解瓶颈制约，统筹推进社会建设，较好地完成了年初既定的各项目标任务。全年完成地区生产总值347.1亿元，固定资产投资599.2亿元，财政收入37.13亿元。其中，工业区完成地区生产总值195亿元，固定资产投资319.3亿元，财政收入16.04亿元。

产业项目建设持续推进。按照“续建项目抓投产、新开项目抓进度、签约项目抓落地、前期项目抓跑办”的总体要求，全力推进项目建设。全年共实施续建和新开工工业项目105项，总投资1220.5亿元，完成投资182.3亿元。（工业区实施续建和新开工工业项目51个，总投资988.5亿元，完成投资135亿元。）

港口建设加快推进。围绕建设现代化国际性综合大港的目标，不断加快港口建设步伐，完善提升港口功能。2011年，曹妃甸港区完成港口吞吐量1.7亿吨，同比增长30.2%，位列全国沿海港口第12位（唐山港排名第8位）。全年共谋划实施港口及配套项目13个，计划总投资275亿元，完成投资86.5亿元。

基础设施建设稳步推进。坚持“项目建设，配套先行”，不断加大道路、桥梁和市政配套工程建设力度，全区生产生活环境进一步改善。工业区完成造地面积6.4平方公里，新开工市政道路30公里，新增绿地面积629.1公顷；高新区和甸头区110千伏变电站及供电线路即将投入使用；建成集中供热主干管网42公里，供热面积达到56万平米；联检大楼、市政服务大厦等工程完工，综合服务区职工倒班宿舍三期工程进入验收阶段。唐海县城西快速路竣工通车，文化路南北延等道路工程全面动工，幸福花园、铂瑞公馆等住宅小区稳步推进，二保监测站搬迁、汽车站新建工程运作良好，城市数字化中心即将投入使用。南堡开发区16号路北延、9号路等道路建成通车，16号路、8号路等路段路灯及电缆安装工程完工；新苑小区外网改造工程、丽馨园小区供水配套工程、城区4个居民小区供水配套联网二期工程和三孚硅业等项目供配电线路完工。生态城新城大道和滦曹公路建成投入使用，3.3千米燃气管道、35KV变电站、普拉克污水处理厂等工程陆续完工；央企生活服务基地一期已入住，工职院新校区一期和青龙湖商业街主体完工，美和蓝湾、橙霞家园、可持续发展中心等项目基本完工。

百货大楼曹妃甸店开业

矿石码头二期

中石化原油商业储备基地

打造河北省第一经济增长极

对外开放水平逐步提高。进一步加大内外资引进力度，全年实际利用外资9750万美元，引进内资168.6亿元（工业区实际利用外资6120万美元，引进内资103亿元）。加快功能区开放步伐，中日曹妃甸生态工业园围绕新能源、新材料和节能环保等战略性新兴产业，全方位推进对日招商，双星复合管道、马自达自动变速箱等一批日资项目取得积极进展；唐山湾生态城加强与日本、瑞典的合作，中日生态社区建设和世博会瑞典馆搬迁工程顺利推进。综合保税区申报工作进入审批程序，国家级经济技术开发区申报工作稳步推进。

社会事业稳步发展。强化“以人为本”的理念，在搞好经济建设的同时，大力发展社会事业，人民群众幸福指数持续攀升。教育事业，生态城西南交通大学唐山学院规划编制完成；唐海撤并整合农场中学8所，二小、三中新建工程完工使用，高考二本上线率全市领先。医疗卫生事业，工业区曹妃甸医院建设加快推进，并获得医院机构设置许可；唐海县 “健康唐海、幸福人民”行动深入开展，县医院新院投入运营，场镇卫生院、村队卫生室规范化建设全面完成；南堡开发区农村乡镇卫生院医疗改革深入推进，药品零差价制度得到全面落实。社会保障工作，工业区社保覆盖面不断扩大，参保单位达97家，参保职工达4189人；唐海县城乡社保体系进一步完善，低保标准提高到每人每月363元，6570套廉租房、经适房等保障性住房开工建设，新型农村合作医疗和城镇居民医疗参保率达到100%。民政工作，成立曹妃甸四海公寓社区居民委员会，工业区职工落户难问题得到解决。深入开展安全生产、环境保护和食品药品专项整治行动，继续深化“严打”整治斗争，社会大局保持和谐稳定。

阿科凌海水淡化项目竣工

华润电厂二期启动仪式

中石化千万吨炼油启动仪式

华电曹妃甸重工装备公司首台卸船机下线

煤码头续建工程

通用散杂货码头

秦皇岛经济

开发区投资服务中心

秦皇岛经济技术开发区（Qinhuangdao Economic & Technological Development Zone，缩写为QETDZ），以下简称秦皇岛开发区，是1984年经国务院批准设立的首批国家级经济技术开发区之一。全区规划控制面积128平方公里。分东区、西区两区，东区位于万里长城的起点山海关老龙头东侧，西区紧邻著名避暑胜地北戴河，距首都北京280公里。

北京大学（秦皇岛）科技产业园项目签约仪式

28年来，秦皇岛开发区经过基础建设、起步发展、扩区开发、二次创业、跨越式发展等几个阶段，发展规模不断壮大，经济实力显著增强，在秦皇岛市经济总量中的比重逐步提高，在区域经济发展中发挥了"窗口、示范、辐射、带动"作用。2011年，完成地区生产总值208.31亿元，占全市的19.6%；财政收入31.97亿元，占18.9%；规模以上工业主营业务收入615.27亿元，占43.1%；实际利用外资1.74亿美元；到位内资87.06亿元。

在硬环境建设方面，秦皇岛开发区努力完善基础配套，强化功能服务，配套条件日臻一流。近年来，加大港口、道路、给排水、电力等基础设施建设力度，同时注重城区环境保护和建设，成为河北省第一家ISO14000国家示范区和河北省环境保护模范城。同时，以交通运输、区域物流、对外贸易、金融保险、信息服务为主的生产性服务业和以房地产、宾馆餐饮、娱乐业为主的消费性服务业全面发展。

在政务服务方面，秦皇岛开发区始终坚持以"诚"招商、以"优"便商、以"信"安商，全力打造与国际惯例和国际市场接轨的投资软环境。目前已经形成了项目引进审批"一条龙"、项目建设"全方位"和项目投产后的"经常化"等三个服务体系，并大力推行服务承诺制、限时办结制和全程代理代办制，并于2002年初被秦皇岛市委、市政府赋予开发区市级审批管理权。在2007年底举行的中外跨国公司CEO圆桌会议上，秦皇岛开发区被评为"跨国公司最佳投资的开发区"之一。

在全力打造优质高效服务软环境的同时，不断创新项目载体和平台。2003年9月，秦皇岛出口加工区通过海关总署等国家8部委联合验收，正式封关运行；2008年底，经国务院批准，出口加工区被赋予保税物流等功能。

秦冶重工

哈电重装秦皇岛有限公司生产车间

天威保变车间

技术开发区

高新技术产业蓬勃发展，燕山大学科技园顺利通过专家组验收，成为河北第一家国家级大学科技园；2004年，河北省软件产业基地（秦皇岛）正式通过省信息产业厅和省发改委组织的专家评审论证并开工建设；2005年1月，开发区高新技术创业服务中心顺利通过科技部审批，晋升为国家高新技术创业服务中心；中科院计算机所秦皇岛分部、IBM秦皇岛数据产业研究院正式签约落户，省软件产业基地开工建设。初步形成了以电子信息、新材料、机电一体化、生物技术和环保技术为主导的高新技术产业群。2008年，秦皇岛开发区启动数据产业基地建设。2009年5月，被河北省科技厅评为"河北省高新技术区域特色产业基地"。目前，秦皇岛开发区已成为集国家级开发区、出口加工区、大学科技园、高新技术创业服务中心和省级软件产业基地等政策优势和载体服务于一体的多功能综合经济区。

发展中的秦皇岛开发区

开发区民间艺术展演

开发区青馨家园社区

在招商引资方面，开发区立足实际，充分发挥得天独厚的区位、产业、资源、物流、人才优势，全力推进定向招商、产业招商。截至2011年底，全区实际到位外资22.94亿美元；引进内资534.76亿元。目前已有美国通用电气、美国铝业、ADM，德国德玛格、威乐、KHS，英国TI，澳大利亚邦迪，韩国LG、浦项、三养，日本旭硝子、伊腾忠，泰国正大，新加坡丰益，丹麦艾尔姆，台湾富士康以及中信、中粮、中油、中远、中船、中包、首钢、京能、广东控股、哈动力、天威、耀华、华龙日清等一大批世界500强企业和国内知名大企业在区内投资兴业。产业聚集效应凸现，发展速度日益加快，增长势头日益强劲，形成了粮油食品加工、汽车及零部件、重大装备制造、冶金及金属压延和高新技术等特色产业。

天业通联产品

威乐水泵

中油宝世顺

出口加工区

邯郸市 开创复 全面提

邯郸市委书记郭大建在鸡泽县明利光伏科技公司调研

邯郸市位于河北省南端，地处晋冀鲁豫四省交界，辖19个县（市、区），总面积1.2万平方公里、总人口980万，是中国历史文化名城、中国优秀旅游城市、国家园林城市、国务院确定的具有地方立法权的“较大的市”。 2011年，全市生产总值完成2787.4亿元，增长12.2%；全部财政收入突破300亿元大关，达到303.7亿元，增长24.3%；其中地方一般预算收入159亿元，增长37.2%。规模以上工业增加值完成1270.1亿元，增长15.7%。争列省重点项目112个，实施市重点项目200个，新兴特种管材一期等68个项目竣工投产，现代国际汽贸城等90个项目开工新建，全社会固定资产投资完成1985.4亿元，增长28.5%。社会消费品零售总额845.2亿元，增长17.9%。外贸进出口总值38.5亿美元，其中出口14.2亿美元，增长60.1%，增幅全省第一。各项工作顺利实现“十二五”良好开局。

邯郸历史悠久。具有8000多年的文明史和3100年的建城史，是世界上粟和黍的最早发源地、中国家鸡和中原核桃的最早发现地。战国时期，作为赵国的都城，历8代国君，达158年之久，是秦始皇的出生地和成长地。西汉时期，邯郸与洛阳、临淄（今淄博）、成都、宛城（今南阳）共享“五都盛名”。抗日战争和解放战争时期，是八路军129师司令部和晋冀鲁豫边区政府所在地。

邯郸龙湖公园

现代气息新城区

武灵丛台

全国重点文物保护单位—娲皇宫

美的邯郸工业园生产线

兴伟业
升区域中心城市地位

邯郸文化灿烂。孕育了磁山文化、赵文化、女娲文化、北齐石窟文化、建安文化、广府太极文化、梦文化、磁州窑文化、成语典故文化、边区革命文化等十大文化脉系，内涵博大精深，风格丰富多彩。邯郸学步、胡服骑射、完璧归赵、毛遂自荐等1584条脍炙人口的成语典故发生在这里，被誉为中国“成语典故之都”。邯郸还是杨式太极拳、武式太极拳的发源地，享有“太极拳圣地”的美誉。

邯郸市长高宏志在峰峰矿区调研

邯郸资源丰富。是华北重要的能源、原材料基地，境内已探明矿物资源40多种，煤炭和铁矿石储量分别为43.6亿吨和4.78亿吨，是我国著名的焦动力煤和高品位铁矿石产区，被誉为现代“钢城”、“煤都”。邯郸农产品资源丰富，年产粮食528万吨、棉花17万吨，素有“北方粮仓”、“冀南棉海”之称。境内有岳城、东武仕两大水库，总库容15亿立方米。2010年引黄入邯工程实现通水，南水北调邯郸段工程正在加快实施，将于2014年通水，为工农业生产提供充足的水源保障。

邯郸——崛起的新城

邯郸产业发达。是建国初期国家重点培育的老工业基地，全市工业在国民经济39大行业中有34类，工业门类齐全，钢铁、煤炭、电力、建材、纺织、日用陶瓷等传统产业优势明显，装备制造、现代物流、煤化工、新材料等新兴产业发展迅速。拥有河北钢铁邯钢集团、冀中能源邯矿集团和峰峰集团、新兴铸管、天铁集团、五矿邯邢矿业公司、中船重工集团718研究所和汉光重工公司、美的制冷设备公司等一批大型知名企业。法国圣戈班、威立雅、德国西门子、美国沃尔玛、韩国现代、荷兰哈克等一批跨国公司纷纷落户邯郸，与世界104个国家和地区建立了经贸关系。

邯郸市文化艺术中心

邯钢冷轧薄板技术改造项目

中信银行 CHINA CITIC BANK

中信银行石家庄分行

中信银行邯郸分行成立

2011年，中信银行石家庄分行以成立十周年为契机，在总分行党委的正确领导和监管部门的大力支持下，紧紧围绕“注重资本约束、严细价值管理、主动结构调整、突出创新发展”的经营思路，面对国际国内经济形势复杂多变、监管力度不断加强、市场竞争日益激烈等诸多困难和压力，迎难而上，团结拼搏，争得了一份来之不易的业绩。2011年分行总体经营可以概括为：盈利水平持续提高，资产质量不断改善，结构调整初见成效，基础工作更加扎实。

截至2011年12月31日，该行总资产达到380.43亿元，增长12.69%；本外币各项存款余额363.53亿元，比年初增加39.7亿元，增幅12.26%。其中自营存款余额331.05亿元，比年初增加10.57亿元，增幅3.3%。本外币各项贷款余额283.4亿元，比年初增加19.61亿元，增幅7.43%。不良贷款率0.63%，比年初下降0.17个百分点。继2010年，分行再次被人民银行石家庄中心支行评为“年度河北省支付清算系统优胜单位”，以优良的金融服务摘得“河北消费者最满意的银行品牌”桂冠，被《当代金融家》“评为2011年“好分行——产品创新奖”，分行牵头筹组的“西柏坡高速公路高庄至北沟段”30.67亿元银团贷款项目因在开发红色教育基地、促进革命老区经济发展方面的巨大推动作用，以及在银团分销筹组、担保结构设计等方面的出色表现，荣获“2010年度银团贷款业务最佳交易奖”。分行韩光聚行长当选“2011年度河北省十大经济风云人物”。

银企合作签约仪式

业务推介会

分行成立十周年晚会暨表彰大会

银企签约发布会

目 录

特 载

河北省国民经济和社会发展第十二个五年规划纲要 …………（3）
政府工作报告 …………（31）
关于河北省2011年国民经济和社会发展计划执行情况与2012年国民经济和社会发展计划（草案）的报告 …………（40）
关于河北省2011年省本级预算和省总预算执行情况及2012年省本级预算及省总预算草案的报告 …………（45）

综 合 篇

综述 …………（53）
全省生产总值的生产与使用 …………（55）
资产负债核算 …………（56）
资金流量核算 …………（57）
农村经济 …………（58）
城市经济 …………（60）
民营经济 …………（61）
固定资产投资 …………（63）
国有资产监管 …………（65）
重点项目建设 …………（67）
对外经济贸易 …………（68）
财政 …………（70）
金融 …………（71）
劳动工资 …………（72）
安全生产 …………（73）
物价 …………（75）
消费品市场 …………（77）
居民消费价格 …………（78）
工业生产者价格 …………（79）
农产品生产价格 …………（80）
城镇居民生活 …………（82）
农村居民生活 …………（83）
人口 …………（84）
计划生育 …………（86）
能源与节能降耗 …………（87）

产 业 篇

农 业
概况 …………（91）
粮食生产 …………（91）
种植业 …………（91）
农业产业化 …………（91）
新型农村社会化服务 …………（92）
农产品质量安全 …………（92）
农村体制机制建设 …………（92）
落实惠农政策 …………（92）
农机化概况 …………（92）
完善农机购置补贴运行机制 …………（93）
惠农政策规范高效落实 …………（93）
实施深松补贴作业 …………（93）
组织农机作业 …………（93）
加快重大农机新技术推广应用 …………（93）
提升农机社会化服务水平 …………（93）
农垦概况 …………（94）
农垦第一产业 …………（94）
农垦第二产业 …………（94）
农垦非国有经济 …………（95）
农垦科技 …………（95）
农垦现代农业建设 …………（95）
农垦农业技能人才培养 …………（95）
农垦社会事业 …………（96）
农垦危房改造 …………（96）
林 业
概况 …………（96）
《河北省环首都绿色经济圈生态林业发展规划》 …………（97）
河北省林业发展“十二五”规划 …………（97）
首届中国核桃节在邢台市隆重召开 …………（97）

第三届中国迁西栗花节暨经贸洽谈会开幕 …… (97)

畜牧兽医

概况 …… (98)
结构布局调整 …… (98)
巩固奶业整顿成果 …… (98)
畜禽养殖标准化示范创建 …… (98)
畜禽良繁建设 …… (98)
畜产品质量安全监管 …… (98)
重大动物疫病防控 …… (99)
医政药政工作 …… (99)
畜牧产业化工作 …… (99)
饲料产业 …… (99)
品牌建设 …… (99)
草原保护与建设 …… (99)
科技工作 …… (99)
对外合作与交流 …… (99)

渔　业

概况 …… (100)
产业结构调整 …… (100)
水产品质量安全 …… (100)
渔业资源养护 …… (100)
渔业科技与推广 …… (100)
水生野生动物保护 …… (100)
渔业法制建设 …… (101)
渔业综合管理 …… (101)
渔业宣传 …… (101)
存在问题 …… (101)

工　业

概况 …… (101)
饲料加工业 …… (102)
制盐业 …… (104)

电子信息产业

概况 …… (105)
太阳能光伏产业 …… (106)
基础产品 …… (106)
半导体照明产业 …… (106)
软件与信息服务业 …… (106)
信息化应用与建设 …… (106)

电力生产与供应业

概况 …… (107)
河北南网 …… (107)
中国华电集团公司河北分公司 …… (108)
中电投河北电力有限公司 …… (108)

建设与建筑业

住房保障 …… (109)
城镇建设三年上水平 …… (110)
村镇建设 …… (112)
建筑业 …… (112)
住宅与房地产 …… (113)
建设科技与教育 …… (114)

交通运输业

投资建设 …… (116)
运力情况 …… (116)
运输生产 …… (117)
民航安全保障 …… (117)
客货运输 …… (117)
服务民生 …… (117)
党建和文化建设 …… (118)
河北省高速公路管理局 …… (118)

邮政业

概况 …… (119)
邮政业务 …… (119)
体制机制改革 …… (120)
科学管理 …… (120)
核心能力建设 …… (120)
和谐企业建设 …… (121)

通信业

概况 …… (121)
中国移动河北公司 …… (122)
河北联通 …… (123)
中国电信河北分公司 …… (124)

商贸流通

“万村千乡市场”工程 …… (125)
商业网点规划 …… (125)
家电下乡 …… (125)
农产品流通体系建设 …… (125)
重大商业项目建设 …… (126)
援疆工作 …… (126)
城市便民服务 …… (126)
行业管理 …… (126)
重点项目和企业调度 …… (126)
完善服务体系 …… (126)
健全规章制度 …… (126)
拓宽服务领域 …… (126)
有效保障市场平稳运行 …… (126)
调控能力进一步提升 …… (127)
完善城乡市场服务体系 …… (127)
确保节日市场供应 …… (127)
城市夜经济 …… (127)
成品油市场管理 …… (127)
屠宰监管技术系统建设 …… (128)
酒类市场监管 …… (128)
酒类流通随附单的推广和查处 …… (128)
酒类监管和经营者培训 …… (128)
供销社系统综述 …… (128)
基层社组织体制改革 …… (128)
县城综合体建设 …… (129)
完善农民合作经济组织服务体系 …… (129)
农副产品经营网络建设 …… (129)
日用消费品经营 …… (130)

农资经营……………………………………………………(130)
盐业专营……………………………………………………(130)
烟草专卖……………………………………………………(130)
卷烟市场秩序………………………………………………(131)
品牌培育……………………………………………………(131)
现代营销……………………………………………………(131)
行业管理……………………………………………………(131)
干部职工队伍建设…………………………………………(131)
粮食流通……………………………………………………(131)
粮食购销……………………………………………………(132)
粮食安全保障能力…………………………………………(132)
国有粮食企业振兴工程……………………………………(132)
粮油产业……………………………………………………(132)
粮食流通发展环境…………………………………………(132)
依法管粮……………………………………………………(132)
粮食基础设施建设…………………………………………(132)
放心粮油网络建设…………………………………………(132)

旅游业

概况…………………………………………………………(133)
旅游重大决策………………………………………………(133)
国际旅游……………………………………………………(133)
国内旅游……………………………………………………(133)
黄金周旅游…………………………………………………(133)
工农业旅游…………………………………………………(133)
文化旅游……………………………………………………(134)
旅游宣传促销………………………………………………(134)
中国承德国际旅游文化节…………………………………(134)
张北坝上草原旅游文化节…………………………………(134)
中国（廊坊）国际热气球节………………………………(134)
涉县女娲公祭大典…………………………………………(134)
崇礼国际滑雪节……………………………………………(134)
旅游行业监督管理…………………………………………(134)
旅游项目与基础设施建设…………………………………(135)
行业精神文明建设…………………………………………(135)
人才队伍建设………………………………………………(135)

金融业

人民银行石家庄中心支行…………………………………(135)
金融监管……………………………………………………(137)
国家开发银行河北省分行…………………………………(138)
农发行河北省分行…………………………………………(139)
工行河北省分行……………………………………………(140)
农行河北省分行……………………………………………(141)
中国银行河北省分行………………………………………(142)
建行河北省分行……………………………………………(143)
交通银行河北省分行………………………………………(144)
民生银行石家庄分行………………………………………(146)
华夏银行石家庄分行………………………………………(147)
中信银行石家庄分行………………………………………(148)
光大银行石家庄分行………………………………………(151)
邮政储蓄银行河北省分行…………………………………(152)
省农村信用社联合社………………………………………(152)
河北银行……………………………………………………(154)
石家庄市农村信用合作联合社……………………………(155)
石家庄汇融农村合作银行…………………………………(156)

保险业

概况…………………………………………………………(157)
人保财险河北省分公司……………………………………(159)
中国人寿河北省分公司……………………………………(161)
平安人寿河北分公司………………………………………(162)
太平洋产险河北分公司……………………………………(163)
中华财险河北分公司………………………………………(164)

税 务

国税收入……………………………………………………(165)
税收收入分析………………………………………………(166)
税收法治……………………………………………………(166)
纳税服务……………………………………………………(166)
税种管理……………………………………………………(166)
税收征管……………………………………………………(166)
税务稽查……………………………………………………(167)
干部队伍建设………………………………………………(167)
党风廉政建设………………………………………………(167)
地税收入……………………………………………………(167)
税收收入分析………………………………………………(167)
税收征管……………………………………………………(167)
依法治税……………………………………………………(168)
服务职能……………………………………………………(168)
科技兴税……………………………………………………(168)
队伍建设……………………………………………………(168)
廉政建设……………………………………………………(168)

工商行政管理

促进市场主体健康快速发展………………………………(169)
“监督水平提升年”活动成效明显 ………………………(169)
维护公平竞争的市场秩序…………………………………(169)
积极开展创先争优活动……………………………………(170)
省消协工作…………………………………………………(171)

审计 统计

审计概况……………………………………………………(172)
审计法制工作………………………………………………(172)
财政审计……………………………………………………(172)
经济责任审计………………………………………………(172)
投资审计……………………………………………………(172)
债务审计……………………………………………………(172)
资源环境审计………………………………………………(173)
专项资金审计………………………………………………(173)
金融审计……………………………………………………(173)
计算机审计技术……………………………………………(173)
统计…………………………………………………………(173)

科学技术

科技事业概况………………………………………………(175)
科技推动产业技术升级……………………………………(175)

科学技术研究与发展……………………………(175)
高新技术发展与产业化…………………………(176)
农业和社会发展领域科技创新…………………(176)
科技创新创业与服务平台建设…………………(177)
科技开放合作……………………………………(177)
科技发展环境建设………………………………(178)
知识产权工作……………………………………(178)
科技成果…………………………………………(178)
省社科联工作……………………………………(179)
省社科院科研工作………………………………(181)

气象与防震

气象概况…………………………………………(183)
气候状况…………………………………………(184)
气象灾害…………………………………………(184)
气候对有关行业的影响…………………………(185)
气象防灾减灾……………………………………(186)
农业气象服务体系和农村气象灾害防御体系建设…………………………………………(187)
应对气候变化和开发利用气候资源……………(187)
气象业务系统建设………………………………(187)
基层气象机构综合改革…………………………(187)
气象科技和人才…………………………………(187)
依法行政和社会管理……………………………(187)
地震活动…………………………………………(187)
地震监测预报……………………………………(188)
震害防御…………………………………………(188)
地震应急工作……………………………………(188)
地震科技创新……………………………………(189)

国土资源监管

概况………………………………………………(189)
服务经济…………………………………………(190)
资源利用…………………………………………(190)
资源保护…………………………………………(190)
保障民生…………………………………………(191)
基础建设…………………………………………(191)
队伍建设…………………………………………(191)

测　绘

概况………………………………………………(191)
河北省测绘航空摄影管理规定…………………(193)
统一管理全省航空摄影和遥感资料……………(193)
河北省测绘工作会议……………………………(193)
省级基础测绘“十二五”规划印发实施………(194)
张杰辉副省长拜访国家测绘局…………………(194)
全省数字城市建设全面推进……………………(194)
测绘新技术应用于数字石家庄建设……………(194)
测绘资质复审换证工作完成……………………(195)
规范互联网地图管理……………………………(195)
河北省地图集面世………………………………(195)
测绘法宣传日活动………………………………(195)
出台测绘市场信用信息管理办法………………(195)
数字石家庄项目通过验收………………………(196)
签署遥感数据共享协议…………………………(196)
签订地理信息资源共享合作协议………………(196)
河北省优秀测绘地理信息工程奖………………(196)
河北省测绘学会科学技术奖……………………(196)
瑞典测绘专家访问省测绘局……………………(196)

水利管理业

水政………………………………………………(196)
水资源……………………………………………(197)
水利规划…………………………………………(198)
基本建设…………………………………………(198)
防汛………………………………………………(198)
抗旱………………………………………………(198)
农田水利…………………………………………(199)
水土保持…………………………………………(199)
城乡供水…………………………………………(199)
地方水电…………………………………………(199)
工程管理…………………………………………(199)
科技与教育………………………………………(200)
南水北调…………………………………………(200)
应急供水…………………………………………(200)

质量技术监督

食品安全…………………………………………(200)
质量提升…………………………………………(201)
质量管理…………………………………………(201)
监督抽查…………………………………………(201)
特种设备安全……………………………………(201)
标准化工作………………………………………(201)
认证认可…………………………………………(201)
计量工作…………………………………………(201)
机关标准化管理…………………………………(201)
“三大”建设……………………………………(201)

食品药品监督管理

概况………………………………………………(202)
食品药品监管体制改革…………………………(202)
基本药物安全监管………………………………(202)
食品药品安全专项整治…………………………(202)
药品和医疗器械日常监管………………………(203)
食品药品安全长效机制建设……………………(203)
食品药品安全十二五规划编制…………………(203)
监管队伍和党风廉政建设………………………(204)

环境保护

概况………………………………………………(204)
污染减排…………………………………………(204)
重点流域、区域环境治理………………………(205)
生态环境保护……………………………………(206)
农村环境保护……………………………………(206)
环境影响评价……………………………………(206)
环境法制建设与执法监察………………………(207)
环境宣传教育……………………………………(208)

教 育
颁布省中长期教育改革和发展规划纲要……… (208)
教育改革重点项目……… (208)
学前教育三年行动计划……… (208)
义务教育……… (209)
职业教育……… (209)
高等教育……… (209)
教育公平……… (209)
卫 生
创先争优活动……… (209)
深化医药卫生体制改革……… (210)
疾病控制……… (211)
妇幼卫生……… (212)
卫生应急……… (213)
食品药品安全……… (213)
卫生执法监督……… (213)
中医药工作……… (214)
卫生科教……… (214)
卫生法制……… (215)
权力运行监控机制建设……… (215)
卫生外事……… (216)
人力资源和社会保障
就业……… (216)
社会保险制度建设……… (217)
人才队伍建设……… (217)
人事制度改革……… (217)
工资制度改革……… (217)
劳动关系……… (217)
民 政
农村基层民主建设……… (218)
社会救助……… (219)
救灾工作……… (219)
双拥优抚安置……… (221)
社会福利事业……… (222)
社会行政管理……… (224)
城市社区建设……… (226)
老龄工作……… (226)
2011年命名的革命烈士 ……… (228)
文化产业
概况……… (228)
重点工作进展……… (228)
新闻出版 版权……… (228)
文物工作概况……… (230)
文物普查和长城资源调查……… (231)
档案工作……… (233)
广播电视
概况……… (234)
新闻宣传……… (234)
事业和产业……… (235)
管理工作……… (235)
河北人民广播电台……… (236)
体 育
群众体育……… (236)
竞技体育……… (237)
体育产业……… (237)
体育文化、法制、教育、科研……… (238)

区域经济篇

石家庄市……… (241)
承德市……… (242)
张家口市……… (244)
秦皇岛市……… (246)
唐山市……… (248)
廊坊市……… (250)
保定市……… (252)
沧州市……… (254)
衡水市……… (256)
邢台市……… (258)
邯郸市……… (260)
县（市、区）域经济专辑
辛集市……… (261)
鹿泉市……… (262)
灵寿县……… (263)
高邑县……… (264)
元氏县……… (265)
赞皇县……… (266)
平山县……… (268)
井陉县……… (268)
承德市双桥区……… (269)
承德市双滦区……… (270)
平泉县……… (271)
滦平县……… (272)
隆化县……… (273)
丰宁满族自治县……… (275)
宽城满族自治县……… (276)
御道口牧场……… (277)
张家口市桥西区……… (277)
张家口市宣化区……… (279)
宣化县……… (280)
张北县……… (281)
康保县……… (281)
沽源县……… (282)
尚义县……… (283)
蔚县……… (284)
怀来县……… (285)
涿鹿县……… (286)

崇礼县……(287)
张家口市察北管理区……(288)
张家口市塞北管理区……(289)
青龙满族自治县……(290)
唐山市丰南区……(291)
滦县……(292)
唐海县……(293)
廊坊市广阳区……(295)
霸州市……(296)
三河市……(297)
固安县……(298)
永清县……(299)
大城县……(300)
大厂回族自治县……(301)
定州市……(302)
安国市……(303)
阜平县……(304)
高碑店市……(305)
容城县……(306)
顺平县……(307)
博野县……(308)
任丘市……(309)
青县……(310)
盐山县……(312)
肃宁县……(313)
献县……(314)
孟村回族自治县……(316)
深州市……(317)
安平县……(318)
沙河市……(319)
南宫市……(320)
邢台县……(321)
柏乡县……(323)
新河县……(324)
宁晋县……(325)
巨鹿县……(326)
平乡县……(327)
临西县……(328)
邯郸市邯山区……(329)
邯郸市丛台区……(330)
邯郸市复兴区……(331)
邯郸市峰峰矿区……(332)
邯郸县……(333)
成安县……(334)
涉县……(335)
肥乡县……(336)
邱县……(337)
魏县……(337)
白沟新城……(339)
中捷产业园区……(340)

河北省国家级开发区、省级开发区、省级工业园区、省级工业聚集区选登

曹妃甸新区……(341)
秦皇岛经济技术开发区……(342)
保定高新技术产业开发区……(344)
廊坊经济技术开发区……(345)
燕郊高新技术产业开发区……(348)
唐山高新技术产业开发区……(349)
沧州临港经济技术开发区……(350)
承德市高新技术产业开发区……(351)
唐山海港经济开发区……(352)
衡水经济开发区……(352)
霸州经济开发区……(353)
无极经济开发区……(354)
行唐经济开发区……(355)
隆尧经济开发区……(355)
河间工业聚集区……(356)
石家庄聚和港物流园……(357)
唐山（丰润）·中国动车城……(358)

改革开放篇

重点领域改革

医药卫生体制改革……(361)
社会保障制度改革……(361)
完善食品安全监管体制……(361)
保障性住房制度改革……(361)
户籍制度改革……(361)
农村综合改革……(361)
土地矿产资源改革……(361)
资源性产品价格改革……(362)
国有企业改革……(362)
支持民营经济和中小企业加快发展……(362)
财政体制改革……(362)
金融体制改革……(362)
教育体制改革……(362)
科技体制改革……(362)
行政管理体制改革……(362)

对外开放

对外贸易……(363)
对外经济技术合作……(364)
招商引资……(365)
开发区工作……(366)

石家庄海关

概述……(367)
加强实际监管……(367)
提升业务运行质量和效率……(367)

促进外贸进出口增长……………………………………（367）
营造优质高效的通关环境……………………………（367）
促进加工贸易转型升级………………………………（367）
建设和谐国门、和谐口岸……………………………（367）
出入境检验检疫
综述……………………………………………………（368）
质量管理初见成效……………………………………（368）
严把国门作出贡献……………………………………（368）
服务发展有所作为……………………………………（368）
科技强检实力提升……………………………………（368）
企事业发展全面启动…………………………………（368）
内部建设基础更牢……………………………………（368）
发展环境实现优化……………………………………（368）
外事、侨务及港澳事务
概况……………………………………………………（368）
重要团组访问河北……………………………………（369）
2011 河北省（香港）投资贸易洽谈会 ………（371）
“2011 海外华侨华人专业人士河北行”活动
……………………………………………（371）
“白求恩生平展石家庄巡展暨全国巡展闭幕式”
……………………………………………（371）
香港特别行政区政府驻北京办事处主任曹万泰
访问河北………………………………………（371）
赵勇率团访问日本……………………………………（371）
杨崇勇率团访问加拿大、美国………………………（372）
15 名外国专家获“燕赵友谊奖” ………………（372）
华侨·华人·港澳同胞………………………………（372）
经济技术合作
概况……………………………………………………（373）
区域合作………………………………………………（373）
省校（院）合作………………………………………（374）
对口支援………………………………………………（374）
广东省河北商会………………………………………（374）
现代物流
概况……………………………………………………（375）
证券期货市场
概况……………………………………………………（376）

统计资料篇

统计资料使用说明
统计资料使用说明……………………………………（381）
综　合
行政区划基本情况（2011 年底） ……………（382）
自然状况和资源………………………………………（382）
各市、县（市、区）名称（2011 年）…………（383）
国民经济和社会发展总量与速度指标……………（384）
国民经济和社会发展结构指标………………………（390）
法人单位数……………………………………………（392）
城市经济和社会发展主要指标………………………（393）
民营经济主要指标……………………………………（393）
人均主要工农业产品产量……………………………（394）
地区生产总值…………………………………………（395）
地区生产总值构成……………………………………（396）
地区生产总值指数（上年＝100）………………（397）
地区生产总值指数（1978 年＝100）…………（398）
支出法计算的地区生产总值…………………………（399）
三次产业贡献率………………………………………（400）
三次产业对生产总值增长的拉动……………………（401）
资金流量表（收入分配）（2010 年）…………（402）
资产负债（2010 年 12 月 31 日） ……………（404）
居民消费水平…………………………………………（406）
企业家信心指数（2011 年）……………………（407）
企业景气指数（2011 年） ………………………（408）
人口、就业人员及工资
人口基本情况…………………………………………（411）
总人口及人口自然变动………………………………（412）
六次人口普查基本情况………………………………（413）
分性别、受教育程度的 6 岁及以上人口…………（414）
分年龄、性别的人口…………………………………（422）
分行业就业人员（2011 年底） …………………（425）
按三次产业分的就业人员及构成（年底数）…（426）
职工人数（年底数）……………………………………（427）
分登记注册类型和行业职工人数（2011 年底）
……………………………………………（428）
分登记注册类型和行业在岗职工人数
（2011 年底） ……………………………（429）
分登记注册类型和行业女性就业人数
（2011 年底）……………………………………（430）
城镇单位就业人员工资总额（2011 年） ……（431）
职工工资总额和指数…………………………………（432）
职工平均工资及指数…………………………………（433）
分行业城镇私营单位就业人员平均工资…………（434）
分细行业在岗职工平均工资（2011 年） ……（435）
固定资产投资
全社会固定资产投资…………………………………（438）
按经济类型分全社会固定资产投资
（2011 年） …………………………………（439）
分行业全社会固定资产投资…………………………（440）
固定资产投资主要指标（2011 年） ……………（441）
分行业固定资产投资（2011 年）…………………（443）
国有单位固定资产投资………………………………（446）
建设项目固定资产投资………………………………（447）
建设项目分行业固定资产投资（2011 年）……（448）
建设项目新增主要产品生产能力
（2011 年）………………………………………（452）
分行业建设项目施工、投产个数和新增
固定资产（2011 年） ………………………（454）

总投资10亿元以上建设项目主要经济指标（2011年）……（458）
农村个人固定资产投资和建房……（469）
房地产开发企业基本情况（2011年）……（470）
房地产开发企业建设总规模、完成投资及新增固定资产（2011年）……（472）
房地产开发企业的土地开发、购置及资金来源（2011年）……（474）
房地产开发建设房屋建筑面积、造价和商品房屋销售情况（2011年）……（476）
按用途和销售方式分的商品房屋销售面积及平均销售价格（2011年）……（478）
房地产开发企业主要指标……（480）

能　源

一次能源生产总量和构成……（481）
能源消费总量及构成……（482）
综合能源平衡表……（483）
能源加工转换效率……（483）
规模以上工业企业分行业能源消耗情况……（484）
分行业规模以上工业企业水消费（取水总量）（2011年）……（486）
主要耗能工业企业单位产品能源消耗情况……（487）

财　政

财政收支总额及增长速度……（490）
各时期地方财政收支及指数……（491）
预算外资金收入与支出……（491）
分项目地方财政收支……（492）

物　价

各种价格指数（上年＝100）……（493）
各种价格定基指数……（494）
居民消费价格分类指数（2011年）（上年＝100）……（495）
商品零售价格分类指数（2011年）（上年＝100）……（496）
居民消费和商品零售价格指数（2011年）……（496）
农业生产资料价格分类指数（上年＝100）……（497）
工业品出厂价格分类指数（上年＝100）……（497）
主要原材料、燃料、动力购进价格指数（上年＝100）……（498）
固定资产投资价格指数（上年＝100）……（498）
农产品生产价格指数（上年＝100）……（499）

人民生活

人民物质文化生活提高情况……（500）
城乡居民家庭人均收入及恩格尔系数……（502）
城镇居民家庭基本情况……（503）
按收入等级划分的城镇居民家庭基本情况（2011年）……（504）
城镇居民家庭人均全年现金收支……（505）
按收入等级分城镇居民家庭平均每人全年购买主要商品数量（2011年）……（506）
按收入等级分城镇居民家庭平均每百户年底耐用消费品拥有量（2011年）……（508）
城镇居民家庭平均每百户年底耐用消费品拥有量……（510）
城镇居民家庭平均每人全年购买的主要商品数量……（510）
农民家庭基本情况……（511）
农民家庭平均每人纯收入……（512）
农民家庭平均每人生活消费支出……（512）
农民家庭平均每百户耐用消费品年底拥有量……（513）
农民家庭平均每人主要消费品消费量……（513）

农村经济

农村基层组织和农业基本情况……（514）
农、林、牧、渔业总产值及构成……（515）
农、林、牧、渔业总产值指数（上年＝100）……（516）
农、林、牧、渔业分项产值……（517）
农、林、牧、渔业增加值……（518）
农、林、牧、渔业商品率……（518）
主要农作物总播种面积……（519）
粮食、棉花、油料单位面积产量……（520）
主要农作物分品种播种面积和产量……（521）
主要农产品产量……（522）
平均每人主要农产品产量（按平均人口计算）……（523）
主要农业机械和农产品加工机械拥有量（年底数）……（524）
农业机械化、能源、化肥、水利……（525）
农民家庭平均每户生产性固定资产原值（年底数）……（525）
农民家庭平均每百户生产性固定资产数量（年底数）……（526）
林业及干鲜果生产……（526）
大牲畜头数……（527）
肉类总产量、牛奶产量及猪、羊头数……（527）
水产品产量……（528）
受灾情况……（528）
农垦系统国营农牧场基本情况……（529）

工　业

按行业分规模以上工业企业主要指标（2011年）……（530）
按行业分国有及国有控股工业企业主要指标（2011年）……（534）
按行业分私营工业企业主要指标(2011年)……（538）
按行业分大中型工业企业主要指标（2011年）……（542）
规模以上工业企业主要经济指标（2011年）……（546）
按行业分规模以上工业企业主要经济效益指标（2011年）……（547）

按行业分国有及国有控股工业企业主要经济效益指标（2011 年）…………………（548）

按行业分私营工业企业主要经济效益指标（2011 年）……………………………（549）

按行业分大中型工业企业主要经济效益指标（2011 年）…………………………（550）

主要工业产品产量……………………………（551）

建筑业

建筑业主要经济指标…………………………（553）

按登记类型分建筑业企业主要经济指标（2011 年）………………………………（554）

建筑业企业技术装备情况……………………（556）

按承包类型分的建筑业企业主要指标………（557）

交通运输

运输线路长度…………………………………（558）

交通运输工具拥有量…………………………（558）

民用车辆拥有量（2011 年）………………（559）

私人车辆拥有量………………………………（559）

全社会客运量…………………………………（560）

全社会旅客周转量……………………………（560）

全社会货运量…………………………………（561）

全社会货物周转量……………………………（561）

沿海港口基本情况（2011 年）……………（562）

沿海主要港口货物吞吐量（2011 年）……（562）

邮电通信网（年底数）………………………（563）

邮电业务量……………………………………（563）

国内贸易

限额以上批发业企业基本情况（2011 年）…（564）

限额以上零售业企业基本情况（2011 年）…（565）

限额以上批发企业商品购进、销售和库存额（2011 年）………………………（566）

限额以上零售业企业商品购进、销售和库存额（2011 年）………………………（567）

限额以上批发零售贸易业商品分类销售额（2011 年）…………………………………（568）

亿元以上商品交易市场摊位分类情况………（569）

限额以上批发业企业主要财务指标（2011 年）…………………………………（570）

限额以上零售业企业主要财务指标（2011 年）…………………………………（572）

限额以上住宿业企业主要指标（2011 年）…………………………………（574）

限额以上餐饮业企业主要指标（2011 年）…………………………………（576）

限额以上住宿业企业主要财务指标（2011 年）…………………………………（578）

限额以上餐饮业企业主要财务指标（2011 年）…………………………………（580）

商品销售总额前 10 名的批发企业（2011 年，按国民经济行业中类分别排序）…………（582）

商品销售总额前 10 名的零售企业（2011 年，按国民经济行业中类分别排序）…………（584）

营业收入前 50 名的餐饮企业（2011 年）……（586）

营业收入前 50 名的住宿企业（2011 年）……（587）

亿元以上商品市场成交额排序（2011 年）…………………………………（588）

对外经济贸易、旅游

海关进出口贸易总额…………………………（593）

石家庄海关按贸易方式分进出口商品总额……（593）

石家庄海关按国别（地区）分的进出口商品总额……………………………………（594）

利用外资概况…………………………………（599）

外商直接投资情况（2011 年）……………（600）

对外承包工程…………………………………（604）

对外投资和劳务合作（2011 年）…………（604）

旅游事业发展情况……………………………（605）

金融、保险

金融机构年末存贷款…………………………（606）

城乡居民储蓄存款年末余额…………………（607）

保险业务经济技术指标………………………（607）

教　育

各级各类学校数………………………………（608）

各级各类学校专任教师数……………………（609）

各级各类学校招生数…………………………（609）

各级各类学校在校学生数……………………（610）

各级各类学校毕业生数………………………（610）

高等教育学校（机构）数（2011 年）……（611）

高等学校（机构）学生数（2011 年）……（611）

分学科研究生情况（2011 年）……………（612）

本、专科分学科学生数（2011 年）………（613）

中等职业学校机构数（2011 年）…………（614）

中等职业学校（机构）学生分科类情况（2011 年）…………………………………（614）

普通高中学校和学生情况（2011 年）……（615）

普通初中学校和学生情况（2011 年）……（615）

普通小学学校和学生情况（2011 年）……（616）

各类技工学校情况……………………………（616）

每万人口在校学生数和中小学升学情况……（617）

各级学校生师比………………………………（618）

科技、专利

科技活动基本情况……………………………（619）

科学研究与开发机构基本情况………………（620）

高等学校科技活动情况………………………（621）

规模以上工业企业的科技活动基本情况……（622）

按行业分规上工业企业研究与试验发展（R&D）活动情况（2011 年）……………（623）

大中型工业企业科技活动基本情况…………（624）

国有地方企事业单位各部门专业技术人员…………………………………………（625）

省内三种专利申请受理量及授权量…………（626）

文化、体育、卫生

文化、文物事业机构、人员数（2011年）……（627）
艺术表演团体演出情况（2011年）……（628）
群众艺术馆、文化馆（站）业务活动及经费收支（2011年）……（628）
公共图书馆及博物馆、文物机构业务活动及经费收支（2011年）……（629）
广播、电视事业发展情况……（629）
图书、报纸、杂志出版种类和数量（2011年）……（630）
体委系统职工人数（2011年）……（631）
等级运动员、裁判员分项发展人数（2011年）……（631）
卫生机构、床位、人员数（2011年）……（632）
医疗机构诊疗人次及入院人数（2011年）……（634）

民政、司法、其他

社会福利事业、企业单位和工作人员数……（635）
收养性社会福利单位基本情况（2011年）……（635）
国内公证文书分类……（636）
涉外公证文书分类……（637）
享受救济、补助人员情况……（637）
社会保险基本情况……（638）
婚姻登记情况……（639）

城市概况

各城市地区生产总值（2011年）……（640）
各城市就业人员（2011年底）……（641）
各城市固定资产投资（2011年）……（641）
各城市财政、金融主要经济指标（2011年）……（642）
各城市规模以上工业企业主要经济指标（2011年）……（642）
各城市交通、邮电及用电情况（2011年）……（643）
各城市教育事业及专业技术人员主要指标（2011年）……（644）
各城市内贸、外经主要经济指标（2011年）……（645）
各城市文化、卫生及社会保障情况（2011年）……（645）
各城市市政公用事业（2011年）……（646）

各市概况

各市地区生产总值及指数（2011年）……（647）
各市地区生产总值……（648）
各市支出法计算的地区生产总值（2011年）……（648）
各市人口数及人口自然变动（2011年）……（649）
各市户数、人口数和性别比……（649）
各市分性别、户口登记状况的人口……（650）
各市分性别的户籍人口状况……（651）
各市分性别的户口登记地在外乡镇街道的人口状况……（652）
各市家庭户住房情况……（653）
各市职工人数（2011年底）……（653）
各市城镇单位就业人员工资总额（2011年）……（654）
各市在岗职工工资总额及平均工资（2011年）……（654）
各市城镇私营单位就业人员平均工资……（655）
各市全社会固定资产投资（2011年）……（655）
各市按构成和建设性质分的建设项目投资（2011年）……（656）
各市建设项目施工、投产个数和新增固定资产（2011年）……（656）
各市建设项目施工、竣工房屋建筑面积及价值（2011）……（657）
各市能源工业投资（2011年）……（657）
各市建设项目资金来源（2011年）……（658）
各市分行业建设项目投资（2011年）……（658）
各市房地产开发企业个数和从业人员（2011年）……（660）
各市房地产开发企业建设总规模、完成投资及新增固定资产（2011年）……（660）
各市房地产开发完成投资情况（2011年）……（661）
各市房地产开发企业的土地开发及购置……（661）
各市房地产开发企业的资金来源（2011年）……（662）
各市房地产开发建设房屋建筑面积和造价（2011年）……（662）
各市商品房屋销售情况（2011年）……（663）
各市按用途分的商品房屋销售面积（2011年）……（663）
各市按用途分的商品房屋平均销售价格（2011年）……（664）
各市按销售方式分的商品房销售面积及平均销售价格（2011年）……（664）
各市房地产开发经营情况（2011年）……（665）
各设区市单位GDP能耗（2011年）……（665）
各市规模以上工业企业能源消耗情况……（666）
各市规模以上工业企业水消费（取水总量）……（666）
各市地方财政收入及支出（2011年）……（667）
各市农、林、牧、渔业总产值（2011年）……（667）
各市农、林、牧、渔业中间消耗（2011年）……（668）
各市农、林、牧、渔业增加值（2011年）……（668）
各市农、林、牧、渔业中间消耗、增加值占总产值的比重（2011年）……（669）
各市农、林、牧、渔业总产值指数（2011年，上年=100）……（670）
各市主要农产品产量（2011年）……（670）
各市农业机械化、能源、化肥、水利（2011年）……（671）

各市主要农业机械和农产品加工机械拥有量（2011 年底） …………………… (672)
各市大牲畜头数（2011 年底） ……………… (672)
各市肉类总产量、牛奶产量及猪、羊头数（2011 年） ………………………………………… (673)
各市水产品产量（2011 年） ………………… (673)
各市规模以上工业企业个数和工业总产值（2011 年） ………………………………………… (674)
各市规模以上工业企业主要指标（2011 年） ………………………………………………… (675)
各市国有及国有控股工业企业主要指标（2011 年） ………………………………………… (676)
各市私营工业企业主要指标（2011 年） …… (677)
各市建筑业生产情况（2011 年） …………… (679)
各市建筑业主要财务指标（2011 年） ……… (679)
各市社会消费品零售总额及亿元以上商品交易市场基本情况（2011 年） …………… (680)
各市限额以上批发和零售业基本情况（2011 年） ………………………………………… (680)
各市限额以上住宿业和餐饮业基本情况（2011 年） ………………………………………… (681)
各市外商投资企业情况（2011 年） ………… (681)
各市科技、教育主要指标 …………………… (682)
各市文化、卫生主要指标（2011 年） ……… (682)
各市人才状况 ………………………………… (683)

各县概况

各县（市）在岗职工平均工资（2011 年） …… (684)
各县（市）全社会固定资产投资总额（2011 年） ………………………………………… (685)
各县（市）地方财政一般预算收入（2011 年） ………………………………………… (686)
各县（市）农民人均纯收入（2011 年） ……… (687)
各县（市）城乡居民储蓄存款年末余额（2011 年） ………………………………………… (688)
各县（市）粮食总产量（2011 年） …………… (689)
各县（市）棉花总产量（2011 年） …………… (690)
各县（市）油料总产量（2010 年） …………… (691)
各县（市）猪牛羊肉产量（2011 年） ………… (692)
各县（市）社会消费品零售总额（2011 年） ………………………………………… (693)
各县（市）主要国民经济指标（2011 年） ………………………………………… (694)

主要统计指标解释

主要统计指标解释 ………………………………… (734)

大 事 记

2011 年河北省经济与社会发展大事记 …………… (751)

附 录

企业介绍

河北钢铁集团 ……………………………………… (785)
冀中能源集团 ……………………………………… (786)
开滦集团 …………………………………………… (788)
河北敬业集团 ……………………………………… (789)
冀中能源股份有限公司 …………………………… (790)
唐山国丰钢铁有限公司 …………………………… (790)
承德钢铁集团有限公司 …………………………… (791)
中国石油天然气管理局 …………………………… (792)
河北省国有资产控股运营有限公司 ……………… (794)
河北钢铁集团矿业有限公司 ……………………… (795)
冀中能源邯矿集团 ………………………………… (796)
冀中能源邢矿集团 ………………………………… (797)
冀中能源井矿集团 ………………………………… (797)
河北渤海投资集团有限公司 ……………………… (798)
河北帝华企业集团 ………………………………… (799)
保定卷烟厂 ………………………………………… (799)
沧州港务集团有限公司 …………………………… (800)
开滦国际物流公司 ………………………………… (802)
北人集团 …………………………………………… (803)
聚诚集团 …………………………………………… (803)
唐港铁路有限责任公司 …………………………… (804)
神华黄骅港务有限责任公司 ……………………… (804)
河北广电信息网络集团股份有限公司 ……………………………………………………… (805)
河北电机股份有限公司 …………………………… (806)
中盐长芦沧州盐化集团有限公司 ………………… (807)
大港油田公司第二采油厂 ………………………… (808)
大港油田公司第三采油厂 ………………………… (809)
大港油田公司第六采油厂 ………………………… (810)
石家庄飞机工业有限责任公司 …………………… (811)
承德供电公司 ……………………………………… (813)
河北省国控矿业开发投资有限公司 ……………… (814)
唐山冀东装备工程股份有限公司 ………………… (814)
晨光生物科技集团股份有限公司 ………………… (816)
唐山陡河青龙河开发建设投资有限责任公司 ……………………………………………………… (816)
河北临港富瑞商贸集团有限公司 ………………… (817)
河北博纳德能源科技有限公司 …………………… (817)
河北省环渤海湾经济技术集团有限公司 ………… (818)
邯郸市富恒食品有限公司 ………………………… (818)

CONTENTS

Featured Articles

Planning Framework on 12th Five-year National Economics and Social Development of Hebei Province …… (3)
Government Work Report …… (31)
Reports on Implementation of National Economic and Development Plan in 2011 and the Draft Plan in 2012, Hebei Province …… (40)
Reports on Final Accounts in 2011 and Draft Financial Budget in 2012 both at Province Level and Total Province, Hebei Province …… (45)

General Survey

General Survey …… (53)
Production and Usage of GDP …… (55)
Assets and Liabilities …… (56)
Check of Funds Flow …… (57)
Rural Economy …… (58)
Urban Economy …… (60)
Private Economy …… (61)
Investment in Fixed Assets …… (63)
Supervision for State-owned Assets …… (65)
Pivot Construction …… (67)
Economy to the Outside World …… (68)
Public Finance …… (70)
Banking …… (71)
Labor Forces and Wages …… (72)
Safety & Production …… (73)
Price …… (75)
Markets of Consumer Goods …… (77)
Price of Consumable …… (78)
Prices of Industrial Products …… (79)
Prices of Agricultural Products …… (80)
Urban Residents Livelihood …… (82)
Rural Residents Livelihood …… (83)
Population …… (84)
Family Planning …… (86)
Energy and Energy-Saving …… (87)

Industries

Agriculture …… (91)
Forestry …… (96)
Animal Husbandry …… (98)
Fishery …… (100)
Industry …… (101)
Electronic Information Industry …… (105)
Electric Power Production and Supply …… (107)

Construction …… (109)
Transportation …… (116)
Postal Service …… (117)
Telecommunication Service …… (121)
Trade and Business Circulation …… (125)
Tourism …… (133)
Banking …… (135)
Insurance …… (157)
Tax …… (165)
Industrial and Commercial Administrative Management …… (169)
Audit and Statistics …… (172)
Science and Technology …… (175)
Weather and Quakeproof …… (183)
Territorial Resources Scrutiny and Management …… (189)
Plotting …… (191)
Water Conservancy …… (196)
Quality and Technology Supervising …… (200)
Medicinal Supervising and Management …… (202)
Environmental Protection …… (204)
Education …… (208)
Public Health …… (209)
Human Resources and Social Security …… (216)
Social Wealth and Administrative Management …… (218)
Culture and Art …… (228)
Broadcasting and Television …… (234)
Sports …… (236)

Regional Economy

Shijiazhuang City …… (241)
Chengde City …… (242)
Zhangjiakou City …… (244)
Qinhuangdao City …… (246)
Tangshan City …… (248)
Langfang City …… (250)
Baoding City …… (252)
Cangzhou City …… (254)
Hengshui City …… (256)
Xingtai City …… (258)
Handan City …… (260)
Special Edition for County Economy …… (261)
Partial List of State-level development Zones, Provincial-level Development Zones, Provincial-level Industrial Zones, Provincial-level Industrial Cluster Zones in Hebei Province …… (341)

Reform and Opening to the Outside World

Economic Reform in Key Areas …… (361)
Open to the Outside World …… (363)
Shijiazhuang Customs …… (367)
Customs Inspection and Quarantine Control …… (368)
Foreign Affairs, Overseas-Chinese affairs, and Hong-Kong-and-Macao Affairs …… (368)
Economic and Technological Cooperation …… (373)

Modern Logistics …… (375)
Securities and Futures Market …… (376)

Statistics Data

Using Guide of Statistical Indicators
Using Guide of Statistical Indicators …… (381)
General Survey
Basic Statistics of Administrative Divisions (End of 2011) …… (382)
Natural Condition and Resources …… (382)
Name of Administrative Area (2011) …… (383)
Principal Aggregate Indicators on National Economic and Social Development and Growth Rates …… (384)
Structural Indicators on National Economic and Social Development …… (390)
Number of Institutional Units …… (392)
Main Indicators of National Economic and Social Development of Cities …… (393)
Indicators of Private Economies …… (393)
Per Capita Output of Major Industrial and Major Agricultural …… (394)
Gross Domestic Product …… (395)
Composition of Gross Domestic Product …… (396)
Indices of Gross Domestic Product (Preceding year =100) …… (397)
Indices of Gross Domestic Product (1978=100) …… (398)
Gross Domestic Product by Expenditure Approach …… (399)
Share of the Contributions of the Three Strata of Industry to the Increase of the GDP …… (400)
Contribution of the Three Strata of Industry to GDP Growth …… (401)
Funds Flow of Funds Table (2010) …… (402)
Assets and Liabilities (December, 31, 2010) …… (404)
Household Consumption …… (406)
Confidence Index of Entrepreneur (2011) …… (407)
Climate Index of Enterprises (2011) …… (408)
Population, Employment and Wage
Basic Statistics of Population …… (411)
Total Population and Natural Changes of Population …… (412)
Basic Statistics on Population Census in 1953, 1964, 1982, 1990, 2000 and 2010 …… (413)
Population with Aged 6 and Over by Sex and Various Educational Attainment …… (414)
Population by Age and Sex …… (422)
Number of Employed Persons by Sector (End of 2011) …… (425)
Number of Employed Persons by Type of Industry and Composition (End of Year) …… (426)
Number of Staff and Workers (End of Year) …… (427)
Number of Staff and Workers by Registration Status and Sector (End of 2011) …… (428)
Number of Staff and Workers on-post by Registration Status and Sector (End of 2011) …… (429)
Number of Female Employed Persons by Registration Status and Sector (End of 2011) …… (430)
Total Wages Bill of Urban Units Employed Persons (2011) …… (431)
Total Wages of Staff and Workers and Related Indices …… (432)
Average Wage of Staff and Workers and Related Indices …… (433)
Average Wage of Employed persons in Urban Private Enterprises by Sector …… (434)
Average Wage of Staff and Workers by Sector in Detail (2011) …… (435)
Investment and Fixed Assets
Total Investment in Fixed Assets …… (438)
Total Investment in Fixed Assets by Ownership (2011) …… (439)
Total Investment in Fixed Assets by Sector …… (440)
Major Indicators of Investment in Fixed Assets (2011) …… (441)

Investment in Fixed Assets by Sector (2011) …… (443)
Investment in Fixed Assets of State-owned Units …… (446)
Investment in Capital Construction Projects …… (447)
Investment in Capital Construction Projects by Sector (2011) …… (448)
Newly Increased Production Capacity through Capital Construction Projects (2011) …… (452)
Number of Capital Construction Projects under Construction and Put into Use and Newly Increased Fixed Assets by Sector (2011) …… (454)
Major Economic Indicators of Investment Over One Thousand Million under Construction (2011) …… (458)
Individual Investment in Fixed Assets and Building Construction in Rural Areas …… (469)
Basic Condition of Enterprises for Real Estate Development (2011) …… (470)
Total Size of Construction, Actually Completed Investment and Newly Increased Fixed Assets for Real Estate Development (2011) …… (472)
Land Development, Purchase and Source of Funds of Enterprises for Real Estate Development (2011) …… (474)
Floor Space of Building and Their Cost, Selling of Commercial Houses in Real Estate Development (2011) …… (476)
Floor Space of Buildings Actually Sold and Average Selling Price by Use and Sale Method (2011) …… (478)
Main Indicators of Real Estate Development …… (480)

Energy

Primary Energy Production and Composition …… (481)
Primary Energy Consumption and its Composition …… (482)
Overall Energy Balance Sheet …… (483)
Efficiency of Energy Transformation …… (483)
Consumption of Main Energy Sources in above Designated Size Industrial Enterprises by Industrial Sector …… (484)
Computation of Water in above Designated Size Industrial Enterprises by Sector …… (486)
Energy Consumption per Unit of Product in Main Enterprises that Consume much Energy …… (487)

Public Finance

Government Revenue and Expenditure and Growth Rates …… (490)
Local Revenue and Expenditures and Indices by Period …… (491)
Extra-budgetary Revenue and Expenditures …… (491)
Local Revenue and Expenditures by Item …… (492)

Price

General Price Indices (Preceding Year=100) …… (493)
Fixed-base Price Indices …… (494)
Consumer Price Indices by Category (2011) (Preceding Year=100) …… (495)
Retail Price Indices by Category of Commodities (2011) (Preceding Year=100) …… (496)
Consumer Price Indices and Retail Price Indices of Commodities (2011) …… (496)
Price Indices of Agricultural Means of Production by Category (Preceding Year=100) …… (497)
Ex-factory Price Indices of Industrial Products (Preceding Year=100) …… (497)
Purchasing Price Indices of Major Raw Material, Fuel and Motive (Preceding Year=100) …… (498)
Price Indices of Investment in Fixed Assets (Preceding Year=100) …… (498)
Production Price Indices of Farm Produces (Preceding Year=100) …… (499)

People's Livelihood

Improvement in People's Material and Cultural Life …… (500)
Per Capita Annual Income and Engle Coefficient of Urban and Rural Households …… (502)
Basic Indicators of Urban Households …… (503)
Basic Indicators of Urban Households by Level of Income (2011) …… (504)
Per Capita Cash Income and Cash Expenditure in Urban Households …… (505)
Per Capita Annual Purchases of Major Commodities of Urban Households by Level of Income (2011) …… (506)
Number of Durable Consumer Goods Owned Per 100 Urban Households at Year-end by Level of Income (2011) …… (508)
Number of Major Durable Consumer Goods Owned Per 100 Urban Households at the Year-end …… (510)

Per Capita Purchases of Major Commodities in Urban Households ······ (510)
Basic Indicators of Rural Households ······ (511)
Per Capita Net Income of Rural Households ······ (512)
Per Capita Living Expenditures of Rural Households ······ (512)
Number of Durable Consumer Goods Owned Per 100 Rural Households at the Year-end ······ (513)
Per Capita Consumption of Major Consumer Goods in Rural Households ······ (513)

Rural Economy

Basic Conditions of Rural Grassroots Units and Agriculture ······ (514)
Gross Output Value and Composition of Farming, Forestry, Animal Husbandry and Fishery ······ (515)
Indices of Farming, Forestry, Animal Husbandry and Fishery (Preceding Year=100) ······ (516)
Gross Output Value of Farming, Forestry, Animal Husbandry and Fishery by Branch ······ (517)
Value-added of Farming, Forestry, Animal Husbandry and Fishery ······ (518)
Commodity Rate of Farming, Forestry, Animal Husbandry and Fishery ······ (518)
Total Sown Areas of Major Farm Crops ······ (519)
Output of Grain, Cotton and Oil-bearing Per Hectare ······ (520)
Yield and Sown Area of Major Farm Crops by Assortment ······ (521)
Yield of Major Farm Crops ······ (522)
Per Capita of Major Agricultural Products (Calculated by Average Population) ······ (523)
Ownership of Agricultural Machinery and Machinery for Procession Farm Products (End of Year) ······ (524)
Mechanization, Energy Resources, Chemical Fertilizer and Water Conservancy of Agriculture ······ (525)
Original Value of Productive Fixed Assets Per Rural Households (End of Year) ······ (525)
Number of Productive Fixed Assets Per 100 Rural Households (End of Year) ······ (526)
Forestry, Yield of Dry Fruit and Fruit ······ (526)
Number of Large Livestock ······ (527)
Output of Meat, Milk and Number of Hogs, Sheep and Goats ······ (527)
Output of Aquatic Products ······ (528)
Natural Disaster ······ (528)
Basic Statistics on State Farms and Pasturelands of Land Reclamation Departments ······ (529)

Industrial

Main Indicators of Industrial Enterprises above Designated Size by Industrial Sector (2011) ······ (530)
Main Indicators of State-owned and State-holding Industrial Enterprises by Industrial Sector (2011) ······ (534)
Main Indicators of Private Enterprises by Industrial Sector (2011) ······ (538)
Major Indicators of Large and Medium-sized Industrial Enterprises by Sector (2011) ······ (542)
Main Indicators of Industrial Enterprises above Designated Size (2011) ······ (546)
Main Indicators on Economic Benefit of Industrial Enterprises above Designated Size by Industrial Sector (2011) ······ (547)
Main Indicators on Economic Benefit of State-owned and State-holding Industrial Enterprises by Industrial Sector (2011) ······ (548)
Main Indicators on Economic Benefit of Private Industrial Enterprises by Industrial Sector (2011) ······ (549)
Main Indicators on Economic Benefit of Large and Medium-sized Industrial Enterprises by Industrial Sector (2011) ······ (550)
Output of Major Industrial Products ······ (551)

Construction

Major Economic Indictors on Construction Enterprises ······ (553)
Main Economic Indicators on Construction Enterprises by Registration Status (2011) ······ (554)
Number and Power of Machinery and Equipment Owned by Construction Enterprises ······ (556)
Main Economic Indicators on Construction Enterprise by General Contractors ······ (557)

Transportation, Post and Telecommunications Services

Length of Transportation Routes ······ (558)
Number of Transportation Tools ······ (558)
Possession of Civil Motor Vehicles (2011) ······ (559)

Possession of Private Vehicles ······ (559)
Passenger Traffic ······ (560)
Passenger-Kilometers ······ (560)
Freight Traffic ······ (561)
Freight Ton-kilometers ······ (561)
Basic Indicators of Coastal Ports (2011) ······ (562)
Volume of Freight Handled in Major Coastal Ports by Type of Freight (2011) ······ (562)
Telecommunications Facilities (End of Year) ······ (563)
Post and Telecommunications Services ······ (563)
Domestic
Basic Conditions of Enterprises above Designated Size in Wholesale Trade by Types of Registration and Sector (2011) ······ (564)
Basic Conditions of Enterprises above Designated Size in Retail Trade by Types of Registration and Sector (2011) ······ (565)
Total Purchases, Sales and Stock of Enterprises above Designated Size of Wholesale Trade by Status of Registration and Sector (2011) ······ (566)
Total Purchases, Sales and Stock of Enterprises above Designated Size of Retail Trade by Status of Registration and Sector (2011) ······ (567)
Total Sales of Enterprises above Designated Size in Wholesale and Retail Sale Trade by Category (2011) ······ (568)
Classification of Commodity Transaction Markets of Turnover above 100 Million Yuan ······ (569)
Main Financial Indicators of Enterprises above Designated Size in Wholesale Trade (2011) ······ (570)
Main Financial Indicators of Enterprises above Designated Size in Retail Sales Trade (2011) ······ (572)
Main Indicators of Enterprises above Designated Size of Hotels (2011) ······ (574)
Main Indicators of Enterprises above Designated Size of Catering Services (2011) ······ (576)
Main Financial Indicators of Enterprises above Designated Size of Hotels (2011) ······ (578)
Main Financial Indicators of Enterprises above Designated Size of Catering Services (2011) ······ (580)
The Top 10 Wholesale Enterprises of Total Sale Value (2011) ······ (582)
The Top 10 Retail Enterprises of Total Sale Value (2011) ······ (584)
The Top 50 Catering Enterprises of Business Revenue (2011) ······ (586)
The Top 50 Hotels of Business Revenue (2011) ······ (587)
Transaction Value of Commodity Markets Over 100 Million Yuan (2011) ······ (588)
Foreign Trade and Economic Cooperation, Tourism
Total Value of Imports and Exports by Customs ······ (593)
Total Value of Imports and Exports through Shijiazhuang Customs by Customs Regime ······ (593)
Import and Export Value through Shijiazhuang Customs by Country and Region ······ (594)
Utilization of Foreign Capital ······ (599)
Statistics on Foreign Direct Investment (2011) ······ (600)
Contracted Projects with Foreign Countries and Territories ······ (604)
Outward Foreign Direct Investment and Labor Services (2011) ······ (604)
Development of International Tourism ······ (605)
Banking and Insurance
Deposits and Loans Balances of Financial Institutions at Year-end ······ (606)
Outstanding Amount of Saving Deposits in Urban and Rural Areas ······ (607)
Economic and Technical Indicators of Insurance Business ······ (607)
Education
Number of Schools by Level and Type of School ······ (608)
Number of Full-time Teachers by Level and Type of School ······ (609)
Number of New Students Enrollment by Level and Type of School ······ (609)
Number of Students Enrollment by Level and Type of School ······ (610)
Number of Graduates by Level and Type of School ······ (610)

Number of School or Institution of Higher Education (2011) .... (611)
Number of Students in Regular Institutions of Higher Education (2011) .... (611)
Number of Postgraduate Students by Field of Study (2011) .... (612)
Number of Students in Undergraduate and Junior Colleges by Field of Study (2011) .... (613)
Number of Secondary Vocational Schools (2011) .... (614)
Students in Secondary Vocational Schools by Field of Study (2011) .... (614)
Statistics on Regular Senior Secondary Schools and Students (2011) .... (615)
Statistics on Regular Junior Secondary Schools and Students (2011) .... (615)
Statistics on Regular Primary Schools and Students (2011) .... (616)
Statistics on Technical Schools .... (616)
Number of Students Per 10000 Population and Enrollment Rate of Secondary and Primary Schools .... (617)
Student-teacher Ratio by Level of Schools .... (618)

Science and Technology, Patent

Basic Statistics on Scientific and Technological Activities .... (619)
Basic Statistics on Scientific Research and Development Institutions .... (620)
Basic Statistics on Higher Education for Scientific and Technological Activities .... (621)
Basic Statistics on Science and Technology Activities of Industrial Enterprises above Designated Size .... (622)
Basic Statistics on R&D Activities of Industrial Enterprises above Designated Size by Industrial Sector (2011) .... (623)
Basic Statistics on Science and Technology Activities of Large and Medium-sized Industrial Enterprises .... (624)
Number of Scientific and Technical Personnel in Local State-owned Enterprises and Institutions .... (625)
Three Kinds of Patent Applications Examined and Granted .... (626)

Culture, Sports and Public Health

Number of Institution and Personnel in Culture and Cultural Relics (2011) .... (627)
Basic Statistics on Performance of Art Troupes (2011) .... (628)
Basic Statistics on Activities and Expenditures of Mass Art Centers and Cultural Centers (2011) .... (628)
Facilities, Services and Expenditures of Public Libraries, Museums and Cultural Relics Agencies (2011) .... (629)
Basic Statistics on Broadcasting and Television Stations .... (629)
Number of Books, Newspaper and Magazines Published (2011) .... (630)
Number of Staff and Workers in Sports Commissions (2011) .... (631)
Number of Athletes and Referees in Grades by Type of Sports (2011) .... (631)
Number of Health Institutions, Beds and Persons Engaged (2011) .... (632)
Hospital Patients (2011) .... (634)

Civil Administration, Judicature Others

Number of Social Welfare Institutions and Enterprises and Persons Engaged .... (635)
Basic Statistics on Social Welfare Institutions (2011) .... (635)
Domestic Notary Documents by Type .... (636)
Foreign-related Notary Documents by Type .... (637)
Persons Relief Funds or Receiving Subsidies .... (637)
Basic Statistics of Social Insurance .... (638)
Basic Statistics on Marriage Registration .... (639)

General Survey of Cities

Gross Domestic Product (2011) .... (640)
Employed Persons (End of 2011) .... (641)
Investment in Fixed Assets (2011) .... (641)
Major Indicators of Public Finance and Banking (2011) .... (642)
Major Indicators on Economic Benefit of Industrial Enterprises above Designated Size (2011) .... (642)
Conditions of Transportation, Post and Telecommunications Services and Electricity Consumption (2011) .... (643)
Conditions of Education and Scientific and Technical Personnel (2011) .... (644)
Major Indicators of Domestic Trade and Foreign Economy Trade (2011) .... (645)
Conditions of Culture, Public Health, Social Security (2011) .... (645)

Basic Statistics on Urban Public Utilities (2011) ………… (646)

General Survey of Cities under Province's Jurisdiction

Gross Domestic Product and Its Indices (2011) ………… (647)

Gross Domestic Product ………… (648)

Gross Domestic Product by Expenditure Approach (2011) ………… (648)

Total Population and Natural Changes of Population (2011) ………… (649)

Total Households, Residents and Sex Ratio of the Prefecture Cities ………… (649)

Prefecture Population Grouped by Gender and Registration ………… (650)

Population with Local Residency Registration (Grouped by Gender) ………… (651)

Population with Residency Registration of other Townships, Town or Sub districts (Grouped by Gender) ………… (652)

Housing Conditions of Family Households ………… (653)

Number of Staff and Workers (End of 2011) ………… (653)

Gross Payments to Employees in Urban Areas (2011) ………… (654)

Total Wages and Average Wage of Staff and Workers (on Post) (2011) ………… (654)

Average Wage of Employed persons in Urban Private Enterprises ………… (655)

Total Investment in Fixed Assets (2011) ………… (655)

Investment in Capital Construction Projects by Use of Funds and Type of Construction (2011) ………… (656)

Number of Capital Construction Projects under Construction and Put into Use and Newly Increased Fixed Assets (2011) ………… (656)

Floor Space of Buildings under Construction, Completed and Value in Capital Construction Projects (2011) ………… (657)

Investment in Energy Industry (2011) ………… (657)

Source of Funds of Investment in Capital Construction Projects (2011) ………… (658)

Investment in Capital Construction Projects by Sector (2011) ………… (658)

Number of Enterprises and Employed Persons of Real Estate Development (2011) ………… (660)

Total Size of Construction, Actually Completed Investment and Newly Increased Fixed Assets for Real Estate Development (2011) ………… (660)

Completed Investment of Real Estate Development (2011) ………… (661)

Land Development and Purchase of Enterprises for Real Estate Development ………… (661)

Source of Funds of Enterprises for Real Estate Development (2011) ………… (662)

Floor Space of Building and Their Cost in Real Estate Development (2011) ………… (662)

Selling of Commercial Houses (2011) ………… (663)

Floor Space of Buildings Actually Sold by Use (2011) ………… (663)

Average Selling Price of Commercial Houses by Use (2011) ………… (664)

Floor Space of Buildings Actually Sold and Average Selling Price of Commercial Houses by Sale Method (2011) ………… (664)

Real Estate Development and Management (2011) ………… (665)

Energy Consumption by GDP by City (2011) ………… (665)

Consumption of Main Energy Sources in above Designated Size Industrial Enterprises by City ………… (666)

Consumption of Water in above Designated Size Industrial Enterprises by City ………… (666)

Local Revenue and Expenditures (2011) ………… (667)

Gross Output Value of Farming, Forestry, Animal Husbandry and Fishery (2011) ………… (667)

Intermediate Exertion of Farming, Forestry, Animal Husbandry and Fishery (2011) ………… (668)

The Added Value of Farming, Forestry, Animal Husbandry and Fishery (2011) ………… (668)

Intermediate Consumption and Value-added of Farming, Forestry, Animal Husbandry and Fishery as Percentage of Gross Output Value (2011) ………… (669)

Indices of Gross Output Value of Farming, Forestry, Animal Husbandry and Fishery (2011, Preceding Year=100) ………… (670)

Yield of Major Farm Crops (2011) ………… (670)

Mechanization, Energy Resources, Chemical Fertilizer and Water Conservancy of Agriculture (2011) ………… (671)

Ownership of Agricultural Machinery and Machinery for Processing Farm Products (End of 2011) ………… (672)

Number of Large Livestock (End of 2011) …… (672)
Output of Meat, Milk and Number of Hogs, Sheep and Goats (2011) …… (673)
Output of Aquatic Products (2011) …… (673)
Number and Gross Industrial Value of Industrial Enterprises above Designated Size (2011) …… (674)
Main Indicators of Industrial Enterprises above Designated Size (2011) …… (675)
Main Indicators of State-owned and State-holding Industrial Enterprises (2011) …… (676)
Main Indicators of Private Enterprises (2011) …… (677)
Productive Indicators on Construction Enterprises (2011) …… (679)
Major Financial Indicators on Construction Enterprises (2011) …… (679)
Total Retail Sales of Consumer Goods and Commodity Markets on Sales Value Over 100 Million Yuan (2011) …… (680)
Basic Indicators of Enterprises above Designated Size in Wholesale and Retail Sale Trade (2011) …… (680)
Basic Indicators of Hotels and Catering Services above Designated Size (2011) …… (681)
Basic Condition of foreign funded Enterprises (2011) …… (681)
Major Indicators of Science, Technology and Education …… (682)
Major Indicators of Culture and Public Health (2011) …… (682)
Basic Condition on Talent …… (683)

General Survey of Counties

Average Wage of Staff and Workers (on Post) (2011) …… (684)
Total Investment in Fixed Assets (2011) …… (685)
Local Revenue (2011) …… (686)
Rural Household Per Capital Net Income (2011) …… (687)
Saving Deposit in Urban and Rural Areas (2011) …… (688)
Output of Grain (2011) …… (689)
Output of Cotton (2011) …… (690)
Output of Oil-bearing Crops (2011) …… (691)
Output of Pork, Beef and Mutton (2011) …… (692)
Total Retail Sales of Consumer Goods (2011) …… (693)
Major Indicators of National Economy by County or City (2011) …… (694)

Explanatory Notes on Main Statistical Indicators

Explanatory Notes on Main Statistical Indicators …… (734)

Events

Events of National Economic and Social Development of Hebei Province, 2011 …… (751)

Appendix

Introduction of the Enterprises …… (785)

特载

FEATURED ARTICLES

河北省国民经济和社会发展第十二个五年规划纲要

（2011年1月16日河北省第十一届人民代表大会第四次会议批准）

“十二五”时期，是我省深入贯彻落实科学发展观、全面建设小康社会的重要时期，是推进经济结构战略性调整、加快发展方式转变的关键时期，是深化改革开放、完善社会主义市场经济体制的攻坚时期。科学编制并有效实施河北省国民经济和社会发展第十二个五年规划，将为全面建成小康社会打下具有决定性意义的基础，对于实现科学发展、富民强省的奋斗目标具有重大意义。

本规划纲要依据《中共河北省委关于制定国民经济和社会发展第十二个五年规划的建议》编制，主要阐明全省经济社会发展战略意图，明确政府工作重点，引导市场主体行为，是未来五年我省经济社会发展的宏伟蓝图，是全省人民共同的行动纲领。规划期为2011－2015年。

第一章 发展基础和面临形势

一、“十一五”时期经济社会发展取得重大成就

“十一五”时期是极不平凡的五年。面对复杂多变的国内外形势和艰巨繁重的发展改革任务，省委、省政府团结带领全省人民，坚持以邓小平理论和“三个代表”重要思想为指导，深入贯彻落实科学发展观，按照党中央、国务院重大决策部署，积极应对国际金融危机严重冲击，着力推动经济发展方式转变，迎难而上，开拓进取，全省经济保持平稳较快发展，社会事业全面进步，城乡面貌焕然一新，人民生活明显改善。

——综合经济实力跨上新台阶。坚持把发展作为第一要务，集中精力谋发展，整体实力显著增强。2010年，全省生产总值预计达到20000亿元，五年平均增长11.7%，人均生产总值由2005年的1.47万元提高到2.8万元；全部财政收入达到2410亿元，其中地方一般预算收入1330亿元，分别是2005年的2.3倍和2.6倍。

——经济结构调整取得新进展。大力实施重点产业调整和振兴规划，钢铁、装备制造、石化等传统产业改造升级步伐加快，电子信息、生物医药、新能源等新兴产业加速发展；科技创新能力明显增强，预计高新技术产业增加值达到1220亿元，是2005年的3.5倍；现代服务业不断壮大，服务业增加值达到6850亿元，是2005年的1.8倍。“十一五”节能减排目标如期实现，单位生产总值能耗比2005年下降20%，化学需氧量、二氧化硫排放量比2005年削减15%以上。曹妃甸新区、沧州渤海新区、北戴河新区等沿海重点开发地区加快建设，进入了大规模聚集生产要素阶段。

——城镇面貌呈现新变化。深入推进城镇面貌三年大变样，“三年打基础”工作圆满完成，城市基础设施日趋完善，综合承载能力明显提高，居民生活环境大为改观，城市管理水平不断提升，现代城市魅力初步显现。城镇化率由37.7%提高到45%左右。

——农业农村工作得到新加强。农业税全部取消，粮食直补、农机购置补贴等强农惠农政策力度不断加大，综合生产能力明显提高。粮食生产连续7年增收，2010年总产量接近600亿斤。蔬菜、果品、畜牧等优势产业稳定增长，农业规模化、标准化水平不断提高，产业化经营率达到58%。新农村建设扎实推进，省级新民居建设示范村达到3000个，农民生产生活条件日益改善，农村贫困人口减少84万人。

——基础设施建设实现新突破。交通、能源、水利、通信等基础设施支撑能力显著增强。现代综合立体交通网络初步形成，民航业发展实现历史性跨越，机场建设取得重大进展，旅客吞吐量增长6倍；高速公路通车里程新增2172公里，达到4307公里，跃居全国第二位；铁路通车里程新增400公里，达到5300公里；黄骅综合大港开航，全省港口吞吐量突破6亿吨。电力装机新增1672万千瓦，达到4215万千瓦。南水北调中线河北段、引黄入冀、病险水库除险加固等重点工程进展顺利。环境保护和生态建设得到加强，森林覆盖率达到26%。

——改革开放迈出新步伐。国有经济战略性重组取得重大进展，河北钢铁、冀中能源、河北港口等大型企业集团成功组建，整合重组的积极效应逐步显现。行政管理体制改革继续深化，行政审批事项大幅削减。财税体制改革深入推进，省财政直管县（市）试点达到92个。医药卫生体制改革迈出实质性步伐，五项重点任务有序实施。文化、新闻、出版等社会事业改革积极推进。农村综合改革取得阶段性重要成果，集体林权制度改革基本完成。对外

开放继续扩大，外贸进出口总值累计完成1529亿美元，实际利用外资累计170.7亿美元，年均分别增长20%和13.9%。五年新增国家级开发区4个，对内经济技术合作进一步加强，与京津合作继续深化。

——人民生活水平得到新提高。2010年城镇居民人均可支配收入达到16190元，农民人均纯收入达到5510元，分别比2005年增长77.8%和58.3%。五年间城镇新增就业265.8万人，城镇登记失业率控制在4%以内。社会保障体系进一步完善，城镇职工养老保险实现省级统筹，新型农村养老保险试点扎实推进，企业退休人员基本养老金标准、城乡低保水平稳步提高，新型农村合作医疗制度实现全覆盖。保障性安居工程建设力度加大，为43万户城市低收入家庭提供了住房保障。

——和谐社会建设开创新局面。教育事业加快发展，城乡免费义务教育全面实现。医疗卫生体系逐步健全，重大疾病预防能力明显增强。公共文化事业扎实推进，文化产业加快发展，城乡文化设施进一步完善。全民健身活动蓬勃发展，竞技体育水平有了新提升。人口与计生工作得到加强，人口自然增长率控制在6.94‰以内。平安河北建设成效显著，社会矛盾化解、社会管理创新、公正廉政执法三项重点工作深入开展。食品药品安全工作得到强化，安全生产事故有所下降。国防动员和双拥共建深入开展，军政军民团结巩固发展。民族宗教、外事侨务、防灾减灾、气象、测绘、档案、人防、妇女、儿童、老龄、残疾人、地方志等各项事业都取得新进步。

经过全省人民的共同努力，我省"十一五"规划确定的主要目标如期实现。不断增强的经济实力、日趋完善的基础设施、和谐稳定的社会环境、日益显现的发展活力、创造积累的发展改革经验，为"十二五"时期实现全省经济社会又好又快发展奠定了坚实基础。

二、"十二五"时期面临的机遇与挑战

（一）国内外形势

"十二五"时期，世情国情将继续发生深刻变化，我国经济社会发展呈现新的阶段性特征。从国际看，经济全球化趋势势不可挡，世界范围内的经济结构调整势不可挡，科技创新引领产业升级的趋势势不可挡；但贸易保护主义明显抬头，围绕气候变化、能源资源及金融安全的斗争更为复杂，新兴产业加速发展中抢占战略制高点的竞争更加激烈。从国内看，我国仍处于可以大有作为的重要战略机遇期，工业化城镇化加速发展，消费结构产业结构加速升级，区域经济合作加速推进，为经济持续发展提供了有力支撑，经济社会蕴含着巨大的发展机遇；但经济发展中不平衡、不协调、不可持续问题相当突出，社会矛盾明显增多，制约科学发展的体制机制障碍依然较多。

（二）面临的机遇

纵观国内外形势，我省面临前所未有的发展机遇。一是京津冀经济一体化进程加快，有利于承接吸纳京津先进生产要素，把独特的区位优势转化为又好又快发展的优势。二是我省沿海地区开发建设即将纳入国家区域发展总体战略，有利于充分发挥沿海优势，大规模聚集生产要素，加快形成新的经济隆起带。三是冀中南地区列为国家重点开发区域，有利于发挥京广、京九沿线地区既有优势，加快打造经济发展新高地。四是国内产业和资本转移呈加速趋势，有利于我省发挥综合优势，通过开展战略合作，加快发展步伐。五是国家大力培育和发展战略性新兴产业，有利于我省在新能源、生物医药、新材料、先进装备制造等领域发挥比较优势，促进全省经济转型升级。六是我省已经具备了加快发展的经济实力和物质基础，形成了政通人和、人心思进的社会环境，有利于凝聚各方力量，增强内生动力，实现跨越式发展。

（三）困难与挑战

在世情国情继续发生深刻变化的大背景下，我省面临的挑战前所未有，转变经济发展方式刻不容缓。一是结构调整任务艰巨。产业结构不合理且层次低，产品技术含量不高，节能减排压力大，发展方式粗放问题依然严重。二是自主创新能力弱。科技领军人才、高层次经营管理人才和高技能专业人才短缺，研发投入占生产总值比重不足全国平均水平的一半。三是资源环境约束加剧。资源支撑能力减弱，生态环境容量不足，水、土地、矿产等资源供求矛盾突出。四是城市辐射带动能力不强。城镇化率低于全国平均水平，大中城市数量少且功能不够完善，以城带乡、以工补农能力不足。五是社会管理难度加大。社会结构变动加剧，利益主体日趋多元，收入分配差距较大，社会矛盾明显增多。

综合判断，"十二五"时期，我省仍处于可以大有作为的战略机遇期，处于向经济强省、文化强省目标跨越的发力期，面临着既要保持经济持续平稳较快发展，又要加快转变发展方式的双重任务。我们必须准确把握发展趋势，充分利用各种有利条件，着力解决突出矛盾和问题，推进经济社会步入科学发展的轨道，奋力开创经济社会发展的新局面。

第二章　指导思想和奋斗目标

一、指导思想

高举中国特色社会主义伟大旗帜，以邓小平理论和"三个代表"重要思想为指导，深入贯彻落实科学发展观，以科学发展为主题，以加快转变经济发展方式为主线，围绕加快发展和加速转型双重任务，构筑环首都绿色经济圈，壮大沿海经济隆起带，打造冀中南经济区，培育一批千亿元级工业（产业）聚集区、开发区和大型企业集团，着力调整经济结构，着力推进新型工业化、新型城镇化和农业现代化，着力保障和改善民生，着力改善生态环境，着力提高创新能力，着力深化改革开放，保持经济平稳较快发展，加快科学发展、富民强省进程，努力实现从经济大省向经济强省跨越、从文化资源大省向文化强省跨越。

"十二五"时期，最根本的是紧紧围绕科学发展这个主题，最重要的是牢牢把握加快转变经济发展方式这条主线，努力在新一轮竞争和发展中抢占先机，赢得主动。坚持下大气力调整优化产业结构，加快改造提升传统制造

业，积极培育战略性新兴产业，全面提高服务业发展水平，努力形成具有区域特色和比较优势的现代产业体系。坚持下大气力提高自主创新能力，强化企业在技术创新中的主体地位，重点突破制约产业升级的核心关键技术，促进科技成果向现实生产力转化，推动经济发展转入科技引领、创新驱动轨道。坚持下大气力统筹区域发展，推动省内不同区域优势互补、协作互助、良性互动。坚持下大气力抓好节能减排和环境保护，抓好重点领域和行业节能，加快淘汰落后产能，积极发展循环经济和环保产业，加大生态环境保护力度。坚持下大气力深化重点领域和关键环节改革，推进国有经济战略性调整，鼓励、支持、引导非公有制经济发展，转变政府职能，努力形成有利于加快转变经济发展方式的制度环境。坚持下大气力扩大对内对外开放，推动全方位的对外开放，推进京津冀区域经济一体化进程，深入与晋蒙等地区经济协作，提高开放型经济水平。坚持下大气力做好农业农村农民工作，加大强农惠农力度，加快发展现代农业，转变农业发展方式，建设社会主义新农村，促进农民增收。坚持下大气力加强社会建设和社会管理，创新社会管理体制机制，全面提高社会管理科学化水平，办好社会建设方面的实事，保障和改善民生，促进社会和谐。坚持下大气力统筹兼顾，增强发展的全面性、协调性和可持续性。实践中要切实把握以下原则：

——注重当前与长远相结合，切实增强发展的前瞻性。既要巩固经济平稳较快发展好势头，又要正确分析和把握国内外形势新变化，科学谋划“十二五”发展的重大战略、重大思路和重大政策。

——注重速度与效益相结合，切实增强发展的持续性。必须更新发展理念，更加注重技术创新、机制创新和管理创新，加大产业产品结构调整力度，努力实现速度与结构、质量、效益的统一。

——注重城市与农村相结合，切实增强发展的统筹性。既要顺应城镇化发展的基本规律，加快城镇化进程，推进城市建设上水平、出品位；又要坚持在城镇化进程中加强城乡统筹，推进城市和农村协调发展。

——注重投入与产出相结合，切实增强发展的实效性。充分发挥市场配置资源的基础性作用，着力优化要素投入结构，提高资源利用效率，促进经济增长由主要依靠增加要素投入向依靠提高要素使用效率转变。

——注重沿海开发与内地发展相结合，切实增强发展的互动性。坚持把沿海地区开发建设摆在事关全局的战略位置，同时统筹推进内陆地区开发开放，逐步构建沿海与内陆地区良性互动、互利共赢、安全高效的开放型经济体系。

——注重投资与消费、出口相结合，切实增强发展的均衡性。既要保持合理投资规模，更要注重建立扩大消费需求的长效机制，同时大力拓展国际市场，促进经济增长由主要依靠投资拉动向依靠消费、投资、出口协调拉动转变。

——注重经济与社会相结合，切实增强发展的协调性。在发展经济的同时，更加注重社会建设，加快推进社会管理创新，完善公共服务体系，增加公共产品和公共服务，更好地满足全省人民过上美好生活的需要。

——注重民生与稳定相结合，切实增强发展的和谐性。把保障和改善民生作为根本出发点和落脚点，正确处理深化改革、加快发展与维护稳定的关系，着力解决影响社会和谐稳定的源头性、基础性、根本性问题，使全体人民共享改革发展成果。

二、奋斗目标

根据以上指导思想和原则，“十二五”时期要努力实现以下经济社会发展主要目标：

——经济平稳较快发展。全省经济增长速度和效益高于全国平均水平。生产总值预期年均增长 8.5%左右，到 2015 年人均生产总值比 2000 年翻两番。全部财政收入、地方一般预算收入年均分别增长 11%，财政收入占生产总值比重提高 1－2 个百分点。物价总水平基本稳定。

——结构调整取得重大突破。农业基础地位进一步加强，钢铁等传统产业改造升级取得重要进展，战略性新兴产业在一些领域形成明显优势，服务业增加值占生产总值比重达到 38%左右。形成一批年销售收入超千亿元重点园区和大集团。城镇化率达到 54%，城镇建设上水平、出品位，新农村建设取得明显成效。

——科技创新步伐加快。研究与实验发展经费支出占生产总值比重达到 1.6%，突破一批关系产业发展、社会进步、民生改善和资源环境的关键技术，每万人口发明专利拥有量达到 0.77 件；高新技术产业增加值占生产总值比重达到 10%，形成一批具有自主知识产权和知名品牌的优势企业。

——社会建设进一步加强。科技、教育、文化、卫生、体育等各项社会事业全面发展，全省人民思想道德素质、科学文化素质和健康素质不断提高。九年义务教育巩固率达到 94%，高中阶段教育毛入学率达到 90%；城乡三项基本医疗保险参保率达到 95%，城镇参加基本养老保险人数达到 1280 万人，农村参加基本养老保险人数达到 3570 万人；人口自然增长率控制在 7.13‰以内。社会主义民主法制更加健全，社会管理制度进一步完善，社会更加和谐稳定。

——生态环境明显改善。非化石能源占一次能源消费比重达到 5%，单位生产总值能源消耗降低、单位生产总值二氧化碳排放量降低、主要污染物排放减少达到国家要求，耕地保有量不低于 642 万公顷，农业灌溉用水有效利用系数提高到 0.74，单位工业增加值用水量降低 27%，森林覆盖率达到 31%，森林蓄积量达到 1.4 亿立方米。资源利用效率显著提高，重点流域水质及城市空气质量进一步改善。

——基础设施支撑能力增强。多元、立体、快捷、高效的现代综合交通体系基本形成。铁路、公路、港口、机场运输保障能力不断提高。实现电信网、广播电视网、互联网“三网融合”，水、电、油、气管网等设施日趋完善。

———人民生活水平明显提高。城镇居民人均可支配收入、农村居民人均纯收入年均分别增长8.5%；就业压力明显缓解，城镇新增就业335万人，城镇登记失业率控制在4.5%以内，贫困人口显著减少。公民权益得到切实保障，基本公共服务体系逐步完善，生产生活条件有较大改善，精神文化生活更加丰富多彩，人民生活更加美好。

第三章　实施"四个一"战略重点带动并活跃发展全局

把加快优势地区率先发展作为战略重点，强力推进"一圈一带一区一批"建设，打造带动全省经济社会发展的增长极，形成重点突破、带动全局、协调发展的新格局。

一、加快构筑环首都绿色经济圈

推进环首都"14县（市、区）4区6基地"建设。充分发挥环绕首都的独特优势，积极主动为京津搞好服务，全方位深化与京津的战略合作，承接京津资金、项目、产业、人才、信息、技术、消费等方面的转移，形成环首都绿色经济圈。重点在承德、张家口、廊坊、保定4市近邻北京、交通便利、基础较好、潜力较大的三河、涿州、怀来、滦平等14个县（市、区），建设高层次人才创业、科技成果孵化、新兴产业示范、现代物流等四类园区，发展养老、健身、休闲度假、观光农业、绿色有机蔬菜、宜居生活等六大基地，逐步把环首都地区打造成为经济发达的新兴产业圈、绿色有机的生态农业圈、独具魅力的休闲度假圈、环境优美的生态环境圈、舒适宜人的宜居生活圈。

力促环首都四个中心城市加快发展。承德市充分发挥旅游、矿产等资源优势，着力发展休闲旅游、钒钛制品、清洁能源、新型材料、现代农业等，建设国际旅游城市和国家钒钛产业基地。张家口市充分发挥产业基础、旅游资源等优势，着力发展新能源、装备制造、农产品加工、休闲旅游、现代物流、矿产精深加工等，建设京冀晋蒙交界区域中心城市。廊坊市充分发挥区位独特和信息产业等优势，着力发展总部经济、会展经济、电子信息、服务外包、科技孵化、休闲旅游、现代农业等，建设京津冀电子信息走廊、环渤海休闲商务中心城市。保定市充分发挥历史文化和低碳城市试点等优势，着力发展新能源、装备制造、现代物流、文化旅游、现代农业等，建设先进制造业基地、休闲度假旅游基地和历史文化名城，提升京南重要区域中心城市地位。

二、加快打造沿海经济隆起带

推进沿海"11县（市、区）8区1路"建设。充分发挥环渤海的区位优势，坚持规划引导、政策支持、开放带动，促进重大生产力布局向沿海地区集中。在近海临港、基础较好、潜力较大的昌黎、丰南、黄骅等11个县（市、区），以及北戴河新区、曹妃甸新区、渤海新区等8个功能区，以滨海公路为纽带，加速构建沿海经济隆起带。着力建设一批高标准产业园区，重点发展装备制造、精品钢材、石油化工等特色优势产业，培育发展新能源、新材料、海洋经济等战略性新兴产业，大力发展港口物流、文化创意、商务会展等现代服务业，强化沿海地区产业分工与合作，形成环渤海地区具有重大影响力的临港产业带。着力建设一批国际知名、国内一流的滨海休闲度假景区，重点抓好北戴河新区、唐山湾国际旅游岛、渤海新区滨海滩涂公园建设，形成各具特色的滨海风光旅游带。着力改善沿海地区生态环境，重点治理点源面源污染，加强滩涂和重要湿地保护，形成海蓝地绿的海洋生态带。着力提升唐山、秦皇岛、沧州三个中心城市功能，重点建设唐山湾国际生态城、黄骅新城、北戴河新区三个滨海新城，强化城市间功能对接和互动发展，形成以三个中心城市和三个滨海新城为核心，一批中小城市和特色城镇为节点的滨海城市带。

加大沿海中心城市开发开放力度。唐山市充分发挥省域中心城市优势，着力发展精品钢铁、装备制造、现代化工、港口物流、新型建材、滨海旅游、会展经济、总部经济、海洋经济等，打造综合性贸易大港和世界级精品钢铁基地，建设科学发展的示范城市、环渤海地区的新型工业化基地、面向东北亚的对外开放窗口。秦皇岛市充分发挥旅游资源优势，着力搞好国家现代服务业综合改革试点和国家旅游综合改革试验区，重点发展休闲旅游、港口物流、数据产业、服务外包、总部经济、会展经济等现代服务业和重大装备、电子信息等先进制造业，依托北戴河新区建设国际知名滨海休闲度假旅游目的地，形成现代化滨海旅游宜居城市。沧州市充分发挥沿海和历史文化优势，高标准建设综合大港和临港工业园区，着力发展石油化工、装备制造、精品钢材、港口物流、滨海旅游、海洋经济等产业，努力形成环渤海地区重化工业基地和冀中南及纵深腹地的出海通道，建设环渤海地区重要的港口城市。

三、加快发展冀中南经济区

推进冀中南"1中心2轴3基地18县"建设。充分利用冀中南地区列为国家重点开发区域的有利条件，发挥交通和产业基础优势，以石家庄为中心，强力推进大西柏坡、正定新区、临空港产业园区、东部新城建设；以京广（京珠）、京九（大广）复合交通干线为两轴，促进生产要素加快集聚；以邯郸冀南新区、衡水滨湖新区、邢台新区三个产业基地为重点，培育冀中南经济增长新优势；以壮大特色产业集群为重点，加大两轴沿线的正定、宁晋、武安、冀州等18个县（市）开发开放力度。坚持交通基础设施先行，加强冀中南地区与京津、黄骅港的通道连接，加快邯黄铁路建设，谋划建设京九客运专线河北段、邯黄高速公路，促进生产要素加快集聚。坚持以大开放促大发展，充分发挥比较优势，着力培育一批各具特色的产业集群，把冀中南经济区建设成为我省新兴产业基地、先进制造业基地、现代服务业基地、现代农业示范基地和文化旅游基地，形成与环首都绿色经济圈、沿海经济隆起带良性互动、融合发展新格局。

做大做强冀中南中心城市。石家庄市充分发挥省会优势，加快发展文化、旅游、商贸、金融等现代服务业，以大西柏坡建设为重点，打造国内知名旅游目的地。以建设

高标准产业园区为重点，打造国家级电子信息、生物（医药）、卫星导航、通用飞机等高端制造业基地。推动组团城区同城化进程，建设繁华舒适、现代一流的省会城市和京津冀第三极。衡水市发挥农业资源和生态优势，重点发展现代农业、食品加工、精细化工、装备制造、生态旅游等产业，建设生态宜居的北方湖城。邢台市发挥产业基础和交通优势，重点发展新能源、煤盐化工、装备制造、农副产品深加工、休闲旅游等产业，打造国家级新能源产业基地，建设冀晋鲁地区重要节点城市。邯郸市充分发挥省际区位、历史文化和矿产资源优势，着力发展精品钢铁、装备制造、现代物流、煤化工、高新技术、文化旅游等产业，巩固提升冀晋鲁豫接壤区域中心城市地位。

四、加快培育千亿元级重点园区和大型企业集团

着力建设重点园区。全面优化创业环境，以优势产业为依托，建设一批创新能力强、产业层次高、总量规模大、关联程度紧、辐射带动强的园区，力争有十个以上开发区或工业聚集区营业收入超过千亿元。秦皇岛开发区，重点发展装备制造、电子信息、新材料、机电一体化、生物技术和环保技术服务等产业，建设环渤海地区先进制造业基地和现代服务业基地。廊坊开发区，重点发展电子信息、先进制造、服务外包等产业，打造国家一流开发区。保定高新区，重点发展光伏发电、风力发电、新型储能材料、输变电设备等新能源装备，建设我国有重要影响力的新能源及能源设备基地。石家庄高新区，重点打造生物医药、电子信息、高端装备、新材料等产业，建设国家创新型高新区和生物医药基地。邯郸经济开发区，重点发展新材料、装备制造、家电制造、现代服务业等，建成重要的新材料和先进制造业基地。唐山动车城，重点发展高速动车、城轨客车、城际列车等，形成以动车组为龙头的高端装备制造基地。燕郊开发区，重点发展通信网络产品、电子专用设备及材料、平板显示、光机电一体化设备等，打造北方重要的信息产品制造中心。保定长城工业聚集区，重点发展新能源汽车、常规动力汽车及零部件，打造集研发、生产、服务为一体的汽车制造基地。定州唐河循环经济产业园区，重点发展汽车、煤化工、食品加工和现代物流产业，建设国内一流的微型车基地、焦化基地和液态奶生产基地。迁安西部工业区，围绕钢铁及深加工，建设循环经济示范基地。乐亭新区临港工业聚集区，重点发展精品钢铁、装备制造、能源等临港产业，建设船板生产和重型装备制造基地。

培育大型企业集团。鼓励企业通过联合重组、兼并收购等多种途径做大做强，形成一批拥有自主知识产权、具有较强核心竞争力的大公司和企业集团，力争新培育十个以上营业收入超千亿元的大型企业集团。开滦集团，煤炭产能超过1亿吨，积极发展煤化工、装备制造、现代物流。冀中能源集团，煤炭产能超过1亿吨，加快发展制药产业，培育壮大航空产业，总销售收入实现翻番。长城汽车集团，重点增强汽车研发及整车制造能力，建设保定、天津两大制造基地，形成200万辆产能。新兴铸管集团，做大做强钢铁、管件、机械和轻工等产业，保持球墨铸铁管在世界领先优势。美的邯郸基地，加快空调、冰箱、洗衣机等项目建设，打造我国北方最大的白色家电生产基地。新奥集团，进一步做大城市燃气，积极发展新能源、能源装备、生物化工等产业。中石油华北石化分公司，进一步增强原油炼化能力，积极谋划100万吨乙烯项目，原油加工能力达到1000万吨。晶龙实业集团，大力发展太阳能单晶硅和微电子材料单晶硅，打造全球最大的太阳能单晶硅制造企业。英利集团，继续做强光伏、电子级硅材料、大储能等产业，打造国际一流的新能源企业集团。旭阳化工集团，重点发展焦化产品深加工，构建煤化、石化、生化、盐化等多元组合的循环经济示范企业。

第四章 发展现代农业
强化农业基础地位

以高产、优质、高效、生态、安全为目标，加快农业发展方式转变，构建具有河北特色的现代农业产业体系，全面提升农业综合生产能力和现代化水平，实现粮食稳定增产、农业持续增效、农民持续增收。

一、提高粮食综合生产能力

建设粮食生产核心区。按照稳定面积、依靠科技、提高单产、增加总产的总体要求，培育一批吨粮市和吨粮县，着力建设4000万亩粮食生产核心区。加快中低产田改造，完善农业基础设施，搞好田间排灌渠系、农田林网和土地平整等工程，建设高标准粮田。集成应用先进技术，大力发展节水农业，提高粮食生产规模化、集约化、机械化和优质化水平，大幅提高粮食单产。加大对产粮大县（市）投入和利益补偿力度，增强核心区对全省粮食生产的支撑能力。

实施粮食增产计划。加快推进优质粮食产业工程、种子工程和大型商品粮基地工程建设。实施粮食丰产科技计划，推进良种良法集成配套、农机农艺有效结合，建设一批粮食科技示范区和万亩高产示范方，粮食播种面积稳定在9000万亩，综合生产能力稳步提高。

推进区域特色农业发展。建设黑龙港优质大豆产业带，黑龙港、太行山和冀北优质杂粮产业带，冀东、冀中南优质油料产业带，黑龙港优势棉花产区。油料播种面积稳定在800万亩左右，棉花面积稳定在1000万亩左右，水产品产量达到160万吨。

二、培育壮大优势产业

做大做强畜牧业。巩固畜牧业在农业的主导地位，做强奶牛、生猪和蛋鸡等三大优势产业，提升肉鸡、肉牛、肉羊等潜力产业，加快良种繁育基地、优质饲草饲料基地建设，推进集中饲养、规模饲养、绿色饲养，完善畜产品检测体系和疫病防治体系。建设沿海出口型、山坝生态型、城市周边集约型优势养殖带。畜牧业产值占农林牧渔业总产值的比重提高到48%。

做大做优蔬菜业。按照扩规模上设施、创品牌拓市场、提质量增效益的要求，扩大设施菜、错季菜、品牌菜和绿色无公害蔬菜种植面积，提高设施蔬菜和绿色蔬菜比重。在全省实施新一轮菜篮子工程，支持环首都24个示范县上规模、调结构、创品牌，建设环首都优质蔬菜生产带。全省蔬菜播种面积达到2500万亩，设施菜比重提高到60%以上，京津市场占有率达到50%以上。

做优做特果品业。以突出特色、适地适树、规模发展为方向，加快果品结构调整和生产基地建设步伐。支持赵县、深州、乐亭、涉县等68个果品重点县推行品种改良、树体改造、矮化密植栽培等技术和标准化生产，高标准建设梨、苹果、葡萄等八大特色优势果品基地，力争果品基地面积达到2500万亩，标准化生产率达到95%以上。

三、推进产业化经营

壮大龙头企业。立足做强优势产业，支持粮油、蔬菜、肉蛋奶、果品等主要农产品加工龙头企业建设，加快技术改造、品牌培育和市场扩张步伐，引进战略投资者，打造具有较强竞争力的大型企业集团。培育知名品牌100个，营业收入超50亿元企业20家、超100亿元企业10家。

推进产加销一体化。引导农业龙头企业与合作社、农户有效对接，推广“企业＋合作社＋农户”等经营模式，建立紧密型利益联结机制。打造农产品标准化生产基地、科技示范基地和农产品加工园区。农业产业化经营率达到65%，农产品加工业增加值与一产增加值比例达到1.2：1。

四、努力促进农民增收

增加农民经营性收入。鼓励和支持农民以市场为导向，优化种养结构，提高生产经营水平和经济效益，发展休闲农业、乡村旅游、园艺业和农村服务业，完善农产品市场体系和价格形成机制，落实粮食保护价收购政策，切实提高农民家庭经营收入水平。增加农民工资性收入。建立和完善城乡统一的就业促进政策，加强农民进城就业信息服务和职业技能培训，提高农民工就业能力，使农民工资性收入持续较快增长。增加农民转移性收入。进一步完善良种补贴政策，扩大补贴范围，合理确定农机具购置补贴规模，把牧业、林业和抗旱节水机械设备纳入补贴范围，完善农资综合补贴动态调整机制，新增农业补贴向种粮大户、农民专业合作社倾斜。增加农民财产性收入。加强农村集体资产管理，依法开发集体资源，盘活集体资产存量，在增加集体财富的同时，使农民从农村资源和集体财产增值中获得更多收益。保护农民土地承包经营权流转收益，完善征地补偿制度，使农民更多分享土地增值收益。

五、增强农业服务保障能力

加强农业科技和人才支撑能力建设。建立农业科技创新和技术服务体系，加快农业新技术、新品种、新设施、新机具的研发和推广步伐。大力培养农业技术创新和推广骨干人才、农村实用人才和农村生产型、经营型、技能型服务人才。支持高校毕业生和各类优秀人才投身现代农业建设，鼓励外出务工农民带技术、带资金回乡创业。农业科技进步贡献率提高到56%，科技示范户达到30万户。

加强农业基础设施和装备条件建设。加快农村土地整理复垦。推进中低产田改造，实施小型农田水利设施、机耕道等田间工程，推广农业节水综合技术，建设旱涝保收高标准农田。推广土壤有机质提升等培肥地力技术。推进种植业生产全程机械化，积极开展农机跨区作业。提高养殖业安全、卫生装备水平。

加强农业标准化、市场化建设。健全农业标准体系，推行统一的行业操作规程和技术规范，加快发展无公害、绿色、有机和具有地理标识农产品生产。建立安全可靠、服务便捷的农资经营网络，建设环京津及区域性蔬菜配送中心、大型农产品批发交易市场，重点建设200个大型农产品市场，推动200家超市或流通企业与农产品生产基地产销对接。

加强农业资源保护和生态环境建设。继续实行最严格的耕地保护制度，将耕地保有量和基本农田保护面积落实到县、乡，保证基本农田不减少，质量有提高。保护和利用好水资源，重视和加强草原建设与保护，合理养护和利用渔业资源。积极发展循环农业，推广农作物秸秆、畜禽粪便等废弃物资源化和再利用技术，形成循环农业发展模式。搞好农业生态环境治理，积极发展测土配方施肥，鼓励使用生物农药和高效、低毒、低残留农药，鼓励农膜回收再利用，控制农业面源污染。

加强新型农业社会化服务体系建设。完善基层公益性农技推广体系，构建协调有序、运转高效的农技推广机制。完善动植物疫病防控体系，提高农、林作物重大病虫害和动物疫病监测预警能力，大规模开展统防统治行动。完善农产品质量监测体系，强化农业投入品监测，实行农产品质量安全产地准出、市场准入和质量追溯制度。完善农业信息化体系，开发“12316”农业信息综合服务平台，推动现代信息技术在农业农村应用。

第五章 调整工业结构 提高产业核心竞争力

坚持走新型工业化道路，以提升发展质量和效益为核心，以提高产业核心竞争力为目标，把推进产业优化升级作为调结构、转方式的主攻方向，实现传统产业升级、新兴产业跨越。

一、大规模改造提升制造业

坚持把改造提升传统产业作为现阶段调整结构的首要任务，加大用新技术、新工艺、新装备改造提升传统产业力度。引导企业优化生产流程，加快淘汰落后工艺技术和设备，提高能源资源利用水平。鼓励企业增强新产品开发能力，提高产品技术含量和附加值。优化传统制造业布局，推进重点产业结构调整，促进企业兼并重组，努力实现传统制造业由大变强、上档升级。

钢铁工业。按照控制总量、调整结构、优化布局、整合重组的原则，以减量、提档、整合为重点，大力开发高附加值产品，推动设备大型化、高技术化，实现内陆存量压减并向沿海和资源富集地区转移。支持河北钢铁、首钢集团等大型钢铁企业通过兼并、联合、托管、收购等形式，重组地方钢铁企业，形成规模分别超过5000万吨、3000万吨，年主营业务收入分别超过3000亿元、2000亿元的两家特大型钢铁集团。鼓励其他地方钢铁企业联合重组，形成1－2家千万吨级的大型钢铁企业集团，全面提升行业技术水平和整体实力。建设1－2个国家工程技术研究中心，开展可循环钢铁新工艺及新材料、新产品研发，增强自主创新能力。重点建设曹妃甸精品钢、京唐港造船用钢、黄骅港优特钢三大临港基地和承德钒钛制品基地。支持河北钢铁优质板材、优质建筑材和钢结构用材系列化配套改造。钢铁工业主要技术经济指标达到国内先进水平，建设钢铁强省。

装备制造业。按照发展整机、壮大配套、培育龙头、推进聚集的思路，围绕交通装备、能源装备、工程装备、专用设备、船舶及海洋工程装备和基础产品等领域，形成一批整机带动能力强、配套体系较为完整的产业集群和制造基地。交通装备，支持长城汽车乘用车和河北长安微型车等扩能力、上水平，推进邢台、曹妃甸、邯郸等商用车项目建设，加快山海关修造船基地和船舶配套产业园建设，开展曹妃甸新区、渤海新区修造船及海洋工程装备项目前期工作。工程装备，重点发展推土机、挖掘机、装载机、盾构机、旋挖钻机、煤矿装备等产品，抓好宣工工程机械产业园、唐山住友工程装备工业园等项目建设。专用设备，重点发展冶金设备、水泥设备、纺织设备、农业装备等，抓好首钢大厂装备基地、中钢邢机冶金轧辊项目建设。形成10家左右年主营业务收入超百亿元的大型企业集团，10个以上年主营业务收入超300亿元的装备制造聚集区，装备制造业增加值占全省规模以上工业增加值的比重达到25%左右，成为第二大支柱产业。

石化工业。按照扩大规模、集约集聚、延伸链条、循环发展的思路，优化产业布局，力争规模以上企业工业增加值实现倍增。石油化工，加快建设石家庄炼化、华北石化两个千万吨炼油项目；积极推进曹妃甸大型石化基地、中海油中捷石化大型炼化一体化、中石油华北石化百万吨乙烯等项目前期工作；加快推进中石化沧州炼化分公司500万吨炼油填平补齐、石家庄40万吨己内酰胺二期扩建项目，全省原油加工能力力争达到4000万吨。煤化工，提高煤焦化，发展煤气化，适时发展煤液化，加快建设冀中南和冀东煤化工基地，谋划建设甲醇制烯烃项目。盐化工，推动纯碱、烧碱、PVC树脂等传统优势产品上档升级，延伸产业链；支持以海水淡化为龙头，发展循环经济；加快宁晋井矿盐资源开发利用，建设大型盐化工项目。精细化工，大力发展高效低毒低残留农药、塑料加工助剂、高端涂料、染料等，促进原料化工向精细化工转变。石化产业增加值占规模以上工业增加值的比重达到15%左右。

其他传统优势产业。以增强市场竞争力为目标，加快技术装备改造升级步伐，大力实施名牌战略，努力打造一批生产规模大、品牌美誉度好、市场占有率高的行业领军企业和特色产业集群。建材建筑业，适度发展新型干法水泥，积极发展水泥构件等延伸产品，重点发展高技术含量玻璃、玻璃深加工等，做大做强一批优势突出、竞争力强的建筑企业，打造河北建筑知名品牌。轻工行业，重点发展新型塑料制品，延伸皮革制品产业链条，开发厨房用具、电动工具等高附加值金属制品，推动家具产品升级。纺织服装，采用高新技术改造传统纺织产业，重点发展高档面料、产业用纺织品等，加快培育名牌服装产品，终端产品比重达到30%以上。食品工业，重点发展粮油、肉禽、乳品、饮料、方便食品等行业，提高绿色食品、保健食品等高附加值产品的比重。

二、积极培育壮大战略性新兴产业

把培育战略性新兴产业作为优化产业结构的突破口，按照创新引领、重点突破、开放带动、集聚发展的思路，加强规划引导和政策支持，组织实施核心关键技术攻关工程，深化战略合作，着力扩大规模、提升档次，实现跨越式发展。

新能源产业。保持新能源产业发展的强劲势头，巩固在国内的领先地位。加强前沿核心技术研发和系统技术集成，以太阳能光伏发电、风力发电、智能电网、新能源汽车四大产业链条为重点，努力向产业链高端发展，加快壮大产业规模。太阳能光伏产业，抓好保定、邢台等国家级光伏产业基地建设，提升保定英利、宁晋晶龙、廊坊新奥等大型企业集团规模优势和国际竞争力，在张承地区建设一批1万千瓦规模以上的光伏电站。风力发电产业，以中航惠腾、天威风电、国电联合动力、中钢邢机等骨干企业为依托，建设一批风电叶片、风电整机产业化基地，力促张家口、承德百万千瓦风电基地等重大项目投产运行，促进秦唐沧沿海及海上风能资源的开发利用。智能电网，重点推进分布式电网技术、微网技术等研究开发，大力发展新能源并网及控制、智能化电网储能等产品。新能源汽车，重点加强引进与合作，推进整车及关键零部件、动力电池等研发和制造基地建设，促进新能源汽车在公交、出租、环卫等领域的示范应用。

新一代信息产业。充分发挥既有优势，加快推进通信网络设备、物联网、平板显示、半导体照明、软件与信息服务、云计算等产业发展，支持建设廊坊、石家庄、秦皇岛、保定四大信息产业基地。通信网络设备，重点支持新一代移动通信系统和终端、卫星导航等领域的研发和产业化，带动元器件、功率器件等配套行业集群式发展。物联网，重点推进射频标签、新型传感器研发及产业化，加快中电科河北物联网产业基地等五个基地建设。平板显示，重点支持液晶材料、液晶模块、液晶屏生产上规模上档次。半导体照明，重点支持全光半导体照明芯片研发及产业化，加快产品在照明、背光源等领域的推广应用。软件与信息服务，重点支持行业应用软件和嵌入式软件开发推广，推动信息技术在各领域的应用。云计算，依托廊坊润泽国际信息港、秦皇岛数据产业基地等，重点发展海量数据存储、灾备等云计算基础服务平台。在环首都地区建设为国家机关、大型企业、跨国公司等提供服务的大型信息存储产业园区，形成行业聚集效应，带动数据存储产业发展。

生物医药产业。以石家庄国家生物产业基地为龙头，加快生物医药、生物农业、生物制造等产业发展，努力在关键技术和重要产品研发方面实现突破。生物医药，重点发展重组蛋白药物、多肽类药物、新型疫苗等，支持先进剂型制剂、创新药物等产品的研发和产业化，推进中药现代化。生物农业，加强育种平台和繁育基地建设，积极推动优质高产农作物和林果、花卉等新品种的研发和产业化。生物制造，重点发展生物基高分子新材料、生物基平台化合物等产品，加快微生物和酶制剂在节能降耗、污染防治等领域的应用。

高端装备制造业。重点发展高速动车组及客车、城轨交通等现代轨道交通装备，加强高铁动车基础配套体系建设，培育一批配套企业，努力把唐山动车城打造成为世界级的高端装备制造业基地。加快发展核电及输变电装备，重点扶持秦皇岛哈动力百万千瓦核岛主设备研发制造，保持保定天威集团超高压输变电设备在国内的领先地位。积极发展通用飞机及航空配套装备以及先进临床诊断、医学监测等医学工程装备，深海作业、海洋油气开发等海洋工程装备，数控机床、工业机器人等智能制造装备。加快石家庄通用航空、张家口直升机等产品研发和生产基地建设。

新材料产业。重点发展新能源材料、电子信息材料、非晶材料、稀土材料、特种陶瓷等新型功能材料，高品质特种钢、新型合金、工程塑料等先进结构材料，碳纤维、芳纶等高性能纤维及复合材料。大力推进太阳能级光伏材料的开发和产业化，积极发展化合物电池材料、薄膜光伏电池材料等新能源材料。提升器件级单晶硅、锗硅混合单晶等电子材料的产业规模和核心竞争力。

节能环保产业。重点推进高效电机、智能控制节电装置等节能技术和产品的开发应用，发展生物处理、环境监测等环保技术和产品。积极发展再生资源回收和再制造利用技术。建立和完善节能环保技术创新、产品推广服务体系，积极推广能源合同管理新模式。

海洋经济。科学规划海洋经济发展，合理开发利用海洋资源，积极发展海洋工业、海洋养殖、海洋运输、海洋能源、滨海旅游等产业，培育壮大海洋生物医药、海水综合利用等新兴产业。加快曹妃甸、渤海新区海水淡化基地建设和发展，推进秦唐沧沿海及海上风电基地建设。加强海洋基础性、前瞻性、关键性技术研发，重点推进海藻蛋白类、多糖类、维生素类活性物质规模化提取技术研究，促进海洋生物柴油、海藻多糖药用胶囊等海洋生物制品产业化。

到2015年，高新技术产业增加值占全省生产总值的比重达到10%，力争把新能源、新一代信息、生物医药、高端装备制造业发展成为后续支柱产业，新材料、海洋经济成为先导产业，节能环保产业取得突破性发展。

三、促进信息化与工业化深度融合

用信息技术提升企业研发设计水平。推广微电子技术与计算机辅助设计（CAD）等在研发设计各环节的应用，加快构造网络化、协同化的工业研发设计体系，促进产业的技术融合，提高创新资源的集合效率。

推动生产过程智能化和生产装备数字化。在钢铁、石化、建材等行业加快普及集散控制、制造执行等技术的集成应用，加快装备制造业生产设备的数控化和自动化，推广精益生产等先进生产方式，加强其他传统行业生产装备的数字化、智能化改造，在重点企业基本普及综合集成制造和柔性制造系统。

促进信息技术在企业经营管理活动中的广泛应用。积极推广企业资源管理、供应链管理、销售和售后服务管理、计算机决策支持等信息技术，推动信息化在企业生产经营全过程的渗透融合，全面提高企业的整体素质和核心竞争力。

四、加快产业园区建设

顺应产业集中、集约、集聚的发展趋势，推动项目向园区投放、企业向园区集中、创新要素向园区汇聚，着力建设一批行业之间关联配套、上下游之间有机链接、吸纳就业充分、聚集效应明显、产业和城市融合发展的工业聚集区、经济开发区等各类园区。每个设区市在城市周边重点规划建设3—4个园区，每个县城周边规划建设1—2个园区。其中，每个设区市重点培育1—2家营业收入超千亿元的开发区或工业聚集区，3—5家营业收入超百亿元的园区。

加强各类园区产业组织体系建设。搭建支撑能力强的研发、设计、咨询等公共技术服务平台，培育技术装备先进、产品链条完整、协作配套体系完善的企业群体，建设功能齐全的现代物流、销售服务、信息服务保障网络，初步建成一批以高新技术产业为主的园区、一批以传统优势产业为主的园区、一批以特色优势产品为主的园区，形成一批在国内外有较高知名度的产品名牌和区域品牌。

第六章　拓展新领域
全面加快服务业发展

把推动服务业的大发展作为产业结构优化升级的战略重点，按照扩大规模、拓宽领域、提升功能、创新业态的思路，优先发展生产性服务业，加快发展生活性服务业，大力发展高端服务业，积极发展面向农村和社区的服务业，构建优势明显、特色突出、充满活力的服务业发展新格局，切实提高服务业在国民经济中的比重。

一、加快发展现代物流业

以先进理念和现代技术为支撑，以物流信息化、标准化和国际化为重点，积极构建国内外联通、京津冀一体、沿海与腹地互动的现代物流体系，提升物流业在现代产业体系中的地位和作用。

打造环首都物流产业带。在涿州、三河、香河、广阳、固安、怀来、丰宁等环首都一线地区规划建设一批城市配送型、农产品供给型、空港服务型现代物流园区，使之成为承接北京物流外置的载体，满足北京市场供应的基地，连接北京及全国物流网络的重要节点。

畅通冀东和冀中南物流通道。完善“东出西联”交通基础设施建设，畅通以唐山港、秦皇岛港为龙头，覆盖唐山、秦皇岛、承德、张家口等市，连接内蒙、晋北、西北等纵深腹地的“冀东物流通道”；以黄骅港为龙头，覆盖沧州、衡水、石家庄、邢台、邯郸等市，连接晋中南、鲁西北、豫北等广阔腹地的“冀中南物流通道”。

建设物流产业聚集区。依托唐山港、秦皇岛港、黄骅港及石家庄空港等，加快建设海港、空港、内陆港等交通枢纽型物流产业集聚区。依托大型骨干企业，以订单为纽带，建设钢铁、煤炭、装备制造、医药等产业基地型物流集聚区。依托白沟箱包、安平丝网、肃宁皮毛等大型商品交易市场，建设商贸集散型物流产业聚集区。

加快发展专项物流。重点发展煤炭、钢铁、医药、建材、邮政等专项物流，积极发展果蔬、肉类、水产品等冷链物流，完善粮食现代物流，培育发展国际物流业务，谋划建设临港保税物流园区和保税型内陆港。

推进物流业与制造业联动发展。实施物流业与制造业“两业联动”示范工程，引导、支持大型制造业企业整合、分离、外包物流业务。支持邯运、沧运等大型第三方物流企业进一步做大做强。搭建大型制造业企业与物流企业的合作交流平台，促进关联方结成战略联盟。

推进物流信息化和标准化。加快现有仓储、转运设施和运输工具标准化改造，推广集装箱、托盘等标准化物流设施和装备，鼓励企业采用集装单元、射频识别、货物跟踪、自动分拣、立体仓库等物流新技术，推广普及自动识别、数据交换、卫星定位、智能交通、不停车收费等物流信息技术，积极推广应用物联网技术。

二、做大做强旅游业

充分发挥我省旅游资源丰富、区位条件独特的优势，整合资源，建设名胜景区，打造精品线路，强化区域合作，实现旅游业跨越式发展。

构建“一极、两城、两带、十二区”旅游大格局。培育省会石家庄旅游增长极，将石家庄打造成为冀中南旅游中心城市，将承德和秦皇岛打造成国际旅游目的地城市。依托“两环”优势，建设一批休闲旅游产业聚集区，形成环京津和环渤海两个休闲度假旅游带。构建石家庄大西柏坡红色旅游、保定温泉度假村等十二个旅游产业聚集区。

强力推进旅游项目建设。以精品化、品牌化为方向，综合运用科技、文化、创意等手段，打造100个主题特色鲜明、基础设施配套、活动内容丰富、文化品位较高、市场吸引力较强的景区。推进旅游业与其他产业融合，大力发展乡村旅游、森林生态旅游、工业旅游、低空航空旅游等新业态，构建富有河北特色的旅游产品体系。以大项目促大投入、大发展，每年实施100个以上重点项目，5年累计完成投资1000亿元以上。

培育一批有竞争力的旅游企业集团。加快组建一批跨地区、跨行业、跨所有制、竞争力强的大型旅游集团，引进一批海内外有实力的企业集团、投资机构等战略投资者，做强旅游发展主体。

强化旅游品牌宣传。搞好重点旅游目的地策划包装，打响红色旅游、皇家旅游、海洋旅游、生态旅游、冰雪旅游五大品牌，塑造河北旅游整体形象。办好节庆、论坛、会展、招商、体育赛事、文化交流等营销活动，推出一批高品质、有特色的旅游演艺产品。

提升旅游管理服务水平。加快制定实施与国际通行规则相衔接的旅游服务标准体系，建设集宣传促销、导游、咨询、预订、投诉等功能于一体的综合性旅游信息服务平台，完善应急救援、公共医疗、卫生检疫防疫等安全救助体系。

三、大力发展金融业

充分发挥金融对地方经济发展的引领和支撑作用，努力将金融业培育成战略支柱产业。金融业增加值占全省生产总值比重达到4%左右。

壮大金融市场主体。重点引进境内外金融机构来我省设立中国总部、分支机构或出资设立法人机构，力争有1—2家外资银行落户河北。建设中国北方金融后台服务基地和重点金融街区，吸引国内外金融分支机构和地区总部入驻，力争金融后台服务、数据备份中心和培训等机构达到100家，形成集聚发展优势。加快中国工商银行后台服务中心（石家庄）建设进度，引导设立服务于曹妃甸新区、沧州渤海新区先进制造业发展的金融机构。

大力发展地方金融。扶持地方金融机构做大做强。鼓励城市商业银行增设分支机构，在全省各县（市）的覆盖率达到50%。鼓励县级和市级农村信用社联社加快股份制改造，争取40%的县级联社改建成农村商业银行或农村合作银行。发挥现有省级投融资平台作用，重点支持河北建投、省国控担保等集团发展。积极推动中小企业融资性担保平台建设。加快村镇银行、贷款公司、资金互助社等农村新型金融机构建设，争取50%的县（市）各建成一家以上新型农村金融机构，小额贷款公司发展到300家。支持社会资本设立股权投资基金，积极发展创业投资。

积极发展资本市场。培育后备上市企业资源，争取100家企业在多层次资本市场上市融资。稳步推进企业债券、公司债券、中期票据和短期融资券发展，探索市政建设债券和地方政府债券发行试点。推动期货交易所在河北设立焦炭焦煤、钢铁、有色金属、粮食等期货交割库。

加快发展保险市场。积极推动“三农”保险，加快养老、医疗和责任保险发展，加大对出口信用保险的扶持力度。组建省属法人保险机构。实施“绿色保险”工程，建立“曹妃甸保险服务可持续发展试验区”。推进“保险信誉”工程，切实解决理赔难问题。实施“保险护城河”工程，将责任保险纳入全省灾害事故防范救助体系。

推进京津冀金融一体化进程。深化与国家金融机构合作，在京津周围谋划建设金融聚集区、金融服务区。打造区域金融合作共同体，推动京津冀同城支付结算系统、征信系统、产权和票据市场一体化。

四、改造提升商贸流通业

构建城乡一体化流通网络。高标准规划城市商业网点，培育中心商圈，建设一批特色商业街（区）。继续实施“万村千乡市场工程”和“双百市场工程”，建设和改造农产品批发市场、农贸市场，发展“农超对接”，力争农家店覆盖80%的行政村，商品统一配送率提高到60%以上。

建立业态多元的现代流通格局。努力构筑环首都、环渤海、冀中、冀南四大商圈。通过股权置换、上市融资等方式，推动商贸流通企业做大做强，培育8家企业进入全国零售百强、5家进入全国连锁百强。建设一批特色鲜明、功能完善、辐射力强的商品市场，重点建设100个区域性工业品市场。推动知名市场延伸产业链条，打造集商品研发和生产、品牌展示、信息发布、价格形成、电子商务于一体的现代采购交易平台。

积极发展假日经济和夜经济。建设提升一批档次高的主题功能商街，培育一批文化内涵丰富的名品名店，打造一批效益突出的演艺品牌，引进一批国际知名的商业企业，形成吃、喝、住、游、购、娱、体、美、学、医等一体化的假日经济和夜经济产业链，培育100个特色夜消费市场。

五、培育壮大会展业

优化会展业战略布局。构建以石家庄为“一核”，唐山、秦皇岛、廊坊、邯郸、沧州为“五极”，张家口、承德、保定、衡水、邢台为“多点”的会展业空间格局。做大做优综合性会展，完善提升专业性会展，丰富文化节庆活动，努力形成各具特色、层次多样的会展服务业，培育新的增长点。完善会展场馆设施，建设国内外一流的石家庄国际会展中心，新建张家口文化会展中心，改造廊坊、唐山等国际会展中心，提升场馆服务功能。

拓展会展产业链。培育市场主体，引导和鼓励各类经济实体组建会议、展览、咨询公司，引进国内外著名展览公司来我省合资合作，培育壮大一批有实力、竞争力强的龙头会展企业。以名牌展会和龙头企业为依托，发展信息咨询、项目策划、公关营销、展览设计、装饰装修、展品运输、商贸洽谈、网络会展等现代会展服务业，提升会展服务专业化水平。

发展具有河北特色的品牌展会。精心办好环首都绿色经济圈国际经济贸易洽谈会、中国·曹妃甸临港产业国际投资贸易洽谈会、中国（承德）国际旅游文化投资贸易洽谈会，积极筹备中国唐山世界园艺博览会，全面提升陶瓷、丝网、羊绒、皮草、箱包、家具、动漫等专业博览会的档次和水平，打造各具特色的商贸会展品牌。组织好中国吴桥国际杂技艺术节、崇礼国际滑雪节、怀来葡萄节、张北草原节、沧州国际武术节、邯郸中国（永年）太极国际峰会等节庆活动。

六、扶持拓展服务外包业

抓住国际服务业转移和京津冀经济一体化等有利时机，结合制造业企业主辅业务分离和机关事业单位改革，鼓励和引导我省有竞争力的服务业企业参与国内外产业链分工，促进我省服务外包业加快发展。

加快推进服务环节外包、剥离和转型。鼓励大型企业研发设计、物流采购、市场营销、售后服务、管理咨询等业务剥离，组建专业化的服务企业或业务外包。推动机关和事业单位车辆配备、会议会务、物业管理、人员培训等后勤服务外包。鼓励高技术制造、现代物流、商贸流通等领域的龙头企业，加快从传统服务向更高层次的研发设计、市场分析、流程设计、管理策划方向发展。

重点培育信息、客服、影视、设计等服务外包业。推进业务流程外包、信息技术外包和辅助决策外包的技能培训和软件研发，重点开拓信息服务、金融、物流、医疗、法律、动漫、研发设计等领域的服务外包业，促进企业供应链管理、财务管理、后勤管理、人力资源管理、客户服务等业务流程的服务外包。

建设服务外包示范园区。加快廊坊、秦皇岛、保定等服务外包示范区建设，培育壮大一批服务外包基地。依托科研院所和各类园区，吸引和承接著名跨国公司转移服务外包业务，着力培育1个国家级服务外包示范城市、4个省级服务外包示范城市、5个省级服务外包示范园区和50家省级服务外包示范企业，服务外包出口额达到10亿美元。

七、积极发展社区服务业

以构建和谐社区为目标，积极推进城乡社区建设。城市按照每百户20平方米的标准配置社区综合服务设施，全省90%的街道建立社区服务中心，80%以上社区建立社区服务站。农村按照每千人不少于200平方米的标准配置社区综合服务设施，70%的乡镇建立社区综合服务中心，农村社区综合服务设施的服务功能覆盖全省60%的行政村。鼓励各类组织、单位和个人兴办社区服务业，构建方便、舒适的生活服务圈，优先开展老年人（残疾人）居家养老服务、托老（残）服务、病人看护、家庭保洁、家教服务等家政服务，为居民提供优质便捷服务。建设联通市、县、乡的网络平台，以县（市、区）为单位建立社区智能呼叫中心，形成“一键通”呼叫服务网络。

第七章　鼓励全民创业
促进民营经济大发展快发展

把发展民营经济放在活跃经济全局的战略位置，全面落实国家和省支持民营经济发展的各项政策，进一步解放思想，对民营经济政治上放心，思想上放开，政策上放宽，发展上放胆，工作上放手，营造公平的市场环境，形成全民创业、竞相发展的生动局面。

一、优化民营经济发展环境

放宽市场准入。按照非禁即入的原则，支持民间资本进入交通、水利、电力、石油、天然气、电信、土地整治和矿产资源勘探开发、市政公用事业、政策性住房建设、社会事业、金融服务、商贸流通、国防科技工业等行业和领域，鼓励民营企业参与国有企业改革。对注册登记以及变更注册登记的民营企业、个体工商户，免收登记类、证照类行政事业性收费。

引导民间投资。支持民营企业、中小企业依法开展股权融资、债权融资、租赁融资、项目融资等多方式的直接融资。鼓励民间资本参与发起设立村镇银行、小额贷款公司和典当、拍卖等融资服务机构。进一步强化各级财政资金引导作用。帮助具备条件的民营企业上市融资，增强发展后劲。

开展全民创业活动。鼓励支持公民、法人和其他组织依法开展有利于发展经济、繁荣市场、增收富民的各种创业活动；符合规定的经营活动，平等享受税收、贴息、担保、贷款、就业服务等优惠政策。完善民营经济法律服务组织，建立网上法律咨询平台和服务热线，继续开展“金色阳光行动”，切实维护民营企业合法权益，保护和激发全民创业热情。

二、加强公共服务平台建设

抓好担保机构建设。以国控担保集团公司为主体，做大省级融资性担保机构，为民营企业提供直接担保和多种形式的融资服务，资本金总额增加到100亿元；以省中小企业信用担保中心为主体，组建省级再担保机构，适当开展直接担保，资本金达到10亿元；以国富担保公司为主体，为“三农”项目提供直接担保，资本金达到5亿元；依托省供销社的新合作投资担保公司，打造面向农村流通企业和专业合作经济组织的新型担保公司，资本金达到3亿元，形成省级4家担保机构分工明确、协调配合的融资担保体系。做强市级担保机构，各设区市至少建成1家资本金规模1亿元以上的区域性核心担保机构。做实县级担保机构，资本金规模达到5000万元以上。支持注册资本超过亿元的担保机构开展再担保业务。全省融资性担保机构资本金总额达到300亿元以上，形成1500亿元的融资担保能力。县级以上政府安排专项资金对融资性担保机构给予风险补偿。

搭建创业平台。采取政府引导、多方投资等方式，利用各类产业园区、规模较大的闲置厂房和场地，建设具有滚动孵化功能的中小企业创业辅导基地，为创业者提供创业场地和各类服务，降低创业成本，提高创业成功率。每个县（市、区）至少建成2个中小企业创业辅导基地。建立省中小企业创业指导中心，健全省、市、县（市、区）三级创业辅导服务网络，扩大创业辅导师（员）队伍，为民营初创企业提供公益性创业辅导服务。省、市扶持中小企业发展专项资金重点支持公共服务平台和示范平台建设。

支持科技创新。认真落实财政扶持、税收优惠政策，鼓励引导民营企业加大研发投入，开发新技术、新产品、新工艺。民营企业在技术认定、技术创新资金和工业设计奖励等方面，与国有企业享受同等待遇。对国家级和省级创新型企业，由当地政府予以奖励，并优先安排科技项目。积极发展技术交易市场，促进民营企业科技成果转化。

健全人才培训体系。加强民营经济组织人才培训基地建设，建成100个省级民营企业人才培训基地，全方位推进民营企业从业人员培训，特别是加强民营企业家培训。每年选送100名民营企业家到国内外高校或专门机构进修，集中培训1000名规模以上民营企业高级管理人才，专题培训10000名小企业经营管理者。

完善信息服务。加强面向民营企业的信息服务，提供及时有效的产、供、销、科技、人才等方面信息，强化民营经济运行分析监测，及时发布行业景气指数，指导企业生产经营。注重发挥各类商会和行业协会的作用，利用其自身优势，广泛收集、分析整理有关市场行情、行业走势，为企业提供咨询服务。

三、引导民营企业聚集发展

实施产业集群示范工程，培育一批规模大、实力强、特色鲜明的产业集群，每个县（市、区）都要形成1个以上规模较大的产业集群。开展“百强民营企业”和“千家成长型中小企业”帮扶活动，积极推进民营企业联合重组，逐步培育一批市场前景广阔、规模效益明显、行业领先的优势企业（集团）。到2015年，民营经济增加值实现翻番，民营经济从业人员占二、三产业从业人员的比重达到70%以上。

第八章　推进新型城镇化
促进城市发展上水平出品位

巩固城镇面貌三年大变样成果，大力推进城镇建设上水平，转变城市发展方式，推动产业和人口聚集，优化城市布局，加快城镇化进程，促进大中小城市和小城镇协调发展，走符合河北实际的新型城镇化道路。

一、构建城镇化新格局

把城市群作为推进城镇化的主体形态，以建设京津冀地区世界级城市群为目标，构建“两群一带”城市空间格局。

培育壮大城市群。发挥保定、廊坊、张家口、承德4个中心城市环首都的区位优势和发展空间优势，积极整合区域资源，切实加强与北京在资源配置、职能分工、产业布局和基础设施等方面的衔接协调，强化中心城市极化作用，构建环首都城市群。加快提升唐山、秦皇岛、沧州中心城市功能，大力发展临港产业园区，强力推进沿海基础设施建设，打造沿海新城（新区），着力构建沿海城市带。发挥省会石家庄的辐射带动作用，提升和强化邯郸在冀晋鲁豫接壤地区经济中心地位，壮大邢台、衡水规模和实力，加快冀中南城市群发展。

做大做强中心城市。整合中心城区与周边地区资源，统筹城乡规划、产业发展、基础设施建设、社会管理和公共服务，实现同城化发展。做大做好石家庄、唐山两大省域中心城市，强化龙头地位，壮大规模，率先发展，2015年城市人口规模均达到300万人以上，成为京津冀和环渤海地区辐射带动能力强的重要增长极。发挥其他9个设区市重要区域中心城市的带动作用，进一步壮大城市规模，2015年邯郸、保定2市城市人口分别达到200万人以上，廊坊、张家口、秦皇岛、沧州4市城市人口分别达到100万人以上，邢台、承德、衡水3市分别达到90万人、80万人、60万人以上。沿海地区统筹港口、港区、港城空间资源，加快建设曹妃甸生态城、黄骅新城、北戴河新区、乐亭新区等新城（新区），积极培育沿海新兴区域中心城市。

壮大提升中小城市。优先培育基础条件好、发展潜力大、区位条件优越、产业带动作用强的县级市和县城，打造一批高品质的中等城市。到2015年，任丘、迁安、定州城市人口达到50万人，武安、遵化、辛集、霸州等城市人口达到30万人以上。大力发展县域经济，带动县城扩容升级，打造宜居、宜业、宜游的高标准小城市，20万人以上的县城达到40个。

建设一批特色重点镇。偏远山区和规模较小的县，重点发展县城；其他县（市）培育1－2个重点镇，着力完善功能、改善环境、塑造特色，提升聚集产业和人口的能力，建成具有较强辐射力的农村区域性经济文化中心。到2015年，国家和省培育的55个重点镇，人口规模全部达到3万人以上。

二、推进城市发展上水平出品位

围绕建设繁荣舒适的现代化城市，全面推动城市环境质量、聚集能力、承载功能、居住条件、风貌特色、管理服务上水平，真正把城市打造成为区域经济发展高地、生态宜居幸福家园。

城市聚集能力上水平。加快优质产业、先进生产要素、优秀人才聚集，推动产业与城市融合发展，切实加快工业聚集区建设，完善城市功能分区，突出现代产业支撑，大力培育优势产业，形成城市独具优势的核心竞争力。设区市主城区构建以现代服务业为主的产业结构，特别是黄金地段、金角银边，重点发展文化产业、金融保险、节庆会展、服务外包等高附加值的现代服务业。加快现代商贸流通设施建设，高标准规划城市商业网点，重点打造一批城市商业中心区和与总部经济相结合的高端商务区、特色商业街、商业示范社区和商贸综合体，积极发展假日经济和夜经济，形成设施完备、业态丰富、方式先进、充满活力的现代商贸流通体系。产业园区增强聚集产业特别是新兴产业功能，城市新区着力推进产业高端化。县城注重发展服务业和具有比较优势的劳动密集型产业，创造更多就业岗位。

城市环境质量上水平。着力建设资源节约型、环境友好型、可持续发展城市。紧紧抓住影响大气质量的关键因素，加大防治力度，设区市空气质量稳定达到国家环境空气质量二级标准，县级市、县城空气质量明显改善。不断提高饮用水水质，确保供水水质合格率达到100%。强力推进城镇污染减排工程，所有城镇污水处理厂全部完成升级改造并达标运行，城市建成区内河流水质达到水环境功能区划要求。全面推进城镇垃圾处理无害化、减量化和资源化，设区市垃圾收集率、无害化处理率达到95%，县（市）城（区）达到90%。全面提高园林绿化水平，创建一批国家级和省级园林城市。

城市综合承载力上水平。按照现代化城市标准，高起点规划，高水平建设城市基础设施，不断增强城市的综合承载能力。打造畅通城市，构建以快速、大运量为主体的城市公共交通体系，加快综合交通枢纽建设，完善路网结构，加强智能交通管理，提高交通运行效率。石家庄、唐山、邯郸率先发展轨道交通。加快集中供热、管道燃气等基础设施建设，完善人民防空等防护工程和重要目标防护措施，基本形成功能齐全、运行可靠的市政设施体系。加快城市防灾减灾生命线系统建设，提高有效应对水灾、火灾、震灾、雪灾、疫情等灾害的能力和水平。

城市居住条件上水平。加强保障性住房建设，住房困难群体的住房条件明显改善。加快城中村、旧居住区、棚户区改造，设区市现有建成区范围内城中村、棚户区基本完成改造任务，旧居住区基本完成房屋整修和环境整治等改造任务。完善教育、文化、体育、医疗、养老、保健等基本公共服务设施，强化社区服务中心及配套公共社会管理设施建设。优化旧城城市功能结构，合理调控建筑密度和人口密度。按照合理服务半径，规划建设好小游园、小停车场、小超市、小市场、小餐厅等，最大程度地方便群众生活。

城市风貌特色上水平。充分挖掘和体现城市自然、历史、人文元素，塑造建筑风格独特、文化特质鲜明、个性魅力彰显的城市风貌。明确城市特色定位，编制城市风貌规划，完善实施公共设施、综合交通、城市水系、景观风貌以及城市有形文化等重点专项规划。加强历史文化遗产保护，延续城镇历史文脉，突出城市文化特色。在重点区域、重点地段和重要节点，打造一批精品工程、标志性建筑和特色街区，充分体现城市个性和文化底蕴。

城市管理服务上水平。坚持建管并重、综合治理，以精细化、标准化为核心，建立科学高效的城市管理体制和运行模式。学习借鉴世界先进城市的建设管理理念，充分发挥规划的引领、指导、规范和调控作用，规范规划编制和审批法定程序，加强规划实施监管，严格执行规划委员会、专家论证和公众参与制度。实施城市管理进社区工程，加快建设数字化城市管理系统，推进城市管理信息化。加强城市公共文明建设，培育城市人文精神，努力提高市民素质和城市文明程度。

第九章　坚持城乡统筹
推进社会主义新农村建设

坚持工业反哺农业、城市支持农村和多予少取放活的方针，统筹城乡发展。按照生产发展、生活富裕、乡风文明、村容整洁、管理民主的要求，扎实推进新农村建设，为全面建成小康社会奠定基础。

一、健全城乡良性互动机制

积极探索和健全城乡要素优化配置的体制机制，着力破解城乡二元结构，推进工业与农业、城市与农村的良性互动。

坚持城乡等值化发展。完善城乡一体发展的公共财政、公共服务、公共管理、公共政策等保障机制，以工业化带动城乡等值，加速农村工业化进程；以城镇化拉动城乡等值，积极构建新型城乡形态；以产业化推动城乡等值，提升农业农村经济发展水平；以市场化促进城乡等值，激发农村经济发展活力；以信息化驱动城乡等值，推进信息化与农村经济社会发展的深度融合。

积极推进农民工市民化。统筹城乡劳动就业，加快建立城乡统一的人力资源市场和就业服务网络，加强农民工专业技能培训和就业指导，提高就业创业能力。放宽城市落户条件，逐步实行居住证制度，凡在县城以上城市稳定居住6个月以上或购置住房的，均可登记为城镇户口。农民户口转到城镇后，10年内在计划生育、土地承包等方面仍可享受农村户口相关政策。建立完善提高农民工劳动报酬的职工工资决定机制、正常增长机制和支付保障机制。改善农民工劳动条件，扩大农民工工伤、医疗、养老保险覆盖面。统筹城乡社会管理，加快制定实施农民工住房、社会保障、计划生育、子女就学等相关政策，实现城市新老居民同等待遇。

加大政策扶持力度。推动基础设施向农村延伸。突出抓好水、路、电、气、通信和垃圾处理等建设。加快农村饮水安全工程建设，积极推进农村集中供水。提高乡村公路建设水平，实施村内路面硬化改造，完善城乡一体的客运网络。搞好新一轮农村电网改造和农村沼气、太阳能等新能源建设。继续改善农村广播、电视接收条件，促进无线通信全面升级，完善乡镇综合文化馆（站）、村图书室等设施。推动公共服务向农村覆盖。统筹城乡公共服务和社会事业发展，全面提高农村公共事业的保障水平，着力推进城乡教育、文化、医疗卫生、社会保障均衡发展。推动公共财政向农村倾斜。落实强农惠农政策，促进公共资源向农村配置，按照总量持续增加、比例稳步提高的要求，不断增加“三农”投入，预算内固定资产投资优先投向农业基础设施和农村民生工程，土地出让收益优先用于农业土地开发和农村基础设施建设。

搞好统筹城乡试点示范。环首都14县（市）作为全省统筹城乡发展的先行区、示范区，石家庄、唐山两市作为城乡一体化整体推进试点地区，平泉、霸州、任丘等11县（市）作为统筹城乡发展示范县（市）要先行先试。加强试点工作的组织协调，加大财政金融支持力度，强化分类指导和督导考核，为全省统筹城乡发展探寻规律、积累经验，并在全省推开。

二、加快发展县域经济

把发展壮大县域经济作为统筹城乡发展的重要举措，切实增强县域经济对全省经济发展的支撑作用，县域生产总值力争突破2万亿元。

培育壮大县域主导产业。突出抓好县域特色产业集群转型升级，强化龙头企业的带动作用，进一步扩大规模，提升档次，增强市场竞争力。推动城市工业向县域转移，积极发展与城市经济配套的专业化协作。切实抓好县域产业园区整合升级，完善功能。加快建设现代农业，大力发展高端精品农业、外向型农业、生态农业、观光休闲农业和海洋农业。推动科技进步，完善县域技术创新、推广服务体系，扶持产业聚集区建立共性技术研发中心。加强自主品牌建设，支持县域企业申报驰名商标、名牌产品和地理标识。培育壮大农村市场主体，认真落实农民创业扶持政策，在贷款发放、税费减免、技术服务、信息咨询等方面加大支持力度，造就一大批新型农民企业家。稳步推动省管县体制由财政直管向行政直管转变，增强县级自我发展能力和公共服务能力。

加快发展农村服务业。围绕农业和农村工业产前、产中、产后服务，加快发展以生产、销售、科技、信息和金融服务为主体的农村生产性服务业。完善农副产品流通体系，支持大型涉农商贸集团加快发展。大力发展农村生活性服务业，加强村民中心建设，丰富农民物质文化生活。大力发展乡村旅游业，扶持建设一批集农家游、休闲观光、生活体验于一体的现代农业产业园。

做大做强劳务经济。加强农民技能培训，健全农民工组织、培训、指导、管理、维权等服务体系，扩大“阳光工程”实施范围，提高农村劳动力转移组织化、规模化程度，全省每年培训农民工100万人，培训合格率达到98%以上，培训后的就业率达到80%以上。完善与劳务输入地信息沟通和政策协调机制，加强区域间劳务合作，巩固京津劳务市场，拓展长三角、珠三角劳务市场，开辟国际劳务市场，打造一批劳务品牌。建立劳务输出双向流动机制，通过实施“回归工程”、“金桥工程”等，支持和帮助优秀外出务工人员返乡创业。

三、扎实推进新民居建设

坚持群众自愿、规划先行、类型多样、培育产业、政策规范的原则，健康有序地推进农村新民居建设，推动农村人口相对集中居住，促进土地集约利用、产业集聚发展、公共服务水平快速提升，有效改善农民生产生活条件。

坚持规划先行，分类指导。统筹县域镇村体系规划、土地利用总体规划、村庄建设规划和产业发展规划，编制土地整治规划，推进城乡建设用地统筹，通过县城扩容、中心镇扩大、中心村扩并，稳步推动农村人口向城镇和中心村集中。城市规划区内的村庄建设一步到位，建成城市社区；城镇周边的村庄，通过延伸城市基础设施，建成具有城郊特点的农村新型社区；距离城镇较远但经济发展条件较好的村庄，有步骤地推进中心村建设；对暂不具备新民居建设条件的村庄，组织开展村庄环境整治。

坚持整合资源，强化重点。各级财政要设立农村新民居建设专项资金，有效整合涉农资源，重点支持新民居配套基础设施和公共服务设施建设。农村基础设施、公共事业建设及“一事一议”等资金和项目，集中向新民居建设投放和匹配。

坚持尊重民意，规范运作。一切从实际出发，宜建则建，宜改则改，宜合则合。在充分尊重群众意愿的基础上，按照规划一步到位、建设循序渐进的要求，有计划、有步骤地展开，做到运作程序规范、政策运用规范、选点布局规范、资金使用规范、建设管理规范，让农民群众满意。

坚持创新机制，完善服务。用足用好农村土地整理和增减挂钩政策，建设县域土地置换平台。置换土地级差收益全部用于农村，其中80%以上用于置换出土地村庄的新民居建设。创新金融产品，引导信贷和社会资金参与、支持新民居建设。积极推动建材下乡，加强技术服务和指导，严格按照村庄规划要求和技术规范施工建设，确保新民居建设工程质量。到2015年，完成1万个行政村新民居建设改造任务，让更多农民住进新民居。

四、推动农村体制机制创新

完善农村基本经营制度。保持现有农村土地承包关系长久不变，在依法自愿有偿和加强服务基础上，通过农业示范基地、龙头企业和专业合作社带动，发展多种形式的适度规模经营。加快国有林区林权制度改革，巩固深化集体林权制度改革，建立健全林业产权管理、支持保护、采伐管理、林地流转等制度，促进林业规模化、集约化经营。加大“农超、农资、农技、农企、农金”对接力度，引导农民专业合作社依法照章规范运作、加快发展，成为引领现代农业发展和农民致富增收的有效载体。放手发展家庭农场、农业股份公司、股份合作农场、农产品行业协会，壮大农村经纪人队伍，提高农民组织化程度，农业专业合作组织覆盖农户达到50%以上。

推进农村产权制度改革。积极开展试点示范，加强农户土地、林地（木）承包经营权、农村集体土地所有权、农户宅基地使用权、集体水利设施所有权、集体建设用地使用权等确权登记颁证工作，完善农村集体经营性建设用地流转和宅基地管理机制，实现农村资源使用权可流转、可置换、可交易。健全村级集体财富积累机制，加快农村集体经济股份制改造。

推进农村金融体制改革。深化农村信用社产权制度改革，扶持有条件的县（市）建立社区银行。鼓励农民专业合作社开展内部资金互助。规范发展小额贷款公司。开展信用村、信用户评定工作。积极发展大型农用生产设备及林权抵押、合作社担保及其成员互保、农业龙头企业担保等担保贷款。探索水域滩涂使用权、土地承包经营权、设施农业以及宅基地等抵质押贷款。增强农业发展银行、农业银行、农村信用社和邮政储蓄银行“三农”服务职能，县域涉农金融机构新增存款的70%用于县域贷款。增加各级财政对农户参加农业保险的保费补贴，扩大农业政策性保险覆盖面。督促和鼓励相关保险机构开展现代设施农业保险业务，探索农业保险与农村小额信贷相互推动的新模式。

推进农村流通体制改革。围绕“新农村现代流通网络工程”和农村社区综合服务中心建设，深化供销社系统改革。大力发展物流配送、连锁超市、电子商务等现代流通方式，支持商贸、邮政企业向农村延伸服务。加快构建以城市大型流通企业为龙头，县级重点流通企业为骨干，农家店为基础的农村商品流通网络。

第十章　保障和改善民生
全面提高人民生活质量和水平

把实现好、维护好、发展好人民群众的根本利益作为出发点和落脚点，着力解决好人民群众最关心、最直接、最现实的问题，加强长效机制建设，完善符合省情、覆盖城乡、比较完整、可持续的基本公共服务体系，提高政府保障能力和水平，让发展改革成果更好地惠及全省人民。

一、千方百计扩大就业

就业是民生之本，是改善民生的头等大事。必须把促进就业放在经济社会发展的优先位置，实施更加积极的就业政策，努力使就业更加充分，劳动关系更加和谐。

实施就业优先战略。坚持经济发展与增加就业相结合，努力实现经济与就业的同步增长。结合结构调整和产业优化，不断开拓新的就业领域。在大力发展技术密集型产业和资金密集型产业的同时，积极发展劳动密集型产业，加快发展就业容量大的服务业，充分发挥非国有经济吸纳就业重要渠道作用。

实施更加积极的就业政策。实行更加有利于促进就业的财政政策，财政公共投资向小企业和劳动密集型产业倾斜。实行更加有利于促进就业的税收优惠政策，支持劳动者自谋职业、自主创业，鼓励企业吸纳重点群体人员就业。实行更加有利于促进就业的金融支持政策，鼓励金融机构对劳动者创业提供小额担保贷款等金融服务，拓宽小微企业融资渠道。

扶持重点群体就业。把高校毕业生就业放在就业工作的首位，加强就业服务和政策扶持，鼓励引导大学毕业生到城乡基层、中小企业就业，支持自主创业；完善就业援助政策，大力开发公益性岗位，帮助困难群体就业；发挥政府引导作用，推进农村富余劳动力稳定有序转移就业。积极做好退役军人就业工作。

完善就业服务体系。健全政府宏观调控、市场主体公平竞争、中介组织规范服务的人力资源市场运行机制，加大就业和社会保障基层平台投入，全面推进就业服务专业化、标准化和信息化。健全面向全体劳动者的职业技能培训制度，完善职业培育网络，加强就业指导。继续组织实施下岗失业人员转业转岗就业培训，切实加强农村劳动力转移培训，积极组织创业培训，全面提高劳动者就业能力。

构建和谐劳动关系。全面实施劳动合同制度，依法规范企业劳动用工及劳务派遣行为，健全劳动标准，大力推进工资集体协商和集体合同制度建设，妥善处理增加劳动者工资、改善劳动条件与促进企业发展的关系。加强劳动执法，完善劳动争议仲裁机制，加大劳动监察查处力度，帮助农民工解决劳资纠纷，依法维护劳动者权益。发挥工会和行业组织作用，努力形成企业和职工利益共享机制，促进劳动关系更加和谐。

二、努力增加城乡居民收入

把城乡居民收入普遍较快增长作为经济社会发展主要目标之一，努力实现居民收入增长和经济发展同步，劳动报酬增长和劳动生产率提高同步。

深化收入分配制度改革。按照市场机制调节、企业自主分配、平等协商确定、政府监督指导的原则，进一步完善工资指导线，逐步提高最低工资标准，积极稳妥推进各类企业建立工资集体协商制度，完善职工工资决定机制、增长机制和支付保障机制。拓宽居民投资渠道，创造条件增加居民财产性收入。完善公务员工资正常调整机制，全面实施绩效工资和分级分类管理的事业单位工资分配制度。

调整国民收入分配格局。完善以按劳分配为主体、多种分配方式并存的分配制度，坚持各种生产要素按贡献参与分配。保障技术成果在收入分配中的份额。加大收入分配调节力度，有效调节过高收入，使低收入者收入明显增加，中等收入群体持续扩大，贫困人口显著减少，逐步缩小城乡、地区、行业和社会成员之间收入差距。

完善国有企业工资和收益分配制度。改革国有企业工资总额管理办法，完善对国有大企业大集团工资总额和工资水平的双重调控政策，规范国有企业负责人薪酬管理。健全国有企业分红机制，通过向社保基金划转权益、向公共预算调入部分收益等方式，建立居民分享国有企业利润的有效途径。

三、促进贫困人口脱贫致富

把加快贫困地区发展作为全面建设小康社会的重中之重，加大扶贫开发力度，集中解决基础设施滞后、产业基础薄弱、技能人才匮乏、公共服务能力不足等制约发展的瓶颈问题，提高贫困地区和贫困人口的发展能力。

加大扶贫开发投入。整合各类涉农资金和社会资源，切实改善贫困地区和贫困人口的基本生产生活条件。加强基本农田和农田水利建设，力争实现人均1亩经济园（林），基本解决饮水安全和无电自然村用电问题，全面改善乡村道路，完成25万户危房改造。完善教育、卫生、广播电视、文化、通信等公共服务体系。加大社会保障投入，全面提高贫困地区新型农村合作医疗、农村社会养老保险等社会保障能力和水平，实现全覆盖。完善最低生活保障制度，合理提高低保标准和补助水平。

培育发展区域特色产业。积极扶持适合贫困地区发展的优势产业，建设一批蔬菜瓜果、畜禽养殖、干鲜果品等特色产品生产大县，培育支撑贫困地区健康发展的特色支柱产业。继续实施整村推进工程，分期分批完成3000个重点村整村脱贫；深入抓好扶贫开发“细胞工程”，重点扶持30万个贫困户家庭增收项目。

实施扶贫培训“雨露”计划。以提高贫困家庭劳动力就业、创业能力为目标，通过直接补助等方式，对扶贫开发重点村初高中毕业生进行职业教育和技能培训，对农村贫困家庭劳动力开展实用技术培训，对有外出就业意愿的劳动力实施转移就业技能培训，力争每户有1名转移劳动力或掌握1－2项实用技能的劳动力。

广泛动员社会各方面力量参与扶贫开发。继续组织党政机关、企事业单位、大专院校和经济实力较强的县（市、区）开展对口帮扶。对生存条件恶劣、地质灾害频发和生态保护重点区域的扶贫开发重点村和贫困人口继续实施移民扶贫，引导贫困户向小城镇、工业小区和中心村集聚，确保特殊困难地区的贫困群众稳定脱贫。支持革命老区、民族地区加快发展。继续开展以工代赈扶贫工程，增加贫困人口劳务收入。到2015年，全省农村贫困人口减少50%，贫困地区农民收入增幅明显高于全省平均水平。

四、优先发展教育事业

按照优先发展、育人为本、改革创新、促进公平、提高质量的要求，积极推进素质教育，优化教育布局和结构，健全教育投入机制，全面提升教育质量。教育发展主要指标超过全国平均水平。

实现更高水平的普及教育。提高九年义务教育质量，巩固率达到94%；普及高中阶段教育，毛入学率达到90%以上；高等教育大众化水平进一步提高，毛入学率达到37%。主要劳动年龄人口平均受教育年限提高到10.5年，其中受过高等教育的比例达到15%以上。

加快发展学前教育。基本普及学前三年教育，儿童毛入园率达到70%。完善政府主导、社会参与、公办民办并举的办园体制，建立覆盖城乡、布局合理的学前教育公共服务体系，保障适龄儿童接受基本的、有质量的学前教育。大力发展公办幼儿园，鼓励社会力量办园。加快发展农村学前教育，推动农村幼儿园标准化、规范化建设，保证农村留守儿童接受学前教育。

促进义务教育均衡发展。合理配置义务教育资源，加快缩小校际、城乡和区域差距。加快薄弱学校改造，实施中小学校舍安全工程，积极推进农村中小学校舍标准化和办学条件均等化。科学设置课程难度，切实减轻中小学生课业负担。坚持以输入地政府管理为主，确保进城务工人员随迁子女平等接受义务教育。加快农村寄宿制学校建设，优先满足留守儿童住宿需求。提高普通高中学生综合素质，推动普通高中多样化发展。

大力发展职业教育。建立健全政府主导、行业指导、企业参与的办学机制，完善职业教育体系，使职业教育办学规模、专业设置与经济社会发展需求相适应。大力改善办学条件，提升职业教育基础能力。加快发展面向农村的职业教育，推进农村中等职业教育免费进程。创新职业教育发展方式，推广研发、知识教育、技能训练相结合的培养模式，推进职教集团和职教中心建设。

提升高等教育水平。坚持以提高质量为核心，全面提升高校人才培养、科学研究和社会服务能力。抓好“211工程”和省部共建工作，实施重点学科建设对标升级行动计划，努力使特色学科达到国内一流水平，重点学科和重点发展学科达到国内同类院校一流水平，力争建成2－3所国内知名的高水平大学。调整优化学科结构，扩大应用型、复合型、技能型人才培养规模，为地方经济社会发展提供更多的高素质人才。进一步加强高校科技创新基础条件建设，在重点领域组织开展重大课题研究，大幅度提高科技创新能力和水平。

构建完备的教育体系。健全更加符合教育规律和人才成长规律的现代国民教育体系。促进学历教育和非学历教育协调发展，职业教育和普通教育相互融通，职前教育和职后教育有效衔接。加快发展继续教育，建立广覆盖、多形式、更便捷的继续教育网络，构建灵活开放的终身教育体系。

加强教育基础建设。全面提高教师队伍素质。加强师德师风建设，提高教师业务水平，鼓励优秀人才终身从教，努力造就一支师德高尚、业务精湛、结构合理、充满活力的高素质专业化教师队伍。增加教育经费投入，财政性教育经费支出占全省生产总值的比例明显提高。创新教育发展模式，完善人才培养、教育管理和办学体制，改革教学内容、教学方法、质量评价、考试招生制度。

五、加快发展卫生和体育事业

把提高人民健康水平作为改善民生的重要内容，以“病有所医”为目标，加快建立健全基本医疗卫生制度，优先满足人民群众基本医疗卫生需求，大力发展健康产业，创建健康城市，不断提高人民群众健康水平。全省人均期望寿命达到76岁左右。

创建健康城市。开展“健康河北、幸福人民”行动。落实《河北省爱国卫生条例》，全方位开展健康教育行动、环境卫生综合整治和卫生达标活动。全面开展健康社区、健康单位、健康镇村、健康家庭建设活动，提高城乡居民整体健康水平。城乡居民健康知识知晓率达到70%以上；城镇单位和社区60%以上达到市级卫生标准，20%以上达到省级卫生标准；1—2个设区市达到国家卫生城市标准，其他设区市达到省级卫生城市标准。

深化医药卫生体制改革。坚持保基本、强基层、建机制，推进五项重点改革。建立健全覆盖城乡居民的基本医疗卫生制度，完善城镇职工基本医疗保险、城镇居民基本医疗保险制度，巩固完善新农合制度。逐步提高城镇居民和新农合的筹资标准及保障水平。新农合人均筹资水平达到全省农村居民纯收入的5%或不低于300元，实现门诊统筹全覆盖，政策范围内住院报销比例提高到70%，重大疾病住院报销比例不低于80%。落实国家基本药物制度，完成基层医药卫生体制综合改革，健全药品集中招标采购机制，完善药品配送供应保障体系，保障用药安全。健全基层医疗卫生服务体系，新增医疗卫生资源重点向基层倾斜，力争农村卫生服务全面实行乡村一体化管理，城市社区卫生服务街道覆盖率达到100%。完成县级医院二级甲等标准化和乡镇卫生院、村卫生室、社区卫生服务机构规范化建设任务。加强综合医院、专科医院能力建设。实施城市医院对口支援农村卫生院工程，抓好乡村医护人员培训，加强基层医疗卫生队伍建设。每个行政村有1个标准化卫生室、1名具备执业资格的医生，推进“大学生村医”行动计划。完善省、市、县三级卫生信息服务平台。促进基本公共卫生服务均等化，推进公共卫生服务体系标准化建设，编制实施全省卫生监督、妇幼保健、职业病防治体系建设方案。健全医疗紧急救援体系，各设区市独立设置120急救中心，各县（市）每20万人设置1个分站或网点，每5万人配备1辆救护车，急救半径缩短到5—8公里。推进建立居民健康档案等9项基本公共卫生服务项目，实施对15岁以下人群补种乙肝疫苗等6项重大公共卫生服务项目，积极防治重大传染病、慢性病、职业病、地方病和精神疾病。稳步推进公立医院改革试点，鼓励民间资本和外资举办医疗机构，形成多元化办医格局。

振兴中医药事业。健全中医药服务体系，省、市、县各办好一所公立中医院，打造名医、名院、名科。乡镇卫生院、社区卫生服务中心设置标准化中医科，村卫生室、社区卫生服务站提供中医药服务。推进中医药继承与创新，加强中医特色专科建设，培养技术骨干和学科带头人。加强中药资源保护、研究开发和合理利用，推进质量认证和标准建设，提升中药产业发展水平。将符合条件的中医诊疗项目、中药品种和医疗机构中药制剂纳入医保报销范围。

加快体育事业发展。贯彻落实《全民健身条例》，深入开展全民健身活动，完善全民健身服务体系。加快体育健身基础设施建设，力争各设区市均建有全民健身活动中心和体育健身公园，县（市、区）普遍建有综合性公共体育健身设施，城市街道、农村乡镇和60%的行政村建有公共体育健身设施，全省社会体育指导员总数达到5万人。提高竞技体育实力，加强后备人才培养，做强优势项目，基础大项和集体球类项目有较大突破，全面提高我省奥运会和全运会成绩。

大力发展健康产业。制定健康产业发展规划，推动医疗保健康复健身产业加快发展。提高特色健康产业品牌的示范带动作用，延伸健康产业链条。树立科学健身理念，开展全民健身活动，普及“药食同源”知识。在环首都绿色经济圈，建设5个布局合理、规模化的医疗、健身、康复基地。加快发展体育产业，打造“环京津体育健身休闲圈”，培育一批体育产业园区、示范区和体育品牌，体育彩票销售力争达到120亿元，努力提高体育产业竞争力。

六、做好人口和计划生育工作

加强人口计生工作。稳定低生育水平，促进人口长期均衡健康发展。继续实行人口计生目标管理责任制，积极推进人口计生服务体系标准化和规范化建设。深入开展优生促进工程，加强出生缺陷干预能力建设，全面实施国家免费孕前优生健康检查。实施生殖健康促进计划，确保育龄妇女每年享受一次生殖健康检查免费服务，实现计划生育基本技术免费服务全覆盖。综合治理出生性别比偏高问题，开展“关爱女孩行动”。建立健全计划生育利益导向机制，落实计划生育各项奖励政策。继续实施农村计划生育家庭奖励扶助、特别扶助和少生快富工程。推进流动人口计划生育基本公共服务均等化。建立全员人口统筹管理信息系统。到“十二五”末，全省总人口控制在7400万人以内，年均人口自然增长率控制在7.13‰以内。

保护妇女儿童权益。坚持男女平等、儿童优先，促进妇女儿童全面发展。认真组织实施妇女儿童专项规划，切实保障妇女和未成年人的合法权益。保障男女两性平等获得就学、就业、医疗、社会保障、婚姻财产、土地权益和参与社会事务的权利，重视妇女人才的培养使用，提高妇女参政比例。确保妇女每两年享受一次免费妇科病检查。重点建设好市、县青少年宫，60%以上城乡社区建立一所为儿童及其家庭提供游戏、娱乐、教育、卫生、社会心理支持和转介等一体化服务的儿童友好家园。依法保障儿童的生存权、发展权、受保护权、参与权，优化儿童成长环境。

积极发展老龄事业。主动应对人口老龄化，营造老有所养、老有所乐、老有所为的社会氛围。健全养老设施和服务网络，以居家养老为基础、社区服务为依托、机构养老为补充，提升养老设施和网络服务功能。建立困难老年人服务补贴和高龄老人津贴制度，提高对失能老人的护理服务和农村空巢老人帮扶服务水平。鼓励社会力量创办福利机构，积极探索政府购买服务等方式发展机构养老、居家养老，推进社会福利社会化进程。省、市、县都建有示范性老年服务中心，城市街道社区和有条件的行政村建立老年人服务站。

积极发展残疾人事业。加快推进残疾人社会保障体系和服务体系建设。实施残疾人医疗康复、生活保障、教育培训、就业、脱贫解困、托养、住房保障、服务设施、文化体育、助残环境等助残工程。把残疾人事业发展的各项政策措施落到基层、落到实处，促进残疾人事业与经济社会协调发展。

七、增加保障性住房供给

加大保障性安居工程建设力度。把住房保障作为履行政府公共服务的重要职责，加快建立以廉租住房、公共租赁住房为主体的保障体系，多渠道筹集廉租房房源，完善租赁补贴制度，稳步扩大覆盖范围。大力发展公共租赁住房，使其成为保障性住房的主体。出台《河北省城镇住房保障办法》。对人均住房建筑面积在15平方米以下（家庭50平方米以下）的城市低收入家庭应保尽保，五年累计新建城镇保障性住房130万套。保障性住房和棚户区改造住房建设用地，要达到当年住宅建设用地总量的25%以上，并落实到具体地块，优先供应。保障性住房建设资金纳入财政预算予以保障，认真落实税费减免政策，鼓励金融机构支持保障性住房建设及棚户区改造，积极引导社会资金参与建设。各地都要组建保障性住房投资建设公司，建立稳定的融资和房源筹集机制。提高保障性住房建设水平，规范分配和使用管理。加大农村危房改造力度，在国家扶贫开发工作重点县实施农村危房改造，重点解决享受抚恤补助的伤残军人、烈属、在乡老复员军人等优抚对象，以及农村分散供养的五保户、低保户、贫困残疾人家庭和其他贫困户的基本居住安全问题。

促进房地产市场平稳健康发展。加强房地产市场调控，调整住房供应结构，增加普通商品住房有效供给。落实差别化的税收信贷政策，支持居民合理住房需求，抑制投资投机性购房。健全房地产市场监管体系，规范房地产市场秩序。加快推进房地产市场信息系统和个人住房信息系统建设。进一步开放房地产市场，引进战略投资者。

八、提升社会保障能力和水平

以社会保险、社会救助、社会福利为基础，以基本养老、基本医疗、最低生活保障制度为核心，以慈善事业、商业保险为补充，扩大社会保障覆盖范围，初步实现人人享有基本社会保障的目标，建立健全养老、医疗、最低生活保障等各项社会保障标准正常调整机制，努力达到或超过全国平均水平。

基本建成覆盖城乡居民的社会保障体系。加快机关、事业单位基本养老保险制度改革，推进城镇居民养老保险，实现新型农村社会养老保险制度全覆盖，解决社会保障历史遗留问题。推动非公有制从业人员、灵活就业人员、农民工和被征地农民参加保险。大力发展企业年金、职业年金和补充医疗保险。鼓励商业保险公司提供与社会保障相衔接的产品和服务。城镇养老保险和新型农村社会养老保险覆盖人数分别达到1280万人、3570万人，城镇基本医疗保险参保率稳定在90%以上，新农合参合率稳定保持在95%以上。

提高社会保障统筹层次。进一步完善城镇职工基本养老保险省级统筹，为基础养老金纳入全国统筹创造条件；积极开展失业保险市级统筹试点，逐步过渡到省级统筹；工伤保险实现省级统筹；医疗、生育保险实现市级统筹。

搞好社会保障制度衔接。加强社会保障制度统筹，整合公共服务资源，逐步统一城乡居民医疗保险政策和管理。积极推进社会保障卡应用，实现精准管理。完善各项社保关系跨区域转移接续办法，实现各类人员社会保险关系省内无障碍接续。建立健全社会保险基金预决算制度，完善行政监督与社会监督相结合的监管体系，确保基金安全。

建立城乡一体的最低生活保障体系。完善城乡最低生活保障制度，规范家庭收入核算办法，科学制定保障标准，建立与物价增长挂钩调节机制和与全国同步增长机制，提高保障水平。进一步完善农村五保供养制度，提高供养标准，使其达到当地居民平均生活水平。新建150所敬老院，改扩建280所敬老院，农村五保集中供养率达到75%。

建立健全城乡救助体系。完善城乡特困群众医疗救助政策，切实加强救灾救济、教育、司法、住房等专项救助。建立优抚对象抚恤补助标准与人民生活水平同步增长机制。提高儿童福利保障水平，加强孤儿养育机构建设，完成"儿童福利设施建设蓝天计划"，实施"残疾孤儿手术康复明天计划"。建立流浪未成年人救助保护中心。大力兴办社会慈善事业，逐步健全慈善组织网络。

九、推进食品药品安全省建设

加强对重点地区、重点领域、重点企业、重点环节动态监管。开展主要农产品种养基地环境监测和重点污染源监控，依法划分并严格监管农产品禁止生产区域。落实农产品生产记录、质量检测和追溯管理制度，强化种养环节质量控制，规范农产品产地准出和市场准入管理。加大对食品集中生产加工区域、食品生产加工大县、食品生产加工企业高风险点的监管力度。强化食品药品原材料购入、生产过程、关键控制点、产品出厂等重点环节的检验监管。加强对高风险药品生产企业和基本药物的质量安全监管，实施基本药物电子监管码制度，对药品生产、流通、使用实施全过程实时监控。

加快食品药品检验检测体系建设。完善农产品检验检测机构，实现市、县农产品综合质检站全覆盖；加强重点食品实验室检验检测能力建设；提升改造省、市药品和医疗器械检验检测机构实验室。对基本药物和用于急救、维持生命医疗器械实行抽检全覆盖。建立食品质量安全风险监测和药品不良反应监测网络，强化食品药品安全风险预警，预防食品药品质量问题的发生。开展药品质量标准研究评估，提高我省药品质量标准。

严厉打击违法企业和违法行为。加快食品药品安全地方立法，完善食品药品监管法律法规体系。深入开展食品药品安全专项整治和隐患排查，严厉打击生产销售假冒伪劣食品、药品、医疗器械等违法行为，严防重特大食品药品安全事故的发生，确保人民群众饮食放心无忧、用药安全有效。

建立完善长效机制。发挥监管部门监管职责和行业协会职能，强化企业责任，完善食品药品诚信管理体系。整合各类管理资源，建立统一、协调、权威、高效的食品安全联合执法机制，建立和完善食品药品安全生产经营保证、监测预警、社会监督、应急处理和责任追究机制。

十、营造蓝天碧水生活环境

改善城乡生活环境。实施城市“气（汽）化”行动，推进城市粉尘污染和机动车尾气污染防治。加强建筑施工、工业生产和社会生活噪声以及餐饮业油烟的环境监管。加快污水处理设施建设，提高污水处理设施利用率，推进城市中水回用、雨洪水利用、生态补水等工程，建设和修复城市水生态系统。抓好城镇周边、乡村、交通干线和河渠两侧、水库周围等重点区域造林绿化。实施农村环境综合整治，开展清洁田园、清洁水源和清洁家园行动。建立土壤污染防治和修复机制，开展土壤污染修复工程试点。

严格水源地保护。实施严格的饮用水水源保护区制度，坚决取缔饮用水水源保护区内的排污口。加强水源地环境监测能力建设，完善水源地水质自动监测体系，健全水源地生态环境监察制度和执法体系。实施水源地安全防护、生态修复、水土保持和水源涵养等工程。制定完善水源地污染应急预案，定期开展水源地环境风险评估。加强南水北调沿线环境风险管理，确保用水安全。

解决好农村饮水安全问题。实施乡镇集中式饮用水水源保护区制度，加强农村饮用水水源地污染防治。继续推进农村饮水安全工程建设，推广农村集中连片供水，解决好1941万农村人口的饮水安全问题。

第十一章　创新社会管理
维护社会和谐稳定

适应社会结构变化、利益格局调整、公共需求增长的新形势，切实加强社会建设，创新社会管理体制，完善社会管理体系，整合社会管理资源，提高社会管理能力，促进社会和谐稳定。

一、建立齐抓共管的社会管理格局

加快构建党委领导、政府负责、社会协同、公众参与的社会管理格局，为加强和创新社会管理提供有力保障。建立健全社会管理组织领导机制和地区、部门协作配合机制，完善社会管理组织网络。整合基层社会管理资源，加强乡镇（街道）综治中心、派出所、司法所建设。按照社会化、专业化、规范化的要求，发挥基层群众性自治组织、各类社会组织和企事业单位的协同作用，加快组建专业社工队伍、志愿者队伍，发展壮大信息员、保安员、协管员、巡防队等多种形式的群防群治力量，把社会管理建立在广泛的群众基础之上，努力形成社会管理人人参与、人人共享的局面。

二、完善社会管理工作机制

加快构建源头治理、动态协调和应急管理相互联系、相互支持的社会管理机制。推进社会矛盾化解、社会管理创新、公正廉洁执法“三项重点工作”，完善基层管理服务体系。积极建立矛盾纠纷日常排查机制，构建全方位排查网络，提高对矛盾纠纷的预知发现能力。全面实施社会稳定风险评估机制，深化人民调解、行政调解、司法调解“三位一体”调解工作体系建设，把各种不稳定因素化解在基层和萌芽状态。妥善处理群众来信来访，切实规范信访秩序。建立和完善民意表达、批评建议、协商对话等利益诉求机制，拓宽社情民意表达渠道。健全新型社区管理和服务体制，推进社会管理重心向基层转移。完善社会组织管理和服务体系，强化流动人口服务管理、特殊人群帮教管理、社会组织管理服务、网络虚拟社会建设管理及社会管理薄弱环节整治，提高社会管理信息化水平。抓好社会管理创新综合试点工作。完善社会管理政策法规体系，加强政法队伍建设，推进公正廉洁执法，维护社会公平和正义。

三、健全公共服务体系

按照基本公共服务均等化的原则，强化政府公共服务职责，扩大供给总量，提高服务水平，保障社会公平正义。实行属地化管理，构建统一与分级相结合的多层次公共服务管理体制。改进公共服务供给，鼓励社会力量参与提供公共服务，采用政府直接提供、政府购买、特许经营、委托代理、服务外包等方式，形成提供主体和提供方式多元化格局。初步建成覆盖城乡、功能完善、分布合理、管理有效、水平适度的基本公共服务体系，使全省居民平等享有教育、卫生、文化体育、住房、就业等基本公共服务。

四、加强社会组织建设

培育和发展社会组织。坚持培育发展与监督管理并重的方针，重点培育行业协会、农村专业经济协会、社区服务型社会组织、公益性社会组织和科教文卫类社会组织，着力发展民间慈善类社会组织。

积极推进政会分离。规范发展行业协会和中介机构，将政府转移出来的社会管理和公共服务部分职能赋予社会组织，逐步减少、取消社会组织参与公共服务和社会管理的限制，充分发挥其提供服务、表达诉求和规范行为的作用。

加强社会组织自身建设。健全以社会组织章程为核心的自律和内部管理制度，逐步完善以诚信为重点的信息披露制度，开展社会组织管理人员培训，提高其法律意识和专业水平，建设高素质的社会组织管理队伍。规范社会组织工作，提高社会组织的自律性和诚信度。建立完善社会组织评估体系，加强社会监督，提高社会组织的透明度和公信力。

五、加快城乡社区建设

强化社区服务保障功能，把为民服务的工作渗透到社区各个领域。提高社区居（村）民的自治程度，使城乡社区成为协调民众利益、化解民众矛盾、保障人民群众安居乐业的有效载体。

完善城市社区组织。健全基层社会管理和服务体系，建设管理有序、服务完善、环境优美、治安良好、生活便利、人际关系和谐的新型社区。提高社区居民委员会管理能力，倡导和睦相处、互助友善的社会风尚，增强社会和谐基础，努力把社区建设成为社会管理和服务的新平台。

依法推进村民自治。落实民主选举制度，使村民委员会换届选举依法有序进行，保障农民群众的选举权。完善村民会议和村民代表会议制度，规范村级民主决策机制，保障农民群众的决策权。以集体资金、资产、资源管理为重点，以村民自治为主要形式，规范村级民主管理制度，保障农民群众的参与权。建立健全以村务公开、民主政治、民主评议村干部为重点的村级民主监督制度，保障农民群众的监督权。充分发挥基层自治组织作用，切实维护农民群众的合法权益，有效减少、缓解社会矛盾，保障农民群众的基本生活权益和民主政治权利。

六、深化社会治安防控体系建设

构建打防管控结合、人防物防技防结合的社会治安防控新格局。实施城乡社区警务战略，深入开展群防群治，夯实基层基础工作。加强报警和视频监控系统建设，提高科技防范水平。依法严厉打击各种违法犯罪活动，加强社会治安重点地区综合治理。加大政法维稳保障力度，深入推进环首都“护城河”工程建设。推进社区矫正工作，加强刑释解教人员安置帮教工作，预防和减少重新违法犯罪。加强国家安全宣传和教育，构建专群结合的国家安全防线，有效应对各种传统安全威胁和非传统安全威胁。完善突发事件应急机制，提高公共安全保障能力。加强军队非战争行动能力建设，加快推进武警现代化建设进程，充分发挥军队、武警和民兵预备役人员在应急维稳和抢险救灾中的作用。

七、推进民主法治建设

深入推进依法治省。坚持科学执政、民主执政、依法执政，扩大公民有序政治参与，保障人民群众依法行使知情权、参与权、管理权和监督权。加快建设法治政府，加强政府立法、依法行政考核，完善行政执法监督和行政复议，促进规范、公正、文明执法。发挥工会、共青团、妇联等人民团体的桥梁纽带作用，拓宽不同利益群体的意愿表达途径。扩大基层民主，完善职工代表大会和其他形式的企事业单位民主管理制度。加强法制宣传教育，增强公民的法制意识。

全面贯彻党的民族政策，巩固和发展平等、团结、互助、和谐的社会主义民族关系。增加对民族地区的财政支持和政策扶持，加大民族地区基础设施建设力度。落实宗教信仰自由政策，依法管理宗教事务。认真执行侨务工作方针政策，做好侨务工作。尊重和保障人权，促进人权事业全面发展。

开展全民国防教育，积极开展国防动员工作，完善国防动员体制机制，加强民兵预备役队伍建设，抓好国民经济动员、人民防空和交通战备等建设，依法保护国防设施，提高保障和综合防护能力。深入开展“双拥”活动，做好优抚安置工作，促进军民融合，巩固和发展军政军民团结。

八、严格安全生产管理

坚持安全发展，加强基层基础建设，建立安全生产长效机制。健全安全生产应急平台及重大危险源普查监控体系，加强安全生产应急指挥中心、应急救援队伍建设。强化政府监管职能，严格安全生产目标控制、考核、督办和责任追究。严格安全生产许可，完善安全技术标准体系，推广先进、适用安全技术装备。推广和普及高危行业一线作业人员急救培训，强化安全监察执法，完善协调联动机制，严厉打击非法违法生产经营行为。加强作业场所职业危害监管，落实企业职业危害防治主体责任。加强重大隐患排查治理，实施尾矿库重大隐患综合治理和作业场所职业危害治理，深化安全生产专项治理整顿。加强安全生产宣传，完善安全生产专业技术援助、咨询和服务机制。亿元生产总值生产安全事故死亡率下降36%，工矿商贸就业人员10万人生产安全事故死亡率下降26%。

第十二章　推动文化大发展大繁荣 加快建设文化强省

坚持社会主义先进文化方向，弘扬燕赵文化，建设和谐文化，繁荣文化事业，发展文化产业，满足人民群众不断增长的文化需求，充分发挥文化引导社会、教育人民、推动发展的功能，增强全省人民的凝聚力和创造力，实现由文化资源大省向文化强省的跨越。

一、建设社会主义核心价值体系

加强理想信念教育。巩固马克思主义指导地位，加强走中国特色社会主义道路和实现中华民族伟大复兴的理想信念教育，筑牢全省人民团结奋斗的共同思想基础。传承中华传统美德，营造爱国守法和敬业诚信氛围，树立符合社会主义精神文明要求、适应社会主义市场经济需要的道德行为规范。加强学科体系、学术观点、科研方法创新，繁荣发展哲学社会科学。创新文化生产和文化传播方式，加强对重要新闻媒体和互联网等新兴媒体的建设、运用、管理，把握正确舆论导向，提高文化的表现力和传播力。

培育新河北人文精神。继承和弘扬党的光荣传统，培育以爱国主义为核心的民族精神和以改革创新为核心的时代精神，为全面建成小康社会、实现富民强省目标提供强大的精神支撑。充分挖掘利用河北历史文化、革命文化、民俗文化、现代文化资源，培育新时期河北人文精神和各具特色的城市精神，激发人民热爱河北、建设家乡的热情。

提高精神文明创建水平。坚持用社会主义荣辱观引领社会风尚，深入推进文明城市、文明村镇、文明行业、文明单位等群众性精神文明创建活动，加强社会公德、职业道德、家庭美德、个人品德教育。弘扬科学精神，培育奋发进取、理性平和、开放包容的社会心态。加强集体主义和公民意识教育，推动形成修身律己、尊老爱幼、勤勉做事、平实做人的社会氛围。强化职业操守，支持创新创业，鼓励劳动致富，发扬团队精神。净化社会文化环境，保护青少年身心健康，加强未成年人思想道德建设。

营造全社会重视文化、崇尚文化的浓厚氛围。高度重视发挥文化在经济社会发展中的重要作用，始终保持文化发展的蓬勃生机和旺盛活力，更加自觉地承担起用先进文化引领社会进步的责任。推动优秀传统文化融入学校教育和现代生活，建设社会共有精神家园。加强培育引导，激发人们对文化生活、文化消费、文化素养的自觉追求。

二、着力推进文化创新

打造文艺精品和文化品牌。适应群众文化需求新变化，弘扬主旋律，提倡多样化。立足燕赵文化积淀，传承河北人文精粹，突出时代精神，组织创作更多具有燕赵风格、现代河北气息、群众喜闻乐见的文化精品，打造文化品牌，使文化产品和文化生活更加丰富多彩。实施文化精品工程，对具有重大影响的鸿篇巨制给予支持，在舞台艺术、广播影视、新闻出版等方面推出一批精品力作。对获得重要奖项、做出重大贡献的优秀人才和团队实施重奖。把培养文化人才纳入省人才专项计划，加大创新型、复合型、外向型、科技型文化人才的培养和引进力度，为文化发展提供有力支撑。

深化文化企业和单位改革。推动文化企业建立规范的现代企业制度，提高自我发展能力。支持国有大型文化企业加快股份制改造，进行跨地区、跨行业、跨所有制兼并重组、上市融资，打造在全国有较强影响力的文化企业集团。继续推进公益性文化事业单位改革，建立健全事业单位法人治理结构，深化劳动人事、收入分配、社会保障制度改革，完善内部运行机制，增强文化发展活力。

推进文化管理体制改革。把文化发展纳入经济社会发展规划，纳入科学发展考评体系。加强国有文化资产监管，建立文化发展统计指标体系。加强文化资源整合和共享，打破体制、区域、所有制壁垒，推动文化行业相互协作、共赢发展。加强文化法制建设，提高文化市场综合执法水平。

三、完善公共文化服务体系

完善文化设施网络。按照公益性、基本性、均等性、便利性原则，实施文化惠民工程，推动公共文化服务向广覆盖、高效能转变，基本建成覆盖城乡的公共文化服务体系。把公共文化设施建设纳入城乡建设总体规划。完善省、市、县、乡、村五级文化设施网络，提升城镇文化功能和文化品位。抓好图书馆、博物馆、群艺馆（文化馆）、乡镇（街道）综合文化站、村（社区）文化活动场所等公共文化设施建设。加快省群艺馆、河北文化艺术中心、省美术馆、省非物质文化遗产博物馆、省科技馆新馆等标志性文化设施建设。

加强文化遗产保护利用。加强文物和非物质文化遗产保护，重点实施清皇家建筑、大运河、长城、大遗址等文物保护项目，加强非物质文化遗产传承人队伍和传习所建设，加快非物质文化遗产保护立法。加强遗产资源收集，加快省档案馆新馆项目建设，推动市、县级档案馆建设，积极推进档案数字化和开发利用。实施古籍保护工程，加强珍贵古籍数字化建设。

创新公共文化服务机制。推动公共博物馆、纪念馆和爱国主义教育示范基地向社会免费开放。抓好文化先进县、民间文化艺术之乡、“农村文化之星”三项创建活动。健全文化科技卫生“三下乡”、河北省民俗文化节、“高雅艺术下基层”、“彩色周末”等活动长效工作机制。加强数字图书馆和博物馆等网络文化服务，组建全省图书馆联盟。鼓励社会力量参与公益性文化建设。加强专兼职结合的基层文化队伍建设。

四、加快培育文化支柱性产业

发展壮大优势文化产业。按照合理布局、优化结构、提升档次、壮大实力的原则，以文化创意为核心，推动新闻出版、广播影视、演艺娱乐、文化会展、文化用品设备生产等重点文化产业跨越式发展。实施品牌带动战略，抓好品牌策划、品牌定位、品牌传播和品牌保护，打造一批知名品牌，形成更多的“河北创造”，力争每个设区市有一个特色优势文化产业、一个知名文化品牌。全省文化产业增加值达到1500亿元以上，占全省生产总值比重达到5%。

大力发展新兴文化产业。实施“数字化引领、结构化升级”工程，加快发展文化创意设计研发、数字出版、移动多媒体等新兴产业。以科技创新推动文化生产、传播和服务模式创新，开发新型文化产品和服务。推动文化与工业、农业、旅游、体育等产业融合，催生新的文化业态，提高产业层次和产品附加值。加强对外宣传和文化交流，创新文化“走出去”模式，打响“河北文化周”等文化品牌。

抓好重大文化产业项目。推动文化产业集聚布局、链式拓展，加强文化产业示范县、示范园区、示范基地及文化产业带建设。做大做强石家庄、保定动漫产业国家基地和吴桥杂技大世界等文化产业基地。加快推进承德“鼎盛王朝”、山海关古城等文化产业园区建设，争取建成1－2个国家文化产业园。推动大型文化企业加快发展，力争河北出版传媒集团年销售收入和资产总额分别超过100亿元，培育一批总资产超50亿元的民营文化企业。省级文化产业园区享受省级工业聚集区同等优惠政策。实施银企融合工程，组建省文化产业投资公司和文化企业担保公司，搭建融资平台，支持文化企业上市融资。

第十三章　强化科技和人才支撑
建设创新型河北

把科技进步和创新作为加快转变经济发展方式的重要支撑，深入实施科教兴冀、人才强省战略，促进经济增长由主要依靠物质投入向科技引领、创新驱动转变。

一、提高自主创新能力

组织实施重大关键技术攻关。突破一批制约产业发展的关键技术。钢铁行业重点研发高炉长寿、热风炉增温、洁净钢流程集成等重大共性关键技术，开发先进技术和工艺。装备制造业重点围绕交通装备、能源装备、工程装备等产业，推进数字化设计制造、智能化控制、过程自动化等先进制造技术和模式的开发应用。石化行业重点研发新型反应、新型分离、清洁生产等关键技术，开发信息用化学品、缓释农药等高端精细化工产品。大力推进建材、纺织、轻工、食品等传统优势产业共性关键技术的研发应用，推广信息系统集成、信息控制、嵌入式软件等高新技术和先进适用技术。新能源、电子信息、生物产业、新材料等领域，组织实施一批重大科技专项，力争攻克一批核心技术，形成一批拥有自主知识产权的创新成果。在动植物新品种和良种培育、高效栽培、农作物病虫防控、农业资源高效利用等领域攻克一批关键技术。

突破一批社会发展和民生改善领域关键技术。开展重大疾病、地方病、流行性传染病预警和防控技术研究，强化重大生产安全隐患、重大气象灾害、食品安全、公共安全预警和应急处理技术研发与应用。

突破一批资源环境领域关键技术。开发一批海洋、水、土地、矿产等资源的综合利用技术，重点突破海水淡化、微咸水利用、工矿废弃地治理等技术；加强生态脆弱和敏感区、重要水源地、生态屏障的保护与修复技术研发；在钢铁、建材等高耗能、高污染行业，开展节能减排和循环经济关键技术研发。全省每万人口发明专利拥有量年均增长14%，高新技术产业增加值占生产总值的比重达到10%，产业技术创新能力明显增强，具有自主知识产权的技术和产品比重大幅增加。

强化企业技术创新主体作用。加速构建以企业为主体、市场为导向、“产、学、研、金、介”紧密结合的技术创新体系，促进创新要素向企业集聚，培育一批具有核心竞争力的创新型企业。发挥骨干企业在技术创新中的引领示范作用。鼓励企业自建或与科研单位共建技术中心等研发机构，鼓励省级工业聚集区设立公共技术研发检测中心。依托骨干企业组建一批国家级工程技术研究中心、重点实验室和产业技术创新战略联盟。充分发挥财政资金的引导、放大作用，支持创业投资机构和科技型中小企业发展。省级以上工程技术研究中心达到170家以上，企业技术中心达到350家以上，省级以上产业技术创新战略联盟达到60家。推进产学研紧密合作。加强企业与科研机构、高等院校有机结合，联合开展产业关键技术合作与攻关。力争大中型工业企业研发经费投入占产品销售收入的比重达到2%以上，其中70%以上企业建立研发机构。

壮大区域科技创新载体。加快各类创新园区发展。高新区要以提高自主创新能力为目标，集聚创新要素，重点发展高端产业，建设好石家庄、唐山、保定、燕郊等国家级高新区，省级高新区达到10家以上。

积极推进各类创新基地建设。深化与国家级科研大院大所、高等院校、大企业的科技合作，重点建设一批科技成果孵化园区和高新技术成果转化基地。加大改造提升力度，培育壮大一批特色突出、产业集聚度较高的县域高新技术产业基地。

完善科技服务平台。依托科研院所、高等院校、大型骨干企业，新建50个重点实验室（工程实验室），组建河北钢铁、河北能源等10个工业技术研究院，建设一批大型仪器设备共用、文献和数据共享、面向社会开放的科技信息网络及服务平台。

推进科技体制机制创新。加大科技投入，全省研发经费投入占生产总值比重达到1.6%，省级一般预算安排的科技经费增长幅度高于当年财政经常性收入增长幅度2个百分点以上。创新风险投资运营模式，建立并扩大创业风险投资引导基金规模，推进多层次资本市场建设，扶持成长型科技企业上市。完善科技成果知识产权归属和利益分享机制，维护科技成果创造者的合法权益，提高主要发明人受益比例。制定支持个人和中小企业发明创造的资助办法，鼓励全社会创新创业。

营造科技创新良好环境。实施国家知识产权战略，加大知识产权宣传普及和执法保护力度，营造保护知识产权的法制、市场和文化氛围，提升知识产权创造、运用、保护和管理能力。加强地方性科技政策制定和立法工作，切实落实国家科技法规政策，研究制定配套的地方性法规、规章与实施细则。弘扬创新文化，倡导追求真理、敢为人先、团结协作的创新精神，加快推进创新型城市建设，营造科学民主、学术自由、严谨求实、开放包容的创新氛围。

二、推动企业管理创新

围绕提升产业竞争力，以“对标行动”和品牌建设为抓手，大力促进管理创新，全面提高管理水平。

深入开展企业“对标行动”。引导企业在生产经营各个环节，与先进水平全面对标，制定跟进赶超的路线图和时间表。拓展对标广度和深度，引导工业企业从技术装备、生产工艺、节能减排等可量化“有形”对标向发展理念、经营机制、企业文化等深层次“无形”对标延伸，从工业企业逐步向以商贸流通、现代物流、旅游为主的服务业企业拓展。围绕生产装备升级换代，引进和开发运用新技术、新设备，加快消化吸收和再创新，全面提升产业、行业和企业的技术装备水平。围绕提高产品技术含量，改进和再造生产工艺流程，提高工艺装备的先进性，增强工艺保障的完整性和合理性，加快产品升级换代和新产品开发。围绕产品提档升级，积极采用国际标准及国外先进标准，制定更高层次的企业标准，促进工业产品质量的全面提升。围绕企业降本增效，推广扁平化管理、供应链管理和价值链管理等科学管理方法，实现人、财、物合理配置和产、供、销有效衔接。

扎实推进品牌建设。坚持市场导向、以质取胜，在不同区域、不同行业选择优势企业和优势产品，实施品牌建设“示范工程”。大力开拓名牌产品市场，创新经营模式，加大宣传力度，提高产品在国内外市场的知名度、美誉度和市场占有率。围绕调整产业结构和增强产业核心竞争力，加快重点检验检测机构建设，提高技术信息服务水平，及时通报国外技术法规、标准、认证等动态信息，帮助企业追踪、了解和掌握国内外先进技术。引导和推动企业积极参与先进技术标准的制定和修订。夯实品牌建设基础工作，加大对品牌建设“示范工程”宣传力度，组织开展品牌知识、品牌经营和相关法律法规培训。到2015年，力争中国名牌达到100个以上，中国驰名商标达到100件以上。

三、实施人才强省战略

强化人力资源是第一资源理念，坚持服务发展、人才优先、以用为本、创新机制、高端引领、整体开发的方针，创新人才发展体制机制，推动人口大省向人才强省转变。

实施“巨人计划”。深入实施八大人才工程。推进京津冀区域人才合作工程，完善京津冀人才开发一体化联席会议制度，建立区域内科教项目合作机制和高校毕业生就业信息共享机制，打造一批京津人才创新创业基地。推进高层次创新型人才开发工程，统筹各类专家队伍建设，加大培养、选拔力度，强化科技项目支持，着力在重点产业打造具有国际国内领先水平的领军人才和创新团队。推进重点引智工程，深化与中国科学院、中国工程院及“两院”院士的合作，加强河北省院士联谊会建设，实施“海外高层次人才引进计划”，实现人才引进多级延伸。推进临港人才聚集区构建工程，努力扩大人才总量，使临港经济区成为区域性国际化“人才港”。推进“技能大师”培养工程，建立省级“有突出贡献技能大师”评选表彰制度，培养一批技术高超、技艺精湛的高技能人才。推进民营经济组织人才队伍建设提高工程，支持创新创业的资金、项目、信息等公共资源向民营经济组织平等开放。推进人才发展区域城乡统筹促进工程，促进城市科教文卫工作者服务农村，实施高校毕业生基层培养计划，促进人才向欠发达地区流动。推进人才工作信息化建设工程，整合人才信息资源，健全社会化、开放式的人才资源信息共享机制。

把引进和培养高层次创新创业人才作为实施人才强省战略的重中之重，围绕战略性新兴产业和重点支撑产业发展，以优势企业为主体，通过政府支持，有计划、有目的地培养和引进100名左右创新创业领军人才，努力做到推出一个领军人才，带出一个创新创业团队，做强一个企业，形成一个品牌。完善人才评价激励机制，鼓励创业风险投资基金、私募股权基金加大对“巨人计划”项目投入，加大对高层次创新创业人才技术研发项目和创业项目支持力度。

建设“人才家园”。搭建人才强省战略基础平台，参照公共租赁房有关政策，在环首都绿色经济圈及重点产业园区、工业聚集区规划建设以公共租赁房为主体的“人才家园”，为高层次人才和优秀人才来冀创业提供住房和生活配套服务，进一步增强吸纳人才、承接项目、招商引资能力，形成人才带项目、人才促产业、人才兴经济的良好局面。

创新体制机制。完善政府宏观管理、市场有效配置、单位自主用人、人才自主择业的人才管理体制，制定和实施促进人才脱颖而出和充分施展才能的政策措施。优化人才培养体系，更好发挥教育对培养人才的基础性作用。健全人力资源市场体系，引导人力资源合理流动和优化配置。构建新型人才公共服务体系，为各类人才充分发挥作用创造良好环境。完善人才政策法规体系，为人才培养、引进、使用、评价、激励等提供制度保障。完善人才开发投入保障体系，确保人力资源开发投入。强化人才工作，增强“一把手”抓“第一资源”的责任。2015年全省人才总量达到800万人以上。

第十四章　加快基础设施和基础产业建设增强发展支撑能力

坚持优化结构、完善功能、适度超前、综合配套，大幅度增强基础设施承载能力，提高基础设施的网络化和现代化水平，加强基础产业建设，为经济社会发展提供有力保障。

一、构建现代综合交通体系

围绕增加能力、优化结构、提高效率和京津冀交通一体化的目标，着力提高公路、铁路、港口、民航保障能力，形成快捷、高效、安全的现代综合交通网络。

完善公路网络布局。抓好大广、荣乌、京台、京昆、京新等高速公路项目建设，重点实施张承、承秦等高速公路建设工程，推进京港澳高速改扩建、石太高速第二通道等项目扩能改造，确保国家高速公路网项目全部建成通车，实现县县通高速公路，基本实现主要经济区、主要旅游景点连通高速公路。干线公路基本达到二级以上水平，实现县城、产业区、景区、物流中心等重要节点间的便捷连通。农村公路突出抓好县乡公路和危桥改造，加快实施乡村道路连通及油路向自然村延伸工程，新改建农村公路24000公里。

加快铁路网络建设。协调推进高速铁路、城际铁路、疏港铁路和重要货运通道铁路建设。铁路通车里程达到8000公里，其中高速铁路通车里程达到1500公里。构建环绕省会、京津和环渤海区域，连通各设区市的京津冀城际轨道交通网及连通周边省会城市的快速客运铁路网。建成京沪高速铁路和京石、石郑、京沈等客运专线及京张城际铁路，建设北京—唐山、京九客运专线和唐山—曹妃甸工业区—曹妃甸新区、沧州—渤海新区等城际铁路，以及北京—燕郊、北京—廊坊、北京—涿州等轨道交通项目。实现所有设区市通高速铁路，形成以石家庄为中心的“两小时交通圈”、环北京的“一小时交通圈”。

大力拓展港口功能。整合港口资源，完善基础设施，建设三个亿吨综合大港。全省港口生产性泊位达到165个，吞吐能力达到8亿吨，其中集装箱达到310万标箱。秦皇岛港，巩固全国能源运输枢纽港地位，抓好结构调整和西港东迁工程，积极发展集装箱、杂货运输和旅游客运，加快15万吨级航道和承秦铁路等项目建设。唐山港，曹妃甸港区重点实施煤码头、矿石码头、LNG码头、原油码头、通用码头扩建工程；京唐港区重点实施集装箱、专业化矿石、液体化工及杂货泊位工程，搞好20万吨级航道建设。黄骅港，加快二期工程建设，重点实施集装箱、专业化矿石、原油、煤炭、液体化工及通用散杂货码头等工程。完善石家庄、邯郸内陆港功能，加快张家口、承德、保定、廊坊、邢台等内陆港建设。

扎实推进机场建设。加快形成干支结合的民用机场布局，将正定国际机场培育成为区域性枢纽机场，建成张家口、秦皇岛、承德等机场，启动实施邢台褡裢和衡水故城军民合用机场、沧州机场、围场旅游机场、曹妃甸国际机场和邯郸机场改扩建工程。积极发展通用航空业，构建航空网络，努力开辟和培育新航线，石家庄机场通达全国大多数省会城市，增辟国际航线，形成国际、国内航线和省内支线相互衔接协调配套的航线网络。发展壮大河北航空公司，积极引进国内外航空公司。全省民航机场达到7个，航空客货运输能力分别达到2000万人次和20万吨以上。

二、提升能源保障水平

加快能源发展方式和用能方式转变，构建供应渠道多元化、资源配置市场化、开发利用高效化的能源发展格局。

促进煤炭集约开发利用。加快煤炭基地和重点煤矿项目建设，确保省内煤炭年产量稳定在8500万吨左右。鼓励开滦集团、冀中能源对中小煤矿实施整合重组，着力培育煤电路港一体化的跨行业、跨地区、跨所有制特大型企业集团。支持重点企业与晋、蒙、陕等省区合作开发煤炭资源。加快建设大型煤炭区域性储配调运中心。

加快电力优化升级步伐。适应城镇化加快发展需要，各设区市至少新建一座30万千瓦级超临界热电联产机组。推进冀蒙煤电基地建设，抓好煤炭主产区煤电一体化综合开发。建设沿海100万千瓦级超超临界发电机组。积极推进核电项目前期工作。实施特高压通道和主干电网工程，加快城乡电网升级改造和电网智能化建设。全省电力装机容量达到6565万千瓦，其中新能源发电装机达到1000万千瓦。

大力发展非化石能源。加快千万千瓦级风电基地建设，发展光伏发电、生物质发电和垃圾发电，实施大型抽水蓄能电站、风光储输示范工程。扩大太阳能热利用规模，稳妥推进燃料乙醇、生物柴油开发利用，大力开发地热资源，积极发展农村小水电。开展海洋能开发利用。非化石能源消费比重由目前的2.6%上升到5%以上。

合理开发利用油气资源。加强资源勘查，加快唐山南堡和渤海湾油气资源开发，稳定提高华北、冀东油田油气产量。积极开发利用非常规油气资源，搞好煤层气资源勘查和抽采利用，稳步推进煤制气开发。加大天然气管网及储配设施建设力度，确保11个设区市全部接通天然气管线。完善原油及成品油储运设施，建设曹妃甸大型原油储备基地，搞好石家庄炼化、中捷石化等炼油项目及配套原油、成品油管道建设，提高成品油商业储备能力。全省原油产量达到1000万吨，天然气产量达到10亿立方米。

推进用能方式转变。加强能源需求侧管理，转变用能方式，提高用能效率。降低煤炭消费强度，支持煤炭清洁、高效和低碳化利用。优先满足国家鼓励发展的重点产业和企业电力供应，控制不合理用电需求。优先安排可再生能源、清洁能源和高效电源上网。提高天然气普及利用水平。大力发展低耗高效产业和先进节能技术。加大城镇供热、供气、供电设施改造力度，推进农村能源基础设施建设。

三、加快水利工程建设

坚持把水利作为基础设施建设的优先领域，把农田水利作为农村设施建设的重点，推动水利实现跨越发展。

继续推进防洪工程建设。完善水利工程体系，确保防洪、供水安全。继续加强骨干行洪河道和重点支流河道治理，加快双峰寺水库等水利枢纽工程建设，搞好蓄滞洪区建设和山洪灾害防治，全面完成现有大中型和重点小型病险水库除险加固工程。

努力完善城乡供水体系。加快实施南水北调配套和引黄工程建设进度，初步建成“两纵六横十库”的供水骨干网络，努力形成地表水、地下水和外调水统筹、水资源多元配置的格局。抓好小型农田水利建设，积极推进大中型灌区续建配套和节水改造。

大力实施民生水利工程。继续实施农村饮水安全工程，解决1941万农村人口的饮水安全问题。继续实施小水电代燃料工程，启动水电新农村电气化县试点。

四、完善信息基础设施

完善现代通讯信息网络。加快宽带化、泛在化和综合化接入网建设，推进有线电视网由模拟向数字的整体转换，实现电信网、广播电视网、互联网“三网融合”，构建宽带、融合、安全的新一代信息基础设施。

加快经济社会各领域信息化进程。大力推进企业和产业聚集区信息化建设。积极发展电子商务。推进物联网应用和智能城市建设。加强农业农村、产业发展、公共服务、社会管理等领域重要信息系统建设，加快电子政务推广应用，有效提升政府公共服务和管理能力。

建设完善网络信息安全保障体系。健全和完善信息安全管理体系、信息安全应急处置体系和通报机制，加强网络与信息安全技术手段和力量建设。强化党政机关互联网安全接入，建立网络信任体系，提高安全保障能力。

第十五章　建设资源节约型环境友好型社会　提高生态文明水平

牢固树立绿色低碳发展理念，以节能减排为重点，节约资源能源，改善环境质量，防范环境风险，保障生态安全，加快建设资源节约型、环境友好型社会，增强可持续发展能力。

一、大力发展循环经济

按照减量化、再利用、资源化的原则，以提高资源产出效率为目标，加强规划指导，完善政策措施，推进示范工程，在生产、流通、消费各环节大力推进循环发展。

在生产领域实行循环式生产。在钢铁、电力、石化、造纸、木材加工等重点行业，加快循环经济新工艺、新技术、新设备推广和应用，促进清洁生产。重点抓好曹妃甸循环经济示范区、邯郸市循环经济示范城市等国家和省级循环经济试点，培育3个循环经济示范市、20个示范县、50个示范园区和企业，每年滚动实施50个示范项目，形成资源优化组合、产品互补互供、产业链条延伸的循环经济发展模式。推广工业固体废弃物、矿山尾矿等综合利用技术，全省工业固体废物综合利用率达到70%以上。

在消费领域推行循环式利用。积极倡导节约、环保的生活方式与消费模式，全面推行建筑节能，减少服务行业一次性用品使用和消费；遏制过度包装、奢侈消费等行为，引导采用可再生、能降解的包装材料，减少包装废弃物；加强餐厨垃圾管理、回收和利用。积极开展节约型机关、企业、社区创建活动，形成舆论引导、全民参与的良好氛围。

推进资源再生利用产业化。完善再生资源回收体系和垃圾分类回收制度，逐步实现垃圾无害化、资源化、减量化。实行生产者责任延伸制度，建设废塑料、废旧家电及电子产品、废旧金属等回收利用基地，引导再生资源利用向规模化、集约化、产业化方向发展。突出抓好五个“城市矿产”示范基地建设，开展废弃物资源化利用和无害化处理城市试点。

二、降低能耗和碳排放强度

深入推进节能降耗，降低单位生产总值能耗和二氧化碳排放强度，有效应对气候变化。

严格落实目标责任。合理确定各设区市“十二五”节能目标，层层分解，逐级落实。完善节能考核奖惩办法，实行责任追究制度。实施地区能耗总量和增量双重控制，引导各地加快产业结构调整步伐，使有限的环境容量发挥最大效益。

加快节能技术创新。加大节能和低碳共性、关键技术研究开发力度，着力解决技术瓶颈制约。采用高新技术和先进适用技术改造冶金、建材、化工、电力等高耗能行业，每年实施节能改造项目500个，形成300万吨标准煤节能能力。推行合同能源管理等新机制，加快中小企业节能改造步伐。

狠抓重点企业和领域。继续实施“双三十”单位节能减排示范工程，巩固、提高现有“双三十”单位节能减排成果，实施常态化管理，重新筛选“双三十”单位，实行省直接考核。实施“千家企业节能工程”，抓好年耗能万吨标煤以上的1000家企业，力争五年节能2000万吨标准煤。强力推进建筑、交通和公共机构等重点领域节能，确保取得明显成效。

有效控制温室气体排放。建立温室气体排放统计监测制度，逐步建立碳排放交易市场。抓好保定国家低碳城市试点和一批省级低碳产业、园区、企业示范试点，实施石家庄、保定国家“十城万盏”LED应用示范工程及唐山国家“十城千辆”新能源汽车城市试点，积极推进承德可再生能源示范城市、邢台太阳能应用示范城市建设。加快绿化造林步伐，增加活立木蓄积量，增强森林固碳能力。

三、推动资源节约和综合利用

坚持以提高资源利用效率为核心，以健全体制机制为抓手，切实加强土地、水、矿产等自然资源的保护与集约利用，提高资源综合利用水平。

节约集约利用土地资源。实行最严格的节约用地制度，强化责任考核，严格土地用途管制，强化规划和年度计划管控。深化土地资源的市场化配置，健全节约集约用地标准，提高土地投资强度和产出率。严格控制非农建设用地规模，新增建设用地向省重点开发区域和重点发展产业倾斜。切实保护防灾减灾等公共用地。实行城乡用地统筹，加大农村土地整治力度，合理减少农村居住用地。

节约利用水资源。加强水资源管理，控制用水总量，提高用水效率，减少入河排污总量，提高水资源对经济发展的保障作用。推行城乡水务统一管理体制，建立与城镇化、工业化和新农村建设相适应的供水安全保障体系。积极推进水价改革，促进水资源合理配置和节约使用。建立水功能区监督管理制度，提高主要河流、湖淀水功能区水质综合达标率。加快节水型社会建设，大力推广节水灌溉技术，农业灌溉用水有效利用系数提高0.03，继续强化工业节水，单位工业增加值取水量降低27%，限制高耗水服务业发展。合理利用地表水，严格控制超采地下水，大力发展雨水集蓄利用、海水利用、中水回用、劣质水源多级利用和工业用水重复利用。

合理开发矿产资源。加强矿产资源统一集中管理，规范开发秩序，严厉整治乱采滥挖、采厚弃薄、采易弃难等行为。推广共生矿、伴生矿、尾矿、低品位矿开采和综合利用技术，提高回采率和回收率。加强沉陷区、采空区治理，实施矿山土地复垦等工程，保护矿山生态环境。加大重要矿产资源的地质勘查力度，努力增加矿产资源储备。

四、坚定有序淘汰落后产能

严格执行国家产业政策。以电力、煤炭、钢铁、水泥、玻璃、有色金属、焦炭、造纸、制革、印染等行业为重点，按照国家淘汰落后产能的政策要求，分级分批编制淘汰落后产能计划，并向社会公告重点地区淘汰落后产能的企业名单、落后工艺设备和淘汰时限。

制定淘汰落后产能配套措施。对产能过剩行业实行新增产能与淘汰产能“等量置换”或“减量置换”，鼓励落后产能退出市场。建立淘汰落后产能补助机制，设立淘汰落后产能财政专项资金，鼓励优势企业兼并、收购、重组改造落后产能企业，支持企业运用高新技术和先进适用技术对落后产能进行技术改造。落实和完善资源及环境保护税费制度，推进资源性产品价格改革，发挥差别电价、水价对淘汰落后产能的促进作用。

加强对重点地区的监督检查。将淘汰落后产能完成情况纳入地方政府绩效考核，认真监督，定期检查，结合项目“区域禁限批”严格问责。

五、大幅度减少污染物排放

严格实行主要污染物总量控制。实施化学需氧量、二氧化硫和氨氮、氮氧化物排放总量控制，控制高污染行业

发展。严格环境准入，推进规划环评，防止淘汰落后产能污染转移。在造纸、皮革、医药等重点行业实施水污染物减排工程，在电力、钢铁、建材等重点行业推进大气污染物减排工程。深入推进农村环境综合整治，有效治理畜禽养殖污染。抓好污水处理厂和垃圾处理设施的建设和运行监管。强化危险废物全过程管理，严格核、电磁辐射环境监管，预防环境安全事故的发生。健全环境监测应急预警体系和环境执法监察体系。

加强流域海域综合污染防治。推进海河流域水污染防治，大幅度削减污染物入河量，实施全流域跨界断面考核和生态补偿制度。着力推进子牙河水系水污染综合整治工程，基本实现水环境功能恢复。综合治理陆源污染，减少污染物入海量，加强海岸工程和区域开发的生态环境保护，有效提升沿海地区的环境承载力。加强海域污染监测、预警和污染事故应急处理能力建设，防止重大海域污染事件发生。

改善城市空气质量。实施城市清洁空气行动计划，研究制定城市粉尘污染防治管理条例，实行城市空气质量分级管理。重点开展火电行业和机动车尾气氮氧化物防治，减少城市空气颗粒物污染。推进与京津的联合协作，加强大气污染联防联控。

六、强化生态环境保护

坚持保护优先和自然恢复为主，加强植树造林，强化对生态系统和物种资源的保护，促进生态环境保护由事后治理向事前保护转变。

强化林草植被保护与建设。实施国家重点造林工程和水土保持工程，强化封禁措施，保护森林资源，大力开展植树造林，提高森林覆盖率。以燕山、太行山生态屏障和坝上防风固沙林带、滨海湿地及沿海防护林带、环首都生态林带等“一屏三带”建设为重点，加强城镇、村庄周边、道路、河流两侧林带和农田林网建设力度。完成造林面积 2100 万亩，完成水土流失治理面积 10000 平方公里。继续实行草场禁牧期和轮牧制度，加快退化草场恢复。

加大对自然生态系统的保护力度。落实生态功能区划，加强对水源涵养区、水土保持区、饮用水水源保护区、自然保护区、海岸线及湿地等重要生态功能区的空间管制。规划新建一批自然保护区，对受到严重威胁的典型生态系统、珍稀濒危物种、珍贵海洋生物资源以及自然遗迹等，实施抢救性保护。保护区面积力争达到 80 万公顷以上。完善自然保护区管理体系，提高保护区管护能力。制定重要湿地名录和保护规划，加快白洋淀、衡水湖等湿地恢复。合理调度安排河流、湿地生态用水和入海淡水量。加强森林防火、有害生物防控，提高森林质量。

建立完善生态保护制度。按照谁开采、谁保护，谁破坏、谁治理的原则，进一步完善矿山环境恢复的投入机制，加快推进矿山生态环境恢复治理。加大水土流失治理力度，继续实施 21 世纪初期首都水资源可持续利用项目、太行山水土保持重点治理工程、小水电代燃料工程等。建立生态补偿机制，提高生态补偿标准，实现下游与上游、开发区域与保护区域、受益地区与受损地区、受益人群与受损人群之间以及自然保护区内外的利益补偿。

七、提高防灾减灾能力

坚持兴利除害结合、防灾减灾并重、治标治本兼顾、政府社会协同的原则，加强宣传教育和应急演练，强化干部群众避灾减灾意识，提高对自然灾害的综合防范和抵御能力。

防洪抗旱。推进防汛抗旱由控制洪水向管理洪水转变，由单一抗旱向全面抗旱转变。强化防灾减灾体系建设，切实抓好蓄滞洪区安全、海堤、山洪灾害防治、城市防洪等基础设施建设。加强防汛抢险队伍、预警预报设施建设，提高物资保障水平和应对洪涝灾害能力。全面增强抗旱能力，科学调度、合理配置水资源，保障生产生活用水安全。

防地质灾害。全面开展地质灾害隐患排查和勘查，查清地质灾害隐患点基本情况，评价预测发展趋势，划定危险等级。加大监测预警力度，提高监测预警水平和应急处置能力。大力推进群测群防“十有县”建设，发挥乡村群测群防员作用。加大投入力度，对重点地质灾害隐患点进行工程治理，对危害程度高、治理难度大的灾害隐患点实施居民搬迁、避让。严格落实地质灾害防治责任制，建立政府领导、部门配合、联防联控、齐抓共管的地质灾害防治机制。

防震。完善地震预报预防科技平台建设，建立较为完善的地震监测预报、震害防御、应急救援三大体系。全面提高地震监测预测预报能力和水平；强化建设工程抗震设防要求与地震安全性评价监管，确保城市新、改、扩建工程全部达到抗震设防要求，基本完成抗震能力不达标的重要建设工程加固改造，大幅度提高农村地震安全民居比例，增强城乡抗震设防能力；着力抓好学校、医院等人员密集场所建设工程抗震设防工作，切实提高水利、水电、输油气管线等重大工程的抗震能力；全面提升交通、电力、通信等基础设施抗震保障能力，加强应急救援体系建设。

气象工作。加快提升气象预报预测、应对气候变化和开发利用气候资源能力，重点强化农业气象服务和农村气象灾害防御工作，积极开展区域发展和重大项目的气候可行性论证，做好人工影响天气工作，提高人工增雨和防雹能力。

第十六章　提高开放水平　构建全方位开放新格局

坚持以开放促发展、促调整、促改革、促创新，把对外开放摆在经济社会发展全局中更加重要的位置，实施更加积极主动的开放战略，加快全方位、多层次、宽领域对外开放。

一、提高利用外资的总体水平和综合效益

明确对外开放重点。以产业招商为主线，完善产业招商目录，建立重大招商项目库，引导外资投向我省重点发展产业。积极推进全方位对外开放，加强与欧美、俄罗斯、东盟、东北亚等国家和地区的经济技术合作，深化与港澳台的经贸联系，扩大与世界500强的战略合作。创新利用外资方式，增加国外贷款规模，推动省内企业到境外上市融资。2015年全省实际利用外资力争达到100亿美元。

搭建对外开放平台。把加快中日曹妃甸生态工业园、中韩工业园等园区建设作为推进沿海对外开放的重要举措，按照国际一流标准规划、设计、建设，努力打造全方位参与东北亚区域合作的新高地。进一步加强冀港交流合作，学习借鉴香港市场经济、社会管理等方面的成功经验。按照国际化、市场化、品牌化要求，把环首都国际经济贸易洽谈会、中国曹妃甸临港产业国际投资贸易洽谈会培育成知名品牌展会。完善园区产业规划，增强园区产业配套能力，支持符合条件的省级开发区扩区升级。着力推进口岸开放，加快口岸大通关建设。积极发展远洋船队，努力开辟国际航线，提升港口、机场的国际化程度。

建立常态化招商机制。按照有产业招商指南、有产业招商地图、有产业招商项目库、有专业招商队伍、有专门投资促进机构、有专项工作经费的要求，建立健全常态化招商机制，完善招商投资促进体系，营造全社会抓招商、全方位抓服务、全身心抓落实的招商引资氛围。各设区市、省级以上开发区在国内外重点招商地区设立常设招商机构，精心谋划自办主题招商活动。大力推动产业链、产业集群招商和重点区域招商，鼓励驻点招商。

优化利用外资结构。引导外资更多投向先进制造业、高新技术产业、现代服务业、新能源和节能环保产业，积极参与城市扩容和新城建设。鼓励外资在我省设立地区总部和研发中心等功能性机构。支持符合条件的外商投资企业与省内企业和机构合作申请国家科技开发项目。加大智力、人才和技术引进力度，促进"引资"与"引智"相结合。

二、打造出口竞争新优势

强力开拓国际市场。实施出口市场多元化战略，巩固传统市场，开拓新兴市场，加快转变外贸发展方式，提高外贸质量和效益，2015年外贸进出口总额力争达到700亿美元。

加强出口基地建设。打造关联度高、影响力大、竞争力强、效益好的10个国家级出口基地、40个省级出口基地和100家省级出口基地企业，增强出口拉动作用。

优化出口商品结构。鼓励技术创新，提高机电产品等高附加值产品出口比重，扩大拥有自主知识产权的高新技术产品出口，力争机电、高新技术产品出口占比分别提高到50%和30%以上。同时，增加农产品和劳动密集型产品出口。

加强出口自主品牌建设。对我省知名出口品牌企业到境外注册商标、申请专利、取得认证等，在咨询服务、法律援助和资金支持等方面给予重点扶持，打造一批具有国际影响的知名品牌。

加快发展服务贸易。拓展服务贸易的广度和深度，促进服务贸易示范城市、园区和企业发展。建设5个省级服务贸易示范园区和100家省级服务贸易示范企业，2015年服务贸易进出口总额达到85亿美元。

建立快速、高效的外贸监控和反应机制。强化产业损害预警，妥善应对国际贸易摩擦，维护我省产业安全和企业权益。结合重点产业需求，扩大先进技术、关键设备、战略资源能源和节能环保产品的进口。

三、积极实施"走出去"战略

鼓励优势行业和企业开展境外投资。重点推动钢铁、建材、装备制造、轻工、纺织、服装、医药、农业等具有比较优势的行业和企业到境外投资办厂（场）。鼓励优势企业在海外开展矿产和能源资源合作，建立长期稳定的战略资源供应基地和生产基地。加快推进冀东发展集团、开滦集团、河北矿业等一批境外投资项目建设。力争我省对外投资额实现翻番。

支持企业开展跨国经营。鼓励各类有实力的企业以投资、参股、并购等多种方式在境外建立生产基地和研发中心，建立全球生产、采购和营销网络，培育一批具有国际竞争力的跨国公司。加强对外经济技术合作，积极开展对外工程承包、劳务输出。

建立健全投资服务体系。完善配套支持政策，制定国别（地区）投资指南，强化境外投资指导。加强境外投资法律服务，保障境外投资企业的合法权益和人员安全。

四、加强国内经济技术合作

深化与京津全方位战略合作。按照对接京津、主动作为、互利共赢、跨越发展的要求，拓展与京津合作领域，创新合作方式，打造发展环境梯度差、优质服务梯度差、体制机制梯度差、优惠政策梯度差，全面推进京津冀一体化发展。

扩大与晋蒙等中西部资源富集省份合作。鼓励和支持我省企业参与晋蒙能源资源勘探开发，重点推进开滦集团、冀中能源集团、河北建投集团等在晋蒙的能源开发项目建设，保障我省能源资源供给。积极推进山西、内蒙古等地区在我省沿海地区参与港口建设和兴办产业园区，深化我省与晋蒙等地互利合作。

加强与长三角、珠三角等发达省市合作。抓住南资北移机遇，重点引进项目、引进资金、引进人才，提升我省先进制造业、服务业和新兴产业发展水平。积极引进东南沿海发达省市知名大企业特别是民营大企业落户我省。

推进与西部地区的互利合作。加强政府间的沟通与协调，建立政府支持、市场引导、企业参与的合作机制，扩大与中西部地区在资金、技术、资源、市场上的合作，积极组织企业开展项目对接，不断拓展我省发展空间。按照中央部署，继续在经济、干部、人才、教育和科技等领域扎实开展对口支援新疆、西藏和重庆三峡库区移民工作。

第十七章　打好改革攻坚战
建立保障科学发展的体制机制

以更大决心和勇气全面推进各领域改革，努力在重点领域和关键环节取得重大进展，着力构建有利于经济发展方式转变、有利于社会和谐进步的体制机制。

一、深化国有企业改革

优化国有经济布局。推进国有经济战略性调整，大力实施国有企业战略性重组，支持河北钢铁、开滦集团、冀中能源、河北建投、河北港口等企业进行联合并购，加快河北航空投资集团、高速公路集团等企业资产整合、发展壮大。积极引导境外资金、民间资本参与国有企业重组改造，调整优化国有经济的产业、产品结构，提高核心竞争力。

建立现代企业制度。继续推进政资分开、政企分开，深化国有企业改革，全面完成国有大中型企业股份制改造。继续深化国有大中型企业内部改革，完善法人治理结构，促进公司股东会、董事会、监事会、经理层规范运作，积极探索外部董事制度。

加强国有资产管理。健全国有资产监管和运营体制，继续推进政府社会公共管理职能与国有资产出资人职能分离，进一步完善企业领导人任期、国有产权转让、企业重大事项决策审议等监管制度。加强对企业经营者业绩目标考核，完善企业重大决策失误追究制度。提高国有资本收益收取比例，完善国有资本经营预算制度。

二、加快财税和投融资体制改革

深化财政体制改革。努力构建科学规范、运转协调、有机统一的地方现代公共财政体系。合理界定各级政府事权，按照财力与事权相匹配的原则，理顺财政分配关系，增强县级政府提供基本公共服务能力。完善激励性财政体制，促进经济结构调整、空间布局优化和城镇化发展。细化项目预算编制，推行零基预算和绩效预算，不断提高财政资金使用效益。深化县、乡财政体制改革，强化乡镇财政所建设，促进县域经济资源优化配置。

深化投融资体制改革。扩大债券融资规模，完善债券发行管理体制，积极发展股权投资基金。加强社会信用和担保体系建设，优化金融生态环境。继续深化投资体制改革，完善投资项目审批、核准和备案程序，及时修订投资核准目录。规范政府投资行为，推动政府投融资平台健康发展。

三、推进行政管理体制改革

提高行政审批效率。深化行政审批制度改革，进一步减少和规范行政许可和审批事项，加强对行政审批事项的监督管理。建设并完善省、市、县三级行政服务中心，实行集中审批、一站式服务。大力推进电子政务，实现省、市、县三级行政服务事项统一管理、网上办理和电子监察。

深化扩权强县、强镇改革。进一步扩大县级经济社会管理权限，继续扩大扩权县（市）范围，开展省直管县（市）管理体制改革试点，积极推进乡镇机构改革，开展经济发达镇扩权改革，赋予部分经济发达镇县级经济社会管理权限。

推动事业单位改革。按照政事分开、事企分开和管办分离的原则，对现有事业单位进行分类改革。主要承担行政职能的事业单位，逐步转为行政机构或将其行政职能划归行政机构；面向社会提供公益服务的，继续保留事业单位序列，通过改革管理体制和运行机制，强化公益属性；以从事生产经营活动为主的事业单位逐步转制为企业。

四、完善资源性产品价格形成机制

深化资源性产品和环保收费改革。积极推进电、水、气、矿产品等资源性产品价格改革，建立切实反映市场供求关系、资源稀缺程度及污染损失成本的价格形成机制。进一步完善差别电价、水价政策，加大高污染高耗能、限制类淘汰类企业的生产经营成本。落实风能、太阳能、生物质能等可再生能源发电项目上网电价和电价补贴政策，实行大用户与发电企业直接购电试点。建立天然气上下游价格联动机制。推进环境保护收费改革，建立健全污染者付费制度。

建立排污权有偿使用和交易制度。研究制定主要污染物排放权交易管理和有偿使用办法、交易基准价格和出让金标准，促进排污权有序流转。健全固体废物管理和交换机制，探索企业互换副产品的价格形成机制。

第十八章　健全规划保障机制推进规划有效实施

实现规划目标和任务，主要依靠发挥市场配置资源的基础性作用。同时，政府要正确履行职责，加强和改善宏观调控，有效引导社会资源，合理配置公共资源。科学合理编制专项规划，分领域、分阶段落实本规划提出的目标和任务。

一、加强规划分类指导和协调衔接

要遵循社会主义市场经济规律，加快政府职能转变，加快制度创新，调整完善政策，健全激励约束机制，为推动规划实施提供保障。要明确政府推进规划实施的重点领域和责任。产业发展、结构调整等领域的目标任务和预期性指标，主要依靠市场主体自主行为实施，政府要进一步强化在市场监管和食品药品安全等方面的责任，切实维护公平公正的市场秩序。公共服务领域的目标任务和约束性指标，要强化政府责任，有效运用公共资源确保实现。

本规划是统领全省经济社会发展全局的总体规划，是编制其他专项规划、区域规划和市、县规划的依据。专项规划和区域规划要在特定领域和特定区域落实总体规划。市、县规划要在本规划指导下，结合本地实际，明确目标任务，抓好落实。

二、抓好重大事项和重大项目落实

规划所列重大事项和重大项目，是实现规划目标的重要保障。要根据规划确定的目标任务，把重大事项和重大项目分解到年度计划，落实到各级各部门和有关单位；加强协调调度，及时发现和解决问题，定期公布规划执行情况；强化社会监督，实行严格的责任考核制度，确保规划所列重大事项和重大项目如期实现。

三、以求真务实作风保障规划实施

完成“十二五”规划提出的目标任务，各级政府责任重大，任务艰巨，必须进一步解放思想，加快职能转变，创造性开展工作。以求真务实、锐意进取、创先争优的工作作风凝心聚力，抓好落实。要大兴积极探索、勇于创新之风，大兴深入基层、调查研究之风，大兴真抓实干、艰苦奋斗之风，使抓落实成为各级政府的自觉行动。进一步健全绩效考核制度，依靠有效的制度和良好的作风保证工作到位。加强对规划落实情况的监督检查，严格执行党风廉政建设责任制，加强行政权力运行监督。

四、完善绩效评价考核体系

加快制定并完善有利于推动科学发展、加快转变经济发展方式的绩效评价考核体系和具体考核办法，弱化对经济增长速度指标的评价考核，强化对结构优化、民生改善、资源节约、环境保护和基本公共服务等目标任务完成情况的综合评价考核，考核结果作为各级政府领导班子调整和领导干部选拔任用、奖励惩戒的重要依据。

五、建立规划评估和调整机制

本规划由省政府组织实施。为有效解决规划实施中存在的问题并为下一个五年规划提供借鉴，省政府将适时组织规划中期评估，提交省人大常委会审议。

规划实施期间，如遇国内外环境发生重大变化或由于其他重要原因，确需对本规划进行调整时，由省政府提出调整方案，按程序报请省人大常委会批准执行。

“十二五”规划是全面贯彻落实科学发展观、加快转变经济发展方式的重要规划。实施和完成这个规划将使我省经济社会发展水平和质量登上一个新台阶，在向全面建设小康社会目标前进的道路上迈出具有决定性意义的一步。让我们更加紧密地团结在以胡锦涛同志为总书记的党中央周围，以邓小平理论和“三个代表”重要思想为指导，深入贯彻落实科学发展观，在中共河北省委的坚强领导下，凝心聚力，扎实工作，抢抓机遇，乘势而上，为圆满完成“十二五”规划确定的各项目标任务，建设更加富饶、更加秀美、更加幸福的新河北而努力奋斗！

政府工作报告

在河北省第十一届人民代表大会第五次会议上

河北省人民政府代省长 张庆伟

（2012年1月6日）

各位代表：

现在，我代表省人民政府向大会作工作报告，请予审议，并请各位政协委员和列席会议的同志提出意见。

一、2011年工作回顾

刚刚过去的2011年，是实施“十二五”规划的第一年，是中国共产党河北省第八次代表大会胜利召开之年。面对国内外错综复杂的形势，我们在党中央、国务院和中共河北省委的坚强领导下，坚持以科学发展为主题，以加快转变经济发展方式为主线，全力以赴稳增长、调结构、控物价、惠民生，较好地完成了省十一届人大四次会议确定的目标任务，实现了“十二五”开门红。

经济保持平稳较快发展。预计全省生产总值完成24000亿元，增长11%左右。全部财政收入3000亿元左右，增长24.5%，其中地方一般预算收入1700亿元左右，增长27.6%。规模以上工业增加值突破1万亿元，增长16%左右。全社会固定资产投资16300亿元，增长23%以上。社会消费品零售总额8020亿元以上，增长18%左右。进出口总值530亿美元，其中出口280亿美元，增长24%。

农业农村经济稳定增长。农业生产再获丰收，粮食总产量达到634.5亿斤、实现“八连增”，肉、蛋、奶、菜、果等农产品产量不断增加，畜牧、蔬菜、果品三大优势产业产值占农林牧渔业总产值的比重达到68.5%。农产品加工业继续发展，农业产业化经营率由58.6%提高到60%以上。农田水利基本建设得到加强，新增节水灌溉面积385万亩，完成60座病险水库的除险加固。强化农业科技服务，派出专业技术人员1.1万人，培训农民520万人。

产业结构调整持续推进。全省工业完成技改投资4200亿元，其中钢铁、装备制造、石化三大传统产业技改投资2300亿元，均增长40%。高新技术产业增加值增长25%左右，新能源、生物医药、电子信息等战略性新兴产业增加值分别增长50%、10%和17%。商贸流通、现代物流、金融保险、文化旅游等产业规模壮大，服务业完成增加值8200亿元，增长11%左右。旅游业总收入1200亿元，增长30%以上。科技创新能力提高，组织实施100项国家科技重大专项和省级重大成果转化项目，专利申请量16680件、专利授权量10970件。节能减排深入推进，预计单位生产总值能耗下降3.66%左右，化学需氧量、二氧化硫和氨氮排放量均削减1.5%以上。全省淘汰落后炼钢产能1600万吨、炼铁930万吨、水泥2500万吨、平板玻璃1100万重量箱。

基础设施建设成效显著。高速公路新增449公里，通车总里程达到4756公里。农村公路建设进一步加强，新改建5900公里。铁路营运里程突破5400公里。石家庄正定、秦皇岛、张家口机场建设步伐加快，民航旅客吞吐量超过450万人次。黄骅港综合港区二期工程开工建设，秦唐沧三大港口生产性泊位新增14个、达到130个，完成货物吞吐量7亿吨。南水北调河北段工程顺利推进，承德双峰寺水库开工建设。全省新增电力装机容量260万千瓦，新增宽带网用户180万户。

重点领域改革继续深化。农村改革深入推进，土地承包制度、集体林权制度改革取得积极进展。医药卫生体制改革步伐加快，政府办基层医疗卫生机构基本药物制度全面推行，公立医院改革试点启动实施。组建省级食品安全综合协调机构，食品安全监管全面加强。文化体制改革力度加大，经营性文化单位基本完成转企改制。财税金融体制改革取得新成效，国库集中支付制度基本实现省市县三级全覆盖，新增村镇银行15家、小额贷款公司100家，16家农村信用社县级联社向农村商业银行转型。在境内外上市公司新增25家，直接融资937亿元。国有企业改革取得新进展，河北钢铁集团主业整体上市稳步推进、完成回购石钢股份、退出京唐钢铁集团，股权结构进一步优化。河北融投控股集团完成组建，冀中能源跻身世界500强。民营经济快速发展，完成增加值15000亿元，增长12.5%，占全省生产总值的比重达到63.5%。

对外对内开放水平提高。实际利用外资50亿美元、增长14.5%，对外直接投资9.1亿美元、增长19.7%。精心组织香港投洽会、廊坊经洽会、冀台经洽会等重大会节，加强与国家部委和中央企业的交流合作，与50家央企签署战略合作框架协议，意向总投资超过1万亿元。省级以上经济技术开发区、高新技术开发区、新兴产业示范区等各类园区达到212个，产业聚集效应日趋明显。曹妃甸新区、渤海新区、北戴河新区发展势头良好，环首都绿色经济圈、冀中南经济区及张承地区在开放合作中实现发展提速。

城乡面貌发生可喜变化。城镇化进程加快，全省城镇化率达到45.5%。城镇建设水平提高，完成城市基础设施投资3060亿元，27个大型城市商业综合体项目开工建设，实施园林绿化、容貌整治、污水垃圾处理等专项提升行动，整治改造城市主要街道305.6公里，新增园林绿地6380公顷，新增国家级园林城市4个、省级园林城市（县城）25个，设区市及县级市的城市污水和垃圾无害化处理率分别达86%和80%，城市空气污染指数下降4%。启动实施1020个省级新民居示范村建设，完成10万户农村危房改造。

保障改善民生力度加大。城乡居民收入较快增长，城镇居民人均可支配收入17900元、农民人均纯收入6900元，分别增长10%和16%。城镇新增就业70万人，登记失业率3.8%、控制在预期目标之内，农村劳动力转移就业总量达到1520万人。社会保障体系进一步完善，城镇基本医疗保险基本实现全覆盖，新农合筹资标准提高到200元、参合率达到95.4%。新型农村养老保险试点扩大，城镇居民养老保险试点启动实施。企业退休人员基本养老金月人均增加154元、城镇低保标准达到每人每月316元、农村低保标准提高到每人每年1717元，均高于全国平均水平。社会救助体系逐步健全，保障标准与物价上涨挂钩联动机制初步建立，困难群众基本生活得到保障。超额完成国家下达的保障性住房目标任务，开工建设38.5万套。377.4万农村人口饮水安全问题得到解决，20万扶贫对象实现脱贫。

各项社会事业全面进步。教育事业快速发展，学前三年教育毛入园率达到67%，义务教育均衡发展，化解义务教育债务40多亿元，高中阶段教育基本普及，高等教育质量有所提高。人才队伍建设进一步加强，大力引进海外高层次人才，新当选中国工程院院士1人。文化事业繁荣发展，文物和非物质文化遗产保护工作力度加大。省博物馆新馆主体完工，省图书馆全面开馆，各地博物馆、图书馆、群艺馆建设加快，1403个乡镇综合文化站、35920个农家书屋建成使用，149个县（市、区）完成数字影院建设任务。一批精品力作获得国家大奖，成功举办第13届中国吴桥国际杂技艺术节。基层医疗卫生服务体系不断健全，新建改建县级医院16个、中心乡镇卫生院69个、村卫生室6680个，城市社区卫生服务街道覆盖率达到98%以上。人口与计生工作扎实推进，低生育水平保持稳定。全民健身运动广泛开展，竞技体育实力提升。安全生产总体形势平稳，没有发生重特大生产安全事故。食品药品监管整治行动取得积极成效，社会管理综合治理不断强化，社会大局和谐稳定。圆满完成援藏援疆和对口支援三峡库区移民年度工作任务。军民团结、军政团结的良好局面进一步巩固，广大军民在经济建设、国防建设、抢险救灾等方面谱写了风雨同舟、协同奋战的动人篇章。民族宗教、外事侨务、妇女儿童、人民防空、防震减灾、气象测绘、档案、老龄、残疾人等事业取得新成绩。

政府自身建设不断加强。高度重视向人大常委会报告工作，自觉接受人大法律监督、政协民主监督和社会监督，办理人大代表建议447件、政协提案484件，办结率均为100%。深入开展创先争优活动，大力推进政风建设。坚持依法行政，完成重点立法项目21件。深化行政审批制度改革，行政效率和服务质量进一步改善。严格落实党风廉政建设责任制，开展“三公”经费和公车问题专项治理，推动行政权力公开透明运行，政府工作的透明度和公信力得到提高。

各位代表，过去的一年，在国际环境发生新变化和国内经济运行出现新情况的形势下，全省上下团结拼搏，共克时艰，在一些领域和重点工作上取得重大进展，集中力量办成了一些关系全局的大事要事。一是粮食生产战胜50年不遇的严重干旱，大灾之年夺取夏粮丰收，总产突破600亿斤大关，再创历史新高；二是工业经济主导作用明显增强，钢铁等产业结构调整取得进展，规模以上工业增加值跨上万亿元大台阶；三是开放型经济发展日趋活跃，外贸进出口结构不断优化，进出口总值超过500亿美元；四是农民人均纯收入大幅提高，比上年增加近千元，高出城镇居民人均可支配收入增速6个百分点，首次超过城镇居民收入增幅，实现了历史性转变；五是财政收入保持较高增幅，占生产总值的比重上升，经济发展质量进一步提高；六是基础产业建设步伐加快，基础设施体系更加完备，发展的支撑条件和保障能力大为增强；七是成功举办百家央企走进河北战略合作恳谈会，签署了一批投资合作协议，掀开了互利共赢的新篇章；八是经过不懈努力、积极争取，河北沿海地区发展规划上升为国家战略，标志着沿海地区开放开发进入了新阶段，河北的改革开放和现代化建设必将迎来一个更加美好的明天！

我省经济社会发展取得的新成绩，是党中央、国务院和中共河北省委总揽全局、正确领导的结果，是全省人民同心同德、砥砺奋进的结果。在此，我代表省人民政府，向全省人民，向人大代表、政协委员，向各民主党派、工商联、无党派人士和人民团体，向驻冀人民解放军、武警官兵和政法干警，向中直机关驻冀各单位，向关心河北发展的香港特别行政区和澳门特别行政区同胞、台湾同胞、海外侨胞、国内外朋友，致以崇高的敬意和衷心的感谢！

各位代表，改革发展稳定的良好局面，增强了我们继续前进的信心和决心。但我们也清醒地看到，尽管去年绝大多数目标任务完成或超额完成，仍有氮氧化物排放量、居民消费价格总水平、科技研发经费支出占生产总值比重和城镇化率4项指标未完成预期目标。经济社会发展中还存在着一些突出问题：部分企业生产经营困难，经济增长下行压力加大；市场物价高位运行，城乡居民生活受到影响；资金供给紧张，金融生态环境有待改善；外部需求萎缩，外贸出口形势严峻；能耗污染出现反弹，节能减排任务艰巨。与此同时，经济结构不合理、区域发展不平衡、自主创新能力弱等深层次矛盾日益凸显，改善民生方面还有许多亟待解决的问题。一些地方和部门服务意识不强，办事效率不高，形式主义、官僚主义甚至违法违纪、消极腐败现象还不同程度地存在。对这些问题，我们要采取更加有力的措施，下更大的力气切实加以解决。

各位代表，我们一定倍加珍视来之不易的好形势，倍

加珍视千载难逢的好机遇，倍加珍视团结奋进的好氛围，在充满希望的新的一年里，振奋精神，攻坚克难，坚定不移地走有中国特色、河北特点的发展路子，奋力开创经济社会发展的新局面！

二、2012年工作的总体要求和主要目标

今年是全面落实省第八次党代会精神的第一年，是实施“十二五”规划承上启下的关键一年，我们将迎来中国共产党第十八次全国代表大会的胜利召开。做好今年的政府工作，意义重大而深远。

省第八次党代会开启了建设经济强省、和谐河北的新征程，确立了今后五年我省经济社会发展的奋斗目标，提出了推动更好更快更大发展的战略举措，描绘了未来发展的宏伟蓝图，极大地激发了全省人民干事创业的昂扬斗志。综合研判国内外发展大势，我们既面临着许多严峻挑战，也面临着不少有利条件。从不利因素看，世界经济复苏的不稳定性不确定性上升，国际经济环境短时期难以明显好转。我国经济增速缓慢回落与物价仍处高位相互交织，解决体制性结构性矛盾更为迫切、难度更大。我省东部区位、中部水平的状况尚未根本改变，面临着日趋激烈的区域竞争，不进则退、慢进也退。从有利条件看，经济全球化趋势没有改变，各国相互依存日益加深，有利于我们在更大范围、更宽领域、更高层次上参与国际经济合作。我国工业化、城镇化和农业现代化加速推进，消费结构和产业结构升级蕴藏着巨大的需求潜力，国家继续实行积极的财政政策和稳健的货币政策，有利于我们推动经济增长由政策刺激向自主增长有序转变。我省的区位优势全国独有，面临的发展机遇前所未有，国务院批准河北沿海地区发展规划启动实施，京津冀区域经济一体化、首都经济圈纳入国家“十二五”规划，冀中南地区列为国家层面的重点开发区域，有利于我们增创发展新优势。我们一定要抓住机遇、顺势而为，未雨绸缪、趋利避害，把困难估计得更充分一些，把政策制定得更完备一些，把措施考虑得更周密一些，牢牢把握经济社会发展的主动权。

今年政府工作的总体要求是：高举中国特色社会主义伟大旗帜，以邓小平理论和“三个代表”重要思想为指导，深入贯彻落实科学发展观，全面落实中央经济工作会议、省第八次党代会和全省经济工作会议精神，以科学发展为主题，以加快转变经济发展方式为主线，以建设经济强省、和谐河北为目标，突出把握好稳中求进的工作总基调，大力实施“一产抓特色、二产抓提升、三产抓拓展”的经济发展战略，着力稳增长、控物价、调结构、抓创新、惠民生、促和谐，突出重点，突破难点，打造亮点，努力实现全省经济社会更好更快更大发展，以优异成绩迎接党的十八大胜利召开。

今年经济社会发展的主要预期目标是：全省生产总值增长9%左右。全部财政收入增长13.5%，其中地方一般预算收入增长14.5%。全社会固定资产投资增长19%，社会消费品零售总额增长17%，出口总值增长10%，实际利用外资增长10%。单位生产总值能耗下降3.66%，化学需氧量、二氧化硫和氨氮、氮氧化物排放量分别削减2.2%、3.2%、3.1%和1.5%。城镇居民人均可支配收入增长9%，农民人均纯收入增长9%以上。城镇登记失业率控制在4.5%以内。居民消费价格涨幅控制在4%左右。人口自然增长率控制在7.6‰以内。

上述目标，是综合分析有利因素和不利因素、统筹考虑需要与可能确定的。提出生产总值增长9%左右、全部财政收入和一般预算收入分别增长13.5%和14.5%的预期目标，既积极可靠，又留有余地，反映了扩大就业、改善民生、维护稳定的要求，有利于引导各方面把工作重心转到调结构转方式、注重发展内涵上来。提出节能减排5项目标，既考虑了与“十二五”规划目标相衔接，又反映了考核指标增多、挖潜空间收窄、投入成本增大、边际效应递减等因素的影响，做到适度超前、量力而行、尽力而为、确保完成。整个指标体系设置，体现了积极进取、实事求是的态度，体现了科学发展、转型升级的要求。实际工作中，在保证质量、提高效益、优化结构的前提下，能发展多快就发展多快，能超额完成则超额完成。

实现今年的经济社会发展目标，关键是把握好以下几个方面：坚持速度规模与质量效益相统一，做大经济总量、提高整体素质、优化产业结构、增强发展活力、提升运行质量，促进科学发展。坚持优势地区聚集发展与贫困地区加快发展相统一，举全省之力打造经济增长极，举全省之力打好扶贫攻坚战，促进协调发展。坚持城镇建设与农村发展相统一，同步推进新型工业化、新型城镇化和农业现代化，相辅相成、相得益彰，促进统筹发展。坚持科技引领与开放带动相统一，深化改革开放，推动技术进步，促进创新发展。坚持经济发展与社会建设相统一，在搞好经济建设的同时，更加注重加快社会事业发展，着力提高人民群众生活品质、社会文明程度、社会管理水平和生态环境质量，促进和谐发展。

做好今年的政府工作，核心是牢牢把握扩大内需这一战略基点、牢牢把握发展实体经济这一坚实基础、牢牢把握加快改革创新这一强大动力、牢牢把握保障和改善民生这一根本目的，切实把稳增长、控物价、调结构、抓创新、惠民生、促和谐作为工作着力点。稳增长，就是千方百计地保持经济平稳较快发展，密切关注经济发展走势，加强经济运行调节，保持投资持续增长，扩大消费需求，壮大出口规模，促进消费、投资、出口协调拉动。控物价，就是毫不放松地搞好物价调控，增加生产、保障供应，搞活流通、降低成本，加强监管、规范秩序，努力保持价格总水平基本稳定。调结构，就是坚定不移地推进经济结构的战略性调整，进一步加快调整产业结构、需求结构、要素结构、城乡结构、区域结构，在发展中调整、在调整中发展。抓创新，就是卓有成效地推进体制改革和科技创新，以更大的决心破除体制机制障碍，以更大的魄力推进科技创新，加快建设创新型河北。惠民生，就是尽心竭力地保障和改善民生，把人民群众的所想、所盼、所需作为工作的明确方向和重要内容，大力实施惠民工程，着力解决好涉及群众利益的重点难点热点问题，切实提高发展成果的普惠性。促和谐，就是高度负责地做好维护社会和谐稳定的各项工作，把和谐河北建设摆在更加突出的位置，加强和创新社会管理，继续实施首都"护城河"工程，确保全省社会大局和谐稳定。

各位代表，发展的目标激励着我们，严峻的形势考验着我们，肩负的责任鞭策着我们。只要我们咬定青山不放松、面对困难不退缩、团结奋斗不懈怠，就一定能够实现今年的各项目标，在建设经济强省、和谐河北的伟大征程中迈出坚实的第一步！

三、奋力推进经济强省建设

坚持以经济建设为中心，把发展作为第一要务，按照继承、发展、创新的要求，统筹兼顾、突出重点，着力做好九个方面的工作。

（一）保持经济平稳较快增长。扩大内需规模，努力增加外需，优化需求结构，做到投资拉动不减弱、消费拉动大增强、出口拉动上水平。

优化投资结构，进一步扩大投资规模。紧紧抓住项目建设这个重要载体，强力推进、重点引进、服务跟进。完善重点项目建设管理办法，实行省、市、县分级管理、分级负责。省重点抓好重大民生项目、重要基础设施项目和关系全省发展的新经济增长点项目，各市、县也要抓好一批符合产业政策、有利于调结构转方式的大项目、好项目。加快在建续建重大项目建设，确保华北石化千万吨炼油、保定长城汽车扩能、邯郸新兴特种管材等一批项目如期投产达效。争取中航集团邢台重型车基地、中化集团唐山北方氮肥基地等一批重大产业项目开工建设；加快京港澳高速公路改扩建、张家口机场等一批重大基础设施项目建设，确保京石、石武、津秦等客运专线建成通车。发挥政府投资对结构调整的引领作用，引导资金更多地投向产业项目、技术改造、科技创新、生态环保、民生改善等领域。拓宽民间投资领域，支持民间资本由传统产业向战略性新兴产业和现代服务业转移。调整和完善建设用地指标分配使用办法，加强土地指标的使用监管，严肃查处违法违规用地行为。把好信贷、环保、安全、质量等准入和审核关，严控高消耗、高排放和产能过剩行业的新上项目。

坚持多措并举，有效扩大消费需求。增强居民消费能力，提高城乡居民收入，特别是增加低收入者收入、提高中等收入者比重，健全企业职工最低工资和退休人员基本养老金标准正常调整机制，扩大工资集体协商覆盖范围，落实好事业单位绩效工资制度，逐步缩小收入分配差距。积极培育消费热点，完善促进居民消费的政策，提倡绿色消费，拓展休闲旅游、体育健身、文化娱乐等服务消费，引导社会力量兴办养老服务机构。开拓农村消费市场，完善农村商贸流通体系，提高万村千乡市场工程、新农村现代流通服务网络工程连锁经营和统一配送率。落实国家房地产调控政策，促进房地产市场健康发展。

开拓国际市场，千方百计稳定外需。实施出口多元化战略，加快出口基地建设，优化出口商品结构，推动原材料出口向加工产品出口转变、一般产品出口向高附加值产品出口转变，扩大机电产品和高新技术产品出口，鼓励特色农产品出口，提高纺织服装、钢铁、医药等传统出口产品的质量和档次。

放开放宽放活，满腔热忱地支持民营经济发展。认真落实促进民营经济发展的各项政策，深入推动全民创业，降低市场准入门槛，培育壮大各类市场主体。建立健全融资担保、创业辅导、人才培训、技术支持等服务平台，加大对中小微企业的扶持力度，鼓励有条件的民营企业上市融资，培育一批年销售收入超百亿的大企业、大集团。加快民营企业管理创新、技术创新，推动转型升级，促进民营经济快速发展，力争增加值增长15%以上。

搞好运行调节，保障企业正常生产经营。加强经济运行监测和预警，建立健全银企对接、产需衔接长效机制。开展服务企业活动，保障煤电油气运等生产要素供应。积极拓宽融资渠道，帮助企业解决融资问题。加强财税、金融与产业政策的协调配合，最大限度地发挥政策的综合效应。对企业的最大支持是订单支持，就是发挥省内消费大市场的作用，拉动企业生产。我们要充分认识到，搞好已有的实体经济，对于实现平稳较快增长，比招商引资更重要、更直接、更有效。

（二）毫不放松地抓好"三农"工作。坚持粮食主产区地位不动摇、肩负国家粮食安全责任不动摇、推进农业现代化不动摇，着力在品种、品质、品牌、经营方式上形成特色，促进农业增产、农民增收、农村发展，扎扎实实地推进社会主义新农村建设。

稳定发展粮食生产，提高农业综合生产能力。不折不扣地落实强农惠农富农政策，开展高产创建活动，稳定面积、主攻单产、增加总产、提高品质，加快4000万亩粮食生产核心区建设，加大对粮食生产大县的扶持力度，培育一批吨粮市、吨粮县。积极发展优质小麦、专用玉米、杂交谷子等高效粮食生产，广泛推行高产、节水、节肥、节药、节种的栽培技术，力争粮食总产达到640亿斤。

调整优化农业结构，做大做强特色优势产业。发展优势畜产品生产，建立健全畜禽良种繁育、动物疫病防控、质量安全检测、饲料兽药保障四大体系，创建1000个部省级标准化规模养殖示范场。推进特色水产养殖。抓好24个蔬菜示范县和500个蔬菜标准园建设，发展绿色蔬菜、有机蔬菜，力争蔬菜种植面积达到2000万亩。建设好七大果品基地，发展优质特色品种，优质果品比重达到70%以上。加强中药材种植基地建设，对10个中药材种植基地县给予重点扶持。

创新农业经营方式，加快农业产业化步伐。培育壮大新型农业经营主体，提高农业集约化水平和组织化程度。发展农产品加工业，重点支持龙头企业，推进100个投资亿元以上产业化项目建设，力争农业产业化经营率提高1.5个百分点以上。强化农产品全程质量安全管理，推进生产、加工、销售等各个环节标准化。开展争创品牌活动，力争新增国家级和省级名牌农产品60个。加快农业科技进步，促进产学研、农科教紧密结合，完善良种培育、农业技术推广体系。加强现代农业示范区建设，打造农业技术示范和推广平台。

加强基础设施建设，改善农民生产生活条件。坚持广开源、重节水、强治理、惠民生，完善水源水网体系。推进南水北调、引黄入冀、承德双峰寺水库等重大水资源配置工程，搞好45座小型病险水库的除险加固，实施19座大中型灌区续建配套和节水改造工程，加强小型农田水利重点县、节水示范县建设，新增节水灌溉面积240万亩。实施幸福乡村计划，加强县乡公路改造和农村公路建设养护，开展连村道路和村内街道硬化，新改建农村公路7000公里，健全城乡一体化客运网络，加快农村垃圾污水处理设施建设，推广户用沼气，继续实施新一轮农村电网改造，搞好邮政邮电服务，促进农村通信宽带普及应用。尊重群众意愿、因地制宜、规范运作，积极稳妥地推进新民居示范村建设。

加快发展非农产业，持续增加农民收入。依托产业基础和资源条件，发展农村二三产业，有效增加农民非农收入。鼓励发展都市农业、休闲农业、乡村旅游，支持种养能手、返乡农民工创办实业，增加经营性收入。发展劳务经济，加强农村业余学校建设，开展农民就业技能培训，推动农村富余劳动力有序转移，增加工资性收入。总之，我们要把增加农民收入作为一项重大任务，放在心里、抓在手上、落到实处，想方设法让农民的收入多起来、让农民的钱袋子鼓起来、让农民的生活富起来。

（三）提升工业经济发展水平。坚持走新型工业化道路，以调结构转方式为主攻方向，以“十百千工程”为抓手，以质量效益为核心，精心组织实施工业提升计划，促进工业加快发展、加速转型，努力建设工业强省。

着力实施“十百千工程”，引领带动工业发展。坚持一手抓优势产业，培育一批“行业巨人”；一手抓强势企业，打造一批“航空母舰”。培育壮大曹妃甸精品钢、保定汽车及零部件等十大工业基地，推进产业聚集发展和结构优化。扶持发展百家优势企业，打造产业龙头，增强辐射带动作用。实施名牌战略，培育千项省级以上名牌产品，支持企业育名牌、创名牌、争名牌。明确“十百千工程”的阶段性目标和推进措施，强化政策扶持，确保取得预期成效。

改造提升传统产业，提高整体竞争力。深入开展对标行动，实施千项技改项目，抓好15家信息化与工业化融合示范企业，提高企业技术装备水平。抓好钢铁工业改造，严格控制总量，制定实施钢铁产业结构调整试点方案，兼并重组一批、关停淘汰一批、改造提升一批，推进钢材深加工示范基地建设。抓好装备制造业改造，以先进制造为方向，大力发展整机和成套设备。抓好石化产业改造，扩大炼油能力，加快发展精细化工，延伸产品链条。推进建筑、建材、轻工、食品、纺织、医药等产业的改造升级，打造特色产业集群。深入实施质量兴省战略，建设检验检测公共服务平台，提高产品质量和企业竞争力。

加快战略性新兴产业发展，努力形成局部强势。坚持培育与引进并重、自主研发与开拓市场结合，推动新兴产业扩规模上水平。发挥好战略性新兴产业发展专项资金的引领作用，启动实施信息产业升级、生物产业创新发展、半导体照明产业化、新材料特色产业链壮大等重大工程和百企千人技术创新能力提升工程。加快石家庄国家生物产业、保定国家新能源、廊坊电子信息、邢台光伏、邯郸新材料、唐山动车组等高新技术产业基地建设，推进200个投资10亿元以上大项目的谋划和建设，扶持一批高成长性的中小高新技术企业，培育新的经济增长点。

发挥企业主体作用，增强自主创新能力。实施重大科技专项和科技示范工程，突破关键共性技术，培育壮大一批高新技术企业和科技型中小企业，推进石家庄高端医药产业园等创新基地建设，抓好国家级高新区建设和创新型特色产业集群试点。促进产学研结合，新建25家省级工程技术研究中心和重点实验室，抓好5家产业技术研究院和15家产业技术战略联盟建设。面向京津引进一批科研院所和创新基地，积极承接北京中关村科技成果转化，采取“异地共建、一区多园”的方式，建设好廊坊科技园等首都周边重点科技园区。

坚持不懈地抓好节能减排，促进绿色低碳发展。正确处理经济增长、结构调整和节能减排三者的关系，实行差别政策，分地区、分行业下达节能减排考核指标。大力实施重点示范工程，继续抓好新老“双三十”单位节能减排。深入实施“双千”工程，力争1000家重点用能企业年内实现节能500万吨标煤，1000家环保重点监控企业主要污染物排放量减少14万吨。发展循环经济、低碳经济，推广一批新工艺、新材料、新技术，加强和完善城镇污水、垃圾处理设施建设与运行管理，推进供热计量改革和建筑节能。综合运用经济、法律、技术、行政等手段，坚决有序淘汰落后产能。积极开展造林绿化、水土保持、防沙治沙等工作，加强自然保护区、水源保护地等生态功能区的保护和管理。综合整治农村环境，减少面源污染。综合治理陆域、流域、海域污染，开展北戴河及相邻地区海域污染防治和环境综合整治集中行动，加强入海河流和直接入海排污企业治理，确保海水水质明显改善。节能减排事关发展大局、事关社会稳定、事关百姓福祉，我们一定以更大的决心、更大的力度、更硬的措施，坚决打好这场攻坚战。

（四）大力拓展服务业发展领域。把发展服务业作为结构调整的重要突破口，坚持生产性服务业与生活性服务业并重、现代服务业与传统服务业并举，促进服务业发展提速、比重提高、水平提升，力争服务业增加值增长10%。

以增主体扩规模为重点，加快发展金融保险业。增多做强金融主体，壮大河北银行，推动农村信用合作社健康运行，规范发展小额贷款公司、村镇银行和担保公司等新型金融组织，吸引国内外大型商业银行在我省设立分支机构。鼓励社会资金设立股权投资基金。优化金融生态环境，积极搭建银企合作平台，推进企业上市融资和并购重组，扩大债券融资规模。组建燕赵财产保险公司，引导保险资金投向河北。严格金融监管，打击非法集资，防范金融风险。力争新增贷款2200亿元以上、直接融资超过500亿元。

围绕与支柱产业互动，加快发展商贸物流业。立足区位优势和产业优势，推进7个环首都现代物流园区、19个省级物流产业聚集区建设。支持大型生产和商贸企业剥离物流业务，培育壮大第三方物流企业。推动冀中能源、开滦集团、河北钢铁等电子交易平台建设。加快27个城市大型商贸综合体和特色商业街区建设，提升商贸服务水平。

突出特色打造品牌，加快发展旅游业。重点围绕红色旅游、历史文化旅游、自然风光旅游、休闲度假旅游，建设好环首都休闲旅游产业带和沿渤海度假旅游产业带，支持环省会、太行山沿线等冀中南旅游业发展，打造一批精品线路，组建一批跨地区、跨行业、跨所有制的大型旅游集团，深入推进承德国际旅游城建设，抓好秦皇岛国家级旅游综合改革试点。力争全年接待海内外游客超过2亿人次，旅游业总收入达到1500亿元。通过出特色、创精品、强服务，提升河北旅游的知名度和美誉度，努力把河北打造成全国乃至世界著名的旅游目的地，把旅游业打造成战略性支柱产业。

积极培育新型业态，加快发展服务外包和会展业。制定服务外包业发展扶持政策，培育重点园区、龙头企业和培训基地，支持石家庄、廊坊、秦皇岛发展服务外包产业。有序推进会展业发展，完善会展场馆设施，办好国家级和省级重点展会，培育引进在国内外具有较高知名度和影响力的品牌展会。

推进服务体系建设，加快发展便民利民的服务业。大力发展社区服务业，加强城市社区服务设施建设和改造，优先开展老年人居家养老、病人看护、家庭保洁、家教等家政服务。发展律师、审计、会计、咨询等服务业，增强各类中介组织为生产生活服务的功能。积极发展面向农村的服务业，推动建立农村社区综合服务中心，建设联通市县乡的“一键通”呼叫服务网络，服务农业、方便农民。

（五）继续深化改革开放。坚持把改革开放作为破解发展难题的根本途径，靠改革增动力，靠开放添活力。

加大改革攻坚力度，在重点领域和关键环节上取得新进展。医药卫生体制改革，推进公立医院改革试点，加快实施基本药物制度，逐步实现乡镇卫生院和村卫生室一体化管理，鼓励引导社会资本办医。财税体制改革，集中财力办大事，保民生、保运转、保重点，调整财税政策，完善省直管县财政体制，健全县级基本财力保障机制，加强政府性债务管理和风险防范。地方金融改革，推动河北银行转为区域性商业银行，支持有条件的县级农村信用社向农村商业银行转变，设立省级保险公司，做大证券业。农村改革，加快土地承包经营权流转，发展农民专业合作组织，搞好集体林权配套改革。文化体制改革，抓好非时政类报刊出版单位体制改革，组建河北演艺集团，做好河北影视集团等单位改制的后续工作。国有企业改革，进一步健全国有资产监管体制，完善法人治理结构，支持骨干企业跨地区、跨所有制兼并重组、主业整体上市，组建并做大做强农业、旅游、物流等行业的龙头企业，提高国有企业在重要行业和领域的影响力、控制力。着手解决厂办大集体等改革遗留问题。行政管理体制改革，积极稳妥推进省直管县（市）体制改革试点，做好工商、质监行政管理体制调整。理顺各类新区（园区）行政管理体制。事业单位分类改革，按照政事分开、事企分开和管办分离的要求，调整事业单位结构布局、推进科学分类，上半年重点完成事业单位清理规范工作。资源性产品价格改革，落实可再生能源发电定价和费用分摊政策，稳步推行居民用电、用水阶梯式价格改革。

实施互利共赢的开放战略，全方位扩大开放。在加快转变外贸发展方式、扩大进出口规模的同时，切实提高利用外资的规模和水平。创新招商方式，拓宽招商领域，提高招商实效，继续办好香港投洽会、廊坊经洽会和冀台经洽会等重大经贸活动，精心组织好以主宾省身份参加的“9·8”厦门投洽会和在韩国丽水举办的世博会。力争实际利用外资超过55亿美元。实施“走出去”战略，鼓励钢铁、建筑建材、装备制造等优势行业向域外转移富余产能，支持优势企业建立域外资源能源基地，开展对外承包工程和劳务合作。深化与周边省市的经济技术合作交流，积极承接长三角、珠三角等发达地区的产业、技术和资本转移。全面加强与央企的战略合作，落实央企走进河北战略合作协议和项目，逐项分解任务、抓好对接，争取项目早日落地。坚持规范、有序、加强的原则，推动各类开发区、高新区和产业聚集区健康发展。继续做好援藏援疆和支援三峡库区移民工作。

倾力打造良好发展环境，让投资者放心安心舒心。始终把优化发展环境作为第一竞争点、作为一项永不竣工的工程，积极营造优质高效的政务环境、公正廉洁的法治环境、公平竞争的市场环境、诚实守信的人文环境。进一步清理、减少和调整行政审批事项，凡是市场能够有效调节的，政府不再设定行政审批。加强行政服务中心建设，实行一个窗口对外，提高行政效率和服务水平。推进社会诚信体系建设，对外来投资者要兑现承诺。彻底废止不合理收费项目，切实解决重复检查和乱收费、乱摊派、乱罚款问题，坚决纠正各种影响发展环境的不正之风，坚决打击各种破坏发展环境的违法行为，坚决查处损害发展环境的各类案件，以环境整治的良好成效取信于基层、取信于企业、取信于社会。

（六）加速新型城镇化进程。把城镇化作为扩大内需的最大潜力、作为结构调整的有效手段、作为改善民生的重要途径，按照完善配套设施、提升城市功能、聚集优质产业、强化精细管理的要求，推进城镇建设上水平，力争城镇化率提高1.2个百分点。

完善城镇体系，优化城镇化布局。坚持大中小城市协调发展，做大做强中心城市，扶持壮大中等城市，推动小城市扩容升级，建设一批特色重点镇。继续深化石家庄、唐山城乡一体化发展试点，增加秦皇岛为试点市，统筹推进城乡规划、基础设施、产业布局、生态环境、社会事业和管理体制一体化发展。加快曹妃甸新区、渤海新区、北戴河新区、正定新区、冀南新区、衡水滨湖新区和白沟新城建设，打造区域发展的新高地。

坚持产业兴城，推动以城促产。统筹城市总体规划、土地利用规划和产业发展规划，完善城市功能分区，抓好产业聚集区建设，聚集优质产业和先进生产要素。把城市空间布局改造与产业结构调整有机结合起来，搞好旧城改造，盘活城市空间资源，推进研发中心、总部经济、中心商务区、城市综合体建设，发展现代服务业，增强城市发展的产业支撑和人口吸纳能力。

加强城市基础设施建设，提高综合承载能力。开展城市建设百项重点工程，完善道路交通、管线入地、集中供热等配套设施，实施城市气化工程，推进小街巷、小游园、便民市场等项目建设，彰显城市特色和魅力。抓好环首都地区周边的城市建设，吸引京津各类生产要素加速转移。推进生态宜居城市建设，开展园林城市、环保模范城市创建活动，新增省级以上园林城市（县城）15个以上、园林绿地5000公顷以上。大力实施历史文化名城名镇名村、古树名木和风景名胜三大抢救工程，一定要把祖先留给我们的宝贵财富保护好、开发好，一定要把燕赵大地的历史文化传承下去、发扬光大。

强化城市管理，提升城市现代化水平。坚持建管并重、综合治理，构建人性化、标准化、精细化的管理大格局。积极探索“数字城市”、“智慧城市”，重点做好数字规划、数字城管、数字住房等工作，推进各系统的整合对接，向有条件的县(市)延伸，提高城市管理水平。全面放开环卫保洁、市政养护等作业市场，提升市政公用服务质量。

（七）加快实施河北沿海地区发展规划。紧紧抓住沿海地区发展上升为国家战略这一重大机遇，举全省之力打造曹妃甸新区、渤海新区两大增长极，加快北戴河新区发展，力争早日把河北沿海地区建设成为沿渤海地区新兴增长区域、京津城市功能拓展和产业转移的重要承接地、全国重要的新型工业化基地、我国开放合作的新高地、我国北方沿海生态良好的宜居区。

搞好顶层设计，开展先行先试。围绕科学开发、规划引领、集约发展、保护环境、开放合作，出台具体实施方案，统筹制定沿海地区港口、产业、城市、交通等各专项规划。支持沿海地区创新管理体制，在土地、资金、财税、能源等方面更多地向沿海地区倾斜。积极争取曹妃甸开发区纳入国家级经济技术开发区、设立综合保税区。

加快港口建设，合理利用岸线资源。进一步拓展港口功能，秦皇岛港重点实施西港搬迁改造工程、谋划建设国际旅游港，唐山港京唐港区加快建设集装箱专业化泊位，曹妃甸港区扩大原油矿石吞吐能力、推进液化天然气码头建设，黄骅港加快综合港区、深水航道和集装箱、油品、散货码头建设。统筹岸线资源的开发、保护和利用，完善港口布局，理顺管理体制，形成分工协作、功能互补的港口体系。

推动产业聚集，大力发展临港经济。加快生产要素、产业项目向沿海聚集，壮大装备制造、精品钢材、石油化工等特色优势产业，培育电子信息、新材料等战略性新兴产业，发展港口物流、商务会展、总部经济等现代服务业，突出抓好曹妃甸千万吨炼油、沧州中钢40万吨镍铁、山船重工海洋工程装备等一批重大项目，努力形成具有重要影响力的临港产业带，促进港口、产业、城市协调联动。充分利用7000多平方公里的海域资源，积极发展海洋经济。

加强合作对接，促进沿海与腹地融合发展。推动航运与铁路、公路、机场协调配套发展，加快张唐、邯黄等铁路和承秦、张承等高速公路建设，完善沿海交通体系，构筑东出西联综合立体交通网络。抓好曹妃甸新区冀东北工业聚集区和渤海新区冀中南工业聚集区建设，打造沿海地区与省内腹地互动的平台。主动加强与辽宁沿海经济带、天津滨海新区、山东半岛蓝色经济区的沟通和联系，推进交通连接、腹地开发、生态环保等方面的合作。

（八）积极促进京津冀经济一体化发展。坚持吸纳承接、融合提升、重点推进、互利发展，加强与京津的全面对接，加速构筑环首都绿色经济圈，加快推进京津冀经济一体化进程。

推动建立高层协调机制，搭建常态化工作平台。主动与国家有关部委和京津两市进行沟通衔接，形成政府统筹、部门落实、社会参与的区域合作推进机制，及时对合作中的重大问题、重大事项进行沟通协调。高标准、高水平编制好环首都绿色经济圈总体规划，积极争取国家出台京津冀区域经济一体化发展实施意见，全面深化合作，实现互惠互利、优势互补、共同发展。

完善基础设施，推动公共服务一体化。加快区域内公路、轨道交通等基础设施建设，构建1小时、半小时交通圈，推进京津冀高速公路电子不停车收费系统建设，逐步实现环京津市县通信、有线电视、医保、住房公积金等设施和服务的对接，加强与京津供电、供水、供气等公用设施的共建共享，开展交界河流的水质检测、截污和综合治理，巩固区域合作的基础。

加强载体建设，承接产业转移。把自身优势与借助外力结合起来，做大一批新兴产业示范区、科技成果孵化区和休闲旅游度假区。抓住首都第二机场即将开工的有利时机，谋划打造廊坊空港新区，重点建设空港物流园区和高端装备制造基地。建立生态补偿机制，加大京津风沙源治理、三北防护林等重大生态工程建设力度，主动承接京津产业转移和城市功能疏解，积极引进京津资金、项目、人才和技术，创新区域合作的新模式。

（九）促进区域协调发展。统筹推进、因地制宜、分类指导，加快形成布局合理、各具特色、产业互动、优势互补的区域发展新格局。

明确功能定位，加快冀中南地区发展。立足资源优势、交通条件和产业基础，科学编制冀中南经济区产业发展规划，重点发展装备制造、生物医药、商贸物流、现代农业等特色产业，加快发展石家庄东部产业新城、邯郸冀南新区装备制造基地、衡水工业新区和邢台新兴产业园区，将冀中南地区发展成国家重要的新能源、装备制造、盐化工、服务外包和高新技术产业基地。加强与沿海地区在产业、基础设施等方面的合作、对接与配套，实现融合发展。

提升省会城市功能，打造河北第一窗口。着眼于建设现代化省会城市、京津冀区域中心城市和生态宜居城市，全面提高城市规划、建设和管理水平，加快基础设施建设，完善城市功能。大力发展先进制造业、高新技术产业和现代服务业，做大做强优质产业。下大力解决城市大气、水和垃圾等污染问题，实施煤改气工程，发展分布式能源，加快建设燃气热电项目，切实改善大气质量，做优做美城市环境。

加大政策扶持力度，举全省之力打好扶贫攻坚战。全面落实国家新10年扶贫开发纲要，制定我省贯彻实施意见。按照新的扶贫标准，摸清扶贫对象底数，实行专项扶贫、行业扶贫、社会扶贫，完善政策保障体系。编制实施燕山—太行山、黑龙港流域两个集中连片特困地区区域发展与扶贫攻坚规划，出台促进衡水等黑龙港流域发展的扶持政策。启动3000个扶贫开发重点村整村推进工作。加快环首都脱贫致富示范区建设，以涞水、赤城、丰宁、滦平四县为重点，推动环首都贫困地区攻坚突破，把加强水电路讯气房和公共服务等基础建设作为突破口，着力在招商引资、培植产业、提高造血功能、增加农民收入上下功夫。通过2—3年的努力，实现扶贫对象年人均实际收入增幅高于全省农民人均纯收入增长水平。

实施"腾飞计划"，壮大县域经济实力。坚持"抓两头、带中间"，突出抓好"三十强"和"三十弱"，通过强县带动和弱县推动，活跃县域经济发展全局。依托产业基础和资源条件，加强产业聚集区建设，培育壮大特色主导产业，形成一批有竞争力的特色产业集群。鼓励和支持各县建立产业联盟，推进产学研结合，打造电子商务、商贸物流等商品销售平台，发展农村金融业，解决制约县域经济发展的实际问题，推动县域经济快速健康发展。

各位代表，建设经济强省，既是我们为之热切期待的宏伟目标，更是我们为之不懈努力的奋斗历程。只要我们万众一心、凝神聚力、脚踏实地、奋发图强，就一定能够创造出无愧于历史、无愧于时代、无愧于人民的辉煌业绩！

四、全面加强和谐河北建设

坚持以人为本、民生为重，把解决群众最关心、最直接、最现实的利益问题作为一切工作的出发点和落脚点，切实做到真心关注、真正落实、真见成效，以保障和改善民生的实际成果促进和谐河北建设。

（一）坚持就业优先战略。实施积极的就业政策，多渠道开发就业岗位。组织好"三支一扶"、"大学生村医"等基层服务项目，引导高校毕业生到农村基层、贫困地区和中小企业就业。落实退伍转业军人的有关政策，推进退役士兵安置改革，做好培训安置工作。实行农村劳动力实名制管理制度，提高农村劳动力就业能力。改善农民工就业环境，解决好农民工薪酬、子女上学、住房租购等实际问题。实施创业帮扶工程，鼓励自主创业。完善就业服务体系，健全面向全体劳动者的职业培训制度。积极构建和谐劳动关系，维护劳动者合法权益。

（二）完善社会保障体系。扩大社会保险覆盖面，城乡居民社会养老保险制度实现全覆盖，新型农村养老保险参保率达到90%以上，企业基本养老保险参保人数新增50万人，城镇基本医疗保险参保人数新增20万人，新型农村合作医疗参合率稳定在95%以上。提高社会保险统筹层次，医疗、生育保险实现市级统筹，工伤保险实现省级统筹。稳步提高社会保障标准，建立与经济发展相适应的社保标准增长机制，继续提高企业退休人员基本养老金和城乡低保标准，城镇居民医保和新农合补助标准提高到每人每年240元。加大对流浪人员、孤儿的救助力度，不断健全社会救助体系。

（三）提高科技教育发展水平。动员全社会加大科技投入，完善以企业为主体、市场为导向、产学研相结合的技术创新体系，支持企业与高等院校、科研院所联合建立研发机构。加强品牌、知识产权保护，大力普及科技知识。优先发展教育事业，全省财政安排资金689亿元，增长33.8%。实施学前教育三年行动计划，推行义务教育学校标准化建设，抓好学生营养餐改善，加强校车管理。巩固提高高中阶段教育普及水平，推进职业教育规模化、连锁化、集团化办学。加强高等院校特色学科、重点学科建设，本科生均公用经费标准由8000元一步提高到12000元。深入开展全民科学素质行动计划，实施重点人才工程，着力引进创新创业领军人才，重点培育科技创新人才、企业经营管理人才、技能型人才、农村实用人才，努力建设一支规模大、结构优、素质高的人才队伍，推进创新型河北建设。

（四）加快发展文化事业。全面落实党的十七届六中全会的战略部署，深化文化体制改革，推动文化事业大发展大繁荣。完善公共文化服务体系，加大对文化事业、文化产业的投入。加快建设省市标志性文化设施，推进县乡村图书馆、文化馆（站）、活动室、农家书屋等文化设施建设，搞好农村直播卫星公共服务。高水平、高质量地实施好承德避暑山庄及周围寺庙修复工程，启动一批重大文物保护项目的修复，加强非物质文化遗产保护。支持文化精品创作，打造文化品牌。大力发展文化产业，做强出版印刷、影视传媒、演艺娱乐等重点产业，培育动漫游戏、数字出版、创意设计、网络文化等新兴业态。

（五）积极发展卫生事业。完善基层医疗卫生服务网络，加强县乡村医疗机构建设，抓好基层卫生人才队伍特别是全科医生培养，提高基本公共卫生服务均等化和管理服务水平。实施公共卫生保障工程，有效防控重大疾病和传染病。振兴中医药事业，建设好河北中医药学院、争取国家批准独立设置中医药大学，提高各级中医院建设水平。

（六）维护社会和谐稳定。围绕构建大维稳格局，加强和创新社会管理，协调推进城乡社区建设，规范发展社会组织。完成第九届村委会换届选举工作。加强信访和行政复议，畅通群众利益诉求表达渠道，发挥民间调解组织作用，维护公平正义。加强社会管理综合治理，依法打击各类违法犯罪活动。开展食品药品安全专项整治，确保群众饮食用药放心。加强重点行业和领域安全生产监管，严格落实安全防范措施，深入开展道路交通等高危行业和领域的安全专项整治，坚决遏制重特大事故发生。健全公共安全应急体制，提高突发事件应急处置能力。发挥好首都"护城河"作用，为党的十八大胜利召开创造安全稳定的社会环境。

做好人口与计生工作，稳定低生育水平，综合治理出

生人口性别比问题。深入开展全民健身运动，提高竞技体育水平。高度重视发展老龄事业，依法保障妇女和未成年人权益，关心支持残疾人事业。开展“六五”普法，加强法制宣传教育。全面贯彻党的民族政策，依法管理宗教事务，加大对少数民族地区发展的扶持力度。支持工会、共青团、妇联等人民团体发挥桥梁纽带作用。做好外事侨务、气象测绘、史志档案等工作。

加强国防教育和国防后备力量建设，支持驻冀人民解放军、武警部队、预备役部队、民兵和人民防空建设，认真做好部队家属就业、子女上学等方面的工作，推进军民融合发展，深入开展双拥共建，巩固发展军政军民团结。

各位代表，民生连着发展、连着公平、连着民心。今年省级财政安排民生方面的支出 720.9 亿元，同比增长 26.5%。围绕解决群众关心的热点问题，集中力量办好十件惠民利民的实事：一是继续抓好保障性住房建设。新开工建设各类保障房 28.6 万套，确保建设质量、竣工率和分配公平。二是深入实施农村饮水安全工程。安排省级财政资金 9.7 亿元，消化历史遗留拖欠，新解决 400 万农村人口和农村学校师生饮水安全问题。三是着力扩大就业规模。城镇新增就业 70 万人，应届高校毕业生就业率达到 85%以上，新增农村劳动力转移就业 100 万人。四是推进基本公共教育服务均等化。新建和改扩建 600 所公办幼儿园，加固改造和重建中小学校舍 1023 万平方米，免除中等职业教育涉农专业学生学费，解决民办教师养老补助问题。五是增强基层医疗卫生服务能力。确保县域人口 30 万人以上的县医院全部达到二级甲等综合医院水平，培训卫生专业技术人员 7.2 万人次，城市社区卫生服务街道覆盖率达到 99%以上。六是提升城乡养老保障水平。企业退休人员基本养老金提高 10%以上，新建 312 个城市社区养老服务中心，所有市县有一所示范性养老机构，农村互助幸福院覆盖率达到 40%以上。七是提高城乡低保标准。进一步完善增长机制，确保城乡低保标准达到或高于全国平均水平。八是实施文化惠民工程。免费开放博物馆、图书馆、文化馆（站）、美术馆等公益性文化设施，为 500 个乡镇综合文化站免费配送文艺器材设备。九是持续改善城市环境质量。推进水、大气污染治理，城市垃圾污水处理率分别达到 87%和 82%，县城垃圾污水处理率分别达到 78%和 73%，设区市空气质量进一步改善。十是保障困难群众基本生活。关心城镇特困群体，完善社会救助体系，健全保障标准与物价上涨挂钩联动机制，及时发放临时价格补贴。

各位代表，保障和改善民生是我们义不容辞的责任，是我们对人民群众的郑重承诺。我们一定做到工作重点进一步向民生倾斜，财力物力进一步向民生投放，让全省人民生活得更有尊严、更加幸福、更加美好！

五、努力建设人民满意的服务型政府

在新的起点上推进经济强省、和谐河北建设，人民期望殷切，政府责任重大。各级政府必须以转变政府职能为核心，以提高行政效能为关键，以增强政府执行力和公信力为根本，着力建设法治政府、责任政府、创新政府、效能政府和廉洁政府。

第一，强化服务，一心为民。牢固树立人民至上的信念，把人民群众的需要放在首位，把人民群众的满意作为崇高追求，真正做到思想上尊重群众、感情上贴近群众、行动上深入群众、工作上依靠群众。凡是得民心、顺民意的事情，都要全力去做；凡是违民心、背民意的问题，都要坚决纠正。进一步加快转变政府职能，强化公共服务和社会管理，全面推行服务质量公开承诺制和亲切服务，为群众提供更多便利。

第二，科学决策，依法行政。健全科学民主决策机制，完善重大行政决策程序，加强行政决策合法性审查和风险评估。严格按照法定权限和程序行使权力、履行职责。提高政府立法质量，规范行政执法行为。改进政府管理模式，在省政府系统全面开展机关建设标准化认证工作。自觉接受人大的法律监督、工作监督和政协的民主监督，认真办理人大代表建议和政协提案，充分听取各民主党派、工商联、无党派人士、人民团体和人民群众的意见建议。

第三，求真务实，转变作风。深入开展创先争优活动，努力创科学发展之先、争和谐发展之优。加强调查研究，察实情、办实事、求实效，力戒形式主义、官僚主义。大力改进会风文风，把更多心思和精力放在解决改革发展稳定的重大问题上，放在解决群众生产生活的紧迫问题上。加强效能监察，强化督促检查，严格绩效考评，实行行政问责，推动工作落实、制度落实、责任落实。

第四，锐意进取，开拓创新。打开解放思想的“总开关”，坚决克服粗放式发展的思维惯性和路径依赖，创新发展理念、创新工作思路、创新方式方法，建立有效的激励机制和保障机制，推动行政管理创新和公共服务创新，在改革创新中抢抓机遇，在改革创新中破解瓶颈，在改革创新中激发活力。

第五，勤政廉政，干净干事。牢记“两个务必”，大力倡导艰苦奋斗、勤俭节约之风，严格控制“三公”经费支出，坚决制止铺张浪费和奢靡之风。深入推进行政权力公开透明运行，在土地管理、工程建设、政府采购等重点领域建立健全公正透明交易平台，实行阳光操作、阳光运行、阳光监督。加强领导干部经济责任审计，严肃查处违法违纪案件。认真落实党风廉政建设责任制，严格执行廉洁从政的各项规定，切实做到为民、务实、清廉。

政之本务，在于为民。我们深知，政府的权力是人民赋予的。我们一定要以时不我待的紧迫感、寝食难安的危机感、勇于担当的责任感，常怀敬民之心、勤思富民之策、笃行利民之举，努力建设一个值得人民依赖、赢得人民支持、让人民满意的政府

各位代表，做好今年的政府工作，任务繁重，使命光荣。让我们紧密团结在以胡锦涛同志为总书记的党中央周围，以邓小平理论和“三个代表”重要思想为指导，深入贯彻落实科学发展观，全面落实省第八次党代会的战略部署，在中共河北省委的坚强领导下，团结一心，奋力拼搏，与时俱进，继往开来，朝着经济强省、和谐河北的宏伟目标阔步前进，以优异的成绩迎接党的十八大胜利召开！

关于河北省2011年国民经济和社会发展计划执行情况与2012年国民经济和社会发展计划（草案）的报告

——2012年1月6日在河北省第十一届人民代表大会第五次会议上

河北省发展和改革委员会主任　刘学库

各位代表：

受省政府委托，我向大会作河北省2011年国民经济和社会发展计划执行情况与2012年国民经济和社会发展计划（草案）的报告，请予审议，并请省政协委员和其他列席人员提出意见。

一、2011年计划执行情况

刚刚过去的一年，各级各部门在中共河北省委的正确领导下，认真贯彻落实胡锦涛总书记“七一”重要讲话精神和中央领导视察河北时的重要指示，紧紧围绕省十一届人大四次会议确定的目标任务，着力稳增长、调结构、控物价、惠民生，全省经济保持平稳较快发展势头，实现了“十二五”良好开局。

大多数指标能够完成或超额完成计划目标。预计生产总值比上年增长11%左右。城镇新增就业70万人，城镇登记失业率3.8%。全部财政收入完成3000亿元左右，其中地方一般预算收入1700亿元左右，分别增长24.5%和27.6%。城镇居民人均可支配收入17900元，农民人均纯收入6900元，分别增长10%和16%。全社会固定资产投资完成16300亿元，增长23%以上；社会消费品零售总额实现8020亿元以上，增长18%左右；出口总值280亿美元，增长24%。实际利用外资50亿美元，增长14.5%。单位生产总值能耗下降3.66%，化学需氧量、二氧化硫、氨氮排放量分别削减1.53%、1.5%和2.39%。

四项指标未能达到预期目标。一是居民消费价格总水平上涨5.6%，高于调控目标1.6个百分点。从上涨动因分析，翘尾因素影响3个百分点，新涨价因素拉动2.6个百分点。二是研发经费支出占GDP比重为0.78%，低于计划目标0.12个百分点，主要原因是政府引导支持力度较弱，企业因盈利能力减弱研发投入不足。三是城镇化率45.5%，低于计划目标1.3个百分点，主要原因是城市产业特别是服务业发展对人口的吸纳能力低于预期；同时，受农民就近务工收入增加较多、城市生活成本上升等因素影响，农民进城务工的意愿减弱，农村人口向城市转移的步伐放缓。四是氮氧化物排放量增长5%左右，远超出下降1.5%的计划目标，主要是由于火电行业烟气脱硝优惠电价政策去年底才出台，列入当年减排计划的火电脱硝项目大多启动较晚，加之机动车保有量增加等因素影响，致使排放量不降反升。

与此同时，经济生活中还存在一些突出矛盾和问题。一是企业生产经营较为困难。受原燃材料价格居高不下和企业融资、用工等成本不断上升的影响，钢铁、建材、石化、电力等行业的企业亏损额增加较多，一些中小企业处于停产半停产状态。二是要素约束日趋紧张。受用地指标总量限制，一批前期工作基本成熟的好项目未能开工。由于国家收紧信贷规模，部分中小企业难以及时获得贷款。电煤供应持续紧张，迎峰度夏期间电力缺口较大。三是一些涉及民生的问题仍较突出。高校毕业生就业难的问题依然存在，环境保护、土地征用、食品安全等领域损害群众利益的行为时有发生，社会保险、基础教育、农村卫生、住房保障等公共服务仍需加强。对上述问题，我们必须高度关注，并采取有效措施努力加以解决。

二、2012年主要发展目标

按照中央“稳中求进”的工作总基调和全省经济工作会议明确的“稳增长、控物价、调结构、抓创新、惠民生、促和谐”的总体要求，2012年经济社会发展计划主要指标共设置11大类36项，其中，预期性指标26个，约束性指标10个。在具体指标安排上，既客观考虑各方面的有利支撑条件，又充分估计面临形势的复杂性和严峻性，力求做到积极可靠、留有余地。

——经济平稳较快发展。全省生产总值比上年增长9%左右，其中规模以上工业增加值增长13%以上。全社会固定资产投资增长19%，社会消费品零售总额增长17%，出口总值增长10%。全部财政收入增长13.5%，其中地方一般预算收入增长14.5%。

——结构调整扎实推进。服务业增加值增速高于生产总值，装备制造业、高新技术产业增加值增速快于规模以上工业增加值。研发经费支出占GDP的比重达到

0.82%。城镇化率比上年提高1.2个百分点。

——节能减排取得进展。单位生产总值能耗下降3.66%，化学需氧量、二氧化硫和氨氮、氮氧化物排放量分别削减2.2%、3.2%、3.1%和1.5%。

——人民生活不断改善。城镇居民人均可支配收入、农民人均纯收入分别增长9%和9%以上。居民消费价格涨幅控制在4%左右。城镇新增就业70万人，城镇参加基本养老保险人数新增50万人。保障性住房和棚户区改造住房开工28.6万套，新增农村饮水安全人口400万。人口自然增长率控制在7.6‰以内。

今年全省经济预期增长9%左右。主要基于以下考虑：一是体现了发展需要。在国内外宏观环境严峻复杂的形势下，全国经济增速定为7.5%，比上年计划低0.5个百分点；我省预期目标与上年计划基本持平，主要考虑到今年是全面落实省第八次党代会战略部署的第一年，为增强各方面建设经济强省、和谐河北的信心，目标不宜调低，同时对稳定市场预期和扩大就业、改善民生、维护稳定也十分必要。二是考虑到支撑条件。今年投资、消费、出口预期增速分别为19%、17%和10%，根据其与近几年的弹性系数综合测算，三大需求可拉动经济增长9.5%左右；根据相关因素分析，今年一、二、三次产业预计分别增长3.5%、11%和10%，按其与上年三次产业结构比加权测算，能够支撑经济增长9.7%。三是与“十二五”规划相衔接。这一安排略高于“十二五”规划8.5%的年均增速，可为规划目标的实现打下较好基础。总的看，2012年全省经济预期增长9%左右，既积极可靠又适当留有余地，有利于引导各方面把精力集中到调结构、转方式、提高经济增长的质量和效益上来。实际工作中，要在“好”的前提下力争发展得更快一些。

全面完成今年经济社会发展的各项目标任务，需着重把握以下原则：

——立足扩大内需，保持发展势头。坚持“稳中求进”的工作总基调，牢牢把握扩大内需这一战略基点，把推进重大项目建设作为促进发展转型的重要抓手，把扩大消费需求作为增强内生动力的有效途径，把城镇化作为扩大内需的最大潜力，努力实现经济更好更快更大发展。

——加快结构调整，走出产业新路。按照“一产抓特色、二产抓提升、三产抓拓展”的经济发展战略，突出战略性新兴产业加速崛起和传统产业优化升级“两手抓、两手都要硬”，改造旧的、发展新的、培育好的，调优存量、调强增量、调大总量，着力构建具有河北特点的现代产业体系。

——实施重点突破，打造发展高地。抓住难得的发展机遇，支持沿海经济隆起带、环首都绿色经济圈加快发展，举全省之力打造曹妃甸新区、渤海新区两大增长极，确保实现把沿海地区打造成为新兴增长区域的新突破，确保实现把环京津有条件地方建设成为先进要素转移承接地的新突破。

——推进改革创新，提高开放水平。打开解放思想这个“总开关”，抓住时机尽快在一些重点领域和关键环节上取得突破，加快完善有利于科技创新的政策环境，努力把经济增长转到科技引领、创新驱动的轨道上来。实施全方位开放战略，以开放促改革、促发展、促创新。

——增加民生投入，创新社会管理。把民生工程摆在发展工程的优先序列，重点是加大扶贫开发力度，加强对困难群体帮扶，推进基本公共服务均等化。适应社会形势新变化，完善利益诉求和矛盾调处机制，注重从源头上防范化解风险隐患，努力保持社会和谐稳定。

三、工作重点和主要措施

（一）着力扩大内需，保持经济平稳较快增长

发挥投资拉动作用促增长。以重大产业支撑项目为抓手，努力保持投资较快增长。省级集中力量推进央企战略合作项目、打造曹妃甸新区和渤海新区两大增长极的重大项目、培育主营业务收入超千亿元企业和园区的龙头项目，各市、县也要确定强市、强县项目。实际工作中，突出“五抓”：一是抓建设。一方面加强项目调度督导，协调解决建设中的困难和问题，确保资金、设备、材料及时到位，另一方面把建设用地指标、环境容量指标等政府可调控资源向急需开工的重点项目倾斜，促进项目建设有序推进，争取一批项目建成投产或开工建设。二是抓合作。扎实推进百家央企走进河北万亿投资工程，抓紧出台配套扶持政策，组建央企合作服务机构，用好专项引导资金，搞好合作项目配套能力建设，力促已签约项目尽快落地实施，有合作意向的尽早签约。三是抓前期。积极协调落实各种前置条件，推动项目落地的各种硬件准备到位，加快项目审批核准进度，力争尽早启动建设。四是抓谋划。高度重视重大产业支撑项目的谋划工作，抽调专门力量编规划、做可研、搞论证，确保做到“三个一”，即一个项目一套班子、一项政策、一个好的建设环境，争取有一批项目列入国家规划。五是抓服务。加强各级政府行政服务中心建设，制定项目引进和建设的优惠政策及激励措施，对项目“红线”外的事项全程代办、全方位搞好服务，打造低运行成本、高服务品质的投资环境。

扩大消费需求稳增长。着眼提高消费能力，研究深化收入分配制度改革的实施意见，进一步提高城乡低保标准、企业职工最低工资标准和退休人员基本养老金水平，完善机关事业单位工资制度，提高艰苦边远地区津贴标准；支持农村发展非农产业，切实增加农民现金收入。着眼培育消费热点，认真执行购买节能汽车、家电下乡等补贴政策，合理引导住房消费，进一步扩大休闲旅游、体育健身、文化娱乐等服务消费，鼓励社会力量兴办和运营养老服务机构；在保障性住房、重大基础设施等工程建设和政府集中采购中，鼓励同质同价条件下优先使用省内产品。着眼改善消费环境，加快城市标准化菜市场、早餐加工配送中心等服务设施建设，提高“万村千乡市场工程”连锁经营和统一配送率，整顿规范市场秩序，为扩大消费创造条件。

加强运行调节保增长。开展“转作风、帮企业、保增长”活动，力保企业正常生产经营；支持民营经济、中小企业加快发展，加强融资担保、人才培训和创业辅导基地建设，着力解决用地难、融资难、用工难等问题。完善生产要素保障机制，加强煤炭、铁矿石等矿产资源管理，在朔黄、大秦等铁路沿线建设煤炭集散地，在港口建设能源储备基地，鼓励电厂与煤炭企业合资合作，加强成品油、天然气供需衔接，争取铁路部门运力支持，优先保障骨干企业要素需求。

（二）夯实基础地位，力促农业增效、农民增收

现代农业在“特”上做文章。在特色品种上下功夫，借鉴一村一品、一乡一业的成功经验，调整优化产业、产品结构，推进种养业品种向精、特、专方向发展。在设施农业上下功夫，注重连群连片发展特色产业，着力建设4000万亩粮食生产核心区，新改建一批奶牛、生猪、畜禽标准化养殖场，在24个省级蔬菜产业示范县（市、区）建设一批精品蔬菜生产标准园、有机食品生产基地，支持10个中药材种植基地县和七大果品基地建设，促进规模化经营、集约化发展。在高效农业上下功夫，加快建设现代农业示范园区，支持100个投资超亿元的农业产业化项目建设，做大做强产业化龙头企业，扶持发展农民专业合作组织，叫响一批特色地理标志品牌。

农业基础设施在“水”上增投入。抓好列入国家规划的45座重点小型病险水库除险加固工程建设，实施19处大中型灌区续建配套和节水改造工程，推进中小河流治理、大型泵站更新改造等项目建设，加大规模化高效节水示范区投入力度，新增节水灌溉面积240万亩。加快南水北调配套工程、双峰寺水库建设进度，争取国家支持引黄入冀补淀工程，增强引水蓄水和防灾抗灾能力。

农民收入在“增”上拓渠道。落实好提高小麦最低收购价政策，完善良种和农资综合补贴政策，扩大农民种粮和农机具购置补贴规模，新增补贴向种养大户、农民专业合作社倾斜，增加政策性收入。鼓励农民发展都市农业、观光农业、乡村旅游，支持种养能手、返乡农民工创办实业，增加经营性收入。加强农村劳动力就业技能培训和基层就业服务设施建设，引导农民投工投劳参与农村基础设施建设，增加工资性收入。

（三）加快结构调整，增强产业综合竞争力

实施工业提升计划。围绕推进“十百千”工程，出台调整经济结构、转变发展方式的若干意见，着力培育壮大十大工业基地，扶持发展百家优势企业，打造千项省级以上名牌产品。培育壮大战略性新兴产业，编制战略性新兴产业重点产品指导目录，做大做强5个国家级高新技术产业基地和一批特色高技术产业集群，组织实施太阳能光电热建筑一体化、新能源开发利用等示范工程。加快传统产业改造提升，积极争取国家批准我省钢铁产业结构调整试点方案，谋划实施一批精品钢铁工程和钢材深加工项目，支持装备制造业整机生产和配套能力建设，延伸石化产业链条，力促一批基地园区和龙头企业壮大规模、提升实力；推进100个重大技术改造项目，创建100家对标示范企业，抓好15家“两化”融合示范企业。提高技术创新能力，制定落实国家科技体制改革方案的实施意见，实施“百企千人技术创新能力提升工程”，在新能源、高端装备制造等行业新建2－3家产业技术研究院，加强与知名科研院所的科技合作，集中力量突破一批制约传统产业升级的关键技术，转化一批催生新兴产业发展的高技术成果。

大力拓展现代服务业。加快实行鼓励类服务业用电、用水、用气、用热与工业同价政策。优先发展现代物流、金融保险等生产性服务业，抓紧建设钢铁、煤炭、铁矿石等大宗商品交易平台，加快26个省级物流产业聚集区建设；争取汇丰银行、渤海银行在我省设立分支机构，积极发展中小金融机构，引导社会资本设立创业投资、股权投资和产业投资基金。做大做强做精文化、旅游、商贸流通等生活性服务业，支持大型文化企业集团打造精品，推进一批重大文化产业园区建设；围绕打响红色旅游、海洋旅游、冰雪旅游、生态旅游和皇家旅游五大品牌，加快旅游重点项目建设，完善旅游综合服务体系，打造知名旅游目的地；抓好27个城市综合体和特色商业街项目，鼓励商品集散地发展电子商务。大力发展高端服务业，培育一批服务外包示范城市，支持发展研发设计和总部经济。

增强基础产业保障能力。构筑东出西联通道和快速客运网络，加快邯黄、张唐、保津等铁路和北京大外环、邯港、京新等高速公路建设，确保京石、石武、津秦等客运专线建成通车。大力发展支线航空，争取张家口军民合用机场、秦皇岛北戴河机场具备通航条件，推进承德机场、邢台机场前期工作。提高能源保障水平，新增火电装机300万千瓦、煤炭产能330万吨；加快张承地区千万千瓦级风电基地建设，实施一批1万千瓦以上光伏电站项目，支持分布式能源开发建设。

（四）坚持重点先行，着力构筑区域发展新格局

强力推进沿海地区率先发展。抓住河北沿海地区发展规划上升为国家战略的有利时机，加快沿海地区的开发开放，做好海洋这篇蓝色文章，打造新的增长极。重点抓好“港、产、城”三大工程。一是港口转型升级工程。秦皇岛港重点实施西港搬迁改造工程，谋划建设国际旅游港；唐山港扩大原油、矿石吞吐能力，推进LNG码头建设；黄骅港加快综合港区、深水航道和集装箱码头建设。制定加快集装箱集疏运发展的扶持政策，促进三大港口在集装箱和散货码头发展上取得实质性进展，逐步解决港口“一片黑”的问题，促进港口功能优化，带动产业转型升级。二是产业聚集攻坚工程。指导沿海地区各市、县明确主导产业发展方向、目标任务和政策措施，重点抓好曹妃甸千万吨炼油、百万千瓦级超超临界机组和渤海新区40万吨己内酰胺等一批重点项目，加大曹妃甸中日生态工业园招商引资力度，力促北戴河新区重大旅游项目落地开工。三是新城建设突破工程。支持曹妃甸新城、黄骅新城建设，搞好港城之间基础设施和公共服务设施建设，努力实现港口、产业、城市互动发展。

加快建设环首都绿色经济圈。借助首都优势，加强与首都城市规划、基础设施、产业发展的全方位对接，集中力量打造承接产业转移的有效载体，下大力引进人才、技术、资金、项目、信息、管理、企业等优质要素，把首都聚集的国家资源转化为河北发展的新优势、新动力。重点

建设“三带”：一是绿色产业带。创新政策举措，尽快做大一批新兴产业示范区、科技成果孵化区和休闲旅游度假区；抓住首都新机场即将开工的有利时机，谋划建设廊坊临空产业新区。二是绿色城市带。搞好廊坊、保定及环首都周边县城的规划建设，做足山、水、园、林文章，增强城市聚集优质产业和先进要素的功能，打造宜居宜业的生态城市。三是绿色生态带。以环境改善和生态恢复为重点，支持京津风沙源治理、“三北”防护林等重大生态工程建设，把环首都地区打造成为一道靓丽的生态风景线，以“生态牌”争取国家支持、吸纳京津优质资源。

推动冀中南经济区加快发展。支持石家庄发挥优势，完善提升省会功能，大力发展现代服务业，加快建设通用航空、高端医药等产业园区；支持邯郸重点建设冀南新区，打造四省交界区先进装备制造基地和现代物流枢纽；支持邢台搞好新区建设，培育壮大光伏产业和煤化工园区；支持衡水高标准规划建设滨湖新区，做大做强县域特色产业集群。

（五）坚持统筹兼顾，促进城镇乡村协调发展

推进新型城镇化进程。做大中心城市，逐步将设区市周边县（市）纳入中心城区规划管理，实现一体化发展。加大城市改造建设管理力度，高水平规划建设以完善城市功能为主的百项标志性工程，开展园林绿化、道路交通等12个专项提升行动。加强产业规划与城镇总体规划的衔接，加快主城区内污染企业搬迁进度，置换的土地更多地用于发展现代服务业和战略性新兴产业。推进县城扩容升级，强化产业发展、吸纳就业和人口聚集功能。

打好扶贫攻坚硬仗。组织制定环首都贫困地区扶贫攻坚重点突破实施方案，大力度推进水电路讯房等基础设施建设；编制实施燕山—太行山、黑龙港流域两个集中连片特困地区区域发展与扶贫攻坚规划，出台促进以衡水为重点的黑龙港流域加快发展扶持政策。实施央企扶贫对接工程，推进生态农业等领域的项目建设。注重产业扶贫，支持贫困地区发展特色产业，开展多种经营，实现稳定脱贫。

实施县域经济腾飞计划。对“三十强”、“三十弱”分类施策，出台考核奖惩办法。大力发展园区经济，支持县域特色产业园区基础设施建设，推动企业向园区聚集。着眼与中心城市产业对接，大力发展专业化协力配套型产业，引导县域中小企业纳入大企业集团分工协作体系。

（六）狠抓节能减排，促进“两型”社会建设

突出重点领域。继续抓好新老“双三十”单位，统一推进、统一调度、统一考核，确保完成全年目标任务。紧紧抓住“双千”企业，力争千家重点用能企业年内实现节能500万吨标煤、千家环保重点监控企业主要污染物减排量占全省工业的70%以上。开展能耗对标行动，在钢铁、电力等8个行业开展“能效领跑企业”创建活动。推进建筑、交通领域节能减排，加快既有建筑供热和节能改造，大力推行供热计量收费制度；支持新能源汽车和公共交通发展，鼓励老旧汽车报废更新。

推进工程建设。谋划实施锅炉改造、电机系统节能等技改工程，力争竣工500项、形成节能能力420万吨标煤；在烧结机脱硫、烟气脱硝、污水垃圾处理等领域实施200项污染减排项目，抓好重金属污染防治和农村面源污染治理工程。开展北戴河及相邻地区海域污染防治和环境综合整治集中行动，确保水质有明显改善。推进循环经济示范工程，开展保定低碳城市和石家庄餐厨废弃物资源化利用城市国家级试点。

完善政策机制。制定全省能源消费总量控制实施方案和考核办法，实行强度和总量双控制，对没有能耗增量、污染总量指标来源的“两高”项目一律不予审批、核准和备案。落实节能减排目标责任制，加强督导考核，兑现奖惩办法。严格执行差别电价、惩罚性电价政策，提高氮氧化物等污染物排放收费标准。下达落后产能淘汰计划，将任务分解落实到具体企业。

（七）推进改革开放，切实增强经济发展活力

加大重点领域和关键环节改革力度。推进行政管理制度改革，下大力削减和下放一批行政审批许可事项，尽快理顺曹妃甸新区、渤海新区行政管理体制，启动省直管县改革试点。深化国有企业改革，完善省属大型企业集团内部管控和运行机制，制定市县属国有企业改革推进计划，鼓励金融、农业、旅游等行业企业强强联合。实施资源性产品价格改革，落实可再生能源发电定价和费用分摊政策，推行居民用电阶梯价格制度。推进农电管理体制改革，做好农村产权确权颁证和国有林场改革试点工作。

加大招商引资力度，立足港台，巩固日韩，拓展欧美，在项目、资本、技术和管理等方面开展深度对接；以沿海地区、环首都地区为重点，选择一批产业园区进行整体包装推介，形成招商引资品牌优势，争取引进一批重大利用外资项目。鼓励优势企业到境外并购市场好、技术含量高的企业或投资建厂，获取先进技术，转移富余产能，开发境外资源。努力扩大外贸出口，壮大6个国家级和15个省级出口基地规模，推动出口企业与商贸物流企业联合构建国际运营体系。同时，积极扩大先进技术设备、关键零部件和重要资源进口。

（八）着力改善民生，不断增强经济社会发展的协调性

以保持物价基本稳定顺民意。建立价格基金调节制度，加强蔬菜、猪肉、食用油等生活必需品储备和产运销衔接，增强调控能力。制定并实施降低流通费用综合性工作方案，继续清理规范行政事业性收费项目，免征蔬菜流通环节增值税，降低农贸市场摊位费，取消零售企业向供应商收取的不合理收费。加强市场监管，强化对农副产品、重要工业品价格的实时监测和预警分析，深入开展涉农涉企价费检查，依法严厉查处价格违法行为。同时，在出台政府调价项目时，相应制定对低收入群体的补偿办法。

以做好就业社保工作固民本。深入开展“创业帮扶工程”，全面实行就业实名制管理制度，着力解决高校毕业生、农村转移劳动力、城镇就业困难人员和退伍军人等重点群体的就业问题。确保新型农村养老和城镇居民养老保

险制度基本实现全覆盖，将国有、集体企业“老工伤”人员全部纳入工伤保险范围，完成未参保集体企业退休人员纳入基本养老保险工作，加大对孤儿、低收入重度残疾人、流浪人员的救助补助力度。

以实施“三大工程”暖民心。一是实施保障性安居工程，实行保障性住房用地指标单列制度，多渠道筹措资金，建立健全分配管理机制，保质量、保工期、保公平分配。二是实施农村饮水安全工程，积极推行联村集中供水模式，确保资金到位、责任到位、管理到位，让更多群众喝上干净卫生的水。三是实施城市气化工程，在石家庄市率先建设燃气热电项目，促进大气环境质量的改善。

以深化医药卫生体制改革解民难。巩固和完善基层医疗卫生机构新的运行机制，将基本药物制度实施范围扩大到村卫生室和非政府办基层医疗卫生机构，实施以县级医院为重点的公立医院改革，加强全科医生制度建设，鼓励和引导社会资本兴办医疗机构。同时，加大支持力度，促进中医药事业加快发展。

以加快公共文化设施建设惠民需。启动省群艺馆建设，新建和改建一批市、县级图书馆、文化馆、博物馆等公共文化设施，完成乡镇综合文化站建设任务，实施文化信息资源共享、数字图书馆推广等文化惠民工程，启动广播电视户户通工程，加大对重大文物遗址和非物质文化遗产的保护利用力度。突出地方题材，创作一批精品舞台剧目，搞好对外交流活动，扩大河北文化影响力。

以发展教育等社会事业谋民利。继续实施中小学校舍安全、农村初中校舍改造等工程，支持学前教育发展，加快建设一批培养“蓝领工人”的职教基地，推进高等院校重点学科建设；认真落实校车安全条例，推进农村义务教育学生营养改善计划。加强计生服务设施建设，深入开展全民健身活动，努力促进气象、地震、档案、文物和民族宗教、外事侨务、老龄、妇女、儿童、残疾人等各项社会事业全面发展。

以加强和创新社会管理促民和。强化以社区为核心的基层社会管理服务平台，妥善解决群众合法合理诉求。加强社会矛盾隐患排查和风险评估，完善社会治安、应急管理等机制。加快建设社会信用体系，加大对守信行为鼓励保护和失信行为惩戒力度。严格落实安全生产责任制，加大食品药品监管力度，坚决遏制重特大事故发生，努力保持社会和谐稳定。

（九）强化引导作用，抓好战略规划编制实施

把落实河北沿海地区发展规划作为重中之重，抓紧制定实施意见及配套政策，分解目标任务并将责任落实到部门，推动重要事项和重大项目尽快实施。制定“十二五”规划纲要实施考核评价体系，并将评价结果作为考核各市、各部门工作业绩的重要依据。

编制和完善专项规划。对24个已上报或正在编制的规划加强协调督导，确保上半年全部发布施行。修改完善主体功能区规划，做好向国家汇报争取工作，尽早发布实施。同时，根据省第八次党代会精神，启动编制一批区域和行业发展规划。

加强与国家规划衔接。密切跟踪国家编制首都经济圈规划动态，深入研究河北环首都绿色经济圈发展的重大问题，加强沟通对接，争取将我省的战略意图和重要事项、重大项目纳入其中。搞好与国家重大生产力布局规划和其它专项规划的衔接，抓紧谋划储备一批重大项目，做深做实前期工作，争取列入国家规划。

各位代表！2012年全省经济社会发展任务十分繁重。我们要在中共河北省委的正确领导下，坚持以科学发展为主题，以加快转变发展方式为主线，进一步解放思想、开拓创新，齐心协力、迎难而上，努力实现经济更好更快更大发展，为建设经济强省、和谐河北而努力奋斗！

关于河北省2011年省本级预算及省总预算执行情况和2012年省本级预算及省总预算草案的报告

——2012年1月6日在河北省第十一届人民代表大会第五次会议上

河北省财政厅厅长　邢国辉

各位代表：

受省政府委托，我向大会提交2011年预算执行情况和2012年预算草案的报告，请予审议，并请省政协各位委员和其他列席人员提出意见。

一、关于2011年财政预算执行情况

2011年，在省委的正确领导下，全省各级各部门认真贯彻落实科学发展观和胡锦涛总书记“七一”重要讲话精神，突出主题，贯穿主线，着力稳增长、调结构、控物价、惠民生，全力推动我省科学发展、加速转型，各项工作取得了新的成绩。在此基础上，全省和省级预算执行情况良好，财政改革与发展取得新进展。

（一）全省财政预算执行情况

省十一届人大四次会议审议通过的2011年全省一般收入预算为1542.7亿元，一般支出预算为2225.7亿元。执行中，根据省级收入预算调整和各市超收情况，相应调增全省收入预算168.7亿元；由于使用中央代发地方政府债券28亿元、中央下达专款737.8亿元、增加转移支付326.4亿元、上年结转列入175.9亿元、全省超收安排194.5亿元和各级一般预算调入资金22.4亿元等变动因素，调增全省一般支出预算1485.1亿元。据此，一般收入预算调整为1711.4亿元，一般支出预算调整为3710.8亿元。

省十一届人大四次会议审议通过的2011年全省政府基金收入预算为1253.4亿元，基金支出预算为1235.6亿元。执行中，根据省级政府基金收入预算调整和各市超收情况，相应调增全省基金收入预算29.8亿元；由于上年结余结转资金128.1亿元、中央下达专项补助31.9亿元、超收安排支出79.5亿元、调入资金2.7亿元，全省政府基金支出预算调增242.2亿元。据此，全省基金收入预算调整为1283.2亿元，基金支出预算调整为1477.8亿元。

2011年全省地方一般预算收入预计完成（下同）1711.4亿元，比上年增长28.5%，可比增长23.6%（剔除原财政预算外专户收入纳入一般预算因素，下同）；加上中央财政分享收入1288.6亿元，全省全部财政收入完成3000亿元，为年初计划的109.1%，比上年增长24.5%，可比增长21.8%。全省一般预算支出完成3510.7亿元，为调整预算的94.6%，比上年增长24.5%。

全省基金预算收入完成1389.3亿元，为调整预算的108.3%，比上年增长16.6%；基金支出完成1390亿元，为调整预算的94.1%，比上年增长21.4%。

（二）省本级财政预算执行情况

省十一届人大四次会议批准的2011年省本级一般收入预算为343.7亿元，一般支出预算为389.1亿元（剔除中央提前通知的专项转移支付及地方政府债券）。执行中，一般收入预算调整为357.1亿元，省级一般支出预算发生以下变动：一是中央财政下达专款737.7亿元；二是上年结转本年支出54.5亿元；三是使用中央代发地方政府债券53亿元；四是调入资金增加省级一般预算支出5.3亿元；五是中央财政增加财力性转移支付与省下达市县一般转移支付相抵，增加省级支出预算116.4亿元；六是增收与减收因素相抵后，净增加省级一般预算支出1.3亿元；七是下达市县专项转移支付减少省级支出预算730.7亿元。据此，省本级一般支出预算调整为626.6亿元。当年省本级一般预算收入完成357.1亿元，比上年增长21.5%，可比增长19.3%；省本级一般预算支出完成594.5亿元，为调整预算的94.9%。

2011年全省经济回升向好势头进一步巩固，加之物价指数上升，带动财政收入较快增长，省级一般预算收入超收安排增加支出18.7亿元。遵循集中财力办大事的原则，经省人大常委会审议批准，省级新增财力重点用于落实年度预算执行中国家新出台的民生政策和省委、省政府议定事项：一是保证教育、科技、农业三项支出达到法定增长，增加支出4.2亿元；二是增加农村及城镇居民社会养老保险试点补助等民生投入1.8亿元；三是安排公共安全事务专项支出1.5亿元；四是按照专款专用的原则，安排探矿权采矿权使用费及价款、支持产业发展专项支出11.2亿元。

省十一届人大四次会议批准的2011年省本级基金收入预算和基金支出预算均为141.3亿元。执行中，由于地方教育附加、彩票公益金等12项收入超收25.9亿元，按照政府基金专款专用原则，报经省十一届人大常委会批准，省本级基金收入预算调整为167.2亿元，支出预算相应调整为167.2亿元。由于上年结转、上级专款列入以及下达市县专款等因素，省本级基金支出预算调整为142.3亿元。2011年省本级基金收入完成167.2亿元，基金支出完成132.8亿元，为调整预算的93.3%。

上述全省和省本级财政预算执行情况均为2011年的预计完成数据，在完成决算审查汇总以及与中央财政结算后还将会发生一些变化，届时再报请省人大常委会审议批准。

总的看，2011年面对复杂的财经形势和尖锐的收支矛盾，我们狠抓增收节支，积极调整支出结构，集中财力保重点、保民生，全省和省本级预算执行情况较为顺利，较好地完成了省十一届人大四次会议确定的目标任务。2011年预算执行成效体现在五个方面：

——财政收支总体较快增长。去年以来，在全省经济回升向好、物价超预期上涨的基础上，各级财税等部门依法加强收入征管，建立完善综合治税大格局，努力做到应收尽收，全省财政收支均迈上3000亿元台阶，实现“十二五”开门红。在狠抓收入同时，各级各部门认真落实预算执行主体责任，加快财政支出预算执行，财政支出进度创近年来最好水平，为经济社会科学发展提供了有力的财政支撑。

——财政调控职能有效发挥。认真落实积极的财政政策，争取中央预算内基建资金121.7亿元和地方政府债券73亿元，全部落实到具体项目和保障性安居工程；落实资金74.3亿元，支持城乡交通基础设施建设和黄骅港公共基础设施回购。完善家电下乡、以旧换新政策，发放补贴20.4亿元，带动家电销售213.1亿元。投入省以上财政资金3.8亿元，支持夜经济、农超对接、新网工程等项目，商贸流通环境进一步改善。积极争取国家重大科技项目，支持科技研究基础条件建设和科技富民强县专项行动，全省科技支出32亿元。完善生态补偿机制，淘汰落后产能，推进主要污染物减排，全省节能环保支出105.2亿元，单位GDP能耗等节能减排指标超额完成。制定实施支持省级工业聚集区（开发区、示范区、园区）发展的财政体制优惠政策，推动曹妃甸新区、环首都经济圈等重点区域率先发展。综合运用各种财政杠杆，支持实施重点产业调整和振兴规划，加快传统产业改造步伐，加速发展战略性新兴产业和现代服务业。落实省以上资金4.9亿元，培育创业投资基金，支持中小企业发展。

——保障民生的力度和强度不断加大。一是支持教育优先发展。全省教育支出627.3亿元，增长22%。农村义务教育经费保障机制改革、中小学校舍安全工程顺利实施，家庭经济困难学生补助政策全面落实，提高了义务教育和高等教育财政生均拨款。二是提高社会保障水平。全省社会保障和就业支出430.2亿元，增长19.9%。全面落实社会养老保险、城乡低保救助、特殊群体补贴等社会保障政策，城乡低保标准分别达到每月292元/人和每年1500元/人，并建立低保标准与CPI涨幅挂钩联动机制；连续七年提高企业退休职工基本养老金标准，月人均水平增长10%、达1570元；新农保和城市居民社会养老保险试点顺利推进。落实省以上就业资金15.6亿元，支持实施创业帮扶工程、城乡技能扶助计划和“三支一扶”等，促进就业再就业。三是支持医疗卫生体制改革。全省医疗卫生支出294.2亿元，增长24.9%。政府办基层医疗卫生机构全部实行基本药物零差率销售，农村合作医疗、城镇居民基本医疗保险财政补助标准提高到200元，参保（合）率稳定在90%以上，基本实现全覆盖；人均基本公共卫生服务经费标准提高到25元，公立医院试点改革稳步推进，基层医疗卫生服务体系进一步健全，基本公共卫生服务均等化水平有新提高。四是支持保障性安居工程建设。筹集落实省以上补助资金100.3亿元，是上年的5倍，全省保障性安居工程开工38.5万套，超额完成年初预定目标。五是支持文化大发展。文化产业引导资金规模增至2亿元，增设1亿元文化产业振兴奖励资金，激励文化产业发展业绩突出的设区市和文化产业项目加快发展。落实省以上资金4.8亿元，支持博物馆、纪念馆、图书馆、文化馆免费开放以及农家书屋等“文化惠民工程”。六是支持完善公共安全体系。全省公共安全支出198.4亿元，增长12.7%。突出“保基本、保基层、保重点”，环京“护城河”防线等维稳重点地区经费保障水平进一步提高。支持加大监管力度，维护食品药品安全。此外，开展全省规范津补贴检查，省直机关津补贴提标工作取得较大突破；及时拨付援疆、援藏资金5亿元，保障对口援建工作顺利推进。

——统筹城乡发展取得新进展。全省农林水事务支出353.5亿元，增长13%。全力保障粮食生产，投入抗旱春管资金8.5亿元，发放产粮大县、种粮标兵奖励资金8.9亿元，拨付农业保险保费补贴5.9亿元，确保了粮食总产“八连增”。加大农田水利投入，落实省以上资金52.3亿元，开展农业灌溉和节水项目、水资源配置工程等建设，实施病险水库加固和中小河流治理。大力发展现代农业，争取国家农发资金12.2亿元，创近年最大增幅（40%），总量和增量均居全国首位；投入4.4亿元扶持265个产业化经营项目，促进了蔬菜和农产品加工等主导产业做大做强。扩大支农资金整合试点，在16个试点县整合财政资金5.2亿元，带动社会投入10.1亿元。筹措资金1.2亿元，支持24个示范县标准化、集约化、无公害蔬菜生产。实施农村民生工程，发放各类惠农补贴99.4亿元；省级新民居建设专项资金增至3.3亿元，补助2000个示范村建设；落实9.7亿元扶贫发展资金，增强贫困地区和贫困户的自我积累和自我发展能力。推进农村综合改革，完善村级公益事业“一事一议”财政奖补政策，全面化解农村义务教育债务。

——现代公共财政体系建设深入推进。深化预算管理改革，零基预算、滚动预算、综合预算等改革在省级实现比较彻底的全覆盖，三年滚动预算编制试点、预算项目库建设试点范围扩大，省级编制完成全国首部绩效预算文本。深化省内财政体制改革，实行新的激励性财政收入体制，创新省以下政府间专款配套资金管理，进一步规范了财政专项转移支付制度。深化财政派驻监督改革，省财政对管理资金2亿元以上的30个省直部门全部实施派驻监督。进一步巩固“小金库”治理成果，推动综合治理、扩大整治成效。预算公开稳步展开。规范政府性债务管理，省级初步实现对融资平台公司债务的全口径管理和动态监控。国库集中支付制度基本实现省市县三级全覆盖，清理整顿国库账户基本完成，公务卡制度改革稳步推进。全省首届政府采购产品展览会成功举办，政府采购规模和数量继续扩大。省政府以规章形式出台了《河北省政府非税收入管理规定》，将各项非税收入管理纳入法制化轨道。

在总结成效的同时，我们也清醒地看到，财政经济运行中仍存在一些不容忽视的问题，突出表现在：基于经济结构和效益的财源质量较差，财政收入占GDP比重和人均财力明显低于全国地方平均水平，各级财政收支矛盾十分突出，省级调控能力严重不足与部分县乡财政困难状况并存；财政管理科学化、精细化程度有待进一步提高，财政资金使用绩效偏低的问题在一定范围和程度上明显存在；政府债务存量较大；财政体制和管理机制仍不健全，现代公共财政体系建设任重道远等等。上述问题既是各界关注的热点，也是财政工作的难点，需要通过进一步深化财政改革、加强财政管理、健全财政职能，逐步加以解决。我们决心在省委的正确领导下，在省人大、省政协的监督支持下，扎实认真地抓好工作，努力向全省人民交上一份更加满意的答卷。

二、关于2012年财政预算草案

2012年是全面贯彻落实省第八次党代会精神的第一年，是实施“十二五”规划的关键之年，财政工作面临的形势仍极其复杂，财政收支矛盾依然十分尖锐。一方面，随着国家宏观调控政策效应逐步显现，通胀预期将逐步趋缓，经济回升和持续发展的基础得到进一步巩固。同时，随着省委、省政府建设经济强省、和谐河北战略的实施，河北沿海地区发展规划上升为国家战略，京津冀区域经济一体化、首都经济圈同时纳入国家“十二五”规划，以及冀中南地区列为国家重点开发区域，都将有力促进我省科学发展，为财政收入增收奠定良好基础。另一方面，当前欧美主权债务危机对全球经济的影响仍将持续，美日两大经济体复苏进程一波三折，我国宏观经济运行的内外部环境十分复杂，经济增长的不确定性会明显增加。同时，我省转变发展方式和调整产业结构任务还相当重，钢铁、建材等传统优势行业发展和保持较高盈利水平更加困难，淘汰落后产能、加强节能减排等必然影响财政收入增幅，房地产业对财政收入贡献将持续下降，物价涨幅回落也会减缓对财政收入的助推作用，加之国家陆续出台结构性减税政策（包括提高个人收入所得税扣除标准和小微型企业增值税、营业税起征点等），今年财政收入增长有很大的不确定性。

根据省委关于全省经济工作的总体部署，2012年全省预算安排的指导思想是：以邓小平理论和“三个代表”重要思想为指导，深入贯彻落实科学发展观，认真落实党的十七届六中全会和省第八次党代会精神，以科学发展为主题，以加快转变经济发展方式为主线，紧紧围绕建设经济强省、和谐河北的战略目标，充分发挥财政调控职能，努力开源节流，进一步调整优化财政支出结构，继续从严控制一般性支出，集中财力保民生、保运转、保重点，着力推动传统产业优化升级、战略性新兴产业发展和经济布局集约化，着力支持社会主义新农村建设，着力促进文化大发展大繁荣，为全省经济社会又好又快发展提供有力支撑。

（一）关于2012年全省预算草案主要收支计划安排情况

综合考虑全省经济发展形势和政策性增减收因素，2012年全省全部财政收入计划安排3406亿元，比上年预计完成数增长13.5%，可比增长14.5%（剔除提高个人收入所得税扣除标准和小微型企业增值税、营业税起征点等政策性减税因素）。这样安排是与全省生产总值增长9%左右、居民消费价格涨幅4%左右的预期目标基本相适应的，也是积极客观的。

2012年全省地方一般收入预算安排1959.5亿元，比上年预计完成数增长14.5%，可比增长15.7%，其中：税收收入安排1541.1亿元，增长14.5%；非税收入安排418.4亿元，增长14.5%。按照国家规定口径，与去年年初预算相比，经常性收入增长33.3%。全省一般收入预算加上中央补助收入741.9亿元（不含提前通知专项转移支付，下同）、调入资金5亿元，减去上解中央支出30亿元，2012年全省一般预算可用财力为2676.5亿元。按照量入为出、收支平衡的原则，相应安排全省一般支出预算2676.5亿元，比上年年初预算增长20.3%。教育、科技、农业等三项支出安排落实了有关法律要求，全省教育支出689亿元，按法定增长口径（下同）增长33.8%；科技支出36.4亿元，增长33.9%；农林水事务支出180.2亿元，增长35.3%，均高于经常性财政收入增长幅度。

2012年全省基金收入预算（不包括社会保障基金，下同）安排1357.6亿元，基金支出预算安排1374.9亿元，比上年年初预算增长11.3%。

（二）关于2012年省本级预算草案

2012年省本级一般收入预算安排382.2亿元，比上年预计完成数增长7%，可比增长13%（剔除工商、质监系统下划因素，下同）。其中：税收收入322.7亿元，比上年预计完成增长15%；非税收入59.5亿元，比上年预计完成下降22%，可比增长2.5%。

按照上述收入计划及现行财政体制测算，一般收入预算加上中央补助741.9亿元、设区市及直管县上解35.4亿元，减去上解中央支出30亿元、补助设区市及直管县支出724.6亿元，2012年省本级一般预算财力为405亿元。其中：可统筹使用的经常性财力为241.1亿元，比上年年初预算增长15.77%。上述中央补助收入包括：税收返还176.9亿元、均衡性转移支付资金180.7亿元、国家重点生态功能区转移支付7.7亿元、民族地区转移支付2.9亿元、调整工资转移支付148亿元、农村税费改革转移支付55.4亿元、县级基本财力保障机制奖补资金36.3亿元、产粮大县奖励资金10.1亿元、资源枯竭型城市转移支付2.75亿元、企事业单位预算划转补助14.9亿元、工商部门停征两费转移支付4.97亿元、成品油税费改革转移支付92.8亿元、结算及其他补助8.5亿元。省级补助设区市及直管县支出包括：中央税收返还114.6亿元、省对下财政体制政策返还99亿元、资源税定额返还12.5亿元、均衡性转移支付181.7亿元、国家重点生态功能区转移支付7.7亿元、民族地区转移支付2.8亿元、农村税费改革转移支付58.1亿元、调整工资转移支付131.5亿元、县级基本财力保障机制奖补资金36.3亿元、产粮大县奖励资金10.1亿元、资源枯竭型城市转移支付2.75亿元、成品油价格和税费改革转移支付27.2亿元、企事业单位预算划转补助28.9亿元、其他补助11.5亿元。

2012年省本级一般支出预算安排405亿元，比上年年初预算增长18.6%。按照国家规定法定增长口径，教育支出安排66.6亿元，比上年预算增长80.5%；科技支出安排10亿元，增长20.2%；农业支出安排20.5亿元，增长21.8%，以上三项支出增幅分别超过省级经常性财政收入增幅（15.77%）64.7、4.4和6个百分点，均达到了法定增长和省委关于省级一般预算安排的教育、科技投入增长要高于省级当年经常性财力增幅2个百分点以上的要求。

2012年省本级政府基金收入预算安排187.2亿元，比上年预计完成数增长12%；基金支出预算安排187.2亿元，比上年年初预算增长32.5%。

2012年省级预算平衡难度很大，经审核梳理，省直各部门申请由2012年一般预算安排的支出需求共计782.2亿元，是省级一般预算财力（405亿元）的1.9倍，缺口达377.2亿元；其中，新增政策性支出需求202.5亿元，是新增可调剂财力（63.6亿元）的3.2倍。为有效解决矛盾、确保预算平衡，采取“开源节流、统筹整合、适当分流”的办法纾解矛盾。在财力供给方面，努力拓展财源，挖掘可用资源，按照零基预算原则清理到期项目，跨年度、跨级次调控财力，适当使用地方政府债券和国开行贷款等，增加省级有效财力供给205.7亿元；在支出安排方面，依据国家政策法规，按照零基预算改革办法清理到期项目、核减部分不符合政策或测算不实项目支出需求110.9亿元，根据轻重缓急依次安排保民生、保运转、保重点一般预算支出610.7亿元，其中，仅必保的民生类和运转类支出需求达到472.6亿元，其他省政府确定和部门申报的支出需求只能根据轻重缓急安排138.1亿元。

按照综合预算方法，2012年省级财政可统筹使用的各项财政性资金1096.9亿元，比上年同比增长35.6%（包括一般预算财力405亿元，比上年增长14.4%；挖掘整合有效财力205.7亿元；政府性基金187.2亿元，比上年增长32.5%；社会保险基金收入118亿元，比上年增长9.3%；财政专户收入50.4亿元，比上年增长1%；各部门其他收入130.6亿元，比上年增长18.9%），围绕贯彻落实国家和省重大决策部署，按照保民生、保运转、保重点的总体要求，重点用于以下四个方面：

1. 民生支出安排720.9亿元，比上年增长26.5%，占省级可统筹使用资金的65.8%。

（1）全面落实社会保障和就业政策，安排154.2亿元。一是认真落实城乡低保政策。安排7.97亿元，将城镇、农村最低生活保障补差标准分别提高到每人每月240元和110元，确保全省城乡最低生活保障标准不低于全国平均水平。二是完善社会养老保险体系。安排126.3亿元，全面落实企业退休职工基本养老保险政策，城镇居民和新型农村社会养老保险实现全覆盖，对全省示范性“三院合一”型民政事业服务中心进行补助。三是落实优抚安置和社会救助政策。安排8亿元，用于企业军转干部解困，优抚对象生活医疗补助，扶助残疾人事业发展，实施困难职工帮扶和劳模生活救助；安排农村五保供养补助资金2.4亿元，使集中供养和分散供养的五保人员补助标准达到全国平均水平。四是支持就业再就业。安排2.5亿元，达到了省政府“按照不低于本级一般预算经常性财力1%的比例足额安排就业再就业资金”的要求。五是安排省属国有厂办大集体企业职工安置费2亿元，推动厂办大集体改革平稳过渡。六是支持保障性安居工程建设。安排27.1亿元，用于廉租住房、棚户区改造、公共租赁住房建设补助以及偿还开行贷款利息和市县奖励。

（2）足额落实财政供养人员经费158.8亿元，确保机关事业单位职工工资、离退休费及职工福利费等按时足额发放，落实工资普调和津补贴提标政策所需资金，不断提高职工收入水平。

（3）积极支持社会事业发展，安排364亿元。一是支持教育事业加快发展。安排122.9亿元，用于提高农村义务教育生均公用经费标准，落实国家助学金资助政策，实施中小学校舍安全工程，解决民办教师养老补助问题，支持化解高校债务，提高高校生均拨款标准。二是推动医疗卫生事业发展。安排111.5亿元，深入推进医药卫生体制改革，加强基层医疗卫生服务和公共卫生体系建设，全面落实新型农村合作医疗和城镇居民医疗保险补助政策。三是全面落实各项惠农政策。安排71.4亿元，主要用于农村饮水安全（安排专项资金9.74亿元，含预算内基本建设资金安排2.16亿元）、小农水项目县的省级配套、农业综合开发、扶贫开发（安排专项资金3亿元）、村级公益事业“一事一议”奖补配套、农村新民居建设、耕地整理、农机具购置补贴等项目，不断提高农民生活水平。四是安排公路等项目建设资金58.2亿元，支持国省干线新改建和农村公路、农村客运场站建设。

（4）推进文化大发展大繁荣。加大文化领域投入，安排9.8亿元，支持文化体制机制改革和文化产业发展，推动实现文化资源大省向文化强省转变。其中，财政一般预算收入安排资金3.6亿元，比上年增长24%，超过省级经常性财力增幅8.2个百分点。重点安排文化产业发展引导资金、文化精品奖补资金、宣传文化专项资金、公益文化设施免费开放运行补助，支持构建现代文化事业、产业体系，加快城乡文化一体化进程。

2. 保运转支出安排56.2亿元，剔除偿还政府债券本息可比下降2.7%，占省级可统筹使用资金的5.1%。严格按照厉行节约的原则，安排正常公用经费10.3亿元、专项公用经费27.17亿元。安排偿还政府债务资金18.64亿元，比上年增加17.2亿元。上述支出安排体现了国家关于严格控制公用经费增长的有关规定，并能保证机关事业单位履行职能的基本需要。

3. 保重点支出安排311.8亿元，比上年增长24.1%，占省级可统筹使用资金的28.4%。

(1) 围绕“一产抓特色”，着力推进现代农业发展。安排43.8亿元。一是安排5.5亿元，支持蔬菜、果品、畜牧产业发展，突出特色，打造品牌，加快扶持一批农业特色园区。二是安排23.9亿元，支持农业综合开发、土地治理、耕地保护等项目。三是安排14.4亿元，用于支持重点水利基础设施建设，实施小农水项目县配套、南水北调工程配套、闸桥建设、节水灌溉等。

(2) 围绕“二产抓提升”，推动经济发展方式转变。安排41.6亿元。一是着力促进产业结构优化升级。安排央企进冀及战略性新兴产业发展专项资金15亿元，主要支持央企战略性新兴产业落户河北，着力推进新能源、电子信息、生物制药、高端装备制造、军民结合等战略性新兴产业发展；安排工业企业技改专项资金10亿元，淘汰落后产能省级奖励资金1亿元，支持冀中能源、河钢集团和市县两权价款政策性返还等专项资金9.2亿元，引导传统企业改造升级，推动新型工业化与信息化深度融合。二是安排科技创新资金5.4亿元，专项用于自然科学、社会科学、农业科技、科普等支出。三是安排中小企业发展专项资金1亿元，加快培育一大批科技型中小企业，为全省经济发展不断注入新活力。

(3) 围绕“三产抓拓展”，支持加快发展现代服务业。安排23.9亿元。一是安排13.1亿元，用于发展广播影视、动漫传媒、文化精品创作等文化产业。二是安排支持航空服务业发展专项资金3.8亿元，重点用于机场建设贷款贴息和培育航线。三是安排旅游业发展专项资金3亿元，支持重点旅游项目建设，打造精品线路、精品景点。四是安排商贸流通发展专项资金1亿元，用于繁荣城乡市场。五是安排支持现代物流业发展专项资金1亿元。六是向省融投公司注入资本金2亿元，支持其发挥融资功能，促进省内重点产业项目发展。

(4) 通过对沿海三个新区省级“四税”增量返还、省级均衡性转移支付和战略性新兴产业发展资金适当倾斜，总计筹集20亿元资金，促进河北沿海地区发展规划和首都经济圈规划实施。

(5) 改善基础设施条件，优化经济发展的硬件环境。安排133亿元，用于推进高速公路等交通基础设施建设，并偿还到期债务本息。支持城市基础设施建设，加快推进城市三年上水平。

(6) 维护社会和谐稳定，安排22.6亿元。主要用于推进基层政法经费保障机制改革，提高公共安全保障能力；加强安全生产监管，提高市场监管部门的执法能力；发挥“护城河”作用，加大信访和维稳工作力度，不断提高公共安全水平。

4. 安排总预备费8亿元（占省级一般预算财力2%），与上年持平，占省级可统筹使用资金的0.7%，用于当年突发应急性支出。

三、真抓实干，攻坚克难，确保完成2012年预算

2012年，面对复杂严峻的财经形势，财政工作任务十分艰巨。我们将在省委的正确领导下，深入贯彻党的十七届五中、六中全会和省第八次党代会精神，全面贯彻落实科学发展观，认真执行省十一届人民代表大会及其常委会关于财政工作的决议，主动接受人大监督，及时办理好人大代表建议和政协提案，虚心听取各方面意见和建议，紧紧围绕建设经济强省、和谐河北，加快构建现代公共财政体系，不断提高财政管理科学化、精细化水平，确保完成全年预算任务。

第一，加强和改善财政宏观调控，着力稳增长促转变增财源。认真落实积极的财政政策，牢牢把握扩大内需这一战略基点，在保持投资合理增长的基础上，着力优化投资结构，着力扩大消费需求，着力维护物价稳定，着力支持扩大出口，形成投资、消费、出口协调拉动的良好格局，促进经济平稳较快发展。坚持提升传统产业与发展新兴产业相结合，加大对传统产业改造升级、新兴产业培育、现代服务业发展、自主创新、节能减排、中小企业发展等方面投入，推动经济结构战略性调整，加快构建特色鲜明、优势突出的现代产业体系。完善财税扶持政策，健全产业转移引导机制，促进全省经济空间布局优化和城镇化提速。坚持创新体制与优化环境相统一，认真落实结构性减税政策，继续清理规范收费项目，加快构建有利于经济发展方式转变的财税体制机制，进一步优化经济发展环境，调动各方面科学发展的积极性。

第二，大力开展增收节支，确保完成财政收支任务。在大力支持经济发展、做大经济“蛋糕”的基础上，依法加强收入征管，着力构建综合治税大格局，完善非税收入管理制度，努力做到应收尽收不虚收。通过狠抓各项应缴税费及时足额入库，确保完成全年财政收入任务。同时，加大向中央各部委的汇报沟通力度，对口部门搞好与中央财政新增支出项目对接，力争中央财政对我省的转移支付规模较大幅度增加。贯彻厉行节约的有关要求，强化过紧日子的思想，坚决制止各种铺张浪费行为，坚决压缩一般性支出，严格控制庆典、论坛活动，严格控制楼堂馆所建设，公务接待经费、因公出国（境）经费、公务用车购置及运行维护费用实行零增长，切实降低行政成本。

第三，坚持尽力而为、量力而行，统筹制定出台财政政策。认真坚持公共财政方向，本着“尽力而为、量力而行”的原则，统筹制定转变经济发展方式、保障和改善民生等各项政策，确保出台政策落实。坚持科学民主决策机制，根据各级财政的承受能力科学确定政策的力度大小、实施时间、时限和步骤，防止脱离财政实际提出过高的政策标准和过急的进度要求。强化对现行政策实施的监督和阶段性评价反馈，适时调整优化政策，并对每一项政策进行整体实施效果评价。

第四，推进财政科学化精细化管理，进一步提升科学理财水平。完善省以下财政体制，健全县级基本财力保障机制，全面消灭县级基本财力缺口。推进健全政府预算体系，细化政府性基金预算，编制国有资本经营预算和社会保险基金预算，试编政府性债务预算。加强预算执行管理，强化预算约束，进一步提高财政支出的均衡度。大力推进全过程预算绩效管理，完善指标体系，创新评价方法，强化结果应用。完善部门预算制度，进一步推进预算编制与预算执行、结余结转资金管理和行政事业单位资产管理有机结合。加强财政基础工作和基层财政建设，深化国库集中支付、政府采购改革，强化财政监督。强化地方政府性债务管理，防范和化解财政风险。加强财政法制建设，稳步推进财政预算公开，自觉接受人大、审计和社会监督。

各位代表，2012 年全省财政工作任务光荣而艰巨。我们将在省委的正确领导和省人大的监督支持下，深入贯彻落实科学发展观，开拓进取，真抓实干，确保圆满完成全年收支预算和各项工作任务，为建设经济强省、和谐河北做出积极贡献！

综合篇

GENERAL SURVEY

综　述

2011年，在省委、省政府的正确领导下，各地各部门认真贯彻落实科学发展观，坚持科学发展主题和加快转变经济发展方式主线，着力“稳增长、调结构、控物价、惠民生”，积极有效应对国内外错综复杂的形势，国民经济平稳较快发展，总体运行态势良好，实现了“十二五”良好开局。2012年，河北踏上建设经济强省和和谐河北的新征程，应认真贯彻落实全国两会和省第八次党代会、省两会精神，紧紧把握稳中求进工作总基调，促进全省经济更好更快更大发展。

一、经济平稳较快增长，由政策刺激向自主增长有序转变

在欧债危机进一步蔓延，世界经济复苏进程减缓，我国经济存在下行风险的复杂环境下，河北经济保持平稳较快增长。全省生产总值实现24515.8亿元，比上年增长11.3%。其中第一产业增加值2905.7亿元，增长4.2%；第二产业增加值13126.9亿元，增长13.4%；第三产业增加值8483.2亿元，增长10.5%。三次产业增加值占全省生产总值的比重分别为11.9%、53.5%和34.6%，对经济增长的贡献率为4.6%、62.7%和32.7%。人均生产总值跃上5000美元台阶，达3.40万元，折合5259美元，增长9.7%。从季度观察，上半年全省经济增速有所回落，下半年回升趋稳，一季度增长11.2%，上半年增长11.1%，前三季度和全年均增长11.3%；从金融危机以来各年度观察，2008年、2009年受国际金融危机影响，全省经济分别增长10.1%和10.0%，2010年在国家宏观调控政策作用下，增速回升到12.2%，这也是在上年低基数基础上的恢复性增长，2011年河北认真落实国家积极的财政政策和稳健的货币政策，加强宏观调控，全年各季保持了11%以上的平稳较快增长，接近十年来11.5%的年均增长速度，基本恢复到国际金融危机以前正常水平，表明经济发展正在由政策刺激向自主增长有序转变。这一方面是省委、省政府正确领导的结果，另一方面也体现了河北贯彻落实国家宏观调控政策措施取得的成效，成绩来之不易。

二、控制物价取得明显成效，运行环境逐步改善

在经济平稳较快发展的同时，物价过快上涨势头得到有效遏制。2011年前7个月，全省居民消费价格同比涨幅总体呈现走高的态势，7月份居民消费价格同比上涨7.4%，工业生产者出厂价格上涨10.6%，工业生产者购进价格上涨13.8%，均为年初以来的最高点，为遏制物价过快上涨的严峻形势，河北认真落实国家调控政策，采取多项控制物价的措施，随着国家和省各项宏观调控政策措施的落实和翘尾因素减弱，物价总水平自8月份开始出现回落，12月份居民消费价格同比上涨4.7%，比7月份回落2.7个百分点，为近11个月以来最低涨幅；工业生产者出厂价格和购进价格同比分别上涨0.1%和3.3%，比7月份均回落10.5个百分点。全年居民消费价格同比上涨5.7%，工业生产者出厂价格同比上涨7.7%，工业生产者购进价格同比上涨10.9%，控制物价取得明显成效。

金融运行平稳。全省金融机构年末存款余额29563.8亿元，比年初增加3488.9亿元；金融机构年末贷款余额18144.0亿元，比年初增加2423.0亿元。

三、供给支撑有力，三次产业全面发展

农业生产形势良好。加快粮食生产核心区、蔬菜产业示范县建设，积极应对严重干旱等因素影响，有效实施田间技术服务和抗旱促春管措施，粮食生产迈上600亿斤新台阶，实现连续八年丰收。全年粮食总产量634.5亿斤(3172.6万吨)，比上年增长6.6%。蔬菜总产量7384.3万吨，增长4.4%。畜牧业生产恢复性增长。全省肉类总产量418.2万吨，比上年增长0.3%，其中猪肉产量246.6万吨，增长0.6%；生猪存栏1885.2万头，增长2.1%；生猪出栏3235.8万头，增长0.4%；牛奶产量458.9万吨，增长4.4%。畜牧、蔬菜、果品三大优势产业产值占农林牧渔业总产值的68.4%，同比提高0.3个百分点，其中畜牧业产值占34.2%，提高0.7个百分点。农产品供应充足，为促进经济平稳较快发展、平抑物价起到了重要作用。

工业保持平稳较快增长。2011年，全部工业增加值11770.4亿元，比上年增长14.1%，其中规模以上工业增加值10509.4亿元，增长16.1%，月度累计增速在14.1%—16.2%之间，呈现平稳较快运行态势。在规模以上工业38个行业大类中，有20个行业增加值增速高于全省平均水平，17个行业在20%以上，17个行业增速比上年加快。主要支撑因素：一是钢铁和装备制造业是工业增长的主动力，增加值分别完成3523.4和1906.3亿元，增长13.4%和24.9%，对规模以上工业增长的贡献率分别为28%和26.8%。二是工业品内、外需市场保持较快增长。规模以上工业内销产值同比增长30.7%；完成出口交货值1446.2亿元，增长24.8%。三是产销衔接较好。工业产品产销率为97.9%，同比提高0.1个百分点。

服务业平稳发展。全年服务业增加值增长10.5%，在传统服务业平稳增长的同时，金融、物流、旅游和文化服务业都实现了较快增长。限额以上物流企业1104家，实现主营业务收入720.2亿元，营业利润63.7亿元，从业人员1.5万人。全年接待海外旅游者人数114.1万人次，创汇4.5亿美元，增长27.6%；国内旅游者人数1.9亿人次，创收1192.2亿元，增长33.8%。

四、需求拉动协调性增强，对外经贸快速增长

固定资产投资平稳较快增长。全社会固定资产投资16389.3亿元，比上年增长24.2%，增速同比加快2.1个百分点。其中固定资产投资（不含农户）15780.3亿元，增长23.9%。在建项目增加，在建项目23978个，其中亿元以上在建项目4523个，增长20.6%；完成投资

7718.2亿元，增长7.8%。工业投资对全省投资支撑较强，完成投资7405.6亿元，增长29.1%，占全省固定资产投资的46.9%。房地产开发投资快中有落，完成投资3054.6亿元，增长34.9%，增速同比回落14.1个百分点。民间投资增长较快，完成投资11541.6亿元，增长34.9%，增速高于全省投资11.0个百分点。

消费品市场保持较快增长。随着全省城镇面貌的改善、商业结构的调整优化以及“万村千乡”市场建设工程的推动，城乡居民的消费环境不断改善，消费市场繁荣活跃。2011年，社会消费品零售总额实现8035.5亿元，比上年增长17.8%，增速比上半年、前三季度分别加快0.8和0.3个百分点。其中城镇零售额6159.1亿元，增长18.4%；乡村零售额1876.4亿元，增长15.9%。分行业观察，批发和零售业零售额7009.5亿元，增长17.5%；住宿和餐饮业零售额914.0亿元，增长19.6亿元。粮油食品饮料烟酒、服装鞋帽针纺织品、家用电器和音像器材、金银珠宝、家具、石油及制品、建筑及装饰材料、汽车等热点商品销售快速增长。

进出口和利用外资快速增长。2011年，进出口总值突破500亿美元，达到536.0亿美元，比上年增长27.4%。其中，出口总值285.8亿美元，增长26.7%；进口总值250.2亿美元，增长28.3%。主要出口商品增长较快。机电产品出口99.8亿美元，增长19.7%；钢材出口50.8亿美元，增长48.6%；服装及衣着附件出口34.2亿美元，增长19.3%。实际利用外资52.6亿美元，比上年增长20.5%，增速同比加快2.3个百分点。其中外商直接投资46.8亿美元，增长22.2%，加快15.7个百分点。第二产业到位外资35.2亿美元，增长23.9%，是支撑外资增长的主要动力。全省新批合同外资42.2亿美元，增长28.3%，同比加快2.0个百分点。

五、调结构转方式扎实推进，节能降耗取得积极进展

工业结构调整步伐加快。装备制造业加快发展。2011年，装备制造业增加值1906.3亿元，比上年增长24.9%，增速比上半年、前三季度分别提高1.0和0.3个百分点，居七个主要行业之首；占规模以上工业的比重为18.1%，同比提高0.9个百分点。高耗能行业比重明显回落。六大高耗能行业增加值4958.1亿元，增长12.1%，增速低于全省规模以上工业4.0个百分点；占规模以上工业的比重为47.2%，同比回落2.0个百分点。规模以上工业企业新产品产值率为4.9%，比上年提高0.4个百分点。

投资结构继续调整优化。产业改造升级力度加大。全省工业技术改造项目9028个，完成固定资产投资4359.9亿元，比上年增长43.0%，占工业投资的58.9%，同比提高5.7个百分点。装备制造业和高新技术产业投资快速增长。装备制造业投资完成2461.3亿元，增长41.2%，高于全省固定资产投资17.3个百分点；高新技术产业完成投资1526.5亿元，增长34.8%，高于全省10.9个百分点。

节能降耗取得成效。深入落实省政府节能减排“八项措施”，2011年，单位地区生产总值能耗同比下降3.69%，降幅比上半年和前三季度分别扩大0.43和0.3个百分点；单位地区生产总值电耗同比下降0.36%，降幅比上年扩大1.52个百分点；单位工业增加值能耗下降6.68%，其中六大高耗能行业增加值能耗下降3.43%，降幅比前三季度扩大1.68个百分点。

六、经济运行质量继续改善，财政收入占GDP比重提高

财政收入较快增长。2011年，全部财政收入突破3000亿元，达3017.6亿元，比上年增长25.3%，其中地方一般预算收入完成1737.8亿元，增长30.5%，增速同比分别加快6.1和5.7个百分点。全部财政收入占GDP的比重为12.3%，比上年提高0.5个百分点。一般预算支出完成3537.4亿元，增长25.4%。其中教育支出增长26.8%，社会保障和就业支出增长18.8%。

工业经济效益继续提高。2011年，全省规模以上工业实现利润2639.0亿元，比上年增长24.0%，这是在上年基数较高基础上的较快增长。在统计的38个行业大类中，有32个行业利润总额同比增长，占84.2%。其中黑色金属矿采选、黑色金属冶炼及压延加工、交通运输设备制造、通用设备制造、石油和天然气开采、非金属矿物制品、化学原料及化学制品制造等8个行业实现利润均超过100亿元，合计占全省的61.3%。

七、保障改善民生取得新成效，农民收入实现新突破

城乡居民收入较快增长。2011年，城镇居民家庭人均总收入19591.9元，比上年增长13.0%。其中，城镇居民人均可支配收入18292.2元，增长12.5%，增速同比加快2.0个百分点。在城镇居民家庭人均总收入中，工资性收入增长10.6%，转移性收入增长6.5%。农民人均纯收入突破7000元，增速快于城镇。农民人均纯收入7120元，比上年增加额超过千元，为1162元，增长19.5%，增速同比加快3.8个百分点，比城镇居民人均可支配收入快7.0个百分点。其中，工资性收入增长29.0%，家庭经营纯收入增长10.1%，财产性收入增长13.1%，转移性收入增长23.2%。全年城镇单位在岗职工平均工资36166元，增长11.9%。就业形势基本稳定。年末城镇登记失业率为3.75%，同比回落0.11个百分点，控制在调控目标之内。

八、社会事业全面发展，经济社会发展的协调性增强

教育和科学技术发展加快。2011年，普通高等学校在校学生116.2万人，比上年增长5.2%。全年研究与试验发展（R&D）人员11.2万人，比上年增长21.8%；R&D经费支出201.3亿元，增长29.5%，占全省生产总值的0.82%，同比提高0.06个百分点。年末科技活动人员20.9万人，增长12.2%。全年省级登记的科技成果3131项，其中国际领先的60项，国际先进的516项，国内领先的2145项，国内先进的410项。全年专利申请受理量17595件，申请批准量11119件，分别比上年增长43.0%和10.5%。全年共签订各类技术合同4403份，技术市场成交额26.7亿元，比上年增长38.4%。人才资源总量达到506.6万人，比上年增长4.5%；人才密度指数为10.8%，同比提高0.5个百分点。文化、卫生和体育事业蓬勃发展。年末全省共有艺术表演团体312个，公共图书馆166个，博物馆69个。年末全省共有卫生机构80318个，卫生技术人员30.2万人，卫生机构床位26.7万张。全民健身运动广泛开展，竞技体育实力提升。

2011年，经济运行中也出现一些新情况和新问题，主要是部分工业企业生产经营困难、物价涨幅仍然较高、对外经贸受欧洲债务危机影响进一步加深。同时面临的深层次矛盾依然突出，产业结构层次低，优化升级的任务艰巨；能耗水平依然偏高，节能降耗压力较大；自主创新能力不足，科技对调结构转方式支撑不强。这些矛盾和问题既影响经济增长速度，又制约发展方式转变进程，需要采取有针对性的措施加以解决。

2012年是全面落实省第八次党代会精神的第一年，也是实施"十二五"规划承上启下的重要一年。面对更加复杂严峻的国际国内环境，全省上下要认真贯彻落实省委、省政府的决策部署，紧紧围绕建设经济强省、和谐河北奋斗目标，突出把握稳中求进的工作总基调，大力实施"一产抓特色、二产抓提升、三产抓拓展"经济发展战略，着力稳增长、控物价、调结构、抓创新、惠民生、促和谐，保持经济平稳较快发展，加快经济结构调整和发展方式转变，大力推进自主创新，不断深化改革开放，强力推动重点区域带动，着力保障和改善民生，促进社会和谐稳定，努力实现全省经济社会更好更快更大发展。

（河北省统计局　靳占恒）

全省生产总值的生产与使用

2011年，在国内物价上涨压力较大、国际经济持续动荡的背景下，省委、省政府带领全省干部群众，坚持贯彻党中央、国务院既定宏观调控方针，提高前瞻性和针对性，在控物价、稳增长和调结构中寻求平衡，既有效遏制了物价过快上涨，又保持了经济平稳较快发展，全省生产总值达2.4万亿元，呈现总量提高、经济社会协调发展、经济发展质量优化、内需扩大的良好局面。

一、全省生产总值的生产

（一）整体经济保持平稳较快增长。2011年，全省经济保持了平稳较快发展。实现地区生产总值24515.76亿元，增长11.3%。

1. 农业经济总量稳步扩大，产业化水平持续提高。2011年，在省委、省政府的正确领导下，各地以科学发展观统领农村工作全局，以促进农业稳定发展、农民持续增收为目标，不断促进现代农业发展进程，全面推进新农村建设。全年第一产业实现增加值2905.73亿元，同比增长4.2%，比上年提高0.7个百分点，对经济增长的贡献率为4.6%，比上年提高1.5个百分点，拉动地区生产总值增长0.5个百分点。其中，农业实现增加值1876.80亿元，增长5.5%，增速同比提高1.7个百分点，占第一产业的比重为64.6%；林业实现增加值42.07亿元，增长3.6%，同比提高1.8个百分点，占第一产业的比重为1.4%，同比持平；畜牧业实现增加值790.51亿元，增长1.2%，占第一产业的比重为27.2%，同比提高0.6个百分点；渔业实现增加值96.69亿元，增长1.8%，占第一产业的比重为3.3%，同比持平。全省畜牧、蔬菜、果品三大优势产业产值比重达到68.4%，提高0.3个百分点。产业化水平持续上升，农业产业化经营率达到60.0%，比上年提高1.4个百分点。

2. 第二产业平稳发展，工业贡献程度加大。2011年，第二产业实现增加值13126.86亿元，增长13.4%，同比持平，对经济增长的贡献率为62.7%，同比提高3.0个百分点，拉动经济增长7.1个百分点，占全省生产总值比重为53.5%，同比提高1.0个百分点。其中工业实现增加值11770.38亿元，比上年增长14.1%，同比提高0.6个百分点，占全省生产总值的比重达48.0%，同比提高1.2个百分点，对经济增长的贡献率为58.7%，同比提高3.2个百分点，国民经济增长的11.3个百分点中，工业拉动增长6.6个百分点，对全省经济发展的带动作用强劲。

2011年，在固定资产投资增长的带动下，河北省建筑业平稳发展，实现增加值1356.48亿元，增长8.0%，占GDP比重为5.5%，对经济增长的贡献率为4.0%，拉动全省生产总值增长0.5个百分点。

3. 传统行业稳步推进，新兴服务业活力提升。2011年，第三产业平稳较快发展，对全省经济增长发挥着日趋重要的作用。其中，交通和批零业占据第三产业近半壁江山，在经济发展中稳步推进，新兴服务行业快速发展，活力逐步提升，对经济发展的推动作用越来越明显。2011年，河北省第三产业呈平稳发展态势，实现增加值8483.17亿元，增长10.5%，对经济增长贡献率为32.7%，拉动全省生产总值增长3.7个百分点。

其中，交通运输、批发零售等传统服务业保持平稳发展，两行业增加值为3826.85亿元，分别增长14.2%和10.2%，占服务业比重为45.1%。金融业中，保险业发展快速，实现增加值为60.32亿元，增长24.1%，同比提高32.0个百分点，高于GDP增速12.8个百分点。房地产业加快发展，实现增加值526.21亿元，增长9.1%，同比提高2.4个百分点，其中房地产开发经营业快速增长，实现增加值134.65亿元，增长19.7%，同比提高20.6个百分点。租赁和商务服务业、居民服务和其他服务业、文化体育娱乐业等营利性行业活力提升，三行业实现增加值574.58亿元，增长15.3%，同比提高7.0个百分点，三行业分别增长20.0%、11.4%、24.9%，分别比上年提高15.6、0.6、20.2个百分点。

（二）收入分配结构出现新变化。从收入分配角度看，固定资产折旧、营业盈余占比重提高。在全省生产总值中，劳动者报酬占一半以上，比重最大，全年总量为

12496.98亿元，占51.0%；生产税净额2951.14亿元，占12.0%；固定资产折旧3130.75亿元，占12.8%，同比提高1.3个百分点；营业盈余5936.89亿元，占24.2%，同比提高3.2个百分点。

（三）经济与社会协调发展

1. 经济发展质量持续提高。财政收入占地区生产总值比重是衡量经济发展质量指标之一，发展趋势逐年提高。2011年全部财政收入完成3017.59亿元，比上年增长25.2%，同比提高6.0个百分点，占地区生产总值比重达到12.3%，比上年提高0.5个百分点。经济持续较快发展为财政收入的增长奠定了基础，整体财政实力的增强又为全省经济社会的发展提供了保障。

2. 全省人均生产总值突破5000美元。2011年全省人均生产总值33969元，比上年增加5301元，按可比价格计算，比上年增长9.7%，按人民币对美元年平均汇价折算，约合5259美元，首次迈上5000美元台阶。

3. 全社会劳动生产率稳步提高。2011年全社会劳动生产率达到62640元/人，比上年增加9375元/人，按可比价格计算，比上年增长8.9%。其中，第一、二、三产业劳动生产率分别为20013元/人、102128元/人和72104元/人，分别比上年增加2599元/人、14868元/人和9062元/人，按可比价格计算，分别比上年增长5.6%、8.3%、6.1%。

（四）民营经济（非国有）比重继续提高。民营经济占全省经济的半壁江山，对经济发展的支撑作用明显。2011年，全省民营经济实现增加值15469.44亿元，占全省生产总值的比重达63.1%，比上年同期提高1.3个百分点，比上年增长12.8%；民营经济实现出口创汇收入238.33亿美元，比上年增长26.0%，占全省出口总额的比重为83.4%；实缴税金1978.26亿元，占全部财政收入比重为65.6%，比上年提高2.3个百分点，推动经济发展的力量进一步巩固。

二、全省生产总值的使用

2011年以来，内需增长从政策推动向市场驱动转变，投资增长动力增强，消费增长依然有力，呈现内需不断扩大、居民消费水平持续提高的良好局面。

（一）内需扩大

1. 消费需求平稳较快、居民消费强力增长。2011年，全省最终消费支出为9633.82亿元，增长11.8%，对经济增长贡献率为42.8%，拉动经济增长4.8个百分点，其中，在农村居民消费和城镇居民消费共同作用下，全省居民消费支出保持了较快发展。居民消费支出为6892.66亿元，增长15.4%，增速同比提高0.4个百分点，占全省生产总值的28.1%，对经济增长贡献率为38.4%，同比提高8.4个百分点。政府消费2741.16亿元，增长3.9%，占全省生产总值的11.2%。

2. 投资需求拉力增强。2011年，受全省固定资产投资快速增长影响，投资需求发展较快，拉力增强。全省资本形成总额（投资需求）为13890.37亿元，增长12.5%，占全省生产总值的比重为56.7%，同比提高2.5个百分点，对经济增长贡献率为60.0%，同比提高2.8个百分点。其中，全省固定资本形成总额为13688.75亿元，增长13.3%，同比提高3.7个百分点，占全省生产总值的比重为55.9%，同比提高3.0个百分点，对经济增长贡献率为62.3%，同比提高22.7个百分点。

3. 外需拉力稳定发展，经济外向度有所回落。受净出口回落形势影响，全省货物和服务净流出总额为991.57亿元，增长－6.2%，占全省生产总值的比重为4.0%，同比回落1.0个百分点，对经济增长的贡献率为－2.8%，同比回落0.9个百分点。

（二）农村消费发展强劲，城镇消费仍是重头戏。2011年，农村居民消费支出增长强劲，总量为1955.40亿元，增长18.7%，比上年同期提高14.0个百分点，对经济增长贡献率为12.8%，同比提高9.5个百分点；城镇居民消费支出呈快速发展态势，总量为4937.26亿元，增长14.1%，对经济增长贡献率为25.6%，占居民消费支出比重超七成，达71.6%，仍是居民消费的重头戏。

居民消费水平较快提高。2011年全省居民消费水平为9551元/人，比上年同期增加1494元/人，比上年增长13.7%，同比提高3.1个百分点。其中，城镇居民消费水平为15331元/人，增长8.3%；农村居民消费水平为4893元/人，增长20.5%，同比提高15.2个百分点。

（河北省统计局　张永立）

资产负债核算

2010年末河北省省内部门资产总计为136890.49亿元，比上年增加22676.96亿元，增长19.9%；全省金融负债66657.60亿元，增长16.9%，资产负债率为48.7%。国民财富规模进一步扩大，经济实力不断增强。

一、国民资产变化的新特点

1. 金融资产占资产总量比重超过二分之一强。2010年末，河北省金融资产73965.18亿元，非金融资产（实物资产和无形资产）为62925.31亿元，，从资产结构上看，金融资产比重占54.0%，非金融资产比重占46.0%，金融资产比重比非金融资产比重高8.0个百分点，表明了河北省随着经济平稳较快发展和建设规模进一步扩大，对金融资金的需求大量增加，一方面体现了经济发展对金融活动的依赖程度日益提高，另一方面体现了金融活动对经济发展的支撑作用。

2. 固定资产占据主导，存货增幅加快。2010年末，河北省固定资产为52892.38亿元，比上年增加9021.86亿元，增长20.6%，占非金融资产的比重为84.1%，表明固定资产在非金融资产中的主导地位；存货为6169.17亿元，比上年增加1439.66亿元，增长30.4%。

3. 存贷款增速保持平稳增长，增幅有所回落。2010年末，河北省存款为26270.58亿元，增长16.8%，比上年回落9.3个百分点，贷款为15948.91亿元，增长20.1%，比上年回落19.6个百分点，信贷增速的回落主要受政府金融调控的影响，2010年内两次上调存贷款基准利率、六次上调存款准备金率，使全省存贷款基本保持平稳增长，但增幅有所回落。

4. 国有单位资产增速平稳。2010年末，河北省国有单位资产57575.39亿元，比上年增加6797.31亿元，增长13.4%，国有单位非金融资产为23526.90亿元，增长20.3%，金融资产为34048.49亿元，增长9.1%，国有单位资产占全省总资产的比重为42.1%。

二、各机构部门的资产总量与结构

（一）非金融企业部门。2010年末，河北省非金融企业总资产达到50815.91亿元，比上年增加了8255.59亿元，增长19.4%；总负债为26693.37亿元，比上年增加了4251.33亿元，增长18.9%。非金融资产为31337.00亿元，增长19.1%，占全部非金融资产的比重为49.8%，是全部非金融资产比重最大的部门，这主要是由于企业部门是社会再生产的主体，而固定资产是其生产经营活动的物质基础，非金融企业部门数量较多、固定资产规模较大，所以企业部门非金融资产雄厚；金融资产为19478.90亿元，增长20.0%，占全部金融资产的比重为26.3%。

从行业结构看，非金融企业部门分为农业、工业、建筑业和其他企业。2010年末，农业、工业、建筑业和其他企业总资产分别为2524.70亿元、29405.63亿元、4348.34亿元和14537.24亿元，比上年分别增长12.6%、21.5%、15.2%和17.8%。工业资产的较快增长主要是依靠存货的拉动，其中工业占全部非金融企业总资产的比重为57.9%，表明其仍然占据行业主导地位。农业、工业、建筑业和其他企业总负债分别为378.48亿元、17887.23亿元、2059.83亿元和6367.84亿元，比上年分别增长20.8%、17.7%、9.5%和26.2%。

从注册类型看，非金融企业部门分为国有企业、集体企业、私营企业、外商及港澳台投资企业和其他企业。2010年末，上述注册类型企业总资产分别为27083.99亿元、4634.83亿元、4589.94亿元、7009.79亿元和7497.36亿元，比上年分别增长19.9%、11.8%、24.4%、19.7%和19.4%；所占非金融企业的比重分别为53.3%、9.1%、9.0%、13.8%和14.8%。虽然国有企业仍然是国民经济的主要力量，但是格局向多极化方向发展，尤其私营企业继续保持快速增长势头。国有企业、私营企业、外商及港澳台投资企业和其他企业负债分别为14273.57亿元、1291.64亿元、2555.60亿元、4513.30亿元和4059.26亿元，比上年分别增长21.7%、7.6%、24.9%、16.3%和13.3%。

（二）金融机构部门。2010年末，河北省金融机构总资产达到32166.43亿元，比上年增加了5508.32亿元，增长20.7%；总负债为34676.11亿元，增加了4885.90亿元，增长16.4%。其中，非金融资产为2881.69亿元，增长35.5%；金融资产为29284.74亿元，增长19.4%。

银行业在金融机构中占主导地位。银行机构、保险机构和其他金融机构总资产分别为23497.88亿元、1170.74亿元和7497.81亿元，比上年分别增长21.8%、23.6%和16.9%；总负债分别为26951.34亿元、1570.73亿元和6154.05亿元，分别增长17.7%、23.2%和9.5%；银行机构资产占金融机构的比重为73.1%，表明了其在金融机构部门内的主导地位。

国有金融机构在金融机构中占主导地位。国有金融机构总资产达到26725.39亿元，比上年增长22.3%；占全部总资产的比重由上年的82.0%上升到83.1%，上升了1.1个百分点，表明国有金融机构资产增长迅速，促进经济较快发展。总负债为24415.93亿元，比上年增长17.6%。

（三）政府部门。2010年末，政府部门总资产为7249.62亿元，比上年增加909.59亿元，增长14.4%。其中非金融资产为3460.38亿元，增长18.9%；金融资产为3789.25亿元，增长10.5%。由于政府部门既非生产部门，又非消费部门，所以决定了其资产与负债的份额都偏小。

从政府部门构成看，行政单位和事业单位总资产分别为2214.59亿元和5035.04亿元，比上年分别增长25.7%和10.0%。

（四）住户部门。2010年末，住户部门总资产为46658.52亿元，比上年增加8003.45亿元，增长20.7%，占全部资产的比重为34.1%；总负债为2596.33亿元，增加593.05亿元，增长29.6%，占全部负债的比重为3.9%。住户部门总资产比重仅次于企业部门，同时由于住户部门负债比重小，所以导致该部门所拥有的资产净值最大。从资产构成看，固定资产占总资产的比重为51.0%，存款占总资产的比重为33.7%，两者占总资产的比重在80%以上，表明住户部门的资产主要集中在购房、购车等固定资产和银行存款两方面。

从住户部门构成看，农业住户和非农业住户总资产分别为12700.44亿元和33958.08亿元，比上年分别增长15.7%和22.7%，非农业住户增速比农业住户增速高7.0个百分点，城乡住户资产的剪刀差进一步扩大；总负债分别为343.05亿元和2253.28亿元，比上年分别增长22.8%和30.7%。

（河北省统计局　于　洁）

资金流量核算

2010年，全省国民初次分配总收入为19753.52亿元，比上年增加3087.50亿元，增长18.5%；可支配收入为21107.01亿元，增加3226.08亿元，增长18.1%；总储蓄为12780.99亿元，增加2120.89亿元，增长19.9%，总储蓄率为60.6%。总储蓄的增长快于可支配总收入的增长，表明河北省可供投资的自有资金有所增加。

一、资金流量运行基本情况

（一）非金融企业部门是初始流量贡献最大的部门。各机构部门创造的增加值作为资金的初始流量，是整个社会资金流动的起点和源泉。2010年，全省生产总值为20394.26亿元，比上年增长12.2%。从各机构部门增加值构成情况看，非金融企业部门为12855.75亿元，占初始流量总额的63.0%；金融机构部门为615.42亿元，占3.0%；政府部门为1355.82亿元，占6.7%；住户部门为5567.27亿元，占27.3%。显然，在收入分配的初始流量当中，非金融企业部门比重最大，占据了约三分之二的份额，非金融企业部门成为初始流量中贡献最大的部门。

（二）初次分配总收入住户部门占据主导。在初始流量的基础上，通过劳动者报酬对劳动因素、财产收入对资本因素的分配，以及生产者因生产活动与政府发生的生产税和补贴的转移，形成了各机构部门的初次分配总收入。

2010年，全省国民初次分配总收入为19753.52亿元，比上年增加3087.50亿元，增长18.5%。其中，非金融企业部门的初次分配总收入为5130.40亿元，占国民初次分配总收入的26.0%；金融机构部门的初次分配总收入为591.19亿元，比重为3.0%；政府部门的初次分配总收入为2153.89亿元，比重为10.9%；住户部门的初次分配总收入为11878.04亿元，比重为60.1%。可以看出，在初次收入分配环节，住户部门通过获得其他部门分配支付的劳动者报酬、财产收入等净额共6310.77亿元，其比重也由初始流量的27.3%上升至初次分配总收入的60.1%，占国民初次分配总收入近三分之二的份额，占据了主导地位。

（三）可支配总收入向政府部门倾斜。可支配收入分配环节是在初次分配的基础上，通过经常转移的支付和获得，而形成新的收入分配格局的过程，也称作国民收入再分配过程。这一过程的主要项目是经常转移，含收入税、社会保险缴款、社会保险福利、社会补助、其他经常转移等指标。

2010年，全省可支配总收入21107.01亿元，比上年增加3226.08亿元，增长18.1%。其中，非金融企业部门的可支配总收入为4791.68亿元，占全省可支配总收入的22.7%；金融机构部门的可支配总收入为421.13亿元，比重为2.0%；政府部门的可支配总收入为3687.82亿元，比重为17.5%；住户部门的可支配总收入为12206.38亿元，比重为57.8%。在收入再分配环节，政府部门获得其他机构部门和省外部门（中央补助收入）分配支付来的经常转移净额共1533.93亿元，其比重由初次分配总收入的10.9%上升至可支配总收入的17.5%，上升了6.6个百分点，是收入再分配环节比重上升幅度最大的一个部门。

（四）最终消费保持稳定增长。在可支配收入形成后，就进入了最终使用环节。最终消费包括居民消费和政府消费，政府消费主要是政府部门为全社会提供公共服务的消费支出；居民消费主要指居民个人消费支出。

2010年，全省最终消费8326.02亿元，比上年增加1105.19亿元，增长15.3%，最终消费率40.8%。其中，居民消费5731.44亿元，占最终消费的比重为68.8%；政府消费2594.58亿元，比重为31.2%。

（五）总储蓄保持较快增长。在可支配总收入中扣除消费后剩余部分为总储蓄，储蓄主要用于投资，以增加社会财富和生产能力，构成建设资金的供给。2010年，全省总储蓄为12780.99亿元，比上年增加2120.89亿元，增长19.9%，总储蓄率为60.6%。

二、各机构部门资金流量特点

（一）非金融企业部门资金净融入量增幅显著提高。2010年，河北省非金融企业部门初次分配总收入5130.40亿元，比2009年增加860.38亿元，增长20.2%；可支配总收入4791.68亿元，增加722.17亿元，增长17.8%；资金净融入量为3071.75亿元，增长12.0%，增速比上年提高7.5个百分点。企业部门为了技术创新、扩大再生产，资金需求往往大于自身储蓄，是最大的资金不足部门，需要从其他部门筹集资金。2010年非金融企业资金净融入量增幅显著提高，显示了非金融企业投资活跃，资金缺口进一步加大。

（二）住户部门是资金盈余最多的部门。2010年，全省住户部门初次分配总收入达到11878.04亿元，比2009年增加1685.24亿元，增长16.5%；可支配总收入达到12206.38亿元，增加1857.94亿元，增长18.0%；居民消费5731.44亿元，增加688.09亿元，增长13.6%；扣除居民消费后总储蓄为6474.95亿元，增加1169.86亿元，增长22.1%。作为资金剩余部门，住户部门总储蓄的增长较快，为调剂社会资金余缺提供了充足的资金保证。

（河北省统计局　于　洁）

农 村 经 济

2011年，在省委、省政府的正确领导下，各地以科学发展观统领农村工作全局，以促进农业稳定发展、农民持续增收为目标，深入贯彻实施粮食稳定增产行动，加快粮食生产核心区发展，切实加强蔬菜产业建设和发展，不断促进现代农业发展进程，全面推进新农村建设。各级各部门科学调度，快速反映，有效应对异常气候影响，积极防控和平抑农产品价格，全省农林牧渔业生产稳定增长，农民收入快速增长，农村经济取得全面发展。

一、农村经济取得新发展

2011年，全省农林牧渔业生产稳定增长，结构不断优化，农业产业化经营水平持续提高。

（一）农业经济总量稳步扩大。全年完成农林牧渔业总产值4895.9亿元，比2010年增加586.5亿元，按可比价格计算增长3.9%；实现农林牧渔业增加值2905.7亿元，比2010年增加342.9亿元，按可比价格计算增长4.2%，增速同比提高0.6个百分点。

（二）农林牧渔业生产结构进一步优化。与2010年相比，全省农林牧渔业产值结构总体呈现“一升两降两平”态势。其中，畜牧业产值占农林牧渔业总产值的比重为34.2%，比上年上升0.7个百分点；农业产值比重为56.7%，下降0.6个百分点；农林牧渔服务业产值比重为4.6%，下降0.1个百分点；林业和渔业产值比重分别为1.2%和3.3%，均与上年持平。畜牧、蔬菜、果品三大优势产业产值比重达到68.4%，提高0.3个百分点。

（三）粮食生产连续八年丰收。2011年，省委、省政府高度重视粮食生产，落实强农惠农政策，对小麦、玉米、水稻和棉花良种补贴实行全覆盖，加大农业科技措施和奖励力度，极大地调动了各地政府抓粮、科技兴粮、农民种粮的积极性。夏粮总产和单产均创历史最好水平，秋粮实现大幅度增产，全省粮食总产量一举跨越3000万吨大关，达到3172.6万吨，比2010年增长6.6%，增速高出全国2.1个百分点，实现连续八年增产。

（四）蔬菜产业不断壮大。各地高度重视蔬菜产业发展，按照“扩规模上设施、壮龙头活机制、创品牌拓市场、提质量增效益、抓示范强带动”的要求，狠抓蔬菜生产基地建设，不断加大财政投入，全力推进蔬菜产业发展方式转变，着力推广先进种植、栽培和管理技术，提升蔬菜生产水平，鼓励农超对接，优化流通环境，努力开拓国内外蔬菜销售市场，提高蔬菜生产效益，蔬菜播种面积增加，总产量增长。2011年，全省蔬菜播种面积1157.9千公顷，比上年增加19.3千公顷，增长1.7%；蔬菜总产量7384.3万吨，增加310.7万吨，增长4.4%。

（五）棉花生产得到恢复。受棉花价格增长拉动影响，2011年全省棉花生产止跌回升，呈现恢复性上升态势，播种面积和总产量恢复到2009年水平。棉花播种面积632.5千公顷，比上年增加51.0千公顷，增长8.8%；棉花产量达到65.3万吨，增加8.39万吨，增长14.7%。

（六）林果业继续调整优化。全省林果业加快发展红枣、板栗等名特优果，调整苹果、鸭梨等大路品种，产业结构得到进一步优化。全年园林水果产量1205.1万吨，增加93.4万吨，增长8.4%。造林面积286.4千公顷，超额完成全年任务目标。

（七）畜牧业生产恢复性增长。2011年，受畜禽产品价格的拉动作用，全省畜牧业生产扭转滑坡局面，实现恢复性增长。全年肉类总产量418.2万吨，增长0.3%；禽蛋产量339.8万吨，增长0.2%；奶类总产量466.9万吨，增长4.0%。

生猪生产企稳回升。作为主要畜牧业生产品种，全省生猪生产在市场拉动下，养殖效益提高，生产规模稳定回升。年末生猪存栏1885.2万头，比上年增长2.1%；其中母猪存栏190.7万头，增长3.5%。全年共出栏生猪3235.8万头，比2010年增长0.4%；猪肉产量246.6万吨，增长0.6%。

家禽生产实现较快增长。在正大、大成、三融、华都等大型禽类生产龙头加工企业的有效带动和市场价格的影响下，2011年全省家禽生产发展速度明显高于其他畜牧业品种，实现了较快增长。家禽出栏5.1亿只，增长5.7%；禽肉产量74.5万吨，增长6.6%。年末家禽存栏3.6亿只，增长7.7%。

牛奶产量继续增长。全省继续加大奶牛养殖小区管理力度，加强疫病防控和安全生产，提高养殖水平，提升产品质量，全省牛奶生产继续保持增长。2011年，牛奶产量458.9万吨，增长4.4%；年末奶牛存栏195.3万头，增长8.0%。

（八）渔业生产平稳增长。2011年，全省水产品生产总体保持平稳，主要生产类别发展趋势存在差异。其中，淡水产品实现较快发展。由于沿海水质污染等因素，海水养殖业受到影响，海水产品产量下降。全省水产品总产量106.7万吨，增长0.4%。其中，淡水产品产量达到50.4万吨，增长4.8%；海水产品产量56.3万吨，下降3.3%。

二、农业产业化经营水平不断提升

2011年，全省各地继续把农业产业化经营作为发展农业和农村经济的重要措施和途径，不断强化政策扶持，积极推进产业发展，着力培育龙头成长，稳步推进基地建设，农户参与度有所提高，经营收入不断增长，农业产业化经营规模和水平得到提升。

（一）经营总量增长较快，产业化率稳步提高。2011年，全省农业产业化经营总量达到4757.1亿元，比上年增长17.1%。石家庄、唐山、保定和邯郸四个市的农业产业化经营总量均达到500亿元以上，沧州市、保定市、衡水市和邯郸市的年增长速度超过20%。全省农业产业化经营率达到60.0%，比上年提高1.4个百分点。全省有七个设区市产业化率超过60%。

（二）主导产业集中程度进一步提高。经过多年的努力，全省各地依托资源优势，突出地方特色，通过政策引导、龙头带动、基地培育和农户参与，主导产业规模不断扩大。到2011年底，全省共形成主导产业202个，比上年增加4个；实现销售额2761.8亿元，比上年增长13.8%。其中，年销售额5亿元以上主导产业达到145个，比上年增加18个；实现销售额2597.9亿元，增长17.8%。蔬菜产业居各类产业首位，实现销售额585.0亿元；皮革加工产业和粮食产业分列二、三位，销售额分别为295.7亿元和273.9亿元。生猪、水果产业销售额也超过二百亿元，禽蛋、乳品、棉花等产业销售额超过百亿元。

（三）龙头经营组织持续快速发展。全省各地充分利用当地资源和传统加工技术，积极探索有效的生产模式和发展途径，深入实施“111行动计划”，加大招商力度，扎实推进项目建设，不断加大政策引导和扶持力度，促进龙头经营组织快速发展。2011年，全省龙头经营组织发展到1576个，比上年增加111个。其中，龙头企业（集团）1307个，比上年增加89个；专业市场129个，与上年持平；中介服务组织140个，比上年增加22个。龙头经营组织实现销售总额2424.0亿元，比上年增长14.2%。其中龙头企业（集团）销售额2235.5亿元，增长13.8%；专业市场销售额167.0亿元，增长18.5%；中介服务组织销售额21.5亿元，增长19.4%。

龙头经营组织通过精深加工，延伸产业链条，提升产品档次，经济效益进一步提高。2011年，全省农副产品加工增值率达到86.8%，比上年增加9.2个百分点。龙头经营组织创造利润262.9亿元，增长11.2%。其中龙头企业（集团）创利润146.2亿元，增长7.5%；专业市场创利润114.0亿元，增长16.1%；中介服务组织创利润2.7亿元，增长27.3%。龙头经营组织上交税金59.2亿元，比上年增长15.6%。其中龙头企业（集团）上交税金53.3亿元，增长14.4%。

（四）基地发展带动农户增收。基地建设是农户参与农业产业化经营的主要形式，是促进农业生产发展、增加农户经营收入的重要载体。各地在稳定发展粮食生产的基础上，因地制宜、突出特色、科学培育、合理布局，全省基地建设稳步推进，产业化种植、养殖和加工基地进一步发展。2011年，全省农产品生产（加工）基地发展到590个，比上年增加34个。其中，种植业生产基地322个，增加13个；养殖业生产基地238个，增加20个；农产品加工基地30个，增加1个。农产品生产（加工）基地共实现销售产值2313.1亿元，比上年增长20.0%。其中，种植业生产基地实现销售产值1118.3亿元，增长16.4%；养殖业生产基地实现销售产值840.5亿元，增长30.6%；农产品加工基地实现销售产值354.3亿元，增长9.8%。种植和养殖基地产值占全省农林牧渔业产值的39.8%，比上年提高了3.9个百分点。

农产品生产基地的发展，带动了一大批农户的积极参与，促进了农业生产工业化、田间生产车间化，使分散的家庭经营向专业化、市场化方向转变，有效提高了农户的经营收入。到2011年底，全省农产品生产（加工）基地联系农户数818.3万户，比上年增长2.4%；农户参与度达到53.2%，比上年提高0.8个百分点。农产品生产（加工）基地联系农户的户均纯收入达到19159元，比上年增收1643元，增长9.4%。其中从产业化经营中得到的户均纯收入达到7743元，增收513元，增长7.1%。

2011年全省农林牧渔业生产的稳定发展，为“十二五”期间全省农村经济发展奠定了坚实基础，随着国家、省关于加强和促进农村经济发展的新政策、新举措的不断深化和落实，农业进一步发展的政策保障将更加有力，农林牧渔业发展的环境将会进一步优化。全省各地在“一产抓特色、二产抓提升、三产抓拓展”经济发展战略的引领下，农业生产条件必将不断优化，农民生活水平必将不断提高，农业现代化和社会主义新农村建设必将不断取得新进展。

（河北省统计局　刘海涛）

城市经济

2011年，全省各地各部门认真贯彻省委、省政府决策部署，坚持以科学发展为主题，以加快转变经济发展方式为主线，以“稳增长、调结构、控物价、惠民生”为着力点，积极应对复杂多变的国际形势和国内经济运行中出现的新情况、新问题，深入推进新型城镇化建设，统筹城乡发展，城镇化进程进一步加快，城市综合实力继续提升，为建设经济强省、和谐河北发挥了重要作用。

一、城市综合实力进一步提升

城市经济平稳较快发展，支撑作用继续增强。2011年，11个设区城市完成生产总值8217.6亿元，占全省生产总值的33.5%；全部财政收入完成1446.6亿元，增长25.0%，占全省的47.9%，比上年提高1.9个百分点。其中，地方一般预算收入完成716.1亿元，占全省的41.2%，比上年提高0.5个百分点。产业结构调整优化，城市经济转型升级步伐加快。设区城市三次产业比例为2.5：52.0：45.5，第一产业比重比上年下降0.2个百分点，第二产业比重与上年持平，第三产业比重提高0.2个百分点。其中，非农产业增加值比重为97.5%，比全省平均水平高9.4个百分点；第三产业比重高10.9个百分点。消费品市场较快增长。社会消费品零售总额达2878.42亿元，增长19.1%。积极扩大对外开放，对外贸易和利用外资得到较快发展。设区城市外商直接投资24.8亿美元，增长8.3%；全省出口总值285.8亿美元，增长26.7%。

二、城镇化带动作用明显

城镇化水平提高。2011年，全省城镇化率为45.6%，比上年提高1.1个百分点。城镇化对人口聚集能力增强。全省城镇人口达到3301.67万人，比上年增加100.52万人。城镇化对产业聚集的带动作用增强。城镇就业人员1117.8万人，占全省就业人员的28.2%，比上年提高1.2个百分点。非农产业就业人员比重提高。设区城市非农产业就业人员600.5万人，占全省城市就业人员的86.0%，比全省非农产业比重高22.3个百分点；第三产业就业人员占全省城市就业人员比重为45.4%，比全省第三产业比重高15个百分点。

三、城市承载能力不断增强

城市投入力度加大。2011年，全省城市基础设施完成投资3508亿元，比上年增长11.0%。交通状况明显改善，城市人均道路面积17.84平方米，比上年增加0.49平方米，增长2.8%。供热、供气、供水、排水能力提高。集中供热面积42049万平方米，比上年增长8.7%；燃气普及率达到99.86%，比上年提高0.79个百分点；供水综合生产能力995.8万立方米/日，比上年增长

12.0%；排水管道长度 15434.9 公里，比上年增长 6.2%。信息化水平稳步提升。设区城市年末电话用户达 2345.3 万户，比上年增加 10.7%，占全省的 37%。互联网宽带接入用户 336 万户，占全省的 39.7%。城市市政基础设施和公共服务设施保障能力进一步提高。

四、环境质量进一步改善

环境治理取得成效。全省城市污水综合处理率为 94.1%，提高 1.8 个百分点；生活垃圾无害化处理率为 72.6%，提高 2.7 个百分点。环境质量稳步提升。城市建成区绿地率达 37.3%，与上年持平；公园绿地面积 22321 公顷，比上年提高 2.2%，人均公园绿地面积 14.26 平方米，比上年增加 0.03 平方米。

五、城乡居民生活条件继续改善

城镇居民收入增长较快。全省城镇居民人均可支配收入达 18292 元，比上年增加 2029 元，增长 12.5%。收入增长带动了消费水平提高，消费结构升级步伐加快，生活条件继续改善。城镇居民人均消费性支出 11609 元，增长 12.5%；小轿车、家用电脑等成为消费热点，每百户城镇居民家庭拥有家用汽车 23.3 辆、家用电脑 74.7 台，分别比上年增长 87.2%和 21.9%。居住环境继续改善。城镇居民人均住房建筑面积达 32.21 平方米，比上年增长 5.5%。

六、社会事业全面发展

科技教育加快发展。2011 年末，全省从事研究与发展（R&D）人员 11.2 万人，比上年增长 21.8%；研究与发展（R&D）经费支出 201.3 亿元，增长 29.5%；科研活动成果丰硕。专利申请量 17595 件，专利授权量 11119 件，分别增长 43.0%和 10.5%。初中毕业生升学率为 88.2%，比上年提高 6.6 个百分点。文化事业发展迅速，文化设施建设逐步完善。设区城市图书馆图书总藏量 992 万册，比上年增加 110.8 万册，增长 12.6%。卫生事业得稳步发展，设区城市医生数达 5.3 万人，增长 12.8%，占全省的 42.2%。就业形势稳定。年末城镇登记失业率为 3.75%，比上年末下降 0.11 个百分点。

（河北省统计局　姚立云）

民营经济

2011 年是实施“十二五”发展规划的开局之年，全省各级各部门深入学习贯彻科学发展观，按照省委省政府“稳增长、调结构、控物价、惠民生”的总要求和部署，认真贯彻落实省政府《关于进一步加快民营经济发展的意见》(冀政〔2011〕36 号)精神，锐意进取、开拓创新，积极营造助推民营经济、中小企业大发展快发展的良好环境，努力帮扶企业克服和减轻国内外不利因素的影响，全省民营经济、中小企业总体保持了平稳较快增长的发展态势。

一、基本情况

2011 年，全省民营经济单位数达 235.95 万个，增加 19.75 万个；其中企业法人单位数达 24.2 万个，增加 2.4 万个。民营经济从业人员 1804.6 万人，增加 102.1 万人。实现增加值 15276.03 亿元，同比增长 21.3%；完成营业收入 64830.59 亿元，同比增长 31.3%；上交税金 1978.3 亿元，同比增长 29.7%；固定资产投资完成额 8471.1 亿元，同比增长 31.3%。民营经济增加值占全省 GDP 比重达 63.1%，比上年提高 3.8 个百分点；民营经济上交税金占全省财政收入比重达 65.5%，首次突破 60%，比上年提高 7.9 个百分点；民营经济固定资产投资占全省社会固定资产投资比重达 51.6%，比上年提高了 6.3 个百分点。

2011 年，河北省民营经济在克服不利影响和加快转型升级中保持了较为稳定、快速的发展，积极地发挥了经济支撑和推动作用，为全省的经济发展与社会稳定做出了重要贡献。

二、主要特点

(一) 民营企业经济效益增长较快。2011 年，全省民营企业法人实现增加值 10526.8 亿元，同比增长 28.4%，高于全部民营经济 7.1 个百分点，占全部民营经济比重达 68.9%；上交税金 1484.7 亿元，同比增长 34.1%，高于全部民营经济 4.4 个百分点，占全部民营经济 75.0%；利润总额 2984.2 亿元，同比增长 25.3%。全省 11 个设区市中，承德、张家口、秦皇岛、保定和邢台等 5 个市民营企业法人的增加值、营业收入、上缴税金和利润总额同比增幅均在 30%以上，其中承德市各指标增幅均超过了 50%。2011 年，规模以上工业企业表现突出。全省民营规上工业企业个数达 10182 家，实现营业收入 26031.8 亿元，同比增加 37.6%；上交税金 727.8 亿元，同比增长 39.7%。全省 11 个设区市中承德、张家口、秦皇岛、唐山等 8 个市民营规上工业增加值增幅超过 30%。全省轻工业销售收入同比增长 33.33%，轻工 18 个大类行业销售产值全部实现两位数增长，其中食品制造业、家具制造业、塑料制品、金属制轻工业产品制造、轻工专用设备制造、自行车制造等 6 个行业销售产值增长超过 35%。

从百强民营企业评选情况看，本届百强民营企业平均纳税额由 2010 年的 2.29 亿元提高到 2011 年的 3.26 亿元，增幅达 42.3%，最低纳税额由 4500 万元提高到 7200 万元，企业纳税额呈较大幅度增长。

(二) 固定资产投资保持高速增长。2011 年，全省民营企业固定资产投资达 8471.1 亿元，同比增长 31.3%；其中民营工业企业固定资产投入 5015.3 亿元，同比增长 58.8%。民营企业累计投资千万元以上项目达 6596 个，其中亿元以上项目超过 2017 个，唐山市 284 个，石家庄、沧州、衡水和邯郸 4 个市也都超过 200 个。全省除了邯郸市其他 10 个设区市的民营企业固定资产投资增幅均超过 40%。

民营企业调整优化投资方向，紧抓国家政策重点支持产业、发展较快区域和科技优势性项目，资金投向仍以工业项目为主，呈现多元化方向，逐步向服装纺织、冶金精加工、精细化工、机械制造、信息产业、装备升级、农产品深加工、清洁能源等特色、优势产业集中。沧州市抓住《河北沿海地区发展规划》上升为国家战略的历史机遇，全年民营经济完成固定资产投资10.7亿元，增长52.1%，该市美国OI公司玻璃制品项目、燕京啤酒、精细化工出口基地等项目建设取得重大进展。保定市新能源、新材料等新兴产业项目投资大，建设快：光为投资9.6亿元的多晶硅太阳能电池项目投产，产品供不应求；奥润顺达节能门窗工业园项目总投资33亿元，预期建成后年营业收入可达63亿元，利润11亿元；容城县来福灯泡有限公司投资2.3亿元开发生产新型车灯；徐水县巨力集团投资10亿元的太阳能发电项目已开工建设。邯郸市肥乡县的6大战略支撑项目总投资达135.5亿元；衡水市海伟公司新开工的特种电工级聚丙烯项目总投资48亿元。石家庄市技术改造项目338项、总投资496亿元，竣工项目399个，投资306亿元。不断增长的民营企业大项目大投资为民营经济持续快速发展提供了后续保证。

（三）民营企业出口增势明显恢复。2011年，面对全球经济动荡、需求下滑、人民币升值及原料价格上涨等诸多不利因素，民营企业在出口方面努力拓展渠道，调整市场，形成新格局。全省民营企业累计完成出口产品交货值达1240.9亿元，比上年同期增长24%；规模以上民营工业企业出口产品交货值775.6亿元，同比增长26.7%。其中农产品加工业出口大幅增长，出口产品交货值406亿元，同比增长45%，成为拉动出口增长的主要动力。全省11个设区市中承德、沧州、衡水和邯郸等4个市出口产品交货值增幅均超过30%。从省内海关统计，外贸整体规模稳居全国第十位，欧盟出口总值最高，东盟增势迅猛，亚洲市场份额提高，超过三成。河北省民营企业对澳大利亚、巴西、美国出口增幅22%以上。全省出口份额较大的机械、机械器具、电气设备等同比增长80%多。汽车、玻璃、重工、色素、丝网等特色产业出口，同比增长40%以上。高新技术产品以及钢材、纺织服装、半导体器件、医药品等占据主导地位。张家口、廊坊、邢台和邯郸等4个市农产品加工企业出口增幅均超过40%。保定市箱包出口同比增长81.2%。沧州市依托纸箱机械、保温材料、汽车模具和环保设备等新兴产业出口呈现了良好较快的发展。

（四）民营企业转型升级步伐加快。2011年，民营企业在发挥优势、突出特色、技术创新等方面成效显著。全省各地积极推进产业资本战略转移，运用高新技术改造提升传统工业，鼓励民营资本向战略性新兴产业转移，着力推进信息技术、节能环保、生物医药、新能源、高端装备、新材料等战略性产业发展。全省装备制造成为全国重要的装备制造基地，增幅居主要行业之首，唐山市装备制造业完成增加值353.3亿元，同比增长42.7%，增速高于该市平均增速27.1个百分点；邯郸市装备制造业增加值、营业收入和上缴税金增幅均超过50%。民营装备制造的迅速发展和较强实力标志着民营企业规模化队伍的形成。轻工、医药、建材等新兴产业发展迅猛。农副食品加工、皮革毛皮及其制品、食品制造、塑料制品、金属制轻工业产品制造5个行业利润总和占全省轻工总量的67.16%。

全省各地引导民营资本向优势产业集聚，特色发展日益明显。邯郸、唐山市钢铁分别占其工业总量的48.6%、37.8%。廊坊市电子信息、装备制造、金属压延、家具制造、食品加工五大主业，占全市工业经济增长的70%。唐山市交通运输设备制造业投资62.4亿元，同比增长68.3%，用于优化产品结构、两化融合等重点领域的技术改造投资621亿元，同比增长19.4%。石家庄市围绕产业聚集升级、完善产业链条等方面实施了一批重点技术改造项目，河北威远生物化工、石家庄柏奇化工7－ANCA产业化、神威药业中药产业园依托中电科第13所和54所高新技术，实施了同辉电子超高亮LED、54所卫星导航等一批高新技术产业化项目。保定市以英利、光为为代表的太阳能光伏发电、风电等新能源产业、奥润顺达新材料产业、长城汽车为龙头的装备制造业发展迅速。多晶硅太阳能电池、新型车灯、太阳能发电等开工达效。张家口市已有16家大型风电企业，总装机能力达到500万千瓦，2011年发电量达58.8亿度。邢台市宁晋县光伏产业完成营业收入152.5亿元，同比增长57.7%。随着城镇建设的快速推进，一些生产型企业相继退出，大型服务业、总部经济发展迅速，有的市区服务业在经济总量占到70%以上，实现快速转型。

（五）小微型企业获良好发展空间。2011年，河北省小微型企业（法人）达20.6万家，从业人员545.3万人，上交税金569.4亿元，占全部民营企业法人的比重分别达85.1%、61.8%、38.4%。小微企业在吸纳就业、增加收入、维护稳定方面发挥了重要作用。

2011年，全省各项扶持政策及服务体系的发展有力地助推了小微企业的成长壮大。一是提供经营场所。全省新建创业辅导基地50个，总数达到340个，入驻小微型企业13800家，安置就业36万人。二是拓展融资渠道。整顿融资性担保公司达到565家，担保能力329亿元。与7家金融机构签署战略合作协议，落实资金3900亿元。争取国家级中小企业技术改造项目和中小企业专项资金1.8亿元。省级中小企业专项资金安排7980万元用于创业辅导基地建设，提升研发能力，改善融资环境。全省各市县预算安排中小企业发展专项资金11亿元，同比增长31%。9个设区市安排中小企业发展专项资金规模达到2000万元。99个县（市、区）安排中小企业发展专项资金规模达到500万元以上，占51%；不足500万元的有23个。三是搭建服务平台。全年新建了21个中小企业公共技术服务平台，对37个技术服务平台给予重点支持，省级公共技术服务平台达到170个。评选认定了6个省级示范平台，全省拥有省级示范平台19个。四是推动集群发展。全年评定了辛集皮革等15个“河北省中小企业示范产业集群”，完成了5个产业集群的发展规划论证。2011年，河北省年营业收入5亿元的产业集群344个，生产企业13.4万家，从业人员408.2万人，实现营业收入18909.1亿元，同比增长33.3%，上交税金389亿元，同比增长26.5%。

三、存在的主要问题

2011年，受国内金融政策收紧、人民币升值、原材料和产品价格波动，国际市场变化以及环境、资源、人力限制等多种不利因素叠加，河北省民营企业部分产品市场萎靡不振，一些行业和企业遇到了2008年金融危机以来最大的困难。

（一）资金短缺。这是长期以来困扰民营企业特别是小微企业发展的难点问题。2011年以来，因国外市场萎缩，受出口转内销产品冲击，国内市场竞争越发激烈，使得河北省民营企业不同程度地出现资金周转不畅，货物库存增加，产销矛盾加剧的困难。在2011年度民营企业投资结构中，企业自筹为主占74.6%，金融机构贷款有所增加占13.3%，引进外资仅占1.1%。在融资贷款方面，民营企业特别是小微企业很难获得贷款，主要是没有合法有效的抵押资产，占地变性难以突破，致使融资成本高，加之银行利率上浮比例大，多在30%，有的高达50%—80%，使很多企业年综合成本上升13%左右，难以承受贷款带来的生产经营压力，造成企业贷款难，贷上款也难还，再也难贷款的循环窘境。

（二）用工不足。招工难、劳动力成本上涨已成为近一个时期以来较普遍的现象，还没能得到有效改观。2011年，河北省民营企业用工数量大都缺少四分之一到一半左右，而用工成本普遍上涨20%以上，部分地区超过50%，一些附加值较低、劳动密集型企业难以消化，但招工依然难以满足。“用工不足”现象反映了企业生产和发展的结构性矛盾，产品附加值低，劳动力成本占比过高。也体现出明显的结构性短缺，越来越多的企业需要的熟练技术工人和特殊工种工人，普通劳动者难以适应。另外，社会闲置劳动力择业观的变化，民营企业发展缺乏稳定性、长期性和福利性也造成了中小企业特别是生产型企业招工难，工人难留住的问题。

（三）用地受限。受国家土地政策的制约，民营大企业、重点项目土地指标难以满足，投入低于10亿元的项目都很难征到地，多数中小企业项目难以成为重点项目无法获得用地指标，新上小微企业基本没有用地指标。河北省政府明文要求各县每年用于中小企业创业辅导基地的50亩用地指标，约三分之一的县不能全部落实，部分已规划落实的土地要投入建设仍需较长时间。

（四）部分行业利润缩小。2011年，全省民营钢铁行业受到需求环比下降，产能释放的双重挤压，产品结构性矛盾进一步突显。从9月份开始钢材价格跌幅超过10%，唐山和邯郸两个钢铁大市行业效益快速下滑，到11月底，邯郸市近半数钢铁企业、19座高炉和部分转（电）炉停产减产，出现了较大面积亏损。许多民营钢铁企业陷入“以高价格购买矿石，以低价格销售钢材”的困境，效益大幅下降。主要原因：一是总体上钢铁产能过剩，市场竞争压力大；二是钢铁产业链短，上游质量不高，下游用量不足；三是国际市场需求不确定性增大，河北省钢材出口效益下滑，总量减少。

纺织行业遇到寒潮。全年总体看，织布要好于纺纱。一方面纺织对外出口增速锐减，企业订单大幅减少，另一方面由于国际市场上棉花价格“内强外弱”，造成国内制造成本增加，国际市场多数订单已经转向印度、越南等制造成本低廉的国家。2011年初棉价创下了历史最高点，到9月份跌幅超过40%，纺织行业和消费端无法负担如此高额的成本，造成了大面积亏损。石家庄晋州市一般企业库存产品60—80吨，30%企业停产放假，40%的企业减产。有实力的企业虽正常开工，目的是保住队伍和客户。

服装行业勉强维持，利润率低于5%。主要是用工成本上升、市场需求不足、缺乏品牌优势。石家庄市26家纺织服装小微企业直接调查显示，近三分之二生存困难，处于盈亏边缘，70%的企业预计年底没有利润或小幅亏损。

建材行业竞争激烈。受房地产、城建、铁路等建设需求影响，石家庄市曲寨集团三条日产5000吨水泥生产线，三季度产量同比减少一半，每吨降价近40元。晋州市铁丝占全国建筑市场的80%以上，40%企业一度停产半停产。高邑县是华北最大的瓷砖生产基地，三季度以来停产11条线，主要因为广东佛山陶瓷出口受阻，加剧了国内市场的竞争。

（河北省中小企业局　李延军）

固定资产投资

2011年，全省各地各部门在省委、省政府的正确领导下，深入贯彻落实科学发展观，紧紧围绕建设经济强省、和谐河北的战略目标，发挥投资导向作用，着力加快转变经济发展方式，固定资产投资继续保持较快增长，结构进一步调整优化。建成投产了一大批项目，增加的主要生产能力有：天然原油开采178万吨/年、钢材4742.33万吨/年、风力发电138.6万千瓦、水泥1939.6万吨/年、平板玻璃2601.9万重量箱/年、化学农药原药6220吨/年、化学纤维17.47万吨/年、新建公路1525.64公里、新建高速公路483.2公里、新（扩）建沿海港口码头年吞吐量100万吨、城市自来水供水能力10.97万吨/日、城市污水处理能力32.16万吨/日。

一、运行特点

（一）投资总体运行平稳，保持较快增长。2011年，全省全社会固定资产投资完成16389.3亿元，同比增长24.2%，其中固定资产投资完成15780.3亿元，增长23.9%，增速分别比上年加快2.1和1.6个百分点，继续保持平稳较快增长。从全国情况看，河北省固定资产投资总量居全国第6位，增速比全国平均水平高0.3个百分点，居第23位。

全社会固定资产投资中，第一、二、三产业分别完成投资590.4亿元、7462.5亿元和8336.4亿元，同比分别增长38.4%、28.9%和19.5%。三次产业投资比例由2010年的3.2：43.9：52.9调整为2011年的3.6：45.5：50.9，其中，第一产业投资占固定资产投资的比重同比提高0.4个百分点，第二产业比重提高1.6个百分点，第三产业比重回落2.0个百分点。

（二）工业投资保持较快增长，比重提高。全省工业投资完成7405.6亿元，同比增长29.1%，占全省固定资产投资比重为46.9%，同比提高1.9个百分点。在39个行业大类中有34个行业投资增长。钢铁、装备制造、石化、建材、纺织、医药、食品等七个主要工业行业均保持增长，共完成投资5894.1亿元，同比增长30.1%，占全省固定资产投资的37.4%，同比提高1.8个百分点。其中装备制造、医药、纺织分别增长41.2%、40.0%和39.8%；食品、建材分别增长35.6%和31.8%。

装备制造业投资是主动力。全省装备制造业完成投资2461.3亿元，同比增长41.2%；占全省固定资产投资的15.6%，同比提高1.9个百分点，对全省工业投资的贡献率达43.0%，是拉动工业投资快速增长的主要因素。其中，交通运输设备制造业、电气机械及器材制造业、专用设备制造业、通用设备制造业、金属制品业投资分别增长67.3%、50.2%、39.4%、36.1%和31.7%，均高于全省工业投资的增长速度。

（三）工业技术改造投资力度不断加大。全省工业技术改造投资项目9028个，完成固定资产投资4359.9亿元，比上年增长43.0%；占工业投资比重为58.9%，同比提高5.7个百分点。从各设区市技改投资总量看，石家庄、沧州、唐山、邯郸居全省前4位，分别完成633.1、626.0、621.2和610.2亿元。从工业技术改造投资增速看，各市在19.4%—1倍之间，张家口、邯郸、邢台3市均在90%以上。从占工业投资比重看，各市在42.6%—71.3%之间，其中承德、邯郸、衡水、沧州、秦皇岛、唐山、石家庄超过了全省平均水平。

（四）亿元在建项目增加较多。全省亿元以上在建项目4523个，比上年增加773个，增长20.6%，完成投资7718.2亿元，增长7.8%。其中，亿元以上新开工项目2008个，同比增加82个，增长4.3%；完成投资3254.4亿元，同比下降4.7%；计划总投资10530.1亿元，增长12.5%。

从行业看，金属制品业、房地产业、非金属矿物制品业、通用设备制造业、专用设备制造业、交通运输设备制造业等6个行业亿元以上在建项目1445个，同比增加370个，占全省增加个数的47.9%，完成投资2043.3亿元，占全省建设项目投资的26.5%，同比提高3.5个百分点。

从重点项目看，首钢京唐钢铁联合有限责任公司钢铁厂、蒙冀铁路有限责任公司新建张家口至唐山铁路、华北电力集团河北北部送变电、河北省电力公司南网送变电、涿鹿县博达建设开发投资有限责任公司高层次人才创业园项目等计划总投资在200亿元以上项目正在抓紧建设当中。沧州沿海高速公路（沧州段）、唐山曹妃甸国际生态城投资有限公司泰晤士小镇、唐山佳华煤化工有限公司京唐港焦化厂二期工程、承德钢铁集团有限公司老厂区改造、河北建投宣化热电有限责任公司2×300MW级燃煤供热机组建设、唐山建源钢铁有限公司1580热轧生产线等一批重大项目建成投产。

（五）高新技术产业和民间投资保持较快增长。全省高新技术产业投资完成1526.5亿元，比上年增长34.8%，占全省固定资产投资的9.7%，同比提高0.8个百分点。其中，航空航天、先进制造、生物技术与现代医药、新材料分别增长95.2%、55.9%、38.7%和35.6%，增速均高于全省平均水平。

民间投资完成11541.6亿元，同比增长34.9%，占全省固定资产投资的73.1%，同比提高6.0个百分点。从民间投入看，私营企业投入最多，私营企业投资4977.8亿元，增长31.2%，占全省民间投资的43.1%。从行业看，房地产业、金属制品业、非金属矿物制品业、通用设备制造业等4个行业完成投资5290.2亿元，占全省民间投资的45.8%。

（六）区域投资步伐加快，带动作用逐步彰显。环首都地区投资增长高于全省水平。环首都绿色经济圈保定、张家口、承德、廊坊4市完成固定资产投资4378.9亿元，比上年增长29.1%。其中，14个县（市、区）完成投资1204.3亿元，增长32.8%，高于全省平均水平8.9个百分点，占全省固定资产投资的7.6%，同比提高0.5个百分点。14个县（市、区）中有10个增长在30%以上。

沿海地区投资保持较快增长。沿海区域秦皇岛、唐山、沧州3市完成固定资产投资4620.3亿元，比上年增长14.5%。其中，11个县（市、区）完成投资1143.7亿元，增长31.2%，高于全省平均水平7.3个百分点，占全省投资的7.2%，同比提高0.4个百分点。11个县（市、区）中有5个增长在30%以上。

省级工业聚集区投资步伐加快。全省71个省级工业聚集区在建建设项目2075个，占全省建设项目的8.7%；完成投资1662亿元，占全省投资的13.1%。从各设区市情况看，唐山、沧州、石家庄3市省级工业聚集区完成投资居全省前三位，分别完成投资381.9、210.4和201.2亿元，合计占全省工业聚集区投资的47.7%。其中，盐山管道管件工业聚集区、迁安市西部工业区、沙河市金百家民营工业园区、秦皇岛临港产业聚集区、滦县工业聚集区、唐山市丰南沿海工业区、承德市双滦钒钛冶金产业聚集区、玉田县工业聚集区等7个省级工业聚集区完成投资均在40亿元以上。

二、主要问题

（一）国内贷款到位资金降幅扩大。全省固定资产投资到位资金17438亿元，同比增长22.4%，其中自筹资金13547.7亿元，增长29.6%，增速均高于全省固定资产投资。但国内贷款连续6个月呈下降态势，且降幅逐月扩大。全省国内贷款1643.0亿元，比上年下降14.8%，降幅比前三季度扩大4.4个百分点；占全部到位资金的9.4%，比前三季度回落0.2个百分点。从全国平均水平看，国内贷款增长3.5%，高于河北省18.3个百分点，占全部到位资金的13.5%，高于河北省4.1个百分点。

（二）第三产业投资增速减缓。全省第三产业固定资产投资同比增长20%，增速比前三季度减缓2.9个百分点，占全省固定资产投资的50.1%，同比回落1.6个百分点。第三产业投资增速减缓主要受公共设施管理业、道路运输业和环境管理业投资的影响。其中，公共设施管理业投资仅增长4.0%，道路运输业和环境管理业投资分别下降5.2%和28.4%，合计下拉第三产业投资0.7个百分点。从全国平均水平看，公共设施管理业、道路运输业和环境管理业分别增长14.8%、9.8%和3.6%，合计拉动第三产业投资增长2.8个百分点。

三、对策建议

2012年，应认真贯彻落实党的十七届六中全会、省第八次党代会和经济工作会精神，落实好中央扩大内需的方针政策和省委、省政府各项决策部署，大力实施“一产抓特色、二产抓提升、三产抓拓展”的经济发展战略，推动产业结构优化升级，努力实现全省经济社会更好更快更大发展。

一是加强重点项目谋划和储备。充分利用京津冀区域经济一体化、首都经济圈纳入国家“十二五”规划、河北沿海地区发展规划上升为国家战略的机遇，着力谋划和实施一批规模大、科技含量高、带动能力强、符合国家产业政策、具有支柱和引领作用的产业项目，确保投资对经济增长的有效拉动力，促进经济平稳较快发展。

二是进一步优化投资结构。围绕出台的国家级“十二五”产业规划以及河北省《关于加快培育和发展战略性新兴产业的意见》，立足本省产业基础、现有优势和发展潜力，加快建设一批有利于结构调整、有利于产业升级的重点项目，在优化提升传统产业、培育发展战略性新兴产业、推动制造业由大变强、做大做强现代服务业等方面加大投入力度，推动经济发展方式转变。

三是加强项目建设管理。在抓好项目推进的同时，严格执行投资项目用地、节能、环保、安全等准入标准，保证投资总量平稳健康增长。坚决淘汰落后产能，有的放矢地控制高耗能、高污染行业的投入，减轻“十二五”期间节能减排工作压力。尽快研究出台配套措施，进一步拓宽项目投融资渠道，积极争取落实项目资金，保证金融机构中长期贷款对全省投资增长的支撑。

（河北省统计局　王金锋）

国有资产监管

2011年，在省委、省政府的正确领导下，河北省国资系统以“调结构、转方式、促升级、增效益”为着力点，积极应对错综复杂的市场环境和形势，强化市场开拓，深化对标挖潜，努力降本增效，国企改革发展和国资监管各项工作取得新成效。2011年河北省国有企业实现营业收入8341.6亿元，同比增长29%；利税562亿元，同比增长7.2%；资产总额12084.5亿元，同比增长16.7%；所有者权益2758.8亿元，同比增长9%。其中，省国资委监管企业实现营业收入6844亿元，同比增长30.9%；利税377亿元，同比增长6.6%；资产总额6928.9亿元，同比增长17.5%；所有者权益1382.9亿元，同比增长9%，顺利实现了“十二五”开局之年的开门红，为全省经济平稳较快发展作出了积极贡献。

企业战略整合重组扎实推进。以大型骨干企业、优势龙头企业为依托，以整合资源为重点，以资本为纽带，深入推进上下游之间的资产整合和并购重组，拓展了产业链，延伸了价值链。冀中能源集团内联外拓、重组整合省内外煤炭、盐矿资源取得新突破。华北制药集团实施低成本扩张，兼并重组了一批具有一定规模、一定潜力的制药企业和医药流通企业。河北省国有资产控股运营公司以打造上市公司为目标，出资设立了河北国控化工有限公司，搭建了整合重组全省民爆行业的投资控股平台。河北航空投资集团整合重组了石家庄天鹅国际旅行社，组建了旅游投资、酒店管理、房地产开发等关联产业经济实体。石家庄市北人集团加快扩张步伐，在保定、邢台、山西开设了新卖场。随着全省国有企业战略重组整合的深入推进，一批在同行业具有一定影响力和市场话语权的大企业大集团快速发展壮大，河北钢铁集团、冀中能源集团双双跻身世界500强，开滦集团进入全国煤炭前十强，河北建工集团、河北物流集团等5家企业进入全国500强，8家企业年营业收入超过百亿元。

结构调整和产业优化进一步升级。以“十二五”发展规划落地实施为着力点，以上好项目、大项目为抓手，以保即期增长、促长远发展为核心，以科技进步和技术创新为支撑，全面促进结构调整、产业升级。一是积极推进重点项目建设。省国资委监管企业全年完成投资650亿元，一批潜力大、前景好、产业关联度强的重点项目进展顺利。河钢集团邯钢钢轧系统改造、开滦集团20万吨/年粗苯加氢精制一期等一批省市重点项目竣工投产，黄骅大港、石家庄机场改扩建、曹妃甸25万吨级矿石码头及港口综合物流园区等一批项目正在加快建设。二是增强产品技术研发能力。全年研发经费投入15.83亿元，钢铁、煤炭、医药、化工行业加强了企业技术研发中心建设，取得了一大批技术研发成果。已认定技术中心11个，重点实验室4个；自主研发新产品105个，申请专利152项，获专利授权124项；加强与科研院所的合作，进一步实施重点产学研项目，企业产学研合作项目达210项。河北钢铁集团累计开发超低碳IF钢等新产品100余个，开滦集团“矿井水资源化处理技术研究与开发”和“三维数字化煤质矿山智能系统的研究与开发”两个项目综合技术均达到了国际先进水平，华北制药集团再获8项专利授权，三友集团与中科院等科研院所开展了有机硅下游系列产品等合作开发。三是加快发展战略性新兴产业。按照“再造、提升、加速”原则，培育和发展现代物流、投融资、新能源、生物制药、电子信息等战略性新兴产业。开滦集团立足煤、延伸煤、跳出煤，积极打造煤化工、现代物流、文化旅游等产业，成功探索出了传统煤炭企业六大转型模式。河北建投集团风电、天然气等清洁能源产业发展迅猛，在12个省市占有风资源达到1361万千瓦。华北制药集团初步形成了国内规模最大、技术最先进的抗肿瘤、生物药等五大产业基地，打造了国内最完整的青霉素、头孢、维生素三大产业链。省国和汽车公司积极推进一基多元发展战略，加快打造第三方物流、煤炭销售等多元经营格局，新业务板块利润接近公司利润总额的一半。四是大力推进节能减排。继续深化以"管理一流、队伍一流、产品一流、环境一流"为标准的创建科学发展示范活动，加大节能减排技改投入，努力实现绿色可持续发展，省国资委监管企业全年共实施节能减排项目220余项，完成投资20多亿元。在"十一五""双三十"单位目标考核中，河北钢铁集团唐钢股份、邯钢股份、开滦集团、冀中能源峰峰集团、金牛能源、邯矿集团、唐山三友等先后被评为节能减排优秀单位，开滦集团以总分第一名的成绩被河北省评为节能减排目标考核优秀单位。河北钢铁集团淘汰钢铁落后产能、设备及生产工艺的力度进一步加大。开滦集团、冀中能源集团绿色矿山建设和煤矸石充填等新技术应用扎实推进。

资源整合和资本运作取得新进展。紧紧围绕加快破解企业发展的瓶颈制约，进一步加大战略资源整合与开发力度，不断提高资本运营能力和水平。一是资源掌控规模进一步扩大。河北钢铁集团、开滦集团、冀中能源集团、河北建设投资集团等大型企业，积极实施"走出去"战略，在山西、内蒙、新疆、青海，以及澳大利亚、俄罗斯、老挝等省内外、境内外争取战略资源，2006年以来累计新增煤炭资源300多亿吨，铁矿石资源掌控量50多亿吨，盐矿资源1700亿吨。省国控矿业公司深入推进中小矿山资源整合，对承德小寺沟铜钼矿、邢台王窑铁矿、常胜煤矿、昌黎建龙矿业整合取得阶段性成果，铁矿资源储量增加到3.2亿吨。二是投融资平台建设明显加快。河北融投集团成功组建，担保资本金达到23.7亿元，成功为1000多家中小企业提供综合性融资服务200亿元，促进了中小企业发展，为扩大社会就业作出了积极贡献。开滦集团财务公司正式成立，河北钢铁集团财务公司已获国家银监会批复，正在加紧筹建。燕赵财产保险公司已报保监会待批。财达证券期货公司成功落户天津，营业网点增至102家，加快向综合券商迈进。经国家批准，省信产投、省科投设立了近8亿元的三支创业基金。石家庄市宝德担保公司先后与十余家金融机构签订了合作协议，拓展了合作业务范围。三是上市工作取得重大进展。按照"发行上市一批、股改辅导一批、规划储备一批、整体上市一批"的工作思路，选择40家上市备选企业，加大培育力度。河北钢铁集团钢铁主业整体上市稳步推进，公开增发A股收购邯宝资产顺利完成。冀中能源完成了股份公司对山西矿业的股权收购，启动了金牛化工定向增发，注资增持华北制药股权。唐山三友集团化纤公司资产成功注入上市公司，实现了集团主业资产整体上市。唐山市完成了冀东盾石借壳上市和冀东股份公司、唐山港集团增发，直接融资27亿元。四是融资渠道不断拓宽。积极探索新的融资方式，拓展融资渠道，创新融资方式，河北省国资委监管企业仅通过中期票据、企业债、公司债、集合票据等方式，新增低成本融资500亿元，优化了负债结构，保证了企业资金链安全。

对外开放拓展发展新空间。大力实施开放带动战略，推动形成企业新的经济增长点，积极构建全方位对外开放合作新格局。一是加强与央企对接合作。参与举办"百家央企进河北战略恳谈会"，主动沟通对接，成功与9家央企签订了合作项目，总投资301亿元；初步达成了15个合作意向，意向投资额800亿元，截至2011年底，包括正在合作的项目共61项，总投资额达2250亿元。承德、张家口全力推动与央企合作项目落地，有色冶炼、煤炭、物流、核电等项目扎实推进。二是积极推进境外合作。组织省国资委监管企业参加了河北省（香港）投资贸易洽谈会，协议利用外资11.45亿美元、境外投资7500万美元、进口贸易协议4.6亿美元。三是扎实推进冀台合作。组织传统产业转型升级考察团参加冀台经济文化交流周，河北航空集团等企业与台湾东元电机集团、华信航空集团等企业在新能源开发、航线开发、现代服务、装备制造等领域达成合作意向。四是深化冀疆合作。坚持援疆与经济合作相结合，签订了产业援疆项目战略合作协议，冀中能源集团等4家监管企业就巴州钾盐开发、再生资源回收、番茄制造产业化深加工等项目成功签约。

国资监管体系建设进一步完善。紧紧围绕国有企业科学发展，寓监管于服务与支持之中，不断完善国资监管体制机制，积极构建国资监管大格局。一是国资监管制度体系进一步完善。《关于进一步加强人才工作的指导意见》正式实施，《省国资委监管企业对外担保管理办法》、《省国资委监管企业境外国有资产监督管理暂行办法》、《省国资委监管企业境外国有产权管理暂行办法》和《省国资委监管企业投资监督管理办法》（修订）等一系列规范性文件即将印发实施，截至目前，省国资委制定了与《河北省企业国有资产监督管理实施办法》配套的规范性文件达37个。二是国资监管工作的针对性和有效性进一步增强。初步建立了全省国资委系统财务动态监测体系，实行了全省国有企业财务月报全覆盖制度。不断健全国有资本经营预算制度，国有资本经营预算的执行和监督得到进一步强化。业绩考核的导向作用不断增强，薪酬分配制度体系进一步完善。加强和改进监事会监督检查，监管效能进一步提升。认真开展企业领导人员离任经济责任审计，完成了河北路桥集团、河北建工集团等五家企业原企业领导人员离任经济责任审计工作。三是积极研究探索构建国资监管大格局。着眼于构建有利于国有资源优化配置的大平台、大国资格局，在学习借鉴山东、湖北、北京、上海等先进省市的成功经验和做法的基础上，对全省企业国有资产分布状况、监管情况等情况进行研究分析，并着手制订《关于进一步完善全省企业国有资产管理体制的通知》、《河北省构建国资监管大格局工作实施意见》及配套文件。邢台

市出台了市属经营性国有资产监管全覆盖的政策性文件。衡水市下发了《关于开展市直经营性企事业单位国有资产专项调查活动的通知》，为全市国资监管全覆盖打下了基础。石家庄、保定、沧州、邯郸、廊坊工作重点正逐步从抓破产改制为主向加强国资监管，促进企业科学发展转变，国有企业产权年检登记覆盖率达到100%。四是不断强化国资监管的指导监督。成立了省国资委指导监督地方国资工作领导小组，在深入11个市区市、部分有代表性县调研的基础上，研究制订了《河北省国资监管指导监督实施办法》和《2011－2012年度指导监督地方国资工作计划》，推动各市国资监管工作由抓改制抓稳定为主，向抓转型抓发展为主的重大转变，增强了对地方国资指导监督工作的规范性和可操作性。

国有企业党的建设进一步加强。以庆祝建党90周年为契机，统筹推进创先争优活动、队伍建设和反腐倡廉工作，不断加强和改进企业党建工作，安全生产形势平稳，信访稳定工作扎实有效，为增强企业活力和竞争力提供了有力保障。一是创先争优活动深入开展。加强对创先争优活动的督导，围绕加强企业基层党组织建设和发挥共产党员先锋模范作用，在驻冀央企、省属和市属企业中广泛、深入开展了创“四强”、争“四优”、抓“四创”等一系列形式多样、成效显著的活动，企业各级党组织的战斗力和凝聚力不断提高。中石油管道局、管道公司党委“三基建设”稳步推进；冀东油田党委注重制度建设，党建科学化水平得到提升；地球物理公司党委加强海外项目基层党组织建设得到上级肯定。河北省国资委、开滦集团、冀中能源集团和河北钢铁集团邯钢公司党委在庆祝建党90周年大会上受到中央表彰，并授予“全国先进基层党组织”荣誉称号。二是企业领导班子和人才队伍建设得到显著加强。印发了《省属企业领导人员管理暂行办法》、《省属企业领导班子和领导人员综合考核评价办法》、《关于进一步加强监管企业领导人员选拔任用工作实施办法》、《关于监管企业高级经营管理人员任用制度改革的实施办法》等一系列规范性文件，为企业领导人员的选拔、任用和管理提供健全规范的政策依据和制度保证。按照配强“董事长”，配精“总经理”，配优“董事会、经理层、党委会”成员的总体要求，对委监管12家企业的领导班子的51人进行了调整充实，进一步优化了年龄结构和专业结构，增强了领导班子的战斗力。组织召开了全省国有企业人才工作会议，安排部署抓好五支队伍建设，强力推进人才强企战略的实施。三是思想政治工作和企业文化建设进一步加强。全面加强企业文化建设，制定了《关于进一步加强省国资委系统企业文化建设，推动文化产业发展的指导意见》，为企业整合重组、转型发展、做优做强提供强有力的精神文化支撑。组织举办了河北省国资委系统庆祝中国共产党成立90周年文艺晚会，与河北日报联合开办《国资·国企》专刊，宣传国资、国企跨越发展新举措，营造全社会支持理解国企发展的良好环境。四是大力推进和谐国企建设。大力推进保障性住房建设，河北钢铁集团、开滦集团、冀中能源集团已开工6.1万户棚户区改造，超过目标任务1.8万户，将确保三年10.3万户目标的完成。五是党风廉政建设和反腐倡廉工作深入推进。以完善惩防体系为重点，认真落实党风廉政建设责任制，实施“三重一大”决策制度、廉洁从业规定等各项制度落实情况的综合检查，开展工程建设领域突出问题、“小金库”专项治理等活动，加大查办案件力度，纪检监察组织机构不断健全。

机关干部作风明显转变。加强机关队伍建设，积极倡导“三项服务”、“六种作风”、“五个不让”（365品牌），倾力打造一支“为民、务实、高效、清廉”的国资监管队伍。一是进一步深化创先争优活动。紧紧围绕“筑坚强堡垒、树先锋形象、促科学发展”，突出实践主题，丰富活动载体，加强制度建设，形成长效机制，引导干部职工改进作风、提升素质，形成了推进国企转型发展、科学发展的强大合力。二是全面强化机关文化建设。出台了《关于加强委机关文化建设，进一步调动委机关干部干事创业积极性、创造性的实施意见》，引导干部职工形成心无旁骛干工作、掷地有声抓落实的良好氛围。编辑出版了《河北省国有企业改革史要》，对国企改革发展进行经验总结。认真做好2010年度河北国资监管年鉴编纂工作。深入开展形式多样的主题实践活动，打造国资委特色机关文化品牌。三是深入推进委机关权利公开透明机制建设。按照省政府文件要求制定出台了省国资委《关于推进行政权力公开运行监控机制建设的实施方案》和《关于推进行政权力廉政风险评估防范机制建设的试点工作方案》。成立了委推进行政权力公开运行监控机制建设领导小组。健全完善了监督检查机制和措施，建立起一套完善的行政权力运行监控的长效机制。四是不断加强和改进干部人事工作。认真贯彻执行《党政领导干部选拔任用工作条例》等有关规定，强化人才培训工作，新招录公务员10名，完成了2010年度公务员招录和选调工作，进一步优化干部队伍结构。

（河北省国资监管委　刘喜增　赵建明）

重点项目建设

2011年共安排省重点建设项目1147项，当年实际完成投资5511亿元，山海关船舶重工有限公司造船设施及修船扩建、石家庄飞机工业有限责任公司通用型航空产业制造、张家口通泰国际建材物流有限公司通泰物流城、黄骅港综合港区起步工程等320项重点项目竣工投产或部分投产，三一重工集团混凝土搅拌设备华北制造基地（鹿泉）、中国电信集团数据灾备中心（唐山路南区）、永清台湾工业新城投资有限公司浙商服装新城、中冶长城重型机械制造有限公司重型输送机械（香河县）等611项重点项目开工建设，全部超额完成省政府下达的目标任务。

一、科学筛选安排重点项目

为深入贯彻落实科学发展观和省委以投资结构优化促

进产业结构调整的要求，充分发挥重点建设项目对调结构、转方式的支撑和引领作用，推进"四个一"战略重点的实施，按照省领导指示，2011年省重点建设项目计划改为分片（环首都片、沿海片、冀中南片、跨区域）分批下达，并且在严格项目筛选条件、提高投资规模标准、完善项目分类等方面也进行改进创新。全年两批共安排省重点建设项目1147项，其中：第一批安排919项，总投资26342亿元，年计划投资3807亿元。第二批安排228项，总投资4012.23亿元，年计划投资552亿元。

二、组织开展项目谋划储备

省发改委组织有关部门、行业协会的专家和退休的老领导组成10个调研组对全省20多家大型企业发展进行深入调研，从中筛选了开滦集团、长城汽车等10家企业作为"十二五"期间重点培育的销售收入超千亿元的企业集团。省政府召开了"培育销售收入超千亿元企业"专题调度会议，督促企业编制完善发展规划、明确发展方向和重点，并要求省有关部门研究相关扶持政策。

省委、省政府于2011年11月25日在石家庄市召开央企走进河北战略合作恳谈会，111家中央企业参加了这次恳谈会，会上省政府与国务院国资委签署了战略合作备忘录，与36家央企签署了战略合作或项目合作协议42项，"十二五"期间意向投资6800多亿元，涉及石油化工、装备制造、航空航天、电子通讯、能源交通等等众多行业，涵盖了先进制造业、战略性新兴产业、现代服务业等河北省重点发展的各个领域。这些战略合作项目的实施，将对河北省结构调整和产业优化升级起到巨大的推动作用；以建立良好合作关系为开端，为重大项目的谋划建设打开巨大空间。

组织开展项目谋划工作培训，省重点办邀请国内知名专家授课，分两批对设区市重点办主任、部分县区发改局长和重点办主任进行了集中培训，进一步增强了项目谋划工作意识，拓宽了工作视野。

三、建立健全项目管理机制

省政府出台了《关于加强和改进重点建设项目管理促进产业结构调整的若干意见》（冀政〔2011〕53号），从筛选条件、项目储备、协调调度、要素保障、环境优化、考核激励等方面提出了明确要求。

为切实加强重大建设项目组织领导，省政府印发了《关于2011年实施重大项目建设责任制的意见》，从重大产业、基础设施和社会事业项目中，筛选了64项作为省政府领导实施责任制的重大项目，明确省政府分管领导、省政府有关部门和有关设区市政府的责任，强力推进项目实施。

四、切实加强项目协调调度

省政府组织召开了六次重点建设项目分片调度会议，有关设区市、重点县区以及100多个项目单位围绕工作进展、存在问题进行了汇报，对急需开工项目及总投资50亿元上的前期项目进行重点调度，对一些重大问题进行了协调。省重点办及时协调解决了京沪高铁、邯黄铁路、津秦客专等重大项目建设过程中涉及的厂房拆迁、安置补偿、线路迁改、环评补充等方面的问题，确保一批重大项目的顺利实施。

五、努力保障项目建设要素

加大用地支持。本着保重点、保急需、保开工的原则，省重点办会同省国土部门共安排766个项目用地7.63万亩（含沿海办、环首都办安排），比上年增加近1倍，为一批项目开工创造了条件。

协调建设资金。配合省金融办组织召开银企融资对接会，各金融机构与企业共签订贷款、中间业务合作协议、意向725项，涉及金额517.8亿元。

（河北省重点建设领导小组办公室　张存良）

对外经济贸易

2011年，省委、省政府紧抓扩大对外开放目标不放松，全省对外经贸保持了平稳较快发展的良好势头，增长质量进一步提高，全省进出口贸易总额和利用外资总额分别迈上500亿美元和50亿美元的新台阶，超额完成全年目标任务。但受欧债危机影响，对外经贸出现明显回落态势，已经并将进一步对全省对外经贸的健康发展产生不利影响。

一、进出口贸易首次突破500亿美元

全年全省进出口总值创历史新高，全省进出口总值达536.0亿美元，比上年增长27.4%。其中，出口总值285.8亿美元，增长26.7%；进口250.2亿美元，增长28.3%。

（一）新兴市场增长强劲，出口市场多元化成效明显。对东盟、韩国、俄罗斯、印度出口快速增长，东盟为第三大出口市场，出口24.5亿美元，增长43.4%；对韩国出口22.9亿美元，增长29.5%；对俄罗斯出口21.0亿美元，增长30.9%；对印度出口12.6亿美元，增长35.2%。此外，对新兴市场阿联酋、澳大利亚、沙特阿拉伯出口也保持强劲增长，对阿联酋出口5.8亿美元，增长28.5%；对澳大利亚出口5.0亿美元，增长46.3%；对沙特阿拉伯出口4.6亿美元，增长69.8%；对拉美市场出口18.8亿美元，增长40.4%，对非洲市场出口16.7亿美元，增长24.9%。

（二）私营企业出口快速增长，比重提高较快。在出口主体中，私营企业继续占据出口主导地位，出口130.8亿美元，增长42.8%，比全省出口增速快16.1个百分点；占全省出口的比重为45.8%，比2010年提高5.2个百分点。国有企业出口也保持较快增长，出口47.5亿美元，增长30.3%，比全省出口增速快3.6个百分点；占全省出口的16.6%，比2010年提高0.5个百分点。

（三）钢材、汽车、汽车零件出口强劲增长，传统大宗商品出口保持平稳增长。钢材出口50.8亿美元，增长

48.6%；汽车零件出口9.1亿美元，增长34.6%；汽车（包括整套散件）出口7.0亿美元，增长61.3%；钢丝、布、网、篱、格栅出口4.3亿美元，增长30.2%；服装及衣着附件出口增长34.2亿美元，增长19.3%；纺织纱线、织物及制品出口16.2亿美元，增长21.2%；农产品出口15.0亿美元，增长22.4%。机电产品出口99.8亿美元，增速比前三季度回落2.1个百分点，但仍保持了19.7%的增长；高新技术产品出口38.1亿美元，增长6.9%，增速比前三季度回落10.7个百分点。

（四）邯郸、衡水等五市出口快于全省平均增速，成为区域增长新亮点。邯郸、衡水、张家口、沧州、唐山出口快速增长。邯郸出口14.1亿美元，增长60.1%，增速比全省出口快33.4个百分点；衡水出口24.4亿美元，增长37.5%，增速比全省出口快10.8个百分点；张家口出口2.4亿美元，增长36.6%，增速比全省出口平均增速快9.9个百分点；沧州出口18.8亿美元，增长35.3%，增速比全省出口快8.6个百分点；唐山出口38.9亿美元，增长33.2%，增速比全省出口平均增速快6.5个百分点。

（五）扩进口政策效应显现，进口规模创历史新高。全省进口250.2亿美元，增长28.3%。前两位进口市场为澳大利亚和巴西，分别进口69.8亿美元和52.9亿美元，分别增长40.7%和25%；对印度、东盟、非洲、南非、台湾进口增长也较强劲，印度18.2亿美元，增长32.4%；东盟9.5亿美元，增长74.6%；非洲8.8亿美元，增长86.4%；南非6.9亿美元，增长69.3%；台湾4.6亿美元，增长44%。前两位进口商品为铁矿砂及其精矿和机电产品，分别进口141.6亿美元和35.6亿美元，分别增长43%和2.6%；农产品和高技术产品分别进口26.1亿美元和16.7亿美元，分别增长20.6%和11.5%；进口增势较强劲的棉花2.2亿美元，增长56.6%；制造半导体器件或集成电路用的机器及装置进口2.9亿美元，增长65.5%；二极管及类似半导体器件2.0亿美元，增长94.2%；纸浆1.7亿美元，增长1.2倍。

二、利用外资登上50亿美元新台阶

（一）实际利用外资保持快速增长，凸显三大亮点。全年全省实际利用外资52.6亿美元，比上年增长20.5%，增速同比加快2.3个百分点；新批合同外资42.2亿美元，增长28.3%，同比加快2.0个百分点。

2011年利用外资增长凸现三大亮点：一是外资企业上市融资以及国内企业境外上市大量增加，全年企业上市融资近8亿美元，占全省利用外资的近15%。二是已建成外商投资企业中外方增资大量增加。2011年新签的合同外资中，外方增资19.1亿美元，增长63.0%，占合同外资的比重达到45.3%，同比提高9.6个百分点，这一比重达到历史最高水平。三是张家口、邢台、邯郸利用外资快速增长，分别增长71.5%，41.6%和29.4%，分别高于全省平均水平51、21.1和8.9个百分点。

（二）外商投资加快增长，以亚、欧投资和二产引资较为突出。全省外商直接投资46.8亿美元，增长22.2%，同比加快15.7个百分点。由于到位外资是前期签订合同外资的实际执行金额，所以，2011年以来到位外资规模和结构反映了"十一五"后期以来河北省对外开放工作有关政策的实施以及国内外宏观经济综合作用的结果。其增长点主要体现在两个方面：首先，从来源地看，各大洲到位外资以亚洲和拉丁美洲为主，以欧州为代表的发达国家外资流入加速，而拉丁美洲投机性投资有所减少。亚洲33.4亿美元，增长36.4%，占全省外商直接投资的71.4%；欧洲2.9亿美元，增长57.1%，占6.3%，其中，欧盟2.6亿美元，增长62.9%，占5.5%，拉丁美洲5.5亿美元，下降24.0%，占11.8%，其中，英属维尔京群岛2.0亿美元，下降62.3%，占4.3%。其次，从产业结构看，第二产业是支撑外资增长的主要动力。第二产业到位外资35.2亿美元，增长23.9%，高于全省外商直接投资1.7个百分点。同时，第三产业保持较快增长。第三产业外商直接投资10.9亿美元，增长19.1%，低于全省3.1个百分点。

（三）建成企业增资带动合同外资持续快速增长，创历史最大规模。全省合同外资在2009年四季度走出谷底，2010年实现增长的基础上，增长速度进一步加快。2011年，新批合同外资42.2亿美元，增长28.3%，同比加快2.0个百分点。合同外资中，建成投产的外资企业增资19.1亿美元，增长63.0%，占合同外资的比重达到45.3%，同比提高9.6个百分点。主要支撑的其他因素是：一是大项目带动。合同外资1000万美元以上项目合同外资35.6亿美元，增长31.8%，超过全省平均增速3.5个百分点。二是第二产业带动。第二产业合同外资28.1亿美元，增长33.4%，超过全省平均增速5.1个百分点。三是金融业合同外资高速增长，排在各个行业合同外资之首。金融业合同外资3.4亿美元，增长31.7倍。

三、欧债危机对全省出口和利用外资影响进一步显现

出口方面，欧盟是河北的第一大出口市场，对其出口总值66.4亿美元，占全省出口总值的23.2%，在全省出口贸易发展中占据着十分重要的地位。随着欧洲债务危机的蔓延，对全省出口影响进一步加深。一是对欧盟出口增速持续回落。自5月份以来，已连续7个月回落，由前4个月的47.1%回落到全年的16.4%；8月份以来，连续4个月低于全省平均出口增速，由前8个月低0.5个百分点扩大到全年低10.3个百分点。对欧盟出口比重持续下降，由前2个月占全省出口28.4%降低到全年占23.2%。由此，对全省出口影响进一步加深。全省出口增速由前4个月的41.9%下滑到前全年的26.7%。

招商引资方面，来自欧盟的合同外资下滑引发全省合同外资大幅回落。与欧盟合同外资增长率一季度、上半年、前9个月、全年分别为1.7倍，1.4倍、-29.4%和-39.7%，由于来自欧盟的合同外资由高速增长转为深度下降，形成的大幅度落差导致全省合同外资增长率不断回落，一季度增长2.1倍，上半年增长1.1倍，前3季度增长53.9%，全年增长28.3%。合同外资是到位外资的基础，欧盟合同外资下降将对今后全省利用外资产生影响。

（河北省统计局　何　红　张少芬）

财　政

2011年，在省委、省政府的正确领导下，全省各级财政部门以科学发展观为指导，认真贯彻落实省第八次党代会精神，紧紧围绕“主题主线”，求真务实，开拓创新，充分发挥财政职能作用，着力稳增长、调结构、控物价、惠民生，有力促进了全省经济社会又好又快发展。

一、狠抓增收节支，财政综合实力迈上新台阶

2011年，全省各级财税部门全面把握经济形势的变化，建立完善综合治税大格局，依法加强收入征管，深挖增收潜力，努力做到应收尽收，全省财政收支均迈上3000亿元台阶，全部财政收入完成3017.6亿元，同比增长25.3%，地方一般预算收入完成1737.8亿元，增长30.5%，实现“十二五”开门红。在狠抓收入同时，各级各部门认真落实预算执行主体责任，加快财政支出预算执行，2011年全省一般预算支出完成3537.4亿元，增长25.4%，财政支出进度创近年来最好水平，有力促进了经济社会科学发展。

二、积极发挥财政职能，助推经济发展方式加快转变

认真落实积极的财政政策，加强和改善财政宏观调控，促进经济平稳较快增长和经济发展方式加快转变。一是落实政策扩内需稳增长。争取中央预算内基建资金121.7亿元和地方政府债券73亿元，集中投向在建、续建重大项目和保障性安居工程；落实资金74.3亿元，支持城乡交通基础设施建设和黄骅港公共基础设施回购。完善家电下乡、以旧换新政策，发放补贴20.4亿元，带动家电销售213.1亿元。投入省以上财政资金3.8亿元，支持夜经济、农超对接、新网工程等项目。二是加大投入推减排促创新。以科技创新驱动发展，全省科技支出32亿元，着力推进应用实用技术研究，支持科技研究基础条件建设和科技富民强县专项行动。完善生态补偿机制，推动海河流域区域水环境综合整治。淘汰落后产能，推进主要污染物减排，全省节能环保支出105.2亿元，单位GDP能耗等节能减排指标超额完成。三是多措并举推进经济结构调整。制定实施支持新的财政体制优惠政策，推动曹妃甸新区、环首都经济圈、冀南新区等重点区域率先发展。落实7.5亿元技改贴息专项资金，支持实施1000项工业技改工程，传统产业改造步伐加快。综合运用财政杠杆，完善政策、加大投入，支持实施重点产业调整和振兴规划，新能源、新材料、电子信息、生物医药等战略性新兴产业加快发展，航空、商贸流通等现代服务业规模快速增长。争取中央资金4.9亿元，支持中小企业技术进步、融资担保、外向型发展等，民营经济活力进一步增强。

三、优化财政支出结构，加大保障和改善民生力度

坚持以人为本，优化财政支出结构，努力解决事关人民群众切实利益的问题，让发展成果更多地惠及人民群众。一是支持教育优先发展。全省教育支出627.3亿元，增长22%。农村义务教育经费保障机制改革、中小学校舍安全工程顺利实施，家庭经济困难学生补助政策全面落实，提高了义务教育和高等教育财政生均拨款。二是提高社会保障水平。全省社会保障和就业支出430.2亿元，增长19.9%。全面落实社会养老保险、城乡低保救助、特殊群体补贴等社会保障政策，城乡低保标准分别达到每月292元/人和每年1500元/人，并建立低保标准与CPI涨幅挂钩联动机制；连续七年提高企业退休职工基本养老金标准，月人均水平增长10%、达1570元；新农保和城市居民社会养老保险试点顺利推进。落实省以上就业资金15.6亿元，支持实施创业帮扶工程、城乡技能扶助计划和“三支一扶”等，促进就业再就业。三是支持医疗卫生体制改革。全省医疗卫生支出294.2亿元，增长24.9%。政府办基层医疗卫生机构全部实行基本药物零差率销售，农村合作医疗、城镇居民基本医疗保险财政补助标准提高到200元，参保（合）率稳定在90%以上，基本实现全覆盖；人均基本公共卫生服务经费标准提高到25元，公立医院试点改革稳步推进，基层医疗卫生服务体系进一步健全，基本公共卫生服务均等化水平有新提高。四是支持保障性安居工程建设。筹集落实省以上补助资金100.3亿元，是上年的5倍，全省保障性安居工程开工38.5万套，超额完成年初预定目标。五是支持文化大发展大繁荣。落实省以上资金4.8亿元，支持博物馆、纪念馆、图书馆、文化馆免费开放以及农家书屋等“文化惠民工程”，推进公共文化事业加快发展。文化产业引导资金规模增至2亿元，增设1亿元文化产业振兴奖励资金，激励文化产业发展业绩突出的设区市和文化产业项目跨越发展。六是支持完善公共安全体系。突出“保基本、保基层、保重点”，进一步提高环京“护城河”防线等维稳重点地区经费保障水平，庆祝建党90周年、新中国成立62周年、省第八次党代会等重大活动安保任务圆满完成。支持加大监管力度，维护食品药品安全。

四、落实强农惠农富农政策，促进农村协调快速发展

明确重点，优化方式，在财政政策和资金投入上不断向“三农”倾斜，推动城乡统筹协调发展。一是提高农业综合生产能力。投入抗旱春管资金8.5亿元，发放产粮大县、种粮标兵奖励资金8.9亿元，拨付农业保险保费补贴5.9亿元，确保了粮食总产实现“八连增”。大力发展现代农业，投入4.4亿元扶持265个产业化经营项目，促进畜牧、蔬菜、果品等产业做大做强。二是支持水利基础设施建设。加大农田水利投入，落实省以上资金52.3亿元，开展农业灌溉和节水项目、水资源配置工程等建设，实施病险水库加固和中小河流治理。三是推动农村社会发展。发放各类惠农补贴99.4亿元；省级新民居建设专项资金增至3.3亿元，支持2000个示范村建设；落实9.7亿元扶贫发展资金，增强贫困地区和贫困户的自我积累和自我发展能力。推进农村综合改革，落实村级一事一议财政奖补资金15.83亿元，化解农村义务教育债务基本完成。

五、推进财政改革创新，提升财政管理服务水平

围绕提高财政管理科学化精细化水平，深入推进公共财政体制、机制、管理创新，为财政职能作用发挥提供有力保障。一是深化预算管理改革。零基预算、滚动预算、综合预算等改革在省级实现比较彻底的全覆盖，三年滚动预算编制试点、预算项目库建设试点范围扩大，省级编制完成全国首部绩效预算文本。二是完善地方财政管理体制。理顺省以下财政收入体制，规范政府间专款配套资金管理，县级基本财力保障机制进一步完善。三是强化财政管理工作。加大财政监督力度，省财政对管理资金2亿元以上的30个省直部门全部实施派驻监督。规范政府性债务管理，省级初步实现对融资平台公司债务的全口径管理和动态监控。国库集中支付制度基本实现省市县三级全覆盖，公务卡制度改革稳步推进。政府采购规模继续扩大，行政事业单位国有资产管理水平不断提高。积极落实省政府《关于全面加强乡镇财政建设和管理的指导意见》，确定首批50个县推进乡镇财政所标准化建设，全面提高基层财政管理水平，确保各项财政资金切实用到实处，发挥实效。

（河北省财政厅　王巨红）

金　　融

2011年，河北省各金融机构认真落实稳健的货币政策，在有效防范风险的前提下加大对经济增长的支持力度，金融运行总体平稳，存款稳步增长，贷款投放渐趋均衡，促进了地方经济平稳较快发展。截至年末，银行业金融机构累计实现净利润430.26亿元，同比多增95.16亿元，增长28.4%。积极顺应经济发展对金融服务的要求，“引进、下延、外扩、新建”力度进一步加大，多类别、多层次、多功能的银行业组织体系已经形成。年末引进全国性股份制商业银行已达7家，11家城市商业银行有2家跨省分行获批筹建，7家在省内设立或筹建分行11家；设立县域支行43家，县域覆盖率达到32.2%；新设村镇银行6家，筹建4家；新奥燃气集团财务公司获批筹建；新增设机构网点21个、机具5个，增设定时便民服务点30个，实现了县域基础金融服务全覆盖。

各项存款稳步增长。截至年末，全省银行业金融机构人民币存款余额29563.77亿元，比年初增加3489亿元，同比增长13.3%。主要有以下特点：一是存款增量季节性波动明显，受季末时点考核影响，加之理财产品的季末到期等因素，存款月增量最大月为3月份的891亿元，最低值为7月份负增长219亿元。二是定期存款增速明显快于活期存款增速，比年初增长18.8%，高于存款平均增速5.5个百分点。三是个人存款增速高于单位存款，全年新增个人存款2197亿元，同比多增75亿元，高于全省存款平均增速0.7个百分点，高于单位存款增速1.8个百分点，而单位存款增量同比少增321亿元，增速低于河北省存款平均增速1.1个百分点。四是新增存款市场结构进一步优化，并趋于合理，形成大型银行、股份制商业银行和城市商业银行、农村合作金融和邮政储蓄银行“三分天下”的格局。

信贷投放渐趋均衡，信贷结构逐步优化。截至年末，全省银行业金融机构人民币各项贷款余额18143.99亿元，同比增长15.6%，比全国平均水平低0.4个百分点。主要有以下特点：一是短期贷款增速明显快于中长期贷款增速，全年短期贷款增量同比多增441亿元，占全省贷款增量的55.8%，同比上升20.0个百分点；比年初增长24.0%，高于河北省贷款平均增速8.0个百分点，高于中长期贷款增速11.7个百分点。二是主导产业、消费环节、基础设施等得到大力支持，制造业、批发和零售业、个人贷款和交通运输业新增贷款位居新增贷款市场份额的前四位，占全省贷款增量的74.8%。房地产开发贷款得到有效控制，房地产业贷款仅比年初增加88亿元，同比少增35亿元。三是绿色信贷、涉农和小企业等薄弱领域和行业得到大力支持。绿色信贷政策有效实施，全年累计发放节能减排贷款414亿元。小企业、涉农金融服务进一步加强，小企业贷款比年初增长27.2%，高于全部贷款平均增速11.2个百分点。涉农贷款比年初增长26.0%，高于全部贷款平均增速10.0百分点。四是大型银行、农村合作金融机构的信贷投放放缓，而政策性银行、股份制商业银行、城市商业银行、邮储银行的信贷增量同比多增，且增速均高于全省贷款平均增速。地方法人金融机构对实体经济支持力度显著增强，农村金融机构和城市商业银行新增贷款占全省金融机构新增贷款的比重由年初的27.1%提高到30.4%。

金融机构改革和创新取得明显成效。各政策性银行省分行不断提升内控合规能力，改进金融服务，由主要提供融资、结算服务转变为提供融资、结算、保险代理、咨询顾问、国际业务、承兑汇票、贴现、国内保函、委托贷款、代收代付等多品种、多功能、全方位的组合式服务，提升服务层次，创造客户价值。国家开发银行河北省分行大力支持河北省铁路、公路等国家重点项目建设，发放贷款358亿元，保障性住房贷款余额达65.9亿元，助学贷款余额达4615万元，帮助1893名贫困学生圆了大学梦。建设银行河北省分行积极探索实施事业部制改革，成效初显，沧州、衡水、承德、直属支行4个试点单位的事业部正式挂牌运营，初步实现了从“部门银行”向“流程银行”，从“以银行为中心”向“以客户为中心”的转变。全省154家农村信用联社专项票据兑付考核工作圆满结束，兑付金额200.28亿元，规模居全国第二位。11家城市商业银行中有7家实现更名改制，跨区域及辖内分支机构设立进程加快。全省23家新型农村金融机构经营健康平稳，发展势头良好，逐步成为服务“三农”主要补充力量。保险业积极推动产品创新，保险服务经济社会发展的深度与广度不断拓展。保险业以治安保险为重点，积极推动保险机构参与平安河北建设。截至年末，全省120个县（市）开办了治安保险业务，实现保费收入1356万元，承保农户共106.09万户，提供风险保障共计127.32亿元；农业保险保费收入7.60亿元，同比增长16.41%；环境污染责任保险取得突破，人保财险等6家保险公司组成的联合共保体，在保定市签订环境污染责任保险12单，提供风险保障金额2000余万元。

（中国人民银行石家庄中心支行　张双英）

劳动工资

2011年，全省国民经济保持平稳较快发展，为促进就业和工资增长奠定了坚实的基础。省委、省政府高度关注民生，大力实施更加积极的就业政策，努力缓解就业结构性矛盾，突出抓好重点群体就业工作，健全就业援助长效机制，全省就业形势总体平稳。通过采取提高最低工资标准，强化工资指导线作用等措施，全省职工平均工资继续提高。社会保障体系不断完善，实现了“十二五”良好开局。

一、就业形势总体保持平稳态势，目标超额完成

1. 就业总量较快增长。2011年底，全省就业人员达3962.42万人，比上年增加97.28万人，增长2.52%，同比加快0.60个百分点。其中，城镇就业人员1117.79万人，增加74.54万人，增长7.14%；乡村就业人员2844.63万人，增加22.74万人，增长0.81%。

2. 就业再就业工作目标任务超额完成。2011年，全省城镇新增就业71.14万人，下岗失业人员实现再就业27.78万人，就业困难对象再就业10.01万人，分别完成全年目标任务的109%、126%、125%。年内全省有792户零就业家庭实现每户至少一人就业，零就业家庭数保持动态为零。年末城镇登记失业人数为35.99万人，城镇登记失业率为3.75%，同比回落0.11个百分点，低于4.6%的控制目标。

3. 就业人员产业结构继续优化。第一产业就业人员所占比重继续下降，二、三产业比重上升。2011年底，全省第一产业就业人员达1439.63万人，占全部就业人员的比重为36.33%，比上年减少24.58万人，所占比重下降1.55个百分点；第二产业就业人员达1319.83万人，占33.31%，比上年增加68.98万人，所占比重提高0.95个百分点；第三产业就业人员达1202.96万人，占30.36%，比上年增加52.88万人，所占比重提高0.60个百分点。

二、城镇单位职工工资水平继续提高

2011年，全省城镇单位在岗职工平均工资为36166元，比上年提高3860元，增长11.9%，增速同比回落1.9个百分点；扣除物价因素，实际增长6.3%。

1. 分企事业机关看，企业平均工资增长快于事业和机关单位。全省城镇企业单位在岗职工平均工资为37839元，比上年提高4871元，增长14.8%；事业单位在岗职工平均工资为34518元，提高2814元，增长8.9%；机关单位在岗职工平均工资为32529元，提高1589元，增长5.1%。企业单位平均工资增速分别比事业、机关单位快5.9和9.7个百分点。

2. 分登记注册类型看，国有单位在岗职工工资水平居各经济类型之首。全省国有单位在岗职工平均工资为36782元，比上年提高3952元，增长12.0%；其次是其他所有制单位（股份合作、联营、有限责任公司、股份有限公司、港澳台投资、外商投资），为36440元，提高3524元，增长10.7%；第3位的集体单位为25196元，提高2976元，增长13.4%。

3. 分国民经济行业门类看，各行业平均工资比上年均有所提高。在国民经济19个行业门类中，高于全省平均工资的行业有8个，其中有2个行业超过6万元，有3个行业超过5万元，分别是金融业62587元、科学研究技术服务和地质勘查业60554元、采矿业58793元、电力、煤气及水的生产和供应业58083元、信息传输、计算机服务和软件业57304元。低于全省平均水平的行业有11个，其中建筑业（28289元）、水利环境和公共设施管理业（25516元）、批发和零售业（24448元）、租赁和商务服务业（24228元）、住宿和餐饮业（21784元）和农林牧渔业（12825元），6个行业平均工资低于3万元。最低与最高行业工资相差49762元。

4. 分设区市看，唐山、秦皇岛城镇单位在岗职工平均工资首次达到4万元以上。唐山、秦皇岛、廊坊和沧州在岗职工平均工资高于全省平均水平，分别为42029元、40518元、39976元和36201元。平均工资排在第5位到第11位的分别是邯郸36122元、石家庄35132元、邢台34829元、承德34134元、张家口33437元、保定32277元、衡水28994元。衡水与最高的唐山相差13035元，差距比上年扩大1502元。

5. 全省城镇私营单位就业人员平均工资较快增长。2011年，全省城镇私营单位就业人员平均工资为21729元，比上年提高3815元，增长21.3%。

三、社会保险覆盖范围不断扩大，保障水平稳步提高

1. 养老保险参保人数保持较快增长。2011年底，参加全省企业基本养老保险社会统筹的人数达889.73万人，比上年增加67.33万人，增长8.19%，同比快0.14个百分点。其中，私营企业参保人数为121.93万人，增加23.48万人，增长23.85%；农民工参保人数38.86万人，增加1.04万人，增长2.75%。机关事业单位基本养老保险参保人数达170.08万人，比上年增加4.04万人，增长2.43%。农村社会养老保险参保人数为2424.31万人，增加1320.41万人，增长119.61%。全年共有518.97万名参保农民领取了养老金，比上年增加317.22万人，增加157.23%。

2. 医疗保险参保人数继续增加。2011年底，全省城镇职工基本医疗保险参保人数达875.54万人，比上年增加27.53万人，增长3.25%。其中，农民工和灵活就业人员参保人数分别达到85.03万人和48.09万人。年末城镇居民参保人数达到686.65万人，比上年增加16.6万人，增长2.48%。

3.失业保险参保人数平稳增长。2011年底，全省失业保险参保人数达498.70万人，比上年增加5.29万人，增长1.07%。全年共为15.79万名失业人员提供了不同时限的失业保险待遇，比上年减少1.31万人。年末领取失业保险金人数为8.35万人，比上年末减少0.66万人。

4.工伤、生育保险参保人数增速加快。2011年底，全省工伤保险参保人数达640.39万人，比上年增加45.95万人，增长7.73%，同比加快1.44个百份点。其中高风险企业职工113.22万人，农民工156.72万人。全年享受工伤保险待遇人数为8.65万人，比上年增加1.15万人。全省生育保险参保人数达593.10万人，比上年增加31.60万人，增长5.63%。全年有5.47万人次享受了生育保险待遇，比上年增加0.29万人次。

（河北省统计局　申伟洁）

安全生产

一、2011年全省安全生产形势

2011年，全省安全生产继续保持了持续稳定好转的发展态势，实现了十二五时期安全生产工作的良好开局。主要有以下几个特点：

——事故总量和死亡人数进一步下降。全省共发生各类生产安全事故10135起，同比下降8.1%；死亡2982人，同比下降3.2%。

——较大及以上事故明显减少。全省共发生一次死亡3至9人的较大事故28起，同比下降33.3%；死亡121人，同比下降25.3%。发生一次死亡10至29人的重大事故1起，同比下降66.7%，死亡18人，同比下降65.4%。未发生特别重大事故。

——重点行业领域安全生产状况进一步改善。煤矿、非煤矿山、道路交通、消防等行业和领域事故死亡人数均不同程度下降，但建筑施工、危险化学品等行业同比上升。

——大多数地方安全生产状况好于上年。全省11个设区市中，9个市事故死亡人数下降，8个市事故起数下降，石家庄、唐山、秦皇岛、邯郸、保定、沧州和廊坊等7个市实现事故起数和死亡人数双下降。

——安全生产控制指标执行情况较好。全省事故死亡人数、较大事故起数、重大事故起数、特别重大事故起数及工矿商贸、煤矿、非煤矿山、烟花爆竹、冶金机械、道路交通、火灾、铁路交通、农业机械死亡人数均在控制目标之内。

二、2011年全省安全生产重点工作情况

（一）全面落实安全生产责任。在落实企业主体责任方面，深入开展了“安全生产承诺制深化年”活动，全省近8万家企事业单位与当地政府签订了为期3年的第2轮安全生产承诺书。4月下旬，省安委办从各市抽调人员组成10个组，在全省开展了深化承诺制建设联查调研活动。6月下旬，组织召开了全省安全生产承诺制建设工作会议，通报交流了承诺制建设情况，对下一步工作进行了再动员、再部署。组织了“回头看”、建立和培育示范点等活动。各级各部门严格按照承诺书签订工作要求和规定动作，进一步扩展了承诺书签订范围，充实了安全生产承诺内容，全省安全生产承诺制建设进一步向广度和深度发展。在落实政府监管责任方面，严格目标考核，在全省市县两级全面实行了安全生产“一岗双责”，部分市、县实行了安全生产“党政同责”、“一票否决”等制度，政府主要负责同志担任安委会主任。

（二）进一步加大执法工作力度。始终把执法作为安监工作的灵魂和有力抓手，坚持动真的、碰硬的、来实的，严厉打击各种违法违规行为。2011年，分别在“两节”、全国“两会”、安全生产月、暑期和国庆等重要时段组织开展了全省性的集中执法行动，各级安监和负有安全监管职责的部门共出动执法人员5.4万人次，检查企业9.1万家，查处隐患和问题24.2万条，停产停业1024家非法生产企业。特别是6至7月开展的打击非法和违法生产经营建设行为执法“利剑行动”声势大、效果好，全省共组织3741个执法队，出动执法人员2.5万多人次，检查企业7.2万多家，查处隐患与问题13.4万条。第四季度又组织开展了“决战四季度，安全隐患销号”行动和“奋战一百天，安全保两会”专项执法行动。到年底，全省共出动执法人员2.1万人次，对检查发现的24.2万条隐患和问题逐项进行整改销号。强有力的执法行动在全社会产生了极大反响，不仅被检查企业受到了很大震动积极整改，许多没有被检查的企业也深受教育，主动了解执法的内容和程序，提前进行整改。

（三）加快煤矿整合重组进程。经过几年的努力，全省煤矿数量由2005年的1147处减少到2010年的441处。2011年，进一步加大了小煤矿关闭力度，省政府出台45号文件。7月19日，公告了首批130处关闭矿井名单，在唐山等五个设区市开展了集中关闭行动，到年底已全部关闭到位外，还将再确定一批40处左右关闭矿井名单。小煤矿重组步伐进一步加快，开滦集团和冀中能源集团已提出整合重组意向矿井102处。为保障煤矿整合重组顺利进行，河北省从省长预备金中挤出1亿元，向国家争取奖励补偿资金7683万元，同时，市、县财政和开滦集团、冀中能源集团筹集一部分，共计4亿多元，按年生产能力每万吨30万元的标准对关闭的小煤矿进行奖励和补偿。制定出台了关闭煤矿的采矿权价款返还政策。河北省整合关闭小煤矿经验得到了国务院安委办的充分肯定，国务院安委办将河北省45号文件进行了全文转发，在全国推广。

（四）深化重点行业安全整治。加大了非煤矿山治理力度，2011年共查处非法矿山和尾矿库275处，全部提请当地政府实施关闭。开展了尾矿库专项检查，对发现的问题逐项挂牌督办。积极采用新技术，1435座小型露天

采石场实行中深孔爆破技术，1397座使用机械铲装，1206座使用液压锤二次破碎，已取证地下矿山全部实现机械通风。加快了危险化学品企业搬迁进度，17家列入搬迁计划的危化企业，8家已搬迁或停产，9家制定了搬迁方案并在搬迁中。大力推动危险化工工艺自动化控制改造，全省采用危险化工工艺的261家危险化学品生产、使用企业，已有106家完成了自动化控制改造，83家已完成了改造设计，72家已与相关设计单位签订了改造合同。组织开展了冶金行业深化整治工作和建材行业"安全生产规范年"活动，冶金、建材企业安全生产基础有了较大的提高。在其他行业领域，交通运输部门开展了道路客运和公路安全隐患大排查、大整治、大督导行动，公安交管部门在全省高速公路、国省道设置了335个交通安全服务站，开展了整治酒后驾驶、超员超速超载疲劳驾驶、市区大型货车交通违法等专项行动。建设部门加大了对大型建筑设备和重点建设工程的安全检查力度。公安消防部门开展了"清剿火患"战役，组织人员深入农村、社区排查隐患、开展宣传。

（五）全面开展作业场所职业危害监管。2011年2月，省编办正式发文，将职业健康监管职能由卫生划转到安监部门。一是建章立制，先后出台了《河北省作业场所职业危害检测规范》等6个地方标准和《河北省制革行业作业场所职业危害防治规范》等规范性文件。二是完善机构，省安监局成立了独立的职业健康监察处，全省11个设区市中有8个，192个县（市、区）中有58个成立了独立的职业健康监管机构，其余各市及大部分县也都有分管机构和专管人员。三是开展了行政许可试点。在制鞋箱包行业实施了职业健康许可证制度，年初，河北省颁发第一批职业健康许可证，也是全国首批。目前第二批数百家企业正在履行发证程序。四是开展了专项整治。对冶金、电力、制鞋、箱包、制革、电子和粉尘危害严重的23个行业进行了重点整治，每一个行业都制定了标准和时限，在检测、评价、申报、执法方面都有跟进措施。现正在整治的是制革业，已经出台了制革业产能标准和职业健康规范，选定无极为试点，并逐步在全省推开。

（六）加强应急救援能力建设。省安全生产应急救援指挥中心（训练基地）项目省发改委已批复了项目可研报告，省国土厅批复了土地组卷，省财政厅列支了4000万元建设资金，省环保厅出具了环评审批意见，石家庄市完成了300亩用地的土地征用手续，开滦集团设计院初步完成了平面布置图设计方案，项目进入初步设计阶段。在应急预案评定备案工作中，370家省属及以上企业在省局进行了备案，备案率达到95%，3万余家企业在市、县安监部门进行了备案；组织了安全生产月应急演练周活动，全省开展应急演练1万余次；对7个非煤矿山救护队进行了质量标准化达标专项考核验收。推动安全生产监管系统和应急救援平台建设，目前系统硬件已基本部署到位，系统软件完成了初步设计、需求分析和部署，基础数据录入工作也已同步展开，即将进入项目验收阶段。

（七）积极推进安全生产标准化建设。坚持把这项工作作为抓基层、打基础的重点来抓。在制定完善安全生产标准规范方面，按照"条件具备、先急后缓、简明管用"的要求，加快了标准制定步伐。2011年，省局有17个项目列入了省政府地方标准制订计划。目前，已有《旅游景区（点）安全质量规范》、《冶金企业职业危害检测规范》等9项地方标准项目通过专家论证，成为安全生产地方标准；8项起草完毕，正论证当中；其他项目正在积极起草，已接近完成。这些标准涉及非煤矿山、冶金以及职业危害检测等行业和领域，都是企业所急需的。按照国家行业安全生产标准化达标规定，河北省在相关行业企业的各环节、各岗位大力开展了安全生产标准化建设工作。目前，全省66处生产煤矿全部达到省级安全标准；1301家非煤矿山达到1～5级安全标准，308家危险化学品和烟花爆竹生产经营企业达到安全标准化1～3级标准，全省冶金企业中，有64家企业、128个炼铁炼钢单位达到1～3级安全标准，362家机械行业企业达到1～3级安全标准。

（八）强化安全生产宣传教育。在安全生产月期间，各级围绕"安全责任、重在落实"的主题，开展了"安全生产燕赵行"、专项整治、集中执法、应急演练等活动，全省共举办宣讲报告会700余场，深入厂矿企业、学校，发放各种宣传资料5000多万份，有关企事业单位举行各种安全应急演练3000余场，在全社会引起强烈反响。坚持把《河北安全生产》杂志作为宣传教育平台，2011年4月份杂志创刊发行以来，坚持社会效益第一的原则，面向基层、面向企业、面向社会，服务安全生产工作大局，传递安全生产方针政策、法律法规和基本常识，对全省安全生产工作起到了积极的推动作用。目前总体运行良好，发行总量近20万份，得到了企业广大干部职工的广泛认可。11月初，在石家庄举办了"2011第二届河北安全生产技术设备博览会"，冀中能源、河北钢铁、开滦集团等50多家省内外知名企业参展，参展面积达6000余平米，参观人数达到15000余人次，现场成交额达到了3000多万元，意向成交额1.8亿元，在社会上产生了很好的影响。加大了安全培训工作力度，建成全省培训考核管理系统，实现了从学员报名培训到考试制证全过程的网络自动化处理。积极推进培训教师上岗资格制度，推进师资库建设和资源共享。近一年来全省培训高危企业主要负责人、管理人员6.2万人次，培训特种作业人员15.3万人次，培训其他从业人员155万人次。

（九）严肃事故查处和责任追究。在事故调查处理工作中，始终坚持"四不放过"和"依法依规、实事求是、注重实效"的原则，严格执行事故查处挂牌督办制度和事故调查处理意见备案审核制度，进一步严肃生产安全事故的查处和责任追究。2011年，牵头组织了尚义县"8.28"重大道路交通事故的调查处理工作；对6起工矿商贸企业的事故查处实行了挂牌督办。挂牌督办的6起工矿商贸企业事故中，3起已完成调查工作并向社会公告，1人移送司法机关处理；1人给予党纪处分，3人给予政纪处分，1人给予组织处理。为汲取尚义县"8·28"重大道路交通事故教训，防范类似事故再次发生，省公安厅联合省安全监管局、省交通运输厅开展专项督导检查，切实摸清辖区内群众正在使用的无牌无证、假牌假证和报废车辆情况，省公安厅督导张家口市公安局深入开展预防道路交通事故、集中整治交通安全隐患专项行动。在全省范围内部署开展了以查处无牌无证、假牌假证、报废客车违法上路行驶等为重点的"清车行动"、客运车辆安全隐患集中整治行动和道路安全隐患排查治理，加强交通安全隐患排查治理、强化交通管控措施、大力开展交通安全宣传，提升交通安全管理工作的能力和水平。

三、2011 年发布的政府规章及地方标准目录

（一）省政府规章（2个）

1.《河北省安全生产检测检验管理规定》（河北省人民政府令〔2011〕第2号），2011年2月9日公布。

2.《河北省冶金企业安全生产监督管理规定》（河北省人民政府令〔2011〕第18号），2011年12月31日公布。

（二）地方标准（8个）

1. 旅游景区（点）安全质量规范，DB13/T1364－2011，发布日期：2011年1月28日。

2. 金属非金属矿山在用设备安全检测检验综合判定规则（DB13/T1394.1－2011），发布日期：2011年5月10日。

3. 作业场所职业职业危害检测规范第1部分：一般要求（DB13/T1416.1－2011），发布日期：2011年6月15日。

4. 作业场所职业职业危害检测规范第2部分：淀粉、葡萄糖行业（DB13/T1416.2－2011），发布日期：2011年6月15日。

5. 作业场所职业职业危害检测规范第3部分：冶金行业（DB13/T1416.3－2011），发布日期：2011年6月15日。

6. 作业场所职业职业危害检测规范第4部分：制浆造纸行业（DB13/T1416.4－2011），发布日期：2011年6月15日。

7. 作业场所职业职业危害检测规范第5部分：木制家具行业（DB13/T1416.5－2011），发布日期：2011年6月15日。

8. 作业场所职业职业危害检测规范第6部分：制革行业（DB13/T1416.6－2011），发布日期：2011年6月15日。

四、2011 年发生的一次死亡 10 人以上的重特大事故案例

2011年，河北省发生重特大事故1起，即张家口市尚义县"8·28"重大道路交通事故。

2011年8月28日5时10分许，张家口市尚义县401县道七甲乡三义店村北路段，司机岳建兵驾驶载有33人的依维柯面包车，与前方顺行停在路右侧的解放牌重型半挂车发生追尾，造成18人死亡、16人重伤、6人轻伤，直接经济损失923.3万元的重大道路交通事故。

2011年8月28日5时10分许，岳建兵驾驶依维柯车从尚义县城载33人到大营盘菜区打工，沿401县道由南向北行驶至三义店村北路段（401县道153公里加150米处，道路呈南北走向，沥青路面，路宽7米，道路中心设有中心黄虚线，属三级公路，该路段限速70km / h）时，与前方顺行停靠在路右侧的汇达牌重型厢式半挂货车发生追尾（经交通运输部公路科学研究所司法鉴定中心司法鉴定意见书，依维柯车与停靠的大货车碰撞前瞬间的速度高于65km/h），造成依维柯车上18人死亡、10人重伤、6人轻伤（当场17人死亡、17人受伤，其后受伤人员中的1人经救治无效死亡），事故车辆严重受损的重大道路交通事故。

事故的直接原因是，当事人岳建兵的驾驶证与驾驶车辆车型不符，从事非法载客，车辆制动性能不合格，未能及时发现前方顺行车道停放车辆和当事人花智勇夜间违法停车，是造成这起事故的直接原因。岳建兵驾驶的车辆严重超员（核载17人，实载34人）是造成事故扩大的重要原因。

目前，该事故的调查处理工作尚在进行中。

（河北省安全生产监督管理局　强少辉）

物　价

2011年，按照省委、省政府和国家发改委的统一部署，全省各级物价部门紧紧围绕宏观调控首要任务，认真履行职责，全面加强价格调控监管，稳妥有序推进价格改革，深化价格公共服务，为"十二五"良好开局营造了有利的价格环境。全年河北省居民消费价格指数同比上涨5.7%，高于全国（5.4%）0.3个百分点，其中7月份同比上涨7.4%，为全年最高月度涨幅。2011年主要做了以下工作：

一、努力保持物价总水平基本稳定

1. 促进生产保障供应。一方面，加强涉农价格和收费监管，积极运用价格政策促进农产品生产、流通和供应。认真落实粮食最低收购保护价和鲜活农产品运输"绿色通道"政策。降低了动物及动物产品检疫收费标准。对蔬菜等农副产品生产流通用水、用电等实行优惠价格。另一方面，积极发挥价格调控联席会议办公室的职能，主动加强与商务、财政、民政等部门的协调配合，形成监管合力，确保国务院和省政府各项价格调控监管措施落实到位。

2. 强化监测当好参谋。实行了重要商品价格监测日报制度，每天将30种居民生活必需品和20种主要涉农产品价格变动情况上报省委书记、省长、常务副省长和国家发改委。对市场物价始终保持了清晰的图像。

3. 及时应对价格异常波动。3月17日上午监测发现食盐出现抢购苗头，省局立即向省政府报告，当天晚上省政府就召开电视电话会议进行了安排部署，仅用一两天时间就迅速平息了食盐价格异常波动。4月份，针对河北省货运行业也出现不稳定苗头，召开紧急会议研究应对预案，代省政府起草并下发了《关于积极疏导成品油价格调整影响维护出租汽车公路货运等交通运输行业稳定措施的通知》。由于应对及时，措施得当，将这一不稳定因素控制在了萌芽状态。

4. 建立联动机制。经省政府批准，6月份，会同有关部门在全省建立了社会救助和保障标准与物价上涨挂钩的联动机制，从制度上保障低收入群体基本生活不因物价上涨而降低。针对6、7、8月河北省价格持续高位运行的实际情况，9月份在全省统一启动了联动机制。

二、积极稳妥推进价格改革

1. 积极推进电价改革。先后两次提高了燃煤发电机组上网电价和电网企业销售电价，发电企业年可增收约67.84亿元，有效地缓解了燃煤发电企业的经营困难。严格落实差别电价和超耗能惩罚性电价政策，累计收取惩罚性电价收入1.9亿元。制定了光伏发电项目电价管理及补贴实施办法，对可再生能源发电项目实施电价补贴近6亿元。

2. 审慎疏导供热价格矛盾。在居民供热价格不作调整的前提下，适时调整了热力出厂价格和非居民供热价格，在一定程度上缓解供热企业经营困难。

3. 妥善疏导成品油和运价矛盾。按照国家发改委统一部署，三次有升有降调整了成品油价格。研究建立了公路客运价格与成品油价格联动机制。9个市县调整了出租汽车运价。

4. 推进水价和环境价格改革。5个市县实行了城市供水分类水价并轨，会同有关部门研究制定了水资源费征收使用管理办法。配合主要污染物排放权有偿使用改革，研究制定了主要污染物排放权交易基准价和交易服务收费标准。

三、加强民生价格和收费监管

1. 清理收费成效显著。以省政府文件发布了经营服务性收费管理办法。按照国家发改委统一部署，取消或降低了住房交易手续费等房地产收费项目；取消和停止20项社团收费、31项涉企行政事业性收费；减免22项涉及小微企业的行政事业性收费；取消了11类34项银行业服务收费；规范了企业纳税环节收费。年可减轻企业和群众负担近40亿元。

2. 加强医药价格监管。认真落实国家发改委药品降价方案，分两次降低了244个品种药品价格，平均降幅20%，年减轻群众医药费用负担约7亿元。认真落实基层医疗机构基本药物零差率销售政策。加大了对药品招标采购价格的审核力度。研究制定了基层医疗卫生机构一般诊疗费收费标准，将一般诊疗费纳入城镇职工、城镇居民医疗保险和新农合支付范围，明确规定一般诊疗费不向个人收取。

3. 加强教育和路桥收费管理。研究制定了中小学服务性收费和代收费管理办法。核定了22所高校53栋学生公寓住宿费标准。调整了11所民办高校学费标准。调整了司法鉴定收费标准。制定了草原植被恢复费收费标准。调整了收费公路货运车辆计重费率。核定了8条高速公路收费标准。会同有关部门开展收费公路专项清理，经省政府同意，取消了社会反映强烈的保定市二环路收费。

4. 加强房地产价格和电信资费管理。制定了商品房销售明码标价规定实施细则。对电信资费实行了备案管理。

四、加大价格执法检查力度

1. 专项检查扎实有效。组织开展了涉农、医药、教育、银行业、商品房销售明码标价等价格收费专项检查。全年全省共查处各类价格违法案件5667件，查处违法所得金额9151万元，经济制裁金额10193万元，经济制裁金额首次大于违法金额，价格执法力度和效果大大增强。

2. 市场价格监管取得突破。开展了以打击价格欺诈、价格垄断等不正当价格行为为主要内容的“市场价格监管年”活动。开展了市场价格监管专项检查“百日行动”。依法查处并曝光了一批价格欺诈和价格串通案件。可以说，2011年的市场价格监管呈现检查活动多、曝光案件多，处罚力度大的特点。全省共查处各类不正当价格行为案件800件，经济制裁金额1454万元。这样大的处罚力度也是前所未有的。

3. 价格举报再上新台阶。大张旗鼓地开展了纪念“12358”价格举报电话开通十周年活动。进一步加大了对价格举报有功人员和查处价格举报有功人员奖励力度。对群众的投诉举报，快速受理、快速查处和快速办结。全年全省共查处价格举报案件3020件，经济制裁金额364万元，其中退还用户211万元。

五、价格公共服务迈出新步伐

1. 价格信息服务水平不断提升。“数字物价”建设有序推进，“河北物价”及各市价格门户网站服务功能不断加强，服务效果更加明显，网上发布、网上投诉互动功能和网络价格舆情引导能力不断增强。

2. 价格认证工作再出新亮点。与省高法联合下发了《关于加强价格争议调解处理工作的若干意见》，为价格争议调解协议的落实提供了措施保障。部分市成立了价格争议调解处理办公室。坚持高标准、严要求，认真做好涉案、涉纪、涉税财物价格鉴证。积极探索保险车辆损失鉴证模式。

3. 成本调查和监审工作成效显著。高质量地完成了农产品成本调查任务。认真开展成本监审，全省共完成263项成本监审任务，涉及金额277.85亿元，核减不合理开支70.77亿元。

六、系统建设进一步加强

1. 价格法制建设取得新进展。研究制定了政府制定价格听证办法实施细则和价格成本监审工作规程，价格决策机制更加完善。研究制定了物价部门行政处罚自由裁量权暂行规定和物价部门行政执法过错责任追究实施细则，从制度上进一步规范了价格执法行为。

2. 价格调研和价格宣传成绩突出。围绕控物价、惠民生，各级物价部门领导带头深入实际调查研究，形成了一批质量较高的调研成果。创新宣传形式，丰富宣传内容，加强舆论引导，对稳定通胀预期、扩大物价工作的社会影响发挥了重要作用。

3. 队伍建设迈出新步伐。组织了基层物价局长、天然气价格管理、价格听证等培训班。召开了行风评议调度会，把深入开展“创先争优”活动与落实科学发展观和党风廉政建设结合起来，通过学习、创新、提升，进一步增强了广大干部职工的大局意识、创新意识、效率意识和竞争意识，形成了解放思想、积极向上、奋发有为的系统文化氛围。2011年河北省的“五五”普法、价格检查、农产品成本调查、价格监测、价格认证、收费统计、价格宣传等多项工作得到国家发改委的肯定和表扬。

（河北省物价局　吕志森）

消费品市场

2011年，全省各地继续贯彻“稳增长、调结构、控物价、惠民生”的方针政策，拉动和扩大消费需求，消费规模不断扩大，消费结构有所改善，大宗商品消费看好，城乡市场共同发展，全省消费品市场保持了平稳增长的态势。但物价高位运行等问题应予关注。

一、消费市场情况及特点

2011年，全省消费品零售额实现8035.5亿元，比上年增长17.8%。其中，城镇增长18.4%，乡村增长15.5%，并呈现出以下特征：

一是总量持续扩大。全年全省实现社会消费品零售总额8035.5亿元，比上年增加1213.7亿元。

二是增速稳定提高。一季度同比增长16.4%，二季度增长17.6%，三季度增长18.4%，四季度增长18.2%。

三是大中型商业企业带动辐射作用明显增强。在“十二五”第一年及城市上水平的关键年份，各地采取多种措施，力促大型商业企业发展壮大，使其对经济发展的带动辐射作用增强，限上企业增速加快，比重提高。2011年，限额以上企业（单位）零售额增长26.6%，比上半年的26.2%提高了0.4个百分点。限上企业零售额占全省社会消费品零售总额的比重由2010年的21.5%提高到2011年的26.2%。

四是消费结构升级加快，消费热点凸现。2011年，消费结构继续向文体健身娱乐、旅游、汽车、家电等高档用品消费升级。全省限额以上批发零售贸易业化妆品类、金银珠宝类、体育娱乐用品类、书报杂志类、家用电器和音像器材类与石油及制品类六大类商品实现零售额614.8亿元，占全部限额以上批发零售贸易企业零售额比重为31.1%，比2010年全年高出1.5个百分点。汽车类零售额为621.1亿元，比2010年净增96.1亿元。增长18.3%。

二、支撑因素分析

（一）宏观经济的强力支撑。2011年全省经济的持续发展为消费市场的繁荣与发展提供了强力支撑。全省生产总值增长11.3%（可比价格），农业形势良好，粮食产量突破600亿斤，连续八年丰收；工业生产平稳较快发展，实现利润大幅增长，为职工收入的提高奠定了基础；投资需求的不断扩大，为全省就业及城乡居民收入的增加提供了更多机会；全省进出口规模首次突破500亿美元，第三产业发展方兴未艾，为全年消费市场的繁荣和持续发展提供了动力和支撑。

（二）扩大内需政策的支持。2011年各级政府深入贯彻“稳增长、调结构、控物价、惠民生”的政策，对扩大消费需求起到了显著的拉动作用，如社会保障体系的不断完善，提高最低工资标准，不断增加离退休人员的补贴，大力发展夜经济，开发旅游市场，实行家电以旧换新、家电下乡优惠政策等，对扩大内需起到了很好的推动作用。

（三）城乡居民收入、消费水平不断提高。城乡居民是消费的主体，其消费能力主要依赖于城乡居民收入水平。2011年，城镇居民人均可支配收入18292.2元，增长12.5%，增速同比加快2个百分点，农村居民人均纯收入7120元，增长19.5%。随着城乡居民收入的不断提高，其消费支出水平也随之水涨船高，对拉动消费市场起了关键作用。

三、制约消费市场的主要障碍及建议

目前，制约消费市场的因素主要有以下几个方面：

一是物价持续高位运行，使消费者心理受到一定冲击。人们在高物价下压缩消费支出，有钱不敢花。

二是市场秩序有待进一步规范。假冒伪劣、食品安全等诸多问题使消费者心有余悸，不敢放心消费。

三是消费观念在短期内难以改观。人们往往重储蓄，轻消费，加之社保体系的不完善，人们更加重视家庭的大项支出，如教育、购房、养老等。

四是消费市场信心不足。西方金融危机蔓延，致使经济发展的不确定性因素增多，同时，2011年股市低迷，群众从资本市场获得的财产性收入下降，多种因素导致消费市场信心不足。

2012年是“十二五”规划的第二年，同时，我国经济面临“社会发展中短期问题和长期问题交织，结构性问题和体制性问题并存，国内问题和国际问题互联”的复杂形势。为实现消费品市场平稳较快发展，建议：

（一）建立扩大消费的长效机制，积极培育新的消费热点。进一步调整国民收入分配格局，提高中低收入居民收入水平。加大对低收入阶层的收入转移支付力度，使消费增长成为拉动经济增长的主要动力，同时，增强实施的针对性，如对中低收入群体通过加快收入分配制度改革来重点提升其消费能力，重点解决这部分群体无力消费的问题；对高中收入群体应重点解决不便消费、无处消费等问题。不断培育信用消费、服务消费、网络消费、文化消费、低碳消费等新的消费增长点，引导居民转变消费观念，科学合理和放心大胆地消费，以进一步激活居民的消费潜能。

（二）保持物价稳定，保持市场稳定。要综合运用货币和财政政策，双管齐下，以抑制通胀和调控物价。并努力做到既改善供给、搞活流通和平抑物价，又能促进居民消费和切实保护消费者的利益。在当前物价上涨的情况下，要更加重视发挥财政政策的调节作用，以平抑物价。加大整顿和规范市场经济秩序的工作力度，营造公平合理的竞争环境，密切关注源头性产品价格变动，严打非法囤货、哄抬物价行为，保持“菜篮子”稳定，保持市场稳定，保持居民生活稳定。

（三）尽快完善社会保障体系，促进居民购买力实现。尽快完善全民医疗、养老等社会保障制度，降低人们对未来预期的不确定性，促进居民购买力实现，尤其是要控制好房价上涨造成的对其他消费的挤出效应，逐步解除居民扩大消费的后顾之忧，提高城乡居民的即期消费需求，增强居民扩大消费的信心和意愿。

（四）大力发展农村消费品市场，加快农村市场建设步伐。以小城镇建设为依托开拓农村消费品市场，形成以县城为重点、乡镇为骨干、村为基础的农村消费品零售网络。加大农村基础设施建设的投资力度，使农村在交通、通讯、用水用电等方面的条件明显改观，改善农村消费环境。

（五）千方百计扩大就业，增强消费基础。引导转变就业观念，依靠社区大力发展餐饮等服务业，拓展灵活多样的就业方式，增加居民就业，消除进城务工农民的歧视性政策和障碍，简化各种手续，努力构建城乡统一的劳动力就业市场，最大限度增加农民的非农收入。

（六）重塑消费者对食品质量安全的信心。近年来，“瘦肉精”猪肉、地沟油等食品质量安全问题频发，严重挫伤了广大消费者对食品消费安全的信心。要保障食品质量安全，重塑居民对食品消费质量安全的信心，一方面要加强信用体系建设，建立和完善基本信用制度，不断完善食品监管制度，增强生产者的道德意识；另一方面要加大监管和违法惩治力度，强化对违法者和潜在违法者的威慑作用，进一步净化消费市场环境，重塑消费者对食品质量安全的信心。

居民消费价格

2011年全省消费价格总水平（CPI）延续2010年下半年的上涨势头持续攀升，特别是6、7月份受猪肉价格大幅上涨的影响，CPI同比涨幅一度达到了7.0%和7.4%，创下了近三年的高点。此后CPI涨幅开始回落，尤其是10份月以后，随着翘尾因素影响减弱以及国家各项宏观调控政策措施的逐步落实，全省价格总水平出现了明显的拐点。全年累计全省居民消费价格总水平同比上涨了5.7%，高出调控目标1.7个百分点；比2010年涨幅扩大了2.6个百分点，成为1997年以来第二个历史高点。分城乡看：城市上涨了5.3%，农村上涨了6.5%。物价上涨再度成为政府和社会各界共同关注的热点。

一、2011年河北居民消费价格运行特点

（一）价格总水平起点高，上涨快。受上年翘尾因素影响，以及国际大宗商品价格快速上扬，国内能源、农资、劳动力价格等要素成本不断攀升的共同推动，2011年河北居民消费价格总水平延续了2010年下半年的上涨势头，高开高走。1月份CPI同比上涨4.2%，2－5月份涨幅继续扩大，同比涨幅由5.0%逐步升至5.6%，特别是6、7月份受猪肉价格大幅上涨影响，CPI同比涨幅进一步升至7.0%和7.4%，创下近三年来的高点。之后，虽然服务项目以及部分工业消费价格依然小幅上涨，但上年翘尾影响逐步减弱，全省CPI开始缓慢回落，8－10月份同比涨幅保持在6.1－6.9%之间，11、12两月涨幅进一步降至4.7%。全年累计全省CPI上涨5.7%，高出调控目标1.7个百分点；比2010年涨幅扩大了2.6个百分点，成为1997年以来的第二个高点。

（二）涨价商品范围广，幅度大。2011年受国内外多种因素影响，消费市场涨价商品明显增多，涨价范围由农产品向服务项目、工业消费品蔓延。分类别看：食品价格上涨了12.2%，工业消费品价格上涨了2.1%，服务项目价格上涨了4.1%，均为近年来上涨幅度较快的年份。从消费构成看，编制指数的八大类商品及服务项目价格，由上年的“五升三降”变为“全面上涨”，其中食品类上涨12.2%，居住类上涨6.9%，烟酒类上涨3.3%，医疗保健和个人用品类上涨3.0%，其他四类上涨幅度在1.8%－0.2%之间。从调查的262个基本分类看，除家用电器、通信类等少数商品价格下降外，绝大多数的商品价格均呈上涨态势，市场价格基本呈现普涨格局。

（三）工业消费品价格涨幅逐季攀升。受粮、油、电等原材料价格和劳动力成本上涨影响，2011年，河北工业消费品价格持续上涨，同比涨幅逐季扩大。一季度上涨0.3%，二季度上涨1.5%，三季度上涨3.0%，四季度上涨3.6%，全年平均上涨2.1%。分类别看：受政策性调价影响，汽油、柴油价格分别上涨13.6%和13.8%；受国际金价波动的影响，首饰价格上涨了16.5%；受成本增加及厂家调价影响，酒类价格上涨了5.8%，其中白酒上涨7.4%；受棉花价格上涨等因素影响，衣着材料价格上涨16.0%。除此之外，家庭日用杂品、床上用品、室内装饰用品也呈现出不同程度的上涨态势。

（四）服务项目价格呈跳跃式阶梯形上涨。2011年以来，随着用工成本的普遍上扬，部分体现劳动力价值的服务项目价格涨势明显，全省服务项目一改往日平稳运行的态势，价格持续小幅攀升。2011年河北服务项目价格同比上涨了4.1%，比上年涨幅扩大了2.8个百分点，同时也是近十几年来上涨幅度最大的一年。全年走势呈跳跃式阶梯形上涨态势，1月、4月、6月和8月环比涨幅均为0.4%。分类别看，除通信服务外，其他各类服务价格呈全面小幅上涨态势。其中家庭服务涨幅居首，同比上涨了11.0%；其次是衣着加工服务费，同比上涨了10.4%（其中衣着清洗价格上涨了11.6%，缝纫上涨了6.1%）；第三是旅行社收费，同比上涨了9.4%。除此之外，住房估算租金、私房房租和公房房租分别上涨了12.7%、10.1%和5.5%；液化石油气、管道燃气分别上涨

11.5%、7.7%；飞机票、停车费、车辆修理服务费、短途汽车票同比分别上涨了7.5%、5.0%、4.9%、3.9%。

二、居民消费价格上涨的主要原因

受翘尾因素和新涨价因素共同影响，2011年河北居民消费价格总水平一直处于高位运行态势，全年12个月中有9个月涨幅超过了5.0%，其中有两个月涨幅超过7.0%，全年最高月度涨幅为7.4%，最低月度涨幅为4.2%。据测算，在全年CPI上涨的5.7个百分点中，来自上年涨价的翘尾影响为2.9个百分点，占50.9%。

（一）食品类涨价是推动CPI上升的首要因素。2011年，食品类价格上涨了12.2%，由此拉动总指数升高3.62个百分点，影响度为63.5%。其中猪肉、鲜瓜果价格上涨分别影响总指数上升0.94和0.51个百分点，影响度分别为16.5%和8.9%。调查的16个食品小类呈全面上涨态势，其中涨幅超过10.0%的有6类，分别是淀粉及制品26.9%、肉禽及制品25.6%、干鲜瓜果23.9%、水产品15.6%、蛋14.7%和油脂10.6%。值得关注的是，6月份全省猪肉价格快速上升，部分市县价格涨幅一度超过了2008年2月份的历史最高水平。在6月份猪肉价格环比上涨14.9%的基础上，7月份环比再次上涨了11.4%，虽然进入8月份之后，猪肉价格有所下降，但全年累计，全省猪肉价格涨幅仍然高达40.4%，仅此一项即拉动全省CPI上涨0.94个百分点，影响度高达16.5%。

（二）成本上涨对居民消费价格的推动明显加大。一是由于燃油、农业用工费用、农资等价格的普遍上涨，大大推高了农产品的生产、运输及经营成本，导致农产品价格全面攀升。二是上游工业品和原材料的价格上涨向下游产品传导的压力加大，使部分工业品价格连续小幅上涨。三是各地最低工资标准不断上升，导致劳动密集型产品和服务项目价格持续走高。四是从国际市场来看，农产品、石油、有色金属等大宗商品价格持续在高位徘徊，反复振荡，对国内市场价格有直接传导作用。

（三）政策性调价直接推动相关产品价格走高。一是2011年国家继续提高小麦和稻谷的最低收购价格，其中稻谷收购价格的提高幅度是2004年实行粮食收购保护价政策以来最大的一次。收购价格的大幅提高，也相应提升了市场粮价上涨预期。二是国家对房地产市场实行更为严厉的政策，房东“以租养贷”成本增加，同时“限购”抑制了部分买房需求，房屋租赁市场相对较热，导致私房房租和自有住房估算租金分别上涨了10.1%和12.7%。三是国家先后上调汽油、柴油价格，2011年分别上涨了13.6%和13.8%，直接导致机票、短途汽车等交通类及旅行社收费价格的明显上涨。

综合来看，2011年居民消费价格明显上涨是本轮通货膨胀的延续，是多种因素相互交织、相互叠加、共同作用的结果。具体来说，既包括短期因素的影响，如季节性、节日消费及自然灾害等影响，也包括劳动力、原材料成本上涨向下游产品传导影响，以及国际市场商品价格上涨带来的输入性通胀压力。其根本原因是市场经济条件下经济发展规律的作用，直接原因与近两年来应对国际金融危机刺激政策的副作用密切相关。

（国家统计局河北调查总队　王建辉）

工业生产者价格

2011年前期，受宏观经济总体向好、市场需求旺盛以及原材料价格、人工费等快速上涨共同影响，全省工业生产者价格“高开高走、波动运行”；但自8月份开始，随着主要行业需求放缓，欧债危机不断蔓延，全省工业生产者价格“快速回落，深幅下行”。1至12月份，全省工业品价格运行呈现了前高后低的大幅波动运行态势。其中工业生产者出厂价格同比累计上涨7.7%，购进价格同比累计上涨10.9%。

一、2011年全省工业生产者价格运行的主要特征

（一）工业生产者出厂同比价格前高后低。2011年全省工业生产者出厂价格总体呈现前高后低大幅波动的运行态势，1至12月份同比价格上涨7.7%。一季度涨幅均在10%以上，1至3月份同比分别上涨10.1%、11.5%和10.3%；二季度涨幅呈先回落再上升走势，4至6月份同比分别上涨8.0%、8.2%和9.3%；三季度涨幅呈现缓降态势，7至9月份同比价格分别10.6%、9.5%和8.2%；四季度涨幅回落速度加快，10至12月份同比分别上涨5.7%、1.6%和0.1%，分别较上月回落2.5、4.1和1.5个百分点，其中12月份涨幅为全年最低。

另从环比看，1至12月份全省工业生产者出厂价格环比指数除7、10、11、12月份分别下降0.2%、1.5%、1.8%和1.0%外，其余8个月均在上涨，涨幅在0.1%——1.7%之间，其中2月份环比价格上涨1.7%，为全年最高水平，11月份下降1.8%，为全年最低水平。

（二）生产资料价格涨幅高于生活资料2.9个百分点。1至12月份，全省生产资料产品出厂价格同比上涨8.1%，其中：采掘类、原料类、加工类产品出厂价格分别上涨16.0%、8.8%和6.7%。生活资料产品出厂价格同比上涨5.2%，其中：食品类、衣着类、一般日用品类、耐用消费品类产品出厂价格分别上涨8.3%、3.8%、1.2%和2.1%。生产资料价格涨幅高于生活资料2.9个百分点，生活资料中食品类产品价格涨幅明显偏高。

（三）行业上涨覆盖面广。1至12月，全省38个工业行业大类中，除烟草制品业同比价格微降0.1%外，其他37个行业产品出厂价格同比均为上涨，上涨面达97%。在所调查的38个大类行业中，涨幅超过10%的行业有7个，占行业总数的18%；涨幅在5%至10%之间的行业有9个，占行业总数的24%。其中石油和天然气开采业同比上涨36.5%，涨幅居38个大类行业之首，涨幅位居第二、第三、第四的依次是纺织业、石油加工炼焦及核燃料加工业和黑色金属矿采选业，同比分别上涨16.6%、13.9%和13.6%。

（四）初级、中间及最终产品价格均呈上涨态势。1至12月，全省工业生产初级产品价格同比上涨15.8%，其中矿产品价格上涨16.0%；工业生产中间产品价格上涨7.6%；工业生产最终产品价格上涨4.2%。初级产品价格涨幅分别高于中间产品和最终产品8.2和11.6个百分点。

（五）工业生产者购进价格前期高位波动，后期涨幅回落。在燃料动力、钢铁产品、纺织原料、农副食品等行业产品价格上涨的拉动下，全省工业生产者购进价格高位运行，1至12月份同比累计上涨10.9%。分月看，1至3月份分别上涨12.3%、13.6%和13.4%，4至6月份分别上涨12.4%、11.6%和13.0%，7月份上涨13.8%，为全年最高水平。从8开始至年底份涨幅逐步回落，分别上涨12.8%、11.6%、9.7%、4.7%和3.3%。

二、2011年全省主要行业产品价格运行情况

（一）原油出厂价格涨幅先扩后缩，同比累计上涨37.2%。受利比亚局势持续动荡以及日本地震等因素的影响，国际原油价格不断上涨，带动国内原油出厂价格大幅攀升。与上年同期相比，1至12月份原油出厂价格累计上涨37.2%。从各月同比涨幅看，前8个月中除5月份涨幅微缩外，其余各月涨幅不断扩大，从1月份的上涨19.5%到8月份上涨51.5%，涨幅扩大了32.0个百分点。而从9月份涨幅又开始回落，9至11月份分别上涨45.7%、42.7%和28.9%，而12月份受国际原油价格变动影响，同比涨幅有所回升，上涨31.8%。从月环比看，1—5月份原油价格大幅上涨，分别上涨9.3%、5.1%、6.1%、9.4%和6.9%。6、7月份，受国际原油价格震荡走低的影响，全省原油出厂价格由升转降，环比下降3.6%和1.6%，在经历了8月份上涨1.1%之后，9至11月份环比价格逐月走低，分别下降2.2%、1.2%和4.4%，而12月份环比价格随国际油价波动又上涨4.4%。

（二）黑色金属冶炼及压延加工业同比累计上涨10.4%，前高后低特征明显。1至12月份全省黑色金属冶炼及压延加工业同比累计上涨10.4%。其中前三季度，受铁矿石、焦炭等主要原材料价格上涨以及钢材市场需求较旺等诸多因素影响，全省钢铁产品出厂价格同比累计上涨14.1%. 其中：炼铁类、炼钢类、钢压延类及铁合金冶炼类产品分别上涨13.5%、16.9%、13.2%和5.0%。进入第四季度，受欧洲债务危机不断加深蔓延和国内市场需求不足等因素影响，10月份同比涨幅仅有4.8%，大幅回落5.0个百分点，而11、12连续两个月份更是出现下降，且降幅不断加大，分别为0.8%和4.5%。

从环比看，1至9月份，市场价格以涨为主调，除3、7、9月环比价格分别微降0.8%、0.7%和0.1%外，其余各月环比价格均为上涨，涨幅在0.3%——4.1%之间，最高涨幅4.1%出现在2月份。第四季度价格则呈明显下降态势，10至12月份环比价格分别下降4.0%、3.8%和3.0%。

（三）农副食品类产品购进价格高位波动，带动相关行业产品出厂价格攀升。2011年1至12月，全省农副食品类产品购进价格同比上涨19.5%。分月看，1至6月份涨幅逐月扩大，分别上涨15.8%、21.8%、22.7%、23.3%、23.3%和26.0%；下半年涨幅开始一路回落，7至12月份涨幅分别为24.9%、23.9%、23.7%、19.0%、7.6%和5.7%，12月份涨幅为全年最低。受此影响，全省农副食品加工业和食品制造业产品出厂价格持续上涨。1至12月份，全省农副食品加工业出厂价格同比上涨10.9%，其中：粮食、饲料、植物油、肉类产品分别上涨4.3%、6.4%、19.9%和11.1%。食品制造业产品出厂价格同比上涨7.5%。

从月环比看，农副食品加工产品自2010年5月份以来，除2011年1、11、12月份环比分别回落0.4%、1.0%和1.1%外，其余各月环比均呈小幅上涨态势，其中，2、4、9月份涨幅较高，分别上涨1.3%、1.1%和1.0%。受农产品价格上涨的影响，食品制造业产品出厂价格自2010年3月至2011年8月已连续18个月上涨。只有9月份环比价格出现了首次下降，降幅为0.1个百分点。随后的10至12月份又开始微幅反弹，分别上涨0.5%、、0.3%和0.2%。

（四）纺织业产品出厂价格同比涨幅先扩后缩，环比前升后降。2011年，棉花市场价格剧烈波动。棉花价格从年初开始持续上涨，四月中旬突然大幅下跌且此趋势几乎延续到年底。受此影响，全省纺织业产品出厂价格同比上涨16.6%。其中1至3月份全省纺织业产品价格不断攀升，分别上涨24.8%、27.4%和27.8%，涨幅逐月扩大。自4月份开始涨幅出现回落，5至11月份回落幅度逐月加深，11月份仅上涨0.2%，较3月份回落27.5个百分点，而12月份与上年价格持平。

从环比看，1至4月份全省纺织业产品价格呈逐月上涨走势，分别上涨1.6%、2.3%、1.7%和0.3%。受5月份棉花价格下降影响，5至12月份纺织业产品价格一直下滑，其中7月份降幅最大，达到2.0%。

（国家统计局河北调查总队）

农产品生产价格

2011年，国家统计局河北调查总队对42个县1242个调查户（其中非农户生产单位414个）调查显示，河北农产品生产价格呈上涨态势。

一、基本走势

2011年，河北农产品生产价格较上年上涨10.86%，涨幅逐季前强后弱，一季度上涨16.58%，二季度上涨17.25%，三季度上涨14.26%，四季度上涨3.50%。具体如下：

（一）种植业产品价格总体上涨。2011年，河北种植业产品生产价格缓慢上涨，同比上涨5.98%。分类看有涨有落。

1. 粮食生产价格上涨一成以下。2011年粮食生产价格全年同比上涨6.68%。分类看，涨跌不一。谷物生产价格同比上涨7.66%，其中小麦、玉米和稻谷价格分别上涨2.72%、11.02%和10.02%。谷子则较上年同期下跌1.53%。豆类生产价格同比上涨2.61%，其中大豆价格上涨4.32%，绿豆价格则由一季度的10.60元/公斤回落至四季度的6.37元/公斤，全年较上年共下降14.58%。薯类生产价格则呈跌势，同比下跌18.83%，其中马铃薯同比下跌19.50%，甘薯下跌1.58%。

2. 棉花生产价格高开低走。2011年河北棉花生产价格微幅上涨，涨幅仅为0.63%。第一季度，棉花生产价格以11.76元/公斤高开，之后逐季回落。到第四季度棉花生产价格跌为8.08元/公斤，较上年同期下跌30.29%。

3. 蔬菜及食用菌类生产价格上涨。2011年蔬菜及食用菌类生产价格全年累计上涨7.90%。蔬菜生产价格上涨7.85%，食用菌生产价格上涨11.98%。蔬菜分类别看，除白菜类生产价格下跌外，其他品种生产价格均呈涨势，其中豆类、瓜菜类和茄果类生产价格同比涨幅在一成以上，分别为19.35%、15.73%和11.93%。

4. 油料生产价格继续上涨。2011年油料生产价格全年累计上涨9.76%。其主要品种带壳花生，各季度每公斤价格分别为5.54元、6.35元、8.63元、6.82元，第四季度生产价格有所回落。

5. 水果及坚果生产价格上涨。2011年河北水果及坚果生产价格同比上涨5.88%，其中水果生产价格是上涨的，涨幅为5.97%，坚果生产价格是下跌的，跌幅为2.12%。水果中，生产价格下跌的品种有苹果、枣、柿子，跌幅分别为9.86%、14.35%、16.93%；生产价格上涨的主要品种有梨、葡萄、西瓜、桃、杏、草莓，涨幅分别为14.49%、4.91%、12.54%、6.05%、5.45%、39.00%。坚果中，核桃和板栗生产价格分别下跌2.49%和1.81%。

（二）林业产品生产价格稳步上涨。2011年河北林业产品生产价格稳步上涨，同比涨幅6.96%。其中苗木类价格上涨10.00%，原木上涨4.76%，而薪材价格则下跌20.43%。

（三）牧业产品生产价格强势上涨。2011年河北饲养动物及其产品生产价格强势上涨，同比上涨16.50%。活牲畜生产价格上涨26.07%，其中猪、牛、羊同比分别上涨29.49%、12.08%、16.63%；活家禽肉鸡生产价格上涨5.27%；畜禽产品生产价格上涨11.4%，其中牛奶、鸡蛋、鸭蛋和绵羊毛均呈涨势，涨幅分别为3.92%、7.70%、14.11%和12.05%。

（四）渔业产品生产价格大幅上涨。2011年河北渔业产品生产价格上涨11.62%，海水养殖产品和淡水养殖产品生产价格均呈涨势。海水养殖产品生产价格上涨7.34%，其中虾上涨6.75%，蟹上涨7.69%，贝上涨7.59%；淡水养殖产品生产价格上涨17.51%，其中鲤鱼、草鱼和鲢鱼价格同比分别上涨17.99%、19.43%和14.29%。

二、分品种农产品生产价格走势及原因分析

（一）稻谷、玉米和小麦。为保护农民种粮积极性，进一步促进粮食生产发展，国家继续在小麦主产区实行最低收购价政策，并适当提高2011年最低收购价水平。政策性的提振，是粮食市场价格稳步上扬的主导因素。

2011年，河北主要粮食品种稻谷、玉米和小麦生产价格均呈涨势。稻谷生产价格高位运行，第四季度出现回落，但仍高于上年同期。小麦与玉米在第三季度时生产价格出现交叉。玉米生产价格超过小麦生产价格，属历史性转折点。玉米成了粮价上涨的领头羊，主要归因于玉米需求持续旺盛，生产成本连年增加和农户对玉米价格预期较高。

（二）大豆和绿豆。我国大豆2/3以上需从国外进口，国际市场大豆价格的波动会很快传播到国内市场。2011年我国豆粕消费需求保持较高水平。且2011年河北大豆播种面积减少，产量下降，库存较低，企业采购大豆欲望较强。国内国外因素共同推高大豆价格。

绿豆生产价格较上年下跌14.58%，属理性回归。2010年，由于产量减少和游资炒作等因素，出现"逗你玩"现象，绿豆生产价格曾飙升到14.29元/公斤。2011年绿豆生产价格逐季回落，年底已回落至6.37元/公斤。

（三）棉花。棉花生产价格年初第一季度以11.76元/公斤高开，之后逐季回落，第四季度跌至8.08元/公斤。棉花价格下跌的主要原因一是2011年棉花种植面积扩大，产量增加；二是2011年棉花在生长期降雨量大，造成棉花绒质含量下降；三是棉纱滞销严重，价格下跌，成交多亏损严重，加之原材料年前已补库存，纺企采购谨慎；四是为抑制通胀，持续收紧的货币政策令纺企资金问题凸显，同时由于产销失衡，本身脆弱的纺织行业无力承压，限产、停工、转做化纤类等现象屡见不鲜。

（四）大白菜和白萝卜。2011年蔬菜生产价格普遍较上年有所上涨。而大白菜和白萝卜生产价格下跌突出。究其原因有二：一是受上年出售价格高影响，2011年农户纷纷扩大种植面积；二是2011年气温、降水等天气状况良好，且病虫害较少，大白菜和白萝卜喜迎丰收；三是外销减少，多为本地销售，供大于求，导致其生产价格大幅下跌。

（五）猪、牛和羊。2011年猪、牛和羊生产价格总体上扬。猪生产价格连续攀升到第三季度后开始回落。回落的主要因素在于国家出台的稳定生猪生产、投放储备肉等一系列调控措施，对猪价格的稳定有很好的支撑，对上涨进行了有效的抑制。猪价持续走高，养殖利润可观、养殖户积极性不断提高，进而生猪存栏持续增加，市场供求关系不断改善。

牛生产价格呈直线上升之势。羊生产价格低开高走，波动上行。近几年，河北各县开展退耕还林，禁止放牧的政策，饲料成本增加，养牛、羊户数减少，出栏数量也随着减少，而消费量日益增加，导致价格上涨。

（六）禽、蛋。2011年河北禽、蛋生产价格较上年均有上涨。禽、蛋价格上涨的主要原因一是粮食价格上涨；二是猪肉价格高企，部分市民把消费需求转到消费禽、蛋

上来，一定程度上拉升了禽蛋价格；三是饲料、人工等养殖成本大幅上涨，也推高了禽蛋价格上涨。在第四季度，适合禽、蛋生产，供应量充足，生产价格正常回落。

（七）淡水鱼。2011年淡水鱼生产价格较上年大幅上涨，涨幅为17.51%。上涨的主要原因有：一是由于强降雨偏多，养殖区内涝严重，影响了水产品的产量；二是由于运输、人工等养殖成本上升；三是消费者由于猪肉价格上涨而转移到淡水鱼上的消费量增多，需求上升。

（国家统计局河北调查总队　李玲萍）

城镇居民生活

随着宏观经济形势的持续好转和减税增资等各项惠民政策的相继出台，2011年河北城镇居民收支均稳步较快增长。工资性收入的稳定增加，经营性收入的大幅增长，是城镇居民增收的主要支撑因素。物价水平居高不下，消费倾向依然不高，抑制了城镇居民的消费。城乡居民收入增幅的反差，与全国平均水平的差距扩大，社会保障资金的不足，是面临的主要问题。如何保持城镇居民收入持续稳定增长，合理引导居民消费，任重而道远。

一、城镇居民收支现状

（一）收入现状。2011年河北城镇居民人均总收入19591.91元，比上年的17334.42元，增加2257.49元，增长13.0%。其中人均可支配收入18292.23元，比上年的16263.43元，增加2028.80元，增长12.5%。

从构成收入的四项指标看，呈“三增一降”的态势：即人均工资性收入11686.60元，同比增加1120.30元，增长10.6%；人均经营净收入1836.45元，同比增加792.73元，增长76.0%；人均转移性收入5750.43元，同比增加350.00元，增长6.5%；只有人均财产性收入出现下降，由上年的323.97元，下降为2011年的318.43元，减少5.54元，降低1.7%。

（二）支出现状。2011年河北城镇居民人均总支出15215.52元，比上年的13332.20元，增加1883.32元，增长14.1%。其中，人均消费性支出11609.29元，同比增加1290.97元，增长12.5%。

从五大类生活总支出看呈“四增一减”。即人均消费性支出11609.29元，同比增加1290.97元，增长12.5%；人均财产性支出32.86元，同比增加1.53元，增长4.9%；人均转移性支出1718.23元，同比增加475.13元，增长38.2%；人均社会保障支出1171.79元，同比增加213.59元，增长22.3%；只有人均购房和建房支出，由2010年的781.25元，下降为2011年的683.34元，减少97.91元，降低12.5%。

从八大类消费性支出看呈“七增一降”。“七增”是食品人均消费3927.26元，增长17.8%；衣着人均消费1425.99元，增长16.3%；居住人均消费1372.25元，增长2.1%；家庭设备用品及服务人均消费809.85元，增长16.8%；医疗保健人均消费955.95元，增长3.5%；交通和通信人均消费1526.60元，增长9.2%；教育文化娱乐服务人均消费1203.99元，增长20.3%。“一降”是其他商品和服务人均消费387.4元，同比下降2.2%。

二、城镇居民收支特点

（一）居民可支配收入持续增加。在经济形势好转和增资政策的力推下，河北城镇居民可支配收入稳定较快增长。2011年城镇居民人均可支配收入达到18292.23元，比上年的16263.43元，增加2028.80元，增长12.5%，比上年10.5%的增速提高2.0个百分点，比2009年提高3.0个百分点。在受全球金融危机影响，2009年城镇居民人均可支配收入增速出现下滑后，又呈现持续稳定增长态势。

（二）经营净收入大幅度增加。随着宏观经济形势的持续好转和国家扶持力度的加强，个体经营全面复苏，城镇居民从经营活动中得到的收入大幅度增加。2011年城镇居民人均经营净收入1836.45元，比上年的1043.72元，增加792.73元，增长76.0%，在上年提高16.2个百分点的基础上，2011年又提高了69.1个百分点。占居民可支配收入的比重也由2010年的6.4%，提高到2011年的10.0%，增加3.6个百分点，首次达到两位数。

（三）消费倾向下降趋势有所遏制。2011年城镇人均消费性支出11609.29元，同比增长12.5%。同时，居民消费率（消费性支出占可支配收入的比例）提高为63.5%，虽然与2010年的63.4%基本持平，但在2008年下降2.8个百分点，2009年下降1.8个百分点，2010年下降2.4个百分点，连续三年下降的基础上，2011年消费倾向止降趋稳。

（四）社会保障支出快速增长。随着社会保障制度的深入实施，社会保险福利措施的大面覆盖，2011年城镇居民人均社会保障支出快速增长，由2010年的958.2元，增加到2011年的1171.79元，增长22.3%，提高13.6个百分点。其中养老金、公积金、失业金、医疗保险等各项保障支出均有较大幅度增长，分别增长27.5%、17.2%、45.1%、16.3%。

（五）地区间收入差距进一步缩小。2011年11个设区市中，沧州、秦皇岛、衡水、承德四个市区人均可支配收入高于全省平均水平，增长速度分别为14.0%、13.7%、13.6%和13.4%；邢台、保定、廊坊、石家庄四个市区人均可支配收入与全省平均水平接近，增幅分别为12.5%、12.4%、12.3%、12.3%；张家口、唐山、邯郸三个市区人均可支配收入低于全省平均水平，增长速度分别为12.0%、11.4%、10.0%。9个城市的增幅在12%——14%之间，最高与最低增幅相差4.0个百分点，地区间发展比较均衡。

收入最高的廊坊市市区城镇居民人均可支配收入21991.01元，收入最低的张家口市市区人均可支配收入为16401.33元，最高与最低城市居民可支配收入相差为5589.68元，月均不足500元。同时，高、低收入城市居民可支配收入之比也由2009年的1.37∶1到2010年的

1.35：1，2011年进一步速缩小为1.34：1（以低收入城市居民收入为1计算），地区间收入差距进一步缩小。

三、增收支撑因素

（一）工资性收入增长是第一支撑。受工资调整，提高失业金、低保金，企业上调最低工资标准和提高基本养老金等增资政策的推动，2011年河北城镇居民家庭人均得到的工资性收入为11686.60元，增加1120.30元，增长10.6%，比上年提高3.1个百分点。工资性收入增加拉动可支配收入增长6.9个百分点，比上年提高1.9个百分点；其贡献率达到55.2%，增资政策力推城镇居民家庭收入增长。

（二）经营净收入增长是另一支撑因素。宏观经济形势的向好，私营经济环境的优化，个体经营扶持力度的加大，使城镇居民经营净收入得到大幅度增长。2011年城镇居民人均经营净收入1836.45元，增长76.0%。拉动可支配收入增长4.9个百分点，比上年提高4.4个百分点；其贡献率达到39.1%，与上年的4.3%相比，发生了大的飞跃。

四、需要关注的几个问题

（一）物价居高不下，冲淡收入虚增消费。2011年以来河北城市消费价格水平延续上年下半年的上涨势头，高开高走，一直居高不下，不仅冲减了城镇居民收入，对生活消费也造成很大影响。2011年城镇居民人均可支配收入18292.23元，名义增长12.5%，扣除物价因素后实际仅增长了6.8%。也就是说在2011年增加的2028.80元人均可支配收入中，有920.69元被物价上涨所冲减，占名义新增收入的45.4%，物价上涨使城镇居民收入增长大打折扣。同时，城镇居民消费性支出受物价上涨影响表现的尤为明显，2011年城镇居民人均消费性支出名义增长12.5%，扣除物价因素，实际增长仅为6.8%，在城镇居民人均消费性支出1290.97元的新增额中，有584.32元为虚增长，占名义增加额的45.3%。

（二）城乡居民收入增幅差距明显。2011年河北农村居民人均纯收入达7120元，同比增长19.5%，增幅较上年加快3.8个百分点，而同期城镇居民人均可支配收入18292元，增长12.5%，增幅较上年仅加快2.0个百分点。城乡居民收入增幅相差7.0个百分点，在上年相差5.2个百分点的基础上，2011年又加大了1.8个百分点，增幅差距明显扩大。城乡居民收入之比也由2009年的2.86：1到2010年2.73：1，下降为2011年的2.57：1（以农村居民收入为1）。另外，河北省农民人均纯收入在全国排第12位，而城镇居民可支配收入仅排在第18位，相差6个位次。与全国平均水平相比，农民纯收入比全国平均水平高2.0%，城镇居民可支配收入则低19.2%。

（三）与全国平均水平差距进一步加大。河北城镇居民收入长期以来低于全国平均水平，这种状况在2010年有所加大的基础上，2011年又有所加剧。2011年全国城镇居民人均可支配收入21810元，增长14.1%，而河北城镇居民人均可支配收入为18292.23元，增长12.5%。河北与全国城镇居民人均可支配收入差距由2009年的2456.75元，到2010年相差2845.57元，再扩大为2011年的3517.77元。河北和全国平均水平之比（以河北城镇居民收入为1）由2009年的1：1.167，到2010年的1：1.175；再到2011年的1：1.193，河北与全国平均水平的差距进一步加大。

（国家统计局河北调查总队　戴江学）

农村居民生活

2011年是“十二五”开局之年，在省委省政府的正确领导下，全省认真贯彻落实经济工作会议和农村工作会议精神，加大“三农”工作力度，促增收、惠民生，制定多项强农惠民政策，采取有效措施，促进农村经济的健康发展。农民增收呈现出增加额超千元、增速创15年新高、收入跃上7000元台阶的新局面；农民支出呈现出消费能力明显增强，城乡差距趋于缩小，生产投入较快增长的良好态势。

一、农民收入

（一）农民收入较快增长。2011年，农民人均纯收入7120元，比上年增加1162元，增长19.5%，呈现“多轮驱动”增长格局。

1. 工资性收入增长29.0%。农民人均工资性收入3424元，增加771元，增长29.0%。其中，农民务工收入3151元，增长29.5%。

2. 家庭经营纯收入增长10.1%。农民人均家庭经营纯收入3006元，增加276元，增长10.1%。其中，第一产业纯收入2228元，增加175元，增长8.5%；非农产业纯收入779元，增加102元，增长15.0%。

3. 财产性纯收入增长13.1%。农民人均财产性纯收入突破200元，达到206元，增加24元，增长13.1%。

4. 转移性纯收入增长23.2%。农民人均转移性纯收入483元，增加91元，增长23.2%。其中，离退休金、养老金收入205元，增加85元，增长71.4%。

（二）农民收入增长特征

1. 农民收入增长与经济发展实现“同步”。2011年，中央政府工作报告中提出，“十二五”在分配制度改革方面要实施“两个同步”，开启了国强民富的新时代。据初步核算，河北生产总值实现24228.2亿元，按可比价格计算，比上年增长11.3%；农民人均纯收入7120元，按可比价格计算，比上年增长12.2%。农民收入增长实现了与经济发展“同步”。

2. 农民收入增加额首次超过千元。农民人均纯收入增加1162元，是农民增收历史上首次超过千元；增长19.5%，是1997年以来，农民收入增长最快的一年；农民人均纯收入7120元，在上年接近六千元的基础上，跃上了7000元的新台阶。

3. 农民收入增长快于全国。2011年，全国农民人均纯收入6977元，比上年增加1058元，增长17.9%。河北农民人均纯收入比全国高143元；增量比全国多104元；增速比全国快1.6个百分点。

4. 农民收入增长快于城镇居民。城镇居民人均可支配收入18292元，增长12.5%。农民纯收入增速快于城镇居民收入7.0个百分点，也是1979年以来第13次快于城镇居民收入增速。

5. 工资性收入首次超过家庭经营收入。工资性收入比家庭经营收入高418元，这是实行家庭联产承包责任制，自1983年以来，农民工资性收入首次超过家庭经营收入。这意味着工资性收入将成为农民增收的主导因素。

6. 现金纯收入比重创历史新高。农民人均现金纯收入6266元，比上年增加1165元，增长22.8%；人均实物纯收入854元，比上年减少3元，下降0.4%。现金纯收入占农民人均纯收入的比重88.0%，创历史新高；实物纯收入占农民人均纯收入的比重12.0%，比上年下降2.4个百分点。

二、农民生活消费

（一）生活消费全面较快增长。2011年，河北农民人均生活消费支出4711元，比上年增加866元，增长22.5%，增速比上年加快7.7个百分点。

1. 农民生活消费全面增长。农民生活消费八类支出全面增长，其中食品支出增长16.9%，衣着增长33.2%，居住增长29.8%，家庭设备用品增长44.8%，交通通讯增长11.9%，文教娱乐用品增长6.5%，医疗保健增长26.3%，其他商品及服务增长52.1%。

2. 农民生活消费支出首次突破4000元。随着农民收入水平的提高，农民生活消费支出同步增加。1995年，农民生活消费支出首次突破千元，达1104元；2005年，首次突破2000元，达2166元；2008年，首次突破3000元，达3126元；2011年，首次突破4000元，达4711元。

3. 农民生活消费支出增速创15年来新高。农民人均生活消费支出增长22.5%，这是自1997年以来，农民生活消费支出增速最高的一年。

4. 农民生活消费支出增加额再创历史新高。农民生活消费支出在上年增加495元、创历史新高的基础上，继续增加866元，再创历史新高。

（二）农民生活消费特征

1. 商品性支出和服务性支出双增长

（1）商品性支出与服务性支出双增长。农民商品性支出人均3484元，增长24.1%；服务性支出1227元，增长18.2%，商品性支出与服务性支出实现“双增长”。

（2）商品性支出与服务性支出增速双加快。农民人均商品性支出增长24.1%，比上年加快9.2个百分点；服务性支出增长18.2%，比上年加快3.8个百分点，呈现“双加快”的态势。

（3）商品性支出是农民生活消费的主体。农民商品性支出人均3484元，占生活消费支出的73.9%，比上年提高0.9个百分点；服务性支出1227元，占26.1%。商品性支出是农民生活消费支出的主体，与服务性支出大体维持“七三开”的格局。

（4）商品性支出对生活消费增长的贡献率接近八成。农民人均商品性支出比上年增加677元，对生活消费增长的贡献率为78.2%；服务性支出增加189元，对生活消费增长的贡献率为21.8%。商品性支出是推动农民生活消费支出增长的主导因素。

2. 城乡居民生活消费差距趋于缩小

（1）农民生活消费支出增速快于城镇居民。城镇居民生活消费支出增长12.5%，农民生活消费支出增速比城镇居民快10.0个百分点。从消费支出的八大类看，除食品和文教娱乐用品支出外，其余六类支出的增速均快于城镇居民：农民衣着支出增长33.2%，比城镇居民快16.8个百分点；居住增长29.8%，快27.8个百分点；家庭设备用品增长44.8%，快28.0个百分点；医疗保健增长26.3%，快22.8个百分点；交通通讯增长11.9%，快2.7个百分点；其他商品和服务增长52.1%，快54.2个百分点。

（2）城乡居民生活消费支出差距有所缩小。城镇居民人均生活消费支出11609元，城乡居民生活消费支出比值（以农民生活消费支出为1，下同）2009年为2.89：1，2010年降至2.68：1，2011年继续降至2.46：1。

3. 新农合制度增强了农民健康意识。农村新农合制度的实施，减轻了农民医疗负担，增强了农民医疗保健意识，农民医疗保障水平明显提高。农民人均支出435元，比2008年（新农合未全面覆盖前）增加216元，年均增长25.7%，比农民人均纯收入增速快11.6个百分点；医疗保健支出占生活消费支出的比重为9.2%，比2008年提高2.2个百分点；医疗保健支出在八类消费中排至第四位，比2008年提升一位。

三、农民生产投入

2011年，农民家庭经营费用支出人均2472元，增加400元，增长19.3%。其中。第一产业生产费用支出人均1860元，增加263元，增长16.5%，农业生产费用支出人均1116元，增加299元，增长36.6%，牧业生产费用支出人均735元，减少35元，下降4.6%；非农产业生产费用支出人均612元，增加137元，增长28.8%，其中，第二产业生产费用支出人均185元，减少39元，下降17.2%，第三产业生产费用支出人均427元，增加176元，增长69.9%。

（国家统计局河北调查总队　焦　凯）

人　口

在“十二五”开局之年，河北省认真贯彻执行计划生育基本国策，贯彻科学发展观，坚持以人的全面发展为主线，稳定低生育水平，提高人口素质，优化人口结构与分布，促进人口长期均衡发展，促进人口与经济社会、资源环境相协调，为建设经济强省和谐河北创造优良的人口环境。2011年，河北省人口发展主要呈现以下特点：

一、继续保持稳定的低生育水平

根据2011年人口变动情况抽样调查数据推算，2011年末，河北省常住人口7240.51万人，比上年末增加46.91万人。出生人口94.27万人，人口出生率为13.02‰；死亡人口47.21万人，人口死亡率为6.52‰；人口自然增长率为6.50‰。

计划生育基本国策的较好执行和人民生育观念的变化，使人口增长继续保持在较低水平。全省人口数量在生育高峰期保持了缓慢增长，稳定的低生育水平缓解了人口对资源环境的压力，为经济社会平稳较快可持续发展做出了积极贡献。

二、出生性别比有所改善，人口红利逐步消退

（一）出生人口性别比逐步改善。出生人口性别比偏高问题是近年来人口、社会领域关注的问题。出生人口性别比不均衡，会造成婚姻市场挤压等严重人口和社会问题，影响未来人口的健康发展和社会的和谐稳定。从上世纪80年代以来，河北省出生人口性别比一直呈上升趋势，曾在2005年前后出现120的高值。在省委省政府的高度重视下，经过相关部门的综合治理，已经逐步改善。2011年河北省出生人口性别比为114.29，比上年下降0.59，但与103－107正常范围值相比尚有差距。

另外，随着孩次增加，出生人口性别比大幅提高，甚至成倍上升，说明男孩偏好下的人为性别选择仍然是出生人口性别比较高的主要原因，如何转变人们的传统生育观念是解决出生性别比问题的根本所在。

（二）年龄结构两升一降，人口红利呈消退趋势。据调查资料显示，2011年全省0—14岁人口所占比重为17.82%，较上年提高0.99个百分点；15—64岁所占比重为73.51%，较上年下降1.42个百分点；65岁及以上人口所占比重为8.67%，较上年提高0.43个百分点。与2005年相比，0—14岁人口所占比重上升0.12个百分点；15－64岁人口所占比重下降0.59个百分点；65岁及以上人口所占比重上升0.47个百分点。

以上数据基本反映了河北省人口年龄结构特点：少年儿童比重缓慢上升；老龄化进程加快，65及以上老年人口所占比重上升；15－64岁劳动年龄人口所占比重下降，人口红利逐步消退。河北省应抓住"人口红利期"这一宝贵的历史机遇，积极扩大就业，调整产业结构，把劳动力优势转化为经济增长的强劲动力，为全省经济社会发展带来更大效益。

三、受教育程度显著提高

2011年末，各种受教育程度的6岁及以上人口中，未上学人口占4.25%、小学文化程度人口占26.84%、初中文化程度人口占49.15%、高中文化程度人口占14.44%、大专以上文化程度人口占5.33%。与2005年相比，未上学人口、小学文化程度人口所占比重分别下降2.65和3.26个百分点；初中、高中、大专以上文化程度人口所占比重分别上升2.85、2.44、0.63个百分点。

随着义务教育的逐渐普及以及高等院校招生规模的扩大，人口的文化素质不断提升，人口受教育重心向更高层次转移，越来越多的人受到了初中及以上教育，整体文化素质显著提高。

四、婚姻状况稳定，家庭规模缩小

（一）婚姻状况稳定。婚姻是家庭赖以建立的前提条件，婚姻美满是家庭幸福社会和谐的保障。全省15岁及以上人口中，未婚的占17.47%，初婚有配偶的占74.40%，再婚有配偶的占1.03%，离婚的占1.71%，丧偶的占5.39%。再婚和离婚人口占15岁及以上人口的2.74%。这说明河北省人口婚姻状况稳定，家庭环境和谐。

（二）家庭规模缩小。全省家庭户规模为每户3.33人，一代户和二代户占到了所有家庭户总数的78.36%，3代及以上户总计占家庭户总数的22.64%。随着经济社会的发展以及生活和居住等条件的改善，人的们生活观念不断转变，对生活质量的要求也越来越高。传统的大家庭居住方式正逐渐向小型化发展，核心家庭和直系家庭将成为家庭户类型的主流。

五、城镇化水平提高

城镇化水平是反映一个地区经济社会发展水平的重要指标，具有重要的战略意义。2008年以来，河北省通过开展城镇面貌三年大变样工作，将全省城镇化发展推向了一个新阶段，城市基础设施日趋完善，承载能力明显提高、居民生活环境大为改观。2011年，省政府制定实施了河北省城镇化发展"十二五"规划，加快推进新型城镇化道路，促进全省经济又好又快发展。

据城镇人口监测数据显示，2011年末，全省城镇人口3301.67万人，比上年增加100.52万人，城镇化率为45.6%，比上年提高1.1个百分点，城镇化的水平进一步提高，说明河北省城镇化进程的加快，工业化和现代化水平不断提高。

六、人口老龄化趋势延续，老龄问题需要关注

65岁以上老年人口比重占总人口达到7%，就意味着这一地区跨入了老龄化社会。2011年全省65岁及以上人口所占比重为8.67%，老龄化趋势仍在延续。人口老龄化会加重社会负担，使养老、卫生医疗、社会保障等公共福利性支出增加，相应地降低了对生产、教育等其他方面的投入，给经济发展带来负担；其次，老龄人口增多，会形成庞大的经济不活跃群体，影响投资和消费结构。和年青人相比，老年人投资意愿和消费意愿不强，从而降低个人投资的比例，降低整个社会的有效需求，减弱经济发展动力。

从身体状况来看，65岁及以上老年人中，身体健康的占40.65%，基本健康的占39.18%，不健康生活能自理的占15.73%，生活不能自理的占4.44%。老年人口的增长以及健康状况，对河北省的养老保障水平提出了更高的要求和严峻的挑战。伴随着老龄化进程的加快，需要不断推进养老服务体系建设，培育和壮大老龄服务事业和产业，共同解决人口、经济、社会发展所面临的挑战。

（河北省统计局　康　辉）

计划生育

2011年，河北省围绕全省工作大局，扎实推进统筹解决人口问题，低生育水平继续保持稳定，计生惠民政策得到有效落实，基层基础工作进一步加强，人口计生事业取得了新进展。

继续稳定低生育水平。各级党委、政府坚持基本国策不动摇，将人口计生工作纳入经济社会发展全局，一把手亲自抓、负总责，全面落实人口计生目标管理责任制。认真执行现行生育政策，加强孕前型服务管理，长效避孕节育措施得到落实。实施“强基提质”工程，基层基础工作不断夯实。计生协会组织在城镇社区、非公有制企业和流动人口聚集地的覆盖面不断扩大。人口计生基层群众自治、依法行政示范乡镇（街道）、无政策外多胎生育乡镇和无政策外生育村创建活动取得了新进展。2011年圆满完成了年度人口计划，保持了低生育水平稳定。

深入实施计生惠民行动。进一步完善了“六位一体”的计划生育利益导向政策体系，农村计划生育奖励扶助、特别扶助和少生快富“三项制度”实现了提标扩面，法定奖励政策得到进一步落实，救助公益金、“幸福工程”项目帮扶力度不断加大。2011年全省各级累计投入9.66亿元，惠及计划生育群众743万人（户）次，计划生育家庭福利水平有了新提高。在认真落实省直8部门《关于在普惠政策中对计划生育家庭实行优先优惠的若干意见》的基础上，出台了《关于推动城乡居民社会养老保险制度对计划生育家庭给予优惠补助的意见》，总结推广了“关怀扶助中心”、人口计生敬老院等经验做法。

不断提高人口计生公共服务水平。2011年全省共投入1.04亿元用于新建和改扩建县、乡服务站，投资5300多万元用于购置更新服务设备，计生技术服务能力进一步增强。建立了覆盖全体目标人群和计划生育基本技术服务项目的免费公共服务制度，全年提供避孕节育服务5324万人次，承担各类计生手术101.9万例。大力推行农村妇女生殖健康检查免费服务制度，全年累计服务1060万人次。扎实推进国家免费孕前优生健康检查试点工作，15个国家试点县服务14.85万人，110个省级试点县服务6.5万余人，有效降低了出生缺陷发生率。

积极推进统筹解决人口问题。积极构建统筹协调工作机制，大力推广了公共决策人口和计划生育初审制度，强化了相关部门统筹解决人口问题的职责，综合改革示范市、县建设取得初步成效。确定了25个出生人口性别比省级重点治理县，开展了集中整治“两非”专项行动，查处“两非”案件620多起，资助和救助女孩1.8万余人。流动人口计生工作“一盘棋”继续深化，累计创建“双居”工程示范点66个，省际间流动人口信息协查反馈率达到90%。军民共建军人家属计划生育服务管理“一通三”工程在全国推广。建立了涵盖全省7000多万人口的全员人口信息库，人口宏观管理与决策信息系统一期成果应用获国家创新奖。

人口计生目标管理考核结果。河北省委、省政府根据2011年全省人口和计划生育目标管理责任制考核评估结果，决定授予石家庄、邢台、保定、承德、廊坊、唐山、沧州市“2011年度完成人口和计划生育责任目标先进奖”，分别颁发奖金12万元。授予石家庄市桥西区、正定县、滦平县、隆化县、万全县、崇礼县、抚宁县、唐山市丰南区、乐亭县、三河市、文安县、涿州市、易县、涞水县、青县、东光县、衡水市桃城区、冀州市、临西县、南宫市、永年县、邯郸市复兴区等22个县（市、区）“2011年度人口和计划生育工作先进县（市、区）奖”。

全省人口与计划生育领导小组会议。2011年2月11日在石家庄召开。会议听取了全省“十一五”暨2010年人口计生工作情况汇报，议定对全省“十一五”期末人口计生目标管理责任制执行情况进行总结表彰，抓紧制定“十二五”时期人口计生目标管理责任制实施意见，精心筹备召开全省人口计生工作会议，进一步完善“惠民计生”项目，加强信息化建设等事宜。省委副书记、省长陈全国主持会议，省委常委、宣传部长聂辰席，省人大副主任马兰翠，副省长孙士彬等省领导出席会议。

全省人口和计划生育工作电视电话会议。2011年3月29日在石家庄市召开。省长陈全国出席会议并讲话，副省长孙士彬对全省人口计生工作进行了部署，省委常委、省委秘书长景春华作总结讲话。会议表彰了“十一五”期末人口和计划生育工作先进单位和2010年度人口和计划生育综合治理先进单位。各设区市向省委、省政府呈报了人口计生目标管理责任书。各设区市市长、党政分管领导，市人口计生领导小组成员，市人口计生委主任，各县（市、区）长、党政分管领导，县（市、区）人口计生领导小组成员参加了会议。

全省深化人口计生基层群众自治暨诚信计生观摩推进会。2011年4月8日在磁县召开。省人口计生委主任赵新，副主任孔祥骊，副主任、计生协专职副会长尹爱东出席会议。赵新、尹爱东在会上讲话。会议贯彻落实国家人口计生委、中国计生协关于全面推进诚信计生、深化基层群众自治工作的有关精神和工作要求，认真总结了全省深化人口计生基层群众自治和“诚信计生”工作进展情况，进一步统一思想，提高认识，交流经验，推介典型，对深化人口计生群众自治工作进行了安排部署，推动了新形势下人口计生基层基础工作的创新发展。

全省全面推进“一通三”工程暨深化军民共建人口计生工作经验交流会。2011年7月29日由河北省军区政治部、省人口计生委、省卫生厅在北戴河联合召开。“一通三”工程，是针对驻冀无工作军人家属实施的一项计划生育服务管理工程，无工作军人家属凭《无工作军人家属计划生育服务管理手册》，可自主选择到县及县级以上人口和计划生育服务站、指定的部队医院、指定的市直医院及县级综合医院三类服务机构享受减免优惠服务。省军区副政委李志强、省人口计生委副主任陈秀娥、省卫生厅副厅长于素伟出席会议并讲话。会议交流了军民共建人口计生工作的经验，对下一步深化军民共建人口计生工作作了部署。会议确定在全省范围内全面推开"一通三"工程。

全省人口计生系统学习贯彻胡锦涛总书记重要讲话精神会议。2011年8月12—14日，河北省人口计生委在北戴河召开全省人口计生系统学习贯彻胡锦涛总书记"4·26"、"七一"重要讲话精神会议。会议邀请国家人口计生委党组副书记、副主任赵白鸽和发展规划与统计信息司司长于学军就深入学习贯彻胡总书记重要讲话精神作了辅导报告，邀请河北大学经济学院院长王金营教授讲解了河北省人口形势、未来发展及对策。省人口计生委主任赵新讲话。省人口计生委领导对分管的业务工作进行了全面安排部署。

全省人口计生综合改革工作会议。2011年10月12日在邢台市召开。国家人口计生委办公厅副主任姚宏文应邀出席会议并就全面深化人口计生综合改革工作进行了辅导讲座，省人口计生委副主任陈秀娥出席并讲话。会议全面总结了全省人口计生综合改革工作的成绩及经验，进一步明确了思路和任务，提出了以建立初审制度、目标责任制改革、人口计生公共服务、普惠与优惠相衔接、人口计生村级自治、队伍和投入机制建设为重点构建统筹协调、科学管理、优质服务、利益导向、群众自治、人财保障等6项机制。会议要求在全省积极推行公共决策人口计生初审制度，用制度规范相关部门履行统筹解决人口问题职责，形成党政主导、部门配合、社会参与、齐抓共管的工作格局。

进一步完善人口计生利益导向政策体系。2011年河北省坚持把健全完善政府为主、社会补充的人口和计划生育利益导向政策体系作为重大民生工程，狠抓各项奖励优惠政策的完善和落实。切实抓好法定奖励政策的落实。全年共为57629名符合条件的退休独生子女父母发放奖金16791.31万元，为34.88万名符合条件的退休独生子女父母发放奖金10.3亿元，为145.22万名农村独生子女父母、173.06万名城镇独生子女父母兑现了每人每月10元的奖励，共发放奖金3.76亿元。全省共筹集计划生育救助公益金9651.01万元，救助独生子女死亡、伤残等计生困难家庭12.59万户，发放救助金3186.06万元。国家奖扶特扶政策得到较好落实。2011年共确认奖励扶助对象258498人，投入资金18612万元，确认特别扶助对象17851人，投入资金2007万元。普惠性民生政策对计划生育家庭的优先优惠得到新拓展。河北省政府《关于开展城镇居民社会养老保险试点的实施意见》明确规定了对计划生育家庭给予优惠的政策，河北省人口计生委制发了《关于推动城乡居民社会养老保险制度对计划生育家庭给予优惠补助的意见》。各市和各试点县均结合本地实际，出台了具体实施方案。

加强创新流动人口计生服务管理。2011年，河北省探索建立以政府行政管理和群众自治组织、党团组织管理相结合的流动人口计划生育基层社会管理体系，整合多方力量，形成管理合力。强化流动人口计划生育均等化服务，保障流动人口依法享有国家规定的奖励优待和免费服务。全年户籍地累计为23.37万流出成年育龄妇女发放了《婚育证明》，落实避孕节育措施42.91万例，兑现了独生子女家庭各项奖励优惠政策。现居住地为流入已婚育龄妇女提供免费计生手术2956例，查环查孕服务33.16万人次。流入已婚育龄妇女在河北省免费接受孕检率达91%，免费避孕药具获得率和可及率达92%。进一步加强区域协作。河北省与23个省（市）就流动人口计生服务管理建立协作关系，签订区域协作协议书1.2万多份，2011年跨省配合查处案件88例，跨省征收社会抚养费31例，受理跨省办理第一个子女生育服务登记222例。

深入实施农村妇女生殖健康检查免费服务。2011年河北省大力推进免费服务拓展升级，为群众提供更加优质规范的生殖健康服务。在充分调研、反复测算的基础上，制发了《农村妇女生殖健康检查免费服务工作规范》，将农村妇女、流动人口等人群纳入免费服务范畴，每年服务目标任务由900万人增加至1000万人，在妇科B超检查、乳腺检查、妇科内诊检查三项原有检查基础上增加了阴道分泌物检查等项目，有条件的地区可自行增加服务项目，将人均投入标准由5元增至8元，所需经费由省、市、县3级财政按比例分级负担，超出标准部分，由市、县财政负担。《规范》的出台，推进了生殖健康检查公共服务工作科学化、规范化、制度化，保障了人口计生"民心工程"的顺利实施。2011年，全省开展免费生殖健康检查1060.09万人，查出患有乳腺及妇科疾病人数200余万人，均给予了治疗或转诊服务。

积极推进免费孕前优生健康检查项目试点工作。为更好地落实国家免费孕前优生健康检查项目，河北省各级党委政府将试点工作纳入重要议事日程，认真研究部署、督查督办。进一步摸清了底数，强化了规范运作和科学评估。积极开展室间质控，成立了免费孕前优生健康检查质量控制领导小组，建立了河北省计划生育技术服务检验质量监测指导分中心。编发了《免费孕前优生健康检查质量管理手册》，严格开展室内质控，进一步规范各试点县实验室操作。2011年，全省新增第2批国家免费孕前优生健康检查试点8个县，项目试点单位总数为15个，每个设区市至少有1个国家试点单位，覆盖目标人群162238人。已服务148466人，经综合评估确定高风险人群17206人，优生检查覆盖率为91.51%。各国家试点单位均已完成年度目标任务。全省参加孕前检查后怀孕的人数共为30142人，发生妊娠结局13828人，妊娠结局随访率为45.9%。

（河北省人口和计划生育委员会　刘改凤）

能源与节能降耗

2011年是"十二五"开局之年，全省上下坚持以科学发展为主题，以加快转变经济发展方式为主线，认真贯彻落实全省节能减排工作电视电话会议精神，坚持把节能减排作为调结构、转方式、推动科学发展的重要抓手，克服重重困难，加大节能增效工作力度，加强统计监测预警，产业结构进一步优化，六大高耗能行业能耗增速回落，单位工业增加值能耗明显下降，电力调控取得成效。全省2011年单位GDP能耗下降3.69%，完成了当年任务及“十二五”进度目标，节能工作实现平稳开局。

一、全社会能源消费增速稳中趋缓

随着全省节能工作的迅速深入，全省能源消费总量平稳增长，能耗增速逐步下降。2011年全省能耗29498.3万吨标准煤（等价值），比上年增长7.2%，增速分别比一季度、上半年和前3季度回落0.8、0.3和0.3个百分点。单位GDP能耗1.3吨标准煤，同比下降3.69%，降幅分别扩大0.83、0.43和0.3个百分点。

二、各设区市均完成年度节能目标

从各设区市单位地区生产总值能耗下降情况看，全省11个设区市均完成了与省政府签订的年度责任目标，为全面完成“十二五”节能目标任务奠定良好基础。其中，石家庄和邯郸分别超过年度目标0.3和0.32个百分点。

与全省对比情况看，邯郸等7个设区市降幅超出全省平均水平，其中邯郸、石家庄、邢台、唐山、张家口降幅均超过4%，分别超出全省水平0.55、0.53、0.52、0.49和0.47个百分点。

三、工业节能效果显著

（一）规模以上工业能耗平稳增长。2011年前三个季度全省规模以上工业能耗同比分别增长10.3%、9.5%和10.4%，单位工业增加值能耗同比分别下降4.31%、4.89%和4.79%。进入四季度，随着各级各部门节能措施效果的逐步显现，全省规模以上工业能耗增速明显下降，10至12月能耗同比分别增长9.9%、8.9%和8.4%，降至全年最低增幅，全年综合能源消费量为19996.3万吨标准煤（当量值）。单位工业增加值能耗降幅也逐步扩大，10至12月同比分别下降5.46%、6.26%和6.68%，也降至全年最大降幅。其中，805户重点耗能企业（年综合能耗1万吨标准煤及以上）综合能耗17678.5万吨标准煤，占全部规模以上工业的88.4%，能耗同比增长6.5%，低于全部规模以上工业1.9个百分点。

（二）高耗能行业能耗增速回落。全年六大高耗能行业综合能源消费量为18092.7万吨标准煤，比上年增长8.3%，增速低于规模以上工业0.1个百分点，比前三季度回落2个百分点；单位工业增加值能耗下降3.43%，降幅比规模以上工业低3.25个百分点，但比前三季度扩大1.68个百分点。其中，黑色金属冶炼及压延业下降1.38%，电力、热力的生产和供应业下降5.44%，化学原料及化学制品制造业下降12.02%，非金属矿物制品业下降3.1%，煤炭开采和洗选业、石油加工炼焦及核燃料业不降反升，分别增长1.38%和2.2%。

（三）能源利用效率逐步提高。规模以上工业企业加工转换效率为76.6%，同比提高1.3个百分点。火力发电和供热效率分别提高0.4和5.5个百分点；炼焦效率提高0.9个百分点，炼油及煤制油效率提高1.6个百分点。2011年，在全省398家年耗能万吨以上工业企业统计的61项产品单耗指标中，主要耗能产品单耗均同比降低，每重量箱平板玻璃综合能耗降低3.4%，吨钢综合能耗降低2.4%，吨水泥综合能耗降低3.8%，原油加工单位综合能耗降低0.6%，单位合成氨生产综合能耗降低0.7%，电厂火力发电标准煤耗降低1.1%，炼焦工序单位能耗下降2.3%。

四、电力消费调控有序

全省用电量占能耗总量的34.2%，电力消费增速的快慢，对全省能源消费有着重要影响。2011年以来，全省各级各部门继续坚持用电量月会商制度，科学制定用电量预警调控方案并适时启动，加强对用电大户的监测和调控，全社会用电量保持了合理增长，未出现大面积拉闸限电现象。全年全社会用电量2984.9亿千瓦时，比上年增长10.9%，是近三年来年度最低增幅，分别比2009和2010年低1和3.9个百分点。万元GDP电耗同比下降0.36%，降幅比上年扩大1.52个百分点。

从分产业用电情况看，第一产业同比下降20.8%；第二产业增长12.8%；第三产业增长15.7%；城乡居民生活用电增长11.6%。第二产业中，工业增长12.6%，其中，轻工业增长19.5%，重工业增长11.9%。

（河北省统计局　江　兵）

产业篇
INDUSTRIES
河北经济年鉴

农 业

【概况】 2011年，全省农业系统以邓小平理论和“三个代表”重要思想为指导，深入贯彻落实科学发展观，认真贯彻省第八次党代会精神，紧紧围绕加快推进现代农业发展，切实转变发展方式，把夯实基础增后劲、狠抓生产保供给、力促增收惠民生、着眼统筹添活力作为主攻方向和着力点，认真履行职责，准确研判形势，科学谋划部署，积极应对各类自然灾害和市场环境挑战，迎难而上，开拓进取，较好完成全年目标任务。全省粮食生产实现“八连增”，农民收入增幅连续两年超过城镇居民，成为全省经济发展中的突出亮点，农业农村经济发展实现了“十二五”良好开局。农业调结构转方式提质量明显增强，农业基础建设不断强化，农业综合生产能力稳步增强，基层农技推广体系、重大动植物疫病防控体系、农产品质量检测体系、农业信息服务体系和农业综合执法体系五大支撑保障体系建设实现新的突破，农业经营体制机制创新逐步深化，龙头企业带动能力显著提升，农业科技服务执行力明显增强，干部作风建设取得新成效，党的惠农政策得到认真落实，较好地完成了全年目标任务，为“十二五”全省农业快速发展奠定了坚实的基础，全省粮食总产达到634.5亿斤，实现连续八年增产，创历史最好水平。肉、蛋、奶、菜和水产等主要农产品供给得到有力保障，农业各业发展为农民增收奠定了坚实基础，农民人均纯收入达7119.7元，增长19.5%。

【粮食生产】 省委、省政府高度重视粮食生产，始终把发展粮食生产作为“三农”工作的首要任务，坚持把提高粮食综合生产能力作为稳定发展粮食生产的重要举措，认真落实粮食省长负责制。为促进发展粮食生产，省委、省政府主要领导同志多次主持召开政府常务会、专家座谈会，听取有关部门汇报，专题研究部署粮食生产工作，采取了一系列促进粮食稳定增产的行政推动措施。省委、省政府先后召开八次省、市、县、乡四级政府负责同志参加的电视电话会议和现场会，三次下发紧急通知，对粮食生产和抗灾夺丰收工作进行部署推动。省委、省政府主要领导和分管负责同志多次深入农业生产一线，检查指导粮食生产工作。省直有关部门讲政治、顾大局，充分发挥职能优势，积极主动投身到粮食生产抗灾夺丰收工作中，为全省粮食增产提供了有力保障。省委、省政府结合《全国新增1000亿斤粮食生产能力规划》，制定了《加强粮食生产能力建设的实施意见》、《优质专用小麦发展规划》及《加快杂交谷子产业发展的意见》等文件，研究确定了2011年全省粮食生产任务目标并分解到各设区市，将具体保障措施分解到省直各有关部门负责落实。省政府下发了《关于开展2011年全省粮食稳定增产行动的实施意见》，提出在全省开展粮食稳定增产行动计划，以4000万亩粮食生产核心区为载体，以小麦、玉米生产为重点，狠抓关键技术落实和关键环节管理，进一步明确目标责任、强化扶持政策、完善工作措施、加强考核奖励，千方百计促进粮食稳定增产。全省粮食生产克服了严重的春季干旱等自然灾害影响，再获丰收，粮食生产突破600亿斤大关，扎实开展粮食稳定增产行动，以4000万亩核心区和202个万亩示范片为载体，推进资源整合、品种更新和技术集成，辐射带动整体生产水平提高，实现了夏粮增、秋粮增、全年增。全省粮食播种面积9429万亩，比上年增长0.06%；粮食总产634.5亿斤，增长6.6%。邯郸市高度重视粮食生产，市县两级共投入3亿元用于吨粮市建设，取得明显成效。定州、宁晋、临漳、永年、大名、深州、景县、藁城、辛集、赵县10县市作为全国产粮大县受到国务院表彰奖励。

【种植业】 积极推进种植业结构调整，促进农业增效、农民增收。把优化产业结构、普及优良品种、集成先进技术、推进规模经营作为工作着力点，主动作为，合力攻坚。蔬菜产业：深入推进蔬菜产业示范县建设，首批15个蔬菜产业示范县150个示范村标准园基本建成，质检站和专业合作社全部建立。省蔬菜联合总社会员发展到177家，“冀园一品”省级集体商标投入使用，蔬菜网络服务平台建成启用。农超对接全面推进，在北京成功举办第二届河北蔬果节，扩大了冀菜在北京的影响力。推动物美集团在燕郊建设河北供京蔬菜配送中心，与北京新发地、京津大中型超市、社区直营店建立了稳定合作关系。全年蔬菜播种面积1737万亩，增长1.7%；总产量7384.3万吨，增长4.4%。其中设施蔬菜播种面积484.5万亩，增长12.6%；产量2050.7万吨，增长16.1%。棉花生产：棉花生产着力推进棉麦一体化和间作套种，示范推广轻简育苗移栽，开展滨海盐碱旱地种植试点，全省棉花播种面积63.3万公顷，增长8.8%；总产量65.3万吨，增长14.7%。邢台市推动棉花种植向优势产区集中，高产示范片创出单产180.6公斤的全省新纪录。油料生产：油料播种面积45.3万公顷，减少2.4%；总产量141.8万吨，增长1.1%。

【农业产业化】 农业产业化工作突出上项目创品牌，在壮大龙头企业中提升带动能力。成立了省农业产业化龙头企业协会，积极组织开展招商引资、银企对接和行业对标等活动，扶持龙头企业做大做强，带动优势特色产业快速发展。全省农业产业化经营总量达到4757.1亿元，增长17.1%，产业化经营率达到60.0%，提高1.4个百分点。重点项目建设势头强劲，全省完成产业化项目投资530亿元，增长10%，呈现出立项多、规模大、进度快的良好势头。与山东六和集团签订36亿元的战略合作协议，蒙牛集团在武强投资18亿元建设高端奶暨现代牧场项目，全省新开工亿元以上大项目121个，增长36%；竣工投产亿元以上项目100个。行业领军企业发展步伐加快，汇福粮油、五得利面粉、今麦郎、承德露露、晨光色素、君乐宝集团、双鸽集团等一批有影响力的国家级、省级重点龙头企业，通过扩建、联合、兼并和收购实现快速发展壮大。梅花味精成功上市，全省上市农业产业化龙头企业达到8家。60%的省级龙头企业设立了技术研发机构，新增3个国家级研发中心，企业创新能力明显提升。省级龙头企业实现销售收入1600亿元，增长15%。示范基地建设作用凸显，制定出台了省级产业化示范区建设实施意见，推进30个省级农产品加工示范基地县建设，大名、三河、平泉、隆尧4县市被认定为国家农业产业化示范基地。积极引导龙头企业、专业合作组织和种养大户建设原料生产基地，打造优质农产品聚集区。品牌创建取得突破性进展，省级龙头企业新创品牌42个，累计拥有中国名牌16个、河北名牌103个、中国驰名商标18个和河北著名商标185个，品牌竞争力明显增强。

【新型农村社会化服务】 大力推动种养业示范方、标准园和示范场创建，加大科技服务力度，科技增粮增收成为农业发展的亮点。深化“百千万”农业干部下基层解难题送服务行动，拓展服务范围，创新服务载体，完善服务机制，全省农业系统组织专家和技术人员1.1万人次，组织技术讲座、技术指导3.5万多场（次），发放技术资料300多万份，解决技术难题1万多个。依托10个部省现代农业培训基地，对2340名农技人员进行了异地培训，对3080名专业农民开展了新型科技培训。全省建设基层农技推广区域站和乡镇站2602个，完成改革任务，到位人员1.37万人，到位率88%。农业信息服务体系进一步完善，省市县三级信息网络升级改造基本完成，省级农业数据中心、农业网站群、视频系统建成投用、功能拓展。12316新农村热线发展壮大，全省发展进村服务站6540个，省、市和63%的县成立了专门信息机构。农业综合执法体系进一步加强，省市县三级全部组建了综合执法机构，编批率达到100%，近1/3的县实现了大农业综合执法，机构单设的县级畜牧水产部门有60%实现综合执法，规范化建设的市县达到40%。加强良繁体系建设，审定通过农作物新品种50个，推介主导品种35个、主推技术30项。推动农机农艺结合，大力推广农机深松、播后镇压、化肥深施、玉米贴茬播种等关键技术，小麦生产实现了全程机械化。玉米机收率超过35%。实施测土配方施肥1.04亿亩，覆盖农户890万户，节本增效45亿元。

【农产品质量安全】 深入开展农产品质量安全专项整治行动，全面加大监管工作力度，开展了蔬菜农药残留超标问题专项治理、“瘦肉精”专项整治、生鲜乳违禁物质问题专项治理、兽药质量安全专项整治、水产品禁用药物和有毒有害物质残留问题专项治理行动等专项整治活动。组织开展了以种子、农药、肥料、兽药、饲料、饲料添加剂和水产苗种为重点的农资打假专项治理春季行动。3月15日，在玉田县成功举办了第七届全国放心农资下乡进村宣传周启动仪式。农产品质检体系建设快速推进，监管能力进一步提高。全省已建成省级农产品检测中心3个、投入品检测中心3个，市级质检中心22个。分批新建1个省级农产品综合质检中心和89个县级农产品综合质检站，基础建设得到进一步加强，检测能力逐步提升，2011年共检测各类农产品样品44万个，对指导完善农产品安全生产体系、实施农产品监管发挥了重要作用。以蔬菜、畜牧、水产三大产业为重点，以“三品一标”认证为手段，完善农业标准化体系，全年认定无公害农产品产地726个，认证无公害农产品1524个、绿色食品586个、有机产品企业36家、农产品地理标志10个。加大例行检测力度，全省蔬菜、畜产品、水产品质量合格率高于全国平均水平，全年没有发生重大农产品质量安全事件。

【农村体制机制建设】 农业经营体制机制创新逐步深化，县乡两级普遍建立土地流转有形市场，流转面积1053万亩，占家庭承包总面积的12.7%，提高4.1个百分点，启动土地承包经营权登记试点工作。唐山市加快流转平台建设和流转主体培育，土地流转率达到14.5%，超过全省平均水平。全省4.9万个村完成建立村级集体财富积累机制目标任务，农村“三资”管理逐步规范，新增村集体收入12亿元。全省在工商部门注册登记的农民专业合作社达2.28万家，比2010年底增加6278家，成员出资总额达338亿元。

【落实惠农政策】 认真落实强农惠农政策，谋划实施了一批重点项目，争取中央和省级农业投资57.6亿元，增长9.5%。落实农作物和畜禽良种补贴13.7亿元，农机购置补贴6.5亿元，渔业柴油补贴3.9亿元。投入1.8亿元建设大中小型沼气337处、户用（联户）沼气10万户，普及率达到20.7%，建设农村沼气乡村服务网点1373个。中新合作玉田恒天然现代奶牛场项目建成投产，中法葡萄、中美芦笋等外资合作项目稳步推进，农业对外开放呈现良好势头。农垦系统落实棚户区改造、扶贫开发等项目资金4亿多元，开工建设保障性住房10700户；实现生产总值285.8亿元，增长24.9%，稳居全国第五位。

（河北省农业厅　张宝立）

【农机化概况】 2011年全省各级农机主管部门坚决贯彻省委、省政府工作部署，按照农业部和厅党组的总体工作要求，认真抓好工作落实，推动农机化各项工作不断深化。

农机总动力保持稳定较快增长。达到10350万千瓦，比上年增长2%。农机结构调整取得重大进展，大中型拖拉机达到19万台，比上年增加2万台。小麦联合收割机稳中有升，玉米联合收获机达到1.75万台，比上年增加近4000台。

农机作业水平再创新高。全省耕、种、收综合机械化水平达到67.2%，比上年提高2.2个百分点。突破薄弱作业环节，玉米机械收获面积达到1380万亩，机收率达到35%，比上年提高10个百分点，进入快速推进阶段。

农机化新技术推广水平不断提高。全省新增深松机具1.1万台，完成深松作业面积927万亩。新建14个部级保护性耕作项目县，总数达到52个，新增保护性耕作面积82万亩；全省适宜地区小麦播后镇压实现了全覆盖；精少量播种、秸秆机械化还田等重大农机化技术实施面积进一步扩大；畜牧、水产、农产品初加工装备应用水平加

快提升。

农机服务体系建设不断推进。153个县级农机推广站和1307个区域站，全部纳入全额事业单位，核定了1280个县级和2844个乡级农机推广事业编制，农机推广队伍逐步稳定。农机化服务组织加快发展，全省在工商部门注册登记的农机专业合作社达到274个，资产总额4.6亿元，合作社社员7025人，拥有各种机械1.54万台，完成农机作业服务面积662万亩。农机安全形势平稳。

【完善农机购置补贴运行机制】 按照农业部要求和厅党组的工作部署，针对过去一些地方出现的农机购置补贴过程中政策宣传不到位、规章制度不落实、操作程序不规范、监督管理不严格、自身素质不过硬等问题，下大力进行了为期半年的农机购置补贴专项整治活动。通过动员部署，自查自纠，全面检查，重点抽查，总结整改五个阶段的专项整治，重点解决了确定补贴对象暗箱操作、违反规定指定补贴产品、与经销商弄虚作假套取资金、违规收取服务费和回扣的问题。通过广泛深入开展专项整治活动，各级农机主管部门执行政策的水平进一步提高，监督制约、重大事项决策、公开公示、信访举报、廉政档案等运行机制进一步完善，多部门齐抓共管的良好局面进一步形成，干部职工廉洁从政、抵御诱惑的能力进一步增强，同时也推动了农机补贴工作经费落实。衡水市力度大，全市落实工作经费近75万元。河北省的做法和成效得到了农业部和省领导的肯定，重新树立了农机部门的良好形象。

【惠农政策规范高效落实】 2011年中央安排河北省农机购置补贴资金6.5亿元，省级财政安排3000万元。共补贴各类农机具12.7万多台，惠及8万个农户或服务组织。实施工作中，继续把玉米收获、保护性耕作和经济作物生产农机具作为补贴重点，针对抗旱需要，提前启动抗旱机具补贴，确保了抗旱急需。各级严格按照农机补贴工作规范和规定操作，进一步加大改革力度，完善制度建设，大力推广公开摇号等做法确定补贴对象，在政策宣传、补贴对象和经销商确定、机具选择购买、补贴机具供货监督和使用管理、补贴资金拨付各环节，努力做到公平、公正、公开。认真落实农业部“八不准、四严禁”要求和省农业厅、财政厅的文件规定，首次对购机补贴政策实施情况考核验收，有效地促进了补贴工作规范化。博野等县的做法和经验得到了省纪委领导的高度评价。

【实施深松补贴作业】 按照省政府要求，利用中央财政新增农资综合补贴资金2.25亿元，在82个县市区大规模实施了农机深松补贴作业。为完成好这项挑战性强、难度很大的工作，全省上下通过广泛发动，变部门行为为政府行为，严格落实目标责任，多措并举满足深松机具需要，逐乡逐村逐户落实作业合同，组织近万台大型拖拉机、1.1万台深松机，实施整乡整村推进，严格落实作业质量和面积，如实兑现补贴。虽然实施面积大、资金多、涉及范围广，但没有发生一起上访事件，超额完成了900万亩的深松任务，在全省打了一场深松作业漂亮仗，充分展示了农机部门敢打胜仗、善打胜仗的风采。保定、邯郸、石家庄、衡水、沧州等地虽然任务大，但措施得力，发挥了农机服务组织和农机大户在深松作业中的骨干作用，深松作业进度快。春节后，部、省领导视察了深松后的地块，看到小麦苗齐、苗壮，各项指标明显优于非深松地块，十分满意，对这项工作和政策措施给予高度评价。深松补贴作业的顺利实施，为今后实施大面积农机作业补贴提供了宝贵经验。

【组织农机作业】 春耕春播时节，按照农业厅的安排，提前启动抗旱机具补贴，积极组织农机技术人员通过下乡入户等形式，深入田间地头，帮助和指导机手保养、调试和检修农机具，全力抗旱保春播。“三夏”时节，各级农机部门充分发挥农业机械的作用，科学组织跨区作业，强化信息服务，组织10万余台收割机，突出一个“抢”字，立足一个“快”字，争分夺秒抢夏收。在小麦播种面积比上年增加，产量高、秸秆量大、机收作业难度增加的情况下，全省3664万亩小麦仅用15天全部适时收获，机收率达到98%。及时应对小麦收获期推迟，大力组织推广“一条龙”集成技术，成熟一块，收获一块，播种一块，力争当天收获，当天播种，为玉米生长赢得宝贵积温。全省玉米机播率达到了80%以上。“三秋”时节，面对秋粮收获期偏晚、冬小麦适时播种期缩短的实际，各级农机部门组织200余万台套农业机械，精心组织机收、深松、机播作业，及时腾茬播种，加快播种进度，提高播种质量，缩短玉米收获和小麦播种时间，保证了秋收、秋种的顺利进行。

【加快重大农机新技术推广应用】 各地在推进农机化发展过程中，结合区域禀赋、优势作物和农民实际需要，借助惠农政策推力，积极调整农机结构，因地制宜推广了一批种植和养殖新机具、新技术。邯郸、邢台市紧紧围绕“吨粮市”、“吨粮县”建设，优化机具配置，大力集成推广系列化粮食增产农机化技术。石家庄市重点向发展玉米机收倾斜，新增玉米收获机411台，保有量达到3010台，机收率达到40.9%，在全省处于领先位置。廊坊、唐山等市采取有力措施，加大督导检查力度，努力提高秸秆粉碎还田和玉米秸秆青贮水平。秦皇岛市水稻插秧机由18台增到78台，机插面积增加了5倍。张家口市围绕优势农产品布局，大力推广张杂谷机械化种植技术。承德市建立了1500亩的马铃薯生产全程机械化技术示范点，马铃薯机械化生产水平明显提高。

【提升农机社会化服务水平】 面对全省农机化的快速发展，各相关职能部门认真履行职责，有力提升了公共服务水平。农机技术推广工作，围绕当前农机化重点工作，强化技术指导和服务，充分发挥农机集成技术的作用，以高产高效、资源节约、环境友好技术为重点，进一步扩大了有效实施面积。教育培训工作，紧紧依托现有培训机构，充分发挥项目带动作用，大力挖掘企业、农机合作社和大户等各方面的社会化培训资源，强化职业技能鉴定工作，提高了机手操作能力，全年培训各类农机人员55万人次。农机产品质量监督工作，共完成农机推广鉴定和质量监督检验312项，牵头开展了农业机械适用性影响因素和小麦播种镇压机具调查，受理和调解农机质量投诉24起，维护了农民的合法权益。农机监理工作，以提升农机“三率”为着力点，以“农机监理执法规范年”活动为载体，注册登记拖拉机、联合收割机 18928 台，占任务的 135.2%，新检查农机具 71351 台，排查事故隐患 24457 次，纠正各种违章行为 7494 起，复训驾驶员 60745 人，继续保持了农机安全形势平稳。农机合作社，呈现加快发展不断壮大的势头。到 2011 年底达到 274 个，比上年增加 150%，出现了一批“五好”型示范社。衡水市采取多种措施扶持发展农机专业合作社，全市农机专业合作社总量达到 177 家，比上年新增 59 家，占全省总数的大头。

（河北省农机局 郭 恒）

【农垦概况】 河北省农垦系统的农（牧）场大部分是在五十年代国家为了巩固新生的人民政权，尽快恢复和发展经济，由转业官兵、知青以及地方抽调的干部群众，在人烟稀少的沿海滩涂、坝上高原、内陆洼淀开垦而逐步建立起来的，经过半个世纪几代人艰苦不懈的努力，河北垦区成为全国各垦区中较大的一个垦区，全系统共有 32 个国营农（牧）场（23 个农场，9 个牧场）和 1 个省级农垦科学研究所，其中市属场 14 个，县属场 18 个。农（牧）场分布在全省除邯郸、衡水和秦皇岛外的 8 个市，最北部的沽源牧场与内蒙古自治区接壤，南至隆尧县境内，西临太行山脚下，东至渤海之滨，大部分处在环渤海、环京津经济圈内。全系统土地总面积 373.57 千公顷，其中耕地 92.47 千公顷，草场 91.47 千公顷，林地 84.53 千公顷，水面 36.50 千公顷，居民工矿企业占地 26 千公顷。截至 2011 年底，农垦生产总值达到 285.76 亿元，比上年增长 24.93%，其中，第一产业增加值 36.90 亿元，增长 23.87%；第二产业增加值 174.69 亿元，增长 26.23%；第三产业增加值 58.13 亿元，增长 27.59%，人均 GDP 净增加 11984 元，达到 66018 元，比上年增长 22.18%。产业结构格局稳定，经济运行质量和效益进一步提高。全系统年末总人口 43.97 万人，其中从业人员 25.79 万人，占总人口的 58.65%。共有各类学校 113 所，其中：成人高等学校 1 所，普通中等专业学校 1 所，成人中等专业学校 1 所，中学 17 所，职业中学 2 所，小学 91 所。教职工 4548 人，其中教师 3872 人，在校生 4.73 万人。医疗条件逐渐得到改善，医疗环境进一步优化，公共防疫、医疗急救应急机制初步形成，整体医疗水平逐步提高。2011 年农垦系统卫生医疗单位 129 个，其中医院 36 个，病床 1549 张，医务人员 1464 人。职工生活水平进一步提高。2011 年全系统实现人均纯收入 9344 元，比上年增长 12.81%。职工住房条件进一步改善，年末职工实有住房面积 1316.58 万平方米，增长 2.98%，人均住房面积 30.42 平方米。

【农垦第一产业】 通过进一步加强和重视农业的基础地位和作用，农业生产经营水平得到了稳步发展和提高，高效经济作物、牧草业、高效水产养殖业成为农业经济新的增长点，成为农业发展的重要动力。随着农业综合生产能力的明显提高，有条件的农场实施了节水农业、设施农业、生态农业、高效农业等示范工程，农业生产集约化、生产机械化、加工专业化、管理科学化和标准化水平有了进一步提高。农业生产形势大好。全年实现农林牧渔业总产值 71.23 亿元，增长 14.61%。全年农作物总播种面积为 100.44 千公顷。其中：粮食播种面积 64.67 千公顷，比上年增长 0.51%，占农作物总播种面积的 64.39%；全年粮食总产为 42.05 万吨，比上年增加 0.47 万吨，增长 1.13%，主要是小麦和玉米产量增加；为国家提供商品粮 36.89 万吨，比上年增加 0.34 万吨，增长 0.93%，商品率为 87.73%。畜牧业保持健康发展。2011 年主要牲畜存栏和畜产品产量增加，其中奶牛存栏数量及牛奶产量大幅增加。奶牛数量达到 13.91 万头，增加 0.79 万头，牛奶产量 48.22 万吨，增长 1.82%。至 2011 年末，全系统有种畜禽场 10 个，其中种牛场 3 个，年末存栏 2.14 万头。水产养殖业发展平稳。年末养殖面积 13.87 千公顷，比上年增长 6.33%。全年水产品产量 7.72 万吨，比上年减少 932 吨，下降 1.19%。全年植树造林面积 2.58 千公顷，其中防护林 2.10 千公顷。农业基础设施得到加强，生产条件继续改善。年末农业机械总动力 95.12 万千瓦，比上年增长 5.85%。农用排灌动力机械 1.02 万台，11.69 万千瓦，大中型农用拖拉机 3177 台，小型拖拉机 2.27 万台，联合收割机 344 台。实际机耕面积 77.92 千公顷，占年末耕地面积的比重达 84.28%，当年机播面积 82.25 千公顷，占农作物总播种面积的比重达 81.89%，机械收获面积 56.91 千公顷，占农作物总播种面积的 56.66%。

【农垦第二产业】 第二产业发展态势良好，增长速度较快，拉动能力不断加大。依据农垦优势和国家产业政策，坚持以市场为导向，以企业增效和职工增收为目标，积极调整产业和产品结构，农垦工业产业得到大力发展，对农业的提升能力逐步加大。一是乳业得到了较快发展。乳业已形成了以饲草（料）——奶牛养殖——乳品加工一体化为特色的产业链，发展规模不断扩大，已成为全省农垦的第一大主导产业。到 2011 年底，全系统日处理鲜奶能力达到 2500 吨。二是农产品加工业迅速发展。肉品加工、土豆、蔬菜加工等农产品加工业的发展，对现代农业的发展起着重要的拉动作用，农垦主要农产品加工转化率达到 55%，坚持走加工龙头集群化发展之路，是“工业强垦”的最佳选择，也是带动农场及周边民富的主要支柱。三是结合实际，依托自身技术、人才、资源等方面的优势，围绕市场需求，抓质量、上规模、增效益，大力发展具有区域特色的地方经济，对经济的拉动作用日益突出，中捷、南大港农场的石化，芦台农场的自行车配件、成车装配和休闲家具等均已经形成一定的产业规模，成为农垦经济发展的支柱产业，且发展势头良好，潜力巨大。2011 年第二产业增加值 174.69 亿元，比上年增长 26.23%。2011 年工业企业总数为 1018 个，其中规模以上工业企业（即国有工业企业及年产品销售收入 500 万元以上的非国有工业企业）173 个，销售产值 448.02 亿元，增加 107 亿元，增长 31.38%。实现工业总产值 532.32 亿元，净增加 137.01 亿元，比上年增长 34.66%，国有工业总产值

153.79亿元，轻工业总产值177.38亿元。主要工业产品产值为：食品制造业45.10亿元（主要为乳制品制造业），增长31.45%；纺织业5.66亿元，增长59.89%；纺织服装、鞋、帽制造业14.68亿元，增长32.13%；家俱制造业12.28亿元，增长36.14%；化学原料及化学制品制造业47.74亿元，增长19.20%；造纸及纸制品业8.92亿元，增长11.50%；黑色金属冶炼及压延加工业17.72亿元，增长25.21%；交通运输设备制造业25.30亿元，增长26.12%；石油化工及炼焦业253.79亿元，增长52.03%。建筑业稳步发展。建筑企业132个，从业人员8655人。全年实现增加值21.30亿元，增长22.34%，年末固定资产原值2.70亿元，全年施工房屋建筑面积112万平方米，房屋竣工面积62万平方米。

【农垦非国有经济】 非国有经济成为农垦经济发展新的增长点。坚持把加快非国有经济发展，作为经济结构战略性调整的重要组成部分，通过实施“两个打开”，即打开农牧场大门吸收场外法人加盟农场经济建设，打开国有经济大门吸收民营经济加盟国有经济的举措，结合农垦自身优势，落实各项优惠政策，切实解决非国有经济发展中存在的问题，有力促进了非国有经济的快速发展，使个体私营经济成为农垦经济发展新的增长点，并成为繁荣市场和增加就业岗位的重要渠道。非国有经济发展迅速，对农垦经济发展贡献逐步增大。2011年，非国有经济保持迅猛发展势头，拉动垦区经济快速增长。非国有经济全年实现农垦生产总值182.16亿元，比上年增长28.50%，占全社会经济总量的63.75%。其中第一产业增加值10.64亿元，增长15.03%；第二产业增加值113.92亿元，增长29.04%；第三产业增加值57.60亿元，增长30.20%。各产业在非国有经济农垦生产总值中所占比重分别为：5.84%、62.54%、31.62%。年末非国有经营单位2.35万个。其中，集体经济80个，个体企业2.15万个，私营企业1946个、港澳台及外商企业21个。从业人员17.75万人，其中：第一产业4.88万人，第二产业6.21万人，第三产业6.66万人。从业人员收入总额29.97亿元，比上年增长7%；人均收入1.69万元，增长4.36%；全年共实现利税34.74亿元，增长32.35%。形成了芦台农场自行车零配件及整车生产工业园区、中捷农场临港化工园区等一批带动区域经济快速发展的经济带，其中芦台农场已成为我国北方最大的自行车零部件生产加工基地，年产车圈达1000多万对，占全国总量10.3%，亨利公司已成为全国最大的铝圈生产厂。非国有经济已成为农垦经济发展的重要支撑。

【农垦科技】 科技进步和创新取得新突破。以技术创新、农业标准化、农业科技园区建设为工作重点，大力实施“科技兴垦”战略，科技进步与创新机制不断完善。一是围绕农垦支柱产业，以市场为导向，以产业升级为核心，以建设大中型企业技术开发中心为重点，指导组织开展技术改造和新产品、新技术的研制、开发工作。二是大力推进多种形式的产学研联合。先后与中科院、中国农大等多家科研院所建立了长期稳定的技术协作关系，提升了农业、人乳转基因、化工等各产业的科技含量。有些项目取得了阶段性成果，南大港农场优种羊扩繁基地利用从国外引进的胚胎和冲洗技术扩繁超细毛羊，毛肉兼用，发展前景良好，其达到国际先进、国内领先水平。

【农垦现代农业建设】 现代农业建设步伐进一步加快。充分发挥农垦的资源和技术等优势，在现代农业建设中，发挥应有示范作用。通过实施现代农业示范区建设，使农垦成为全省现代农业的示范基地、农业先进适用技术的推广基地、产业化龙头的建设基地。一是示范区建设标准不断提高。在确定的全省农垦系统10个种植示范园区，10个养殖园区基础上，扩大示范面积和范围，继续大力推进以规模化、标准化、机械化、集约化、产业化为内容的“农垦现代农业示范区”建设。二是现代农业建设成功模式广泛推广。察北奶牛养殖、柏各庄水稻种植、中捷水产养殖三个“全国农垦现代农业示范区”的成功模式，提高农垦新成果展示功能、技术示范推广功能、科研开发辐射功能、科技信息交流功能和人才培训功能。三是高产攻关稳步推进。根据整乡整县推进的要求，农垦系统确定了柏各庄农场、察北和沽源农场以及大曹庄农场分别为水稻、马铃薯和小麦等优势农作物高产攻关项目的具体承担农场。四是积极探索多种形式现代农业产业建设模式，努力形成多层次和多功能的示范区建设新格局，扩大示范带动的范围和影响。五是农产品质量追溯体系顺利开展。组织申报了汉沽农场芦笋和察北牧场马铃薯作为质量追溯项目创建单位，基本达到“生产可记录、信息可查询、责任可追究、质量可追溯”的目标，农产品质量安全追溯体系建设力争走在全省前列。六是与新疆农垦科学研究院共同在保定农场实施“小麦一玉米”一年两作滴灌高产综合配套技术是华北地区第一个农业滴灌由计算机控制的自动化精准现代农业项目，具有广泛的示范推广作用。小麦在目前亩产450公斤基础上预计增产150公斤；玉米在目前亩产550公斤基础上预计增产150公斤；年增亩产达到300公斤左右。七是充分挖掘国有农场的旅游资源，打造集文化、生态、民俗、风情于一体的农垦特色旅游品牌，以旅游业带动现代农业的发展。重点推进坝上森林草原风光、沿海湿地生态旅游业发展。旅游业门票收入达到1000万元，带动相关产业收入达到8000万元以上。

【农垦农业技能人才培养】 以实施农业部农业高技能人才培养“金蓝领计划”为契机，在开展“百千万农业干部下基层、解难题、送服务”行动基础上，培养农业高技能人才，服务现代农业建设。开展送科技下场活动，帮助农工解决生产生活中的难题，推进创先争优活动。一是实施农业高技能人才培养“百千万工程”。促进农业技能人才梯次发展，为垦区经济社会发展发挥人才支撑作用。二是围绕农垦重点产业发展和农工生产需要，深入到奶牛养殖小区、蔬菜产业园开展免费赠书、送科技下场活动，提高其生产技术水平。三是围绕提高农工素质促进垦区经济发展这条主线，加强农业科技培训工作。培训内容突出针对性，培养形式注重现场教学，根据不同时节，利用农闲时间，组织师资下场，把培训鉴定办到职工家中，办到田间地头。活动期间共培训农工约1.5万人次，组织农业职业技能鉴定1788人次，在全国农垦行业排名第二位。鉴定提高了职工工资待遇，激发了职工的干劲。

【农垦社会事业】 社会事业建设取得新进展，城镇建设步伐加快，发展环境明显改善。以服务农垦职工群众和改善人居环境为目标，农垦的教育、文化、卫生等各项社会事业都有进一步发展。一是卡伦后沟牧场和红松洼牧场纳入省农垦行业管理，落实享受国有农场政策财政转移支付404万元，解决了牧场的生存发展问题。二是利用国家在“十二五”启动新一轮农网改造将农场纳入改造规划范围的契机，做好全省农垦农网改造和升级工作，对全省农场供电体制、用电需求中存在的问题和困难进行摸底调查，争取国家政策支持。三是落实安全生产、农业技术推广、学生饮用奶、质量追溯、扶贫项目、人畜饮水、电网改造、棚户区改造、农垦动物防疫体系等项目，建设内容涉及基础设施建设和生产发展等方面，涉及资金可达到4亿多元。将大大改善贫困农场基础设施条件，提高农业生产综合水平，有利于拉动农（牧）场场域经济增长，促进当地经济发展。四是经过积极争取，扶贫农场范围进一步扩大，“十二五”时期将由6个农场扩展到8个。五是社会保障体系进一步加强。部分经济发展较快，财政收入较多农场开探索建立跟家完善的民生保障立体网络。如国营中捷友谊农场创建了“善达基金”民生保障立体网络，很大程度上提高百姓幸福指数。设置了重点救助、一般救助、定向救助、量力而行、不重复救助等五大救助原则，同时规定了重大疾病救助、一般疾病救助、爱心助学救助、特困家庭重大灾难救助、定向救助标准等五大救助标准，确保所有老百姓都能看得起病、上得起学、抗得起灾。

【农垦危房改造】 农垦危房改造任务超额完成。按照农业部和省住房保障厅的安排部署，完成2011年全系统1.07万户危房改造任务。按照“一个确保、两个力争”的总体目标要求，加强协调，全力推进。垦区确定2011年危房改造1.36万户，超垦区年初目标任务27.2%，开工建设1.13万户，占年初目标任务的105.4%。根据住房和城乡建设部等5部委《关于商请确定“十二五”城镇保障性安居工程规划和年度计划任务的函》的要求，结合垦区实际，在2011年危房改造任务的基础上，提前确定落实2012年垦区危房改造任务8000户。

（河北省农垦局　杨　康）

林　业

【概况】 2011年，河北省林业建设紧紧围绕经济社会发展大局，突出重点，扎实推进，保持了良好的发展态势。全年落实省级以上林业投资37.5亿元，同比增加3.6亿元，创历史新高；完成造林28.67万公顷，中幼林抚育27.73万公顷，分别为目标任务的102%和139%；全省林业产业总产值746亿元，果品总产量124亿公斤，分别为目标任务的102%和113%，实现了“十二五”林业建设良好开局。

造林绿化。扎实推进了京津风沙源治理、退耕还林、三北防护林、太行山绿化、沿海防护林等林业重点工程，完成了京冀生态水源保护林、黄河故道沙化土地综合治理、通道绿化以及世行、德援等外资造林任务，实施了集中连片、规模化治理。按照河北省委、省政府的安排部署，组织开展了环首都、沿海、西柏坡等重点区域造林绿化，以及易县石家统、围场御道口、滦平偏桥、张北喜顺沟的绿化帮扶工作，打造了一批精品工程。广泛开展了部门绿化、社会造林和全民义务植树活动，18位省级领导参加了春季义务植树，全省义务植树1.2亿株，新建义务植树基地590个。石家庄市以“打造绿色生态省会”为目标，大力实施了西山生态观光园、滹沱河绿色长廊等绿化工程；唐山市委、市政府组织开展了创建“绿色家园”活动，市县财政安排资金11亿元用于造林绿化；衡水市确立了“一人一亩林”的目标，积极推进环衡水湖生态建设、乡村绿化等造林工程；邯郸市全年净增有林地面积2.67万公顷，森林覆盖率增长2.1个百分点，位居全省第一。在扩大森林面积的同时，大力实施了中幼林抚育、珍稀树种培育等国家森林经营项目，进一步优化了林地利用结构和林种结构，提高了林地生产力，森林蓄积量稳步增长。

林果产业。一是果品产业。大力实施果品区域布局优化、结构调优、提质增效工程，完成结构调整和树体改造13.47万公顷，新增梨、苹果、葡萄、核桃、板栗等高标准果品基地13.8万公顷，全省特色果品基地达到130万公顷。争取中央林业贴息贷款3亿元，支持了万亩核桃基地等24个重点项目。果品贮藏保鲜、精深加工、出口创汇能力明显提升，年贮藏果品45亿公斤，加工果品32亿公斤，加工附加值132亿元，同比分别增长13%、14%和71%；板栗、梨出口量分别占到全国的80%和40%。二是林板（纸）产业。编制完成了《河北省木材战略储备生产基地规划》，下发了《河北省人造板产业“十二五”建设规划》，实施了大径材培育等项目，对衡水巴迈隆等林板龙头企业进行了重点扶持，全省林板年产量1250万立方米，居全国第4位。廊坊市积极发展林板加工和家具制造业，全年实现产值127亿元，位居全省第一。三是新兴特色产业。新建平山高山寨等6处省级森林公园，全省森林公园达到89处，实现旅游收入3.5亿元。新增花卉种植0.37万公顷，总面积达到3.07万公顷，实现产值26亿元。大力发展林菌、林药、林禽、林畜等林下经济，提高了林地综合利用效益。张家口市委、市政府召开了林业产业工作会议，出台了《关于加快林业产业发展的指导意见》，有力促进了全市林业产业发展。

资源保护。一是森林防火。面对2011年冬春连旱、森林火险等级持续走高的严峻形势，全面强化野外火源管理、隐患排查整治、火灾应急扑救等措施，顺利扑灭了秦皇岛“4·12”重大森林火灾。河北省政府发布了《2011

年春季森林草原封山防火公告》，出台了《关于进一步加强森林草原防火工作的意见》和《河北省森林防火规定》。承德、保定等8个森林防火重点市党政主要领导亲自安排调度、督导检查，有效遏制了森林火灾高发态势，全省森林火灾受害率控制在0.08‰，低于河北省政府0.3‰的控制目标，全年没有发生“进京火”和重大人员伤亡。二是林业有害生物防治。河北省政府办公厅下发了《关于做好松材线虫病等重大林业有害生物灾害防控工作的通知》，与各设区市政府签订了防控责任书，实施了飞机与地面防治相结合、生物与物理防治相结合、专业防治与群防群治相结合的综合防控措施，累计完成防治作业1397万亩次，林业有害生物成灾率控制在1.1‰，低于国家4.3‰的控制目标。三是野生动植物和湿地保护。加快推进自然保护区和湿地公园建设，平山驼梁晋升为国家级自然保护区，新建宣化黄羊滩、井陉南寺掌2个省级自然保护区，全省林业系统自然保护区达到33个，面积62.2万公顷。秦皇岛北戴河、丰宁海留图晋升为国家级湿地公园。四是林地林木管理。按照国务院《关于全国林地保护利用规划纲要的批复》，编制完成了《省级林地保护利用规划》。加强了征占用林地、林木采伐、木材经营加工等管理工作，开展了“亮剑”、“春季攻势”等专项行动，查处各类涉林违法案件7700多起，有效保护了森林资源安全。

林业改革。一是集体林权制度改革不断深化。全省累计完成明晰产权550.13万公顷，登记发证478.07万公顷，分别占总任务的99.6%和86.6%。积极推进配套改革，保定成立了市级林权管理服务中心，全省新增林权流转服务机构24个，累计达到58个，完成林地流转19.6万公顷，流转金额5.5亿元，落实林权抵押贷款3.9亿元，进一步拓宽了林业融资渠道。引导建立林业专业合作社1192个，涉及农民48万户，林农组织化程度显著提高。2011年11月，回良玉副总理对武安市“大户包山、综合开发”的做法作出重要批示。河北省委书记张庆黎批示，“这些成功的经验一定要巩固好、提高好、推广好”。二是国有林场改革试点顺利启动。河北省丰宁县11个林场、隆化县10个林场列入全国国有林场改革试点，开展了摸底调查，制定了实施方案，为改革工作深入推进奠定了基础。在未列入国家试点的情况下，张家口市将全市国有林场和大海陀自然保护区统一划归市林业局管理，经费纳入市财政预算；秦皇岛市将渤海林场、团林林场划归市政府统一管理，推动了国有林场改革发展。

【《河北省环首都绿色经济圈生态林业发展规划》】 2011年4月2日河北省政府正式批准以环首都领导小组名义印发实施《河北省环首都绿色经济圈生态林业发展规划》。该规划是河北省环首都绿色经济圈建设中第一个印发实施的单项规划。规划的实施对把环首都绿色经济圈打造成风光秀丽的生态带有着重要的意义。

规划范围涉及环首都绿色经济圈3市14县，建设期限为2011—2020年。规划利用10年时间（2011—2020年）完成造林绿化总面积68.1万公顷。果树面积发展到42.1万公顷，特色果品产业基地19.5万公顷。新建观赏苗木标准化基地2500公顷，设施花卉基地120万平方米，宿根花卉基地500公顷。规划实施后环首都绿色经济圈有林地面积将增加43.3万公顷，森林覆盖率由现在的35.03%增长到49.58%，城市森林覆盖率由现在的20.25%增长到49.98%。构筑起结构稳定、功能多样的、风光秀美的环首都绿色生态带，为促进京冀经济一体化提供有力的生态保障。

【河北省林业发展“十二五”规划】 8月22日，《河北省林业发展“十二五”规划》印发全省实施。《规划》分四部分：第一部分从目标完成情况、重点工程造林、城乡绿化、森林资源保护和管理、林果品产业发展、林权制度改革、科技兴林等方面总结了“十一五”林业建设的主要成就，分析了林业发展存在的突出矛盾。第二部分主要奋斗目标。规划到2015年森林覆盖率达到31%，森林蓄积达到1.4亿立方米，完成造林绿化140万公顷，林业产业总产值达到900亿元，果品总产量达到1500万吨左右，人造板产量达到1200万立方米。第三部分主要任务和建设重点。一是抓好国家造林工程、突出省级造林重点、完善生态补偿制度、加强野生动植物保护及自然保护区建设、加强湿地资源保护与恢复、加强森林经营、提高森林质量等方面突出林业生态体系建设；二是从现代果品基地建设、速生丰产林基地建设、提高林果加工能力、完善市场体系、培育新兴产业等方面做强林果富民产业；三是从森林防火、林业有害生物防治、森林公安、林业执法、林木种苗、科技支撑、林果产品质量监督检验、林业信息化与电子政务等方面加强林业基础建设；四是从深化集体林权制度改革、推进森林分类经营、改革林木采伐管理制度、加快国有林场改革等方面深化林业改革。第四部分是从加强领导、依法治林、科教兴林、广筹资金、扩大开放和大力宣传等方面阐述了主要保障措施。

【首届中国核桃节在邢台市隆重召开】 9月9日至11日，首届中国核桃节在邢台市隆重召开。本届核桃节由国家林业局、河北省人民政府主办，邢台市人民政府承办，中国经济林协会、河北省林业局、临城县人民政府协办。核桃节的主题是：高标准建设，产业化发展。参加核桃节的有来自各省、自治区、直辖市林业厅（局），全国核桃重点产区市、县政府，核桃生产加工企业等单位代表共计1700多人。全国政协副主席罗富和、国家林业局副局长张永利、省政协副主席王刚、省政府副秘书长曹振国等领导出席首届中国核桃节开幕式。来自全国核桃产区的19个省（市、区）组团参加了展示交流会，共计240家企业参加了展示展销活动，参展客商达到800多人，展示产品主要种类有核桃坚果、核桃仁、核桃油、核桃饮料、胶囊、粉、片、酒、酥糖、工艺品等504种。在核桃产品评奖活动河北省获奖总数达到32个，其中金奖5个，获奖总数和金奖数均居全国第一位。本届核桃节发布招商合作项目106个，签约项目32个，有国外投资企业5家、省外投资企业21家，省内投资企业6家，总金额71.83亿元，其中吸引外资43亿元。

【第三届中国迁西栗花节暨经贸洽谈会开幕】 6月16

日，为期一个月的2011年第三届中国迁西栗花节暨经贸洽谈会在板栗博物馆广场开幕。400余名国内外客商代表参加本次栗花节。栗花节推出大型板栗交易会、栗乡风情书画摄影展、礼赞迁西“一首好歌一篇美文”优秀作品颁奖活动、“垂钓之乡”——迁西县全国库钓邀请赛等一系列活动。

（河北省林业局　袁　媛）

畜牧兽医

【概况】　2011年，河北省各级畜牧兽医部门以科学发展观总揽全局，深入贯彻省委、省政府和农业部方针政策，全面落实农业厅党组的安排部署，紧紧围绕促进畜牧业健康发展和增加农民收入两大目标，着力化解畜牧兽医事业发展面临的新情况、新问题，完善运行机制，改进工作方法，突出关键环节，强化各项措施，全省畜牧业稳步健康发展。全年肉类产量418.2万吨，禽蛋产量339.8万吨，奶类产量466.9万吨，同比分别增长0.34%、0.2%和4%。

【结构布局调整】　各地立足现有基础，着眼市场前景和发展潜力，稳定生猪、禽蛋生产，加快牛羊肉和禽肉生产，加大畜禽品种结构调整力度，主要畜禽品种结构得到优化。唐山、石家庄、张家口、保定四大奶牛养殖核心区进一步壮大，黑龙港地区新的奶牛核心群得到培育，单产提高，奶牛存栏和牛奶产量分别占全省的85%和85.1%。冀南、冀中两大产业带蛋鸡生产进一步巩固，丘陵地区适当发展天然环境下的优质禽蛋生产工作进展顺利。秦皇岛、唐山、承德和沧州、保定、廊坊两大环京津产业带肉禽生产能力明显提高。以平原农区为重点的瘦肉型猪生产发展迅速。以黑龙港流域和丘陵山区为主的两大带肉羊产业带示范带动效应进一步明显。肉牛生产在坝上和山区建设母牛繁育区，在平原农区建设育肥加工基地，积极发展乳肉兼用品种。主要畜禽品种进一步向优势产区集中，品种结构得到优化。

【巩固奶业整顿成果】　各地认真贯彻《乳品质量安全监督管理条例》、《奶业整顿和振兴规划纲要》和冀政〔2008〕91号文件精神，加大奶业整顿力度，取得显著成效。奶牛规模养殖比例继续保持100%，科学调整奶业发展布局，及时落实补贴资金，强化工作督导，散养奶牛入区步伐加快，存栏300头以上的养殖场（区）达到1915个，实现“四统二分”饲养模式的小区增加20%。全省1999个奶站全部达到“五有一符合”标准，《生鲜乳收购许可证》和《生鲜乳准运证明》持证率、与乳品企业签订生鲜乳购销合同并按规定备案率均达到100%，全部由乳品企业派人驻站监管。加强生鲜乳生产、收购和运输等环节监管，奶业市场秩序进一步规范。分别于6月和11月开展了两次生鲜乳专项治理工作，系统内出动7500多人次，出动车辆2500多辆次，检查奶站4700多个次，对存在问题的奶站提出了整改建议，有力保障了生鲜乳质量安全。加强生鲜乳质量安全检测，省局共组织检查3100个次，市级抽检2次以上，县级抽检4次以上。

【畜禽养殖标准化示范创建】　进一步细化和规范示范现场的验收和技术指导，加强工作调度，创建部、省级畜禽养殖标准化示范场1023个，其中部级158个。严格按照《河北省畜禽养殖标准化示范创建活动工作方案》要求，强力推进省级畜禽养殖场示范创建活动，完成省级畜禽标准化示范场创建600家。加强示范场动态监管，对2010年和2011年部级示范场全面检查，对省级示范场交叉检查，交叉抽查比例达到30%。畜禽标准化示范场对养殖方式的带动作用日趋明显，全省主要畜禽规模养殖比例提高2—5个百分点。全省年出栏万头以上的养猪场202个，存栏万只以上的蛋鸡场3807个，年出栏万只以上的肉鸡场9013个，年出栏1000头以上的肉牛育肥场42个，年出栏1000只以上的肉羊场646个。

【畜禽良繁建设】　坚持引进与培育相结合的方针，以实施良种工程为载体，加快良种繁育推广步伐，全省畜禽配种改良网络初步建立，优质种畜禽引进数量大幅增加，良种覆盖面不断扩大，养殖效益明显提高。种畜禽管理有序开展，完成78项种畜禽管理行政许可审批，对持有《种畜禽生产经营许可证》的种畜禽场全面清查，对到期未按照规定申办的82家种畜禽场予以通报，处罚违规种畜禽场12家，种畜禽市场秩序进一步规范。全年完成奶牛生产性能测定4万头。全面完成省种猪性能测定站建设，种猪测定301头，4月、10月成功举办了第二届、第三届种猪拍卖会。大力推广“独立建站、计划生产，统一供精、行业监管，网络配送、分散配种”模式，组织专家对全省30个项目县的独立供精站逐一验收，对验收合格的71家供精站予以公布公示，全省存栏100头以上的种公猪站达到8家。

【畜产品质量安全监管】　健全监管机构，提高检测能力，全省未发生重大畜产品质量安全事件。进一步强化畜产品质量安全监管，组织开展了“瘦肉精”专项整治活动、节日期间畜产品质量安全专项检查、“皮革奶”专项检查、无公害畜产品标志检查、畜产品即投入品安全检查等一系列活动，全省畜牧兽医系统共出动执法人员40.7万人次，检查各类畜牧投入品及产品经营场所33.7万个次，核查各类违法线索40起，畜产品质量安全突发事件多发态势得到有效遏制。11个市级畜产品检测中心全部开展了监测工作。49个县级畜产品质检站仪器设备基本安装到位，44个县开展了监测工作，畜产品检测体系进一步健全。以风险高、隐患大的畜产品和畜牧投入品为重点，加大检测力度，扩大检测范围，增加检测频次，全年检测畜产品及投入品80.2万批次，其中合格样品80.16万批次，合格率达到99.9%。以提高认证企业质量、加强证后监管为工作重点，规范无公害畜产品产地认定和产品认证申报材料编制，完善规章制度，加强人员培训班，强化标准制定和无公害畜产品产地认定和产品认证，完成无公害畜产

品产地认定213个、产品认证116个，完成全年任务的213%和180%。成功举办两期无公害畜产品内检员培训，共为各类养殖企业培训内检员550人，对促进无公害产品认证工作开展发挥了重要作用。

【重大动物疫病防控】 始终坚持把防控重大动物疫病摆到重要位置，高度重视，认真对待，狠抓重点部位、薄弱环节和关键措施，建立健全疫病防控责任体系，狠抓综合防控措施落实，防控工作逐步实现动态化、规范化和科学化，全年未发生重大动物疫情。动物疫病总体平稳，未发生区域性重大动物疫情。全面实施“六大行动”，即：全面宣传、集中强制免疫、强化疫情监测、规模养殖场防疫条件审核、严格动物卫生监督和督导检查行动，认真开展春秋两季集中免疫，同时坚持每月补免日制度，确保应免尽免，不留空当。全省口蹄疫、高致病性禽流感、高致病性猪蓝耳病、猪瘟、鸡新城疫应免畜禽免疫密度均达到了100%，免疫抗体合格率达到国家规定标准。科学制定消毒方案，狠抓关键措施和关键环节，积极组织5月和8月全省消毒月活动，消毒规模养殖场4.97万个，面积1.82亿平方米。扎实开展全省“重大动物疫病防控安全月”活动，强化畜禽免疫8156万头（只），消毒养殖场12.3万个次、畜禽定点屠宰场4399个次，总面积达到3.5亿平方米。完善动物疫情监测体系，充分发挥疫情测报站和兽医实验室作用，对重点地区、重点部位加大检测力度，定期开展专家解析预警，省本级发布疫情预警报告4次，为科学决策、有效防控重大动物疫病发生发挥了重要作用。完善应急指挥系统，强化应急队伍建设，做好应急物资保障，及时招标采购应急物资，满足了防控工作需要。

【医政药政工作】 严格按照农业部相关要求，制定完善规章制度，加强组织宣传，强化部门协调配合，狠抓考务培训，扎实做好执业兽医资格考试各项准备工作，执业兽医资格考试圆满完成，全省2200人参加执业兽医资格考试，774人获得执业兽医师或执业助理兽医师资格，通过率35.2%。强化药政管理，5月份举办了“兽药安全宣传月”活动，进一步增强了各地兽药安全意识。狠抓兽药质量安全监督管理，质量监督抽检合格率96.3%。完成动物源性食品兽药残留监控429批次，合格率100%；未发生因兽药使用引发的动物产品安全事件。细化工作环节，加强人员培训，切实做好兽药企业认证工作，全省142家兽药企业全部通过GMP认证。兽药GSP验收企业达到1420家。

【畜牧产业化工作】 各地以畜牧优势产业为主线，加大招商引资力度，大力吸引各类资本介入畜产品加工和畜牧产业化经营。鼓励大中型龙头企业实现低成本扩张，迅速提升企业档次。按照《农民专业合作社法》的要求，有计划地发展农民专业合作组织，研究和创新利益联接机制，通过合作组织，把基地和龙头、生产和加工环节有机联结在一起，形成风险共担、利益均沾的利益共同体，保障产业化经营健康发展。全省年销售收入亿元以上龙头企业56家，年销售收入500万元以上畜牧产业化龙头企业发展到290家，同比增加6.6%；实现产值635亿元，同比增长11.4%。辐射带动农户140万户，同比增长21.7%。恒天然集团投资3000万美元在玉田投资建设的奶牛养殖场主体工程全部完工。蒙牛集团投资18亿元在衡水武强建设的液态奶项目进展顺利。

【饲料产业】 按照“整合饲料企业、提高饲料产量、保证产品质量”的原则，引导饲料生产企业强强联合，积极组建大型企业集团，淘汰质量安全无保障企业，饲料产品质量进一步提高。对新建饲料和饲料添加剂企业，严格审核审批条件，确保了新上企业硬件合格、软件可靠，管理到位、运行规范。全省饲料产量1150万吨，产值330亿元，同比分别增长5.9%和10.7%，为畜牧业发展提供了可靠保障。现有饲料生产企业909家，同比减少118家，下降13%。年产万吨以上的饲料生产企业达到380多家。扎实开展非法添加和使用抗生素滤渣专项整治、植物源性蛋白饲料原料专项整治、动物源性饲料专项整治行动，加强饲料生产经营企业规范化管理，严厉打击违法行为，饲料产品质量抽检合格率达到96.8%。狠抓秸秆开发利用，完成秸秆青贮1370万吨、氨化微贮260万吨，同比分别提高3.3%和2%，秸秆处理利用率达到29%。青贮玉米种植达到800万亩。

【品牌建设】 各地立足现有产业基础，制定品牌建设计划，大力培育知名品牌，提高畜产品市场竞争力，增加养殖场户收入，品牌建设步伐明显加快。在原有“天凯”、“秦康”、“康钛益”鸡蛋和“凯隆达”、“双鸽”五个省级品牌的基础上，河北奥丰有限公司和沧州鸣达养殖有限公司的品牌鸡蛋获省级著名商标。“安格”牌鸡蛋获省级优质产品称号。畜牧类河北名牌达到29个，中国驰名商标1个、省级著名商标8个。沧州“五谷”牌鸡蛋在京津市场销量不断扩大，并与南京、武汉、杭州、深圳等20个大型城市超市签定了长期购销协议，月销售额650多万元。“华牧”、“五谷”、“天凯”、“新星火”、“兴莲”、“安格”等重点品牌全面进入省会大型超市，月销售额1500万元，同比增长36.3%。重点品牌鸡蛋在省会200多个社区1300多个居民点建立了稳定的购销关系。

【草原保护与建设】 完成京津风沙源治理草地建设32万亩，禁牧舍饲圈舍65万平方米。草原保护建设科技综合示范区建设进展顺利，完成飞播牧草5000亩。丰宁、沽源禁牧休牧和基本草原划定试点有序推进。鼠、虫害防治面积852.6万亩，同比增长12.1%，未发生严重的鼠虫害破坏草原事件。未发生等级以上草原火灾。

【科技工作】 紧紧围绕畜牧兽医工作实际，在畜禽生产、品种改良、疫病防控和饲料兽药开发等方面开展科研攻关。深化畜牧兽医推广体系改革，加大科研工作力度，确定科研推广项目35项。组织申报省科技进步奖5项、省山区创业奖5项，省级科技支撑项目和科技成果转化资金项目及农业部优势农产品重大技术推广项目10项，其中冀合白猪新品系选育等9个项目已经批准立项，争取资金170多万元。完成科技成果登记16项。

【对外合作与交流】 全年接待澳大利亚、新西兰、美国等国外来宾83人次，同比增长43.1%，办理出访团组2

个，为加强河北省畜牧业对外经济技术交流与合作创造了有利条件。积极组织企业与美国依阿华州、密苏里州牧业企业和协会进行合作项目洽谈，推动澳大利亚中华农商公司与河北省有关企业达成种羊繁育、生产和加工初步意向。全系统利用国外资金项目10项，合同利用外资3.1亿美元，实际到位2457.8万美元，同比增加1.32倍。全省新建和正在执行的利用省外资金项目44项，合同利用省外资金125.8亿元，实际到位12.4亿元，是上年的1.38倍。

（河北省畜牧兽医局　赵学凤）

渔　业

【概况】　2011年是“十二五”的开局之年，也是河北省渔业发展史上极不寻常的一年，全省渔业工作认真贯彻落实全国渔业工作会议和全省农业工作会议精神，在渔业生产遭受旱灾、渤海溢油事件等因素严重冲击的情况下，坚持以科学发展观为指导，以发展现代渔业和促进渔民增收为目标，以实施“渔业四百工程战略”为抓手，以对虾、贝类和龟鳖类“三大特色主导产业”体系建设为主要内容，克服各种不利影响，大力推进渔业发展方式转变，调整结构提升产业发展质量，全省渔业发展保持了稳定健康的发展态势。据统计，2011年全省水产品总产量达到106.71万吨，同比增长0.4%。其中，海洋捕捞25.18万吨，减产0.6%；海水养殖31.15万吨，减产5.4%；淡水养殖40.46万吨，增长4.1%；淡水捕捞9.93万吨，增长7.6%。渔业总产值达196.7亿元，增长11%；渔民人均纯收入9180元，增长8%。

【产业结构调整】　海洋捕捞业，调整作业结构，继续发展外海、远海捕捞，渔船编队生产水平提高，严密组织护渔2011行动，狠抓海上渔业生产秩序和渔事纠纷隐患排查、应急处置与调处工作，安全生产形势明显好转，渔损海难事故发生率较上年同期降低38.8%，涉外渔船无严重违规事件发生。水产养殖业，结合低碳渔业发展要求，大力推行工厂化、生态养殖、立体混养等标准化健康养殖模式，新创建农业部健康养殖示范场12个，使省级以上健康养殖示范场达71个（其中国家级45个），示范区总面积达87.5万亩；对虾、贝类、龟鳖三大特色主导品种产业培育力度加大，良种繁育能力超过了400亿单位，先进适用技术推广能力进一步增强，唐山对虾、秦皇岛海参、黄骅梭子蟹、胜芳河蟹、“两山”甲鱼和冷水鱼等特色养殖迈开新步伐，名牌培育工作取得新进展；休闲渔业在环京津地区和大中城市周边蓬勃发展。水产加工流通业，以规模型龙头企业改造升级和水产专业合作社组建为抓手，以专业水产批发市场为依托，增强转化增值能力和产销衔接能力，促进市场购销两旺，行业整体效能进一步提高。

【水产品质量安全】　各级渔业主管部门，认真落实全省食品安全专项整治行动的相关部署，加强对关键环节的治理，加大水产品质量抽检力度，未发生等级以上水产品质量安全事故。全年水产苗种抽样63个，合格率100%，同比提高2.1个百分点；产地水产品抽样145个，合格率99.3%，与上年持平，高于农业部要求的基地合格率目标2.3个百分点；在市场抽样205个，合格率89.8%，阳性样品追溯查处率达到100%。加强“三品一标”认证工作，无公害生产取得新进展，新认定产地16处、面积3027公顷，新认证产品22个批次、产量1825吨，使全省无公害产地覆盖了175个生产单位、186万亩养殖水域，共85个单位的147个批次产品获得无公害农产品标识、产量达到18万吨。胜芳蟹正式被农业部确认为河北省首个农产品地理标志水产品。加强水产品质量安全执法工作。全年共检查苗种生产企业308家、抽查率为35.1%，水产养殖企业2376家、抽查率为37.6%。抽查率均比上年提高了10%以上；查处无证养殖案件30起、违法用药案件3起，发现质量安全制度不全的单位17家，发出整改通知书42份，处罚通知书1份。同时贝类养殖区域划型、水产养殖病害测报、水生动物疫病专项监测和水产苗种产地检疫工作有序推进，为提高水产品质量安全水平提供了有力保障。

【渔业资源养护】　结合生态省建设，一方面继续加大渔业资源增殖放流工作力度，包括各级财政资金、资源补偿、企业和渔民自筹在内，全省累计投入2400多万元，在沿海和内陆各大中水域增殖放流各类水产苗种约40亿单位；新建平山县柏坡湖、曲周县沙漳河和永年县永年洼3个国家级水产种质资源保护区；海洋牧场建设顺利推进，在对海域充分进行本底调查的基础上投礁5万空方。另一方面认真落实捕捞许可、伏季休渔、内陆大水面禁渔期（区）等资源养护和管理措施，鲅鱼、鲈鱼苗、对虾亲虾、水生野生动物保护等专项资源管理工作扎实开展。此外，深入开展渔业水域生态环境保护工作，积极参加涉海工程环境影响评价评审，加大渔业资源生态补偿（赔偿）金收缴力度。特别针对蓬莱19－3油田溢油事件对河北省损失调查与索赔工作，组成了强有力的工作班子，认真开展养殖水域环境监测、损失调查与评估、指导减灾和生产自救、协助地方政府做好渔民稳控等工作，保障了事件处置的平稳进行。

【渔业科技与推广】　围绕新品种引进开发、贝类苗种繁育、大型经济藻类移植养殖试验等内容，2011年安排全省渔业重点科研项目5项、重点推广项目2项。组织鉴定科技项目4项，向省科技厅组织申报2011年度科技成果4项、科技成果转化项目1项、山区创业奖1项。组织完成了2010年4项省渔业地方标准的审定工作，新申报2011年制定渔业地方标准14项。继续推进渔业标准化养殖示范区创建工作，新创建省级渔业标准化健康养殖示范区11个、国家级示范区1个，包括2.7万平米工厂化养殖在内，示范区面积达到11.9万亩，计划产量6.19万吨。

【水生野生动物保护】　2011年取消水生野生动物保护费项目后，河北省进一步加强宣传，提高全社会对水生动物的保护意识，加大保护力度，严格管理，扎实推进水生野生动物保护工作。一是严格落实水生野生动物利用特许制度，全年共发放水生野生动物利用特许证件328份，其中经营利用证287份，驯养繁殖证18份，运输证7份，进出口审核批件16份。二是开展水生野生动物保护宣传月活动。在秦皇岛新澳海底世界、石家庄市动物园及山海关欢乐海洋公园举办了以“关爱水生动物，我们在行动”为主题的第二届全国水生野生动物保护科普宣传月活动。河北电视台、秦皇岛电视台、石家庄电视台、燕赵都市报、秦皇岛日报等多家媒体进行了跟踪宣传报道。三是做好水生野生动物救护。全年组织救治受伤和误捕的水生野生动物3头。四是继续加强水生野生动物展馆管理工作，并配合部局做好水生野生动物展演场馆核查评估工作。

【渔业法制建设】 2011年度渔业法制工作，以《国务院依法行政实施纲要》为依据，紧紧围绕“六五”普法和渔业法制建设要求，一是抓宣传培训。对渔业执法人员进行法律法规知识培训，规范执法文书制作，通过《河北渔业》杂志撰写行业特写，集中报道渔业文明执法窗口创建经验和做法。二是抓立法。对《河北省水产苗种管理办法》进行修订，对《河北省休闲渔业管理办法（征求意见稿）》进行广泛调研，已报省政府法制办。三是抓执法督察。成立省市两级渔业行政执法督察体系，重点对自收自支渔政执法机构整改、纳入或参公管理工作进展情况、伏季休渔执法等部位和环节开展督察行动，强力推进自收自支渔政执法机构整改和渔船监管工作。四是抓好渔业行政审批工作。进一步梳理涉渔行政许可、非行政许可和行政监管事项，明确行政审批事项的实施主体，规范审批流程。五是抓渔政队伍规范化建设。继续推进渔业文明执法窗口单位创建，开展全国平安渔业示范县创建活动。沧州黄骅市和唐山丰南区两个县（区）被农业部评为全国首批“平安渔业示范县”。

【渔业综合管理】 编制了渔政渔港和良繁体系建设“十二五”发展规划，加大项目跑办力度，争取到国家投入基建项目资金约7000万元，促进全省渔港、渔政执法装备、水产原良种场、水生动物疫病防治体系建设进一步加强；及时完成了2010年度燃油补贴资金发放的审核工作。各级渔业主管部门及其船检港监机构，结合渔业“安全生产年”、“平安渔业示范县建设”“安全生产月”等活动开展，狠抓渔船检验、渔港监督、安全设施配备、职务船员培训等各项安全管理措施，组织较大抢险救助35次，救助渔民148人、渔船91艘，挽回经济损失2530.7万余元。特别在黄骅“7.1”海上事件处置过程中，省市县三级渔业行政主管部门及其所属渔政港监机构，快速反应、通力合作，促使事件整体处置平稳有序，充分展现了我们渔业部门执政为民的良好形象和干部队伍的优良素质。此外，渔业互保体系进一步健全，工作再次实现突破，实际收取保费2100多万元，承保渔船3997艘、渔民22966人，为全省渔业提供风险保障23亿多元，并向入会渔民发放小额贷款1000万元，对提高渔业防灾抗灾能力、帮助渔民灾后恢复生产、促进渔区和谐稳定发挥了重要作用。

【渔业宣传】 全省渔业宣传工作力度加大，提升了河北渔业的良好形象。各级渔业行政主管部门，抓住典型经验做法、渔业重大活动以及重点热点难点问题，加大政务信息采集与报送、新闻宣传报道、“一报两刊”发行工作，通过省委、省政府信息专报渠道、中国渔业报、中国水产、河北渔业等行业报刊以及主流媒体，发布河北省渔业信息近300条。河北渔业门户网站规范高效运行，充分展现了河北省渔业发展取得的成就，客观反映了河北省在推进现代渔业建设、强化行业管理和服务等方面卓有成效的工作。黄骅、昌黎、乐亭三个渔业大县主要领导专门部署《中国渔业报》发行和“十二五规划在基层”投稿工作，为全省渔业宣传工作树立了好榜样。

【存在问题】 首先是渔业发展受资源环境和产业素质的双重约束越来越突出，例如水域滩涂开发无序、渔业生态环境恶化，产业布局分散、特色养殖发展不突出，产业化经营程度低、综合竞争力不强，科技创新能力薄弱、支撑服务体系不健全等等问题；其次，海上生产秩序管控形势不容乐观。随着渔业资源衰退加剧，渔场收缩，作业渔场生产船只更加密集，在交界海域、国家管辖海域范围因渔场争夺引发的渔事纠纷和治安案件有多发、频发的势头，存在影响社会稳定的隐患，尤其是一些黑恶势力参与的情况必须引起高度重视。

（河北省水产局　雷　霞）

工　业

【概况】 2011年，河北省各地各部门加大了工业经济运行调节力度，加强对工业企业的分类指导，积极采取有效措施应对资金趋紧、经营成本上升等不利因素影响，工业运行呈现出生产增长较快、效益同步改善、结构调整稳步推进的良好态势，实现了“十二五”工业经济良好开局。

第一，生产增速稳中有快。2011年，全省规模以上工业完成增加值10509.4亿元，同比增长16.1%，全年累计增速稳定在14.1%－16.2%之间，工业运行在经历2009年国际金融危机期间增长下滑、2010年快速恢复后，2011年基本回归到了2008年9月前的正常状态。从当月运行轨迹看，增速呈现小幅波动，5月份基本扭转了3、4月份放缓态势，6、7月份持续走高，8月又稍有回落，9－12月份保持较快增长，12月份完成工业增加值994.7亿元，同比增长16%。分季度看，一季度增长15.3%，上半年增长15.1%，下半年由于上年基数较低，工业生产增速稳中趋快，前三季度增长15.9%，全年规模以上工业增加值超1万亿，比上年增长16.1%。从全国情况看，下半年全国规模以上工业增速呈现逐步回落趋势，河北省快于全国，全年增速比全国快2.2个百分点。

装备制造和钢铁行业是带动工业增长的主动力。从七个工业主要行业看，2011年钢铁和装备制造两大行业对规模以上工业增长的贡献最大，贡献率分别为28%和26.8%。其中，钢铁行业中的黑色金属冶炼及压延加工业，虽然在结构调整和经营成本大幅上涨的背景下呈现低速增长态势，比上年仅增长9.8%，但由于其在全省工业中比重较大，完成增加值占规模以上工业的23.3%，从而对工业增长的贡献率仍然较大，为15%；而装备制造业在国家和省内一系列鼓励政策带动下，承接了“十一五”快速增长势头，当月增速均快于全省平均水平，全年完成增加值增长24.9%。另外，建材行业也呈现较快增长态势，完成增加值513.8亿元，增长22.2%。

工业品内、外需市场均保持较快增长。2011年，全省规模以上工业内销产值3.7万亿元，同比增长30.7%；完成出口交货值1446.2亿元，同比增长24.8%。出口交货值总量大、增速快的行业主要集中在装备制造业，其中，交通运输设备制造业出口交货值为133.1亿元，总量在38个行业中居第3位，增长43.2%；通用设备制造业出口交货值为131.6亿元，总量居第4位，增长49.8%；金属制品业出口交货值为110.7亿元，总量居第5位，增长1.1倍。

工业品产销衔接较好，产销率有所提高。2011年，全省工业产品产销率为97.9%，比上年提高0.1个百分点。在统计的38个行业大类中，有13个行业产销率比上年提高，15个行业高于全省平均水平。其中，黑色金属冶炼及压延加工、农副食品加工、石油加工炼焦及核燃料加工、交通运输设备制造业产销率分别为98.6%、98.6%、97.9%和98.1%。

第二，结构调整稳步推进。在做大做强装备制造业、淘汰落后产能、改造提升传统产业、培育壮大战略性新兴产业等方面不断加大工作力度，并取得积极成效。

装备制造业保持快速增长势头。2011年，全省装备制造业一直保持快速增长势头，当月增速均快于全省平均水平。全年完成增加值1906.3亿元，增长24.9%，增速居七个主要工业行业之首，高出全省工业8.8个百分点；占规模以上工业的18.1%，比上年提高0.9个百分点。装备制造业内部行业发展出现新变化，通用设备制造业、金属制品业、专用设备制造业继续保持强劲增长势头，增速均在20%以上，分别增长37.7%、27.5%和23.7%；电气机械及器材制造、仪器仪表及文化办公用机械制造业平稳增长，分别增长16.1%和15.4%；受汽车行业下滑的影响，交通运输设备制造业增速明显减缓，完成增加值增长18.1%，增速同比回落18.3个百分点。

高耗能行业比重明显回落。2011年，全省各地采取有效措施，下大力巩固2010年下半年节能降耗的积极成果，六大高耗能行业月度累计增速始终控制在13%以下，均低于全省规模以上工业。全年完成增加值4958.1亿元，同比增长12.1%，增速低于全省规模以上工业4个百分点；占规模以上工业的比重为47.2%，同比回落2个百分点。

第三，效益保持较高水平。全省规模以上工业实现利润各月累计增速始终保持在25%以上。全年规模以上工业主营业务收入完成40201.0亿元，比上年增长27.1%；实现利润2639.0亿元，增长23.2%。

超过八成行业实现利润保持增长。在规模以上工业统计的38个行业大类中，有32个行业的利润总额比上年同期增长，占84.2%。在利润总额超过百亿元的8个行业中，有4个行业保持较快增长，分别为黑色金属矿采选业实现利润447.9亿元，比上年增长44.1%；交通运输设备制造业实现利润158.8亿元，增长32.3%；通用设备制造业实现利润140.1亿元，增长34.9%；石油和天然气开采业实现利润125.4亿元，增长2.5倍。

总的看，2011年全省工业运行态势良好，但企业生产成本明显上升，亏损企业亏损额增幅较大，大中型企业支撑乏力等问题较为突出。2012年是“十二五”规划的关键一年，应认真落实中央和省经济工作会议精神，把握发展优势和机遇，紧紧围绕省第八次党代会提出的“一产抓特色、二产抓提升、三产抓拓展”的发展思路，毫不松懈地抓好工业运行调节，力促平稳较快增长；毫不松懈地抓好结构调整，加快发展方式转变；毫不松懈地抓好企业增效，提高工业运行质量；毫不松懈地抓好项目建设，大力拓展新工业增长点。

（河北省统计局　高　娓）

【饲料加工业】　2011年，全省共有饲料及饲料添加剂生产企业1202家，比上年减少7家，减少0.6%，其中时产1吨以上（含1吨）的饲料生产企业825家，时产5吨以上（含5吨）的饲料生产企业390家，大型企业所占比重为47.3%。全省饲料生产能力达3000吨/时。全省饲料产品总产量1150.1万吨，比上年增加63.7万吨，增长5.9%，其中配合饲料967.5万吨、浓缩饲料169.0万吨、添加剂预混合饲料13.6万吨。配合饲料比上年增加54.2万吨，增长5.9%；浓缩饲料比上年增加9.0万吨，增长5.6%；添加剂预混合饲料比上年增加0.6万吨，增长4.6%。饲料工业总产值达310.0亿元，比上年增加11.8亿元，增幅4.0%。

全省共有饲料添加剂生产及分装企业105家，各种饲料添加剂总产量22.3万吨，其中维生素类（包括氯化胆碱）14.7万吨、矿物元素及其络合物6.0万吨、酶制剂0.2万吨、微生物1.2万吨、其他类0.1万吨。

全省共有动物源性饲料生产企业73家，产品总产量14.8万吨，其中鱼粉7.7万吨，骨粉、肉骨粉4.2万吨，其他原料近2.8万吨。全省共有饲料机械制造专业和兼业厂家5家，共生产饲料机械306台（套）。

1. 发展大型饲料企业集团，严格控制企业数量。大型饲料企业集团逐步增加，企业知名度不断提高。采取主要措施：一是引导企业建立大型饲料企业集团，提高市场占有率。重点培养兴达、凯特、大洋、碧隆等大型集团企业。兴达集团通过与山东六和集团合作，建立养殖、生产、销售一条龙，完善管理制度，提升企业文化；通过兼并、重组、合作等方式与中小企业联合，建立分厂或子公司，延长产业链条，提高饲料产量。目前，兴达集团拥有饲料子公司9家，饲料产量明显提高，集团还引进高档猪料生产技术和肉鸭饲养屠宰生产线，正在形成大型农牧集团化龙头企业。凯特加大了蛋鸡的饲料和饲养投入，要打造中国特色的蛋鸡产业链。河北碧隆公司增加氯化胆碱生产线，产量70%出口欧盟，已成为河北省的产业龙头。河北大洋充分发挥了“大洋”氯化胆碱省政府名牌产品的作用，开发出70%氯化胆碱粉剂和98%氯化胆碱晶体，其中氯化胆碱晶体通过河北省科技厅组织的省级科技成果鉴定，填补了国内空白，质量高于欧盟标准，畅销国内外，提高了市场占有率。二是大力宣传，提高企业知名度。2011年，河北省利用各种机会，充分宣传大型饲料企业及其产品。3月份，在平山举办了第七届河北省饲料工业发展高层论坛，参加论坛的企业代表800多人。8月份，在沧州市召开大型企业联席会，邀请正大集团董事长姚民朴先生就企业管理方面进行培训。9月份，组织饲料企业参加在廊坊举办的河北省畜产品交易会。企业踊跃报名，积极参展，饲料企业制作特装展位27个，完成展位任务88个，分别占特装展位和展位总数的40%和30%。饲料展位设计新颖，特色突出，展现了河北省饲料企业的风采，得到有关领导及参会代表的称赞。三是提高标准，严格把关。为了确保大型饲料企业健康发展，对中小企业的条件严格进行审查。凡是不符合条件的，限期整改，对新上企业，提高验收标准。凡没有中控设施的企业，一律不予审批。2011年，河北省采取年度备案和现场检查相结合的方式，共检查饲料生产企业375家，对89家不合格企业限期整改，不予备案。沧州市对氯化胆碱生产企业提高了验收标准，严格审查、换证，共取缔氯化胆碱生产企业21家，由原来38家减少到16家，但产量却同比增加了25%。四是坚决取缔无证生产饲料行为。为了给获证饲料生产企业创造宽松和谐的生产环境。从2010年12月份开始到2011年10月底，利用近一年的时间，在全省开展了清理、取缔无证生产饲料的行动。经过各级饲料管理部门的积极努力，共取缔无证生产饲料的企业114家。

2. 开展四项专项整治行动：一是认真开展清理取缔无证生产饲料专项整治行动。2010年12月到2011年10月底，全省开展了清理取缔无证生产饲料专项整治行动。邢台市加大工作力度，在2010年取缔了90多家无证生产饲料企业的基础上，2011年又取缔无证生产饲料的企业30多家。邯郸市两次下发文件，对非法饲料加工厂（点）的取缔工作深入安排部署，共取缔非法饲料加工厂（点）39家。据统计，全省各市共出动执法人员16849人次，取缔无证生产饲料和饲料添加剂企业114家，捣毁非法饲料加工窝点9个，移交法院强制执行取缔4个。严厉打击了无证生产加工饲料的违法行为，大大消除了饲料质量安全隐患，整顿规范了饲料市场秩序，提高了饲料质量安全水平。二是深入开展严厉打击非法添加和使用抗生素滤渣专项整治行动。5月份石家庄赵县发生抗生素药渣事件后，省局发出紧急通知，要求全省各市从6月1日开始，利用一个月的时间，在全省开展抗生素滤渣拉网式排查行动。按照省局文件精神，各市都积极开展工作。石家庄市组成调查组，对7家抗生素生产企业抗生素滤渣的产量、品种、流向及处置方法进行深入调查，取缔了13家无证生产饲料的企业。沧州市、廊坊市成立了专项整治领导小组，制定了专项整治方案，加大宣传力度，积极组织召开全市饲料法规宣传培训会议，营造氛围，造成声势。三是全面开展植物源性蛋白饲料原料专项整治行动。根据年初的工作安排，省局于6月份在全省开展了植物源性蛋白饲料原料专项整治行动。据统计，此次行动，全省共出动饲料执法人员1120人（次），出动车辆410辆（次），检查饲料生产企业1231家（次）；经营企业1457家（次）；全省共下达责令改正通知书17份，对存在问题企业进行了限期改正，对到期拒不改正的，依法注销《饲料生产企业审查合格证》。四是开展了动物源性饲料专项整治行动。2011年9月10日至2011年10月10日，利用一个月时间，在全省开展了以鱼粉为重点的动物源性饲料专项整治行动。在河北省鱼粉主产区沧州、唐山、秦皇岛等市积极开展拉网式排查。对国家和省抽检不合格的鱼粉生产企业进行了跟踪检查和监测，在检查过程中对整改不到位的企业进行了严厉的警告。专项整治行动中，进一步明确企业是第一责任人，要求企业签订质量安全责任状，承诺不生产假劣产品。据统计，专项整治期间，沧州、唐山、秦皇岛等市共出动执法人员357人次，车辆48辆次，检查饲料生产企业108家次，经营企业97家次。规范了动物源性饲料生产，建立健全了各项规章制度，明确了企业法人和县级监管责任。

3. 认真开展年度备案工作。从2010年12月份开始，对全省饲料生产企业审查合格证获证企业进行年度备案。此次备案，共收到2010年度饲料生产企业备案材料920份（其中配合饲料、浓缩饲料771份，单一饲料149份）。开展型式检验，共收到饲料样品1179批次，已经检测805批次，不合格27批次。合格778批次，合格率96.7%。共审核饲料标签920个，合格830个，合格率90%。为了确保备案工作不走过场，省饲料工作办组成检查组，对全省11个市的年度备案情况进行检查，每个市随机抽查县（市），对被查县（市）生产企业全部检查。共检查73个县（市）的375家饲料生产企业。通过检查，对89家不合格企业限期整改，不予备案，对118家已不具备生产条件的企业予以注销。

4. 推进产业体系建设，发展特色饲料。一是积极稳妥地推进氯化胆碱产业体系建设。2011年6月5日，在沧州市召开了氯化胆碱现代产业体系建设专题座谈会，全市18家氯化胆碱企业厂长经理参加了会议，进一步明确了发展目标，加大整合力度，拓宽发展空间。为提高氯化胆碱产品质量，省饲料工作办会同沧州市饲料办，认真研究谋划，制定实施方案，提出行之有效的措施。2011年共抽检氯化胆碱样品110批次，未发现不合格样品。沧州市饲料办针对氯化胆碱产品出口多的特点，还主动加强与市出入境检验部门的联系，每季度开展一次联合突击抽样检测。对氯化胆碱生产企业提高了标准。凡是不具备合成工艺，没有滚筒烘干设备的，不予受理换证。连续抽检两次不合格的企业，停产整顿，跟踪监测，仍不合格的企业坚决取缔。通过一系列整治措施，沧州市氯化胆碱生产企业淘汰22家。目前，沧州氯化胆碱不仅在国内销售供不应求，而且许多企业的产品大量出口。每年出口约8万多吨，占总产量50%以上。河北大洋公司开发98%氯化胆碱晶体通过河北省科技厅组织的省级科技成果鉴定，填补了国内空白。二是研究探讨宠物饲料产业体系建设。6月15日，省饲料工作办在邢台市南和县召开了有12家宠物饲料生产企业参加的座谈会。会上就如何发展宠物饲料、如何提高产量，保证质量，创名牌、树形象等问题进行了广泛讨论研究，并就成立宠物饲料协会、规范宠物饲料生产行为、提高企业准入门槛等问题进行深入探讨。本次座谈会帮助和指导宠物饲料生产企业规范生产，进一步保证产品质量，提高产品性能，延长产业生产链条，增加品种，扶持宠物饲料企业上等级、上规模、创品牌。会后，邢台市出台了一系列宠物饲料发展政策文件，切实保证河北省宠物饲料重点生产区域的顺利健康发展。

5. 全面落实《河北省饲料生产企业定点联系质量安全监督管理办法》。按省局要求，各市进一步落实饲料生产企业定点联系质量监管负责人和监管员制度。各有关县（市、区）均按要求对每个饲料生产企业明确了质量安全监管员及有关职责，并且大部分县的监管员、监管责任人的职责和照片均公示上墙。承德市把有关要求进行了归纳整理，形成综合文件下发各县（市）实施。保定市进一步明确细化了县级质量安全监管员和企业质量安全监管责任人的5项职责。唐山市对全市饲料质量安全监管员及监管负责人集中进行了饲料法规和执法有关内容的培训，组织15家中小企业的负责人到管理比较规范的大企业进行参观学习。邯郸市下发了《关于进一步加强饲料质量监管工作的紧急通知》，要求监管员严格执行企业监管制度，对饲料生产企业加大检查频率。各地通过建立饲料生产企业监管长效机制，切实保证了饲料产品质量安全。

6. 积极开展对标行动。为了进一步鼓励和引导饲料生产企业做大做强，提高核心竞争力，推动河北省饲料工业持续健康发展，省局于2011年开展饲料和饲料添加剂生产企业对标行动。一是经过各市推荐，省局研究确定了全省32家标杆企业，并对标杆企业按照省局规定的条件进行了再规范。二是于8月17—18日召开了饲料和饲料添加剂生产企业对标行动现场会议，组织全省标杆企业对保定方田牧业有限公司、保定万千饲料有限公司、农标普瑞纳（廊坊）饲料有限公司、河北大洋动保饲料有限公司、河北万雉园农牧科技有限公司等5家标杆企业的典型经验进行了观摩学习。三是组织有关人员到外省参观学习。通过学习，促进标杆企业健康发展。

（河北省饲料工作办公室　郭丽鲜
河北省饲料工业协会　冯　琳）

【制盐业】　2011年，从气象条件看，河北盐产区的唐山盐区蒸发量小、气温低，降水次数多，加长了成卤周期，严重影响了原盐结晶；沧州盐区蒸发量同比增多85.1mm，降水量同比减少133.1mm，各级卤水储量，池内盐碴均优于常年。从生产能力看，随着沿海开发建设的深入，被征用的盐田面积已达1.75万公顷，减少原盐产能100余万吨，部分制盐企业生产布局受到影响，制约了纳潮、制卤能力，原盐稳产水平下降。为弥补制盐面积减少给原盐生产带来的困难，各盐业生产企业通过加大技改力度，细化生产管理，重点抓好纳潮、制卤和结晶管理工作，更新改造塑苫，确保了原盐生产的基本稳定。全年生产原盐402.6万吨，同比减少26.8万吨，减幅6.24%；销售工业盐360.3万吨，同比增加10.9万吨，增长3.03%；销售食盐28.35万吨，完成年度计划的88.04%，其中省内销售20.03万吨，完成年度计划的81.76%，省外销售8.32万吨，完成年度计划的107.99%。全年查处盐产区涉盐违法案件84起，涉及盐斤461吨，罚没现金45.5万元，查处的盐业违法案件无一例复议或诉讼，维护了全省盐业市场的正常秩序。

（一）编制“十二五”规划。省盐务局立足河北盐业发展新阶段，提出“构建盐业发展新框架，实现盐业发展新突破”的工作思路，抓住河北沿海快速发展有利机遇，积极做好河北盐业“十二五”发展规划编制工作，成立规划编制工作领导小组，通过调研论证，吸收借鉴大型制盐企业发展规划的经验，广泛征求各方意见，完成了河北盐业“十二五”发展规划编制工作。11月25日，省工业和信息化厅印发了《河北省盐业发展“十二五”规划》。该规划分析了河北省盐业发展现状和面临的形势，明确了“十二五”期间盐业发展的指导思想和发展目标，确定了“十二五”盐业发展的主要任务和发展重点，并提出了落实“十二五”规划的保障措施。

（二）确保原盐生产稳定。面对原盐生产的不利形势，行业上下积极应对，省、市盐务局加强生产调研督导，在春晒生产高峰时期，及时召开生产调度会，了解生产情况，解决企业生产实际问题。各制盐企业积极采取有效措施，一是狠抓制卤管理，各企业从抓制卤入手，在搞好修滩整池提高设备制卤效果的基础上，抓好蒸发的按步卡放，保持卤水的合理衔接，严格制卤操作，采取制卤竞赛、充分利用废弃面积制卤、抓有利天时制卤、抢化残盐制卤等方式充裕卤源。二是狠抓结晶管理，改进生产工艺，完善基础设施，加速设备更新，改造塑苫3.9万公亩，新增塑苫1.8万公亩。三是狠抓质量管理，通过严格的质量管理措施，使盐区原盐优一级品率达到100%。四是抓好防汛工作，结合全年气象形势，制定防汛措施，召开专题会议进行安排部署，并组织开展防汛工作督导检查，确定防护重点，预防和减少各类事故的发生。南堡盐场紧紧抓住完善奖惩激励机制和治理制卤薄弱环节两项关键措施，全力实施生产攻坚。河北长芦大清河盐化集团有限公司加强生产管理，面对恶劣天时，引导广大干部职工拼搏奋争，一举扭转生产颓势。中盐长芦沧州盐化集团有限公司通过转换内部管理机制，推行承包经营模式，调动了职工生产积极性。

（三）组织盐碱企业衔接。受年初两碱行业产能过剩、煤电油运涨价和政策调整影响，用盐需求一度疲软，随着两碱市场行情趋暖，企业正常开工率提高，用盐需求有所增加。为保障工需民用，主要采取四项措施，一是继续落实省政府办公厅《关于加强和改进工业盐管理的通知》精神，密切关注两碱化工用盐企业动态，主动到化工企业调研，及时为制盐企业提供市场供需信息。二是编制《河北省2011年度工业用盐平衡计划》，对全年工业用盐供需做出统筹安排。三是搭建盐碱交流平台，组织省内外56家盐碱企业产销洽谈会，签订2012年工业盐供需合同，促进河北省制盐企业与两碱企业衔接。四是组织唐山盐区中小制盐企业集中经营，产品统一供应“三友”集团等化工企业，形成整体经营优势。同时，加强与邻省有关部门的协调，做好外省入境盐管理和服务；密切与铁路部门联系，保证行业运力需求。

（四）促进食盐计划落实。召开河北省食盐计划工作会议，编制下达省内食盐生产调拨计划；抓食盐计划的提报、下达、执行三个环节，签订目标责任状，层层分解计划；积极协调产销关系，沟通计划执行情况，及时解决落实计划过程中出现的问题，维护国家食盐计划的严肃性；推动食盐价格调整到位，解决了粉洗盐价格偏低、企业效益受损问题，调整恢复到国家定价标准，促进企业效益提高；统一调配省内碘酸钾供应，及时解决生产企业碘酸钾短缺问题，保障企业正常生产需要；为企业销售穿针引线，邀请省内外盐业公司与生产企业接洽，拓展产品销售渠道，帮助企业打开外省销售市场。

（五）推进食盐结构调整。组织全省食盐定点生产企业开展“管理上水平，质量上台阶”活动，重点抓好食盐企业的技术改造和产品升级，积极开发适销对路和高附加值的食盐新产品。沧盐集团银山食盐公司完成年产10万吨食盐生产线技术改造，推出自然海盐、多品种盐、精制盐、粉洗盐、日晒盐、味精盐、腌制盐、溶雪盐等3个系列8个品种的天然绿色海盐。黄骅通宝特种盐有限公司对雪花盐生产线进行技术改造，雪花盐产品成功进入北京、吉林和广东等省外市场。帮扶唐山盐区5家食盐定点生产企业开发粉洗盐、日晒盐等品种，为9家食盐定点生产企业申报绿色食品标志提供政策和信息支持，已有4家企业通过绿标认证，5家企业通过ISO—9001质量管理体系认证，提升了产品质量，增强了市场竞争优势。

（六）全力平息抢盐风波。3月16日食盐抢购风潮蔓延到河北省，短时间内全省市场出现了食盐脱销情况。面对来势凶猛的抢盐风波，省盐务局确定了“讲政治、顾大局、保市场、稳民心”的工作思路，迅速启动应急预案，成立稳定市场供应应急领导小组，下发紧急通知，第一时间向省政府、省工信厅等上报紧急请示，提出快速平息事态发展的意见建议。组建工作组分赴省内9家食盐生产企业，现场督导食盐生产，提高成品食盐库存；安排部署各盐业分公司克服困难，做好食盐存储、运输、投放，确保产品及时供应市场；打破常规，实行24小时配送服务，将合格碘盐从生产企业直接供应各市县经销单位和大型超市，确保食盐供应不脱销、不断档。通过广播、电视、报纸、互联网等媒体广泛宣传，澄清不实信息和传言。针对涉及海盐的负面报道，向省政府提交应对食盐抢购宣传报道的紧急建议，对消除民众恐慌心理、引导理性消费起到积极作用。3月17－21日紧急生产食盐4600吨，应急供应5600吨，仅3天时间抢购风潮基本得到控制。

（七）开展盐业学术交流。召开河北省盐业协会2011年度学术论文评审会，来自省内盐业系统的10多位专家，对全省盐业系统初选出的论文进行了认真评审，评选出一等奖论文10篇，二等奖论文6篇。8月22日～23日，省盐务局和省盐业协会共同主办中国北方海盐区2011年度学术交流会。出席会议的北方盐区部分省（市）盐业公司的领导、省（市）盐业协会秘书长以及盐业行业的专家、学者、生产一线的科技工作者共计50余人，收到论文62篇，经过各省（市）盐业协会的推荐评选，评出优秀论文一等奖26篇、二等奖36篇，其中河北省优秀论文11篇。

（八）强化盐业市场监管。一是加强队伍建设。严格落实上岗考核制度，组织执法人员开展岗位责任培训、执法案卷评查和《食品安全法》、《行政强制法》、依法行政“四项制度”等法律法规知识学习。建立和完善盐政管理绩效考核机制，深入推进行政执法责任制。二是开展专项治理。清理查处无证经营，成立查处取缔无证无照经营工作领导小组，制定查处方案，对石家庄市、宁晋县和保定市可能存在的无证经营制盐生产企业进行明查暗访。对盐产区所有涉盐企业进行拉网式排查，检查涉及原盐、食盐、加工工业盐等相关生产企业46家，指导5家因历史原因无制盐许可证的企业按行政许可程序要求办理各种手续。加大食盐添加剂管理，对食盐中添加疏松剂使用情况逐个检查并登记在册，发现问题及时纠正。三是注重联合执法。加强与公安、武警、工商、卫生等部门联合执法，严厉打击盐业违法行为。积极参与冀鲁豫三省联合执法和京津冀晋蒙辽豫陕八省（市）联合执法联席会议，形成联合执法机制，努力营造省际间食盐放心消费环境。四是加大宣传力度。组织参与记者访谈和河北电台《阳光热线》节目，宣传盐业法规政策。在企业开展贯彻落实《食品安全法》和国务院《食品安全宣传教育工作纲要（2011—2015）》活动，与食盐生产企业签订食盐安全承诺书，组织《食品安全法》和质量管理技术规范培训。围绕“3.15”消费者权益日、“5.15”碘缺乏病宣传日、“12.4”法制宣传日三大主题宣传和食品安全周宣传活动，发放宣传材料7000余份，接受群众咨询800余人次，普及盐业法律法规知识，提高消费者自觉食用合格碘盐的意识。

（河北省盐务管理局　高秀华）

电子信息产业

【概况】　2011年，全省电子信息产业完成主营业务收入1032.9亿元，同比增长18.46%，其中制造业完成主营业务收入874.98亿元，同比增长23.37%。累计实现利税146.40亿元，工业增加值288.52亿元，出口创汇34.60亿美元。全行业完成固定资产投资137.95亿元，同比增长75.46%。入统企业530家，从业人员约16.23万人；主营业务收入超百亿的企业2家，超亿元的企业76家，进入全国电子信息百强的企业3家，国内外上市公司8家。华为、中兴、富士康、京东方、美的、格力等相继落户河北。

全省电子信息产业形成了通信设备（含传输设备、卫星通信设备和移动通信设备）、广播电视、计算机整机及其配套、元器件、仪器仪表、测量、医疗、电力传输保障设备等十大类产品，太阳能光伏、通信设备、平板显示器件、半导体照明、应用电子等产业链日趋完善。

保定（太阳能光伏、半导体照明、电力电子、汽车电子、IC产品制造、石油和地质勘探仪器、磁性材料等）、廊坊（通信网络产品、平板显示、新型元器件、新材料、光机电一体化设备、电子专用设备等）、石家庄（数字通信和卫星导航设备、数字家庭、半导体照明、关键电子材料、激光器、光收/发模块、光MEMS器件、专用集成电路设计与制造等）、邢台（单晶硅材料、硅片、太阳能电池、电池组件、太阳能装备、家电整机及半导体照明等）四大信息产业基地产业规模位居全省前列，主营业务收入、工业增加值、利税和出口创汇分别占全行业的79.21%、78.08%、78.76%和93.70%，秦皇岛信息产业基地（安防电子、医疗电子、高端印制电路板、电子专用设备、平板显示、半导体照明等）发展势头良好。形成了玉田电子元器件、承德智能仪器仪表、怀来光电子、沧州线路板、邯郸计算机耗材等一批特色产业园。威县深港电子信息产业基地、南宫家电产业园（消毒柜、电磁炉等）按计划推进。

【太阳能光伏产业】 太阳能光伏产业规模居全国第二位，从原辅材料生产到发电应用工程产业链完整，产品涵盖单晶硅、多晶硅、非晶硅薄膜深加工等多个品种。从业企业约50家，其中入统企业25家，晶龙集团和英利新能源有限公司是全球十大太阳能电池生产商。2011年，全省太阳能电池及组件产量3000MW，但是受全球光伏市场需求增幅回落、主要应用国补贴持续下调、国内产能释放压力和美国“双反”调查等不利因素影响，光伏产业呈增产不增效态势。实现主营业务收入319亿元，同比增长13.03%，占全省电子信息产业比重31%。实现利税16.4亿元，同比减少66.47%。邢台成为国家新型工业化（光伏）产业示范基地、国家光伏高新技术产业化基地。保定是国家新能源与能源设备产业基地、国家可再生能源产业化基地。实际产能规模约占行业31%。

【基础产品】 各类元器件及原辅材料等基础产品门类齐全，附加值高。液晶材料、石英晶体谐振器、三氟化氮电子特种气体等产品位居全国前列。液晶显示材料生产主要集中在石家庄市区域，代表性企业有石家庄诚志永华显示材料有限公司、河北迈尔斯通电子材料有限公司等。乐凯集团公司是我国最大的数字印刷材料科研、生产基地和我国平板显示器产业用高档聚脂薄膜和薄膜深加工大型研发、生产基地和感光材料研制、开发和生产制造基地。中国船舶重工集团公司第七一八研究所是国内最先掌握高纯三氟化氮（99.995%）特种气体研发和生产技术的企业。唐山晶源裕丰石英晶体元器件产品技术水平达到国际同类产品水平。产业规模约占行业60%。

【半导体照明产业】 全省半导体照明已经形成衬底材料、外延片及芯片研发制造、发光功率器件封装及产品应用等较完整的产业链条。目前从业企业近100家，入统企业23家，实现主营业务收入8.61亿元。同辉电子、河北立德电子、廊坊鑫谷光电、秦皇岛鹏远光电子、立明电子、华威凯德、京华电子、大旗科技等一批企业产品各具特色。伴随着外延材料、芯片制造技术和产品质量的不断提升，路灯、隧道、矿井等专用半导体照明灯具逐步推广应用，新的应用市场将不断拓展，发展前景良好。

【软件与信息服务业】 软件与信息服务业保持了较好的发展势头。全年完成主营业务收入157.9亿元，实现利税69.7亿元，完成工业增加值64.9亿元，软件出口0.83亿美元，同比增长155.8%。累计认定软件企业411家，登记软件产品2891个，76家企业获得计算机系统集成资质，8家企业获得计算机信息系统工程监理资质。全省主营收入超亿元的软件企业21家，超5000万的38家。建设和形成了石家庄、廊坊、秦皇岛、保定等一批软件与信息服务产业基地，石家庄软件园、廊坊信息服务核心区、秦皇岛数据产业基地、唐山工业软件应用与产业化示范区、保定智能电网产业基地等建设步伐不断加快，产业发展布局基本形成，产业聚集能力不断增强。

【信息化应用与建设】 培育了31家两化融合示范企业和112家两化融合重点企业。开展了全省县级电子政务情况调查和环首都县级电子政务建设模式课题研究。开展了信息安全检查和测评，网络信息安全保障能力进一步增强。关停违法、违规网站89个，进一步规范和净化了互联网环境。

两化融合。唐山暨曹妃甸国家级两化融合试验区通过工信部组织的验收。全国产业集群两化融合经验交流会在安平县召开，河北省安平县产业集群两化融合经验在全国得到推广。“蔬菜视频诊断系统”实现了种植户与权威专家在线视频交流，每亩纯增效益80余元。命名了16家省电子商务示范企业，其中河北玛世、石家庄商商被授予国家电子商务示范企业，2011年全省电子商务交易额预计达到3000亿元，网络购物额将突破330亿元。省政府印发《河北省推进三网融合实施意见》，石家庄市被批准为第二批国家三网融合试点。

电子政务。“中国河北”门户网站先后进行了两次改版，服务功能进一步增强。衡水市开展了省、市、县一体化网上审批办理的试点，进一步提高政务服务效率。药品流通实时监控系统实现了全部487家药品批发企业、所有中标基本药物的电子监管。工程建设领域项目信息公开和诚信体系建设基本实现全省全覆盖，公开的信用信息超过15万条。民政婚姻登记、救助管理和殡葬等业务实现了省市县三级一体化办理。在重点领域开展了跨部门信息共享，其中住房保障系统实现了与公安、民政、计生、人社等部门的人口信息比对，为住房保障政策实施提供了信息支撑。李克强副总理在2011年11月来河北省考察时给予了高度评价。

社会领域信息化。全省90%以上中小学校配备了计算机教室，70多个县（市、区）实现了教育资源共享。社会保障“一卡通”实现发卡600万张。数字住房保障系统实现了住房保障对象、房源、项目进度等方面的动态监管，走在了全国前列。155家县医院和4.9万个村卫生室信息化基础得到加强。文化信息资源共享工程已入库各类数据近74.5TB。全省15条路段高速公路实现了实时视频监控，京津冀高速公路电子不停车收费（ETC）用户已达3万。11个设区市利用数字规划系统审批案卷4.2万件，案卷平均办理时间从10个工作日缩短为4.5个工作日。“数字石家庄”信息亭每天为居民提供各类信息查询服务1.5万次，月平均代收费38万笔，金额2300万元。廊坊、衡水等市建设了智能交通系统和一体化的行政审批与电子监察系统。唐山、邢台、承德等市开展了各具特色的社区信息化。

（河北省工业和信息化厅　张智杰　麻金瑞）

电力生产与供应业

【概况】 2011年，河北省年发电量2281.3亿千瓦小时，比上年增长10.9%。河北省电力公司是隶属于国家电网公司的国有大型骨干企业，负责河北省南部地区电网的建设运营和调度管理，区域包括石家庄、保定、沧州、衡水、邢台、邯郸6市，面积8.4万平方公里，服务人口4900多万。

【河北南网】 河北南网以500千伏和220千伏电网构成主网架，东联山东、西通山西、南承华中、北接京津唐，是“西电东送、南北互供、全国联网”的重要通道。截至2011年底，全网拥有500千伏变电站13座，容量2100万千伏安，线路4538公里；220千伏变电站142座，容量4489万千伏安，线路8818公里。全网发电装机容量2410.68万千瓦，其中统调电厂装机容量2202.97万千瓦。

“十一五”期间，河北南网网络结构显著加强，初步实现各级电网协调发展，供电瓶颈基本消除，城市电网和农村电网供电能力、安全可靠性和供电质量明显改善，同塔双（多）回、大截面导线等先进技术的应用节省了占地，电网发展迈上了新台阶，满足了河北省经济社会快速发展、人民群众用能需求进一步提升、大量新建电源迫切并网以及“上大压小”的需要，支持了节能减排，解决了困扰河北南部多年的缺电问题，较早实现了农村“户户通电”、“井井通电”目标，为“十二五”及以后电网发展方式的进一步转变奠定了坚强的物质基础。

一、电网高速健康发展

1.供电能力逐步提高。“十一五”期间，河北南网得到快速发展，累计完成电网建设投资401亿元，新增500千伏、220千伏、110千伏、35千伏、10千伏变电容量分别为1325万千伏安、1958万千伏安、2164万千伏安、587万千伏安、1960万千伏安，新建500千伏、220千伏、110千伏、35千伏、10千伏线路长度分别为1316公里、2562公里、4893公里、2897公里、14145公里。截止2010年底，河北南网拥有500千伏变电站12座、变电容量1925万千伏安、线路长度2519公里，分别是“十五”末的3.21倍、2.31倍；220千伏变电站129座、变电容量4157万千伏安，线路长度8383公里，分别是“十五”末的1.89倍、1.44倍；110千伏变电站629座、变电容量4791万千伏安，线路长度13856公里，分别是“十五”末的1.82倍、1.55倍；35千伏变电站1490座、变电容量1974万千伏安，线路长度16181公里，分别是“十五”末的1.42倍、1.22倍；10千伏配电容量5100万千伏安，线路长度144434公里，分别是“十五”末的1.44倍、1.11倍。公司电网资产由2005年的283亿，上升到2010年的571亿，电网供电能力增加了1倍，相当于再造了一个河北南网。

2.电网安全可靠水平大幅提升。随着电网供电能力的提高，电网安全可靠水平也大幅提升。到“十一五”期间中后期，河北南网主干电网已不再受暂、热稳极限限制，N—1通过率、N—2通过率（不采取措施）均达到了100%，供电瓶颈基本消除。到2010年，500千伏、220千伏变压器的强迫停运率、非计划停运次数及时间均降至零。用户平均停电时间大大减小，由45.7小时/户年，降至10.7小时/户年，供电可靠性率RS1达到99.882%。

3.电网结构日益坚强、经济。“十一五”期间，河北南网网络结构得到明显加强，500千伏电网形成覆盖各地区的坚强环网结构，供电半径由66.6公里降至47.1公里，已基本取代220千伏电网成为地区间功率交换的主通道。220千伏电网内部联系更加紧密，供电半径由18.7公里降至14.4公里，其功能向为各地市供电的供电网方向转化。

4.电网健康水平快速提高。“十一五”期间电网健康水平快速提高：到2010年，220千伏GIS站达到31座，占公用站比例达到25%；继电保护微机化率、变电站无人值班率基本在90%以上，其中220千伏均已实现微机保护、无人值班。500千伏83%的主变、94%的线路，220千伏75%的主变、64%的线路运行年限均在10年以内。且新建变电站中普遍采用GIS设备，大大提高了设备运行的健康水平。中压配电网中S7及以下系列配变比例大幅降低，域网仅有14%，农网为20.6%；开关无油化率达99.7%；城网中电缆化率达40%，架空线绝缘化率达到71.5%。500千伏、220千伏、110千伏电网各设备可用系数分别在99.79%、99.83%、99.96%以上。

二、新技术得到广泛应用

1. 同塔双（多）回线路。随着土地资源供给的紧张以及大众环保意识的增强，可供选择的线路走廊日益减少，这就需要利用有限的线路走廊尽量提高输电能力，同塔双（多）回是其中的一个重要选择。“十一五”期间，河北南网500千伏、220千伏同塔双（多）回线路长度分别由2005年的96.7公里、477.6公里提高至2010年的391公里、1485.6公里；比重分别由2005年的5.02%、8.28%提高至2010年的10.13%、17.61%。同塔多回线路节省了大量的占地，经济效益、环境效益均较好。

2. 大截面导线。2000年以前河北南网的220千伏线路型号大多为LGJ－2×240、LGJ－2×300，导线截面较小，随着河北南部负荷的增加，需要提高电网的供电能力，在目前线路走廊日趋紧张的境况下，电网规划时即考虑选择大截面导线，目前河北南网规划的线路除位于电网末端的负荷站外，大多采用LGJ－2×400及以上的导线。对于接入220千伏电网的大容量电厂、负荷较大的用户站，考虑采用LGJ－2×630及以上的大截面线路并入电网。

三、电网发展社会效益显著

“十一五”期间，河北省电力公司积极贯彻落实政府宏观调控政策，关停小火电近300万千瓦，并投资18.6亿元为关停小火电机组建设配套电网，2007年至今，组织发电指标有偿替代交易177.3亿千瓦时，节约标准煤187.5万吨，减排二氧化硫10.6万吨，有力地促进了大气环境的改善。

积极采取各种措施降低网损，使综合线损率由5.80%逐步降至5.50%，五年通过降低线损累计减少购电量2.92亿千瓦时，相当于减少23.54万吨二氧化碳、1.91万吨二氧化硫的大气污染物排放。

积极采用新技术、新工艺，减少土地资源占用，“十一五”期间累计减少土地占用约21.85平方公里。率先实现农村居民户通电率达到100%。

积极接纳风电、太阳能、生物质能等可再生能源项目，“十一五”期间，累计接入新能源电力44万千瓦，年节约标煤35.2万吨。

（河北省电力公司）

【中国华电集团公司河北分公司】 中国华电集团公司河北分公司、华电国际电力股份有限公司河北分公司成立于2007年12月26日，是华电集团、华电国际在河北省的派出机构。按照授权和委托，负责华电集团和华电国际在河北省的发展规划、前期项目、市场营销、协调服务和河北地区所属企业的全面管理工作。2011年，发电量完成73.24亿千瓦时，同比增长11.56%；供热量完成2389.16万吉焦，同比增长7.08%；供热面积超6000万平方米，用户近1600个，自管站500万平方米，管网近700公里，年供热量2652万吉焦；区域盈利5164.71万元；税金8827.89万元。

河北分公司自成立以来，始终把发展作为第一要务，目前已基本形成“三集群一基地”的战略发展格局。即“以石家庄为中心的热电联产项目集群、以张家口为中心的风电项目集群、曹妃甸大型能源综合项目集群和沧州海兴核电项目基地”。

河北分公司下辖河北华电石家庄热电有限公司、河北华电石家庄裕华热电有限公司、河北华电石家庄鹿华热电有限公司、石家庄华电供热集团有限公司、河北华电混合蓄能水电有限公司、河北华瑞能源集团有限公司、河北华电沽源（康保）风电有限公司等七个单位。

石热公司位于石家庄市区中北部，目前运行4台25MW背压供热机组和2台200MW双抽供热机组，装机容量500MW，供热能力2500万平方米。

裕华公司位于石家庄市区南部，运行2台300MW供热机组，供热能力1300万平方米。

鹿华公司位于石家庄市区西部，装机规模为2×330MW空冷供热机组，供热能力1600万平方米。

供热集团以经营热网为主，下辖六家子公司，供热面积超过6000万平方米，服务人口230万，占据石家庄市集中供热面积的80%左右，工业负荷70%以上。

水电公司位于石家庄鹿泉市，下辖岗南、黄壁庄两座梯级水电站，目前运行的有3台常规发电机组和1台蓄能发电机组，总装机容量57MW，是国内第一座混合式抽水蓄能电站。

华瑞公司是一家以电源项目投资与经营、煤炭物资经销、新能源开发等三大业务为主，多元化业务并存的集团公司，包括3家直属公司和19家参控股公司。公司参控股发电总装机容量5068.4MW，权益装机容量1585MW，在建和前期项目的权益容量1085MW。

沽源（康保）风电公司位于张家口坝上地区，一期已投产运营100.5MW。目前，正在进行沽源二期、沽源三期、康保一期等项目建设，计划“十二五”期间在张承地区建设100－150万千瓦的风电项目。

河北分公司在科学发展观的指引下，全力推进“三集群一基地”战略发展格局的实现，积极拓展热电联产、供热、优质火电、核电、水电、风电、太阳能发电、生物质能等清洁能源，不断优化电源结构，促进节能减排，为把中国华电集团公司建设成为以电为主的国内一流能源集团而努力奋斗！

【中电投河北电力有限公司】 中电投河北电力有限公司成立于2010年7月，作为中国电力投资集团公司在河北省设置的区域公司，始终秉承集团公司“奉献绿色能源，服务社会公众”的发展理念，紧紧围绕公司“三个基地”建设，谋划发展、加快发展、抢先发展。

2011年是中电投河北公司的起步之年，公司党组团结和带领广大干部职工，紧紧围绕建设区域清洁型能源企业的战略目标，谋发展、保增长、强管理、促重组，公司各项工作步入正轨，并保持了良好的发展势头。公司“一年起好步”目标如期实现，初步实现了由单一的热电企业向热电、新能源及综合产业并举的清洁型能源企业的转变。截止2011年底，公司资产总额达51.43亿元，总装机容量100.9万千瓦，总工业热负荷666t/h，供热面积

3024万平方米，职工总数3660人。

(一) 科学定位，统筹谋划战略规划。战略是企业生存发展的大方向，是企业发展的航标。没有好的发展战略，企业就没有灵魂。中电投河北电力有限公司成立后，按照符合国家产业政策，符合地方经济发展现状，符合集团公司"三步走"发展战略的要求，经过反复论证、研讨，提出了建设区域清洁型能源企业的发展目标，确立了公司"坚持一个理念、打造三个基地、用好三个资源"的战略定位，制定了公司"一年起好步、三年打基础、五年上台阶"的发展步骤，编制了公司"十二五"规划，提出了分阶段及中长期发展目标，公司战略思路更加清晰，发展蓝图更加具体，发展方向更加明确。

(二) 加快发展，全力打造三个基地。发展是第一要务。河北公司始终把科学发展作为核心任务，超前谋划，抢抓机遇，全力推动"三个基地"建设，并取得了重大进展。一是以省会城市为中心建设的热电联产基地日益巩固。良村热电一期2×30万千瓦机组如期投产，公司热电装机容量增至91万千瓦。热电项目资源储备150万千瓦，其中，良村二期、宁晋热电均取得路条，北郊煤改气已完成项目比选。二是以张家口、承德、保定为中心建设的清洁能源基地初显雏形。狠抓张北风电一、二期共9.9万千瓦机组建设，实现了河北公司风电零突破。狠抓风电、太阳能前期项目，先后与张北、宣化、易县、承德等16个县签订风电、光伏开发协议，协议开发容量383万千瓦，其中张北、平泉风电项目共90万千瓦正在测风，易县、承德光伏项目共15万千瓦获得路条，占河北省"十二五"光伏建设规划的50%。易县2万千瓦光伏项目作为河北省首个大型光伏项目即将开工建设。三是以沧州渤海新区为中心建设的综合能源基地顺利起步。与沧州渤海新区政府签订了以煤码头、百万千瓦电站、光伏电站、海上风电、IGCC多联产五大项目为核心的综合能源开发战略协议。目前，一期5万千瓦滩涂光伏项目取得路条，百万火电项目厂址初步选定。

(三) 减亏增效，为发展提供坚强保障。效益是发展的重要保障。河北公司始终把提高经营效益作为中心任务，内外结合、重点突破，积极应对外部日益严峻复杂的经营形势，努力改善公司内部存量资产持续亏损的紧张局面。一是强化内部挖潜，向管理要效益。公司系统以控亏减亏为目的，进一步强化供电煤耗等龙头指标管控，优化经济运行方式，并积极开展控亏减亏专项审计以及五比五赛、小指标竞赛等活动，取得了明显成效。东方热电供电煤耗同比降低48.4克/千瓦时，折合减少燃料成本4186万元。良村热电平均负荷率达到76%，在河北南网处于领先水平。供热公司降低售热成本911万元。二是强化外部协调，向政策要效益。非居民热价调整取得重大突破，平均上涨12.7元/吉焦，电价调整取得重要进展，上调0.0283元/千瓦时，两项合计为公司增加收入近亿元。良村热电争得2.3分/千瓦时脱硫脱硝电价，预计全年可增加收益6000余万元，而且脱硝电价成为河北南网首个执行单位。

(四) 致力改革，为发展铺路架桥。改革是发展的源动力。河北公司始终把推进改革作为重要工作抓好抓实。一是致力企业重组。根据与市政府签订东方热电托管协议要求，公司在确保企业稳定的前提下，积极推进东方热电重组工作，并取得一定进展。2011年公司完成了股份公司防退市目标；完成了部分专业银行的本金及利息的债务重组；完成了湾里庙热源厂资产处置及热电四厂地面资产处置的招标工作。这些为完成东方热电重组提供了有利条件。二是致力管控改革。根据集团公司管控一体化改革要求，公司编制了管控一体化实施方案和"分改子"方案，并组建了区域前期项目机构，完成了公司本部部门调整、岗位人员双向选择及缺编岗位人员招聘工作。"分改子"后，公司本部部门由9个增加到13个，职员由35人增加到58人，所属单位由10个增加到16个，这些标志着河北公司正在不断发展和壮大。

(五) 服务社会，实现发展共赢目标。在集团公司"奉献绿色能源，服务社会公众"理念倡导下，河北公司高度重视社会责任工作，牢固树立社会责任意识，将履行社会责任纳入公司生产、带入企业发展中，树立了良好的社会形象。一是履行供热责任。河北公司担任着省会40%的供热任务，为确保服务质量，公司积极开展"优质服务、情暖万家"活动，建立用户定期走访制、用户座谈会制及新闻发言人制度，丰富服务内涵，确保供热质量，实现了省市行风评议"零投诉"。二是履行环保责任。SO2等污染物的排放是电厂环保治理的关键，2011年河北公司在发展资金极度短缺的情况下，投入资金4.396亿元，进行脱硫、脱硝等废弃物的环保治理。同时积极响应国家"上大压小"号召，顶着各方压力，积极推进东方热电一厂、三厂及经开热电关停工作。关停后，公司每年将减少二氧化硫、氮化物、烟尘减排4290吨，为省分实施"碧水蓝天"工程作出了贡献。

建设与建筑业

【住房保障】 2011年，河北省保障性安居工程取得重大进展。按照"一个确保、两个力争"的要求，各地各部门主要领导靠前指挥，主管领导一线推进，各级干部完成任务拒绝理由，圆满完成目标，兑现了向全省人民作出的庄严承诺。全年开工建设保障性住房38.5万套，竣工17.7万套，10.7万户中低收入家庭乔迁新居，李克强副总理两次来河北省视察，都给予了充分肯定。

(一) 破解难题。面对资金、土地等诸多制约，变压力为动力，苦干、实干加巧干，交出了一份合格答卷。一是省市县共同想办法力保土地供应。总结推行"1+6"土地供应模式，省直接安排9026亩新增用地指标。各地坚持增量、存量两手抓，挖潜筹集1.36万亩。全省共筹集2.56万亩土地，保证了项目按时开工。沧州从存量土地中拿出1128亩用于保障房建设。二是多渠道并举保障资金来源。省级安排补助资金32亿元，共争取中央补助资金68亿元。明确“5＋1”筹资渠道，各市县通过财政预算和规定渠道落实资金106.8亿元。唐山利用住房公积金贷款支持保障房建设，落实贷款13亿元。邯郸探索企业债券融资，首批28亿元已开始发行。三是发动各方力量筹集房源。创造性地实行“双配建”制度，通过强制配建在商品住房项目中落实保障房2.8万套，通过“反配建”在保障房项目中建设商业用房29.8万平方米。建立了“四多”模式（多渠道投资、多元化产权、多方式筹措、多方位归集），加快了公租房建设筹集。

（二）质量安全。把保障房当作百年安居工程，让建设质量成为“高压线”，抓督查、抓监管，定责任、建机制，实行最严格的监督、考核、验收和奖罚，确保了工程质量总体安全。一是严把规划设计关。编印系列导则、标准和质量通病防治措施，印发优秀设计图集，优化了项目设计。二是严把建筑材料关。采取现场检查、证照查验和产品抽样检测等方式开展专项整治，混凝土、水泥等主材全部达标。三是严把施工控制关。组织5次工程质量专项检查，下发行政处罚建议书4份、质量整改通知书99份，对38项工程责任单位和责任人进行了行政处罚。四是严把竣工验收关。严格实行永久性标牌制度和质量终身负责制，让勘察、设计、施工、监理、检测的责任一定终身。严格实行分户验收制，执行率达100%。

（三）分配管理。始终把公平分配作为“生命线”，从制度设计上堵塞漏洞，从审查审核上严把关口，实行全程全方位公开公示，切实维护了群众利益。一是严格资格审核。11个市全部建立了联审机制，严格执行申请、审核、公示、轮候等制度，广泛采用公开摇号方式，最大限度地杜绝违规操作。廊坊严格实行入户调查和综合评审，石家庄采取“高考录取”方式抓公平分配，效果很好。二是加强社会监督。实行保障房源、分配过程、分配结果“三公开”，让分配置于阳光下，接受全社会监督。建立投诉举报制度，对核实的违法行为从严查处。三是加强日常监管。推行电子门禁、面面通等科技手段，确保该退出的及时退出。全省共配租保障房2.8万套，配售1.25万套，清退2996户，总体分配结果社会信服、群众满意。四是强化精细化管理。研发建设数字住房保障信息系统，建立健全住房保障地理信息展示平台，建设项目、保障房源、保障对象全部入库，实现了项目管理、联审核查、信息公开、便民服务等功能融合，提升了管理水平。

【城镇建设三年上水平】 2011年，继续把城镇改造建设作为推进城镇化的重要抓手，在全省开展上水平大讨论、城市对标等活动，建立百项重大项目库，狠抓12个专项行动和6个“十佳”评选，突破重点、示范引领，带动整体工作加速推进，全省城镇化进程进一步加快，城镇化率达到45.5%，较上年度提高了1个百分点。深入贯彻落实科学发展观，围绕建设繁荣舒适的现代化城市，坚持以人为本、改善民生、绿色低碳、生态宜居基本理念，全面加快城市建设方式转型和创新，着力推动城市的环境质量、聚集能力、承载功能、居住条件、风貌特色、管理服务六个方面上水平，增强城市聚集优质要素、辐射周边地区和城乡统筹的能力，提高人民群众对城市建设的满意度和幸福指数，促进全省经济社会又好又快发展。经过三年努力，全省城市现代化建设迈出重大步伐，主要设施指标和环境指标超过全国平均水平，部分指标达到或接近国内先进水平，创建一批中国人居环境奖城市和国家园林城市。坚持把环境保护和生态建设放在首位，着力建设资源节约、环境友好、可持续发展城市，从总体上改善城市人居环境质量。坚持把聚集优质要素作为城市改造建设的主攻方向，加快高端人流、物流、资金流、技术流、信息流向城市汇集，提高城市核心竞争力。坚持功能配套和结构优化，推进城市基础设施一体化建设和网络化发展，预防和治理“城市病”，全面提升城市综合功能和区域板块影响力。坚持以人为本、民生优先，加强保障性住房和便民服务设施建设，大幅度提高城市居住质量。坚持精心设计、匠心雕琢，充分挖掘和提炼城市自然景观和历史文脉，塑造富有地域特色的品牌城市。六是城市管理服务上水平。坚持建管并重、综合治理，以精细化、标准化为核心，以信息化为载体，建立高效的城市管理体制和运行模式。着眼于转变城市建设方式，推动科学发展，认真研究新形势、新问题，积极探索新型城镇化的新路子。探索建立生态宜居城市指标体系，开展园林城市创建活动，推进城市绿道绿廊建设、水资源循环利用、垃圾资源化、可再生能源推广、建筑节能改造等工作。坚持以产兴城、以城带产，发挥城市规划在产业聚集和结构调整中的引领作用，加强基础设施系统性、网络化建设，促进优势产业发展壮大、传统产业改造提升、第三产业加快发展，努力打造城市发展的高地。注重城市建设的内涵品质，着力解决环境污染、交通拥堵、服务设施短缺等“城市病”。加强公共设施建设，建立完善的社区公共服务体系，对历史文化街区、传统特色风貌区进行保护性改造，彰显地域文化特色。深入推进管理重心下移，赋予区、街更多管理职能，充分发挥基层的积极性。实施管理服务进社区工程，推行柔性、亲民、和谐的城管执法模式，加快城市管理数字化步伐。发挥县城统筹城乡的纽带作用，培育发展一批高质量、有特色的小城镇，稳步推进新民居建设和农村危房改造。

（一）城乡规划。加强区域规划协调，构筑“两群一带”城镇化发展新格局。围绕推进新型城镇化的要求，高质量完成环首都绿色经济圈总体规划、河北沿海地区总体规划以及环首都城市群和沿海城市带规划等重点区域规划，并与其他部门的相关专项规划做了充分衔接。组织编制了冀中南区域空间布局规划。对省域城镇体系规划(2006－2020年）实施情况进行了总结评估。修改完善了《河北沿海地区发展规划》有关内容，经国务院批准实施，已经上升为国家战略。组织完成了《建设中国北方沿海地区生态宜居城镇》专题研究。完成京东、京南、京北3个环首都“新区”总体规划。有关县（市、区）制定了园区、基地规划，为培育新的增长级奠定了规划基础。推进

城乡一体化发展。设区市开展市域城乡统筹规划，深化完善了中心城市空间发展规划，秦唐沧三市开展了沿海地区空间发展战略规划。任丘、迁安、遵化、三河、霸州、涿州、高碑店、定州、辛集、武安等10个县级市，开展了覆盖全市域的城乡总体规划试点。以生态示范城市规划为突破口，引导城市建设发展转型。引入生态、低碳、节能、环保等新理念，石家庄、唐山、沧州、秦皇岛4市，深化完善了北戴河新区、唐山湾生态城、黄骅新城、正定新区和涿州生态宜居示范基地"4+1"生态示范城市（新区）规划，初步建立了各具特色的生态城规划指标体系。其中，北戴河新区和涿州生态宜居示范基地规划，由住房和城乡建设部、省政府共同组织了技术审查，唐山湾生态城、正定新区规划通过了省规委会审议。关注民生工程。编制了河北省"十二五"保障性安居工程专项规划，作为"全国保障性安居工程建设现场会"会议交流材料印发，得到国家和省领导的好评。各市完成了"十二五"住房保障规划，并将规划成果数字化建库。各市、县对照加快新型城镇化发展的要求，对现行城市总体规划进行反思和评估，对不适应城镇发展需要的，均启动了规划期到2030年城市总体规划修编。同时，按照住房和城乡建设部要求，全面完成了城市"十二五"近期建设规划。健全科学决策机制，完善了规划技术标准体系。制定出台了《河北省城市风貌特色控制导引》、《城市便民设施专项提升行动方案》、《县（市）域城乡总体规划编制导则（试行）》、《中心城市空间发展战略规划编制导则（试行）》等标准导则。全省设区市数字规划应用体系更加完善，为规划决策提供了有利的技术支撑。强化规划监督管理，规划执行力进一步增强。健全法规及规章制度。颁布了《河北省城乡规划条例》，起草了《河北省历史文化名城名镇名村保护管理办法》。制定了《省管建设项目选址规划管理工作规程》、《城市五线管理规定》《城市容积率管理规定》、《城乡规划公开公示的指导意见》等配套规范性文件。深入开展违规调整规划、变更容积率专项治理。石家庄、唐山、保定、邯郸等市在中心城市统筹管理区域建立了规划集中统一管理机制，基本实现了规划管理同城化。加快规划展馆建设，为规划公开公示提供了载体。石家庄、保定等市完善了规划展馆的布展。注重规划队伍建设。围绕城市建设上水平、塑造城市风貌特色等重点、难点工作，组织各市规划主管部门有关人员，举办"周末大讲堂"和专题讲座，先后赴四川、重庆、天津、西安等地考察学习，成功举办了首届规划大师授予仪式。

（二）城市承载能力。全省城市基础设施投资完成3060亿元，其中市政基础设施1393亿元，增长10.6%。新增供热面积2000万平方米、供气总量130万立方米，新增省级园林城市（县城）25个、园林绿地6380公顷、风景名胜区8处，城市建成区和中心区人均公园绿地面积分别达到11.5平方米和5.67平方米，完成所有设区市绿地遥感普查，建成绿道绿廊253.05公里。开展污水垃圾处理专项提升行动，设市城市污水集中处理率、垃圾无害化处理率分别达到86%和80%。新增污水垃圾处理厂（场）11座。着力完善城市路网，5个设区市完成轨道交通规划。以争创人居环境奖为抓手，推进人居环境建设，唐山中心区再生水回用项目、邯郸建筑垃圾资源化利用项目获得"中国人居环境范例奖"。以石家庄和廊坊万达广场城市商业综合体、沧州图书馆和博物馆、承德奥体中心等为代表的一批大型公共服务设施拔地而起。

（三）污水和垃圾处理。在全省开展"污水垃圾处理专项提升行动二作"，着力提升两厂（场）设施建设和运营水平。编制了城镇污水垃圾"十二五"规划，会同省发改委和省环保厅共同编制了《河北省城镇污水处理及再生利用设施建设"十二五"规划》、《河北省垃圾处理设施建设"十二五"规划》，配合住建部完成了"十二五"期间城镇污水处理设施配套管网建设任务量核定工作，确定了"十二五"全省需建设污水管网建设任务和投资规模；做好河北省污水处理设施配套管网建设项目专项资金的申报、筛选和核拨工作。按照国家财政部和住房城乡建设部印发的《"十二五"期间城镇污水处理设施配套管网建设项目资金管理办法》要求，制定了《河北省"十二五"城镇污水处理设施配套管网建设项目资金管理实施细则》，对河北省专项资金管理，城镇污水处理设施配套管网建设提出具体要求；会同省财政厅完成了2011年度中央城镇污水处理设施配套管网专项资金的申报、审查工作，2011年全省共安排中央城镇污水处理设施配套管网专项资金49432万元，新增污水垃圾处理厂（场）11座，设市城市污水集中处理率、垃圾无害化处理率分别达到86%和80%。

（四）园林绿化。全年共创建成省级园林城市（县城）25个，所有设区市实现园林城市全覆盖，唐山市在省内基本建成园林城市群。全省城镇完成植树1601.62万株，建成绿道绿廊253.05公里，新增绿地6380公顷，命名河北省园林式单位234个、小区103个，街道87条；全年共命名五星级公园26个、四星级公园26个、三星级公园23个；石家庄世纪公园等10个公园被授予为2011年度河北省"十佳公园"。环首都各县（市、区）强力推进郊野公园、生态休闲公园、综合性公园、街头游园绿地建设，怀来县实施了3870亩北山森林公园，赤城县实施占地4000亩的东山公园工程，在城市交通干线、主干道、出入口、迎宾线等重点部位开展绿化建设，提升城市整体景观形象。怀来县对国省县道、城区道路进行绿廊式绿化建设，涿鹿县重点实施20多公里环城公路两侧50米绿化带建设，新增绿地面积43.2万平方米；三河市启动实施泃河景观整治工程和西环路综合改造工程；涿州市完成种植300亩防护林带。起草了《河北省城市园林绿化管理办法》、《河北省人民政府关于加强园林绿化的实施意见》，出台了《关于推进城镇绿道绿廊建设的指导意见》、《河北省城市园林绿化评价标准》、《河北省绿道绿廊规划设计指引》、《河北省绿道绿廊建设导则》等10多项标准。

（五）城市管理。以数字化城管平台为依托，以提升城管执法水平为抓手，以"治脏、治乱"为主题，在全省分别开展了城市容貌环境整治和城管执法专项提升行动。

制定了《河北省城市道路清扫保洁标准》、《河北省城市环境卫生示范街道标准和评选办法》等一系列标准文件，城市管理工作朝着法制化、规范化、标准化方向迈进；按照“建设、完善、延伸”的思路，监督和指导各设区市继续完善数字化城管平台建设，提高案件处置率；制定了《省级数字化城管信息平台建设方案》、《县级市数字化城管系统建设要点》、《县级市数字化城管平台评估办法》，开展了数字化城管专题培训；目前，全省有三河、霸州、迁安等5个县级市，肃宁、平泉等12个县城建成数字化城管平台，其它县级市也启动数字化平台建设。推进环首都各县（市、区）环境整治，加大垃圾清扫清运力度，共清除积存垃圾18236吨，清理卫生死角1734处，依法拆除户外广告3830处，规范设置户外广告及门店招牌的主次干道1244条，清理乱贴乱画5万多处，拆除各类非法占道设施2000平方米，清理占路摆卖2490处，整治各类工地159处，规范市场25个。

（六）城市特色。从改造建设精品街区入手打造风貌特色，涌现出石家庄联邦明珠地下街、秦皇岛保二路、唐山运河唐人街等一批风貌街区；从整治主要街道景观环境入手打造风貌特色，高标准整治改造了76条、473公里的主要街道，涌现出保定东风路、廊坊和平路、沧州迎宾大道等一批景观大道；从改造提升公共空间入手打造风貌特色，涌现出邢台达活泉、邯郸龙湖等一批优秀公园，衡水滏阳河和张家口清水河通过水系景观环境整治，建成了宜人的滨水景观带；从建设精品建筑入手打造风貌特色，涌现出省图书馆、承德科技研发中心等一批具有魅力的公共建筑；深入开展“雕塑营”活动，涌现了石家庄春燕飞舞、唐山丹凤朝阳等一批精品雕塑。着力建设城市原点标志，6个市建成并集中召开了发布会，在城市有形文化建设上取得了新突破。

（七）旧城改造。城市改造更新步伐加快。启动改造城中村90个，如期完成年度任务。改善旧住宅小区298万平方米，受益居民3.57万户。改造和启动棚户区965万平方米、旧商贸区25个。大力推进“十小便民设施”建设，改造整治了100多条小街巷和50多个小游园，建设地下通道和人行天桥18座，社区卫生站和小型体育设施服务半径趋于合理，地名标志和道路指引牌更加规范，群众生活更加方便。

（八）城建投融资体制改革。进一步深化投融资体制改革。一是融资渠道进一步拓宽，由于2011年央行不断紧缩银根，各地建设资金日趋紧张，大量采用了BT方式进行城市建设，据统计全省以BT形式融资达650亿元。同时，2011年河北省城投债发行取得重大突破，累计发行4只，总额度达48亿元，发行总额度首次跃进全国前十位。主要包括张家口通泰控股集团发行18亿元，邯郸市城市建设投资公司发行10亿元，河北渤海投资公司发行10亿元，石家庄城市建设投资控股集团发行10亿元。全省11个市全部完成项目库组建，开发完成了项目库管理系统，实行网络上报统计，动态跟踪管理，项目库存量3532个，其中在建项目1858个，累计竣工项目196个。

【村镇建设】 （一）新民居建设。第一批和第二批2000个新民居示范村规划编制和建设工作顺利推进。环首都绿色经济圈、沿海城市带和冀中南城市群所覆盖县（市）的镇村体系规划完成修编，31个镇村体系数规划基本完成。培训各级规划建设人员1万余人，免费发放示范图集5000余册，提高了农村新民居建设水平。建立了新民居示范村规划设区市审查、县（市）审批、省厅备案和网上展示的“三审”制度，重点对规划布局（排排房问题）、性质规模、基础设施配置等重要问题进行评审把关，促进了规划编制质量的提高。研究起草了《关于河北省农村新民居规划建设指导意见的通知》，对新民居示范村规划编制以及农村新民居设计、施工指导、推动示范村基础设施和环境设施建设等工作做出了具体安排。

（二）农村危房改造。改造农村危房10.5万户，完成任务在全国居领先位次。积极帮扶围场县御道口村、张北县喜顺沟村、易县石家统村和滦平县偏桥村，得到省领导的肯定。组织编写并印发了《农村住房节能技术导则（试行）》，研究制定了《河北省农村危房改造试点实施意见》，将省补贴标准由每户1000元提高到1200元。研究制定了《河北省农村危房改造试点工作目标责任制考核办法》，将农村危房改造试点工作考核纳入全省保障性安居工程考核体系。

（三）村镇建设。在省级重点镇和现状人口1万人以上的镇建设污水处理厂、县级市、环首都和沿海县以及其他县建立“村收集、乡转运、县处理”的城乡一体垃圾处理体系工作。印发《河北省污水垃圾处理专项提升行动工作方案》中，明确了村镇污水垃圾建设至2013年的工作目标、主要任务和保障措施。印发了《关于推进镇污水处理和城乡一体化垃圾集中处理工作的实施意见》。加强村镇建筑工程质量安全，保护人民生命和财产安全，印发了《关于加强村镇建筑工程质量安全管理的若干意见》（冀建村〔2011〕349号），明确了村镇建筑工程质量安全实行分类管理、完善监管机制等政策措施。研究制定了《河北省村镇公共服服务设施规划导（试行）》（冀建村〔2011〕151号），科学指导全省镇、乡和村庄规划编制工作，合理配置村镇公共服务设施，改善农民（居民）生产生活条件。明确了一批村镇规划、农村危房改造、镇污水处理和城乡一体化垃圾集中处理试点，通过各级重点指导和帮扶，发挥其示范引导作用。帮扶围场县御道口村、张北县喜顺沟村、易县石家统村、滦平县偏桥村建设，村庄总体规划、控制性详细规划以及新民居建设的详细规划、工程设计和施工技术指导等工作在帮扶下顺利完成。

【建筑业】 2011年，河北省建筑业不断发展壮大。全年完成建筑业总产值3853亿元，实现增加值1381亿元，均增长20%以上，支柱产业地位进一步巩固。“走出去”战略深入实施，外埠市场覆盖20多个省（市、区），输出建筑劳务达80万人次。推行建筑劳务实名制，为10万多农民工发放了实名卡。房建总包三级资质审批得到有效控制，在交通、水利、电力、冶金等专业和基础设施工程领域实现快速拓展。全部企业中，总包企业比重有所下降，专业和劳务企业比重进一步上升，市政基础设施和专业工程施工能力明显增强。结构调整明显加快。在全国率先出台了《关于加快建筑业发展方式转变和转型升级的指导意见》，就创造良好的建筑市场环境、提升建筑企业管理水平、科技强企、质量兴业等12个方面对各地和各企业加快转变发展方式，提出了明确的要求与指导。龙头骨干企业进一步壮大，全省产值超百亿元企业达到4家、50亿元以上企业达到10家。打破资质增项数量与级别限制，为省市重点支持的骨干优势企业，办理了一大批资质增项。对在省外承接工程企业，实行了资质审批绿色通道服务。

（一）建筑市场监管。加强管理创新，推行建筑业企业信用综合评价制度。监管制度进一步完善，出台了《关于加强政府投资项目招投标监督管理的指导意见》，《河北省建筑工程虚假招标投标行为认定和处理办法》，并开展了虚假招投标行为专项治理。同时，针对工程发包中违法转包、分包比较突出的问题，开展了专项整治，查处936起。对招投标代理机构资格的动态监管得到加强，通过监督检查规范其市场行为，查处违规机构，撤销1家，注销20家，责令整改3家。出台了《河北省推广建筑劳务实名制及一卡通实施方案》，全省已经为10万多农民工发放了实名卡。大力减轻企业负担，统一调整规范了工程施工投标保证金和质量保证金管理方式，并对省重点支持的145家企业实行减免政策，为全省建筑企业减轻资金负担至少达100亿以上。组织开展了全省拖欠工程款和农民工工资专项检查，共检查项目6591个，对存在拖欠项目进行了重点督办与处理，有力地维护了建筑企业和农民工的合法权益。

（二）工程质量监督。对公共建筑工程、在建住宅工程及保障性安居工程进行了重点质量巡查和保障房暗访检查，共检查229项单位工程，对其中35项工程直接实施了行政处罚，共处罚款83.5万元，对4项工程下发了《行政处罚建议书》，对106项工程下发了《建设工程质量巡查整改通知书》，并对工程整改情况进行了督导检查。2011年全省共有12825项保障性住房工程完成竣工验收，质量合格率达到了100%。武安等部分县（市）强化行政处罚手段，保持了工程质量监管的高压态势。2011年度结构优质工程206项，全省新增鲁班奖工程4项。

（三）安全生产。建设工程质量监管进一步加强，印发了《关于新竣工工程设置永久性质量责任标牌的通知》、《关于进一步加强房屋建筑和市政基础设施工程质量管理的意见》以及《关于加强建筑施工企业安全生产许可监督管理的通知》等政策文件，完善了政策体系。细化、规范了安全生产许可和三类人员考核相关工作，完成了全省1516家建筑施工企业安全生产许可证直接延期工作。以保障性住房安全监督管理为重点，强化安全监督检查，检查保障性安居工程建设工程110余项、71个单位工程，总建筑面积200万平方米，下发隐患整改通知书25份。在全省范围开展了建筑施工安全生产执法检查，共抽查58项在建工程，对违法违规行为严重的下发停工整改通知书14份，隐患整改通知书19份，对违反安全生产法律法规的各方责任主体实施行政处罚62起，共计罚款120.6万元，有力的打击了建筑施工安全生产违法违规行为，大力推动施工现场的管理水平的提升。全年未发生重特大安全生产事故，工程质量安全保持稳定态势。强化中小学校舍安全工程，抽查校舍工程24项，其中装饰工程12项、主体在建工程12项，建筑面积21.83万平方米，管理水平进一步提高。

（四）勘察设计。印发了《关于加强工程勘察管理工作的通知》和《关于加强施工图审查管理工作的通知》，进行专项治理，工程勘察设计质量不断提升。印发了《关于开展对全省工程勘察设计企业和施工图审查机构监督检查工作的通知》，在全省开展了监督检查，共抽调41家审图机构的186项工程，包括住宅、公建、市政工程和保障性安居工程，共审查出漏审的强条422条。评选了2010年度河北省“优秀工程勘察设计奖”工作，评选出一等奖36项，二等奖80项，三等奖102项，在行业内和全社会营造了鼓励创优，争优、创优的良好氛围。印发《关于命名首批河北省建筑大师和工程设计大师的决定》，对评选出的行业优秀人才，授予建筑大师和工程设计大师称号，共命名了5名建筑大师和10名工程设计大师。完成了5名建筑大师授予仪式。荣获国家优秀工程勘察设计奖5项，其中工程勘察3项，设计2项。

（五）建筑材料。积极推广应用新型建材设备，对廊坊华宇创新科技有限公司生产的外墙一体化保温装饰复合板、南京恒翔保温材料制造有限公司岩棉板（燃烧性能均为A级）等35项新产品、新材料组织了专家论证，一批新型节能材料得到应用，保证了节能示范小区、绿色建筑的建设需要。缩短行政许可事项审批时限，提高审批效率。将建筑施工特种作业操作资格考核审批时限缩短至8个工作日，建材装备企业资质缩短至10个工作日。截止12月15日，共受理40家建筑业材料装备企业资质申请，核发建筑施工特种作业资格证书13268个，均在审批时限内完成。印发了《河北省城镇建设三年上水平推广、限制使用和淘汰产品目录（城市照明产品第一批）》（冀建材〔2011〕229号），进一步提高了河北省节能环保城市照明产品的应用水平，限制、淘汰落后的产品和技术，助推全省城镇建设上水平。以“改善农民住房条件和居住环境，扩大农村内需，拉动经济增长，加快社会主义新农村建设步伐，推动城乡一体化发展”为目标，积极探索全省节能建材下乡试点工作，推广使用节能建材产品。

【住宅与房地产】 2011年，全省房地产市场总体呈现投资增速较快、市场供应比较充足、房价比较平稳，健康稳定发展的态势。全省房地产开发投资完成3069.6亿元，同比增长35.5%；其中，商品住房完成投资2296.3亿元，同比增长28.6%。商品房新开工面积11298.7万平方米，同比增长17.3%；其中，商品住房新开工面积9017.5万平方米，同比增长14.6%。商品房竣工面积5145.3万平方米，同比增长42.3%；其中，商品住房竣工面积4250.4万平方米，同比增长35.8%。商品房销售情况。商品房销售面积 5901.4 万平方米，同比增长 26.6%；其中商品住房销售面积 5311.8 万平方米，同比增长 22.8%。商品房平均销售价格为 3982 元/平方米，同比增长 12.5%；全省商品住房平均销售价格 3762 元/平方米，同比增长 9.3%。

（一）房地产市场调控。加大了房地产市场调控力度，抑制房价过快上涨。认真贯彻落实国务院办公厅印发《关于进一步做好房地产市场调控工作有关问题的通知》，印发了《关于进一步做好房地产市场调控工作的实施意见》（冀政办〔2011〕5 号），就强化各级政府责任落实，加大保障性安居工程建设力度，合理引导住房需求，完善房地产市场信息披露制度，以及强化舆论监督等五个方面提出了 13 条措施。各设区市根据本地实际情况相继出台了房地产市场调控政策贯彻实施意见。下发《关于做好制定 2011 年新建住房价格控制目标有关工作的通知》，河北省 33 个设区市和县级市，全部确定 2011 年度新建住房价格控制目标并向社会公布，同时广泛征求了社会意见。针对北京市住房限购政策对河北省环首都绿色经济圈部分地区的挤出效应，加大了环首都绿色经济圈重点地区的房地产市场调控力度，印发了《河北省住房和城乡建设厅关于进一步做好环首都部分县（市）房地产市场调控有关工作的通知》，三河市、香河县、大厂县、固安县、涿州市等 5 个县（市）按要求出台了商品住房限价政策，房价基本稳定。

（二）房地产市场监管。加大房地产市场监管力度，健全房地产市场监管体系，完善监管手段，进一步建立健全新建商品房、存量房交易合同网上备案制度，强化交易资金监管。对违规预售、捂盘惜售、囤积土地等行为和消费者投诉集中的项目进行了检查，对违法违规行为进行了严厉打击。2011 年，河北省房地产主管部门共查处违规预（销）售 63 起，对 5 起典型案例进行了公开曝光。贯彻落实《房地产经纪管理办法》，加强房地产经纪行为监管。组织全省房地产管理部门有关人员参加了《城市商品房屋租赁管理办法》培训班。印发了《关于转发〈关于加强房地产经纪管理进一步规范房地产交易秩序的通知〉的通知》，在全省部署开展房地产经纪专项整治工作。全省共检查房地产经纪机构 1537 家，共处理房地产经纪违法违规行为 1721 起。

（三）房屋征收拆迁。积极贯彻落实《国有土地上房屋征收与补偿条例》，印发了《河北省住房和城乡建设厅关于做好国有土地上房屋征收拆迁工作有关问题的通知》（冀建房〔2011〕123 号），对今后国有土地上的房屋征收工作和尚未完成拆迁工作提出了具体要求；对尚未完成的拆迁项目进行了调查摸底；针对河北省房屋征收工作面临的问题。开展了征地拆迁制度规定落实情况专项检查。依法查处了违规征地拆迁案件认真贯彻 2 中共中央办公厅印发的《中共中央办公厅国务院办公厅转发〈监察部、国土资源部、住房城乡建设部、国务院纠风办关于 6 起强制拆迁致人伤亡案件调查处理情况的通报〉的通知》。开展了全省城市房屋拆迁项目实施及信访情况调查。加大房屋征收拆迁信访排查化解工作力度，对全省城市房屋拆迁项目实施及信访情况进行调查摸底，拆迁管理工作得到强化。

（四）物业管理。继续培育和规范物业管理市场，规范物业服务企业服务行为，促进物业服务质量和水平的进一步提高。会同省委督查室对当前河北省物业管理中存在的问题进行了深入调研，起草完成了《关于加强物业管理工作的指导意见》。加大对住宅专项维修资金管理。对《河北省住宅专项维修资金管理办法（送审稿）》进一步论证修改。开展物业服务创优活动。按照住房和城乡建设部要求，积极开展物业创优活动，现已完成 15 个申报全国物业管理示范项目的物业管理项目的初评工作，全省物业管理优秀住宅小区（大厦）申报工作也已启动。强化舆论引导和人员培训。运用各种宣传媒介，宣传《物权法》、《物业管理条例》等法律法规，强化舆论引导，引导广大市民树立正确的物业消费理念。组织各设区市的物业管理业务人员参加了建设部组织的物业管理学习研讨班。

（五）房屋交易与登记。贯彻《房屋登记办法》，完善工作程序，不断提高登记管理和服务水平。一是深入推行房屋登记办证“立等可取”，在河北省环首都经济圈各县（市）全部实现房屋登记办证“立等可取”，最大限度方便群众办理房产证。二是加快个人住房信息系统建设。进一步完善了河北省个人住房信息系统建设方案，申请了系统建设财政预算资金。石家庄市按部里要求建立覆盖全市辖区的基础数据库，并于 9 月中旬开始与住房城乡建设部进行联网测试。三是继续推进房地产交易与登记规范化管理工作，2011 年，廊坊市申报了“全国房地产交易与登记规范化管理先进单位”，并且通过了住房和城乡建设部的验收。四是按照住房和城乡建设部要求，会同厅培训中心完成河北省 1600 多名房屋登记审核人员培训考核工作。

（六）公积金管理。住房公积金业务管理信息系统建设取得新突破。印发《关于成立河北省住房公积金业务管理信息系统建设领导小组的通知》和《关于加强住房公积金业务管理信息系统建设的通知》，为落实信息系统建设资金奠定了基础。制度建设再上新台阶，根据《住房公积金管理条例》和《河北省住房公积金管理办法》等国家和省有关政策文件，起草了《河北省住房公积金归集提取管理办法》和《河北省住房公积金贷款管理办法》两份规范性文件草案，在住房公积金归集、提取、贷款和管理等方面做出了新的具体的规定，通过召开专题会议和对各市进行调研，对这两个《办法（草案）》进行了认真讨论和修改。住房公积金贷款管理得到进一步规范，落实国家住房公积金信贷政策制订了河北省具体落实政策，进一步明确了住房公积金借款人资格和审查程序，提出各市尽快建立住房公积金信息共享机制的要求。全省住房公积金贷款业务管理工作更加规范。印发了《河北省住房公积金委托贷款协议书（示范文本）》，明确了住房公积金管理中心、受委托承办住房公积金金融业务商业银行的职责、权利和义务，规范了个人住房贷款的担保和清偿方式。

【建设科技与教育】 （一）建设节能。2011 年，新建建筑节能强制性标准执行率创历史最好水平。全省竣工

3200万平方米城镇建筑，全部达到了国家强制性建筑节能标准，建筑节能强制性标准执行率达100%，比上年的99.1%提高了0.9%。全省完成“既改”项目1351.299万平方米，占年度目标任务的135.13%，比上年提高127.4%。其中唐山、邢台、石家庄三市分别完成288.58、206.23、202.16万平方米，全省正在实施改造的122万平方米。唐山市被列为全国首批实施“节能暖房”工程重点城市（全国共10个）。唐山市已基本完成国家下达示范任务，承德市及辛集市等5个示范县（市）有序开展示范工作。保定市、平泉县、望都县列为本年度示范城市和示范县；9个项目列为国家太阳能光伏发电示范项目。全年完成可再生能源建筑应用1200万平方米，可再生能源建筑应用比率达38.56%。省级能耗监测平台在运行中不断完善，实现网络传输的项目已达12个，为上年的4倍。保定、承德等市谋划建立国家办公建筑和大型公共建筑能耗监测中转平台。河北工业大学、河北大学、河北农业大学、河北金融学院4个高校列为国家公共建筑节能监管体系建设资金补助单位，其数量占本年度全国总量的10%以上。

（二）绿色建筑。绿色建筑的发展在全省取得了前所未有的正效应。各市在开工3以上10万平方米以上绿色建筑示范小区的目标基本实现。完成2011年度河北省“十佳绿色建筑”、“十佳绿色小区”评选工作，并正在培育40多个绿色小区。省研发中心中加合作节能低碳环保示范房即将竣工，中德被动式低能耗建筑技术合作（河北）意向书正式签署。秦皇岛“在水一方”中德被动式低能耗建筑即将开工，北戴河新区绿色建筑发展做了大量工作。

（三）建设科技。实施科技项目公关破解建设事业发展“技术瓶颈”。全省58项和79项课题作为指令性和指导性计划下达。列入住房和城乡建设部科研计划9项、科技示范工程5项。全省30项科技成果达到国内领先以上水平。9项成果荣获省科技进步奖。河北建设集团有限公司作为完成单位之一的《张弦结构体系分析设计理论及施工关键技术》荣获国家科技进步奖二等奖。科技推广工作让科技成果真正惠及建设事业发展。下达省第17批建筑业新技术应用示范工程计划46项。对32项建筑业新技术应用示范工程进行验收，这些工程均采用建筑业十项新技术中的6项以上，采用新技术达到国内先进以上水平。河北省16项工法被住房和建设部批准为2009—2010度国家级工程建设工法，比上一届的12项增加了33.33%。省建筑科技研发中心建设取得较大进展。

（四）建设教育培训。在国家行政学院举办加快推进新型城镇化建设领导干部培训班。各市市长、分管副市长，环首都和沿海县（市、区）长，三年大变样受表彰的县（市）长和其他县级市市长共计75人参加培训，并组织各市分别进行对标考察，收到实效，得到省委、省政府主要领导的充分肯定。大家普遍反映，通过培训班的学习，进一步开阔了视野、丰富了知识、解放了思想、活跃了思维、坚定了信心。一是思想认识更加深刻。学员们对推进新型城镇化、实现三年上水平有了更新、更高的认识，对于如何发挥其在转变发展方式、实现科学发展中的巨大作用有了更深的思考。承德市提出，要站在实现科学发展、富民强市的高度，把加快推进新型城镇化真正摆在关系全局的战略位置。衡水市提出，当前衡水正处于城镇化日益成为发展“主发动机”的关键时期，城镇化与工业化一样，将在今后很长一段时间里成为中心工作，而且地位只会越来越高。学员们注重理论联系实际，结合当地实际撰写了学习心得，根据所学知识，对本地发展思路、战略要点，乃至重点项目实施都进行了深入思考，更加明确了方向和重点。保定市明确，必须始终突出提升城市品位的灵魂主线、始终突出建设低碳城市的主攻方向、始终突出城乡统筹的战略布局。秦皇岛市明确，要把人文作为城市底蕴、生态作为城市魅力来重点打造，做大做强特色优势品牌，努力形成“旅游＋文化＋生态”互动发展的大格局。各位学员通过对新知识、新理念的学习，对于如何完成工作任务、实现工作目标有了更深入的思考。邯郸市提出，实现“三年上水平、邯郸要先行”必须做到思想领先、规划抢先、产业率先、功能当先、民生优先、管理争先。邢台市提出，要以“新区突破、整体提升”为抓手，解决建成区规模小、功能不全、辐射带动能力弱的问题，推进邢台新区、七里河新区和开发区三个新区建设。对标考察深入细致，拓宽了视野，取到了真经。各市都制定了完备的考察方案，由政府主要领导率相关部门负责人赴对标城市进行了实地考察。从考察情况看，各地都把对标作为一个“比较、分析、诊断、改进、创新”的系统工程，带着问题、带着任务去考察，极具针对性和实效性。明确了差距、锁定了目标。各地结合城镇建设三年上水平指标体系，有重点地选择对标的课题和主要指标，一项一项地对比，明确了差距，锁定了追赶目标。唐山市从基本概况、城市环境质量、城市聚集能力、城市承载功能、城市居住条件五大方面，优选了建成区面积、城市化率、第三产业比重、好于一级标准天数、万元GDP能耗、森林覆盖率、拥有世界500强企业数量、港口货物（万吨）和集装箱吞吐量、公交日均客流量、人均住房面积、小区物业管理覆盖率等41项指标与深圳市进行对比，并明确到2013年的发展目标。开阔了视野、更新了理念。对标城市宏大的气魄、严谨的态度、创新的举措、丰硕的成果，让我们的城市管理者深有感触，深受启发，对城市建设的标准有了更新、更高层次的定位，对于工作方式和路径有了更深层次的思考。石家庄市对杭州市一次性规划启动20座新城、100座大型城市综合体项目的举措深感震撼，看到建成或在建的23座新城和102个大型城市综合体对城市发展的巨大推动效应深受启发，坚定了大项目建设再加力的决心。廊坊市近年规划设计水平大幅提升，生态智能城市规划，更是成为上海世博会“廊坊案例”，自感成绩斐然，但通过对标，深感在城市整体风貌特色、建筑形式及标志性建筑设计、城市公共开敞空间营造等方面差距很大，瞄准国内先进制定了系列措施。学到了内涵、取到了真经。各市都把软环境对标作为重中之重，注重查找思想理念、思路举措、机制方法等方面的差距，把资料分析和部门对接作为重要方式，通过纸面上看、对接中聊，对当地战略决策、工作举措、创新经验做了透彻分析。大家感到，我们面临的难题他们也曾遇到，我们存在的瓶颈也曾让他们举步维艰，而他们之所以能取得一个又一个突破，取得瞩目成绩，关键是拥有超前理念、超常举措和坚定信心。沧州市认识到，烟台之所以能实现城市管理的常态化、精细化，做到第一时间发现、处理、反馈，核心是彻底理顺了从市到区到办事处再到居委会的管理体制，充分释放了基层单位的巨大潜能，使城市管理系统末梢神经非常发达。张家口市认识到，包头之所以能在恶劣自然条件下，将荒凉小城建成"塞外园林第一城"，关键是推进生态绿化、建设园林城市的坚决态度和超常手段。他们坚持"项目未动、绿色先行"不动摇，宁可少建房屋也要确保绿地面积，他们不把"沿河布绿、沿路建绿、见缝插绿"当口号，最终做到了花成带、绿成片、树成景。围绕城镇建设上水平目标任务，共举办九期14个专题培训班，培训局长1137人。

（河北省住房和城乡建设厅　张学峰）

交通运输业

【投资建设】　2011年是实现"十二五"规划的第一年，也是全省加快构建现代综合交通运输体系的关键一年。在国际经济复苏缓慢、国内经济增速放缓背景下，全省着力加快交通基础设施建设步伐，公路、水路、铁路、民航、港口和管道建设协调发展。

公路建设较快发展。全省以石家庄为中心，围绕京津，环绕渤海，通达港口和旅游景点，与相邻五省区连通高速公路网，统筹城乡客运资源配置，稳妥推进城乡客运一体化，加快公路建设步伐。2011年，全省公路建设固定资产投资695.25亿元，增长14.2%，其中，高速公路完成投资540.05亿元，增长3.8%，一般干线投资118.08亿元，增长1.53倍，农村公路建设投资37.12亿元，完成年计划100.3%，下降12.2%。全年续建21条高速公路，其中9条段、449公里当年建成通车，沿海高速公路沧州至天津段的建成通车，实现了黄骅港向北与天津港、唐山港、秦皇岛港，向南与青岛港、连云港的快速连接。同时，为进一步加快旅游景区高速路的建设步伐，2011年新开工清东陵高速、大广高速白洋淀支线、西阜高速石家庄段、西阜高速保定段、京昆高速石太北线石家庄段、京港澳高速京石段、京港澳高速石安段、京新高速胶泥湾至冀晋界段、京昆高速冀京界至涞水段、京沪高速沧州至冀鲁界段、西柏坡高速三期（石家庄市二环至京昆高速）、张石高速蔚县支线等高速项目12条段、852公里。

2011年，全省公路总里程达15.7万公里，增长1.9%，其中，高速公路通车总里程达4756公里，增长10.4%，居全国第3位。普通干线公路达16913公里，增长1.1%，农村公路达135297公里，增长1.5%，公路网密度达83.6公里/百平方公里，比2010年提高1.4个百分点。在路网结构进一步优化的同时，全省客运站建设力度进一步加大，为客货运向网络化和纵深方向发展打下良好基础。全年客运站建设完成投资4.9亿元，比2010年增长42.0%，其中，农村客运站点建设完成投资1亿元，建成四、五级站36个，简易站109个，候车亭1618个，招呼站牌2296个。

港航建设快速发展。2011年，全省港口固定资产投资完成148.01亿元，比2010年增长79.6%。分港口看，新港建设投资增长迅猛。黄骅港和唐山港分别完成投资32.6亿元和113.6亿元，其中，唐山港投资比2010年增长1.5倍；秦皇岛港完成投资1.8亿元。全省新增生产性泊位14个，新增生产能力7470万吨，居全国第1位，新增海运船舶运力110万载重吨（其中沿海船舶运力新增15万载重吨），增长14.6%，为历史最多。集装箱泊位建设成为新的增长点。全年集装箱泊位建设完成投资6.05亿元，专业化集装箱泊位5个，增加2个，年设计通过能力95万标准箱，增长2.17倍，含有集装箱能力的其他泊位7个，增加6个，年设计通过能力为50万标准箱，增长4倍。全省集装箱能力总共为145万标准箱/年，增长2.6倍。截至2011年底，全省码头长度达33306米，增长13.3%，泊位个数163个，其中万吨级以上泊位121个，生产性泊位130个，万吨级以上生产性泊位111个，年设计通过能力达56036万吨。

民航建设取得新进展。全省建成民用机场4个，民用航空航线达57条，增加1条，其中，石家庄机场运营航线43条，增加2条，秦皇岛机场4条，邯郸机场5条，唐山机场5条。全省民用航空航线里程达10.06万公里。

地方铁路和运输管道建设有序进行。全年地方铁路固定资产投资8.27亿元，完成年计划的100.2%，地方铁路延展里程为2172.42公里，增长2.3%，营业里程1199.19公里，增长2.8%；全省输油管道5条，增加1条，输油里程785.93公里，输油能力1973万吨/年；输气管道1条，输气里程67.7公里，输气能力14.6千万立方米/年。

【运力情况】　2011年，全省民用车辆拥有量达1421.70万辆，比2010年增加87.28万辆，其中：民用汽车832.52万辆，增长15.7%，在民用汽车中，载客汽车达463.41万辆，增长26.8%；载货汽车137.15万辆，增长12.9%；其他汽车（含三轮汽车、低速货车）231.96万辆，下降0.4%。全省营运性汽车为161.25万辆，增长8.9%，其中：营运载客汽车13.28万辆，占8.2%，增长6.4%，营运载货汽车104.91万辆，占65.1%，增长11.5%。全省私人轿车快速增长，达266.53万辆，增长33.6%。水上民用货运机动船舶144艘，增加16艘，净载重量345.13万吨，增长10.9%；驳船3艘，净载重量3980吨位，与上年持平。地方铁路机车197台，比上年增加7台；货车1909辆，增加4辆；客车14辆。

【运输生产】 2011年，全省公路、水路、铁路、管道四种运输方式共完成货运量21.23亿吨，比2010年增长19.7%，货物周转量9840.50亿吨公里，增长28.2%；公路、铁路共完成客运量9.95亿人，增长9.6%，旅客周转量1306.58亿人公里，增长11.4%。

公路运输占主要地位。从货运看，由于上半年国内经济增长较好，下半年保障房建设进入较旺时期，为公路货运市场提供了充足货源，促进公路货运较快增长。全省公路全年完成货运量和货物周转量分别为16.67亿吨和5219.28亿吨公里，分别比2010年增长22.6%和30.1%；从客运看，客运量和旅客周转量分别为9.19亿人和522.08亿人公里，分别增长10.3%和18.1%。公路客运量、货运量分别占全社会客、货运量的92.1%和84.7%。

港口生产较快增长。2011年，全省港口货物吞吐量达7.13亿吨，比2010年增长18.1%。分港口看，秦皇岛港货物吞吐量达2.88亿吨，居全国第3位；曹妃甸港自25万吨级矿石码头、30万吨级原油码头先后建成投产后，金属矿石、石油及制品吞吐量比2010年分别增长31.9%和85.2%，货物吞吐量合计达1.75亿吨，增长39.0%，增速居全国第1位；黄骅港自综合港区2010年8月18日正式开航后，全港货物吞吐量达1.13亿吨，增长19.4%，增速居全国第3位；分货类看，全省矿建材料吞吐量增长1.3倍，石油、天然气及制品增长37.3%、钢铁、金属矿石和煤炭及制品分别增长29.9%、24.8%和14.0%；受国际金融危机影响，机械、设备、电器类产品吞吐量下降63.9%。

水路货运平稳较快增长。受港口快速发展、世界经济危机以及由于国内经济向自主增长过渡下半年增速趋缓三大综合因素影响，全年货物水运保持较快平稳运行。前三个季度货运量分别增长29.4%、26.5%和26.3%，全年完成货运量2671.86万吨，货物周转量495.04亿吨公里，分别增长24.4%和14.6%。

铁路运输增长转缓。2011年，全省铁路完成货运量、货物周转量分别4.17亿吨、4104.69亿吨公里，比2010年分别增长9.7%、27.9%。随着经济增长下半年转缓，货运量增速三季度开始回落；从客运看，全年客运量为7601.0万人，增长0.6%，其中，前三个季度客运量同比均为负增长，旅客运输周转量为784.50亿人公里，增长7.4%。

民航运输快速增长。2011年，全省民航机场旅客吞吐量达451.79万人，比2010年增长46.5%，增速比公路、铁路客运量分别高36.2和45.9个百分点，比全国民航客运量增长平均水平高37.3个百分点。针对全省民航货运"短板"，2011年7月，河北省政府决定设立航空货运发展专项资金，用于石家庄正定国际机场货运航线航班补助、机场使用费减免补助，带动民航货运快速增长。全省民航机场全年货物吞吐量为3.46万吨，增长32.1%，比公路、水运和铁路货运增速分别高9.5、10.1和18.7个百分点，比全国民航货运量增长平均水平高33.9个百分点（全国平均水平为下降1.8%）。

管道运输平稳发展。2011年，全省管道运输货运量、货物周转量分别为1304.98万吨、21.49亿吨公里，比2010年分别增长3.7%、2.1%，输油量1303.63万吨，占99.9%，增长3.7%；输气量1.35千万立方米，下降14.0%。

（河北省统计局　赵丽丽　张玉涛）

【民航安全保障】 2011年，河北机场集团共保障飞机起降5.79万架次，同比增长5.7%，保证了飞行安全、航空地面安全和空防安全，实现了河北机场集团第8个安全年和河北省民航机场27年持续安全运行。2011年年初，河北机场集团联合15家驻场单位成立了石家庄国际机场运行管理委员会，建立了以机场为中心，机场与驻场单位齐抓共管的安全运行管理联合机制。安全管理体系（SMS）建设进一步深化，秦皇岛机场和石家庄机场顺利通过了民航局安全审计和航空保安后续审计。认真扎实开展了"安全生产月"、安全大检查和机场专项整治工作，认真做好建党90周年、广州大运会、国庆节等重要活动的航空安保工作。保证了石家庄机场改扩建工程不停航施工安全。秦皇岛机场安全保障了抚宁森林火灾救火飞行132架次和重要公务飞行6架次，为及时扑救山火提供了有力支持。

【客货运输】 2011年，河北机场集团共实现旅客吞吐量421.25万人次，同比增长44%，其中石家庄机场402.12万人次，同比增长48%，秦皇岛机场19.14万人次，同比减少4.8%；货邮吞吐量3.36万吨，同比增长29.3%，其中石家庄机场3.32万吨，同比增长29.2%，秦皇岛机场349.2吨，同比增长36%。石家庄机场每周往返航班最高达到910班，同比增长5%，航线数量达到了45条，同比增长2.3%，航线通达能力显著增强，初步形成了"沟通南北、通达东西、延伸海外"的航线网络。

河北机场集团运输生产委员会积极落实河北省与春秋航空公司签订的战略合作协议，协助春秋航空在石家庄机场设立了过夜基地，开通了石家庄至上海等9条低成本航线，并推出了重庆等地经石家庄机场的16条低成本中转航线，为把石家庄机场打造成低成本枢纽机场奠定了坚实基础。加密了石家庄至秦皇岛、唐山等省内支线机场航班密度，进一步发挥了石家庄机场的省内航空枢纽作用。国际航线网络建设加快，开通了石家庄至韩国济州岛旅游航线，与航空公司合作开发了石家庄机场经上海浦东等机场的49条中转国际航线，通达45个国外城市。积极探索经停石家庄机场的国际（地区）货运航班运营新模式，12月29日开通了石家庄至香港定期货运航线。推出建党90周年红色旅游产品、暑期"海滨游"、"草原游"等特色旅游产品，参与春秋航空公司举办的"春秋千人旅游团走进西柏坡"、"游河北、石家庄"等活动，有效推动了航空与旅游良性互动发展。

【服务民生】 根据国际机场协会和中国民航局研究分析，2011年石家庄机场和秦皇岛机场实现的客流量和货运量，为河北省创造社会效益116.9亿元，相关就业岗位3.41万个，有力推动了全省经济社会发展。石家庄机场深入推进“从家飞”服务品牌建设，树立“感动服务”理念，开展了“温馨空港、感动服务”主题创建活动。在保定、沧州、邢台设立了“城市候机楼”，邯郸、邢台旅客直通车由每天3班增加至5班，新增了石家庄市桥西区旅客班车，周边地市服务网络进一步完善。优化了石家庄机场中转旅客服务程序，设置了中转旅客专用柜台，最短中转时间不超过10分钟。通过延长营业部营业时间、增加96360坐席、乘机问询回访等，创新服务措施，树立了“从家飞”服务品牌门户形象。充分发挥青年志愿者作用，推广自助值机业务，在节假日旅客出行高峰和重大活动任务中，全力做好服务保障工作，为旅客提供了更加便捷、舒适、温馨的出行服务。

【党建和文化建设】 河北机场集团为扎实推进“创先争优”活动，多次召开党委中心组（扩大）学习会，认真学习了胡锦涛总书记“七一”重要讲话、全国经济工作会议、省第八次党代会等会议精神。组织开展了纪念建党90周年系列活动，通过党史学习教育、重温入党誓词、参观爱国主义教育基地、召开纪念大会等形式，进一步激发了广大干部职工“热爱党、跟党走”的政治热情，为推动河北民航跨越发展贡献力量。落实党风廉政建设责任制，与各二级单位党委（总支）书记签订了《党风廉政建设责任书》。开展了预防职务犯罪专题讲座，印发了《关于进一步严肃经济工作纪律防范经营风险的通知》，全力推进惩治和预防腐败体系建设。认真开展了“小金库”治理工作，建立了防治“小金库”长效机制。开展了工程建设领域突出问题专项整治，顺利通过了省国资委对河北机场集团近两年投资额在500万以上的工程项目的督导检查。成立了企业文化建设委员会，制定了河北机场集团《企业文化建设纲要》，将企业文化建设作为支撑机场跨越发展的核心项目，编写了企业文化体系初稿和企业评价报告。工会和共青团工作深入开展，举办了河北机场集团职工书画、摄影作品展、职工运动会、职工技能比武大赛，开展了“五四”唱红歌、“从家飞”志愿宣传等活动，展现了机场员工积极向上的工作状态和良好的精神风貌。

（河北机场管理集团有限公司　曲　炜）

【河北省高速公路管理局】 2011年，全局完成建设投资183.1亿元，同比增长24.1%，工程合格率达100%；完成养护投资15.4亿元，技术状况指数（MQI）达95.6；完成通行费征收150.7亿元，同比增长4.7%；收缴路产赔补偿费3129万元，路政案件索赔率98.06%，超限超载车辆控制在2.38%；经营开发实现营业收入6.8亿元，利润及折旧1.44亿元，分别同比增长21.4%和10.8%；未发生重大安全生产责任事故，安全生产形势稳定。

2011年，主要做了以下九方面工作。

（一）加强盯办跑办，积极配合省厅做好项目前期工作。京港澳高速公路改扩建石安段实现开工建设，京石段项目申请报告评估意见上报国家发改委，并启动项目核准程序，初步设计完成预审；邢衡高速衡水段完成了初步设计并通过省厅评审；围场至御道口高速项目建议书已经省厅评审，近期上报省发改委；京秦高速津冀界（大安镇）至平安城段完成了项目工可报告；京秦高速遵化至秦皇岛段方案研究报告已上报省厅；沿海高速秦皇岛北戴河机场支线、北戴河联络线和曹妃甸支线工程项目建议书获省发改委批复；京沪高速河北段和黄石高速石家庄至辛集段改扩建项目完成了路线方案研究报告。

（二）以质量和安全为中心，全力推进工程建设。一是积极开展“双百决战”劳动竞赛，保证了全年任务目标的圆满完成。西柏坡高速实现了“七一”试通车。二是强力推进工程标准化施工，建设管理水平全面提高。三是强化项目监管，实行了局领导包项目制，施工、监理单位法人约谈制和项目进展周通报、月考核制。约谈法人代表7次，局工程建设督导组现场督导11次，对44家施工单位和24家监理单位进行了考核评价，并在信用评价中兑现。四是全力克服资金筹措难题，通过争取交通运输部建设补助资金提前投入，协调银行信贷支持、信托贷款和银行理财贷款等多渠道筹集资金，保障了项目资金足额到位。

（三）积极开展“环境大整治、服务树形象”活动。一是高标准推进绿化美化。加强城市出入口、收费站、服务区等重要路段的绿化、美化，更换补植绿化苗木200多万株，清洗粉刷收费大棚、收费亭26万平方米，投资4800万元实施了服务区整体绿化、广场美化和建筑物亮化。二是高效率搞好路域环境整治。拆除违章广告、标志1315块，清理建筑垃圾16.8万立方米。三是全力提升通行效率和服务品质。通过收费站口改扩建、推广电子不停车收费、增设静态秤和绿通车辆检测设备、加强车辆高峰预警等措施，提升道路通行能力。开展了“温馨旅途、亲情服务”活动，打造温馨驿站、高速之家，全面提高了服务保障能力。

（四）以迎“国检”为契机，全面加强和规范运营管理。结合开展“规范化管理深入推进年”，把迎检过程转化为推动管理提效、服务提质的过程。对规章制度进行了修订完善，对运营管理各专业内业资料进行了规范和统一。星级收费站建设重常态、重效果，细化标准，公开考评。路政执法全面推行行政执法责任制体系，月考核、季奖惩，规范了执法行为。服务区“六统一”抓深化细化，品牌效应进一步发挥。落实养护作业现场“五公示”制度，养护施工作业管理更加规范。实行预算科目统一、编制标准统一、资金支领程序统一，预算管理更加科学。高效率、高质量完成了迎“国检”工作，省局路况受检里程1100公里，占全省高速公路受检里程的78.5%，规范化管理检查全部由省局承担。经过全局上下共同努力，最终取得了高速公路组第三名，实现了“保三争二”目标。

（五）以全员岗位练兵为载体，整体提高职工队伍素质。以“学技术、比技能、创一流、促发展”为主题，在收费、养护、路政、财务、机电和服务区6个专业开展了全员岗位练兵比武活动。活动历时8个月、2.2万人参加。活动呈现出“覆盖广、形式活、方法多、效果好”的

良好局面，极大地激发了干部职工创先争优、岗位建功的热情，全面提高了业务技能。

（六）深化、拓展“十公开”，切实加强廉政建设和行业文化建设。一是提升公开效果。以邢汾高速“十公开”为范本，对在建项目现场公示进行了统一，公开形式更加规范。“十公开”网络平台增加了施工、监理单位公开事项，公开内容更加完善。将“十公开”纳入合同管理，与工程建设同步推进，与项目管理结合更为紧密。二是拓展公开领域。积极把“十公开”向运营管理领域延伸。认真搞好高速公路养护管理“十公开”，推广了保沧高速和沿海高速滦南南收费站岗位廉政风险点防控经验。三是积极开展预防职务犯罪。按照高管局和省检察院预防职务犯罪建设方案，所有筹建处均与当地检察机关建立了共同预防职务犯罪工作联席会制度。四是深入推进高速文化和廉政文化建设。确立了河北高速使命、愿景、核心价值观、河北高速精神和职业道德。在基层单位建立了6个基层廉政文化建设示范点，开展了廉政书画摄影大赛、廉政歌曲演唱等丰富多彩的廉政文化建设活动。省直机关廉政文化建设观摩现场会在元氏服务区召开。

（七）全面对标“郭娜陆地航空班”，深入开展“为民服务

创先争优”活动。坚持服务为本。以“畅通、平安、舒适”为目标，把创先争优体现在提高服务水平，满足群众需求上。坚持典型引领。通过感动河北高速“双十佳”巡回演讲，开展向郭娜陆地航空班、感动交通人物赵增旺和舍己救人路政队员王晓魏学习活动，把创先争优体现在弘扬先进，做好本职工作上。坚持对标赶超。对外对标郭娜陆地航空班，对内对标“双十佳”，把创先争优体现在更好地发挥基层党组织和党员模范带头作用上。坚持利民惠民。减免绿通车辆通行费6.8亿元；投资30万元帮扶涞源县北李庄村；开展“博爱一日捐”，共募捐36.3万元；组织河北高速“青春圆梦”行动，捐资21.6万元帮助54名特困大学生步入大学校门，把创先争优体现在便民利民、群众满意上。全省交通运输系统窗口单位对标郭娜陆地航空班“为民服务创先争优”誓师大会在省局召开，中组部李源潮部长到西兆通服务区视察创先争优工作，对河北省高管局创先争优活动给予了高度评价。省局组织“百人合唱团”代表省厅参加省直纪念建党90周年歌咏比赛，荣获第一名。

（八）积极推进智能交通建设，努力提高高速公路管理和服务水平。实施了三维TGIS综合管理平台、养护管理数字平台、桥梁维修临时通行便桥、路况信息带状发布、服务区路况信息显示系统、绿通车辆自动检测系统、路政执法信息化系统、高速公路全程监控激光夜视技术等在国内领先的12项“亮点工程”。完成了通信系统升级改造和视频联网监控信息接入工程。受理公众服务电话311.2万个，发布路况信息1.12万条。发展ETC用户2.9万户。建立了与高速交警、气象部门三方视频会商系统。初步建立了高速公路建设项目管理平台。推广应用了逃费车辆“黑名单”管理系统。开发应用了局系统公文交换和流转系统。加强科技成果的研究与应用，《长寿命新型多孔透水性基层材料路面结构》获省科技进步二等奖，《山区高速公路线型安全设计研究》等3项成果获省科技进步三等奖。

（九）切实做好安全生产工作，保持安全形势稳定。认真开展道路桥梁安全隐患排查整治，安全生产大排查、大督导和道路货运超限治理等一系列活动。在工程建设上，以“平安工地”建设为基础，突出抓好隧道和桥梁施工安全专项管理。在运营管理上，重点抓好桥梁隐患排查、养护施工现场管理、收费站票款安全、职工班车、服务区食品卫生和加油站消防安全管理。开展了除雪、消防、防汛、车辆事故救援等应急演练，提高了应急反应和处置能力。

（河北省高速公路管理局　王芳　王哲）

邮　政　业

【概况】　2011年，河北省邮政公司以中央、全省经济工作会议和全国邮政工作会议精神为指导，在省委、省政府和集团公司的正确领导下，努力克服宏观经济形势复杂、内外部市场环境多变带来的困难和影响，坚持以科学发展观统领全局，紧紧围绕“规模扩大、效益提高、职工受益”的发展理念，不断深化改革，加快发展，强化管理，提升能力，圆满完成了全年的各项工作，实现了“十二五”时期的良好开局。河北邮政2011年总收入增幅为28.21%，排名全国第9位；邮政公司2011年总收入增幅为21%，排名全国第6位。邮储银行比上年增长49.96%，绝对值和增幅分列全国第9位和第20位；速递物流公司比上年增长10.42%，绝对值和增幅分列全国第8位和第24位。

【邮政业务】　邮务类业务，数据库商函实现收入比上年增长12%，对函件专业新增收入的贡献率达到58.33%。畅销报刊业务实现收入比上年增长11.25%，零售业务实现收入比上年增长41.16%，两项业务对报刊发行专业新增收入贡献率为41.86%。定向邮品实现收入比上年增长27.5%，对集邮专业新增收入的贡献率为86.3%。代收代缴业务实现收入比上年增长32.46%，短信业务实现收入比上年增长53.37%，两项业务对专业新增收入贡献率达到79.35%。金融业务，邮政公司和邮储银行加强合作，共同促进了传统金融业务发展。全省邮政个人储蓄存款余额创历史新高，列全国第11位。其中邮政公司完成全年计划的108.38%，新农保工作稳步推进，参与了58个县的新农保工作，累计代收付1627.24万户。在严格控制风险的前提下，信贷业务得到了快速发展，贷款规模列全国第1位。速递物流业务，以标准速递、电子商务速递、一体化物流为发展重点，取得了较好效果。标准速递业务实现收入同比增长5.24%。电子商务速递业务实现

收入同比增长83%。一体化物流业务实现收入同比增长34.64%。项目营销效果显著。全省邮务类板块共组织集团、省、市三级项目205个，实现收入占总收入的14.4%。其中，电子商务专业开展航空机票业务竞赛活动，累计销售航空机票12.48万张，列全国分组第一名。集邮专业开展“红邮颂歌”主题营销活动。报刊发行专业“三突破”竞赛活动共收订16种畅销报刊5.5万份。金融类板块和速递物流板块取得了可喜成绩。

【体制机制改革】 按照集团公司要求，完成了邮储银行纳入改制土地的初审备案和速递物流注资资产的上划，启动了中邮人寿保险河北分公司的筹备工作，确保了邮政体制改革的顺利推进。全省邮政始终坚持资源共享、优势互补的经营模式，形成了高效和谐的发展局面。三大板块都成立了相应的业务联动工作小组，每月一同召开生产经营分析会，协调解决三大板块发展过程中的重大问题，2011年，全省确定的三大板块联动发展重点项目取得了较好效果。制定了更加注重效益的绩效考核办法，把企业发展质量、货币资金增量和应收款项周转率作为考核重点，积极引导各市局在加快发展的同时，更加注重发展的质量和效益。对全省机构编制进行了调整，撤并科级单位55个，实现了扁平化管理，初步形成了适应市场竞争要求、精简高效的组织架构。创新完善了干部选拔任用机制。调整修订了干部管理办法，强化干部的集中管控和培训考核，加大了基层骨干人才的培养力度。全面推行干部的民主推荐和竞争上岗，对省公司机关部分三级副职岗位在全省范围内公开招聘，竞争上岗，择优录用，优化了干部队伍的年龄结构、知识结构和专业结构。继续深入推进营销体系建设。在市、县两级营销团队基础上，高起点建立了全省直邮服务团队，全方位加大了省级客户的开发力度。对1747位专职客户经理进行了考核，313名营销经理得到晋级。截至2011年底，全省共有项目经理146人，专职客户经理1985人，人均营销业绩达到28.92万元，比上年同期增长22.97%。

【科学管理】 财务管理体系继续完善，在全国率先建立并推行了财务内控制度，从预算、资金、用户欠费等方面严格规范企业经营管理行为，实现了内部控制的体系化、规范化，有效控制了财务管理风险。全面开展了专业化核算和网点损益核算，建立了财务报账系统，严格报账流程，将成本费用开支从事后管理前移到事前审批、事中控制，强化了预算管理，减少了人为干预，提高了成本费用管理水平。突出加强了资金资产的集中管控。在资金管理方面，以收支两条线为基础，加强资金透支额度管理，严格了用户欠费、往来账款的管控，有效提升资金运营效益。在资产管理方面，开发了房产管理和设备管理系统，加强了对全省资产的集中管理。强化资产清理和清查工作，提高了资产运营效率。重点规范了全省集中采购流程，充分采纳基层单位意见，保证了产品质量，满足了生产经营需求。人力资源管理工作进一步强化。坚持“德能勤绩廉、以德为先、重在业绩”的选人标准，对66名三级副职以上干部进行了全面测评考核。调整充实了7个地市局的领导班子，提拔任用了18名三级正副职干部，对14名三级副职以上干部实行了岗位轮换和交流任职。加强后备人才队伍建设，增强了企业发展后劲。将“双定”工作与流程优化和作业组织调整同步开展，同时加大了存量人力资源的盘活力度，全省盘活用工1283人，充实到金融类业务和函件、电子商务业务以及营销岗位，用工结构得到了进一步优化，有效支撑了重点、高效业务的发展。清理不规范用工522人，降低了企业的用工风险。针对员工的不同职业需求，开展了大规模、分层次、有重点的培训工作。全年共举办各类培训班89期，培训员工1.11万人次。注重发挥网络培训学院的作用，积极引导全省员工参加在线学习，在集团公司举办的网上学习竞赛活动中，取得了总积分全国第一名的好成绩。审计监督作用得到有效发挥。开展了财务收支、经济责任、业务经济效益、内部控制审计和工程管理等审计，有针对性地进行了专项审计调查。全省共完成审计项目和专项审计调查908项，建设项目和零星工程审计审减额达1449万元，工程审减率达20.07%。开展经济责任审计108项、专项审计调查25项，严格了财经纪律，规避了经营风险，促进了企业经营管理水平的提高。通信服务水平稳步提高。进一步强化了对通信服务质量管理岗、监控岗履职和规范经营秩序的监督检查，深入开展营业投递服务规范管理达标、金融营业网点服务双星评选等专项活动，用户投诉率大幅下降。全省未发生重大违规经营行为和通信事故，机要通信生产继续保持质量全红。安全防范工作持续加强。加大了安全防范设施建设资金投入力度，全年共投资1964.7万元，用于金库建设改造、运钞车辆增置更新和金融技防建设。组织开展了一系列安全宣传教育培训和安全评估、专项防范检查活动，对各类隐患及时采取措施进行整改，有效保证了资金、车辆和员工人身安全。

【核心能力建设】 围绕经营管理，以效益为导向配置资源，全年集中建设资金和成本费用2.16亿元，主要用于重点、高效业务和基础设施的建设改造，全面提升服务能力，有力支撑和促进了企业的发展。增强了信息网对经营管理的支撑能力。完成了代收付业务向电子商务平台移植、3G无线网络接入、邮政出版物连锁经营系统等工程，满足了企业生产经营需求。自主开发了福利彩票资金归集、燃气IC卡代收费、华北电网代收费等29项系统，有力支持了新业务的开办和发展。全省信息网安全稳定运行，实现了连续安全运行1000天，在集团公司举办的邮政信息网运行质量竞赛中，获得全国第一名。进一步提升了网络运行质量和效益。大力推进流程优化，全面实施了普通邮件封发无纸化改革，加强作业计划和发运计划的监控管理，提高了网运效率，加快了邮件传递速度。强化了调度指挥，克服铁路部门运行线路和运行时刻调整等不利因素影响，确保了全网畅通。积极推行网运效率、效益、质量（KPI）综合评价体系，继续推进两网互通应用工作，提高了网运综合能力和科学化管理水平。加大了营投网络建设改造力度。全省装修改造营业网点336个，购置城市营业网点9处，改善了用邮环境；配备乡邮投递摩托

车3558辆，提升了投递服务能力。

【和谐企业建设】 坚持以人为本，围绕构建和谐企业，狠抓党风廉政建设、思想政治工作和精神文明建设，关注并改善员工生产和生活条件，营造稳定和谐的企业氛围，实现了员工与企业的共同发展。党风廉政建设不断加强。以落实党风廉政建设责任制为抓手，深入推进惩治和预防腐败体系建设。进一步推进了“三重一大”决策制度的贯彻落实。开展了小金库专项治理回头看工作。加大了对信访举报的核查力度，积极参加阳光热线等行风建设、民主评议活动，省公司连续九年被省政府评为行风建设优秀单位。在2011年全省群众问卷评议行风活动中，获得公益经营类行业第一名。切实维护职工利益。各级工会积极推进企业民主管理，全省有4个市局、42个县局被评为“河北省星级职代会”。“四有”建家率达到94.9%，农村邮政支局（所）的生产生活条件得到极大改善。继续完善互助补充保障机制，把劳务工纳入了大病医疗互助补充保障范围。在全省各市县局建立群众工作室，畅通了职工诉求渠道。全省合同用工劳动合同签订率和劳务用工劳务派遣率保持100%，劳务用工上“三险”比例接近100%，有效防范了用工风险。在劳务工转招合同用工过程中，优先考虑常年担任支局长、业绩突出的营销员以及长期在艰苦环境下工作的业务骨干，全年共转招61人；在复转军人接收及应届毕业生招录工作中，优先录用职工子女，解除了广大职工的后顾之忧。党建工作和精神文明建设扎实推进。各级党组织围绕纪念建党90周年和为民服务创先争优工作，积极开展学习教育、选树表彰和“三亮三比三评”等活动，促进了党建工作的开展。全省邮政通过把创先争优与企业的经营、管理、发展相结合，在提高邮政服务水平的同时，激发了广大员工奋发向上的精神，提升了企业社会形象。石家庄市邮政局的王德峰荣获“全国五一劳动奖章”。

（河北省邮政公司　段铁林）

通　信　业

【概况】 2011年是“十二五”规划的开局之年，也是省通信管理局挂牌成立十周年。一年来，全省电信行业广大干部职工在省委、省政府和工业和信息化部的正确领导下，认真贯彻落实科学发展观，坚持转变职能，推进行业转型，抓重点、攻难点、求突破，全面完成了年初确定的目标任务，实现了“十二五”良好开局，电信行业服务经济社会发展、服务民生的能力和水平得到进一步提升。

——行业发展总体保持了稳步增长态势。2011年，全省电信业务总量完成489.2亿元，列全国第7位，同比增长11.3%；电信主营业务收入完成416.3亿元，列全国第9位，同比增长9.8%。全省电话用户新增732.3万户，总数达到6337.2万户，列全国第6位（固定电话用户达到1242.7万，列全国第9位，移动电话用户达到5094.5万，列全国第5位），3G用户新增383.3万户，达到550.1万户，全省电话普及率为88.2%。

互联网出省带宽达到1396G，互联网宽带接入用户全年新增179.3万户，增量列全国第4位，总数达到846.3万户，列全国第5位。目前，河北省电信业务结构更加多元化，移动电话业务的替代作用日趋明显，增值业务、宽带业务等新业务发展迅速，增值业务市场趋向繁荣，通信业信息服务的内涵不断扩展，非话音业务收入比重达到43.8%。

——信息化应用迈出坚实步伐。紧密结合“数字河北”建设思路，主动适应信息化建设深入推进的形势，全方位参与电子政务、电子商务和企业信息化的建设。利用宽带、3G等技术，主动参与政府、企业、电力、环保及家庭学校的信息化工作，大力推动社会领域信息化应用和电子政务、平安城市、数字城管建设。按照工信部统一安排，协调省内各运营企业上报了石家庄三网融合国家第二批试点城市申报工作，已经获批。

——普遍服务方面取得新进展。继2005年圆满完成全省行政村通电话任务后，2006年以来，全省通信行业利用近6年时间，深入推进自然村通电话工程。2011年中国移动河北公司、中国联通河北省分公司全年累计投资1.33亿元，新建基站183座、新增载频364套、新增宽带容量51000线。截至9月30日，全省20户以上自然村通电话任务圆满完成，提前三个月完成了年度任务。同时，中国联通河北省分公司还完成了643个行政村通宽带建设任务（超额完成143个），为提高农民生活质量和促进农村经济社会发展作出了贡献。

全力开展对易县石家统村、围场县御道口村和滦平县偏桥村的通信帮扶工作，取得了显著成效，2G和3G移动信号已全部覆盖该地区，固定电话、宽带已全部进家入户，满足了当地经济和人民群众生活对通信的需求。

——电信业务市场进一步规范。规范了行政许可程序，保证了行政审批时限；加强网站管理，开展网站备案及存量数据的真实性核验工作；加强电信资费管理，不断推进电信资费市场化的进程；进一步加强电信用户服务工作，委托行业协会启动开展了河北省电信用户满意度测评工作。研究开发了“河北省电信用户申诉处理系统”并投入使用；开展了全省电信网码号资源年报工作；集中开展了“域名实名注册”、“打击非法VOIP业务”、“互联网接入服务市场的治理”等专项治理工作，配合政府相关职能部门开展了净化社会文化环境百日集中行动等18项专项活动；联合省教育厅开展为期2个月的规范校园电信市场专项整治行动，督促电信企业签署《河北省规范校园市场营销行为自律公约》，杜绝不正当竞争行为。

——建设市场监管进一步加强。严把通信建设市场准入关，强化通信建设企业资质审批、个人资格初审工作；狠抓安全生产，有效保障通信网络安全畅通；电信基础设施共建共享工作和驻地网建设管理工作扎实稳步推进，电信基础设施共建率和共享率均达到并超过了国资委下达的考核指标，自2008年开展共建共享工作以来，全省节约投资8.6亿元；加强企业间新建关口局的协调和督导，确保网间通信畅通；完成了国家通信网互联互通监控中心工程河北省项目的建设和初验工作；开展了防雷检测工作；完成了《河北省通信业“十二五”发展规划》的评审工作，已报部审定；行业统计工作成效显著。

——应急和专用通信保障工作成果显著。在2011年“4.12”秦皇岛抚宁森林火灾的救援工作中，省局及时调集全省应急通信保障力量，举全行业之力，保证了火场灭火战斗的胜利，通信保障工作得到了省委、省政府领导同志的高度评价。在省政府领导同志的指示下，在交管部门的支持和配合下，全省应急通信车辆全部解决了牌照和统一标识问题，省政府还根据火灾扑救的投入情况，为全省通信部门补贴专项资金282万元。在黄壁庄水库成功举办了“2011年河北省防汛应急通信演练”，为进一步做好应急通信保障工作积累了宝贵经验；组织省国防动员委员会信息动员办公室各成员单位，共同参与了河北省国防动员委员会应急力量建设现场观摩活动。重新修订了《河北省应急通信保障预案》，已报请省政府审批。

专用通信方面，2011年，专用通信局加快通信建设步伐，扎实推进专用通信网络建设，党政专用电话普网工程稳步开展，启动了高清电视会议控制中心与各级涉密电视会议系统建设；强化专用通信服务保障能力，切实做好网络运行与维护工作，共执行重要通信保障任务21次，首长专线任务19次，未出现任何故障和差错；完成重要会议电视任务40余次，会议电视保障率达100%，圆满完成了党中央、国务院召开的重要会议电视通信保障任务。

——互联网网络与信息安全管理取得新成效。深入整治互联网和手机媒体淫秽色情等10余项专项治理活动，打击网络犯罪，净化网络环境，环首都“护城河”能力进一步增强；认真做好日常网络安全事件监测、信息报送、预警工作等；进一步完善河北省网络安全监测平台建设，网络安全事件的监测和处置能力进一步提升；结合互联网管控技术手段和业务能力的下沉，开展了全省互联网数据中心管控系统建设；分别配合省公安厅和省委防范办执行了多项地方维稳等专项任务，取得了良好的效果，为维护全省政治、经济和社会稳定做出贡献。全年共关闭违法网站93个，删除违法信息71条，向外宣部门通报备案信息230条，查堵政治性非法出版物289种。查处违法互联网接入企业10家，罚款28万元，向省防范办报送《法轮功监控要点专报》42期。

——机关建设工作深入开展。围绕推进行业信息化应用，三网融合、环首都绿色经济圈建设等问题开展深入广泛调研；开发启动了OA办公系统平台，并与各基层电信运营企业成功链接，提高了普通文件运转效率；建设了电信业务综合监管系统平台；完善了行政许可“一个窗口”服务机制以及行政许可网上办事的工作制度和流程；设立河北省通信管理局社情民意工作办公室，通过网络途径为人民群众解决最直接、最关心、最现实的利益问题；政府信息公开、信访工作进一步规范；完成省人大代表建议和政协委员提案承办答复和走访工作；配合省审计厅和财政专员办完成2010年度财务收支情况审计、财务大检查和小金库治理大检查；精心组织并深入开展带头创先争优、争做人民满意公务员活动，干部队伍思想建设、作风建设和能力建设进一步加强；健全惩防体系，深入开展党风廉政建设和反腐败工作；机关党建、工会工作得到加强，为活跃机关文化生活，增强凝聚力发挥了积极作用。

成功举办了河北通信发展30年暨河北省通信管理局挂牌成立10周年成果展，陈全国省长专门作出批示对通信业取得的成就给予肯定，付志方、聂辰席、孙瑞彬和张和、张杰辉以及现已离任的郭世昌、何少存几位主管省长等多位领导同志莅临展会参观指导；《河北省志·邮电志》编纂工作已经完成初稿报审工作，志书的编写进度和精修程度在全省各行业各部门中名列前茅。

各项支撑工作和社团组织工作进一步加强。职业技能鉴定工作稳步推进，全年对五个专业，高、中、初三个级别的通信专业技术职务任职资格考评共计1920名，网络信息安全人员培训430名；加强工程质量监督工作，开展了移动话音业务和短消息业务计费检测工作；开展了工程质量监督和安全生产检查；组织通信工程参建人员培训班共14期，培训人员共计2010余人。

行业协会、通信学会、互联网协会、通信行业体育协会等行业社团都加强了自身建设，为省局的监管事业起到了支撑作用。通信行业协会承办开展了“全省电信服务质量用户满意度指数评价工作”；通信学会起草并出版了《2010年度河北省通信行业年度发展报告》和《2001—2010年河北省电信业十年发展报告》；互联网协会组织编印了《2010年河北省互联网发展报告》，并于5月17日进行了新闻发布；组织全省互联网经营单位开展了“河北省特色优秀网站”评选活动；河北省通信行业体协完成了划转管理及换届筹备工作。

（河北省通信管理局　高德生　刘玉朝）

【中国移动河北公司】　2011年是“十二五”规划开局之年，也是中国移动河北公司的发展年。公司在集团公司和省委、省政府的正确领导下，在社会各界的大力支持下，全面实施“提升质量，改善服务，强化创新，深化管理，加快发展”的核心策略，实现了企业的持续健康发展。

网络质量保持领先。2011年公司以市场发展和客户感知为导向，按照GSM、TD－SCDMA、WLAN网络协同发展的思路，开展网络规划、建设和维护工作，有效提升了网络能力和网络质量。全年新开通GSM基站5000多个，网络覆盖质量有效提升；新开通3G（TD－SCDMA）网络基站3000多个，实现全省县市及发达乡镇的覆盖；大力开展WLAN建设，在高校、酒店等重点区域加强覆盖，热点近万个，用户超过20万。为了提高客户感知的网络质量，公司深入开展网络质量提升竞赛，网络结构调整、高干扰及高质差小区处理、铁路网络质量提升活动效果显著，各项网络指标居于集团公司前列。

市场经营健康发展。客户规模较快提升，用户总数超过3200万户，特别是在推进农村移动电话普及和移动信息服务上狠下功夫，全年农村净增客户249万户；加快推进TD网络覆盖和客户发展，全年净增G3客户147万户。新兴领域较快发展。WLAN业务快速增长，全年数据流量占比近40%，使用客户数超过20万户。无线城市建设取得新进展，同省政府签订了共建“无线城市群”战略合作协议，十二五期间计划投入306亿资金，加大对“无线城市群”基础网络、应用开发推广等领域的建设力度，着力打造政府可管理、产业可增值、群众可感知的“智慧河北”，进一步提高河北信息化建设和应用水平，提升河北省城市综合竞争力。全省无线城市统一门户平台(访问地址:http://www.hbwxcs.cn和http://wap.hbwxcs.cn)已接入60项应用，网络问政、预约挂号等特色应用受到社会各界的普遍欢迎。信息化应用快速发展，物联网行业终端规模在集团排名第三。

服务能力全面提升。深入落实“客户为根服务为本”的服务理念，从客户感知出发，全面提升客户满意度。加强客户服务机制建设，推进省、市、县客户满意度提升分层实施、分级监测，增强了协同服务能力和服务营销能力。建立了服务准入机制，进行风险控制前移；开展广义投诉梳理和投诉全量分析，进一步打通客户需求传递、分析和应用通道。扎实开展“为民服务创先争优”活动，专项治理营业厅等候时长等问题，服务短板得到改善。根据中国移动通信集团测评数据，客户满意度较上年提升1.8个百分点。

内部管理更加高效。2011年，公司继续以管理为抓手，推进低成本高效运营，为企业的健康快速发展提供了有力保障。从规划、计划、执行等多个环节加强整体运作能力，围绕重点工作组建多个跨专业、跨部门、省市协作的虚拟团队，集中智慧攻克难题。加强制度建设，推进公司制度管理的标准化、规范化和系统化。省、市、县各级公司积极开展对标工作，争先进位，力促提升。继续通过全面预算管理、采购需求计划管理等手段，提升资源使用效率。全面巩固风险防控体系，深入落实安全生产责任制，加强安全生产全过程管理，进行安全生产评估，从源头上发现并消除事故隐患；加强信息安全防护体系建设、端到端运营风险管控平台建设；充分发挥内审、监察巡视的“自我诊断”功能，主动发现运营中存在的隐患。加强企业廉政建设，做到反腐倡廉警钟长鸣。

积极履行社会责任。提前一个月超量完成村通工程建设任务，新增127个自然村的移动网络覆盖，满足偏远山区约1.7万人的通信需求，得到了省通信管理局的通报表扬。全年高效进行了152次应急通信保障，特别是在抚宁4·12森林火灾中出动了240多人的保障团队，得到省政府表彰。持续推进“绿色行动计划”，单位电信业务总量能耗下降4%。打造健康手机文化。搭建“红树叶俱乐部”平台，传播健康正向的数据业务，形成了庞大的健康手机文化传播群体，成功开展“彩传河北、红满燕赵”活动，助力社会健康文化建设。持续治理垃圾短信，客户垃圾信息接收量降低30%以上。坚持开展公益活动。连续四年开展“蓝色梦想·牵手未来”项目，新资助贫困学生750名，累计资助学生3000名；“中小学校长远程培训”项目新培训校长550名，累计培训1650名。累计为贫困地区捐建爱心图书馆55所、多媒体教室16所，覆盖学生3.2万人。与团省委共同搭建了就业实习平台，在75所院校建立青年就业创业见习基地，预计将提供225个就业岗位、450个勤工助学岗位、7500个营销岗位，并提供资金补贴。精神文明建设成果丰硕。7个市分公司获得全国精神文明单位称号，公司在2011年民主评议行风工作中保持第三名的好成绩。

(中国移动河北公司)

【河北联通】 2011年是河北联通深化转型、加速发展的一年。全公司创新实践“四新”工作要求，坚定一个目标，把握三条主线，落实八项重点，实现了发展速度和质量双突破。

(一)经营实现新突破。全年实现主营业务收入增幅9%，超北方10省平均水平，取得了融合重组以来最快发展速度；收入市场份额持续增长，实现利润总额比上年增长12%。

(二)移动业务快速增长。充分发挥3G套餐调整和终端补贴政策优势，加大终端、渠道、应用推广力度，全年净增3G出账用户列北方10省第三；出账用户总数达到205万户，占移动用户的16.7%。完成3G收入同比增长166.3%；3G收入占移动收入的31.2%。积极推进2G发展模式转型，全年净增2G出帐用户65万户，出账用户总数突破1000万；完成2G收入同比增长5.5%，列北方10省第三。加速推进小灵通向3G、2G迁移，全年转网14.5万户，经营风险得到释放。

(三)固网业务保持稳定。推进全业务深度融合，全年累计发展沃商务12.7万户、沃家庭107.5万户，均列北方10省第二。坚持光纤化推进与驻地网争夺双驱动战略，积极抢占宽带新增市场，宽带净增户数列北方10省第二；收入增长22.3%，占固网收入的45.4%。

(四)行业应用实现突破。依托以云计算技术为核心的软件开发平台和运营平台，建成政府、农业等6个行业信息化研究基地，支撑行业信息化项目1100余个。全面推进“5+3”行业应用工程，开展集团客户整体转网行动，发展“5+3”行业应用71.3万户，列北10省第三；中小企业客户渗透率提升12个百分点，达到29%；整体转网集团客户列北10省第三；签订全省性重大项目76个。全年完成集团客户业务收入同比增长13.3%。

(五)增值业务快速发展。以内容营销和流量经营为主线，深入开展“沃爱生活”系列营销活动，实现高清网视试商用及“燕赵视界”、“联通飞影”等流量提升产品上线，“网商”、“网教”产品规模突破。全年完成增值业务收入增长24.4%。

(六)网络能力继续增强。加速移动网络建设优化，3G、2G分别新增基站1148个和1107个，新建室分系统

703套、WLAN热点1165个。大力推进宽带光纤化进程，新增光纤覆盖商务楼宇1003个，新建FTTH/B端口285万线，全网FTTH/B端口占比达到45%，退缆366万线对公里，集团排名第二。提前超额完成村通宽带、村通电话任务。完成客服系统改造、OCS改造等重点项目，稳步推进BSS融合项目，系统支撑服务能力进一步增强。

（七）服务水平持续提高。一是落实集团公司“两项服务承诺”要求，宽带服务“三限时”、移动服务“两改善”有效落地。创新服务举措，实施“六项客户感知行动计划”。3G客户满意度提升2.3个百分点，宽带客户满意度提升0.3个百分点，VIP客户满意度提升14.5个百分点，增值业务满意度提升2.5个百分点。二是积极推进自有厅销售模式转型和直销队伍建设，扶持以核心卖场为重点的社会渠道，完善佣金支付管理，提升末端渠道销售能力。全年实现334个自有营业厅转型，3G社会销售渠道增至1500余家。三是加快电子渠道发展，全年累计实现交易额列北方10省第三；使用客户突破900万户，列北方10省第二；在线销售3G号卡6.7万张，居北方10省首位。主动开展电话营销，发展3G7.3万户，维系客户62.6万户。

（八）夯实基础管理，管理再上新水平。一是以本地网为主体，突出市场导向，强化资源有效配置，全面启动和推进2012—2014年发展规划编制工作。二是持续优化组织架构，组建省、市两级光纤化推进和行业信息化应用推进管理机构。三是强化四级全面预算管理，落实分档分级全口径对标，实现分专业线“横向到边，纵向到底”全成本管控，营销成本效益稳步提升，百元资产运维成本有效控制，行政管理成本实现零增长。四是有效开展降本增效、节能减排、资源盘活和采购管理，盘活网络资产净值5600万元，库存物资总额下降24%。五是持续完善风险防控管理，落实法律监督，增强审计效能。开展“小金库”专项治理，有力保证了企业健康发展。六是扎实推进省实业公司撤销清算工作，改制企业员工队伍稳定，发展平稳向好。

（九）创新体制机制，队伍有了新活力。一是激活基层发展动力。农村营业部承包覆盖了134个县、1117个营业部，实现同工同绩效。以邯郸为网格化试点，建立“全客户、全业务、全过程、全要素”的管理体系，精准化营销、精细化管理水平和集约化管理能力得到提升。二是加强全口径用工总量和人工成本管理，实现收入、利润与全口径人工成本匹配联动，劳动生产率比上年提升8%。三是强化考核激励，认真做好管理人员综合考评，推进“能上能下”机制建设。将单位绩效考核与员工晋升比例挂钩，建立常态化员工晋升机制。

（十）落实创先争优，氛围有了新改善。一是深入推进“创先争优、为民服务”活动，建立省公司党委成员与本地网挂钩机制，开展领导人员行业应用项目拓展活动，签约单位客户1541家。二是认真落实职代会等各项制度，民主管理进一步加强。配合企业中心工作，广泛开展劳动竞赛，鼓励员工岗位创新和技术练兵。全面落实员工关爱活动，“冬送温暖”、“夏送凉爽”、节日慰问等活动实现常态化、规范化、制度化。三是加强党风廉政建设，创新教育形式，加强效能监察，创造了和谐、稳定、安全的发展环境。

（河北联通综合部）

【中国电信河北分公司】 2011年，中国电信河北分公司积极践行科学发展观，认真落实集团“新三者”战略定位和各项工作部署，以服务本地经济社会发展为己任，锐意进取、开拓创新，规模发展步伐进一步加快，服务能力和水平进一步提升。

（一）坚持高起点，保持适度超前，建设精品通信网络。固网方面，积极响应国家宽带发展战略规划，河北公司根据集团战略指引和网络演进的实际需求，自2010年下半年开始主推FTTH（光纤入户）建设，大规模进行城市光宽带的覆盖和接入，至2011年已完成200万户FTTH光宽带覆盖。移动网方面，通过大力建站、全面升级、持续优化，CDMA网络无论从规模，还是网络质量都有了质的飞跃，建立形成了3G网络领先优势。至2011年底，在网运行的CDMA基站数达到1万多个，是接收C网时的3倍多，其中3G基站数达到了97%。全网语音有效覆盖率达到89%，市区及发达区域覆盖率达99%；全省除偏远山区、草原地区外，基本实现EVDO网络全覆盖。重点对河北境内省道以上重要交通干线进行了3G覆盖，覆盖总里程达到1.68万多公里，其中高速公路、高速铁路覆盖率接近100%。

（二）聚焦重点，推动3G、宽带业务的规模发展。河北电信集中资源，突出重点，发展附加值高、能代表未来信息技术走向的3G业务、光纤宽带业务。着力在三个方面进行推动：一是抓住信息化与工业化深度融合的契机，发挥全业务优势，推广行业应用。目前中国电信的行业及企业信息化应用已覆盖政府、教育、医疗、金融、石油石化、电子制造、交通物流、商业连锁、医药、汽车等20多个行业、上万家企业；并建成纵向一体化的营销服务体系、服务支撑体系和运营维护体系，为客户提供一站式服务。二是加强与终端厂商的合作，建设市县两级终端直供中心，丰富终端产品，活跃零售市场，引领用户需求。目前，CDMA终端产业链已基本形成了主流终端品牌全部参与，终端价格高中低全覆盖的产品体系，为消费者提供更加丰富的选择。三是抓好流量经营，通过推广喜闻乐见的3G应用服务，促进流量提升。如天翼视讯、天翼空间、爱音乐、爱游戏等，进一步带动了3G业务的发展。四是主推光纤宽带产品和融合发展模式，实现了精品业务的双向拉动，也让用户得到更多实惠。目前，河北电信的移动业务出账用户现已超过500万户，是承接C网时的近4倍；宽带用户规模也实现了快速提升。

（三）创新模式，加快业务发展。按一乡一店、一村一点的覆盖标准，大力发展社会渠道，利用一切可以利用的力量，结成最广泛的“统一战线”。至2011年底，社会渠道网点达到7800多家，其中指定店以上代理商达到

4300多家，是自有营业厅数量的10倍多，村级缴费站2.9万家，并进行了全业务加载，实现了营销网络对全省城乡、特别是广大农村地区的快速覆盖。同时完善渠道支撑体系，工作模式率先由“渠道管理”转变为“渠道支撑服务”，通过标准化、规范化的支撑手段和工作要求，使社会渠道营销能力和经营质量明显提升。在此过程中，与社会合作伙伴真诚相待，真心服务，真心交朋友，实现了互利双赢。

（四）结合实际，深入开展“为民服务、创先争优”活动。一是对全省自有营业厅实施“卖场化”改造，推行体验式营销服务。二是抓好电子渠道建设，开通了网上营业厅、WAP营业厅、短信营业厅、自助营业厅等服务渠道。三是推行“五个一”服务承诺，接受社会监督。“五个一”即一张账单、明白消费，一键接入、便捷沟通，一站服务、首问负责，一点查询、自主订退，一声提醒、温馨关怀。四是认真做好投诉处理，建立了省市两级申诉事件调查制度和服务问题督办制度，保证了问题的彻底解决。2011年，河北省通信行业协会委托工信部规划研究院对河北省电信运营商的四项主要业务客户满意度进行评测，河北电信宽带业务、固话业务排名第一。

（五）加强精确管理，积极推行集约化管控。营销活动实现了“五统一”，即：系统支撑统一，全省一套IT支撑系统；渠道组织统一，全省统一渠道管理、考核；营销政策统一，全省统一的营销政策和资费；佣金规则统一，全省统一的佣金结算规则和结算系统；宣传方案统一，全省统一宣传物料，宣传形式。对重点政企项目，实行集中管理，统一调度，省市联动，有步骤地进行项目攻坚，同时经验共享，快速复制，确保了项目运作的效果。工程管理方面，做到全省网络统一规划，统一研究审定施工方案，统一取费标准，确保建设方案的科学性和经济性；并通过优化建设模式及建设流程，推广基站集约化建设等措施，有效降低工程造价。

（六）认真履行社会责任，做有责任的企业公民。在“412”抚宁山火扑救通信保障工作中，河北电信出色完成任务，受到省政府领导和当地政府的好评。共建共享全面完成，累计节省建设投资近5亿元。不断推进节能减排工作，先后进行了智能热交换、智能新风系统、空调室外机喷淋等节能减排新技术的试点和应用。配合有关部门完成互联网监控和信息安全管理等工作。始终坚持守法经营，规范内部管理和经营行为，与政府主管部门积极配合，与产业链各方密切合作，与友商和谐共处，自觉维护市场秩序。近年来，被有关部门评为信用优良企业、纳税先进单位、最具影响力和成长性企业、全国通信行业用户满意企业等荣誉称号。

在2011年11月份举行的“央企走进河北战略合作恳谈会”上，中国电信已与河北省签订了战略合作框架协议。根据协议，“十二五”期间，中国电信将在河北投资300亿元，着力优化高效智能信息网络体系，推动业务创新，推动物联网、云计算、智能通信管道等新一代信息技术在政务、商务、服务等领域的广泛应用，大幅提升河北经济社会信息化总体水平。

（中国电信河北分公司）

商贸流通

【“万村千乡市场”工程】 2011年，新建和改造农家店4428个，配送中心57个，农家店信息化建设5000个。完成投资额4.18亿元，增加营业面积30.3万平米，拉动就业1.1万人。截至2011年底，全省累计新建或改造农家店43782个，年销售额达136亿元，已经覆盖全省90%的乡镇和70%的行政村。认真完成帮扶任务，为易县石家统村、围场县御道口村、张北县喜顺沟村建设超市4个，农家店3个，配送中心4个，共投资近600万元。

【商业网点规划】 全省11个设区市除承德市外，全部完成了修订方案并召开了专家论证会。在全省138个县（市）中，着手编制的有78个县（市）；经政府批准公布实施的有14个县（市）；报请政府待批的有4个县（市）；已完成商业网点规划初稿的有5个县（市）。

【家电下乡】 加强了对家电下乡网点的监督检查力度，8月份组织了全省家电下乡大检查，共抽查县（市）38个，抽查家电下乡销售网点154个，处理举报事项10起，共取消违规销售网点800多个。加强了培训工作，6月份组织了各设区市商务局、重点县商务局和重点流通企业参加的家电下乡业务培训活动。11月份，完成对全省各级商务管理部门和所有销售网点的培训工作。2011年，全省家电下乡产品销售增长迅猛，累计数量居第三批实施省份第一位。全年共销售各类家电下乡产品682.5万台（件），销售额176.7亿元，同比分别增长36.5%和52%。截至2011年底，累计销售家电下乡产品1358.5万台，销售额329.8亿元，居全国第5位。

【农产品流通体系建设】 一是抓好项目建设，提升农产品流通基础设施水平。全年建设改造23个农产品批发市场和15个农贸市场，实施16个“农超对接”项目。新增冷库库容17万吨，新增常温库容45万平方米，建设改造交易厅棚132万平方米。二是抓好对接活动，积极搭建农产品产销衔接平台。积极组织多种形式的农产品产销对接洽谈会，扩大“农超对接”规模。全年组织两次全省性洽谈活动，现场达成采购意向7.1亿元；组织56次区域性洽谈专场，签约农产品购销额8.18亿元。三是抓好信息服务，促进农产品产销信息对称。编印《河北省“农超对接”手册》，为“农超对接”活动有效开展打造基础信息平台，促进全省“农超对接”工作更广泛深入地开展。四是抓好政策扶持，切实发挥财政资金使用效益。用足用好商贸流通发展专项资金，择优选择规模较大、对当地农产品流通工作有着较大影响的单位作为项目承办单位。完善流通网络、降低流通成本、提高流通效率。通过项目建设，拉动社会投资36.5亿元，带动就业17万人，带动70

万农户实现增收。通过采取有效措施开展“农超对接”，与省内大型连锁超市对接的农产品基地数量达到591个。2011年经超市销售的生鲜农产品达到49.3亿元，其中以农超对接方式直采比重平均为34.1%，降低流通成本10%，带动对接农户每户增收3000元。

【重大商业项目建设】 全省共有投资3亿元以上的大型商业项目152项，总投资额3813.13亿元，涵盖了大型商业综合体、特色商业街、宾馆、酒店、大型商场、大型超市、批发市场、专业市场、商贸中心、现代物流等多种业态。城市商业综合体建设势头迅猛，全省共有在建城市商业综合体63个，总投资额1510.74亿元，已经成为提高人民消费水平，加快流通现代化进程，拉动经济发展的重要力量。目前，已经建立了全省商贸流通重大项目库，及时跟踪项目进度，及时帮助协调解决项目实施过程中存在的困难和问题。

【援疆工作】 一是签署了战略合作协议。2011年8月21日和9月26日，分别与农二师和巴州签署了战略合作框架协议，就农产品流通方面达成多项共识。双方约定，在优势互补、政府推动、市场导向、企业为主的原则下，河北省商务厅积极帮助巴州和农二师搭建特色农产品销售平台，推动营销网络建设，有序引导巴州特色农产品进入河北市场，实现“产业对接、企业对接、市场对接、共同发展”的目标。二是积极推动企业对接。组织巴州政府及新疆建设兵团农二师商贸代表团分别与石家庄桥西蔬菜中心批发市场、北人集团北国超市、家乐福保龙仓超市等企业进行了对接洽谈，签订协议金额达5000多万元，并在品牌推广和人才培训等方面达成多项共识。三是全力搭建对接平台。在第十五届中国（廊坊）农产品交易会上特设了新疆展区，免费为巴州和农二师农产品生产加工企业提供展位，并由河北省出资进行展位特装。举行了“河北·巴州农产品营销渠道建设洽谈会”，会上，近30家巴州和农二师农产品生产加工企业与省内外30多家大型流通企业参加了洽谈对接，协议金额达2400多万元。

【城市便民服务】 加强社区内商业示范区的创建工作，全面了解和掌握全省社区商业示范建设情况，了解社区商业在扩大城市消费中的作用，有针对性地进行社区商业建设指导，部署了对已经认定的国家级和省级社区商业示范区的网点情况的全面调查，总结了各市近年来社区商业建设工作情况。按照商务部有关要求，全面部署了全省周末车载蔬菜市场建设工作，选择石家庄、唐山、保定三市作为全省周末车载蔬菜市场建设先行试点。修改完善了2011年石家庄市菜市场建设改造工作方案，报商务部、财政部备案，制定了省流通发展资金支持全省标准化菜市场建设工作方案，组织各市菜市场建设改造企业的申报、验收和资金拨付工作。

【行业管理】 严格报废汽车回收拆解资格审批程序，确保从业企业在场地、设施、技术等各方面都符合要求；深入报废汽车回收拆解企业实地调查了解企业经营情况，向商务部客观反映报废汽车回收拆解行业存在的问题，提出切实可行的政策建议。加强对报废汽车回收证明的管理，制定了回收证明的发放程序及发放要求，保证回收证明能合理有效使用；对二手车市场现状进行了调查摸底，对存在的问题和建议进行了分析汇总。

【重点项目和企业调度】 借力城镇“三年大变样”，强化流通大项目建设，年初确定的石家庄万达广场、泰勒中心、邯郸美食林梧桐城等28个重点项目建设进展顺利，保定先天下等一批项目建成运营。全省投资1000万元以上的在建项目104个，投资总规模691.86亿元。龙头商贸流通企业通过主体裂变，实现快速扩张。仅石家庄北人集团2011年就新增门店33家、营业面积28万平米、销售收入20亿元。家乐福、百盛等一批国内外知名连锁企业进入河北，带动了全省企业进入国际贸易主渠道，促进了商业设施和功能改善，提升了市场活力和竞争力。

【完善服务体系】 积极实施家电以旧换新政策，累计销售新家电164万台（件），金额61.5亿元，回收旧家电170万台（件），居民享受补贴3.89亿元，在全国第二批试点城市中排名第4位。大力推进标准化菜市场建设，改善“菜篮子”环境，维护蔬菜价格稳定，2011年国家和省财政共支持新建和改造标准化菜市场127家。完善社区便民服务设施，石家庄、保定、廊坊、秦皇岛四市家政服务体系建成运营，邢台市列入国家家政服务体系建设试点市，商务部拟定在秦皇岛召开全国家政服务体系建设试点现场会。加强再生资源回收体系建设，在完成张家口再生资源回收试点城市和邯郸再生资源回收基地项目建设基础上，又有保定广顺、唐山遵化、廊坊文安、沧州物资等4个企业被商务部确定为基地项目（争取中央财政支持资金2900万元）；唐山、承德两市列入国家“十二五”再生资源回收试点城市。目前，全省已有石家庄、张家口、承德、唐山4个市列入国家再生资源回收体系试点城市，共建成年回收量20万吨以上的再生资源回收企业11家。认真做好“中华老字号”推荐申报工作，2011年又有19家企业被商务部认定中华老字号，争取国家支持资金1000万元。

【健全规章制度】 河北省成品油管理补充规定和洗染行业管理标准已经印发实施，《再生资源回收管理规定》已经省法制办审议通过，会展业管理办法列入2012年省法制办立法日程。商贸流通业统计工作不断加强，在商务部召开的有关会议上做了经验介绍。积极协调和充分发挥行业协会作用，先后举办了美容美发“魅动河北”、餐饮烹饪技能大赛和典当培训等一系列活动。

【拓宽服务领域】 先后组织重点企业参加了“西洽会”、“哈洽会”、“西博会”、“中华老字号博览会”等国内知名展会，与北京联合举办的农产品产销合作对接洽谈会签订购销合同5.6亿元。大力推动工商用电同价，享受暂缓执行峰谷分时电价政策的企业新增115家，年可降低电费7000万元。

【有效保障市场平稳运行】 有效应对农副产品买难卖难。针对4月中下旬出现的部分品种蔬菜滞销、卖难问题，迅速采取措施：一是加强市场监测，做好信息引导。利用生活必需品市场监测系统，加强对蔬菜价格、销量监测，研判蔬菜供求状况，发布供需、价格信息，引导蔬菜生产和市场流向。二是建立救助机制，拓宽蔬菜直销渠道。组织引导大型连锁超市召开产销对接会，直接采购"卖难"蔬菜。指导广大流通企业在超市门店设立"卖难"蔬菜专柜，在大型批发市场设立销售专区，减免场地费。鼓励具备条件的企业临时收储"卖难"蔬菜。三是开展产销对接，挖掘市场潜力。发挥"农超对接"、"农批零对接"平台作用，指导大型连锁企业、农产品批发市场、运销企业等与蔬菜生产大户、合作社等建立密切、稳定的产销合作关系，优先销售滞销蔬菜。针对10月份承德围场土豆卖难问题，下发了《关于协助解决河北省围场县马铃薯滞销问题的紧急通知》，组织保定惠友、唐山金玉、廊坊明珠等企业赴围场县进行产销对接，签订购销协议，并通过商务部土豆产销对接平台发布滞销土豆信息，积极寻找销路。

【调控能力进一步提升】 为保障2011年春节市场蔬菜供应，利用商务部应急保供专项资金77万元，在各设区市建立蔬菜临时储备，张家口、衡水等市积极响应，划拨财政配套资金300多万元，使储备蔬菜总量增加到9170万吨。蔬菜短期储备对保障春节市场平稳运行、稳定居民消费预期起到了积极作用。积极建立省级冬春蔬菜储备。利用河北省商贸流通发展专项资金建立每年500万元的省级冬春蔬菜储备。

【完善城乡市场服务体系】 一是修订了《河北省商务系统市场运行监测分析工作考核管理办法》，每月一通报，提高各市市场监测工作质量和积极性。二是进一步加强对生活必需品市场波动的分析和预警，密切关注价格变化拐点。及时发布粮食、猪肉、蔬菜等生活必需品的价格变化和市场走势。各设区市进一步丰富了监测信息发布方式，11个设区市都开通了商务预报广播版、电视版、网络版和报纸版。2011年，河北市场监测调控网点击率已超过20万次，"河北商务预报"共发布商务信息近万条，点击率超过50万次。三是监测数据上报智能化得到加强。把信息泵安装工作作为2011年工作的重中之重，两次组织召开数据泵安装调度培训会议，多次赴各设区市和安装企业进行详细讲解，并邀请商务部专业技术人员对已安装和拟安装企业进行培训，消除了企业对数据保密性等的顾虑，截至目前，共新安装信息泵60家，超额完成了商务部下达的39家的安装任务，信息泵安装企业总数达到74家。

【节日市场供应】 引导广大商贸流通企业畅渠道、稳货源、保供应，确保了春节、五一等重要节日市场消费需求旺盛，有效发挥了假日经济对扩大消费的积极作用。2011年春节黄金周，全省129家大型商场、超市、餐饮企业春节黄金周期间实现商品销售额和营业收入11.65亿元，同比增长18.4%。

【城市夜经济】 按照河北省委、省政府要求，把发展城市夜经济工作作为扩消费、惠民生的有效抓手，认真谋划，扎实推进，全省发展城市夜经济工作取得良好开局。一是政策环境不断优化。指导11个设区市均出台了加快夜经济发展的实施意见和发展规划。协调文化、公安、交通、工商、税务、城市管理、环卫、电力等有关部门都制定了促进夜经济发展的措施方案并积极落实，形成了分工配合、协调联动的工作机制，为全省发展城市夜经济工作提供了良好的政策环境。二是积极落实优惠政策。协调有关部门，认真落实河北省政府《关于加快发展城市夜经济的指导意见》中对参与城市夜经济企业在税收、电价、配套费用、银行刷卡费率等方面给予优惠。对全省135家参与发展城市夜经济的重点商贸企业暂缓执行峰谷分时电价，大幅降低企业经营成本。三是各设区市积极推进。石家庄、秦皇岛、邯郸、邢台落实了市级专项资金。石家庄每年安排一亿元专项资金扶持夜经济发展，对全市"三横六纵"主要街道进行了亮化，建成了石门1925等13条特色街区，打造了东尚等一批夜经济商业综合体，培植了洪顺曲艺社等一批地方特色浓郁的文化娱乐项目，引导3000多家企业6000多个商户延时营业。秦皇岛市重点打造了太阳城、天鹅堡、明清古城等三个各具特色的"不夜城"，保二路欧洲等六条特色街区，推出了《海上升明月》、《天下·山海关》、《海誓南戴河》等大型实景演出。四是广大商贸流通企业和相关行业积极响应。夜间消费的巨大商机极大调动了广大企业的积极性，纷纷主动延长营业时间，增加服务项目，创新经营方式，举办各种打折促销活动，开展丰富多彩的文化活动，充分聚集了人气，极大活跃了全省的夜间消费市场。2011年"十一"黄金周期间，全省各大商贸流通企业夜间销售额普遍达到全天销售额的三成以上。秦皇岛市参与夜间消费的人数突破了220万人，总营业额达到1亿多元。邢台市参与夜经济人数突破100万人次，夜经济主体营业收入增长20%以上。全省夜间消费要素明显优化，相关行业迅速发展，夜间消费潜力得到有效挖掘，夜间消费经济指标大幅增长，城市夜经济工作受到社会各界和广大群众的一致好评。

【成品油市场管理】 一是制定出台了《河北省成品油配送体系"十二五"发展规划》和《河北省成品油零售体系"十二五"发展规划》。通过两个《规划》的实施，初步构建布局合理、安全有效、竞争有序、方便快捷，与全省经济和社会发展相适应的现代化成品油分销体系。二是严格按照《成品油市场管理办法》、《河北省成品油零售市场管理实施细则》相关规定要求严格市场准入，做到市场准入条件、办事程序以及所需提供的文件材料等规范有序、公开透明。三是对成品油行政许可的受理、审查、决定三个环节进行细化，做到既有分工又有监督，对上报材料有疑点的，派专人到实地查验并写出核实情况报告，防止初审时把关不严、弄虚作假等行为，行政许可质量和效率有了明显提高。四是千方百计保证成品油市场供应。在石油市场资源紧张、保供压力大时，一方面及时协调各地国有石油公司增加石油资源配置，加大资源投放，合理布局保供站点，确保市场的油品供应；另一方面，积极引导和督促当地规模较大的民营企业组织外采，减缓主渠道供应压力，有效地保证了省内石油市场在特殊时段的市场稳定。

【屠宰监管技术系统建设】 整个系统包括河北省商务厅

本级、石家庄等6个设区市商务局及其所属的51个县（市）商务部门监管平台和60家规模以上生猪定点屠宰厂屠宰监控终端。目前，设备安装已基本结束。

生猪定点屠宰企业的审批换证。规划内的573家生猪定点屠宰企业已通过设区市政府批准并在省厅备案的有350家，规划外的133家屠宰企业全部关闭。

牛羊鸡定点屠宰管理。全省经设区市政府批准并在省厅备案的牛羊鸡及其他畜禽定点屠宰企业共计132家。

【酒类市场监管】 加强酒类市场监管，规范和整顿酒类市场秩序，是酒类监管的中心工作。一是加强酒类许可证的管理，圆满完成全省酒类批发企业和零售企业换证工作，依法查处无证乱经营及以零代批等违规行为，进一步规范酒类流通秩序；继续强化对农贸市场、各类名优酒专营店、散装酒经营店和商场超市等重点场所的监管，确保消费者的饮酒安全。二是抓好酒类市场打假，做到日常巡查、集中和全省异地联查相结合。在坚持日常性检查的同时，在五一、十一、中秋、元旦、春节等重大节日来临之际，都要开展集中整治活动，保障消费者饮酒安全。全省各级酒类监管部门共出动执法人员7万多人次，查获各种违法违规案件8523起，收缴假冒伪劣酒5000多瓶。三是积极推进全省网络监管方式。建立了全省酒类行业企业信息、酒类执法队伍建设、酒类法律法规和规范性文件、酒类行业信用体系等方面的数据库。

【酒类流通随附单的推广和查处】 把“酒类流通随附单”作为酒类流通市场监管的重要抓手，严格检查，常抓不懈。转发了商务部办公厅《关于进一步加强酒类流通随附单管理工作的通知》的通知，着力做好城乡结合部及县以下酒类流通市场的推行力度，强化群众购买酒类商品时查看“酒类流通随附单”的意识，达到净化酒类市场的目的。对无证经营或未执行随附单溯源制度的，依据相关法律法规予以处罚。全省共使用酒类流通随附单500万份。

【酒类监管和经营者培训】 一是为有效提高酒类经营者的综合素质，使经营者知法、懂法，做到守法经营，对新办理酒类商品批发的经营者及“酒类流通随附单”专管员进行开业前的诚信守法专题培训，主要是宣传贯彻国家和省有关酒类管理的法律法规、酒类流通的行规行约、真假酒的识别技巧，为其规范经营行为打好基础。已举办六期培训班，培训合格并领取劳动部门证书的人员达900余人。二是加强全省酒类监管队伍建设，举办了酒类管理人员培训班，组织各市、县酒类监督管理局的局长和执法队长180余人进行专题培训，宣讲国家和省有关酒类管理的相关政策，队伍建设和建章立制、识假和打假技巧、文明执法和规范执法的有关要求和制度等，有效提高了全省酒类监管队伍依法行政的综合素质。

（河北省商务厅　刘　璐）

【供销社系统综述】 2011年，是实施“十二五”计划的开局之年，全省供销系统在全国总社和河北省委、省政府的正确领导下，认真贯彻落实《国务院关于加快供销合作社改革发展的若干意见》（国发〔2009〕40号）及河北省政府2010年77号文件精神，坚持服务“三农”的办社宗旨，进一步深化“两大体系，一个中心”建设（农村现代流通服务网络体系、农民合作经济组织服务体系和农村社区综合服务中心），着力实施“两大重点工程”（基层供销社组织体制改革工程、县城商贸综合体建设工程），努力打造“三种力量”（农业社会化服务的骨干力量、农村现代流通的主导力量、农民专业合作的带动力量），供销事业健康快速发展：经济实力增强，为农服务水平提高，改革创新步伐加快，发展环境进一步改善。全省供销合作社系统实现购进总额668.69亿元，同比增长19.3%；销售总额716.91亿元，增长19.9%。其中农副产品购进114.68亿元，同比增17.0%；消费品零售217.68亿元，同比增长18.8%；农业生产资料零售达到153.19亿元，同比增长13.1%。全系统实现利润总额3.20亿元，同比增长29.6%；年末所有者权益78.48亿元，比年初增长16.1%。

【基层社组织体制改革】 2011年初，省社做出部署，在全省范围内实施基层社组织体制改革工程，按照“政府主导、农民主体、供销社主办”的基本原则，通过改革和改造，把基层社真正办成农民的合作经济组织，实现全省供销社组织体制的重大转变。一年来，全系统在各级党委、政府领导的大力支持下，群策群力，攻坚克难，全省基层社组织体制创新工作取得重大进展。一是试点改革进展顺利。全年建设新型基层社648个，占乡镇总数的33.4%，完成年计划的149%。固安、深州、无极等10个县级社提前完成了在所有乡镇建设新型基层社的任务，实现了三年任务当年完成。藁城、鹿泉、玉田等完全没有基层社的县和一些部分没有基层社的乡镇实现了重建基层社组织体系的突破。目前648个新型基层社中，新建280个，改造368个。新型基层社共吸收团体社员2668个，个人社员10.98万名，服务农户122.2万户，初步形成了农民为主体，政府用得上，农民信得过的新型合作组织体系。涌现出保定市、固安、藁城、阜城、肃宁等一批改革发展典型单位。二是服务能力显著提升。通过改革，一批带动力强的龙头企业、专业合作社、农村经营大户加入到供销社体系中来，通过产权联结和业务融合，形成了经济利益共同体。供销社由此聚合了更多的资源要素，活力不断增强，组织规模和经营范围进一步扩大，整体实力和服务能力显著提升，外在形象明显改善，给农民带来了更多的便利和实惠。据初步统计，全系统通过基层社组织体制改革，新带动县域农业主导产业157个，年为农增收27亿元。三是体制内涵实现创新。新型基层社的建立，改善了合作对象缺位的状况，实现了组织内涵创新。全省648个新型基层社拥有专业合作社成员1826个，龙头企业成员450个，专业协会成员392个，个体工商业者1.23万人，社会能人和农民经营大户9.69万人，村“两委”干部413人，乡镇干部85人。新型基层社的农民社员平均占到88%以上，理事会中农民成员占76%以上，对当地农民合作经济组织的覆盖面达到了80%以上。入社农民把新型基层社当成自己的组织，当成增收致富、获得服务的重要载体，关心基层社的发展，参与基层社的建设。供销社正在与农民建立起紧密的利益联系，向着真正农民的合作经济组织迈进。四是党委政府高度重视，社会广泛关注。全国总社和省委省政府领导对全省基层社组织体制改革给予充分肯定和高度评价。省纪委书记、省委农村工作领导小组组长臧胜业批示：思路好，方向对，很扎实，前景好。省政府冀办105号文件出台之后，得到各级党委和政府的回应和大力支持。11个市和50多个县（市、区）政府出台了实施意见，各市和60多个县（市、区）成立了由市县政府主管领导担任组长、相关部门领导参加的基层社改革领导小组。

【县城综合体建设】 2011年，省供销社本着“共建、共有、共享”原则，在县城建设集商业商务、物流（市场）、住宅、休闲等多种功能为一体的商贸综合体，助力全省县城建设，推动县城服务业发展和农村现代流通体系建设。一年来，系统上下同心协力、强力推进，县城商贸综合体建设取得明显成效，实现良好开局。主要成效表现在以下几方面：一是取得了大量详实的基础资料，比较全面地掌握了县域经济社会发展状况，为县城商贸综合体建设提供了重要依据。省市供销社工作组对全省大部分县（市）开展调查研究，就101个县（市）情况形成内容全面详实，极具参考价值的考察报告，占到有供销社建制的县（市、区）的66%。二是掌握了一批综合体建设所需的土地资源，为确定县城商贸综合体项目打下良好基础。一批区位相对合理、规模比较适中，适合城市建设规划的土地资源，纳入省社县城商贸综合体建设的视野。全省共有80个县（市）可以提供综合体建设用地，合计地块87个，面积9981亩，其中有用地指标的72个，100亩以上的地块40个。三是一批重点项目开始启动，得到系统内外的良好反响。省市县三级供销社共同推动下，沽源县、滦南县、赵县商贸综合体项目正式启动，三级供销社按照“共建、共有、共享”原则，按股份注资组建项目公司，开展了综合体项目的实质性运作，并通过法律程序落实项目用地的使用权。四是与市县政府签署战略合作协议，搭建联合合作、共谋发展、互利双赢的重要平台。省社同11个市政府、140多个县（市）政府就加快供销合作社发展签署了战略合作协议，协议的签署推进了全省供销社系统的联合合作，加快了供销社改革发展，提升了供销合作社社会影响力。五是综合体建设得到市县政府政策支持，一系列优惠政策的出台，为综合体建设创造了有利环境。

【完善农民合作经济组织服务体系】 以推进乡级“农合联”分会建设为重点，进一步健全农民合作经济组织服务体系，积极发挥“农合联”的组织、引导、领办作用。依托省、市、县级供销社建起“农合联”162家，占供销合作社总数的98%；乡镇建立分会或办事机构1080个，占乡镇总数的51%；加入各级“农合联”的会员9.68万个，其中，专业合作社7077家，专业协会1819家，辐射带动农户287.7万户，对全省农民合作经济组织的覆盖面达到76%。通过推进组织体系、服务队伍和服务职能实体化建设，2011年，各级“农合联”组织参与各类经贸活动2360次，推销农副产品150.7亿元，为农增收25.5亿元；开展科技活动1.19万次，培训农民、会员36万人次，创办网站（网页）1145个，发放会刊1500多期，提供各类信息20多万条。

【农副产品经营网络建设】 省社大力组织各级供销社，着力抓好农副产品经营服务体系建设，不断创新农副产品经营服务方式，大力推进蔬菜直供网络建设，在平抑城市菜价、改善民生、助农增收方面发挥了积极作用，真正做到了惠农益民。2011年，全系统共实现农副产品购进总额114.68亿元，同比增长17.0%。唐山、秦皇岛、张家口、承德市供销社积极探索，率先启动蔬菜直供工程。主要做法：一是培育经营龙头企业。唐山市社组建的唐山市农合联农产品销售有限公司，已发展成为唐山市最大的生鲜蔬菜配送企业。秦皇岛市社注册成立了秦皇岛市新供销农副产品有限公司，专营蔬菜直供业务。张家口市社重点培育的新合作元丰商贸连锁有限公司，积极开展农超对接。承德市社在双桥区水泉沟镇柳树底，建起占地面积3.09公顷的现代果蔬批发交易市场。二是建设仓储配送中心。唐山市社投资购置了20辆配送车和检验设备，投资1000多万元正在建设仓储能力2000吨的配送中心。秦皇岛市社租房改建了面积150平方米、日周转20吨的果蔬保鲜冷库，用于蔬菜加工配送，购置了厢式配送车2辆，蔬菜质量检测仪1台。张家口新合作元丰商贸连锁有限公司建成了3000平米的配送中心加工车间、140立方米肉类冷藏冷冻库和1000立方米蔬菜打冷库，建成了农产品检测中心，设立收购网点10个。三是构建直供网络。唐山市农合联农产品销售有限公司蔬菜配送业务已覆盖全市各大超市，同时延伸到天津华润万家18家连锁店、天津家乐福8家店以及西安华润万家店，开设了西外环、大理路、红星楼3个蔬菜直营点，唐山市特色农产品展销有限公司注册成立了“山水原——中国农副产品网上大集”，重点面向团体消费群销售。秦皇岛市新供销农副产品有限公司，新建了营业面积200多平方米的新供销农副产品直销超市，设立蔬菜直销专柜2个，联营蔬菜店（新联店）1个，向东北大学的两个食堂和某部队食堂直供蔬菜。承德市社在市区主要居民区建立4个蔬菜直营店，蔬菜价格比早市便宜10%—20%，比市场零售价便宜20%—30%。四是扶持生产基地。唐山市农合联农产品销售有限公司与200余家专业合作社建立了合作关系，在唐山市各县发展无公害、绿色、有机蔬菜、水果、粮油等供应基地3万余亩。秦皇岛市社农合联目前累计创办、领办农民专业合作社316个，吸纳农民社员2.8万个，带动农民10.25万户，引进蔬、果、粮新品种18个，建立、培育农产品基地6.37万亩。五是确保质量安全。在生产环节，以专业合作社的形式把菜农组织起来，实行标准化生产，统一技术指导、统一用药施肥，确保生产质量；在流通环节，加强质量检测，建立商品追溯机制，张家口新合作元丰商贸连锁有限公司实行两级检测制度，蔬菜采摘后先由生产基地自我检测，蔬菜配送前配送中心检测。六是突出平价惠民。蔬菜销售网点在保证微利的前提下，均采取平均价低于周边店10－20%的价格销售。有效地发挥了减少环节，平抑菜价的作用；平价销售，惠及民生的作用；衔接产销，助农增收的作用。

【日用消费品经营】 2011年，全系统消费品零售总额实现217.68亿元，同比增长18.8%。其中农村消费品零售额实现93.05亿元，同比增长23.5%。农村增长幅度高于全系统平均增长幅度4.7个百分点，供销社农村消费品零售相对活跃。有益的因素主要有以下几方面：一是日用消费品网络建设稳步发展，特别是农村市场得到了进一步拓展。截至2011年底，全省共有消费品连锁经营企业64家，直营店2526个，加盟店1.24万个，其中农村有直营店1325个，加盟店9360个。连锁销售额达到42.54亿元。二是培育日用消费品龙头企业，推动连锁经营网络体系向周边扩展。如省、市、县供销社共同出资建立的唐山金客隆超市公司，打造出了日用消费品的龙头企业，在促进供销社横向联合，改造基层社传统网点，推进“农超对接”方面，起到很好的推动作用。张家口新合作元丰商贸连锁有限公司、石家庄红满楼以及盐山百货集团等区域龙头企业不断向周边区域扩张，扩大了农村市场占有率。三是重视物流配送中心建设，千方百计提高物流配送率。2011年底共拥有配送中心166个。四是坚持连锁经营的规范化要求，实行品牌形象、资源配置、价格协调、服务标准、营销策略、管理规范等方面的六统一，加强对基层直营、加盟店的管理，形成了真正意义上的连锁企业经营机制和网络化销售体系。五是引入电子商务，提升了信息化管理水平。

【农资经营】 2011年，河北省供销系统充分发挥农资供应主渠道作用，加大网点建设步伐，增加市场份额，采取一系列惠农、利农、便农措施，确保农民用上质优价廉的农业生产资料。全系统售给农民的农资额153.19亿元，同比增长13.1%。面对复杂多变的化肥市场形势，供销系统主要采取以下几项措施：一是加大采购力度，做好化肥的供应和储备工作。为保证农业生产用肥需求，各级供销社在年初就对全年农资供应工作进行了总体部署，组织相关人员深入基层社、农户、田间地头了解情况。在调查研究的基础上制定计划，要求农资经营企业克服各种困难，多方筹集资金，优先采购农民急需的优质化肥品种，确保旺季能够及时投放市场。二是加大销售力度，做好化肥供应工作。为了加大化肥销售力度，保障供应、稳定价格、支援农业生产，各级供销社提出了具体的工作要求，坚决执行有关农资供应政策，积极设法降低经营成本，千方百计让利于民，确保措施落实到位。三是大力发展网络建设，推行农资连锁经营。充分发挥供销社已有营销网络的作用，以“上规模、抓规范、创品牌”为农资供应网络发展的基本思路，建设农资连锁经营服务网络和供销社综合服务中心及农资超市，不断完善提升网络运行效率，以“六统一”为管理标准，保障商品质量、降低流通费用，减轻农民负担。截至2011年底，全系统共发展农资连锁企业95个，其中：直营店2549个，加盟店1.96万个，农资配送中心294个，全年共实现农资连锁销售128.31亿元，同比增长12.9%，农资连锁经营蓬勃发展。四是开展多种形式惠农服务活动。大力开展“放心农资进村”活动，充分利用供销社遍布全省的农资经营网络、综合服务站、专业合作社、庄稼医院等服务组织，通过开展预约订货、送货上门等“一站式”服务，不断强化农资科技服务和便民措施，延长营业时间，增设供应网点，开通24小时订货服务电话，方便农民购买。五是严把农资采购质量关，加强农资安全质量监督检查。严格实行商品准入制度和商品质量承诺制，优选生产厂家，坚持“三证”制度，认真开展质量和价格自查，确保农民用上安全放心肥。在保障市场供应、平抑市场价格方面发挥了重要作用，为全省农业生产全面丰收做出了应有的贡献。河北省农资公司作为全省农资龙头企业再次被评为中国服务业企业500强、全国百佳农资经销商、全国百家农资常青藤、中国农资流通企业综合竞争力排名第15名、河北省百强企业、河北省明星企业、河北省诚信企业，对本省农资流通体系的发展起到良好的带动作用。

【盐业专营】 2011年，全系统盐业专营企业以科学发展观为指导，本着“做强做优”的发展要求，围绕全年经营目标和主要工作任务，不断调整经营结构，深化企业管理，严格落实食盐计划，狠抓各类盐的调运和供应，各项工作都有新进展。全年实现销售收入8.33亿元，同比增长29.8%。盐总量调入63.9万吨，销售63.0万吨。其中，食盐调入36.9万吨，销售35.7万吨；工业盐调入21万吨，销售21万吨。新成效主要表现在：一是严格落实食盐计划，落实责任，狠抓督导，圆满完成全年各项目标任务。二是全力以赴应对食盐抢购，有效保障全省市场安全稳定。3月16日食盐抢购风发生后，面对大面积食盐抢购风潮，省供销合作社立即启动食盐供应应急机制，成立食盐供应应急领导小组，迅速发出《关于切实做好食盐供应工作的紧急通知》，要求全系统保供应、保价格、保安全，全力以赴做好全省食盐供应工作。各级社在省委、省政府的正确领导下，与有关部门密切配合，采取有效措施，3月17日—22日全省销售供应各类食盐2.98万吨，达到正常销量的5.5倍。经过六个昼夜的工作，食盐抢购风潮得到平息，市场秩序恢复正常。（三）坚持不懈做好达标工作，顺利通过消除碘缺乏病县级达标国家级验收。（四）积极落实食盐储备，成功争取新增省级食盐储备3万吨，省级食盐储备规模达到5万吨。（五）加快食盐结构调整步伐，绿色碘盐销量明显增加。（六）加强基础管理，企业管理工作水平不断提升。

（河北省供销合作总社　夏铭玉）

【烟草专卖】 2011年，河北省烟草专卖局、中国烟草总公司河北省公司（简称河北省局（公司））新一届党组班子与全省行业一道，深入学习实践科学发展观，努力践行“国家利益至上、消费者利益至上”行业共同价值观，紧紧围绕烟草行业“卷烟上水平”的基本方针和战略任务，继往开来，创新进取，确定以一个目标、一个主题、一条主线、五个重点、八种意识为核心的“11158”发展思路，

抓班子，带队伍，强执行，全力打造全员服务型现代卷烟流通企业。加强运行分析，及时调控调度，注重考核激励，强化营销管理，行业经济呈现出平稳健康发展的良好态势。累计销售卷烟242.45万箱，同比增长2%；单箱销售额1.43万元，同比增长11.0%；实现税利64.23亿元，同比增长17.8%。烟田基础设施建设和现代烟草农业建设稳步推进：全省种植烟叶2.6万亩，户均面积30.26亩，高于全国平均水平17.06亩；收购烟叶6.2万担，收购均价同比增加1.05元，增长16.4%；户均收入同比增加0.48万元，增长10%。

【卷烟市场秩序】 按照国家烟草专卖局（简称国家局）和公安部的统一部署，依靠各级地方党委政府和执法部门的大力支持，省、市、县各级烟草专卖局深化联合打假机制，形成打假合力，始终保持了卷烟打假的高压态势。2011年，全省共查处各类涉烟案件1.1万起，案值33845.75万元，其中假烟案件2910起，查获假烟7276.77万支、烟丝33.4吨、烟叶87.82吨、滤嘴棒164.5万支；捣毁大型制假窝点2个，缴获大型烟机3台、其他烟机18台；破获案值100万元以上的真烟案件21起，案值5838.78万元；侦破符合国家局标准假烟网络案件37起，案值24728万元。其中部督案件10起，石家庄"1·09"网络案件被列为全国烟草1号部督案件，邢台"6·07"网络案件被中央电视台法制频道专门报道。全省共刑拘犯罪嫌疑人330人、批捕208人、判刑114人，严厉打击了涉烟违法犯罪行为，进一步规范了卷烟市场经济秩序，维护了国家利益和消费者利益。

【品牌培育】 认真落实国家局"532"、"461"品牌发展战略，以低焦油、低危害卷烟品牌培育为重点，制定规划，完善规则，营造公平竞争环境，推进工、商企业深度协同，深入开展精准营销，加强高价位卷烟营销管理，落实"一物一码一价"管理规定，有计划、有组织、有目标地开展品牌培育工作，实现了全国重点品牌卷烟在河北省的稳定健康发展。全年累计销售全国重点品牌卷烟158.8万箱，同比增长16.3%，占总销量的比重为65.5%，增加8.05个百分点。

【现代营销】 瞄准现代流通发展方向，围绕服务终端、制胜终端，充分发挥专卖体制优势，积极应用现代科技手段和信息技术，以网上订货、网上结算、网上配货、网上营销、现代物流和直营体验店、功能性终端建设以及农网服务中心、流动服务车建设为重点，大力开展全员服务型现代卷烟流通企业建设，稳步推进企业与零售终端现代化的对接，促进了现代营销服务体系创新发展。截至2011年底，全省23.61万户零售户中，电话订货户占34.7%，网上订货户占65.3%；电子结算户占96.2%，网上结算户占0.2%；网上配货户占0.1%，现代营销服务水平明显提升。

【行业管理】 在2010年省局（公司）、邯郸市局（公司）先期试点的基础上，办事公开民主管理和落实工程投资、物资采购、宣传促销项目管理程序规定工作在全省行业全面推广实施，并进一步完善了运行机制和信息平台。全省行业共召开办事公开民主管理座谈会224次，职代会105次，内网公开信息26475条，点击39万余次，公开栏公示信息16012条。工程投资、物资采购、宣传促销项目全部网上运行，公开招标项目金额比重为70.9%，同比提高10.22个百分点，做到了"应招尽招"。完善预算体系建设，推进预算管理信息化，健全资产管理制度，严格资产处置，开展全面审计自查、复查，完成"小金库"专项治理。开展工程项目跟踪审计和离任经济责任审计，全面梳理、整改历史遗留问题，研发实施审计考核软件，完善审计委派制，推广实施财务管理信息系统一审计子系统。构建风险防范与控制体系，全面开展制度清理，健全制度定期清理机制，启动"六五"普法宣传。完善质量管理体系文件，构建流程化综合管理应用平台，实施质量、环境、安全管理体系"三标合一"与企业标准化工作，贯标工作不断深入。围绕对标标杆，开展课题研究、QC小组等活动，对标工作扎实开展。深化优秀县级局、营销部创建活动，达标率分别达到95.7%和94.3%。加大安全隐患排查治理力度，开展应急预案演练，完成安防基础设施建设，全年未发生任何安全生产责任事故，保证了行业的安全健康发展。

【干部职工队伍建设】 把提高思想政治素质作为领导班子和干部队伍建设的首要任务，积极学习贯彻十七届六中全会精神，深入推进行业党建标准化建设，认真组织专题民主生活会，大力弘扬"讲责任、讲奉献、讲纪律"风尚，大力培养并强化学习、政治、大局、责任、奉献、创新、廉洁、纪律"八种"意识，广泛开展向杨善洲同志学习、创先争优、"七一"表彰、"两个至上"在岗位主题教育和实践活动，各级领导干部的党性修养和素质能力不断提升。认真落实中央、行业关于重要岗位重点管理要求，完善市局（公司）领导班子和领导干部年度考核办法，严格执行"三谈两述"和"一报告两评议"制度，加强对各级领导干部的日常监督考核。以教育为基础、监督为保障、案件为突破、管理为核心，落实预防与惩处并重方针，筑牢拒腐防变防线，党风廉政各项规定得到有效落实。广泛开展富有针对性的教育培训，共组织培训班39期，培训员工3345人次。开展全省行业第一届专卖管理岗位和卷烟商品营销职业技能竞赛，加强高技能人才培养。围绕"卷烟上水平"和"11158"发展思路的落实，开展形式多样的学术交流、科技创新等工作。推进"阳光"母子文化架构体系建设，整合"阳光"服务品牌，参加行业"文化故事大讲堂"活动并获得一等奖；组织"创建学习型组织、争做知识型职工"活动，成功举办全省行业第五届职工运动会。以上工作的有效开展，为行业综合实力提升和科学规范和谐安全发展提供了强有力的思想、政治和组织保障。

（河北省烟草专卖局　刘学田）

【粮食流通】 2011年，河北省粮食系统深入学习实践科学发展观，扎实开展创先争优活动，继续围绕保安全、壮实力、增活力、重民生、求突破的工作主线，认真抓好购销主业，加强改善宏观调控，大力推进国企振兴，不断优化发展环境，依法规范流通秩序，积极转变发展方式，保持了粮食流通事业健康发展的好势头，圆满完成了既定目标任务，为全省经济社会平稳较快发展作出了积极贡献。2011年全省粮食总产量3172.6万吨，比上年增加196.7万吨，为历史最好水平，其中小麦1276.1万吨，玉米1639.6万吨，稻谷60.2万吨，大豆29.5万吨。农民提供的商品粮2340.9万吨，商品率73%。全年进口粮食257.4万吨，其中大豆251.7万吨，出口粮食7.2万吨。全省各类粮食企业累计收购粮食2055.6万吨，销售粮食2728.6万吨，其中国有粮食经营企业收购粮食621.9万吨，销售粮食728万吨。

【粮食购销】 在全省粮食生产连续八年增产、粮食价格持续高位运行、小麦最低收购价执行预案未能启动的情况下，各级粮食部门积极引导粮食经营企业大力开展市场购销业务，全年共收购粮食2055.6万吨，同比增长36.9%；销售粮食2728.6万吨，同比增长35.6%，有力促进了生产和消费的衔接，有效保护了种粮农民利益，满足了各方面对粮食的基本需求；军粮供应体制进一步完善，连续第12年超额完成了国家下达的军粮供应计划；跨区域产销合作更加紧密，京津市场进一步巩固，与黑龙江、山西及南方省份的合作进一步深化，与中粮、中储、中纺等大企业的协作进一步加强，粮食经营呈现较好发展势头。

【粮食安全保障能力】 各级粮食部门始终把保供稳价作为重中之重，调控措施有力有效。逐个企业核定了粮油最高库存量标准，省储粮轮换实行了定向销售。全省地方粮食储备规模创历史最高水平，保障粮食安全的基础更加坚实。全省已有82个县（市、区）建立了县级储备，邯郸、唐山、廊坊、秦皇岛等4个市实现了县级储备全覆盖。立足完善工作机制，简化应急预案，调整应急网点，应急保障能力经受了实践考验。在“4·12”抚宁特大森林火灾扑救过程中，省粮食局靠前指挥，抚宁县粮食局全力以赴，秦皇岛、廊坊、唐山等6个市协调联动，保证了一万多名扑火官兵的食品供应，尤其是抚宁县粮食局的出色表现，受到了省委、省政府领导和扑火部队官兵的高度赞扬。

【国有粮食企业振兴工程】 2011年是全省国有粮食企业三年振兴工程的关键一年，各级粮食部门进一步加大工作力度，加强督导服务，省局争取的1.1亿元财政扶持资金全部安排到位，为国有粮食企业发展注入了基础动力；推出的第一批国有企业振兴工程示范单位和典型单位示范效应明显；国有粮食企业兼并重组成效显著，到2011年底，全省国有粮食企业整合到361家，较年初减少320家，超额完成年初目标任务；龙头企业带动作用进一步提升，省粮食产业集团、邢台国储库、衡水前么头国储库、柏粮集团等4家企业年经营收入已突破10亿元；国有粮食企业经营总量和效益继续提高，全省国有粮食企业统算销售收入达到202亿元，同比增长57.2%，实现利润1.6亿元，同比增长1.3倍，11个市全部盈利，超额完成了既定目标任务。

【粮油产业】 重点引导和扶持了一批具有带动能力的龙头企业，省粮食产业集团、柏粮集团、今麦郎、佰裕东面业、金沙河面业、三河米业6家企业入选中国百佳粮食企业；培育建设产业集群，形成了邯石邢衡小麦粉加工、唐秦承大米加工、秦廊食用植物油加工、石沧邢廊饲料加工、燕山和太行山一带杂粮加工的产业布局，重点规划了石家庄、廊坊三河、秦皇岛、邯郸大名和衡水深州粮油加工产业集群5个项目，魏县、昌黎、高碑店等县市在项目建设中争取到了地方党委、政府的大力支持，一批粮油产业化项目正在酝酿起步。2011年全省粮油加工业总产值突破1000亿元，同比增长20%。

【粮食流通发展环境】 在新的形势下，为争取更好的发展环境和政策环境，在充分调研的基础上，以省政府名义出台了《关于进一步加强粮食流通工作的意见》，对当前和今后一个时期粮食流通工作明确了政策界定、工作目标和具体要求，并督促推动各市相应出台了一些指导粮食工作的政策措施，为今后工作提供了政策保障；印发了《河北省粮食行业十二五规划纲要》，明确了“十二五”期间粮食行业发展的基本思路和主要任务；制定了粮油经营企业库存量核定办法、粮食行政处罚自由裁量权基准制度等规范性文件，粮食政策法规体系日趋完善；依法行政能力进一步提高，全年新核发《粮食收购许可证》424个，全省具备粮食收购资格的经营主体达到3762个；按照财政部的统一部署，认真研究解决粮食历史挂账问题，消化政策性挂账本金44亿多元，占全部挂账额的75%，减轻了企业负担，并出台奖励政策，鼓励有条件的市、县自行消化剩余挂账。

【依法管粮】 各级粮食部门坚持把加强依法管粮作为维护粮食流通秩序的重要手段，全面展开执法实践，组织开展了夏、秋两季粮食收购、粮食流通统计制度执行情况、政策性粮食销售出库等专项检查活动，依法查办涉粮案件766起，有效规范了粮食流通秩序，为国家调控措施的落实创造了条件。按照国家统一部署，历时4个多月开展了建国以来第一次食用植物油库存大检查，摸清了全省油脂库存底数，检查结果显示，河北食用植物油库存数量真实、账实相符、储存安全。

【粮食基础设施建设】 围绕壮大粮食产业发展基础，各地大力实施项目带动战略，加强粮食基础设施项目的谋划建设，争取中央预算内投资5300万元，支持了12个粮油仓储设施和物流项目建设。石家庄粮食物流园区、邢台粮食物流中心等项目已经立项，承德热河产业园、张家口冀北物流中心等项目进展顺利。粮食质监体系建设有了新突破，衡水、邢台、张家口、沧州等4市质量检测中心通过了国家验收，全省市级以上粮油质检机构将达到8家。农户储粮减损工程有序推进，完成了8.6万套小粮仓的制作、分发，超计划6000余套。

【放心粮油网络建设】 认真落实省政府放心食品工程要求，大力推进放心粮油网络建设，积极培树粮油食品安全品牌，放心粮油覆盖范围不断扩大，受到广大群众认可和欢迎。全省放心粮油示范企业达到了91家，农村粮油连锁店280多个、粮油超市120个，唐山、邢台、邯郸放心粮油经营网点建设力度较大。军粮特供网络进一步完善，石家庄、保定、承德、邯郸、廊坊、张家口等市配送中心建设相继完成，全省已有100家军粮特供店投入运行，年销售额达1.5亿元，取得了良好的社会效益和经济效益。大众主食工程影响扩大，廊坊、石家庄、保定等市大众主食产品在当地市场所占份额显著提高。

（河北省粮食局　张前锋）

旅　游　业

【概况】　2011年是河北省旅游业实施“十二五”发展规划的第一年，是国家旅游局确定的“中华文化游”主题年，也是河北省旅游业立足新起点、加快转型升级、实现新跨越的关键之年。一年来，全省旅游业深入贯彻落实科学发展观，以“建成战略性支柱产业和人民群众更加满意的现代服务业”为目标，加快转变发展方式，深化改革开放创新，推动重点项目建设，创新宣传推广方式，推动了全省旅游业较快发展。全年全省共接待海内外游客1.87亿人次，旅游总收入1221.30亿元，同比分别增长25.37%和33.52%，超额完成全年目标任务，为全省保增长、调结构、扩内需、惠民生做出积极贡献。

截至2011年底，全省共有星级饭店464家，其中五星级18家，四星级119家，三星级219家，二星级105家，一星级3家。旅行社1341家，其中出境游组团社41家。A级景区282处，其中5A级景区5处，4A级景区104处，3A级景区74处，2A级景区97处，1A级景区2处。全国工农业旅游示范点40处。中国优秀旅游城市10座，旅游强县10个。旅游直接从业人员50余万人，间接就业人数约200万人。

【旅游重大决策】　2011年，省委省政府把旅游业摆上突出位置加快培育。为全面贯彻落实国务院《关于加快发展旅游业的意见》，3月，省政府召开了全省旅游业发展电视电话会议，杨崇勇副省长出席会议并作出重要指示，提出将旅游业打造成为“河北调结构、转方式的重点，科学发展的支柱产业”。10月，省旅游局集中召开了旅行社、旅游景区、旅游星级饭店、优秀导游员、旅游专家和旅游局长等六个座谈会，研究确立了“两环两沿”（环首都、环省会、沿渤海、沿太行山）旅游产业发展新格局，研究出台了“一主四辅”系列政策文件，即《省政府关于进一步加快旅游业实现跨越式发展的若干意见》和加强旅行社、景区、星级饭店以及导游员管理的若干办法，形成了指导和推动河北旅游业实现科学发展的工作总纲和政策体系。以省政府名义出台实施了《河北省旅游业十二五规划纲要》。大幅度增加省级旅游产业发展资金，由2011年的2亿元一步增加到3亿元。承德、秦皇岛、张家口等市也纷纷将旅游业定位为战略主导产业，全省发展旅游业的氛围日趋浓厚。

【国际旅游】　2011年，全省共接待入境游客114.14万人次，创汇4.48亿美元，分别比上年增长16.78%和27.64%。其中，承德市，共接待入境游客31.20万人次、创汇1.11亿美元，分别比上年增长20.96%和40.48%；秦皇岛市，共接待入境游客26.44万人次、创汇1.38亿美元，比上年分别增长9.09%和14.53%；石家庄市，共接待入境游客13.60万人次、创汇4942.63万美元，分别比上年增长15.93%和12.74%；廊坊市，接待入境游客10.56万人次，创汇3558.00万美元，分别比上年增长10.12%和37.09%；保定市，接待入境游客10.49万人次，创汇3886.16万美元，分别比上年增长15.01%和38.47%。全省的万人客源国和地区达到24个。其中接待韩国游客9.96万人次，比上年增长2.20%；接待日本游客9.56万人次，比上年下降4.84%；接待俄罗斯游客8.78万人次，比上年增长3.66%；接待台湾地区同胞8.07万人次，比上年增长31.64%；接待美国游客6.59万人次，比上年增长17.81%。

【国内旅游】　2011年，全省共接待国内游客1.86亿人次，创收1192.21亿元，分别比上年增长25.42%和33.83%。其中，保定市，共接待国内游客3395.77万人次，创收190.19亿元，分别比上年增长20.77%和28.60%；石家庄市，共接待国内游客3247.00万人次，创收197.42亿元，分别比上年增长38.14%和52.55%；秦皇岛市，共接待国内游客2101.15万人次，创收173.51亿元，分别比上年增长12.94%和21.35%；唐山市，共接待国内游客2000.95万人次，创收128.48亿元，分别比上年增长30.58%和37.63%；邯郸市，共接待国内游客1720.00万人次，创收98.56亿元，分别比上年增长16.14%和29.86%。

【黄金周旅游】　2011年春节、“十一”黄金周共接待游客1509.82万人次，实现旅游收入70.65亿元，比上年同期分别增长28.53%和38.20%，活跃、有序的假日旅游市场在丰富群众假日生活，拉动居民消费需求，促进经济社会发展，推进和谐社会构建等多方面都发挥了积极作用。

【工农业旅游】　继续开展工农业旅游示范点评定工作，已验收评定省级工农业旅游示范点28家。与省农业厅共同签订战略合作协议，实施休闲农业与乡村旅游发展战略，创建了迁西、围场两家全国休闲农业与乡村旅游示范县，北戴河集发现代农业观光园等4家全国休闲农业与乡村旅游示范点，制定出台了《乡村农家酒店评定》地方标准，推出了17家高质量农家乡村酒店。休闲农业与乡村旅游已经成为旅游业最具潜力的新增长点和促进农民就业增收的“富民工程”。与省住房与城乡建设厅共同完成住房与城乡建设部与国家旅游局组织的“第二批全国特色景观旅游名镇（村）”筛选推荐工作，邯郸市峰峰矿区和村镇等5个村镇被评为“全国特色景观旅游名镇（村）”。与省国资委合作，推动创建了唐钢、邯钢、司家营铁矿等8家国有大中型企业工业旅游示范单位。

【文化旅游】 推进文化与旅游深度结合，与文化厅联合出台了《关于促进文化与旅游融合发展的指导意见》，探索文化与旅游融合发展的新路子，积极策划推出了《康熙大帝》、《印象野三坡》等一批大型实景旅游文娱演出。张北草原音乐节、崇礼滑雪节、承德国际旅游节等一批文化旅游活动影响力不断增强，品牌效益逐步显现。

【旅游宣传促销】 （一）整合营销。实施上下联动的“捆绑营销”策略，投资1.1亿元在央视多个频道播出河北旅游四季广告，重点推出“红”（红色文化）、“黄”（皇家文化）、“蓝”（海滨海岛）、“绿”（森林草原）、“白”（冰雪旅游）五大系列产品和10多条精品线路，广告收视覆盖全国61%的人口，平均每人收看14.2次，累计收视达102.5亿人次，取得了良好的社会效益。此外，继续整合利用重点报刊、杂志、户外、网络等多种媒体形式，广告宣传与主题活动相结合，显著提升了河北旅游的知名度和影响力。

（二）主题营销。全年精心策划组织了一系列旅游惠民活动、旅游节庆活动、“红色旅游巡礼”主题营销活动、“2011万里冀风行”巡回促销活动等大型主题宣传推广活动，震动省内，撬动国内，联动海外，吸引众多媒体和游客，有效拉动了居民旅游消费，形成新的旅游消费增长点。

（三）多元合作营销。促进多元合作，拓展推广渠道。积极推动多层次、宽领域的外宣合作，与省委宣传部、省教育厅联合举办“第二届红色旅游主题艺术设计大赛”；与省外宣局、春秋国旅和春秋航空在西柏坡共同举办“千人包机河北红色之旅”大型活动；与机场、航空、口岸、台办等部门合作，促成石家庄至韩国、日本旅游包机航线顺利开通，促成远东航空开通石家庄至台北航班。

（四）走出去与请进来营销。组织相关市县旅游部门、省内重点旅行社、景区、酒店等企业走出家门，赴港澳台、俄罗斯、韩国、日本、澳大利亚和新西兰、印度等地参加旅游会展，开展联合促销活动；多批次邀请俄罗斯、韩国、台湾等海内外重点客源市场的旅行商和媒体记者上百人来河北省考察旅游产品和线路，实地展示河北省旅游精品。

【中国承德国际旅游文化节】 6月14日，第十一届中国承德国际旅游文化节拉开帷幕。来自韩国、台湾、澳门、北京等地的15家中外优秀管乐艺术团将会同承德市鼎盛王朝康熙大典演出团体共同为广大中外来宾和承德市民奉献精彩的文化盛宴。此活动由承德市人民政府、河北省旅游局主办，由承德市旅游局、教育局、避暑山庄及外八庙管理委员会、文化局承办。

【张北坝上草原旅游文化节】 7月9日，2011中国张北坝上草原文化旅游节开幕，由河北省旅游局、张家口市人民政府主办，张家口市旅游局、张家口市文化局、张北县人民政府承办。活动期间举办草原音乐节、洲际小姐大赛中国区总决赛、燕麦大会、“中都铁树花”焰火活动、长城国际徒步大会张北站等活动。张北坝上草原文化旅游节凭借其社会和经济效益，先后获得“和谐中国最具魅力国际旅游节”、“2011年度中国十大品牌节庆”等荣誉称号。

【中国（廊坊）国际热气球节】 9月3日，第五届中国（廊坊）国际热气球节在廊坊开幕，活动主题为“幸福廊坊、放飞梦想”，活动由廊坊市政府主办，廊坊市旅游局承办，共有20支中外热气球队参加。除举办嘉年华花车巡游、热气球亮球表演、热气球装置喷火巡游、市民体验乘坐热气球、中外来宾热气球升空竞赛等7个项目外，还举行了城市品牌系列宣传推介、旅游合作洽谈对接等3大板块11项活动。

【涉县女娲公祭大典】 9月23日，邯郸涉县举行了中国·涉县庚寅年公祭女娲大典，始建于北齐天保年间的古建筑娲皇宫，是全国规模最大、肇建时间最早、影响地域最广的奉祀中华始祖女娲的历史文化遗存。从2003年至今，涉县已连续举办了四届女娲文化节和八届公祭女娲大典活动。

【崇礼国际滑雪节】 12月10日，第十一届中国崇礼国际滑雪节隆重拉开帷幕，滑雪节由国家旅游局、国家体育总局、河北省人民政府主办，张家口市人民政府、国家体育总局冬季运动管理中心、河北省旅游局、河北省体育局承办，以“滑天然雪，享自然情，走进林海雪原”为主题，不仅有国际远东杯滑雪赛、单板滑雪赛等专业赛事，还将举办圣诞滑雪狂欢节、浪漫雪地音乐节、青少年冬令营等大众娱乐活动，吸引更多的外国游客参与。

【旅游行业监督管理】 （一）旅游法制化建设。继续宣传贯彻《河北省旅游条例》。认真办理政府法制部门交办的涉及旅游内容的立法文件，协助国家旅游局开展旅游综合立法调研。进一步完善旅游行政执法依据和执法岗位责任制。

（二）旅游标准化建设。秦皇岛南戴河娱乐发展集团有限公司、秦皇岛晨砻酒店和秦皇岛北戴河集发农业综合开发股份有限公司三家企业被国家旅游评定为首批“全国旅游标准化示范单位”，继续开展省、市级旅游标准化试点，启动承德市旅游标准化试点城市工作，全面提升河北省旅游业整体素质。

（三）旅游信息化建设。开通了12301旅游服务热线，与省联通公司合作研发了电子门票、电子合同、旅行社生意宝、短信通等十余项旅游信息化产品，实施以旅游目的地网上虚拟体验系统为重点的“数字旅游导航”工程。与中国移动通信集团河北有限公司签署《河北省智慧景区建设战略合作框架协议》，共同推进河北省智慧景区建设。

（四）旅游市场监督。着力优化以规范旅游市场为重点的软环境。强化部门联合执法，开展了“旅游执法在行动”等联合执法活动，建立重大案件台帐督办制度，实行限时办结制和“黑名单”制。共开展旅游服务质量现场检查244次，检查旅游企业988家、导游员IC卡621人次，受处理旅游投诉258起，投诉案件结案率和满意率均达到95%以上；共取消星级饭店9家、限期整改15家，查处违法违规旅行社77家、停业整顿24家、吊销6家，取消

3A景区1家、整改处理8家，有效净化了旅游市场。

（五）旅游安全管理。牢固树立安全发展和以人为本的理念，坚持“安全第一、预防为主、综合治理”的方针，始终把旅游安全工作放在重要突出位置来抓，坚持抓紧、抓实、抓细，较好地完成了各项安全控制指标任务，确保了全省旅游安全生产形势稳定。

【旅游项目与基础设施建设】 （一）旅游发展规划。坚持规划先行，切实发挥规划的指导约束作用。编制实施了《环京津休闲旅游产业带发展规划》、《环首都绿色经济圈休闲度假基地总体规划》、《沿海地区休闲度假基地总体规划》和《河北省红色旅游（2011—2015）发展规划纲要》等多部综合或专项规划。联合京津及有关省市共同编制《环渤海区域旅游发展规划》、《京杭大运河国家旅游线路规划》、《泛金海湖京津冀金三角旅游规划》、《北京—河北拒马河峡谷旅游区规划》和《华北东北红色旅游规划》、《张家口—北京西部休闲旅游发展规划》，深化区域合作，推动大区域旅游健康、持续发展。保定涞—易—涞旅游区、廊坊市北三县商务休闲区、大西柏坡景区等环首都七大产业聚集区规划先后编制完成，初步形成了科学合理的规划体系。

（二）旅游重点项目建设。加快建设具有战略性、结构性的现代休闲度假类新项目，2011年全省新开工项目132个，竣工项目102个，改造提升项目226个，完成投资320亿元，同比增长77.78%。大西柏坡、隆化御景温泉度假村等50余个重点项目已经竣工，整体或部分形成接待能力。坚持实行重点项目领导干部分包责任制，加强项目调度，先后两次组织召开全省旅游重点项目调度会，推动项目建设加快进度，积极探索采取以奖代补、贷款贴息等方式，对重点旅游项目进行扶持。以上措施，有力推动了项目建设的顺利开展。

（三）旅游基础设施建设。省内重点旅游道路和机场相继开通和开航，旅游交通设施日臻完善。在全国率先打造高标准自助旅游服务体系，已建设旅游交通标志牌2500余块、游客咨询服务中心百余处。加快实施老景区提升改造工程，2011年投入资金120多亿元引导景区加大基础设施建设，建设景区步游路1400多公里，新建景区停车场67个、游客中心37个，新增旅游购物点266个，提升改造旅游厕所6766平米，完成建设游客休息设施440多处。

（四）旅游招商引资。积极举办或利用多种方式开展重要旅游招商活动。先后成功组织举办了港澳旅游招商及合作洽谈会、5·18中国·廊坊国际经贸洽谈会休闲旅游产业对接会、河北省（广州）旅游招商洽谈会等。据不完全统计，全年全省共向国内外近千家投资商推荐旅游招商项目562个，协议投资额首次突破千亿元，达到1253.8亿元人民币，涉及芬兰及港澳台的外资项目6个，协议利用外资额超过5.5亿美元。

【行业精神文明建设】 重点做好“青年文明号”单位的复核验收工作。按照团中央和团省委通知要求，为充分展示旅游窗口单位的文明开放形象，对照标准、严格把关，对符合条件的省内青年文明号进行复核验收。

以深入开展“干部作风建设年”活动为契机，推动旅游政风行风建设向纵深发展，开展机关效能建设，建立健全落实首问首办制、服务承诺制、AB岗工作制、限时办结制、责任追究制等制度，努力提升旅游从业人员的责任意识、服务意识和效能意识，积极创建学习型、创新型、节约型和服务型机关。

【人才队伍建设】 深入开展行业培训，举办了旅游县市区长培训班、旅游局长培训班、优秀导游员培训班以及校园旅游文化节等系列活动，“走出去、请进来”相结合，实施“名师、名导进课堂”工程，组织知名专家“送教上门”、“送教下乡”，积极安排旅游行政管理人员参加清华大学、北京外院、各级党校、行政学院在职培训，有力提升了干部队伍素质，实现旅游人才从数量到质量的转变。目前，全省旅游院校系或专业发展到近百家，形成了省、市、县、企业四级培训网络，年度全省旅游从业人员培训覆盖面达到80%以上。

（河北省旅游局　孙　丽）

金 融 业

【人民银行石家庄中心支行】 2011年，人民银行石家庄中心支行坚持以科学发展观统领工作全局，认真落实总、分行工作部署，围绕“内抓管理保安全，外抓服务树形象，进一步强化管理，提高履职效果，提高队伍素质”的总体要求，认真执行稳健的货币政策，积极维护辖区金融安全稳定，大力推进外汇管理改革，不断提升金融管理和服务水平，切实加强内控安全管理和干部队伍建设，较好地履行了中央银行分支机构职责，有力支持了全省经济平稳较快发展。

（一）货币政策。深入贯彻执行国家各项调控政策，组织实施差别准备金动态调整，做好信贷投放测算、监测和信贷规划调整，实现了信贷调控节奏平稳、总量适度的目标。2011年，全省金融机构人民币各项存款余额29564亿元，较年初增加3489亿元，同比增长13.28%；各项贷款余额18144亿元，较年初增加2423亿元，同比增长15.61%。制定金融支持环首都绿色经济圈、沿海经济隆起带、民营经济、小微企业、保障性安居工程等方面的指导意见，推动重点区域、重点项目、重点行业建设发展。进一步加强对企业直接融资的指导，拓宽企业融资渠道。2011年，非金融企业债务融资（包括短期融资券、中期票据）373.2亿元，同比增加138.2亿元，创历史新高；成功发行了河北省第一只2.8亿元中小企业集合票据。开展涉农和中小企业信贷政策导向效果评估，推动了涉农和中小企业信贷政策有效落实。2011年，全省新增涉农贷款1355.4亿元，占全部新增贷款的55.94%；中小企业新增贷款1300.4亿元，占全部企业新增贷款的86.99%，实现了增速超贷款平均增速的目标。充分发挥再贴现、再贷款的政策引导作用，加大对薄弱环节的支持力度。2011年，全省发放再贴现133.9亿元，同比增加7.7亿元；发放支农再贷款52.6亿元，同比多增30.8亿元。

在省政府领导下成立了河北省跨境人民币结算工作领导小组及办公室，明确职责分工，加强统筹协调，共同推进河北省跨境人民币结算工作。加强跨境人民币业务宣传推介，扩大政策影响，营造良好氛围。组织开展河北省出口货物贸易试点企业的筛选推荐上报工作，努力拓展业务空间。2011年，累计办理跨境人民币结算29.2亿元，业务范围涵盖贸易、服务、融资等领域，惠及企业209家，覆盖全省11个地市，跨境人民币结算工作取得良好开端。

（二）监督管理。建立健全工作制度，制定《河北省新设金融机构加入人民银行金融管理与服务体系管理办法》、《河北省金融机构执行人民银行金融管理政策评价办法》、《石家庄中心支行综合执法检查工作暂行规定》等办法规定，全省人民银行系统共出台各类金融管理配套制度156项。2011年，全省人民银行系统共受理88家新设金融机构的申请，对430家金融机构进行了综合评价，对332家金融机构进行了综合执法检查。石家庄中心支行对民生银行石家庄分行开展了综合执法检查，并提出了具体的整改意见，限期整改。通过以上措施，增强了人民银行依法履职的有效性和影响力。

制定《金融机构稳健性现场评估办法》，组织全省人民银行系统对171家金融机构开展了稳健性现场评估，较好地维护了区域金融安全稳定。继续发挥“1+4”稳定报告体系和“三位一体”评估体系作用，为全面掌握全省金融稳定状况提供参考，《河北省金融稳定形势分析》等得到省领导批示肯定。组织开展全省人民银行系统金融稳定再贷款损失核查认定工作，共对44家金融机构16.1亿元金融稳定再贷款进行了核查。

（三）金融服务。金融统计和研究工作成效显著。成立河北省金融统计标准化工作领导小组，全面推进全省金融机构统计标准化工作。在全省范围内组织开展金融机构统计业务现场检查，进一步提高了金融统计数据质量。围绕经济金融运行中的热点、难点问题，深入开展调研分析和课题研究，多篇调研成果得到总行和省委、省政府的重视和肯定，其中《河北省中小企业融资情况的调查》等5篇调研报告受到省委、省政府主要领导同志的批示肯定。

支付体系建设稳步推进。在全省范围内对260家金融机构集中开展支付结算执法检查，提高了支付结算业务管理水平。确立了无极县等23个全省第二批农村支付服务环境建设示范基地，进一步改善了农村支付环境。开展助农取款服务试点工作，全省已开通银行卡助农取款服务点3577个，办理取款业务67万笔，金额9157万元，有效地提高了农村支付服务水平。与省公安厅联合建立打击银行卡犯罪协作机制，提高了打击银行卡犯罪的效率。完成支付清算系统升级改造和系统维护，实现了支付清算工作安全无事故。加强制度建设和督促检查，票据自动清分、支票影像系统、网上退票系统安全稳定运行。

科技保障能力全面提高。搭建河北省金融业网络与信息安全应急协调平台，完成金融城域网升级改造、办公网运维监控系统一体化建设和省级数据中心存储集成与部署，切实做好网络与信息安全保障工作。制定《河北省金融IC卡应用工程总体工作规划》，积极推动河北省金融IC卡应用推广和社会保障卡加载金融功能工作。

货币发行管理明显加强。强化发行基金调拨管理，做好跨区域发行基金调拨工作，满足经济社会发展的合理现金需求。恢复辖内县支库工作取得实质进展，三河、怀来、南宫和黄骅等4个县（市）支行恢复发行业务。举办河北省金融系统职工技能大赛，进一步提高了金融系统现金收付人员的业务技能和服务水平。组织开展“现金支付零假币”、“残币兑换、零钞调剂零拒绝”活动，有效提高了商业银行现金服务质量。认真做好钞票处理管理，积极推进日终后回笼券清分试点工作，圆满完成全年清分、销毁任务。

国库服务水平不断提升。启动河北省财政支出无纸化横向联网系统，进一步推进财税库银横向联网工作，河北省横联业务量居全国第1位。积极推动政府补贴资金国库直接支付，共办理家电下乡、粮食直补等6类15个项目的政府直拨业务，进一步拓展了国库服务领域，取得了良好的社会效益。

征信体系建设稳步推进。建设运行河北省信用门户网站，开展中小企业信用体系实验区建设，实现全省环保行政处罚、行政许可信息集中录入征信系统，推进了全省社会信用体系建设。加强数据质量管理，全省地方性金融机构征信数据质量全面达标。积极开展农村青年信用示范户试点工作，评定青年信用示范户4000多户。

反洗钱工作不断深入。组织研发的反洗钱监管报表处理系统经过不断完善，被总行确定为2012年反洗钱信息化建设申报项目，并准备在全国范围内推广应用。加大反洗钱调查和协查力度，共调查、协查案件17起，向侦查机关报案4起，涉案金额4.41亿元。

（四）内控管理。内控管理体系建设深入推进。建设运行河北省人民银行系统规章制度在线学习测试系统，并先后2次组织全员开展在线测试，推动了各项规章制度有效落实。组织完成货币发行、银行账户管理和“两网分离”情况等专项审计工作。探索构建以风险为导向、以控制为主线、以治理为目标、以增加价值为目的的内部审计新模式，着力推动内审工作转型。完善事后监督规章制度，实现由规范性监督向审慎性监督转变。

会计财务管理水平进一步提升。加强资产负债管理，做好资产损失清理、处置和申请核销工作，进一步优化资产负债质量。严格预算管理，通过采取建立储备资金、实时监控费用支出、定期通报预算支出等措施，合理配置财务资源，科学安排费用支出，全力保障履职需要。坚持“压一般、保重点”原则，严格内设银行账户监督，控制“三公”经费及一般性经费支出，开展“小金库”、公务用车及工程建设领域突出问题专项治理活动。加强集中采购审批管理，规范做好集中采购工作。加快推进机关续建附属用房和综合服务大厅等基建工程建设。

安全保卫和应急管理水平进一步提升。深化安全文化建设，积极构建安全管理长效机制。开展“枪弹管理规范达标年”活动，确保了枪弹绝对安全。加强技防建设和安全管理，确保了押运和发行库安全。组织全省人民银行系统对1500多项应急预案进行评估和修订完善，圆满完成全省国库会计数据集中系统突发事件等多项应急演练，进一步提高了危机管理和应急处置水平。规范涉密经济数据管理，全面清理各类涉密文件，进一步完善网络及办公网计算机、业务网计算机的保密管理，确保了全辖无失泄密情况发生。

（五）外汇管理。深入推进外汇管理改革，大力支持涉外经济发展。大力推广国际收支网上申报，进一步加强数据核查工作，全省88%的涉外企业实现了网上申报，居全国领先水平，有效提高了河北省国际收支统计数据质量。扎实推进进口付汇核销制度改革，大力推广出口收入存放境外政策，全面实施外债转贷款登记、结汇和购付汇“三统一”管理模式，进一步促进了贸易投资便利化。适当放宽企业进口付汇和远期收汇备案条件，严格控制贸易融资和国内外汇贷款规模，利用价格杠杆引导和鼓励企业少结汇、多购汇，大力推动“减顺差”工作。深入研判外汇资金流动特点，密切关注服务贸易可疑线索和违规案例，及时更新个人分拆结售汇“关注名单”，切实加强对“热钱”的流入管理，有效防范跨境资金流动风险。充分利用非现场检查系统，以“打热钱”为切入点，进一步优化检查方法，提高检查频率，扩大检查覆盖面，加大处罚力度，共组织专项检查11次，收缴罚没款663万多元，有效地遏制了“热钱”违规流动，维护了河北省外汇市场秩序。

外汇市场。银行间外汇市场交易小幅增长。全省银行间外汇市场累计交易美元42170万美元，同比提高22.9%。随着河北银行异地分行的逐步开设及结算币种的多元化发展，该行结算客户逐步增加，各币种进口付汇业务呈现快速增长。同时随着结算客户付汇业务不断增长，除欧元外，各结算币种交易方向均以买入为主。

（人民银行石家庄中心支行　张双英）

【金融监管】 2011年，河北银监局面对复杂的经济金融形势，全面贯彻落实银监会各项工作部署，紧紧围绕“主题主线”，以提质提效为抓手，以工作创新为突破口，优化管理考核，强化激励约束，银行业监管的科学性、针对性、有效性显著增强，银行业科学发展水平全面提高，为辖区金融稳定和经济社会又好又快发展作出了积极贡献。

（一）科学布局，扎实推进，重点风险防控取得显著成效。2011年以来，河北银监局以“四大风险”管控和贷款新规落实为重点，注重把握主动权，加强监管前瞻性，多方协调联动，合力化解难题，风险管控覆盖面和专业化水平逐渐提高，银行业合规文化建设基础得到夯实。首先，着力化解地方政府融资平台贷款风险。强化“名单制”管理和“四贷四不贷”规定执行，确保了平台退出工作严谨有序，实现了“降旧控新”。其次，有序推进贷款新规实施和合同补正工作。通过台账监测、逐季座谈、排名通报等推动全辖“齐步走”。扩大现场检查覆盖面，动用延伸调查权，彻查问题，问责到位。第三，房地产贷款风险防范扎实有效。通过做实“名单制”管理、严密监测、压力测试、风险提示和联动机制建设，强化了风险前瞻性防范。鼓励银行业机构积极支持保障性安居工程建设。第四，案件防控内生动力明显提升。出台了加强案防和安全保卫工作的19条意见，制定了《银监分局案件防控工作考核评价办法》，在法人机构推行制度执行和案防队伍建设承诺制，层层签订责任书，强化了内生动力。对案件风险隐患强化督导，持续开展案件“双无”和“内控制度执行年”活动，巩固和扩大了案防成果。第五，贷款集中度、影子银行、信息科技等风险监管力度不断加大。针对省内高速公路贷款集中度较高、建设受阻问题，坚守集中度红线，得到政府部门高度重视。针对个别银行授信集中度超标问题，及时下发监管意见和风险提示，控制了事态发展。为从源头防范“影子银行”风险，强化现场检查督导，及时推进信托公司融资类业务监管和“转表”工作。在推进信息科技制度建设方面，通过搭建中小法人机构交流平台，提升了信息科技风险管控能力。此外，河北银监局还联合地方发改委、物价局开展银行业机构服务收费现场检查，及时清理不合理收费行为，并组织了对739家银行网点规范代理保险业务行为。同时密切监测和关注民间借贷、信用卡、理财、票据融资、关联交易等领域的潜在风险，及时下发风险提示，开展风险排查，有效防范了监管套利行为和风险传递。

（二）锐意进取，提质提效，监管创新成效斐然。2011年，河北银监局系统紧紧围绕“提质提效”要求，强化创新能力建设，通过健全监管机制，优化监管工具，深化监管合作等措施提高了监管效能、蓄涵了监管活力。首先，通过健全制度体系，监管基础得到夯实。修订《非现场监管操作规程》，出台《非现场监管后评价制度》，完善了监管工作后评价机制。制定了大型银行分支机构监管评级制度，首次开展邮储银行分支机构的监管评价，健全了分支机构监管评级体系。扎实开展“监管统计数据质量年”活动，科学改进季度监管分析例会形式，促进了数据分析成果转化。开发了“河北省中小法人金融机构IT风险监管档案系统”，推进了监管资源共享。其次，强化监管联动，监管效能得到优化。建立了联席会议制度，出台了《市场准入、非现场监管和现场检查联动工作规程》，强化了三者有效互动。建立了部门间现场检查联动机制，使监管效能得到优化提升。第三，实施监审联动，内生动力得到激发。印发了《河北银监局监管部门与银行业机构内审部门联动办法》，与被监管机构内审部门建立了联动机制，形成监督合力，实现资源共享。与法人机构主要负责人签订了制度执行和案防队伍建设承诺书，强化了银行机构执行制度的内生动力。第四，签署京津冀监管合作备忘录，区域监管合作得到深化。河北银监局发起签署了京津冀监管合作备忘录，实现了对银行业机构跨区域经营的有效持续监管，有力推动了京津冀金融一体化进程。

（三）科学研判，正确引导，服务实体经济的水平不断提高。面对复杂的经济形势，河北银监局坚持寓服务于监管之中，加强对宏观形势及政策的研判解读，及时做好窗口引导和监管服务，有效促进了银行业战略转型和经济发展方式转变。结合河北省特色，加强了对钢铁等重点行业多角度监测分析，研究推进银行业开展绿色信贷的工作机制，支持节能减排重点企业和行业，及时进行节能减排授信风险提示和预警。为推动服务小微企业，下发《关于全力推动河北省银行业金融机构积极支持小型微型企业发展的意见》，出台八项措施，并深入开展小企业融资需求调研，搭建政银共赢合作平台。为提高“三农”服务水平，建立了涉农金融服务情况台账，实施定期上报和通报制度，指导做好支持水利改革和促进粮食生产等工作。

（四）深化改革，完善布局，银行业机构整体实力显著增强。以“增加主体、优化布局、增强素质、提升服务”为目标，进一步完善银行业组织体系。在督促大型银行深化改革的同时，重点抓好法人银行业机构的达标提升和发展方式转型，全省银行业综合竞争能力显著增强。一是银行业机构布局更趋合理。股份制银行和城商行向下延伸加速，新型农村金融机构设立步伐加快，汇丰银行唐山分行已获准筹建，非银行金融机构稳健可持续发展，新奥、开滦集团财务公司开业，河北钢铁集团财务有限公司获准筹建，并消除了33家金融机构空白乡镇，实现了全省乡镇银行业金融机构全覆盖。二是农村合作金融机构改革进一步深化。股权改造超额完成全年目标，农村商业银行组建步伐明显加快，信用社达标升级和风险处置稳步推进，历史遗留问题有了突破性进展，农村合作金融机构主要监管指标进步度名列全国前茅。三是城商行经营和风险防控能力大幅提升。在督促城商行转型过程中，及时控制了风险，使资本充足率、拨备覆盖率明显提升，不良贷款率持续下降。四是外资银行经营管理能力明显增强，东亚银行石家庄分行2011年扭转了持续亏损状态，存贷款业务获得快速增长。

（河北省银监局　周绍伟）

【国家开发银行河北省分行】　2011年，国家开发银行河北省分行积极贯彻省委省政府有关要求，认真学习省第八次党代会精神，紧紧围绕政府重点热点难点，充分发挥开发性金融引领作用，面对全国贷款规模紧缩形势，积极争取总行政策倾斜，引导省内外资金支持河北省经济社会发展，为建设经济强省、和谐河北积极提供金融服务。截至2011年末，省开行管理资产余额1865亿元，全年向河北投放贷款553亿元，融资支持总量达629.4亿元，非个人中长期贷款和外汇贷款新增位居省内同业首位；国合业务实现跨越式发展，外汇贷款余额15.91亿美元，较年初增加14.6亿美元；缴纳各类地方税收4.4亿元。

（一）集中资源保重点建设，支持“资金链”不断。2011年，省开行利用有限的资源规模，发挥综合业务优势和特点，引导社会资金，扩大融资总量，发挥资源的最大效能和撬动作用，集中资源重点支持青银高速、京沪高速铁路、华润电力等重点项目建设，发放贷款364亿元，占全年发放总量的78.5%；积极助力产业结构调整与转型升级，支持英利光伏产业链、河北建投新能源、华北制药新制剂、张家口风电等项目建设。坚持“雪中送炭”，服务解决政府难点，积极支持了河北沿海经济带和环京津经济圈重点发展，帮助解决了曹妃甸、北戴河暑期工程融资问题等。

（二）推进规划先行，深化开发性金融合作。河北省政府与开发银行总行3月份在北京举行高层联席会议，签订了《开发性金融合作备忘录》，确定“十二五”期间3660亿元合作项目，明确了“十二五”期间银证合作总体框架。省开行还全程参与《河北省“十二五”发展规划》、《河北沿海地区发展规划》编制，助力推动河北省沿海规划上升为国家战略；与省住建厅合作完成《河北省“十二五”小城镇发展战略规划研究》，实现全省969个村镇规划全覆盖；与省发改委联合编制省级“十二五”系统性融资规划，并下发实施。与省发改委建立季度联席会议制度；与省金融办建立定期报告制度；与商务厅、财政厅等主动沟通协商工作。与河北省11个地市推动召开联席会议，与保定、张家口签订新一轮开发性金融合作协议。选派18名业务骨干赴省发改委、金融办、11个地市和4个乡镇交流实地挂职。

（三）发挥综合业务优势，巩固开发性金融作用。2011年3月，与河北钢铁集团、开滦集团分别签订600亿元战略合作协议；利用“贷债交互”模式成功解决河北钢铁集团、开滦集团、英利集团融资困难，为河北钢铁发行150亿元中票，为开滦集团发行19亿元短融，并在融资租赁、财务顾问、海外并购、IPO等方面展开合作，帮助河北省重点企业解决融资困境。2011年实现银团及信托业务工作量89.81亿元，完成首钢京唐钢铁、曹妃甸煤码头续建、张石保定段等已签银团协议贷款发放；组建荣乌高速分组银团贷款、河北省水务集团银团贷款，与金融同业组建6个流动资金银团贷款。

（四）服务“和谐河北”，促进普惠民生。应省委省政府要求，省开行积极支持河北省保障性住房建设，与省住建厅等部门研究，实行总分行联动，创新融资模式，授信168.84亿元，用于全省公租房、廉租房项目建设，当年发放贷款21.15亿元，累计发放保障房贷款51.3亿元。同时，克服人力少、机构少等困难，创新解决中小企业“融资难”问题，优化中小企业贷款结构，全年发放中小企业贷款43.6亿元；发放水利建设贷款3亿元，支持农田水利建设；主动融资支持地市政府应对突发事件，发放应急贷款0.9亿元，支持了承德、张家口等地市抗旱保春；发放助学贷款985万元，贷款余额达4615万元，帮助1893名家庭贫困学生走进大学。

（五）帮扶企业“走出去”，推动国际合作业务大发展。省开行积极推动省内重点企业“走出去”，助力企业开拓国际市场。向河北钢铁、华北制药、庞大汽贸集团等一大批企业发放外汇贷款12.4亿美元；积极服务国家战略，向玻利维亚卫星项目发放贷款0.41亿美元，向秘鲁国际银行发放贷款3000万美元、秘鲁大陆银行5000万美元，秘鲁信贷银行1.5亿美元。同时，省开行还积极推进国际规划咨询和跨国规划，在国家领导人见证下，与玻利维亚、秘鲁等国政府签订《规划咨询协议》，挖潜国际合作业务新优势。

（国家开发银行河北省分行　许　强）

【农发行河北省分行】　2011年，中国农业发展银行河北省分行以科学发展为主题，以转变发展方式为主线，按照年初确定的"创新发展年"要求，紧紧围绕全省新农村建设，实施"两轮驱动"，加大支农力度，有效防控风险，强化经营管理，狠抓创先争优，加强队伍建设，各项工作均取得较好成效。

——业务实现较快发展。全年累放各项贷款334.18亿元，同比多放80.2亿元，增幅32%。年末，贷款余额达到650.95亿元，比年初增加33.4亿元，贷款余额首次突破650亿元。在业务较快发展的同时，贷款和客户结构也得到进一步优化。各项存款日均余额达194.27亿元，排名全国第8位，其中企事业单位和财政存款比年初增加12.88亿元。

——资产质量持续改善。不良贷款余额4.2亿元，较年初下降5.4亿元；不良贷款占比0.65%，较年初下降0.92个百分点，首次降至1%以内，连续多年实现了不良贷款"双降"。

——经营绩效稳步提升。全年实现利润13.3亿元，创历史新高，同比增盈2.98亿元，超总行下达利润计划47.5%。

——队伍建设成效明显。党的建设、领导班子和员工队伍建设、党风廉政建设和企业文化建设得到加强，干部队伍的凝聚力、战斗力进一步增强。七一前夕，农发行河北分行党委被总行党委授予"先进基层党组织"。

（一）信贷支农。认真执行中央经济金融、强农惠农政策和总行信贷政策，加大支农力度，优化贷款投向，在支持和服务全省新农村建设中，努力实现了业务的有效发展。一是积极支持粮棉油收储。年末，各级粮油储备贷款余额比年初增加26.9亿元，增幅达30%，进一步增强了各级政府对粮油市场的调控能力。坚持在"不打白条"的前提下防控风险的指导思想，积极支持市场化收购，全年累放准政策性粮棉收购贷款112.84亿元，同比增长7.5%。二是大力支持农业农村基础设施建设。全年累放农业农村基础设施建设等中长期贷款113.1亿元，同比多放15.21亿元，中长期贷款到期贷款收回率达到100%，利息收回率达到99.51%，有力促进了农业农村生产生活条件及生态环境的不断改善。农发行河北分行贷款支持的迁安市三里河生态廊道项目，继2009年获得"国家人居环境范例奖"之后，2011年再获第四届世界建筑节"世界景观奖"殊荣。三是择优支持农业产业化经营。择优支持农业产业化龙头企业和加工企业并加强贷款管理，累放农业产业化龙头加工企业、农业科技、农业小企业等贷款44.22亿元，较上年增加9.29亿元，带动了农业增效和农民增收。

（二）资产质量。面对复杂多变的经济金融形势，始终把防范化解风险放在突出重要位置，不断增强风险意识，坚持防控和清收并重，努力提升发展质量。一是前移风险关口。充分利用CM2006和信贷信息核查系统，及时预警、排查、处置各类风险信号。对全辖725家客户、465亿元贷款进行了全面风险排查，为调整优化客户结构奠定了基础。二是完善防控机制。发挥二级分行风险管控平台作用，把县级支行现场检查和省市分行非现场监测、重点检查有机结合起来，构筑了三级行联动、全方位监测处置风险体系。三是做好收贷工作。2010年度准政策性小麦收购贷款已实现"双结零"，玉米收购贷款基本"双结零"，棉花收购贷款连续四年实现本息"双结零"。四是大力清收不良贷款。全年共清收处置不良贷款6.06亿元，进一步减轻了历史包袱。

（三）业务经营。坚持解放思想，更新理念，开拓视野，把创新作为发展的动力源泉。创新发展思路，完善管理机制，内在经营活力得到了提升。一是创新发展思路。年初农发行河北省分行党委将2011年确定为全行的"创新发展年"，制定了《2011—2015年发展规划实施纲要》，明确了该行今后五年改革发展的指导思想、发展目标和具体要求。二是积极探索实施区域化发展策略。围绕全省"十二五"发展规划确定的区域经济发展战略，研究制定了《河北省分行信贷政策指导意见》，实行因地制宜、各有侧重的区域信贷政策和投向策略。三是完善激励约束机制。修订完善经营绩效考评办法，坚持实施并不断完善专项量化考核，继续与市级分行行长签订经营绩效目标责任书和党风廉政建设及安全保卫责任书等。四是创新制定考核办法。制定并实施了《县级支行领导班子成员多维度考核评价办法》，充分调动正副职工作的积极性和主动性。五是创新取得三硕成果。积极创新工作方式方法，制定的《贷款主要行业和大客户风险监控管理暂行办法》和《国际业务筹备指引》，分别被农发总行有关部门以正式文件形式印发全国予以推广。

（四）基础管理。坚持精细化管理，着力固本强基，为全行业务又好又快发展奠定了坚实的基础。一是加强资金计划管理。信贷资金运用率达到99.8%，继续保持较高水平。二是加强信贷基础管理。制定下发《信贷业务操作管理暂行办法》；修订完善《贷款审查委员会工作规则》。三是大力增收节支。全年各项贷款利息收回率达到94.11%。四是加强合规管理。深入开展了"合规管理年"活动，细化活动方案，编印了《合规管理速查手册》，层层落实违规积分管理，增强了员工合规经营的自觉性。2011年，全行共计积分142人次、263分。

（五）队任建设。一是深入开展创先争优活动。研究制定了《2011年深入开展创先争优活动工作方案》，进一步细化活动措施，丰富活动载体。二是加强班子队伍建设。有针对性地举办了全省信贷独立审查官等重点培训，组织了中高级管理人员上海培训班，进一步拓宽了领导干部的视野。三是加强和改进思想政治工作。为切实增强思想政治工作的针对性，在认真贯彻落实员工思想疏导六大机制的基础上，开展了员工思想动态问卷调查活动，新增了对员工心理压力情况的测试，细化了员工思想隐患排查措施，理顺关系，化解矛盾，进一步凝聚了改革发展合力。四是推进企业文化建设。认真学习贯彻十七届六中全会精神，制定了《企业文化 2011—2015 年发展规划实施意见》，突出抓好柜员文化建设，建立了 19 个柜员文化建设示范行，较好地发挥了示范带动作用。

（农发行河北省分行　郭　宁）

【工行河北省分行】 2011 年，工行河北省分行积极贯彻落实省委、省政府和工总行的各项决策部署，各方面工作保持健康发展良好态势，充分发挥了支持河北省经济社会发展的“排头兵”作用。截至 12 月末，全行资产总额达到 4653.99 亿元，较年初增加 60.61 亿元。人民币各项贷款余额 2650.11 亿元，继续保持同业首位，较年初增加 274.53 亿元；含信用卡融资全口径贷款余额 2691.62 亿元，较年初增加 299.85 亿元，增量居工行系统第 8 位；全年各项贷款累计投放达到 1148 亿元。人民币全部存款余额 4409.17 亿元，较年初增加 22.96 亿元。不良贷款额和不良贷款率保持双降。实现经营利润 100.69 亿元，增幅 26.72%；实现中间业务收入 37.59 亿元，增幅 42%；实现经济增加值 52.62 亿元，增幅 20.28%，创历史最好水平。

（一）优化信贷投放结构，助推地方经济发展。在认真贯彻落实稳健货币政策的同时，切实增强执行政策的灵活性和针对性，优化信贷投放结构，积极满足地方经济发展需要。一是全力争取加大信贷投放。千方百计为河北争取信贷投放规模，着重就河北需求情况向总行做了专题汇报，进一步争取了总行对河北的信贷规模倾斜，为更好地支持立省强省项目和产业结构优化升级创造了条件。盘活贷款存量，增加融资总量。其中，通过活化不良贷款增加贷款投放 24 亿元；通过收回到期存量贷款调整结构的方式投放贷款 874 亿元，各项贷款累计投放总量达到 1148 亿元。二是重点支持中小企业加快发展。与省工业和信息化厅签订助推河北省中小企业发展合作协议，累计为 908 户中型企业办理融资 423 亿元；积极落实国务院及省委、省政府关于加大对小微企业金融支持力度的各项政策要求，与省金融办、省银监局、省中小企业局签署“全力支持小微企业发展承诺书”，建立“小企业中心＋分中心＋专业支行”特色经营管理体系，在全省设立 100 家小企业专营机构，以 55 个省级特色产业基地、专业市场和大企业、大项目的供应链为重点，累计投放小企业贷款 1998 户、341 亿元，余额突破 430 亿元。三是加大民生领域贷款投放倾斜。严格执行房地产调控有关政策，加大对保障性安居工程信贷支持力度，累计投放城市棚户区改造贷款 5.7 亿元、新农村建设贷款 1.3 亿元。贯彻落实金融支持扩大内需要求，大力发展个人消费、个人经营和以分期付款为主要方式的消费贷款业务，个人贷款新增 95 亿元，增量占各项贷款增量的 38%。四是强化本外币一体化服务。强化河北省“走出去”企业和来冀投资企业本外币一体化金融服务，完成国际结算量 150 亿美元，同比增加 44 亿美元；国际贸易融资累放量达到 18.83 亿美元，同比增加 9.87 亿美元。

（二）持续提升资产质量，努力推动共赢发展。一是加大不良资产清转处置力度。充分利用以物抵债政策资源处置企业不良贷款 2.69 亿元。全年累计清转处置不良贷款 24.31 亿元，年末不良贷款较年初下降 7.57 亿元，不良贷款率降至 1.1%，资产质量进一步提升，腾出更多规模支持河北省经济建设。二是持续推进绿色信贷工程。积极构建支持河北省节能减排长效机制，认真落实国家产业政策和环保政策，坚决执行环保一票否决制，环境友好与环保合格企业贷款占比达到 100%，被人行石家庄中心支行评为河北省银行业金融机构执行绿色信贷、货币信贷政策优秀单位。三是加强信贷风险管理。扎实做好政府融资平台贷款整改工作，积极做好与地方政府、财政、借款主体的沟通协调，平台贷款抵质押担保整改率达到 92.11%，平台贷款中长期合同修订补正整改率达到 100%。

（三）丰富客户联系平台，全力满足多元需求。一是整合个人金融产品统一营销平台，集中开展“大联动、大营销”、“春华秋实”等主题活动，全年共举办“行家有约”、“媒体看工行”、“情满工行”等系列客户联谊活动共 3200 余场次。确定全省 50 家重点专业批发和商贸流通市场，组建专门服务市场个体商户的“工银商友俱乐部” 193 家，发展会员 3.3 万人，提供“存、贷、汇”一体化金融服务，带动储蓄存款稳步增长。与省住房和城乡建设厅签订全省建筑劳务实名制“一卡通”项目（建工灵通卡）合作框架协议，开发投产“河北省建筑劳务实名制管理信息系统”，发行建工灵通卡 15.27 万张，协助政府解决农民工工资拖欠问题。在石家庄、唐山、保定、承德各建成一家贵金属旗舰店，举办“工银金行家”贵金属交易大赛，成立贵金属投资者俱乐部，开办黄金回购和租赁业务，着力满足公众日趋多元化的投资需求。二是在对公客户方面，以社保、新农保、新医保、代理非税收入等民生领域为重点，以社保卡、公务卡、公积金卡等为载体，提供综合金融服务方案。注重深化与金融同业合作关系，积极推动银银平台建设，与省农信联社、各地市城商行共 51 家银行机构签订了银银平台框架协议，为农村金融机构和地方法人银行提供科技和业务支持，让更多客户能够享受到更加便捷的金融服务。

（四）全面加快创新步伐，着力优化金融服务。一是创新金融产品。突破传统单一信贷融资方式，注重加强与工商银行集团旗下工银国际、工银租赁、海外分（子）行内外联动，充分运用信贷＋租赁、间接融资＋直接融资、投行＋商行等多种方式，积极发展 PE、融资租赁、中期票据、短期融资券、金融租赁等业务，通过新的金融产品组合，满足企业融资需求，解决企业项目投资和资本金问题。在省内同业首家推出面向代发工资客户的分期付款专用信用卡—逸贷信用卡，大力推广小企业主和购车消费等专项卡分期业务，分期付款余额达到23.3亿元，对通过消费拉动内需具有重要意义。二是创新经营机制。积极对接河北省“十二五”规划“一圈一带一区一批”发展战略重点，将唐山唐海、廊坊燕郊、沧州渤海新区、保定涿州支行提格为省行计划单列支行，由省行在战略层面上加大支持力度，助力环首都绿色经济圈和沿海经济隆起带开发建设。实施省行营业部竞争力提升改革，在石家庄设立2家省行级重点支行，提升省会城市综合服务能力。三是创新提升服务。开展“改革流程、改进服务年”、“为民服务、创先争优”等活动，完善业务流程，精简业务程序，提高服务效率，开展“治理客户投诉”专项活动，建立星级网点服务管理体系，开展服务明星评选活动，推广网点智能叫号系统，借助行风评议主动征求各界意见，客户投诉总量同比下降51%，零投诉网点占比41%，非特殊情况客户侯时控制在15分钟以内网点占比70%。启动新一轮渠道优化工作，在张家口赤城、沧州海兴、邢台南和等县域启动机构网点恢复工作，调整优化网点84家，新建离行式自助银行31家，投产ATM机1815台，布放POS机2.05万台，进一步提升了客户服务体验。在《燕赵都市报》、河北新闻网等多家省内媒体发起的评选中，工行河北省分行先后以高票获得“2011年度河北消费者最喜爱的银行品牌”和“2011年度河北网民最信赖的银行品牌”荣誉称号。

（五）加强党建工作，积极履行社会责任。积极探索新形势下党建工作的新途径、新思路，以庆祝建党90周年为契机，深入开展创先争优活动，组织“党员下基层助力服务”、“创先争优在身边”等主题活动，召开“两优一先”表彰大会，举办“颂歌献给党”大型史诗音乐会，通过丰富多彩的活动向党的生日献礼，基层党组织和党员队伍凝聚力、战斗力进一步增强。充分发挥工会组织职能，深入推进职工之家建设，唐山唐海支行荣获“全国工人先锋号”荣誉称号，成为全省财贸金融工会唯一荣获这一殊荣的单位。注重加强各层次员工教育培训，队伍综合素质和业务技能大幅提升，在近期人行石家庄中心支行、省人力资源和社会保障厅、省总工会联合举办的河北省金融系统职工技能大赛中，工行河北省分行在全省20支代表队中脱颖而出，荣获团体第一名，两名参赛基层员工分别被授予“河北省五一劳动奖章”、“河北省技术能手”荣誉称号。充分发挥商业银行服务职能，配合人民银行、银监局等部门，深入企事业单位、专业市场、校园社区广泛开展征信、反洗钱、反假币、安全用卡、网上支付等金融知识公众教育活动。积极投身社会公益事业，参加各级政府组织的“三下乡”活动，开展进社区、福利院、学校等系列“献爱心”活动，充分展示“大行大爱”精神，赢得了社会各界的好评。

（工商银行河北省分行　吴　诃）

【农行河北省分行】 2011年，农行河北省分行在农总行领导下，按照河北省委、省政府工作部署，牢固树立科学发展观，充分发挥网点、网络、产品和服务优势，大力支持全省重点区域和重点项目建设，全力做好“三农”金融服务，积极支持中小企业发展，努力提升金融服务水平。同时，加快业务发展步伐，推进经营转型，强化基础建设，全行各项工作实现了健康、平稳、有效发展。到2011年末，全行资产总额达到4624.6亿元，比年初增加343.9亿元；负债总额达到4546.6亿元，比年初增加329.5亿元。各项存款达到4406.13亿元，比年初增加308.87亿元，存款总量居四大行首位。各项贷款达到1815.15亿元，比年初增加183.8亿元。不良贷款率1.51%，比年初下降0.19个百分点。

（一）大力支持重点区域和重点项目建设。一是加大对重点工程和重点项目的贷款支持力度。该行以省、市、县三级核心客户群建设为抓手，重点围绕唐山重工业基地、曹妃甸工业区、秦皇岛港口区、沧州渤海新区、廊坊信息产业基地、保定“中国电谷”、石家庄石化及生物产业基地等重点区域，突出对基础设施、钢铁、电力、石化、能源等重点行业和重点项目的信贷支持，全力助推河北省经济社会发展。2011年末，全行法人客户实体贷款达到1362.74亿元，比年初增加142.62亿元，占总增量的77.6%，同比提升9.47个百分点。二是推进重点区域优先发展。持续加大重点行改革力度，推进省分行营业部、唐山、廊坊三家重点城市行和30家重点县域支行快速发展，促进全省重点区域经济发展。2011年末，三家重点城市行各项贷款比年初增加77.24亿元，占全行总增量的42.02%；30家重点县域支行各项贷款比年初增加75亿元，增量占比58.1%，增速17.2%。三是加大投资银行等新兴业务金融服务力度。该行在对客户进行贷款有力支持的同时，努力为企业提供全方位综合服务，特别是在信贷规模压缩的情况下，积极发展短期融资券、中期票据、定向工具等债务融资工具产品，有效拓宽客户融资渠道。同时，为客户提供常年财务顾问、融资顾问、理财顾问、企业年金、改制上市财务顾问等理财服务，有效节约企业财务成本。到2011年末，共为30户大型企业进行理财服务，累计定制30期、76.9亿元理财产品。

（二）全力做好“三农”金融服务。2011年末，农行河北省分行县域各项贷款比年初增加129.1亿元，占全行总增量的70.2%，增速19.8%，高于全行平均水平8.5个百分点。服务“三农”工作得到了河北省省委省政府和监管部门的高度肯定。支持新农村建设工作受到河北省金融办、人民银行通报表彰，并获支持县域中小企业发展金融工作优秀奖、支持农户小额信贷工作优秀奖、优化农村支付环境工作优秀奖三项奖励，与农总行联合研发的县域中小企业产业集群多户联保信贷产品在2011国际优秀中小企业服务商大会上获“2011年度优秀中小企业产品大奖”。一是加大对县域重点领域的信贷支持力度。积极支持农业产业化发展，全省支持农业产业化龙头企业124户，投放贷款45.2亿元；对国家级、省级龙头企业的服务覆盖率分别达到93%、66%。积极支持县域中小企业发展，县域中小企业贷款达到278.1亿元，比年初增长

22.8%，高于全行贷款平均增幅11.5个百分点。积极支持农产品批发市场、商品城和物流园区等商品流通市场项目，全年新投放县域商品流通市场贷款5.6亿元。积极做好环首都绿色经济圈和蔬菜产业金融服务，全年新投放涉蔬贷款19亿元。二是努力做好农户金融服务。该行在以惠农卡为载体、以农户小额贷款为驱动的农户金融发展模式下，依托新农保等代理项目实现惠农卡批量发卡，全行共发放惠农卡315万张，全省农户覆盖率达到13%。以结构调整为主线，稳步推进农户贷款业务发展，共向36万农户授信119亿元，贷款余额57.9亿元。在全省率先开办银行卡助农取款服务，已在22个县设立助农取款服务点3203个，交易笔数达到27万笔，交易金额6100万元。三是加强县域业务资源配置。对三农业务单独安排费用预算，加大固定资产、费用资源配置力度，在县域布放自助银行343个、自动取款机和存取款一体机1406台、转账电话14.7万部，分别占全行的60.7%、60.2%、74.2%。优先安排人力资源配置，全行新招大学生近80%分配到县域支行。

（三）积极支持中小企业发展。2011年末，农行河北省分行共支持中小企业客户1522户，贷款余额519.7亿元，占法人客户贷款余额的41.7%，同比提升1.05个百分点；比年初增加72.2亿元，占全部法人客户贷款增量的48.5%；贷款增速16.1%，高于全部贷款增速4.97个百分点。一是实行集中化经营。该行在省、市分行均成立了小企业金融服务专营机构，配备了专职人员，实行“一站式、专业化”的经营模式。研发专门产品，推出了简式快速贷款、自助可循环贷款等适合小企业的特色产品，实行评级、授信、用信一次审批，有效缩短决策链条。二是落实专项资源。对中小企业信贷业务，实行专项资源管理，单独核定任务计划、单独配置信贷规模、单独配备人员、单独进行考核，为做好小企业金融服务提供有力保障。三是严控风险。加强小企业贷款的全过程管理，在实际工作中，逐步探索、总结出了信贷业务调查的“二十二字方针”和“两谈、三查、四看、五确认”的基本调查方法，总结出了“七个门槛”、“六个不贷”的客户准入制度等，严控小企业风险。

（四）努力提升金融服务水平。一是加快推进网点转型。全面推进网点装修改造步伐，按新标准装修改造的营业网点达到602个，新装修网点全部实现了网点功能合理分区；努力改善网点形象，具备条件的网点已全部更新LOGO标识，客户现场体验和服务品质大幅改善。完善客户服务模式，建立了财富中心、理财中心、理财区三位一体的立体式高端客户服务模式和专业理财师队伍。合理设置网点劳动组合，推进后台集中作业，持续优化柜面业务流程，提高客户服务效率。加强网点客户经理、大堂经理队伍建设，推进网点文明标准规范化服务，努力提升客户服务质量和服务水平。二是加快电子化渠道建设。加快电子银行业务发展，全年实现电子银行业务收入5.23亿元，同比多收1.65亿元，四大行市场份额56.14%，居首位。加快银行卡业务发展，全行借记卡总量达到1940万张，全年新增251万张，居同业第一位。加大自助设备布放力度，共上线运行ATM机2334台，安装布放转账电话19.8万台。到2011年末，全行电子渠道交易占比59.4%，较年初提高8.09个百分点，有效缩短了客户排队等待时间，使社会公众享受到了方便快捷的金融服务。三是积极提供多样化金融产品和服务。加强“五金”系列产品品牌建设，构建丰富的金融产品体系，通过加强产品组合销售，为客户提供全方位、多样化增值服务。积极发展以个人住房贷款业务为核心的个人综合授信业务，2011年末，个人贷款余额达到400.58亿元，比年初增加86.69亿元。适应现代经济社会发展，大力发展中间业务，全面满足客户金融消费需求。全年累计代销基金86亿元、实现代理保险手续费收入2.33亿多元、新增第三方存管开户数近7.6万户、代销黄金840公斤。

（五）强化基础建设，努力打造和谐农行。一是继续推进全面风险管理。积极落实贷款新规则，加强政府融资平台整改，持续强化贷后管理，有效防控各类信用风险。实施了以作业集中、监控集中、授权集中为重点的“三大集中”现代运营管理体系建设，操作风险管控水平不断提升。突出重点环节，严控安全保卫以及法律、声誉等风险。二是强化内部控制和案防工作。该行以农总行“基础管理提升年”、银监会“银行业内控和案防制度执行年”等活动为契机，强化合规教育，严格管理、从严治行，案件防控和合规管理水平进一步提升，内控评价上升为一类行，实现了无重大责任性事故、无重大违规案件的目标。三是大力推进干部和员工队伍建设，队伍素质和凝聚力进一步增强。

（农行河北省分行　王冬生）

【中国银行河北省分行】　2011年，中国银行河北省分行本外币资产、负债规模分别达到3553亿元和3512亿元，均较年初增长15%。考核利润突破50亿元。本外币净收入达到110.2亿元，拨备前营业利润67.5亿元，税后净利润47.1亿元，实现考核利润53.8亿元，同比增长22.6%，提前一年实现总行要求考核利润突破50亿元的发展目标。负债规模突破3500亿元。全行人民币各项存款余额达到3532亿元，较年初新增554亿元，在总行系统内排名第6位，在省内四大行排名第2位。中间业务收入突破20亿元。实现中间业务收入23.36亿元，增幅为60%，占全部净收入的21%。公司金融条线中间业务收入17.59亿元，个人业务条线中间业务收入5.77亿元。贷款规模突破2000亿元。人民币各项贷款余额2160亿元，较年初新增227亿元。不良资产余额12.24亿元，不良率为0.55%，持续“双降”。

（一）结构调整。全行围绕发展调结构，在业务、网点、客户结构上，实现优化调整。业务结构更趋优化。省行统筹信贷资源，加强定价管理，加快业务结构调整，贷款定价和利率水平不断提高。人民币公司贷款、个人贷款平均利率达到6.62%和6.98%，分别较2010年平均利率提升143个BP和159个BP。高生息资产增加433亿元，增长20%。中小企业授信余额增幅达到22%，在全部对公授信中的占比提升2.5个百分点。本外币存款中活期存款占比提升1个百分点，资金成本得到优化。全行净息差为2.72%，同比提升8个BP。机构布局更加合理。加快网点资源向中心城市和重点区域集中，建设布局科学、结构合理、覆盖全省的网点基本服务渠道，2011年增设机构14家，86家分理处升格为支行，城区网点占比达到65.3%，较年初提升1.1个百分点。客户总量持续提升。全行公司金融客户总数达到8万户，较年初新增1.37万户。企业网银客户达到4.36万户。个人网银客户达到181万户。实现企业网银交易量3.2万亿元，个人网银交易量1730亿元，同比增长均实现翻番。

（二）创新工作。全行围绕提高业务发展水平和产品市场竞争力，加强和鼓励创新，持续改进基础工作，加强制度建设，优化研发流程，新产品立项决策链条明显缩短，员工创新意识显著提高。2011年，在全行众多创新项目中，共评议产生省行产品创新奖13个，管理创新奖10个。其中，入围总行"中银创新奖"项目达到11个，创新工作不但实现历史性的突破，在系统兄弟行中也名列前茅。全年共有17项产品创新项目完成投产，7项管理创新项目报备投产，新产品的高效投产，有效缓解了授信业务的规模压力，推动了存款和中间业务发展。管理创新项目的投产，对提升全行风险内控水平和工作效率，作出了重要贡献。

（三）系统运行。新系统上线后，实现了全行一本账，系统和数据高度集中，前中后台科学分离，业务流程得到优化，使"前台操作后台化、后台操作工厂化"。全辖实施了综合柜员制，并对20项后台业务进行集中，形成规范统一的管理方式和运营模式，提高了工作效率，节约了运营成本。新系统上线后，整合公司金融、个人金融渠道资源，业务功能更加完善，实现了全产品线销售。电子渠道高效、方便、快捷的优势得到充分发挥。新系统上线后，全行认真开展"五找一优"活动，强化新线下26个风险环节的梳理和落实工作。实现了新线下的事后监督转型，整合界定业务经理职责，开发了BGL监控系统、总账监控系统和监控预警平台，建立起流程、系统、现场相结合的全面动态风险防控模式，风险控制关口前移，风险管控能力得到提升。

（四）内控工作。继续深入开展管理达标工作，制定《业务操作指引》，在全行开展"落实操作指引，纠正违规行为"、"治理重点问题"专项活动，操作风险管理水平得到提升，促进了全行工作的标准化和规范化。开发投产监控预警及内控管理平台系统，在全省进行推广，实现对辖内机构和业务的持续监控，对异常交易、违规行为和疑似案件及时预警，对各类风险反应迅速，监督检查的时效性和针对性不断提高。建立内控联动管理机制，统筹整合并有效利用检查资源，检查成本大幅下降，共同防查治理，形成风险管控合力。通过各项活动开展，基层机构和员工的制度传导执行力得到加强，重点风险问题得到有效治理，遏制了重大违规现象的发生。

（五）网点效能。以"加强网点建设、提升网点效能"为指导，深入开展网点标准化建设，加快推进网点转型，在全辖建设了一批规模大、功能强的大中型网点。年末，全行大中型全功能网点达到77家，占网点总量的16.6%。已开办公司金融业务的网点344家，开办率达到74%；网点公司金融业务转型成功279家，转型成功率达到60%。实施机构分级、动态管理，网点单产不断提高，全行网均存款达到7.77亿元，较年初提高1.13亿元。在全辖持续开展技术练兵和技能比武活动，员工业务技能不断提高，网点文优服务水平显著提升。

（六）队伍建设。突出以人为本，加强"管理者、专业技术和技能操作人员"三支队伍建设，积极推进全员队伍的结构调整。实施了"管理培训生"项目，在全行竞聘选拔了142名35岁以下、全日制本科学历以上的优秀青年人才，作为全行中、基层管理人员及中高级专业技术人员后备，进行重点培养。明确了专业技术人员的定位、职责和权限，制定准入、培养、晋升和退出机制，重点加强对客户经理、风险经理等各类经理队伍建设，提高其专业技能。逐步实施等级柜员制，有效拓宽前台一线柜员的薪酬晋升空间和发展通道，实现持续激励。开展全员培训，结合业务发展，建立培训长效机制，全员综合素质得到提升。

（中国银行河北省分行　刘　东）

【建行河北省分行】 2011年，建行河北省分行坚持以科学发展观为指导，认真贯彻落实总行党委各项部署，以"争先进位、跨越发展"为重点，以"保平安、拓市场、调结构、增效益"为主线，在改革中求突破、在竞争中求发展，深化改革创新，强化基础管理，促进了业务健康较快发展，较好地完成了各项工作任务。至年末，分行全口径存款比年初新增565.9亿元，系统第六、同业第一。各项贷款比年初新增321.5亿元，系统第六、同业第一。全年实现中间业务收入34.6亿元，比上年增长34.3%，系统第九、同业第二；实现账面利润63.2亿元，创历史最好水平。五级分类口径不良贷款额率实现双降。全年未发生案件和重大风险事件。

（一）主营业务快速发展。资产业务稳健发展。大力支持传统优势产业及战略新兴行业，加快推进新农村建设项目，加大卫生、教育、文化等行业信贷业务拓展力度，推进重点行业、专业市场、核心企业供应链内小企业业务发展。至年末，对公人民币贷款较年初新增192.1亿元，同业第一。继续巩固房改金融业务领域优势，推动个人住房贷款、消费经营类贷款发展，产品覆盖度不断提高。至年末，个人贷款余额比年初新增118.4亿元，房地产开发贷款比年初新增20.5亿元，均居同业第一。负债业务增速加快。对公存款方面，多措并举努力提高资金沉淀占比，通过账户拓展带动存款增长，全力吸收外汇资本金。至年末，对公存款余额首次跃居同业首位。个人存款方面，抓源头、抓代工、抓服务、抓高端，个人存款稳定增长；借助理财产品做好资金回流；利用借记卡、转账电话抓储蓄、结算资金沉淀。至年末，个人存款较年初新增

226.0亿元，新增市场占比31.2%，为9年来最好水平。中间业务逐步做强。通过拼市场、做产品、重激励等方式，持续加大中间业务拓展力度。打造全面金融解决方案品牌，大力发展新型财务顾问业务、债券承销及新兴融智类投行业务，持续加大借记卡、投资理财类产品的营销力度，组织开展电子银行产品推介活动，不断加大钻石/白金卡、卓越龙卡等的营销推进力度，积极拓展购车分期、家装分期等业务。客户基础得到夯实。开展“客户营销服务季”和“争先进位收官季”等活动，坚持大中小并举的发展战略，扩大客户基础。统筹兼顾新增客户拓展和存量客户维护的关系，客户基础进一步夯实。

（二）发展方式加快转变。信贷结构不断优化。准确传导总行信贷政策与风险偏好，细化结构调整方案，严控“两高一剩”、“名单制”行业及政府融资平台等敏感领域信贷投放，通过审批控制风险并引导信贷结构调整，利用区域差别化政策满足优质客户融资需求，继续加大力度发展小企业、微小企业和个人贷款业务。资产质量稳步提升。持续加强资产质量管控，提升资产质量的真实性；进一步完善平行作业制，深入落实贷款新规，做好贷后管理工作。建立资产质量管控的主动应对和动态调控机制，确保了资产质量持续向好。进一步加大不良资产清收处置力度。渠道建设持续加强。加快物理网点建设，全年落实网点装修项目142个，其中新设机构项目12个。加强客户经理队伍建设，选聘优秀人员充实客户经理队伍。加大自助设备投放力度，开展低效设备搬迁改造活动，推进自助渠道专业化集中管理；进一步加快电子银行发展步伐，加快E商贸通、网上招投标、短信约定账户转款等典型案例的应用推广，渠道分流作用明显提升。

（三）改革创新继续深化。体制改革成效初显。积极探索实施事业部制改革，年内实现事业部在4个分支行挂牌试运营，初步实现了从“部门银行”向“流程银行”转变。积极推进私人银行建设，实现了私人银行机构对11个地市的全覆盖。机制创新深入推进。深入研究事业部运营中的机制建设问题，继续做好深化前后台业务分离项目全省推广及上线后业务运营管理，深入推进柜面劳动组合优化调整工作。进一步完善社区金融服务机制，走进批发结算市场、产业集群、住宅小区等开展社区营销，创新服务功能，较好地满足了客户日益增长的金融需求。产品创新能力增强。做好金融IC卡推广工作，推出账户银、账户铂等新产品，积极推进私募股权投资基金等创新业务，加强供应链产品组合创新和推广复制，以及第三方支付、网银在线等产品营销，推广“支付盈”、“代付盈”等跨境人民币产品，创新“专利权质押贷款”、“小额组合贷款”和中小企业信托受益权转让集合理财产品，推动面向产业集群的“箱包通”和商圈卖场“租贷通”产品应用，有效满足了客户的融资需求。通过加大对商贸客户融资力度，推动了“E商贸通”业务发展。

（四）基础管理得到夯实。重视操作风险防范。对操作风险关键风险点和重点环节部位进行监控检查并组织互查，建立了操作风险分析例会制度，对操作风险管理、内控情况、新出现问题进行动态分析研究，采取有针对性的管控措施。加强会计基础管理，通过大讨论、劳动竞赛、结对帮扶等活动，有效提升了会计及柜面员工的风险意识和合规操作意识。设立营运风险管理团队，研发稽核模型，促进了规范操作，防范了风险隐患。强化案件风险管理。建立健全案件防控工作责任制，梳理完善制度、流程，提高案件风险防范和内控管理水平。围绕“八大突出案件风险”专项治理活动开展定期和集中排查，特别突出易发案件风险和屡查屡犯部位。建立健全案件风险防控长效机制。积极配合审计工作，强调问题的系统性整改，确保了审计整改落实到位。加强平安建行创建。加强安全生产监督管理，加大安全检查力度，严格落实消防安全责任制，完善远程监控设施建设，推进“平安建行”创建活动。强化声誉风险管理。妥善处理信访问题，配合地方政府做好维稳工作，多措并举保安全、保稳定。扎实做好信息系统基础环境管理和日常维护，为业务活动提供了可靠的系统保障。

（五）队伍建设进一步加强。创先争优深入开展。落实中央和总行部署安排，认真开展“为民服务创先争优”活动。通过“三亮、三比、三评”，充分发挥共产党员的示范带动作用，做好经验分享和先进典型宣传工作。队伍建设持续强化。进一步加强各级班子建设，严格执行民主集中制，组织开展了“学规定、知禁令、作表率”领导人员廉洁从业主题教育活动，持续推进反腐倡廉工作机制。加大对基层机构人力资源结构调整力度，优先向金融资源丰富和人员紧缺的机构倾斜。坚持分级分层培训，加强区域合作与交流，员工队伍综合素质和履岗能力有效提升。工作作风有效转变。加强省分行本部效能建设，加强对基层工作的指导。特别是党员领导干部充分发挥表率作用，转变工作作风，深入实际、深入基层开展调查研究，认真解决实际问题。和谐建行氛围浓厚。深入开展劳动关系和谐企业创建，继续深化民主管理和行务公开，充分保障了广大员工的知情权、参与权和监督权。以“践行核心价值观，促进科学发展”系列主题活动为载体，不断深化企业文化建设。围绕全行改革发展，深入开展建功立业活动。认真落实离退休人员“两个待遇”，开展送温暖、献爱心活动，和谐氛围日渐浓厚。

（建行河北省分行　史庆辉）

【交通银行河北省分行】　2011年，是国家“十二五”规划和总行“倍增计划”开局之年，是交通银行河北省分行三年发展规划的起步之年。2011年，面对国际经济形势动荡不稳，国内货币政策持续收紧，风险管理形势严峻等诸多困难，在总分行党委的正确领导下，交通银行河北省分行认真实施“走国际化、综合化道路，建以财富管理为特色的一流公众持股银行集团”的发展战略，全体干部员工上下一心，攻坚克难，推动各项业务在连续多年高位运行的基础上，继续取得了良好经营业绩。

截至2011年末，河北省分行本部本外币资产总额达到824亿元，较年初增加121亿元，增长17.21%。人民币各项存款余额756.4亿元，较年初增加106.8亿元；人民币对公存款余额535.1亿元，较年初增加81亿元。外币各项存款余额18834万美元，较年初增加5870万美元。全年实现经营利润16.3亿元，实现拨备后利润16.2亿元。

（一）全力以赴营销，业务快速发展。2011年，全行上下坚持加快发展的决心和信心不动摇，突出重点，创新思路，持续加大市场营销力度，良好的营销机制和氛围促进河北省分行各项业务持续快速发展，取得了新的成效。

负债业务稳步增长，存款长效机制初步形成。2011年，面对政策与市场双重压力，把破解存款业务发展瓶颈作为经营管理工作的重中之重，推新思维，凝心聚智，果断采取了一系列抓存款的有力措施，初步形成了存款长效发展的五项机制。一是以开门红竞赛、对公存款争霸赛和对私储蓄冲刺赛等系列活动为抓手，形成了存款发展的良性竞争机制。二是以客户为中心，坚持新户拓展和老户挖潜并重，一方面依托产业园区、行业协会、金融同业等各种平台，积极拓展了一批优质中小客户，为存款业务增长积聚了后劲，并对拆迁补偿款、破产清算资金等项目进行了成功攻关，推动机构事业存款稳定增长；另一方面加强客户关系管理，深入挖掘公、私条线对本行依存度较高的存量客户存款潜力，提高贡献度，增强存款稳定性，形成了存款发展的客户保障机制。三是加快产品和金融服务创新，依托现金管理和供应链竞争优势，增加企业结算存款，并通过保证金及代付资金沉淀留住存款；借助总行签约型理财产品的销售，促进储蓄的月末回流，积极拓展代发工资和第三方存管业务，大幅提高代发资金留存率及第三方存管资金回流率，形成了存款发展的产品拉动机制。四是大力吸收新领域存款，积极争揽各类托管、存管资金和金融要素市场新型存款，着力资本市场IPO收款行营销，形成了存款发展的市场提升机制。五是积极落实总行“一个交行、一个客户”要求，加强公司、零售板块联动，形成了存款发展的板块联动机制。

公司与机构业务主体支撑作用显著。到2011年末，公司板块列入总行绩效考核和专项考核的22项指标中，19项指标完成全年计划。一是通过搭平台、拓渠道、抓产品，全方位推动对公存款稳定增长。大力推进金融社保IC卡业务，确定发卡意向30万张；与省出版集团、石家庄烟草、省工商局合作成功上线了跨行资金管理平台、银烟通系统和工商验资通系统，实现了系统性大额资金归集；与邢台、张家口市政府、与石家庄海关、与石家庄一卡通公司分别签署了银政战略合作协议、银关战略合作协议和排他性资金监管协议；借助蕴通供应链，大力拓展了一批优质中小企业客户，全年新开公司客户4228户，客户基础得到进一步夯实。到2011年末，人民币对公存款余额535.1亿元，较年初增加81亿元。二是大力发展创新型业务，以投行业务为代表的新型业务的拉动作用日趋增强。积极推进企业债务融资和配套服务业务，努力推进PE私募股权融资业务；三是以进口开证、结构性进口代付、国内信用证、对外担保等国际业务重点产品为抓手，有效拉动存款、中间业务收入等快速增长。全年办理国内信用证125亿元，累计实现国际结算64.2亿美元。多举措大力发展离岸业务，使其成为河北省分行支持当地企业“走出去”、领先于当地同业的特色业务，全年累计实现离岸结算量17.4亿美元，同比增长79.2%。

深耕零售“沃土”，多渠道做大做强个金业务。把AUM规模的持续增长做为衡量个金业务健康发展的重要标志，以客户在河北省分行钱包份额的不断增加为依托提高市场综合竞争力，以储蓄存款、个人贷款、得利宝、黄金、保险、基金、国债、三方存管等业务的协调发展为手段促进AUM余额的稳步增长。以提高综合效益为目标，大力发展POS机业务和信用卡业务。全年新布放POS机具2500多台，商户结算交易量达132亿元，同比增加46亿元；准确把握贵金属持续升温的市场行情，联合国金黄金等公司高频率组织贵金属展销会，加大“沃德金”、“收藏金”的营销力度。

（二）优化经营结构，发展质效增强。科学把控投放节奏，信贷结构更趋合理。严格执行信贷政策，新增贷款多集中在交通运输、机械电子、装备制造等优势行业及新能源等领域，平板玻璃、煤化工、风电设备等限额管理行业贷款增长得到有效控制，钢铁行业贷款占比大幅下降；资产结构不断优化，1—8级授信客户贷款占比达到97.5%，较年初上升0.43个百分点；总行考核的8个行业全部达到占比区间；加大对零售信贷投入力度，近一半的信贷资源用到了小企业和个贷业务，年末零售信贷行内占比达到17.1%，较年初提高3.25个百分点。大力实施绿色信贷工程，积极支持企业节能减排技术创新和改造项目，《金融时报》、《科技日报》等多家媒体将河北省分行作为全国金融系统的绿色信贷先进典型进行了重点报道。

中高端客户有效增长，客户结构分层持续改善。“蕴通财富”品牌效应进一步扩大，蕴通供应链实现突破增长，领汇财富高端客户新增44户，企业年金客户新增297户，航运金融高端客户新增3户。加大高端客户专享理财服务和增值服务力度，推动私人银行、沃德客户较年初分别增加126户、1887户，到2011年末，财富管理客户占比达到24.5%；做大优质基础客户群体，第三方存管个人客户、代发工资分别新增2390户、37140户。

（三）强化风险管理，抗风险能力提升。查漏补缺，防范体系进一步形成。着力加强对各类风险的识别、计量和监控机制建设，在全辖推行了“1+2”风险管理机制，规范了操作风险事件收集、评估管理；突出对新产品、新业务的合规管理，进一步规范了分级授权工作和反洗钱工作，建立了全行关联交易事前识别工作机制。

多管齐下，资产质量进一步提高。一是严格执行总行行业限额、领额等授信管理规定，新增授信合规高效；严格执行贷款新规，资金挪用风险防范水平有效提升。二是进一步加强对逾期贷款、监察名单贷款的管理，强化对潜在风险、产能过剩、融资平台、关注类等客户的动态管理，全年成功减退10.8亿元，并对多笔监察名单贷款进行了加固担保，平台贷款户数和金额整改率分别达到

100%和83%。三是继续加大不良资产清收力度，全年累计清收压缩不良资产18114万元。到2011年末，河北省分行不良贷款余额38808万元，较年初减少16177万元，占比0.71%。

查防并举，各类风险进一步堵截。一是认真开展了“小金库”专项治理工作，进一步加强了财务合规管理。二是加强员工教育管理，有效推进员工行为管控专项行动，提升了员工合规操作和案防意识。三是深入开展“会计营运工作示范行”创建活动，全面提升会计营运工作质量和内控管理水平。四是审计、监察、风险等部门与各业务条线协同行动，开展了高频度、多维度的业务检查，及时下发风险提示和整改通知，整改落实成效明显，堵塞了管控盲点和风险漏洞。

（四）强化基础建设，发展环境优化。“三位一体”建设进一步加快。一是持续加大机构和渠道布局建设力度，在廊坊新建了分行，邯郸开发区支行、唐山迁西支行、沧州任丘支行获批筹建；大力拓宽电子交易渠道，年末全省自助设备达294台，较年初增加59台；自助服务区、自助单机点达到161个，较年初增加31个。二是加强产品创新、品牌推广、客户体验和市场营销力度，促进“三位一体”经营方式的转变，2011年，电子银行业务整体分流率达到59%，较上年提高12.1个百分点；对公有效客户网银动户覆盖率达到36.3%；达标沃德客户网银动户覆盖率达到55.8%；发展B2C电子商户6户。

服务体系建设进一步完善。调整优化了神秘访客考核机制，为全省所有网点统一配备了广告机，加强了对客户意见的管理，客户质询、投诉类工单逐渐减少。设立了私人银行服务中心，服务高端客户能力进一步提升。在省分行本部开展了为期三个多月的“金牌服务柜员评选”活动，有效提升了全员服务意识和品牌影响力。

（五）开展“人才建设年”活动，发展合力持续加强。突出人才队伍建设，员工队伍素质进一步提高。一是加大公开选拔干部和竞争上岗力度，增强了干部队伍的生机和活力。二是更新理念、创新机制，持续加强客户经理队伍建设和各类专业人才建设，通过多种形式的培训，员工的综合素质和业务能力得到了全面提高。通过优胜劣汰、择优选拔，全年新增对公客户经理40人，强化专业资质培训，全行持有AFP、CFP、CTP等证书员工较上年明显增加，队伍专业素养进一步提升。

持续开展以执行力为特色的企业文化建设，发展合力进一步形成。各级领导干部以身作则，靠前指挥，以强烈的责任意识带动执行的高效，发扬勇于担当、敢于负责的精神，尽职尽责地做好本职工作。进一步加强机关作风建设，为基层服务意识进一步增强，工作作风有了新的改进。

加强党的建设，队伍战斗力进一步增强。深入开展“为民服务创先争优”主题实践活动，组织开展了党性教育、深化岗位奉献、戴党徽、亮身份等活动。围绕经营管理目标组织各项活动，发动广大党员在实现经营目标、提升服务水平、破解发展难题中争创一流业绩，基层党组织的战斗堡垒作用和党员的先锋模范作用得到进一步发挥。

（交通银行河北省分行　许克诚）

【民生银行石家庄分行】　2011年，中国民生银行石家庄分行紧紧围绕做“民营企业的银行、小微企业的银行、高端客户的银行”的战略定位，全面加强经营管理，强力提高市场竞争力，各项业务持续、稳步、健康发展。截至12月末，该行一般性存款569.62亿元、较年初增加137.13亿元；各项贷款348.70亿元，较年初增加60.67亿元；资产规模达到644.26亿元，较年初增加132.3亿元。

（一）大力发展负债业务。2011年，该行将“吸收存款”作为全年重点工作，进一步加大了负债业务工作力度。一是进行全面动员，牢固树立“存款立行”和“发展是硬道理”的观念，号召全行员工全力以赴，做好稳存增存工作；二是加大客户经理整合力度，加强了对客户的系统化、专业化营销，促进了存款持续增长；三是整合产品，充分发挥产品带动作用。该行通过发挥产业链和产业集群的联动效应有效拓展了同类交易融资客户，派生存款16.5亿元。四是加强对零售客户的维护提升，促进了储蓄存款的稳步增长。2011年该行储蓄存款增量在系统内排名第一；储蓄存款余额占当地8家股份制银行的40%强，储蓄存款增量占当地8家股份制银行的一半以上。

（二）积极支持中小微企业。2011年，在贷款规模受限的情况下，该行集中资源，在确保河北省基础设施行业、大型企业和重点项目的资金需求的同时，积极开展中小和小微业务，支持中小微企业的发展。一是全面落实“规划先行、批量开发”的营销策略，组建了专业营销团队，加强了项目的集群开发和商圈开发，带动了商贷通快速发展。二是全面落实“信贷工厂”模式，推行“专业化、标准化”作业，最大程度地提高了工作效率，节约了客户的时间成本。三是广泛开拓业务渠道，先后与省、市工商联以及各类行业协会进行合作，积极搭建长期稳定、互惠共赢的多点、多层次、多领域的银企对接融资平台，有组织、有系统的扩大对小微企业的金融支持与服务。截至12月末，该行中小和小微企业授信客户近6500户，余额127.39亿元。

（三）加强业务创新。2011年，该行结合当地市场，在业务品种、业务模式等方面探索创新，促进了业务多元化。一是投行业务取得新成效。二是理财业务取得新突破，成功发行了两个信托理财项目，打开了分行开展理财业务的先河。三是直接融资领域取得新局面。四是现金管理业务取得新进展，跨行资金归集系统成功上线。五是港口物流银行建设初见成效，分别与秦皇岛港务局、京唐港港务局签定了合作协议。六是票据委托理财业务实现创新。在总行“金案例－跨越2011”年度竞赛中，该行“秦皇岛港煤炭抵质押”、“M＋1＋N模式项下交易融资业务批量开发”分获一、二等奖，“分行公司业务结构转型”案例被评为全行优秀案例。

（四）加强合规建设。一是开展“民生发展 合规护航”为主题的合规建设活动，组建了专兼职合规经理队伍和保卫经理队伍，开展了人员风险排查，进行了案件警示教育，梳理了管理制度，更新了技防设施，使内部管理进一步向制度化、规范化、合规化靠近。二是加强纪检监察工作，围绕作风建设和银监局案件风险隐患清查专项活动扎实开展员工职业道德教育和风险防范工作，提高了员工自律意识和自控能力严格业务管理。三是结合银监会“三法一指引”和政府融资平台贷款清查工作部署，对业务环节进行了全面检查，扎扎实实推进了内控建设。四是积极开展“平安支行”创建活动，使全行员工牢固树立“安全保效益”的重要思想，确保了各项业务安全、高效运营，实现了全年无各类经济案件、无职工违法犯罪、无治安、火灾事故，累计有7家机构被总行评为“平安支行”，得到了省公安厅、省银监局的一致好评。

（五）加强机构建设。2011年该行按照机构建设计划稳步推进各项工作，将人、财、物向网点建设倾斜，新建了4家县域支行任丘支行（2011年1月开业）、鹿泉支行（2011年10月开业）、黄骅支行（2011年11月开业）、武安支行（2011年12月开业）和1家同城支行建设南大街支行（2011年3月开业），改建了2家老支行新华西路支行、裕华东路支行，进一步提升了网点竞争优势。

（六）加强队伍建设。一是持续开展分类分层次的员工学历提升计划，做好EMBA班、研究生课程班和网络本科班的联合办学工作，组织各类员工进行再学习，提高员工学历层次。二是开展中级管理人员晨训，并按照学习进度和内容组织了测试，有效提高了中层管理人员依法合规经营意识和综合管理能力。三是组织客户经理“早间一小时”业务培训，选调了27名行内兼职讲师下支行进行穿插教学，帮助客户经理全面掌握该行的金融产品，为分行业务快速发展提供了有力支持。此外，该行根据需要还组织了新员工拓展训练和“运营新兵大课堂”等培训活动，增强了新入职员工的归属感和对民生企业文化的认同感，培养了大家的团队协作意识、责任意识和团队凝聚力。

（七）加强形象建设。围绕全行中心工作，该行不断加大正面宣传报道力度，进一步提升了民生银行在当地的社会形象。一是加强了舆情监测，在分行内部形成强大的宣传合力；二是组织了“品海鲜，摘冬枣”、“聚首海滨，畅享人生”高尔夫球巡回赛等营销活动，为潜在目标客户的市场开发奠定了良好基础；三是与河北人民广播电台合作，开通了“民生金融直播间”，有效宣传了该行产品和服务，提升了品牌形象。在“2011河北消费者最满意的银行品牌评选活动”中，该行以总票数第一的成绩成功当选消费者最满意的银行品牌。

（民生银行石家庄分行　白　亮）

【华夏银行石家庄分行】 2011年，华夏银行石家庄分行围绕“调结构、控风险、创效益、促发展”的核心目标，大力加强“三个能力”建设（合规运营能力、优质服务能力、持续盈利能力），着力推进规模增长和发展方式转变，各项业务保持持续健康发展的良好势头，超额完成15项经营指标中的14项，多项经营指标位居系统前列，达到历史最好水平。

（一）业务发展

1. 盈利能力显著提高。2009至2011年，华夏银行石家庄分行拨备前利润分别实现3.1亿元、4.5亿元和6.9亿元，拨备覆盖率分别为167%、179%和222%，盈利水平大幅提高，综合实力显著增强。三年来，依靠自身实力，连续设立了3家二级分行。其中，保定分行在2010年3月4日得到总行批复，5月11日开业；唐山分行在2010年7月9日得到总行批复，8月26号开业；沧州分行2010年8月11日得到总行批复，2011年4月开业，二级分行建设速度居全系统前列；对广安街支行、裕华东路支行、和平东路支行、和平西路支行进行了装修改造，建设了分行财富中心、会计作业中心，全行整体形象大幅提升。在机构、人员快速增加的情况下，员工收入实现了逐年增长，福利待遇不断改善；拨备覆盖更加充足，抗风险能力显著增强；往年滚动欠账全部消化完毕。2011年，全行五级后三类不良贷款为1.59亿元，不良贷款户数为6户，不良率为0.78%。

财务基础更加坚实。中间业务收入快速增长，收入结构明显改善，全年中间业务收入完成1.1亿元，同比增加5800万元，完成全年计划的135%，中间业务收入占比达到8.8%，同比上升了2.4个百分点。

2. 业务规模不断扩大。全行一般性存款余额达到283.5亿元。对公存款余额228.8亿元，增加32.6亿元；对公存款日均206.6亿元，增加42.1亿元；储蓄存款余额54.7亿元，增加12.4亿元；储蓄存款日均45.8亿元，增加7.4亿元；个人金融资产总量70.7亿元。全行营销方式不断转变，营销能力显著提高。一是公司业务营销机制进一步完善，客户结构更趋合理。通过实施市场开发计划，打通了优质客户绿色通道。建立了商机引导信息中心，指导机构开展营销。积极实施客户倍增计划，推动客户链式开发。加强客户流失管理和客户提升工作，对有潜力、有价值的客户进行二次营销，对低效户制定了提升方案。研究制定无贷户管理办法，完善了分层营销、分类管理、分级服务的工作模式，加大费用倾斜和激励力度。以财政系统、产权交易、住房保障、安全管理等为代表的一批无贷户的成功营销，突破了困扰本行多年的机关事业存款的短板，带动存款增长。二是个人业务营销力量不断加强，业务亮点逐步显现。紧盯村民补偿款、单位集资款等项目，持续做好稳存增存工作，充分利用中小企业接力贷业务做好储蓄增存。加大对优质开发商和本地优质楼盘的营销力度，实现个贷规模和综合效益双提高。

3. 新核心系统成功上线。经过一年的紧张筹备，新核心系统于8月26日成功上线。一年来，全行上下在人员培训、数据保洁、设备排查、环境搭建等方面，开展了大量卓有成效的工作，先后举办了12期181人的封闭培训，召开了10次上线领导小组会议，32次上线工作会议，发布指令136条，提前10天完成切换上线方案和分时计划编写，提前一小时完成了系统整体切换，得到了总行的高度肯定。需要特别指出的是，“8.26”系统上线后，华夏银行石家庄分行未发生非计划性生产数据的调整。

4. 资产质量持续向好。进一步落实贷款新规，完善实施细则、操作流程和合同文本，资金监管达到规定要求。政府融资平台解包还原、重新评估、保全整改、三方会谈等工作顺利推进，监管要求全部落实，受到河北银监局的通报表扬。继续强化同一债务人管理，加强各专业条线横向沟通，防止出现多头授信。严把贸易融资审核关，严格准入和用信管理，及时发布风险提示，确保业务合规，风险可控。认真做好在线检查，建立重点监控客户名单，实行电话录音监督，切实加强贷后管理。把现场检查和风险排查有机结合，纳入日常管理，有效防范了突发风险。通过多渠道、多手段清收不良资产，严格控制新增不良贷款，全行资产质量逐年提高。近三年，全行五级后三类不良贷款分别为2.82亿元、2.91亿元和1.59亿元，不良贷款户数分别为14户、11户和6户，不良率分别为1.96%、1.71%和0.78%，提前两年完成了“511工程”确定的资产质量目标。

5. 队伍素质不断提高。各级员工尽职履责意识和能力进一步增强，党委的战略思想和工作部署得到了有效贯彻。一年来，各级管理人员积极应对复杂的经济形势，主动转变经营思想，调整经营策略，适应不断变化的市场需求，市场竞争能力得到了进一步锤炼。对一些突发事件，也能在最短时间内妥善解决。全行应对复杂情况的能力进一步增强，队伍素质稳步提高。

6. 内控管理不断提升。继续深化“内控和案防制度执行年”活动，坚持“一岗双责”，落实党风廉政建设责任制，开展员工异常行为排查，强化廉政教育，筑牢拒腐防变的思想防线。在全行开展了《廉政准则》和《银行从业人员职业操守指引》学习活动。保定分行开展了“制度执行回头看”活动，查找并弥补了工作漏洞。沧州分行实施“基础建设年”和“管理提升年”活动，力促各项业务合规发展。唐山分行开展了“从日常工作做起，树立主动合规意识”的征文比赛，收到了很好效果。办公室重点加强舆情处置和印章管理。人事部门加大强制休假和岗位轮换力度。合规部门切实做好授权管理和法律风险，确保各项业务合规有效。会计部通过加强对全辖会计人员管理，完善强制轮岗休假制度，加强高风险业务管控，全行会计专业风险管控能力得到有效提升。信息技术部门改进了电力供应设施，完善了多项应急预案，保障了系统稳定运行。保卫部门进一步加大了技防投入，增加了消防演练频次，加强了保安队伍管理。这些措施都为全行实现“零案件”目标奠定了坚实基础。

（二）国际业务。全年国际结算量12.5亿美元，首次突破10亿美元大关，增加3亿美元，增幅32%，达到总行卓越目标，居河北省股份制银行第二位。全年完成国际业务收入2504万元，同比增加1254万元，增幅100%。对公国际结算有效客户230户，完成计划的160%，大中型客户成为有效支撑，小型客户成为中坚力量。国内信用证成为新的增长点，开证业务量达到39.2亿元，全系统排名前列。

（三）中小企业业务。分行本部及保定分行、唐山分行、沧州分行均设立了中小企业信贷分部，通过定制度、抓产品、促开发、控风险，发挥各分部的龙头作用，调动各机构的营销热情，业务规模显著增长，区域影响不断扩大，经营特色初步形成。在总行对各分部的年度综合评比中，本行居全系统第二位，全年累计审批中小企业信贷业务570笔，总计金额134亿元，业务量稳居全系统前3名。在总行对各分部的年度综合评比中，该行居全系统第二位，“中小企业金融服务商”的品牌影响力进一步扩大。

（四）网点建设。4月份，沧州分行顺利开业，服务能力进一步增强。保定分行、唐山分行、沧州分行陆续筹建、开业和健康发展，其中，保定分行在2010年3月4日得到总行批复，5月11日开业；唐山分行在2010年7月9日得到总行批复，8月26号开业；沧州分行2010年8月11日得到总行批复，2011年4月开业，得到了总行的高度认可，也为石家庄分行的可持续发展奠定了坚实基础。年末，正定支行和保定东风东路支行的筹建得到总行批准。按照机构设置规划，邯郸分行正在总行批复之中，辛集支行的筹建工作报批已经开始准备。对市内广安街支行、裕华东路支行、和平东路支行、和平西路支行进行了装修改造，有效提升了服务形象，区域分布更趋合理。对其他8家支行进行了硬件升级配套，整体形象得到有效提升。进一步完善了各营业网点的服务设施，服务标准更趋规范。财富管理中心建成启用，服务层次有效提升。

（华夏银行石家庄分行　崔梦琳）

【中信银行石家庄分行】 2011年，中信银行石家庄分行以成立十周年为契机，在总分行党委的正确领导和监管部门的大力支持下，紧紧围绕“注重资本约束、严细价值管理、主动结构调整、突出创新发展”的经营思路，面对国际国内经济形势复杂多变、监管力度不断加强、市场竞争日益激烈等诸多困难和压力，迎难而上，团结拼搏，争得了一份来之不易的业绩。2011年分行总体经营可以概括为：盈利水平持续提高，资产质量不断改善，结构调整初见成效，基础工作更加扎实。

截至2011年末，中信银行石家庄分行总资产达到380.43亿元，增长12.69%；本外币各项存款余额363.53亿元，比年初增加39.7亿元，增幅12.26%。其中自营存款余额331.05亿元，比年初增加10.57亿元，增幅3.3%。本外币各项贷款余额283.4亿元，比年初增加19.61亿元，增幅7.43%。不良贷款率0.63%，比年初下降0.17个百分点。继2010年，分行再次被人民银行石家庄中心支行评为“年度河北省支付清算系统优胜单位”，以优良的金融服务摘得“河北消费者最满意的银行品牌”桂冠，被《当代金融家》评为2011年“好分行——产品创新奖”，石家庄分行牵头筹组的“西柏坡高速公路高庄至北沟段”30.67亿元银团贷款项目因在开发红色教育基地、促进革命老区经济发展方面的巨大推动作用，以及在银团分销筹组、担保结构设计等方面的出色表现，荣获“2010年度银团贷款业务最佳交易奖”。分行韩光聚行长当选“2011年度河北省十大经济风云人物”。

（一）公司业务。公司条线认真贯彻总分行全年工作部署，按照总行“转型、提升、发展”的经营指导方针和分行“注重资本约束，严细价值管理，主动结构调整，突出创新发展”的经营思想，紧密围绕“构建中小股份制银行对公业务主流银行”战略目标，主动转变观念，调整经营策略，积极应对内外部经营环境的变化，发展势头逐步向好，业务基础逐步夯实，发展模式逐渐清晰。

1. 推进供应链金融专业化、精细化管理，提升供应链金融业务竞争能力。2011年石家庄分行供应链金融业务取得了规模、质量、效益的协调发展，主要工作措施包括：一是贴近市场，加大了业务推动力度。2011年公司银行部加大了供应链金融业务的推动力度，对经营单位提出的业务需求快速响应，加大了现场推动的频率和力度，了解客户，走进一线．贴近市场，实施点对点的指导和支持，为经营单位的客户营销方案、授信方案提供智力支撑和方案设计，提高对业务的指导能力。二是产品创新和融资模式创新取得突破。2011年成功开展承德钢铁“1＋N”应收账款质押融资业务、成功推动了进口信用证项下未来货权转现货质押融资模式、分行首笔国内保理融资实现投放、国内保理代付渠道打通，解决了石家庄分行信贷规模偏紧情况下保理投放问题。三是提升操作风险管理水平和业务质量。公司银行部持续加强对供应链金融业务的风险排查力度和贷后管理频度，加强了对操作风险的管控，2011年不断开展供应链金融现货质押业务专项检查、出具各类风险提示函、预警函、开展业务操作培训会，增加了对操作预留印鉴的管理，通过对质押物权属、监管机构、业务操作等各方面的把关、检查、管理，切实防范了业务风险，风险管理水平不断提高，业务质量得到进一步保障。四是推进管理平台建设，创新管理模式。为提高供应链金融业务的操作和管理效率，上半年提出了汽车金融业务信息的系统建设方案，在信息部门配合下，石家庄分行汽车金融信息系统正式上线运行，系统实现了包括操作判断、业务提示、合格证管理、档案资料、报表管理等多个方面的电子流程化管理，能够对业务操作和日常管理进行统一监测和统计，提高了汽车金融业务办理效率和业务操作的合规性，供应链管理平台建设日见成效，管理模式不断创新。

2. 持续推进投资银行业务稳步发展。一是充分运用金融合作平台和中信集团平台，加强了与信托、租赁、基金、证券、担保、同业等机构合作，通过交叉销售和量身定制的业务方案，提高差异化和综合化服务水平，丰富了石家庄分行中间业务的盈利模式和渠道。二是不断改进和丰富营销推动的方式，形成分层次的持续的业务储备，不断夯实业务发展基础。三是不断梳理产品及时发布营销指引、市场动态、政策制度、操作流程、典型案例等信息，拓宽客户经理的营销思路。四是通过主动梳理客户和与经营单位的客户对接，持续进行客户筛选和方案配置工作，对可行的业务及时纳入推动流程；五是对重点客户出具产品方案，明确专人协助营销和与总行及其他职能部门的沟通协调，努力达成实质业务运作。

3. 不断提升公司电子金融业务市场竞争力。一是加快了公司网银的推广步伐。通过服务创新和系统支持进一步提升网银支付替代率和网银交易结算量，强化电子银行渠道对企业日常结算性存款营销的支持作用，激活已签约但尚未开展实质性业务的睡眠客户，深挖存量客户资源，加强了公司网银签约客户的深度营销。二是充分依托B2B电子商务系统。积极与行业协会、商会、现货交易市场等系统性平台进行有效对接，通过电子银行类产品的全方位覆盖，努力实现对特定类型对公客户的批量开发和规模营销。三是加大了现金管理的营销推广力度。针对大中型企业集团客户日益加强资金集中化管理的趋势，2011年重点依托了现金管理业务积极拓展大中型企业集团下属成员企业网络，强化了对其外部结算资金和内部流动资金的获取能力，从而实现客户资金在石家庄分行系统内的循环与沉淀。四是加强了电子金融的产品培训。定期开展产品培训，使一线营销人员熟练掌握石家庄分行电子银行产品的功能、特点、优势和操作流程，为市场开拓提供有效的产品支持，有针对性地进行市场开拓和客户营销。五是强化精细管理，提高有效客户活跃度。为进一步提升石家庄分行公司电子银行业务发展质量，2011年下半年石家庄分行在扩大公司电子银行客户规模的同时，不断提高客户使用率和活跃度，并将激活睡眠客户和深化已有客户合作结合起来，提升客户对石家庄分行公司电子银行产品的认知度和电子银行产品对公司结算存款的贡献度。

4. 协同营销，一户一策，提高战略客户贡献度。一是2011年初全面启动了战略客户“一户一策”工作，成立了公司战略客户“一户一策”工作小组，为个性化服务战略客户、解决业务发展瓶颈提供了依据，提高了战略客户的营销效果、整合了营销资源、充分挖掘了客户潜力，引导、协助经营单位做好战略客户的开发拓展和服务维护。二是完善了相关机构和制度的建设。为进一步推进分行战略客户营销、提高战略客户的贡献度，分行于2011年6月份成立了机构及战略客户部，同时制定了《中信银行石家庄分行战略客户管理办法》。三是完成了多家集团客户授信调查统计、统一授信及集团成员单位额度申领等工作。

5. 狠抓机构存款，加大机构负债系统营销力度。2011年公司银行部紧紧抓住地方财政部门这一机构负债的主要源头，通过开展银财合作论坛等形式加强与机构客户的合作关系，优化机构负债的营销组织管理机制，河北省财政厅、石家庄市财政局的营销由分行统一开展和管理，市县级财政由各支行组织营销，机构负债无论在分行层面和支行层面都作为“一把手”工程来抓，强化了关系营销和方案营销，集中全行资源重点突破。

（二）零售业务。零售条线按照“源头开发、POS跟进、批量获取、重点筛选、促进增值”的指导思想，积极应对外部不利环境，及时调整发展策略，以储蓄工作为核心，从源头抓起，加大业务创新力度，多方面拓展零售业务渠道；不断优化零售业务结构，盈利能力大幅提升，努力推进全行零售业务的健康、可持续发展。

全行零售条线紧跟分行的思路目标，积极谋划、提早部署，在一季度“开门红”活动的基础上，零售部策划了“百亿有你”“储蓄达人”营销评比活动，主要业务负责人通过分片包干的形式，协助行领导联系行管理，分支联动共同做好负债业务营销工作。同时，加强渠道梳理，增强过程管控，提高重要时点贡献度。一季度分行就实现储蓄新增8亿元，为全年营销工作奠定了坚实基础。

二季度围绕“为行庆十周年献礼”组织了“攀高峰”活动。重点通过加大新产品营销、新渠道拓展以及数据库外呼，通过关联指标的交叉营销，强化对负债的新增拉动，零售负债在消化一季度冲高因素短暂调整后，继续走高，较年初新增储蓄10亿元。

零售条线不断改进营销组织模式，加强数据库分析及运用，建立数据管理和数据分析兼职人员，加强分行整体零售数据管理，树立客户分层、分群经营、交叉营销的经营理念，通过总行外呼中心、短信等方式加强客户营销。截至12月末，零售条线共向总行申请营销项目11个，涉及理财、基金、保险、贵金属等代理业务类、主题卡类、代发等零售业务，内容包含邀约、推荐、调研、慰问等方面，总计外呼数据约21万人，实际可用客户数量12.8万人次，对支行一线营销形成强有力的支持和促动。

分行零售条线高度重视结合专业产品组织市场活动，从而促进提升客户活跃度和综合贡献。结合总行两大客群的经营模式，着重落实香卡系列营销，每两三个月组织一项主题活动，持续不间断开展刷卡抽奖等活动，“刷香卡、迎新春、兑好礼”、“香飘三月、礼意浓浓”、“芬芳五月母爱香聚”、“童趣无限、分香快乐”、“夏日香行季”、“香卡缤纷节日季”等，逐步扩大发卡人群、提升客户用卡活跃度。截至11月末，香卡客户新增3万户，较年初储蓄存款增量4亿元，其中，2011年新开立客户号的香卡客户存款1.85亿元。

属地化产品市场推出“中信燕赵都市报联名卡”系列活动。以燕赵读者俱乐部会员活动为契机，逐步形成月月、周周持续不断、常态化的营销态势，通过不断重复，强化对客户的强迫记忆，提高金卡客户占比和交叉率；同时，石家庄分行积极联合中国移动公司、中国联通公司、中国银联河北分公司等战略合作单位，资源共享、互惠互利，扩大零售客户获取渠道，丰富客户经营手段，逐步在全行树立起标准化的零售营销、服务模式，树立起良好的品牌影响力。

（三）国际业务。国际业务条线紧紧围绕“突出创新发展”指导思想，根据市场形势和客户需求，成功办理了石家庄分行首笔“内保外贷”业务；国际部、公司部、支行密切配合，完成石家庄分行创新业务——“票证通”，实现未来货权质押开证和国内证与承兑汇票的转换；完成分行首笔“跨境人民币贸易结算”业务；适时推出国内信用证项下的代付和代偿业务。截至12月末，分行实现考核口径收付汇量23.21亿美元，同比增长36.53%，完成全年计划任务（20.07亿美元）的115.65%。在石家庄当地17家金融机构中，石家庄分行继续保持市场份额占比第四位，在中小股份制商业银行中稳居第一，市场占有率8.81%，市场地位得到进一步巩固。

（四）资金资本业务。资金资本条线积极运用新产品设计方案，开办了远期代客外汇买卖业务和人民币对外汇掉期业务，实现石家庄分行汇率避险产品的突破创新。在产品组合方面，结合境内外汇率市场价格倒挂的实际情况，石家庄分行推出“境内远期售汇＋境外远期结汇”和“外汇理财＋海外代付”两项产品组合方案，在满足进口付汇客户新的套利需求的同时，有效推动分行负债营销业务发展。截至12月底，提前一个季度完成总分行全年计划任务，指标综合完成率127%，系统内排名跃居第二位，较上年同期上升六位。

（五）亮身份活动。分行在党员队伍中开展了“亮身份、比贡献、树形象”活动。旨在通过开展“亮牌示范”活动，着力在党员队伍中倡导争当“带头学习业务、带头争创佳绩、带头弘扬正气、带头遵章守纪、带头合规经营”的“五带头”优秀共产党员和在各经营单位推动“建设一个好班子、理顺一个好思路、倡导一种好作风、打造一支好队伍、营造一个好环境”即“五个一工程”的建设力度。

（六）石家庄分行成立十周年。7月18日，石家庄分行迎来了十周岁生日，举行大型客户答谢晚会和十周年文艺汇演活动，中信银行总行陈小宪行长出席了石家庄分行十周年文艺汇演，与全行1000余名员工及家属分享石家庄分行十年收获与喜悦。

（七）农校对接。在山东济南舜耕国际会展中心举办的第二届农校对接洽谈会暨“农校对接”服务网物联交易系统启动仪式上，中信银行成为与“农校对接”服务网签订全面战略合作框架协议的首家金融机构。石家庄分行作为此次金融项目的开发和主办单位，独家承办了以“金融机构在农校对接项目中的支点作用”为主题的金融论坛，并与河北师大后勤服务集团签订了以农校对接B2B业务为核心的全面合作框架协议，揭开了中信银行“农校对接”金融服务项目的序幕。

（八）网点建设。2011年，根据分行机构网点建设规划，顺利完成了异地邯郸分行的开业，同城友谊北大街支行筹建已获省银监局批复，并于2012年1月8日正式开业。同时，老网点扩建、改造和迁址同步进行，高开区支行通过扩建装修，办公环境得到了改善，中华南大街支行拟扩建方案已获分行批复，前期报批手续正在准备，和平西路支行的改造工程基本完工，拟申请迁址行裕华东路支行和自强路支行的申请已上报总行，并得到了总行发展规划部认可，批复手续已下达。

2011年，分行与金世界开发商河北金城房地产公司正式签署购房协议，这标志着中信银行省级分行正式落户省会自强路金融街，新办公大楼命名为中信大厦，坐落在自强路与南小街交叉口（桥西区南小街10号）金世界国际金融中心，坐南朝北，建筑面积17006.16平方米。现大厦整体装修进展顺利，预计2012年上半年交付使用。

（中信银行石家庄分行　高山云）

【光大银行石家庄分行】　2011年，中国光大银行股份有限公司石家庄分行（简称：中国光大银行石家庄分行）深入贯彻落实科学发展观，面对较为复杂的经济形势，以“更有内涵的发展”为指引，在创新中稳步前进，两家新建异地二级分行顺利开业，一家同城支行获准筹建，整体经营管理工作取得长足进步，为河北省经济发展做出了积极贡献，荣获河北省政府颁发的金融创新奖。

（一）业务调整。各项业务保持稳健快速增长态势。面对较为复杂的经济形势，光大银行石家庄分行积极应对，顺势而为，制定了对公业务紧抓“存款、利差、中间业务收入”三大核心工作、零售业务做好“营销渠道建设和业务品牌建设”两大关键环节的工作思路，各项经营管理工作取得了优异成绩，圆满地完成了总行下达的各项主要指标任务。

存款规模稳健快速增长。截至2011年末，一般存款时点余额达230亿元，较年初增加71亿元，增长44%。一般存款日均余额达173亿元，较年初增加44亿元，增长34%。在总行全辖排名增幅第1名、净增量第4名，获得总行的充分肯定。石家庄分行荣获总行“2011年度对公存款先进分行”和“贸易融资综合先进分行”称号，该分行贸易金融部和二级分行邯郸分行当选为总行“2011年度先进集体”。

贷款规模稳步提升。截至2011年末，各项贷款时点余额为210亿元，较年初增加37亿元，增长22%；各项贷款日均余额为190亿元，较年初增加22亿元，增长13%。

其中，对公贷款时点余额171亿元，较年初增加28亿元，增长20%；对公贷款日均余额156亿元，较年初增加12亿元，增长8%；银承、国内证等表外余额238亿元，较年初增加80亿元，增长50%；对私贷款时点余额达39亿元，较年初增加9亿元，增长31%；对私贷款日均余额达34亿元，较年初增加10亿元，增长42%。

中间业务收入快速提升。截至2011年末，实现中间业务净收入（税后）1.30亿元，较上年同期增加3003万元，增幅为30%。

资产质量持续提高。截至2011年末，不良贷款余额659万元，比年初下降806万元，降幅55%；不良资产率0.03%，比年初下降0.05个百分点。与年初相比保持双降态势。

利润指标实现新的突破。截至2011年末，实现账面税后利润4亿多元。

信贷结构不断优化。光大银行石家庄分行积极调整信贷结构：积极支持交通、省市政府建设重点项目，积极支持省内重点行业钢铁、汽车、煤化工等企业的日常流动资金需求，对产能过剩行业、造船行业严格按照符合产业政策、土地规划、环评审批等手续齐全等要求审批。在客户结构上，以钢铁、汽车等大客户为依托、以货押、全程通、国内证等产品为手段、以担保融资平台、专业市场模式为支撑，大力发展中小企业客户融资。在业务结构上，在做好传统公司贷款业务的同时，积极发展对私贷款，拓展托管、年金、现金管理等产品，以满足市内企业日益丰富的金融需求。零售业务方面，在做好工程机械、商业用房按揭贷款的同时，个人助业贷款、平安小额信用贷款等业务取得较快发展。

投行等创新业务发展迅速。石家庄分行充分利用光大集团金融牌照齐全、功能全面的独特优势，联合金控公司、金融租赁公司等兄弟企业，综合运用短债、中票、理财、信托、企业债等投行类业务产品，为河北省企业直接融资金额36.5亿元，为企业融资提供了新的渠道，有效降低了企业融资成本，有力地支持了河北省一大批上市和拟上市企业的业务发展。

（二）内控管理。随着业务规模的急速扩张及业务品种的日益丰富，风险管理的压力日益增大。2011年石家庄分行通过组织参加廉政教育、开展合规知识竞赛、补充关键岗位人员，加强培训及业务任职资格考核、完善薪酬管理制度，开展阳光服务等多种措施，培育风险合规文化，提升风险管理水平、服务水平。通过严格落实银监会“三个办法一个指引”，开展产能过剩行业情况梳理、政府融资平台贷款自查、房地产贷款梳理检查等活动，确保贷款质量的稳步提升，通过每季度人员风险排查，组织行内倾听计划、客户满意度调查，不断提高员工及客户满意度，实现全年安全运营目标。

（三）阳光服务。深耕细作，规范管理，稳步推进阳光服务工作。阳光服务工作设置专人专岗，有效提升了工作效率和服务水平。成功开展了“再看同业”、“领导担任大堂经理”、“阳光服务明星”评选等丰富多彩、形式多样的主题活动，极大地激发了一线员工的服务热情；严格规范管理，实行阳光服务每周监控抽查并发布通报，每月检查十家本地营业厅并发布现场检查通报，进一步完善了阳光服务考核管理办法，有效提升了阳光服务管理水平。康乐街支行顺利通过全国级“银行业文明规范服务千佳示范单位”复查，中华大街支行、建华北大街支行、友谊北大街支行顺利通过了省级“银行业文明规范服务百佳示范单位”评选。

（四）网点建设。2011年石家庄分行继续加强网点建设工作，完善网点布局，提升服务质量，两家异地二级分行顺利开业（邯郸分行2011年5月18日正式开业，廊坊分行2011年9月28日正式开业）；同城支行友谊大街支行2011年12月获银监会批准筹建；同城支行新华路支行2011年12月获银监会批准迁址并更名为“西王支行”；异地支行唐山新华道支行2011年12月获银监局批准筹建。截至2011年12月31日，中国光大银行石家庄分行在石家庄、唐山、邯郸、廊坊共设有营业网点13家，其中包括分行营业部、同城支行9家、异地分行2家；共拥有现金类自助设备90台，拥有13个在行式自助银行服务区，3个离行式自助银行服务区。

（五）提高员工素质。石家庄分行紧紧围绕“更有内涵发展”和全行战略重点工作，本着层次分明，全面发展的原则，不断创新培训形式，探索适合本行发展实际的培训管理新模式、新思路和新方法。一是分层分类开展中层干部培训。首先以政治思想教育为着力点，加强党风廉政建设教育，重点在于加强政治思想教育、提高遵规守纪意识，树立风险合规意识，提高案件防控能力。同时依托建党九十周年，组织了红色教育培训、党建培训等一系列课程，使中层干部感悟革命精神、坚定理想信念、改进工作作风、不断完善自我。

二是以提升领导力为核心，开展中层干部名校培训班，针对中层干部的岗位特点，通过领导力、品牌营销、国学智慧、沟通技巧等课程帮助他们提升素质，提升管理能力。三是开展相关业务知识培训。针对石家庄分行的经营特点和业务发展方向，专门聘请了多个知名讲师授课，提升业务条线员工素质。据统计，全年共举办集中培训178个场次，参训人员达5340人次，分别比上年增加38个场次和2432人次；参加相关监管机构及外单位培训35次，计42人次；组织考试6场。

（光大银行石家庄分行　康　虔）

【邮政储蓄银行河北省分行】　2011年，中国邮政储蓄银行河北省分行按照“服务城乡大众、支持‘三农’、服务中小企业”的市场定位，依托邮政金融网络覆盖城乡的优势，不断完善金融服务功能，推进产品开发和金融创新，各项邮政金融工作都取得了新进展，为满足城乡居民日益增长的金融服务需求，支持河北经济建设做出了积极的贡献。

（一）邮政金融业务快速健康发展。该行大力调整业务结构，加快转变发展方式，实现了各项金融业务的快速健康发展。截至2011年底，个人储蓄存款余额达到1518.99亿元。全年累计发放绿卡通主卡122.58万张，结存绿卡通户数237.78万户。结存商易通客户6.08万户、沉淀资金27.4亿元。成功取得了金融社保IC卡发放资格，进一步增强了服务城乡居民的服务能力。重点推出与广大城乡居民生活密切相关的保险、理财产品，对提高城乡居民收入、提高生活质量发挥了积极的促进作用。全年代理新保保费86.7亿元，代销基金有效销量5.39亿元，人民币理财产品有效销量33.03亿元，新增托管余额16.41亿元。新农保工作稳步推进，邮政金融参与58个县的新农保工作，全年累计代收付1627.24户、14亿元，受到社会各界的广泛好评。大力开展信贷产品创新，全年试点开办了小额再就业贴息贷款、小微企业贷款“接力贷”、经营性车辆按揭贷款、个人汽车消费贷款、个人商用房贷款、渔船质押贷款等新贷款产品，有效缓解了城乡居民和小微企业融资难的问题。全年累计发放各类贷款215.95亿元，其中发放小微企业贷款105.4亿元，发放额列全国邮储银行第1位。认真组织开展了“中国邮政储蓄银行河北省分行创富大赛活动”，引起了社会的广泛关注，得到了各级政府的肯定、监管部门的赞誉、新闻媒体的赞扬和小微企业的拥护。全行对公存款余额达到349.4亿元，公司业务实现了新的跨越。全年交易票据346.75亿元，不良资产率、客户违约率等指标均为零，票据业务取得较好成绩。

（二）邮政金融核心竞争力明显增强。该行采取网点迁址、原址改造扩建等措施加大网点改造力度，通过网点功能分区、配备优良的硬件设备、规范网点物品摆放等措施，进一步提升网点服务水平。重点加大ATM、POS等自助设备布放力度，全省布放ATM 974台、POS 4477台，拓宽了邮政金融业务服务渠道。电子银行业务快速发展，全省电话银行注册客户和个人网上银行注册客户分别达到195万户和102万户。积极推进全国性系统在河北省上线和全省性系统的开发工作，顺利完成了网点视频监控安保集中系统、统版中间业务平台系统和交通违法异地缴纳罚款系统等28个系统工程的优化上线运行工作。进一步完善服务管理体系、检查监督体系、分析考核体系，全省配备了1961名专兼职服务管理人员，初步形成了运行高效、齐抓共管、管理优质的服务管理框架。组织开展了“服务双星”创建、“河北省服务质量奖”评选等活动，促进了邮政金融服务质量的提高。扎实推进营销体系建设，认真开展了“金雁奖”营销活动，全省配备了1270名专职客户经理和293名产品经理，建立起了多专业、多层面、全方位的邮储银行营销体系。实施了全员素质提升培训工程，全年举办各类培训班980期，培训员工3.36万人次，员工素质得到了新的提升。

（三）风险防控能力切实得到加强。该行始终把风险防控作为重中之重，从风险体系建设、从业人员管理等方面入手，切实加强风险防控工作，进一步提升了整体防范能力和水平。不断创新工作方法和形式，以管理“四项业务”、搭建“四大平台”、建设“四项机制”为契机，积极开展“能力建设年”、“业务行为规范年”等活动，进一步增强了全行员工的风险意识。全面启动了“风险经理派驻”工作，扎实推进了资产保全工作，认真开展了信用风险监测、小额贷款风险评估等工作，强化了全行信用风险管理。逐级签订了《案件防控责任书》，定期召开全省案防会议，有效落实了重大风险隐患及整改情况上报制度，梳理形成了案件风险排查要点，极大地提升了案件防控能力。组织推进了“内控和案防制度执行年”活动，重点开展了大额存款滚动式风险排查抽查、库存现金真实性突击审计、票据业务专项审计等10项重点业务的专项审计，确保及时消除隐患。进一步完善了安全应急预案、安全检查评比等工作制度，全年新建网点的物防、技防设施全部达到公安部门要求的标准，极大地提升邮政金融网点的安全防范能力。

（中国邮政储蓄银行河北省分行　吕延伟）

【省农村信用社联合社】　2011年，河北省农村信用社业务运行实现较快增长，股份制改革工作取得明显进展，农村金融主力军作用得到进一步充分发挥，继续保持了良好的发展势头。

（一）发展质量和效益明显提高，各项指标均创历史最好水平。截至2011年末，全省农信社各项存款余额5678亿元，净增787.2亿元，增长16.1%，各项负债总额达6865.2亿元。各项贷款余额3619.9亿元，净增486.3亿元，增长15.5%，资产总额达7204.8亿元。存、贷款市场份额继续位居全省银行业金融机构之首。实现拨备前利润136.6亿元，同比增加40.7亿元，增长42.4%。扣除拨备后实现利润59.9亿元，同比增加18.8亿元，增长45.6%。全省农信社154家县级机构首次实现全部盈余，效益性指标创历年最好。同时，监管指标全部超额完成银监会达标升级目标。

（二）金融服务水平不断提高，市场竞争能力进一步提升

1. 加大对“三农”信贷支持力度。继续推进“农信进万家”活动，大力推广新开发的25个信贷产品，不断拓展农户小额贷款和农户联保贷款使用范围，加大对农民专业合作社和居民消费的信贷倾斜力度，在环京地区积极开展小额信贷创新试点工作。2011年，全省农信社涉农贷款余额3065.2亿元，净增449.9亿元，占比84.7%，同比高于1.4个百分点，涉农贷款增速高于上一年度1.7个百分点，实现了中央提出的“两个不低于”的政策要求。

2. 加大对县域中小微企业支持力度。优先支持有市场竞争力的农业产业化龙头企业，发展信用共同体，促进农村产业化升级。对商业信用较好的中小企业主动提供授信和用信支持，对成长性好的小微企业提供适应其资金需求特点的信贷产品。积极扶持具有区域优势与特色的流通企业，大力支持新民居建设和基础设施建设，全力支持城乡一体化发展。截至2011年末，全省农信社大中小企业（含农村经济组织）贷款余额2183.8亿元，比年初增加391.5亿元。小微企业贷款增速25.4%，高于全部贷款平均增速9.9个百分点。

3. 加快电子银行业务发展步伐。截至2011年末，全省农信社信通卡存量达到1257.3万张，发展特约商户23857户，安装ATM机1695台，布放POS机26219台，布放EPOS终端1750台，有4074个营业网点实现了全国范围内跨行资金的实时汇兑，有144家县级机构开通网上银行，支付宝快捷支付和支付宝卡通业务正式上线，有效延伸了农村金融服务渠道。

（三）产权改革全面深化，“双改”工作取得明显进展

1. 明确目标，全面部署。全力推动县级联社农商行、股份公司改制工作（即“双改”），确定了“全面启动、环京先行、以点带面、加快推进”的改制总体思路，制定了2011年至2013年具体的改制目标任务，分别启动了24家县级联社的农商行改制和26家县级联社的股份公司改制工作，并以环首都经济圈县级机构率先实现改制为突破口，带动改制工作全面推进。

2. 多措并举，全力推动。建立专门工作机构加强组织领导和动员，逐县开展摸底调研，多次召开改制工作座谈会，建立改制工作经验交流平台，积极争取地方党政和有关部门政策支持，有效解决了改制工作中工商注册等难点问题，尤其是率先解决了组建股份公司的政策空白，首开全国之先河。

3. 积极申报，“双改”工作成效初见。截至2011年末，文安、大厂、宣化、宽城、滦平、南皮6家县级机构获批筹建农商行；拟改制股份公司的县级机构全部完成了清产核资，其中赵县、新乐两家联社获批开业。有136家县级机构全部清退资格股，全省农信社投资股占比98.7%，比年初提高了30.5个百分点。

（四）机制创新工作深入推进，经营管理活力得到有效激发

1. 优化省、市、县三级行业管理机制。加快推动了省市两级履职重点由管理向管理与服务并重的转变，印发了改进和完善行业管理职能的指导意见，建立了对市县农信机构综合评价、分类管理的新机制，进一步下放农村银行类机构的管理权限。出台了县级行社内部绩效薪酬分配工作指导意见和县级行社领导班子绩效薪酬考核办法，完善了市级机构激励约束机制和综合考评办法。

2. 加快省联社治理结构和运行机制创新。顺利完成了省联社换届工作，配齐配强了省联社高管层，健全规范了理事会各专门委员会，按照决策、执行、监督、服务架构调整了省联社内设职能部门及职责，并在省联社机关首次采取了公推公选的干部选拔任用方式。

（五）合规管理持续强化，风险防控能力不断增强

1. 狠抓内控建设。全面评估了现行各项行业管理制度，修订或新制定了50余项规章制度。在省联社设立总审计师职位和合规部，制定了未来三年风险管理达标提升规划。

2. 紧紧抓住防控重点。扎实开展“合规管理和风险防控年”活动，加大贷款“三查”制度执行力，持续推动会计基础达标升级工作，全面强化稽核工作。大力推进安全防范设施达标建设，深入推进“平安农信”创建活动。

3. 持续加大案件治理力度。加强案件专项治理和治理商业贿赂工作，修订并落实农信系统作风建设“十个不准”，加大对各类违法违纪行为的查处力度。

（六）信息科技建设步伐加快，对经营管理的支撑作用进一步显现

1. 加快信息科技设施基础建设。完成了办公网、生产网基础带宽升级、营业网点线路扩容、企业征信网整合和省中心机房光纤网改造，建成并推广使用了信贷、稽核、财管、人力资源、办公自动化和经营分析等六大管理系统。丰富完善电子渠道建设项目，开发中间业务科技支持平台。启动建设了业务经营实时风险监测系统。

2. 强化信息科技风险管理。开展信息安全风险评估和信息科技检查，顺利完成了同城灾备系统建设，实施了集中监控管理系统建设，完成了统一运维服务平台建设；健全各级信息科技安全管理体系，开展了信息科技风险评估和信息安全专项检查，完成了应用级同城灾备中心建设。

（七）党建工作和企业文化建设不断加强，发展活力

进一步提高

1. 加强党的建设。以纪念建党90周年为契机，以深入开展“创先争优”活动为载体，紧紧围绕农信社中心工作加强系统党建工作，持续开展党委巡视工作，涌现出了一批先进基层党组织、优秀共产党员等先进典型。坚持正确的选人用人导向，进一步完善和健全干部选拔任用机制。

2. 加强企业文化建设。持续推进营业网点形象建设，成功组织了存款突破5000亿元、建社60周年等主题宣传活动，积极参加央视“2011年春耕行动中国行”等大型活动和全省金融系统业务技能比赛，举办了“爱党、爱社、爱岗”有奖征文活动。不断加大对员工的业务培训力度，全面提高员工综合素质。认真做好信访维稳工作，加强声誉风险管理，树立良好的河北农信新形象。

（河北省农村信用社联合社　高玉成）

【河北银行】　2011年，面对复杂多变的国际国内形势，河北银行在董事会的正确领导下，在各级监管部门的指导和帮助下，紧紧围绕年初确定的经营思路和任务目标，大力推动战略转型，努力转变增长方式，坚定不移地走差异化、特色化、精细化之路。开拓创新，奋力拼搏，资产规模实现快速增长，资产质量保持基本稳定，盈利水平得到大幅提升，主要经营指标再创历史新高，战略转型初见成效，其他各个方面也取得了新的发展成就。

截至2011年末，河北银行资产规模突破千亿元，达到1065.71亿元，同比增长40.58%。各项贷款余额390.42亿元，同比增长18.86%。各项存款余额734.02亿元，同比增长8.65%。实现拨备前营业利润14.58亿元，同比增长45.26%；实现净利润9.96亿元，同比增长74.29%。主要监管指标总体稳定，局部优化，资本充足率12.19%，不良贷款率0.80%，拨备覆盖率310.30%，贷款拨备率2.47%，均保持国内城商行先进水平。社会影响力显著提升。中共中央政治局委员、国务院副总理王岐山，中国银监会副主席王兆星等领导分别到河北银行考察指导。在中国金融网、中国金融研究院主办的“2011中国金融形势分析、预测与展望专家年会暨第七届中国金融（专家）年会”活动中，河北银行被评为“2010年最具发展潜力中小银行”。在中国金融认证中心主办的“2011中国电子银行年会”活动中，河北银行被授予“2011年区域性商业银行网上银行最佳市场推广奖”。石家庄地区的平南支行、建华南大街支行、开发区支行、金桥支行与总行营业部分别荣获中国银行业协会与河北省银行业协会评选的“2010年度中国银行业文明规范服务千佳示范单位”和“河北省银行业文明规范服务示范单位”荣誉称号。2011年，河北银行主要工作如下：

（一）专注中小企业，聚焦中高端客户，战略转型初见成效。河北银行积极调整信贷政策，优化资源配置，创新产品和服务，在转型中小企业、聚焦中高端零售客户、优化收入结构等方面取得明显成效。截至2011年末，中小企业贷款余额204.95亿元，较年初增长了32.98%，全年贷款增量的82%投向了中小企业。中小企业贷款余额占全部贷款余额的比重达到52.49%，同比提高5.58个百分点。其中，小企业贷款余额为95.81亿元，较年初增加17.33亿元，增长了22.08%。中高端零售客户数量显著增加，年末达到7.5万户，较年初增加1.35万户，占比达到8.04%。此外，河北银行着力改善居民金融服务质量，引入移动签约机，尝试建立离柜服务体系，针对不同客户群体提供上门签约服务，实现功能包括开借记卡、短信即时通签约、个人网银和手机银行开户等。继续开展“代理缴费业务便民工程”：开通了代收城镇居民医疗保险业务拉卡拉渠道的跨行卡缴费，开通了国大36524部分网点自助缴纳交通罚款，方便了客户医保缴费、缴纳交通罚款。通过优化各营业网点大厅的多媒体自助一体机，进一步提高了客户体验度。

（二）金融市场业务亮点频出，多项业务取得新突破。2011年，河北银行成为具备全部利率债承销资格的河北省唯一一家、国内6家城商行之一；债券承销额大幅提高，获得财政部2011年记账式国债承销进步奖；债券交易量和结算量不断提高，跻身于全国城商行前列。截至2011年末，全行债券交易总量和现券交易量分别为2.72万亿元、1.95万亿元，分别比上年同期交易量增长11%和20%，在银行间债券市场总排名继续提高，分别为第27位和第11位，在全国城商行排名分别升至第7位和第3位。2011年实现票据业务收入2.33亿元。共研发成立理财产品239期，发行金额为269亿元。

（三）夯实基础，健全机制，风险管理水平持续提高。制定了一系列新的风险管理政策、制度与措施，研发了新的风险管理工具，全行风险管理工作上升到新层次。制定了全行风险管理政策，明确提出了“稳健、审慎”的总体风险偏好。制定下发了《2011年授信工作指导意见》和《授信审查标准手册》，进一步规范和提高了全行授信业务审查质量。完善了“总分支”三级授权审批架构，建立了风险总监派驻制度。新一代信贷风险管理系统成功上线运行，为全行信用风险的识别、计量、监测、控制提供了强有力的支撑。此外，全行党、团、工会工作顺利开展，安全保卫工作常抓不懈，继续保持了全年无重大事故、无重大案件、无重大经济损失的安全运营记录。

（四）稳步推进机构建设，环渤海区域布局初具雏形。截至2011年底，全行营业网点共计78家。其中，分行7家，下辖支行7家，石家庄地区63家支行和1个总行营业部，环渤海区域布局已初具雏形。5月份，河北银行青岛分行正式成立。10月份，鹿泉支行、天津南开支行、唐山龙泽路支行、邯郸开发区支行相继开业。

（五）弘扬核心价值观，企业文化建设再谱新篇。在系统回顾总结发展历程、秉持“合心合力共生共荣”经营理念的基础上，河北银行提炼了“朋友金融，知心致行”的品牌价值主张，并重点推出“惠友亨通”、“益友融通”两个核心子品牌，河北银行品牌化经营步入新阶段。以15周年行庆为契机，举办了一系列庆祝活动，建成并开放行史馆，提升了企业形象，增强了全行凝聚力。努力践

行企业社会责任，积极响应政府开展“山区教育扶贫工程”的号召，为赞皇县野草湾联办小学改扩建项目捐资200万元。先后获得“全国企业文化建设2011年度优秀单位”、“2011河北消费者最满意的银行品牌”等荣誉。

（河北银行）

【石家庄市农村信用合作社联合社】 2011年，在各级政府和监管部门的指导下，在省联社的正确领导下，石家庄市农村信用合作社联合社各项工作取得良好成效。截至年底，市联社共有18家县级联社、1家农村合作银行、360个信用社、146个信用分社、52个储蓄所，员工6627名，资产总额983.13亿元，负债总额930.89亿元，所有者权益52.24亿元；各项存款余额达到801.84亿元，较年初增长111.31亿元；各项贷款余额516.31亿元，较年初增长67.67亿元，当年实现营业收入54.98亿元，实现总收入62.63亿元，同比增加15.76亿元，其中利息收入35亿元，实现利润总额5.8亿元，历年亏损挂账全部消化完毕。全市资本充足率为6.92%，完成监管指标的102%。拨备覆盖率56.42%，超年度规划11.42个百分点。不良贷款率11.33%，完成年度规划102.3%。拨贷比6.39%，完成规划的101.39%。存量包袱3.58亿元，超额完成压缩计划。

（一）机制改革。2011年各项改革工作取得新突破。石家庄市联社努力推动机制转换，深化资源整合改革，实施战略规划，建设流程银行，实行员工职级管理，建立有效激励约束机制，有力保障了各项业务的发展和改革目标的实现。

全面实施战略规划。1月27日，召开战略规划工作视频会，全面推进和实施战略规划，通过对各县财务数据、监管指标等的统计、监控，确保战略规划逐步推进。

加快流程银行建设。以客户为中心，重构业务流程、组织流程、管理流程以及文化理念，形成以流程为核心的全新银行模式。试点单位按照流程银行理念重构组织架构、梳理优化业务与管理流程，建立岗责制度文件体系等，为下一步全辖流程银行建设积累了宝贵经验。

深入推进绩效薪酬改革。出台了《县级联社员工职级工资管理办法》，开发绩效考核系统软件，按日自动测算工资，员工可以随时查询营销业绩和绩效金额，做到人人心里有笔清楚账，极大地调动了员工积极性，进一步提高行业管理水平，有效激发了县级行社经营活力。10月份，绩效考核系统在全市成功上线，成为薪酬制度改革的又一里程碑。

构建办公自动化管理平台。按照“标准化、规范化、流程化、信息化”管理理念，打造以小额贷款信息化系统、薪酬绩效考核系统、考勤指纹录入系统、远程监控系统和金库管理系统等五大系统为核心的自动化管理平台。建设全市统一的个人类贷款信息数据库，实现信息数据大集中，为防范个人类贷款信用风险，打下坚实基础。

（二）体制改革。全力推进“双改”工作，逐步向现代化商业银行迈进。根据省联社的工作部署，市联社党委按照“以点带面、分类推进、先行先试”的原则，加快推进县级联社的农商行和股份制“双改”步伐，2月18日，制定实施《石家庄市2011年股份制改革实施方案》。实地调研、督导转化进度较慢的联社，协商研究存在的问题和困难，采取电视、报纸等媒体公示方式义务告知无法联系的资格股股东，年底投资股占比达到100%。5月27日，省联社召开股权推介会，正定和井陉联社参加股权推介会。同日，省联社批复同意正定和井陉联社启动农村商业银行改革，标志着石家庄市农商行改制正式启动。截至2011年末共有正定、井陉两家县级联社上报农商行改制材料，12月31日新乐和赵县两家联社的股份制信用社申请获批，为圆满完成全市三年“双改”规划奠定良好基础。

（三）经营管理。2011年，石家庄市联社各项业务经营取得新成效。存贷款业务稳健发展。截至2011年末，存款占全市份额的11.94%，排名第二；贷款占全市份额的14.11%，排名第一；实现利润总额5.8亿元。

组织存款方面。一是在常规营销服务的基础上，加强营销体系建设，建立正向激励机制，开展存款小指标竞赛、“揽存双月会战”等活动，掀起了全员揽存高潮。二是拓展服务渠道，改善服务流程，丰富服务品种，提升服务品质，拓宽服务领域。积极拓展电子银行业务，全年增布ATM机164台，累计布放POS机2084台，布放助农取款设备“农信村村通”220台，计划2012年实现乡村全覆盖，彻底解决农村金融服务空白点。全市15家联社完成了网银准备工作，其中井陉、晋州联社和汇融合行网上银行已正式对外运行，辛集、无极、鹿泉、元氏联社开始试运行。三是加大宣传，定期组织员工深入集市、社区举办宣传活动，引导客户使用网上银行、电话银行或短信业务，培养农户办卡用卡积极性，形成了多渠道营销的良好局面。

贷款投放方面。一是优化信贷结构，支持地方经济发展。始终坚持“服务三农、面向县域（社区）、服务中小企业”的市场定位。以“横向延伸、纵向作精”的工作方针，打开思路、创新举措。树立“大农业”观念，将“四进三送”延伸到农业产前、产中和产后，在满足农户资金需求的基础上，积极为地方微小企业提供业务咨询和特色服务，全方位满足不同层次的客户需求，为客户提供简捷高效的“一站式”服务。同时，积极发挥本土银行“蓄水池”作用，组织社团贷款，引入外地市资金，全力支持省、市重点项目。围绕石家庄循环经济化工基地、装备制造基地等七大基地，积极投放贷款，助推石家庄经济发展，为石家庄市打造京津冀第三极，实施城镇化、工业化“双轮驱动”战略做出贡献。二是针对农户小额贷款难、不够方便快捷的现状，市联社自主研发了小额贷款信息化系统，实行集中批量授信和信用村、镇的评定，农户可通过网点、电话、网站等多种渠道申请贷款，随用随贷、方便快捷，截至2011年底，涉农贷款余额401.7亿元，小额贷款信息化系列产品新增授信33198笔，金额19.7亿元，新增小额贷款卡2.2万张。三是积极参与省联社组织的银企对接会，主动多次召开企业恳谈会，深入了解企业生产、经营与资金使用情况，努力为客户量身定做金融服务方案。

中间业务方面。一是加强代理保险业务的营销，实现手续费收入3372万元，较年初增加658.74万元，增速达19.5%。二是增加非信贷资金收益。加大低收益资金管理，合理规划同城票据交换清算资金头寸，增加资金收益。充分发挥市联社资金营运中心作用，做大做强资金业务。截至2011年末，全市实现非信贷资金收入11.95亿元，同比增加2.89亿元，增幅32%；银行间市场交易量1309亿元，在全国农信社系统排名第32，在全国1879个机构中，排名第235。

压降不良贷款方面。2011年以不良贷款清收为突破口，打好清收"攻坚战"。首先是明确责任，对形成的不良贷款，及时将责任和任务落实到相关岗位和责任人，并实行工效挂钩、责任清收，严格考核，加大奖惩。其次是在大额不良贷款上狠"切一刀"，上划到市联社资产经营中心，实行双线管理，集中清收。2011年，全市共清收、盘活不良贷款24亿元，其中：收回不良贷款本金17亿元，呆账核销7亿元。

（四）全员轮训。注重提供在职员工培训服务，成立教育培训项目工作组，制定科学的教育培训计划。按照"因人施教、因岗施教"的原则，根据员工岗位、年龄、知识结构以及经营管理的需要，将培训内容分为思想理念层、理论知识层和操作技能层，以达到更新观念、开阔眼界、改善工作方法、提高工作效率的目的。建立综合性培训基地，引入高标准师资队伍。在平山建立可容纳800余人的培训中心，同时为保证培训质量，经过反复比较、筛选和甄别，选拔组建了一支真正适合农信社的师资队伍。开办17个班，培训员工3283人，其中中高层班6个，891人；基层班2个，282人；新员工班3个，970人；置换班6个，1140人。通过开展培训，提高了员工队伍的综合业务素质，对全面提升员工经营意识、管理能力、服务技能，起到了有力的推动作用。

（五）开展阳光工程。6月15日，印发《石家庄市农村信用社关于开展"阳光工程"实行社务公开实施细则》模板，明确了向社会公开及向辖内公开两大内容，全面、深入地开展"阳光工程"各项工作。对经营决策、信贷管理、财务管理、人事管理、窗口服务等内容及时公开。促进信用社经营决策管理的民主化、透明化、科学化，保障各项业务的健康、快速发展。

（六）积极开展各种活动。加强企业文化建设，以活动为载体，围绕中心工作做好服务。"五一"国际劳动节前夕向全辖干部职工发"向劳模学习做岗位精英"倡议书。进一步弘扬爱岗敬业、争创一流，艰苦奋斗、勇于创新，淡泊名利、甘于奉献的伟大劳模精神组织全体员工开展业务技能竞赛。5月18日，选派6名选手参加河北省银行业"工行杯"羽毛球比赛，获"精神文明奖"。充分展示了石家庄市农村信用社员工的良好精神风貌，加强与其他银行的交流，丰富了员工的业余生活，增强了员工凝聚力和向心力。

（七）积极承担社会责任。1月25日，组织开展扶贫帮困活动，分组走访慰问困难职工、离退休党员干部86人，发送18.6万元的慰问金及价值5万余元的慰问品，将关怀和温暖送到大家的心坎上。1月27日，赴对口帮扶的贫困村平山县高山寨村进行慰问，向每户居民送去了大米、面粉、食用油等春节慰问品和石家庄全体农信人的新春祝福。

（石家庄市农村信用合作社联合社）

【石家庄汇融农村合作银行】 2011年，在行业部门的正确领导及银监部门的大力支持下，石家庄汇融银行坚持改革、管理和发展并重的原则，以风险可控、效益优先为目的，在支持地方经济发展，培育龙头企业，构筑良性发展平台，加强内部管理，加大营销力度，实现业务经营新突破等方面，开展了一系列卓有成效的工作。

（一）业务经营取得新突破。全辖各项存款余额96.82亿元，较年初增长3.54亿元，增幅3.66%；各项贷款余额66.22亿元，存贷比68.39%；实现中间业务收入1194万元，较年初增加457万元，增幅62%；布放POS机189台，其中农信银POS机11台；累计发卡量突破2.78万张。实现拨备前利润23763万元，较年初增加4950万元，增幅26.31%。

（二）支持地方经济发展，培育出一批龙头企业。石家庄汇融农村合作银行及其前身市区农村信用社有着50多年的历史。50多年来，汇融银行一直伴随着石家庄城郊经济的发展而发展。为地方经济又好又快发展做出了贡献。特别是近几年，顺应石家庄城市发展的步伐，通过进一步加大信贷投放力度，积极支持地方骨干企业和重点项目的发展，其中有年产土霉素近万吨，产量占世界二分之一强，产品远销欧、美诸国的石家庄华曙制药集团；年销售额3亿元以上，链轮、齿轮等产品年出口创汇达3100万美元，产量居亚洲之首的石家庄链轮厂；充分发挥地域优势，利用"城中村"改造优惠政策，大力打造"黄金商圈"，坐拥资产数十亿元的怀特集团；石家庄市最大"城中村"改造项目，位于平安南大街一中北侧，建筑面积达65万平方米的中基礼域住宅开发项目；地处省会最繁华地段之一，旧城区改造面积超10万余平方米，与南三条市场相呼应的大经街改造项目；全国十大集贸市场之一——新华集贸市场的重要组成部分金亿城服装批发中心；河北省餐饮业规模最大的连锁企业——新燕春集团；河北音像市场规模大，经营品种全，拥有33家营业网点的"精彩无限"音像连锁集团有限公司等一大批民营经济的龙头企业。

（三）构筑良性发展平台，内部管理得到进一步加强

一是推动服务型总部建设，为支行的业务发展提供全方位支持。在充分听取各家支行对现金在缴存过程中存在的意见和建议后，经过认真的研究，出台了调整全行现金出入库管理流程，优化整币、残币交存标准和时间的解决方案。这不仅日均减少无息资产占用，而且有效提升了现金

中心的管理能力和服务效率，化解了管理和服务间的矛盾。

为了彻底解决全行业务运行中存在的深层次问题，总行成立了运营管理部，围绕全行柜面业务的各项职能，对结算、账户、现金、柜员管理、授权等方面业务进行了系统的优化，较好地解决了以往那种对基层网点政出多门、柜面业务后台支持率低、标准不统一等诸多问题。

初步在全行推行全面预算管理，特别是在费用预算方面，改变了以往的审批制，试行了核准预算、自行使用、按季调整、大额专项审批的方案，减少了审批环节和手续，为各家支行把更多的精力投入到展业和营销提供了有力的支持和保证。

二是继续加强风险管理体系建设和全员风险管理理念的落实。认真做好信贷业务审查、审批工作，逐步完善审批手续，按照新客户授信业务准入条件严格把关，保证信贷业务手续合规、合法，降低了信贷业务风险，保证了信贷资金的安全。

建设垂直风险管理架构。对各支行的委派会计增加了运营风险官的职责，接受运营管理部和风险管理部的业务指导，实现了业务风险管理职能的前移。

完成了各家支行中层干部的岗位轮换。在充分考虑支行业务发展和稳定的前提下，为有效防范各类风险隐患的发生，完成了辖内多家支行的副行长、委派会计的岗位轮换。

切实做好稽核审计工作。①利用现场稽核方式，加强对一线员工业务技术和操作技能的支持和帮助，对检查中发现的问题及时予以纠正；②加大非现场稽核力度，通过对各项业务数据指标的对比，获取有价值的信息，确保工作效率的提高和质量的提升；③为增强柜员的履职意识，有效防范操作风险，对随机抽取的十家支行全部网点的帐户管理、挂失手续、柜面业务进行了认真检查，并对发现的问题提出了整改措施。

三是全面提升汇融银行企业形象，进一步加快网点规划和建设步伐。为了进一步提升汇融银行的企业形象，2011 年成立了网点形象督查组，专门就全行各营业网点的外观形象和内部卫生对全辖 77 家营业网点进行了拉网式的排查。对检查中发现的问题统一进行了维修，辖内基层网点的营业和办公环境得到了明显的改善。

为迅速扭转基层营业网点由于地理原因造成的经营不利现状，按照“总体规划、分步实施”，“撤建并举、有进有退”，“合理布局、结构调整”，“分类管理、区别对待”，“放眼长远、促进发展”的五项基本原则，进一步加快了网点规划和建设步伐。2011 年，石家庄汇融银行共完成了 11 家分支机构的迁址审批工作，基层营业网点正逐步实现由“偏远”地区向市内繁华的主街道、主要居民区大型住宅区及具有人脉优势地区的转移。网点设置的进一步优化，不仅方便了客户，提升了形象，而且扩大了规模，提高了效益，同时还优化了人力、财力等资源配置，基层网点贡献度得到了进一步提高。

（四）加大营销力度，业务指标取得新突破

1. 公司类业务取得较快发展。2011 年，在注重强化风险控制，加强客户经理培训基础上，坚持以客户需求为导向，以经济效益为中心的原则，使公司类业务取得较快发展。一是深入调研，大力开办签发全额和准全额银承业务。为了更好地满足客户票据需求，结合自身实际情况制定了《石家庄汇融银行承兑汇票管理办法》，规范了业务流程，明确了全额和准全额银行承总汇票的签发及审批统一由票据中心管理，同时细化了岗位职责。银行承兑汇票业务的发展，不仅有效提高了客户经理通过票据全面营销的意识，而且使得客户的资金以保证金的形式形成了稳定的公司类存款。二是根据业务发展需要，及时制定并下发对公存款营销方案。2011 年，制定了“融腾行动”等多个对公存款营销方案，力求全面提升优质大客户占比，达到了增强对公存款增长的持续性和稳定性的目的。三是创新业务产品，为业务发展提供保障。在积极开办全额和准全额银行承兑汇票业务基础上，注重加强新产品的研发，2011 年制定完成了票据置换、票据质押贷款、保理（应收帐款抵押贷款）等业务的操作流程及管理办法，为满足不同客户的金融需求提供了技术支持。四是建立定价机制，提高综合收益。①建立了全行的直贴价格定价体系。总部票据中心以中国票据网同业拆借利率为基础，并根据本地区其他银行的直贴利率情况，结合全行资金头寸和信贷规模情况，制定全行的直贴利率价格。票据中心不定期地将制定出的价格通过信息魅力系统发送给各支行的客户经理，作为其给客户报价的基础。②建立完善科学合理的贷款利率定价机制，按照市场化、效益化、差别化和规范化的原则，细分了全行的客户群体，初步建立了综合反映客户信用状况、发展前景、经营规模水平、效益成本等情况的贷款利率定价机制。

2. 零售业务取得新突破。一是相继制定并实施了“春风行动”、“城中村”改造及大额存款立项、“融腾行动”等一系列专项营销方案，并取得了较好的效果。二是为了抓住“城中村”改造的历史机遇，最大限度地吸收村民拆迁补偿款，充分利用多年来形成的良好人脉关系积极营销，争取在激烈的竞争中获取较大的份额。对于支行不熟悉的拆迁项目，采用拆迁款营销立项制，拿出专门的营销措施，鼓励有条件、有关系的支行跨区营销。三是积极协调和指导支行对市场类客户的营销工作。2011 年先后制定或修定了《石家庄汇融银行个人汽车贷款管理办法》、《石家庄汇融银行个人经营授信业务操作规程》及相关配套合同文本，加强了对金亿城、中江文化城、华北鞋城等商贸类客户的营销，取得了阶段性成果。

（石家庄汇融农村合作银行　姚建国）

保险业

【概况】　2011 年，全省保险业深入贯彻落实科学发展观，按照“转方式、促规范、防风险、稳增长”的总体要求，紧密结合河北实际，求真务实，开拓创新，取得明显成效。

2011年，河北保险业累计实现保费收入732.89亿元，同比增长6.09%。其中，财产险业务保费收入222.92亿元，同比增长15.56%；人身险业务保费收入509.97亿元，同比增长2.42%。保险赔付支出183.47亿元，同比增长26.20%。截至2011年底，全省保险公司总资产1587.72亿元，比年初增加279.71亿元。省级分公司53家，专业中介法人机构107家。

（一）扎实推进“三项工程”，行业形象有所改善。全面实施“保险信誉工程”。一是深入推进保险公司服务质量评价工作。河北保监局组织召开新闻发布会，向社会公布评价工作情况和评价结果，社会反响广泛、积极。这项工作有效地促进了保险公司服务意识和服务质量的提升。二是下大力气解决理赔难、销售误导等问题。在解决理赔难方面，实施车险查勘现场测评制度，在石家庄、保定、唐山、秦皇岛、承德等地进行现场测评，邀请媒体监督，在行业内通报测评结果；继续开展财产险积压赔案清理工作，全年累计清理3.87万件；实施车险理赔指标定期通报、理赔提示、非寿险承保理赔信息自主查询等制度。落实《人身保险业务基本服务规定》，制定人身险公司理赔服务指引。在解决销售误导方面，认真贯彻《商业银行代理保险业务监管指引》，通过与银监局联合发文、召开会议等形式，对银行保险销售误导等问题进行综合治理；对于向60岁以上老龄人销售投资型产品提出明确监管要求；实施人身险公司电话回访情况抽检制度；规范人身险电话销售、产品说明会等销售行为。三是联合中国保险学会、中国保险报，成功举办了“保险声誉与可持续发展”研讨会，保监会周延礼副主席和部分保险公司总公司主要负责人、保险学界专家学者出席会议。会议对保险声誉问题进行了深入探讨，形成了广泛共识，引起了行业内外的高度关注。

全面实施“保险护城河工程”。一是以治安保险为重点，积极推动保险业参与平安河北建设。截至2011年底，全省11设区市和20个县（市）印发了推动治安保险发展的文件。全省138个县（市）中的120个县（市）开办了治安保险业务，承保农户106.09万户，提供风险保障127.32亿元。以治安保险为核心的“一分钱创安工程”得到保监会、省综治委的充分肯定，治安保险开展情况被列入全省社会管理综合治理考核评价指标体系。二是认真做好保险信访和矛盾纠纷调解工作。指导省、市保险行业协会建立保险合同纠纷人民调解委员会，构建起监管部门、保险机构、行业协会、人民调解机构共同参与的大信访、大调解工作格局。全年河北保监局接受各类信访投诉和咨询6392件，处理有效信访投诉717件。三是全力做好维稳工作。加强环首都周边地区矛盾纠纷和风险点排查。“10·7”滨保高速重特大交通事故发生后，河北保险业迅速反应，及时预付赔款1000万元，得到国务院和地方事故处理领导小组的充分肯定。

全面实施“绿色保险工程”。一是建立绿色保险服务可持续发展（曹妃甸）试验区的设想得到省政府的关注，列为省政府与保监会合作的重要内容，纳入唐山市金融“十二五”发展规划。二是环境污染责任保险取得突破。2011年10月，人保财险等6家保险公司组成的联合共保体，在保定市签订环境污染责任保险12单，提供风险保障金2000余万元。三是引导和支持保险公司树立绿色发展理念，围绕产品设计、新技术运用和销售方式开展创新，增强了行业的可持续发展能力。

（二）推动业务结构调整，服务经济社会发展的能力显著增强。积极推动农业保险发展。积极推动省政府印发了《河北省政策性农业保险试点工作实施方案》，明确了政策性农业保险试点政策，增加了农业保险保费补贴品种，并制定了相应保障措施。2011年，全省政策性农业保险参保农户达到773.23万户次，保险金额达到121.06亿元，比上年同期增加11.52亿元；赔款支出1.85亿元，受益农户53.26万户次。大力发展农村小额人身保险。2011年，河北保险业小额农村人身保险参保人数超过150万人，提供超过500亿元的风险保障，支付保险金逾2100万元。

大力发展责任保险。积极推动火灾公众责任保险、医疗责任保险、安全生产领域责任保险、校方责任保险、旅行社责任保险等相关领域责任保险发展。2011年，河北省责任保险实现保费收入3.82亿元，同比增长25.59%，提供风险保障金额7261.96亿元，提供经济补偿1.38亿元。出口信用保险有效服务地方经济发展。2011年，出口信用保险共为全省出口企业提供出口信用保险项下保单融资便利超过5亿美元，支持外贸出口逾50亿美元。

支持发展养老医疗保险。鼓励保险机构发展商业养老和医疗保险，参与完善多层次社会养老医疗保障体系。河北省人身保险公司，充分发挥专业技术、机构网络和服务优势，结合各地实际，积极发展商业养老医疗保险业务。截至2011年底，河北保险业实现团体年金保险保费收入2110.44万元，个人养老金保险保费收入4.34亿元，各人身保险公司累计提存长期健康险责任准备金47.89亿元。

（三）强化监管，规范市场秩序，防范行业风险。围绕重点领域开展现场检查，加大查处力度。在人身险方面，配合保监会对秦皇岛13家人身险公司开展以银保业务、销售误导为重点的拉网式全面整规检查。在财产险方面，开展以治理虚假列支中介费、虚假列支营业费用、虚假理赔等数据不真实问题为重点的专项检查。在保险中介方面，开展保险公司中介业务专项检查，在保定、邯郸、唐山等地集中开展保险代理市场重点检查及清理整顿工作。在综合性检查方面，开展第二次财务业务数据真实性专项检查，开展保险资金参与民间借贷专项检查。2011年，河北保监局共组织检查组146个，派出检查人员457人次，现场检查保险机构152家次，依法对35家保险机构和25名个人作出行政处罚，罚款328.5万元，有效震慑了保险违法违规行为。

加强风险监测预警，强化风险防范处置。开展季度风险排查，重点对财产险10类风险、人身险11类风险、中介市场5类风险开展排查。加强市场监控和跟踪分析，密切关注保费收入、费用支出、退保等指标数据的异动情况。定期对保险公司内部审计报告分析汇总，开展稽查式调研，及时发现风险隐患。完善专管员市场跟踪制度，通过列席保险公司重要会议、收集重要经营管理资料等途径，深入了解保险公司风险状况。完善风险提示制度，对苗头性风险及时进行风险提示，全年实施风险提示谈话51家（人）次，下发风险提示函9件。高度关注案件风险，督促相关公司妥善处理员工诈骗、挪用资金等案件，配合公安部门调查处理邢台市假保单案，协助公安部门办理衡水货运公司涉嫌非法经营案。认真做好营销服务部整改工作，完成全省1667家营销服务部的整改，历史遗留问题和风险得到妥善解决。

严格实施分类监管。落实《河北省保险公司分支机构分类监管实施意见（试行）》，对保险公司进行分类评价，在行业内通报年度分类评价结果，将评价结果抄送总公司。启动人身险公司季度分类评估监测工作。把C、D类公司列为重点监管对象，密切关注潜在风险。注重分类监管结果应用，将分类监管等级、监管措施和评价表用来指导机构设立审批、现场检查等事项，采取一司一策的差异化监管措施，扶优限劣，规范发展。完成了对105家保险专业中介机构分类监管评价。

（四）夯实行业发展基础，发展环境不断优化。积极优化政策环境。根据中国保险业“十二五”规划精神，结合河北实际，制定和发布河北保险业发展规划，明确了“十二五”期间的发展目标、发展思路和工作举措。在河北保监局的大力推动下，省政府制定《河北省政策性农业保险试点工作实施方案》，成立政策性农业保险领导小组，首次出台政策性农业保险扶持政策。责任保险、信用保险、健康医疗保险发展环境也得到不断改善。就部分基层法院突破交强险分项限额判决赔付、新闻媒体对车险“高保低赔”和“无责免赔”报道、车船税以及道路交通事故救助基金等问题，加强与有关部门沟通，协调解决行业焦点难点问题。

加强从业人员培训教育。把提高从业人员整体素质作为促进规范经营、加强诚信建设的重要抓手。开展2011年度河北省保险公司高管人员培训工作，共开办培训班12期，培训2190人。在全国率先启动实施保险中介业务管理人员培训，对保险公司、银行类兼业代理机构、保险专业中介机构201名管理人员进行了集中培训。扎实推进保险营销员继续教育，全年累计培训10.3万人。出版发行《河北保监局文件汇编（2001—2010）》，为保险从业人员合规教育提供了重要指引。

加强保险社团组织建设。制定《关于加强河北省保险业社团组织建设和管理的指导意见》，首次对社团组织建设和管理制度进行系统规范。各保险社团组织认真开展换届和改革工作，不断加强秘书处建设，进一步完善各项管理制度，自身建设水平得到提高。积极发挥自律与服务职能，主动围绕监管中心任务和行业热点、难点问题开展工作，取得了积极成效。通过认真办理保监局委托代理人资格考试、兼业代理机构资格管理等事项，各保险社团组织的服务能力和形象进一步提升。

（河北保监局　赵　卿）

【人保财险河北省分公司】 2011年，中国人民财产保险股份有限公司河北省分公司（以下简称：人保财险河北省分公司），紧紧围绕河北省委提出的“科学发展、富民强省”战略指导思想，以改革创新为动力，坚持“以市场为导向，以客户为中心”的经营理念，依靠PICC知名品牌、专业技术人才和诚信优质服务，积极参与河北地方经济建设，努力为构建和谐河北提供良好的保险保障服务，有效发挥了“经济助推器”和“社会稳定器”的职能。2011年，人保财险河北省分公司实现保费收入106.95亿元，同比增长6.74%，位列全国系统第二位，承担风险保障金额2.12万亿元，支付各类赔款49.12亿元，占全省非寿险行业赔款总额的49.20%，缴纳税金和代收代缴车船税共计16.42亿元，有效发挥了行业主渠道作用，有力支持了防灾减灾、灾后重建和生产恢复，基本形成了服务品质与发展能力、经济效益与社会效益良性互动的可喜局面。

（一）全面保障省内经济发展，有力支持和谐河北建设。人保财险河北省分公司充分发挥人才、机构、网络和技术优势，对关系国计民生的钢铁、电力、石油化工、制药等行业和交通建设、港口建设、临港工业区建设、城市“三年大变样”工程建设等重点项目，为其提供了全方位的保险保障服务，先后承保了张唐铁路、西柏坡高速、承赤高速、石家庄地铁预留工程、唐钢、承钢等一系列国家和省市重点建设项目，对关系国计民生的钢铁、电力、石油化工、制药等行业和交通建设、港口建设、临港工业区建设等重点项目提供了充足的保险保障。深入推进各级政府高度关注的重要领域、重点行业责任保险业务的发展，不断强化与行业主管部门的合作，重点推广道路客运承运人责任险、雇主责任险、道路危险货物承运人责任强制保险，大力发展火灾公众责任保险、校园方责任保险和医疗责任保险，积极推进高危行业的安全生产责任保险、环境污染责任保险，持续探索涉及人民生命安全的产品责任保险、产品质量保证保险等业务，2011年，共承担各类责任风险保额4273亿元，支付赔款近1亿元，有效分担政府财政和事务负担。

（二）大力发展农村保险，切实加强面向农民的保障能力建设。人保财险河北省分公司坚持把大力发展农村保险作为关注民生、服务“三农”的重大战略举措，充分发挥保险机制的杠杆作用，放大财政资金的强农惠农效应，帮助农民减少后顾之忧，有力促进了农村生产持续健康发展。一是积极发挥专业优势，强化与各级政府的互动合作。2011年，人保财险河北省分公司向省政府递交了《关于深入开展三农保险合作的函》和《关于在全省各乡镇设立三农保险服务网点的请示》，协助省政府制定下发了《河北省政策性农业保险试点工作实施方案》，进一步扩大了政策性农险的承保范围和保险责任，为支持三农事业发展营造了有利的政策环境。二是大力发展农业保险。在做好政策性小麦、玉米、棉花种植险和能繁母猪、奶牛养殖险承保工作的同时，积极推广与农民生活紧密相关的塑料大棚蔬菜种植、小麦收获期火灾、林木火灾、辣椒种植保险等业务，不断拓展农险保障范围。2011年，人保财险河北省分公司农险承担风险金额超过117.59亿元，处理农业灾害赔案2万多起，赔款支出1.65亿元，为全省“菜篮子、米袋子”提供了有力的保险保障。三是提升农险专业化服务水平。通过系统地分析建国以来的气象资料、农业风险及经营数据，建立了风险可控的政策性农险承保、理赔实务规程；大力推行“四到户、两公开”工作，即“承保收费到户、凭证发放到户、损失确定到户、赔款支付到户”，“承保信息公开、理赔结果公开”，实现了承保理赔全流程的公开、公平、公正，提升了农险业务经营的规范化和标准化水平。与国际再保险机构接轨，构建了三级风险分散机制。四是延伸农村服务网络。2011年，人保财险河北省分公司连续开展“人保乡（镇）、人保村”创建、“学泊头”、农村基层服务体系建设等一系列活动，大力引进营销精英、积极倡导面对面的亲情式服务，初步构建了形式更加多样、内容更加充实、各方有效互动、产能不断提高的“三农”保险服务网络。截至目前，已建成农村保险“示范县”5个，人保乡31个，人保村643个，建成各类符合“四有”标准的乡镇农村服务网点1366个。其中：农村营销服务部278个、“三农保险服务站”1088个，在全省1.92万个行政村建立了“三农保险服务点”。

（三）积极抗灾救灾，积极为政府分忧、群众解难。2011年，人保财险河北分公司凭借完善的灾害防范和救助体系，在自然灾害和安全事故面前，全力保障人民生命和财产安全，累计支付赔款65万笔，赔款金额达到49.12亿元，有效发挥了保险的防灾减灾、灾害救助、经济补偿和社会稳定职能，有力支持了灾后重建和生产恢复，最大限度地为政府分忧、为群众解难。其中，先后为唐山钢铁股份有限公司火灾事故、河北远洋运输集团股份有限公司船舶碰撞事故、河北省电力公司暴雨事故等赔款超过1000万元。尤其在农险方面，人保财险河北分公司按照“主动服务、快速定损、准确理算、合理赔付”的原则，扎实有效地开展农险理赔工作，2011年共赔付农业灾害赔案2万多笔，赔款1.65亿元。2011年6月份，河北境内发生风灾，邢台、邯郸、石家庄、衡水、沧州、廊坊、唐山、曹妃甸、保定等9个地区的40多万亩小麦受损，人保财险河北省分公司快速反应，及时赔付，有效分担和减少了广大农户的经济损失。

（四）积极参与平安建设，丰富完善了综合治安防控体系。近年来，人保财险河北分公司牢固树立政治意识、大局意识和责任意识，深入落实省综治办与保监局联合下发《关于推行治安保险促进保险业参与平安建设的意见》，围绕“改善农村治安管理”这一中心目标，充分发挥保险社会管理功能，积极探索推广治安保险，有力推动了农村治安工作向政府主导与市场机制结合的转变，形成了“党委领导、政府负责、社会协同、公众参与”的社会管理新格局，满足了农村群众无力购买高额商业保险保障，但又迫切需要转移风险的保险需求，协助地方政府建立起了一套事前预防与事后补偿一体化、经费保障与机构运作市场化的农村社会治安防范体系，最大限度地为政府分忧、为群众解难，促进了农村和谐稳定。截至目前，人保财险河北分公司在全省138个县（市）中的101个县（市）开办了治安保险业务，累计为90万户农民家庭提供了102亿元的风险保障，取得了良好的社会效果，得到了政府部门、新闻媒体和广大群众的认可和好评。

（五）大力开展“服务年”活动，为广大保险消费者提供了更加优质便利的服务。一是加强服务标准化建设。狠抓服务窗口建设，在客户服务前端，统一工装标准，建立营业厅服务质量监督台帐制度，大力弘扬“五心”服务，进一步规范服务标准，擦亮窗口形象，改善了客户体验，彰显了以人为本的服务理念。狠抓后台集中支援，着力建设高标准的95518客户服务中心，积极推进客户保单信息自主查询服务，不断拓展充实服务内容，拓展服务范围，方便客户通过95518客户服务电话、e－picc电子商务网站和营业网点柜台查询自己的保险信息，为客户提供人性化快捷服务。狠抓服务测评，引入“关键时刻”管理，进一步健全了内部“神秘人”检查制度，定期开展服务质量测评，提高了客户满意度。二是全面升级理赔服务。更加重视理赔效率，对万元以下车险小额案件和5000元以下非车险小额案件实行快速理赔，理赔服务效率明显提升，在行业上和系统内均名列前茅；重视增值服务，推行全国联网免费故障救援，对在河北省分公司投保的9座以下非营业客车和家庭自用汽车，出现规定的情况需拖车、送油、充电、更换轮胎、轮胎充气时，均可通过拨打本公司救援服务专线电话享受到免费故障救援服务；开展车险查勘定损环节“四个一”活动，即“一句慰问、一瓶矿泉水、一本索赔指南、一次满意度调查”，不断扩展服务领域，提升客户满意度；开通招标项目绿色服务通道，落实专门团队，为优质客户和重要客户提供特色化、贴心式的理赔服务。三是做好保险宣传。做好服务宣传，主动向新闻媒体通报行业和公司服务经济社会过程中取得的新成果、好做法，持续加强对服务创新内容和“保险信誉工程”的宣传，有力提升行业和自身形象。

（六）优质的服务，良好的信誉，使人保财险河北省分公司得到了社会各界的认可。人保财险河北分公司连续六年被河北省委、省政府授予“民主评议行风优秀单位”，评议成绩始终位居行业第一；连续四年被省政府授予“金融贡献奖”荣誉称号；获得了“河北省服务名牌”和“河北网友最信赖的品牌”荣誉称号；在人保财险总公司委托第三方开展的2011年下半年客户满意度调查结果位列全国系统第一，在河北省保险行业2011年上半年“服务质量评价”中排名财险公司第一名，在河北保监局2011年两次车险理赔服务现场测评中均名列前茅。

（中国人保财险河北省分公司　张忠义）

【中国人寿河北省分公司】 2011年，中国人寿保险股份有限公司河北省分公司（以下简称中国人寿河北省分公司）紧紧围绕省委、省政府的决策部署，坚决贯彻执行监管机关以及上级公司的战略决策和各项政策措施，坚持在保持业务规模稳定增长的基础上，着力推动业务结构的有效调整；大力推行内部经营体系改革，加强基层公司和人才队伍建设，夯实管理基础；扎实做好客户服务工作，切实维护消费者利益，各项工作都取得了新的成绩和进步。2011年，公司在200亿元平台上继续攀高，全年实现股份公司业务总收入218.98亿元。截至2011年底，公司总体市场份额43.16%，居河北寿险市场第一位。

（一）在业务规模持续增长的基础上实现了业务结构的有效调整，成功保持了系统内先进位次。2011年，公司在业务规模稳定增长的基础上，业务结构调整取得新成效，实现了“四个快于、四个提高”的优化目标。“四个快于”：长险首年期交总量发展速度快于长险首年业务增速4.16个百分点；10年期及以上首年期交发展速度快于首年期交7.86个百分点；续期保费发展速度快于总保费增速22.39个百分点；短期意外险保费发展速度快于短期险保费增速6.26个百分点。“四个提高”：长险首年期交总量占长险首年保费比重较上年提高了2.0个百分点；10年期及以上首年期交占长险首年期交保费比重较上年提高了3.8个百分点；短期意外险占短期险比重较上年提高了3.4个百分点；续期保费占总保费比重较上年提高了8.1个百分点。公司的主要业务指标也保持了全国系统先进位次，总收入排全国系统第3位，长险首年期交排全国系统第5位，10年期及以上首年期交排第4位，短期险排第6位。主要业务板块市场份额提升，取得了较好的市场表现。长险首年新单市场份额提升2.96个百分点，长险首年期交市场份额提升5.17个百分点，10年期以上首年期交市场份额提升2.35个百分点，并处于河北寿险区域市场领先地位。

（二）认真落实保险监管法规和政策，切实防范经营风险。按照监管法规和总公司风险防范工作要求，结合公司实际，积极防范各类风险。按照总公司部署，结合河北实际，先后组织开展了基层公司外欠费用、保单借款、“小金库”等专项自查自纠活动，发现和化解了一批存量风险。“小金库”专项治理通过了总公司联合检查组现场检查。加大关键岗位检查力度。全年共对900多名关键岗位人员进行了机动检查和现场检查。销售风险预警排查率达到99.14%，电访排查成功率达到96.27%，监控效率大幅提升。加强对管理干部日常行为的监督，增强了领导干部的廉洁自律意识。认真实施党委巡视和效能监察，结合述职测评，对市、县两级公司班子成员进行了经商、集资等情况的专项调查。全年清理化解了大量存量风险，加强对新风险点的管控，全年未发生大的风险案件，实现了确保有效控制各类风险的预定目标。

（三）积极实施“三项工程”，切实保护消费者利益。2011年，公司以认真实施“保险护城河工程”、“保险信誉工程”和“绿色保险工程”为契机，促进了公司基础管理和服务水平的提升。通过贯彻“积极均衡，整合转型，创新超越”的整体工作方针，转变公司经营理念，不断提高工作人员的服务意识和建立“专业、真诚、感动、超越”为理念的服务文化；用优质服务为销售营造良好环境为出发点，以全员为客户服务的观念为根本，不断创新服务方式和手段，进一步构建科学、高效、专业化、一体化的服务体系平台；规范服务流程，完善服务标准，进一步梳理、整合和完善以客户为中心、行业领先的客户服务流程和标准，建立起科学、完善、严格的服务管理体系，为客户提供持续性高水平服务。2011年，公司组织开展了“95519十周年”服务水平提升活动、“服务伴你行”专项活动、“诚信·沟通·维权”客户服务活动，“理赔优质服务月”活动、“低碳、环保”为主题的2011年河北省第五届“牵手”客户服务系列活动、“‘牵手国寿 绿动中国’少年儿童绘画作品展”等等一系列活动，进一步加强中国人寿“1+N”服务品牌建设，为普通客户和VIP客户分别提供针对性强、有价值的附加值服务，用实际行动保护了消费者的合法权益，得到了客户的赞誉与肯定。

（四）积极探索服务和谐社会建设的新途径，在建设和谐河北中发挥了更大作用。积极发挥保险保障功能。2011年，公司赔款给付共47.68亿元，较上年同期增长47.4%。其中赔款4.25亿元，较上年3.7亿元增长15.0%。满期给付37.55亿元，较上年增长62.2%。

积极推进年金类业务发展。充分发挥公司机构网络、人才队伍、专业技术等方面的优势，大力拓展企业年金市场，重点推动中小企业集合计划业务的发展。全年共新增签约基金5.22亿元，签约客户252家，为7.8万名企业职工提供企业年金受托、账户管理和投资管理服务。

加大服务“三农”力度。公司高度重视县域保险市场，通过业务拓展、服务延伸，不断提高农民保险保障水平，让保险服务千家万户，帮助各级政府分忧解难，为促进社会稳定、建设新农村、打造和谐社会做出了积极贡献。2011年，公司进一步细化工作、优化服务、加快农村小额保险的发展。该险种保费低廉、保障适度，且主要保障意外风险，与新型农村合作医疗互为补充，受到了广大农民的充分肯定和热烈欢迎。截至2011年底，公司农村小额保险承保客户已达128.4万人。年度内，公司向出险客户提供保险保障2088.81万元，有效缓解了农民群众因意外返贫的风险。

公司致力于加强农村网点建设，扎实农村业务发展基础，进一步强化农村网点星级建设，提高网点辐射周边、带动服务的能力。截至2011年底，公司共有农村营销服务部1147个，均在保险监管部门备案，占全省乡镇总数的58.5%，基本能够实现对全部市场的整体覆盖。全省共有2万名农村营销员服务、工作在农村一线，为广大农民客户提供着完备的保险服务。通过不断提高营销服务部星级创建水平，截至2012年底，全省共建成星级以上网点531个，星级网点占全部网点的41%。其中五星级网点9个，四星级网点32个，三星级网点59个，二星级网点137个，一星级网点292个，较以往年度有显著提升，公司服务农村客户的能力得到进一步增强。

公司积极推进保险先进村创建工作。公司通过派驻村服务员，为广大村民提供全方位保险服务；通过选聘义务监督员，加强对保险服务质量、效率的监督，促进当地保险保障水平的提升。截至2011年底，公司创建的保险先进村总数突破5000个，对全省行政村的覆盖率达到10%以上。

同时，还建成了保定市唐县西足里五有保险示范村，入选全国十佳五有保险示范村之一。该村位于保定市唐县县城南端，全村460户居民、2080名村民，没有支柱产业，村民生活并不富裕。然而就是这个不起眼的小村里，每个村民都拥有中国人寿的短期意外险业务，其中1700多名村民拥有中国人寿的长期寿险业务。西足里五有保险示范村的建成，得到了媒体高度重视。2011年底、2012年初，中央电视台、人民日报等一线媒体纷纷对该村进行专题采访，将其作为保险服务新农村建设的具体举措进行了广泛宣传。

积极参与社会管理。2011年，公司继续大力发展与国家基本医疗保险服务相衔接的补充医疗类保险业务。2011年度，共承办了石家庄、保定、邯郸、邢台、沧州5个市本级，全省85个县本级以及北京铁路局石家庄站段的补充医疗保险业务，承保人数达301万人。承办了石家庄、保定、张家口、邯郸、邢台、衡水6个市本级，全省54个县本级的城镇居民补充医疗保险业务，承保人数达105万人。公司还承办了唐山唐海新农合补充医疗保险业务，承保人数11.9万人。

（中国人寿保险河北省分公司　刘　鼎）

【平安人寿河北分公司】　2011年，中国平安人寿河北分公司以管理促发展，以服务增效益，不断健全管理制度，加强人员队伍建设，提升营销队伍素质，规范产品营销行为，加强企业诚信建设，完善E化平台支持，深挖业务发展潜能，转变纠纷化解方式，提升服务品牌形象，加强客户需求分析，加大保障型产品推动，搭建多产品推动平台，兼顾规模与效益，着力“挑战新高”。持续推进BCP计划（业务持续计划），积极应对突发事件，保证公司在遇到火灾、地震、水灾、恐怖事件、示威等突发重大事件时，能够迅速恢复运营。10月份，分公司举行BCP演习，检验BCP推广效果，演练取得圆满成功。持续推进纠纷化解方式由事后处理向事前防范转移，把安全隐患化解在苗头和萌芽状态，在处理纠纷过程中，如遇特殊情况，法务人员提前介入，协助相关部门妥善处理争议，减少和化解诉讼风险。持续加强市场开拓，在有潜力的市场，以健康人海发展模式搭建有规模、有效益的销售网点，促进个代业务健康发展。按河北保监局“二号统计口径”，2011年底，公司个人业务累计完成保费收入38.63亿元，较2010年增加10.18亿元，同比增长36%；累计赔款支出3262万元，较上年增加261万元，同比增长9%；给付合计5.71亿元，较上年增加2.27亿元，同比增长66%。

（一）经营情况。2011年，公司个人业务累计完成保费收入38.63亿元，较2010年增加10.18亿元，同比增长36%。

按险种分类，人寿保险总保费收入31.92亿元，较2010年增加9.01亿元，同比增长39%；健康保险总保费收入6.45亿元，较2010年增加1.06亿元，同比增长20%；意外保险收入2579万元，较2010年增加1036万元，同比增长67%。

按渠道分类，个人代理业务保费收入34.25亿元，占总保费收入的89%，保费较2010年增加6.90亿元，同比增长25%。银行代理业务保费收入4.38亿元，占总保费收入的11%，保费较2010年增加3.28亿元，同比增加297%。

按产品分类，分红险总保费收入28.09亿元，保费占比73%，保费较2010年增加9.28亿元，同比增长49%；投连险957万元，保费占比0.2%，保费较2010年增加119万元，同比增长14%，万能险2.58亿元，保费占比7%，保费较2010年减少2162万元，同比减少8%。

截至2011年底，长险新单总保费收入13.61亿元，占总保费的35%，保费较2010年增加7.27亿元，同比增长115%；长险续期24.24亿元，占总保费的63%，保费较2010年同比增加2.77亿元，同比增长13%。在长险新单中，趸缴5.65亿元，占比42%，期缴7.95亿元，占比58%。

2011年，公司各中心支公司业务均保持了稳定增长，其中廊坊、邢台、保定、唐山、衡水、邯郸增长迅速，同比增长均在30%以上，张家口增速最低，同比增长13.9%。

（二）业务发展。2011年，公司保费有较高增长，总保费同比增长36%，个人代理渠道保费同比增长25%，银邮代理渠道保费同比增长297%。

业务的高速增长主要有以下两方面原因：一是2010年公司主要是以万能险推动各渠道保费的增长，而万能险在“二号统计口径”下保费缩水较大，故在“二号统计口径”下保费变小。二是从2011年开始，公司各渠道开始向分红险转型，经过一年的推动，分红险保费有了明显提升，同比增长49%，从而拉升了总保费的成长。

2011年公司主要业务有以下两方面特点：

1. 续期拉动保费明显，新单业务大幅提升。2011年，公司续期保费占比高达63%，是拉动业务的中坚力量。长期以来，为稳定保费平台，公司一直引导营销员销售期缴产品。由于在新单中趸交保费增速明显，同比增长773%，导致新单保费明显提升。虽然趸交保费一定时期内提高了，但总体来看，新单保费中期缴保费仍是主力，占总保费的58%，是公司产品的发展方向，其原因在于银邮代理渠道正逐渐取代个人代理渠道。

2. 意外、健康保险迅速发展，为客户提供更全面的保障。由于分红、万能投资收益缺乏市场竞争力，公司积极调整产品的卖点，以保额高、保障全的思想来引导营销员进行销售，回归保险真谛。

（三）经营风险。公司推出的某些产品，因保费较高，产品设计有缺陷而缺乏市场，但公司偿付能力充足，且以期缴产品为主，不存在流动性风险。

目前公司第13个月、第25个月以上的保费继续率均在90%以上，不存在因应收保费过高而产生的信用风险。为规避信用风险，公司对业务员展开多方面培训，如：规范展业培训、理赔案例分析培训、理赔流程及理赔常识培训、理赔政策宣导。同时实施品质管理如：业务员品质管理、短期险赔付率异常业务员管控、长险短期出险业务员特别关注、营业部医疗险销售资格管理等。受2年不可抗辩的影响，在公司各个接触环节中如发现不如实告知的隐患，公司会重新进行核保。

2011年度，公司受理过两起典型带病投保拒付案件：(1) 被保险人崔某于2011年5月16日投保智盈人生终身寿险险种。投保后于2011年9月13日身故。经调查核实，发现客户投保前已确诊肺癌并住院治疗。因投保前未履行如实告知义务，严重影响保单承保，经沟通后该案件拒付，保单解约处理。(2) 被保险人王某2011年1月1日投保智盈人生终身寿险险种。被保险人于2011年9月29日因白血病身故。经调查发现，被保人于2010年12月10日即因“白血病”住院。因投保时未告知实情，严重影响承保，本案拒付，保单解约处理。

公司严格执行P—STAR服务标准，规范日常投诉处理。规范电话使用规程，力求用简单、明了、易懂的语言来提高沟通效果；在处理投诉的过程中，做到及时响应和答复客户，并主动告知案件处理进展情况；遇到疑难案件时，主动与上级和相关监管部门搞好沟通，为投诉案件的顺利解决搭建平台；遇到误导、滞挪等事件时，及时知会相关部门及监管单位，防止事态恶化，减少客户损失。认真落实《人身保险业务基本服务规定》，严格兑现服务承诺，帮助客户寻找理赔依据，遵循拒付审慎原则，对拒付案件进行检视，确保每一起拒赔案件均由具有多年从业经验的资深核赔人审慎核查。提速理赔服务时效，打造理赔服务品牌。3月1日，平安人寿再次承诺“标准案件、资料齐全、三天理赔”，进一步提升服务时效。全年累计赔款支出568万元，较上年增加77万元，同比增长15.7%；给付合计1.78亿元，较上年增加6714万元，同比增长60.8%，其中，满期给付1.02亿元，同比增长113%，年金给付4277万元，同比增长22%，死伤医疗给付3305万元，同比增长20%。

2011年，公司的两起重大理赔案件是：(1) 石家庄客户姚某2011年8月23日工作中发生意外不幸身故。受益人于10月10日提起理赔申请。经公司审核后于10月25日给付身故金共计74.9万元。此案为河北省本年度最大赔案。(2) 邢台客户郭某，2011年8月17日意外从山上滑落导致身故，受益人12月1日向公司提起理赔申请。公司经审核于12月13日给付身故金共计60.1万元。

2011年，公司继续保持客户投诉持续下降的良好态势，12月滚动投诉率为0.058%。针对全年投诉问题的特点，公司继续深耕P—STAR服务理念，不断提升客户满意度，同时加大对业务品质的追踪力度，以机构为单位做好品质问题的汇总和分析，针对结果开展有效的宣导和追踪；同时继续加强咨询队伍建设，提升业务能力，以进一步提升公司的服务水平。

（平安人寿河北分公司　刘　航）

【太平洋产险河北分公司】 中国太平洋财产保险股份有限公司河北分公司（以下简称河北分公司）是中国太平洋财产保险股份有限公司下属的一级分公司，成立于1994年，在全省11个设区市设立了中心支公司，96个县、区设立了支公司和营销服务部，现有从业人员1445人。2011年，河北分公司在省委、省政府和上级公司的领导下，全面贯彻落实全省经济工作会议和保险监管工作会议精神，坚持市场对标、动态调整、转型发展、合规经营四项工作原则，以客户需求为导向，以市场为坐标，整合资源投入，创新营销模式，优化人力配置，转变发展方式，提升发展能力，突出规范经营，各项工作取得了扎实的成效。

（一）经营管理水平持续提升，主要经营指标优于行业。2011年，河北分公司原保费收入19.63亿元，在太保系统内名列第九位，在全省同行业名列第三位，同比增长20.20%，同比增长高于行业4.61个百分点，市场份额8.68%，同比增长0.33个百分点。综合成本率91.38%，优于行业1.83个百分点。为全省提供保险保障额度6951.65亿元，比上年增加597.37亿元，同比增长9.4%。累计已决赔款金额9.24亿元，同比增长36.74%。上缴和代扣代缴税款2.92亿元，同比增长36.16%。

（二）着力提升服务效率和服务水平，打造服务竞争优势。2011年，河北分公司按照集团公司和总公司工作要求，认真实施以客户需求为导向的战略转型，以提升客户服务效率和服务水平为切入点，着力打造服务竞争优势。

一是采取有力措施，进一步提高理赔服务效率。通过实施理赔提速工程，进一步优化理赔管理流程，提高各环节时效；完善中心支公司理赔工作考核办法，加大查勘定损、人伤调查等关键岗位人员的绩效考核力度，促进理赔工作目标的落实；加大未决案件的清理力度，在全省深入开展理赔“流程再提速，服务达新标”的达标竞赛活动和车险通赔竞赛活动，进一步提高理赔服务时效；在全辖推广使用车险移动视频查勘定损单兵系统，通过3G技术实现事故现场查勘定损等工作的实时数据传输，与后台操作人员协同同步进行查勘定损，以新技术的运用提升服务效率和水平；实施“管理集中，服务延伸”理赔管理模式，在县级机构配置理赔内、外勤，延伸服务触角，向规模较大的68家县级机构派驻理赔外勤73名、综合内勤17名，理赔管理迈出新步伐；为方便客户索赔和监督，河北分公司还在所有机构营业场所的显著位置均悬挂“理赔服务流程”、“保险理赔提示”、“车险索赔材料清单”、“十项服务承诺”；认真落实客户投诉管理和客户回访制度，进一步加强内控和监督。一系列举措的实施使河北分公司的理赔服务又迈上了新的台阶，2011年，河北分公司案件数在同比增长4.08%的情况下未决赔案件数同比下降了7.61%，结案率达到了87.59%，同比上升0.64个百分点。

二是建立重大客户理赔绿色通道和重大赔案应急预案机制，使大案尤其是危害公共安全的重大突发事件的快速反应和处理能力进一步提升。2011年10月份，河北分公司承保的唐山市交通运输集团一辆客车在滨保高速公路上与一辆小轿车发生交通事故，造成35人死亡、19人受伤。接到报案后，河北分公司快速反应、迅速开通理赔绿色通道，立即启动重大理赔应急预案，理赔工作小组于事发当天下午就赶赴现场进行调查，协助做好事故救援工作，一周之内就将35人死亡赔偿金1750万元赔付完毕，有力地促进了事故的顺利处理，充分发挥了保险的社会稳定功能，重大赔案快速反应能力受到省政府庆伟省长和杰辉副省长的充分肯定，中国保监会也在内部《值班简报》上予以肯定。2011年还向邯郸钢铁集团股份有限公司赔付企财险赔偿金650万元，有效地保障了企业的正常生产经营。

三是加强机构网点和渠道建设，进一步改善客户服务界面。为方便客户，延伸服务，2011年河北分公司新设立了两家县级支公司，同时还对22家县级营销服务部进行了支公司升格改建工作；为适应业务发展需要对9家分支机构的营业场所进行了搬迁改造和标准化建设，对89家分支机构的VI标识统一进行了规范更换；充分利用银行、车商、中介代理公司、寿险代理等社会资源，广辟业务代理渠道；整合资源，加大投入，大力发展电话和网络销售业务。这些举措的落实，改善了公司形象，提升了服务辐射能力，方便了客户。2011年，县级机构产能占比提高到了49%，渠道业务占比提高到了60.12%，渠道业务占比较2010年底上升16.18个百分点。

（三）大力发展责任险、企财险、家财险业务，努力服务河北经济社会发展。2011年，河北分公司将责任险、企财险、家财险作为重点险种，制定了积极的发展策略，通过整合渠道、政策支持、销售竞赛、业务考核等措施大力推动业务发展，保费收入进一步增长，服务范围和服务领域不断扩大，有效增强了河北分公司服务河北经济社会发展的作用。2011年，河北分公司涉及公共安全的责任险保费收入5563万元，同比增长9.19%，提供风险保障1981.00亿元，赔款支出4604.72万元，比上年增加2750.28万元，同比增长148.31%。其中，全省客运承运人责任险保费收入2776.21万元，为全省11463辆客运车辆提供风险保障894.98亿元；全省统保的中小学校方责任险实现保费收入604.96万元，提供风险保障670.87亿元；危险货物责任保险共承保危险货物运输车辆5368辆，累计提供风险保障35.32亿元。同时，还积极推动非车险新产品、新领域业务拓展，试办工程机械设备综合险，拓展汽车延保责任险，扩大服务领域。企财险保费收入8311.95万元，同比增长19.75%，为全省企业单位提供1440.65亿元风险保障，赔款支出2831.98万元。家财险保费收入715.10万元，为广大城乡家庭提供了177.64亿元的风险保障，赔款支出57.59万元，同比增长63.7%。

（四）合规经营成效显著，公司品牌形象进一步提升。2011年，河北分公司的服务和发展得到了社会的广泛赞誉，获得了河北省政府颁发的2011年度“金融贡献奖”，河北保监局2011年保险公司服务质量评价结果产险公司第一名，被河北省有关部门授予“2011—2012年度服务、诚信双满意单位”以及2011年“河北省服务质量优秀单位”和“河北省诚信示范单位”等殊荣，品牌形象进一步提升。全辖各级机构反映公司合规经营的亿元保费和千家机构处罚概率等关键性指标均为0，客户投诉率始终保持在较低水平，被河北保监局评为分类监管最优的A类公司。

河北分公司在今后的发展中，继续坚持以“服务全省经济建设”为己任，以“做一家负责任的保险公司”为使命，以“诚信天下，稳健一生，追求卓越”为企业核心价值观，以“推动和实现可持续的价值增长”为经营理念，积极为建设和谐河北做贡献。

（太平洋产险河北分公司　张景府）

【中华财险河北分公司】　2011年，中华联合财产保险股份有限公司河北分公司在省委、省政府、河北保监局的正确领导下，以科学发展观为统领，坚持“调结构、转方式；强集中、防风险；优服务、增效益”的经营思路，着力破解发展难题、调优发展结构、强化内控管理，强力推进公司持续稳健发展。一年来，各项工作得到长足发展，社会认可度、满意度得到大幅提升。

（一）基本经营数据

——保费收入。2011年实现保费收入19.55亿元，同比增长10.04%。其中车险16.68亿元，占比85.31%，同比增长6.04%。在中华保险系统，河北分公司位居规模第一，利润第四。

——赔款情况。累计支付赔款9.08亿元，简单赔付率46.48%；承保年制满期赔付率43.25%，同比降低5.26%。

（二）主要经营举措

1. 转方式拓渠道强力推进业务发展。3月份后，分公司在激烈的市场竞争环境下，迅速改变经营思路，以市场为导向、转变发展方式，强力推进业务发展，有效扭转了负增长局面，保持了一定的发展势头。

一是转变思想，加强宣导。一方面在广泛调研的基础上，及时调整承保、费用政策，实施差异化、市场化管理，调动一切积极因素提升市场竞争力。一方面加强宣导，要求全辖各级机构牢固树立发展是第一要务的思想观念，要想办法、找措施，在大项目、渠道业务和农险业务上下功夫，跟上市场步伐。

二是加强指导，竞赛推动。自上而下加强对基层机构的技术支持和监控指导。连续开展了一系列的业务竞赛，有效推动了效益业务的快速发展。

三是拓宽渠道，创造环境。省公司成立了销售管理部，对4S店业务，渠道业务做了一定的研究探索，与9家银行、3家车商签订了合作协议，实现渠道保费3.57亿元，同比增加1.23亿元。

2. 调结构增效益稳步提升盈利能力

一是重点在车险内部结构调整上下功夫。利用电销业务渠道，大力发展家用车业务，仅家庭自用车业务较上年同比增长保费6865万元，增长车辆5.98万辆。积极探索4s店，车商业务拓展。

二是大力发展渠道业务、大项目业务。着力提高全辖的非车业务经营能力，加大机关对基层的服务指导能力，对基层实施针对性、个性化指导，建立“点对点”帮扶机制，重点做好大项目拓展工作。2011年河北分公司先后承保了邯大、邯黄铁路，中盐集团等103笔大项目业务，实现非车险保费收入1.34亿元，同比增加3069.79万元，同比增幅29.78%。

三是四级机构转型快，效益规模双丰收。全省连续5年开展效益十佳评选活动，效益第一的理念深入人心，发展是第一要务的理念开花结果。

3.强内控，优服务，进一步深化集中管理效能。2011年，以全面质量年活动为抓手，把好一进一出、一里一外四个关口，推进管理效能、业务品质、经营业绩全面升级。

承保工作。一是抓“快速出单”，全面推行电子投保单，倡导保单要素简单化，对处理规范的险种自动核保，对批退业务实行差异化管理。二是抓风险管控，提倡“严进宽出”的管理理念。推广识别假照片、假信息的有效办法，对核保人员进行高频度、大强度的技能培训测试。在总公司开展“承保质量年活动”综合测评中，河北分公司取得了第二名的好成绩。

理赔工作。一是抓理赔队伍的职业操守和业务能力建设。二是抓理赔工作流程的再造和效能提高。三是减少投诉率，创新服务手段，充分发挥四大职能作用，赢得客户的信赖。2011年重点推出了现场赔付和有条件的“三者直赔”服务举措，实施了“绿色理赔通道”，重点抓了七项关键指标的把控。在河北保监局组织的现场服务能力测评中，河北分公司取得了第一名的好成绩。在上半年服务指标检测中，河北分公司排名第三。全年共查处假骗赔案331件，金额633万元。

财务工作。一是抓费用预算管理，善于发挥经济杠杆的作用，把有限的费用花在刀刃上，用在投入产出比最好的险种和单位上；二是推进财务规范管理，整合优化操作流程，明确岗位职责，严格关键环节控制，实施手续费集中管理。三是继续控制好内审、内控工作，确保资金的安全运营

4.抓考核，强培训，进一步强化班子队伍竞争力、执行力

一是抓好班子建设。将李董事长“想干事、会干事、干成事、易共事、不出事”要求贯穿工作始终，从思想认识、基础操作、管理能力、落实总分公司要求等多方面入手，进一步防范各级班子的能力风险，强化执行能力建设。

二是抓好机构建设。机关方面以“四快”为要求，提高机关服务基层能力和工作效能；中支机构方面，强化执行力管理，做好条线指导，发挥中支公司环节力量。四级机构方面，抓好规范管理和队伍建设，提升四级机构核心竞争力。

三是抓好培训工程。把培训作为员工最大的福利，用大学习、大教育、大培训的理念，用不同层次集中培训、比武竞赛、上下交流、定期换岗的方法，造就高文化、高素质、高能力，特别能吃苦，特别能战斗的中华“铁军”队伍。推行针对不同岗位层级员工的网络学院，在三、四级机构高管参加保监局培训期间采用以会代训的方式做好沟通学习，并定期进行在线测试，广泛开展承保、理赔岗位技能比武、练兵、培训，营造了浓厚的学习氛围。

四是发挥典型引路的重要作用。始终坚持“以点带面，抓典型”的工作方法，营造创先争优的良好氛围。通过广泛开展“学典型、对标杆”活动，让大家学有方向、学有目标，找到破解困难的办法，坚定效益发展的信心。

五是深化企业文化建设。大力开展劳动竞赛、技能比武、岗位练兵等创先争优活动，在公司内部营造“比学赶帮超”的争先氛围。坚持不懈抓风气建设，提倡“艰苦奋斗之风，为客户服务之风”，2011年河北分公司被省评议办纳入民主评议范围，接受广大群众的全面监督，并在考核中获得了95分的好成绩。

（中华财险河北分公司　郑　阳）

税　务

【国税收入】　2011年，全省国税系统累计入库总局口径税收收入1536.26亿元，占年计划的107.2%，同比增收227.42亿元，增长17.4%，增幅比上年提升2.1个百分点；累计入库省政府口径税收收入1419.09亿元，占年计划的105.0%，同比增收211.57亿元，增长17.5%，增幅比上年提升5个百分点。其中，国内增值税入库938.09亿元，同比增收107.63亿元，增长13.0%；国内消费税入库190.69亿元，同比增收24.75亿元，增长14.9%；企业所得税入库299.88亿元，同比增收77.89亿元，增长35.1%；储蓄存款利息个人所得税入库0.81亿元，同比减收1.23亿元，下降60.3%；车辆购置税入库106.79亿元、同比增收18.39亿元，增长20.8%。办理出口退税（含免抵调库）173.0亿元，同比多退49.2亿元，增长39.8%。收入特点：一是分季度看，增幅逐季回落。季度末税收增速分别为28.4%、24.0%、20.7%、17.4%，呈逐季回落趋势。其成因：全省调控物价成效明显，工业生产者出厂价格指数增幅逐季回落，从而减缓以现价计算的税收增速。2011年跨年度缓征税款入库18.68亿元，同比多入13.04亿元，形成一季度增幅较高。二是分区域看，11市全面增长。承德受铁矿石开采业税收大幅上涨的拉动，税收同比增长36.2%。在商业、装备制造业、黑色金属冶炼及压延业、黑色金属采选业、卷烟等行业税收增长拉动下，衡水、廊坊、唐山、秦皇岛、石家庄、保定等6市税收增幅在全省水平以上，分别达到22.4%、22.3%、20.7%、20.6%、17.6%、

17.4%。张家口、沧州、邯郸、邢台等4市税收也分别增长17.3%、15.2%、9.2%、2.8%。三是分税种看，企业所得税增幅最高。企业所得税入库299.88亿元，同比增收77.89亿元，增长35.1%，占全省税收比重达19.5%，比上年提升2.5个百分点，全省税收结构进一步优化。四是分行业看，重点税源行业是增收主体。在全省倡导发展大物流和夜经济的情况下，商业税收入库200.48亿元，同比增收42.38亿元，增长26.8%。装备制造业是全省重点发展的行业，全年税收入库147.46亿元，同比增收21.08亿元，增长16.7%。黑色金属矿采选业税收入库103.26亿元，同比增收24.46亿元，增长31.0%，其主要原因是价升量增。黑色金属冶炼及压延业全年税收入库159.58亿元，同比增收14.51亿元，增长10.0%。卷烟行业在产量和价格双重增长的拉动下，税收入库86.55亿元，同比增收18.76亿元，增长27.7%。上述5行业增收121.19亿元，占整体增收额的53.3%。

【税收收入分析】 全省经济的较快发展为税收增长奠定坚实的税源基础。工商业发展拉动国内增值税、消费税较快增长。2011年前11个月，全省规模以上工业增加值同比增长16.2%，工业产品产销率达到97.7%，比上年同期提高0.2个百分点，工业生产者出厂价格指数达到108.4，推高以现价计算的工业增值税增幅。前11个月，全省居民消费价格指数比上年同期提高5.8个百分点，拉动限额以上批发和零售业商品零售额同比增长27.1%，促进商业增值税比上年同期增长24.8%。2011年原油加工量小幅上涨、卷烟量价齐升、汽车产量增长4.3%，是国内消费税增长的主要因素。二是企业利润快速增长带动企业所得税高幅增长。前11个月，全省规模以上工业经济效益综合指数比上年同期提高15.4个百分点，利润总额比上年同期增长32.6%。受此拉动，全省预缴企业所得税比上年同期增长36.8%。受2010年企业利润高幅增长的拉动，全省企业所得税汇算清缴比上年同期增长42.9%。同时，加强税收管理，加大纳税评估、税务稽查、清理欠税力度，形成征管型增收39.94亿元，有力促进全省税收增长。全面落实结构性减税和各项税收优惠政策，办理减、免、退、抵税352.95亿元，为稳增长、调结构、控物价、惠民生提供有效的政策支持。

【税收法治】 坚持将依法行政作为税收工作的基本准则贯穿始终，努力提高税收法治水平。一方面，规范税收执法。加强重大税务案件审理工作，全省审结重大案件474件，评议复查199件，发现和纠正存在问题的69件次。做好税收规范性文件清理工作，全面清理2011年之前制发的文件1186件，废止文件711件。另一方面，强化执法监督。加强执法督察，对2个市局、61个县区局进行重点督察。上线运行疑点信息库，检查198个执法单位执法疑点98万多条。认真落实执法责任考核机制，考核出执法过错7945项，追究执法过错人员10005人次。

【纳税服务】 以方便纳税人办税为重点，强化全员全过程服务的理念，将纳税服务贯穿到各个部门和各个环节。将“同城通办”推行范围从6个市扩大到全省所有城区，并在部分县区推行“城乡通办”；将“一窗通办”推行范围从69%的办税服务厅提高到87%；将“自助办税”推行范围从22个办税服务厅增加到43个；试点推行“免填单”服务、集中审批和向社会公开承诺限时办税；推进国地税联合办税，在保定市召开联合办税工作现场会。同时，加强纳税咨询工作，推行新的12366纳税服务热线系统，受理纳税咨询21.43万次，比上年增长两倍多。做好维护纳税人权益工作，认真受理纳税人投诉，探索建立一些纳税人权益保护组织。规范注册税务师行业管理，明确收费标准，开展行业检查，出台扶持措施，更好地发挥中介服务作用。

【税种管理】 将信息管税的理念全面贯彻到各税种管理工作中，并根据各税种特点采取专业化的管理措施，有效提高各税种政策管理和征收管理水平。在货物劳务税上，制定煤炭铁精粉经营行业税收管理办法，对商贸企业成品油抵扣、农产品发票抵扣、运输发票抵扣等情况进行重点分析和专项评估；组织货物劳务税政策执行情况调研，开展消费税、车购税专项检查，研究解决若干政策和管理问题。在企业所得税上，将企业资产损失税前扣除由审批改为企业申报，强化所得税预警监控。所得税税负、亏损面、零申报率三项指标与上年相比均有较大进步。其中，亏损面由上年的29.2%下降到18.3%，下降10.9个百分点，比全国平均水平低7.2个百分点。在国际税收上，扎实推进反避税工作，调增应纳所得税额2976万元；完善非居民税收管理机制，规范、细化操作流程，促进非居民税收管理水平的提高。在出口退税上，加强对重点行业的监控管理，明确具体控管办法；研究制定出口退税分等级管理办法。

【税收征管】 积极推进管理创新，优化税收征管体系，提升征管质量。在总局重点监控的12项征管质量指标中，河北省排名全国前10位的有6项，比上年增加4项；好于全国平均水平的9项，比上年增加3项。一是更新管理理念。通过宣传引导、积极实践，使风险管理、信息管税、专业化管理、扁平化管理的理念深入人心。特别是通过秦皇岛市局试点工作所取得的成效，使系统上下对优化征管体系的重要性和紧迫性有了更加深刻的认识。二是实施信息管税。各级国税机关和各业务部门大力加强数据分析应用，积极利用信息系统监控查找税收管理中存在的风险和问题。先后有5个市局组建数据分析监控中心，使数据分析应用得到全面加强。根据监控分析情况，有针对性地开展纳税评估等工作。全省评估纳税人3.92万户，补税11.85亿元，比上年增长33.6%。三是加快信息化建设。在全国率先完成金税三期广域网建设试点任务。财税库银业务覆盖面名列全国第一。全面推行网上认证、网上抄报税、税务与组织机构代码共享等信息系统。做好综合征管软件数据切割、外部信息采集与交换平台安全改造等工作，提高系统运行效率。四是加强大企业管理。各级积极调整工作布局，突出工作重点，集中力量抓好大企业管理。省局对154户大企业进行风险识别和应对，查补入库税款1.01亿元。

【税务稽查】 立足于整顿和规范税收秩序，进一步发挥稽查的震慑作用。加大省、市局直查力度，充分发挥省、市稽查局主力军作用，改变多年来重点税源企业属地检查、县局稽查局对重点税源企业查不了、查不动的状况。推行分级分类稽查，重点对规模大的纳税户和问题大的纳税户开展检查。全系统检查纳税人 4285 户，查补税款 26.9 亿元。其中，检查查补收入 18.9 亿元，比上年增长 46.5%；户均查补收入增长 83%，人均查补收入增长 58%。特别是对 349 户煤炭经销企业开展专项检查，有效促进税收秩序的好转。

【干部队伍建设】 立足当前，着眼长远，积极稳妥地解决队伍建设上长期积累的各种复杂问题。一是激发队伍活力。加强思想政治工作，坚持将思想教育与解决实际问题相结合，提升干部的思想觉悟，维护干部的切身利益。深入开展创先争优活动，激励干部干事创业。完善班子配备，实施处级干部竞争上岗，推进干部交流，选拔处级领导干部 35 名，交流轮岗处级干部 70 名、科级干部 314 名，优化班子结构，盘活人力资源。做好离退休干部服务工作，保证离退休干部队伍的和谐稳定。二是严格队伍管理。认真落实总局出台的《关于加强市、县国税局领导班子建设的指导意见》和《税务系统领导班子、领导干部监督管理办法》，强化对领导班子、领导干部的监督管理。严格落实回避制度，对 112 名存在回避关系的干部进行工作调整。加强巡视检查，省局对 1 个市局进行巡视、对 60 个基层单位进行暗访，各市局对 38 个县区局进行巡视。强化绩效考核，省局班子成员带队对各市局进行年终考核，促进工作落实。三是提升队伍能力。加大培训力度，在高层次院校举办处级干部、县区局长等培训班；开展全员岗位练兵活动，组织税源管理、办税服务、税务稽查人员业务竞赛和抽考，选出 3 个团体优胜单位、30 名业务标兵、63 名业务能手，促进形成浓厚的学习氛围。

【党风廉政建设】 认真落实党风廉政建设责任制，全面推进惩防体系建设。加强廉政教育，积极开展廉政文化进机关、进基层、进家庭活动。深入学习贯彻《廉政准则》及总局配套制度，组织全体科以上干部进行自查自纠，对 4 个市局的贯彻落实情况进行专项检查，促进领导干部廉洁从税。推进内控机制建设，在总结省局经验的基础上，将内控机制建设推行至市、县两级，促进廉政风险的源头防控。加强"两权"监督，围绕一般纳税人认定、注销等环节开展执法监察，针对煤炭铁精粉经销企业存在的问题实施"一案双查"。深化行风建设，开展公务用车、小金库等专项治理，在全省行风评议中再次获得优异成绩。

（河北省国家税务局　戴占阳）

【地税收入】 2011 年，全省地税系统共组织各项收入 1757.12 亿元，同比增收 376.1 亿元，增长 27.23%。其中，税收收入完成 1200.15 亿元，增收 295.1 亿元，增长 32.61%，占年计划的 118.59%，超收 188.15 亿元；社保费完成 472.03 亿元，增收 57.36 亿元，增长 13.83%，占年征收计划的 108.51%，超收 37.03 亿元；其他 6 项收入完成 84.94 亿元，增收 23.64 亿元，增长 38.57%。在税收收入中，中央级完成 198.89 亿元，增收 44.26 亿元，增长 28.62%；省级完成 125.58 亿元，增收 28.58 亿元，增长 29.47%；市县级完成 875.68 亿元，增收 222.26 亿元，增长 34.02%。一是税收收入实现新突破，且增幅较高。全年组织税收收入突破 1200 亿元，是"十一五"初期（348.33 亿元）的 3.45 倍，创历史新高。税收增长较快，达到 32.61%，剔除"两税"，增幅达到 29.9%，超过全国平均增幅（28.5%）1.4 个百分点。二是收入增幅呈明显前高后低态势。下半年以来，收入增幅开始逐月波动回落。全年累计增幅（32.61%）比一季度（55.42%）、上半年（46.47%）和三季度（35.13%）分别回落了 22.81、13.86 和 2.52 个百分点。三是各单位均超额完成全年税收任务，但增幅有差异。超过全省平均增幅的有 5 个市，分别为邯郸 40.64%、邢台 39.58%、廊坊 39.44%、衡水 39.11%和石家庄市 33.69%；低于全省平均增幅的有 7 个单位，分别为唐山 32.36%、承德 32.28%、保定 29.01%、沧州 28.35%、张家口 25.43%、秦皇岛 21.3%和省直属局 12.84%。四是社保费收入贡献加大。社保费收入占组织收入总量的比重已经达到 26.86%，累计增收 57.36 亿元，占全部收入增收额的 15.25%。

【税收收入分析】 一是主要行业税收贡献大。房地产、建筑、制造、金融和采矿业是河北省税收贡献最大的 5 大行业，这 5 行业共完成 867.38 亿元，占税收总量的 72.27%，共增收 227.5 亿元，占整体增收额的 77.09%，拉动税收增长 25.14 个百分点。二是各税种全面增收，地方税增幅高，主要税种总量大、贡献大。营业税、企业所得税、个人所得税、城建税和契税成为支撑地税收入新的 5 大主要税种，5 大税种共完成 967.92 亿元，占税收总量的 80.65%，共增收 224.13 亿元，占整体增收额的 75.95%，拉动税收增长 24.76 个百分点。三是政策性因素有增有减，增收较多。外资企业和外籍个人自 2010 年 12 月 1 日起缴纳城建税，促使城建税完成 94.46 亿元，增收 24.6 亿元，增长 35.21%；契税和耕地占用税翘尾增收 17.74 亿元；2011 年 11 月 1 日起，原油、天然气资源税由从量定额征收改为从价定率征收，增收 7000 万元左右；个人所得税 2011 年 9 月 1 日起减除费用标准提高到 3500 元/月，并调整了工资薪金及个体工商户生产经营所得的税率结构，减收 4.72 亿元；2011 年 11 月 1 日起，河北省提高营业税的起征点，减收 5000 万元左右。四是加强征管，促进增收。年初上线运行了建筑、房地产管理软件，对两行业的管理水平大大提高；积极推广存量房交易价格申报评估工作，实现了全省设区市市区全覆盖，促使税收大幅增长。

【税收征管】 一是加强税源管理。按照重点税源专业化管理、一般税源规范化管理、小税源公开化管理的思路，优化征管资源配置，调整税源管理部门和岗位职责，实施管理员分类管理和考核，全面落实税收管理员制度。二是建立税收风险评估指标体系。集中力量开展税源风险分析、大企业风险监控应对和中小企业行业性风险监控等工作，完善纳税评估模型，建立税收风险评估指标体系，深化税源与征管质量监控，加强欠税管理，各级税收征管能力和水平得到提升。三是加强重点行业管理。进一步完善物流运输、建筑安装、劳务服务等行业管理措施，认真落实房地产开发企业、建筑安装企业和餐饮业所得税征收管理办法；全面推广“存量房交易价格申报评估系统”，实现了全省设区市市区全覆盖，明显促进收入增长。四是强化各税种管理。全面推广建筑房地产业税收管理软件，组织完成营业税457.27亿元，增长26.09%；加强企业所得税税源管理与监控，狠抓预缴汇缴税款入库，组织完成企业所得税188.82亿元，增长32.84%；重点加强高收入行业和高收入人群的个人所得税管理，推行全额全员申报，组织完成个人所得税142.66亿元，增长23.43%；加强城建税信息比对，积极做好委托国税代开发票征收城建税工作，组织完成城建税94.46亿元，增长35.21%；下发了《关于进一步加强耕地占用税和契税征收管理工作的通知》，组织完成契税84.72亿元、增长58.16%，耕地占用税25.48亿元、增长104.95%；研究开发土地增值税管理软件，切实加强土地增值税征收管理工作，组织完成土地增值税53.27亿元，增长64.05%。五是大力推进大中型企业主辅分离，增加地方可用财力20.05亿元，切实促进了服务业的发展。

【依法治税】 一是加强税收法治建设，严格执行重大税务案件审理制度，不断改进行政复议工作，着力强化税收执法事前、事中、事后的有效监督。二是修订《税收执法考核评议和过错责任追究办法》，深化执法督察工作，进一步细化了税收执法行为的自由裁量标准，规范了税收执法行为。同时，严格实施执法过错责任追究，内部监督制约机制得到进一步完善。三是加大税务稽查力度，对建筑业、房地产业等行业开展了税收专项检查，对重点税源企业开展轮查，全年共检查企业9936户，查补入库收入42.26亿元。联合相关部门，严厉打击发票违法犯罪活动，全年检查企业4799户，查获非法发票520.74万份。

【服务职能】 一是认真宣传和落实国家各项税收优惠政策。组织开展税收宣传月、税收政策宣讲和在线访谈等活动，向纳税人宣传辅导税收法规政策。制定落实了《关于支持高新技术产业、现代服务业及改善民生的实施意见》、《定点联系企业纳税服务办法》等制度，做好税收减免，加大扶持力度，2011年累计审批、备案各项减免、抵免税款106.93亿元，促进了全省产业结构优化升级。二是优化经济发展环境。完善办税服务厅、地税网站、“12366”服务热线三大纳税服务平台，全面推行“一窗式”和“同城通办”服务模式，推广财税库银联网，全省60余万户纳税人实现了网上缴税。将简并征期纳税人的适用标准由原来的月纳税额200元以下提高到400元以下，使31万户纳税人受益。积极推进国地税联合办公，明确14项合作项目，不断拓展协作渠道，有效降低了办税成本，得到纳税人的广泛好评。深化行政审批制度改革，将144项审批权限，取消45项，下放88项到县（市、区）局，提高了行政效率。三是维护社会和谐稳定。着力加强社保费征缴，组织费源情况调查，开展社保费收入督导，大力清缴往年欠费，确保社保费足额发放。发挥个人所得税调节收入差距的作用，重点加强高收入行业和高收入人群的个人所得税管理，推行全额全员申报，全年受理年所得12万元以上纳税人个税申报5.94万人，扣缴税款25.4亿元。同时，狠抓维稳工作，开通了局长信箱、举报电话和网上举报等监督途径，抓好信访案件的受理与处理，重点围绕临时工管理、税收执法纠纷等问题，积极排查各类不稳定因素，确保不出现社会群体事件。

【科技兴税】 一是利用信息技术手段，落实“两个减负”，开发了社保新数据交换平台、工本费POS机划卡系统、特殊行业委托代开发票软件、银行端查询缴税软件等。二是深化数据分析与利用，编制了《数据应用管理规程》，完成了“税源与征管状况监控分析”2010年度和2011年上半年通报的数据提取和指标运算，增强信息管税合力。三是启动安全运行风险管理体系建设，组织开展了全系统安全运行风险点排查工作，新增和修订了《外联网接入管理规范》等9项管理制度，在11个市局推广部署了安全桌面管理系统，在5个市局推广部署了上网行为管理系统，保障了信息系统安全稳定运行。

【队伍建设】 一是以县（市、区）局领导班子为重点，全面强化各级班子建设。认真落实《关于进一步加强领导班子思想政治建设的意见》，不断深化民主集中制，改进干部选任办法，选配省局机关处级领导干部14名；健全优秀年轻干部培养、选拔与使用机制，明确要求县（市、区）局领导班子中要配备40岁以下的正职和35岁以下的副职，全年选配40岁以下正职5名，35岁以下副职7名；推行“一报告两评议”工作，各级班子凝聚力、战斗力得到加强。二是深化干部教育培训。2011年，省局共举办24期29个培训班，培训2008人次，其中处级干部班累计培训75人次，科级及以下干部班累计培训1625人次，兼职教师培训30人次，初任培训278人次。参加总局培训59期，参训人数78人，（其中：厅级干部2人，处级干部40人，科级及业务骨干36人）；先后组织处级领导干部在北京大学和中国浦东干部学院进行了集中脱产培训，在河北经贸大学、河北大学举办了副科级干部业务和政工培训班，在扬州税院举办了一期省级兼职教师培训班，在北戴河干部培训基地首次举办了全系统综合政工业务培训班，组织了全系统征收、综合业务两个岗位的业务考试，提高了干部综合素质。三是推进地税文化建设。举办了全系统第二届“读书大讲堂”，组织了读书学习活动典型交流，开展了“感动地税·创先争优先进集体和先进个人”评选活动，对16个先进集体和16名先进个人进行了表彰；先后组织了“巾帼建功立业”和爱国主义教育参观学习活动、机关职工爬山活动、冬季趣味运动会和机关困难党员群众慰问活动，组队参加了全省地税系统“和谐杯”乒乓球比赛；积极组织参加了纪念建党90周年省直机关健步走、河北经典诗文诵读、歌咏比赛、演讲比赛和书法绘画摄影作品征稿活动，歌咏比赛荣获二等奖。

【廉政建设】 全省地税系统各级党组认真落实党风廉政

建设责任制，主要领导亲自部署党风廉政建设工作，重大任务亲自部署、重要问题亲自督办、重要案件重自处理，班子成员认真履行“一岗双责”，把党风廉政建设工作任务贯穿于税收工作的始终。一是反腐倡廉教育不断深化，坚持把教育作为推进党风廉政建设工作的基础，开展多种形式教育和廉政培训，受教育干部达3万余人（次），全系统建成廉政文化示范点29个。二是扎实推进领导干部廉洁自律工作。认真贯彻落实《领导班子和领导干部监督管理办法》等制度规定，进行廉政谈话756人（次），1241名干部报告了个人重大事项，1051名领导干部进行了述职述廉，对新提拔的216名干部开展了任前廉政知识考试。三是惩治和预防工作取得阶段性成果。建立和完善了《问责办法》等一系列制度规定，对150名干部就疏于管理、履职不当等问题进行了问责；研发了风险防控软件，防控软件发布预警2800余项；全系统共受理信访件76件，初核29件，立案4件，省局直接调查处理案件3件，5名地税干部受到党政纪处分。四是加强内部审计工作。开展领导干部经济责任审计85人次，对河北省国际税收研究会和北戴河培训基地财务收支情况分别进行了审计，安排中介机构配合省局对系统内11个基建项目进行了决算审计。五是政风行风建设持续深入。深入开展治理公务用车和规范庆典、研讨会、论坛活动，着力纠正行业不正之风，省局在行风评议中获得了好成绩。

（河北省地方税务局　侯　锐　张二辉）

工商行政管理

【促进市场主体健康快速发展】　1. 制定优惠政策，培育壮大市场主体。2011年，省局制定了《支持环首都经济圈和沿海地区开发建设的十项措施》，认真落实省政府《关于进一步加快民营经济发展意见》，对全省民营企业、个体工商户实施了“零成本”注册，各级工商局不断提高工作效率，转变工作作风，政策效力不断显现。全省新增内资企业1.66万户，外资企业575户，个体工商户13.66万户，农民专业合作社4727户。全省各类市场主体达到189.82万户，其中内资企业40.09万户，外资企业9689户，个体工商户146.64万户，农民专业合作社2.13万户。

2. 创新服务举措，为企业提供优质服务。着眼于规范服务、提高效能，全省工商系统不断完善首办责任制、限时办结制、跟踪服务制等行之有效的制度，行政效能不断提高。开通了冠“河北”和设区市名称的企业网上远程核名系统，企业可就近到工商机关办理名称预先核准，减少了企业往返费用。推行了企业网上年检，企业从提出申请、填写资料、提交文件、审查通过等年检环节均可在网上进行，提高了工作效率和年检质量，网上企业年检率达98.8%。

3. 加强市场主体分析，为政府科学决策提供参考。各级工商局充分利用掌握的市场主体信息，定期对市场主体的数量、规模、经济结构、产业分布等进行深入研究和综合分析，为政府宏观调控、促进经济发展方式转变，提供数据支持和决策参考。省局撰写的《全省市场主体信息分析报告》受到了3位省领导的批示表扬。

4. 实施商标战略，提高企业和产品的市场竞争力。全省工商系统不断加大宣传力度和商标培育力度，引导企业树立商标意识，支持企业注册商标，帮扶企业争创驰名、著名商标。全省新增注册商标2.26万件，省局新认定著名商标397件，国家工商总局新认定河北省驰名商标34件。目前，全省注册商标发展到13万余件，其中省著名商标2162件、驰名商标128件、地理标志26件。

【“监管水平提升年”活动成效明显】　省局党组在认真分析市场监管形势和队伍现状的基础上，把2011年确定为“监管水平提升年”，制定下发了《实施方案》，设计了40项活动载体，明确了责任目标、承办单位、完成期限。各级各部门以“监管水平提升年”活动为主线，坚持标本兼治、重在治本，不断创新监管理念，丰富监管手段，完善监管长效机制，全系统监管水平进一步提升。

1. 依法监管水平进一步提升。认真贯彻落实省政府和国家工商总局关于依法行政的安排部署，制定了《河北省工商系统关于加快法治工商建设的若干意见》，编制了《工商行政管理法定职责明白册》，进一步完善了依法行政的责任、教育、制度、监督和考评体系。加强执法监督，在全系统开展了执法检查、登记档案评查，促进行政执法责任制和执法过错追究制落到实处。保定市集中两个月时间，采取全面自查与随机抽查相结合，倒查与评分相结合，抽调业务骨干，逐个单位、逐个案卷进行认真检查，发现问题及时整改，促进了执法工作的规范化。

2. 和谐监管水平进一步提升。各级进一步转变监管理念，创新监管方式，不断巩固和深化行政指导工作，通过采取建议、辅导、提醒、规劝、示范、公示等方式，增强监管执法的人性化和亲和力，营造了和谐的执法环境。

3. 科学监管水平进一步提升。坚持把信息化建设作为全面提升监管水平的重要手段和有力支撑，开发推广了食品流通监管、高危行业监管、农资监管、网络监管等软件系统，以现代信息技术提高监管执法的科技含量。

4、长效监管水平进一步提升。各级注重发现和总结基层先进监管经验，并上升到机制和制度层面加以巩固和拓展，提升长效监管水平。省局修订完善了《食品流通许可管理实施意见》、《食品流通监管“黄牌”警告制度》、《企业信用分类监管实施办法》、《虚假违法广告联席会议制度》、《联合知名企业打击利用不正当竞争手段侵犯知识产权行为的工作机制》、《与京津工商部门联合协作打击传销机制》、《企业登记前置许可项目参考目录》等制度文件，监管执法的长效机制更加完善。

【维护公平竞争的市场秩序】　1. 强化流通环节食品安全监管。一是严格规范流通许可。认真贯彻落实《食品安全法》和上级的有关要求，对食品流通许可证的发放、条件、程序予以明确和细化。截止目前，全省共发放食品流通许可证18.25万个。二是全面推进监管信息化。开发推广了食品流通监管软件，为全省1.81万家食品批发、批零户及大中型商场超市免费安装了这一软件，共上传食品进销货台账4200多万条、证照35万多个，初步实现了对流通环节食品准入、销售、预警和问题食品退市、溯源等进行全程动态监管。三是开展专项整治和食品抽检。先后开展节日市场、夏季暑期食品、地沟油、瘦肉精、流通环节食品非法添加和滥用食品添加剂、假酒等专项整治行动，检查食品经营户114万户次，检查各类批发市场、集贸市场4819个次，受理食品申诉举报1076件，查处食品违法案件652件。开展流通环节食品抽检6.11万个批次，涵盖28大类、500余种食品，总体合格率94.5%，依据抽检结果没收违法食品1.86万公斤，退市1.94万公斤。

2. 集中开展“双打”专项行动。各级工商局按照省政府和总局的安排部署，集中时间、集中力量，严厉打击侵犯知识产权和销售假冒伪劣商品违法行为。共捣毁售假窝点106个，查处商标侵权和销售假冒伪劣商品案件1.04万件，案值6600多万元，移送司法机关案件35件。省局被国家工商总局评为“全国工商系统打击侵犯知识产权和制售假冒伪劣商品专项行动先进集体”。

3. 扎实开展红盾护农专项行动。开展了春、秋两季红盾护农专项行动，共检查农资经营企业3.97万个次、农资市场189个次，查处各类农资案件1079件，案值844万元，检测农资商品4720个批次，对检测不合格的农资商品，依法查扣、清除市场、发布消费警示、监督商家及时追回，促进了农资市场秩序进一步好转。

4. 清理取缔无照经营。开展查处取缔无证无照经营百日执法行动，会同25个职能部门共检查经营主体59.6万余户次，抄告有关部门1.22万件，补办营业执照2.05万户，查处取缔无照经营3.06万户。

5. 打击虚假违法广告。以食品、药品、保健品、化妆品为重点，采取监测通报、告诫督导、行政处罚、发布违法广告责任追究等有效措施，加大对广告主、广告经营者和广告发布者违法活动的惩戒力度。共监测检查各类广告201.2万条次，查处违法广告案件1211件，限期整改814条，责令停止发布广告2605条。医疗、药品、保健品广告违法率比上年同期平均下降了7.95个百分点。

6. 严厉打击传销和规范直销。组织开展了“保民安促和谐”打击传销专项行动和“防止传销进校园、进人力资源市场”等活动。共端掉传销窝点811个，教育遣返传销人员2.39万人次，移交司法机关刑事拘留104人，批准逮捕23人，劳教10人，解救被骗群众百余人次。与14家在冀直销企业省级分支机构进行了行政约谈，规范了直销企业的经营行为。

7. 加强流通领域商品质量监管。先后开展了建材、餐巾纸、轮胎、家具等热点商品和区域性重点商品的集中整治。特别是对服装、小家电、美容美发用品进行了重点抽检，共抽检480个批次，合格率为83%，对不合格商品依法采取下架封存、没收违法所得、行政处罚等措施，净化了消费市场环境。

8. 切实保护消费者合法权益。坚持把维护消费者合法权益作为民心工程，不断创新机制，健全制度，12315行政执法体系建设进一步加强。去年各级工商局召开消费形势分析会和行政约谈会574次，通过新闻媒体发布消费提示、警示2.05万篇次，手机短信、消费广告122万余条次，受理消费者咨询22.79万件、申诉6.34万件、举报4.84万件，为消费者解决消费纠纷1.37万起，挽回经济损失8528万元。

同时，各级工商局积极配合有关部门做好社会治安综合治理、扫黄打非、走私贩私、安全生产、清理取缔黑网吧、校园周边环境整治等工作，为全省和谐稳定做出了应有贡献。

【积极开展创先争优活动】 1. 抓党的建设。一是扎实开展创先争优活动。按照“五个好”、“五带头”的争创标准以及省委和国家工商总局的部署要求，结合全省工商系统实际，全面开展了“十旗十星双百创争”活动，通过单位夺旗、个人争星，在全系统营造了学有标杆、干有榜样、超有目标的浓厚氛围。修订了《河北省工商系统基层党支部建设工作规范》和《机关党员承诺》，促进了创先争优活动深入开展。在全国部分省区市工商局为民服务创先争优座谈会上，省局做了典型发言。二是非公有制经济党建工作有了新进展。各级认真落实登记申报、年检年报制度，切实做好非公党建数据统计工作。省局成立了中共河北省个体私营企业委员会，6个市建立了个体私营企业党委，45个县（市、区）建立了个体私营企业党工委、党委和党总支，为全省开展非公有制经济党建工作奠定了组织基础。三是广泛开展庆祝建党90周年活动。在全系统组织开展了“党的光辉历程、光荣传统”、“激情工商、真情颂党”、红色工商史等主题教育活动，通过上党课、唱红歌、党史主题展、工商文化展等丰富多彩的形式，隆重庆祝建党90周年，引导广大党员干部增强历史使命感和工作责任感，弘扬优良传统和作风。四是圆满完成了“西柏坡华北人民政府工商部”的旧址修复、史料搜集、文物复制、设计布展和组织参观教育，承办了第五次全国工商系统先进模范代表北戴河疗养工作，受到了总局的充分肯定。

2. 抓教育培训。结合“监管水平提升年”活动，制定了《2011年教育培训计划》，各级积极开展形式多样的教育培训，全系统开展各类培训647期，累计培训人员万余人次。以食品安全、各类市场监管、执法办案、消保维权、应对突发事件和信息化建设为重点，开展监管执法骨干培训，完成骨干培训33期，培训基层监管执法骨干3784人。在进行远程教育的同时，采取在线监控、检查督导、评比通报等方法，组织系统基层领导干部参加国家工商总局网络培训班21期、3100余人，总评成绩名列全国第一名。

3. 抓财务管理。坚持把依法理财、科学理财、民主理财作为推进工商事业发展的基础性工作，以提高财务保障能力为中心，积极创新机制、完善制度、强化监督，研究制定了23项财物装备管理制度，有效规范了预算、决算、内部审计、资产处置、票据管理等工作，圆满完成了2011年财务预算，为工商工作正常运转和监管执法到位提供了有力保障。

4. 抓廉政建设。认真贯彻落实中纪委、省纪委决策部署，强化党风廉政建设责任制，不断健全和完善惩防体系建设。开展了“学准则、促勤廉、歌唱党、颂工商”和“以人为本、执法为民”等主题教育活动，加强了廉政文化建设，形成了学习贯彻《廉政准则》的浓厚氛围。严肃查处违法违纪案件，全系统共受理信访举报291件，初核26件、立案9件，党政纪处分9人。加强反腐倡廉制度建设，积极开展廉政风险、执法风险防范工作，继续推行基层窗口单位面向管理服务对象述职述廉制度，民主评议行风工作取得了较好成绩。

（河北省工商局　王　伟）

【省消协工作】　2011年，河北省消费者协会在省工商局党组的关心重视和正确领导下，在中消协的指导下，紧紧围绕党和国家的中心工作，全面履行《消法》赋予的各项职能，以“消费与民生”年主题为主线，以推动消费者权益保护工作为中心，大力加强消费指导体系建设、推进消费争议救助体系建设和社会监督体系建设，着力解决消费者最关心、最直接、最实际的问题，推动消费维权深入发展，为拉动内需、促进消费、构建良好和谐的消费环境发挥了重要作用。

（一）紧紧围绕“消费与民生”年主题，广泛开展纪念“3·15”国际消费者权益日宣传咨询活动。“3·15”期间，全省各级消协组织紧紧围绕“消费与民生”年主题，开展了形式多样的系列活动。省消协与河北电视台联合举办了纪念“3·15”国际消费者权益日大型公益晚会，省人大、省政府、省政协和有关厅局领导出席参加；与省会各大平面媒体联合开展了“完美”杯消费维权证文评选活动；与省律协、石家庄市律协联合开展了“3·15消费维权论坛”活动；与省电视台都市频道、农村频道合作开展了都市维权和农村维权栏目。

石家庄市消协编辑出版了一期《纪念“3·15”国际消费者权益日专刊》，开展了大型的户外宣传活动，3月份，被市政府保护办授予“保护消费者合法权益工作先进单位”荣誉称号；唐山市消协联合有关政府部门成立了“3·15”国际消费者权益日活动领导小组，对“3·15”期间各项活动的有效、有序开展起到了良好的作用，活动当天现场共发放了包括唐山市消协编辑印制的《“消费与民生”3·15专刊》在内的各类宣传材料近6万份；保定市消协与市工商局12315指挥中心共同发出了致广大消费者的一封信、联合推出了“十个一”消费维权便民措施；沧州市消协在华北商厦门前广场组织了市工商、物价、技监、检验检疫、环保、卫生、建设等十多个部门开展了大型宣传咨询服务活动；廊坊市消协召开了由北京、天津、廊坊市消协领导和相关人员参加的“三地四（区）市”消费维权工作研讨会；承德市消协通过组织晚会、制作专题片、领导发表纪念文章、组织专访等形式开展了形式多样的纪念活动。

据不完全统计，“3·15”期间，全省组织大型宣传咨询服务活动130余场次，录制专题晚会86场，各级党、政领导和有关部门参与纪念活动人员达2000余人，共接待消费者咨询10余万人次，受理投诉1600余件，散发各类宣传资料100余万份。

（二）着力推进消费教育和引导工作，倡导科学、健康、文明消费。2011年是消费宣传教育和指导工作大力发展的一年，各级消协组织充分利用媒体、网络等有效手段不断向社会传输、宣传消费者权益保护工作，为预防和减少消费纠纷起到了积极的作用。6月至10份，省消协对省会白酒市场年份酒标注开展消费调查，共涉及省内外13个厂家的13个品牌26种白酒。通过调查发现，当前年份酒的标注和宣传比较杂乱成为白酒市场的一种普遍现象，而对于年份酒的标注依据、陈年酒的含量、怎样证明实际年份等消费者关心的问题，大部分厂家未作出令人信服的回答。针对这种情况，省消协已经建议有关职能部门加强对白酒市场的监管，同时督促有关白酒生产企业要如实标注年份酒相关信息，提醒广大消费者理性选择年份酒。9月份，省消协对石家庄、保定、廊坊三市部分月饼生产和经营企业进行了调查，这次调查采取了座谈、听取汇报与现场查看的方式，共走访了四家大、中、小型月饼生产企业，六家大、中型超市，从调进情况来看，2011年月饼包装普遍“瘦身”，生产和经销企业大多数都能按照国家有关规定进行包装销售。省消协还先后到有关学校、商场调研，观摩和指导学校消费教育工作的开展。据统计，各级通过中央、省、市及地方新闻媒体，采集、撰写稿件和音像500余篇、发布消费警示300余条，有效地宣传了消费常识和维权法规。

3月19日，石家庄市消费者协会与石家庄市装饰协会、石家庄市物业委员会等多家单位在市人民会堂联合举办以“减少中间环节，节省装修费用”为主题的“放心装修”惠民周末公益大讲堂，就如何去选择正确的装修方式以及签订装修合同应注意的事项等等问题向消费者进行了详细讲解。唐山市消协利用多媒体、多渠道开展消费教育和引导，努力加强消协的影响力与公信力，在与《燕赵都市报》联合搭建的《消费与维权》专栏平台已经办了85期、总共发表了94篇文章，在唐山人民广播电台“民生3·15”专题节目作了1500多次的连线咨询和解疑释惑活动，在消协内外网站上更新消费维权信息808条。

（三）强化对商品和服务的社会监督力度，努力营造安全放心的消费环境。5月下旬至9月下旬，省消协联合部分市消协开展了“老年人消费者权益保护监督调查活动”，针对老年消费者的主要消费需求、消费行为习惯、自我保护意识和能力、消费者权益受损情况等，完成问卷调查1800余份，初步了解了老年消费者消费权益的现状，并及时向社会通报，引起了相关部门的关注。9月至10月份，省消协与部分市联合开展家电质量和售后服务消费者满意度调查活动，这项活动采取街头随机访问、入户调查、平面媒体调查等形式，收到有效问卷3600余份，通过梳理分析，找准了问题的原因和症结，并与有关企业进行了约谈，提出了改进的要求和措施，同时新闻媒体进行了跟踪报道，这样有效地优化了家电售后服务环境。9月初至10月底，省消协组织开展城市家装服务质量和消费者满意度调查活动，调查以2010年以来已完成装修和目前即将完成装修的家庭为调查对象，完成2300余份问卷调查，通过面对面访问，深入了解了消费者在家庭装饰装修中的家装消费需求、消费习惯、维权意识、权益受损等情况，并通过点评装修合同、纠正霸王条款、揭露合同陷阱、收集典型案例等方式方法优化了家装服务环境，保护了家装消费者的合法权益。

（四）依法受理和调解消费者投诉，切实保护消费者合法权益。9月份，省消协组织召开全省投诉典型案例研讨会，针对当前消费热点、投诉解决难点等方面问题进行了深入的研讨，并形成经验材料在全省交流。据全省各级消协受理消费者投诉情况统计，2011年度河北省共受理消费者投诉3.11万件，解决2.98万件，结案率为95.99%，为消费者挽回经济损失1882.06万元。其中因经营者的欺诈行为使消费者得到加倍赔偿986件，赔偿金额28.85万元，支持消费者起诉76件，提供案情后政府罚没189件，罚没金额105.63万元，二次以上投诉24件，不予受理1113件，接待消费者来电、来访咨询54.36万人次，收到消费者的表扬信244件。从全年来看，投诉总量较上年下降了4.12%，误导欺诈消费者的投诉明显上升，诚信意识有待加强；商品的质量问题依然是投诉热点，主要集中在汽车、商品房、保险、远程购物、保健品、预付款购物等方面。

（河北省消协　张彦波）

审计　统计

【审计概况】　2011年，河北省审计机关在省委、省政府以及审计署的领导下，紧紧围绕全省经济社会发展大局，科学安排审计项目，依法履行职责，共审计和调查3378个项目，查出违规金额231.64亿元，损失浪费金额2.27亿元，管理不规范金额1566.88亿元，通过审计，已上交财政38.04亿元，已减少财政拨款或补贴1.09亿元，已归还原渠道资金12.59亿元，同时，向司法、纪检监察部门移送案件78件，涉及人员42人，涉及金额15.73亿元，移送其他部门处理事项74件。

【审计法制工作】　制定了《审计项目审理办法》《审计项目计划管理办法》《对审计期间发现的严重违法违纪问题及时处理处罚的规定》等多项审计规范制度；起草了《河北省党政主要领导干部和国有企业领导人员经济责任审计实施办法》，已由省委省政府两办下发；对近三年来的审计项目进行了疏理，总结了近百个审计案例，根据其中的案例，由省电视台拍摄了《审计的力量》专题片，省厅制作了多媒体课件《乱象》和《利剑》，编印了《审计实践启示录——河北省审计案例文集》，展示了审计成果，增强了审计威慑力。2011年，在审计署审计项目评选中，省厅的农村低保专项资金审计项目和石家庄市审计局实施的供水集团公司总经理任期经济责任审计项目，分别获得审计署地方优秀项目和表彰项目。

【财政审计】　2011年，全省审计机关着力构建财政审计大格局，整合审计资源，共审计预算执行项目1022个，财政决算项目353个，税务部门160个，并对18个省财政直管县财政收支决算进行了审计。省厅代省政府向人大作的2010年度省本级预算执行及其他财政收支情况的审计工作报告，对审计发现的问题进行了分类揭示，从制度机制上提出五项应对措施，得到省人大常委会的高度评价。同时，各市不断加大预算执行审计延伸力度，邢台开展全程跟踪审计，对财政资金筹集、分配、管理、使用等各个环节、各个部门单位进行“一条龙”审计；秦皇岛在重点对财政、地税进行审计的同时，还对重点行业、企业的税费缴纳情况进行了延伸审计。

【经济责任审计】　为贯彻落实中央两办《规定》精神，2011年，河北省审计厅在经济责任审计的组织方式、审计模式和方式方法上进行了探索，全省共审计领导干部673名。河北省审计厅在对某市原市长进行经济责任审计时，以经济责任审计为统领，综合实施了6个审计项目，延伸审计了112个部门和单位，其中有33个行政机关和事业单位、60家企业、10个县（区）、9个乡镇，通过审计，从经济发展、经济决策、经济管理、经济风险和依法廉洁行政五个方面，确定了18项重点审计指标，完善了地方政府主要领导干部经济责任审计的内容。河北省各设区市在规范经济责任审计的基础上进一步建章立制，石家庄成立了由市委书记担任组长的经济责任审计领导小组和联席会议，建立了审计结果直报制度；保定出台了党政领导干部经济责任审计操作流程，书记、县长经济责任审计报告模板和公安局长、检察长、法院院长的“三长”经济责任审计报告模板；邯郸积极探索书记县长经济责任同步审计，摸索出审计内容“4+9”的模式（即书记审计内容为4项，县长为9项）取得良好效果。

【投资审计】　2011年，全省审计机关共对已完成的422亿元投资额进行了审计，通过审计，核减投资10.47亿元。对中小学校舍安全涉及的1485所学校、581个项目进行了竣工决算审计；对河北省对口支援新疆的4个试点项目和第一批援建的3个项目进行了跟踪审计，提高了投资管理水平和资金使用效益；廊坊建立了社会审计人才库，市县联动开展大型建设项目审计；衡水成立了重点项目审计监督中心，全力推进政府投资项目审计；承德不断拓宽审计覆盖面，对城市建设、高校园区建设和民心工程等“五大类”建设资金进行了审计；唐山加大了对征地拆迁、工程招投标、资金管理使用等重点环节的审计力度。

【债务审计】　2011年，按照国务院安排，审计署统一组织了全国地方政府性债务审计工作。河北省审计厅整合全省审计力量，组成182个审计组，上下联动，共审计15983个单位，债务笔数22043笔，通过审计，摸清底数、反映成效、揭示问题、提出建议，为领导决策提供了

重要参考依据，高质量完成了审计任务。在审计署对债务审计数据预汇总中，河北省一次性全部通过校验检查，在正式汇总中，又一次性全部通过校验；审计署主办的《全国政府性债务审计工作动态》，多次对河北的经验做法给予肯定和推广；在审计署对全国地方政府性债务审计表彰中，河北省债务审计工作领导小组办公室、石家庄市审计局、廊坊市审计局荣获公务员集体三等功，省厅实施的衡水市本级政府性债务审计荣获优秀审计项目，同时，一人荣获个人三等功，三人获得个人嘉奖，七个单位荣获公务员集体嘉奖。

【资源环境审计】 河北省审计厅成立了资源环境审计协调领导小组，加强了对土地、矿产等重要资源保护与开发利用情况的审计。同时，按照审计署统一安排，对部分市土地出让收入和土地整治资金征缴管理使用情况进行了审计。2011 年 10 月，配合国家五部委对河北省 2006—2010 年政府耕地保护责任目标考核工作，参加了国土资源部对石家庄市栾城县的检查，顺利通过了国家考核验收。

【专项资金审计】 全省开展了对城市最低生活保障和农村低保资金、政府投资保障性住房、新型农村社会养老保险等民生项目和资金的审计，涉及专项资金总额 610.36 多亿元，促进拨付和归还资金 14.59 亿元。

【金融审计】 对省农村信用联社 12 家县级机构进行了审计；组织省市县三级审计机关，对审计署授权项目邮储银行河北省分行系统进行了审计，并向审计署做了《河北省审计厅关于中国邮政储蓄银行有限责任公司经营管理受控于邮政企业的情况报告》的专题报告。

【计算机审计技术】 组建了审计专网省市县三级邮件系统；完善了审计专网，使网站具备了公文发布、数据库查询、邮件交换等功能；全面推广计算机审计，省厅所有审计项目都尝试应用了计算机审计技术，提高了审计效率。同时，组织审计人员参加了审计署 AO 认证考试，截至目前，全省共有 2124 人通过了审计署 AO 认证考试。在审计署 AO 应用实例和计算机审计方法征集活动中，河北省有 48 篇 AO 应用实例获得审计署表彰，16 篇审计方法入选审计署审计方法库，在全国名列前茅。

（河北省审计厅　刘　颖）

【统计】 2011 年，全省统计系统在省委、省政府和国家统计局的正确领导下，深入贯彻落实科学发展观，攻坚克难，开拓创新，圆满完成年初确定的各项目标任务，统计改革建设取得新成绩。

企业一套表等四大工程建设取得重大突破。强化行政推动，提请省政府办公厅下发《关于开展企业一套表改革工作的通知》，抓好在各级的贯彻执行；强化工作落实，召开全省动员会议部署试点工作；强化质量管理，加强对企业试点工作的督导检查和业务指导；突出专业主体地位，加强平台数据的查询、审核、分析和验收。

建立企业一套表制度。按照企业一套表设计原则，对工业、能源、批发零售、住宿餐饮、建筑业和房地产等 6 个专业的报表制度进行统一设计，制订了《河北省企业一套表制度》并不断完善，实现了制度设计由各专业独立设计向统一设计的转变。

统一调查单位管理。研究制定《河北省调查单位名录库管理办法》，开展专业字典库与名录库比对核实工作，组织开展“三上”企业核查，清理临时代码单位，更新维护变动单位，认真做好“三上”变动单位的审核确认工作，实现了专业调查单位字典库与基本单位名录库的统一。

建成数据处理平台。制定《企业一套表平台系统管理员管理办法》，加大资金投入力度，对平台结构重新规划设计，构建数据互备存储系统，整合数据处理和数据报送机群，对数据管理平台进行升级改造，不断提高平台的数据处理和接受能力。

夯实联网直报基础。实施广域网扩容工程，不断优化省市广域网，互联网出口带宽大幅增加。构建全省网络安全系统，实现应用流量的精细化管理，大幅提高了应用系统的访问速度。全省 6 个试点专业顺利完成并轨任务，2 万多家试点单位实现了企业一点报送、各级统计机构多点共享的生产模式，数据处理平台运行基本平稳，联网直报率保持较高水平，高质量完成全省试点任务，实现了“全面推进、一步到位”的目标。河北省四大工程建设得到国家统计局充分肯定，中央电视台等四家中央级媒体多次予以报道。

第六次人口普查和各项统计调查任务高质量完成。如期发布河北省第六次全国人口普查数据公报。高质量完成 2600 多万张普查表的光电录入和数据编审工作，圆满完成 80 万张户主姓名底册和 14 万个普查小区地图的数字化工作。编制《河北省第六次全国人口普查资料开发纲要》，召开专家研讨会议，拟定 28 个重点科研课题。

认真开展社情民意调查。围绕全省重点工作，组织开展医药卫生体制改革、城乡群众消费意向、城镇面貌三年上水平群众意愿等多项民意调查，完成全省群众安全感、组织工作群众满意度、城市环境保护公众满意率等民意测评任务，为党政领导科学决策提供了民意依据。围绕经济社会发展需求，扎实开展农业、工业、投资、建筑业、贸易、外经、人口就业、社会科技、资源环境、服务业、基本单位等各项常规调查和专项调查。

数据质量管理水平进一步提高。各级各专业以统计数据质量为核心，明确措施，加强管理，依法统计意识和数据质量意识不断增强，统计数据的协调性和匹配性进一步提高，比较客观地反映了全省经济社会发展实际。

加强业务流程规范化建设。狠抓《河北省统计专业业务工作操作规范》等专业制度和操作规范的贯彻执行。各专业建立健全涵盖统计数据采集、汇总、审核、评估和上报各个流程的操作规程、技术规范和质量管理标准。

强化数据审核评估工作。健全完善省、市、县三级统计数据审核评估制度，实施专业季度联审和会审制度，建立单位 GDP 能耗数据质量交叉匿名互审、能源和工业专业双向审核工作机制，建立亿元以上新开工项目沟通机制。利用部门数据和行政记录严格评估审核 GDP、农业、工业、投资等主要统计指标数据，不断提高数据间的协调性和匹配性。

强化实地抽查指导。组织人员深入企业、项目单位进行实地抽查、质量验收和直接查询，加大对重点领域、重点地区、重要指标和关键数据的实地指导和抽查力度。加大统计执法力度。全年共检查近1.7万个单位、立案585起、结案569起，对17起典型案件进行了集中曝光。

统计改革取得丰硕成果。积极推进核算制度改革。研究制定《河北省县级季度GDP核算方案（试行）》、《河北省民营经济增加值核算方案》，首次将所有县级单位GDP季报纳入省级评估审定范围。制定《双三十县季度能源消费总量核算方案》，将县级能耗核算覆盖到一、二、三产业和城乡居民消费。强化与有关部门的沟通协调，全省及各市GDP审核、评估工作更加统一、规范。

深化专业制度方法改革。研究制定《全省聚集区工业统计实施办法》、《工业生产电子统计台账》。加大工业企业节能跟踪监测频率，扩大月度单位工业增加值能耗统计范围。积极探索循环经济统计、碳排放统计，增加规上工业企业月度能源消费的统计品种。制定保障性安居工程统计工作实施方案，建立保障性安居工程联席会议制度，开展保障性安居工程统计工作。深化贸易统计改革成果，将符合标准的企业和大个体户纳入限上企业统计范围，将新增加的60多个省级开发区纳入常规统计。研究建立《社会物流统计调查与核算报表制度》，搭建物流统计调查体系。制定《河北省文化及相关产业统计报表制度》，初步建成全省文化产业法人单位名录库。

创新统计调查手段。在全国率先采用手持移动终端数据采集系统进行大城市月度劳动力调查，实现了调查数据在线审核、网上直报，提高了数据质量和工作效率，得到国家统计局人口就业司领导充分肯定。

加强对分市县住户调查的指导管理。广泛调研加强地方调查队管理的方法，成立城乡住户调查办公室，并积极开展工作。

基层基础建设扎实推进。抓谋划、抓组织、抓推动、抓落实，基层基础建设发生可喜变化。强化组织领导，成立省统计基层基础建设工作协调领导小组；召开全省会议推进业务规范化建设，实地检查验收21个统计业务工作规范化优秀县（市、区），抽查32个乡镇和部分企业，组织开展基层基础建设三年规划执行情况专项检查；完善基层联系县制度，加大对联系县的调研和帮扶力度；积极推进乡级统计垂直管理改革，召开全省会议进行工作交流和推动；加强理论研究，完成国家统计局重大科研项目《统计基层基础建设及评价方法研究》。

统计服务水平进一步提升。认真组织统计数据和信息报送。每月及时协调省直部门向省委主要领导报送全省和各设区市主要数据，第一时间向省领导上报进度主要数据简要分析和快速统计月报，全年报送重要信息172篇，向省委、省政府“两办”报送统计信息633篇。做好统计分析和决策咨询服务。围绕全省中心工作和重大决策部署，密切跟踪宏观经济运行状况，增强经济形势分析的敏锐性和及时性，每月第一时间报送进度报告；做好重大课题研究、专题分析和重点领域监测评价，提高分析研究的针对性和有效性；高质量完成省委、省政府交办的重大决策咨询任务，撰写了一批针对性强、参考价值高的统计分析报告。全年上报统计报告和专报115篇，有30篇得到张庆黎书记等省领导批示。拓宽统计服务产品和内容。适应党政领导决策需求，对统计资料进行改版扩容，增加了环首都绿色经济圈发展、沿海地区发展和蔬菜、能源、交通运输等方面统计指标。充分发挥信息主体作用，编辑出版《河北经济形势分析与展望》、《河北经济发展研究报告》等系列统计书籍。推进统计公开透明。做好统计数据发布、政府信息公开、统计宣传和统计知识普及工作，及时召开新闻发布会，经济形势发布时间比原来提前5天左右。在媒体开辟统计知识专栏，组织举办中国统计开放日系列活动，让社会公众更深入了解统计工作。全年向社会发布新闻稿件146篇（次）。

统计保障能力进一步加强。深入开展普法宣传，依法统计能力明显提升，省统计局及9个市县获得全国“五五”统计普法先进单位。加大基层统计执法人员培训力度，提高统计行政处罚案件办理的质量和水平。配合企业一套表改革试点、统计从业资格认定等开展针对性执法，为统计改革保驾护航。统计信息化建设稳步推进。加大基层信息化建设投入力度，省市二级骨干网改造和局域网升级全面完成，172个县（市、区）全部实现县乡联网，网络环境明显改善，带宽大幅增加，网络速度有效提升。加强网络日常管理，对网络运行情况进行实时监控，网络安全性能明显提高。市县视频会议系统建设快速推进，应用频率和水平稳步提升。

部门统计工作有新提高。严格执行部门统计调查项目审批制度，及时向社会公布。进一步加强对部门统计的业务指导和协调，及时帮助解决部门统计工作存在的问题。省直各部门认真执行统计法律法规和制度方法，积极做好与政府综合统计的协调与配合，认真组织实施部门统计调查，积极提供行业管理数据，深入开展统计分析。编制、民政、税务、工商、质检等部门及时提供有关基本单位的行政记录。完善部门统计工作联席会议制度和统计资料交换制度，初步形成统一管理体系下分工明确、资源互补、信息共享的运行机制。

干部队伍建设和党风廉政建设取得新成绩。队伍建设取得新进展。加大干部教育培训力度，组织干部职工参加国家统计局、省委党校、河北行政学院的各类培训；组织举办全省统计系统领导干部领导力提升研修班、县级统计局局长四大工程建设培训班、10期“统计大讲堂”；组织开展专业业务系统大练兵活动、统计建模比赛、能源知识竞赛，大规模、大范围培训基层统计人员，开展培训项目42个，举办培训班70多期，培训各级人员6900多人次。深入开展创先争优活动。组织开展全面对标、认责承诺、亮牌示范、夺旗争星等活动，省统计局设立了55个党员先锋岗，评选了一批信息宣传明星、分析能手和管理标兵。大力推进统计文化建设，省统计局荣获建党90周年歌咏比赛一等奖、创先争优成果展突出贡献奖、领导干部征文优秀组织奖等三项大奖，成功举办全系统“三个提高”演讲比赛和第二届全系统乒乓球比赛。积极推进党风廉政建设。认真贯彻中央纪委第六次全会、省纪委七次全会精神，积极开展反腐倡廉教育，加强反腐倡廉制度建设和监督检查，确保统计改革建设的顺利进行。同时，加强政务、财务、学会、科研、老干部和工青妇等其他工作。

（河北省统计局　刘晓咏）

科学技术

【科技事业概况】 2011年，全省科技系统按照省委、省政府的重大部署，深入贯彻落实科学发展观，明确重点，狠抓各项任务落实，实现了“十二五”科技发展开好局、起好步的目标，科技工作实现长足发展，科技实力显著增强。科技投入增加，全年研究与发展（R&D）经费支出187.0亿元，比上年增长20.0%，占全省生产总值的0.77%，同比提高0.01个百分点。争取国家科技项目资金取得新突破。800多个项目在国家科技计划立项，争取资金总额超23亿元。目前，河北省在核高基、极大规模集成电路、高档数控机床、大型油气田、水体污染控制、重大新药创制、转基因育种等7个专项中承担多项研究课题。科技支撑产业结构调整能力明显增强。全省规模以上高新技术产业共实现增加值1100亿元，首次突破1000亿元大关，同比增长23%，高于规模以上工业增速6.9个百分点。科技创新平台建设取得新进展，完善产业科技创新体系，建设省级以上企业技术中心达304家、工程技术研究中心达133家、重点实验室达84家。获奖科技成果和专利创造再创佳绩，15项科技成果获国家科技奖励，其中河北医科大学“法医检验技术”项目获国家科技进步一等奖，实现历史性突破。专利创造实现大幅增长，全年专利申请量17595件，授权量11116件，分别比上年增长43.05%和10%。科技人才培养取得新成效，年末从事科技活动人员20万人，增长7.5%，河北医科大学副校长丛斌教授当选为中国工程院院士，河北省院士达到15名。区域科技创新步伐加快。秦皇岛市被科技部批准为创新型城市建设试点市，河北省国家创新型试点城市数量在全国各省份位居第二，6个县新列入国家科技富民强县试点县建设序列，积极推进廊坊、正定等5家国家级可持续发展实验区建设，磁县被认定为省级可持续发展试验区。

【科技推动产业技术升级】 推动传统产业技术升级和培育战略性新兴产业作为科技工作的主攻方向，科技为促进经济发展方式转变发挥了应有作用。一是通过产业技术路线图编制优化了产业升级实现路径。瞄准钢铁、水泥、光伏、风电、生物制药等重点产业，组织开展了八个产业技术路线图编制工作，明确重点突破的技术难点243项，凝练出研发需求300余项，产业升级重点任务和目标更加清晰、明确、科学。二是集中力量攻克一批共性关键技术。围绕以上重点产业，2011年组织实施了27项省级自主创新重大成果转化项目，项目滚动实施以来，研发应用新产品、生产线及改造生产工艺254项，研究制定标准175项。启动了与河北钢铁集团联合建立的钢铁产业技术升级专项，组织实施了“汽车用高级钢研发及产业化”等8个重大创新项目，钢铁行业重大技术、战略产品研发能力实现跃升。实施国家“重大新药创制”专项，已获授权发明专利116件，取得国家证书的新药产品198个，销售额超亿元以上的制剂品种达到19个。三是加快建设产业技术研究院。研究制定了《关于开展产业技术研究院建设试点工作的指导意见》，对重点产业行业研究院建设工作，明确任务目标，出台鼓励扶持措施，推动了河北沙河玻璃技术研究院加快建设，新建了唐山轨道客车公司绿色智能交通、英利集团光伏、新奥集团煤基清洁能源等产业技术研究院，全省产业技术研究院已达到5家，产业科技创新与服务能力得到显著增强。四是推进新兴科技成果产业化。组织有关企业积极参加“金太阳”示范工程，英利集团新获订单44.28兆瓦，河北省企业共争取国家“金太阳”工程补贴18.7亿元。“十城万盏”、“十城千辆”示范规模不断扩大，石家庄在中山路、石环路等主干道，保定市在天鹅路、向阳路、隆兴路等路段，应用LED路灯达100多公里。加快国家风光储输示范工程实施，在新能源综合利用方面取得重大突破，张北县一期工程竣工投产，年可提供3亿千瓦清洁能源。五是大力推广创新方法。先后组织了新能源产业、先进制造业两期创新方法培训，培训科技人员2000多名，为企业解决技术难题200多项。加强科技创新与专利对标工作，截至目前，培育科技对标示范企业120余家，申请专利同比增长25%，开发新产品200余项，新增效益达30多亿元。六是加强节能减排科技创新与示范，重点围绕钢铁、水泥、制药等产业，实施了一批节能减排技术示范推广项目，取得明显成效。

【科学技术研究与发展】 2011年度河北省共有15项科研成果获得国家科学技术奖励。其中，由河北省单位或人员作为第一完成单位主持的获奖项目9项，河北省单位参与协同其他单位完成的获奖项目6项。按奖励等级分：特等奖1项（参与完成）、一等奖1项（主持完成）、二等奖13项（主持完成8项、参与完成5项）。按奖种分：自然科学奖二等奖1项，技术发明奖二等奖1项，科学技术进步奖特等奖1项、一等奖1项、二等奖11项。河北省获2011年度国家科学技术奖数量、质量和结构上实现了新的突破。

2011年度国家科学技术奖励项目中由河北省作为第一完成单位（人）的获奖项目共9项，分别是：由燕山大学田永君、高发明、何巨龙等完成的“硬度的微观理论及新型亚稳相设计”项目获国家自然科学奖二等奖；由中国石油天然气管道局张金权、王小军、焦书浩、王飞、方德学、王赢完成的“基于光纤振动传感的油气管道安全预警技术与应用”项目获国家技术发明奖二等奖；由河北医科大学等单位完成的1个保密项目获国家科学技术进步奖一等奖；由石家庄市农林科学研究院等单位完成的“冬小麦节水高产新品种选育方法及育成品种”项目、河北农业大学完成的“枣育种技术创新及系列新品种选育与应用”项目、河北农业大学等单位完成的“海河平原小麦玉米两熟丰产高效关键技术创新与应用”项目、河北医科大学第三医院等单位完成的“胫腓骨骨折的系列研究及其临床应用”项目、石家庄以岭药业股份有限公司等单位完成的“中药连花清瘟治疗流行性感冒研究”项目、冀中能源股份有限公司等单位完成的“华北型煤田隐伏含水陷落柱预探评价与快速治理理论及关键技术”项目分别获得国家科学技术进步奖二等奖。由河北省有关单位与其他单位合作完成的获奖项目共6项，分别是：由中国地质调查局、河北省地质调查院等单位完成的“青藏高原地质理论创新与找矿重大突破”项目获国家科学技术进步奖特等奖；由南京农业大学和河北省农林科学院石家庄果树研究所等单位完成的“梨自花结实性种质创新与应用”项目、由中国林业科学研究院林业研究所和河北农业大学等单位完成的核桃增产潜势技术创新体系”项目、由西南林业大学和河北金赛博板业有限公司等单位完成的“防潮型刨花板研发及工业化生产技术”项目、由天津大学和河北建设集团有限公司等完成的“张弦结构体系分析设计理论及施工关键技术”项目、由国家气象中心和河北省气象台等单位完成的“现代化人机交互气象信息处理和天气预报制作系统”项目分别获得国家科学技术进步奖二等奖。

2011年度河北省科学技术奖授奖项目和个人292项（人），其中：河北省科学技术突出贡献奖2人（中国科学院院士、中国科学院遗传与发育生物学研究所农业资源研究中心研究员刘昌明同志和河北工业大学教授、河北工业大学半导体材料研究所所长、晶龙实业集团有限公司副董事长任丙彦同志），省自然科学奖16项（一等奖1项，二等奖7项，三等奖8项），省技术发明奖4项（一等奖空缺，二等奖1项，三等奖3项），省科学技术进步奖269项（一等奖18项，二等奖45项，三等奖206项），省国际科学技术合作奖1人（美国佐治亚州医科大学达雷尔·布莱恩教授）。

2011年度河北省山区创业奖授奖项目共41项，一等奖空缺，二等奖6项，三等奖35项。登记科技成果3131项，其中，应用技术成果2711项，软科学成果137项，基础理论成果283项，国内先进成果410项，国内领先成果2145项，国际先进成果516项，国际领先成果60项。专利申请量17595件，同比增长43.05%，高于全国平均增幅7个百分点，是近20年来增幅之最。授权量11116件，创历史新高。

2011年河北省技术交易额实现103.82亿元，比上年减44.64亿元，降低30.07%。其中，登记（卖出）的技术合同4403项，合同成交额26.69亿元，合同数比上年增加11项，成交额比上年增加7.4亿元；引进外省技术交易额为77.13亿元，比上年降低40.29%。在应用基础研究方面，2011年共有288项通过验收。发表学术论文2904篇，比上年增加507篇，增长21%，被SCI、EI、ISTP国际三大检索收录论文2168篇，比上年增加480篇，增长28%；参加学术论文643人次，其中国际学术会议359人次。省基金资助项目获省部级以上科技奖励64项。2011年河北省研究人员获国家自然科学基金资助项目337项，资助经费1.38亿元，比上年增长79%，创历史新高。2011年省自然科学基金共资助项目375项，其中，面上项目213项，杰出青年科学基金项目12项，青年科学基金项目102项，河北钢铁联合研究基金22项，石药集团医药联合研究基金26项。2011年省自然科学基金学术交流专项资助学术会议9项、学术讲学26项。

【高新技术发展与产业化】 推进科技园区、基地以及高新技术企业扩规模、上水平，抓好重大科技成果转化载体建设。一是高新区和高新技术产业基地建设取得新进展。积极做好高新区发展引导专项资金的组织实施工作，研究支持高新区创新发展的具体措施，推动高新区建设上档升级。唐山、廊坊燕郊相继召开国家级高新区建设启动大会，做到高标准规划、高起点建设；保定、石家庄高新区积极做好“国家创新型特色园区”争创工作，特色优势不断凸显；承德高新区努力提升自身实力，争取晋级国家级高新区；沧州高新区被批准为省级高新区，高新区建设呈现良好发展势头。河北省7家国家级高新技术产业化基地全部通过国家复审，新增唐山机器人、张家口新能源装备两家国家火炬计划特色产业基地，两类国家级基地达21家。积极做好国家级创新型产业集群试点工作，保定新能源及输变电产业、邯郸智能感知系统及部件创新型产业被列入国家首批创新型产业集群培育试点。二是高新技术企业大幅增长。强化高新技术企业培育服务工作，组织开展了两批高新技术企业认定，173家企业通过评审，组织完成了高新技术企业复审工作，182家企业通过复审，全省高新技术企业超过700家。指导12家企业成功申报国家火炬计划重点高新技术企业，重点高新技术企业达到24家。培育了53家上市后备企业，以岭药业、四方通信等6家高新技术企业于2011年成功上市，目前河北省100家上市企业中高新技术企业就有30家。邯钢、硅谷化工等4家企业被认定为国家创新型企业，全省国家创新型（试点）企业达到11家。三是环首都绿色经济圈科技成果孵化基地建设成效显著。多次深入三河、广阳、安次、涿州、涿鹿5个科技成果孵化园进行现场督导和调度，协调各种问题，组织专家开展调研，制定了《环首都绿色经济圈科技成果孵化园区建设实施方案》，实施了孵化园区能力建设科技专项，5个科技成果孵化园与北京中关村、中科院、清华大学、九大军工集团等开展了广泛合作，引进项目20项，总投资近400亿元。

【农业和社会发展领域科技创新】 紧紧围绕服务于现代农业发展和社会主义新农村建设，认真谋划重大项目，积极组织开展相关领域技术研发和示范推广，农业领域科技创新迈出新步伐。一是农业新品种选育应用步伐加快。通过实施良种科技创新专项、研究出台农作物新品种选育补助奖励办法等措施，着力提升农业新品种选育与应用水平。全年有46个农业新品种通过省级以上审定鉴定，省科技厅会同省农业厅、财政厅评选出“石麦15号”小麦、“张杂谷9号”、“冀丰554”棉花3个具有大规模推广应用前景的新品种，对石家庄市农科院、张家口市农科院、省农科院粮油作物研究所分别给予350万元的奖励。二是现代农业技术集成创新与应用进一步加快。以保障农产品稳定增长和优质安全为重点，实施国家和省级重大项目30多项，在清洁生产技术、生物技术、农业节水、农产品加工等方面创新取得新进展，研究应用农业新技术、新工艺110项，建立农业科技园区20个，制定标准和技术规程120项。微喷水肥一体化技术在11个粮食主产县示范推广，取得小麦亩节水50%以上、增产15%以上的显著效果。小麦高产攻关取得新突破，主推品种“石麦18”亩产达700公斤，再创河北省小麦高产纪录。三是深入推进“两山科技工程”。成立了板栗、苹果、食用菌、核桃、大枣等5个产业技术创新战略联盟，山区星火科技示范基地和特色产业科技园区超过100个，促进了山区资源开发与生态建设。

2011年，围绕促进社会发展提高人民群众生活质量和健康水平，科技厅积极开展社发领域的各项工作。一是顶层设计，出台规划，编制路线图。出台《河北省生物技术和医药产业“十二五”发展规划》和《河北省海洋科技及海洋产业“十二五”发展规划》。另外，还围绕河北省抗生素及中药注射剂的产业创新需求，编制完成了《抗生素产业技术路线图》和《河北省中药产业注射剂质量控制与安全评价技术路线图》。二是严格项目评审、过程管理和验收把关。围绕2012年计划项目指南，组织专家对申报的项目进行严格了评审。科学设置评审规则，保证了项目评审的公平、公正。严把项目过程管理关，加强在研项目的中期调度和督导，分别组织召开了河北省社会发展领域重大科技创新项目中期调度会和医疗卫生领域重点项目中期调度会。严把重大、重点项目验收关，通过项目的实施，共发表学术论文308篇，其中被SCI收录39篇，专著2部，申请专利4项，获专利授权2项，培养研究生65人，并获省科技进步一等奖2项，三等奖1项，取得了较为丰硕的研究成果。三是启动实施了渤海海岸带生态修复关键技术集成与示范。联合山东、辽宁、河北、天津环渤海四省市共同承担的国家科技支撑计划《渤海海岸带生态修复关键技术集成与示范》项目启动实施，河北省牵头主持的“渤海典型海水增养殖区生态环境修复技术及示范”课题获得国家经费600万元。四是积极组织实施资源环境技术领域研究与示范。围绕水资源、矿产资源、新能源、环境保护、循环经济等领域，重点开展地热资源技术集成应用与工程示范、地质资源重要成矿带成矿找矿研究、重金属排放污染控制及新工艺新方法、生活垃圾和城市污水厂污泥处置技术、微生物制药菌渣处置和利用过程控制技术、充填采煤综合技术研究与关键设备等一批重大、重点科技项目，提高了河北省水、土地、矿产等资源的综合开发与利用水平。积极组织正定、廊坊等5个国家可持续发展实验区的建设，磁县被认定为省级可持续发展实验区。组织承办了华北地区国家可持续发展实验区工作联席会议。

【科技创新创业与服务平台建设】 采取多种措施，聚合创新资源，大力加强创新创业平台建设，增强产业科技创新能力与服务水平，促进创新要素向产业转移。一是建立完善了5家产业技术研究院。研究起草了《关于开展产业技术研究院建设试点工作的指导意见》，积极探索建设机制，创新组建形式，在河北钢铁、沙河玻璃组建产业技术研究院成功后，又组建了唐山轨道客车公司绿色智能交通、英利集团光伏、新奥集团煤基清洁能源等3家产业技术研究院。这些产业技术研究院在服务产业、促进产学研结合、人才培养等方面都发挥了重要作用。二是加快工程技术研究中心和重点实验室建设。依托优势企业，新建了26家省级工程技术研究中心，完成了41家省级工程技术研究中心的评估和验收工作，全省省级以上工程技术研究中心达到133家，其中国家级5家，基本覆盖了河北省传统主导产业和战略性新兴产业；新建了肾脏病、蔬菜种质资源创新、重型装备与大型结构力学可靠性等3家省级重点实验室，省级重点实验室达到73家，学科布局、研究领域和方向进一步完善。三是推动产业技术创新战略联盟加快发展。研究制定了《关于推进河北省产业技术创新战略联盟建设的指导意见》，配套出台了《河北省产业技术创新战略联盟实施办法》，进行宏观指导作用。导航芯片与终端、清洁燃气两个产业技术创新战略联盟获科技部批准，河北省国家级产业技术创新战略联盟达到4个，省级达到8个。组织21家单位成立河北省大型科学仪器资源共享服务联盟，进一步提高了科技资源配置和使用效率。四是抓好各种服务平台建设。新增石家庄市科技创新服务中心、河北方大科技有限公司两家国家级科技企业孵化器，新认定6家省级科技企业孵化器，全省科技企业孵化器达到33家，其中国家级14家。组织实施了“区域特色产业共性技术开发与示范”和“河北省生产力促进中心服务能力建设”专项，提升了生产力促进中心对特色产业集群和基层工作的服务能力，省级以上生产力促进中心达到102家，其中国家级20家，廊坊市生产力促进中心被科技部评为A类中心。新认定4家省级技术转移示范机构，沧州河间国欣农业技术服务总会被科技部认定为国家级示范机构，全省技术转移示范机构达到14家，其中国家级4家。切实加强中小企业技术创新服务机构建设，研究制定了认定办法，首批认定了38家示范服务机构。

【科技开放合作】 用好区位优势，重点组织好与京津的科技对接活动，科技合作层次与水平得到有效提升。一是全省科技招商工作统筹推动力度加大。2011年3月，在廊坊召开科技对外开放与合作工作会议，明确了科技招商工作重点、内容，制定了全省科技招商工作评价指标体系，对全省科技招商工作进行部署。5月，在北京召开环首都绿色经济圈科技开放与合作工作座谈会，加强了科技招商工作调度。指导唐山、石家庄等地举办高新技术成果洽谈会、科技外交官服务行动等一系列活动，推动了各地科技开放合作工作深入开展。多次组团参加北京科博会等招商引资和对外科技交流合作活动。二是启动了与中科院“十二五”新一轮的科技合作。签约仪式于10月31日在石家庄举行，张庆黎书记、张庆伟省长、中科院白春礼院长、丁仲礼副院长等出席，确定了省院双方重点合作内容。中科院北京分院、省科技厅、唐山市政府、廊坊市政府签署了《深入建设中国科学院唐山高新技术研究与转化中心合作协议》、《共建中国科学院廊坊战略性新兴产业孵化基地合作协议》，全面提升了河北省与中科院的科技合作水平。三是新增3家国际科技合作基地。河北奥润顺达门窗等3家单位被科技部认定为国际科技合作基地，是当年争取国家基地最多的省份。河北省国际科技合作基地已达到12家，总数居全国前列。四是通过举办全国科技成果展促进成果转化。成功承办了北戴河全国科技成果展，来自全国各地的近200个科研单位、军工集团、大型企业，推出最新科技成果参展，省内许多企业、单位与参展各方达成多项合作意向。13.7万人参观了展览。

【科技发展环境建设】 2011年，全省科技发展环境不断优化。一是推动了科技创新政策研究制定与落实。2011年3月，《河北省科学技术进步条例》经省人大常委会通过实施，后研究编写了《条例》释义及指南，鼓励企业、社会各界用足用好科技法规。积极推动2010年度企业研发费用加计扣除项目鉴定工作，399家企业享受加计扣除政策的研发费达44.59亿元，高新技术企业减税用于创新达20亿元，极大提高了企业对研发费用投入的积极性。二是科技创新人才引进培养工作深入推进。认真组织“重点引智工程”的实施，大力抓好“院士工作站”建设和管理工作，全省共建60家院士工作站，与院士及其团队建立合作关系的企业达到96家，120多名院士来河北省开展对接活动。在院士遴选和组织推荐等方面，认真做好服务工作，积极创造良好环境。结合国家973项目实施，培养和引进了国家杰出青年基金获得者2人、长江学者特聘教授1人、中科院百人计划入选者4人。继续完善人才资助体系，突出青年人才培养，一批青年科技人才获得资助，全省在研项目参研人数达8800多名，其中具有博士学位的占28.8%。积极组织开展“科技活动周”，全省举办重大活动2000余场，群众参与达500万余人次，科学知识普及率不断提高。三是科技服务企业工作得到加强。认真做好创新方法推广工作，先后组织了新能源产业、先进制造业两期创新方法培训，培训科技人员2000多名，为企业解决技术难题200多项。切实抓好科技创新对标行动，培育科技对标示范企业150余家，这些企业申请专利同比增长22%，开发新产品300余项。创业投资引导基金规模扩大到1.6亿元，发起设立子基金5支，总规模达到3.1亿元，已投资16个项目，总投资24.23亿元，引导基金放大24倍，有力支持了科技型中小企业成长。四是创新型试点城市建设工作取得新进展。秦皇岛市被科技部批准为国家级创新型试点城市，河北省国家创新型试点城市数量在全国各省份位居第二。唐山、石家庄国家创新型城市建设工作逐步深入，相继出台了一批推进自主创新的政策措施，发挥了重要示范带动作用。

【知识产权工作】 积极推进知识产权战略实施，在促进知识产权创造、创新知识产权管理、加强知识产权保护、完善知识产权服务等方面做出新成绩。出台《河北省专利事业发展“十二五”规划》，全省知识产权工作再上新台阶。一是知识产权创造和保护工作进一步增强。全省专利申请量17595件，同比增长43.05%，高于全国平均增幅7个百分点，是近20年来增幅之最。授权量1.12万件，同比增长10%。创历史新高。启动实施开发区工业企业“专项提升行动”，全年消除“零专利”企业300余家。举办河北省第二届大学生工业设计创新大赛、开展知识产权宣传周和第五届中国·河北专利周系列活动。认定全省商贸企业“无假冒专利示范单位”207家，规范全省专利市场秩序，打击专利侵权、假冒行为，省知识产权局被国家知识产权局评为全国知识产权系统“双打”专项行动先进集体。二是知识产权优势培育工程深入实施。通过引进国家人才，实施专利战略引导计划、专利奖评选等工作切实推进知识产权优势培育工程，取得明显成效。有38项重大专利项目实现产业化，石药集团的“丁苯酞软胶囊及其制备工艺”专利技术获得第十三届中国专利金奖，填补了河北省中国专利金奖的空白。立足省内支柱产业，在全国率先启动企业知识产权法律风险与防范课题研究。加强考核培训，提升县域知识产权工作水平，筛选武安、丰南、平泉、隆尧推荐申报第二批国家知识产权强县工程。三是服务知识产权能力显著提升。加大宣传力度，扩大知识产权社会影响。培养适应当前形势发展的知识产权人才，全年培训活动40余期，培训人员3000余名。加大资助力度，全年共资助发明专利2045件，其中专利申请1409件，授权专利602件，PCT专利申请27件，国外授权专利7件。河北省41件向国外申请的专利获得国家财政资助金130万元。在受理专利申请等方面，规范工作程序，提高服务水平，为广大专利权人和发明人提供了优质、高效服务。发挥专业知识产权服务机构中介作用，实施知识产权托管工程。专利权质押贷款工作取得突破性进展，14家企业运用专利权质押方式获得商业银行贷款1.37亿元，较上年翻了一番。

【科技成果】 据《2011年河北省科学技术成果统计公报》发布，河北省科技成果登记数量稳步增长，2011年全省共登记科技成果3131项，比2010年增加228项。大专院校和医疗机构是科技成果的主要完成单位。成果类型多是应用技术，主要分布在医疗卫生、制造业、农林牧渔业。国际先进水平以上的成果达到15.97%。从类别构成上看，主要以应用技术类成果为主，登记应用技术类成果2711项，占登记总数的86.59%。登记软科学类和基础理论类的成果较少，为137项和283项，分别占4.38%和9.04%。从研究水平上看，达到国内先进水平成果410项，占总数的13.09%；国内领先水平成果2145项，占总数的68.51%；国际先进水平成果516项，占总数的16.48%；国际领先水平成果60项，占总数的1.92%。从科学技术成果计划来源构成来看，2011年省级科技计划共登记科技成果784项，占总数的25.04%。国家计划登记成果94项，占总数的3%。各设区市、省直部门计划登记成果1605项，占总数的51.26%。计划外自选课题登记成果648项，占总数20.70%。在应用行业上，卫生、社会保障和社会福利业，是科技成果登记数量最多的行业，2011年共登记成果1632项，占总数的52.12%。农林牧渔业成果登记数量居第二位，共383项，占总数的12.23%。制造业成果登记数量居第三位，共343项，占总数的10.95%。大专院校完成科技成果最多，医疗机构次之，企业居第三位。其中，大专院校1169项，占总数的37.34%。医疗机构1142项，占总数的36.47%。企业408项，占总数的13.03%。独立科研机构144项，其他单位268项。2011年登记的科技成果中，具有专利权的成果303项，占总数的9.68%，同比增加107项。其中，企业登记184项，大专院校登记68项，独立科研机构登记20项，医疗机构登记3项，其他单位登记28项。登记标准类成果269项，占总数的8.59%。其中，国际标准25项，国家标准117项，行业标准64项，地方标准42项，企业标准21项。医疗机构登记标准类成果117项，大专院校46项，企业44项，独立科研单位28项，其他单位34项。

（河北省科技厅　冯建平）

【省社科联工作】　2011年，省社科联以邓小平理论和“三个代表”重要思想为指导，深入贯彻落实科学发展观，组织和指导各团体会员，团结和依靠广大社会科学工作者，求真务实，开拓创新，为推动河北社会科学事业的繁荣发展做出了新的贡献。

（一）围绕中心，服务大局，理论研究和对策探讨不断深入。一是积极组织大型民生调研活动。紧紧围绕河北省就业与创业、城乡社会保障体系建设、食品药品安全、环境保护与节能减排、社会管理创新和平安河北建设、三年上水平与城镇化建设、“三农”问题、加快发展现代服务业等重大民生问题，筛选立项课题282项，委托课题64项，各市重点负责的民生调研委托课题55项。现已完成课题200余项。其中有15项成果得到省领导的批示，50余项成果获得相关部门研究与采纳，100余项成果在省、市级内刊和公开刊物发表。

二是成功举办京津冀协同发展论坛。来自京津冀三地社会科学和自然科学界的专家学者100余人参加了论坛。与会专家学者围绕“十二五”期间三地加快推进文化产业发展的客观实际，以加强区域文化产业协同发展为着眼点，全方位多角度探讨开展文化产业合作的有效路径。人民日报、光明日报等重要媒体对论坛进行了宣传报道，研讨成果发挥了对领导和有关部门的咨询参考作用，论坛的社会影响有了新的拓展。

三是贴近现实组织燕赵文化论坛。为河北文化事业和文化产业提供切实有效的理论服务，是燕赵文化论坛的指导思想。来自省内的社科专家学者以“让文化引领未来——河北文化产业发展研究”为主题进行了交流探讨。与会专家学者结合当前河北省深化文化体制改革、推动社会主义文化大发展大繁荣、增强文化软实力的实际，围绕各地历史文化资源的保护与开发、文化产业发展所面临的实际问题、文化产业发展中长期战略等问题提出了一系列有创建的论点。通过报送主管部门、省内主要网站上传、内部渠道上报省领导等多种途径，促进了论坛成果的转化。

四是举办“第四届河北省社会科学博士论坛”。本届论坛的主题为“传承中华文明、促进社会和谐，发挥智库作用、服务河北发展”。共收到论文近百篇，国务院参事、中科院院士牛文元做了题为“中国GDP质量指标的建构及意义”的学术报告，省内高校、社科学术团体、科研院所等20余个单位的80多名博士参加并围绕主题做了深入研讨与交流。《人民日报》等重要媒体对论坛作了跟踪报道。

五是召开“第六届河北省社会科学学术年会”。为扩大年会的影响，让更多的社会科学工作者参加学术交流，本届年会设石家庄、秦皇岛、衡水三个会场，主题分别为“弘扬民族文化，服务区域经济”、“地方高校引领区域经济与文化发展战略研究”、“弘扬西柏坡文化，促进河北和谐发展”。全省约300余名学者参加了交流研讨，参会论文200多篇。学术年会已经成为全省社会科学工作者表达观点、展示成果、互动交流的平台，对繁荣学术交流、促进理论创新、推进智库建设起到了积极的作用。

（二）面向社会，发挥优势，理论武装和社科知识普及持续加强。一是开展纪念中国共产党成立90周年知识竞赛活动。为了隆重纪念中国共产党成立90周年，组织所属学会（研究会）、各市社科联，开展了纪念建党90周年知识竞赛活动。共收到答卷20592份。经过严格的阅卷评审工作，采取抽奖的方法，评选出了优秀个人奖30名和优秀组织奖10名。并为获奖单位和个人颁发了奖品和奖牌。在全省社会科学界唱响了共产党好、社会主义好、改革开放好、伟大祖国好、各族人民好的时代主旋律，

二是以“社科专家走基层，社科知识大普及”为主题举办的社科普及周。活动采取省市联动的方式，11个设区市社科联及所属的300余个会员单位的3000余名专家学者参与到实际活动中来。科普周分“社科普及讲座”、“社科咨询服务”、“社科普及网络组建活动”三个板块，以广场宣传咨询、科普展览、文艺演出、报告会、演讲会、辩论会、公众签名、网上专家笔谈、论坛、小分队对口服务等多种形式，组织开展宣传普及活动百余场，散发宣传材料30余万份，赠送书刊2万余册，直接服务人群达35万人次。省内各大新闻媒体对这些活动进行了大量的宣传报道，形成了社会各界关心、关注、参与社会科学知识普及的热潮。

三是编写社科普及读物。按照确定的编写方案，第一个系列为《讲主题，谈主线》理论普及读物，围绕转变发展方式、社会建设与社会管理、新农村建设、党的建设、文化建设共五方面组织编写，并制定了详尽的编写计划，三次集中审阅写作大纲和书稿审读，按照编写要求由作者两次进行了大的修改，目前书稿已基本成型。第二个系列确定编写《食品安全百问》、《金融知识百问》、《交通知识百问》、《安全用药百问》等科学知识普及读本，经过数次集中审阅和修改，书稿均已定稿，即将出版。此外，为增

强社会科学普及工作的针对性和有效性，在全省五个城市组织开展了河北省公民人文素质调查工作，并对其调查结果开展深入研究。

四是省社科联会刊学术理论影响力日益扩大。《社会科学论坛》坚持正确的办刊方向，重注学术、思想、文化的三者统一；注重学术研究、重大社会问题深层剖析与繁荣河北经济文化发展三者的统一；注重文风、文体、选材多样性的统一。全年共发表文章337篇，约338万字。被《新华文摘》《高等学校文科学术文摘》《光明日报》《人大复印报刊资料》等15种报刊转载文章40余篇。

（三）搭建平台，完善机制，创造社会科学事业发展的良好环境。一是评选"第九届河北省社科优秀青年专家"。经过严格的组织评选程序，评出社科优秀青年专家9名。他们是（以姓氏笔画为序）：王秀华、王宪明、王建强、孙庆文、李利军、宋凤轩、张燕京、孟庆瑜、郭小丽。另有20名青年学者获评委会特别提名。本届评选活动一是把讲政治、重业绩、看品行作为推选优秀青年专家的基本原则，注重发挥评选工作的导向、示范、激励作用。二是根据全省各类评优活动的不同特点，把着眼未来、培育"大家"、建设高层次社科人才队伍，作为努力方向和奋斗目标。三是改进完善评审程序和评选办法，充分发挥"评议"功能，加大对评审过程的监督力度等。评选结果的公正性和权威性得到了省领导和社会各界的肯定，省政府副省长龙庄伟担任评委会主任。

二是资助社科重要学术著作出版。为推动全省哲学社会科学研究的持续深入开展，支持社科研究者潜心学术，扶持、鼓励重大理论研究、应用研究的优秀成果，年内继续开展了全省社会科学重要学术著作出版资助项目。经过事前调研、印发通知、受理申报、整卷建档、资格审查、专家评定、网上公示等工作环节，有部重要学术著作获得立项资助。

三是开展社会科学发展课题立项。根据《河北省社会科学发展研究课题管理办法》，制定了《2011年度河北省社会科学发展研究课题立项评审工作安排意见》。经过个人申报、资格审查、专家评选2011年度立项课题为484项。其中，重点课题39项，一般课题343项，青年课题80项，区域经济联合基金项目22项。本年度社会科学发展课题立项工作坚持了正确导向，恪守了公平公正，兼顾了各学科发展，注重了梯队建设，做到了基础研究与应用研究并重。

四是基地建设与管理工作有新突破。为更好地发挥六个研究基地在繁荣发展河北省社会科学研究中的示范效应，省社科联制定了《社会科学研究基地管理办法》，加强了对基地的指导和协调。年内六个研究基地共完成各级各类立项课题400多项，其中国家级课题10项，省部级课题200余项。出版学术著作30余部，发表理论文章和学术论文300余篇，其中《人民日报》《光明日报》刊载4篇，核心期刊发表70余篇，被《新华文摘》《人大报刊复印资料》等转载20多篇。6个研究基地共举办论坛、讲座、学术研讨会等80多场，组织境内外学习考察17次。研究基地利用学科特色优势，主动对接社会，自觉服务社会，取得了良好的社会效果。

（四）改进管理，做好服务，社科团体队伍建设实现新的进展。一是举办第二期社团党组织负责人培训会议。为扎实有效的做好社团组织的党建工作，提高所属社团党组织负责人的责任感和使命感，组织举办了第二期社团党组织负责人培训会议。隶属于社科联业务主管的45个社团党组织的负责人参加了会议。各学会代表结合自身特点，就如何加强新时期社团党建工作进行了积极的交流学习。通过学习培训，一是进一步提高了认识，对在新形势下如何进一步加强基层党的组织建设的重要性和必要性以及当前面临的机遇与挑战、问题与任务，都有了进一步清醒的认识和理解；二是相互之间交流了经验，沟通了信息，达到了互相学习，推动工作的目的。

二是加强对社团的程序化管理。按照河北省民政厅《关于对2010年度省属社会团体进行年度检查的通知》要求，对省社科联作为业务主管的56个直属社团进行了工作布置。审查过程中，有2个社团主动提出终止业务活动，未参加年检。根据《社会团体登记管理条例》有关规定，对其余54个社团进行了初审，报河北省民间组织管理局审批后，全部予以通过。年检工作的顺利开展，为学会健康良性发展提供了坚强保障。同时通过深入社团调研和参加社团组织开展的主题鲜明、形式多样的各种活动，做好服务工作，加强了省社科联对社团的向心力、凝聚力、掌控力。

三是组织学会评优和各市社科联评优活动。为发挥先进社团对省社科联所属团体会员的工作带动和示范作用，先后召开了学会秘书长工作会议和社科联工作年会，并对社团工作进行评优表彰。通过邀请省民间组织管理局领导和有关专家作专题报告，总结交流各团体会员的工作经验，表彰先进社团和先进个人等活动，树立学习榜样，发挥典型作用，有效地调动了各方的积极性。

四是组织河北省社科联学术文化代表团赴台湾在地区考察。应台湾台北市文化教育发展交流协会邀请，经报请有关部门批准，河北省社科联组团赴台湾地区开展了学术文化交流活动。这次出访，不仅开阔了视野，积累了经验，提升了河北省社科联在两岸学术文化界的影响力，而且与台北市文化教育发展交流协会和中国文化大学社会科学学院建立起合作关系，双方同意开展组织两岸社会科学专家进行互访活动，并就有关细节达成了意向。

（五）加强联合，凝聚力量，社科联组织的工作职能进一步展现。一是加强了与省社科联委员的联系。省社科联"三大"以来，第三届委员会委员的工作情况变化较大，为保持和加强与社科联委员的联系，重新整理了省社科联委员通讯方式，及时向他们寄送省社科联的各类资料和文件，以及编辑出版的书籍，采取多种形式通报有关重要活动，并对部分委员进行了走访和慰问，获得了委员们的一致好评。

二是加强了与各省市社科联的联系。先后接待了天津、广西、宁夏、江西、山东、广东等省、市、自治区的社科联领导来访，与来访的兄弟社科联进行深入的工作交流，学习借鉴他们的工作经验。组织参加了在内蒙古社科联主办的“华北地区社科联协作会”、北京社科联主办的“全国社科联科普工作会议”天津社科联主办的“社科年鉴工作交流会”、广西社科联主办的“全国社科联协作会”，拓宽了工作视野和工作思路，收到了良好的效果。

三是编纂《河北社会科学年鉴（2011卷）》。全书约170万字，由13个栏目组成。在原来的基础上新增设了“2010年河北社会科学发展研究报告”，通过对2010年河北社科研究工作系统性的总结、梳理、评析、展望，使《年鉴》更具备了引领和指导作用。编写工作涉及全省近百个相关单位和部门，有200多名社科工作者承担了编写任务或为《年鉴》提供资料，是一项庞大的系统工程。在全国部分省市首届社会科学年鉴工作交流会上，得到省外同行的好评。

四是开展全省社会科学发展研究。围绕“新智库”建设，组成“河北社会科学发展研究”课题组，完成了《2011年河北社会科学发展研究报告》，《报告》全面梳理了河北社会科学机构、人员、课题、成果、科研、管理等方面的基本情况和数据，分析了近年来本省社会科学发展的特点和问题，提出发展对策。省内40余名社科专家、学者参与了研究，填补了河北社会科学发展研究的空白。此外，承接中国社科院委托课题，与会院内专家和省民政厅的有关领导组成课题组，在深入实际调查的基础上完成了《河北省民间组织研究报告》。

（河北省社科联　孙　浩）

【省社科院科研工作】　2011年，是“十二五”规划实施的开局之年，是深化“服务决策、服务发展、服务基层”的办院方针，构建“理论武装、服务决策、繁荣发展”三位一体工作新格局，建设服务河北科学发展新智库，向“省级一流、国内知名”的更高办院目标迈进的关键一年。在省委、省政府的正确领导下，河北省社科院坚持以科学发展观统领办院，深入贯彻党的十七届六中全会和省八次党代会精神，围绕中心，服务大局，积极推进年初确定的各项重点工作，机构调整任务全面完成，理论宣讲、社科研究和社科联合各项工作取得积极进展。发挥了全省哲学社会科学事业的领军作用，为建设经济强省和谐河北提供了有力的理论支撑和智力支持。

（一）积极构建“理论武装、服务决策、繁荣发展”三位一体工作新格局和“参公管理”与“事业管理”一院两制新体制，初步形成科学高效的良性运行机制。2009年，省委、省政府决定，将省委讲师团、省社科联并入省社科院。院党组面对机构调整的新形势，坚决贯彻落实省委、省政府的决策部署，立足实际，广泛调研，创造性地提出构建“理论武装、服务决策、繁荣发展”三位一体工作新格局和“参公管理”与“事业管理”一院两制新体制的总体改革思路。三年来，机构调整成效显著，初步形成了以理论武装为龙头，以社科研究、社科联合为依托，以省社科团体，各市委讲师团、各市社科联和县区基层理论宣讲站为基础，把全省社科系统研、讲、联资源优化组合和有效运用的新型工作运行机制，带动了全省社会科学研究、宣传和普及，使社科院更好地发挥了“研”、讲师团更好地发挥了“讲”、社科联更好地发挥了“联”的职能，实现了“机构精简，职能不减；牌子不摘，队伍不散；资源整合，效能提高”和“三个一相加大于三”的改革初衷。经过不懈努力，目前省社科院“参公”人员已全部完成了公务员登记，“一院两制”管理体制已经形成。机构调整的改革思路和取得的积极成果得到有关领导的充分肯定，得到全院干部职工的拥护。中国社科院领导指出，河北院抓住了难得的历史机遇，取得的经验在全国具有原创性，工作扎实，成效显著。要发挥好这一特有优势，把体制优势转化为科研优势、人才优势，不断推出更多的优秀成果。外省市社科院的同行也纷纷来河北院学习和交流经验。

（二）总结经验，谋划长远，制定实施院“十二五”规划，为本院新智库建设明确了方向。院党组高度重视院“十二五”发展规划的制定，在总结“十一五”发展经验的基础上，按照国家和本省“十二五”发展规划纲要的精神和新形势、新任务对哲学社会科学的要求，结合本院实际，群策群力，成功制定出河北省社科院“十二五”发展规划，明确提出了“十二五”的指导思想、基本原则、目标任务、保障措施，提出以科学发展观统领办院，坚持“为决策服务、为发展服务、为基层服务”的办院方针，落实“出精品、出人才、出效益”的总要求，健全“理论武装、服务决策、繁荣发展”三位一体工作新格局和“一院两制”新体制，大力推进中国特色社会主义理论武装工程，大力推进服务河北能力提升工程，大力推进全省哲学社会科学龙头带动工程，大力推进创新型人才智力聚合工程，以学习型党组织建设和创先争优活动引领发展环境优化，以改革创新激发发展活力，建设服务河北科学发展新智库，向着“省级一流，国内知名”更高办院目标迈进。《规划》为本院的未来描绘了灿烂的图景，指明了发展的方向。为推动贯彻实施，院党组召开了部署动员大会，就抓好落实进行了具体安排。

（三）强化政治意识，加强阵地建设，理论研究和宣传、宣讲工作取得了新突破

1. 发挥优势，组织开展庆祝建党90周年系列宣传、研究活动。举办了“李大钊与中国共产党——河北省纪念建党九十周年座谈会”、“全省党委讲师团系统纪念建党90周年理论研讨会”、“全省社科理论界研讨会”、党史知识竞赛等活动。出版了《李大钊与中国共产党》、《追寻西柏坡》、《西柏坡之恋》等图书。20篇研究论文入选全省纪念建党90周年研讨会，1篇入选全国理论研讨会。完成了《中国共产党思想政治工作九十年》撰稿。深入宣传胡锦涛总书记“七一”重要讲话精神，浓厚了宣传氛围。

2. 突出重点，深入开展理论武装工作。深化理论研究。河北省社科院组织科研人员以河北省中国特色社会主义理论体系研究中心名义，在《人民日报》、《光明日报》刊发《李大钊与马克思主义大众化》、《科学认识和积极培育健康社会心态》、《社会科学研究要关注民生》等重点文

章；院党组在《求是》杂志发表了《把建设学习型党组织作为服务科学发展的引擎》体会文章，对本院学习型党组织建设的做法和经验进行概括、总结、提炼，在社会上引起积极反响。按照省委常委、宣传部长艾文礼的要求，组织了社会主义核心价值体系和西柏坡精神的研究，贯彻落实十七届六中全会和省八次党代会精神的研究，河北五大文化品牌的研究，中国特色、河北特点的文化强省研究，扩大了研究基地的影响力。开展主题宣讲。围绕"十二五"规划、纪念建党90周年、党的十七届六中全会以及省第八次党代会精神等内容，撰写宣讲提纲，开展"送理论下基层"集中宣讲活动，宣讲7000场，受众110多万人次。编写了《与党员干部谈"十二五"规划》等系列读本和《理论热点·2011》、《新农村新形势新政策学习问答》等通俗理论读物，受到干部群众欢迎。组织开展了省委讲师团系统课题研究，确定了40项立项课题。编写了《科学发展观在河北的探索与实践》，供全省干部参阅。联合举办了省会社科理论界学习党的十七届六中全会精神座谈会。认真办好《党委中心组学习通讯》和《理论信息》，联合举办"党的十七届六中全会精神理论骨干培训班"。出台《理论宣讲工作站及基层理论宣讲员工作考核办法》，推进了大宣讲格局建设。

（四）以"三个服务"为重点加强应用性对策研究，以提升学术影响力为目标推动基础性理论研究，社科研究实现了新跨越。2011年全院实现科研成果603项，共计2090万字，其中专著9部，编著25部，书稿12部，论文439篇，调研报告34项，文章及其他84项。有307项科研成果达到院重要科研成果标准。承担国家社科基金项目3项，其中重大项目1项，有1项国家社科基金项目结项成果入选"国家社科基金成果文库"；承担软科学项目4项，省社会科学基金项目15项，省社科基金确认项目12项，其他各类课题多项。

1. 应用性对策研究成绩显著。对省领导圈定重大课题开展重点研究。年初，时任省委书记张云川，时任省委常委、常务副省长赵勇，省委常委、纪委书记臧胜业，副省长宋恩华、张杰辉等分别为省社科院圈定或交办课题。院党组高度重视，列为院重大课题组织攻关。成立了"河北省'一圈一带'重点发展战略"课题组，由院领导牵头，组织力量开展研究，完成的多项研究成果通过《决策参考》直报件上报省领导参阅；召开了河北省环首都绿色经济圈建设研讨会，研讨会成果综述上报省领导，时任常务副省长赵勇批示肯定；组织国家有关部委和北京市的专家谈河北环首都绿色经济圈建设，一组研究成果文章在《光明日报》以"瞩目河北环首都绿色经济圈——本报邀请专家谈建议和对策"为题整版刊发，《光明日报》加编者按特别推介，产生了良好的社会反响。组织研究人员到环首都市县及北京市、长三角、珠三角进行大型调研，调研报告得到时任常务副省长赵勇的批示肯定。按照省委省政府的安排部署，周文夫院长和院有关专家参加了省八次党代会报告、年度省政府工作报告的起草工作，参与了省"十二五"经济社会发展规划编制、调研及论证工作，得到省领导和有关部门的肯定。举办了"河北省环首都绿色经济圈建设研讨会"、"2011年第二季度河北经济形势分析会"、"加快河北省沿海隆起带建设研讨会"。研讨会成果上报省领导参考。举办了2011年度经济形势分析会，邀请国家行政学院的知名专家和省内有关部门领导、专家开展经济预测，为推进经济强省建设发挥了积极作用。编纂出版了《2010～2011年河北发展蓝皮书》，蓝皮书总报告送省人大、政协两会代表、委员参考，产生了良好的社会反响。《2011～2012年河北发展蓝皮书》正在抓紧编纂。一大批应用研究成果获得省领导批示，如《县情与县委书记管理研究报告》和《关于县（市、区）党政班子目前运行情况的调研报告》获得时任省委书记张云川、省长陈全国、常务副省长赵勇、省委组织部长梁滨的批示；《我省新闻媒体应重视网上民意与社会舆情采集分析，开展灵活多样的政治思想教育宣传》获得省委常委、纪委书记臧胜业、副省长张杰辉的批示；《农村环境治理分析与对策》得到省委常委、纪委书记臧胜业、副省长宋恩华的批示。《"回归社会工程"存在的问题及对策研究—"回归社会工程"的社会学分析》被中央防范办副主任王晓翔批示；《乡村治理下的村级财务困境及解困对策》得到省委常委、纪委书记臧胜业批示；《加快我省口岸发展的思路与对策研究》获得杨崇勇副省长的批示；《我省文化产业园区建设的对策建议》获得省委常委、秘书长景春华的批示；《河北省培育优质上市公司和充分利用股市资源研究》获得副省长张杰辉的批示，这些应用对策性研究提升了服务河北科学发展的水平。

2. 基础性理论研究水平提高。河北省社科院孙继民副院长获准立项国家社科基金招标项目重大课题1项，这是全国哲学社会科学规划办公室设立招标项目以来，本院也是河北省首次获得此立项，填补了该项目的空白。同时，孙继民同志承担的2009年国家社科基金重点项目《〈俄藏黑水城文献〉汉文非佛教文献整理与研究》鉴定等级为优秀，其成果入选《国家哲学社会科学成果文库》，填补了河北省入选《文库》的空白。孙继民同时还承担了中国社科院承担的国家社科基金重大项目的子课题《考古发现西夏汉文非佛教文献整理与研究》。同时，河北省社科院还获准立项国家社科基金青年项目2项，省社会科学基金项目8项，委托课题13项，省软科学项目4项，省社会科学发展课题12项，大型民生调研课题10项。确立了院重大课题8项，重点课题25项，青年课题3项。还出版了《宋代礼学研究》、《蒋介石与国学》、《义和团迷信及其社会反应考察》、《石家庄通史》、《旅游文化传播论》、《中国艺术的海外传播及其文化影响》、《诚义燕赵》、《壮美长城》、《农村心理学读本》等一批学术著作，发表了一批高质量的学术论文，增强了科研竞争力。

3. 学科建设取得积极进展。2011年，河北省社科院在第二期学科建设的基础上，出台了《河北省社会科学院关于设立重点培育学科的暂行规定》，进一步完善了学科建设制度，有点有面，注重均衡，关注重点的进行学科建设。完成了第二期重点学科、重点扶持学科考核评估和第三期重点（扶持、培育）学科的评审工作。农村经济学、区域经济学、中国特色社会主义理论体系研究、河北地方史与传统历史文化研究、当代文化（文学）与河北文化发展研究等5个学科被确立为本院第三期重点学科。人口社会学、马克思主义哲学与现代化、服务经济、李大钊与区域史研究等4个学科被确立为本院重点扶持学科。人才资源开发、地方法制建设、新闻传播学、宏观经济政策学等4个学科被确立为本院重点培育学科。

4. 积极推进“走基层、转作风、改文风”活动。开展了“送理论下基层”、“服务十二五、基层调研行”和“社科联合走基层”活动。院领导班子成员亲自带队深入基层单位或基层联系点调研，撰写调研报告，完成了一批高水平的研究成果，上报省领导决策参考。

（五）以社科活动为载体，以平台建设为手段，社科联合工作迈上了新台阶。

1. 抓好活动服务河北发展。组织了2011大型民生调研活动。围绕河北省重大民生问题组织社科专家集中调研，完成调研课题147项，13项成果得到省领导批示，9项成果在国家和省级主要报刊发表，40项成果获得省直厅局及市领导批示，39项成果获得相关部门吸收采纳，对本省保障和改善民生起到引导和推动作用。编写了理论普及读本和社科普及读物，举办了河北省第七届社会科学普及周活动。

2. 强化平台拓展工作空间。组织开展了河北省第九届社科优秀青年专家评选，评出9名社科优秀青年专家，20名青年学者获评委会特别提名。加强河北省社会科学研究基地建设与管理，推出了一批有影响的研究成果和学术活动。编纂完成了《河北社会科学年鉴（2011卷）》。举办了河北省第四届社会科学博士论坛，《人民日报》作了报道。承办了2011年京津冀区域协作论坛，省政协领导和北京、天津以及河北省三地的社科联、科协领导出席开幕式。《人民日报》、《光明日报》等作了报道。举办了2011年燕赵文化论坛、第六届河北省社会科学学术年会。组织评审了2011年度河北省社会科学发展研究课题，确立课题484项。

3. 夯实基础发挥职能作用。加强对各市社科联的工作指导，召开了2011年河北省社科联工作年会。组织专家对全省社会科学发展现状深入调研，完成了《河北省社会科学发展报告》。组织市社科联负责人赴台湾开展了学术交流。加强社团管理和党建，举办了社团工作会议和党组织负责人培训班，对拟成立学会进行初审，成立、接收新学会5个，指导学会依法开展活动。较好发挥了“桥梁纽带、组织协调、咨询服务、宣传普及”的职能作用。

（六）扩大影响，凝聚力量，成功举办院庆活动和全国社科院院长联席会，为河北社科院发展注入了强劲动力。省委、省政府和中国社科院领导对河北省社科院建院30周年庆祝活动、第十五次全国社科院院长联席会议暨院长论坛和第二十九次华北地区社科院科研管理联席会议高度重视。全国政协副主席、中国社科院院长陈奎元题词：“放眼全局献策建言图强省，立足河北兴利除弊求富民。”时任河北省委书记张云川发来贺信，指出“省社科院建院30年来，在弘扬科学精神、传播先进文化、创新社科理论、促进科学发展等方面不懈努力、甚有成效”。要求“在服务决策、服务发展、服务基层中争取更大作为”。河北省社科院按照领导要求，精心组织举办上述活动，省四大班子领导出席会议，来自中国社会科学院，省直有关部门，全国28个省级社科院、20个城市社科院的领导和专家齐聚一堂，共商建设新智库之策，共谋服务”十二五”之举。省委常委、宣传部长聂辰席、副省长龙庄伟分别代表省委、省政府讲话。会议取得圆满成功。与会者认为，此次会议是历次会中参会人数最多、规格较高，也是最隆重、最有成效的一次。人民网、新华网、中国共产党新闻网以及省内主要媒体作了集中报道和转载。为营造学术氛围，展示科研水平，河北省社科院举办了“河北省环首都经济圈建设研讨会”、“李大钊与中国共产党研讨会”、“首届赵州禅・临济禅・生活禅国际学术禅文化论坛”、“创新社会管理、促进社会建设研讨会”、“预防腐败之路学术理论研讨会”、“‘十二五’及经济、文化强省背景下河北新闻宣传的创新与科学发展研讨会”等活动。组织了建院30周年“突出贡献奖”、“优质服务奖”、“特别纪念奖”的表彰，完成了科研成就布展、宣传片拍摄等工作。通过这些活动，锻炼了队伍，凝聚了人心，展示了形象，彰显了蓬勃发展的良好态势，得到省委、省政府和中国社科院领导高度肯定，得到与会各省同行的一致赞誉。

（七）加强交流，深化合作，形成了国际学术交流新格局。2011年，河北省社科院对外学术交流取得丰硕成果，全年接待来访的国外专家学者和友人共9批31人次，组织学术交流和研讨会8次，安排出访团组6批17人次。周文夫院长率团赴巴西、墨西哥、美国进行学术交流，代表本院与巴西圣保罗州立大学、美国印第安纳大学一普渡大学（联合）韦恩堡分校签订双边学术交流与合作协议书，与巴西总统府应用经济研究所、美国加州州立大学签订双边学术交流与合作备忘录，开辟了与美洲地区主要国家的大学、研究机构的交流渠道。目前，河北省社科院已同日、俄、韩、英、法、意、美、加、巴西等国家和港澳台地区的高等院校和科研机构，建立了长期稳定的学术交流与合作关系。

（河北省社科院　孟庆凯）

气象与防震

【气象概况】 2011年，全省设11个设区市气象局和131个县（市）气象局（局站合一），以及曹妃甸新区、渤海新区2个副处级气象局。全省气象部门现有在编职工2146人，其中本科以上学历人员占58.6%，中高级职称人员占56.2%。建成了5个新一代天气雷达站、2个风廓线雷达站、3个L波段探空雷达站、142个国家级自动气象站、10个国家级无人值守自动气象站、1个海上浮标气象观测站、1823个区域气象观测站、109个自动土壤水分观测站、20个酸雨观测站、1个沙尘暴观测站、11个闪电观测站、30个大气电场观测站、51个地基GPS/MET观测站、35个风能观测站、90个交通气象观测站等。

【气候状况】 2011年，全省年内平均气温较常年偏高，降水量、日照时数较常年偏少。年内连阴雨天数明显偏多，阶段性干旱明显，主要遭受了干旱、冰雹、大风、低温冻害、高温、雷电、局地暴雨、连阴雨、大雾等气象灾害以及引发的局地山洪、地质灾害等次生灾害。其中高温、沙尘、大雾、雷暴、暴雨日数少于常年，大风、冰雹和强降温寒潮天气较常年明显偏少。2011年灾情属于“中等偏轻”年份。全省因气象灾害或次生灾害共造成直接经济损失70.71亿元，并造成22人死亡，2人失踪，41人受伤。

气温。全省年平均气温为11.9℃，比常年偏高0.4℃，属正常年份。冬季，全省平均气温为-3.2℃，与常年值相等。春季，全省平均气温为13.1℃，比常年偏高0.6℃，属偏高年份。夏季，全省平均气温为25.3℃，比常年偏高0.7℃，属偏高年份。秋季，全省平均气温为12.3℃，比常年偏高0.4℃，属正常年份。

降水。全省年平均降水量为515.4毫米，较常年偏少1%，属正常年份。冬季，全省平均降水量为10.4毫米，比常年偏少11.9%。春季，全省平均降水量为49.2毫米，比常年偏少24.4%，属偏少年份。夏季，全省平均降水量为348.3毫米，比常年偏多3.6%。秋季，全省平均降水量为107.5毫米，比常年偏多30.1%，属偏多年份。

日照。2011年，全省平均年日照时数为2402.7小时，较常年偏少195.7小时，属显著偏少年份。冬季，全省平均日照时数532.7小时，较常年偏少15.2小时。春季，全省平均日照时数792.9小时，较常年偏多56.6小时，属偏多年份。夏季，全省平均日照时数601.5小时，较常年偏少96.0小时，属偏少年份。秋季，全省平均日照时数475.6小时，较常年偏少141.9小时，为1961年以来同期日照时数最少的年份。

【气象灾害】 干旱。年内全省大部分地区出现严重冬春连旱，中南部地区旱情重、持续时间长。2010年10月25日至2011年2月9日，全省平均降水量仅为1.7毫米，比常年同期偏少92%，为1951年以来历史同期降水最少年份。部分地区连续106天滴雨未降。3月1日至4月20日全省平均降水量仅为3.2毫米，为有气象记录以来历史同期最少的年份，大部分地区降水量比常年同期偏少8成以上。4月20日，全省大部分地区达重旱或特旱。严重冬春连旱造成全省受旱面积85.6万公顷，其中绝收2.7万公顷，受灾人口1128万人，因旱致使51万人出现临时性饮水困难，直接经济损失15.5亿元。

大风。全省年平均大风日数为每站5.0天，不到常年值的一半，为1971年以来第3个偏少年份。年内有20天单日大风影响范围超过10个县（市），其中8天超过20个县（市）。4月17日，44个县（市）出现大风天气，是2011年大风影响范围最大的一天，此次大风造成武邑县多个建筑工地停工，多家门店商业牌匾被大风吹毁。

沙尘。年内共出现40个沙尘日，明显少于常年值（130天）。沙尘强度显著偏弱，沙尘暴共出现10个县（市），仅为上年的1/2，浮尘出现19个县（市），扬沙69个县（市），均显著低于常年值。年内共出现7次典型沙尘过程，本地起沙占据主导。

高温。年内高温过程少，持续时间短，强度较弱。年内高温日数共计45天，略高于常年值（41天）。最长持续高温日数仅6天，出现在栾城。全省日极端最高气温38.7℃。6月7日～21日是入夏以来第一个大范围持续高温时段，6月7日85个县（市）出现高温，6月13日76个县（市）出现高温，高温时段持续时间为10天，共影响103个县（市）。6月29日～7月9日出现第二个高温时段，7月8日的高温影响范围最广达93个县（市），7月9日为91个县（市），此时段持续时间6天，高温影响共涉及110个县（市）。

暴雨。年内共出现暴雨天气206个站日，较常年（220个站日）略偏少，强降水过程频繁，时间比较集中。暴雨过程主要出现在7月1～2日、7月24～25日、7月29～30日和8月15～16日四个时段。8月15～16日，河北省大部分地区出现降水，部分地区降水量突破历史极值。全省共出现暴雨56个站日，大暴雨9个站日，日最大降水量出现在沧州海兴县，为192.8毫米。唐山等地的18个县（市）日最大降水量为1991年以来同期（8月中旬）最大值，其中8个县（市）突破历史同期极值。此次过程使献县6个乡镇出现洪涝灾害，受灾人口20万人，受灾面积6235公顷，倒塌房屋260间，直接经济损失约7494万元。

干热风。共出现干热风554个站日，接近常年（539.4个站日），是2007年以来最多的一年。干热风主要发生在6月2～3日、7～10日和12～14日三个时段。6月2日，河北省中南部地区的94个县（市）出现干热风天气，涉及承德市以外的10个地市，井陉和赞皇达到重度干热风等级，井陉14时平均风速达5.5米/秒、平均相对湿度仅12%。

冰雹。共出现29个冰雹日，比常年偏少1倍，为1971年以来第四个少雹年份，但局部受灾较重。全年共出现冰雹63个站日，主要发生在5月～7月。风雹是年内最为严重的自然灾害之一，灾害发生时的瞬间最大风力达10级以上，冰雹最大直径4～5厘米，冰雹最大密度每平方米600粒。年内全省11个设区市438万人次受灾，其中因灾死亡10人，农作物累计受灾面积360千公顷，其中绝收18.3千公顷，倒塌房屋296间、损坏5849间，直接经济损失25.7亿元。

雷暴。共出现136个雷暴日，低于常年值（143个）。夏季雷暴频繁，影响范围广。单日影响范围在50个县（市）以上的有32天，6月7日的雷暴天气影响范围最广，达121个县（市）。全年共发生雷灾事故324起，造成9人死亡，9人受伤，引起爆炸火灾4起，损伤建筑物18起，直接经济损失561万元，间接损失106万元。

大雾。共出现152个大雾日，是1971年以来第二个少雾年份，但部分时段异常偏多。全省大部分地区大雾日数较常年偏少（10天以内），个别地区超过30天。临城县大雾日数较常年偏多13.4天，为全省最高。10月，全省共出现大雾610个站日，是常年的1.8倍，是1971年以来同期第四个多雾年份。大雾主要集中在5～14日、19～23日、27～21日三个时段。5～14日是影响范围最广、持续时间最长的过程，全省3/4的区域出现大雾，涉及11个地市，部分地段最低能见度不足30米。受大雾天气影响，河北省中南部高速公路多次限行、机场航班延误或取消。

连阴雨。共出现连阴雨661个站次，比常年偏多51%，为1971年以来第四个多连阴雨年份，也是2004年以来最多年。主要出现在5月份和8～11月。石家庄西部和保定西南部、邢台中南部、邯郸大部分地区出现连阴雨次数在8次以上，累计发生天数超过30天，涉县连阴雨天数50天，为全省最多。9月1～19日，河北省南部大部分地区持续出现阴雨天气，全省有22个县（市）降水日数超过10天，45个县（市）为近30年以来同期最多，其中22个县（市）为建站以来同期最多。10月31日至11月8日，全省有62个县（市）出现连阴雨天气，50%的县（市）连阴雨天数超过5天，阜平最多为7天。

强降温。年内强降温天气频繁，但达到寒潮标准的日数比常年偏少61%，是1971年以来最少的一年。3月31日至4月2日，全省出现年内影响范围最广的明显降温天气，平均气温从3月31日的13.9℃降到4月2日的5.2℃，平均降幅达8.7℃，涉县降幅12℃为全省最大。全省54个县（市）出现寒潮，其中2个县（市）为强寒潮。11月18～21日，出现年内最强强降温寒潮天气过程，36个县（市）降温幅度达寒潮标准，其中7个县（市）为强寒潮，8个县（市）为特强寒潮。期间，平均气温24小时最大降幅为9.1℃，48小时最大降幅为12.3℃，张家口和承德两市的11个县（市）24小时或48小时降温幅度为2001年以来最大。

酸雨。年内出现酸雨34次，比上年偏多9次，其中强酸雨4次，弱酸雨30次。张北未出现酸雨，承德、秦皇岛、石家庄和南宫酸雨发生频率分别为27.5%、2.4%、4.2%和48.8%。

【气候对有关行业的影响】 水资源。年内全省平均降水量为515.4毫米，折合年降水资源量为979.1亿立方米，较常年偏少11亿立方米。折合水资源总量为202.2亿立方米，较常年偏少5%。年内冬、春、夏、秋各季降水分别占全年降水量的2.0%、9.5%、67.6%、20.9%。全省大、中型水库共蓄水34.24亿立方米，是“96.8”大水之后15年来蓄水最多的一年。年内河北省洪涝灾情具有发生时间早、受灾面积大、转移人口多等特点。汛期局地暴雨洪水共造成全省58个县、514个乡（镇）受灾，部分水利、交通、通信和电力等基础设施被毁，直接经济损失27.25亿元，其中水利工程直接经济损失1.75亿元。

农业。冬小麦：全生育期大部分时段气温偏低，生育期延长。苗期虽全省降水稀少，但经冬灌墒情较好；返青～拔节期气温出现明显波动，拔节较常年偏晚5天左右；孕穗～抽穗期气温回升缓慢，抽穗较常年偏晚5天左右。玉米：春玉米大部分时段温度条件适宜，日照充足，水分条件良好，仅在拔节期张家口西北部出现旱情，7月中、下旬承德春玉米区日照略显不足。夏玉米大部分时段温度、日照、水分条件能够满足生长发育需求，仅南部地区在灌浆期出现了阶段性低温和阶段性寡照天气，秦皇岛、唐山、沧州等地在部分时段因降水过于集中而出现渍涝。棉花：大部地区温度较常年略偏低，降水量接近常年，日照偏少（南部地区大部分偏少200～500小时）。6月下旬邢台、邯郸两市局部日照不足。花铃期后期中南部出现持续阴雨寡照天气，同时沧州局部出现渍涝。裂铃吐絮期中南部出现持续阴雨、大雾天气，日照不足。设施蔬菜：2月中旬石家庄、邢台、邯郸部分地区日照偏少，平均每天日照在4小时以下；26～29日中南部地区平均每天日照时数在4小时以下，保定、石家庄、邢台、邯郸四市的10个县（市）连续3天无日照，设施蔬菜生长缓慢，同时诱发了灰霉病等病害。9月上中旬、10月底至11月中旬，阴雨大雾天气比常年明显偏多，温室大棚内光照不足、气温下降，不利于设施蔬菜健壮生长。

林业。受干旱、大风等气候条件影响，全省共发生森林火灾109起，过火面积3518.40公顷，受害面积375.14公顷。冬春季，全省遭遇罕见气候干旱，东北部的唐山、秦皇岛地区长期持续无有效降水，森林火险等级居高不下，4月12日抚宁突发重大森林火灾，造成较大经济损失。

果品生产。全年未出现大的灾害性天气，果树生长季降雨较多，且比较均匀，有利于果树生产。但9月下旬至10月上中旬红枣产区出现持续多天的降雨和连阴天，造成浆烂比较严重，经济损失40%。由于后期降雨多，苹果等果树不能正常落叶，不利于果树正常越冬。

森林病虫害。由于冬春季发生较重气象干旱，林木生长不良，抗性下降，美国白蛾和杨树食叶害虫持续大面积发生。2010年12月至2011年春季的气候条件，有利于害虫发育越冬，造成疫情扩散蔓延。年内全省主要林业有害生物发生面积55.77万公顷，同比下降3.50%，经济损失约28亿元。

盐业。年内盐区平均蒸发量1794.3毫米，平均降水量596.35毫米，属正常偏差年份。年内气象状况分布极不均匀，北部的唐山盐区气候条件属较差年份，南堡盐场周围蒸发量1798.4毫米，同比减少56.8毫米，降水量620.6毫米，同比增加49.1毫米；南部的沧州盐区气象状况相对较好，蒸发量1790.2毫米，同比增加70.6毫米，降水量572.1毫米，同比减少130.5毫米。气候条件对盐区的不利影响主要表现在降雨提前、降雨频繁且降雨量大、大风和降雨等灾害性天气影响等。

畜牧业。冬春季由于遭受严重旱灾，牧草返青期延后；夏季降水充沛，草地植被盖度、高度、生产力明显优于2010年。全省草原生产力比上年提高5%～10%，草地产量折合干草788.7万吨，较上年提高1.76%。

交通。低温、暴雨、大雾、大风等不利气象条件对交通行业造成严重影响。汛期强降水过程频繁，多次发生泥石流、滑坡、塌方等地质灾害，造成冲毁路面、掏空路基、冲毁桥梁等灾情，致使多条干线公路断交、损失惨重。7月25日，秦皇岛市卢龙县全县道路设施受降雨影响损坏3.63万米，桥梁损坏39座，经济损失371.6万元。秋季频繁出现的大雾天气造成中南部高速公路多次限行、机场航班延误或取消。

空气质量。年内全省进行了环境综合整治工作，加之全年气象条件较好（强降温过程变少，沙尘过程变少、强度减弱，大雾日数偏少等），大气环境质量大幅提升。年内气象条件影响空气质量主要表现在：持续高温、干燥、近静风条件形成一个封闭、稳定的天气系统，形成持续多日的轻度、中重度污染（保定、邯郸、石家庄等城市）；在高湿度、低风速伴随大雾的逆温天气条件下，形成单日较重的污染水平；由于沙尘过程影响空气质量下降，张承地区比较明显。

地质灾害。年内发生的地质灾害与降雨关系十分密切，6～9月共发生15起，占全年的83.3%，其中11起因降雨诱发，占总数的61%。

海洋灾害。沿海共发生4次赤潮，主要发生在秦皇岛近岸。分别为5月30日～6月4日昌黎新开口海域、6月15日～30日南戴河洋河口海域、7月5日～15日秦皇岛近岸海域、8月1～7日北戴河中直浴场附近海域。

风暴潮灾害。9月1日，风暴潮给河北省沿海造成经济损失约1.58亿元。其中，美国嘉吉项目基地东围填海工程受风暴潮和近岸浪的越浪影响，约有200米的防浪墙被摧毁，约宽12米的路堤局部被掏空，直接经济损失约800万元；最高潮位淹没大部分养殖虾池，约有2133公顷受灾，直接经济损失约1.5亿。

【气象防灾减灾】 天气预报预警服务。准确预报服务了冬春季大范围干旱、5月7－10日春季首场透雨、6月7－8日中南部高温、7月6－22日频繁强对流天气、7月下旬到8月下旬4次大范围强对流天气、9月上中旬大部地区持续阴雨天气、10月至11月上旬连阴雨天气、仲秋至初冬4次大范围强浓雾天气、11月29－30日中南部入冬首场降雪、12月16日入冬最低温天气等重要天气过程，并及时做好雷电、大风、冰雹等灾害性天气预报预警服务。全省年内报送决策服务材料14215期，发布预警信号8803期。获省委省政府领导和有关部门批示49次。省委、省政府办公厅先后6次根据气象服务信息发文要求做好强降雨防范工作。

应急气象服务。4月12日，抚宁发生森林火灾，第一时间启动应急预案开展应急气象观测、预报、火场遥感监测服务和人工增雨作业，对火灾扑救起到了关键性作用，陈全国省长当场致电中国气象局郑国光局长表示感谢。11月28日，昌黎发生海难事件，省、市气象局第一时间启动应急预案并派出工作组进驻当地救援指挥部，为搜救工作提供气象保障服务，并开展调查评估。对全省水库、尾矿库和地质灾害易发区等近5000个灾害隐患点进行了排查和信息分类处理，并融入短时临近预报业务系统，建立了灾害性天气联防业务流程，提高了预报预警服务的针对性和时效性。7月25日迁西县发生4起局地泥石流，成功预报预警，有效实施部门联动，及时转移800余人。

农业气象服务。围绕粮食安全和设施农业，抓好农事关键期气象服务，启动保夏粮丰收服务等多种预案，并通过手机短信为1700多名农机手和3万多名麦区气象信息员发送麦收预报信息。组织多部门专家实地调查31次、联合会商9次，提供农气情报预报决策服务材料167期，组成国家、省、市联合调查组对冬小麦旱情调查评估，科学应对严重气象干旱和冬小麦病虫害、设施蔬菜气象灾害，保障了粮食总产“八连增”。动态跟踪监测干旱、植被情况及冬小麦长势，开展典型生态系统、农田生态系统监测评价服务。年内发布植被、干旱、生态等遥感监测服务材料103期。

人工影响天气服务。组织省、市飞机增雨作业80架次，飞行180.5小时，其中组织华北区域联合增雨42架次，飞行85小时。组织地面作业1690点次，发射火箭弹5562枚，炮弹5675发，燃烧焰条1476根，增雨作业效果显著，受到省领导特别批示赞扬。尤其是陈全国省长高度重视人工增雨工作，并多次给予高度评价。

森林防火气象服务。密切关注降水少、森林草原火险等级高的不利形势，提前一周启动“森林草原防火气象服务响应预案”，并利用多颗极轨卫星监测森林草原火灾，发现热源点及时向有关部门报告，为各级政府及时组织扑救工作赢得了宝贵时间。年内发布火灾监测产品60期，监测到热点134点次，焚烧秸秆18处。

公共气象服务。出台了《关于加强气象灾害监测预警及信息发布工作的实施意见》（冀政办〔2012〕2号）。在省电台开播了14档气象服务节目，并建立即时插播制度。实现部分电视频道高清演播室升级，在第八届全国气象影视服务业务竞赛中蝉联团体一等奖。细化气象短信服务内容，增加96121信箱热点内容，河北天气网总流量较上年同期增加18.6%。全省共建农村电子显示屏1241块，预警大喇叭3081个，提升了农村气象灾害预警信息发布能力。在腾讯和新浪开通了省、市、县局的官方气象微博，省局微博粉丝逾75万人。省气象局和石家庄市政府签署了合作协议，强化气象防灾减灾能力建设。

专业专项气象服务。省、市气象局与民政部门逐级签署防灾减灾工作合作协议，畅通了气象灾害信息共享渠道。与水利、安监、国土等部门建立了应急联动和会商机制，加强了各类气象灾害隐患点监测和管理。承担了风电、旅游等行业气象服务效益评估工作。建成43套高速公路交通气象监测站，实现沿线3000余个监控点视频信号的接入，与高管局、高速交警开展三方可视化会商。实现96121和122对接，利用高速公路情报板发布气象信息。深化海洋、林业、山洪地质灾害、政策性农业保险等领域气象服务。

重大社会活动保障服务。圆满完成1月19日到2月27日的春运气象保障服务、3月18日到5月底的日本福岛核电站放射性物质扩散相关服务、省人大十一届四次会议和省政协十届四次会议的气象服务、纪念建党90周年西柏坡系列活动及为期一个月的大型室外文艺演出“人间正道”等气象保障服务。

【农业气象服务体系和农村气象灾害防御体系建设】 政府投入加大，滦平等10个乡村农业气象服务专项示范县建设争取地方资金435.9万元。保定、衡水、邯郸等8个市、80个县成立了包括农、林部门专家和种养大户的气象为农服务专家团队，此做法获2010年度中国气象局创新工作奖，并在全国推广铺开。农业气象指标和农业气象灾害预警模型不断完善，编写了大田作物、特色农业栽培管理工作历、农业气象服务手册，建立了粮、棉、油、水果、蔬菜等农业气象指标体系及农业气象灾害预警模型。设计开发了县级农业气象服务、气象灾害应急指挥、农用天气预报服务等业务系统，为基层气象业务、服务提供有效支撑。面向农民专业合作社、农村种养大户、县乡政府及村委会等开展了“直通式”气象服务。“六有三结合”的气象信息服务站建设深入推进，组建综合气象信息服务站1802个。气象信息员纳入政府基层应急救援队伍。全省信息员数量达51241人，实现了村村有信息员。邯郸、张家口、邢台等9个市政府及峰峰、涉县等47个县政府发文将气象信息员纳入政府基层应急救援队伍。87个市、县出台了气象信息员管理办法。衡水等市政府开展了优秀信息员评选、表彰活动。

【应对气候变化和开发利用气候资源】 依托《气候变化对河北省粮食安全的影响研究》科研项目成果为省政府提供“河北省气候变化对冬小麦生产的影响及对策建议”服务材料。《河北省风能资源详查和评价》项目通过中国气象局验收，《河北省风能资源综合评估报告》被评为A级。与省电力设计院合作编制了2011—2012年分散式风能资源开发规划，为风电场选址和北部电网34个风电场运行提供了气象服务。重大工程建设和经济开发等项目的气候可行性论证工作取得新进展，完成了沧州渤海新区太阳能资源评估、五福堂风电场风能资源评估、邢台晋冀能源开发有限公司风能评估等项目。全国首家开展了富岗苹果等特色农产品的气候条件认证工作。

【气象业务系统建设】 预测预报系统。制定了现代天气及气候业务发展实施方案，推进现代天气业务的集约化和专业化。完成精细化要素预报、农村农业精细化气象预报服务、干热风极端事件指标体系研究三项业务试点工作，建立了精细化要素预报业务流程，制作了精细化气象要素指导预报产品，开发了农用天气预报服务系统，确定了干热风极端事件阈值。全年温度和暴雨预报质量有大幅提升，晴雨预报质量全国排名第7位。最高温度提升幅度全国最大。在第二届华北区域预报技能竞赛中囊括个人全能前四名，获团体第一名。在第六届全国气象行业职业技能竞赛中获团体第五名。

综合观测系统。邯郸、沧州新一代天气雷达建设工作顺利进行。编制了38个山洪地质灾害易发县（市、区）的非工程防治措施实施方案。新建59个自动土壤水分观测站、86个特色林果业和设施蔬菜小气候自动观测站、15个酸雨观测站点、28个六要素区域站、2个国家级无人站、30个大气电场监测站、25个GPS/MET观测站点、21个固态降水自动观测站、5个新型自动站、2个能见度监测站。编制了气象探测环境保护专项规划。220人获得“全国质量优秀测报员”称号，数量继续保持全国首位。在全国气象行业地面气象观测技能竞赛中连续三届蝉联团体第二名。完成固态降水观测自动化、双套站观测自动化和省级风洞改造等试点工作。组建了省气象信息中心。建立了全省3G无线数据自动传输备份通道和省级自动站实时数据质量控制系统。所有台站全部取消手工发报。所有台站卫星接收设备运行良好。

【基层气象机构综合改革】 建立了基层气象机构综合改革28项评价指标，所有市县均成立了气象灾害防御指挥机构；气象防灾减灾被纳入全省政府绩效管理；建立了政府主导的气象灾害联防制度；试点开展县局机构设置改革，探索有利于强化公共服务和社会管理职能的工作格局；建立“集约化、一体化”的管理和工作模式，省市县三级联动，提升了基本业务、公共服务和社会管理能力。

【气象科技和人才】 争取各类科研项目56项，科研总经费较上年增长82.6%，国家级项目经费增长91.4%。出版学术专著1部，在核心期刊发表论文61篇，其中SCI/EI文章4篇；获国家级科技进步二等奖1项（参与）、河北省科技进步三等奖2项、中国地质学会十大地质科技进展奖1项、中国仪器仪表学会科技成果奖1项。基层新进人员大气科学类毕业生达65%。新增享受国务院政府特贴专家1人、中国气象局百名首席预报员1人、正研3人、博士6人。

【依法行政和社会管理】《河北省人工影响天气管理规定》自2011年2月1日起施行，《河北省气象灾害防御条例》已完成立法调研。107个市、县气象局进驻当地政府行政服务中心。132个市、县气象局纳入地方规划委员会。公布实施了《河北省气象行政处罚自由裁量权实施办法》等。与省安监局联合开展防雷执法监察“利剑行动”，得到张杰辉副省长的充分肯定。与省、市文物局联合对全省168处全国文物保护单位开展防雷安全检查。

（河北省气象局　张冀梅）

【地震活动】 （一）2011年河北省及京津地区地震活动概况。据河北省数字遥测地震台网测定，2011年河北省及京津地区共发生地震1537次，M_L1.0级以下地震727次，M_L1.0～1.9级地震691次，M_L2.0～2.9级地震105次，M_L3.0～3.9级地震13次，M_L4.0～4.9级地震1次，没有5以上地震。最大地震为2011年9月1日03点14分20.8秒渤海（38.45°N　120.55°E）的ML4.1级地震。

2011年2月6日06点23分52.4秒天津蓟县3.6级、9月1日河北辛集3.7级、9月5日河北唐山3.6级及12月12日河北唐山3.7级地震都是非常显著的地震，2011年河北省及津京唐地区的地震活动仍然比较活跃。2011年小震活动集中在张渤带及河北平原带。唐山老震区的小震活动仍然是唐山地震的余震活动，而晋冀蒙交界地区和河北南部地区的小震丛集。2011年小震活动频度低于2010年，但仍高于2010年之前各年。

（二）2011年河北省及京津地区地震活动特征：①2011年的小震频度低于2010年，但仍高于历史平均水平；②小震活动仍集中分布在唐山、邢台、张家口地区的3个地震活跃部位；③地震活动与2010年相比，京津唐地区无论是地震频度还是地震能量都有所下降，成丛型分布。；④河北平原地震带中部小震较少，京西北及京津（北京414次，天津39次小震）地区小震成丛集活动比较明显；⑤晋冀蒙交界地区和河北南部地区的小震丛集。

（三）2011年河北省地震灾害情况。2011年9月1日16时41分在河北辛集发生3.7级地震，当地有不同程度的震感，地震没有造成人员伤亡和大的经济财产损失。2011年12月12日09时42分在河北唐山发生3.7级地震，当地有不同程度的震感，地震没有造成人员伤亡和大的经济财产损失。

（河北省地震局　常　亮　刘继录）

【地震监测预报】　一是扎实做好震情跟踪工作。制定实施年度震情跟踪方案，坚持周、月会商和临时会商制度，召开年中和年度地震趋势会商会，强化地震监测、震情监视和跟踪判定，参与区域震情联防，加强重点地区的跟踪研究，及时排除各类地震异常，较好地把握多次显著性地震事件的震后趋势，圆满完成了“两会”、建党90周年等特殊时段的震情保障任务。

二是强化地震监测台站（网）规范化管理，强化前兆效能评估，地震观测资料质量评比再创好成绩。在全国2010年度地震监测预报资料质量评比中，河北省参评项目106项，参评优秀率100%，获得学科前三名20项，仍居全国第一。认真做好华北区域自动速报系统和华北区域维修中心的维护运转工作。

三是立足台站长远发展，认真实施《地震台站规划》，巩固台站优化改造成果。加快张家口地震台部分测项搬迁和新台址建设工作，目前正在积极落实场地和方案论证等相关手续。

四是积极引进多项试验项目，努力探索应用地震观测新技术。如：在赤城、阳原、怀来安装了土壤断层氡探测仪，观测资料受到流体学科组专家高度重视；在红山台试验安装了深井电阻率，降低了环境干扰对观测数据的影响；在文安台试验安装了井下应力仪，开创了在土层产出地应力资料的全国先例。这些新技术和新的实验项目，进一步充实了观测数据，丰富了观测内容，增强了观测效果。

【震害防御】　一是抗震设防要求和地震安全性评价管理工作不断加强。下发了《进一步加强地震安全性评价工作的通知》，开展了专项检查。充实了各设区市地震安全性评价报告评审专家，落实了省地震安全性评价报告评审备案制度，全年备案工程场地地震安全性评价报告300余份，完成省地震安评委批复文件186份。

二是地震行政许可工作不断推进。2011年，河北全省11个设区市和77个县（市、区）设置了地震行政服务窗口，完成行政许可事项进驻同级行政服务中心建设。河北省地震局行政服务中心全年共办理57个重大建设项目的抗震设防要求确定行政许可手续。

三是农村民居地震安全工程和中小学校舍安全工程稳步开展。2011年，河北省地震局与省住房城乡建设厅、省委农工部联合印发了《河北省农村民居地震安全工程认定办法》，完成了农村民居建设视频教材。廊坊、石家庄、唐山、邢台、秦皇岛、承德等设区市地震局充分发挥业务指导优势，多措并举，推动当地示范农居建设。协助开展省校安工程检查，推进校安工程规范化管理。

四是社会防御工作不断深入，地震群测群防工作进一步强化，防震减灾助理员已达14081人。成功组织了第22届东部十省市市县防震减灾工作研讨会。联合省国资委、建设厅等5个部门出台了《加强河北省企业防震减灾工作的意见》，为推进企业防震减灾工作奠定了制度基础。

五是震害防御基础能力不断提升。河北全省11个设区市活断层项目进展顺利并接近尾声。各设区市完成了活断层项目多项专题验收，督促落实了衡水、保定和邢台的市级项目经费，为2012年顺利完成整个项目奠定了基础。结合活断层探测项目，各设区市基本完成市区的震害预测工作，3个县（区）开展了地震小区划工作。

六是防震减灾科普宣传全面铺开。以实施《河北省防震减灾宣传规划（2011－2015年）》为契机，邢台、邯郸等市局联合当地市委宣传部印发了《防震减灾宣传规划（2011－2015年）》。各设区市地震局还在3·11日本地震、5·12防灾减灾日、7·28唐山地震纪念日、科普周、国际减灾日等特殊时段开展了内容丰富、形式多样的宣传活动；河北全省建成各类示范、试点251个，认定通过5个地震安全示范社区，唐山地震遗址公园被中国地震局认定为全国首家防震减灾科普示范基地。启动“河北省防震减灾知识系列丛书”项目，产出一批科普作品。2011年，河北省地震局获“河北省科普工作管理先进集体”。

七是法制建设和援疆工作积极推动。成立了全国第一个省级地震标准化委员会；开展了执法检查和立法调研；编制印发了《河北省防震减灾“六五”普法规划》。完成了2011年度对口援助新疆巴州防震减灾工作项目。

【地震应急工作】　一是妥善处置日本大地震对河北省的影响。“2011年3·11”日本大地震发生后，河北全省地震系统作出快速反应，各级地震部门强化了震情监视、异常判定、舆情引导等工作，稳妥应对了此次大地震的社会影响。

二是有力有序应对河北省内地震应急事件。2011年1月24日滦县2.9级地震、1月30日武安2.4级震群、6

月20日怀安2.5级地震、9月1日辛集3.3级地震、9月5日唐山3.1级地震、12月12日唐山3.0级地震发生后，省和有关市、县地震部门迅速启动地震应急预案，有序开展震情会商，及时作出震情研判、新闻应对及社会宣传等工作，维护了社会稳定。

三是修订完善各级各类应急预案和应急管理制度。2011年，印发实施《河北省地震应急预案管理办法》、《河北省地震重点危险区应急准备工作方案》，制定了《河北省地震应急工作流程挂图》，修订了《河北省地震应急工作检查管理办法》和一系列关于加强震情灾情信息报送、紧急情况重大事件报告、突发公共事件报告的办法和制度，使地震应急社会管理逐步规范化、制度化。

四是中日合作地震应急救援能力强化项目进展顺利，河北省地震应急时刻表编制工作顺利完成，进一步提高了应急响应的工作效率和灾害应对能力。

五是积极推动地震应急救援队伍建设。对河北省第一支省级救援队进一步强化了地震应急专业培训，提高了实战能力；为第二支省级救援队配置了专业救援装备，推动救援队标准化建设；依托武警部队组建完成了第三支省级救援队，目前救援装备和训练场地建设经费已全部到位。

六是地震应急避难场所建设取得新突破。结合河北省城镇建设“三年上水平”工作，推进并实现将避难场所建设纳入各设区市的政府年度考核目标，进一步指导市县地震应急避难场所建设。出台了《地震应急避难场所标志》标准（DB13/T1378－2011），使河北省地震应急救援工作标准化建设迈出了重要一步。河北省地震局与河北省人防办共同编制的《人民防空工程兼作地震应急避难场所技术标准》被解放军总参谋部授予全军科技进步三等奖。

七是加强各级各类演练和应急培训。组织开展了避难逃生、技术系统演练，参加了首都圈地区地震应急演练。针对社会需求，积极主动为河北省物资储备管理局、中国人保河北分公司、河北省电勘院等单位开展应急培训。建立省地震现场工作队建设标准和队员上岗制度，进一步提高了应急实战能力。

八是编制完成了《河北省综合减灾“十二五”专项规划》重点项目—“河北省地震紧急救援训练基地项目”建议书，并将其纳入了《河北省“十二五”期间突发事件应急体系建设规划》重点项目。完成电子地图、学校、医院等12类万余条数据的应急数据库的更新维护，完成了廊坊、唐山、秦皇岛、保定、石家庄、沧州、衡水等7个市局的地震应急指挥技术系统建设项目，应急指挥技术系统全年运行无故障。完成了应急指挥通信车的改装任务，规范了车辆运行、维护、演练等制度。

【地震科技创新】 一是不断强化地震基础研究和科技基础性工作。2011年，河北省地震申请行业专项1项，资助经费539万。落实河北省科技支撑项目1项，资助经费15万。获中国地震局星火计划青年项目1项、地震监测预报科研“三结合”课题4项，是争取科研项目最多的一年。同时，2011年，河北省地震局安排50万元地震科研基金支持重点项目7项，硕博项目5项，青年项目21项。

二是着眼观测技术进步，推进地震科研应用性研究。张家口中心台自行研制的数字化二氧化碳仪在赤城台安装应用，4个月来资料产出连续、稳定；邯郸中心台研制的双电瓶供电电源在易县台山洞安装应用，使易县台停电后工作时间由原来2小时延长到24小时以上。这些自主研发的技术，使监测、预报、研究与实验紧密结合，为地震预报探索提供了创新平台。

三是注重优化科技力量配置，有计划地开展联合攻关，努力打造优秀科技创新团队。组织保定中心台等单位申请“鄂尔多斯地块东北缘及邻区地磁观测研究”等行业专项获中国地震局批准，争取经费支持90余万元。

四是积极推进国际交流和国内协作。2011年，组织外事活动9次，派出科技人员外出学习考察5人次，2批次邀请国内外专家到河北省地震局讲学，活跃了科研氛围，促进了科学交流，开阔了科研视野。

（河北省地震局　梁志琴）

国土资源监管

【概况】 截至2011年底，河北省土地调查总面积282650791.2亩，与2007年度变更调查总面积完全一致。

按一级地类统计：农用地196237289.5亩，占辖区总面积的69.43%；建设用地26913028.0亩，占辖区总面积的9.52%；未利用地59500473.7亩，占辖区总面积的21.05%。

按二级地类统计：农用地中，耕地94759460.3亩、园地10570449.9亩、林地66332148.5亩、牧草地11979318.4亩、其他农用地12595912.4亩，分别占农用地的48.29%、5.39%、33.80%、6.10%、6.42%；建设用地中，居民点及独立工矿用地23172601.0亩、交通运输用地1806221.5亩、水利设施用地1934205.5亩，分别占建设用地的86.10%、6.71%、7.19%；未利用地中，未利用土地51449408.3亩、其他土地8051065.4亩，分别占未利用地的86.47%、13.53%。（注：因2009年第二次土地调查及2010年土地变更调查数据未经国家确认，所以土地资源概况数据统计时间截至2008年12月31日。）

河北省矿产资源丰富，目前已发现各类矿种156种，有查明资源储量的125种，排在全国前5位的矿产有41种。现已探明储量的矿产地1193处，其中大中型矿产地488处，占40.9%。全省已开发利用矿产地819处，现有各类矿山企业4724家，从业人数32.79万人，年开采矿石总量6.33亿吨，工业总产值达1088.78亿元，形成了以冶金、煤炭、建材、石化为主的矿业经济体系。地质灾害主要有崩塌、滑坡、泥石流、地面塌陷、地裂缝、海水入侵等。

河北省海岸线长 487 公里，管辖海域面积 7000 多平方公里。有海岛 132 个，岛岸线长 199 公里，海岛面积 8.43 平方公里。河北省沿海地区处于环渤海经济圈的中心地带，海洋生物、港口、原盐、石油、旅游等海洋资源丰富，气候环境适宜，海洋灾害少，是发展海水养殖、盐和盐化工、港口运输、滨海旅游等产业的优良地带，适合进行各种形式的综合开发，具有发展海洋经济的巨大潜力。目前主要海洋产业是水产、交通运输、修造船、原盐、盐化工和旅游。

【服务经济】 保障发展用地实现新突破。全年国家共下达河北省新增建设用地计划 23.54 万亩，其中农用地 17.38 万亩，占 73.8%，实现了计划指标总量历年最多、结构历年最优。全年共批准建设用地 43.15 万亩，为历年最高，其中批准新增建设用地 32.33 万亩，保障了全省 1.64 万亿固定资产投资落地，为经济社会发展提供了建设用地保障。全面完成新一轮土地利用总体规划修编，11 个设区市规划 7 个获批、4 个待批，县乡级规划已全部经省政府批准，为今后保障发展、保护耕地、合理用地打下坚实基础。

地质找矿工作迈上新台阶。改革地质勘查管理模式，调整完善勘查政策，通过实行分区管理、分类出让，鼓励社会资本进入地勘市场等政策措施，打造多元投资平台，构建地质找矿新机制。实施找矿突破战略行动，省本级投入地勘专项资金 4.87 亿元，实施矿产勘查项目 57 个，冀东地区滦南—遵化一带铁矿勘查列入全国首批整装勘查区。一批专项资金项目取得重要找矿成果，全年新增煤炭资源储量 27.8 亿吨、铁资源储量 8 亿吨、金金属量 9.28 吨。

用海保障取得新进展。加强建设用海审批供应，全年共批准用海项目 86 个，面积 5 万亩。坚持区域用海与园区建设紧密结合，整体论证、实施和保障园区用海，年内乐亭临港产业聚集区用海规划通过国家评审即将获批，用海面积 27.93 平方公里，其中填海造地 19.07 平方公里。初步解决了曹妃甸已填成区域的分类确权问题。

【资源利用】 土地调控深入推进。强化用地计划管控，优化新增建设用地结构和布局，突出保障环首都绿色经济圈、沿海产业带建设，加大对重要基础设施、工业聚集区、高新技术开发区和经济技术开发区支持力度，优先保障战略性新兴产业和省重点项目用地；坚持布局集中、产业集聚、用地集约，强力推进工业项目进园入区。年内，省安排的产业项目用地占省级用地指标的 60.9%，省重点以上项目用地占总用地计划的 67.3%，促进了结构调整和产业集聚发展。加强节约集约用地工作，一方面，结合实际下大力研究制订全省项目建设用地控制指标、土地节约集约利用考核指标，从 2012 年起将对设区市试行考核、奖励，努力健全和完善节约集约用地的约束激励机制；另一方面，加大存量土地挖潜力度，积极推进旧城区、城中村改造和集体建设用地的挖潜利用，全年供应存量建设用地 20.56 万亩，占供地总量的 67.5%。开展国土资源节约集约模范县创建活动，5 个县（市）被国土资源部评为节约集约模范县。

矿产资源配置逐步优化。完善矿业权设置方案制度，变“一矿一方案”为依据规划按区域编制设置方案。推进矿业权市场建设，省级矿业权有形市场实现正常运转，4 个设区市建立了矿业权交易机构，在 2 市开展了矿业权网上交易试点，推进了资源的市场化配置。深化矿产资源整合，对 28 个矿区进一步整合，全面完成矿产资源整合任务，全省累计减少矿业权 1528 个，占参与整合矿业权总数的 59%，整合后矿山平均生产规模提高 3 倍多，占用资源储量增加近 27%，矿产资源开发规模化、集约化程度显著提高。以“示范工程”、“示范基地”和“以奖代补”为抓手，促进了矿产资源集约利用、综合利用。

管海用海方式正在转变。按照“规划管控、计划调节、标准控制、监管跟进”的工作思路，加强建设用海预审，实行围填海计划指标动态管理，严格执行工业项目用海投资强度、容积率等控制标准，建立闲置两年以上收回的用海“退出机制”，推进了建设用海由粗放向集约节约转变。2011 年，全省工业用海平均投资强度达到每亩 280 多万元，比 2010 年提高 20%。

【资源保护】 耕地保护进一步加强。狠抓耕地保护目标责任制的落实，认真执行耕地占补平衡制度，严格保护耕地。及时制定 2011 年耕地保有量和基本农田保护面积责任目标，各级政府由“一把手”签订责任书，落实了耕地保护目标责任制。完成了对设区市政府 2006－2010 年耕地保护责任目标考核，全面开展了基本农田划定和标志牌建设工作。河北省 2006—2010 年耕地保护责任目标履行情况，顺利通过了国务院五部委考核。全年依法批准建设占用耕地 17.56 万亩，相应补充耕地 17.56 万亩，做到了占一补一、先补后占、占补平衡。年底全省耕地面积 9843 万亩，实现了全省耕地保护责任目标。

地质海洋环境保护不断深入。严格执行矿山地质环境保护与治理恢复方案编制和保证金缴纳制度，新建矿山方案编制率和保证金缴纳率达 100%，已建矿山达 80%，促进了矿山企业边开发、边保护、边治理。加大地质灾害防治力度，全省共发生地质灾害 18 起，成功预报 4 起，全年实现“零伤亡”，最大限度地减少了损失。有针对性地调整海洋产业布局和用海方式，加强海洋环境保护监管，对所有工程项目严格进行海洋环境影响评价，推进了生态用海。狠抓海洋环境监视监测预报预警和防灾减灾，建立与国家、海区联网的海洋灾害视频会商系统，妥善应对了海冰灾害、日本核辐射事故、赤潮及蓬莱 19—3 油田溢油事故。与省环保厅在重点海域污染控制、海洋环境监督等八个方面，建立了陆海统筹的海洋环境保护机制，促进了海洋开发与环境保护协调发展。

执法监察力度加大。省政府及时印发《关于依法依规严格农村土地管理的紧急通知》，并召开全省规范土地管理会议，加强土地管理和执法工作。加大违法案件查处整改力度，特别是在 2010 年度土地矿产卫片执法检查中，全省共查处土地违法案件 8584 宗，给予党政纪处分 530 人，移送公安机关追究刑事责任 443 人，拆除复耕 1.07

万亩，依法补办用地手续3.67万亩，较好地完成了查处整改任务。认真开展打击非法采矿专项行动，查处非法采矿203处。开展“碧海”、“海盾”、“护岛”专项执法行动，制止各类海洋违法行为59起（次），立案查处41起，对违法行为起到了强有力的震慑作用。

【保障民生】 严格规范管理，全力支持新农村建设。认真贯彻落实国发〔2010〕47号文件精神和国土资源部部署，对增减挂钩和新民居建设用地工作进行了清查、整改、规范，顺利通过了国家验收，同时拟定增减挂钩试点管理办法，开展在线监管培训，为下一步开展工作奠定了良好基础。

认真做好保障性安居工程建设用地工作。专门安排9026亩新增建设用地计划用于保障性住房和棚户区改造住房建设，并充分利用闲置土地、批而未用土地，做到应保尽保、及时供应。全年落实保障性安居工程建设用地2.87万亩，确保了全省保障房顺利开工建设。加强城市住房用地监管，严格落实土地供应、出让等房地产用地调控政策，促进了房地产市场平稳健康发展。

改进征地补偿工作。按照合理调整区片范围、适当提高区片价格、综合平衡和公开听证的原则，2011年第四季度对全省征地区片价进行了全面修订，全省平均提高23%，更好地维护了被征地农民合法权益。严格落实被征地农民社会保障制度，征收农用地做到了社保费用足额提取、批前到位。完善地上附着物补偿标准和办法，一些地方通过评估，公平合理地确定补偿。

加大信访维稳力度。在全系统深入开展领导干部接访活动，集中力量化解信访积案，全年排查信访积案465件，化解364件，维护了群众利益，全省国土资源进京赴省访数量下降，实现了重要敏感时期零进京访。紧急开展抗旱找水打井大会战行动，解决了12.2万人口、1万多头大牲畜的饮水和11.2万亩农业灌溉用水问题。

【基础建设】 全面完成省级国土资源、地质勘查、海洋经济发展、海洋环境保护等“十二五”规划和市县矿产资源总体规划。认真清理国土资源地方性法规和政府规章，建立行政裁量权基准制度，加强国土资源法制建设。完成2010年度、部署启动2011年度土地变更调查，推进了“以图管地”。成立专门机构，保障经费、开展试点，农村集体土地确权登记发证步伐加快，经验和做法被国土资源部在全国推广。矿产资源潜力评价稳步推进，第一阶段9个矿种的评价任务全面完成，第二阶段12个矿种的评价工作正在实施。矿产资源储量利用现状调查取得良好进展，全面完成全省1301个核查矿区的资源储量核查，完成了18个矿种的单矿种汇总和4个矿种的储量数据库更新工作，在国家评审验收中被确定为“成绩优异”。完善管理办法，改进建设项目压覆矿产资源管理，全面启动了预登记工作。全面完成矿业权实地核查任务，利用核查成果更新探矿权登记582个，换发采矿许可证970个，并在全国率先开展了矿业权三维动态管理系统建设。历时6年完成了908专项工作，综合调查、综合评价以及集成任务通过省级验收，数字海洋信息基础框架建设通过国家验收。全省海岛地名普查的外业调查和海岛名称标准化处理工作全面完成，海域使用动态监视监测系统实现业务化运行。开展了海域海岛海岸带整治修复保护工作，完成了海籍调查和数据库建设任务，启动了海洋经济运行监测与评估系统建设。扎实开展国土资源统计分析和重大问题调查研究，加强监测，研判形势，推动了国土资源管理工作深入开展。加强财务管理，强化预算执行，严格财经纪律，为事业发展提供了资金保障。大力开展宣传活动，营造了良好舆论氛围。认真落实“两个待遇”，老干部服务管理水平进一步提升。

测绘工作方面，“数字城市”建设实现突破，“数字石家庄”建成并通过国家测绘地理信息局验收，其余10个设区市的数字城市建设全部启动；“天地图·河北”建设加快推进，实现与国家“天地图”互联互通；行政执法工作进一步加强，净化了测绘地理信息市场；测绘科技创新取得重大进展，国际交流合作不断深化。

【队伍建设】 严格落实省委“约法八章”，强化干部队伍的政治意识、大局意识、责任意识，营造了团结干事、风清气正的浓厚氛围。紧密结合部门和工作实际，深入开展“全面对标、夺旗争星”、“认责承诺”、“帮扶共创”等活动，评选“先进国土资源所”和“国土卫士”，推动了国土资源管理工作创先争优。加强领导干部选拔任用和干部教育培训，任免调配处级干部78名，轮岗交流干部441人次，全系统1.2万人次参加部、省培训，各级领导班子得到进一步加强，干部队伍素质和能力进一步提高。

坚持把廉政建设摆在突出位置，认真执行党风廉政建设责任制，严格落实领导干部廉洁自律各项规定。加强廉政教育，狠抓反腐倡廉集中整训活动，全系统受教育面达到3万人次。

深入推进“两整治一改革”专项行动，加强土地和矿业权交易市场建设，健全制度，强化监管。全面查找核定廉政风险点，全系统共查找廉政风险点1712个，制定防控措施2034条；加大监督检查力度，认真查办违法违纪案件，全系统有50人受刑事处理或党纪、政纪处分。

进一步加强作风建设，及时向社会公开承诺审批时限，强化审批责任，规范权力运行，严格执行“一领双责三到位”工作制度，机关效能和服务质量不断提高。

（河北省国土资源厅 杨淑梅）

测 绘

【概况】 2011年，全省测绘工作紧紧围绕深入贯彻落实科学发展观，落实《河北省人民政府关于加强测绘工作的实施意见》和李克强副总理考察中国测绘创新基地时的讲话精神，倡导开放、服务、和谐、发展的理念，举旗亮剑，奋力争先、创新思维、服务社会，强力推进全省测绘地理信息事业又好又快发展。数字城市、天地图河北、地理省情监测、地理信息产业发展等重点工作扎实开展；测绘地理信息行业管理、测绘航空摄影和遥感资料统一监管、测绘航空摄影管理、互联网地图管理以及理顺测绘地理信息管理体制、完善测绘地理信息法规体系等方面成绩显著。年底河北省测绘局被国家测绘地理信息局考核评定为先进单位，并给予表彰。

测绘法制建设。一是制定了年度立法计划。为规范全省测绘航空摄影工作的监管，积极协助省政府法制办认真做好《河北省测绘航空摄影管理规定》的调研、起草、征求意见以及修改工作。11月9日省政府第96次常务会议审议通过，并印发施行。为规范对全省境内的航空摄影和遥感资料数据的统一获取、处理和分发工作，节约财政资金，维护国家的安全和利益，2月21日省政府办公厅印发了《关于加强全省航空摄影和遥感资料统一管理的通知》。二是开展了全省测绘规范性文件的立、改、废工作，先后废止规范性文件11件，新出台规范性文件4件，新出台的主要包括《关于加强测绘资质监督管理工作的通知》、《关于加强互联网地图管理工作的通知》、《河北省测绘市场信用信息管理办法》等。

测绘依法行政。一是进一步贯彻《国务院关于加强法治政府建设的意见》和《河北省人民政府关于推进依法行政，加强法治政府建设的意见》，印发了《河北省测绘局关于加快推进测绘法治建设的实施意见》。二是为落实“全省贯彻四项制度推进依法行政工作会议”精神，制定了《河北省测绘局规范性文件制定和管理实施细则》。三是开展机关工作人员学法活动，实行亮牌上岗，将依法行政情况纳入了年度考核内容。四是进一步规范测绘行政许可程序，明确行政许可事项、依据及相关程序，将测绘行政审批事项办理规范、依据、条件、程序等及时利用网站向社会进行公开。5月份，在全国测绘系统法治工作会议上，河北省测绘局被评为全国测绘依法行政工作先进集体，受到表彰。

测绘普法宣传。一是对“六五”期间全省测绘地理信息法制宣传教育工作进行部署，印发了《河北省测绘地理信息法制宣传教育第六个五年规划》，编制了《测绘法律法规文件汇编》和《测绘行政执法手册》。二是开展2011年度测绘法集中宣传活动，全省测绘法宣传日活动主会场在保定狼牙山隆重举行。组织开展网络测绘法律知识竞赛活动，全省5000多人参加了网络竞赛答题。5月份，河北省测绘局被评为全国测绘系统“五五”普法先进集体。

基础测绘工作。2011年，省级基础测绘投入5000万元，完成了覆盖全省域的1：1万的DLG及DOM制作，及覆盖整个山区丘陵地区的DEM制作。完成了全省境内大地控制点2000坐标系的转换，在多个城市推广了2000国家大地坐标系的使用。新测制了张家口、保定部分区域1：1万基础地理信息数据DLG、DOM、DEM853幅，更新了廊坊、唐山、秦皇岛、沧州部分区域1：1万基础地理信息数据DLG910幅。及时更新了1：1万基础地理信息库。

地理国情监测。一是经省编办批准省测绘局增设遥感信息管理与地理国情监测处，初步建立了地理国情监测工作机制。二是建设“河北省地理空间技术创新基地”，利用北欧投资银行贷款建设河北省基础测绘现代化技术装备体系，完成“河北省卫星定位综合服务系统”30个基准站的增建工作，提高了地理国情监测能力。三是制定试点应用的计划和方案，承担并完成了《利用现代遥感技术开展全省国土资源系统土地执法监察工作》、《河北省矿业权实地核查成果开发与应用》、《全省范围1：2000数字正射影像图制作》等项目，提高了测绘地理信息服务政府决策管理、经济社会发展和应对突发事件的能力，得到了省政府、省国土资源厅的肯定。

数字城市建设。5月23日省政府办公厅印发了《关于加快推进全省数字城市基础建设工作的通知》，对全省数字城市建设工作进行了安排部署。随即省测绘局印发了《关于印发加快推进数字城市建设工作实施方案的通知》，明确了全省数字城市建设的任务、程序、计划等，为确保全省数字城市建设的统一管理，统一标准，确保质量，制定印发了《河北省数字城市建设承建单位审核认定工作细则》，遴选、确定了全省数字城市建设承建单位。在10月份召开的全国数字城市建设工作会议上，河北省测绘局做了交流发言。

测绘科技创新。以“国土环境与灾害监测国家测绘地理信息局重点实验室”为依托，省测绘局系统在遥感技术利用、三维技术研发、卫星定位技术应用、无人机航摄试验、测绘公共服务等方面不断创新，“利用现代遥感技术开展全省国土资源系统土地执法监察工作”等科研项目取得了突破性进展，受到了省国土资源厅的充分肯定。省测绘局组织完成的《明长城测量》项目获得2011年全国测绘科技进步二等奖，《河北省资源地图集》获得河北省科学技术进步三等奖。

国际合作交流。为进一步加强国际间测绘技术合作与交流，省测绘局年内组织两批测绘高级专业技术人才赴瑞典访问、学习，接待一批外宾来访。其中5月中旬，应瑞典海外测量公司邀请，省测绘局组织以续铁枢副局长为团长的测绘代表团，围绕河北省基础测绘装备现代化体系项目，访问了瑞典国家土地测量局、瑞士徕卡公司等，达成了项目合作建设的意向。10月下旬，应瑞典国家土地测量局邀请，为在全省数字城市建设中尽快掌握先进技术，吸取先进经验，促进数字城市基础建设成果的广泛应用，省测绘局组织以总工程师李爱生为团长的河北省测绘代表团一行9人，出访瑞典，培训学习9天。2月27日—3月1日，应国土资源部邀请，瑞典国家土地测量局国际司司长阿佳里一行围绕地籍管理和地籍测绘工作对河北进行考察访问，省政府副秘书长于万魁、省国土资源厅副厅长省测绘局局长高献计等参加了会见、交流和宴请。

天地图省、市级节点建设。为搞好天地图省、市节点建设，实现年底前开通天地图河北的目标，省测绘局积极采取措施，强化落实。一是认真谋划，确定方案。选派技术人员参加了国家局的相关培训，编制了“天地图”省市级节点建设实施方案，明确了建设原则、建设内容、数据整理更新、设备选型、基础软件、典型服务、实施进度等内容。二是建设资金保障顺利。向省国土资源厅申请“天地图”河北专项建设资金1080万元，完成了硬件设备采购、软件部署与集成、系统测试等工作。三是以点带面，开展了“天地图”石家庄市级节点建设（数字城市建设），11月初完成了市级节点数据审核和成果验收工作。

地理信息资源共建共享。省测绘局在与省气象局、地震局、国家安全厅、林业局、安监局等部门签订地理信息资源共建共享协议基础上，3月16日，与中科院对地观测与数字地球科学中心签署了遥感数据专项共享服务协议，今后对地观测中心将免费为河北省测绘局提供中低分辨率的航天遥感数据。6月8日，又与省公安厅签署了基础地理信息公共服务平台与警用地理信息平台共建共享合作协议。与各市签订了河北省基础地理信息公共服务平台共建共享协议，交换省市两级基础地理信息数据。与各市签订了数字城市地理信息空间框架建设共建共享合作协议。与省气象局、66240部队共同开展“河北省卫星定位综合服务系统”项目建设工作，用户遍及了全省11个设区市，覆盖了测绘、土地管理、规划、交通等多个行业，产生了较好的经济效益和社会效益。

测绘成果保密。一是结合局涉密地理信息系统升级改造，对局属涉密单位和部门的保密管理制度、设施进行了全面摸查，完善了安全保密防范措施，配置门禁、监控系统。二是严格落实涉密人员岗位培训方案，年内举办培训班两期，全省测绘资质持证单位的涉密测绘成果管理岗位人员1166人参加保密培训持证上岗。三是对省内涉密测绘成果生产、保管、使用情况进行了统计调查，建立台帐，掌握情况。四是开展测绘成果保密检查工作，4月份联合省保密局下发了《关于开展涉密测绘成果资料安全保密检查的通知》，采取自查自纠、全面检查和重点抽查的方式，对全省涉密测绘单位进行抽查，抽查率达25%。对检查中发现的隐患，责令其限期整改。

问题地图专项治理。按照国家局部署，开展了“问题地图”专项治理工作。制定了《2011年地图市场专项治理工作方案》，在相关单位和部门自查的基础上，省局组织检查小组赴各市，协同市县对相关单位和网站进行抽查。共排查互联网地图近1000幅，审核地图网站兴趣点53572个，检查纸质地图20余幅。发现存有常规问题地图14幅并下达整改通知书。引起了有关单位的高度重视，并积极整改纠错。

互联网地图监管。印发了《关于加强互联网地图管理工作的通知》，开设了互联网地图服务资质办理绿色通道，集中审批了8家乙级、推荐上报并经国家局审批了3家甲级互联网地图服务资质。利用互联网地理信息安全监管系统，组织开展互联网上传涉密地理信息标注监控，对网站搜索工具检索出的1300余家网站中的254家地图网站进行了问题研判。其中，35家外省网站已移交；对135家存在问题的网站，生成了网站研判和问题研判报表，通知有关单位网站及时整改。

【河北省测绘航空摄影管理规定】 为加强测绘航空摄影管理，维护国家安全和社会公共利益，促进测绘航空摄影成果资料的使用效率，省政府11月9日第96次常务会审议通过了《河北省测绘航空摄影管理规定》（以下简称《规定》），自2012年1月1日起施行。《规定》明确了县级以上人民政府测绘行政主管部门负责本行政区域内测绘航空摄影的统一监督管理，县级以上人民政府其他有关部门按规定的职责，负责做好测绘航空摄影的有关工作。对基础测绘航空摄影项目应当纳入全省基础测绘规划，相关预算应当尽量满足基础测绘工作急需，基础航空摄影所需经费从预算安排的基础测绘专项经费中统筹解决，并由省人民政府测绘行政主管部门负责组织实施。设区的市人民政府测绘行政主管部门和省人民政府有关部门应当根据本地、本部门的工作需要，按规定向省人民政府测绘行政主管部门报送基础航空摄影项目建议。省人民政府测绘行政主管部门对报送的项目建议进行综合平衡后，编制全省的基础航空摄影年度计划等做出了规定。《规定》还要求定期更新基础航空摄影成果，城市规划区的基础航空摄影成果更新周期一般不超过3年，其他地区的基础航空摄影成果更新周期不超过5年。用于突发事件预防和应急处置以及本省经济社会发展急需的基础航空摄影成果，应当及时更新。

【统一管理全省航空摄影和遥感资料】 为切实加强全省航空摄影和遥感资料的统一管理，维护国家的安全和利益，提高航空摄影、遥感资料的使用效率，有效满足各级政府及有关部门对航空摄影和遥感资料的需求，2月21日，省政府办公厅印发了《关于加强航空摄影和遥感资料统一管理工作的通知》，通知指出，一要统筹规划。省测绘局要根据有关部门对资料使用的需求量，将全省航空摄影和遥感资料的需求列入省级基础测绘5年规划。各有关部门要在每年11月底前将本部门下一年度的航空摄影、遥感资料需求情况报送省测绘局，由省测绘局统计汇总，并科学编制年度计划，实施统筹购置和处理。所需资金由财政适当安排、整合部门资金等渠道解决。二要强化管理，确保航空摄影和遥感资料安全使用。省测绘局在航空摄影和遥感资料的获取、数据处理过程中，要会同军事、保密等部门对资料进行保密技术处理，按规定提供有关部门使用。三要搞好服务，积极做好航空摄影和遥感资料分发工作。凡省政府有关部门按照测绘行政许可事项申请实施的公益性项目需求成果资料，省测绘局要免费提供。对区域性应急使用并要求现势性强的成果资料，省测绘局要迅速启动应急预案，开展低空摄影测量工作，为政府及有关部门提供及时、准确的遥感成果资料。

【河北省测绘工作会议】 6月8日，河北省测绘工作会议在省会石家庄市召开。会议学习传达李克强副总理考察中国测绘创新基地时的重要讲话精神，贯彻全国测绘局长会议和全省经济工作会议精神，总结“十一五”、部署“十二五”工作任务，表彰了系统先进集体和个人。国土资源部副部长、国家测绘地理信息局局长徐德明，省政府副省长张杰辉出席会议并讲话。省国土资源厅副厅长、省测绘局局长高献计作工作报告。

会议对“十一五”期间全省测绘工作成就进行了总结。一是“数字河北”建设全力推进，地理信息资源更加丰富；二是管理体制进一步完善，发展环境进一步优化；三是测绘保障服务成效明显，为经济社会发展做出重要贡献；四是加强测绘科技人才培养，科技创新能力不断加强；五是精神文明建设常抓不懈，队伍建设不断加强。

会议对2011年及今后一段时间的工作重点进行了部署，要求各级各部门认真学习、贯彻5月23日李克强副总理考察中国测绘创新基地时的重要讲话精神，着力抓好数字城市建设、地理国情监测，天地图河北建设、发展地理信息产业等工作；抓好“十二五”市县级基础测绘规划编制工作；抓好管理机构的建设，落实好测绘地理信息管理职责。省政府办公厅、省财政厅、省人力资源和社会保障厅、省编办、省工信厅、省交通厅、省水利厅、北京军区测绘大队的有关负责同志应邀参加会议。各设区市国土资源局局长、分管测绘工作的副局长及测绘管理处负责人，各扩权县（市）国土资源局局长，省测绘局机关处级以上干部和直属单位的负责同志以及受表彰的先进集体和个人代表180余人参加会议。会议期间，还举行了“河北省地理空间技术创新基地奠基仪式”和“全省数字城市基础建设启动仪式”。

【省级基础测绘“十二五”规划印发实施】 4月19日，《河北省省级基础测绘“十二五”规划》（以下简称《规划》）经省政府审定同意，报国家测绘局备案，正式印发实施。《规划》分析了“十二五”期间经济社会发展对测绘的需求，提出了发展目标和主要任务。一是围绕加快转变经济发展方式、推进城镇化发展等经济建设重大工作，进一步发掘现代测绘技术和基础地理信息资源的客观、准确、定量等优势，监测、分析并向社会公布自然和人文要素的动态变化信息，不断提高基础测绘服务经济社会发展的能力和水平。二是加强自然资源数据库建设更新和维护。健全全省范围航空摄影与遥感数据统一获取监管机制以及设区市建城区厘米级数码摄影数据获取机制，建立航空航天遥感影像数据管理系统，免费向各级政府部门提供处理后的数据；利用高精度激光雷达扫描数据制作全省1∶1万数字高程模型（DEM）、数字正射影像图（DOM），更新1∶1万数字线划图（DLG），测制平原区域1∶5000数字线划图（DLG）；协助开展沿海区域资源调查、海岛地名调查等工作。三是加强现代测绘基准建设。完成国家2000大地坐标系的改造工作，开展全省范围三等水准复测和水准点建立工作，做好省级卫星定位综合服务系统维护和扩建工作，为各行业提供精准定位服务。四是抓好基础测绘设施建设。加快现代化测绘装备建设的步伐，提升省级基础测绘队伍生产能力；建立测绘成果异地备份保存基地，加强测绘成果安全与保密；重建测绘仪器检定场，提升对测绘仪器检验检定能力。五是积极推广数字城市建设，推进省级基础地理信息公共平台的建设与应用，建立省级地理信息应急保障系统，开展新农村测绘服务保障、地图服务、地理信息网络服务等项目，全面推进基础测绘共建共享步伐，提升基础测绘公共服务能力和应急保障能力。《规划》投资预算12.24亿元。

【张杰辉副省长拜访国家测绘局】 3月10日，副省长张杰辉一行到国家测绘局访问。国土资源部副部长、国家测绘局局长徐德明在中国测绘创新基地会见了张杰辉一行，省政府副秘书长于万魁、省政府督查室督查专员杨国占、省测绘局局长高献计等陪同。张杰辉代表河北省政府对国家测绘局多年来对河北测绘工作的高度关注和大力支持表示感谢，同时要求河北省测绘部门要围绕国家重要部署和省政府工作重点，主动作为，积极服务，充分发挥测绘工作在河北省经济建设中的重要作用。国家测绘局局长徐德明充分肯定了河北测绘工作取得的成绩，向长期关心、支持测绘工作的河北省政府表示感谢。徐德明介绍了国家测绘局正着力开展理顺测绘行政管理体制、数字城市建设、“天地图”网站建设、地理国情监测、发展地理信息产业等重点工作。他表示，国家测绘局将继续支持河北测绘事业发展，希望河北省政府继续重视支持测绘工作，进一步发挥测绘在服务科学发展和转型升级中的重要作用。

【全省数字城市建设全面推进】 为加快推进数字城市建设，不断提升城市现代化、信息化水平，5月份，省政府办公厅印发了《关于加快全省数字城市基础建设步伐的通知》，通知指出，加快数字城市基础建设，对于促进城市科学决策、精细管理、高效服务、低碳运行，具有十分重要的意义，通知明确了数字城市建设的主要内容，即空间数据库、地理信息公共平台、典型应用与开发。要求没有立项启动的设区市、县级市、县在规定时间内完成立项启动工作。6月8日，全省数字城市基础建设工作全面启动，国土资源部副部长、国家测绘地理信息局局长徐德明，省政府副省长张杰辉，国家测绘地理信息局党组成员、办公室主任吴兆琪，省政府办公厅巡视员于万魁等领导出席启动仪式。数字城市基础建设是利用信息技术手段，以满足城市管理和政府决策需求为出发点和落脚点，以城市大比例尺地形图为基础，开展空间数据、管理和服务系统以及典型应用开发等内容的建设工作，形成统一的、权威的城市地理空间基础平台。在城市规划、建设、管理、防灾减灾等诸多领域发挥重要作用。6月份之前，石家庄、邯郸、廊坊3个设区市已经启动数字建设工作，年底前又有6个设区市完成项目立项和启动工作。

【测绘新技术应用于数字石家庄建设】 为提高建设数字石家庄地理空间框架建设项目的速度及质量，为其他市县数字城市建设总结经验，年初，省第三测绘院项目技术人员着力测绘技术创新，改进技术装备，广泛采用先进测绘技术，成效显著。在航空摄影方面，采用国际上最先进机载线阵摄影系统ADS80数字航空摄影测量仪器，运用线阵列推扫成像原理，同步获取3个全色和4个多光谱波段数字影像，有效地增加了光敏动态范围，降低了航摄对天气条件的要求。并且在航摄相机上集成了GPS和惯性测量装置（IMU），准确确定每条扫描线的外方位初值，在无需地面控制的情况下完成地面目标的三维定位，实现了摄影测量自动化，降低了项目成本，缩短了成图周期，提高了成图精度。在内业生产方面，将1∶500数字线划图

内业测图、编辑全部在 SSK 全数字摄影测量工作站系统完成，有效地推动了数字航空摄影测量新技术的应用。

【测绘资质复审换证工作完成】 按照国家测绘局统一部署，截至 2 月底，全省测绘资质复审换证工作全面完成。在应参加测绘资质复审换证的 620 家单位中，通过复审 572 家（含甲级），降低测绘资质等级的 21 家，核减部分业务范围的 47 家，核发 1 年有效期测绘资质证书的 18 家，注销测绘资质证书 48 家。在测绘资质复审换证过程中，各级测绘主管部门积极做好组织、宣传、发动工作，认真进行审查和上报，为顺利完成测绘资质复审换证工作打下了坚实的基础。一是组织召开了全省测绘资质复审换证专题工作会议，进一步统一了复审换证工作的政策界限和时间安排，交流学习了测绘资质管理的新标准和新规定。二是组织学习了《中华人民共和国测绘法》、《测绘资质管理规定》、《测绘资质分级标准》、《河北省测绘资质管理办法》、《河北省测绘资质分级标准》、《互联网地图服务资质标准》及测绘资质复审换证工作的有关文件规定，领会精神，统一思想。三是赴邢台、邯郸、唐山、张家口、廊坊等地进行检查指导。对在测绘资质复审换证过程中发现的涉及弄虚作假、伪造等违法行为的单位进行了调查处理。四是根据单位申请，及时办理了各有关单位名称、住址、法定代表人等变更事项，累计审批变更事项 120 余项。

【规范互联网地图管理】 为进一步规范互联网地图服务行为，维护国家安全和利益，依据国家的法律法规，省测绘局印发通知，要求从事互联网地图服务的单位，要依法取得省级以上测绘行政主管部门颁发的互联网地图服务测绘资质，并在资质许可的范围内提供互联网地图服务；互联网地图服务单位，利用互联网提供增值服务（包括浏览、搜索、导航、定位、标注、复制、链接、发送、转发、引用、嵌入、下载等）必须使用经测绘行政主管部门审核批准的互联网地图；互联网地图必须送省级以上测绘行政主管部门审核批准；编制、更新互联网地图，必须遵守国家和河北省公开地图内容表示等有关地图管理的规定，互联网地图审图号有效期为 2 年；互联网地图服务单位要配备一定数量的地图安全审校人员，认真对用户上传标注的兴趣点和其他新增兴趣点进行审查，确保所有信息符合国家公开地图内容表示等有关规定；互联网地图服务单位应每 6 个月将新增兴趣点送交审核批准互联网地图的省级以上测绘行政主管部门备案；互联网地图服务单位要采取有效措施规范用户上传标注行为，及时发布相关警示信息；市县测绘管理部门要对本行政区域内的各类网站进行排查，强化对互联网地图及其运行系统（平台）的日常监管和跟踪检查，严防失泄密事件的发生。

【河北省地图集面世】 12 月份，以张杰辉副省长任编委会主任的《河北省地图集》面向社会，正式出版发行。图集为 8 开本，由序图、人口资源环境、经济社会、市区县 4 部分组成。序图及经济类图组以省区图为单元，分门别类，综揽自然与社会经济全貌；市区县图组以市县图为主体，承载基础地理信息，以城区图为重点，反映城市三年大变样现状与发展空间。以图文并茂的形式，介绍各县（区、市）的基本情况，选配景观图片，展现地域风貌；全集共计有各类专题地图 34 幅，普通地图 99 幅，彩色照片 400 多帧，文字说明约 10 万字。

《河北省地图集》是以河北省最新基础地理信息数据、航空航天遥感数据为基础，采用计算机技术、地图数据库技术、数字制图技术、数字晕渲技术、遥感技术和数字印刷技术，综合反映全省自然地理、人文景观、行政区划、经济社会、可持续发展等内容的一部综合性图集，是全面了解河北的重要载体，是各级政府部门进行宏观管理、科学决策的参考依据，是地理科学和地图学研究的重要参考，也是了解河北历史沿革、传承优秀文化的参考书。

【测绘法宣传日活动】 8 月 29 日，是全国测绘法集中宣传日，全省各级测绘行政主管部门积极开展形式多样、内容丰富的测绘法宣传活动，在全省掀起测绘法宣传活动新高潮。

8 月 28 日上午，河北省测绘局、保定市人民政府、易县人民政府联合在易县狼牙山举办了“河北省测绘法宣传日暨狼牙山地理信息数据发布仪式”。国家测绘地理信息局副局长李朋德，省国土资源厅副厅长、省测绘局局长高献计，保定市常务副市长马誉峰等领导出席活动并讲话。随后，各级领导与宣传人员一起发放材料，向游客宣传测绘知识，现场共发放各类宣传品近万份。众多游客在“狼牙山地理信息标石”前驻足留影，成为了景区的一大亮点。省测绘局机关、保定市国土资源局、易县政府、易县国土资源局、驻保定测绘单位的代表 150 余人以及数百名游客参加了主会场的宣传活动。

在宣传日前后，各级测绘地理信息行政主管部门也在全省各地市开展宣传活动，设立宣传站点，悬挂宣传横幅、彩旗，摆设宣传展板，发放宣传材料，提供咨询服务。通过网站、广播电视、发送短信等方式，宣传普及测绘地理信息知识，扩大测绘地理信息工作影响力。

【出台测绘市场信用信息管理办法】 经省人民政府法制办公室审核同意，省测绘局印发了《河北省测绘市场信用信息管理办法》（以下简称《办法》），自 2011 年 12 月 1 日起施行，有效期为五年。《办法》明确了信用信息征集、发布、使用、异议处理、监督管理等内容。要求测绘市场信用信息的征集、处理、发布、使用和管理，应当遵循客观、公平、公正的原则，保守国家秘密和商业秘密，保护个人隐私。测绘行政主管部门在信用信息征集和管理的机构征集测绘市场信用信息时，应当取得信用信息主体的确认。县级以上测绘行政主管部门记录本行政区域内测绘单位的有关测绘市场监管信息，应当准确、真实、完整，并于信用行为发生之日起 30 日内按规定向征信机构提供。测绘单位应及时向测绘行政主管部门提供其产生的信用信息，并提供有关证明材料。测绘行政主管部门对无不良信用信息或者信用等级较高的测绘单位，要给予适当激励，对有不良信用信息和信用等级较低的测绘单位，要加强监管，对信用信息提出异议的，要在规定时限内按程序进行处理。要加强信息沟通，在本省行政区域内有不良信用记录的省外测绘单位，由省测绘行政主管部门将不良信用记录的有关材料转报测绘单位所在地的省级测绘行政主管部门。

【数字石家庄项目通过验收】 12月13日，数字石家庄地理空间框架建设项目通过国家测绘地理信息局组织的项目专家组验收，并被国家测绘地理信息局授予“全国数字城市建设示范市”称号。同日，国家测绘地理信息局副局长李维森，河北省国土资源厅副厅长、省测绘局局长高献计出席数字石家庄成果发布与推广仪式并讲话。

数字石家庄建设项目于2010年7月正式启动，历时一年半，完成了石家庄市多种比例尺基础地理信息数据库建设，形成了统一、权威的石家庄市地理空间信息公共服务平台，研建了公众服务、国土资源、城市管理、卫生医疗、数字房产、应急指挥等应用示范，开通了“天地图·石家庄”公众服务系统网站，建立了跨部门、跨平台的信息共享服务机制。为石家庄市政府进一步健全地理信息资源共享更新机制，强化地理信息公共服务平台功能，推动政府工作公开化、透明化，促进平台建设成果的社会化、公众化应用奠定了基础。

【签署遥感数据共享协议】 3月16日，河北省测绘局与中国科学院对地观测与数字地球科学中心签署了数据共享协议。中国科学院党组成员、副院长阴和俊，中国科学院院士徐冠华等领导出席签约仪式。河北省国土资源厅副厅长、省测绘局局长高献计参加签约仪式。该中心可以同步直接接收全球10多颗卫星数据，具有强大的遥感卫星数据接收能力、先进的数据处理技术，能够生成高精度正射影像图、数字高程模型等地理信息数据。该中心拥有强大的航空影像数据获取能力，按照协议新购进2架航摄飞机将安置在河北省正定国际机场。对地观测中心将免费为河北省测绘局提供中低分辨率的航天遥感数据，这些数据将进一步丰富河北省遥感数据的种类和来源，提高测绘地理信息的保障能力和服务水平。

【签订地理信息资源共享合作协议】 6月8日，省测绘局、省公安厅举行基础地理信息公共服务平台与警用地理信息平台共建共享合作协议签字仪式。双方分别演示了“基础地理信息公共服务平台”和“警用地理信息综合应用平台”两个系统，并就共享合作进行现场交流。根据协议，各级测绘行政主管部门将向各级公安部门提供其需要的最新基础地理信息数据，并进行数据整理，以满足公安警用地理信息平台的建设需要，同时对数据资源进行持续更新；应急时支持和协调有关测绘单位向公安机关提供数据，以满足公安实战应急需要。省公安厅协调各地公安机关向省测绘局及当地测绘行政主管部门提供社会信息数据及相关服务，并负责动态更新，为政府部门间信息资源共享提供服务。各市测绘行政主管部门在协议框架范围内，及时和市级公安部门做好协议对接，成立相应组织机构，明确职责，做好深层次的工作，为省、市级公共地理信息服务提供强有力的支撑。

【河北省优秀测绘地理信息工程奖】 10月9日，依据《河北省优秀测绘地理信息工程评选办法》，省测绘局委托省测绘学会组织专家评审委员会，对全省各测绘单位申报的2011年度优秀测绘地理信息工程项目进行认真评审，共评出一等奖7项，二等奖20项，三等奖26项。其中河北中色测绘有限公司完成的《第二次全国土地调查成果国家级核查项目》、河北恒华信息技术有限公司完成的《张家口市坐标系转换系统》、河北省制图院完成的《西柏坡至阜平高速公路1：2000带状地形图航空摄影测量工程》、中国石油集团东方地球物理勘探有限责任公司完成的《塔里木油田地面建设现状总图管理系统》、核工业航测遥感中心完成的《张涿高速公路1：2000数字地形图及数字高程模型》、承德华勘五一四测绘院完成的《承德市第二次土地调查市区土地调查项目》、河北天地资源勘测规划设计工程有限公司完成的《永年县第二次土地调查城镇地籍调查测绘及数据库建设项目》等获得一等奖。

【河北省测绘学会科学技术奖】 10月25日，为奖励在测绘科技进步活动中做出突出贡献的单位和个人，充分调动广大测绘科技工作者的积极性和创造性，推动测绘科技创新，依据《河北省测绘学会科学技术奖励办法》的规定，省测绘学会组织测绘专家评审委员会，对全省各测绘单位申报的2011年度河北省测绘学会科技进步奖的项目进行认真评审，评出一等奖6项、二等奖9项、三等奖12项。其中河北省制图院完成的《河北省公路交通地图集》、河北省第三测绘院完成的《数字石家庄地理空间框架建设项目—DOM制作》、河北省基础地理信息中心完成的《河北省三维基础地理信息平台》、河北中色测绘有限公司完成的《廊坊规划区三维地理信息系统建设》、邢台市城乡房产测绘队完成的《邢台市城乡房产GIS系统》、河北恒华信息技术有限公司完成的《高碑店市国土资源数据库管理系统》等项目获得一等奖。

【瑞典测绘专家访问省测绘局】 2月27日至3月1日，应国土资源部邀请来华访问的瑞典国家土地测量局国际司司长阿佳里一行，到河北进行考察访问。省政府副秘书长于万魁，省国土资源厅副厅长、省测绘局局长高献计，省测绘局副局长曹立等会见了瑞典客人。中瑞双方召开了座谈会，国土、测绘方面的领导和技术人员与瑞典专家进行了学习交流。双方回顾了中瑞合作项目的建设情况，介绍了测绘与地籍管理现状，并就新的合作意向进行了深入探讨。

（河北省测绘局　宣龙华）

水利管理业

【水政】 （一）水利立法。一是2011年11月9日，《河北省水能资源开发利用管理规定》经省政府第96次常务会议审议通过，并于2012年1月1日正式实施。二是修订出台了《河北省水利建设基金筹集使用管理办法》。三是全年审查涉及水行政的法律法规规章共计21部，提出相关意见80余条，被采纳意见30余条。四是顺利开展了《河北省抗旱规定》和《河北省实施＜水保法＞办法（修订案草案）》立法前期工作。五是制定了《河北省水行政处罚自由裁量权实施办法》和《河北省水行政处罚自由裁量权执行标准》，全面推行水行政裁量基准制度。制定了《河北省水行政执法过错责任追究实施细则》，进一步完善了水行政执法过错责任追究制度。出台了《河北省水利厅关于支持民营经济进入水利行业的政策措施》，进一步优化了民营经济在水利行业的发展环境。出台了《河北省水工程建设规划同意书制度实施细则》。

（二）水事稳定。河北省水利厅多次与北京市水务局有关领导沟通情况，两次就环北京地区水事安全稳定工作进行调度，拒马河纠纷地区各县派出工作组进驻各用水困难村庄，积极做好了群众的稳定工作。继续维护漳河上游地区水事稳定工作，支持涉县做好清漳河节水规划，帮助涉县争取工农业节水项目，以缓解山西省在清漳河上游修建泽城西安水电站工程对涉县用水的影响，确保涉县人民群众的生活用水。将漳河上游白芟渠黄龙口段明渠改成隧洞，利用落差为涉县黄龙口村修建一个装机 235kW 的水电站，水电站建成后将彻底改变黄龙口村贫穷落后的面貌，稳定一方群众。水利部周英副部长充分肯定了河北省水事纠纷调处工作，要求总结宣传河北省的做法和经验。2011 年，全省在水事矛盾排查中共查处各类水事矛盾隐患 41 起，都得到了有效的疏导和解决。

（三）河道采砂。2011 年，继续开展河道采砂专项治理工作。期间，全省共出动执法人员 4300 余人次，查处非法采砂 249 起，扣压非法采砂运输车辆及设备 171 辆/台，捣毁非法船只 78 艘，查扣铁粉 50 吨，罚款 65 万余元，有力的打击了各种非法采砂行为，有效地维护了水事秩序稳定。全省共出动各种机械设备 1450 台次，动用清障保证金及财政补贴 700 余万元，平整河道 107.5km，清运砂石料 100 余万 m^3。完成了滦河、沙河、南拒马河以及洋河四条主要行洪河道的采砂规划，并与各设区市签订 2011 年目标责任书，建立了责任追究制，实现了对采砂活动科学管理。

（四）行政许可。2011 年，登记办理行政许可、非行政许可、行政监管事项共 679 项，其中行政许可事项 515 项，非行政许可事项 136 项，行政监管事项 28 项，全部在法定时限办结，办结时间提速一半以上，当天办结率达到 20%以上，做到了行政审批事项办结率 100%，准确率 100%，相对人满意率 100%，档案合格率 100%。受到河北省纪委、省监察厅及省政府审改办的通报表扬。

【水资源】 （一）水资源状况。2011 年，全省平均降水量为 486.6mm，比上年减少 39.3mm，比多年平均值少 45.1mm，属偏枯年份。全省各河天然年产水量多属偏枯或枯水，部分河道为平水。全省水资源总量为 152.69 亿 m^3，比上年增加 14.88 亿 m^3，比多年平均值少 52 亿 m^3。2011 年底，平原区浅层地下水平均埋深 16.49m，与上年同期相比地下水位平均下降 0.11m，地下水蓄存量减少 8.94 亿 m^3。深层地下水位平均埋深：邢台中东部平原 55.84m，衡水 56.93m，沧州 58.30m，与上年同期相比深层地下水位分别上升 0.10m、4.01m、0.02m。2011 年末，全省大中型水库蓄水 35.02 亿 m^3，比年初增加 7.25 亿 m^3；白洋淀蓄水 1.41 亿 m^3，比年初增加 0.81 亿 m^3；衡水湖蓄水 1.14 亿 m^3，比年初增加 0.54 亿 m^3。

（二）水资源管理。一是启动了水资源信息系统建设。《河北省水资源管理系统建设总体实施方案》于 2009 年 3 月 5 日通过水利部组织的专家评审，并于 2011 年底获水利部批准。完成了国家控制点复核工作，推动了石家庄、承德两个国家级城市水资源实时监控与管理系统试点的建设进程，完成了张家口市城市水资源实时监控与管理系统可行性研究报告审查。二是开展了水资源费执法检查。2011 年，河北省水利厅组织对各市、县开展了以水资源费征缴工作为重点的水资源管理执法检查，督促各市、县加大水资源费征收上解力度，确保了水资源费应收尽收，应缴尽缴。三是严格了水资源论证取水许可。2011 年完成新改扩建设项目水资源论证 18 个，批准取新水量 4513 万 m^3，其中非常规水量 1145 万 m^3，占新水量的 25.4%。完成了唐山港陆钢铁有限公司等 18 家取用水户的取水许可审批工作。同时，为河北钢铁集团燕山钢铁有限公司等 11 家取用水户核发了取水许可证。

（三）水资源保护。一是水源地保护不断加强。河北省水利厅组织开展了全省重要饮用水源地安全保障达标建设工作。建立和完善了入河排污口普查登记、档案管理、审批、论证、监督检查制度，开展了入河排污口在线监测系统建设。建立了城市水源地应急预报机制，及时准确的处置了突发事件。二是水环境保护进展顺利。完成了《河北省环渤海环境保护实施方案》和《北戴河近岸海域治理行动计划》涉水方案的制定工作，并成立了北戴河近岸海域治理行动计划水利专家组，明确了责任单位。组织了对岗南水库、桃林口水库非法吸铁、采矿的查处，有效促进了水环境保护。

（四）节水工作。一是节水型社会试点建设稳步推进。2011 年，全省节水型社会建设实行资金捆绑投入达到 10.4 亿元，实现万元 GDP 用水量下降 9.3%，万元工业增加值取水量下降 6.8%，渠灌区、井灌区农田灌溉水有效利用系数分别提高到 0.66 和 0.75，城镇管网漏失率下降 0.8%，节水器具普及率提高 9.5%，非常规水利用率提高 2.9%，农业、工业、生活计量设施综合安装率提高 9.2%，新建用水者协会 769 个。衡水市桃城区“一提一补”自主节水激励机制，已在迁安市、任丘市和邢台市桥东区取得积极成效。二是水平衡测试工作全面展开。河北省水利厅会同省发改委下达了全省 2011 年度开展水平衡测试单位 85 家，进一步加强了对用水户水平衡测试工作的指导与检查。通过水平衡测试，发现重大跑、冒、滴、漏 30 余处，实现年节水量 4 万余 m^3，为用水户减少经济损失 20 多万元，提出节水改造方案 50 余条，单位产品耗水量降低 2%。三是高耗水行业得到监控。通过调查摸底，掌握了 171 家洗车场所、144 家洗浴场所、29 家游泳场馆、33 家高尔夫球场、6 家休闲体育公园和部分水上娱乐场所、人造滑雪场的用水情况。重点对用水户取用水源、安装计量、执行计划用水、使用节水型器具、缴纳水资源费、水循环设施建设与利用等情况进行了检查。

（五）最严格水资源管理制度。一是率先出台了《河北省人民政府关于实行最严格水资源管理制度的意见》。2011年9月28日，省政府召开第94次常务会议，审议并通过了《河北省人民政府关于实行最严格水资源管理制度的意见》，并于10月9日以冀政〔2011〕114号文件印发。二是编制完成了试点方案。河北省水利厅组织编制了《河北省实行最严格水资源管理制度试点方案》，明确了指导思想、编制原则、主要目标、重点任务、实施步骤和保障措施，确立了“指标体系、监控体系、考核体系”建设内容，试点方案已报水利部待批。同时，编制了《河北省实行最严格水资源管理制度工作方案》，用于指导全省推行最严格水资源管理制度。

【水利规划】 一是顺利完成了《水利发展改革“十二五”规划》编制工作，经省政府专题会议研究通过，并首次作为省政府重点专项规划由省政府办公厅印发实施。二是完成了环首都绿色经济圈水资源专项规划编制，经省政府领导同意后已印发实施。陈志凯院士领衔的专家评审组给予了很高的评价。三是完成了沿海地区水资源专项规划。同时，配合水利部规划计划司完成了《河北沿海地区发展规划水利专题研究报告》，并上报国家发改委，一大批项目和滦河水资源再分配等重大政策问题列入了国务院批准的规划文本之中。四是完成了“十二五”大中型水库建设规划、中小河流近期治理规划编制工作，河北省一大批项目列入了国务院批复的的专项规划，仅防洪项目投资就达363亿元，为争取国家支持奠定了坚实基础。五是完成了《河北省“十二五”水资源保护和利用规划》。六是出台了《河北省水工程建设规划同意书制度实施细则》，对水工程建设的审批进行了规范明确。

【基本建设】 一是病险水库除险加固。截至2011年年底，45座小（Ⅰ）型病险水库全部开工，31座水库完工；列入国家规划的重点小（II）型病险水库，积极指导各有关市、县完成项目开工前的各项准备工作，并有3座水库实现开工；列入专项规划内119座水库，除个别因配套资金不到位、在验收中发现存在较大质量缺陷进行返工处理的项目外，已全部完成了竣工验收。二是中小河流治理。31个试点项目中已有30个批复初步设计，28个实现了开工建设。三是大型灌排泵站更新改造。河北省有13处泵站列入大型灌排泵站更新改造实施计划，已经开始实施的有7处泵站，受国家投资计划调整的影响，进展较为缓慢，任丘淀边泵站完成了建设任务，其余6处泵站正在按照调整后的方案组织建设。

引黄入冀。2010－2011年度，引黄入冀输水工作由位山、潘庄、濮阳三条线路分别进行，河北省水利厅积极协调相关省市、流域机构，克服冰期输水、小流量输水等种种不利因素，圆满完成了2010—2011年度引黄各线路的输水任务。位山线路自2010年12月13日开始，至2011年5月10日结束，共引黄河水2.78亿m^3。白洋淀净入淀量0.93亿m^3（毛水量1.67亿m^3），白洋淀水位已由引水初期的6.7m回升至7.5m（达到计划水位），水面面积从补淀初期的70余km^2扩大至150km^2，衡水湖引水0.6亿m^3（毛水量0.65亿m^3）。潘庄线路自2010年12月23日开始，至2011年4月11日结束，共向天津市供水4.2亿m^3，圆满完成了引黄济津任务。同时，利用引黄济津潘庄线路向大浪淀、杨埕水库引黄河水1.07亿m^3，确保了沧州市城市供水安全。濮阳线路首次引水，自2010年11月23日开始，至2010年12月17日结束，共引黄河水0.32亿m^3，基本完成引蓄任务。

【防汛】 2011年，在省委、省政府的正确领导下，河北省防汛抗旱工作坚持以科学发展观为指导，把保障人民群众生命安全放在首位，防汛抗旱并举，兴利除害并重，以防为主，蓄泄结合，科学调度，将洪涝灾害损失降至最低，实现了安全度汛，全省粮食产量连续八年实现了增产增收，较好地完成了2010年防汛抗旱工作任务。

（一）汛情。入汛以来，全省河道共出现涨水过程共237站次，以青龙湾减河土门楼水文站525m^3/S为最大。截至12月1日8时，全省大、中型水库总蓄水量33.76亿m^3，比上年同期多蓄水7.01亿m^3，比常年同期多蓄水8.80亿m^3；平原洼淀（白洋淀、衡水湖、大浪淀）蓄水2.33亿m^3，比上年同期多蓄水0.45亿m^3。

（二）防汛。2011年，全省各市、县全部落实了“三位一体”的防汛责任制，各级分包领导全部到第一线检查防汛工作。水利厅党组更是把防汛抗旱工作作为中心工作来抓，李清林厅长多次主持召开会议进行安排部署，要求全厅工作都要服务于、服从于防汛抗旱工作。各级防汛行政责任人也都认真履行职责，亲临一线，靠前指挥。6月下旬，省水利厅由6位厅领导带队分别对11个设区市的山洪灾害易发区、小型水库、蓄滞洪区等进行了防汛专项检查。

【抗旱】 （一）旱情。2011年，全省大面积干旱发生在冬春季节。1～5月份，全省平均降水58mm，比常年偏少24%，特别是2011年10月25日至2012年2月底，全省平均降水仅1.6mm，比历史同期偏少92%，发生了六十年一遇的气象干旱，109个县连续近百天没有有效降雨。持续干旱给农村人畜饮水造成很大影响，全省有37万人、9万头大牲畜因旱发生季节性饮水困难，主要集中在燕山山区、太行山区和黑龙港地区。最大受旱面积320万hm^2，其中麦田135.5万hm^2，春播白地184.5万hm^2。成灾面面积37.2万hm^2，绝收面积2.7万hm^2，因旱减产粮食84万吨，是旱灾较轻的年份。

（二）抗旱。2011年，全省最大受旱面积320万hm^2，37万人因旱发生临时性饮水困难。河北省水利厅密切关注旱情发展，全面掌握土壤墒情和小麦苗情，及时发布抗旱信息并提出建议和意见，及时启动了三级抗旱应急响应。抗旱高峰期全省共投入劳力275万人，开动机电井38万多眼、泵站1180多处、机动抗旱设备11万台套，全省抗旱浇地800万hm^2次。全省筹措和落实抗旱资金21亿元，其中，中央投入2.67亿元，省级财政投入1.78亿元。为支持抗旱，及时下达中央特大抗旱补助费1500万元；专项经费2.52亿元，用于126个县级抗旱服务站抗旱设备的购置；通过积极争取，国家防总在河北省新增

2800万元中央抗旱物资已完成入库工作。

【农田水利】 (一)农田水利基本建设。2011年,全省农田水利基本建设累计投入61.8亿元,其中各级政府投入44.8亿元,农民投劳3502万个工日。新修防渗渠道1490km,清淤沟渠3126km,新修加固堤防395km,疏浚河道1351km,更新机井1.97万眼,维修旧井2.16万眼,新修、加固水池、水窖等集雨工程和坑塘、塘坝等小型水源工程6828处。全省新增旱涝保收面积2.3万hm^2,新增灌溉面积5.9万hm^2,新增节水灌溉面积25.7万hm^2,恢复和改善灌溉面积35.3万hm^2,新增除涝面积0.8万hm^2,改善除涝面积4.7万hm^2,改造中低产田3.04万hm^2。

(二)节水灌溉。紧紧围绕稳粮、增收、强基础、重民生这一大局,以小型农田水利工程建设为载体,按照科学规划、突出重点、连片治理、整体推进的原则,坚持工程建设、制度建设和能力建设同步推进,全面提升全省节水灌溉工程建设和管护水平。2011年,全省共新增节水灌溉面积25.7万hm^2,新增节水能力2.3亿m^3,新增粮食生产能力1.9亿公斤。

【水土保持】 2011年,中央及省下达投资2.28亿元,治理水土流失面积2052km^2,超额完成年度目标任务,完成坡耕地水土流失综合治理及中低产田改造1.88万hm^2。

(一)水土保持治理。2011年,全年共完成总投资5.29亿元(包括群众投资投劳部分),治理水土流失面积2052km^2。一是认真做好水土保持总体规划相关工作。完成全省水土保持规划任务书的编写,开展了全省水土保持三级区划划分工作。组织水土保持规划数据上报工作,对各县上报数据进行了现场审核修改,上报数据860类,完成目标任务的96.6%。二是扎实推进水土流失综合治理重点工程。太行山国家水土保持重点建设工程,中央投资3820万元,计划治理水土流失面积150km^2,年度任务目标全部完成。京津风沙源治理工程,投资9064万元,计划治理水土流失面积370km^2,现已全部完成任务。坡改梯水土流失综合治理工程,2011年又选择隆化、易县、迁西和平泉作为试点,中央投资4000万元,计划建设梯田0.3万hm^2,已完成年度建设任务。投资拉动水土保持项目,中央投资2000万元,计划治理水土流失面积84km^2,年度任务目标全部完成。省财政投资水土保持项目,投资4000万元,计划治理水土流失面积304km^2,年度任务目标已全部完成。“21世纪初期首都水资源规划”中的密云水库上游赤城县吕和堡项目区、丰宁县张百万西沟项目区、兴隆县清水河项目区3个水土保持综合治理项目通过了海委组织的竣工验收。

(二)水土保持监督管理。2011年,全省各级水行政主管部门年内共开展检查222次、涉及1905个项目,审批水保方案697个,验收项目206个,实施返还治理示范工程28个、示范面积356.8hm^2,生产建设单位投入水土流失防治资金2960万元。河北省水利厅扎实推进省级水土保持监督管理能力建设工作,截至12月底,27个县中有20个县对原有《水土保持法》实施办法或细则进行了修订,23个县市联合发文,明确了水土保持方案审批、验收作为生产建设项目立项和竣工的前置条件,20个县市制定或修订了本县市的水土保持收费规定,为依法监督管理提供了有力保障。7月中旬,水利部海河水利委员会对涉县、沙河市、平山县等6个全国第一批水土保持监督管理能力建设重点县进行了抽查复验,全部顺利通过部级验收。

【城乡供水】 2011年以来,继续贯彻落实“坚持以人为本,统筹规划,城乡一体,以适度规模的联村集中供水为主,整县推进与重点工程相结合,集中供水与分散供水相结合,加快建立农村饮水安全保障体系,让农村群众喝上干净水、安全水”的总体思路,以加快饮水安全工程建设,确保2011年农村饮水安全目标任务顺利完成为重点,抓好全省农村饮水工程的建设和运行管理。2011年省委、省政府“十项民心工程”确定,全年解决350万农村群众饮水不安全问题。截至12月15日,全省完成投资17.97亿元,解决了377.4万农村人口饮水不安全问题,提前超额完成了“十项民心工程”确定的目标任务。12月29日,人民日报在头版头条以“补资金缺口建保障体系——河北确保农民吃上放心水优惠水”进行了报道。

【地方水电】 (一)水电农村电气化建设。2011年,河北省有10个县列入水利部“十二五”全国水电新农村电气化规划,新建电源工程27处,总装机容量4.47万kW。完成投资1.07亿元(其中电气化5570万元,代燃料4756万元,退耕还林项目356万元)。新开工建设水电站1处(菜树林水电站)2400kW,建成投产水电站3处(土贤庄、倒马关、张河湾)8390kW。

(二)小水电代燃料工程建设。全省2009～2011年小水电代燃料项目共10个,8个已开工,平山县卸甲河和阜平县下河小水电代燃料项目未开工。宽城县骆驼厂小水电代燃料项目电站技改和项目区改造全面完成,新增代燃料户475户;涉县漳河小水电代燃料项目完成代燃料户748户;承德市双桥区郭营子小水电代燃料项目电站土建工程完成,进入主机设备安装阶段,完成代燃料户400户。

(三)巩固退耕还林成果农村水电项目建设。河北省巩固退耕还林成果专项规划调整后,全省涉及小水电项目的共有10个县(赞皇、涿鹿、赤城、丰宁、平泉、承德县、滦平、隆化、围场、青龙)。2011年完成了水胡同、山前、黄土梁、七道河、柳河电站技改5处水电站的可研报告编制工作;大河西、李家湾电站技改工程均已完工;落实中央资金1500万元,已完成工程投资356万元。

【工程管理】 一是加强水库运行管理。结合4月份水利部对水库运行管理督查,查找出水库运行管理中存在的11个问题,及时通报全省,督促水库运行管理单位及其主管部门逐条对应落实整改意见。组织开展了对全省水库各类设施的安全检查,对查出的安全隐患及时进行整改,完善了水库大坝安全责任制,确保了水库安全运行和综合效益的充分发挥。二是做好工程维修养护。全年投入1300万元对厅直属和各市县管辖的13座水库、10座泵站、16处闸涵工程的建筑物、金属结构、机电设备、管理设施进行了维修养护,对20处河段堤防险工进行整修,提高了工程防洪保障能力。三是完成安全鉴定核查。2011年，完成了全省250座重点小（Ⅱ）型和297座一般小（Ⅱ）型病险水库大坝安全鉴定成果核查；完成了38座中型水闸安全鉴定核查，并配合水利部对安格庄水库大坝“三类坝”鉴定成果进行了核查，完成了穿运枢纽、海口枢纽等5座大型水闸的安全鉴定核查工作，为上述工程实施除险加固奠定了基础。

【科技与教育】 （一）科研计划。河北省水利厅组织安排了2011年水利科研和推广项目的申报工作，下达水利科研和推广项目117项，其中新上项目62项；组织鉴定科研项目成果14项。

（二）科技成果。完成了“河北省科技进步奖”和“河北省山区创业奖”的申报推荐工作，推荐15项科研成果参加省科学技术奖和省山区创业奖的评审，有5项成果获省级奖励。

（三）重点项目。河北省水利厅重点抓好科技部、水利部重大科技项目的推进工作，延续项目均按要求和进度完成了阶段性的成果，2011年新增项目“山区丘陵雨水综合利用技术推广应用”、“渠（河）道高精度测流技术设备引进及应用”两个项目，已与水利部签订了项目合同，国拨资金170万元，正在按合同要求组织实施。

（四）外事工作。河北省水利厅认真贯彻党中央、国务院和省委、省政府关于外事工作的有关规定，加强外事管理，严格出国（境）政策，2011年共派出5批、20余人代表团分别赴德国、法国、荷兰等国进行项目合作交流。接待了法国、巴基斯坦、印度等国水利专家的来访。与法国签署了“中法水资源综合管理合作项目”一期工作协议，正在按照水利部和海河水利委员会的要求稳步推进。7月，组织河北省水利科学研究院、省水文水资源勘测局、承德市水务局等单位相关人员在天津参加了法国举办的交流培训。11月，组织三个代表团（领导团、培训团和企业团）共16人赴荷兰参加了“项目洽谈及国际研讨会”。

（五）学术交流。推荐84名同志参加中国水利学会荣誉会员评选，并全部获得批准。组织会员参加中国国水利学会年会纪80周年纪念学术年会大会；推选3名代表参加中国水利学会第五届青年论坛；组织300多名会员参观了2011中国水博览会。与中国水博览会组织委员会办公室在邯郸市联合举办了“管道在水利行业中的应用研讨会”。

（六）科技下乡。根据全省文化科技卫生“三下乡”工作部署，12月23日，组织参加了在邢台南和县组织的集中下乡活动，接待了农民群众的咨询，发放技术资料1200多份，支持项目资金300万元，取得了较好的效果。

（七）水利学会。一是及时调整学会主要领导成员，保证学会工作高效运行。新任学会常务副理事长、秘书长已到位，并开展工作。二是组织完成了2011年度学会奖评审工作。共评出获奖项目21项，其中，技术发明一等奖1项，科技进步一等奖16项，二等奖4项。三是推选白顺江、刘凯军、张艳红、潘增辉等4名同志为科协八大代表，白顺江副厅长为委员候选人。四是组织召开河北省水利学会成立50周年座谈会。五是举办了2011年河北省水利学会第五届水利青年科技论坛。

【南水北调】 （一）邯石段和天津干线工程。2011年，南水北调中线京石段工程已全部移交中线局运行管理，并第三次向北京应急供水。天津干线工程完成永久征地33.3hm^2，临时占地0.19万hm^2，基本完成了征迁工作；受委托项目完成土石方开挖1162.3万m^3，土石方回填683.6万m^3，混凝土浇筑130.6万m^3，累计完成投资14.1亿元，完成建设任务88%。邯石段工程累计征用永久占地0.35万hm^2，临时占地0.22万hm^2，保证了工程建设需要；受委托项目完成土石方开挖6989万m^3，土石方回填983万m^3，混凝土浇筑97万m^3，累计完成投资25.16亿元，完成建设任务58%。

（二）配套工程。廊涿干渠：截至12月底，廊涿干渠共完成投资10.99亿元，完成计划的65.95%；主管道安装共完成10.35万米，完成计划的66.94%；土方开挖共完成451万m^3，完成计划的74.17%；土方回填共完成281.79万m^3，完成计划的55.64%。石津干渠：该项目部2011年5月6日进驻现场后，组织制定了整体进度计划，全面审查了监理规划、细则和施工组织设计。组织各参建单位优化施工方案，强化工程质量与安全检查评比。目前，工程专项征迁工作基本完成。土方开挖完成85%，土方回填完成71%，渠道主体衬砌完成85%。已验收762个单元工程，全部合格，优良率达95%以上。

【应急供水】 为加强向北京应急供水管理工作，河北省水利厅起草并印发执行了《河北省北京应急供水水库调度管理办法》，对水库调度管理、放水调度指令、输水安全管理等提出了明确要求，使北京供水调度管理进一步规范。通过科学调度、严格管理，2010—2011年度共计向北京供水4.315亿m^3，供水水质、水量全部达到协议要求。积极做好2011—2012年度向北京应急供水前期协调准备工作，科学分析供水水库的蓄用水量，就水库供水顺序、供水量提出意见，为领导决策提供依据。2011—2012年度向北京供水自7月20日开始，至12月26日已顺利向北京输水2.01亿m^3。

（河北省水利厅　杨晓威）

质量技术监督

【食品安全】 2011年，从省市质监局选派了39名干部到39个食品生产大县质监局抓食品监管，全省食品安全监管人员由400多人增加到1086人，食品安全监管力量空前强化。扎实开展食品安全专项整治行动，取缔小作坊1152家，责令1868家企业停产整顿，1737家企业限期整改提升。相继开展了酒类、饮料、肉制品、食品添加剂等10类重点产品专项检查和食品生产加工环节“地沟油”、“瘦肉精”、“打非治滥”及“打击制售假酒”四大专项治理工作，检查植物油、食品添加剂、酒类生产加工企业

1.31万家次，对2163家食品生产企业的2957批次产品进行了监督抽检，立案查处案件105起，责令停产整顿企业121家。加强风险研究和监测，开展了14类25种重点产品87个风险项目3477例样品的风险监测。

【质量提升】 开展了区域产品质量提升活动，对人造板、电线电缆、聚苯乙烯泡沫塑料等20类产品30个重点区域进行了整治，查处质量违法案件627起，捣毁制假窝点75个，整治后产品平均合格率达到92%。深入推进专项打假行动，组织了农资、建材、儿童玩具、一次性生活用纸等重点产品专项打假行动，开展了打击侵犯知识产权和制售假冒伪劣产品专项行动，立案查处案件440起，查获违法产品货值4800余万元，省局被评为全国质检系统“双打”先进集体。完善了12365打假举报投诉系统，全年共受理举报1584起、质量投诉896起、群众咨询3.56万人次。

【质量管理】 制定了落实省政府《关于大力实施质量兴省战略的意见》的方案和要点，开展了卓越绩效管理和群众性质量管理“双百优”活动，出台了河北省《政府质量奖管理办法》。制定了《2011年名牌产品评价目录》，在全国率先颁布了《河北省名牌产品评价通则》地方标准，名牌培育机制不断完善；10家单位和7名个人获省政府质量奖（组织奖），评出省名牌等质量奖项681项。制定了《全省重点产品生产企业质量信用等级评价工作方案》和信用等级评价细则，对26家失信企业及其失信行为进行了公布。系统各级坚持季度产品质量安全状况分析报告制度，得到各级政府一致好评，省质监局《2011年第二季度河北省产品质量状况分析》被总局选为培训案例。

【监督抽查】 省级监督抽查工作，先后组织了塑料管材、危险化学品、工业明胶、驱蚊产品、家具、电线电缆、水泥等58类产品的监督抽查，共抽查生产企业3663家，产品3946批次，3044家生产企业的3304批次产品合格，平均抽检合格率为83.7%，较上年提高了6.8个百分点。开展了复混肥、农机配件、农用水泵、农药等7类产品的专项监督抽查，共抽查企业434家333批次产品，合格256批次，平均监督抽样合格率为76.9%。配合国家监督抽查了全省81类1048家企业的1102种产品，平均抽样合格率为86.4%。

【特种设备安全】 河北省质监局被省政府评为“2011年全省安全生产目标管理先进单位”。先后开展了气瓶充装站、检验站、车用气瓶、电梯等专项整治活动，取缔气瓶充装站41家、气瓶检验站5家，报废气瓶18.81万只；推广使用了IC卡充装管理系统，车用气瓶充装得到有效规范。现场安全监督检查扎实推进，对3.72万家特种设备使用单位进行了现场全面检查，其中重点监控设备使用单位现场全面检查率达到100%，重点监控设备定期检验率达到100%，全省在用特种设备使用登记发证率达到96.06%以上。定期检验工作进一步加强，全年共监督检验设备5.15万台，定期检验设备12.07万台，圆满完成了全年的检验任务。

【标准化工作】 开展了企业执行标准水平摸底和评定，提出了全省100项地方标准制修订项目。围绕对标行动，指导企业主导和参与制修订国家标准、行业标准73项，省级工业地方标准55项。采标认可176项、采标标志备案156项，完成了首批34家省级“标准化良好行为企业”试点单位的确认。组建了河北省服务业标准化专家信息库，完成省级服务业地方标准50项，创建国家级服务业标准化试点2个，省级服务业标准化试点33个。

【认证认可】 推行第一个管理体系认证行政监管新模式试点，这一创新举措被国家认监委在重庆、山东、江苏、深圳等地进行了试点并推广。启动了食品实验室和建工、建材实验室能力验证工作，取消了12家建材实验室的13个检验项目的授权，暂停了食品行业实验室中12家过氧化苯甲酰检验项目、20家沙门氏菌、金黄色葡萄球菌检验项目、30家氨基酸态氮检验项目，实验室检测行为得到有效规范。开展了实验室检测工作整顿活动，对系统外建筑建材实验室进行了100%考核检查，有效促进了实验室检测工作的规范和提升。

【计量工作】 制定了全省系统“十二五”期间服务节能减排工作意见，12家企业通过了国家测量管理体系认证，130家中小企业通过计量合格确认；开展了月饼等6大类商品过度包装监督治理，为推进节能降耗奠定了技术和管理基础。开展了民用“四表”、医用计量器具监督抽查和检定服务；加大市场计量监督检查力度，全省共检查集贸市场、商场、加油站等4690家单位，查获非法计量器具174台（件），查处计量作弊案件112起。在餐饮单位和商店试点探索建立以自我承诺为基础的诚信计量体系，全省引导并培育了153家餐饮店和226家商店（超市）作为诚信计量自我承诺示范单位。投入3000万元用于县级计量检定机构能力建设，全省90个县级法定计量检定机构实验室建设通过验收。

【机关标准化管理】 制定印发了《2011年机关标准化管理实施意见》，组织各单位尤其是县级局在公文、档案、岗位责任、日常督查和考勤管理5个方面开展了单项工作达标活动，提出了局务会纪要、重大事件报告等11个方面必须形成正式文件的要求，有效推进了全系统机关管理由外部形象提升向内部规范管理的延伸。开展了“一个平台、七个系统”建设，实现了机关行政、机构后勤、机关效能管理网上运行。

【“三大”建设】 法制质监建设深入开展。制定了系统法制建设“十二五”规划，出台了《关于全面加强法制质监建设的实施意见》，商品条码管理条例和特种设备安全管理规定列入省立法调研项目；以推进行政执法与刑事司法衔接为切入点，对全系统50起重大案件进行了督办。科技质监建设显著加强。筹建集纤检、质检、计量、锅检、特检、食品检验检测研究及综合服务中心为一体的河北省质量技术监督检验研究中心，建成和在建国家质检中心14个，新建省级质检站5家；省食品质量监督检验研究院被指定为河北省唯一一家覆盖三部门规定全部复检项目领域的复检机构；出台了科技成果奖励办法，对30项科技成果进行了表彰；1项科研项目获国家科技进步二等奖，3项科研项目获省科技进步三等奖，5项科研成果获总局“科技兴检”奖。和谐质监建设扎实有效。组织125名处级干部到北大进行了培训，对2380名监管、检验人员进行了培训，开展了5个专业11个项目的技术大比武活动，干部职工素质能力有效提升；深入开展创先争优活动，开展了“五比五提”、“六个争创”、“夺旗争星”等系列活动，2个基层党组织、3名党员、2名党务工作者被评为全国系统或省直先进。

（河北省质量技术监督局　王丽明）

食品药品监督管理

【概况】　2011年是“十二五”开局之年。河北省食品药品监管系统认真贯彻落实党中央、国务院和河北省委、省政府的决策部署，抓改革、强监管、促发展，各方面工作取得明显成效，全省食品药品安全形势稳中向好，实现了“十二五”良好开局。一是食品药品监管体制改革继续稳步推进，市、县监管体制改革取得重要进展。二是基本药物安全监管进一步加强。全省应实施电子监管的基本药物生产企业和参加招标配送的药品经营企业全部加入中国药品电子监管网，基本药物全覆盖抽验、样品备案管理等工作部署得到较好落实。三是食品药品专项整治取得明显成效。为期两年的药品安全专项整治、打击侵犯知识产权和制售假冒伪劣商品专项行动、餐饮环节“地沟油”、“瘦肉精”等专项整治取得重要成果。四是药品各环节日常监管得到加强。在药品研制环节，对药物非临床研究机构、临床试验机构进行了现场检查。在药品生产环节，突出加强对中药等高风险品种的监管，建立了中药生产企业成本定期报送核查制度，对价格严重偏离生产成本的部分品种进行了现场核查。在药品流通使用环节，对药品经营企业实行了分类监管，组织开展了“药品安全示范县”创建工作。在医疗器械生产流通环节，推动无菌、高风险医疗器械生产企业实施《医疗器械生产质量管理规范》，对医疗机构在用的部分急救和维持生命的医疗器械进行了监督抽验。五是药品安全监管工作机制进一步健全。研究制定的《河北省药品安全质量保证机制》等食品药品安全长效机制文件由省政府印发，在监管工作中发挥了重要作用。六是“十二五”规划编制工作取得重要突破。食品药品安全的内容纳入全省国民经济和社会发展“十二五”规划纲要；《河北省食品药品安全“十二五”规划》被列为省重点专项规划，由省政府印发。七是监管队伍建设和党风廉政建设取得较好成效。监管人员和药学技术人员教育培训工作取得较好成绩。权力运行监控机制建设深入推进，覆盖权力运行全过程的廉政风险防范管理工作体系进一步健全。

【食品药品监管体制改革】　2011年，河北省食品药品监管体制改革继续推进。一是市、县两级体制改革工作取得重要进展。全省11个设区市餐饮服务食品、化妆品、保健食品监管职能交接全部到位；136个县（市）中，98个县（市）完成了餐饮服务食品、化妆品、保健食品监管职能交接。其中，秦皇岛、张家口、唐山、邢台、沧州5个设区市所辖各县（市）职能交接全部到位。二是基层食品药品监管机构建设得到加强。11个设区市所辖的36个区中，16个区新组建了食品药品监管机构。三是药品不良反应监测体系进一步完善。河北省各级政府和各级食品药品监管部门将药品不良反应监测机构建设作为监管体制改革和医药卫生体制改革重点任务，纳入医药卫生体制改革目标责任书，经各级政府和食品药品监管部门合力推动，省和10个设区市、87个县（市）建立了药品不良反应监测机构。其中石家庄、张家口、秦皇岛、邢台、唐山5个设区市所辖各县（市）药品不良反应监测机构均组建到位。

【基本药物安全监管】　河北省各级食品药品监督管理部门紧紧围绕医药卫生体制改革的目标任务，进一步加强基本药物质量安全监管，为基本药物制度的实施提供了有力保障。一是积极推进基本药物电子监管。按照国家食品药品监督管理局的统一部署，全省应实施电子监管的117家基本药物生产企业和503家参加基本药物招标配送的药品经营企业全部加入中国药品电子监管网。在此基础上，河北省食品药品监督管理局将药品电子监管向更广领域和更深层次推进，开展了药品零售连锁企业电子监管工作试点，启动了中国药品电子监管网与河北省医药诚信管理系统和药品实时监控系统的对接和数据共享工作。二是强化基本药物全程质量监管。河北省食品药品监督管理局在全系统组织开展了基本药物处方和生产工艺核查，共完成国家基本药物983个品种规格、河北省增补品种334个品种规格的核查工作；组织开展了基本药物经营使用环节专项检查，对3672家基本药物招标企业进行了资质审核，对1112个品种规格的基本药物实施了样品备案管理。三是加强基本药物质量抽验。河北省各级食品药品监督管理部门积极落实国家食品药品监督管理局的工作部署，对基本药物实行了全覆盖抽验，完成国家基本药物161个品种、1720个批次的抽验任务，抽验合格率99.2%；完成河北省增补的基本药物125个品种、1193个批次的抽验任务，抽验合格率100%。

【食品药品安全专项整治】　在药品和医疗器械安全方面，河北省食品药品监督管理系统完成了2010年全国统一部署的为期2年的药品安全专项整治任务，并集中开展了打击侵犯知识产权和制售假冒伪劣商品专项行动。整治行动中，共立案查处药械违法案件1.8万件，取缔无证经营户95个，捣毁制假窝点11个，向公安机关移送涉嫌刑事犯罪案件25起，查获了唐山赵更明等人制售假药案等一批性质恶劣、影响面广、反响强烈的大案要案。在餐饮食品安全方面，河北省食品药品监督管理系统圆满完成了73次重大活动餐饮食品安全保障任务，开展了打击食品非法添加和滥用食品添加剂、“瘦肉精”、“地沟油”等专项整治行动和问题乳粉、昌黎红葡萄酒清查工作。全省共立案查处违法案件912起，吊销餐饮服务许可证135个，取缔无证餐饮单位52家。结合专项整治，河北省食品药品监督管理局组织有关监管部门和检验检测机构，对餐饮服务环节17类、19种、3275个批次的餐饮食品进行了监督抽验。在保健食品、化妆品安全方面，组织开展了打击非法添加整治行动，严厉查处了保健食品、化妆品违法添加药物、违法使用禁用限用物质、未按批准配方和生产工艺组织生产等违法违规行为。

【药品和医疗器械日常监管】 河北省各级食品药品监督管理部门全面加强了药品和医疗器械研制、生产、流通、使用各环节的监管。在药品研制环节，对药物非临床研究和药物临床试验机构逐一进行了现场检查，建立了药物临床试验机构监管档案，对药物临床试验机构实行了分类管理和备案管理。在药品生产环节，组织开展了2010版国家药品标准执行情况专项检查；启动了新版药品GMP认证工作，按新标准对16家企业进行了现场检查认证。突出加强对高风险药品，特别是中药品种的监管，建立了中药、中药饮片生产企业生产成本定期报送核查制度，对20个中药品种进行了生产质量与成本调研排查，对复方丹参片等价格严重偏离生产成本的部分中药品种进行了现场核查。在药品流通使用环节，进一步健全了药品经营企业诚信档案，对药品经营企业实行了分类监管，对“挂靠经营”、“走票”等出租证照的违法违规行为进行了深入治理；在巩固农村药品“两网”建设成果的基础上，遴选18个县（市、区）开展了“药品安全示范县”创建工作。在医疗器械生产流通环节，推动无菌、植入性医疗器械生产企业实施《医疗器械生产质量管理规范（试行）》，组织开展了高风险医疗器械生产企业质量管理体系专项检查和医疗器械经营使用单位专项检查。各级食品药品监督管理部门在强化日常监管的同时，进一步加强了对药品、医疗器械上市后的不良反应(事件)监测工作,对严重的、新的不良反应(事件)进行分析评估和风险研判,及时发出预警信息。全省共收到药品不良反应报告2.48万例、医疗器械不良事件报告1665例。其中严重的、新的药品不良反应117例,均及时做出妥善处置,未引发严重药害事件。

【食品药品安全长效机制建设】 根据河北省政府关于创建“食品药品安全省”的目标要求，河北省食品药品监督管理局通过对监管经验的深入总结和广泛调研，研究制定了《河北省药品安全质量保证机制》、《河北省药品安全监测预警机制》、《河北省药品安全社会监督机制》、《河北省药品安全应急处置机制》、《河北省药品安全责任追究机制》等药品安全5个长效机制文件，经征求省政府法制办公室和卫生、质量技术监督、工商等有关部门的意见后，上报河北省政府。2011年6月30日，河北省政府以《关于印发河北省药品安全质量保证机制等五个文件的通知》（冀政函〔2011〕95号）印发了这5个长效机制文件。这5个长效机制文件在落实监管责任、强化全程质量安全、开展风险监测预警和应急处置、调动社会力量参与监督等方面，创新监管举措56项，其中多项举措填补了监管制度空白，受到了基层监管部门的欢迎，也得到了国家食品药品监督管理局的肯定。与此同时，河北省食品安全协调领导小组办公室牵头研究制定了《河北省食品安全全程监管机制》、《河北省食品安全风险预警机制》、《河北省食品安全企业自律机制》、《河北省食品安全社会监督机制》、《河北省食品安全应急处置机制》、《河北省食品安全责任追究机制》等食品安全6个长效机制文件。2011年6月27日，河北省政府以《关于印发河北省食品安全全程监管机制等六个文件的通知》（冀政函〔2011〕93号）予以印发。食品药品安全长效机制文件印发后，河北省食品药品监督管理系统各级各部门积极制定实施意见和配套文件，细化监管措施，认真贯彻落实。保定、邢台、衡水等市食品药品监督管理局还研究提出了贯彻食品药品安全长效机制的具体实施意见，并报当地政府印发执行。

【食品药品安全十二五规划编制】 河北省食品药品监督管理局2010年初即成立了“十二五”规划编制工作领导小组和办公室，制定了工作方案，认真组织开展全省食品药品安全“十二五”规划编制工作。2011年“十二五”规划编制工作取得两项重要成果。一是食品药品安全的内容纳入了《河北省国民经济和社会发展第十二个五年规划纲要》（以下简称“全省规划纲要”）。2010年11月3日中共河北省第七届委员会第六次全体会议通过的《中共河北省委关于制定国民经济和社会发展第十二个五年规划的建议》明确提出，“十二五”期间要“加快民生改善步伐，实施十大‘幸福工程’”，建设“食品药品安全省”。食品药品放心工程是十大“幸福工程”之一，也是建设“食品药品安全省”的重要内容。根据河北省委的部署，河北省政府决定在全省规划纲要中，以“推进食品药品安全省建设”为题对食品药品安全的内容专节论述。按照河北省政府的要求，2012年底到2011年初，河北省食品药品监督管理局牵头组织农业、质量技术监督、工商、商务等部门编写了“推进食品药品安全省建设”的内容，被纳入全省规划纲要第十章第九节。该节的重大工程专栏列入了三项重点建设工程：食品药品监督指挥系统建设工程，食品安全风险监测评估体系建设工程，药品、医疗器械安全监管信息化建设工程。2011年1月16日，河北省十一届人大四次会议正式批准了全省规划纲要。二是《河北省食品药品安全“十二五”规划》被列为全省重点专项规划，由河北省政府印发。2010年底，河北省食品药品监督管理局在深入调研和完成26个课题前期研究的基础上，即已完成了《河北省食品药品安全“十二五”规划》草案的编制工作。2011年3月，根据河北省政府有关领导批示要求，河北省发展和改革委员会报经省政府批准，将《河北省食品药品安全“十二五”规划》列为全省重点专项规划。按照省政府要求，河北省食品药品监督管理局邀请省农业厅等多个部门，集思广益对《河北省食品药品安全“十二五”规划》草案进行了进一步的修改完善，形成了《河北省食品药品安全“十二五”规划》征求意见稿。征求意见稿完成后，河北省食品药品监督管理局将其印发省政府食品安全委员会办公室等有关部门广泛征求意见，并召开了专家论证会进行了充分论证。根据有关部门和专家提出的意见建议，河北省食品药品监经进一步修改完善，形成了

《河北省食品药品安全“十二五”规划》送审稿，上报河北省政府。2011年12月23日，河北省政府办公厅以冀政办函〔2011〕60号文件，将《河北省食品药品安全“十二五”规划》正式印发实施。《河北省食品药品安全“十二五”规划》针对全省食品药品监管领域的实际情况，提出了“十二五”时期河北省食品药品监管事业发展的七大任务和12个重点建设项目，对完善行政监督和技术监督体系、加强监管信息化建设、提升监管队伍能力水平作出了明确安排部署。这为“十二五”时期河北省食品药品监管事业科学发展，提供了基本遵循和有力的政策支持。

【监管队伍和党风廉政建设】 河北省食品药品监督管理局编制了全系统人才队伍建设“十二五”规划，依托中央党校等单位举办各类培训班数十期，省食品药品监督管理局机关、各设区市食品药品监督管理局领导班子成员和部分县（市）食品药品监督管理局主要负责同志以及基层一线执法人员基本轮训一遍。同时，全省各级食品药品监督管理部门进一步加强了对药学技术人员的培训教育工作，全系统共培训执业药师4768人、从业药师2508人、中药饮片高级鉴别师3240人、驻店药剂员11960人。2011年12月，河北省食品药品监督管理局利用人力资源和社会保障部的专业技术人员能力提升专项资金，举办了全国执业药师合理用药与药学服务能力提升高级研修班，来自河北、山西、陕西、北京等省市的55位执业药师参加了培训。

河北省各级食品药品监督管理部门以落实党风廉政建设责任制，健全惩治和预防腐败体系为重点，进一步加强了党风廉政建设。一是权力运行监控机制建设取得积极进展。全省各级食品药品监督管理部门结合食品药品监管工作实际，在清理确定权力，查找廉政风险的基础上，进一步完善了廉政风险防控措施，初步构建起了覆盖各项权力运行全过程的廉政风险防范管理工作体系。二是党风廉政教育取得较好成效。河北省食品药品监督管理局结合庆祝建党90周年，在全系统开展了反腐倡廉教育月活动，举办了“药检杯”勤政廉政书画征集评选活动和书画展，丰富了廉政教育形式，拓展了廉政教育的新途径，廉政教育工作成效明显提升。三是行风政风建设得到加强。河北省食品药品监督管理局结合“创先争优”活动，以“上评下，下评上”为主要形式，在全系统组织开展了政风行风监督检查，及时解决和纠正了不作为、慢作为、乱作为等政风行风方面存在的突出问题，使全系统干部队伍的精神面貌和工作作风有了较大改观。

（河北省食品药品监督管理局　杜会杰）

环境保护

【概况】 2011年，在省委、省政府的正确领导下，全省上下坚持以科学发展观为统领，紧紧围绕科学发展的主题、加快转变经济发展方式的主线和提高生态文明水平的新要求，以“削减污染总量，改善环境质量，防范环境风险”为重点，积极创新举措，不断加大力度，较好地完成了2011年度各项环保目标任务。全省化学需氧量、氨氮和二氧化硫排放量，分别比上年削减2.33%（全国1.97%）、1.53%（全国1.41%）、1.8%（全国2.2%），氮氧化物排放量增长5.12%（全国5.69%）。各市均完成了化学需氧量、二氧化硫年度减排目标任务。全省省辖城市空气二级以上天数比上年增加2天；空气综合污染指数比上年下降3.72%；主要污染物二氧化硫、可吸入颗粒物、二氧化氮平均浓度分别比上年下降6.67%、1.30%和3.45%。全省七大水系劣五类水质断面比例为27.1%，比上年下降6.5个百分点；主要污染物氨氮、化学需氧量的平均浓度分别比上年下降28.01%和12.79%。城市集中式饮用水水源地水质稳定达标。

【污染减排】 对“十一五”污染减排工作进行全面总结。在对各设区市、“双三十”单位节能减排工作进行全面考核的基础上，为表彰先进，激励和鼓舞动力，省委、省政府分别印发了《关于表彰河北省“节能减排工作模范集体、先进个人和模范个人、先进个人的决定”和《关于表彰河北省“双三十”节能减排工作模范集体、先进个人和模范个人、先进个人的决定》，对全省在节能减排工作中做出突出贡献的325个模范、先进集体，51家企业，583名模范、先进个人进行了表彰，受表彰的模范个人享受省级劳动模范和先进工作者待遇，先进个人省政府记二等功和享受市级劳动模范待遇，极大鼓舞了全省节能减排工作的士气，增强了动力，为“十二五”节能减排营造了良好的氛围。

深化“双三十”示范带动，进一步强化政府和市场主体责任。为进一步深化“双三十”的引领带动作用，在“十二五”污染减排工作推进中发挥更加显著的示范作用，省委、省政府印发了《关于深化实施“双三十”节能减排示范工程的意见》，在全省重新筛选单位能耗高、排放总量大、示范作用强的30个县（市、区）和30家企业，作为新一轮单位，和老“双三十”单位一起实施省直接考核。省政府召开了新老“双三十”工作调度会，全面部署了“十二五”“双三十”工作。

科学分解“十二五”减排目标任务。在完成全省污染源普查动态更新调查，摸清全省主要污染物排放基数的基础上，按照各地污染物排放的存量与实际减排潜力相结合、区域经济发展现状与产业调整任务相协调、区域发展战略与全省经济发展总体部署相统一、区域环境质量改善与全省环境质量改善目标相匹配的原则，将国家下达给河北省的“十二五”减排任务分解落实到了各设区市，各设区市也都分解到了各县（市、区）和重点企业，并层层签订了“十二五”减排目标责任书。河北省分配给各设区市的化学需氧量、氨氮、二氧化硫和氮氧化物削减率分别为10.4%、13.8%、14.3%和15.5%，排放量分别控制在127.41万吨、10.01万吨、123.24万吨和144.75万吨以内。

着力深化重点减排工程建设。根据国家“十二五”减排要求，在全省范围内筛选了674项重点减排工程，明确技术要求和完成时限。对列入2011年度的127项重点减排工程，实施了月调度和月通报。省政府印发了《河北省“十二五”燃煤电厂烟气脱硝限制治理的通知》，对79台总装机2753万千瓦燃煤机组提出氮氧化物控制要求，明确了完成时限和责任单位，项目完成后，预计可实现氮氧化物减排量35万吨，约占全省“十二五”氮氧化物减排量的65%。省环保厅组织召开了全省火电行业烟气脱硝工作推进会，全面启动了火电行业脱硝工作。同时，针对电厂烟气旁路拆除（西柏坡电厂）、水泥厂（邢台临城水泥）和钢铁烧结机（迁安首钢矿业）脱硝开展了技术筛选和示范工程建设。

突出强化督导检查。11月中旬，派出4个督导组对各设区市和“双三十”单位年度减排目标完成情况进行督导。对前九个月钢铁、水泥产量增速相对较快的邯郸、唐山、张家口、沧州、保定、秦皇岛等6个市进行重点分析，提出严控增量的要求。

严格排污许可证制度。为强化排污许可证审批管理，印发了《关于进一步加强排污许可证管理工作的通知》，将原“两级发证、三级管理”改为“三级发证、属地管理”，提高了审批效率。严格按照环评批复核定企业排污总量，对未通过环保验收的项目，一律不予核发排污许可证。加大违法企业查处力度，对未按省政府要求完成治理和淘汰落后任务的排污企业，一律吊销排污许可证；对超标、超量、超许可排污的企业，实施限期整改，到期完不成整改任务的收回其排污许可证，情形严重的实施停产治理。对未申领排污许可证及未按许可内容排污的，停止审批其改、扩建项目，不出具上市环保核查、评优评先意见，环境保护治理资金不予支持。通过排污许可证管理，逐步实现与建设项目环评验收、申报登记、排污收费、限期治理、浓度和总量双控制的有机结合，推动了污染减排和总量控制。

建立排污权有偿使用和交易制度。4月份，财政部、环保部批准河北省为全国排污权有偿使用和交易试点省份，以电力行业为试点，重点开展二氧化硫和氮氧化物排污权有偿使用和交易；以秦皇岛、唐山、沧州市为试点，重点开展化学需氧量和二氧化硫排污权有偿使用和交易，并在全省逐步推广。

【重点流域、区域环境治理】 推进环保专项规划的编制完成。组织开展10个专项规划编制工作。截至2011年底，编制完成6项，正在编制4项。结合当前工作实际，制定了“全省危险废物（医废）环保监督管理实施方案”和“2011年度重金属污染防治实施计划”，并组织开展实施工作。

促进水环境质量进一步改善。完成《河北省海河流域“十一五”规划》的目标考核工作，考核结果为优秀等次。认真落实《河北省城市集中式饮用水源地环境保护规划（2008—2020）》，积极开展全省地级以上城市集中式饮用水水源环境状况评估。对部分水源保护区进行了调整。继续深化实施全流域跨界断面水质考核与财政扣缴补偿金挂钩的生态补偿机制，截至2011年11月，累计扣缴生态补偿金10730万元。该项机制被评为中国政府创新奖。进一步修订、完善了考核办法，增加氨氮考核因子，提高断面水质考核标准，提高补偿金扣缴额度，改进现有监测方式，发挥水质自动站作用，完善生态补偿金扣缴使用办法。坚持陆海统筹、河海兼顾，系统防控对海洋环境的污染损害和生态破坏。部署组织开展了海洋环境保护联合执法检查，加强了陆源污染的环境监管，保障了暑期办公环境水质安全。

深入开展大气联防联控。京津冀已经被国务院确定为大气区域联防联控重点区域，在规划编制过程中，多次与国家对接，重点研究制定规划目标和工程项目，氮氧化物、挥发性有机污染物、臭氧、可吸入颗粒物和PM2.5将作为新增控制重点。国家要求建立京津冀城市群大气污染防治实行统一规划、统一监测、统一监管、统一评估、统一协调机制。对城市空气质量实行分级、达标管理，未达标的城市要制定达标方案，采取针对性措施，实施重点治理项目，如期实现空气质量达标。

城市环境综合整治稳步提升。组织开展全省设市城市环境整治定量化考核工作，实行了分级管理，向环保部和省政府上报了城考结果，向各市政府及社会进行了通报。廊坊市创建国家环境保护模范城市复审工作通过环保部核查，秦皇岛市创建国家环保模范城市正在组织省级预评估。创建省级环保模范城市实施意见经省政府批准，正式开始启动。《城镇面貌三年上水平环保行动方案》经省政府批准已经正式实施，实行月报告制度。2011年底前完成污染搬迁项目13个，新建县级大气自动监测站15个，完成城市污染减排工程19项，5家污水厂完成升级改造。

进一步加大重金属污染监管力度。对划定的6个重点规划单元、127个重点企业和94个重点项目进行分析调度，安排专项资金4000多万元。结合环保专项行动排查、公布了105家铅酸蓄电池环保检查结果。对历史积存的两家企业铬渣进行了有效处置。对16家涉汞企业进行了现场检查和专家评估。按照省政府批准实施的《河北省重金属污染综合防治规划》，对新建项目进行了重金属排放污染物总量核查把关，严格控制了新增重金属污染项目。

固体废物污染防治工作实现新突破。按照全国危险废物和化学品视频工作会议要求，在全省组织开展了危废、化学品环保专项行动检查，提高了河北省危废产生单位和经营单位的规范化管理水平。组织召开了全省第一次固体废物管理会议。强化了危险经营资质审查和规范化管理工作，对45家许可企业进行逐个检查，对6家提出了整改要求。对2家企业提出了重新申领危废经营许可证要求，严格准入门槛、审查程序和审核标准，在规定期限内进行审批。强化危险废物转移监督管理，严格执行转移联单制度，对转移路线和运输资质实行了严格管制，达不到要求的一律不予转移。对全省污水处理厂产生的污泥实行了季报告管理。

开展二恶英类持久性有机污染物（POPs）重点行业更新调查，对两家农药厂历史留存的废物利用国际赠款进行了处置。对进口废物的105家企业，按照国家新要求逐一进行了省级审核、上报。开展家电以旧换新拆解试点工作，省政府批准3家拆解企业，截至2011年12月，回收172.5万台，拆解160.3万台。

积极开展企业上市（融资）环保核查工作，按照核查规定和工作程序认真审核，出具核查意见，全面推行上市环保核查信息公开，实行季报告制度。全年共核查企业14个上市公司27家企业，同时，加强上市公司环保后督察工作，重点开展了重金属排放行业的上市公司进行后督察。按照环保部的要求对稀土企业、制革企业和部分钢铁企业进行了环保核查。

【生态环境保护】 继续推动生态省建设。印发了“2011年全省生态省建设工作要点”，确定了继续推进节能减排、推动环境质量持续改善、强化自然保护等6个方面、25项重点工作。各地围绕生态省建设目标任务，以“生态文明”为引领，结合本地实际，积极探索生态示范建设的途径和机制。承德市被批准列为“全国生态文明建设试点”后，立足区域内生态环境良好、自然资源丰富、文化底蕴深厚等优势，创新发展理念，推进示范带动，取得较好成效，并在2011年“全国生态文明建设试点经验交流会”上，代表河北作了典型发言；石家庄市成立了市委书记、市长亲自挂帅的“生态文明建设暨创建环保模范城”推进工作指导委员会，制定了工作规划，确定了攻坚目标任务，并召开全市会议进行了动员、部署；秦皇岛北戴河区生态创建工作，经过几年努力，已达到“国家级生态区”建设标准，按照程序正在积极申报；各地编制实施生态市、县（市）建设规划后，继续将生态创建工作向乡镇和重点村庄延伸，2011年又有40多个乡镇编制了“城镇建设环境规划”，目前全省900多个建制镇中，已有近500个镇编制了环境规划。2011年，环保部又命名河北省一批国家级生态乡镇、生态村，目前全省共创建国家级生态示范区30个、国家级生态乡镇（环保优美乡镇）26个、国家级生态村11个；本省命名省级环境优美城镇91个、省级生态村60个。

加强自然资源生态保护。按照环保部的部署要求，组织进行了“全省生物多样性评估调查”工作，完成了调查技术报告的编写并通过环保部的专家审核。组织开展了全省自然保护区建设与管理情况检查调研，基本摸清了全省保护区管护能力、水平现状情况。2011年，新申报省级保护区4处、晋级国家级保护区2处。目前，全省共批建各级、各类保护区41处。其中，国家级自然保护区12处、省级保护区22处、市县级保护区7处，保护区总面积达63.09万公顷，占全省国土面积的3.36%。

【农村环境保护】 按照“统筹规划、梯次推进、示范引导、注重实效”的工作思路，针对影响群众生活最为直接的饮用水环境安全、生活垃圾处置、生活污水处理和畜禽养殖污染治理等重点工作，通过“以奖促治”和试点示范，引领各地逐步加强农村环境基础设施建设，改善和提高农村人居环境质量。河北省列为“全国农村环境综合整治目标责任制考核”试点，省委、省政府和各级、各部门进一步加强了农村环境保护的组织领导和强化措施，各地结合辖区实际，多方探索实践开展农村环境综合整治的有效模式、方法，不断创新工作推进和管理的措施、机制，目前，一些重点地区、重点村镇的环境面貌，得到明显改善。全省“百乡千村环境综合整治三年行动计划”确定的1000个省定“试点村庄”，已有800多个“试点村庄”完成治理任务。

【环境影响评价】 进一步融入经济社会主渠道，深入探索战略环评。按照环保部要求，以河北省沿海地区为对象，以该区域资源环境承载力为约束，以保障重要生态功能区结构和功能为红线，探索开展了重点产业发展战略环评，提出了基于“生态功能不退化、资源环境不超载、排放总量不突破、环境准入不降低”的沿海经济发展调控方略，为河北省沿海地区发展战略顺利通过国务院审批贡献了力量。全面推动规划环评。印发实施了《关于进一步加强规划环境影响评价工作的通知》，要求综合性规划和专项规划要组织开展规划环评，并将环评结论作为规划审批决策的重要依据。省级产业聚集区审批中实行发改、国土、环保等部门联合办公，坚持规划环评“一票否决”。围绕贯彻落实《规划环境影响评价条例》和环保部、省政府加强规划环评的工作部署，坚持以71家省级工业聚集区和111家省级及以上工业园区（经济技术开发区、高新技术开发区）为重点，全力推进重点区域发展规划环评；坚持以钢铁、火电、水电、矿山采选、交通等行业为重点，努力开展重点行业发展规划环评。全省100个产业聚集区、44个省级园区中，122个完成规划环评审查，13个正在编制规划环境影响报告书。其他类别聚集区，116个完成了规划环评审查。

进一步强化环评宏观调控作用。提高环评审批服务效能。针对省重点战略支撑项目、新型战略产业项目、节能减排工程和国家鼓励类项目，建立健全了“绿色通道”、特事特办、首问首办等七项服务措施。2011年，全省共审批项目环评21195个，涉及投资11674.9亿元，与2010年同期相比（18404个，10146.7亿元），项目数增加15.2%，投资额增加15.1%，省级审批项目环评230个，涉及投资1484.6亿元。加大环评审批把关力度。在程序上，实行建设项目“三会联审”，做到全面把关、民主决策，确保审批质量；在内容上，严格“七个不批”，着力强化总量控制、公众参与等内容，建立了项目环评审批与主要污染物总量减排挂钩制度，并逐步规范了“两公开、一公示、一听证”的环评公众参与程序。2011年，全省共对不符合要求的80个项目不予受理、不予审批、暂缓审批或退回环评报告，涉及投资363.0亿元，其中省级否决58个，涉及投资358.4亿元。狠抓重点行业试生产管理。在试生产管理方面，实行“五个不准”。在全省范围内组织开展了建设项目试生产检查专项行动，对2006年以来省批的2151个建设项目进行了试生产、“三同时”检查，对“三同时”环保设施存在问题的建设项目逐一进行了梳理，对发现的52个如期未验的项目下达了限期验收通知，对34家逾期不验的企业进行了立案查处。紧抓重点项目竣工验收。竣工环保验收方面，在严格执行“七个不验”的同时，进一步规范了验收流程，印发了《河北省环境保护厅建设项目竣工环保验收工作流程》。2011年，全省共验收项目4044个，涉及投资1661.1亿元，与2010年同期相比(3273个，948.1亿元)，项目数增加了23.6%，投资额增加了75.2%。其中省级验收项目251个，涉及投资689.1亿元，与2010年同期相比(205个，431.4亿元)，项目数增加了22.7%，投资额增加了59.7%。

进一步深化环评执法监管。组织了重点行业环评执法。围绕落实国家淘汰落后产能和抑制产能过剩行业过快增长的部署，组织开展了省域范围的钢铁、水泥、平板玻璃、多晶硅、煤化工、石油化工、有色金属等重点行业建设项目试生产环境管理情况检查。开展了重点区域环评执法。结合全省“强化污染防治设施运行管理年”活动部署，对子牙河流域、石家庄和环京津重点城市，深入开展了环评执法，全面检查了环保“三同时”制度落实和规划环评开展情况，并对部分企业进行了挂牌督办。实施了重点领域环评执法。对工程建设领域突出问题清理整治工作，河北省坚持全面自查和加强督查相结合、查处典型案件和构建长效机制相结合、强化内部监察和深化外部监督相结合，大力完善建设项目动态管理、审批科学决策、信息公开、环评公众参与、诚信体系建设“五大机制”，多次召开调度会议和印发整改通报，推进问题项目整改。加强了重点项目环评执法。对“十一五”以来审批的2151个项目，强化了专项检查，实行了“五个一批”，即限期验收一批、限期整改一批、立案查处一批、挂牌督办一批、停产一批，并将处理情况通报全省。对检查中发现的52个未如期验收的项目下达了限期验收通知，对34家逾期不验的企业进行了立案查处。

【环境法制建设与执法监察】 地方环境立法取得新进展。省政府出台了《河北省城镇污水集中处理设施环境保护监督管理规定》，对城镇污水处理厂的建设、运行、监督管理提出明确要求。同时，还起草了《河北省陆上石油勘探开发环境保护管理条例》、《白洋淀水污染防治条例》，并已经省政府法制办审核通过，待省人大批准通过后施行。

绿色信贷工作进一步规范。2011年，河北省“企业环境保护信用信息系统”从各市手工分散采集转变为全省一口自动采集，实现了与征信系统的一口对接，按季度向人民银行征信系统定期传送数据。同时，将企业清洁生产审核等五类信息通过网上审批系统进入社会信用体系信息库，进一步完善和丰富了信息内容。2011年，共征集入库全省环保行政许可信息4804条，企业环评审批信息3851条，环保验收信息953条，其他行政许可信息3882条，行政处罚信息423条，挂牌督办企业18家，实现了数据采集范围全省覆盖，提高了信息采集的准确性和及时性。

污染责任保险取得实质性进展。按照环保部通知要求，制定了《河北省环境污染损害鉴定评估试点工作方案》，按照“先易后难、积极稳妥、循序推进”的原则，积极开展河北省环境污染损害鉴定评估试点工作。确定保定市为河北省开展环境污染第三者责任险（“绿色保险”）试点单位，10月11日，在进行充分风险评估与论证的基础上，人保财险保定市分公司顺利为安新华诚有限金属制品有限公司签发了河北省环境污染责任险第一单，收费4.68万元；12日为保定风帆股份有限公司签单收费15.78万元。

认真开展环保专项行动。3月28日国家召开环保专项行动电视电话会议后，河北省立即组织召开了全省电视电话会议，部署2011年的重点工作，印发了全省环保专项行动工作方案。6月下旬和10月中旬，分别组织了两次九部门参加的联合督导检查。5月13日，在保定市召开了全省环保专项行动工作培训调度会议，邀请环保部环境监察局领导讲解了2011年国家九部委环保专项行动的重点内容及工作要求，讲授了重金属企业现场环境监察要点；邀请保定市风帆蓄电池有限公司的同志讲解了铅蓄电池企业的工艺流程、排污节点和污染治理技术。组织开展了重金属排放企业百日严查行动，向保定、廊坊两市印发了《关于查处部分蓄电池企业环境违法问题的函》，并将全省涉重金属企业相关信息在省环保厅网站公布，接受社会监督。通过开展专项行动，排查出全省涉重金属排放企业433家，其中铅蓄电池企业105家，共取缔16家铅蓄电池企业，停产整治93家。环保专项行动中，全省出动执法人员15万人次，检查企业6万家，取缔关闭企业431家，停产、限期治理233家，对19家企业分两批实施了省级挂牌督办。

加强排污费征收和电力企业监管。做好省本级排污收费工作。充分利用环保移动执法系统，杜绝人情收费、协商收费，工作效率显著提高。2011年全省对27家省直收电力企业征收排污费3.67亿元，比上年增加2300万元。认真开展排污费稽查。制定了《2011年排污费日常稽查工作方案》，结合全省排污费季报月报通报情况，组织对重点县市、重点企业进行稽查。对迁安市、昌黎县、抚宁县、辛集市近三个年度的排污费征收情况进行了稽查，对迁安中化煤化工有限公司等10家企业排污费缴纳情况进行了稽查，共追缴排污费681万元。强化电力企业脱硫设施的监管。对全省84家电力企业172个旁路挡板进行了铅封，并严格执行旁路挡板铅封、启封制度，建立了铅封月报制度，全省出动执法人员4500余人，铅封1400余次。坚持对30万千瓦以上电力企业每季度核查一次，对重点企业不定期进行抽查，对发现的问题予以全省通报，共出动450多人次，核查脱硫设施400多台套。

深化环境现场执法监察。严格国省控重点污染源的监督检查。采取实地勘测与实时监测相结合的方法，对唐山市、沧州市、邢台市的32家国省控企业进行了现场检查，其中对存在环境违法行为的15家企业立案处罚。组织开展了城镇污水处理厂专项检查，对秦皇岛第一污水处理厂，滦南县、栾城县、乐亭县等污水处理厂下达了督查通知，对故城环卫污水处理厂予以立案处罚，对石家庄经济技术开发区污水处理厂实施了限期治理措施。加强节假日期间的环境监管。“五一”节假日期间，对赵县淀粉企业污染问题进行了突击检查，共检查企业10家，挂牌督办3家。10月1日国庆假期，对大城县进行检查，发现3家企业渗坑排放污水，省环保厅下达了督查通知，较好的解决了多年遗留的问题，消除了环境安全隐患。

狠抓环境信访和环境应急工作。组织召开了全省第一次环境信访工作会议，起草制定了《全省环境信访工作考核办法》和《环境信访工作考核细则》。加强了“春节”和国家“两会”期间环境信访工作，组织开展了污染纠纷大排查行动。妥善处置了承德市滦平县建筑工地发现不明桶状物事件等16起突发环境事件，最大程度地减轻了事件造成的社会影响和环境污染的危害。自2010年4月至2011年8月，环保部开展了全国重点行业环境风险和化学品检查验收工作，河北省在全国通过验收的10个省份中位列第二。2011年，全省环境信访量比上年减少6.3%，进京访人数比上年减少137人次，全省未发生重大突发环境事件。

污染源自动监控能力建设明显提升。修订印发了《重点污染源自动监控第三方运营管理办法》和《重点污染源自动监控第三方运营考核细则》，加强运营人员的业务培训，统一和规范了运营工作台账，组织运营公司以现场会的形式解决监测分析仪和采样器不兼容的问题。实现了402家1000多个污染物排放口的日常监控，包括92家污水处理厂、24家30万千瓦以上电力企业。目前，全省重点污染源自动监控率88.67%，企业自动监控设施在线率由年初的62%上升到85－90%。

【环境宣传教育】 加强了重大宣传报道活动的组织策划。重点围绕新“双三十”、“绿色信贷、环境污染责任保险试点、地方环境立法、全流域生态补偿、排污权交易、产业化发展等环境政策、机制的创新举措，加强了重点宣传报道，形成轰动效应。中央媒体共刊发报道河北省污染减排和环境保护工作新闻稿件86篇（条）（不包括中国环境报），省内主要媒体刊发各类稿件587余篇（条），《中国环境报》刊发河北省稿件380篇。同时，编辑出版《河北环境保护》期刊12期、《河北环保文摘》24期。

认真开展“六．五”环境宣传教育与活动。以《蓬勃发展的河北环保》为题，从“双三十”唱响河北治污减排主旋律、城镇面貌“三年大变样”营造蓝天碧水硬环境、生态补偿机制破解水污染防治难题、“三严执法”切实维护人民群众环境权益、典型引路推进生态河北建设、环境政策机制创新增强“环保活力”等六个方面，参加了环保部“十一五”环保成就展。组织了河北省“十一五”环保成就图片展，制作了八个专题及11个设区城市的展板70余块。举办了“共建生态文明，共享绿色未来”——2011年纪念“六·五”世界环境日宣传活动。

加强“绿色创建”工作的指导。对1－3批省级绿色学校进行了复查，通过档案审查、现场验收、评比审定等程序，最终确定5所学校为环境教育优秀学校。不断加强与有关部门联合在中小学中开展环境教育。按照教育部门为主体、环保部门配合的工作机制，把课堂渗透、课外活动、社会实践作为进行环境教育的主要形式，把创建“绿色学校”活动作为重要载体，积极开展中小学教师环境教育。

深化“十百千”环境保护宣传教育工程试点。举办了“十百千”推进会，积极指导各地在学习和借鉴先进经验的同时，结合当地实际情况加以改进和完善，促成各具特色的试点模式，有效推动了“十百千”试点工作在全省范围内的深入开展。

抓好“环境教育基地”建设。逐步完善环境教育基地评估体系，积极引导符合条件且基础较好的单位加入到创建行列中来，继2008年命名表彰第一批7个省级环境教育基地之后，2011年全省又有13个单位申报了省级环境教育基地，通过档案审查、现场验收、评比审定等程序，最终确定7个单位为第二批河北省环境教育基地。

（河北省环保厅　崔立昌）

教　育

【颁布省中长期教育改革和发展规划纲要】 2011年3月1日，河北省委、省政府在石家庄召开全省教育工作会议，颁布《河北省中长期教育改革和发展规划纲要（2010—2020年）》，提出了未来10年河北省教育改革发展的指导思想、目标任务、总体要求和重点工作，描绘了2010年至2020年河北省教育改革发展的蓝图，这是河北省教育改革发展史上一个新的里程碑，不仅对推动未来10年教育事业科学发展具有重要意义，而且会对河北全面建设小康社会、加快现代化建设产生重大影响。为推动纲要的贯彻落实，省政府陆续出台《教育规划纲要任务分工》等一系列配套措施，研究制定河北省教育事业发展“十二五”规划。

【教育改革重点项目】 根据国家统一安排，河北省共承担探索政府举办和鼓励社会力量办园的措施和制度试点、推进义务教育均衡发展改革试点、改革农村职业教育办学模式试点等六项国家教育体制改革试点任务。为确保高质量、高水准完成试点任务，按照国家有关要求，河北省认真谋划，精心实施，成立河北省教育体制改革领导小组，下发《关于推进国家教育体制改革试点工作的通知》，明确部门责任和议事机制，从领导体制和工作机制上保障教育改革重点项目的顺利实施。制定改革试点项目的相关实施方案和一系列配套文件，增强改革试点方案的系统性、针对性和可操作性。加强对试点项目进展情况的督导，研究解决实施过程中的困难和问题，及时总结推广典型经验和成功做法，把改革引向深入。各项改革试点工作扎实有序推进。

【学前教育三年行动计划】 按照公益性、普惠性原则，大力实施学前教育普及提高工程，制发《关于大力发展学前教育的若干意见》，实施《河北省学前教育三年行动计划（2011—2013年）》。加强对各地学前教育工作的指导督查，在农村积极推进以政府和集体办园为主、以公办教师为主、以政府和集体投入为主的农村学前教育“三为主”发展模式。对28个县（市、区）普及学前三年教育工作进行第二轮检查验收。河北省学前三年毛入园率达到67%，政府和集体举办的幼儿园数量及在园幼儿数所占比例均超过85%。全省三分之二以上的农村地区基本普及学前三年教育，农村规范化幼儿园占全省农村幼儿园总数的80%以上。

【义务教育】 推进农村义务教育经费保障机制改革，生均公用经费基准定额标准进一步提高。实施中小学校舍安全工程，累计投入工程资金203.5亿元，累计开工面积2035.77万平方米，已竣工验收并交付使用学校3208所，农村中小学办学条件显著改善。3月，省政府与教育部签署《关于推进义务教育均衡发展备忘录》，与各设区市政府签署推进义务教育均衡发展责任书，出台《河北省推进县域义务教育均衡发展规划》等一系列文件。进一步深化各项改革措施，在农村继续推进农村学区管理体制改革，推行标准化办学，有80%的县（市）完成了农村学区建设工作；在城镇继续大力推广“四种模式”，切实缩小城市区校际差距。

【职业教育】 推进国家中职示范性学校建设，争取到教育部第二批18所示范校建设立项，总数达32所，居全国前列。强化基础能力建设，实施中等职业教育实训基地建设规划，争取到19个国家实训基地建设项目，组织安排46个省级实训基地项目。牢牢把握职业教育“面向人人、面向全社会”的本质要求，本着“稳规模、调结构、抓规范、促提高”的原则，整合城乡教育资源，大力发展面向农村的职业教育，以开展送教下乡、推进“新农村建设双带头人培养工程”为突破口，进一步完善县、乡、村三级职业教育培训网络，促进职业学校和涉农专业合理布局，培养大批有文化、懂技术、会经营、善管理的新型农民。河北省农村职业教育办学模式改革已惠及全省近30万在乡从业农民，农村职业教育服务县域经济社会发展能力显著增强，得到刘延东国务委员的充分肯定。

【高等教育】 实施高校“双重工程”和高水平大学建设，提升高等教育整体办学实力和水平。大力加强省属骨干大学重点建设工作，组织完成河北工业大学“211工程”三期建设中期检查工作，河北大学、燕山大学、河北工程大学省部共建工作扎实推进，增列河北工程大学为河北省重点骨干大学。努力推进强势特色学科、重点学科和重点培育学科建设，为不同类型、不同层次学校搭建发展平台。调整优化学科专业结构。主动适应全省经济结构调整、转变发展方式需要，组织开展以品牌特色专业建设为核心的本科教育创新高地建设，全年投入专项资金253万元，本科教育创新高地和品牌特色专业分别达到113个和214个。新增4所本科院校，1所民办高校获得专业硕士学位授予资格。高校科技能力显著提高，1个工程中心列入国家工程技术研究中心组建项目计划，1人当选中国工程院院士。

【教育公平】 深化考试招生制度改革，继续采取将80%省级示范性高中招生名额分配到初中学校的办法，促进生源均衡；出台普通高中课改后高校招生制度改革方案，批准13所高职进行单独招生试点改革。进一步完善资助政策，扩大资助范围，增设资助项目，提高资助标准，建立从学前教育到研究生教育较为完整的家庭经济困难学生资助政策体系，确保学生不因家庭经济困难而失学。认真解决进城务工人员随迁子女接受义务教育问题，制定《关于加强进城务工人员随迁子女入学后管理工作的意见》，保障在入学、评优、评先、免除学杂费等各方面与当地学生享受同等待遇。解决农村留守儿童上学问题，加快寄宿制学校建设，满足留守儿童住宿需求，积极构建政府、社区、学校、家庭多维联动的留守儿童教育与管理服务网络。关心和支持特殊教育，健全特殊教育保障机制。全省有163个县（市）达到普及特殊教育标准，实现每个县（市）建成一所特殊教育学校的目标。

（河北省教育厅　崔海江）

卫　生

【创先争优活动】 2011年，按照中央和省委的部署和要求，省卫生厅以推进河北卫生事业科学发展为主题，以深化医药卫生体制改革和加快转变卫生事业发展方式为主线，以“修医德、强医能、铸医魂”主题实践活动为载体，组织开展了学习实践科学发展观、创先争优、群众工作、“干部作风建设年”等活动，制定了活动“路线图”，强力推进卫生权力运行监控机制建设、患者满意度评价体系建设，医药卫生社会满意度稳步提高，为卫生事业改革发展提供了强大动力和良好氛围。一是加大宣传力度。以弘扬白求恩精神，展示卫生工作者风采为主题，组织了全省卫生系统“燕赵天使·创先争优颂”文艺演出，向全社会宣传卫生系统创先争优活动成效。二是组织开展党员领导干部点评创先争优工作。对全省医药卫生系统3719名党组织书记、3719个基层党组织和70137名党员进行了点评。三是开展系列活动。省卫生厅围绕在全省卫生系统大力弘扬“对工作极端负责、对人民极端热忱、对技术精益求精”的白求恩精神，在广大卫生工作者中树立“一切为了人民健康”的服务意识，积极组织开展了“当代雷锋—志愿者在行动”主题志愿服务活动，组织召开全省医药卫生系统创先争优活动第三次推进会，全省卫生系统继续深入开展“白求恩杯竞赛优胜单位”、争当“白求恩医药卫生工作者”、“医疗窗口亮起来”、“健康服务进万家”等活动，切实提高了医院患者满意度，全面提升了卫生行风建设水平。同时，全省卫生系统开展了以“服务好、质量好、医德好、群众满意”为主要内容的“三好一满意”活动，以人民群众满意为目标，重点加强各级医疗机构的医疗服务、医疗质量和医德医风建设，切实改善群众的就医感受，提高对医疗卫生工作的认同度。中组部副部长、中央创先争优活动领导小组成员兼办公室主任王秦丰一行来省卫生厅调研指导创先争优工作并给予了高度评价。

为进一步推进全省卫生系统“为民服务创先争优”活动不断深入，确保医药卫生体制改革各项目标任务的顺利完成，2011年，省卫生厅结合当前卫生工作形势，在全省卫生系统组织开展了“修医德、强医能、铸医魂”活动，制定了活动指导意见，召开了动员大会，明确了“增强为人民健康服务的能力和水平、满足群众的医疗卫生服务需求”的活动目标，并在全省卫生系统组织开展了幸福观大讨论、“比技能、比作风、比业绩”竞赛活动以及“修医德、强医能、铸医魂”大点评等一系列活动，营造了学先进、争先进的良好氛围。全省医药卫生工作者职业道德素养明显提高，勤勉敬业精神明显彰扬，服务群众能力明显增强，患者满意度和社会满意度也有了较大幅度提高。

【深化医药卫生体制改革】 按照《国务院办公厅关于印发医药卫生体制五项重点改革2011年度主要工作安排的通知》（国办发〔2011〕8号）要求，坚持“保基本、强基层、建机制”的原则，强化“加强体系建设是重点、落实保障政策是焦点、提高服务能力是难点”的理念，着力建立公共卫生服务体系、医疗服务体系、医疗保障体系和药品供应保障体系，完成了各项医改任务。

（一）新农合制度进一步健全完善。2011年，全省有5020.02万农民参加了合作医疗，参合率为95.43%。新农合参合农民筹资标准提高到230元，其中，中央财政补助108元，地方各级财政补助92元，农民个人缴费30元。制定了《2011年新型农村合作医疗统筹补偿方案基本框架》，适当降低了报销起付线，提高了住院补偿比例和最高支付限额，最高支付限额由4万元提高到6万元，达到了全国农民人均纯收入的10倍。新农合政策范围内住院费用支付比例达到69.12%。进一步扩大门诊统筹和支付方式改革范围，实施门诊统筹的县（市、区）由89个增加到155个，占全省实施新农合县（市、区）总数的94%。制定了门诊统筹实施方案基本框架，提高了门诊统筹筹资标准、补偿比例和封顶线。积极推行补偿总额预算、按病种付费、按单元付费、按人头付费等支付方式改革，全省实行支付方式改革的县（市、区）由16个增加到79个，占全省实施新农合县（市、区）总数的48%。在全省全面推开提高农村儿童先心病、白血病医疗保障水平试点工作，与民政厅联合制发了《河北省关于开展提高农村儿童重大疾病医疗保障水平试点工作的实施方案》，确定了开展儿童两病救治的省、市级定点医疗机构，儿童两病实行最高限额付费，新农合补偿70%，符合救助条件的患儿民政部门再补偿20%。增加儿童先心病介入治疗，省卫生厅制发了《儿童先天性心脏病4个病种介入治疗临床路径》。制发了《宫颈癌、乳腺癌、重性精神病、终末期肾病医疗保障水平试点工作实施方案》，9月1日起将乳腺癌、宫颈癌、重性精神病、终末期肾病纳入了重大疾病保障试点范围，实行按病种限价方式管理，新农合按70%的标准给予补偿。组织制定了《河北省新型农村合作医疗县级系统数据规范（2010版）》，在已经实现统筹区域内县、乡定点医疗机构即时结报的基础上，积极推进市级定点医疗机构即时结报工作，全省已有10个设区市实现了市级定点医疗机构即时结报。调整修订了《河北省新型农村合作医疗诊疗项目补偿规定》，下发了《关于规范新型农村合作医疗提高重大疾病医疗保障水平试点工作有关问题的通知》，《关于提高新型农村合作医疗基金使用效率控制基金结余的通知》，《河北省新型农村合作医疗省、市、县级定点医疗机构考核评价指标》等文件，进一步规范新农合制度运行，加强定点医疗机构监管。2011年，全省参合农民共有9862.18万人次得到新农合补偿103亿元。参合农民次均住院补偿费用为2162元。

（二）实施国家基本药物制度进展顺利。代省政府起草下发了《河北省政府办基层医疗卫生机构基本药物集中采购实施办法》，建立健全了基层医疗卫生机构基本药物统一招标、统一采购、统一配送、统一回款的“四统一”集中采购工作机制，规范了基本药物采购，最大限度降低基本药品价格。完成了全省基本药物近三年市场实际购销价格调查，初步建立了全省基本药物价格信息库。采取了单一货源承诺方式和“双信封”招标办法本轮基本药物集中采购，完成了新一轮基本药物集中招标采购工作，中标药品1196个，中标药品价格比国家零售指导价格平均下降59%，比国家参考价格平均下降23%，比首次基本药物集中采购价格平均下降31%。大力推行基本药物网上统一采购，各设区市卫生行政部门统一通过省医药集中采购网采购基本药物。加强对中标企业配送工作的监管，积极推进由中标企业对药品的质量和供应一并负责的药品配送工作新机制，全省各采购用户网上采购基本药物及时配送到位率达到70%。制发了《河北省政府办基层医疗卫生机构基本药物网上采购及货款集中支付管理办法（试行）》，由市、县级财政国库集中支付中心或卫生行政部门财务会计集中核算中心统一支付货款，全省136个县（市）已有130个设立了基本药物采购专用账户，91个采购用户安排了采购周转资金。同时，按照省政府办公厅《关于在全省政府办基层医疗卫生机构实施国家基本药物制度的通知》要求，在全省所有政府办基层医疗卫生机构开展以管理体制、人事制度、分配制度、药物制度和保障制度为重点的综合改革，全面实行基本药物零差率销售。省卫生厅制定了《关于建立健全基层医疗卫生机构补偿机制的实施意见》、《河北省基层医疗卫生机构人员分流安置办法（试行）》，启动了农村卫生实现“五个三”目标的综合改革试点。全省所有政府办乡镇卫生院全部实现基本药物零差率销售，基本完成了核编定岗、竞聘上岗、绩效考核和人员分流安置等综合改革任务。

（三）基层医疗卫生服务体系不断完善。积极争取国家和省卫生建设项目，初步安排新建县级医院16个，中心乡镇卫生院69个，农村急救机构54个，村卫生室6680个。2009和2010年中央安排河北省的1679个基层卫生服务体系建设项目，开工1618个，竣工1392个，开工率和竣工率分别达到96.4%和82.9%。组织开展乡村卫生服务一体化管理示范县（市）创建活动，制定实施方案和考核评估标准，进一步强化了乡村两级医疗卫生机构整体功能，全省有144个县（市、区）、1733个乡镇和39114个行政村实行了一体化管理，20个县通过了“创建乡村卫生服务一体化管理示范县”的评估验收。继续组织开展“创建标准化、规范化乡镇卫生院示范县活动”，新增“标准化、规范化乡镇卫生院示范县”14个，全省所有县（市）全部完成创建目标。全省设有社区卫生服务机构982个，其中新建23个，设有社区卫生服务中心217个，社区卫生服务站765个，社区卫生服务街道覆盖率达到98%以上。制发了《创建全国示范社区卫生服务中心活动实施方案》，组织对各设区市申报的18个创建国家示范社区卫生服务中心推荐机构进行了评估，6个社区卫生服务中心被评为全国“示范社区卫生服务中心”。深入推进城乡医院对口支援工作，继续实施城乡医院对口支援工作及双“万名医师支援农村卫生工程”，明确了班子对接、部门对接、师生对接、专业对接“四对接”政策，强化与医师职称晋升和医师定期考核等考评、医院评审评价、卫生项目安排、医院领导班子考核等“四挂钩”措施，强化了工作落实保障力度。全省共派驻下乡医务人员4152人，诊治病人23.16万人次，抢救危重病人2651人次，开展手术2269例，培训基层卫生技术人员14126人次，免费接收进修人员1735人次，开展新技术258项，赠送药品、器械价值1116.21万元。完成了全省7832人次乡镇卫生人员的在岗培训和58852人次村卫生室卫生人员的培训任务，进一步提高了基层医疗机构的服务能力和水平。制发了《河北省环首都医疗健康产业发展指导意见》，确定了环首都健身康复基地建设目标和原则，按照省政府统一部署，编制完成了《河北省环首都绿色经济圈健身康复基地建设编制规划（征求意见稿）》，加快推进环首都健身康复基地建设。

（四）基本公共卫生服务均等化水平逐步提高。政府基本公共卫生服务经费标准从15元提高到了25元，基本公共卫生服务项目增加到10类41项，全省1960所乡镇卫生院和98%以上的社区卫生服务机构开展了健康教育、预防接种、传染病防治、妇幼保健、老年人保健、慢性病管理和重性精神疾病管理等工作。11类基本和6项重大公共卫生服务项目全部完成项目指标。下发了《关于加快建立和推进城乡居民电子健康档案的通知》，研发了健康档案录入系统，全省城市居民建档率为58.25%，规范化电子档案建档率为50.81%；农村居民建档率为69.71%，规范化电子档案建档率为54.79%。为15岁以下人群补种乙肝疫苗303.6万人份。规范管理高血压病人362.9万人、糖尿病人102.4万人、重性精神疾病7.95万人。实施贫困白内障患者复明手术4.22万例。为0—6岁以下儿童和孕产妇建立保健手册，全省儿童保健系统管理率达到88.38%，孕产妇保健系统管理率达到88.17%，孕产妇产前检查95.69万人，检查率为95.27%，产后访视92.06万人，访视率为91.66%。农村妇女两癌筛查33.95万人，育龄妇女免费补服叶酸215.2万人，农村孕产妇住院分娩补助236万人，实施艾滋病母婴传播阻断项目检测孕产妇数14万人。建设农村无害化卫生厕所近38万座。与省财政厅联合下发了《关于开展2010年基本公共卫生服务项目绩效评价的通知》，组织完成了对全省2010年各县（市、区）基本公共卫生服务项目绩效评价工作。接受了卫生部、财政部组织的对10个省基本公共卫生服务项目执行情况的现场考核。根据卫生部新下发的10类基本公共卫生服务规范，与省财政厅联合修订下发了《河北省基本公共卫生服务项目绩效评价办法》和《绩效评价标准》。

（五）公立医院改革试点稳步推进。以改革“以药补医”机制为切入点，积极探索公立医院改革路子，召开了全省卫生系统公立医院改革试点工作会议，代省政府起草了《河北省2011年公立医院改革试点工作实施方案》，明确了从体制机制入手，由内到外、由易到难，分层次深入推进的全省公立医院改革思路和措施。在全省11个设区市每个市各选择1个县（市）开展县级公立医院改革试点，着力建立财政投入公益制、院长负责制、全员聘任制、绩效考核制、精细管理制、主诊医师负责制、上下级医院协作制“七个机制”，11月底，省卫生厅分别在保定唐县和沧州南皮县召开了县级医院综合改革暨规范化管理现场会，交流了改革试点经验，对试点工作进行了再部署。在邯郸、唐山两个省级试点城市重点开展政事分开、管办分开、医药分开、营利性与非营利性分开“四分开”改革，探索公立医院改革的基本经验。在唐山、石家庄全部县和廊坊香河县县级医院，探索开展了经营双轨制、医疗服务双价格、医疗队伍双配备“三双”机制改革，充分满足患者不同层次就医需求。在全省所有公立医院开展以改进群众就医服务、加强医疗质量管理和控制医药费用不合理增长为重点的改革工作。积极巩固和扩大“优质护理服务示范工程”覆盖面。全省开展优质护理服务的二级以上医疗机构增加到360所，三级医院试点病房总数增加到了790个。在全省二级以上医院全面推行临床路径和单病种质量费用综合管理工作，进一步扩大了临床检查检验结果互认范围，鼓励公立医院优先使用基本药物和适宜技术，降低医疗费用。全省实行单病种质量费用综合管理的医疗机构达到380余所，共有290余所医疗机构实行了检验检查结果互认制度。进一步规范预约诊疗服务，召开全省三级医院预约诊疗服务平台宣传动员会议，确定河北医科大学第二医院与南皮县人民医院等5所县医院建立远程会诊系统，探索远程医疗系统建设。在全省百家医院着力抓好职务权力的动态监控，开展患者满意度评价，切实改善了患者的就医感受。进一步加强医疗机构监督管理，规范医疗机构执业行为，进一步完善了医疗管理评价体系和评价制度，积极开展了医疗质量万里行活动和优质医院创建工作；开展了抗菌药物临床应用专项整治，二级以上医院住院患者抗菌药物使用率由70%下降到50%。严厉查处医疗机构发布虚假违规广告，对102家医疗机构给予了警告或处罚。积极探索建立医疗纠纷人民调解机制，形成了医患纠纷预防与处置“保定模式”。组织开展了全省医务人员岗位技能竞赛和病历书写质量评比活动，进一步加强了医院管理和医疗质量。

【疾病控制】 深入落实“预防为主”的工作方针，全面加强传染病疫情防控和突发公共卫生事件应对工作，切实保障了群众身体健康和社会和谐稳定。

（一）重大传染病防控工作明显成效。大力推进艾滋病防治“五扩大，六加强”措施的落实，加强重点人群抗体筛查、咨询检测和高危行为干预，全省免费抗体筛查231万人、自愿咨询检测12万人，接受VCT服务人数连续5年位居全国第一。全省累计干预高危人群191万人次，继续保持了艾滋病疫情低流行状态。不断加大流动人口、耐多药和结核病/艾滋病双重感染防治工作力度，全省累计发现活动性肺结核病人3.39万例，涂阳肺结核病人1.92万例，其中新发涂阳病人1.63万例；新涂阳病人治愈率达90%以上。结防机构转诊到位率、追踪到位率、总体到位率分别为52.8%、74.2%、90.9%，均高于上年同期水平；涂阳肺结核患者治愈率95.4%，系统管理率98.3%，超出了国家提出的85%和95%的目标。全省传染病疫情总体稳定，无甲类传染病疫情，乙类传染病发病数和死亡数与2010年相比分别下降5.2%和8.1%；麻疹发病数下降99.1%，手足口病发病数和死亡数分别下降27%和77.1%。

（二）免疫规划管理工作扎实开展。在全国率先实行了农村“周接种”、城市“日接种”制度，儿童“五苗”报告接种率达98%以上，乙肝疫苗首针接种率达95%以上。加强消除麻疹工作，组织开展了重点人群麻疹类疫苗接种社会稳定风险评估，按照自愿免费原则，对在校大中专学生进行麻疹疫苗接种，全省接种58.19万人，未发生严重不良反应。针对流动人口开展了麻疹疫苗查漏补种和应急接种行动，全省接种5万人。积极应对新疆脊灰野病毒输入疫情，在选派专家支援新疆防控工作的同时，组织开展了流动人口摸底登记、查漏补种；对往返新疆、巴基斯坦的重点人群进行摸排登记，为2000余名新疆学生和赴新疆采棉等临时工接种了脊灰疫苗。继续开展3岁以下儿童脊灰疫苗强化免疫活动，维持了无脊髓灰质炎状态。

（三）慢性病、地方病和爱国卫生工作持续推进。一是以落实医改相关任务为抓手，积极推进基层医疗机构公共卫生科建设，进一步健全完善了基层疾病预防控制和爱国卫生服务体系。不断加强项目管理，重大公共卫生服务项目各项任务目标如期实现，基本公共卫生服务项目不断深入。二是开展了河北省精神卫生资源现状调查，摸清了各地精神卫生事业发展现状和底数。积极开展慢性病综合防控示范区创建工作，起草了《河北省慢病综合防控示范区工作实施方案》，确定16个县（市、区）开展慢病防控示范区创建工作，其中石家庄桥东区已通过考评成为国家慢病防控示范区。癌症早诊早治、农村地区癫痫治疗管理、重性精神疾病管理治疗和口腔疾病综合干预等中央转移支付慢性病预防控制项目工作进展顺利。完成了2010年儿童口腔疾病综合防治项目工作任务，开展了癫痫患者筛查及免费治疗与随访管理。三是顺利通过国家重点地方病防治规划（2005－2010年）终期考评，大骨节病和克山病持续稳定在控制标准。国家盐碘、水氟实验室考核、中央转移支付地方病防治项目进度和质量均居全国前列。落实以食盐加碘防治碘缺乏病为主导防治措施，加强碘盐监测，居民合格碘盐食用率达到90%以上。四是爱国卫生工作深入开展。组织对2010年河北省卫生城市、卫生县城和卫生镇进行了复审，深入推进城乡环境卫生整洁行动，继续开展“城乡环境卫生整洁行动”，遵化市马兰峪镇等7个乡（镇、农场）被命名为“河北省卫生镇（乡、农场）”；石家庄市被命名为“河北省卫生城市”。南戴河国家卫生镇顺利通过复审。全面落实国家在医疗卫生系统全面禁烟的决定，对2010年全省卫生系统烟草控制工作落实情况进行了通报。不断加大爱国卫生技术人员培训力度，先后举办了农村改厕、有害生物管理与防制和烟草控制技术培训班，提高了专业人员业务水平。

【妇幼卫生】 一是妇女儿童健康水平明显提高。2011年，全省孕产妇死亡率下降到25.01/10万，较2000年的54.2/10万下降了53.89%；婴儿和5岁以下儿童死亡率分别下降到10.09‰和13.21‰，较2000年的22.60‰和24.10‰分别下降了55.39%和45.23%。妇女儿童常见病、多发病得到有效防治，孕产妇、儿童营养状况进一步改善。妇女儿童主要健康指标均达到或超过国家“两纲”和省“两个规划”指标要求，婴儿和5岁以下儿童死亡率提前实现了联合国千年发展目标。二是妇幼卫生法制化建设不断加强。省卫生厅出台了《关于进一步加强妇幼卫生工作的指导意见》及助产技术管理、产前筛查、产前诊断、新生儿疾病筛查等一系列母婴保健法律法规配套文件。各级卫生行政部门按照“严格准入、慎重审批、加强监管、规范行为”的原则，依法加强母婴保健技术服务机构和人员的审批与管理。规范法律证件的使用与管理，依法发放《出生医学证明》800余万份。深入开展母婴保健执法监督和专项治理，严厉查处非法接生、非法进行胎儿性别鉴定和选择性别终止妊娠等违法行为，剖宫产率明显降低。三是妇女儿童重大健康问题逐步得以解决。积极实施婚前保健、产前筛查和诊断、新生儿疾病筛查预防出生缺陷三级措施，推动了产科人员的技术水平服务能力有效提升。实施“降低孕产妇死亡率和消除新生儿破伤风项目”，农村地区孕产妇危重症抢救能力明显提高。新生儿纳入新农合报销范围。积极开展新生儿疾病筛查工作，2011年，全省“两病”筛查率达到90.89%，新生儿听力筛查率达到47.85%。积极引进新生儿窒息复苏、儿童疾病综合管理、妇女盆底功能障碍防治等项目，一批适宜技术在基层推广。修订了《河北省托儿所幼儿园卫生保健管理办法》，进一步提高托幼机构卫生保健管理水平。四是妇幼卫生服务体系不断健全。对82所妇幼保健机构进行了改扩建。全省基本形成了以城乡基层医疗卫生机构为基础，以妇幼保健专业机构为核心，以大中型综合医疗机构和相关科研教学机构为技术支撑的妇幼卫生服务体系。全省共有妇幼保健机构187所，县级以上妇幼保健人员1.5万多名，乡镇卫生院妇幼医生4920名。开展了妇幼保健机构规范化建设、机构等级评审和县级妇幼卫生工作绩效考核。五是妇幼卫生信息化水平不断提高。投入160万元，建立了覆盖全省的妇幼卫生信息综合管理系统，基本实现了妇幼卫生信息的网络直报。加强了队伍建设和制度建设，强化了人员培训和质量控制。孕产妇死亡、5岁以下儿童死亡和出生缺陷三网监测质量不断提高，监测覆盖面逐步扩大。建立了“两纲”、“两个规划”指标监测评估系统。国务院妇儿工委督导组对全省卫生系统实施“两纲”工作给予充分肯定，省卫生厅荣获“全国实施妇女儿童发展纲要先进集体”称号。

【卫生应急】 一是管理体系日益完善。7个设区市设置了独立的卫生应急办，15%的县级卫生行政部门应急办已获得编办批准。将医院卫生应急办事机构建设纳入了三级医院评审标准，规范了医疗卫生机构卫生应急工作的开展。健全完善部门、地区间联防联控机制，卫生应急装备和物资储备能力进一步加强，市级突发公共卫生事件应急指挥项目和国家鼠疫防控演练基地建设工作稳步推进。二是应急队伍建设进一步加强。将省武警医院卫勤分队纳入了省级卫生应急队伍管理序列。制发了《2011－2015年河北省卫生应急工作培训计划》，先后组织举办卫生应急相关各类演练17次、专业技术培训班8期，累计培训1100人次。三是加大鼠疫、人禽流感等突发急性传染病防控力度，全年无鼠疫和人禽流感疫情发生。扎实有序开展了重大活动和节假日卫生应急保障工作，维护了人民群众身体健康和社会稳定。四是突发公共卫生事件得到了有效处置。先后组织处理承德市隆化县章吉营中学感染性腹泻等突发公共卫生事件66起，其中，一般突发事件53起，较大突发事件3起。配合有关部门全力做好“10.7”滨保高速天津段重大交通事故、“10.29”京港澳高速沙河段追尾事故紧急医学救援工作，有效防止了事态扩散和蔓延。

【食品药品安全】 认真贯彻省委、省政府关于打造“食品药品安全省”的部署，积极协调相关部门，全面履行省食品安全监管协调领导小组办公室和厅际打击假药协调联席会议制度牵头部门职责，全面加强食品药品安全工作。

（一）食品安全监管工作进一步加强。一是集中力量组织开展食品安全专项整治行动。按照省政府要求，组织开展了为期4个月的食品安全专项整治。全省共检查食品单位146万家次，关闭取缔4754家，停业整顿4800家，改造提升1.39万家，整合重组71家，派监督员入驻企业2.88万家。二是加强食品安全风险监测。会同有关部门制定了《2011年河北省食品安全风险监测方案》，对17类食品的化学污染物及有害因素和10类食品的食源性致病菌污染状况进行风险监测，完成食品中化学污染物及有害因素监测样本6977份，涉及412种食品，123种污染物，获取数据4.46万条，完成食源性致病菌监测样本5363份，获取数据3.05万条，总数据量是国家计划的2.9倍。及时将监测发现的隐患通报当地政府和有关部门，为有效防范系统性食品安全风险发挥了积极作用。三是加大了案件查处力度。实行了举报奖励制度，通过各种新闻媒体向社会公布了24小时举报电话，共受理食品安全投诉举报170起，先后查处了灵寿县生猪注水、廊坊飞鹤乳业添加三聚氰胺、保定满城县瘦肉精生猪等一批违法案件。四是强化了食品安全监管长效机制建设。代省政府起草并印发了省级食品安全全程监管、风险预警、企业自律、社会监督、应急处置、责任追究六大长效机制的文件，与相关十部门建立了食品安全行政执法与刑事司法衔接工作机制，开展了食品安全联合执法。根据省政府要求，在省政府食品安全委员会办公室成立后，将食品安全综合协调、食品安全信息发布、组织开展重大食品安全事故调查处理职责进行了移交，推动了全省食品安全监管机制进一步理顺。五是开展食品安全企标备案和地方标准制定。制订了《河北省食品安全企业标准备案审核要点》和《河北省食品安全企业标准备案办法》，规范了赔案程序、提高了备案质量和效率，备案食品安全企业标准1344份。完成了《生乳》、《食品添加剂使用标准》等8个食品安全国家标准的跟踪评价任务。组建了第一届食品安全地方标准审评委员会，征集地方标准立项建议160项。

（二）药品安全监管水平进一步提高。围绕理顺全省药品监管机制，牵头制定并由省政府印发了5个药品安全方面的长效机制，同时对药品市场监管不放松，积极推动药品安全监管水平不断提高。一是继续推进为期两年的药品安全专项整治活动。充分发挥打击生产销售假药厅际协调联席会议作用，不断加大对非药品冒充药品和通过寄递等渠道销售假冒伪劣药品等违法行为的打击力度，共出动执法人员5.7万人次，立案查处违法案件2.02万件，向公安机关移送涉嫌刑事犯罪案件25起，捣毁制假窝点11个、无证经营窝点95个。二是强化基本药物全程质量监管。加强基本药物质量安全监管。将117家基本药物生产企业、492家基本药物配送企业和全省在产的204个品种的基本药物全部纳入电子监管网，并在全国率先开展了药品零售连锁企业药品电子监管工作试点，初步实现了药品电子监管网与医药诚信管理系统和药品实时监管系统的对接和数据共享，实现了对基本药物全品种的电子监管码赋码管理和跟踪追溯。全国政协调研组对河北省基本药物电子监管工作给予了充分肯定，在国家食品药品监管局工作座谈会上进行了经验介绍。三是进一步强化药品、医疗器械监管。在生产环节，根据新版《药品生产质量管理规范》要求，制定了新的质量认证实施办法，在全国率先完成了新版GMP培训任务和实施工作部署，提高企业准入门槛。在流通环节，在全国率先开发了药品流通实时监控系统，将全省所有药品批发企业和从事药品经营活动的营销人员全部纳入该系统，实施动态实时监控，提升了药品监管效能。

【卫生执法监督】 一是卫生监督体系建设全面启动。按照国家《卫生监督体系建设与发展规划》要求，积极配合发改和财政部门，推动全省168家县级卫生监督机构申报了业务用房建设项目，首批122县已经批复到位。及时下达了1.36亿元县级卫生监督体系建设项目资金。按照卫生部《关于进一步加强卫生监督协管的指导意见》，推进实施卫生监督协管项目，张家口崇礼县、石家庄井陉县、沧州沧县、承德滦平县、廊坊三河市已初步建立起县、乡、村三级公共卫生监管网络。结合执行卫生监督培训项目，实施人才培养“三个一工程”，不断完善卫生监督人才培养体系，加强卫生监督人才队伍建设。组织各级卫生行政部门和卫生监督机构开展职责梳理，制定职责明细表，组织开展了卫生监督工作绩效考核。加强卫生监督信息化建设，全省卫生监督统计报告总建库率达到104%，卫生行政处罚网上管理系统正式运行。制订了卫生行政执法案件办理工作规范、卫生行政处罚听证程序和行政执法文书样式，卫生执法行为不断规范。二是职业病防治工作扎实推进。建立了26家职业病诊断机构、113家职业健康检查机构和24家职业卫生技术服务机构组成的职业卫生服务体系。制发了《河北省职业健康检查与职业病诊断机构管理办法》，对全省职业卫生技术服务机构进行了质量考核，责令36家考核不合格机构限期整改。会同安监等9部门，组织开展了职业健康状况调查，已完成19009家企业的职业健康一般状况调查，第二阶段职业健康体检工作正在有序进行。开展了医疗机构放射诊疗防护基本情况调查，摸清了放射许可、设备、人员和诊疗人次等基础信息。开展重点职业病监测，藁城市已完成1040人接触铅作业人员的职业健康检查，迁安市已完成1725人接触矽尘作业人员的职业健康检查，香河县已完成1523人接触苯作业人员的职业健康检查和41家企业苯、甲苯、二甲苯的检测，徐水县监测点工作已经启动。开展职业病诊断和职业健康检查专业技术人员知识培训，省级完成培训1809人次，市级完成培训6262人次，提高了全省职业病诊断和体检医师的工作水平。按照省维稳办要求，会同民政等部门出台相关政策，妥善处理了原8023部队退伍军人群体上访事件以及邯郸涉县、秦皇岛港务局、承德光明煤矿等多起信访事件。三是深入开展消毒产品和涉水产品专项整治。在全省组织开展为期3个月的消毒产品和涉水产品专项整治活动，通过拉网式清查、强化督导检查，确保实现了“四个一批”的整治目标。全省共出动执法人员1.05万人次，检查生产企业485家，经营单位1万余家，取缔无证生产单位13家，注销消毒产品生产企业15家，整顿314家，查处155家，罚款56.18万元，扶持提升55家，建议卫生部收回涉水产品批件3个。开展了餐饮具集中消毒单位专项检查，责令整改217家，处罚37家，罚款4.56万元，抽检集中消毒餐饮具309家，合格率为88.3%，并将检查结果及时通报工商和食品药品监管部门。开展了现制现售饮用水专项检查，摸清了全省现制现售饮用水处理器品牌、数量、分布和经营单位底数，建立了企业档案。抽检水样41份，对7份不合格水样的经营单位责令限期整改。四是严厉打击无证行医违法行为。联合公安部门，在全省范围内开展了打击无证行医“暴风”行动，按照“取缔一批、重罚一批、曝光一批、移交一批”的工作目标，多次召开会议进行调度，向社会公布举报电话。全省取缔无证行医984家，处罚464家，罚款95万余元，曝光340家，向公安机关移送涉嫌犯罪案件24件，保持了打击无证行医的高压态势。五是加强公共场所、饮用水和学校卫生监管工作。按照《公共场所卫生管理条例实施细则》，不断推进公共场所量化分级管理工作，全省住宿、美容美发、游泳和沐浴四类公共场所完成卫生等级评定1.37万家，评定率为80%，标牌悬挂率达到75.5%。结合全国城市供水水质普查工作，将石家庄、唐山、秦皇岛三市和28个县（县级市）纳入全国饮用水卫生监测网络，对集中式供水、二次供水、农村学校自建供水和农村分散式供水水质进行了监测，监测水样1184份。组织开展了为期3个月的学校饮用水和学校传染病防控卫生监督检查，共检查各类学校1.20万所，对存在问题的897所学校和托幼机构全部督促整改。对医疗机构、疾病预防控制和采供血机构医疗废物管理、传染病防控措施落实、消毒隔离制度执行情况开展了监督检查，共检查单位2.65万家，警告4577次，罚款217.8万元。

【中医药工作】 以深化医改为契机，积极争取省委、省政府对中医药事业发展的支持，由省政府印发了《关于振兴中医药事业的决定》。2011年12月2日，省委、省政府召开了全省振兴中医药事业大会，提出了今后一个时期全省中医药事业改革发展的思路和政策措施，明确了建设中医药强省的工作目标。积极争取专项资金2.74亿元，用于全省137所县级中医医院设备更新和房屋改造。努力提升中医医院管理水平，将开展中医医院管理年活动与中医医院等级评审挂钩，提升了各级中医院医疗管理质量。积极提升基层中医药人员的业务素质，完成乡村医生中医专业中专学历教育和城市社区中医类别全科医师岗位培训项目，培养乡村医生5086名、全科医师750名。改善中医药科研支撑条件，安排380万元启动了11个省级中医药重点研究室和5个名中医传承工作室建设；整合优质人力资源和技术力量，在全省创建卫生部国家临床重点专科3个，国家中医药管理局重点专科21个，省级重点专科93个，有效提升中医专科建设水平。开展中医药类科研课题立项工作，203项课题列入了2011年度计划任务。大力开展中医药科研工作，共获得省中医药学会科学技术奖242项。利用媒体组织中医药科普专家进行科普巡讲，向群众普及传播科学、准确、全面的中医药文化科普知识。加强对农村中医药工作的指导和支持，邢台内丘县和石家庄井陉县被授予“全国农村中医药工作先进单位”称号。

【卫生科教】 坚持“科教兴医”战略，继续加强医学科研课题申报和成果评审工作，完成河北医学科技奖和省科学技术奖推荐评审工作，评出414项河北医学科技奖，推荐的科研成果获省科技厅科技进步一等奖3项，二等奖6项，三等奖27项，成果数量和质量稳居各行业之首。继续强化高水平学科带头人的选拔和培养工作，共遴选42名骨干医师参加北京大学医学部“中青年学科骨干研修”项目。加强以全科医生为重点的基层卫生人才培养工作，组织186名全科医师骨干、1782名全科医师和1381名社区护士参加城市社区卫生人员培训项目。认真做好全省农村卫生技术人员培训工作，完成了全省7832人次乡镇卫生人员的在岗培训和5.89万人次村卫生室卫生人员的培训任务。实施了县级医院骨干医师培训项目，从全省117所县级医院选定514名骨干医师到56所三级医院进行一年进修培训。继续开展农村订单定向医学生免费培养工作，为乡镇卫生院及以下的医疗卫生机构培养从事全科医疗的卫生人才320人。进一步加强继续医学教育，共组织评选2011年度省级继续医学教育项目1243项，远程继续医学教育项目128项。

【卫生法制】 一是深入推进依法行政。根据《河北省人民政府关于建立行政裁量权基准制度的指导意见》（冀政〔2010〕152号），制定完成了河北省卫生行政裁量权基准制度，以及重大裁量事项集体讨论制度、重大具体行政行为备案制度、行政裁量权适时评估修订制度、说明理由制度、回避制度、公开制度、执法责任制度等8个制度，制定了河北省卫生行政处罚裁量权基准等文件，并开展了以规范行政处罚程序和自由裁量权为重点的行政处罚行为监督检查。继续加强行政审批管理，积极开展卫生非行政许可审批和行政监管事项清理工作试点工作。根据《河北省规范性文件制定规定》和《河北省规范性文件“三统一”制度》等相关规定，制定了《河北省卫生厅规范性文件制定与合法性审查办法》，加强了规范性文件的制定和审查管理。完成了省卫生厅机关和省卫生厅卫生监督局执法人员行政执法证和行政执法监督检查证年检，组织省本级新增和调整岗位执法人员61名参加了省法制办组织的法律知识培训。积极开展执法案卷评查，省卫生厅2个执法案卷（处罚案卷、行政审批案卷各1个）入选河北省2010年度行政执法案卷评查工作暨“百佳行政执法案卷”。对《河北省性病防治管理暂行规定》、《河北省食品安全监督管理规定》进行了修订。加强了对网上广告的巡查和重点门户网站的监测，加大了利用互联网医疗信息服务发布非法医疗广告的查处力度，加强了互联网医疗信息服务监管。二是大力开展卫生宣传。制发了《关于进一步加强和改进卫生新闻宣传工作的实施方案》，围绕卫生中心工作，积极开展宣传报道和新闻报送工作。建立了工作制度，定期报送卫生系统重点新闻线索和素材。制定了《河北省卫生厅网络舆情监测制度》，定期报送网络舆情信息。加强了宣传工作机制和宣传队伍建设，各设区市卫生局和省直医疗卫生单位均明确了主管领导，指定了宣传工作部门，并按要求配备专兼职人员，具体负责日常新闻宣传和联络工作。加强与主要媒体的联系，利用电视台、报纸、网络等媒体，大力宣传“十一五”期间卫生工作成就。紧紧围绕医改做好宣传工作，谋划开展了志愿服务在医院活动，组织省内媒体深入基层调研采访和报道医改工作。对提高新农合重大疾病保障力度、“大学生村医”计划等医改新措施、新进展和新成效以及社会广泛关注的热点问题，积极开展宣传报道。围绕建党90周年等重大事件及活动，向省外宣局上报各地、省直各单位宣传线索。同时，对全省卫生工作会议等重要大会进行集中报道。制发了《河北省卫生系统法制宣传教育第六个五年规划》和全省卫生系统2011年度普法宣传实施计划。组织召开了全省卫生系统法制宣传教育工作会议，全面总结了卫生系统“五五”普法工作，对“六五”普法工作进行了安排部署，提出了明确要求。利用各种卫生宣传日、宣传周进行卫生法律和健康知识大型宣传活动，均取得较好的效果。三是依法开展行政复议。对河北益通汽车销售服务有限公司及河北安昌汽车销售服务有限公司两起行政复议案件，组织召开适用法律研讨会，向石家庄市卫生局、石家庄市卫生监督局征询意见。石家主市卫生局及时纠正行政执法不当、适用法律错误等问题，主动撤销处罚决定书，重新作出行政行为，申请人主动撤回申请书。对保定村卫生所认定和石家庄医疗美容院无证处罚等两起复议案件进行了调解，合理解决了申请人的申请事项。

【权力运行监控机制建设】 一是厅机关权力运行监控机制建设稳步推进。2011年5月，召开了厅机关和直属单位党风廉政建设工作会，签订了《2011年党风廉政建设责任书》。大力推广医政处“在医院评审评价中试行廉政风险管理”的做法，厅机关10个具有大型专项权力活动的处室都按照制定计划、强化执行、严格检查、及时修正的做法，开始试行大型专项权力活动的廉政风险管理。各处室加强了内网的廉政建设，做到内网建设专人负责，内网信息及时更新，内网信息内容具体详实全面，实现对各处室不同等级权力的有效监控，充分发挥内网应有的监控作用。二是重点领域权力运行监控机制建设扎实开展。在决策领域，认真执行《关于建立健全科学民主决策的实施办法》，普遍建立了会议纪要制度，“三重一大”事项都经过集体研究决定并及时公开。在基建领域，全省419个卫生在建项目中，有413个落实了“一把手”不直接分管基建的规定，有390个落实了“十公开”制度。在新农合领域，全省定点医疗机构共确定廉政风险点1.48万个，内控点1.36万个，建立健全预防规则文件4060个，保障了新农合基金的平稳运行。在集中采购领域，严格执行“十公开”和“内控点”制度。2011年9月，按照单一货源承诺方式和“双信封”招标办法，通过开展药品价格调查、科学设定采购参考价格、合理设定入围比例、制定廉价药品目录，探索质优和价廉的统一，完成了2011年基本药物集中招标采购工作，中标药品1196个，其中百强企业生产的药品644个，占53.9%。全年省卫生厅共组织大规模医用设备集中采购7次、61.5万台（件），涉及资金4261.2万元。由于组织得力，监督严格，各方面反映良好。在行政审批领域，实行了全程网上动态监控。三是百家医院权力运行监控机制建设取得阶段性成效。在深入推进监控机制建设的基础上，突出抓了100家医院。在河北省胸科医院、河北省儿童医院和河北省人民医院开展了试点，召开现场会进行了总结推广，率先研发了医院权力监控系统。为加快百家医院监控机制建设步伐，对医院的监控机制建设进行了统一督导检查。2011年1月和3月两次对各市卫生局和省直医院进行了专题调度，3月与省纠风办联合印发了《关于对百家医院患者满意度评价系统运行情况进行检查的通知》，4月采取按标准打分的方式，对百家医院逐级进行了检查验收。全省100家试点医院已全部完成建设任务，全省共计安装门诊、住院患者满意度评价采集器920个和1058个，门诊大厅患者满意度评价触摸屏148台，投入资金总额1475.3万元。河北省卫生厅在医院开展监控机制建设的做法，得到了中央、中纪委、卫生部和省委、省政府、省纪委的充分肯定。2011年6月上旬，卫生部在河北省召开了15省医院权力运行监控机制建设研讨会，实地考察了省人民医院患者满意度评价系统，听取了省卫生厅关于医院权力运行监控机制建设的情况介绍和省人民医院、胸科医院等医院的经验介绍，观看了权力运行监控机制建设软件演示。2011 年 8 月中旬，中纪委驻卫生部纪检组在延边召开全国卫生系统纪检监察工作座谈会，省纪委驻省卫生厅纪检组组长、监察专员高宏伟出席会议，并就河北省医院权力运行监控机制建设的经验做法做了介绍，驻卫生部纪检组决定在全国卫生系统推广河北省经验。2011 年 10 月中旬，卫生部在厦门召开全国卫生系统纠风工作会，高宏伟做了题为"开展权力运行监控机制建设，防控廉洁风险，打造阳光医院"的专题讲座。

【卫生外事】 一是积极推进对外医学交流。全年共派出 30 批 58 人次赴外考察、友好访问、参加学术会议或进行学术交流。先后接待了西班牙、美国、以色列、日本、香港、世界卫生组织（WHO）等近 10 批 42 人次国（境）外国家和国际组织友人来访，其中邀请外国专家来冀讲学 5 次。2011 年 9 月上旬，省卫生厅党组书记、厅长杨新建率省卫生代表团一行 8 人，应邀赴台湾出席了"两岸医疗科学及医院管理研讨会"，考察了台湾有关医疗卫生机构，推动了冀台医学学术交流。2011 年 1 月下旬，"中国河北省卫生厅－德国国际合作机构（GIZ）食品安全合作项目签约仪式"在石家庄市举行，省政府副省长孙士彬出席了仪式，省卫生厅厅长杨新建和德国国际合作机构食品安全项目办公室主任范施格博士分别代表双方签约。按照协议规定，2011 年 10 月上旬，孙士彬副省长率省卫生厅代表团就食品安全问题访问德国和俄罗斯，德方专家先后两次来石家庄市举办食品安全培训班。2011 年 11 月 1 日至 7 日，由商务部主办、卫生部国际交流与合作中心具体承办的"阿富汗医疗研修班"一行 18 人来河北省访问学习，先后到省人民医院、省疾控中心、省中医院、石药集团和省食品药品监督管理局参观。二是扎实做好援外医疗队工作。根据中国和刚果（金）两国政府协议，现在刚果（金）工作的第 14 批医疗队由 18 人组成，涉及内科、妇产科、牙科等十余个科室。据不完全统计，近一年来，援刚医疗队共接诊门诊病人 1.62 万人次，处理急危重症病人 183 人次，实施手术 125 人次，接诊在刚华人华侨 4879 人次；为刚方及驻刚第三国高层领导诊治 122 人次。现在尼泊尔工作的第 6 批医疗队由 17 人组成，涉及放疗、胸外、腹外、病理等 13 个科室。赴尼工作近两年来，医疗队共接诊门诊病人 5.93 万人次，住院病人 8811 人次，手术 703 人次，开展新技术、新项目 22 项。医疗队的工作得到受援国政府和人民的普遍赞誉。2011 年 7 月下旬和 11 月上旬，应受援国医院邀请并经省政府批准，省卫生厅副厅长高春秋和副厅长李建国分别率团赴刚果（金）和尼泊尔就援外医疗工作进行调研，并看望了援外医疗队。按卫生部要求，积极筹备中国援外医疗队派遣 50 周年和河北省援外医疗队派遣 40 周年活动。三是积极实施国际合作项目。2011 年 5 月上旬，香港中国健康工程印发基金会主席梁沛锦先生一行 4 人赴承德丰宁县参加其筹资捐建的南关乡卫生院竣工仪式，并当场同意筹资 50 万再在丰宁县捐建一所卫生院。目前，该基金会已筹资 200 万元人民币分别在河北省石家庄、衡水等四地捐建了共 4 所卫生院。应中国宋庆龄基金会邀请，北京扶轮社海外社友一行 7 人，于 2011 年 5 月下旬赴河北省儿童医院进行考察访问。北京扶轮社与省儿童医院合作的"生命礼物项目"，为先心病患儿提供免费诊治，实施 9 年多来，已为河北省救治先心病儿童近 130 例，培训医务人员上百人。四、切实加强外事管理。为严格外事纪律及外事专办员制度，进一步提高卫生系统外事专办员业务水平，2011 年 11 月中旬，省卫生厅举办了第二期厅直卫生外事专办员培训班，省台办专家及外事处相关人员就出国（境）及赴台湾办事流程、注意事项以及相关外事纪律进行详细讲解。2011 年 7 月上旬，在秦皇岛召开全省卫生援外工作座谈会，贯彻中央有关文件精神，通报全省卫生援外工作情况，安排部署 2011 年援外队员选拔任务。

（河北省卫生厅　周志山　孙医安）

人力资源和社会保障

【就业】 统筹推进各群体就业，就业形势总体稳定。始终把就业作为工作的重中之重，不断完善就业政策体系、服务体系和工作机制，2011 年全省城镇新增就业 71.1 万人，高校毕业生就业率达到 86%，农村劳动力转移就业人数比年初增加 116 万人，城镇失业人员再就业 27.8 万人，各项指标均超额完成全年计划。城镇登记失业率 3.75%，控制在预期目标之内。一是整合高校毕业生就业政策。出台进一步做好高校毕业生就业工作的实施意见，在拓展就业渠道、鼓励自主创业、改进服务等方面加大了政策支持力度。系统上下认真落实政策措施，精心组织开展就业指导进校园、创业培训、就业服务月、就业见习等专项活动，组织实施"三支一扶"、"大学生村医"等基层服务项目，有效促进了高校毕业生就业。二是农村劳动力转移就业工作得到加强。省政府专门召开会议，表彰发展劳务经济先进集体和先进个人，总结推广先进经验。各地积极推行转移就业实名制动态管理，进一步健全了求职登记、培训登记、劳务对接等工作机制。三是就业困难群体得到有效援助。城镇零就业家庭保持动态为零。为 3.2 万名困难家庭未就业大学生发放了失业补助金。继续实施技能扶助计划，安排 6980 名城乡贫困家庭子女免费到技校学习，2007 年以来累计安排 2.8 万人。四是职业技能培训力度加大。出台加强职业培训促进就业的实施意见，加大了资金、项目和培训补贴等支持力度。2 所学校列入国家中等职业学校示范建设项目，8 所学校纳入省中等职业实训基地项目。清理规范职业培训机构，定期发布市场岗位需求信息，引导培训机构调整教学内容，引导参加培训者理性选择专业，培训质量明显提高，全年共培训 100 多

万人次，组织职业资格考核40万人次。援疆农民工培训远程教育平台投入运行。五是创业促就业有新突破。启动实施创业帮扶工程，每年安排3000万元用于创业服务。小额担保贷款政策扩展到各类创业群体，全年发放小额担保贷款18亿元，支持2.2万人成功创业，带动8万人就业。

【社会保险制度建设】 社会保险制度建设加快推进，社保扩面和基金收入保持较快增长。在提升统筹层次、提高待遇水平、降低参保门槛、解决历史遗留问题等方面完善政策，参保扩面和基金征缴收入保持了较快增长。2011年，全省城镇职工基本养老、城镇基本医疗、工伤、失业和生育保险参保人数达到1060万人、1562万人、640万人、498.7万人和588万人，分别比年初增加72万人、44万人、45万人、8.2万人和26.5万人，全部超额完成扩面计划。社会保险基金征缴收入（不含城乡居民养老）达到783.6亿元，基金支出745.3亿元，确保了各项社会保险待遇按时足额支付和发放。一是社会保险政策进一步完善。出台政策将曾在企业工作过的未参保人员纳入企业养老保险统筹，加上前几年出台的断保补缴、“五七工、家属工”参保办法，从政策层面基本解决了企业养老保险历史遗留问题，新纳入企业养老保险历史遗留人员8万多人。将个体工商户、灵活就业人员参加企业职工基本养老保险缴费基数下限，由全省上年度职工月平均工资的60%降低到40%。普遍开展了城镇居民医保门诊费用统筹，基本解决了老工伤纳入社会统筹的问题。失业保险实现市级统筹，有6个市实现医疗保险市级统筹。二是城乡居民养老保险试点扎实推进。试点范围扩大到106个县（市、区)，占全省的62%。2011年，新农保参保人数达到2280万人，参保率达到94.5%；城镇居民参保人数达到40万人。三是社保待遇稳步提高。企业退休人员基本养老金平均提高10.9%，月人均增加154元，达到1571元，比“十一五”初期的635元翻了一番多，高于全国平均水平40元。城镇居民医疗保险报销比例平均提高5个百分点，达到55%—75%。工伤保险伤残津贴月人均增加258元，达到1715元；失业保险待遇月人均增加75元，达到575元，略高于全国平均水平。四是基金监管工作进一步加强。组织开展了失业保险基金收支和社保基金保值增值专项检查，纠正了部分单位失业保险基金入库和调剂金上解问题，督促银行补记社保基金利息1304万元。五是经办管理服务水平明显提高。改进经办管理方式和服务手段，规范经办流程，开展了大规模的业务培训，工作人员素质和经办规范化水平都有新提高。

【人才队伍建设】 以实施重点工程为抓手，人才队伍建设取得新进展。一是三项人才重点工程全面实施。实施京津冀区域人才合作推进工程，上半年签署了区域人才合作框架协议，在燕郊建立了人才交流服务分中心。实施技能大师培养工程，制定了技能大师培养选拔、技能大师工作室建设和高技能人才实训基地建设标准和实施方案，建成2所国家级技能大师工作室、1家国家级高技能人才培训基地。启动人才工作信息化建设工程，改造升级河北人才网，开通了省人才工作官方门户网站。二是高层次人才引进培养得到加强。首批8名海外高层次人才入选“百人计划”，第二批12名人选已在新闻媒体公示。“三三三人才工程”三个层次人才分别增加14人、122人和1235人。选派部分优秀中青年专家参加了出国培训。成功举办了河北省第二届海内外高层次人才洽谈会、沿海经济隆起带高层次人才洽谈会。启动了中小学教师职称改革试点工作。三是引智工作扎实推进。积极开展企业引智需求调查，围绕产业升级大力开展项目引智工作，全年共引进外国专家4300多人次。第八届农业引智成果精品推介会取得丰硕成果。组织专业技术人员携农业引智项目支持新疆巴州地区。

【人事制度改革】 不断加强机关事业单位入口管理，人事制度改革逐步深化。一是公务员录用四级联考和事业单位公开招聘制度基本确立。规范人事计划管理，进一步完善公务员录用省市县乡四级联考制度。出台事业单位公开招聘办法，建立了集中时间、统一规程、分级实施的事业单位公开招聘制度。从2011年起，每年4月份组织公务员四级联考、5月份为事业单位公开招聘月，机关事业单位入口管理进一步规范。二是公务员队伍建设得到加强。以对人民负责、为人民服务、受人民监督、让人民满意为基本要求，在全省组织开展“带头创先争优争做人民满意公务员”活动。认真组织公务员主体班次培训，加强了职业道德培训工作。启动了西柏坡精神教育工程。组织开展公务员法执法检查，对各类遗留问题提出了处理意见。三是事业单位改革稳步推进。全省93%的事业单位完成岗位设置，94%的单位实行了聘用制度，入轨工作基本完成。加强事业单位岗位动态管理，建立了岗位设置核准、人员聘用核准和年度岗位统计制度。四是军转安置任务全面完成。列入计划的近2000名军转干部全部得到妥善安置，基本做到了部队、接收单位和本人三满意。创建8个退役军官就业创业基地，组织开办了30多期培训班。全面落实企业军转干部解困政策，救助特困家庭7000多户，为1953年以前入伍的增加了困难补贴，企业军转干部总体稳定。

【工资制度改革】 事业单位绩效工资制度全面实施，企业工资增长机制逐步健全。义务教育学校绩效工资2009年底前已兑现，教师平均工资水平达到或高于当地公务员的平均水平。公共卫生与基层医疗卫生事业单位绩效工资制度2010年底落实。其他事业单位绩效工资改革也已基本完成，对知识技术密集、高层次人才集中的单位，适当提高了绩效工资水平。大力推行企业工资集体协商制度，实行工资集体协商的企业达到7.5万家。强化工资指导线的引导作用，较大幅度提高了最低工资标准。2011年全省城镇单位在岗职工年人均工资达到36166元，增长11.9%，扣除物价因素实际增长6.3%；其中企业单位在岗职工年人均工资为37837元，增长14.8%。

【劳动关系】 切实维护劳动者权益，劳动关系总体和谐稳定。一是农民工工作稳步推进。会同有关部门积极推进农民工参加社会保险、子女教育、职业安全等权益保护工作。河北省政府召开专题会议，总结交流经验，出台发展家庭服务业实施意见。在全省组织开展了示范性、规范化企业和家庭服务品牌创建活动。二是劳动关系和监察执法工作取得新进展。规模以上企业劳动合同签订率达到98%。组织开展和谐劳动关系创建活动，有1099家单位取得AAA级劳动关系和谐单位称号。组织开展了清理整顿人力资源市场、遵守劳动用工和社会保险法律法规、农民工工资支付等专项检查活动，补签劳动合同31.9万人，追发工资等待遇2.8亿元，督促缴纳社会保险费6511万元。三是争议调解处理工作不断加强。省市县三级206家争议仲裁委员会有198家组建到位，新成立人事劳动仲裁院54家。全系统受理争议案件2.7万件，处理来信来访8万人次。行政争议得到妥善解决，办理行政复议案件131件，办理行政诉讼案件397件，保持了较高的维持率和胜诉率。

在全面做好各项业务工作的同时，统筹推进政务公开、调查研究、规划统计、新闻宣传、干部培训、考试招聘等综合性基础性工作。《河北省人力资源社会保障事业发展"十二五"规划》经省政府发布实施，各市加强与省规划衔接，全部完成了本地区规划编制工作。信息化建设取得突破性进展，覆盖省、市、县、乡的网络开通运行，全省统一的企业职工基本养老保险、城乡居民社会养老保险、就业失业经办管理软件上线运行，社会保障卡全年发放达到615万张。围绕重点工作和社会保险法出台，组织开展了广泛的新闻宣传和普法宣传活动。圆满完成了68万人次的考试任务，确保了考试安全。认真开展服务窗口单位创先争优活动，深化政风行风建设，树立和维护了人力资源社会保障部门的良好形象。

（河北省人力资源和社会保险厅 王 亮）

民 政

【农村基层民主建设】 第九届村委会换届选举强力启动。一是村委会立法工作顺利完成。2011年初，明确专人负责起草《河北省实施〈村委会组织法〉办法》和《河北省村委会选举办法》。通过深入4市12县调研，征求11个设区市民政局、7个设区市委农工部和相关省直部门意见，在吸取外省经验基础上，形成了"两个办法"（修订草案）。2011年6月将"两个办法"《修订草案》提交省法制办，7月送省人大常委会一审。9月29日，"两个办法"（修订草案）经省第十一届人大常委会第二十六次会议通过，并于2011年11月1日起施行，为河北省第九届村民委员会换届选举提供了法律依据。民政部部长李立国在2012年全国民政工作会议上对河北省村"两法"修订给予高度评价，指出"河北、内蒙古、江西、陕西等4个省份的实施村委会组织法办法和天津、山西、安徽、江西、山东、湖北、陕西等7个省份修订的村委会选举办法，细化落实了村委会组织法"。二是第九届村委会换届选举如期进行。2011年11月30日，省委、省政府在省会石家庄召开河北省村"两委"换届工作电视电话会议。会后，省民政厅充分发挥部门职能作用，派出专人与省委组织部密切配合，充实换届工作领导小组办公室。12月初，分别在保定市和石家庄市举办专题培训班。同时，两次召开全省调度会，总结推广张家口市、定兴县换届经验，加大工作指导和监督检查力度，保证了全省第九届村委会换届工作稳步推进。截至12月31日，全省49113个村，469个村完成村委会换届，占总数的0.95%。其中，张家口市293个村完成村委会换届，占该市村总数的7%，为河北省第九届村委会换届选举开了一个好头。

村务公开民主管理工作获得突出进展。一是成立河北省村务公开和民主管理领导小组。年初，省委、省政府下发《关于调整省村务公开和民主管理领导小组组成人员的通知》（冀办字〔2011〕4号），省政府副省长宋恩华任组长，12个单位为成员，办公室设在省民政厅。同时，下发《关于印发〈河北省村务公开和民主管理领导小组办公室成员、联络员名单〉的通知》（冀村发〔2011〕1号），明确了办公室成员和联络员。全省各级也相应调整充实了领导机构。二是"难点村"治理工作如期完成。年初，印发《河北省2011年村务公开和民主管理工作要点》，在全省逐步推行"四议两公开"工作法，健全村务监督机构，要求"难点村"治理着力在建立长效机制上下功夫。截至3月底，全省1626个"难点村"全部治理完毕，群众测评满意率达到95%以上，提前全国一年完成治理工作任务。为扩大治理成果，8月初省领导小组和河北经济日报合作，联合推出"河北省'难点村'治理先进单位、先进个人纪实风采"系列宣传活动。9月21日—24日，全国"难点村"治理工作成果调研组来河北省对"难点村"治理工作进行督导调研，并给予高度评价，认为河北省"难点村"治理工作取得了显著成效，达到了预期目的和效果。民政部基层政权和社区建设司2011年12月6日简报第12期刊发《河北省2011年基层政权和社区建设工作取得新成效》，对河北省"难点村"治理工作给予充分肯定。三是示范单位创建工作实现突破。年度内，大力推广沧州市肃宁县实行村级组织"四个覆盖"的成功经验，努力建立"党组织领导、村代会（村民会议）议事、村委会执行、村监会监督"的村治新机制。为总结经验、进一步促进机制建设，经过县（市、区）积极申报，省厅重点推荐秦皇岛市青龙县、沧州市肃宁县、邯郸市峰峰矿区等3个县（市、区）为"全国村务公开民主管理示范单位"，经严格审查，获得民政部正式命名，有效提升了全省村务公开和民主管理工作水平。

农村社区建设工作实现新突破。2011年上半年，邯郸市峰峰矿区、石家庄市赵县通过了民政部专家评估组的检查验收，被授予"全国农村社区建设实验全覆盖示范单位"荣誉称号。其他县（市、区）受峰峰矿区和赵县的辐射带动作用，进一步加大了工作力度。6月上旬，转发《民政部办公关于做好村民自治与农村社区建设管理信息系统推广应用工作的通知》，并对推广应用工作提出了明确要求。为扩大农村社区建设的影响力，对获得民政部

“全国农村社区建设实验全覆盖示范单位”荣誉称号的邯郸市峰峰矿区、石家庄市赵县在河北民政网、《河北日报》等媒体上进行了集中宣传，农村社区建设逐步深入人心。

（河北省民政厅　杜劲松）

【社会救助】　城乡低保工作取得新进展。圆满完成省委、省政府确定的城乡低保标准与全国平均水平同步增长的任务目标。截至2011年底，全省共保障城乡低保对象293.5万人，比上年增加13.8万人。其中，城市低保对象87.5万人，农村低保对象206万人。全省城乡低保平均保障标准分别达到320元/月和1693元/年，较上年提高35元和200元，继续保持与全国平均水平同步增长。一是制度建设有新发展。联合有关部门制定了《建立社会救助和保障标准与物价上涨挂钩联动机制的实施意见》，逐步实现了各项社会救助和保障标准提高幅度与经济发展速度、居民收入增长和人均生活水平基本同步的目标；先后两次预警，确保了城乡低保标准与全国平均水平同步增长机制的有效落实。二是规范化建设有新举措。先后总结推广了邱县加强城市和雄县加强农村规范化建设的管理经验，收到显著成效，受到省部领导的充分肯定；继续完善和狠抓了村干部亲属享受低保备案制度；强化了低保对象动态管理制度，基本实现了低保对象应保尽保、应退尽退；加大了低保监督检查力度。使河北省城乡低保规范化管理建设走在了全国前列。三是资金投入和管理有新增强。2011年先后下拨省以上城乡低保资金32.3亿元，比上年增长2.1亿元。其中，城市低保资金17.1亿元，农村低保资金15.2亿元。同时，进一步加强了资金管理，建立了城乡低保资金预算执行通报制度，绩效考核管理制度，并开展了全省资金大检查活动，保证了资金的安全有效运行。

农村五保供养工作取得重大突破。以五保供养服务机构为基础的“多院合一”型民政事业服务中心建管工作，多次受到中央和省部级领导的高度赞扬和充分肯定，全省五保供养工作迎来了新的发展机遇。截至2011年底，全省已经投入使用的县建县管民政事业服务中心580所，其中“多院合一”的164所，总床位15.7万张，五保集中供养能力达到了60%，超过全国平均水平一倍。一是胡锦涛总书记在视察顺平县民政事业服务中心时给予高度评价。二是以省政府名义在顺平召开了高规格的农村养老服务体系建设会议。三是全省进一步加大了五保供养服务机构管理力度。

城乡医疗救助工作深入推进。全省城乡医疗救助工作平稳运行，救助水平稳步提高。截至2011年底，全省城市医疗救助对象12.8万人次，支出资金15544.2万元；全省农村医疗救助对象31.2万人次，支出资金31065.8万元，另资助参合人员174.5万人，支出资金6142.7万元。有效缓解了城乡困难群众看病难、就医贵问题。

（河北省民政厅　朱　昆）

【救灾工作】　基本灾情。2011年度，河北省局部地区先后遭受了严重的低温冷冻、干旱、风雹、洪涝、森林火灾、滑坡泥石流等自然灾害。据统计，全省因灾造成农作物累计受灾面积1612.3千公顷，绝收面积81.5千公顷；受灾人口2202.39万人次，其中因灾死亡21人，紧急转移安置9614人；倒塌房屋3327间、损坏2.22万间；部分交通、电力、通信及水利设施遭受不同程度破坏，因灾造成直接经济损失70.71亿元。综合分析，全省灾情略轻于2010年，属于中等偏轻年份。其中受灾面积、绝收面积、倒塌房屋、直接经济损失分别下降20%、67%、1%、23%。

在各类自然灾害中，以洪涝、风雹、旱灾损失最为严重。全年因洪涝灾害造成经济损失28.8亿元、风雹造成经济损失25.7亿元、旱灾造成经济损失15.5亿元，分别占全年经济损失的40%、37%、22%。

重灾区主要集中在张家口、沧州两市；次重灾区主要集中在承德、唐山、保定、秦皇岛等市。

2011年，因自然灾害造成的死亡人口主要集中在张家口、唐山两市，分别死亡7人和6人，分别占全省死亡人口的33%和28%。死亡灾害种类中洪涝灾害死亡11人，风雹死亡10人，分别占全部因灾死亡人口的52%、48%。在死亡原因中，因雷击死亡10人，因建筑物倒塌死亡7人，因溺水死亡4人，分别占全部因灾死亡人口的48%、33%、19%。

灾情主要特点：（1）春旱严重。受异常气候影响，2011年1至4月份河北省大部地区没有有效降水，全省遭受较严重旱灾。其特点：一是降水偏少。2010年10月下旬至2011年2月中旬，全省平均降水量1.6毫米，比历史同期偏少92%，发生60年一遇气象干旱，109个县连续近百天没有有效降雨。二是土壤墒情差。全省大部白地土壤相对湿度在40%以下；未灌溉麦田土壤相对湿度在40%—60%之间，不能满足作物正常生长需要。三是蓄水不足致使亢旱水资源紧张。全省大中型水库共蓄水27亿立方米，不足全省兴利库容的二分之一。四是省内地下水位持续下降。全省浅层地下水位较上年同期下降0.52米，深层地下水位较上年同期下降7.4米，全省有近10万眼机井出水不足。严重旱区主要集中在河北省中南部地区。进入2月下旬，部分地区出现降水过程，全省旱灾有所缓解。6月份以后，张家口、承德坝上和接坝地区又遭受春夏连旱，造成农作物大面积减产和绝收。据统计，全省受旱面积855.7千公顷，其中绝收27.3千公顷，受灾人口1128万人，因旱致使51万人出现临时饮水困难，因灾造成直接经济损失15.5亿元。（2）汛期风雹灾害频发。2011年4—10月份，全省遭受风雹灾害24次，其中范围较大、损失较重的10次。灾害发生时的瞬间最大风力达10级以上，冰雹最大直径4至5厘米，冰雹最大密度每平方米600粒。因风雹致使蔬菜大棚被刮塌，大树被拦腰折断或连根拔起，屋顶被掀翻，棉花被砸成光杆，苹果、梨、枣等果树大批落果，小麦、玉米等农作物出现倒伏、绝收。全省11个设区市438万人次受灾，其中因灾死亡10人，紧急转移安置691人，农作物累计受灾面积360千公顷，其中绝收18.3千公顷，倒塌房屋296间，损坏房屋5849间，因灾造成直接经济损失25.7亿元。（3）连阴雨灾害损失较大。2011年5月至10月份，全省多次出现局地短时强降水、雷电、雷雨大风等强对流天气，部分地区遭受严重洪涝灾害。最大降雨量达300多毫米，沧州部分县区部分民房因长时间浸泡出现垮塌和损坏，唐山、秦皇岛、沧州、衡水等地部分农田因地势低洼、排水不畅形成内涝灾害，农作物大面积受灾。9月上旬全省出现连阴雨天气，严重影响了农作物生长，致使沧州、保定、邢台、衡水等地红枣出现浆裂、烂果，棉花棉铃霉烂，经济损失严重。据统计全省627.5万人遭受洪涝灾害，其中因灾死亡11人，紧急转移安置8912人，农作物累计受灾面积382.9千公顷，其中绝收35.9千公顷，倒塌房屋3018间，损坏房屋1.64万间，因灾造成直接经济损失28.8亿元。另外，部分地区还发生了低温冷冻，山体滑坡和泥石流、森林火灾等灾害。其中9月13日至15日，张家口市蔚县、涿鹿和承德市围场县遭受2011年秋后第一场低温冷冻灾害，3个县7.8万人受灾，因灾造成直接经济损失3637万元。2011年全省共发生各类地质灾害17起，直接经济损失2201万元。

救灾工作情况。2011年度，省民政厅圆满完成全年救灾工作，先后三次得到了四位省领导的表扬和充分肯定。省委常委、省委秘书长景春华在关于涞水、怀涞等县遭受风雹洪涝灾害及救灾工作开展情况的报告上批示：民政部门行动迅速、措施得力，应予表扬；宋恩华副省长两次批示："工作扎实，有成效。防灾、减灾是一项长期的任务，要建立长效和联动机制"、"省民政厅对上半年的救灾工作积极主动、举措有力，下步要继续努力把各项救灾措施抓到位"，2011年2月，省民政厅救灾处被河北省委、省政府命名为"河北省对口支援平武县地震灾后恢复重建先进集体"称号。2011年为了做好救灾工作，全省各级民政部门围绕建立和完善救灾专项资金投入机制、省级救灾准备金机制、救灾物资储备库网络机制、部门间灾情会商评估机制、救灾应急资金和物资紧急拨付机制、自然灾害救助应急预案培训和演练观摩等减灾救灾六项机制，注重增强减灾救灾工作的预见性、时效性，大力加强应对突发灾害的各项能力，积极主动应对各类突发灾害，努力提高灾害的救助水平。（1）认真谋划，提早全面部署减灾救灾工作。3月16日，省民政厅召开了全省救灾工作会议。王云副厅长传达了全国救灾工作会议精神，对全省2010年救灾工作进行了总结，对2011年工作进行了安排和部署。古怀璞厅长发表做了重要指示，对全省救灾工作提出了要求。（2）加强灾情管理，积极做好新灾救助工作。2011年以来，河北省局部地区先后遭受了严重的低温冷冻、干旱、风雹、洪涝、森林火灾、滑坡泥石流等自然灾害。面对灾情，全省各级民政部门快速反应，及时启动救灾应急预案，充分发挥职能作用，第一时间派出工作组深入灾区核查灾情，抢救转移安置被困群众，发放救灾款物，妥善安排灾民生活，组织引导群众开展生产自救，最大限度地减少了灾害损失。4月12日，秦皇岛市抚宁县发生山林大火，4月13日上午接到秦皇岛市民政局关于急需棉大衣、棉被的申请后，省民政厅立即启动应急预案，紧急协调有关设区市民政局，就近征集救灾物资库存信息，紧急从唐山、廊坊两市调用棉被6000床、棉大衣3300件，于当天送到火灾现场，得到了省政府和秦皇岛市领导的好评。入汛后，承德、保定市、沧州、邢台市、张家口市、唐山、邯郸等市先后遭受大风、冰雹、洪涝、连阴雨等自然灾害。按照预案和工作规程，省民政厅迅速组成多个工作组，深入灾区一线查核灾情，及时向国家民政部报告灾情信息，指导当地开展抗救灾工作。根据新灾受灾群众需救助情况，及时会同省财政厅紧急下拨省级救灾资金2400万元，妥善安排灾民生活，切实保障灾民基本生活，维护了灾区的社会稳定。（3）多方筹集资金，大力开展荒情救助。为了做好春荒救助工作，省民政厅在《2010年全省冬春救助工作方案》的基础上，结合省减灾委春季灾情会商评估会情况，组织全省各级民政部门再次对春季灾民需救助情况进行了认真排查、摸底，在此基础上制定了全省春季灾民救助方案，及时下拨春荒灾民生活补助资金。春荒期间，全省共下拨春荒救灾资金6500多万元，救助灾民460余万人，切实保障了受灾困难群众春荒期间的基本生活。为了切实做好2011年冬春期间灾民生活救助，省民政厅组织开展了全省受灾群众冬春生活困难状况调查摸底。在对受灾困难群众冬春需救济建立台帐、建立花名册、制定救助方案的基础上，组成三个工作组集中15天时间深入11个设区市，对灾区群众生活状况进行抽查，详细掌握灾民生活困难底数。与省财政厅联合制定了《全省今冬明春灾民救助方案》，并报省政府批准执行。与此同时，省减灾委办公室召集财政、水利、农业、国土、林业、地震、气象、统计等部门召开了2011年度全省灾情会商评估会议，评估了本年度灾情，明确了重灾市县，确定了救助重点。省民政厅还积极向上级汇报灾情，争取中央的资金支持。以省政府名义向国务院专题报告河北省全年灾情；同时，多次到民政部主动汇报工作，请求对河北省给与资金支持。10月25日，省民政厅下拨棉衣、棉被等救灾物资共计5.3万件套，帮助各市县解决受灾困难群众的冬季御寒困难。（4）对标四川，认真完善救灾应急管理体系。经与民政部救灾司、国家减灾中心协调，省民政厅与国家减灾中心于2011年5月18日在四川省成都市联合举办了河北省救灾应急工作培训班。全省9个设区市的60名灾害管理人员参加了培训。在培训班上，国家减灾中心领导、四川省民政厅和平武县民政局有关同志分别就全国综合防灾减灾规划、构建四川省综合减灾救灾体系和基层民政部门如何应对重特大突发灾害分别进行了授课。参加培训的同志以设区市为单位对照四川省的经验和教训，结合当地减灾救灾应急准备现状、存在的主要问题、做好应急工作的途径等进行了认真地研究分析，找出了本省就在实战工作的经验和不足。借鉴汶川地震救灾工作经验和教训，省民政厅对本省应对重特大自然灾害准备工作，进行了认真梳理和完善。一是完善救灾应急工作流程。二是完善救灾社会捐赠工作应急流程。规范了开展社会救灾捐赠的条件，明确启动开展省内、省外社会救灾捐赠工作程序，制定了救灾捐赠资金接收流程和救灾捐赠物资接收、下拨、管理办法。三是完善灾害信息管理体系。规范灾情上报数据，完善报灾程序。制定了河北省《自然灾害统计制度》；规定灾情报告主要要素；明确灾情信息初报、续报、核报时限，各级灾情审批权限和灾情发布权限。四是完善应急救灾资金、物资拨付程序。设定救灾资金、物资应急下拨、应急征用、应急采购程序、审批权限、工作流程，监督机制等。五是制定了本省或兄弟省市突发重特大自然灾害时，民政厅应急工作预案。六是修订本省的救灾应急预案，根据国务院办公厅新颁布的《国家自然灾害救助应急预案》，结合河北省实际，对河北省现行的《自然灾害救助应急预案》进行了修订和完善。通过完善救灾应急体系，对全省民政系统应对突发重特大自然灾害，确保应急救灾工作指挥及时、有序、高效，将起到积极的促进作用。(5) 周密部署，稳步推进防灾减灾工作。一是认真组织开展了“国家防灾减灾日”大型系列宣传活动。二是利用法制宣传日，开展防灾减灾法规知识宣传。三是积极开展“全国综合减灾示范社区”创建工作。2011 年度，以创建“全国综合减灾示范社区”为抓手，强力推进建立健全城乡社区减灾工作机制，完善城乡社区防灾减灾相关预案，组织开展社区减灾救灾演练，建立社区救灾应急志愿者队伍，开展群众性的减灾宣传，争创国家“综合减灾示范社区”活动。创建活动收到了明显成效，国家减灾委、民政部对河北省 55 个社区授予“综合减灾示范社区”称号。(6) 严格操作程序，有效保障救灾资金安全。(7) 增强大局意识，努力做好援川工作。2008 年，党中央、国务院确定河北省对口支援四川省平武县灾后恢复重建任务后，省厅抽调业务骨干，全面参与河北省对口支援平武县灾后恢复重建工作。实现了“三年任务两年完成”的既定目标，得到河北、四川两省领导的充分肯定。2011 年 2 月，省民政厅救灾处被河北省委、省政府命名为“河北省对口支援平武县地震灾后恢复重建先进集体”，救灾处秘荣昌同志被授予“河北省对口支援平武县地震灾后恢复工作模范”称号。

（河北省民政厅　艾　军）

【双拥优抚安置】　开展全国双拥模范城（县）检查，促进双拥创建工作在基层的落实。为了做好 2011 年的全国双拥模范城（县）检查工作，先后下发了《关于推荐申报新一届全国双拥模范城（县）的工作方案》和《关于检查考评新一届全国双拥模范城（县）创建工作的通知》，进行了工作部署，按照全国双拥办的统一安排，全国双拥办副主任、总政治部群工办副主任李辉带领全国双拥模范城（县）检查考核组一行 7 人，于 6 月 12 日至 15 日，对唐山、石家庄两市的创建工作进行了考评。检查组充分肯定了河北省创建全国双拥模范城（县）工作取得的突出成绩。8 月中旬至 9 月上旬，省双拥办组成三个检查考评组，对全省拟申报全国双拥模范城（县）的 18 个市、县进行了全面检查考评，并着重检查了不予申报和推荐全国双拥模范城（县）的“五个一票否决”的内容。拟申报推荐的市、县在原有的基础上都有了新的发展和提高。综合检查考评结果，正式向国家推荐、申报了全国双拥模范城（县）、双拥先进集体和先进个人。

双拥工作与时俱进、双拥活动丰富多彩。一是举办河北省军民迎新春双拥文艺晚会。1 月 30 日，省双拥办、省民政厅、省军区政治部在河北会堂举办河北省军民迎新春双拥文艺晚会。省领导及驻冀部队领导梁滨、张彦欣、刘永瑞、聂辰席、芇福成、侯志奎、孙士彬、田向利与省会军民欢聚一堂，共贺新春。双拥模范城（县）代表、双拥先进集体和个人，省双拥领导小组成员单位和部分驻冀部队官兵等共 1500 多人参加了晚会，取得很好的社会影响。二是积极开展拥军优属工作。1 月 7 号至 15 号，由古怀璞厅长带队，看望了保定、唐山、邯郸等地的五位在乡红军退伍老战士，送去一万元慰问金和米、面、油等生活用品。3 月 10 日，古怀璞厅长亲切慰问了支援河北抗旱打井的北京军区给水工程团，送去了 5 万元慰问金和慰问品。三是筹备成立了省爱国拥军促进会。为优化社会爱国拥军资源，吸收社会组织及社会上有双拥工作热情和积极性的有识之士参与双拥工作，走军民融合式发展之路，成立了河北省爱国拥军促进会。选举产生了协会的领导机构和理事会。其中，常务理事 56 人、理事 106 人、单位会员 242 人、个人会员 392 人。省政协原副主席陈秀芳同志当选会长，古怀璞厅长当选常务副会长。省爱国拥军促进会组织了双拥艺术团、开辟了双拥杂志新栏目，成为推动全省双拥工作深入健康发展的有效载体和活动平台。四是在河北省英烈纪念园举行了“省会军民向英烈纪念碑敬献花篮”仪式。9 月 30 日，省双拥办、省民政厅、省军区政治部在河北省英烈纪念园举行了省会驻军向英烈纪念碑敬献花篮仪式。省委常委、省政府副省长杨崇勇，省委常委、省军区政委张彦欣少将，省委常委、宣传部长聂辰席，省委常委、石家庄市委书记孙瑞彬，省委常委、秘书长景春华，省人大、省政协、66267 部队、石家庄陆军指挥等军地领导出席了仪式，并向英烈纪念碑敬献花篮。省政府副省长宋恩华主持仪式。驻石部队官兵、社会各界群众、大中专院校学生、民政系统干部职工等共计 1300 多人参加了敬献花篮仪式。

切实落实优抚政策，保障优抚对象的合法权益。一是切实保障重点优抚对象基本生活。及时更新上报优抚对象数据，协调和争取中央和省级财政下拨抚恤补助资金 14.84 亿元，切实保障了 32 万多名优抚对象的抚恤补助及时足额兑现。二是大力推进优抚医疗保障制度建设工作。全省所有的县（市、区）全部出台了《优抚对象医疗保障实施办法或细则》，所有的重点优抚对象全部纳入了相应的医疗保障制度体系，优抚医疗保障资金达到 4 亿多元（其中省级财政投入达到 4443 万元，在全国名列前茅），30 万在乡重点优抚对象全部领取了其年度抚恤补助金的 10% 作为门诊补贴，所有的县（市、区）都建立并实行了优抚对象住院医疗费用报销、优惠、补助“一站式”即时结算服务网络体系，有的还将服务网络延伸到乡镇，使优抚对象切切实实享受到了新的医疗机制给他们带来的实惠和便捷。三是积极做好涉核部队退役人员政策落实工作。为进一步解决原8023部队和其他参加核试验军队退役人员的实际困难，按照省委、省政府领导的指示精神，会同省财政厅、省人力资源和社会保障厅和省卫生厅起草了《关于解决原8023部队和其他参加核试验军队退役人员生活困难的通知》（冀民〔2011〕44号）和《宣传提纲》，并连夜打印、校对、印刷，并向省直有关部门和11个设区市下发了紧急通知。为增强操作性，随后下发了《关于贯彻执行〈解决原8023部队和其他参加核试验军队退役人员生活困难的通知〉若干具体问题的解释的通知》（冀民〔2011〕53号），符合参加新型农村养老保险条件的有13877人，已参保8426人；符合企业职工基本养老保险接续条件的涉及4571人，已参保3433人，退休后享受养老保险的1593人；按照1000元标准，为原8023部队和其他参加核试验军队退役人员遗属405人发放一次性生活补贴；将全省3082名原8023部队和其他参加核试验军队退役人员（含遗属）纳入了城乡最低生活保障范围；下岗失业的原8023部队和其他参加核试验军队退役人员共有698人，已为391人安排了社会公益岗位；为1.8万名原8023部队和其他参加核试验军队退役人员进行了健康体检，解决了原8023部队和其他参加核试验军队退役人员的实际困难。四是及时上报部分农村籍退役士兵普查数据。按照国家扩大优抚对象范围的新政策，对1954年11月1日试行义务兵役制后至《退役士兵安置条例》实施前入伍、年龄在60周岁以上的未享受到国家定期抚恤补助的农村籍退役士兵落实生活补助待遇，涉及25万多人，补助经费7000多万元。五是部署优抚对象信息系统升级和数据录入工作。为适应优抚对象范围扩大和加强优抚数据管理的需要，民政部对现有信息系统进行了升级拓展，为使全省优抚部门尽快熟悉掌握升级后的操作方法，确保新增对象及时录入，11月2日在石家庄召开了全省优抚信息系统升级培训会，讲解了优抚信息系统各项新增功能，部署了农村籍60周岁以上退役士兵和铀矿开采退役人员数据录入工作。

进一步加强零散烈士纪念设施集中管理工作。先后下发了关于普查和做好零散烈士纪念设施集中管理保护工作等通知，摸清了零散烈士纪念设施底数，制定了建设管理保护工作实施方案。3月28日至29日，河北省作为全国普查软件培训的先行试点，在石家庄市举办了全省烈士纪念设施普查软件培训班。各设区市、各县（市、区）民政局优抚工作人员共180多人参加了会议。民政部优抚安置局烈士褒扬事业处派员进行指导。3月31日至4月1日，民政部召开了“全国零散烈士纪念设施建设管理保护工作会议”，古怀璞厅长作了题为“继承革命传统，弘扬烈士精神，积极做好零散烈士纪念设施集中管理工作”的经验介绍，得到与会领导和代表的充分肯定。承德市和涉县的经验材料在大会上作了书面交流。4月26日，省民政厅在石家庄市召开了全省零散烈士纪念设施建设管理保护工作会议。要求各地制定了建设管理保护工作三年实施规划，并提出具体的指导原则。计划从2011年开始，依托现有烈士陵园，力争在2013年底完成所有散葬烈士墓的迁移、整合、修缮工作，比民政部的总体要求提前一年完成。2011年共完成6001座零散烈士墓迁建工作，共争取中央财政和省财政专项补助资金2350万元。民政部优抚安置局副局长杨国英认为河北的零散烈士纪念设施建设管理保护工作起步早、标准高、效果好，走在了全国的前列，为全国开展零散烈士纪念设施建设管理保护工作提供了宝贵经验。

进一步加强优抚事业单位的建设和管理。制定了优抚事业单位开展争创活动方案和烈士纪念建筑物管理保护单位、优抚医院和光荣院管理服务和创建标准。借助国家和省大力开展零散烈士纪念设施建设管理保护工作的有利时机，争取中央和省级烈士陵园专项维修改造资金760多万元，加强了各级陵园的基本建设。投入900万元用于优抚医院的维修改造，投入2690万元用于光荣院的维修改造，下拨1520万元解决光荣院住院老人的冬季取暖问题。

（河北省民政厅　李占雄　张静艳）

【社会福利事业】　养老服务体系建设。2011年，河北省加快推进与经济社会发展水平相协调、与本省人口老龄化进程相适应、体现城乡不同特点的多元化、多层次、多形式养老服务体系，取得了一定的进展。一是领导重视，组织保障。省委、省政府把养老服务体系建设作为保障改善民生的重要任务，纳入经济社会发展总体规划，纳入和谐社会建设，纳入政府重要议事日程。按照“政府示范引导，政策大力支持，社会广泛参与，市场机制运作，主管部门监管，城乡协调发展”的原则，动员社会力量，创新发展各种产权模式和经营模式的养老机构和养老服务组织，努力实现养老服务体系建设的“四个转变”：即养老服务事业发展由政府包办向政府主导、社会参与转变；养老服务投资由公办向公建民营、民办公助、政府购买服务多元投资转变；养老服务对象由传统的城市“三无”和农村“五保”老人群体向全体老年人转变；养老服务模式由单一机构养老向机构养老与居家养老相结合转变。省委书记张庆黎、省长张庆伟多次听取汇报，做出重要指示。庆黎书记在省八次党代会报告上，明确提出“推进养老服务体系建设，培育壮大老龄服务事业和产业”。省政府成立了以宋恩华副省长为组长，31个党委、政府部门参加的养老服务体系建设领导小组，负责养老服务体系建设的政策制定、工作谋划、安排部署，协调解决工作中存在的问题，各有关部门协调联动，形成合力，积极支持养老服务体系建设。全省连续召开两次养老专题会议，安排部署养老工作，明确当年和今后一个时期的任务目标，扎实推进养老服务体系建设。为提高河北省养老服务体系建设水平，宋恩华副省长率领各设区市副市长和省直有关部门主管领导到北京、上海、山东、浙江四省（市）取经，推广四省（市）经验。二是规划先行，政策引领。河北省制订了养老服务体系建设“十二五规划”和老龄事业发展“十二五规划”，从大力推进“多院合一”民政事业服务中心建设、建立覆盖全省城乡的居家养老呼叫服务网络和农村互助幸福院三个方面，体现河北省具体省情和特点。河北省还先后制定出台了《河北省人民政府关于加快推进养老服务体系建设的意见》、《河北省养老服务体系建设考核奖补办法（试行）》、《关于落实国家支持老年服务机构发展税费减免政策的通知》、《关于做好建设养老机构用地工作的通知》、《关于落实养老机构有关价格及收费标准的通知》、《河北省养老服务机构星级评定标准》、《关于对在岗养老护理员开展免费职业培训和技能鉴定工作的通知》、《关于加快居家养老呼叫服务网络建设的通知》、《关于大力推进农村社会养老“幸福工程”的意见》等一系列优惠扶持政策，为实现河北省“十二五”规划目标提供了强有力的政策保障。三是全面推进，重点突破。第一个重点是农村互助幸福院建设。为破解农村居家养老难题，邯郸市肥乡县前屯村探索建立了以互助养老为特点的农村互助养老新模式。立国部长在邯郸调研后说：肥乡县创造的农村互助养老模式，是群众需要的，村级组织有能力兴办和管理的，政府也是有支持条件的，符合农村实际的，代表着发展的方向。星星之火，可以燎原，肥乡、邯郸之光有可能亮遍全国。为贯彻落实立国部长指示精神，河北省制定出台了《河北省大力推进农村社会养老“幸福工程”的意见》，决定在全省大力推广邯郸市肥乡县前屯村的农村互助养老模式。3月11日在邯郸肥乡县召开了河北省推进农村社会养老“幸福工程”现场会；6月8日，省政府又在顺平县召开河北省农村养老服务体系建设现场会。农村互助幸福院，以村集体办得起、老人住得起、政府支持得起、老人留得住的优势和旺盛的生命力，得到迅速发展，至2011年底，全省建成农村互助幸福院1.15万个，覆盖了22.6%的农村。第二个重点是居家养老呼叫服务网络。为破解城乡居家老年人养老难题，河北省按照“政府主导，社会参与，市场运作，主管部门监管，城乡协调发展”的原则，积极推进以“12349”民政服务热线为主的、覆盖城乡的居家养老呼叫服务网络。居家养老呼叫服务网络加盟商达3.24万家，入网老人37.39万人，基本实现了城乡全覆盖，服务网络共接受呼叫400余万次，及时、成功地挽救了近2000位危重病老年人的生命，实现了政府、企业、社会组织多方共赢，老年人受益，共促发展的目标。第三个重点是公办养老机构。以顺平县为代表的“多院合一”型的民政事业服务中心建设经验，得到了胡锦涛总书记的充分肯定。2011年省政府召开农村养老服务体系建设工作会议，下发了关于加快推进民政事业服务中心建设的实施方案，明确“十二五”时期民政事业服务中心建设指导思想和目标任务是：以贯彻落实胡锦涛总书记考察河北时的重要讲话精神为动力，全面推行规范化、标准化、信息化建设，提升民政事业单位的整体服务功能和服务水平；取消252所乡建乡管敬老院，新建50所、改扩建416所县建县管敬老院，使“多院合一”型民政事业服务中心总数达到630所，床位达到22万张以上，集中供养能力达到70%以上。四是资金奖补，费税减免。省政府安排1亿元支持全省公办养老机构建设；省财政安排1600万元支持农村互助幸福院建设；各地都安排大量资金用于养老服务体系建设。养老服务机构用水、用气（管道燃气）、取暖价格和电话、有线（数字）电视、宽带互联网资费，执行当地居民价费标准。

儿童福利工作。一是孤儿基本生活制度正式确立。省民政厅、财政厅联合制定并下发了《关于发放孤儿基本生活费有关问题的通知》（冀民〔2011〕24号）合理确定了河北省孤儿基本生活最低养育标准：机构抚养孤儿基本生活养育标准为每人每月不低于1000元，散居孤儿基本生活养育标准每人每月不低于600元。并进一步明确了河北省孤儿基本生活费除去中央补助资金外，省、设区市、县（市、区）所承担比例。同时，文件对孤儿基本生活费的发放范围、发放程序都做了明确说明。文件的出台标志着河北省孤儿基本生活保障制度正式确立。目前，各设区市正在与当地财政部门加紧协调，落实地方配套资金，保证孤儿基本生活费按时足额发放到位。二是搭建起“儿童福利信息系统”平台。为更准确有效地做好孤儿保障工作，在全省搭建了“儿童福利信息系统”平台，并于1月中旬对全省11各设区市民政局、市级儿童福利机构和172各县市区负责儿童福利信息录入、审核人员进行了集中培训。2011年3月，全省儿童福利信息录入工作全面启动。通过“儿童福利信息管理系统”，对全省孤儿信息进行建档造册，有效提升了对孤儿保障工作的的信息化管理水平。三是扎实做好全省孤儿保障情况调查摸底工作。2月18日至2月22日，由省民政厅牵头会同省教育厅、省财政厅、省人力资源和社会保障厅、省住房和城乡建设厅、省卫生厅相关负责同志对全省的孤儿保障情况进行了调查摸底。通过与当地民政、财政、卫生、教育、人力资源和社会保障、建设等部门及相关单位座谈，实地考察当地福利院，深入散居孤儿家中走访等形式，摸清了全省孤儿的教育、医疗、住房、就业及儿童福利机构基础建设等情况。对孤儿保障工作中存在的孤儿基本生活费偏低、成年适婚孤儿住房难、福利机构儿童上户口难、福利机构人员配备不足、福利机构办公经费短缺、孤儿心理预防等问题进行了汇总整理，制订了孤儿基本情况摸底调查表，为做好一步的工作打下了坚实的基础。四是积极推进适龄孤儿职业培训项目的开展。省民政厅会同省妇联、省教育厅制订了《河北省适龄孤儿职业技能培训项目实施意见》，规定参加适龄孤儿职业技能培训项目的学员在项目执行学校进行培训、学习期间，享受教育部门面向贫困家庭学生的免除学费政策。2011年4月适龄孤儿职业技能培训项目短期培训的学员39名已全部毕业，35名学员安排在天津三星电子有限责任公司、河北宾馆就业，4名学员自主择业，就业率达95%以上。同时，认真做好2011年度适龄孤儿职业技能培训项目招生工作，充分利用电台、电视台、报刊等新闻媒体广泛发动宣传，截至目前，报名学员79名，其中中专班学员65名，短期培训学员14名。报名学员均已入学报到。五是制定出台了河北省《关于加强孤儿保障工作的实施意见》。9月28日，河北省人民政府办公厅下发了《关于加强孤儿保障工作的实施意见》（冀政办〔2011〕17号，以下简称《实施意见》），《实施意见》在《国务院办公厅关于加强孤儿保障工作的意见》基础上，进一步明确了全省孤儿工作的总体要求、目标任务、重点工作和保障措施，对孤儿保障工作作出了综合性的制度安排，开拓了全省儿童福利工作的新局面。

（河北省民政厅　高德海　于　菲）

【社会行政管理】 社会组织管理。一是社会组织2010年度检查工作圆满完成。年检省属社会团体671家，民办非企业单位160家，基金会21家，总计851家，合法率达到100%，服务对象满意度达到100%。二是社会组织登记审批工作有序推进。2011年，办理省属社会团体注册登记86家，省属民办非企业单位注册登记14家，省属基金会注册登记10家，省属社会组织分支机构注册登记58家，办理省属社会组织变更127家，总计295家，合法率达到100%，服务对象满意度达到100%。三是社会组织创先争优活动成果丰硕。2011年，省社会组织创先争优指导组继续深入推进全省社会创先争优活动开展，全省各类社会组织把服务经济建设、和谐社会建设放在首位。为河北省“十二五”发展献计献策约1.2万余条，全省经济工业类社会组织研究制定了32项行业协会市场化发展指标，为企业提供信息2.8万条，创造经济效益上百个亿，为中小企业投融资18个亿；农业经济类行业协会探索“协会+基地+农户+销售”的发展模式，为会员农户增收致富，培植绿色农产品数十项，为农民签订供销合同304亿元，增收83亿元；教育、卫生行业组织“改进工作作风，争做优秀园丁”，“加强思想道德建设，争做敬业先锋”，免费培训医务工作者、教育工作者及其他科技工作者8470多人次，送医送药下乡义诊1万多人次；公益类组织开展了“扶贫济困、回报社会”活动，重点帮扶敬老院、爱心家园和贫困村街；妇联类组织开展“双创双争双建巾帼建新功”主题实践活动，安排1万多妇女创业就业；各级社会组织为慈善事业投入8206万元。四是社会组织管理制度建设更加完善。2011年11月，制定下发了《河北省社会组织评估管理办法》（省政府法制办已通过）、《河北省社会组织登记服务窗口单位规范化建设基本标准》、《社会组织宣传工作指导意见》、《社会组织诚信建设指导意见》等规范性文件。五是“小金库”治理工作成绩显著。2011年7月到9月期间，民间组织管理局在全省社会团体“小金库”督导抽查工作中，对32个省属社会团体进行了督导抽查。通过检查发现“小金库”1个，查出“小金库”资金3.15万元，其他违规资金1054.75万元。

地名管理。(1)行政区划调整审慎进行。为适应经济社会的发展和加快推进全省城市化进程，根据国家行政区划管理政策规定和《河北省民政厅关于进一步规范县级以下行政区划调整变更审批程序的通知》要求，积极审慎稳妥推进行政区划调整。一是根据全省实际情况和各市要求，先后对石家庄、唐山、秦皇岛、邯郸、邢台、保定、承德、沧州、衡水等地提出的市辖区之间、撤乡设镇、镇改街等行政区划调整进行了实地考察调研，对基本符合撤乡建镇条件的15个乡及时下发了筹备函，对石家庄、唐山、邯郸、保定、沧州等市符合设镇和镇改街条件的4个街道办事处、7个镇进行了批复。对唐山、邢台两市市辖区涉及县界的局部乡镇调整进行审核申报。二是为加快全省经济社会快速发展，结合全省现有行政区划现状，在深入调研的基础上，制定行政区划调整预案，完成了部分县、区的行政区划审核申报工作。三是根据民政部的统一安排和要求，成立了《中华人民共和国政区大典·河北卷》编纂委员会及其办公室，部署了河北省的编纂工作。(2)地名管理工作有序开展。一是地名公共服务工程成绩显著。地名公共服务工程以全省城镇面貌三年大变样，三年上水平为机遇，以实现地名管理工作的法制化、规范化、制度化及建立完善地名工作管理体系为目标，严密组织、扎实推进公共服务工程，取得显著成效。全省地名规范得到加强，城乡地名规划全部制定，正稳步实施，城乡地名标志密度大幅提高，地名数据库建设进一步完善，恢复地名委员会办公室。河北省的地名公共服务工程得到民政部的肯定，在2011年11月民政部召开的全国地名公共服务工程总结暨地名公共服务体系示范建设会议上，河北省石家庄市、保定市、迁安市、魏县被命名为第一批全国地名公共服务示范市（县），魏县作为全国唯一的县级单位，在会上作了典型发言，介绍了实施地名公共服务工程、促进经济社会快速发展的经验。联合国地名专家组中国分部主席刘保全说：“河北省地名工作解决了一个世界性的难题”。二是地名文化遗产保护取得成效。2011年继续开展了“千年古县”的申报工作，2011年全省又有2个县被评为“千年古县”，河北省已有17个千年古县获得《中华文化遗产认定证书》和《中华地名文化遗产保护标志牌》，千年古县授牌数量居全国第一。12月19日，民政部《中国地名文化遗产保护座谈会》在石家庄召开，来自全国7省5市的地名专家对《中国地名文化遗产保护实施方案（草案）》进行了修改讨论，会上河北省作为地名文化遗产保护先行试点单位，作了“保护地名遗产、传承优秀文化”的典型发言。三是规范各类地名标志常抓不懈。根据省领导的批示精神，制定和完善2011年全省清理规范各类违章地名及标志工作实施方案，下大力气抓好全省清理规范各类违章地名及标志工作。2月，为表彰先进，树立榜样，激励广大地名工作者奋发进取，开创全省地名管理和服务工作新局面，省地名委员会召开了清理规范各类地名及标志表彰工作会议，对53个先进单位和49个先进个人，进行了通报表彰。四是地名管理宣传力度不断加大。为大力宣传全省地名管理工作取得的成绩，1月份，“再上台阶再创辉煌—河北省实施地名公共服务工程”宣传片摄制制作完成，并得到了民政部领导的肯定。民政部和中国社会报来河北采访了河北省地名管理工作经验作法，并分别在中央电视台和中国社会报进行了报道。(3)界线联检创建顺利绩优。一是省、县两级行政区域界线联检任务全面完成。根据民政部的安排部署，2011年河北省省界联检冀晋、冀蒙线。为做好上述两线的联检工作，年初先后召开了冀晋、冀蒙线联检工作会议，制定方案、部署任务、落实措施。10月和12月分别在呼和浩特、太原召开了冀蒙、冀晋线联检工作总结会议，经过冀、晋、蒙三省的不懈努力，圆满完成了2697公里的联检任务。冀晋、冀蒙联检工作报告已经省政府上报国务院。县级界线联检工作全面完成。2011年共完成95条县级界线4016.02公里。完成了省界京冀线、冀蒙、冀晋、冀豫线详图集行政区域界线和界线两侧有关要素的审核工作。二是平安边界建设扎实有效。各级民政部门加强与各级综治办的联系，积极参加综治办组织的社会治安综合治理有关活动，建立健全界线附近地区纠纷排查、应急处理、联席会议等工作机制，制定突发纠纷问题应急处理预案，使河北省的平安边界建设不断得到加强。平安边界创建作为河北省纳入中央综治委社会治安综合治理的考评项目，获得满分100分的好成绩，得到了民政部的充分肯定。

殡葬管理。以科学发展观为指导，认真落实殡葬管理的方针，殡葬管理工作健康稳步发展。一是推行殡葬惠民政策取得了突破性进展。石家庄市决定于2012年1月1日起对市内6区全体居民实行基本殡葬费用全免，每例免除630元，并要求石家庄18个县（市）参照执行。迁安市、唐山市丰南区、迁西县、武安市、涉县、临漳县、成安县、宣化县等地也实现了对辖区居民免除基本殡葬费用。大部分地区都出台了面向困难群体的惠民殡葬政策。二是适应形势发展需要，调整公墓建设规划。根据省领导关于发挥河北省环京津区位优势，发展陵园经济的指示精神。在征求有关市县和省直有关部门意见基础上，经省政府批准，对《河北省殡葬设施建设规划》进行了调整。三是强化公墓监管，规范公墓市场。督导各地贯彻落实省民政厅等九部门联合制定印发的《河北省公墓整改意见》，紧紧抓住非法公墓和超标准建墓这两个重点问题，以处理承德市黑公墓问题为突破口，通过典型引路，全省各地针对公墓建设经营中存在的问题，结合本地实际，积极采取措施，清理整顿公墓工作扎实推进，及时遏制了非法公墓及超大墓穴等问题的蔓延，清理整顿取得了阶段性成果。四是科学组织清明节文明祭扫工作，圆满实现了“文明祭扫，平安清明”目标。据测算，清明节期间全省有近3千万群众通过各种方式进行了祭扫。清明节群众祭扫集中体现了3个特点：平安。各级民政部门和殡仪服务单位都制定了祭扫接待方案和突发事件应急预案，明确职责，加强管理，保证各项安全措施落实到位。清明节期间，墓区烧纸行为基本杜绝，各殡仪服务单位和祭扫群众的防火、防盗、防踩踏等安全意识得到有效加强，全省未接到一起突发事件报告。文明。祭祀方式趋于多样化和文明化，清明节成为祭祀先人、传递亲情、传承文化的重要桥梁和纽带，新型的祭扫方式为越来越多的群众接受和采纳。鲜花祭祀初具规模，网上祭祀得到扩展，集体公祭、居家祭祀、代理祭祀等方式都有不同发展。和谐。通过开通免费班车、增加公共交通，减轻了城市交通压力。各殡葬服务单位推行文明服务、使用规范用语、设立咨询台、提供便民服务，广大群众真切的感受到了温暖与关心。各地开展了大规模殡葬用品市场集中整治行动，殡葬用品市场得到有效治理。为群众提供了和谐的清明祭扫环境。五是在殡葬系统开展了“行风建设月”活动。3月15日上午，省民政厅在华北军区烈士陵园（和平公园）举行了河北省殡葬系统“行风建设月”启动仪式，拉开了殡葬系统行风建设序幕。全省各地以“行风建设月”活动为契机，把诚信服务、优质服务、规范服务和文明服务作为殡葬服务机构和广大殡葬职工的基本要求和衡量标准，营造出“诚信为本、优质服务、群众满意”的殡葬行业新气象。各地着力解决群众反映强烈的热点难点，特别是服务收费、环境、质量和态度等方面的问题，大部分地区都出台了面向困难群众的基本殡葬服务优惠政策。各地加强制度创新，从源头上预防不正之风，使河北省殡葬服务单位成为服务一流、质量一流、效率一流、行风一流的文明窗口单位。

实现殡葬、救助、婚姻全省联网。通过整合殡葬、救助、婚姻登记等信息化资源，依托河北省政务外网，通过联通专线，搭建起覆盖省、市、县三级民政部门和全省197个婚姻登记处、158个殡仪馆、68个公墓和38个救助管理站等基层业务终端节点的专线网络和综合管理平台。其中婚姻登记已于5月20日实现了与民政部互联，成为第四个与民政部联网的省份。并于7月14日在全国婚姻登记联网工作会上，以《科学谋划，精心组织，高标准打造婚姻登记信息专网》为题，介绍了河北省经验。举办两期网络培训班，共培训殡葬网和救助网微机操作员246名。

救助管理。2011年，全年共救助流浪乞讨人员6.97万人，有效保障了受助人员的基本生活权益，维护了社会稳定。一是建立和完善了流浪未成年人救助保护体系。在全国最早制定《关于加强和改进流浪未成年人救助保护工作的实施意见》，提出了实行更加积极主动的救助保护要求，细化了流浪未成年人回归安置办法，强调了源头预防和综合治理工作，体现了未成年人权益保护优先、救助保护和教育矫治并重、源头预防和综合治理兼顾、政府主导和社会参与结合的基本原则和思路，是河北省今后做好流浪未成年人救助保护工作的政策保障。二是在全国率先开展“接送流浪孩子回家”活动。制订了《河北省开展“接送流浪孩子回家”活动工作方案》。自2011年10月起，在全省范围内开展以“保护儿童、告别流浪”为主题的“接送流浪孩子回家”专项活动，帮助流浪未成年人顺利得到救助保护，早日回归家庭、融入社会，防止其再度流浪，力争在2012年底基本实现城市街面无流浪儿童的目标。三是加大主动救助力度，确保流浪乞讨人员和流浪未成年人的基本生活权益。全省共救助流浪乞讨人员3.3万人，其中，流浪未成年人1800人，实施主动救助1445人次。在全省组织开展了“救助管理行风建设月”活动，强化工作措施，明确目标责任，完善各项制度，促进规范化建设，加强亲情化服务，全面提升了救助管理能力和服务水平。制定了《河北省流浪乞讨人员和流浪未成年人救助年活动方案》，组织开展了流浪乞讨人员和流浪未成年人救助年活动。四是流浪未成年人救助保护中心建设取得新进展。“十一五”流浪未成年人救助保护中心13个项目，总建筑面积42020平方米，设计床位1590张。廊坊、秦皇岛投入使用，石家庄、邯郸、保定、衡水、张家口、唐山、邢台、高碑店、昌黎县市完成主体建设，沧州市、承德市正在做开工前的准备工作。五是实现了救助信息系统联网。聘请专业技术人员开发安装了救助管理信息系统软件，经过3个多月的试运行，于2011年8月1日全省现有救助管理站正式启用。六是加强宣传，营造氛围。为加强舆论引导，与河北电视台、电台等媒体合作，从加强站内救助服务；开展街头主动救助；加快流浪未成年人救助保护中心建设；实现全省救助管理信息联网等方面，大力宣传了河北省加强流浪儿童救助保护工作取得的成绩。为让广大市民和流浪乞讨人员、流浪未成年人了解救助管理相关政策，组织各地利用各种媒体开展了多种形式的宣传。公布救助热线电话和救助监督热线电话；印发宣传册；在报刊、电台、电视台做专题报道；为受助人员刊登寻亲公告；张贴"保护儿童，告别流浪"、"接送流浪孩子回家"等活动。有关情况在人民日报、新华网、长城网、河北日报、燕赵都市报和当地电台电视台、河北省民主评议工作简报等新闻媒体连续予以报道，营造了良好的社会氛围。宋恩华副省长先后两次做出批示，对救助工作取得的成绩给予鼓励。

收养登记。一是指导各地认真落实《中华人民共和国收养法》，依法办理国内公民、港澳台侨公民收养登记460例。二是推动解决事实收养，贯彻落实五部委《关于解决国内公民私自收养子女有关问题的通知》。三是对全省各设区市、县（市）、区民政局200多名收养登记员进行了计算机联网和管理工作培训，实现了全省收养登记信息联网。四是加大涉外送养指导力度，增加涉外送养数量，规范涉外送养材料，涉外收养工作得到中国儿童福利和收养中心的充分肯定。在保定市召开了"全省涉外收养工作座谈会"，指导保定市第一社会福利院开展特需儿童对口帮扶合作项目。全年有42名孤残儿童被涉外收养，审核上报预涉外送养材料78卷，合格率达100%。在12月召开的全国儿童福利和收养工作会议上，河北省民政厅王云副厅长做了典型发言，全国有四个省做典型发言。社会福利和社会事务处获涉外送养工作先进单位，石家庄市社会福利院、保定市第一社会福利院、廊坊市社会福利院获涉外送养工作先进福利机构。

（河北省民政厅　田　然　罗　辉
魏子恒　冯素贞）

【城市社区建设】　城市社区建设工作取得新成效。一是积极协助民政部召开全国会议，总结推广承德"四有一创"经验。2011年5月份，省厅与民政部密切配合，在承德市成功召开了全国城市街道社区创先争优活动经验交流视频会议，承德市"四有一创"（即实现城市社区有人干事、有钱办事、有场所议事、有章理事，创建文明和谐社区）经验得到了中组部、民政部的充分肯定，向全国总结推广。民政部部长李立国认为，河北省承德市提出的"四有一创"的城市社区建设发展思路，是全国城市街道社区创先争优活动中涌现出的重大理论和实践成果，探索出了一条经济欠发达地区城市基层社区建设的新路子。人民日报、光明日报、中国社会报、河北日报均对承德市社区建设进行了几种宣传报道，中央组织部在内部刊物《全国基层组织建设》中对承德社区建设的典型做法向全国进行了通报。承德市"四有一创"的经验在省内外引起了强烈反响，全省大部分市县（市、区）出现了学先进、赶先进、创先争优的好局面，部分兄弟省市到承德观摩。二是以创制为抓手，制定出台加强居委会建设的政策文件。中办发27号文件下发后，河北省高度重视，2011年5月3日出台了《中共河北省委办公厅、河北省人民政府办公厅关于加强和改进城市社区居民委员会建设工作的意见》（冀办发〔2011〕20号）。这是河北省建国以来出台的第一个加强社区居民委员会建设的文件。该文件在加强社区基础设施、人员队伍建设、经费投入等方面做出了明确规定，明确了各级的职责，含金量高、可操作性强、创新亮点多，是指导当前和今后一个时期全省城市社区居民委员会建设的纲领性文件。新华社发布题为《河北将在流动人口聚集地组建社区居委会》的通稿，报道了河北省在加强和改进城市社区建设工作方面的新举措。河北日报、河北青年报等新闻媒体也从不同侧面做了报道。全省各地掀起了贯彻落实中办发27号文件的高潮，先后有8个设区市，以市委办公厅、市政府办公厅文件等形式下发了进一步加强和改进城市社区居民委员会建设工作的意见或通知。部分县（市、区）也制定下发了类似的意见或通知。三是不断创新和拓展了社区服务方式和内容。全省各地下大力抓社区服务管理，围绕"以人为本、服务优先"的思路，在提高社区服务水平上下功夫。大部分市区采取走出去、请进来等方法，学习制订社区服务标准，不断规范提升社区服务水平。全省11个设区市社区信息综合服务平台全部建设完工，全部开通了"12349"民政公益服务电话，全天24小时为社区居民提供信息咨询、生活照料、家政服务、医疗保健等十大类百余项服务，累计为群众办实事好事20多万件次，受到了广大居民广泛赞誉。各地紧紧抓住"以人为本、服务为先"的核心，强化精细服务理念，创新服务方式，为居民提供了更多、更便捷的服务。四是城市街道社区创先争优活动取得阶段性成果。城市街道、社区创先争优活动开展以来，河北省以"深入学习实践科学发展观，促进文明和谐社区建设"为主题，围绕"基础、队伍、服务、发展、和谐"开展了五个争创，认真落实"四个机制"，深入开展"走千户、访千人"活动，在全省范围掀起了社区建设的新高潮。各地开展了多种多样的主题活动，街道和社区涌现出很多先进个人。据统计，各地社区评选出先进个人1256个，全省社区共为居民群众办实事好事20多万件，解决问题3200多个，使广大群众切实感受到活动带来的实惠。

（河北省民政厅　梁爱华）

【老龄工作】　河北省人口老龄化已经进入快速发展阶段，省统计局统计数据显示，截至2011年底，全省60岁以上老年人口已达983万人，占全省总人口的13.5%。人口老龄化带来的新情况、新问题、新挑战日益突出，对经济社会发展的影响日益深刻。一年来，河北老龄工作坚持以“三个代表”重要思想为指导，牢固树立以人为本的科学发展观，针对全省人口老龄化形势和老龄工作实际，按照年度工作任务目标及厅党组要求，扎实工作，锐意进取，开拓创新，全面推进老龄事业的健康发展。

2011年2月，省老龄委成员单位联络员会议在石家庄市颐园宾馆召开，28个成员单位汇报了2010年以来各自的涉老工作情况和2011年的工作规划，并就涉老工作经验进行了认真地交流。省民政厅党组成员、省老龄办专职副主任姜文汇，结合全省老龄工作做了重要讲话。会后制定下发了《河北省老龄委成员单位老龄工作要点》。2011年3月7日，全省老龄办主任会议在石家庄市冀民宾馆召开，会上传达了回良玉副总理在全国老龄委第十三次全体会议上的讲话，并制定下发了《河北省2011年老龄工作要点》，明确年度工作任务和目标，姜文汇副主任在会上作了重要讲话，全省11个设区市和92个直管县老龄办主任出席了会议。

加强养老服务体系建设。协同省民政厅先后筹备召开了《河北省农村社会养老工作座谈会》、《河北省推进农村社会“幸福工程”现场会》、《全省农村养老服务体系建设工作会议》，起草了《关于全面推进农村社会养老“幸福工程”的意见》、《河北省养老服务机构星级评定标准》和省（厅）领导的讲话。按照省委省政府和厅党组的工作部署，省老龄办深入开展调查研究，加强督导工作，强力推进农村幸福院工程建设，截至年底，全省已有1.1万多个行政村建成农村互助幸福院，占到全部行政村的22%，拥有床位12万张。受到民政部李立国部长的称赞，李部长指出：肥乡县互助养老模式已经被实践证明是群众需要的，村级组织有能力兴办的，是符合发展实际的，代表着发展的方向。肥乡、邯郸之光有可能照亮全国。

开展活动。“助老健康御险”活动。2011年3月7日召开推进“助老健康御险”活动工作会议，4月份，先后赴部分市、县进行了调研指导，5月16日，召开了全省“助老健康御险”现场经验交流调度会，省老龄办专职副主任姜文汇做了重要讲话，推动全省“助老健康御险”活动的持续健康发展。截至2011年底，全省投保老年人达88.4万人。重阳节“敬老月”各项孝亲敬老活动。2011年9月6日至10月5日，全省开展重阳节“敬老月”各项孝亲敬老活动。9月16日省民政厅厅长、老龄办主任古怀璞同志亲自带队走访慰问了石家庄市新华区的三位贫困老人；26日—30日省民政厅党组成员、老龄办专职副主任姜文汇同志带队慰问了唐山等4个市的10户特困老人。会同有关部门举办了“情系夕阳红－2011河北省‘敬老月’专题文艺晚会”，丰富老年人的精神文化生活。据统计，整个敬老月期间，全省共慰问特困、高龄老年人3720人，共支付慰问金207万元（包括省、市、县财政支付及各地自筹）；开展为老年志愿服务活动210次，惠及人数5万人；开展老年优待维权活动180次，惠及人数3.1万人；开展老年文化体育活动520次，参加人数4.2万人；参与报道“敬老月”活动地（市）级以上媒体数27个，发稿200余篇。“爱心护理工程”。考察推荐7个社会办养老服务机构为“全国爱心护理工程”建设基地，3月7日为20个以爱心护理工程建设单位为主的社会养老服务机构赠送了爱心护理救助车，受到了社会办养老服务机构的欢迎和好评。“银龄行动”。“银龄行动”在石家庄市、邯郸市、承德市、张家口市、秦皇岛市的县（市）开展的十分活跃，先后举办了15场科普报告，创建第三批科普示范基地10个，落实与省委统战部对接的24个科技扶贫项目，开展老年人社会保障问题和空巢老人生活状况调查以及召开各类座谈会、学术研究会10余场次，收到了良好的社会效益，深受广大农村群众的欢迎和好评。纪念建党九十周年老年系列文化活动。与省委宣传部、老干部局，民政厅、文广新局联合下发了《关于举办庆祝建党九十周年老年系列文化活动的通知》，“七一”和重阳节期间，先后组织举办了老年人“学党史、颂党恩、跟党走”党史知识电视竞赛；歌颂党的丰功伟绩“百镇千村万里行”老年文化艺术团巡演活动。引导广大老年人忆党情、颂党恩、跟党走。

加强老龄工作。举办老龄工作干部培训班。2011年6月27日，举办全省2011年老龄工作干部培训班。古怀璞厅长出席培训班并发表重要讲话，姜文汇副主任作总结讲话。围绕构建“大老龄”工作格局、老年人权益保障、机关公文写作进行了理论辅导，张家口市、魏县作了典型经验发言。全省11个设区市和172个县（市、区）老龄工作干部及省老龄办全体干部参加了培训。全省县级老龄工作机构建设取得新进展。截至2011年底，全省共建立健全老龄工作机构165个，占96%。其中，石家庄市、张家口市、保定市、邢台市、秦皇岛市、承德市、廊坊市、沧州市实现了百分之百。根据国务院《中国老龄事业发展“十二五”规划》，按照省政府的指示精神，认真编制《河北省老龄事业发展“十二五”规划》，提出了“十二五”期间全省老龄事业发展的任务目标和保障措施。年底正在征求有关职能部门意见，修改完善后报省政府审批下发执行。在老龄宣传工作文献，组织拍摄《河北省“十一五”老龄事业回眸》电视系列片，全面回顾总结“十一五”期间老龄事业发展历程。报送了反映全省老龄工作战线先进事迹的“全国党员教育电视片”，受到民政部相关部门的好评。一年来，河北老龄电视专栏《金色夕阳》栏目播出52期，《河北老年》杂志出版12期，《老年日报·河北老龄版》出版52期，《河北老龄工作简报》编发4期，《河北老年网》发布老龄工作稿件上百篇，点击率达上亿次。通过强有力的宣传工作，进一步提高了全社会的老龄意识，营造了尊老爱老敬老的良好社会氛围。在老年维权工作方面，一是不断完善老年政策法规。拟定了《河北省老年人权益保障条例（草案）》，修订现行的《河北省老年人优待办法》，准备2012年提交省人大立法和省政府审定。二是研究制定河北省80岁以上高龄老人生活补贴制度，提出了具体方案。三是为省直单位老年人免费发放老年人优待证上万本。对各市《老年人优待证》发放情况进行了督促检查。四是对老年人来信来访，做到热情接待，认真解答，积极协调解决问题。

（河北省民政厅　赵　丽　夏晓红）

【2011年命名的革命烈士】 崔宣国，男，1964年出生，生前为唐海县一农场职工、方舟公司保卫科科长。2008年5月8日20许，崔宣国和齐建唐在省重点工程、曹妃甸工业区1号路8.7公里处的方舟公司施工工地巡逻时，发现有位皮卡车司机偷搬大理石便道板，他们二人立即上前盘问。皮卡车司机提出给200元私了，被崔宣国等严词拒绝后启动车辆逃跑。在这千钧一发的时刻，崔宣国义无反顾地跳上皮卡车车厢，与盗窃分子展开激烈搏斗，在皮卡车行驶至唐海县四农场时被甩下，随后送往医院抢救。2008年5月26日，因重度颅脑损伤经抢救无效死亡。2011年9月22日，省人民政府批准崔宣国为革命烈士。

（河北省民政厅　李占雄　张静艳）

（"民政"部分总统稿　张金花）

文化产业

【概况】 近年来，河北省文化厅作为推动和指导全省文化产业发展的主要职能部门，在省委宣传部的大力支持和协调下，认真落实党和国家的决策和部署，深入贯彻省委、省政府一系列指导精神，把推动文化产业文化大发展大繁荣，作为全省经济转方式、调结构、保增长的重要手段，通过规划引导、政策支持、资金扶持、提供公共服务等措施，为文化产业创造了良好的发展环境，全省文化产业市场主体不断壮大，新业态迅速拓展，品牌影响力和竞争力持续提升，市场占有率越来越高，文化产业增加值占GDP的比重逐年增加。一批以梦廊坊文化产业园、河北上京上城水岸文化创意园等为代表的重大文化建设项目落地开工；一批以《响九霄》为代表的文化艺术精品陆续涌现；一批以中国（曲阳）雕塑文化产业园为代表的国家文化产业试验园区（基地）相继命名。2011年全省文化产业增加值按可比口径计算预计可达700亿元，全省文化产业主要数据和综合发展水平已全面达到或超过全国平均发展水平。

【重点工作进展】 2011年，河北省一手抓发展，一手抓服务，文化产业工作取得明显进展和成效，多次得到省委、省政府领导的充分肯定。新华社《国内动态清样》刊登了蔚县剪纸文化产业的发展经验，省委书记张庆黎同志批示给予肯定。

——加强规划引领。省厅负责编制的《河北省文化产业发展"十二五"规划》已经省政府批准印发实施；《河北省环首都绿色经济圈文化产业发展规划（2011－2020)》、《河北省加快沿海经济带文化产业发展实施方案》两个规划性政策文件，也已报相关部门审核；由各设区市市级文化产业发展"十二五"规划的编制工作已经全部完成，县（区、市）文化产业发展"十二五"规划的制定工作也已大部完成。

——强化项目支撑。2011年，全省有174个项目列入《河北省文化产业发展"十二五"规划》，河北上京上城水岸文化创意园文化艺术品交易市场项目、河北天山集团石家庄南部商务文体中心项目、怀来官厅公共艺术小镇项目、新奥集团梦廊坊文化产业园项目等4个项目列入省重点建设项目。在2011年5月举办的第七届中国（深圳）国际文化产业博览交易会上，河北省有15个文化产业项目成功签约，总签约额559.24亿元，占第七届深博会总签约额的44.9%，居各省第一位。全省利用各种招商引资形式共促成近百个文化产业项目签约，签约额超过1000亿元人民币。华强城市文化综合体、丰宁大汗行宫文化产业园区、承德鼎盛王朝文化产业园区、新奥集团梦廊坊文化产业园、霸州中华戏曲大观园、易县易砚博物馆、承德避暑文化产业园项目、兴隆将军国际健康城等一批大型项目落成或开工建设。

——加快园区（基地）建设。为了推进全省文化产业规模化、集约化、专业化发展，河北制定了省级文化产业园区认定管理办法，并出台了具体的考核指标体系和考核方案。目前，中国（曲阳）雕塑文化产业园被文化部命名为国家级文化产业试验园区，跻身全国四家文化产业实试验园区之列，也是河北省唯一一家国家级文化产业园区；河北吴桥杂技文化经营集团公司、蔚县圆通文化创意有限公司、河北易水砚有限公司等7家企业被评为国家文化产业示范基地；河北曲阳定瓷有限责任公司、保定中科帷幄数码科技有限公司、藁城宫灯研制开发中心有限公司等46家文化企业被评为省文化产业示范基地。

——破解融资瓶颈。河北省文化厅先后与省工行、农行、人行、农村信用社等4家金融机构建立了良好的合作机制，允许通过改进无形资产评估和抵押办法，开展对文化企业的授信工作，自2011年起已为6家企业融资7680万元。在此框架下，一批文化企业获得银行专项资金超过10亿元。2011年度获文化出口中央奖励资金300万元，承德鼎盛王朝文化产业园区大型实景演出《康熙大帝》等4个项目共获得国家文化产业发展专项资金支持2400万元。

——加强人才培养。一是举办了两期全省文化产业管理干部培训班和全省文化产业经营管理（投融资）培训班，重点培养高层次复合型人才和各类操作型、技能型、实用型人才。二是与中国传媒大学联合签署了《河北省文化产业人才培养框架协议》，不断推进河北省大规模培养文化产业人才战略的实施。三是进一步加强京津冀三地在文化产业领域的合作，举办了京津冀三地文化产业高端论坛，联合签署了《京津冀三地文化产业协同发展战略合作备忘录》。

（河北省文化厅　马运飞）

【新闻出版　版权】 2011年，全省新闻出版系统干部职工在省委、省政府的正确领导下，深入贯彻落实科学发展观和胡锦涛总书记对文化建设提出的“三加快一加强”要求，着眼当前，谋划长远，突出重点，强力推进，在体制改革、产业发展、公共服务、行业管理等各方面取得了新成绩新成效，实现了开好局起好步的目标，形成了良好的态势和奋进的局面。

（一）冀版精品出版成果丰硕。以纪念建党 90 周年为契机，编辑出版的《李大钊与早期中国共产党》、《信任—西柏坡纪事》等 5 种图书列入全国纪念建党 90 周年重点图书目录。积极探索打造冀版精品图书的工作机制，推出了一批传承和弘扬中华文明、具有时代精神与特点的精品图书。2011 年，在第二届中国出版政府奖评选中，河北省《生物入侵与中国生态安全》、《河北动物志（共 5 卷）》等 5 种图书获提名奖、3 名企业负责人获人物奖，获奖数量位居全国前列。《中国湿地与湿地研究》等 8 种出版物获第三届中华优秀出版物奖，《大师的青少年时代》等 6 种图书入选向全国青少年推荐的百种优秀图书目录，《历史转折三部曲》等 6 种图书入选全国第三届“三个一百”原创图书出版工程目录，入选数量创历史最好水平。2011 年确定的年度精品图书选题《裴艳玲》已创作完成，将在近期出版发行。《燕赵文库》重大出版工程列入了河北省“十二五”时期国民经济和社会发展规划、新闻出版总署“十二五”时期重点出版物出版规划和改革发展项目库，并资助出版了《河北新文学大系》、《燕赵成语典故》、《建安文学》等 3 种图书。

（二）出版体制改革继续深化。指导已改制出版单位深化内部改革，抓好内容生产和品牌建设，进一步推进了法人治理结构的完善和现代企业制度的建立。对已改制出版单位的出版资源配置给予倾斜，积极为其享受免税等优惠政策提供服务，促进了已改制出版单位的发展。改制后的河北出版传媒集团公司及其所属的省新华书店集团公司双双进入全国同行“十强”行列，销售收入和实现利润比上年均有较大幅度增长。率先改制的河北行知文化传媒公司做大做强，其所属的《语文周报》平均期发行量达到 300 万份，比改革前增加近 40 万份。制定的《河北省非时政类报刊出版单位体制改革实施方案》，经省文化体制改革和文化产业发展工作领导小组同意，已上报中央和国家有关部门，待批准后抓紧实施。

（三）产业发展方式加快转变。以落实省署战略合作协议为动力，实施新闻出版业项目带动战略，谋划了国家级京东新闻出版产业园区、河北数字出版产业园、河北新华书店集团公司网点建设改造、《燕赵文库》重大出版工程等 4 个重大项目，并列入总署新闻出版改革发展项目库。积极做好国家投资 100 亿元的中国国际图书展销中心项目落地河北的争取工作，得到了省委、省政府的大力支持。针对河北省印刷企业存在“小、散、弱”的问题，在严把新上印刷企业准入条件的同时，又制定了《河北省“一书一批”印刷企业资质转换办法》，明确了“一书一批”印刷企业转换成出版物印刷企业的基本条件，有效地提高了“一书一批”印刷企业上规模、上水平的积极性，促进了印刷包装业结构调整和发展方式转变。优化产业布局，加强对廊坊出版物印装产业基地、唐山包装装潢印刷基地、雄县塑料包装产业园区、石家庄华北出版印装产业园、冀南印刷产业基地建设的指导，促进了本省印刷业的聚集发展。挂牌成立了燕山大学出版社有限公司，为本省争取了宝贵的出版资源，对优化全省出版产业布局、带动冀东出版产业发展、燕山大学全面提升创造了必要条件。成功举办了第一届环渤海地区北戴河消夏图书交易博览会暨第四届河北省图书交易博览会。十届全国人大副委员长许嘉璐、新闻出版总署署长柳斌杰、省委省政府原主要领导和分管领导出席开幕式。来自七省（市、区）的 108 家出版社、30 家报刊社参展，展出优秀出版物 20 万种，交易码洋 8700 万元，参展单位、展出品种、交易码洋、办展规格均创历届新高。

（四）农家书屋建设加快推进。组织召开了全省农家书屋工程建设工作会议，层层签订责任书，狠抓各级配套资金落实，加强农家书屋建设督导检查，确保了各项建设任务落实。目前已建成农家书屋 3.59 万个，占总任务的 72.7%，为 2011 年实现全省行政村农家书屋全覆盖奠定了坚实基础。继续深入开展“情暖故土书香农家”农家书屋帮扶联系活动，各级干部、企事业单位职工和社会各界积极参与，多种形式的农民读书用书活动广泛开展，农家书屋在农村两个文明建设中发挥了积极作用，其影响力不断扩大，受到广大农民群众的欢迎。中央政治局委员、书记处书记、中宣部部长刘云山对河北省农家书屋工程建设和注重发挥农家书屋作用的做法给予充分肯定，中央七大主要媒体进行了集中采访报道，扩大了农家书屋的社会影响。张庆黎书记、张庆伟省长亲自到农家书屋联系点考察调研，指导农家书屋工程建设，指导农民群众读书用书。

（五）全民阅读活动蓬勃开展。坚持把推动全民阅读活动作为建设学习型党组织、学习型社会和促进文化繁荣的重要举措，建立了党委政府大力支持、专门机构策划推动、党政机关带头实践、社会各界广泛参与的工作机制。以“阅读创新和谐”为主题，深入实施“七进”工程，全民阅读活动不断向机关、学校、家庭、军营、农村、社区、企业推进。在全国率先开展了“书香家庭”普查评选活动，吸引近千万个家庭参与，全省评选出“书香家庭”2.4 万个。举行“全民读书月”启动仪式、“我的书屋、我的家”阅读征文比赛，开展学习讲堂、读书讲座、签名售书、好书推荐等形式多样的阅读助读活动上百场，全民阅读活动的影响力和品牌效应不断扩大，“爱读书、读好书”在燕赵大地渐成风尚。全民阅读活动开展一年多来，参与阅读人数近 3000 万人。2011 年全省人均阅读出版物 9.81 本，人均消费出版物 147.15 元，均比上年有较大幅度增长。刘云山部长、张庆黎书记、柳斌杰署长等领导对河北省开展全民阅读活动的经验做法作出重要批示，给予了充分肯定，中央主要媒体进行了集中采访报道，《河北日报》、《中国新闻出版报》头版头条给予报道。

（六）行业监管工作有力有为。加强出版物审读工作，落实重大出版选题备案制度，坚持了正确的出版方向和舆论导向。深入开展“扫黄打非”斗争，及时分析研判形势，制定周密工作措施，扎实开展专项行动，认真组织集中治理，严厉查办大案要案，健全联防协作机制，着力清除淫秽色情等文化垃圾，开展了打击侵犯知识产权和制售假冒伪劣商品专项行动、网络侵权盗版专项治理“剑网”行动、印刷复制业和报刊记者站两个集中整治“百日行动”、红色旅游景点出版物市场专项整治活动、中小学教辅材料出版发行专项检查活动、非法出版物集中销毁活动，严厉打击了各类非法经营行为，进一步规范了出版物市场秩序，打击了各类侵权盗版等非法出版活动。2011年，全省收缴各类非法出版物43.2万件，查办案件26起。成功破获了三河市盗印《中国共产党历史（第二卷）》案件，（简称“2.18”案），对16名涉案人员做出了刑事处理，对5名涉案公职人员进行了责任追究。以查办“2.18”案件为契机，在全省开展了“履职尽责依法行政”主题教育活动，进一步增强了新闻出版行政部门和文化市场行政执法人员的责任感。中央政治局常委、国家副主席习近平作出重要批示，对河北表示感谢。省委、省政府主要领导和分管领导对案件查办工作给予充分肯定。

（七）干部队伍建设不断加强。认真组织学习贯彻胡锦涛总书记“七一”重要讲话、党的十七届六中全会和省第八次党代会精神，进一步增强了广大机关干部做好新闻出版工作的责任感和使命感。坚决落实省委提出的“约法八章”，对党员干部严格教育、严格管理、严格监督，增强了党员干部的党性观念。深入开展创先争优活动，切实加强干部作风建设，干部作风更加务实，工作效能明显提高。围绕履职尽责、依法行政、机关管理等方面修订完善了规章制度，推进了机关正规化建设，干部职工懂规矩、守纪律、讲规范的自觉性进一步增强。切实加强廉政教育、预防和监督，认真落实党风廉政建设责任制和领导干部廉政准则，提高了党员干部的廉政意识和拒腐防变能力。大力弘扬密切联系群众的优良作风，结合工作实际和行业特点，在全系统组织开展了“百名总编（主编）千名编辑走基层活动”，提升了全系统党员干部服务大局、服务群众的能力和水平。

（河北省新闻出版局　田振国）

【文物工作概况】 2011年，河北文物保护和博物馆事业发展融入经济社会发展大局，使文物保护成果惠及广大民众。科学把握文物保护、利用、传承和发展的关系，为建设经济强省、和谐河北又做出了积极贡献。抓规划先行，编制完成了《河北省文物事业“十二五”发展规划纲要》，报经省政府同意正式印发施行。对全省“十二五”时期的文物保护项目进行研究，统筹谋划了4大类120项文物保护项目。明确了“十二五”时期文物事业的指导思想、发展思路和目标任务，制定了保障措施。5月，在蔚县召开了全省文物保护项目工作会议，对“十二五”期间的文物保护项目工作进行了安排部署。组织全省各级文物部门加快编制文物保护规划和设计方案，推动更多的项目列入全国文物事业发展“十二五”规划和项目库。12月，省政府和国家文物局签订了“共同推进河北文物博物馆事业发展合作框架协议”，为加快河北省文博事业发展提供了强有力的支持和保障。

全面推进文化遗产保护事业。2月，省委常委、宣传部长聂辰席率省直有关部门负责同志到正定，实地考察了广惠寺华塔、隆兴寺、开元寺、临济寺、天宁寺凌霄塔、南城门等重点文物保护单位，并就加快正定文化遗产资源的保护、传承和利用工作做出重要指示。4月，由中国建筑设计研究院建筑设计研究所编著的《泥河湾遗址群保护总体规划纲要》通过省文物局组织的文物、建设、国土、规划等专家的评审。

5月，省政府决定，河北省成立了文物保护项目工作领导小组，省政府副省长孙士彬任组长，省政府分管秘书长、省文化厅、省文物局主要负责同志任副组长，省发展和改革委、省财政厅、省住房和城乡建设厅、省文物局有关负责同志为成员。主要职责是督促检查文物保护项目的落实情况，协调解决文物保护项目实施中的重要问题。

6月，省政府印发《关于正定等历史文化名城保护规划的批复》（冀政函〔2011〕86号），同意正定、山海关、保定、邢台和邯郸5个历史文化名城保护规划；为落实陈全国省长关于正定古城保护的批示意见，省文物局组织召开了正定古城整体保护项目工作会议；为传达落实刘延东国务委员有关讲话精神，省文化厅、省文物局组织召开直隶总督署、保定军校保护工作会议。8月，住房和城乡建设部、国家文物局有关专家组成国家历史文化名城检查评估专家组，到正定、邯郸检查河北省历史文化名城保护工作。

11月，省政府印发《关于井陉县天长镇等30个历史文化名镇名村保护规划的批复》，同意石家庄市井陉县天长镇、于家村、大梁江、小龙窝；张家口市蔚县暖泉、上苏庄、北方城、代王城、南留庄，阳原县开阳，怀来县鸡鸣驿；保定市清苑县冉庄；沧州市献县单桥；邢台市邢台县英谈村、皇寺村，平乡县窦冯马，内丘县神头，临城县驾游村，邯郸市永年县广府，涉县固新、偏城、赤岸、王金庄、岭底，武安市冶陶、伯延、阳邑，峰峰矿区大社；遵化市马兰峪、霸州市胜芳镇等等历史文化名镇名村保护规划。

年内实施了涿州永济桥、蔚县华严寺、灵岩寺、真武庙、涞源阁院寺、北戴河近代建筑群、察哈尔都统署旧址、庆林寺塔等保护维修工程。

（一）避暑山庄及周围寺庙文化遗产保护。承德避暑山庄及周围寺庙文化遗产保护维修，得到了中央领导、国家有关部委和省委、省政府领导的高度关注，中央财政计划总投资6亿元，从2010年8月工程全面启动。至2011年底，中央财政已拨付保护专项资金3.18亿元，国家文物局已批复承德避暑山庄及周围寺庙保护方案41项，陆续开工23项，其中有3项已经完工，其他项目正在抓紧推进。在已拨付的资金中，有水环境治理工程资金6208万元，已陆续开工。加强科学规范实施大项工程，承德避暑山庄及周围寺庙文化遗产保护项目共计89个，文物部门对项目的实施和资金需求进行了分年度序时安排，同时根据每个工程的实际情况，编制了单体项目计划表。

1月，“文化遗产保护与城市发展报告会”在承德市举办，承德避暑山庄及周围寺庙文化遗产保护工程领导小组组长、国家文物局局长单霁翔作了“文化名城建设和遗产保护”的主题演讲，之后，省政府办公厅将单霁翔的主题演讲内容摘要在内部通报上刊出。2月，国家文物局、省文物局在北京组织召开了承德避暑山庄及周围寺庙安全防范系统总体规划设计专家论证会。3月，省文物局组织专家对承德避暑山庄及周围寺庙15项安全防范项目方案进行了论证，并原则通过；将承德市根据专家意见修改完善后的17项文物保护工程项目方案呈报国家文物局；省文物局组织专家对避暑山庄保护工程驳岸试验段、御路试验段进行阶段性技术检查，对工程提出指导性意见。4月，承德须弥福寿之庙保护修缮工程开工，单霁翔、孙士彬出席开工仪式，并在召开的现场办公会上分别作了重要讲话。

（二）清东陵、清西陵文化遗产保护。推进清东陵、清西陵等文物修缮保护工程，列入国家文物事业发展“十二五”规划及项目库。委托北京市古建所开展清东陵总体保护规划修编及测绘，委托天津大学建筑学院对清西陵总体保护规划进行修编。11月，《清东陵保护管理办法》经河北省第十一届人民代表大会常务委员会第二十七次会议批准修订，自2012年1月1日起施行。这标志着清东陵的保护管理工作在法制的轨道上又迈上了一个新台阶。年内组织实施了清东陵定东陵安防系统工程和清西陵慕东陵全面维修工程。年内中央财政资金拨付清西陵慕东陵全面维修工程550万元，泰东陵全面维修工程1300万元，泰妃园寝全面维修工程930万元；拨付清东陵定陵安防系统工程350万元，清东陵总体规划修编及测绘300万元，景陵大碑楼修复工程900万元，昭西陵遗址保护工程575万元等维修资金。

（三）鸡鸣驿城墙加固与大遗址保护。鸡鸣驿城保护工程从2008年启动以来，省文物局会同张家口市和怀来县积极推进工程实施。制定了详细的工作计划，成立了现场专家组，协调解决相关问题。截至2011年末，国家已拨付文物保护资金8400万元，其中，文物本体维修资金3400万元，基础设施及环境治理资金5000万元，鸡鸣驿城墙整体加固保护工程已经完工，城内文物建筑维修项目将全面展开。

大遗址保护工作深入推进。邺城遗址、燕下都遗址保护总体规划通过国家文物局评审，部分保护项目已开始实施。张北元中都遗址、阳原泥河湾遗址群、北戴河秦行宫遗址、赵王城遗址保护规划已通过国家文物局初评。沽源小宏城遗址、梳妆楼、平泉会州城遗址、邢台东先贤遗址、邢国墓地、献县汉墓群的保护规划经国家文物局批准立项。按照建设国家考古遗址公园的有关要求，重点抓好元中都、赵邯郸故城、中山古城等大遗址的保护工作。2011年，中央拨付河北省大遗址保护经费3430万元，包括长城保护和规划项目3个550万元，京杭大运河保护加固工程3个450万元，燕下都遗址、邺城遗址、赵邯郸古城保护及勘查试掘项目3个500万元；金山岭长城、大境门长城等五处长城建筑遗址保护维修资金900万元；京杭大运河河北段的马厂炮台保护工程、红庙金门闸保护工程、华家口夯土坝保护工程等1030万元。

大运河保护和申遗工作。7月，召开了河北省大运河保护和申报世界文化遗产市厅际会商会议，审议通过了《河北省大运河保护和申遗会商小组工作制度》，对下一步工作进行了全面部署。国家文物局确定了河北省拟申遗的大运河重要河段和遗产点。2011年末，大运河河北段文化遗产总体保护规划已经编制完成，香河红庙金门闸、景县华家口夯土坝、东光谢家坝保护加固工程有序展开。

【文物普查和长城资源调查】 第三次文物普查从2007年开始，经过五年的艰苦工作，在前期野外调查工作基础上，2011年完成了全省文物普查资料整理工作，其中河北文物普查重要新发现之旧石器时代遗址、古遗址古墓葬、古建筑、近现代文物、队员手记汇编、文物普查纪实等六部书稿已完成。经国家文物局核定，新发现不可移动文物2.16万处，全省不可移动文物总量达到3.39万处。11月，国家文物局组织开展了“第三次全国文物普查百大新发现”评选工作，最终评选出古遗址27处，古墓葬6处，古建筑16处，石窟寺及石刻6处，近现代重要史迹及代表性建筑40处，其他5处。河北省涉县西辽城村遗址、蔚县夏源关帝庙、京张铁路张家口车站等三处文物点入选。

完成了河北省境内长城认定工作。根据长城资源调查情况，录入长城墙体、壕堑、单体建筑、关堡、相关遗存等文物认定登记表7000份。完成了河北早期长城资源调查工作报告及数据库上报工作，并开展了长城记录档案编制工作。编辑完成张家口市早期长城、迁西县和卢龙县明长城资源调查报告，正在抓紧编制河北明长城总体保护规划。4月，国家长城资源调查工作项目组组织专家对河北省秦汉及其他时代长城调查资料进行验收。验收采取现场考察与资料抽验的方式，先对易县燕南长城进行现场考察，然后对河北省秦汉及其他时代长城调查资料进行了检查验收。

考古调查勘探发掘。做好基本建设工程文物保护工作。组织完成了南水北调中线廊涿干渠野外考古工作，发掘面积8000平方米，出土文物1000余件，保障了工程建设的顺利实施。并对石津干渠进行了考古调查，涉及沧州、衡水、石家庄等地区10个县，共发现遗址（墓地）17处。完成了张唐铁路、中石油锦郑成品油管道工程、中海油煤制天然气北线管道、荣成—乌海高速公路、邯长铁路固镇古城遗址等建设工程考古项目32项，调查行程近2000公里，调查勘探面积约300万平方米，发掘面积2万平方米，出土器物2500余件。

开展考古学术课题研究。组织考古专业队伍对平山县张扬村墓群进行勘探发掘，清理战国时期墓葬12座；对承德避暑山庄碧峰寺遗址进行考古试掘及台基轮廓清理，为了解相关建筑基址的体量、结构提供了基本资料；对正定古城西南角楼遗址、南门月城遗址进行考古试掘，为编制遗址保护方案和保护规划提供了科学依据；隆化兴州窑的发掘，为河北北部新窑系的确立提供了资料。

文物保护科技运用。经过几年的研究探索，省文物保护中心与湖北省博物馆合作，成功研制出“青铜器文物修复液”，2011年4月获得了国家知识产权局颁发的发明专利证书，这是河北省文物单位首次获得国家级的文物保护发明专利技术。

组织实施了武强木刻雕版年画修复、战国铁足大鼎保护项目、沧州青县唐墓保护及易县文保所金属类文物保护修复工程。完成了梳妆楼元墓文物保护规划，启动了小宏城遗址、献县汉墓群、隆化土城子遗址、景县封氏墓群、东垣故城保护规划编制工作。组织编写了11项文物科技保护方案，完成省文物保护中心库藏106件石造像的保护设计方案。

博物馆建设与免费开放。河北省博物馆新馆主体工程已完工，并完成了内外装修。2月，孙士彬副省长带领省文化厅、省住房保障和城乡建设厅、省文物局、省社会公益管理中心、石家庄供电公司等单位负责人到河北博物馆就工程建设情况检查。4月，邀请国内博物馆界专家对陈列大纲进行论证，并已完成陈展方案招标工作。以省博物馆为依托，积极筹建河北省文化产品交易物流中心。5月，承德博物馆和承德民族团结清史文化展览馆项目，同时在避暑山庄外原承德二中校址开工建设。

对阳原泥河湾博物馆、秦皇岛玻璃博物馆、涿州博物馆等博物馆建设进行业务指导，大力扶持行业博物馆建设。积极推进河北省生态博物馆建设，申报蔚县暖泉镇、怀来县鸡鸣驿村、永年县广府镇为生态博物馆建设试点。

稳步推进博物馆纪念馆免费开放工作。全省纳入中央免费开放政策的博物馆、纪念馆增加到54座，年免费接待观众1000多万人次。省文物局组织开展了全省第二届博物馆陈列展览精品评选，六个展览获奖。其中，黄骅海盐博物馆“天工开物——中国盐史”展览荣获“全国博物馆系统十大陈列展览精品”评选最佳创意奖。在保持长期固定展览的同时，适时推出一批临时展览，积极改进内部管理，创新服务方式，完善服务设施，提升展示水平，树立观众意识，不断充实服务内容，博物馆日渐成为百姓愉悦身心的精神家园。

充分发挥博物馆、纪念馆的宣传教育功能。围绕庆祝建党90周年主题，全省博物馆纪念馆推出了一系列陈列展览，各级文博单位举办了丰富多彩的活动，省博物馆推出《河北省南水北调工程文物保护成果展》等展览，组织《古驿瑰宝—鸡鸣驿》、《国之瑰宝》图片展赴石家庄经济学院、石家庄铁道大学巡展。省民俗博物馆先后到二十余所学校和社区进行传统文化讲座和举办民俗文化活动，在河北师大举办了“校园民俗文化节”，在石家庄谈村小学举办了“民间艺术进校园”民俗文化活动，在暑假期间举办了“暑期民俗文化进社区”系列活动。

文物安全与执法督察。2月，国家文物局、公安部联合发文表彰全国重点地区打击文物犯罪专项行动先进集体、先进个人。河北省邯郸市公安局邯山区分局“5.27”盗掘古墓葬案专案组获先进集体称号，河北省公安厅刑侦局大要案侦查支队科长张永青、河北省邯郸市公安局刑警支队第四大队大队长徐兆良、河北省石家庄市公安局刑警支队副支队长韩冬获先进个人称号，河北省文物局获组织协调先进单位称号。

5月，省政府印发了《关于加强文物安全防范工作打击文物盗窃盗掘犯罪活动的通知》，省文物局安排督导组赴全省各地检查文物安全工作；召开了河北省文物安全工作厅际联席会议第一次会议，对文物安全工作进行了安排部署。中央宣传部、司法部联合印发《关于表彰2006—2010年全国法制宣传教育先进集体和先进个人的决定》，省文物局被评为先进单位。

针对文物安全形势严峻的情况，加强文物单位安全管理工作。会同公安部门开展打击文物犯罪专项行动，本年度破案10起，打掉犯罪团伙8个、抓获犯罪嫌疑人79人，追缴文物188件。完善博物馆和文物保护单位的安防、技防、消防设施，与消防部门联合开展火灾隐患排查整治百日行动，会同省气象局开展防雷安全检查。针对长城保护管理工作中存在的问题，省政府印发了《关于进一步加强长城保护管理工作的通知》，11月，在涞源县召开了全省长城保护管理工作会议，对长城保护管理工作提出了明确要求，与长城沿线设区市文物主管部门签订了长城保护安全责任书。

3月，省文物出境鉴定中心受国家文物局委托，鉴定审核了拟出境物品196件，经鉴定审核许可出境的文物予以许可出境并加盖火漆标识。省文物出境鉴定中心邀请国家文物鉴定委员会四位书画鉴定委员，对张家口市人民检察院提交的涉案字画42件进行了现场鉴定，其中9件为当代画家作品；21件书画作品均为当代作品，不属于文物范畴。

文物宣传展示与中外文化交流。1月，河北省第一部公众考古图书《水帘洞揭秘——探访泐泐水石家庄先民之家》首发式在石家庄举行。首发式由省文物局、石家庄市文物局、河北美术出版社、燕赵晚报联合举办。光明日报、中国新闻社、大公报、香港文汇报等20余家新闻媒体参与报道。

开展“5.18国际博物馆日”和第六个文化遗产日宣传活动。围绕“博物馆与记忆”主题。2011年，全省博物馆、纪念馆精心策划，推出400多个陈列展览，举办文化宣讲活动100多场，得到社会各界的广泛赞誉。为迎接第六个文化遗产日，全省各地、各文博单位举办了丰富多彩的活动。第六个文化遗产日当天，省内146处文物保护单位对公众减免费开放。省文物局、石家庄市文物局、平山县政府联合举办了“穿越千年时空，探访中山古迹”公众考古活动。省博物馆举行了新馆“十大珍宝文物”评选结果发布仪式。省文物局机关、省直各文博单位等有关专家学者在省博物馆广场开展文化遗产保护宣传活动，举办河北特色民间艺人展演，进行文物法律、法规和文物知识咨询服务，并发送文化遗产保护短信。

加强对重点项目和活动的宣传报道。借助各类媒体，对承德避暑山庄及周围寺庙保护工程、鸡鸣驿城保护工程、大运河保护工程等重点项目进行宣传报道，对文物保护惠民工程、博物馆陈列展览、文物安全等进行重点报道。抓好新华网“河北文物”网站建设维护和《河北文物工作》编辑出版工作，及时发布文博工作动态，加大文物宣传的推介力度。

3月，在美国华盛顿国家广场的赛克勒美术馆，一组宏伟而精致的6世纪佛教雕塑在三维成像技术的辅助下重新展现在世人面前。此次展览由赛克勒美术馆与芝加哥大学斯马特美术馆联合主办，旨在讲述中国最重要的佛教圣地之一—河北文物—邯郸响堂山的不凡故事。

2011年出版了《故城寺壁画》，《河北长城》，《内丘张夺发掘报告》，《文明的见证一邢台名胜古迹》，《中国瓷器三千年》，《馆藏文物精华》，《河北民俗文化丛书》之《河北陶瓷》、《魏县织染》、《吴桥杂技》和《武安傩戏》四册书籍，《涿州史迹图志》，《中国赤城历代碑匾刻辑录》，《元中都研究》，《隆化古代史情》等图书。

8月，泥河湾—“垂杨介与她的邻居们”第16届国际学术研讨会在张家口市阳原县隆重召开。此次会议由省文物研究所、韩国史前研究院和阳原县人民政府共同主办，吸引了来自中国、俄罗斯、韩国、日本、印度、马来西亚、印度尼西亚、美国等10多个国家的30多名代表参加。中日合作共同研究泥河湾盆地晚更新世中、晚期环境及旧石器时代遗址编年项目正式启动，并开始现场取样。该项目是2010年省文物研究所与日本同志社大学共同研究确立的，旨在进一步加强对泥河湾盆地古环境、旧石器时代遗址编年的深入研究。积极组织文物展品参加国家文物局在意大利举办的《秦汉一罗马文明展》、在美国举办的《忽必烈的时代一中国元代艺术展》，在内蒙古博物院举办的《中国元代文化大展》。

11月，为进一步加强省际间博物馆界的交流与合作，全面提升博物馆工作水平，在秦皇岛市山海关区召开了冀豫晋陕四省博物馆理论与实践交流研讨会，主题为“服务民生一博物馆的责任”，内容包括博物馆与民生、博物馆与建设和谐社会等内容。

文博事业基础建设。2月，省文物局邀请全国十家具有文物保护设计甲级资质和施工一级资质单位，在石家庄召开河北省文物保护工程项目对接会，中国文化遗产研究院等国内优秀设计和施工单位参加了会议。浙江古建设计研究院、北京市古建保护研究所等单位已派人到文物保护工程现场专题对接。

加强文博队伍能力建设。10月，省文物部门举办了全省文物保护项目管理培训班、全省文博系统青铜器鉴定培训班、全省博物馆、纪念馆讲解员培训班，提高了基层文博队伍的业务水平。11月，举办全省文物保护勘察设计、施工和监理资质单位培训班，规范文物保护勘察设计、施工和监理工作；举办了全省重点文博单位宣传报道工作培训班，提高文物宣传工作水平。12月，组织省直文物行政执法人员参加省法制办举办的行政执法培训，提高文物行政执法水平。

强化工程项目资金使用的监督管理。对大型文物维修、博物馆建设等工程项目均实行招投标，要求项目负责人与单位签订廉政责任书，建立预防、警示和通报制度。加强第三次全国文物普查、长城资源调查、南水北调文物保护、博物馆免费开放等重点项目专项经费的监督检查，健全内部控制制度，严格预决算和审计各个环节，使各项开支规范合理，各项工作有章可循，做到专款专用，注重绩效。加强项目经费绩效管理，年内对博物馆纪念馆免费开放专项经费和省级文物保护项目经费实施了绩效评价。加强财务管理，在省直各文博单位实行财会人员轮岗制度，定期进行检查和考核。

规范行政审批事项。主动向社会公开行政审批事项和公共服务事项目录，省文物局全年公开政府信息332条。全部行政许可事项都实现了网上审批，对审批通过的项目实行网上公开，规范了非行政许可审批事项办理程序，编印《河北省文物局行政审批工作手册》，编制审批事项流程图，健全了首问首办、限时办结、公开承诺等制度，防止超时办理、擅自增加审批环节等问题的发生，缩短了审批时限，提高了审批效率。

（河北省文物局　王志敏）

【档案工作】 2011年全省各级档案部门和广大档案工作者，不断加深对转变档案事业发展方式应成为落实科学发展观的第一任务的认识，不断加深对转变档案事业发展方式应将贡献率作为检验工作的第一标准的认识，不断加深对转变档案事业发展方式要把资源建设作为工作的第一业务的认识，不断加深对转变档案事业发展方式要把提升馆的公共服务能力作为第一基础的认识，紧紧围绕各级党委、政府工作大局，奋勇创新，开拓进取，各项工作实现了“十二五”的良好开局。

社会主义新农村建设档案工作由点到面陆续铺开，生机蓬勃。以涉农档案信息服务农民、让农民共享为突破口，带动和促进新农村档案工作，全方位提升水平，是2011年全省档案工作的一大亮点。省档案局于2011年年底在遵化市召开了“全省社会主义新农村建设档案工作示范交流会议”，国家档案局副局长杨继波亲临会议指导，并做重要讲话，充分肯定了河北省新农村档案工作的成绩。唐山市专门以两办名义印发文件，各县（市、区）的新农村档案工作整体上走在了全省前列，起到了很好的示范带动作用；张家口市与多部门联合发文，制定了标准，提出了用三年时间在全市209个乡（镇）4176个行政村建立起规范的农村档案，市县工作搞得有声有色；很多县采取了互联网、送光盘、赠宣传册子等多种不同方式，把丰富的档案信息资源送到千家万户，使广大农民足不出户、足不出村，就能便捷地利用档案。实现了全省新农村档案工作的良好开局。

各级档案新馆建设成效显著。省档案馆新馆建设，经过十几年努力，现已取得重大实质性进展。秦皇岛市1.26万平方米的新馆投入使用，邢台市7600平方米的新馆进入内外装修阶段。县级档案馆建设，在中央投资支持建馆方面，2010年第一批相关的9个县，6个已建成；

2011年，国家下达给河北省的2003万元资金已经到位，相关的10个县（市、区），鹰手营子矿区、临漳县已建成，4个县在建。另外，在中央支持资金尚未拨付的情况下，开平区、磁县、宣化区已建成新馆；暂未列入"十二五"中央投资支持的县（市、区），2011年有5个县（市、区，即古冶区、丰南区、肃宁县、三河市、南宫市）基本完成新馆建设，滦南县、威县、隆尧县的新馆在建。

档案接收保持着强劲势头。近些年来，河北省一直进行着档案接收体制的创新，确立了档案的依法接收、据实接收、整合接收三大原则，从而扩大了档案接收的范围，将重要会议、重大活动、重大事件产生的档案，党政机关所属二、三级单位的档案，涉及民生的档案，国有企业改制和破产企业的档案列入了接收范围，新增了接收档案的门类，如维护国家、集体和个人合法权益的婚姻登记档案、土地承包经营权登记档案、集体林权改革登记档案、水利档案、卫生档案、老字号地方特色档案、名特产品档案等，使河北省的档案接收既有强大的动力，又有很好的基础，到"十一五"末，省、市、县三级国家档案馆保存的档案比"十五"末翻了一番多，"十二五"开始的这一年多，仍然保持着强劲的增长势头。据统计，2011年迁安市接收档案1.95万卷2.4万件，另8000多张照片，118张光盘；怀来县新接档案2万卷；磁县1.85万卷；沧县1.69万卷；承德县7600卷；围场县6000卷等。

档案数字化建设扎实推进。2011年省、市、县三级国家档案馆纸质档案数字化扫描达三千万幅，全省有10个市级档案馆、100个县级档案馆以扫描仪及数码相机采集数据，以磁盘、光盘存储数据的方式开展了档案数字化扫描工作。唐山市14个县（市、区）中，已有13个开展了档案数字化扫描工作，其中7个县（市、区）全部完成了馆藏档案的数字化扫描任务。秦皇岛市投资60余万元，建成了核心设备光纤传输的千兆局域网，并购置了服务器和磁盘阵列等设备，对数据中心进行了存储扩容改造。唐山市丰润区争取资金106万元，滦县争取资金28.5万元，用于扫描工作；遵化、迁西、路南区均实现了馆室一体化在线接收、指导及远程查询利用；遵化市、青龙县将已经数字化的婚姻登记、土地承包等档案，通过网络系统或制作光盘等方式实现了信息共享。

机关、团体、事业档案工作目标管理等级认定工作起步良好。对于省局出台的《河北省机关档案工作目标管理认定办法》、《河北省企业档案工作目标管理认定办法》这两项政策性文件，各地各单位迅即贯彻落实。省局编制了"十二五"全省各级机关档案工作目标管理等级认定计划；举办了两期骨干培训班，省、市、县三级都注意培养典型、抓试点，使开展认定工作扎扎实实、效果显著。目前，通过5A级认定的单位7家、4A级51家、3A级481家、2A级436家。

档案文化产品开发成果日丰，影响扩大。省局馆与河北师大合作编印出版的《中国长芦盐务档案精选》全10册已出版发行，填补了这方面的一项空白，开始引起国内学术界的关注。省局馆组织编写的"资政惠民"系列丛书，其中《1958－1966年河北省省会变迁始末》、《历史的名词》、《1928－1949年河北省大事记》、《1958—1962年河北省撤县并县复县史鉴》等业已照排待发行；同时，组织力量对长芦盐务档案中的外文档案进行翻译，为发掘长芦盐务档案蕴含的宝藏做进一步的准备。秦皇岛市举办"典读秦皇岛"大型档案展示，作为一张城市文化名片，受到市委、市政府和社会的一致好评；保定市举办了"红色太行，保定记忆"红色地契实物展，以及出版的《保定老照片》等，受到了市领导和社会公众的好评；邯郸市完成的《伟人与邯郸》等档案文化产品开发，也颇具特色。滦县档案局与县电视台联合开办"历史记忆"栏目，使馆藏档案由"不为人们熟知的档案资料"，变为鲜活的历史记忆走进了千家万户；阜平县正在准备出版《边区阜平红档案系列丛书》；清苑县档案局编辑的《清苑·1955·赴苏援建》一书已经出版。

（河北省档案局　边晓琳）

广播电视

【概况】 2011年底，全省共有广播电台12座、电视台12座，广播电视台139座，均与上年相同。拥有中波发射台31座，发射机49部352千瓦，与上年相同；拥有调频发射台154座，发射机267部230.001千瓦，比上年增加2座6部6.95千瓦；拥有电视发射台251座，发射机440部498.675千瓦，与上年相同。全省共有数字微波实有站32座，微波传送线路长度1612.50公里，与上年相同。全省有线广播电视传输干线网总长15.60万公里，比上年增加2.17万公里，有线电视用户达到719.60万户，比上年增加49.22万户。数字电视整体转换工作继续取得新的进展，全省数字电视用户达到456.43万户，比上年增长19.37%。全省广播综合覆盖率达到99.33%，比上年增长了0.01个百分点；电视综合覆盖率达到99.26%，与上年持平。

全省全年共开播广播节目129套、电视节目178套，全年共播出广播节目60.73万小时，比上年增加2.31万小时；播出电视节目75.53万小时，比上年增加1.33万小时。全年共制作广播节目32万小时，比上年增加9966小时，尤其是新闻资讯类广播节目制作时间4.13万小时，比上年增加5894小时。全年制作电视节目13.94万小时，比上年增加8173小时。制作完成电视剧6部147集，动画电视42小时。全年进口电视节目78小时，比上年增加26小时。

截至2011年底，全省广播电视系统从业人员为3.46万人，拥有固定资产68.50亿元，同比增长5.42%。全年实现创收39.89亿元，同比增长10.77%。

【新闻宣传】 主题鲜明、重点突出。以建党90周年为主题，围绕"党旗飘扬·希望河北"这一主线，先后开展了

《红色信念》等大型广播采访活动、《庆祝中国共产党成立90周年》等大型电视系列报道、《向党的生日献礼》网络媒体专题报道和优秀广播剧、影视剧展播展映以及创作拍摄文献记录片《光辉的旗帜》等专题宣传报道。统筹推进党的十七届六中全会和省八次党代会重大宣传报道，开设《宣传文化战线深入贯彻落实十七届六中全会精神》、《迎接八次党代会、服务八次党代会》等专题、专栏，推出《文化给力河北》、《聚焦省八次党代会》等多项重点报道和系列报道，形成了主题鲜明、重点突出、多角度、持续性的宣传报道态势，为推动经济强省和谐河北建设营造了正面舆论强势。

新闻立台成效明显。秉承新闻立台、责任广电理念，坚定"打造全国省级一流新闻节目和一流新闻中心"的工作目标，河北电台整合全台新闻、节目和人力资源，重新架构新闻频率，实现全天节目直播化、大型现场直播常态化，倾力打造24小时全新闻广播，新闻生产力和舆论引导力明显提升。河北电视台通过加强全程策划、优化业务流程、实行精细管理等措施，进一步提高新闻采编播能力，形成了早、中、晚和晚间四大新闻版块，新闻节目日播总时长增加了1倍，信息量和时效性、吸引力和感染力都有了进一步提升。

节目创新取得新进展。在扎实开展"办一流节目，让人民群众满意"活动并总结推广电视新节目创意征集活动经验做法基础上，河北电台精准、细化各频率专业定位和发展策略，初步形成各具特色的差异化发展格局，并按照现代广播流程压缩栏目设置，节目品质得到了新提升。河北电视台大力推进在节目生产、电视剧购置等方面的改革创新，通过实行《栏目评估管理办法》、《新上栏目预评估管理办法》，加大了节目综合评估力度，频道活力逐步显现。

精品创作生产卓有成效。省台《读书》、《阳光热线》等原有品牌节目的社会影响力不断增强，《家政女皇》、《直播京津冀》、《村里这点事》、《文化密码》等节目受到社会各界的广泛关注和好评。联合拍摄的影片《辛亥革命》在全国公映后反响良好。主持或参与创作的电视剧《谁主沉浮》、《英雄黄骅》、《新亮剑》、《洪武大案》等在央视和省级卫视热播；电视剧《闯天下》、《丑角爸爸》、《英雄先遣连》等摄制完成。电影《唐山大地震》和《西柏坡》获第14届中国电影华表奖，电影《骏马少年》获第8届美国圣地亚哥国际儿童电影节最佳儿童片奖。

对外宣传取得新突破。成功主办了"2011中国·西柏坡红色电影周"，面向全国打出了"中国·西柏坡红色电影周"品牌。河北电台和河北电视台分别被中央台采用新闻节目704条和1100条，均超额完成了进度指标。河北电台在中国国际广播电台《中国之窗》播发节目12条，全部被评为甲等节目；在澳大利亚成功举办了第三届"魅力河北广播周"，并与当地3CW中文广播电台就加强双方节目交流、人员培训、异地采访等签署了合作协议。河北电视台继续通过美国斯科拉卫星电视网和长城北美卫视播出各类电视节目96部（集）3200分钟，在澳大利亚播出英文版《中国河北》220期9600分钟，有效提升了河北形象，扩大了河北美誉度和影响力。

【事业和产业】 技术改造全面推进。一是河北电视台高清改造基本完成，建成了新的"6＋4"（6个标清频道，4个高清频道）高标清播控系统并投入使用；二是河北电台前端传输系统技术改造完工，实现了中波频率精准同频同步覆盖，配备了数字卫星直播转播车，提高了现场直播转播水平；三是全省数字广播电视监测网二期工程圆满完成，实现了无线广播电视、有线数字电视、卫星广播及CMMB等播出手段的监测管理；四是微波首站机房改造工程顺利完工，新机房设备运行稳定、传输质量明显提高；五是建成了河北卫视高清同播频道卫星地球站上行系统。

重点项目建设进展顺利。一是电视中心安全改造工程基本完成；二是西柏坡中央电台旧址修复重建工作按期完工并正式对外开放；三是圆满完成《河北省广播影视发展十二五规划》的编制工作，明确了"十二五"时期全省广播影视的指导思想、发展目标、主要任务和保障措施，为实现广播影视科学发展奠定了坚实基础。

公共文化服务体系建设取得新进展。一是完成了全省7260个20户以上自然村广播电视"村村通"工程的省级验收，开展了直播卫星试点工作，并规划了第一批规划片任务，扎实推进了"村村通"和"直播卫星公共服务"工程；二是向国家积极争取了104辆农村电影流动放映车，2011年共放映公益数字电影59.89万场，实现了全省每个县一辆放映车和"一村一月放映一场公益电影"的目标任务；三是坚持政府扶持、市场运作、社会参与、院线经营的指导思想，走"公益＋市场"的路子，在全国率先实现每个县城一座数字影院目标；四是率先启动实施"情系进城务工人员公益电影放映工程"，丰富了进城务工人员的精神文化生活；五是充分利用现有传输网络等资源，完成了应急广播平台的搭建和11个设区市城区的信号覆盖工作。

广播影视产业发展形成了新格局。一是基本完成了河北电影制片厂、河北省电影公司等单位的转企改制，加快推进了河北影视集团实现企业化运营；二是长城网先后组建了2个子公司、3个分公司，形成涉足网络技术研发、网络文化传播、网络与手机增值服务、网络信息服务和人力资源管理等多个领域的集团化构架，探索出了一条新闻网站经营创收的新路子；三是重点推进了CMMB移动多媒体广播电视的商业运营，开办了移动多媒体频道，已上线试播并实现了全省11个设区市覆盖落地；四是三佳电视购物频道正式开播，成为全省现代服务业发展新亮点、广电产业新经济增长点；五是与上海文广集团共同出资组建了集科研、生产、经营、服务于一体的河北广电传媒技术有限公司，并开始运营；六是河北冀广投资股份有限公司挂牌成立，河北广电业在产业化、市场化进程中又迈出了重要的一步。

【管理工作】 宣传管理方面，坚持宣传协调会、宣传工作例会制度，启动实施"大策划组"工作机制，不断提升宣传管理工作的前瞻性、主动性和议题设置的科学水平；通过收听收看中心和监测平台，进一步完善宣传监督管理措施；组织开展加强广播电视宣传管理，净化了声频荧屏，营造了积极健康的视听环境。行业管理方面，全面加强广告播放监管，查处各类违规广告290项，停播各类电视购物短片广告48项，受理群众投诉350项，下发《违规整改通知书》45封，对12家播出机构进行了警示谈话；在全省范围内开展广播电视节目制作及播出专项整治、县级广播电视播出机构集中整治、卫星地面接收设施整治和打击互联网及手机媒体淫秽色情及低俗信息等多项活动，对不严格执行播放影视剧及执行节目播出"三审"制度的播出机构进行了批评并督导其整改，拆除非法卫星接收设施1500余套，收缴卫星地面接收设施340套，查处非法销售摊点12家，关闭了擅自从事互联网视听节目服务的4家网站。技术管理方面，多次部署整顿无线调频广播发射台播出秩序，严肃查处擅自变更呼号、开办频率/频道、扩大发射功率等违法违规问题，并组织现场收测、现场治理，进一步规范了全省广播电视播出秩序。

（河北省广播电影电视局　田　旭）

【河北人民广播电台】　河北人民广播电台成立于1949年9月1日，全台辖有8个专业广播、河北广播网以及河北文广传媒公司，员工750人。新闻（AM1278KHz，FM104.3MHz）、经济（AM1125KHz，FM107.9MHz）、交通（FM99.2MHz）、文艺（FM90.7MHz）、生活（FM89MHz）、音乐（FM102.4MHz）、农民（FM98.1MHz）、旅游文化（FM100.3MHz）等8个专业化广播频道10套节目，每天播出时长230余小时，有效覆盖京津冀及周边地区2亿人群。

2011年，河北电台新一届领导班子，勇于应对机遇挑战，深刻思索新时期媒体功能的嬗变，审时度势提出"全面打造有传播力、影响力、公信力、竞争力的一流现代广播媒体"工作目标。

2011年河北电台紧紧围绕省委省政府中心工作，坚持以科学发展观为统领，坚持改革创新，充分发挥主流媒体作用，在对党的十七届六中全会、庆祝中国共产党成立90周年、省八次党代会、全国和省"两会"等重要会议、重大活动的宣传报道中，反应灵敏迅速，导向正确，内容鲜活，形式多样，浓墨重彩。组织策划的"转变经济发展方式"、"稳增长、调结构、控物价、惠民生"、"加快文化体制改革、推动文化大发展大繁荣"等重大主题宣传报道全方位、多角度、深层次，重点突出，亮点频现，为建设经济强省、和谐河北营造了良好舆论氛围。

2011年，也是河北电台自身发展历史上波澜壮阔的一年。河北电台秉承"靠节目赢得市场，靠影响力赢得社会尊重，靠品牌广告提升经济实力"理念，深化改革，锐意进取，全面打造有传播力、影响力、公信力、竞争力的一流广播媒体成效显著。

把握正确导向，着力提升舆论引导能力。坚持新闻立台，坚守媒体责任，把最优势的广播资源用来做新闻、做宣传、做节目：倾力打造24小时"全新闻"广播；所属新闻、经济等8个频道全部实现省会24小时播出，扩大了舆论阵地；新闻、经济、交通、音乐4个频道实现"零座堂"，强化了宣传功能。坚持特色立台，内容为王，按照"新闻性、思想性、知识性、欣赏性、服务性"要求，精办节目、提高品质，努力把新闻频道、交通频道、音乐频道打造成为拉动河北电台快速发展的"三驾马车"。

完善传播体系，着力提升传播与服务能力。全力推进传统广播覆盖，加快发展网络广播建设，着手广播应急体系建设，着力构建无线、有线、卫星、互联网等多手段并用的立体传播体系。斥资2000万元兴建的全媒体中心，拥有120个工位、两个配备达到国际一流水准的直播间，可以实现音视频、网络同步直播，大大提高了广播的播出制作能力和全媒体传播能力。

加快产业布局，着力提升产业发展能力。主动"调结构、转方式"，压缩医疗座堂广告，大幅提升品牌广告吸纳力。年广告收入1.8亿元，同比增幅27%，其中品牌广告增幅超过124%。积极构建现代广播产业体系，注册成立了河北文广传媒公司、升级改造了河北广播网。形成依托电台频率资源搞活动，依托河北文广传媒搞实体，依托河北广播网发展网络广播、手机广播、动漫等新业态的产业体系架构，形成新的文化创造力和竞争力，培育新的经济增长点。

深化人事改革，着力提升队伍支撑能力。建立了全新的绩效考核和薪酬分配机制，完善了责任目标承诺制，频道总监先领任务指标并交纳风险抵押金才能上岗，强化了岗位责任和目标要求；完成了8个频道科级干部竞聘上岗和全员双向选择，实现能上能下、多劳多得、优劳优酬，人员精神面貌焕然一新；面向社会公开招聘60多名本科生、研究生，充实到采编播一线，为河北广播注入了新鲜血液，进而激发带动全员干事创业的激情活力。

体　育

【群众体育】　2011年，河北省群众体育亮点纷呈。一是《全民健身条例》和《全民健身计划》扎实推进，全社会对全民健身的认识和重视程度空前提高。制定出台了《河北省全民健身实施计划（2011－2015年）》等一系列政策法规，建立了省全民健身工作联席会议制度，积极推进"三纳入"工作；沧州、廊坊、邢台、保定、石家庄、唐山、张家口、承德相继出台《全民健身实施计划（2011－2015年）》，邯郸、衡水已报市政府。二是各类健身场地设施建设步伐加快。全省各级投入力度不断加大，国家和省本级投入资金5700多万元，市县和乡村基层投入资金4452万元，顺利完成"九大工程"建设任务，市、县（区）、街道（乡镇）、社区（行政村）四级公共体育健身设施网络覆盖范围进一步扩大。邢台、张家口等市全民健

身活动中心建成投入使用。西柏坡、易县石家统村等8个革命老区工程，231个新民居示范村工程，430个社区健身工程，邢台七里河、承德武烈河、石家庄裕西公园等体育公园完成建设。支持武邑、巨鹿和孟村“雪炭工程”建设，8个县建设了县级全民健身中心，1405个村实施了农民体育健身示范县工程，40个乡镇实施了体育健身工程，命名了12个“环京津体育健身休闲圈”全民健身户外活动基地。列入二期的沧州、保定、廊坊、衡水体育公园项目2012年上半年将全部完工。三是群众体育组织网络建设扎实推进。加强各级体育总会、单项体育协会、人群体育协会、行业体育协会及青少年体育俱乐部、社区体育俱乐部建设，特别是全力推进县级体育总会建设，113个“空白县（市、区）”全部新成立了体育总会。省体育记者、门球、台球、滑雪、篮球、体育史、健美等7个协会完成换届，40个省级体育协会年检全部合格。全面实施基层健身站点“五个一工程”，建立和培育了一大批有影响、有活力的群众活动站点。四是群众体育活动丰富多彩。启动实施全民健身“六进”行动计划取得明显成效，各部门、行业、人群体协、体育组织开展大型群众体育活动120多场次，各类中小型全民健身活动8810多项，直接参与人数超过8600万人次。成功举办石家庄元旦长跑、崇礼国际滑雪节、张家口马拉松赛、保定空竹艺术节和篮球文化节、北戴河轮滑节和铁人三项赛、杨露禅祭典等活动。沧州全市大中小学武术进学校、邯郸全市中小学太极拳进学校普及率都达到100%。此外，圆满承办第七届世界徒步大会、全国超级卡车大赛（张北站）、中国奥委会第25届奥林匹克日长跑、全国毽球邀请赛、全国健美操联赛等活动。保定市成为全国首批“全民健身示范城市”试点市。五是健身服务指导工作全面加强。培训各级社会体育指导员7200多名，社会体育指导员队伍规模和质量不断提高，登记注册制度进一步完善。积极开展经常性的国民体质监测工作，公布了第三次国民体质监测报告。

【竞技体育】 一是参加国内外重要比赛取得不错成绩。2011年河北省运动员参加跆拳道、武术、田径、游泳世锦赛以及全国A类比赛，共获得2项世界冠军、9个全国A类比赛冠军，侯玉琢蝉联跆拳道项目世锦赛冠军，阚文聪获得世锦赛武术项目金牌。保定、石家庄、唐山三市参加全国第七届城运会，获6枚金牌、6枚银牌和12枚铜牌，总成绩与上届持平。承办国际象棋秦皇岛国际公开赛、全国少年儿童跳水冠军赛、中国国际藤球邀请赛、中国女子职业高尔夫挑战赛、中国男子职业高尔夫巡回赛、全国排球锦标赛、中国乒乓球超级联赛男团冠军总决赛等十余项次高水平赛事。成功举办河北省各项目青少年比赛70余项次，各市积极举办青少年赛事，取得良好效果。二是备战训练扎实推进。坚持“三从一大”训练原则，完善“训科医”一体化保障服务机制，加强培训、人才引进、资源整合和实验中心、体能训练与康复中心等硬件设施建设，科研医疗保障水平进一步提升。2011年，河北省有26名运动员在国家队集训，16人入选国家队，12名教练员在国家队执教或帮助工作。50%的教练员参加了专业培训，25%教练员参加了总局培训。三是运动员文化教育和保障工作进一步加强。认真贯彻落实国务院办公厅转发四部委《关于进一步加强运动员文化教育和运动员保障工作的指导意见》，起草了河北省《实施意见（初稿）》，制定印发《关于进一步加强运动员文化教育工作的通知》，建立了运动员文化教育工作联席会议制度，对运动员学历教育采取了统一学费补贴等措施，运动员选招、就学、退役工作有序推进，积极开展职业转换和职业资格鉴定培训，进一步完善以职业指导、就业信息咨询与就业推荐、职业技能培训为主的退役运动员安置工作体系框架。四是后备人才培养工作力度进一步加大。制定了《河北省体育局各运动管理中心体育后备人才培养管理办法》、《河北省业余训练监督管理办法》，制定了恢复县区业余训练发展规划，全省恢复业余训练的县（市、区）数量达到41%。2011—2014周期省级体育传统项目学校达到151所，新建国家级青少年体育俱乐部17个、国家级青少年体育户外活动营地1个，全省注册业余运动员1.97万人，确定并入库跟踪苗子运动员254名。开展省级校园足球活动工作走在全国前列。各地高度重视业训工作，石家庄市形成了3所国家级、25所省级和99所市级体育传统校体系；张家口市组建了少儿业余足球体校；承德市加大投入扶持散打、跆拳道、拳击、田径、乒乓球等项目开展；唐山市调整项目布局，将弱势项目放到县（市、区）业体校和职业体育俱乐部先期培养；保定市成立体教结合协调小组，市区中小学校训练网点达到100%；邢台市增编新招录全额财政编制教练员6人，新上了水上运动训练项目；邯郸市制定了《邯郸市体育后备人才基地业余训练基地认定办法》，开展市级业训基地评定工作走在全省前列。五是省运会筹备工作有序推进。为真正把省运会办成人民的节日、体育的盛会，经省政府批准同意，省第十四届运动会与省第二届体育大会合并举办，即从2014年由沧州市承办的河北省第十四届运动会起，在省运会上增设群众体育组别，原定2011年由石家庄市承办的省第二届体育大会推迟至2014年并入省运会，今后不再单独举办省体育大会。目前，各项筹备工作正在紧张有序推进。石家庄、唐山、沧州、邢台、邯郸等市成功举办了市运会，涌现出一批好苗子。六是整治赛风赛纪和反兴奋剂工作进一步加强。以参加各类赛事为切入点，坚持从教育、自律、制度、监督、惩处等环节入手，严肃整治各类违规违纪行为，推进了赛风赛纪和反兴奋剂工作的常态化。

【体育产业】 一是“环京津体育健身休闲圈”聚集效应更加凸显。认真贯彻落实河北省人民政府办公厅《关于加快发展体育产业的实施意见》，加快培育发展健身休闲、体育用品制造、体育培训三大产业基地，张家口崇礼滑雪、承德体育旅游、唐山南湖和玉龙湾体育产业园、廊坊健身休闲及展会、沧州盐山产品制造、保定体育培训和定州武术器械制造等一大批具有竞争力的体育产业园区、示范区、体育骨干企业影响力不断提升；大型滑雪场数量达到18个、雪道5.41万米，高尔夫球场22个、共计495洞，体育产品制造企业达到300余家。京津冀体育产业协作进一步加强。二是体育彩票销售再创新高。通过挖掘潜力、加强管理、加大宣传等措施，2011年销售总额达到24.63亿元，超额完成年初确定的21亿元目标任务。全省各市销量普遍增长，唐山市首次突破4亿元，承德、廊坊等市提前3个月完成全年销售任务，邢台市成立了市级体彩管理中心。三是特色体育产业项目取得新成效。廊坊信鸽和渔具产业、沧州武术产业、衡水环衡水湖公路自行车赛、邢台自行车健身产业和太行山户外运动、邯郸广府太极拳等品牌影响和带动作用不断提升，产业链进一步延长；北戴河铁人三项大赛、保定空竹艺术节、廊坊（国际）名鸽展示会、中国廊坊碧海国际钓具展入选2011年度中国体育旅游精品推介项目。四是场馆运营管理水平有新提高。河北体育馆、河北省全民健身活动中心、崇礼高原训练基地、秦皇岛奥体中心等场馆，社会化、市场化运营明显增强。河北体育馆、省全民健身活动中心全年举办大型赛事活动30余场次，直接收益超过1500万元。秦皇岛市奥体中心全年举办各类赛事活动40余场次，被国家体育总局和教育部授予“全国学校体育场馆向公众开放先进单位”。五是重点工程建设稳步推进。省会体育中心开工建设，省体育局训服中心二期工程完工，训练馆工程进展顺利，游跳中心改造工程、自行车中心和射击中心迁建工程抓紧推进。石家庄市全民健身中心、承德奥体中心、张家口五一广场改造工程、沧州体育场、衡水全民健身中心、邯郸市体育中心和游泳训练中心改造工程等一大批体育基础设施加快建设。

【体育文化、法制、教育、科研】 组织开展了创先争优、迎接建党90周年、贯彻落实省第八次党代会精神等活动，完成了河北省体育局直属机关党委换届工作，全面推进党的思想建设、组织建设、作风建设、制度建设和反腐倡廉建设，基层党组织和干部队伍战斗力不断提高，干部队伍工作作风不断改进；以惩治和预防腐败体系建设为重点，扎实推进行政权力公开透明运行、机关效能建设、政风行风评议活动、廉政风险防控等工作，反腐倡廉建设取得新成效；全面推进依法行政，体育立法、体育执法等多项工作走在全国前列，“五五”普法工作获得国家体育总局好评，编制了“六五”普法规划；体育教育水平不断提高，河北体育学院完成科研课题立项30项，新生招录和毕业生就业工作顺利完成，毕业生一次就业率达到83.3%，省体育局职业技术运动学校课程进行了调整；体育科研建设力度进一步加大，新购置一批先进设备，重大课题研究、科研医疗攻关、服务能力和水平大幅提升。体育宣传、外事、人事、财务、体育史志、后勤保障、老干部等工作都取得新进步。

2011年河北全省体育工作，呈现出四个显著特点。一是出台政策性文件多。制定出台了《河北省全民健身实施计划（2011—2015年）》、《河北省关于加快发展体育产业的实施意见》、《河北省人民政府办公厅关于扶持体育产业发展的通知》、《河北省体育事业“十二五”发展规划》等一系列文件政策。二是公共体育设施和县级体育总会建设力度大。社会投资体育力度空前，全省在建或拟建的大型项目达到43个；新成立县级体育总会113个，实现了全省171个县（市、区）全部建立体育总会的目标。三是改革创新迈出重大步伐。对省运会办赛模式进行了改革，积极探索运动队交由高校承办。四是地方体育工作各有亮点。石家庄市积极推进运动会赛制改革，把“市运会”更名为“全民运动会”，取消了金、银、铜牌，淡化金牌意识，突出全民参与；承德市大力发展休闲体育产业，投资5000万元以上在建和拟建休闲体育产业项目13个，总投资400多亿元；张家口市崇礼滑雪品牌进一步做大做强，马拉松比赛、健身步道登山大会规模和影响进一步扩大；秦皇岛市成功承办第一届国际象棋公开赛、国际藤球邀请赛、第七届国际徒步大会等高端赛事百余项，并取得2012年世界女子拳击锦标赛暨伦敦奥运会拳击资格赛承办权，提升了城市影响；唐山市积极推进社会力量办体育，社团组织实体化取得明显成效，体育彩票销售继续保持全省第一；廊坊市渔具、信鸽等体育会展规模不断扩大，老年体育示范区建设成效明显；保定市颁布《关于加快建设体育强市的实施意见》，确定了建设体育强市的指导思想、工作重点和工作举措，努力打造全民健身示范城市；沧州市以承办省运会为契机，以国有资产权属不变、保值增值为前提，采用BOT模式建设大型体育场馆取得重大历史性突破，几个重点场馆建设开工建设或基本建成；衡水市举办了消夏体育彩色周末，优秀健身站点、武术馆校进行专场展演，取得了良好效果；邢台市投资1.5亿元建设开通了全省首条健身绿道；邯郸市积极推进“一县一品牌、一县多品牌”活动，成效显著。

（河北省体育总会　魏东霁　成锁柱）

区域经济篇

REGIONAL ECONOMY

石家庄市

2011年，全市人民在市委、市政府领导下，坚持以科学发展为主题、以加快转变经济发展方式为主线，紧紧围绕转型升级、跨越赶超两大任务，深入实施中东西三大区域经济协调发展战略，加快工业化、城镇化和农业现代化进程，着力稳增长、调结构、控物价、惠民生，国民经济保持平稳较快发展，各项社会事业取得新的进步，实现了“十二五”良好开局。

全市经济平稳较快发展，物价涨势得到控制。2011年，全市地区生产总值突破4000亿元大关，完成4082.7亿元，比上年增长12.0%。其中，第一产业完成增加值415.0亿元，同比增长4.3%；第二产业完成增加值2031.9亿元，同比增长13.6%；第三产业完成增加值1635.8亿元，同比增长12.1%。三次产业结构比例为10.1：49.8：40.1。

全年市区居民消费价格指数比上年上涨5.7%，其中食品价格上涨10.0%。工业生产者出厂价格指数比上年上涨7.7%，工业生产者购进价格指数比上年上涨10.4%。虽然物价水平仍处在高位运行的态势，但过快上涨的势头得到初步遏制。

农业生产稳中有增，农村经济发展较快。2011年，全市农林牧渔业总产值完成727.3亿元，比上年增长3.1%，其中农业产值387.1亿元，增长3.3%，牧业产值303.1亿元，增长2.6%。农林牧渔业增加值415.0亿元，同比增长4.3%，为近几年增长速度最快的一年。

2011年，全年粮食播种面积77.0万公顷，比上年减少0.3万公顷，下降0.4%；粮食总产量531.7万吨，增长4.7%。其中夏粮总产253.0万吨，增长7.4%；秋粮总产278.8万吨，增长2.4%。蔬菜产业稳步发展，全年总产1222.0万吨，同比增长1.8%。畜牧业较快发展，全市肉、禽蛋、牛奶产量分别达到76.2万吨、106.3万吨、118.8万吨，同比分别增长2.0%、2.5%、4.5%。

工业发展稳中趋快，主导产业贡献突出。2011年，全市规模以上工业企业2379个，实现工业增加值1746.3亿元，同比增长16.2%，实现利润502.9亿元，同比增长21.8%。2011年，规模以上重工业企业完成增加值937.1亿元，同比增长16.5%；轻工业完成增加值809.2亿元，同比增长15.8%，重工业增速快于轻工业0.7个百分点。2011年，全市纺织服装、装备制造、石化、食品、钢铁、建材和医药七大主导产业累计完成增加值1471.7亿元，同比增长16.0%，占规模以上工业增加值比重达84.3%。

服务业发展稳步推进，新兴服务业提质提速。2011年，全市服务业增加值同比增长12.1%，其中交通运输仓储邮政业同比增长13.3%，金融业同比增长18.9%，增速分别高于服务业1.2、6.8个百分点，是带动第三产业发展的主要力量。2011年，全市会展业和文化产业等新兴服务业快速发展。“石洽会”和“正博会”两大展会，实现经济效益双超百亿元，跻身会展业百亿俱乐部；以动漫产业为代表的文化产业长足发展，目前全市拥有专业动漫公司、企业70余家，年动画制作能力1.3万分钟以上，周边关联企业超过2000多家，产值超过10亿元，带动3万多人就业，创造出良好的社会效益和经济效益。

固定资产投资突破3000亿元，二、三产业投资增速较快。随着城市建设三年上水平和全市项目建设工作力度的加大，2011年，全市完成固定资产投资3021.5亿元，同比增长26.0%。其中第一产业完成投资57.7亿元，与上年持平，第二产业完成1081.6亿元，同比增长22.0%，第三产业完成1882.2亿元，同比增长31.8%。

刺激消费政策效果显现，消费品市场平稳较快增长。随着扩大内需、“夜经济”等一系列刺激消费政策的持续作用以及消费环境的不断改善，2011年，全市消费品市场保持较快增长态势。全市社会消费品零售额实现1663.0亿元，同比增长18.0%。按经营地统计，城镇消费品零售额完成1301.7亿元，增长18.6%；乡村消费品零售额完成361.3亿元，增长15.6%。其中限额以上批发零售业商品分类零售额实现511.4亿元，同比增长27.2%。

对外贸易、实际利用外资稳步提升，旅游业得到发展。据石家庄海关统计，2011年，全市进出口总值达141.7亿美元，同比增长27.7%，其中出口总值70.8亿美元，同比增长22.3%，进口总值70.9亿元，同比增长33.7%。

2011年，全市实际利用外资完成8.1亿美元，同比增长27.1%。其中，外商直接投资完成3.7亿美元，同比增长50.4%。年内新批准设立外商投资企业19个，新增合同总金额8.7亿美元，增长36.3%；合同外资额4.7亿美元，增长95.7%。

全年接待国际游客13.6万人次，旅游创汇收入4942.6万美元，分别比上年增长15.9%和12.7%；接待国内游客3247万人次，旅游收入197.4亿元，分别增长38.1%和52.6%。全年旅游总收入200.6亿元，增长51.7%。

财政收入跨越增长，金融机构存贷规模继续扩大。2011年，全市全部财政收入完成489.0亿元，同比增长26.1%，增收超百亿，达到101.0亿元，实现跨越式增长。全市一般预算收入实现221.2亿元，增长35.2%，一般预算支出实现403.5亿元，同比增长32.2%。

年末全市金融机构（人民币）各项存款余额6715.3亿元，比年初增加637.8亿元，其中储蓄存款余额3243.6亿元，比年初增加332.0亿元。金融机构（人民币）各项贷款余额3659.8亿元，比年初增加405.9亿元。

科技事业扎实推进，教育事业健康发展。全年取得科技成果271项，其中达到国际领先水平1项，达到国际先进水平43项。全年申请专利4035项，授权2487项，分别比上年增长 22.1%和 8.2%。

全市普通中学 427 所，招生 16.1 万人，在校生 49.7 万人，毕业生 18.0 万人；中等职业学校 163 所，招生 8.1 万人，在校生 24.7 万人，毕业生 8.0 万人；小学 1642 所，招生 13.1 万人，在校生 70.1 万人，毕业生 9.9 万人。全市幼儿园 823 所，在园人数 20.7 万人。

文化事业繁荣稳定，卫生、体育稳步发展。2011 年末，全市共有艺术表演团体 18 个，艺术表演场所 16 个，文化馆 24 个，公共图书馆 26 个。有线电视用户 103.5 万户，有线数字电视用户 85.2 万户。广播综合覆盖率 99.4%，电视综合覆盖率 99.4%。

年末全市共有医疗卫生机构（含诊所）6458 个，其中医院 174 个，疾病预防控制中心（防疫站）25 个，妇幼保健院（所、站）25 个，社区卫生服务中心（站）208 个，村卫生室 4031 个。卫生机构实有床位 40811 张，其中医院拥有床位 30893 张。全市拥有卫生技术人员 5.1 万人，其中执业医师 1.9 万人，注册护士 1.7 万人。

全年石家庄市选手在省级以上比赛中共获金牌 185 枚，银牌 157 枚，铜牌 124 枚。

城市建设快速发展，城市环境继续改善。城市公共汽车营运线路达 184 条，比上年增加 18 条；营运车辆 3489 辆，比上年增加 329 辆；年客运总量 58556 万人次，比上年增加 7290 万人次。

全年市区优良天气达 320 天。年末全市有环境监测站 18 个，城市水环境功能区水质达标率达到 100%。

就业和社会保障稳步推进，城乡居民收入双双提速。2011 年，全市围绕实施八项重点民生工程，加大财政民生投入，进一步落实完善就业政策并继续深入实施全民创业政策，逐步形成多渠道的民生投入格局。2011 年，全市社会保障和就业支出 29.0 亿元，医疗卫生支出 38.1 亿元，城乡社区事务支出 31.9 亿元，公共安全支出 25.3 亿元。

2011 年，全市城镇居民人均可支配收入突破 2 万元，达到 20534 元，同比增长 12.3%，较 2010 年加快 2.2 个百分点；人均消费支出为 12519 元，同比增长 18.5%。2011 年，全市农民人均纯收入 7822 元，较 2010 年增加 1245 元，增量超千元；同比增长 18.9%，较 2010 年加快 8.9 个百分点。农民人均纯收入增速高于城镇居民人均可支配收入 6.6 个百分点。

（石家庄市统计局）

承 德 市

2011 年是实施“十二五”规划的第一年，面对复杂的国际国内经济环境，市委、市政府带领全市各族人民坚持以科学发展观为指导，以建设国际旅游城市为目标，突出“加快发展、加速转型”两大任务，把“稳增长、调结构、控物价、惠民生”作为主攻方向和着力点，科学调度，攻坚克难，全市呈现经济保持平稳较快增长，结构调整稳步推进，各项事业取得显著成就，社会面貌发生重大变化，民生继续改善的良好态势。

一、经济持续较快增长

（一）宏观经济整体向好

——经济总量突破千亿元大关。2011 年，全市经济持续较快增长，经济总量达到 1104.2 亿元。按可比价格计算，比上年增长 12.1%，高于全国（9.2%）和全省（11.3%）平均水平 2.9 个和 0.8 个百分点。其中第一产业增加值 165.5 亿元，增长 8%，第二产业增加值 605.4 亿元，增长 14%，第三产业增加值 333.2 亿元，增长 11.1%，三次产业结构比重为 15.0∶54.8∶30.2。

——财政收入创历史最高水平。2011 年，全市财政收入 153.4 亿元，比上年增长 34.5%，增幅比上年提高 20.6 个百分点，比全国（24.8%）和全省（25.4%）平均增速分别高 9.7 个和 9.1 个百分点。其中地方一般预算收入 71.1 亿元，增长 29.7%，增幅比上年提高 8.3 个百分点。财政各项支出稳定增长，地方一般预算支出 186.7 亿元，增长 24.9%。

——市场价格上行平稳。据抽样调查，2011 年全市居民消费品价格同比上涨 5.1%，比全省平均低 0.6 个百分点，比全国平均水平低 0.3 个百分点。其中，城市和农村分别上涨 4.9%和 5.1%。食品类上涨 12.1%，仍是价格上涨的主要拉动力。工业生产者价格上涨 5.6%，其中轻工业品上涨 7.7%，重工业品上涨 5.4%。

——就业形势稳定。全市城镇新增就业人员 4.5 万人，下岗失业人员再就业 2.4 万人，其中，困难对象就业 1.16 万人。农村劳动力转移培训 6.35 万人，农村劳动力向非农产业转移 8.3 万人，城镇登记失业率控制在 4.5%以内。

（二）农业生产平稳增长

全市粮食产量 140.8 万吨，比上年增加 9.94 万吨，增长 7.59%。油料产量 1.29 万吨，比上年增加 0.3 万吨，增长 29.7%。蔬菜播种面积（种植并收获）6.56 万公顷，增长 2.8%；蔬菜总产量 318.99 万吨，增长 7.5%，其中食用菌产量 31.4 万吨，增长 22.7%。

畜牧业生产平稳增长。全年肉类总产量达 41.43 万吨，比上年增长 7.1%，其中，猪牛羊肉 27.29 万吨，增长 4.4%；禽蛋产量 10.71 万吨，下降 1.2%；牛奶产量 13.3 万吨，下降 0.5%。猪、牛、家禽出栏分别达到 227 万头、53.7 万头、8939 万只，增长 6.3%、1.3%、12.6%。

（三）工业生产快速增长

2011 年，工业生产总体保持了较快增长，全市实现工业增加值 541.8 亿元，比上年增长 14.9%。其中 433 家规模以上工业企业完成增加值 478 亿元，增长 16.5%，增速高于全国平均水平 2.6 个百分点，高于全省平均水平 0.4 个百分点。其中大中型企业完成增加值 386 亿元，增长 17.7%。

产业调整稳步推进。在全市规模以上工业涵盖的 28

个行业大类中，有24个行业增加值同比增长，增长面达到85.7%，其中黑色金属冶炼及压延业实现增加值161.5亿元，增长23.4%，拉动规上工业总量增长7个百分点。传统产业改造升级力度加大，工业投资比重提高。全年工业投资400.5亿元，比上年增长43.4%，提高了13.5个百分点，占固定资产投资的48.3%，比上年提高4.5个百分点。其中技术改造投资285.5亿元，增长53.6%。清洁能源等后续支撑产业规模进一步壮大，新增风电装机20.6万千瓦，全年总风电装机151.74万千瓦，风力发电量21.7亿千瓦时，增长61.5%。

企业效益大幅增长。规模以上工业企业实现主营业务收入1559.9亿元，增长28.5%。实现利税192.9亿元，增长71.5%，其中实现利润117.9亿元，增长70.1%。税金75.0亿元，增长73.8%。亏损企业个数63家，减少23.2%，亏损额3.2亿元，下降21.3%。

工业产品产量增多降少。全市铁精粉产量5271万吨，增长22.3%；粗钢产量1017.3万吨，增长35.6%；钢材产量982万吨，增长32.2%；生铁产量1438.7万吨，增长34.7%；发电量77亿千瓦时，增长24.4%。主要产品产销衔接较好，产销率97.8%，较上年基本持平。

（四）固定资产投资增速加快

全市全社会固定资产投资全年完成830亿元，比上年增长30%。其中，城乡建设和房地产投资完成797.8亿元，增长29%；农村个人投资32.2亿元，增长58%。从三次产业看，第一产业完成投资44.5亿元，增长4%；第二产业完成投资417.2亿元，增长41.1%，其中，工业完成投资400.5亿元，增长43.4%；第三产业完成投资368.3亿元，增长22.7%。

项目建设稳步推进。全市固定资产投资施工项目1511个，其中，城镇施工项目1250个，农村非农户施工项目261个。本年新开工项目1170个，增长22.8%，占施工项目的77.4%。亿元以上项目213个，比上年增加39个，共完成投资340.3亿元，占全社会投资的41%。

（五）消费品市场稳步增长

全市实现社会消费品零售总额303.9亿元，比上年增长17.8%，与全省平均增速持平。其中，城镇实现零售额220.43亿元，增长17.9%；乡村实现零售额83.45亿元，增长17.3%。从行业看，批发业实现零售额55.4亿元，增长29.4%；零售业实现零售额208.6亿元，增长14.4%；住宿业实现零售额3.3亿元，增长20.4%；餐饮业实现零售额32.5亿元，增长16.5%。

限额以上批发零售贸易企业实现商品零售额63.3亿元，比上年增长27.7%。从各类商品零售看，增速居前三位的是金银珠宝类增长50.6%，体育娱乐用品类增长47.8%，粮油、食品饮料烟酒类增长38.4%，石油制品类增长32.7%。

（六）对外经济下降较大

全年实际利用外资5695万美元，同比下降43.5%。其中直接利用外资5235万美元，下降25.2%。

受国际市场疲软影响，全年进出口总值1.88亿美元，比上年下降41%。其中，进口总值2610万美元，下降69.1%；出口总值1.62亿美元，下降30.8%。

（七）金融业稳步发展

存贷款规模继续扩大。年末全市全部金融机构人民币各项存款余额达1193.4亿元，同比增长9.7%。其中，城乡居民储蓄存款余额达764.62亿元，增长16.3%。各项贷款余额达853.5亿元，增长11.4%。其中，个人贷款余额达265.23亿元，增长17.5%。

（八）旅游业高速增长

全市共接待境内外游客1698.8万人次，比上年增长29.9%；其中，境内游客1667.6万人次，境外游客31.2万人次，分别增长30.1%、21%。全年实现旅游总收入126亿元，增长41.5%，其中，接待境外游客收入11075.1万美元，增长40.5%。

二、社会事业全面发展

（一）交通通讯等基础设施建设步伐加快

全市境内公路里程达到1.78万公里，比上年增加275公里；承秦高速市区至板城段建成通车，全市高速公路通车里程达到352公里；干线公路通车里程达到2471.99公里；全年公路货运量6397万吨，比上年增长22.9%，公路货运周转量139.43亿吨公里，增长28.1%；公路客运量4807万人，增长6.1%，客运周转量27.42亿人公里，增长25.1%；全市行政村通达率达到98%。

全年完成邮政业务总量1.2亿元；电信业务总量21.8亿元。年末全市移动电话用户208.85万户，增长12.7%。国际互联网接入用户33.99万户，增长33.3%。

（二）教育、文化、卫生事业全面发展

——教育事业稳步发展。2011学年，全市共有普通高等学校5所，中等职业教育学校34所，普通中学147所，小学639所，幼儿园842所。中等职业教育学校在校生人数4.96万人；普通中学在校生人数17.65万人；小学在校生23.37万人，毕业生3.52万人；幼儿园在园儿童10.65万人，比上年增长6.08%。

——文化事业发展较快。年末全市有艺术表演团体8个，艺术表演场所5个，文化馆9个，文化站215个，图书馆10个，剧场、影剧院19个。广播人口覆盖率94.11%；电视覆盖率96.48%；有线电视入户率43.14%。

——卫生事业不断加强。全市农民医疗保障水平不断提高，新型农村合作医疗参合率达到93.4%，妇女儿童健康水平显著提高，新生儿破伤风发生率降至零；全年共有2296个村卫生室达到标准化建设，乡镇卫生院和村卫生室标准化率分别达到100%和95%。

（三）社会保障不断完善，城乡居民生活稳步提高

——居民生活不断改善。据抽样调查，2011年全市城镇居民家庭人均可支配收入15037.6元，比上年增长13.8%。其中，城市居民家庭人均可支配收入16637.6元，增长13.4%，比全省平均增速高0.9个百分点。城市居民人均消费支出10902.6元，增长14.9%。其中，

居民用于食品消费4402.35元，增长20.7%，占消费支出比重为40.38%。

全市农村居民人均纯收入4935元，比上年增加553元，增长12.6%，增速低于全省6.9个百分点。人均生活消费支出4984元，增长35.7%。

——社会保障能力提高。年末全市有26.1万职工参加了失业保险，参加医疗保险人数达87.7万人。新农保试点取得重大进展，参保农民159.4万人，参保率达97.4%，社会救济总人数达31.4万人，比上年增加6万人。城镇居民最低生活保障人数8.2万人；农村居民最低生活保障人数18.02万人。

——社会福利事业稳步发展。2011年，全市累计投入救灾救济资金2614万元，共救济灾民54.5万人次；集中供养五保对象1.5万人；医疗救助面逐步扩大，全市城市医疗救助累计支出资金1427万元，共救助2.77万人次，农村医疗救助累计支出资金3713万元，共救助13.25万人次；年内落实财政扶贫资金1.16亿元，使3万农村贫困人口稳定脱贫。

（承德市统计局　孙亚利）

张家口市

2011年，全市人民在市委、市政府的正确领导下，紧紧围绕"推进科学发展，致力跨越赶超，实现绿色崛起，打造强市名城"主题，同心协力，开拓奋进，克服影响经济发展的不利因素，扎实推进各项工作，全市国民经济保持平稳较快增长，各项社会事业全面健康发展，实现了"十二五"的良好开局。

一、综合

国民经济保持平稳较快发展，GDP首超千亿元。2011年，全市实现地区生产总值1118.61亿元，同比增长11.5%。其中第一产业实现增加值180.28亿元，同比增长8.4%；第二产业实现增加值494.38亿元，同比增长14.5%；第三产业实现增加值443.96亿元，同比增长9.5%。人均生产总值达25649元，跨上4000美元台阶。三次产业增加值占全市地区生产总值的比重分别为16.1%、44.2%和39.7%。

市场价格上行。2011年，城市居民消费价格指数(CPI)全年累计为105.2，同比增长5.2%。涉及调查的八大类商品及服务呈"五升三降"态势。其中居住、食品、医疗保健和个人用品、烟酒及用品、娱乐教育文化用品及服务价格分别累计上涨15.3%、8.8%、3.5%、3.2%、和1.9%；衣着、交通和通信、家庭设备用品及维修服务价格分别累计下降0.9%、2.0%和3.6%。

二、农业

农业生产丰产丰收，设施蔬菜和畜牧业发展势头良好。2011年，全市粮食作物种植面积718.7万亩，同比增长3.0%；粮食总产量154.7万吨，同比增长14.4%；粮食单产215公斤/亩，同比增长11.0%。粮食单产创历史最好水平。油料总产量4.9万吨，同比增长18.6%；油料单产64.9公斤/亩，同比增长33.5%。

2011年，全市蔬菜总播种面积134.2万亩，同比下降0.4%，总产量576.6万吨，同比增长8.0%。2011年，全市畜牧业生产平稳增长。猪、牛、羊出栏分别达到251.08万头、32.46万头、309.57万只，同比分别增长5.0%、1.0%、4.0%。肉类总产量达到34.22万吨，同比增长4.9%，牛奶产量达到122.50万吨，同比增长5.0%。

三、工业和建筑业

2011年，全市415家规模以上工业企业生产呈现平稳上升态势，在全市国民经济中的主导作用进一步增强。全年全市规模以上工业增加值完成362.38亿元，同比增长16.6%。大型企业累计完成工业增加值172.92亿元，同比增长7.6%；中型企业累计完成工业增加值66.97亿元，同比增长21.4%；小型企业累计完成工业增加值122.49亿元，同比增长30.7%。新型能源产业累计完成工业增加值69.57亿元，同比增长20.5%；矿产品及精深加工产业累计完成工业增加值166.89亿元，同比增长15.8%；食品加工产业累计完成工业增加值69.45亿元，同比增长12.2%；装备制造产业累计完成工业增加值37.13亿元，同比增长15.9%。企业效益改善。全市规模以上工业企业累计实现主营业务收入1029.76亿元，首次突破千亿元大关。累计实现利税148.23亿元，其中实现利润75.58亿元。

2011年，全市拥有质等级以上建筑业企业138家，从业人员达6.44万人。全年资质等级以上建筑企业实现总产值233.3亿元，比上年增长16.68%。资质等级以上建筑业全年房屋建筑施工面积2250.0万平方米，比上年增长36.86%；房屋建筑竣工面积1035.29万平方米，比上年增长28.30%。

四、固定资产投资

固定资产投资持续平稳较快增长。2011年，在城市基础设施投资减少的情况下，全市固定资产投资继续保持了较高增幅。增速在全省名列前茅，且投资结构进一步优化，工业及工业技改投资实现快速增长。2011年全社会固定资产投资完成987.39亿元，同比增长28.5%。其中：工业固定资产投资完成416.49亿元，同比增长50.9%。工业固定资产投资中的工业技改投资完成221.86亿元，同比增长1.0倍。从固定资产投资三次产业分布看，第一产业投资47.93亿元，增长14.2%；第二产业投资418.18亿元，增长50.7%；第三产业投资500.98亿元，增长16.5%。

项目建设投资成效显著。2011年，全市城乡建设项目投资完成758.53亿元，同比增长31.6%。全市在建城乡建设项目个数达到1522个，同比增加404个，增长36.1%。其中本年新开工项目1098个，同比增加316个，增长40.4%。受国家宏观政策的影响，2011年全市房地产开发投资增速放缓。全年完成投资208.56亿元，同比增长20.5%，低于上年59.2个百分点。房地产投资额占固定资产投资的21.6%，较上年同期下降0.3个百分点。

五、国内贸易

2011年，全市消费品市场繁荣活跃。全年实现社会消费品零售总额382.05亿元，同比增长17.8%。其中城镇零售额实现299.7亿元，同比增长18.7%；农村零售额实现82.3亿元，同比增长14.2%。分行业看，批发业实现零售额52.48亿元，同比增长14.1%；零售业实现零售额263.64亿元，同比增长17.6%；住宿业实现零售额5.93亿元，同比增长18.1%；餐饮业实现零售额54.70亿元，同比增长20.0%。

六、对外经济

利用外资领域不断拓展，全市利用外资创历史最好水平。2011年，全市实际利用外资18681万美元，增长71.5%，超额完成省下达的目标任务。其中外商直接投资13681万美元，同比增长36.2%。2011年，新批外商投资项目10个，比上年下降16.7%。合同外资额达到41557万美元，同比增长1.9倍。当年新注册外商投资企业9个，注册资本33785万美元，同比增长76.7%，投资总额达50252万美元，同比增长27.5%。

七、财政、金融和保险业

财政收入较快增长，对全市经济的贡献进一步增强。2011年，全市全部财政收入完成179.34亿元，同比增长23.8%，其中地方一般预算收入完成82.99亿元，同比增长32.9%。

金融运行平稳。2011年末，全市全部金融机构各项存款余额1459.2亿元，比年初增长12.3%。其中个人存款余额966.2亿元，比年初增长13.9%；各项贷款余额1063.0亿元，比年初增长16.3%。

保险业快速发展。2011年，营业性保险公司达到24家，比上年增加4家。全市保费收入达到34.86亿元，与上年基本持平。其中：财产险保费收入12.70亿元，比上年增长15.0%；寿险保费收入22.16亿元，比上年下降6.8%。给付赔款9.54亿元，比上年增长24.1%。其中：财产险给付赔款5.81亿元，比上年增长22.8%；寿险给付赔款3.74亿元，比上年增长25.9%。

八、交通运输、邮电和旅游

公路建设步伐不断加快，交通运输业健康发展。2011年，全市公路通车里程达到19366公里，比上年末增加126公里。其中，高速公路通车里程达728公里，比上年增加98公里；全市公路货运量5146万吨，货物周转量146.54亿吨公里，公路客运量3889万人，客运周转量26.28亿人公里。

2011年，全市邮电业务总量达27.69亿元。全年邮递函件257.8万件，发送特快专递40.3万件。报纸发行量5827.9万份，杂志发行量264.79万份。年末固定电话用户达56.6万户，移动电话用户达360.2万户，互联网用户达40.8万户。

2011年，全市不断加强旅游重点项目建设力度，不断改善旅游接待条件，并继续采取各种有效措施，大力进行旅游宣传活动，开拓旅游客源市场，进一步提升葡萄（酒）品游、滑雪温泉、草原风情、民俗精品和历史文化五个大区的知名度，有力地促进了旅游业的发展。全年全市游客接待人数和旅游收入均大幅增长。全年共接待国内外游客1502.68万人次，旅游收入86.5亿元，同比分别增长44.5%和47.0%。其中，接待国际游客7.5万人次，创汇1187.69万美元，同比分别增长41.6%和37.5%。

九、科学技术和教育

科技事业稳步推进。2011年，全市17项参评省科技奖励的项目有13项科技成果获奖，并取得省科技进步一等奖2项，二等奖1项，三等奖10项；获省山区创业二等奖2项，三等奖1项，均创历史最好水平。

教育事业全面发展。全市70%的县区实现了区域内义务教育均衡发展，初步实现了由“有学上”到“上好学”的重大转变；高中阶段教育基本普及，教育质量显著提升；职业教育、学前教育、特殊教育处于全国先进水平。

十、文化、卫生和体育

文化事业繁荣兴旺。2011年，全市共有影剧院4个，艺术表演团体10个，公共图书馆14个，群众艺术馆、文化馆16个，文化站229个。全年，共有15个县区完成数字影院建设任务，建成县级图书馆、文化馆15个，建成县级博物馆5家，建成乡镇文化站209家，建成农家书屋2230个。

公共卫生体系逐步完善。2011年，全市拥有各类卫生机构5941个（其中包括村卫生室4155个），床位16531张，卫生技术人员1.62万人。全市拥有医院69个，床位10970张，卫生技术人员9518人。

体育事业蓬勃发展。2011年，全市成功举办了2011中国·张家口“体育彩票杯”马拉松比赛，2011年中国·张家口体育舞蹈公开赛，2011年河北省老年人健身球操交流活动，2011年361°乒乓球俱乐部超级联赛宣化赛区的比赛，全省武术锦标赛，陕汽杯全国超级卡车大赛（张北站），2011中国长城徒步走大会（张北站），下花园第四届全国群众性鸡鸣山登山节和2011河北下花园健身步道登山露营大会等赛事。

十一、人民生活和社会保障

城乡居民收入稳定增加，居民生活水平继续提高。据城乡居民住户抽样调查资料显示，2011年，城市居民人均可支配收入16401元，同比增长12.0%，其中工资性收入8833元，同比增长2.0%。城市居民人均消费性支出10855元，同比增长9.9%。农民人均纯收入4854元，比上年增长17.9%。其中：工资性收入、家庭经营现金收入分别达到2026元和2236元。城市居民恩格尔系数为38.0%。城乡居民住房条件逐步改善。城市居民人均住房建筑面积27.7平方米，比上年增加1.4平方米；农民人均住房面积为22.1平方米，比上年增加0.5平方米。

社会保障体系日益完善。2011年，全市基本养老保险参保人数71.15万人，同比增长5.0%。基本医疗保险参保人数114.2万人，同比增长1.2%。年末城市居民享受最低生活保障人数13.33万人，农村居民享受最低生活保障人数40.77万人，比上年增加7.64万人。

（张家口市统计局　张占兵）

秦皇岛市

2011年是“十二五”开局之年，面对复杂多变的国际国内形势，全市上下紧紧围绕科学发展主题和加快转变经济发展方式主线，在稳增长、调结构、控物价、惠民生等方面取得了一定成效，经济总体保持了平稳发展态势，结构调整取得一定进展，民生状况不断改善，各项社会事业全面进步。但是经济运行中还存在结构调整步伐不快、通胀压力依然存在和节能减排压力增大等诸多困难和问题，需要采取有力措施加以解决，防止调控效果出现反弹，促进全市经济更好更快发展。

一、综合

全市总体经济实现平稳增长，经济总量突破千亿元大关。全年实现地区生产总值1070.08亿元，按可比价格计算，比上年增长12.0%。分产业看，第一产业实现增加值139.94亿元，增长5.2%，增幅与上年相比回落0.5个百分点；第二产业实现增加值419.48亿元，增长16.2%，增幅比上年提高1.7个百分点；第三产业实现增加值510.66亿元，增长10.4%，增幅比上年回落1.4个百分点。三次产业之比为13.1：39.2：47.7。人均地区生产总值35691元，增长11.5%。

全市财政收支持续较快增长。全年实现全部财政收入168.68亿元，比上年增长20.2%。其中地方一般预算收入86.64亿元，增长20.3%。全年完成国地税收入152.93亿元，增长27.0%。财政重点支出保障较好。全市累计财政支出241.41亿元，比上年增长17.7%，其中一般预算支出168.62亿元，增长24.2%。在一般预算支出中，用于农林水事务支出、交通运输支出、文化体育和传媒支出、医疗卫生和科学技术支出实现快速增长，增幅分别为28.9%、1.4倍、48.9%、29.0%和38.4%。

居民消费价格涨幅高位回落。全市居民消费价格总水平（CPI）为106.6%，其中城市上涨6.7%，农村上涨6.1%。居民消费的八大类商品（服务）价格呈七涨、一降态势，食品、居住价格涨幅较大，分别上涨13.6%、8.0%。工业生产者出厂价格（PPI）总体高位运行。全市工业生产者出厂价格总指数同比累计上涨7.9%，涨幅较上年扩大0.7个百分点。其中生产资料出厂价格上涨6.5%，生活资料上涨13.9%。

二、农林牧渔业

农业总体保持稳定增长。全年实现农林牧渔业总产值253.65亿元，比上年增长5.0%。粮食生产获得丰收，秦皇岛市被省政府命名为“夏粮生产先进市”。全年粮食作物播种面积14.78万公顷，比上年增长0.4%；总产量89.19万吨，增长2.7%。蔬菜生产稳定增长，全年蔬菜播种面积4.52万公顷，增长2.8%；总产量287.33万吨，增长5.4%。畜牧业生产势头趋缓，全年肉类总产量32.74万吨，增长3.2%。渔业生产下滑，全年水产品产量20.88万吨，比上年下降7.9%。

三、工业和建筑业

工业经济呈现平稳增长态势。2011年全市规模以上工业实现增加值315.81亿元，比上年增长15.6%。重工业拉动格局不变，轻工业增速缓慢回升。全年重工业完成增加值272.12亿元，占全部规模以上工业86.2%，累计增速17.8%，拉动全市规模以上工业增长14.7个百分点，贡献率达94.3%；轻工业完成增加值43.69亿元，仅增长5.2%。全市食品加工、玻璃制造、金属冶炼及压延、装备制造四大支柱行业完成增加值222.73亿元，比上年增长16.2%，对工业经济增长的贡献率达到72.5%。工业企业效益明显改善。规模以上工业企业实现利润总额51.75亿元，比上年增长13.9%。实现税金总额40.44亿元，增长17.9%。

建筑业实现较快增长。全市资质以内建筑业企业实现总产值201.19亿元，比上年增长21.1%。按建筑业总产值计算的全员劳动生产率达32.10万元/人，提高15.1%。建筑企业完成房屋建筑施工面积1437万平方米，增长19.7%；房屋建筑竣工面积389万平方米，下降9.1%。

四、交通运输、邮电和旅游业

交通基础设施建设迈出新步伐。截至年末，全市公路通车里程达8620公里，其中高速公路168公里。交通运输持续增长，全年公路客运量完成2308万人次，货运量完成4534万吨，分别比上年增长2.1%和8.9%；港口吞吐量完成2.88亿吨，增长9.4%；集装箱运量达到43.01万箱，增长26.6%。受河北航空公司机型调整、冬春航季部分航线停航等因素影响，机场旅客吞吐量略有下降，全年机场累计完成旅客吞吐量19.14万人次，比上年降低4.8%；货邮吞吐量349吨，增长36.0%。

电信邮政行业稳步发展。全年实现电信业务收入23.65亿元，比上年增长8.2%；邮政业务收入2.45亿元，增长17.2%。年末移动电话拥有量320.72万部，增长14.5%。互联网宽带用户达49.57万户，增长25.4%。

旅游业发展步伐加速，各项旅游指标再创历史新高。全年接待国内游客2101万人次，首次突破2000万大关，比上年增长12.9%；接待海外游客26.44万人次，增长9.1%；景区门票收入4.34亿元，增长14.1%；旅游创汇15025万美元，增长15.4%；实现旅游总收入172.84亿元，增长17.3%。城市知名度和美誉度不断提升，秦皇岛市荣膺“2011年度最佳休闲城市”、“中国旅游竞争力百强市”、“城市休闲国家标准试点市”等荣誉称号。

五、固定资产投资

固定资产保持较快增长。全社会固定资产投资累计完成614.67亿元，比上年增长25.5%。完成固定资产投资598.03亿元，增长25.2%。民间投资实现较快增长，全年完成民间投资429.59亿元，增长30.4%。三次产业投资均衡发展，第一产业完成投资16.93亿元，增长74.5%；第二产业完成投资176.93亿元，增长22.5%。其中工业投资174.18亿元，增长19.9%；第三产业完成投资404.16亿元，增长25.0%。房地产投资保持较高增速，全年完成房地产开发投资164.43亿元，增长36.7%，其中住宅投资119.50亿元，增长20.1%。项目建设进展顺利。全年城乡建设项目完成433.60亿元，比上年增长21.2%，占全社会投资的比重达70.5%。

六、国内贸易

消费品市场较为活跃。全市累计实现社会消费品零售总额394.45亿元，比上年增长17.8%。乡村市场加快发展，实现零售额66.08亿元，增长20.1%，对拉动全市消费市场平稳较快发展发挥了积极作用。部分消费热点持续活跃，金银珠宝类销售增长迅猛，销售额同比增长28.5%。能源类商品销售迅速攀升，煤炭及制品类、石油及制品类销售额分别增长22.7%和57.8%。

七、对外经济

对外贸易实现全面增长。全年累计完成进出口总值43.49亿美元，比上年增长23.9%，其中出口22.22亿美元，增长17.9%；进口21.27亿美元，增长30.9%。

利用外资实现较快增长。全年实际利用外资6.02亿美元，比上年增长21.1%。其中，直接利用外资5.99亿美元，增长20.5%。来自亚洲的外资占据主导地位，外商直接投资4.36亿美元，占全市外商直接投资的72.8%。外资项目储备不断增强，全市新批三资项目10个，合同外资金额4.48亿美元，比上年增长1.1倍。

八、金融保险

金融市场运行稳健。截至年末，金融机构各项存款余额1686.78亿元，比年初增长10.6%。其中个人储蓄存款余额997.57亿元，增长14.7%；单位存款余额663.17亿元，增长5.2%。金融机构各项贷款余额1082.06亿元，比年初增长15.8%，其中，中长期本外币贷款余额652.96亿元，增长12.6%；短期贷款余额406.41亿元，增长22.0%。

保险事业有序发展。截至年末，全市共有保险分公司39家。全年各类保费收入39.89亿元，比上年减少11.4%；其中，财产险保费收入11.80亿元，增长7.9%；人身险保费收入28.09亿元，下降17.6%。保险赔款支出12.27亿元，增长28.5%，其中，财产险赔款5.97亿元，增长23.4%；人身险赔款6.30亿元，增长33.7%。

九、科技和教育

科技创新取得新突破。创新型城市建设迈出新步伐，成为全国创新型试点城市。荣获“2011中国最具成长力创新型城市”、“全国科技进步考核工作先进市”荣誉称号。全年共组织实施各级科技计划项目916项，专利申请量达1565件，授权专利1014件。截至年末，全市高新技术企业达到57家。科技创新平台建设不断加快，全市拥有省级以上工程技术研究中心和重点实验室23家，市级22家，拥有省级以上企业技术中心23家。

教育事业健康发展。全市共有普通中学170所，在校生13.00万人；普通小学464所，在校生17.67万人。大力促进职业教育发展，年末共有中等职业学校29所，招生1.6万人，在校生3.45万人，占高中阶段在校生总数42.2%。学前教育巩固提高，年末全市共有各类幼儿园180所，在园幼儿7.27万人。高等教育人才培养能力大幅提升，年末全市共有普通高等院校13所，招生4.68万人，在校生14.55万人。

十、文化、卫生和体育

文化事业和文化产业繁荣发展。获批创建国家公共文化服务体系示范区，将推进全市公共文化服务体系建设科学发展。获准设立燕山大学出版社有限公司，填补了秦皇岛市没有出版社的空白，对全市文化产业的发展起到重要的推动作用。截至年末，全市文化系统拥有各种艺术表演团体12个，群众艺术馆、文化馆8个，文化站101个，公共图书馆6个。县级以上广播电台5座，对国内广播节目15套，广播人口综合覆盖率94%。县级以上电视台5座，电视转播台5座，电视人口综合覆盖率94%。有线电视用户79.4万户，其中有线数字电视终端54.1万户。

卫生医疗基础设施进一步改善。全市共有医疗卫生机构670个（不含村卫生室），其中医院74个，社区卫生服务中心（站）90个，乡镇卫生院75个。年末卫生机构拥有床位13876张，拥有卫生技术人员17532人，其中执业（执业助理）医师6569人，注册护士5065人。新型农村合作医疗保障制度进一步扩面提标。全市参加新型农村合作医疗农民188.27万人，参合率达到95.7%。

体育事业取得新进展。突出创建以“休闲之都，训练之城，体育强市”为内涵的体育名城，成功举办多项国际、国内体育赛事。竞技体育实力不断提升，全市运动员在省级以上各项赛事中获得金牌40枚，银牌43枚，铜牌50枚。

十一、人口、人民生活和社会保障

年末全市常住人口300.62万人，比上年末增加1.61万人。出生人口3.28万人，出生率10.92‰；死亡人口1.94万人，死亡率6.46‰；自然增长率为4.46‰，比上年下降0.47个千分点。

城乡居民收支平稳较快增长。抽样调查显示，全市城镇居民人均可支配收入19385元，比上年增长13.2%。城镇居民人均消费支出11705元，增长6.9%。全市农民人均纯收入7365元，比上年增长18.5%。农民人均生活消费支出5643元，增长38.7%。城乡居民住房条件继续改善，年末城镇居民人均住房建筑面积29.92平方米，比上年增长5.7%；农村居民人均住房面积33.02平方米，增长6.2%。

社会保障体系建设不断完善，各项社会保险扩面任务提前完成。截至年末，全年企业职工基本养老保险参保人数达48.54万人，机关事业养老保险参保人数11.66万人，城镇职工基本医疗保险参保人数55.81万人，工伤保险参保人数33.72万人，生育保险参保人数38.04万人，失业保险参保人数30.71万人。全市城镇居民医疗保险参保人数35.62万人，占应参保人数96%。

保障性安居工程建设取得新成果。2011年全市新开工保障性安居工程28个项目、15119套（户），超额完成省政府下达的目标任务。全年竣工保障性住房项目31个、9415套（含结转项目）。

十二、环境保护、安全生产

环境质量及生态保护与建设取得明显成效。全年城市空气环境质量二级标准以上天数达354天，在全省继续保持领先水平。主要饮用水水源地洋河水库、石河水库和桃林口水库水质稳定达到国家Ⅱ类标准，饮用水源水质达标率100%。强力推进污染减排，全年化学需氧量、氨氮和二氧化硫削减率分别为2.45%、2.83%和3.2%，超额完成减排目标。

安全生产形势持续稳定好转。全市安全生产主要指标数据较上年大幅下降。全年共发生各类伤亡事故443起，较上年减少16起；事故中死亡人数为152人，较上年下降16.9%；受伤人数125人，下降38.1%；直接经济损失1313万元，下降40.8%。

（秦皇岛市统计局　沈肖楠）

唐 山 市

2011年，面对错综复杂的形势和各种严峻挑战，全市人民在市委、市政府的坚强领导下，以科学发展观为指导，以加快转变经济发展方式为主线，坚决落实市委、市政府一系列重大决策部署，全力做好稳增长、调结构、控物价、惠民生各项工作，整体经济保持平稳较快发展，资源型城市转型迈出新步伐，各项社会事业全面进步，实现了“十二五”良好开局。

一、综合

2011年，全市实现生产总值5442.45亿元，比上年增长11.7%。其中，第一产业增加值486.53亿元，增长5.0%；第二产业增加值3269.93亿元，增长13.1%；第三产业增加值1686.00亿元，增长10.9%。按常住人口计算，全市人均生产总值71565元（按年平均汇率折合11081美元），比上年增长10.6%。第一产业增加值占地区生产总值的比重为8.9%，比上年下降0.5个百分点；第二产业增加值比重为60.1%，比上年提高1.9个百分点；第三产业增加值比重为31.0%，比上年下降1.4个百分点。

居民消费价格总水平比上年上涨5.4%；商品零售价格上涨5.6%；农业生产资料价格上涨8.8%；工业生产者出厂价格上涨8.3%，其中，生产资料上涨8.4%，生活资料上涨6.2%。

二、农业

全年粮食播种面积48.9万公顷，比上年增加1.0万公顷，粮食总产量317.8万吨，增长2.5%，粮食亩产433公斤，增长0.4%，实现连续八年粮食增产。棉花播种面积2.8万公顷，比上年增加335公顷，总产量3.1万吨，下降6.9%；油料播种面积7.7万公顷，比上年减少652公顷，总产量28.4万吨，增长0.1%；蔬菜播种面积18.2万公顷，比上年增加4063公顷，总产量1360.6万吨，增长4.0%，其中设施蔬菜448.2万吨，增长11.0%。全年完成绿化造林32万亩，年末实有林地面积627.4万亩，森林覆盖率31.4%，比上年提高1.2个百分点。年末实有果树面积225.9万亩，全年干鲜果产量239.6万吨（含果用瓜），增长2.2%，其中板栗产量6.3万吨，增长18.7%。年末生猪存栏415.2万头，比上年末增长5.0%；奶牛存栏47.2万头，增长2.8%；全年肉类总产量70.0万吨，比上年增长4.2%；禽蛋产量33.8万吨，增长4.5%；牛奶产量176.0万吨，增长4.5%；水产品产量50.1万吨，增长2.3%。

全年实现农业总产值757.48亿元，比上年增长5.0%。农业产业化经营率64.6%，比上年提高0.7个百分点。全市市级以上农业产业化龙头企业259个，其中，国家级龙头企业5个。市级以上龙头企业实现销售收入364亿元，比上年增长11.2%；其中销售收入亿元以上企业23个，比上年末增加3个。

三、工业和建筑业

全年全部工业增加值3057.90亿元，比上年增长14.4%。规模以上工业增加值2797.43亿元，增长15.6%。在规模以上工业中，轻工业增长7.8%，重工业增长15.8%；股份制企业增长14.0%，外商及港、澳、台商投资企业增长16.6%；私营企业增长22.7%。装备制造业增加值277.38亿元，比上年增长42.7%，占规模以上工业增加值的比重为9.9%，比上年回落0.6个百分点。年末规模以上工业企业1288家，其中全年产值突破亿元企业726家，比上年末增加70家；突破50亿元企业32家；突破100亿元企业15家。

全年规模以上工业企业产品销售率97.8%，比上年提高0.4个百分点；经济效益综合指数359.5%，比上年提高52.0个百分点。全年规模以上工业实现利税888.59亿元，实现利润579.33亿元，分别比上年增长21.1%和26.9%。

全市建筑业增加值212.03亿元，比上年增长4.4%。资质等级以上建筑企业房屋施工面积4254万平方米，增长19.5%；房屋竣工面积1240万平方米，增长2.8%。年末全市具有总承包和专业承包资格的建筑企业295家。

四、固定资产投资

全年全社会固定资产投资2545.06亿元，比上年增长6.2%。其中，固定资产投资2491.91亿元，增长6.4%。在固定资产投资中，第一产业投资45.91亿元，增长47.0%。第二产业投资1042.88亿元，增长22.6%，其中，钢铁行业投资195.79亿元，下降11.3%，装备制造业投资293.97亿元，增长29.9%；工业技术改造投资621.00亿元，增长19.4%，占工业投资的比重为

60.2%，比上年提高3.4个百分点。第三产业投资1403.12亿元，下降3.8%，第三产业投资占固定资产投资的比重为56.3%。

年末固定资产投资施工项目2579个，计划总投资5738.76亿元；本年新开工项目1716个，其中计划总投资亿元以上项目281个。全市1000个重点项目完成投资2100亿元，比上年增长6.0%。

五、国内贸易

全年社会消费品零售总额1334.80亿元，比上年增长17.7%。按行业统计，批发业零售额180.12亿元，增长18.0%；零售业零售额991.20亿元，增长17.3%；住宿业零售额11.11亿元，增长27.1%；餐饮业零售额133.79亿元，增长18.0%。按经营地统计，城镇消费品零售额1083.00亿元，增长20.0%；乡村消费品零售额251.80亿元，增长15.8%。

限额以上批发和零售业商品零售额363.89亿元，增长22.0%。其中，粮油食品饮料烟酒类增长21.8%，服装鞋帽针纺织品类增长26.0%，金银珠宝类增长48.4%，通讯器材类增长31.2%，家用电器和音响器材类增长37.6%，家具类增长47.9%，汽车类增长11.1%。

六、对外经济

全年进出口总额108.63亿美元，比上年增长43.8%。其中，进口额69.71亿美元，增长50.4%；出口额38.92亿美元，增长33.2%。在出口额中，钢材产品出口18.70亿美元，增长57.1%；机电产品出口5.02亿美元，下降19.7%；陶瓷产品出口4.08亿美元，增长3.3%；农产品出口1.29亿美元，增长13.4%。商品出口到176个国家和地区。在进口额中，铁矿砂进口48.28亿美元，增长58.0%；煤炭进口8.73亿美元，增长61.0%。

全年实际利用外资10.97亿美元，比上年增长24.0%，其中外商直接投资10.81亿美元，增长23.7%。全年批准外商投资合同24项，合同总金额16.24亿美元，增长11.5%；合同外资额6.97亿美元，增长2.0%。年末实有三资企业346家，已投产企业241家。

七、交通、邮电和旅游

全年交通运输、仓储和邮政业增加值733.54亿元，比上年增长14.1%。年末公路通车里程14163公里，比上年末增长2.2%。其中，高速公路通车里程546公里。全年公路货物运输总量3.30亿吨，比上年增长24.9%；货物运输周转量743.91亿吨公里，增长30.3%。公路旅客运输总量1.29亿人次，增长14.0%；旅客运输周转量49.85亿人公里，增长20.4%。全年唐山港货物吞吐量3.12亿吨，增长26.8%。三女河机场已累计开通航线9条，全年旅客吞吐量15.1万人次，货邮行吞吐量1643吨，保障飞行2369架次。

全年邮电业务总收入59.63亿元，比上年增长8.2%。其中，邮政业务收入5.13亿元，增长20.3%；电信业务收入54.50亿元，增长7.2%。年末固定电话用户173.35万户，移动电话用户884.01万户，互联网宽带接入用户数110.35万户。

全年共接待国内外游客2007.5万人次，比上年增长30.5%；旅游总收入130.78亿元，增长39.0%。其中，接待国际游客6.5万人次，增长12.3%，旅游外汇收入3388.2万美元，增长29.7%；接待国内游客2000.95万人次，增长30.6%，国内旅游收入128.48亿元，增长39.2%。

八、财政、金融和保险

全年全部财政收入555.52亿元，比上年增长26.6%。其中，地方财政一般预算收入255.56亿元，增长30.5%。地方财政一般预算支出441.68亿元，增长32.9%。其中，教育支出增长30.0%，医疗卫生支出增长54.1%，社会保障和就业支出增长11.6%，节能环保支出增长16.3%，科学技术支出增长29.8%，住房保障支出增长1.1倍。

年末金融机构本外币各项贷款余额3122.96亿元，比年初增加365.79亿元。年末全市金融机构本外币各项存款余额4774.98亿元，其中，人民币各项存款余额4748.32亿元，比年初增加558.81亿元。城乡居民人民币储蓄存款余额2841.24亿元，比年初增加326.70亿元，人均储蓄存款38602元（按年平均人口计算），比上年增长12.7%。

年末营业性保险公司42家，比上年末增加4家。全年保费收入126.57亿元，比上年增长4.9%。全年各类保险赔款给付支出37.74亿元，增长33.2%。

九、人民生活和社会保障

全年城市居民人均可支配收入21785元，比上年增长11.4%；人均生活消费支出14483元，增长7.1%；城市居民恩格尔系数34.7%，比上年提高2.4个百分点。城市居民人均住房建筑面积25.31平方米，比上年增长10.5%。全年农村居民人均纯收入9460元，比上年增长13.8%；人均生活消费支出7201元，增长20.4%；农村居民恩格尔系数36.5%，比上年提高1.6个百分点。农村居民人均住房面积33.6平方米，比上年增长0.3%。

年末全市参加城镇基本养老保险人数171.82万人，比上年末增加9.90万人。参加城镇基本医疗保险人数215.79万人，增加9.13万人。参加失业保险人数76.80万人，增加1.48万人。参加工伤保险人数90.99万人，增加5.53万人。参加生育保险人数113.69万人，增加3.41万人。全市享受城市最低生活保障居民4.95万人，比上年增加296人；享受农村最低生活保障农民14.33万人，增加1.04万人。

十、科技和教育

年末全市拥有市级以上重点实验室21家，企业工程技术研究中心60家，农业产业研发中心26家。全年专利申请量2356件，专利授权量1522件，比上年分别增长39.7%和10.4%。2011年唐山市被评为全国科技进步先进市。

年末全市拥有各级各类学校2334所，在校生128.77万人，教职工9.65万人，其中专任教师7.72万人。普通高等学校8所，本年新招生3.50万人，比上年增长4.3%，其中研究生招生959人，增长47.8%，在校研究生2904人，增长12.1%。中等职业学校在校生12.04万人，普通中学在校生33.46万人，小学在校生46.61万人，幼儿园在园幼儿19.99万人。

十一、文化、卫生和体育

年末全市拥有专业艺术表演团体11个，影剧院6个，文化馆、群艺馆15个，图书馆13个，总藏书1988千册。有线广播电视用户115.7万户，数字电视节目13套，数字电视用户69.6万户。市博物馆改扩建完工并投入使用，电影《唐山大地震》荣获中国电影华表奖。

年末全市拥有各类卫生机构1767个，其中医院156个，卫生院179个。新工人医院和新妇幼医院开工建设。卫生机构床位3.5万张，其中医院2.6万张。卫生技术人员3.9万人，其中执业医师和执业（助理）医师1.6万人，注册护士1.5万人。乡镇卫生院179个，村卫生室7249个，乡村医生和卫生员9983人。

在国际、国内体育大赛中，唐山运动健儿共获得8枚金牌、7枚银牌、7枚铜牌，其中在世界青年女子拳击锦标赛上，首次在拳击项目上获得世界冠军。在第七届全国城运会上，唐山体育代表团获得1枚金牌、2枚银牌、6枚铜牌。

十二、城镇建设和环境保护

城镇建设三年上水平“一号工程”环城水系36个公园广场已完工17个；南湖生态城西北片区回迁安置小区、老唐山风情小镇等项目加快推进；万达广场、新华贸等一批重点区域旧城改造项目建成投入使用。人均城市道路面积15.28平方米。集中供热普及率82%。城市燃气普及率达到100%。年末运营公交车辆1772台，运营线路130条。年末运营载客出租车4942辆，新增300辆。城市公园绿地面积2920公顷，人均公园绿地面积14.82平方米；建成区绿化覆盖面积9374公顷，绿化覆盖率40.06%。唐山市被中央文明委正式授予第三批全国文明城市称号。

城市污水日处理能力79.9万吨，污水处理率达到94.61%。城市生活垃圾处理率保持100%，其中市中心区生活垃圾无害化处理率达到91.33%。城市环境空气质量二级及优于二级天数达到331天。

（唐山市统计局　郝　明）

廊坊市

2011年，面对国内外错综复杂的形势，全市人民在市委、市政府的正确领导下，坚持以科学发展为主题，以加快转变经济发展方式为主线，实施精良管理，追求高端发展，团结求实，开拓进取，国民经济保持平稳较快增长，各项社会事业全面进步，实现了全市“十二五”良好开局。

一、综合

宏观经济稳步发展。初步核算，2011年全市地区生产总值实现1612.0亿元，增长11.5%。其中，第一产业增加值174.2亿元，增长2.3%；第二产业增加值880.2亿元，增长13.7%；第三产业增加值557.6亿元，增长11.3%。全市三次产业结构由上年的11.6∶53.6∶34.8调整为10.8∶54.6∶34.6。财政收入占GDP比重达15.6%，同比提高1.2个百分点。

市场物价高位运行。2011年受食品价格上涨的推动，全市居民消费价格持续上涨，全年CPI上涨5.4%，涨幅比上年提高2.2个百分点。其中食品价格上涨拉动CPI上涨3.5个百分点，占总涨幅的64.8%。所调查的八大类消费价格呈“六升二降”的格局：食品类上涨12.5%，烟酒类上涨9.3%，居住类上涨7.8%，医疗保健和个人用品类上涨2.2%，衣着类上涨1.1%，娱乐教育文化用品及服务类上涨0.2%；家庭设备用品及维修服务类下降1.6%，交通和通信类下降0.7%。另外，商品零售价格上涨5.2%，农业生产资料价格上涨8.4%，工业生产者出厂价格上涨4.1%。

就业再就业工作进一步加强。年末全市从业人员249.3万人，增长4.4%。其中全年城镇新增就业岗位4.6万个，下岗再就业人数7150人。年末城镇登记失业率为2.0%，连续多年在全省最低。

二、农业

农业生产形势稳定。粮食生产再获丰收，实现“四连增”。全年粮食播种面积477.3万亩，增长0.1%；粮食单产406公斤，创历史最高水平，增长0.5%；总产量193.7万吨，增长0.6%。棉花播种面积65.4万亩，增长3.8%；总产量5.1万吨，增长5.8%。油料播种面积23.2万亩，下降5.0%；总产量3.7万吨，下降5.0%。蔬菜播种面积157.6万亩，增长1.0%；总产量650.5万吨，增长2.5%。畜牧业生产稳定，肉类、牛奶总产量分别达34.5万吨和22.9万吨，增长0.7%和6.1%，禽蛋产量18.6万吨，下降2.6%。渔业生产平稳发展，全年水产品产量3.5万吨，增长1.5%。农业结构调整优化，畜牧、蔬菜、林果花木三大主导产业实现产值占农林牧渔业总产值的比重达78.2%。

农业机械化程度相对稳定。农用机械总动力677.8万千瓦，增长0.6%。机耕面积460.1万亩，占农作物播种面积的比重达61.5%，下降0.1个百分点；机械播种面积532.4万亩，占71.2%，与上年持平；机械收获面积270.8万亩，占36.2%，提高1.7个百分点；农村用电量70.9亿千瓦小时，增长9.3%。

三、工业和建筑业

工业生产发展良好。全部工业实现增加值749.4亿元，增长14.2%，其中规模以上工业增长16.7%。在规模以上工业中，国有工业增长5.4%，集体工业增长12.3%，股份制工业增长23.7%，外商及港澳台商投资工业增长1.8%。

工业经济效益稳定。全市规模以上工业实现利税

186.8亿元，增长5.7%，其中利润总额128.9亿元，增长1.9%。

建筑业发展形势喜人。全市建筑业实现增加值130.8亿元，增长19.5%。具有资质等级的建筑企业实现产值473.0亿元，增长38.0%。房屋建筑施工面积3595.7万平方米，增长61.8%，竣工面积948.8万平方米，增长25.8%。

四、固定资产投资

固定资产投资快速增长。全社会固定资产投资完成1088.7亿元，增长30.7%。在固定资产投资（不含农户）中，第一产业完成投资11.0亿元，增长42.9%；第二产业完成投资505.7亿元，增长53.3%，其中，工业投资499.9亿元，增长50.1%；第三产业完成投资539.6亿元，增长14.1%。工业完成技改投资272.7亿元，增长51.7%。

全年新开工项目912个，同比增加38个。其中，亿元以上新开工项目139个，同比减少2个。

全年房地产开发投资完成294.2亿元，增长18.1%。

五、国内贸易

消费需求平稳增长。全年实现社会消费品零售总额493.1亿元，增长17.7%。其中，城镇和乡村分别实现零售额313.2亿元和179.9亿元，分别增长19.9%和14.0%。限额以上企业增长明显。限额以上批发和零售、住宿和餐饮业累计实现零售额114.8亿元，增长23.4%，占社会消费品零售总额比重达23.3%，比上年提高3.3个百分点。

六、对外经济

利用外资情况良好。全市实际利用外资58003万美元，增长18.2%，其中，外商直接投资57521万美元，增长17.2%。从批准、注册情况看，年内新批准外资项目20个，合同总金额84965万美元，增长2.8%，合同外资额40298万美元，增长9.1%；年内新注册三资企业19家，注册资本23413万美元，增长16.7%，外方注册资本18497万美元，增长9.6%。年末实有三资企业524家。

外贸进出口相对稳定。全市外贸进出口总额达52.9亿美元，增长10.3%。其中，进口总额25.8亿美元，下降0.4%；出口完成27.1亿美元，增长22.9%。在大宗(类)出口商品中，机电产品、化学工业及制品、家具及零配件、矿物材料及制品、纺织原料及制品、蔬菜水果等六类产品出口量增长明显。对亚洲、拉丁美洲出口大幅增长，成为主要出口增长点，增速分别达到41.1%和143.1%。

七、交通、邮电和旅游

交通运输业稳步发展。公路运输业完成全社会货运量9156万吨，下降0.1%，货运周转量167.3亿吨公里，增长11.4%；完成客运量4539万人，下降76.8%，客运周转量31.3亿人公里，增长15.9%。全年干线公路大中修完成投资2.0亿元，增长11.1%，完成里程79.2公里，增长4.2%。农村公路建设完成投资3.0亿元，增长50%，完成里程445.2公里，增长20.3%。至2011年底，全市公路通车里程达到9294.4公里，增长3.2%。其中，国道350.6公里，增长10.3%，省道682.3公里，增长32.7%，县道770.2公里，减少1.1%，乡道1593.2公里，增长12.5%，专用路126.0公里，减少21.2%，村道5772.0公里，增长1.5%。按技术等级分，高速公路287.8公里，一级路428.6公里，二级路941.4公里，三级路936.9公里，四级路6699.7公里。

邮电通讯业进一步发展。全年完成邮电业务收入39.1亿元，增长9.5%。其中，邮政业务收入3.0亿元，增长20.4%。年末局用电话交换机总容量110.1万门；固定电话用户85.0万户；移动电话用户430.0万户。

旅游业发展势头良好。全市扎实推进项目建设，打造旅游发展环境。全年共接待国内外游客1010.6万人次，增长22.0%，实现旅游收入79.1亿元，增长21.8%。其中接待国内旅游者1000.0万人次，创收77.2亿元，分别增长22.2%；接待国际旅游者10.6万人次，增长10.1%，创汇2832.5万美元，增长9.1%。

八、财政和金融

财政收支快速增长。全市实现财政收入251.4亿元，增长28.6%。其中，地方一般预算收入140.3亿元，增长32.5%。一般预算支出227.9亿元，增长26.9%。

金融形势保持平稳。年末全市金融机构本外币各项存款余额2285.6亿元，比年初增加289.2亿元，同比少增83.6亿元。其中，城乡居民储蓄存款余额1358.7亿元，比年初增加190.4亿元，同比多增8.9亿元。各项贷款余额1568.5亿元，比年初增加226.1亿元，同比少增52.3亿元。

九、教育和科学技术

教育事业健康发展。全市中等职业教育招生2.0万人，减少23.1%，在校生4.7万人，减少26.6%。高中阶段适龄人口毛入学率89.6%，比上年提高1.1个百分点。全市普通高中32所，招生2.4万人，减少11.2%，在校生7.5万人，减少6.2%；普通初中151所，招生4.4万人，在校生13.8万人；普通小学808所，招生6.1万人，在校生30.8万人；全市各类幼儿园291所，在园幼儿10.8万人；特教学校7所，在校生770人。2011年普通高考报名考生2.0万人，本一上线1046人，减少40.5%，本二上线3442人，减少32.7%，本三上线10494人，减少22.1%。

科技事业全面发展。全市高新技术企业61家，实现高新技术产业增加值254.5亿元，增长31.5%。取得各类科技成果130项，其中达到国际先进水平5项、国内领先水平90项、国内先进水平32项。获省级科学技术进步奖11项，其中二等奖2项、三等奖9项。获市级科技进步奖36项，其中一等奖7项、二等奖9项、三等奖20项。全年登记技术合同1501项，技术合同成交额6.8亿元，增长14.6%，其中技术交易额5.9亿元，增长17.6%。专利申请量1326件，授权量982件，分别增长11.0%和7.0%。

十、文化、卫生和体育

文化事业继续推进。全市共有艺术表演团体12个，艺术表演场所5个，群艺馆2个，文化馆8个，公共图书馆10个，博物馆5个。“幸福廊坊”文化艺术节、庆祝建党90周年广场文化活动、“幸福田园春之声”农村先进颁奖晚会等一系列重大文化活动的展开，丰富了群众的文化生活。一年来，全市推出优秀文艺作品356件，其中获国家级奖项的15件，获省级奖项的45件，获市级奖项的61件。截至目前，全市列入国家级非物质文化遗产保护名录21项，省级57项。全年有线广播电视传输干线长度达7592公里。有线电视用户48.2万户，增长4.3%，广播、电视综合人口覆盖率均达到100%。

卫生事业稳步前进。年末全市有乡以上医疗卫生机构934个，其中医院87个，通过ISO9000认证的医院9家，疾病预防控制中心11个，妇幼保健院（所、站）10个。年末卫生机构（包括妇幼、社区等）共有床位15879张，其中医院拥有床位11316张，增长7.5%，卫生院拥有床位3657张，增长7.4%。全市拥有卫生技术人员19222人，增长7.9%，其中执业医师6564人，执业助理医师1921人。乡镇卫生院90个，乡镇卫生院卫生技术人员2748人，增长3.0%。参加新型农村合作医疗的农民达到295.0万人，增长1.4%。

体育事业取得新成果。群众性体育活动蓬勃开展，全民健身服务体系得到进一步完善。以打造万人元旦长跑、全民健身日等全民健身活动品牌为抓手，在全市掀起全民健身的新高潮。广泛开展各种联赛和比赛4000多次，参加活动人数达150万人（次）。全市体育人口达到150万人，占全市总人口的34.2%。竞技体育综合实力得到提升。全市有18个运动项目的26支队伍331名运动员参加了省年度比赛，获得金牌36枚、银牌34枚、铜牌32枚、团体总分2055.5分，为参加省十四届运动会打下了基础。

十一、人口、人民生活和社会保障

人口总量持续增长。据户籍统计，2011年末，总人口424.9万人。全年出生人口7.7万人，出生率为18.39‰，死亡人口5.6万人，死亡率13.39‰，净增人口2.1万人，自然增长率5.0‰，比上年下降3.95个千分点。

城乡居民生活水平继续提高。全市城乡居民家庭抽样调查结果显示，全市城镇居民人均可支配收入22818元，增长12.6%。其中，工资性收入16814元，增长8.9%。人均总支出19733元，增长21.0%。其中，消费支出14388元，增长18.0%。全市城镇单位从业人员年平均劳动报酬39285元，增长8.1%。其中，在岗职工年平均工资39976元，增长7.4%。农民人均纯收入9102元，增长19.9%。

城乡居民生活质量不断提高。全市城乡居民家庭抽样调查结果显示，年末城镇每百户家庭拥有家用汽车30辆，增长30.4%，摩托车34辆，减少12.8%，彩色电视机126台，增长0.1%，家用电脑78台，增长6.8%，健身器材6套，增长20.0%，空调器144台，增长6.7%，微波炉51台，减少0.6%，固定电话86部，减少8.5%，移动电话194部，增长3.7%。城镇居民人均住房使用面积30.0平方米，与上年持平，住楼房户占79.4%。农村居民每百户拥有彩电129.1台，增长0.1%，摩托车38.4辆，减少30.2%，普通电话81.1部，减少8.9%，移动电话201.6部，增长75.3%，电脑40.0台，增长235.3%。农民居住条件逐步改善，农民人均居住住房面积达到37.7平方米，增长17.8%。

社会保障体系进一步完善。全市机关企事业单位养老保险参保人数达42.7万人，新增3.8万人。各类企业参加基本养老保险社会统筹25.6万人，新增0.1万人。其中在岗职工22.0万人，离退休人员3.6万人。机关及事业单位参加基本养老保险17.1万人。其中，在岗职工13.3万人，离退休人员3.8万人。企业和机关事业单位的养老保险金按时足额发放率均达到100%。医疗保险参保人数达89.1万人，新增5.7万人，其中城镇居民基本医疗保险参保人数达35.7万人；失业保险参保人数达24.7万人，新增1.3万人；工伤保险参保人数达30.0万人，新增3.2万人；新型农村养老保险参保人数达124.2万人，新增91.3万人。全市共有14.2万人享受居民最低生活保障，减少0.5万人，其中，城镇居民3.0万人，农村居民11.2万人。

十二、城市建设和环境保护

城市建设快速发展。全市城市基础设施完成投资30.5亿元，比上年下降8.1%，建成区绿化覆盖率达46.5%，比上年下降0.3个百分点，绿地率42.6%，下降0.2个百分点，人均公共绿地13.1平方米，增长0.7%。年末城市道路总长度466.0公里，新增16.3公里，道路面积871.0万平方米，新增14.7万平方米，排水管道长度达421.7公里，新增19.7公里。天然气管道总长度958.1公里，新增98.1公里，年内新增天然气用户16959户，供热管道总长度768.3公里，新增18.3公里，城市集中供热面积达1653.2万平方米，新增116.2万平方米。现有水厂5座，产水能力16.7万立方米/日，管线总长度259.7公里，5座水厂全年供水量2632.6万立方米。城市公共汽车营运线路564.6公里，新增174.6公里，公营运输车辆458辆，新增196辆。

城市环境质量持续提升。以改善大气和水环境质量为重点的综合整治效果显著。全年市区空气质量综合污染指数降至1.72，比上年降低0.14个百分点，二级以上天数达到346天，比上年增加2天，其中一级天数首次突破100天，达到123天，比上年增加29天，均创历史最佳记录。城市集中式饮用水源地水质达标率继续保持100%。全市共划定县级自然保护区（含风景名胜区、森林公园）面积达500平方公里，覆盖率7.8%，城市知名度和影响力不断提升。

（*廊坊市统计局　秘喜强*）

保　定　市

2011年，面对复杂多变的国内外经济环境，市委、市政府带领全市人民，紧紧围绕“又好又快发展、强市兴县富民”中心任务，合力唱响“突出抓发展、重点抓项目、持续保稳定、着力惠民生”主基调，深入实施三大战略，务实进取，创先争优，国民经济保持平稳较快发展，各项社会事业取得全面进步，实现了“十二五”良好开局。

一、综合

2011年全市生产总值实现2449.9亿元，比上年增长12.0%。其中，第一产业增加值342.8亿元，增长5.5%；第二产业增加值1345.1亿元，增长14.1%；第三产业增加值762.0亿元，增长11.4%。第一产业、第二产业和第三产业增加值分别占全市生产总值的比重为14.0%、54.9%和31.1%。人均生产总值21796元，比上年增长10.7%。

全年居民消费价格指数（CPI）累计同比上涨5.8%；工业生产者出厂价格指数（PPI）累计同比上涨3.8%；固定资产投资总指数累计同比上涨9.7%。

全年全市城镇新增就业10.2万人，比上年增长3.0%。年末城镇登记失业率为4.05%，比上年下降0.03个百分点。

民营经济实现增加值1629.7亿元，比上年增长13.3%，占全市生产总值的比重达66.5%，比上年提高1.3个百分点。实缴税金194.9亿元，比上年增长25.8%，占全部财政收入的比重为73.3%。完成出口49.7亿美元，比上年增长25.2%，占全市出口总值的92.7%。

二、农业

全年粮食播种面积1394.7万亩，比上年增长1.2%；粮食总产量614.7万吨，比上年增长5.1%。粮食亩产441公斤，比上年增长3.7%。棉花播种面积42.6万亩，比上年下降1.0%；总产量3.2万吨，比上年增长7.7%。油料播种面积109.0万亩，比上年下降5.1%；总产量27.7万吨，比上年下降2.9%。蔬菜播种面积237.1万亩，比上年增长3.5%；总产量912.3万吨，比上年增长7.8%。瓜果类播种面积34.4万亩，比上年下降0.5%；总产量109.9万吨，比上年增长2.9%。全年肉类总产量63.4万吨，比上年增长6.0%。牛奶产量79.1万吨，比上年增长9.3%；禽蛋产量41.9万吨，比上年增长5.9%。

三、工业和建筑业

全年全部工业完成增加值1129.5亿元，比上年增长14.9%。其中，规模以上工业完成增加值884.6亿元，比上年增长16.7%。在规模以上工业中，装备制造业完成增加值383.7亿元，比上年增长15.0%。大中型工业企业完成增加值478.2亿元，比上年增长12.8%。汽车、新能源、纺织、食品和建材五大主导行业完成增加值444.4亿元，比上年增长14.4%。六大高耗能行业完成增加值113.1亿元，比上年增长13.5%。

规模以上工业实现主营业务收入3467.9亿元，比上年增长26.7%；实现利税325.0亿元，比上年增长35.9%，其中，利润总额205.2亿元，比上年增长32.9%；亏损企业亏损额21.5亿元，比上年增长2.0倍；工业产品销售率97.6%，比上年下降0.04个百分点。

全年全市建筑业完成增加值215.6亿元，比上年增长10.5%。全市具有资质等级的总承包和专业承包建筑业企业实现利润26.4亿元，比上年增长67.1%。房屋建筑施工面积6855万平方米，比上年增长55.4%；房屋建筑竣工面积2422万平方米，比上年增长14.8%。

四、固定资产投资

全年全社会固定资产投资完成1664.3亿元，比上年增长29.1%。其中，固定资产投资（不含农户）完成1565.7亿元，比上年增长29.0%；农户投资98.7亿元，比上年增长31.9%。

在固定资产投资（不含农户）中，第一产业完成投资39.9亿元，比上年下降24.3%；第二产业完成投资698.5亿元，比上年增长11.1%；第三产业完成投资465.9亿元，比上年增长7.0%。全市城市基础设施完成投资68.7亿元。高新技术完成投资264.0亿元。

五、国内贸易

全年社会消费品零售总额完成1018.5亿元，比上年增长17.9%，其中，限额以上批发零售企业实现零售额249.3亿元，比上年增长29.4%。分地域看，城镇社会消费品零售额完成788.4亿元，比上年增长18.5%；乡村社会消费品零售额完成230.0亿元，比上年增长15.6%。分行业看，批发业零售额完成126.6亿元，比上年增长30.5%；零售业零售额完成772.6亿元，比上年增长16.1%；住宿业零售额完成8.6亿元，比上年增长35.4%，餐饮业零售额完成96.3亿元，比上年增长14.0%。

六、对外经济

全年进出口总值完成73.5亿美元，比上年增长25.5%。其中，出口总值53.6亿美元，比上年增长24.1%；进口总值19.9亿美元，比上年增长29.5%。

全年实际利用外资4.5亿美元，其中，外商直接投资4.3亿美元。全年引进省外资金370.2亿元，比上年增长90.8%；引进省外技术710项，比上年增长6.3%；引进省外人才1.2万人，比上年增长11.8%。

七、交通、邮电业和旅游

全年交通运输、仓储和邮政业完成增加值117.6亿元，比上年增长14.4%。货物运输总量1.83亿吨，比上年增长28.7%；货物运输周转量714.8亿吨公里，比上年增长30.5%。旅客运输总量1.47亿人，比上年增长4.5%；旅客运输周转量84.88亿人公里，比上年增长7.4%。全年完成邮电业务收入61.5亿元，比上年增长30.6%。其中，邮政业务收入5.1亿元，比上年增长24.4%，电信业务收入56.4亿元，比上年增长30.9%。固定及移动电话用户总数达1575.2万户。国际互联网接入用户数达123.3万户，比上年增加41.4万户。

全市共有A级名胜风景区40个，其中4A级以上景区13个。星级饭店61家。全年接待游客3645.9万人次，比上年增长29.4%，旅游总收入211.6亿元。4A级以上景区接待游客562.4万人次，总收入1.4亿元。

八、财政、金融和保险业

全年全部财政收入完成265.9亿元，比上年增长29.0%，其中，地方一般预算收入完成128.6亿元，比上年增长41.3%。一般预算支出332.7亿元，比上年增长23.7%。

年末金融机构本外币各项存款余额3248.4亿元，比年初增长12.8%，城乡居民储蓄存款余额达2289.1亿元，比年初增长13.1%。金融机构本外币各项贷款余额1352.3亿元，比年初增长16.8%。

年末全市共有保险公司37家。保险业保费收入达到101.1亿元。支付各类赔款及给付21.6亿元。

九、教育和科学技术

全年研究生招生2437人，在学研究生6935人。全市普通高等学校10所，在校学生21.4万人。成人高等学校1所，在校学生3.4万人。中等职业教育学校83所，在校学生16.5万人。普通中学455所，在校学生48.5万人，小学2150所，在校学生85.4万人。学龄儿童入学率达99.9%，九年义务教育完成率达93.3%，初中毕业生升学率达89.3%，高中阶段毛入学率达87.1%。特殊教育招生158人，在校生1216人。幼儿园在园幼儿30.8万人。

年末共有院士工作站5家，其中，院士19人，博士专家31人。共有省级研究所4所。国家级重点实验室2个。工程技术研究中心38个，其中国家级2个。企业技术中心44家，其中，国家级6家，省级38家。全年取得省级科技成果32项。全年推广新产品、新技术179项。全年申请专利3163项，授权专利1797项。年末技术合同成交额1.8亿元。有32个项目获省级科技进步奖。全年实施省级以上科技成果推广8项。根据2008年《高新技术企业认定管理办法》认定高新技术企业86家。

十、文化、卫生和体育

《保定日报》、《保定晚报》和《莲池周刊》年总发行量达6254万份，两报日发行量分别为8万份、9.2万份，一刊周发行量为4.5万份。全市拥有剧场、影剧院27个，拥有群众艺术馆1个，群众文化馆22个。乡镇（街道）文化站268个。拥有公共图书馆23个。图书馆总藏书量169.7万册。拥有电视台1座，拥有广播电视台22座，广播电台1座。有线广播电视用户达70.7万户，有线数字广播电视用户52.7万户。电视综合人口覆盖率98.5%，广播综合人口覆盖率98.7%。

年末共有卫生机构113个。医疗机构12063个。卫生技术人员（含乡医）4.2万人。医疗卫生机构床位3.51万张，。农村有医疗点的村数占总村数的96.6%。社区医疗卫生覆盖率达98%。

全市共有体育场馆28个。全年举办市级以上各类比赛活动81次。举办全民健身活动175次，参加人数220万人。全市国家二级裁判253人，国家二级运动员381人。各运动队参加比赛共获省级以上奖牌489枚，其中金牌109枚。

十一、人民生活和社会保障

全年城市居民人均可支配收入16912元，比上年增长12.4%。城市居民人均消费支出10989元，比上年增长14.2%。全年农村居民人均纯收入6656元，比上年增长22.2%。农村居民人均生活消费支出4757元，比上年增长55.2%。

年末全市参加城镇基本养老保险人数为106.8万人，比上年末增加6.8万人。企业离退休人员月人均养老金1396元。职工养老金社会化发放率100%。参加城镇基本医疗保险的人数为186.6万人。参加失业保险的人数51.9万人，比上年末增加0.1万人。企业参加工伤保险的人数为48.7万人，比上年末增加5.2万人。参加生育保险的人数为57.6万人，比上年末增加6万人。25个县（市、区）全部开展农村新型合作医疗，新型农村合作医疗参合率达到96.0%，报销医疗费17.1亿元，1800万人次受益。年末全市领取失业保险金人数1.95万人。

全年全市有34.83万人享受居民最低生活保障。农村居民得到五保救济人数达到3.15万人。国家抚恤、补助优抚人数达到6.71万人。年末全市各种社会福利收养性单位90所，床位达1.3万张，收养各类人员7579人。

十二、资源、环境保护和安全生产

全市土地总面积221.85万公顷。国土资源调查及地质勘查共有矿产区487处。有77种矿产资源，已探明储量的59种。

空气二级以上达标331天，其中，一级天数97天。城镇污水处理厂32个，城镇污水处理厂设计日处理能力104.7万吨。年末全市共有省级自然保护区5个，面积达11.68万公顷。建成区绿地率28.33%，建成区绿化覆盖率33.76%。

全年单位GDP能耗1.086吨标准煤/万元，比上年降低3.5%。全年单位工业增加值能耗1.215吨标准煤/万元，比上年降低7.41%。

（保定市统计局　张　蕾）

沧　州　市

2011年，在市委、市政府的正确领导下，全市上下以科学发展观为指导，以转变经济增长方式为主线，锐意进取，攻坚克难，积极应对国内外经济形势的变化，全面实施“从大运河走向渤海湾”发展战略，强力推进沿海强市建设，整体经济保持平稳较快发展，实现了“十二五”良好开局。

全市十一项主要经济指标中，七项指标增速高于全省平均水平，其中地区生产总值和城市居民人均可支配收入增速居全省第一位，规模以上工业增加值增速居全省第二位。

一、整体经济稳健增长，经济运行质量进一步提升

全年全市生产总值（GDP）完成2585亿元，同比增

长12.3%，比全省增速高1个百分点。其中，第一产业增加值完成266.1亿元，增长5.3%；第二产业增加值完成1264.8亿元，增长13.4%；第三产业增加值完成942.1亿元，增长12.8%。三次产业结构为11.4∶52.3∶36.3。经济运行质量进一步提升，全部财政收入占GDP的比重达到12.6%，比2010年提高0.3个百分点。

从整体经济构成看，投资仍是经济增长的主要拉动力量，对经济增长的贡献率61.4%，比上年降低7.2个百分点，消费贡献率37.4%，比上年同期提高7.3个百分点，净流出贡献率1.2%，比上年降低0.1个百分点。

全年消费价格趋势上涨。全市消费价格（CPI）累计上涨5.3%，其中，城市上涨5.7%，农村上涨4.9%。从结构看，八大类呈现出“四升两降两平”的格局，八大类中食品、烟酒及用品、医疗保健和个人用品类、居住类累计上涨14.2%、4.5%、2.4%和5.9%；交通和通信类、娱乐教育文化用品及服务类分别下降1.8%和0.4%，衣着、家庭设备用品及维修服务持平。

二、农业生产稳定增长，粮食生产连续八年获得大丰收

随着各项惠农政策逐步落实，农业综合生产能力进一步增强。农林牧渔业总产值完成535.31亿元，同比增长5.31%。其中，种植业产值289.98亿元，增长6.56%；畜牧业产值155.53亿元，增长4.49%；林业产值3.57亿元，增长4.35%；渔业产值23.31亿元，增长1.22%。

全年粮食总产量494万吨，比上年增长3.9%；油料总产量9.73万吨，下降0.25%；棉花总产量13.81万吨，增长3.8%；蔬菜总产量500.4万吨，增长7.1%；肉类产量45.6万吨，增长5.9%；禽蛋产量33.5万吨，增长0.4%；水产品产量12.2万吨，增长1%；牛奶产量11.2万吨，下降8.9%。

三、工业生产持续增长，经济效益大幅提高

全市规模以上（年主营业务收入2000万元以上）工业企业实现增加值1041.3亿元，同比增长16.8%。

重工业增长快于轻工业，轻工业完成增加值132.74亿元，增长13.1%；重工业完成增加值908.55亿元，增长17.4%。重工业比轻工业快4.3个百分点；外商及港澳台投资企业完成增加值108.7亿元，增长42.7%；股份制企业完成增加值601.67亿元，增长18.0%。

石油化工、管道装备及冶金、机械制造、纺织服装、食品加工等主导行业支撑作用显著。石油化工业完成增加值473.60亿元，增长7.5%；管道装备及冶金业完成190.78亿元，增长31.8%；机械制造业完成183.55亿元，增长24.7%；纺织服装业完成49.77亿元，增长5.2%；食品加工业完成29.80亿元，增长20.9%。各产业在规模以上工业增加值中所占比重共计达到89.1%，分别为45.5%、18.3%、17.6%、4.8%和2.9%。

在生产增长的同时，经济效益大幅提高。全市规模以上工业主营业务收入3787.79亿元，同比增长43.82%；利润总额254.97亿元，增长37.84%；利税总额556.34亿元，增长22.97%。

建筑业保持较快发展。全市建筑业完成增加值129.1亿元，增长9.6%。资质等级以上建筑业224家，完成建筑业总产值254.6亿元，增长34.6%，房屋施工面积2168.2万平方米，增长37.4%，房屋竣工面积854.8万平方米，增长26.1%；实现利税16.7亿元，增长14.3%。

四、固定资产投资较快增长

固定资产投资快速增长。全社会固定资产投资完成1597.8亿元，同比增长26.2%。其中，城镇投资完成1193.4亿元，增长29.90%；农村投资完成404.3亿元，增长16.44%。

在城镇投资中，第二产业投资完成745亿元，占62.4%，同比增长28.86%。其中，化工行业投资完成139.16亿元，同比增长28.06%。房地产投资大幅增长，全市房产开发投资完成152.8亿元，同比增长35.67%。

五、消费品市场繁荣稳定

全市实现社会消费品零售总额683.8亿元，同比增长17.7%。城乡市场稳定较快增长，城镇发展快于乡村。城镇实现零售额480.7亿元，同比增长18.2%；乡村实现零售额193.7亿元，同比增长16.6%，城镇快于乡村1.6个百分点。基本生活类商品继续保持较快增长。全市限额以上批发零售企业粮油、食品、饮料、烟酒类商品零售额同比增长26.5%，其中，粮油食品类增长32.5%；服装、鞋帽、针纺织品类商品零售额增长36.1%；日用品类增长25.4%。与消费升级相关的商品保持旺销。随着城乡居民收入的提高，享受型、保健型和投资型消费热点不断升温，金银珠宝类、电子出版物及音像制品类、家用电器和音响器材类等商品销售持续旺销，商品零售额分别同比增长71.6%、27%、29.9%。

六、外经外贸保持增长

全市直接利用外资28934万美元，同比增长24.4%。新批“三资”企业合同总金额51957万美元，同比增长3.8%，新批“三资”企业合同外资额22070万美元，同比增长20.6%。

外贸进出口总值21.48亿美元，同比增长27.97%。其中，出口总值18.82亿美元，增长35.24%；进口总值2.66亿美元，增长-7.34%。

七、财政收支稳定增长

全部财政收入完成328.5亿元，同比增长21.1%。其中，地方一般预算收入116.5亿元，增长27.6%。全市国税收入218.58亿元，同比增长15.20%；地税收入101.14亿元，增长28.35%。

年末，全市金融机构存款余额2300.09亿元，比年初增加272.49亿元，其中个人存款1551.38亿元，增加198.02亿元。金融机构贷款余额1088.42亿元，比年初增加190.77亿元。贷款额占存款额的47.32%，存贷差1211.67亿元。

八、社会事业全面发展

科技事业进一步发展。2011年沧州市取得省级以上科技成果115项，有6项科研成果获省科技进步奖；申报各项专利1165项，授权823项；新增高新技术企业13

家，总数达到40家；争取国家、省科技项目资金4273.5万元，较上年增长68.5%，实现了历史新突破。

教育事业稳步发展。该市2011年的高中阶段毛入学率达到了70%，比2010年提高了2.5个百分点。本科教育资源进一步扩大。沧州师院新增本科专业5个，使该校本科专业达到11个。泊头职业学院积极探索实现高校体制转型，建立"五系一部"，已报省教育厅批复。

文化事业和文化产业加快发展。截至目前，该市已完成136个乡镇综合文化站，并为4761个行政村配送了党员远程教育设备。完成农家书屋建设3011个。市群艺馆、图书馆、博物馆实现全面免费开放。三馆全年共组织各类活动300余场次，接待群众50000余人次。农村电影放映惠民工程推进，全市目前共累计完成公益电影场次68796场，观众达到1300多万人次。

新型农村合作医疗制度进一步完善。新农合覆盖面继续扩大，人均筹资标准继续提高。该市566.73万农民，共参合532.89万人，参合率达到94.03%；五保户、贫困户参合率达到100%。农民个人缴资由每人每年20元提高到30元，中央及各级财政增加补助资金80元，人均筹资总额达到230元。补偿方案不断完善，参合农民受益程度不断提高。修订完善了《新农合补偿方案》，重点调整了县外就医报免起付线，市级为1000－1200元，下降了200－300元；省及省外为1500－2500元，下降了1000元左右；报销比例市级及以上提高了5－10个百分点，最高支付限额提高到6万元。

九、人口和人民生活

据公安户籍统计，2011年全市总户数230.36万户，年末总人口734.82万人，比上年增加3.93万人。其中，男性376.57万人，女性358.25万人。全年出生12.51万人，死亡7.82万人。

2011年，随着"惠民生"政策的落实，以及各类补贴发放到位，城乡居民收入持续增长，生活水平稳步提高。城市居民人均可支配收入18375元，比上年增加2259元，同比增长14%；农民人均纯收入6540元，比上年增加1012元，同比增长18.3%。

在居民收入较快增长的同时，消费保持同步增长。城市居民人均消费支出11207元，增长9%；农村居民人均生活费支出4996元，增长42%。

（沧州市统计局　姬廷祥）

衡 水 市

2011年，全市人民在市委、市政府的坚强领导下，深入贯彻落实科学发展观，以加快发展、富民强市为中心任务，坚定不移地推进工业化、城镇化和农业现代化，做大经济总量，优化经济结构，深化改革开放，保障改善民生，国民经济保持平稳较快发展，各项社会事业取得新的进步，实现了"十二五"良好开局。

一、总体情况

2011年，全市实现地区生产总值929.1亿元，比上年增长12.1%。其中，第一产业增加值174.5亿元，增长5.3%；第二产业增加值488.3亿元，增长15.5%；第三产业增加值266.2亿元，增长10.9%。第一产业增加值占全市生产总值的比重为18.7%，第二产业增加值比重为52.6%，第三产业增加值比重为28.7%。

全年居民消费价格比上年上涨5.3%，其中食品价格上涨11.5%。工业生产者出厂价格上涨5.7%，其中生产资料价格上涨4.8%，生活资料价格上涨10.5%。

年末全市城镇登记失业率为3.49%，比上年回落0.01个百分点。

民营经济实现增加值642.3亿元，比上年增长13.7%；占全市生产总值的比重达69.1%。民营经济实缴税金64.9亿元，增长32.7%，占全部财政收入的比重为83.9%；完成出口21.0亿美元，占全市出口总值的85.8%；就业人员110.7万人，增长3.2%。

二、农业

全年农林牧渔业总产值实现331.9亿元，比上年增长5.1%。其中，农业205.9亿元，增长6.3%；林业2.0亿元，增长9.7%；牧业111.2亿元，增长3.3%；渔业0.8亿元，增长7.2%；农林牧渔服务业11.9亿元，增长0.2%。

全年粮食播种面积59.5万公顷，比上年增长0.2%；总产量378.6万吨，增长4.9%。其中：夏粮179.1万吨，增长2.3%；秋粮199.5万吨，增长7.3%。棉花播种面积13.4万公顷，增长2.3%；总产量16.3万吨，增长15.0%。油料播种面积2.9万公顷，下降11.6%；总产量10.6万吨，下降4.3%。

全年蔬菜播种面积达124.2万亩，比上年增长4.5%；蔬菜产量425.3万吨，增长7.7%。瓜果播种面积19.0万亩，增长1.4%；产量72.6万吨，增长6.9%。

全年肉类总产量37.7万吨，比上年增长4.2%。其中：猪肉产量23.8万吨，增长4.3%；牛肉产量4.8万吨，增长2.1%；羊肉产量2.1万吨，增长3.3%；禽肉产量6.6万吨，增长6.4%。

全年禽蛋产量29.4万吨，比上年增长6.0%；牛奶产量8.5万吨，增长16.6%。

全市农业机械总动力912.3万千瓦，比上年增长1.3%；机械耕地面积782.0万亩，增长2.0%；机械播种面积1150.4万亩，增长3.3%，占农作物总播种面积的89.7%；机械收获面积640.6万亩，增长3.4%。

三、工业和建筑业

全市规模以上工业增加值323.6亿元，比上年增长17.0%。分轻重工业看：轻工业实现增加值75.6亿元，增长20.5%；重工业实现增加值248.0亿元，增长16.0%。现代化工、装备制造、食品加工这三大主导产业完成工业增加值194.5亿元，占全部规模以上工业增加值总量的60.1%。全市63家大中型企业实现增加值120.2

亿元，占全部规模以上工业的37.1%。

全市规模以上工业主营业务收入1147.7亿元，比上年增长36.1%；实现利税104.0亿元，增长38.4%；实现利润75.1亿元，增长42.4%。

全市具有资质等级的建筑业企业121家，实现产值81亿元，比上年增长37.5%。

四、固定资产投资

全年全社会固定资产投资完成567.2亿元，比上年增长30.4%。其中：固定资产投资（不含农户）525.2亿元，增长30.1%；农户投资42.1亿元，增长34.0%。

在固定资产投资中，城乡建设项目投资403.2亿元，比上年增长24.1%，其中亿元以上项目投资191.5亿元，增长33.6%。分产业看：第一产业投资4.5亿元，增长6.4%；第二产业投资334.7亿元，增长29.0%，其中工业投资333.3亿元，增长29.2%；第三产业投资186.0亿元，增长32.8%。

在工业投资中，技术改造投资204.8亿元，比上年增长58.2%。

全年房地产开发投资121.9亿元，比上年增长54.9%。其中，商品住宅投资102.6亿元，增长49.1%。

全年施工项目826个，其中新开工项目514个。亿元以上项目194个，比上年增加100个。

五、国内贸易

2011年，全市完成社会消费品零售总额374.7亿元，比上年增长17.9%。按经营地统计，城镇消费品零售额完成269.4亿元，增长17.9%；乡村消费品零售额完成105.3亿元，增长17.8%。

在限额以上批发和零售企业（单位）商品零售额中，粮油食品饮料烟酒类增长49.4%，服装鞋帽针纺织品类增长35.7%，家用电器和音像器材类增长39.6%，金银珠宝类增长47.3%，石油及制品类增长40.0%，汽车类增长24.4%。

六、对外经济

全年进出口总值29.0亿美元，比上年增长40.2%。其中：出口24.4亿美元，增长37.2%；进口完成4.6亿美元，增长56.7%。

从主要行业出口情况看：皮毛出口9.7亿美元，比上年增长39.0%，占全市出口总值的比重为39.5%；丝网出口4.9亿美元，增长30.1%，占20.2%；化工行业出口4.1亿美元，增长19.9%，占16.7%；纺织行业出口2.4亿美元，增长80.4%，占9.9%；机械制造出口1.6亿美元，增长35.4%，占6.7%。

全年实际利用外资17004万美元，比上年增长26.1%。其中外商直接投资14723万美元，增长46.5%。在外商直接投资中，来自亚洲7830万美元，来自欧洲2512万美元，来自北美洲2018万美元。全年新批“三资”企业合同项目14个，比上年增加6个；新批“三资”企业合同总金额24621万美元，增长100.7%。

七、交通、邮电和旅游

全年公路旅客运输量2778万人，比上年增长17.8%，旅客运输周转量20.3亿人公里，增长13.4%；公路货物运输量4466万吨，增长29.7%，货物运输周转量219.9亿吨公里，增长30.3%。年末全市拥有各类民用汽车29.0万辆（不含低速汽车），其中个人汽车26.1万辆，小型载客汽车23.6万辆。

全市固定电话年末用户76.0万户，比上年增加0.4万户；移动电话年末用户335.3万户，增加45.1万户，移动电话普及率76部/百人。互联网宽带接入用户41.4万户，增加7.6万户。

全年共接待海内外游客464.3万人次，比上年增长33.4%；实现旅游总收入24.74亿元，增长59.1%。其中：接待入境游客（含港、澳、台）1.07万人次，增长13.6%，实现旅游外汇收入318.68万美元，增长21.9%；接待国内游客463.23万人次，增长32.0%，实现旅游收入24.54亿元，增长59.7%。

八、财政、金融和保险业

2011年，全部财政收入达77.40亿元，比上年增长30.6%，其中地方一般预算收入完成37.25亿元，增长33.2%。财政支出132.20亿元，增长17.9%，其中科技支出增长22.2%，医疗卫生支出增长36.7%，住房保障支出增长100.1%。

年末全市金融机构各项存款余额1328.9亿元，比年初增加173.5亿元，其中个人存款余额988.2亿元，增加131.4亿元。各项贷款余额574.0亿元，比年初增加118.6亿元。

全市共有保险公司24家，其中财产险10家，人寿险14家。全年实现保费收入31.1亿元，其中财产险保费收入7.8亿元，人身险保费收入23.3亿元。全年累计上缴税金8610.3万元，各项赔款和给付6.55亿元。全市保险深度为7.8%，保险密度为714元。

九、科学技术和教育

全年共取得省级科技成果22项，市级科技成果65项；获省级科技进步奖励2项，市级科技进步奖励66项。全年共认定、登记技术合同229份，技术合同成交额975万元。

全市共有中等职业教育学校46所、普通中学190所、小学917所、幼儿园604所，分别拥有专任教师4164人、20538人、19973人和4331人，在校生分别达到5.3万、22.4万、28.3万和7.2万名。在各类教育机构中，民办教育机构数量达到182所，拥有教师5899人，在校生8.9万名。

十、文化和体育

全市共有大型艺术表演团体3个，文化馆12个，公共图书馆11个，博物馆2个。国家级文物保护单位7处，省级文物保护单位29处，市级文物保护单位17处。

在河北省青少年田径、游泳、摔跤、乒乓球等8个项目14次比赛中，该市共获得金牌9枚、银牌8枚、铜牌10枚；在河北省第七届农民运动会上取得3金、2银、2铜的历史最好成绩。成功举办了环衡水湖公路自行车大赛，吸引了该市及周边地区1100多名自行车爱好者参赛。

全年共为25个社区安装了价值80万元的城市社区体育健身器材。

十一、人口、人民生活和社会保障

据公安部门统计人口数据显示，年末全市户籍总人口4415759人，其中非农业人口1024010人。全年出生人口65067人，出生人口男女性别比为112：100；死亡人口46172人。

全市城市居民人均可支配收入16506元，比上年增长13.6%；人均生活消费支出10705元，增长16.2%。城市居民恩格尔系数为31.2%。人均住房建筑面积为29.9平方米。年末平均每百户城市居民家庭拥有家用汽车20辆、彩电115台、冰箱93台、洗衣机99台、空调器108台、微波炉34台、移动电话179部、家用计算机67台、健身器材3套，互联网接入用户47户。

全市农民人均纯收入5355元，比上年增长22.5%。农村居民恩格尔系数为38.7%，与上年持平。人均拥有住房面积为30.0平方米。年末平均每百户农村居民家庭拥有生活用汽车9辆、彩电112台、电冰箱70台、洗衣机92台、空调33台、摩托车66辆、移动电话157部、家用计算机19台，互联网接入用户16户。全市参加城镇企业养老保险人数为27.1万人，比上年末增加1.8万人；其中在职职工19.6万人，离退休人员7.5万人。机关事业养老保险参保人员13.7万人，增加0.3万人，其中在职职工10.5万人，离退休人员3.2万人，分别增加0.2万人和0.1万人。

参加城镇基本医疗保险人数59.5万人，比上年末增加3.2万人。其中参加城镇职工基本医疗保险人数31.5万人，参加城镇居民基本医疗保险人数28.0万人，分别增加0.4万人和2.8万人。参加失业保险的人数达18.3万人。参加工伤保险的人数21.0万人，增加1.6万人。其中参加工伤保险农民工7.2万人，增加0.2万人。参加生育保险的人数19.0万人，增加2.0万人。

十二、环境保护

全年完成减排项目167个，拆除、改造高污染燃料设施98台（套）。建筑和道路扬尘治理成效明显，全年市区空气质量达到国家二级标准以上的天数341天，比上年增加3天。全市拥有污水处理厂14个，设计污水处理能力35.1万立方米/日。

（衡水市统计局　陈学忠）

邢　台　市

2011年是“十二五”开局之年，也是经济形势异常复杂的一年。在市委、市政府的正确领导下，全市上下深入贯彻落实科学发展观和省、市经济会议精神，紧紧围绕年初确定的目标任务，狠抓落实，全市经济保持了平稳较快发展的良好势头，全年计划目标顺利实现，各项社会事业取得全面进步，为“十二五”开局奠定良好基础。

一、综合

初步核算，全市生产总值完成1428.9亿元，比上年增长11.6%，其中，第一产业增加值218.8亿元，增长5.4%；第二产业增加值793.4亿元，增长13.4%；第三产业增加值416.7亿元，增长11.5%。全市人均生产总值20027元。三次产业增加值占全市生产总值的比重分别为15.3%、55.5%和29.2%。

物价涨幅得到遏制。全年居民消费价格比上年上涨5.2%，其中食品价格上涨11.9%。工业生产者出厂价格上涨6.1%；农业生产资料价格上涨7.6%。

民营经济较快发展。全年完成民营经济增加值955.59亿元，比上年增长12.8%；占全市生产总值的比重为67.0%；实缴税金104.16亿元，比上年增长15.3%，占全部财政收入比重68.8%。

二、农业

农业生产形势稳定。全市农林牧渔业总产值382.42亿元，比上年增长5.4%，其中，农业产值235.08亿元，增长7.9%；林业产值3.3.76亿元，增长4.2%；牧业产值115.97亿元，增长0.4%；渔业产值0.68亿元，增长21.7%；农林牧渔服务业产值26.93亿元，增长4.0%。畜牧、蔬菜、果品三大支柱产业产值占农林牧渔业总产值的比重达49.4%。农业产业化步伐加快，产业化经营率达到60.9%，比上年提高0.9个百分点。

全市粮食播种面积1077.6万亩，比上年增长0.1%；总产量452.76万吨，比上年增长6.7%。其中，夏粮产量215.93万吨，增长5.9%；秋粮产量236.83万吨，增长7.5%。棉花总产量22.26万吨，增长9.4%；油料总产量12.12万吨，增长17.8%；蔬菜总产量323.13万吨，增长4.4%，其中设施蔬菜播种面积12.5万亩，产量46.1万吨。畜牧业发展稳定，肉类总产量31.3万吨，增长2.8%；牛奶产量26.5万吨，下降3.0%；蛋类产量45.9万吨，下降2.0%。渔业发展较快，全年水产品产量4922吨，增长7.0%。

三、工业和建筑业

工业生产形势良好。全年全部工业增加值731.97亿元，比上年增长13.4%。规模以上工业增加值542.08亿元，增长15.7%，其中，国有及国有控股企业增长9.1%，集体企业增长16.0%，股份制企业增长18.8%，外商及港澳台投资企业增长8.7%。分轻重工业看，轻工业增长14.5%，重工业增长16.1%。全年规模以上工业实现利税218.48亿元，比上年增长10.8%。亏损企业65个，比上年增长8.3%，亏损企业亏损额7.3亿元，比上年增亏50.9%。

建筑业发展喜人。全年全社会建筑业增加值61.4亿元，比上年增长23.3%。资质等级以上建筑业企业房屋施工面积910.7万平方米，房屋竣工面积415.0万平方米。

四、固定资产投资

固定资产投资较快增长。全年完成全社会固定资产投资1048.6亿元，同比增长25.5%。其中固定资产投资完成978.6亿元，增长25.9%，农村个体投资完成70亿元，同比增长19.3%。其中，第一产业投资23.0亿元，比上年增长17.7%；第二产业投资652.9亿元，比上年增长30.3%；第三产业投资302.7亿元，比上年增长18.0%。房地产开发投资84.9亿元，比上年增长36.1%。其中，商品住宅投资72.2亿元，增长31.0%；商业营业用房投资6.9亿元，增长45.8%。

五、国内贸易

消费品市场需求旺盛。全年社会消费品零售总额实现542.05亿元，比上年增长17.7%。分地域看，城镇消费品零售额完成412.49亿元，增长18.5%；乡村消费品零售额完成129.56亿元，增长15.0%。限上企业全年实现消费品零售额81.76亿元，比上年增长23.2%。在限额以上批发和零售企业（单位）商品零售额中，粮油食品饮料烟酒类增长44.4%，服装鞋帽针纺织品类增长26.5%，日用品类增长39.1%，家用电器和音像器材类增长17.6%，金银珠宝类增长53.9%，家具类增长133.3%，石油及制品类增长35.8%，汽车类增长11.5%。

六、对外经济

对外经济实现较大突破。全年实际利用外资3.62亿美元，比上年增长41.6%，全部是外商直接投资。全年新注册三资企业16个，与上年持平；新批合同外资14486万美元，增长101.1%。

全年进出口总值21.82亿美元，比上年增长19.9%。其中进口总值10.21亿美元，增长19.2%；出口总值达11.61亿美元，增长20.6%。

七、交通、邮电业和旅游

交通运输业快速发展。全年货物周转量414.6亿吨公里，比上年增长45.3%；旅客周转量50.8亿人公里，增长35.6%。全市公路通车里程14100公里，增长2.7%，其中高速公路359.6公里。

邮电、通讯业稳步发展。全年完成邮电业务总量（2010年不变价）35.98亿元，比上年增长18%。其中，邮政业务量1.7亿元，增长20.6%；电信业务量34.28亿元，增长17.8%。年末局用电话交换机总容量达到867.67万门，比上年末增加40.23万门；固定电话用户达到92.46万户，减少2.86万户。其中城市电话用户51.03万户，增加8.67万户；乡村电话用户38.15万户，减少8.53万户。全市固定及移动电话用户总数达468.56万户，比上年末增加18.95万户，增长4.0%。

旅游业发展势头良好。全年接待国内游客854.3万人次，同比增长13.3%；旅游总收入51.5亿元，同比增长24.1%；接待入境游客1.997万人次，同比增长15.5%；创汇668.6万美元，同比增长20.9%。

八、财政、金融和保险业

财政收较快增长。全年完成财政收入151.43亿元，比上年增长13.9%，其中地方一般预算收入完成70.58亿元，增长23.6%。税收收入57.29亿元，增长27.8%；非税收入13.29亿元，增长8.2%。财政支出214.61亿元，增长24.5%。

金融运行稳健。年末金融机构各项存款余额1824.67亿元，增长15.6%。其中居民储蓄存款余额1259.42亿元，增长15.3%。金融机构各项贷款余额946.89亿元，增长16.6%。

保险事业稳步发展。保费收入39.1亿元，比上年增长3.9%。其中，财产险保费收入11.8亿元，增长11.3%；寿险保费收入27.3亿元，比上年下降0.4%；健康和意外伤害险保费收入0.9亿元，下降25.0%。各项赔款和给付8.6亿元，比上年增长13.3%，其中，财产险赔款5.2亿元，寿险赔付3.4亿元（其中健康和意外伤害险赔付0.7亿元），分别增长15.6%和10.0%。

九、教育和科学技术

教育事业健康发展。普通高等学校4所，招生1.68万人，比上年增长6%，在校学生4.94万人，增长4.9%。学龄儿童入学率达99.9%，九年义务教育完成率达98.81%，幼儿园在园幼儿17.6万人。

科技创新取得新成果。全年共取得科技成果185项，专利申请量1004件，专利授权量530件。

十、文化、卫生

文化事业继续推进。年末全市共有艺术表演团体9个，文化馆18个，公共图书馆18个。广播电视台19座，中、短波广播发射台和转播台4座。广播综合人口覆盖率达99.32%，电视综合人口覆盖率达99.27%。

卫生事业得到加强。拥有卫生防疫、防治机构1023个，其中医院、卫生院337个；卫生技术人员23250人；其中医生10529人，护师、护士6473人；床位23472张，其中医院、卫生院23164张。拥有卫生防疫、防治机构20个，卫生技术人员489人，乡镇卫生院173个，床位6325张，卫生技术人员4313人，乡村医生和卫生员9236人。

十一、人民生活和社会保障

城乡居民生活进一步改善。全年城镇居民人均可支配收入达16592元，比上年增长12.5%。农民人均纯收入达5814元，增长17.1%。城镇居民人均消费支出10979元，增长5.4%；农民人均生活消费支出3969元，增长38.6%。城镇居民现住房人均总建筑面积34.23平方米，比上年增加0.45平方米；农民人均居住面积34.0平方米，比上年增加0.9平方米。

社会保障水平逐步提高。年末参加基本医疗保险人数148.0万人，比上年增加3.7万人。参加失业保险的人数达34.24万人，城镇参加基本养老保险人数为54.44万人，其中参保职工达39.82万人，参保离退休人员达14.62万人。企业养老金社会化发放率达到100%。

十二、资源、环境与安全生产

环境保护和安全生产进一步加强。全年COD纯削减2383.5吨，比上年削减2.02%；SO_2纯削减605.7吨，比上年削减0.51%。全年市区空气质量二级及好于二级天数达到340天，与上年持平，其中一级天数79天，比上年增加8天，空气质量稳定达到国家二级标准。城市集中饮用水源地水质达标率稳定保持100%。全市单位GDP能耗1.5934吨标准煤/万元，比上年下降4.18%。

全年各类生产安全事故616起，同比增加129起；死亡人数为185人，比上年减少10人。全年共发生道路交通事故218起，同比下降11.75%，造成172人死亡，同比下降1.72%，直接经济损失43.21万元，比上年减少26.32%；火灾事故385起，死亡0人；直接经济损失905.1万元。

（邢台市统计局　王印婷）

邯郸市

2011年全市人民在市委、市政府的正确领导下，深入贯彻落实科学发展观，保持经济平稳较快发展，认真执行积极的财政政策和稳健的货币政策，紧紧围绕“稳增长、快转变、保民生、重统筹”这一主线，加快转变发展方式，加大结构调整力度，大力实施“四大战略重点”，全力增强邯郸核心竞争力，区域中心城市地位得到明显提升，全市经济保持平稳较快发展，各项社会事业得到全面进步。

一、综合

经济保持平稳较快发展。全年全市生产总值2789.0亿元，比上年增长12.2%。其中：第一产业增加值350.6亿元，增长5.8%；第二产业增加值1527.4亿元，增长13.4%；第三产业增加值911.0亿元，增长12.6%。三次产业结构变化为12.6∶54.7∶32.7。

全市居民消费价格总指数（CPI）比上年上涨5.6%，其中城市上涨5.5%，农村上涨6.2%。居民消费的八大类商品（服务）由上年的“五升三降”变为“六升一平一降”，呈扩大态势。

影响CPI上涨的主要因素有：食品价格上涨成为拉动CPI上扬的首要因素，拉动总指数上涨3.31个百分点；居住类拉动总指数上涨1.77个百分点；服务项目拉动总指数上涨1.67个百分点。

就业形势稳定。全市城镇新增就业11万人，下岗失业人员再就业3.3万人，转移农村劳动力9万人；城镇登记失业率4.0%，在省控指标4.5%之内；社保体系日益完善，新增扩面273万人，城乡居民养老保险试点县（市）达12个，企业退休人员基本养老金月人均增加155元，城乡低保标准月人均分别提高50元和32元。

二、农业

随着各项惠农政策逐步落实，农业综合实力进一步增强。2011年全市加大人、财、物的投入力度，深入推进“吨粮市”建设，全市粮食产量528.3万吨，比上年增长11.0%，实现“八连增”。其中：夏粮产量242.2万吨，增长11.5%，单产423.2公斤，增长10.3%；秋粮产量286.1万吨，单产475.7公斤，分别增长10.5%和9.4%。畜牧业生产稳定增长。肉类产量达67.8万吨，增长4.0%；奶类产量23.3万吨，增长1.2%；禽蛋产量103.9万吨，增长4.0%。

三、工业

全市完成工业增加值1394.2亿元，比上年增长14.5%。其中：规模以上工业增加值1270.1亿元，增长15.7%。在规模以上工业中：轻工业实现增加值183.3亿元，增长41.6%，增速高于重工业29.7个百分点，高于全市平均水平25.9个百分点。装备制造业100.2亿元，增长50.4%；纺织业44.7亿元，增长34.7%；食品制造业22.2亿元，增长68.4%，分别高于全市平均水平34.7个、19个和52.7个百分点。六大高耗能行业965.9亿元，增长11.5%，占全市规上工业增加值的比重为76.0%，分别比2009年和2010年下降6.7个和3.8个百分点。2011年，全市规模以上工业实现利润189.5亿元，增长32.2%。

四、固定资产投资

全市积极落实国家各项宏观调控政策和措施，坚持以科学发展观统领经济发展全局，进一步加大投资力度，全市固定资产投资呈现出平稳较快增长的发展态势。全年全社会固定资产投资完成1985.4亿元，比上年增长28.5%。在全社会固定资产投资中，第一产业投资117.2亿元，增长8.7%；第二产业投资956亿元，增长30.7%；其中：工业投资完成944.7亿元，增长32.9%；工业技改投资610.2亿元，增长99.3%，占全市工业投资比重为64.6%；第三产业投资912.2亿元，增长26.0%。亿元以上新开工项目329个，增加7个，完成投资331.7亿元，占固定资产投资比重17.6%。

五、国内贸易

全市实现社会消费品零售总额845.2亿元，比上年增长17.9%。其中：城镇市场实现零售额652.3亿元，增长18.2%，占全市社会消费品零售总额的77.2%；乡村市场实现零售额192.9亿元，增长16.6%，城镇市场增速快于乡村市场1.6个百分点。消费热点引领市场，消费升级类商品保持良好发展态势。从限额以上批发和零售业商品销售额的增速看，增长较快的有金银珠宝类增长126.6%，中草药及中成药类增长118.2%，肉禽蛋类增长101.9%，化工材料及制品类增长78.9%，石油及制品类增长36.1%。

六、城市建设与管理

2011年，全面完成省定6个方面、25类、100项工作指标，全市累计开工各类城建重点项目853项，完成投资1307.35亿元。其中：省下达的166亿元市政基础设施投资计划，实际完成225.78亿元，占年任务的136%。全面完成了污水处理厂升级、重点镇污水处理厂和垃圾城乡一体化处理设施建设年度任务；进一步完善城区路网结构，采用BT模式融资16亿元，全面启动4座立交桥建设，新建、改造城市道路28条，全面整治小街巷；大力推进总投资72亿元的文化、教育、科技、医疗、养老等40项大型公共设施建设，集博物馆、图书馆、大剧院于一体的，全省单体建筑面积最大的文化设施——文化艺术中心主体已完工；积极推行建筑劳务实名制“一卡通”，发放“建工灵通卡”1106张，在全省名列前茅。在省建设工作会议上，该市获奖颇丰，省级人居环境进步奖、省级人居环境奖、省级人居环境范例奖、省级园林城市（县城）、省级风景名胜区、十佳绿色小区、十佳公共建筑、十佳绿色建筑、十佳景观大道、十佳风貌街区、十佳公园等11个奖项全部榜上有名，共有25个单位（项目）获奖，占全省获奖单位（项目）总数的22.9%，位居全省第一。

居住条件大幅改善。主城区启动12个城中村改造，完成拆迁面积222.5万平方米；旧小区改善完成年度任务，受益居民达到6275户；累计开工建设保障性住房67271套，建成31466套，分别占省定任务的115%和140%。

七、社会事业

教育：2011年，全市小学适龄儿童入学率达到99.87%；初中适龄人口入学率达到99.35%。2011年，全市在高考参考人数比上年减少2114人的情况下，实现本科总上线人数达到30205人。全市高考成绩在持续七年攀升的基础上，再次实现了新的跨越。

科学技术：2011年，全市共取得各类科技成果194项，其中：达到国内领先水平的141项、国际先进水平的23项。获得2011年度国家科技进步奖2项，省科技进步奖一等奖2项、二等奖1项、三等奖13项；新通过国家认定高新技术企业13家，自主创新型试点企业国家级2家，省级7家。专利申请受理量1090项，专利申请授权量774项。

卫生：年末，全市共有卫生机构1075个，其中：医院168个、乡镇卫生院214个；医疗卫生机构共有床位31168张，其中：市辖区12395张；全市卫生技术人员达到32206人，其中：执业医师14126人、注册护士9890人。新建改建卫生院35个、社区和村卫生室136个，新农合参合率达96.8%。

体育：全市经常参加体育锻炼的人口达到393万人，约占全市人口总数的40.1%。全年先后组织1046余名运动员参加了河北省各项比赛，共获得金牌79枚、银牌61枚和铜牌67枚。全市拥有体育场5个，室外游泳场10个，运动场30个。全民健身运动动蓬勃开展，市第十一届运动会成功举办。

八、环境质量

环境质量明显提升。主要污染物排放总量持续下降，污染减排指标达到省控制要求，环境质量有了新的改善。主城区空气质量二级以上天数达到327天，比上年增加1天，空气综合污染指数由2010年的2.02降至1.82，下降9.9%；其中：一级天数95天，比上年增加22天；主要河流水环境质量进一步好转，岳城水库和羊角铺水源地稳定达到饮用水质标准。

节能减排取得积极进展。加强重点部位、重点领域、重点行业监管，综合运用结构、工程、管理等措施，推进循环发展、清洁生产，形成节能减排长效机制，确保新“双三十”早达标、老“双三十”不反弹。2011年，全市淘汰落后钢铁产能357万吨、水泥250万吨，单位生产总值能耗下降4.21%，完成年初目标的108.2%。化学需氧量、二氧化硫和氨氮排放量均削减1.5%以上，氮氧化物削减量达到全省平均水平。

九、城乡收入和社会保障

城乡居民收入稳定增加，生活质量进一步提高。城镇居民人均可支配收入达到19322元，比上年增长10.0%。城镇居民恩格尔系数为39%。城镇居民人均住房建筑面积28.9平方米，增加1.7平方米。农民人均纯收入7366元，增长21.1%。农村居民恩格尔系数为37.8%。农村居民人均住房面积37.9平方米，增加3.1平方米。

社会保障：年末全市参加基本养老、基本医疗、失业、工伤保险的人数分别为104.60万人、175.07万人、66.13万人和66.78万人，分别比上年末增加8.0万人、78.21万人、−0.6万人和1.57万人。全市享受城市最低生活保障的居民为16.0万人，享受农村最低生活保障的农民27.3万人。

（邯郸市统计局　李振华）

县（市、区）域经济专辑

辛集市

辛集市位于河北省石家庄市东部。2011年，辛集市坚持以科学发展观为统领，全力以赴保增长、调结构、惠民生，较好地完成了既定的各项目标任务，实现了“十二五”规划的良好开局。

2011年，全市地区生产总值完成318.19亿元，比2006年增长72.98%。财政收入14.08亿元，比2006年增长113.14%，其中地方一般预算收入7.06亿元，比2006年增长166.9%。社会消费品零售总额158.88亿元，比2006年增长134.87%。各项存款余额208.35亿元，比2006年增长79.84%；其中城乡居民储蓄余额175.64亿元，比2006年增长80.4%。

全年固定资产投资完成141.26亿元，比2006年增长219.54%。五年完成固定资产投资533.97亿元；实施重点收益性项目403个，其中亿元以上项目52个；成功引进外地规模项目68个，总投资101.05亿元。2011年完成规模以上工业增加值171.36亿元，比2006年增长194.61%；工业用电量25.05亿千瓦时，比2006年增长117.46%。皮革业健康快速发展，被评为全国外贸转型升级示范基地；国际皮革城一期工程建成投用，被评为4A级旅游景区；51家制革企业完成了清洁生产工艺改造。入统规模企业达到267家，比2006年增加107家；其中澳森公司实现产值102亿元，成为辛集市首家年产值过百亿元企业。辛集经济开发区被批准为省级开发区，新城清洁化工区被批准为省级工业聚集区，完成基础投资9024万元。8个产品荣获中国名牌或中国驰名商标，56个产品荣获河北省名牌或省著名商标。东明集团设立了中国工程院院士工作站，5家企业被认定为国家高新技术企业，推广国家和省科技成果转化项目46个；被评为全国科技进步先进县、全国科普示范县。

全年粮食总产55.67万吨，小麦、玉米单产均创历史最高水平，被评为全国粮食生产先进县，受到国务院表彰。特色生产基地发展较快，专用麦达到25万亩，蔬菜16.25万亩，优新梨果25万亩；蛋鸡存栏1700万只，奶牛存栏2.39万头，生猪饲养量103万头；被评为全国出口鲜梨质量安全标准化示范市、全国畜产品质量安全监管示范县。产业化水平不断提升，发展农民专业合作社497家，产业化经营率达到76.7%。新农村建设扎实推进，筹资3.1亿元，新建改造乡村公路435公里，村村实现通等级公路；建设沼气池1.8万个；解决了57个村的饮水安全问题；156个村实现了连续供水；开通有线电视2.1万户。新民居建设步伐加快，投资7.86亿元新建多层和二层住宅46.8万平方米。森林覆盖率达到32.2%，被评为全国绿化模范县。

2006～2001年完成规模以上商贸项目投资33.2亿元，圣帝凯莱酒店、众美装饰建材城、黄骅信誉楼等重点商业设施建成投用。积极实施“农村现代流通网络工程”，组建了6个农村生产生活资料配送中心，改造提升了165家连锁店。金融业稳步发展，河北银行在辛集市设立分支机构；贷款余额达到69.11亿元，金融存贷比33.17%。五年完成城建、交通投资98.5亿元，城市建成区面积达到27.8平方公里，城市人口达到22.6万人，是辛集市历史上投入最多、发展最快的时期。旧城改造稳步实施，保障性住房建设顺利，杨方、都大营、一街9.2万平方米的安置房和逸香园、都市郦景小区9.3万平方米的经济适用房、廉租房交付使用。城市绿化覆盖率达到41.16%。辛集镇被评为全国环境优美乡镇。

实施节能减排工程73个，总投资13.15亿元；其中，投资6亿元，完成了城市污水处理厂升级改造、无害化垃圾填埋场等33个重点减排工程，COD、SO_2排放量分别削减12.3%、25.4%；投资7.15亿元，完成了澳森公司余压发电等40个重点节能项目，年节约标煤10.39万吨。取缔“十五小”企业104家。出境断面COD浓度稳定达标。2011年，市区二级以上天数达到344天，比2006年增加49天。被评为国家可再生能源建筑应用示范县、全省双三十节能减排工作先进单位。

2011年，农民人均纯收入达到8777元，城镇居民人均可支配收入18528元，比2006年分别增长80.08%、87.95%。五年投资1.1亿元，完成了32所中小学校改造，全市中小学实现了冬季集中供热；被评为全国阳光体育先进县。新农合参合率97.76%，累计补贴305.46万人次2.69亿元。城镇居民医疗保险参保率98.3%，累计补贴住院4832人次1344.38万元。新型农村居民养老保险全面启动，参保率97.4%，发放保险金2923.7万元。养老、医疗、失业、工伤、生育保险参保人数达到14.7万人，比2006年增加9.8万人。文化事业繁荣发展，建设农村书屋276个，完成了15个乡镇文化站建设；市文化馆被评为全国一级馆；被评为全国文化先进地区、全国民间文化艺术之乡。低生育水平更加巩固，人口自然增长率5.64‰；被评为国家计划生育优质服务先进县。基本农田保护成效显著，土地供应保障有力。全市政治安定、社会稳定、人民安居乐业。

鹿泉市

鹿泉市位于河北省石家庄市西部。2011年，鹿泉市紧紧围绕建设“休闲新区、经济强市、幸福鹿泉”的奋斗目标，牢固树立强烈的主城区意识，加快转变经济发展方式，全力保障和改善民生，推动经济社会走上了科学发展的“快车道”。2011年，生产总值完成261.4亿元，同比增长12.4%；财政收入完成17.2亿元，一般预算收入完成9.3亿元，同比分别增长26.5%和33%；全社会固定资产投资完成172.7亿元，同比增长26.3%；社会消费品零售总额完成73.9亿元，同比增长14%；农民人均纯收入达到10063元，同比增长16.5%；城镇居民人均可支配收入达到19441元，同比增长13.2%。

——项目建设势头强劲。鹿泉经济开发区、绿岛火炬开发区和西部山前生态新区综合承载力持续提升。全力推进招大引强，引进建设千万元以上项目159个，总投资达到1308亿元，其中亿元以上项目119个，超百亿元项目4个。鹿华热电一期、科达科技等45个项目竣工投产，吉信同普、鑫兴仓储等49个在建项目进展顺利，凯翔电气、科林电网等21个前期项目具备开工条件。一批事关长远发展的重大优质项目落户鹿泉，为跨越赶超积蓄了强大动力。

——产业结构快速升级。初步构建起以休闲服务和电子信息、轻工食品、装备制造、新型建材为主的“1+4”产业新格局。引进建设了总投资700多亿元的河北融投集团、西部长青等39个休闲服务项目，旅游景区提档升级，乡村生态游初具规模。启动了石家庄·中国半导体光谷建设，电子信息企业达到41家。引进建设了洛杉奇、汇源果汁等知名企业，珠江啤酒扩建进展顺利，食品加工企业达到41家。引进建设了三一重工、中友机电等17个装备制造项目，产业规模迅速扩大。曲寨、鼎鑫集团做强做优，现代化大型旋窑水泥熟料生产线达到8条。主导产业税收占比达到61.9%，初步实现了资源型经济向多元化新型经济转变。

——工业经济全面增效。鼓励开展对标定标、技改扩建和品牌创建，工程技术研究中心达到6家，高新技术企业发展到19家。君乐宝成为首个自主培育的中国驰名商标，省级以上品牌达到42个。金融服务网点达到58个，贷存比提高到57%，连续四年位居石家庄各县（市）首位。规模以上工业企业完成增加值140.9亿元、利税

78.1亿元，同比分别增长18.2%和35.2%，其中，税收超千万元的企业增加到17家，鼎鑫、君乐宝、曲寨突破亿元。投资鹿泉的国内外500强企业达到13家，现有企业成为经济增长的强劲“引擎”。

——城乡建设步伐加快。高标准编制了城乡总体规划，实施了总投资50.4亿元的36项重点城建工程，城镇化率达到44%。主城区面积扩大到19.2平方公里，完成了公交枢纽、动物园停车场等7项城建工程，规划展馆、湿地公园等正在建设。建成区供水管网突破40公里，日最大供水量达到1.7万吨；污水处理率提高到91%，集中供热率达到80%；人均公园绿地面积达到11.3平方米。京赞线拓宽改造、翠屏路西延等9条道路竣工通车，红旗大街南延、石铜路拓宽改造等8条道路进展顺利，全市公路通车总里程864.8公里，公路密度位居全国前列。6个保障性住房项目进展顺利，131户农村危房完成改造。上庄、铜冶等小城镇建设全面提速，污水处理厂达到4座，公交线路增加到39条，移动通信网络实现全覆盖，光纤入村率达到100%。建立起“两级政府、两级考评、三级落实”的城市管理体系，在省会四组团及高新区环境容貌年度总评中名列第一。

——城乡统筹协调发展。严格落实各项强农惠农政策，完成了节水改造等23项农田水利工程，农业生产条件持续改善。实施了“米袋子”、“菜篮子”工程，粮食总产达到21.4万吨，连续八年喜获丰收。稳妥推进土地适度规模经营，流转面积达到3.2万亩。建成了紫藤葡萄等7个现代农业示范园，农产品加工基地达到6个，农民专业合作组织发展到152家，农业龙头企业达到9家，产业化经营率提高到65%，连续五年评为省级农产品加工示范基地市。累计投入16.8亿元用于新民居建设，省市级示范村达到74个，荣获全省推进社会主义新农村建设先进市称号。以工促农、以城带乡、城乡互融的一体化发展格局正在加速形成。

——生态环境日趋优化。强化重点企业监管，实施了投资4000余万元的中节能余热发电等19项工程，大气和水环境质量持续改善。建成区优良天数达到333天，出境断面水质始终稳定达标。全力推进以西柏坡高速沿线为重点的西北部环境整治，启动了水泥粉磨及采石企业关停治理工作。实施了万树进村、封山育林、太行山绿化等工程，启动了西山森林公园建设，全年植树227万株，森林覆盖率达到35.2%。生态环境正在成为竞争新优势，并加速转化为现实生产力。

——社会事业全面进步。牢固树立以人为本的执政理念，全年用于民生领域资金达到4.9亿元，占全部财政支出的44.5%。积极鼓励全民创业，转移农村劳动力5125人，城镇登记失业率控制在1.65%。连续七次评为国家科技进步先进市，荣获全省义务教育均衡发展先进市称号。稳妥推进基层医药卫生体制改革，新农合参保率达到99.01%，全民健康促进工程建档率达到88%，免费体检范围扩大到35岁以上城乡居民。新农保参保率达到94.4%，城区五保集中供养中心投入使用，农村幸福院达到109个；城乡低保按标施保、应保尽保；城镇职工医疗等五项保险提标扩面，社会保障水平稳步提高。扎实做好食品安全、安全生产、社会治安、信访稳定等工作，保持了和谐稳定局面，广大群众幸福感、自豪感和归属感不断增强，凝聚起建设“休闲新区、经济强市、幸福鹿泉”的强大合力。

灵寿县

灵寿县位于河北省石家庄市西北。全县总面积1066.2平方公里，辖6镇9乡，279个行政村，772个自然庄，总人口33.3万人。2011年地区生产总值完成72.9亿元，同比增长11.5%；固定资产投资完成53.54亿元，同比增长26.2%；全部财政收入完成3.32亿元，同比增长31.71%；地方一般预算收入完成1.58亿元，同比增长31.36%；规模以上工业增加值完成41.5亿元，同比增长18.4%；规模以上工业利税完成17.2亿元，同比增长18.1%；社会消费品零售总额完成24.88亿元，同比增长17.2%；城镇居民人均可支配收入达到16933元，同比增长12.1%；农民人均纯收入达到3455元，同比增长10.28%；三产情况：2011年，第一产业增加值达到13.04亿元，增长4.2%；第二产业增加值达到41.58亿元，增长14.4%；第三产业增加值达到18.28亿元，增长10.5%；三次产业结构比例为17.9：57.0：25.1。

一、农业农村。制定出台了《关于整合涉农资金集中投放使用的实施意见》，整合涉农部门资金，重点对特色种植片区、龙头企业进行扶持。建成了10个农业龙头企业、7个农产品生产基地、2个万亩食用菌标准化生产示范区、2个千亩食用菌示范方、3个韭菜生产和食用菌工厂化生产示范村。制定了《关于加快水利改革发展意见》和《今冬明春农田水利基本建设方案》，争取中央小型水利建设资金400万元，实施了一大批农田水利建设工程。在环县城区，建成了大型“绿色”蔬菜生产基地、综合批发市场和加工储运中心及10个无公害畜产品标准化养殖基地，食用菌种植面积达到620万平方米，年产值6.2亿元，2011年被农业部评为国家食用菌标准化示范县。在丘陵区，以扶贫连片开发为抓手，重点扶持发展脱毒甘薯和核桃产业，种植面积进一步扩大。脱毒甘薯种植面积达到了3万亩，核桃、板栗种植面积分别达到12.5万亩、8.2万亩。在山区，全县新增林地1.7万亩，森林覆盖率达到43.03%，净增1%；大力发展以脱毒丹参为主的中药材种植，种植面积达到5.28万亩；规划建设了太行山“茶叶生产示范区”，建成了全国纬度最高的优质绿茶产研基地

二、工业经济。在园区建设上，对城东工业园区内的水、电、路、讯等基础设施进行了完善，一区实现了“七通一平”，已入驻企业85家，正在积极争列省级工业聚集区或省级经济开发区；二区已有总投资37.3亿元的4个工业项目入驻。在项目建设上，专门成立了灵寿县招商促

进工作领导小组和跑办联络国家发改委等部委工作领导小组，举全县之力实施“项目带动”战略。2011年，强力推进总投资33.34亿元的24个续建项目和总投资86.65亿元的36个新开工项目建设。目前，已有5个项目竣工投产，55个项目正在加紧建设。全年有11个项目列入了省市重点，列入省重点项目个数在全市排名第四，西部五县排名第一。与此同时，谋划了总投资329.67亿元的38个项目，其中，5个项目已完成前期，13个项目已完成备案，20个项目正在积极洽谈。

三、三产服务业。在旅游方面，对照国家5A级旅游景区创建标准，对五岳寨景区规划进行了重新修订，规划面积由原来的24平方公里扩展为122平方公里。采取市场化运作方式，在景区谋划了总投资35亿元的新景点开发和基础设施建设项目，启动了头道岭、驼沟、漫山、小东沟等4个景点开发，建成了景区入口标志性大门景、五岳寨客运索道及3家星级宾馆，完成了数字有线电视信号光缆架设。水泉溪、秋山顺利通过了国家4A级景区验收，全县4A级景区达到3个。投资24.2亿元的西阜高速（灵寿段）及4.6亿元的22公里连接线项目完成前期准备工作。在商贸流通方面，中天商厦已投入运营，中山宾馆、五岳宾馆等2个四星级宾馆及原招待所升级改造、飞达物流园等商贸项目已开工建设。

四、城乡建设。基础设施方面，完成了33个村“村村通”、慈贾线改线和滹沱河大桥罩面工程；完成新汽车站选址；垃圾转运站工程，正在加紧建设；启动天然气入城工程，正在铺设高压管线；污水处理厂升级改造工程，正在进行过滤池建设；垃圾填埋场建设工程一库区已建成投用。环境工程方面，深入开展城乡容貌综合整治，取缔关停了“十五小”、“新六小”企业；编制了城区亮化专项规划，对城区主次街道两侧主要建筑物进行了亮化提升；实施了城区主要街道和重要节点的绿化提升工程，县城绿化覆盖率达到40%以上。住房建设方面，完成了农村1375户危房改造、262套廉租住房和大吴庄、北关、胡庄部分城中村改造及新民居建设工程，人居环境得到了进一步改善。

五、社会事业。完成了为民办好的20件实事，有效解决了与群众切身利益相关的就医难、上学难、饮水难、出行难等问题。教育事业发展方面，2011年被评为全国义务教育经费管理示范县；顺利通过了省政府教育督导评估，成为石家庄市唯一的省政府教育督导评估先进县；全面完成了中小学校危房改造项目；实施了中小学校布局调整；教师周转宿舍已基本完工；启动了寄宿制中学建设。文化卫生事业发展方面，顺利通过市政府年终计生考核验收；完成了所有乡镇卫生院的综合医改各项任务；开工建设了总投资3357万元的县医院综合业务楼和总投资110万元的牛城中心卫生院业务用房项目；标准化乡镇卫生院和村卫生室覆盖率分别达到了100%和80%以上，人民群众的就医条件和就医质量有了明显提升；建成了15个乡镇文化站、167个农家书屋，广播电视覆盖率达到95%，完成了105个村的农民体育健身工程，进一步丰富了群众文化生活；通过了国家“千年古县”审批。社会保障方面，在做好城镇基本养老、工伤、城镇居民基本医疗、生育、失业等五大保险征缴扩面的基础上，全面启动了农村和城镇居民社会养老保险工作，在制度层面实现了全覆盖。扶贫工作方面，启动了新一轮扶贫工作，初步确定了168个新一轮扶持的贫困村，认真筛选了35个贫困村作为首批启动贫困村，争列了国家“雨露计划”改革试点县，为群众脱贫致富奠定了基础。

六、安全稳定。完成了县级信访联合接待中心建设。认真对待群众来信来访，积极解决群众合理诉求。建成了县乡村三级食品药品安全监管网络，重点对制售地沟油、瘦肉精等违法行为进行了严厉打击，保障了人民群众饮食用药安全。成立了矿山执法大队，对有证矿山严监管、私挖滥采严打击，确保了矿山秩序稳定。同时，对慈河非法采铁行为予以了严厉打击，依法清理了横山岭水库内非法采铁船只，并分别建立了长效管理机制。通过强化重要时段、重要区域监管巡查和防范措施，确保了全县的汛期和森林防火安全。

高邑县

高邑县位于河北省石家庄市南。2011年，全县全力以赴保增长、保变样、保民生、保稳定，凝心聚力抓工作，一心一意谋发展，着力培育经济发展新优势，着力打造“繁荣、富裕、文明、和谐”新高邑，经济社会呈现出又好又快的发展势头。全县地区生产总值实现54.6亿元，财政收入实现3.06亿元，其中一般预算收入1.6亿元，城镇居民可支配收入15229元，农民人均纯收入7204元，金融机构存款余额达到42.21亿元，贷款余额达到17.57亿元。

重点项目建设实现新突破。全年固定资产投资完成34.2亿元，增长28%。新开工重点项目33个，总投资52亿元，其中投资亿元以上工业项目16个，项目单体规模、投资总额、质量水平再创新高。县财政拿出130万元，重奖招商引资第一引荐人，全年共引进项目24个，总投资68亿元，鸿锐集团、天山工业园、际华3502等9个重大项目成功落户，大唐电力、燕春集团、香港森仕、鹿泉水泥搬迁、鹏烨制剂等15个项目正式签约，首次实现了与国字号、央字号企业的对接合作。工大二期、东城纺织、永利纺织、左安铝业、金翱单晶硅、力马陶瓷第五条线等19个项目竣工投产，万城综合配套中心、王同庄化工集团等21个项目列入省市重点项目库。大力倡导“政府就是服务、部门就是保姆”和“墙内的事企业办、墙外的事政府办”理念，深入推进“效能革命”，组建了新的工业区管委会和行政服务中心，实行“一条龙”办公、“一站式”审批，服务水平显著提高。

工业经济跨上新台阶。全年规模以上工业增加值完成25.1亿元，增长20.4%，工业用电量完成7.13亿度，增长18.8%，增幅位居全市第三。积极申报省级工业聚集区，城东工业区通过市发改委审批。完善园区规划，编制完成南部工业区配套中心、凤凰山组团、泲河南岸控制性详规和城东工业区总体规划、控制性详规及产业规划。开展“园区基础设施建设攻坚年”活动，重点实施南水北调与红旗大街南延交汇立交桥、辛庄110KV电站、兴华路东延等13项建设工程，工业区1号路、2号路竣工通行，园区载体功能进一步增强。加速技术创新和科研成果转化，建陶生产力促进中心被认定为首批“河北省技术创新公共服务示范机构”。以工大压力容器为代表的装备制造、以金翱单晶硅为代表的新能源、以力马煤改气为代表的循环经济等新兴产业相继崛起。积极推广节能环保新技术，严格项目节能环保评价，大力淘汰落后产能，关停金龙、中信等四家建陶企业和天力金属小高炉，节能减排工作成效显著。

县城面貌呈现新气象。坚持“一县两城、带状发展”和“规划引领、旧城扮靓、新城起步、城乡统筹”思路，全面启动“三年上水平”工作，聘请同济大学专家，高起点、高标准完成县域发展总体规划和11项重点区域专项规划，县城规划面积由7.22平方公里扩大到12平方公里。采取BT、BOT等模式，多渠道筹集建设资金，谋划实施了八大重点工程，其中投资6000万元、全长6.7公里的府前路西延，投资2400万元、全长4公里的南环路拓宽及393大修等工程竣工投用，建陶会展中心、府北路拓宽、线缆入地等工程全面启动，污水管网改造工程深入推进。围绕创建国家级园林县城，完成刘秀公园二期、107国道高邑段10公里亮化、南环路亮化工程建设，实施“六路四园两片区”绿化工程，县城形象更加靓丽。

农业基础更加稳固。认真落实各项强农惠农政策，争取并发放农业补贴1951.5万元。完成9200亩中低产田改造、农业节水、小麦高产高效栽培等33项工程建设。农业综合开发项目连续5年省市名列前茅，国家农开办领导到该县视察，给予高度评价。粮食生产实现单产、总产“八连增”。农业产业化加速推进，千秋合作社被授予全国供销社系统示范社、“中国50佳合作社”。按照“园区发展、基地育苗、科技增效、精品蔬菜”思路，继续实行财政奖补政策，新发展蔬菜3万亩，其中设施蔬菜1.4万亩。狠抓示范园区建设，规划建设了两个万亩示范区、五个千亩示范方、十个百亩精品园，启动众林、垚森两个高标准、现代化、生态型蔬菜示范园区建设。销售体系不断壮大，大力开展“农超对接”、“农企对接”，建成4个蔬菜配送中心。加强质量监管，5个蔬菜品牌获得绿色食品认证，该县两次代表全省接受农业部无公害蔬菜验收，全部达标。新民居建设稳步推进，千秋小镇14栋楼、良庄新区6栋楼达到入住条件，二期工程正在建设。村庄环境综合整治扎实开展，新修、改造农村道路16条，农村环境有效改善。

三产服务业获得新发展。全年社会消费品零售总额完成20.2亿元，增长16.7%。蔬菜批发市场国债项目、省级应急蔬菜储备库项目顺利实施，被省政府确定为“十二五”重点提升改造市场，与北京新发地就蔬菜直供、信息共享达成战略合作意向。亿博建材城完成工程建设。大力整顿和规范市场经济秩序，扎实做好家电、摩托车和汽车下乡工作，城乡消费水平进一步提高。

财政实力明显增强。全部财政收入在2010年突破2亿元基础上，成功突破3亿元，有效保障了重点支出需求。连续两年发放公务人员13个月工资，公务人员津补贴人均提高2400元，住房公积金提取比例由5%提高到7%，事业单位绩效工资全部落实。财政专项争资实现重大突破，全年向上争资4.4亿元。财政一体化管理综合评比全省第一，国库支付改革全省名列前茅。全年新增贷款投放3亿元，增长20.8%。存贷比达到41.63%，位居全市17个农村县（市）第四。成功举行与河北银行银企对接活动，达成贷款意向2亿元，首次实现了县内企业与域外银行的大规模对接。华鹏小额贷款发展壮大，永利小额贷款组建运行。

民生幸福得到新提升。财政资金重点向民生领域倾斜，全年民生资金投入1.56亿元，占全部财政支出的26%。率先在全市普及学前三年教育和高中段教育，投资1300万元改善办学条件，顺利通过四年一度的省政府教育督导评估。乡村文化设施建设进展顺利，6个乡镇文化站和108个农家书屋建成投用。县医院病房楼工程基本竣工，投资640万元启动107个村卫生室建设，新农合参合率达到95.91%，发放补偿2000多万元。计生工作被评为省级计生优质服务县。社会保障体系进一步健全，筹资450万元，将830名破产、困难企业退休职工纳入医保体系，妥善解决了困扰多年的历史遗留问题。就业再就业成效突出，被确定为全省创业帮扶定点县。建成农村“幸福院”36所，全市推广“高邑经验”，并代表全省接受辽宁省民政系统观摩学习，被评为“全国老龄工作先进单位”。“五院合一”项目获省政府批准，成为全省39个县级示范工程之一。在全市率先实现了涉法涉诉信访积案全部化解，中央政治局常委、政法委书记周永康对该县大调解做法给予充分肯定并做出重要批示，《人民日报》刊发了该县东关村30年无上访的经验。

元 氏 县

元氏县位于河北省石家庄市南。2011年，元氏县政府在上级党委、政府和县委的正确领导下，认真贯彻落实石家庄市“中东西区域协调互动发展”战略部署，紧紧围绕主题主线和“建设石家庄市南部区域中心城市”、“在石家庄市东部片区实现率先突破”发展目标，把“求突破、调结构、强基础、惠民生”作为主攻方向，按照“工业化、城镇化、农业现代化”和统筹城乡发展思路，全力推进经济社会发展，主要经济指标保持了两位数以上增长，多项工作在省市乃至全国取得先进，实现了“十二五”规划的良好开局。

一是综合实力跃上新台阶。地区生产总值完成127.9亿元，增长12.2%；全社会固定资产投资完成105.7亿元，增长 27.7%；全部财政收入完成 7 亿元，增长 25.3%；社会消费品零售总额达到 31.2 亿元，增长 18%；城镇居民可支配收入、农民人均现金收入分别达到 1.83 万元和 7656 元，增长 11.7%和 16%；全县存贷款余额分别达到 75.77 亿元和 28.25 亿元，比年初增加 7.17 亿元和 3.15 亿元。

二是园区项目建设取得新成效。编制了石家庄市南部工业区（元氏区）、城东工业聚集区、马村新兴产业聚集区产业规划和控制性详规。元北煤矿供电专线迁改、城东污水收集管网、天山国际制造产业园一期等工程顺利竣工，槐东污水处理厂主体完工，装备制造基地（元氏区）道路主干网和 107 国道经济带综合排污管网工程具备开工条件。全县入驻园区企业达到 57 家，完成产值 71 亿元，实现利税 8.3 亿元。严格落实项目建设责任制，全年谋划建设重点项目 57 个，总投资 343.6 亿元，目前已有 27 个竣工投产。其中，申报省重点项目 7 个，第一批 6 个项目全部开工，省重点项目个数、总投资额、年度计划投资三项指标均居东部九县（市）前列。

三是工业效益实现新提升。认真落实促进工业发展的各项政策，大力实施“纳税超百万元企业上台阶工程”，深入开展企业对标、“县级干部同工业企业家交朋友”等活动，严格执行工业例会制度，狠抓企业入统和运行监测，工业经济运行质量实现了稳步提升。全县规模以上工业企业达到 72 家，完成增加值 60.8 亿元，增长 19.4%；实现利税 26.6 亿元，增长 35.6%。狠抓环境保护和节能减排，彻底解决了困扰县城 30 年之久的城东污水坑问题，依法整治了“土炼油”，削减 COD1217 吨、NH_3-N120 吨、$SO_2$328 吨和 NO_x150 吨，超额完成了市下达任务。

四是农业经济取得新进展。全县粮食总产达到 35 万吨，实现“八连增”。核桃、石榴、柿子、大枣等特色林果种植面积达到 19.3 万亩，“西岭”核桃、“满天红”石榴分别荣获全国核桃节银奖、石榴生产与科研研讨会金奖。护林防火工作卓有成效，元氏县被评为石家庄市森林防火先进县。规模化标准化奶牛养殖场达到 21 个，奶牛存栏 2.63 万头，元氏县生鲜乳质量检测工作代表河北省通过国家农业部验收。成功申报了全省第三批小型农田水利建设重点县，全省水利综合执法现场会在元氏县召开。实施了总投资 7965 万元的农业综合开发项目 5 个，争资额度居全省新进县第一，全年新增温室大棚 955 亩，位居石家庄市前列，成功列入“环省会高标准农田示范圈和设施蔬菜示范带”重点县，被评为“全国平安农机示范县”。

五是三产服务业迈出新步伐。总投资 120 亿元的石家庄南部重型汽车城、冀中能源煤炭物流园、聚元商业城、山田国际装饰城等 8 个项目开工建设，投资 100 亿元的省供销总社《战略合作框架协议》顺利签约。全县煤炭运销企业达到 156 家，营运货车保有量 8900 多辆，年实现税收 8000 多万元。蟠龙湖、封龙山、白果树等景区托管经营开发有序推进，封龙书院复建工程顺利峻工，全县共接待游客 58.5 万人次，实现综合收入 2860 万元。

六是城乡面貌发生新变化。完成了县城整体规划修编，城区规划面积达到 26 平方公里。围绕创建省级园林县城，投资 25 亿元实施了生态水系、道路建设、碧水蓝天、安居、城市功能提升六大工程，常山路综合改造和西环路、长春路绿化等 29 个项目顺利完工，投资 1.2 亿元的元龙星级酒店主体完工，投资 42 亿元的“三关四街”旧城改造、投资 2.2 亿元的潴龙河生态综合整治等工程开工建设。投资 2.1 亿元实施了井元公路西段大修、潴龙河桥改建、元许公路改建等 8 条城乡道路和新农村电气化建设等工程，群众生产生活水平有了明显提升。

七是社会事业实现新突破。科技工作成绩显著，元氏县被正式命名为“2011－2015 年全国科普示范县”。在石家庄市率先启动了“山区教育扶贫工程”，初步实现了山区贫困学生集中安置就学目标。医改工作成效明显，国家基本药物制度全面推行，15 个乡镇卫生院、205 个村卫生室全部实现了药品集中采购配送和零差率销售，《石家庄日报》对元氏县工作进行了报道。计生惠民工程扎实推进，石家庄市计生利益导向机制建设现场会在元氏县召开，元氏县被评为河北省计生工作先进县。积极促进就业鼓励创业，实现转移就业 9437 人，发放群众自主创业小额担保贷款 2600 万元，在河北省财政直管县中名列第一。成功申报了国家第三批新型农村和城镇养老保险试点县，参保人数达到 21.8 万人，4.5 万名 60 周岁以上老人按时领到了养老金。完成了 63 座农村互助幸福院建设，石家庄市现场会在元氏县召开，《人民日报》等媒体进行了报道。大力推进保障性住房建设，超额完成了市下达任务。

赞皇县

赞皇县位于河北省石家庄市西南。2011 年，全县人民以科学发展观为指导，以“创先争优”和“履职承诺大家评”活动为动力，紧紧围绕“后发加力、赶超进位、绿色崛起”总体目标，大力实施“龙飞凤舞”发展战略，解放思想，开拓进取，圆满完成了各项目标任务，谱写了赞皇科学发展的新篇章。

“十大亮点”：

1. 财政收入突破 3 亿元大关，较上年增收 8091.9 万元，增量高于 2004 年全部财政收入，创历史新高。

2. 河北赞皇经济开发区正式命名，纳入省级管理序列；与东风汽车、国电电力等“国字号”、“央字号”大企业、大集团成功签约，对外开放工作跃上新台阶。

3. 工业经济快速发展，增加值占到县域经济总量的 63.5%，增速位居全市西部功能区之首；全年旅游投入 4300 万元，约为近十年总和，“龙飞凤舞”战略迈出坚实步伐。

4. 赞皇大枣、核桃种子随“神八”飞天，实施太空育种，谱写了科技兴县新篇章。

5. 全市“山区教育扶贫”重点工程赞皇第二中学竣工投用，职教中心争创省级重点中等职业学校通过验收，教育发展迈出新步伐。

6. 在北京成立“京赞和谐家政公司”，打响了“赞皇月嫂”劳务品牌，农民增收渠道得到新拓展。

7. 原村土布专业合作社、汇川优质核桃专业合作社被评为石家庄市“十佳”合作社。温家宝总理在收到原村土布专业合作社的去信后，亲笔回信，鼓励广大农民自力更生，勤劳致富。农民专业合作社成为农业农村工作中的新亮点。

8. 全县低保、五保等民政对象达1.4万人，较上年增加2200人，全年发放各类民政资金3050万元，增长45.2%，民生保障能力进一步增强。

9. “新农保”工作全面推进，以全市试点县第一名的优异成绩通过省、市验收，步入了社会化养老新时代。

10. 赞皇县被评为“全国法制宣传教育先进县”，嶂石岩地质公园被确定为“国家科普基地”，县人行被评为“全国先进县支行”，中央电视台连续3集播放赞皇县宣传片，进一步提高了赞皇的知名度和美誉度。

(一) 综合经济实力持续攀升。全县生产总值完成70.1亿元，增长12.8%；固定资产投资完成71.6亿元，增长25.8%；规模以上工业增加值完成40.5亿元，增长19.8%；金融机构存款余额45.4亿元，贷款余额20.9亿元，存贷比45.8%；民营经济增加值完成53亿元，上交税金3亿元。主要经济指标实现两位数增长，增速位居全市前列。

(二) 园区和项目建设突飞猛进。河北赞皇经济开发区正式命名，纳入省级管理序列，为招商引资和对外开放提供了更为广阔的平台。总投资1.05亿元的山前大道建设工程、35KV输变电站迁建工程、污水管网工程竣工投用，园区基础设施进一步完善。煤炭物流产业园、济河工业园规划通过专家论证，总投资1.2亿元的晋祥能源煤炭超市投运，总投资30亿元的东风经济型汽车项目落户槐北工业园，园区集聚效应进一步显现，“一区三园”经济增长格局正在形成。项目建设取得新成效，润玉陶瓷等2个项目列入省重点，利土生物等5个项目列入市重点，总投资83.7亿元的50个重点项目完成投资26.8亿元，超计划7.7个百分点。制定和完善招商引资优惠政策，成立了招商引资专门机构，成功组织浙江商会、温州商会和“民营企业园区行”走进赞皇等重大招商引资活动，中关村仁创、德青源、创世奇等公司到赞皇县实地考察。全年引进县外资1.65亿元，同比增长42.7%。

(三) 城镇建设“三年上水平”成效显著。围绕城市建设上水平、出品位、生财富，谋划实施六大类37项重点工程，总投资近14亿元。聘请北京中国建筑设计院对已完成的总体规划和绿地等9个专项规划进行重新审定，规划的科学性、前瞻性和可操作性明显提高。县城建设快速推进，滨河路等5条道路、东出城口和新建道路绿化亮化等工程完工；投资6900万元的保障性安居工程进展顺利；投资3亿多元的的县城集中供热、供气工程正在加紧施工；唐城相府、南街花园等小区建设主体竣工；赞中片区等县城九大节点开发加快推进。县城精细化管理成效明显，7条主干道卫生保洁完成市场化承包，卫生状况明显改观，数字化、网格化全天候管理模式扎实推进，风貌特色进一步凸显。

(四) “三农”工作进一步加强。农业综合生产能力稳步提高，全县粮食作物播种面积38.8万亩，产量达到12.95万吨，创历史新高。落实各项强农惠农政策，发放粮食直补等各类补贴资金4342.5万元。“两龙一凤”产业发展迅速，大枣、核桃种植面积达到68万亩，柴鸡饲养量达500万只；野生酸枣仁加工销售占全国市场份额70%以上，赞皇县成为全国最大的酸枣仁加工集散地。农村基础设施建设进一步加强，平涉线中修、元许公路升级改造和16条40.5公里农村公路等道路完工；加快农田水利设施建设，完成槐南渠节水改造建设工程，南水北调征迁安置工作进展顺利，获农田水利建设“优胜杯”先进县和“海河杯”二等奖。

(五) 以旅游业为龙头的第三产业快速增长。积极实施“旅游兴县”战略，首旅、港中旅、中青旅等全国著名旅游集团先后到赞皇县考察旅游工作，成立旅游发展委员会，为旅游业加快发展注入持续动力。旅游开发扎实推进，嶂石岩景区水景、客服中心、百里绿色长廊等建设进展顺利。成功举办杏花节、樱桃采摘节，“乡村游、生态游”蓬勃发展，全年接待游客42万人次，旅游收入2.1亿元。深入推进“万村千乡”市场建设，认真落实“家电下乡”、“摩托车下乡”相关政策，申报补贴率达到100%。社会消费品零售总额达到25.3亿元，增长16.5%。

(六) 西部生态屏障建设成效明显。落实生态县建设规划，完成植树450多万株，封山育林8万亩，森林覆盖率达到51.7%，继续保持全市第一。深入开展“碧水蓝天”行动，加强大气和水污染综合治理，化学需氧量、推广使用优质低硫煤等节能减排指标均超额完成上级下达任务。加强执法检查，淘汰关停小炼铁、小炼油等落后产能，县城环境明显改善，空气质量二级以上天数达到333天，槐河出境断面COD浓度达到市考核要求。

(七) 民生保障更加有力。城镇居民人均可支配收入15193元，增长12%，农民人均纯收入3405元，增长11%。加大扶贫开发力度，启动新一轮扶贫工作，争取各类扶贫资金3121万元，创历史最高。社会保障体系进一步完善，企业职工养老保险、工伤保险等各类保险参保人数超额完成市下达的目标任务。加大困难群众帮扶救助力度，发放各类救灾救济等各类款项3050万元，救济灾民5.5万人次。深入开展食品安全最放心县创建活动，大力开展药品安全专项整治，保障了人民群众饮食用药安全。高度重视安全生产工作，连续八年被市政府评为安全生产先进目标管理优秀单位，人民群众的生产生活条件明显改善，幸福指数进一步提高。

(八) 各项社会事业全面发展。积极实施“山区教育扶贫”工程，投资9666万元建成县第二中学，惠及全县5个乡镇、107个村、7.6万人口，中央、省市领导给予充分肯定。医药卫生体制改革工作取得重大成就，县医院医疗综合楼提前封顶，乡镇卫生院全部实行药品“零差率”销售，全县居民健康档案建档率达到70%以上，新改扩建173所标准化村卫生室投入使用，人民群众就医条件明显改善。城乡低保、农村五保实现动态管理下的应保尽保，城镇低保率达8.62%，位列全市第一；加强计划生育工作，稳定低生育水平，人口增长率控制在7.83‰。行政中心迁建升级工程投入使用，政务环境进一步优化。

平山县

平山县位于河北省石家庄市西北的太行山边缘地带。2011年，平山县在上级党委、政府的领导和支持下，以科学发展观为指导，全面贯彻落实中央和省市的一系列决策部署，紧紧围绕“科学发展、富民强县”和建设西柏坡市总目标，以“大西柏坡”建设为统领，解放思想，奋力拼搏，经济社会各项事业取得了新成绩、新进展，实现了“十二五”良好开局。

（一）综合实力迈上新台阶。预计全县生产总值完成194.8亿元，增长10.6%；固定资产投资完成102亿元，增长28.3%；财政全部一般预算收入完成18.3亿元，其中县级地方一般预算收入8.3亿元，分别增长27.1%、40.3%。农业特色产业发展壮大，核桃栽植总面积达到35.4万亩，平山绵核桃在中国核桃节上再获金奖，核桃产业被评为“中国知名特色产业”。食用菌栽植面积达到90万平方米，无公害蔬菜种植面积达到4万亩。新认证绿色食品6个、有机食品3个。全县粮食总产量达到26万吨，被农业部授予“全国粮食生产先进县”称号。工业经济运行良好，全县规模以上工业增加值完成120.6亿元，实现利税17.84亿元，分别增长11.5%、14.9%。西柏坡经济开发区被省政府批准为省级开发区。敬业螺纹钢荣获国家质量金杯奖，中厚板年产量全国第一。华莹玻璃制品荣获“中国驰名商标”。旅游服务业蓬勃发展，全年接待游客760万人次，旅游总收入40亿元，分别增长34%、42.9%，再创历史新高。西柏坡景区荣膺全市首家5A级景区。全社会消费品零售总额完成33.5亿元，增长16%；外贸进出口总额完成2.45亿美元；全县服务业完成增加值41.3亿元，增长10.3%。

（二）项目建设实现新突破。全年共续建、新开工500万元以上项目347项，其中：亿元以上项目61项，10亿元以上项目12项，实际完成投资110.6亿元。9大项16个子项目被列为省市重点项目，项目个数和投资规模连续三年保持全市前列。

（三）城镇面貌呈现新变化。围绕城市建设上水平、出品位、生财富，全年共实施了总投资50亿元的31个重点项目，实际完成投资43亿元。县城外环路建成通车，北街、东街等6个城中村和老旧小区改造正在扎实推进。电厂供暖实现县城全覆盖。

（四）大西柏坡建设取得新进展。西柏坡管理局正式成立，大西柏坡空间发展战略规划、总体规划等8项规划批准实施。开工建设重点项目61个，总投资388.3亿元。其中，西柏坡高速路、中央国家部委旧址恢复、红色胜典主题公园等25个项目顺利竣工。景区规模逐步扩大，大西柏坡总体框架初步形成。

（五）统筹城乡迈出新步伐。农业基础条件进一步改善，争取水利、农牧、农业开发等各类资金1.75亿元，改造修缮大同、南跃、滹北3条万亩灌渠，实施了康庄等5个小水电项目，完成生态综合治理1.58万亩，开发整理土地面积1.28万亩，核桃基地水利配套4200亩。城乡路网体系进一步完善，完成了国道207线长桑至王岸6.8公里、省道宝平线平山段22公里大修工程。全县公路密度达到每百平方公里97公里，98%的行政村实现了“客车通”。电力保障能力增强，投资7000万元，完成西柏坡高速路电力迁改、西柏坡电厂至平山站换线等工程，新增配变190台，新建10千伏线路76.8公里。扶贫移民工作扎实开展，成功争列2011—2020“国家扶贫开发重点县”。争取扶贫资金4200万元，实施国家连片开发试点项目。争取结余资金1700多万元，发展种养殖、基础设施等项目123个。新民居建设稳步推进，总投资2.85亿元，新建、改造新民居示范村37个，涌现出华润希望小镇、梁家沟等一批省市先进典型。

（六）生态环境建设取得新成效。以打造省会西部生态屏障为目标，强化环境治理和生态建设，全县化学需氧量、氨氮、二氧化硫等主要减排指标均超额完成全年任务。积极实施大西柏坡绿化、太行山绿化等工程，完成造林3.28万亩，全县森林覆盖率达到49.98%。驼梁自然保护区晋升为国家级自然保护区。积极推广新能源利用，成功争列“国家绿色能源示范县”。

（七）保障能力实现新提升。城镇居民人均可支配收入17557元，农民人均纯收入4168元，分别增长10.1%和13.2%。城镇新增就业3643人，转移农村劳动力2.82万人次。五项社会保险覆盖面持续扩大，参保人数达到17.4万人次。最低月工资标准提高到960元。“全国双拥模范县”顺利通过验收。

（八）社会事业取得新进步。教育方面，投资4000多万元，开工16所中小学新建、改建项目，完成35个校舍危房改造工程。中高考取得优异成绩，教育质量保持全市前列。卫生方面，新建县医院完成主体工程，新建、改造村卫生室634个。新农合参合率达到98.98%，统筹基金使用率达到93.3%。妇女儿童《两纲》实施顺利通过国家终期评估验收。文化方面，建成23个乡镇综合文化站、150个农家书屋和20多个农村文化活动室；《中山古城遗址总体保护规划》通过国家评审，3项非物质文化遗产列入省级“非遗”名录。科技工作，平山县被列为国家太行山星火产业带科技示范基地，推广新技术、新品种20多项。

井陉县

井陉县位于河北省石家庄市西。全县总面积1381平方公里。辖17个乡镇、318个行政村。年末全县总人口为32.9万人。2011年，全县GDP完成120.2亿元，同比增长12.7%；财政收入完成10.2亿元，同比下降4.1%。固定资产投资完成133.9亿元，同比增长24%。全社会消费品零售总额完成27.2亿元，同比增长17.5%；城镇居民人均可支配收入达到19440元，同比增长12%；农民人均纯收入达到6961元，同比增长15.9%；金融机构存款余额达到96.1亿元，同比增长22.2%；城乡居民储蓄余额达到71.4亿元，同比增长16.7%。

2011年，井陉县项目建设成果丰硕。累计完成投资430亿元，实施项目1000多个，其中千万元以上项目200多个，亿元以上项目53个。张河湾抽水蓄能电站、乾昊100万吨冶金钙、鼎星大水泥等一批支撑项目建成投产；晋冀北方物流、德祥石油支撑剂、隐凤山冰雪世界等一批大项目开工建设；20万吨碳素、20万吨合成氨、冶河生态谷等一批新项目正在加紧跑办。北正、乾昊两大产业聚集区加快建设，正在申报省级园区。

产业结构不断优化。8家钙镁企业进入全国同行业20强，煤炭洗选能力突破800万吨，规模以上工业企业增加值增长2.2倍，利税翻了两番。培育出万亩生态庄园13个，龙头企业25个，农民专业合作社81个，农业产业化率提高了4.6个百分点。社会消费品零售总额完成27.2亿元，旅游年接待游客达到160万人次，煤炭物流等运输企业达到74家，三产比重提高了6.2个百分点。

县城建设步伐加快。累计投资46亿元，实施了39项建设工程。陉山大道竣工通车，以陉山广场为标志的新区开发加紧推进。金良河、绵蔓河形成13万平方米穿城水景。陉山双星等住宅工程相继建成。河边路完成升级改造。污水处理厂和垃圾填埋场投入使用。韩信公园被命名为全市“十佳”公园。荣获河北省园林县城称号。

生态创建扎实推进。全年累计植树203万株，完成太行山绿化12万亩，森林覆盖率达到了36.5%。实施节能减排工程61项，县城Ⅱ级以上天气达到312天，被评为全国生态文明示范县。

人民生活显著改善。完成危房改造325户、保障性住房501套。创建新民居示范村43个，建成农村公园185个。新增养老保险等各类参保人员4.9万人。新农合补偿农民医疗费用1.4亿元。累计发放医疗救助金8000万元、农业综合补贴6000万元、低保金5000万元。新增就业岗位1.2万个。解决了4万多人饮水安全问题。1.6万农村贫困人口稳定脱贫。建成农村养老互助幸福院81所，县中心敬老院荣获全国模范敬老院称号。

社会事业全面进步。教育工作，撤并学校283所，建成寄宿制学校52所，一中迁建、山区教育扶贫工程加紧推进，教育均衡发展成效明显，被评为全省教育工作先进县。科技工作，26项科研成果达到国内领先水平，被评为全国科技进步先进县。卫生工作，市八院井陉院区正式移交井径县，17个乡镇卫生院达到规范化要求，271个标准化村卫生室投入使用，被授予全国农村中医工作先进县和计划免疫工作先进县。文化工作，成立了全省首家县级文化产业协会，举办了两届拉花文化艺术节，井陉拉花荣获全国民间文艺最高奖山花奖，天长镇、于家村、大梁江村被命名为中国历史文化名镇村，南张井老虎火等4个项目被列为国家级非物质文化遗产，荣获中国民间文化艺术之乡和中国感恩文化之乡称号。基础建设，新改建县乡公路100多条6C0余公里，完成电网改造工程22项，建成通讯基站74座、乡镇客运站12个，县城客运中心投入使用。

政府建设得到加强。累计办理人大代表建议和政协委员提案534件，办结率100%。完善了重大事项民主决策制度，建成了行政服务中心，削减行政许可项目109项，办事效率显著提高，被授予全省依法行政示范县。同时，人武双拥、妇女儿童、老龄慈善、人口计生、安全生产、信访稳定、民族宗教、外事侨务、审计物价、人防移民、气象档案、粮食烟草、邮政通讯、金融保险、广播电视等各项工作都取得了可喜成绩。

中共井陉县委书记	庞彦须（2011年8月免）
	田耀筠（2011年8月任）
井陉县人大常委会主任	彭朝信（2011年8月任）
井陉县人民政府县长	田耀筠（2011年8月免）
井陉县人民政府代县长	苏志超（2011年8月任）
政协井陉县委员会主席	王新民

承德市双桥区

2011年，承德市双桥区以建设国际旅游城市核心区为目标，围绕“一体两翼三个隆起带”发展战略，开拓进取，狠抓落实，经济社会保持了良好发展态势，全年地区生产总值完成127.9亿元，增长10.6%；全部财政收入完成14.55亿元，增长17.1%，其中一般预算收入完成3.91亿元，增长23.9%；全社会固定资产投资完成75亿元，增长31.2%；社会消费品零售总额完成79.1亿元，增长19.2%。

一、项目建设扎实推进。以“重点项目推进年”活动为载体，实行区级领导包保、限期督办、重点项目扶持等一系列制度，全力推动项目建设。全年实施千万元以上项目77个，其中新开工亿元以上项目19个，15个市级重点项目全部开工；争列省重点项目6个，达到了历年来争列省重点项目最多的一年。

二、第三产业加快发展。第三产业作为强区产业和优势主导产业，目前有服务业企业近3000家，个体工商户1.6万户，提供就业岗位13万个，全年完成增加值74.4亿元，占GDP的比重为58.2%。以康体娱乐、生态养生等高端休闲旅游为发展重点，加快“一区一城四园”建设，外八庙景区周围环境综合整治及城中村改造工程当年完成投资8.8亿元，空港城建设当年完成投资1亿元，打造了尚亚休闲文化产业园、智乔体育休闲产业园、平顶山国际旅游城、梨花山庄等休闲旅游特色品牌。旅游服务配套设施不断完善，启动了嘉和五星级酒店、碧峰门民俗文化街、金龙皇家广场等一批星级酒店和高端购物场所建设。乡村旅游持续发展，编制了覆盖全区350平方公里的沟域发展规划，初步形成了自然观光、居民体验、果蔬采摘、科技大棚、休闲庄园等5类发展模式，全区乡村旅游接待户达到280户，年接待游客达70万人次，实现旅游收入约1300万元，崔梨沟村成功入选首届“承德十大最具特色旅游乡村”。推动物流产业逐步向专业化、园区化发展，太平庄庞大物流中心一期投入使用，二期汽车美容广场正在建设；内陆港海关“两仓一楼”项目正在加快推进。利用主城区周边景观生态优势，谋划了双峰寺水库周围休闲观光产业发展园区、元霞线及山庄“绿核”文化产业园区、袁家庄—车子沟一线总部培训和休闲度假园区、双峰寺现代都市休闲养生农庄等产业园区，袁家庄总部会议基地、国际赛车体验娱乐等一批项目已完成签约。

三、城市建设与管理更加完善。按照系统配套搞建设的理念，抓好“一站两场三改四河百条街巷”工程，完成了居民楼垃圾道封堵、水冲公厕整体改造；建设了3个便民市场；启动了总投资9.9亿元的武烈河综合治理工程；整治次干道和小街巷30条，打造了桃李街、南兴隆街等精品街巷。按照做足山水文章、彰显城市特质的思路，以亮化、绿化、净化为重点，投资600万元实施了路灯远程监控系统项目；投资5200万元完成绿化工程3.7万亩；集中开展了“打造靓丽核心区、建设国际旅游城”环境卫生综合整治行动，城市环境明显改善。不断深化城市综合管理改革，争取并整合了城管执法、交通管理等职能，初步实现了城市管理的责权统一，开展了“六小”、“三违”、“三抢”等集中整治活动，城市管理水平大幅提升。

四、社区建设成绩突出。深化社区建设“四有一创”活动，进一步巩固和提高“全国和谐社区示范区”成果，顺利迎接了全国社区创先争优工作经验交流会，被确定为“全国社区管理和服务创新实验区”。目前，36个社区办公和活动用房达到了300㎡以上的标准；社区干部队伍实现了“一居一名大学生”，专职社区干部达到337人，平均年龄29岁，大专以上学历占70%，党员占70%；社区干部待遇不断提高，实行动态增长机制，全部纳入财政预算；社区社会化服务不断完善，建立了以“96096社区服务热线”和“居家养老呼叫服务中心”为载体的社区服务“10分钟便民圈”信息服务中心，社区一站式服务大厅内实现了“一站式”缴费。

五、惠民举措扎实有效。以10个方面28项民心工程为抓手，事关人民群众切身利益的一批重点工程顺利推进，城乡居民收入分别达到16426元和6148元，增长12.8%和10.5%；就业再就业政策全面落实，城镇登记失业率控制在4.2%以内；社会保障功能不断增强，全区养老、医疗、失业保险新增扩面2584人；助残扶困工作力度不断加大，为城乡困难群众发放补贴资金550余万元；城镇低保实现应保尽保，农村五保供养标准不断提高；安居工程建设力度加大，为困难家庭提供住房补贴353万元，建设廉租房342套，公租房筹建1123套，棚户区改造3467户，城中村改造6个地块718户村民如期回迁；全面落实惠农政策，发放各项涉农补贴资金1000余万元，受益农户近万户；解决了农村6000人的饮水安全问题，“村村通”工程行政村覆盖率达到100%。

六、社会事业全面进步。教育事业迅速发展，投入资金1.2亿元实施学校布局调整和校舍安全工程，投资2348万元提升教育信息化建设水平，教学质量持续提高，初中中考成绩位居全市首位。公共卫生和基本医疗体系逐步健全，镇村卫生院、所均达到国家标准化建设要求，社区卫生服务街道覆盖率达到100%，新型农村合作医疗参合率达到90%以上。精神文明创建工作力度不断加大，获得“省级文明城区”称号。公共安全工作常抓不懈，严格执法检查，全年未发生重特大安全事故；开展了地沟油专项整治、食品添加剂“打非治滥”等各项专项整治工作，有效地保障了全区人民的饮食安全；深入推进“平安双桥工程”，积极开展矛盾纠纷排查化解，扎实推进群众工作，严厉打击各种犯罪活动，维护了社会和谐稳定。

承德市双滦区

2011年，承德市双滦区以科学发展观为指导，坚持“文化产业立区、工业经济强区、商贸流通活区、改革开放兴区”的工作思路和理念，按照“一产抓特色、二产抓提升、三产抓拓展”的总要求，以建设承德市“钒钛制品中心、文化旅游中心、商贸物流中心”为功能定位，准确把握形势，主动抢抓机遇，强力攻坚克难，狠抓项目建设，经济和社会事业取得了令人瞩目的成就。

一、综合经济实力显著增强。到2011年底，地区生产总值实现94亿元，五年年均增长16.3%；全部财政收入达到10.54亿元，是2006年的3.2倍，年均增长26%；社会消费品零售总额达到10.4亿元，是2006年的2.4倍，年均增长18.6%；城镇居民人均可支配收入达到17080元、农民人均纯收入达到5764元，年均分别增长了14%、14%。全社会固定资产投资累计完成359.2亿元，是前五年的总和的4.3倍，经济实力显著增强。

二、园区建设迈出坚实步伐。近年来，双滦区全力发展园区经济，加快产业结构调整，推进经济增长方式转变，产业聚集度和竞争力有了大幅度提高。自2008年以来，获批省、市级开发区和聚集区4个，规划占地达到150平方公里。结合项目建设，累计拆迁35万平方米，收储土地9113亩，为园区的长远发展提供了较大的空间。

（一）大力发展新型工业，提高企业科技创新能力。2008年，全省首批、规划占地40平方公里的省级钒钛冶金产业聚集区获得批准，2009年被科技部认定为“国家级钒钛新材料高新技术产业化基地”，双滦区成为承德钒钛制品基地建设主阵地。通过BT等方式，融资4.5亿元进行聚集区基础设施建设，吸引了500兆瓦全钒液流储能电池项目、200万吨氧化球团项目、河北北汽福田汽车零部件生产项目等一批科技含量高、产业结构优的大企业、大项目落户。承钢公司由年产铁、钢各240万吨提高到各800万吨。滦河发电厂热电机组由200兆瓦提升到660兆瓦，实现了为双滦区和双桥区同时供热、供电。全区铁矿采选企业实现了集团化、规模化发展。到2011年底，全区工业总产值达到383亿元，是2006年的2.6倍；规模以上工业增加值实现68亿元，比2006年提高了89.4%。

（二）大力发展文化休闲产业，把繁荣发展文化休闲旅游产业放在调结构的首要位置。2009年，占地32平方公里的市级滦阳休闲度假园区获得批准，在此基础上，2010年高标准规划了“21世纪避暑山庄”文化旅游产业园，园区面积扩大到92平方公里。到2011年底，园区入驻企业已达10家。全区旅游综合收入6800万元，是2006年的4.4倍。双滦区的文化产业发展走在了全省前列，实现了由从属旅游区向文化旅游中心、由低端观光游向高端休闲游的高端起步。

（三）大力发展商贸物流业，加速商贸流通崛起步伐。2010年，全省首批、规划占地6.4平方公里的省级三岔口钢材综合物流园区获批建设。通过强力攻坚，晨阳汽配城等一批商贸物流产业支撑项目入园落地。到2011年底，园区实现销售收入50亿元。省级综合物流园区的快速建设，推动商贸流通产业异军突起，双滦区正逐步向连接京津、辐射辽蒙的区域性商贸物流集散中心迈进。

（四）大力发展省级经济开发区，推动区域型经济增长。基于钒钛产业聚集区和商贸物流园区的良好发展基础，2011年，规划占地25平方公里的双滦经济开发区获省政府批复，成为全市首家省级经济开发区，对双滦区乃至承德市经济社会的发展必将产生深远影响。

三、城市面貌明显改观。双滦区立足承德市主城区发展定位，狠抓城镇面貌改善工作，城市形象大大提升，居民生活环境大为改观。功能分区更加明确。注重城市建设与产业统筹协调发展，对全区进行功能划分，逐步形成了“一区两带三园”的发展格局。规划建设品位不断提升。高标准编制城乡各类规划174项，实现控规全覆盖。累计实施房地产项目70项，建设高品质商住小区46个，全区商住面积增加到330万平方米，城市化率达到66%。大力实施城区及可视山体绿化、美化工程，城区绿化覆盖率达到46%。建成区面积从2006年的16平方公里拓展到20平方公里。城市基础设施日益完善。重点实施了“撤站、修路、建桥、治水”工程，即：滦广收费站撤销；城市路网建成“五横二纵”，京承、承唐高速公路建成通车，承赤、承张高速公路开工建设；滦河大桥、开放大桥拓宽，迎宾大桥建成投用；污水处理厂建成运营，滦河综合治理建成三道橡胶坝。城市管理水平明显提高。城市管理实现了数字化、网格化，环卫保洁推行市场化，城区保洁覆盖率达到100%，城区照明覆盖率达到98%，城市垃圾处理率达到95%。新增公交线路8条，全区所有乡镇全部通达公交车。

四、农业农村工作深入推进。双滦区以促进农民增收为目标，不断加大投入，全力改善人民群众生产生活条件。惠农政策全面落实。共发放各类支农惠农资金2209万元，争取农业开发和农业专项资金1292万元，为农业企业和农户发放小额贷款5600万元。现代乡村休闲农业快速发展。乡村休闲游共接待游客30万人次，实现综合收入4540万元；各类农民专业合作经济组织达到65家，带动农户近1000户。新民居建设扎实开展。重点实施了偏桥子镇大贵口、大庙镇北梁等8个省级新民居示范点工程，总建筑面积达到29万平方米，累计有1933户农民喜迁新居。农村环境日益改善。积极争取上级专项资金2633万元，治理水土流失面积43平方公里；实施农村集中供水工程，解决了1.03万人饮水安全问题；投资1474万元，完成村村通工程，行政村通达率100%；实施农村环境综合治理工程，农村垃圾处理率达到85%。

五、社会事业全面进步。双滦区不断加大民生和社会事业支出，五年来用于民生和社会事业的投资达13亿元，占一般预算支出的46.5%。教育事业全面发展。校舍、仪器等教育基础设施大大提升。实施中小学“两免一补”，义务教育阶段学生公用经费补助达到国家基准定额。卫生计生事业加快发展。医药卫生体制改革顺利推进，城乡医疗卫生条件极大改善，新农合参合率达到91.5%，城镇居民医保参保率达到93%，人口出生率控制在13.1‰以内。保障性安居工程稳步实施。多方筹措资金2.8亿元，实施的10项保障性安居工程，全部超额完成年度任务目标。社区建设成绩显著。全区13个城市社区达到“四有一创”标准，行宫、御祥园、怡园等社区先后获得国家和省级荣誉称号，社区建设工作得到了中组部和民政部的高度评价。社会保障能力明显增强。在全市率先制定并实施失地农民养老补助政策，五年共发放养老补贴745万元。2010年出台《“城中村”村民参加城镇职工基本养老保险办法》，政府累计补助资金5960万元，已有1281名到龄失地农民领取养老保险金。失业保险参保人数五年内增加近2500人，实现了从单一保障生活向“保生活、促就业、防失业”三位一体的成功转变。五保供养中心、残疾人康复中心投入使用。城乡低保实现应保尽保。信访工作扎实开展。案件化解率达到95%以上。社会治安不断加强，和谐稳定的局面进一步巩固，人民群众幸福指数明显提高。武装、就业、档案、科技、体育、文物、安全生产、食品安全等工作均取得新的成绩，安全稳定的发展环境得到进一步巩固。

平泉县

平泉县位于河北省承德市东部。2011年，平泉县以科学发展观统领全局，以“快增长、优结构、做城市、惠民生”为主攻方向和着力点，深入实施“工业强县、农业兴县、文化活县、商贸旺县”发展战略，进一步巩固了经济较快发展、社会和谐稳定的良好局面，实现了“十二五”良好开局。全年实现地区生产总值103.03亿元、同比增长10.4%；全部财政收入14.38亿元、增长43.7%，其中地方一般预算收入5.86亿元；完成固定资产投资额96.5亿元、增长33.7%；社会消费品零售总额31.5亿元、增长17.8%；城镇居民可支配收入14705元、农民人均纯收入5677元，分别增长11.1%和14.6%。

一、抓“一产”重特色，着力构建“一枝独秀，众品环拱”的农业产业体系。紧紧围绕建设现代农业强县的目标，大力发展食用菌、设施园艺等农业特色产业，产业化经营率达到70%、居全市第一位，省级龙头企业达到11家、居全省县级第一位，农业产业化产值达到34.5亿元、占全部农业总产值的比重达到76.5%，形成了“食用菌、设施园艺、林业、畜牧业”四大特色产业。其中食用菌产业研发菌类产品9大类60余种，2011年总量达到2.64亿盘（袋），产业经营额达到30亿元，其专业合作社发展到300多家，整个产业对农民增收致富的贡献率达到43%。同时，平泉县立足于让更多的群众从结构调整中受益，强力推进大田作物结构调整，面积达到6.5万亩，被列为全国粮食生产大县和全国绿色食品玉米标准化生产基地。

二、抓“二产”重提升，着力打造“主导强基，百业俱兴”的多元化工业产业集群。一是狠抓传统优势产业升级。通过实施千项技改项目，化工、轻工、食品等产业产能全面提升，打造了山庄、舒适集团、长城化工、润丰和起亚汽车电子线束等全国知名企业；对单一铁矿采选企业，实施“1+N”工程，即在限制矿山企业扩规模的同时，定政策、找项目，积极引导矿业企业投资新建1个或几个非矿业企业，实现二次创业，鼓励支持向装备制造、农产品加工、商贸物流等行业拓展，推动企业转型发展，促进产业结构的调整。二是积极培育新兴产业，以航空科技、新能源、新型建材、家具制造为重点，谋划实施了远奥通用飞机制造、金盛新型建材、华玉木塑产业化等亿元以上项目11个，有力支撑了四个新兴产业起步发展。三是大力发展循环经济，形成了玉米、食用菌、山杏、林板、工业废弃物利用五条循环经济产业链，构成了“以一产带二产、促三产、提升文化旅游产业”的产业串联融合的发展格局。2011年全县规模工业增加值、利税分别达到33.4亿元、18亿元，占全部工业的比重分别提高到83.5%、85.7%。

三、抓“三产”重拓展，着力发展“城乡联动，辐射外埠”的现代服务业。以建设三省交界区域物流中心为目标，大力改造提升传统服务业，重点实施华北物流中心、家具产业园、反向物流等项目，加快发展食用菌、花卉、农副产品等专项物流，积极发展铁路物流和航空物流，构建“大物流”体系。不断加快专业市场建设，进一步完善商贸服务设施，健全城乡流通网络。全县商贸物流产业蓬勃发展，各类专业市场年交易额以及社会消费品零售均居全市第一位，商贸流通工作跻身全国先进行列，三省通衢的区位优势正在加速转化为发展优势。

四、抓文化重创意，着力营造“文化搭台，经济唱戏”共融共促的生动局面。按照“文化提升产业，产业催生文化，文化与产业互促共兴”的发展思路，大力发展文化休闲旅游产业，从2008年末开始，谋划实施了辽河源契丹文化产业园等四个文化产业园区，扎实推进总投资45.5亿元的35个文化产业项目，泽州园等15个项目已顺利竣工，完成投资11亿元，发展文化产业的经验在全省推广，辽河源契丹文化产业集群被列为全省文化产业示范基地。打造了辽河源头、契丹祖源、中国菌乡、神州炭都“四张名片”，四大文化产业园项目荣获“中国文化产业特色园区魅力奖”。

五、抓城乡重统筹，着力构筑冀辽蒙三省交界区域中心城市。以城市建设“三年上水平”为契机，深入实施“六创联动”和“人民满意城市创建”工程，全年完成城建投资35亿元，建成区面积扩大到15.5平方公里，城镇化率45%。网格化城管模式全面推行，物业管理覆盖率达到90%。实现全国文明县城两连冠，成功争列省级园林县城，被评为中国城市化活力县城。统筹城乡发展持续深入，首批13个中心村建设扎实起步，第二批6个新民居建成入住，第三批10个省级新民居加快建设，村容村貌整治成效显著，被评为省推进新农村建设先进县。坚持“以产兴城、以城兴业”，将工业聚集区、物流产业聚集区作为招商引资的聚宝盆、产业聚集的新高地、城镇建设的催化剂来抓，聚集区入驻企业达到83家，建成面积达到7.1平方公里，全年实现销售收入72亿元，工业增加值22亿元，利税10.5亿元，新增固定资产投资22.8亿元，提供就业岗位1.3万个。

滦平县

滦平县位于河北省承德市东。2011年，该县锁定目标，奋力而为，各项工作实现新突破，“十二五”取得开门红。

一、坚持科学发展，整体经济平稳运行。全县生产总值突破百亿元大关，达到111亿元，增长12.3%；全部财政收入达到17.3亿元，增长43.4%；全社会固定资产投资完成85.5亿元，增长45.7%；社会消费品零售总额达到23.8亿元，增长17.2%；城镇居民人均可支配收入达到15873元，农民人均纯收入达到4095元，分别增长16.7%和17%。

二、坚持规划引领，园区建设实现突破。一是红旗矿业循环经济统筹区（京津产业转移聚集区）。该区是省级工业聚集区，规划面积412平方公里，重点建设金沟屯冶金工业园和红旗宜居新区。二是新兴产业示范区。该区是环首都绿色经济圈14个新兴产业示范区之一，规划面积60平方公里，重点发展装备制造业和高新技术产业，起步区2100亩土地收储工作全部完成，园区基础设施建设全面启动。三是金山岭生态文化旅游经济区。该区是滦平县首个被批准为副处级机构的产业园区，规划面积789平方公里，重点发展休闲旅游及文化产业，力争通过5—10年的努力，将该区域打造成“长城文化朝圣之地，京北户外运动公园”和京东北地区独具特色的休闲度假基地。

三、坚持开放带动，项目建设稳步推进。全年引进市外到位资金26亿元，增长52%；实施千万元以上重点项目152个，计划总投资334亿元，累计完成投资62亿元。CL建筑部品产业化基地一期工程、三元鸭业10万吨饲料加工等68个项目竣工投产或具备生产条件；“滦阳溪谷”滑雪度假区、生物制药等84个项目开工建设；滦平北京新发地批发市场、县城新城区建设等144个项目扎实推进前期工作；成功举办省政府来滦现场办公会议，省直部门及部分大专院校承诺支持项目242个，承诺帮扶资金28.96亿元，分别是前两次现场办公总和的1.3倍和14倍。

四、坚持统筹协调，产业发展健康有序。一是加快发展农牧产品精深加工业。华都肉鸡、生态有机猪、北京鸭、有机蔬菜和林果“4+1”产业健康发展，畜禽饲养量分别达到3000万只、75万头和320万只；新增蔬菜面积2.1万亩，占地6000亩的大屯高科技蔬菜示范园区初具规模；新栽果树4200亩，“滦熙”梨通过有机食品认证，并被确定为中国航天指定产品。各类农民专业合作经济组织达到229个，农业产业化经营率达到63%。二是大力发展钒钛磷制品深加工业。8大矿业集团整合工作有序推进，铁矿产品交易市场建成试运营。全年生产铁精粉800万吨，氧化球团365万吨；34家规上工业企业实现产值147.5亿元、增加值53亿元，增长19.5%；企业利润达到16亿元，增长24.3%。加快提钒、提钛、提磷技术引进，与大地云天公司达成建设磷精粉综合利用项目意向。三是做大做强休闲旅游服务业。“滦阳溪谷”滑雪度假区、行宫酒店等12个文化休闲旅游项目开工建设；金山岭长城5A级景区创建工作稳步推进。新增农家游示范户52户，周台子村被定为全国休闲农业与乡村旅游示范点。全县年接待游客25万人次，旅游直接收入2000万元，分别增长25%和100%；四是加快培育装备制造业和高新技术产业。中建材滦平新能源基地、悬挂输送机生产线、生物制药、盛达高新复合材料生产基地等一批非资源型项目及新兴产业项目开工建设，多元工业格局正在加速形成。

五、坚持统筹协调，城乡面貌持续改善。按照中等城市建设标准，聘请中国城市规划设计研究院，完成了县城总体规划、城市设计和景观风貌规划、核心地区控制性详细规划、巴克什营镇总体规划等重点规划编制工作，以规划引领城市发展。6处重点房地产开发工程扎实推进，新增建筑面积58万平方米；05鑫港大街、礼拜寺大街和鞍匠道三条街景改造主体工程完工；新城区建设前期工作全部展开；南山公园改造提升工程全面启动，北山山戎文化森林公园完成规划设计；腾飞广场等重要节点绿化、亮化、美化工程全部完成；“五城同创”工作扎实推进；新建新民居示范村13个，总数达到35个；南环路、涝北线工程有序施工，张隆线大修改造完成；张百湾11万变电站建成投入使用，承德西50万变电站主体工程竣工，红旗22万、巴克什营11万变电站前期工作全部展开。

六、坚持生态优先，节能减排成效显著。对13家小选厂和16家铁矿干选厂进行了关闭处理；完成10家企业节能技改工程，对1.8万平方米北山办公用房进行了建筑节能改造；加大重点排污企业监管力度，完成2家市控重点污染企业治理；完成环首都绿化建设17.8万亩，森林覆盖率达到56.5%。全年万元生产总值综合能耗下降3.9%，化学需氧量、氨氮、二氧化硫和氮氧化物分别削减0.76%、1.29%、0.25%和0.26%，全部按要求完成了市下达任务。

七、坚持民生为重，社会事业全面发展。在可用财力异常紧张的情况下，不断加大资金筹措力度，年初承诺的25项民心工程全部按序时进度扎实推进。城镇新增就业2700人，下岗失业人员实现再就业3303人，城镇登记失业率为3.02%；新农保参保率达到94.33%；2002套人才家园、52套廉租住房、500套公共租赁住房、108套经济适用住房等保障性住房主体工程竣工；完成19栋、5.86万平方米既有建筑外墙保温工程；对1135户、2778人发放了住房租赁补贴；完成农村危房改造1000户，发放农村低保2308万元，2.09万名城乡低保对象得到最低生活保障；开工建设农村饮水工程13处，解决了1.09万人饮水安全问题；完成虎什哈、金沟屯192套教师周转宿舍等重点教学基础设施建设；财政安排资金，继续实施了义务教育阶段、高中、职教（滦平籍）在校生免费教育；教育教学质量不断提升，普通中、高考综合量化比全部进入全市先进行列；基层医药卫生体制改革基本完成，新农合参合率达到91%；人口自然增长率为4.44‰；成功举办全县第一届文化艺术节，组织各类演出34场，送文化下乡50场次，农村电影放映2400场；新建农村书屋60个，总数达到136个；9个社区全部达到“四有一创”标准，社区服务能力不断提升。其他各项事业也都取得长足发展。

八、坚持安全为要，和谐滦平不断巩固。严格落实企业主体责任，重点行业、企业应急处突能力不断加强，安全生产总体平稳；扎实开展“地沟油”、“瘦肉精”等专项整治，严厉打击非法添加物质和滥用食品添加剂行为，全县食品药品安全状况全面提升；加强和创新社会管理，认真做好新形势下群众工作，着力构建大维稳格局，为滦平县改革发展提供了良好环境。

隆化县

隆化县地处河北省承德市中部，是“八山一水一分田”的山区农业大县，全国著名战斗英雄董存瑞就牺牲在隆化县。全县下辖25个乡镇、1个街道、5个社区、362个行政村，总人口43.9万人，其中满、蒙、回等少数民族人口25万人，是国家重点扶贫县，也是河北省政府确定的民族县。

隆化县物富源丰。全县国土总面积5475平方公里，其中耕地面积86.47万亩、林地面积437.6万亩，森林覆盖率58%，林木蓄积量605.8万立方米。茅荆坝自然保护区为国家级自然保护区。境内自然资源丰富，探明铁、锌、铅、钛、铜、钼、萤石等矿产资源40余种，开发利用22种，此外，已探明出水温度高、日出水量大、地热面积广的地热温泉5处。境内分布滦河、伊马吐河、伊逊河、鹦鹉河、茅沟河五条主要河流，常年地表水流量9.4

亿立方米，可开采地下水4亿立方米。

隆化县人文浓厚。境内历史悠久，文物古迹众多，有古代民族历史文化遗存600余处，有53处省级、县级重点文物保护单位。张三营行宫、唐三营木兰围场总管府等一批清代古迹文物，形成了独具一格的皇家文化旅游风景。"二贵摔跤"、"一百家子白养面"、"八大怪"、"中幡"等一批独具满蒙特色的国家级、省级非物质文化遗产享誉中外。县董存瑞烈士陵园为国家AAAA级旅游景区，并被命名为首批"国家级国防教育基地"。隆化县被中国书法家协会命名为"中国书法之乡"，县文化馆晋升为国家二级馆，连续13年被河北省政府确定为"全省文化先进县"。

隆化县经济渐强。近年来，全县在省委、省政府以及市委、市政府的正确领导下，立足县情，突出发展主题，加快产业结构调整，加快转变发展方式，全力推进县域经济又好又快发展。工业方面，牢固树立"工业立县"思想，工业经济由弱变强，发展步伐由慢到快，结构调整初见成效，产业体系日渐完备。农业方面，充分发挥隆化县生态优势，强龙头、壮基地、拓市场、树品牌，形成了"主导产业为引领，特色产业为补充"的农业产业化发展格局。服务业方面，按照"第三产业抓拓展"思路，加快以休闲旅游和商贸物流为主的第三产业建设步伐，着力打造县域经济新的增长点。

2011年，全县紧紧围绕"加快发展、加速转型"两大任务，抢抓机遇，强化举措，第二产业突出抓好矿产品开采加工、装备制造和农副产品加工三大主导产业，第一产业坚持不懈地扶持培育"肉牛、蔬菜、杏果、水稻"四大主导产业，第三产业加快发展以休闲旅游和现代物流为主的服务业，"342"主导产业发展架构日益完善，产业结构日趋合理，全县总体经济实力显著提升。2011年，实现第一产业增加值21.9亿元，同比增长7.5%，第二产业增加值42.9亿元，同比增长10.3%，其中工业增加值37.1亿元，同比增长11.2%，第三产业增加值21.6亿元，同比增长10.9%。

工业经济效益显著提高。2011年全县工业完成工业总产值102.62亿元，比上年增长19.7%，规模以上工业企业56个，入统工业完成总产值84.6亿元，同比增长22.1%。其中，重工业产值78.5亿元，轻工业产值6.1亿元；规模以上工业实现利润7.1亿元，同比增长6.4%，完成税金3.5亿元，同比增长24.3%，完成工业增加值30.8亿元，同比增长10.3%，产品销售率96.2%。2011年31家规模以上铁选企业共生产铁精粉276万吨、钛精粉5.9万吨、磷精粉13.1万吨，实现产值54.4亿元，上缴税金5.1亿元，分别占全部规模以上工业的64.3%和92.7%；装备制造业产值达18.3亿元，占规模以上工业的22.6%，比上年提高0.6个百分点，共实现产值19.1亿元，上缴税金1297万元，分别占全部规模以上工业的22.6%和2.4%；农副产品加工业共实现产值6.1亿元，上缴税金629万元，分别占全部规模以上工业的7.2%和1.1%。工业园区建设取得突破，到2011年底，入园企业57家，实现产值73.2亿元，上缴税金5.3亿元。

农业经济实现稳步发展。深入推进"肉牛、蔬菜、杏果、水稻"四大农业主导产业和以中草药、食用菌、小杂粮、獭兔等特色产业发展，不断提高农业产业化水平，粮食产量创历史新高。2011年，全县完成农林牧渔总产值37.8亿元，比上年增长7.3%。其中农业产业14.6亿元，增长15.1%。全县农作物总播种面积5.64万公顷，粮食总产量30.8万吨，比上年增长7.4%，粮食平均每亩单产484公斤，其中：稻谷平均每亩单产526公斤，玉米平均每亩单产496公斤。全县林业产值2.6亿元，增长2.4%，当年造林面积4267公顷，年末果园面积8133公顷，比上年增加379公顷，封山育林面积3.4万公顷，育苗面积259公顷，木材产量3.8万立方米。全县牧业产值19.9亿元，增长3.0%，千头以上规模养牛场20个，百头以上规模牛场442个，万头牛乡镇17个，千头牛村130个，规模养牛户1.65万户。全县市级以上农业产业化龙头企业发展到30家，其中省级龙头企业4家，产业化经营率达64%。全县常用耕地面积5.70万公顷，有效灌溉面积2.90万公顷，比上年增加157公顷。全县农业机械总动力48.11万千瓦，比上年增长6.2%，全县农业用电量6167万千瓦小时，年末机电井3493眼。

服务业发展质量逐步提高。休闲旅游业方面，编制完成了《隆化县旅游发展总体规划》、《隆化县休闲旅游产业发展规划》等5个旅游发展规划，在建投资过亿的旅游项目5个，韩麻营镇北沟村被评为"承德市十大最具特色旅游乡村"，中关镇靠山店村、七家镇温泉村被评为"全市特色旅游乡村"。全年共接待游客61.5万人次，旅游总收入1.2亿元，分别较上年同比增长44.7%和41.2%。商贸物流业方面，新增农家店15家，使农家店总数达到318家。以利用"万村千乡市场工程"构建的销售网络，认真落实家电下乡和家电以旧换新两项惠民政策，全年销售家电下乡产品2.7万台（件），销售总额5600万元，补贴728万元，家电以旧换新5100台（件），实现销售额1500万元，补贴150万元。全年公路货运周转量1.39亿吨公里，比上年增长10%，客运周转量2.37亿人公里，比上年增长10%。客运班车157台，客运线路106条，货物营运车辆2802台。建筑业方面，全县完成建筑业增加值5.9亿元，资质以上建筑企业发展到13家，完成产值10.3亿元，同比增长77.6%。邮电通讯业方面，全年邮政业务总量1001万元，全县电信业务总量1.32亿元，比上年增长85.4%，年末固定电话用户3.65万户，宽带用户1.76万户，25个乡镇全部开通宽带网。金融业方面，年末全县金融机构各项存款余额67.93亿元，比上年增长21.1%，其中城乡居民储蓄存款余额53.70亿元，比上年增长24.3%，各项贷款余额42.24亿元，比上年增长41.1%。人寿保险实现保费收入1.24亿元，比上年增长23.5%，全部赔款金额548万元。财产险实现收入2510万元，比上年增长17.7%，财产险赔付金额1569万元，比上年增长5.9%。

民营经济增效显著。全年新创立民营企业70家，个

体户800个，到2011年底民营经济主体发展到10650个，其中民营企业750家，个体户9900个，全年民营经济实现营业收入150亿元，增加值完成45亿元，实缴税金9亿元，民营经济总量在全省排名由2010年底的114位上升到64位，实现了新跨越。

国内贸易快速增长。全县完成社会消费品零售总额23。2亿元，比上年增长17.8%。其中，餐饮业销售额2.7亿元，比上年增长22%，住宿业营业额3620万元，比上年增长16.9%，批发业零售额2.9亿元，比上年增长15.1%，零售业零售额17.8亿元，增长18.5%。城乡消费品零售额较快增长，城镇消费品零售额166.4亿元，比上年增长17.9%，乡村消费品零售额6.9亿元，比上年增长17.8%。

丰宁满族自治县

丰宁满族自治县位于河北省北部，承德市西部，南邻北京，北靠内蒙，地处燕山北麓和内蒙古高原南缘，县城距离北京市区188公里，距怀柔界18公里。全县总面积8765平方公里，国土面积全省第二大县，分坝上、接坝、坝下三个地貌单元，辖9镇17乡、309个行政村，总人口39.8万人，满族人口占63.9%。是河北省6个坝上县、32个环京津县、22个扩权县、14个环首都绿色经济圈建设县之一。

丰宁历史悠久，文化底蕴深厚。是天下第一鸟“华美金凤鸟”的故乡。红山文化、龙山文化、山戎文化几经兴替，农耕文化与草原文化水乳交融。西汉时期属要阳县，辽宋时期属契丹地，清雍正13年（公元1735年）设四旗厅，乾隆43年（公元1778年）取“丰芜康宁”之意改设丰宁县。1987年经国务院批准撤销丰宁县，成立丰宁满族自治县。是当代著名诗人郭小川和全国一级战斗英雄邳顺义的故里。满族传统文化各具特色，滕氏布糊画获得中国民间文艺“山花奖”金奖；丰宁满族剪纸相继被评为国家级和世界级非物质文化遗产。

丰宁地域辽阔，资源丰富。全县有耕地108万亩，草场762万亩，林地606万亩，森林覆盖率46.23%。水资源丰富，全县有潮河、牤牛河、天河、汤河、滦河5条河流。是京津重要的生态屏障和水源地，供应北京、天津的潮河、滦河均发源于丰宁，分别占密云水库、潘家口水库总入库水量的56.7%、13.6%。2000年以来，朱镕基、温家宝、贾庆林、刘淇、回良玉等多位党和国家领导人视察丰宁，由此实施了京津风沙源治理、千松坝造林、21世纪首都水资源可持续利用、退耕还林等一批重大生态项目。全县已探明钼、铁、金银、铂钯、油母页岩等金属、非金属矿藏30多种，钼资源储量位居全国第四位。

丰宁生态旅游资源得天独厚，境内山川、森林、草原、峡谷、温泉、古洞、奇松等旅游资源呈多样化配置，京北第一草原被评为4A级景区、京北最佳休闲旅游目的地、河北省著名风景名胜区。交通基础设施建设蓄势待发，“十二五”期间将成为承德市交通建设主战场，随着虎蓝铁路、张唐铁路和怀丰一级公路、张承高速公路的相继贯通，将形成“双十字”格局，成为连接京冀蒙的重要能源通道和承德交通次枢纽。

由于长期被列为军事禁区，开放开发晚，加上接坝、坝上地区生态环境脆弱，长期投入不足，县域经济总量小、欠发达，群众收入水平低，富民强县的任务非常艰巨。相继被列入“八七扶贫攻坚”和新世纪扶贫攻坚重点县，2011年被国家列为河北省连片特困区燕山一太行山片区重点县，被省委、省政府列为环首都扶贫攻坚示范区重点突破县，是国家发改委、民建中央和省发改委定点帮扶县。

一、经济运行质量明显提升。2011年完成地区生产总值65.4亿元，比上年增长10.1%；第一产业增加值16.81亿元，比上年增长4.3%，第二产业增加值26.84亿元，比上年增长17.0%，第三产业增加值21.79亿元，比上年增长7.7%；民营经济完成增加值51.87亿元，增长14.5%；粮食总产量14.82万吨，增长11.7%；财政收入8.1亿元，增长50.1%；财政支出16.35亿元，增长43.7%；城市空气质量达到国家Ⅱ级标准；社会消费品零售总额22.8亿元，增长17.5%；固定资产投资84.5亿元，增长40.2%；职工年平均工资3.19万元，增长21.7%；农民人均纯收入达到3470元，年均增长7.9%；城镇居民人均可支配收入达到1.19万元，年均增长11.7%；年末城乡居民存款余额49.59亿元，增长23.4%。全年实施投资千万元以上重点项目191个。休闲旅游品牌效应进一步彰显，全年共接待游客82万人次，实现综合社会收入4.1亿元。工业经济平稳运行，规模以上工业企业实现产值48亿元，增长33.2%。农业产业化加快发展，市级以上龙头企业达到44家，其中省级龙头企业4家，产业化经营率达到51.1%。生态环境持续改观，全年绿化造林31.2万亩，治理水土流失面积3622平方公里，森林覆盖率达到46.23%。节能减排工作顺利，完成了省“双三十”节能减排目标任务。

二、城乡面貌显著改善。“六城同创”成效显著，被省爱委会命名为“河北省卫生城市”。全县城镇化率达到32%，城市建设“三年上水平”工作成效明显。两条战备路和县级路12座危桥改造完成；111线丰宁段竣工通车；满堂110千伏变电站完成设备安装；蓝丰铁路项目进展顺利。

三、改革开放步伐不断加快。2011年被国家列为河北省连片特困区燕山一太行山片区重点县，被省委、省政府列为环首都扶贫攻坚示范区重点突破县，环首都绿色经济圈规划、建设、招商工作成效明显，与中国电力投资集团、大唐国际、国网新源、保利集团、河北建设投资集团等大企业合作取得实质性进展。产业园区建设取得重要进展，菊粉高科技建成投产、雨润生猪屠宰加工、天桥煤炭物流园等12个项目开工。全年引进县外资金32亿元，实际利用外资150万美元。农村改革深入推进，集体林权制度改革取得积极进展。医疗卫生体制改革稳步实施，成为全省先进典型，实行了药品零差价销售，推进了公共卫生服务均等化。

四、社会事业全面发展。教育教学改革不断深化，学区布局调整步伐加快，校舍标准化建设稳步实施，获得“河北省教育先进县”称号。公共卫生疾病预防控制和医疗救助体系不断完善，“新农合”参合率达到94.2%，构筑了“半小时急救圈”，急诊急救水平显著提升。完成社保扩面3.1万人，累计达到34万人次。新农保试点让4.6万名60周岁以上农民直接享受每月55元基础养老金。城镇登记失业率控制在4.3%以内，新增就业1.2万人，稳定劳务输出5.2万人。有47个村、1.5万户、4.9万人脱贫。社会救助体系不断完善，救灾救济工作扎实开展，双拥工作连续六届获得“省级双拥模范县”称号。丰宁满族剪纸入选联合国人类非物质文化遗产名录，满族博物馆被确定为省级“爱国主义教育基地”。文化、广播电视事业健康发展，丰富了全县人民文化生活，获“河北省文化先进县”称号

宽城满族自治县

宽城满族自治县位于河北省承德市东南部，与秦皇岛市、唐山市、辽宁省朝阳市交界，1963年建县，1989年成立满族自治县，总面积1952平方公里，有耕地12万亩、山场240万亩，辖7镇、11乡、1个城区街道办事处，205个行政村、5个居委会，共有14个民族，总人口24.9万，其中满族人口占64.5%。境内山场广阔，物产丰富，钒钛磁铁矿、鞍山式磁铁矿保有储量超过30亿吨和2亿吨，素有“中国板栗之乡”、“河北桑蚕之乡”、“河北金都”之称。历史文化底蕴深厚，万塔黄崖寺是辽金时期汉传佛教圣地；喜峰口长城是《大刀进行曲》诞生地，列入全国红色旅游经典景区名录；王厂沟曾为冀东、热南抗战指挥中心。自然风光绮丽多姿，蟠龙湖湖光山色、雄奇秀美，被誉为“塞外桂林”；都山植被茂盛，被誉为华北地区珍稀植物宝库；千鹤谷百鸟翔集，是省级鸟类自然保护区。

2011年，全县生产总值达到215亿元，同比增长16.2%；全部财政收入达到22亿元，同比增长50.7%；完成全社会固定资产投资92亿元，同比增长32.9%；社会消费品零售总额22.8亿元，同比增长18.1%；城镇居民人均可支配收入和农民人均纯收入分别达到16856元和5986元，分别增长13.8%和12.1%；职工年平均工资36092元，同比增长26.5%；年末城乡居民存款余额71.55亿元，同比增长13.9%；人口自然增长率7.11‰，同比下降0.27‰；民营经济增加值190.5亿元，同比增长16.7%；粮食总产量7.88万吨；城市空气质量等级2级以上天数309天。经济总量和经济综合实力继续保持全市首位和全省20强。

园区建设取得新突破。深入实施园区建设战略，长河矿业经济区被省政府确定为全省首批中小企业示范产业集群，全年完成销售产值380亿元、利税19亿元，占全部财政收入的80%以上。龙城产业聚集区被省政府确定为省级工业聚集区，全年实施千万元以上项目43个，完成固定资产投资53亿元，主营业务收入达到250亿元、利税14亿元。农业循环经济区、生态休闲旅游区和中小企业创业园建设全面启动，“四大一小”园区成为宽城持续快速发展的引擎。

产业调整迈出新步伐。全年新建和续建产业类项目61个，完成投资45亿元。新型工业焕发生机，矿山采选及压延业技改扩能取得显著成效，铁精粉产能增加200万吨，钢和带钢产量分别增加80万吨和60万吨，“因铁而兴”到“依铁而强”迈出铿锵步履。现代农业快速发展，培育发展了神栗公司、康美生物制品等省、市级农业产业化龙头企业20家、农民专业合作经济组织123个，全县农业产业化经营率达到65%。休闲旅游业健康发展，按照承德市建设国际旅游城市战略总部署，加大了对蟠龙湖、都山、千鹤谷、万塔佛寺、王厂沟等景区的保护开发力度，构筑了融红色教育游、山水风光游、生态休闲游和乡村游、沟域游、农家游于一体的文化旅游产业链，打造了京承秦黄金旅游圈上的精品节点。

城乡面貌呈现新变化。全年累计实施城建项目43个，完成投资21亿元，道路桥梁拓宽改造、山体公园、城中村改造、数字宽城和停车场、公厕等一大批城市建设工程全面展开，实施了城市总体亮化、绿化、美化工程，城市形象、功能、品位全面提升，被省政府命名为省级园林县城，被中央文明委授予“全国文明县城”称号。中心镇、中心村建设加快推进，农村生产生活条件进一步改善。

基础设施建设实现新突破。全年累计实施基础设施建设项目31个，完成投资30亿元，一大批电力、交通、水利等基础设施项目建设加快推进，都山22万站、宽和新区供水、承秦高速公路承德至板城段等工程建成投运，龙须门11万站、城区水源建设及峪耳崖供水工程、遵小铁路等工程即将完工，建成了全国县级领先、手拉手环网运行的现代化坚强电网，构筑了可支撑长远发展的综合水利保障体系，拥有了融入京津承唐秦等周边大中城市1－2小时交通圈的铁路和高速公路，具备了在更高起点上实现快发展、大发展的坚实基础。

改革开放取得新进展。14家县属国有集体企业改制测算等基础工作顺利完成，乡镇卫生院综合体制改革扎实推进，行政审批、事业单位、财税及农村等各领域改革稳步推进。大力开展对外开放合作，积极参加了香港投资贸易洽谈会、廊坊国际投资贸易洽谈会等招商活动，成功对接中钢研、中食研、中国农大等一批科研机构和高等院校，政府搭桥吸引中信、华夏、浦发等域外银行到县内开展信贷业务，全年引进县外到位资金25.3亿元、人才635人，签约经济技术合作项目86个，直接外贸出口260万美元。

民生社会事业开创新局面。始终站在群众的角度想问题、做决策、办事情，新增财力重点倾斜民生事业，产业发展优先考虑吸纳就业、带动致富，城市建设优先安排公共服务设施，拆迁征占优先着眼群众长远生计，信访稳定

工作真心实意为群众排忧解难，让人民群众得到了真真正正的实惠。第二小学教学楼建成投用，民族教育园区设施全省县级一流；县医院综合门诊楼建成投用，硬件条件达到市内县级最好水平；乡镇卫生院全部达到省级标准，人员工资全部纳入财政支出，全面实行了基本药品零差价销售制度，药价大幅降低；进一步提高基本医疗保险和新农合报销比例，医疗保险实现全覆盖，新农合参合率达到95%以上；新型农村和城镇养老保险全面启动，城乡低保、五保供养标准提至全市县区最高线；大力实施安居工程，全面完成廉租住房建设任务；文化工作保持全国文化先进地区地位；被国土资源部评为全国国土资源节约集约利用模范县，奖励土地指标500亩；节能减排扎实推进，能耗和主要污染物排放有效下降，生态环境质量明显改善，发展成果最大限度地惠及了全民。

御道口牧场

御道口牧场位于承德市最北端。2011年，该牧场以科学发展观为指导，全面落实市委、市政府和市国资委各项决策部署，团结带领全场职工群众，紧紧围绕打造环京津休闲旅游产业带最佳休闲目的地目标，持续壮强"林、牧、游、电"四大主导产业，实现了"十二五"良好开局。

一、经济实现快速增长，发展后劲持续增强。全场生产总值完成1亿元，增长16.4%；完成固定资产投资32.35亿元，增长65.14%；实现利税3660万元，增长1.26倍，其中利润492万元，增长34%，税金3168万元，增长1.2倍。居民人均纯收入达到5500元，增长22%；职均收入达到22100元，增长19.4%。

二、结构调整稳步推进，主导产业快速发展

林业。全年营林生产实现经营收入1031万元。总投资596.83万元，完成林场项目造林、补植补造、大穴补植、苗圃建设等任务。开展森林病虫害监测防治工作，全年无重大疫情发生。

农牧业。一是大力调整农业产业结构。发展特色种植产业，试验种植水果玉米、谷草饲料和薰衣草。以土地规模流转为重点，全年流转土地3000亩。建成千亩以上马铃薯产业示范园区，亩产平均达到2500公斤以上，优质种薯应用率达到78%。畜牧业按照"稳定肉羊，突出发展肉奶牛"的思路，做好规模养殖小区、能繁母牛基地建设和肉奶牛改良工作。新建肉牛规模养殖小区4个，全场牲畜饲养量45100头（只）。改善畜群品质，黄牛冷配501头。加强防疫工作，全年未发生重大疫情。二是支农惠农政策全面落实。争取国家各项补贴和项目资金1207万元。三是出台规定，严格落实禁牧政策。开展了"保护环境，护我家园"行动，全场的生态环境状况逐步得到明显改善。

旅游业。全年景区共接待游客50.2万人次，增长43.4%，实现旅游直接收入1503.8万元，增长63.8%，实现社会性收入近2亿元，同时景区荣获"2011代表河北旅游的30张名片"荣誉称号。一是旅游宣传取得实效，旅游市场竞争力得到提高。通过在报纸、杂志上做景区专版，拍摄景区旅游宣传光盘，参加旅游推介会，举办首都百家采风会及坝上四季摄影大赛等一系列宣传促销活动，有力地推动了景区知名度的提升。二是旅游行业管理不断规范，旅游市场体系进一步完善。成立了旅游管理科和督查队。加强景区从业人员管理，严厉打击景区内各种违法行为。完善景区安全应急救援机制，提高景区应急突发事件的处置能力。规范管理娱乐项目，取缔无证经营行为。认真受理游客投诉，做到"有投必有果"，树立了景区良好形象。三是旅游重点项目建设稳步推进。完成了皇家围场体育休闲基地会所建设及土地征用手续；完成了木兰国际体育训练基地项目的规划和土地征用手续；御盛捷坝上行宫、枫林苑度假村项目主体已经完工；启动了太阳湖景区木栈道工程。商业一条街项目已开工建设。新引进的总投资约2.5亿元的御如苑旅游度假庄园等项目正在办理各项相关手续。

清洁能源。华润、华能、河北建投三家企业全年共完成投资29.1亿元，风机吊装184台，总装机容量已达296MW。华能与厦门三铁风光一体化项目已安装2台试验样机。积极与河北建投等三家投资太阳能光伏发电的企业沟通协调，跑办项目落地的各项前期准备工作。

三、基础设施更加完善，城镇面貌日新月异。小城镇建设步伐明显加快，场区面貌焕然一新，公共服务设施进一步完善，综合承载能力显著提高。编制完成了总场部城镇总体规划。加强城管环卫管理，成立旅游路养护队。加大环境综合治理投入力度，完成总场部污水管道建设。改善全场生产生活用电条件，35KV低压线路改造工程正在紧张施工。总场部自来水改造工程已经启动。总投资665.8万元，对总场部、景区部分道路进行硬化和新建。投资55.4万元，修建了四处林区治安派出所。投资280万元，完成防火指挥中心建设。新民居安居三期工程已交付使用，建筑面积近4万平方米的安居四期工程已开工建设。

四、民生改善成效明显，社会局面和谐稳定。坚持把保障和改善民生作为根本出发点和落脚点，社会保障水平进一步提高。通过多方努力，将本场农业人口纳入低保序列。将符合条件和标准的"五七工、家属工"纳入基本养老保险。积极与上级民政部门联系争取扶贫解困救助资金，救助比例不断增加。加强公共卫生体系建设，医院软硬件进行补充和扩建工程已经开工。教育保障能力不断增强，与县教育部门积极沟通协调，给牧场小学招聘了八名包括音体美专业的教师。加强社会治安综合治理，成立群众工作室，深入基层排查矛盾纠纷，有效维护了全场社会和谐稳定。

张家口市桥西区

张家口市桥西区是张家口市的主城区，张家口市的发祥地，是全市的政治生活中心、文化教育中心，商贸物流中心、旅游服务中心。全区总面积101.3平方公里，其中城区14.3平方公里，辖1个镇、7个街道办事处，19个行政村、38个社区居委会，城镇居民23万人，其中城区居民20.2万人。北靠内蒙古大草原，南接华北平原，西连煤都大同，东屏京都大道，扃京、冀、晋、蒙之要冲，辖区集高山、大川、平地于一体，风光独特、气候宜人。

2011年，全区以科学发展观为统领，按照市委提出的“4+3”产业发展定位，大力实施工业立区、商贸强区、文化兴区、民营活区“四区战略”，全力打造制造业名品、旅游业精品、商贸业极品和现代文明人品，全面构筑城区中心商贸圈、主城区旅游服务圈和“三园一带”战略发展圈，在逆境中奋进，在奋进中创新，逐步将一个旧城区、老城区，转变成为一个基础功能完善、城市形象靓丽、生态环境优美、社会稳定和谐的新桥西。

紧紧围绕强基固本，加速主导产业优化布局、扩大规模、提升档次，发展支撑更加坚实。大力发展科技含量高、附加值高、税收贡献率高的装备制造业，积极帮助斯必克公司发展成为拥有核心技术、全球最大的制冷换热设备生产基地，先后实施新产品开发项目12个，其中斯必克空冷设备等5项新产品、新技术达到国际领先水平。按照“大体量、大集聚、大品牌、大服务”的商贸发展思路，先后实施亿元以上商贸项目12项，累计完成投资21.8亿元，新增商业面积54.1万平方米，百盛街、凯博风尚等一批大型商贸项目相继投入运营，苏宁电器、天元名品等知名商业品牌陆续入驻，全区商品交易市场达到27个，年成交额达到31亿元，比2006年实际增加15.3亿元，增长97%。大力发展旅游文化产业，累计投资7亿多元，先后建成5大景区，50多个景点，初步形成了以大境门和安家沟两个国家4A级景区为龙头，西连水母宫，南接云泉禅寺、张家口堡的旅游产业发展格局，先后成功举办了“大境门文化旅游节”、“张家口堡文化旅游节”和张台道源长老佛学文化交流活动，桥西的对外知名度、美誉度和影响力大幅提升，2011年接待游客120万人次，是2006年的近10倍。

紧紧围绕城乡统筹，全面推进空间拓展、功能提升、环境优化，城乡建设取得巨大突破。累计投入资金180亿元，完成拆迁184万平方米，先后对总里程50公里的12条主要道路实施了拓宽改造，形成了“五纵七横”的城市路网框架。拆违拆临982处，对170栋既有建筑实施了综合景观提升改造工程。完成季园、西泽园等5个游园景观建设工程，绿地面积达到12.8万平方米，是2006年的2.1倍，城市绿化覆盖率达到40.7%，比2006年提高9.7个百分点。全面完成“增绿添彩”工程和29平方公里清水河上游水土保持治理工程，辖区内山体种植、补植、密植各类苗木1706万株丛，森林覆盖率达到36.3%，较2006年增长68.1%。累计完成13个旧小区改善工程；对总面积3600亩的21个棚户区实施了改建，新建小区23个，近10万人喜迁新居，全区新增住宅面积145万平方米，人均住房面积由2006年的19平方米增加到26平方米。对3条主要道路实施了绿化加密和景观提升工程；对16栋既有建筑实施了简欧式风格高品位改造；对8条主次干道及192条小街巷进行了全方位环境卫生集中整治。大力发展特色农业，累计引进粮食蔬菜新品种6个，改造乡村道路36公里，全区19个村实现通村公路全覆盖；先后实施饮水工程21项，彻底解决农村吃水难问题；先后完成瓦盆窑、南茶坊两个城中村改造和石匠窑、五墩村新民居建设，城乡居民居住条件同等化加速推进。同时，先后对32个社区办公用房实施了新建和改扩建工程，28个社区建立起一站式服务平台，并创建了南新村、西山底等12个服务特色鲜明的精品社区。

紧紧围绕增强活力，强力推进项目建设、招商引资、改革创新，竞争优势更加突显。五年来，全区共实施重点项目95个，其中亿元以上项目达到69个，列入省市重点的31个，累计完成投资174.73亿元，仅2011年完成项目投资49.85亿元，是2006年的6.7倍，逐步由项目少、基础差、结构单一发展成为项目摆布科学、后发优势明显的先进县区。不断强化大开发、大开放、大招商理念，2011年，引进区外资金13.06亿元，是2006年的2.6倍。英迈特重型机械生产基地、奇丽龙家居广场等一批大项目、大企业先后落户，为经济社会发展注入了强大活力。五年来，先后对金赛制药、中都羊绒等6家企业实施了关停，完成元强锻压煤改电加热处理等工业技改项目15项，取缔辖区内燃煤小锅炉81台，完成污水管网建设23公里，在全区积极推广使用节能新产品、新技术，大力营造低碳环保生产生活新风尚。2011年，全区规模以上工业企业万元增加值能耗比2006年下降42.9%，化学需氧量、二氧化硫排放量分别比2006年削减56.7%和26.1%，氨氮、氮氧化物减排量全部完成目标任务。同时，着力破除与经济社会发展不协调、不适应的机制体制，各项改革深入推进。

紧紧围绕民生改善，着力提升保障水平、大力发展社会事业，全力维护和谐稳定，群众幸福指数明显提高。五年来，累计新增就业岗位7.05万个，就业困难人员累计实现再就业1.6万人，城镇登记失业率控制在4%以内。城乡低保实现了动态管理下的应保尽保，居民医保、新农合参保率达到90%以上，建设廉租房等保障性住房2422套，极大改善了低收入住房困难群众居住条件。着力推进教育教学改革和教育布局优化调整，先后完成了十六中扩建，九中扩模以及大境门小学搬迁等工程以及总投资7000万元的十九中新建工程，全面完成14个社区卫生服务机构和15个农村标准化卫生室建设改造。同时，积极推进平安桥西创建活动，进一步加强社会治安综合治理，严厉打击各类刑事犯罪，人民群众的安全感、幸福感大幅提升。

到2011年底，全区生产总值达到55.35亿元，比2006年实际增加32.76亿元，增长145%；全部财政收入达到6.07亿元，比2006年实际增加3.25亿元，增长115%；一般预算收入完成1.48亿元，比2006年实际增加1.13亿元，增长315%；全社会消费品零售总额达到44.25亿元，比2006年实际增加25.82亿元，增长

140%；全社会固定资产投资完成41亿元，比2006年实际增加29.55亿元，增长258%。城镇居民人均可支配收入达到16149元，比2006年实际增加7651元，增长90%；农民人均纯收入达到5836元，比2006年实际增加2231元，增长62%。全区规模以上工业企业万元增加值能耗比2006年下降42.9%，化学需氧量、二氧化硫排放量分别比2006年削减56.7%和26.1%，氨氮、氮氧化物减排量全部完成目标任务。

张家口市宣化区

2011年，张家口市宣化区坚持以科学发展观为统领，深入实施"工业立区、文化兴区、商贸活区、民营富区、城建强区"五大主体战略，狠抓产业结构调整、城市建设和社会事业发展，全区经济社会保持了良好的发展态势。地区生产总值完成162.4亿元，同比增长8.5%；全部财政收入完成13.6亿元，同比增长12%；全社会固定资产投资完成59.9亿元，同比增长15%；城镇居民人均可支配收入达到1.6万元，同比增长11.5%；农民人均纯收入达到6997元，同比增长15%。连续五年跻身"全国最具投资潜力中小城市百强"，连续四年被评为"全国最具区域带动力中小城市百强"。

一、统筹城乡步伐加快，三农基础更加巩固。确定了"三乡同城化、一镇特色化"发展思路，大力发展农业特色经济，不断加强农业农村基础设施建设，新农村建设取得明显成效。精细蔬菜、精品葡萄、舍饲养殖三大主导产业进一步壮大，蔬菜种植面积达到2.5万亩，年产量10万吨。宣化牛奶葡萄再次荣获"中国农产品区域公用品牌价值百强"奖。奶牛规模养殖率达到100%，东方富民优质种畜选育项目被列入国家星火计划。紫海香草种植园、林果采摘园、有机蔬菜科技园等一批特色农业逐步兴起。日本长山药、鲜食玉米等特色种植业效益明显，张杂谷、旱地大葱等高效旱作农业引进推广。实施了总投资7.53亿元的圣达肉羊养殖、碧森饲料续建等9个重点农业产业化项目，全区农业龙头企业发展到5家，农业发展逐步走向规模化、产业化、高效化。实施了新民居建设、京津风沙源治理、乡村道路改造、农田水利、农村饮水安全、土地和基本农田整理等农业农村基础设施建设工程，生态环境和农村生产生活条件得到明显改善。

二、工业结构不断优化，优势产业集聚壮大。以调整优化工业结构为重点，坚持改造提升和孵化培育并重，工业经济运行质量和效益稳步提高。全年规模以上工业企业实现总产值425.7亿元，完成增加值102亿元，同比分别增长24.3%和10.9%。宣钢总投资50亿元的技改升级项目顺利实施，宣工中大马力推土机、福田重机、合生电力、宣钻重机、骞海风机等一批技改扩模项目相继建成投产，钻机产业集群入选"中国县域产业集群竞争力百强"。投资30亿元的宣化热电联产项目竣工投产，庞家堡风电项目正式启动，钢铁冶金、装备机械制造、电力能源三大支柱产业进一步发展壮大。实施了金隅水泥高细立磨、国美纸业工业特种纸、新迪高压电瓷等升级改造项目，传统产业再现蓬勃活力。41家规模以上工业企业中民营企业发展到30家，民营经济在全区工业经济发展中的作用日渐凸显。

三、第三产业快速发展，商贸旅游更加繁荣。致力于转变经济发展方式、调整产业结构，依托区位交通和历史文化优势，大力发展商贸物流和旅游服务业。2011年，该区第三产业增加值完成50.9亿元，同比增长5.4%，全社会消费品零售总额完成47.8亿元，同比增长13.4%。实施了总投资10亿元的牌楼商业中心区域改造项目，盛发蔬菜、阳光建材、佳友购物、乐福居家居等各类专业市场发展到31个，年市场交易额达27亿元。全区各类商贸企业发展到1212家，盛发蔬菜批发市场被确定为农业部定点市场、全国"双百"市场，朝阳楼饭庄被国务院商务部认定为"中华老字号"。借助"京西第一府"城市名片，充分挖掘历史文化资源，大力实施"文化兴区"战略，二台子休闲旅游度假村、碾儿沟生态旅游、钟鼓楼文化街等一批旅游开发项目启动实施，时恩寺等文物保护修复项目全面完工，宣化古城被评为国家AAA级景区。

四、城市功能日臻完善，城乡面貌焕然一新。以抓好城市基础设施建设、保障性住房建设和国家园林城市创建三大中心任务为重点，启动实施了总投资53.6亿元的91项城建工程，全面推进城市建设上水平。先后完成了道路交通、市政设施、公共设施等28项重点工程，实现集中供热面积414万平方米。实施了柳川河综合治理、城市亮化、便道铺装等景观建设工程20余项，完成"增绿添彩"工程6500亩、高速公路绿化16.7公里。重点实施了保障性住房、国有工矿棚户区改造、旧小区改善等35项居住条件改善工程，城镇住房保障覆盖率达到4.23%。以创建国家园林城市为契机，实施了街道绿化美化、城市景观升级、城市容貌整治和社区庭院绿化"四大"创园工程，全区绿地面积达到814万平方米，绿化覆盖面积达到910万平方米，城市公园绿地面积达到212万平方米，绿化覆盖率达15%。

五、社会事业全面进步，和谐宣化逐步构建。全区各类研发机构发展到35个，福田、宣工2家企业被评为省级"高新技术企业"，该区被认定为省级"岩土工程机械装备特色产业基地"，获得"全国科技进步先进县区"、全国防震减灾工作先进县区等多项殊荣。投资7500万元，实施了宣化一中综合楼、米市街小学教学楼等11项教育基础设施建设工程，宣化一中进入全省强校名校行列，宣化四中被评为省级示范性高中，教育质量和教学水平稳步提升。先后成功承办了全国农村学前教育、全省校外教育现场会，荣获全省义务教育均衡发展先进县区。积极推进宣化牛奶葡萄申报全球重要农业文化遗产，与中国科学院地理资源所签订古葡萄园申报全球农业文化遗产合作协议，申报工作进入实质性阶段。建成文化信息资源共享平台和全民健身活动中心、羽毛球馆、乒乓球馆等一批体育活动场馆，中国音乐文学学会古城宣化创作基地挂牌成立，成功承办中国乒超联赛、中加国际女篮对抗赛等一批具有全国影响力的体育赛事，文化体育事业得到蓬勃发展。深化医药卫生体制改革，稳步推进乡镇卫生院、社区卫生服务机构和村卫生室基本药物制度改革，有效解决人民群众看病就医问题。深入开展"医疗惠民工程"，建成社区康复指导中心、爱心助残超市12家，免费为650名患者实施了复明手术，先后荣获"全国残疾人工作先进单位"、"全国白内障无障碍区"称号。持续加大改善民生力度，实施了就业再就业、社会保障、扶弱济困、稳定物价等20多项民生工程，全年民生领域财政性投入7.7亿元，占全部财政支出的85%。

宣化县

宣化县位于河北省张家口市东南。2011年，全县紧密围绕"打造新兴产业隆起带，建设强市名城核心区"的发展定位，团结一致，奋力拼搏，促进了经济社会的长足发展。2011年，全县地区生产总值完成61.9亿元，同比增长15.3%。全部财政收入完成6.1亿元，同比增长20%；其中地方一般预算收入完成2.3亿元，同比增长40.3%。全社会固定资产投资完成39.4亿元，同比增长38.9%。城镇居民人均可支配收入和农民人均纯收入分别达到14080元、5550元。

一、抓牢园区项目核心，推动经济加速发展。坚持把园区建设作为全县的重点和亮点工作来抓，全力打造经济龙头，着力构筑发展高地，取得了突出成效。目前，东山园区已累计投资6亿多元，"七通一平"工程基本完成，总投资近70亿元的35个项目入驻，成为全市最具魅力、最具活力、最有潜力的高新技术产业高地，现已被列为省级高新技术产业园区。望山园区基础建设已累计完成投资7亿元，盛华氯碱基地项目全面开工，高端氟化工项目积极推进，成为大工业、大基地的突出代表，现已被列为省级循环经济园区和工业综合利用示范基地。西控太阳能新城，将投资50亿美元，打造年产值超千亿元、入驻企业超百家、人口规模超10万的国家级太阳能产业基地，以及国际一流的太阳能新概念城市；现已组建了太阳能新城国际委员会，总投资8.8亿美元的光技术研究院、LED生产销售基地等4个项目已签约落地，近期即将动工建设。园区建设已经成为宣化县加快发展的最大优势、最强特色、最靓名片，先后得到省委张庆黎书记、省纪委臧胜业书记等省市领导的充分肯定和高度赞誉。在园区带动下，2011年，全县在建、在谈项目达140项，总投资736亿元，项目数量、投资总量均创历史新高。其中，省市重点项目15项，总投资284亿元；争取中央、省市投资项目15项，总投资1.3亿元；特别是引进市外资金31.6亿元，同比增长99%，位居全市第一。

二、夯实现代农业基础，确保农民增收致富。坚持农业基础地位不动摇，狠抓标准化建设，推进品牌化发展，培育产业化龙头，开启了农业大县向农业强县强势迈进的新征程。2011年，全县农业总产值达到34.1亿元，同比增长10.5%；粮食总产量达到21.73万吨，同比增长9.2%。宣化县先后被评为全国玉米高产创建示范县、保护性耕作示范县和生猪养殖大县，河北省生猪标准化养殖示范县、全省粮食生产大县和粮食生产先进县。加大主导产业培育力度，全县规模以上标准化养殖小区突破80家，其中达到部级标准1家，省级5家，市级12家，在全市实现养殖规模化、标准化程度双领先；全县蔬菜种植总面积达到7.4万亩，其中设施菜1.5万亩，4万亩蔬菜通过无公害标准化认证；在全县发展张杂谷13万亩，其中万亩高产示范片达到4个，千亩片达到12个，建成全市最大的万亩张杂谷良种繁育示范基地。提高农业组织化程度，全县共发展各类专业合作组织80家，其中省级示范社达到4家，市级示范社达到8家，发展社员6000多户，辐射带动农户1.9万户，年实现农业产值12亿元，农民人均实现增收1200元。加大龙头品牌培养力度，集中实施了中信黄羊滩综合种养、晟佳农业科技示范园等一批投资超亿元的农业开发项目，全县农业龙头企业发展到30多家，其中市级龙头企业18家，孕育出"巡天"玉米种、"100分"蛋品、"京西第一滩"蔬菜等一批知名农业品牌。

三、切实加强城乡统筹，力促人居环境改善。坚持把推进城镇化作为加快科学发展、实现绿色崛起的重要抓手，先后规划建设了洋河新区、洋河南新区两大城区。目前，洋河新区已成为全市中心城区的重要组成部分，将着力打造全市城市发展的核心组团。洋河南新区已成为太阳能新城项目的主要平台，将打造集新兴产业、高端服务、精品商住为一体的现代化产业新城，成为全市城市及产业组团的重要节点。与此同时，大力推进"三年上水平"工程建设，先后实施了总投资32亿元的13项城建重点工程，13.8亿元的年度投资计划已全部完成，促进了沙岭子、赵川等中心城镇面貌的较大改善；积极推进新民居建设，突出"节地、兴业、富民"重点，在7个乡镇整合16个村实行集中联建，受益群众超万人，农村面貌得到显著改观。

四、全面落实民本理念，不断促进民生改善。坚持将加强和改善民生作为一切工作的出发点和落脚点，高瞻远瞩抓谋划，雷厉风行促落实，一大批群众关心关注的热点难点问题得到切实解决。投资2750万元，实施道路新建、改造工程23项，惠及9个乡镇24个行政村，新增通车里程62公里；投资500万元，解决涉及8个村1万人的安全饮水问题；投资1580万元，完成沙岭子中心实验小学、县第三中学等10所中小学教室新建工程。大力构建以城乡低保、医保、老保为支撑，以临时救助、五保供养、教育、住房、就业为补充的新型城乡社会救助体系。积极推进新农保试点，全县已完成参保17.1万人，占应参保人数17.7万人的96.5%，位居全市第一。积极推进低保提标扩面工作，把农村70岁以上老人全部纳入了低保范围，新增参保对象6000余人。建成农村中心和区域敬老院5

座，农村五保老人集中供养率达到18.6%。推进农村养老“幸福工程”，全县已建成“互助幸福院”56个，500多位独居老人的养老难题得到有效解决。全县社会保障水平进一步提升，其中，“大病、医疗、工伤、生育、养老”五项保险已基本实现全覆盖，成为全市唯一且执行标准最高的县区。

张北县

张北县位于河北省张家口市北部。2011年，全县地区生产总值完成61.07亿元，同比增长15.0%，其中一、二、三产业增加值分别完成16.51亿元、29.84亿元、14.71亿元，同比分别增长6.0%、26.9%和7.2%；财政收入完成7.04亿元，同比增长17.2%；全社会固定资产投资完成119.0亿元，同比增长7.4%；农民人均纯收入和城镇居民人均可支配收入分别达到4165元和13817元，同比分别增长15.0%和12.9%。

项目建设快速推进。引进了庞大汽贸、天保旅游度假区等亿元以上项目12个，全年协议引资52.8亿元，实际到位资金49亿元。实施1000万元以上项目213个，其中省、市重点项目26个，完成投资165亿元。全县项目投资总额和列入省重点项目投资总额均居全市第一。规划实施了31平方公里的工业园区，建成了7.88平方公里的起步区，入园项目23个，被省政府批准为“省级经济开发区”。

主导产业迅猛发展。国家风光储输、风机检测中心等重大项目进展迅速，风电装机规模、并网规模分别达160万千瓦和128万千瓦，均居全省各县区首位。开工新建了旅游机场和百里坝头风景线，扩建续建了塞那都、野狐岭等旅游景区，成功举办了草原文化旅游节和草原冰雪节，特别是“草原音乐节”享誉大江南北，三天接待游客30万人。全年接待游客130.2万人次，旅游收入5.2亿元。实施了博天糖业搬迁扩建工程、伊利乳业技改扩模以及顺达亚麻籽深加工、宏昊燕麦深加工、胡氏菌业食用菌栽培加工、马铃薯贮藏及薯条深加工等项目，全县甜菜、乳品、蔬菜、马铃薯等“七大农业主导产业”全部有了龙头企业，被评为“全国农产品加工业示范基地”。投资6.1亿元，完成了永春农贸市场、晟禾融达农贸市场等项目，入驻知名品牌近百家。全县各类专业市场成交额达15.6亿元。争取上级地勘资金和引进社会投资5000多万元，实施了5个地勘项目，进一步摸清了矿产“家底”。

城镇面貌大幅改善。2011年完成城乡建设项目投资98.4亿元，实施了73项城建重点工程。加快城中村改造，完成拆迁22.1万平方米，开工建设了5条重点市政道路。开发商住小区187万平方米，集中供热、供气率分别达到40%和19%。完成了东洋河生态景观建设工程和两条特色商业街区的基础配套工程，实施了南山寺、揽胜楼、天主教堂和城展馆、档案馆、文化馆、图书馆、成龙体育馆等精品工程。完成了20条城区主次干道和机关、小区绿化工程，绿化总面积73.7万平方米，城区绿化覆盖率达到45.6%，城镇化率达到45%。

农业农村基础明显夯实。积极调整农业结构，推广种植张杂谷4700亩，流转土地3.1万亩，建成了甜菜、蔬菜、马铃薯、燕麦、亚麻、奶牛、食用菌“七大基地”。10万亩燕麦和3000亩蔬菜生产基地获得有机认证，18万亩蔬菜基地获得无公害认证。实施农业产业化项目11个，省市级重点龙头企业发展到20家。探索出一条高效节水新模式，完成节水灌溉改造2.2万亩，成为农业发展的一大亮点，受到温家宝总理和陈雷部长的充分肯定。建设奶牛规模养殖场46个，存栏奶牛达到6.9万头。发展蔬菜设施大棚8000个、食用菌大棚176个。农民专业合作社发展到204家，其中18家列入省、市级示范社。

发展成果持续惠民。实施了100万元以上的民生工程70多项，总投资达47.33亿元。完成了张北一中、二中、四中、职教中心等续建工程，开工新建3所小学、1所特教学校、1所幼儿园。职教中心成功晋升为“国家重点中等职业技术学校”，对口升学位列全省第一。被评为全省“教育工作先进县”。实施了县医院、中医院扩建工程，70%的村卫生室达到标准化，医疗卫生体制改革有序推进，乡镇卫生院药品全部实行零差价销售，群众看病难、吃药贵等问题得到有效解决。全县新增就业3126人，转移农村劳动力7127人，完成廉租房200套，新建268套，实施限价商品房108套、经济适用房120套。参加城镇居民医保和新型农村社保人数分别达到2.6万人、21.1万人，新农合基本实现了全覆盖，达到28.2万人。新修乡村道路140公里、桥梁3座，农村集中饮水工程解决了2.21万人的饮水困难和饮水安全问题。

文化事业更为繁荣。新建了文化馆图书馆综合大楼，文化馆被评为国家一级文化馆，建成了成龙体育馆。《莜面制作技艺》和《张北马桥》被批准为省“非遗”项目，元中都遗址被列入国家考古遗址公园“十二五”规划。成功举办了张北县第二届文化艺术节、河北首届艺术摄影节以及文化下乡等30多项活动，极大地丰富了人民群众的精神文化生活。

社会管理水平全面提升。深入开展食品药品和安全生产专项整治，有效防范了重大安全事故发生。实施了11项减排工程，关停了6家污染严重企业，圆满完成了上级下达的减排任务；开展了千名干部“访民情、解民忧、民生状况集中摸底”活动，实施了严打整治、立体防控等“八大工程”，开展了以清欠农民工工资为重点的劳动力市场执法大检查，为农民工追讨工资2400万元，有力维护了全县社会稳定。

康保县

康保县地处河北省西北部坝上高原，取蒙语“康巴诺尔”谐音而得名，语意为美丽的湖泊，县境东、北、西三面与内蒙古接壤。县域总面积3366平方公里，辖7镇8

乡，326个行政村，总人口28.1万人。全县气候环境独特、生态环境良好、矿产资源丰富、农牧资源发达，是全省光照时间最长的县，是生态保护最完好的县，是京津农产品供应基地县。

2011年，全县按照“深化调整转型、加快绿色崛起、实现跨越发展”总要求，全力推进经济结构调整和发展方式转变，全县经济社会发展取得较好成效，实现了“十二五”的良好开局。全年完成地区生产总值32.7亿元，同比增长13.7%；全社会固定资产投资36.4亿元，同比增长33.6%；全部财政收入1.82亿元，同比增长33.2%，其中一般预算收入完成1.02亿元，增长39.9%，首次突破亿元大关。农民人均纯收入、城镇居民人均可支配收入达到3904元和13347元，分别增长19%和12.8%。

主导产业势头强劲。全年共引进实施项目155个，总投资341.3亿元，列入省市级重点项目11个，项目总数、投资总额、到位资金、项目质量均创历年之最，为特色产业发展提供了有力支撑。新型能源业，充分发挥风能、光能资源优势，立足打造“百万千瓦风电基地”，与建投、国电、华电、鲁能等12家大公司签订了480万千瓦的风电开发协议，建成规模达到48万千瓦，120万千瓦在建或开展前期工作。与建投、国电等公司签订了50万千瓦太阳能光伏发电协议，正在开展前期工作。矿产开发业，加大煤炭资源整合力度，年原煤产能达到100万吨。立足打造“中国北方花岗岩加工集散基地”和“华北最大萤石开采加工基地”，推进骨干企业技改扩模，年花岗岩板材、异型材加工能力达到200万平方米和3000立方米，日处理萤石原矿能力达到1200吨。农畜产品加工业，产业龙头进一步壮大，百绿公司成为河北最大的偶蹄类熟食加工企业，带动全县年肉食加工量达到2.5万吨，出口产品3000吨；杂粮市场年交易量30多万吨，是国家农业部定点市场。全县市级以上产业化龙头企业发展到24家，产业化经营率达到56%，产业化水平显著提升。生态旅游业，瞄准“草原深处是康保”的特色定位，充分发挥生态、冰雪、文化优势，打造“京北草原生态旅游西线品牌”。对全县旅游业发展整体规划重新进行修订，建成集住宿餐饮、休闲娱乐、草原观光、民俗景点为一体的康巴诺尔假日庄园，生态旅游步入发展快车道。

农业特色更加明显。立足打造“全市有机农业第一县”，把旱作、节水、高效农业作为主攻方向，农业效益稳步提升。全县以马铃薯、燕麦、杂粮杂豆为主的“百万亩旱作基地”，良种率达到95%以上。建成20万亩错季有机蔬菜基地，13.8万亩通过“国家级蔬菜标准化示范区”认证，蔬菜棚室达到6500多座，高效节水种植覆盖率达到58.4%，被列入国家小农水项目重点县，3年内20万亩蔬菜可全部实现高效节水种植，各类蔬菜年总产量、销售额分别达到8.2亿公斤和8.3亿元。以肉牛、肉羊、奶牛、生猪为主的各类规模养殖场区发展到118个，建成了“百万头畜牧养殖基地”，奶牛规模养殖率100%。口蘑栽培面积达到40万平方米，年产鲜口蘑230万公斤。累计实施生态治理工程300万亩，生态建设成果进一步巩固。

城乡面貌焕然一新。以打造“坝上草原文化新城”为目标，全力推进城镇建设“三年上水平”，全年实施城建重点工程22项，城区面积由5.6平方公里拓展到9平方公里，基础更加完善。完成县城主次干道建设8.1公里，实施商住开发41.3万平方米，居住条件进一步改善。完成康巴诺尔湿地公园各项建设规划，建设改造县城公园2个，新增绿化560亩，城区绿化覆盖率提高到20.7%；垃圾处理、污水处理、集中供热率分别提高到80%、85%和60%，县城品位显著提升。外联道路取得重大突破，二秦高速康保段项目奠基开工，将结束康保没有高速的历史。完成140套新民居建设任务，实施农村危房改造500套；解决2.3万农村人口饮水安全问题；修筑各类乡村道路104公里，农村生产生活条件显著改善。

民营经济活力增强。始终把环境建设作为重要保障，放开思想、放宽政策，激发全民创业的积极性，推进了民营经济快速发展。组织实施了“684221”工程，全县固定资产投资500万元以上企业发展到70家，5000万元以上企业达到8家，野茫茫、塞星、绿坝等9个民营品牌成为省著名商标，其中“康巴诺尔”牌系列产品被认证为国家A级绿色产品。民营经济增加值超过全县经济总量的三分之二，成为县域经济发展的重要支撑。

民生事业蓬勃发展。投资3亿多元，发展教育、卫生、文化事业。完成6所学校餐厅、学生公寓、教学楼的改造和新建工程，办学条件进一步改善；县幼儿园成为全省坝上地区唯一一所“省级示范园”。投资4300多万元的县医院整体搬迁工程主体完工；新型农村合作医疗参合率达到91.7%；城镇居民医疗保险基本实现全覆盖；城乡居民健康档案建档率达到73%。东路二人台唱出中国，走向世界舞台，特色文化品牌影响力进一步增强；实施了数字影院改建工程，填补了数字化标准影院的空白。残疾人事业成效显著，被中残联和省分别评为“农村残疾人扶贫开发工作先进集体”和“全省残疾人工作先进单位”。城乡低保实现动态管理下的应保尽保；五保户集中供养率达到45%；就业困难人员安置任务超额完成；建成保障性住房324套，困难群体的基本生活得到了有效保障。

沽源县

沽源县位于河北省张家口市东北部，辖4镇10乡1个街道办事处，共233个行政村，总人口23万人，属国家级扶贫开发工作重点县。2011年，全县生产总值完成27.4亿元，比上年增长15.3%；规模以上工业增加值完成3.44亿元，比上年增长57.5%；全社会固定资产投资完成35.9亿元，比上年增长38.9%；全部财政收入完成1.82亿元，比上年增长50.8%；城镇居民可支配收入和农民人均纯收入分别达到12881元和3913元，分别比上年增长17.1%和31.4%。全县经济呈现出强劲的赶超发展态势，财政收入、固定资产投资、规模以上工业增加值等多项经济指标增幅在全市位居前列。

把构建生态产业体系作为工作主线，辩证思维，深挖潜力，产业建设实现了优势崛起。遵循“生态产业化、产业生态化”的原则，整合资源，激活资源，生态旅游、新型能源、特色农业、矿产综合开发四大生态产业基本形成。依托生态优势，把旅游服务业定位为第一生态产业，总投资2.63亿元的塞外庄园、沽水福源、天鹅湖景区全部晋升为国家4A级景区。闪电河国家级湿地公园成功入选“中国特色旅游最佳湿地”。2011年接待游客80万人次，旅游综合收入达到6亿元；科学开发利用风能、太阳能等能源，新能源已成为生态产业的重要组成部分，2011年底实现风电装机总量73万千瓦，并网发电48万千瓦。引进了大唐新能源总投资40亿元的20万千瓦太阳能发电项目；按照“节水、旱作、高效”三型农业目标，推行“禁牧舍饲、节水灌溉、土地流转”三项农业革命，促进农牧业向规模化、集约化、标准化方向发展。目前，全县有效灌溉面积25万亩，其中节水灌溉面积15万亩，节水灌溉率达到60%。120万亩耕地集中流转面积已达到31万亩。各类规模养殖场发展到232家50万平米，种植园区发展到14家1.8万亩。农业连接二产、带动三产的融合特征逐渐显现，集农产品交易、加工、储运、冷藏、保鲜、包装为一体的农产品加工产业链条正在形成，全县农业产业化龙头企业发展到30多家，农业产业化经营率达65%；综合生态保护、资源可持续利用等方面要求，高起点开发矿产资源，走生态矿业之路。460矿床综合回收矿冶项目已成功进行试生产。九连城铅锌矿技改工程全部完成，生产能力和环保水平明显提升。榆树沟煤矿120万吨矿井扩建工程全面推进。

把打造“草原水城”作为重要战略举措，创新理念，提升水平，城乡发展实现了共同繁荣。牢固树立经营城市理念，合理运用市场手段对土地等各类资源进行资本化运作与管理，较好地破解了城建资金短缺难题，“草原水城”正在加速崛起。总投资2.4亿元的外环路、新城街、水城大桥、青年湖大桥等路网桥梁工程全部完工，城市框架基本拉开；投资1.9亿元的130万平米的集中供热、日处理能力1万吨的污水处理厂、日处理能力110吨的垃圾处理场等重大配套设施工程投入运营，县城防污治污能力有了根本改观；总投资1.55亿元的水城广场、滨湖公园、湿地公园等休闲景观设施全部投入使用，城镇生态环境得到了有效改善；投资3.2亿元完成欧景缘二期、御水花园一期等30多万平方米的房地产开发项目，县城集聚承载能力明显增强；完成西苑新村、小厂、黄盖淖等7处21.2万平米的新民居建设扫尾工程，带动了小城镇建设，加快了城乡一体化进程；投资1.2亿元，完成了230个行政村630公里的村村通工程，通村率达到98.7%。张石高速三期建成通车，二秦高速、张承高速开工奠基，蓝张铁路加速推进，“三高一铁”交通优势初步显现。

把改革开放作为后发赶超的不竭动力，冲破障碍，突破瓶颈，改革开放实现了深度拓展。积极推行国库集中支付、财政收支分类等财政体制改革，确保了财政收支的规范高效运作。扎实推进基层医药卫生体制改革，全面落实了基本药物制度，圆满完成了全员竞聘上岗工作。通过“对接京津”、“项目建设年”等系列活动，招商引资层次和规模得到拓展，项目建设呈现出规模大、数量多的特征。成功引进了总投资270亿元的81个项目，涉及风电、矿产、旅游、农业、城建、商贸等众多领域，累计完成投资150亿元。进一步完善了工业聚集园、现代商贸物流园、生态农业示范园基础设施建设，为新一轮经济发展奠定了坚实基础。

把财政增收作为保民生促发展的首要课题，精心聚财，科学理财，财政收入实现了历史性增长。在金融危机和政策性减税等不利因素的影响下，沽源县着力培植了风电、建筑业、房地产等新型税源，特别是建筑业、房地产市场十分活跃，产生的税收占全部税收的70%左右。2011年，实现全部财政收入1.82亿元，比上年增长50.8%，其中地方一般预算收入完成1.36亿元，比上年增长65.3%，地方可用财力明显增加。严格了非税征管，强化了预算外资金监管，有效杜绝了财政资金体外循环的违规现象发生。财政收入的大幅增长，为沽源县进一步加强项目建设、创建“草原水城”、打造园区载体、发展社会事业、保障和改善民生提供了有力支撑。

把改善民生作为一切工作的根本出发点和落脚点，加大投入，拓宽领域，社会事业实现了全面发展。投资5000万元完成1.1万平米的校舍新建、改扩建工程，启动了总投资1.8亿元的一中易址新建工程，招聘教师117名，教育布局得到优化，教学设施更加完善，教学质量明显提升；投资4600万元实施了县中医院及卫生监督所、16所乡镇卫生院、51个村卫生室的新建、改扩建工程，完成了乡镇卫生院改革，开展了城镇职工、居民及新农合医疗保险工作，招聘医疗卫生专业人才39名，群众就医条件明显改善；统筹推进了企业养老保险、机关事业单位职工养老保险、村干部养老保险，并提高了五保供养标准；完成120套廉租房、120套经济适用房的建设和90户棚户区、1200户农村危房改造工程；实现城镇低保、农村低保提标扩面，先后投入扶贫资金1183万元帮助1.3万人脱贫致富；扎实推进农村安全饮水、万村千乡市场、食品药品整治等工程，农民生产生活条件得到持续改善；安置大中专毕业生87人、安排公益岗位320个、完成劳动力培训884人，实现农村劳动力转移6900人；安全生产、社会维稳、民族宗教、人口计生、优抚安置等各项工作巩固提升，人民群众的幸福指数逐年提高。

尚义县

尚义县位于河北省张家口市西部，辖7镇7乡，172个行政村，622个自然村，6个居委会。总面积2632.47平方公里，其中耕地面积41067公顷，总人口19.43万人，属国家级扶贫开发工作重点县。2011年地区生产总值完成25.66亿元，同比增长11%。其中第一产业增加值完成6.8亿元，同比增长2.9%；第二产业增加值完成11.5亿元，同比增长22.5%；第三产业增加值完成7.4亿元，同比增长6.6%。单位生产总值能源消耗控制在0.984吨标准煤以下，同比下降4.13%。民营经济增加值完成9.3亿元，同比增长12.4%。粮食总产量完成5.59万吨，同比增长11.2%。全部财政收入完成1.66亿元，同比增长29.7%，其中地方一般预算收入8908万元，同比增长37%。全年财政支出8.27亿元，同比增长22.59%。全社会固定资产投资完成35.71亿元，同比增长增长23.9%；社会消费品零售总额实现7.33亿元，同比增长18%。在岗职工年平均工资29076元，同比增长11.7%。农民人均纯收入3876元，同比增长19.2%。城镇居民人均可支配收入12881元，同比增长12.8%；年末城乡居民存款余额14.69亿元，同比增长17.38%。

项目建设成效显著，发展基础更加坚实。坚持把扩大投入作为主要着力点，继续加大项目建设和招商引资力度，经济发展基础进一步夯实。积极抢抓国家政策性机遇，共争取国家投资项目15项，总投资1.43亿元，一批重大基础设施和民生事业取得长足发展。立足区位和资源优势，全年共谋划运作重点项目57项，总投资216.2亿元，完成投资36.7亿元，同比增长12.6%；其中省市重点项目27项，总投资137.5亿元，完成投资35.9亿元，增长14.7%，一批符合产业政策、带动能力较强的产业项目取得重大突破。坚持"走出去、引进来"，积极参加香港投洽会、冀台合作会等重大招商活动，尚义的知名度不断扩大，影响力进一步提升。全年引进县外资金21.6亿元，增长80.4%。认真落实全民创业各项政策，民营经济实现营业收入27.5亿元，完成税金8820万元，分别增长10.9%和70.3%，民营经济撑起了全县经济的"半壁江山"。

经济结构更趋合理，主导产业不断壮大。坚持把结构调整作为主攻方向，主导产业发展层次和水平显著提升，经济发展的后劲持续增强。坚持"大公司、大集团"风电开发战略，全年实施风电建设工程11处，风电装机达到130.2万千瓦，其中并网规模115.35万千瓦，以风电为主的新型能源已经成长为重要的立县产业，昭示出广阔的发展前景。立足"节水、旱作、高效"三型农业发展目标，深入推进农业结构调整，全县蔬菜膜下滴灌发展到9.5万亩，节水冬暖式蔬菜大棚72个，被列入全国高效节水示范县；发展张杂谷3.3万亩，优质马铃薯12.8万亩，走出了应对干旱、保粮增收的新路子；坚持规模化经营、标准化生产，各类生态养殖园区、养殖场发展到77个，养殖大户1150户，促进了畜牧业生产方式转变和效益提升。继续加快农业产业化建设，培育和发展省市级龙头企业8家，专业合作社108家，农民增收渠道不断拓宽。

城乡建设统筹推进，人居环境日益改观。坚持把统筹城乡发展作为重要方略，全力实施城镇化战略和新农村建设，城乡面貌发生可喜变化。全年投入城建资金5.2亿元，实施了秀水新区、滨河南区开发等12项城建工程，新增商住面积20万平方米。以提升城镇品位为方向，实施了鸳鸯河综合治理三期以及森林公园、县城道路及出入口绿化等工程，新增绿地300亩、水面4万平方米。投资3546万元，完成了"合村联建"一期和8个新民居创建工程。进一步加大环卫设施投入力度，健全完善城市管理长效机制，城镇面貌全面改善。

基础设施加速改善，承载能力逐步增强。坚持把优化要素配置作为重要保障，进一步加大基础设施建设和环境保护力度，发展基础更加坚实。以改善基础设施为重点，投资3728万元，完成了张尚公路中修工程；投资2776万元，实施了35千伏输变台建设和高低压线路改造工程；投资4918万元，完成了两座水库除险加固工程以及7项土地开发整理项目；投资635万元，实施了35处农村安全饮水工程，解决了1.26万人的饮水安全问题。加大生态资源保护力度，认真落实舍饲禁牧、封山育林等措施，生态植被逐步恢复，生态环境持续改善。投资5742万元，实施了21世纪首水建设等6项重点工程，完成了各项工程治理86.7平方公里，草场建设30万亩，生态造林13.9万亩。

社会发展祥和文明，各项事业全面进步。坚持发展经济与改善民生相结合，妥善解决了就业帮扶、社会保障、教育文化、医疗卫生等一批群众关心关注的热点难点问题。全年城镇新增就业1665人，再就业975人，发放企业养老金4652万元、机关事业养老保险金842万元、新农合医疗补偿金2656万元、城乡低保资金2844万元、五保资金317万元，支付城镇基本医疗保险金616万元，投资5097万元，实施了二中教学楼新建、县医院病房综合楼扩建等9项建设工程；积极推进医疗体制综合改革，乡镇卫生院改革全面完成。投资4822万元，实施了937套廉租住房等保障性安居工程。积极创新社会服务管理模式，全面推进人口和计划生育工作，繁荣发展文化产业和文化事业。高度重视安全生产，全力抓好信访稳定工作，开创了群众得实惠、政府赢民心的良好局面。

蔚　县

蔚县位于河北省张家口市西南。2011年，蔚县县委、县政府团结带领全县广大干部群众，深入贯彻落实科学发展观，全力推动县域经济持续健康发展，全年实现地区生产总值80亿元，同比增长11%；全部财政收入7.3亿元，同比增长25.8%；全社会固定资产投资38.5亿元，同比增长25.8%；农民人均纯收入4100元，同比增长30.2%；城镇居民人均可支配收入14932元，同比增长13.7%。

项目建设快速推进，全县确定的28个重点建设项目，已有16项开工，9项完工，全年完成投资33.93亿元。暖泉古镇文化产业园等一批文化旅游项目强力实施，北阳庄矿井等一批工业项目进展顺利，壶流河城区段综合治理等一批城建项目扎实推进，特别是风电项目呈集群式发展态势，吸引了河北建投、河北华瑞2大集团来蔚投资，谋划建设100万千瓦风电基地，目前3个风电场共15万千瓦风电项目并网发电，5个风电场共25万KW风电项目开工建设，5个风电场共25万KW风电项目前期进展顺利。蔚县电厂项目全部取得国家、省、市各类支撑性文件，正待国家发改委按热电联产项目进行审批。完善了《蔚县招商引资优惠奖励办法》等系列文件，引资到位资金19.3亿元，同比增长28.2%。

城镇建设稳步实施，启动了县城总体规划评估工作，完成了镇村体系规划报批、蔚县经济开发区规划编制和报批等规划编制工作。以雪绒花大道、古州衙复建、壶流河城区段综合治理为重点，大力实施52项城建工程，完成投资21.62亿元，为计划投资数的105%。华瑞国际花园、南留庄绿洲小区等住房工程实现了当年开工，并在最短的时间内完成了大半工程任务。

特色农业取得突破。2011年全县农林牧渔业总产值达到22.6亿元，同比增长11.7%；全县设施农业面积发展到10000亩，省市龙头企业发展到19家，全县农民专业合作社发展到75家，培育了欣奇典等一批农业产业化龙头企业，蔚州贡米、蔚州杏扁成为国家地理标志保护产品。京津风沙源治理、退耕还林等生态建设成效明显，蔚县被评为“全国水土保持工作先进县”。

能源产业初具雏形。全年规模以上工业总产值47.3亿元，同比增长30.6%。以蔚县经济开发区被省政府批准为省级开发区为契机，加快推进新型工业化进程，已有河北定方机械制造、肥矿集团、西部控股、蔚县中鸿煤炭、蔚县泰丰煤炭运销、开滦蔚州矿业煤炭运销公司、蔚县京秦煤业等企业入住。实施的煤炭、装备制造、建材、化工、生物科技、酒类、电子等7个行业9项工业企业技术改造项目进展顺利，完成投资3.6亿元，促进了产业结构优化升级。煤炭资源整合稳步推进，全县91家煤矿118套系统，整合为3大集团51套系统，原煤年生产能力由583万吨提高到1067万吨。

现代物流强势起步。总投资20亿元的恒通现代物流港项目开工建设，山东肥矿集团投资的鑫宇物流园一期工程建成运营，完成投资4.2亿元，被山东省政府列为能源储备基地。张石高速全县贯通，京蔚高速西段奠基开工，蔚州矿业储配煤中心及发运站台项目后续跟进，奠定了现代物流发展的坚实基础。同时，小杂粮加工等一批专业市场初具规模。

文化旅游态势强劲。以成功举办第二届中国剪纸艺术节暨首届蔚县国际剪纸艺术节为引领，着力提升三产实力，全年接待游客100万人次，实现社会收入5亿元。在工程建设方面，投资3.8亿元实施了小五台·金河景区、暖泉古镇保护开发、蔚县剪纸博物馆暨州衙复建工程等12个文化旅游项目。蔚县古城堡、古戏楼、打树花、古壁画、常平仓五项入选上海大世界基尼斯纪录，“全国文化产业示范基地”挂牌蔚县。

民营经济发展壮大。经营领域由以煤炭开采，向制造业、建筑建材业、旅游业、房地产开发业、服务业等多业发展。特别是以基宏水泥、欣奇典生物科技、定方机械制造为代表的大型民营企业迅速崛起，全县年营业收入超千万元的民营企业发展到16家，全年实现民营经济增加值35.7亿元，同比增长17%。

民生工程扎实推进。以实施保障性住房建设为抓手，全力推进保障性安居工程建设，目前1280套保障性住房开工，超额23套；在就业保障上，全年城镇新增就业2100人，农村劳动力向非农产业转移5300人次。社会保障体系不断完善，共拨付城镇低保资金1571.65万元，惠及6984人，保障标准由全年的225元提高到260元，拨付农村低保资金2934.04万元，惠及33416人，保障标准由上年的1300元提高到1500元；在扶贫救灾上，成功申报“国家级扶贫开发重点县”，重点对35个贫困村进行扶持。特别是经过争跑，成功被列入河北省环首都扶贫攻坚示范区，为打造共富蔚州奠定了坚实基础。同时，“中央专项彩票公益金支持革命老区整村推进项目”也落户蔚县，争取到1500万元项目资金，促进了全县贫困人口脱贫增收；在教育卫生上，二中新建、职中搬迁、县医院建设等一批工程开工建设。在全县实施了医药卫生体制改革，实行了药品零差率销售。新型农村合作医疗参合率高达91.2%，参合农民筹资标准由150元提高到每人230元，全年为60万人次补偿医疗费用7200万元。在公共文化服务体系建设方面，完成296各行政村的农家书屋建设，基本实现了县有图书馆、博物馆，乡镇有综合文化站，村有文化室的目标。农村安全饮水工程共解决27个村，19985人的饮水问题。退耕还林等惠农政策严格落实，兑现各类财政补贴10420万元。

怀来县

怀来县位于河北省张家口市东南，东临北京，西接晋蒙，全县总面积1801平方公里，辖11镇6乡，279个行政村，总人口35.4万人。是全国著名战斗英雄董存瑞烈士的故乡，有“中国葡萄之乡”、“中国葡萄酒之乡”的美誉，是全国林果百强县，河北省环首都绿色经济圈14个县（市）之一。一年来，坚持以科学发展观为统领，围绕“发挥优势，突出特色，建设京畿科学发展强县”的总要求，进一步深化“培强五区、壮大五业、实施六项社会工程”的发展思路，即培强中国怀来葡萄和葡萄酒产区、京津产业拓展区、北京绿色农产品供应区、京西北现代商贸物流区和京畿生态休闲旅游度假区；壮大葡萄和葡萄酒产业、玻璃产业、农产品加工业、高新技术产业和环京服务业；实施生态涵养，地域文化保护发掘，职业教育提升，移民村帮扶，扶贫开发社会救助和首都“护城河”建设等六项社会工程，加快产业结构调整，力促发展方式转变，经济社会得到快速发展，顺利实现了“十二五”的开门红。

综合实力稳步攀升。2011年，全县地区生产总值完成100.2亿元，同比增长13.5%；全部财政收入完成

13.3亿元，增长16.8%；其中，地方一般预算收入完成6.7亿元，增长39.4%；全社会固定资产投资完成55.4亿元，增长36.9%；城镇居民人均可支配收入完成16226元，增长13.7%；农民人均纯收入达到7876元，增长15.4%。

三次产业全面跨越。三农工作扎实推进。全县农作物播种面积达到47.7万亩，粮食、蔬菜产量分别达到12.9万吨、13万吨，同比增长25%和21%。葡萄种植基地发展到25万亩，建成、在建葡萄加工企业达到33家，葡萄产业年创产值近40亿元。全县标准化鸡舍达到472栋，肉鸡养殖达1600万只，奶牛存栏量达到2.6万头，肉猪饲养量达到22万口。实施了7.5万亩节水灌溉工程；完成了生态防护林、京冀水源保护林等生态工程15.4万亩，森林覆盖率达到35%。工业效益全面提升。重点实施传统产业技改升级，大力发展先进制造业，工业经济整体水平明显提升。双大肉鸡屠宰加工扩建、熟食厂生产线快速推进；宏建水泥、天元玻璃等5家企业工业增速达到100%以上；长城桑干酒庄升级改造、华美光电子技改等6个项目进入了省技改项目库，全县入统工业增加值达到11.5亿元，同比增长17.3%。服务业快速发展。成功举办了“中国怀来葡萄采摘暨葡萄酒节”等特色旅游宣传活动，实施了鸡鸣驿保护开发、陈家堡少林养生谷、容辰葡萄文化产业园等旅游项目，年接待游客300多万人次，旅游收入达8亿元；以煤炭、果菜、建材、粮油为主体的市场体系更加完善，社会销售品零售总额达到31.7亿元。

项目工作成效显著。实施了总投资1288亿元的104个县级重点项目，有18个列入省级重点项目，21个列入市级重点项目，投资总额和省市重点项目数量，均位居全市第一。国新塑编、畅行挂车、国新钢构等项目竣工投产；华美二期、戴维斯医用手套等项目进入生产准备阶段。沙城经济开发区东花园区域建成了规划展馆、葡萄大道、美丽乡村路等配套基础设施，欧洛普过滤器、三源聚鑫、中船科苑等一批项目落地开工。

城市建设扎实推进。围绕建设“国家园林县城”目标，实施了总投资114亿元的67个城建重点项目，完成投资24.6亿元，超年计划44个百分点。完成了京北新区概念性总体规划、宜居生活基地总体规划、县城总体规划等城市规划。启动实施了东沙河三期治理、污水厂升级改造等基础设施工程，文化公园二期改造、恒吉热力站等5项工程竣工投用；理想上城、荣庆家园二期等16个项目加快推进。沙城镇通过了国家级生态园林城镇专家组验收。成立了城管联合执法大队，加强了县城环卫工作管理，城市居住环境得到明显提升。

对外开放阔步迈进。2011年，共引进市外资金30亿元，完成年任务的111%，实际利用外资2900万美元。与北京大发正大、红星酒业、丰收葡萄酒、河北中存集团等企业扩大了对接合作领域；先后参加了香港投洽会、廊坊“5.18”经贸洽谈会、冀台会等招商活动，引进怀来现代物流园区、京北中央休闲商务区、高新技术产业生产基地、怀来低碳产业园、中大青山电动汽车、东花园生态旅游度假营地等一大批项目，合同引资近400亿元。

民计民生持续改善。实施了28项民心工程，完成各项民生投入6.4亿元。积极开展全民健身工程，新增村级健身中心15个，建成“农家书屋”228家。进一步完善社会保障体系，新型农村合作医疗参合农民24.9万人，参合率达95.2%。县中心敬老院、东花园区域性敬老院建成投用，在全县17个乡镇建成互助幸福院51个。投资145万元实施农村饮水安全工程，解决了4个村2900人的饮水安全问题。实施了12万平方米农村危房改造工程，开工建设保障性住房2240套，累计完成投资2520万元。培训农民工2790人次，输出劳动力近5.1万人，新增就业岗位3103人。

涿鹿县

涿鹿县位于河北省张家口市南部。2011年，预计全县生产总值完成65.13亿元，同比增长11.6%，其中，第一、二、三产业增加值完成21.91亿元、18.78亿元和24.44亿元，分别增长9.6%、13.8%和11.8%；三次产业结构为33.6∶28.8∶37.6。全年实现工业增加值14.09亿元，增长18.7%；其中规模以上工业增加值完成9.28亿元，同比增长26.2%；全县固定资产投资完成57.67亿元，同比增长29.5%，其中城乡建设项目投资45.97亿元，增长82.6%；社会消费品零售总额完成23.4亿元，同比增长18.6%；城镇居民人均可支配收入15033元，同比增长13.7%；农民人均纯收入5633元，同比增长16.1%。全部财政收入达到4.72亿元，同比增长34.5%；地方一般预算收入达到2.4亿元，同比增长33.6%。

——项目建设强势推进。全年共确定重点项目109项，实际完成投资66.7亿元。投资10亿元以上项目19项，同比翻了近两番；9个项目列入了省市重点；索坤玻璃制品、金瑞建材等一批项目正式投产；北京神州天才茶氨酸生物工程、北京东方航标ATM机等10多个项目正在洽谈。实施技改项目23项，五维航电、中航液压等12项技改项目列入省市重点。在与20多家“央”字号、“国”字号和500强企业深度合作的基础上，签约了北京仙源食品、北京利得衡工业废气设备制造、科普斯特高纯陶瓷管等10多个项目。全县工业投资达29.34亿元，其中工业技改投资21.06亿元，占工业投资比重71.8%。此外，环首都绿色经济圈总体规划和各项控制性详规正在加紧制定；科技成果孵化园区21栋标准厂房主体已完成，已签约入孵项目12个。

——城市及基础设施建设成效凸显。全年实施重点城建项目40项，实际完成投资26亿元。郡城瑞居、轩辕东城、东风花园等一批城建工程竣工，新增建筑面积60万平米；投资1000多万元完成了环城绿化，新建了3个节点公园，使全县节点公园达到11个，新增绿地面积140万平米，县城绿化覆盖率、绿地率和人均公园绿地面积分

别达到了38.4%、33.2%和9.7平米，省级园林县城创建圆满完成；轩辕路实现完全贯通，成为城区第一条真正意义上的连接东西大外环的主干道；城区新增供热面积100万平米，达到230万平米，集中供热率83%，普及率位居全市各县之首；“一河两城”概念性总体规划已完成，人才家园公租房2000套已全部开工；涿鹿至北京880快公交线已正式开通。京新高速二期正式通车，张涿高速赵家蓬区外段具备通车条件，涿京一级路、京蔚高速二期、永芦线三改二等路网建设正在全力推进。

——“三农”工作稳步发展。特色产业优势更加明显，新发展葡萄9700亩，达到19.3万亩；改接换优杏扁2万亩；新发展设施蔬菜7000亩，达到1.48万亩。龙头企业实力提升，中粮、益利、果仁等企业的龙头作用日益明显，矾山农业创业园建设初具规模，入驻企业已达10家。农超对接进展顺利，以新合作物流配送中心为平台，农超对接工作成为全省的亮点。新民居建设全市领先，全年完成投资4.95亿元，矾山镇东关村四村联建成为全省新民居建设的典型。农村生活条件得到改善，切实解决了16个乡镇21个行政村2.65万人的安全饮水问题。

——文化旅游日新月异。黄帝城景区成功晋升为国家4A级旅游景区；神农炎帝庙已经建成；黄羊山国家级森林公园整体开发正式启动；小五台生态旅游开发、西灵山旅游开发已签订框架协议。成功承办了第二届“冀台心·两岸情”青年大型交流活动、第四届海峡两岸同胞共祭中华三祖大典和海峡两岸三祖文化高峰论坛，活动的规格、规模和影响力均居历年之最。鼓楼、观音寺等古建筑维修工程、丁玲纪念馆暨农民文化站修缮工程可行性研究报告已经完成，文物保护工作扎实推进。县文联换届顺利完成，《涿鹿文艺》正式创刊。

——社会事业实现突破。教育事业优先发展，初级中学已投入使用，第一小学、特教学校完成主体工程，涿鹿中学新建、实验中学新建正在加紧推进。高考成绩在全市各县区由第四升至第三。涿鹿县成为全市提升县域教育工作水平示范引领县，被教育部确定为全国义务教育阶段课程水平测试试点县。卫生事业实现提升，县医院成为全市唯一的公立医院改革试点单位，乡镇卫生院综合改革基本完成，全部实行了药品网上采购和零差率销售。城乡保障全面提速，新型城乡居民养老保险参保率全市第一；解决了破产企业、困难企业退休人员医疗保险的遗留问题；深入推进城乡最低生活保障制度，城乡居民低保保障率、资金数均列全市第一。

崇礼县

崇礼县位于河北省张家口市西部，属内蒙古高原与华北平原过渡地带，总面积2334平方公里。境内气候冷凉、土质肥沃、水源清洁，是发展错季蔬菜的天然基地。矿产资源储量丰富，有金、银、铜、铁等8大类36种；其中，黄金远景储量140吨，磁铁1.2亿吨，褐煤1.3亿吨，玄武岩10亿立方米。风能储量优厚，达到110万千瓦。生态优越，森林覆盖率达44.81%，是河北省天然次生林面积最大的县份，夏季平均气温19℃，空气中负氧离子浓度达到1万个/立方厘米，是城市的10倍，是休闲避暑的理想胜地。冬季年均降雪量60多厘米，累计积雪量达1米左右，存雪期长达150多天，雪质参数均符合滑雪标准，平均气温零下12℃，平均风速2级，山地坡度多在5度—35度，被誉为“华北地区最理想的滑雪地域”。

2011来，崇礼县以科学发展观为指导，大力实施“旅游立县，产业富民”战略，以建设中国雪都和打造东方“达沃斯”为目标，着力构建以健康产业为核心的现代产业体系，全县经济保持了较好的发展势头。全县地区生产总值完成30.2亿元，同比增长14.5%；全部财政收入完成5.01亿元，同比增长56.1%，增速全市排名第一；其中地方一般预算收入完成2.85亿元，同比增长66.1%；全社会固定资产投资完成35亿元，同比增长33.5%；城镇居民人均可支配收入达到14291元，同比增长13.7%；农民人均纯收入达到4481元，同比增长18.3%。

一、项目建设实现突破。突出“全党抓项目，全民抓项目，全面抓项目，全年抓项目”主基调，实行“三方四包”责任制，全年共实施千万元以上重点项目100个，开工项目达到91个，总投资212.4亿元，占项目总投资的73.3%，同比增长41.6%；已完成投资41.2亿元，同比增长17.4%。其中新建项目39个，总投资125.7亿元，完成投资20.2亿元；续建项目52个，总投资86.7亿元，完成投资21亿元；列入省市重点项目13个，总投资145亿元，完成投资28亿元。全县实际利用外资达7000万美元，总量在全市排名第一。

二、旅游产业提档升级。深入推进“旅游立县”战略，万龙、多乐美地、长城岭进一步改造升级，云顶乐园雪场投入运营，亚龙湾国际度假村、梦特芳丹假日酒店、多乐美地酒店式公寓建成运营，旅游商务新区服务设施项目加快推进，全县星级酒店达到9家。成功举办了第十一届中国·崇礼国际滑雪节，先后在北京、青岛、上海、沈阳举办了旅游资源推介会，140多家媒体、350多家旅行社参加，崇礼滑雪的知名度和美誉度进一步提升。全县接待游客106万人次，实现旅游综合收入6.89亿元，同比分别增长27.7%和38.3%。

三、城镇建设成效明显。牢固树立“围绕旅游抓城建，抓好城建促旅游”的理念，致力建设北京周边以滑雪为核心的精品旅游城市，完成城建投资20.3亿元，重点实施了新区建设、拆迁改造、市政基础、景观建设、住房保障五大工程。完成126套廉租房建设任务并实现入住，新开工保障性住房424套，完成1500户农村危房改造；实施了4个联建新区13个村建设工程，完成各类住房、公共设施建筑面积30多万平米，城乡居民居住条件明显改善。探索建立无缝隙管理和16小时保洁制度，使城市管理工作逐步由粗放、动态向精细、常态转变。

四、工业经济提质增效。继续实行县级领导分包重点矿山企业“三定四包”责任制，全县实现工业总产值37.4亿元，同比增长35%。规模以上工业增加值、利税分别完成10.7亿元和7.4亿元，同比分别增长17%和40%。黄金、铁精粉产量分别达到2.5吨和130万吨，两项上缴收入3.05亿元，占财政收入61%。风电产业稳步推进，全县新增装机容量9.43万千瓦，累计装机容量达到31万千瓦，并网发电量达到28万千瓦。民营经济快速发展，预计完成增加值18.6亿元，上缴税金2.5亿元，同比分别增长34%和15%。

五、“三农”工作稳步推进。坚定不移地实施“蔬菜富民”战略，全年新增设施蔬菜4600亩，全县“三品一标”（无公害、绿色、有机，地理标志）农产品认证面积达17.3万亩。坚定不移地实施“龙头带动”战略，市级龙头企业达到13家，新建农业合作组织10个，农业产业化经营率达到71.8%。坚定不移地实施“扶贫开发”战略，启动了新十年扶贫开发工作，投资650万元，帮扶第一批35个重点村发展了特色种养业。坚定不移地实施“生态保障”战略，完成造林13.9万亩，全县森林覆盖率达到44.81%。

六、社会事业取得新进步。大力实施了“富民增收、社会保障、城乡建设、公共事业、生态治理、平安建设”六大民生工程，预计全年财政预算内民生支出将达到2.67亿元，占全年可用财力支出的58.6%。教育事业优先发展，完成投资2000多万元，新建、改扩建各类校舍2.58万平米，全县办学条件明显改善；在全市率先实施寄宿生“蛋奶工程”，并被省教育厅列为“营养餐试点县”。卫生体制改革深入推进，乡镇医改全面完成，加快推进县医院新建工程进度。农村低保、城镇基本养老保险和城镇居民医疗保险范围进一步扩大，新型农村合作医疗参保率达到97%，城镇居民基本医疗保险参保率达到94%，新农保参保率达到97%。民政事业服务中心投入使用，全县五保集中供养达到标准。国防动员和双拥共建、民族宗教、防震减灾、统计、审计、物价、环保、气象、体育、残联、档案等工作也都取得了新的进步。

张家口市察北管理区

张家口市察北管理区位于河北省北部，内蒙古高原南端，207国道与张石高速纵贯全区，2003年8月建区，其前身是河北省国营察北牧场，是前苏联援建我国两个样板农牧场之一。全区总面积373平方公里，辖两乡镇（沙沟镇、宇宙营乡）、五管理处（白塔管理处、石门管理处、乌兰管理处、金沙管理处、黄山管理处），总人口3万人。是“国家级农垦现代农业示范区、省级循环经济示范区、市级现代农业高新技术示范区”三大功能示范区。

2011年全区经济保持平稳较快发展态势。地区生产总值完成14.5亿元，同比增长12%，高出全市平均水平0.5个百分点；固定资产投资完成13.5亿元，同比增长30.3%；全部财政收入完成1.05亿元，同比增长49%，高出全市平均水平25个百分点，提前42天完成全年任务，首次突破亿元大关，其中地方一般预算收入完成4161万元，同比增长56.2%，高出全市平均水平23个百分点；规上工业增加值完成7.5亿元，同比增长22.3%；城镇居民可支配收入达到14518元，同比增长12.8%；农民人均纯收入达到5698元，同比增长12.4%。是经济增速较快、影响力迅速提升、人民群众得到实惠最多的一年。

重项目建设、促产业发展，提升综合实力。大力实施重点项目，扎实开展“项目攻坚年”、“招商提升年”活动，项目数量大幅增加。全年实施3000万元以上项目22个，完成投资13.53亿元，项目规模明显扩大。特别是雪川公司马铃薯产业化、现代牧业万头奶牛养殖场、蒙牛高端奶生产线技改、圣元固态奶粉生产线等项目，夯实了主导产业基础，推进了产业化进程。还有新签订的旅游休闲港湾、风力发电、太阳能发电、太阳能发电组件生产基地等项目继续孕育着新的竞争优势。

大农业经济日益成熟：一是以现代牧业为重点的规模化养殖小区达到15个，组建奶牛合作社和奶牛协会14个，品种改良站点36个、可控奶站49个，规模养殖率达到100%，全区奶牛存栏5万头，鲜奶总产量20万吨；二是随着蒙牛乳业日加工能力160吨的“新养道”高端奶生产线的投产，目前区内四家乳品企业已拥有高中低端生产线30条，形成了以蒙牛特仑苏、新养道、液态奶和圣元配方奶粉、福星奶茶粉为主的29个乳产品品种，日加工鲜奶能力1600吨，形成了辐射周边200公里的乳业经济圈。三是雪川公司订购荷兰先进的薯条、薯泥生产线3条，即可投产，届时雪川将成为集新品种研发、新品种选育、脱毒薯苗培育、良种繁育、微型薯生产、商品薯深加工为一体的综合性农业产业化龙头企业；四是代牧业投资6000万元，引进德国克拉斯牧草机械设备，为订单户从种植、中耕、收割、晾晒、打捆、储存、运输全程机械化作业，成为比种植其它经济作物更有保障的一大产业。目前全区已建成稳定的牧草基地20万亩，年产优质牧草40多万吨。

现代旅游服务业闪亮登场：坚持以旅游业为龙头，把第三产业作为经济跨越式发展的重头戏来抓。依托现代牧业、恒盛牧业现代化牧场和区内14家规模化养殖小区，察北管理区通过推行舍饲禁牧恢复植被，再现了“天苍苍，野茫茫”的草原生态景观。该区引进香港南丰集团总投资5亿元的中国国际马城项目，建设以“马文化”为主题，集马业博览、马主公寓和私家牧场于一体的高端旅游业。引进了北京鹏睿房地产开发公司总投资5亿元开发建设的集草原文化、休闲、避暑、度假、影视基地为一体的国际旅游港湾。启动了察北旅游新规划，同步开发了以察北军马场红色旅游、农业生态绿色观光、奶业文化白色体验为主导的红、绿、白三大特色文化旅游，将生态资源转化为生态生产力。

可再生清洁能源得到充分利用：充分利用可再生清洁能源，在引进中广核一期投资10亿元10万千瓦风电项目并网发电的基础上，又先后引进中广核二期总投资5亿元5万千瓦风电项目、大唐国际发电公司总投资100亿元30万千瓦太阳能光伏发电项目、国电华北公司总投资80亿元的20万千瓦风光一体化项目。目前，该区共规划建设风电项目8个，太阳能光伏发电项目14个，总投资370亿元，年可发电32亿度，续写新型能源开发的新篇章。

抓民生工程、聚民心民意，构建社会合谐。教育教学：率先完成中小学布局调整。投资5000余万元，先后为区中学盖起了2700平方米的综合教学楼，新建了寄宿制小学，将全区1300多名小学生全部集中至此就读，并在全市率先完成学校布局调整工作。硬件建设加速了校园的现代化，让学生充分享受到了优质教育。

道路交通：村村通了水泥和柏油路。投资4473.7万元，新建村村通水泥路114.6公里、柏油路31.4公里、砂石路35公里，使全区公路通车总里程达到181公里，全区通油（水泥）路达到71%，建设农村客运站5个。实现了以区为中心，向周边县（区）辐射的市到县全部油路和县区基本通油路的目标。

医疗卫生：服务体系进一步健全。先后投入资金583万元，设备资金235万元，用于区、乡医院基础设施建设。区医院建成公共卫生、医技门诊、住院三个功能区，病床60张，除基本医疗外，还承担着计生服务站、疾病防控、妇幼保健等多种功能。居民健康档案建档率达20%，“五苗接种率”达到98%；育龄妇女免费服务率100%。

社会保障：真正做到应保尽保。纳入农村低保2180人，城镇低保1777人；投资173万元建成区中心敬老院，入院50人；城镇居民医疗保险覆盖率100%，失业保险参保职工1100人，养老保险参保单位22家，参保职工2805人，新农合参合率达到98%；建立城乡医疗救助制度并扩大范围，发放救助资金57.2万元；2011年发放救灾救济资金113万元。

公共服务：让百姓共享发展成果。新建了总投资4000余万元的以牛作为主题的察北文化广场，乡镇（管理处）、行政村均建有文化广场，安装了健身器材，建成乡文化站3个，农家书屋24个，年均举办各类文体活动14场次；全区有线电视入户率达到100%，数字电视入户率达到60%。

城镇建设：三年大变样越变越新。完成了全区总体规划修编、黄山管理处和沙沟工业园区的控制性详规，初步形成沙沟产业聚集区，黄山乳品工业区、白塔石门风电产业区、乌兰宇宙营光电产业区四大功能分区；完成了173套公租房、廉租房、保障性住房建设；实施了420户垦区危房改造工程；完成了3.5万平方米的房地产开发工程；实施了207国道察北段绿化、硬化、亮化工程和金农路硬化、安民大街拓展改造等路网工程；污水处理场正式投入运行；完成了城区主干道和居民小区的绿化，新增绿化面积18万平方米。特别是张石三期的正式开通，使察北管理区路网通达能力极大提高、城镇品位显著提升，聚集承载能力明显增强。城区人口达到1.5万人，城镇化率提高十个百分点；城区人均居住面积由“十五”末的20m^{2}提高到30m^2。

惠农政策：补贴补到心坎上。2011年共发放农业综合直补资金121万元，农机补贴160万元，良种补贴55万元，节水灌溉设备补助100万元，新建、改扩建奶牛场补贴661万元，奶牛规模场建设资金200万元。每年发放退耕还林粮食补助资金1679万元，项目区3773户13072人受益，农村孕产妇住院分娩每人补助400元；实施生态移民工程，使975人住上新居，改造贫困残疾人危房20户。

张家口市塞北管理区

塞北管理区位于河北省张家口市东北部，内蒙古高原东南边缘。全区总面积267平方公里，耕地面积8056.37公顷，林地3414.92公顷，草地10111.33公顷。辖4个管理处、12个居委会、24个自然村。总人口2.4万，人口自然增长率5.03‰。2011年，全区完成地区生产总值12.34亿元，同比增长16.7%；其中第一产业增加值2.61亿元，同比增长11.4%；第二产业增加值9.12亿元，同比增长19.4%；第三产业增加值0.61亿元，同比增长6.7%；完成财政收入1.21亿元，同比增长19.8%，其中地方一般预算收入0.56亿元，同比增长144.69%，增速排名全市第一；完成全社会固定资产投资12.23亿元，同比增长32.7%；

规模以上工业增加值8.25亿元，同比增长20.1%；社会消费品零售总额0.35亿元，同比增长18%；家庭农牧场人均收入6005元，同比增长18.6元；城镇居民人均可支配收入13416元，同比增长12.9%；职工平均工资21467元，同比增长14.5%；单位生产总值能源消耗比2010年同比下降4%；空气质量二级以上天数累计达到340天，同比增加2.4%。

经济建设跨上新台阶。牢固树立经济工作项目化的理念，紧紧围绕“食品加工、新型能源、旅游服务”三大循环经济产业，重点抓好富民强区的大项目和实体项目，始终保持项目建设的强劲态势。2011年，全区共实施重点项目15项，其中列入省重点3项（冀中能源集团榆树沟煤矿、弘基马铃薯组培种薯产业化示范项目、华电国际西山风电场项目），市重点8项。年计划完成投资9.15亿元，实际完成投资10.77亿元，占年计划的117.7%。弘基马铃薯组培、榆树沟煤矿、“塞北玫瑰城”等一批优化产业结构的重点项目开工建设，弘基马铃薯全粉、恒天烁乳业两大龙头企业的投产运营及塞北西山风电场一期项目的奠基，为塞北管理区培育新的经济增长点，增强产业核心竞争力提供了强有力的保障。同时，通过多次外出洽谈招商，参加5.18廊坊国际经济贸易洽谈会、东盟博览会等招商接洽会议，精心谋划了有助于延伸和完善产业链条、调整产业结构、转变发展方式的招商项目20多个，主动接洽了南京雨润、江苏欣辉食品有限公司等企业40

多家，发放项目宣传册500多本，达成投资意向项目2个。

城镇面貌得到新改观。坚持把加快城镇建设步伐作为提升群众生活品质、提高文明程度和社会管理水平的重要举措，致力打造“特色彰显、功能完备、产业集聚、环境优美”的绿色魅力草原乳城。2011年，实施重点城建工程18项，年计划完成投资0.4亿元，累计完成投资1.1亿元，完成年计划的276%。按照“科学规划、产业兴城、以城促产”的思路，进一步提高规划设计水平，明确城镇发展文化主题、建筑风格，不断完善城镇规划体系，完成了城区建设控制性详细规划。修建了6公里的环城框架路、9条总长26.8公里的“村村通”水泥路，进一步改善了城乡交通状况。新增绿化覆盖面积62332平方米，修建了1条350米的花园式景观道路、1条3000米的林荫式景观大道（闪榆路）、2个绿色达标庭院、1个绿色校园、1个游园广场，进一步美化了城镇环境。完成了弘基写字楼、环境监测中心、假日酒店等建设工程，进一步增强了城镇功能。实施了集中供水、供热、供气管道延伸及生活污水处理厂等建设工程，进一步完善城镇基础设施建设。

社会事业迈开新步伐。把改善民生作为一切工作的根本出发点和落脚点，不断加大投入，拓宽领域，推动社会事业实现了全面发展。率先在全市实行了中小学集中办学，投资520万元完成幼儿园新建工程、青少年活动中心续建工程，配置仪器、器材近3000套件；公开招聘中小学、幼儿教师21名，较好地改善了办学条件，培强了教师队伍整体水平，提高了教育教学质量。投资100万元建成了疾病防控中心，配备救护车、大功率X光机等设备，完成了3个管理处标准化村级卫生室改扩建任务。全力推行农村新型合作医疗制度，参合人数达到2713人，参合率达到95%以上，全面改善了医疗卫生条件，群众就医有了切实保障。投资7533万元实施了文化广场续建、保障性住房、污水处理厂等9项民生工程，人民群众幸福指数得到大幅提升。完成了行政服务中心、联合接访中心、群众工作站“三大群众服务平台”建设任务，为群众畅通诉求、解决难题、化解矛盾搭建了便利平台。

青龙满族自治县

青龙满族自治县位于河北省秦皇岛市北部。2011年，全县坚持以科学发展观为统领，全力以赴稳增长、调结构、控物价、惠民生，高标准完成全年目标任务，如期实现了“十二五”开门红。全县地区生产总值首次突破百亿大关，达到103.6亿元，增长14.2%。全部财政收入完成17亿元，增长57.3%；其中地方一般预算收入完成5.7亿元，增长47.4%。全社会固定资产投资完成62.7亿元，增长35.4%。社会消费品零售总额完成21.9亿元，增长18%。农民人均纯收入达到4418元，增长13.1%。城镇居民人均可支配收入达到18876元，增长12.1%。其中，地区生产总值、全部财政收入、全社会固定资产投资、社会消费品零售总额和工业企业税金等主要指标增速均位居全市首位。

一、始终坚持解放思想不放松，深化县情认识，发展思路得到新提升。坚持学以立德、学以资政、学以兴业。通过不断学习和调查研究，对全县经济社会发展的阶段性定位、主要矛盾和核心竞争力有了更深刻的认识和把握，进一步强化沿海意识、机遇意识和忧患意识，明晰环境立县、产业强县、开放兴县、和谐安县的主体战略和构建“八个新格局”的总体工作布局，明确了“科学跨越、富民强县，全面建设生态型、现代化、民族特色新青龙”的发展方向，坚定了“进军河北三十强，打造冀东地区新的县域经济增长极”的奋斗目标。

二、始终扭住项目建设不放松，强化投资拉动，发展后劲得到新加强。一是狠抓项目推进。大力实施项目建设“十百千工程”，严格实行台账式管理，定期观摩拉练，全力以赴保进度、保工期、保质量。特别是对富贵鸟等重点培育的纳税超亿元项目，多次现场办公、专题调度，亲自跑办，亲自协调，全速推进。全年共开工百万元以上项目252个，完成投资42.3亿元，其中千万元以上项目55个，列入省市重点18个。太阳能电池加工等18个千万元以上项目竣工投产。二是狠抓务实招商。成功举办东北地区招商周活动，签约项目8个，合同引进资金53.5亿元。组团赴北京、天津等地开展小团组招商，吸引了一批战略投资者来青龙对接洽谈传统工业、装备制造等项目。赴台参加两岸企业家论坛，就开发台湾特色商品街项目达成初步意向。全年引进市外资金31亿元，增长90.2%，增速位居全市第一。实际利用外资2308万美元，增长24.1%。三是狠抓园区建设。高标准编制了青龙经济开发区总体规划、产业规划和控制性详细规划，进一步明确了发展战略、产业定位和空间布局。投资8600万元完善园区基础设施配套，青龙经济开发区星干河综合治理项目完成工程量的80%，220千伏输变电工程即将竣工；肖营子物流综合园10千伏专用输电线路投入使用。全年新增入园项目15个，实现主营业务收入71亿元。

三、始终紧盯结构调整不放松，加快转型升级，产业发展取得新突破。一是坚定不移地做强二产。深入开展矿业企业标准化建设，培育了庙沟、富贵鸟、恒拓等一批示范企业。按照“政府主导、市场运作、城投撬动”的原则，加快推进铁矿资源整合，大巫岚—双山子等4个重点片区全面完成，杨明桲、董杖子和凤凰山土地开发整理项目进展顺利，方大集团与天驰矿业公司牵手合作。全年生产铁精粉806万吨、氧化球团303万吨，实现税收11.1亿元。充分发挥临港和资源富集优势，倾力延伸铁业链条，龙汇工程机械制造一期项目竣工投产，山神庙循环经济示范园二期的前期工作取得重要进展。鼓励传统工业改造升级，云冠栲胶等11个技改项目顺利实施。全年新增纳统企业2家，规模以上工业增加值完成33.3亿元，增长24%。二是持之以恒地做特一产。围绕打造京津唐秦绿色农产品基地目标，坚持工业化、市场化理念，大力发展基地农业、设施农业、园区农业和沟域经济。全年新增标准化鸡舍170栋、优质果品基地1.5万亩、中药材8000亩、设施蔬菜1000亩、精品杂粮5000亩。红富士苹果在“第八届中国苹果节”上获得银奖。中红三融肉鸡屠宰深加工等3个项目建成投产。新增省市级龙头企业8家、农民专业合作社32家。三是不遗余力地做大三产。以打造全国旅游名县及秦皇岛旅游第三极为目标，以“满韵清风、生态青龙”为主题形象，推动旅游业大发展、大跨越。全年实施重点旅游项目16个，完成投资17亿元。祖山景区万佛楼续建项目基本竣工，北戴河—祖山景区快速路立项获批。全县接待游客63万人次，实现综合收入3.7亿元。荣获“亚洲金旅奖·最具发展潜力旅游县”称号。加快发展商贸物流业，家惠购物中心、天洋电器商场等大型商贸企业相继开业，“万村千乡”市场工程新改建农家店60家，城乡市场日益繁荣。

四、始终抓住城镇建设不放松，完善基础配套，城乡面貌发生新变化。坚持把加快推进新型城镇化作为改善人居环境、推动城乡统筹发展的重要载体，全年实施重点城建项目32个，完成投资12.9亿元，实现了城镇建设上水平的良好开局。一是城市框架更加清晰。按照中等城市发展目标，科学确定了“组团式分布、金三角架构、一城三区”布局构想。县城重点推进中轴线、北部山区、东部新城和西部新城建设，努力建设繁华舒适的现代化城市新区。大巫岚镇依托青龙经济开发区建设，全力打造新的经济中心、产业中心。高标准编制了县域城乡总体规划、控制性详细规划及建筑风貌和景观设计等专项规划。二是城市功能日益完善。始终把提升承载能力作为城镇建设上水平、出品位的重要抓手，建设了金源街、汇文街和汇源街；完成了城西热源站技术改造，新增供热面积42万平方米；铺设集中供气管道15公里，新增燃气用户3000户；长途汽车站、交警指挥中心、星级宾馆正在装修。三是城市形象不断提升。全年共拆除危旧房屋12万平方米，新增商住楼22万平方米。实施绿色小区、绿色街道创建工程，新增绿化面积4.5万平方米，城区绿地率和绿化覆盖率分别达到39.2%和40.9%。四是新民居建设稳步推进。积极有序推进六型新民居建设，龙王庙乡北干树等10个整治改造型新民居基本完成，七道河乡靛池子成为新民居建设新亮点。2011年被评为全省推进社会主义新农村建设先进县。

五、始终盯住民生保障不放松，加强社会建设，人民生活实现新改善。一是民生工程全面落实。以困难群体为重点，加强就业指导和援助，全年新增城镇就业4380人、农村劳动力转移就业18976人。健全社会保障体系，新农合、城镇居民基本医疗保险参保率分别达到96.4%和99.9%，城乡低保稳步提标扩面，民政事业服务中心主体竣工，83所农村互助幸福院建成投入使用。实施扶贫开发工程，1.2万人如期脱贫，被评为全省扶贫开发工作先进县。解决了3.2万人农村饮水安全和1.3万人临时饮水困难问题。承秦高速公路完成工程量的80%，南外环、八马线控制性工程全部开工，杨三线、上兰线等4条民生路竣工通车，群众出行更加便捷。完成造林绿化8.7万亩，森林覆盖率达到62%。实施4个节能减排重点工程，淘汰3家企业落后产能。二是社会事业不断进步。隔河头初级中学等4个校安工程开工建设，示范性高中8栋教学楼完成主体，满族中学、县城第一幼儿园竣工投入使用。全年共新改建校舍5万平方米，创建市级标准化学校11所。中医院门诊医技综合楼建成投入运营，乡镇卫生院全部实现药品零差率销售。完成4个乡镇综合文化站和142个农家书屋建设，青龙皮影戏被列入全省非物质文化遗产保护名录。创新型青龙深入推进，荣获全国科技进步县称号。三是平安建设成效显著。始终把安全发展摆在“高于一切、重于一切”的位置，全县安全生产形势总体稳定，被评为全省安全生产工作先进单位。深入开展“双打一治”专项行动，严肃查处了一批违法企业和个人，起到了很好的震慑和警示作用。面对罕见的“4·12”森林火灾，迅速反应，精心组织，确保了祖山国有林场和旅游景区安全。高度重视群众、企业来信来访，全年共接待群众来访45批、170人次，批转来信105件，有效解决了一大批信访疑难案件，确保了社会和谐稳定。

唐山市丰南区

唐山市丰南区总面积1568平方公里。辖12个镇、3个乡、1个街道办事处，477个村民委员会、26个居民委员会。总人口525239人，其中农业人口394776人，城镇人口130463人。人口自然增长率4‰。境内耕地面积72.6万亩，人均耕地1.39亩。地区生产总值567.5亿元，人均地区生产总值10.8万元，同比分别增长11.6%和11%。其中第一产业增加值37.1亿元，增长3.3%；第二产业增加值38.49亿元，增长12.7%；第三产业增加值145.5亿元，增长11.2%。三次产业结构为6.5∶67.8∶25.7。粮食总产量26.9万吨，增长2.4%；油料（花生）总产1.9万吨，下降2.2%；棉花总产1.1万吨，下降15.5%。全部财政收入50.4亿元，同比增长19.5%。在全部财政收入中，税收收入完成46.51亿元，其中国税收入29.15亿元，地税收入17.36亿元，分别增长8.3%和35.6%。职工年均工资38579元，年末城乡居民存款余额203.5亿元，增长10.6%。农民人均纯收入和城镇居民人均可支配收入分别达到9422元和21501元，同比分别增长10%。

一、农业产业化扎实推进。完成农业总产值61.3亿元，同比增长6.4%，农业产业化经营率达到67%。形成了种植业以设施菜、优质棉、露地椒、生态林为重点，畜牧水产业以奶牛、生猪、肉蛋鸡、海淡水养殖为重点的特色农业新格局。全年粮食总产量达到26.9万吨，亩产量468公斤，同比分别增长2.4%和4.5%；建成鼎新蔬菜、新源蔬菜、唐山施尔得、大洪食品等固定资产200万元以上的农业产业龙头企业65家，建成农民专业合作社102个，实施投资3000万元以上农业产业化重点项目16个；

肉、蛋、奶、水产品总产量分别达到5.1万吨、2万吨、8.8万吨和6.6万吨。第一产业占三次产业的比率为6.5%。

二、工业经济快速健康发展。截至2011年底，全区共有工业企业3935家，其中规模以上企业127家，外商投资企业23家，世界500强投资企业4家，全部工业完成产值1604.4亿元，同比增长30%。其中规模以上工业产值、增加值、利润分别完成1450亿元、356亿元和70亿元，同比分别增长31.4%、13.2%和16.3%；规模以上工业企业产销率达到96.9%，产销基本衔接。产业结构持续优化，初步建成了钢铁、陶瓷、装备制造、化工、特种线缆、食品加工“六大基地”，形成了产业链接、产品配套、较为完备的区域工业体系。钢铁行业，共有企业28家（其中规模以上22家），从业人员4.2万人，总资产462亿元，2011年完成产值1019.6亿元，实现利润46.8亿元，分别占全区工业总产值、利润的63.6%和57.1%。唐山国丰钢铁有限公司在2011年中国民营企业500强中排列42位，中国制造业500强中排列100位。陶瓷行业，共有企业26家，从业人数1.9万人，总资产33.9亿元，形成了建筑陶瓷、卫生瓷、艺术瓷、日用瓷、工业瓷等多门类的陶瓷产品体系，2011年完成产值31亿元，实现利润3.7亿元。唐山惠达陶瓷（集团）股份有限公司成为全国最大的卫生瓷生产企业，惠达商标荣获中国驰名商标，品牌价值52.86亿元，居同行业首先。装备制造业，现有企业677家，从业人数1.7万人，总资产45.8亿元，主要生产选煤机械、冶金矿山机械、起重输送机械等设备，2011年完成产值98.4亿元，利润3.3亿元。2011年，工业企业以节能减排为突破，以科技创新为支撑，自主创新能力和可持续发展能力不断增强，总投资9.9亿元，实施节能减排重点项目40个，圆满完成省、市下达指标任务，被评为全国科技进步先进示范县（区），并列入国家知识产权强县试点县（区），全年高新技术企业完成产值34.09亿元、增加值16.53亿元，同比分别增长21%和22.4%。第二产业占三次产业的比率为67.8%。

三、三产服务业迅速崛起。坚持扩总量、促提升，培育形成了以旅游业为龙头，以现代物流、餐饮服务、建筑房地产和金融保险业为支柱的新的增长点。唐津运河生态度假区被批准为4A级旅游景区，实现了历史性突破。全区共有完工及在建投资千万元以上第三产业建设项目62个，总投资575.2亿元，累计完成投资119.7亿元，2011年完成投资82亿元。全年完成第三产业增加值145.5亿元，同比增长11.2%。全区商业网点达到14083个，全社会消费品零售总额达到108亿元，同比增长17.3%。第三产业占三次产业的比率为25.7%。形成了集贸市场、批发市场、常日市场、专业市场相配套的服务发展格局，全区各类市场73个，年交易额15亿元。同时，完成全年出口创汇4.5亿美元，实际利用外资完成21743万美元。

四、“一港三区”建设初见成效。唐山港丰南港区是唐山港的重要组成部分，建港区位于黑沿子沙河入海口至涧河陡河入海口之间，岸线长7.2公里。国家交通运输部规划研究院编制的《唐山港丰南港区建港条件及规划方案研究》已经完成，并召开了论证会议。港区规划陆域面积39.27平方公里，水域面积11.51平方公里，码头岸线20.5公里，可建2万吨级以上泊位80个。基本功能和主要发展方向是作为唐山港的重要补充，为后方冶金、装备制造等临港产业服务，发展成为区域综合运输服务的综合性港区。丰南港区已经列入《国家“十二五”口岸开放发展规划》和《河北省综合交通体系建设“十二五”规划》、《河北省海洋经济发展“十二五”规划》。2011年，建设区域海域使用权收回工作全部结束，收回海域15万亩，发放补偿资金5900万元。港区配套工作有序进行，开发建设已经启动实施，投资3.2亿元、双向8车道、全长4.5公里的疏港路竣工通车。沿海工业区，东与曹妃甸新区相邻，西与天津滨海新区接壤，总规划面积130平方公里，已建成区面积10平方公里，累计完成投资13.4亿元，实施了水、电、路、讯、气等基础设施建设。进区建设及储备项目63个，计划总投资1276.12亿元，累计完成固定资产投资105亿元，初步形成了装备制造、精品陶瓷、精品钢铁三大产业基地。经济开区位于丰南城区南端，2000年6月经省政府批准挂牌、2005年12月经国家发改委审核命名，规划面积10平方公里。有投资500万元以上的各类企业73家、外商投资企业6家，世界500强外商企业3家，高新技术企业6家，初步形成以装备制造、高新技术、陶瓷、化工、食品、电子信息等为主的产业格局。小集工业园区，位于小集镇北部，面积20平方公里。目前，园区内共有企业27家，总资产101亿元，从业人员1.1万人，企业主营业务收入230亿元，初步形成了以冶金为主导产业，钢铁压延、机械制造、工业陶瓷等为补充的产业格局。2011年三个园区共有千万元以上建设项目70个，计划总投资235亿元，累计完成投资142.3亿元，2011年完成固定资产投资93.5亿元。唐山惠达陶瓷集团五金洁具、橱柜项目、唐山北方瓷都陶瓷集团有限责任公司高档陶瓷部分项目、百威啤酒（唐山）有限公司二期项目等年内相继完工投产。钢铁、陶瓷、装备制造、化工、特种线缆和食品加工等六大基地建设，全年共有建设项目82个，计划总投资222.6亿元，完成项目36个，在建项目46个，累计完成投资140.5亿元，2011年完成投资94.1亿元。

滦县

滦县古称滦州，位于河北省唐山市东部，总面积1028平方公里，辖12个镇、2个街道办事处，504个行政村、26个居委会，人口55万。2011年，完成地区生产总值317亿元，比上年增长17%，三次产业增加值分别为33亿元、190亿元、94亿元；完成全部财政收入23亿元，比上年增长41%，其中一般预算收入9.24亿元，比上年增长48.4%；完成固定资产投资150亿元，比上年增长50.9%；完成社会消费品零售总额84亿元；单位生产总值能源消耗比上年下降3.9%；全年实施重点建设项目102个，其中投资超亿元项目83个、超10亿元项目23个、超50亿元特大项目3个，14个列入省重点项目；城镇居民人均可支配收入达到21480元，农民人均纯收入达到9048元，分别比上年增长10.2%和16%；县域经济综合实力自2006年以来始终位列河北省30强行列，2011年列第17位。

一、产业结构优化升级。2011年，三次产业结构比调整为10.3∶59.9∶29.8，现代产业体系逐步建立。现代农业。5000亩现代农业示范园区完成投资2.3亿元，进驻11家企业，全县累计建成省级标准化示范场6个，千头以上大型牧场达到46个；引进北京首农集团等龙头企业3家，累计达到62家，农业产业化经营率达到70%；成功培育"燕滦"、"郎红"、"冀生"等河北省著名商标和"宝之福"等知名农产品品牌。立县工业。矿山开采、钢铁冶金、水泥建材等主导产业实现产值144.9亿元，全县规模以上工业企业达到59家，骨干工业企业实现税收11.6亿元。滦县经济开发区、工业聚集区成功获批省级开发区，经济开发区、装备制造产业园等工业园区实现产值267亿元，占全县工业总产值的66.1%。节能减排深入推进，单位工业增加值能耗下降9.15%，二氧化硫排放量、化学需氧量消减率均达到1.5%。第三产业。"滦州古城"被确定为"中国最具国际影响力旅游区"，青龙山风景区被评为"省级风景名胜区"，司家营铁矿被授予"河北省首批工业旅游示范点"，全年各主要景区累计接待游客213万人次，旅游业正在迅速成为滦县经济发展新的增长极。加州商务酒店、政府招待所分别被评定为三星级、二星级酒店，五星级滦州国际大酒店基本完工。庞大集团成功上市，成为滦县本土企业第一家上市公司、国内第一家通过IPO实现登陆A股的汽贸集团，2011年列中国企业500强第152位。

二、城乡统筹协调发展。坚持以工促农、以城带乡，加快城乡一体化进程。中等城市建设初具规模。新城中心区、古城旅游区、响嘡工贸区"三区一河"主城区建成面积达到20.1平方公里，人口达到18万人；"三横三纵"大城区路网框架体系、以县城为中心的"半小时交通圈"初步形成和京津秦"一小时交通圈"初步形成；城区供热、燃气、供水普及率分别达到90%、99%、100%，污水处理厂、垃圾填埋场日处理能力分别达到4万吨和200吨，成功创建"河北省级生态园林县城"。新农村建设扎实推进。累计投入资金17.8亿元，建成新民居示范村16个、改造提升36个，投资5亿元的邢各庄四村联建工程稳步推进；投资2亿元实施文明生态精品村创建、村街道路硬化和"户户通"工程，改造农村公路26条，建成"户户通"工程村60个，新增100个村街道路全部硬化村；全年新增有效灌溉面积1万亩，改善有效灌溉面积3万亩，治理水土流失8平方千米，人工植树造林1.83万亩。

三、改革开放成效凸显。把改革开放作为经济社会发展的活力动力，在更宽领域、更深层次推进改革、扩大开放。稳步推进重点领域改革。深化人事制度改革，公开招录高校优秀毕业生33名；有序推进农村土地承包经营权流转；拨付财政资金8200多万元，落实全县1万多名在职及退休事业单位人员绩效工资；镇级零散税收、综合预算等财税体制改革不断深化。对外开放成效显著。成功举办第二届"走进滦县·携手发展"招商洽谈会，在福州、北京、深圳等地积极开展系列招商活动，签约项目20个；全年实际利用外资2850万美元，出口创汇2826万美元。被中国民协命名为"中国滦河文化之乡"，建立了"中国滦河文化研究中心"，成功举办了首届"中国滦河文化节"和辛亥滦州起义100周年纪念活动，荣获"中国最具投资价值旅游城市"称号，滦县的知名度、美誉度和影响力显著提升。

四、社会事业全面进步。2011年投资18.6亿元实施10件、26项实事工程。投资5300万元的龙山初级学校新建工程全面完工，顺利通过省普及高中阶段教育评估验收。12所镇卫生院实现481种基本药物零差率销售；扎实开展"健康滦县、幸福人民"行动，对45岁以上农民和城镇无业居民免费体检23.9万人次。全面加强人口计生工作，顺利通过省级计划生育优质服务先进县验收。新农合参合率、新型农村社会养老保险参保率、城镇居民医疗保险参保率分别达到98%、96%和100%；城镇低保标准由每人每年310元提高到363元，农村低保标准由每人每年1540元提高到1900元；216套廉租房和135套经济适用房建成入住，660套保障性住房启动建设。成功承办两场全国乒乓球超级联赛，滦州皮影、滦州剪纸列入市级第二批非物质文化遗产名录，大力弘扬和践行"明礼、兼融、创新、图强"的新时期滦县人文精神，保持了社会和谐的良好局面。

唐海县

唐海县位于河北省唐山市东南。2011年，有陆地面积732平方公里，海域面积228平方公里，海岸线总长9.1公里。全县下辖10个农场、2个海水养殖场、一个建制镇——唐海镇和一个托管镇——柳赞镇（2010年1月起，滦南县柳赞镇在行政区划不变的前提下，由曹妃甸新区整体托管，曹妃甸新区责成唐海县履行管理职能）。共99个自然村（含柳赞镇5个），总人口156907人（含柳赞13354人），全年人口自然增长率1.72‰（含柳赞镇出生、死亡人口数）。全年完成地区生产总值85.92亿元，比上年增长8%，其中，第一、二、三产业增加值分别完成15.8亿元、36.06亿元和34.06亿元，分别比上年增长6%、50.%和11.6%。一、二、三产业结构为18.4∶42∶39.6。全部财政收入10.86亿元，比上年增长17.1%，其中，县级一般预算收入6亿元，比上年增长21.3%。县级一般预算支出9.93亿元，比上年增长22.3%。全社会固定资产投资10.62亿元，比上年增长

24.3%。城镇居民人均可支配收入19990元，比上年增长8.2%。农民人均纯收入10281元，比上年增长15%。职工年平均工资38854元，比上年增长22.5%。金融机构年末各项存款余额136.6亿元，其中，城乡居民存款余额59.2亿元。全县实现社会消费品零售额20.8亿元。全县实际农作物种植面积35.2万亩，其中，水稻种植面积28.5万亩。粮食总产量19.66万吨，比上年增长2.3%。生猪出栏23.5万头，比上年增长3.1%。落实海淡水养殖面积16.78万亩，比上年增长9.4%。海、淡水产品总产量6.64万吨，比上年增长4.5%。全县农林牧副渔总产值30.2亿元，比上年增长6%。全县民营经济实现增加值64亿元。单位工业增加值能耗1.033吨标煤，比上年下降15.15%。城市空气质量二级天数达333天。

一、农业现代化建设加快。深入推进《唐海县现代农业建设三年大提升实施方案》，全面落实《临港现代农业发展规划》，促进农业规模化生产、机械化作业和产业化经营。2011年，全县实际农作物种植面积35.2万亩。生猪、牛、家禽存栏稳定增长。通过农业内部结构的调整和产品品种优化，完成农林牧渔业总产值30.2亿元，比上年增长6%。通过土地流转等方式，促使效益田集中连片规模经营、园区高效经营。全县种植大户明显增多，农业规模化生产步入新阶段。全县1000亩以上的种植大户有14家，规模养殖园区60个。立足特色产业，培育龙头企业，全面带动产业结构优化升级。全县培育28家规模以上农业产业化龙头企业，其中市级农业产业化龙头企业8家。

二、临港产业聚集区建设取得突破发展。加快推进园区开发建设和项目集聚，推进优势产业落户园区，逐步形成定位清晰、分工合理、特色明显、优势互补的产业发展新格局。唐海临港工业园区入区项目36个，投资规模超过250亿元，被确定为首批省级物流产业聚集区和省级工业园区。城西经济区引进机械制造、零部件加工、设备维修、装备制造等企业34家。其中，完工投产企业达20家，年产值6.1亿元，利税3720万元。工业经济实力逐步增强，2011年，全县规模以上工业企业完成工业增加值13.97亿元，比上年增长6%。

三、新经济增长点逐渐显现。瞄准曹妃甸建设需求，突出发展服务业，以发展旅游休闲、现代物流、会展经济等产业为目标，不断壮大现代服务业，培育县域经济新的增长点。全年实现第三产业增加值34.06亿元，比上年增长11.6%。传统服务业稳步提升。积极推进传统服务业，以县城为重点，房地产开发、餐饮住宿、商贸流通、交通运输业发展迅速，完成增加值20.7亿元，比上年增长12%。现代旅游业扎实起步。抢抓唐海县旅游资源纳入京东旅游环线、环京津休闲旅游产业带等重大机遇，立足“融入新区，一体发展”，全面加强自身建设，开发精品旅游线路，加快实施大中华集团湿地旅游开发等项目，全力推动“湿地游、港口游、工业游、现代农业游”为特色的旅游产业发展，加快建设滨海湿地旅游聚集区。现代服务业势头强劲。依托项目载体，积极调整优化服务业结构。全年共完成重点服务业项目投资达11.3亿元，其中，大昌物流、唐山百货大楼唐海分店等项目已投入运营，北方钢铁物流、瑞莎潮流城等项目已开工建设；渤海国际汽车城、兴海名都等新兴、高端服务业项目进展顺利，有效带动了全县服务业的发展，促进了全县产业结构的优化升级。

四、项目建设稳步推进。2011年，全县共谋划实施项目142项，计划总投资936.7亿元。投资亿元以上的项目共88项，其中，投资5亿元以上的38项，投资10亿元以上的22项。大项目明显增多，亿元以上项目占据主体地位。（一）重点项目建设。全县共安排重点建设项目109个，计划总投资796.8亿元，年内完成投资91亿元，其中续建项目28项，新开工项目57项，前期项目24项。已有64个项目开工建设。其中，河北节能、奥丰板材、华韩泡沫铝、文丰环件锻轴等18个项目完工或部分完工。上汽绿色能源汽车、大中华国际水都综合开发等项目开工建设。华电热电联产、首钢长白二期、万亨机械等项目进入前期，成为拉动县域经济增长的重要支撑。（二）“十二五”项目谋划与储备。全县共有18个项目列入唐山市“十二五”重大项目计划，有18个重点项目列入河北省海洋经济发展“十二五”规划。（三）中央投资项目。全年申报中央资金项目共计25个，其中已下达投资计划的项目14个，累计总投资3.2亿元，下达中央资金8587.5万元，省级资金3451.5万元，市级资金338万元，三级资金合计达到1.2亿元。

五、城市建设稳步实施。全县谋划实施城建项目39项，已开工31项，完成投资38.8亿元。其中，环城路网连接线工程已经竣工通车，二保检测站项目已经建成投入使用。小康西里、庆丰里棚户区改造回迁安置房主体已全部封顶，正在进行内部装修。全面加强城市管理，推行市政公用基础设施维修维护、城市绿化维护、居住小区卫生保洁的市场化运作，市容市貌和城区道路交通环境得到进一步改善。

六、社会事业全面发展。把改善民生作为推动科学发展的根本，大力实施为民办实事工程，努力提高人民群众的生活品质。文化教育方面，高考二本上线率保持全市首位，新二小、三中落成并投入使用，综合办学条件达到全市一流水平。医疗卫生方面，深入推进“健康唐海、幸福人民”行动，场镇卫生院和村队卫生室标准化率达到95%以上。继续实施城镇居民大额补充医疗保险制度，每人50元的参保资金全部由县财政支付；新农合筹资标准由300元/年人提高到310元/年人，建立了新农合大额补充医疗保险制度，大病报销提高到最多30万元。社会保障方面，截止到12月底，完成了场镇居民养老保险调标工作，场镇居民基础性养老金提高到155元/月人，参保率达到98%。全县享受低保对象5559人，累计发放最低生活保障金1482万元。劳动就业方面，不断加强职业技能培训，做到经济发展和劳动力就业相互促进、协调同步。实名制劳务输出8000余人次，城镇登记失业率控制在3.8%以内。计划生育方面，不断加强计划生育工作，

全县政策生育率98.88%。经济社会的全面发展，推动了人民生活水平的提高，城镇居民人均可支配收入达到19990元，比上年增长8.2%；农民人均纯收入10281元，比上年增长15%。

中共唐海县委书记：刘建立（中共唐山市委常委、曹妃甸新区党工委书记兼管委会主任、曹妃甸工业区党工委书记兼管委会主任）

县人大常委会主任：丁国富

县人民政府县长：李建新（2011年8月免）

崔武成（2011年8月代县长）

县政协主席：王金生

廊坊市广阳区

2011年，廊坊市广阳区地区生产总值130.5亿元，年均增长40.2%；全部财政收入32.4亿元，位居廊坊市第三，年均增长25.4%。其中，地方一般预算收入10亿元，年均增长29.1%；社会消费品零售总额90.1亿元，年均增长57.3%，总量位居全市第一；全社会固定资产投资92.9亿元，年均增长26.8%。全区综合实力持续增强。

2011年，三次产业结构为8.2∶35.6∶56.2；第三产业完成税收21.6亿元，占全区税收收入的66.7%；三产项目总投资358.6亿元，占全区实施项目投资总额的90%。建成建业大厦、天利得益、金属大厦、圣泰财富中心、壹公馆等商务楼宇；建成万达广场、新朝阳购物中心、新源天街商城、乐都新天地、新华路地下商业街、恒翔多功能购物中心等城市综合体和大型商场；引进希尔顿酒店和沃尔玛、家乐福、乐购等国内外知名企业；周各庄商圈和汽贸一条街日趋繁荣。

农业产业化。2011年，农业产业化经营收入4.9亿元，全区有省市级重点龙头企业28家，注册11个国家级农业品牌，发展农民合作组织74个，农业产业化经营率56%。生态采摘、休闲观光、旅游餐饮业方兴未艾。其中，金丰农科园入选中国农业园区十大名园。广阳区成为全省首家与中国农科院合作共建的现代农业综合示范区。

招商引资。2011年，广阳区项目建设实现历史性突破，引进香港新世界、万达集团、远洋集团和全球第二大上市工业地产集团嘉民集团等国内外集团、公司。2011年，全区引进域外资金19.2亿元；项目建设累计完成投资109.7亿元；建成30个亿元以上项目，总投资63.1亿元。启动投资200亿元的国寿（廊坊）生态健康城和投资72亿元的国际农展观光博览园等立区项目；推进投资超10亿元的北京建工集团环境修复中心、国电廊坊热电厂等项目建设；开工建设投资4.1亿元的威航物流中心、投资15.3亿元的中石油管道压缩机组维检修中心等省重点项目。

园区建设。园区建设实现历史性突破，以环首都绿色经济圈建设为契机，规划"四园区、三基地、一新城"。广阳产业聚集区、新兴产业示范区、国际科技智能产业园区和现代物流园区申列为省级园区。产业聚集区拥有年供燃气2亿立方米的燃气资源。建成国电廊坊热电厂，满足园区企业热力需求，广阳产业聚集区成为全省乃至全国最清洁的园区之一。各园区谋划建设项目51个，总投资1686亿元。

民营经济。2011年，全区个体和民营企业2.6万家，上交税金27亿元。先后入驻河北银行、沧州银行、兴业银行、光大银行、交通银行等域外银行，全区有各类银行营业网点98个，发展小额信贷公司5家，广阳区成为全市实力最强的金融聚集区。

城乡面貌。配合全省城镇建设"三年大变样"、"三年上水平"，城建拆迁签约速度、单日签约、拆迁速度和拆迁规模在省考核中获得满分佳绩。累计拆迁350万平方米，占市区拆迁面积的60%，整合可用土地420万平方米。先后启动周各庄、董家村等城中村、旧城改造项目22个，14个城中村、旧城改造项目完成拆迁；完成京沪高铁、廊万路、光明西道、光明东道、金光道、迎宾大道提升改造、三路贯通（新开路、建设路、永兴路）、商业中心一期、交通中心等市区重点工程拆迁任务；建成周各庄、小廊坊、董家村等回迁楼；加快建设广阳CBD、浙商广场、新福家生活城等城市综合体和大型商场。

新农村建设。2011年累计投入资金7000余万元，新建60个文明生态村，获批省级新民居建设示范村12个，新建公路140.3公里，沼气池建设惠及66个村街4758户，新增绿化面积2.2万亩。

社会民生。城镇居民人均可支配收入和农民人均纯收入为24034元和8768元，年均分别增长14.5%和12.7%。实施安全饮水、有线电视村村通、危房改造、农村书屋等惠农工程。投资2.4亿元新改扩建中小学校10所，实现城乡免费义务教育。城乡基本养老和医疗保险覆盖面不断扩大，新型农村合作医疗实现全覆盖，新农保、城保成功申列为全国试点并全面实施。建成全市首家残疾人庇护中心、民政事业服务中心和居家养老服务中心。成功举办全市首届社区文化艺术节。广阳区连续3届被评为"全国科技进步考核先进区"，专利申请量与授权量连续5年位居全市第一。创建精品特色社区35个、星级社区41个。新源道街办处被命名为"全国和谐社区建设示范街道"，并获得全省唯一"首届全国社区工作自主创新成果百花奖"特等奖；金桥社区荣获"全国和谐社区建设示范社区"称号。安全生产工作连续五年被市政府考核为优秀，食品药品安全、社会稳定工作得到加强。

廉政建设。深化政府职能转变，着力优服务、提效能、强保障，不断增强政府执行力和公信力。深入开展"创先争优"、"效能廊坊"活动，强化行政监察和审计监督，严格实施效能督查问责，政府效能得到明显提升。厉行勤俭节约，开展"小金库"、公务用车等专项治理，保证了公用经费连续5年不增加。深化行政权力公开透明运行，积极推进惩防体系建设，主动接受人大法律监督、政协民主监督和社会舆论监督，办理人大建议118件、政协提案 239 件，塑造为民、务实、清廉的政府形象。

中共廊坊市广阳区委书记：尹广泰
人大主任：王春明
区　　长：陈　斌
政协主席：张宝兴

霸　州　市

2011 年，霸州市坚持用发展的方法解决发展中的问题，创新思路、强化举措，全力推进经济社会结构战略转型进程。2011 年，全市 GDP 完成 293 亿元，同比增长 13.1%；财政总收入完成 29.01 亿元，同比增长 23.3%；城镇居民人均可支配收入达到 24983 元，同比增长 12.8%；农民人均纯收入达到 9638 元，同比增长 21.7%。先后被评为全国生态文明先进市、全国科技进步先进市、全国无障碍建设城市、河北省知识产权优势市、河北省产品质量提升工作先进市、河北省“双三十”节能减排目标考核优秀单位和环境保护目标管理优秀单位，成功创建省级园林城市、省级卫生城市。

一、抓经济上项目，全力推进经济社会发展

项目建设提质增效。坚持把项目工作作为推动政府全部工作的核心和主要抓手，运作 10 亿元以上项目 48 个，总投资 1301.6 亿元。争列省重点项目 17 个。在建亿元以上项目 90 个，超廊坊任务 10 个。从项目构成看，传统产业项目数量占比下降 12 个百分点，高新技术、装备制造和现代服务业项目数量占比达到 41%，同比提高 15 个百分点。

园区经济迅速崛起。霸州金属玻璃家具产业园、津港工业园入围首批省级工业聚集区，其中霸州金属玻璃家具产业园被河北省确定为产业示范集群，并荣获中国家具优秀产业集群奖；津港工业园升级为省级经济开发区，霸州开发区被评为省开发区新兴产业发展五强。依托园区，引进了沃尔玛、帝斯曼等一批世界 500 强企业。实际利用外资 1253 万美元，比上年增长 40.5%。达利食品、吉利产业基地等行业领军项目先后动工。

民营企业加快升级。以节能减排力促产业升级，集中治理东部区域环境，关停违法排污企业 208 家，万元 GDP 能耗下降 4.25%。推进民营对标发展，培育省级对标示范企业 2 个；前钢入围全国民企百强，“梅花”登陆 A 股资本市场，福兴彩包 BOPP 技改等项目竣工投产；实施“质量兴市、名牌兴企”战略，获批中国驰名商标 2 件、河北省著名商标 8 件、河北省名牌 1 件，争荣食品被商务部评为“中华老字号”企业；2 个项目获国家科技创新基金支持，科达机电晋级中国科技创新型中小企业百强。引导企业“走出去”，新增涉外投资企业 1 家，总数达 5 家，位居全省扩权县第一；依托省级出口基地实现出口总值 5.4 亿美元，增长 184%，增幅居全省扩权县第一。

二、抓管理上水平，全力提升城市建设品位

城建品质大幅提升。以“三年上水平”为统揽，不断提升城市建管水平。编制完成了霸州市城乡总体规划和市域绿道系统规划，乡镇、村庄规划体系进一步健全。以路、电、气、暖、给排水、垃圾处理为重点，实施了 12 项市政工程。对市区环境进行了综合整治，城乡结合部面貌大幅提升。启动了环城绿网工程，城市建成区绿化覆盖率达 42.2%。完善了城中村和旧城改造的政策体系，启动 10 个城中村和片区改造项目，完成拆迁面积 31.45 万平米。改善旧小区 1 个。建成各类保障房 405 套。数字化城管网格管辖区达到 8 平方公里。霸州荣获省人居环境进步奖。

农村工作成效显著。翻修改造农村公路 30.9 公里；改造 82 个村街电网；完成信安污水处理厂主体工程；发展管道节水灌溉面积 4.95 万亩，更新配套机井 315 眼；天然气管道延伸至 14 个乡镇。稳妥推进新民居建设，56 个省级示范村累计完成投资 17.2 亿元，建成多层住宅 197 栋、高层住宅 16 栋，入住 4935 户。建成燕赵新民居 19 栋。胜芳镇被评为全国文明村镇。粮食生产稳中有升。“胜芳蟹”入列河北水产品六大知名品牌，并成为全省唯一通过农业部认证的地理标志水产品牌。发展农村小微企业 453 户。转移农村劳动力 2.1 万人次。农民工资性收入占比超过 80%。

三、抓民生促和谐，全力提高人居生活品质

牢固树立以人为本的理念，特别是在经济形势严峻的情况下，始终把解决好群众最关心、最直接、最现实的利益问题摆在突出位置，不断加大改善民生和社会事业发展力度，让广大群众充分享受改革发展成果，不断增强人民群众的幸福感。

文化建设纵深推进。发掘文化遗产，6 项入选河北“非遗”保护名录。新建精品文化大院 10 个，文化信息资源共享站点覆盖率达到 70%；市文化馆被评为国家一级馆，霸州入选首批创建国家公共文化服务体系示范项目。建成了国内首家门球培训基地。启动了农民体育健身示范县工程，成功承办省第七届农运会和青少年艺术体操锦标赛，霸州海润俱乐部荣膺年度中国乒超联赛男团亚军，霸州市荣获全国全民健身先进单位称号。华夏民间收藏馆入选“2011 代表河北旅游的 30 张名片”；胜芳古镇、华夏民间收藏馆获评 3A 级景区，国家 A 级景区增至 5 个。胜芳镇被命名为河北省历史文化名镇。张家大院被列为河北省红色旅游景区。新增旅游线路 3 条，建成特色乡村旅游点 17 个。保持了全国文化先进市、全国群众体育工作先进市称号。

民生福祉持续改善。以创业促就业，城镇登记失业率控制在 0.1%以内。新农合参合率达 99.5%，大病统筹年度报销封顶线提至 6 万元。建立优待金自然增长机制。新农保和城镇居民社会养老保险稳步推开。改造各类农村危房 190 户。为 180 例贫困白内障患者实施了免费复明手术，免费开展残疾人职业技能培训，安置残疾人就业 1553 人。学前教育加快普及，义务教育均衡发展，职成教育不断提升，高考成绩名列廊坊市前茅，校舍安全工程全面推开，被评为河北省义务教育均衡发展先进市、河北

省教育工作先进市。继续稳定低生育水平，出生人口性别比控制在正常值范围内。安全生产和食品药品安全管理全面加强。启用了“天网覆盖”和“立体防控”工程，“平安霸州”建设成效显著，被评为河北省“五五”普法先进市。

三 河 市

三河市位于河北省廊坊市北，西北和北部与北京市接壤，东部与天津市毗邻。2011 年，三河市以科学发展观为指导，围绕“建设繁荣幸福新三河”的目标，遵循“高点起步、强势开局”的主基调，强力推进大开放、大建设、大发展，较好地完成了年初确定的目标任务。

1. 把握发展主题，综合实力显著壮大。2011 年，地区生产总值 376.2 亿元，增长 9.2%；财政收入 56.9 亿元，增长 25.7%，其中，地方一般预算收入完成 35.8 亿元，增长 26.9%，继续稳居全省首位；全社会固定资产投资 256.3 亿元，增长 23.6%；规模以上工业企业已发展到 176 家，实现增加值 145.8 亿元，增长 18%；社会消费品零售总额 87.9 亿元，增长 17.3%；城镇居民人均可支配收入 26020 元，增长 13%；农民人均纯收入 10613 元，增长 23.1%；唯一连续三次被评为廊坊地区 AAA 级金融生态市，连续 4 年存贷比突破 100%；新发展中国驰名商标 1 枚，总量达 4 枚，位居廊坊第一。三河市成为河北省经济发展最具活力、最具潜力、最具竞争力的县市之一。

2. 注重项目建设，产业结构持续优化。积极开展“项目质量建设年”活动，以高端项目推动高端发展，把项目作为调整产业结构突破口，把高新技术产业和现代服务业作为主攻方向。全年竣工及在建亿元以上项目 103 个，总投资达 848.1 亿元，增长 29.6%，本年完成投资 235.4 亿元，增长 22.3%。晶龙太阳能电池、新宏昌专用车生产、明和汽车配件等 62 个亿元以上项目竣工投产。成功申列省重点建设项目 15 个，争取并获批新增建设用地指标 5648 亩，位居全省县（市、区）之首。新增高新技术企业 6 家，全市高新技术企业产值达到 47.7 亿元，获评“全国科技进步考核先进市”。产业结构进一步优化，三次产业比 7.8：60.1：32.1，工业、服务业已成为强市之本。

3. 突出园区引领，平台建设再创新绩。燕郊高新区，正式挂牌，完成北部科学城控规成果、南部健康城空间发展规划、102 国道南移规划设计、燕郊西出口交通规划等规划编制工作，实施了思菩兰西路拓宽改造、燕昌路北延等道路工程，完成 8 个重大项目约 1.5 万亩的征地拆迁工作。有研总院、汉能全球研发中心、东方国际创业园等 11 个投资 30 亿元以上大项目成功落地，为三河实现“两个率先”增添了动力。工业聚集区，成功获批省级园区，收储土地 2823 亩，实施了九徐路、通用磨坊路、新园街西延等道路建设，超前启动热力、污水处理、供电等配套工程，世界 500 强美国蓝雷乳制品加工项目等 16 个千万元以上项目签约，项目总投资 75.2 亿元。三河经济开发区，成为省级开发区，国家级矿山环境恢复治理项目正式启动，采矿企业整治基本完成，22 家中标企业中 21 家通过整改方案评审，19 家通过试生产验收。依法取缔的 75 家制砂粉灰企业和非法粉石企业无一反弹，盗采、盗挖行为得到有效遏制。农业科技园区，被农业部认定为全国第一批国家农业产业化示范基地，启动了观光农业基地建设，现代农业、观光农业发展优势进一步显现。“四大园区”错位竞争、高端发展的态势初步形成。

4. 强化环境建设，城市建管成效显著。按照“城镇建设三年上水平”的要求，围绕东西市区城市建设，投资 20 多亿元，撬动社会资金 120 多亿元，启动和实施鼎盛大街改造、南环路景观改造、燕顺路景观改造、燕郊植物园等建设工程 300 余项，城市配套日臻完善。大力开展了环境综合整治及绿道工程建设集中行动，推进城市绿化、美化、亮化、硬化，重点区域、重点部位环境状况明显改善，城市绿地率达到 36.9%，绿化覆盖率达到 41%，人均公用绿地面积达到 10.8 平方米。市文化中心主体竣工，文化广场投入使用。市人民公园、燕郊公园分别被评选为省级“四星级公园”、“三星级公园”；投资 6500 余万的洵河城区段综合整治工程被建设部授予“中国人居环境范例奖”。东西市区全部推行了数字化城管系统，实现精确、高效、全方位覆盖的城市管理模式。

5. 巩固“三农”地位，新农村建设进展明显。全市粮食播种面积 57.3 万亩，总产量达 25.3 万吨，连续 8 年实现丰产丰收；全面落实各项惠农政策，发放粮食直补、综合直补、良种补贴、农机具补贴等补贴资金 5418 万元；全国小型农田水利重点县项目顺利启动，新增高效节水灌溉面积 4.6 万亩；被评为全国首批“平安农机”示范县，全市农业产业化经营率达到 69.7%；新申报绿色食品认证 2 个，申报无公害农产品产地认证 4.5 万亩，无公害农产品认证 12 个；新增专业合作社 6 个，农民专业合作经济组织总数达到 56 个，带动农户 1 万多户；扎实推进了 6 个村的新民居和 21 个村的文明生态村建设；对 74 条农村道路进行了改造，总里程 132 公里，受益村街 110 个；转移农村劳动力 4.1 万人次。农民生产生活方式得到较大改善和提升。

6. 追求民生普惠，社会大局和谐稳定。启动了“十有民生行动计划”，得到了中央、省、市的高度关注和群众的普遍拥护。全年投入民生资金 22 亿元，切实解决了一批人民群众最关心、最直接、最现实的问题。保险工作实现跨越，城乡养老保险顺利启动，养老金待遇水平全省第一，参保率 97.3%，超过省规定 7.3 个百分点。就业进一步扩大，全年新增就业岗位 8736 个，安排下岗失业人员 1687 人，帮助“4050”人员实现就业 641 人，城镇登记失业率 1.57%。教育事业快速发展，完成 17 所中小学新建、改造工程，成功举办首届中国农村教育论坛，被命名为“全国农村教育综合改革实验区”。文化事业繁荣发展，完成 3 个镇综合文化站达标升级和 100 个村街文化信息资源服务点建设；为10个居民小区及公共活动场所、30个村街安装健身路径。卫生事业稳步推进，新农合提质扩面，筹资水平全省第一，住院补偿最高支付限额提高到10万元。公共卫生服务水平得到提高，市镇村三级公共卫生网络、医疗救护网络、妇幼保健网络不断深化，市医院综合门诊楼、急诊医技楼新建项目正式启动。社区建设得到加强，社区居委会、社区服务站、楼门院长分别达到73个、59个、641名。城乡低保五保、医疗救助、计生奖扶等补助类资金全部高标准足额发放到户。为144户农村特困户、重点优抚对象和贫困残疾人改造、新建住房398间。扎实做好人口计生工作，低生育水平得到巩固，被国家人口计生委授予“全国阳光计生行动示范单位”称号。重视信访工作，强化社会治安综合治理，安全生产形势向好，食品药品市场规范有序，保持了社会大局和谐稳定。

固 安 县

固安县隶属河北省廊坊市，位于京津冀核心部位，是首都“零距离”县之一，与北京市大兴区仅以永定河相隔，距北京天安门50公里，是河北省环首都绿色经济圈建设的一个重点县份。固安古有“天子脚下”之称，今有“京南第一县”的美誉。全县幅员面积696平方公里，辖12个乡镇、5个园区，1个街道办事处，419个行政村，耕地65万亩，人口43.3万。固安域内，京九铁路、106国道、大广高速公路纵贯南北，有“北京新七环”之称的涿密高速公路及省道廊涿公路横穿东西。固安地热资源充沛，地热总面积120平方公里，出水平均温度80℃以上，是国内最好的一类富热田。矿泉水资源分布在境内地下300至800米处，是国家地矿部门认定的优质矿泉水，已有万悦、柳泉、路缘泉等品牌矿泉水畅销市场。其中，“万悦”牌矿泉水为中南海特供饮用水。

2011年，全县地区生产总值完成77亿元，同比增长11.7%；财政收入完成13.28亿元，同比增长56.3%；全社会固定资产投资完成75.8亿元，同比增长48%；规模以上工业增加值完成16.1亿元，同比增长18%；城镇居民人均可支配收入达到19882元，同比增长12.7%；农民人均纯收入达到8058元，同比增长19%，均达到或超额完成了年初计划，顺利实现“十二五”良好开局。

一、项目建设稳步发展。抢抓环首都绿色经济圈建设及北京城南行动计划实施的有利契机，明确把大项目作为主攻方向，结合固安已有的产业基础，坚持面向北京承接辐射，背靠北京吸引转移，大力推进产业招商、配套招商、园区招商、以商招商。同时，为更好的承接长三角、珠三角等地区产业转移，分别赴上海、武汉、珠海、深圳等地进行招商活动，进一步延伸招商触角、扩大招商范围。全年签约千万元以上项目200个，总投资873.4亿元，增长13.4%。实施建设千万元以上项目243个，总投资329.1亿元，增长69.7%。争列省重点项目14个，数量居全市前列。并且，按照老园区上水平、新园区快起步的原则，不断壮大园区平台，集聚整合优质要素，着力打造特色各异、功能互补、覆盖全县的园区发展集群。固安工业区整体水平不断提高，全年完成财政收入5.2亿元，增长34.6%，占全县财政收入的41.1%。温泉商务产业园区、新兴产业示范区、现代物流园区加快建设，相继被批准为省级园区，全县省级园区数量达到4家。此外，廊坊市政府与中关村科技园区管委会携手合作，将于大清河产业园区共建固安中关村高新技术产业基地，作为承接北京乃至世界高端产业转移的战略平台，打造新的经济增长极。

二、城市面貌有效改观。按照五年内城市整体扩容达到30平方公里、人口规模达到30万左右的目标要求，聘请中国城市规划设计研究院、清华大学建筑设计研究院等知名规划设计单位，组织开展了县域城乡总体规划、城市总体规划修编等15项规划的编制工作，为高标准建设提供引领和依据。同时，不断加大规划检查、执法力度，确保规划的刚性，做到“规划即法，执法如山”。并且，启动了总投资130多亿元的96项城乡建设重点工程，城市客厅综合体、3000亩森林公园、城区休闲广场等工程加快推进。

三、新农村建设有力推进。总投资10亿元、占地1万亩的农业休闲观光基地正在稳步推进，围绕固安工业区、温泉园区和城市重要节点种植薰衣草150亩、油葵2250亩。创建蔬菜种植专业合作社22家，完成绿色、无公害蔬菜认证51个。目前，与中央党校、北京京客隆、呷哺呷哺集团等多家大型企事业单位、超市、餐饮企业建立了稳固的产销关系，2011年10月4日，中央电视台《焦点访谈》节目以《发展的固安，从菜园子到菜篮子》为题对固安蔬菜专业合作组织及品牌蔬菜农超对接进行了专题报道。同时，围绕进一步提高农村基础设施建设水平，启动了农村路网、电网、燃气网等工程建设。其中，总投资1.83亿元、全长54.8公里的固雄、东高、牛新三条农村公路已全部竣工通车，进一步畅通了县域之间的通道、加强了固安与周边地区的联系。总投资4200万元的农村电网改造升级工程已全部完成。总投资3200万元、从永清气源点到城区的燃气管线建设工程已进入实质建设阶段。

四、民生工作扎实推进。社保扩面工作。2011年，全县养老、医疗、工伤、失业各项社会保险共征缴社保基金1.93亿元，发放各项保险待遇1.97亿元，新增参保3113人。新型农村和城镇居民社会养老保险工作进展迅速，目前，参保率达到92%。医药卫生体制改革工作。已在全县所有政府举办的卫生院实行了基本药物零差率销售，落实了绩效考核制度。同时，启动了60所村卫生室一体化试点工作。新农合工作。新农合参合率超过90%，累计补偿51万余人次，补偿金额达到3150万元。城乡医疗救助工作。在全市率先开展了城乡居民医疗救助“一站式”即时结算救助服务工作，累计发放救助金26.7万元。保障性住房建设工作。继续大力推进廉租住房、经济适用住房、公共租赁住房建设，同时，积极谋划400套限价商品房建设。目前，各类保障性住房已开工2145套。固安县保障性住房工作处于全市领先水平。城区供水工作。谋划启动了总投资3862万元、占地40.32亩的县城供水一期工程。目前，水厂厂区土建工程主体基本完工。校舍安全工作。投资1669.7万元，对12所中小学校舍进行维修、改造，新扩建面积达19401平方米。就业再就业工作。2011年，全县城镇新增就业岗位4000个，下岗失业人员实现再就业930人，农村富余劳动力向非农产业转移8330人。维权工作。实行劳动用工备案制度，严格执行农民工工资保障金制度。共收取47家建筑企业工资保障金2014万元，追缴拖欠农民工工资5007万元。残疾人帮扶工作。为100名白内障患者免费实施了复明手术；通过“爱心超市”救助贫困残疾人194名；安置残疾人就业20人。孤儿救助工作。全面建立孤儿救助长效机制，强化家园、校园、家庭之间联系对接的“三位一体”育人格局，孤儿动态救助保持100%。

五、社会事业全面进步。环保方面，不断加强结构减排、工程减排和管理减排。城区污水处理厂正常运转，顺利通过国家环保部的核查，将大韩寨村剩余6条污水管线接入了大韩寨污水处理厂主管网，有效地维护了人民群众的环境权益。食品药品安全方面，不断健全、完善食品药品监管网络和信息网络，进一步加强食品药品安全监管，加大专项整治力度，开展了打击非法添加和滥用食品添加剂、地沟油、“瘦肉精”等专项行动，人民群众饮食用药安全得到有效保障。安全生产方面，采取日常检查、专项整治、联合执法相结合的方式，对重点时期、重点行业、重点领域的安全生产进行全面整治，推进安全生产各项控制目标和管理目标的顺利落实，确保了全县安全生产形势的稳定。社会稳定方面，积极开展大接访活动，不断加强矛盾纠纷排查化解工作的信息化建设，妥善化解信访隐患，确保了元旦、春节、全国“两会”、“5.18”、国庆等重要活动期间信访形势的稳定。不断加大物防、技防投入力度，同时，组建了170人的应急处突力量，组建了7支乡镇专职巡逻队，有效巩固了社会稳定的良好局面。各项事业方面，成功申报各类科研项目5个，全县市级企业技术研发中心达到4家，全县高新技术企业达到4家。被中国矿业联合会正式命名为“中国矿泉水之乡”，并成功取得2011至2013年度“中国民间文化艺术之乡”的命名。中小学办学条件进一步改善，教学质量进一步提高，高中教育教师学历达标率、毛入学率各项重要指标分别达到省定标准。申报省著名商标3件，固安“又一家”熏鸽申报国家驰名商标已获正式命名。八卦掌、固安柳编被列入国家级非物质文化遗产保护名录。

永清县

永清县位于河北省廊坊市中部。2011年，永清县坚持以科学发展观为统揽，立足“精良管理、高端发展”主基调，突出“强县富民”主题，深入实施“对接京津廊”战略，着力调结构、育产业、筑平台、惠民生，全县上下戮力同心，创新实干，实现了“十一五”完美收官，“十二五精彩开局”，经济社会步入了突破性加快崛起的崭新阶段。

一、经济运行取得新成果，发展的实力进一步增强。全县GDP完成72.9亿元，同比增长9%；全部财政收入完成8.02亿元，同比增长44.8%，其中地方一般预算收入完成3.93亿元，同比增长66.9%；固定资产投资完成73.5亿元，同比增长52.7%；城镇居民人均可支配收入达到2.02万元，同比增长12.5%；农民人均纯收入达到7823元，同比增长13.8%。

二、招商引资实现新突破，发展的活力进一步迸发。累计签约千万元以上项目260个，计划总投资1330.86亿元。其中，亿元以上项目达到9个，列入省重点项目11个，73个项目建成投产，65个项目开工在建。实际利用外资89万美元，引进域外无偿资金近7亿元，较上年增长260%。

三、产业发展迈上新台阶，发展的持久力进一步积蓄。现代制造产业加速聚集。首个央企项目——投资19.86亿元的中轻造纸装备基地落户永清工业园区，目前正紧张建设，打造具有中国民族品牌的大型造纸装备和研发基地。廊坊德基机械有限公司将总部迁址永清，投资10亿元，建设总部基地，公司预计将于2012年上市。服饰制造企业规模入驻签约企业达到613家，30家企业动工建设，首批16栋标准厂房竣工，10万平方米厂房开建。现代制造业已成为永清的主导产业。

高新技术产业初露端倪。继河北南玻一期投产后，投资12亿元的河北视窗玻璃于2011年10月正式点火运行，主要生产高档建筑玻璃和超薄电子基板，产品技术中国第一、世界第三。永清华源科技材料有限公司的核心技术和产品——纳米静电纺丝设备及静电纺丝纳米纤维（用于人造器官），轰动第十四届中国（北京）国际科博会。目前，高新医药企业已聚集28家，形成了具有一定规模的产业体系。高新技术产业直接带动了民营经济发展，2011年，被评为“河北省民营经济发展先进县（市）”。

三产服务业多元发展。百川成品油储运项目加速建设，引进了投资10亿元的新陆港现代物流园项目，以铁路为依托、以项目为带动，在县域南部正在打造“京南物流第一港”。抢抓首都新机场建设机遇，在北部乡镇谋划建设空港物流产业园。中国北方金融产业服务后台基地（A区）基础设施进一步完善，金融服务后台一期工程即将建成，建设银行恢复建制，发展小额贷款公司4家，吉银村镇银行挂牌营业。建成杨家营旅游咨询服务中心，引进了一批世界级文化产业顶级项目，全年接待国内外游客17.2万人次，实现旅游综合收入4000万元，文化产业带动经济发展的趋势越来越明显。

四、园区开发有了新业绩，发展的承载力进一步拓宽。新增省级园区1个，省级园区总量达到5个，居廊坊市第一。永清工业园区税收达到2.25亿元，被评为“中国最具发展潜力工业园区”和“最佳投资环境工业园区”。台湾工业新城成功争列省级工业聚集区，恒都美业农业园区被确定为省级重点农业园区，目前正在积极争列国家级农业科技示范园区。后奕生物医药研发外包基地、教育部留学人员创新创业基地正式挂牌。中太现代服务基地、里澜城铁海物流园区建设积极推进。同时，刘街新陆港物流园区正在强化基础设施建设，完善各项手续，争列省级示范园区。

五、城镇建设掀开新篇章，发展的竞争力进一步提升。实施老城区、京润新城、国瑞生态城、浙商新城“四城”同建，国瑞生态城盛大奠基。城区面积达到19.8平方公里，城镇化率达到41.4%。重点推进了5个城中村和7个宿舍片区改造，累计拆迁面积3万多平方米，建成金地天一城、御景湾等6个精品住宅小区，通过公平、公开、公正的摇号方式，销售、配租经济适用房91套、廉租房33套，温馨佳苑一期新开工的2栋保障性住房主体封顶，二期工程进场施工。完成了裕华街、会昌街2条城区主干道综合改造，城区污水处理厂、垃圾处理场运行良好，北京城市公交永清站投入使用，南水北调廊涿干渠、天津干渠工程完成超半。廊沧高速连接线西段建成通车，廊沧高速主路即将全线贯通，京台高速加紧建设，全县通车总里程达到969公里，通达全国、链接京津的高密度路网初步构建。

六、“三农”工作步入新天地，发展的保障力进一步夯实。新增节水灌溉面积1万亩，新建农村集中供水水厂5座，全县80%以上人口喝上了安全纯净的自来水。实施了55个省级新民居示范村建设，41个村街主体完工，累计建成新民居7477套、100.2万平方米。完成植树造林2.5万亩，绿化率达到43%，稳居华北平原县份之首。新发展农民专业合作35家，注册了永清牌绿色无公害蔬菜商标。拥有市级以上重点龙头企业28家，农业产业化经营率达到50%。修建农村公路53条、107公里，新建35KV变电站1座，改造10KV线路14.28公里，供电保障力进一步增强。

七、民生事业取得新成效，发展的向心力进一步凝聚。坚持以人为本、普惠民众，下大力解决人民群众最关心、最直接、最现实的利益问题，年初确定的“20件惠民实事”全面落实。完成了10所校舍安全工程，并投入使用。启动了新农保工作，参保率达到96.1%，城乡低保做到动态下的应保尽保。新农合参合率达到94%，91.7万人次农民享受到医疗补偿。在全国率先建立了农民个人健康档案。累计发放涉农各项补贴资金6629万元，225个农家书屋得到规范，新建“四位一体”互助幸福院80个，有线电视网络、农村数字微波电视实现城乡全覆盖。

大 城 县

大城县位于河北省廊坊市最南部，东与天津市接壤。2011年，大城县政府紧紧围绕“赶超周边、富民强县”目标任务，立足于“抓基层、打基础、管长远”工作定位，不求近功，善谋远利，以实施总投资50多亿元的80项基础工程为突破口，进一步夯实园区、城建、交通、三农、民生五大基础，全县呈现出经济发展、政治和谐、人民安居乐业的良好态势。

一、攻坚克难、化危为机，综合经济实力进一步提升。全县地区生产总值达84.7亿元，同比增长9.1%；财政收入完成6.27亿元，同比增长18.1%，其中地方一般预算收入完成3.02亿元，同比增长22.4%，占全部财政收入的48.1%。固定资产投资达70.0亿元，同比增长40.0%；规模以上工业增加值达22.1亿元，同比增长16.9%；社会消费品零售总额达37.9亿元，同比增长16.4%；城镇居民人均可支配收入达21407元，同比增长12.3%；农民人均纯收入达7773元，同比增长17.7%。

二、层次提升、结构优化，经济运行质量进一步提高

特色产业实现新提升。坚持“产业规模做大、龙头企业做强、产品商标做精、行业品牌做响”的思路，成立保温建材、仿古家具等特色产业行业协会，扶优汰劣，促进特色产业健康、可持续发展。保温建材、化工、有色金属拆解加工贸易等特色产业实现税收3.17亿元，同比增长16.24%，占全县总税收的59.07%。以特色产业为依托，全县新增个体工商户1209户、新发展私营企业217家。大城特色产业在全国的知名度和影响力进一步提升，河北华美集团的“华美”商标和廊坊强盛精细化工科技公司的“乐万家”商标荣获中国驰名商标称号。大城成为中国绿色保温建材之都、国家保温建材特色产业基地，拥有全国市场话语权。仿古家具产业成为中国北方最大的生产销售基地。有色金属拆解加工产业集群被省确定为第一批循环经济示范试点基地和省级中小企业产业集群。

项目建设取得新成果。制定出台大城县《关于鼓励招商引资的实施办法》，对引进大项目的有功人员，实行“暴富式重奖”，在全县掀起招大商、大招商活动热潮。组织域内重点企业参加第109届广交会、APEC智慧城市智能产业高端会议等多项国家级展会，广泛推介大城特色产业及产品。成功举行“中国·廊坊国际经贸洽谈会”大城县千万元以上项目集中签约仪式和“中国·廊坊国际经贸洽谈会”大城县投资环境推介会，集中签约千万元以上项目65个，总投资87亿元。全年共建设千万元以上项目230个，总投资104.7亿元，其中亿元以上项目44个。列入2011年省重点项目3个，总投资16.38亿元。

节能减排达到新目标。加大节能减排工作力度，淘汰、关停企业11家，整顿3家，实施节能减排治理工程14项。二氧化硫、氮氧化物、化学需氧量、氨氮等四项主要污染物削减量均超过年度任务标准，新“双三十”年度节能减排目标圆满实现。

三、破解制约、夯实基础，区域竞争力进一步增强

园区建设迈上新台阶。按照“政府参与、企业主导、市场运作”模式，举全县之力推进现代制造业工业园开发。大城工业园区异地扩区（现代制造业工业园）获省政府批准，起步区累计投入5亿多元，实现路、水、电、气

等“九通一平”，为项目入驻提供了良好的基础条件。功能完备的招商中心、商务会馆建成投入使用。大批国内外知名企业纷至沓来，一批亿元项目在建在谈。

交通环境明显改善。集中财力加快“五横五纵”交通大路网建设，总投资18.78亿元的廊沧高速大城段及其龙街、县城连接线竣工通车，结束了大城没有高速公路的历史，使大城真正从空间上融入环京津经济圈。经积极争取，总投资1.08亿元的津保南线大城段大修提前一年启动实施。全县基本形成“布局合理、城乡互通、内引外连”的交通框架网络，长期制约大城发展、“有区位没交通”的县情得到有效破解。

煤田勘探进展顺利。省政府批准由开滦集团和省煤田地质局对大城煤田进行联合勘探，从2011年开始，两年内投资3.9亿元完成详查精查。目前，已有千人勘探队伍进驻大城，二维地震勘探圆满完成，勘测面积460平方公里，涉及全县9个乡镇（区）300多个村街，大城资源优势正在向现实优势转化。

四、加强管理、提升品味，城市载体功能进一步完善。按照“先地下、后地上，先功能、后形象”原则，累计投入40多亿元，启动实施污水处理厂、白马河改造、城市滨河带状公园、燃气管道入户、县医院病房楼、大型超市、精品街、体育场、星级宾馆等40多项重点工程。特别是克服重重困难，总投资1.5亿元，分年度实施白马河改造和城市滨河带状公园建设，先后完成截污干管、清淤护坡以及人民广场、滨河公园、同庆广场改造和建设。投资1.64亿元，推进燃气管道入户工程，实现116个小区、8100多户居民直通天然气。投资3800万元，成功启动县医院病房楼建设。投资5.3亿元，启动建设诚信购物、盛泰广场等5个大型商场超市。投资4600多万元，高标准实施永定街等5条精品街和21条城区道路改造。投资1100多万元，新建和改造运动公园、体育场。同时，大力推行精细化管理。投资6900万元，深入推进县城美化、绿化、亮化、净化“四化”工程，城区新增绿地面积7万多平方米，以精品街为样板，规范了重点路段广告牌匾，市政环卫实现市场化管理，县城“脏乱差”现象明显好转，大城荣获省级卫生县城、国家环保模范城称号。

五、统筹城乡、协调发展，新农村建设步伐进一步加快。“三农”投入力度空前。总投资6500多万元，启动实施三北防护林、高效节水灌溉、长芦疃桥重建等“二十项涉农重点工程”，大城荣获2011年河北省农田水利基本建设海河杯竞赛一等奖。引黄工程顺利实施，全县河（渠）道蓄水3300多万立方米，生态环境和农业灌溉条件得到有效改善。惠农政策全面落实。发放粮食直补、农资综合直补等各类惠农补贴资金4557万元，拨付家电下乡补贴资金2465万元。植树造林成果突出。完成春季造林3.25万亩，占市下达全年任务（3.2万亩）的102%，全县森林覆盖率达29.7%，被国家绿化委员会评为“全国造林绿化先进县”。产业化步伐加快。推广设施蔬菜、芦笋等特色种植3.2万亩，林下养殖5万只，经济效益明显提高，大尚屯镇小阜村被国家农业部认定为“全国一村一品示范村镇”。全县省级农业龙头企业达4家，农业产业化经营率达50.1%。新民居建设稳妥推进。投入建设资金2.2亿元，野固献、邢庄子等五个村街新民居建设稳妥推进，在建新民居住宅楼42栋、面积19万平方米，集约节约利用土地1000多亩。西留各庄村被中央文明委评为“全国文明村镇”。

六、顺应民意、改善民生，和谐社会建设进一步加强。投资3925万元，建成4座水厂，85个村街、8.76万人的饮水安全得到保障；农村危房改造工作全市领先，投资2576万元，改造农村危房1333户，大城被确定为河北省农村危房改造示范县；投资1144.6万元，完成78个村街、186条主街道硬化；投资370万元，改造农厕6500座；全县394个村街全部实现“四通”目标（油路、客车、数字电视、自来水）；农村合作医疗参合率达到95.3%，城镇居民医保覆盖面达到86%，城乡居民“因病致贫、因病返贫”问题得到有效解决；投资1448万元，新建（改建）4所敬老院，集中供养620人，集中供养率达85%；五保对象分散供养标准由月人均100元提高到200元；城镇低保由月人均120元提高到340元，农村低保由月人均65元提高到140元，城乡低保实现应保尽保；住房保障力度加大，总投资1亿多元的保障性安居工程顺利启动，为840户城市低收入家庭发放住房补贴409万元；在全市率先启动学龄孤儿集中就读救助，工作经验在全市推广，实现了不让一名孤儿因贫困失学的目标。

大厂回族自治县

大厂回族自治县位于河北省廊坊市北部，辖3个镇（大厂镇、夏垫镇、祁各庄镇）、2个乡（邵府乡、陈府乡）、1个街道办事处（城区街道办事处），105个行政村，总面积176平方公里。全县耕地面积9565公顷，年末总人口12.17万人，其中回族人口2.56万人。预计全县地区生产总值完成61.9亿元，同比增长13.4%；财政收入7.78亿元，增长34%，其中地方一般预算收入4.18亿元，增长43%；固定资产投资60.3亿元，增长46.4%；城镇居民人均可支配收入2.39万元，增长14%；农村居民人均纯收入9590元，增长24.6%。

大厂回族自治县坚持内开外合，图强求精的主题战略，完善规划体系，有效聚集资源，打造与京同城，创新招商方式，实行选商引资，加强城乡建设，加快城镇化进程。形成以园区为载体，集中布局，以大项目为核心聚集产业，全年实施千万元以上项目125个（其中亿元以上项目66个），完成投资154.3亿元，同比增长38.1%。综合经济实力跃居全国民族自治县前十强，成为全国第一个民族自治县（旗）科学发展示范县。

一、完善规划体系拓展发展空间。编制完成新兴产业示范园区、高层次人才创业园区、宜居生活基地总体规划和工业园区重点建设地段、潮白新城控制性详细规划等10项规划，启动县城控制性详细规划、夏垫北部概念性总体规划和“十二五”近期建设规划等规划编制，形成了城乡一体、产城同体、三规合一的规划体系。在大厂工业园区扩区的基础上，潮白河工业聚集区顺利通过省级复审，河北大厂新兴产业示范区成功获批，形成了3个省级园区共同推进的开发格局。园区污水、供水、供热、供电等功能设施不断完善，首钢基地路网和潮白河工业区9条支路竣工通车，福喜路南延、五星级酒店等工程进展顺利，园区基础功能和商务功能有效提升。

二、推进转型升级调优产业结构。加强农田水利建设，改造中低产田4200亩，粮食生产连续12年丰收，春秋两季完成造林面积8200亩，畜牧养殖业稳步发展，农业专业化组织程度不断提高。现代农业科技示范园区进展顺利，总投资24.3亿元的田园牧歌玫瑰园、北方国际万果园、金谷农业科技园、晴珑农业蔬菜园、沁心农业产业园等5个新型农业业态项目取得实质进展。被评为市级农业综合开发工作先进县。全县规模以上工业增加值预计达到28亿元，同比增长21%。新兴产业培育步伐加快，全年实施新兴产业项目52个，完成投资53.5亿元，分别占工业项目的68.4%和67.6%。第三产业预计实现增加值17亿元，同比增长13%，实现税收4.6亿元，占全部税收的63%。金融机构各项存款余额76.5亿元，贷款余额67亿元，存贷比达到87.6%，金融生态环境被评为全市最高的AAA等级。

三、完善基础设施改观城乡面貌。重点启动实施总投资530亿元的潮白新城商务中心区、鲍邱河综合治理等10项城镇建设三年上水平和总投资34亿元的大香线改造、大通路续建等16项重大基础设施工程，进一步提升城镇基础功能，加快推进城镇化进程，城镇化率达到43.5%。

“数字城管”建设调试运行，社区服务中心和“居民之家”建成投入使用。启动县城新区建设，7平方公里新区规划正在加紧编制；旧城改造破难推进，永安路实现北通，北新街贯通完成拆迁任务，4个旧住宅小区得到改善，9个旧平房区和1个旧厂区改造全面启动。

潮白馨居、和园社区等新民居社区稳步建设，完成新民居建筑面积17万平方米。建成64个农家书屋，完成25个村农民体育健身工程。农村环境综合治理取得实效，77个村成立了垃圾清运队，新建垃圾池550个、沼气池500个。

投资1.2亿元，改造提升文化广场、和谐广场和智慧广场，建成中央五环公园。以“十路、三区、十二个节点和十四个景观点”为重点的75项环境整治及绿化工程高质量完成，建成拥有12处景观节点和3个高标准驿站的17.8公里绿道。推进鲍邱河综合治理示范段和潮白河水系开发，滨河景观带完成2公里景观路建设。加强技术改造升级，淘汰落后产能，全面完成节能减排任务。

四、社会事业全面发展。不断加大民生投入，加快完善保障制度，全年用于民生的支出达12.2亿元。新实施失地农民安置补助专项生活补贴制度，在全省率先启动城镇居民社会养老保险，在省市范围内领先实现五大社会保险全覆盖。提高城乡低保标准，兑现计生奖扶政策，落实再就业优惠政策，城镇登记失业率0.05%。强化住房保障，改造99户农村危房，为882户困难家庭发放住房补贴223万元。

教育布局调整扎实推进，成为全市惟一的省级“农村学前教育推进工程试点县”。顺利通过全国科技进步考核，争取科技扶持资金825万元。全面完成基层医改任务，县医院迁建完成主体工程，投资100万元购置6辆医护车开展流动医疗服务，实现村级医疗卫生服务全覆盖。加强计生服务与管理，顺利通过国家级计生优质服务先进县评估验收。民族团结进步创建工作取得优异成绩，科学发展获得国家级表彰。

定 州 市

定州市位于河北省保定市南。2011年，定州市围绕“跨越发展、富民强市、建设高品质中等城市”中心任务，扎实推进经济社会更好更快更大发展。

——全市经济稳健增长。完成生产总值217亿元，增长13%；财政收入20.2亿元，一般预算收入9.77亿元，分别增长21.6%和46.8%；固定资产投资115亿元，增长35%；规模以上工业增加值59亿元，增长19%；社会消费品零售额87.8亿元，增长19.5%；出口总值2.3亿美元，增长83%；城镇居民人均可支配收入达到11966元，农民人均纯收入达到7007元，分别增长13%和19%。经济增速位居保定市前列。

——农业基础更加雄厚。粮食总产实现“八连增”，达到75.92万吨，居河北省首位，被评为全国粮食生产先进单位，受到国务院表彰奖励。蔬菜播种面积54万亩，其中设施蔬菜29.8万亩，形成10大特色种植区，总产244万吨，增长2.4%。新增规模化养殖小区3个，肉、蛋、奶总产分别达到10.34万吨、7.35万吨和20.3万吨，分别增长6.7%、10%、10%。新增苗木花卉1万亩，种植面积达到10万亩。总投资20亿元的首农、华通两大农业科技示范区及四方畜牧设备等项目加快建设，农业产业化经营率达到63.7%，被确定为国家现代农业示范区。

——工业经济强劲发展。全市规模以上工业企业达到87家，重点建设四大基地。汽车生产基地投资9.2亿元的22万辆扩能项目投产，长安发动机、长客轻型车项目达到开工条件，河北长安汽车公司实现销售收入60亿元，利税3.5亿元。煤化工基地投资12.28亿元的焦炭、甲醇项目投产，投资11.9亿元的合成氨、焦油项目开工建设，河北旭阳焦化公司实现销售收入60亿元，利税3亿元。能源基地投资80亿元的热电厂项目完成前期准备，投资3.28亿元的光伏发电项目竣工，定洲电厂实现销售收入47.7亿元，利税8.7亿元。乳品加工基地投资4亿元的伊利冷饮基地开工建设，定州伊利公司实现销售收入21亿元，利税2.17亿元。同时，铸造、钢网、纺织、建材、

体育用品、农产品加工等六大特色产业群体不断壮大，双天、朝晖两个创业辅导基地成长为省级中小企业服务平台。

——第三产业日趋活跃。河北文博园一期工程竣工，旅游业发展起步。汽车、焦炭物流企业快速发展，轩宇4S店等企业投入运营，新增限额以上商贸企业5家，家电下乡销售额在全省名列前茅，初步形成区域性物流商贸中心。保定商业银行落户定州，河北银行等达成意向，金融保险业发展迅猛。

——产业园区快速崛起。唐河循环经济产业园区新开6条主干道，总长21公里，形成了“三纵两横”路网格局；铺设天然气管道7公里，供水工程竣工，两座输变电站开工建设；总投资8.22亿元的唐河整治工程一期竣工，腾出建设用地近万亩；总投资53.12亿元的30家入园企业陆续开工，建成区面积达到8.43平方公里。园区实现主营业务收入271.8亿元，利税13.86亿元，列入全省“十二五”重点培育的超千亿元园区。沙河工业园区入驻企业68家，建成区面积2.5平方公里，正在申报省级园区。以园区为重点，以产业为基础，实施省市重点项目33个，总投资261.2亿元。其中省重点3个，总投资37.3亿元，年度完成投资32.8亿元，重点项目考核位居保定市第一名。

——城乡面貌日新月异。谋划实施总投资153.2亿元的85个重点项目，总投资近百亿元的文博园二期、众春园和火车站区片改造三大项目启动。新改建路网、管网45公里。实施15个旧城区片改造工程，完成拆迁40万平方米，34个高层住宅小区正在建设。固废垃圾填埋场投用，垃圾焚烧发电厂抓紧施工，污泥无害化处理厂正在征地，河北旭阳焦化公司旧厂区搬迁启动。107国道收费站改造竣工，河北机场定州候机楼投用，高铁定州站加快建设，京港澳高速、曲港高速支线四个站口及两个服务区，河北机场航站楼、朔黄铁路货运站列入上级规划。李亲顾镇被确定为全国发展改革试点镇，大辛庄镇被评为全国文明镇，定州市被评为河北省新农村建设先进县。新增城市绿化面积10万平方米，森林覆盖率提高1.6个百分点，创建国家森林城市考核走在全省前列，被省政府命名为省级园林城市。

——民生质量明显提升。支出11.6亿元用于改善民生和社会事业发展。2971套保障性住房全部开工，廉租住房补贴按时发放，为4090户发放公积金贷款4.6亿元。完成农村危房改造818户，残疾人危房改造50户。东亭民政事业服务中心、儿童福利院投用，建成160所农村互助幸福院，中央电视台进行了专题报道。修建农村公路75条137.4公里，改造危桥两座。完成500个沼气池建设。建成8个农村水厂，解决了11万人饮水不安全问题。6.5万平方米校舍安全工程竣工。新增就业、职业培训、五险扩面、城乡低保等超额完成年度任务。

——社会事业全面进步。高考成绩实现“六连增”，教育工作荣获省、保定市先进。文化馆、体育场升级改造工程竣工，图书馆建成电子阅览室对外开放，新建农家书屋200家，中山数字影院建成投用，被命名为“中国秧歌文化之乡”、“中国吹歌文化之乡”，荣获全国服务农民、服务基层文化建设先进单位。人民医院新址病房楼及两所中心卫生院新扩建项目竣工，医改工作被保定市确定为旗帜县。人口和计划生育工作居全省先进，各项事业都取得新的成绩，安全稳定的社会政治局面持续巩固。

安国市

安国市位于河北省保定市南端。2011年，安国市以“图强进位、跨越发展、重返省三十强”为奋斗目标，着力打造三大经济板块（药业经济、园区经济、城市经济），加快推进“六化”（药都品牌化、产业规模化、城市精品化、农业现代化、文化产业化、社会管理服务民本化）进程，统筹做好经济、政治、文化、社会建设各项工作，全面加快“中国中药材之都”和“保南中等城市”建设步伐，各项工作取得了新的成效。

2011年全市地方生产总值完成83.9亿元，比上年增长11.6%；全部财政收入完成4.7亿元，增长23.2%；地方公共财政收入完成2.5亿元，增长22.7%；全社会固定资产投资达到67.4亿元，增长27.2%；城镇居民可支配收入实现15133元，增长10%；农民人均现金收入实现8026元，增长19.2%，经济和社会各项事业保持了良好的发展态势。

一、以提升综合竞争力为核心，药业经济进一步壮大。药业是安国的传统支柱产业，药业兴，则安国兴。2011年，安国在全面审视安国药业发展现状的基础上，紧紧围绕构建现代产业体系，重点打了“三张牌”：一是打“市场牌”。与九州通集团合作，投资8.1亿元，建设中医药现代物流配送中心。目前，一期工程已全部竣工。同时，加大招商力度，积极与同仁堂、康美、贵州百灵等国内知名企业接洽，并达成了合作意向，建设集物流配送、货物仓储、整理包装、质量检测为一体的现代物流企业，推进市场升级。二是打“产品牌”。大力实施品牌战略，以品牌带品质，以品质强品牌。到2011年底，安国已拥有9个河北省著名商标（其中7个为中药品牌，分别为药城、普济堂、金木、金貅、戒欺、瑞高、祁安）。在种植上，推进中药材标准化种植，向绿色、有机、安全方向发展，依托惠农公司完成了南星、薄荷、牛膝、白芷4个道地中药材品种的脱毒和组培研究，对祁菊花、祁紫菀等“八大祁药”进行了提纯复壮，改良了品种。祁紫菀获中国地理标志认证保护。全市中药材种植面积达到15万亩，其中以霍庄村为核心的中药材标准化种植基地达到5000亩，2007年被省政府命名为省“一县一业一园”农业科技示园。在制药加工上，大力发展中药提取和饮片精深加工，通过自主研发、技术创新，生产和培育了一批疗效确切、附加值高的知名品牌。胃活灵、双黄连片、金木冰片等产品十分畅销。药都集团有97个品种进入国家基本药物目录，32个品种列入省医保目录。该集团被国家八部委认定为“国家级农业产业化重点龙头企业”，这也是保定市唯一一家。三是打“文化牌”。依托“千年药都·健康安国”和“关汉卿故里”两张名片，深入挖掘文化内涵，大力发展特色旅游和健康产业。一方面，依托药王庙文化资源，投资30亿元，建设集展览展示、求医问诊、养生保健、旅游休闲、特色购物为一体的中国最大的药文化景区，该项目已被列为省重点。目前，恩泽殿主体建筑已经完工。一方面，挖掘世界历史文化名人、伟大戏剧家关汉卿文化资源，正在筹建集戏曲文化、元代风俗民情、现代园林于一体的关汉卿文苑。在央视《探索发现》栏目播出了两集电视纪录片———《祁州药戏》，全面展现了药都文化，提升了药都知名度。

二、以项目建设为抓手，发展后劲进一步增强。针对安国经济总量偏小，工业基础薄弱，项目小、项目少的现状，坚持“全民抓发展，重点抓工业，着力抓项目”，引导广大干部把干事创业的激情投入到抓项目、促发展上来。一是全力抓项目。连续开展了“项目建设年”活动，实行领导分包项目责任制，严格落实“五个一（一个项目、一个领导、一套班子、一个方案、一抓到底）”。近三年来，全市投资千万元以上开工建设项目56个，其中，投资亿元以上项目27个；列入省市重点项目21个。药王庙文化景区、九州通物流配送等一批省市重点项目进展顺利，药都集团、康达化工等项目相继建成投产。2011年安国投资千万元以上项目有36项，计划总投资127.7亿元。九州通物流配送、蔺氏饮片、乐仁堂饮片二期等一批省市重点项目进展顺利，同时力争金阳光储能、国药中药生产基地、康美安国物流等10个以上项目列入保定市重点、2个以上项目列入省重点；前段时间，安国市与北京同仁堂集团举行了中药材加工生产及物流配送项目合作签约仪式，为安国药业的发展注入了新的活力。二是聚力建园区。按照“工业向园区聚集”的思路，坚持把园区建设作为培育县域经济的“主战场”。重点建设了安国现代中药工业园区，该园区被列入国家火炬计划和省医药产业调整振兴规划，2011年7月，通过省政府评审，升格为省级开发区。总规划面积10.29平方公里，分为“一区两园”，南园已基本建成；北园规划面积8.15平方公里，已完成建设1平方公里，基础配套设施达到了“六通一平”，实现了集中供热、供水、处理污水。目前，“两园”入驻企业65家，其中销售收入超亿元的企业15家。2011年实现主营业务收入56亿元，同比增长35%。园区内拥有“枪手”、“金木”、“乐仁堂”等一批知名品牌和著名商标。

三、以“区域中等城市”为目标，载体功能进一步提升。按照“保南中等城市”定位和“打造亮点、塑造形象、完善功能”的总体要求，不断加大城市建设力度。近三年来，城市基础设施累计投资17.6亿元，城市公共设施、水电、住宅、商贸等一批建设工程相继竣工。新修、改造金融街西延、义丰大路等城区道路24公里，建设了总长7.5公里的北环路，于2011年7月全线竣工通车；投资6000万元、日处理污水3万吨的污水处理厂，投资5000万元的中水回用项目，投资4000万元的垃圾处理场一期工程，均全部建成并投入使用；投资1000多万元对药都公园进行了改造，并向市民免费开放；完成了总投资3300万元的水厂建设，城市集中供水率达到97%。经过多次争取，石港高速（石家庄至黄骅港，途经安国、河间、青县，含曲阳支线）已获省政府批准建设，并已列为省“十二五”前期项目。项目建成后，将结束安国没有高速路的历史。

四、以保障民生民安为根本，和谐稳定局面进一步巩固。安国市始终把关注民生，维护稳定，促进社会和谐作为首要的政治任务，倾心尽力，毫不懈怠地抓紧抓好。一是倾心关注民生。市委、市政府每年拿出一半以上的财力用于改善民生，每年公开承诺一批惠民实事，并全部予以落实。持续开展了“畅通工程”、“饮水工程”，农民生产生活条件和人居环境明显改善；扎实推进亲民爱民活动，集中力量为群众办实事好事，实现了帮扶主体、对象和领域“三个全覆盖”；高标准建成了联合接访中心，畅通了信访渠道，有效缓解了群众信访矛盾。教育教学质量快速提升，高考成绩一年一个台阶，2010年、2011年连续两年在保定市综合排名第二名。持续开展了安全生产、食品药品安全整治行动，保障了群众生产生活安全。二是扎实解决信访问题。坚持积极的稳定观，以解决问题为核心，落实“领导干部接待日”、“群众工作站”等制度，进一步强化“属地管理”、“一岗双责”、领导包案责任，有效化解了信访矛盾和隐患，全市进京赴省集体访和非正常进京访逐年下降，信访形势总体平稳。2009、2010年连续两年，被保定市评为“信访工作先进县（市）”。三是深入开展严打整治活动。始终保持高压态势，加大对涉恶涉黑案件、“两抢一盗”等严重侵财案件的打击力度，圆满完成了各项任务，实现了安保“零事故”。多次被保定市评为“安保工作先进县（市）”。

阜平县

阜平县地处河北省保定市西部，全县东西长74.8千米，南北宽49.6千米，总面积2496平方公里。阜平是一个全山区县，山地占全县总面积的88.2%，耕地面积12.5万亩。全县辖5个镇、8个乡和1个社区，共209个行政村、1131个自然村，总人口22.2万。

阜平是河北省重点林业县，境内现有林地面积达121.5万亩，灌木林地40万亩，森林覆盖率32.57%，位居保定市第一位。阜平林果种类多、产量大，尤以大枣闻名全国，现有枣树45万亩，1500万株，大枣种植面积和产量均居保定市第一位，产量约占河北省10%。阜平旅游资源丰富，主要有城南庄晋察冀军区司令部旧址、天生桥国家地质森林公园、云花溪谷、古北岳恒山—神仙山等。阜平境内矿产资源种类较多，主要有金、银、铁、煤、辉绿岩、闪长岩、石灰岩等近30个矿种。

2011年全县生产总值完成25.84亿元，增长9.2%，其中第一产业完成6.33亿元，增长8.2%；第二产业完成6.01亿元，增长8.0%；第三产业完成13.49亿元，增长10.3%。全社会固定资产投资33.51亿元，增长26.1%。财政收入1.87亿元，同比减少2.6%。入统工业增加值1.77亿元，增长23.1%。全社会消费品零售总额10.7亿元，增长17%。农民人均纯收入2706元，同比增长10%。年末城乡居民存款余额49.12亿元，增长14.4%。

一、经济发展水平全面提升。2011年全县共谋划实施重点项目85个，总投资177.55亿元，其中谋划实施省市重点项目16个，总投资59.8亿元，全年完成投资11.21亿元，完成年计划投资的215%，经济总体运行良好。园区建设情况：年产105万吨煤化工、年产3万吨针形炭材料、管道燃气、凯达科创、旺台商品混凝土、果品加工等16家重点项目成功入驻园区。2011年园区路网建设4.5公里，35千伏电站项目主体工程建设完工，为园区建设实现“七通一平”打下了坚实的基础。食品企业发展情况：阜平满堂红酒业、河北梦雨、龙门博夏醋厂、丰旭食品、盖宇天然饮料等重点食品企业经营情况良好。其中龙门博夏醋厂技改及扩建项目2011年实际完成总投资1895.4万元，项目已竣工，正在进行试生产。旅游行业发展情况：晋察冀边区司令部旧址基础设施建设二期工程、云花溪谷、天生桥景区、天生桥生态养老中心、河北名舍、乐天凤凰、长城岭生态等一批旅游开发项目稳步推进，其中晋察冀边区司令部旧址基础设施建设二期工程项目已于9月份竣工投入运行，正式对外接待旅客。2011年全县共接待旅客35.6万人次，实现旅游总收入1.92亿元。畜牧水产养殖情况：2011年阜平县畜牧水产养殖产业规模化养殖发展较快，以保定春利奶牛养殖为代表的奶牛养殖企业经营状况良好；2011年甲鱼规模化养殖产量约6800吨，连续多年位居全市第一，成为华北最大的甲鱼养殖基地。

二、城镇建设面貌全新改观。天宇名园、假日兰亭、河畔明郡等一批精品住宅小区建设加快推进，居民生活条件进一步改善；省级园林县城创建工作积极谋划，桥西街迎宾大道绿化改造和万金园绿化工程的组织实施，大小派山森林公园建设加速推进，全年实现县城主要街道补栽树木7万株，新增绿地面积约1.14万平方米，人居环境显著提高；在完成县城景观标志建设的基础上，重点实施了迎宾大道“绿化、亮化、美化”升级改造工程，新建三个绿化带，平整绿环用地万余平方米，安装高低中华灯240个，LED灯带1880米，并建仿古石墙840米，新建小游园1个，县城品味进一步提升；污水处理厂和垃圾场的后续建设和日常管理工作进一步加强，污水处理率达到92%，日处理垃圾120吨，无公害处理达90%；县城主要街道垃圾池、公厕、路灯等基础设施进行科学布局，完善地下排水设施建设，改造修补街道路面，并加大对市政设施、环卫设施等基础设施的管理，确保各项基础设施正常运行，城市基础设施建设进一步完善；集中开展容貌综合整治活动，规范建筑市场管理，整顿房地产市场秩序，强化宣传教育工作，在综合治理城市面貌的的同时，强化公民参与县城管理意识，提高公民文明素质。

三、社会事业发展快速迈进。教育事业蓬勃发展，高考本二上线人数达252人，创历史最好成绩；28所学校顺利通过标准化学校创建，走在全市前列；职业教育示范校建设加紧推进。医改工作稳步推进，乡镇卫生院全部实现基本药物零差价销售；县民政事业服务中心、县医院病房楼建设完成主体工程。扶贫开发成效显著，稳定解决了2.86万贫困人口的脱贫问题和1.03万人的饮水安全问题。惠农政策落实到位，全面落实粮食直补、良种补贴、家电下乡等各项惠农政策，群众受惠程度不断提高；新农合参合率达95.03%，报免补偿9.7万人次，补偿金额3205.6万元；新农保参保率达95.25%，为2.7万人发放基础养老金906.5万元；城镇新增就业1389人，城镇登记失业率控制在4%以内。保阜高速全线贯通，西阜高速启动实施。84套廉租住房完工、288套公共租赁住房主体封顶；完成2400户农村危房改造工程；新增租赁住房补贴家庭198户，发放补贴30.63万元。社会局面和谐稳定，始终保持对安全生产、食品药品安全高压态势，深入开展社会治安综合治理，全面加强森林防火工作，安全基础进一步夯实。深入开展群众工作站、亲民爱民活动，认真解决群众信访问题，有效维护了和谐稳定的社会局面。

高碑店市

高碑店市位于河北省保定市东北部。2011年，高碑店市以科学发展观为指导，紧紧围绕建设“实力魅力和谐高碑店”目标，全力以赴抓发展，千方百计保民生，统筹兼顾促和谐，经济建设和社会发展呈现出奋力崛起、跨越赶超的良好态势。

一是经济实力大幅提升。全市地方生产总值突破100亿元，同比增长13.1%。全部财政收入9.03亿元，同比增长47.7%，净增量达3亿元，是有史以来增量最大的一年，其中，一般预算收入4.42亿元，同比增长32.8%。完成规模以上工业增加值29亿元，同比增长21%。完成固定资产投资50亿元，同比增长48.8%。城镇居民人均可支配收入18314元，同比增长13%。农民人均纯收入7250元，同比增长15.7%。主要经济指标均保持两位数增长，综合经济实力在保定市保持先进位次。

二是项目建设明显加快。2011年，高碑店市共谋划实施投资千万元以上大项目76个，总投资1043亿元。列入省、保定市重点建设项目26个，总投资260亿元，年度完成投资39亿元，占年任务的103%。多晶硅太阳能电池二期、娃哈哈热灌装生产线二期、节能门窗工业园一期、首特华峰大型锻造等项目投产见效。中小企业创业辅导基地、军隆集团电磁绕组器件、嘉德丽景节能灯具等项目开工建设。新发地农产品物流园、成发集团汽油发动机、铁岩钢板桩、博克智能门禁产品等项目进展顺利，并达到开工条件。与红星美凯龙、北京日上集团、荣麟世佳、澳洲嘉民、韩国宇星、澳门名嘉等多家国内外知名企业达成合作意向。在北京成功举办了国内最具规模的中国国际门窗城推介会，极大提升了高碑店市节能门窗产业的知名度和影响力。

三是工业经济支撑强劲。传统产业改造升级步伐加快，汽车、食品饮品、建材、机械制造、箱包五大支柱产业完成产值93.4亿元，占规模工业总产值的72.4%。新能源、新型建材等战略性新兴产业迅猛发展，分别完成产值19.7亿元、3.3亿元，同比分别增长105%、127%。骨干企业核心竞争力和财政贡献度明显增强，长城华北、隆基泰和两家企业（集团）纳税双双超亿元，实现了高碑店市纳税超亿元企业零的突破。

四是农村经济加快发展。惠农政策全面落实，发放粮食直补和综合直补、农机购置补贴、小麦抗旱补贴等惠农资金6300余万元。农业综合生产能力显著提高，完成了3个万亩粮食高产创建示范方建设，粮食总产、单产实现“九连增”。粮食安全得到有效保障，建立了保定市第一家5000吨县级粮食储备。农业基础设施不断完善，总投资1200万元的现代农业项目完工，总投资2390万元的辛立庄、梁家营农村饮水安全工程竣工通水，总投资1.2亿元的方官、陈八庄两座110千伏变电站投入使用。特色农业规模发展，中央特菜基地、棕榈园林华北花卉苗木训化基地、金蔬旺绿色无公害蔬菜、华信牧场、碧照轩农业生态观光园等项目进展顺利，农业产业化步伐进一步加快。

五是城市容貌大为改观。投资7亿元新建了新华大街、和平路东延、中华北大街、兴隆大街、光为大街等5条城市主干道，完成了兴文街、汇通街等10余条街巷的升级改造，全年新建道路39.8公里，使市区道路总里程达到130公里。投资800万元高标准完成了市一中地下通道建设，彻底解决了一中学生出行的安全问题。垃圾卫生填埋场、减排甲烷气垃圾处理项目建成并投入运营。投资4800万元完成了3.5万米的给排水管网工程。京石客专新高碑店站站房主体工程完工。占地720亩的文化体育广场完成规划设计。投资1000万元完成了迎宾路、幸福大街、新世纪大街等12条主要街道园林式改造。城市功能和品位大幅提升，被河北省授予“省级园林城市”荣誉称号。

六是民计民生持续改善。社会保障水平不断提高。发放城乡保障资金1326万元、五保户供养经费231万元、医疗救助资金147万元。总投资1600万元的民政事业服务中心建成并投入使用。住房保障工作扎实推进，配建保障性住房1401套。新型城乡居民社会养老保险试点全面启动，城镇居民参保率达到90%，农村居民参保率达到95%。城镇新增就业3520人，城镇登记失业率为2.8%。教育教学均衡发展。高考再创佳绩，本二上线人数突破1300人。投资8025万元完成了27个中小学校舍安全改造项目。幸福路小学分校建设工程前期启动。农村义务教育债务顺利化解。卫生事业统筹推进。新型农村合作医疗统筹基金使用率达到90%，全年补偿医疗费用7796万元。医药卫生体制改革阶段性目标全面完成，医疗保障和卫生服务体系建设扎实推进。总投资339万元的辛桥、新城、泗庄卫生院建设工程竣工。文化事业繁荣发展，开善寺挖掘保护工作列入重要议事日程，6个乡镇综合文化站主体工程完工，建成农家书屋330个。生产安全、社会安全、环境安全、食品药品安全形势保持稳定，圆满完成计划生育、节能减排等年度目标任务。经过军地双方持续不断的努力，“全国双拥模范城”的红色名片终于回到双拥共建的故乡。

容城县

容城县位于河北省保定市东北部。2011年，全县上下紧紧围绕“又好又快发展、强县富民”的中心任务，牢牢把握发展第一要务，与时俱进、主动作为，在农业生产、工业经济、重点项目、城市建设、民生改善等各个领域都取得了长足进展，县域经济实力进一步增强，人民群众生活水平稳步提高。全县生产总值完成48.7亿元，同比增长13.1%；全部财政收入完成3.25亿元，同比增长25%，地方一般预算收入完成2.16亿元，同比增长56%；固定资产投资完成26.3亿元，同比增长30%；预计城镇居民人均可支配收入、农民人均纯收入分别完成1.58万元、8312元，同比分别增长13.6%、23.1%。

一、发展方式逐步转变，三大产业态势良好

工业保持高位运行。企业结构不断优化，全县规模以上工业企业新增7家、达到55家，完成增加值12.8亿元，同比增长23.9%；实现利税2.75亿元，同比增长21%；大力实施品牌战略，不断加快服装产业上档升级步伐，2011年，服装业总产值完成172亿元，同比增长23.6%；完成增加值28亿元，同比增长28.5%；实现利润9.9亿元，同比增长18.4%；出口产品交货值完成47.5元，同比增长23.1%；大力发展汽车灯具、油脂制造、毛绒玩具等新兴产业，2011实现产值42亿元。

农村经济稳步发展。惠农政策全面落实，共发放粮食直补、良种补贴、农资综合直补、农机具补贴3217万元，惠及全县22万农民；粮食总产量2亿公斤以上，连续八年增产，继续保持“全国产粮大县”称号，同时，经过努力，2011年，容城县恢复了国家农业综合开发县资格；畜牧业平稳增长，全县肉猪存栏26万头，出栏39万头，奶牛存栏8500头；设施蔬菜产业势头良好，全县种植面积达1.4万亩。农业产业化步伐不断加快，预计农业产业化率达69.3%，同比增长9.3个百分点。

第三产业蓬勃发展。津保铁路白洋淀站及周边规划已编制完成，对接白洋淀的休闲观光区正在积极规划中。城乡市场繁荣有序，社会消费品零售总额完成23.98亿元，同比增长17.8%。

二、对外开放不断深化，发展后劲持续增强

重点项目扎实推进。2011年，全县共谋划实施投资500万元以上重点项目69个，总投资67.4亿元。其中，投资5亿元的容城轻纺城桥南市场一期、投资2.2亿元的康恩菲尔德油脂制造一期等15个项目竣工投产，投资10

亿元的来福汽车灯具组件、投资6亿元的鹏大军需材料综合加工、投资2.3亿元的华悦鞋服等30个项目正在紧张建设中。

园区建设稳步实施。投资1580万元的园区主干道——澳森北大街北延已竣工，达到市级重点园区标准。2011年，按照建设省级园区的标准，规划面积由4.9平方公里调整为12平方公里，现有26家企业入驻园区。目前，投资5000万元的托普衬布、投资2.1亿元的晨旭汽车零部件、投资2.2亿元的集宏兴服饰等一批项目已提出入园申请。

招商引资成效明显。组织企业参加了北京、大连国际服装博览会，与中国国服协会签订了战略合作协议，容城县成为中华国服唯一生产基地，并在北京成功举办了中华国服生产基地落户容城新闻发布会，为提升区域品牌搭建了重要平台。赴广州等地进行实地招商和考察，就在容城投资建设"台商工业园"和共同推进容城服装研发中心等事宜，与广州市台资企业协会进行了深入洽谈。2011年，全县实际利用外资248万美元，引进省外资金10亿元，直接出口创汇1.7亿美元。

三、城市品位不断提升，城乡面貌明显改观

城市规模不断扩容。编制完成了《容城县城市总体规划（2009—2030）》，县城建设规划由8.1平方公里拓展到24.15平方公里，为长远发展预留出了充足空间。结合津保铁路白洋淀站建设，完成了火车站片区城市设计；城南旅游休闲中心区的修建性详细规划也已完成。

城中村改造成效显著。投资8.02亿元的金台商贸综合市场项目进展顺利，回迁楼即将交付使用；投资5.9亿元的上坡城中村改造拆迁基本完成，完成建筑面积1.5万平方米；投资4亿元的谷庄城中村改造一期（谷丰印象小区）主体工程竣工。同时，投资5400万元的润福苑住宅小区、投资4500万元的爱佳公寓小区竣工；投资2.3亿元投资、1.2亿元的祥和新区的博奥财富广场等项目有序推进。

城市魅力不断提升。14座高楼拔地而起，初显城市景观；投资900万元，实施了奥威路景观样板街改造，迎宾门建设基本完工，县城形象和品位有了较大提升。

四、民生保障扎实推进，人民生活更加殷实

基础设施不断完善。农村饮水安全工程稳步实施，投资9920万元，建成了晾马台、大河等12座供水站，全县79个村、15万人喝上了"放心水"；城乡交通环境不断改善，投资1100万元，改造农村道路30公里，投资600万元的容蠡线改建竣工通车；电网建设扎实推进，投资3342万元，完成了南水北调电力线路拆迁、371线路改造、农网升级改造等工程，扩建增容35千伏变电站2座，新改建10千伏线路22公里，配变84台；城区数字电视转换全部完成，农村无线地面数字电视顺利启动，截至目前，全县数字电视用户已达7000户。

保障水平逐步提高。城镇职工医保实现全覆盖，新农合工作运行平稳，参合率达到95%以上，2011年，累计补偿47万多人次，发放补偿款4088万多元；新农保顺利启动，参保率达96%，发放养老金1100万元；2011年，共发放城乡低保金560万元。保障性住房进展顺利。第一批已投入使用，共发放40户；新建公共租赁住房516套，已全部开工建设。

五、社会事业全面进步，和谐氛围日渐浓厚

文教事业成效显著。投资2333万元的容城小学及幼儿园、投资300万元的明德小学投入使用，投资1400万元的农村校舍安全工程已通过验收；2011年高考成绩稳步提升，本科上线682人，上线率72%；其中，本二上线325人，较上年增长26%；三类城市语言文字创建以优异成绩通过省评估验收。医疗计生水平明显提高。投资4900万元的县医院综合门诊楼投入使用，投资2660万元的县妇幼保健院综合楼主体竣工；医疗体制改革稳步推进，落实财政补助261万元，城乡居民建档率达到47%；计划生育集中整治成效明显，全年征收社会抚养费550万元，落实计生奖励资金106万元。社会治安环境稳定和谐。共破获各类刑事案件832起，抓获犯罪嫌疑人、各类逃犯274人，特别是迅速破获了"10·30特大杀人案"，有效震慑了犯罪，维护了社会稳定；安全生产形势总体良好，全年未发生一起重大安全生产事故。2011年9月，率先开展校车安全综合整治，比全国总体部署时间提前了两个月。可持续发展战略有效实施。节能减排效果明显，预计化学需氧量、二氧化硫、氨氮、氮氧化物削减率分别为5%、14%、3%、13%，年度万元GDP能耗顺利完成市核目标，预计下降3.2%；"三项清理"不断深入，清理手续不全、证照不全、违规占地企业1081家，营造了公平正义的发展空间；砖瓦窑综合治理二期拆除11座，腾出土地近3000亩，同时，通过艰苦努力和多方协调，一期治理腾出的土地中有1400亩建设指标已得到上级批复，为经济社会发展提供了有力的资源保障。

顺平县

顺平县位于河北省保定市中部，总面积708平方公里，距北京162公里，石家庄102公里，保定32公里。张石、保阜高速，保阜、保涞、107国道等公路和京广铁路穿境而过。

全县共5镇5乡，辖237个行政村。全县耕地面积2.61万公顷，多年平均自产地表水资源量0.96亿立方米，地下水平均资源量0.97亿立方米。非金属除石灰岩储量15亿吨，其中高级石灰岩1亿吨外，还有石英岩和石英砂岩，白云岩、大理石、石板等；金属矿有金矿、银矿、磁铁和褐铁矿。

春秋战国时置县，名曲逆。西汉王莽改为顺平。东汉时改为蒲阴。南北朝北齐天保七年（公元556年）更名北平。金贞祐二年（1214年）升县为州，名完州。明洪武二年（公元1369年），完州降为完县。1993年8月，经国务院批准，更名顺平县。

2011年总人口为31.32万人，其中汉族占总人口的

99%以上，另有回、满、侗、藏、壮、朝鲜等16个少数民族。

特色产业。农业以林果为主。果树总面积30.7万亩，果品年产量2.01亿斤。红富士苹果、大久保蜜桃、磨盘柿为国宴果品。被国家农业部、林业总局命名为“中国苹果之乡”、“中国桃之乡”。工业以肠衣、食品、塑料、建材加工行业为主。肠衣加工为顺平传统特色产业，是河北省政府命名的25个特色经济产业之一，全县共有肠衣加工企业二百余家，产品80%出口，占全国肠衣出口总量的20%以上，占世界出口总量的14%，年出口额达3000多万美元。

旅游景点。腰山王氏庄园是华北现存最完整的清代民居建筑群，国家重点文物保护单位，砖雕、石雕、木雕有“三绝”之称。伊祁山是尧帝诞生之所，又是历代佛教活动的圣地。依托山下百里桃园举办的“桃花节”为保定市重大旅游节庆活动之一。

2011年，顺平县围绕全市“一主三次”、“工业西进”和“对接京津”总体部署，突出“跨越发展、强县富民”两大主题，狠抓项目、城建、旅游、民生等重点工作，全县经济建设和各项社会事业呈现出良好的发展势头。全县地区生产总值完成31.32亿元，可比增长11.0%；全社会固定资产投资完成42.6亿元，同比增长27.3%；财政收入完成2.6亿元，可比增长15.0%；城镇居民人均可支配收入达到24935元，同比增长10.8%；农民人均纯收入2698元，增长7.0%；单位GDP能耗1.199吨标准煤，降低3.5%，规模以上工业增加值能耗2.6717万吨；化学需氧量减排48.96吨、二氧化硫减排20.19吨、氨氮减排2.95吨、氮氧化物减排3.48吨，均完成或超额完成市核任务。

省级经济园区带动项目建设快速发展总面积为15平方公里的顺平经济开发区被省政府批准为省级经济开发区。2011年完成征地1500亩，建设区内道路22.5公里、管网45公里，110千伏变电站2座，入驻经济开发区企业达185家，其中规模以上企业35家。主动对接京津，在“央企走进河北”活动中，银祥棉业成功与中棉集团实现对接。争列省市重点项目17个，其中省重点项目3个，市重点项目14个。金强水泥、沐泽铜材、润东陶瓷等14个市重点完成投资12.72亿元。

养老服务体系逐步健全“五院合一”项目得到了胡锦涛总书记和省市领导的充分肯定，省、市现场会相继在顺平县召开，供养模式在全省进行推广。积极争取建设资金，启动了“五院合一”二期工程暨杨受成（中国·顺平）关爱老年中心建设，争取到省民政厅专项资金1000万元，香港英皇集团捐款1000万元，完工后可使五保人员集中供养能力达到80%以上。

新民居建设改变农村面貌南腰山、大辛店、王各庄三个村的新民居主体工程相继竣工，改造农村危房400户。

开展农民养老保险工作成功申报国家级城乡居民养老保险试点县，3.5万名60岁以上的农村老人开始领取养老金。

改善医疗环境投资2760万元的县医院综合门诊病房楼正式投入使用。全县22所基层医疗卫生机构全部实行了药品零差率销售，并实现了药品网上集中采购，在全省率先实现城乡医疗救助“一卡通”即时结算服务。

博野县

博野县位于河北省保定市南部。2011年以来，全县紧紧围绕“提速发展、强县富民”中心任务，以“现代农业、工商重镇、宜业宜居、文明和谐”为战略定位，牢牢把握“夯基础、聚产业、惠民生、保稳定”工作主线，按照“一产抓特色、二产抓提升、三产抓拓展”的要求，大力实施招商引资年、城市品位提升年、农业结构调整年三个年活动，县域三次产业均保持了稳健、快速增长的良好势头。

经济发展质量不断提高，三次产业在均衡发展中实现突破。一产方面，以2万亩粮食生产核心区为抓手，粮食总产突破20万吨，提前2年实现吨粮县目标；二产方面，积极促推民营经济转型升级，通过组织企业参观“对标”、争引技改资金等措施，促进了骨干企业不断发展壮大，橡胶机带、食品、机械制造、纺织、有色金属加工、化工等六个行业对全县经济的支撑和拉动作用进一步增强，新能源、制药等新兴产业初见端倪。橡胶输送带行业发展迅猛，产品占国内市场份额的20%以上，争创“中国（博野）胶带城”确名挂牌工作迈出新步伐，全县产值过亿元企业达到7家，省级品牌新增6个达到25个。三产方面，恒鼎商业街、新汽车站等重点项目城建项目建成投用，县城商贸流通进一步活跃。

依靠园区带动经济发展全局，大项目建设实现突破。始终把工业区作为推进项目建设的主要载体。本着建园与建城相结合的原则，参照省、市开发区建设的标准和要求，把城南工业区、食品加工集中区、橡胶工业集中区纳入一体化布局，完成了规划面积11平方公里的博野县工业区总体规划、控详规划、产业发展规划和区域环评，并纳入县城总体规划和土地利用规划，南环路、排水管网等基础设施建设扎实推进，成功列入了市级工业聚集区，正在争创省级经济开发区。大成（博野）机械不锈钢配件、河北蓝点纺织衬布、保定力德尔吊索具、河北德林钛业钛加工、博野顺天有色金属制品、保定金草中药饮片等6个过亿元项目落户园区，入园项目达到11个，另有13个亿元以上项目达成入园意向，园区年产值达到23亿元，成为博野县项目建设和产业发展的主阵地。依托园区建项目，当年列入省、市重点项目共11项，总投资30.7亿元，完成投资11亿元。省重点项目中，投资5.6亿元的英利集团太阳能发电系列项目的子项目太阳能电池配套项目已竣工生产，投资10.8亿元的宝丰硝化棉技改创新项目前期工作进展顺利。积极开展招商引资，与概算投资40亿元的大唐地热综合开发项目签订投资意向书。

城镇建设力度加大，城乡基础设施精品凸现。恒鼎商业街、新汽车站、县医院、中医院综合楼等重点城建项目年底前交付使用。房地产开发蓬勃开展，新建住宅小区建筑面积22万平方米，预计县城可新增人口4万人。坚持“建就建精品、变就变亮点”的原则，把博兴路打造成精品一条街，其中，精品广场颜元文化广场功能齐全，设施完备；精品医院博野县医院综合门诊楼主体12层，为周边县市中基础设施标准最高的县级医疗机构；精品商业街恒鼎商业街是保定市南部最大的商业街；中央公馆等6个高层住宅小区群进展顺利；建成了四个各具特色的公园和游园，满足了群众的文娱、休闲的需求。县城公园、集中供热供水、污水处理厂等公益设施扎实推进。深入开展城镇容貌综合整治，县城形象全面提升。完成了博程路改造升级工程，新建了潴龙河大桥。通过积极争引，纵穿博野县的石港、曲港高速已经立项，预计在博野县留两个出口，两条高速建成后将破除制约博野县经济发展的交通瓶颈。开展土地动态巡查，城乡土地、建筑市场进一步规范。

推进绿色蔬菜长廊建设，设施农业实现突破。以专业合作社、沼气建设、土地流转三项工作为抓手，加快“一廊两园三片区”建设，全县专业合作社新增8个达到60个，沼气池新增1200个达到1.5万座，土地流转面积达到4.9万亩，占耕地总面积的14.9%，土地流转经验得到市政府领导充分肯定。全县蔬菜种植面积达到11万亩，设施蔬菜达5.7万亩，棚室蔬菜1.6万亩。积极实施“凤还巢”工程，集设施蔬菜种植、循环农业、观光采摘为一体的北邑农业科技示范园、东墟好滋味蔬菜、南阳庄蔬菜、白塔葡萄等一批设施农业基地顺利推进。按照“一菜领先，多品发展”的思路，重点打造“博野韭菜”品牌，博野无公害韭菜强力推进粮食生产核心区建设，博野县被授予全省粮食生产先进县，全年粮食总产19.5万吨以上，预计年内将被省政府授予吨粮县称号。

充分利用省财政直管有利条件，特色亮点工作实现突破。共争取上级项目资金2.35亿元，超过当年全部财政收入，为经济社会发展提供了强力支持。基本农田整理、节水灌溉、饮水安全、校舍安全等一批项目顺利实施。积极创先争优，打造特色亮点工作，农机补贴、土地流转、行政服务中心工作得到省、市领导充分肯定，供销社改革、粮食体制改革等现场会在博野县召开，设施蔬菜等工作在省、市交流会做典型发言，博野县被授予全省粮食生产先进县、全省“五五”法制宣传教育先进县等荣誉称号，代表保定市上台领奖。

以惠民工程为抓手，社会各项事业再上新台阶。县财政用于民生支出2.3亿元，比上年增长20%，惠民工程进展顺利，2/3的村实现了“井井通电、户户持卡”，半数耕地实现了节水灌溉，近半数的农民群众吃上了放心水，1/5的农户用上了沼气，保障性住房、民政事业服务中心等重点项目主体完工，医药卫生体制改革完成阶段性任务，乡镇卫生院全部实施了药品零差率销售，新农合参合率达95.4%。教育、计生等工作顺利通过省、市考核。成立了博野县首个小额贷款公司。省级非物质文化遗产一一花鼓落子获得全国中老年文艺节目最高奖“凤凰金奖”。探索建立了食品安全“三级四方”管理机制，完善了县、乡、村三级监管体制，食品行业集中整治取得阶段性成效。安全生产总体形势稳定，博野县被市政府评为“连续五年无重大事故县”。保持严打高压态势，治安秩序持续良好。

任丘市

任丘市位于河北省沧州市西北。2011年，任丘市以科学发展观为统领，千方百计稳增长、调结构、惠民生、促和谐，经济社会保持了平稳较快发展势头，实现了“十二五”良好开局。全市生产总值完成508.6亿元，同比增长8.5%；规模工业增加值完成316亿元，同比增长3.5%；全社会固定资产投资完成108.2亿元，增长31.4%；全部财政收入完成88.3亿元，其中地方一般预算收入完成17.4亿元，分别增长7.8%和25.1%；社会消费品零售总额完成111.4亿元，增长18%；城镇居民人均可支配收入18732元，农民人均纯收入8545元，分别增长11.8%和16.1%。任丘市综合经济实力稳居河北十强县市前列。

千万吨炼泊等重大项目建设取得新进展。经过执着争取和不懈努力，总投资100多亿元的千万吨炼油项目的总体设计和引进工艺包得到了中石油批复，基础设计已经全面开始，正在进行长周期设备订货，力争明年上半年全面开工建设。东西八安置新村大部分居民楼主体已竣工，周边城市居民搬迁安置小区即将开工建设。总投资263亿元的百万吨乙烯项目列入河北沿海地区发展规划，并上升为国家战略重点支持项目，为百万吨乙烯项目在任丘立项、落地建设提前拿到了国家“户口”。总投资30多亿元的任丘热电项目已完成投资28亿多元，预计2012年上半年建成投产，下半年可实现市区局部集中供热。总投资4.97亿元的聚龙淀整治改造工程项目获得省水利厅批复，为石化基地建设和任丘经济社会长远发展提供了可持续的水资源保障。与华北油田公司、华北石化公司合作，启动实施了总投资40亿元的精细化工园区项目建设，现正开展各项前期工作。上述重大项目的启动和落地建设，使任丘实现了从石油资源大市向石化工业强市的战略转身，一个在全国有重要影响的石化产业基地正在快速崛起。

工业经济运行质量明显提升。项目建设取得新进展。全市共启动投资千万元以上项目153个，总投资达268.7亿元。其中，亿元以上项目29个，包装上报省重点项目19个。工业区建设实现新突破。经过积极争取，雁翎工业区被列为省级工业园区，任丘市成为全省拥有两家省级开发区（园区）的县市之一。2011年，开发区和雁翎工业园区共完成工业增加值152亿元，主营业务收入588亿元，财政收入58亿元，成为县域经济发展重要增长极。招商引资工作跨上新台阶。全市直接利用外资完成6042万美元，比上年增长97%，位列沧州市第一名；积极引进域外金融机构，民生银行、泰寿村镇银行落户任丘，交通银行任丘支行明年上半年运营，金融业服务地方经济发展的辐射力逐步增强。节能减排工作再创新佳绩。深入开展环保“利剑”行动，坚决取缔“十五小”企业，淘汰高耗能、高排放企业。全市单位GDP能耗比上年降低3.67%；COD、氨氮、二氧化硫和氮氧化物四项主要污染物完成了省定“双三十”重点县市年度节能减排任务目标。污水和垃圾无害化处理率分别达到81%和100%。全年空气质量二级以上天数达到312天。

城市综合承载能力显著提高。编制了百万人口城市空间发展战略规划纲要，第二轮城乡总体规划修编已全面展开，人防、排水等专项规划已编制完成。重点城建工程顺利推进：会战道区片改造一期工程已完成部分商业楼和回迁楼主体工程建设，二期工程已完成住宅和商业门市拆迁工作，城市商贸金融中心正在由蓝图变成现实；106国道市区段改造工程拆迁工作正在进行；城市新区正在优化方案设计，2012年即可全面开工建设。供热管网工程已经完成主管网施工图设计和调度中心选址。天然气入户工程已累计铺设中压管线109公里，为89个小区、7万多户居民接通了天然气。大广高速两条连接线和津保南线绕城项目顺利进入立项审批阶段。全市新增绿地面积32.22万平方米。任丘市获得河北省人居环境进步奖。围绕做大做强城市经济，启动建设了白洋淀旅游码头改造、客服中心、航空博览园、五星级庆丰国际酒店和东风美食一条街等一批商贸旅游项目。任丘白洋淀休闲旅游综合开发工程被列入河北沿海地区发展规划。服务业对经济的拉动作用明显增强，2011年全市第三产业增加值完成129.8亿元，同比增长20.5%。

统筹城乡发展开创了新局面。任丘市被确定为全省统筹城乡发展试点县市。全市城乡规划编制工作进展顺利，镇村体系规划已编制完成，5个重点镇建设进展顺利，18个省级新民居示范村工程已开工建设。累计投资5亿元，实施了农村危桥三年改造、农村城市化供水三年改造、农村电气化改造等一批惠农工程，累计改造农村危桥51座、水利闸桥219座，新修改造乡村道路116条、271公里，解决了352个村、50万人的饮水安全问题，农民的生产生活条件不断改善。严格落实各项惠农政策，共发放惠农补贴资金1亿多元，转移农村富余劳动力1.8万人。大力发展现代农业，新上了总投资5.5亿元的生态农业示范基地项目，农业产业化经营率达到42%。农业生产再获丰收，粮食总产量达到46万吨，实现“八连增”。

城乡群众幸福指数普遍提高。以“学、医、住、保”为重点，实施了一批重点民生工程。中小学校舍安全工程：投资1亿多元，启动了19所中小学校的重建工程。医疗卫生体系建设工程：市医院迁建项目已完成投资5300多万元，正在进行主体工程施工；认真落实国家基本药物制度，公办基层医疗机构全部实行了药品零差价率销售；新建改造乡镇卫生院23所，建成标准化卫生室382个，实现了村级卫生室全覆盖。住房保障工程：384套廉租房和3656套经适房项目的主体工程基本完工，220套廉租房、1364套公租房和200套限价房项目正在施工，190户危旧住房改造项目主体工程已封顶，超额完成了上级下达的任务指标。社会保障工程：全年新增城镇就业3512人，城镇登记失业率控制在3.5%以内。城、乡低保和农村“五保”标准进一步提高，城镇低保提高到350元，农村低保和“五保”分散供养标准分别提高到了2000元，城乡低保标准达到全省领先水平。全力做好医疗保险和养老保险扩面工作，新农合筹资标准由150元提高到230元，参合率达到93%。城乡居民养老保险实现参保扩面1.64万人，实现了新农合、新城合、城乡居民养老保险全覆盖，该市被列为国家首批新型农村社会养老保险试点县市。

青　县

青县位于河北省沧州市北，与天津市毗邻，辖6镇4乡1个国营农场，345个行政村，总面积968平方公里，总人口41.4万。2011年，完成地方生产总值131.1亿元，同比增长14.8%；实现财政收入10.5亿元，同比增长14.1%；城镇居民人均可支配收入和农民人均纯收入分别达到18891元和8007元，增长12.4%和28.9%。

青县具有优越的基础条件。青县区位优势明显，距北京150公里，距天津80公里，距天津港100公里，距黄骅港90公里，京沪铁路、京沪高速公路、沧京高速公路、104国道、津保南线等8条国省干线在境内穿过。县域内基本形成了“六横、十一纵”的路网格局，全县通车里程达到900多公里，基本实现了村村通、路路通。县经济开发区，是省政府批准的省级工业聚集区，规划面积20平方公里，水、电、路、讯、供气、供热等配套设施齐全，形成了经济发展的有力平台。

青县具有良好的产业基础。农业上，主要形成了蔬菜和以奶牛为主的畜禽养殖业，全县年蔬菜播面41万亩，年产蔬菜17亿公斤，被确定为“河北省蔬菜产业示范县”；全县奶牛存栏2万多头。工业上，主要形成了石油管道装备、电子机箱、特种钢材、食品饮料、缝制设备、仿古家具等特色产业。全县规模以上企业达到81家，纳税超百万元企业80多家。“华”字牌钢管被评为“中国名牌产品”，“小洋人”和“妙恋”被评为“中国驰名商标”。

青县具有浓厚的开放氛围。招商引资、对外出口一直在沧州市名列前茅，是沧州首个累计利用外资和当年出口创汇双超亿美元县。全县拥有外资企业70多家，常年在县内居住的外籍人士300多人，建有全省首个外国语学校——振华韩国国际学校，连续六年实际利用外资保持在1500万美元以上。

青县城市建设日新月异。围绕打造“四城五清”、20万人口的现代化中等城市的目标蓝图，每年实施的城建工程都在百项以上。修建了“六纵六横”的城区路网，建成广场公园40多个，6个社会与学校共享的高标准、开放式体育场（馆），10层以上建筑达到100多栋，集中供热、集中供气、污水处理、垃圾处理等功能设施齐全，城镇化率达到49%，是沧州市首个省级园林县城，荣获“河北省城镇面貌三年大变样工作进步县”称号。

青县新农村建设蓬勃活跃。全县有53个村已建成或正在建设村民住宅楼，建成各类住宅楼300多栋，有80多个村建设了小公园、小广场，有44个村（含社区）被列为省市示范村，连续四年被评为“河北省推进新农村建设先进县”。

青县社会事业繁荣发展。围绕打造“老有所养、病有所医、学有所助、困有所帮”的全方位社保体系，2005年，在沧州市率先启动了新型农村合作医疗制度，经验在全省推广，被确定为“全国新型农村合作医疗先进试点县”；2006年在全省率先探索实行了城镇居民合作医疗制度，实现了医疗保障制度的全覆盖；2008年在全省率先推行了农村合作养老制度，填补了农民养老保障体系建设的“空白”，被确定为“全国新型农村养老保险试点县”；2011年，率先推行了城镇居民养老保险制度，被确定为“全国新型城镇居民养老保险试点县”。同时，教育、科学、计生等工作全面进步，先后被评为“全国幼教工作先进县”、“全国科技进步先进县”、“国家级计划生育优质服务先进县”。

2011年，在工作中主要取得了以下几点成效：

一、园区和项目建设取得新突破，工业经济进一步增强。坚持工业强县的思路不动摇，狠抓园区建设，全力以赴招商引资、上项目，工业经济实现了平稳较快发展，发展后劲进一步增强。一是省级经济开发区功能日趋完善。实施了总投资1亿多元的“8路2桥10景观”建设工程，区内通车里程近70公里，4平方公里起步区实现“九通一平”；深入推进工业地产开发模式，有效吸引了社会资金，加快了园区建设速度。全年引进项目9个，总投资71亿元的汉智数控、机床制造等14个项目正在建设，13个项目准备开工。同时，上伍物流、曹寺标准件、流河古典家具韩商、电子机箱、盘古缝制设备等乡镇特色园区取得了较快发展，全县“一区七园”的集聚效应正在逐步显现。二是招商引资和项目建设保持良好势头。全年共引进内资项目230个，实际到位内资50亿元；实际到位外资1112万美元，均超额完成任务。全县在建工业项目204个，总投资135亿元，完成投资55.3亿元，同比增长24.2%，其中总投资5.3亿元的豪威机电、总投资10亿元的广成电器等8个项目被列入省重点。三是主导产业和民营经济实力进一步提升。石油装备、轧钢铸造、电子机箱等六大产业实现产值227亿元，同比增长14.5%，占全县工业总产值的比重达到80%，特别是电子机箱行业发展迅猛，被评为“中国电子机箱制造基地”。全年新增民营企业313家，达到2000多家；小洋人公司“妙恋”商标被评为全国驰名商标；同聚祥、恒辉两家民营公司成功挂牌上市，实现了青县上市企业零的突破。民营经济在全县工业经济中的比重由上年的63%提高到了75%，被评为“全省十佳民营经济先进县”。

二、城市面貌实现大变样，城市建设水平进一步提高。以打造“四城五清（青）”、20万人口的现代化中等城市为目标，大力开展“三城同创”（国家级园林城、卫生城和省级文明城）工作，实施各类城建工程100多项，总投资近30亿元，城市品位和承载能力进一步提升，成为沧州市首个“中国宜居宜业典范县”。一是城市规划更加健全。聘请清华大学编制了青县城区控制性详细规划和城市景观风貌、城市绿地系统等5大类、17个专项规划，完成了城西10平方公里的新城规划，拉开了新城建设的序幕。二是群众居住环境明显改善。新建帝豪嘉苑、南海国际等精品小区9个，新增住宅面积20万平米。实施了华兴大街西侧、电力局南侧等4个区域466亩的拆迁改造工程，其中两个区域回迁楼建设工作已经开始。三是城市功能更趋完备。完成了总投资5100万元的北环路市场段、南北大街二中段等5条道路建设。实施了总投资2亿多元的双线供热、供气工程，集中供热面积达到120万平米，集中供气用户达到9000户。新天地商厦、华联商厦开业运营，中润购物广场、吉祥超市等商贸服务场所顺利建设，肯德基等知名商家相继落户，城市经济更加繁荣、群众生活更加便利。四是城市景观进一步提档升级。完成了投资4000多万元的运河城区段亲水平台、滨水步道和振兴桥、迎宾桥两座彩虹桥建设；总投资1.1亿元、占地380亩的西湖公园开工建设，建成后将改变青县没有大型园林公园的历史。大手笔、全方位开展城市绿化工作，创建园林式单位38个，实施了14条城区主干路、24处道路节点、8个广场公园景观升级改造工程，新增绿地900亩。同时，狠抓“五乱治理”，改造主干道路广告牌匾400多块，更换垃圾箱790个，新建垃圾中转站4座，城市环境更加整洁、规范。

三、农业农村工作再上新台阶，城乡一体化进程进一步加快。以新民居、乡村路桥、蔬菜基地和农合组织建设为重点，继续加大农村基础设施投入建设力度，农民生产生活水平大幅提升，新农村建设步伐明显加快。一是大力度完善乡村路网。按照“六横十一纵”的路网规划，启动了总投资6亿元的104国道改线工程；完成了总投资2亿多元、总里程120多公里的经二路、小陈线、李杜线等33条道路和6座桥梁建设改造工程，全县通车里程达到900多公里，初步构成了四通八达、内通外联路网格局。二是加快推进特色产业发展。启动了万亩农业观光园建设工程，投资6100多万元实施了孙召庄、张广王等5个千亩蔬菜标准园建设，修建高标准田间路18公里，新建、改造棚室3万亩，完成了年育苗能力2000万株的连栋育苗温室建设工程，全年蔬菜播面达到41.5万亩，其中设施蔬菜27万亩，蔬菜产量达到194.3万吨，以规模化基地为载体的现代农业雏形初步显现。三是大力发展农业合作经济。积极推进“两委+合作社”和“龙头企业+合作社”的农民专业合作组织建设模式，全年新增合作社60家，达到276家，辐射带动农户6万余户。其中司马庄绿豪合作社、大鹁鸽留勃祥合作社等5家被认定为省级农民专业合作社示范社。

四、民生事业繁荣发展，社会管理水平进一步提高。

坚持把改善民生作为工作的出发点和落脚点，从关系群众切身利益的问题入手，集中力量抓好一大批民生工程，让发展成果更多地惠及全县人民。一是社保体系更加健全。新城合、新农保等工作规范运行，新农合报销封顶线由4万元提至6万元，特别是作为全国试点率先开展了城镇居民社会养老保险工作，实现了城乡医疗、养老保障全覆盖。2011年，共为城乡居民报销医药费近5000万元，为4.8万城乡老人发放养老金4000多万元，有效的减轻了群众就医负担、提高了老年人生活质量。同时，积极开展救灾救助工作。全年新增就业岗位2400个，下岗失业人员再就业1100人，有效解决了群众就业问题。全年发放救助金2000多万元，同时一期360套廉租房交付使用，城乡困难群众生活实现应保尽保。二是医疗卫生环境明显改善。实施了总投资2亿多元的14个城乡教育项目建设，其中县实验小学、树人学校等4项工程已经完工并投入使用；总投资3.26亿元的县医院迁建工程开工建设，中医院和乡镇卫生院医疗设备水平和服务能力进一步提升。三是文化事业繁荣发展。总投资4000多万元的盘古寺复建工程已完成主体工程建设；总投资500多万元建成乡镇综合文化站10个、农家书屋151个、文化信息资源共享村133个；有线电视入村率达到100%，城区数字电视转换1.2万户，整转率达到70%。成功组织了各类大型文化活动20余次，并承办了中央电视台《健身大舞台》节目。同时，总投资2000多万元的县殡仪馆、公墓和烈士陵园主体工程基本完成。

青县县委书记　李新平
县人大常委会主任　王培政
县人民政府县长　车　军
县政协主席　黄文廷

盐 山 县

盐山县位于河北省沧州市东南，南与山东省接壤。2011年，盐山县深入贯彻科学发展观，以打造沿海经济社会发展先导区为目标，真抓实干，攻坚克难，全县经济、政治、文化和社会各项事业都取得了新的突破，实现了“十二五”开门红。

全年实现地区生产总值107.6亿元，首次突破百亿元大关，同比增长17.4%；全社会固定资产投资完成87亿元，同比增长28.9%；规模以上工业增加值完成62.9亿元，同比增长28.1%；规模工业实现利税20.2亿元，同比增长88.2%；全社会消费品零售总额27.1亿元，同比增长17.9%；全部财政收入完成7.17亿元，同比增长33.5%；农民人均纯收入4810元，城镇居民人均可支配收入15357元，同比分别增长12.77%和14.5%；粮食总产量达到3.02亿公斤，同比增长3.6%，连续九年实现增产丰收；直接利用外资222万美元，同比增长43.2%；外贸出口9457万美元，创历史新高；金融存贷比达到57.7%，位居各县市之首；完成了上级下达的节能减排任务。全县经济社会继续保持快速健康发展的良好势头。

产业扩规升级步伐加快。产业群体规模不断壮大，管道装备企业总数超过1100家，总资产达86亿元，销售收入超过200亿元，总量在全市县域经济中位列第一。龙头实力进一步增强，规模以上企业达到79家，中原、沧海2家公司跨入“河北省民营企业100强”，沧海、恒通2家公司被认定为国家级高新技术企业，全县达到4家。沧海、昊天2家公司完成了在中小板上市的前期工作。继中原公司之后，恒通公司又获“中国驰名商标”，成为全市唯一拥有两枚“中国驰名商标”的县市，全县省级以上名牌和优质产品达到26个。研发能力快速提升。30强企业全部建立了研发、检测机构，中原金属材料检测公司被列为省中小企业技术创新示范机构，宏润公司建立了全市首个省级院士工作站，昊天公司的管道节能工程研究院被列入市级研究院管理序列，与哈工大建立了全市首个节能技术研发基地。全年实施了总投资68亿元的15个技改扩规项目，研发新技术、新产品22项，申请专利16项，制定新标准3项。配套体系不断完善。创建了全国最大的管道交易网，中国银行盐山支行、汇达信用担保中心、浩润小额贷款公司、烜华投资担保公司等挂牌成立，物流园区、管道装备职业学校、管道装备中央商务区等项目正在前期运作，将对产业发展形成强有力的支撑。

项目建设如火如荼。全年投资超千万元的竣工及在建项目122个，总投资规模282亿元，同比分别增长27%、168%。大项目增多。竣工及在建的超亿元项目达到45个，总投资规模242亿元，同比分别增长105%、181%。钢筋直螺纹连接套筒、数控机床及精密部件制造、核电管件、海水淡化、管道装备物流园区5个项目被列为省重点项目，总投资26亿元，省重点项目数量继续保持全市前列；技改项目多。新上技改扩规项目15个，总投资达68亿元，新上技改扩规项目占到全部在建项目的三分之一；项目质量不断提高。有7个项目被列入国家和省市科技计划，争取上级无偿资金430万元，是整个“十一五”期间的一倍多。其中，宇鹏公司“X80钢板模压弯头”项目，被列入国家科技计划项目；宏润公司“5万吨液压机组研制与应用”项目被确定为省自主创新重大成果转化项目。建设速度快。在46个落地项目中，有37个项目实现开工建设，8个项目顺利投产；“三跑五争取”活动成效显著。有32个项目列入国家投资计划，可争取资金1.3亿元，已到位资金5462万元，有效地改善了民生，拉动了经济发展。

园区建设开始上步。不断强化基础设施建设，投资9000多万元，新修园区道路23.5公里，铺设供水管网3.3公里，架设通讯线路2.1公里，完成了110千伏和35千伏2个变电站建设，加快了由线状开发向网格状开发转变，园区框架逐步拉开，承载能力不断增强。大力抓好特色园中园，建设了机床附件园、陶瓷工业园、铭润工业园、新能源科技园4个特色“区中园”，开发规模和建设水平明显提升，规模开发、连片建设的格局初步形成。此外，制定实施了一系列政策制度，园区管理正逐步走向规范化、标准化。目前，全县入园企业达到800多家，成为拉动盐山快速发展的龙头。

城市建设步伐加快。坚持规划先行，在实现城区控制性详规全覆盖的基础上，编制完成了城市给排水、供电、消防等14个专项规划；完成了旧城区拆迁改造规划，实现了拆迁规划全覆盖。先后实施了总投资18亿元的16项城建重点工程。其中，振华北大街延伸段、千童大街升级改造、龙海路配套设施建设、海洎路升级改造、千童公园等工程基本完工；“引淀入盐”城区配套管网、常惠线入城段等工程正在抓紧建设；正港路绕城段、千童大街南拓、城乡客运站等项目完成前期工作，城市的承载能力不断提升。实施了19个商住小区建设，新增建筑面积50多万平方米，建筑保有量达到820万平方米，奠定了冀鲁交界处中等城市的雏形。积极发挥城投作用，采取BT、BOT等市场化模式，全年共融资1.5亿元，储备土地1300多亩，为加快城市建设提供了有力支撑。积极推行城市标准化、规范化管理，实施了城区排水、环卫等公共事业和市政建设，对城区主要道路和重点部位进行了绿化、亮化、美化，开展了以治理“五乱”为主题的城区环境综合治理，城区脏乱差的状况有了明显改观。

新农村建设扎实推进。进一步加强农村基础建设，把农田水利建设作为重点，投资8000多万元，实施了中小型灌区节水改造、旱地麦抗旱应急工程、中小河流治理等农田水利项目，新建小型扬水站17座、闸涵15座、50亩以上坑塘32座，新打深机井30眼，安装地下输水管道6万多米。投资8300多万元，建设了7个省级新民居示范村，有效改善了农民的生产生活条件。加快农业产业化步伐，全年新增省级龙头企业2家、市级龙头企业4家，全县市级以上龙头企业达到28家，农业产业化率达到43%。积极调整农业结构，大力发展现代农业，完成土地流转4万多亩；推广新技术7项、新品种13个，全县种养专业村达到13个、种养专业户达到600多个，新增各类农合组织30家，总数达到159家。大力发展劳务经济，全年共培训1万多人，新增转移输出农村劳动力7400多人，累计转移输出13万人次，农民的工资性收入占到全部收入的60%以上。盐山被省政府评为“发展劳务经济先进县”。大力开展扶贫和农业开发，争取上级各类扶贫资金2000多万元，实施了整村式扶贫和产业化扶贫，1.2万人实现脱贫。共争取资金2500多万元，高标准实施农业开发项目，建成高标准农田1万亩。

民生事业稳步推进。坚持发展以民生为本、财力向民生倾斜，先后投资6亿多元，实施了盐中建设、引淀入盐、人饮安全、乡村道路、沼气池建设、项目校建设、县医院住院楼等一系列重点民生工程，完成了覆盖88个村、7.8万人的5处集中供水工程，建成沼气池540个，新修改造乡村公路80公里。社会保障体系更加健全，城乡低保实现应保尽保，全年共发放各类社保资金1.3亿元；新农合和城镇医疗保险参合率分别达到97%、92%，全年共报销医药费1.1亿元；新农保全面铺开，参保农民达到26万人，参保率达到92%；保障性住房建设不断加快，第一批廉租住房交付使用，解决了340户低收入家庭住房问题，第二批保障性住房正加快建设；完成了城区有线电视数字化整转，用户达到1.2万户；严格落实“家电下乡”、农机补贴等各项优惠政策，共补贴资金6443万元；加强和创新社会管理，完善了“冀鲁十县市平安创建联席会议”制度，建立了跨区域联合防控机制，强化社会治安综合治理，实施了“和谐稳定示范区”创建活动，开展了一系列严打整治专项斗争。严格落实安全生产责任制，没有发生重大安全事故，为加快发展创造了良好的社会环境。此外，武装、计生、环保、老干部、妇女、儿童、残疾人、文体广电、食药监管、民族宗教等工作均取得新的成绩，实现了经济社会全面进步、和谐发展。

肃宁县

肃宁县位于河北省沧州市西。2011年，肃宁县坚持科学统筹发展，抢抓机遇乘势而上，开拓进取创新图强，以事争一流的勇气、坚韧不拔的毅力，实现了“十二五”开门红，全县经济和社会各项事业取得了快速发展。

一、经济发展实现大跨越。2011年，全县生产总值突破百亿元大关，完成104亿元，同比增长12.5%；全部财政收入完成13亿元，总量稳居沧州市第四，同比增长22.6%；一般预算收入6.3亿元，位居沧州市第三；外贸出口完成1.65亿美元，同比增长50.7%；农民人均纯收入达到6570元，同比增长8%；城镇居民人均可支配收入完成18580元，同比增长8%。2009年全省县域经济综合发展评价，肃宁县位列第34位。2011年全省排队，位次仍有望前移。

二、园区建设取得突破性进展。按照“抓经济就要抓产业，抓产业就要抓项目，抓项目就要抓园区”的“三抓”工作思路，大力推进园区建设，“省级工业聚集区”和“省级物流产业聚集区”正式获批，起步区基础设施建设已基本完成，裘都商城被认定为国家3A级商贸旅游景区，全国首家毛皮价格指数发布平台、河北省首家毛皮产品质检站和沧州市首家公用型保税仓库正式投入运营。8个亿元以上项目已谈妥确定，其中4个已开工建设。针纺产业园12栋标准厂房已经封顶。电器电料工业园完成起步区路基建设。2011年“两区”实现税收7.4亿元，占全县总量的57%。

三、城区面貌发生巨大变化。把城镇化带动作为全县经济发展的三大战略之一，城市建设快速推进，城市品位明显提升。按照“建设新区，改造旧区，协调发展”城建“三步走”发展思路，集中财力物力，全力打造了5.1平方公里的城市示范新区，城区面积由10.9平方公里扩大到16平方公里。先后投入70多亿元，实施了人民公园、体育场馆、小白河滨水景观带改造等50多项拓展城区布局、增强承载能力、服务居民生活、提升城市形象的精品工程，改写了肃宁县没有大型公园、大型体育场馆的历史。第二污水处理厂和垃圾填埋场建成投入使用，新增绿地面积437万平米。实施了南甘河城中村改造工程、新民居示范工程；一批高层精品住宅小区拔地而起。大广高速和两条连接线建成通车，肃宁交通区位优势进一步凸显。同时，为创新城市管理，投资500余万元，建成了沧州市第一家县级数字化城管监督指挥中心。通过全县人民的共同努力，数字化城管监督指挥中心获得“省人居环境范例奖”，人民公园被命名为省“十佳公园”。肃宁县先后被评为“省级园林县城”和“省级卫生县城”，成为开展“三年上水平”以来，沧州市唯一一个年内同时摘取两项桂冠的县。

四、农业现代化水平不断提高。按照“抓农业就抓农业现代化，抓现代化就抓产业化，抓产业化就抓合作化”的工作思路，建立起各类农村经济合作组织341个，遍及全县218个村，带动农户5.5万户，农业社会化、组织化、市场化程度迅速提高。2011年，全县农业产业化率达到78.8%，居沧州市首位。华斯公司被评为国家级农业产业化龙头企业。农业基础设施显著加强，投资2.8亿元、库容627万立方米付佐水库正式开工建设，先后投入4.3亿元，实施了万亩中低产田改造、高标准农田示范工程、农村路网和农田节水管网建设“三年规划”等一批重点工程。先后被认定为“河北省蔬菜生产核心县”、“河北省农产品加工示范基地县”、“国家级现代农业示范区”。

五、“四个覆盖”取得重大成果。肃宁在全县探索推行了农村社会管理“四个覆盖”工作新模式。其主要思路是：以基层党组织为核心，以村代会为平台，以农村经合组织和维稳组织为骨架，以服务群众和协调整合农村各方利益为职能，推进基层党组织全覆盖、基层民主组织全覆盖、农村经济合作组织全覆盖、农村维稳组织全覆盖。通过实施基层党组织全覆盖，把党的组织延伸到“神经末梢”上，全县农村新建各类党总支10个、党支部18个、党小组1641个，其中维稳组织中党小组1026个、民主组织中党小组300个、经合组织中党小组96个，其他类型党小组219个。通过实施民主组织全覆盖，把村代会等民主平台搭建起来，让村民说话，由群众做主，老百姓真正成了“当家人”。为保障广大村民的知情权、参与权、决策权和监督权，肃宁从健全村民自治组织入手，在建好村党支部和村委会的同时，设立村代会和村民监督委员会。通过实施经合组织全覆盖，建立多元化的农村经合服务体系，让能人牵头，为群众搭桥，农民找到了“致富路”。全县共建立起各类农村经济合作组织341个，遍及218个村，带动农户5.5万户。通过实施维稳组织全覆盖，细化社会管理单元，立足于“让农民自己帮自己、自己管自己”，推行“3+1”维稳模式。使全县农村形成“有困难大家帮，有矛盾大家解”的维稳格局，实现了矛盾纠纷第一时间知晓、第一时间解决。全县农村因邻里纠纷引发的上访案件同比下降50%、治安案件下降30%、民转刑案件下降40%，村维稳组织排查出矛盾纠纷和治安隐患3800多件，98%得到及时化解。“四个覆盖”从根本上解决了农村社会管理与发展的问题，得到了群众的衷心拥护和各级领导的充分肯定。2011年10月被中央组织部、中央维稳办确定为“全国做好新形势下群众工作的典范”。

六、社会事业全面进步，民生得以保障。秉持“和人民群众坐在一条板凳上”的执政理念，争取到全国首批新农保试点县，有效解决了全县29万农民的“老有所养”问题。加大对困难群体、贫困家庭的救助力度，建立长效救助机制，做到了全县无一个家庭因条件困难而满足不了温饱，无一名学生因家庭贫困而失学。全面实施城乡低保和城镇职工“五险”提标扩面，实现了应保尽保。投资1.6亿元，解决了全县农村的饮水、出行、用电问题和困难群众住有所居问题。教育发展水平不断提高。累计投入1.05亿元，足额落实了新机制经费，改扩建中小学29所，对35所中小学进行了危房改造，对全部中小学进行了供暖改造，极大地改善了办学条件。卫生事业快速发展。医药卫生体制改革顺利推进，投资1.1亿元先后建成了县医院病房楼、门诊楼，购置了一批大型医疗设备，完成了9个乡镇卫生院的改扩建和医疗设备更新，村级卫生室、计生服务站建设水平明显提高，改善了城乡居民就医条件。人口与计划生育工作不断加强，被评为“全国计划生育优质服务先进单位”。文体事业蓬勃兴起。县体育场、体育馆建成投入使用，乡村文化站、农村文化书屋发展迅猛，群众性文体活动健康丰富。人民生活水平明显提高。全县公教人员工资福利大幅提高；住房公积金缴存基数提高了7个百分点，缴存覆盖率达到90%以上；科技、电力、通信、广电、扶贫、民族宗教等各项社会事业协调发展。

献　县

献县位于河北省沧州市西。2011年，献县坚持以科学发展观为统揽，牢牢把握加快发展主基调，以项目建设、招商引资、城镇三年上水平、社会事业和新农村建设等重点工作为突破口，抢抓机遇，攻坚克难，埋头苦干，圆满完成全年各项既定目标任务，实现了“十二五”良好开局。预计2011年，全县生产总值完成136亿元，同比增长17%；规模以上工业增加值完成56亿元，同比增长27%；全社会固定资产投资完成93亿元，同比增长26%；财政收入完成5.5亿元，同比增长30%；社会消费品零售总额完成25.7亿元，同比增长17.5%；城镇居民人均可支配收入达到15670元，同比增长12%；农民人均纯收入达到5381元，同比增长13%。

一、全力以赴上项目、育产业，不断壮大经济总体实力。坚持以重点项目建设总揽经济社会发展全局，集中一切优势力量和资源要素，强力推进。全年共实施投资超亿元工业项目53个，总投资215亿元。投资5.8亿元的鑫祥盛机床、投资3.45亿元的亚鑫环保设备等6个项目被列为省重点项目，重点项目数量和投资规模继续位居全市先进位次。投资3.4亿元的万邦重型机械、投资3.25亿元的蓝马汽保设备、投资3亿元的华锚预应力材料等18个续建重点项目全部或部分投产，投资10.6亿元的燕京集团玻璃瓶、投资4.5亿元的燕京啤酒二期、投资3.5亿元的广普太阳能、投资3.1亿元的薛氏新能源等35个投资超亿元项目先后开工建设。此外，投资10.7亿元的日新易拉罐、投资3亿元的静霖防雷设备等5个项目，完成立项、征地等各项前期准备工作，已具备开工条件，明年春即可实施。在项目建设的带动下，一批重点企业和乡镇实力进一步增强。预计2011年，全县纳税超千万元的工业企业达到6家，其中河北燕京啤酒有限公司纳税突破4500万元；税收超千万元的乡镇达到8个，其中南河头、淮镇、乐寿镇3个乡镇突破5000万元。依托项目建设积极培育特色产业。装备制造业方面，随着知新机械制造、九鼎冶金机械、渤海机电设备等一批亿元项目的建成投产，产业规模进一步壮大，全年实现产值129亿元，同比增长31.6%；啤酒产业方面，燕京集团玻璃瓶、河北燕京啤酒二期等项目相继开工建设，河北日新集团利用2010年股权转让资金，启动实施了投资10.7亿元的易拉罐和投资2.7亿元的塑料托盘项目，啤酒产业实现了横向拓展和纵向延伸，预计2011年实现产值16亿元，利税3.5亿元。大力实施品牌战略，年内9个商标被评为省著名商标，3家企业的产品被评为省名牌产品或省优质产品。

二、锲而不舍搭平台、强招商，加快推进对外开放进程。始终坚持把招商引资作为推动县域经济大发展、快发展的主要突破口，以创优环境、园区建设为抓手，举全县之力强攻招商引资，不断增强县域发展后劲。一是深入推进全民招商。进一步强化乡镇、县直单位对外开放和项目建设目标管理，严格执行乡镇异地建企业税收分成政策，对年终完不成任务的实行“一票否决”，充分调动起全县上下引资金、上项目的积极性和主动性。深入推进小团组招商、以商招商和“一把手”招商，由县长或分管县长带队，先后多次赴深圳、香港、北京等地开展招商引资活动，成功引进了投资10.6亿元的燕京集团玻璃瓶、投资3亿元的静霖防雷设备、投资3亿元的洗立洁洁身器等11个投资超亿元项目。全年实际利用外资1667万美元、引进内资18.7亿元，同比分别增长132%和42.7%。二是加快县工业区建设。紧紧抓住全省加快工业聚集区建设的重要机遇，按照“企业集中、产业集群、资源集约、功能集合”的原则，着力搭建园区招商平台。聘请高资质设计单位，完成了县工业聚集区产业规划、总体规划和控制性详规编制。进一步加大投入，相继实施了献王路南延、区内110KV高压走廊调直、35KV变电站建设、南新街建设等基础设施工程，构建起城南工业区基本框架。截至目前，园区共入驻投资超千万元项目达到62家，总投资144亿元，2011年8月献县工业区被确定为省级经济开发区。三是下大力改善投资环境。认真执行涉及招商引资、项目建设的政策措施，坚决兑现政府承诺；不断创优服务环境，严格落实重点项目建设“五个一”、首问负责、跟踪服务、限时办结、特事特办、行风评议等制度，简化办事程序，畅通服务流程，进一步提高了工作效能和服务质量。着力破解土地、资金瓶颈制约，在用地上，加大土地整理置换和省重点项目申报力度，全年共争取省重点项目用地指标276亩，完成基本农田整理3118亩；深入开展城区项目建设“秋季攻坚”活动，累计完成征地900余亩，有力保证了重点工程项目的用地需要。在资金上，积极促成商业银行在该县建立分支机构，帮助河北双剑公司成功上市，组建小额信贷担保公司2家，累计发放贷款1.5亿元。

三、深入开展城镇建设“三年上水平”，力促城建提质提速。坚持把“城镇建设三年上水平”作为加快城镇化进程的重要抓手，以打造宜居城市为目标，以基础设施建设为重点，以产业和人口聚集为支撑，建管并重，不断完善城市功能，提升建设品位。一是强力推进重点工程建设。以“十个一”工程为重点，集中力量、强化措施、倒排工期、挂图作战，着力塑造精品工程和城市亮点，不断提升建设品位。投资2000万元的文化艺术中心改扩建、投资2500万元的大地燃气、投资2000万元的南环路景观带全部完工。投资2亿元的工业集聚起步区第一批企业厂房、办公楼已竣工，第二批企业部分开工建设；投资6500万元的小陈庄改造一期、投资2亿元的滨河家园、投资3500万元的金鱼胡同棚户区改造二期、投资5000万元的县医院病房楼四项工程主体全部封顶；投资3000万元的体育馆竣工并投入使用；投资3500万元的港河西支改造一期工程完成部分河道的微地型整理及绿化。二是强力推进城中村和旧片区拆迁改造。积极开展“秋季攻坚”活动，从各乡镇和县直有关单位抽调群众工作经验丰富的精干人员200余名，组成征地拆迁工作队，吃住在村，全力加快东李庄、刘庄等8个城中村和金鱼胡同、原邮政局家属院等7个旧片区拆迁改造步伐，取得明显成效。截至目前，已累计完成拆迁14.7万平方米，12栋5.5万平方米回迁楼在建，其中邮政局家属院2栋住宅楼已具备入住条件，小陈庄、大张庄、小楼回迁楼和金鱼胡同旧片区工程基本竣工，1100户居民即将迁入新居。三是着力加强城市规划建设管理。按照精细化管理的要求，进一步加强城市规划管理，严格执行重点工程、重点项目规划审批制度，聘请高资质设计单位完成了龙港森林公园、商业中心、体育场等重点城建项目的规划设计。不断强化城市综合整治，研究制定了《城区市容环境卫生综合整治工作实施方案》、《城区户外广告牌匾治理整顿工作实施方案》等专件，进一步加大综合执法力度；深入开展广告牌匾、交通秩序、违章建筑、卫生死角等专项整治行动，县城面貌明显改观。积极推进小城镇建设，陌南、陈庄、韩村由乡升级为镇，全县城镇化率上升7个百分点。

四、始终不渝惠民生、夯基础，努力构建和谐献县。始终把关注民生、保障民生、改善民生作为一切工作的出发点和落脚点，坚持从群众最关心、最直接、最现实的利益问题入手，不断加大新农村和各项社会事业投入力度，努力让广大群众共享改革发展的成果。一是狠抓惠民利民工程建设。重点围绕推进教育卫生等社会事业发展、改善农村基础设施条件，启动实施了校舍安全、道路建设、饮水安全等一批重点惠民利民工程，年内完成14所在建中小学项目校建设，5所中小学项目校完成全部前期工作，4所幼儿园完成立项，撤并农村初中5所；筹资432万元为农村中小学配备仪器器材，进一步改善了办学条件；县一中高考本二以上上线1821人，连续五年位居全市首位；全县教育工作顺利通过省“教育工作督导评估”和“义务教育阶段教学评估”第二轮联合验收，赢得省专家组充分肯定。县医院病房楼主体封顶，创建村标准化卫生室424个；自2011年6月1日起，全县所有乡镇卫生院全部实行药品零差率销售；2011年全县新农合参合率达到95.06%，继续居全市前列；完成县技术站搬迁和全县18个乡镇技术服务站改扩建及医疗设备配备，被授予“河北省计划生育优质服务先进单位”。新建改造农村公路89.1公里，治理改造桥闸涵16座，改造农村危房1400户；有效解决了20余个村2.35万人的饮水安全问题，并被确定为河北省第三批小型农田水利重点县高效节水灌溉试点县；启动实施了24个村的整村扶贫工作；建成本斋110KV变电站，增容35KV变电站4座，新架改造10KV及以上线路63.5公里，完成新农村电气化改造25个村；培育发展农资农家店和日用消费品农家店524个；新建乡镇文化站2个，完成173个农家书屋图书配备，新增数字电视用户2000户。新民居建设稳步推进，年内东方屯、小屯、中街等12个示范村的新民居工程相继开工建设，全县新民居开工面积达到34万平方米，农村面貌正在发生深刻变化。二是全力促进农业增效农民增收。按照“稳定粮食，提升畜牧，培植蔬菜，优化红枣”的思路，以增加农民收入和提高农业综合生产能力为核心，大力推进农业发展。粮食生产再创新高，总产达到41.4万吨，夏粮实现十连增，年内新增红枣标准化无公害示范基地4000亩，总面积达到35万亩，献县金丝小枣种植标准化示范区被评为“全国农业标准化优秀示范区”；新建棚室1200余个，新增蔬菜面积2600余亩，百里棚菜长廊片区被确定为“河北省扶贫开发产业集群片区”；完成植树造林3万亩，新增农田林网1.2万亩，顺利通过国家2003年度退耕还林阶段性验收，代表沧州市顺利通过省净增量考核。积极培育农业龙头企业，全县市级以上农业龙头企业达到29家，农业专业合作组织达到230个，农业产业化率达到57%。严格落实各项支农惠农政策，共发放粮食直补、综合直补、良种补贴、农机补贴等各类惠农资金1.2亿元以上。加大农村劳动力转移工作力度，全年累计转移输出农村劳动力6万余人。三是着力抓好社会和谐稳定。不断完善社会保障体系，县人力资源和社会保障服务中心正式启用，“五险”参保对象达到8.6万人、下岗失业人员再就业960人，新农保参保率达到91.3%；新增农村低保户845户、城镇低保户153户；将全县201名孤儿纳入救助范围，继续实施正科级以上干部结对帮扶；不断提高五保集中供养率，3所区域敬老院共入住院民359人；深入开展“进百村、帮万户”手拉手扶贫济困、“贫困生资助”、“困境儿童救助”、“金秋助学”系列活动，使弱势群体和困难群众感受到了社会的关爱。深入开展“平安献县”创建，组建乡村巡防队伍，完善城区视频监控网络，出重拳打击严重暴力犯罪，强化重点区域综合治理，深入开展“清网”、“打四黑除四害”等专项行动，社会治安环境进一步好转。下大力清理解决信访积案、规范信访秩序，深入开展社会矛盾排查化解，实现了省市党代会等敏感期重大信访事件“零发生”和进京、赴省、到市集体访“零控制”，工作经验得到国家、省、市肯定和推广，在全市信访工作目标综合测算中献县继续保持全市第一的好成绩。严格落实食品、产品质量和安全生产责任制，深入开展餐饮行业、建筑扣件、牛羊肉产品等系列专项整治，确保了人民群众生命财产安全；强化重点行业、重点领域、重点企业的安全生产监管和隐患排查整治，全年工矿企业未发生安全生产死亡事故。高度重视节能减排工作，年内对82个项目进行了节能评估，完成10个重点项目的节能技改，取缔“十五小”企业61家，全县单位GDP能耗同比下降3.66%，顺利通过市政府节能预考核。

孟村回族自治县

孟村回族自治县位于河北省沧州市东南，辖4镇2乡、126个行政村。总面积387平方公里，耕地面积31.3万亩。人口19.91万人，自然增长率7.6‰。2011年全县地区生产总值完成64.1亿元，增长18.1%，其中，一、二、三产业增加值分别完成5.78亿元、39.01亿元、19.29亿元，分别增长8%、19.6%、18.3%。全社会固定值产投资完成51.9亿元，增长29.4%，其中城镇固定资产投资完成35.4亿元，增长78.8%。单位生产总值能源消耗达到0.9396吨标煤/万元，下降3.66%。财政收入完成5.10亿元，增长24.8%，其中地方一般预算收入完成1.97亿元，增长29%；财政支出7.34亿元，增长19.5%。农林牧渔业总产值完成11.9亿元，增长12.3%。粮食总产17万吨，棉花总值738吨，油料总产1874吨，肉类总产2.60万吨。规模以上工业完成增加值27.9亿元，实现利税4.2亿元，分别增长28.4%和78.8%。金融机构存款金额达到37.9亿元，增长3.6%，贷款余额达到17.1亿元，增长18.8%。社会商品零售总额完成15.3亿元，增长17.8%。职工年平均工资29203元，增长16.7%；城镇居民人均可支配收入达到17296元，增加14.9%；农民人均纯收入达到5429元，增长15.5%；年末城乡居民存款余额达到29亿元，增长0.5%。外贸出口总值完成1.33亿美元，同比增长48.6%。

特色产业加速提升打造领军企业，提升发展水平，力促产业升级。加快培育壮大产业龙头，2011年，纳税超千万民营企业6家，华洋钢管纳税超过2000万元，“海浩”荣获中国驰名商标，升级著名商标、名优产品达到23个。完善生产力促进中心职能，加快国家级产品检测实验建设，加强校企对接、推进强强联合，提高科技研发水平，承接技术转移20项，龙马公司纳入国家科技创新火炬计划，中通、友发、亚都、盛森源等十余家企业获得

API、CE和船级社认证，高端市场开拓能力不断增强。同时，建筑扣件业规范步伐加快，年产量20万吨，产值超10亿元。

园区平台日臻完善把园区建设作为推动产业升级、拉动经济发展的第一抓手，经艰苦努力，开发区顺利通过省级工业聚集区复核，为产业集群发展奠定了基础。落实聚集区总体规划、产业发展规划、控制性详细规划和环评规划编制，多方筹资，加强路、水、电、讯、气等基础设施建设，新开工项目6个，续建项目11个，累计入驻企业123家，发展新区稳步启动，动工项目4个。

县城建设实现突破按照规划先行、集中打造、破解瓶颈、创造环境的建设思路，深入实施省级园林县城创建和城建三年上水平行动。总投资19.2亿元的五大城建工程全面实施，朝阳大街、汇通路等县城主干道路全线贯通，完成民族街拓宽改造。饶安公园、体育场馆等公共服务设施建设进展顺利；东方骏景、金都国际城等商住小区开工建设，完成863套（户）保障性安居工程建设任务，代表沧州通过省级验收；制定出台《城市管理办法》，加强城市环境治理，县城管理走上规范化、法制化、科学化轨道。

农业农村工作全面加强把社会主义新农村建设作为长期性的战略任务，推进农业产业化、农村现代化、农村文明化，以“三化”解“三农”，千方百计促进农业增效益，农村增活力，农民增收入。各项强农惠农政策全面落实，累计发放粮食直补和综合直补、良种补贴、农机补贴、退耕还林补贴等各类资金2840万元。2011年粮食总产量达到17.4万吨，连续8年保持增产。培育农村合作组织40家，农业产业化水平显著提高，发展克伦生葡萄、库尔勒香梨等果品及蔬菜种植2000亩。投资5000万元，实施董林、卜老桥等5个村的新居民二期工程，开工598户，建筑面积5.2万平方米。加大资金整合投入，完善农村基础设施，改造中低产业4000亩，新增节水灌溉面积5000亩，实施12个村电气改造，完成农村公路建设24公里。

保障和改善民生把保障和改善民生作为经济工作的出发点和落脚点，努力让群众在发展中得到更多实惠。实现黄河水村村通工程，完成牛进庄、王庄子2座水厂及配套管道建设，县城及78个村的入户改造工程扎实推进，13万人喝上安全水、放心水。优先发展教育事业，制定《城区教育布局调整三年规划》，启动育才小学迁建工程，王史中学建成投用，完成9所中小学教育布局调整，不断加强师资队伍建设。深化医药卫生体制改革，完善公共医疗卫生服务体系，完成县医院整体搬迁，新县卫生院和7个村级卫生室全部竣工，医疗条件大幅跃升。不断加强巩固社会保障体系，大力实施就业再就业工程，新增城镇就业岗位1814个，失业人员再就业1315人，城镇登记失业率控制在4.5%以下，农民工就地就近转移2.3万人；城镇养老保险、医疗保险、城乡最低生活保障覆盖面不断扩大，新农保、新农合参合率均达到92%以上。乡镇综合文化站、农家书屋等文化惠民工程深入实施，全民健身活动蓬勃开展。加强和巩固民族团结，狠抓安全生产管理，计生、残联、武装等各项事业扎实推进，全县呈现出社会安定、和谐稳定的良好局面。

政府自身建设得到加强创新政府管理机制机构，全力打造团结务实、廉洁高效政府形象。落实重大事项集体决策、专家咨询、社会公示和听证制度，科学决策、民生决策、依法行政能力得到增强。加大政务公开力度，发挥电子政务、政府信息公开平台作用。深化行政权力公开透明运行，廉政建设和反腐败工作进一步加强。出台24项应急预案，增强应对处置突发事件的能力。自觉接受县人大及常委会的法律监督、工作监督和县政协的民主监督，认真听取民主党派、工商联、无党派人士和人民团体的意见建议，办理人大代表建议和政协委员提案90余件，办结率达到100%。

县委书记：刘俊义

县人大常委会主任：刘忠龙

县人民政府县长：戴强

县政协主席：吴世华

深州市

深州市位于河北省东南部，隶属衡水市，总面积1252平方公里，辖18个乡镇区，465个行政村，人口57万，耕地130万亩，是形意拳的发源地，全国武术之乡。深州历史悠久，汉初设县，隋初置州。1994年6月，撤县建市。汉光武帝刘秀曾在深州境内率兵征战，并留传下许多历史典故，至今深州许多村名来历与其有关。深州蜜桃驰名中外，至今已有2000多年的栽培历史，被誉为“桃中之王”。深州矿藏丰富，石油探明储量1000万吨，地热探明储量300亿立方米。深州交通区位优势明显，拥有京九、石德两条铁路，大广、石黄两条高速，7条国省干线贯穿全境。

2011年，全市始终坚持以科学发展观为指导，紧紧围绕“加快发展，富民强市”总体目标，大力实施“工业立市，物流兴市”主体战略，不断优化农业产业结构，狠抓招商引资和项目建设，扎实推进城乡一体化进程，协调发展各项社会事业，全市经济社会呈现出良好的发展态势。2011年，全市生产总值完成111亿元，同比增长13.3%；全部财政收入完成4.56亿元，同比增长31%；全社会固定资产投资完成74亿元，同比增长29%；社会消费品零售总额完成42亿元，同比增长18%；城镇居民人均可支配收入1.29万元，农民人均纯收入6888元，分别同比增长14%和24%。

突出富民增收，农业现代化建设步伐明显加快。坚持以农业增效、农民增收为目标，加大农业现代示范园区创建力度，增加科技投入，不断完善农业基础设施建设，优化品种，提升品质，创建品牌，转变经营方式，现代农业建设步伐不断加快。2011年，全市粮食总产量突破13亿斤，单产、总产实现“八连增”，被国务院评为“全国粮食生产先进单位”。发展无公害认证果园16万亩，苗木

8000亩，瓜菜1.4万亩。新建养殖小区36个。生猪出栏71万头，蛋鸡存栏750万只。截至2011年底，全市合作社总数达到562家，辐射带动26万农民增收。被省政府命名为"新农村改革先进县"。坚持用工业理念经营农业，充分发挥生物质资源优势，加快推动农副产品加工业发展，全市"农"字号企业达191家，农业产业化经营率达56.8%。积极推进土地流转，土地流转面积达14万亩。全市拥有各类农机具1.1万台套，农机总动力达到212万千瓦。同时，不断完善农村基础设施建设。新增高效节水灌溉面积4.54万亩，更新机井130眼，维修桥闸40余座。实施农村饮水安全工程，建设水厂2座，解决了4.2万人的饮水安全问题。

突出项目建设，工业经济实力明显提升。坚持把加速工业化进程作为实现深州跨越发展的第一要务，狠抓招商引资和项目建设，调结构，优环境，完善园区功能，全市工业经济总体实力和运行质量不断提升。大力开展招商引资活动，强力推进项目建设。全年新建、续建项目171个，其中，省、市重点项目18个，年内建成投产项目84个。积极完善工业园区职能，不断加大园区基础设施建设力度，城市新区、化学工业区及其他工业园区的项目承载能力进一步提升。城市新区升级为省级经济开发区。大力开展"对标"行动，着力推进结构调整。鼓励支持企业更新技术装备，研发新型产品，延长产业链条。先后有48家企业实施技改扩规，有力推动了全市产业提档升级，提升了全市整体经济实力。鑫耀矿山机械公司在天津证券交易所成功上市，河北亚泰电化有限公司的"亚泰"品牌成功创建"中国驰名商标"。2011年，全年实现工业增加值54.5亿元，同比增长18%。全市规模以上企业完成总产值135亿元，同比增长44%。工业税收完成2.8亿元，同比增长29%。

突出城乡统筹，城乡面貌明显改善。紧紧围绕城镇建设"三年上水平"工作，理清了城市发展思路，完善了城市建设体制机制，加大了城镇建设力度，提高了城镇管理水平，城乡面貌得到进一步改善。坚持把完善规划作为推进城市建设的首要任务，编制完成了13.6平方公里的工业聚集区控制性详规及人防等专项规划，正在编制老城区控制性详规和市区水面建设等规划。积极推进城市建设项目，改建修建长江路、长城路等11条城区道路，兴建桃源广场、长城公园、站前广场等4个主题公园，开发桃源居、方兴花园等10个住宅小区。北部新城完成规划设计，占地150亩的永盛公园启动建设。不断加强城市管理，建立了城市建设征收办公室，组建了城建综合执法机构，严肃查处违规城建行为，城市容貌和生态环境得到较大改观，被国家环保部评为"国家级生态示范区"。坚持城乡统筹发展的工作思路，完成了14个沿国省干线乡镇总体规划修编。大力开展乡镇环境面貌整治活动，积极推进镇村改造工程，小城镇环境和形象逐步改善。积极推进新民居建设，目前已有14个新民居示范点开工建设。

突出民生为本，社会事业全面进步。坚持"以人为本"执政理念，把改善民生作为一切工作的出发点和落脚点，改革、投入和管理力度不断加大，各项民生事业全面发展。大力实施农村中小学校舍安全工程，新建、改建农村中小学40所，教育教学条件进一步提升。基层医药卫生体制改革顺利实施，投资4000万元的市医院外科病房大楼建成投用，群众就医条件得到明显改善。扎实推进"新农合"工作，参合率达99.01%，参合率和报免比均位居衡水前列。新增城镇居民就业2500余人，转移农村劳动力2万人。深入实施"天网工程"。不断加大安全生产监管和执法力度。进一步巩固和完善食品药品安全监管体系，建立健全高效的应急管理机制。不断创新社会管理，及时化解矛盾纠纷，为全市人民营造了安全、稳定、和谐的生产生活环境。

安 平 县

安平县位于河北省衡水市北部。该县县域经济特色明显，丝网产业闻名世界，生猪产业领先全国，综合实力较强，社会事业均衡发展，是国家有关单位命名的"中国丝网之乡"、"中国丝网产业基地"、"中国丝网产销基地"、"国家生猪活体储备基地"、"全国生猪调出大县"、"全国粮食生产先进县"、"全国科技工作先进县"、全国第一个"国家级县域经济信息化示范县"，也是全省"特色经济示范县"、"轻工特色产业名县"、"丝网出口基地县"、"农业产业化经营示范县"、首批"扩权试点县"。2011年，国民生产总值81.03亿元，比上一年增长13%；全部财政收入完成5.5亿元，增长24.15%；地方一般预算支出9.4亿元，增长22.97%；固定资产投资完成25.6亿元，增长43.4%；农民人均纯收入7482元，增长32.4%；在岗职工年平均工资27014元，增长12.3%。

丝网产业优势凸显。丝网产业规模不断扩大，装备水平明显提升，是省政府命名的首批省级示范产业集群。全县拥有各种拔丝设备2.7万台（套），年消耗板材80多万吨，线材420多万吨，织网6亿多平方米；丝网产业总产值达200亿元，比上年增长25%；具有自营出口权企业达480家，2011年，全县自营出口完成5.1亿美元，同比增长28.4%；外贸出口交货比值达10亿美元，占全县丝网销售收入的23.4%。全县年产值亿元以上丝网企业发展到25家，6家位列全市百强，12家成为国家定点生产企业。丝网大世界年销售额突破55亿元，是全省十强市场和全国百强市场之一。围绕做优产品，组建了造纸网、印刷网、不锈钢网等9家丝网研究所，研发新产品126项。围绕市场开拓，加强了中国搜丝网、现代物流网等丝网商务服务平台建设。第十一届中国安平国际丝网博览会开幕式首次在衡水市成功举办，提升了办会水平，创新了办会形式。参加博览会的国内外客商共计1万多人，境外参展国有英国、日本、印度等7个国家。国内参展省份14个。会议签约项目6个，项目总投资30.93亿元；达成销售意向2700余份，价值23亿元人民币。

安平县是畜牧大县。生猪产业是安平县除丝网以外的

第二大产业，也是推进农业产业化，提高农民收入的富民产业。

县委、县政府为做大生猪产业规模。先后出台了《关于加快斯格猪产业发展的实施意见》、《关于加快生猪产业化进程的指导意见》和《生猪富民十条规定》等政策性文件。2011年安排专项资金1156.2万元，通过贴息、发放补贴对养殖户直接给予支持，使农民养殖积极性提高。全县已建成年出栏10万头以上猪场1个，万头以上规模猪场19个，专业村118个，养殖户万余户，成为全国生猪调出大县。全县能繁母猪达到5.83万头，生猪存栏和出栏数分别为55万头和85万头，同比增长7%和17%，实现产值20多亿元，为农民人均增收800多元。为加强生猪产业化组织建设，建立了“龙头企业+养殖基地+合作社+农户”四位一体供销模式，实行统一技术指导、统一供应种猪、统一防疫灭病、统一饲料配方和统一销售的“五统一”利益联结机制。建成市级以上龙头企业18家，养殖专业合作社156家。京安公司被列为国家农业标准化示范区和国家核心育种场。加强了产业科技水平的提升。一是为确保核心群种猪的遗传先进性，从英国引进斯格种猪120头，从美国引进杜、长、大种猪350头。二是采用世界先进的育种方法提高种猪品质。选育的“京安牌”种猪在满足周边地区种猪供应的同时，还销往国内28个省市，销量连续八年创全国第一。三是依托河北农大等科研院所实施“河北省农业科技示范区高新技术开发及产业化体系的研究”、“斯格配套系杂交商品猪生产配套技术研究”等科研项目，提升生猪产业水平。省政府确定安平县为农业综合开发高新技术示范区。四是大力推进标准化生产。严格按照国家颁布的畜禽防疫、饲料兽药等标准进行生产繁育，推广普及绿色无公害和现代化的养殖模式。五是优化产业发展环境。完成了4个基层畜牧站和8个人工受精站建设，设立了乡镇农业产业化办公室和全县所有养殖场防疫档案，并定期回访，跟踪服务，对养殖户新购进良种种猪每头补贴100元。为帮助养殖户解决疫病防治方面的问题，聘请专家在网络视频医院坐诊，在县农业广播学校和职教中心开设了短期培训班。

白山药，药、食两用，营养价值较高，是安平县独具区域特色的名优农副产品，由于具有较好的市场前景和产出效益，发展较快。全县白山药种植集中在滹沱河、潴泷河两岸，以何庄乡、马店镇和油子乡为主，子文乡、南王庄镇也有零散种植，主要品种为小白嘴和麻山药。2011年，全县70多个村、5000多农户从事白山药种植；种植面积8000多亩，产量1600多万公斤，全县有白山药专业合作社18家，白山药合作社联合社8家，市级农业产业化龙头企业一家。河北省农业产业协会在该县注册成立了白山药专业协会，发展会员近百名。该县现已逐步成为全省白山药产业发展中心、良种繁育中心和集散地。为搞好白山药存储，全县建成库容400万斤的大型冷库一家，库容在40万斤左右的小型冷库20多家。产品外销占10%。主要销售渠道：一是以小白嘴山药为主的礼品包装销售，约占30%；二是农村经纪人和合作社销售部门在农贸市场进行大宗批发。2011年为各大中城市农产品批发市场供货量，约占白山药销售的60%。全年白山药年销售收入近亿元，种植区农民人均纯收入增加2300多元。

中共安平县委书记　李哲民

县人大常委会主任　张彦宗

县长：刘永军（2011年8月免）

　　　崔建发（2011年8月任代县长）

安平县政协主席　张跃民

沙河市

沙河市位于河北省邢台市南。2011年，沙河市以科学发展观为统领，以保持经济平稳较快发展为首要任务，全力以赴、克难攻坚，确保全市经济保持了平稳发展的势头。全市生产总值完成185.7亿元，同比增长15.4%；财政收入达到20亿元，增长16.1%，其中一般预算收入达到6.2亿元，增长16.2%；全社会固定资产投资完成118.6亿元，增长28.6%；城镇居民人均可支配收入达到16470元、增长10%，农民人均纯收入达到7590元、增长19.8%。2011年，沙河市被工信部列为“国家级新型工业化示范基地”；并被中国建材装饰协会命名为“中国玻璃产业基地”、“中国玻璃城”和“中国装饰玻璃基地”。

一、坚持把产业结构调整作为转型发展的主攻方向，切实提升发展水平。一是加快传统产业改造升级。采掘业，大力实施矿山资源整合和企业兼并重组。谋划建设了总投资145亿元的沙河电厂、北掌煤田、中关铁矿、白涧铁矿等一批大型矿山开采和能源项目。玻璃业，着力打造千亿玻璃产业，努力在原材料加工、物流销售、能源供应、装备制造、原片生产、玻璃深加工等六大板块进行突破，并重点实施了总投资152.4亿元的千山中晶玻璃深加工、驰润特种玻璃工业园、正大玻璃深加工等20个功能性玻璃和深加工玻璃项目，推动玻璃产业由原材料工业向制成品工业转化。医药化工业，医药业重点支持恒利制药向多品种、高附加值发展。化工业依托龙星集团、大光明集团等骨干企业，向上下游延伸产业链条。2011年，建设了总投资5.6亿元的8万吨硬质炭黑生产线及尾气发电项目，启动了总投资12亿元的21万吨白炭黑项目。二是加快新兴产业培育。先进制造业。重点发展机械通用零部件、汽车零部件、基础锻造件铸造件连接件、炭黑成套装备、玻璃机械装备、大型游乐设施等先进制造业。建成了总投资2.6亿元的南方工业园项目一期工程、总投资5000万元的保定邦德电力紧固件项目；启动建设了总投资21.6亿元的南方标准件工业园二期、祥和高强度紧固件、鑫磊机械设备及通用零部件等一批项目。新能源、新材料产业，大力培育发展风电装备制造和非晶硅太阳能光伏产业。总投资29.5亿元的金宏阳320MW非晶硅太阳能电池项目一期工程建成投产。现代服务业，重点实施了总投资25亿元的东方建材家居市场、中西部家具联盟、家乐园城市综合体及物流配送中心等一批项目。三是大力推进科技创新。充分发挥玻璃研究院的载体作用，积极搭建科技公共服务平台。并与武汉理工大学合作建立了“联合人才培养基地”。四是加快企业发展步伐。积极实施大企业培育计划。2011年，先后与中建材集团、美国PPG公司等大型企业集团沟通合作，积极推进玻璃企业整合。五是全力打造产业集聚新平台。将既有工业园区进行联通整合，组建了沙河市经济开发区，总规划面积76平方公里，建成区面积15.05平方公里。2011年被评为省级经济开发区，并正在申请进入国家级经济技术开发区。

二、坚持把招商引资作为转型发展的重要支撑，切实增强发展活力。积极开展“百日招商”活动，积极营造全民招商、全民创业的浓厚氛围。2011年，先后到山东、浙江、广东、上海等地开展登门招商20余次，成功举办“10.18”沙河市千亿玻璃产业招商推介会。全年共引进内资28.3亿元，同比增长26.2%；引进外资3538万美元，同比增长230%；共签约项目33个，总投资达155亿元。其中，全球最大的管桩制造商——香港建华管桩集团的管桩制造项目、拥有国内领先技术的奥德华门窗项目、总投资60亿元的三新（新材料、新能源、新玻璃）基地项目、总投资26亿元的正玻玻璃深加工项目等一批重大招商引资项目相继入驻沙河市。

三、坚持把项目建设作为转型发展的根本动力，切实增强发展后劲。一是着眼全局谋项目。围绕国家产业政策和沙河产业优势，编制和修订区域发展规划。特别是对“十二五”时期各产业发展进行重点谋划，在玻璃产业升级和装备制造、新材料基地、高新技术、现代服务等方面谋划了526个重大支撑项目，总投资达1600亿元。二是创新机制促项目。完善市级领导分包项目责任制、帮办制和联席调度制，切实为项目单位解决实际问题。三是严把关口上项目。对新上项目的投资强度、投入产出比、社会效益等方面进行综合评估，确保项目质量。2011年，全市55个在建重点项目累计完成投资108亿元，占年计划的102.8%。其中，6个省级重点项目完成投资60亿元，占年计划的122.5%；14个邢台市级重点项目完成投资70亿元，占年计划的132.6%。

四、坚持把城市建设作为转型发展的重要载体，切实打造发展新平台。一是突出抓好拆违拆迁。重点启动了总投资45.48亿元的二十冶片区、粮食储备库片区、荷花湖片区等9个片区的拆迁改造工程以及4个城中村拆迁改造工程。二是进一步加大投入力度。谋划实施了总投资40.77亿元的51项城建重点工程，当年计划完成投资18亿元。三是着力加强城市管理。实施了总投资850万元的数字化城管系统工程，新启动了总投资1.6亿元的10项城市绿化亮化工程。

五、坚持把三农工作作为转型发展的重中之重，切实巩固发展基础。一是保持农业生产稳步增长。全年粮食总产达到13.6万吨，同比增长8.31%，达历史最高水平。二是大力发展现代农业。谋划实施了总投资24.7亿元的36个农业产业化重点项目。全年共新增邢台市级以上龙头企业3家，邢台市级以上农民专业合作社达到13家，发展了3个现代农业特色乡镇、18个“一村一品”专业村。其中，西苏庄村被国家农业部列为全国“一村一品”特色专业示范村。三是切实改善农村面貌。成功申报了15个省级新民居建设示范村，全市省级示范村达到45个。

六、坚持把节能减排作为转型发展的重要抓手，切实提高发展质量。一是狠抓落后产能的淘汰。进一步加大淘汰力度，全年共淘汰落后玻璃生产线26条，淘汰落后玻璃产能1197万重量箱。二是深入推进节能减排工程和技术改造。重点实施了龙星炭黑尾气发电，正大、长城、德金玻璃熔窑余热发电，华远、正大、鑫利和德金烟气脱硫等14项节能减排重点项目，累计投入资金3.2亿元。三是着力加快节能减排公共设施建设。在确保城市污水处理厂、工业园区污水处理厂和垃圾处理厂的正常运行的同时，重点加快市区内燃煤锅炉改造和集中供热工程建设步伐，启动了总投资1.9亿元的天然气压缩加工项目。四是进一步加强环境监管。对全市100家重点企业安装了在线监测装置，对企业污染物排放按月监控。

七、坚持把改善民生作为转型发展的出发点和落脚点，大力发展社会事业。一是进一步扩大就业规模。继续实施“阳光工程”，共培训农村富余劳动力1.5万人，劳务输出1.5万人，下岗失业人员实现再就业2591人。二是加快完善社会保障体系。养老、医疗、工伤、失业保险扩面共计7886人，全面启动了城镇居民社会养老保险试点工作，保障水平位居邢台市各县市（区）前列。三是着力加大保障性住房建设力度。全年共建设保障性住房1772套，占邢台市下达任务的114%。四是扎实开展医疗体制改革。被河北省列入基本药物制度试点县市，在全省率先实现基本药品零差率销售。建成了10所标准化乡镇卫生院、88个标准化农村卫生室，启动了市人民医院住院大楼工程。五是积极创建和谐沙河。狠抓安全生产和社会稳定工作，深入开展产品质量集中整治行动，加大社会治安综合治理力度。2011年，全市未发生一起安全生产重特大事故，整体信访工作继续保持邢台先进行列。

南宫市

南宫市位于河北省邢台市东北。2011年，南宫市坚持以科学发展观为统领，按照“还邢台青山绿水，走生态发展之路”的战略要求，紧紧围绕打造“冀南红都、商贸水城”和建设中等城市的目标，奋力拼搏，克难攻坚，经济社会保持了平稳较快发展势头。

一、坚持科学发展，综合实力快速提升。2011年，全市完成生产总值71.84亿元，同比增长12.5%；实现财政收入3亿元，同比增长36.2%；完成全社会固定资产投资62.07亿元，同比增长38.1%；城镇居民人均可支配收入和农民人均纯收入分别达到1.4万元、6008元，同比分别增长14.9%和14.5%。

二、坚持开放招商，项目建设成效斐然。2011年，共签约氨基寡糖生物制剂、北新建材、广东中山家电产业园等投资超千万项目33个，其中，超亿元项目15个，总投资212.65亿元，签约项目个数、投资额创下南宫历史之最。全年安排投资超500万元重点项目108个，总投资170亿元，依林山庄二期、盛华化工、精强连杆迁建等一批超亿元项目建成投产，市域发展后劲大大增强。

三、坚持集聚化发展，园区建设大步前进。2011年，投资4亿多元，完善城市东部工业聚集区、西部经济开发区的路网、电力等基础设施建设，园区保障功能进一步提高。制定出台"飞地政策"，鼓励乡镇项目入区发展，优化项目企业布局，壮大园区经济总量；制定出台市区工业企业退市进园实施意见，鼓励市区企业入驻园区发展。截止2011年，两大园区已累计完成固定资产投资285.8亿元，利用外资5.5亿美元，入区企业160家，从业人员4.2万人，其中，投资超5000万元企业56家，外资企业6家。2011年，两大园区实现销售收入120.6亿元，工业总产值达85.6亿元；固定资产投资达79.8亿元，进出口贸易额7895万美元，上缴税金2.15亿元。2011年5月份，工业聚集区正式被批准为省级工业聚集区，经济开发区成为邢台市级经济开发区，两大园区已成为拉动南宫发展的重要引擎。

四、坚持基础设施建设，城市面貌日新月异。高站位规划城市，城市规模由22平方公里扩大到42平方公里。大力度建设城市，启动建设了总投资22.8亿元的重点城建工程；实施邢德线城区段拓宽改造，打通了城市西南出入口"快速通道"，对7条旧城区街道进行拓宽改造，城市路网更加便捷畅通；建成省、市级园林单位22个，省级园林小区6个，南宫湖公园被评为三星级公园，人民广场被评为省级优秀广场，城市品位大大提升。精细化管理城市，对城区保洁、公园管理探索实行了社会化、市场化管理，加大城区绿化亮化力度，规范主要街道门店牌匾，开展城市出入口环境整治，城市面貌明显改观。城市东部，以劳动就业服务中心、人民公园为核心的行政办公服务区；中部，以明清建筑风格为主的旧城居住区；西部，以南宫湖综合开发为标志的旅游休闲度假区的城市发展格局基本形成。

五、坚持促民增收，农业农村经济快速发展。按照"一产抓特色"的总体思路，扎实推进产业结构调整，促进农民致富增收。2011年，棉花示范基地平均亩产籽棉475.2公斤，创河北省棉花高产新记录。粮食总产达19万吨，无公害设施蔬菜达12万亩，生猪存栏达15.3万头、出栏20.8万头。退耕还林工作顺利通过国家验收。大力扶持培育农产品深加工龙头企业，依林山庄二期、利盛源农产品物流等10个农业产业化项目，纳入省市县"111"行动计划。积极引导农民创办各类经济合作组织，全市农业专业合作社达到180家。

六、坚持民生改善，群众生活水平不断提升。投资575万元，实施农村饮水安全工程，解决49所农村学校、1万多名学生的饮水不安全问题；大力实施就业帮扶工程，新增就业岗位3000个，转移农村富余劳动力1万多人；加强社会保障体系建设，完成城镇职工基本养老、失业、基本医疗、工伤保险扩面4600人。积极引导、广泛宣传，新农保参保率达到90.5%，新农合参合率达到96.4%；实施阳光家园计划，为全市贫困残疾户进行危房改造，并为特困残疾人发放康复扶贫贴息贷款100万元；实施安居保障工程，建设保障房1514套，超额完成邢台市下达的建设任务。同时，对400户农村危房进行改造，全部通过上级验收；建成数字影院和8座乡镇文化站，开展数字电视入户工程，丰富群众精神文化生活；开展治安综合治理活动，建成16个乡镇办综治维稳中心和186个村综治工作站，保障群众生命财产安全；加强安全监管，认真开展安全隐患排查，加强乳制品、食品药品安全专项整治，全年没有发生重大安全生产事故。

七、坚持和谐发展，社会事业欣欣向荣。加大科技创新力度，"双价抗虫棉锦科杂一号棉花新品种示范与推广"项目，成为河北省重大科技成果转化基金项目；"冷鲜肉标准化生产及新型低温肉制品"项目，列入河北省科技计划，成为"全国科技进步先进市"。实施教育强市战略，顺利通过三类城市语言文字达标评估验收，南宫中学本二上线率连续19年位居邢台市各重点中学首位；加快发展卫生事业，圆满完成医改各项工作；积极发展文体事业，再度被授予中国民间文化艺术之乡和武术之乡；加强社会保障体系建设，被国务院批准为全国第二批新型农村社会养老保险试点（县）市，并顺利通过省、邢台市验收。计生工作，继续在邢台市保持一档位次。严格落实节能减排措施，完成了邢台市"双三十"考核节能减排目标。

邢台县

邢台县位于河北省邢台市区外围。2011年，邢台县经济社会继续保持了平稳较快发展的良好势头。全县生产总值完成116亿元，同比增长11.6%；财政收入完成10.36亿元；全社会固定资产投资完成53.95亿元，同比增长29.42%；农民人均纯收入7534元，同比增长19.2%。一年来，重点抓了以下六方面工作：

一、实施项目建设主体战略，科学发展的支撑力进一步增强。一是开放招商成果丰硕。出台了《邢台县招商引资优惠奖励办法》，成立了县招商局和4个招商分局，在全县公开选拔了8名年富力强、经验丰富的正科级、副科级干部，常年专职外出招商，招商引资水平进一步提高。2011年，共签约项目96个，实际利用外资3760万美元，引进国内市外资金24亿元。二是项目建设再创佳绩。创优服务，完善机制，实行项目建设限时办结制、全程代办制、过期问责制和县级领导分包重点项目责任制，出台了《项目建设管理办法》，确保了重点项目早进场、早开工、早达效。2011年全县共开工建设县级以上重点项目230个，完成投资108.4亿元。其中，省级重点项目6个9项，总投资119.6亿元；市级重点项目11个14项，总投资122.9亿元，省、市级重点项目个数、当年计划投资额均位居全市第一。

二、加快转变发展方式，经济运行质量进一步提高。一是努力构筑现代工业体系。①做大做强主导产业。围绕煤化工产业链条延伸和扩能提效，突出抓了一批重大项目。其中，10万吨苯加氢、30万吨焦油、1万吨酚精制等项目已竣工投产，中试基地项目建成运行。坚持走精品钢铁之路，总投资1.2亿元的德龙余热发电项目竣工投产，钢铁产业综合竞争力持续增强。大力发展装备制造业，积极推进与中航工业、重庆力帆、香港格林等大集团的战略合作，谋划建设了一批大项目，特别是总投资22.5亿元的金后盾汽车零配件及方舱生产项目已完成一、二车间和精密机加工中心建设，装备制造产业进入快速发展轨道。②积极培育战略性新兴产业。谋划了总投资6.8亿元的恒亿再生能源等项目，进一步加快了经济转型升级步伐，打造了竞争新优势。二是着力发展园区经济。坚持以园区建设的突破推进集中、集约、集优发展。①旭阳工业聚集区，新建、改造主干道8公里，实施了绿化、亮化工程，谋划了总投资2.9亿元的供水厂、污水处理厂、铁路支线南延等基础设施项目，园区承载力不断增强。②龙冈经济开发区，投资2560万元，铺设了总长2.4公里的供排水管网，架设电力线路1000米，对园区1100多亩未利用地进行了整理，园区的吸纳力和承载力进一步提升。总投资共达30亿元的盛世宏基立体车库、金鹏钢结构等7个项目入驻园区。龙冈经济开发区获批成为市级经济开发区，正在申报省级经济开发区。③会宁商贸物流区，依托市西北新区建设，谋划了10平方公里的会宁商贸物流园区，努力打造邢台市区最具发展活力的经济板块。三是强力推进节能减排。将节能减排纳入常态化管理，巩固成果，扩大战果，共实施节能减排项目25个，其中节能项目8个，总投资3亿元，全部投产后年可节约标准煤7万吨。实施重点减排项目13项，已全部完工。全县单位GDP能耗降至3.0499吨标准煤/万元，同比下降4.2%。

三、狠抓“三农”工作，农民增收步伐进一步加快。一是山区建设深入推进。加大治理力度，深入开展了山区生态环境综合治理活动，严厉查处各类破坏生态行为；落实“十户联防”森林防火机制，杜绝了森林火灾的发生，得到了国家防总的充分肯定。加大绿化力度，累计完成人工造林6万亩，封山育林3万亩，全县森林覆盖率较上年净增1.5个百分点，是全市平均水平的两倍。加大投入力度，投资3421万元，治理水土流失面积28.4平方公里；除险加固干支渠31公里，新增蓄水能力40万立方米，扩大改善灌溉面积6.9万亩，山区农业生产条件进一步改善。二是特色农业加快发展。稳定粮食生产，全县粮食播种面积达到54.5万亩，总产15.2万吨；新发展蔬菜基地3个，设施菜面积达到3.6万亩。大力发展林果业，新增薄皮核桃种植面积3万亩，新建优质苹果、酸枣基地1万亩，实现了山区绿化、农民增收双赢。全县林果总面积达到60万亩，总产量达到1.31亿公斤。三是农业产业化水平不断提高。积极推进农业产业化经营，引进了总投资1.4亿元的露波农产品深加工项目，四季红、绿源等农产品加工企业跻身市级龙头企业；新发展农业合作社6家，全县合作社数量达到110家，产业化经营率达到65%。争创知名品牌，创建省级知名品牌2个，成功举办了首届浆水苹果节。

四、坚持旅游带动，第三产业发展水平进一步提高。一是旅游业档次不断提升。深入推进与冀中能源的战略合作，投资10亿元打造大峡谷龙头景区。狠抓景区升级，大峡谷、紫金山、九龙峡和天河山晋升为省级风景名胜区。投资2.39亿元，重点对前南峪等10个重点景区景观及基础设施进行了改造升级，全县旅游景点的接待能力进一步提升。2011年，全县旅游业直接收入2456万元，实现社会效益4.9亿元。二是商贸物流业加快发展。主动对接市区、融入市区，以现代商贸物流产业为重点，拉动三产快速发展，谋划建设了总投资19.5亿元的晋中煤炭物流港等项目，为提升服务业水平注入了新的活力。2011年，服务业增加值达到19.2亿元，增长12%。

五、统筹城乡发展，城乡一体化进程进一步加快。一是强力推进城镇建设。狠抓道路工程建设，圆满完成西环连接线、邢汾高速等城建工程建设、征地、拆迁任务。扎实搞好道路绿化，邢昔线绿化全面完成。深化环境容貌治理，拆除违章汽车4S店和各类不雅建筑、违章建筑157处、6.8万平方米。2011年共征占地1.1万亩，拆违拆迁2.9万平方米。二是新民居建设卓有成效。抓好2010年3个省级社区和3个市级联建示范点建设，大戈廖、马兰新建住宅楼已具备入住条件。分两批申报省级新民居示范点11个，向上争取资金220万元，共建设多层住宅楼24栋、二层住宅楼52栋，建筑面积达21.5万平方米。邢台县被评为省、市推进新农村建设工作先进县，东良舍村被评为全省新民居建设先进村。三是保障性住房建设稳步推进。投资1.1亿元，开工建设了占地103亩的永安小区保障性住房工程，拟建设保障性住房985套（廉租房230套、经济适用房85套、限价商品房230套、公共租赁房440套）、6.5万平方米。

六、注重保障和改善民生，和谐发展的局面进一步巩固。一是各项社会事业协调发展。加大科技推广力度，推广实用技术15项，成功申报市级科技进步奖4项；投资4080万元，大力实施中小学校舍安全、教师安居工程，更新配备各类教育教学设备，2011年教育工作顺利通过了省政府第二轮教育督导评估验收；文化事业加快发展，建设乡镇文化站6个，农家书屋312个；深化基层医药卫生体制改革，全面完成了乡镇卫生院设岗定编、人事管理和分配制度改革，新农合参合率达97%，全年共补偿报销4596.8万元；扎实做好计生工作，人口出生率为15.73‰。二是社会保障体系不断完善。积极做好就业再就业工作，稳定就业岗位1.2万个。启动实施了新型农村养老保险，全县3.7万名60岁以上老人领取了养老金。实施“五大保险”扩面工程，城乡低保实现应保尽保。落实五保供养政策，集中供养率达61.3%；积极开展双拥共建活动，顺利通过“全国双拥模范县”验收。三是社会环境更加和谐稳定。落实安全生产党委负总责、政府直接负责制度和安全生产“黑名单”制度，狠抓食品药品监管，集中开展打黑除恶专项行动，营造了平安和谐社会环境。四是九件实事顺利完成。坚持从群众最关心、最直接、最现实的问题入手，投资8801万元，围绕饮水安全、农田水利、基础设施建设、医疗条件改善等方面办了一批好事实事，使广大人民更好地共享了发展成果。

柏乡县

柏乡县地处河北省邢台市北。107国道、京广铁路、京珠高速穿境而过，地理位置优越。现辖3乡3镇、1个工业园区，121个行政村，总面积268平方公里，人口18.9万。史称“槐阳福镇”。

柏乡县历史悠久，文化灿烂。隋文帝开皇16年（公元596年）置县，境内有新石器时期仰韶文化遗址、战国赵武灵王时期古高阝城遗址、汉光武帝千秋亭遗址、古槐阳八景、崇光寺出土唐代大石佛、元代大书法家赵孟頫书丹碑刻《贾母贞节碑》等名胜古迹。境内千年神花汉牡丹，以其同株异花、异地不活和花开知国是等神奇传说享誉国内外。汉牡丹传说和掸子鼓2009年被列入省级非物质文化遗产。2012年被中国文联批准为“中国牡丹文化之乡”和“中国牡丹文化研究基地”。

柏乡县人杰地灵，名人辈出。公元25年，汉光武帝刘秀在境内高阝地登基。涌现出了明代大司徒吕兆熊、被誉为“天下文官祖、三代帝王师”的清初重臣魏裔介等历史人物；原天津警备区司令员滑兵来，全国人大代表、全国诚信道德模范尚金锁，全国十佳优秀大学生村官郭华彬，京剧名家李胜素等现代杰出人士。

柏乡县农业基础条件较好。是国家商品粮生产基地、国家农业开发县、省粮食生产核心区之一，素有“粮仓、肉库、花果乡”之美誉。粮食单产在全省名列前茅，粮食总产连续八年喜获丰收；“汉牡丹”、“新南江”等农产品品牌逐步走向全国；柏粮集团是全国粮食系统的一面旗帜，人均创利、人均经营量、吨经营量费用开支三项主要指标连续12年在全国同行业中名列前茅。

柏乡县特色主导产业发展势头强劲。初步形成了以风电配件、铁路配件、泵件为龙头的机械装备制造业，以柏粮集团为龙头的粮食物流及深加工业，以汉牡丹园为龙头的汉牡丹文化旅游业和以东大特纸、三和滤材为龙头的特种造纸业“3+1”产业体系。

柏乡县经济社会事业发展迅猛。2011年，县委、县政府坚持以科学发展观为统领，以项目建设、城镇化建设和新农村建设为突破口，经济建设和社会事业都取得了长足发展。

县域经济实现平稳较快发展，综合实力大幅提高。2011年，全县生产总值完成22.3亿元，增长11.5%；全部财政收入完成1.31亿元，增长28.5%，地方一般预算收入完成5922万元，增长22.28%；规模以上工业增加值完成3.7亿元，增长23%；全社会固定资产投资完成17.88亿元，增长30.9%；城镇居民人均可支配收入和农民人均纯收入分别达到13530元和6141元；全县企业发展到559家，个体工商户4034户。

招商引资力度加大，项目建设实现新突破。安排县以上重点项目33个，完成投资11亿元，占年计划110%。河北铸诚工矿机械有限公司年产600台行走式液压钻机、宝石纸业有限公司年产10万吨箱板专用纸等5个省市重点项目完成投资5.2亿元，占年计划的114%。河北华宇法兰、天一铁路、东大钢纸、渣浆泵、移动钻机等一大批超亿元项目相继投产，拉开了柏乡工业经济快速发展的序幕。总投资11.8亿元的医药肌醇项目、总投资10.5亿元的五得利粮食深加工项目，分别填补了柏乡生物制药、粮食深加工的空白。招商引资和争取上级资金有了新突破，引进内资5亿元，实际利用外资710万美元，分别占市下达任务的101.9%和117.8%，分别增长20.8%和41.4%。20多个项目得到中央和省级资金支持，共计争取资金9782万元。

基础设施更加完善，城市面貌呈现显著变化。省级园林城市创建扎实推进，全年投资4.31亿元，完成城建项目10项，建成了县政府、县法院、金颐园、迎宾路等20多个省市级园林式单位、园林式小区和园林式街道。市民素质、城市管理水平和县城对外形象进一步提升，人民群众生产生活条件全面改善。交通、电力、通讯等基础设施建设取得新成效，投资520万元，新建翻修公路23.9公里。电力改造完成投资2608万元，顺利通过了省电气化县验收。引资1500万元启动了农村有线电视网建设，固定电话安装达到1.74万部，宽带用户达到9500户。

强农惠农力度加大，农业和农村发展保持良好势头。2011年发放粮食直补、农资综合直补和良种补贴2920.6万元。粮食总产23.38万吨，增长2.8%，实现“八连增”。实施了小型农田水利重点县、土地整治、高标准粮田示范区、高效节水灌溉、规模化养殖场改扩建、测土配方施肥等30多个农业项目，争取资金4465万元，实施农业基础设施项目18个。建成节水灌溉面积17万多亩，小型农田水利重点县建设项目得到了省人大视察组的充分肯定。落实农机补贴1029万元，农机总动力达到37.26万千瓦。农业结构进一步优化，养殖业、林果业产值占大农业比重较2006年提高7.5个百分点。大力推行农业标准化生产，建成了4万亩农业标准化生产基地，累计注册农产品品牌11个。柏乡葡萄打入北京和石家庄两大市场，并与物美集团签订了长期合作协议，实现了农超对接。实施了生态家园富民工程、农村饮水安全工程、农村环境综合整治、新民居建设等工程，建设沼气池4800座。完成了省级新民居示范村东路村建设，农村环境进一步优化，农民生活质量得到显著提升。开展了小麦、玉米等政策性保险，构建了市场化的农业风险保障体系，农业社会化服务体系不断完善，培育发展农业龙头企业及各类专业合作组织60家。

产业体系初步形成，转型升级实现跨越发展。2011年投资7000余万元，完成了总长8600米的园区路网建设，园区基础设施进一步完善，达到了省级经济开发区标准。以园区为平台，以企业、产业升级改造为抓手，构建了以风力法兰、移动钻机、铁路配件为龙头的现代装备制造业，以医药肌醇为龙头的高新科技产业，以东大特纸为龙头的高附加值、无污染的循环经济产业，以柏粮集团和五得利集团为龙头的物流及农产品深加工业，以汉牡丹园为龙头的农业生态观光旅游业，以宝石、华兴等传统造纸业提升改造为龙头的“3+1”现代产业体系。其中，传统造纸业提升改造经验得到了省市领导的肯定。积极争取上级支持产业升级资金，争取中央淘汰落后产能专项资金、工业技改资金3779万元，居全市前列。争取国家专项资金2600万元，实施了国控重点污染源在线监控项目，圆满完成了“十一五”节能减排目标，COD排放量消减3.4%，二氧化硫排放量消减2%、氨氮排放控制在330吨、氮氧化物氮排放控制在409吨，单位GDP能耗下降3.89%，圆满完成年度任务。企业改制迈出了新步伐，先后完成了化肥厂、板纸厂、棉纺厂、梦时服装公司等企业改制。加大了对重点企业的帮扶力度，确保了企业正常生产。

财税金融工作取得新成效，商贸流通繁荣兴旺。2011年，金融机构贷款余额10.52亿元、存款余额24.89亿元；大力实施“万村千乡市场工程”，建设农家店130家，面积1.2万平米，积极开展家电下乡、汽摩下乡工作。全社会消费品零售总额预计完成11.6亿元，增长17.6%。

社会事业全面进步，和谐柏乡取得大成效。全面实施了城乡免费义务教育，启动了教育园区建设，完成了中小学布局调整。累计投资6400万元，实施了标准化中学、校安工程、中小学取暖设施改造等工程。实行了柏中校长聘任制，教育教学质量明显提高。职教中心顺利通过省重点职业学校复查。完成了省政府第二轮教育督导评估验收，被教育部、省政府分别评为“国家基础教育质量检测组织工作先进单位”、“教育工作先进县”。率先在全市实现农民健身工程全覆盖。投资500多万元新建6所乡镇卫生院，并投入使用，医改工作进展顺利，取得明显经济和社会效益。新型农民合作医疗稳步推进，2011年参合率达97.91%，位居全市第三，2007年以来累计为参合农民报销药费6500多万元，群众就医难、看病贵的问题得到初步解决。顺利通过国家科技进步县考核验收。全面落实扶持就业再就业各项政策，2011年发放小额贷款89人次、267万元。就业困难对象就业、城镇下岗失业人员再就业、农村劳动力转移就业等，连年均超额完成市下达任务。城乡居民社会保障体系不断健全，投资268万元，完成了320户农村危房、残疾人危房改造。建成保障性住房114套，2011年开工建设320套，占市任务103%。累计发放住房租赁补贴147万元，其中2011年发放83万多元。建成了南阳、固北等24所农村幸福院。城乡低保标准逐年提高，人均补差分别达到201元和72元。2011年城镇养老保险参保人数达到8952人。完成了第六次人口普查。人口计划生育工作稳步推进，人口自然增长率控制在7‰以内，维持了低生育水平。广泛开展了领导干部下基层帮扶解困活动，为困难群众、困难学生提供帮扶资金、物资等共计13万元，最大限度确保了弱势群体的正常生产生活。全面实施法律援助，西汪镇司法所被评为省级先进司法所，2011年5月全市法律援助工作现场会在柏乡县召开，推广柏乡县经验。积极开展各种严打整治专项斗争，定期进行安全生产、食药品安全排查，未发生影响社会稳定的重特大刑事案件、安全生产和食药品安全事故，全县政治安定、社会稳定。

新 河 县

新河县位于河北省邢台市东北部。2011年，新河县深入贯彻落实科学发展观，紧紧围绕“跨越转型、创先升位”两大任务，拼搏奋进、全面争先，实现了“十二五”的开门红。2011年，全县生产总值完成18.8亿元，规模以上工业增加值完成3.7亿元，固定资产投资完成20亿元，农民人均纯收入达到4085元，同比分别增长18%、44%、56.3%和12%。特别是财政收入首次突破亿元大关，同比增长76.6%。这些主要经济指标增速均在全市位居前列，经济社会呈现了又好又快发展的良好势头。

——对外开放不断深入。坚持把招商引资作为“天字号”工程来抓，各级领导干部都积极走出去，广泛开展招商活动，主动承接产业转移，进一步加大了新河县对外开放的广度和深度。一年来，引进项目30个，总投资48亿元，引进外资405万美元。中科院新河工作站、河北省新型材料研发中心、河北省桩工机械工程技术研发中心相继投入运转，科技创新能力不断提高；投资20亿元的超威电池、投资8亿元的光伏大棚等一批大项目、好项目相继落户，经济发展的后劲越来越足；2011年，共争取财政转移支付资金2.63亿元，争取上级扶贫、农业开发等专项资金和各种补贴资金1.89亿元，再创历史新高。

——重点项目势头强劲。新增省市重点项目9个，其中省重点项目5个。年初确定的58个重点项目，开工率96.3%，完成投资23亿元，同比增长96.7%。特别是一些较大项目取得了明显进展，建达润升新材料、奥丰铜业两个重点项目当年开工、当年建成。此外，津申线缆、珠峰线缆、崇德线缆、鼎峰机械、万兴纺织等项目进展较快，2012年上半年可实现全面投产；园区管理进一步加强，充实了人员力量，下放了行政权力，规划了六个产业园中园，综合实力明显增强。

——城市建设步伐加快。城镇建设“三年大变样”工作顺利通过省市验收，启动了总投资44亿元、10大项111个工程的三年上水平工作。22公里的环城水系渠道扩挖工程基本完成，新安街南延等5条路街投入使用，特别是滨河南路仅用58天就建成通车，体现了新河速度；商务会展中心投入使用，锦绣大厦完成了主体工程；飞马小区、锦绣花园等住宅小区建设进展顺利，新增住宅面积36.5万平米；县城排水管网进行了大规模清淤，彻底解决了县城积水问题；切实加强了县城管理，县城秩序持续

好转、县城容貌明显改观。

——“三农”工作扎实推进。认真落实强农惠农政策，发放粮食直补、良种补贴等各类补贴2373万元；粮食总产超过19万吨；万亩蔬菜基地建设进展顺利，建设大棚1100个，面积达到1800余亩；有害生物预警、高标准节水灌溉等一批涉农项目相继投入使用；朱李齐新民居建设顺利，完成投资1600万元，6月份可投入使用；全年转移农村富余劳动力1.1万人次，增加了农民收入。

——社会事业协调发展。教育工作，省级示范性高中、省级重点中等职业学校顺利通过验收，高考成绩在全市跃升了6个位次；社会保障工作，成功争取新农保第三批试点县，新农保覆盖率达到98%以上，全县60岁以上老人每人每月最低可领取55元的养老金；农村“五保”、城乡低保实现了动态管理下的应保尽保；医疗卫生工作，医药卫生体制改革顺利完成，乡镇卫生院实现了基本药物零差率；计生工作，继续保持低生育水平，人口出生率为11.95‰，确保了第二平台先进县位次；社会管理工作，在全市率先开展了创新社会管理工作，高度重视群众来信、来访，各级干部深入践行“二同工作法”，畅通了群众诉求反映渠道，得到了省市领导的认可和好评。高度重视食品药品安全和安全生产，各乡镇成立了食安办，加强了食药品监管；严格落实安全生产责任制，全县没有发生重特大安全生产事故。六件实事好事全面落实，兑现了政府承诺。人武、审计、统计、电力、工商、技术监督、广播电视、通讯、气象、档案、物价、金融、宗教、文化体育、妇女儿童、人民防空、地方志等各项工作也都取得了新进展、新成绩。

宁晋县

宁晋县位于河北省邢台市东北。2011年，宁晋县委、县政府科学审视自身发展基础，准确把握自身优势和特色，创新思路，强力攻坚，保持了全县经济平稳较快增长的态势，各项工作在“十二五”开局之年取得了新成绩。全县生产总值146.7亿元，增长10.1%。财政收入13.15亿元，增长8.8%。固定资产投资123.4亿元，增长22.4%。社会消费品零售总额53.1亿元，增长17.5%。城镇居民人均可支配收入1.51万元，农民人均纯收入7220元，分别增长11.4%、16.5%。

农业经济发展形势良好。2011年，该县认真落实各项强农惠农政策，兑付粮食直补和综合直补、农机补贴1.07亿元。实施了总投资3.66亿元的51个农业项目，农业综合生产能力进一步提升。全县粮食总产79.3万吨，比上年增加8.3万吨，实现“八连增”，单产、总产均创历史新高，被国务院命名为“全国粮食生产先进县”。进一步加大对奶牛、食用菌、粮食深加工三条龙型经济的支持力度，玉米淀粉深加工、食用菌冻干保鲜、高档食品生产等总投资15.2亿元的10个农业产业化深加工项目建设顺利实施，农业产业化经营率68%，经营额75亿元。

产业结构调整更加优化。坚持把整合提升特色产业作为优化结构的重要途径，着力推动产业向高端化、规模化、品牌化发展。民营经济营业收入完成765亿元、上缴税金12.6亿元，分别增长25.4%、17%。特色产业优势地位日益巩固，被评为“中国特色产业发展百强县”、“中国最具特色经济发展潜力县”，光伏、电线电缆、纺织服装、机械制造四个产业营业收入542.7亿元，上缴税金7.9亿元，分别占全县民营经济总量的71%、62.7%。晶龙集团被确定为国家级技术创新示范企业，被列为省重点培育的十家超千亿元企业之一，列世界新能源500强企业第8位、中国500强企业第280位。

服务业发展迈出新步伐。出台了加快服务业发展的意见。投资5亿元的家乐园宁晋天一广场城市综合体项目投入运营，大陆村温泉度假村、云台寺被列入市级旅游项目，天仙观道教文化园项目已奠基，万亩生态农业示范区已经完成规划。工笔画知名度和影响力进一步提高，中央电视台7套进行了专题报道，被列为全国最具活力的12个文化产业项目之一、全省“十二五”重大文化产业项目之一，获“中国民间文化艺术之乡”荣誉称号。金融结构更加丰富，新增宁晋民生村镇银行和玉锋、万方两家小额贷款公司。

经济发展后劲进一步增强。坚持把大产业、大项目、大企业作为跨越发展的支撑，扎实推进对外开放和项目建设，不断增强园区聚集吸纳效应。全县引进内资27.5亿元，实际利用外资6050万美元，进出口总额5.5亿美元。全县百万元以上在建或完工项目465个，完成投资48.6亿元，其中：千万元以上项目162个，亿元以上项目43个。争列省重点项目5项10个、市重点项目10项。工业聚集区发展年活动成效明显，西城区和盐化工园区分别被列为省级工业聚集区和省级开发区，贾家口电线电缆工业区被列为市级工业聚集区，光伏、电线电缆被列为省中小企业示范产业集群，宁联创业辅导基地被列为省级创业辅导基地。宁晋县有3个营业收入超百亿元产业集群，园区规模企业数量占全县的70%以上，营业收入占全部工业的58%。盐化工园区建设全面铺开，举办了高规格开园仪式，总投资140亿元的一期项目已经启动。

城乡一体化建设扎实推进。城市建设日新月异，重点工程建设扎实推进，实施了总投资45.6亿元的58项城建工程，城市功能日益完善，品位持续提升，城镇化率达到47.5%，被评为省级园林县城和省级卫生县城。城乡规划体系进一步完善，完成了县城27平方公里的控制性详细规划，启动了乡镇总体规划编制工作。城市管理水平进一步提高，在数字化管理、城市经营、环境治理、园林管护等方面探索了新机制。新农村建设有序推进，省委书记张庆黎到小河庄、黄儿营村进行了视察，对宁晋县工作给予了高度评价。

民生得到有效保障和改善。顺应人民群众过上更加幸福生活的新期待，把更大的精力、更多的财力用到促进社会事业发展和解决群众迫切需要解决的实际问题上。实施了总投资49.6亿元的48项民生实事，县财政用于民生方面的支出11.6亿元，占全部支出的77.9%，高于全省1.2个百分点。社会保障更加有力，城乡低保、五保资金全部按时足额发放，县中心敬老院建设基本完成；新型农村和城镇居民社会养老保险试点扎实推进，参保率分别达到92.6%和21.5%，全县人民老有所养的愿望初步实现。基本医疗卫生服务水平进一步提高，新农合参合率97.1%，城镇职工医疗保险参保率93%；中西医结合医院搬迁项目进展顺利，乡镇卫生院运行良好，被评为“全省乡镇卫生院综合改革优秀县”。教育质量进一步提高，中小学布局调整步伐加快，全县47个新建学校和项目投入使用，高考成绩实现了本二上线人数两年翻番的突破，被评为“河北省教育工作先进县”。文体基础设施进一步完善，建成了县体育场、博物馆，达到了乡乡有文化站，重点村有健身广场。成功举办了第一届全民运动会、庆祝建党90周年“民乐园之夏”系列演出等活动，丰富了广大群众的文体生活。

巨鹿县

巨鹿县位于河北省邢台市中部。2011年，巨鹿县紧紧围绕“十二五”发展规划和建设“幸福新巨鹿”总目标，团结带领全县干部群众，务实拼搏、开拓进取，大力实施“招商突破年、园区提升年、城镇建设三年上水平”活动，以加快推动“一区两新三基四特”发展为重点，大打项目攻坚战，力促工业经济快速崛起，全县经济社会各项事业保持了健康快速发展的良好态势。全县生产总值可完成41.8亿元，同比增长12%；全部财政收入完成2.48亿元，同比增长55.2%；全社会固定资产投资完成46.6亿元，同比增32%；规模以上工业增加值完成10.9亿元，同比增17.6%；社会消费品零售总额完成25.1亿元，同比增18%。

一、投入拉动成效明显。大力实施县级干部带头招商，带动全县干部投身招商第一线，成功引进了好孩子集团、北京保吉安、北京富丽华德、台湾远雄、德联重型车桥、广州兰格等具有行业领先地位的龙头型投资者，为拉动全县经济跨越发展注入了新动力。全年共引进内资8.3亿元，实际利用外资780万美元；共签约项目56个、总投资72.7亿元，其中超亿元项目24个，创历史最好水平。同时，大力推行县级领导分包帮扶、科级干部长期驻点帮办、责任人员驻企跑办等工作机制，集中力量推进项目建设，全年共实施县以上重点项目136个、省市重点项目9个，完成项目投资48.6亿元。

二、工业经济向好发展。传统“三基”企业升级转型步伐加快。以企业“对标”行动为抓手，瞄准技术、装备、产品更新升级，加大技改项目申报和建设力度，15项技改项目列入省重点技改项目库，省著名商标达到7件，建成省名牌产品企业2家、省优质产品企业1家，20家企业采用了国际质量管理体系，机械装备制造、纺织服装、食品加工等传统产业发展规模和水平明显提升。企业融资难题得到积极缓解。邢台银行巨鹿支行、巨鹿合企小额贷款担保公司正式投入运营，成功与河北省中小企业信用担保中心签署了融资担保战略合作协议，每年可优先为巨鹿20家企业提供贷款担保，为骨干企业稳定发展提供了有力保障。产业集聚平台发展壮大。新增投入3.7亿元完善开发区基础设施建设，县23平方公里工业聚集区升格为省级经济开发区，并在全省县域中率先建立了创业辅导基地，西郭城镇工业聚集区获批市级产业园区，两大园区入驻企业达到100余家，财政收入完成2.2亿元。

三、特色农业优势凸显。围绕抓农业抓出工业来、抓特色抓出优势来，夯基础、扩规模、提水平，努力做大做强特色农业产业。产业规模快速壮大。以金银花、枸杞为主的中药材种植面积扩大到20余万亩，杂交谷达到5万亩，设施蔬菜3万亩，并规划启动了百里万亩大棚菜产业长廊工程，新被命名为“中国金银花之乡”、“道地药材产业之乡”、“中国枸杞产业示范基地”。产业水平加快提升。全面完成了金银花GAP认证基础工作和试论证，并组建了由中国农业大学等14位专家、教授组成的巨鹿金银花产业科技专家库；成功认证无公害、绿色农产品生产基地3个，标准化、规模化养殖场达到60个；联合国粮农组织与巨鹿县县开展杂交谷推广合作，金银花、张杂谷产业被科技部列入国家级科研项目；引进建设了全省最大的肉鸡孵养加工一体化基地，市级以上农业产业化龙头企业达到12家，2家企业跻身“河北省产业集群龙头企业”行列。基础设施持续完善。测土配方施肥技术推广面积达到50余万亩，实现了全省农业综合开发“红旗县”九连冠，启动了河渠坑塘治理工程，完成了现代农业项目建设和平原区旱地抗旱应急工程，农田水利、抗旱蓄水等工作得到国家和省的高度评价。

四、城乡建设大步迈进。扎实推进“城镇建设三年上水平”活动，实施城建工程109项，总投资37.3亿元，创建成为省级园林县城和省级卫生县城。城市功能更加完善。实施了天然气管道及门站等一批公共基础设施建设工程，共修筑路面2.75万㎡，硬化便道4万多㎡。城市环境更加优美。大力开展城区秩序综合整治活动，实施了环城水系、洪溢河生态新区建设、古郡文化步行街等城市景观、生态体系塑造工程，建成省市级园林单位37个，城市生态环境更加和谐宜居。群众出行更加便捷。城区主要街道全部实现了硬化和公交全覆盖；新改建农村联网公路22公里，全县乡村公路总里程达到869.4公里，总长度位列全省各县市第一；邢衡高速、邢黄铁路巨鹿段工程顺利推进。城乡居民更加安居。开工建设保障性住房1986套，廉租住房租赁补贴848户，完成1300套农村危房改造，新建省级新民居联建示范点4个。

五、民享水平持续提升。围绕解决群众关注的热点问题，集中力量兴办了就业扩大、教育优化、医疗改善、扶贫开发等民生实事。群众就业巩固发展。城镇失业率始终控制在3.8%以内，培训转移农村劳动力7650人，完成省下达全年任务的118%。教育水平大幅提升。在全省率先实现了初中生全部进城就学，巨鹿职教中心晋升为国家

级重点中等职业学校，巨鹿中学获得清华、复旦、人大、中科大四所大学自主招生推荐资格，县直幼儿园升级为省级示范性标准园。医疗卫生改革发展。乡镇卫生院全部实现药品“零差率”销售，42个标准化卫生室建设项目被列入省“十二五”规划，巨鹿县医院成为全市唯一一家被省政府确定的公立医院综合改革试点。文化事业统筹推进。在150个村实施了“农家书屋”工程，建成乡镇文体站6个。社会保障完善提高。社会养老保险实现了全覆盖，率先被纳入国家新农保试点县和省城镇居民社会养老保险试点县；创建了村办、民办、公办“三位一体”社会化养老新模式，经验在全省推广。社会发展和谐稳定。相继开展了“清网”“清源”等集中统一行动，圆满完成了各类重大活动的安全保卫任务；联合接访中心正式启用，“三位一体”信访调解机制扎实落实，各类信访积案得到有力化解；未发生任何重特大安全生产事故，社会局面呈现和谐稳定的良好态势。

平乡县

平乡县位于河北省邢台市中南部。2011年是中共平乡县委第十次代表大会胜利召开的一年。全县集中精力上项目、坚定不移促升级、下大力气抓城建、坚持不懈惠民生，经济和社会各项事业都取得了新的成绩。

（一）综合实力跃上新台阶。2011年，全县生产总值完成33亿元，同比增长14.7%。全部财政收入完成2.61亿元，同比增长60.5%，增幅位居全市第六；其中地方一般预算收入完成1.43亿元，同比增长77.3%，增幅位居全市第三。农业效益稳步提升，粮食生产喜获“八连增”，小麦总产超过10万吨，创历史新高，被省政府授予“夏粮生产先进县”称号；工业经济实力提升，规模以上工业增加值完成5.8亿元，同比增长25%；服务业活力增强，社会消费品零售额完成17.2亿元，同比增长17.3%。

（二）项目建设实现新突破。2011年，全社会固定资产投资完成31亿元，同比增长25%。平乡县按照“投百亿、促翻番”发展思路，共实施重点项目125个，年度完成投资31.5亿元。其中列入省重点5个、市重点9个。投资5亿元以上项目实现了零的突破，达到3个，有2个项目投资超过15亿元。全球最大的婴幼儿用品企业江苏好孩子集团成功落户平乡县，手推车生产线已开工生产；投资15亿元的北方生产基地项目，正在进行土建施工，全部投产后，产值可达30多亿元，吸纳就业1万余人，拉动物流、包装、餐饮等二十多个相关产业发展。大行折叠车、亚克西童车、銮宇乐器、久久纸业等一批项目陆续建成投产。还有申海自行车孵化园、红思达休闲车、金正彩印包装、梅花拳产业园等一批大项目正在加快实施。同时，全县上下大力招商，京津沪、江浙鲁等地知名企业纷纷签约平乡县。总投资33亿元的凯迪绿色能源开发、总投资10.6亿元的八五零电子连接器、总投资10亿元的大鼎轧辊再制造等20余个大项目、好项目，已完成立项选址。欧耐机械模具公司正为在美国纳斯达斯上市紧张准备，已初步形成5000万美元的融资意向。

（三）城镇面貌呈现新变化。全年重点实施了十大城建工程，总投资31.4亿元。全面启动省级园林县城创建工作，绿地系统规划完成重新修编，41处街头游园、县城主街道绿化改造等工程已开工建设。占地4.7万平方米的文苑公园建成开放。总投资16亿元的南湖片区开发已破土动工，滏阳河实现全线整治、合闸蓄水，“三河四水两湖”水生态修复工程拉开帷幕。全县上下齐动员，继续实施“一点四线六渠百村”绿化工程，植树160万株，新增绿地8000亩。投资1470万元的人民路、文明路等6条道路排水管网正在紧张施工。污水处理厂、垃圾处理场实行委托管理，正常运营。新开工建设580套保障性住房，超额完成年初计划；180套教师安居住房交付使用；南牌、西河村旧城改造全面启动。河古庙、马延、油召三个新社区主体工程已经完工。投资400多万元，完成300户农村危房改造，困难群体居住条件得到改善。全县上下数九寒天搞会战，集中整治环境卫生，街头巷尾焕然一新。

（四）基础设施建设实现新跨越。在道路建设上，全长10.8公里的迎宾大道，完成了拓宽改造、全线亮化、百米绿化，成为平乡县又一靓丽景观带。平任线改造、东环路南北延、北环路东延等5条道路、60公里路网已建成通车。新改建永泰街、丰州街等城区公路25.7公里、农村道路53.5公里，人民群众出行环境得到进一步改善。在园区建设上，河古庙自行车园区已完成“七通一平”、检验检疫中心、商标服务中心等功能设施建设；物流中心、星级宾馆、学校等设施即将投入使用。2011年，又晋升为省级工业园区，还被中自协授予“中国自行车零配件及儿童自行车产业基地”荣誉称号。丰州工业集中区投资8000余万元，完成了路网、排水、绿化、亮化等基础设施建设，园区框架已经形成。2011年，两个园区新增企业27家，达到83家。还有电子连接器、轧辊制造、乐器生产、津星链条等20余个项目正在入驻。同时，还规划了滏阳化工、节固纸制品两个园区，并已完成园区主干道建设。在农业设施建设上，完成了农业产业区域规划，正在建设的六合春蕾项目实现了农业产业化较大突破。投资3345万元，完成寻召、油召、节固基本农田整理3万亩；投资863万元，新打机井101眼，铺设防渗管道16万米，农业综合生产能力得到进一步提升。发放良种补贴、救灾资金1150万元、农机购置补贴200万元，人民群众生产积极性得到提高。争取上级扶贫资金1072万元，补贴蔬菜大棚1000余个、辣椒种植2000余亩。

（五）社会事业取得新成效。在全市率先开展新医改，实施药品零差率销售，切实减轻了群众就医负担，这项工作得到省市领导高度赞扬。依法文明开展计划生育，投入600余万元，改造计生服务站，提高服务水平。提高了退休人员养老金和城乡低保标准，发放基础养老金3862万元、低保五保资金2049万元。经过千方百计争取，平乡县成为“新农保”省级试点县，14.5万名符合条件农民积极参保，3.5万名群众喜领养老金。组建了平乡县第五中学，新改建了平乡中心小学、县直幼儿园等10所学校。投资1080万元，新建了第二疃、常河镇两个供水站，目前全县已有208个村、22万群众喝上了放心水。探索形成“五个一”信访工作长效机制，推进信访工作经常化、制度化。成功举办晋冀鲁豫自行车公路大奖赛，被人民网编辑政策委员会授予“十二五·中国自行车产业集群模范示范县”荣誉称号，平乡的知名度和影响力越来越大。全省民间信仰工作会议在平乡县召开，总结推广了平乡的经验。“平安创建”取得新成效，成功侦破“8.14”强抢儿童案、“9.08”特大绑架案等多个大案要案，受到省市表彰。大力开展法制宣传，平乡县荣获“全省普法工作先进县”称号。同时，环保、统计、安全生产、人防减灾、广播电视、民兵预备役、地方志等事业也都取得了新成绩。

临西县

临西县位于河北省邢台市东南部，地处冀鲁平原腹地，卫运河中游左岸，全县总面积542平方公里，辖5镇4乡299个行政村。临西县历史悠久，西汉初已置清渊县，金天会年间因避水患，治所迁徙曹仁镇（今山东临清境内）。1964年12月，国务院指示，以卫运河为界，将原由山东临清县管辖的五个区，划归河北省设置临西县。

2011年，全县耕地面积3.97万公顷，人口37.45万人，人口自然增长率8‰。全县生产总值完成47.94亿元，同比增长14%。其中，第一产业增加值10.81亿元，同比增长4.3%；第二产业增加值18.18亿元，同比增长15.1%；第三产业增加值18.95亿元，同比增长15%。单位生产总值能源消耗0.4987吨标准量/万元，同比降低3.4%。民营经济增加值37.06亿元，同比增长13%。粮食产量30.99万吨，同比增长3.7%；棉花产量1.22万吨，同比增长0.5%。全部财政收入完成2.48亿元，同比增长58.5%；财政总支出10.05亿元，同比增长12.6%。全社会消费品零售总额达到20.3亿元，同比增长18%。职工年平均工资2.51万元，同比增长14.2%；城镇居民可支配收入达到1.42万元，同比增长16%；年末城乡存款余额31.86亿元，同比增长15.6%；农民人均纯收入达到6139元，同比增长15%。

2011年，临西县以科学发展观为统领，以实现又好又快发展为目标，团结带领全县人民，紧紧围绕发展主题，开拓创新，奋力拼搏，完成了县九届人大和“十一五”计划提出的各项目标任务。一年来，临西县突出“建设经济强县、和谐临西”这一目标，统筹协调，整体推进，上项目、调结构，强财政、惠民生，取得了显著成效，圆满完成了年初确定的目标任务。

项目招商实现新突破。临西县紧紧围绕以轴承为主的装备制造业，开展招商引资和项目建设。先后组建了轴承产业管理服务中心，成立了轴承技工学校，建设了轴承检测站。截止到2011年底，阳光、运河两大省市级园区面积分别达到5平方公里和3.6平方公里。园区基础设施日益完备，服务水平明显提高，集群效应初步显现，成为拉动经济发展的重要引擎。11月18日，以轴承展示中心建成使用为契机，成功举办了中国·临西首届轴承节，得到了中国轴承工业协会、国内知名企业和社会各界人士的一致好评，提升了产业形象，改善了投资环境，增强了发展活力。2011年，全社会固定资产投资完成36亿元，同比增长49.4%。其中亿元以上项目7个，3000万元以上项目20个。目前，23家已建成投产，4家正在加紧建设。这些项目的成功建设和投产，极大地增强了临西发展后劲，壮大了经济实力。

城乡面貌发生新变化。2011年，县委、县政府相继谋划实施了新城开发，旧城改造、轴承大世界新区、环城水系、管道天然气等一批城建重点工程。全县城镇化率提高到41%，城区面积已达15平方公里，城区人口达到7.6万人。是年，完成了轴承展示中心、县城北大门主体建设等一批基础建设和城市配套项目。新建改造了泰山路、玉兰路等23条县城主要街道，以及祥和路、广安路等12条居民巷道。投资232万元，完成了珠江西路、运河西路和朝阳大街中段的排水管网建设。投资116万元，完成了花都南街、龙华路等街道的路灯安装改造，新建和改造公厕9座。投资1100余万元，对泰山路人行道进行了硬化，安装了路灯，栽植了各种乔木和花灌木。“三纵四横”的县城路网基本形成。2011年，临西县城用气实现了“两省双气源”，启动了环城水系、水上公园、带状公园、阳光公园、保障性住房和旧城改造工程，完成了轴承大世界新区、四星级酒店的论证设计，开展了园林城市创建工作，城市品位明显提升。同年，县委、县政府对乡镇的交通、电力、通讯等基础设施也进行了改造建设。投资1620万元，新修改造公路生产桥12座，完成10条农村联网公路建设，投资1480万元，省级改造8条重点电力线路。建成了一批电气化新村，以乡镇驻地为重点，健全商贸流通和客运服务网络，有力促进了城乡“一体化”发展。

节能减排跃上新台阶。2011年，实施改造了鑫泰轴承节能环保锻造加热炉及退火、淬火项目，年节能1000余吨标煤。依照产业政策规定淘汰取缔落后设备、工艺和“两高一低”企业15家，节能3.2万吨标煤。重点加大对燃煤锅炉的整治力度，确保除尘设施正常运转；狠抓过境河流及饮用水环境质量监测；加强污水处理厂和垃圾填埋场的运行管理；对13家涉水、涉气企业主要污染物加大了消减目标；加强对乡村环境综合整治，严查秸秆焚烧，依法取缔、拆除了小电镀、小造纸等违法企业14家，确保了临西县的环境安全。节能减排均完成市下达县的目标任务。

社会各项事业全面进步。2011年，县委、县政府围绕群众关心关注的热点难点问题，不断加大投入力度，有力地促进了民生改善，推动了社会各项事业发展。9月份，投资1.5亿元的临西县实验中心建成并投入使用，高中阶段教育得到进一步普及和提升。一年来，建设保障性安居工程各类保障房813套，超额完成市下达任务；发放农村和残疾人危房改造补助资金630万元，初步解决了部分低收入家庭“住房难”问题。全年累计发放低保资金836万元，五保供养金280万元，救助金157.5万元，抚恤金417万元，受益群众达1.4万人，社会保障覆盖面进一步扩大；投资156万元建成61家农村互助幸福院，保障农村孤寡老人、五保户实现“老有所养”。教育投资2240万元，推进学校基础设施建设，办学条件进一步改善；卫生投资2600万元，建设了县医院门诊综合楼、乡镇卫生院和农村医疗站点，健全了医疗卫生体系，提升了医疗服务水平；全面推行新型农村合作医疗，新农合参合率达到92.5%。计划生育工作进一步加强，顺利通过国家优质服务县验收，继续保持了全市一档先进县位次。

邯郸市邯山区

邯郸市邯山区总面积81.08平方公里，总人口35.6万人，现辖1乡1镇10个街道办事处，共57个社区，18个行政村。2011年，邯山区在市委、市政府的坚强领导下，认真践行科学发展观，全区上下紧紧围绕“富民、强区”两大主题，以建设“经济强区、魅力新城”为目标，大力实施“商贸强区、环境立区、文化兴区、开放活区”发展战略，克难攻坚，锐意进取，圆满完成了各项目标任务，实现了“十二五”规划良好开局。

一、综合经济实力持续增强。全区生产总值完成113.3亿元，同比增长10.6%；全部财政收入和区级一般预算收入分别完成12.4亿元、2.4亿元，同比分别增长44.5%、63.4%；社会消费品零售总额完成52.4亿元，同比增长16.7%；全社会固定资产投资完成83.7亿元，继续保持高速增长；规模以上工业增加值完成3.4亿元，同比增长10.0%；城镇居民人均可支配收入和农民人均纯收入分别达到19333元、9586元，同比分别增长10.0%、22.9%。

二、园区项目建设成果丰硕。加快陆港物流园区建设，以打造对接沿海、东出西连的“无水之港”为目标，以总投资200亿元的邯郸国际陆港项目为龙头，园区开发全面提速。广通宏润物流、志英医药物流、紫汇冷链物流等6个重点项目正在建设或竣工运营；欧浦钢铁物流、华煌中原食品物流、邯钢巨恒冶金物流等现代物流项目正在积极推进。坚持以项目强支撑，全年开工竣工项目达到121个，河北移动邯郸生产中心、卓立大厦等28个重点项目主体竣工或建成投用，东方新天地、和道国际商业广场等93个项目开工在建，为做大经济总量、提高发展质量提供了有力支撑。

三、城区环境面貌显著改观。紧紧抓住城镇建设“三年上水平”的历史机遇，拆建结合、建管并重、聚力攻坚，着力打造宜居魅力新邯山。全年完成各类建筑拆迁60余万平方米。新启动和拆迁扫尾区片23个，其中万浩二期、滏瑞特商城、滏东旅馆、华天文苑等11个区片全面完成拆迁。加快“两大新城”建设，赵都新城实现150万平方米商住楼主体竣工，南湖新城高标准完成南湖景区、支漳河治理阶段性任务。在全市率先完成中华大街与南环路立交桥、南水北调等重大工程拆迁腾地任务。新修和改造南环路、邯山街、贸易街等13条主次干道和小街巷，集中整治市容市貌，进一步提高了群众生活的舒适度。

四、改革开放步伐明显加快。大力推进医疗卫生体制、事业单位绩效工资和食品安全体制改革，均取得积极成效。深入推进企业改革，完成第一色织厂等4家企业改革，毛巾厂、经编厂等6家企业改革全面启动，市委、市政府主管领导分别对邯山区企业改革工作给予好评。坚持以大开放促大发展，深入对接中国城建集团、香港健坤国际、长沙三一重工、深圳华强、福建大世界等有实力、有影响的大集团，成功引进韩国现代、香港华润万家、大连大商等国内外知名大企业。2011年，引进省外资金28.4亿元、技术项目103个、技术人才781人，占年计划的133%、230%和190%，实际利用外资4159万美元，出口创汇2115万美元，均在全市名列前茅。

五、社会民生事业长足进步。认真践行“以人为本，民生为重”的理念，始终把保障和改善民生作为政府工作的出发点和落脚点。积极推进校安工程，投入资金2100余万元，对8所学校进行加固改造；投入资金1040万元，充实教学仪器和设备，改造4所小学科技馆；筹资620万元，率先在主城区建成青少年校外活动中心；成功承办全市教学观摩展示会、“课业革命”现场会，邯山区被确定为全国百家、邯郸唯一“国家级教学均衡发展标准研究试点区”；积极发展医疗卫生事业，城乡居民参保率和参合率分别达到96%、98.5%，继续保持全市先进位次；积极开展就业再就业援助行动，全区新增就业岗位9847个，安置下岗失业人员再就业1247人。高度关注弱势群体，为4045户低保对象发放城乡居民低保金1590余万元，为300余名重症残疾人免费办理医疗保险，为4368户低收入住房困难家庭实物配租510户，发放住房补贴820万元；累计投入资金300万元，建成5个居家养老服务中心、30个精品社区服务站；努力创建平安邯山，投入资金320万元，建设警务室和配备治安员。妥善化解各类矛盾纠纷，确保了全国“两会”等敏感时期的安全稳定，切实加强消防安全、食品安全等安全监管，加大社会治安综合治理工作力度，全年破获各类案件1123起，进一步增强了人民群众的安全感。

六、政府自身建设不断加强。紧紧围绕建设责任政府、法治政府、效能政府和“阳光”政府的目标，坚持科学理政、依法行政、高效施政、廉洁勤政，行政能力和水平进一步提升。认真贯彻《行政许可法》、《依法行政实施纲要》，坚持依法办事，严格按照法定权限和程序行使权力、履行职责。深入推进政务公开和行政权力公开透明运行，进一步提高了政府系统的执行力和公信力；自觉接受区人大和区政协监督，主动向区人大常委会报告工作，向区政协通报情况，按时办结21件人大代表建议、62件政协提案，代表和委员满意率均达到100%。

中共邯山区区委书记：康运豪（2011年1月至8月）
陈　飞（2011年8月至12月）

邯山区人大主任：曹运清

邯山区政府区长：张海忠（2011年1月至7月）

邯山区政府代区长：张荷红（2011年7月至12月）

邯山区政协主席：张桂芬

邯郸市丛台区

2011年，邯郸市丛台区以科学发展为主题，以加快转变经济发展方式为主线，下大力抓好保增长、调结构、上水平、惠民生等各项工作，经济社会发展呈现出"增速较快、质量提高、民生改善、局面活跃"的良好态势，实现了"十二五"开门红。

一、全力以赴保增长，综合实力跨上新台阶。2011年，面对复杂的经济形势，面对艰巨的增收任务，丛台区委、区政府举全区之力，上项目、增投资。实现了稽山商业步行街二期、阳光商业广场等56个项目开工在建，其中当年新开工项目达到30个；矿业大厦、天琴大厦等38个项目主体竣工，超额完成年度目标任务。谋划推进的北部新城、丛台新城、梦都新城等"三城"项目已上升为市级层面，占全市六大新城建设的一半。丛台区连续六年被评为全市"重点项目建设实绩突出县区"。全区生产总值完成145亿元，增长11%；全社会固定资产投资完成103亿元，增长19%；全部财政收入完成35.5亿元，增长23%，比2010年增加6个多亿，收入总量稳居全市第二，实现了高基数上的高增长；一般预算收入提前2个月完成年计划任务，全年实际完成2.75亿元，占年初计划的121%，增长29%。丛台区的人员经费占一般预算支出的比重逐年下降，由2010年的72%降为2011年的64%，财政运行质量进一步提高。特别是全部财政收入，丛台区以邯郸千分之二的区域面积创造了全市近九分之一的财富。

二、持之以恒调结构，服务业发展迈出新步伐。2011年，丛台区始终坚持把发展现代服务业作为调结构、转方式的根本举措，研究出台现代服务业发展实施意见，强力实施服务业倍增计划，重点培育文化服务业、金融服务业、消费服务业、商务服务业、地产服务业等"五大产业"，全力打造邯郸中央商务区（CBD）、稽山现代商业区、鑫港新兴商贸区、邯郸道文化旅游区、联东亚太商贸区等"五大商区"，加快建设现代服务业强区。继民生银行、交通银行、浦发银行、河北银行、邢台银行等商业银行落户丛台区后，2011年中信银行和光大银行又成功入驻并开业运营，使中央商务区（CBD）的全市金融中心地位更加凸显，丛台区再次被市政府授予"全市金融生态区"称号。培育出金世纪商务中心、招贤大厦、远大国门等一批税收贡献超千万的商务楼宇。全区服务业主导地位更加巩固，社会消费品零售总额突破60亿元，总量全市第三、三区第一；全区服务业增加值占GDP的比重达到63%，超全市30个百分点，超全省28个百分点。

三、坚定不移上水平，城区面貌发生新变化。2011年，丛台区始终坚持以"邯郸上水平，丛台当先锋"的勇气和魄力，抓重点，攻难点，全员作战，奋力攻坚，坚决打赢"拆、建、管"三大攻坚战，圆满完成上水平各项任务。一是集中连片，拆出了新空间。以博物馆区域、联纺区域等"八大区域"综合改造为重点，多点并进，全面开花，全年共完成拆迁拆违面积107万平方米。圆满完成了博物馆区域市建设局、公用事业局、民政局、国资委、发达集团等多家市直单位的连片拆除任务；仅用20天时间，就完成了刘二庄造纸小区近13万平方米的建筑拆除任务；坚持和谐拆迁，顺利完成了黎明街1号院、朝阳路24号院等7个区片的拆迁任务。新任省委书记张庆黎在全省领导干部大会上，对丛台区和谐拆迁经验提出表扬和肯定，省市新闻媒体进行了集中报道，丛台的知名度、美誉度进一步提升。二是狠抓进度，建出了新形象。全面加快旧改项目建设，青年苑、赵苑观邸、505家属院等项目顺利实现居民回迁；东庄村南北片、春厂村等旧改项目主体竣工，丛台酒厂、安全里、轴承厂、锦纶厂等多个区片改造项目开工建设，辖区内新建续建高层楼宇达到227栋。三是精细管理，管出了新品位。健全完善市容市貌联查考评机制，充分发挥数字化城管平台作用，大力整治规范市容市貌，细致抓好辖区288条街路清扫保洁，城区数字化、精细化管理水平不断提高。在全市数字化城市管理绩效考评和"3+1"联查综合考评中，丛台区位居三区第一。

四、深化改革促开放，发展活力实现新增强。2011年，丛台区始终坚持进一步深化改革，扩大开放，盘活存量，拓展增量，聚集更多优势要素，为实现丛台大发展、快发展不断注入新的活力。一是企业改革取得突破性进展。积极稳妥推进企业改革。针织厂、北清公司、力源公司3家企业完成改制；市第二制药厂企业职工已全部安置，并实施拆迁；市锦航绒布厂、第二纺织机械厂2家企业已进入破产程序。二是招商引资实现历史性突破。深度对接国内外500强企业和行业实力知名企业。成功引进了中国勒泰、香港中骏、中辉等多家大企业、大集团，签约了邯郸道文化旅游步行街、邯郸百脑汇电子商城、北湖风景等一批超10亿元战略支撑项目，总投资达到百亿元。实际利用外资创历年来最好成绩，提前一个季度完成年计划，全年完成7048万美元，占年计划的176%，同比增长124%，全市第一，受到全市通报表彰。三是市场主体进一步壮大。深入落实注册登记零收费等优惠政策，进一步降低市场准入门槛，建立"绿色登记通道"，为民营经济发展提供环境保障。全区个体工商户突破1万户，注册登记各类企业近8000家。丛台区连续四年被市委、市政府评为"发展民营经济实绩突出单位"。

五、尽心竭力惠民生，居民生活得到新改善。2011年，丛台区始终以群众利益为重，切实解决事关民生的现实问题。一是强化社会保障。就业再就业各项任务指标高限完成，全年新增就业岗位9242个，下岗失业人员实现再就业1088人，共发放各类救助金1376万元。城镇居民

医疗保险覆盖人数连续五年全市第一，全区近7000名低保对象实现动态下的应保尽保。健全医疗救助机制，开展“即结式”救助，丛台区被确定为全省城市居民重大疾病医疗救助示范单位。二是强化安全保障。强力推进食品安全监管，率先在全市成立区（县）级食品安全监管委员会及其办公室，大力开展“地沟油”、“食品非法添加剂整治”等多个专项行动，彻底清除辖区存在安全隐患的死角死面。深入推进社会管理综合治理，加大视频技防建设力度，全区宾馆、旅店、洗浴等娱乐场所全部搭建视频监控平台。认真抓好安全生产工作，连续七年被市政府授予“全市安全生产先进区”荣誉称号。三是统筹推进各项社会事业。积极开展“双创双树”活动，创建了一批特色学校、品牌学校，教育教学质量保持全市领先。投资1760余万元，强力推进“校安工程”建设，全区校安工程开竣工面积达到5万余平米，开工率位居三区第一。在全市率先推行标准化社区建设，实现社区外观、标识、功能布局“三统一”，服务流程、工作制度、队伍管理“三规范”，全区40%的社区实现标准化。创新社会管理，在社区设立警务室，配备治安员，进一步夯实了社会管理的基层基础。丛台区被评为“全国法制宣传教育先进集体”，连续七年被省政府评为“全省依法行政示范区”。质监、计生、方志等多项工作获国家或省级先进荣誉。

邯郸市复兴区

邯郸市复兴区位于河北省南部，地处晋鲁豫四省交界处，是邯郸市工业区、主城区。1959年9月，毛泽东主席视察邯郸时提出了“邯郸是要复兴的”、“很有希望搞个大钢铁城”的伟大预言，复兴区由此得名。总面积37平方公里，其中耕地面积576.58公顷。辖一个乡、六个办事处，共有15个农村社区和45个城市社区，户籍人口25.8万。

历史悠久，深厚的文化底蕴——邯郸历史积淀深厚，文化灿烂。早在8000年前，邯郸就诞生了新石器早期的磁山文化；战国七雄之一的赵国在此定都达158年，是秦始皇的出生地和成长地；抗战时期，刘伯承、邓小平率八路军一二九师挥师太行，鏖战千里。邯郸还是我国著名的成语典故之乡，千年沧桑孕育了光辉灿烂的古赵文化，邯郸学步、胡服骑射、黄粱美梦等许多成语典故就发生在这里。复兴区自然环境优美，文物古迹众多，著名的赵王城遗址、王郎城、照眉池、插箭岭等就坐落在该区。近年来，政府倡导的“诚信邯郸”、“诚信复兴”为赵文化赋予了新的内涵。

区位优越，便利的交通条件——邯郸位于晋冀鲁豫四省要冲和中原经济区腹心，在四省交界区是唯一的特大城市，距四省省会城市不足300公里。纵穿中国南北的京广铁路、京港澳高速公路、大广高速公路、106国道、107国道与横贯祖国大陆东西的长治—邯郸—济南—青岛铁路、青兰高速公路和309国道交汇于邯郸，境内形成了“五纵五横”的干线公路网络，邯郸机场于2008年通航，是国家重点发展的干线机场。在四省交界区域中，只有邯郸具备铁路交叉、国道交汇、高速纵横过境和航空港四位一体的立体交通条件。复兴区作为邯郸市主城区，沟通南北、连接东西的枢纽地位日益突出。

基础雄厚，完善的工业体系——复兴区是邯郸市重工业区，全区工业企业245家，工业占全区经济总量的78.3%。辖区拥有近70家省、市属企业，驻区工业企业年增加值136.6亿元，邯钢、新兴铸管两大上市公司都在复兴区。依托驻企发挥优势，全区工业经济快速发展，形成了冶金、建材、环保、机械等多行业的工业体系。民营经济发展迅猛，2011年营业收入超2000万元民营企业30余家，超亿元11家，涉及生产、流通、运输、房地产开发等多种领域，已成为区域经济的重要支柱和最具有活力的经济增长源。

2011年，复兴区以科学发展为主题，围绕“三个担当”，紧扣“现代钢城、新兴商城、生态绿城”三大目标，大力实施“精钢强区、三产兴区、生态靓区”三大战略，全力构建南部工业循环发展区、中部商住服务核心区、北部行政物流新兴区“三大板块”，强力推进，狠抓落实，确保了全区各项事业又好又快发展，实现了“十二五”开门红。

2011年，全区生产总值完成182.2亿元，同比增长10.6%；全部财政收入完成16.28亿元，圆满完成了调整任务目标；一般预算收入完成1.42亿元，同比增长39.5%；全社会固定资产投资完成82.6亿元，同比增长19.4%；引进外资实现历史性突破，完成4315万美元，同比增长24.7%；出口创汇完成1025万美元，首次突破千万美元大关，同比增长24.1%。

（一）综合实力稳步提升。项目建设是推动结构调整、产业升级、提升发展质效的重要抓手，特别是面对钢铁效益持续下滑和化工企业关停搬迁对全区经济的巨大影响，坚持把项目建设作为促投入、增实力的重中之重，全年安排5000万元以上项目58个，总投资规模1066亿元，其中，争列省市重点项目8个，超亿元项目53个，超10亿元项目16个。省市重点项目完成投资45.2亿元，占年计划的135%。现代（邯郸）国际汽贸城、美食林锦绣江南等6个项目开工建设，邯钢工业区钢轧系统改造项目、沉陷区综合治理等13个项目全面推进；邯钢附企包装材料、绿树林枫等7个项目全部或部分竣工；复兴区中小企业辅导基地、锦玉华庭等7个项目主体完工。

（二）发展方式不断优化。坚持把结构调整作为主攻方向，着力加快转型升级步伐。邯钢工业区建设扎实推进，邯钢钢轧改造项目部分建成投产，研发生产的优质汽车面板添补了省内空白；“企中村”新村496亩土地指标完成批复，其中一期264.6亩征地工作接近尾声，确保了企中村新村建设稳步推进。企业服务扎实有效，大力助推企业技改，为瑞邦、科正、赵都精细等5家化工企业争取国家财政技改专项资金324万元；协调金源、海通等3家公司为企业贷款2.5亿元；通过“银政企”对接，多渠道帮助企业融资7.3亿元；深入推进中小企业发展平台建设，中小企业创业辅导基地主体竣工，创新创业园完成选址。同时，积极推进国有（集体）企业改制，市搪瓷厂、橡胶厂、轮胎翻新厂等5家企业改制工作全面推进。

（三）第三产业加快发展。坚持壮大传统服务业与发展现代服务业并重，力促三产提速。总投资10亿美元的现代（邯郸）国际汽贸城开工建设，当年完成投资4.1亿元，10万平方米的会展中心主体基本竣工，成功引进宝马、现代等14家4S店，其中1家正式营业；投资5000万元的万和仓储等大型商贸物流项目开工建设；首宝钢铁交易中心正式运营，25家钢铁贸易公司注册入驻；大运、大元等体育健身场馆开张营业；阿五美食、汉丽轩等一批知名连锁餐饮企业落户复兴区；清水湾商务会馆、美高美娱乐场等一批休闲娱乐项目相继开业。全年引进商贸流通、餐饮住宿、文化娱乐、体育健身等大商户400余家，生活服务网点1000余家，完成增加值35.4亿元，同比增长13.1%。

（四）城区形象不断提升。坚持把全力做好城区建设作为改善辖区面貌、提高发展承载力、繁荣三产商贸的关键，在继续巩固拆迁成果的基础上，楼宇建设、路网完善、生态绿化、城市管理并重，保持了城区建设的强劲势头。

在拆迁建设上，全面启动了钢铁厂家属院、橡胶厂家属院、建设大街104号院等棚户区拆迁改造，完成了化工区79家企业搬迁工作。5天时间完成南水北调484.8亩进地工作，市政府发信祝贺。旧小区改善工作走在全市前列，市致信表扬。

在路网建设上，箭岭路西延实现了当年启动、当年通车；复兴路、建设大街等完成了综合整治，翻修便道、慢车道5.1万平方米，改造绿化带4000余平方米；特别是仅用三天时间，完成了西环立交桥涉及的42家企业、300余商户、15万吨工业物资、26套大型设备的搬迁和363亩土地、2万余平方米建筑的征迁任务，创造了新的“复兴征迁速度”。

在生态建设上，强力推进森林复兴建设，坚持以“十年任务三年完、三年任务再提前”的决心和力度，大力构筑“一环、两网、三大基地、四大工程”森林复兴立体网络化体系，新植乔木60.5万株、3358亩，新增绿地30.7万平方米。建成5个精品游园，打造了10个精品示范点。城区生态环境得到改善。

在城市管理上，结合文明城市创建，深入开展环境卫生综合整治，完成15座垃圾站、公厕新建、改建任务，高标准完成了“十中”周边环境治理，积极推动数字化城管反应、处置体系建设。2011年以来，共处置城管案件1.93万件，结案1.86万件，结案率96.5%，全市排名第一。

（五）社会事业全面发展。社会保障方面。百家乐园、利民苑、金泽园建设顺利推进，竣工并向全市交付保障性住房2600余套，市内三区第一。城镇低保覆盖3204户、6902人，持续实现应保尽保，低保户、低收入家庭60岁以上老人由财政出资全部纳入城镇医保，8124户家庭纳入住房保障。

文教卫生方面。教育均衡发展扎实推进，荣获全国“诵读工程创新奖”（全省唯一），圆满承办了全国生态教育研讨会，成功举办了“全国中小学生态文明校园构建”研究会，铁路幼儿园顺利通过省示范幼儿园验收。深入推进社区卫生服务，高标准建成社区卫生服务中心、服务站21个，建成了“一刻钟就医圈”。

其它社会事业方面。创新开展的“居民兴趣协会”特色载体进一步丰富完善，中央电视台《焦点访谈》栏目宣传邯郸市文化建设时予以特别重点报道。建成了区行政服务中心和联合接访中心、7个群众工作站、60个社区工作室，确保了工作有序开展；在维护稳定上，进一步建立健全了领导包案接访、周三群众工作日、属地管理等工作机制，省、市交办信访案件按期办结率达100%，确保了重大节日、重要活动等敏感时期的信访稳定。

邯郸市峰峰矿区

2011年，邯郸市峰峰矿区以科学发展观为指导，围绕打造实力峰峰、生态峰峰、和谐峰峰，强力实施“1633”战略，全力做好“稳增长、调结构、惠民生”各项工作，圆满实现了“十二五”开门红，全区生产总值完成160.2亿元，同比增长11.2%；全部财政收入完成30.6亿元，同比增长17.9%，其他各项经济指标均达到历史最好水平，全区上下呈现出政治安定、经济繁荣、社会和谐、风清气正的良好局面。

一、始终把加快发展作为第一要务，坚定不移调结构、转方式，上项目、增活力，加快推进经济大转型

巩固提升优二产。一方面，加快改造传统产业。以煤化工产业转型升级为突破口，进一步延伸产业链条，提高产品附加值和科技含量，走上了精细化发展之路。2011年，全区煤化工综合产量占到全省产量的近四分之一。钢铁产业实现联合重组，成立了宝信钢铁集团，走上了质量、品种、效益之路。陶瓷产业加快退城进郊、科技创新步伐，形成了艺术瓷与日用瓷、工业瓷并存并盛的局面。建材产业积极推广新型干法水泥等工艺，加快了向“规模型、效益型、环保型”转变的进程。另一方面，积极培育节能环保、新能源、新材料等战略性新兴产业，中冶南方武彭新型超微孔炭块生产线等项目顺利推进，新兴产业对经济发展贡献率不断提升。

突出特色抓一产。按照“固畜牧、强林业、优农业”的发展思路，大力实施农业产业化战略，不断培育壮大龙头企业，推动了农业规模化、效益化、特色化发展。雨润优源峰峰生猪养殖基地项目竣工投产，金星综合养殖有限公司被评为“部级畜禽养殖标准化示范场”，峰峰被认定为国家太行山星火产业带中草药产业科技示范基地。

拓展壮大促三产。坚持“在文化的旗帜下发展旅游产业”，加大对响堂山石窟、磁州窑遗址和玉皇阁三大“国保”单位的保护开发和宣传推介力度，加快推进磁州窑文化旅游产业园、响堂山景区升级改造等项目，和村镇入选

“全国特色景观旅游名镇”，彭城镇获称“中国陶瓷历史文化名城”，响堂山国家级风景名胜区通过初评和专家实地考评，山底地道成为省级风景名胜区。积极发展现代商贸物流等生产性服务业，大峪煤化工物流等项目进展顺利，鹏达物流等项目开工建设，同时，文化大厦等一大批商贸项目竣工投用，全区商贸服务业整体水平不断提升。

固本强基上项目。立足加快产业结构调整和发展方式转变，积极谋划、筛选、培育、建设了一大批具有较强拉动作用的大项目、技改项目、产业延伸项目和新型工业项目，全区60项重点项目累计完成投资87.95亿元。积极引进科技含量高、经济效益好、推进速度快、发展前景广的大项目、好项目，特别是中冶南方、雨润集团等国际国内500强企业项目落户峰峰，进一步提升了项目的质量和效益。同时，深入推进“4+1”产业园区建设，不断完善园区基础设施，聚集效应初步显现，优化了产业布局，促进了要素聚集。

二、始终把城镇建设作为有效载体，全力以赴强基础、重统筹，上水平、出品位，加快推进城市大转型

着眼统筹城乡发展，力促城镇建设上水平。一是高水平规划。高标准编制各类区域性详规和专项规划，在全市率先完成数字规划信息中心建设，规划展馆建成开放，全方位、多角度展现了峰峰发展成果及光辉前景。二是高质量建设。棚户区改造工程扎实推进，昭德广场、黑龙洞群泉景观等一批精品工程建成启用，邢峰公路等道路大修提前竣工通车。三是精细化管理。建成数字化城市管理平台，城乡垃圾一体化管理范围不断扩展，实现了城市管理精细化、市容市貌靓丽化。四是一体化发展。加强“水、电、路、讯、房”等基础设施建设，全面推进新民居建设，打造了一批省、市级示范村，峰峰成为全省首家“全国农村社区建设实验全覆盖示范单位”。

着眼转变发展方式，持续推进节能减排。以省市实施新老“双三十”节能减排示范工程为契机，突出重点领域、重点行业和重点企业，强力实施节能减排重点工程项目，郭庄、新坡两个污水处理厂完成提标升级，环境信息管理监控平台建成投用，万元GDP能耗、二氧化硫、化学需氧量、氨氮等指标高限完成，在全省“双三十”节能减排三年总考核中被评为优秀单位。

着眼改善生态环境，加大治理修复力度。加快生态绿网建设，完成造林2.65万亩，栽植各类苗木200余万株，“森林峰峰”建设成效显著。大力开展生态水网建设，强力推进滏阳河源头升级改造工程，开工修建华北地区最大的橡胶坝，实施小流域治理工程，区域生态环境明显改善。

三、始终把改善民生作为根本目的，千方百计办实事、惠民生，抓安全、保稳定，加快推进社会大转型

以全面繁荣为目的，统筹推进社会事业。加大教育扶持力度，强力实施校安工程，推进标准化学校建设，高标准通过省政府第二轮教育督导评估验收。着力实施文化惠民工程，建设了一批农村书屋，区文化馆晋升为国家一级馆，峰峰被评为河北省“民间艺术之乡”。更加注重科技创新，省级煤化工检验站建成投用，峰峰被命名为“全国科普示范县区”，荣获“全国科技进步先进县区”等荣誉称号。

以为民解忧为根本，逐步完善保障体系。按照“广覆盖、保基本、多层次、可持续”的基本方针，加大社会保障投入力度，提高社会保障水平。全区城乡低保标准进一步提高，实现了动态管理下的“应保尽保、应退尽退”。实现了新农合、城镇居民基本医疗保险、城镇养老保险、新型农村养老保险制度全覆盖。突出抓好困难家庭、下岗人员的就业工作，荣获“全国再就业宣传工作先进单位”。

以社会和谐为重点，全面维护安全稳定。以社会管理创新为抓手，健全完善“四级”信访网络平台，解决了一批关系群众切身利益的实际问题。狠抓安全生产监督管理，开展了安全生产风险评估，杜绝了重大安全事故的发生。全面加强社会治安综合治理，深入推进农村和城市社区警务室建设，有力维护了和谐稳定的发展局面。

邯郸县

邯郸县位于河北省邯郸市区外围，总面积440平方公里，辖4镇、6乡、2个街道，225个行政村，总人口37.9万。区位优势明显，铁路、公路纵横交错，邯郸机场座落县域南郊；文化底蕴深厚，战国时为赵国都城，是梦文化发祥地、中华马姓起源地、中国成语典故之都；名胜古迹众多，省、市级重点文物古迹达100余处；矿产资源丰富，煤炭、膨润土、高岭土等资源丰富，储量巨大；工业基础雄厚，共有工业企业320多家，现已形成钢铁、装备制造、服装、建材、化工等较完整的工业体系，工业产品达22个门类、67个品种，是全国中宽带钢和节能玻璃生产基地。自2003年以来，连续8年进入河北省县域经济30强县（市）。2009年，城镇化率位居全省之首。2011年，邯郸县在上级党委、政府的正确领导下，深入贯彻落实科学发展观，全力保增长、调结构、惠民生，经济社会实现了平稳较快发展。全县生产总值完成183.6亿元，同比增长11.3%；全部财政收入完成15亿元，增长24.3%；全社会固定资产投资完成127.4亿元，增长45.8%；农民人均纯收入达到8288元，增长20.8%。

一、抓项目促增长，发展后劲得到新增强。全年共实施千万元以上项目121个，总投资392.6亿元，当年完成投资108.7亿元，争列省、市重点项目各11个，均居邯郸市前列。其中东城首府等47个总投资169.7亿元的项目实现新开工，华信国际广场等58个总投资204.1亿元的续建项目进展顺利，建中管桩一期等29个总投资31.2亿元的项目竣工投产。内外开放成效显著，实际利用外资3260万美元，增长16.2%；出口创汇3157.8万美元，增长54%。

二、抓产业促升级，结构调整迈出新步伐。三次产业比由上年的7.1∶49.1∶43.8调整为6.8∶48.8∶44.4，产业结构进一步优化。一是农业农村经济稳步发展。建设吨粮田20万亩，小麦、玉米单产均创历史最高水平，全

县粮食连续8年丰产。规模化、标准化奶牛小区达到19个，机械挤奶厅达到25个，奶牛入区饲养率达100%，均居邯郸市之首。农业产业化进程加快，省市农业龙头企业达17家，带动发展无公害蔬菜、小杂粮6.5万亩，发展各类农民专业合作社246家，省、市级示范社8家，辐射带动农户1万余户。农业生态建设扎实推进，植树100余万株，治理小流域水土流失面积7平方公里，打造沼气精品示范村3个，新建沼气池1750个。二是工业和民营经济效益良好。深入开展民营经济"五个一"工程，组建企业集团9家，壮大规模型企业85家，培育成长型企业870家，发展企业摊点1.3万个。深化对标行动，对12家企业管理人员和职工进行专题培训，培训2万余人次，新增入统企业2家，入统企业达44家，完成工业技改投资23亿元。入统工业总产值、实缴税金和民营经济增加值分别增长18.5%、27%、26.3%。三是服务业拉动作用明显增强。新、改建社区综合服务中心4个、农家店140家，农村市场体系更加健全。投资655万元对乾政市场进行改造提升，积极开展车载流通蔬菜市场进社区活动，方便了居民生活。投资2000余万元对古石龙、紫山等景区进行修整建设，成功举办罗敷采桑节和第二届龙文化节，提升了文化旅游业的品位和档次。乾亿担保公司等民间金融机构实力不断增强，新增担保资本金1亿元，为14家中小企业提供贷款3.4亿元。

三、抓城建促提升，城乡面貌呈现新变化。举全县之力强力开展拆违、拆临、拆旧、拆破、拆陋行动，全年累计拆迁48万平方米，圆满完成"三路一场"征收、黄粱梦滞洪区建设、霍北南水北调进地等各项工作。明珠花园C区等精品小区竣工入住，香兰雅居等重点项目进展顺利。投资3000万元包装改造了103栋楼体，包装改造面积23万余平方米，投资100万元完成了明珠广场等夜景亮化任务和东柳西街综合改造工程，提升了城市品位。完成邯临快速路等重点路网协建工程，新、改建乡村道路66.5公里，开展了"两路四口"环境整治工作，提升了城镇整体形象。以"创建文明城"为契机，大力开展市容市貌整治行动，城区环境更加整洁。完成县域镇村体系规划编制和10个村庄建设规划，建成11个新民居示范村，新、改建2500余户，入住2100余户，新硬化街道面积1万平米，农村面貌得到较大改善。

四、抓工程促突破，生态建设取得新进展。按照即期抓工程、长远优结构的思路，高标准完成纵横公司余热发电、纵横煤气热风炉等总投资36.8亿元的42个节能减排工程。万元GDP能耗达到1.8994吨标准煤，比2010年下降4.8%，化学需氧量、二氧化硫、氨氮和氮氧化物排放量分别控制在6531.84吨、4984.05吨、620.39吨、2732.15吨，比上年下降1.53%、2.14%、1.53%、0.29%，圆满完成市下达任务。下大力实施生态建设，强力实施"11335"造林绿化工程，完成造林2万亩，新增绿化面积943万平方米，在主城区排名第一。

五、抓民生促和谐，社会事业开创新局面。投资2000多万元完成了24个校安工程建设，高考一本上线376人，居各县（市、区）之首。实施教学区域联盟，调整6所教学点，成立联盟学校34对，推进教育均衡发展。新增城镇就业岗位7982个，下岗失业人员再就业1316人，分别为市定目标的133%、146%；城镇登记失业率为1.21%，严格控制在市定目标3%以内。大力发展农村劳务经济，向非农产业转移1.6万人，完成年任务的163%。社会保障不断完善，发放低保金、优抚金、特殊群体救助金970万元，受益群众达1万余人（次）；投资536万元为303户农村特困户修缮或新建住房；新农保、新农合、城镇居民医疗保险参保率分别达94.6%、95.8%、100%。扎实开展基层医改工作，10所卫生院基本改革到位。切实做好食品药品安全、烟花爆竹、危险化学品等行业安全监管，高标完成农村警务室建设，确保了人民群众生命财产安全。

成安县

成安县位于河北省邯郸市东南。2011年，成安县深入贯彻落实科学发展观，紧紧围绕"建设繁荣富强、文明和谐新成安"的发展定位，树立"融入主城区、赶超中西部"的发展理念，强力推进由农业大县向工业强县的战略转移，工业化、城镇化、农业产业化"三化"互动、协调发展，走出了一条具有成安特色的崛起之路。

1. 综合实力跃上新台阶。2011年，全县生产总值完成104亿元，增长14.1%；全部财政收入完成4.57亿元，增长40.9%；地方一般预算收入完成1.87亿元，增长39.4%；全社会固定资产投资完成76亿元，增长39.9%；社会消费品零售总额完成26.4亿元，增长16.7%。各项经济指标均创历史新高，成为邯郸东部振兴的排头兵。

2. 工业立县迈出新步伐。实施1000万元以上项目125个，总投资260亿元，其中，开工项目56个，续建项目69个，完成投资42亿元。招商引资实现新突破，中冶大型构件、澳松物流等一批超10亿元大企业、大集团落户成安；实际利用外资2253万美元，出口创汇1629万美元；列入省重点建设项目5个，市重点项目9个。园区基础和配套服务设施建设不断完善，承载力、聚集度和贡献率显著提高，被评为省级经济开发区、省级工业聚集区。培育大企业、大集团实现突破，正大制管名列2011年河北百强企业第63位，成功入围中国民营企业制造业500强。节能减排成效显著，万元生产总值能耗下降2.52%，主要污染物化学需氧量圆满完成市定削减任务，被评为全国生态文明先进县。金融工作成绩突出，累计助企融资36亿元，东之星、润康牧业在天交所成功上市。2011年，全县规模以上工业总产值完成159.5亿元，增长84.7%；实现增加值44.6亿元，增长55.6%；实现利润7.3亿元，增长52.3%。

3. 城乡建设呈现新面貌。总投资32亿元，重点推进55项重点城建项目。城区面积扩大到17平方公里，城镇人口达到15.8万人，城镇化率达到38%。完成了城区5条新建道路、2万米地下排水管网铺设；集中供热范围逐步扩大，铺设供热管道5千米，建设换热站27个，供热能力达到120万平方米；完成了县城污水处理厂改造、新汽车站主体工程建设；完成了全长8.85公里的城区8条道路的改建工程；完成了邯大高速、邯临快速路、京港澳高速绕城段成安县境内的征地清表工作；联通大楼、公积金大楼等公共建筑正在加紧建设；完成了保障性住房建设任务，建设保障房368套；完成了人民广场、东湖公园建设和北湖公园升级改造，人均公园绿地面积达到9.3平方米，省级园林县城创建工作取得实质性进展；实施了“森林成安”六大工程，全县共完成造林绿化面积1.06万亩，森林覆盖率达到10.8%；开展了城区环境秩序综合治理活动，被评为“河北省卫生县城”；数字化城市管理平台建成即将投用，城市精细化管理长效机制逐步形成，城市综合承载力显著提高。

4.“三农”工作实现新突破。全面落实各项强农惠农富农政策，粮食生产连续8年丰产丰收，平均亩产达到1009公斤，在全市提前一年率先建成“吨粮县”。秋季秸秆综合利用和禁烧工作顺利实现“不点一把火，不冒一股烟”的目标，受到市领导充分肯定。农业产业化水平不断提高，省市级重点龙头企业达到24家，农业产业化经营率达到57.7%，较上年提高3个百分点。农村基础设施逐步完善，恢复渠道6公里，渠灌面积达到11万亩，新增节水灌溉面积5万亩，连续10年荣获全省农田水利建设“海河杯”竞赛先进县称号；完成了1个集中供水站建设和3个供水站扩户工程，解决了18个村3万人的饮水安全问题。新农村建设扎实推进，10个省级新民居示范村全部启动建设；完成了110个村农村公益事业“一事一议”项目。2011年，全县农业总产值完成42.4亿元，增长6.5%；农民人均纯收入达到7335元，增长19.3%，群众生活品质和幸福指数大幅提升。

5.社会事业取得新进步。教育事业快速发展，总投资1.8亿元的新一中建设征地工作圆满完成；县教师进修学校顺利通过省“标准化县级教师培训机构”验收；投资2000余万元对11所学校进修了改扩建，新增建筑面积1.8万平方米。民政工作全面推进，全县城乡低保对象实现应保尽保；建成140所农村互助幸福院，实现覆盖全县60%的建设目标；连续19年荣获“省级双拥模范县”荣誉称号。社保体系不断完善，城镇居民医保参保率达到91%；新型农村养老保险顺利启动，参保率达到95.5%。就业规模不断扩大，实现城镇新增就业5603人（次），下岗失业人员再就业810人（次）。卫生事业快速发展，新农合参合率达到96.36%；基层医药卫生体制改革有序开展，有效解决了群众看病难、看病贵问题。科技工作取得新突破，首次获得“全国科技进步先进县”称号。计生工作扎实推进，人口出生率为13.14‰，人口自然增长率为6.87‰，均在控制目标以内。文化工作，成功举办了“中国首届二祖元符寺禅宗文化艺术活动”，二祖寺大雄宝殿主体工程正在建设，毛主席视察成安纪念馆新馆、“人民音乐家”王玉西纪念馆正式对外开放。信访稳定工作成效显著。安全生产和食品药品安全形势持续好转。同时，体育、档案、通讯、国土、电力、民兵预备役、残疾人事业等各项工作全面进步，和谐稳定大局更加巩固。

涉县

涉县位于河北省邯郸市西部。县域总面积1509平方公里。2011年末，耕地面积13854公顷；人口40.59万，人口自然增长率为8.71‰。2011年，全县生产总值完成235.86亿元，居全市第2位，增长13%；其中，第一、二、三产业增加值分别完成8.23亿元、167.86亿元和59.77亿元，分别增长1%、10.6%和22.6%。全部财政收入达到20.18亿元，增长5.1%；全部财政支出19.65亿元，增长3.1%。农民人均纯收入达到6064元，增长12.9%；在岗职工平均工资为32047元，增长9.5%。社会固定资产投资完成149.02亿元，增长23.3%。全县社会消费品零售总额为46.49亿元，增长16.8%。全年粮食总产量达到9.6万吨，增长12.9%。全县民营经济增加值完成140.08亿元，增长29.6%。年末城乡居民储蓄存款余额为62.89亿元，增长16.8%。城区环境空气质量达到国家环境空气质量二级标准，境内二级优良天数达到321天。

农业。大力发展核桃、花椒、设施蔬菜、冷水鱼、中药材等特色农业，全县新增核桃等特色经济林面积1.6万亩、设施蔬菜1000亩、中药材1.6万亩，新桥现代农业、冷泉渔业等示范园区规模进一步扩大。清漳河综合治理一期工程完工，城区段防汛能力显著提升。全年粮食产量再创新高，被评为全省夏粮生产先进县。农产品流通经纪人协会荣获全国优秀协会一等奖，崇香牌花椒被认定为全国供销合作社标准化农产品品牌。中国农产品区域公用品牌价值评估课题组评估“涉县核桃”、“涉县花椒”的品牌价值分别为5.31亿元、3.16亿元。

工业。以经济开发区、涉县·天铁循环经济示范区、井店循环经济生态产业园和龙西工业聚集区“三区一园”为平台，大力实施项目带动战略，重点实施的92个项目中，崇钢年产125万吨球团、天利焦炉改造等39个项目竣工投产或完成年度任务，完成投资82.8亿元。工业经济保持平稳增长，规模以上工业总产值、增加值完成494.59亿元、109.84亿元，分别增长3.9%、9.8%。民营经济发展势头强劲，被评为全省民营经济发展先进县。龙电二号机组分离器改造、清漳污水处理厂升级改造等28个节能减排工程竣工投产，淘汰落后铁产能40万吨、水泥80万吨，顺利完成“双三十”各项任务目标。龙西工业聚集区建设取得阶段性成果，完成区内“一纵五横”路坝建设，建成区面积达到5平方公里；奥德凯农业机械、五色石包装等一批项目相继入园，被评为市级工业聚集区。

旅游。全面理顺旅游管理经营体制，明确了职能，激发了活力。完成娲皇宫景区、清泉寺景区整体开发等规划修编，启动清漳河旅游规划编制，进一步提升了旅游规划水平。历时一个半月建成佛趾山滑雪场，创造了涉县项目建设的“滑雪速度”，填补了邯郸乃至冀南地区冬季滑雪项目的空白；娲皇宫补天湖完成蓄水，门区牌坊完成主体；清泉寺景区综合开发全面启动；成功举办女娲公祭大典。全年共接待游客179.2万人次，旅游综合收入达到1.68亿元。

商贸。商贸物流业快速发展，西岗平安综合市场、太行商务中心等一批市场投入运营，北关凤凰大厦、河南店长生地市场等项目推进顺利。积极参与对外合作，与山西煤销集团成功签约了总投资15亿元、年吞吐量达500万吨的冀南最大的煤炭物流项目，煤炭物流行业重组取得重大进展。组团参加河北香港经贸洽谈会、广交会等招商活动，引进福泉轻纺童装、江海纺织等一批项目。全年实际利用外资2507万美元，出口创汇654万美元。

城乡统筹。深入推进城镇建设三年上水平、出品位工作，城乡总体规划完成编制，开元大街北延、平乐路东延等路网工程建成投用，将军大道具备通车条件，东湖公园等24项工程推进顺利，735套保障性住房全部开工建设，城区新增绿化面积106万平米。顺利通过国家园林县城初评验收。平安街道办事处挂牌运转，龙虎凤凰社区村民喜迁新居，关防移民社区开工建设，共建共享新民居6800套，群众生产生活条件进一步改善。造林绿化、护林防火、封山禁牧等工作扎实推进，生态优势进一步巩固。相继荣获全国文明县城、国家级生态示范区、全国休闲农业与乡村旅游示范县等称号。

社会事业。实验小学重建、第五中学教学楼等工程竣工投用；为全县135个教学点配备电暖气、小锅炉等取暖设施。纪念建党90周年大型活动、中央电视台“心连心”慰问演出取得圆满成功；新建农家书屋252个，308个行政村全部实现“一村一屋”。乡镇卫生院改革基本完成，村卫生室改革全面启动，县医院整体迁建、中医院医技楼等工程推进顺利；新农合参合率达到96%。顺利通过新一届全国双拥模范县检查验收。创新社会管理，在全部农村和社区建立了警务室，配备了治安员；深入开展“化积案、保稳定、促发展”百日攻坚、安全生产年、打黑除恶等活动，和谐稳定的局面进一步巩固。十大民心工程全部兑现，集中供热一期工程竣工投用，供热面积达到17万平方米；2400多名贫困家庭大学生和高中生获得财政救助；城乡公交开通线路39条；全县31个村、2.2万口人的饮水安全和30个村、2.8万口人的饮水应急问题得到有效解决；因雪灾受损的蔬菜种植户，及时得到了县财政补助。一批群众关心关注的热点、难点问题得到较好解决。

肥乡县

肥乡县位于河北省邯郸市东。2011年，全县生产总值达到64.8亿元，同比增长14.3%；全社会固定资产投资达到49亿元，同比增长41.1%；规模以上工业增加值达到16.6亿元，同比增长43.9%；农民人均纯收入达到7686元，同比增长30%。财政收入突破3亿元，达到3.17亿元，增长53.8%，增幅全市第一。

一、强力推进项目建设，扩大经济总量。坚持把项目建设作为壮大县域经济实力的必由之路，紧紧围绕三大产业谋项目，重点对接发达地区、邯郸主城区，择商选资引项目，破解瓶颈上项目，开放工作亮点纷呈，项目建设高潮迭起，实现了重点项目由少到多、由小到大、由分散到集中的历史性变化，被评为“中国最具特色经济发展潜力县”。开工建设了晋和大型物流基地、丛台酒厂搬迁等一批超10亿元重大支撑项目；签约引进了庞大专用车生产销售二期、冀南农资物流配送中心等总投资108.6亿元的17个超亿元项目；争列省重点项目8个，争列市重点项目9个。特别是总投资60亿元的邯郸东郊热电厂列入市“10大重大产业项目”，并试桩建设，鼓舞了士气，提振了信心，开创了项目建设的新局面。荣获邯郸市重点项目建设先进县、东部振兴实绩突出县等先进称号。

二、加快开发区建设，做大发展平台。坚持把开发区建设作为项目建设的重要载体，全力推进开发区建设和发展。2011年，装备制造和商贸物流园区升级为省级经济开发区，开发区总规划建设用地达到18.8平方公里。完成了开发区总体规划、控制性详规和产业发展规划，开发区基础设施建设已累计完成投资4.6亿元，主干道路、地下管网、供电、通信线路等基础设施完善，全面实现“七通一平”。已入驻项目52个，总投资161亿元，其中亿元以上项目24个。即将入驻项目25个，总投资136.1亿元。

三、做大做强工业经济，壮大经济实力。大力实施工业企业“对标行动”，新增规模以上入统工业企业4家，规模以上入统工业企业数量达到36家，纳税超百万元企业由上年的32家增加到61家，质量和效益明显提升，被评为邯郸市“十一五节能减排先进县”；全县规模以上工业总产值完成70亿元，同比增长57%；规模以上工业增加值完成16.6亿元，是上年的1.8倍。

四、提升城镇建设水平，融入邯郸中心城市。按照“邯郸东扩、肥乡西进”发展思路和建设“宜居肥乡”发展定位，全力打造邯郸市主城区东部宜居之城、和谐之城、幸福之城。邯郸市人民路东延肥乡、广安路西延工程竣工通车，人民路东延至县城平安路工程启动实施，对接和融入主城区的脉络更加通畅。盛世长安等9大房地产工程加快实施，聚集了人气，提升了形象。配套建设保障性住房249套，解决了一批困难群众的住房问题。新环城特色林带、青兰高速出入口等一批景观节点建成启用，广安路、井堂街等主要街道亮化工程投入使用，城市品位进一步提升。新增造林面积1.2万亩，被评为省级园林县城，顺利通过了“省级环境优美城镇”创建验收，广安公园、文化广场分别被评为省三星级公园和省二星级公园。城市基础设施日益完善，综合承载能力明显提升，现代城市魅力初步显现。

五、做大规模做强特色，加快“三农”发展。大力推进以农田水利为重点的基础设施建设，总投资7.6亿元的太行山前土地整治项目落户肥乡，被列为全国小型农田水利重点县，农业综合生产能力大幅提升。粮食生产实现“八连增”，提前一年建成“吨粮县”，被评为全国玉米机械化生产示范县、河北省粮食生产“吨粮县”、邯郸市“吨粮市”建设先进县和夏粮生产先进县。圆葱、食用菌、瘦肉型猪三大特色产业规模不断扩大，新兴特色产业加速发展，被列为邯郸近郊蔬菜基地县，奶牛养殖、花卉种植邯郸市先进。农业产业化加速推进，市级以上农业产业化龙头企业数量居邯郸市前列，产业化经营率预计达到55%，比上年提高13个百分点。农民人均纯收入实现7686元，同比增长30%，居邯郸市第一位。坚持把新民居建设作为新农村建设的重要抓手，一手抓规范，一手抓推进，全县省市县新民居示范村达到31个，被评为2011年全省推进社会主义新农村建设先进县。并作为邯郸市唯一代表在全省农村工作会议上作了典型发言。

六、大力发展社会事业，保障和改善民生。切实解决好群众最关心、最直接、最现实的利益问题，真正把加快发展的成效体现在人民生活的改善中。全年民生投入达到9.56亿元，占财政总支出的71.6%，同比增长18.6%。突出抓好困难群体就业工作，城镇登记失业率控制在1.5%以内。社会保险覆盖面稳步扩大，保障能力进一步增强，被列为省新型农村和城镇居民社会养老保险试点县。在全国首创了农村互助养老模式，受到国家民政部充分肯定和社会各界高度关注。新华社、人民日报、央视等国家级主流媒体多次予以深度报道，安徽、江苏等10个省3600多人先后到肥乡观摩学习，全省推进农村养老“幸福工程”现场会在肥乡召开。截止到2011年底，全县已建成互助幸福院213家，让更多的农村老人实现了“老有所养、老有所乐”。加快发展教育事业，扎实推进校安工程和农村标准化学校建设，顺利通过了省普及高中教育督导、省示范幼儿园园评估验收，圆满化解了“普九”债务，高考二本以上上线人数增幅居邯郸市第一。高度重视科技创新，被评为“全国科技进步先进县”。大力发展卫生事业，医药卫生体制改革扎实推进，县医院综合门诊楼主体竣工，县妇幼保健所开工建设，医疗卫生设施条件进一步改善。实施文化惠民工程，建设启用了县图书馆和250家农家书屋，开展了激情广场、欢乐乡村等形式多样的群众性文化活动和主题教育活动，全省“走基层、转作风、改文风”短新闻写作大赛在肥乡县举行，并成功举办了全市首届农民趣味运动会。旧店乡被评为省民间文化艺术之乡。

邱　县

邱县位于河北省邯郸市东北部，面积455平方公里，耕地58万亩，辖4镇3乡1个街道办事处、218个行政村，人口24.5万。邱县交通便利，大广高速、106国道纵穿南北，邯临公路横贯东西。邱县历史悠久，文化底蕴深厚，破釜沉舟、虎守杏林的历史典故就发源于此，青蛙农民漫画闻名中外。邱县是革命老区，抗战时期宋任穷等老一辈革命家曾长期在这里战斗，陈赓将军指挥的香城固战役作为平原伏击战的典范载入军史。

近年来，邱县深入实施“开放兴县、工业强县、商贸活县、环境立县”四大战略，扎实推进新型工业化、新型城镇化和农业现代化“三化”互动，全力建设华北重要的纺织基地、板材基地、宜居绿城和创业新城，经济发展实力迈上新台阶。先后荣获全国优质棉基地县、全国绿化先进集体、中国民间文化艺术之乡、省级园林县城、河北省纺织服装名县等10余项国家级荣誉。2011年，地区生产总值完成53.5亿元，增长14.1%；全部财政收入完成1.66亿元，增长26.04%；全社会固定资产投资完成32.4亿元，增长44.56%；规模以上工业增加值完成14.4亿元，增长40.2%；社会消费品零售总额完成12.4亿元，增长16.5%；农民人均纯收入实现7038元，增长25.1%，顺利实现“十二五”开门红。

邱县农业资源丰富，常年植棉面积45万亩以上，年产籽棉14万吨以上，全国棉花百强县；林地面积20万亩、树木存量1000多万株，为纺织产业、林板产业发展奠定雄厚基础。林下肉鸭、肉鸡养殖蓬勃发展，万亩棉花标准化示范区、万亩通道绿化和万亩苗木花卉基地等特色农业初具规模。立足丰富的农产品资源，按照“依托优势建企业、围绕企业壮产业、产业链上谋项目、延伸链条搞增值”的思路，大力培树特色主导产业，初步形成了棉纺、林板、食品加工、化工医药、机械装备制造五大产业。县工业聚集区被确定为省级经济开发区，邱县被中国社科院确定为循环经济科研基地，为今后科学发展奠定了坚实基础。

全面加快新型城镇化进程，按照“东扩、南延、西联、北拓、中优”的发展思路，实现县城扩容升级。投资5000万元，完成振兴路标志性景观道路建设、新城东路改造、东方大街改造等工程。高标准实施振兴路、邯临公路等道路亮化，县城街道面貌焕然一新。完成平恩公园升级提档及夜景亮化等工程建设，提升了公园品位。总投资5亿元的城市广场和总投资4.5亿元的城市艺墅工程16栋楼房达到入住条件。探索推进环卫保洁市场化运作，更换县城垃圾转运设施，县城更加优美整洁，更加宜居。

魏　县

魏县位于河北省邯郸市东南，冀、豫两省交界处，总面积863.6平方公里，辖22个乡镇（街道办），561个行政村（居委会），总人口95万，是中国鸭梨之乡、“千年古县”、国家扶贫开发工作重点县。

2011年，全县生产总值完成110.02亿元，同比增长13.9%；一产增加值21.13亿元，同比增长9.8%；二产增加值35.14亿元，同比增长15.9%；三产增加值53.75

亿元，同比增长14.1%；单位生产总值能耗降低3.52%；民营经济增加值完成81.2亿元，同比增长15.11%；粮食总产量59万吨；棉花总产量2936吨；财政收入完成4.72亿元，同比增长43.6%，其中，地方一般预算收入完成3.00亿元，同比增长42.8%；全社会消费品零售总额完成47.60亿元，同比增长16.40%；全社会固定资产投资完成90.07亿元，同比增长38.5%；在岗职工年平均工资25417元，同比增长4.4%；农民人均纯收入达到5910元，同比增长25.9%；城镇居民人均可支配收入达到11852元，同比增长11.2%。

三年上水平开局良好。坚持城镇化带动战略不动摇，围绕建设梨乡水城·魏都、打造冀东南区域次中心城市的目标，明确提出了以“突出一个主题，实现两大目标，强化三个支撑，抓实六项重点，实施90项工程”为主要内容的城镇建设三年上水平“12369”总体工作思路，全年开工建设83项城建重点工程，实现了三年上水平的良好开局。积极创建国家级生态园林城市，大力推进河湖、街道立体化绿化，累计投入园林绿化资金1000多万元，新增绿化面积700多万平方米。先后对益民河、长安河、金龟湖、民有湖等河湖水系进行了扩挖，对全县河湖水系实施高标准的景观包装，打造了以玉泉河10公里文化长廊、魏都·黄河水景园等为代表的一大批水景观工程。强力推进桃花岛·水上人家文化生态园、魏祠博物馆、日晷文化公园等文化景观工程，取得了突破性进展；与全国城雕委合作完成了雕塑文化之城项目的规划编制；城市文化品位进一步彰显。推行城市精细化管理，城市基础设施更加完善、承载力显著增强、城市品位大幅提升。魏县先后荣获河北省卫生县城、中国梨乡水城、中国生态环境示范城市等荣誉称号，在全省园林城市创建（邯郸）现场会上作了典型发言。

开放水平不断提升。魏县经济开发区被省政府确定为省级经济开发区，新建开发区道路4条，为项目建设搭建了广阔的平台。成功举办了中国·魏县第十一届梨文化旅游节招商洽谈会、邯郸·魏县政银企合作项目推介会等招商活动，实际利用外资完成2290万美元，为项目企业解决贷款6.8亿元。全县共安排续建、新开工及谋划储备重点项目142个，总投资322亿元；其中，争列省重点项目7个，市重点项目10个。招商引资成果丰硕，全县共签约项目110个，总投资108亿元。工业经济运行平稳，成功申报省级名牌产品2项、省优质产品1项，全县入统工业总产值完成91亿元，实现利润7.2亿元，出口创汇完成1200万美元，同比分别增长15.9%、52.3%、14.4%。

“三农工作”成效显著。魏县始终把解决“三农”问题作为促进县域经济发展最基础的工作，大规模引调水1亿立方米，成功战胜了严重的冬春连旱，粮食连续八年实现增产丰收，总产达59万吨，增产10.6万吨，被市委、市政府授予全市2011年度夏粮生产突出贡献奖，被省政府授予全省夏粮生产先进县；全县58个省级新民居建设示范村累计建成新民居7680套、在建3060套、搬迁入住3960户，拆旧复耕土地面积1265亩，被评为全省新农村建设先进县；军留大型灌区续建配套工程、基本农田整理、中低产田改造等农业项目圆满完成了进度目标，魏县被国家水利部确定为全国3个地下水超采管理示范县之一；认真落实各项强农惠农政策，发放惠农补贴2亿多元；农业产业化进程进一步加快，成功申报“一村一品”专业乡镇5个、专业村129个。全年共输出劳务26万人，实现收入26亿元，被评为全省劳务输出工作先进县。

三产服务业全面拓展。围绕打造冀东南区域商贸物流中心、生态文化旅游中心，魏县先后建成了魏州汽配城、康达物流园区等大型物流园区，积极拓展天仙果菜等专业市场辐射范围，年交易额达100多亿元。成功举办魏县糖酒食品展销会等商贸活动，扎实推进家电下乡、摩托车下乡及家电以旧换新工作，累计兑现家电下乡补贴资金7819万元。全社会消费品零售总额达到47.6亿元，较2008年增长59%。成功举办了中国·魏县第十一届梨文化旅游节、“夜梨乡·梦水城，周末魏都游”活动，来魏县旅游观光游客达386万人次，带动相关行业经营收入达4.5亿元，实现旅游业收入6500万元。积极开展金融生态县创建工作，全县金融机构存、贷款余额分别达到61.8亿元、25.3亿元，较年初分别增长11.4亿元、4.3亿元。

民生工程圆满完成。魏县始终把保障和改善民生作为神圣职责，圆满完成了年初确定的十大“幸福工程”。新建、改扩建农村学校12所，高考二本以上上线率全市排位第一，化解“普九债务”1.1亿元；全县新农合参合率已达到99.9%以上，共为参合农民报销医疗费用1.3亿元；县妇幼保健院主体工程完工；完成了安聊线、老定魏线拓宽改造，大广高速连接线和漳河特大桥竣工通车，邯大高速开工建设；发放廉租住房补贴136万元，配建廉租住房700套，完成农村危房改造2516户；开发城镇就业岗位7885个，下岗失业人员实现再就业1938人，“4050”人员实现再就业1168人，城镇登记失业率控制在1%以内，各项保险按时足额发放；启动了第二水厂建设，建成了棘针寨供水站，增铺了11处供水站管网，解决了46个村5.48万人的饮水安全问题。全县首批35个重点村扶贫开发工作稳步启动，县社区康复中心大楼建成并投入使用，魏县荣获康复项目全国“组织管理奖”。

社会管理创新推进。魏县坚持把创新社会管理作为构建和谐魏县的重要抓手，认真落实信访“213”制度，积极做好新形势下的群众工作，高标准建设了县联合接访中心、乡镇群众工作站和村群众工作室、村警务室，为全县农村配备了治安管理员，构建了县乡村三级群众工作平台，魏县在全市创建“三无”县推进会上作了典型发言。强化社会治安综合治理，始终保持严打严管状态，完成了“天网覆盖工程”，刑事发案率同比下降15%，确保了社会持续稳定。深入推进以党的宗旨教育、革命传统教育和德孝教育为主要内容的全民教育，大力弘扬“勤劳勇敢、重信尚义、感恩包容、孝亲敬老、礼让贤达、履职尽责、开放进取”的新时期魏县人文精神，淳化了民风、社风，促进了和谐魏县建设。

白沟新城

2011年，白沟新城党工委、管委会以建设中国箱包之都、京南商贸名城、保东中心城市为目标，围绕改革创新、规范运作、跨越发展主线，精诚团结，明确目标，真抓实干，攻坚克难，经济与社会保持了平稳快速发展的良好势头。重点抓了以下八方面工作。

一、勇于探索，建立新型管理体制。①理顺体制机制。依据省市文件精神，结合白沟新城实际，结合班子成员的调整，及时细化工作职责、调整人员分工，逐步构建了职责清晰、逐级负责的工作推进机制，各部门加强与省、市相关部门对接、联系，积极争取县级管理权限，有序推动各项工作开展。市委、市政府制定印发了《关于加快白沟新城经济社会发展的意见》、《白沟新城建设区域性中心城市综合配套改革试点总体方案》，省委书记张庆黎做出专门批示，目前，已经省长办公会研究，现正在抓紧完善上报省政府批复。②加快体制改革。将白沟镇原有部门全部纳入“四局一办”管理体系，实行一体化、扁平化办公，办事效率明显提高。进一步强化招商局职能，规范理顺了管委会与白洋淀温泉城开发公司管理关系，同时，白沟新城一级金库已获上级批准。组建了白沟新城行政服务大厅，并于2011年1月按要求投入运行，14个部门66名工作人员，200余项审批项目全部入驻服务大厅。③完善机构职能。为更好的维护农村、市场的稳定繁荣，完善党工委、管委会的职能，专门组建了农村工作局、市场管理委员会。目前，两机构职责、职能明确，办公地点、工作人员明确。

二、规范机制，建立健全规章制度。①规范工作制度。结合新形势、新环境，以省市审计工作为契机，积极查摆问题，制定整改举措，制定完善了《保定白沟新城管委会经费包干实施办法》、《推进重点项目建设实施意见》等财政、财务制度、项目分包推进制度、上下班制度等20余项，加快工作的规范化、制度化、科学化。②规范办事程序。相继成立规委会、土地管委会、城市管委会等专门机构，严格规划、土地、城建执法，严厉打击违法占地，违法抢占宅基地行为。规委会定期对单体项目进行讨论研究，确保项目高质量建设，高水平投入。③规范土地市场。针对白沟新城土地矛盾集中的问题，制定出台一系列加强土地管理的文件，清理违规占用土地1000多亩，对项目占地实行招拍挂21块，总面积719.29亩。通过清理、整顿，违法占地、圈地事件得到明显制止。

三、提升品位，城市化进程加快。一手抓旧城整治，一手抓新城建设。①解决难点问题。深入开展城市环境综合整治工程，按照“绿、亮、净、美、畅”的标准，实行大力度整治、跨越式提升，对跨街牌匾、交通秩序、绿化亮化工作进行统筹安排，分阶段、分步骤改造实施。共拆除城区跨街牌匾、彩虹桥共计71个。实行无牌无照三轮车限行、禁行制度，畅通城市交通，预计3年内逐步取缔三轮车。构建大交通路网，大力度推进温白快速路（基本通车）、保津公路（白沟段）拓宽改造（二期完工）、京白路拓宽改造（前期手续完成）工程，积极争取保津高铁在白沟设一大站，争取北京至高碑店轻轨延伸至白沟。②提升街道形像。坚持高标准、严要求，相继完成了友谊路、京白路、富民路的景观设计，将打造白沟新城的样板街、迎宾大道。目前，京白路全路段安装LED灯，拆除广告牌匾94处，移装卷帘门510个，全天候冲洗主要街道，实行门前“三包”责任制，对京白路两侧建筑外立面进行了全面粉刷。③打造城市景观。大力推进城区绿化工作，整体规划街头公园、街头景观，积极组织义务植树活动。积极推进快速路两侧绿化工作，打造“绿色景观带”。快速路（雄县段）两侧绿化已植树10.5万株。同时，积极推动白沟河BT模式改造工程。预计总投资8亿元，对白沟河段9.5公里进行全面改造。目前，白沟河改造规划设计已三易其稿。预计白沟河改造、会展中心、城市道路管网等城建项目总投资规模将达到23亿元。

四、解决问题，干事创业氛围进一步浓厚。①不断强化活动载体。为更好的凝聚发展的合力，进一步优化发展环境，深入开展了为期一年的“建设白沟新城，我们怎么办”大讨论活动。12月6日，召开了“转变工作作风、优化发展环境”的千人大会，涉及全区各行各业，开展为期一个月的“优化环境”活动。通过活动的开展，全面增强了干部队伍的大局意识、发展意识、责任意识和服务意识。②妥善解决发展中的问题。随着重大项目进场，针对白沟原有历史问题，以“6.20”许场村问题的解决为契机，集中研究对农村以及失地农民补偿问题，研究失地农民长远生计问题。实行领导干部包村包片捆绑责任制，针对发展中的各类问题，明确专人负责，专题研究。处理化解了大量的历史矛盾，处理了农村小区建设等大量的棘手问题，不稳定因素得到有效解决，为以后快速发展打下了良好的基础。③切实凝聚各方力量。定期召开主任办公会研究处理日常工作，定期召开白沟新城干部、企业、商户等各方面代表座谈会，就如何加快白沟新城发展建言献策，如何加快保东中心城市的崛起进行研究讨论，进一步统一干部、群众以及社会各阶层思想，团结一致，积极有序推进各项工作的开展。

五、推进项目，经济社会发展基础夯实。在工作中，将项目建设做为推动经济社会发展的重要抓手，大力度推进项目建设。①对于在建项目，重点抓进度，实行项目领导分包制、联查制、联席会议制、领办代办制，确保项目早竣工、早投产。②对于谋划项目，侧重于科技含量高、产业关联度大的项目引进。提高门槛，严把园区准入关，严禁乱上乱摆小项目。积极争取更多项目列入省重点大盘子，积极争取用地指标。2011年争取土地指标3000.93亩，其中新增用地指标1971.93亩，补办土地手续1029亩。③对于储备项目，重点抓完善。抢抓国家政策、经济发展机遇，围绕着加工制造、商贸物流、旅游休闲、城市基础设施，围绕着转变经济发展方式，谋划一批立区的的大项目、好项目，进一步充实完善项目储备库。截至目前，完成项目储备99个。④对于大项目、好项目，重点抓推进。现在，重点抓的大项目：一是总投资180亿元，总建筑面积480万平方米，集商贸、会展、物流、旅游休闲等功能于一体的超义乌的华北城项目。二是总投资23亿元的芦乡国际项目。三是总投资200亿元的文化旅游城项目。目前，华北城的子项目各50万平米的国际箱包城、辅料城已进场施工，预计明天8月主体封顶。文化旅游城项目已与恒大集团签订战略协议。芦乡国际项目按工程计划推进。⑤项目建设整体上大规模推进。2010年共有省市重点项目29项，总投资212.5亿元。其中省重点项目18项，总投资143.56亿元；2011年共有省市重点项目26项，总投资219.9亿元。其中省重点项目16项，总投资149.02亿元；白沟新城的省市重点项目、城建项目以及华北城、文化旅游城项目总投资将达到600多亿元。

六、完善规划，区域发展思路明确。①编制、完善专项规划。在《白沟·白洋淀温泉城总体发展规划》的指导下，相继编制完成了城区绿地、土地、电力工程、燃气工程规划等专项规划。编制完成了《产业聚集区发展总体规划》、《旅游发展规划》等产业规划。高标准制作了白沟新城三维立体虚拟展示系统。②提升、调整总体规划。委托上海同济大学规划设计院等4所国内知名规划设计单位，围绕着大“白沟新城”理念，在原有规划基础上，打破行政壁垒，规划出“1+8”“1+2+2”，将周边县（市）乡镇纳入发展规划，编制提升白沟新城概念性规划、总体规划、控制性详细规划。

七、和谐稳定，经济社会快速发展。①切实维护社会稳定。白沟新城的发展，需要有良好的社会环境做保障。特别是在治安环境上，以高压态势抓好打黑除恶专项斗争，不断深化社会治安综合治理工作，加强重点人口管理，加强校园安全治安防范教育，积极推进技防设施建设。加大对白沟市场、商城管理，严防管理不到位而引发的其它问题，保持市场繁荣稳定。加强农村基层组织建设，消除矛盾隐患于一线，确保社会稳定不出问题。②主要经济指标快速增长。2011年，固定资产投资完成65.388亿元，同比增长44.9%，增速位列全市第3位；规模以上工业增加值完成16.649亿元，同比增长34.3%，增速全市位列第1位。社会消费品零售总额完成40.5亿元，同比增长18%，增速全市位列第2位。生产总值完成54.73亿元，同比增长15.6%，增速全市位列第1位；（统计口）财政收入完成2亿元，同比增长49.9%，增速全市位列第7位。各项主要经济指标在全市名列前茅，白沟新城已经成为全市乃至全省发展最快的区域之一。

中捷产业园区

2011年，中捷产业园区（前身中捷斯友谊农场）全区工农业总产值完成207亿元，实现GDP72亿元、固定资产投资40亿元、财政收入31.4亿元，同比2010年分别增长26.5%、20%、33.3%、29.4%。同比2006年分别增长8.6倍、11倍、26倍、8.3倍。中捷经济已位居全国农垦之首，省级开发区之冠，沧州县市区第三。

一、落实超大项目，奠定中捷发展基础。这个超大项目就是投资40亿元的中海油安全环保与清洁燃料升级项目。该项目的投产可使中海中捷石化炼量增加400万吨，企业收入增达200亿，财政收入增加50亿元，相当于250个中等规模企业的财政贡献量。

二、现代农业科技园动工，重塑中捷农垦示范新形象。该科技园，规划占地1000亩，投资2亿元，是现代有机农业、生态农业、设施农业的综合体。预计2014年全面建成，建成后为初具规模的盐碱地高效农业示范基地、区域富有特色的观光采摘与休闲养生基地。

三、中铁物流园区开始运营，优化中捷产业结构。由中国铁路物资总公司投资13亿元的中铁物流园区一期工程竣工，实现煤炭贸易25万吨。铁路工程、保税仓库、集装箱业务也在紧密跟进。中铁物流园的运营，优化了产业比例，提高了整体经济运行质量。

四、大力推进项目建设，增强发展后劲。在建项目47个，总投资103亿元，主要包括：投资40亿元的中海油安全环保与清洁燃料升级项目，投资20亿元的新启元蒽油加氢项目，投资13亿元的中铁物流干散货集散销售基地项目，投资1.2亿元的现代农业科技园区项目，投资5000万元的中捷尼特拉葡萄酒庄园项目等；拟建项目11个，总投资41亿元，主要包括：投资20亿元的建材物流园区项目、投资6亿元的奥兰国际现代奶牛养殖场项目、投资5.2亿元的叶氏玻璃二期项目、投资3.5亿元的中捷新医院改造项目、投资1亿元的昌海重工二期项目、投资1.5亿元的艺术中心项目等。

五、大学城拔地而起，中捷迎来教育大发展。河北农业大学、北京中医药大学的楼宇成群，2011年有2007名大学生入驻，2012年将招收近万名本科、专科大学生进“城”，中捷人的大学城梦想，在2011年圆梦成真。

六、五星级盛泰温泉度假酒店落成开业，中捷更加精彩和独具魅力。该酒店6个月时间承办各类会议和大型接待97次，共达2万人次。中国首届影视教育节成功在中捷举办，各界名人、艺术家，各级领导走进了中捷，关注了中捷，中捷释放了强大的开放信号。

七、世博欢乐园盛装开园，中捷斯友谊合作再结硕果。上海世博会捷克、斯洛伐克两个国家的世博会展馆，以整体、全貌形式迁建中捷产业园区（前身是中捷斯友谊农场），捷克共和国驻华大使利博尔？塞奇卡先生和斯洛伐克共和国驻华大使弗兰季谢克？德尔霍波尔切克先生分别在开馆仪式上致辞，充分打开了中捷走向世界的一个窗口。

八、建设2700套保障性住房，中捷居住条件大改变。中捷的新农垦建设是百姓的一场居住革命，理念是“广覆盖、保基本、惠低端”，1：1.4以上的高比例置换，让城区1200户的旧房主变成了新楼的主人；村队中的1500户危旧土房换为楼宇新厦。一年，中捷改变了1/4人口的居住条件。

九、25个村、队完成农业战略转型，中捷的二元经济结构正成为历史。2011年底，15个自然村，10个临城队实现了农业的战略转型，1.3万人享受了4100万元/年转型补贴。15个村改建了社区工作站，2500名老年人退休，2453人纳入了职工养老保险，农村转型家家受惠，人人受益，构建了一个共富的初级模式。

十、规划完成四个专业园区，极限拓展发展新空间。这四个专业园区是指盐场物流园、石化工业园、都市产业园、城南高新园。四个园区共计54平方公里。成立了四个园区的开发建设办公室，按照边规划设计、边基础设施投入、边招商引资的“三边”原则，全力推进、大张旗鼓招商，力争年引进项目投资不低于4亿元。

十一、基本完成民生工作“五个全覆盖”，构建领先全市的民生保障和社会事业。“五个全覆盖”即养老保障全覆盖、教育保障全覆盖、医疗保障全覆盖、生活保障全覆盖和住房保障全覆盖。

（一）养老保障全覆盖。2011年财政补贴2500万元，完成第四次养老保险1953人的补缴工作（连续四年共补缴7000人），至此，全区达龄退休比例占到99%以上。同时所有达到劳动年龄的人员，包括灵活就业人员和企业职工，享受1000－3000元的养老保险补贴，极大减轻了企业负担，并规范了企业用工，促进了中捷永续的养老保险全覆盖。

（二）教育保障全覆盖。在12年免费义务教育、大学生和特困生给予1000－3000元资助和救助的基础上，2011年，中捷投入3.7亿元进行校园硬件建设，同时以“师德”建设为抓手，轮流组织教师赴北京师范大学、清华大学及河北师范大学等知名高校参加高端培训，切实提高教师队伍的教学教研能力，全区中考、高考成绩和入学率连年攀升。

（三）医疗保障全覆盖。2011年，全区参保、参合率达到95%以上，涵盖职工、居民、学生、儿童等各类人群；善达基金兜底的“3＋1”医疗保障模式，让全区人民医疗报销比例达到了80%以上；财政采取全额补助方式，实现了全区性的药品零差价。

（四）生活保障全覆盖。2011年，中捷最后一个自然村实现转型，至此，全区所有农民、农队、下岗人员、残疾人都能领到每人每年2400－6000元的生活费。发生重大灾难的由善达基金给予救助，累计救助37人，支付基金45.9万元；全区人民直接货币收益年人均达到了1万元以上。

（五）住房保障全覆盖。2011年，完成建设保障性住房3000多套，城区和村队共安置安置2514户，全区四分之一的人口住上了楼房。该项工作还将继续深入，预计三年内，全部消灭城区平房及村队危旧陋房。

十二、推进以六德为内容的厚德中捷建设，全力构建和谐、稳定、文明的社会环境。越是快速发展越需要一种精神引领。自2011年6月，中捷开始了以官德、师德、警德、医德、商德、民德“六德”教育为内容的厚德中捷建设，厚德中捷触及了思想道德的核心处、社会问题的共同点，中捷的社会工作找到了方向。经过半年多的开展，已大见成效，全区和谐稳定，文明程度明显提升。

河北省国家级开发区、省级开发区、省级工业园区、省级工业聚集区选登

（排名不分先后）

曹妃甸新区

2011年，省八次党代会提出要“举全省之力打造曹妃甸新区和渤海新区两大增长极”。曹妃甸新区深入贯彻党的十七届六中全会和省、市党代会精神，以项目建设为重点，着力破解瓶颈制约，统筹推进社会建设，较好地完成了年初既定的各项目标任务。全年完成地区生产总值347.1亿元，固定资产投资599.2亿元，财政收入37.13亿元。其中，工业区完成地区生产总值195亿元，固定资产投资319.3亿元，财政收入16.04亿元。

一、规划体系进一步健全。坚持规划先行，先后编制完善了《曹妃甸新区总体规划》和“两区一县一城”等6项总体规划，曹妃甸新区水资源、能源、生态环境、综合交通、铁路与物流、人防、综合保税区市政等7项专项规划，《曹妃甸保税港区片区规划》、《生态城青龙湖区控制性详细规划》、《唐海县临港产业园西区控制性详细规划》、《南堡开发区东区控制性详细规划》等7项详细规划，规划体系不断完善。

二、产业项目建设持续推进。按照“续建项目抓投产、新开项目抓进度、签约项目抓落地、前期项目抓跑办”的总体要求，全力推进项目建设。全年共实施续建和新开工工业项目105项，总投资1220.5亿元，完成投资182.3亿元。（工业区实施续建和新开工工业项目51个，总投资988.5亿元，完成投资135亿元。）其中，中石化曹妃甸原油商业储备基地、阿科凌5万吨/日海水淡化、中恒科技太阳能电池、中视中科激光显示核心产业基地等21个项目相继建成投产或即将完工；浓海水综合利用、文丰进口木材加工、上汽电动汽车、三友集团差别化粘胶短纤维扩建等73个项目开工建设；油泥砂综合利用、特种玻璃、新型外墙保温防火建筑材料等93个项目签约落户；中石化1000万吨炼油、首钢京唐公司钢铁厂二期、华润二期2×100万千瓦机组等一批重大产业支撑项目前期工作取得积极进展。此外，积极推动产业科技创新，华电曹妃甸重工装备基地一期等7个项目申请获得国家、省、市各项专项资金支持；三网融合试验示范项目顺利实施，初步建立了工业区基础设施城建档案数据库系统；激光显示光源模组自动测试及老化一体化生产线等8个项目被列入国家、省、市重点支持项目。

三、港口建设加快推进。围绕建设现代化国际性综合

大港的目标，不断加快港口建设步伐，完善提升港口功能。2011年，曹妃甸港区完成港口吞吐量1.7亿吨，同比增长30.2%，位列全国沿海港口第12位（唐山港排名第8位）。全年共谋划实施港口及配套项目13个，计划总投资275亿元，完成投资86.5亿元。其中，矿石码头二期、通用码头三期、通用散杂货3个码头6个泊位投入运营，新增吞吐能力4610万吨；煤炭码头续建、煤炭码头二期、联想通用件杂货泊位建设加速推进；LNG、液体化工、集装箱等专业泊位项目稳步实施。同时，大力发展港口物流项目，综合物流项目一期、曹妃甸北方海上钢铁物流交易中心一期投入使用，鑫海物流中心、曹妃甸数字化煤炭储配基地正在加紧建设。

四、基础设施建设稳步推进。坚持“项目建设，配套先行”，不断加大道路、桥梁和市政配套工程建设力度，全区生产生活环境进一步改善。工业区完成造地面积6.4平方公里，新开工市政道路30公里，新增绿地面积629.1公顷；高新区和甸头区110千伏变电站及供电线路即将投入使用；建成集中供热主干管网42公里，供热面积达到56万平米；联检大楼、市政服务大厦等工程完工，综合服务区职工倒班宿舍三期工程进入验收阶段。唐海县城西快速路竣工通车，文化路南北延等道路工程全面动工，幸福花园、铂瑞公馆等住宅小区稳步推进，二保监测站搬迁、汽车站新建工程运作良好，城市数字化中心即将投入使用。南堡开发区16号路北延、9号路等道路建成通车，16号路、8号路等路段路灯及电缆安装工程完工；新苑小区外网改造工程、丽馨园小区供水配套工程、城区4个居民小区供水配套联网二期工程和三孚硅业等项目供配电线路完工。生态城新城大道和滦曹公路建成投入使用，3.3千米燃气管道、35KV变电站、普拉克污水处理厂等工程陆续完工；央企生活服务基地一期已入住，工职院新校区一期和青龙湖商业街主体完工，美和蓝湾、橙霞家园、可持续发展中心等项目基本完工。

五、对外开放水平逐步提高。进一步加大内外资引进力度，全年实际利用外资9750万美元，引进内资168.6亿元（工业区实际利用外资6120万美元，引进内资103亿元）。加快功能区开放步伐，中日曹妃甸生态工业园围绕新能源、新材料和节能环保等战略性新兴产业，全方位推进对日招商，双星复合管道、马自达自动变速箱等一批日资项目取得积极进展；唐山湾生态城加强与日本、瑞典的合作，中日生态社区建设和世博会瑞典馆搬迁工程顺利推进。综合保税区申报工作进入审批程序，国家级经济技术开发区申报工作稳步推进。

六、社会事业稳步发展。强化“以人为本”的理念，在搞好经济建设的同时，大力发展社会事业，人民群众幸福指数持续攀升。教育事业，生态城西南交通大学唐山学院规划编制完成；唐海撤并整合农场中学8所，二小、三中新建工程完工使用，高考二本上线率全市领先；南堡开发区“弟子规进课堂”系列活动全面开展，“一校一品牌，一生双爱好”工程深入实施。医疗卫生事业，工业区曹妃甸医院建设加快推进，并获得医院机构设置许可；唐海县“健康唐海、幸福人民”行动深入开展，县医院新院投入运营，场镇卫生院、村队卫生室规范化建设全面完成；南堡开发区农村乡镇卫生院医疗改革深入推进，药品零差价制度得到全面落实。社会保障工作，工业区社保覆盖面不断扩大，参保单位达97家，参保职工达4189人；唐海县城乡社保体系进一步完善，低保标准提高到每人每月363元，6570套廉租房、经适房等保障性住房开工建设，培训劳动力15000人次，实名制劳务输出8000余人；南堡开发区养老、医疗和救助体系建设积极推进，农村养老保险参保率达到90%以上，新型农村合作医疗和城镇居民医疗参保率达到100%。民政工作，成立曹妃甸四海公寓社区居民委员会，工业区职工落户难问题得到解决。此外，扎实开展各级领导干部接访、下访活动，狠抓隐患排查，各类社会矛盾得到有效化解；深入开展安全生产、环境保护和食品药品专项整治行动，继续深化“严打”整治斗争，社会大局保持和谐稳定。

七、党的建设得到新加强。坚持以学习型党组织创建为抓手，广泛开展干部培训活动，党员干部政治理论水平进一步提高。制定出台《关于加强和改进党的建设的指导意见》，进一步完善相关配套制度。党建工作责任制得到有效落实。以“创先争优”活动为载体，广泛开展庆祝建党90周年主题演讲、红歌大赛、党建知识竞赛、先进典型事迹巡回报告会等活动，党员干部理想信念更加坚定。建立健全基层党组织，推行党员积分管理制度，基本实现党建工作全覆盖。坚持以党建带工建、团建、妇建，成立新区团委、妇工委，深入开展“六比一创”劳动竞赛、青年文明号、巾帼建功等活动，群团组织建设迈上新台阶。集中开展了为期三个月的思想作风整顿活动，健全完善经济“110”、项目代办督办捆绑、电子监察等11项工作机制，干部作风进一步好转。深入推进专项资金、“小金库”治理和公车治理长效机制建设，不断加大对违纪行为的调查处理力度。广泛开展反腐倡廉宣传教育活动，加大对建设领域突出问题和工作作风的监督检查，严格执行干部人事等各项工作纪律，营造了推动科学发展的良好环境。

秦皇岛经济技术开发区

2011年，秦皇岛经济技术开发区认真贯彻落实科学发展观，以调整结构为主线，以重大项目为引擎，着力壮大经济总量，提升发展质量，不断改善民生，经济保持较快发展，各项事业全面进步，综合实力进一步增强，圆满完成了省、市下达的各项任务，荣膺“2011中国最佳投资环境开发区”称号，实现了“十二五”开局之年“开门红”。

一、经济发展水平明显提升。秦皇岛开发区在外需下降的不利条件下，积极壮大龙头企业，扶持中小企业，有力促进了经济增长。2011年完成地区生产总值208亿元（预计数）、规模以上工业主营业务收入615.3亿元、固定资产投资92.05亿元，同比分别增长15%、17.8%和16.4%；实际利用外资1.74亿美元、内资87.06亿元，

增长18.2%和15.7%。以上指标，均达到或超过了“十二五”规划的均衡进度。与此同时，全区经济效益不断提高。完成财政收入31.97亿元，增长26%，高于全市6个百分点；规模以上工业企业利润25.75亿元，增长21.2%，占全市的三分之二。企业规模和综合竞争力不断提升。全区产值超亿元企业达到58家，10亿元企业达到14家。天威保变公司单相特高压变压器一次性通过验收，成为2011年世界上电压最高、容量最大的变压器。哈电重装公司核电蒸汽发生器正式生产，标志着中国第三代核电技术取得重大突破。中信戴卡、五兴能源等4家企业入选“河北百强”。秦皇岛新兴产业园被批准为省级产业聚集区。全区发展实现了速度、质量、效益、节能同步提升。

二、重大项目引进实现突破。秦皇岛开发区坚持打造产值超百亿元项目，一批战略性项目落地，为后续发展增添了动力。中信戴卡成功并购德国KSM公司，总投资约合人民币23亿元，成为中国汽车零部件行业最大的海外并购项目，为公司转型升级，建设世界最大汽车铝制品零部件企业奠定了坚实基础。新瑞晶、京能热电、光宇汽车、玻璃设计院产业基地等20个亿元以上项目成功落地。海上飞机、单轨列车、博硕太阳能、安广昌太阳能空调等14个亿元以上项目，办理落户手续。项目建设扎实推进。全年实施千万元以上项目57项，总投资479亿元，完成年度投资71亿元。其中省重点10项，总投资256亿元。这些项目投资规模大，科技含量高，带动能力强。建成投产后，将成为带动全区发展的重要增长极。

三、结构调整步伐加快。新能源、节能环保、数据产业等战略性新兴产业快速发展，有力推动了全区经济向创新型、高端型转变。一是数据产业加速崛起。中国动漫产业基地、数据产业研究院、数据产业研发中心、工信部电子五所等重点项目已经正式落地。北京大学（秦皇岛）科技产业园2011年开工建设。秦皇岛开发区充分利用北京大学的优质科技、教育、医疗资源，建设国内高科技园区典范。全球首家IBM提供技术支持的秦皇岛物联网技术中心正式启动，有效提升了数据产业基地影响力，成为河北省五大物联网产业基地之一。二是自主创新能力不断提升。全年列入国家科技计划项目18项，省级16项。获得河北省自主创新重大成果两项。20个项目通过省科技成果鉴定。全区拥有高新技术企业37家，占全市总量的63%。预计高新技术产业工业总产值140亿元，利润12亿元，同比分别增长20%，占全区的27%和51%，充分体现了高增长、高效益的特点。三是加快淘汰落后产能。与中冶集团合作，投资8亿元，对NPB、欧登多、奥格型材等11家企业实施收购，逐步淘汰规模小、附加值低、技术落后的企业，发展高附加值服务业，产业结构进一步优化。

四、城市建设晋档升级。秦皇岛开发区以城镇建设三年上水平为契机，扎实推进大拆迁、大改造、大提升，城市综合承载力再上新台阶。一是规划体系不断健全。“十二五”规划纲要、新区总体规划、控制性详规编制完成，为未来发展指明了方向。二是产业配套能力不断增强。数谷大厦即将投入使用。天池路、西湖路、龙海道、黄海道等重点道路正在加紧建设。填海造地取得重要进展，已完成工程总量的三分之二，建成后可新增产业用地1500亩。铁路扩能改造全线竣工，年运输能力1000万吨，为临港装备制造业发展提供了有力支撑。三是环境建设精品纷呈。展园正式开园，被授予“河北省科普教育基地”称号。深河环境改造工程效果显现，成为市区西部的绿色长廊、生态长廊和水景长廊。秦皇西大街环境改造、北京道环境建设等21项工程顺利实施，有效提升了全区环境品位。四是征地拆迁扎实有效。千方百计克服困难，完成中信戴卡、光宇汽车、承秦高速等项目征地任务，确保了项目建设顺利推进。完成计新庄、郭庄、杨庄村拆迁21万平方米。与西场、北店等11个村、2800户签订拆迁协议，面积达到53万平方米。东区杭州道片区安置房完成返迁，南水井、郭庄片区基本完工，1700多户村民即将喜迁新居，居住条件将彻底改善，农村城市化进程持续加快。

五、机制创新取得实效。2011年，秦皇岛开发区着眼突破发展瓶颈，积极解决问题，破解难题，推动发展。一是破解融资难题，实现投资主体多元化。完成直属公司整合工作，组建国有资产公司，搭建新的融资平台。融资渠道不断拓宽：与京能集团合作，建设热电联产和工业地产项目；与中冶集团合作，推进征地拆迁和老区改造；与国开金融公司合作，推进新区开发和重大项目配套建设。二是破解用地难题，保障项目落地。紧紧抓住土地利用总体规划修编之机，将数据产业基地、栖云山周边地区纳入中心城区规划，解决了用地合法性的问题。全年争取建设用地指标1120亩，保障了中信戴卡、光宇汽车等项目阶段性建设需要。三是创新招商机制，实现招商突破。积极推进委托招商、以商招商和驻地招商，加强同国家部委、行业协会和跨国公司的联系，捕捉了大量有价值的项目信息。完善招商奖励办法，鼓励社会招商。配齐增强招商力量，形成了“一把手亲自抓、班子成员分工抓、职能部门具体抓”的强大招商合力。

六、民生得到切实改善。2011年，秦皇岛开发区把民生摆在更加重要的位置，加大投入，完善设施，优化服务，让群众得到了越来越多的实惠。一是制定出台“十二五”民生工程计划。五年投资62亿元，实施公共服务、文化建设、校舍建设、拆迁安置等七大类51项工程，民生事业发展驶入快车道。二是“包村”工作成效明显。投入资金46万元，解决实际问题120件，有效宣传了政策，锻炼了干部，维护了稳定。三是保障房建设取得重要进展。100套廉租房、853套限价房已经建成，3000套公租房正在建设，为全市完成保障房建设任务做出了重要贡献。四是社会保障更加完善。企业参保人数、征缴基金超额完成任务。新农合参合率达到97.4%，位居秦皇岛市第一。将失地超龄人员全部纳入养老保险范畴，在全市率先实现了城乡一体化、全覆盖。发放低保、特困补贴、优抚补助等480万元，城镇困难人口实现应保尽保。五是农民生活更加殷实。以“双创”为统领，扎实做好农村工作，促进农民增收。全年投入各类涉农补贴、奖励1.3亿元，失地农民年均纯收入超过万元，高于全市平均水平。

六是就业工作成效显著。瞄准企业需求，强化政策扶持，实施就业“一条龙”服务，全年新增城镇就业4056人，下岗再就业421人，农村劳动力627人。七是教育工作迈上新台阶。完成“十二五”教育发展规划编制。狠抓教育质量，全区中小学教育管理水平全面提升，燕大附中高考上线率创历史最好水平。大力实施校安工程，完成了一中、二中、燕大附中校舍安全加固任务。投资3100万元新建开发区第三小学并投入使用，区域办学条件不断改善。八是文化建设欣欣向荣。投入专项资金完善文体设施，组建开发区艺术团，为全区机关、企业、社区奉献了高水平的文艺节目。一年来，全区广泛开展全民阅读、彩色周末、社区联谊会、机关文体竞赛等活动50多场，参与群众10万人次，掀起了文化建设的新热潮。九是安全生产不断加强。严格落实“一岗双责”，加大隐患排查力度，开展专项整治活动，保证了企业正常生产秩序。十是医疗卫生事业持续发展。新医院建设加紧推进。第二社区卫生服务中心和妇幼保健站正在筹备。村级卫生室建设实现全覆盖。全力保障食品药品安全，未发生大的安全事故。各项社会事业全面进步，人民群众安居乐业。

保定高新技术产业开发区

一、概况。2011年，保定国家高新区技术产业开发区（以下简称“保定高新区”）实现工业总产值911亿元，同比增长16%；规模以上工业增加值133亿元，同比增长7.24%；出口创汇31.2亿美元，同比增长8.2%；财政收入25.8亿元，同比增长16.6%；实际利用外资7011万美元；完成固定资产投资100亿元，同比增长6.9%。

二、科技创新。保定高新区2011年初成功获批“新能源与智能电网装备创新型产业集群”。成为科技部首批41个创新型产业集群试点之一。科技部火炬中心通过了保定高新区建设国家级创新型特色园区规划方案，有望2012年正式批准。高端创新平台加快建设。风电、光电领域两个国家重点实验室均已启动，两个国家级检测鉴定中心进展迅速，风能检测中心获批国家能源局“风能仿真与检测认证技术重点实验室”，14万平米大学科技园一期建成使用，国家级公共技术服务平台和创新孵化体系全面升级。企业自主研发平台加速升级。华翼风电成为河北省首批中小企业技术创新公共服务示范机构，尤耐特公司获批省企业技术中心，英利集团联合华电、河大建立了“河北省光伏产业研究院”。强化激励营造创新氛围。出资183万元奖励2011年度创新型先进企业与纳税先进企业；持续加大新能源项目支持力度，对4个重点新能源产业项目给予可再生能源发展资金支持近亿元。积极争取国家创新基金支持。在成功获批国家科技部“集群创新项目”基础上，年内完成第二批36个项目申报评审工作，争取创新基金2630万元。高层次人才引进、管理和培养工作成绩斐然。积极组织企业申报“燕赵友谊奖”、“河北省百人计划”、“河北省三三三人才工程”等奖项，区内赛锡科技、英利集团多名专家入选；外专引智工作成绩突出，获评全市唯一“河北省引智示范基地”；博士后科研工作站建设步伐加快，英利集团、华仿科技两家企业获批建立博士后科研工作站。大力实施名牌战略。开展“质量兴区”活动，年内申报省名牌、省优质产品企业7家，启动申报“全国知名品牌创建示范区”工作。

三、园区建设。电谷新区规划不断深入。完成电谷新区供电线路现状普查、电谷二期村庄改造专项规划编制，配合市政府完成北部新城概念性总体规划编制，积极推进电谷新区城市设计、绿化景观等专项规划与全市北部新城总规紧密衔接。新区重大基础设施架构初具形态。电谷新区供热站工程和一二期热网工程按时竣工交付使用，确保了园区企业冬季用热；创新供水运营模式，与市供水总公司签署《高新区供水管网建设及经营管理协议》，独立运营的高新区供水公司正式成立；路网建设全面铺开。年内11条道路开工建设，总投资2亿元；按计划完成市重点朝阳大街北延雨污水工程，全力确保路面施工顺利进行；火炬路、风能大街竣工通车；华光路、旭阳路、向阳大街北延、北二环辅路等多条道路工程加快推进。2011年，高新区产业项目509项，省市重点建设项目35项（在25个县市区排名第一），总投资744亿元；省市重点项目完成固定资产投资61.6亿元，完成全年计划的115%。其中省市重点续建项目15项，总投资109亿元；计划新开工项目13项，开工在建项目8项；前期谋划项目7项。

四、招商引资。保定高新区2011年招商项目库重点储备跟踪项目60余项，总投资近900亿元，其中成熟待选址项目35项，总投资450亿元，招商工作实现数量、质量双突破。

电谷品牌辐射力充分显现。连续第五年成功举办中国电谷（香港）项目恳谈会，签约项目12个，总投资92.8亿元人民币，利用外资6.59亿美元；依托5.18廊坊国际经贸洽谈会、2011中国国际清洁能源博览会、中日绿色博览会、深圳高交会等知名展会展示电谷品牌，吸引了众多国内外投资者关注。国际交流合作持续深化。先后开展赴日韩、台湾等地小团组招商，与世界自然基金会在低碳发展方面展开深度合作，接待了丹佛斯公司、摩根大通代表团、阿拉伯21国使团等多个考察团，新能源领域国际交流合作不断深化。对接京津成效显著。充分挖掘京津地区丰富商机，吸引京津资本，2011年对接京津项目14项，实际引资18.93亿元人民币。招商政策服务不断完善。积极发挥《招商引资奖励办法》的激励引导作用，促进以商招商；坚持领办代办，建立完善了拟落地报批项目内部审批流程，优化审批环节，以高效优质的服务，推进项目落地建设。

五、特色产业。产业聚集程度高。保定·中国电谷已汇聚200余家新能源企业，形成了风电产业园、光伏产业园、储电产业园、节电产业园以及电力自动化产业园等产业聚集区。在光伏发电领域，已形成太阳能光伏产品研发、制造、应用完整产业链，并在光热发电、太阳能电站、太阳能建筑一体化技术领域取得突破。在风力发电领域，形成了从叶片、整机，到零部件、控制设备、原材料、风电设备维修维护等完整风电产业链。

龙头企业领舞。英利集团已成为国内唯一的拥有全产业链的太阳能光伏电池生产企业和世界领先的光伏产品制造企业。2011年光伏电池产量已达1200兆瓦，国际市场占有率10%，并成功赞助南非世界杯，成为第一家赞助世界杯的中国企业；天威薄膜光伏公司拥有全国最先进的薄膜光伏电池生产线，转化效率位居国内前三；大正太阳能公司拥有20多项LED专利，技术水平位居前列；维特瑞交通设施公司已成为国内最大的太阳能光伏交通设施生产商；荣毅集团研发的光电缆，为三网融合奠定了坚实基础。叶片生产龙头企业中航惠腾公司已发展成国内最大的风电叶片生产企业，目前已经成为中国规模第一、全球规模第二的风轮叶片专业化制造商。整机生产领域，国电联合动力的风电整机产能由2008年的100台，发展到2009年的800台，2010年、2011年均超过1000台，位居国内三甲。风电控制领域，中国风电控制系统领军企业——保定科诺伟业公司是目前国内唯一拥有风电控制和逆变系统技术的公司，2011年产能超过1000台，位居国内三强。智能电网产业集群初具规模。在“风”“光”快速发展的同时，中国电谷电力自动化、节电、储能设备产业在国内同行业中也保持领先地位。节电与电力自动化领域企业达到60余家；拥有以大电网稳定系统、大型电动机节能内馈调速技术为代表的多项重大自主创新技术。储能设备领域，形成以铅酸蓄电池为代表的传统电池和以新型锂电池为代表的绿色环保电池两大支柱产品序列，处于国内领先地位。其中宇能电气有限公司自主研发的自适应蓄电池智能充电技术，充电时间只有传统充电机的1/4。充电效率达到95%以上，高出传统产品30%以上。科技型企业快速发展。在龙头企业领舞的同时，一大批创新能力强、技术含量高、市场潜力大的科技型中小企业实现了快速成长，成为了中国电谷持续发展的新生力量。龙源电气生产的1.5MW双馈式风电变流器打破了国外厂商垄断；保定天创风电自主研发的兆瓦级定桨距风力发电机电控制系统填补了国家空白，首批产品已在风场应用；保定合力达电缆附件公司生产的新型电缆附件广泛应用于中国的高铁建设。此外，荣毅通信公司自主研发的的光电缆、天河电子公司自主研发的激光雷达项目、宇能电气公司推出的智能充电机等22项产品获得了国家科技部认证，企业快速成长。自主创新平台完善。成功获批“新能源与智能电网装备创新型产业集群”，成为科技部首批41个创新型产业集群试点之一；国家创新型特色园区方案已获得通过，启动建设；英利、国电国家级重点实验室正式启动，与中科院合作的国家级光伏检测中心、与鉴衡认证中心合作的太阳能与风能检测认证重点实验室主体完工；高层次人才引进成绩突出，获评全市唯一的“河北省引智示范基地”；企业自主研发平台加速升级，华翼风电成为省内首批中小企业技术创新公共服务示范机构之一。新兴产业蓬勃发展。文化创意战略新兴产业加速崛起：动漫产业园已有18家企业进驻，欣欣然文化公司制作的《熊猫宝宝》获第二批优秀国产动画片奖，中安捷动漫公司制作的《成长征途》，在拉美15个国家同步播出；新材料产业形成新亮点：总投资12亿元的乐凯新材料产业园一期竣工投产；商贸物流产业实现新突破：总投资4亿元的保定国际保税物流中心项目加快建设；投资10亿元的红星美凯龙（保定）家居广场项目签约，电谷中心商务区与北部新城国际化水平进一步提升。

六、投资环境。积极打造融资担保与风险投资平台。财政出资5000万元，成立电谷融资担保公司，重点扶植创新型项目；投资500万元入股保定科锐特创业投资公司，促进风险投资与高新技术企业相结合，有效解决了科技型中小企业融资难问题。为中小企业提供融资服务。推进农行与宇能公司签署战略合作协议，争取河北银行对高新区中小企业的重点支持，组织完成省金融办、河北证监局等部门对中小企业的考察和调研。积极申报代办股份转让试点。与西部证券、中信建投、国泰君安等多家具备“新三板”资格的证券公司建立了合作关系，推进代办股份转让试点申报工作。依托国家政策平台争取资金支持。充分发挥国际科技合作基地、国家科技兴贸创新基地、河北服务外包示范基地等国家、省级政策平台优势，争取专项扶植资金，年内推进企业申报国际科技合作项目6项、河北省获批中欧中小企业节能减排合作项目3项，全部被保定高新区获得、外贸公共服务平台项目2项，累计申请支持资金2000万元。积极落实金太阳工程补贴资金。在全国13个金太阳示范园区中始终保持建设进度领先，得到国家财政部等四部委高度评价。

廊坊经济技术开发区

2011年，廊坊开发区工委、管委按照“高端定位、创新发展、进位赶超”的总体要求，以科学发展为主题，以创先争优和服务效能提升年活动为载体，团结带领广大干部群众，扎实推进科学发展实力、产业发展层次、投资发展环境、城区建管质量、社会管理能力和党的建设工作提档次、上水平，较好地完成了各项重点工作任务，经济社会发展呈现出增长较快、产业趋优、民生改善、和谐稳定的良好局面，实现了“十二五”良好开局。

主要经济指标均完成或超额完成年度预期目标。全区完成地区生产总值234亿元，同比增长20%；财政收入46.1亿元，增长28.5%，超额完成1.2亿元，实现升级后三年翻一番目标；其中地方一般预算收入10.4亿元，增长41.6%；实际利用外资3.98亿美元，同比增长87.9%，超额完成1.68亿美元。2010年，在90家国家级开发区中，廊坊开发区综合评价排名第32位，比上年提高5位；其中在新升级的36家国家级开发区中综合评价排名第4位。

一、战略型新兴产业发展。面对发展空间瓶颈制约，坚持用网络空间换物理空间，委托北京电信规划设计院编制完成《云存储数据中心产业园发展规划》，聘请6位国内信息化专家（其中3位中国工程院院士）成立专家委员会，为产业园和项目建设提供咨询决策支撑。首个入园项目润泽国际信息港建设取得突破进展，投资6.3亿元、2栋共6.4万平方米的T4级数据中心机房即将竣工，2家金融机构和1家广电公司签订入驻协议，与IBM、惠普、施耐德、西门子等全球云计算顶级公司和总参56所等专业机构签订战略合作协议；总投资137亿元的中国联通华北（廊坊）基地项目正式落户，被列为“十二五”重点建设项目，省政府已批复调整廊坊市土地利用总体规划，为解决该项目建设用地指标创造了条件；总投资8.24亿元的光环新网绿色信息化产业园项目即将与润泽公司签订合作协议，总投资6亿元的申江万国数据中心总部基地项目已批准注册；专门保障园区能源供应的分布式能源电站实施主体已经确定，前期工作正在加紧进行，为打造世界一流、亚洲最大的国家级云存储数据中心产业示范园奠定基础。

1. 高端服务业发展势头良好。总投资200亿元的“梦廊坊”文化产业园项目奠基，已完成三次总体规划修改，465亩土地拆迁补偿已完成，大剧院工程具备开工条件；总投资150亿元的中国地质文化产业示范区项目列入国土资源部“十二五”规划，概念策划通过专家论证；总投资3.3亿元的世界500强英国太古集团冷链物流基地正式签约；总投资4.5亿元的唯度物流完成供地，即将开工；宝湾物流、艾力枫社国际会议中心即将完工；智汇投资、新泽投资、名士产权代理、亿元佳知识产权代理等现代服务业公司完成注册。

2. 区中园建设深入推进。“廊和坊”金融街30万平方米主体工程已完工，中行、建行、农行等区内金融机构和廊坊银行、河北银行、光大银行等区域性金融总部达成入驻意向。服务外包基地完成投资2.2亿元，北部片区已建成，南部片区总部大厦正在建设，累计注册外包企业21家，从业人员达到3700人，年内执行外包合同2000万元。出口加工区完成进出口总值2.52亿美元，同比增长25%，综合税收4790万元，同比增长15.1%；保税物流功能不断拓展，与62家企业建立业务关系，其中富士康部分业务从首都机场海关转入出口加工区办理。东方大学城控制性详细规划获市批准；莱佛士集团与北京中医药大学东方学院达成合作办学意向，东方职业技术学院被省教育厅确定为单独考试招生改革试点院校，北京城市学院被评为中国民办大学第一名，并获准开办研究生教育，北大方正软件学院被北京市教委批准为职业教育分级改革试点院校，廊坊市卫生学校升格为“廊坊卫生职业学院”；大学城城容城貌改善提升工程取得初步成效，服务车、电瓶车等历史遗留问题得到彻底解决。

3. 融资渠道实现拓展。注册资金5亿元的新奥财务公司获银监会批准设立，成为省内第一家非银行外资金融机构，为企业融资借款投资开辟了新领域；财政支持华为技术服务等公司扶持性资金近6亿元；举办四次银企对接活动并成功融资2.18亿元；开展股权出质登记和动产抵押登记的融资工作，为企业融资8.74亿元；通过委托银行向企业发放贷款2.2亿元，有效缓解企业融资难题。

4. 人才服务逐步完善。聘请四达公司等一流人力资源服务企业，为区内企业和工委、管委机关提供先进的人力资源管理服务，促进了企业和机关管理用工规范化；发挥人力资源市场载体作用，组织举办“金秋大型人才招聘会”、农村劳动力就业专场招聘会、高校毕业生专场洽谈会等人才招聘活动89场，共引进各类人才3158人，实现农村劳动力向非农产业转移1258人，农村劳动力就业难和企业招工难问题得到有效缓解。

二、项目建设。全年共新批准内、外资及增资项目48个，项目总投资289.6亿元人民币，同比增长41.5%。其中，新批外资项目7个，项目总投资1.36亿美元，同比增长3倍；内资项目34个，总投资269.5亿元，同比增长33.4%。世界最大预绝热管制造商丹麦朗格斯特、瑞典山特维克总部、日本群马电子零部件、荷兰英纳法汽车天窗、新奥太阳能发电系统、轨道交通检修基地、精雕二期数控机床等一批质量高、效益好的行业龙头项目相继落地，全年引进先进制造业和现代服务业项目达到80%以上，以传统制造业为主的产业结构逐步向以新兴产业为主的产业结构转型。

三、集约发展。坚持向存量要空间，实施“无土招商”，瞄准企业“潜力股”，扶持企业增资扩能。全年新批好丽友、同方川崎、瑞华石化等外商增资项目8个，新增投资总额1.82亿美元，同比增长38%；收回国有建设用地10宗，盘活清理闲置低效用地302亩；盘活闲置工业厂房6.2万平方米，共有28个制造业和服务业项目以租赁厂房形式落地注册，投资总额达到16亿元，土地集约利用水平进一步提升。

四、投资环境

1. 企业服务体系日趋健全。出台了《关于鼓励“廊和坊”金融街金融业创新发展的若干规定》，鼓励金融机构和金融高级人才落户；欧克化工完成上市辅导，阳雨钨业股权在天交所成功挂牌交易；落实国家相关政策，民营企业、个体工商户实现“零成本”注册；规范区内企业占道停车管理，企业周边的交通环境改善；争取中纺新元等8个项目扶持资金1600多万元；申请驰名商标1个，著名商标2个，知名商标2个，廊坊东信生物科技有限公司蛋白饲料获得河北省名牌产品，廊坊华日家具股份有限公司被评为“全国质量工作先进单位”，为廊坊市唯一获此殊荣企业；华日家具和新奥燃气被评为省级“双百优”单位，华创天元、荣盛建筑工程2家获批省级企业技术中心；强化税源监管，在全市范围率先实现纳税“同城通办”。

2. 政企沟通更加顺畅。编印了涉及区内53个单位644项服务事项，涵盖企业和公众所有服务内容的《廊坊开发区服务指南》，并在廊坊开发区行政审批服务网站上实现全部公开，方便了企业公众办事和咨询；编制了行政审批整体业务流程；电子监察系统全面启用，管委会15个直属部门的135项行政审批业务全部纳入电子监察范围；开发区门户网站实现改版，政务信息定期更新；畅通电子沟通平台，企业外贸进出口、水、电、热、燃气等问题得到有效解决。

3. 效能提升取得实效。以“深入实际、兴办实事，破解难题、优化环境”为主题，扎实开展“效能廊坊”建设和“服务效能提升年”活动。对零点调查中企业反映的各类投资环境问题，分解落实到有关职能部门和单位，逐一制定有效措施进行了整改，加强对各职能部门服务企业情况的监督，对机关干部工作纪律、统一着装、佩戴标识等作风建设进行明察暗访，强化政务督查和信息反馈，保障工委、管委各项重大决策部署的贯彻落实；以综合运用零点公司对各职能部门的服务满意度调查成果为导向，增强各职能部门优化服务、提高效能的主动性和创造性，企业和职工对全区投资环境和职能部门服务的满意度进一步提高。

4. 城区建设扎实推进。投资4.4亿元，完善道路、供热、供水、排水等基础设施，启动学校、医院、展览馆、农村拆改小区等功能设施建设。南营排渠景观改造部分工程已完工，面向市民开放；创业路贯通，桐西路、纬三道已竣工，第一、三小学和人才交流中心主体已封顶，第四、七小学和云鹏道社区服务中心已完成部分装修，开发区医院综合楼已开工建设；化辛、韩营及大官地小区等村庄改造回迁楼建设稳步推进，开工建设面积达到30.24万平方米；试行城管工作量化考核制度，深化市容环境分级管理，完善了“区、片、点”相结合的立体式巡查管理体系，市容环境、建筑工地和车辆超载超限管理整治工作取得较好效果，进一步规范了生活垃圾清运、处置工作，在城区范围内普及生活垃圾桶装收集；数字城管平台健康平稳运行，按期结案率同比提升45.6%。城区管理和城区面貌有了新提升，基础设施保障能力和公共服务设施均等化水平逐步提高。

五、节能减排环保。建设了在线监测数据接收平台，完成4项污染物减排工程。全年实现静态削减化学需氧量25.7吨、氨氮2.06吨、二氧化硫169.64吨、氮氧化物8.21吨，空气质量二级以上天数达到95%。集中式饮用水源地水质达标率达到100%；大官地小区等供水工程和水厂改造工程建设完工，污水厂二期及中水回用工程投入使用，2家企业获省环保补助专项资金400余万元，6家企业通过清洁生产审核验收，5家企业开展ISO14001环境管理体系认证，全区ISO14001环境管理体系顺利通过年度审核。

六、社会保障不断健全。年初确定的改善民生“十件实事”基本兑现：新型农村养老保险政策顺利实施，在全省率先将失地农民、拆迁居民和村干部等不同身份人员统一纳入新农保覆盖范围；全面落实各项惠民保障政策，提高了被征地农民安置补助标准，共发放失地农民生活保障金6750.9万元，农村养老补贴302.3万元，落实农机购置补贴、房屋帮建等补贴资金54.2万元；发放城镇职工医疗救助补贴、取暖补贴、贫困残障救助及优抚资金共计117.2万元；农村居民人均纯收入达到8741元，增长13.1%；启动城乡最低生活保障工作，完成低保人群摸底调查。建立农村新型合作医疗大病统筹基金，免费建立农村居民健康档案，新农合参合率达到95.9%；启动农村养老服务体系建设试点，建立了两个村街幸福院；依法推进社会保险扩面征缴，全年累计征缴基金4.8亿元。创新外来务工人员落户制度，开启华为等重点企业公积金业务绿色通道，通过发放贺卡方式满足职工查询公积金余额需求，全年住房公积金累计缴存6.07亿元，同比增长41%。

强化食品安全监管，集中开展“地沟油”、“瘦肉精”、食品添加剂等专项整治，全区食品安全事故保持了“零记录”；整顿关闭取缔企业5家，停产停业2家，限期整改9家，改造提升12家、改造投资近4亿元，全区生产加工企业取证率100%，抽检原料乳及乳制品473批次，合格率100%，食品生产环境得到净化，产品市场占有率稳步提高；妥善处理结核、手足口、腮腺炎等疫情，开展碘盐、水氟监测，有效防控了各类传染病的聚集性爆发以及碘缺乏病和地方性氟中毒现象的发生；组织校长、教师参加各类培训8次，举办图书进社区、电影下乡、读书进社区、消夏晚会等系列活动245场，完成了全区20个村的农家书屋工程建设，进一步丰富了人民群众的文体生活。人口和计划生育、民族宗教、武装、残疾等事业也取得新进展。

编制完成华为基地员工生活配套设施总体规划及开工前各项准备工作；协调市公交公司调整公交线路和站点设置，进一步扩大了公交覆盖范围，公交运营时间延长，车次增加，职工上下班和居民出行更加方便快捷；房地产市场规范有序发展，物业服务水平进一步提高，房产登记实行“立等可取”；积极解决低收入家庭住房困难，为115户家庭办理了廉租住房及经济适用房申请。

七、和谐开发区

1. 社会治安形势良好。深入开展“春雷行动”、“夏季严打”、“打两抢”及“清网行动”等专项行动，始终保持对各种违法犯罪活动的高压态势，最大限度挤压各类违法犯罪和邪教组织的存在空间，从重、从快、严厉打击各种违法犯罪，全力压降发案率，刑事案件和治安案件发案率同比分别下降了18%和5%，未发生影响较大的恶性刑事案件和重大治安灾害事故；加强对流动人口等重点人群的管理清查，加大对重点地区排查整治力度，组建突发事件应急处置队伍，应急处突能力进一步提高；强化“三位一体”调解体系建设，民事案件调撤率达到83%，调解的案件无反复、无申诉、无矛盾激化；全面实施立体防控工程，技防设施覆盖率达到91%以上。

2. 信访形势平稳可控。继续深入开展“大接访”活动，落实领导干部开门接访、领导干部包案、机关干部下访等工作制度，“两委”班子成员公开接待群众来访71次，开展领导干部约访19次，带案下访6次，群众利益诉求渠道进一步畅通；建立处理信访突出问题及群体性事件联席会议制度，强化信访专项治理，重点信访积案结案率达到100%，上级交办的7件重点信访问题限时办结率100%。坚持维稳情势“月排查”、“季分析”，信访隐患化解率达到92.3%，全年信访批次和人数同比分别下降35%和50.9%，未发生一起出丑滋事信访和非正常进京集体上访及赴省集体上访，保持了“零信访、零登记、零通报”。加大劳动关系源头管理力度，建立工资集体谈判制度，开展职能部门联合维权行动和为职工办实事、送温暖等活动，劳动争议案件同比下降44%，案件调解率同比提高21%，促进了劳动关系进一步和谐，廊坊开发区荣获“全国模范劳动关系和谐园区”称号。

3. 安全生产形势稳定好转。以“标准化建设基础年”为主线，以消除隐患、防范事故为总的落脚点，坚持“安全第一、预防为主、综合治理”的方针，强力推动隐患排查、安全生产责任体系建设等十项重点工作，开展农村非法违法服装作坊清理整顿等四次大规模隐患排查治理活动，开展建筑施工、人员密集场所及消防、危化等十次综合及专项整治活动，共检查各类企事业单位2737家(次)，消除各类问题和隐患4988处，全区未发生较大及以上生产安全事故。

燕郊高新技术产业开发区

2011年，燕郊高新区工委、管委，在市委、市政府的正确领导下，团结带领全区广大干部群众，抢抓成功升区的历史机遇，瞄准建设一流国家高新区和全省千亿元园区的目标，抓规划、强基础、上项目、保民生，狠抓活力机制、基层组织、干部队伍建设，在开拓创新中破解难题，在扎实苦干中推进发展，在科学统筹中促进和谐，各项工作成绩显著，“十二五”规划圆满开局，主要体现在：

1. 经济发展步伐稳健。全年完成国内生产总值242亿元；财政收入44.5亿元；完成固定资产投资175.4亿元，实际利用外资1.05亿美元，进出口总额16亿美元。规模以上工业企业实现总产值377亿元；实现工业增加值123亿元。全区经济实力继续壮大、企业活力显著增强、整体竞争力稳步提高，保持了又好又快的发展势头。

2. 项目建设突飞猛进。坚持把项目建设作为燕郊转型升级的总抓手，坚定不移抓好项目落地，全心全意做好项目服务，取得了丰硕成果。一是超大项目加速推进。在市委、市政府的有力推动下，把一批投资几十亿、上百亿的大项目作为经济建设和区域发展的重要引擎，于春节后启动重大项目进场集中作战，历时近两个月，顺利完成8个重大项目约1.5万亩的征地拆迁工作。之后，又成立了11个重大项目推进领导小组，定期调度，全程追踪，完成了所有项目的备案、环评及注册登记，其中8个项目已完成总体规划，正在进行修建性详规设计，首尔园、空港物流、汉能全球研发中心项目已开工建设，天洋未来城、安邦保险后援服务中心等项目将全面进场。二是项目建设成果显著。德国海拉车灯、韩国塔金属汽车配件、新宏昌汽车、乐天玛特、明和汽车部件等近40个项目建成投产，鑫乐汇购物广场、阳光硅峰、超星数字等42个项目开工建设。全区在建项目近百个，计划总投资500多亿元。三是项目储备后劲十足。新引进冶金地质总局超硬材料研发中心、灵图软件、胜记仓物流、爱普数据云计算中心等高端产业项目十几个，总投资达200多亿元，金融档案数据中心、冶金和核电测控系统等30余个高新技术和现代服务业项目正在积极推进。

3. 产业层次显著提升。一批高端项目的入区和建设，使得以新能源、新材料、电子信息、装备制造等为代表的高新技术产业集群加速壮大，经济贡献比例不断提高。环波软件、亚太电子等7家企业获得高新技术企业认定，创历年之最。新材料产业取得重大突破，“百亿投入，万人研发”的汉能全球研发中心项目开工建设，北京有研总院有色金属新材料及装备制造燕郊产业基地项目成功签约，冶金地质总局将投资建设国内最大的地质矿产资源及超硬材料研发中心，将使燕郊高新区成为国内最大的新材料研发生产基地之一。

4. 创新平台建设提质提速。与天津金镒泰股权投资基金共同成立的总投资1亿元的燕胜创业投资有限公司进入实质运作。三河燕郊新技术产业服务中心成功申报省中小企业公共技术转移平台。创业大厦引进了一批双软企业、动漫影视制作、硬件研发等高科技创业企业，累计入孵各类项目160余家，毕业25家。

5. 规划体系不断完善。完成北部科学城控制性详规初步成果和南部健康城空间发展规划；完成燕郊总部经济园、电子信息和新材料产业园、科技成果孵化产业园3个园区的发展规划，以及102国道、东外环路、西出口、学院路精品小吃街等重要道路和节点的规划设计；10个市政专项规划通过专家评审论证。

6. 基础承载力显著增强。启动实施了东外环路等12条道路的新建和改造工程，修补了150公里、270万平方米的道路路面；完成京榆旧路雨水管道、行宫西大街西口明渠和纳丹堡小学路泄水工程，完成6处给水接水工程和南北水厂11眼水源井的建设；对供热设施进行全面改造，新建改建热力站6座，积极筹备中南北3个热源厂的建设；完成第二南污水处理厂、北污水处理厂、垃圾中转站和垃圾焚烧场的选址工作。

7. 城市形象焕然一新。大力开展违章建筑、广告牌匾拆除和马路市场治理工作，积极推行24小时一条龙环卫作业模式，沿街门店乱泼乱倒、乱贴小广告、运输车辆洒漏等城市“顽症”得到有效治理。大力加强“摩的”治理，规范沿街车辆停放，增设各类交通设施，百姓出行更加快捷方便。完成燕郊植物园二期、潮白河大堤绿化、燕郊公园出口改造等园林绿化和10项道路的绿化工程，新增绿化面积10余万平方米。

8. 民生事业全面加强。就业帮扶成效显著，积极开展劳动力就业培训工作，举办综合招聘会19场，5.2万人实现就业。惠民政策有效落实，认真做好工程款保证金的收支工作，确保农民工工资按时如数发放，规范城镇居民医疗保险及养老保险参保工作，足额发放城镇低保户的最低生活保障金。社区建设日臻完善，出台了《楼门代表管理办法》和《关于在住宅小区成立业主委员会的实施方案》，积极有序推进“管理优秀、设施优越、服务优质、环境优美、治安优良”的五优新型现代化社区建设。社会事业全面进步，大力开展精神文明建设，促进教育、卫生、文化、体育等各项社会事业发展，举办了多项大型文艺演出和体育赛事，正式启动燕郊电视台《百姓生活》自办新闻栏目，丰富了群众业余文化生活。社会秩序和谐稳定。积极抓好安全生产宣传、教育、培训和管理，不断加大社会治安综合治理力度，营造了安定和谐的社会发展环境。

9. 国家高新区揭牌大会成功举办。在全区上下的共同努力下，于2011年3月28日成功举办燕郊高新区升区揭牌仪式暨建设推进大会，极大地振奋了全区干部群众的创业激情，显著提升了燕郊的品牌形象。

唐山高新技术产业开发区

2011年，唐山高新区完成地区生产总值90亿元，同比增长25%；完成营业总收入357亿元，同比增长27.2%；完成财政收入22亿元，同比增长78.4%，其中一般预算收入5.8亿元，同比增长59%；完成全社会固定资产投资31亿元，同比增长38%；完成实际利用外资5042万美元，同比增长102%；完成出口创汇2.13亿美元，同比增长25.1%。主要经济指标增速在25%以上，特别是财政收入、实际利用外资两项指标同比增速超过了70%，创历史最高水平。财政收入占GDP比重达到24.4%，超过全市平均水平10多个百分点，

一、对外开放。唐山高新区2011年实际利用外资首次突破5000万美元大关。全年共引进内外资项目53个，其中内资项目47个，外资项目6个（1000万美元以上外资项目3个）。特别是总投资6158万美元的唐山神钢二期项目的签约，巩固了唐山高新区作为全国规模最大焊接产业基地的地位；总投资2亿美元的英国考克兰清洁能源智能装备制造基地、总投资10亿元的百鸣生物医药基地两大项目的引进，有力地促进高新区高端装备制造和医药产业基地的集群发展。

二、项目建设。2011年，唐山高新区开工在建项目56个，总投资253亿元。其中，总投资11.1亿元的中冶京唐大型多向模锻装备制造基地、总投资1.5亿元的开诚矿用抢险探测机器人一期工程、总投资2.78亿元的国华高效洁净煤大型装备制造基地、总投资3亿元的唐山开元焊接机器人系统等一批投资规模大、产品附加值高、辐射带动能力强的立区支撑项目均已建成或投产；总投资9700万元的建华科研检测中心、总投资1亿元的开尔硬齿面减速器和生态氧发生器等多个具有自主知识产权、占据产业高端的项目先后开工建设。一批现代服务业项目纷纷落户，高科总部大厦和阳光SOHO已有中国人寿保险公司、中石油燃气集团公司、神华物流销售等近百家企业签约入驻，大润发超市、保利国际影城、怡家酒店等多家国内知名企业与唐山高新区博志龙庭广场项目达成入驻协议。

三、投资环境。在高标准编制唐山高新区概念性总体规划的基础上，组织编制街区层面及重点区域控制性详细规划、大庆道以北市政管线详细规划，实现规划设计的全覆盖。基础设施及配套功能进一步完善。开工建设龙富道（龙泽路—工农路）、学院北路（荣华道—大庆道）、华岩北路（庆南道—荣华道）、荣华道（华岩路—建设路）等多条道路，拓展城市骨架。同时，组织燃气、电力、热力、供水等配套设施建设，承载能力增强。体现现代特色的标志性区域建设初见成效。高度为118米的高科总部大厦已经建成，为现时唐山市第一座5A级写字楼。高度为99.9米的盛世花园酒店、高度为100米的大陆青年都会等城市综合体在建中。完成创新广场建设和李各庄市场及周边区域的拆迁，为唐山市环城水系公园及周边区域改造提升创造了条件。

四、主导产业发展。唐山高新区目前已形成焊接产业、汽车零部件产业、新型建材产业、生物医药产业、智能仪器仪表产业、节能环保产业6大特色产业，构成高新区高新技术产业的基本框架。焊接产业基地是国家级火炬计划特色产业基地，现有企业20家，以开元集团、小池酸素（唐山）有限公司、唐山神钢焊接材料有限公司、唐山鸿鹏焊业有限公司等为骨干企业，目前是国内规模最大、产业链条最为完备的焊接产业集群。汽车零部件产业以唐山爱信汽车零部件有限公司、唐山通力齿轮有限公司、关东精密机械（唐山）有限公司、唐山亚特专用汽车有限公司为龙头企业，产品覆盖汽车关键零部件、轻轨车辆、混凝土搅拌运输车等各个领域。其他四个特色产业分别以NGK唐山电瓷有限公司、太阳石（唐山）药业有限公司、唐山汇中威顿仪表有限公司、唐山环保机械工程公司为龙头企业。2011年，六大产业实现产值96.6亿元，利润8.6亿元，分别占全区工业总产值、利润的58.1%和60.1%，成为推动唐山高新区发展的主要力量。

五、战略性新兴产业发展。唐山高新区机器人产业基地2011年被科技部认定为国家火炬计划特色产业基地，是继唐山高新区被科技部认定为焊接产业基地之后第二个国家级特色产业基地；2011年7月，首台矿用井下机器人装置成功下线，标志着这项由唐山高新区唐山开诚电控设备集团有限公司自主研发、具有世界领先水平的核心产品进入产业化阶段，实现从“制造”向“创造”的跨越。唐山怡安生物工程有限公司研发的中国第一支具有自主知识产权的本土毒株动物灭活狂犬病水针疫苗，唐山开元自动焊接装备有限公司研制的250吨米焊接变位机、液化天然气船用缝焊机、热丝焊接系统，唐山天捷机械有限公司研制的系列热处理设备等高新技术产品再创5项“全国第一”。重点项目建设卓有成效。列入省高新技术领域重点项目的开诚矿用抢险探测机器人一期已完工投产；中冶京唐大型多向模锻件及重型装备自化产业基地项目、开元焊接机器人及自动焊装备、国华科技高效洁净煤大型装备制造基地等8个重点续建项目也陆续试产和投产；唐山建华工程质量检测公司检测中心项目、开元焊接自动化研究所项目等一批新开工项目在建中；开诚矿用抢险探测机器人二期项目、唐

山汇中威顿仪表有限公司的超声测流研发生产基地项目、唐山盾石电器有限责任公司的智能电气成套盘柜扩建项目等一批拟开工项目已落实项目用地，如期推进。

六、科技创新。唐山高新区创业中心 2011 年新增孵化面积 3000 平方米，新入驻企业 29 家，新入驻大学生创业企业 22 家，毕业企业 10 家；2011 年，唐山高新区有 21 个项目列入国家、省、市科技计划和创新基金项目，6 项科技成果获省市科技进步奖，获得授权专利 1 项，均位居唐山市各县区之首。

唐山高新区已累计认定高新技术企业 28 家，新培育 5 家企业积极准备申报材料进行评审。唐山高新区 2008 年认定的第一批 8 家高新技术企业，其余 2011 年全部通过复审。2011 年，唐山高新区大力推进各级研发机构认定工作，组织 4 家企业申报唐山市工技术研究程中心，组织 2 家企业申报唐山市民营特色研发机构，积极谋划盾石电气有限责任公司申报河北省工程技术研究中心，截至 2011 年底，唐山高新区已累计认定省级研发机构 11 家，市级研发机构 23 家。

沧州临港经济技术开发区

一、发展概况。2011 年，沧州临港经济技术开发区完成国民生产总值 115.07 亿元，同比增长 7.14%；完成工业总产值 454.48 亿元，同比增长 69.29%；固定资产投资 259.52 亿元，同比增长 13.93%；财政收入 37.01 亿元，同比增长 2.44%。

二、招商引资。2011 年，沧州临港经济技术开发区招商引资实现新突破，全年在谈项目 15 个，总投资 280 亿元。主要包括：中国化工集团投资 102 亿元的异氰酸脂一体化、沧州临港化工品交易市场有限公司投资 40 亿元的建设大厦及产品交易市场及仓储物流、浙江新和成集团投资 30 亿元的己内酰胺、浙江新凤鸣集团投资 35 亿元的 120 万吨/年的 PTA 等项目。12 月份 9 个大项目同时签约，总投资 820 多亿元，分别是：河北欧亚集团输气管道系列项目、化工交易市场项目、中盐长芦沧州盐化项目、黄骅信诺立兴项目、CM 国际集团（美国）项目、郑州天途项目、上海植信化工项目、大连瑞克科技项目等。

三、投资环境。硬环境：基础设施不断完善，项目承载力大幅提升。2011 年基础设施项目相继完工，主要包括：投资 1600 万元的经四路翻新改造工程；投资 1900 万元的经三路、经四路、纬二路的绿化和亮化工程；投资 3000 万元的圣捷污水处理厂改造工程；投资 100 万元的雨水泵站工程；投资 1250 万元的西区生态公园建设及绿化工程；投资 50 万元的纬二路雨水管网改造工程。

全面打造“绿廊花海”，建设绿色和谐开发区。省第八次党代会明确提出要将环渤海地区打造成我国北方沿海生态良好的宜居区。2011 年以来，沧州临港经济技术开发区按照重点突破，总体推进的工作思路，努力打好绿化攻坚战，重点打造“两园、六路、一基地”即：东区贝壳堤公园、西区生态公园（迎宾广场）和区内六条主要道路两侧绿化带及西区苗圃基地项目。目前开发区绿化面积已达 15 万平方米。今后，开发区绿化将主要围绕企业厂区内及厂区外的道路、空地两大部分展开，做到有路的地方就有绿化，总绿化面积将达 123 万平方米，企业绿化率达到 15%，公用用地绿化率达到 30%，真正使临港开发区达到绿化、净化、美化的目标，创造开发区良好的生产和生活环境。

软环境：挖掘服务潜力，使优质服务成为开发区招商引资的又一优势。一是实行统一归口管理（即封闭式管理），实行一企一策，特事特办，积极引导。二是牢固树立了“亲商、富商、安商”和“服务是第一竞争力”的观念，成立投产企业经济运行服务小组，着力为投产企业达产达标协调解决人才、融资、物流、技术、信息、市场等方面的问题，优化投资软环境。三是建立无收费区，实行全程代理，努力打造“特区”模式和政策“洼地”，实现服务的品牌效应。

四、项目建设。随着《河北省沿海发展规划》的批复，渤海新区“港、产、城”三大任务都已纳入了国家战略，沧州临港经济技术开发区把做大做强石化产业，推动产业结构优化升级做为工作重点。按照“三个一批”，即“投产一批、开工一批、谋划一批”的工作思路，抓紧调度、全力推进，招商引资和重点项目建设呈现出较好的局面。

开发区新开工项目 13 个，总投资 98 亿元。主要包括：河北正元化工的 60 万吨合成氨 80 万吨尿素、华润集团 2×30 万热电联产、金牛化工 40 万吨 PVC、亚诺化工医药中间体、大田包装容器有限公司 160 万只包装桶等项目。

拟开工项目 12 个，总投资 73.2 亿元。主要包括：东阳化肥化工有限公司投资 23 亿元的 40 万吨/年硫磺制酸 15 万吨/年氯醋共聚树脂项目、苏利集团控股公司投资 18 亿元的阻燃剂及母粒系列项目、大庆高新国际工贸有限公司投资 20 亿元的 60 万吨/年煅烧焦及碳素产品深加工等项目。

2011 年内竣工项目 14 个，总投资 25.3 亿元。主要包括沧州大化投资 19.7 亿的 10 万吨 TDI、沧州泛博精化有限公司投资 8800 万的 1000 吨/年高档酸性染料、河北碧隆饲料添加剂有限公司投资 5529 万元的 8 万吨/年氯化胆碱扩建等项目。

五、社会发展。以制度创新为保障，维护社会稳定，促进和谐发展。临港开发区推行领导班子“一线办公”制度。领导班子成员吃住在一线，并实施 24 小时值班，重点督导环保和安全生产工作，使环保和安全隐患在一线发现，办法在一线寻找，问题在一线解决。开发区安监局和环保局办公地点也前移至一线，执行 24 小时值班制度，确保开发区绿色安全发展。

为维护社会稳定，临港开发区每年分两次深入各企业调查民工工资发放情况，并由建设单位、施工单位、监理单位、民工代表 4 方签字，由开发区建设局监督执行；设置民工维权告示牌；按照相关文件要求，对发生过投诉的企业重点关注，情节严重的不允许开工建设和参加招投

标。切实做好环保安全工，加强各部门相互配合，做到“横向到边、纵向到底”的监管格局，杜绝发生各类环保安全事故；严格落实环保安全主体责任，做到责任到岗，责任到人，形成完备的责任体系，确保各项工作和措施落实到位；做好自查自纠、全面排查，加强24小时值班巡查力度，积极开展环保安全专项治理活动，确保生产装置有效运行。近年来，未发生一件重大群众上访问题，形成区域内民企和谐共存，共同发展的良好局面。

承德市高新技术产业开发区

2011年，承德市高新技术产业开发区完成地区生产总值76.39亿元，同比增长107%；工业总产值完成106.04亿元，同比增长33.15%；主营业务收入完成101.17亿元，同比增长23.11%；固定资产投资完成39.01亿元，同比增长34.42%；财政收入完成14.99亿元，同比增长33.6%；外贸出口创汇1500万美元；实际利用外资完成1144万美元。

对外开放。一是对外宣传推介工作力度进一步加大。全年共参加国家、省、市级专业招商活动10余次，接待来区考察客商30余批次。二是成功引进北京方恒置业股份有限公司参与闫营子地块土地一级开发，双方于10月8日正式签约。三是在“第十一届中国（承德）投资贸易投洽会”上，承德天普鸿宸温泉度假村、力海源工程塑料大模板生产基地和上板城工业聚集区白河南污水处理厂等3个项目正式签约。四是与天津大学签署了《战略合作框架协议》，设立了区校合作基金，首批9个项目实现对接。五是与中国航空建设有限公司签订合作协议，双方将以BOT方式建设上板城白河南污水处理厂项目。

项目建设。一是强化服务促进项目建设。承德高新区继续实行领导分包项目和领办责任制，积极帮助企业协调解决项目建设过程中遇到的实际困难，促进已开工项目早竣工，竣工项目早投产。二是大力组织实施全省“千项技改”工程。全年实施工业企业技改项目14项，完成投资4.7亿元。成功申报国家和省工业企业技术改造专项资金支撑项目5项，获支持资金452万元。苏垦银河连杆扩能、年产50万吨露露系列饮料扩能两个省重点项目正式启动。三是积极推进入区工业项目开工。东西营工业区绍淇全自动凹版印刷机械制造、正兴彩钢钢结构工程、荣森海姆输送系统制造等10个新建工业项目开工建设。四是认真谋划大项目。紧紧围绕核心区和上板城工业区产业发展规划，新谋划涉及食品医药、装备制造、新能源、新材料和现代服务业等产业千万元以上项目36个。

投资环境。一是东区RBD（休闲商务区）南北向主路已经完成，东西向2条主路完成70%工程量。二是101国道东西营段拓宽改造工程完成路基工程95%、桥涵工程100%、路面工程70%。三是东西营工业区路网工程完成了1条主路和3条支路建设，4号支路完成路基和砂砾垫层。四是上板城工业区主路路基已全线贯通。五是凤凰山大桥和滦河南岸沿河沿路亮化工程全部完工，滦阳路、滨河路、凤凰山东街、科技大厦、滨水公园绿化工程全部完工。六是中央湿地公园二期工程完成60%工程量。中央湿地公园第一组团作为承德市武烈河滨河带状公园的一部分被评为“省级五星级公园”，第二组团被评为“省级四星级公园”。

园区建设。曹妃甸承德临港工业园已完成了2平方公里起步区土地收储工作，完成土地清表2800亩；年内争取省建设用地指标180亩，累计争取用地指标430亩。启动基础设施建设工程，已完成道路路基工程4000米。路神专用汽车制造项目已完成厂区综合楼和综合车间打桩工程，目前已开始启动厂房地面以上建设；煤炭及矿石检验研发中心项目已完成厂区地基施工。

科技创新。一是组织实施科技研发和新产品开发项目24个，投入资金220万元，引导和带动企业科研投入2.4亿元。19个项目完成研发设计，17个项目完成新产品样机并进入中试阶段，9个项目完成新产品专家验收。二是积极组织和推荐科研项目申报省、市科研计划。颈复康药业集团的中药挥发性成分提取分离与制剂技术系统研究及工程化应用等17个科研项目被列入2011年省科技研究与发展计划，共引进科技资金1160万元。三是与国家科技成果网联合共建高新区科技信息网络服务平台，7月份正式开通，实现了区内企业共享国家科技成果资源，为区内企业推介科研成果、发布科技信息提供了有效渠道。四是国家科技企业孵化器顺利通过科技部火炬中心复核，“承德高新区科技孵化中心项目”争取到国家服务业发展引导资金230万元。

高新技术企业。一是指导和帮助区内5家企业开展高新技术企业认定工作。承德本特思达仪表有限公司和承德苏垦银河连杆有限公司通过高新技术企业认定，承德金建检测仪器公司顺利通过复审。二是深入开展专利提升行动。全区共有63家企业被列为省专利提升行动试点企业，7家企业被列为省自主知识产权优势培育企业。全年共申报专利58件，获得专利授权40件，其中，发明专利授权5件。三是积极组织申报驰名商标、名优产品。四海集团的“四海”商标被国家工商总局认定为中国驰名商标。颈复康胶囊、金属管浮子流量计等9个产品获得河北省名牌、优质和经济效益型产品称号。

农业农村发展。一是扎实开展农业农村工作。以林果、设施菜、畜禽养殖为主的农业产业化产值经营额达到1.05亿元，农业产业化经营率达到70%。特色主导产业提供农民人均纯收入达到1000元，增长11.52%。二是稳步推进林业工作。退耕还林工作通过国家验收；加强管理，依法治林，有效遏制了破坏森林资源违法犯罪行为的发生。三是认真做好水利工作。按照国家、省、市要求，第一次水利普查工作顺利推进；开展了天外水库、白河南水库安全隐患排查工作；投资260余万元组织实施了上板城镇漫子沟村、西大窑村、白河南村的人畜饮水工程，解决了3个村3600人的饮水安全问题。

民生和社会事业。一是加大财政投入力度。全年财政用于民生社会事业支出达8331万元，占一般预算支出的30.22%。二是积极改善辖区教学环境。投资200万元组织实施了上板城第二小学、卸甲营小学食堂及教室增建、上板城初中浴池、高新区一中理化生实验室改造等工程，为辖区小学配备一批电脑和教学用具。三是做好基层医疗卫生工作。扎实推进基层医药卫生体制综合改革，实施了药品零差价销售补贴制度，投入60万元采购了一批医疗设备，医疗卫生服务水平显著提升。四是积极推进社会保险工作。扎实推进新农合参合工作，参合率达到95%，着力推进城乡居民养老保险工作，建立了城乡居民养老保险中心。

唐山海港经济开发区

2011年，开发区党工委、管委会团结带领全区广大干部群众认真贯彻落实十七届五中全会、省委七届六次全会和市委八届七次全会精神，转变发展方式，优化投资环境，实施惠民工程，经济社会发展取得显著成效。全区生产总值完成130亿元，同比增长49.4%；财政收入完成28.5亿元，同比增长30.5%；规模以上企业工业增加值完成68亿元，同比增长33%；固定资产投资完成111.1亿元，同比增长35.4%；工业固定资产投资完成33.7亿元；单位GDP能耗下降3.93%，单位工业增加值能耗下降7.5%，开发区综合经济实力得到进一步提升。

一是港口建设运营再创佳绩。首钢矿石、原辅料及成品泊位工程和20万吨级航道竣工投入使用，进一步推进了港口深水化建设，提升了港口的承载能力，增强了京唐港区的辐射带动作用。国投翻车机房、多用途及工作船泊位等项目顺利开工，36#—40#煤炭转型泊位、26#—27#专业化集装箱泊位等项目的前期工作扎实推进，加快了港口功能调整步伐，推进了码头建设专业化。省内第一条国际集装箱航线京唐港——韩国釜山集装箱班轮航线正式开通，标志着全市乃至全省港口在开辟外贸集装箱班轮航线上实现了新突破。京唐港区全年实现吞吐量1.37亿吨，同比增长14%，创历史新高。唐山港集团实现再融资8.7亿元，资本规模进一步扩大。二是项目建设扎实推进。谋划实施总投资461亿元的50个重点项目，年度完成投资69亿元。20万吨/年粗苯加氢精制项目一期投入试产，20万吨/年焦炉煤气制甲醇和干熄焦一期项目、6万吨/年聚甲醛项目和15万吨/年已二酸项目开工，有力提升了煤化工特色产业基地的规模和档次。中材集团日产万吨水泥生产线主机设备制造项目建成投产、唐山东风重型冶金设备制造项目、博成钢材加工配送中心项目开工建设，加快了装备制造产业提层次、上水平的步伐。中储粮油脂油料仓储加工项目基本完成，长久汽车物流产业园（华北基地）、中钢钢铁仓储加工物流、唐山湾炼焦煤储配有限公司煤化工产业园物流配送中心等项目全面开工，体现了以粮食、汽车、钢铁和煤炭为特色的物流基地建设的良好起步态势。三是城区面貌明显提升。在文化中心和海韵广场投入使用的同时，投资近3亿元的湖林新河生态公园基本建成并对外开放，城区滨海小城特色更加明显。昌盛商贸中心、研发培训中心、物流信息服务中心、滨海立交桥等一批项目顺利推进，使开发区吸纳产业的能力不断增强。强化城市综合执法，强力推进环卫保洁和交通管理创新，集中治理超载超限车辆，加强环境治理，使城区精细化管理水平得到进一步提高。四是社会事业协调发展。以“十件惠民实事”工程为抓手，落实改善民生各项措施，提升人民群众生活需求满意度。加快推进教育工程，海港幼儿园扩建、海港第二中学、高中综合科技楼等工程进展顺利。以新海港医院为平台，深化与开滦集团合作办医，继续推行全民免费体检，医疗卫生事业迈出新步伐；以海港文化中心和海韵广场为依托，以第二届群众文化艺术节为载体，广泛开展“港城之星”歌手大赛、全民健身大赛等群众性文体活动，居民业余文化生活进一步丰富；加快体育馆、体育中心建设，完成第一社区服务中心改造并启动第二、第三社区服务中心建设，覆盖全区的文体服务网络体系初步形成。

衡水经济开发区

2011年，在省市各级各部门的正确领导和关心支持下，衡水经济开发区坚持以加快发展为主题，以招商引资和项目建设为主线，凝聚合力，拼搏创业，经济社会和党的建设各项事业取得了新的成绩。主要经济指标均超额完成计划任务，保持了持续健康发展的良好势头。全区实现地区生产总值35亿元，同比增长14%；固定资产投资24.78亿元，同比增长30.3%；财政收入11.49亿元，同比增长35%，比上年净增2.96亿元。

一、以项目建设为龙头，全力推进经济发展。一是突出重点区域抓招商。加快发展是省委省政府赋予开发区的首要使命。紧紧抓住大广高速通车和京津冀区域经济一体化纳入国家“十二五”规划的重大机遇，集中精力在促进南资北移和主动融入京津经济圈上开展招商引资活动。在促进南资北移方面，充分利用河北省香港贸易洽谈会、厦门贸易洽谈会以及衡水籍在外成功人士积累的人脉关系，加强与南方企业的沟通联系。在融入京津经济圈方面，充分利用京津地区中字号企业多、大中专院校科研院所多的优势，主动出击，宣传推介，想方设法吸引京津地区的产业、资金、技术和人才转移。衡水经济开发区始终把项目质量放在首位，严把项目质量关，更加注重项目的实际内涵，既注重企业的外部形象进度又注重企业装备水平和科技含量，坚持签约一个、建设一个、投产一个、见效一个，进区项目质量逐步提高。

全年共有14个投资亿元以上项目签约进区，项目总投资185亿元，继雨润、汇源等知名企业后，位列全球光伏企业三强的英利集团，投资52亿元建设英利光伏产业园，实现了重大项目引进的新突破，与此同时，投资15亿元的威克多服装产业园、投资12亿元的圣西朗大功率节能灯等也先后签约进区。

二是实行全员服务建项目。2011年，共有在建工业项目17个，完成投资14.5亿元，一批重点项目快速建设并投产达效。特别是英利光伏产业园项目，2月底签约进区，4月底开工建设，12月30日一期项目组件下线，实现了当年签约、当年开工、当年投产，创造了英利项目建设上新的“记录”。同时，衡水经济开发区不断加大省市重点项目申报跑办和项目储备力度，全年共有19个项目列入省市重点，新谋划亿元以上项目102个。

三是强化帮扶激励育企业。2011年，36家规模以上工业企业实现产值101.5亿元，同比增长33.6%；工业增加值29.1亿元，同比增长20.3%；利润9.32亿元，同比增长97.1%；上缴税金8.33亿元，同比增长34.1%。养元、老白干两家企业纳税超两亿。养元公司实现总产值24.6亿元、利润5.2亿元，同比分别增长132%、137%，纳税额从1.35亿元跃升至2.37亿元，净增1亿元，2012年还将投资5.8亿元建设新的饮料生产线，建成后年生产能力将实现翻番，相当于再造一个“养元”。葵花得菲尔、天鹰、通途等也发展成为纳税千万元企业。名牌战略成效明显，全国驰名商标达到3个，省著名商标达到18个，省名牌产品达到5个，驰名商标数量占到全市的半壁江山。

四是聚集主导产业促升级。结合衡水资源和产业特点，集中力量促进现代食品产业、战略性新兴产业、机械制造和纺织服装产业聚集升级，打造“四轮驱动”的发展格局。其中，现代食品产业中雨润、汇源、养元、老白干、中棉等企业已建成投产，中粮、唐人神等项目正在建设，2011年实现产值45.52亿元、纳税5.28亿元，分别占全区总量的45%和46%。战略性新兴产业先后引进了英利、圣西朗、葵花得菲尔、汉盛、航科等企业，项目总投资超过120亿元，正在成为开发区的支柱企业和先导企业。

二、以城建为保障，全面完善硬件环境。加大基础设施配套和公共服务设施投入和建设力度，促进城乡一体化发展，快速提升开发区承载力、吸引力和竞争力，着力打造发展硬环境和新优势。

一是大力开展配套设施建设。全年投入资金1.35亿元，高规格、高标准、大力度推进基础设施功能配套，完成了北区4条道路新建和9000米排水管道、4000米给水管道、1.7万米燃气管道铺设以及8000米高压线路迁移、9700米通讯线路架设，并积极推进电厂向北区供热工程、污水处理厂工程等重点配套工程。目前，北区道路全长达到36公里，已初步形成“五纵七横”路网框架和水、电、汽、讯、污水处理等基本配套，消防、安全、环保等全部达标。与此同时，衡水经济开发区还努力完善北区公共配套功能，市商业银行开发区支行已正式营业，商贸、学校、医疗等公共服务设施正加紧推进。

二是全力推进城市化进程。深入实施西区4村城中村改造，大力开展拆迁扫尾和回迁楼建设，全年完成拆迁面积1万平方米，新开工建设回迁楼17栋，杜团马村、东团马村即将开始回迁，往日破旧低矮、脏乱无序的城中村已成为历史，取而代之的是高楼林立、环境优美的新城区。按照“异地安置、集中建设、梯次推进”的思路，积极稳妥的推进新民居一期工程，23栋安置楼已完成主体施工，正进行内外装修。

三是努力抓好园林城市创建。按照北区“林荫型”和西区“游园型”建设发展理念，绿化“十二路”、提升“五线”，大幅度增加西区城区绿量及北区沿路绿量。加大北区新建成道路绿化力度，种植乔木1万株，花灌木6000株，新增绿化面积11.1万平米，实现了新区路网、绿网同步延伸，并完成了重要路段的绿化景观配套。西区全面实施绿化覆盖，完成了5条道路、20多处街道拐角的绿化提升改造以及西外环林带建设。同时大力开展容貌提升综合治理，违章占道、乱贴墙体广告、违章牌匾等现象得到了根本治理，市容市貌明显改善。

三、以民生为根本，让群众得到更多实惠。2011年，区财政累计投入资金1300万元用于涉农补贴、城乡低保、弱势群体救助和医疗卫生事业，新农合参合率达到99%，建立居民健康档案2.17万份，免费为1580名65周岁以上老人进行了健康体检。社保覆盖范围逐步扩大，近1800位60周岁以上的农村老人按月领到了养老金，城镇居民医疗保险参保人数覆盖面达到3348人，企业基本养老保险覆盖面达到4048人，失业保险覆盖面达到1813人，全部超额完成市下达的任务目标。保障性安居工程启动实施，1800套公租房开工建设。教育事业稳步发展，办学条件不断改善。积极化解工伤待遇支付、工资拖欠和劳动关系纠纷，将矛盾化解在源头和基层，确保了劳动关系和谐。各级基层组织全力为民谋福利，为群众办了一大批实事好事。同时，还开展了多种形式的法制宣传教育活动，不断提升基层群众的法制意识；不断加强政府信息公开工作，努力建设法治政府；深入开展社会治安综合治理，严厉打击各类刑事犯罪活动，全区保持了平安稳定的社会环境；工商、城管等部门开展了经常性的专项治理活动，维护了良好的经济运行秩序。

霸州经济开发区

2011年，霸州经济开发区完成生产总值93.2亿元，同比增长17.8%；财政收入9.54亿元，同比增长34.5%；实际利用内资85.4亿元，同比增长13.6%；实际利用外资633万美元；工业增加值66.8亿元，同比增长12.6%；出口额15033万美元，同比增长9.7%；固定资产投资95.6亿元，同比增长36.2%。

一、项目建设。2011年霸州开发区运作亿元以上项目36个，其中续建项目16个，新开工项目4个，计划开工项目12个，前期谋划项目4个。其中投资60亿元的吉利霸州产业基地项目于2011年11月20日正式动工建设，该项目以“汽车文化拉动经济发展”为主要特征，集休闲、旅游、度假、教育、赛车为一体，标志着河北省内首家以“汽车文化”为主要特征，集群式的产业基地落户霸州开发区。此外，达利集团北方产业基地、新能源叉车、LED产业园、北方汽车配件等一批大项目、高新项目的全面启动建设，为全区产业结构调整和升级奠定了坚实基础。

二、战略性新兴产业发展。霸州国际温泉公园得到快速推进，文化旅游产业发展迅速。截至2011年，霸州国际温泉公园已有中国会馆区、中华戏曲大观园、玫瑰温泉庄园等25家各具特色的温泉旅游项目签约和入住。投资150亿元的国际老年健康城已破土动工，项目建成后将成为拉动开发区温泉旅游产业及区域建设升级的重要引擎。中国冠军园、国际会馆，台商会馆，浙商会馆，沃尔玛购物中心，欧洲城等多个项目也已快速推进和建设。

三、社区创建。2011年，为进一步加强社区管理，霸州开发区区积极开展了“三创建”活动，即深入开展“党建示范社区”、“党建特色社区”和“红家园”创建活动，使区内三个社区的管理日臻规范，社区环境和社区文化建设得到明显改善和提高。2011年开发区社区成功举办了建党90周年文艺晚会，组织、承办了多次具有影响力的书法、绘画及体育赛事活动，提升了区内居民文化生活的内容和档次，丰富和满足了居民日益提高的文化需求。本着社区建设管理与群众工作相结合的原则，2011年开发区先后成立了群众工作领导小组，建立的区级群众工作站，通过把群众工作与“富民惠民、改善民生”相结合，围绕群众关心的住房、教育、就业等问题实施了多项民心工程，得到了群众好评，维护了社会稳定。2011年，中央宣传部部长刘云山，原省委书记张云川、省委副书记付志方等领导先后到霸州开发区朝阳社区进行参观检查，对该区社区管理和群众工作取得的成绩给予了充分肯定。

四、社会保障。民生福祉不断改善。2011年霸州开发区新增非公有制养老保险人数210人；完成城镇居民医疗保险续保290人；新型农民养老保险参保人数达到3136人，征缴养老保险金25.77万元，适龄人员参保率达到93%；失地农民养老保险人数增加到192名，使该区在养老、医疗、工伤、失业等社会保险工作上都取得了重大进展，圆满完成了全年各项任务。劳动力就业率稳步提升。2011年2月，开发区联合霸州市众成人力资源管理咨询有限公司共同举办了“霸州市春节大型人才交流洽谈会”，涉及参展企业达到85家，达成就业意向1000余人，使区内一大批大中专毕业生和失地农民走上就业岗位。2011年开发区共发布招聘信息300余份，发掘新增500多个需求岗位。涉及机械、化工、电工、电子、酒店服务等14个专业，推荐就业310人，就业成功率达96%。

开发区工委、管委负责人

工委书记：吴全通

工委副书记、管委会副主任：徐丙召

总公司总经理：牛志远

工委副书记：杜文海

副主任：刘国路

副主任：吴维民

副主任：刘强

开发区管委会办公室电话：0316－7213093

传真：0316－7214227

无极经济开发区

河北无极经济开发区始建于2005年，2011年7月被纳入省级开发区管理序列，分为北区、南区和西区，总规划面积15.216平方公里，辖22个村，人口50076人，耕地面积58497亩。其中，北区（城北工业园区）规划用地面积10.174平方公里，南区（皮革工业园区）规划用地面积2.245平方公里，西区（北苏工业园区）规划用地面积2.797平方公里。截止2011年底，开发区共人驻企业131家，外商投资总额累计1.1亿美元。2011年，开发区固定资产投资完成7.58亿元，实现税收2.5亿元。

区位优势明显。地处环京津、环渤海经济圈，处于河北省最具活力的经济发展地带，距石家庄市正定新区仅4公里，融入了省会半小时经济圈。

交通方便快捷。北距首都北京275公里，东距天津港300公里，西距石家庄国际机场、京港澳高速35公里，南距石黄高速14公里，正港、定魏、无繁三条省道穿区而过。

基础设施完善。建有污水处理厂3座，日处理污水能力达到了11万吨；配备110KV变电站1座、35KV变电站3座；道路、给水、排水、供汽、供热、通讯等设施完备，实现了“九通一平”。

规划布局科学，开发区按照“规划超前、布局合理、功能完善、特色突出”的原则，紧紧依托皮革、化工、装备制造三大特色优势产业，科学规划了三大产业功能区，通过优化产业布局，延伸产业链条，把开发区打造成国内一流的皮革、化工和装备制造产业基地。

产业基础雄厚。皮革业，主要集中在经济开发区南区，是无极县的支柱产业，现有规模以上皮革企业80家，从业人员10万余人，形成了以沙发革、鞋面革、汽车座套革、箱包革等为主的产业集群，年加工能力3.2亿平方尺，全国市场占有率达5.19%，已成为全国重要的成品革生产基地。化工业，主要集中在开发区北区和西区，是无极县的基础优势产业，现拥有中冀正元公司、和合化工化肥有限公司等30余家规模以上化工企业，主要产品有硫酸、硝基苯、苯胺、环己胺、糠醛、糠醇等30余种化工产品，形成了关联度高、带动性强的循环化工体系。其中，中冀正元公司环己胺的生产技术处于国内领先地位，生产规模在华北地区位居前列。装备制造业主要集中在经济开发区北区，以河北力钧长恒专用汽车制造有限公司、石家庄金太行重工机械有限公司等为龙头，现有规模以上企业7家。主要产品有汽车厢体、通讯电力塔架、农业机械、建筑机械等，是无极县的新兴产业之一。

行唐经济开发区

行唐经济开发区成立于2010年7月，于2011年7月被河北省政府正式纳入省级开发区（园区）管理序列。总规划面积15.22平方公里，辖9个社区，1.7万人口，分南区和北区，南区位于行唐县城西南2.5公里处，毗邻京昆高速行唐南口，北区位于行唐县中部，京昆高速行唐口以北2公里处。

行唐经济开发区紧紧围绕“突出项目立县，推进转型突破，实现实力跃升，建设和谐行唐”总目标，以项目促发展，组建专业招商队伍，制定优惠政策，创新服务方式，简化工作流程，打造项目入区“绿色通道”。围绕新材料、新型建材、农产品深加工三大主导产业，着力引进关联度高、链条长、产品附加值高的大型优势企业。

行唐经济开发区基础设施建设完备。园区累计投资5.8亿元，修建了玉晶路、光明路、新合街、玉晶中路、科技大街等8000米长主干路；完成了陕京二线天然气管道铺设；架设了双回路电力专线；园区污水处理厂、天然气门站、CNG标准加气站、园区供水厂、110KV变电站正在建设；园区新民居工程“乐居社区”规划面积138.53公顷，人口规模3.3万人，近期等待周转用地审批后建设。

在新型建材产业方面，行唐经济开发区内有石家庄玉晶玻璃公司、行唐县玉龙镜业公司、石家庄盈进玻璃公司等企业。石家庄玉晶玻璃有限公司目前拥有4条浮法玻璃生产线，即将启动汽车玻璃和离线Low－E玻璃等4条玻璃深加工生产线，行唐县玉龙镜业公司以玉晶玻璃公司产品为原料，生产各种高档眼镜片和水银镜，产品畅销国内外。目前开发区内新型建材产业已经在全省具有一定知名度和影响力。

在新材料产业方面，行唐经济开发区内有石家庄鹏锋化纤有限公司、河北迈尔斯通有限公司、河北木源泵业有限公司、石家庄长宏阀门有限公司、石家庄恒熙新材料有限公司等企业。石家庄鹏锋化纤公司主要生产涤纶短纤维，公司实力雄厚，原料来源广泛，产品供不应求。

在农产品深加工产业方面，行唐经济开发区内有河北食品添加剂公司、石家庄明旺乳业公司、万国红酒业公司等企业。河北食品添加剂公司建有年产1600吨天然色素生产线，正在全力打造成绿色食品行业的龙头企业。

2012年上半年，行唐经济开发区生产总值实现59亿元，规模以上企业工业总产值49亿元，完成固定资产投资14.9亿元，财政收入1.3亿元，规模以上企业主营业务收入48.7亿元，实现税收1.2亿元，贸易进出口1483万美元，成为全县经济发展最重要增长极。

隆尧经济开发区

2011年，河北隆尧经济开发区按照全县“两业、两区、两城”的总体思路，坚持“以城带业、以业兴城、一业主导、多元发展”的原则，强力抓招商，全力搞服务，园区各项工作进展迅猛。全年共实施重点在建项目38个，总投资68.11亿元，年度投资计划25.27亿元，累计完成投资26.14亿元，上缴税金2.07亿元，工业总产值达到116.08亿元，实际利用外资2030万美元，累计出口总额3100万美元，园区经济社会保持良好的发展势头。

一、大力推进项目建设工作。2011年全区共实施38个重点在建项目，总投资68.11亿元，实际完成投资26.14亿元，续建项目17个，新建项目21个。新签约项目19个，总投资58.54亿元。其中，三厦铸铁、化大化工机械设备、珈奥环氧氯丙烷、非碳酸饮料生产线、今麦郎公司方便面升级改造、申乾公司塑料防盗瓶盖、万容公司塑料包装制品、今麦郎奶茶、今麦郎挂面、锦宜公司医用塑料包装膜、宏达公司玉米胚芽综合利用、万鸿公司塑料包装膜等12个项目已投产；新协和维生素、滏澧纺织精梳纱、萌黛尔服装、德尚高档陶瓷、德宝硅业等10个项目正在进行设备调试，有望近期投产，峰泰蒽油加工、德昌复合材料、鼎新商务中心等16个项目已顺利开工建设。华北国际灯具灯饰城、铭恒数控设备基地、华北大明汽车汽配国际贸易中心等近期新签约项目已选址，正在办理前期手续。

二、全力推进招商引资工作。隆尧经济经济开发区根据自身产业定位，配合全县“百日招商”活动和“小团组”招商活动，通过以商招商、产业招商、亲情招商等多种方式，组织招商小团队，先后30多批次分赴广东、湖北、浙江、江苏、安徽、山东、京津唐等地，组织召开招商引资推介会，宣传推介隆尧经济开发区。全年共接待外来客商40多个批次，接待来访客商200多人，挖掘招商线索300多条。年底，组织召开了“隆尧县招商引资恳谈会暨项目签约仪式”，邀请全国各地60多家企业与会，有5个投资超亿元的项目在会上签约。通过大力招商引资，项目入园势头强劲，总投资30亿元的华北国际灯具灯饰城、总投资15亿元的铭恒数控设备基地、总投资10亿元的华北大明汽车汽配国际贸易中心等14个投资亿元以上、科技含量较高的项目已先后签约入驻园区。另外太原涂层化工科技、香港电子产品、北京新中航轴承加工、广东电动玩具、江苏金红叶生活用纸、京华公司方便食品、天津长冈机电设备等30多个亿元以上的招商谋划项目正在积极联系洽谈中。

三、强力优化服务环境工作。紧紧围绕园区规划，以“规划急需、项目摆放、拉大框架、完善功能”为原则，以“争创优秀省级经济开发区，建设精美、靓丽的现代化小城市”为目标，全力推进隆尧经济开发区的基础设施规划建设和城市管理工作。

（一）强力推动基础设施建设，提升园区硬件水平

1. 道路工程。2011年以来，装备制造园共投资5817万元，实施了北区纬二路、纬三路、纬四路、柏人街三横一纵路网，近期竣工，已形成了五纵七横的路网框架。食品制造园共投资3800万元，实施了莲白路道路改造工程、经七路北延工程、纬三路工程、纬四路工程，全长5413

米，近期竣工。目前，隆尧经济开发区硬化、绿化、亮化、美化工程有序进行，污水处理厂和垃圾填埋场均已投入运行，园区实现了“八通一平”，载体优势得到了进一步提升。

2. 供热工程。装备制造园总投资1亿元，实施了西气东输天然气入园工程。食品制造园投资650万元，实施了天唯热力管道东延工程，总长1900米，目前该工程已完成管道土建基础和主管道安装，已经竣工并投入使用。

3. 中小企业创业园。已完成7#、8#两座标准厂房间的院落硬化，完成了5#、6#厂房路边石铺设，整体绿化工作已经完成。为节省企业用水及物业管理开支，对中小企业创业园所用水泵进行了更换。同时为配合中小企业园的项目尽快入驻，加快与中小企业园相配套的生活、办公等服务设施的建设，积极进行相关配套工作。启动与创业园配套的8座职工宿舍楼建设。加强创业园物业管理，制定了《中小企业创业园物业管理规定》，对创业园内的车辆出入、院落卫生，绿化等一应事务进行规范管理。

目前，隆尧经济开发区硬化、绿化、亮化、美化工程有序进行，污水处理厂和垃圾填埋场均已投入运行，园区实现了“八通一平”，载体优势得到了进一步提升。

（二）争跑园区机构编制，建设服务工作新机制。经向上级申请，多次跑市进省，隆尧经济开发区的机构编制已经省、市编制部门批准，正式设立隆尧经济开发区管委会，设党工委书记兼管委会主任1名（副处级）、副主任兼副书记1名（正科级）、副主任2名（正科级）、内设5个部门副科级领导职数5名。开发区管委会的设立，为进一步提升工作水平，搞好各项服务奠定了基础。目前，开发区管委会已规范了入园项目土地、建设等相关手续办理工作，建立了园区工作新体制，结合有关职能部门，制定了从工商注册、土地预审、规划建设、环境影响评价、安全评价等一系列前置手续的办理流程服务手册及规章制度，充分保证各项前期工作有章可循。另一方面实行行政服务“首问责任制”，要求全体工作人员主动增强大局意识、服务意识，切实提高办事效率和服务水平，在工作中兑现服务承诺，并搞好项目后续服务工作，竭力营造开发区亲商、安商、富商发展环境。

河间工业聚集区

2011年5月，河间工业聚集区经河北省政府批准为省级工业聚集区。以此为契机，聚集区突出发展主题，全方位、大力度推进工业聚集区快速健康发展，经济社会亮点纷呈，各项工作阔步前进：

一、产业竞争力进一步提升。以“跨越式”发展为目标，聚集区不断提高区内产业聚集度，截止年底共吸纳93家企业入区发展，工业产值完成1390亿元、同比增长44.42%，主营业务收入完成137.3亿元、同比增长41.95%，贸易进出口额完成3.2亿元，电线电缆、汽车配件、通讯器材等主导产业发展实力显现，其中光远电力实业有限公司、金锐石化有限公司、同创线缆有限公司等继续健康发展，龙头主力支撑作用明显。尤为突出的是高新技术企业发展迅猛，2011年完成主营业务收入44.2亿元、为全区主营业务收入的32.24%。同时，聚集区还不断加强企业品牌培育，成功培育出了中国驰名商标——国欣，省名牌产品——亚龙、腾源、会友、康洁、双羊、天尊、金桥、宝丰、康利、新华、百吉等。

二、扩大开放取得新成效。2011年，认真贯彻落实省市有关省级工业聚集区的规定，全力做好招商基础性工作，报请市政府批准了《关于工业聚集区建设的规定》，进一步完善了政策体系、加强政策引导。其次，坚持“走出去、请进来”，以小团组招商、亲情招商、以商招商等形式为基础，主动出击，先后多次到北京、天津、南京、哈尔滨等地进行项目洽谈；同时，强势推介聚集区品牌，积极参加廊坊经贸洽谈会、沧州“国际塑料工业展览会”等，推广聚集区、宣传聚集区，不断提升聚集区的知名度和美誉度，增强项目吸引力。全年，共引进项目25个、总规模103.2亿元，其中投资过5亿元的内资项目6个，到位省外资金3.44亿元；外资项目2个、总规模9500万美元、年内到位外资2100美元。

三、项目建设进展顺利。继续实行领导干部联系项目制度，深入开展“帮促”活动，加快项目的开工、建设，2011年建设项目21个，其中广科汽车紧固件、华捷铠装光缆、泰通线缆、亨达密封材料、大圆节能材料、美格橡塑保温、利丰橡塑等亿元项目全面启动，全年固定资产投资完成22.9亿元，年内有大圆、美格、利丰等5个项目竣工投产，可新增年产值10亿元、利税3亿元。

四、发展环境不断优化。加强项目“全程式”服务，做好审批报建、在建项目、后期运营等三个服务环节，积极争取发改、住建、国土、环保等部门的支持，为入区项目落实相关优惠政策，加快项目审批报建，促进办事效率提高，企业满意度明显提升；采取多种方式，全力推进腾龙换鸟，下大力度收回了康德鑫项目140亩闲置地块，启动项目有进有退机制，盘活土地存量，不仅成功解决了闲置土地问题，还借此机会成功引进了宝泽龙预应力钢材生产线项目，为经济发展提供助力。

五、基础建设强力推进。继续坚持“高强度投入、高标准建设、高规格配套”，全面夯实聚集区发展的平台基础，截止2011年底，聚集区累计完成基础设施建设投资逾3亿元、建成区面积达到3平方公里、实现“九通一平”，其中当年完成投资1亿元、新增建成区面积0.7平方公里，完成区内城垣东路、曙光东路、建设大街、齐会大街、胜利东路、诗经东路等逾20公里道路及附属的水、电、讯等设施建设，搭建起了“两纵四横”的路网结构，实现与主城区的联通，促进聚集区与主城区在人力等社会资源上的共享，初步实现了无缝对接。

六、体制机制逐步完善。一是托管工作平稳交接。2011年3月，按照市委市政府要求，聚集区组织人员到位，开始对周边的的北章西、桃园、南冬、前北冬、后北冬、北冬店六个村实行行政托管，负责管理除教育外的党务、行政、经济及社会治安等事务，现运行机制已经建立，托管工作顺利进行；二是内设机构不断完善，根据聚集区实际，争取市有关部门支持，聚集区管委会调整了内设科室，下设党政办公室、经济发展部、建设规划部、招商部、农村工作部等“一室四部”五个部门，进一步理顺了工作职能，促进聚集区工作顺畅进行。

七、社会服务管理稳步推进。把加强社会服务管理作为聚集区经济发展的重要保障，一是坚持改善民生的出发点和落脚点，突出抓好托管村服务，落实各种富民、惠民政策，全年加强村基础设施建设、扩大新农保覆盖面，使更多农户享受农村低保、危房改造优惠。二是强化社会管理，健全了综治、维稳、信访工作，对安全生产等重点问题实行包干化解责任制和安全事故责任追究制；成立治安巡逻队，加强区内巡防，开展平安创建活动，全区全年没出现一起群体性上访事件、没出现一起特大恶性案件，保证了社会大局稳定。

石家庄聚和港物流园

石家庄聚和港物流园（石家庄物流配送中心）是《国家公路运输枢纽总体规划》的七大物流园区之一，是石家庄市交通运输局和桥东区政府战略合作的重点项目。

园区的战略定位是以物流园区基础设施和公共信息服务、物流金融服务三大平台为重点，发挥组织、整合、提升三大功能，实现社会需求、物流企业、物流园区之间跨地域、远程实时信息互动和资源优化配置，打造全球首个物联网综合物流服务平台。

企业发展立足点是，充分利用国家振兴物流产业的政策机遇；发挥石家庄位于京津冀都市圈和环渤海经济区枢纽，华北、华东、东北和西北四大经济区交汇之地，是《国家公路运输枢纽布局规划》的重要区域性综合交通枢纽的区位优势；抢抓区域经济总量快速增长，产业结构逐步优化，居民生活水平不断提高，物流业发展空间巨大的发展机遇；针对目前物流园区规模小，布局散，经营理念和管理手段落后，信息化水平差，滞后于社会物流发展需求的现状，通过物联网技术和物流园区基础设施的有效衔接，资源跨地域统筹利用，强化组织功能，整合社会资源，提升服务质量，实现规模化、集约化、信息化、专业化发展，打造交通运输行业综合型物流园区试点和示范效应先行标杆项目。

园区市场定位是整合物流平台运营商。在发挥传统公路运输主枢纽的基础上，为物流企业提供发展平台，为社会提供高效便捷的综合物流服务，构筑集商流、物流、车流、人流、信息流、资金流及物联网为一体的综合物流园区，实现物流综合服务与组织管理功能和经济开发功能。功能主要包括运输组织、物流交易、仓储配送、装卸搬运、车辆集散、分拣包装及流通加工、信息服务、远程调配、金融服务和后勤保障等。项目二期设立甩挂作业区、集装箱作业区、冷藏仓库和外贸保税区，具备冷链运输、集装箱运输、甩挂运输和保税功能。主营业务包括停车、装卸、中转、仓储保管、配载、多式联运、商品集散、信息交易、市内配送、城市快递、货运出租、包装加工、货运代理、电子汇兑、财务结算、代收代付、物流咨询、物流总体方案设计以及商业贸易、商务会展、电子商务、餐饮住宿、娱乐购物、车辆检修等增值服务。

园区运营思路是市场主导、整合资源、统筹规划、分期实施、突出重点、全面提升。以基础设施为依托，信息服务为纽带，创新物流金融服务理念，充分利用物联网等先进技术，有效整合货源、车源、资金、人力和设施设备等社会资源，在时间差、空间差等方面进行有效对接、合理调配、优势互补，构建全面、开放的物流服务网络，实现信息互动、资源共享、远程监控、统筹利用，合理选择运输工具和运输路线，降低车辆空驶和设施闲置率，克服迂回、交叉和重复运输，加快商品流通和资金周转，增强集散和辐射能力，提高物流效率和资源利用率，提升服务质量，实现信息技术与基础设施平台、信息互动与实物流通、经营理念创新与服务质量提升的完美融合，促进服务方式和经济发展方式的转变，为物流企业提供发展空间，为社会提供多样化、专业化、安全快捷的综合物流服务。

园区建设的公共信息服务平台、综合物流服务平台与物流金融服务平台，要达到先行行业标杆的水平，技术规范标准要求很高。为此，公司广泛吸纳行业信息平台开发的技术方案亮点，与多个相关行业共同反复进行调研、筛选、论证，与多家金融机构协商洽谈，探索发展空间，研究经营模式，开发思路和运营模式，深化应用。

石家庄市聚和港物流园项目是2009年在石家庄国际投资贸易洽谈会上成功签约，并于2010年9月开工。2011年经过层层选拔答辩入选交通运输部首批（八个）国家试点物流园区之一，是河北省政府重点建设项目。园区位于石太高速和京广铁路交汇处，东临107国道，距石太高速西古城出口300米，西邻京广高铁和京广铁路，南联北二环，北接北外环，周边路网发达，交通便利，处于著名的石家庄南三条市场群、新华集贸市场群、正定小商品市场群的核心位置，一公里半径涵盖了华北鞋城、灯具城、北方汽配等数十家大型市场。园区总规划2000亩，总建筑面积100万平方米，总投资24.3亿。其中一期占地155.6亩，建筑11万平方米，投资5.3亿；二期占地450亩，投资6.4亿；其余为三期，总体计划于2016年完工。园区建成后，可提供30万平米的仓储能力，入驻约1500家物流运营商，日车流量10000辆，整合社会车辆50万辆，年吞吐量1780万吨，提供约5000个就业岗位。

园区项目建设过程中，受到了社会各界的广泛关注和政府的大力支持，先后被中共石家庄市桥东区委、石家庄市桥东区人民政府、石家庄市交通运输局授予桥东区2010、2011年度项目建设突出贡献企业、2010、2011年度交通重点项目建设先进单位。

唐山（丰润）·中国动车城

唐山（丰润）·中国动车城是丰润区委、区政府抓住唐车公司快速扩能和国家振兴装备制造业的机遇，在省、市领导的高度关注和大力支持下，依托唐车公司特别是新一代高速动车组项目，在原有省级装备制造业产业聚集区的基础上，谋划建设的以轨道交通设备产业为特色和主体的综合性产业聚集区项目。2010年11月9日，经河北省机构编制委员会批准组建中共唐山（丰润）·中国动车城工作委员会和唐山（丰润）·中国动车城管理委员会，按副县级架构设置。动车城党工委、管委会分别为丰润区委、区政府的派出机构，根据区委、区政府的授权对辖区党的建设和经济工作行使管理、协调、服务职能。

总的构想是：以唐车公司为龙头，以丰润原有省级装备制造业聚集区为平台，以高速动车组研发制造为特色，以先进装备制造业为引领，打造相关产业配套和科技研发、人才培训、生活服务为一体的现代化综合性产业聚集区。动车城总体规划面积39.11平方公里，新投入建设7.2平方公里。

动车城自2009年启动建设以来，得到了上级领导的高度重视。国家科技部将动车城批准为国家高速动车组高新技术产业化基地；省政府将动车城确定为设区市周边省级重点工业聚集区，确定为省级经济开发区和省“十二五”期间规划建设的“千亿元”产业园区，批准为河北省中小企业创业辅导基地和新型工业化产业示范基地。截至2011年底，园区共拥有工业企业133家。2011年，园区完成主营业务收入330亿元、财政收入8.6亿元、固定资产投资32.4亿元。

项目建设取得突破性进展。动车城项目启动以来，先后引进工业项目38个，总投资109.9亿元；目前，已有投资6.5亿元的唐山唐车威奥轨道交通设备有限公司、投资8.3亿元的河北鑫铭制管有限公司等14个项目竣工投产。

规划和基础设施建设逐步完善。聘请国内高水平规划设计单位，先后完成了动车城总体规划、产业发展规划、市政专项规划、配套区控制性详细规划和国家高速动车组高新技术产业化基地发展规划，形成了内容详尽、涵盖全面、相对超前的规划体系。投资近2亿元启动建设了总长8497米的12条园区道路，已有10条道路竣工通车。与此同时，供热、供水、供电、通讯等配套设施同步跟进，满足了项目入驻需求。

平台建设得到有效推进。在土地方面，积极稳妥地完成了5835亩土地征占工作，争得了1200亩用地指标，同时取得了油葫芦泊水库8162亩土地指标增减挂钩项目的突破性进展。在融资方面，通过银行贷款、企业拆借、广泛利用社会资金等形式多渠道进行融资，累计筹措到位资金6.3亿元，保证了建设需求；同时积极搭建融资平台，组建了唐山动车城实业公司和创业辅导基地有限公司，正在筹建动车城担保公司。在宣传方面，充分利用动车城网站、国家和省、市各级新闻媒体，先后组织报刊专版和电视专题新闻近10期，提升了动车城的知名度和美誉度。在其他方面，为适应园区发展需求，制定了园区管理办法，正在积极组建动车城治安办，理顺城市管理体制，以逐步实现协调、服务、管理职能的具体化、规范化。

2012年，动车城按照“锁定一个目标（即以建设千亿元产业园区为目标），坚持两个并重（即支持唐车公司与园区自身发展并重、以高速动车为代表的轨道客车的生产制造与发展其他先进装备制造业并重），实现三个突破（即实现固定资产投资总量、项目质量、园区空间拓展的突破）”的工作思路，正在积极推进总投资89.2亿元的24个项目建设，确保年内完成40亿元固定资产投资。到“十二五”末，吸引入驻配套及关联企业100家以上，年实现主营业务收入1000亿元以上，形成省内领先、国内一流的现代化综合性产业聚集区。

改革开放篇

REFORM AND OPENING TO THE OUTSIDE WORLD

重点领域改革

【医药卫生体制改革】 2011年，以省政府名义先后出台了《关于全面推进医药卫生体制改革的意见》等15个文件，制定了多项配套政策措施，着力推动5项重点改革。一是基本药物制度初步建立。在全省所有政府办基层医疗卫生机构全部实行了基本药物零差率销售，建立了以公益性的管理体制、竞争性的用人机制、激励性的分配机制、规范性的药品采购机制、长效性的多渠道补偿机制为主要内容的新的管理体制和运行机制。二是基本医疗保障制度不断完善。保险覆盖面进一步扩大，城镇基本医疗保险参保率达到91.29%，新农合参合率达到95.43%。扩大了重大疾病保障种类和保障范围，政府对新农合和城镇居民医保补助标准提高到每人每年200元。三是基层医疗卫生服务体系建设力度加大。进一步加强乡村医生队伍建设，强化以全科医生为重点的基层医疗卫生队伍建设。四是基本公共卫生服务水平进一步提高。农村和城市居民健康档案建档率分别达到55%和59%。五是公立医院改革试点有序展开。在邯郸市和唐山市开展了省级公立医院"四分开"改革试点，在11个设区市各选择1个县（市）开展了县级公立医院改革。在石家庄、唐山市部分县市区和廊坊市香河县开展了农村综合医改试点，石家庄市在所有行政村统一兴建集体产权性质的标准化村卫生室。唐山市以县为单位通过政府补助和参合农民共同出资建立了新农合大病统筹补充基金，基金最高支付限额超过30万元。

【社会保障制度改革】 社会保障覆盖面持续扩大，城镇基本养老、城镇医疗、失业、工伤、生育等五项保险参保人数分别达到1059.34万人、1556.86万人、498.7万人、640.64万人、593.10万人。省政府出台了《关于开展城镇居民社会养老保险试点的实施意见》，城乡居民养老保险试点扩大到106个县（市、区），占全省的62%。新农保参保人数达到2317.7万人，城镇居民参保人数达到39.98万人。逐步完善企业养老保险制度，印发了《关于解决未参保企业退休人员基本养老保险问题的通知》，为解决河北省历史遗留的企业退休人员纳入养老保险问题确立了制度保障。企业退休人员基本养老金月人均达到1571元，高于全国平均水平40元。进一步规范工伤保险市级统筹，将国有企业1－4级工伤职工及工亡职工供养家属基本纳入了统筹范围。探索解决五保户集中供养、孤老优抚对象集中供养、社会孤老人员收养等难题，大力推广顺平县光荣院、中心敬老院、社会福利院、军休服务中心、优抚医院五个养老服务机构统一整合模式，"多院合一"民政事业服务中心建设力度进一步加大。出台了《关于大力推进农村社会养老"幸福工程"的意见》等一系列政策性文件，强力推进农村互助幸福院建设，河北省创建的"村级主办，互助服务，群众参与，政府支持"的农村互助养老模式在全国推广。制定了《建立社会救助和保障标准与物价上涨挂钩联动机制的实施意见》，实现了各项社会救助和保障标准提高幅度与经济发展速度、居民收入增长、人均生活水平基本同步的目标。

【完善食品安全监管体制】 组建了省政府食品安全委员会办公室，统筹协调全省食品安全监管工作。以省政府名义印发了食品安全全程监管、风险预警、企业自律、社会监督、应急处置、责任追究等6个规范性文件，从政府、企业、社会三个层面建立起全省食品安全长效保障体系的基本框架。健全基层食品安全监管网络，探索建立统一、协调、权威、高效的食品安全联合执法体系。

【保障性住房制度改革】 完善以廉租住房、公共租赁住房为主的多层次住房保障体系，先后印发了《河北省城镇住房保障办法》、《河北省公共租赁住房管理办法》等一系列规范性文件。全省保障性安居工程建设工作取得明显成效。积极推进城市建设投融资体制改革创新，多渠道吸引社会资本参与城市建设，规范投融资平台经营运作，有效破解资金瓶颈难题。组建省保障住房投资有限公司和省保障住房投融资研究中心，以省政府名义出台《省廉租住房公共租赁住房建设资金融资使用偿还管理暂行办法》，探索保障性住房融资、建设、运营和管理的新路子。

【户籍制度改革】 贯彻落实国务院办公厅关于积极稳妥推进户籍管理制度改革的通知精神，省有关部门代省政府起草了贯彻落实意见。出台《河北省流动人口服务管理规定》，为全面实施居住证制度提供了法律依据。选取廊坊、沧州市作为试点，研究确定了实施居住证制度的总体框架和市场化的运作模式。进一步完善"以房管人、以业管人"工作机制，强化流动人口登记和信息采集等基础工作。

【农村综合改革】 在鹿泉开展了以厘清四至、健全登记、完善经营权证书为重点的农村土地承包经营权登记试点。全省农村土地承包经营权流转总面积达到882.5万亩，占家庭承包耕地总面积的10.4%。土地承包经营权流转服务机构县级已建立168个，占应建立总数的98.2%，乡级已建立1721个，占应建立总数的85.3%。深化集体林权制度改革，继续巩固主体改革成果，积极推进林权流转等配套改革。加快水利体制和水价改革，探索建立水利投入稳定增长机制，省水利厅等部门研究制定了《河北省水利项目建设投融资实施办法》和《河北省水利建设基金筹集和使用办法》。深化小型水利工程产权市场运转机制改革，全省共有93.2%的小型水利工程实现了管理体制改革。稳步推进农村电力体制改革，56个县级代管供电企业上划国家电网公司统一管理，其中华北电网公司23个，省电力公司33个。着力构建农产品现代流通体系，实施农超对接，提高超市生鲜农产品直采比重。继续完善农村消费品流通体系，实施万村千乡市场工程，覆盖全省90%的乡镇和70%的行政村。

【土地矿产资源改革】 出台《关于进一步完善和改进矿产资源勘查管理的意见》（冀政〔2011〕106号），向社会资本全面放开地质勘查市场，建立多渠道的地质勘查投入新机制。探索建立土地托管制度，在廊坊永清县台湾工业新城组建企业性质的土地托管中心（也称土地银行），在依法、自愿、协商、有偿的基础上，规划区内的农民以土地承包经营权作价入股，由托管中心对规划区内的土地统一经营管理，入股的农民按年领取股息，初步实现了土地资本化、资本股份化、收益长期化和利益共同化，为农村土地承包经营权流转探索了一条新路子。

【资源性产品价格改革】 水资源费征收使用管理办法开始施行。5个市县实行了城市供水分类水价并轨。以河北省列为全国排污权有偿使用和交易试点省为契机，研究出台了主要污染物排放权交易基准价和交易服务收费标准，成立河北省主要污染物排放权交易服务中心。全年共完成5笔排污权交易（其中竞价交易2笔，协议交易3笔），交易二氧化硫1898.4吨，化学需氧量52吨，完成出让金收入403.15万元。

【国有企业改革】 省政府出台了《关于促进企业兼并重组的实施意见》，以钢铁、石化等12个行业和特色产业集群为重点，大力推进企业兼并重组。巩固扩大煤钢战略、实现煤钢企业优势互补、强强联合，开滦集团和河北钢铁承钢公司合资的中滦煤化工有限公司揭牌。河北钢铁集团以“渐进式股权融合”模式联合重组7家民营钢铁企业。以开滦集团、冀中能源集团和其他大型煤炭企业为主体，对全省小煤矿实施整合重组。矿产资源整合开发工作全面展开，民爆行业整合重组步伐加快。河北钢铁集团加快整体上市步伐，通过河钢股份公开增发160亿元收购邯宝公司100%股权，进一步提高了产业集中度和竞争力。

【支持民营经济和中小企业加快发展】 以省政府名义出台了《关于进一步加快民营经济发展的意见》。整合优势资源，加速优化升级，峰峰矿区宝信钢铁、合信钢铁、鹏鑫钢铁、恒丰顺铸管、荣喜钢铁、新方铸造和鸿泰铸造等7家民营钢铁企业自主联合重组，组建了河北宝信钢铁集团。着力缓解中小企业融资难题，推进政企银合作，与中国建设银行等7家商业银行签署合作协议，向河北省提供3900亿元的信贷资金支持中小企业加快发展。河北融投控股集团成立，为中小企业提供担保再担保、创业投资、融资租赁、置业开发、投融资咨询服务等。新建21个中小企业公共技术服务平台。大力实施中小企业产业集群示范工程，推进中小企业产业结构调整和布局优化，实现优势产业集约、集聚发展。

【财政体制改革】 进一步规范省以下财政收入体制，省财政厅出台了《关于规范省以下财政收入体制的通知》。深化预算管理改革，零基预算、滚动预算、综合预算等改革在省级实现全覆盖。编制完成全国首部涵盖所有省级部门及项目的《2011年省级部门预算绩效计划》，选择资金量较大、社会关注度较高的义务教育和现代农业方面支出，探索开展全口径资金整体评价。全面推进国库集中支付制度改革，基本实现省市县三级全覆盖。深化政府采购改革，加快推进电子化政府采购平台建设，在全国率先制定五年《政府采购集中采购目录和限额标准》。重新修订《河北省行政事业单位国有资产管理办法》，制定国有资产配置管理办法，在省科技厅等10个部门开展新增限额以上资产配置预算编制试点。进一步完善覆盖城乡的公共财政管理体系，印发了《关于全面加强乡镇财政建设和管理的指导意见》，确定了首批50个乡镇财政所标准化建设县。

【金融体制改革】 抓好金融市场主体建设，股份制银行增设分支机构取得较大进展，交通银行保定分行、光大银行邯郸分行、浦发银行唐山分行等相继开业。城市商业银行机构发展取得新成效，河北银行青岛分行、廊坊银行天津分行已正式开业。全力推动县级农村信用社向商业银行转变，有24家完成清产核资，20家已改制报监管部门，5家已获批筹建。村镇银行组建步伐加快，迁安襄隆、三河蒙银等10家村镇银行开业，廊坊安次区、任丘泰寿等6家村镇银行获批筹建。新设小额贷款公司109家，全省小额贷款公司总数达到300家。

【教育体制改革】 省政府出台了《关于推进国家教育体制改革试点工作的通知》，认真抓好国家教育体制改革试点，积极推进中小学教师培养模式等其他教育改革试点。出台《河北省中小学校长培训改革试点方案》，确定石家庄、承德为中小学校长培训改革试点市。制定了《河北省推进义务教育均衡发展国家教育体制改革试点项目实施方案》，拟定了《河北省义务教育学校办学基本标准》，对义务教育学校的布局、选址、占地面积、运动场地、教学管理、师资建设等办学条件做出了明确规定。继续着力推进县域农村学区改革，打破乡（镇）行政区划界限，以学区为单位整合教育资源，全省80%的县（市、区）完成了农村学区改革，逐步实现县域内义务教育均衡发展。大力发展职业教育，着力推进多样化的校企一体化合作办学模式，加快培养适应职业岗位需要的技能型人才。

【科技体制改革】 修订《河北省科学技术进步条例》，出台《河北省专利权质押贷款管理暂行办法》，为中小企业融资开辟了新渠道。积极推进河北省技术转移示范机构建设，已有沧州河间国欣农业技术服务总会、河北省科技风险投资公司申报国家级技术转移示范机构。建立完善引进京津地区人才、技术、资金以及承接产业转移的政策措施，出台《河北省科技招商工作评价指标》。出台《关于加快推进工业企业技术改造工作的实施意见》，设立省市两级技改专项资金，完善了项目审批、项目申报、资金管理、竣工验收等管理办法，建立了技改专家库和统计指标体系，初步形成了较为完善的技改工作体系。

【行政管理体制改革】 以省政府办公厅文件印发了《关于进一步深化行政审批制度改革的实施意见》，明确了2011年推进行政审批制度改革工作的总体目标和主要任务。对监察部征求意见的1984项行政许可和非行政许可审批事项进行了论证，逐项提出了保留、取消或调整的建议。进一步扩大清理规范非行政许可审批事项和行政监管事项试点范围，新确定省科技厅、省交通厅、省卫生厅3个部门为试点单位。建立和完善省市县乡“一站式”行政服务中心，选取承德、秦皇岛、保定和邯郸市开展了行政服务中心进驻项目目录和办理流程规范试点。稳步推进省直管县（市）体制改革试点工作，省委、省政府出台了《关于推进省直管县体制改革试点工作的意见》，成立了省直管县（市）体制改革试点工作领导小组及其办公室。积极推进事业单位分类改革，省委、省政府出台了《关于分类推进事业单位改革的实施意见》，明确了事业单位分类改革的指导思想、基本原则和目标任务。

（河北省发改委体改处　田芙菁）

对外开放

【对外贸易】　（一）外贸进出口保持较快增长。2011年，全省外贸进出口总值536.0亿美元，比去年同期增长27.4%。其中，出口285.8亿美元，增长26.7%；进口250.2亿美元，增长28.3%。进出口、出口、进口增幅分别高于全国4.9、6.4和3.4个百分点，进出口总值列全国第10位。呈现特点：

1. 钢材、轻工产品出口占比提高；铁矿石进口占比超五成。2011年，机电、纺织服装、钢材、医药化工、轻工、农产品和矿产品等七大类商品分别出口99.8、50.4、46.8、33.2、32.5、15.0和7.1亿美元，分别增长19.7%、19.9%、48.6%、25.2%、30.8%、22.4%和46.2%，占全省出口的比重分别为34.9%、17.6%、16.4%、11.6%、11.4%、5.3%和2.5%，与2010年相比，机电、纺织服装占比分别下降2.1和1个百分点；钢材、轻工产品占比提高2.5和0.4个百分点。高新技术产品出口38.1亿美元，增长6.9%，占比13.3%，下降2.5个百分点。进口商品中，铁矿石进口141.6亿美元，增长43.0%，占比56.6%，提高6.2个百分点；机电产品进口35.6亿美元，增长14.2%，占比14.2%，下降3.7个百分点。高新技术产品进口16.7亿美元，增长11.5%，占比6.7%，下降1个百分点。

2. 传统市场稳步推进，新兴市场占比提高。2011年，对欧盟、美国、日本等传统市场分别出口66.4、34.7和14.0亿美元，分别增长16.4%、21.3%和19.9%，占比为23.2%、12.1%和4.9%，分别下降2.1、0.6和0.3个百分点；对东盟、韩国、俄罗斯、印度、阿联酋、澳大利亚等新兴市场分别出口24.5、22.9、21.0、12.6、5.8和5.0亿美元，分别增长43.4%、29.5%、30.9%、35.2%、28.5%和46.3%，占比均有不同程度提高。

3. 一般贸易出口强劲，加工贸易进出口低迷。2011年，全省一般贸易进出口459.4亿美元，增长30.0%，占比85.7%，提高1.8个百分点。其中，出口239.0亿美元，增长32.8%，占比83.6%，提高3.9个百分点；进口220.4亿美元，增长27.1%，占比88.1%，下降0.7个百分点。加工贸易进出口62.2亿美元，增长5.9%。其中，出口42.0亿美元，增长2.6%，占比14.7%，下降3.5个百分点；进口20.2亿美元，增长13.6%，占比8.1%，下降1.1个百分点。

4. 民营企业首度成为全省对外贸易领军。2011年，民营企业进出口206.3亿美元，增长42.8%，占全省贸易总额的38.5%，提高4个百分点，占比分别高于外资、国有企业0.8和14.9个百分点，首度成为全省外贸进出口的领军。外资企业进出口202.3亿美元，增长15.5%，占比37.7%，下降4个百分点；国有企业进出口126.5亿美元，增长26.2%，占比23.6%，与上年持平。

5. 超亿美元进、出口企业增多，带动作用明显增强。2011年，全省有出口实绩的企业7611家（增加834家）。其中，出口超亿美元企业32家（增加9家），出口85.3亿美元，占比29.9%，提高2个百分点；出口超千万美元企业454家（增加98家），出口190.7亿美元，占比66.7%，提高3.1个百分点。有进口实绩的企业2165家（增加185家）。其中，进口超亿美元企业37家，增加5家，进口189.6亿美元，占比75.8%，提高4.7个百分点；进口超千万美元企业194家，增加30家，进口231.6亿美元，占比92.6%，提高2.2个百分点。

6. 各设区市完成全年目标任务，石家庄、保定、唐山、衡水对全省出口增长的贡献率超过10%。2011年，11个设区市均完成全年外贸进出口、出口目标任务。唐山、沧州、衡水进出口、出口增幅均高于全省平均值；张家口、邯郸出口增幅高于全省平均值。对全省进出口增长的贡献率超过10%的依次为：唐山（28.5%）、石家庄（27.4%）、保定（12.8%）；对全省出口增长的贡献率超过10%的依次为：石家庄（21.4%）、保定（17.3%）、唐山（16.1%）和衡水（11.0%）。

（二）出口基地建设扎实推进。在总结第一批出口基地认定工作的基础上，进一步修改和完善出口基地的认定标准。严格按照统一口径、统一标准、统一方法，创建了出口基地数据库，对出口基地管理机构、管理人员以及扶持政策的落实情况进行重点跟踪，对出口基地建设和发展情况坚持定期通报。河北省对出口基地（企业）“五个优先”政策已经基本落实到位，利用国家专项资金支持基地公共服务平台建设，扶持资金5400万元。

（三）机电产品出口创历史新高。2011年，全省机电产品进出口总额135.46亿美元，同比增长14.68%，比全省外贸进出口增幅（27.4%）低12.72个百分点，比全国机电产品进出口增幅（15.39）低0.71个百分点。其中，出口99.83亿美元，同比增长19.70%，比全省外贸出口增幅（26.7%）低7个百分点，比全国机电产品出口增幅（16.3%）高3.4个百分点，占全省外贸出口总额的34.9%，比上年降低2.1个百分点；进口35.63亿美元，同比增长2.60%，比全省外贸进口增幅（28.3%）低25.7个百分点，比全国机电产品进口增幅（14.1%）低11.5个百分点，占全省外贸进口总额的14.20%。

（四）积极开拓机电产品国际、国内市场。2011年，组织全省百余家企业参加“德国科隆五金展”等6个国际知名展会，接待各类客商达3000人（次）以上，与近百家境外客商达成考察、洽谈及合作意向，直接成交600多万美元。组团参加了商务部主办的“第五届中国国际汽车零部件博览会”，共组织全省机电企业33家参会、申请展位38个，签订出口成交合同及意向协议近1000万美元；在长城汽车200平米形象展区内，新能源汽车及混合动力研究成果展示被评为本届展会最佳展示区。

（五）加大机电产业政策扶持力度。2011年，共争取国家机电类支持资金1.04亿元，其中，安排国家外贸公共服务平台资金项目38个，资金1790万元；争取进口贴息资金项目47个，国家进口产品贴息资金8384万元。安排省技改贴息项目8个，资金180万元；机电出口企业开拓国际市场项目6个，补贴境外展位费43万元。

（六）办好“高交会”，展示新成就、捕捉新商机。全省参会企业300余家，确定了36家企业参展，38个项目。涉及到高新技术产品中生物医药技术、电子与信息、新能源节能、新材料、光机电一体化、软件、精细化工和现代农业等8个重点领域。

（七）规范两用物项和技术进出口管理机制。2011年，共审理和签发了两用物项和技术进出口许可证1612份，总金额12896.3万美元。其中，敏感物项和技术进出口许可证1573份，金额12231万美元，出口产品以石墨为主，主要出口国家为德国、韩国、荷兰和美国。易制毒化学品进出口许可证39份，金额665.3万美元。其中易制毒出口许可证30份，主要国家有日本、韩国，主要产品有纯碱、高锰酸钾和丁酮；进口许可证9份，主要国家有缅甸、韩国和泰国，主要产品有硫酸和丁酮。

（八）认真做好贸易摩擦的应对工作。2011年，国外对华提起各类贸易救济措施调查涉及河北省的案件共28起，与上年持平，涉案企业465家，同比增长75.47%，涉案金额46629.38万美元，同比增长495.67%。28起案件包括反倾销调查17起，“双反”调查（反倾销反补贴合并调查）8起，保障措施调查1起，特别保障措施调查1起，反规避调查1起。对上述案件特别是对参与应诉的企业，河北省商务厅均认真负责地做好了咨询服务，帮助积极应对。

（九）河北省与俄罗斯及匈牙利经贸合作恳谈会。7月3日至7月12日，组织省内19家企业共37人组成“河北省经贸合作代表团”出访俄罗斯、匈牙利。7月4日，在俄罗斯圣彼得堡市举办了“2011河北省（圣彼得堡）经贸合作恳谈会”，与近70家俄方企业对接洽谈，共达成了2058万美元的出口合同意向。7月16日，在匈牙利布达佩斯市举办“2011河北省（匈牙利）经贸合作恳谈会”，邀请当地170余家匈方相关企业对接，会场及会后签订合同444万美元，达成合同意向1822万美元。容城县两家服装企业与当地客户进行更深入的交流洽谈，分别当地客商就在当地设立代理、在容城县投资150万美元设立服装合资企业和建设物流基地项目达成了意向。

（十）第八届中国东盟博览会。10月21日至26日，组织河北省代表团共260多人参加第八届中国—东盟博览会。包括长城汽车、英利集团等大型企业在内的24家企业获批国际标准展位37个、室外净地318平米，其他50多家企业在会场内外参观、洽谈。共达成进出口销售合同和意向2300多万美元；达成国际经济合作项目意向31个，总投资额近11亿美元，其中保定市高新区与马来西亚隆基马公司签订低碳产业园项目备忘录，涉及金额10亿美元。

（十一）对台贸易经贸合作活动。6月9日至16日，河北省贸易促进代表团赴台湾地区进行贸易对接考察洽谈活动。期间，与台中市工商发展投资策进会共同举办了“河北—台中经贸企业合作交流对接会”，86家台企和机构近百人参会，冀台企业就经贸合作、商品采购等方面进行了广泛、深入和富有实效的对接洽谈。拜访了台湾世贸国际会议中心、台湾台北市进出口商业同业公会，就进一步加强两地经贸合作、拓展两地企业发展空间进行了会谈。

（十二）抓好外援工作。2011年，河北省在申请项目5个，申请援助金额约800—1000万美元，涉及环保、水资源、人才培养和妇女儿童发展领域。新申请批准项目1个，即澳大利亚政府于6月份批准对河北省张家口市崇礼县错季蔬菜种植示范项目提供无偿援助，援助金额33万人民币；执行完成项目2个，援助金额约333万欧元，包括德国政府无偿援助高碑店市减排甲烷气垃圾处理项目、澳大利亚政府无偿援助承德隆化县蓝旗镇污水处理项目；管理在执行中的多双边无偿援助项目5个，援助金额约600多万美元，分别由德国、日本、荷兰、联合国儿童基金会等提供援助，涉及扶贫、农村市场体系建设、生物技术、人才培养等领域。

【对外经济技术合作】 2011年，河北省对外投资快速发展，共核准境外投资企业83家，同比增长22.06%；对外投资总额11.10亿美元，同比增长16.32%；中方对外投资额9.09亿美元，同比增长20.64%。中方对外投资额首次突破9亿美元，创历史新高。对外承包工程稳步发展，新签合同份数214份，同比增长12.63%；新签合同额32.82亿美元，同比增长11.40%；完成营业额24.35亿美元，继续保持较大规模。新签合同额突破30亿美元大关，为历史最好水平。新签劳务人员合同工资总额4663万美元，同比增长27.4%；累计派出各类劳务人员（含承包工程项下）7186人，期末在外人员8934人。

（一）搭建洽谈交流平台，提供信息与对接服务。一是组织四个出访团组，分赴北美、南美推动投资项目，赴东亚推动对外劳务合作项目，赴委内瑞拉参加中国工程技术展览会，推动承包工程项目。二是组织省内企业和各设区市商务局，参加厦门第十五届中国国际投资贸易洽谈会和首届中国—亚欧博览会“走出去”系列活动，围绕矿产资源开发、新能源、传统制造业、对外承包工程和对外劳务合作项目对接洽谈，促成一批项目签约。三是邀请泰国投资促进委员会、香港投资推广署等境外机构来石家庄，举办投资推介会，帮助省内医药、汽车、机械制造、食品加工、纺织服装、金融、房地产等行业百家有意“走出去”企业寻找商机，对接洽谈。博深工具、保定立中车轮、河北投融资担保等企业已决定在泰国、香港设立企业，投资总额6700万美元。四是组织中外企业点对点合

作。组织全省企业与加拿大CBIS集团、香港浩远集团、中建香港公司等境外企业合作，借助其项目信息和资源优势，带动全省企业“走出去”承揽项目。

（二）积极做好国家对外经济技术合作专项资金申报工作。组织全省对外经济合作企业申报国家2011年对外经济技术合作专项资金项目，上报境外投资项目12项，申请补贴资金1227万元。

（三）充分运用与金融、信保机构的工作协调机制，帮助企业解决资金困扰。一是与国家开发银行、国家进出口银行等政策性金融机构建立联系，争取利率优惠贷款。目前，河北省政府与国家开发银行已签署战略合作协议，全省“走出去”重点项目列入重点支持范围，“十二五”期间意向支持资金10亿元人民币。二是与中国出口信用保险公司河北分公司建立工作协调机制，引导企业利用项目类政策性信用保险规避“走出去”风险。帮助已经或有意“走出去”企业熟悉出口信贷保险、国外工程保函、海外投资保险、特险、融资租赁、非融资担保等业务，协助投保企业争取省财政保费资金补贴。

（四）壮大对外承包工程队伍，支持有条件单位承接国家对外援助项目。一是新批8家对外承包工程企业，使全省对外承包工程获权企业达到92家。华为技术服务公司等知名企业在河北省取得对外承包工程经营资质，带动了全省对外承包工程队伍整体实力的增强和素质的提高。二是对外援助领域有了进一步拓展，河北省又有3家地方企业取得国家援外成套项目企业资质。受商务部委托，承办6期援外培训班，对亚非拉和南太平洋地区60多个国家的160名政府官员、教师和技术人员进行了培训。推介并围绕“张杂谷”等一批对非援助项目组织对接洽谈，取得新进展。

（五）稳步推进对外劳务合作服务平台建设工作。根据商务部等四部委联合制定的《对外劳务合作服务平台建设试行办法》，赴衡水、沧州、保定、石家庄等市调研，召开企业座谈会倾听意见，向各设区市、有关县（市）人民政府印发《关于推进河北省对外劳务合作服务平台建设工作的函》，在现有外派劳务基地的基础上，稳步推进对外劳务合作服务平台建设工作。目前，曲周县已建立起服务平台。

（六）妥善处置利比亚局势动荡和日本强震等突发事件。河北省东方地球物理勘探、中石油天然气管道通信电力、中太建设等三家企业在利比亚承包工程项目施工人员564人，全部安全撤离。在日本劳务人员2461人，其中重点受灾地区699人，全部安全，无一伤亡。加强了对叙利亚、苏丹、伊拉克等非洲、中东地区河北省企业在谈与施工项目的安全管理和风险防范工作。

【招商引资】 2011年，实际利用外资规模首次突破50亿美元，达到52.6亿美元，同比增长20.5%，增幅高于全国10.8个百分点。其中，直接利用外资46.8亿美元，同比增长22.2%。合同利用外资首次突破40亿美元。全年新批利用外资项目195个，合同利用外资42.2亿美元，同比增长28.3%。

（一）千万美元以上大项目合同外资占全省四成以上。全年新批了西控太阳能新城（宣化）开发、金辰（唐山）石油化工、中国耀华玻璃集团、纳米新能源（唐山）、石家庄鸿锐集团等合同外资超千万美元大项目54个，合同利用外资18.3亿美元，占全省新批合同利用外资43.4%。其中，合同外资超5000万美元项目9个，合同利用外资7.8亿美元，占全省新批合同利用外资18.5%。

（二）利用外资方式实现新突破。重点推进的四方通信已在香港成功上市，A股上市公司冀东水泥引进战略投资者完成投资，利用外资2.9亿美元。同时，新批准了河北省首家外资投资性公司即北控曹妃甸水务投资，合同利用外资5313万美元。

（三）全面下放审批权限。将总投资3亿美元以下鼓励类和允许类外资项目的设立及变更事项（法律法规及专项规定明确要求省级审批的除外），下放到各设区市、环首都14县、沿海11县以及省级以上各类园区审批。要求有关审批部门最大限度简化办事程序、压缩审批时限，为项目落地提供优质便捷服务。在下放权限的同时，加强对各地项目审批的指导培训，先后派员赴石家庄、邢台等地对外资业务进行讲座，随时解答基层商务部门和有关项目单位的电话及函件咨询。

（四）着力培育利用外资新方式。围绕企业增资扩股、上市融资、转制、融资租赁等利用外资新方式，对外资企业亲密接触、重点帮扶，实施重大项目领导分包责任制和专办员制度，加快审批进度，提高服务水平。冀东水泥A股定向增发引进战略投资者通过商务部审批，香港北控水务集团在曹妃甸设立河北省第一家投资性公司，第一家融资租赁公司港联融资租赁有限公司在石家庄成立，秦皇岛耀华玻璃集团成功转制为中外合资企业。

（五）香港投洽会成效显著。本届投洽会，以各设区市和省直部门自办活动为主，在务实招商方面进行了探索和创新，共举行了40多场专题招商活动、126场“一对一”项目对接洽谈活动。本届投洽会河北省共签订项目合作协议106个，总投资93.8亿美元，协议外资60.8亿美元。全国政协副主席董建华、香港特区行政长官曾荫权对香港媒体关于河北投洽会的报道给予了很大关注，对“河北新战略、投资新商机”的主题表示赞赏。

（六）“5·18”廊坊洽谈会盛况空前。本届洽谈会到会嘉宾、客商多达2000余人，呈现出高端嘉宾多、重要团组多、公共客户多的特点。此外，还发布了100个省级重点产业招商项目，签约项目中，外资项目13个，总投资16.3亿美元，协议利用外资15.1亿美元；内资项目27个，总投资739.3亿元，协议引进域外资金615.3亿元。

（七）参加“9·8”厦门投洽会成果丰硕。组织举办了河北省新兴产业对接暨项目签约仪式和河北省重点开发区专场推介会。同时，在主会场设立河北形象展区，并在“网上投洽会”设立河北及11个设区市展台，对全省和重点开发区进行了整体推介和宣传，吸引了一大批客商进行现场咨询和对接。组织省内510人次参加2011年国际投资论坛、第六届两岸经贸合作与发展论坛等38场论坛及研讨活动，以及外商对华投资项目对接会、国内投资合作项目对接会等18场招商项目对接会。签订协议外资项目36个，其中1000万美元以上项目22个，总投资17.7亿美元，协议外资9.3亿美元。

（八）积极开展区域性招商对接活动。突出产业招商、突出园区主体、突出项目深度对接，分别在北京、广州和上海举办了“河北省环首都绿色经济圈（北京）合作项目对接交流会”、“河北省珠三角（广州）合作项目对接交流会”和“河北省长三角合作项目对接交流会”。经过前期周密策划，精心组织，有针对性地邀请众多世界500强公司、知名商务机构、大型央企和民企参加，加强了对全省投资环境的整体推介，深化了与首都、长三角和珠三角等发达地区的产业对接、项目对接和客户对接，达成了一些合作意向，收到了良好的效果。

（九）积极参与第二届“曹洽会”相关承办工作。共吸引了来自20多个国家和地区的中外客商组团参会，参会中外客商达513家、700余人。有40个内外资重点合作项目签约，其中外资项目13项，总投资27亿美元，协议利用外资24.2亿美元；内资项目27项，总投资282.7亿元人民币，合同引资243.2亿元人民币。

【开发区工作】 2011年，全省开发区（园区）主要指标完成情况良好。全年实现工业总产值15414亿元，同比增长99.5%；财政收入727.5亿元，同比增长56.9%；税收总额686.3亿元，同比增长59.9%；进出口总额248.9亿美元，同比增长45.5%；实际利用外资22.3亿美元，同比增长33.7%；固定资产投资4067.3亿元，同比增长90.6%；基础设施投资490.2亿元，同比增长68.7%。

（一）积极申报国家级开发区。一是积极“进京跑办”。多次携曹妃甸和藁城、邯郸开发区赴商务部汇报有关情况，就设立和升级各项事宜进行磋商和沟通，并取得阶段性成果。目前曹妃甸设立问题商务部已报国务院，待商务部会同相关部门召开专题会议研究；曹妃甸中日生态园工作扎实推进，7月份，商务部派员到曹妃甸就建立中日曹妃甸生态工业园实地考察调研，并与唐山市政府、河北省商务厅负责同志就推进生态工业园建设方案进行沟通与交流。藁城、邯郸开发区升级“分批进笼”也均有希望。二是积极协调，完善手续。为了帮助曹妃甸和藁城、邯郸开发区完善申报的文件资料，河北省商务厅反复请教商务部并相继协调了河北省国土厅、住建厅、财政厅、海关、环保厅、劳动和社会保障厅、发改委等8个部门出具相关公文。目前已经完成了材料的审查和组卷工作，商务部已上报国务院。

（二）认真规划设立省级开发区。继2010年年底筹备设立6家省级开发区（园区）后，2011年又于2月、7月相继正式设立了8家、49家省级开发区（园区）。集中利用20余天的时间对申报的40余家开发区的基础设施、产业项目建设、园区区域布局等情况进行了实地调查和勘查。对申报的规划面积进行了“两规”衔接。协调住建厅、国土厅集中了三天时间对符合基本条件的开发区进行了初步审核，对每个开发区的每张图纸、每个坐标拐点逐一核对。在河北省政府正式批复后又协调国土厅明确各开发区规划面积的坐标拐点和四至范围。截止目前，全省开发区（园区）总数达到111家。

（三）规范开发区管理。一是复查并核实了全省111家省级以上开发区（园区）的四至范围。进一步明确了边界、拐点及其坐标，所有开发区四至全部在2006年—2020年城市总体规划和土地利用总体规划范围内。二是修改完善了《全省经济开发区综合考核评价办法》，对2011年全省开发区（园区）的发展质量、发展速度、发展规模和社会贡献等综合评价体系进行了补充和完善。三是加强和完善了全省开发区统计网络报送系统建设，严格、规范各开发区数据报送，避免虚报、瞒报现象。

（四）精心策划和组织各类招商活动。根据全省开发区（园区）各自的产业特点，精心策划并组织参加了各类展会：一是香港投洽会。第一次有计划地安排组织了9家重点开发区（园区）参加了招商项目对接会等12项招商活动，洽谈对接了80多个合作项目，共计签约20个项目，协议引进外资24.34亿美元、内资156.3亿元。二是廊坊经洽会，组织50家开发区240多人次参加了跨国公司、国企、民企、冀台合作和中韩汽车零部件采购等5项专题招商活动。三是组织了以色列、台湾和日韩等3个境外小团组进行招商。于3月份组织相关开发区随商务部陈德铭部长率领的经贸合作代表团赴以色列开展招商活动，有关现代农业和生物医药等几个项目的洽谈取得突破。四是6月下旬由厅领导率领9家开发区组成的招商分团随省委代表团赴台湾访问，洽谈对接了36个项目。为积极承接日本产业向外转移，于7月份组织省内国家级和准国家级开发区随杨崇勇副省长率领的代表团赴日韩进行了访问。五是乌洽会期间，组织9家重点开发区（园区）赴乌鲁木齐参加了首届“亚欧博览会·中国开发区展”，部分开发区与国内外知名企业达成一批合作意向。六是在厦洽会期间，组织以新批63家为主的全省重点开发区（园区）参加了中国开发区展和投洽会新兴产业投资项目对接会河北省重点开发区专场推介活动，达成67个合作意向，协议总额128亿元；现场（台上及台下）签约项目9个，总投资40.29亿元。七是成功推进重点引资项目：促成香港河北投资促进会与宁晋、安平和饶阳3家开发区签署《战略合作协议》。促成澳门名嘉集团到河北省8个设区市和部分重点县（市）开展了4轮实质性考察；4月28日，该集团与衡水开发区在宁波签署了建设“衡水名嘉广场”的项目合同：项目总建筑面积108.8万平方米，总投资38.77亿元。11月份组织10家重点开发区（园区）赴香港开展项目推介与对接，同时组织重点开发区（园区）组成小团组赴澳新和西南欧进行招商，有效推动在谈外资项目。

（五）开展“五个一”，做好开发区的文化基础工作。即：每年出版一本《河北省开发区年鉴》；每月一本《河北省开发区》杂志；每周一版《河北日报》“园区”专刊；一簿《河北省开发区史志》；人手一本《河北省开发区基本情况手册》。

（河北省商务厅　刘　璐）

石家庄海关

【概述】 2011年，石家庄海关在海关总署的坚强领导和省委省政府的关心支持下，认真践行"把好国门、做好服务、防好风险、带好队伍"海关工作总体要求，紧紧围绕"保增长、转方式、促和谐"这一主题，扎实有效地把国门、做服务、防风险、带队伍，保持了风正、人和、事业兴的良好局面。全年关区税收入库达383.95亿元，再创历史新高，同比增长58%，增幅高出全国28个百分点。其中，归类补税390万元，审价补税3.28亿元，稽查补税5130万元，加工贸易内销征税1.69亿元。监管进出境货物1.78亿吨，运输工具8030辆(艘)，进出境人员25.7万人次，集装箱10.5万箱次，行邮物品12.8万件，报关单接单7.1万份，分别增长25.9%、14.14%、21.9%、4.51%、16.7%、15.7%。

【加强实际监管】 严密监管海关监管场所、舱单、运输工具、货物和物品。在秦皇岛港、唐山港开通了卡口联网，验收监管场所25个。分类通关改革稳步推进，出口分类通关工作全部完成，进口分类通关试点效果逐步呈现。企业稽查、减免税核查和保税中后期核查实行稽查统一管理，进一步整合了监管资源。引入中介机构参与稽核工作，稽查企业158家，稽查有效率39%。科学、动态地开展企业分类管理，上调企业111家、下调28家，促进了企业守法经营。开展"打击侵犯知识产权和制售假冒伪劣商品专项行动"，查获侵犯知识产权案件9起，查没侵权货物（物品）4269件，案值18.83万元。深入开展"查缉旅检行邮渠道走私违法百日专项行动"、"海鹰行动"、"打击武器弹药走私专项行动"等专项行动，全年共立案158起，案值7805.55万元，结案131起，案值1.31亿元，罚没入库647万元，有效维护了国家政治经济安全和社会稳定。规范了行邮监管，加大对枪支、弹药、毒品、珍贵动物制品、反动淫秽音像制品和散发性宗教宣传品的查缉力度，有效履行了关境保护职能。

【提升业务运行质量和效率】 建设"风险防控、职能监控、现场自控"三级防控体系。对关区整体业务运行情况进行复核监控，开展了季度风险会诊处置工作，风险布控率12.75%，布控有效率15.84%。坚持"日监控、月分析、季通报、年总结"的工作机制，及时以业务质疑、分析、预警等形式对业务现场进行风险提示和业务指导，形成监控日志1512份，发布业务质疑82条，质疑命中率73%。各业务现场对自身的纸质作业单证进行了100%的自查复核，现场单位之间开展了互查，复核检查纸制单证4.5万份。设定了35项业务量化指标及目标值，对主要业务量化指标及任务进度实行月报制度，定期分析评估，查找隐藏风险，开展综合治理。海关总署执法评估结果显示，石家庄海关综合评价排名全国海关第2位。对存在价格异常等6类风险的13家重点企业开展了集中核查行动，有效规范了重点口岸、重点渠道的进出口秩序。

【促进外贸进出口增长】 充分发挥海关进出口数据优势，加强对外贸进出口整体形势、重点地区、重点产业、重点商品的分析力度，为领导决策和社会服务。与省内多家主流媒体建立了良好的合作机制，共撰写各类统计分析文章113篇，报送《海关统计专报》、《农产品监测月报》24篇。认真落实进出口税收政策，为全省技术改造、节能环保和教育医疗等公益项目办理减免税证明1806份，减免税款8.35亿元，促进了外贸发展方式转变。综合运用预约通关、提前报关和网上支付等便利措施，拓展区域通关和转关业务，营造方便快捷的通关环境，为外贸进出口实现稳定增长作出了应有贡献。全年河北进出口总值536亿美元，其中进口250.2亿美元，出口285.8亿美元。

【营造优质高效的通关环境】 开展分类通关改革，以企业守法管理为核心，构建差别化的海关通关作业制度，诚信企业通关速度提高近50%。综合运用7×24小时预约通关、提前报关、担保验放、区域通关等通关便利措施，降低企业的通关成本，为企业进出口创造便利条件。主动走访昆明、北京等空港口岸海关，开通了石家庄机场至昆明机场的空运转关航线、石家庄机场与首都机场互为进出境口岸的空陆联程货物航线，推进空运货物"国际中转"业务，有效提高了机场航空资源的利用率。此外，驻曹妃甸港区办事处已正式开办业务，邢台、衡水、承德海关筹建工作顺利进行，驻邯郸办事处升级为海关等工作稳步推进，海关机构建设日趋完善。

【促进加工贸易转型升级】 有序推进海关特殊监管区域建设。河北省现有出口加工区两个，分别是秦皇岛出口加工区和廊坊出口加工区。另有保税仓库14个。2011年保税仓库境外入库货物415.45万吨，货值8.31亿美元；出库货物实际离境67.39万吨，货值2.62亿美元，内销征税额3.78亿元。目前，石家庄海关正与有关部门一道积极争取早日设立唐山曹妃甸综合保税区、石家庄综合保税区、黄骅港综合保税区。设立曹妃甸综合保税区的审批工作已进入征求意见阶段，取得实质性进展；《设立石家庄综合保税区可行性研究报告》也已通过了专家组评审；黄骅港综合保税区选址已经确定，对外招商工作进展顺利。针对河北省加工贸易企业实际，石家庄海关扩大了加工贸易联网监管，已有联网监管企业23个，两家企业开通内销集中申报；实行"量体裁衣"式海关监管制度，针对重点企业积极推行电子帐册管理模式，简化备案流程，提高通关效率，促进加工贸易转型升级。

【建设和谐国门、和谐口岸】 以石家庄海关门户网站和报关协会等行业协会网站为平台，推进政务信息公开，加强"12360"海关服务热线建设，在海关与企业、管理相对人之间搭起沟通的桥梁与纽带。加强与公、检、法、海事、检验检疫、商务等单位的沟通协调、执法协作，努力提高海关服务地方经济建设的能力和水平。执法服务和行风建设得到社会各界的高度赞誉，石家庄海关2011年获得上半年省直行风评议行政执法类第二名和下半年直接服务对象网上问卷评议第二名的好成绩。

（石家庄海关　王　永）

出入境检验检疫

【综述】 2011年，河北出入境检验检疫局在国家质检总局和河北省委、省政府的正确领导下，按照“抓质量、保安全、促发展、强质检”总体要求，紧紧围绕“一年求突破，两年上台阶，三年大变样，四年新跨越”的“四步走”战略发展目标，全面对标东南沿海强局。全年法制质检、科技质检、和谐质检建设稳步推进，创先争优活动扎实有效，河北检验检疫事业呈现出做大做强的良好态势。2011年，河北出入境检验检疫系统共检验检疫出入境货物16.91万批、货值402.92亿美元，同比批次增加3.33%、货值增加43.95%。其中：检验检疫出口货物15.18万批、货值104.93亿美元；检验检疫进口货物1.73万批、货值298.00亿美元（占全省进口总货值的98.95%，同比批次增加2.15%、货值增加18.79%）。共检出进出口不合格货物2252批、货值94.76亿美元，不合格检出率在全国35个直属局排名第一。在全省4个海港口岸和2个空港口岸，出入境人员查验20.73万人次，健康检查2.39万人次，预防接种3.42万人次，艾滋病监测2.31万人次，发现病例1.08万例。隔离检疫进境活禽21.79万羽，进境活牛1.4万头，进境种猪891头，检出病牛6批29头、病猪2批4头，及时扑杀并做无害化处理。截获植物疫情74批，计16种类、166种次。对5465艘进出境船舶、845架次国际航班飞机、1.59万个进出境标箱进行了口岸卫生检疫，对来自疫区的5822个进境标箱进行了卫生除害处理。

【质量管理初见成效】 全省系统以“外贸商品质量提升年”和“质量月”活动为载体，广泛开展了“三送”活动、“出口企业对标行动”，取得明显成效。全面推进检验监管模式改革，提高了“进出口企业质量诚信管理系统”的应用效果，落实了风险分级和分类管理动态调整，规范了输非装运前检验，向地方政府提交了较高水平的质量分析报告。加快了农产品示范县和工业品示范区建设步伐。帮助长城哈弗SUV汽车取得了出口免验资格。启用了12365举报处置指挥系统。

【严把国门作出贡献】 加大了口岸核心能力建设和疫情疫病防控工作力度，与省环保厅签署了《口岸核与辐射监测处置工作协作备忘录》，迅速部署开展了口岸核与辐射物质的监测工作，未发生一起超标入境问题。在进出口商品领域开展了“双打”专项行动和输非产品“打假保知”行动；在进出口食品农产品领域开展了“打非治滥”、“食品安全专项整治”、“酒类企业排查”、“瘦肉精检验监管”和“地沟油专项整治”等行动，专项整治行之有效。出台了《河北出口食品企业优良等级评定工作要求》，完成了出口农产品安全风险监控计划。积极应对了塑化剂风波、瘦肉精问题等突发事件。

【服务发展有所作为】 开展了检验检疫与地方“十二五”规划的对接行动。积极落实“省部战略合作备忘录”，加快了检验检疫配套设施规划和建设步伐。大力推进河北省出口货物在天津口岸的直通放行，与黑龙江局、广西局及晋陕蒙辽豫五省区检验检疫局签署了快速通关合作备忘录。先后3次接待了日、韩官方检查团注册复查，均顺利通过。减免企业出口农产品及纺织品检验检疫费1080万元，签发各类原产地证书10.4万份，减免关税1.7亿美元。

【科技强检实力提升】 新增邢台童车国家检测重点实验室。配备和更新了4030万元的实验室仪器设备。广泛开展了“实验室能力达标”及“优势实验室对标行动”，组织参加各类能力验证315项，检测项目扩大到2600多项。申报科研制标项目109项，创历史之最，其中有2项首次在国家科技部立项。参与组建并成为“河北省大型科学仪器资源共享服务联盟”理事长单位，唐山陶瓷实验室加入了“国家陶瓷检测联盟”，秦皇岛煤检中心牵头组建“国家煤炭检测联盟”取得实质进展。48名同志入选了各类专家库。建立了检企信息服务平台，组建了省局固移集团网。

【企事业发展全面启动】 组织了企事业发展专题调研，认清了差距，增强了紧迫感。搭建了检科院分院、技术中心分中心等事业发展平台，出台了《委托检测业务实施细则》等制度。启动了事业单位改革。各企事业单位在为检验检疫提供强有力技术支撑的同时，千方百计开拓市场，服务社会，取得了业务经营的新丰收，全省系统企事业总收入1.6亿多元。

【内部建设基础更牢】 全面梳理和修订了42个内部管理规章。自主研发的“检验检疫现场业务流程管理系统”顺利通过了总局成果鉴定。全局系统ISO/IEC17020管理体系顺利通过了CNAS的监督审核与扩项评审。落实了“三定”方案，理顺了机构设置。狠抓了财务预算编制和执行管理。加大了基本设施建设的推进和跑办力度。在全省20个检务窗口开展了标准化达标建设活动。老干部、青工妇、安全保卫和机关后勤作用发挥较好。

【发展环境实现优化】 开展了以“三亮、三创、三比、三评”为主要内容的创先争优活动，把创先争优落实到检验检疫各项工作上。各单位“纪念建党90周年”活动丰富多彩，群众性精神文明创建活动成绩显著，秦皇岛局煤检中心采样三科获团中央“全国青年文明号”称号，4个单位和7名同志被总局表彰为全国质检系统“文明窗口”和“窗口服务文明标兵”。开展了“‘两强战略’河北行”系列宣传报道。建立了“行政权力廉政风险防控管理机制”，并被国家质检总局推广。

（河北出入境检验检疫局　杨朝晖）

外事、侨务及港澳事务

【概况】 2011年，河北省紧紧围绕“调结构、转方式”，积极推动对外交流合作。全省共接待各类重要来访团组

473批5430人次。洽谈、推动一批交流合作项目。巩固与22个国家60个地方政府的友好城市关系，促进与26个国家66个地方政府的友好交流关系。在坚持高层互访的同时，重点与荷兰南荷兰省、比利时东佛兰德省开展农产品加工、职业教育、新能源、水利环保等方面的合作，与美国密苏里州、衣阿华州开展城市规划、生物医学技术、畜牧养殖等方面的合作，与加拿大新不伦瑞克省、不列颠哥伦比亚省开展木结构建筑项目合作，与韩国忠清南道、京畿道开展高校校际交流合作等等，取得一批阶段性成果。

务实开展与海外华侨华人的交流合作。一是邀请实业型、技术性的海外华侨华人来访，推动侨务经贸科技交流合作，重点邀请接待81批867人次的华侨华人团组考察洽谈。举办“华侨华人专业人士河北行”活动，围绕新能源新材料、电子信息和生物制药等领域开展对接洽谈，受到相关市县的普遍欢迎，受到海外侨界的关注，受到国务院侨办的高度评价。二是通过海外华侨华人牵线，开拓与驻在国企业的联系，获得技术、资金、信息等方面的交流合作。

积极推动冀港、冀澳合作。进一步加强与香港、澳门特区政府，与驻香港、澳门中联办、与外交部驻香港、澳门特派员公署的工作联系。接待香港特区驻京办主任曹万泰、特区高层首长级公务员国家事务研修班等涉港澳团组12批187人次来访。会同有关部门推动河北与香港、澳门特区在经济、科技、文化等领域的交流合作。确保河北2011年3月在港澳大型活动的联络、访港澳团组各类手续的及时顺利，促进冀港、冀澳交流与合作。

认真做好因公出国赴港澳审核审批工作。一是省级领导干部因公出国赴港澳请示件严格规范。二是对市厅级干部出访，认真执行省直八部门每周三上午集体会审制度。三是对县处级干部出访，坚持互检互查制度。四是典型引路，推广领导干部因公出国赴港澳推动项目合作成效较好的单位的经验。五是积极配合纪检监察部门开展制止公款出国（境）旅游专项工作，确保河北因公出访工作稳步开展。全省实际因公出国赴港澳人员1616批5558人次，其中，党政人员实际因公出访2453人次，有关工作一直受到中央外办、外交部的好评。

积极争取境外捐赠，促进河北社会事业发展。争取接受国际组织、友好人士和华侨华人捐赠款物折合人民币600多万元。受赠单位涉及教育、卫生、绿化、环保等领域，积极推动和促进河北部分地区相关社会事业的发展。

切实加强涉外管理。指导有关单位做好外商投资企业外方人员、外国专家和留学生的管理和服务工作。配合有关部门依法处置涉外案件20起。认真贯彻执行国务院537号令，做好外国记者来冀采访相关工作，会同有关部门做好港澳记者来冀采访事宜，全年共有42批241人次外国及港澳记者来冀采访。

认真落实《中华人民共和国归侨侨眷权益保护法》和《河北省实施〈中华人民共和国归侨侨眷权益保护法〉办法》（简称《实施办法》）。受省政府委托，省政府侨办向省十一届人大常委会第26次会议汇报了省政府关于贯彻《实施办法》的情况报告。制定下发河北省《关于“六五”普法期间开展侨务法规宣传教育工作的规划》，积极推进侨务工作依法行政、依法护侨。认真受理归侨侨眷信访和海外侨胞投诉。维护归侨侨眷和海外侨胞的合法权益，热心受理侨界来信500余件次，来访1400多人次，完成“四侨”考生认证出证251份。

【重要团组访问河北】 澳大利亚自由党前主席沙恩·斯通访问河北。12月8日，澳大利亚自由党前主席、澳大利亚APAC集团执行董事、英国梅费尔集团公司驻澳大利亚董事长、澳大利亚荣博资源有限公司董事长沙恩·斯通，澳大利亚LDF集团公司董事长谢飞一行2人访问河北，进行商务考察。省委书记张庆黎在石家庄会见沙恩·斯通一行，省委常委、秘书长景春华参加会见。会见时，张庆黎在简要介绍河北经济社会发展情况后表示，河北一直高度重视与澳大利亚的交往，双方在经贸、科技、教育等领域有着广泛的交流与合作，取得了丰硕的成果。河北与澳大利亚经济互补性很强，在许多领域有着良好的合作前景。希望双方充分发挥各自优势，将巨大的合作潜力转化为实实在在的合作成果，不断提升各领域务实合作水平。沙恩·斯通表示，澳大利亚与河北合作领域十分广泛，具有进一步拓展合作的坚实基础和巨大潜力。今后会进一步增进了解，在促进澳大利亚与河北合作方面发挥积极作用，尽自己的力量为河北发展作出贡献。同时愿意发挥自身优势，为推动澳中政党间的交流合作、发展澳中友好关系做出积极努力。

“津民盟”代表团访问河北。6月30日至7月1日，由全国主席西蒙·莫约率领的津巴布韦非洲民族联盟—爱国阵线（简称“津民盟”）代表团一行10人在津巴布韦驻华大使弗雷德里克·沙瓦先生陪同下访问河北石家庄。期间，代表团参观西柏坡革命纪念馆、中共中央旧址，考察省委党校和农村基层党建工作等。省委副书记付志方在省会中国大酒店会见代表团一行。会见时，付志方在简要介绍河北省情后表示，希望双方优势互补，加强合作，促进双方未来在经济、贸易、教育、卫生等领域的紧密合作。津民盟全国主席西蒙·莫约表示，津巴布韦有着丰富的矿产、农业和旅游资源，双方的合作由来已久，希望进一步加强沟通，使双方的合作达到新的高度。

美国对外政策理事会代表团访问河北。11月4日至7日，由美国白宫管理与预算办公室前主任詹姆斯·米勒率领的美国对外政策理事会代表团一行5人访问河北，目的是了解河北转变经济发展方式及对美经贸合作等情况，参观大型国有企业和扶贫项目。在冀期间，代表团参观赞皇县核桃产业片区、华北制药集团、省政府外事办公室。11月7日上午，省委常委、常务副省长赵勇在省会中国大酒店会见詹姆斯·米勒一行，双方就开展经贸合作和共同关心的话题进行深入交流。会见时，赵勇在简要介绍河北经济社会发展情况后表示，河北与美方有着良好的合作基础，经济互补性很强，合作潜力巨大，希望双方进一步拓宽合作领域，推动双方经贸合作在互利共赢基础上实现共同发展。詹姆斯·米勒表示，通过在河北的参观考察，看到中国发展及河北发展的强劲动力，也看到政府部门在改善民生等方面所做的努力。希望双方能够进一步增强互信，加强沟通，积极开展经贸合作，实现互惠共赢。

美国“确保美国未来能源”组织代表团访问河北。3月17日，应中国人民外交学会邀请，由香港中美交流基金会推动来华访问的美国“确保美国未来能源”组织代表团一行21人，在全国政协副主席、香港中美交流基金会主席董建华陪同下访问河北廊坊市。代表团成员大部分是由美国前政要、退役将领、商界及学界人士组成，此访目的是参观新奥集团，并就新能源的开发与利用与新奥集团及河北省有关部门进行交流与合作。在廊期间，先后参观创新能源体验中心、太阳能硅基薄膜电池生产线、国家重点实验室煤基低碳能源技术体系实验中心中控室和微藻养殖大棚，与新奥集团董事长王玉锁及新能源专家就有关新能源发展领域的一些问题进行现场交流。省政协副主席崔江水陪同考察，并于3月17日中午宴请代表团一行。

阿拉伯国家驻华使节团访问河北。4月8日至10日，为增进阿拉伯国家对河北省经济社会发展的了解，推动河北省与阿拉伯国家的交流与合作，外交部组织阿拉伯国家驻华使节团一行39人，在外交部副部长翟隽的陪同下访问河北。期间，使节团在石家庄参观赵县柏林禅寺，在保定参观直隶总督署、英利集团、长城汽车股份公司。受省长陈全国委托，省委常委、副省长杨崇勇在河北会堂会见使节团一行。会见时，杨崇勇向客人介绍近年来河北经济社会发展情况。苏丹驻华大使米尔加尼·萨利赫代表阿拉伯国家驻华使节表示，希望在石化、矿产、农业、机电等领域加强与河北的合作，同时希望双方互派留学生，加强相互之间的学习交流。

美国密苏里州州长杰里迈亚·尼克松访问河北。10月25日至26日，美国密苏里州州长杰里迈亚·尼克松率政府经贸代表团一行47人访问河北石家庄。在石期间，代表团参观河北科技大学，举办两省对口企业合作洽谈会。省政府代省长张庆伟会见杰里迈亚·尼克松一行。省长助理、省政府秘书长尹亚力等一同会见。会见时，张庆伟在简要介绍河北经济社会发展情况后对未来合作交流提出两点建议：一是进一步加强两省州在制造业、新兴产业等领域的合作，把已有的合作项目做大做强，同时拓宽合作领域，在更多项目上加强务实合作，实现互惠共赢；二是加强在农业领域的合作，促进共同发展。杰里迈亚·尼克松完全赞同张庆伟的建议并表示，密苏里州与河北省已经具有良好的合作基础，未来通过政府、企业、民间组织的进一步交流，一定能在更多领域找到合作机会。会见结束后，双方签署《关于推动两省州制造业和农业领域交流合作的备忘录》。

日本鸟取县知事平井伸治访问河北。10月24日至26日，日本鸟取县知事平井伸治一行39人访问河北。在冀期间，两省县共同举办鸟取县文化遗产展、鸟取县观光推介会、农业技术协作研讨会等。平井伸治还考察廊坊经济开发区和“小渊基金”项目实施情况。省政府代省长张庆伟在石家庄会见平井伸治一行，省委常委、常务副省长赵勇，省长助理、省政府秘书长尹亚力等一同会见。会见时，张庆伟在简要介绍河北省经济社会发展情况后建议，双方在已有合作基础上，拓宽交流合作范围，促进互利互惠，实现共同发展。重点加强三方面交流与合作：一是保持高层互访，加强人员往来，继续巩固已有的友谊，增加各个层面的交流与合作；二是在经贸、教育、农林、环保等更多领域加强交流，尤其是利用好中日曹妃甸生态园这一平台，扩大双方的务实合作；三是通过政府间的合力推动，解决双方交流过程中的实际问题。平井伸治对张庆伟的建议表示完全赞同，并希望通过高层互访、民间交流等各种形式，继续推进双方的友谊与合作，以取得更多成果，实现互惠共赢。

玻利维亚科恰班巴省省长访问河北。8月23日至25日，玻利维亚科恰班巴省省长埃德蒙多·诺维略·阿吉拉尔率政府及企业代表团一行6人访问河北。在冀期间，代表团参观石家庄市东南环城水系、太平河水系和中华北大街交通枢纽。省委常委、副省长杨崇勇代表省政府在河北会堂与玻利维亚科恰班巴省省长诺维略举行会谈。会谈时，杨崇勇在简要介绍河北经济社会发展情况后表示，希望两省探索建立沟通协调机制，支持双方开展矿产开发、农产品深加工、城市建设管理、污水处理等领域的务实合作，全面深化教育、文化、卫生等多领域交流合作。诺维略表示，科恰班巴省非常希望加强与河北在钢铁等领域的合作，欢迎河北企业到科恰班巴省在农业、工业、交通、垃圾及污水处理等领域进行投资。

美国衣阿华州副州长金·雷诺兹访问河北。6月9日至11日，美国衣阿华州副州长金·雷诺兹率衣阿华州政府及企业代表团一行37人在中国驻芝加哥总领馆杨国强总领事的陪同下访问河北，目的是举行两省州政府工作会谈，举办“衣阿华州发展全球伙伴关系”活动，进一步推动双方交流与合作。在冀期间，代表团参观石家庄市东南环城水系、太平河水系和中华北大街交通枢纽。举办两省州农业畜牧业交流合作会谈和衣阿华州发展全球伙伴关系”活动。省委常委、副省长杨崇勇与雷诺兹副州长举行政府工作会谈。会谈时，杨崇勇在简要介绍河北经济社会发展情况后表示，希望两省州在农畜品种改良、种植和养殖技术提升及科技人员培训等方面展开合作，同时加强在新能源领域和金融保险领域的交流与合作。金·雷诺兹表示，希望双方进一步加深了解，增进友谊，在更广泛的领域展开亲密合作。会谈结束后，杨崇勇向衣阿华州友好委员会执行主席凯若·格兰特，颁发中国人民对外友好协会授予衣阿华州友好委员会的“人民友谊贡献奖团体奖”奖杯和获奖证书。

比利时东佛兰德省副省长德布克访问河北。5月23日至25日，比利时东佛兰德省副省长德布克率东佛兰德省代表团访问河北，目的是进一步加强东佛兰德省与河北的友好关系，促进两省在生物能源、汽车等领域的合作，协商10月份举办结好20周年纪念活动事宜。在冀期间，双方共同举办生物能源合作说明会，就推动河北企业赴比利时投资等进行会谈。代表团还考察保定长城汽车有限公司、中兴汽车有限公司。5月23日，省委常委、常务副省长赵勇在省会中国大酒店会见德布克一行。赵勇在会见时表示，希望推进双方在生物能源、汽车等领域的合作，借鉴比利时的成功经验，在环首都和沿海地区，建设一批有文化韵味的风情小镇。进一步加强双方经济、科技、教育和文化方面的交流合作，不断建立和完善双方互利共赢的合作机制。德布克表示，东佛兰德省在推进环保产业发展、应对人口老龄化等方面都急切寻求突破，希望通过加强与河北的合作，共同应对经济社会发展中面临的新问题，取得新成就。

10月25至28日，比利时东佛兰德省副省长德布克、副省长道威率团访问河北。在冀期间，举办两省政府工作会谈、两省缔结友好关系20周年交响音乐会、东佛兰德省美食节和特色食品品鉴会、东佛兰德省旅游推介会等活动。在北京举办比利时企业家与河北省商务恳谈会。

10月25日下午，省委常委、常务副省长赵勇与比利时东佛兰德省副省长德布克、副省长道威共同出席两省政府工作会谈。会谈时，赵勇在简要介绍河北省情后表示，希望双方在经贸、教育、科技、文化等领域开展全方位合作。开展肉牛、蔬菜、花卉种植技术等方面的现代农业技术合作，促进新能源、节能环保、汽车零部件等先进制造业合作，推动远洋运输、现代物流、临港产业等现代服务业合作，推进以钢材产品研发、新材料、生物医药产业的科技合作，探索联合办学、互派留学生等教育文化合作，进一步加强两省青少年的文化交流，建立双方青年代表团互访机制。德布克表示，希望两省政府、企业界实现良好对接，使双方的合作交流结出新的硕果。会谈结束后，双方共同出席纪念两省缔结友好关系20周年招待会，并观看由比利时音乐家和河北交响乐团共同演出的交响音乐会。

【2011河北省（香港）投资贸易洽谈会】 3月29日至4月1日，2011河北省（香港）投资贸易洽谈会在香港举行。

3月29日，2011河北省（香港）投资贸易洽谈会在香港开幕。省委常委、副省长，省经贸代表团团长杨崇勇出席并致辞。香港特区政府内地事务局副局长苏锦梁、中央人民政府驻香港联络办秘书长杨建平、外交部驻香港特派员公署副特派员高玉琛等应邀出席开幕式。在港期间，重点围绕各市和省直部门"十二五"产业发展重点进行招商引资，陆续举办"2011年河北省城市基础设施项目推介发布会"、"冀港重点合作项目对接协调会"、"唐山市现代服务业重点项目推介会"、"廊坊市新兴产业示范区暨重点园区推介会"、"沧州渤海新区项目合作恳谈会"、"河北省重点开发区招商项目对接会"、"秦皇岛市重点产业园区推介会"、"2011年中国电谷·低碳保定（香港）项目恳谈会"、"河北省国有企业合作项目签约仪式"、"邯郸（香港）重点合作项目恳谈会"等40余场项目推介和专场对接活动。首次设立团长接待日，省领导和有关部门负责人、重大项目负责人，采取现场办公的形式，对具有合作意向和拟签约的项目，提供"一对一"对接服务，对涉及项目审批、土地、环评、投资规模等事项进行当场商定，力促一批重大项目顺利签约。本届投洽会共签订项目合作协议106个，总投资93.8亿美元。

【"2011海外华侨华人专业人士河北行"活动】 6月28日至30日，河北省侨办与国务院侨办经科司共同举办"2011海外华侨华人专业人士河北行"活动，邀请海外华侨华人专业人士一行26人，本着定位求实、组织项目务实、邀请客户实、对接洽谈实、明确机制抓落实的原则，先期对接项目122个，实地考察洽谈36个较成熟的合作项目，项目涉及生物医药、电子信息、机械制造、新能源、汽车及零部件等领域，为河北引进国际先进技术、产品和管理理念起到积极的推动作用。在冀期间，海外华侨华人专业人士分赴河北各市项目单位进行实地考察洽谈。省委常委、副省长杨崇勇在石家庄会见华侨华人专业人士。华侨华人专业人士代表团名誉团长、世界500强美国强生制药集团资深总监夏明德博士表示，愿意在河北创业发展。国侨办对此次华侨华人专业人士河北行活动给予很高赞誉。

【"白求恩生平展石家庄巡展暨全国巡展闭幕式"】 12月13日，由宋庆龄基金会和加拿大驻华使馆主办，宋庆龄故居管理中心、省政府外办和白求恩军医学院承办的"白求恩生平展石家庄巡展暨全国巡展闭幕式"在白求恩军医学院举行，副省长孙士彬、加拿大驻华大使马大维、宋庆龄基金会副主席唐闻生出席仪式并参观展览。闭幕式前，省政协副主席赵文鹤在中国大酒店会见马大维、唐闻生等。

【香港特别行政区政府驻北京办事处主任曹万泰访问河北】

1月10日至11日，香港特别行政区政府驻北京办事处主任曹万泰一行访问河北，目的是了解河北省"十二五"规划情况，并探讨特区政府可以参与或协助的事项。

1月10日下午，省委常委、常务副省长赵勇在省会中国大酒店会见曹万泰一行。会见时，赵勇向客人简要介绍"十一五"时期河北经济社会发展取得的巨大成就，以及河北"十二五"时期经济社会发展的总体思路和战略重点。希望香港特别行政区政府把冀港合作摆在更加突出的位置，希望香港驻京办大力宣传、推介河北，河北省将进一步加强投资环境建设，为香港及所有外来投资者创造更好的发展条件。曹万泰表示，香港作为河北利用外资的第一来源地和重要贸易伙伴，长期以来非常重视与河北的经贸合作，特别是河北"十二五"规划的战略思路和战略重点前景广阔，令人振奋。香港特别行政区政府驻北京办事处愿意为双方下步深化合作提供新的交流平台，将积极与香港社会各界加强联系，争取更多的香港同胞来河北开展经贸合作，努力把双方的友好合作关系不断推向深入。

【赵勇率团访问日本】 2月28日至3月5日，省委常委、常务副省长赵勇率河北省经贸代表团访问日本。期间，代表团就深化河北与日本的经贸合作、推进中日唐山曹妃甸生态工业园的开发建设，与日本政界、经济界、新闻界等社会各界人士进行广泛接触，就有关问题深入交换意见，与日方达成广泛共识，收到良好效果。

在日期间，代表团先后拜会日本前首相鸠山由纪夫、公明党党首山口那津男等20余位日本政界要人和国会议员，与日本外务省、国土交通省、环境省等多个政府部门负责人会谈，并与经济团体联合会、日中经济协会、经济同友会等日本经济团体和日立公司、住友化学等多家日本企业负责人进行座谈交流，举行中日唐山曹妃甸生态工业园说明会，与双日株式会社签署《河北省政府与日本双日株式会社关于加强交流合作的谅解备忘录》，并对在唐山大地震中不幸罹难的日立公司三名员工家属表示亲切慰问。通过广泛接触和沟通交流，使日本各界人士对河北特别是曹妃甸面临的发展机遇、发展的战略重点、具有的独特优势和优良的投资环境有深入的了解，对到河北投资兴业、参与中日唐山曹妃甸生态工业园开发建设表现出浓厚兴趣。

【杨崇勇率团访问加拿大、美国】 5月23日至6月1日，应加拿大不列颠哥伦比亚省政府和美国美铝集团邀请，省委常委、副省长杨崇勇率河北省经济项目合作代表团访问加拿大、美国。

在加拿大，杨崇勇一行考察开滦集团在不列颠哥伦比亚省的三个优质焦煤资源开发项目，就制约项目进程的环境评估、交通运输等问题，与该省政府及有关部门进行会谈，取得对方明确支持承诺。双方还就林业、教育、旅游、金融、投资贸易等方面合作达成共识。在美国，杨崇勇一行就推动美铝集团向秦皇岛转移产能、扩大对河北省投资，喜达屋集团在涿州参与投资建设2000兆瓦多晶硅项目、向河北省转让新能源储能技术，台塑JM集团在廊坊安次区投资建设大口径PVC管道项目、高科技“园中园”项目，分别访问世界500强企业美国美铝集团和台塑JM集团等，与对方高层进行深入洽谈。美铝集团表示原则同意将部分产能转移到秦皇岛，还表达希望与河北省在动车、汽车零部件制造等领域广泛合作的意愿。喜达屋集团表示将加快与河北省合作，并愿意共同投资建设新能源产业园区。此外，代表团在美国洛杉矶、加拿大温哥华分别举行了华商赴冀投资合作恳谈会。

【15名外国专家获“燕赵友谊奖”】 9月28日，河北省“燕赵友谊奖”颁奖大会在石家庄举行。副省长宋恩华出席大会，并代表省政府为获奖的外国专家颁奖，以表彰其在河北省经济建设和社会发展中作出的突出贡献。2011年“燕赵友谊奖”获奖者，来自英国、乌克兰、德国、日本、意大利、美国、韩国、加拿大等8个国家，涵盖机械工程、农业、语言文学等多个专业领域，是在河北省工作的4000余名外国专家的优秀代表。主要有：斯蒂芬·杰·柯蒂斯（英国）、阿廖娜·克莱西莉亚（乌克兰）、丹尼尔·约翰内斯·伊格豪特（德国）、阪上伸（日本）、简·安杰罗·佐亚（意大利）、朱振旗（美国）、黄亨锡（韩国）、詹姆斯·沙特华兹（加拿大）、翰宁·费迪南德·施拉德（德国）、内森·罗伯特·普莱尔（美国）、史蒂法诺·芬奇（意大利）、玛格丽特·道格拉斯·卡斯塔芬（美国）、特奥朵·尼施瑞（加拿大）、邓文君（美国）、维托里奥·瓦尼尼（意大利）。

【华侨·华人·港澳同胞】 河北省籍华侨、华人、港澳同胞40余万人。其中，新华侨华人5万余人，分布在5大洲的78个国家和地区，主要居住在亚洲、美洲、欧洲，以东南亚、日本、蒙古、法国、美国、加拿大最为集中。其特点：一是热爱家乡。中共十一届三中全会以后，大都与家乡取得了联系，并有不少人为家乡建设做出了贡献。二是文化素质较高，重视实业。科技界的有：已故世界著名的美籍生物学家牛满江，美籍世界知名植物遗传学家梁学礼、美籍农业专家耿旭、法国科学院研究导师宋守信、原香港大学校长王赓武、美籍生物遗传学家翟振纲。实业界的有：欧洲共同体经济顾问、法籍华人钱法仁，美国旧金山工业电子国际分行董事长刘融淳，香港义生实业有限公司董事长沈炳枢等。政界的有：美国蒙特利尔公园市市长陈李婉若、世界祖国统一促进会主席张曼新等。三是有强烈的认同感、归属感，建有河北省籍人士或与邻省籍人士联合的同乡会等社团，如法国巴黎河北同乡会，英国河北同乡会，香港冀鲁旅港同乡会，日本留日华侨河北省同乡联合会，大阪中华北邦公所，新加坡华北同乡会，加拿大河北协会，美国大华府地区河北同乡会，纽约河北同乡会等。

河北省华侨早年出国定居，主要有3种情况：一是由于生活所迫，张家口地区的人移居蒙古。二是众多的杂技艺人出国卖艺，在国外定居。三是赴法勤工俭学，20世纪初中国赴法勤工俭学的创始人是高阳县的李石曾。

全省共有归国华侨、侨眷、港澳同胞眷属40余万人，其中归国华侨3892人。河北省华侨回国定居起始于1910年，当时主要是输出南非的契约华工。第一次世界大战后又有赴法、赴俄的契约华工陆续回国。新中国成立后，大批爱国华侨青年回国参加社会主义建设，50年代形成了华侨归国的高潮。1983年至1984年，河北省又安置了旅蒙华侨近2000人，截止1984年全省共有归侨4387人。近年来由于部分归侨出国或调外省工作等原因，河北省归侨人数目前为3892人，主要来自东南亚各国、蒙古、日本、朝鲜等23个国家和地区。全省有阳原、高阳、吴桥3个侨乡县。

中共十一届三中全会以后，各项侨务政策得到落实，充分调动了广大归侨、侨眷、港澳同胞眷属的积极性。河北省充分信任、大胆使用归侨、侨眷干部，并切实保障归侨、侨眷参政议政的权利。截止目前，全省累计提拔到县级以上领导岗位的有600多人，现有侨界全国人大代表3人、省人大代表9人、省政协委员13人。省政协港澳委员35人。河北省还注意鼓励先进、树立典型。近年来，全省归侨、侨眷有2800多人被评为各级劳模和先进工作者，有45人被评为全国归侨侨眷先进个人，15个单位被评为全国侨务工作“先进集体”，16名同志被评为“先进个人”，5家企业获得“全国百家明星侨资企业”荣誉称号，3名专业人士获得“百名华侨华人专业人士杰出创业奖”。其中，2004年底，人事部、国务院侨务办公室共同授予河北省人民政府侨务办公室侨政处“全国侨办系统先进集体”荣誉称号；国务院侨务办公室授予河北省3个单位“全国侨办系统先进单位”荣誉称号，3名同志“全国侨办系统先进个人”荣誉称号。2006年，国务院侨务办公室授予河北省2个单位“全国社区侨务工作先进单位”荣誉称号，1名同志“全国侨法宣传先进个人”荣誉称号，2名同志“全国社区侨务工作先进个人”荣誉称号。2009年，人力资源和社会保障部、国务院侨务办公室授予唐山市侨办“全国侨办系统先进集体”荣誉称号。国务院侨务办公室授予河北省3个单位“全国侨办系统先进单位”荣誉称号，4名同志“全国侨办系统先进个人”荣誉称号，23名同志“全国归侨侨眷先进个人”荣誉称号，4家企业“2006－2008年度全国百家明星侨资企业”荣誉称号，2名专业人士“第二届百名华侨华人专业人士杰出创业奖”荣誉称号。

全省归侨、侨眷知识分子中，有380多人获省部级以上科技进步奖、科技成果奖和科技发明奖，60余人被授予有突出贡献的中青年专家和省管专家。近年来，全省就归侨侨眷退休金、招生、招工、房改、工资改革、扶贫救济、养老、医疗改革等，先后制定了12项操作性较强的配套政策，使维护归侨侨眷权益既有法可依，又有章可循。还从实际出发，采取了积极有效的措施努力推进侨务扶贫工作，积极筹集资金，争取贷款，加大对侨务扶贫的投入。为扩大就业门路，积极引导兴办侨属企业，各地为此先后出台了优惠政策，予以重点扶持和保护，侨务扶贫工作得到了国务院侨办的肯定，在2001年全国侨务扶贫工作会议和2003年全国归侨侨眷下岗职工再就业暨发展归侨侨眷非公有制经济会议上，分别介绍了河北省的经验。2005年国务院侨办国内司先后3次到河北调研，充分肯定河北的侨务扶贫和再就业工作。在2008年全国侨办主任会议上，国务院侨办领导对河北省组织各设区市侨办干部到江苏实地学习先进经验、帮助困难归侨侨眷选准效益好的项目、修订本省《归侨侨眷权益保护法》实施办法和推进“侨爱工程—万侨助万村”活动等工作，给予充分肯定。在发展外向型经济中，不少归侨侨眷发挥自身的“海外关系”优势，为河北省引进人才、资金、技术和设备牵线搭桥做出了贡献。

（河北省外办　张延领）

经济技术合作

【概况】　2011年，全省上下高度重视区域合作工作，认真落实省委、省政府主要领导提出的开好局、起好步和“对内开放工作要有新的突破”的总要求，牢牢把握“一产抓特色、二产抓提升、三产抓拓展”这一主线，突出重点，多措并举，上下联动，形成合力，深入贯彻《关于扩大对外开放，加快开放型经济发展的意见》，围绕年度目标任务，扎实推进区域合作、省校合作和对口支援工作，各项工作取得显著成效。据统计：2011年全省实际引进省外资金3763.65亿元，比上年同期增长93.03%。

【区域合作】　国家“十二五”规划提出，推进京津冀区域经济一体化发展、打造首都经济圈、重点推进河北沿海地区发展。10月27日，国务院正式批复了河北沿海地区发展规划，明确提出把河北沿海地区建设成为环渤海地区新兴增长区域、京津城市功能拓展和产业转移的重要承接地、全国重要的新型工业化基地、我国开放合作的新高地、我国北方沿海生态良好的宜居区，在促进全国区域协调发展中发挥更大的作用。这标志着河北沿海地区发展已经上升为国家战略，不仅为河北加快发展提供了政策支撑，也为河北确立在区域合作中的地位、发挥更大作用提供了广阔舞台。

（一）积极推进与京津合作。2011年以来，重点推进河北省与京津在合作机制建立、规划、城市、产业、交通、通讯、市场、人力资源等方面的对接，搭建京津产业转移承接平台，推进产业转型升级和结构优化，构建与京津地区高端产业协调发展、优势产业互补、基础产业互动的发展格局。元月初，在北京成功召开了“河北省—北京市首都经济圈建设合作座谈会”，赵勇常务副省长与北京市陈刚副市长就交通、环保、城建等问题进行了座谈，进一步推进了京津冀一体化进程。加强了与京津两市对口部门的联络与沟通，扎实做好与两市所签会谈纪要的落实工作，与京津发改与区域合作部门签署了《关于加强京津冀区域合作相关部门联系会制度的意见》，4月初，发改委主要领导带队与北京市对口支援和经济合作工作领导小组办公室进行了交流，从共同推动基础设施一体化、共同推动两地通讯一体化、共同推进两地口岸合作、共同举办招商活动等方面达成了一致意见。

（二）推进了与内蒙合作。3月下旬，在北京与内蒙古自治区签署《关于建设内蒙古临港产业园和港口项目合作会谈纪要》。5月初，内蒙古自治区党委胡春华书记率内蒙古代表团到河北考察调研，签署了《建设内蒙古临港产业园和港口项目合作协议书》。省有关部门及唐山市政府多次深入曹妃甸新区和乐亭新区进行调研和座谈，就内蒙古自治区在曹妃甸建设内蒙临港工业园区事宜展开了一系列的工作，成立了河北省内蒙古临港产业领导小组办公室。目前，与内蒙古的全面合作共建冀蒙临港产业园前期工作正在扎实推进。

（三）引进了一批项目。认真谋划、组织和参加国内重点招商洽谈活动，确保有一批国内合作项目签约，确保有一批国内知名企业落户河北省，做到参会有企业，发布有项目，洽谈有客户，签约能落地。充分利用5.18廊坊经贸洽谈会平台，引进了一批企业。会上签约27个重大项目，协议引进省外资金615.3亿元。引进了一批国内知名央企和民企。

（四）百家央企走进河北战略合作恳谈会。11月25日由省委、省政府举办的“百家央企走进河北战略合作恳谈会”在石家庄成功举办。这次恳谈会是河北省与央企开展的规模最大、层次最高、范围最广的一次战略合作活动，标志着双方合作进入全面发展、深入推进的新阶段，对于加快建设经济强省、和谐河北，实现双方互利共赢、共同发展具有重大而深远的影响。恳谈会上，100多家央企汇聚河北，深入交流，对接洽谈，省政府分别与26家央企签署战略合作框架协议，省有关部门，设区市，县（市、区）政府和企业分别与13家央企签署投资合作协议，意向总投资约6800亿元，这是“十一五”期间央企在河北实际投资额的3倍以上。一系列合作协议的签署，开启了河北与央企战略合作新的一页。

【省校（院）合作】 （一）推进和实施了一批高科技项目。针对河北省钢铁、装备制造、石化、建材、轻工、纺织服装、食品等传统优势产业改造升级和新能源、新一代信息业、生物医药、高端装备制造业、新材料、节能环保等战略性新兴产业的技术需求，积极推动企业与省外院校的技术合作，促成河北省企业实施了一批高科技项目。据不完全统计，2011年1—10月份，与河北省签订合作协议的13所院校就有200多个项目在省内企业得到了转化，这些项目科技含量高，经济社会效益好，有效解决了企业在发展中的技术难题。

（二）协助石家庄市在天津市召开了2011年石家庄市校科技合作项目对接会。该对接会邀请了天津大学、南开大学、天津科技大学的20多位专家教授出席，石家庄市有技术需求的30多家企业到会，会上发布了企业技术需求52项，发布院校科技成果30多项，通过直接洽谈，有8家企业与院校专家教授达成了合作意向。

【对口支援】 （一）对口支援新疆。对全省各地、各部门贯彻第二次全省援疆工作电视电话会议情况进行跟踪了解，对全国18个援疆省市体制机制情况进行了摸底调研。召开援疆项目调度和项目建设管理培训专题会议，与援疆前指、省建设厅、教育厅对4个试点项目、第一批12个援建项目、第二批20个援建项目进行了调度，对参与援疆项目建设的管理人员进行了业务培训。完成农二师老军垦战士赴河北参观考察团一行70人接待陪同、考察座谈任务。完成了接待农二师产业对接和项目合作代表团的考察洽谈、项目签约仪式组织工作。同新疆巴州受援办领导一行赴河北省考察对接，就“新十件实事”办理进展、援疆机制建设情况等进行考察对接。将第一批12个援建项目续建投资计划和第二批援疆项目中巴州安居富民、定居兴牧工程和农二师部分保障性住房工程补助资金提前下达。

（二）对口支援西藏。参加国家发改委主持召开的部级联席会，汇报了《河北省对口支援西藏经济社会发展规划》（2011—2015年）编制工作情况，根据要求，同阿里沟通一致，已将规划修改稿报国家发改委审批。组织了河北省代表团访问西藏阿里并参加象雄文化节和阿里和平解放60周年庆典活动，赠送人民币100万元，看望慰问援藏干部，考察援藏项目。对今年的15个援藏项目建设情况进行了督导。

（三）对口支援丰都。对国务院三峡办今年下达河北省援助任务目标情况，同丰都和省财政厅及时进行了沟通衔接，目前正在对援建公益项目进行筛选。

（河北省发改委经合办　孙志安）

【广东省河北商会】 广东省河北商会是经广东省经济贸易委员会批准，在广东省民间组织管理局登记注册，具有社团法人资格的民间团体组织。它是由广东省境内从事工商业活动的河北籍公民创办的工商企业自发、自愿组成的地方性、联合性、非营利、非政治性社会团体。该商会原则上是由河北籍在粤从事生产、经营活动的企业家；河北各地政府、企事业单位驻粤机构；在粤河北籍高级专业人才、各界知名人士等组成。商会将严格按照会员代表大会通过的章程发展和运作，以加强联系、优势互补、互通信息、促进发展和维护会员合法权益为主要目的，使在粤冀商及各类人才有一个“娘家”，给他们提供更多的关爱、支持和帮助，引导其更健康地发展。该商会发挥各会员之所长，在两地政府的指导与支持下，整合和利用各种社会资源，使之真正成为经济发展的纽带，沟通信息的渠道，密切政府、企业、人才之间的桥梁，打造和展示“新冀商”品牌形象的舞台，为冀粤两省经济建设和社会发展做出贡献。

2011年，广东省河北商会积极主动为河北各地招商引资牵线搭桥。商会与河北各市县政府和商务部门建立紧密合作，去年成功为河北旅游局、商务厅、沧州市、安平、隆尧县组织招商推介会并促成多个项目落地河北，投资额达40亿，有效地发挥了冀粤经贸合作的桥梁纽带作用。同时积极组织会员分批到广东梅州、河源、云浮、肇庆、江门等地参观考察，组织会员参加在广东举办的各类招商会、研讨会，进一步提升了会员经贸信息渠道。

成功召开商会第四次理事会、第三次会员大会和“贺中秋”同乡联谊会，河北籍高层领导李希林、刘鹤翘、梁国聚等欣然出席并充分肯定商会成立来的成绩。同时，社会各界和河北老乡纷纷高度关注“南粤冀商”群体，踊跃为活动提供赞助和签订友好合作协议，如深圳发展银行、中信银行分别和商会签订3亿元授信额度。申银证券、齐鲁证券为会员提供金融理财支持。衡水老白干集团为中秋活动提供价值6万多元的产品赞助。

商会队伍发展迅速，当前会员人数已由成立时的40多家发展到现在的110多家，商会实力不断壮大、涉足行业越来越广、会员层次和实力不断提高。通过商会平台，会员们获得了越来越多的商机，为会员解决了多项难题，2011年，多个会员遇到了税务稽查、产品质检不合格、营业执照被吊销、交通违章、违反计划生育政策等事情，反映到商会后，秘书处积极与有关部门联系协调，逐个化解或减轻处罚，商会发挥了“冀商之家”作用。

积极参加全国各地河北商会的联谊活动。2011年10月，中国河北冀商联合会在石家庄成立，广东省河北商会被选为常务副会长单位，目前全国已有39家河北商会注册成立，海外也有5家河北同乡会成立。全球冀商正以燎原之势迅猛发展、遍布全球。计划明年召开全球冀商大会。同时，广东各商协会之间的横向联合也日益活跃，商

会已是广东省工商联团体会员、广州市工商联执委、华南商协会秘书长联谊会成员，经过一年多发展，目前河北商会已齐身广东异地商会“第一军”团行列。

现代物流

【概况】 2011年，河北省物流业发展取得新进展。一是全省社会物流总额快速增长。达到49680.7亿元，同比增长16.4%。其中：农产品物流总额3788.3亿元，同比增长5.4%，工业品物流总额42757.4亿元，同比增长17.2%，进口货物流物流总额1616亿元，同比增长29.2%。二是全省社会物流总费用增幅较大。达到4639亿元，同比增长20.6%。其中：运输费用2985.6亿元，同比增长20.2%，保管费用1227.6亿元，同比增长22.6%，管理费用425.7亿元，同比增长17.3%。三是全社会货运量增速加快。达到19.7亿吨，同比增长20.4%。其中：铁路货运量2.6亿吨，同比增长13.4%，道路货运量16.7亿吨，同比增长22.6%，水运货运量0.3亿吨，同比增长22%，管道货运量0.1亿吨，同比增长3.5%。四是全社会货运周转量高速增长。达9640.5亿吨公里，同比增长19%。其中：铁路货运周转量3926.8亿吨公里，同比增长16.7%，道路货运周转量5219.3亿吨公里，同比增长30.1%，水运货物周转量476.2亿吨公里，同比增长7.9%，管道货运周转量18.2亿吨公里，同比增长1.2%。五是港口货物吞吐量再创新高。达7.1亿吨，同比增长17.3%。六是物流业增加值不断扩大。达1789.2亿元，同比增长14.8%，社会物流总费用与GDP比率为19.1%，与上年基本持平，物流业增加值占服务业增加值比重达21.8%，同比上升了0.3个百分点，物流业增加值占GDP的比重为7.4%，与上年持平。物流业已经成为继钢铁产业之后河北省的第二大产业，其对经济的拉动作用日益显现，对全省经济结构调整和经济发展的贡献率不断提高。2011年，物流业呈加速发展之势，有六个特征：

（一）政策支撑作用明显。物流业界称2011年为“政策年”。政府通过政策、规划推动物流发展，成为2011年推动河北省物流业加快发展的显著特征。

国家出台一系列政策措施：3月，全国人大《“十二五”规划纲要》强调“大力发展现代物流业”；6月，国务院常务会议专题研究支持物流业发展的政策措施；8月，出台了《国务院办公厅关于促进物流业健康发展政策措施的意见》（国办发〔2011〕38号）文件。年内，国务院常务会议决定，从2012年1月1日起在上海市开展交通运输业和部分现代服务业营业税改征增值税试点。年底，国务院办公厅《关于印发贯彻落实促进物流业健康发展政策措施意见部门分工方案的通知》，进一步细化工作，落实到部门。

省委省政府高度重视物流业发展。一是召开会议，全面部署物流工作，提出今后5年物流发展的五大重点。即：钢铁、煤炭、医药等重点领域和大宗商品物流，以服务京津市场为主的农产品冷链物流建设，商贸物流配送，国际物流及港口物流，第三方物流力求实现突破。二是制定政策，先后印发了《河北省现代物流业“十二五”发展规划》、《河北省冷链物流“十二五”发展规划》、《河北省煤炭物流“十二五”发展规划》、《河北省快递服务“十二五”发展规划》等一批项规划。编制农产品冷链物流规划、煤炭物流规划在河北省尚属首次。三是加紧行动，省物流业发展领导小组各司其职，相互配合，就物流重点问题和难点问题展开攻坚，找出制约全省物流业发展的37个体制性问题并提出措施，找到对策。

（二）港口物流飞速发展。作为沿海大省，河北省海岸线长487公里，具有建港、发展海上运输得天独厚的区位优势和良好的资源条件，是环渤海经济圈的中坚组成部分。2011年，省委省政府提出把发展沿海经济作为建设经济强省的重要战略，举全省之力打造曹妃甸新区和渤海新区两大增长极，大力度推动港口、产业和城市互动发展，秦、唐、沧沿海三市重点产业发展中，都把现代物流业列为重中之中。2011年河北省港航发展实现历史性突破，港口货物吞吐量突破7亿吨，秦皇岛港、唐山港、黄骅港均跻身亿吨大港行列；唐山港货物吞吐量突破3亿吨大关，成为河北省第一大港，位列全国第8。河北港口集团全年完成吞吐量3.61亿吨，同比增加4646万吨，增长14.8%。2011年7月，河北港口集团控股组建煤炭物流公司，将成为北方最重要的第三方煤炭物流供应商和服务商，标志着河北省港口物流已进入崭新发展阶段。

（三）项目建设速度加快。2011年，我省物流项目建设进一步加快，26个物流产业聚集区加快推进，分别编制了规划，部分通过了省级评审，大部分聚集区启动了基础设施建设和招商引资，550家区内物流企业纳入省级财税优惠兑现政策范畴。99个大型物流项目列入2011年度全省重点项目建设计划，累计总投资1485亿元。省发改委重点调度的100个物流业调整和振兴项目，已建成投产56个，完成投资760亿元。30个物流项目获得国家7500万元资金支持，8家物流企业列为国家首批物流业与制造业联动试点，1家物流企业列为国家物流税收改革试点。30家物流企业通过国家A级物流企业标准，其中5A级5家、4A级10家、3A级11家、2A级4家。13个人、2家企业获全国物流业劳动模范（先进个人）和先进集体称号。

（四）企业转型升级得到深化。已有一批大型生产企业实现了物流业务外置，开滦集团、集中能源、河北钢铁集团、华药等大型企业分别把物流业务独立成为物流公司，立足于集团自身物流需求，不断开拓开发社会业务，开滦集团物流公司的第三方物流业务量已超过了母公司的物流需求量。制造业与物流业联动发展深入推进，12月，国家发改委在南京召开“第三届制造业与物流业联动发展大会”，公布了130家“全国制造业与物流业联动发展示范企业”。其中河北省有开滦集团国际物流有限公司，邯郸鼎峰物流有限公司，河北新武安钢铁集团物流有限公司，沧州运输集团有限公司，河北顺邦物流有限公司，石家庄宇翔物流有限公司，唐山冀通大型货物运输有限公司，万合集团股份有限公司等8家公司成为全国示范。

（五）重点企业态势良好。2011年河北省物流企业经营情况大多较好，基本赢利，其中，发展形势较好的企业有：

开滦集团物流产业收入全年完成800亿元，同比增长63%，占集团总收入的59%，位居全国物流百强企业第5。

冀中能源国际物流公司实现年收入280亿元，利润8000万元，实现了企业零库存。

河北物流集团实现销售收入261.8亿元，同比增长63%，利润7006万元，同比增长50%，全年完成实物销售量1396万吨，同比增长31%。首次跻身中国企业500强，居431位。

河北钢铁集团国际物流公司于2011年7月成立，当年实现营业收入347亿元，利润总额9751万元。

河北万合物流主营业务收入20.8亿元，实现利税8500万元。

（六）发展基础得到夯实。物流合作得到深化。中铁物流、江苏雨润、浙江物产、北京新发地和香港胜记仓等业内龙头企业入驻河北省投资兴业，扩大网络。

物流统计工作得到加强，全省4700多家物流企业纳入统计范畴，基本实现季度统计。为加快发展大宗商品物流，增强河北在钢铁、煤炭、铁矿石等大宗商品领域的话语权，谋划并启动了大宗商品交易平台建设。

行业自律加强。部分设区市和县组建了物流协会，物流协会的工作体系进一步完善，中介组织作用得到进一步加强。

（河北省发改委服务业处　袁有丰）

证券期货市场

【概况】 2011年是“十二五”开局之年，也是资本市场改革经历严峻考验的一年。河北证监局着力解决全省经济社会发展与资本市场发展“一大一小”的主要矛盾，推动河北资本市场取得了跨越式发展，上市公司治理水平与透明度不断提高，证券期货经营机构竞争力和创新力进一步增强，市场秩序得到有效整治和规范，在实现“经济强省、和谐河北”中发挥着越来越重要的作用。

一、河北资本市场

（一）上市公司。截至2011年底，河北境内上市公司46家，占全国2342家上市公司的1.96%，总股本410.83亿股，占全国上市公司3.33万亿股的1.23%，总市值3165.55亿元，占全国上市公司总市值25.01万亿元的1.27%。其中沪市17家，深市主板15家，中小板9家，创业板5家，共有47只股票挂牌交易（宝石发行A、B股），其中A股45只，B股2只。2011年度，全省在沪深两市IPO企业4家，直接融资创历史之最，达442.40亿元，相当于2000年至2010年11年直接融资的总和，占同期全省新增贷款2423亿元的18.26%。股权融资325.9亿元，占全国股权融资额的5073亿元的6.42%。其中IPO融资132.58亿元，配股融资24.47亿元，增发融资168.84亿元。全年债券融资116.5亿元，占全国公司债券融资1707.4亿元的6.82%。截至2011年底，河北省上市辅导备案企业22家，其中报证监会在审企业8家。

（二）证券经营机构。截至2011年底，全省有证券公司1家，证券分公司2家，证券营业部160家，其中外埠证券营业部67家；证券投资咨询机构2家；从业人员3906人。营业部家数较上年末增加6家；营业部家数在全国排13名。证券经营机构年营业收入18.3亿元（手续费及佣金收入16.18亿元），较上年度减少42%，位居全国第14位，与上年度持平；年利润总额6.47亿元，较2010年度下降61%，位居全国第14名，较上年度下降2名；年净利润6.04亿元，较上年度下降62%，位居全国第12名，与上年度持平。截至2011年底，全省资金账户249万户，较上年度增加9.2%；证券账户数419万户（A股证券账户数418万户，B股证券账户1.55万户），较上年度增加10%；基金账户7.61万户，较上年度增加41%。全省证券客户资产为1614.2亿元（代理买卖证券款117.42亿元、指定与托管证券市值1307亿元），较上年度减少14.4%。全年共实现证券交易金额1.11万亿元（A股1.02万亿元、B股11.24亿元、基金85.99亿元、债券38.00亿元、权证38.34亿元、其他证券21.69亿元、债券融资回购交易25.26亿元、债券融券回购交易692.00亿元），较上年减少23%。

省内设有唯一一家证券法人机构——财达证券有限责任公司。该公司于2002年4月经中国证监会批准设立，注册资本14.169亿元；经营范围为：证券经纪、证券自营、证券投资咨询、证券投资基金代销；目前控股1家期货公司，下设102家证券营业部，拥有员工1800余人，连续两年被评为“A”类券商。截至2011年底，公司资产总额107.54亿元，净资产30.62亿元，拥有客户约145万户，2006年以来，连续六年赢利，累计实现利润总额49.56亿元，赢利水平位居行业25位左右。公司多次荣获“河北省金融贡献奖”。

（三）期货经营机构。截至2011年底，全省有期货公司1家，期货营业部31家，较上年末增加2家，批准筹建的期货营业部1家；交割库12家；从业人员375人（其中营业部从业人员334人，平均每家11人）。营业部数量全国排名第13；外埠营业部共25家。2011年度，全省期货经营机构累计实现营业收入8512.20万元，较上年度增长2.17%；累计实现手续费收入8208.17万元，较上年度增长1.88%；累计实现净利润223.28万元；盈利营业部12家。截至2011年底，全省投资者累计客户数3.17万个，较上年度增长11.23%（新开户0.32万个）；全省期货经营机构客户保证金9.45亿元，较上年度增长

4.19%。

省内设有唯一一家期货法人机构——河北恒银期货经纪有限公司，该公司注册资本人民币5，000万元，经营范围为商品期货经纪、金融期货经纪，公司控股股东为河北省经济技术投资担保有限公司，公司实际控制人为河北省国富农业投资集团有限公司，现有营业部6家，占全省营业部数量的20%。截至2011年底，公司总资产2.22亿元，净资产4，700.40万元；全年累计代理交易量205.72万手，累计代理交易额2，207.83亿元；净手续费收入1，313.83万元，营业收入1，579.51万元；期末客户数9，217个，期末客户保证金1.70亿元。

二、主要工作

（一）全面提升资本市场服务国民经济发展的功能。2011年，为河北资本市场“上市融资年”，河北证监局在年初辖区监管工作会议上河北证监局提出了“保三、争四、创五”（即保300亿元、争400亿元、创500亿元）的融资目标。一年来，河北证监局以扩大融资为抓手，通过优化资源配置，深化市场服务功能，努力促进经济发展方式转变和经济结构调整。2011年河北资本市场在沪深交易所直接融资创历史之最，达442.40亿元，相当于自2000年至2010年11年直接融资的总和，占同期全省新增贷款2423亿元的18.26%，大大缓解了直接融资与间接融资的不平衡；首发融资及再融资募集资金325.91亿元，公司债融资116.5亿元，占同期股权融资的35.74%，大大缓解了股权融资与债权融资的不平衡。

1.着眼长远，稳步推进企业股权融资。为实现既定目标，河北证监局着力从存量和增量方面加大推动力度。一是大力推进企业上市融资，走访拟上市重点企业，协同地方政府与拟上市企业座谈，现场答疑解惑，做好拟上市公司的辅导监管工作。2011年，全省新增上市公司4家，IPO融资额132.58亿元，其中庞大集团、长城汽车登陆上海证券交易所，以岭药业登陆深交所中小板市场，常山生化在深交所创业板市场上市。二是积极支持已上市企业通过定向增发等方式进行再融资。2011年，天威保变配股融资24.48亿元，河北钢铁融资160.15亿元，唐山港定向增发融资8.7亿元，再融资额193.33亿元。

2.抢抓机遇，狠抓企业公司债融资。2011年，河北证监局积极落实证监会有关决策部署，抢抓机遇，大力推进公司债融资。一是局党委高度重视，统筹规划。郭润伟局长在年初召开的河北辖区上市公司监管工作会议上，即把扩大债券融资确定为显著提高直接融资比重的重点工作，统筹部署相关工作，为全年债券融资工作提出了指导意见。二是积极创造市场氛围，加强宣传引导。进一步加强与省、市政府及相关部门的沟通，推动河北省建立了债券融资工作联席会议制度，为辖区上市公司债券融资创造了良好的政府环境。同时，河北证监局充分发挥行业专业优势，通过高管培训、实地督导不断宣导政策，提高各上市公司对债券融资的认识，增强公司选择债券融资的主动性和积极性。三是全程辅导，重点推动。充分发挥派出机构贴近一线的优势，在全面宣传公司债融资的最新政策的基础上，对辖区上市公司开展了公司债融资意向摸底调查，对有发行意向的公司进行了重点辅导，动态跟踪；组织已发行债券公司对有发债意向的公司进行经验交流，有力推动了公司发债计划的实施。四是调整规范内部工作程序，快速及时出具监管意见。对发债申请开辟绿色通道，在保证监管工作质量前提下，尽可能以最快时间出具监管意见，为上市公司债券融资提供优质的服务。截至2011年底，河北上市公司公司债券已发行116.5亿元，占同期全国发行总额的近10%，占同期股权融资的35.74%，实现债券融资与股票融资的协调发展。

3.一司一策，积极推进并购重组。近年来，河北省上市公司并购重组活动日趋活跃，资本市场优化资源配置功能逐步体现。2011年，河北辖区共9家上市公司进行重大资产重组，占河北上市公司总数的20%。河北证监局在并购重组监管中坚持以资本为纽带，充分发挥市场优化资源配置作用，努力化解上市公司风险，提高上市公司质量。一是推动优质公司利用重组提高质量。推动河北钢铁、冀中能源完成重组后续事项，彻底完成重组收尾工作；密切跟踪晶源电子、冀东水泥、建投能源等重大资产重组工作，推动公司提升盈利能力，提高上市公司质量。二是推动绩差公司利用重组化解风险。督促*ST宝硕非公开发行，协调宝石A国有股权转让工作，解决公司经营困难；推动东方热电债务重组，化解经营风险；推动金牛化工定向增发募集资金，做大主业，摆脱困境。三是加大协调力度，解决历史遗留问题。下大力气不断通过走访、沟通，协调地方政府和相关单位解决沧州大化、承德露露、ST唐陶重组后的历史遗留问题，使公司摆脱经营风险，健康发展。目前上述几家公司重大资产重组工作正在有序推进，风险逐步化解。

4.搭建平台，深化期货市场功能。河北是钢铁大省、焦炭大省、农业大省，但实体企业利用期货市场的能力相对落后。为此，河北证监局始终重视市场的培育和推介，通过多种形式不断推广期货产品服务产业发展的成功经验和典型案例，积极引导期货公司更多地发展产业客户，提供专业化服务。通过一系列大型化的会议、小型化的培训、普及化的讲座，为期货机构服务经济转型搭建双向互动交流平台，传播期货知识，促进期货机构与实体企业对接。同时，针对辖区期货人才稀缺的现状，通过与高校联合举办期货从业考试班，逐步实现人才培训工作从业内向业外扩展。

（二）全力推进市场及其主体规范发展

1.着力构建市场文化体系。大力推动证券市场文化繁荣发展。率行业之先河，深入贯彻落实十七届六中全会精神，组织召开“河北辖区证券市场文化建设座谈会”，引导辖区证券机构开展多种形式的文化建设活动，促使机构为建立“和谐、有序、共存、发展”的经营环境共同努力。

强力规范市场秩序。加强经纪人、居间人管理，规范营销人员行为。审慎开展经纪人制度试点，提出居间人管理10项原则，强调证券期货经营机构在经纪人与居间人管理方面的第一责任。继续完善辖区证券期货从业人员及营销人员诚信数据库，实施“黑名单”制度。

狠力净化市场环境。完成证券投资咨询机构年检，加强投资咨询业务现场检查；严格履行事前报备程序，督促辖区证券期货经营机构合规开展咨询工作。协调完善辖区媒体监控机制，加强利用媒体开展投资咨询活动的监管，协调财达证券公司与新华社河北分社建立了媒体联动监控机制，对辖区47家媒体证券节目进行全天候监控，共同促进辖区证券期货咨询活动的规范发展。

2. 着力提升上市公司治理水平。推动上市公司解决同业竞争和减少关联交易。确定河北钢铁等5家公司作为重点，一司一策，全力推动；目前，河北钢铁通过增发收购邯宝公司资金已经到位；渤海物流大股东已将与上市公司形成同业竞争的茂业百货委托给上市公司经营管理；宝硕股份解决同业竞争方案和建投能源解决关联交易方案已上报证监会；宝石电子因筹划重大事项已停牌。

开展内部控制规范试点工作。拟定《上市公司内部控制规范试点工作推进方案》，确定建投能源等4家公司为试点单位，组织公司高管人员学习相关政策，督促公司上报内控试点实施方案，密切跟踪，现场督导，就工作开展情况与公司进行座谈。

实施新上市公司治理专项活动。将新上市公司纳入专项治理范围，对发现的问题进行分析汇总，组织制定工作方案，分别开展公司自查、公众评议和公司整改3个阶段，以现场检查方式及时跟进督促，同时强化保荐机构责任，确保督导工作全面细致。

积极开展创业板保荐机构持续督导核查试点工作。按照《关于做好2011年创业板上市公司现场检查并开展保荐机构持续督导现场核查试点工作的通知》要求，在审阅保荐机构报送的督导报告后，组织约见保荐机构，同时对创业板上市公司进行现场检查，并对保荐机构持续督导工作进行核查，不断探索适合创业板特点的监管方式和手段。

3. 着力推动证券经营机构创新发展。推动财达证券公司规范发展。鼓励公司增强新业务功能，壮大资本实力，提高核心竞争力，督导公司加强合规管理，防范自营、咨询及基金代销等新增业务风险，完善经纪业务合规运行、评价体系，建立信息隔离墙制度和压力测试机制，审慎开展单客户多银行资金存管服务，稳妥处理客户投诉，做好投资者教育宣传工作。财达证券在证监会2011年证券公司分类评价中被评为A级。

加强业务培训，推动创新业务。切实促进辖区证券机构不断拓宽服务范围，为投资者提供更多金融证券品种。组织召开了辖区证券期货机构信息安全工作座谈会、转型创新座谈会、辖区信访工作培训会议，促进业务转型创新，深入开展好投资者保护工作，努力实现辖区证券行业的持续健康稳定发展。

4. 着力促进期货经营机构规范发展。持续做好期货公司两金监管，提升公司抗风险能力。每月通过网银系统对期货公司自有货币资金进行查证核实，并对大额未达账项进行跟踪查核，强化公司净资本监管。

严格高管人员诚信考核，提高机构合规运营水平。2010年开始，河北证监局对辖区期货机构负责人实行诚信考核。一方面可以公平对待所有监管对象，另一方面持续的传递压力，动态监管，防微杜渐。

加强期货经营机构信息技术监管，全面夯实安全运行基础。2011年，在辖区期货经营机构实施“四个一工程”，即进行一次信息系统全面风险排查，进行一次多情景应急演练，针对发现的问题记录一份整改台帐，组织员工进行一次信息安全知识培训。并多次对行业疑难技术问题集中论证，统一答复，形成标准。

（三）严厉打击市场违法违规行为

1. 加大案件查办力度。2011年，河北证监局完成证监会稽查局交办和自行启动的案件调查任务8件，完成协助调查案件4件，启动提前介入调查1件，形成了“以查促管”的监管局面。

2. 加强内幕交易防控工作。坚持对内幕交易零容忍的态度，本着“打防结合，预防为主”，深入做好打击和防控内幕交易工作。联合河北省金融办、河北省国资委、河北省公安厅、河北省监察厅等部门共同召开河北省打击和防控内幕交易座谈会。进一步完善辖区日常监管与内幕交易稽查的联动工作机制，将内幕信息知情人登记制度执行情况作为日常监管的重要内容，及时对涉嫌内幕交易的公司和个人及时启动非正式调查或立案调查。多次开展防范与打击内幕交易的专题培训，向上市公司发放内幕交易等违法违规典型案例，使上市公司实际控制人（大股东）负责人、上市公司董事、监事、高级管理人员提高认识，加深对法律法规的理解。通过网络、媒体，多渠道、多方式宣传内幕交易的危险性。

3. 打击各类非法证券活动。坚持“打早打小、露头就打”的原则，会同省市政府和公安、工商等部门密切配合，坚持对非法证券活动采取高压态势，不给非法证券活动蔓延发展的时间和空间，较好地维护了辖区证券市场的正常秩序。一是进一步深化辖区打非工作机制，组织召开打击非法证券活动协调小组联席会，加强打击非法融资活动和非法证券活动的协调、沟通。二是积极排查辖区非法证券活动。组织开展辖区非法证券活动及私募股权投资基金排查工作。三是共同打击非法证券活动。配合石家庄公安局、承德市公安局对非法证券活动进行查处。四是密切配合地方政府做好各类交易场所的清理整顿工作。五是组织开展反洗钱工作。督促辖区证券期货经营机构切实抓好反洗钱工作相关规定的贯彻落实。六是深入做好投资者教育、法制宣传工作。

（河北证监局　张海洋）

统计资料篇

STATISTICAL DATA

统 计 资 料 使 用 说 明

一、统计资料内容说明

1.《河北经济年鉴－2012》的统计资料篇全面反映河北省经济和社会发展情况。收录了全省 2011 年及历史重要年份经济和社会各方面大量的统计数据，以及各市、县 2011 年经济和社会发展的主要统计数据。本篇内容分为 21 部分，即：综合，人口、就业人员及工资，固定资产投资，能源，财政，物价，人民生活，农村经济，工业，建筑业，运输、邮电，国内贸易，对外经济、旅游，金融、保险，教育，科技、专利，文化、体育、卫生，民政、司法、其他，城市概况，各市概况，各县概况。

2. 本年鉴统计资料所使用的度量衡单位均采用国际统一标准计量单位。

3. 本年鉴资料大部分来自年度统计报表，部分来自抽样调查。

4. “城市概况”中各市数据为市区数，不含所辖县。

5. “各市概况”中有些指标是由各市统计部门计算的，在方法上与全省有不一致的地方，故分市之和不等于全省，这些指标是：地区生产总值、农业总产值、农业中间消耗和农业增加值等。

6. 本年鉴部分数据合计数或相对数由于单位取舍不同而产生的计算误差均未作机械调整。

7. 由于各种原因，本年鉴对以前发表的统计资料进行了核实，相应调整了部分数据。读者在使用历史资料时，如数据有出入，请以本年鉴数据为准。

二、符号说明

1. “…”，表示数据不足本表最小单位数；

2. “空格”，表示该项统计指标数据不详或无该项统计指标数据；

3. “#”，表示其中的主要项；

4. “①”，表示本表下有注解。

行政区划基本情况（2011年底）
Basic Statistics of Administrative Divisions (End of 2011)

单位：个 (unit)

市	City	县级区划数 Number of Regions at County Level	市辖区 Districts under the Jurisdiction of Cities	县级市 Cities at County Level	县 County	乡镇级区划数 Number of Regions at Townships Level	街道办事处 Street Communities	乡 Townships	镇 Towns
全　省	**Total**	**172**	**36**	**22**	**114**	**2232**	**273**	**946**	**1013**
石家庄市	Shijiazhuang	23	6	5	12	274	54	96	124
承德市	Chengde	11	3		8	216	11	125	80
张家口市	Zhangjiakou	17	4		13	232	23	113	96
秦皇岛市	Qinhuangdao	7	3		4	96	21	28	47
唐山市	Tangshan	14	6	2	6	223	46	49	128
廊坊市	Langfan	10	2	2	6	105	15	26	64
保定市	Baoding	25	3	4	18	340	28	170	142
沧州市	Cangzhou	16	2	4	10	190	20	88	82
衡水市	Hengshui	11	1	2	8	118	4	49	65
邢台市	Xingtai	19	2	2	15	196	23	84	89
邯郸市	Handan	19	4	1	14	242	28	118	96

自然状况和资源
Natural Condition and Resources

项　目	Item	2005	2010	2011
自然状况	**Natural Condition**			
地表总面积(平方公里)	Total Land Area (sq.km)	187693	187693	187693
地表总面积构成(%)	Percentage to Total Area (%)			
山　地	Mountains	37.40	37.40	37.40
坝上高原	Plateaus	12.97	12.97	12.97
丘　陵	Hills	4.83	4.83	4.83
平　原	Plains	30.49	30.49	30.49
盆　地	Basins	12.10	12.10	12.10
湖泊洼淀	Lakes and Depression	2.21	2.21	2.21
大陆海岸线长度(公里)	Mainland Shore (km)	487	487	487
土地资源	**Land Resources**			
耕地面积(千公顷)	Area of Cultivated Land (1000 hectares)	5988.9		
#水田面积	Paddy Field	103.9		
草原面积(千公顷)	Area of Grassland (1000 hectares)	4649	3692.85	3692.85
#已利用面积	Utilizable Area	3235	2252.16	2252.16
气候(主要城市)	**Climate (Major Cities)**			
年降水总量(毫米)	Annual Total Precipitation (millimeters)	345.9-767.5	416.9-620.3	254.5～704.1
年平均气温(摄氏度)	Annual Average Temperature (℃)	7.8-14.7	7.4-14.3	8.8～14.3
森林资源	**Forest Resources**			
森林面积(千公顷)	Forest Area (1000 hectares)	4724.9	4875.3	4875.3
林木蓄积量(万立方米)	Stock Volume of the Forest (10000 cu.m)	10226	12145	12145
森林覆盖率(%)	Forest-coverage Rate (%)	23.25	26.00	26.00
水利资源	**Water Resources**			
水力资源可开发量(万千瓦)	Developable Resources (10000 kw)	156	120.6	120.6
内陆水域养殖面积(公顷)	Cultivated Water Area (hectare)	74662	74955	75834
海水养殖面积(公顷)	Cultivated Area (hectare)	90404	123810	134264

各市、县(市、区)名称（2011年）
Name of Administrative Area (2011)

市 City	所辖县(市、区)名称 Name of County or City, Districts under Administrative							
石家庄市 Shijiazhuang	长安区 Chang'an	桥东区 Qiaodong	桥西区 Qiaoxi	新华区 Xinhua	裕华区 Yuhua	井陉矿区 Jingxingkuangqu		辛集市 Xinji
	藁城市 Gaocheng	晋州市 Jinzhou	新乐市 Xinle	鹿泉市 Luquan	深泽县 Shenze	无极县 Wuji	赵　县 Zhaoxian	灵寿县 Lingshou
	高邑县 Gaoyi	元氏县 Yuanshi	赞皇县 Zanhuang	平山县 Pingshan	井陉县 Jingxing	行唐县 Xingtang	栾城县 Luancheng	正定县 Zhengding
承德市 Chengde	双桥区 Shuangqiao	双滦区 Shuangluan	鹰手营子矿区 Yingshouyingzi		承德县 Chengde	兴隆县 Xinglong	平泉县 Pingquan	滦平县 Luanping
	隆化县 Longhua	丰宁满族自治县 Fengning		宽城满族自治县 Kuancheng		围场满族蒙古族自治县 Weichang		
张家口市 Zhangjiakou	桥东区 Qiaodong	桥西区 Qiaoxi	宣化区 Xuanhua	下花园区 Xiahuayuan	宣化县 Xuanhua	张北县 Zhangbei	康保县 Kangbao	沽源县 Guyuan
	尚义县 Shangyi	蔚　县 Yuxian	阳原县 Yangyuan	怀安县 Huai'an	万全县 Wanquan	怀来县 Huailai	涿鹿县 Zhuolu	赤城县 Chicheng
	崇礼县 Chongli							
秦皇岛市 Qinhuangdao	海港区 Haigang	山海关区 Shanhaiguan	北戴河区 Beidaihe	青龙满族自治县 Qinglong		昌黎县 Changli	抚宁县 Funing	卢龙县 Lulong
唐山市 Tangshan	路南区 Lunan	路北区 Lubei	古冶区 Guye	开平区 Kaiping	丰润区 Fengrun	丰南区 Fengnan	遵化市 Zunhua	迁安市 Qian'an
	滦　县 Luanxian	滦南县 Luannan	乐亭县 Leting	迁西县 Qianxi	玉田县 Yutian	唐海县 Tanghai		
廊坊市 Langfang	安次区 Anci	广阳区 Guangyang	霸州市 Bazhou	三河市 Sanhe	固安县 Gu'an	永清县 Yongqing	香河县 Xianghe	大城县 Dacheng
	文安县 Wen'an	大厂回族自治县 Dachang						
保定市 Baoding	新市区 Xinshi	北市区 Beishi	南市区 Nanshi	涿州市 Zhuozhou	定州市 Dingzhou	安国市 Anguo	高碑店市 Gaobeidian	满城县 Mancheng
	清苑县 Qingyuan	涞水县 Laishui	阜平县 Fuping	徐水县 Xushui	定兴县 Dingxing	唐　县 Tangxian	高阳县 Gaoyang	容城县 Rongcheng
	涞源县 Laiyuan	望都县 Wangdu	安新县 Anxin	易　县 Yixian	曲阳县 Quyang	蠡　县 Lixian	顺平县 Shunping	博野县 Boye
	雄　县 Xiongxian							
沧州市 Cangzhou	新华区 Xinhua	运河区 Yunhe	泊头市 Botou	任丘市 Renqiu	黄骅市 Huanghua	河间市 Hejian	沧　县 Cangxian	青　县 Qingxian
	东光县 Dongguang	海兴县 Haixing	盐山县 Yanshan	肃宁县 Suning	南皮县 Nanpi	吴桥县 Wuqiao	献　县 Xianxian	
	孟村回族自治县 Mengcun							
衡水市 Hengshui	桃城区 Taocheng	冀州市 Jizhou	深州市 Shenzhou	枣强县 Zaoqiang	武邑县 Wuyi	武强县 Wuqiang	饶阳县 Raoyang	安平县 Anping
	故城县 Gucheng	景　县 Jingxian	阜城县 Fucheng					
邢台市 Xingtai	桥东区 Qiaodong	桥西区 Qiaoxi	沙河市 Shahe	南宫市 Nangong	邢台县 Xingtai	临城县 Lincheng	内丘县 Neiqiu	柏乡县 Baixiang
	隆尧县 Longyao	任　县 Renxian	南和县 Nanhe	宁晋县 Ningjin	巨鹿县 Julu	新河县 Xinhe	广宗县 Guangzong	平乡县 Pingxiang
	威　县 Weixian	清河县 Qinghe	临西县 Linxi					
邯郸市 Handan	邯山区 Hanshan	丛台区 Congtai	复兴区 Fuxing	峰峰矿区 Fengfeng	武安市 Wu'an	邯郸县 Handan	临漳县 Linzhang	成安县 Cheng'an
	大名县 Daming	涉　县 Shexian	磁　县 Cixian	肥乡县 Feixiang	永年县 Yongnian	邱　县 Qiuxian	鸡泽县 Jize	广平县 Guangping
	馆陶县 Guantao	魏　县 Weixian	曲周县 Quzhou					

国民经济和社会发展总量与速度指标

指　　标	Item	总量指标 1990	2000
人　口	**Population**		
年底总人口(万人)	Population at Year-end (10000 persons)	6159	6674
男性人口	Male	3147	3397
女性人口	Female	3012	3277
城镇人口	Urban		1741
乡村人口	Rural		4933
就业及工资	**Employment and Wages**		
就业人员数(万人)	Employment (10000 persons)	2955.47	3385.71
#职工人数	Staff and Workers	652.71	621.95
城镇登记失业人员数(万人)	Registration Unemployment in Urban Areas (10000 persons)	7.67	17.40
城镇登记失业率(%)	Registration Unemployment Rate in Urban Areas(%)	1.1	2.8
在岗职工工资总额(亿元)	Total Wages (100 million yuan)	129.32	427.18
职工平均工资(元/人)	Average Wage of Staff and Workers (yuan/person)	2019	7781
国民核算	**National Accounting**		
地区生产总值(亿元)	Gross Domestic Product (100 million yuan)	896.33	5043.96
第一产业	Primary Industry	227.89	824.55
第二产业	Secondary Industry	387.52	2514.96
第三产业	Tertiary Industry	280.92	1704.45
固定资产投资	**Investment in Fixed Assets**		
全社会固定资产投资总额(亿元)	Total Investment in Fixed Assets (100 million yuan)	177.21	1847.23
全社会施工房屋建筑面积(万平方米)	Floor Space of Buildings under Construction (10000 sq.m)	4662.40	13473.63
全社会竣工房屋建筑面积(万平方米)	Floor Space of Buildings Completed (10000 sq.m)	3924.42	10512.58
财　政	**Government Finance**		
地方财政收入(亿元)	Local Governments Revenue (100 million yuan)		248.76
财政支出(亿元)	Local Governments Expenditures (100 million yuan)	87.28	415.54
物价总指数(以上年价格为100)	**Price Indices (preceding year=100)**		
商品零售价格指数	Retail Price Index	99.9	99.1
能源生产与消费(万吨标准煤)	**Production and Consumption of Energy (10000 tons of SCE)**		
能源生产总量	Total Energy Production	5313.08	5639.26
能源消费总量	Total Energy Consumption	6124.22	11195.71
人民生活	**People's Livelihood**		
家庭总户数(万户)	Number of Family Households (10000 households)	1584	1840
城镇平均每户家庭人口(人)	Average Household Size in Urban Areas (person)	3.37	3.06
农村平均每户家庭人口(人)	Average Household Size in Rural Areas (person)	4.52	4.11
城镇人均住房建筑面积(平方米)	Per Capita Net Floor Space of Rural Residents (sq.m)	9.18	15.42
农村人均居住面积(平方米)	Per Capita Net Floor Space of Rural Residents (sq.m)	17.34	22.87
城镇居民人均可支配收入(元)	Per Capita Annual Disposable Income of Urban Households (yuan)	1397.4	5661.16
农村居民人均纯收入(元)	Per Capita Net Income of Rural Residents (yuan)	621.67	2478.86
城乡储蓄存款余额(亿元)	Outstanding Amount of Saving Deposits in Urban and Rural (100 million yuan)	504.59	3957.06
结婚数(对)	Register Number of Marriages (couple)	447334	475291
离婚数(对)	Number of Divorces (couple)	10010	17084

Principal Aggregate Indicators on National Economic and Social Development and Growth Rates

Aggregate Data			速度指标 Indices and Growth Rates (%)								
2005	2010	2011	指数 Index（2011为以下各年） (2011 as Percentage of the Following Years)				平均增长速度 Average Annual Growth Rate				
			1990	2000	2005	2010	1979-2011	1991-1995	1996-2000	2001-2005	2006-2011
6851	7193.60	7240.51	117.56	108.5	105.7	100.7	1.1	0.9	0.7	0.5	0.9
3441	3647	3743	118.9	110.2	108.8	102.6	1.1	0.7	0.8	0.3	1.4
3410	3546	3498	116.1	106.7	102.6	98.6	1.1	1.0	0.7	0.8	0.4
2582	3201	3302		189.6	127.9	103.0				8.2	4.2
4269	3993	3939		79.8	92.3	98.6				-2.8	-1.3
3568.97	3865.14	3962.42	134.1	117.0	111.0	102.5	1.9	1.9	0.8	1.1	1.8
557.83	518.89	537.85	82.4	86.5	96.4	103.7	0.6	1.4	-2.3	-2.2	-0.6
27.82	35.14	35.99	469.2	206.8	129.4	102.4				9.8	4.4
3.93	3.86	3.75	340.9	133.9	95.4	97.2				7.0	-0.8
716.07	1548.58	1836.95	1420.5	430.0	256.5	118.6	13.4	21.0	4.9	10.9	17.0
14707	32306	36166	1791.3	464.8	245.9	111.9	12.9	19.1	10.0	13.6	16.2
10012.11	20394.26	24515.76	1099.2	329.3	193.4	111.3	10.7	14.6	11.0	11.2	11.6
1400.00	2562.81	2905.73	284.8	170.3	127.7	104.2	5.1	5.2	5.3	5.9	4.1
5271.57	10707.68	13126.86	1527.8	374.0	206.2	113.4	11.9	17.4	12.9	12.6	12.8
3340.54	7123.77	8483.17	1305.1	345.8	201.7	110.5	12.6	17.4	11.1	11.4	12.4
4210.25	15083.35	16389.33	9248.5	887.2	389.3	124.2	20.0	40.7	18.1	14.1	27.8
18061.61	48769.16	57110.61	1224.9	423.9	316.2	123.7		16.2	6.4	6.0	21.2
11283.61	15945.18	17572.50	447.8	167.2	155.7	124.4		14.6	6.3	1.4	7.7
515.70	1331.85	1737.77		698.7	337.1	130.5			15.7	15.7	22.5
979.16	2820.24	3537.39	4052.1	851.1	361.2	125.4	15.3	17.0	16.8	18.7	23.9
101.1	103.1	105.0	215.7	125.1	120.8	105.0	4.5	10.9	0.5	0.7	3.2
7089.90	8129.05	8718.40	164.1	146.8	123.0	104.0		4.5	-3.2	4.7	3.5
19835.99	27531.11	29498.29	481.7	263.5	148.7	107.1		7.7	4.7	12.1	6.8
2046	2040	2113	133.4	114.8	103.3	103.6				2.1	0.5
2.91	2.85	2.84	84.3	92.8	97.6	99.6				-1.0	-0.4
3.92	3.70	3.66	81.0	89.1	93.4	98.9		-1.2	-0.7	-0.9	-1.1
21.53	30.52	32.21	350.9	208.9	149.6	105.5				6.9	6.9
28.35	32.23	34.11	196.7	149.1	120.3	105.8		4.4	1.2	4.4	3.1
9107.09	16263.43	18292.23	1309.0	323.1	200.9	112.5		23.4	7.2	10.0	12.3
3481.64	5957.98	7119.69	1145.3	287.2	204.5	119.5		21.8	8.2	7.0	12.7
7084.03	15678.43	17824.33	3532.4	450.4	251.6	113.7		29.1	16.9	12.4	16.6
537796	750291	777160	173.7	163.5	144.5	103.6		-0.6	1.8	2.5	6.3
50280	98792	109600	1094.9	641.5	218.0	110.9		2.2	8.9	24.1	13.9

国民经济和社会发展总量与速度指标（续一）

指标	Item	总量指标	
		1990	2000
农业	**Agriculture**		
年末常用耕地面积(千公顷)	Cultivated Land (1000 hectares)	6556.0	6466.0
乡村从业人员(万人)	Employed Persons of Agriculture, Forestry, Animal Husbandry and Fishery (10000 persons)	2360.5	2707.1
农林牧渔业总产值(亿元)	Gross Output Value of Agriculture, Forestry, Animal Husbandry and Fishery (100 million yuan)	357.63	1544.65
主要农产品产量（万吨）	Output of Major Farm Products (10000 tons)		
粮　食	Grain	2276.9	2551.1
棉　花	Cotton	57.08	30.01
油　料	Oil-bearing Crops	74.89	146.97
蔬　菜	Vegetables	1157	4454.0
园林水果	Garden Fruit	175.47	677.31
肉　类	Meat	130.06	342.36
水产品	Aquatic Products	21.86	80.95
工　业	**Industry**		
利润总额(亿元)	Total Profits (100 million yuan)	11.03	184.94
主要工业产品产量	Output of Major Industrial Products		
纱(万吨)	Yarn (10000 tons)	33.55	43.70
布(亿米)	Cloth(100 million m)	12.69	15.60
化学纤维(万吨)	Chemical Fiber (10000 tons)	2.59	10.24
机制纸及纸板(万吨)	Machine-made Paper and Paperboards (10000 tons)	88.75	216.34
原　煤(万吨)	Coal (10000 tons)	6242.97	5781.21
原　油(万吨)	Crude Oil (10000 tons)	570.52	518.26
发电量(亿千瓦小时)	Electricity (100 million kwh)	368.97	844.42
粗　钢(万吨)	Crude Steel (10000 tons)	383.69	1230.10
钢　材(万吨)	Rolled Steel (10000 tons)	281.27	1306.52
生　铁(万吨)	Pig Iron (10000 tons)	521.25	1709.23
水　泥(万吨)	Cement (10000 tons)	1310.13	4694.59
平板玻璃(万重量箱)	Plate Glass (10000 weight cases)	1078.95	2083.30
农用化肥(折纯量)(万吨)	Chemical Fertilizer (10000 tons)	128.51	195.23
建筑业	**Construction**		
建筑业企业从业人员(万人)	Number of Employed Persons (10000 persons)	59.3	87.6
建筑业总产值(亿元)	Gross Output Value (100 million yuan)	73.39	492.10
施工房屋面积(万平方米)	Floor Space of Buildings under Construction (10000 sq.m)	5195.52	6260.10
竣工房屋面积(万平方米)	Floor Space of Buildings Completed (10000 million sq.m)	4324.61	3481.42
交通运输邮电	**Transportation, Postal and Telecommunication Services**		
全社会客运量(万人)	Total Passenger Traffic	25745	65255
全社会货运量(万吨)	Total Freight Traffic	58203	76808
港口货物吞吐量(万吨)	Volume of Freight Handled at Major Coastal Ports (10000 tons)	6960	10771
邮电业务总量(亿元)	Business Volume of Postal and Telecommunication Services (100 million yuan)	5.56	191.04

注：1.工业1998年及以后年份为规模以上口径，1997年及以前年份为乡及乡以上独立核算工业。发电量2007年及以后年份为全社会口径。

2.2002年及以后年份建筑业统计范围为具有资质等级的建筑业企业。

Principal Aggregate Indicators on National Economic and Social Development and Growth Rates

Aggregate Data			速度指标 Indices and Growth Rates (%)								
			指数 Index (2011为以下各年) (2011 as Percentage of the Following Years)				平均增长速度 Average Annual Growth Rate				
2005	2010	2011	1990	2000	2005	2010	1979-2011	1991-1995	1996-2000	2001-2005	2006-2011
5988.93											
2805.94	2976.55	3003.8	127.3	111.0	107.1	100.9	1.7	1.7	1.0	0.7	1.1
2600.83	4309.42	4895.87	354.2	170.7	127.8	103.9	6.0	8.1	7.0	6.0	4.2
2598.58	2975.90	3172.60	139.3	124.4	122.1	106.6	1.9	3.8	-1.4	0.4	3.4
57.72	56.95	65.34	114.5	217.7	113.2	114.7	5.3	-8.3	-4.1	14.0	2.1
152.73	140.29	141.78	189.3	96.5	92.8	101.1	5.5	8.0	6.0	0.8	-1.2
6467.6	7073.57	7384.3	638.2	165.8	114.2	104.4	8.2	13.2	15.6	7.7	2.2
918.48	1111.73	1205.07	686.8	177.9	131.2	108.4	8.6	19.7	9.4	6.3	4.6
395.6	416.74	418.2	321.5	122.2	105.7	100.4	19.0	2.0	2.9	0.9	
98.95	106.33	106.7	488.1	131.8	107.8	100.3	6.4	12.6	15.4	4.1	1.3
690.38	2141.47	2639.008	23925.73	1426.953	382.2544	124.0		49.4	17.6	30.1	25.0
68.59	123.91	147.57	439.9	337.7	215.2	128.7	6.4	3.0	2.3	9.4	13.6
23.37	54.82	60.85	479.5	390.1	260.4	112.9	6.3	6.9	-2.5	8.4	17.3
22.67	23.42	25.24	974.5	246.5	111.3	108.5	10.1	20.6	9.2	17.2	1.8
315.82	420.52	534.21	601.9	246.9	169.2	133.2	10.0	21.7	-1.8	7.9	9.2
7956.40	10199.27	10584.57	169.5	183.1	133.0	104.7	1.9	5.4	-6.5	6.6	4.9
562.45	599.04	586.11	102.7	113.1	104.2	97.8	-3.2	-2.0		1.6	0.7
1338.63	1992.57	2298.08	622.8	272.1	171.7	111.7	8.2	10.5	6.8	9.7	2.7
7386.40	14458.79	16452.25	4287.9	1337.5	222.7	114.1	15.4	15.6	9.2	43.1	14.3
6465.10	16757.23	19258.43	6847.0	1474.0	297.9	116.0	17.5	22.3	11.1	37.7	20.0
6765.60	13705.39	15443.09	2962.7	903.5	228.3	111.0	13.7	18.4	7.1	31.7	14.7
8850.04	12594.30	14093.34	1075.7	300.2	159.2	121.2	10.9	19.2	8.3	13.5	8.1
4964.25	12033.83	13617.83	1262.1	653.7	274.3	110.0	11.9	8.6	-4.2	19.0	17.3
208.87	178.19	175.41	136.5	89.8	84.0	99.7	2.4	3.9	4.6	1.4	-2.9
108.4	128.7	120.5	203.2	137.6	111.2	93.6		5.2	2.8	4.4	1.8
1285.29	3232.53	3972.66	5413.1	807.3	309.1	122.9		28.9	13.5	21.2	20.7
11261.39	23471.48	30832.74	593.4	492.5	273.8	131.4		17.4	-11.5	12.5	18.3
5744.23	9100.87	10641.80	246.1	305.7	185.3	116.9		16.2	-17.6	10.5	10.8
80918	90847	99688	387.2	152.8	123.2	109.7	7.4	7.4	12.2	4.4	3.5
91331	177308	212330	364.8	276.4	232.5	119.8	6.5	5.0	0.7	3.5	15.1
27341	60343	71300	1024.4	662.0	260.8	118.2	11.1	4.8	4.1	20.5	17.3
528.47	474.60	537.56						45.3	39.6	22.6	

a) Before1998, the scope of "industry" covered all independent accounting industrial units, which are owned by township or superior governments. Since 1998, the scope of "industry" has been changed. And now it covers all independent accounting industrial units with sales revenues over 5 Million Yuan. However, the data of power generation for 2007-2009 cover all kinds of industrial units.

b) Data since 2002 included all general construction contractors and professional contractors which possess qualification grades.

国民经济和社会发展总量与速度指标（续二）

指　　标	Item	总量指标	
		1990	2000
旅客周转量(亿人公里)	Passenger Traffic (100 million passenger-km)	358.09	782.87
铁　路	Railways	249.44	377.24
公　路	Highways	108.44	405.63
港口货物吞吐量(万吨)	Volume of Freight Handled at Major Coastal Ports (10000 tons)	6945	10771
邮电业务量(亿元)	Business Volume of Postal and Telecommunication Services (100 million yuan)	5.56	191.04
函　件(万件)	Number of Letters Delivered (10000 pieces)	23716	26302
社会消费品零售总额(亿元)	**Total Retail Sales of Consumer Goods (100 million yuan)**	**308.0**	**1613.9**
外贸、实际利用外资和旅游	**Foreign Trade, Utilization of Foreign Capital and International Tourism**		
海关进出口总额(亿美元)	Total Value of Exports and Imports (USD 100 million)	22.68	52.35
出口总额	Exports	19.01	37.07
进口总额	Imports	3.67	15.28
实际利用外资额(万美元)	Total Amount of Foreign Direct Investments (USD 10000)	4447	139378
#外商直接投资	Foreign Direct Investments	3935	102376
外国人旅游人数(人)	Number of Tourists (Overnight Visitors) (person)	32695	345494
旅游外汇收入额(万美元)	Foreign Exchange Earnings from International Tourism (USD 10000)	511	13035
金融、保险	**Banking and Insurance**		
金融机构存款余额(亿元)	Deposits of National Banking System (100 million yuan)	753.62	5543.49
金融机构贷款余额(亿元)	Loans of National Banking System (100 million yuan)	823.66	4632.96
保费收入(万元)	Premium (10000 yuan)	82439	566000
保险金额(亿元)	Amount Insured (100 million yuan)		6625
赔款额(万元)	Settled Claim (10000 yuan)		165700
教育、文化	**Education and Culture**		
财政用于教育支出(亿元)	Government Expenditures on Education (100 million yuan)	15.12	73.65
专任教师数(万人)	Full-time Teachers (10000 persons)		
#普通高等学校	Institutions of Higher Education	1.36	1.94
普通中学	Secondary Schools	15.59	25.37
普通小学	Primary Schools	26.99	32.95
在校学生数(万人)	Students Enrollment (10000 persons)		
#普通高等学校	Institutions of Higher Education	7.60	24.38
普通中学	Secondary Schools	207.61	481.75
普通小学	Primary Schools	705.48	813.73
报纸出版数量(亿份)	Number of Newspapers Published (100 million copies)	5.29	9.00
杂志出版数量(亿册)	Number of Magazines Published (100 million copies)	0.22	0.52
图书出版数量(亿册)	Number of Books Published (100 million copies)	2.44	3.10
科　技	**Science and Technology**		
研究与发展经费支出(亿元)	Expenditures on Research and Development (100 million yuan)	2.56	26.27
技术市场成交额(亿元)	Volume of Transaction in Technical Markets (10000 yuan)		9.41
卫　生	**Health Care**		
卫生机构病床数(万张)	Number of Beds in Health Institutions (10000 units)	14.60	16.89
专业卫生技术人员(万人)	Medical Technical Personnel (10000 persons)	18.05	20.12
#医　生	Doctors	8.60	9.17

注：1. 2001年至2009年邮电业务量采用2000年不变价计算，2010年及以后采用2010年不变价计算。
2. 2009年客运量、货运量、旅客周转量和货运周转量指标依据新的统计方法和口径进行了调整。

Principal Aggregate Indicators on National Economic and Social Development and Growth Rates

Aggregate Data			速度指标 Indices and Growth Rates (%)								
			指数 Index (2011为以下各年) (2011 as Percentage of the Following Years)				平均增长速度 Average Annual Growth Rate				
2005	2010	2011	1990	2000	2005	2010	1979-2011	1991-1995	1996-2000	2001-2005	2006-2011
989.77	1172.9	1306.6	364.9	166.9	132.0	111.4	7.3	6.6	9.6	4.8	4.7
504.44	730.6	784.5	314.5	208.0	155.5	107.4	6.4	2.9	5.6	6.0	7.6
485.33	442.2	522.1	481.5	128.7	107.6	118.1	9.6	13.7	5.1	3.7	1.2
27341	60344	71300	1024.4	662.0	260.8	118.2	11.1	3.8	5.1	20.5	17.2
528.47	474.65	537.56				113.3		45.3	39.6	22.6	
25742	25355	24432	103.0	92.9	94.9	96.4	1.4	5.8	-3.5	-0.4	-0.9
2969.5	**6821.8**	**8035.5**	**2608.6**	**497.9**	**270.6**	**117.8**	**16.0**	**22.6**	**13.6**	**13.0**	**18.1**
160.71	419.31	535.99	2363.4	1023.9	333.5	127.4	17.0	11.6	5.9	25.2	22.2
109.27	225.70	285.84	1503.9	195.0	261.6	126.7	15.1	8.6	5.3	24.1	17.4
51.44	193.61	250.15	6813.2	1637.4	486.3	128.3	23.8	23.7	7.5	27.4	30.4
227890	436597	526016	11828.6	377.4	230.8	120.5		89.5	5.1	10.3	15.0
191256	383074	468095	11895.7	457.2	244.7	122.2		81.8	5.6	13.3	16.1
573890	853110	982681	3005.6	284.4	171.2	115.2		33.0	20.5	10.7	9.4
20917	35071	44765	8760.3	343.4	214.0	127.6		52.4	25.4	9.9	13.5
10764.93	26099.00	29563.77	3922.9	533.3	274.6	113.3	19.7	25.1	17.4	14.2	18.3
6415.23	15755.74	18143.99	2202.8	391.6	282.8	115.2	17.4	20.1	13.2	6.7	18.9
2173100	7464000	7328900	8890.1	1294.9	337.3	98.2			24.7	30.9	22.5
25152	71933	78738		1188.5	313.0	109.5			19.9	30.6	20.9
404300	1453800	1834700		1107.2	453.8	126.2			9.7	19.5	28.7
170.54	514.30	652.11	4311.8	885.4	382.4	126.8				18.3	25.1
4.27	6.08	6.28	461.9	323.5	146.9	103.2	6.7	1.7	5.6	17.1	6.6
29.00	26.07	25.59	164.1	100.9	88.2	98.2	0.7	2.9	7.2	2.7	-2.1
32.01	31.90	31.65	117.3	96.1	98.9	99.2	0.7		4.1	-0.6	-0.2
73.86	110.51	115.39	1518.3	473.3	156.2	104.4	11.8	10.7	14.1	24.8	7.7
509.54	348.76	338.35	163.0	70.2	66.4	97.0	-0.4	8.4	9.2	1.1	-6.6
500.36	511.59	541.09	76.7	66.5	108.1	105.8	-1.0	3.8	-0.9	-9.3	1.3
21.6	14.71	14.48	273.7	160.9	67.0	98.4	7.1	5.8	5.1	16.6	-6.4
0.43	0.50	0.53	240.9	101.9	123.4	106.0	5.5	11.6	6.5	-8.6	3.6
1.88	1.68	1.67	68.4	53.9	89.0	99.4	-0.3	6.2	-1.2	-9.3	-1.9
59.32	155.45	201.30	7863.3	766.3	339.3	129.6				17.7	22.6
10.38	19.30	26.69		283.6	257.1	138.4				2.0	17.0
16.23	24.93	26.69	182.8	158.0	164.5	107.1	3.4	1.7	1.2	-0.8	8.6
19.11	28.03	28.95	160.4	143.9	151.5	103.3		2.3	-0.02	-1.0	7.2
8.41	12.28	12.52	160.4	143.9	151.5	103.3	1.8	1.6	-0.3	-1.7	2.8

a) The business volume of postal and telecommunication services which is at 2000 constant prices between 2001 and 2009. That was calculated at 2010 constant prices since 2010.

b) Volume of passenger transportation, volume of freights, volume of passenger turnover and volume of freight turnover of 2009, have been adjusted according to new computing methods and statistical approach.

国民经济和社会发展结构指标

Structural Indicators on National Economic and Social Development

指　标	Item	2000	2005	2010	2011
人口与就业	**Population and Employment**				
人　口	**Population**				
性别结构	Sexual Composition				
男	Male	50.9	50.2	50.7	51.7
女	Female	49.1	49.8	49.3	48.3
就　业	**Employment**				
产业结构	Industrial Composition				
第一产业	Primary Industry	50.07	43.84	37.88	36.33
第二产业	Secondary Industry	26.13	29.24	32.36	33.31
第三产业	Tertiary Industry	23.80	26.92	29.76	30.36
宏观经济	**Macro Economy**				
国民核算	**National Accounting**				
地区生产总值产业结构	Industrial Composition				
第一产业	Primary Industry	16.3	14.9	12.6	11.9
第二产业	Secondary Industry	49.9	51.8	52.5	53.5
第三产业	Tertiary Industry	33.8	33.3	34.9	34.6
地区生产总值支出结构	Composition of Expenditure				
最终消费	Final Consumption	44.42	42.74	40.83	39.3
居民消费	Household Consumption	33.36	29.16	28.11	28.1
政府消费	Government Consumption	11.07	13.58	12.72	11.2
资本形成总额	Gross Capital Formation	44.54	45.84	54.12	56.7
固定资本形成总额	Gross Fixed Capital Formation	36.6	41.99	52.91	55.9
存货增加	Change in Inventories	7.94	3.86	1.21	0.8
货物和服务净出口	Net Outflow of Goods and Services	11.04	11.42	5.05	4.0
财　政	**Government Finance**				
地方财政支出结构	Composition of Local Government Revenue				
#教　育	Capital Construction	17.72	17.42	18.22	18.43
利用外资	**Utilization of Foreign Capital**				
实际利用外资结构	Composition of Foreign Capital Actually Utilized				
对外借款	Loans from Abroad	20.7	7.81	1.67	0.91
外商直接投资	Foreign Direct Investment	76.4	83.92	87.74	88.99
外商其他投资	Other Foreign Investment	2.9	8.27	10.60	10.10
能　源	Energy				
能源生产总量结构	Composition of Total Energy Production				
原煤	Coal	85.46	87.05	84.89	84.87
原油	Crude Oil	13.13	11.33	10.53	9.60
天然气	Natural Gas	1.11	1.29	2.07	1.86
水电	Hydro-power	0.30	0.33	2.50	3.66
能源消费总量结构	Composition of Total Energy Consumption				
原煤	Coal	90.94	91.82	90.45	89.61
石油	Crude Oil	8.17	7.45	7.37	7.73
天然气	Natural Gas	0.84	0.61	1.44	1.58
水电	Hydro-power	0.05	0.12	0.74	1.08

国民经济和社会发展结构指标（续）
Structural Indicators on National Economic and Social Development

指标	Item	2000	2005	2010	2011
产业	**Industry**				
农业	**Agriculture**				
农林牧渔业产值结构	Composition of Gross Output Value of Agriculture				
农业	Farming	54.82	48.4	57.3	56.7
林业	Forestry	1.64	1.5	1.2	1.2
牧业	Animal Husbandry	39.73	43.2	33.5	34.2
渔业	Fishery	3.81	3.1	3.3	3.3
农林牧渔服务业	Service for Farming, Forestry, Animal Husbandry and Fishery		3.8	4.7	4.6
工业	**Industry**				
工业企业资产结构	Composition of Capital of Industrial Enterprises				
大型企业	Large Enterprises	46.8	47.91	53.83	59.92
中型企业	Medium-sized Enterprises		31.4	24.51	19.11
小型企业	Small Enterprises		21.8	21.66	20.30
运输业	**Transportation**				
货运量结构	Composition of Freight Traffic				
铁路	Railways	16.33	20.86	21.41	19.63
公路	Highways	81.14	75.17	76.67	78.50
水运	Waterways	0.74	2.78	1.21	1.26
民用航空	Civil Aviation	…	…	…	…
管道	Pipelines	1.78	1.19	0.71	0.61
对外经济贸易和国际旅游	**Imports and Exports of Goods, International Tourism**				
出口商品结构	Composition of Exports				
初级产品	Primary Goods	30.2	17.7	8.1	8.4
工业制成品	Manufactured Goods	69.8	82.3	91.9	91.6
进口商品结构	Composition of Imports				
初级产品	Primary Goods	36.3	57.3	69.3	74.7
工业制成品	Manufactured Goods	63.7	42.7	30.7	25.3
来华旅游人数结构	Composition of Tourists Visiting China				
外国人	Foreigners	86.27	91.6	87.3	86.1
港澳台同胞	Hong Kong, Macao and Taiwan Compatriots	13.73	8.4	12.7	13.9
教育、科技	**Education, Science and Technology**				
教育	**Education**				
专任教师结构	Composition of Full-time Teachers in Regular Schools				
大学	Colleges and Universities	2.99	6.19	9.15	9.88
中学	Secondary Schools	46.26	47.44	42.83	40.29
小学	Primary Schools	50.75	46.37	48.02	49.83
在校学生结构	Composition of Student Enrollment in Regular Schools				
大学生	College and University Students	1.75	6.33	10.82	11.60
中学生	Secondary School Students	39.75	50.76	39.08	34.01
小学生	Primary School Students	58.50	42.91	50.10	54.39
科技	**Science and Technology**				
R&D经费内部支出	Intramural Expenditure on R&D				
#基础研究	Basic Research		3.88	3.40	3.13
应用研究	Applied Research		25.18	14.85	12.81
试验发展	Experimental Development		67.65	81.75	84.06
生活	**People's Living Conditions**				
城镇居民消费结构	Consumption Composition of Urban Residents				
食品类	Food	34.91	34.57	32.3	33.83
衣着类	Clothing	12.29	11.75	11.88	12.28
用品及其他	Articles for Daily Use and Others	43.22	42.30	42.79	42.07
居住	Residence	9.58	11.37	13.03	11.82
农村居民消费结构	Consumption Composition of Rural Residents				
食品类	Food	39.50	41.02	35.1	33.53
衣着类	Clothing	7.68	7.18	6.5	7.09
用品及其他	Articles for Daily Use and Others	29.23	33.40	36.5	36.24
居住	Residence	23.59	18.42	21.8	23.14

法人单位数
Number of Institutional Units

单位：个 (unit)

行　　业	Sector	2005	2008	2009	2010	2011
全省总计	**Total**	**227105**	**285586**	**323869**	**345822**	**366156**
按三次产业分	**Grouped by Three Strata of Industry**					
第一产业	Primary Industry	1766	7017	9116	11797	14343
第二产业	Secondary Industry	76074	76074	103134	107121	110412
第三产业	Tertiary Industry	149265	149265	211619	226904	241401
按行业分	**Grouped by sector**					
农、林、牧、渔业	Agriculture, Forestry, Animal Husbandry and Fishery	1766	7017	9116	11797	14343
采矿业	Mining	7061	7794	8415	8616	8381
制造业	Manufacturing	64459	78240	86824	89208	90911
电力、燃气及水的生产和供应业	Production and Distribution of Electricity, Gas and Water	691	977	1205	1343	1471
建筑业	Construction	3863	5163	6690	7954	9649
交通运输、仓储和邮政业	Traffic, Transport, Storage and Post	2799	4967	5950	6529	7385
信息传输、计算机服务和软件业	Information Transmission, Computer Services and Software	1660	3993	4692	4876	4772
批发和零售业	Wholesale and Retail Trades	29354	46879	63166	72731	82940
住宿和餐饮业	Hotels and Catering Services	3047	3947	4216	4184	4137
金融业	Financial Intermediation	1344	880	1425	1671	2300
房地产业	Real Estate	3207	5523	7073	9084	10697
租赁和商务服务业	Leasing and Business Services	4753	7816	9756	11440	13791
科学研究、技术服务和地质勘查业	Scientific Research, Technical Service and Geologic Prospecting	2860	4140	4971	5434	5975
水利、环境和公共设施管理业	Management of Water Conservancy, Environment and Public Facilities	1058	1514	1758	1877	2055
居民服务和其他服务业	Services to Households and Other Services	1606	2814	3766	4335	4851
教　　育	Education	17620	18885	19029	19005	18223
卫生、社会保障和社会福利业	Health, Social Security and Social Welfare	6770	7105	7226	7170	6664
文化、体育和娱乐业	Culture, Sports and Entertainment	1670	1982	2184	2272	2354
公共管理和社会组织	Public Management and Social Organization	71517	75950	76407	76296	75257

城市经济和社会发展主要指标

Main Indicators of National Economic and Social Development of Cities

指　　标	Item	2008	2009	2010	2011
年末总人口(万人)	Total Population of Year-end (10000 persons)	1261.8	1266.2		1384.5
就业人员(万人)	Employed Persons (10000 persons)	614.6	665.7	682.4	698.0
#城镇就业人员	Employed Persons of Urban Areas	407.9	443.6	445.8	457.8
全省生产总值(亿元)	Gross Domestic Product (100 million yuan)	5610.5	5872.7	6842.3	8217.6
第一产业	Primary Industry	154.9	165.1	183.5	206.7
第二产业	Secondary Industry	2934.7	2997.7	3519.7	4277.1
第三产业	Tertiary Industry	2520.9	2710.0	3139.1	3733.7
人均生产总值(元)	Per Capita GDP (yuan)	44892	46570		
全部财政收入(亿元)	Total Government Revenue (100 million yuan)	959.2	1025.1	1157.3	1446.6
#地方一般预算收入	Local Government Budgetary Revenue	394.1	420.5	541.7	716.1
财政支出(亿元)	Government Expenditure	580.3	668.1	893.8	1137.5
金融机构年末存款余额(亿元)	Deposits Balances of Financial Institutions of Year-end (100 million yuan)	9132.6	11890.9	13791.5	15357.9
金融机构年末贷款余额(亿元)	Loans Balances of Financial Institutions of Year-end (100 million yuan)	5382.4	7532.4	8897.8	10106.8
全社会固定资产投资(亿元)	Total Investment in Fixed Assets	3066.2	4461.7	5432.7	
社会消费品零售总额(亿元)	Total Retail Sales of Consumer Goods (100 million yuan)	1699.2	1712.7	2417.6	2878.4
实际利用外资(万美元)	Total Amount of Foreign Direct Investments (USD 10000)	227454	204614	271893	297097
#外商直接投资	Foreign Direct Investments	219316	202722	229075	248431
有线电视总用户数(万户)	Number of Users of Cable TV (10000 households)	296.2	392.3	287.3	262.9
普通中学在校学生数(万人)	Total Enrollment of Regular Secondary Schools (10000 persons)	81.9	81.5	76.3	77.8
医生数(人)	Number of Doctors (person)	55334	66885	50236	52792

注：城市指设区市市区。

a) The term "city" here means "Shiqu", which refers to the central urban area of a prefecture-level city, other than small cities and towns of counties or county-level cities.

民营经济主要指标

Indicators of Private Economies

指　　标	Item	2006	2007	2008	2009	2010	2011
增加值(亿元)	Value-added (100 Million Yuan)	5803.9	7121.3	8799.8	9450.0	11579.8	15469.4
增加值占全省生产总值比重(%)	Percentage of Value-added to the Provincial Total Output Value (%)	50.4	51.9	55.0	55.5	57.3	63.1
营业(业务)收入(亿元)	Revenue (100 Million Yuan)	24371.0	29788.2	35727.9	41443.6	50364.4	74090.0
利润总额(亿元)	Pretax Profit (100 Million Yuan)	3053.5	3827.5	4246.2	4551.6	5308.3	6939.2
劳动者报酬(亿元)	Payment to Employees	943.8	1092.5	1324.6	1719.9	1888.0	3870.6
从业人员(万人)	Employment (10000 Person)	1260.0	1309.8	1327.7	1424.5	1509.4	1879.9
出口创汇(万美元)	Export (10000 US Dollar)	635921	936901	1458002	1039448	1590093	2383257
出口创汇占全省出口总值比重(%)	Ratio of Export of Private Economies to Total Export (%)	49.5	55.1	60.7	66.2	70.4	83.4
实缴税金(亿元)	Tax Paid (100 Million Yuan)	568.7	748.3	997.9	1011.5	1279.3	1978.3
国　税	National Tax	412.7	515.3	687.8	657.4	783.4	1037.5
地　税	Local Tax	156.0	233.0	310.1	354.1	495.9	940.8
实缴税金占全部财政收入比重(%)	Ratio of Tax Paid by Private Economy to Provincial Fiscal Revenue (%)	46.5	49.0	54.8	50.1	53.1	65.5

注：1. 2011年前的从业人员、劳动者报酬不包含混合经济中的民营部分。2. 自2011年起，民营统计口径由非公有调整为非国有。

a) Before 2011, number of employed perosons and labor rewards did not cover private sector of mix-economies.

b) From 2011 onwards, private statistic scale has been adjusted from non-public to non-State-owned.

人均主要工农业产品产量

Per Capita Output of Major Industrial and Major Agricultural

年份 Year	粮食 (千克) Grain (kg)	棉花 (千克) Cotton (kg)	油料 (千克) Oil-bearing Crops (kg)	鲜果 (千克) Fruits (kg)	猪牛羊肉 (千克) Pork, Beef and Mutton (kg)	水产品 (千克) Aquatic Products (kg)	蔬菜 (千克) Vegetables (kg)	纱 (千克) Yarn (kg)
1978	335.72	2.32	4.87	15.81	8.29	2.76	109.53	3.80
1980	396.42	4.81	8.79	15.60	13.45	1.90	103.50	4.00
1985	356.43	11.39	15.75	29.03	14.84	2.31	166.94	4.22
1990	378.23	9.48	12.44	29.15	20.13	3.64	192.19	5.57
1995	427.17	5.78	17.13	67.37	40.36	6.18	355.06	6.08
1996	431.80	4.00	18.68	77.89	44.53	7.85	399.60	5.90
1997	422.30	3.28	18.14	85.50	47.49	9.32	466.38	6.07
1998	445.62	4.13	21.20	96.18	49.77	10.59	548.01	5.33
1999	416.66	3.38	19.65	97.67	51.39	11.52	578.84	5.49
2000	383.97	4.52	22.13	101.94	52.47	12.18	670.38	6.58
2001	372.66	6.27	23.00	100.17	53.33	12.70	731.71	6.88
2002	362.63	5.98	22.52	111.44	55.98	12.96	815.43	7.19
2003	353.64	7.73	24.16	188.20	59.50	12.78	874.32	7.30
2004	365.30	9.80	22.73	198.31	63.50	13.67	911.41	7.35
2005	380.48	8.45	22.36	204.67	67.75	14.49	946.94	10.04
2006	404.49	10.19	19.46	207.85	47.06	12.68	918.55	12.57
2007	410.60	10.47	19.95	215.52	44.45	13.10	930.66	13.43
2008	417.15	10.58	21.91	220.05	47.24	13.87	959.61	13.73
2009	415.05	8.62	20.43	225.14	48.04	14.32	961.56	14.99
2010	418.32	8.01	19.72	226.65	46.75	14.95	994.32	17.42
2011	439.85	9.06	19.66	238.21	45.65	14.79	1023.75	20.45

年份 Year	布 (米) Cloth (m)	原煤 (吨) Coal (ton)	原油 (吨) Crude Oil (ton)	发电量 (千瓦小时) Electricity (kwh)	粗钢 (千克) Crude Steel (kg)	钢材 (千克) Rolled Steel (kg)	生铁 (千克) Pig Iron (kg)	水泥 (千克) Cement (kg)
1978	16.33	1.14	0.34	335.50	28.94	18.73	44.26	92.18
1980	17.52	1.04	0.31	370.93	37.07	24.12	48.98	107.05
1985	18.07	1.09	0.19	474.76	45.15	34.70	51.52	170.84
1990	21.08	1.04	0.09	612.91	63.74	46.72	86.59	217.63
1995	27.62	1.26	0.08	946.93	123.71	120.25	189.41	492.00
1996	25.18	1.26	0.08	1008.22	140.63	111.59	194.71	527.06
1997	25.50	1.21	0.08	1067.06	162.36	120.83	214.84	578.30
1998	19.80	0.86	0.08	1051.17	168.95	142.20	198.24	593.71
1999	19.81	0.84	0.08	1171.07	197.81	167.42	222.23	627.14
2000	23.48	0.87	0.08	1270.95	185.51	196.65	257.26	706.60
2001	25.04	0.88	0.08	1383.38	294.57	279.82	325.59	729.53
2002	23.75	0.91	0.07	1509.99	395.96	373.68	434.87	858.90
2003	24.13	0.98	0.08	1611.67	597.60	539.50	602.89	979.18
2004	26.84	1.05	0.08	1849.09	830.96	691.97	778.25	1152.67
2005	34.22	1.16	0.08	1959.93	1081.46	946.57	990.57	1295.76
2006	41.06	1.16	0.09	2125.25	1323.19	1231.67	1200.11	1233.93
2007	37.89	1.21	0.10	2371.01	1542.01	1508.66	1509.91	1347.85
2008	51.41	1.14	0.09	2387.10	1663.71	1661.18	1630.16	1285.24
2009	54.31	1.21	0.09	2484.30	1930.50	2158.50	1866.10	1513.40
2010	77.06	1.43	0.08	2800.91	2032.44	2355.53	1926.54	1770.35
2011	84.31	1.46	0.08	3184.24	2279.63	2668.46	2139.80	1952.78

地区生产总值
Gross Domestic Product

单位：亿元 (100 million yuan)

年份 Year	地区收入总值 Gross National Income	地区生产总值 Gross Domestic Product	第一产业 Primary Industry	第二产业 Secondary Industry	工业 Industry	建筑业 Construction	第三产业 Tertiary Industry	人均地区生产总值(元) Per Capita GDP (yuan)
1978	183.06	183.06	52.20	92.38	83.19	9.19	38.48	364
1979	203.22	203.22	61.11	101.76	89.69	12.07	40.35	400
1980	219.24	219.24	68.09	105.88	94.08	11.80	45.27	427
1981	222.54	222.54	71.03	103.15	92.34	10.81	48.36	427
1982	251.45	251.45	85.59	107.83	95.33	12.50	58.03	474
1983	283.21	283.21	102.10	114.89	101.95	12.94	66.22	526
1984	332.22	332.22	111.46	145.84	129.83	16.01	74.92	609
1985	396.75	396.75	120.34	184.26	164.27	19.99	92.15	719
1986	436.65	436.65	123.45	207.28	185.48	21.80	105.92	782
1987	521.98	521.92	137.66	255.97	231.43	24.54	128.29	921
1988	701.40	701.33	162.31	323.40	289.22	34.18	215.62	1219
1989	822.89	822.83	196.35	374.92	338.79	36.13	251.56	1409
1990	896.41	896.33	227.89	387.52	354.26	33.26	280.92	1465
1991	1073.09	1072.07	236.89	459.91	417.17	42.74	375.27	1727
1992	1279.55	1278.50	257.08	573.15	517.75	55.40	448.27	2040
1993	1694.78	1690.84	301.68	847.92	758.10	89.82	541.24	2682
1994	2192.67	2187.49	451.91	1053.12	926.36	126.76	682.46	3439
1995	2853.02	2849.52	631.34	1322.77	1150.49	172.28	895.41	4444
1996	3468.24	3452.97	700.94	1664.61	1463.18	201.43	1087.42	5345
1997	3970.06	3953.78	761.76	1934.38	1701.42	232.96	1257.64	6079
1998	4271.79	4256.01	790.60	2084.33	1822.05	262.28	1381.08	6501
1999	4530.95	4514.19	805.97	2188.59	1895.21	293.38	1519.63	6849
2000	5062.69	5043.96	824.55	2514.96	2201.73	313.23	1704.45	7592
2001	5536.14	5516.76	913.82	2696.63	2378.04	318.59	1906.31	8251
2002	6039.42	6018.28	956.84	2911.69	2580.90	330.80	2149.75	8960
2003	6944.21	6921.29	1064.05	3417.56	3009.92	407.64	2439.68	10251
2004	8504.50	8477.63	1333.57	4301.73	3812.31	489.42	2842.33	12487
2005	10043.42	10012.11	1400.00	5271.57	4704.28	567.29	3340.54	14659
2006	11504.39	11467.60	1461.81	6110.43	5485.96	624.47	3895.36	16682
2007	13650.36	13607.32	1804.72	7201.88	6515.32	686.56	4600.72	19662
2008	16059.82	16011.97	2034.59	8701.34	7891.54	809.80	5276.04	22986
2009	17285.60	17235.48	2207.34	8959.83	7983.86	975.97	6068.31	24581
2010	20449.12	20394.26	2562.81	10707.68	9554.03	1153.65	7123.77	28668
2011	24585.91	24515.76	2905.73	13126.86	11770.38	1356.48	8483.17	33969

注：1．本表按当年价格计算。

2．2005—2008年数据依据第二次经济普查结果进行了修订。

3．2005年及以后执行2002年国民经济行业分类(新行业分类)。(以下各表同)

a) Data in this table are calculated at current prices.

b) Data in 2005-2008 were adjusted correspondingly in accordance with the result of the second economic census.

c) Since 2005, this table uses the new industrial Classification of National Economy (GB/T4754-2002), same as following tables.

地区生产总值构成
Composition of Gross Domestic Product

单位：% (%)

年份 Year	地区生产总值 Gross Domestic Product	第一产业 Primary Industry	第二产业 Secondary Industry	工业 Industry	建筑业 Construction	第三产业 Tertiary Industry
1978	100.0	28.52	50.46	45.44	5.02	21.02
1979	100.0	30.07	50.07	44.13	5.94	19.86
1980	100.0	31.06	48.29	42.91	5.38	20.65
1981	100.0	31.92	46.35	41.49	4.86	21.73
1982	100.0	34.04	42.88	37.91	4.97	23.08
1983	100.0	36.05	40.57	36.00	4.57	23.38
1984	100.0	33.55	43.90	39.08	4.82	22.55
1985	100.0	30.33	46.44	41.40	5.04	23.23
1986	100.0	28.27	47.47	42.48	4.99	24.26
1987	100.0	26.38	49.04	44.34	4.70	24.58
1988	100.0	23.14	46.11	41.24	4.87	30.75
1989	100.0	23.85	45.56	41.17	4.39	30.57
1990	100.0	25.43	43.23	39.52	3.71	31.34
1991	100.0	22.10	42.90	38.91	3.99	35.00
1992	100.0	20.11	44.83	40.50	4.33	35.06
1993	100.0	17.84	50.15	44.84	5.31	32.01
1994	100.0	20.66	48.14	42.35	5.79	31.20
1995	100.0	22.16	46.42	40.37	6.05	31.42
1996	100.0	20.30	48.21	42.37	5.84	31.49
1997	100.0	19.27	48.92	43.03	5.89	31.81
1998	100.0	18.58	48.97	42.81	6.16	32.45
1999	100.0	17.86	48.48	41.98	6.50	33.66
2000	100.0	16.35	49.86	43.65	6.21	33.79
2001	100.0	16.56	48.88	43.11	5.77	34.56
2002	100.0	15.90	48.38	42.88	5.50	35.72
2003	100.0	15.37	49.38	43.49	5.89	35.25
2004	100.0	15.73	50.74	44.97	5.77	33.53
2005	100.0	13.98	52.66	46.99	5.67	33.36
2006	100.0	12.75	53.28	47.84	5.44	33.97
2007	100.0	13.26	52.93	47.88	5.05	33.81
2008	100.0	12.71	54.34	49.29	5.05	32.95
2009	100.0	12.81	51.98	46.32	5.66	35.21
2010	100.0	12.57	52.50	46.85	5.65	34.93
2011	100.0	11.85	53.54	48.01	5.53	34.61

地区生产总值指数（上年=100）
Indices of Gross Domestic Product (Preceding year =100)

单位：% (%)

年份 Year	地区收入总值 Gross National Income	地区生产总值 Gross Domestic Product	第一产业 Primary Industry	第二产业 Secondary Industry	工业 Industry	建筑业 Construction	第三产业 Tertiary Industry	人均地区生产总值 Per Capita GDP
1978	114.5	114.5	110.4	118.0	118.9	111.2	112.0	112.9
1979	106.2	106.2	104.2	107.8	105.2	131.3	104.9	105.1
1980	103.2	103.2	97.4	102.4	103.0	97.7	112.5	102.1
1981	101.0	101.0	105.3	96.5	98.1	84.1	105.0	99.5
1982	111.8	111.8	119.5	103.2	102.8	106.7	118.7	109.7
1983	111.5	111.5	118.7	105.3	105.7	101.0	112.2	109.7
1984	114.4	114.4	108.0	122.8	123.2	119.3	110.0	113.0
1985	112.5	112.5	102.2	118.2	118.0	120.3	117.5	111.3
1986	105.1	105.1	97.4	108.0	108.7	101.9	109.8	103.8
1987	111.6	111.6	101.6	114.9	116.4	100.2	117.3	110.0
1988	113.5	113.5	101.1	116.9	116.7	119.4	120.1	111.9
1989	106.0	106.1	103.7	105.4	106.8	88.2	109.7	104.5
1990	105.8	105.8	105.7	104.0	104.6	95.7	109.0	100.9
1991	111.1	111.0	102.5	110.0	109.3	117.0	120.8	109.4
1992	115.6	115.6	99.4	120.7	122.1	106.9	121.4	114.6
1993	117.8	117.7	104.4	124.6	124.3	128.4	116.6	117.0
1994	114.9	114.9	111.8	116.9	116.2	124.3	113.7	113.9
1995	113.8	113.9	108.6	115.4	115.0	119.5	114.6	113.0
1996	114.2	113.5	105.5	116.6	116.9	113.4	113.0	112.7
1997	112.5	112.5	105.4	114.9	115.1	112.2	112.5	111.7
1998	110.7	110.7	106.2	112.2	112.1	113.3	110.6	110.0
1999	109.1	109.1	104.3	110.6	110.5	111.7	109.0	108.4
2000	109.5	109.5	105.1	110.1	110.8	103.3	110.4	108.7
2001	108.7	108.7	105.3	108.3	108.9	104.0	111.0	108.2
2002	109.6	109.6	105.4	110.6	111.0	107.1	110.2	108.9
2003	111.6	111.6	106.1	114.3	113.9	117.2	110.0	111.0
2004	112.9	112.9	106.7	114.8	115.1	112.7	112.6	112.3
2005	113.4	113.4	106.2	115.4	115.7	113.5	113.2	112.7
2006	113.4	113.4	105.0	115.1	116.0	108.3	114.3	112.6
2007	112.8	112.8	104.0	114.1	115.2	104.3	114.1	112.0
2008	110.1	110.1	104.9	110.5	111.2	103.6	111.1	109.3
2009	110.0	110.0	103.3	110.5	109.6	120.5	111.4	109.3
2010	112.2	112.2	103.5	113.4	113.5	112.4	113.1	110.6
2011	111.3	111.3	104.2	113.4	114.1	108.0	110.5	109.7

地区生产总值指数（1978年=100）
Indices of Gross Domestic Product (1978=100)

单位：% (%)

年份 Year	地区收入总值 Gross National Income	地区生产总值 Gross Domestic Product	第一产业 Primary Industry	第二产业 Secondary Industry	工业 Industry	建筑业 Construction	第三产业 Tertiary Industry	人均地区生产总值 Per Capita GDP
1978	100.0	100.0	100.0	100.0	100.0	100.0	100.0	100.0
1979	106.2	106.2	104.2	107.8	105.2	131.3	104.9	105.1
1980	109.6	109.6	101.5	110.4	108.4	128.3	118.0	107.3
1981	110.7	110.7	106.9	106.5	106.3	107.9	123.9	106.8
1982	123.8	123.8	127.7	110.0	109.3	115.1	147.1	117.1
1983	138.0	138.0	151.6	115.8	115.6	116.3	165.0	128.5
1984	157.9	157.9	163.7	142.2	142.4	138.7	181.4	145.2
1985	177.6	177.6	167.4	168.1	168.0	166.9	213.2	161.6
1986	186.6	186.6	163.1	181.6	182.6	170.1	234.2	167.7
1987	208.3	208.3	165.7	208.7	212.6	170.4	274.6	184.5
1988	236.4	236.4	167.5	244.0	248.1	203.4	329.8	206.5
1989	250.6	250.8	173.6	257.1	265.0	179.5	361.7	215.8
1990	265.1	265.4	183.6	267.4	277.3	171.8	394.3	217.7
1991	294.6	294.6	188.2	294.2	303.1	201.0	476.4	238.2
1992	340.5	340.5	187.0	355.0	370.0	214.9	578.5	272.9
1993	401.1	400.8	195.3	442.4	459.9	275.9	674.6	319.3
1994	460.9	460.5	218.3	517.2	534.5	342.9	766.7	363.7
1995	524.5	524.5	237.1	596.8	614.6	409.8	879.0	411.0
1996	599.0	595.4	250.1	695.9	718.5	464.7	993.3	463.2
1997	673.9	669.8	263.6	799.5	827.0	521.4	1117.4	517.4
1998	746.0	741.4	280.0	897.1	927.1	590.7	1235.9	569.1
1999	813.9	808.9	292.0	992.2	1024.4	659.8	1347.1	617.0
2000	891.2	885.8	306.9	1092.4	1135.0	681.6	1487.2	670.6
2001	968.7	962.8	323.2	1183.1	1236.1	708.9	1650.8	725.6
2002	1061.7	1055.3	340.6	1308.2	1372.5	759.0	1819.9	790.2
2003	1184.9	1177.7	361.5	1495.4	1563.9	889.4	2002.2	877.1
2004	1337.7	1329.6	385.7	1716.7	1800.1	1002.4	2254.3	985.0
2005	1516.9	1507.8	409.7	1981.2	2081.9	1137.7	2550.8	1110.1
2006	1720.2	1709.8	430.1	2280.4	2414.8	1232.7	2915.5	1250.4
2007	1940.4	1928.7	447.4	2601.9	2781.8	1285.7	3326.6	1400.5
2008	2136.4	2123.4	469.3	2875.1	3093.4	1332.0	3695.9	1530.7
2009	2350.0	2335.8	484.8	3177.0	3390.3	1605.1	4117.2	1673.1
2010	2636.7	2620.8	501.7	3602.8	3848.0	1804.1	4656.6	1850.4
2011	2934.7	2916.9	522.8	4085.5	4390.6	1948.4	5145.5	2029.9

支出法计算的地区生产总值

Gross Domestic Product by Expenditure Approach

年份 Year	地区生产总值(亿元) Gross Regional Product by Expenditure Approach (100 million yuan)	最终消费 Final Consumption Expenditures	资本形成总额 Gross Capital Formation	货物和服务净流出 Net Outflow of Goods and Services	最终消费率(消费率)(%) Final Consumption Rate (%)	资本形成率(投资率)(%) Capital Formation Rate (%)
1978	183.06	93.28	64.26	25.52	51.0	35.1
1979	203.22	104.43	68.95	29.84	51.4	33.9
1980	219.24	114.68	63.84	40.72	52.3	29.1
1981	222.54	129.06	50.73	42.75	58.0	22.8
1982	251.45	140.19	73.96	37.30	55.8	29.4
1983	283.21	156.34	90.10	36.77	55.2	31.8
1984	332.22	186.56	114.66	31.00	56.2	34.5
1985	396.75	229.73	156.90	10.12	57.9	39.5
1986	436.65	262.33	162.79	11.53	60.1	37.3
1987	521.92	318.27	176.58	27.07	61.0	33.8
1988	701.33	434.25	242.39	24.69	61.9	34.6
1989	822.83	480.95	295.30	46.58	58.5	35.9
1990	896.33	518.86	334.66	42.81	57.9	37.3
1991	1072.07	634.73	384.84	52.50	59.2	35.9
1992	1278.50	712.19	475.18	91.13	55.7	37.2
1993	1690.84	870.45	679.12	141.27	51.5	40.2
1994	2187.49	1059.29	884.46	243.74	48.4	40.4
1995	2849.52	1348.75	1226.07	274.70	47.3	43.0
1996	3452.97	1553.79	1547.80	351.38	45.0	44.8
1997	3953.78	1740.18	1838.54	375.06	44.0	46.5
1998	4256.01	1848.19	2030.17	377.65	43.4	47.7
1999	4514.19	1978.25	2152.02	383.92	43.8	47.7
2000	5043.96	2240.68	2246.67	556.61	44.4	44.5
2001	5516.76	2490.38	2325.61	700.77	45.1	42.2
2002	6018.28	2838.41	2429.90	749.97	47.2	40.4
2003	6921.29	3029.25	2860.73	1031.31	43.8	41.3
2004	8477.63	3677.23	3659.84	1140.56	43.4	43.2
2005	10012.11	4273.61	4727.66	1010.84	42.7	47.2
2006	11467.60	4966.60	5482.96	1018.04	43.3	47.8
2007	13607.32	5871.11	6710.87	1025.34	43.1	49.3
2008	16011.97	6695.14	8277.67	1039.16	41.8	51.7
2009	17235.48	7220.83	9264.77	749.88	41.9	53.8
2010	20394.26	8326.02	11037.38	1030.86	40.8	54.1
2011	24515.76	9633.82	13890.37	991.57	39.3	56.7

三次产业贡献率

Share of the Contributions of the Three Strata of Industry to the Increase of the GDP

单位：% (%)

年 份 Year	地区生产总值 Gross Domestic Product	第一产业 Primary Industry	第二产业 Secondary Industry	#工 业 Industry	第三产业 Tertiary Industry
1990	100.0	22.9	34.1	36.5	43.0
1991	100.0	6.2	40.8	34.7	53.0
1992	100.0	-1.0	59.1	57.2	41.9
1993	100.0	5.3	64.6	58.6	30.1
1994	100.0	15.1	55.8	49.0	29.1
1995	100.0	11.5	55.5	49.2	33.0
1996	100.0	7.2	62.3	57.6	30.5
1997	100.0	6.0	62.4	57.7	31.6
1998	100.0	7.6	61.0	55.2	31.4
1999	100.0	5.4	63.3	57.1	31.3
2000	100.0	6.1	59.1	57.4	34.8
2001	100.0	8.4	48.1	45.2	43.5
2002	100.0	6.6	55.8	51.3	37.6
2003	100.0	6.6	62.9	54.2	30.5
2004	100.0	6.5	59.7	53.6	33.8
2005	100.0	6.6	60.2	54.0	33.2
2006	100.0	4.3	59.5	55.9	36.2
2007	100.0	3.9	58.7	56.9	37.4
2008	100.0	5.7	56.2	54.5	38.1
2009	100.0	3.8	57.1	47.4	39.1
2010	100.0	3.1	59.7	54.5	37.2
2011	100.0	4.6	62.7	58.7	32.7

注：1．本表按不变价格计算。
　　2．三次产业贡献率指各产业增加值增量与GDP增量之比。

a) Data in this table are calculated at constant prices.

b) Share of the contributions of the three strata of industry to the increase of the GDP refers to the proportion of the increment of the value-added of each industry to the increment of GDP.

三次产业对生产总值增长的拉动

Contribution of the Three Strata of Industry to GDP Growth

单位：百分点 (percentage points)

年 份 Year	地区生产总值 Gross Domestic Product	第一产业 Primary Industry	第二产业 Secondary Industry	#工 业 Industry	第三产业 Tertiary Industry
1990	5.8	1.3	2.0	2.1	2.5
1991	11.0	0.7	4.5	3.8	5.8
1992	15.6	-0.1	9.2	8.9	6.5
1993	17.7	1.0	11.4	10.4	5.3
1994	14.9	2.3	8.3	7.3	4.3
1995	13.9	1.6	7.7	6.8	4.6
1996	13.5	1.0	8.4	7.8	4.1
1997	12.5	0.8	7.8	7.2	3.9
1998	10.7	0.8	6.5	5.9	3.4
1999	9.1	0.5	5.8	5.2	2.8
2000	9.5	0.6	5.6	5.4	3.3
2001	8.7	0.7	4.2	3.9	3.8
2002	9.6	0.6	5.4	4.9	3.6
2003	11.6	0.8	7.3	6.3	3.5
2004	12.9	0.8	7.7	6.9	4.4
2005	13.4	0.8	8.1	7.3	4.5
2006	13.4	0.6	8.0	7.5	4.9
2007	12.8	0.5	7.5	7.3	4.8
2008	10.1	0.6	5.7	5.5	3.8
2009	10.0	0.4	5.7	4.7	3.9
2010	12.2	0.4	7.3	6.6	4.5
2011	11.3	0.5	7.1	6.6	3.7

注：1．本表按不变价计算。

2．三次产业拉动指GDP增长速度与各产业贡献率之乘积。

a) Data in this table are calculated at constant prices.

b) Contribution of the three strata of industry to GDP growth refers to the growth rate of GDP multiplied by the contribution share of every industry.

资金流量表(收入分配)(2010年)

单位：亿元

机构部门	Sectors	非金融企业部门 Non-financial Corporations		金融机构部门 Financial Institutions		政府 General
交易项目	Items	使用 Uses	来源 Sources	使用 Uses	来源 Sources	使用 Uses
净出口	Net Exports					
增加值	Value Added		12855.75		615.42	
劳动者报酬	Compensation of Laborers	4996.10		231.00		1084.98
工资及工资性收入	Wages and Salaries	4045.80		187.06		1084.98
单位社会保险付款	Employers' Social Contributions	950.30		43.94		
生产税净额	Taxes on Production, Net	2246.71		75.91		14.92
生产税	Taxes on Products	2278.64		75.91		14.92
生产补贴	Subsidies on Production		31.93			31.93
财产收入	Income from Properties	660.38	177.84	1369.29	1651.96	
利　息	Interest	620.39	148.08	1368.92	1647.05	
红　利	Distributed Income of Corporations	39.98	29.65		4.91	
土地租金	Rent on Land Use					
其　他	Others		0.11	0.36		
初次分配总收入	Total Income from Primary Distribution		5130.40		591.19	
经常转移	Current Transfer	386.17	47.44	172.25	2.19	1324.70
收入税	Taxes on Income	339.52		24.61		
社会保险缴款	Social insurance contributions					
社会保险福利	Social insurance benefits					829.12
社会补助	Allowances					234.69
其他经常转移	Other current transfers	46.65	47.44	147.64	2.19	260.90
可支配总收入	Total Disposable Income		4791.68		421.13	
最终消费	Final Consumption Expenditure					2594.58
居民消费	Household Consumption					
政府消费	Government Consumption					2594.58
总储蓄	Savings		4791.68		421.13	
资本转移	Capital Transfers		21.70			180.97
投资性补助	Investment Allowances		21.70			180.97
其　他	Other					
资本形成总额	Gross Capital Formation	7885.13		7.75		1209.63
固定资本形成总额	Gross Fixed Capital Formation	7628.88		7.75		1205.35
存货增加	Changes in Inventories	256.25				4.28
其他非金融资产获得减处置	Acquisitions Less Disposals of Other Non-financial Assets					
净金融投资	Net Financial Investment	-3071.75		413.38		-138.09

Funds Flow of Funds Table (2010)

(100 million yuan)

部门	住户部门		省内部门合计		国内省外		国 外	
Governments	Households		Regional Sum		Outside Province		The Rest of the World	
来 源 Sources	使 用 Uses	来 源 Sources	使 用 Uses	来 源 Sources	使 用 Uses	来 源 Sources	使 用 Uses	来 源 Sources
						-510.26		-520.60
1355.82		5567.27		20394.26				
	4968.52	11280.60	11280.60	11280.60				
	4968.52	10286.36	10286.36	10286.36				
		994.24	994.24	994.24				
1838.19	149.68		2487.22	1838.19	139.75	788.78		
1870.12	149.68		2519.15	1870.12	139.75	788.78		
			31.93	31.93				
59.78	111.16	259.53	2140.82	2149.11	37.50	29.21		
58.76	111.16	246.59	2100.48	2100.48				
1.02		12.69	39.98	48.27	37.50	29.21		
		0.25	0.36	0.36				
2153.89		11878.04		19753.52				
2858.63	1121.89	1450.23	3005.01	4358.50	1375.18	29.23	69.03	61.49
481.76	117.62		481.76	481.76				
994.24	994.24		994.24	994.24				
		829.12	829.12	829.12				
	1.07	235.76	235.76	235.76				
1382.63	8.95	385.36	464.13	1817.63	1375.18	29.23	69.03	61.49
3687.82		12206.39		21107.01				
	5731.44		8326.02					
	5731.44		5731.44					
			2594.58					
1093.24		6474.95		12780.99		-1215.47		-528.15
159.27			180.97	180.97				
159.27			180.97	180.97				
	1934.87		11037.38					
	1949.61		10791.59					
	-14.74		245.79					
	4540.08		1743.61		-1215.47		-528.15	

资产负债（2010年12月31日）

单位：亿元

机构部门 / 交易项目	Sectors / Items	非金融企业部门 Non-financial Corporations 使用 Uses	非金融企业部门 Non-financial Corporations 来源 Sources	金融机构部门 Financial Institutions 使用 Uses	金融机构部门 Financial Institutions 来源 Sources	政府 General 使用 Uses
非金融资产	**Non-financial Assets**	**31337.00**		**2881.69**		**3460.38**
固定资产	Fixed Assets	25453.61		233.68		3415.00
＃在建工程	Constructing Project	2878.30		13.43		14.60
存　货	Inventory	4819.30		3.36		36.33
＃产成品和商品库存	Products and Inventory	1139.99				
其他非金融资产	Other Non-financial Assets	1064.10		2644.65		9.05
＃无形资产	Intangible Assets	949.27		88.90		
金融资产与负债	**Financial Assets and Liabilities**	**19478.90**	**26693.37**	**29284.74**	**34676.11**	**3789.25**
国内金融资产与负债	Domestic Financial Assets and Liabilities	19478.90	26400.23	29284.74	34676.11	3789.25
通　货	Current in Circulation	671.21		436.38		9.16
存　款	Savings Deposits	8702.16			26270.58	1842.67
长　期	Long Period Savings Deposits					
短　期	Short Period Savings Deposits					
贷　款	Loans		13572.26	15948.91		
长　期	Long-term Loans					
短　期	Short-term Loans					
股票及其他股权	Stocks and Other Stock Rights	1595.06	3338.91	1408.42		64.49
证　券(不含股票)	Securities (Not Including Stocks)	80.84	36.50	50.17	150.25	0.03
保险准备金	Insurance Reserve Funds	310.44			1752.13	
其　他	Other	8119.20	9452.56	11440.87	6503.15	1872.90
国外金融资产与负债	Foreign Financial Assets and Liabilities		293.14			
直接投资	Foreign Direct Investment		261.57			
证券投资	Securities					
其他投资	Miscellaneous		31.57			
资产负债差额	**Balance Between Assets and Liabilities**		**24122.54**		**-2509.67**	
资产、负债与差额总计	**The Sum Total of Assets, Liabilities and Balance**	**50815.91**	**50815.91**	**32166.43**	**32166.43**	**7249.62**

注：本表包括公路、市政设施、水利设施。

Assets and Liabilities (December, 31, 2010)

(100 million yuan)

部门 Governments	住户部门 House-holds		省内部门合计 Regional Sum		国内省外 Outside Province		国 外 The Rest of the World		总 计 Total	
来 源 Sources	使 用 Uses	来 源 Sources	使 用 Uses	来 源 Sources	使 用 Uses	来 源 Sources	使 用 Uses	来 源 Sources	使 用 Uses	来 源 Sources
	25246.24		**62925.31**						**62925.31**	
	23790.10		52892.38						52892.38	
			2906.33						2906.33	
	1310.18		6169.17						6169.17	
			1139.99						1139.99	
	145.96		3863.75						3863.75	
			1038.17						1038.17	
2691.79	**21412.28**	**2596.33**	**73965.18**	**66657.60**		**7600.72**	**293.14**		**74258.32**	**74258.32**
2691.79	21412.28	2596.33	73965.18	66364.46		7600.72			73965.18	73965.18
	950.81		2067.55			2067.55			2067.55	2067.55
	15725.75		26270.58	26270.58					26270.58	26270.58
545.46		1831.19	15948.91	15948.91					15948.91	15948.91
	910.94		3978.91	3338.91		640.00			3978.91	3978.91
	937.25		1068.29	186.75		881.54			1068.29	1068.29
704.58	2146.27		2456.71	2456.71					2456.71	2456.71
1441.75	741.27	765.14	22174.24	18162.60		4011.64			22174.24	22174.24
				293.14			293.14		293.14	293.14
				261.57			261.57		261.57	261.57
				31.57			31.57		31.57	31.57
4557.84		**44062.19**		**70232.89**		**-7600.72**		**293.14**		**62925.31**
7249.62	**46658.52**	**46658.52**	**136890.49**	**136890.49**			**293.14**	**293.14**	**137183.63**	**137183.63**

a)Data contained of the highways, municipal infra-structure and water conservancy facilities.

居民消费水平
Household Consumption

年份 Year	全省居民 (元) All Households (yuan)	农村居民 Rural Households	城镇居民 Urban Households	城乡消费水平对比(农村居民=100) Urban/Rural Consumption Ratio (Urban Households a=100)	指数(上年=100) Index (Preceding Year=100) 全省居民 All Households	农村居民 Rural Households	城镇居民 Urban Households	指数(1978年=100) Index (1978=100) 全省居民 All Households	农村居民 Rural Households	城镇居民 Urban Households
1978	165	137	402	293.4	103.7	104.9	90.9	100.0	100.0	100.0
1979	183	153	423	276.5	99.4	106.3	93.4	99.4	106.3	93.4
1980	199	164	460	280.5	119.9	120.6	119.5	119.2	128.2	111.6
1981	223	187	481	257.2	111.1	113.4	103.7	132.4	145.4	115.7
1982	236	198	507	256.1	104.5	104.8	104.0	138.4	152.4	120.4
1983	258	221	513	232.1	110.8	112.8	100.6	153.3	171.9	121.1
1984	301	261	569	218.0	116.8	118.2	111.0	179.1	203.1	134.4
1985	366	319	672	210.7	117.1	118.1	112.8	209.7	239.9	151.6
1986	413	356	773	217.1	104.8	104.6	104.8	219.8	250.9	158.9
1987	494	423	917	216.8	105.2	105.3	104.3	231.2	264.2	165.7
1988	664	557	1300	233.4	112.9	110.4	118.3	261.0	291.7	196.1
1989	722	583	1557	267.1	94.7	93.3	98.9	247.2	272.2	193.9
1990	783	605	1592	263.1	103.9	102.6	107.0	256.8	279.2	207.5
1991	847	675	1839	272.4	107.0	105.6	108.5	274.8	294.9	225.1
1992	950	729	2182	299.3	108.6	107.0	109.6	298.4	315.5	246.7
1993	1089	831	2496	300.4	111.9	110.2	114.3	333.9	347.7	282.0
1994	1320	1001	3009	300.6	109.5	107.8	110.8	365.7	374.8	312.5
1995	1686	1306	3397	260.2	110.6	110.0	106.8	404.4	412.3	333.7
1996	1925	1554	3499	225.2	106.8	110.7	104.9	431.9	456.4	350.1
1997	2151	1711	3765	220.1	108.8	105.2	104.5	469.9	480.2	365.8
1998	2207	1731	3833	221.5	102.2	101.9	101.2	480.3	489.3	370.2
1999	2327	1803	3950	219.0	112.7	108.8	100.4	541.3	532.3	371.7
2000	2533	1848	4523	244.8	106.6	109.0	100.8	577.0	580.3	374.7
2001	2749	1912	4991	261.0	107.4	103.2	108.3	619.7	598.8	405.8
2002	3081	1987	5776	290.7	107.9	102.2	109.5	668.6	612.0	444.3
2003	3271	2042	6063	297.0	106.7	105.4	104.0	713.4	645.1	462.1
2004	3758	2167	7096	327.5	111.9	104.9	113.5	798.3	676.7	524.4
2005	4270	2426	7851	323.6	110.2	109.8	106.8	879.7	743.0	560.1
2006	4924	2714	8971	330.6	113.5	111.1	111.9	998.5	825.5	626.7
2007	5667	3067	10031	327.1	111.6	108.3	109.2	1114.3	894.0	684.4
2008	6498	3515	10835	308.3	111.0	110.3	104.9	1236.9	986.1	717.9
2009	7193	3606	12195	338.2	110.7	103.7	112.0	1369.2	1022.6	804.0
2010	8057	3867	13619	352.2	110.6	105.3	110.4	1514.3	1076.8	887.8
2011	9551	4893	15331	313.3	118.5	126.5	112.6	1795.1	1362.5	999.4

企业家信心指数（2011年）
Confidence Index of Entrepreneur (2011)

项　　目	Item	一季度 First Quarter	二季度 Second Quarter	三季度 Third Quarter	四季度 Fourth Quarter
总体状况	**Overall Confidence Index**	**129.6**	**125.7**	**121.9**	**119.8**
按注册登记类型分	**Grouped by Status of Registration**				
国有企业	State-owned Enterprises	129.8	127.6	124.0	120.7
集体企业	Collective-owned Enterprises	108.5	114.9	113.0	108.7
有限责任公司	Limited Liability Corporations	131.3	126.2	121.6	120.0
股份有限公司	Share-holding Corporations Ltd.	130.0	126.4	125.4	123.5
私营企业	Private Enterprises	123.1	125.6	120.2	117.6
外商及港澳台投资企业	Enterprises with Funds from Foreign and Hong Kong, Macao, Taiwan				
按行业门类分	**Grouped by Sector**				
工　业	Industry	130.1	127.0	121.2	120.6
建筑业	Construction	131.7	134.2	135.2	128.5
交通运输、仓储及邮政业	Transportation, Storage and Post Services	124.5	116.9	112.0	115.1
批发零售业	Wholesale and Retail Trade	132.7	124.2	127.8	120.8
房地产业	Real Estate Trade	116.4	104.6	96.7	85.8
社会服务业	Social Services	138.0	134.0	144.9	128.6
信息传输、计算机服务及软件业	Information Transmitting, Computer Services and Software	146.5	146.5	145.0	147.8
住宿和餐饮业	Accommodation and Catering Services	124.2	129.2	125.0	128.1
按企业规模分	**Grouped by Size of Enterprises**				
大型企业	Large and Super-sized	147.6	148.4	136.2	135.6
中型企业	Medium-sized	133.8	130.1	124.7	121.4
小型企业	Small-sized	119.5	115.6	116.4	114.7
其他分组	**Others**				
国家重点企业	State Key Enterprises	133.2	146.2	119.0	125.1
国家试点企业集团成员企业	State Experimental Enterprises Groups	122.9	94.2	85.7	51.4
乡镇企业	Township Enterprises				
上市公司	Corporations Listed in the Stock Market	139.0	134.7	122.7	127.1
国有控股企业	State-holding Enterprises	129.2	129.0	123.5	122.2

企业景气指数（2011年）
Climate Index of Enterprises (2011)

项　　目	Item	一季度 First Quarter	二季度 Second Quarter	三季度 Third Quarter	四季度 Fourth Quarter
总体状况	**Overall Confidence Index**	**123.1**	**128.3**	**127.2**	**122.9**
按行业门类分	**Grouped by Sector**				
工　业	Industry	123.0	130.0	126.4	122.3
建筑业	Construction	121.6	130.8	140.3	129.3
交通运输、仓储及邮政业	Transportation, Storage and Post Services	117.2	120.9	123.7	123.1
批发零售业	Wholesale and Retail Trade	131.7	130.5	128.1	128.9
房地产业	Real Estate Trade	123.0	109.9	109.8	103.9
社会服务业	Social Services	126.0	138.0	136.7	122.5
信息传输、计算机服务及软件业	Information Transmitting, Computer Services and Software	137.6	132.1	138.6	138.6
住宿和餐饮业	Accommodation and Catering Services	110.6	121.5	132.8	118.8
按注册登记类型分	**Grouped by Status of Registration**				
国有企业	State-owned Enterprises	119.8	128.8	123.8	122.0
集体企业	Collective-owned Enterprises	100.0	100.0	115.2	113.0
有限责任公司	Limited Liability Corporations	123.6	127.7	127.3	123.6
股份有限公司	Share-holding Corporations Ltd.	133.6	139.5	133.0	128.7
私营企业	Private Enterprises	124.3	124.1	129.1	116.7
外商及港澳台投资企业	Enterprises with Funds from Foreign and Hong Kong, Macao, Taiwan				
按企业规模分	**Grouped by Size of Enterprises**				
大型企业	Large and Super-sized	149.6	164.2	143.5	142.9
中型企业	Medium-sized	127.7	129.7	131.0	126.3
小型企业	Small-sized	110.9	116.7	117.7	111.8
其他分组	**Others**				
国家重点企业	State Key Enterprises	137.8	157.0	126.7	130.5
国家试点企业集团成员企业	State Experimental Enterprises Groups	85.7	100.0	94.2	79.9
乡镇企业	Township Enterprises				
上市公司	Corporations Listed in the Stock Market	139.1	162.9	137.9	140.5
国有控股企业	State-holding Enterprises	124.5	133.3	126.3	124.0
工　业	**Industry**	**123.0**	**130.0**	**126.4**	**122.3**
生产成本	Cost	59.4	59.1	59.1	76.5
生产总量	Gross Output	103.1	127.1	119.1	111.2
产品订货	Order for Product	110.6	118.5	111.1	99.4
＃国外订货	order for Product of the World	103.4	110.2	103.1	98.2
产品销售	Total Volume of Sales	102.1	123.4	121.7	110.8
产品销售价格	Price of Sales	118.8	113.5	111.6	98.5
产成品库存	Inventory of Product	123.8	121.4	125.4	121.9
盈利(亏损)变化	Profit (Loss) Change	101.8	117.1	115.2	105.2
流动资金	Floating Capital	83.3	85.1	77.8	76.1
货款拖欠	Loan Delinquency	102.0	101.9	98.2	99.1
劳动力需求	Labor Force Demand	115.6	117.0	115.6	109.0
固定资产投资	Fixed Assets Investment	104.5	120.0	115.5	108.5
科技创新	Technological Innovation	109.3	112.8	110.5	110.2
主要原材料及能源购进价格	Purchase Price of Major Raw Materials and Energy	39.6	47.1	50.1	71.2
主要原材料及能源供应	Supply of Major Raw Materials and Energy	125.3	126.5	126.0	124.9

企业景气指数（2011年）（续一）

Prosperity Index of Enterprises (2011)

项　　目	Item	一季度 First Quarter	二季度 Second Quarter	三季度 Third Quarter	四季度 Fourth Quarter
建筑业	**Construction**	**121.6**	**130.8**	**140.3**	**129.3**
工程合同	Project Contract	88.1	135.0	120.1	93.9
#国(境)外工程合同	From Overseas	93.5	90.8	91.0	85.4
建筑工程量	Construction Resilience	86.1	150.4	138.3	112.6
新开工工程量	Newly Started Construction Resilience	95.8	142.4	128.2	91.7
工程结算收入	Revenue of Project Settlement Accounts	85.7	136.2	131.6	121.3
建筑材料购进价格	Purchase Price of Building Material	51.9	25.0	36.8	85.4
工程结算成本	Costs of Project Settlement Accounts	71.9	44.6	44.8	68.0
盈利(亏损)变化	Profit (Loss) Change	90.5	112.5	108.8	120.3
流动资金	Floating Capital	85.9	69.7	71.2	68.0
工程款拖欠	Project Funds Delinquency	96.9	68.2	70.7	78.1
劳动力需求	Labor Force Demand	97.4	154.0	133.4	96.9
固定资产投资	Fixed Assets Investment	96.5	118.4	116.1	98.3
交通运输、仓储和邮政业	**Transport, Post, Telecommunication Services**	**117.2**	**120.9**	**123.7**	**123.1**
业务收费价格	Business Charge Price	99.0	105.3	101.9	98.4
盈利(亏损)变化	Floating Capital	113.6	116.0	106.9	113.8
流动资金	Profit (Loss) Change	79.3	76.3	83.5	75.4
货款拖欠	Loan Delinquency	100.8	99.8	102.0	103.0
劳动力需求	Labor Force Demand	106.5	113.7	112.9	103.6
固定资产投资	Fixed Assets Investment	99.5	115.1	115.6	119.9
批发和零售业	**Wholesale & Retail Sale Trade**	**131.7**	**130.5**	**128.1**	**128.9**
商品购进价格	Purchasing Price of Commodities	60.3	68.2	68.7	77.6
商品销售	Commodity Marketing	120.1	125.2	122.2	123.8
#出　口	Export	92.3	99.5	99.7	106.1
商品销售价格	Selling Price of Commodities	126.5	120.6	119.4	110.3
商品库存	Commodity Stock	118.7	115.3	109.2	118.1
经营费用	Management Cost	89.2	76.0	73.1	63.1
盈利(亏损)变化	Profit (Loss) Change	123.7	121.5	119.7	122.5
流动资金	Floating Capital	97.8	96.8	91.7	93.3
货款拖欠	Loan Delinquency	114.7	113.1	107.4	110.1
劳动力需求	Labor Force Demand	108.4	102.6	109.9	104.9
固定资产投资	Fixed Assets Investment	109.2	113.7	111.9	108.3
房地产业	**Real Estate Industry**	**123.0**	**109.9**	**109.8**	**103.9**
土地开发	Land Space Development	88.8	100.9	81.3	76.9
完成投资	Finished Investment	100.5	120.9	115.3	88.0
新开工情况	Newly Started	96.7	110.1	100.5	79.5
房屋竣工	Buildings Completed	94.4	86.2	89.9	101.3
商品房预售	Commercial House Sold in Advance	98.2	92.1	89.8	71.9
商品房销售	Commercial House Sold	84.8	89.1	81.7	60.7
商品房销售价格	Commercial House Selling Price	128.8	116.6	104.6	80.1

企业景气指数（2011年)(续二)
Prosperity Index of Enterprises (2011)

项　　目	Item	一季度 First Quarter	二季度 Second Quarter	三季度 Third Quarter	四季度 Fourth Quarter
空置商品房	Vacant Commercial Houses	126.5	136.6	136.1	117.7
盈利(亏损)变化	Floating Capital	108.3	110.1	102.2	82.7
流动资金	Profit (Loss) Change	88.7	85.5	71.5	73.2
货款拖欠	Loan Delinquency	115.0	107.7	109.5	109.3
劳动力需求	Labor Force Demand	112.6	115.8	101.8	92.6
固定资产投资	Fixed Assets Investment	102.0	98.3	92.6	93.1
社会服务业	**Social Service Industry**	**126.0**	**138.0**	**136.7**	**122.5**
竞争能力	Competitive Ability	136.0	134.0	142.9	138.8
旅游客源	Traveling Source of Tourists	107.1	142.9	146.7	62.5
收费(服务)价格	Charge (Service) Price	96.0	89.8	100.0	91.7
营业成本	Business Cost	56.0	58.0	69.4	83.7
盈利(亏损)变化	Floating Capital	92.0	98.0	98.0	83.7
流动资金	Profit (Loss) Change	88.0	94.0	95.9	83.7
货款拖欠	Loan Delinquency	118.8	95.8	106.3	93.9
劳动力需求	Labor Force Demand	124.0	130.0	130.6	98.0
固定资产投资	Fixed Assets Investment	108.0	102.0	108.2	106.1
信息传输、计算机服务和软件业	**Information Transmission, Computer Service**	**137.6**	**132.1**	**138.6**	**138.6**
产品销售(提供服务)	Product Sale (Service Provide)	115.3	138.8	141.7	133.6
产品订货	Product Ordering	117.5	122.6	130.5	138.9
竞争能力	Competitive Ability	145.9	135.4	142.6	145.4
销售(收费)价格	Selling (Charge) Price	74.8	71.8	76.8	67.8
营业收入	Business Income	87.7	129.4	155.0	143.4
营业成本	Business Cost	92.8	60.0	59.5	51.6
盈利(亏损)变化	Floating Capital	102.9	107.3	117.1	104.7
流动资金	Profit (Loss) Change	130.5	109.2	118.2	117.3
货款拖欠	Loan Delinquency	107.9	105.8	101.0	86.8
劳动力需求	Labor Force Demand	116.2	113.5	136.3	112.2
固定资产投资	Fixed Assets Investment	80.3	128.3	123.6	139.1
住宿和餐饮业	**Accommodation and Catering Service**	**110.6**	**121.5**	**132.8**	**118.8**
竞争能力	Competitive Ability	122.7	121.5	129.7	118.8
客房出租	Guest Room Hiring	76.5	84.1	82.0	86.1
收费(服务)价格	Charge (Service) Price	93.9	98.4	109.5	100.0
营业收入	Business Income	77.3	107.8	118.8	112.5
营业成本	Business Cost	77.3	83.1	68.8	54.0
盈利(亏损)变化	Floating Capital	75.8	96.9	98.4	89.1
流动资金	Profit (Loss) Change	68.2	69.2	73.4	71.9
货款拖欠	Loan Delinquency	93.6	95.0	84.8	100.0
劳动力需求	Labor Force Demand	124.2	136.9	118.8	110.9
固定资产投资	Fixed Assets Investment	86.4	106.2	101.6	107.8

人口基本情况
Basic Statistics of Population

指 标	Indicator	2000	2005	2006	2007	2008	2009	2010	2011
年末总人口(万人)	**Total Population of Year-end (10000 persons)**	**6674**	**6851**	**6898**	**6943**	**6989**	**7034**	**7194**	**7240.5**
按城乡分	**by Residence**								
城镇人口	Urban Population	1741	2582	2674	2795	2928	3077	3201	3301.7
乡村人口	Rural Population	4933	4269	4224	4148	4061	3957	3993	3938.8
按性别分	**by Sex**								
男性人口	Male Population	3397	3441	3486	3529	3562	3582	3647	3742.6
女性人口	Female Population	3277	3410	3412	3414	3427	3452	3546	3497.9
出生率(‰)	Birth Rate (‰)	11.30	12.84	12.82	13.33	13.04	12.93	13.22	13.02
死亡率(‰)	Death Rate (‰)	6.21	6.75	6.59	6.78	6.49	6.43	6.41	6.52
自然增长率(‰)	Natural Growth Rate (‰)	5.09	6.09	6.23	6.55	6.55	6.50	6.81	6.5
人口密度(人/平方公里)	Density of Population (Person/sq.km)		365	368	370	372	375	384	386
家庭户数(万户)	Households (10000 units)		2046.4	2085.9	2104.7	2105.1	2125.5	2039.5	2171.4
各年龄段人口比例(%)	**Population by Age Group (%)**								
0—14岁	0-14	22.8	17.7	16.6	16.75	16.06	16.58	16.83	17.82
15—64岁	15-64	70.3	74.1	74.9	74.39	75.20	74.60	74.93	73.51
65岁以上	65 and Over	6.9	8.2	8.5	8.86	8.74	8.82	8.24	8.67
文化程度人口比重(%)	**Population by Education Attainments (%)**								
未上学人口	Uneducational Population	8.7	6.9	6.0	6.09	5.01	5.34	3.26	4.25
小学文化程度人口	Primary School	35.7	30.1	30.3	29.67	29.60	28.70	26.79	26.84
初中文化程度人口	Junior Secondary Schools	41.3	46.3	47.2	47.76	48.63	50.02	48.23	49.15
高中文化程度人口	Senior Secondary Schools	11.3	12.0	12.0	11.81	11.97	10.96	13.80	14.44
大专以上文化程度人口	College and Higher Level	2.9	4.7	4.5	4.67	4.79	4.98	7.93	5.33

注：未上学人口2005年以前为不识字或识字很少的人口。
a) Before the year of 2005, the number of unschooled people referred to those who were lack of literacy.

总人口及人口自然变动
Total Population and Natural Changes of Population

年 份 Year	总 人 口 (万人) Total Population (10000 persons)	#男 Male	出 生 率 (‰) Birth Rate (‰)	死 亡 率 (‰) Death Rate (‰)	自然增长率 (‰) Natural Growth Rate (‰)
1978	5057	2595	20.88	6.49	14.39
1979	5105	2620	19.86	6.36	13.50
1980	5168	2651	20.47	6.46	14.01
1981	5256	2692	23.99	6.05	17.94
1982	5356	2742	19.35	5.94	13.41
1983	5420	2777	17.91	6.60	11.31
1984	5487	2815	16.73	5.41	11.32
1985	5548	2852	17.10	5.30	11.80
1986	5627	2893	20.42	6.12	14.30
1987	5710	2936	22.50	6.00	16.50
1988	5795	2978	20.35	5.50	14.85
1989	5881	3021	20.19	5.44	14.75
1990	6159	3147	20.46	6.82	13.64
1991	6220	3167	16.61	6.75	9.86
1992	6275	3212	15.33	6.43	8.90
1993	6334	3227	15.43	6.11	9.32
1994	6388	3264	14.93	6.50	8.43
1995	6437	3266	13.93	6.32	7.61
1996	6484	3309	13.85	6.55	7.30
1997	6525	3327	13.11	6.82	6.29
1998	6569	3343	13.01	6.18	6.83
1999	6614	3357	12.99	6.26	6.73
2000	6674	3397	11.30	6.21	5.09
2001	6699	3384	11.16	6.18	4.98
2002	6735	3420	11.53	6.25	5.28
2003	6769	3454	11.43	6.27	5.16
2004	6809	3480	11.98	6.19	5.79
2005	6851	3441	12.84	6.75	6.09
2006	6898	3486	12.82	6.59	6.23
2007	6943	3529	13.33	6.78	6.55
2008	6989	3562	13.04	6.49	6.55
2009	7034	3582	12.93	6.43	6.50
2010	7194	3647	12.22	6.41	6.81
2011	7241	3743	13.02	6.52	6.50

六次人口普查基本情况

Basic Statistics on Population Census in 1953，1964，1982, 1990, 2000 and 2010

项目	Item	第一次人口普查 The First (1953.7.1)	第二次人口普查 The Second (1964.7.1)	第三次人口普查 The Third (1982.7.1)	第四次人口普查 The Fourth (1990.7.1)	第五次人口普查 The Fifth (2000.11.1)	第六次人口普查 The Sixth (2010.11.1)
总人口(万人)	**Total Population(10000 Persons)**	**3563.46**	**4568.77**	**5300.55**	**6108.28**	**6668.44**	**7185.42**
男	Male	1794.83	2338.17	2712.56	3121.01	3393.63	3643.03
女	Female	1768.63	2230.60	2587.99	2987.27	3274.81	3542.39
总户数(万户)	**Total Household (10000 households)**	**820.12**	**1017.15**	**1237.70**	**1536.61**	**1830.27**	**2081.35**
家庭户	Household			1231.72	1530.21	1793.50	2039.51
平均家庭户规模	Average Household Size	4.39	4.49	4.14	3.89	3.59	3.36
民族	**Nationalities**						
民族个数(个)	The Number of Nationalities	11	30	41	55	56	56
汉族人口(万人)	Total Population of Han Nationality (10000 persons)	3527.83	4494.98	5215.14	5867.37	6378.16	6886.13
各少数民族人口(万人)	Total Population of Minority Nationalities (10000 persons)	35.63	73.75	85.34	240.91	290.28	299.29
市镇总人口(万人)	**Total Population of City and Town (10000 persons)**	**419.53**	**644.79**	**725.89**	**1173.39**	**1756.01**	**3157.53**
各种文化程度人口(万人)	**Population by Education (10000 persons)**						
大学	University and Above		18.08	23.43	58.25	178.11	524.25
高中	Senior Secondary Schools		56.87	399.86	455.47	716.36	913.17
初中	Junior Secondary Schools		234.91	1020.08	1509.42	2609.93	3190.3
小学	Primary Schools		1400.54	1930.58	2249.16	2213.51	1771.97
文盲、半文盲(15周岁及以上)	**Illiterate or Semiliterate Persons (Age 15 and Over)**			**1193.54**	**1023.52**	**513.81**	**187.74**
在业人口(万人)	**Economically Active Population (10000 persons)**			**2759.90**	**3410.11**	**3836.27**	**4089.22**
不在业人口(万人)	**Economically Inactive Population (10000 persons)**			**908.76**	**924.47**	**1313.09**	**1810.22**

注：在业人口、不在业人口六普为16周岁及以上,其他为15周岁及以上。

a) In the 6th population census, economically active population and economically inactive population exclude population below 16 years old. evertheless, in the previous censuses, they do not include population below 15 years old.

分性别、受教育程度的6岁及以上人口

单位：人

年 龄	Age	6岁及以上人口 Population Aged 6 and Over	男 Male	女 Female	未上过学 No Schooling	男 Male
总 计	**Total Population**	**66150575**	**33365442**	**32785133**	**2153698**	**590918**
6–9岁	**6 to 9 Year**	**3115522**	**1674320**	**1441202**	**88202**	**47611**
6	6 Year	861953	461337	400616	62226	33625
7	7 Year	714205	384044	330161	12181	6638
8	8 Year	771367	415820	355547	7629	4040
9	9 Year	767997	413119	354878	6166	3308
10–14岁	**10 to 14 Year**	**3273881**	**1741355**	**1532526**	**19424**	**10500**
10	10 Year	745946	401772	344174	5858	3183
11	11 Year	637344	340683	296661	4438	2388
12	12 Year	638726	339539	299187	3389	1805
13	13 Year	612546	324142	288404	3004	1633
14	14 Year	639319	335219	304100	2735	1491
15–19岁	**15 to 19 Year**	**5300038**	**2699801**	**2600237**	**15987**	**8547**
15	15 Year	766740	396728	370012	2910	1568
16	16 Year	943149	480797	462352	3000	1622
17	17 Year	1176022	593946	582076	3280	1751
18	18 Year	1209598	614505	595093	3235	1732
19	19 Year	1204529	613825	590704	3562	1874
20–24岁	**20 to 24 Year**	**7592569**	**3769523**	**3823046**	**24392**	**12718**
20	20 Year	1573412	789830	783582	4683	2540
21	21 Year	1573097	778497	794600	4725	2494
22	22 Year	1540829	765700	775129	4940	2526
23	23 Year	1565162	774498	790664	5255	2728
24	24 Year	1340069	660998	679071	4789	2430
25–29岁	**25 to 29 Year**	**5922757**	**2953742**	**2969015**	**23437**	**11621**
25	25 Year	1172604	580703	591901	4633	2350
26	26 Year	1148467	569983	578484	4501	2251
27	27 Year	1100322	547915	552407	4310	2093
28	28 Year	1324026	663706	660320	5104	2486
29	29 Year	1177338	591435	585903	4889	2441
30–34岁	**30 to 34 Year**	**4816542**	**2455915**	**2360627**	**22586**	**10625**
30	30 Year	1069704	542578	527126	4810	2315
31	31 Year	992266	501503	490763	4375	2101
32	32 Year	981809	500012	481797	4478	2095
33	33 Year	859046	441063	417983	4153	1959
34	34 Year	913717	470759	442958	4770	2155
35–39岁	**35 to 39 Year**	**5236791**	**2640674**	**2596117**	**33969**	**14600**
35	35 Year	851048	434759	416289	4922	2247
36	36 Year	908079	457671	450408	5438	2436
37	37 Year	1047846	525201	522645	6816	2924
38	38 Year	1173341	587645	585696	7977	3321
39	39 Year	1256477	635398	621079	8816	3672
40–44岁	**40 to 44 Year**	**6303869**	**3191301**	**3112568**	**55363**	**20641**
40	40 Year	1416417	722387	694030	10944	4289
41	41 Year	1211679	611362	600317	9831	3765
42	42 Year	1336714	676483	660231	11584	4330
43	43 Year	1099618	555436	544182	10699	3831
44	44 Year	1239441	625633	613808	12305	4426

注：本表为第六次人口普查数据(下表同)。

Population 6 Years and Older by Sex and Various Educational Attainment

(person)

女 Female	小 学 Primary School	男 Male	女 Female	初 中 Junior Secondary School	男 Male	女 Female
1562780	**17719711**	**8135891**	**9583820**	**31902985**	**17000389**	**14902596**
40591	**2991286**	**1607790**	**1383496**	**36029**	**18914**	**17115**
28601	793441	424431	369010	6286	3281	3005
5543	695411	373895	321516	6613	3511	3102
3589	754393	406847	347546	9343	4931	4412
2858	748041	402617	345424	13787	7191	6596
8924	**1853049**	**1004159**	**848890**	**1346964**	**701096**	**645868**
2675	712686	384295	328391	27392	14285	13107
2050	540489	291384	249105	92397	46902	45495
1584	352753	193331	159422	282553	144386	138167
1371	162280	89251	73029	435409	227431	207978
1244	84841	45898	38943	509213	268092	241121
7440	**365254**	**189708**	**175546**	**2557983**	**1371431**	**1186552**
1342	62840	33663	29177	492043	263215	228828
1378	61557	32671	28886	446283	240630	205653
1529	74085	38458	35627	506122	271394	234728
1503	80456	41292	39164	535324	287074	248250
1688	86316	43624	42692	578211	309118	269093
11674	**496379**	**237491**	**258888**	**4261160**	**2143098**	**2118062**
2143	110747	55313	55434	787689	411470	376219
2231	99243	47896	51347	830346	420222	410124
2414	99587	47386	52201	870525	435775	434750
2527	101224	47595	53629	935601	463189	472412
2359	85578	39301	46277	836999	412442	424557
11816	**367884**	**161927**	**205957**	**3786583**	**1907275**	**1879308**
2283	74437	33622	40815	753427	373352	380075
2250	70489	31340	39149	748561	373103	375458
2217	67048	29376	37672	706856	355644	351212
2618	79366	34632	44734	833892	425325	408567
2448	76544	32957	43587	743847	379851	363996
11961	**390270**	**167634**	**222636**	**2983066**	**1549241**	**1433825**
2495	74270	31839	42431	662370	342203	320167
2274	76148	32557	43591	610904	313914	296990
2383	79542	34083	45459	604457	313616	290841
2194	75045	32274	42771	534799	280015	254784
2615	85265	36881	48384	570536	299493	271043
19369	**633965**	**260692**	**373273**	**3307098**	**1702298**	**1604800**
2675	87099	37269	49830	528936	275970	252966
3002	99131	41221	57910	564852	289929	274923
3892	123533	51098	72435	655405	334303	321102
4656	150309	60843	89466	746754	381542	365212
5144	173893	70261	103632	811151	420554	390597
34722	**1087259**	**427684**	**659575**	**4040656**	**2128883**	**1911773**
6655	212954	85223	127731	921100	485679	435421
6066	202791	81017	121774	777480	407229	370251
7254	232398	91546	140852	851364	448770	402594
6868	206575	80197	126378	706494	373206	333288
7879	232541	89701	142840	784218	413999	370219

a) Data come from the 6th population Census of Hebei Province (similarly hereinafter).

分性别、受教育程度的6岁及以上人口(续一)

单位：人

年 龄	Age	6岁及以上人口 Population Aged 6 and Over	男 Male	女 Female	未上过学 No Schooling	男 Male
45–49岁	**45-49 Year**	**5644591**	**2824442**	**2820149**	**65214**	**19274**
45	45 Year	1291901	650426	641475	13710	4571
46	46 Year	1253602	624936	628666	13302	4167
47	47 Year	1505941	762015	743926	16375	5046
48	48 Year	1001454	497477	503977	12882	3325
49	49 Year	591693	289588	302105	8945	2165
50–54岁	**50 to 24 Year**	**4794727**	**2446341**	**2348386**	**120544**	**30451**
50	50 Year	889494	455385	434109	16041	4155
51	51 Year	823555	421448	402107	18009	4490
52	52 Year	995953	508741	487212	25154	6462
53	53 Year	1058957	541535	517422	29372	7482
54	54 Year	1026768	519232	507536	31968	7862
55–59岁	**55-29 Year**	**4807022**	**2421123**	**2385899**	**204981**	**51311**
55	55 Year	1047478	535614	511864	36143	9045
56	56 Year	1032311	521249	511062	39166	9687
57	57 Year	943953	474072	469881	41081	10126
58	58 Year	939785	471405	468380	45388	11577
59	59 Year	843495	418783	424712	43203	10876
60–64岁	**60 to 64 Year**	**3422528**	**1714865**	**1707663**	**216952**	**53995**
60	60 Year	816941	408323	408618	46227	11832
61	61 Year	764051	385252	378799	45695	11883
62	62 Year	640055	318848	321207	41929	10557
63	63 Year	612349	308249	304100	40858	10094
64	64 Year	589132	294193	294939	42243	9629
65–69岁	**65 to 69 Year**	**2089275**	**1045994**	**1043281**	**195448**	**44417**
65	65 Year	541485	271210	270275	42601	9482
66	66 Year	410366	204930	205436	34370	7625
67	67 Year	392100	198009	194091	36639	8471
68	68 Year	383229	191098	192131	39711	9040
69	69 Year	362095	180747	181348	42127	9799
70–74岁	**70 to 74 Year**	**1648584**	**823844**	**824740**	**295253**	**73120**
70	70 Year	360922	182018	178904	49433	11897
71	71 Year	312329	156936	155393	50027	12316
72	72 Year	346785	174597	172188	62830	15819
73	73 Year	324981	162169	162812	65446	16446
74	74 Year	303567	148124	155443	67517	16642
75–79岁	**75 to 79 Year**	**1196136**	**559163**	**636973**	**350184**	**87099**
75	75 Year	297602	141968	155634	75051	18540
76	76 Year	252124	119025	133099	68330	16906
77	77 Year	243702	114097	129605	72774	18387
78	78 Year	219332	100808	118524	71403	17824
79	79 Year	183376	83265	100111	62626	15442
80–84岁	**80 to 84 Year**	**656732**	**282274**	**374458**	**262098**	**62479**
80	80 Year	192626	85490	107136	70572	17339
81	81 Year	139239	60542	78697	55155	13439
82	82 Year	132739	56440	76299	54512	12949
83	83 Year	107309	45226	62083	44902	10527
84	84 Year	84819	34576	50243	36957	8225
85岁及以上	**Age 85 and Over**	**329011**	**120765**	**208246**	**159664**	**31909**

Population 6 Years and Older by Sex and Various Educational Attainment

(person)

女 Female	小学 Primary School	男 Male	女 Female	初中 Junior Secondary School	男 Male	女 Female
45940	**1073583**	**384544**	**689039**	**3253142**	**1701350**	**1551792**
9139	241447	91334	150113	799033	419631	379402
9135	230095	83645	146450	742901	385659	357242
11329	273483	99163	174320	856350	451130	405220
9557	199675	68046	131629	546307	284577	261730
6780	128883	42356	86527	308551	160353	148198
90093	**1404168**	**516516**	**887652**	**2262437**	**1280421**	**982016**
11886	208214	74419	133795	445299	244528	200771
13519	220284	79745	140539	398818	223786	175032
18692	290785	107621	183164	471164	267252	203912
21890	334238	124140	210098	488578	281445	207133
24106	350647	130591	220056	458578	263410	195168
153670	**2084690**	**843836**	**1240854**	**1902967**	**1124268**	**778699**
27098	389675	150571	239104	445790	261125	184665
29479	415078	164109	250969	424784	247284	177500
30955	417808	170521	247287	371903	219052	152851
33811	445716	185318	260398	354346	212694	141652
32327	416413	173317	243096	306144	184113	122031
162957	**1838592**	**811521**	**1027071**	**1072767**	**656529**	**416238**
34395	416297	176941	239356	281075	171099	109976
33812	412981	183007	229974	239593	146986	92607
31372	354029	157568	196461	189662	115202	74460
30764	337739	153148	184591	181787	111313	70474
32614	317546	140857	176689	180650	111929	68721
151031	**1094286**	**494927**	**599359**	**603172**	**379918**	**223254**
33119	286922	127141	159781	168422	106228	62194
26745	213428	94518	118910	127051	80069	46982
28168	201818	91897	109921	115247	72986	42261
30671	198767	91122	107645	103956	64821	39135
32328	193351	90249	103102	88496	55814	32682
222133	**919050**	**457422**	**461628**	**289542**	**193399**	**96143**
37536	194782	93730	101052	80179	52069	28110
37711	173400	85460	87940	59478	39467	20011
47011	194958	98055	96903	58736	39671	19065
49000	183872	93394	90478	49627	33714	15913
50875	172038	86783	85255	41522	28478	13044
263085	**655155**	**334739**	**320416**	**128143**	**90478**	**37665**
56511	167735	84689	83046	36212	25044	11168
51424	140595	71470	69125	28805	20035	8770
54387	133336	68417	64919	25219	18020	7199
53579	117695	60915	56780	20698	14788	5910
47184	95794	49248	46546	17209	12591	4618
199619	**323189**	**166247**	**156942**	**50890**	**37445**	**13445**
53233	97993	50198	47795	16903	12395	4508
41716	68958	35775	33183	10714	7873	2841
41563	64657	33271	31386	9724	7133	2591
34375	51645	26553	25092	7748	5810	1938
28732	39936	20450	19486	5801	4234	1567
127755	**141652**	**69054**	**72598**	**20386**	**14345**	**6041**

分性别、受教育程度的6岁及以上人口(续二)

单位：人

年　龄	Age	高　中 Senior Secondary School	男 Male	女 Female	大学专科 Junior College	男 Male
总　计	**Total Population**	**9131670**	**4969587**	**4162083**	**3329231**	**1672986**
6–9岁	**6 to 9 Year**	**5**	**5**			
6	6 Year					
7	7 Year					
8	8 Year	2	2			
9	9 Year	3	3			
10–14岁	**10 to 14 Year**	**54422**	**25590**	**28832**	**20**	**10**
10	10 Year	7	7		3	2
11	11 Year	18	9	9	2	
12	12 Year	25	13	12	6	4
13	13 Year	11847	5824	6023	4	3
14	14 Year	42525	19737	22788	5	1
15–19岁	**15 to 19 Year**	**2019325**	**986881**	**1032444**	**226366**	**92112**
15	15 Year	204820	96435	108385	3650	1616
16	16 Year	421439	201551	219888	9673	3799
17	17 Year	564581	271611	292970	22063	8346
18	18 Year	501345	247770	253575	58401	23369
19	19 Year	327140	169514	157626	132579	54982
20–24岁	**20 to 24 Year**	**1235509**	**649852**	**585657**	**958405**	**430382**
20	20 Year	303337	158765	144572	228776	97209
21	21 Year	259831	135736	124095	229171	100722
22	22 Year	239954	126958	112996	189788	87126
23	23 Year	238911	126152	112759	170571	79681
24	24 Year	193476	102241	91235	140099	65644
25–29岁	**25 to 29 Year**	**831917**	**433746**	**398171**	**570467**	**272820**
25	25 Year	160120	84814	75306	115513	55107
26	26 Year	150736	79112	71624	109568	52749
27	27 Year	149898	77967	71931	106640	51006
28	28 Year	193593	99851	93742	130585	62002
29	29 Year	177570	92002	85568	108161	51956
30–34岁	**30 to 34 Year**	**766496**	**405486**	**361010**	**415044**	**204257**
30	30 Year	172209	90513	81696	97726	47337
31	31 Year	161721	85144	76577	87872	42648
32	32 Year	159641	84302	75339	85430	41969
33	33 Year	134080	71401	62679	70936	35341
34	34 Year	138845	74126	64719	73080	36962
35–39岁	**35 to 39 Year**	**728149**	**386238**	**341911**	**337591**	**172526**
35	35 Year	125996	66743	59253	66245	33250
36	36 Year	132408	69733	62675	67231	34054
37	37 Year	149998	78829	71169	70985	36174
38	38 Year	159003	84402	74601	69208	35743
39	39 Year	160744	86531	74213	63922	33305
40–44岁	**40 to 44 Year**	**732793**	**401483**	**331310**	**239481**	**127277**
40	40 Year	172977	94435	78542	62169	32487
41	41 Year	143603	77559	66044	48533	25288
42	42 Year	158383	86405	71978	51080	27171
43	43 Year	117684	65484	52200	35274	19188
44	44 Year	140146	77600	62546	42425	23143

Population 6 Years and Older by Sex and Various Educational Attainment

(person)

	大学本科 Undergraduate			研究生 Postgraduate		
女 Female		男 Male	女 Female		男 Male	女 Female
1656245	**1813264**	**943909**	**869355**	**100016**	**51762**	**48254**
10	**2**		**2**			
1						
2						
2						
1	2		2			
4						
134254	**114764**	**50947**	**63817**	**359**	**175**	**184**
2034	424	207	217	53	24	29
5874	1136	494	642	61	30	31
13717	5812	2346	3466	79	40	39
35032	30772	13234	17538	65	34	31
77597	76620	34666	41954	101	47	54
528023	**600647**	**289420**	**311227**	**16077**	**6562**	**9515**
131567	137936	64418	73518	244	115	129
128449	149103	71124	77979	678	303	375
102662	133734	64972	68762	2301	957	1344
90890	107902	52871	55031	5698	2282	3416
74455	71972	36035	35937	7156	2905	4251
297647	**308918**	**151415**	**157503**	**33551**	**14938**	**18613**
60406	57767	28618	29149	6707	2840	3867
56819	58036	28532	29504	6576	2896	3680
55634	59228	28915	30313	6342	2914	3428
68583	73775	35954	37821	7711	3456	4255
56205	60112	29396	30716	6215	2832	3383
210787	**221161**	**109710**	**111451**	**17919**	**8962**	**8957**
50389	53273	26008	27265	5046	2363	2683
45224	47053	23063	23990	4193	2076	2117
43461	44713	22181	22532	3548	1766	1782
35595	37338	18631	18707	2695	1442	1253
36118	38784	19827	18957	2437	1315	1122
165065	**184230**	**97583**	**86647**	**11789**	**6737**	**5052**
32995	35717	18105	17612	2133	1175	958
33177	36758	19037	17721	2261	1261	1000
34811	38551	20390	18161	2558	1483	1075
33465	37584	20339	17245	2506	1455	1051
30617	35620	19712	15908	2331	1363	968
112204	**139656**	**79711**	**59945**	**8661**	**5622**	**3039**
29682	34207	19035	15172	2066	1239	827
23245	27687	15396	12291	1754	1108	646
23909	30043	17030	13013	1862	1231	631
16086	21539	12617	8922	1353	913	440
19282	26180	15633	10547	1626	1131	495

分性别、受教育程度的6岁及以上人口(续三)

单位：人

年　龄	Age	高　中 Senior Secondary School	男 Male	女 Female	大学专科 Junior College	男 Male
45–49岁	**45-49 Year**	**944661**	**530081**	**414580**	**200655**	**118444**
45	45 Year	164404	91937	72467	45248	25416
46	46 Year	192981	106807	86174	47711	27521
47	47 Year	273948	153007	120941	56484	33753
48	48 Year	194120	110440	83680	32989	20394
49	49 Year	119208	67890	51318	18223	11360
50–54岁	**50 to 24 Year**	**841232**	**509901**	**331331**	**124536**	**79951**
50	50 Year	185722	109825	75897	24945	15902
51	51 Year	158953	95551	63402	20617	13041
52	52 Year	175329	105544	69785	25408	16244
53	53 Year	170490	104666	65824	27309	17611
54	54 Year	150738	94315	56423	26257	17153
55–59岁	**55-29 Year**	**478409**	**311995**	**166414**	**103972**	**68433**
55	55 Year	141326	91856	49470	26079	17274
56	56 Year	120523	78727	41796	24905	16216
57	57 Year	87923	57809	30114	19415	12705
58	58 Year	71260	46545	24715	17862	11845
59	59 Year	57377	37058	20319	15711	10393
60–64岁	**60 to 64 Year**	**212267**	**137084**	**75183**	**62082**	**42484**
60	60 Year	53602	35097	18505	15226	10355
61	61 Year	48023	31302	16721	13832	9486
62	62 Year	39590	25378	14212	11781	8075
63	63 Year	37529	23870	13659	11165	7634
64	64 Year	33523	21437	12086	10078	6934
65–69岁	**65 to 69 Year**	**136199**	**85980**	**50219**	**37707**	**25399**
65	65 Year	29675	18977	10698	8456	5801
66	66 Year	24320	15133	9187	6680	4477
67	67 Year	26907	16925	9982	7212	4805
68	68 Year	28840	18094	10746	7802	5176
69	69 Year	26457	16851	9606	7557	5140
70–74岁	**70 to 74 Year**	**92799**	**62380**	**30419**	**32288**	**22940**
70	70 Year	24715	16082	8633	7552	5190
71	71 Year	18844	12248	6596	6357	4340
72	72 Year	19031	12852	6179	6831	4894
73	73 Year	16216	11299	4917	6148	4544
74	74 Year	13993	9899	4094	5400	3972
75–79岁	**75 to 79 Year**	**39600**	**29196**	**10404**	**14820**	**11375**
75	75 Year	11725	8483	3242	4481	3396
76	76 Year	9125	6568	2557	3465	2645
77	77 Year	7814	5789	2025	2889	2209
78	78 Year	6026	4572	1454	2229	1756
79	79 Year	4910	3784	1126	1756	1369
80–84岁	**80 to 84 Year**	**13099**	**10161**	**2938**	**4364**	**3489**
80	80 Year	4566	3480	1086	1588	1282
81	81 Year	2744	2122	622	950	762
82	82 Year	2439	1956	483	837	672
83	83 Year	1952	1510	442	589	457
84	84 Year	1398	1093	305	400	316
85岁及以上	**Age 85 and Over**	**4788**	**3528**	**1260**	**1433**	**1087**

Population 6 Years and Older by Sex and Various Educational Attainment

(person)

女 Female	大学本科 Undergraduate	男 Male	女 Female	研究生 Postgraduate	男 Male	女 Female
82211	**100243**	**65429**	**34814**	**7093**	**5320**	**1773**
19832	26219	16203	10016	1840	1334	506
20190	24769	15759	9010	1843	1378	465
22731	27329	18415	8914	1972	1501	471
12595	14493	9937	4556	988	758	230
6863	7433	5115	2318	450	349	101
44585	**39609**	**27356**	**12253**	**2201**	**1745**	**456**
9043	8754	6151	2603	519	405	114
7576	6493	4538	1955	381	297	84
9164	7678	5283	2395	435	335	100
9698	8488	5794	2694	482	397	85
9104	8196	5590	2606	384	311	73
35539	**30857**	**20422**	**10435**	**1146**	**858**	**288**
8805	8099	5461	2638	366	282	84
8689	7566	5011	2555	289	215	74
6710	5642	3719	1923	181	140	41
6017	5044	3294	1750	169	132	37
5318	4506	2937	1569	141	89	52
19598	**19433**	**12946**	**6487**	**435**	**306**	**129**
4871	4408	2919	1489	106	80	26
4346	3833	2527	1306	94	61	33
3706	2991	2013	978	73	55	18
3531	3199	2141	1058	72	49	23
3144	5002	3346	1656	90	61	29
12308	**22180**	**15145**	**7035**	**283**	**208**	**75**
2655	5334	3522	1812	75	59	16
2203	4460	3059	1401	57	49	8
2407	4226	2889	1337	51	36	15
2626	4104	2814	1290	49	31	18
2417	4056	2861	1195	51	33	18
9348	**19435**	**14431**	**5004**	**217**	**152**	**65**
2362	4216	3024	1192	45	26	19
2017	4179	3073	1106	44	32	12
1937	4349	3271	1078	50	35	15
1604	3639	2745	894	33	27	6
1428	3052	2318	734	45	32	13
3445	**8081**	**6176**	**1905**	**153**	**100**	**53**
1085	2360	1790	570	38	26	12
820	1768	1379	389	36	22	14
680	1639	1258	381	31	17	14
473	1252	931	321	29	22	7
387	1062	818	244	19	13	6
875	**2998**	**2399**	**599**	**94**	**54**	**40**
306	968	772	196	36	24	12
188	707	563	144	11	8	3
165	546	450	96	24	9	15
132	463	364	99	10	5	5
84	314	250	64	13	8	5
346	**1050**	**819**	**231**	**38**	**23**	**15**

分年龄、性别的人口
Population by Age and Sex

年龄	Age	总人口(万人) Total(10000 persons) 合计 Total	男 Male	女 Female	占总人口比重 %to Total 合计 Total	男 Male	女 Female	性别比 (女=100) Sex Ratio (Female=100)
总计	**Total**	**71854210**	**36430286**	**35423924**	**100**	**50.7**	**49.3**	**102.84**
0–4岁	**0 to 4 Year**	**4777886**	**2571052**	**2206834**	**6.65**	**3.58**	**3.07**	**116.5**
	0 Year	880194	470526	409668	1.22	0.65	0.57	114.86
1	1 Year	1026642	559048	467594	1.43	0.78	0.65	119.56
2	2 Year	988119	533742	454377	1.38	0.74	0.63	117.47
3	3 Year	923529	494683	428846	1.29	0.69	0.6	115.35
4	4 Year	959402	513053	446349	1.34	0.71	0.62	114.94
5–9岁	**5 to 9 Year**	**4041271**	**2168112**	**1873159**	**5.62**	**3.02**	**2.61**	**115.75**
5	5 Year	925749	493792	431957	1.29	0.69	0.6	114.32
6	6 Year	861953	461337	400616	1.2	0.64	0.56	115.16
7	7 Year	714205	384044	330161	0.99	0.53	0.46	116.32
8	8 Year	771367	415820	355547	1.07	0.58	0.49	116.95
9	9 Year	767997	413119	354878	1.07	0.57	0.49	116.41
10–14岁	**10 to 14 Year**	**3273881**	**1741355**	**1532526**	**4.56**	**2.42**	**2.13**	**113.63**
10	10 Year	745946	401772	344174	1.04	0.56	0.48	116.74
11	11 Year	637344	340683	296661	0.89	0.47	0.41	114.84
12	12 Year	638726	339539	299187	0.89	0.47	0.42	113.49
13	13 Year	612546	324142	288404	0.85	0.45	0.4	112.39
14	14 Year	639319	335219	304100	0.89	0.47	0.42	110.23
15–19岁	**15 to 19 Year**	**5300038**	**2699801**	**2600237**	**7.38**	**3.76**	**3.62**	**103.83**
15	15 Year	766740	396728	370012	1.07	0.55	0.51	107.22
16	16 Year	943149	480797	462352	1.31	0.67	0.64	103.99
17	17 Year	1176022	593946	582076	1.64	0.83	0.81	102.04
18	18 Year	1209598	614505	595093	1.68	0.86	0.83	103.26
19	19 Year	1204529	613825	590704	1.68	0.85	0.82	103.91
20–24岁	**20 to 24 Year**	**7592569**	**3769523**	**3823046**	**10.57**	**5.25**	**5.32**	**98.6**
20	20 Year	1573412	789830	783582	2.19	1.1	1.09	100.8
21	21 Year	1573097	778497	794600	2.19	1.08	1.11	97.97
22	22 Year	1540829	765700	775129	2.14	1.07	1.08	98.78
23	23 Year	1565162	774498	790664	2.18	1.08	1.1	97.96
24	24 Year	1340069	660998	679071	1.86	0.92	0.95	97.34
25–29岁	**25 to 29 Year**	**5922757**	**2953742**	**2969015**	**8.24**	**4.11**	**4.13**	**99.49**
25	25 Year	1172604	580703	591901	1.63	0.81	0.82	98.11
26	26 Year	1148467	569983	578484	1.6	0.79	0.81	98.53
27	27 Year	1100322	547915	552407	1.53	0.76	0.77	99.19
28	28 Year	1324026	663706	660320	1.84	0.92	0.92	100.51
29	29 Year	1177338	591435	585903	1.64	0.82	0.82	100.94

分年龄、性别的人口(续一)

Population by Age and Sex

年 龄	Age	总人口(万人) Total(10000 persons) 合 计 Total	男 Male	女 Female	占总人口比重 %to Total 合 计 Total	男 Male	女 Female	性别比 (女=100) Sex Ratio (Female=100)
30–34岁	**30 to 34 Year**	**4816542**	**2455915**	**2360627**	**6.7**	**3.42**	**3.29**	**104.04**
30	30 Year	1069704	542578	527126	1.49	0.76	0.73	102.93
31	31 Year	992266	501503	490763	1.38	0.7	0.68	102.19
32	32 Year	981809	500012	481797	1.37	0.7	0.67	103.78
33	33 Year	859046	441063	417983	1.2	0.61	0.58	105.52
34	34 Year	913717	470759	442958	1.27	0.66	0.62	106.28
35–39岁	**35 to 39 Year**	**5236791**	**2640674**	**2596117**	**7.29**	**3.68**	**3.61**	**101.72**
35	35 Year	851048	434759	416289	1.18	0.61	0.58	104.44
36	36 Year	908079	457671	450408	1.26	0.64	0.63	101.61
37	37 Year	1047846	525201	522645	1.46	0.73	0.73	100.49
38	38 Year	1173341	587645	585696	1.63	0.82	0.82	100.33
39	39 Year	1256477	635398	621079	1.75	0.88	0.86	102.31
40–44岁	**40 to 44 Year**	**6303869**	**3191301**	**3112568**	**8.77**	**4.44**	**4.33**	**102.53**
40	40 Year	1416417	722387	694030	1.97	1.01	0.97	104.09
41	41 Year	1211679	611362	600317	1.69	0.85	0.84	101.84
42	42 Year	1336714	676483	660231	1.86	0.94	0.92	102.46
43	43 Year	1099618	555436	544182	1.53	0.77	0.76	102.07
44	44 Year	1239441	625633	613808	1.72	0.87	0.85	101.93
45–49岁	**45-49 Year**	**5644591**	**2824442**	**2820149**	**7.86**	**3.93**	**3.92**	**100.15**
45	45 Year	1291901	650426	641475	1.8	0.91	0.89	101.4
46	46 Year	1253602	624936	628666	1.74	0.87	0.87	99.41
47	47 Year	1505941	762015	743926	2.1	1.06	1.04	102.43
48	48 Year	1001454	497477	503977	1.39	0.69	0.7	98.71
49	49 Year	591693	289588	302105	0.82	0.4	0.42	95.86
50–54岁	**50 to 24 Year**	**4794727**	**2446341**	**2348386**	**6.67**	**3.4**	**3.27**	**104.17**
50	50 Year	889494	455385	434109	1.24	0.63	0.6	104.9
51	51 Year	823555	421448	402107	1.15	0.59	0.56	104.81
52	52 Year	995953	508741	487212	1.39	0.71	0.68	104.42
53	53 Year	1058957	541535	517422	1.47	0.75	0.72	104.66
54	54 Year	1026768	519232	507536	1.43	0.72	0.71	102.3
55–59岁	**55-29 Year**	**4807022**	**2421123**	**2385899**	**6.69**	**3.37**	**3.32**	**101.48**
55	55 Year	1047478	535614	511864	1.46	0.75	0.71	104.64
56	56 Year	1032311	521249	511062	1.44	0.73	0.71	101.99
57	57 Year	943953	474072	469881	1.31	0.66	0.65	100.89
58	58 Year	939785	471405	468380	1.31	0.66	0.65	100.65
59	59 Year	843495	418783	424712	1.17	0.58	0.59	98.6
60–64岁	**60 to 64 Year**	**3422528**	**1714865**	**1707663**	**4.76**	**2.39**	**2.38**	**100.42**
60	60 Year	816941	408323	408618	1.14	0.57	0.57	99.93
61	61 Year	764051	385252	378799	1.06	0.54	0.53	101.7
62	62 Year	640055	318848	321207	0.89	0.44	0.45	99.27
63	63 Year	612349	308249	304100	0.85	0.43	0.42	101.36
64	64 Year	589132	294193	294939	0.82	0.41	0.41	99.75

分年龄、性别的人口(续二)
Population by Age and Sex

年龄	Age	总人口(万人) Total(10000 persons) 合计 Total	男 Male	女 Female	占总人口比重 %to Total 合计 Total	男 Male	女 Female	性别比 (女=100) Sex Ratio (Female=100)
65–69岁	**65 to 69 Year**	**2089275**	**1045994**	**1043281**	**2.91**	**1.46**	**1.45**	**100.26**
65	65 Year	541485	271210	270275	0.75	0.38	0.38	100.35
66	66 Year	410366	204930	205436	0.57	0.29	0.29	99.75
67	67 Year	392100	198009	194091	0.55	0.28	0.27	102.02
68	68 Year	383229	191098	192131	0.53	0.27	0.27	99.46
69	69 Year	362095	180747	181348	0.5	0.25	0.25	99.67
70–74岁	**70 to 74 Year**	**1648584**	**823844**	**824740**	**2.29**	**1.15**	**1.15**	**99.89**
70	70 Year	360922	182018	178904	0.5	0.25	0.25	101.74
71	71 Year	312329	156936	155393	0.43	0.22	0.22	100.99
72	72 Year	346785	174597	172188	0.48	0.24	0.24	101.4
73	73 Year	324981	162169	162812	0.45	0.23	0.23	99.61
74	74 Year	303567	148124	155443	0.42	0.21	0.22	95.29
75–79岁	**75 to 79 Year**	**1196136**	**559163**	**636973**	**1.66**	**0.78**	**0.89**	**87.78**
75	75 Year	297602	141968	155634	0.41	0.2	0.22	91.22
76	76 Year	252124	119025	133099	0.35	0.17	0.19	89.43
77	77 Year	243702	114097	129605	0.34	0.16	0.18	88.03
78	78 Year	219332	100808	118524	0.31	0.14	0.16	85.05
79	79 Year	183376	83265	100111	0.26	0.12	0.14	83.17
80–84岁	**80 to 84 Year**	**656732**	**282274**	**374458**	**0.91**	**0.39**	**0.52**	**75.38**
80	80 Year	192626	85490	107136	0.27	0.12	0.15	79.8
81	81 Year	139239	60542	78697	0.19	0.08	0.11	76.93
82	82 Year	132739	56440	76299	0.18	0.08	0.11	73.97
83	83 Year	107309	45226	62083	0.15	0.06	0.09	72.85
84	84 Year	84819	34576	50243	0.12	0.05	0.07	68.82
85–89岁	**85 to 89 Year**	**254168**	**96610**	**157558**	**0.35**	**0.13**	**0.22**	**61.32**
85	85 Year	78933	31331	47602	0.11	0.04	0.07	65.82
86	86 Year	61361	23395	37966	0.09	0.03	0.05	61.62
87	87 Year	48065	17866	30199	0.07	0.02	0.04	59.16
88	88 Year	37664	13830	23834	0.05	0.02	0.03	58.03
89	89 Year	28145	10188	17957	0.04	0.01	0.02	56.74
90–94岁	**90 to 94 Year**	**61672**	**20257**	**41415**	**0.09**	**0.03**	**0.06**	**48.91**
90	90 Year	22465	7550	14915	0.03	0.01	0.02	50.62
91	91 Year	14380	4880	9500	0.02	0.01	0.01	51.37
92	92 Year	10979	3556	7423	0.02		0.01	47.91
93	93 Year	8050	2507	5543	0.01		0.01	45.23
94	94 Year	5798	1764	4034	0.01		0.01	43.73
95–99岁	**95 to 99 Year**	**12231**	**3719**	**8512**	**0.02**	**0.01**	**0.01**	**43.69**
95	95 Year	3911	1162	2749	0.01			42.27
96	96 Year	3082	947	2135				44.36
97	97 Year	2279	687	1592				43.15
98	98 Year	1760	547	1213				45.09
99	99 Year	1199	376	823				45.69
100岁及以上	**Age 100 and Over**	**940**	**179**	**761**				**23.52**

分行业就业人员（2011年底）

Number of Employed Persons by Sector (End of 2011)

单位：万人 (10000 persons)

项 目	Item	就业人员 Employed Persons	城镇 就业人员 Employed Persons of Urban Areas	单位就业人员 Urban Units	私营个体就业人员 Private and Individuals	灵活就业及其他就业人员 Others	乡村 就业人员 Employed Persons of Rural Areas
全省总计	**Total**	**3962.42**	**1117.79**	**555.42**	**394.58**	**167.79**	**2844.63**
农、林、牧、渔业	Agriculture, Forestry, Animal Husbandry and Fishery	1439.63	11.66	5.71	3.55	2.40	1427.97
采矿业	Mining	96.65	42.71	28.42	11.24	3.05	53.94
制造业	Manufacturing	791.02	269.06	130.57	124.93	13.56	521.96
电力、燃气及水的生产和供应业	Production and Distribution of Electricity, Gas and Water	35.94	22.88	20.21	1.14	1.53	13.06
建筑业	Construction	396.22	94.89	50.62	28.09	16.18	301.33
交通运输、仓储和邮政业	Traffic, Transport, Storage and Post	183.93	53.06	24.38	20.07	8.61	130.87
信息传输、计算机服务和软件业	Information Transmission, Computer Services and Software	17.93	10.14	5.86	2.37	1.91	7.79
批发和零售业	Wholesale and Retail Trades	326.44	146.84	23.47	101.40	21.97	179.60
住宿和餐饮业	Hotels and Catering Services	151.92	95.04	5.27	67.29	22.48	56.88
金融业	Financial Intermediation	29.53	23.83	23.83			5.70
房地产业	Real Estate	10.42	8.58	4.90	1.18	2.50	1.84
租赁和商务服务业	Leasing and Business Services	37.79	22.51	5.11	4.74	12.66	15.28
科学研究、技术服务和地质勘查业	Scientific Research, Technical Service and Geologic Prospecting	12.21	10.45	10.00		0.45	1.76
水利、环境和公共设施管理业	Management of Water Conservancy, Environment and Public Facilities	17.23	13.73	10.13		3.60	3.50
居民服务和其他服务业	Services to Households and Other Services	126.17	66.54	2.06	27.56	36.92	59.63
教 育	Education	121.68	99.94	88.79		11.15	21.74
卫生、社会保障和社会福利业	Health, Social Security and Social Welfare	51.81	36.37	30.01		6.36	15.44
文化、体育和娱乐业	Culture, Sports and Entertainment	17.39	8.56	5.08	1.02	2.46	8.83
公共管理和社会组织	Public Management and Social Organization	98.51	81.00	81.00			17.51

注：本表就业人员不包括离开本单位仍保留劳动关系的职工。

a) The employed persons exclude those staff and workers who still keep their relation with their units, but have left their working post at there.

按三次产业分的就业人员及构成（年底数）

Number of Employed Persons by Type of Industry and Composition (End of Year)

年 份 Year	就业人员(万人) Employed Persons (10000 persons)				构 成(以就业人员为100) Composition in Percentage (Total Employed Persons=100)		
		第一产业 Primary Industry	第二产业 Secondary Industry	第三产业 Tertiary Industry	第一产业 Primary Industry	第二产业 Secondary Industry	第三产业 Tertiary Industry
1978	2109.39	1621.61	292.83	194.95	76.88	13.88	9.24
1980	2182.80	1637.42	321.01	224.37	75.01	14.71	10.28
1985	2555.43	1603.36	557.49	394.58	62.74	21.82	15.44
1986	2626.41	1602.21	607.42	416.78	61.00	23.13	15.87
1987	2725.75	1615.62	653.23	456.90	59.27	23.97	16.76
1988	2808.33	1659.62	690.33	458.38	59.10	24.58	16.32
1989	2857.92	1739.11	674.31	444.50	60.85	23.60	15.55
1990	2955.47	1820.51	680.14	454.82	61.60	23.01	15.39
1991	3040.30	1905.27	690.04	444.99	62.67	22.70	14.63
1992	3106.28	1874.64	722.61	509.03	60.35	23.26	16.39
1993	3171.37	1857.14	778.68	535.55	58.56	24.55	16.89
1994	3210.37	1780.48	832.60	597.29	55.46	25.93	18.61
1995	3252.01	1729.29	879.08	643.64	53.18	27.03	19.79
1996	3300.16	1635.17	942.08	722.91	49.55	28.55	21.90
1997	3324.23	1634.03	940.24	749.96	49.16	28.28	22.56
1998	3367.18	1650.22	932.60	784.36	49.01	27.70	23.29
1999	3322.30	1653.25	879.69	789.36	49.76	26.48	23.76
2000	3385.71	1678.12	886.99	820.60	49.56	26.20	24.24
2001	3409.16	1676.34	899.68	833.14	49.17	26.39	24.44
2002	3435.00	1662.59	929.12	843.29	48.40	27.05	24.55
2003	3470.23	1672.26	942.84	855.13	48.19	27.17	24.64
2004	3516.71	1612.85	992.74	911.12	45.86	28.23	25.91
2005	3568.97	1564.72	1043.56	960.69	43.84	29.24	26.92
2006	3609.99	1524.89	1082.66	1002.44	42.24	29.99	27.77
2007	3664.97	1481.52	1134.51	1048.94	40.42	30.96	28.62
2008	3725.66	1481.37	1170.06	1074.23	39.76	31.41	28.83
2009	3792.49	1479.22	1203.36	1109.91	39.00	31.73	29.27
2010	3865.14	1464.21	1250.85	1150.08	37.88	32.36	29.76
2011	3962.42	1439.63	1319.83	1202.96	36.33	33.31	30.36

注：1999年起资料不包括离开本单位仍保留劳动关系职工人数。

a) Since 1999, the date exclude those staff and workers who still keep their relation with their units, but have left their working post at there.

职工人数(年底数)
Number of Staff and Workers (End of Year)

单位：万人　(10000 persons)

年份 Year	职工人数 Number of Staff and Workers	#国有经济 State-Owned	#城镇集体经济 Urban Collective-Owned	女职工人数 Female	#国有经济 State-Owned	#城镇集体经济 Urban Collective-Owned
1952	60.39	57.85	2.54		6.68	
1957	135.13	104.47	30.66		14.45	
1962	149.50	132.88	16.62		24.78	
1965	161.64	139.95	21.69		26.86	
1970	219.48	185.82	33.66	53.83	41.11	12.72
1975	344.99	289.52	55.47	85.54	63.36	22.18
1978	445.10	369.83	75.27	122.55	94.78	27.77
1980	476.83	394.27	82.56	146.84	109.95	36.89
1985	555.15	424.26	130.16	177.64	123.99	53.32
1990	652.71	497.19	151.61	223.90	158.66	63.61
1991	673.75	512.60	155.50	231.10	164.24	64.20
1992	688.45	527.79	154.71	236.95	171.79	62.35
1993	703.72	538.67	151.41	246.63	179.95	60.47
1994	699.25	533.24	141.41	249.44	181.87	57.32
1995	698.02	535.14	132.79	252.84	185.42	54.43
1996	696.16	538.42	126.78	255.56	190.91	51.02
1997	676.74	531.51	112.13	252.52	191.88	45.98
1998	657.00	502.35	93.57	221.41	168.77	30.94
1999	639.62	488.88	84.27	220.62	168.49	27.38
2000	621.95	474.88	75.52	212.13	162.79	23.28
2001	603.86	459.13	69.53	205.47	159.35	20.56
2002	589.14	441.13	62.29	196.89	150.35	17.61
2003	576.57	427.40	57.41	193.58	147.08	15.85
2004	562.67	409.48	52.81	191.15	142.72	14.44
2005	557.83	390.46	48.90	191.86	139.26	13.59
2006	554.56	381.36	46.28	193.98	139.00	13.25
2007	544.43	370.82	41.50	193.10	137.69	11.94
2008	520.01	352.18	35.02	191.41	133.75	10.11
2009	514.42	341.08	32.83	190.94	132.63	9.64
2010	518.89	334.84	30.79	195.70	132.65	9.31
2011	537.85	317.71	26.59	206.32	133.16	8.54

注：1998年女职工人数为在岗女职工人数,1999年起为女性单位就业人数。

a) The data in 1998 are on-post staff and workers figures, since 1999 are persons employed in various units.

分登记注册类型和行业职工人数（2011年底）

Number of Staff and Workers by Registration Status and Sector (End of 2011)

单位：万人 (10000 persons)

行业	Sector	合计 Total	国有经济 State-Owned	城镇集体经济 Urban Collective-Owned	其他经济类型 Others
全省总计	**Total**	**537.85**	**317.71**	**26.59**	**193.55**
按企、事业和机关分组	**Grouped by Enterprises, Institutions and Agencies**				
企业	Enterprises	316.61	100.54	23.35	192.72
事业	Institutions	152.96	149.15	3.17	0.64
机关	Agencies & Organizations	68.08	67.98	0.07	0.03
民间非盈利组织	Non profit organization	0.10	0.01		0.09
其他	Others	0.10	0.03	…	0.07
按国民经济行业分组	**Grouped by Sector**				
农、林、牧、渔业	Agriculture, Forestry, Animal Husbandry and Fishery	5.94	5.55	0.24	0.15
采矿业	Mining	25.17	10.77	0.64	13.76
制造业	Manufacturing	137.57	25.41	8.48	103.68
电力、燃气及水的生产和供应业	Production and Distribution of Electricity, Gas and Water	17.36	13.17	0.06	4.13
建筑业	Construction	41.23	8.58	3.24	29.41
交通运输、仓储和邮政业	Traffic, Transport, Storage and Post	23.87	16.85	0.72	6.30
信息传输、计算机服务和软件业	Information Transmission, Computer Services and Software	3.80	1.84	0.07	1.89
批发和零售业	Wholesale and Retail Trades	28.29	10.87	5.09	12.33
住宿和餐饮业	Hotels and Catering Services	5.42	2.84	0.40	2.18
金融业	Financial Intermediation	18.61	3.26	2.77	12.58
房地产业	Real Estate	4.98	1.55	0.10	3.33
租赁和商务服务业	Leasing and Business Services	5.20	2.76	1.33	1.11
科学研究、技术服务和地质勘查业	Scientific Research, Technical Service and Geologic Prospecting	10.02	8.57	0.07	1.38
水利、环境和公共设施管理业	Management of Water Conservancy, Environment and Public Facilities	8.86	8.32	0.19	0.35
居民服务和其他服务业	Services to Households and Other Services	1.98	1.57	0.28	0.13
教育	Education	85.85	84.74	0.60	0.51
卫生、社会保障和社会福利业	Health, Social Security and Social Welfare	28.36	26.26	1.94	0.16
文化、体育和娱乐业	Culture, Sports and Entertainment	4.97	4.61	0.20	0.16
公共管理和社会组织	Public Management and Social Organization	80.37	80.19	0.17	0.01

分登记注册类型和行业在岗职工人数（2011年底）

Number of Staff and Workers on-post by Registration Status and Sector (End of 2011)

单位：万人 (10000 persons)

行业	Sector	合计 Total	国有经济 State-Owned	城镇集体经济 Urban Collective-Owned	其他经济类型 Others
全省总计	**Total**	**507.40**	**302.01**	**21.05**	**184.34**
按企、事业和机关分组	**Grouped by Enterprises, Institutions and Agencies**				
企业	Enterprises	289.83	88.41	17.86	183.56
事业	Institutions	151.21	147.46	3.13	0.62
机关	Agencies & Organizations	66.20	66.10	0.06	0.04
民间非盈利组织	Non profit organization	0.10	0.01		0.09
其他	Others	0.06	0.03	…	0.03
按国民经济行业分组	**Grouped by Sector**				
农、林、牧、渔业	Agriculture, Forestry, Animal Husbandry and Fishery	5.63	5.30	0.18	0.15
采矿业	Mining	24.04	10.21	0.48	13.35
制造业	Manufacturing	125.43	20.61	6.15	98.67
电力、燃气及水的生产和供应业	Production and Distribution of Electricity, Gas and Water	16.98	12.89	0.03	4.06
建筑业	Construction	38.88	7.60	3.12	28.16
交通运输、仓储和邮政业	Traffic, Transport, Storage and Post	21.99	15.84	0.47	5.68
信息传输、计算机服务和软件业	Information Transmission, Computer Services and Software	3.65	1.75	0.07	1.83
批发和零售业	Wholesale and Retail Trades	22.02	7.62	2.85	11.55
住宿和餐饮业	Hotels and Catering Services	4.97	2.52	0.34	2.11
金融业	Financial Intermediation	17.51	3.03	2.70	11.78
房地产业	Real Estate	4.73	1.35	0.10	3.28
租赁和商务服务业	Leasing and Business Services	4.74	2.51	1.18	1.05
科学研究、技术服务和地质勘查业	Scientific Research, Technical Service and Geologic Prospecting	9.63	8.19	0.06	1.38
水利、环境和公共设施管理业	Management of Water Conservancy, Environment and Public Facilities	8.72	8.21	0.18	0.33
居民服务和其他服务业	Services to Households and Other Services	1.89	1.50	0.26	0.13
教育	Education	85.38	84.29	0.59	0.50
卫生、社会保障和社会福利业	Health, Social Security and Social Welfare	28.13	26.04	1.93	0.16
文化、体育和娱乐业	Culture, Sports and Entertainment	4.87	4.52	0.19	0.16
公共管理和社会组织	Public Management and Social Organization	78.21	78.03	0.17	0.01

分登记注册类型和行业女性就业人数（2011年底）

Number of Female Employed Persons by Registration Status and Sector (End of 2011)

单位：万人 (10000 persons)

行业	Sector	女性就业人数 Number of Female Employed Persons	国有经济 State-Owned	城镇集体经济 Urban Collective-Owned	其他经济类型 Others
全省总计	**Total**	**206.32**	**133.16**	**8.54**	**64.62**
按企、事业和机关分组	**Grouped by Enterprises, Institutions and Agencies**				
企业	Enterprises	100.10	29.00	6.83	64.27
事业	Institutions	86.20	84.24	1.70	0.26
机关	Agencies & Organizations	19.92	19.90	0.01	0.01
民间非营利组织	Non profit organization	0.06	…		0.06
其他	Others	0.04	0.02	…	0.02
按国民经济行业分组	**Grouped by Sector**				
农、林、牧、渔业	Agriculture, Forestry, Animal Husbandry and Fishery	2.09	1.97	0.06	0.06
采矿业	Mining	5.00	2.07	0.24	2.69
制造业	Manufacturing	42.73	6.39	2.80	33.54
电力、燃气及水的生产和供应业	Production and Distribution of Electricity, Gas and Water	5.46	4.23	0.02	1.21
建筑业	Construction	6.24	1.68	0.43	4.13
交通运输、仓储和邮政业	Traffic, Transport, Storage and Post	6.58	4.74	0.13	1.71
信息传输、计算机服务和软件业	Information Transmission, Computer Services and Software	2.62	1.01	0.03	1.58
批发和零售业	Wholesale and Retail Trades	11.08	3.80	1.16	6.12
住宿和餐饮业	Hotels and Catering Services	2.90	1.44	0.17	1.29
金融业	Financial Intermediation	12.27	1.36	1.21	9.70
房地产业	Real Estate	1.76	0.51	0.04	1.21
租赁和商务服务业	Leasing and Business Services	1.34	0.61	0.36	0.37
科学研究、技术服务和地质勘查业	Scientific Research, Technical Service and Geologic Prospecting	2.45	2.12	0.03	0.30
水利、环境和公共设施管理业	Management of Water Conservancy, Environment and Public Facilities	4.11	3.85	0.09	0.17
居民服务和其他服务业	Services to Households and Other Services	0.90	0.69	0.13	0.08
教育	Education	53.98	53.30	0.40	0.28
卫生、社会保障和社会福利业	Health, Social Security and Social Welfare	18.30	17.08	1.11	0.11
文化、体育和娱乐业	Culture, Sports and Entertainment	2.28	2.11	0.10	0.07
公共管理和社会组织	Public Management and Social Organization	24.23	24.20	0.03	…

城镇单位就业人员工资总额（2011年）

Total Wages Bill of Urban Units Employed Persons (2011)

单位：万元 (10000 yuan)

行业	Sector	就业人员 工资总额 Total wages Bill of Employed Persons	在岗职工 工资总额 Total Wages Bill of Staff and Workers	#国有经济 State-owned Units	#城镇集体经济 Urban Collective-owned Units	劳务派遣人员工资总额 Total wages Bill of Labor dispatch	其他就业人员工资总额 Units of Others Types of Ownership
全省总计	**Total**	**19752516**	**18369456**	**11077774**	**542680**	**790733**	**592327**
按企、事业和机关分	**Grouped by Enterprises, Institutions and Agencies**						
企业	Enterprises	12269122	11027866	3838831	462125	761562	479694
事业	Institutions	5308644	5196637	5100892	78689	20050	91957
机关	Agencies & Organizations	2168857	2139354	2136719	1790	9121	20382
民间非营利组织	Non profit organization	2738	2738	243			
其他	Others	3155	2861	1089	76		294
按国民经济行业分	**Grouped by Sector**						
农、林、牧、渔业	Agriculture, Forestry, Animal Husbandry and Fishery	74169	72792	65729	3494	10	1367
采矿业	Mining	1629769	1401837	615586	14055	216469	11463
制造业	Manufacturing	4280573	4087802	760551	119642	134084	58687
电力、燃气及水的生产和供应业	Production and Distribution of Electricity, Gas and Water	1039036	982937	711892	918	13772	42327
建筑业	Construction	1552627	1151710	270487	101171	227170	173747
交通运输、仓储和邮政业	Traffic, Transport, Storage and Post	932657	863089	602942	9525	49867	19701
信息传输、计算机服务和软件业	Information Transmission, Computer Services and Software	273158	207800	105810	1627	61167	4191
批发和零售业	Wholesale and Retail Trades	573831	540142	224868	38638	22942	10747
住宿和餐饮业	Hotels and Catering Services	115575	108952	55940	6279	3554	3069
金融业	Financial Intermediation	1250601	1087389	199231	138819	24657	138555
房地产业	Real Estate	145845	142214	43277	3661	1277	2354
租赁和商务服务业	Leasing and Business Services	120741	114046	64886	21198	3165	3530
科学研究、技术服务和地质勘查业	Scientific Research, Technical Service and Geologic Prospecting	589353	579781	442580	2407	4863	4709
水利、环境和公共设施管理业	Management of Water Conservancy, Environment and Public Facilities	241257	222779	211936	3029	1096	17382
居民服务和其他服务业	Services to Households and Other Services	80587	75711	69173	4333	1268	3608
教育	Education	3194162	3142331	3104892	21393	5208	46623
卫生、社会保障和社会福利业	Health, Social Security and Social Welfare	987293	957514	909229	44321	7968	21811
文化、体育和娱乐业	Culture, Sports and Entertainment	154636	150796	143218	4054	1253	2587
公共管理和社会组织	Public Management and Social Organization	2516646	2479834	2475547	4116	10943	25869

职工工资总额和指数

Total Wages of Staff and Workers and Related Indices

年份 Year	工资总额 (万元) Total Wages (10000 yuan)	#国有经济单位 State-Owned	#城镇集体经济单位 Urban Collective-Owned	指数 (上年=100) Indices (preceding year=100)	#国有经济单位 State-Owned	#城镇集体经济单位 Urban Collective-Owned
1952	24245	23393	852			
1957	75864	61966	13898			
1962	97735	89214	8521			
1965	99235	88722	10513	102.31	101.41	110.55
1970	118670	103934	14736	109.64	108.87	115.40
1975	189208	163144	26064	109.99	110.64	106.08
1978	256463	219056	37407	114.39	113.15	122.28
1980	340513	292414	48099	118.81	118.69	119.51
1985	580441	466525	113244	121.86	121.73	122.36
1986	716788	579844	135878	123.49	124.29	119.99
1987	825146	667635	156254	115.12	115.14	115.00
1988	1035447	841302	190789	125.49	126.01	122.10
1989	1147097	937626	204030	110.78	111.45	106.94
1990	1293229	1064042	221831	112.74	113.48	108.72
1991	1422357	1163790	246622	109.98	109.37	111.18
1992	1684325	1393304	276422	118.42	119.72	112.08
1993	2108195	1739368	323734	125.17	124.84	117.12
1994	2895850	2391572	387584	137.36	137.50	119.72
1995	3360002	2767436	441368	116.03	115.72	113.88
1996	3652207	3020439	464211	108.70	109.14	105.18
1997	3859772	3218123	440888	105.68	106.54	94.98
1998	3755910	3036502	349331	99.75	96.68	81.46
1999	3979361	3227728	332995	105.95	106.30	95.32
2000	4271797	3459724	318530	107.35	107.19	95.66
2001	4580897	3709329	313935	107.24	107.21	98.56
2002	5040301	4039839	296030	110.03	108.91	94.30
2003	5481960	4343902	292264	108.76	107.53	98.73
2004	6255065	4842573	311543	114.10	111.48	106.60
2005	7160660	5260503	341572	114.48	108.63	109.66
2006	8095785	5819518	369771	113.06	110.63	108.26
2007	9732071	6997885	407554	120.21	120.25	110.22
2008	11744961	8322196	422304	120.68	118.92	103.62
2009	13379216	9284802	479223	113.91	111.57	113.48
2010	15485836	10235669	551224	115.75	110.24	115.02
2011	18369456	11077774	542680	118.62	108.23	98.45

注：1998年以后职工工资总额为在岗职工工资总额，指数按可比口径计算。

a) Data on total wage bill since 1998 refer to wages of fully employed staff and workers, and the indices since 1998 was calculated on the basis of constant coverage.

职工平均工资及指数
Average Wage of Staff and Workers and Related Indices

年份 Year	平均货币工资(元) Average Wage (yuan)				实际工资指数(上年=100) Indices of Real Wage (preceding year=100)			
	全部职工 Total Staff and Workers	国有经济 State-owned	城镇集体经济 Urban Collective-owned	其他经济类型 Others	全部职工 Total Staff and Workers	国有经济 State-owned	城镇集体经济 Urban Collective-owned	其他经济类型 Others
1952	435	438	364					
1957	566	598	457		103.0	102.9	102.9	
1962	577	593	453		107.5	107.9	107.7	
1965	627	647	495		102.3	102.5	102.6	
1970	568	590	451		99.4	99.6	99.6	
1975	564	579	484		99.5	99.7	98.6	
1978	592	608	512		105.5	105.9	104.5	
1980	726	753	592		107.2	107.2	106.8	
1985	1075	1128	901	949	107.5	107.3	108.2	106.7
1986	1268	1338	1035	1180	111.3	111.9	108.4	117.3
1987	1394	1471	1139	1308	101.6	101.6	101.7	102.4
1988	1688	1788	1351	1910	102.4	102.7	100.3	123.4
1989	1821	1940	1421	1870	93.1	93.6	90.8	84.5
1990	2019	2166	1522	2002	109.6	110.3	105.8	105.8
1991	2156	2314	1629	2210	100.2	100.2	100.4	103.6
1992	2485	2685	1806	2537	106.2	106.9	102.2	105.8
1993	3035	3272	2157	3460	105.7	105.5	103.4	118.1
1994	4185	4531	2762	4896	106.0	106.4	98.8	110.5
1995	4839	5208	3303	5158	99.6	99.0	103.0	90.7
1996	5286	5653	3658	5625	101.5	100.9	102.9	101.4
1997	5692	6066	3843	6118	103.8	103.4	101.3	104.9
1998	5820	6169	3746	6190	103.6	103.0	98.8	102.5
1999	7022	7354	4836	7107	112.9	113.0	112.4	116.3
2000	7781	8146	5187	7846	110.3	110.2	106.7	109.9
2001	8730	9139	5746	8678	111.8	111.7	110.3	110.2
2002	10032	10578	6343	9537	116.5	117.4	112.0	111.5
2003	11189	11783	6919	10701	109.0	108.9	106.6	109.7
2004	12925	13576	7916	12527	111.4	111.1	110.3	112.9
2005	14707	15291	9041	14835	112.2	111.1	112.6	116.8
2006	16590	17152	10337	16882	110.9	110.3	112.4	111.9
2007	19911	20900	12443	19195	115.1	116.8	115.4	109.0
2008	24756	25730	15293	24320	118.2	117.0	116.8	120.4
2009	28383	29459	18467	27754	116.1	115.9	122.3	115.5
2010	32306	32830	22220	32916	110.7	108.4	117.0	115.4
2011	36166	36782	25196	36440	106.3	106.4	107.7	105.1

注：1994年实际工资指数是按可比口径计算的。
a) Indices of Real Wage was calculated on the basis of constant coverage in 1994.

分行业城镇私营单位就业人员平均工资

Average Wage of Employed persons in Urban Private Enterprises by Sector

单位：元 (yuan)

行　业	Sector	2008	2009	2010	2011
全省总计	**Total**	**13688**	**15111**	**17914**	**21729**
农、林、牧、渔业	Agriculture, Forestry, Animal Husbandry and Fishery	11090	13259	14324	20351
采矿业	Mining	14602	17408	18554	23898
制造业	Manufacturing	13609	14913	17782	22159
电力、燃气及水的生产和供应业	Production and Distribution of Electricity, Gas and Water	16340	13661	18972	22424
建筑业	Construction	14107	16456	19591	22670
交通运输、仓储和邮政业	Traffic, Transport, Storage and Post	19432	18218	23119	26010
信息传输、计算机服务和软件业	Information Transmission, Computer Services and Software	13294	15696	17894	18638
批发和零售业	Wholesale and Retail Trades	12790	13173	16415	19731
住宿和餐饮业	Hotels and Catering Services	11947	13089	15708	18856
金融业	Financial Intermediation	11557	17960	19627	21833
房地产业	Real Estate	15136	16839	18990	21833
租赁和商务服务业	Leasing and Business Services	13248	17949	18664	20673
科学研究、技术服务和地质勘查业	Scientific Research, Technical Service and Geologic Prospecting	17468	19553	20230	22348
水利、环境和公共设施管理业	Management of Water Conservancy, Environment and Public Facilities	13981	13746	17054	18668
居民服务和其他服务业	Services to Households and Other Services	12788	15827	18446	20621
教　育	Education	14674	15906	17561	20867
卫生、社会保障和社会福利业	Health, Social Security and Social Welfare	14375	14983	17047	20810
文化、体育和娱乐业	Culture, Sports and Entertainment	11118	12351	15855	18438
公共管理和社会组织	Public Management and Social Organization	14507	13616		18736

分细行业在岗职工平均工资（2011年）
Average Wage of Staff and Workers by Sector in Detail (2011)

单位：元 (yuan)

项　　目	Item	在岗职工平均工资 Average Wage of Staff and Workers	国有单位 State-owned Units	城镇集体 Urban Collective-owned Units	其他单位 Units of Other Types of Ownership
全　省　总　计	**Total**	**36166**	**36782**	**25196**	**36440**
按企业、事业、机关分	**Grouped by Enterprises, Institutions and Agencies**				
企　业	Enterprises	37839	43311	25153	36474
事　业	Institutions	34518	34740	25370	27612
机　关	Agencies & Organizations	32529	32535	29787	24699
民间非营利组织	Non profit organization	25879	24089		26068
其　他	Others	45341	38345	18000	55620
按国民经济行业分	**Grouped by Sector**				
农、林、牧、渔业	**Agriculture, Forestry, Animal Husbandry and Fishery**	**12825**	**12365**	**19585**	**19621**
农　　业	Farming	7648	7511	28000	16838
林　　业	Forestry	24505	24198	30013	14882
畜 牧 业	Animal Husbandry	15663	12306	19846	22951
渔　　业	Fishery	13877	12106	38897	15429
农、林、牧、渔服务业	Services in Support of Agriculture	24913	26461	16794	10053
采　矿　业	**Mining**	**58793**	**61468**	**28555**	**57901**
煤炭开采和洗选业	Mining and Washing of Coal	61250	61866	28584	62273
石油和天然气开采业	Extraction of Petroleum and Natural Gas	76247	81098		62828
黑色金属矿采选业	Mining of Ferrous Metal Ores	46386	55809	23980	34817
有色金属矿采选业	Mining of Non-ferrous Metal Ores	33911	36000		33883
非金属矿采选业	Mining and Processing of Nonmetal Ores	28616	32820	35418	15234
制　造　业	**Manufacturing**	**32503**	**36769**	**19596**	**32408**
农副食品加工业	Processing of Food from Agricultural Products	23688	14315	9113	24707
食品制造业	Manufacture of Foods	30268	16571	14965	31504
饮料制造业	Manufacture of Beverage	24455	20883	18000	24923
烟草制品业	Manufacture of Tobacco	80799	84646	32189	
纺织业	Manufacture of Textile	16506	19456	13307	16119
纺织服装、鞋、帽制造业	Manufacture of Textile Wearing Apparel, Footware, and Caps	25330	32716	14797	22405
皮革、毛皮、羽毛(绒)及其制品业	Manufacture of Leather, Fur, Feather and Its Products	25180	25530	10162	25558
木材加工及木、竹、藤、棕、草制品业	Processing of Timbers, Manufacture of Wood, Bamboo, Rattan, Palm, and Straw Products	23469		15705	24016
家具制造业	Manufacture of Furniture	20613	30873	18471	20893
造纸及纸制品业	Manufacture of Paper and Paper Products	30956	49768	22156	23790
印刷业和记录媒介的复制	Printing, Reproduction of Recording Media	29051	33449	20290	27799
文教体育用品制造业	Manufacture of Articles for Culture, Education and Sport Activities	24644	14200	22662	24915
石油加工、炼焦及核燃料加工业	Processing of Petroleum, Coking, Processing of Nuclear Fuel	46623	61768		44231
化学原料及化学制品制造业	Manufacture of Chemical Raw Material and Chemical Products	29584	26152	19067	30942
医药制造业	Manufacture of Medicines	32487	41023	17967	28662
化学纤维制造业	Manufacture of Chemical Fiber	20695	22487		11484
橡胶制品业	Manufacture of Rubber	20348	17986	14892	21082
塑料制品业	Manufacture of Plastic	26639	19319	21536	27346
非金属矿物制品业	Manufacture of Nonmetallic Mineral Products	26297	30092	18865	26268
黑色金属冶炼及压延加工业	Manufacture and Processing of Ferrous Metals	45507	55577	20407	44277
有色金属冶炼及压延加工业	Manufacture & Processing of Non-ferrous Metals	28524	24487	16886	29783
金属制品业	Manufacture of Metal Products	31374	21231	24829	33074
通用设备制造业	Manufacture of General Purpose Machinery	26702	22161	18683	29411

分细行业在岗职工平均工资（2011年）(续一)
Average Wage of Staff and Workers by Sector in Detail (2011)

单位：元 (yuan)

项目	Item	在岗职工平均工资 Average Wage of Staff and Workers	国有单位 State-owned Units	城镇集体 Urban Collective-owned Units	其他单位 Units of Other Types of Ownership
专用设备制造业	Manufacture of Special Purpose Machinery	35482	36472	28521	35425
交通运输设备制造业	Manufacture of Transport Equipment	34719	35543	22291	35312
电气机械及器材制造业	Manufacture of Electrical Machinery and Equipment	28651	27841	15793	29453
通信设备计算机及其他电子设备制造	Manufacture of Communication Equipment, Computer and Other Electronic Equipment	32136	17679	16125	32516
仪器仪表及文化、办公用机械制造业	Manufacture of Measuring Instrument and Machinery for Cultural Activity & Office Work	33033	32820	22551	33365
工艺品及其他制造业	Manufacture of Artwork, Other Manufacture	23307	19251	13407	24051
废弃资源和废旧材料回收加工业	Recycling and Disposal of Waste	33195	84579		32545
电力、燃气及水的生产和供应业	**Production and Distribution of Electricity, Gas and Water**	**58083**	**55552**	**28070**	**66281**
电力、热力的生产和供应业	Production and Supply of Electric Power and Heat Power	65352	62648	33780	73876
燃气生产和供应业	Production and Distribution of Gas	36125	34660	22761	39003
水的生产和供应业	Production and Distribution of Water	30086	29167	12510	34668
建筑业	**Construction**	**28289**	**34980**	**27582**	**26612**
房屋和土木工程建筑业	Construction of Building & Civil Engineering	27446	33673	27377	25980
建筑安装业	Architectural Installation	36689	38229	33656	36154
建筑装饰业	Architectural Decoration	25229	29240	21510	25098
其他建筑业	Other Construction	41724	49189	21131	32199
交通运输、仓储和邮政业	**Traffic, Transport, Storage and Post**	**39534**	**38427**	**20133**	**44216**
铁路运输业	Transport Via Railway	54574	55220	35439	48537
道路运输业	Transport Via Road	26972	28902	17542	23771
城市公共交通业	Urban Public Traffic	26428	26790	16095	24445
水上运输业	Water Transport	66257	52139		67893
航空运输业	Air Transport	69080	61834		77145
管道运输业	Transport Via Pipeline	102657	79750		105115
装卸搬运和其他运输服务业	Loading, Unloading, Portage and Other Transport Services	23024	25295	15929	25919
仓储业	Storage	23564	24136	8161	22103
邮政业	Post	36774	36815	24000	27244
信息传输、计算机服务和软件业	**Information Transmission, Computer Services and Software**	**57304**	**60818**	**22948**	**55278**
电信和其他信息传输服务业	Telecom & Other Information Transmission Services	57956	60954	23352	56305
计算机服务业	Computer Services	17565	30076	16978	14479
软件业	Software Industry	34747	39750		34524
批发和零售业	**Wholesale and Retail Trades**	**24448**	**28107**	**13541**	**24613**
批发业	Wholesale Trade	28823	32234	15437	29344
零售业	Retail Trade	20081	21798	11666	21109
住宿和餐饮业	**Hotels and Catering Services**	**21784**	**21857**	**18307**	**22262**
住宿业	Hotels	22780	22815	18945	23431
餐饮业	Catering Services	19458	17859	17087	20665
金融业	**Financial Intermediation**	**62587**	**66034**	**51447**	**64273**
银行业	Bank	67158	67501	51772	72071
证券业	Security Activities	106934	83036		107622
保险业	Insurance	40372	40992		40363
其他金融活动	Other Financial Activities	41794	32385	29828	55769
房地产业	**Real Estate**	**31024**	**32076**	**38013**	**30357**
#房地产开发经营	Development and Management of Real Estate	32051	34027	16950	31780
物业管理	Property Management	29506	33999	40717	20394
房地产中介服务	Agency Services for Real Estate	25707	24305		31491
租赁和商务服务业	**Leasing and Business Services**	**24228**	**26385**	**18174**	**25852**
租赁业	Leasing	22011	16654	18113	22827

分细行业在岗职工平均工资（2011年)(续二)

Average Wage of Staff and Workers by Sector in Detail (2011)

单位：元 (yuan)

项目	Item	在岗职工平均工资 Average Wage of Staff and Workers	国有单位 State-owned Units	城镇集体 Urban Collective-owned Units	其他单位 Units of Other Types of Ownership
商务服务业	Business Services	24317	26406	18175	26348
科学研究、技术服务和地质勘查业	**Scientific Research, Technical Service and Geologic Prospecting**	**60554**	**54258**	**38322**	**99487**
研究与试验发展	Research and Experimental Development	55472	56313	27882	27315
自然科学研究与试验发展	Natural Science	60287	60287		
工程和技术研究与试验发展	Engineering and Technology	61531	63156	30000	27315
农业科学研究与试验发展	Agricultural Science	37523	37542	12000	
医学研究与试验发展	Medicine	25597	25597		
社会人文科学研究与试验发展	Social Science	40814	40814		
专业技术服务业	Professional Technical Services	60998	38544	41736	115093
#气象服务	Meteorological Service	30216	30216		
地震服务	Earthquake Monitoring	39290	39290		
海洋服务	Marine Service				
测绘服务	Surveying and Mapping	35725	31641	24286	70417
技术检测	Technology Supervision	37309	37684	34950	32346
环境监测	Environment Monitoring	33675	33675		
工程技术与规化管理	Engineering Technology & Planning	49691	41303	52893	64143
科技交流和推广服务业	Services of Science and Technology Exchanges and Promotion	31275	31529	17875	31406
地质勘查业	Geologic Prospecting	65904	67197		35001
水利、环境和公共设施管理业	**Management of Water Conservancy, Environment and Public Facilities**	**25516**	**25764**	**16305**	**24473**
水利管理业	Management of Water Conservancy	27226	27541	16931	18269
环境管理业	Environmental Management	21914	22002	13027	24536
公共设施管理业	Management of Public Facilities	27587	27787	21179	24960
居民服务和其他服务业	**Services to Households and Other Services**	**41456**	**47732**	**16756**	**18610**
居民服务业	Services to Households	29318	31064	37121	18924
其他服务业	Other Services	45077	52804	15582	18196
教　育	**Education**	**36915**	**36950**	**36544**	**31558**
#初等教育	Junior Education	35258	35317	29743	22478
中等教育	Secondary Education	36329	36269	44367	34785
高等教育	Senior Education	50250	50584		26068
卫生、社会保障和社会福利业	**Health, Social Security and Social Welfare**	**34304**	**35179**	**23253**	**24580**
卫　生	Health	34438	35361	23302	24489
社会保障业	Social Security	34612	34612		
社会福利业	Social Welfare	29392	29611	16237	37818
文化、体育和娱乐业	**Culture, Sports and Entertainment**	**30817**	**31533**	**20663**	**22706**
新闻出版业	Journalism and Publishing Activities	39720	39828	40310	28709
广播、电影、电视和音像业	Broadcasting, Movies, Televisions and Audiovisual Activities	27465	27820	12217	22645
文化艺术业	Cultural and Art Activities	30810	31685	21977	50929
体　育	Sports Activities	33816	33936	18400	
娱乐业	Entertainment	24276	26212	12773	21224
公共管理和社会组织	**Public Management and Social Organization**	**31905**	**31922**	**24915**	**20310**
#中国共产党机关	Organs of Communist Party of China	35211	35246		19382
国家机构	Government Agencies	31675	31690	24815	
人民政协和民主党派	People's Political Consultative Conference and Democratic Parties	38744	38744		
群众团体、社会团体和宗教组织	Non-Governmental Organizations, Social Organizations and Religion Organizations	35766	35834	27750	24250

全社会固定资产投资
Total Investment in Fixed Assets

指 标	Item	2000	2005	2009	2010	2011
投资总额(亿元)	**Total Investment (100 million yuan)**	**1847.23**	**4210.25**	**12311.85**	**15083.35**	**16389.33**
按经济类型分	**Grouped by Ownership**					
国有经济	State-Owned Units	827.66	1215.51	2933.31	3759.75	3177.50
集体经济	Collective-Owned Units	507.68	786.87	939.86	1147.16	1006.82
城 镇	Urban Area	63.92	192.39	643.28	777.82	
农 村	Rural Area	443.76	594.48	296.58	369.33	
私营个体经济	Private and Self-employed Individual	310.58	712.71	4064.40	4931.15	5608.43
城 镇	Urban Area	118.90	475.26	2880.29	3600.87	
农 村	Rural Area	191.68	237.45	1184.12	1330.29	
联营经济	Joint	9.34	22.65	22.60	23.45	32.94
股份制经济	Share-holding	89.21	1096.92	3560.56	4395.18	5549.55
港澳台商投资经济	Funds from Hong Kong,Macao and Taiwan	20.01	161.20	161.70	137.62	149.69
外商投资经济	Foreign Investment	38.97	106.89	271.45	254.71	309.98
其他经济	Others	5.90	107.51	357.97	434.33	554.40
按资金来源分	**Grouped by Sources of Funds**					
国家预算内投资	State Budget	65.34	102.72	406.84	373.47	379.98
国内贷款	Domestic Loans	321.19	569.35	1598.49	2161.54	1655.76
利用外资	Foreign Investment	36.79	84.73	85.06	87.79	111.58
自筹投资	Self-raising Funds	1185.43	3024.11	10013.84	12331.82	14131.97
其他投资	Others	238.48	449.86	1243.02	1595.35	1767.75
按构成分	**Grouped by Use of Funds**					
建筑安装工程	Construction and Installation	1145.57	2442.38	7522.98	9581.66	10528.73
设备工器具购置	Purchase of Equipment and Instruments	487.35	1280.11	3154.37	3427.43	3853.52
其他费用	Others	214.31	487.76	1634.51	2074.27	2007.07
按三次产业分	**Grouped by Three Strata of Industry**					
第一产业	Primary Industry	88.96	224.25	514.36	559.63	590.36
第二产业	Secondary Industry	784.34	1971.88	5929.83	6630.57	7462.52
第三产业	Tertiary Industry	973.93	2014.11	5867.65	7893.16	8336.44
房屋建筑面积(万平方米)	**Floor Space of Building (10000 sq.m)**					
施工面积	Floor Space under Construction	13473.63	18061.61	37423.91	48769.16	57110.61
竣工面积	Floor Space Completed	10512.58	11283.61	14580.10	15945.18	17572.50
#住 宅	Residential Building	6842.97	6424.85	7469.87	9156.42	10093.89

注：1．2003年及以后资金来源分组为财务拨款数。2．2011年投资统计起点从总投资50万元提高到500万元，下表同。

a) The data for 2003 and the later years, which are grouped by source of funds, refer to financial appropriation.

b) Data before 2011 exclude projects less than 500 thousand yuan.In contrast,data for 2011 include only projects over 5 million yuan.

按经济类型分全社会固定资产投资（2011年）
Total Investment in Fixed Assets by Ownership (2011)

指标	Item	总计 Total	国有经济 State-owned	集体经济 Collective-owned	私营个体 Private and Self-employed Individual	#农户 Agricultural Households
投资总额(亿元)	**Total Investment (100 million yuan)**	**16389.33**	**3177.50**	**1006.82**	**5608.43**	**609.07**
按隶属关系分	**by Administrative**					
中　央	Center	743.49	498.09	3.30		
地　方	Local	15645.83	2679.42	1003.52	5608.43	609.07
按构成分	**by Use of Funds**					
建筑安装工程	Construction and Installation	10528.73	2320.05	815.84	3374.50	424.73
设备工器具购置	Purchase of Equipment and Instruments	3853.52	463.17	83.25	1589.40	121.28
其他费用	Others	2007.07	394.28	107.74	644.52	63.06
按三次产业分	**by Three Strata of Industry**					
第一产业	Primary Industry	590.36	43.53	77.32	336.57	162.26
第二产业	Primary Industry	7462.52	787.69	135.24	3040.99	14.91
第三产业	Primary Industry	8336.44	2346.28	794.26	2230.87	431.89
房屋建筑面积(万平方米)	**Floor Space of Building (10000 sq.m)**					
施工面积	Floor Space under Construction	57110.61	3602.86	4882.93	24031.37	6055.26
竣工面积	Floor Space Completed	17572.50	806.68	1388.13	9942.05	5179.82
#住　宅	Residential Building	10093.89	215.04	756.89	6514.12	4640.15

指标	Item	联营经济 Joint Ownership Units	股份制经济 Share Holding Units	港澳台商投资经济 Units with Funds from Hong Kong Macao and Taiwan	外商投资经济 Foreign Funds Units	其他经济 Others
投资总额(亿元)	**Total Investment (100 million yuan)**	**32.94**	**5549.55**	**149.69**	**309.98**	**554.40**
按隶属关系分	**by Administrative**					
中　央	Center	10.00	229.30		2.41	0.39
地　方	Local	22.94	5320.25	149.69	307.57	554.01
按构成分	**by Use of Funds**					
建筑安装工程	Construction and Installation	19.51	3436.18	75.53	148.27	338.85
设备工器具购置	Purchase of Equipment and Instruments	11.95	1371.25	59.21	132.51	142.78
其他费用	Others	1.48	742.12	14.96	29.19	72.77
按三次产业分	**by Three Strata of Industry**					
第一产业	Primary Industry	3.55	80.90	0.51	3.54	44.45
第二产业	Primary Industry	28.08	2894.29	105.97	193.66	276.60
第三产业	Primary Industry	1.31	2574.37	43.21	112.78	233.36
房屋建筑面积(万平方米)	**Floor Space of Building (10000 sq.m)**					
施工面积	Floor Space under Construction	91.57	21723.81	445.28	514.81	1817.99
竣工面积	Floor Space Completed	1.77	4762.48	67.49	76.55	527.36
#住　宅	Residential Building		2413.58	28.80	13.89	151.58

分行业全社会固定资产投资
Total Investment in Fixed Assets by Sector

单位：万元 (10000 yuan)

行业	Item	2010 全社会投资总额 Total Investment	2010 城镇 Urban Area	2010 农村 Rural Area	2011 全社会投资总额 Total Investment	2011 固定资产投资 Investment in Fixed Assets	2011 农户 Agricultural Households
全省总计	**Total**	**150833532**	**129226572**	**21606960**	**163893254**	**157802568**	**6090686**
农、林、牧、渔业	Agriculture, Forestry, Animal Husbandry and Fishery	5596269	3103779	2492490	5903647	4281008	1622639
采矿业	Mining	4397102	3579205	817897	5763461	5763461	
制造业	Manufacturing	54681058	45132529	9548529	61271937	61122829	149108
电力、燃气及水的生产和供应业	Production and Distribution of Electricity, Gas and Water	6689598	6377122	312476	7169717	7169717	
建筑业	Construction	537937	477505	60432	420091	420091	
交通运输、仓储和邮政业	Traffic, Transport, Storage and Post	15212226	13880996	1331230	14330611	13960322	370289
信息传输、计算机服务和软件业	Information Transmission, Computer Services and Software	412495	408415	4080	786363	786363	
批发和零售业	Wholesale and Retail Trades	4643961	4091822	552139	4426217	4426217	
住宿和餐饮业	Hotels and Catering Services	1477126	1396272	80854	1304140	1304140	
金融业	Financial Intermediation	128319	126809	1510	231421	231421	
房地产业	Real Estate	35495818	30440961	5054857	44386004	40654776	3731228
租赁和商务服务业	Leasing and Business Services	1097529	1047063	50466	808128	808128	
科学研究、技术服务和地质勘查业	Scientific Research, Technical Service and Geologic Prospecting	608801	582131	26670	732826	732826	
水利、环境和公共设施管理业	Management of Water Conservancy, Environment and Public Facilities	13965308	13378613	586695	10666057	10666057	
居民服务和其他服务业	Services to Households and Other Services	513029	394869	118160	693049	475627	217422
教育	Education	1491112	1440222	50890	1432977	1432977	
卫生、社会保障和社会福利业	Health, Social Security and Social Welfare	1122103	1066485	55618	910297	910297	
文化、体育和娱乐业	Culture, Sports and Entertainment	1289332	1199221	90111	1578139	1578139	
公共管理和社会组织	Public Management and Social Organization	1474409	1102553	371856	1078172	1078172	

固定资产投资主要指标(2011年)

Major Indicators of Investment in Fixed Assets (2011)

单位：万元 (10000 yuan)

指 标	Item	固定资产投资 Investment in Fixed Assets	比上年增长% Growth Rate over Preceding Year (%)
投资总额	**Total Investment**	**157802568**	**23.9**
#住宅	Residential Buildings	27683765	25.9
按控股情况分	**Grouped by Share-holding**		
国有控股	State Holdings	39048917	-0.8
集体控股	Collective Holdings	11607532	10.5
私人控股	Private Holdings	93895291	33.7
港澳台控股	Hong Kong, Macao and Taiwan Holdings	1033822	4.9
外商控股	Foreign Holdings	2410796	53.6
其他	Others	9806210	109.0
按隶属关系分	**by Jurisdiction of Management**		
中央	Central Investment	7434946	10.2
地方	Local Investment	150367622	24.7
按构成分	**Grouped by Use of Funds**		
建筑工程	Construction	89638946	23.2
安装工程	Installation	11401032	46.9
设备工器具购置	Purchase of Equipment and Instruments	37322456	30.7
其他费用	Others	19440134	6.4
按建设性质分	**Grouped by Type of Construction**		
新建	New Construction	71585176	0.2
扩建	Expansion	28817263	58.3
改建和技术改造	Reconstruction and Technical Transformation	20351173	88.8
单纯建造生活设施	Simple Transformation of Living Facilities	556365	176.4
迁建	Relocation	4408300	107.7
恢复	Recovery	351968	26.1
单纯购置	Purchase	1186426	-28.3
按产业分	**Grouped by Three Strata of Industry**		
第一产业	Primary Industry	4281008	17.6
第二产业	Secondary Industry	74476098	28.8
第三产业	Tertiary Industry	79045462	20.0
按经济类型分	**Grouped by Ownership**		
国有经济	State-Owned Units	31775044	-0.6
集体经济	Collective-Owned Units	10068222	13.3
私营个体	Private and Self-employed Individual	49993599	30.9
联营经济	Joint	329429	55.0
股份制经济	Share-holding	55495549	36.1

固定资产投资主要指标(2011年)(续)

Major Indicators of Investment in Fixed Assets (2011)

单位：万元 (10000 yuan)

指　标	Item	固定资产投资 Investment in Fixed Assets	比上年增长 % Growth Rate over Preceding Year (%)
港澳台投资	Funds from Hong Kong, Macao and Taiwan	1496939	13.1
外商投资	Foreign Investment	3099757	32.1
其他	Others	5544029	53.9
按登记注册类型分	**Grouped by Registration Status**		
内资	Domestic	152990082	24.0
国有	State-owned	28739875	-1.6
集体	Collective-owned	9322574	13.1
股份合作	Cooperative	685440	16.8
联营企业	Joint	536379	14.5
有限责任公司	Limited Liability	48020754	39.1
股份有限公司	Share-holding	10363222	17.4
私营	Private	49777809	31.2
其他	Others	5544029	53.9
港澳台商投资	Funds from Hong Kong, Macao and Taiwan	1496939	13.1
外商投资	Foreign Funded	3099757	32.1
个体经营	Individuals Economy	215790	-9.5
按资金来源分	**Grouped by Sources of Funds**		
本年资金来源合计	Subtotal of Sources of Funds This Year	174379853	22.4
国家预算内资金	State Budget	3799846	28.9
国内贷款	Domestic Loans	16429822	-14.8
债券	Bonds	360185	31.0
利用外资	Foreign Investment	1115811	51.6
自筹资金	Self-raising Funds	135476983	29.6
其他资金	Others	17197206	17.3
新增固定资产	**Newly Increased Fixed Assets**	**102485885**	**40.0**
房屋建筑面积(万平方米)	**Floor Space of Building (10000 sq.m)**		
施工面积	Floor Space under Construction	51055.36	25.9
#住宅	Residential Buildings	25957.40	23.4
竣工面积	Floor Space Completed	12392.68	33.1
#住宅	Residential Buildings	5453.75	28.4
房屋竣工价值(万元)	**Value of Buildings Completed (10000 yuan)**	**24679647**	
#住宅	Residential Buildings	12303365	
施工项目个数(个)	**Number of Projects under Construction**	**23978**	**11.4**
#本年新开工	Started This Year	16861	8.7
本年投产项目个数(个)	**Number of Projects under Construction This Year (unit)**	**16020**	**20.8**

分行业固定资产投资(2011年)
Investment in Fixed Assets by Sector (2011)

单位：万元 (10000 yuan)

指 标	Item	固定资产投资 Investment in Fixed Assets	比上年增长 % Growth Rate over Preceding Year (%)
全省总计	**Total**	**1.58E+08**	**23.9**
农、林、牧、渔业	**Agriculture, Forestry, Animal Husbandry and Fishery**	**4281008**	**17.6**
农业	Farming	1371493	68.9
林业	Forestry	421281	-12.4
畜牧业	Animal Husbandry	1798591	3.9
渔业	Fishery	100115	-4.5
农、林、牧、渔服务业	Services in Support of Agriculture	589528	15.2
采矿业	**Mining**	**5763461**	**50.1**
煤炭开采和洗选业	Mining and Washing of Coal	1326939	16.1
石油和天然气开采业	Extraction of Petroleum and Natural Gas	367939	8.8
黑色金属矿采选业	Mining and Processing of Ferrous Metal Ores	3041838	73.4
有色金属矿采选业	Mining and Processing of Non-Ferrous Metal Ores	294158	129.2
非金属矿采选业	Mining and Processing of Nonmetal Ores	722926	55.2
其他采矿业	Mining of Other Ores	9661	7.9
制造业	**Manufacturing**	**61122829**	**28.9**
农副食品加工业	Processing of Food from Agricultural Products	2913721	52.6
食品制造业	Manufacture of Foods	1177844	4.6
饮料制造业	Manufacture of Beverages	914665	44.0
烟草制品业	Manufacture of Tobacco	24370	-38.8
纺织业	Manufacture of Textile	2906358	47.0
纺织服装、鞋、帽制造业	Manufacture of Textile Wearing Apparel, Footware and Caps	782965	56.6
皮革、毛皮、羽毛(绒)及其制品业	Manufacture of Leather, Fur, Feather and Related Products	874607	30.2
木材加工及木、竹、藤、棕、草制品	Processing of Timber, Manufacture of Wood, Bamboo, Rattan, Palm and Straw Products	771394	20.4
家具制造业	Manufacture of Furniture	800387	49.0
造纸及纸制品业	Manufacture of Paper and Paper Products	745232	42.5
印刷业和记录媒介的复制	Printing, Reproduction of Recording Media	494969	38.3
文教体育用品制造业	Manufacture of Articles For Culture, Education and Sport Activities	223847	100.5
石油加工、炼焦及核燃料加工业	Processing of Petroleum, Coking, Processing of Nuclear Fuel	1370299	-18.0
化学原料及化学制品制造业	Manufacture of Raw Chemical Materials and Chemical Products	4374593	23.0
医药制造业	Manufacture of Medicines	1588815	40.0
化学纤维制造业	Manufacture of Chemical Fibers	375173	-2.3
橡胶制品业	Manufacture of Rubber	1062589	35.4
塑料制品业	Manufacture of Plastics	1955107	38.2
非金属矿物制品业	Manufacture of Non-metallic Mineral Products	7121409	29.6
黑色金属冶炼及压延加工业	Smelting and Pressing of Ferrous Metals	4708011	-13.6
有色金属冶炼及压延加工业	Smelting and Pressing of Non-ferrous Metals	652930	5.9
金属制品业	Manufacture of Metal Products	5417278	31.7
通用设备制造业	Manufacture of General Purpose Machinery	5479379	36.1
专用设备制造业	Manufacture of Special Purpose Machinery	3855570	39.4

分行业固定资产投资(2011年)(续一)
Investment in Fixed Assets by Sector (2011)

单位：万元 (10000 yuan)

指　　标	Item	固定资产投　资 Investment in Fixed Assets	比上年增长 % Growth Rate over Preceding Year (%)
交通运输设备制造业	Manufacture of Transport Equipment	4113941	67.3
电气机械及器材制造业	Manufacture of Electrical Machinery and Equipment	4698322	50.2
通信设备、计算机及其他电子设备	Manufacture of Communication Equipment, Computers and Other Electronic Equipment	882739	12.9
仪器仪表及文化、办公用机械制造	Manufacture of Measuring Instruments and Machinery for Cultural Activity and Office Work	165539	5.9
工艺品及其他制造业	Manufacture of Artwork and Other Manufacturing	373557	23.7
废弃资源和废旧材料回收加工业	Recycling and Disposal of Waste	297219	84.8
电力、燃气及水的生产和供应业	**Production and Supply of Electricity, Gas and Water**	**7169717**	**17.7**
电力、热力的生产和供应业	Production and Supply of Electric Power and Heat Power	5976596	17.5
燃气生产和供应业	Production and Supply of Gas	562618	51.7
水的生产和供应业	Production and Supply of Water	630503	-0.7
建筑业	**Construction**	**420091**	**-8.0**
房屋和土木工程建筑业	Construction of Buildings and Civil Engineering	346923	4.4
建筑安装业	Building Installation	21865	-49.1
建筑装饰业	Building Decoration	17230	-58.1
其他建筑业	Other Construction	34073	-15.7
交通运输、仓储和邮政业	**Transport, Storage and Post**	**13960322**	**9.3**
铁路运输业	Railway Transport	1320118	183.8
道路运输业	Road Transport	8046946	-5.2
城市公共交通业	Urban Public Transport	126322	162.7
水上运输业	Water Transport	1351054	-15.4
航空运输业	Air Transport	219580	45.9
管道运输业	Transport Via Pipelines	76501	198.2
装卸搬运和其他运输服务业	Loading, Unloading and Other Transport Services	417780	26.4
仓储业	Storage	2372370	43.0
邮政业	Post	29651	236.2
信息传输、计算机服务和软件业	**Information Transmission, Computer Services and Software**	**786363**	**104.0**
电信和其他信息传输服务业	Telecommunications and Other Information Transmission Services	735666	131.2
计算机服务业	Computer Services	28117	-16.1
软件业	Software	22580	-33.0
批发和零售业	**Wholesale and Retail Trades**	**4426217**	**24.4**
批发业	Wholesale Trade	2386900	29.9
零售业	Retail Trade	2039317	18.5
住宿和餐饮业	**Hotels and Catering Services**	**1304140**	**4.4**
住宿业	Hotels	1063382	7.8
餐饮业	Catering Services	240758	-8.5
金融业	**Financial Intermediation**	**231421**	**94.9**
银行业	Bank	148339	42.8

分行业固定资产投资(2011年)(续二)
Investment in Fixed Assets by Sector (2011)

单位：万元 (10000 yuan)

指 标	Item	固定资产投资 Investment in Fixed Assets	比上年增长 % Growth Rate over Preceding Year (%)
证券业	Security Activities	2000	
保险业	Insurance	43630	
其他金融活动	Other Financial Activities	37452	151.5
房地产业	**Real Estate**	**40654776**	**32.8**
租赁和商务服务业	**Leasing and Business Services**	**808128**	**-21.4**
租赁业	Leasing	13808	103.7
商务服务业	Business Services	794320	-22.2
科学研究、技术服务和地质勘查业	**Scientific Research, Technical Service and Geologic Prospecting**	**732826**	**64.3**
研究与试验发展	Research and Experimental Development	262970	94.1
专业技术服务业	Professional Technical Services	228582	93.6
科技交流和推广服务业	Services of Science and Technology Exchanges and Promotion	161560	60.7
地质勘查业	Geologic Prospecting	79714	-13.4
水利、环境和公共设施管理业	**Management of Water Conservancy, Environment and Public Facilities**	**10666057**	**-1.5**
水利管理业	Management of Water Conservancy	848704	-13.1
环境管理业	Environmental Management	937071	-28.4
公共设施管理业	Management of Public Facilities	8880282	4.0
居民服务和其他服务业	**Services to Households and Other Services**	**475627**	**30.7**
居民服务业	Services to Households	341726	32.3
其他服务业	Other Services	133901	27.0
教育	**Education**	**1432977**	**20.7**
卫生、社会保障和社会福利业	**Health, Social Security and Social Welfare**	**910297**	**-1.4**
卫生	Health	753691	-7.1
社会保障业	Social Security	18616	86.7
社会福利业	Social Welfare	137990	35.3
文化、体育和娱乐业	**Culture, Sports and Entertainment**	**1578139**	**42.4**
新闻出版业	Journalism and Publishing Activities	49381	-1.8
广播、电视、电影和音像业	Broadcasting, Movies, Television and Audiovisual Activities	46573	34.6
文化艺术业	Cultural and Art Activities	728380	29.7
体育	Sports Activities	187131	116.5
娱乐业	Entertainment	566674	50.9
公共管理和社会组织	**Public Management and Social Organization**	**1078172**	**-15.3**
中国共产党机关	Organs of Communist Party of China	9782	-37.9
国家机构	Government Agencies	698331	8.2
人民政协和民主党派	People's Political Consultative Conference and Democratic Parties		-100.0
群众团体、社会团体和宗教组织	Non-Governmental Organizations, Social Organizations and Religion Organizations	32758	-2.6
基层群众自治组织	Grass Roots Self-governing Organizations	337301	-41.5
国际组织	**International Organizations**		

国有单位固定资产投资
Investment in Fixed Assets of State-owned Units

年份 Year	投资总额 (亿元) Total Investment (100 million yuan)	建设项目投资 Investment in Construction	#国家预算内投资 State Budgetary Appropriation	房地产开发 Real Estate Development
1978	36.69	36.69	23.69	
1980	36.17	36.17	18.57	
1985	62.64	62.64	15.10	
1986	76.28	76.28	18.02	
1987	86.36	86.36	18.43	
1988	111.35	111.35	17.10	
1989	101.25	101.25	14.89	
1990	110.98	107.10	12.24	3.88
1991	127.97	122.50	11.81	5.47
1992	200.39	189.07	12.78	11.32
1993	295.29	275.86	15.60	19.43
1994	336.16	312.78	12.61	23.38
1995	415.61	390.19	14.59	25.42
1996	506.07	481.50	15.24	24.57
1997	640.71	613.80	17.70	26.91
1998	725.85	690.17	23.02	35.68
1999	823.18	779.26	34.31	43.93
2000	827.66	783.90	32.04	43.76
2001	773.63	720.13	50.87	53.49
2002	720.51	672.66	26.09	47.85
2003	829.12	788.81	35.45	40.31
2004	1020.93	998.21	57.44	22.72
2005	1174.13	1158.78	77.54	15.35
2006	1396.12	1378.50	105.65	17.62
2007	1570.30	1551.49	101.68	18.81
2008	1729.24	1697.79	173.36	31.45
2009	2933.03	2888.36	367.92	44.67
2010	3759.75	3702.29	341.38	57.46
2011	3177.50	3126.00	339.59	51.50

注：国有建设项目2004年及以前包括国有基本建设项目、国有更新改造项目和国有其他固定资产投资项目。2005年及以后为城镇国有建设项目。国家预算内投资2004年及以前为国有基本建设项目。

a) In 2004 and earlier, the construction projects invested by the state-owned units, can be classified as fundamental construction projects, projects of replacement and technical transformation,and projects of other fixed asset investment. In 2005,the construction projects invested by the state-owned units onot include the projects in the rural areas. The projects invested by the state budgetary appropriation in 2004 and earlier, refer to the fundamental construction projects invested by the state-owned units.

建设项目固定资产投资
Investment in Capital Construction Projects

指标	Item	2005	2010	2011
投资总额(万元)	**Total Investment (10000 yuan)**	**29162424**	**106577218**	**127256671**
#住宅	Residential Building	1663112	3873234	4858107
按隶属关系分	**Grouped by Administrative**			
中央	Center	2887335	6640686	7105068
地方	Local	26275089	99936532	120151603
按登记注册类型分	**Grouped by Registration Status**			
内资	Domestic Funds	26716506	103000354	123127717
国有	State-Owned Units	11587793	34314490	28413756
集体	Collective-Owned Units	1561956	7023016	9315913
股份合作	Share-holding	304639	573538	633834
联营	Joint	353189	464811	536379
有限责任公司	Limited Liability Corporations	6397604	24391887	32886707
股份有限公司	Share-Holding Corporations Ltd	2877198	7431767	8828692
私营	Private	2573060	25931178	37690528
其他	Others	1061067	2869667	4821908
港、澳、台商投资企业	Funds from Hong Kong, Macao and Taiwan	1408006	1176032	1293588
外商投资	Foreign Funded Economic	968896	2096145	2619576
个体经营	Individuals Economy	69016	304687	215790
按项目规模分	**Grouped by Size of Construction**			
亿元及以上项目投资	100 Million Yuan and Above	15680028	67964939	77182118
亿元以下项目投资	Below 100 Million Yuan	13482396	38612279	50074553
按主要行业分	**Grouped by Major Sector**			
能源工业	Energy	4172805	8824555	9604391
交通运输	Transport	3424134	12335402	11558301
教育	Education	943136	1440222	1432977
科学研究	Scientific Research	289895	178202	262970
按资金来源分	**Grouped by Sources of Funds**			
国家预算内资金	State Budget	793625	3645328	3799846
国内贷款	Domestic Loans	3962294	18106874	13534305
债券	Bonds	21182	277716	360185
利用外资	Foreign Investment	748327	698683	970633
自筹资金	Self-raising Funds	21557079	87741740	115190050
其他资金	Others	2069081	5037911	5532997
本年新增固定资产(万元)	**Newly Increased Fixed Assets (10000 yuan)**	**18048126**	**69975813**	**84951401**
固定资产交付使用率(%)	**Rate of Prefects of Fixed Assets Completed Put into Operation (%)**	**61.9**	**65.7**	**66.8**
房屋建筑面积(万平方米)	**Floor Space of Building (10000 sq.m)**			
施工面积	Floor Space under Construction	6434.17	18843.15	24384.55
#住宅	Residential Building	1946.22	3300.93	4637.23
竣工面积	Floor Space Completed	2989.18	5579.50	7212.17
#住宅	Residential Building	840.44	999.16	1180.06
竣工房屋价值(万元)	Value of building Completed (10000 yuan)	2941091	8908280	11858800
#住宅	Residential Building	751139	1702311	1936013

注：2011年以前建设项目投资为城镇建设项目，2011年起为城镇建设项目和农村非农户建设项目投资，下表同。

a) Data prior to 2011 include investment in capital construction projects in urban areas only. Nevertheless, data for 2011 include in investment in capital construction projects in both rural areas and urban areas.

建设项目分行业固定资产投资（2011年）

单位：万元

行　　业	Item	投资总额 Total
全省总计	**Total**	**127256671**
农、林、牧、渔业	**Agriculture, Forestry, Animal Husbandry and Fishery**	**4281008**
农　业	Farming	1371493
林　业	Forestry	421281
畜牧业	Animal Husbandry	1798591
渔　业	Fishery	100115
农、林、牧、渔服务业	Services in Support of Agriculture	589528
采矿业	**Mining**	**5763461**
煤炭开采和洗选业	Mining and Washing of Coal	1326939
石油和天然气开采业	Extraction of Petroleum and Natural Gas	367939
黑色金属矿采选业	Mining and Processing of Ferrous Metal Ores	3041838
有色金属矿采选业	Mining and Processing of Non-Ferrous Metal Ores	294158
非金属矿采选业	Mining and Processing of Nonmetal Ores	722926
其他采矿业	Mining of Other Ores	9661
制造业	**Manufacturing**	**61122829**
农副食品加工业	Processing of Food from Agricultural Products	2913721
食品制造业	Manufacture of Foods	1177844
饮料制造业	Manufacture of Beverages	914665
烟草制品业	Manufacture of Tobacco	24370
纺织业	Manufacture of Textile	2906358
纺织服装、鞋、帽制造业	Manufacture of Textile Wearing Apparel, Footware and Caps	782965
皮革、毛皮、羽绒及其制品业	Manufacture of Leather, Fur, Feather and Related Products	874607
木材加工及竹、藤、棕、草制品业	Processing of Timber, Manufacture of Wood, Bamboo, Rattan, Palm and Straw Products	771394
家具制造业	Manufacture of Furniture	800387
造纸及纸制品业	Manufacture of Paper and Paper Products	745232
印刷业和记录媒介的复制	Printing, Reproduction of Recording Media	494969
文教体育用品制造业	Manufacture of Articles For Culture, Education and Sport Activities	223847
石油加工、炼焦业及核燃料加工业	Processing of Petroleum, Coking, Processing of Nuclear Fuel	1370299
化学原料及化学制品制造业	Manufacture of Raw Chemical Materials and Chemical Products	4374593
医药制造业	Manufacture of Medicines	1588815
化学纤维制造业	Manufacture of Chemical Fibers	375173
橡胶制品业	Manufacture of Rubber	1062589
塑料制品业	Manufacture of Plastics	1955107
非金属矿物制品业	Manufacture of Non-metallic Mineral Products	7121409
黑色金属冶炼及压延加工业	Smelting and Pressing of Ferrous Metals	4708011
有色金属冶炼及压延加工业	Smelting and Pressing of Non-ferrous Metals	652930
金属制品业	Manufacture of Metal Products	5417278
通用设备制造业	Manufacture of General Purpose Machinery	5479379
专用设备制造业	Manufacture of Special Purpose Machinery	3855570
交通运输设备制造业	Manufacture of Transport Equipment	4113941
电气机械及器材制造业	Manufacture of Electrical Machinery and Equipment	4698322
通信设备、计算机及电子设备制造业	Manufacture of Communication Equipment, Computers and Other Electronic Equipment	882739
仪器仪表及文化、办公用机械制造业	Manufacture of Measuring Instruments and Machinery for Cultural Activity and Office Work	165539
工艺品及其他制造业	Manufacture of Artwork and Other Manufacturing	373557
废弃资源和废旧材料回收加工业	Recycling and Disposal of Waste	297219
电力、煤气及水的生产和供应业	**Production and Supply of Electricity, Gas and Water**	**7169717**
电力、热力的生产和供应业	Production and Supply of Electric Power and Heat Power	5976596
燃气生产和供应业	Production and Supply of Gas	562618
水的生产和供应业	Production and Supply of Water	630503
建筑业	**Construction**	**420091**
房屋和土木工程建筑业	Construction of Buildings and Civil Engineering	346923
建筑安装业	Building Installation	21865
建筑装饰业	Building Decoration	17230
其他建筑业	Other Construction	34073
交通运输、仓储及邮政业	**Transport, Storage and Post**	**13960322**
铁路运输业	Railway Transport	1320118

Investment in Capital Construction Projects by Sector (2011)

(10000 yuan)

按建设性质分 by Type of Construction			按构成分 by Composition of Funds		
#新 建 New Construction	#扩 建 Expansion	#改建和技术改造 Reconstruction	#建筑工程 Construction	#安装工程 Installation	#设备工器具购置 Purchase of Equipment and Instruments
71585176	**28817263**	**20351173**	**67887917**	**9132535**	**36900731**
3031801	**867976**	**337147**	**2325818**	**293550**	**925391**
1039167	223591	107333	765153	94743	269087
299497	67884	53900	210730	6180	28134
1262060	434824	85638	962540	134976	461979
77805	16810	5500	57195	4065	26448
353272	124867	84776	330200	53586	139743
1397164	**2228360**	**1885408**	**2390716**	**521209**	**2053685**
454324	162332	516347	510730	127454	465172
3600	364339		279061	25759	28277
603519	1405403	987173	1229408	289113	1088236
28673	145424	120061	139711	18142	103731
304439	145160	260477	226567	60391	365897
2609	5702	1350	5239	350	2372
24660490	**18509446**	**13632017**	**25280927**	**4928309**	**26147007**
1266752	858209	668557	1348697	209946	1118935
424049	322425	348457	461926	73103	547130
278959	313399	191417	428365	56699	324045
3570	3490	15510	11468	756	11846
827430	1193949	692167	1009065	205506	1538336
326442	276365	112804	413739	41084	256227
358162	440426	60353	454699	85699	268855
192609	353529	189408	245419	43015	453539
227150	236285	315966	329392	40969	386012
336869	238293	155477	249671	55106	380605
180179	181837	86221	217149	26833	218903
140425	44877	33545	92632	13976	76654
310252	529169	524318	393871	211254	640730
1848837	934942	1261035	1617970	438825	1977638
1087059	172752	266723	616485	132016	723604
127231	108793	139149	213298	29583	117629
353015	468571	206573	403939	50122	542781
918251	558402	355816	853624	120327	839982
3062635	1685860	2122097	2849445	643982	3039749
1028021	1627159	1470122	1748028	520462	1982349
351347	193981	53096	271708	49837	279668
2133546	1991183	1074587	2283446	542305	2269509
2234898	1580593	1292413	2368337	390348	2248050
1755023	1000396	640564	1737489	271253	1521782
1663364	1099666	580530	1927854	273010	1541349
2289552	1642922	530997	1901521	302064	2179055
496767	250578	70919	435677	47185	369694
62789	58489	38477	82762	9932	57941
163693	86465	107260	194144	21386	103125
211614	56441	27459	119107	21726	131285
4065595	**2350826**	**613481**	**1916320**	**1238109**	**3367630**
3271824	2248417	408380	1332519	1061392	3018479
473822	40894	44172	250235	91895	175924
319949	61515	160929	333566	84822	173227
303128	**37518**	**45190**	**204857**	**28272**	**122601**
259278	34927	36935	176279	23291	87994
11417			5632	2401	13442
7651		4155	5896	820	7914
24782	2591	4100	17050	1760	13251
10993862	**1575085**	**1098280**	**10023562**	**305959**	**1540432**
1204083	16637	99398	718737	5124	68029

建设项目分行业固定资产投资（2011年）(续)

单位：万元

行　　业	Item	投资总额 Total
道路运输业	Road Transport	8046946
城市公共交通业	Urban Public Transport	126322
水上运输业	Water Transport	1351054
航空运输业	Air Transport	219580
管道运输业	Transport Via Pipelines	76501
装卸搬运和其他运输服务业	Loading, Unloading and Other Transport Services	417780
仓储业	Storage	2372370
邮政业	Post	29651
信息传输、计算机服务和软件业	**Information Transmission, Computer Services and Software**	**786363**
电信和其他信息传输服务业	Telecommunications and Other Information Transmission Services	735666
计算机服务业	Computer Services	28117
软件业	Software	22580
批发和零售业	**Wholesale and Retail Trades**	**4426217**
批发业	Wholesale Trade	2386900
零售业	Retail Trade	2039317
住宿和餐饮业	**Hotels and Catering Services**	**1304140**
住宿业	Hotels	1063382
餐饮业	Catering Services	240758
金融业	**Financial Intermediation**	**231421**
银行业	Bank	148339
证券业	Security Activities	2000
保险业	Insurance	43630
其他金融活动	Other Financial Activities	37452
房地产业	**Real Estate**	**10108879**
租赁和商务服务业	**Leasing and Business Services**	**808128**
租赁业	Leasing	13808
商务服务业	Business Services	794320
科学研究、技术服务和地质勘查业	**Scientific Research, Technical Service and Geologic Prospecting**	**732826**
研究与试验发展	Research and Experimental Development	262970
专业技术服务业	Professional Technical Services	228582
科技交流和推广服务业	Services of Science and Technology Exchanges and Promotion	161560
地质勘查业	Geologic Prospecting	79714
水利、环境和公共设施管理业	**Management of Water Conservancy, Environment and Public Facilities**	**10666057**
水利管理业	Management of Water Conservancy	848704
环境管理业	Environmental Management	937071
公共设施服务业	Management of Public Facilities	8880282
居民服务和其他服务业	**Services to Households and Other Services**	**475627**
居民服务业	Services to Households	341726
其他服务业	Other Services	133901
教　育	**Education**	**1432977**
卫生、社会保障和社会福利业	**Health, Social Security and Social Welfare**	**910297**
卫　生	Health	753691
社会保障业	Social Security	18616
社会福利业	Social Welfare	137990
文化、体育和娱乐业	**Culture, Sports and Entertainment**	**1578139**
新闻出版业	Journalism and Publishing Activities	49381
广播、电视、电影和音像业	Broadcasting, Movies, Television and Audiovisual Activities	46573
文化艺术业	Cultural and Art Activities	728380
体　育	Sports Activities	187131
娱乐业	Entertainment	566674
公共管理和社会组织	**Public Management and Social Organization**	**1078172**
中国共产党机关	Organs of Communist Party of China	9782
国家机构	Government Agencies	698331
人民政协和民主党派	People's Political Consultative Conference and Democratic Parties	
群众团体、社会团体和宗教组织	Non-Governmental Organizations, Social Organizations and Religion Organizations	32758
基层群众自治组织	Grass Roots Self-governing Organizations	337301

Investment in Capital Construction Projects by Sector (2011)

(10000 yuan)

按建设性质分 by Type of Construction			按构成分 by Composition of Funds		
#新建 New Construction	#扩建 Expansion	#改建和技术改造 Reconstruction	#建筑工程 Construction	#安装工程 Installation	#设备工器具购置 Purchase of Equipment and Instruments
5969038	1092155	919556	6706996	73388	222836
89685	8268	3550	76683	7968	30292
1235426	36865	6577	717164	24856	444735
84130	2550	19000	93500	80	114000
19890	56611		24206	26606	8227
351648	50750	2406	262996	22266	72189
2014547	310423	44383	1399002	142114	580124
25415	826	3410	24278	3557	
722128	**32651**	**18088**	**273220**	**119800**	**389194**
692096	20698	10056	251644	111699	368998
9564	11953	6600	14051	7466	6600
20468		1432	7525	635	13596
3389669	**693571**	**289311**	**2816137**	**337554**	**736234**
1809991	437924	104813	1518327	163257	402604
1579678	255647	184498	1297810	174297	333630
1047536	**199561**	**53145**	**970110**	**121277**	**109953**
891710	141479	26295	805746	95039	80522
155826	58082	26850	164364	26238	29431
140834	**20696**	**8486**	**144652**	**5528**	**70270**
74252	4196	8486	76393	1376	69809
2000			2000		
27130	16500		34120		
37452			32139	4152	461
8669851	**510486**	**511361**	**8236958**	**395362**	**226104**
729206	**51990**	**24054**	**625047**	**40269**	**46247**
12030			2130	430	4478
717176	51990	24054	622917	39839	41769
632364	**34074**	**65131**	**402047**	**43481**	**105380**
254544	8426		118725	24576	28066
151157	23148	53200	129445	7818	20790
148549	2500	10331	118560	3987	19827
78114		1600	35317	7100	36697
7717226	**1166047**	**1356729**	**8143261**	**431553**	**563113**
562352	123752	149033	663500	49719	47524
319578	73573	182668	678033	57201	90625
6835296	968722	1025028	6801728	324633	424964
407460	**46745**	**15502**	**359931**	**33598**	**33014**
291688	31476	13502	292296	25280	14418
115772	15269	2000	67635	8318	18596
968821	**206498**	**170691**	**1112146**	**85610**	**100656**
553438	**82754**	**70918**	**650934**	**43900**	**155878**
413009	73699	64496	521836	38772	151784
18616			17107		
121813	9055	6422	111991	5128	4094
1286462	**129443**	**95237**	**1133140**	**95570**	**140687**
39081		10300	22399	12692	9681
24144	6132	13163	15291	6009	18190
604788	43304	67039	575126	45055	38383
161018	24336	1777	138588	2155	14444
457431	55671	2958	381736	29659	59989
868141	**73536**	**60997**	**878134**	**63625**	**67255**
702	9080		9518	36	
552314	46324	35281	576621	35984	45804
20881	8987	2890	20179	6663	3146
294244	9145	22826	271816	20942	18305

建设项目新增主要产品生产能力（2011年）

Newly Increased Production Capacity through Capital Construction Projects (2011)

能力(效益)名称	Item	新增生产能力 Ewly Increased Production Capacity
原煤开采（万吨/年）	Coal Mining (10000 tons/year)	88
洗煤（万吨/年）	Coal Washing (10000 tons/year)	3359
焦炭（万吨/年）	Hard Coke (10000 tons/year)	581
天然原油开采（万吨/年）	Crude Oil (10000 tons/year)	178
石油加工：	Petroleum Processing	
裂化设备能力(处理万吨/年)	Cracking (10000 tons/year)	840
加氢精制设备能力(处理万吨/年)	Hydrorefining (10000 tons/year)	40
焦化设备能力(万吨/年)	Coking (10000 tons/year)	30
催化重整设备能力(万吨/年)	Cataytic Refoming (10000 tons/year)	10
润滑油(综合能力)(万吨/年)	Lubricating Oil (10000 tons/year)	1
铁矿开采(原矿)（万吨/年）	Crude Iron Ore Mining (10000 tons/year)	2514.9
铁矿选矿处理原矿量（万吨/年）	Iron Ore Processing (10000 tons/year)	763.9
铁矿石成品矿（万吨/年）	Refined Iron Ore (10000 tons/year)	3135.46
生铁（万吨/年）	Pig Iron (10000 tons/year)	524
粗钢（万吨/年）	Crude Steel (10000 tons/year)	286
#转炉钢（万吨/年）	Converter Steel (10000 tons/year)	285
电弧炉钢（万吨/年）	Electric Arc Furnace Steel (10000 tons/year)	1
连铸坯（万吨/年）	Continuous Casting Steel (10000 tons/year)	24
铁合金（万吨/年）	Iron Alloy (Standard Ton/year)	50570
热轧钢材（万吨/年）	Hot-rolled Steel Products (10000 tons/year)	609.4
冷轧(拔)钢材（万吨/年）	Cold-rolled Steel Products (10000 tons/year)	3848.13
镀层、涂层钢材（万吨/年）	Cool Rolling Steel Products (10000 tons/year)	150
锻压、挤压、旋压钢材（万吨/年）	Forging-and-pressing, Extruding,Flow-forming Steel Products (10000 ton/year)	71.5
其他加工工艺钢材（万吨/年）	Others (10000 tons/year)	63.3
铜采矿(原矿)（万吨/年）	Copper Mining (Raw Ore, 10000 tons/year)	50
铜冶炼（吨/年）	Copper Smelting (ton/year)	38400
铅锌采矿(原矿)（万吨/年）	Lead-zinc Ore Mining (Raw Ore, 10000 tons/year)	0.06
铅冶炼（吨/年）	Lead Smelting (ton/year)	20000
锌冶炼（吨/年）	Zine Smelting (ton/year)	30000
锡冶炼（吨/年）	Tin Smelting (ton/year)	900
铝加工（吨/年）	Aluminum Processing(10000 tons/year)	11901.6
银选矿：(1)处理原矿（吨/年）	Silver Ore Dressing (1) Raw Ore Processing (ton/year)	2000
硫铁矿开采（万吨/年）	Pyrite Mining (10000 tons/year)	12
水力发电（万千瓦）	Hydraulic Power (10000 kw)	0.09
火力发电（万千瓦）	Thermal Power (10000 kw)	94.2
风力发电（万千瓦）	Wind Power (10000 kw)	138.6
其他发电（万千瓦）	Other Power Generation (10000 kw)	91.78
输电线路长度(110KV及以上)（公里）	Power Transmission Line (110KV and Above, Kilometer)	6570.9

建设项目新增主要产品生产能力（2011年)(续)

Newly Increased Production Capacity through Capital Construction Projects (2011)

能力(效益)名称	Item	新增生产能力 Ewly Increased Production Capacity
水泥（万吨/年）	Cement (10000 tons/year)	1939.6
平板玻璃（万重量箱/年）	Plate Glass (10000 weight cases/year)	2601.9
石墨及炭素制品（吨/年）	Graphite and Carbon Product (ton/year)	125162
氮肥（吨/年）	Nitrogen Fertilizers (ton/year)	60501
磷肥（吨/年）	Phosphate Fertilizers (ton/year)	301101
化学农药原药（吨/年）	Agricultural Chemicals (Technical Grade, ton/year)	6220
精甲醇（吨/年）	Refined Carbinol (ton/year)	146250
塑料树脂及共聚物（吨/年）	Plastic Resin and Polymer (ton/year)	168450
轮胎外胎（万条/年）	Cover Tyre (10000/year)	5
轮胎内胎（万条/年）	Inner Tube Tyre (10000/year)	100
其他汽车制造（辆/年）	Other Automobile Manufacturing (unit/year)	11500
化学纤维（吨/年）	Chemical Fiber (ton/year)	174700
#合成纤维（吨/年）	Synthetic Fiber (ton/year)	1200
棉纺锭（锭）	Cotton Textile Spindle (unit)	1284294
毛纺锭（锭）	Wool Textile Spindle (unit)	39000
白酒（万吨/年）	Chinese Liquor (10000 tons/year)	3.41
其他酒（万吨/年）	Other Alcohol (10000 tons/year)	2.22
机制纸浆（万吨/年）	Machanism of Pulp (10000 tons/year)	2.3
房间空气调节器（万台/年）	Room Air Conditioners (10000 units/year)	180.03
新建铁路里程（公里）	Length of Newly-built Railway (km)	7
新建公路（公里）	Newly- Built Highway (km)	1525.64
#高速公路	Expressway	483.2
一级公路	First-class Highway	219.54
二级公路	Second-class Highway	261.6
改建公路（公里）	Rebuilt Highway (km)	1693.38
#高速公路	Expressway	
一级公路	First-class Highway	199.04
二级公路	Second-class Highway	757.34
新建独立公路桥梁（延长米）	Length of Newly-built Independent Highway Bridge (m)	5803
新建独立公路桥梁（座）	Amount of Newly-built Independent Highway Bridge (unit)	45
新(扩)建港口码头	Newly-built or Extended Ports	100
年吞吐量(万吨)	Annual Handing Capacity (10000 tons/year)	
泊位(个)	Berths (unit)	4
新(扩)建公路客、货运站（个）	Newly-built or Extended Passenger Station and Freight Station for Highway (unit)	11
新(扩)建公路客、货运站（平方米）	Newly-built or Extended Passenger Station and Freight Station for Highway (m²)	66455.5
城市自来水供水能力（万吨/日）	Tap Water Supply Capacity (10000 tons/year)	10.97
城市公共交通车辆购置（辆）	Purchasing of Vehicles for Public Transport (unit)	617
城市污水处理能力（万吨/日）	Sewage Treatment Capacity of Urban Areas (10000 tons/year)	32.16

分行业建设项目施工、投产个数和新增固定资产（2011年）

行　业	Item	施工项目个数（个）Number of Projects under Construction (unit)
全省总计	**Total**	**23978**
农、林、牧、渔业	**Agriculture, Forestry, Animal Husbandry and Fishery**	**1777**
农　业	Farming	540
林　业	Forestry	191
畜牧业	Animal Husbandry	683
渔　业	Fishery	42
农、林、牧、渔服务业	Services in Support of Agriculture	321
采矿业	**Mining**	**1323**
煤炭开采和洗选业	Mining and Washing of Coal	208
石油和天然气开采业	Extraction of Petroleum and Natural Gas	6
黑色金属矿采选业	Mining and Processing of Ferrous Metal Ores	718
有色金属矿采选业	Mining and Processing of Non-Ferrous Metal Ores	63
非金属矿采选业	Mining and Processing of Nonmetal Ores	323
其他采矿业	Mining of Other Ores	5
制造业	**Manufacturing**	**11947**
农副食品加工业	Processing of Food from Agricultural Products	682
食品制造业	Manufacture of Foods	305
饮料制造业	Manufacture of Beverages	191
烟草制品业	Manufacture of Tobacco	6
纺织业	Manufacture of Textile	835
纺织服装、鞋、帽制造业	Manufacture of Textile Wearing Apparel, Footware and Caps	197
皮革、毛皮、羽毛(绒)及其制品业	Manufacture of Leather, Fur, Feather and Related Products	250
木材加工及木、竹、藤、棕、草制品业	Processing of Timber, Manufacture of Wood, Bamboo, Rattan, Palm and Straw Products	265
家具制造业	Manufacture of Furniture	261
造纸及纸制品业	Manufacture of Paper and Paper Products	178
印刷业和记录媒介的复制	Printing, Reproduction of Recording Media	125
文教体育用品制造业	Manufacture of Articles For Culture, Education and Sport Activities	65
石油加工、炼焦及核燃料加工业	Processing of Petroleum, Coking, Processing of Nuclear Fuel	137
化学原料及化学制品制造业	Manufacture of Raw Chemical Materials and Chemical Products	830
医药制造业	Manufacture of Medicines	184
化学纤维制造业	Manufacture of Chemical Fibers	54
橡胶制品业	Manufacture of Rubber	269
塑料制品业	Manufacture of Plastics	513
非金属矿物制品业	Manufacture of Non-metallic Mineral Products	1541
黑色金属冶炼及压延加工业	Smelting and Pressing of Ferrous Metals	411
有色金属冶炼及压延加工业	Smelting and Pressing of Non-ferrous Metals	129
金属制品业	Manufacture of Metal Products	1172
通用设备制造业	Manufacture of General Purpose Machinery	1174
专用设备制造业	Manufacture of Special Purpose Machinery	661
交通运输设备制造业	Manufacture of Transport Equipment	559
电气机械及器材制造业	Manufacture of Electrical Machinery and Equipment	645
通信设备、计算机及其他电子设备制造业	Manufacture of Communication Equipment, Computers and Other Electronic Equipment	117
仪器仪表及文化、办公用机械制造业	Manufacture of Measuring Instruments and Machinery for Cultural Activity and Office Work	53
工艺品及其他制造业	Manufacture of Artwork and Other Manufacturing	95
废弃资源和废旧材料回收加工业	Recycling and Disposal of Waste	43
电力、燃气及水的生产和供应业	**Production and Supply of Electricity, Gas and Water**	**714**
电力、热力的生产和供应业	Production and Supply of Electric Power and Heat Power	322
燃气生产和供应业	Production and Supply of Gas	135
水的生产和供应业	Production and Supply of Water	257
建筑业	**Construction**	**106**
房屋和土木工程建筑业	Construction of Buildings and Civil Engineering	74
建筑安装业	Building Installation	8
建筑装饰业	Building Decoration	5
其他建筑业	Other Construction	19

Number of Capital Construction Projects under Construction and Put into Use and Newly Increased Fixed Assets by Sector (2011)

本年投产项目个数(个) Completed Projects (unit)	建设项目投产率(%) Rate of Construction Projects Completed and Put into Use (%)	本年完成投资(万元) Investment Completed This year (10000 yuan)	本年新增固定资产(万元) Newly Increased Fixed Assets (10000 yuan)	固定资产交付使用率(%) Rate of Projects of Fixed Assets Completed and Put into Use (%)
16020	**66.81**	**127256671**	**84951401**	**66.76**
1224	**68.88**	**4281008**	**3521408**	**82.26**
350	64.81	1371493	1083011	78.97
143	74.87	421281	317156	75.28
463	67.79	1798591	1601553	89.04
29	69.05	100115	70954	70.87
239	74.45	589528	448734	76.12
1094	**82.69**	**5763461**	**4537129**	**78.72**
153	73.56	1326939	908653	68.48
5	83.33	367939	253840	68.99
590	82.17	3041838	2563710	84.28
52	82.54	294158	157214	53.45
291	90.09	722926	645251	89.26
3	60.00	9661	8461	87.58
8239	**68.96**	**61122829**	**45750399**	**74.85**
483	70.82	2913721	2240416	76.89
225	73.77	1177844	896729	76.13
124	64.92	914665	748892	81.88
5	83.33	24370	29994	123.08
649	77.72	2906358	2664734	91.69
134	68.02	782965	571054	72.93
211	84.40	874607	882397	100.89
211	79.62	771394	739041	95.81
212	81.23	800387	728724	91.05
126	70.79	745232	502263	67.40
104	83.20	494969	515843	104.22
39	60.00	223847	165576	73.97
85	62.04	1370299	1096495	80.02
606	73.01	4374593	3012119	68.85
98	53.26	1588815	988550	62.22
38	70.37	375173	158903	42.35
186	69.14	1062589	896992	84.42
368	71.73	1955107	1369832	70.06
1100	71.38	7121409	5270226	74.01
254	61.80	4708011	4167131	88.51
84	65.12	652930	416673	63.82
749	63.91	5417278	4236112	78.20
824	70.19	5479379	4252419	77.61
403	60.97	3855570	2734628	70.93
322	57.60	4113941	1917262	46.60
406	62.95	4698322	3363028	71.58
71	60.68	882739	700267	79.33
28	52.83	165539	91620	55.35
68	71.58	373557	271820	72.77
26	60.47	297219	120659	40.60
441	**61.76**	**7169717**	**3609376**	**50.34**
181	56.21	5976596	2842016	47.55
76	56.30	562618	282335	50.18
184	71.60	630503	485025	76.93
71	**66.98**	**420091**	**235189**	**55.99**
45	60.81	346923	157380	45.36
4	50.00	21865	9807	44.85
3	60.00	17230	11274	65.43
19	100.00	34073	56728	166.49

分行业建设项目施工、投产个数和新增固定资产（2011年）(续)

行业	Item	施工项目个数（个）Number of Projects under Construction (unit)
交通运输、仓储和邮政业	**Transport, Storage and Post**	**1385**
铁路运输业	Railway Transport	16
道路运输业	Road Transport	968
城市公共交通业	Urban Public Transport	15
水上运输业	Water Transport	41
航空运输业	Air Transport	7
管道运输业	Transport Via Pipelines	8
装卸搬运和其他运输服务业	Loading, Unloading and Other Transport Services	43
仓储业	Storage	280
邮政业	Post	7
信息传输、计算机服务和软件业	**Information Transmission, Computer Services and Software**	**38**
电信和其他信息传输服务业	Telecommunications and Other Information Transmission Services	28
计算机服务业	Computer Services	5
软件业	Software	5
批发和零售业	**Wholesale and Retail Trades**	**891**
批发业	Wholesale Trade	454
零售业	Retail Trade	437
住宿和餐饮业	**Hotels and Catering Services**	**270**
住宿业	Hotels	180
餐饮业	Catering Services	90
金融业	**Financial Intermediation**	**29**
银行业	Bank	16
证券业	Security Activities	1
保险业	Insurance	7
其他金融活动	Other Financial Activities	5
房地产业	**Real Estate**	**1737**
租赁和商务服务业	**Leasing and Business Services**	**112**
租赁业	Leasing	5
商务服务业	Business Services	**107**
科学研究、技术服务和地质勘查业	**Scientific Research, Technical Service and Geologic Prospecting**	**103**
研究与试验发展	Research and Experimental Development	24
专业技术服务业	Professional Technical Services	49
科技交流和推广服务业	Services of Science and Technology Exchanges and Promotion	23
地质勘查业	Geologic Prospecting	7
水利、环境和公共设施管理业	**Management of Water Conservancy, Environment and Public Facilities**	**1981**
水利管理业	Management of Water Conservancy	267
环境管理业	Environmental Management	141
公共设施管理业	Management of Public Facilities	1573
居民服务和其他服务业	**Services to Households and Other Services**	**136**
居民服务业	Services to Households	95
其他服务业	Other Services	41
教　育	**Education**	**563**
教　育	Health, Social Security and Social Welfare	563
卫生、社会保障和社会福利业	**Health**	**285**
卫　生	Social Security	220
社会福利业	Culture, Sports and Entertainment	57
文化、体育和娱乐业	**Journalism and Publishing Activities**	**235**
新闻出版业	Broadcasting, Movies, Television and Audiovisual Activities	6
广播、电视、电影和音像业	Cultural and Art Activities	14
文化艺术业	Sports Activities	118
体　育	Entertainment	23
娱乐业	Public Management and Social Organization	74
公共管理和社会组织	**Organs of Communist Party of China**	**346**
中国共产党机关	Government Agencies	4
国家机构	People's Political Consultative Conference and Democratic Parties	191
人民政协和民主党派	Non-Governmental Organizations, Social Organizations	
群众团体、社会团体和宗教组织	and Religion Organizations	15
基层群众自治组织	Grass Roots Self-governing Organizations	136

Number of Capital Construction Projects under Construction and Put into Use and Newly Increased Fixed Assets by Sector (2011)

本年投产项目个数（个）Completed Projects (unit)	建设项目投产率（%）Rate of Construction Projects Completed and Put into Use (%)	本年完成投资（万元）Investment Completed This year (10000 yuan)	本年新增固定资产（万元）Newly Increased Fixed Assets (10000 yuan)	固定资产交付使用率（%）Rate of Projects of Fixed Assets Completed and Put into Use (%)
927	**66.93**	**13960322**	**6331592**	**45.35**
4	25.00	1320118	166357	12.60
717	74.07	8046946	3891012	48.35
11	73.33	126322	73811	58.43
11	26.83	1351054	189521	14.03
3	42.86	219580	169756	77.31
5	62.50	76501	17482	22.85
22	51.16	417780	375237	89.82
153	54.64	2372370	1436006	60.53
1	14.29	29651	12410	41.85
26	**68.42**	**786363**	**119204**	**15.16**
20	71.43	735666	68390	9.30
3	60.00	28117	21164	75.27
3	60.00	22580	29650	131.31
593	**66.55**	**4426217**	**2965609**	**67.00**
293	64.54	2386900	1482219	62.10
300	68.65	2039317	1483390	72.74
164	**60.74**	**1304140**	**840777**	**64.47**
97	53.89	1063382	615532	57.88
67	74.44	240758	225245	93.56
16	**55.17**	**231421**	**161700**	**69.87**
11	68.75	148339	125609	84.68
		2000	2000	100.00
2	28.57	43630	16500	37.82
3	60.00	37452	17591	46.97
958	**55.15**	**10108879**	**6157648**	**60.91**
55	**49.11**	**808128**	**424998**	**52.59**
2	40.00	13808	5278	38.22
53	**49.53**	794320	419720	52.84
57	**55.34**	**732826**	**199406**	**27.21**
13	54.17	262970	31964	12.15
29	59.18	228582	128236	56.10
11	47.83	161560	27773	17.19
4	57.14	79714	11433	14.34
1236	**62.39**	**10666057**	**6844068**	**64.17**
170	63.67	848704	598538	70.52
94	66.67	937071	615419	65.67
972	61.79	8880282	5630111	63.40
95	**69.85**	**475627**	**264277**	**55.56**
72	75.79	341726	192846	56.43
23	56.10	133901	71431	53.35
360	**63.94**	**1432977**	**1121176**	**78.24**
360	63.94	1432977	1121176	78.24
140	**49.12**	**910297**	**576213**	**63.30**
108	49.09	753691	498744	66.17
31	54.39	137990	75769	54.91
102	**43.40**	**1578139**	**690062**	**43.73**
3	50.00	49381	23531	47.65
5	35.71	46573	15884	34.11
54	45.76	728380	351901	48.31
9	39.13	187131	60315	32.23
31	41.89	566674	238431	42.08
222	**64.16**	**1078172**	**601170**	**55.76**
2	50.00	9782	9467	96.78
111	58.12	698331	337714	48.36
8	53.33	32758	16645	50.81
101	74.26	337301	237344	70.37

总投资10亿元以上建设项目主要经济指标（2011年）

Major Economic Indicators of Investment Over One Thousand Million under Construction (2011)

单位：万元　(10000 yuan)

建设单位及建设项目 Unit Names	计划总投资 Total Investment Planed	累计完成投资 Accumulative Investment Actually Completed	#本年完成 This Year	累计新增固定资产 Accumulative Newly Increased Fixed Assets
首钢京唐钢铁联合有限责任公司钢铁厂	6572800	5823139	316226	
蒙冀铁路有限责任公司新建张家口至唐山铁路	3692900	665000	526900	
华北电力集团河北北部送变电	2800861	1884702	997924	
河北省电力公司河北省南网送变电	2162338	2700484	621614	506827
涿鹿县博达建设开发投资公司涿鹿博达公司高层次人才创业园项目	2000000	25000	25000	
保定市交通局张石高速公路保定段	1901217	1625835	92444	
邯黄铁路有限责任公司新建邯郸(邢台)至黄骅港铁路项目	1649500	665000	515000	718
承德市交通局承赤高速公路	1581659	9305	9305	
石家庄北方药博园管委会建北方药博园	1384100	24240	6500	
石家庄市环城水系综合整治开发有限公司石家庄环城水系	1226030	363043	319043	
河北航空集团投资有限公司河北航空基地项目	1200000	104300	44000	
唐钢滦县司家营铁矿公司司家营铁矿开发二期及南区采选工程	1200000	1178300	440500	440500
保定市交通局保阜高速公路	1146703	1100233	180384	
河北省高速公路管理局(集团)大广高速公路深州至大名段	1138658	1101816	166757	166757
邢台市交通运输局邢衡高速公路邢台段建设	1123078	194500	194500	
河北天山蟠龙湖旅游开发有限公司天山龙湖世界	1083726	146200	102800	
唐山市南湖生态城开发建设公司西北片回迁安置小区	1060000	354600	354600	
廊坊市新商博国贸城投资有限公司新商博国贸城项目	1051196	1000	1000	
承德市双滦区海建投资有限公司皇家奥林匹亚体育文化休闲产业园	1033325	10000	10000	
保定市交通局荣乌高速保定段	1028603	279536	164536	
秦皇岛市支援承秦高速公路建设指挥部承秦高速秦皇岛段	1020000	773700	292397	
河北省高速公路管理局(集团)大广高速公路固安(京冀界)到深州段	1004705	1005543	36661	36661
张家口市交通局张涿高速单家堡至保定界	899350	682190	258743	
河北省高速公路管理局(集团)邢汾高速公路邢台至冀晋界段	891536	306757	306757	
承德市交通局承秦高速路承德段	878951	763715	265835	
保定市交通局张涿高速保定段	870705	517669	191979	
秦皇岛栖云山国际旅游度假有限公司国际旅游度假区项目	810000	81289	31289	
邯郸市交通局邯大高速公路建设.	802308	180000	180000	
三一张家口风电技术有限公司万全西山风电叶片生产车间建设	800000	25890	7990	
邢台市七里河新区管委会七里河综合治理	729000	453949	35859	32857
廊坊市交通局廊沧高速公路廊坊段	717398	590825	134666	
唐山曹妃甸国际生态城市政建设有限公司城市桥梁工程	700000	347800	199200	
保定市南市区裕华路办事处府河市场拆迁	670000	515000	259000	
石家庄市华明实业公司塔冢城中村改造	650000	129000	25000	
邯矿集团文水循环产业链邯矿文水循环产业链	614159	230371	54339	
天山房地产开发有限公司石家庄南部商务文体中心	612008	67000	67000	
迁安轧一钢铁集团有限公司1780宽带及附属工程	600000	219105	65490	
张家口市交通局京新高速公路二期土木至胶泥湾	580778	578908	103908	
隆化县丽水环保工程有限公司尾矿沙综合治理	580000	130961	54710	
河北山田房地产开发有限公司中国元氏历史文化城	576600	5000	5000	
石家庄米氏家具有限公司北方国际家居有限公司	559554	6949	6949	
永年县广府管委会广府古城保护整治与旅游开发项目	550000	18000	18000	
中国石油唐山液化天然气项目经理部唐山液化天然气项目	548781	228825	228825	
唐山曹妃甸煤炭港务有限公司唐山港曹妃甸港区煤码头二期工程	542890	230075	137380	48
新兴铸管股份有限公司30万吨高端无缝钢管项目	540000	33600	33600	
中国石油化工股份有限公司石炼化分公司石炼化质量升级改造工程	530000	122315	70915	
唐山曹妃甸国际生态城投资有限公司央企生活服务基地	530000	64600	19500	
河北省移动通信有限公司移动通信工程	528900	479269	479269	
沧州市交通局沿海高速公路沧州段	527046	550478	167478	550478
涞源县白石山旅游开发有限公司大白石山旅游开发项目	526000	36500	36500	
涞水中诚房地产开发有限责任公司涞水垒子水库旅游综合开发项目	523200	21100	21100	

总投资10亿元以上建设项目主要经济指标（2011年)(续一)

Major Economic Indicators of Investment Over One Thousand Million under Construction (2011)

单位：万元　(10000 yuan)

建设单位及建设项目 Unit Names	计划总投资 Total Investment Planed	累计完成投资 Accumulative Investment Actually Completed	#本年完成 This Year	累计新增固定资产 Accumulative Newly Increased Fixed Assets
涞源县水务局涞源县滨湖新区旅游综合开发项目	520000	81000	60200	
河北怀特集团股份有限公司怀特二期	510000	15035	15035	
承德市双滦区住房和城乡建设局滨水避暑新城基础设施建设项目	500000	60000	60000	
唐山曹妃甸国际生态城投资有限公司泰晤士小镇	500000	186200	67900	12000
唐山滦州古镇置业有限公司滦州古城文化旅游整体开发建设项目	500000	170000	170000	
衡水英利新能源有限公司新建年产1吉瓦多晶硅太阳能电池项目	485776	27800	27800	
秦皇岛抚宁县杜庄德大房地产公司新建金舍如意山水温泉小镇	485600	24500	17000	
河北海伟交通设施集团有限公司年产60万吨电工聚丙烯	480000	435602	177468	
河北建投沙河发电有限责任公司沙河电厂2x600MW级空冷机组工程	474161	327481	174686	457
石家庄市明德投资有限公司河北平山康庄太阳能发电厂	472188	16050	16050	
沧州旭阳化学有限公司20万吨/年己内酰胺	468000	58500	58500	
河北迎新玻璃公司320MW薄膜太阳能电池及基片玻璃生产线	467798	24665	9765	
张家口市交通局张市北环高速公路及高速公路连接线	466236	329859	318859	
峰峰集团锡盟能源化工开发办事处锡盟煤电化一体化项目	459979	120836	31197	1600
河北再戈再生资源公司新建再生资源回收利用科研生产基地	459446	45500	14000	
国投曹妃甸港口有限公司唐山港曹妃甸港区煤码头续建工程	444035	343518	143342	
神华黄骅港务有限责任公司黄骅港三期工程	439211	238305	190611	
石家庄市华润综合体项目拆迁指挥部华润综合体	430000	147000	66000	
河北宏屹房地产开发有限公司望都分公司宏屹国际城仓储物流中心项目	400000	14800	14800	
石家庄市城市建设投资控股集团有限公司石家庄新客站广场及道路配套工程	398600	49300	49300	
张家口市交通局张市洋河综合治理工程	398463	390908	190907	
北京铁路局石家庄货运迁建工程建设指挥部石家庄货运系统迁建工程	389970	380000	25579	
秦皇岛南戴河顺驰房地产开发有限公司南戴河国际森林体育俱乐部	389600	67700	20100	
保定英利有限公司多晶硅太阳能电池产业链项目	387800	82300	66300	
沧州正元化肥有限公司年产60万吨合成氨配套80万吨尿素项目	379891	38500	38500	
平山县交通局西柏坡高速路	370000	355000	301000	301000
京唐港首钢码头有限公司京唐港首钢码头一期工程	361959	358900	29000	
兴隆县江南投资开发有限公司将军国际健康城一期工程	360000	136000	85000	
河北伦特石油化工有限公司炼化产品升级及配套工程	353497	64492	41492	
沧州渤海港务有限公司黄骅港综合港区多用途码头工程	338410	161513	78450	
石家庄中冶基础设施投资有限公司太行大街城市快速路系统工程	333023	159618	54883	54883
唐山佳华煤化工有限公司京唐港焦化厂二期工程	331500	331948	19539	331948
灵寿县供销社石家庄小商品加工制造项目	330000	37284	35284	19000
中航上大金属再生金属科技公司年产33万吨高温合金钛合金再生有色金属	327319	500	500	
唐山滨海公路有限公司滨海公路改建工程项目	323200	57193	57193	37893
大唐武安发电有限公司煤矸石电厂新建工程	321357	213714	147500	
唐山曹妃甸国际生态城市政建设有限公司城市内河水系工程	320000	255900	119900	
河北建投任丘热电有限责任公司任丘热电2x350MW超临界供热机组建设工程	320000	256340	190497	
中恒科技(唐山)曹妃甸有限公司太阳能电池项目	319889	47539	47539	
河北华电石家庄鹿华热电有限公司石家庄鹿华热电一期工程	314000	245376	102076	
承德钢铁集团有限公司承钢老厂区改造	313617	746069	260587	746069
香河中商农产品公司新建中国(香河)国际农产品交易中心一期工程项目	312853	76000	38000	
唐山曹妃甸实业港务有限公司唐山港曹妃甸港区矿石码头二期工程项目	310180	270000	20000	
石家庄市永生集团股份有限公司西三庄城中村改造	308144	269800	64500	
石家庄市裕华区裕东街道办事处大马社区大马旧村改造二期	307912	296864	127396	
冀中能源峰峰集团棚户区改造办公室冀中能源峰峰集团棚户区改造	304919	124072	124072	124072
涞水华梓农业技术开发有限公司祖冲之文化森林公园项目	302000	3600	3600	
兴隆县彬兴和旅游投资有限公司兴隆国际休闲体育公园社区项目	301270	15160	15160	
华北重型装备制造有限公司重型矿山采掘成套装备制造及大型铸锻件生产基地	300000	18058	18058	
河北永昌房地产开发有限公司张家口分公司桥东区永昌维多利亚广场建设项目	300000	77107	46100	
唐山市陡河青龙河管委会市区水系综合治理工程	300000	283701	69341	
唐山大陆实业开发有限责任公司新农村开发建设乡居假日项目	300000	76285	58015	95000

总投资10亿元以上建设项目主要经济指标（2011年）(续二)
Major Economic Indicators of Investment Over One Thousand Million under Construction (2011)

单位：万元　(10000 yuan)

建设单位及建设项目 Unit Names	计划总投资 Total Investment Planed	累计完成投资 Accumulative Investment Actually Completed	#本年完成 This Year	累计新增固定资产 Accumulative Newly Increased Fixed Assets
航天三院涞水科技研发基地818工程	300000	284190	64680	
华都国际建设集团安国房地产开发有限公司安国药王庙周边文化景区项目	300000	40225	40225	
河北建投宣化热电有限责任公司宣化热电厂2×300MW级燃煤供热机组建设	295000	298251	34958	298251
秦皇岛立顺源投资管理有限公司葡萄岛旅游综合项目	293355	39112	9100	
开滦能源化工股份有限公司15万吨/已二酸	292624	123396	50800	
顺平县恒瑞工业园区开发有限公司年产300MW多晶硅太阳能电池项目	290500	15900	15900	
光为绿色新能源股份有限公司年产300MW多晶硅太阳能电池及组件项目	290113	5337	5337	
沧州渤海港务有限公司黄骅港综合港区5万吨级航道工程	284325	233117	5000	
唐山北方瓷都陶瓷集团有限责任公司建设高档卫生陶瓷项目	281499	142800	93400	
大唐清苑热电有限公司大唐清苑热电工程	280663	174889	100972	
唐山建源钢铁有限公司1580热轧生产线	280000	279890	97200	279890
成功(中国)大广场有限公司成功中国大广场休闲娱乐中心	278177	35616	13525	
秦皇岛市市政建设办公室秦抚快速路工程	277270	73445	52120	
廊坊市城市建设投资有限公司周各庄拆迁项目	275653	193169	143716	
峰煤焦化公司160万吨焦炉及20万吨煤气制甲醇峰煤焦化公司煤化工二期	274466	253647	102271	24496
石家庄旭新光电科技有限公司TFT—LCD玻璃基板项目	270000	151000	70000	
唐山曹妃甸矿石码头有限公司唐山港曹妃甸港区矿石物流中心项目	270000	268650	151650	151650
易县三利生态旅游开发有限公司易水新村新民居建设项目	268973	150	150	
河北师范大学新校区	268773	173651	26651	
沧州渤海港务有限公司黄骅港综合港区防波堤工程	267535	196771	5000	
中国石化石油商业储备公司唐山曹妃甸分公司曹妃甸原油商业储备基地项目	262049	262049	262049	262049
黄骅市交通局渤海新区黄骅新城道路起步工程	261700	251700	14066	
石家庄市裕华区裕东街道办事处二十里铺社区二十里铺城中村改造	260000	259000	23000	
唐山建源钢铁有限公司210吨转炉冷轧薄板	260000	247600	130830	247600
邯郸青苹果新能源电力公司太阳能级硅材料制造项目	257150	23150	21500	
冀中能源峰峰集团磁西一号矿筹建处磁西一号矿	257102	35117	18525	
山海关船舶重工有限责任公司修船扩建项目	256646	150778	69118	
玉田县昌泰纸业年产40万吨低克重高强度瓦楞纸和40万吨石膏板护面纸新建工程	256231	97562	97562	15000
九江线材有限公司年产2×110万吨H型钢生产线产业升级改造	254717	31346	31346	
唐山曹妃甸国际生态城市政建设有限公司滨海国际	252100	59700	44800	10000
唐山德龙重工船务工程有限公司修船项目	250153	173370	173370	
涿鹿科技园孵化器有限公司涿鹿科技成果孵化园项目	250000	20000	20000	
张家口鑫盛垣房地产开发有限公司万全西山产业集聚区后勤保障设施建设项目	250000	150488	10	
唐海世福伟业铸管有限公司建设球墨铸铁管道项目	250000	250000	92940	250000
唐山海港城市发展公司开发区西区基础设施	247000	34350	34350	
石家庄高新区建设局市政设施项目	243871	196850	120500	
河北渤海投资有限公司渤海新区土地整理项目	243240	243240	34809	28791
迁西县交通局京秦高速公路迁西支线	242400	249000	125000	
石家庄市新华区赵陵铺镇赵一街村民委员会赵一街旧村改造	240000	234600	33600	
河北环嘉静脉产业园管理有限公司河北环嘉静脉产业基地项目	239350	3456	3456	3456
邯铁物流公司邯铁钢材物流基地项目	238418	8000	8000	
唐山市公路管理局G205线丰南至古冶改建工程	237181	193630	30000	
张家口煤矿机械有限公司责任公司万全西山煤机装备产业园建设项目	236224	106975	72380	
沧州市南大港聚朋湿地旅游开发有限公司南大港湿地生态旅游开发项目	236200	95570	85578	
唐山曹妃甸国际生态城投资有限公司生态城外堤建设工程	235000	92300	79000	
卢龙县卢龙镇人民政府三里庄新民居一期建设工程	231310	23700	9700	
石家庄市环城公路建设指挥部办公室　石环公路辅道及城区道路连接线	230700	211091	163229	
张北县国网新源张家口风光储示范电站国家风光储输示范工程大河光伏储能电站	230565	129452	128942	
石家庄飞机工业有限责任公司石家庄航空产业制造基地	230300	135500	82500	
中铁山桥集团有限公司大跨境桥梁钢结构及重型工程机械制造基地建设项目	230000	59115	38643	
张家口市交通局张石高速三期三号地至张北段工程	227386	224198	91103	
邯郸新兴国际商贸物流城建设项目	226000	192094	51758	51758

总投资10亿元以上建设项目主要经济指标（2011年）(续三)

Major Economic Indicators of Investment Over One Thousand Million under Construction (2011)

单位：万元 (10000 yuan)

建设单位及建设项目 Unit Names	计划总投资 Total Investment Planed	累计完成投资 Accumulative Investment Actually Completed	#本年完成 This Year	累计新增固定资产 Accumulative Newly Increased Fixed Assets
大唐国际开发有限公司蓝丰地方铁路项目	225904	217500	16000	
廊坊市运捷物流有限公司京津唐网络商品配送中心项目	225018	8324	8324	
廊坊市交通局密涿支线高速公路	225000	225000	107880	225000
三河市交通局密涿支线102高速公路	225000	188682	63907	
河北金后盾汽车公司汽车零配件及方舱项目	225000	87600	76000	8900
任丘市方圆城市房地产开发有限公司任丘市盛世通合生态旅游度假村	222334	16761	8500	
河北省广平县力尔型材有限公司年产30万吨交通运输领域工业铝型材	222300	57550	28100	
河北渤海投资有限公司综合港区后方区域吹填造陆工程	222158	174321	124321	
河北三河燕达实业集团有限公司现代装备制造核心技术研发服务基地	221840	35940	35940	
承德市滨河新城起步区基础设施工程筹建处新建起步区防洪及水环境工程	220000	86322	27362	
沧州河工科技园建设投资有限公司河北工业大学科技园	220000	25000	25000	
保定隆信房地产开发有限公司新建万和中心项目	220000	23000	23000	
光为绿色新能源有限公司年产300MW多晶硅太阳能电池项目	216423	216423	161830	216278
华海风能发展有限公司冀东水泥曹妃甸风力发电设备制造项目	215100	91520	23855	
石家庄市体育局省会体育中心	214000	2778	2778	
唐山市开平区税务庄街道办河联税东区东出口廉租房、经适房、危改还迁住宅	210000	170000	50000	
唐山曹妃甸发展投资集团有限公司滨海大道西延工程	209900	63200	61700	
香河中商农产品交易中心新建国际农产品交易中心B区(国际花卉中心)	208570	45000	18000	
廊坊中建机械有限公司中建二局廊坊产业基地项目	206692	20200	20200	
石家庄市仓安实业总公司翰林观天下	203293	91200	50000	
邯郸市建设局城投公司基础设施建设	202622	308641	62283	62283
宏启胜精密电子(秦皇岛)有限公司PCB项目	202079	197617	63649	
武强国际乐器文化产业基地新建	202000	5620	5620	
英利能源(中国)有限公司增资建设年产300兆瓦单晶硅太阳能电池项目	200148	203926	98312	203926
石家庄桥西区孔寨村委会城中村改造筹建处城中村改造	200000	89257	26000	
石家庄市新华区赵陵铺镇党家庄村旧村改造	200000	194600	32600	
河北乾昊贸易集团有限责任公司煤炭超市	200000	58557	58557	59000
邯郸美的制冷设备有限公司美的集团邯郸年产350万套空调	200000	73600	31500	
邯郸县代召乡路神公司路神专用车生产线建设	200000	157051	120181	
武安市南洺河铁矿有限公司基建工程及配套工程	200000	160000	60000	
抚宁县人民政府南戴河村委会南戴河村拆迁改造	200000	34220	20920	
河北三和重工装备制造公司石油钻采专用设备及特种钢管	200000	46215	46215	
任丘市永基光电太阳能有限公司年产600MW铜铟镓硒薄膜太阳能模块一期	200000	47900	39900	
迁安市燕山钢铁有限公司100万吨钢材及配套工程	200000	170840	91640	
唐山曹妃甸国际生态城市政建设有限公司生态城中部造地工程	200000	200900	90400	18080
曹妃甸开发建设有限公司起步区路网工程	200000	204900	57500	20000
河北天行健房地产公司望都分公司望都县旺府金街购物中心建设项目	200000	13600	13600	
长城汽车股份有限公司新技术中心建设项目	200000	81100	81100	
保定天望房地产开发有限公司满城县大留村新民居	200000	8500	8500	
石家庄市交通运输局西柏坡高速公路二环路至绕城高速(霍寨)段项目	199800	148800	148800	
河北北汽福田部件公司年产10万吨发动机缸体、缸盖(铸造中心)	199500	2638	2638	
沧州大化股份有限公司扩建年产10万吨甲苯二异氰硝酸	197043	114072	60219	
河北怀特集团股份有限公司怀特第一小区	196533	196533	26533	196533
河北方北集团股份有限公司方北城中村改造(二期)	195051	195051	28455	195051
河北金牛化工股份有限公司续建40万吨/年PVC树脂及配套工程	194400	113500	106500	
石家庄市城市建设投资控股集团有限公司石家庄新胜利大街地下空间利用工程	192972	17000	17000	
石家庄庞大汽车有限公司石家庄庞大汽车贸易园	191823	28921	28921	
开滦能源化工股份有限公司6万吨/年聚甲醛工程	191809	121845	50950	
上海绿地集团香河投资开发有限公司新建华北国际食品博览交易中心项目	190492	21000	5000	
石家庄市裕东街道办事处小马社区小马村回迁楼	190000	190000	33000	33000
中国石油天然气股份有限公司冀东油田分公司南堡滩海油气勘探开发工程	190000	184020	184020	146460
中国石油天然气股份有限公司冀东油田分公司南堡陆地油气田勘探开发工程	190000	127819	127819	90780

总投资10亿元以上建设项目主要经济指标（2011年）(续四)
Major Economic Indicators of Investment Over One Thousand Million under Construction (2011)

单位：万元 (10000 yuan)

建设单位及建设项目 Unit Names	计划总投资 Total Investment Planed	累计完成投资 Accumulative Investment Actually Completed	#本年完成 This Year	累计新增固定资产 Accumulative Newly Increased Fixed Assets
保定易县水利局北易水综合治理暨滨河新区开发项目	190000	90920	31200	
河北翔海房地产开发有限公司拒马河旅游开发项目	188500	10930	10930	
中国造纸装备有限公司河北分公司造纸装备自主化集成(永清)基地	187052	8000	8000	
石家庄格力电器有限公司家用空调南厂区建设项目	185000	47854	47854	
河北方北集团股份有限公司方北购物广场	184320	176243	48000	
沧州渤海港务有限公司黄骅港综合港区通用散货码头起步工程	183557	108100	7718	
兴隆县北大青鸟无线互联投资有限公司兴隆县3G产业研发中心项目	183361	81868	65868	
汇通路桥建设集团有限公司汇通国际皮革制品产业城项目	181505	5000	5000	
石家庄市桥东区柳辛庄社区居民委员会荣昌西花园	180000	127950	62950	
河北科技大学新校区建设	180000	113000	23000	
三河天久实业科技有限公司高性能复合材料	180000	118263	109151	
怀来县均利恺元置业有限公司京北国际葡萄酒及葡萄酒文化城	180000	8703	8703	
庞大汽贸集团股份有限公司宣化县西北部基地项目	180000	38108	23008	
平泉县建设局平泉县北城新区综合开发项目	180000	126811	105841	
北京中置华业投资有限公司沧州高科技低碳环保产业园	180000	13000	13000	
保定市新市区富昌乡富昌屯村新民居建设	180000	104200	78100	
三河市燕郊空港物流有限公司中航集团物流中心项目	179939	123020	75300	
河北盛华化工有限公司桥东区40万吨/年烧碱等项目	178385	125100	100000	
石家庄格力电器有限公司家用空调北厂区建设项目	176000	31855	31855	
迁安市思文科德薄板科技有限公司年产60万吨精品冷轧带钢项目	175546	1053	1053	
霸州市胜芳万路建材有限公司年产100万吨镀锌板带项目	175386	19000	19000	
唐山文丰山川轮毂有限公司年产50万片车轮轮毂生产线建设	174658	158564	29014	
正定县市场建设管理办公室正定国际小商品市场扩建三期	173900	160600	30400	
中国石油集团东方地球物理勘探有限责任公司基本建设及设备购置	173000	64197	64197	
长城汽车股份有限公司汽车发动机缸体缸盖加工生产线项目	172685	22000	22000	
保定东方造纸有限公司年产30万吨高强瓦楞芯纸和10万吨高档双胶纸扩建	172196	42000	21000	
河北庆丰光能科技股份有限公司新建年产300兆瓦非晶硅薄膜太阳能电池	170688	106096	38549	
河北吉晟牧业有限公司肉鸡养殖加工产业一条龙项目	170000	30000	13000	13000
邢台冷弯钢材有限公司年加工新型冷弯型材165万吨	170000	16400	16400	16400
唐山志威科技有限公司高合金材料项目	169300	5970	5970	
辛集市澳森温泉度假有限公司、澳森温泉度假项目	168800	10172	10172	
唐山文丰启源管业有限公司年产50万吨ERW直缝焊管生产线建设	168745	40332	6000	
唐山湾国际旅游岛开发建设指挥部办公室祥云岛及大清河周边清淤	168100	131630	87000	40000
河北沧州东塑集团股份有限公司东塑集团新能源材料薄膜	168052	28000	28000	
秦皇岛市六合建设开发项目管理公司大小汤河、大小马坊河综合治理工程	167890	61869	28123	
保定市民生房地产公司安新县湿地华城温泉旅游度假中心	166921	30000	30000	
中钢集团邢台机械轧辊有限公司冷轧辊生产线	166653	166653	3857	3857
河北汇佳房地产开发有限公司高碑店市文化体育广场项目	165133	2600	2600	
三河中兴发展有限公司中兴北方产业基地	165000	165000	30000	165000
唐山文丰广易钢结构制造有限公司曹妃甸文丰广易钢材深加工项目	164687	123288	36805	
河北鑫泉焦化有限公司二期扩改项目	164000	164000	38470	38470
石家庄栗威科技有限公司南栗城中村改造	163500	60000	7000	
住友建基(唐山)有限公司工厂二期工程项目	163200	21751	21751	
华北制药股份有限公司华北制药新制剂	162100	148000	148000	
河北九都物流有限公司行唐县九都物流商贸物流园	162000	21000	21000	
石家庄煤矿机械有限责任公司矿山机械研发制造中心	161816	40449	22868	15336
惠阳航空螺旋桨有限责任公司惠阳科技工业园建设项目	161257	16333	16333	
河北宣工机械发展公司万全西山宣工挖掘机、装载机、起重机制造项目	161150	16675	9718	
成安县宗教局中国禅都二祖禅文化生态园	161100	2500	2500	
沧州中铁装备制造材料有限公司原料场工程	160234	25138	25138	
滦县滦河防洪综合整治工程建设处滦河防洪综合整治工程	160200	114716	11000	
石家庄市新华区赵陵铺镇赵二街村村民委员会旧村改造	160000	158300	22300	

总投资10亿元以上建设项目主要经济指标（2011年）(续五)

Major Economic Indicators of Investment Over One Thousand Million under Construction (2011)

单位：万元 (10000 yuan)

建设单位及建设项目 Unit Names	计划总投资 Total Investment Planed	累计完成投资 Accumulative Investment Actually Completed	#本年完成 This Year	累计新增固定资产 Accumulative Newly Increased Fixed Assets
石家庄以岭药业股份有限公司现代特色中药产业化项目	160000	72463	30798	
故城县同江新城房地产开发有限公司营东新区产业园−中国北方国际裘皮城	160000	9070	9070	
河北省必美宜纺织有限公司年产6万吨无捻复合纱线项目	160000	10700	5700	
邢台今麦郎有限公司今麦郎产业升级项目	160000	65500	65500	
唐山湾三岛旅游区旅游开发建设有限公司岸线修复项目	160000	50000	50000	45000
保定先锋农用机械有限公司电动车、轻卡整车制造及CKD整车散件出口项目	160000	12000	12000	
河北居美投资有限公司石家庄漫山生态休闲服务区	158291	16500	16500	17000
阜城县千顷洼森林公园开发有限公司阜城县千顷洼森林公园建设	157753	4500	4500	
唐山曹妃甸造地有限公司曹妃甸工业区港池岛西部造地工程	157152	114146	83287	
石家庄华牧种鸡场新建厂房	155000	39767	9700	
沙河市安全实业有限公司超白光电玻璃生产线及多功能深加工基地	154000	153121	42206	
冀中能源邯矿集团棚户区改造项目	153472	46376	31678	
唐山开滦东方发电有限责任公司2X135MW机组建设工程	153074	177756	27522	27522
廊坊中国石油管道压缩机组维检修中心工程项目	152596	2949	2949	
涉县井店镇建龙物资有限公司物流项目	152460	3842	3842	
张家口市西山产业集聚区管委会万全西山产业集聚区基础设施项目建设	152000	151708	5560	
唐山文丰机械设备有限公司新建10万吨年环件及锻轴生产线	151658	153982	39814	39814
唐山曹妃甸港口有限公司唐山港曹妃甸港区一港池疏浚土方造陆工程	151600	37000	37000	
河北洁神新能源科技有限公司锂电池项目	151219	20010	20010	
唐山盾石机械制造有限责任公司曹妃甸分公司重型机械热加工中心	151100	24000	24000	
唐山市丰南区城市建设投资有限公司青少年科技体验中心项目	150866	800	800	
河北富越化工科技有限公司20万吨/年焦炉气制甲醇项目	150770	56757	56757	
英利能源(中国)有限公司增资建设年产300MW多晶硅太阳能电池项目	150755	151755	151755	151755
衡水京华制管有限公司120万吨焊管搬迁技术改造项目	150707	42761	42761	
唐山榕威管业有限公司年产180万吨焊管项目	150707	40000	40000	
衡水华都食品有限公司武强华都肉鸡产业一体化项目	150340	2726	2726	
玉田县京玉体育休闲旅游度假有限公司玉田京东玉龙湾体育休闲产业园	150313	20000	20000	
中国国电集团国电滦河发电厂“上大压小”热电联产扩建项目	150141	101000	51000	
石家庄市华东实业总公司东三庄城中村改造	150000	54329	10000	
石家庄安瑞科气体机械有限公司能源气体关键装备制造项目	150000	61964	61964	
秦皇岛嘉恒投资管理有限公司秦皇岛嘉恒物流中心	150000	4250	4250	
青龙县大巫岚德龙铸业开发公司大巫岚循环经济工业园综合项目二期	150000	130000	80000	
河北黄羊山旅游开发有限公司涿鹿县黄羊山旅游开发	150000	18102	18102	
河北铸合集团兴隆县矿业有限公司年产300万吨长石粉项目	150000	41550	27000	
丰宁县平丰煤炭销售有限公司天桥煤炭物流园	150000	12000	12000	
承德高新区新东开发中心上板城基础设施建设	150000	106883	38380	
承德避暑文化产业园区有限公司承德避暑文化产业园区	150000	38320	20320	
承德河北席奥飞机制造有限公司轻型飞机培训基地	150000	13000	13000	
沧州吉盐牧业有限公司优质无公害肉鸡产业化	150000	8600	8600	
唐山湾三岛旅游开发佛文化主题公园项目	150000	32200	32200	32200
河北百力包装有限公司PVA高阻隔抗氧化复合薄膜产业化项目	150000	55450	55450	
唐山殷柳庄城中村改造城中村改造	150000	150000	29700	150000
保定河北首农现代农业科技有限公司现代循环农业科技示范园区	150000	8000	8000	
唐山重型装备集团有限责任公司重大冶金矿山装备制造基地一期建设项目	149890	72414	24014	
河北鑫海化工有限公司重交沥青	149386	65024	65024	
蔚县蔚州矿业有限责任公司北阳庄矿井筹建处	148992	132617	20760	
长城汽车股份有限公司年产50万套汽车车桥项目	148802	23500	23500	
滦平恒达投资发展有限公司滦平滦阳溪谷滑雪度假村	148500	48200	48200	
沧州港务有限公司黄骅港综合港区、散货港区20万吨级航道防波堤延伸	147437	15639	15639	
石家庄市滹沱河生态开发整治工程指挥办公室滹沱河生态开发整治工程	146000	137619	1955	
中国石油集团海洋工程有限公司唐山分公司渤海湾生产支持基地	145000	140800	12400	12400

总投资10亿元以上建设项目主要经济指标（2011年）(续六)

Major Economic Indicators of Investment Over One Thousand Million under Construction (2011)

单位：万元　　(10000 yuan)

建设单位及建设项目 Unit Names	计划总投资 Total Investment Planed	累计完成投资 Accumulative Investment Actually Completed	#本年完成 This Year	累计新增固定资产 Accumulative Newly Increased Fixed Assets
保定百利源城市建设投资有限公司白沟仁合庄等九个村街新民居联建项目	145000	61050	49000	
滦南县交通局滦海公路工程	144500	104133	17671	
秦皇岛市西龙道路建设发展有限公司秦皇岛市西部快速路工程	144357	64841	27486	
文安县新钢钢铁有限公司冷轧钢材生产	143683	343	343	
曹妃甸开发建设有限公司北区路网二期工程	142700	124800	115200	
河北大唐国际丰宁风电有限责任公司万胜永风电场	142309	40658	40658	
唐山市丰润区交通局丰津线丰润段	142000	142700	63683	63683
邯郸钢铁集团仓储物流中心项目	141689	141125	88900	88900
河北怀特集团股份有限公司槐南小区回迁楼(翰墨儒林)	141385	141385	27045	27045
唐山市东华钢铁集团有限公司泰达钢铁物流基地项目	140280	8000	8000	
保定隆基泰和实业有限公司北方商贸城	140098	128255	28100	
沧州小洋人生物乳业集团有限公司小洋人工业城建设项目	140000	52000	26000	
沙河市德金玻璃有限公司4x800t/d超白及在线Low－E镀膜浮法玻璃生产线	139754	134524	68841	
秦皇岛市北戴河火车站片区改造工程指挥部火车站前广场及道路改造	139600	85500	71500	85500
保定市天鹅股份有限公司年产3万吨溶剂法纤维素纤维项目	138405	40000	10000	
乐亭县城市建设投资有限公司茂源东街沿线安置房工程	138400	80340	13000	12000
唐山冀东专用车有限公司年产50万台高性能液压件项目	137723	45590	45590	
唐山曹妃甸港口有限公司唐山港曹妃甸港区通用散货泊位工程	137593	122862	84685	79685
沧州渤海新区城市规划建设局渤海新区四线生态改造工程	137449	100000	100000	
唐山湾国际旅游岛开发建设指挥部菩提岛、月岛及周边内海清淤	136800	116790	38050	30000
中石油东方地球物理勘探公司东方地球物理科技园区高性能计算中心一期	136800	43500	29500	
保定巨力集团有限公司年产200MW晶体硅太阳能电池组件项目	136500	136500	103500	136500
邯郸河北思达实业集团有限公司新建旅居车厢体及全地形车建设项目	136000	58871	12022	
唐山马兰庄新农村示范区项目	136000	164899	72950	164899
唐山新惠铁精粉加工有限公司2×250万吨/年球团工程	135552	45480	45480	
沧州渤海新区城市建设投资公司黄骅新城起步区综合服务区A、B区基础设施	135400	69000	44000	
唐山曹妃甸动力煤储配有限公司曹妃甸数字化煤炭储配基地	135291	35904	35904	
行唐县倡行煤炭物流交易中心年购销3000万吨煤炭物流交易中心项目	135001	29400	29400	
安新县华鸿鞋业有限公司年产1.2亿双胶粘鞋	134288	4600	4600	
河北京通物流开发有限公司胜芳国际物流中心	134053	72000	31000	
唐山曹妃甸基础设施建设投资有限公司港池岛土地整理工程	134000	133800	43200	43200
石家庄经济学院华信学院新校区建设项目	133650	11500	11500	11500
正定县市场建设管理办公室正定国际小商品市场扩建二期	132675	107275	15600	
张家口市交通局张市宣左一级收费公路	132000	126055	66149	
河北长丰钢管制造集团有限公司风力发电设备生产项目	132000	109500	20650	
遵化市老兵尼特饮食有限公司金凤湖生态农业旅游开发	132000	2000	2000	
唐山曹妃甸科教城开发建设有限公司青龙湖生态度假区	132000	104000	17900	
石家庄高新建设投资有限公司高新区32号地块居住小区一期工程	131644	88000	38000	
沙河市长城玻璃有限公司4x700t/d超白及在线Low－E镀膜浮法玻璃生产	131580	130465	38157	
唐山曹妃甸造地有限公司曹妃甸工业区东南区建设基地工程	131572	117990	60967	
石家庄河北志诚物流有限公司河北志诚物流中心项目	131453	24963	24963	
怀来县鼎兴投资开发有限公司怀来新兴产业示范区零距离对接北京路网建设	131075	23300	23300	
饶阳县马屯丝网基地年产75万吨中、低碳钢丝网建设	130010	37476	17100	
石家庄市华明宾馆石家庄华明物流仓储信息中心	130000	20000	20000	
金明基业集团股份有限公司石家庄金明基业农副产品交易市场	130000	19000	19000	
衡水成博房地产开发有限公司衡水市牧马生态庄园项目	130000	9300	9300	
唐山市丰南区京唐房地产开发有限公司丰南区港岛中心商业综合体项目	130000	12000	12000	
定州市西城区杨庄子社区居委会杨庄子社区新民居建设项目	130000	4700	4700	
保定隆基泰和实业有限公司国际运动休闲健康港	130000	55800	23700	
沧州河北大港石化有限公司二期50万吨重整项目	129000	99077	50717	
石家庄东方美术职业学院东方文化创意中心	128600	128600	2600	2600

总投资10亿元以上建设项目主要经济指标（2011年）(续七)

Major Economic Indicators of Investment Over One Thousand Million under Construction (2011)

单位：万元 (10000 yuan)

建设单位及建设项目 Unit Names	计划总投资 Total Investment Planed	累计完成投资 Accumulative Investment Actually Completed	#本年完成 This Year	累计新增固定资产 Accumulative Newly Increased Fixed Assets
邯郸市丛台酒业公司丛台酒业退城进郊异地搬迁及酒包装灌装基地	128496	16895	16895	
沧州渤海港务有限公司黄骅港综合港区通用散杂货码头工程	128445	73681	4500	
沧州中钢集团滨海实业有限公司年产8万吨镍铁项目	128311	152199	19995	
馆陶县金瓯汽车贸易有限公司金瓯汽贸城	128000	26500	26500	26500
唐山立信汽车微型变速器有限公司立信汽车微型变速器生产线项目	128000	30000	13470	13470
唐山曹妃甸国际生态城投资有限公司曹妃甸论坛会址	127800	46900	34500	
石家庄市桥东区陈章社区居委会陈章城中村改造	127500	84968	84968	
河北新武安钢铁集团文安钢铁有限公司年产60万吨冷轧电工板及配套项目	126902	190	190	
时代(邯郸)装备机械物流城有限公司时代国际装备机械物流中心	126000	25532	23002	
唐山曹妃甸基础设施建设投资有限公司高新技术区市政路网三期工程	126000	125970	41270	41270
唐山曹妃甸基础设施建设投资有限公司港池岛东侧土地整理二期工程	126000	125800	40700	40700
长城汽车股份有限公司长城汽车研发中心	125993	70910	39000	
武安市宝烨年产90万吨捣固焦炉项目	125766	117300	20000	
河北普阳钢铁有限公司固废综合利用可循环处理工程	125560	40500	40500	
河北新正源纺织有限公司环保纺织生产项目	125369	10084	10084	10084
河北翔海房地产开发有限公司兴华商务园	125201	93058	42610	
石家庄格力电气小家电有限公司石家庄格力小家电生产基地	125000	125000	125000	115300
石家庄一山实业集团有限公司东方曼哈顿城市广场	124000	92133	10085	
唐山曹妃甸基础设施建设投资有限公司港池岛市政路网二期工程	124000	123980	37080	37080
邯郸裕泰公司10*104Nm3/h焦炉煤气制天燃气项目	123720	9000	9000	
保定北雄房地产开发有限公司滨河商务区项目	123520	19280	15230	
河北威远生物化工有限公司石家庄基地整体搬迁升级工程	123400	74050	74050	74050
邯郸市治富植物制剂公司年产5万吨物植农药、2万吨药肥和6万吨纯有机肥	123395	34890	16000	
张家口市建设集团有限公司张家口市区崇礼县补水工程	123389	7500	7500	
石家庄高新区建设管理局长江大道东延工程	123100	123100	41500	123100
中央储备粮唐山直属库脂油料加工仓储	122996	91351	34989	
涞水县隆德轩红木家具有限公司涞水县古典家具生产项目	122861	62550	62550	
长城汽车股份有限公司长城汽车股份有限公司实验中心项目	122702	105500	49500	
华北石油管理局创业家园A区集资房建设项目	122700	25000	25000	
平泉县辽河源旅游开发有限公司辽河源契丹文化产业园	122424	3524	3524	
唐山曹妃甸基础设施建设投资有限公司二港池西区土地整理二期工程	122000	121900	36300	36300
石家庄市滹沱河综合整治指挥办公室滹沱河防洪综合整治生态环境修复	121974	121974	59911	121974
魏县天龙建筑建材批发市场服务中心魏州建材物流交易中心项目	121646	100	100	100
沧州威达聚氨酯高科股份有限公司聚氨酯原料及塑料制品项目	120827	8400	8400	
河北华气天然气有限公司霸州康仙庄LNG项目	120516	62000	55500	
保定隆基泰和实业有限公司国际靓丽绿色家居建材城	120406	15530	2000	
西柏坡干部学院工程建设指挥部西柏坡干部学院	120000	81000	81000	81000
石家庄鹏海制药有限公司分公司整体搬迁	120000	52245	52245	
河北省石家庄监狱住宅楼	120000	68000	60000	
河北金怡化纤有限公司利用废旧塑料生产涤纶纤维	120000	54689	54689	
石家庄市裕华区宋营镇南辛庄村民委员会南辛庄城中村改造项目	120000	44000	44000	
故城县金田投资有限公司华北建材物流园	120000	7667	7667	
承德鼎盛文化产业投资有限公司鼎盛文化产业园区	120000	88314	70000	
承德市昌升房地产开发有限责任公司承德昌升机械物流	120000	21000	21000	
銘润投资有限公司盐山体育装备制造示范园	120000	5650	5650	
沧州河北神舟钢管制造有限公司年产17万吨石油专用焊管项目	120000	16690	16690	
唐山市玉田县古玉煤焦化工有限公司煤焦化工项目新建	120000	144000	25000	25000
遵化市田庄村金圆环保抗震建材有限公司抗震建材项目	120000	9000	9000	
唐山燕山钢铁有限公司240万吨焦化项目	120000	23850	19850	
易县狼牙山风景区管理处狼牙山旅游综合开发项目	120000	32560	32560	
保定河北荣毅通信有限公司半导体照明产业化项目	120000	31000	2000	

总投资10亿元以上建设项目主要经济指标（2011年）(续八)

Major Economic Indicators of Investment Over One Thousand Million under Construction (2011)

单位：万元 (10000 yuan)

建设单位及建设项目 Unit Names	计划总投资 Total Investment Planed	累计完成投资 Accumulative Investment Actually Completed	#本年完成 This Year	累计新增固定资产 Accumulative Newly Increased Fixed Assets
保定市东升卫生用品有限公司年产16万吨生活用纸项目	120000	18000	18000	
保定凌蔚光电科技有限公司年产300兆瓦电池片及组件生产项目	120000	39400	39400	
中国乐凯胶片集团公司乐凯集团新材料产业园项目	120000	50200	20200	
保定河北远思拓箱包贸易有限公司国际箱包城项目	120000	10323	10323	
邯郸市城投公司文化艺术中心	119956	108740	59110	2850
河北泰阁新型建材销售有限公司白沟泰阁新型建材城	119705	37600	37600	
唐山曹妃甸国际生态城市政建设有限公司生态城路网工程二期	119500	122800	87000	11500
保定河北顺天电极有限公司京南物流园区项目	119367	3700	3700	
唐海京港房地产开发有限公司渤海明珠汽车城建设项目	119000	51764	38700	
唐山三友集团有限公司16万吨/年差别化粘胶短纤维项目	118900	43000	43000	
石家庄栗威科技有限公司河北栗源农产品物流交易中心	118390	49101	49000	
成安县友发钢管有限公司年产250万吨高频焊管	118133	36950	13018	
石家庄市城市建设投资控股集团有限公司中华北大街改造	118000	118000	23000	118000
承德河北诚德电动车制造有限公司建设	118000	500	500	
任丘市建设投资有限公司会战道区片改造一期工程	118000	12000	12000	
河北旺族饲料有限公司种猪繁育、饲料深加工及生猪屠宰深加工	118000	18740	18740	
涉县开发区邯郸福泉轻纺公司年产4000万件童装	117540	6000	6000	
永年县城南冶金配件公司建设年产18万吨冶金矿山机械配件项目	117312	38390	38390	
石家庄河北宏润精细化工有限公司生物基农兽药中间体	117103	46400	46400	
石家庄市园林局河北省园林博览园	117035	85000	85000	
邯郸市建设局文化艺术中心	116677	88000	46000	
迁安市国土资源局矿山环境恢复治理	116500	116500	87500	116500
唐山九江线材有限公司预应力钢丝、钢绞线项目	116215	34400	34400	
河北驼马专用车股份有限公司年产40000辆场地用车出口生产基地	116000	15950	15950	
唐山河北润安建材有限公司优质浮法玻璃生产线	115843	102016	48357	
保定河北奥润顺达窗业有限公司年产260万平方米新型节能门窗项目	115648	110469	32694	3160
大厂自治县鼎鸿投资开发有限公司新农村建设道路基础设施二期工程	115325	38115	38115	
承德富强工贸有限公司光伏玻璃生产项目	115320	12900	12900	
长城汽车股份有限公司发动机曲轴加工生产线项目	115116	24100	24100	
人民大会堂管理局三河综合服务基地	115000	42154	42154	
河北郸豪调味品酿造有限公司年产20万吨调味品建设项目	115000	3980	3980	
涿鹿新源光伏科技有限公司800MW太阳能组件项目	115000	52000	52000	
唐山曹妃甸基础设施建设投资有限公司综合服务区市政路网三期工程	115000	114960	30760	30760
沧州河北志航钢管制造有限公司API F-F-X711高钢级高频直缝焊钢管生产	115000	21840	21840	
唐山轨道客车有限责任公司高速动车组维修基地项目建设	115000	45000	45000	45000
遵化市交通运输局邦宽线拓宽改建	114122	144000	62000	144000
定州市庞村镇西坂村村委会西坂村新民居建设	114000	11200	11200	
长城汽车股份有限公司扩大事业二、三部生产能力技术改造项目	113436	102000	102000	
宽城华宇房地产开发有限公司新建宽城东城区商贸物流城	113265	11000	11000	
石家庄河北兴柏生物科技有限公司年产2400吨生物炼制产品项目	113183	67900	65000	
唐山曹妃甸基础设施建设投资有限公司高新区土地整理三期工程	113000	112800	30400	30400
武强县人民政府农业开发办公室北大洼十万亩生态示范基地	112860	11477	2600	
唐山榕丰钢铁有限公司焦炉技改一期项目	112820	40000	40000	
易县三利生态旅游开发有限公司易水湖长寿老年康体中心项目	112800	20260	18650	
邢台龙星化工股份有限公司年产210kt高分散白炭黑生产	112484	2578	2578	
邯郸钢铁集团沙河市中关矿业有限公司中关铁矿建设项目前期(帷幕注浆)	112406	97974	12093	
邯郸河北绿尔化纤公司再生聚酯差别化短纤维及高档塞络紧密纺织线	112295	51300	51300	
石家庄河北怀特集团股份有限公司怀特商业综合体	112000	28120	28120	
华北制药河北华民药业有限责任公司年产3000吨7-ACA改扩建	111400	57500	57500	
长城汽车股份有限公司年产50万套汽车橡胶件项目	111041	43000	43000	
井陉矿务局采煤沉陷综合治理	110939	98573	26969	

总投资10亿元以上建设项目主要经济指标（2011年）(续九)

Major Economic Indicators of Investment Over One Thousand Million under Construction (2011)

单位：万元 (10000 yuan)

建设单位及建设项目 Unit Names	计划总投资 Total Investment Planed	累计完成投资 Accumulative Investment Actually Completed	#本年完成 This Year	累计新增固定资产 Accumulative Newly Increased Fixed Assets
唐山市玉田县唐山邦力晋银化工有限公司迁建项目一期工程	110790	132790	76190	132790
邢台邢业通物流有限公司冷链物流	110727	29070	29070	
河北新桥种植科技有限公司涉县万亩绿色农产品深加工基地项目	110668	7350	7350	
沧州凯瑞化工股份有限公司年产3万吨树脂催化剂	110371	13100	13100	
唐山盾石机械制造有限责任公司盾石机械制造建设项目	110250	98234	52732	
磁县众诚公司磁州窑文化创意产业园	110020	13000	13000	
石家庄市新华区杜北乡上京村村民委员会文化艺术品交易市场	110000	108500	78500	
廊坊河北兴远有色金属材料有限公司年产1万吨钛材项目	110000	51500	36500	
磁县兴民合作社中国彩椒及无公害果蔬基地项目	110000	6500	6500	
承德中金丰利酒业有限公司御隆山庄生态旅游区项目(山楂干红酒庄迁建)	110000	17600	17600	
沧州名人高尔夫五星级温泉度假酒店及商务会馆	110000	110000	5500	110000
唐山市丰润区韩城镇于林庄村村民委员会于林庄村平改楼工程(B 区)	110000	78000	38000	
唐山曹妃甸科教城开发建设有限公司唐山工业技术职业学院曹妃甸新校园	110000	104000	7000	
唐山荣盛房地产开发有限公司五星级酒店项目	110000	7000	7000	
河北钢铁集团九江线材有限公司迁安市奥体中心项目	110000	39900	39900	
高碑店市金宇电磁线有限公司年产5000万台(套)电磁绕组器件项目	110000	40950	40950	
易县京兰水泥集团有限公司水泥生产线项目	110000	131989	59889	131989
邯郸市邯钢附属企业公司钢材后延加工临漳产业园项目	109598	80900	80900	
廊坊康鑫电子配件有限公司年产1000套地铁、高铁厢体精密配件	109207	14300	14300	
邯郸市交通局三路一场	108908	70000	70000	
沧州河北泰恒特钢有限公司年产40万吨铬铁合金项目	108649	38258	38258	
沧州市鑫宜达钢管公司X100高钢级埋弧焊螺旋钢管及UOE直缝焊管	108520	48250	42400	
赵县交通运输局赵县畅运物流园	108315	15600	13600	
邯郸市昌盛冷轧有限公司年产200万吨高频焊管	108000	33600	33600	6000
石家庄河北金柳化纤有限公司200000吨/年涤纶瓶片废料纺短纤	108000	51400	51400	
石家庄河北食品添加剂有限公司年产1600吨天然色素	108000	3125	3125	
廊坊中国电力科学研究院实验基地项目	108000	108000	35000	108000
唐山东海钢铁集团有限责任公司大型冶金装备制造项目	108000	128000	72828	128000
保定宝丰硝化棉有限公司技改创新项目	108000	1400	1400	
河北日新易拉罐有限公司年产20亿只包装罐项目	107000	100	100	
唐山东方世纪物流有限公司唐山曹妃甸综合物流中心新建	105720	20040	8000	
沧州河北广成电气化器材有限公司电气化铁路配套装备制造项目	105705	10660	10660	
安平振兴金源丝网集团有限公司河北安平丝网研发制造中心建设项目	106382	10802	10802	
唐山祥燕管材有限责任公司高端精品钢深加工	106308	56400	56400	
石家庄河北威力制冷设备有限公司基础零部件、汽车配件、钢结构件	106000	52800	52800	
石家庄河北新宇宙电动车有限公司年产3万辆电动汽车项目	106000	33140	33140	30140
邯郸宝慧管业有限公司年产150万吨高频焊管生产项目	106000	3200	3200	
达利普特型装备制造有限公司沧州渤海新区特型铸锻项目	106000	99709	1809	20
唐山曹妃甸基础设施建设投资有限公司钢铁产业区土地整理二期工程	106000	105900	34800	34800
涞水冀东水泥公司日产4000吨新型干法水泥生产线(配套9MW纯低温余热电站	105647	95928	37528	
河北雄州世纪城房地产开发有限责任公司雄县温泉老年公寓项目	105639	800	800	800
下花园区水利抗旱物资服务中心下花园洋河河谷综合治理开发工程	105357	20300	4500	
邯郸河北益诚靓家居家具制造有限公司现代集成家具生产基地项目	105050	1350	1350	
香河县汇鑫房地产开发公司宣化分公司宣化区汇鑫家居综合商城A座	105044	26000	10000	10000
衡水格林铸鑫科技有限公司年产8万吨铸件精加工项目	105030	75620	25770	
石家庄航程门业有限公司厂房扩建	105000	31048	18460	
邯郸市文杰商贸有限公司现代家居物流项目	105000	5100	5100	
香河中商农产品交易中心有限公司新建中国(香河)国际农产品交易中心C区	105000	30000	8000	
唐山正元管业有限公司新建镀锌钢型复合管项目	105000	45500	15000	
唐山曹妃甸基础设施建设投资有限公司滨海休闲区土地整理二期工程	105000	104800	32900	32900
河北安吉宏业机械股份有限公司年产50万台汽车燃油加热器项目	105000	8000	8000	

总投资10亿元以上建设项目主要经济指标（2011年）(续十)

Major Economic Indicators of Investment Over One Thousand Million under Construction (2011)

单位：万元 (10000 yuan)

建设单位及建设项目 Unit Names	计划总投资 Total Investment Planed	累计完成投资 Accumulative Investment Actually Completed	#本年完成 This Year	累计新增固定资产 Accumulative Newly Increased Fixed Assets
保定太行和益水泥有限公司活性石灰生产线建设项目	105000	230	230	
石家庄中冀正元化工有限公司合成氨循环化工示范项目扩建	103759	2107	2107	
献县泉宫酒店管理有限公司沁心温泉城项目	103500	105	105	
迁安市水务局滦河生态防洪续建工程	103000	103000	22000	103000
雄县双盛混凝土有限公司河北雄县温泉应用示范项目	103000	25000	25000	25000
固安东方信联信息网络技术有限公司年产30万件通讯设备项目	102980	10000	10000	
香河福安大鹏家具有限公司年产板式家具及软体家具50000套项目	102800	12500	12500	
遵化市中环固体废弃物综合利用有限公司新型建材基地	102478	17000	17000	
邯郸市农业生产资料总公司冀南农资物流配送中心扩建项目	102000	826	826	
河北凯威制药有限责任公司宣化县凯威制药有限公司GMD异地改造扩建项目	102000	20000	20000	
河北亚美佳机电设备有限公司汽车配件系统装置加工生产线项目	102000	25715	25215	
唐山市佳源贸易有限公司新建北方国际钢铁交易中心及配套物流中心	101978	28000	4000	
邯郸河北正日食品有限公司食品加工基地项目	101855	9500	9500	
邯郸河北钢辰冶金材料有限公司年产10000吨钒氮合金工程项目	101690	2835	2835	
保定来福汽车照明有限公司汽车灯具组件项目	101512	2000	2000	
石家庄京赞汽车服务有限公司石家庄南部重型汽车服务中心	101500	7000	7000	
衡水丰泽公司年产300万米橡胶止水带、8万吨桥梁支座、60万米桥梁伸缩装置	101360	10	10	
保定永鑫肠衣有限公司中国国际肠衣交易中心	101312	97034	34100	
丰宁县地方铁路筹建处虎丰地方铁路二期项目	101212	99100	1500	
邢台河北驰润特种玻璃有限公司离线Low-E镀膜玻璃深加工玻璃生产线	101133	4685	4685	
唐山曹妃甸基础设施建设投资有限公司石化产业区市政路网二期工程	101000	100980	20280	20280
沧州河北鑫源泰钢管集团有限公司大口径螺旋埋弧焊钢管生产线项目	100871	100871	58961	58961
张北华田投资有限公司仙那都国际生态度假村	100818	40212	3540	
献县茂源地热开发有限公司献县城区地热供暖项目	100500	100	100	
河北香道食品有限公司年产20万吨原浆粉条项目	100483	28900	28900	
保定河北玄元食品科技有限公司工业园建设项目	100441	200	200	
石家庄河北顺邦百营物流有限公司百营物流中心	100216	89140	53500	
石家庄市桥西区西三教居委会西三教旧城改造	100000	93000	29700	
石家庄市城市建设开发总公司中银广场项目管理部中银广场	100000	106742	50742	106742
石家庄市振头实业总公司振二街城中村改造一期	100000	100000	12000	100000
河北建投西柏坡圣地城房地产开发有限公司西柏坡红色胜典主题公园	100000	100000	100000	100000
石家庄中国皮革商业城制衣工业区国际皮革城	100000	100000	46598	100000
衡水河北兴弘嘉纺织服装有限公司品牌服装出口加工基地	100000	18200	18200	
石家庄龙泽制药有限公司年产1660吨抗病毒系列药物产业化	100000	12040	4100	
益海(石家庄)粮油工业有限公司年产9万吨植物油项目	100000	100000	85000	85000
衡水河北科力空调工程有限公司冷冻机及配套产品项目	100000	26000	26000	26000
廊坊胜芳镇政府胜芳古镇恢复工程	100000	100000	11700	100000
霸州市新冠金属制品有限公司年产100万吨无缝钢管项目	100000	77000	47000	
固安县固安镇人民政府东关村改造项目	100000	4400	2000	
秦皇岛市人民防空办公室金三角地下人防工程项目	100000	46000	46000	
曲周县北农大禽业有限公司(节能型蛋鸡华北高技术产业基地)新建	100000	8400	8400	
涿鹿安泰煤业有限责任公司煤矿整合技改项目	100000	70092	70092	
遵小地方铁路有限责任公司修铁路	100000	91700	25000	
唐山玉田碧花园房地产开发有限公司翠屏湖碧花园生态旅游度假项目	100000	31200	9600	
唐山市玉田县唐山中再生资源开发有限公司唐山再生资源科技园新建项目	100000	47300	47300	
海天新能源有限公司新建海天新能源有限公司	100000	42055	14915	
迁安市九江煤炭储运公司焦化项目200万吨焦化生产线项目	100000	119759	27920	119759
唐山湾国际旅游岛开发建设指挥部旅游专用线	100000	56000	33000	33000
邢台万隆陶瓷有限公司建筑陶瓷生产线	100000	98971	8977	
沧州凯瑞重工有限公司矿山机械制造	100000	6000	6000	
定州市双天工业园区管理委员会双天园区基础设施建设项目	100000	19000	19000	

农村个人固定资产投资和建房

Individual Investment in Fixed Assets and Building Construction in Rural Areas

年 份 Year	投资总额 (万元) Total Investment (10000 yuan)	竣工房屋投资 (万元) Investment in Buildings Completed (10000 yuan)	#住 宅 Residential Building	竣工房屋建筑面积 (万平方米) Floor Space of Building Completed (10000 sq.m)	#住 宅 Residential Building	竣工房屋造 价 (元/平方米) Cost of Building Completed (yuan/sq.m)	#住 宅 Residential Building
1985	298000	195642	182533	4501	4180	44	44
1986	359822	260767	245397	5210	4920	50	50
1987	398281	291036	273402	4814	4519	61	61
1988	499057	369514	319109	4556	3962	81	81
1989	541861	409349	349993	4172	3569	98	98
1990	429344	300279	294392	2657	2605	113	113
1991	766958	582594	550727	5206	4996	112	110
1992	546134	401504	375097	3599	3493	112	107
1993	630000	475398	428400	3087	2898	154	148
1994	939969	569168	438813	2357	1915	190	182
1995	1327776	763276	633945	2742	2301	278	275
1996	1435517	803518	650362	2690	1959	299	332
1997	1905761	1101954	929314	3210	2716	343	342
1998	1924263	1358974	1358974	3475	3475	391	391
1999	1756132	1418346	1163256	3887	3613	365	322
2000	1916841	1613181	1178865	4370	4044	369	292
2001	2086309	1321156	1370608	3978	3892	332	352
2002	2050000	1174363	1110486	3693	3402	318	326
2003	1994491	1203077	1100113	3660	3348	329	329
2004	2166460	1187529	1092411	3424	3146	347	347
2005	2374485	1250815	1197039	3879	3588	322	334
2006	2935796	1697233	1607621	3945	3700	430	434
2007	3219779	2222333	2039699	4385	3990	507	511
2008	3956398	2223572	2106120	4014	3683	554	572
2009	3934497	2627023	2404306	4450	4134	590	582
2010	4608235	3244877	3002363	4815	4703	674	638
2011	6090686	3538588	3237756	5180	4640	683	698

房地产开发企业基本情况（2011年）

项　　目	Item	企业个数（个）Number of Enterprises (unit)	年平均从业人员（人）Average Number of Employed Persons (person)	资产总计（万元）Total Assets (10000 yuan)
全省总计	**Total**	**3226**	**88021**	**72813140**
按登记注册类型分	**Grouped by Registered Categories**			
内资企业	Domestic Funded Enterprises	3159	85946	70661892
国　有	State-owned Enterprises	45	1714	818755
集　体	Collective-owned Enterprises	5	71	88234
股份合作	Cooperative Enterprises	16	791	282351
联营企业	Joint Ownership Enterprises			
有限责任公司	Limited Liability Corporations	1431	40459	36033241
国有独资公司	State Sole Funded Corporations	11	264	332565
其他有限责任公司	Other Limited Liability Corporations	1420	40195	35700676
股份有限公司	Share-holding Corporations Ltd.	171	5371	3633991
私　营	Private Enterprises	1445	36001	27436382
其他内资企业	Other Enterprises	46	1539	2368937
港澳台商投资	Enterprises with Funds from Hong Kong, Macao and Taiwan	39	1183	866994
合资经营	Joint-venture Enterprises	22	550	492091
合作经营	Cooperative Enterprises	1	43	6334
独资经营	Enterprises with Sole Fund	16	590	368569
股份有限	Share-holding Corporations Ltd.			
外商投资经济	Foreign Funded Enterprises	28	892	1284255
合资经营	Joint-venture Enterprises	12	215	189785
合作经营	Cooperation Enterprises	2	8	52715
外资企业	Enterprises with Sole Fund	14	669	1041755
股份有限	Share-holding Corporations Ltd.			
按隶属关系分	**Grouped by Administrative Relationship**			
中　央	Central Government	14	410	1157500
省	Province	23	806	1046873
市	Prefecture	283	8625	5989769
县	County	312	8596	6996854
其　他	Other	2594	69584	57622145
按资质等级分	**Grouped by Qualification Grade**			
一　级	First Grade	30	3970	7505386
二　级	Second Grade	232	12994	14504174
三　级	Third Grade	588	18250	15261126
四　级	Forth Grade	1204	26685	15584338
暂　定	Provisional	1042	23583	17579905
其　他	Other	130	2539	2378211
按营业状况分	**Grouped by Business Condition**			
营　业	Business	3058	87047	72212373
其　他	Other	168	974	600767

Basic Condition of Enterprises for Real Estate Development (2011)

净资产（所有者权益）（万元） Total Owners Equities (10000 yuan)	主营业务收入（万元） Revenue from Principal Business (10000 yuan)	土地转让收入 Land Transferred	商品房屋销售收入 Commercial Houses Sold	房屋出租收入 Houses Leased	其他收入 Others	主营业务税金及附加（万元） Taxes and Other Charges on Principal Business (10000 yuan)	利润总额（万元） Total Profits (10000 yuan)
13714985	**12265500**	**20416**	**11971578**	**40879**	**232627**	**978886**	**850145**
13056642	11947230	19163	11662378	35915	229774	951411	804763
52853	277525	800	271411	3502	1812	19976	22205
1654							-4337
62050	31885		18286	250	13349	2258	1334
6574425	6661552	10436	6558924	10867	81324	508917	716089
35884	84011		83882		130	6369	10061
6538542	6577540	10436	6475043	10867	81194	502548	706028
491623	668206	3300	652328	41	12537	49624	20991
5725438	4126627	4627	3980975	20413	120612	353510	252
148599	181435		180453	842	140	17127	48229
318165	116441		112894	1197	2350	9855	23007
153440	48431		45469	612	2350	4674	10202
-3432	443		139	304		52	-245
168156	67567		67287	280		5129	13050
340178	201829	1252	196306	3768	503	17620	22375
-3452	4195		4127	68		979	-4531
1739	3635		3635			182	-352
341891	193999	1252	192179	65	503	16459	27258
61243	226731		224595	2136	1	13305	25672
181659	299021		296177	2844		22100	66480
934818	1187879	2027	1160454	3086	22312	90192	92305
1003173	1239327	348	1205373	2035	31573	94660	45114
11534092	9312541	18042	9084979	30779	178742	758629	620574
1066461	905547	1252	900621	2147	1527	76372	27863
2590051	2814329		2677444	8318	128567	233195	419903
2854680	2606056	9486	2559879	11416	25276	222093	90340
2853931	3519799	4028	3473679	12679	29414	282195	270709
3916943	2016095	5594	1956973	6319	47209	140697	-6684
432920	403674	56	402983		635	24334	48014
13593845	12169032	20416	11875843	40663	232110	968812	828645
121140	96467		95734	216	517	10074	21500

房地产开发企业建设总规模、完成投资及新增固定资产（2011年）

单位：万元

项　目	Item	计划总投资 Total Investment Planed	累计完成投资 Accumulated Investment Completed	本年完成投资 Investment Completed This Year
全省总计	**Total**	**111971742**	**61446608**	**30545897**
按登记注册类型分	**Grouped by Registered Categories**			
内资企业	Domestic Funded Enterprises	107795520	59894369	29862365
国　有	State-owned Enterprises	1534140	945969	326119
集　体	Collective-owned Enterprises	85000	58200	6661
股份合作	Cooperative Enterprises	233058	141118	51606
联营企业	Joint Ownership Enterprises			
有限责任公司	Limited Liability Corporations	59273075	30460614	15134047
国有独资公司	State Sole Funded Corporations	1575891	497667	188899
其他有限责任公司	Other Limited Liability Corporations	57697184	29962947	14945148
股份有限公司	Share-holding Corporations Ltd.	5001985	2960612	1534530
私　营	Private Enterprises	39913037	23942803	12087281
其他内资企业	Other Enterprises	1755225	1385053	722121
港澳台商投资	Enterprises with Funds from Hong Kong, Macao and Taiwan	1431043	581509	203351
合资经营	Joint-venture Enterprises	658335	364254	102905
合作经营	Cooperative Enterprises			
独资经营	Enterprises with Sole Fund	772708	217255	100446
股份有限	Share-holding Corporations Ltd.			
外商投资经济	Foreign Funded Enterprises	2745179	970730	480181
合资经营	Joint-venture Enterprises	169222	129458	28612
合作经营	Cooperation Enterprises			
外资企业	Enterprises with Sole Fund	2575957	841272	451569
股份有限	Share-holding Corporations Ltd.			
按隶属关系分	**Grouped by Administrative Relationship**			
中　央	Central Government	1173266	803331	329878
省	Province	2917073	1201363	537740
市	Prefecture	11572128	5275505	2424757
县	County	8889681	5284920	2851903
其　他	Other	87419594	48881489	24401619
按资质等级分	**Grouped by Qualification Grade**			
一　级	First Grade	6708478	3869981	1267388
二　级	Second Grade	15989867	10976915	4747546
三　级	Third Grade	19926479	13237531	5906987
四　级	Forth Grade	24161624	14078982	6814586
暂　定	Provisional	40136627	17330026	10620945
其　他	Other	5048667	1953173	1188445
按营业状况分	**Grouped by Business Condition**			
营　业	Business	111615051	61249404	30509005
其　他	Other	356691	197204	36892

Total Size of Construction, Actually Completed Investment and Newly Increased Fixed Assets for Real Estate Development (2011)

(10000 yuan)

配套工程投资 Investment in Commercial Buildings	按用途分 by Use 住宅 Residential Buildings	#90平方米以下 Under 90 sq.m	#别墅、高档公寓 Villas, High-grade Apartments	办公楼 Office Buildings	商业营业用房 Houses for Business Use	其他 Others	本年新增固定资产 Newly Increased Fixed Assets
324366	**22825658**	**8953655**	**734527**	**865631**	**4355168**	**2499440**	**17534484**
323344	22476275	8865746	724502	852456	4070017	2463617	17324297
13220	260832	129616		4150	12946	48191	430206
	6661	4453	608				14876
	44896	16182		25	1220	5465	40864
152921	11389039	4499691	453431	404629	2100556	1239823	8855578
1000	125799	57082		288	15346	47466	68644
151921	11263240	4442609	453431	404341	2085210	1192357	8786934
13205	1303541	593753	3590	16763	120584	93642	1251941
142861	9101953	3444404	266872	362909	1583446	1038973	6334433
1137	369353	177647	1	63980	251265	37523	396399
787	149818	31586	10024	6180	28722	18631	138864
82	68856	12273	10024	6100	20290	7659	87480
705	80962	19313		80	8432	10972	51384
235	199565	56323	1	6995	256429	17192	71323
	4622	230	1		23939	51	4000
235	194943	56093		6995	232490	17141	67323
	254486	75958		1328	29744	44320	36887
28601	305447	123422	36525	12420	124390	95483	834774
10194	1820037	619346	83999	48275	253466	302979	1407174
21420	2085473	786987	33579	101040	515464	149926	1306639
264151	18360215	7347942	580424	702568	3432104	1906732	13949010
2017	1045467	424796	2526	26472	80362	115087	1142065
48924	3381269	1460909	64192	163770	788658	413849	3530761
39381	4600238	2134204	67199	79891	784814	442044	4951502
47294	5204595	1891527	188353	147245	862624	600122	3761882
178890	7641880	2487993	412257	422353	1753648	803064	3781450
7860	952209	554226		25900	85062	125274	366824
324366	22796073	8928108	734027	865631	4352481	2494820	17444739
	29585	25547	500		2687	4620	89745

房地产开发企业的土地开发、购置及资金来源（2011年）

项目	Item	土地购置费用（万元）Total Value of Land Purchased (10000 yuan)	待开发的土地面积（平方米）Land Space Pending Development (sq.m)
全省总计	**Total**	**4089845**	**7902040**
按登记注册类型分	**Grouped by Registered Categories**		
内资企业	Domestic Funded Enterprises	3951907	7278425
国有	State-owned Enterprises	22099	75100
集体	Collective-owned Enterprises		
股份合作	Cooperative Enterprises	2900	117032
联营企业	Joint Ownership Enterprises		
有限责任公司	Limited Liability Corporations	1965282	3848814
国有独资公司	State Sole Funded Corporations	20000	
其他有限责任公司	Other Limited Liability Corporations	1945282	3848814
股份有限公司	Share-holding Corporations Ltd.	128151	97543
私营	Private Enterprises	1725464	2915525
其他内资企业	Other Enterprises	108011	224411
港澳台商投资	Enterprises with Funds from Hong Kong, Macao and Taiwan	50555	43331
合资经营	Joint-venture Enterprises		
合作经营	Cooperative Enterprises		
独资经营	Enterprises with Sole Fund	50555	43331
股份有限	Share-holding Corporations Ltd.		
外商投资经济	Foreign Funded Enterprises	87383	580284
合资经营	Joint-venture Enterprises	11718	
合作经营	Cooperation Enterprises		
外资	Enterprises with Sole Fund	75665	580284
股份有限	Share-holding Corporations Ltd.		
按隶属关系分	**Grouped by Administrative Relationship**		
中央	Central Government	27339	
省	Province	87110	40305
市	Prefecture	329679	200189
县	County	393833	696140
其他	Other	3251884	6965406
按资质等级分	**Grouped by Qualification Grade**		
一级	First Grade	76509	53003
二级	Second Grade	444582	723307
三级	Third Grade	658043	466739
四级	Forth Grade	875057	1575270
暂定	Provisional	1816895	4917222
其他	Other	218759	166499
按营业状况分	**Grouped by Business Condition**		
营业	Business	4088345	7881700
其他	Other	1500	20340

Land Development, Purchase and Source of Funds of Enterprises for Real Estate Development (2011)

本年购置土地面积（平方米）Land Space Purchased This Year (sq.m)	本年资金来源小计（万元）Total Funds This Year (10000 yuan)	国内贷款 Domestic Loans	#银行贷款 Bank loan	利用外资 Foreign Investment	#外商直接投资 Foreign Direct Investment	自筹资金 Self-raising Funds	其他资金来源 Others
27995870	**34991837**	**2895517**	**2499989**	**145178**	**145178**	**20286933**	**11664209**
27376058	34118527	2848407	2452879			19883611	11386509
90100	285466	67564	63664			110454	107448
	6316					6316	
24365	50198					40818	9380
14601205	17304222	1341464	1157963			10105127	5857631
	324373	30000	30000			236856	57517
14601205	16979849	1311464	1127963			9868271	5800114
665262	1602280	88166	53889			1075379	438735
11469425	13478434	1245001	1071151			7723235	4510198
525701	1391611	106212	106212			822282	463117
261264	346092	46160	46160	84425	84425	42286	173221
75885	153343	44160	44160	19600	19600	14169	75414
185379	192749	2000	2000	64825	64825	28117	97807
358548	527218	950	950	60753	60753	361036	104479
109920	32267	950	950			28677	2640
248628	494951			60753	60753	332359	101839
307987	527686	105285	105285			284491	137910
575290	475513	29000	25000			288997	157516
1276393	2573702	390177	338217			1218888	964637
2419707	3291901	118013	117357			2113295	1060593
23416493	28123035	2253042	1914130	145178	145178	16381262	9343553
476164	1525666	356838	346838			471369	697459
2626573	5314237	683443	587454	5000	5000	2600342	2025452
3404469	6802741	736030	648595			3485329	2581382
5406671	8345205	485325	422547			4409270	3450610
14940985	11584497	584788	452665	75353	75353	8225892	2698464
1141008	1419491	49093	41890	64825	64825	1094731	210842
27995870	34925919	2893117	2499989	145178	145178	20241033	11646591
	65918	2400				45900	17618

房地产开发建设房屋建筑面积、造价和商品房屋销售情况（2011年）

项目	Item	施工房屋面积（万平方米）Floor Space of Buildings under Construction (10000 sq.m)	竣工房屋面积（万平方米）Floor Space of Buildings Completed (10000 sq.m)	#住宅 Residential Buildings	房屋面积竣工率（%）Rate of Floor Space of Buildings Completed (%)
全省总计	**Total**	**26670.81**	**5180.51**	**4273.69**	**19.4**
按登记注册类型分	**Grouped by Registered Categories**				
内资企业	Domestic Funded Enterprises	26156.37	5126.02	4231.80	19.6
国有	State-owned Enterprises	393.04	98.88	86.62	25.2
集体	Collective-owned Enterprises	20.73	10.29	10.29	49.6
股份合作	Cooperative Enterprises	68.89	20.13	18.70	29.2
联营企业	Joint Ownership Enterprises				
有限责任公司	Limited Liability Corporations	12833.77	2469.86	2053.69	19.2
国有独资公司	State Sole Funded Corporations	134.45	22.19	21.88	16.5
其他有限责任公司	Other Limited Liability Corporations	12699.32	2447.67	2031.82	19.3
股份有限公司	Share-holding Corporations Ltd.	1505.14	334.57	284.12	22.2
私营	Private Enterprises	10862.75	2017.86	1690.92	18.6
其他内资企业	Other Enterprises	472.05	174.43	87.46	37.0
港澳台商投资	Enterprises with Funds from Hong Kong, Macao and Taiwan	263.00	32.17	28.80	12.2
合资经营	Joint-venture Enterprises	206.97	19.11	18.91	9.2
合作经营	Cooperative Enterprises				
独资经营	Enterprises with Sole Fund	56.03	13.06	9.88	23.3
股份有限	Share-holding Corporations Ltd.				
外商投资经济	Foreign Funded Enterprises	251.45	22.32	13.09	8.9
合资经营	Joint-venture Enterprises	63.98			
合作经营	Cooperation Enterprises				
外资	Enterprises with Sole Fund	187.47	22.32	13.09	11.9
股份有限	Share-holding Corporations Ltd.				
按隶属关系分	**Grouped by Administrative Relationship**				
中央	Central Government	189.28	22.60	17.06	11.9
省	Province	321.45	78.66	71.92	24.5
市	Prefecture	2307.48	420.07	312.01	18.2
县	County	2805.27	525.98	440.33	18.7
其他	Other	21047.33	4133.20	3432.36	19.6
按资质等级分	**Grouped by Qualification Grade**				
一级	First Grade	1260.66	305.56	235.99	24.2
二级	Second Grade	4074.49	1029.04	795.73	25.3
三级	Third Grade	6080.59	1298.43	1059.09	21.4
四级	Forth Grade	6576.18	1400.50	1203.38	21.3
暂定	Provisional	7924.08	1045.41	890.86	13.2
其他	Other	754.81	101.58	88.65	13.5
按营业状况分	**Grouped by Business Condition**				
营业	Business	26585.67	5148.44	4242.94	19.4
其他	Other	85.14	32.07	30.74	37.7

Floor Space of Building and Their Cost，Selling of Commercial Houses in Real Estate Development (2011)

竣工房屋价值（万元）Value of Buildings Completed (10000 yuan)	竣工房屋造价（元/平方米）Cost of Buildings Completed (yuan/sq.m)	商品房销售面积（万平方米）Floor Space of Commercialized Buildings Sold (10000 sq.m)	#住宅 Residential Buildings	商品房销售额（万元）Total Sale of Commercialized Buildings (10000 yuan)	#住宅 Residential Buildings	商品房平均售价（元/平方米）Average Selling Price of Commercialized Buildings (yuan/sq.m)	#住宅 Residential Buildings
12820847	**2475**	**5888.33**	**5293.18**	**23452299**	**19938101**	**3983**	**3767**
12706485	2479	5785.29	5210.28	22708445	19332579	3925	3710
352363	3564	100.57	97.38	437097	400435	4346	4112
14876	1445	8.40	8.40	25200	25200	3000	3000
40864	2030	17.94	17.94	34927	34927	1947	1947
6115011	2476	2890.82	2595.37	11499130	9728419	3978	3748
39348	1773	24.33	23.79	105361	90962	4331	3824
6075663	2482	2866.49	2571.58	11393769	9637457	3975	3748
763261	2281	336.10	315.17	1119658	1031207	3331	3272
5055507	2505	2320.63	2094.03	8934968	7733404	3850	3693
364603	2090	110.83	81.99	657465	378987	5932	4622
66039	2053	71.17	54.59	555465	454976	7805	8334
35636	1865	50.47	34.73	386381	291740	7656	8400
30403	2328	20.70	19.86	169084	163236	8168	8219
48323	2165	31.87	28.30	188389	150546	5910	5319
		0.16	0.12	978	505	6194	4076
48323	2165	31.72	28.18	187411	150041	5909	5325
35512	1572	16.07	15.06	106692	90952	6640	6039
296524	3770	76.55	74.02	342556	312111	4475	4217
1216156	2895	435.25	390.31	1670779	1435524	3839	3678
1033961	1966	757.13	673.65	2528384	2094521	3339	3109
10238694	2477	4603.33	4140.14	18803888	16004993	4085	3866
711378	2328	362.48	325.88	1689616	1520478	4661	4666
2972457	2889	980.35	850.83	4227285	3459052	4312	4066
3036656	2339	1261.16	1170.38	4538290	4175352	3599	3568
3272496	2337	1760.37	1578.88	6560910	5444706	3727	3448
2542178	2432	1364.22	1220.49	5815946	4773484	4263	3911
285682	2812	159.76	146.72	620252	565029	3882	3851
12731929	2473	5848.89	5253.95	23316685	19803487	3987	3769
88918	2773	39.43	39.23	135614	134614	3439	3431

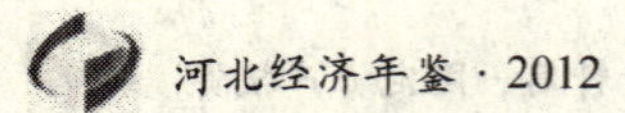

按用途和销售方式分的商品房屋销售面积及平均销售价格（2011年）

项　目	Item	商品房销售面积（平方米）Floor Space of Commercialized Buildings Sold (sq.m)	销售用途 住宅 Residential Buildings	#90平方米以下 90 sq.m below
全省总计	**Total**	**58883274**	**52931776**	**17206251**
按登记注册类型分	**Grouped by Registered Categories**			
内资企业	Domestic Funded Enterprises	57852864	52102814	16944595
国　有	State-owned Enterprises	1005747	973792	336158
集　体	Collective-owned Enterprises	84000	84000	40800
股份合作	Cooperative Enterprises	179362	179362	1348
联营企业	Joint Ownership Enterprises			
有限责任公司	Limited Liability Corporations	28908158	25953652	8292040
国有独资公司	State Sole Funded Corporations	243285	237863	139287
其他有限责任公司	Other Limited Liability Corporations	28664873	25715789	8152753
股份有限公司	Share-holding Corporations Ltd.	3361044	3151739	657456
私　营	Private Enterprises	23206285	20940332	7493142
其他内资企业	Other Enterprises	1108268	819937	123651
港澳台商投资	Enterprises with Funds from Hong Kong, Macao and Taiwan	711672	545938	37203
合资经营	Joint-venture Enterprises	504656	347329	4551
合作经营	Cooperative Enterprises			
独资经营	Enterprises with Sole Fund	207016	198609	32652
股份有限	Share-holding Corporations Ltd.			
外商投资经济	Foreign Funded Enterprises	318738	283024	224453
合资经营	Joint-venture Enterprises	1579	1239	572
合作经营	Cooperation Enterprises			
外　资	Enterprises with Sole Fund	317159	281785	223881
股份有限	Share-holding Corporations Ltd.			
按隶属关系分	**Grouped by Administrative Relationship**			
中　央	Central Government	160673	150605	10523
省	Province	765511	740203	238135
市	Prefecture	4352526	3903073	1001921
县	County	7571280	6736504	1603947
其　他	Other	46033284	41401391	14351725
按资质等级分	**Grouped by Qualification Grade**			
一　级	First Grade	3624782	3258773	1063990
二　级	Second Grade	9803478	8508281	3303400
三　级	Third Grade	12611563	11703826	3893458
四　级	Forth Grade	17603687	15788808	4449575
暂　定	Provisional	13642173	12204924	3973278
其　他	Other	1597591	1467164	522550
按营业状况分	**Grouped by Business Condition**			
营　业	Business	58488948	52539450	17131229
其　他	Other	394326	392326	75022

Floor Space of Buildings Actually Sold and Average Selling Price by Use and Sale Method (2011)

by Use				销售方式 by Sale Method		商品房平均销售价格(元/平方米) Average Selling Price of Houses (yuan/sq.m)		
#别墅、高档公寓 Villas, High-grade Apartments	办公楼 Office Buildings	商业营业用房 Houses for Business Use	其他 Other	现房 Completed Buildings	期房 Buildings Completed in Future		现房 Completed Buildings	期房 Buildings Completed in Future
691327	**592375**	**3660063**	**1699060**	**14925796**	**43957478**	**3983**	**3561**	**4126**
653453	574209	3572582	1603259	14803925	43048939	3925	3538	4059
	2048	23505	6402	108094	897653	4346	2698	4544
					84000	3000		3000
				99400	79962	1947	1849	2069
427948	270974	1850129	833403	7125180	21782978	3978	3575	4110
		5422		134880	108405	4331	2620	6459
427948	270974	1844707	833403	6990300	21674573	3975	3593	4098
	9470	123187	76648	965791	2395253	3331	3570	3235
225505	208703	1506257	550993	6420300	16785985	3850	3536	3970
	83014	69504	135813	85160	1023108	5932	3200	6160
37874	18166	51767	95801	32127	679545	7805	9359	7732
21323	18166	45721	93440	12252	492404	7656	12720	7530
16551		6046	2361	19875	187141	8168	7288	8261
		35714		89744	228994	5910	5319	6142
		340		1184	395	6194	6757	4506
		35374		88560	228599	5909	5300	6145
		5422	4646		160673	6640		6640
1240		25308		120692	644819	4475	3767	4607
4270	111703	162627	175123	859955	3492571	3839	3541	3912
22102	50567	665658	118551	1564328	6006952	3339	2935	3445
663715	430105	2801048	1400740	12380821	33652463	4085	3639	4249
25114	10000	114419	241590	448418	3176364	4661	2849	4917
67190	171479	791601	332117	2959089	6844389	4312	4091	4407
87901	99781	581936	226020	3209723	9401840	3599	3522	3625
277447	174264	1065820	574795	4702869	12900818	3727	3319	3876
233675	132851	1061171	243227	3275147	10367026	4263	3615	4468
	4000	45116	81311	330550	1267041	3882	3057	4098
691327	592375	3658063	1699060	14693683	43795265	3987	3568	4127
		2000		232113	162213	3439	3091	3937

房地产开发企业主要指标
Main Indicators of Real Estate Development

指　　标	Item	2005	2009	2010	2011
企业个数(个)	**Number of Enterprises (unit)**	**1169**	**2710**	**2997**	**3226**
内　资	Domestic Funded	1111	2642	2933	3159
港澳台投资	Enterprises with Funds from Hong Kong, Macao and Taiwan	37	37	34	39
外商投资	Foreign Funded	21	31	30	28
年末从业人员数(人)	**Employed Persons at the Year-end (person)**	**39573**	**63189**	**75245**	**90535**
内　资	Domestic Funded	36950	61160	72592	88488
港澳台投资	Enterprises with Funds from Hong Kong, Macao and Taiwan	1913	833	968	1148
外商投资	Foreign Funded	710	1196	1685	899
土地开发及购置(万平方米)	**Land Development and Purchase (10000 sq.m)**				
本年土地开发面积	Land Space Developed This Year	523.01	1118.70		
本年土地购置面积	Land Space Purchased This Year	968.57	2022.71	3024.15	2799.59
本年完成投资额(万元)	**Investment Completed This Year (10000 yuan)**	**3915256**	**15200387**	**22649354**	**30545897**
商品住宅	Residential Buildings	2920522	12192376	17857596	22825658
#经济适用房	Economically Affordable Housing	367261	243713	273753	
办公楼	Office Buildings	97133	301054	512738	865631
商业营业用房	Houses for Business Use	472660	1502535	2760060	4355168
其他	Others	424941	1204422	1518960	2499440
资金来源小计(万元)	**Sources of Funds (10000 yuan)**	**4131320**	**18547627**	**27108920**	**34991837**
国内贷款	Domestic Loans	682504	2651700	2888903	2895517
利用外资	Foreign Investment	34424		29980	145178
自筹资金	Self-raising Fund	1776377	8873571	14625782	20286933
其他资金来源	Others	1638015	7022356	9564255	11664209
房屋建筑面积(万平方米)	**Floor Space of Buildings (10000 sq.m)**				
施工房屋面积	Floor Space under Construction	3820.96	12752.97	20700.03	26670.81
#新开工面积	Floor Space Started This Year	1970.80	6786.00	9629.16	11182.80
竣工房屋面积	Floor Space Completed	1129.92	2211.72	3614.66	5180.51
#住　宅	Residential Buildings	1021.79	1939.70	3130.09	4273.69
#经济适用房	Economically Affordable Housing	132.07	72.63	64.55	
商品房屋销售面积(万平方米)	**Floor Space of Commercialized Buildings Sold (10000 sq.m)**	**1408.74**	**2966.61**	**4662.10**	**5888.33**
#住　宅	Residential Buildings	1322.32	2819.77	4325.12	5293.18
#经济适用房	Economically Affordable Housing	155.81	99.80	76.92	
商品房屋销售价格(元/平方米)	**Selling Price of Commercialized Buildings (yuan/sq.m)**	**1862**	**3263**	**3539**	**3983**
#住　宅	Residential Buildings	1777	3210	3442	3767
#经济适用房	Economically Affordable Housing	1493	2060	2323	
主要财务指标(万元)	**Major Financial Indicators (10000 yuan)**				
实收资本	Total Capital Held	1881471	4318581	5907814	8834160
资产总计	Total Assets	9317561	30963940	48112569	72813140
资产负债率(%)	Ratio of Liabilities to Assets (%)	69.52	73.0	82.0	81.2
经营总收入	Total Revenue	2607415	7522526	12026554	12388046
主营业务税金及附加	Tax and Extra Charges	147751	513749	924133	978886
利润总额	Total Profits	84997	764265	1017819	850145

注：2005、2009、2010年为年平均从业人员数。
a) The number of employed persons refers to the annual average number in 2005 and 2010.

一次能源生产总量和构成

Primary Energy Production and Composition

年 份 Year	能源生产总量 (万吨标准煤) Primary Energy Production (10000 tons of SCE)	占能源生产总量的比重（%） As Percentage of Total Energy Production (%)			
		原 煤 Raw Coal	原 油 Crude Oil	天然气 Natural Gas	一次电力 Primary Electricity
1981	5502.86	67.90	32.00		0.10
1982	5463.31	69.94	29.57	0.36	0.13
1983	5506.73	72.93	26.48	0.31	0.28
1984	5510.29	72.94	26.47	0.39	0.20
1985	5292.72	71.51	27.85	0.51	
1986	5889.07	74.79	24.28	0.61	0.32
1987	5716.06	79.30	19.88	0.55	0.27
1988	5501.38	82.70	16.37	0.54	0.39
1989	5354.45	83.56	15.42	0.56	0.46
1990	5313.08	83.43	15.34	0.74	0.49
1991	5199.85	84.03	14.77	0.74	0.46
1992	5257.18	84.68	14.11	0.82	0.39
1993	5348.20	85.16	13.43	0.72	0.69
1994	5699.77	86.25	12.78	0.71	0.26
1995	6619.56	87.41	11.16	0.64	0.79
1996	6690.35	87.21	11.19	0.66	0.94
1997	6470.60	86.97	11.68	0.70	0.65
1998	5868.17	85.65	13.07	0.77	0.51
1999	5763.48	85.42	13.17	0.88	0.53
2000	5639.26	85.46	13.13	1.11	0.30
2001	5656.12	85.70	12.96	1.12	0.22
2002	5854.03	86.27	12.28	1.23	0.22
2003	5998.00	86.38	12.15	1.28	0.19
2004	7413.94	87.80	10.79	1.19	0.22
2005	7089.90	87.05	11.33	1.29	0.33
2006	6956.72	85.90	12.54	1.25	0.31
2007	7246.47	85.39	13.01	1.31	0.29
2008	6755.66	84.40	13.60	1.72	0.28
2009	6879.85	85.19	12.44	2.11	0.26
2010	8129.05	84.89	10.53	2.07	2.50
2011	8718.40	84.87	9.60	1.86	3.66

能源消费总量及构成

Primary Energy Consumption and its Composition

年　份 Year	能源消费总量（万吨标准煤） Total Energy Consumption (10000 tons of SCE)	占能源消费总量的比重（%）As Percentage of Primary Energy Production (%)			
		煤　炭 Coal	石　油 Petroleum	天然气 Natural Gas	一次电力 Primary Electricity
1980	3120.50	85.00	12.90	1.90	0.20
1981	3627.80	90.10	8.20	1.60	0.10
1982	3929.05	87.79	10.24	1.78	0.19
1983	4185.78	89.25	9.19	1.19	0.37
1984	4475.00	86.98	11.51	1.27	0.24
1985	4548.85	89.91	8.36	1.58	0.15
1986	5079.52	89.58	8.46	1.59	0.37
1987	5516.81	90.26	8.12	1.34	0.28
1988	5962.40	90.55	7.90	1.19	0.36
1989	6169.26	90.77	7.74	1.09	0.40
1990	6124.22	90.34	7.91	1.32	0.43
1991	6471.93	90.63	7.67	1.33	0.37
1992	6866.29	90.59	7.77	1.34	0.30
1993	7861.92	90.12	8.44	0.96	0.48
1994	8168.62	90.43	8.31	1.08	0.18
1995	8892.41	90.33	8.54	0.94	0.19
1996	8938.47	90.55	8.25	0.99	0.21
1997	9033.01	90.33	8.66	0.87	0.14
1998	9151.12	89.68	9.33	0.88	0.11
1999	9379.27	90.01	9.00	0.88	0.11
2000	11195.71	90.94	8.17	0.84	0.05
2001	12114.29	91.84	7.42	0.70	0.04
2002	13404.53	91.12	8.15	0.70	0.03
2003	15297.89	92.78	6.49	0.66	0.07
2004	17347.79	91.14	8.01	0.75	0.10
2005	19835.99	91.82	7.45	0.61	0.12
2006	21794.09	91.59	7.64	0.67	0.10
2007	23585.13	92.36	6.87	0.68	0.09
2008	24321.87	92.31	6.67	0.94	0.08
2009	25418.79	92.51	6.21	1.21	0.07
2010	27531.11	90.45	7.37	1.44	0.74
2011	29498.29	89.61	7.73	1.58	1.08

综合能源平衡表

Overall Energy Balance Sheet

单位：万吨标准煤 (10000 tons of SCE)

项　目	Item	2005	2007	2008	2009	2010	2011
可供消费的能源总量	**Total Energy Available for Consumption**	**19835.98**	**23585.13**	**24321.86**	**25418.77**	**27531.16**	**29498.35**
一次能源生产量	Primary Energy Output	7090	7246.47	6755.66	6879.85	8129.05	8718.40
回收能	Recovery of Energy	819	1230.15	1059.11	1268.35	1495.54	1445.70
进口量	Inputs	459	483.19	506.38	740.90	970.32	1860.05
出口量	Exports(-)	57	226.95	160.27	47.74	62.65	93.61
年初年末库存差额	Stock Changes in the Year	-81	-494.49	-179.75	-732.89	-133.04	-355.68
能源消费总量	**Total Energy Consumption**	**19835.99**	**23585.13**	**24321.87**	**25418.79**	**27531.11**	**29498.29**
终端消费量	Final Consumption	18536	22041.66	22870.35	23736.29	25381.36	29088.99
农、林、牧、渔、水利业	Farming, Forestry, Animal Husbandry, Fishery and Water Conservancy	532	582.51	612.35	644.81	686.82	703.93
工　业	Industry	14554	17570.76	18188.88	18824.74	20029.45	23275.37
建筑业	Construction	203	232.19	244.86	264.35	320.72	384.62
交通运输、仓储和邮电通讯业	Transport, Storage and Post	709	808.79	827.11	831.68	973.97	1075.15
商业、饮食、物资供销和仓储业	Business, Restaurants, Material Supply and Marketing, Storage	205	235.19	265.30	292.42	325.39	364.79
其　他	Other Sectors	465	619.19	659.02	712.14	742.45	785.63
生活消费	Residential Consumption	1869	1993.04	2072.82	2166.14	2302.56	2499.49
加工转换损失量	Losses in Processing and	896	1061.25	967.28	1155.30	1537.34	40.77
#炼焦	Coking				417.88	424.67	448.16
炼油	Petroleum Refining				59.70	33.65	57.79
损失量	Other Losses	403	482.22	484.24	527.20	612.42	368.53
平衡差额	**Balance**			**0.01**	**0.02**	**0.05**	**0.06**

能源加工转换效率

Efficiency of Energy Transformation

单位：% (%)

年　份 Year	总效率 Total Efficiency	火力发电 Thermal Power	供　热 Heating Supply	洗　煤 Coal Washing	炼　焦 Coking	炼　油 Petroleum Refineries	制　气 Gas Works	加工型煤 Briquettes
2005	66.31	32.36	65.94	81.87	90.98	97.82	54.16	97.98
2006	67.01	33.21	66.40	80.86	89.03	95.36	73.37	98.01
2007	69.73	33.89	64.85	83.21	93.16	99.78	60.51	97.01
2008	71.91	34.95	60.48	85.93	94.44	96.84	65.77	97.80
2009	73.01	35.76	57.05	87.07	92.94	96.90	50.98	98.10
2010	74.27	36.08	61.40	91.77	93.07	95.50	41.18	98.20
2011	75.92	36.96	69.68	91.38	93.89	97.44	49.35	99.07

规模以上工业企业分行业能源消耗情况

企业数：个　指标值：万吨标准煤

行　业	Item	2005 企业数 Number of Enterprises	2005 指标值 Index
规模以上工业综合能源消费量	**Consumption of Energy Sources in above Designated Size Industrial Enterprises**	**9515**	**13976.29**
六大高耗能行业能耗	**Energy Consumption of the top-6 Energy-consuming Industries**	**2689**	**12543.40**
煤炭开采和洗选业	Mining and Washing of Coal	142	839.67
石油加工、炼焦及核燃料加工业	Processing of Petroleum, Coking, Processing of Nucleus Fuel	99	730.46
化学原料及化学制品制造业	Manufacture of Raw Chemical Material and Chemical Products	680	1041.74
非金属矿物制品业	Manufacture of Non-metallic Mineral Products	1042	892.68
黑色金属冶炼及压延加工业	Smelting and Pressing of Ferrous Metals	511	5863.88
电力、热力的生产和供应业	Production and Distribution of Electric Power and Heat Power	215	3174.96
其他行业能耗	**Energy Sources Consumption of Other Industrial Sectors**	**6826**	**1432.88**
石油和天然气开采业	Extraction of Petroleum and Natural Gas	5	110.85
黑色金属矿采选业	Mining and Processing of Ferrous Metal Ores	524	89.35
有色金属矿采选业	Mining and Processing of Non-ferrous Metal Ores	33	4.00
非金属矿采选业	Mining and Processing of Processing of Nonmetal Ores	79	15.07
农副食品加工业	Processing of Food From Agricultural Products	561	163.06
食品制造业	Manufacture of Foods	214	68.89
饮料制造业	Manufacture of Beverage	141	38.18
烟草制品业	Manufacture of Tobacco	4	3.82
纺织业	Manufacture of Textile	639	113.73
纺织服装、鞋、帽制造业	Manufacture of Textile Wearing Apparel, Footware, and Caps	227	10.17
皮革、毛皮、羽毛(绒)及其制品业	Manufacture of Leather, Fur, Feather and Related Products	287	21.65
木材加工及木、竹、藤棕草制品业	Processing of Timbers, Manufacture of Wood, Bamboo, Rattan, Palm, and Straw Products	98	19.87
家具制造业	Manufacture of Furniture	88	5.12
造纸及纸制品业	Manufacture of Paper and Paper Products	295	177.01
印刷业和记录媒介的复制	Printing, Reproducing of Recording Media	101	3.38
文教体育用品制造业	Manufacture of Articles for Culture, Education and Sport Activity	43	0.90
医药制造业	Manufacture of Medicines	160	97.85
化学纤维制造业	Manufacture of Chemical Fiber	23	47.12
橡胶制品业	Manufacture of Rubber	213	28.33
塑料制品业	Manufacture of Plastic	310	53.29
有色金属冶炼及压延加工业	Smelting and Pressing of Non-ferrous Metals	172	34.24
金属制品业	Manufacture of Metal Products	542	52.57
通用设备制造业	Manufacture of General Purpose Machinery	719	73.29
专用设备制造业	Manufacture of Special Purpose Machinery	347	63.49
交通运输设备制造业	Manufacture of Transport Equipment	314	74.11
电气机械及器材制造业	Manufacture of Electrical Machinery and Equipment	349	33.29
通信设备、计算机及其他电子设备制造业	Manufacture of Communication Equipment, Computer and Other Electronic Equipment	79	11.37
仪器仪表及文化、办公用机械制造业	Manufacture of Measuring Instrument and Machinery for Cultural Activity and Office Work	53	4.04
工艺品及其他制造业	Manufacture of Artwork and Other Manufacture	84	4.47
废弃资源和废旧材料回收加工业	Recycling and Disposal of Waste	3	0.68
燃气生产和供应业	Production and Distribution of Gas	18	3.24
水的生产和供应业	Production and Distribution of Water	101	6.48

注：企业数不含停产企业。

Consumption of Main Energy Sources in above Designated Size Industrial Enterprises by Industrial Sector

(unit,10000 tons of SCE)

2006		2007		2008		2009		2010		2011	
企业数 Number of Enterprises	指标值 Index	企业数 Number of Enterprises	指标值 Index	企业数 Number of Enterprises	指标值 Index	企业数 Number of Enterprises	指标值 Index	企业数 Number of Enterprises	指标值 Index	企业数 Number of Enterprises	指标值 Index
10325	**15859.48**	**10653**	**16991.34**	**12302**	**16683.83**	**12929**	**17159.63**	**13889**	**18117.87**	**11043**	**19996.33**
2819	**14138.25**	**2863**	**15156.23**	**3088**	**14918.50**	**3146**	**15372.10**	**3212**	**16291.02**	**2663**	**18092.66**
159	793.68	182	724.44	202	804.75	173	793.35	182	868.84	160	938.46
114	713.88	115	717.54	117	588.24	121	592.49	131	625.67	121	779.89
739	1131.59	788	1276.30	888	1191.81	912	1010.17	948	986.55	768	1083.38
1095	1132.04	1083	1215.00	1150	1108.40	1209	1093.57	1227	1115.42	933	1305.76
472	6977.67	468	7735.15	483	7817.77	480	8466.07	466	8812.55	424	9910.95
240	3389.40	227	3487.80	248	3407.52	251	3416.46	258	3881.98	257	4074.22
7506	**1721.23**	**7790**	**1835.10**	**9214**	**1765.33**	**9783**	**1787.53**	**10677**	**1826.86**	**8380**	**1903.67**
5	112.47	4	123.40	5	91.91	2	68.92	2	64.93	2	61.36
612	148.66	644	155.07	892	189.04	823	169.76	961	217.41	725	231.01
33	4.72	33	4.70	31	6.78	37	6.39	34	7.13	26	4.78
82	18.02	80	15.81	89	13.20	97	14.30	108	21.48	77	19.24
623	196.81	593	205.49	644	210.90	706	207.73	760	202.30	606	215.17
234	92.90	236	95.31	276	82.82	284	65.64	293	55.27	225	64.64
148	43.95	156	53.76	172	55.39	176	51.82	184	51.82	141	52.74
4	3.99	4	4.22	4	4.09	4	3.65	3	3.11	3	2.90
694	140.72	708	140.90	808	131.09	788	127.04	837	131.88	716	129.61
251	14.45	265	13.98	282	11.71	288	12.07	288	13.01	209	11.57
304	45.63	294	48.87	364	43.99	396	45.84	511	40.54	408	38.38
99	28.27	106	35.23	127	37.73	145	44.84	123	43.26	99	44.66
93	11.47	95	11.59	103	12.73	126	11.58	140	14.48	113	14.24
307	195.22	283	191.89	299	172.91	302	154.28	311	138.96	253	130.72
106	9.02	96	8.29	113	8.15	116	6.21	132	8.78	89	7.29
48	1.62	51	1.92	50	1.66	65	1.85	74	2.11	41	1.87
158	99.74	167	109.26	181	105.89	194	96.13	213	118.78	183	124.09
21	37.84	28	36.41	35	30.72	38	29.88	43	27.60	37	27.14
249	30.82	276	39.94	289	45.77	298	50.88	320	56.74	241	49.32
349	69.52	365	64.71	429	65.69	476	66.95	484	63.37	365	48.31
196	38.03	191	40.84	212	38.12	193	125.03	208	35.47	194	38.58
583	70.80	647	96.53	813	79.81	885	86.46	1038	84.82	825	98.85
815	126.54	909	148.97	1116	132.49	1206	135.77	1330	189.81	955	245.27
389	50.58	419	51.94	523	57.10	607	59.49	645	66.09	518	63.46
360	48.71	399	60.01	480	58.80	525	62.88	565	73.03	459	81.83
384	37.70	419	43.12	509	43.32	577	48.64	628	56.03	542	62.76
94	12.54	96	13.21	104	12.68	121	12.04	118	18.72	96	17.79
65	4.74	68	5.74	68	5.32	92	5.37	89	3.99	61	1.97
80	5.40	74	3.81	101	4.11	114	3.84	123	5.00	89	4.99
7	1.38	14	1.80	18	3.06	20	2.88	30	3.28	25	2.46
21	12.50	21	2.29	28	2.18	31	3.44	29	1.52	30	1.76
92	6.48	49	6.09	49	6.16	51	5.91	53	6.16	27	4.90

a) The number of enterprises do not include the number of cut-off enterprises.

分行业规模以上工业企业水消费(取水总量)(2011年)
Computation of Water in above Designated Size Industrial Enterprises by Sector (2011)

企业数：个　指标值：万立方米　(unit, 10000 m³)

行　业	Sector	企业数 Number of Enterprises	指标值 Index
全部工业企业	**Total**	**10537**	**200493.23**
轻工业	Light Industry	3524	26317.28
重工业	Heavy Industry	7013	174175.95
按工业行业分	**Grouped by Sector**		
采矿业	**Mining**	**957**	**36828.87**
煤炭开采和洗选业	Mining and Washing of Coal	159	9377.45
石油和天然气开采业	Extraction of Petroleum and Natural Gas	2	2766.39
黑色金属矿采选业	Mining and Processing of Ferrous Metal Ores	698	23290.54
有色金属矿采选业	Mining of Non-ferrous Metal Ores	27	196.26
非金属矿采选业	Mining and Processing of Non-ferrous Metal Ores	71	1198.23
其他采矿业	Mining of Other Ores		
制造业	**Manufacturing**	**9315**	**116245.17**
农副食品加工业	Processing of Food From Agricultural Products	577	2893.89
食品制造业	Manufacture of Foods	216	1566.95
饮料制造业	Manufacture of Beverage	140	2338.67
烟草制品业	Manufacture of Tobacco	3	80.64
纺织业	Manufacture of Textile	701	3396.11
纺织服装、鞋、帽制造业	Manufacture of Textile Wearing Apparel, Footwear, and Caps	200	268.83
皮革、毛皮、羽毛(绒)及其制品业	Manufacture of Leather, Fur, Feather and Related Products	408	2584.26
木材加工及木、竹、藤、棕、草制品业	Processing of Timbers, Manufacture of Wood, Bamboo, Rattan, Palm and Straw Products	95	144.91
家具制造业	Manufacture of Furniture	111	65.43
造纸及纸制品业	Manufacture of Paper and Paper Products	251	4470.91
印刷业和记录媒介的复制	Printing, Reproducing of Recording Media	81	168.04
文教体育用品制造业	Manufacture of Articles for Culture, Education and Sport Activity	35	7.89
石油加工炼焦及核燃料加工业	Processing of Petroleum, Coking, Processing of Nucleus Fuel	117	6229.06
化学原料及化学制品制造业	Manufacture of Raw Chemical Material and Chemical Products	742	11830.50
医药制造业	Manufacture of Medicines	180	4336.24
化学纤维制造业	Manufacture of Chemical Fiber	34	1399.55
橡胶制品业	Manufacture of Rubber	240	517.53
塑料制品业	Manufacture of Plastic	347	455.86
非金属矿物制品业	Manufacture of Non-metallic Mineral Products	882	5273.10
黑色金属冶炼及压延工业	Smelting and Pressing of Ferrous Metals	414	59797.73
有色金属冶炼及压延工业	Smelting and Pressing of Non-ferrous Metals	191	735.47
金属制品业	Manufacture of Metal Products	770	1531.86
通用设备制造业	Manufacture of General Purpose Machinery	890	1283.72
专用设备制造业	Manufacture of Special Purpose Machinery	485	867.53
交通运输设备制造业	Manufacture of Transport Equipment	428	1616.24
电气机械及器材制造业	Manufacture of Electrical Machinery and Equipment	515	1471.83
通信设备、计算机及其他电子设备制造业	Manufacture of Communication Equipment, Computer and Other Electronic Equipment	93	783.66
仪器仪表及文化、办公用机械制造业	Manufacture of Measuring Instrument and Machinery for Cultural Activity and Office Work	59	45.72
工艺品及其他制造业	Manufacture of Artwork, Other Manufacture	87	53.35
废弃资源和废旧材料回收加工业	Recycling and Disposal of Waste	23	29.68
电力、煤气及水的生产等	**Production and Supply of Electric Power, Gas and Water**	**265**	**47419.19**
电力、热力的生产和供应	Production and Distribution of Electric Power and Heat Power	233	47383.07
燃气生产和供应业	Production and Distribution of Gas	32	36.12
水的生产和供应业	Production and Distribution of Water		

注：1．企业数不含停产企业。2．不包括水的生产和供应业行业。

a) The number of enterprises do not include the number of cut-off enterprises. b) The date exclude production and distribution of water.

主要耗能工业企业单位产品能源消耗情况
Energy Consumption per Unit of Product in Main Enterprises that Consume much Energy

指　标　Item	2007	2008	2009	2010	2011
吨原煤综合能耗(千克标准煤/吨) Overall Energy Consumption per ton of Machining Coal (kg SCE/ton)	8.76	8.58	8.05	7.83	7.00
吨原煤生产耗电(千瓦时/吨) Electric Power Consumption per ton of Machining Coal (kwh/ton)	31.08	29.02	28.43	27.32	26.84
选煤电力单耗(千瓦时/吨) Electric Power Consumption per ton of Milling run Coal (kwh/ton)	8.44	8.42	7.60	7.28	6.38
铁矿采矿工序单位能耗(千克标准煤/吨) Energy Consumption per Unit of Mining of Iron ore (kg SCE/ton)	1.22	1.78	3.04	3.42	3.13
铁矿选矿工序单位能耗(千克标准煤/吨) Energy Consumption per Unit of Milling run Iron ore (kg SCE/ton)	6.96	5.29	4.23	3.84	3.20
每吨纱(线)混合数综合能耗(千克标准煤/吨) Overall Energy Consumption per ton of Mixed Yarn (Cotton)(kg SCE/ton)		476.24	339.71	349.69	291.94
每吨纱(线)混合数生产用电量(千瓦时/吨) Electric Power Consumption per ton of Gauze and Line (kwh/ton)	1803.98	1745.07	2686.04	3103.19	2298.77
每百米布混合数生产用电量(千瓦时/百米) Overall Energy Consumption per 100m of mixed Cloth (kwh/100m)	19.93	21.18	51.90	64.84	
万米布混合数综合能耗(千克标准煤/万米) Overall Energy Consumption per 10km of mixed Cloth (kg SCE/10km)		1155.82	1553.95	1519.90	1028.00
万米印染布综合能耗(千克标准煤/万米) Overall Energy Consumption per 10km of Printing and Dyeing (kg SCE/10km)		3949.09	2239.20	5518.89	5099.14
机制纸及纸板耗电(千瓦时/吨) Electric Power Consumption per ton of Machine made Paper and Paperboard (kwh/ton)	709.30	680.07	647.60	589.52	555.24
机制纸及纸板综合能耗(千克标准煤/吨) Overall Energy Consumption of Machine made Paper and Paperboard (kg SCE/ton)	538.32	410.50	421.33	295.70	262.42
炼焦工序单位能耗(千克标准煤/吨) Energy Consumption per Unit of Coking plant (kg SCE/ton)	192.47	163.74	151.54	138.42	133.12
单位油气产量综合能耗(千克标准煤/吨) Overall Energy Consumption per unit of Oil and Gas Output (kg SCE/ton)		132.02	94.79	85.77	89.97
单位油气产量耗电(千瓦时/吨) Electric Power Consumption per unit of Oil and Gas Output (kwh/ton)		166.38	151.24	150.24	142.24
原油(原料油)加工单位耗电(千瓦时/吨) Electric Power Consumption per ton of Machining Base oil (kwh/ton)	76.77	61.30	59.98	56.74	54.88
原油(原料油)加工单位综合能耗(千克标准油/吨) Overall Energy Consumption of Machining Base oil (kg toe/ton)	82.76	72.69	66.14	64.38	63.98
单位烧碱生产综合能耗(离子膜法30%)(千克标准煤/吨) Overall Energy Consumption per Unit of Manufacturing Caustic Soda (Ion Film 30%) (kg SCE/ton)	346.27	361.53	328.46	325.04	326.38
单位烧碱生产耗交流电(离子膜法30%)(千瓦时/吨) Electric Power Consumption per ton of Manufacturing Caustic Soda (Ion Film 30%)(kwh/ton)	2346.93	2188.72	2337.83	2360.67	2336.96
单位烧碱生产综合能耗(隔膜法30%)(千克标准煤/吨) Overall Energy Consumption per Unit of Manufacturing Caustic Soda (Partition Film 30%) (kg SCE/ton)	768.94	764.50	693.01	683.15	745.39

注：本表统计范围为年综合能源消费量1万吨标准煤及以上的工业企业。
a) The statistical objects of the sheet are the industrial enterprises each with an annual overall energy consumption of no less than 10000 t SCE.

主要耗能工业企业单位产品能源消耗情况（续一）

Energy Consumption per Unit of Product in Main Enterprises that Consume much Energy

指　标　Item	2007	2008	2009	2010	2011
单位烧碱生产耗交流电(隔膜法30%)(千瓦时/吨) Electric Power Consumption per ton of Manufacturing Caustic Soda (Partition Film 30%)(kwh/ton)	2467.48	2384.76	2389.64	2464.73	2429.65
单位烧碱生产综合能耗(离子膜法45%)(千克标准煤/吨) Overall Energy Consumption per Unit of Manufacturing Caustic Soda (Ion Film 45%) (kg SCE/ton)		460.29	394.80	420.12	405.60
单位烧碱生产耗交流电(离子膜法45%)(千瓦时/吨) Electric Power Consumption per ton of Manufacturing Caustic Soda (Ion Film 45%)(kwh/ton)		2254.26	2130.93	2325.93	2389.64
单位烧碱生产耗交流电(隔膜法96%)(千瓦时/吨) Electric Power Consumption per ton of Manufacturing Caustic Soda (Partition Film 96%) (kwh/ton)	242.51	248.31	238.27	265.90	
氨碱法单位纯碱生产综合能耗(千克标准煤/吨)) Overall Energy Consumption per Unit of Sodium carbonate in Ammonia soda Process (kg SCE/ton)		397.42	389.57	387.63	385.39
氨碱法单位纯碱生产耗电(千瓦时/吨) Electric Power Consumption per Unit of Sodium carbonate in Ammonia soda Process (kwh/ton)		59.96	56.48	57.73	58.08
单位合成氨生产综合能耗(千克标准煤/吨) Overall Energy Consumption per Unit of Manufacturing Compound ammonia (kg SCE/ton)	1551.93	1425.21	1345.92	1316.94	1328.33
每吨合成氨消耗天然气(立方米/吨) Natural Gas Consumption per ton of Manufacturing Compound ammonia (m³/ton)	1020.06	1000.05	993.96	987.77	995.99
每吨合成氨耗电(千瓦时/吨) Electric Power Consumption per ton of Manufacturing Compound ammonia (kwh/ton)	1520.79	1410.41	1437.27	1366.38	1227.61
每吨合成氨耗标准原料煤(7000千卡发热)(千克/吨) Standard Raw Coal Consumption per ton of Manufacturing Compound ammonia (kg/ton)	1223.22	1148.74	1068.83	1046.40	1055.48
每吨合成氨耗标准燃料煤(7000千卡发热)(千克/吨) Standard Fuel Coal Consumption per ton of Manufacturing Compound ammonia (kg/ton)	223.18	170.81	145.45	121.12	118.34
每吨粘胶纤维综合能耗(短纤)(千克标准煤/吨) Overall Energy Consumption per ton of Pectic-fibre (short fibre)(kg SCE/ton)		901.53	1088.59	1061.76	1068.38
每吨粘胶纤维用电量(短纤)(千瓦时/吨) Electric Power Consumption per ton of Pectic-fibre (short fibre)(kwh/ton)	1113.61	1136.94	1110.17	1074.97	1084.07
每吨粘胶纤维综合能耗(长丝)(千克标准煤/吨) Overall Energy Consumption per ton of Pectic-fibre (long silk)(kg SCE/ton)		5394.30	4956.13	4687.38	4880.78
每吨粘胶纤维用电量(长丝)(千瓦时/吨) Electric Power Consumption per ton of Pectic-fibre (long silk)(kwh/ton)	8198.34	8441.21	7799.29	7799.89	7578.49
每吨水泥熟料综合能耗(千克标准煤/吨) Energy Consumption per ton of Cement Ripe-material (kg SCE/ton)	142.52	134.82	125.85	112.14	109.41
每吨水泥熟料烧成标准煤耗(千克标准煤/吨) SCE Consumption per ton of Cement Ripe-material (kg SCE/ton)	133.65	125.32	115.77	109.83	107.03
每吨水泥熟料综合电耗(千瓦时/吨) Overall Electric Power Consumption per ton of Cement Ripe-material (kwh/ton)	79.01	75.56	75.30	78.86	67.77
每吨水泥综合能耗(千克标准煤/吨) Fully Energy Consumption for Cement (kg SCE/ton)	95.10	88.14	76.84	70.40	69.72

主要耗能工业企业单位产品能源消耗情况（续二）

Energy Consumption per Unit of Product in Main Enterprises that Consume much Energy

指　标　Item	2007	2008	2009	2010	2011
吨水泥标准煤耗(千克/吨) SCE Consumption per ton of Cement (kg/ton)		81.00	78.58	79.53	76.84
每吨水泥综合电耗(千瓦时/吨) Overall Electric Power Consumption per ton of Cement (kwh/ton)	86.37	84.69	79.79	78.86	77.92
每重量箱平板玻璃综合能耗(千克标准煤/重量箱) Energy Consumption per weight case of Plate Glass (kg SCE/weight case)	20.61	17.04	15.25	14.79	14.27
每重量箱平板玻璃耗电(千瓦时/重量箱) Electric Power Consumption per ton of Plate Glass (kwh/weight case)	8.29	7.75	7.53	6.79	5.39
每重量箱平板玻璃耗燃油(千克/重量箱) Fuel Oil Consumption per ton of Plate Glass (kg/weight case)		11.10	9.88	6.93	3.60
吨钢综合能耗(千克标准煤/吨) Energy Consumption per ton of Steel (kg SCE/ton)	608.23	604.58	565.43	562.49	571.81
吨钢耗电(千瓦时/吨) Electric Power Consumption per ton of Steel (kwh/ton)	346.91	388.63	391.58	405.07	419.67
炼铁工序单位能耗(千克标准煤/吨) Energy Consumption per Unit of Ferrosilicon Processes (kg SCE/ton)	461.75	434.67	407.37	403.48	397.50
铁矿烧结工序单位能耗(千克标准煤/吨) Energy Consumption per Unit of Iron Ore Sintering Processes (kg SCE/ton)		53.53	50.50	48.89	46.48
转炉炼钢工序单位能耗(千克标准煤/吨) Energy Consumption per Unit of Converter Steelmaking Processes (kg SCE/ton)	10.27	9.69	5.24	2.36	
电炉炼钢工序单位能耗(千克标准煤/吨) Energy Consumption per Unit of EAF Steelmaking Processes (kg SCE/ton)	77.69	89.80	151.28	125.42	125.99
电炉炼钢综合电力消耗(千瓦时/吨) Electric Power Consumption per ton of EAF Steelmaking (kwh/ton)	359.25	423.20	583.98	505.61	430.65
轧钢工序单位能耗(千克标准煤/吨) Energy Consumption per Unit of Steel Rolling Processes (kg SCE/ton)	59.01	60.17	54.90	52.31	51.96
轧钢工序电力消耗(千瓦时/吨) Electric Power Consumption per ton of Steel rolling (kwh/ton)	102.77	78.32	77.38	78.87	80.78
吨钢耗新水(吨/吨) Fresh Water Consumption per ton of Steel (ton/ton)	3.34	3.15	3.00	3.04	2.97
单位粗铜综合能耗(千克标准煤/吨) Energy Consumption per Unit of Crude Copper (kg SCE/ton)	821.76	719.08	592.96	697.06	682.82
吨铝加工材消耗电量(千瓦时/吨) Electric Power Consumption per ton of Machining Aluminum (kwh/ton)	1746.47	1692.03	1915.76	1534.36	1515.62
吨铝加工材消耗能源量(千克标准煤/吨) Energy Consumption per ton of Machining Aluminum (kg SCE/ton)	504.36	428.59	470.34	433.04	416.42
火力发电标准煤耗(克标准煤/千瓦时) SEC Consumption of Firepower Generate Electricity (g SCE/kwh)	333.27	326.50	318.87	314.48	310.89
火力发电供电标准煤耗(克标准煤/千瓦时) Power-supply SEC Consumption of Firepower Generate Electricity (g SCE/kwh)	356.39	351.77	341.05	337.40	332.93
发电厂用电率(%) Electro-rate of Power plant (%)	6.70	6.74	6.75	6.79	6.44

财政收支总额及增长速度

Government Revenue and Expenditure and Growth Rates

单位：亿元　　　　(100 million yuan)

年份 Year	财政总收入 Total Government Revenue	#地方一般预算收入 Local Government Budgetary Revenue	财政支出 Government Expenditure	比上年增长(%) Growth Rate over preceding year (%) 财政总收入 Total Government Revenue	#地方一般预算收入 Local Government Budgetary Revenue	财政支出 Government Expenditure
1978	45.10		32.44	38.0		2.9
1979	42.87		34.22	4.9		5.5
1980	35.02		28.36	-18.3		-17.1
1981	34.10		23.29	-2.6		-17.9
1982	31.78		25.94	-6.8		11.4
1983	36.39		28.27	14.5		9.0
1984	39.11		35.86	7.5		26.9
1985	45.15		41.66	15.4		16.2
1986	51.17		53.82	13.3		29.2
1987	57.62		53.33	12.3		-0.9
1988	64.78		67.52	12.4		26.6
1989	76.12		72.30	17.5		7.1
1990	81.15		87.29	6.6		20.7
1991	90.66		91.14	11.7		4.4
1992	101.17		101.19	11.6		11.0
1993	144.21		142.26	42.5		40.6
1994	182.16	95.22	160.84	26.3		13.1
1995	214.12	119.95	191.18	17.5	26.0	18.9
1996	258.57	151.78	231.90	20.8	26.5	21.3
1997	297.34	176.07	270.46	15.0	16.0	16.6
1998	341.86	206.76	301.55	14.9	17.4	11.5
1999	367.20	223.28	350.80	7.4	8.0	16.3
2000	397.60	248.76	415.54	8.3	11.4	18.5
2001	448.40	283.50	514.18	12.8	14.0	23.7
2002	544.86	302.31	576.59	12.6	6.6	12.1
2003	634.94	335.83	646.74	16.6	11.1	12.2
2004	778.33	407.83	785.56	22.6	21.4	21.5
2005	1035.20	515.70	979.16	33.0	26.5	24.6
2006	1223.46	620.53	1180.36	18.2	20.3	20.5
2007	1528.92	789.12	1506.65	25.0	27.2	27.6
2008	1824.00	947.59	1881.67	19.3	20.1	24.9
2009	2020.77	1067.12	2347.59	10.8	12.6	24.8
2010	2409.00	1331.85	2820.24	19.3	24.8	20.1
2011	3017.59	1737.77	3537.39	25.3	30.5	25.4

各时期地方财政收支及指数
Local Revenue and Expenditures and Indices by Period

时　期（年份）	Period (Year)	地方财政收入（万元）Local Revenue (10000 yuan)	地方财政支出（万元）Local Expenditure (10000 yuan)	平均增长(%) Average Annual Growth Rate (%)	
				地方财政收入 Local Revenue	地方财政支出 Local Expenditure
"一五"时期	The "First five-year Plan" Period	311571	207744	8.56	22.00
"二五"时期	The "Second five-year Plan" Period	839252	640968	9.96	2.98
1963－1965	1963-1965	313804	306963	4.78	17.98
"三五"时期	The "Third five-year Plan" Period	715957	475430	10.67	4.68
"四五"时期	The "Fourth five-year Plan" Period	1302940	891644	8.13	11.51
"五五"时期	The "Fifth five-year Plan" Period	1840251	1539005	2.89	6.28
"六五"时期	The "Sixth five-year Plan" Period	1865313	1550232	5.21	7.99
"七五"时期	The "Seventh five-year Plan" Period	3304361	3392465	12.44	15.94
"八五"时期	The "Eighth five-year Plan" Period	5512131	6881072	8.13	16.98
"九五"时期	The "Nine five-year Plan" Period	10066483	15702429	15.71	16.80
"十五"时期	The "Tenth five-year Plan" Period	18451644	35022310	15.70	18.70
"十一五"时期	The "Eleventh five-year Plan" Period	47562174	97365101	20.90	23.55
"十二五"时期	The "Twelfth five-year Plan" Period	17377664	35373920	30.48	25.43
1979－2011	1979－2011	104922738	195848361	11.29	15.12
1991－2011	1991－2011	98970096	190329832	15.23	19.22
2001－2011	2001－2011	83391482	167761361	18.68	21.59

预算外资金收入与支出
Extra-budgetary Revenue and Expenditures

单位：亿元 (100 million yuan)

年　份 Year	预算收入 Budget Revenue	预算外收入 Off-budget Revenue	地方财政预算外资金 Extra-budgetary Funds of Local Finance	行政事业单位预算外资金 Extra-budgetary Funds of Administrative Institutions	其　他预算外资金 Other Extra-budgetary Funds	预算外收入相当于预算收　入(%) Ratio of the Off-budget Revenue to the Budget Revenue	预算外支出 Expenditure out of Budget
1980	35.02	18.93	2.74	4.74	11.45	54.05	19.15
1985	45.15	39.86	2.45	9.59	27.81	88.28	36.46
1990	81.15	80.01	3.43	26.91	49.67	98.60	80.79
1995	119.95	92.29	13.06	79.24		76.94	89.97
1996	151.78	158.05	13.69	88.40	55.96	104.13	152.11
1997	176.07	138.13	4.31	72.22	61.60	78.45	133.33
1998	206.76	104.65		85.99	18.66	50.61	97.67
1999	223.28	113.98		80.49	33.49	51.05	107.21
2000	248.76	117.53		78.47	39.06	47.25	110.00
2001	283.50	140.79		106.43	34.36	49.66	129.75
2002	302.31	126.01		114.10	11.91	41.68	119.86
2003	335.83	147.33		136.3	11.03	43.87	147.33
2004	407.83	178.52		159.40	19.12	43.77	161.03
2005	515.70	206.80		181.16	25.56	40.10	191.88
2006	620.53	223.40		205.45	17.95	36.00	215.80
2007	789.12	247.85		219.70	28.15	31.41	208.14
2008	947.59	268.34		240.39	27.95	28.32	256.50
2009	1067.12	267.04		243.66	23.38	25.02	276.98
2010	1331.85	158.80		134.99	23.81	11.92	163.02
2011	1737.77	107.44		94.06	13.38	6.18	102.01

注：2004年预算外收入为预算外财政专户资金收入。

a) The off-budget revenue of 2004 refer to the revenue of the special account for extra-budgetary funds.

分项目地方财政收支

Local Revenue and Expenditures by Item

单位：亿元 (100 million yuan)

项 目	Item	2009		2010		2011	
		金额 Amount	比重(%) Percentage	金额 Amount	比重(%) Percentage	金额 Amount	比重(%) Percentage
地方财政总收入	**Local Revenue**	**1067.12**	**100.00**	**1331.85**	**100.00**	**1737.77**	**100.00**
税收收入	Tax Revenue	839.33	78.65	1074.04	80.64	1348.51	77.60
增值税	Value-added Tax	190.64	17.86	203.84	15.31	229.85	13.23
营业税	Operation Tax	268.05	25.12	362.65	27.23	457.27	26.31
企业所得税	Enterprises' Income Tax	117.75	11.03	145.93	10.96	199.08	11.46
个人所得税	Individual Income Tax	42.41	3.97	47.05	3.53	57.39	3.30
城建税	Tax on City Construction	51.15	4.79	64.30	4.83	87.84	5.05
资源税	Tax on Natural Resources	23.61	2.21	25.77	1.93	32.77	1.89
房产税	Tax on Real Estates	19.29	1.81	21.27	1.60	28.23	1.62
城镇土地使用税	Tax on the Use of Urban Land	33.38	3.13	34.49	2.59	45.55	2.62
耕地占用税	Tax on the Occupancy of Cultivated Land	13.13	1.23	21.44	1.61	25.57	1.47
契 税	Contract Tax	39.91	3.74	79.65	5.98	84.78	4.88
其他税收收入	Other Tax	40.01	3.76	67.65	5.07	100.18	5.77
非税收收入	Non-tax Revenue	227.79	21.35	257.81	19.36	389.26	22.40
行政事业性收费收入	Income from Administrative Fees	49.81	4.67	66.09	4.96	118.25	6.80
地方财政总支出	**Total Expenditure Of Local Finance**	**2347.59**	**100.00**	**2820.24**	**100.00**	**3537.39**	**100.00**
一般公共服务	General Public Services	346.49	14.76	358.13	12.70	414.93	11.73
国 防	National Defenses	4.51	0.19	7.08	0.25	11.55	0.33
公共安全	Public Security	151.20	6.44	176.08	6.24	200.98	5.68
教 育	Education	439.33	18.71	514.30	18.24	652.11	18.43
科学技术	Science and Technology	26.43	1.13	29.65	1.05	33.22	0.94
文化体育与传媒	Culture, Sports and Communications	38.02	1.62	37.09	1.32	50.45	1.43
社会保障和就业	Social Security and Employment	317.42	13.52	358.78	12.72	426.23	12.05
医疗卫生	Medical Treatment and Health	174.68	7.44	235.48	8.35	302.75	8.56
环境保护	Environment Protection	104.20	4.44	115.16	4.08	105.48	2.98
城乡社区事务	Affairs of Urban and Rural Communities	149.57	6.37	178.75	6.34	239.37	6.77
农林水事务	Affairs of Agriculture, Forestry and Water Resources	264.78	11.28	312.66	11.09	366.10	10.35
交通运输	Transport	161.07	6.86	155.72	5.52	261.36	7.39
其他支出	Other Expenditures	169.89	7.24	341.36	12.10	472.86	13.36

注：2011年“环境保护”口径调整为“节能环保”。

a) The statistic scale of "Environmental Protection" had been changed to "Energy Saving" in year 2011.

各种价格指数（上年=100）
General Price Indices (Preceding Year=100)

年份 Year	居民消费价格指数 Consumer Price Index	城市居民消费价格指数 Urban Areas	农村居民消费价格指数 Rural Areas	商品零售价格指数 Retail Price Index	工业品出厂价格指数 Ex-factory Price Indices of Industrial Products	原材料、燃料、动力购进价格指数 Purchasing Price Indices of Raw Material, Fuel and Power	固定资产投资价格指数 Investment in Fixed Assets Price Index
1978		100.2		99.8			
1979		101.7		101.4			
1980		107.2		105.3			
1981		103.2		102.1			
1982		100.9		101.5			
1983		102.0		101.4			
1984	102.5	103.1	102.1	103.4			
1985	106.8	108.9	105.7	106.8			
1986	105.7	106.0	105.4	105.2			
1987	107.8	108.2	107.4	108.3			
1988	118.0	118.3	117.8	118.1			
1989	118.7	115.9	122.2	118.4			
1990	100.6	101.2	99.9	99.9			
1991	103.4	106.6	101.6	102.8			106.8
1992	106.1	108.5	103.9	105.2	108.6	111.4	129.3
1993	113.8	115.5	111.9	110.5	129.1	134.9	124.8
1994	122.6	124.9	120.0	121.4	119.2	119.9	110.0
1995	115.2	116.1	114.8	115.8	111.4	110.9	106.9
1996	107.1	107.6	106.8	106.2	102.9	106.3	103.9
1997	103.5	103.7	103.4	102.1	98.8	102.1	101.5
1998	98.4	98.7	98.1	97.7	94.4	96.2	97.8
1999	98.1	98.7	97.6	97.8	95.9	95.4	99.4
2000	99.7	100.5	99.1	99.1	105.3	103.3	101.1
2001	100.5	100.4	100.6	99.8	99.8	101.0	99.9
2002	99.0	98.6	99.5	99.2	99.4	97.2	99.5
2003	102.2	102.3	102.0	100.2	107.1	109.4	102.3
2004	104.3	103.7	104.8	103.2	111.6	118.4	107.0
2005	101.8	101.4	102.2	101.1	104.4	107.0	101.9
2006	101.7	101.7	101.7	101.5	100.8	105.0	101.7
2007	104.7	104.3	105.1	104.1	106.9	107.8	103.8
2008	106.2	105.2	108.1	106.7	116.7	115.9	109.6
2009	99.3	98.8	100.3	99.0	89.1	93.5	96.5
2010	103.1	102.8	103.6	103.1	109.0	110.9	103.7
2011	105.7	105.3	106.5	105.0	107.7	110.9	105.5

各种价格定基指数
Fixed-base Price Indices

年 份 Year	居民消费价格指数 Consumer Price Index (1983=100)	城市居民消费价格指数 Urban Areas (1978=100)	农村居民消费价格指数 Rural Areas (1983=100)	商品零售价格指数 Retail Price Index (1978=100)	工业品出厂价格指数 Ex-factory Price Indices of Industrial Products (1991=100)	原材料、燃料、动力购进价格指数 Purchasing Price Indices of Raw Material, Fuel and Power (1991=100)	固定资产投资价格指数 Investment in Fixed Assets Price Index (1990=100)
1979		101.7		101.4			
1980		109.0		106.8			
1981		112.5		109.0			
1982		113.5		110.6			
1983		115.8		112.1			
1984	102.5	119.4	102.1	115.9			
1985	109.5	130.0	107.9	123.8			
1986	115.7	137.8	113.7	130.2			
1987	124.7	149.1	122.1	141.0			
1988	147.1	176.4	143.8	166.5			
1989	174.6	204.4	175.7	197.1			
1990	175.6	206.9	175.5	196.9			
1991	181.6	220.6	178.3	202.4			106.8
1992	192.7	239.4	185.3	212.9	108.6	111.4	138.0
1993	219.3	276.5	207.4	235.3	140.3	150.3	172.2
1994	268.9	345.3	248.9	285.7	167.1	180.3	189.5
1995	309.8	400.9	285.7	330.8	186.2	200.0	202.5
1996	331.8	431.4	305.1	351.3	191.6	212.6	210.4
1997	343.4	447.4	315.5	358.7	189.3	217.1	213.5
1998	337.9	441.6	309.5	350.4	178.8	208.8	208.8
1999	331.5	435.9	302.1	342.7	171.5	199.1	207.6
2000	330.5	438.1	299.4	339.6	180.5	205.6	209.9
2001	332.2	439.9	301.2	338.9	180.3	207.7	209.6
2002	328.9	433.7	299.7	336.2	179.2	202.0	208.6
2003	336.1	443.7	305.7	336.9	192.0	221.0	213.4
2004	350.6	460.1	320.4	347.7	214.1	261.6	228.3
2005	356.9	466.5	327.4	351.5	223.5	280.0	232.7
2006	363.0	474.4	333.0	356.8	225.3	293.9	236.6
2007	380.0	495.0	349.9	371.3	240.9	316.7	245.6
2008	403.5	520.7	378.4	396.3	281.0	367.1	269.2
2009	400.8	514.6	379.7	392.3	250.3	343.2	259.8
2010	413.1	529.1	393.4	404.5	272.8	380.6	269.4
2011	436.7	557.2	418.9	424.7	293.8	422.1	284.2

居民消费价格分类指数（2011年）(上年=100)

Consumer Price Indices by Category (2011) (Preceding Year=100)

项　　目	Item	全省 Provincial Indices	城市 Urban Indices	农村 Rural Indices
居民消费价格指数	**Consumer Price Index**	**105.7**	**105.3**	**106.5**
食　品	**Food**	**112.2**	**111.5**	**113.6**
粮　食	Grain	109.4	109.5	109.2
淀粉及制品	Starches and Its Products	126.9	124.6	130.5
干豆类及豆制品	Beans and Bean Products	102.8	100.7	107.2
油　脂	Oil or Fat	110.6	109.8	111.7
肉禽及其制品	Meat, Poultry and Processed Products	125.6	123.9	129.0
蛋	Eggs	114.7	115.9	113.5
水产品	Aquatic Products	115.6	115.2	116.8
菜	Vegetables	100.1	99.2	102.6
调味品	Flavoring	103.8	105.2	101.5
糖	Carbohydrate	109.8	110.8	107.8
茶及饮料	Tea and Beverages	103.8	104.3	102.8
干鲜瓜果	Dried and Fresh Melons and Fruits	123.9	123.4	125.0
糕点饼干面包	Cake, Biscuit and Bread	107.8	108.0	107.5
液体乳及乳制品	Milk and Its Products	103.5	103.4	103.8
在外用膳食品	Dining Out	107.0	106.6	107.8
其他食品	Other Foods and Manufacturing Services	108.2	111.4	104.8
烟　酒	**Tobacco, Liquor and Articles**	**103.3**	**103.8**	**102.5**
烟　草	Tobacco	100.5	100.5	100.5
酒	Liquor	105.8	106.7	104.4
衣　着	**Clothing**	**101.2**	**101.5**	**100.3**
服　装	Garments	102.1	102.6	100.7
衣着材料	Clothing Material	116.0	117.2	113.5
鞋袜帽	Footgear and Hats	98.1	97.9	98.8
衣着加工服务费	Clothing Manufacturing Service	110.4	112.0	104.1
家庭设备用品及维修服务	**Household Facilities, Articles and Services**	**101.8**	**101.4**	**102.4**
耐用消费品	Durable Consumer Goods	100.0	99.6	100.7
室内装饰品	Interior Decorations	102.8	102.8	102.8
床上用品	Bed Articles	103.2	101.1	107.5
家庭日用杂品	Daily Use Household Articles	103.7	103.8	103.7
家庭服务及加工维修服务	Household Services and Maintenance and Renovation	106.7	107.4	105.3
医疗保健和个人用品	**Health Care and Personal Articles**	**103.0**	**102.9**	**103.2**
医疗保健	Health Care	102.4	102.5	102.3
个人用品及服务	Personal Articles and Services	104.6	104.3	105.2
交通和通信	**Transportation and Communication**	**100.2**	**99.6**	**101.1**
交　通	Transportation	102.1	101.4	103.0
通　信	Communication	98.0	97.7	98.6
娱乐教育文化用品及服务	**Recreation, Education and Culture Articles**	**100.5**	**100.7**	**100.0**
文娱用耐用消费品及服务	Durable Consumer Goods for Cultural and Recreational Use and Services	92.8	92.6	93.4
教　育	Education	100.9	100.9	100.8
文化娱乐类	Cultural and Recreational Articles	101.8	101.7	102.1
旅　游	Touring and Outing	108.9	109.2	105.8
居　住	**Residence**	**106.9**	**106.2**	**108.1**
建房及装修材料	Building Decoration Materials	105.0	103.0	107.0
住房租金	Housing rents	108.4	109.0	106.3
自有住房	Private Housing	108.5	108.2	109.3
水、电、燃料	Water, Electricity and Fuels	104.9	102.8	107.5

商品零售价格分类指数（2011年)(上年=100)

Retail Price Indices by Category of Commodities (2011) (Preceding Year=100)

项　　目	Item	全　省 Provincial Indices	城　市 Urban Indices	农　村 Rural Indices
商品零售价格指数	**Retail Price Index**	**105.0**	**104.7**	**106.0**
食　品	Food	112.2	111.8	113.6
饮料、烟酒	Beverages, Tobacco and Liquor	103.4	103.8	102.5
服装、鞋帽	Garments, Shoes and Hats	100.9	101.1	100.2
纺织品	Textiles	107.3	107.2	107.5
家用电器及音像器材	Household Appliances, Music and Video Equipment	95.9	95.3	97.9
文化办公用品	Cultural and Office Appliances	97.4	97.3	97.6
日用品	Articles for Daily Use	103.4	103.1	104.3
体育娱乐用品	Sports and Recreation Articles	101.7	102.1	100.7
交通、通信用品	Transportation and Communication Appliances	96.3	95.9	97.7
家　具	Furniture	102.2	102.3	101.8
化妆品	Cosmetics	102.3	102.2	102.5
金银珠宝	Gold, Silver and Jewelry	113.7	112.1	120.8
中西药品及医疗保健用品	Traditional Chinese and Western Medicines and Health Care Articles	103.9	103.4	105.7
书报杂志及电子出版物	Books, Newspapers, Magazines and Electronic Publications	100.8	101.0	100.3
燃　料	Fuels	111.6	111.5	112.0
建筑材料及五金电料	Building Materials and Hardware	105.0	104.4	106.4

居民消费和商品零售价格指数（2011年）

Consumer Price Indices and Retail Price Indices of Commodities (2011)

项　　目 Item	居民消费价格指数 Consumer Price Index			商品零售价格指数 Retail Price Index			农业生产资料价格指数 Price Indices of Agricultural Means of Production Index
	全　省 Provincial Indices	城　市 Urban Indices	农　村 Rural Indices	全　省 Provincial Indices	城　市 Urban Indices	农　村 Rural Indices	
1950=100		612.5		484.2	497.8	482.8	522.3
1957=100		502.3		392.3	406.0	397.1	448.6
1965=100		565.8		414.3	466.6	392.2	503.6
1970=100		564.7		417.9	463.9	398.7	531.7
1978=100		557.1		424.8	457.3	412.0	601.8
1980=100		510.6		398.3	418.5	393.2	597.7
1985=100	399.0	428.3	388.3	343.2	351.4	344.9	510.4
1990=100	248.2	269.3	238.4	215.7	223.3	214.3	312.7
1995=100	140.9	138.9	146.4	128.4	123.2	134.0	192.6
2000=100	132.1	127.2	139.8	125.1	119.6	131.4	174.2
2005=100	122.4	119.4	127.9	120.8	117.8	124.5	152.3
2010=100	105.7	105.3	106.5	105.0	104.7	106.0	112.6

农业生产资料价格分类指数（上年=100）
Price Indices of Agricultural Means of Production by Category (Preceding Year=100)

项　　目	Item	2000	2005	2009	2010	2011
农业生产资料价格指数	**Price Indices of Agricultural Means of Production Index**	**101.5**	**106.8**	**100.6**	**104.4**	**112.6**
农用手工工具	Farm Hand tools	98.8	100.5	104.9	105.0	105.1
饲　料	Forage	96.2	99.2	100.5	108.2	108.4
产品畜	Production Livestock	113.5	106.2	89.1	105.0	153.6
半机械化农具	Labour Livestock	99.1	99.9	100.8	99.9	108.2
机械化农具	Semi-mechanized Farm Tools	97.7	101.3	102.2	101.8	111.1
化学肥料	Mechanized Farm Machinery	95.0	112.0	101.2	100.2	111.8
农药及农药械	Chemical Fertilizer	97.7	101.2	100.7	97.6	105.0
农用机油	Pesticide and Its Appliances	120.3	116.6	90.2	115.2	113.4
其他农业生产资料	Oil for Farm Machinery	97.8	108.6	100.0	108.0	113.0
农业生产服务	Other Means of Agricultural Production			111.2	103.1	107.4

工业品出厂价格分类指数（上年＝100）
Ex-factory Price Indices of Industrial Products (Preceding Year=100)

项　　目	Item	2000	2005	2009	2010	2011
全部工业品	**Total Industry Products**	**105.27**	**104.39**	**89.08**	**109.03**	**107.67**
轻工业	Light Industry	99.17	100.66	97.38	104.69	107.59
以农产品为原料	Agricultural Products as Raw Materials	100.44	99.8	96.51	106.77	109.09
以非农产品为原料	Non-agricultural Products as Raw Materials	95.27	101.62	98.37	102.40	102.00
重工业	Heavy Industry	107.92	107.13	85.50	110.90	107.69
采　掘	Mining and Quarrying Industry	135.25	122.89	74.85	123.56	115.97
原　料	Raw Materials Industry	106.76	106.15	86.67	111.28	108.42
加　工	Processing Industry	98.53	102.96	86.74	107.88	106.14
生产资料	Means of Production	106.98	105.15	87.83	109.82	108.09
采　掘	Mining and Quarrying Industry	132.56	122.85	77.97	120.15	115.97
原　料	Raw Materials Industry	105.95	105.22	87.04	111.55	108.76
加　工	Processing Industry	99.20	102.01	90.37	106.67	106.75
生活资料	Consumer Goods	98.44	100.63	96.75	104.16	105.15
食　品	Food	95.96	100.35	95.99	106.08	108.28
衣　着	Clothing	101.82	100.48	100.12	101.61	103.79
一般日用品	Articles for Daily Use	97.49	102.01	96.30	100.74	101.20
耐用消费品	Durable Consumer Goods	98.75	100.98	99.40	103.21	102.12

主要原材料、燃料、动力购进价格指数（上年=100）
Purchasing Price Indices of Major Raw Material, Fuel and Motive (Preceding Year=100)

项　　目	Item	2000	2005	2009	2010	2011
全部原材料	**Total Raw Materials**	**103.31**	**107.02**	**93.49**	**110.85**	**110.92**
燃料、动力类	Fuel and Power	107.50	115.70	97.22	113.46	113.03
黑色金属材料类	Ferrous Metals	100.10	107.27	82.53	111.08	110.16
＃钢　材	Steel Products	102.78	104.89	84.05	103.55	105.22
其　他	Others	99.46	110.61	78.99	119.09	112.12
有色金属材料和电线类	Nonferrous Metals	115.59	111.26	86.49	120.24	110.12
化工原料类	Raw Chemical Materials	104.56	106.76	91.70	113.19	110.34
木材及纸浆类	Timber and Paper Pulp	102.57	103.35	96.98	105.57	104.43
建筑材料及非金属矿类	Building Materials and Nonmetal Ores	111.17	104.03	101.78	100.29	105.34
其他工业原料及半成品类	Other Industrial Raw Materials and Semi-finished Products	94.65	105.83	95.25	107.73	107.73
农副产品类	Agricultural Products	94.79	98.90	94.94	111.89	119.52
纺织原料类	Textile Materials	109.95	97.19	96.80	109.99	111.76

固定资产投资价格指数（上年=100）
Price Indices of Investment in Fixed Assets (Preceding Year=100)

年　份 Year	固定资产投资 Investment in Fixed Assets	建筑安装工程 Construction and Installation	设备、工器具购置 Purchase of Equipment, Tools and Instruments	其他费用 Others
1991	106.8	104.1	110.5	107.2
1992	129.3	131.2	122.0	148.3
1993	124.8	133.0	121.0	86.0
1994	110.0	108.1	110.1	123.2
1995	106.9	106.0	106.2	115.1
1996	103.9	106.0	100.0	101.9
1997	101.5	105.0	95.0	101.2
1998	97.8	99.4	94.4	98.5
1999	99.4	100.0	96.4	104.3
2000	101.1	102.3	98.4	100.9
2001	99.9	100.6	97.9	100.4
2002	99.5	100.0	98.0	100.3
2003	102.3	104.2	98.5	101.4
2004	107.0	109.6	103.6	102.1
2005	101.9	101.8	101.9	102.0
2006	101.7	101.6	101.6	102.0
2007	103.8	105.4	100.7	102.4
2008	109.6	113.9	101.6	105.8
2009	96.5	94.7	97.4	102.3
2010	103.7	105.0	101.2	102.8
2011	105.5	107.9	101.6	101.9

农产品生产价格指数（上年=100）
Production Price Indices of Farm Produces (Preceding Year=100)

指　　标	Item	2005	2006	2007	2008	2009	2010	2011
农产品生产价格指数	**General Price Index of Farm Products**	**102.45**	**100.22**	**116.15**	**108.98**	**99.70**	**115.13**	**110.86**
农业产品	**Planting Products**	**103.85**	**102.27**	**110.99**	**104.97**	**102.40**	**124.07**	**105.98**
谷　物(原粮)	Cereal	98.03	101.58	112.24	103.48	102.02	114.22	107.66
小　麦	Wheat	100.25	98.77	106.72	105.58	111.34	109.67	102.72
稻　谷	Rice	107.02	104.59	104.35	105.21	107.20	116.72	110.02
玉　米	Corn	95.90	103.43	116.68	105.97	95.00	117.35	111.02
薯　类	Tubers	111.47	105.59	105.91	86.83	97.96	136.55	81.17
豆　类	Beans	92.69	98.23	116.02	130.40	89.49	106.60	102.61
大　豆	Beans	96.60	98.16	116.38	130.40	89.49	106.02	104.32
油　料	Oil-bearing Crops	98.75	102.24	120.20	105.47	86.20	120.66	109.76
棉　花(籽棉)	Cotton (Unginned Cotton)	104.86	98.05	110.05	98.63	91.67	150.97	100.63
蔬　菜	Fresh Vegetables	106.03	103.86	113.96	99.54	115.61	116.73	107.85
水　果	Fruits	113.25	106.43	105.61	113.72	109.45	122.69	105.97
瓜果类	Melon and Fruit	113.51	94.73	117.97	95.89	132.45	90.64	105.57
其他水果	Other Fruits	114.41	100.68	107.86	116.59	113.34	118.97	103.69
林业产品	**Forestry Products**	**100.58**	**118.77**	**105.09**	**88.96**	**104.30**	**108.05**	**106.96**
牧　业(畜产品)	**Animal Husbandry (Livestock Products)**	**100.40**	**97.05**	**123.36**	**115.45**	**95.79**	**103.63**	**116.50**
牛	Cattle and Buffaloes	100.24	106.88	119.31	116.73	99.59	102.61	112.08
羊	Sheep and Goats	100.17	100.90	118.54	117.66	102.15	105.45	116.63
奶　类	Milk	100.10	102.75	107.31	117.93	88.71	117.90	103.92
毛绒类	Fur and Down	94.53	99.28	114.47	89.63	114.74	118.23	112.05
猪的饲养	Pig Feeding	98.50	93.32	132.09	121.32	85.21	99.47	129.49
肉　禽(毛重)	Poultry for Eating (gross weight)	103.92	94.06	117.86	105.54	100.28	104.88	105.27
禽　蛋	Poultry Eggs	103.08	92.65	123.07	104.05	102.69	109.22	107.70
渔　业	**Fishery**	**107.08**	**97.73**	**111.98**	**102.36**	**103.77**	**125.07**	**111.62**
海水水产品	Seawater Aquatic Products	110.55	97.34	114.15	94.55	108.62	141.79	107.34
内陆水域水产品	Inland Waterways Aquatic Products	100.28	98.48	107.75	117.64	94.29	109.44	117.51

人民物质文化生活提高情况

项　　目	Item	1990	1995	2000
收入与支出(元)	**Income and Expenditure (yuan)**			
职工平均工资	Annual Average Wages of Staff and Workers	2019	4839	7043
城镇居民家庭人均可支配收入(抽样调查)	Per Capita Annual Disposable Income of Urban Households	1397.4	3991.7	5661.2
城镇居民人均消费支出	Per Capita Annual Living Expenditure of Urban Households	1278.0	3256.8	4348.5
农民人均纯收入(抽样调查)	Annual Per Capita Net Income of Rural Residents	621.7	1668.7	2478.9
农民人均生活费支出	Per Capita Annual Living Expenditure of Rural Households	456.8	1104.3	1365.2
居住条件(平方米)	**Residence Condition (sq.m)**			
城镇居民人均现住房总建筑面积	Per Capita Floor Space of Houses in Urban Areas	9.18	11.43	15.42
农村居民平均每人居住面积	Per Capita Floor Space of Houses in Rural Areas	17.34	21.53	22.87
交　通(辆)	**Traffic (unit)**			
城市每万人拥有公共车辆(省辖市区)	Number of Buses per 10000 persons in Cities	2.37	3.94	7.97
储　蓄	**Savings**			
城乡居民储蓄存款年底余额(亿元)	Balance of Savings Deposit of Rural and Urban Residents (year-end) (100 million yuan)	504.59	1811.23	3957.06
人均储蓄存款年底余额(元)	Per Capita Balance of Saving Deposit (yuan)	819.3	2814.0	5955.8
文　化(台)	**Culture (unit)**			
城镇居民每百户拥有彩色电视机	Number of Color TV Sets Per 100 Households in Urban Areas	68	92	112
农村居民每百户拥有彩色电视机	Number of Color TV Sets Per 100 Households in Rural Areas	6	23	65
城镇居民每百户拥有电冰箱	Number of Refrigerator Sets Per 100 Households in Urban Areas	49	77	84
农村居民每百户拥有电冰箱	Number of Refrigerator Sets Per 100 Households in Rural Areas	1	6	22
教　育	**Education**			
学龄儿童入学率(%)	Enrollment Ratio of School-Age Children (%)	99.0	99.2	99.9
每万人口拥有当年大学生毕业生数(人)	Number of University Students per 10000 persons (person)	3.8	5.7	6.2
卫　生	**Public Health**			
每万人口拥有病床(张)	Number of Hospital Beds per 10000 Persons (unit)	23.9	24.8	25.4
每万人口拥有医生(人)	Number of Doctors per 10000 Persons (person)	14.5	14.6	13.8
就　业(抽样调查)(人)	**Employment (person)**			
城镇每一就业者负担人数(含本人)	Number of Dependents per Urban Employee (including the laborer himself or herself)	1.65	1.67	1.83
农村每一劳动力负担人数	Number of Dependents per Rural Employee	1.50	1.56	1.50

注：城镇人均居住面积2007年为人均住房建筑面积,以前年份为人均住房使用面积。

Improvement in People's Material and Cultural Life

2001	2002	2003	2004	2005	2006	2007	2008	2009	2010	2011
7864	8959	11189	12925	14707	16590	19911	24756	28383	32306	36166
5984.8	6678.7	7239.1	7951.3	9107.1	10304.6	11690.5	13441.1	14718.3	16263.4	18292.2
4479.8	5068.4	5439.7	5819.2	6699.7	7343.5	8235.0	9086.7	9678.8	10318.3	11609.3
2603.6	2685.2	2853.3	3171.1	3481.6	3801.8	4293.4	4795.5	5149.7	5958.0	7119.7
1429.8	1476.4	1600.1	1834.9	2165.7	2495.3	2786.8	3125.6	3349.7	3844.9	4711.2
15.75	18.74	18.91	19.33	21.53	21.81	30.45	29.51	29.95	30.52	32.21
24.08	24.90	25.55	26.08	28.35	29.13	30.11	30.71	31.94	32.23	34.11
6.3	6.5	6.65	6.89	7.30	8.70	8.98	9.79	11.00	11.90	13.55
4364.18	4811.30	5457.00	6207.48	7084.03	8014.16	8922.41	11435.60	13551.06	15678.43	17948.32
6526.9	7162.9	8082.0	9143.5	10372.3	11657.8	12892.7	16416.3	19327.0	22038.8	24867.8
116	121	122	127	124	127	126	118	118	118	116
72	77	80	84	102	106	110	114	116	117	122
86	91	92	95	92	94	101	96	97	98	98
24	25	27	28	31	33	36	38	41	50	
99.5	99.5	99.4	98.4	99.7	99.4	99.4	99.7	99.7	99.8	99.8
6.9	9.3	15.9	21.1	25.0	30.2	34.8	38.2	38.8	42.5	43.1
25.8	25.5	23.5	23.3	23.8	25.2	28.2	30.7	33.1	34.7	37.4
14.1	12.4	12.3	12.4	12.3	12.7	15.6	15.7	16.3	17.1	17.3
1.86	1.97	1.95	1.93	1.94	1.91	1.85	2.02	2.02	2.05	2.04
1.49	1.47	1.43	1.41	1.40	1.38	1.36	1.36	1.34	1.34	1.35

a) Per Capita Floor Space in the Urban Areas in 2007 was defined as per capita floor rent area, while it had been defined as per capita usable floor area before 2007.

城乡居民家庭人均收入及恩格尔系数

Per Capita Annual Income and Engle Coefficient of Urban and Rural Households

年份 Year	农村居民家庭人均纯收入 Per Capital Annual Net Income of Rural Households		城镇居民家庭人均可支配收入 Per Capital Annual Disposable Income of Rural Households		农村居民家庭恩格尔系数(%) Engle Coefficient of Rural Households (%)	城镇居民家庭恩格尔系数(%) Engle Coefficient of Urban Households (%)
	绝对值(元) Value (yuan)	指数(1978年=100) Index (1978=100)	绝对值(元) Value (yuan)	指数(1978年=100) Index (1978=100)		
1978	114.06	100.0	276.24	100.0		
1979	136.11	119.3	313.20	113.4		
1980	175.77	154.1	400.56	145.0	56.06	60.08
1981	204.41	179.2	402.48	145.7	52.19	53.34
1982	238.70	209.3	432.84	156.7	54.29	56.28
1983	298.07	261.3	448.68	162.4	53.52	56.93
1984	345.00	302.5	519.24	188.0	52.24	55.36
1985	385.23	337.7	630.72	228.3	50.03	49.96
1986	407.61	357.4	766.44	277.5	48.51	50.24
1987	444.40	389.6	855.00	309.5	48.44	51.67
1988	546.62	479.2	1080.48	391.1	46.95	46.50
1989	589.40	516.7	1256.88	455.0	48.12	52.00
1990	621.67	545.0	1397.35	505.8	49.05	51.16
1991	657.38	576.3	1489.32	539.1	47.94	51.34
1992	682.48	598.4	1763.40	638.4	52.47	49.51
1993	803.80	704.7	2201.04	796.8	58.39	46.31
1994	1107.25	970.8	3007.68	1088.8	56.69	47.29
1995	1668.73	1463.0	3674.16	1330.1	56.81	46.22
1996	2054.95	1801.6	4429.66	1476.0	52.18	44.78
1997	2286.01	2004.2	4958.67	1652.3	50.28	41.95
1998	2405.32	2108.8	5084.64	1694.3	47.51	40.02
1999	2441.50	2140.5	5365.03	1787.7	43.68	37.70
2000	2478.86	2073.3	5661.16	1886.4	39.50	34.39
2001	2603.60	2282.7	5984.82	1994.3	39.72	35.35
2002	2685.16	2354.2	6678.73	2225.5	38.92	35.42
2003	2853.29	2501.6	7239.12	2412.2	39.94	35.16
2004	3171.06	2780.2	7951.31	2649.4	42.51	36.82
2005	3481.64	3052.5	9107.09	2734.6	41.02	34.56
2006	3801.82	3333.2	10304.56	3092.8	36.69	33.94
2007	4293.43	3764.2	11690.47	3895.4	36.81	33.88
2008	4795.46	4204.3	13441.09	4478.7	38.17	34.73
2009	5149.67	4514.9	14718.25	4904.2	35.69	33.59
2010	5957.98	5223.5	16263.43	5419.1	35.15	32.32
2011	7119.69	6242.1	18292.23	6095.1	33.53	33.80

注:1996年以前城镇居民家庭为生活费收入，以后为可支配收入，指数为可比。

a) Figures before 1996 on urban households refer to per capita income available for living, while figures since 1996 refer to per capital annual disposable income. Index is comparable.

城镇居民家庭基本情况
Basic Indicators of Urban Households

项　　目	Item	2005	2009	2010	2011
调查户数(户)	**Number of Households Surveyed (household)**	**2380**	**2520**	**2520**	**2620**
平均每户家庭人口数(人)	Average Household Size (person)	2 91	2.87	2.85	2.84
平均每户就业人口数(人)	Average Number of Employed Persons per Household (person)	1 50	1.42	1.39	1.39
平均每户就业面(%)	Percentage of Employment per Household (%)	51.5	49.48	48.77	48.94
平均每一就业者负担人数(含就业者本人)(人)	Number of Persons Supported by Each Employee (including the employee himself or herself) (person)	1.94	2.02	2.05	2.04
平均每人全部年收入(元)	**Per Capita Annual Income (yuan)**	**9616.80**	**15675.75**	**17334.42**	**19591.91**
#可支配收入	Disposable Income	9107.09	14718.25	16263.43	18292.23
平均每人总支出(元)	**Per Capita Annual Expenditures (yuan)**	**8461.56**	**12681.38**	**13332.20**	**15215.52**
#服务性消费支出	Consumption Expenditure of Service	1550.04	2035.85	2300.80	2637.82
平均每人消费性支出(元)	**Per Capita Annual Living Expenditures for Consumption (yuan)**	**6699.67**	**9678.75**	**10318.32**	**11609.29**
食　品	Food	2315.76	3250.77	3335.23	3927.26
#粮　食	Grain	219.04	280.32	326.16	380.71
油脂类	Oil and Fats	109.28	136.00	119.09	137.60
肉禽蛋水产品	Meat, Poultry and Related Products	492.20	820.40	823.57	996.68
在外用餐	Dining Out	330.62	505.87	549.54	687.47
衣　着	Clothing	787.33	1190.19	1225.94	1425.99
#服　装	Garments	551.98	797.63	872.62	1020.03
家庭设备用品及服务	Household Facilities, Articles and Service	414.49	628.49	693.56	809.85
医疗保健	Medicine and Medical Service	642.71	971.29	923.83	955.95
交通和通信	Transport, Post and Communication Services	772.34	1151.15	1398.35	1526.60
教育文化娱乐服务	Education, Cultural and Recreation Services	795.43	982.21	1001.01	1203.99
居　住	Residence	762.08	1142.83	1344.47	1372.25
其他商品及服务	Miscellaneous Commodities Services	209.51	361.83	395.93	387.40

按收入等级划分的城镇居民家庭基本情况（2011年）
Basic Indicators of Urban Households by Level of Income (2011)

项　目	Item	城镇居民家庭 Urban Residents	最低收入户 Lowest Income Households	#困难户 Poor Households	低收入户 Low Income Households	中等偏下户 Lower Middle Income Households
调查户数(户)	Number of Households Surveyed (household)	2620	263.33	131.33	259.83	522.67
调查户比重(%)	Proportion (%)		10.00	5.00	10.00	20.00
平均每户家庭人口(人)	Average Household Size (person)	2.84	3.27	3.18	3.26	3.15
平均每户就业人口(人)	Average Number of Employed Persons per Household (person)	1.39	1.25	1.06	1.42	1.61
平均每户就业面(%)	Percentage of Employment per Household (%)	48.94	38.23	33.33	43.56	51.11
平均每一就业者负担人数（包括就业者本人)(人)	Number of Persons Supported by Each Employee (including the employee himself or herself) (person)	2.04	2.62	3.00	2.30	1.96
人均家庭总收入(元)	Per Capita Annual Income (yuan)	19591.91	7068.33	5744.56	10674.32	14235.52
平均每人可支配收入(元)	Per Capita Disposable Income (yuan)	18292.23	6444.77	5143.19	9861.94	13116.29
平均每人消费性支出(元)	Per Capita Annual Living Expenditures for Consumption (yuan)	11609.29	5930.98	5445.81	7423.14	8742.48

项　目	Item	中等收入户 Middle Income Households	中等偏上户 Upper Middle Income Households	高收入户 High Income Households	最高收入户 Highest Income Households	#更高收入户 Higher Income Household
调查户数(户)	Number of Households Surveyed (household)	524.5	526	262	261.67	129.67
调查户比重(%)	Proportion (%)	20.00	20.00	10.00	10.00	5.00
平均每户家庭人口(人)	Average Household Size (person)	2.84	2.56	2.45	2.38	2.41
平均每户就业人口(人)	Average Number of Employed Persons per Household (person)	1.44	1.29	1.31	1.3	1.37
平均每户就业面(%)	Percentage of Employment per Household (%)	50.70	50.39	53.47	54.62	56.85
平均每一就业者负担人数（包括就业者本人)(人)	Number of Persons Supported by Each Employee (including the employee himself or herself) (person)	1.97	1.98	1.87	1.83	1.76
平均每人全部年收入(元)	Per Capita Annual Income (yuan)	18532.67	23098.26	29744.96	45282.66	53505.33
平均每人可支配收入(元)	Per Capita Disposable Income (yuan)	17158.44	21761.99	27716.76	43007.70	50911.00
平均每人消费性支出(元)	Per Capita Annual Living Expenditures for Consumption (yuan)	12058.25	13708.58	15912.32	21899.33	24814.71

城镇居民家庭人均全年现金收支
Per Capita Cash Income and Cash Expenditure in Urban Households

单位：元 (yuan)

指 标	Item	2005	2009	2010	2011
总 收 入	**Total Revenue**	**9616.80**	**15675.75**	**17334.42**	**19591.91**
＃可支配收入	Disposable Income	9107.09	14718.25	16263.43	18292.23
工薪收入	Income from Wages and Salaries	6346.53	9830.57	10566.30	11686.60
工资及补贴收入	Income from Wages and Subsidies	6157.99	9672.36	10431.20	11544.20
其他劳动收入	Others	188.54	158.21	135.10	142.41
经营净收入	Income from Household Operations	643.84	977.23	1043.72	1836.45
财产性收入	Income from Properties	117.46	193.71	323.97	318.43
转移性收入	Income from Transfers	2508.96	4674.23	5400.43	5750.43
＃养老金或离退休金	Pension	2188.22	4287.85	4886.67	4944.46
出售财物收入	**Income from Selling of Properties**	**91.26**	**161.53**	**215.87**	**201.96**
借贷收入	**Income from Borrowings**	**2628.91**	**2939.55**	**3458.02**	**3684.46**
总支出	**Total Expenditure**	**8461.56**	**12681.38**	**13332.20**	**15215.52**
消费支出	Consumption Expenditure	6699.67	9678.75	10318.32	11609.29
＃服务性消费支出	Expenditure on Consumption of Services	1550.04	2035.85	2300.80	2637.82
购房与建房支出	Expenditure of Buying and Building House	409.85	824.21	781.25	683.34
转移性支出	Expenditure for Transfer	911.81	1262.36	1243.10	1718.23
财产性支出	Expenditure for Property	9.82	34.22	31.33	32.86
社会保障支出	Expenditure of Social Protection	430.41	881.84	958.20	1171.79
借贷支出	**Expenditure on Loan**	**3374.32**	**4999.61**	**6410.62**	**6302.56**

按收入等级分城镇居民家庭平均每人全年购买主要商品数量（2011年）

项　目	Item	总平均 Average	最　低 收入户 Lowest Income Households (first decile)	#困难户 Poor Households (first five Percent)
粮　食(千克)	Grain (kg)	89.80	83.87	87.19
食用植物油(千克)	Edible vegetables Oil (kg)	8.21	7.04	7.23
猪　肉(千克)	Pork (kg)	13.48	9.32	9.06
牛　肉(千克)	Beef (kg)	2.77	1.23	1.24
羊　肉(千克)	Mutton (kg)	1.74	1.08	0.98
家　禽(千克)	Poultry (kg)	6.18	3.98	3.68
鲜　蛋(千克)	Fresh Eggs (kg)	13.14	10.97	10.71
鱼(千克)	Fish (kg)	5.48	3.32	3.31
虾(千克)	Shrimp (kg)	1.09	0.37	0.30
鲜　菜(千克)	Fresh vegetable (kg)	112.42	92.96	95.88
白　酒(千克)	Liquor (kg)	2.37	1.47	1.20
果　酒(千克)	Fruit Wine (kg)	0.09	0.07	0.07
啤　酒(千克)	Beer (kg)	5.73	4.30	2.81
茶　叶(千克)	Tea (kg)	0.16	0.09	0.06
鲜　果(千克)	Fresh Fruits(kg)	36.61	21.92	20.34
鲜　瓜(千克)	Fresh Melons (kg)	15.01	9.85	9.41
糕　点(千克)	Cake (kg)	5.77	4.03	4.17
鲜乳品(千克)	Fresh Milk (kg)	15.46	8.78	8.43
奶　粉(千克)	Milk Power (kg)	0.33	0.40	0.45
酸　奶(千克)	Yogurt (kg)	4.51	2.14	1.95
鞋　类(双)	Shoes (pair)	2.87	2.22	1.92

Per Capita Annual Purchases of Major Commodities of Urban Households by Level of Income (2011)

低收入户 Low Income Households (second decile)	中等偏下户 Lower Middle Income Households (second quintile)	中等收入户 Middle Income Households (third quintile)	中等偏上户 Upper Middle Income Households (fourth quintile)	高收入户 High Income Households (ninth decile)	最高收入户 Highest Income Households (tenth decile)	#更高收入户 Higher Income Household
76.90	84.59	86.84	103.16	99.06	96.00	84.20
6.71	7.72	8.40	9.36	9.57	8.68	8.37
10.37	12.10	13.38	16.35	17.38	16.59	16.85
1.72	2.32	2.94	3.77	3.53	3.99	4.25
1.18	1.53	1.82	2.38	2.01	2.07	2.16
4.84	5.21	6.42	7.82	8.00	7.38	7.75
10.83	11.96	13.22	15.36	15.60	14.62	14.63
3.53	4.87	5.54	7.38	7.23	6.50	7.53
0.45	0.89	1.16	1.40	1.89	1.76	1.71
90.45	98.48	115.28	134.00	136.66	125.75	128.72
1.99	1.95	1.77	3.31	3.46	3.24	3.26
0.08	0.09	0.05	0.11	0.07	0.24	0.20
5.11	4.03	5.90	7.20	6.23	8.78	8.20
0.11	0.13	0.14	0.22	0.20	0.24	0.28
26.23	32.66	35.97	45.50	49.45	48.88	51.65
11.66	12.99	14.45	16.76	23.02	20.47	21.07
4.83	4.81	6.13	6.80	7.26	7.33	7.61
11.34	12.97	16.72	18.58	20.88	21.23	19.18
0.32	0.26	0.35	0.25	0.66	0.19	0.16
3.34	4.11	4.87	5.06	5.63	7.10	7.59
2.78	2.84	2.97	3.00	3.14	3.19	3.16

按收入等级分城镇居民家庭平均每百户年底耐用消费品拥有量（2011年）

项　目	Item	总平均 Average	最低收入户 Lowest Income Households (first decile)	#困难户 Poor Households (first five Percent)
摩托车(辆)	Motorcycle (unit)	20.48	21.29	21.03
助力车(辆)	Hand Car (unit)	50.10	49.26	46.64
家用汽车(辆)	Automobile (unit)	23.32	9.45	6.08
洗衣机(台)	Washing Machine (unit)	96.55	87.14	78.23
电冰箱(台)	Refrigerator (unit)	97.71	84.65	76.78
彩色电视机(台)	Color TV Set (set)	116.30	110.14	106.69
家用电脑(台)	Computer (set)	74.74	48.59	33.64
组合音响(套)	Hi-Fi Stereo Component System (set)	18.36	11.70	8.63
摄像机(架)	Pickup Camera (set)	9.20	2.43	0.26
照相机(架)	Camera (set)	37.04	15.23	10.49
钢琴(架)	Piano (set)	1.72	0.86	
其他中高档乐器(件)	Medium and High-Grade Musical Instrument (unit)	2.23	1.30	1.59
微波炉(台)	Microwave Oven (unit)	53.63	24.81	13.22
空调器(台)	Air Conditioner (unit)	103.17	54.75	41.92
淋浴热水器(台)	Shower (unit)	86.73	68.79	61.77
消毒碗柜(台)	Antiseptic Cupboard (unit)	3.13	1.77	1.75
洗碗机(台)	Dish Washing Machine (unit)	0.86	0.23	0.46
健身器材(套)	Health Equipment (unit)	3.60	0.68	1.35
普通电话(部)	Telephone (unit)	63.60	41.80	36.40
移动电话(部)	Mobile Telephone (unit)	197.30	178.03	162.25

Number of Durable Consumer Goods Owned Per 100 Urban Households at Year-end by Level of Income (2011)

低收入户 Low Income Households (second decile)	中等偏下户 Lower Middle Income Households (second quintile)	中等收入户 Middle Income Households (third quintile)	中等偏上户 Upper Middle Income Households (fourth quintile)	高收入户 High Income Households (ninth decile)	最高收入户 Highest Income Households (tenth decile)	#更高收入户 Higher Income Household
18.79	27.23	17.18	21.15	13.65	19.37	18.09
53.63	57.04	54.81	47.10	40.00	41.93	36.48
14.34	22.68	23.66	24.99	28.82	36.74	39.09
96.06	95.46	98.48	96.75	102.18	98.90	102.14
92.27	96.48	98.21	99.38	103.19	108.09	111.53
108.69	112.89	117.33	115.93	123.42	127.42	132.85
66.78	74.82	79.47	75.96	88.35	83.00	87.38
11.86	16.31	21.10	21.51	22.39	19.86	22.99
2.89	5.16	9.11	11.15	18.16	16.73	20.79
18.66	28.77	40.70	41.73	55.86	56.61	63.25
0.35	0.57	3.72	2.02	0.76	2.89	3.95
0.81	1.69	2.98	3.16	1.43	3.19	4.80
42.77	50.69	55.54	57.37	72.76	67.49	70.00
78.51	97.87	105.43	110.62	130.45	137.11	143.02
78.14	83.80	89.24	91.59	91.90	98.68	98.91
1.11	2.37	2.97	4.17	3.92	5.25	5.95
0.25	0.49	0.22	1.73	1.18	1.90	3.55
0.61	2.13	2.78	2.50	5.48	13.51	18.73
56.21	59.64	68.28	66.44	68.40	80.61	86.34
193.53	196.74	196.36	202.15	202.91	207.19	214.31

城镇居民家庭平均每百户年底耐用消费品拥有量
Number of Major Durable Consumer Goods Owned Per 100 Urban Households at the Year-end

项　目	Item	2000	2005	2006	2007	2008	2009	2010	2011
洗衣机(台)	Washing Machine (unit)	93	95.52	97.91	98.73	97.05	97.32	97.66	96.55
电冰箱(个)	Refrigerator (unit)	84	92.07	93.60	101.19	96.26	97.22	98.28	97.71
微波炉(个)	Oven (unit)	10	40.27	44.22	46.78	47.17	48.61	50.13	53.63
家用电脑(个)	Computer (unit)	7	37.63	42.68	49.68	55.27	57.30	61.32	74.74
彩色电视机(台)	Color TV Set (unit)	112	124.34	126.73	126.32	117.77	118.00	117.97	116.30
照相机(架)	Camera (unit)	38	46.47	48.54	45.32	36.79	37.69	39.28	37.04
空调器(台)	Air Conditioner (unit)	33	81.43	86.72	87.64	82.41	84.51	90.39	103.17
摩托车(辆)	Motorcycle (unit)	37	31.56	31.96	36.55	29.23	29.75	28.85	20.48
移动电话(部)	Mobile Telephone (set)	14.14	124.53	136.53	154.31	160.95	164.43	173.70	197.30
普通电话(部)	Telephone (set)		92.85	92.05	88.03	75.91	75.79	75.80	63.60
家用汽车(辆)	Automobile (unit)	0.94	3.94	4.50	5.93	9.07	10.13	12.46	23.32

城镇居民家庭平均每人全年购买的主要商品数量
Per Capita Purchases of Major Commodities in Urban Households

项　目	Item	2005	2006	2007	2008	2009	2010	2011
粮　食(千克)	Grain (kg)	80.40	78.86	51.21	60.76	57.27	51.21	89.80
鲜　菜(千克)	Fresh vegetable (kg)	133.91	133.68	130.82	135.94	128.72	119.21	112.42
食用植物油(千克)	Edible vegetables Oil (kg)	10.62	10.38	9.71	11.20	10.07	8.02	8.21
猪　肉(千克)	Pork (kg)	13.86	14.01	12.48	12.70	13.47	13.49	13.48
牛羊肉(千克)	Beef and Mutton (kg)	5.01	4.93	4.41	4.21	4.68	4.57	4.51
家　禽(千克)	Poultry (kg)	4.81	4.24	3.19	3.81	3.66	3.23	6.18
鲜　蛋(千克)	Fresh Eggs (kg)	15.56	15.53	14.99	14.77	14.88	12.69	13.14
鱼　虾(千克)	Fish and Shrimp (kg)	7.57	7.99	8.44	7.74	8.23	6.94	6.57
酒(千克)	Liquor (kg)	12.69	12.70	12.29	12.82	13.47	8.29	8.19
鲜瓜果及制品(千克)	Fresh Melons, Fruits and Related Products (kg)	63.37	67.07	65.47	56.33	55.79	51.45	51.62
糕　点(千克)	Cake (kg)	4.55	4.79	5.68	5.27	5.56	5.72	5.77
鲜乳品(千克)	Fresh Milk (kg)	23.80	24.38	22.29	19.74	17.91	14.99	15.46

农民家庭基本情况
Basic Indicators of Rural Households

项　　目	Item	2000	2005	2010	2011
调查户数(户)	**Number of Households Surveyed (household)**	**4200**	**4200**	**4200**	**4200**
调查户人口(人)	**Number of Residents Surveyed (person)**				
常住人口	Number of Usual Residents in the Households Surveyed	17267	16465	15554	15392
平均每户常住人口	Average Number of Permanent Residents per Household	4.11	3.92	3.70	3.66
平均每户整、半劳动力	Average Number of Full/Semi Laborer Force per Household	2.74	2.81	2.76	2.72
平均每个劳动力负担人口	Average Number of Dependents per Laborer Force	1.50	1.40	1.34	1.35
平均每人全年收入(元)	**Per Capita Annual Income (yuan)**				
总收入	Total Income	3307.55	4985.96	8293.86	10046.91
纯收入	Net Income	2478.86	3481.64	5957.98	7119.69
现金收入	Cash Income	2607.23	4317.68	7248.56	8958.05
按人均纯收入水平分组的户数构成(%)	**Percentage of Households Grouped by Per Capita Annual Net Income(%)**				
500元以下	Less Than 500 yuan	3.17	0.90	1.12	1.48
500－1000元	500-1000 yuan	8.02	3.48	1.29	0.71
1000－1500元	1000-1500 yuan	13.36	7.98	2.33	1.50
1500－2000元	1500-2000 yuan	15.31	10.88	4.10	2.52
2000－2500元	2000-2500 yuan	17.60	12.93	5.45	3.19
2500－3000元	2500-3000 yuan	12.81	13.29	6.55	3.71
3000元以上	3000 yuan and over	29.74	50.54	79.17	86.88
调查户居住情况(平方米／百人)	**Housing Condition (sq.m/100 persons)**				
年末住房面积	Per Capita Floor Space of Houses at the End of Year	2287.28	2835.30	3223.40	3411.50
#钢筋混凝土结构面积	Reinforced Concrete Structure	297.90	611.14	752.71	966.10
砖木结构面积	Brick and Wood Structure	1835.00	2109.87	2356.58	2295.93
年末住房价值(元／百人)	Value of Houses at the End of Year (yuan/100 persons)	529279.85	835221.47	1104780.07	
年内新建(购)住房面积	Floor Space of Houses Newly Built (buy) within the Year	94.37	74.30	41.73	
#钢筋混凝土结构面积	Reinforced Concrete Structure	43.17	38.40	23.49	
砖木结构面积	Brick and Wood Structure	49.73	35.90	17.34	
新建楼房面积	Floor Space of Houses Newly Built	22.49	13.26	13.48	
新建(购)住房价值(元／百人)	Value of Houses Newly Built (yuan/100 persons)	32516.69	30869.91	31202.91	

农民家庭平均每人纯收入
Per Capita Net Income of Rural Households

单位：元 (yuan)

指　　标	Item	2000	2005	2006	2007	2008	2009	2010	2011
平均每人纯收入	**Per Capita Annual Net Income**	**2478.86**	**3481.64**	**3801.82**	**4293.43**	**4795.46**	**5149.67**	**5957.98**	**7119.69**
工资性收入	Income from Wages and Salaries	949.25	1293.50	1514.68	1754.33	1979.52	2251.01	2653.42	3423.95
家庭经营纯收入	Income from Household Operations	1417.99	1988.58	2039.64	2249.67	2416.22	2440.44	2729.80	3006.20
按产业划分	Grouped by Industry								
第一产业	Primary Industry	914.45	1455.91	1490.24	1721.38	1863.67	1835.67	2052.76	2227.65
第二产业	Secondary Industry	113.26	154.89	165.95	172.46	197.26	198.50	213.65	223.95
第三产业	Tertiary Industry	390.28	377.77	383.45	355.83	355.29	406.27	463.38	554.60
转移性、财产性收入	Income from Transfers and Properties	111.62	199.56	247.49	289.43	399.72	458.22	574.76	689.54

农民家庭平均每人生活消费支出
Per Capita Living Expenditures of Rural Households

单位：元 (yuan)

项　　目	Item	2000	2005	2006	2007	2008	2009	2010	2011
平均每人生活消费支出	**Average Number of Consumption Expenditure**	**1365.23**	**2165.72**	**2495.33**	**2786.77**	**3125.55**	**3349.74**	**3844.92**	**4711.16**
食　品	Food	539.33	888.37	915.50	1025.72	1192.93	1195.65	1351.41	1579.65
#主　食	Staple Food	203.77	281.22	264.10	291.94	315.43	326.75	372.71	310.34
在外饮食	Dining Out	30.26	92.04	116.72	123.80	129.65	138.65	150.67	199.44
衣　着	Clothing	104.84	155.52	167.87	185.68	203.74	217.82	250.92	334.10
居　住	Residence	322.04	398.90	531.66	627.98	696.14	796.62	839.66	1090.29
家庭设备、用品服务	Household Facilities, Articles and Services	65.41	101.49	115.84	140.45	151.94	170.40	218.90	316.90
医疗保健	Health Care and Medical Services	78.28	221.96	166.34	188.06	219.32	289.27	464.80	434.67
交通和通讯	Transport and Communications	84.55	225.79	285.70	318.19	346.73	350.92	296.11	520.18
文化教育娱乐用品及服务	Education, Cultural and Recreation and Services	130.71	134.77	265.38	243.30	250.07	263.53	344.25	315.41
其他商品和服务	Miscellaneous Goods and Services	40.07	38.92	47.03	57.40	64.68	65.55	78.87	119.95

农民家庭平均每百户耐用消费品年底拥有量
Number of Durable Consumer Goods Owned Per 100 Rural Households at the Year-end

品　名	Item	2005	2006	2007	2008	2009	2010	2011
洗衣机(台)	Washing Machine (unit)	74.17	77.24	80.17	82.43	84.17	86.33	91.67
电冰箱(台)	Refrigerator (unit)	30.64	32.62	36.19	37.83	41.45	50.45	
空调器(台)	Air Conditioner (unit)	4.48	5.45	6.57	6.98	8.50	13.12	
抽油烟机(台)	Range Hoods (unit)	3.81	4.88	5.12	5.67	7.07	8.05	13.00
自行车(辆)	Bicycle (unit)	174.38	177.93	179.71	184.83	185.38	183.90	165.71
摩托车(辆)	Motorcycle (unit)	58.17	61.50	61.19	62.79	62.67	61.43	57.36
电话机(部)	Telephone (unit)	76.74	78.64	76.74	72.31	66.07	61.45	44.95
移动电话机(部)	Mobile Telephone (unit)	37.10	50.55	68.43	71.69	91.19	115.36	
黑白电视机(台)	Blank and White TV Set (unit)	14.60	12.64	8.86	7.29	5.45	4.88	0.79
彩色电视机(台)	Color TV Set (set)	102.14	106.24	110.36	114.29	115.52	116.55	121.88
照相机(架)	Camera (set)	3.50	3.60	3.64	3.79	3.86	4.24	3.57
家用计算机(台)	Computer (set)	1.21	2.02	2.83	4.07	6.05	9.69	

农民家庭平均每人主要消费品消费量
Per Capita Consumption of Major Consumer Goods in Rural Households

单位：千克　　(kg)

品　名	Item	2005	2006	2007	2008	2009	2010	2011
粮食(原粮)	Grain (Unprocessed)	200.84	190.11	189.12	186.54	180.91	181.69	167.36
#小　麦	Wheat	139.80	132.37	130.22	127.74	123.71	122.09	110.58
稻　谷	Rice	17.47	17.96	19.86	20.66	19.25	21.10	21.50
豆类及豆制品	Soybeans and Processed Products	4.25	3.99	3.85	3.45	3.69	3.59	1.86
#大　豆	Soybeans	1.97	1.84	1.56	1.34	1.30	1.18	0.84
蔬　菜	Vegetables	57.70	61.61	55.17	59.75	53.66	55.38	78.74
食　油	Edible Oil	6.75	7.07	7.18	7.72	7.80	8.33	8.49
#植物油	Vegetable Oil	6.28	6.63	6.91	7.43	7.52	8.12	8.30
肉禽及制品	Meats, Poultry and Related Products	10.54	10.73	9.41	9.34	10.15	10.95	14.69
#猪　肉	Pork	7.15	7.58	5.93	5.54	6.52	7.12	8.53
牛　肉	Beef	0.47	0.40	0.44	0.31	0.31	0.34	0.46
羊　肉	Mutton	0.37	0.42	0.43	0.32	0.38	0.38	0.48
家　禽	Poultry	0.75	0.56	0.72	1.05	0.89	1.02	1.36
蛋及制品	Eggs and Processed Products	6.27	6.97	6.33	7.60	7.22	7.26	8.97
水产品	Aquatic Products	2.48	2.55	2.60	2.62	2.61	2.52	3.32
食　糖	Sugar	0.77	0.76	0.72	0.78	0.72	0.66	0.97
酒	Liquor	9.16	9.19	9.63	9.22	8.86	8.84	11.78
水果及制品	Fruits and Processed Products	12.42	12.99	12.69	13.30	12.61	12.41	19.82
坚果及制品	Nuts and Processed Products	1.11	1.09	1.10	1.00	1.09	1.11	2.17

农村基层组织和农业基本情况
Basic Conditions of Rural Grassroots Units and Agriculture

指　　标	Item	2000	2005	2010	2011
乡镇数(个)	Number of Township and Town Governments (unit)	1973	1962	1960	1959
#镇个数	Number of Town Governments	900	944	1007	1013
村民委员会(个)	Number of Villagers' Committees (unit)	49951	49678	48953	48817
乡村总户数(万户)	Number of Rural Households (10000 units)	1422.6	1448.55	1525.6	1536.9
乡村人口数(万人)	Population of Rural (10000 persons)	5382.4	5422.28	5570.2	5599.6
乡村从业人员(万人)	Number of Rural Laborers (10000 persons)	2707.1	2805.94	2976.5	3003.8
#男	Male	1447.7	1504.12	1602.5	1621.1
按行业分乡村从业人员	Number of Rural Laborers by Sector				
农、林、牧、渔业	Agriculture, Forestry, Animal Husbandry & Fishery	1665.4	1552.75	1458.3	1433.2
工　业	Industry	388.4	518.86	640.1	658.0
建筑业	Construction	202.5	275.22	342.1	352.3
交通运输、仓储和邮电通信业	Transport, Storage, Postal and Telecommunication Services	92.1	114.71	132.4	137.9
批发和零售业、住宿和餐饮业	Wholesale, Retail Trades and Catering Services	135.3	202.87	242.1	252.0
金融业	Banking and Insurance	5.5	5.60	5.3	5.7
其他非农行业	Other Non-agricultural Industries	217.9	135.93	156.2	164.7
农用化肥施用量(折纯量)(万吨)	Consumption of Chemical Fertilizers (10000 tons)	270.62	303.39	322.86	326.28
农村用电量(亿千瓦小时)	Electricity Consumed in Rural Areas (100 millions kwh)	180.45	337.05	511.81	559.22
农业机械总动力(万千瓦)	Total Agricultural Machinery Power (10000 kw)	7000.39	8487.21	'10151.30	10349.19
主要农作物播种面积(千公顷)	Total Sown Area (1000 hectares)				
#粮　食	Grain Crops	6918.70	6240.20	6282.20	6286.11
棉　花	Cotton	307.40	573.50	581.56	632.54
油　料	Oil-bearing Crops	686.40	559.00	464.37	453.13
主要农作物产量(万吨)	Yield of Major Farm Crops (10000 tons)				
#粮　食	Grain Crops	2551.1	2598.58	2975.90	3172.60
棉　花	Cotton	30.01	57.72	56.95	65.34
油　料	Oil-bearing Crops	146.97	152.73	140.29	141.78
农业产业化经营率(%)	Rate of Industrialization of Agriculture (%)	36.1	49.4	58.6	60.0
农村基础设施(个)	Social Basic Facilities in Rural Areas (unit)				
自来水受益村	Villages with Access to Tap Water	37613	40404	42395	42748
通汽车村	Villages with Motor Vehicle Communication	46610	48846	48704	48593
通电话村	Villages with Telephone Communication	47822	49321	48927	48792

农、林、牧、渔业总产值及构成
Gross Output Value and Composition of Farming, Forestry, Animal Husbandry and Fishery

年份 Year	农林牧渔业 Farming, Forestry, Animal Husbandry and Fishery	农业 Farming	林业 Forestry	牧业 Animal Husbandry	渔业 Fishery	农林牧渔服务业 Service for Farming, Forestry, Animal Husbandry and Fishery
绝对数(亿元) Gross Output Value (100 million yuan)						
1980	97.79	79.86	3.10	14.00	0.83	
1985	167.33	128.65	6.15	31.16	1.37	
1990	357.63	254.77	9.58	83.38	9.90	
1991	377.64	259.28	12.38	94.88	11.10	
1992	419.82	282.47	13.93	108.50	14.92	
1993	511.29	344.52	15.30	139.10	12.37	
1994	796.33	518.27	19.44	238.17	20.45	
1995	1147.83	753.52	23.50	344.18	26.63	
1996	1298.04	801.26	24.80	437.59	34.39	
1997	1437.29	845.18	26.38	523.14	42.59	
1998	1505.91	885.88	27.37	547.57	45.09	
1999	1539.77	879.64	28.14	582.96	49.03	
2000	1544.65	846.72	25.37	613.68	58.88	
2001	1680.33	899.38	34.02	685.77	61.16	
2002	1728.85	918.62	37.49	706.82	65.92	
2003	1877.37	958.30	41.27	721.31	57.72	98.78
2004	2285.56	1135.75	40.02	924.78	72.08	112.93
2005	2379.17	1258.00	40.13	879.38	79.44	122.21
2006	2466.37	1380.45	45.85	832.32	72.75	135.00
2007	3075.77	1639.07	52.37	1146.99	85.14	152.20
2008	3505.23	1760.75	55.89	1410.82	102.77	175.00
2009	3640.93	1958.79	39.69	1350.10	108.38	183.99
2010	4309.42	2470.11	51.26	1443.76	142.47	201.83
2011	4895.88	2775.27	58.78	1674.04	163.58	224.21
构成(农业总产值=100) Composition (Gross Output Value=100)						
1980	100	81.66	3.17	14.32	0.85	
1985	100	76.88	3.68	18.62	0.82	
1990	100	71.24	2.68	23.31	2.77	
1991	100	68.66	3.28	25.12	2.94	
1992	100	67.28	3.32	25.85	3.55	
1993	100	67.38	2.99	27.21	2.42	
1994	100	65.08	2.44	29.91	2.57	
1995	100	65.65	2.05	29.98	2.32	
1996	100	61.73	1.91	33.71	2.65	
1997	100	58.80	1.84	36.40	2.96	
1998	100	58.83	1.82	36.36	2.99	
1999	100	57.13	1.83	37.86	3.18	
2000	100	54.82	1.64	39.73	3.81	
2001	100	53.53	2.02	40.81	3.64	
2002	100	53.14	2.17	40.88	3.81	
2003	100	51.05	2.20	38.42	3.07	5.26
2004	100	49.69	1.75	40.46	3.16	4.94
2005	100	52.87	1.69	36.96	3.34	5.14
2006	100	55.97	1.86	33.75	2.95	5.47
2007	100	53.29	1.70	37.29	2.77	4.95
2008	100	50.23	1.60	40.25	2.93	4.99
2009	100	53.80	1.09	37.08	2.98	5.05
2010	100	57.32	1.19	33.50	3.31	4.68
2011	100	56.69	1.20	34.19	3.34	4.58

注：本表按当年价格计算，2002年及以后年份执行新国民经济行业分类标准,总产值包括农林牧渔服务业产值。2002年到2005年为第二次农业普查修正后数据(以下各表同)。

a) Data in value terms in this table are calculated at current prices. The new classification for national standard of industry classification has been implemented since 2002 and the gross output value includes the services in support of agriculture, forestry, animal husbandry and fishery. Same as following tables.

农、林、牧、渔业总产值指数（上年＝100）
Indices of Farming, Forestry, Animal Husbandry and Fishery (Preceding Year=100)

年份 Year	农林牧渔业 Farming, Forestry, Animal Husbandry and Fishery	农业 Farming	林业 Forestry	牧业 Animal Husbandry	渔业 Fishery	农林牧渔服务业 Service for Farming, Forestry, Animal Husbandry and Fishery
1978	122.1	125.0	113.1	97.2	101.5	
1980	93.8	92.1	96.2	104.0	100.9	
1985	103.3	98.6	104.6	131.1	126.2	
1986	98.5	97.0	91.7	106.0	123.2	
1987	104.5	104.3	103.3	105.3	116.9	
1988	107.8	105.6	104.8	117.6	115.4	
1989	103.1	102.5	98.8	105.5	109.4	
1990	105.4	104.4	107.3	107.1	143.7	
1991	103.6	102.1	104.3	106.6	111.4	
1992	100.9	95.1	103.8	110.3	140.7	
1993	108.7	109.3	95.2	119.5	57.8	
1994	116.2	113.1	105.4	123.6	120.3	
1995	111.9	110.5	105.4	114.0	124.3	
1996	109.4	104.0	103.0	119.1	123.2	
1997	107.5	105.0	105.2	110.6	120.1	
1998	107.8	107.4	102.1	108.6	110.2	
1999	104.8	102.2	102.9	108.6	110.4	
2000	105.7	105.4	98.4	106.2	108.7	
2001	105.3	105.2	122.1	104.7	104.3	
2002	105.0	104.0	110.9	106.4	103.3	
2003	106.3	105.6	111.7	107.1	99.4	110.5
2004	106.7	106.8	93.8	106.6	107.8	109.6
2005	106.5	106.0	96.9	107.7	104.1	107.5
2006	105.5	106.0	96.7	104.9	102.0	108.8
2007	103.9	104.2	109.6	102.1	105.1	108.4
2008	105.1	103.7	108.6	106.6	106.9	107.8
2009	103.2	103.3	111.8	102.3	104.4	106.2
2010	103.5	103.8	101.8	102.4	105.8	106.5
2011	103.9	105.5	103.6	101.1	101.8	105.0

注：本表按可比价格计算。

a) Data in value terms in this table are calculated at constant prices.

农、林、牧、渔业分项产值

Gross Output Value of Farming, Forestry, Animal Husbandry and Fishery by Branch

指　标	Item	绝对数(亿元) Gross Output Value (100 million yuan)		构　成(%) Composition (%)	
		2010	2011	2010	2011
农、林、牧、渔业总产值	**Gross Output Value**	**4309.42**	**4895.88**	**100.00**	**100.00**
农业产值	**Output Value of Farming**	**2470.11**	**2775.27**	**57.32**	**56.69**
谷物及其他作物	Cereal and Other Crops	932.98	1049.78	21.65	21.44
谷　物	Cereal	553.74	624.63	12.85	12.76
薯　类	Tubers	60.48	72.89	1.40	1.49
油　料	Oil-bearing Crops	78.16	97.58	1.81	1.99
豆　类	Beans	16.06	15.75	0.37	0.32
棉　花	Cotton	165.72	173.88	3.85	3.55
麻　类	Fiber Crops	0.02	0.03		
糖　类	Sugar Crops	1.62	1.58	0.04	0.03
烟　草	Tobacco	0.50	0.53	0.01	0.01
其他农作物	Other Crops	56.66	62.92	1.31	1.29
蔬菜、食用菌及花卉盆景园艺	Vegetables, Edible Fungus and Flowers Bonsai Gardening	1095.52	1232.63	25.42	25.18
#蔬　菜	Vegetables	1013.42	1126.67	23.52	23.01
水果、坚果、饮料和香料作物	Fruits, Nuts, Beverages and Spice Crops	415.27	463.28	9.64	9.46
#水　果	Fruits	368.91	411.32	8.56	8.40
坚　果	Nuts	43.03	48.51	1.00	0.99
中药材	Chinese Herbal Medicines	26.35	29.57	0.61	0.60
林业产值	**Output Value of Forestry**	**51.26**	**58.78**	**1.19**	**1.20**
林木的培育和种植	Cultivation and Planting of Trees	33.74	43.52	0.78	0.89
育种育苗	Breeding Nursery	3.63	5.30	0.08	0.11
造　林	Afforestation	10.00	13.89	0.23	0.28
抚育和管理	Tending Management	20.11	24.33	0.47	0.50
木材采运	Logging and Transport of Bamboo	4.28	4.28	0.10	0.09
林产品	Forestry Products	13.24	10.98	0.31	0.22
牧业产值	**Output Value of Animal Husbandry**	**1443.76**	**1674.04**	**33.50**	**34.19**
牲畜饲养	Stock Breading	487.17	536.72	11.30	10.96
牛的饲养	Cattle	198.66	202.41	4.61	4.13
羊的饲养	Sheep	123.68	166.11	2.87	3.39
其他牲畜饲养	Others	6.54	6.64	0.15	0.14
奶产品	Milk Products	153.49	155.76	3.56	3.18
毛绒产品	Feather and Cashmere Products	4.80	5.81	0.11	0.12
猪的饲养	Pigs Breeding	425.42	550.09	9.87	11.24
家禽饲养	Poultry Breeding	416.88	468.36	9.67	9.57
肉　禽	Poultry for Meat	107.32	115.43	2.49	2.36
禽　蛋	Egg	309.55	352.93	7.18	7.21
猎狩和捕捉动物	Animal Hunting and Trapping	0.03	0.03		
其他畜牧业	Other Animal Husbandry	114.26	118.84	2.65	2.43
渔业产值	**Output Value of Fishery**	**142.47**	**163.58**	**3.31**	**3.34**
海水产品	Seawater Aquatic Products	90.12	97.77	2.09	2.00
淡水产品	Aquatic Products from Inland Waterways	52.35	65.80	1.21	1.34
农林牧渔服务业产值	**Output Value of Service to Farming, Forestry, Animal Husbandry and Fishery**	**201.83**	**224.21**	**4.68**	**4.58**

农、林、牧、渔业增加值
Value-added of Farming, Forestry, Animal Husbandry and Fishery

单位：万元 (10000 yuan)

指标	Item	2000	2005	2010	2011
农林牧渔业总产值	**Gross Output Value**	**15446531**	**23791712**	**43094214**	**48958751**
农业	Farming	8467174	12580005	24701102	27752674
林业	Forestry	253726	401325	512574	587770
牧业	Animal Husbandry	6136781	8793826	14437566	16740403
渔业	Fishery	588850	794421	1424679	1635781
农林牧渔服务业	Service to Farming, Forestry, Animal Husbandry and Fishery		1222135	2018294	2242123
中间消耗	**Intermediate Exertion**	**7201056**	**9791712**	**17466072**	**19901385**
农业	Farming	3594715	4094906	7996487	8984594
林业	Forestry	93877	104642	145725	167074
牧业	Animal Husbandry	3245124	4576459	7620147	8835307
渔业	Fishery	267340	341283	582551	668911
农林牧渔服务业	Service to Farming, Forestry, Animal Husbandry and Fishery		674422	1121162	1245499
农林牧渔业增加值	**Added Value**	**8245475**	**14000000**	**25628142**	**29057366**
农业	Farming	4872459	8485099	16704615	18768080
林业	Forestry	159849	296683	366849	420696
牧业	Animal Husbandry	2891657	4217367	6817418	7905096
渔业	Fishery	321510	453138	842128	966870
农林牧渔服务业	Service to Farming, Forestry, Animal Husbandry and Fishery		547713	897132	996624

农、林、牧、渔业商品率
Commodity Rate of Farming, Forestry, Animal Husbandry and Fishery

单位：% (%)

年份 Year	农林牧渔业商品率 Farming, Forestry, Animal Husbandry and Fishery	农业 Farming	林业 Forestry	牧业 Animal Husbandry	渔业 Fishery
1986	54.50	50.32	38.14	70.45	95.45
1990	55.84	50.18	29.75	71.92	91.31
1995	62.21	55.34	43.66	76.15	93.02
2000	70.20	62.72	45.97	79.77	88.40
2001	71.64	64.87	51.59	79.81	90.76
2002	73.00	66.98	49.25	80.39	91.17
2003	74.52	67.23	45.59	83.40	90.19
2004	75.64	66.84	51.86	85.29	88.56
2005	77.33	68.54	59.46	86.80	91.45
2006	77.94	71.95	65.19	87.32	92.34
2007	79.08	72.42	68.59	88.11	92.06
2008	78.24	71.61	65.54	86.16	90.17
2009	79.97	74.91	27.20	87.74	93.72
2010	80.45	76.16	24.90	88.35	94.90
2011	81.09	76.58	29.11	89.27	92.52

主要农作物总播种面积

Total Sown Areas of Major Farm Crops

单位：千公顷 (1000 hectares)

年份 Year	农作物总播种面积 Total Sown Area	#粮食作物播种面积 Sown Area of Grain Crops	#夏收 Summer Harvest Grain	#经济作物播种面积 Economic Crops	#棉花 Cotton	#油料 Oil-bearing Crops
1978	9370.9	7949.4	2979.2	959.1	576.6	300.2
1980	9013.9	7487.2	2703.8	1073.9	548.7	461.0
1985	8656.5	6492.7	2367.5	1677.5	850.3	749.8
1990	8786.7	6827.8	2515.0	1502.1	910.9	543.5
1991	8814.8	6798.0	2535.0	1564.5	955.2	559.1
1992	8570.5	6625.9	2550.1	1481.4	882.1	549.4
1993	8676.7	7040.5	2530.4	1129.6	520.0	556.3
1994	8649.3	6801.7	2466.5	1327.2	685.3	590.2
1995	8720.1	6829.5	2515.3	1349.3	700.5	604.5
1996	8872.1	7137.3	2610.4	1071.6	427.5	601.1
1997	8856.9	7099.4	2745.3	1033.3	377.1	602.7
1998	9097.7	7305.7	2793.8	990.2	315.7	632.4
1999	9055.2	7236.1	2765.8	932.3	266.6	635.2
2000	9024.4	6918.7	2716.6	1033.9	307.4	686.4
2001	8990.8	6628.9	2629.6	1091.0	418.5	631.7
2002	8935.1	6484.4	2493.2	1099.5	407.4	642.0
2003	8638.5	5944.0	2232.9	1266.7	581.4	634.0
2004	8695.4	6003.4	2200.5	1303.2	669.1	583.6
2005	8785.5	6240.2	2415.4	1180.3	573.5	559.0
2006	8713.9	6271.7	2535.6	1177.9	664.1	485.9
2007	8652.7	6168.2	2443.1	1207.5	680.0	498.3
2008	8713.2	6158.1	2447.2	1245.8	690.0	516.9
2009	8682.5	6216.5	2424.2	1159.7	620.0	496.6
2010	8718.4	6282.2	2455.2	1091.6	581.6	464.4
2011	8773.7	6286.1	2431.62	1135.1	632.5	453.14

粮食、棉花、油料单位面积产量

Output of Grain, Cotton and Oil-bearing Per Hectare

单位：千克／公顷 (kg/ha)

年 份 Year	粮 食 Grain	#小 麦 Wheat	#稻 谷 Rice	#玉 米 Corn	棉 花 Cotton	油 料 Oil-bearing	#花 生 Peanuts
1978	2123.0	2211.6	4927.6	2310.1	203.3	816.0	1305.0
1980	2033.5	1430.2	5722.5	2833.2	450.5	979.2	1508.8
1985	3028.9	3164.8	6112.9	3880.5	739.3	1159.2	1749.6
1990	3334.7	3698.4	6201.2	4063.1	626.6	1377.9	1951.5
1991	3337.3	3562.1	5927.6	4407.8	664.0	1303.3	2014.0
1992	3298.6	3611.2	6396.0	4199.0	346.9	1207.0	1645.0
1993	3380.7	3571.9	6833.9	4533.8	370.0	1447.5	2110.4
1994	3710.1	3753.2	7498.9	5063.9	569.1	1808.9	2483.9
1995	4010.6	4240.1	7018.9	5165.9	528.8	1817.3	2547.6
1996	3908.0	4396.0	6500.9	4627.7	604.0	2007.0	2686.0
1997	3869.0	4891.1	6590.9	4161.3	660.0	1957.0	2672.0
1998	3993.0	4535.6	6476.9	4599.8	856.0	2195.0	2787.0
1999	3795.3	4690.7	6016.5	4084.5	835.0	2038.9	2740.5
2000	3687.2	4509.3	4573.1	4012.4	976.4	2141.1	2861.6
2001	3759.0	4351.8	5020.7	4165.5	1001.9	2434.8	2917.6
2002	3756.4	4488.6	5018.9	4015.5	986.5	2356.1	2927.3
2003	4017.2	4646.4	5432.7	4313.6	897.9	2572.6	3026.4
2004	4131.1	4872.6	5659.0	4400.4	994.4	2644.2	3071.2
2005	4164.2	4839.1	5881.8	4458.9	1006.5	2732.0	3198.1
2006	4433.6	4750.3	5770.3	4817.4	1054.4	2753.3	3227.4
2007	4606.8	4948.3	6810.2	4966.8	1065.7	2771.3	3338.0
2008	4718.8	5057.4	6814.7	5076.2	1068.6	2952.3	3417.4
2009	4681.4	5136.2	6750.9	4966.1	975.2	2885.0	3438.0
2010	4737.0	5084.5	6805.1	5014.7	979.3	3021.1	3517.4
2011	5047.0	5325.9	7248.9	5401.1	1033.0	3128.8	3578.9

主要农作物分品种播种面积和产量
Yield and Sown Area of Major Farm Crops by Assortment

项　　目	Item	播种面积(千公顷) Sown Area (1000 hectares)		总产量(万吨) Total Output (10000 tons)		每公顷产量(千克) Output Per Hectare (kg)	
		2010	2011	2010	2011	2010	2011
农作物总播种面积	**Total Sown Area**	**8718.39**	**8773.69**				
粮食作物	**Grain Crops**	**6282.20**	**6286.11**	**2975.9**	**3172.6**	**4737**	**5047**
谷　物	Cereal	5831.75	5836.19	2844.3	3032.3	4877	5196
稻　谷	Rice	79.69	83.02	54.2	60.2	6805	7249
小　麦	Wheat	2420.33	2396.05	1230.6	1276.1	5085	5326
玉　米	Corn	3008.59	3035.78	1508.7	1639.6	5015	5401
谷　子	Millet	154.83	164.46	39.3	43.5	2538	2644
高　粱	Sorghum	16.23	14.21	4.6	5.0	2803	3547
豆　类	Beans	194.43	179.34	33.5	35.7	1724	1993
#大　豆	Soybean	147.87	136.09	27.7	29.5	1873	2169
薯　类	Tubers	256.02	270.58	98.1	104.6	3831	3865
油　料	**Oil-bearing**	**464.37**	**453.13**	**140.3**	**141.8**	**3021**	**3129**
#花　生	Peanut	367.40	360.21	129.2	128.9	3517	3579
油菜籽	Rapeseeds	22.04	21.03	2.9	3.0	1312	1436
芝　麻	Sesame	7.87	7.40	1.1	1.0	1341	1403
胡麻籽	Benne	40.96	35.44	2.7	2.9	662	805
葵花籽	Sunflower	23.85	26.88	3.8	5.3	1577	1986
棉　花	**Cotton**	**581.56**	**632.54**	**57.0**	**65.3**	**979**	**1033**
麻　类	Fiber Crops	0.31	0.33	0.7	0.1	2212	2202
#黄红麻	Jute and Ambary Hemp	0.29	0.31	0.1	0.1	2258	2234
大　麻	Hemp	0.02	0.02			1500	1800
甜　菜	Beetroots	14.07	12.49	49.0	46.5	34813	37246
烟　叶	Tobacco	2.95	2.91	0.7	0.7	2206	2339
#烤　烟	Flue-cured Tobacco	1.93	2.29	0.3	0.4	1659	1815
药　材	Medicinal Materials	28.39	33.69				
蔬　菜	Vegetables	1138.57	1157.86	7073.6	7384.3	62127	63775
瓜果类	Melons	104.08	105.22	500.7	514.1	48105	48857
其他农作物	**Other Crops**	**101.89**	**89.40**				
#青饲料	Green Feed	64.27	63.15				

主要农产品产量
Yield of Major Farm Crops

年 份 Year	粮 食 (万吨) Grain (10000 tons)	谷 物 Cereal	#小 麦 Wheat	#稻 谷 Rice	#玉 米 Corn	豆 类 Beans	#大 豆 Soybean	薯 类 Tubers	棉 花 (万吨) Cotton (10000 tons)
1978	1687.9		631.4	54.3	516.6		32.3	163.8	11.71
1980	1522.5		378.8	83.1	663.2		29.7	125.2	24.72
1985	1966.6		744.3	78.0	678.9		38.5	144.5	62.86
1990	2276.9		927.7	91.6	829.2		53.5	138.6	57.08
1995	2739.0	2507.0	1060.3	90.3	1183.4	94.3	78.6	137.7	37.05
1996	2789.5	2557.1	1139.1	92.2	1168.4	89.9	73.6	142.5	25.84
1997	2746.7	2554.1	1330.7	102.4	1009.5	68.0	58.2	124.6	24.87
1998	2917.5	2680.3	1253.6	99.2	1187.2	95.0	76.0	142.2	27.02
1999	2746.3	2552.1	1280.5	93.1	1088.0	68.6	56.7	125.6	22.26
2000	2551.1	2355.6	1208.0	65.8	994.5	74.5	62.9	121.0	30.01
2001	2491.8	2309.0	1122.7	47.2	1059.5	67.1	56.3	115.7	41.93
2002	2435.8	2256.2	1099.5	55.7	1035.0	60.6	49.4	119.0	40.19
2003	2387.8	2205.9	1018.8	41.1	1073.6	60.6	46.4	121.3	52.20
2004	2480.1	2319.4	1053.2	47.3	1157.6	57.6	44.3	103.1	66.54
2005	2598.6	2452.9	1150.3	51.6	1193.8	51.2	42.4	94.5	57.72
2006	2780.6	2640.2	1189.7	51.2	1348.8	46.9	39.5	93.5	70.02
2007	2841.6	2716.0	1193.7	57.6	1421.8	42.8	36.4	82.8	72.47
2008	2905.8	2758.5	1221.9	55.6	1442.2	45.9	38.1	101.4	73.73
2009	2910.2	2801.8	1229.8	57.5	1465.2	34.9	28.5	73.4	60.46
2010	2975.9	2844.3	1230.6	54.2	1508.7	33.5	27.7	98.1	56.95
2011	3172.6	3032.3	1276.1	60.2	1639.4	35.7	29.5	104.6	65.34

年 份 Year	油 料 (万吨) Oil-bearing Crops (10000 tons)	#花 生 Peanut	#芝 麻 Sesame	烟 叶 (吨) Tobacco (ton)	#烤 烟 Flue-cured Tobacco	麻 类 (吨) Fiber Crops (ton)	#黄红麻 Jute and Ambary Hemp	#大 麻 (线) Hemp
1978	24.50	17.37	1.26	10940	6385	16615	9130	4840
1980	45.14	35.77	3.23	5900	1540	17785	9720	5315
1985	86.92	58.01	5.14	20135	5440	59890	52305	3045
1990	74.89	57.81	2.74	22090	11596	20148	18158	750
1995	109.86	94.68	2.47	9427	6513	13996	13095	388
1996	120.65	100.48	2.22	16334	9661	11575	10805	339
1997	117.98	106.79	1.62	18872	13965	14294	12966	230
1998	138.82	118.53	2.23	12488	8302	14257	13313	344
1999	129.51	117.98	1.85	12082	7839	9042	8535	220
2000	146.97	132.59	2.03	12429	7360	7951	7436	157
2001	153.81	144.27	1.99	9356	4062	7231	6897	180
2002	151.26	140.45	1.64	11083	5252	10271	10060	96
2003	163.10	148.14	1.64	10693	4378	6214	5801	72
2004	154.32	137.85	1.50	10952	5135	4329	778	3534
2005	152.73	140.33	1.46	9759	4928	7262	767	28
2006	133.78	121.87	1.32	4984	2286	7328	810	41
2007	138.09	130.68	1.12	4226	2271	3962	717	171
2008	152.59	140.07	1.08	6114	3562	710	617	67
2009	143.27	133.99	1.01	6650	4082	745	699	37
2010	140.29	129.23	1.05	6505	3201	677	648	24
2011	141.78	128.92	1.04	6812	4159	729	688	36

平均每人主要农产品产量（按平均人口计算）
Per Capita of Major Agricultural Products (Calculated by Average Population)

单位：千克 (kg)

年 份 Year	粮 食 Grain	棉 花 Cotton	油 料 Oil-bearing Crops	园林水果 Garden Fruit	生猪存栏（头） Stocked Pigs (head)	猪牛羊肉 Pork, Beef and Mutton	水产品 Aquatic Products
1978	335.72	2.32	4.87	15.81	0.25	8.29	2.76
1980	296.42	4.81	8.79	15.60	0.25	13.45	1.90
1985	356.43	11.39	15.75	29.03	0.26	14.84	2.31
1990	378.23	9.48	12.44	29.15	0.25	20.13	3.64
1991	366.55	10.25	11.77	31.84	0.25	21.19	3.83
1992	349.83	4.90	10.61	36.27	0.26	23.13	4.87
1993	377.53	3.05	12.77	41.77	0.26	26.20	3.95
1994	396.71	6.13	16.78	56.04	0.28	33.34	4.98
1995	427.17	5.78	17.13	67.37	0.32	40.36	6.18
1996	431.80	4.00	18.68	77.89	0.32	39.18	7.85
1997	422.30	3.82	18.14	85.50	0.32	40.36	9.32
1998	445.62	4.13	21.20	96.18	0.32	40.96	10.59
1999	416.64	3.38	19.65	97.67	0.31	41.04	11.52
2000	383.97	4.52	22.12	101.94	0.29	40.64	12.18
2001	372.65	6.27	23.00	100.17	0.28	40.33	12.70
2002	362.63	5.98	22.52	111.44	0.28	41.26	12.96
2003	353.64	7.73	24.16	118.03	0.29	42.25	12.78
2004	365.30	9.80	22.73	129.17	0.29	44.00	13.67
2005	380.48	8.45	22.36	134.48	0.29	46.00	14.49
2006	404.49	10.19	19.46	140.89	0.26	47.06	12.68
2007	410.60	10.47	19.95	146.78	0.27	44.45	13.10
2008	417.15	10.58	21.91	151.32	0.29	47.24	13.87
2009	415.05	8.62	20.43	157.46	0.28	48.04	14.32
2010	418.32	8.01	19.72	156.27	0.26	46.75	14.95
2011	439.85	9.06	19.66	167.07	0.26	45.65	14.79

主要农业机械和农产品加工机械拥有量（年底数）
Ownership of Agricultural Machinery and Machinery for Procession Farm Products (End of Year)

指　　标	Item	2000	2005	2010	2011
农业机械总动力(万千瓦)	Total Power of Agricultural Machinery (10000 kw)	7000.4	8487.2	10151.3	10349.2
大中型拖拉机(万台)	Large and Medium Agricultural Tractors (10000 units)	6.4	10.1	17.3	19.8
小型拖拉机(万台)	Mini-Tractors (10000 units)	129.8	144.7	150.5	149.1
大中型拖拉机配套农具(万台)	Number of Large and Medium Tractor Towing Farm Machinery (10000 units)	10.8	18.4	34.5	38.0
小型拖拉机配套农具(万台)	Number of Mini-Tractor Towing Farm Machinery (10000 units)	156.7	191.6	201.0	199.4
排灌用电动机(万台)	Electrical Engines (10000 units)	131.2	139.5	148.2	148.8
排灌用柴油机(万台)	Diesel Engines (10000 units)	138.2	125.8	113.2	109.4
农用水泵(万台)	Agricultural Pump (10000 units)	163.7	165.9	172.1	172.2
节水灌溉机械(万套)	Water-saving Irrigated Machinery (10000 units)	3.1	3.5	4.4	4.5
联合收割机(万台)	Combine Harvesters (10000 units)	4.2	5.6	7.9	8.6
割晒机(万台)	Swathers (10000 units)		0.1	4.0	3.5
机动脱粒机(万台)	Motorised Threshing Machines (10000 units)	46.7	28.5	21.8	20.7
农用运输汽车(万辆)	Agricultural Vehicles (10000 units)	160.4	252.2	268.2	268.5

农业机械化、能源、化肥、水利
Mechanization, Energy Resources, Chemical Fertilizer and Water Conservancy of Agriculture

指　　标	Item	2000	2005	2010	2011
农业机械化情况(千公顷)	**Agriculture Mechanization (1000 hectares)**				
当年实际机械耕地面积	Area Cultivated by Machine This Year	5072.60	4745.47	5317.10	5332.02
当年机械播种面积	Area Sown by Machine This Year	4550.57	5282.47	6274.51	6451.91
当年机械收获面积	Mechanical Harvest Area This Year	2688.00	2480.45	3428.52	3715.28
农业能源情况	**Agriculture Energy**				
农村用电量(亿千瓦小时)	Electricity Consumed in Rural Area (100 million kwh)	180.45	337.05	511.81	559.22
乡、村及村以下办水电站(个)	Hydropower Station in Rural Areas (unit)	105	116	135	239
装机容量(万千瓦)	Generating Capacity (10000 kw)	1.90	3.68	6.32	37.94
农用化肥施用量	**Consumption of Chemical Fertilizers**				
折纯量(万吨)	by 100% Effective Component (10000 tons)	270.62	303.39	322.86	326.28
农药使用量(万吨)	**Consumption of Agricultural Pesticide (10000 tons)**	**7.28**	**8.08**	**8.46**	**8.30**
农田水利情况	**Farm Water Conservancy Condition**				
有效灌溉面积(千公顷)	Effective Irrigated Areas (1000 hectares)	4482.32	4547.75	4520.87	4596.61
年末实有机井数量(万眼)	Motor-pumped Well at the Year-end (10000 units)	88.03	93.72	96.45	98.37

农民家庭平均每户生产性固定资产原值(年底数)
Original Value of Productive Fixed Assets Per Rural Households (End of Year)

单位：元　　(yuan)

项　目	Item	2000	2005	2010	2011
平均每户生产性固定资产原值	**Original Value of Productive Fixed Assets**	**6328.32**	**9335.54**	**11455.36**	**17437.51**
农　业	Agriculture	4132.77	4646.31	5683.50	7330.64
工　业	Industry	586.06	1085.80	1380.70	2095.97
建筑业	Construction	31.57	38.33	158.33	459.29
交通运输业	Transport, Post and Telecommunication Services	1101.14	1356.43	1585.74	2826.53
批发零售贸易及餐饮业	Wholesale and Retail Trade and Catering Services	309.91	528.02	828.55	1988.74
社会服务业	Social Services	104.06	123.43	206.44	539.55
文教卫生事业	Education, Culture and Health Care	10.00	71.55	105.40	210.10
其　他	Others	52.80	19.21	71.16	

农民家庭平均每百户生产性固定资产数量（年底数）
Number of Productive Fixed Assets Per 100 Rural Households (End of Year)

项目	Item	2000	2005	2010	2011
汽车(辆)	Motor Vehicles (set)	2.33	3.32	3.82	
大中型拖拉机(台)	Large and Medium Tractors (set)	2.03	2.48	2.92	4.40
小型及手扶拖拉机(台)	Mini and Walking Tractors (set)	34.49	36.43	32.13	28.32
机动脱粒机(台)	Motorized Threshing Machines (set)	6.30	2.17	2.73	2.71
胶轮大车(辆)	Carts with Rubber Tyres (set)	12.34	7.15	6.44	2.90
农用水泵(台)	Pumps (unit)	25.91	22.99	28.21	21.26

林业及干鲜果生产
Forestry，Yield of Dry Fruit and Fruit

指标	Item	2000	2005	2010	2011
林业生产	**Forestry Production**				
当年造林面积(千公顷)	New Forestry Area This Year (1000 hectares)	305.00	304.77	283.89	286.42
#用材林	Timber Forest	72.22	51.16	18.95	24.79
经济林	Economic Forest	50.16	19.90	14.78	21.44
防护林	Shelter Forest	179.67	232.27	249.14	240.16
当年零星(四旁)植树(万株)	Planting Trees Piecemeal (10000 trees)	12748	12496	10037	10357
村及村以下林木采伐量(万立方米)	Fall of Bamboo and Tree in Rural Areas (10000 cu.m)	66.37	48.25	44.20	45.24
干鲜果生产(吨)	**Yield of Dry Fruit and Fruit (ton)**				
坚果	Dry Fruit	71900	164307	282387	336181
#核桃	Walnuts	30102	47032	74392	96891
板栗	Chestnut	34620	107079	174640	208241
园林水果	Fruit	6791425	9184789	11117252	12050753
#苹果	Apples	1806155	2202273	2724614	2926425
梨	Pears	2551647	3246220	3758287	4068629
花椒产量(吨)	**Chinese Prickly Ash Output (ton)**	**7743**	**11936**	**12271**	**11513**

大牲畜头数
Number of Large Livestock

单位：万头 (10000 heads)

年份 Year	大牲畜 年末数 Large Animals (year-end)	牛 Cattle and Buffaloes	马 Horses	驴 Donkeys	骡 Mules
1978	354.70	134.60	79.81	83.07	56.95
1980	341.05	120.71	78.02	78.26	63.88
1985	446.50	155.10	71.95	142.57	76.88
1990	525.22	207.90	56.95	176.71	83.66
1995	870.88	579.34	48.68	167.69	75.17
1996	885.85	598.52	49.36	164.23	73.74
1997	860.33	582.96	49.54	158.17	69.66
1998	835.89	563.76	49.03	155.36	67.74
1999	811.94	543.33	48.21	153.61	66.79
2000	774.24	516.73	45.04	149.14	63.33
2001	730.17	487.72	43.31	138.92	60.22
2002	702.92	476.64	40.64	130.04	55.60
2003	685.06	477.87	36.83	121.05	49.31
2004	721.81	528.39	35.53	112.56	45.33
2005	762.63	584.92	33.13	104.11	40.47
2006	613.00	458.93	28.99	90.16	34.92
2007	610.49	474.99	24.92	80.72	29.86
2008	569.75	449.01	22.70	70.65	27.39
2009	536.66	429.11	20.30	62.89	24.36
2010	503.87	404.20	18.85	57.73	23.09
2011	495.72	400.31	18.20	55.80	21.41

注：1980年前大牲畜总数中含骆驼。
a) Number of large livestock included camels before 1980.

肉类总产量、牛奶产量及猪、羊头数
Output of Meat，Milk and Number of Hogs，Sheep and Goats

年份 Year	猪牛羊肉产量 (万吨) Output of Pork, Beef and Mutton (10000 tons)	年末出栏肉猪 (万头) Slaughtered Fattened Hogs (year-end) (10000 heads)	生猪存栏头数 (万头) Number of Hogs at Year-end (10000 heads)	羊存栏只数 (万只) Number of Sheep and Goats (10000 units)	山羊 Goats	绵羊 Sheep	牛奶产量 (万吨) Output of Cow Milk (10000 tons)
1978	41.7	570.5	1245.7	600.7	346.1	254.6	1.82
1980	69.1	716.9	1293.4	814.9	461.4	353.5	2.65
1985	81.9	1018.5	1421.4	721.1	372.8	348.3	7.32
1990	121.2	1395.5	1494.2	1074.5	562.6	511.9	11.18
1995	258.8	2409.6	2052.8	1565.7	803.4	762.3	32.55
1996	253.1	2454.1	2061.2	1654.2	840.1	814.1	40.06
1997	262.5	2564.5	2097.8	1728.8	872.8	856.0	46.74
1998	268.1	2620.4	2069.6	1738.8	866.8	872.1	55.82
1999	270.5	2666.6	2029.2	1719.3	844.9	874.4	68.35
2000	270.0	2675.2	1959.6	1676.6	801.8	874.8	84.20
2001	269.7	2699.4	1904.2	1639.5	751.3	888.2	107.38
2002	277.1	2757.1	1909.9	1572.5	672.9	899.6	136.89
2003	285.3	2853.0	1926.2	1594.3	664.5	929.8	197.90
2004	298.7	2991.0	1964.3	1664.5	673.7	990.9	266.46
2005	314.2	3145.0	1977.5	1679.1	678.3	1000.8	340.35
2006	323.5	3246.7	1812.8	1552.6	771.5	781.1	407.62
2007	307.6	2964.2	1907.1	1583.7	785.5	798.2	489.44
2008	329.1	3230.8	2015.2	1617.0	750.9	866.1	504.51
2009	336.8	3332.9	1968.0	1565.1	551.4	1013.7	451.54
2010	332.6	3222.9	1846.0	1408.6	462.2	946.4	439.76
2011	329.5	3235.8	1885.2	1457.2	467.5	989.7	458.90

水产品产量
Output of Aquatic Products

单位：吨　　(ton)

年　份 Year	水产品总产量 Total Aquatic Products	海水产品 Seawater Aquatic Products	#鱼　类 Fish	#虾蟹类 Carapace	淡水水域水产品 Freshwater Aquatic Products	#鱼　类 Fish	#虾蟹类 Carapace
1978	139017	128043	43988	63856	10974	10232	214
1980	97610	86479	41902	38144	11131	9811	643
1985	127495	104529	58578	39276	22966	21464	1489
1990	218553	164880	61762	71295	53673	50912	2722
1995	396070	210215	73868	62853	185855	178218	6330
1996	506930	283038	81682	72035	223892	215806	5317
1997	606110	338322	119981	69949	267788	255759	11192
1998	693317	384917	156073	84556	308400	290273	14679
1999	759566	423429	180402	84302	336137	316480	15356
2000	809496	482032	187945	80707	327464	306535	15084
2001	848887	514411	185570	92362	334476	312911	15942
2002	870571	518440	181557	91831	352131	315759	19720
2003	862715	489702	177773	90483	373013	340328	25936
2004	928218	541332	190417	94519	386886	351315	26843
2005	989461	571808	191613	95057	417653	386333	23696
2006	871418	499047	155456	77803	372371	342458	22504
2007	906437	524303	160388	75141	382134	353175	22909
2008	966400	549250	164631	80317	417150	385537	25009
2009	1004100	553884	151520	78503	450216	415983	26465
2010	1063300	582600	151653	78882	480700	443331	27725
2011	1067131	563281	145094	71757	503850	464896	28464

受灾情况
Natural Disaster

指　标	Item	2000	2005	2009	2010	2011
受灾面积（千公顷）	**Areas Covered (1000 hectares)**	**3560.28**	**1721.80**	**1944.33**	**1668.17**	**811.37**
#成　灾	Areas Affected	2541.30	976.02	1301.12	1058.29	479.82
旱　灾	Drought	2974.70	934.15	1218.24	844.65	497.27
#成　灾	Areas Affected	2210.54	596.17	928.34	640.47	319.80
水　灾	Flood	114.16	108.80	67.91	127.12	95.77
#成　灾	Areas Affected	62.78	65.28	31.83	58.05	53.48
风雹灾	Wind Hail	256.15	347.47	445.87	149.83	119.93
#成　灾	Areas Affected	166.12	188.14	260.92	86.92	65.18
霜　灾	Frost	1.74	18.29	3.18	252.98	19.14
#成　灾	Areas Affected	0.37	8.75	3.07	146.53	14.92
病虫灾	Diseases and Insect	203.40	247.75	120.52	118.80	48.09
#成　灾	Areas Affected	92.89	93.55	35.78	35.32	18.00
其他灾	Others	10.13	65.36	88.61	174.79	31.16
#成　灾	Areas Affected	8.60	24.14	41.18	91.00	8.44

农垦系统国营农牧场基本情况
Basic Statistics on State Farms and Pasturelands of Land Reclamation Departments

指　　标	Item	2000	2005	2010	2011
农场数(个)	**Number of Farms (unit)**	**30**	**30**	**32**	**33**
农场人口及职工(人)	**Population, Staff and Workers (person)**				
总人口	Total Population	290157	397033	422544	439726
职工人数	Number of Staff and Workers	94660	85212	71138	68564
土地总面积(公顷)	**Total Land Area (hectare)**	**35720**	**352607**	**354669**	**373572**
#耕地面积	Cultivated Area	90380	80297	89095	92472
牧草地面积	Area of Grassland	99080	70062	77909	91469
#已利用面积	Utilized Area	84730	52126	51891	58591
林地面积	Forest Area	38330	89785	83774	84531
水面面积	Water Area	47680	48663	36939	36503
#养殖面积	Cultivated Area	10010	15156	13042	12423
茶果桑园面积	Area of Tea, Mulberry and Orchards Plantations	2880	2913	1964	1914
农作物总播种面积(公顷)	**Sown Area of Farm Crops (hectare)**	**94840**	**87903**	**99098**	**100443**
#粮　食	Grain	68540	59393	64341	64468
#谷　物	Cereal	61350	54083	59771	57475
#小　麦	Wheat	19710	15975	17504	16576
稻　谷	Rice	27010	17962	18145	19805
经济作物	Economic Crops				
#棉　花	Cotton	3390	21454	19881	22141
油　料	Oil-bearing Crops	12380	920	2015	2119
主要农产品产量(吨)	**Yield of Major Farm Crops (ton)**				
#粮　食	Grain	240341	339161	415799	420485
#谷　物	Cereal	232711	324412	389171	381926
#小　麦	Wheat	50070	54400	75643	74256
稻　谷	Rice	141569	174670	179027	192513
经济作物	Economic Crops				
#棉　花	Cotton	4121	25133	32481	27029
油　料	Oil-bearing Crops	3466	983	2626	2430
鲜　果	Fruit	17295	21762	16037	13511
林业生产	**Forestry Production**				
当年造林面积(公顷)	New Forestry Area This Year (hectare)	5417	8011	3110	2579
林业采伐量(立方米)	Fall of Bamboo and Tree (cu.m)	2420	2758	3636	339
畜牧业、渔业生产	**Production of Animal Husbandry and Fishery**				
年末大牲畜存栏(头)	Number of Large Animals (year-end) (head)	36500	82832	137400	149400
年末猪存栏(头)	Number of Hogs (head)	90100	199849	273700	290400
年末羊存栏(只)	Number of Sheep and Goats (unit)	51700	102147	54000	66100
#山　羊	Goats	14600	8373	4300	5600
畜产品产量(吨)	Output of Livestock Products (ton)				
肉类总产量	Pork, Beef and Mutton	21210	42800	56021	59520
牛奶产量	Milk	68104	208148	473614	482233
禽蛋产量	Poultry Eggs	6817	7801	10027	9635
水产品产量(吨)	Output of Aquatic Products (ton)	48207	68933	78115	77183
#养　殖	Artificially Cultured	39057	61000	71562	70687

按行业分规模以上工业企业主要指标（2011年）

单位：亿元

行 业	Sector	企 业 单位数 (个) Number of Enterprises (unit)
全省总计	**Total**	**11570**
煤炭开采和洗选业	Mining and Washing of Coal	153
石油和天然气开采业	Extraction of Petroleum and Natural Gas	2
黑色金属矿采选业	Mining and Processing of Ferrous Metal Ores	751
有色金属矿采选业	Mining and Processing of Non-Ferrous Metal Ores	30
非金属矿采选业	Mining and Processing of Nonmetal Ores	77
农副食品加工业	Processing of Food from Agricultural Products	616
食品制造业	Manufacture of Foods	226
饮料制造业	Manufacture of Beverages	142
烟草制品业	Manufacture of Tobacco	3
纺织业	Manufacture of Textile	731
纺织服装、鞋、帽制造业	Manufacture of Textile Wearing Apparel, Footwear and Caps	203
皮革、毛皮、羽毛(绒)及其制品业	Manufacture of Leather, Fur, Feather and Related Products	424
木材加工及木、竹、藤、棕、草制品业	Processing of Timber, Manufacture of Wood, Bamboo, Rattan, Palm and Straw Products	101
家具制造业	Manufacture of Furniture	119
造纸及纸制品业	Manufacture of Paper and Paper Products	273
印刷业和记录媒介的复制	Printing, Reproduction of Recording Media	96
文教体育用品制造业	Manufacture of Articles For Culture, Education and Sport Activities	48
石油加工、炼焦及核燃料加工业	Processing of Petroleum, Coking, Processing of Nuclear Fuel	129
化学原料及化学制品制造业	Manufacture of Raw Chemical Materials and Chemical Products	804
医药制造业	Manufacture of Medicines	189
化学纤维制造业	Manufacture of Chemical Fibers	40
橡胶制品业	Manufacture of Rubber	261
塑料制品业	Manufacture of Plastics	370
非金属矿物制品业	Manufacture of Non-metallic Mineral Products	953
黑色金属冶炼及压延加工业	Smelting and Pressing of Ferrous Metals	428
有色金属冶炼及压延加工业	Smelting and Pressing of Non-ferrous Metals	194
金属制品业	Manufacture of Metal Products	922
通用设备制造业	Manufacture of General Purpose Machinery	1037
专用设备制造业	Manufacture of Special Purpose Machinery	540
交通运输设备制造业	Manufacture of Transport Equipment	495
电气机械及器材制造业	Manufacture of Electrical Machinery and Equipment	580
通信设备、计算机及其他电子设备制造业	Manufacture of Communication Equipment, Computers and Other Electronic Equipment	106
仪器仪表及文化、办公用机械制造业	Manufacture of Measuring Instruments and Machinery for Cultural Activity and Office Work	63
工艺品及其他制造业	Manufacture of Artwork and Other Manufacturing	102
废弃资源和废旧材料回收加工业	Recycling and Disposal of Waste	30
电力、热力的生产和供应业	Production and Supply of Electric Power and Heat Power	266
燃气生产和供应业	Production and Supply of Gas	39
水的生产和供应业	Production and Supply of Water	27

Main Indicators of Industrial Enterprises above Designated Size by Industrial Sector (2011)

从业人员 (万人) Number of Employed Persons (10000 persons)	工业总产值(当年价) Gross Industrial Output Value	实收资本 Total Capital Hold	流动资产 合计 Total Working Capitals	#存货 Inventory	#产成品 Finished Products	固定资产 合计 Fixed Assets	固定资产 原价 Original Value of Fixed Assets
356.03	**39698.80**	**5405.10**	**12692.76**	**3382.55**	**1136.15**	**13019.72**	**18359.33**
20.40	1386.31	247.36	896.95	108.73	45.57	581.32	770.91
5.09	300.17	191.63	91.76	7.52	3.19	454.37	887.09
14.39	2198.05	268.12	709.70	112.23	65.09	440.77	556.71
0.52	52.16	11.07	13.05	3.98	2.25	27.35	24.39
1.73	109.32	12.33	25.75	4.98	3.41	37.17	49.56
11.86	1747.26	115.44	370.32	112.97	58.78	255.03	316.11
7.24	602.84	74.50	143.64	33.69	13.08	122.21	160.94
3.60	354.26	72.04	129.90	59.90	23.93	104.21	146.06
0.58	135.92	13.16	59.07	41.54	2.12	29.53	49.05
21.75	1268.89	147.64	228.60	89.54	42.69	244.19	301.74
5.87	288.04	26.18	53.53	20.60	10.87	49.73	63.47
18.34	803.69	22.97	73.66	21.74	10.08	82.86	93.02
1.82	179.30	17.19	29.51	11.14	4.40	42.67	56.92
2.34	153.59	19.99	31.08	9.10	4.39	52.85	82.29
4.82	465.19	52.69	82.09	24.97	13.25	106.70	143.95
2.21	154.58	26.73	39.40	11.44	5.44	46.62	73.02
0.91	44.28	3.36	7.08	2.95	0.79	12.57	15.10
6.13	2071.08	176.33	497.66	189.88	50.26	457.49	797.03
17.47	1845.82	292.49	567.49	138.35	57.96	569.94	723.71
8.77	554.41	119.89	357.39	62.44	29.28	181.55	260.58
1.32	71.76	8.12	20.10	8.05	4.17	16.21	29.79
4.76	356.07	49.51	107.38	20.13	10.33	65.17	91.58
5.02	532.10	65.27	112.22	27.22	13.23	118.44	161.95
23.50	1672.91	328.07	571.02	152.02	63.99	783.24	983.55
54.09	11464.03	1220.26	3612.44	1164.37	251.95	3802.39	5322.92
2.95	483.36	91.06	126.54	41.92	11.41	98.72	131.72
14.30	1614.94	196.36	431.42	118.00	54.82	435.46	554.02
19.99	1607.29	173.53	440.72	144.92	55.59	355.53	426.27
12.36	900.62	165.36	452.13	139.04	57.66	197.46	246.08
18.20	1627.83	204.62	858.90	236.87	66.28	322.65	398.38
14.34	1483.25	281.31	863.41	154.48	76.18	468.16	480.02
7.02	309.81	77.75	118.11	29.50	11.75	125.18	180.45
1.59	83.75	17.36	53.84	12.16	4.19	13.20	18.44
2.77	117.82	17.29	24.89	10.11	3.88	34.98	48.16
0.33	62.02	8.14	16.10	4.03	2.51	6.72	8.37
14.86	2505.15	511.95	414.13	47.35	0.72	2162.01	3549.05
1.10	63.58	33.92	38.07	2.60	0.61	44.85	58.61
1.68	27.38	44.10	23.75	2.12	0.05	70.20	98.34

按行业分规模以上工业企业主要指标（2011年）(续)

单位：亿元

行业	Sector	累计折旧 Accumulated Depreciation	资产总计 Total Assets
全省总计	**Total**	**6766.37**	**29687.55**
煤炭开采和洗选业	Mining and Washing of Coal	319.86	1689.11
石油和天然气开采业	Extraction of Petroleum and Natural Gas	424.85	606.25
黑色金属矿采选业	Mining and Processing of Ferrous Metal Ores	156.64	1400.96
有色金属矿采选业	Mining and Processing of Non-Ferrous Metal Ores	5.80	43.81
非金属矿采选业	Mining and Processing of Nonmetal Ores	14.61	73.31
农副食品加工业	Processing of Food from Agricultural Products	87.57	675.52
食品制造业	Manufacture of Foods	45.81	292.84
饮料制造业	Manufacture of Beverages	53.03	273.95
烟草制品业	Manufacture of Tobacco	20.55	91.44
纺织业	Manufacture of Textile	84.40	506.28
纺织服装、鞋、帽制造业	Manufacture of Textile Wearing Apparel, Footwear and Caps	19.71	110.93
皮革、毛皮、羽毛(绒)及其制品业	Manufacture of Leather, Fur, Feather and Related Products	17.93	181.50
木材加工及木、竹、藤、棕、草制品业	Processing of Timber, Manufacture of Wood, Bamboo, Rattan, Palm and Straw Products	17.25	81.22
家具制造业	Manufacture of Furniture	33.26	90.45
造纸及纸制品业	Manufacture of Paper and Paper Products	45.71	205.30
印刷业和记录媒介的复制	Printing, Reproduction of Recording Media	29.05	94.75
文教体育用品制造业	Manufacture of Articles For Culture, Education and Sport Activities	2.94	23.05
石油加工、炼焦及核燃料加工业	Processing of Petroleum, Coking, Processing of Nuclear Fuel	366.79	1104.36
化学原料及化学制品制造业	Manufacture of Raw Chemical Materials and Chemical Products	240.14	1313.22
医药制造业	Manufacture of Medicines	112.10	664.21
化学纤维制造业	Manufacture of Chemical Fibers	14.20	42.91
橡胶制品业	Manufacture of Rubber	30.60	183.80
塑料制品业	Manufacture of Plastics	48.17	246.15
非金属矿物制品业	Manufacture of Non-metallic Mineral Products	268.42	1558.00
黑色金属冶炼及压延加工业	Smelting and Pressing of Ferrous Metals	2123.27	9033.57
有色金属冶炼及压延加工业	Smelting and Pressing of Non-ferrous Metals	41.86	273.32
金属制品业	Manufacture of Metal Products	138.82	918.09
通用设备制造业	Manufacture of General Purpose Machinery	119.65	861.00
专用设备制造业	Manufacture of Special Purpose Machinery	78.88	710.38
交通运输设备制造业	Manufacture of Transport Equipment	135.72	1355.67
电气机械及器材制造业	Manufacture of Electrical Machinery and Equipment	112.65	1481.20
通信设备、计算机及其他电子设备制造业	Manufacture of Communication Equipment, Computers and Other Electronic Equipment	55.82	270.15
仪器仪表及文化、办公用机械制造业	Manufacture of Measuring Instruments and Machinery for Cultural Activity and Office Work	6.25	77.09
工艺品及其他制造业	Manufacture of Artwork and Other Manufacturing	13.71	65.44
废弃资源和废旧材料回收加工业	Recycling and Disposal of Waste	1.84	24.57
电力、热力的生产和供应业	Production and Supply of Electric Power and Heat Power	1424.37	2852.90
燃气生产和供应业	Production and Supply of Gas	18.81	110.17
水的生产和供应业	Production and Supply of Water	35.31	100.65

Main Indicators of Industrial Enterprises above Designated Size by Industrial Sector (2011)

(100 million yuan)

流动负债合计 Total Working Liabilities	非流动负债合计 Total Non Working Liabilities	所有者权益合计 Total Owners' Equities	主营业务收入 Revenue from Principal Business	主营业务成本 Cost of Principal Business	主营业务税金及附加 Taxes and Other Charges on Principal Business	利润总额 Total Profits	本年应交增值税 Value-added Tax Payable
13494.48	**3693.04**	**11714.09**	**40201.02**	**34556.85**	**361.13**	**2639.01**	**1062.04**
777.21	296.47	589.70	2197.89	1932.44	14.05	82.71	80.11
49.57	197.66	359.01	304.84	115.51	7.55	125.43	27.66
608.98	89.66	667.11	2144.83	1532.71	28.83	447.88	151.46
16.14	1.95	18.69	48.19	34.09	0.31	10.27	2.32
23.32	1.53	41.35	112.06	89.10	0.76	14.17	4.98
307.03	38.75	308.10	1746.98	1541.62	5.34	89.72	24.51
115.70	9.18	163.82	625.12	512.47	2.17	44.96	16.26
137.03	8.95	119.21	333.29	244.29	16.80	33.85	12.98
30.03	0.31	61.11	131.67	47.57	60.37	14.05	15.23
196.98	28.95	261.39	1253.09	1090.85	6.38	83.29	28.11
50.73	2.79	54.54	275.70	245.90	1.53	17.11	4.91
53.42	2.35	117.21	799.40	652.40	3.00	81.83	18.83
25.45	5.23	43.57	175.41	152.81	1.54	10.80	2.84
31.68	2.36	52.92	146.89	124.98	0.58	8.49	2.55
72.75	16.44	104.06	447.28	381.59	1.96	34.25	15.36
29.24	1.98	61.25	152.70	124.75	0.70	17.56	6.81
6.02	0.15	16.43	44.28	38.53	0.13	3.22	0.63
616.33	73.26	385.32	2139.43	1888.34	124.02	38.51	54.69
576.30	138.75	571.00	1813.45	1545.11	6.96	136.81	43.86
270.07	43.63	303.88	632.61	505.56	3.18	48.43	19.95
21.13	4.35	16.83	72.31	64.46	0.39	2.01	1.16
78.20	4.71	92.65	337.99	283.25	2.67	28.67	8.68
96.77	10.53	130.05	528.84	459.19	2.33	39.02	9.56
648.22	223.56	647.81	1606.59	1336.52	8.53	132.94	49.59
4702.89	1138.49	2936.80	11380.60	10358.86	15.09	323.17	176.85
140.21	21.80	105.41	474.90	402.17	0.93	45.83	10.52
375.66	24.42	505.85	1591.84	1366.75	4.82	98.10	30.80
403.90	38.82	400.60	1564.36	1310.67	6.21	140.11	41.04
351.41	32.32	320.10	879.46	720.40	3.48	81.60	24.49
687.96	125.21	525.73	1599.29	1332.58	14.58	158.75	43.43
621.20	280.65	564.22	1487.32	1205.60	5.08	152.22	34.72
121.42	17.56	129.19	304.25	264.21	0.71	21.13	6.14
31.85	0.44	44.31	79.67	59.58	0.50	12.45	3.01
17.12	2.41	39.34	115.72	96.76	0.73	12.50	3.64
13.34	0.05	10.48	61.88	53.41	0.42	4.61	2.45
1098.89	779.61	855.42	2500.02	2370.21	7.83	35.22	78.36
61.15	5.92	40.68	64.04	52.09	0.41	6.60	2.34
29.19	21.80	48.97	26.85	19.51	0.25	0.73	1.22

按行业分国有及国有控股工业企业主要指标（2011年）

单位：亿元

行　　业	Sector	企业单位数（个）Number of Enterprises (unit)	从业人员（万人）Number of Employed Persons (10000 persons)
全省总计	**Total**	**690**	**92.20**
煤炭开采和洗选业	Mining and Washing of Coal	20	19.11
石油和天然气开采业	Extraction of Petroleum and Natural Gas	2	5.09
黑色金属矿采选业	Mining and Processing of Ferrous Metal Ores	24	2.94
有色金属矿采选业	Mining and Processing of Non-Ferrous Metal Ores	4	0.13
非金属矿采选业	Mining and Processing of Nonmetal Ores	8	0.96
农副食品加工业	Processing of Food from Agricultural Products	16	0.51
食品制造业	Manufacture of Foods	3	0.11
饮料制造业	Manufacture of Beverages	8	0.41
烟草制品业	Manufacture of Tobacco	3	0.58
纺织业	Manufacture of Textile	14	2.71
纺织服装、鞋、帽制造业	Manufacture of Textile Wearing Apparel, Footwear and Caps	3	0.40
皮革、毛皮、羽毛(绒)及其制品业	Manufacture of Leather, Fur, Feather and Related Products	1	0.08
木材加工及木、竹、藤、棕、草制品业	Processing of Timber, Manufacture of Wood, Bamboo, Rattan, Palm and Straw Products	1	0.03
家具制造业	Manufacture of Furniture	2	0.07
造纸及纸制品业	Manufacture of Paper and Paper Products	4	0.33
印刷业和记录媒介的复制	Printing, Reproduction of Recording Media	11	0.57
文教体育用品制造业	Manufacture of Articles For Culture, Education and Sport Activities		
石油加工、炼焦及核燃料加工业	Processing of Petroleum, Coking, Processing of Nuclear Fuel	11	1.22
化学原料及化学制品制造业	Manufacture of Raw Chemical Materials and Chemical Products	34	3.85
医药制造业	Manufacture of Medicines	9	2.29
化学纤维制造业	Manufacture of Chemical Fibers	2	0.82
橡胶制品业	Manufacture of Rubber	1	0.13
塑料制品业	Manufacture of Plastics	6	0.25
非金属矿物制品业	Manufacture of Non-metallic Mineral Products	52	3.88
黑色金属冶炼及压延加工业	Smelting and Pressing of Ferrous Metals	21	14.56
有色金属冶炼及压延加工业	Smelting and Pressing of Non-ferrous Metals	14	0.69
金属制品业	Manufacture of Metal Products	15	0.91
通用设备制造业	Manufacture of General Purpose Machinery	31	2.24
专用设备制造业	Manufacture of Special Purpose Machinery	40	3.28
交通运输设备制造业	Manufacture of Transport Equipment	27	4.36
电气机械及器材制造业	Manufacture of Electrical Machinery and Equipment	24	2.31
通信设备、计算机及其他电子设备制造业	Manufacture of Communication Equipment, Computers and Other Electronic Equipment	10	0.43
仪器仪表及文化、办公用机械制造业	Manufacture of Measuring Instruments and Machinery for Cultural Activity and Office Work	8	0.33
工艺品及其他制造业	Manufacture of Artwork and Other Manufacturing	2	0.09
废弃资源和废旧材料回收加工业	Recycling and Disposal of Waste	3	0.03
电力、热力的生产和供应业	Production and Supply of Electric Power and Heat Power	221	14.17
燃气生产和供应业	Production and Supply of Gas	15	0.70
水的生产和供应业	Production and Supply of Water	20	1.62

Main Indicators of State-owned and State-holding Industrial Enterprises by Industrial Sector (2011)

(100 million yuan)

工业总产值(当年价) Gross Industrial Output Value	实收资本 Total Capital Hold	流动资产合计 Total Working Capitals	#存货 Inventory	#产成品 Finished Products	固定资产合计 Fixed Assets	固定资产原价 Original Value of Fixed Assets
10702.93	**2513.92**	**4670.22**	**1347.45**	**359.84**	**6454.99**	**9058.84**
1077.76	231.54	794.47	89.22	35.28	556.19	737.83
300.17	191.63	91.76	7.52	3.19	454.37	887.09
191.77	94.50	170.51	27.65	14.21	97.93	139.20
2.59	4.10	2.21	1.23	0.64	9.07	4.70
20.04	2.83	15.08	2.04	1.51	8.85	12.77
37.63	2.84	8.44	4.01	1.73	9.31	10.09
5.60	1.90	1.45	0.19	0.06	2.04	3.14
25.25	7.24	16.32	11.85	5.71	10.14	13.80
135.92	13.16	59.07	41.54	2.12	29.53	49.05
61.66	11.96	43.34	17.17	8.94	34.24	38.88
11.54	1.31	8.72	4.33	2.88	3.42	3.57
4.02	0.73	2.26	1.37	0.68	0.53	1.35
2.52	1.00	0.82	0.63	0.45	4.29	4.64
10.68	0.70	1.10	0.69	0.49	6.25	9.31
21.78	7.06	9.41	4.30	1.24	5.59	16.28
23.39	10.28	13.32	5.07	2.11	12.86	27.93
1072.26	108.12	188.62	102.54	23.47	178.06	270.85
276.96	108.38	146.81	31.91	11.11	191.67	248.80
87.27	26.08	86.06	17.11	9.02	39.20	74.44
22.49	2.65	12.78	5.84	2.85	7.29	19.95
2.24	0.50	1.38	0.85	0.43	0.65	1.11
19.52	7.12	13.03	3.87	1.43	7.08	12.15
328.99	85.72	169.06	45.48	11.54	291.84	369.49
3221.32	785.64	1385.97	512.12	99.25	1916.27	2122.11
140.15	25.00	29.93	11.11	1.23	17.58	33.37
91.34	27.36	59.67	26.07	11.96	24.37	33.05
82.49	19.73	65.88	25.54	8.53	35.72	46.34
155.92	52.92	137.53	48.72	19.91	59.35	71.09
414.86	73.13	391.51	167.74	36.41	120.46	133.64
303.28	69.11	321.00	73.38	36.87	181.06	126.39
49.29	12.40	16.92	3.11	2.47	21.27	26.35
12.77	4.08	9.45	3.57	0.87	2.73	4.72
0.93	0.13	5.36	3.04	0.04	0.25	1.36
2.34	0.95	0.82	0.10	0.06	1.42	1.84
2429.30	464.68	354.69	43.27	0.68	2023.04	3376.43
32.69	17.16	15.60	1.24	0.41	27.29	36.79
24.18	40.28	19.85	2.03	0.04	63.80	88.97

按行业分国有及国有控股工业企业主要指标（2011年）(续)

单位：亿元

行业	Sector	累计折旧 Accumulated Depreciation	资产总计 Total Assets
全省总计	**Total**	**3397.37**	**13506.43**
煤炭开采和洗选业	Mining and Washing of Coal	307.62	1555.52
石油和天然气开采业	Extraction of Petroleum and Natural Gas	424.85	606.25
黑色金属矿采选业	Mining and Processing of Ferrous Metal Ores	45.35	405.17
有色金属矿采选业	Mining and Processing of Non-Ferrous Metal Ores	0.77	12.50
非金属矿采选业	Mining and Processing of Nonmetal Ores	5.29	24.43
其他采矿业	Mining of Other Ores		
农副食品加工业	Processing of Food from Agricultural Products	1.57	19.28
食品制造业	Manufacture of Foods	1.10	3.70
饮料制造业	Manufacture of Beverages	3.77	30.26
烟草制品业	Manufacture of Tobacco	20.55	91.44
纺织业	Manufacture of Textile	15.64	84.12
纺织服装、鞋、帽制造业	Manufacture of Textile Wearing Apparel, Footwear and Caps	2.08	12.17
皮革、毛皮、羽毛(绒)及其制品业	Manufacture of Leather, Fur, Feather and Related Products	0.82	4.16
木材加工及木、竹、藤、棕、草制品业	Processing of Timber, Manufacture of Wood, Bamboo, Rattan, Palm and Straw Products	0.35	5.58
家具制造业	Manufacture of Furniture	3.29	9.35
造纸及纸制品业	Manufacture of Paper and Paper Products	11.39	18.46
印刷业和记录媒介的复制	Printing, Reproduction of Recording Media	16.45	30.25
文教体育用品制造业	Manufacture of Articles For Culture, Education and Sport Activities		
石油加工、炼焦及核燃料加工业	Processing of Petroleum, Coking, Processing of Nuclear Fuel	103.95	372.45
化学原料及化学制品制造业	Manufacture of Raw Chemical Materials and Chemical Products	98.49	440.00
医药制造业	Manufacture of Medicines	39.86	191.91
化学纤维制造业	Manufacture of Chemical Fibers	12.65	26.09
橡胶制品业	Manufacture of Rubber	0.46	2.61
塑料制品业	Manufacture of Plastics	5.17	21.45
非金属矿物制品业	Manufacture of Non-metallic Mineral Products	85.10	587.32
黑色金属冶炼及压延加工业	Smelting and Pressing of Ferrous Metals	611.94	4433.29
有色金属冶炼及压延加工业	Smelting and Pressing of Non-ferrous Metals	17.35	80.31
金属制品业	Manufacture of Metal Products	9.17	92.05
通用设备制造业	Manufacture of General Purpose Machinery	15.19	110.73
专用设备制造业	Manufacture of Special Purpose Machinery	28.19	216.94
交通运输设备制造业	Manufacture of Transport Equipment	44.54	597.44
电气机械及器材制造业	Manufacture of Electrical Machinery and Equipment	31.17	573.79
通信设备、计算机及其他电子设备制造业	Manufacture of Communication Equipment, Computers and Other Electronic Equipment	8.43	43.00
仪器仪表及文化、办公用机械制造业	Manufacture of Measuring Instruments and Machinery for Cultural Activity and Office Work	1.99	14.43
工艺品及其他制造业	Manufacture of Artwork and Other Manufacturing	1.12	7.57
废弃资源和废旧材料回收加工业	Recycling and Disposal of Waste	0.44	2.47
电力、热力的生产和供应业	Production and Supply of Electric Power and Heat Power	1376.80	2642.47
燃气生产和供应业	Production and Supply of Gas	12.24	47.43
水的生产和供应业	Production and Supply of Water	32.24	89.98

Main Indicators of State-owned and State-holding Industrial Enterprises by Industrial Sector (2011)

(100 million yuan)

流动负债合计 Total Working Liabilities	非流动负债合计 Total Non Working Liabilities	所有者权益合计 Total Owners' Equities	主营业务收入 Revenue from Principal Business	主营业务成本 Cost of Principal Business	主营业务税金及附加 Taxes and Other Charges on Principal Business	利润总额 Total Profits	本年应交增值税 Value-added Tax Payable
5963.28	**2671.92**	**4682.88**	**11554.45**	**10047.34**	**228.58**	**480.32**	**378.96**
688.04	295.11	555.52	1867.48	1635.49	12.57	70.09	73.00
49.57	197.66	359.01	304.84	115.51	7.55	125.43	27.66
157.87	66.01	180.90	207.33	118.94	3.30	55.72	18.41
0.99	1.54	4.71	2.03	1.43	0.02	0.33	0.12
11.75	0.89	5.89	20.00	15.64	0.36	1.86	1.46
10.64	3.64	4.92	37.97	35.42	0.08	0.49	0.96
2.32	0.15	1.23	5.61	5.02	0.01	0.12	0.09
17.28	1.03	10.39	22.19	14.90	2.23	0.61	0.98
30.03	0.31	61.11	131.67	47.57	60.37	14.05	15.23
45.81	4.88	32.05	80.53	74.37	0.26	2.16	1.92
7.49	1.49	3.19	14.71	13.29	0.01	0.63	0.04
0.84	0.64	2.68	7.74	7.01		0.46	
4.68		0.90	2.00	1.65		0.03	0.04
0.28		8.54	10.64	9.53	0.03	0.53	0.60
2.85		15.60	21.85	14.83	0.21	4.68	1.71
6.28	0.54	23.41	23.01	15.46	0.16	4.06	1.32
232.68	33.05	106.73	1074.17	922.49	122.55	-7.47	39.08
183.37	78.32	176.68	294.22	252.68	1.23	13.87	10.20
112.62	0.62	39.12	155.84	140.93	0.50	1.64	3.30
15.23	3.65	7.21	23.50	22.74	0.03	-1.79	0.30
1.22	0.74	0.65	4.53	4.29		0.04	0.01
12.50	0.26	8.65	19.99	14.35	0.07	3.16	0.69
238.27	128.49	217.30	288.18	211.59	1.37	37.47	12.01
2131.19	798.06	1504.04	3198.38	2982.12	3.86	30.33	57.43
53.19	0.95	25.76	138.68	108.08	0.15	24.14	3.44
52.30	3.24	36.51	87.45	76.40	0.16	4.46	1.36
74.75	7.81	27.60	77.28	62.88	0.30	3.48	2.09
124.27	13.36	79.28	172.55	146.01	0.71	6.20	4.80
348.88	99.86	148.56	439.11	370.28	1.54	23.67	13.89
250.70	178.89	144.18	272.32	199.41	0.84	23.41	6.39
25.35	2.40	14.52	46.95	40.98	0.14	3.27	0.89
9.26		5.17	12.56	10.53	0.04	1.23	0.29
0.36	0.47	2.23	0.89	0.55		0.02	0.02
1.09		1.38	2.44	1.80	0.01	0.32	0.15
1014.10	722.05	802.12	2430.00	2308.17	7.55	29.16	76.36
19.84	5.92	20.70	32.45	27.81	0.12	2.46	1.60
25.41	19.87	44.45	23.36	17.20	0.23		1.15

按行业分私营工业企业主要指标（2011年）

单位：亿元

行　业	Sector	企　业 单位数 （个） Number of Enterprises (unit)	从业人员 （万人） Number of Employed Persons (10000 persons)
全省总计	**Total**	**7302**	**138.47**
煤炭开采和洗选业	Mining and Washing of Coal	101	0.72
石油和天然气开采业	Extraction of Petroleum and Natural Gas		
黑色金属矿采选业	Mining and Processing of Ferrous Metal Ores	599	8.93
有色金属矿采选业	Mining and Processing of Non-Ferrous Metal Ores	14	0.21
非金属矿采选业	Mining and Processing of Nonmetal Ores	57	0.53
其他采矿业	Mining of Other Ores		
农副食品加工业	Processing of Food from Agricultural Products	376	5.13
食品制造业	Manufacture of Foods	139	4.27
饮料制造业	Manufacture of Beverages	72	1.13
烟草制品业	Manufacture of Tobacco		
纺织业	Manufacture of Textile	522	12.36
纺织服装、鞋、帽制造业	Manufacture of Textile Wearing Apparel, Footwear and Caps	137	3.38
皮革、毛皮、羽毛(绒)及其制品业	Manufacture of Leather, Fur, Feather and Related Products	338	14.01
木材加工及木、竹、藤、棕、草制品业	Processing of Timber, Manufacture of Wood, Bamboo, Rattan, Palm and Straw Products	76	1.28
家具制造业	Manufacture of Furniture	91	1.43
造纸及纸制品业	Manufacture of Paper and Paper Products	190	3.09
印刷业和记录媒介的复制	Printing, Reproduction of Recording Media	53	0.88
文教体育用品制造业	Manufacture of Articles For Culture, Education and Sport Activities	30	0.33
石油加工、炼焦及核燃料加工业	Processing of Petroleum, Coking, Processing of Nuclear Fuel	75	2.32
化学原料及化学制品制造业	Manufacture of Raw Chemical Materials and Chemical Products	468	5.93
医药制造业	Manufacture of Medicines	82	1.51
化学纤维制造业	Manufacture of Chemical Fibers	31	0.44
橡胶制品业	Manufacture of Rubber	207	2.85
塑料制品业	Manufacture of Plastics	256	2.70
非金属矿物制品业	Manufacture of Non-metallic Mineral Products	593	10.21
黑色金属冶炼及压延加工业	Smelting and Pressing of Ferrous Metals	259	18.54
有色金属冶炼及压延加工业	Smelting and Pressing of Non-ferrous Metals	126	1.19
金属制品业	Manufacture of Metal Products	611	7.86
通用设备制造业	Manufacture of General Purpose Machinery	666	9.17
专用设备制造业	Manufacture of Special Purpose Machinery	285	4.34
交通运输设备制造业	Manufacture of Transport Equipment	291	5.10
电气机械及器材制造业	Manufacture of Electrical Machinery and Equipment	374	5.23
通信设备、计算机及其他电子设备制造业	Manufacture of Communication Equipment, Computers and Other Electronic Equipment	45	0.98
仪器仪表及文化、办公用机械制造业	Manufacture of Measuring Instruments and Machinery for Cultural Activity and Office Work	28	0.45
工艺品及其他制造业	Manufacture of Artwork and Other Manufacturing	70	1.53
废弃资源和废旧材料回收加工业	Recycling and Disposal of Waste	17	0.18
电力、热力的生产和供应业	Production and Supply of Electric Power and Heat Power	15	0.18
燃气生产和供应业	Production and Supply of Gas	6	0.05
水的生产和供应业	Production and Supply of Water	2	0.04

Main Indicators of Private Enterprises by Industrial Sector (2011)

(100 million yuan)

工业总产值(当年价) Gross Industrial Output Value	实收资本 Total Capital Hold	流动资产 合计 Total Working Capitals	#存货 Inventory	#产成品 Finished Products	固定资产 合计 Fixed Assets	固定资产原价 Original Value of Fixed Assets
15264.93	**1349.74**	**3218.22**	**778.51**	**344.73**	**3045.66**	**3972.58**
214.45	10.33	56.21	12.77	7.79	16.86	20.76
1611.48	148.80	399.44	63.71	39.61	289.73	347.22
30.16	4.42	6.31	1.86	1.20	9.81	9.92
77.52	7.90	6.34	1.16	0.67	21.71	27.92
776.88	53.24	88.88	32.99	15.29	109.17	134.45
308.73	40.65	68.88	14.87	5.57	62.34	77.56
132.83	19.64	22.09	9.22	4.14	30.41	38.32
846.93	67.52	92.94	34.53	16.60	146.43	176.89
190.45	17.10	23.02	8.02	3.50	28.79	36.25
589.06	14.11	39.88	7.64	4.91	58.53	60.77
143.50	10.37	19.70	6.60	2.45	25.47	37.34
95.34	12.72	12.74	3.91	1.97	24.95	35.28
269.60	18.00	39.64	11.43	7.22	52.54	63.81
87.81	8.84	13.77	3.78	1.98	15.59	22.42
19.37	1.66	3.21	1.11	0.40	2.73	3.61
444.08	32.80	147.59	43.25	17.76	83.30	136.04
772.00	59.53	142.43	30.04	14.96	119.53	143.84
141.35	17.22	50.98	6.56	2.78	30.52	33.99
46.13	4.85	6.49	2.07	1.24	8.23	9.07
245.91	30.77	60.78	10.04	4.85	42.46	57.35
363.76	32.79	43.17	10.80	5.49	79.90	105.49
804.44	120.60	169.53	42.31	22.21	252.47	326.20
3255.65	236.36	922.89	227.58	73.00	743.43	1090.97
205.75	18.08	50.07	15.64	5.24	22.65	24.50
1039.59	103.66	219.69	46.51	23.79	305.88	380.92
896.75	73.99	131.13	40.81	17.36	165.99	203.24
393.41	45.82	101.52	28.62	13.37	75.27	91.86
411.99	32.07	96.31	24.69	11.55	66.00	81.47
597.03	75.15	129.75	24.27	12.23	88.93	118.51
87.19	3.40	9.30	2.81	0.72	9.86	13.03
27.76	3.51	10.62	1.52	0.89	3.39	4.27
90.77	12.09	10.16	3.58	1.75	23.92	31.57
31.77	4.12	5.86	3.12	2.17	2.74	3.19
10.77	6.19	12.74	0.6	0.04	22.61	20.08
3.46	0.62	2.56	0.05	0.01	1.85	1.99
1.26	0.81	1.61	0.07		1.67	2.46

按行业分私营工业企业主要指标（2011年）(续)

单位：亿元

行　业	Sector	累计折旧 Accumulated Depreciation	资产总计 Total Assets
全省总计	**Total**	**1192.35**	**6733.58**
煤炭开采和洗选业	Mining and Washing of Coal	7.45	77.21
石油和天然气开采业	Extraction of Petroleum and Natural Gas		
黑色金属矿采选业	Mining and Processing of Ferrous Metal Ores	88.79	784.48
有色金属矿采选业	Mining and Processing of Non-Ferrous Metal Ores	2.92	16.77
非金属矿采选业	Mining and Processing of Nonmetal Ores	6.84	36.71
其他采矿业	Mining of Other Ores		
农副食品加工业	Processing of Food from Agricultural Products	32.84	213.16
食品制造业	Manufacture of Foods	17.83	147.91
饮料制造业	Manufacture of Beverages	10.87	63.31
烟草制品业	Manufacture of Tobacco		
纺织业	Manufacture of Textile	40.30	251.06
纺织服装、鞋、帽制造业	Manufacture of Textile Wearing Apparel, Footwear and Caps	9.02	57.29
皮革、毛皮、羽毛(绒)及其制品业	Manufacture of Leather, Fur, Feather and Related Products	8.07	107.98
木材加工及木、竹、藤、棕、草制品业	Processing of Timber, Manufacture of Wood, Bamboo, Rattan, Palm and Straw Products	13.20	50.79
家具制造业	Manufacture of Furniture	12.56	40.52
造纸及纸制品业	Manufacture of Paper and Paper Products	16.51	99.95
印刷业和记录媒介的复制	Printing, Reproduction of Recording Media	7.24	31.25
文教体育用品制造业	Manufacture of Articles For Culture, Education and Sport Activities	1.00	6.00
石油加工、炼焦及核燃料加工业	Processing of Petroleum, Coking, Processing of Nuclear Fuel	58.62	250.76
化学原料及化学制品制造业	Manufacture of Raw Chemical Materials and Chemical Products	39.15	290.33
医药制造业	Manufacture of Medicines	7.40	86.60
化学纤维制造业	Manufacture of Chemical Fibers	1.47	15.28
橡胶制品业	Manufacture of Rubber	17.15	109.09
塑料制品业	Manufacture of Plastics	28.14	130.36
非金属矿物制品业	Manufacture of Non-metallic Mineral Products	86.77	446.80
黑色金属冶炼及压延加工业	Smelting and Pressing of Ferrous Metals	435.85	1732.06
有色金属冶炼及压延加工业	Smelting and Pressing of Non-ferrous Metals	6.32	79.05
金属制品业	Manufacture of Metal Products	85.76	548.70
通用设备制造业	Manufacture of General Purpose Machinery	50.67	319.82
专用设备制造业	Manufacture of Special Purpose Machinery	22.91	187.16
交通运输设备制造业	Manufacture of Transport Equipment	22.92	183.26
电气机械及器材制造业	Manufacture of Electrical Machinery and Equipment	35.28	238.86
通信设备、计算机及其他电子设备制造业	Manufacture of Communication Equipment, Computers and Other Electronic Equipment	4.21	22.70
仪器仪表及文化、办公用机械制造业	Manufacture of Measuring Instruments and Machinery for Cultural Activity and Office Work	1.17	15.63
工艺品及其他制造业	Manufacture of Artwork and Other Manufacturing	7.99	35.99
废弃资源和废旧材料回收加工业	Recycling and Disposal of Waste	0.56	9.44
电力、热力的生产和供应业	Production and Supply of Electric Power and Heat Power	3.24	39.29
燃气生产和供应业	Production and Supply of Gas	0.47	4.7
水的生产和供应业	Production and Supply of Water	0.86	3.29

Main Indicators of Private Enterprises by Industrial Sector (2011)

(100 million yuan)

流动负债合计 Total Working Liabilities	非流动负债合计 Total Non Working Liabilities	所有者权益合计 Total Owners' Equities	主营业务收入 Revenue from Principal Business	主营业务成本 Cost of Principal Business	主营业务税金及附加 Taxes and Other Charges on Principal Business	利润总额 Total Profits	本年应交增值税 Value-added Tax Payable
3060.87	**227.72**	**3154.02**	**15029.16**	**12866.25**	**76.82**	**1231.33**	**380.43**
49.22	1.30	23.63	220.53	200.27	0.62	8.46	4.96
335.70	14.80	401.97	1553.27	1125.75	21.24	328.27	115.41
8.22	0.04	8.24	27.99	20.43	0.11	5.48	1.09
6.28	0.46	28.77	81.29	65.48	0.26	11.46	2.83
56.91	10.38	138.72	771.12	684.38	3.31	50.44	12.60
51.94	4.07	88.97	307.23	266.54	1.14	19.15	6.97
24.43	3.17	34.32	128.79	102.40	4.53	10.97	3.62
79.47	8.54	151.56	824.62	716.11	4.69	55.98	16.66
24.71	0.75	29.85	179.62	159.19	1.22	12.31	3.37
33.24	0.74	66.94	585.66	479.37	2.36	61.38	13.30
11.97	2.71	29.73	141.68	123.91	1.40	8.79	1.88
12.68	1.66	23.98	90.90	77.36	0.49	6.07	1.46
36.41	4.11	54.71	260.99	228.89	1.14	20.82	7.95
12.39	1.19	16.62	86.27	73.74	0.34	9.15	3.82
2.19	0.09	3.42	20.62	17.43	0.08	1.67	0.36
179.68	6.43	48.19	488.85	448.64	0.69	13.85	5.13
121.04	11.25	143.47	756.23	644.49	3.47	65.74	15.14
15.32	1.68	65.00	132.28	102.45	0.84	14.70	5.28
5.46	0.68	8.73	45.70	39.35	0.34	3.48	0.83
41.14	2.26	62.27	230.08	191.65	2.34	21.32	5.75
41.76	8.32	76.29	357.92	315.08	1.80	25.17	6.23
172.10	35.87	220.16	792.47	678.05	5.02	64.02	21.85
1090.01	63.46	480.21	3239.68	2950.45	4.96	107.37	42.89
35.77	2.23	36.95	200.89	175.63	0.60	13.10	5.45
197.13	10.14	334.22	1030.12	885.66	3.17	65.35	21.09
126.56	5.86	176.48	874.69	740.62	3.55	80.06	18.94
75.69	6.71	101.06	378.20	315.14	1.44	35.12	8.90
82.17	4.82	86.87	393.77	340.17	1.73	32.76	9.02
78.03	4.46	149.32	581.59	491.23	2.60	54.38	11.01
5.25	0.83	16.10	85.52	72.63	0.29	8.34	2.19
7.39	0.14	7.75	26.36	20.17	0.24	2.89	0.86
7.48	0.19	26.46	88.67	74.29	0.59	10.76	2.67
4.42	0.05	4.45	31.63	27.76	0.17	1.57	0.67
24.08	8.3	6.54	8.16	6.65	0.05	0.46	0.17
2.24		1.22	4.59	4.2	0.01	0.3	0.09
2.42	0.02	0.86	1.18	0.67		0.17	0.01

按行业分大中型工业企业主要指标（2011年）

单位：亿元

行　业	Sector	企　业 单位数 （个） Number of Enterprises (unit)	从业人员 （万人） Number of Employed Persons (10000 persons)
全省总计	**Total**	**2030**	**246.98**
煤炭开采和洗选业	Mining and Washing of Coal	27	19.69
石油和天然气开采业	Extraction of Petroleum and Natural Gas	2	5.09
黑色金属矿采选业	Mining and Processing of Ferrous Metal Ores	97	8.34
有色金属矿采选业	Mining and Processing of Non-Ferrous Metal Ores	2	0.09
非金属矿采选业	Mining and Processing of Nonmetal Ores	6	1.10
农副食品加工业	Processing of Food from Agricultural Products	80	6.12
食品制造业	Manufacture of Foods	49	4.96
饮料制造业	Manufacture of Beverages	36	2.34
烟草制品业	Manufacture of Tobacco	3	0.58
纺织业	Manufacture of Textile	146	13.08
纺织服装、鞋、帽制造业	Manufacture of Textile Wearing Apparel, Footwear and Caps	56	3.39
皮革、毛皮、羽毛(绒)及其制品业	Manufacture of Leather, Fur, Feather and Related Products	117	15.23
木材加工及木、竹、藤、棕、草制品业	Processing of Timber, Manufacture of Wood, Bamboo, Rattan, Palm and Straw Products	11	0.52
家具制造业	Manufacture of Furniture	16	1.05
造纸及纸制品业	Manufacture of Paper and Paper Products	29	1.86
印刷业和记录媒介的复制	Printing, Reproduction of Recording Media	14	1.03
文教体育用品制造业	Manufacture of Articles For Culture, Education and Sport Activities	6	0.43
石油加工、炼焦及核燃料加工业	Processing of Petroleum, Coking, Processing of Nuclear Fuel	60	5.17
化学原料及化学制品制造业	Manufacture of Raw Chemical Materials and Chemical Products	100	9.76
医药制造业	Manufacture of Medicines	38	6.85
化学纤维制造业	Manufacture of Chemical Fibers	5	0.91
橡胶制品业	Manufacture of Rubber	30	2.21
塑料制品业	Manufacture of Plastics	27	1.51
非金属矿物制品业	Manufacture of Non-metallic Mineral Products	159	14.07
黑色金属冶炼及压延加工业	Smelting and Pressing of Ferrous Metals	169	50.12
有色金属冶炼及压延加工业	Smelting and Pressing of Non-ferrous Metals	20	1.50
金属制品业	Manufacture of Metal Products	91	6.01
通用设备制造业	Manufacture of General Purpose Machinery	141	10.26
专用设备制造业	Manufacture of Special Purpose Machinery	87	6.87
交通运输设备制造业	Manufacture of Transport Equipment	110	13.74
电气机械及器材制造业	Manufacture of Electrical Machinery and Equipment	60	8.45
通信设备、计算机及其他电子设备制造业	Manufacture of Communication Equipment, Computers and Other Electronic Equipment	30	5.97
仪器仪表及文化、办公用机械制造业	Manufacture of Measuring Instruments and Machinery for Cultural Activity and Office Work	14	1.08
工艺品及其他制造业	Manufacture of Artwork and Other Manufacturing	21	1.84
废弃资源和废旧材料回收加工业	Recycling and Disposal of Waste	1	0.03
电力、热力的生产和供应业	Production and Supply of Electric Power and Heat Power	146	13.37
燃气生产和供应业	Production and Supply of Gas	9	0.83
水的生产和供应业	Production and Supply of Water	15	1.55

 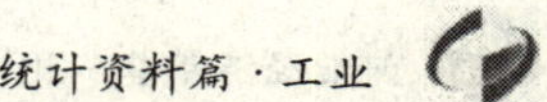

Major Indicators of Large and Medium-sized Industrial Enterprises by Sector (2011)

(100 million yuan)

工业总产值（当年价） Gross Industrial Output Value	实收资本 Total Capital Hold	流动资产 合计 Total Working Capitals	#存货 Inventory	#产成品 Finished Products	固定资产 合计 Fixed Assets	固定资产 原价 Original Value of Fixed Assets
26078.65	**3712.09**	**9912.75**	**2662.41**	**799.20**	**10110.83**	**14770.72**
1123.16	234.73	801.69	90.54	36.21	562.10	748.02
300.17	191.63	91.76	7.52	3.19	454.37	887.09
936.93	181.91	443.27	57.21	32.93	280.90	363.44
22.00	2.64	4.35	1.09	0.47	9.87	10.70
42.60	2.63	16.55	2.96	2.18	22.18	30.97
740.31	42.60	253.94	67.09	36.59	107.83	138.26
368.62	46.10	92.97	21.95	8.53	71.85	98.07
203.25	44.40	90.33	43.17	15.88	65.47	97.19
135.92	13.16	59.07	41.54	2.12	29.53	49.05
462.79	84.58	141.17	60.95	28.12	113.23	144.15
115.49	9.83	34.95	14.58	8.57	23.73	29.12
427.95	10.23	42.23	10.72	4.07	44.69	50.49
64.79	5.87	8.04	3.87	1.61	20.03	27.58
47.09	5.56	16.15	4.56	2.07	18.25	35.23
139.23	31.87	37.59	13.03	5.53	48.55	67.84
51.58	13.44	21.49	7.17	3.40	16.49	32.56
13.45	1.00	1.78	0.72	0.20	1.31	1.74
1810.85	158.35	438.67	165.65	42.54	425.75	761.25
879.14	183.53	387.10	91.09	34.32	387.54	507.39
351.23	86.89	308.44	53.10	25.23	137.47	204.56
34.87	3.13	13.41	5.96	2.96	9.46	21.89
109.48	14.09	52.06	10.97	6.54	24.44	36.00
96.37	17.35	45.54	10.53	4.90	21.91	32.01
789.88	190.76	387.74	107.73	42.77	560.34	708.01
10463.89	1021.23	3373.77	1093.17	216.70	3705.90	5186.07
118.19	63.60	55.17	16.43	4.79	68.47	95.06
570.14	64.66	199.53	58.99	27.35	187.53	239.60
602.67	78.22	268.94	96.42	33.37	190.75	220.35
392.06	89.66	285.02	90.47	38.12	99.63	126.03
1204.91	162.25	769.35	213.79	56.17	251.41	307.52
784.04	167.56	701.94	116.86	55.01	348.97	327.82
206.63	63.84	95.69	25.07	9.61	107.55	158.63
34.54	10.81	35.34	8.50	2.51	7.20	10.35
60.86	10.20	13.63	6.18	1.86	17.63	27.51
8.85	0.20	1.87	1.82	1.82	0.20	0.22
2310.28	336.95	286.51	37.22	0.63	1580.52	2866.77
33.25	29.20	18.28	1.81	0.31	30.19	38.45
21.16	37.45	17.43	1.94	0.04	57.59	83.73

按行业分大中型工业企业主要指标（2011年）(续)

单位：亿元

行业	Sector	累计折旧 Accumulated Depreciation	资产总计 Total Assets
全省总计	**Total**	**5864.67**	**23461.11**
煤炭开采和洗选业	Mining and Washing of Coal	312.56	1570.34
石油和天然气开采业	Extraction of Petroleum and Natural Gas	424.85	606.25
黑色金属矿采选业	Mining and Processing of Ferrous Metal Ores	105.03	910.46
有色金属矿采选业	Mining and Processing of Non-Ferrous Metal Ores	2.72	14.69
非金属矿采选业	Mining and Processing of Nonmetal Ores	9.57	39.78
农副食品加工业	Processing of Food from Agricultural Products	43.45	387.36
食品制造业	Manufacture of Foods	29.56	185.27
饮料制造业	Manufacture of Beverages	40.24	181.80
烟草制品业	Manufacture of Tobacco	20.55	91.44
纺织业	Manufacture of Textile	48.17	272.21
纺织服装、鞋、帽制造业	Manufacture of Textile Wearing Apparel, Footwear and Caps	10.43	64.60
皮革、毛皮、羽毛(绒)及其制品业	Manufacture of Leather, Fur, Feather and Related Products	10.05	104.93
木材加工及木、竹、藤、棕、草制品业	Processing of Timber, Manufacture of Wood, Bamboo, Rattan, Palm and Straw Products	7.94	30.70
家具制造业	Manufacture of Furniture	17.89	38.49
造纸及纸制品业	Manufacture of Paper and Paper Products	23.95	91.84
印刷业和记录媒介的复制	Printing, Reproduction of Recording Media	18.20	43.61
文教体育用品制造业	Manufacture of Articles For Culture, Education and Sport Activities	0.49	3.88
石油加工、炼焦及核燃料加工业	Processing of Petroleum, Coking, Processing of Nuclear Fuel	356.61	1003.47
化学原料及化学制品制造业	Manufacture of Raw Chemical Materials and Chemical Products	183.64	889.58
医药制造业	Manufacture of Medicines	94.05	565.03
化学纤维制造业	Manufacture of Chemical Fibers	12.88	28.88
橡胶制品业	Manufacture of Rubber	13.43	83.46
塑料制品业	Manufacture of Plastics	10.83	72.37
非金属矿物制品业	Manufacture of Non-metallic Mineral Products	199.15	1124.81
黑色金属冶炼及压延加工业	Smelting and Pressing of Ferrous Metals	2076.66	8683.80
有色金属冶炼及压延加工业	Smelting and Pressing of Non-ferrous Metals	33.05	153.12
金属制品业	Manufacture of Metal Products	59.57	406.93
通用设备制造业	Manufacture of General Purpose Machinery	65.15	497.13
专用设备制造业	Manufacture of Special Purpose Machinery	47.28	424.01
交通运输设备制造业	Manufacture of Transport Equipment	110.08	1178.18
电气机械及器材制造业	Manufacture of Electrical Machinery and Equipment	69.45	1175.70
通信设备、计算机及其他电子设备制造业	Manufacture of Communication Equipment, Computers and Other Electronic Equipment	49.68	226.01
仪器仪表及文化、办公用机械制造业	Manufacture of Measuring Instruments and Machinery for Cultural Activity and Office Work	3.90	50.78
工艺品及其他制造业	Manufacture of Artwork and Other Manufacturing	9.88	35.06
废弃资源和废旧材料回收加工业	Recycling and Disposal of Waste	0.02	2.08
电力、热力的生产和供应业	Production and Supply of Electric Power and Heat Power	1301.04	2078.91
燃气生产和供应业	Production and Supply of Gas	11.51	62.85
水的生产和供应业	Production and Supply of Water	31.19	81.30

Major Indicators of Large and Medium-sized Industrial Enterprises by Sector (2011)

(100 million yuan)

流动负债合计 Total Working Liabilities	非流动负债合计 Total Non Working Liabilities	所有者权益合计 Total Owners' Equities	主营业务收入 Revenue from Principal Business	主营业务成本 Cost of Principal Business	主营业务税金及附加 Taxes and Other Charges on Principal Business	利润总额 Total Profits	本年应交增值税 Value-added Tax Payable
11033.53	**3193.52**	**8723.65**	**26777.57**	**23086.78**	**289.77**	**1536.53**	**742.59**
693.47	295.13	563.44	1911.72	1675.03	12.67	73.66	74.33
49.57	197.66	359.01	304.84	115.51	7.55	125.43	27.66
386.46	74.26	435.82	937.49	614.28	14.63	235.63	79.67
7.94	0.04	6.72	20.10	12.06	0.21	6.09	1.23
13.90	1.00	19.29	47.75	37.45	0.38	7.11	2.99
217.17	21.62	141.06	751.18	669.34	1.15	28.20	7.89
83.75	5.65	94.09	400.21	326.70	1.07	25.70	10.77
102.27	4.91	70.26	186.81	123.86	13.39	21.51	8.91
30.03	0.31	61.11	131.67	47.57	60.37	14.05	15.23
121.67	20.58	124.30	468.67	405.60	1.83	29.73	11.47
34.76	2.05	26.67	112.45	101.86	0.29	5.96	2.03
31.76	1.18	71.63	425.74	322.08	1.19	53.74	14.52
11.96	3.63	12.77	63.64	56.45	0.93	3.24	1.07
18.25	0.80	18.90	45.73	38.13	0.13	2.23	0.83
29.70	12.93	47.54	136.27	112.69	0.52	13.07	6.65
11.20	0.72	31.58	51.00	38.25	0.23	8.48	3.98
0.99		2.86	13.04	11.39	0.03	1.13	0.19
565.39	64.56	347.68	1818.23	1600.85	120.71	18.01	52.03
403.74	110.30	365.29	878.05	738.81	2.90	67.52	22.45
241.15	40.91	238.68	436.81	346.91	2.14	29.68	13.41
15.23	3.72	9.71	36.55	33.31	0.20	-1.25	0.48
44.10	3.49	31.47	104.79	86.35	0.34	9.07	3.38
35.11	1.51	33.11	95.79	80.31	0.28	8.54	2.45
478.79	204.41	424.16	733.45	593.40	3.63	58.85	27.41
4478.56	1131.49	2836.41	10359.00	9422.38	14.31	306.05	169.10
69.19	20.59	62.13	117.53	91.56	0.22	12.27	1.96
175.07	11.78	217.58	557.62	472.63	1.25	31.71	11.86
270.14	28.78	193.16	586.75	485.85	2.34	51.29	19.07
222.49	23.36	177.81	394.81	316.01	1.50	37.62	12.61
617.23	122.16	431.29	1181.30	968.81	12.86	125.83	33.82
515.03	273.99	383.63	805.51	634.09	1.91	78.18	22.27
109.84	16.37	99.00	204.00	180.10	0.34	11.94	3.76
20.10	0.37	30.31	31.62	21.61	0.19	6.73	1.40
9.58	2.22	17.60	60.67	48.87	0.49	7.79	2.59
1.96		0.12	8.75	8.75		-0.07	0.02
866.82	468.87	665.58	2305.58	2206.61	7.15	19.56	70.60
25.88	4.37	31.67	32.04	26.24	0.22	2.45	1.47
23.28	17.78	40.24	20.41	15.08	0.22	-0.20	1.04

规模以上工业企业主要经济指标（2011年）

Main Indicators of Industrial Enterprises above Designated Size (2011)

单位：亿元 (100 million yuan)

项目	Item	企业单位数（个） Number of Enterprises (unit)	工业总产值（当年价格） Gross Industrial Output Value (current prices)	资产总计 Total Assets	主营业务收入 Revenue from Principal Business	利润总额 Total Profits	从业人员（万人） Number of Employed Persons (10000 Persons)
全省总计	**Total**	**11570**	**39698.80**	**29687.55**	**40201.02**	**2639.01**	**356.03**
按轻重工业分	**by Light & Heavy Industries**						
轻工业	Light Industry	3800	7864.19	4314.26	7887.41	582.49	111.13
重工业	Heavy Industry	7770	31834.61	25373.29	32313.61	2056.52	244.90
按企业规模分	**by Size of Enterprises**						
大型企业	Large Enterprises	395	18368.78	17788.71	19190.34	950.12	148.63
中型企业	Medium-sized Enterprises	1635	7709.87	5672.40	7587.23	586.41	98.35
小型企业	Small Enterprises	9204	13438.22	6026.83	13243.75	1090.54	107.29
按登记注册类型分	**by Status of Registration**						
内资企业	Domestic Funded	10651	34167.05	24569.57	34544.43	2262.75	307.77
国有企业	State-owned Enterprises	321	3601.06	3669.54	3786.91	36.57	31.39
中央企业	Central Enterprises	82	2103.75	1762.13	2123.29	38.66	9.89
地方企业	Local Enterprises	239	1497.31	1907.41	1663.61	-2.09	21.50
集体企业	Collective-owned Enterprises	213	506.26	154.61	493.91	41.83	4.32
股份合作企业	Cooperative Enterprises	35	57.66	32.48	52.31	3.93	0.69
联营企业	Joint Ownership Enterprises	19	163.65	54.36	161.91	11.49	0.75
国有联营企业	State Joint Ownership Enterprises	3	3.12	2.72	3.15	-0.10	0.05
集体联营企业	Collective Joint Ownership Enterprises	4	14.20	5.14	14.09	1.18	0.04
国有与集体联营	Joint State-collective Enterprises	3	9.86	5.36	10.08	0.16	0.15
其他联营企业	Other Joint Ownership Enterprises	9	136.46	41.15	134.58	10.25	0.52
有限责任公司	Limited Liability Corporations	2345	11513.84	10510.69	12047.86	593.06	99.38
国有独资公司	State Sole funded Corporations	54	1071.54	1439.61	1079.82	20.02	7.58
其他有限责任公司	Other Limited Liability Corporations	2291	10442.31	9071.07	10968.04	573.04	91.81
股份有限责任公司	Share-holding Corporations Limited	360	2911.30	3350.38	2838.30	330.15	31.82
私营企业	Private Enterprises	7302	15264.93	6733.58	15029.16	1231.33	138.47
私营独资企业	Private-funded Enterprises	1421	2803.95	846.99	2761.52	337.04	20.05
私营合伙企业	Private Partnership Enterprises	376	702.74	185.68	689.35	46.48	5.46
私营有限责任公司	Private Limited Liability Corporations	5112	10662.73	5115.40	10508.50	763.93	104.43
私营股份有限公司	Private Share-holding Corporations Ltd.	393	1095.51	585.51	1069.78	83.88	8.53
其他企业	Other Enterprises	56	148.34	63.96	134.07	14.39	0.94
港澳台商投资企业	Enterprises with Funds from Hong Kong, Macao and Taiwan	268	2307.39	2057.60	2379.34	132.44	18.13
合资经营企业	Joint-ventures Enterprises	171	1157.83	1048.52	1191.91	57.69	9.04
合作经营企业	Cooperative Enterprises	12	173.27	182.14	170.81	11.01	1.17
港澳台商独资企业	Enterprises with Sole Investment	77	968.21	811.85	1008.88	63.25	7.72
股份有限公司	Share-holding Corporations Ltd.	7	7.07	14.23	6.75	0.27	0.19
外商投资企业	Foreign Funded Enterprises	651	3224.35	3060.38	3277.25	243.82	30.13
中外合资经营企业	Joint-venture Enterprises	375	1820.01	1630.42	1857.85	131.80	15.33
中外合作经营企业	Cooperation Enterprises	14	31.35	24.44	26.95	1.79	0.36
外资企业	Enterprises with Sole Funds	256	979.23	1184.05	993.05	78.77	13.41
股份有限公司	Share-holding Corporations Ltd.	6	393.76	221.47	399.41	31.46	1.02

按行业分规模以上工业企业主要经济效益指标（2011年）
Main Indicators on Economic Benefit of Industrial Enterprises above Designated Size by Industrial Sector (2011)

行业	Sector	总资产贡献率(%) Ratio of Total Assets to Industrial Output Value (%)	资产负债率(%) Assets-Liability Ratio (%)	流动资产周转次数(次) Number of Times of Annual of Turnover Working Capitals (times)	工业成本费用利润率(%) Ratio of Profits to Industrial Cost (%)	产品销售率(%) Proportion of Products Sold (%)
全省总计	**Total**	**15.08**	**60.18**	**3.25**	**7**	**98.08**
煤炭开采和洗选业	Mining and Washing of Coal	12.23	65	2.68	3.6	97.44
石油和天然气开采业	Extraction of Petroleum and Natural Gas	27.41	40.78	3.49	66.9	98.9
黑色金属矿采选业	Mining and Processing of Ferrous Metal Ores	46.65	51.88	3.06	26.84	96.41
有色金属矿采选业	Mining and Processing of Non-ferrous Metal Ores	30.08	56.99	3.70	27.35	94.33
非金属矿采选业	Mining and Processing of Nonmetal Ores	27.57	43.12	4.43	14.32	97.96
农副食品加工业	Processing of Food from Agricultural Products	19.34	53.07	4.74	5.49	98.60
食品制造业	Manufacture of Foods	22.53	43.62	4.45	7.68	97.14
饮料制造业	Manufacture of Beverages	24.14	55.97	2.59	11.87	97.60
烟草制品业	Manufacture of Tobacco	98.04	33.18	2.77	15.70	99.65
纺织业	Manufacture of Textile	24.75	47.76	5.52	7.26	97.03
纺织服装、鞋、帽制造业	Manufacture of Textile Wearing Apparel, Footwear and Caps	22.12	50.65	5.17	6.62	95.18
皮革、毛皮、羽毛(绒)及其制品业	Manufacture of Leather, Fur, Feather and Related Products	62.47	35.16	10.85	11.46	97.83
木材加工及木、竹、藤、棕、草制品业	Processing of Timber, Manufacture of Wood, Bamboo, Rattan, Palm and Straw Products	20.59	45.50	5.96	6.62	97.13
家具制造业	Manufacture of Furniture	13.31	41.43	4.73	6.37	96.64
造纸及纸制品业	Manufacture of Paper and Paper Products	26.50	47.23	5.49	8.53	97.54
印刷业和记录媒介的复制	Printing, Reproduction of Recording Media	26.96	35.22	3.90	13.04	98.71
文教体育用品制造业	Manufacture of Articles For Culture, Education and Sport Activities	17.75	28.27	6.27	7.86	97.72
石油加工、炼焦及核燃料加工业	Processing of Petroleum, Coking, Processing of Nuclear Fuel	21.38	65.06	4.35	1.93	98.96
化学原料及化学制品制造	Manufacture of Raw Chemical Materials and Chemical Products	15.66	56.13	3.27	8.04	97.74
医药制造业	Manufacture of Medicines	11.68	54.19	1.79	8.14	93.64
化学纤维制造业	Manufacture of Chemical Fibers	9.59	60.75	3.61	2.90	95.62
橡胶制品业	Manufacture of Rubber	23.61	48.94	3.16	9.41	97.30
塑料制品业	Manufacture of Plastics	22.04	46.44	4.74	8.08	98.10
非金属矿物制品业	Manufacture of Non-metallic Mineral Products	13.99	58.06	2.86	8.97	97.16
黑色金属冶炼及压延加工	Smelting and Pressing of Ferrous Metals	6.91	67.16	3.27	2.9	98.60
有色金属冶炼及压延加工	Smelting and Pressing of Non-ferrous Metals	22.51	60.78	3.81	10.57	97.46
金属制品业	Manufacture of Metal Products	15.47	44.58	3.72	6.69	96.94
通用设备制造业	Manufacture of General Purpose Machinery	22.9	52.58	3.59	9.84	97.36
专用设备制造业	Manufacture of Special Purpose Machinery	16.25	54.64	2	10.02	95.8
交通运输设备制造业	Manufacture of Transport Equipment	16.58	61.11	1.91	10.81	99.23
电气机械及器材制造业	Manufacture of Electrical Machinery and Equipment	14.73	61.56	1.76	11.19	100.38
通信设备、计算机及其他电子设备制造业	Manufacture of Communication Equipment, Computers and Other Electronic Equipment	10.94	52	2.61	7.39	98.78
仪器仪表及文化、办公用机械制造业	Manufacture of Measuring Instruments and Machinery for Cultural Activity and Office Work	20.91	42.32	1.51	18.16	96.25
工艺品及其他制造业	Manufacture of Artwork and Other Manufacturing	26.72	38.14	4.66	12.28	97.75
废弃资源和废旧材料回收加工业	Recycling and Disposal of Waste	32.07	54.53	3.86	8.08	99.52
电力、热力的生产和供应业	Production and Supply of Electric Power and Heat Power	6.45	69.67	6.11	1.41	99.82
燃气生产和供应业	Production and Supply of Gas	8.72	63.07	1.79	10.56	94.06
水的生产和供应业	Production and Supply of Water	3.08	51.32	1.2	2.57	98.34

按行业分国有及国有控股工业企业主要经济效益指标（2011年）
Main Indicators on Economic Benefit of State-owned and State-holding Industrial Enterprises by Industrial Sector (2011)

行业	Sector	总资产贡献率(%) Ratio of Total Assets to Industrial Output Value (%)	资产负债率(%) Assets-Liability Ratio (%)	流动资产周转次数(次) Number of Times of Annual of Turnover Working Capitals (times)	工业成本费用利润率(%) Ratio of Profits to Industrial Cost (%)	产品销售率(%) Proportion of Products Sold (%)
全省总计	**Total**					
煤炭开采和洗选业	Mining and Washing of Coal	11.74	64.29	2.61	3.53	97.23
石油和天然气开采业	Extraction of Petroleum and Natural Gas	27.41	40.78	3.49	66.90	98.90
黑色金属矿采选业	Mining and Processing of Ferrous Metal Ores	20.96	55.35	1.28	34.69	94.86
有色金属矿采选业	Mining and Processing of Non-ferrous Metal Ores	3.83	62.34	0.92	19.75	76.15
非金属矿采选业	Mining and Processing of Nonmetal Ores	15.10	75.84	1.40	9.61	95.79
其他采矿业	Mining of Other Ores					
农副食品加工业	Processing of Food from Agricultural Products	10.64	74.50	4.51	1.30	99.08
食品制造业	Manufacture of Foods	7.87	66.78	3.88	2.16	98.65
饮料制造业	Manufacture of Beverages	13.42	65.67	1.36	3.13	95.61
烟草制品业	Manufacture of Tobacco	98.04	33.18	2.77	15.70	99.65
纺织业	Manufacture of Textile	6.41	61.90	1.88	2.70	96.58
纺织服装、鞋、帽制造业	Manufacture of Textile Wearing Apparel, Footwear and Caps	5.92	73.77	1.73	4.33	93.62
皮革、毛皮、羽毛(绒)及其制品业	Manufacture of Leather, Fur, Feather and Related Products	10.96	35.49	3.44	6.27	98.02
木材加工及木、竹、藤、棕、草制品业	Processing of Timber, Manufacture of Wood, Bamboo, Rattan, Palm and Straw Products	6.37	83.91	2.43	1.62	79.26
家具制造业	Manufacture of Furniture	12.56	8.73	9.67	5.24	100.81
造纸及纸制品业	Manufacture of Paper and Paper Products	35.51	15.46	2.34	26.14	99.99
印刷业和记录媒介的复制	Printing, Reproduction of Recording Media	18.30	22.60	1.75	21.06	97.23
文教体育用品制造业	Manufacture of Articles For Culture, Education and Sport Activities					
石油加工、炼焦及核燃料加工业	Processing of Petroleum, Coking, Processing of Nuclear Fuel	43.14	71.34	5.73	-0.78	99.54
化学原料及化学制品制造	Manufacture of Raw Chemical Materials and Chemical Products	7.27	59.84	2.15	4.55	99.02
医药制造业	Manufacture of Medicines	4.19	79.57	1.82	1.03	96.74
化学纤维制造业	Manufacture of Chemical Fibers	-4.55	72.36	1.85	-6.89	90.01
橡胶制品业	Manufacture of Rubber	3.54	75.02	3.30	0.97	108.42
塑料制品业	Manufacture of Plastics	19.60	59.51	1.54	18.96	96.94
非金属矿物制品业	Manufacture of Non-metallic Mineral Products	10.72	63.00	1.71	14.51	95.89
黑色金属冶炼及压延加工	Smelting and Pressing of Ferrous Metals	3.39	66.07	2.53	0.87	99.66
有色金属冶炼及压延加工	Smelting and Pressing of Non-ferrous Metals	36.69	67.51	4.69	21.19	100.28
金属制品业	Manufacture of Metal Products	7.25	60.33	1.55	5.07	99.3
通用设备制造业	Manufacture of General Purpose Machinery	5.94	75.04	1.19	4.72	92.84
专用设备制造业	Manufacture of Special Purpose Machinery	6.1	63.46	1.37	3.41	97.33
交通运输设备制造业	Manufacture of Transport Equipment	7.31	75.11	1.15	5.57	96.49
电气机械及器材制造业	Manufacture of Electrical Machinery and Equipment	7.53	74.87	0.9	9.01	108.48
通信设备、计算机及其他电子设备制造业	Manufacture of Communication Equipment, Computers and Other Electronic Equipment	10.34	66.24	2.82	7.39	97.55
仪器仪表及文化、办公用机械制造业	Manufacture of Measuring Instruments and Machinery for Cultural Activity and Office Work	11.11	64.15	1.36	10.5	98.83
工艺品及其他制造业	Manufacture of Artwork and Other Manufacturing	0.56	70.6	0.17	2.94	96.5
废弃资源和废旧材料回收加工业	Recycling and Disposal of Waste	19.73	44	2.99	15.26	102.64
电力、热力的生产和供应业	Production and Supply of Electric Power and Heat Power	6.49	69.33	6.92	1.2	99.83
燃气生产和供应业	Production and Supply of Gas	9.39	56.36	2.27	7.36	89.92
水的生产和供应业	Production and Supply of Water	2.47	50.61	1.26		98.52

按行业分私营工业企业主要经济效益指标（2011年）
Main Indicators on Economic Benefit of Private Industrial Enterprises by Industrial Sector (2011)

行业	Sector	总资产贡献率(%) Ratio of Total Assets to Industrial Output Value (%)	资产负债率(%) Assets-Liability Ratio (%)	流动资产周转次数(次) Number of Times of Annual of Turnover Working Capitals (times)	工业成本费用利润率(%) Ratio of Profits to Industrial Cost (%)	产品销售率(%) Proportion of Products Sold (%)
全省总计	**Total**	**26.47**	**52.51**	**4.70**	**9.06**	**97.30**
煤炭开采和洗选业	Mining and Washing of Coal	20.23	68.65	3.95	4.05	98.53
石油和天然气开采业	Extraction of Petroleum and Natural Gas					
黑色金属矿采选业	Mining and Processing of Ferrous Metal Ores	61.13	48.02	3.91	27.35	96.58
有色金属矿采选业	Mining and Processing of Non-ferrous Metal Ores	41.22	50.88	4.45	24.54	95.33
非金属矿采选业	Mining and Processing of Nonmetal Ores	40.18	20.73	12.96	16.40	98.93
农副食品加工业	Processing of Food from Agricultural Products	32.85	34.35	8.71	7.04	98.15
食品制造业	Manufacture of Foods	19.49	39.25	4.56	6.61	98.13
饮料制造业	Manufacture of Beverages	32.16	44.99	5.87	9.68	97.68
烟草制品业	Manufacture of Tobacco					
纺织业	Manufacture of Textile	32.25	38.99	8.91	7.50	97.42
纺织服装、鞋、帽制造业	Manufacture of Textile Wearing Apparel, Footwear and Caps	30.54	47.68	7.84	7.40	95.86
皮革、毛皮、羽毛(绒)及其制品业	Manufacture of Leather, Fur, Feather and Related Products	78.47	37.69	14.69	11.75	98.11
木材加工及木、竹、藤、棕、草制品业	Processing of Timber, Manufacture of Wood, Bamboo, Rattan, Palm and Straw Products	25.29	40.09	7.20	6.71	97.90
家具制造业	Manufacture of Furniture	20.56	40.80	7.14	7.38	98.09
造纸及纸制品业	Manufacture of Paper and Paper Products	31.42	43.12	6.62	8.75	97.41
印刷业和记录媒介的复制	Printing, Reproduction of Recording Media	43.61	46.46	6.27	11.97	99.45
文教体育用品制造业	Manufacture of Articles For Culture, Education and Sport Activities	36.09	41.44	6.43	8.86	98.42
石油加工、炼焦及核燃料加工业	Processing of Petroleum, Coking, Processing of Nuclear Fuel	10.09	80.69	3.36	2.85	95.26
化学原料及化学制品制造	Manufacture of Raw Chemical Materials and Chemical Products	30.54	49.63	5.35	9.60	97.68
医药制造业	Manufacture of Medicines	24.67	24.78	2.61	12.59	96.69
化学纤维制造业	Manufacture of Chemical Fibers	31.86	42.79	7.04	8.60	98.19
橡胶制品业	Manufacture of Rubber	28.79	41.83	3.79	10.45	97.65
塑料制品业	Manufacture of Plastics	26.63	40.40	8.32	7.69	98.48
非金属矿物制品业	Manufacture of Non-metallic Mineral Products	21.77	49.83	4.70	8.86	98.02
黑色金属冶炼及压延加工	Smelting and Pressing of Ferrous Metals	9.86	71.82	3.56	3.53	96.94
有色金属冶炼及压延加工	Smelting and Pressing of Non-ferrous Metals	25.6	53	4.08	6.83	96.11
金属制品业	Manufacture of Metal Products	17.16	38.82	4.71	6.93	96.82
通用设备制造业	Manufacture of General Purpose Machinery	33.42	43.5	6.7	10.2	98.63
专用设备制造业	Manufacture of Special Purpose Machinery	25.48	45.15	3.75	10.35	97.03
交通运输设备制造业	Manufacture of Transport Equipment	25.15	51.95	4.13	9.06	95.94
电气机械及器材制造业	Manufacture of Electrical Machinery and Equipment	29.76	36.89	4.49	10.47	97.23
通信设备、计算机及其他电子设备制造业	Manufacture of Communication Equipment, Computers and Other Electronic Equipment	49.62	29.04	9.19	10.86	98.28
仪器仪表及文化、办公用机械制造业	Manufacture of Measuring Instruments and Machinery for Cultural Activity and Office Work	26.3	50.23	2.52	12.4	96.48
工艺品及其他制造业	Manufacture of Artwork and Other Manufacturing	39.88	23.42	8.74	14.03	97.99
废弃资源和废旧材料回收加工业	Recycling and Disposal of Waste	26.51	47.42	5.4	5.33	98.53
电力、热力的生产和供应业	Production and Supply of Electric Power and Heat Power	2.78	83.36	0.65	5.75	98.23
燃气生产和供应业	Production and Supply of Gas	9.18	74.06	1.82	6.58	102.41
水的生产和供应业	Production and Supply of Water	6.26	74.01	0.73	17.47	92.42

按行业分大中型工业企业主要经济效益指标（2011年）

Main Indicators on Economic Benefit of Large and Medium-sized Industrial Enterprises by Industrial Sector (2011)

行业	Sector	总资产贡献率(%) Ratio of Total Assets to Industrial Output Value (%)	资产负债率(%) Assets-Liability Ratio (%)	流动资产周转次数(次) Number of Times of Annual of Turnover Working Capitals (times)	工业成本费用利润率(%) Ratio of Profits to Industrial Cost (%)	产品销售率(%) Proportion of Products Sold (%)
全省总计	**Total**	**15.08**	**60.18**	**3.25**	**7.00**	**98.08**
轻工业	Light Industry	22.09	51.14	3.72	8.07	97.35
重工业	Heavy Industry	13.89	61.71	3.15	6.75	98.25
按行业分	**Grouped by Sector**					
煤炭开采和洗选业	Mining and Washing of Coal	11.96	64.11	2.64	3.64	97.24
石油和天然气开采业	Extraction of Petroleum and Natural Gas	27.41	40.78	3.49	66.90	98.90
黑色金属矿采选业	Mining and Processing of Ferrous Metal Ores	38.12	51.89	2.16	33.61	97.48
有色金属矿采选业	Mining and Processing of Non-ferrous Metal Ores	52.04	54.29	4.63	44.13	95.53
非金属矿采选业	Mining and Processing of Nonmetal Ores	26.51	51.50	2.91	17.03	100.92
农副食品加工业	Processing of Food from Agricultural Products	11.26	61.80	2.98	3.93	99.41
食品制造业	Manufacture of Foods	21.03	48.74	4.44	6.71	97.92
饮料制造业	Manufacture of Beverages	24.77	60.69	2.09	13.98	96.77
烟草制品业	Manufacture of Tobacco	98.04	33.18	2.77	15.70	99.65
纺织业	Manufacture of Textile	17.47	53.85	3.37	6.88	95.78
纺织服装、鞋、帽制造业	Manufacture of Textile Wearing Apparel, Footwear and Caps	13.58	58.45	3.23	5.55	94.23
皮革、毛皮、羽毛(绒)及其制品业	Manufacture of Leather, Fur, Feather and Related Products	74.25	31.49	10.08	14.47	98.33
木材加工及木、竹、藤、棕、草制品业	Processing of Timber, Manufacture of Wood, Bamboo, Rattan, Palm and Straw Products	19.00	57.63	7.93	5.43	96.34
家具制造业	Manufacture of Furniture	8.53	50.90	2.84	5.48	94.75
造纸及纸制品业	Manufacture of Paper and Paper Products	23.35	47.39	3.64	10.75	98.36
印刷业和记录媒介的复制	Printing, Reproduction of Recording Media	29.32	27.58	2.40	19.39	98.72
文教体育用品制造业	Manufacture of Articles For Culture, Education and Sport Activities	34.84	26.46	7.34	9.45	96.95
石油加工、炼焦及核燃料加工业	Processing of Petroleum, Coking, Processing of Nuclear Fuel	20.72	65.32	4.20	1.07	99.07
化学原料及化学制品制造	Manufacture of Raw Chemical Materials and Chemical Products	11.82	58.87	2.36	8.00	98.12
医药制造业	Manufacture of Medicines	8.89	57.74	1.43	7.10	92.10
化学纤维制造业	Manufacture of Chemical Fibers	-0.98	66.38	2.74	-3.39	93.40
橡胶制品业	Manufacture of Rubber	17.23	62.30	2.03	9.42	96.32
塑料制品业	Manufacture of Plastics	17.19	53.82	2.14	9.73	97.09
非金属矿物制品业	Manufacture of Non-metallic Mineral Products	9.90	62.00	1.94	8.54	96.05
黑色金属冶炼及压延加工	Smelting and Pressing of Ferrous Metals	6.83	67.00	3.20	3.01	98.60
有色金属冶炼及压延加工	Smelting and Pressing of Non-ferrous Metals	10.64	58.68	2.19	11.19	97.70
金属制品业	Manufacture of Metal Products	11.86	46.13	2.83	6.16	96.34
通用设备制造业	Manufacture of General Purpose Machinery	15.66	60.44	2.23	9.55	96.00
专用设备制造业	Manufacture of Special Purpose Machinery	12.97	58.04	1.45	9.99	95.60
交通运输设备制造业	Manufacture of Transport Equipment	15.13	63.38	1.58	11.61	99.95
电气机械及器材制造业	Manufacture of Electrical Machinery and Equipment	10.62	67.18	1.18	10.45	103.64
通信设备、计算机及其他电子设备制造业	Manufacture of Communication Equipment, Computers and Other Electronic Equipment	7.52	56.17	2.18	6.11	99.43
仪器仪表及文化、办公用机械制造业	Manufacture of Measuring Instruments and Machinery for Cultural Activity and Office Work	16.44	40.31	0.93	25.38	94.90
工艺品及其他制造业	Manufacture of Artwork and Other Manufacturing	32.16	46.94	4.46	15.02	98.51
电力、热力的生产和供应业	Production and Supply of Electric Power and Heat Power	6.77	67.90	8.14	0.85	99.83
燃气生产和供应业	Production and Supply of Gas	6.68	49.61	1.9	7.42	88.46
水的生产和供应业	Production and Supply of Water	2.18	50.51	1.26	-0.89	98.56

主要工业产品产量

Output of Major Industrial Products

产品名称	Item	2000	2005	2010	2011
化学纤维(万吨)	Chemical Fiber (10000 tons)	10.26	22.67	23.42	25.24
#合成纤维(万吨)	Synthetic Fiber (10000 tons)	6.15	8.94	1.50	3.13
纱(万吨)	Yarn (10000 tons)	43.70	68.59	123.91	147.57
布(亿米)	Cloth (100 million m)	15.60	23.37	54.82	60.85
呢 绒(万米)	Woolen Piece Goods (10000 m)	662.86	133.30	507.20	287.80
毛 线(吨)	Knitting Wool (ton)	105574.00	95151.30	66752.73	73240.95
机制纸及纸板(万吨)	Machine-made Paper and Paperboard (10000 tons)	216.34	315.82	420.52	534.21
皮 鞋(万双)	Shoes (10000 pairs)	309.59	107.35	584.09	561.90
胶 鞋(万双)	Rubber Shoes (10000 pairs)	4814.50	2104.58	6064.07	
日用陶瓷(亿件)	Ceramics for Daily Use (100 million units)	6.01	6.31	3.41	
塑料制品(万吨)	Plastic Articles (10000 tons)	42.33	140.75	221.92	204.16
缝纫机(万台)	Sewing Machine (10000 sets)	23.76	27.17	29.10	
灯 泡(万只)	Light Bulbs (10000 units)	8397.36	25462.24	12391.00	15383.50
原 盐(万吨)	Salt (10000 tons)	432.62	419.07	418.97	377.68
食用植物油(万吨)	Edible Vegetable Oil (10000 tons)	29.88	78.87	130.25	146.18
糖(万吨)	Sugar (10000 tons)	1.28	3.87	2.75	4.94
饮料酒(混合量)(万千升)	Alcoholic Beverages (10000 kiloliter)	160.39	163.68	170.60	197.20
#白 酒	Liquor	26.40	10.17	26.14	27.39
啤 酒	Beer	130.60	142.96	134.44	160.26
罐 头(万吨)	Canned Food (10000 tons)	16.40	29.46	26.22	28.13
卷 烟(亿支)	Cigarettes (100 million pieces)	107.97	600	775.00	807.50
钢(万吨)	Steel (10000 tons)	1230.10	7386.40	14458.79	16452.24
生 铁(万吨)	Pig Iron (10000 tons)	1709.23	6765.61	13705.39	15443.09
铁合金(万吨)	Iron Alloy (10000 tons)	8.78	7.47	17.48	33.62
成品钢材(万吨)	Rolled Steel (10000 tons)	1306.62	6465.10	16757.23	19258.43
铝(万吨)	Aluminum (10000 tons)	4.15	7.22		
发电量(亿千瓦小时)	Electricity (100 million kwh)	844.42	1338.63	1992.57	2298.08
#水 电(亿千瓦小时)	Hydropower (100 million kwh)	4.70	5.61	5.00	4.38

注：1．1998年开始工业产品产量统计范围为全部国有及年产品销售收入500万元以上的非国有工业企业。

2．饮料酒2004年以前为万吨，卷烟2003年及以前为万箱。

a) Since 1998, the coverage of industrial products statistics is all state-owned industrial enterprises and non-state enterprises each with main business revenue over five million yuan.

b) Unit of alcoholic beverages was 10000 kiloliter before 2004, unit of cigarettes was 10000 boxes before 2003.

主要工业产品产量（续）
Output of Major Industrial Products

产品名称	Item	2000	2005	2010	2011
原　煤(万吨)	Coal (10000 tons)	5781.21	7956.40	10199.27	10584.57
原　油(万吨)	Crude Oil (10000 tons)	518.26	562.45	599.04	586.11
天然气(亿立方米)	Natural Gas (100 million cu.m)	5.14	6.90	12.68	12.22
铁矿石(原矿量)(万吨)	Ironstone in Original Iron Ores (10000 tons)	5889.44	15227.10	44618.84	59470.90
焦炭(折标)(万吨)	Coke (10000 tons)	792.47	2485.34	4988.09	6079.37
硫酸(折100%)(万吨)	Sulfuric Acid (10000 tons)	96.83	97.49	71.86	84.40
烧碱(氢氧化钠)(万吨)	Caustic Soda (10000 tons)	32.48	56.56	70.96	82.52
纯碱(无水碳酸钠)(万吨)	Soda Ash (10000 tons)	99.84	177.37	230.40	254.10
合成氨(万吨)	Synthetic Ammonia (10000 tons)	252.27	339.52	296.06	286.45
农用化肥(折纯量)(万吨)	Chemical Fertilizer (10000 tons)	195.23	208.87	178.19	175.41
化学农药(原药)(吨)	Chemical Pesticide (ton)	55733.00	35063.10	35904.68	27293.27
纯　苯(吨)	Benzene (ton)	38962	64259	192052.00	346509.24
塑料树脂及共聚物(万吨)	Primary Plastic (10000 tons)	31.25	62.96		
油　漆(万吨)	Paint (10000 tons)	6.06	10.41	34.82	
合成橡胶(吨)	Synthetic Rubber (ton)	8489.00	8518.00	17294.51	27927.33
轮胎外胎(万条)	Tires (10000 units)	121.37	112.48	33.92	58.15
合成洗涤剂(万吨)	Synthetic Detergents (10000 tons)	1.83	12.89		10.78
化学药品(原药)(万吨)	Chemical Medicines (10000 tons)	10.17	39.20	45.31	69.88
中成药(吨)	Traditional Chinese Patent Medicine (ton)	20077.00	33333.71	41776.03	42404.26
工业锅炉(蒸发量吨)	Industrial Boilers (evaporation ton)	4418.00	11546.00	9516.25	12837.24
变压器(万千伏安)	Transformers (10000 KVA pm)	2394.54	5971.52	15745.42	15131.31
泵(万台)	Pumps (10000 units)	14.40	18.33	43.76	83.33
金属切削机床(台)	Metal-cutting Machine (unit)	555	1717	1596.00	1306.00
汽　车(辆)	Motor Vehicle (unit)	13989	193941	710372.00	721116.00
改装汽车(辆)	Modified Cars (unit)	31070	46911	80344.00	61845.00
摩托车(辆)	Motorcycle (unit)	273231	377251	480038.00	556502.00
水　泥(万吨)	Cement (10000 tons)	4694.59	8850.04	12594.30	14093.34
平板玻璃(万重量箱)	Plate Glass (1000 weight cases)	2083.30	4964.25	12033.83	13617.83
卫生陶瓷(万件)	Ceramic Sanitary Ware (10000 pieces)	105715.00	1492.34	2208.86	2435.69
砖(亿块)	Brick (100 million)	115.26	104.99	159.94	153.18
瓦(亿片)	Tile (100 million)	1.24	1.21	0.24	…

注：卫生陶瓷2000年计量单位为吨。

a) Unit of ceramic sanitary in 2000 was ton.

建筑业主要经济指标

Major Economic Indictors on Construction Enterprises

指　　标	Item	2000	2005	2010	2011
建筑业总产值(亿元)	Gross Output Value of Construction (100 million yuan)	492.10	1285.29	3232.53	3972.66
竣工产值(亿元)	Value of Building Completed (100 million yuan)	357.67	755.01	1714.58	2090.57
产值竣工率(%)	Rate of Value of Building Completed (%)	72.70	58.74	53.04	52.62
按总产值计算的劳动生产率(元／人)	Overall Labor Productivity in Terms of Total Output Value (yuan/person)	51217	108148	236031	260831
房屋建筑竣工面积(万平方米)	Floor Space of Buildings Completed (10000 sq.m)	3481.42	5744.23	9100.87	10641.80
#住　宅	Residential Houses	2260.98	3693.9	6247.72	7445.93
房屋面积竣工率(%)	Rate of Floor Space of Buildings Completed (%)	55.6	51.01	38.77	34.51
人均竣工面积(平方米／人)	Individual Floor Space of Buildings Completed (sq.m/person)	36.0	48.33	66.45	69.87
年末固定资产原价(亿元)	Fixed Assets Ender of year (original value) (100 million yuan)	185.15	315.30	463.38	520.11
年末固定资产净值(亿元)	Fixed Assets Ender of year (net value) (100 million yuan)	125.09	211.54	303.18	330.28
利润总额（亿元）	Total Profits (100 million yuan)	6.74	29.41	104.81	126.89
人均利润(元／人)	Individual Profit (yuan/person)	701	2475	8145	10530
年末自有机械设备(万千瓦)	Total Power of Machinery and Equipment Owned Ender of year (10000 kw)	603.88	716.67	1034.50	1198.86
年末自有机械设备净值(亿元)	Net Value of Machinery and Equipment Owned Ender of year (100 million yuan)	57.16	97.59	181.33	187.86
技术装备率(元／人)	Value of Machines per Laborer (yuan/person)	6525	8212	14092	15590
动力装备率(千瓦／人)	Power of Machines per Laborer (kw/person)	7.00	6.00	8.04	9.95
资金利润率(%)	Ratio of Capital (%)	1.41	3.31	5.12	5.34

按登记类型分建筑业企业主要经济指标（2011年）

指　　标	Item	合　计 Total Enterprises	内资企业 Domestic Funded	#国有经济 State-owned
企业单位数(个)	Number of Construction Enterprises (unit)	2290	2284	158
从业人员(人)	Number of Employed Persons (person)	1204966	1204149	119515
自有施工机械设备年末总台数(万台)	Total Number of Machinery and Equipment Owned (10000 set)	55.15	55.14	6.66
自有施工机械设备年末净值(亿元)	Net Value of Machinery and Equipment Owned (100 million yuan)	187.86	187.85	53.67
自有机械设备年末总功率(万千瓦)	Total Power of Machinery and Equipment Owned (10000 kw)	1198.86	1198.73	164.06
建筑业总产值(亿元)	Gross Output Value of Construction (100 million yuan)	3972.66	3968.91	830.96
建筑工程	Construction Engineering	3473.66	3470.47	705.96
安装工程	Construction and Installation	354.91	354.80	104.86
其他产值	Others	144.09	143.63	20.14
应付职工薪酬(亿元)	Wages Payable (100 million yuan)	356.22	356.01	51.94
应付福利费(亿元)	Welfare Expenses Payable (100 million yuan)			
主营业务税金及附加(亿元)	Taxes and Other Charges on Principal Business (100 million yuan)	123.05	122.95	22.00
管理费用中的税金(亿元)	Taxes in Management Expenses (100 million yuan)	5.13	5.13	0.78
营业利润(亿元)	Profits of Business (100 million yuan)	123.91	123.64	-1.35
房屋建筑施工面积(万平方米)	Floor Space of Buildings under Construction (10000 sq.m)	30832.74	30832.74	3070.51
房屋建筑竣工面积(万平方米)	Floor Space of Buildings Completed (10000 sq.m)	10641.80	10641.80	876.34
资产合计(亿元)	Total Assets (100 million yuan)	2644.91	2642.78	579.83
流动资产合计(亿元)	Total Circulating Funds (100 million yuan)	2043.77	2041.90	452.15
固定资产原价(亿元)	Original Value of Fixed Assets (100 million yuan)	520.11	519.71	110.61
流动负债合计(亿元)	Total Current Liabilities (100 million yuan)	1620.78	1619.58	408.79
非流动负债合计(亿元)	Total Non Working Liabilities (100 million yuan)	97.21	97.21	34.36
所有者权益(亿元)	Creditors' Equity (100 million yuan)	873.75	872.83	130.64
#实收资本(亿元)	Capitals Hold (100 million yuan)	547.94	547.39	96.98
利润总额(亿元)	Total Profits (100 million yuan)	126.89	126.61	-1.02
利税总额(亿元)	Total Tax (100 million yuan)	255.07	254.69	21.76
劳动生产率(元/人)(按总产值计算)	Overall Labor Productivity (yuan/person) (In Terms of Gross Output Value)	260831	260713.99	634825
技术装备率(元/人)	Value of Machines per Laborer (yuan/person)	15590	15600.23	44906
动力装备率(千瓦/人)	Power of Machines per Laborer (yuan/person)	9.95	9.95	13.73
房屋建筑面积竣工率(%)	Rate of Floor Space of Buildings Completed (%)	34.51	34.51	28.54
产值利润率(%)	Ratio of Profit to Gross Output Value (%)	3.19	3.19	-0.12
产值利税率(%)	Ratio of Pre-tax Profit to Gross Output Value (%)	6.42	6.42	2.62

Main Economic Indicators on Construction Enterprises by Registration Status (2011)

# 集体经济 Collective-owned	港澳台商投资企业 Funded from Hongkong, Macao and Taiwan	外商投资企业 Foreign Funded	房屋和土木工程建筑业 Floor Space Civil Engineering	房屋工程建筑 Building Construction	土木工程建筑 Civil Engineering	建筑安装业 Installation	建筑装饰业 Building Decoration	其他建筑业 Others
101	5	1	1606	1196	410	291	297	96
42809	652	165	1102179	898372	203807	73395	20277	9115
1.73	0.01		51.01	43.13	7.88	2.88	0.91	0.35
3.41	0.01		174.89	90.38	84.51	8.98	1.68	2.31
29.01	0.13		1119.3	832.66	286.64	39.21	24.89	15.46
97.58	3.54	0.21	3611.60	2690.16	921.45	275.19	54.03	31.83
81.33	2.97	0.21	3280.75	2540.55	740.20	148.73	26.77	17.40
11.08	0.11		237.19	123.67	113.52	108.25	5.96	3.51
5.17	0.46		93.66	25.93	67.73	18.21	21.31	10.92
11.44	0.20	0.01	325.62	261.77	63.86	23.35	4.98	2.27
2.74	0.01		111.85	84.10	27.75	8.45	1.57	1.18
0.18			4.20	2.86	1.34	0.67	0.12	0.15
3.01	0.26	0.01	110.87	86.29	24.58	9.47	2.67	0.90
1012.82			29966.42	29323.75	642.67	854.98	8.49	2.85
531.37			10306.27	10059.21	247.06	333.45	1.58	0.50
48.56	1.95	0.18	2322.43	1426.68	895.76	244.55	47.66	30.26
33.75	1.69	0.17	1794.58	1106.19	688.39	188.86	38.43	21.89
12.31	0.40		463.60	260.20	203.40	40.28	7.05	9.18
24.46	1.18	0.03	1426.31	848.32	577.99	162.22	17.68	14.58
0.16			89.69	49.28	40.41	5.94	0.50	1.08
22.73	0.77		759.77	498.11	261.65	75.19	24.68	14.12
13.55	0.39		469.30	293.12	176.18	49.84	17.75	11.05
2.95	0.26	0.01	112.60	86.74	25.87	10.68	2.64	0.96
5.87	0.27	0.01	228.65	173.69	54.96	19.80	4.33	2.29
172879	541560	200000	273888	245898	410211	369222	214909	30386
7966	1534		15868	10060	41466	12235	8285	25343
6.78	1.99		10.16	9.27	14.06	5.34	12.27	16.96
52.46			34.39	34.30	38.44	39.00	18.63	17.54
3.02	7.34	4.76	3.12	3.22	2.81	3.88	4.89	3.02
6.02	7.62	4.76	6.33	6.46	5.96	7.19	8.02	7.20

建筑业企业技术装备情况

Number and Power of Machinery and Equipment Owned by Construction Enterprises

年份 Year	自有机械设备年末总台数（台） Number of Machinery and Equipment Owned (unit)	自有机械设备年末总功率（万千瓦） Total Power of Machinery and Equipment Owned (10000 kw)	#施工机械功率 Power of Construction Machines	自有机械设备年末净值（万元） Net Value of Machinery and Equipment Owned (10000 yuan)	技术装备率（元/人） Value of Machines per Laborer (yuan/person)	动力装备率（千瓦/人） Power of Machines per Laborer (kw/person)
1991	109405	226.15	147.81	133116	3362	5.71
1992	94837	212.56	144.15	138588	3398	5.21
1993	188111	330.00	220.00	169752	2637	5.13
1994	196886	412.22	251.00	247707	2926	4.90
1995	213972	331.78	248.29	2851719	3741	4.35
1996	326300	471.49	368.98	399500	3884	4.58
1997	291800	483.63	399.64	490300	4995	4.93
1998	309600	482.76	389.03	448200	5166	5.56
1999	363100	519.76	425.95	497700	5775	6.03
2000	380673	603.88	457.22	5715649	6525	7.00
2001	432840	663.66	520.42	6955482	7342	7.00
2002	449741	604.35	509.69	1030110	10331	6.10
2003	443997	575.41	416.01	1046003	10573	5.80
2004	508692	1251.48		989386	8697	11.00
2005	435734	716.67		975913	8212	6.00
2006	516915	723.70		1065747	9936	6.75
2007	498629	697.98		1071893	10004	6.51
2008	465252	777.43		1290411	11142	6.70
2009	475386	843.66		1384173	11711	7.14
2010	967008	1034.50		1813278	14092	8.04
2011	551462	1198.60		1878605	15590	9.95

按承包类型分的建筑业企业主要指标
Main Economic Indicators on Construction Enterprise by General Contractors

指　标	Item	2005	2008	2009	2010	2011
总承包企业	**General Contractor**					
企业个数(个)	Number of Construction Enterprises (unit)	1338	1549	1539	1541	1543
从业人员(人)	Number of Employed Persons (person)	1053286	1038699	1078977	1174581	1105439
建筑业总产值(万元)	Gross Output Value of Construction (10000 yuan)	11518883	18322689	23328055	29845785	37180339
特　级		1178708	1884369	2915524	4380837	6253576
一　级	First Grade	5256800	8643083	11735614	14367669	17270656
二　级	Second Grade	3195002	4910708	5623060	7082044	9251809
三级及以下	Third Grade and below	1888373	2884529	3053858	4015235	4404299
利润总额(万元)	Total Profits (10000 yuan)	239490	5999155	637612	901001	1122340
利税总额(万元)	Total Pre-Tax Profits (10000 yuan)	592672	1253972	1416729	1891199	2310100
专业承包企业	**Specialized Contractor**					
企业个数(个)	Number of Construction Enterprises (unit)	756	812	747	748	747
从业人员(人)	Number of Employed Persons (person)	132664	119459	102960	112191	99527
建筑业总产值(万元)	Gross Output Value of Construction (10000 yuan)	1334048	2125488	1922406	2479511	2546282
一　级	First Grade	489944	969893	822271	1024942	971981
二　级	Second Grade	544565	578043	651968	805292	883017
三级及以下	Third Grade and below	299539	577553	448168	649276	691283
利润总额(万元)	Total Profits (10000 yuan)	54656	118333	106092	147090	146537
利税总额(万元)	Total Pre-tax Profits	94566	184808	172905	227730	240594

运输线路长度

Length of Transportation Routes

单位：公里 (km)

年份 Year	公路通车里程 Total Length of Highways	#高速公路 Expressway	内河通航里程 Length of Navigable Inland Waterways	地方铁路里程 Length of National Railways	中央铁路营业里程 Length of Local Railways
1978	40260		177	562.7	2012.5
1980	39883		29	572.8	2087.7
1985	40698			721.6	2481.1
1990	43640	7	75	691.5	2815.3
1995	51630	229	75	770.0	3076.3
1996	54146	278	75	665.8	3450.6
1997	56009	494	75	665.8	3464.0
1998	57263	607	75	632.1	3473.0
1999	58162	1009	75	585.5	3467.0
2000	59152	1480	75	554.8	3474.2
2001	62615	1563	75	613.8	3476.4
2002	63079	1591	75	1004.7	3508.1
2003	65391	1681	75	1200.7	3508.1
2004	70198	1706	75	1218.7	3521.6
2005	75894	2135	286	1207.0	3675.9
2006	143778	2329	286	1489.1	3594.9
2007	147265	2853	286	1522.7	3675.1
2008	149504	3234	286	1605.4	3670.0
2009	152135	3303	286	2152.8	3670.0
2010	154344	4307	286	2124.1	3704.0
2011	156965	4756	286	2172.4	3707.5

交通运输工具拥有量

Number of Transportation Tools

指标	Item	2010 合计 Total	2010 #个人 Private	2010 占合计% As Percentage of Total	2011 合计 Total	2011 #个人 Private	2011 占合计% As Percentage of Total
汽　车(辆)	Vehicles (unit)	7198518	4705498	65.4	8325189	5771177	69.3
载客汽车	Passenger Vehicles	3653570	3232692	88.5	4634062	4161933	89.8
#轿　车	Saloon Cars	2202503	1995311	90.6	2903120	2665270	91.8
载货汽车	Trucks	1214977	790801	65.1	1371528	922848	67.3
#普通载货	Ordinary Trucks	703992	511754	72.7	772414	586699	76.0
其他汽车	Others	2329971	682005	29.3	2319599	686396	29.6
摩托车(辆)	Motorcycle (unit)	4213243	3687360	87.5	3911470	3521097	90.0
拖拉机(辆)	Tractors (unit)	1677627			1688925		
挂　车（辆）	Combination Vehicle (unit)	253197	102404	40.4	289767	120501	41.6
运输船舶	Transport Vessels						
货　船(艘)	Freighter (unit)	128	77	60.2	144	87	60.4
净载重量(吨位)	Deadweight Cargo Tonnage (ton)	3111485	538765	17.3	3451286	639799	18.5
拖　船(艘)	Tow-boat (unit)						
功　率(千瓦)	Drawing Power (kw)						
货运驳船（艘）	Barges (unit)	3	3	100.0	3	3	100.0
净载重量(吨位)	Dead Weight Tonnage (unit)	3980	3980	100.0	3980	3980	100.0
地方铁路	Local Railways						
机　车(台)	Railway Locomotives (unit)	190			197		
货　车(辆)	Freight Cars (unit)	1905			1909		
客　车(辆)	Passenger Coaches (unit)	20			14		

民用车辆拥有量(2011年)
Possession of Civil Motor Vehicles (2011)

单位：辆 (unit)

指 标	Item	总 计 Total	营 运 Working	进 口 Import	#个 人 Private
全省总计	**Total**	**14216976**	**1980574**	**120276**	**9413468**
汽 车	Civil Vehicles	8325189	1612479	116680	5771177
载客汽车	Passenger Vehicles	4634062	132842	113488	4161933
#大型	Large Scale	47051	33318	415	7099
中型	Medium Scale	40973	17521	784	18506
小型	Small Scale	4077398	78418	109092	3689054
#轿车	Cars	2903120	71346	45583	2665270
载货汽车	Trucks	1371528	1049139	1318	922848
#重型	Heavy Scale	493694	477170	720	241840
中型	Medium Scale	114122	106827	33	76668
轻型	Light Scale	754460	461705	565	596557
#普通载货	Ordinary Trucks	772414	516604	716	586699
其他汽车	Other Vehicles	2319599	430498	1874	686396
#三轮汽车	Tricycle Motors	1449997	291213	6	501005
低速汽车	Low speed Vehicles	803285	121713	44	164064
电 车	Tram	3	2		3
摩托车	Motor	3911470	81264	3567	3521097
普通	Ordinary Motor	3847413	81235	3539	3463979
轻便	Light Motor	64057	29	28	57118
挂 车	Freight Trailers	289767	286652	27	120501
其他类型车	Other Motor Vehicles	1622	177	2	690
拖拉机	Low speed Vehicles	1688925			

私人车辆拥有量
Possession of Private Vehicles

单位：辆 (unit)

指 标	Item	2005	2006	2007	2008	2009	2010	2011
全省总计	**Total**	**5898180**	**6308576**	**6733758**	**7093234**	**7770865**	**8495946**	**9413468**
#民用汽车	Civil Vehicles	1988958	2212061	2605667	2999503	3790290	4705498	5771177
载客汽车	Passenger Vehicles	969982	1237945	1561678	1880297	2481122	3232692	4161933
#大型	Large Scale	5246	5278	5647	6124	6741	6904	7099
轿车	Cars	446339	625054	858781	1087366	1493098	1995311	2665270
载货汽车	Ordinary Trucks	344505	374429	416468	463609	626695	790801	922848
#重型	Large Scale	77093	83948	92780	100608	160385	205632	241840
其他汽车	Others	674471	599687	627521	655597	682473	682005	686396
摩托车	Motors	3866923	4052978	4075551	4030290	3903538	3687360	3521097
挂车	Freight Trailers	41029	43003	51982	62107	76375	102404	120501

全社会客运量
Passenger Traffic

单位：万人 (10000 persons)

年份 Year	总计 Total	铁路 Railways	#地方铁路 Local Railways	公路 Highways	水运 Waterways	民航 Civil Aviation
1990	25745	5034	45	20525	183	4.0
1991	26745	4849	34	21721	172	3.0
1992	31525	4832	32	26693		
1993	35686	5118	20	30567		1.0
1994	35109	5093	8	30013		3.0
1995	36714	4655		32038		21.0
2000	65255	4902		60341		12.0
2001	72229	4841		67377		10.7
2002	76094	5004		71081		9.1
2003	65219	4441		60767		10.7
2004	77784	5270		72500		13.8
2005	80918	5492		75402		23.8
2006	83988	6024		77931		33.3
2007	88935	6238		82648		48.8
2008	94622	6816		87746		59.4
2009	77773	7194		70579		76.7
2010	90847	7558		83289		156.8
2011	99688	7601		91857		229.6

注：2009年客运量依据新的统计方法和口径进行了调整(下表同)。

a) Volume of passenger transportation of 2009 have been adjusted according to new computing methods and statistical approach. The same applies to the tables following.

全社会旅客周转量
Passenger-Kilometers

单位：亿人公里 (100 million passenger-km)

年份 Year	总计 Total	铁路 Railways	#地方铁路 Local Railways	公路 Highways	水运 Waterways	民航 Civil Aviation
1990	358.09	249.44	0.12	108.44	0.20	
1991	386.23	268.41		117.68	0.14	
1992	466.66	290.09	0.09	176.56		
1993	489.95	305.32	0.06	184.63		
1994	499.63	307.03	0.03	192.61		
1995	493.92	287.72		206.20		
2000	782.87	377.24		405.63		
2001	849.33	402.56		445.35		1.42
2002	897.84	415.26		482.58		
2003	780.46	383.76		396.69		
2004	945.40	479.07		466.33		
2005	989.77	504.44		485.33		
2006	1068.57	552.45		516.12		
2007	1165.28	595.48		569.80		
2008	1236.65	639.17		597.47		
2009	1043.30	672.40		370.90		
2010	1172.86	730.61		442.25		
2011	1306.58	784.5		522.08		

全社会货运量
Freight Traffic

单位：万吨 (10000 tons)

年份 Year	总计 Total	铁路 Railways	#地方铁路 Local Railways	公路 Highways	水运 Waterways	民航 Civil Aviation	管道 Petroleum and Gas Pipelines	港口货物吞吐量 Volume of Freight Handled in Coastal Ports
1990	58203	11501	597	44258	363	0.10	2080	6960
1991	58735	11460	626	44900	345		2030	7236
1992	60648	11734	664	46571	354		1989	8156
1993	61979	11929	733	47722	340		1988	7877
1994	73510	12056	740	59097	409	…	1949	8404
1995	74214	12106	879	59860	404	…	1844	8815
2000	76808	12546	1314	62321	571	3.09	1366	10771
2001	80835	14954	2293	63696	945	3.80	1236	12558
2002	84315	15368	2915	66655	1105	2.62	1184	14432
2003	80551	16646	3815	61570	1172	2.48	1161	18002
2004	87265	18216	4504	66227	1700	1.81	1120	22515
2005	91330	19051	5690	68652	2539	1.45	1087	27341
2006	96784	19646	6214	73263	2778	0.88	1096	33805
2007	104188	20920	7498	79822	2162	0.77	1283	39962
2008	111383	23808	10446	84486	1762	0.98	1326	44065
2009	136804	28308	14190	106530	1008	1.16	958	50874
2010	177308	37964	21482	135938	2149	1.68	1258	60344
2011	212330	41671	23600	166680	2672	2.11	1305	71300

注：2009年货运量依据新的统计方法和口径进行了调整(下表同)。

a) Volume of volume of freights of 2009 have been adjusted according to new computing methods and statistical approach. The same applies to the tables following.

全社会货物周转量
Freight Ton-kilometers

单位：亿吨公里 (100 million ton-km)

年份 Year	总计 Total	铁路 Railways	#地方铁路 Local Railways	公路 Highways	水运 Waterways	管道 Petroleum and Gas Pipelines
1990	1546.47	1256.80	1.89	215.42	48.53	25.72
1991	1619.00	1291.43	2.04	248.71	52.61	26.25
1992	1782.31	1375.26	2.26	333.94	51.40	21.70
1993	1858.00	1428.66	2.51	346.08	52.80	30.45
1994	1945.85	1478.67	2.67	372.56	65.86	28.75
1995	2029.48	1534.74	3.45	397.36	67.88	29.50
2000	2325.85	1474.77	5.34	555.42	267.97	27.69
2001	2760.82	1613.04	7.92	608.01	512.70	27.07
2002	2862.79	1658.24	9.98	632.40	543.34	28.82
2003	3023.79	1787.73	11.75	591.60	612.19	32.28
2004	3796.05	1955.54	16.19	658.59	1150.00	31.93
2005	4750.64	2120.98	20.24	691.45	1908.07	30.14
2006	5157.40	2331.11	20.70	748.86	2051.41	26.02
2007	5507.02	2581.86	32.78	843.23	2057.28	24.64
2008	5209.01	2738.05	62.37	890.96	1554.62	25.38
2009	5981.61	2743.10	92.86	2998.49	216.82	23.21
2010	7673.09	3208.70	176.54	4011.23	432.11	21.05
2011	9840.50	4104.69	202.48	5219.28	495.04	21.49

沿海港口基本情况（2011年）
Basic Indicators of Coastal Ports (2011)

港口名称	Name	合计 Total 码头长度（米）Length of Quay Line (m)	泊位个数（个）Number of Berths (unit)	#万吨级 10000 Ton Class	#生产用 For Productive Use 码头长度（米）Length of Quay Line (m)	泊位个数（个）Number of Berths (unit)	#万吨级 10000 Ton Class	设计吞吐能力（万吨）Design the Handling Capacity (10000 tons)
总　计	**Total**	**33306**	**163**	**121**	**31170**	**130**	**111**	**56036**
秦皇岛港	Qinhuangdao	13469	72	52	12151	52	42	22641
黄骅港	Huanghua	6077	36	19	5570	25	19	10060
唐山港	Tangshan	13760	55	50	13449	53	50	23335
#京唐港	Jingtang	6901	31	26	6590	29	26	7475
曹妃甸港	Caofeidian	6859	24	24	6859	24	24	15860

沿海主要港口货物吞吐量（2011年）
Volume of Freight Handled in Major Coastal Ports by Type of Freight (2011)

单位：吨　(ton)

货物种类	Type of Freight	合计 Total	#外贸 Foreign Trade	出港量 Out-put	#外贸 Foreign Trade	进港量 In-put	#外贸 Foreign Trade
总　计	**Total**	**71300**	**16354**	**52817**	**1109**	**18483**	**15245**
煤炭及制品	Coal	48574	1837	46794	533	1780	1304
石油、天然气及制品	Crude Petroleum Oil and Natural Gas	2265	1272	634	38	1632	1234
#原油	Crude oil	2031	1220	566	3	1466	1217
金属矿石	Metal Ores	14117	12344	83	1	14034	12344
钢　铁	Steel and Iron	3539	307	3489	274	50	33
矿建材料	Mineral Building Materials	789	24	612	24	177	
水　泥	Cement	59	6	22	6	36	
木　材	Timber	15	15			15	15
非金属矿石	Nonmetal Ores	115	19	9	4	106	15
化肥农药	Chemical Fertilizers and Pesticides	88	87	62	62	26	25
盐	Salt	95	65	5	2	90	63
粮　食	Grain	203	141	51		153	141
机械、设备、电器	Machinery, Equipment, Electric Appliance	10	7	2	1	8	6
化工原料及制品	Industrial chemicals and product	71	18	50	8	21	10
有色金属	Non-ferrous metal						
轻工、医药产品	Light industry, medicine product						
农林牧渔业产品	Agriculture, forestry, animal husbandry, and fishery product	21	14	10	7	11	7
其　他	Others	1340	198	995	150	345	48

注：主要港口包括秦皇岛港、黄骅港和唐山港。

a) Major coastal ports include Qinhuangdao, Huanghua and Tangshan.

邮电通信网（年底数）
Telecommunications Facilities (End of Year)

年 份 Year	邮政局、所（处） Number of Postal and Offices (unit)	#设在农村的 Located in the Countryside	邮路总长度（万公里） Length of Postal Routes (10000 km)	长话电路（路） Long-distance Telephone Electric Circuit (unit)
1978	1802	1511	16.5	1350
1980	1752	1434	17.0	4539
1985	2928	2588	2.6	2304
1990	2443	1078	2.8	5177
1995	2538	1869	3.5	33090
2000	2018	1390	4.1	122560
2001	2013	1371	4.1	187292
2002	1978	1312	4.5	796340
2003	1952	1272	5.3	20173
2004	1955	1258	5.4	22531
2005	1957	1242	4.7	27306
2006	1986	1244	4.6	21425
2007	1851	1110	4.9	30719
2008	1876	1091	5.5	90847
2009	1742	1098	6.4	118913
2010	2054	1030	5.1	323765
2011	2114	1001	5.2	276250

注：1. 邮路总长度1982年及以前是邮路及农村投递线路总长度之和。
2. 2003年及以后长话电路计量单位为2M。

a) Length of postal routes before 1983 included the length of postal routes and rural delivery routes.
b) In 2003 and later long-distance telephone electric circuit measuring unit was 2M.

邮电业务量
Post and Telecommunications Services

Year	邮电业务总量（万元） Output of Post and Telecommunication Services (10000 yuan)	函 件（万件） Number of Letters (10000 pcs)	报纸期发数（万份） Issue of Newspapers (10000 copies)	城市固定电话用户(万户) Number of Urban Fixed Telephone Subscribers (10000 subscriber)	农村固定电话用户(万户) Rural Fixed Telephone Subscribers (10000 subscriber)
1978	5904	15417	267	6.0	2.1
1980	6420	15961	304	6.2	2.0
1985	12618	21639	580	9.9	6.4
1990	55643	23716	473	19.8	3.8
1995	360930	31471	504	151.3	38.0
2000	1910400	26302	522	391.7	275.5
2001	1670100	31698	422	486.1	419.2
2002	2198441	36078	508	558.4	546.0
2003	2931845	20056	484	731.5	607.5
2004	4307925	32623	451	906.2	671.8
2005	5284674	25742	378	947.0	680.9
2006	6415679	22444	340	1005.2	652.0
2007	8523147	20641	321	994.3	594.8
2008	10695686	26702	317	929.1	528.4
2009	11906547	26960	185	870.1	473.8
2010	14206800	25355	509	811.8	439.5
2011	5375587	24432	617	814.2	428.6

注：2011年邮电业务总量为2010年不变价，2010年邮电业务总量为2000年不变价，按2010年不变价计算，2010年业务总量为4746454万元。

a) Output of post and telecommunication services of 2011 is in constant 2010 price, while output of 2010 is in constant 2000 price. In constant 2010 price, Output of 2010 would be 4746454 RMB Yuan.

限额以上批发业企业基本情况（2011年）
Basic Conditions of Enterprises above Designated Size in Wholesale Trade by Types of Registration and Sector (2011)

项　　目	Item	法人企业（个）Number of Corporation Enterprises (unit)	年末从业人员（人）Engaged Persons at Year-end (person)	年末零售营业面积（万平方米）Operational Area of Retail Sale Trade at Year-end (10000 sq.m)
全省总计	**Total of Wholesale and Retail Sale Trade**	**1260**	**120815**	**553.9**
按国民经济行业分	**by Sector**			
农畜产品批发	Wholesale of Farm Produce and Livestock Products	87	4429	24.2
食品、饮料及烟草制品批发	Wholesale of Food, Beverages and Tobaccos	98	16454	8.6
#米、面制品及食用油批发	Wholesale of Rice, Flour and Edible Oil	15	1050	0.2
纺织、服装及日用品批发	Wholesale of Textiles, Garments and Daily Consumer Articles	20	2296	1.4
#服装批发	Wholesale of Garments	6	644	0.2
文化、体育用品及器材批发	Wholesale of Culture, Sports Appliances and Equipment	3	472	0.1
医药及医疗器材批发	Wholesale of Medicines and Medical Appliances	104	11499	8.7
矿产品、建材及化工产品批发	Wholesale of Mineral Products, Building Materials and Chemical Products	750	44707	462.4
#煤炭及制品批发	Wholesale of Coal and Related Products	247	9735	97.1
石油及制品批发	Wholesale of Coal and Related Products	109	22934	310.3
金属及金属矿批发	Wholesale of Metal Materials	260	6752	30.8
建材批发	Wholesale of Building Materials	30	1308	11.0
化肥批发	Wholesale of Chemical Fertilizer	45	1603	10.9
机械设备、五金交电及电子产品批发	Wholesale of Machinery, Hardware and Electronic Equipment	163	39472	36.5
#汽车、摩托车及零配件批发	Wholesale of Motor Vehicles, Motorcycles	77	33843	18.0
家用电器批发	Wholesale of Household Electrical Appliances	11	1136	4.7
计算机、软件及辅助设备批发	Wholesale of Computer, Software and Assistant Appliances	1	46	…
按登记注册类型分	**by Types of Registration**			
内资企业	Domestic Funded Enterprises	1255	120414	553.8
国有企业	State-owned Enterprises	88	20476	188.8
集体企业	Collective-owned Enterprises	41	2606	12.9
股份合作企业	Cooperative Enterprises	6	732	…
联营企业	Joint Ownership Enterprises	1	31	
国有联营企业	State Joint Ownership Enterprises	1	31	
有限责任公司	Limited Liability Corporations	448	30590	84.5
国有独资公司	State Sole Funded Corporations	15	991	3.2
其他有限责任公司	Other Limited Liability Corporations	433	29599	81.3
股份有限公司	Share-holding Corporations Ltd.	73	44534	156.8
私营企业	Private Enterprises	571	20568	106.3
私营独资企业	Private-funded Enterprises	61	1191	6.9
私营合伙企业	Private Partnership Enterprises	10	321	3.1
私营有限责任公司	Private Limited Liability Corporations	477	18263	93.5
私营股份有限公司	Private Share-holding Corporations Ltd.	23	793	2.8
其他企业	Other Enterprises	27	877	4.5
港澳台商投资企业	Enterprises with Funds from Hong Kong, Macao and Taiwan	2	272	0.1
与港澳台商合资经营企业	Joint-venture Enterprises	1	258	0.1
港澳台商独资企业	Enterprises with Sole Fund	1	14	
外商投资企业	Foreign Funded Enterprises	3	129	…
外资企业	Enterprises with Sole Fund	2	129	…

限额以上零售业企业基本情况（2011年）

Basic Conditions of Enterprises above Designated Size in Retail Trade by Types of Registration and Sector (2011)

项　　目	Item	法人企业（个）Number of Corporation Enterprises (unit)	年末从业人员（人）Engaged Persons at Year-end (person)	年末零售营业面积（万平方米）Operational Area of Retail Sale Trade at Year-end (10000 sq.m)
全省总计	**Total**	**1683**	**191428**	**737.3**
按国民经济行业分	**by Sector**			
综合零售	Integrated Retail	440	115032	437.8
＃百货零售	Retail of General Merchandise	257	74500	303.7
超级市场零售	Retail of Supermarkets	162	38086	120.0
食品、饮料及烟草制品专门零售	Retail of Food, Beverages and Tobaccos	33	1273	2.1
纺织、服装及日用品专门零售	Special Retail of Textiles, Garments and Daily Consumer Articles	71	8645	48.9
服装零售	Retail of Garments	49	7527	45.6
文化、体育用品及器材专门零售	Retail of Culture, Sports Appliances and Equipments	29	3831	10.6
图书零售	Retail of Books	11	3113	8.7
医药及医疗器材专门零售	Retail of Medicines and Medical Appliances	65	8069	8.5
药品零售	Retail of Medicines	63	7967	8.5
汽车、摩托车、燃料及零配件专门零售	Retail of Motor Vehicles, Motorcycles, Fuel and Parts	627	34257	147.2
汽车零售	Retail of Motor Vehicles	487	30173	122.3
机动车燃料零售	Retail of Fuel of Motor Vehicles	108	3454	22.7
家用电器及电子产品专门零售	Special Retail of Household Electric Appliances and Electronic Products	331	16600	47.6
家用电器零售	Retail of Household Electric Appliances	272	12935	41.9
计算机、软件及辅助设备零售	Retail of Computer, Software and Assistant Appliances	38	1044	0.4
通信设备零售	Retail of Communication Equipments	18	2583	5.3
五金、家具及室内装修材料专门零售	Special Retail of Hardware, Furniture and Decoration Materials	56	2022	24.1
无店铺及其他零售	Non-shop and Other Retails	31	1699	10.4
按登记注册类型分	**by Status of Registration**			
内资企业	Domestic Funded Enterprises	1671	185319	720.5
国有企业	State-owned Enterprises	66	9959	28.3
集体企业	Collective-owned Enterprises	92	4759	24.5
股份合作企业	Cooperative Enterprises	26	5467	15.1
有限责任公司	Limited Liability Corporations	576	72403	320.1
国有独资公司	State Sole Funded Corporations	7	2829	8.9
其他有限责任公司	Other Limited Liability Corporations	569	69574	311.3
股份有限公司	Share-holding Corporations Ltd.	87	16982	107.1
私营企业	Private Enterprises	762	70681	213.7
私营独资企业	Private-funded Enterprises	165	6384	20.3
私营合伙企业	Private Partnership Enterprises	28	917	3.1
私营有限责任公司	Private Limited Liability Corporations	524	58696	176.6
私营股份有限公司	Private Share-holding Corporations Ltd.	45	4684	13.8
其他企业	Other Enterprises	60	5022	11.5
港澳台商投资企业	Enterprises with Funds from Hong Kong, Macao and Taiwan	1	207	0.7
港澳台商独资企业	Enterprises with Sole Fund	1	207	0.7
外商投资企业	Foreign Funded Enterprises	11	5902	16.1
中外合资经营企业	Joint-venture Enterprises			
外资企业	Enterprises with Sole Fund	1	207	0.7
外商投资股份有限公司	Share-holding Corporations Ltd.			

限额以上批发企业商品购进、销售和库存额（2011年）

Total Purchases, Sales and Stock of Enterprises above Designated Size of Wholesale Trade by Status of Registration and Sector (2011)

单位：万元 (10000 yuan)

项目	Item	商品购进总额 Total Purchases Value	#进口额 Imports	商品销售总额 Total Sales Value	#批发额 Exports	年末商品库存总额 Stock (year-end)
全省总计	**Total**	**57748982**	**970450**	**63218139**	**58709635**	**2571191**
按国民经济行业分	**by Sector**					
农畜产品批发	Wholesale of Farm Produce and Livestock Products	1763919	94658	1882428	1861557	146675
食品、饮料及烟草制品批发	Wholesale of Food, Beverages and Tobaccos	3427808	11054	4752583	4599256	289942
米、面制品及食用油批发	Wholesale of Rice, Flour and Edible Oil	215851		244077	235013	30276
烟草制品批发	Wholesale of Tobaccos	2464505		3460008	3439737	140855
纺织、服装及日用品批发	Wholesale of Textiles, Garments and Daily Consumer Articles	338123	5861	358249	307766	24546
服装批发	Wholesale of Garments	41935	154	47921	42647	2923
文化、体育用品及器材批发	Wholesale of Culture, Sports Appliances and Equipments	125865		115943	115827	12025
医药及医疗器材批发	Wholesale of Medicines and Medical Appliances	3546694	11049	3709567	3252676	247476
矿产品、建材及化工产品批发	Wholesale of Mineral Products, Building Materials and Chemical Products	42164701	788343	45688902	42297972	1264510
煤炭及制品批发	Wholesale of Coal and Related Products	19835578	199120	20586767	20565019	397574
石油及制品批发	Wholesale of Coal and Related Products	8823768		10787963	7496113	323985
金属及金属矿批发	Wholesale of Metal Materials	11254439	494071	11644291	11581034	410928
建材批发	Wholesale of Building Materials	502837		523123	521038	19002
化肥批发	Wholesale of Chemical Fertilizer	716140	400	804165	798305	79607
机械设备、五金交电及电子产品批发	Wholesale of Machinery, Hardware and Electronic Equipment	6055324	57260	6307210	5904228	574781
汽车、摩托车及零配件批发	Wholesale of Motor Vehicles, Motorcycles and Parts	4765698	16700	4984929	4618355	385794
计算机、软件及辅助设备批发	Wholesale of Computer, Software and Assistant Appliances	12549		12539	10972	346
贸易经纪与代理	Trade Broker and Agency	73194	2226	112063	112063	1530
其他批发	Other Wholesale not Classified Elsewhere	253353		291193	258290	9705
按登记注册类型分	**by Types of Registration**					
内资企业	Domestic Funded Enterprises	57431855	970450	62881693	58376980	2565553
国有企业	State-owned Enterprises	17503713	260035	19685962	18607206	449494
集体企业	Collective-owned Enterprises	380510		449890	362391	22821
股份合作企业	Cooperative Enterprises	90270		151739	148275	4073
联营企业	Joint Ownership Enterprises	48575		49940	49940	
国有联营企业	State Joint Ownership Enterprises	48575		49940	49940	
有限责任公司	Limited Liability Corporations	17452247	582290	18295541	17645069	883527
国有独资公司	State Sole Funded Corporations	424945		446443	446443	44461
其他有限责任公司	Other Limited Liability Corporations	17027302	582290	17849098	17198626	839065
股份有限公司	Share-holding Corporations Ltd.	6965583	3591	7782239	5347004	420757
私营企业	Private Enterprises	14636652	124535	16101684	15889518	761495
私营独资企业	Private-funded Enterprises	410116		611219	595195	26924
私营合伙企业	Private Partnership Enterprises	122170		125187	123286	5794
私营有限责任公司	Private Limited Liability Corporations	13254226	111403	14450307	14262547	702444
私营股份有限公司	Private Share-holding Corporations Ltd.	850140	13132	914971	908490	26332
其他企业	Other Enterprises	354305		364698	327578	23388
港澳台商投资企业	Enterprises with Funds from Hong Kong, Macao and Taiwan	22507		26332	22541	451
与港澳台商合资经营企业	Joint-venture Enterprises	8429		8248	4457	281
港澳台商独资企业	Enterprises with Sole Fund	14078		18084	18084	170
外商投资企业	Foreign Funded Enterprises	294620		310114	310114	5186
外资企业	Enterprises with Sole Fund	285776		298918	298918	4952

限额以上零售业企业商品购进、销售和库存额（2011年）

Total Purchases, Sales and Stock of Enterprises above Designated Size of Retail Trade by Status of Registration and Sector (2011)

单位：万元 (10000 yuan)

项目	Item	商品购进总额 Total Purchases Value	#进口额 Imports	商品销售总额 Total Sales Value	#批发额 Exports	年末商品库存总额 Stock (year-end)
全省总计	**Total**	**15335591**	**68277**	**16852735**	**1533008**	**1747887**
按国民经济行业分	**by Sector**					
综合零售	Integrated Retail	6291268	6	7314456	526037	610017
#百货零售	Retail of General Merchandise	4778122		5710203	480487	353269
超级市场零售	Retail of Supermarkets	1385532	6	1458064	16644	245766
食品、饮料及烟草制品专门零售	Retail of Food, Beverages and Tobaccos	89249		93531	45910	17134
纺织、服装及日用品专门零售	Special Retail of Textiles, Garments and Daily Consumer Articles	269264	4144	348153	44496	47137
#服装零售	Retail of Garments	214879	4144	291606	16438	39896
文化、体育用品及器材专门零售	Retail of Culture, Sports Appliances and Equipments	163847		179818	16672	42234
#图书零售	Retail of Books	124523		141105	4916	25297
医药及医疗器材专门零售	Retail of Medicines and Medical Appliances	324199		366760	103063	63972
#药品零售	Retail of Medicines	318153		361360	103063	63345
汽车、摩托车、燃料及零配件专门零售	Retail of Motor Vehicles, Motorcycles, Fuel and Parts	6837619	63247	7077839	586655	753848
#汽车零售	Retail of Motor Vehicles	6239045	63247	6479491	438817	723418
机动车燃料零售	Retail of Fuel of Motor Vehicles	557138		554289	147793	24010
家用电器及电子产品专门零售	Special Retail of Household Electric Appliances and Electronic Products	1151075		1253252	169096	186023
#家用电器零售	Retail of Household Electric Appliances	908001		998927	126008	168489
计算机、软件及辅助设备零售	Retail of Computer, Software and Assistant Appliances	62944		68572	10290	5159
通信设备零售	Retail of Communication Equipments	178570		183992	31546	11973
五金、家具及室内装修材料专门零售	Special Retail of Hardware, Furniture and Decoration Materials	113916	880	109739	13715	15722
无店铺及其他零售	Non-shop and Other Retails	95155		109186	27365	11800
按登记注册类型分	**by Types of Registration**					
内资企业	Domestic Funded Enterprises	15075625	68277	16548497	1533008	1717048
国有企业	State-owned Enterprises	432361		643614	7556	74118
集体企业	Collective-owned Enterprises	503151		534224	74220	21874
股份合作企业	Cooperative Enterprises	320035		309956	1592	44318
有限责任公司	Limited Liability Corporations	6191576	16089	6898949	606518	783832
国有独资公司	State Sole Funded Corporations	170413		160539	3541	22092
其他有限责任公司	Other Limited Liability Corporations	6021163	16089	6738410	602978	761741
股份有限公司	Share-holding Corporations Ltd.	3068118	38615	3309659	548448	201237
私营企业	Private Enterprises	4223347	13573	4475811	264707	551127
私营独资企业	Private-funded Enterprises	378111	5024	398611	60957	47816
私营合伙企业	Private Partnership Enterprises	78854		79241	2859	5562
私营有限责任公司	Private Limited Liability Corporations	3498528	2253	3720069	187185	457746
私营股份有限公司	Private Share-holding Corporations Ltd.	267855	6297	277891	13706	40003
其他企业	Other Enterprises	326049		363273	29678	38133
港澳台商投资企业	Enterprises with Funds from Hong Kong, Macao and Taiwan	7688		6578		1110
港澳台商独资经营企业	Enterprises with Sole Fund	7688		6578		1110
外商投资企业	Foreign Funded Enterprises	252278		297659		29730
中外合资经营企业	Joint-venture Enterprises					
外资企业	Enterprises with Sole Fund	7688		6578		1110
外商投资股份有限公司	Share-holding Corporations Ltd.					

限额以上批发零售贸易业商品分类销售额（2011年）
Total Sales of Enterprises above Designated Size in Wholesale and Retail Sale Trade by Category (2011)

单位：万元 (10000 yuan)

类别	Category	销售额 Total Sales Value	批发 Wholesale Value	零售 Retail Value
合计	**Total**	**70139059.8**	**50390668.3**	**19748391.5**
粮油、食品、饮料、烟酒类	Food, Beverages, Tobacco and Liquor	7808925.5	5451397.5	2357528.0
#粮油、食品类	Grain , Oil and Food	3289506.2	1560702.0	1728804.2
#粮油类	Grain and Oil	1469133.4	1062738.0	406395.4
肉禽蛋类	Meat, Poultry and Eggs	325362.9	63518.5	261844.4
水产品类	Aquatic Products	46310.8	301.3	46009.5
蔬菜类	Vegetables	117360.6	32134.0	85226.6
干鲜果品类	Dried and Fresh Melons an Fruits	145541.7	39897.4	105644.3
饮料类	Beverages	278819.3	11377.7	267441.6
烟酒类	Tobacco and Liquor	4240600.0	3879317.8	361282.2
服装鞋帽、针、纺织品	Clothing, Shoes, Hats and Textiles	2836677.2	244376.3	2592300.9
#服装类	Clothing	1744045.8	108352.2	1635693.6
鞋帽类	Shoes and Hats	592550.6	28506.4	564044.2
针、纺织品类	Knitwear and Textiles	500080.8	107517.7	392563.1
化妆品类	Cosmetics	360684.5	43370.5	317314.0
金银珠宝类	Gold, Silver and Jewellery	513935.0	19464.9	494470.1
日用品类	Articles for Daily Use	743852.3	103581.8	640270.5
#洗涤用品类	Washing Articles	233174.7	28305.3	204869.4
儿童玩具类	Children Toys	57315.2	411.2	56904.0
五金、电料类	Hardware and Electrical Materials	189898.6	111711.8	78186.8
体育、娱乐用品类	Sports and Recreation Articles	85746.4	2171.3	83575.1
书报杂志类	Newspapers and Magazines	435504.3	256861.1	178643.2
电子出版物及音像制品	E-journals and Video Products	23767.9	1162.7	22605.2
家用电器和音像器材类	Household Appliances and Video Appliances	2416742.0	448268.7	1968473.3
中西药品类	Traditional Chinese and Western Medicines	4035661.9	3202459.3	833202.6
#西　药	Western Medicines	3277118.8	2653666.8	623452.0
中草药及中成药	Traditional Chinese Medicines	466254.1	316960.5	149293.6
文化办公用品类	Cultural and Offices Appliances	208385.0	35782.1	172602.9
家俱类	Furniture	159654.3	7317.9	152336.4
通讯器材类	Communication Appliances	326827.6	63452.6	263375.0
煤炭及制品类	Coal and Related Products	11888050.8	11788795.4	99255.4
木材及制品类	Wood and Wooden Products	44225.0	44225.0	
石油及制品类	Petroleum and Related Products	11535566.2	8429863.3	3105702.9
化工材料及制品类	Chemical Materials and Related Products	2118721.7	2118721.7	
#化肥类	Fertilizers	881190.5	881190.5	
金属材料类	Metal Materials	11104471.4	11104471.4	
建筑及装潢材料类	Building and Decoration Materials	219301.6	191474.3	27827.3
机电产品及设备类	Mechanical and Electrical Products	958969.0	890894.9	68074.1
#农机类	Agricultural Machineries	67504.3	67504.3	
汽车类	Automobiles	11046254.8	4834845.9	6211408.9
种子饲料类	Seeds and Feedstuff	59988.3	59988.3	
棉麻类	Cotton, Hemp	581128.0	581128.0	
其他类	Others	436120.5	354881.6	81238.9

亿元以上商品交易市场摊位分类情况

Classification of Commodity Transaction Markets of Turnover above 100 Million Yuan

项目	Item	摊位数(个) Number of Booths (unit)		成交额(万元) Turnover (10000 yuan)	
		2010	2011	2010	2011
总计	**Total**	**305275**	**306369**	**41251581**	**44305944**
食品、饮料、烟酒类	Food, Beverages, Tobacco and Liquor	130901	136111	10277007	11386797
食品类	Food	123367	127346	9639332	10641766
#粮油类	Grain and Oil	7179	7739	1052607	1165964
肉禽蛋类	Meat, Poultry and Eggs	8031	7704	1029786	1116226
水产品类	Aquatic Products	4984	4610	441436	483938
蔬菜类	Vegetables	83372	86271	4944295	5445557
干鲜果品类	Dried and Fresh Melons and Fruits	18027	19923	1750389	2252832
饮料类	Beverages	3265	3877	227935	263030
烟酒类	Tobacco and Liquor	4269	4888	409740	482001
服装鞋帽、针、纺织品	Clothing, Shoes, Hats and Textiles	48880	51640	7019414	7932839
服装类	Clothing,	30283	32725	4363183	4840024
鞋帽类	Shoes and Hats	7502	7649	932750	1027271
针、纺织品类	Knitwear and Textiles	11095	11266	1723481	2065544
化妆品类	Cosmetics	1610	1972	283543	304185
金银珠宝类	Gold, Silver and Jewellery	711	790	18008	29088
日用品类	Articles for Daily Use	16600	16574	2641797	2913444
#洗涤用品类	Washing Articles	5216	5341	1206164	1377723
儿童玩具类	Children Toys	10040	9342	1241432	1297294
五金、电料类	Hardware and Electrical Materials	4085	4275	982236	1122579
体育、娱乐用品类	Sports and Recreation Articles	1336	1286	347036	361376
书报杂志类	Newspapers and Magazines	437	276	63034	54116
电子出版物及音像制品	E-journals and Video Products	1140	1462	937931	1031172
家用电器和音像器材类	Household Appliances and Video Appliances	786	492	92685	67128
中西药品类	Traditional Chinese and Westem Medicines	6525	6593	1013863	1065359
#西药	Westem Medicines	91	123	12515	13107
中草药及中成药	Traditional Chinese Medicines	6432	6466	1001347	1052236
文化办公用品类	Cultural and Offices Appliances	2474	2329	477178	447151
家俱类	Furniture	11187	8473	3509419	2920392
通讯器材类	Communication Appliances	775	944	122287	134757
煤炭及制品类	Coal and Related Products	265	349	406741	771509
木材及制品类	Wood and Wooden Products	1039	966	178551	145389
石油及制品类	Petroleum and Related Products	28	29	6209	6813
化工材料及制品类	Chemical Materials and Related Products	8308	8607	1439571	1683253
#化肥类	Fertilizers	313	314	127362	119657
金属材料类	Metal Materials	11389	13723	3933984	3318113
建筑及装潢材料类	Building and Decoration Materials	6226	6639	1114198	1117994
机电产品及设备类	Mechanical and Electrical Products	5727	5810	1130721	1227899
#农机类	Agricultural Machineries	2042	2039	777478	800905
汽车类	Automobiles	13828	3857	999897	1181741
种子饲料类	Seeds and Feedstuff	2155	2571	90750	102835
棉麻类	Cotton, Hemp	26	41	2160	2290
其他类	Others	28837	30560	4163361	4977725

限额以上批发业企业主要财务指标（2011年）

单位：万元

项　　目	Item	资产总计 Total Assets
全省总计	**Total**	**22545199.0**
按国民经济行业分	**by Sector**	
农畜产品批发	Wholesale of Farm Produce and Livestock Products	836313.4
食品、饮料及烟草制品批发	Wholesale of Food, Beverages and Tobaccos	1670270.6
米、面制品及食用油批发	Wholesale of Rice, Flour and Edible Oil	72968.0
烟草制品批发	Wholesale of Tobaccos	1153953.1
纺织、服装及日用品批发	Wholesale of Textiles, Garments and Daily Consumer Articles	122590.1
服装批发	Wholesale of Garments	46855.2
文化、体育用品及器材批发	Wholesale of Culture, Sports Appliances and Equipments	272691.1
医药及医疗器材批发	Wholesale of Medicines and Medical Appliances	1154670.7
矿产品、建材及化工产品批发	Wholesale of Mineral Products, Building Materials and Chemical Products	14532631.5
煤炭及制品批发	Wholesale of Coal and Related Products	4650758.5
石油及制品批发	Wholesale of Coal and Related Products	4552959.2
金属及金属矿批发	Wholesale of Metal Materials	4405196.4
建材批发	Wholesale of Building Materials	154186.9
化肥批发	Wholesale of Chemical Fertilizer	264944.1
机械设备、五金交电及电子产品批发	Wholesale of Machinery, Hardware and Electronic Equipment	3804802.4
汽车、摩托车及零配件批发	Wholesale of Motor Vehicles, Motorcycles and Parts	3136628.2
家用电器批发	Wholesale of Household Electrical Appliances	259847.0
计算机、软件及辅助设备批发	Wholesale of Computer, Software and Assistant Appliances	1512.1
贸易经纪与代理	Trade Broker and Agency	28240.8
其他批发	Other Wholesale not Classified Elsewhere	122988.4
按登记注册类型分	**by Types of Registration**	
内资企业	Domestic Funded Enterprises	22409532.5
国有企业	State-owned Enterprises	4366376.1
集体企业	Collective-owned Enterprises	165448.8
股份合作企业	Cooperative Enterprises	15494.0
联营企业	Joint Ownership Enterprises	4859.7
国有联营企业	State Joint Ownership Enterprises	4859.7
有限责任公司	Limited Liability Corporations	5820185.0
国有独资公司	State Sole Funded Corporations	124744.4
其他有限责任公司	Other Limited Liability Corporations	5695440.6
股份有限公司	Share-holding Corporations Ltd.	5713678.7
私营企业	Private Enterprises	6254615.9
私营独资企业	Private-funded Enterprises	306095.3
私营合伙企业	Private Partnership Enterprises	38102.6
私营有限责任公司	Private Limited Liability Corporations	5729537.3
私营股份有限公司	Private Share-holding Corporations Ltd.	180880.7
其他企业	Other Enterprises	68874.3
港、澳、台商投资企业	Enterprises with Funds from Hong Kong, Macao and Taiwan	13510.8
与港澳台商合资经营企业	Joint-venture Enterprises	1437.8
港澳台商独资企业	Enterprises with Sole Fund	12073.0
外商投资企业	Foreign Funded Enterprises	122155.7
外资企业	Enterprises with Sole Fund	121401.8

Main Financial Indicators of Enterprises above Designated Size in Wholesale Trade (2011)

(10000 yuan)

负债合计 Total Liabilities	所有者权益合计 Total Owners Equities	主营业务收入 Revenue from Principal Business	主营业务成本 Cost of Principal Business	主营业务税金及附加 Taxes and Other Charges on Principal Business	销售费用 Sales Expenses	管理费用 Management Expenses	营业利润 Business Profits	利润总额 Total Profits
16687303.9	**5857895.1**	**58100597.0**	**55162342.1**	**257511.5**	**1153787.9**	**550702.1**	**824358.6**	**803502.8**
682338.2	153975.2	1809049.4	1708551.8	436.7	55821.7	21782.8	-6755.6	8771.5
550870.4	1119400.2	4210973.7	3274866.5	189739.1	163669.0	204664.2	380423.4	354450.4
57306.8	15661.2	237257.1	226752.0	107.4	5073.4	2670.2	290.7	2339.8
152780.0	1001173.1	3032606.2	2294525.8	180542.6	55574.7	175989.6	340651.2	326107.4
82424.8	40165.3	319186.1	295359.4	434.2	13098.6	6779.3	3914.3	4319.2
21530.8	25324.4	44911.6	39428.2	44.9	2712.4	2078.1	422.0	432.2
132752.3	139938.8	115943.2	105789.4	75.9	3146.1	7092.7	1171.4	1838.8
1035330.2	119340.5	3348291.6	3250814.7	3329.9	39542.3	27313.8	14898.2	16370.4
11444432.2	3088199.3	42319061.7	40905945.1	53876.0	690277.0	222319.8	355663.6	294754.3
3763127.6	887630.9	19268803.0	18749582.6	13106.3	255153.0	75976.5	89637.6	87802.7
3413348.5	1139610.7	9610113.7	9091093.0	17381.1	285287.6	62425.0	139691.5	140988.6
3599279.6	805916.8	10875259.0	10658417.1	11057.6	78155.3	48570.6	97565.5	81659.0
104877.1	49309.8	504922.1	477111.1	1126.1	39782.1	5825.4	-20908.1	-23259.4
204992.2	59951.9	818739.4	750844.3	8399.0	5551.7	6618.1	45123.6	5326.7
2633182.9	1171619.5	5611138.1	5300840.7	6820.6	177188.2	54358.2	49213.7	121726.9
2069054.2	1067574.0	4293127.7	4088802.0	5528.9	115839.2	31471.1	29495.2	107803.1
234030.5	25816.5	410352.1	381414.9	232.7	22084.3	4545.2	2116.7	1917.9
899.9	612.2	23008.1	22317.9	7.5	234.5	170.5	237.5	325.3
20853.9	7386.9	108979.6	102826.5	8.3	4732.9	788.9	133.4	134.6
105119.0	17869.4	257973.6	217348.0	2790.8	6312.1	5602.4	25696.2	1136.7
16584234.5	5825298.0	57797486.5	54878278.3	257206.8	1148454.8	545118.5	818015.0	797061.7
2532280.3	1834095.8	18448877.7	17429726.1	187967.8	177686.6	233743.9	404138.7	394800.0
117146.9	48301.9	436082.4	370501.6	8828.0	6266.2	9016.3	42672.2	3634.5
14780.7	713.3	151943.7	108116.8	6652.4	916.0	2008.9	34000.6	-203.4
3283.5	1576.2	42887.2	41606.2	10.1	410.5	399.7	468.4	467.8
3283.5	1576.2	42887.2	41606.2	10.1	410.5	399.7	468.4	467.8
4801946.7	1018238.3	16949896.5	16220853.5	17993.6	403732.9	121013.8	137157.9	155295.3
86003.6	38740.8	362166.1	350750.9	91.6	6040.1	4188.4	-2389.2	1757.3
4715943.1	979497.5	16587730.4	15870102.6	17902.0	397692.8	116825.4	139547.1	153538.0
3944654.5	1769024.2	6809111.5	6354666.0	8545.1	258319.8	71591.5	83410.5	152930.3
5116753.6	1137862.3	14601326.8	14014302.7	24851.4	292551.5	104757.6	113841.5	88752.7
259172.4	46922.9	564319.6	547409.9	971.4	10039.4	3643.0	-3085.5	-3127.3
29971.9	8130.7	108359.9	105460.0	35.6	1189.1	1256.9	-34.5	-46.6
4692747.4	1036789.9	13633469.8	13086948.9	22041.0	278314.6	97744.9	106684.6	96193.7
134861.9	46018.8	295177.5	274483.9	1803.4	3008.4	2112.8	10276.9	-4267.1
53388.3	15486.0	357360.7	338505.4	2358.4	8571.3	2586.8	2325.2	1384.5
2463.8	11047.0	23053.1	17112.1	52.1	2610.3	1084.8	2152.6	2244.3
1374.7	63.1	7049.8	4653.8	41.6	1365.2	930.6	44.2	42.9
1089.1	10983.9	16003.3	12458.3	10.5	1245.1	154.2	2108.4	2201.4
100605.6	21550.1	280057.4	266951.7	252.6	2722.8	4498.8	4191.0	4196.8
99901.7	21500.1	268861.0	258107.9	208.4	1791.3	4473.4	2884.7	2890.5

限额以上零售业企业主要财务指标（2011年）

单位：万元

项　目	Item	资产总计 Total Assets
全省总计	**Total**	**7729255.1**
按国民经济行业分	**by Sector**	
综合零售	Integrated Retail	3361636.3
百货零售	Retail of General Merchandise	2474134.3
超级市场零售	Retail of Supermarkets	774726.1
食品、饮料及烟草制品专门零售	Retail of Food, Beverages and Tobaccos	59731.8
纺织、服装及日用品专门零售	Special Retail of Textiles, Garments and Daily Consumer Articles	274383.2
服装零售	Retail of Garments	252238.4
文化、体育用品及器材专门零售	Retail of Culture, Sports Appliances and Equipments	260451.2
图书零售	Retail of Books	228224.5
医药及医疗器材专门零售	Retail of Medicines and Medical Appliances	201059.7
药品零售	Retail of Medicines	197707.7
汽车、摩托车、燃料及零配件专门零售	Retail of Motor Vehicles, Motorcycles, Fuel and Parts	2844117.2
汽车零售	Retail of Motor Vehicles	2656180.0
机动车燃料零售	Retail of Fuel of Motor Vehicles	144704.9
家用电器及电子产品专门零售	Special Retail of Household Electric Appliances and Electronic Products	584325.5
家用电器零售	Retail of Household Electric Appliances	509824.5
计算机、软件及辅助设备零售	Retail of Computer, Software and Assistant Appliances	16343.7
通信设备零售	Retail of Communication Equipments	57238.5
五金、家具及室内装修材料专门零售	Special Retail of Hardware, Furniture and Decoration Materials	79825.9
五金零售		42133.8
无店铺及其他零售	Non-shop and Other Retails	63724.3
按登记注册类型分	**by Types of Registration**	
内资企业	Domestic Funded Enterprises	7586975.6
国有企业	State-owned Enterprises	437628.0
集体企业	Collective-owned Enterprises	108966.6
股份合作企业	Cooperative Enterprises	135541.4
有限责任公司	Limited Liability Corporations	3214473.9
国有独资公司	State Sole Funded Corporations	89491.3
其他有限责任公司	Other Limited Liability Corporations	3124982.6
股份有限公司	Share-holding Corporations Ltd.	1197691.1
私营企业	Private Enterprises	2362995.4
私营独资企业	Private-funded Enterprises	182440.4
私营合伙企业	Private Partnership Enterprises	34678.6
私营有限责任公司	Private Limited Liability Corporations	1970740.5
私营股份有限公司	Private Share-holding Corporations Ltd.	175135.9
其他企业	Other Enterprises	125385.8
港、澳、台商投资企业	Enterprises with Funds from Hong Kong, Macao and Taiwan	21512.8
港、澳、台商独资经营企业	Enterprises with Sole Fund	21512.8
外商投资企业	Foreign Funded Enterprises	120766.7
中外合资经营企业	Joint-venture Enterprises	
外资企业	Enterprises with Sole Fund	21512.8
外商投资股份有限公司	Share-holding Corporations Ltd.	

Main Financial Indicators of Enterprises above Designated Size in Retail Sales Trade (2011)

(10000 yuan)

负债合计 Total Liabilities	所有者权益合计 Total Owners Equities	主营业务收入 Revenue from Principal Business	主营业务成本 Cost of Principal Business	主营业务税金及附加 Taxes and Other Charges on Principal Business	销售费用 Sales Expenses	管理费用 Management Expenses	营业利润 Business Profits	利润总额 Total Profits
5921161.5	**1808093.6**	**14547841.0**	**13182883.2**	**59545.3**	**702231.9**	**485173.7**	**262983.1**	**214639.9**
2741548.5	620087.8	5425907.9	4770461.0	42930.7	381559.0	261073.7	115645.0	92729.9
1957452.5	516681.8	3963825.8	3472315.5	38265.4	240260.5	192345.6	129771.1	103836.4
680225.9	94500.2	1338825.3	1181947.6	4166.9	136683.3	61649.6	-11540.7	-9461.4
44916.1	14815.7	88684.0	82769.0	202.8	2511.4	2729.6	17.8	628.7
216081.3	58301.9	308255.3	238360.1	3354.8	38535.1	25512.0	6063.5	4059.8
201440.8	50797.6	257905.0	193012.8	3218.7	35698.2	23756.2	5480.9	3495.3
134619.5	125831.7	147576.1	111998.2	790.2	10115.5	22883.0	4961.7	6268.0
114530.9	113693.6	115574.4	84634.1	388.4	7988.3	20977.1	4634.5	6153.5
155737.4	45322.3	340462.8	300266.3	684.4	18740.0	15649.9	3584.0	2098.1
153613.9	44093.8	335846.8	295880.2	680.5	18586.8	15589.2	3503.3	2014.5
2142642.7	701474.5	6803911.8	6393859.7	6805.6	173398.7	117754.5	93852.3	84951.8
2021045.1	635134.9	6227632.2	5854760.1	6140.2	151364.8	107801.9	90232.8	82099.0
94814.2	49890.7	534585.8	500044.1	575.4	20349.8	8793.3	4046.1	3442.3
392162.6	192162.9	1216977.4	1094649.6	3598.0	65259.1	29408.3	30845.0	14291.3
345707.7	164116.8	958691.3	860562.0	2809.0	53298.4	22719.0	24630.4	11515.0
8998.9	7344.8	67387.7	62994.0	187.0	2233.7	1420.4	781.6	482.7
36882.8	20355.7	188020.8	168416.6	598.7	9580.0	5243.3	5396.3	2261.8
55382.0	24443.9	108860.9	93366.6	714.5	4574.3	5958.0	8121.5	7978.3
32613.9	9519.9	52361.5	46239.6	359.7	1271.5	2869.3	1853.9	1810.2
38071.4	25652.9	107204.8	97152.7	464.3	7538.8	4204.7	-107.7	1634.0
5774350.0	1812625.6	14270121.4	12939972.3	58930.8	656021.3	476521.3	275244.8	227092.5
323947.9	113680.1	505757.1	434779.2	4264.8	24663.1	37586.9	23206.0	6283.0
79536.9	29429.7	454150.8	393938.3	1784.1	20722.0	22169.7	12627.0	3622.0
99991.5	35549.9	251515.0	226775.8	1298.0	16270.0	5714.4	2004.8	2319.5
2478707.7	735766.2	6010081.6	5447135.3	25395.8	303474.6	208811.0	90781.8	97236.7
102947.7	-13456.4	145187.1	129421.9	481.4	16987.8	7156.7	-2020.9	1826.8
2375760.0	749222.6	5864894.5	5317713.4	24914.4	286486.8	201654.3	92802.7	95409.9
1005459.9	192231.2	2392406.9	2188511.3	10365.6	92346.7	72432.0	73135.2	61010.7
1687841.3	675154.1	4313443.8	3937007.1	14746.2	183387.7	121874.4	67254.9	51188.1
121784.2	60656.2	375192.1	332263.6	2471.3	19687.6	8885.8	11217.0	4236.6
23831.6	10847.0	73047.2	69234.0	187.9	1727.6	1517.2	-86.4	-51.8
1400655.3	570085.2	3587754.3	3282249.5	11413.8	151935.8	103446.7	51858.9	43133.0
141570.2	33565.7	277450.2	253260.0	673.2	10036.7	8024.7	4265.4	3870.3
95621.3	29764.5	331576.9	301248.0	1074.4	14853.3	7615.8	6210.8	5397.4
25142.8	-3630.0	6578.1	6218.6		3247.1		-1952.8	-1950.0
25142.8	-3630.0	6578.1	6218.6		3247.1		-1952.8	-1950.0
121668.7	-902.0	271141.5	236692.3	614.5	42963.5	8652.4	-10308.9	-10502.6
25142.8	-3630.0	6578.1	6218.6		3247.1		-1952.8	-1950.0

限额以上住宿业企业主要指标（2011年）

项　　目	Item	法人企业（个）Number of Corporation Enterprises (unit)	年末从业人员（人）Engaged Persons at Year-end (person)	客房间数（间）Number of Hotel Rooms (room)
全省总计	**Total**	**489**	**72119**	**62081**
按国民经济行业分	**by Sector**			
旅游饭店	Tourist Hotels	333	53823	43953
一般旅馆	General Hotels	140	14863	16127
其他住宿服务	Other Accommodation Services	16	3433	2001
按登记注册类型分	**by Types of Registration**			
内资企业	Domestic Funded Enterprises	477	69936	60129
国有企业	State-owned Enterprises	161	22531	21255
集体企业	Collective-owned Enterprises	22	2584	1903
股份合作企业	Cooperative Enterprises	6	442	719
联营企业	Joint Ownership Enterprises	1	75	43
国有联营企业	State Joint Ownership Enterprises	1	75	43
有限责任公司	Limited Liability Corporations	131	22683	16882
国有独资公司	State Sole Funded Corporations			
其他有限责任公司	Other Limited Liability Corporations	131	22683	16882
股份有限公司	Share-holding Corporations Ltd.	20	3784	1851
私营企业	Private Enterprises	114	15414	15648
私营独资企业	Private-funded Enterprises	33	3505	2859
私营合伙企业	Private Partnership Enterprises	3	239	146
私营有限责任公司	Private Limited Liability Corporations	69	10052	11732
私营股份有限公司	Private Share-holding Corporations Ltd.	9	1618	911
其他企业	Other Enterprises	22	2423	1828
港澳台商投资企业	Enterprises with Funds from Hong Kong, Macao and Taiwan	6	1098	955
与港澳台商合资经营企业	Joint-venture Enterprises	4	805	465
与港澳台商合作经营企业	Cooperative Enterprises	1	171	154
港澳台商独资企业	Enterprises with Sole Fund	1	122	336
外商投资企业	Foreign Funded Enterprises	6	1085	997
中外合资经营企业	Joint-venture Enterprises	4	938	726
外资企业	Enterprises with Sole Fund	2	147	271

Main Indicators of Enterprises above Designated Size of Hotels (2011)

床位数 (个) Number of Beds (unit)	餐位数 (位) Number of Dining-seats (unit)	年末餐饮营业面积 (万平方米) Operational Area of Catering Services at Year-end (10000 sq.m)	营业额 (万元) Business Revenue (10000 yuan)	客房收入 From Hotel Rooms	餐费收入 From Meals	商品销售收入 From Commodities	其他收入 Others
109278	**240207**	**137.4**	**814924.6**	**327708.4**	**406732.5**	**17376.3**	**63107.4**
79094	161957	93.0	617303.6	247326.6	310643.0	10692.9	48641.1
26519	60362	39.6	162571.7	66763.1	81006.0	4687.8	10114.8
3665	17888	4.8	35049.3	13618.7	15083.5	1995.6	4351.5
106215	234188	135.1	785539.9	316253.0	393398.7	15553.2	60335.0
40382	79779	42.7	259453.8	99043.9	134701.5	5527.6	20180.8
3676	9555	4.1	29950.7	13012.4	14313.7	1929.8	694.8
1327	1910	0.8	5290.7	3314.7	1422.9		553.1
96	360	0.3	650.2	66.2	579.7	4.3	
96	360	0.3	650.2	66.2	579.7	4.3	
29193	65732	38.7	241769.5	102524.5	116235.6	3104.4	19905.0
29193	65732	38.7	241769.5	102524.5	116235.6	3104.4	19905.0
3272	6015	2.6	46126.1	14258.1	22721.8	1971.5	7174.7
25078	61775	39.8	176449.5	71552.9	90982.3	2684.3	11230.0
5198	14061	13.2	41625.4	16844.9	21304.5	1165.6	2310.4
274	823	1.0	1780.6	835.7	560.1	139.5	245.3
17936	41669	20.3	112390.3	48799.3	54234.6	951.4	8405.0
1670	5222	5.3	20653.2	5073.0	14883.1	427.8	269.3
3191	9062	6.0	25849.4	12480.3	12441.2	331.3	596.6
1459	4043	1.2	16574.9	4725.8	7738.5	1802.5	2308.1
730	1378	0.6	9514.0	2360.7	3075.1	1802.5	2275.7
295	665	0.2	1100.6	443.2	625.0		32.4
434	2000	0.5	5960.3	1921.9	4038.4		
1604	1976	1.1	12809.8	6729.6	5595.3	20.6	464.3
1108	1786	1.0	11325.0	5525.2	5363.4	2.7	433.7
496	190	0.1	1484.8	1204.4	231.9	17.9	30.6

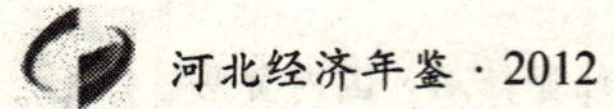

限额以上餐饮业企业主要指标（2011年）

项　　目	Item	法人企业（个）Number of Corporation Enterprises (unit)	年　末从业人员（人）Engaged Persons at Year-end (person)	客房间数（间）Number of Hotel Rooms (room)
全省总计	**Total**	**411**	**43624**	**10408**
按国民经济行业分	**by Sector**			
正餐服务	Restaurant	402	43037	10402
快餐服务	Fast Food	6	527	6
饮料及冷饮服务	Beverages and Cold Drinks	1	40	
其他餐饮服务	Others	2	20	
按登记注册类型分	**by Types of Registration**			
内资企业	Domestic Funded Enterprises	405	42865	10235
国有企业	State-owned Enterprises	24	2937	895
集体企业	Collective-owned Enterprises	7	570	350
股份合作企业	Cooperative Enterprises	9	519	27
联营企业	Joint Ownership Enterprises	1	120	
其他联营企业	State Joint Ownership Enterprises	1	120	
有限责任公司	Collective Joint Ownership Enterprises	105	9790	2648
其他有限责任公司	Joint State-collective Enterprises	105	9790	2648
股份有限公司	Other Joint Ownership Enterprises	15	1598	478
私营企业	Limited Liability Corporations	220	25467	5123
私营独资企业	State Sole Funded Corporations	83	10148	1956
私营合伙企业	Other Limited Liability Corporations	12	1168	299
私营有限责任公司	Share-holding Corporations Ltd.	107	11912	2458
私营股份有限公司	Private Enterprises	18	2239	410
其他企业	Private-funded Enterprises	24	1864	714
港澳台商投资企业	Private Partnership Enterprises	4	451	8
与港澳台商合资经营企业	Private Limited Liability Corporations	1	105	
与港澳台商合作经营企业	Private Share-holding Corporations Ltd.	2	256	8
港澳台商独资企业	Other Enterprises	1	90	
外商投资企业	Enterprises with Funds from Hong Kong, Macao and Taiwan	2	308	165
中外合资经营企业	Joint-venture Enterprises	1	98	

Main Indicators of Enterprises above Designated Size of Catering Services (2011)

床位数 (个) Number of Beds (unit)	餐位数 (位) Number of Dining-seats (unit)	年末餐饮营业面积 (万平方米) Operational Area of Catering Services at Year-end (10000 sq.m)	营业额 (万元) Business Revenue (10000 yuan)	客房收入 From Hotel Rooms	餐费收入 From Meals	商品销售收入 From Commodities	其他收入 Others
19502	**185312**	**106.2**	**459241.4**	**53864.8**	**385659.4**	**12282.9**	**7434.3**
19484	183569	105.6	455035.1	53849.7	382007.4	11764.0	7414.0
18	1454	0.4	3241.4	15.1	2687.1	518.9	20.3
	50	0.1	345.9		345.9		
	239	0.1	619.0		619.0		
19176	183018	104.7	449892.2	52260.5	377915.0	12282.4	7434.3
1784	9479	5.6	29429.3	3932.2	22219.8	2599.6	677.7
638	1950	0.7	4835.7	1211.5	3239.7	328.4	56.1
28	2885	1.3	5410.7	9.7	5295.1	105.9	
	300	0.5	704.7		704.7		
	300	0.5	704.7		704.7		
5367	43824	26.2	91120.9	9691.5	77207.0	3326.2	896.2
5367	43824	26.2	91120.9	9691.5	77207.0	3326.2	896.2
689	8557	4.5	23365.0	3674.0	19675.6	15.4	
9338	106906	60.7	272541.8	30556.4	230690.0	5789.9	5505.5
3610	45454	21.2	124074.9	17253.0	102132.8	2390.8	2298.3
575	6502	4.1	13501.9	607.5	11609.1	990.4	294.9
4431	44966	29.5	110974.5	11296.3	94919.6	2097.1	2661.5
722	9984	6.0	23990.5	1399.6	22028.5	311.6	250.8
1332	9117	5.2	22484.1	3185.2	18883.1	117.0	298.8
16	1536	0.8	6896.4	502.0	6394.4		
	500	0.1	1713.2		1713.2		
16	836	0.5	3498.1	502.0	2996.1		
	200	0.1	1685.1		1685.1		
310	758	0.8	2452.8	1102.3	1350.0	0.5	
	358	0.1	948.5		948.5		

限额以上住宿业企业主要财务指标（2011年）

单位：万元

项　目	Item	资产总计 Total Assets	负债合计 Total Liabilities
全省总计	Total	2367465.7	1699780.2
按国民经济行业分	by Sector		
旅游饭店	Tourist Hotels	1841761.6	1342646.6
一般旅馆	General Hotels	408482.8	245065.0
其他住宿服务	Other Accommodation Services	117221.3	112068.6
按登记注册类型分	by Types of Registration		
内资企业	Domestic Funded Enterprises	2235368.1	1531889.3
国有企业	State-owned Enterprises	736924.1	500194.0
集体企业	Collective-owned Enterprises	43333.2	19388.5
股份合作企业	Cooperative Enterprises	7351.5	5560.9
联营企业	Joint Ownership Enterprises	508.3	776.1
国有联营企业	State Joint Ownership Enterprises	508.3	776.1
有限责任公司	Limited Liability Corporations	755147.9	475019.8
国有独资公司	State Sole Funded Corporations		
其他有限责任公司	Other Limited Liability Corporations	755147.9	475019.8
股份有限公司	Share-holding Corporations Ltd.	167111.2	128253.4
私营企业	Private Enterprises	475866.2	359538.4
私营独资企业	Private-funded Enterprises	88732.8	64004.7
私营合伙企业	Private Partnership Enterprises	3924.6	1882.5
私营有限责任公司	Private Limited Liability Corporations	350450.0	276297.9
私营股份有限公司	Private Share-holding Corporations Ltd.	32758.8	17353.3
其他企业	Other Enterprises	49125.7	43158.2
港、澳、台商投资企业	Enterprises with Funds from Hong Kong, Macao and Taiwan	61446.8	94885.7
与港澳台商合资经营企业	Joint-venture Enterprises	40203.0	81588.1
与港澳台商合作经营企业	Cooperative Enterprises	3624.0	3628.7
港澳台商独资企业	Enterprises with Sole Fund	17619.8	9668.9
外商投资企业	Foreign Funded Enterprises	70650.8	73005.2
中外合资经营企业	Joint-venture Enterprises	68357.7	68965.6
外资企业	Enterprises with Sole Fund	2293.1	4039.6

Main Financial Indicators of Enterprises above Designated Size of Hotels (2011)

(10000 yuan)

所有者权益合计 Total Owners Equities	主营业务收入 Revenue from Principal Business	主营业务成本 Cost of Principal Business	主营业务税金及附加 Taxes and Other Charges on Principal Business	销售费用 Sales Expenses	管理费用 Management Expenses	营业利润 Business Profits	利润总额 Total Profits
667685.5	**798740.5**	**338563.5**	**44562.9**	**240366.7**	**210095.6**	**-68121.0**	**-68607.8**
499115.0	606203.1	242155.6	34040.8	198317.9	164123.0	-61543.6	-59629.8
163417.8	157307.1	82518.2	8572.2	36169.5	31094.7	-3549.9	-5975.3
5152.7	35230.3	13889.7	1949.9	5879.3	14877.9	-3027.5	-3002.7
703478.8	768820.7	329030.3	42668.1	233856.9	193328.2	-62750.3	-63170.6
236730.1	257249.9	121692.4	13916.3	80183.1	64004.1	-31541.5	-29402.2
23944.7	28449.2	16008.4	1596.2	7067.2	4904.4	-1281.6	-1601.0
1790.6	4848.3	1960.9	288.4	1118.9	1146.4	290.2	278.0
-267.8	650.2	396.6	36.2	18.9	247.2	-48.7	-77.8
-267.8	650.2	396.6	36.2	18.9	247.2	-48.7	-77.8
280128.1	235348.2	86112.9	13748.0	76605.5	73091.1	-23336.8	-23700.3
280128.1	235348.2	86112.9	13748.0	76605.5	73091.1	-23336.8	-23700.3
38857.8	45904.8	16777.9	2302.8	12894.7	9181.2	2351.0	3224.4
116327.8	171136.6	73781.6	9432.0	49728.4	34566.3	-6187.2	-8772.4
24728.1	41346.4	19971.4	2219.0	9336.6	6975.3	908.5	-1134.8
2042.1	1731.5	981.1	75.3	38.5	349.2	281.6	281.6
74152.1	107850.9	43349.0	6198.2	35312.5	24173.5	-8557.6	-8588.7
15405.5	20207.8	9480.1	939.5	5040.8	3068.3	1180.3	669.5
5967.5	25233.5	12299.6	1348.2	6240.2	6187.5	-2995.7	-3119.3
-33438.9	17154.7	6334.8	1162.2	4377.6	7110.4	-2016.0	-2073.9
-41385.1	9514.0	3773.5	522.4	1893.9	4419.8	-1739.5	-1755.4
-4.7	1528.5	458.6	83.6	522.0	401.2	61.1	68.0
7950.9	6112.2	2102.7	556.2	1961.7	2289.4	-337.6	-386.5
-2354.4	12765.1	3198.4	732.6	2132.2	9657.0	-3354.7	-3363.3
-607.9	11280.3	3079.4	637.6	1407.3	9402.3	-3347.7	-3356.3
-1746.5	1484.8	119.0	95.0	724.9	254.7	-7.0	-7.0

限额以上餐饮业企业主要财务指标（2011年）

单位：万元

项　目	Item	资产总计 Total Assets	负债合计 Total Liabilities
全省总计	**Total**	**557992.7**	**390228.0**
按国民经济行业分	**by Sector**		
正餐服务	Restaurant	554871.7	387552.1
快餐服务	Fast Food	3029.4	2650.3
饮料及冷饮服务	Beverages and Cold Drinks	21.8	11.8
其他餐饮服务	Others	69.8	13.8
按登记注册类型分	**by Types of Registration**		
内资企业	Domestic Funded Enterprises	550323.3	387932.7
国有企业	State-owned Enterprises	22769.9	35321.0
集体企业	Collective-owned Enterprises	3182.0	1864.0
股份合作企业	Cooperative Enterprises	4420.6	3117.8
联营企业	Joint Ownership Enterprises	245.1	239.8
其他联营企业	Other Joint Ownership Enterprises	245.1	239.8
有限责任公司	Limited Liability Corporations	138108.0	83895.0
其他有限责任公司	Other Limited Liability Corporations	138108.0	83895.0
股份有限公司	Share-holding Corporations Ltd.	26312.3	23063.5
私营企业	Private Enterprises	333066.1	223576.3
私营独资企业	Private-funded Enterprises	114441.8	70615.9
私营合伙企业	Private Partnership Enterprises	19534.6	13212.1
私营有限责任公司	Private Limited Liability Corporations	178448.8	120221.7
私营股份有限公司	Private Share-holding Corporations Ltd.	20640.9	19526.6
其他企业	Other Enterprises	22219.3	16855.3
港、澳、台商投资企业	Enterprises with Funds from Hong Kong, Macao and Taiwan	3845.3	1031.5
与港澳台商合资经营企业	Joint-venture Enterprises	917.9	113.9
港澳台商独资企业	Enterprises with Sole Fund	2146.6	509.9
港澳台商投资股份有限公司	Share-holding Corporations Ltd.	780.8	407.7
外商投资企业	Foreign Funded Enterprises	3824.1	1263.8
中外合资经营企业	Joint-venture Enterprises	232.3	38.1

Main Financial Indicators of Enterprises above Designated Size of Catering Services (2011)

(10000 yuan)

所有者权益合计 Total Owners Equities	主营业务收入 Revenue from Principal Business	主营业务成本 Cost of Principal Business	主营业务税金及附加 Taxes and Other Charges on Principal Business	销售费用 Sales Expenses	管理费用 Management Expenses	营业利润 Business Profits	利润总额 Total Profits
167764.7	**450550.4**	**247892.2**	**24457.1**	**117608.7**	**49677.0**	**4495.1**	**2124.3**
167319.6	446869.2	245695.2	24276.5	116393.6	49494.2	4590.1	2209.7
379.1	3135.3	1918.8	127.9	1130.2	124.2	-165.2	-155.6
10.0	345.9	168.2	18.7	71.7	23.0	63.0	63.0
56.0	200.0	110.0	34.0	13.2	35.6	7.2	7.2
162390.6	441184.1	242724.9	23960.3	115633.5	48493.0	3977.3	1772.2
-12551.1	22426.9	13323.2	1107.8	6673.3	2247.8	-1768.4	-1132.7
1318.0	4912.0	2235.7	155.9	1139.6	1230.5	141.3	172.2
1302.8	5217.5	3226.4	321.4	1255.8	228.4	168.1	87.8
5.3	704.7	377.0	36.2	229.5	25.7	36.3	35.9
5.3	704.7	377.0	36.2	229.5	25.7	36.3	35.9
54213.0	90756.5	48220.6	5322.0	26090.4	11120.6	-741.0	-1321.9
54213.0	90756.5	48220.6	5322.0	26090.4	11120.6	-741.0	-1321.9
3248.8	23311.0	12720.7	1007.8	6938.6	1902.8	364.8	387.2
109489.8	271503.3	149225.0	14896.3	68665.7	29205.7	5191.9	3115.3
43825.9	125654.5	70598.8	7098.6	31323.9	10623.0	4406.9	2498.5
6322.5	12480.5	7783.4	644.2	2735.9	509.3	440.7	397.6
58227.1	108902.6	57737.6	5825.9	29404.7	13440.2	690.5	565.9
1114.3	24465.7	13105.2	1327.6	5201.2	4633.2	-346.2	-346.7
5364.0	22352.2	13396.3	1112.9	4640.6	2531.5	584.3	428.4
2813.8	6819.9	4332.2	358.6	1062.0	671.4	375.2	305.2
804.0	1636.7	1451.3	76.5		103.8	5.1	5.1
1636.7	3498.1	1964.7	188.4	674.7	441.3	209.9	136.9
373.1	1685.1	916.2	93.7	387.3	126.3	160.2	163.2
2560.3	2546.4	835.1	138.2	913.2	512.6	142.6	46.9
194.2	948.5	515.0	52.9	311.2	28.1	41.1	40.1

商品销售总额前10名的批发企业
(2011年，按国民经济行业中类分别排序)
The Top 10 Wholesale Enterprises of Total Sale Value (2011)

单位：千元 (1000 yuan)

企业名称	Name of Enterprises	位次 Position	商品销售总额 Total Sales Value
农畜产品批发业	**Wholesales of Agricultural and Livestock Products**		
保定银祥棉业有限公司	Baoding Yinxiang Cotton Co., Ltd.	1	2037114
中棉集团河北棉花有限公司	China National Cotton Group Hebei Cotton Co., Ltd	2	1022815
河北柏乡国家粮食储备库	Hebei Baixiang National Grain Storage	3	1004624
三河汇福粮油集团国际贸易有限公司	International Trade Co. Ltd. of Sanhe Huifu Grain and Oil Group	4	968585
肃宁县东星皮草有限公司	Suning Dongxing Fur & leather Co., Ltd.	5	904203
肃宁县三星皮草有限公司	Suning Sanxing Fur & leather Co., Ltd.	6	891393
肃宁县天岳皮草贸易有限公司	Suning Tianyue Fur & leather Co., Ltd.	7	877565
衡水和平国储粮库有限责任公司	Hengshui Heping National Grain Reserve Depot Co., Ltd.	8	752513
保定银河棉业有限公司	Baoding YinHe Cotton Co., Ltd.	9	655560
肃宁县恒瑞皮草有限公司	Suning Hengrui Fur & leather Co., Ltd.	10	586393
食品、饮料及烟草制品批发业	**Wholesales of Foods, Beverages and Tobacco Products**		
河北省烟草公司石家庄市公司	Shijiazhuang Company of Hebei Tobacco Corporation	1	5472141
河北省烟草公司保定市公司	Baoding Company of Hebei Tobacco Corporation	2	5131000
河北省烟草公司唐山市公司	Tangshan Company of Hebei Tobacco Corporation	3	4357959
河北省烟草公司沧州市公司	Cangzhou Company of Hebei Tobacco Corporation	4	3260573
河北省烟草公司邯郸市公司	Handan Company of Hebei Tobacco Corporation	5	3170555
河北省烟草公司邢台市公司	Xingtai Company of Hebei Tobacco Corporation	6	2719770
河北省烟草公司张家口市公司	Zhangjiakou Company of Hebei Tobacco Corporation	7	2285245
河北省烟草公司承德市公司	Chengde Company of Hebei Tobacco Corporation	8	1956584
河北省烟草公司廊坊市公司	Langfang Company of Hebei Tobacco Corporation	9	1919770
河北省烟草公司秦皇岛市公司	Qinhuangdao Company of Hebei Tobacco Corporation	10	1854062
纺织、服装及日用品批发业	**Wholesales of Textile, Clothing and Commodities**		
石家庄中山日化有限责任公司	Shijiazhuang Zhongshan Cosmetics Co. Ltd	1	424417
河北元翔家具有限公司	Hebei Yuanxiang Furniture Co., Ltd.	2	394075
保定市东大日化有限公司	Baoding Dongda Cosmetics Co. Ltd	3	381880
河北省纺织品进出口股份有限公司	Hebei Textile Import and Export Corporation Co., Ltd.	4	365744
河北纺联物资供销有限公司	Hebei Fanglian Material Supply and Marketing Co., Ltd.	5	348689
河北东之杰运动产业发展有限公司	Hebei Dongzhijie Sporting Goods Corporation	6	318026
河北金信都钟表有限公司	Hebei Jinxindu Horology Co. Ltd.	7	315086
河北轻工进出口集团股份有限公司	Hebei Import and Export of Light Industrial Products Corp., Ltd.	8	177875
河北方达国际贸易有限责任公司	Hebei Fangda International Trading Co., Ltd.	9	148457
安利(中国)河北公司保定专卖店	Baoding Exclusive Store of Amway (China) Co., Ltd.	10	111964
文化、体育用品及器材批发业	**Wholesales of Culture and Sporting Products & Appliances**		
河北省新华书店	Hebei Xinhua Bookstore	1	1096385
河北省保定市工艺品进出口公司	Baoding Import and Export Company for Artware	2	48703
河北天龙东洋印刷物资有限公司	Hebei Tianlong Dongyang Printing Material Co., Ltd.	3	14344
医药及医疗器材批发业	**Wholesales of Medicines and Medical Appliances**		
乐仁堂医药集团股份有限公司	Lerentang Medicine Corp., Ltd.	1	7780955
华北制药集团国际贸易有限公司	International Trade Co. Ltd. of North China Pharmaceutical Corporation	2	6373975
河北东盛英华医药有限公司	Hebei Dongsheng Yinghua Medicine Co., Ltd.	3	2523662
河北德泽龙医药有限公司	Hebei Dezelong Medicine Co., Ltd.	4	2315907
河北爱普医药药材有限公司	Hebei Aipu Medicine and Medical Materials Co., Ltd.	5	1278461
保定市保北医药药材有限责任公司	Baoding Baobei Medicine and Medical Materials Co., Ltd.	6	1252103
国药控股河北医药有限公司	Hebei Pharmaceutical Co. Ltd. of Sinapharm Group Co. Ltd.	7	1022577
河北国泰医药有限公司	Hebei Guotai Medicine Co., Ltd.	8	921876
河北同汇医药有限公司	Hebei Tonghui Medicine Co., Ltd.	9	666163
河北恒祥医药集团有限公司	Hebei Hengxiang Medicine Corp., Ltd.	10	630295

商品销售总额前10名的批发企业
(2011年，按国民经济行业中类分别排序)(续)
The Top 10 Wholesale Enterprises of Total Sale Value (2011)

单位：千元 (1000 yuan)

企业名称	Name of Enterprises	位次 Position	商品销售总额 Total Sales Value
矿产品、建材及化工产品批发业	**Wholesales of Mineral Products, Building Materials and Chemical Products**		
开滦集团国际物流有限责任公司	International Logistics Co., Ltd. of Kailuan Group	1	48204550
冀中能源集团国际物流有限公司	International Logistics Co., Ltd. of Jizhong Energy Group	2	29688229
河北物产金属材料有限公司	Metal-material Co. Ltd. of Hebei Wuchan Corporation Group	3	17898520
河北冀物金属回收有限公司	Hebei Jiwu Metal Recycling Co., Ltd.	4	12331331
冀中能源峰峰集团邯郸百维进出口贸易有限公司	Handan Baiwei International Trade Co. Ltd. Of Fengfeng Group, Jizhong Energy Group Co. Ltd.	5	11794483
河北省唐山市滦通商贸有限公司	Hebei Tangshan Luantong Trading Co., Ltd.	6	11692877
中石化河北唐山石油分公司	Tangshan Company of China Petrochemical (Group) Corporation	7	9677400
中石化河北石家庄石油分公司	Shijiazhuang Petro Company of China Petrochemical (Group) Corporation	8	9645105
秦皇岛东奥燃料销售有限公司	Qinhuangdao Dongao Fuel Sales Co., Ltd.	9	9379059
河北华能实业发展有限责任公司	Hebei Huaneng Industrial Co. Ltd.	10	9012929
机械设备、五金交电及电子产品批发业	**Wholesales of Machinery, Hardware and Electronic Equipment**		
保定长城汽车销售有限公司	Baoding Greatwall Auto Sales Co. Ltd.	1	27425711
庞大汽贸集团股份有限公司	Pangda Auto Sales Corp., Ltd.	2	10907020
唐山市冀东物贸集团有限责任公司	Tangshan Jidong Materials Trade Corp., Ltd.	3	2610068
河北格力电器营销有限公司	Hebei Gree Electrical Appliance Marketing Co., Ltd.	4	1643967
石家庄天远建设机械有限公司	Shijiazhuang Tianyuan Construction Machinery Co., Ltd.	5	1165034
邯郸交运集团汽贸服务有限公司	Auto Sales Co., Ltd. of Handan Transportation Group	6	854010
沧州美的制冷产品销售有限公司	Canzhou Midea Refregeration Equipments Sales Company	7	802310
庞大汽车贸易集团张家口分公司	Pangda Auto Sales Corp., Ltd. Zhangjiakou Company	8	673194
沧州市中鑫汽车贸易有限公司	Cangzhou Zhongxin Auto Sales Co., Ltd.	9	643868
廊坊盛泰电器有限公司	Langfang Shengtai Co., Ltd. of Electrical Applicance	10	601458
贸易经纪与代理	**Trade Broker and Agency**		
秦皇岛市国阳进出口贸易有限公司	Qinhuangdao Guoyang Import and Export Co., Ltd.	1	486874
沧州市新世纪对外贸易有限公司	Hebei Cangzhou New Century Foreign Trade Co., Ltd.	2	363614
廊坊圣奥国际贸易有限公司	Langfang Shengao International Trading Co., Ltd.	3	88784
邢台进出口贸易有限公司	Xingtai Import and Export Co., Ltd.	4	70759
万鸿进出口(廊坊)有限公司	Wanhong Import and Export (Langfang) Co., Ltd.	5	61735
秦皇岛祥瑞贸易有限公司	Qinhuangdao Xiangrui Trading Co., Ltd.	6	42001
秦皇岛群荣进出口有限公司	Qinhuangdao Qunrong Import and Export Co., Ltd.	7	6867
其他批发业	**Other Wholesales**		
魏县供销社烟花炮竹专营批发中心	Monopolized Wholesale Center of Fireworks of Supply and Marketing Cooperative, Wei County	1	507936
安平县昌兴实业有限公司	Anping Changxing Industrial Co., Ltd.	2	325596
唐山市冀东金地汽车美容服务公司	Tangshan Jidong Jindi Co., Ltd. Of Auto Decoration	3	283545
安平县同良铁业有限公司	Anping Tongliang Metal Co. Ltd.	4	282766
安平县恒达工贸有限公司	Anping Hengda Industrial and Commercial Co., Ltd.	5	243613
河北省卫防生物制品供应中心	Hebei Weifang Supply Center of Biological Products	6	221542
唐山市强海贸易有限公司	Tangshan Qianghai Trading Co. Ltd.	7	215714
邯郸市汇力物资有限公司	Handan HuiLi Materials Co. Ltd.	8	149196
抚宁县世鑫商贸有限公司	Funing Shixin Trading Co., Ltd.	9	75742
河间市中顺兴橡胶有限公司	Hejian Zhongshun Rubber Co., Ltd.	10	50490

商品销售总额前10名的零售企业
(2011年，按国民经济行业中类分别排序)
The Top 10 Retail Enterprises of Total Sale Value (2011)

单位：千元 (1000 yuan)

企业名称	Name of Enterprises	位次 Position	商品销售总额 Total Sales Value
综合零售业	**Integrated Retails**		
北国商城股份有限公司	Beiguo Department Store Co., Ltd.	1	17785188
唐山百货大楼集团有限责任公司	Tangshan Department Store Corp., Ltd.	2	6805832
河北保百集团有限公司	Hebei Baoding Department Store Corp., Ltd.	3	2809778
石家庄人民商场股份有限公司	Shijiazhuang Renmin Department Store Co., Ltd.	4	2558170
秦皇岛渤海物流控股股份有限公司	Qinhuangdao Bohai Logistics Holding Company Ltd.	5	1629838
廊坊市商业明珠大厦	Langfang Mingzhu Department Store	6	1570167
唐山市金客隆超市有限公司	Tangshan Jinkelong Co. Ltd. of Super-market.	7	1487661
河北保定时代商厦有限公司	Baoding Shidai Department Store Co., Ltd	8	1344030
石家庄东方城市广场有限公司	Shijiazhuang Dongfang City Plaza Co., Ltd.	9	1007931
沧州市华北商厦有限公司	Cangzhou Huabei Department Store Co., Ltd.	10	898800
食品、饮料及烟草制品专门零售业	**Retails of Food, Beverage and Tobacco Product**		
武安市正和商贸配送有限责任公司	Wu'an Zhenghe Trading and Distribution Co., Ltd.	1	356695
唐山龙悦酒业饮品有限公司	Tangshan Longyue Wine and Beverage Co., Ltd.	2	129674
邯郸市美食林商贸有限公司	Handan Meishilin Trading Co., Ltd	3	51820
涉县粮食局直属粮油库	Grain Depot Directly Under Grain Administration of She County	4	44230
磁县副食品公司	Cixian Non-staple Food Company	5	43215
河北云博商贸有限公司	Hebei Yunbo Trading Co., Ltd.	6	31566
秦皇岛市北戴河暑期供应站	Qinhuangdao Supply Center for Summer Demand	7	26166
宣化宏昇糖烟酒食品有限公司	Xuanhua Hongsheng Co., Ltd. of Sugar, Tobacco, Alcohol and Food	8	22429
石家庄市米莎贝尔饮食食品有限公司	Shijiazhuang Misabel Food-and-beverage Co., Ltd.	9	20255
秦皇岛市红福商贸有限公司	Qinhuangdao Hongfu Trading Co., Ltd.	10	18745
纺织、服装及日用品专门零售业	**Retails of Textiles, Clothing and Commodities**		
邯郸新世纪商业广场股份有限公司	Handan New Century Commercial Plaza Co., Ltd.	1	1129415
河北久诚工贸有限公司	Hebei Jiucheng Industrial and Commercial Company Ltd.	2	299134
河北鸿舟实业集团有限公司	Hebei Hongzhou Industrial Group Co., Ltd.	3	248436
邯郸万达工贸有限公司	Handan Wanda Industrial and Commercial Company Ltd.	4	152197
徐水县双隆商贸有限公司	Xushui Shuanglong Trading Co., Ltd.	5	133043
廊坊市新朝阳购物中心有限公司	Langfang Xinchaoyang Shopping Center Co., Ltd.	6	102255
唐山五联百货有限公司	Tangshan Wulian Department Store Co., Ltd.	7	89611
宣化世纪吉龙商城有限公司	Xuanhua Shiji Jilong Department Store Co., Ltd.	8	84818
武安市雅豪商厦	Wu'an Haoya Department Store	9	78147
晋州市曼诺服饰有限公司	Jinzhou Mannuo Apparel Co., Ltd.	10	73952
文化、体育用品及器材专门零售业	**Retails of Culture and Sporting Products and Appliance**		
石家庄市新华书店有限责任公司	Shijiazhuang Xinhua Bookstore Co. Ltd.	1	319293
邯郸市新华书店有限责任公司	Handan Xinhua Bookstore Co., Ltd.	2	234606
沧州市新华书店有限责任公司	Cangzhou Xinhua Bookstore Co., Ltd.	3	231863
邢台市新华书店有限责任公司	Xingtai Xinhua Bookstore Co., Ltd.	4	172727
秦皇岛市新华书店有限责任公司	Qinhuangdao Xinhua Bookstore Co., Ltd.	5	109832
衡水市新华书店有限责任公司	Hengshui Xinhua Bookstore Co., Ltd.	6	102802
张家口市新华书店有限责任公司	Zhangjiakou Xinhua Bookstore Co., Ltd.	7	66985
保定市新华书店有限责任公司	Baoding Xinhua Bookstore Co., Ltd.	8	62145
唐山市五洲金行有限公司	Tangshan Wuzhou Jewelry Co., Ltd.	9	54870
河北曼都珊珠宝首饰有限公司	Hebei Mandushan Jewelry Store Co., Ltd.	10	51992
医药及医疗器材专门零售业	**Retails of Medicines and Medical Appliances**		
唐山市新华医药贸易有限公司	Tangshan Xinhua Medicine Trade Co., Ltd.	1	290132
石家庄新兴药房连锁有限公司	Shijiazhuang Xinxing Medicine Chain Store Co. Ltd	2	285665
邯郸市志英医药有限公司	Handan Zhiying Medicine Co., Ltd.	3	282052
保定古城医药有限公司	Baoding Gucheng Medicine Co., Ltd.	4	245026
河北华安生物药业有限公司	Hebei Hua'an Bio-pharmaceutical Co., Ltd.	5	219229

商品销售总额前10名的零售企业
(2011年，按国民经济行业中类分别排序)(续)
The Top 10 Retail Enterprises of Total Sale Value (2011)

单位：千元 (1000 yuan)

企业名称	Name of Enterprises	位次 Position	商品销售总额 Total Sales Value
河北省唐山药材采购供应站	Hebei Tangshan Medical Materials Purchasing and Supply Station	6	195855
河北神威大药房连锁有限公司	Hebei Shenwei Medicine Chain Store Co., Ltd.	7	162066
张家口市华佗药房连锁有限公司	Zhangjiakou Huatuo Medicine Chain Store Co., Ltd.	8	145555
秦皇岛市民乐医药贸易有限公司	Qinhuangdao Minle Medicine Trade Co., Ltd.	9	124943
唐山市唐人医药商场有限公司	Tangshan Tangren Medicine Chain Store Co., Ltd.	10	123813
汽车、摩托车、燃料及零配件专门零售业	**Retails of Automobiles, Motorcycles, Fuel and Motor Vehicle Parts**		
唐山市冀东霸龙汽车销售有限公司	Tangshan Jidong Balong Auto Sales Co., Ltd.	1	1230285
河北联拓汽车贸易有限公司	Hebei Liantuo Auto Sales Co., Ltd.	2	1177104
唐山市冀东之星汽车销售服务有限公司	Tangshan Jidong Star Auto Sales & Services Co., Ltd.	3	875243
唐山市冀东乐业汽车销售服务有限公司	Tangshan Jidong Leye Auto Sales & Services Co., Ltd.	4	752696
河北众诚汽车贸易有限公司	Hebei Zhongcheng Auto Sales Co., Ltd.	5	731960
河北盛世之星汽车贸易有限公司	Hebei Shengshi Star Auto Sales Co., Ltd.	6	727901
石家庄宝和汽车销售服务有限公司	Shijiazhuang Baohe Auto Sales & Service Co., Ltd.	7	715198
河北联润美迪汽车贸易有限公司	Hebei Lianrun Meidi Auto Sales Co., Ltd.	8	597948
石家庄晨阳汽车贸易有限公司	Shijiazhuang Chenyang Auto Sales Co., Ltd.	9	596850
唐山中宝汽车销售服务有限公司	Tangshan Zhongbao Auto Sales Co., Ltd.	10	572161
家用电器及电子产品专门零售业	**Retails of Household Electrical Appliances**		
邯郸市阳光三联电器有限公司	Handan Yangguang Sanlian Electrical Appliance Co., Ltd.	1	734939
河北国美电器有限公司	Hebei Gome Electrical Appliance Co., Ltd.	2	635534
廊坊市至诚苏宁电器有限公司	Langfang Zhicheng Suning Electrical Appliance Co., Ltd.	3	584527
石家庄苏宁电器有限公司	Shijiazhuang Suning Electrical Appliance Co., Ltd.	4	521813
秦皇岛天洋电器有限公司	Qinhuangdao Tianyang Electrical Appliance Co., Ltd.	5	465590
河北恒信移动商务股份有限公司	Hebei Hengxin Mobile Trade Co., Ltd.	6	422955
唐山鹏润国美电器有限公司	Tangshan Pengrun-Gome Electric Appliance Co., Ltd.	7	370499
河北国讯汇方通讯器材有限公司	Hebei Guoxun Huifang Communication Equipments Co., Ltd.	8	363262
唐山唐宁苏宁电器有限公司	Tangshan Tangning-Suning Electrical Appliance Co., Ltd.	9	346313
秦皇岛秦宁苏宁电器有限公司	Qinhuangdao Qinning-Suning Electrical Appliance Co., Ltd.	10	343112
五金、家具及室内装修材料专门零售业	**Retails of Hardwares, Furniture and Decoration Materials**		
唐山市路南常记商场	Changji Department Store, Lunan District, Tangshan	1	122485
沙河市供销社兴农有限公司	Xingnong Co., Ltd. of Shahe Supply and Marketing Cooperative	2	85506
磁县宝森家具有限公司	Cixian Baosen Furniture Co., Ltd.	3	69935
磁县玉山家具有限公司	Cixian Yushan Furniture Co., Ltd.	4	53567
曲周县金梧桐商贸有限公司	Quzhou Jinwutong Trading Co., Ltd.	5	52000
磁县兴家家具有限公司	Cixian Xingjia Furniture Co., Ltd.	6	45487
武邑衡甘达家居建材会展中心有限公司	Wuyi Ganda Furniture and Building Materials Exhibition Center Co., Ltd.	7	40000
磁县众诚经贸有限公司	Cixian Zhongcheng Trading Co., Ltd.	8	36906
河北求实欧林家具销售有限公司	Hebei Qiushi Oulin Furniture Sales Co., Ltd.	9	32686
邢台市桥东新凯龙家具有限公司	Xingtai Qiaodong Xinkailong Furniture Co., Ltd.	10	32362
无店铺及其他零售业	**Non-shop-front Retails and others**		
石家庄市液化气总公司	Shijiazhuang Controlling Corporation for Liquefied Petroleum Gas	1	222626
沧州雷克化工有限公司	Leike Chemical Products Co., Ltd., Cangzhou	2	133346
吴桥县利信煤炭销售有限公司	Wuqiao Lixin Coal Trading Co., Ltd.	3	83786
遵化市神华煤炭经销处	Zunhua Shenhua Coal Trading Agency	4	77667
河北恒信移动商务股份公司保定分公司	Baoding Branch Company of Hebei Hengxin Mobile Trade Co., Ltd.	5	62700
迁安市民用爆破器材专营公司	Qianan Monopoly Company of Civil-use Blasting Gears	6	58104
青县恒兴金属材料有限公司	Hengxing Metal Materials Co., Ltd., Qing County	7	46619
秦皇岛市煤气总公司山海关液化气公司	Shanhaiguan Liquefied Petroleum Gas Company of Qinhuangdao Gas Controlling Corporation	8	36028
河北福盛泉酒业有限公司	Hebei Fushengquan Alcohol Co., Ltd.	9	35534
青县神府煤炭销售有限公司	Shenfu Coal Trading Co., Ltd., Qing County	10	29039

营业收入前50名的餐饮企业（2011年）
The Top 50 Catering Enterprises of Business Revenue (2011)

单位：千元 (1000 yuan)

企 业 名 称	Name of Enterprises	位 次 Position	营业收入 Business Revenue
唐山凤凰园美食城	Tangshan Fenghuangyuan Restaurant	1	174647
三河市燕龙绿色生态园有限公司	Sanhe Yanlong Lvse Shengtaiyuan Food and Beverage Co., Ltd.	2	97017
石家庄市海星餐饮有限公司	Shijiazhuang Haixing Food and Beverage Co., Ltd.	3	84688
迁安锦江饭店	Qianan Jinjiang Hotel	4	72416
唐山大陆海鲜餐饮有限公司	Tangshan Dalu Sea-food Restaurant Co., Ltd.	5	71930
石家庄市湘君府餐饮有限公司	Shijiazhuang Xiangjunfu Food and Beverage Co., Ltd.	6	70984
唐山鸿宴饭庄	Tangshan Hongyan Restaurant	7	70052
保定唐人美食山	Baoding Tangren Restaurant	8	65875
河北玉兰香保定会馆饮食有限公司	Yulanxiang Baoding Huiguan Co., Ltd. For Food and Beverage,	9	61563
唐山明星饭店	Tangshan Mingxing Hotel	10	60833
秦皇岛浪漫湾海度假村有限公司	Qinhuangdao Romantic Gulf Resort Co.， Ltd.,	11	59237
唐山市路北长城大酒店	Tangshan Lubei Great-wall Hotel	12	57501
保定市金泰花园酒店	Baoding Jintai Garden Hotel	13	53602
武安市顺峰酒楼	Wu'an Shunfeng Restaurant	14	51632
唐山金盛万豪商务酒店有限公司	Tangshan Jinsheng Wanhao Business Hotel Co., Ltd.	15	50796
石家庄福瑞德餐饮有限责任公司	Shijiazhuang Furuide Food and Beverage Co., Ltd.	16	49156
石家庄市燕风楼烤鸭店	Shijiazhuang Yanfenglou Roasted-Duck Restaurant	17	45212
玉兰香保定会馆饮食有限公司保定秀兰店	Baoding Xiulan Restaurant of Yulanxiang Food and Beverage Co., Ltd.	18	45003
枣强县兴业大酒店	Zaoqiang Xingye Grand Hotel	19	43430
唐山圣典餐饮有限公司	Tangshan Shengdian Food and Beverage Co., Ltd.	20	42047
邯郸丛台大酒店	Congtai Grand Hotel， Handan	21	42001
河北浪淘沙餐饮有限公司	Hebei Langfang Langtaosha Food and Beverage Co., Ltd.	22	41039
武安市三和餐饮有限公司	Wu'an Sanhe Food and Beverage Co., Ltd.	23	40515
保定市金筷子餐饮有限公司	Baoding Gold-chopsticks food and Beverage Co., Ltd., Baoding	24	39495
唐山市路北亨利西餐厅	Tangshan Lubei Henry Western-style Food Restaurant	25	35389
廊坊市海中金餐饮服务有限公司	Haizhongjin Food and Beverage Service Co., Ltd., Langfang	26	34214
秦皇岛丰圣企业有限公司	Qinhuangdao Fengsheng Co., Ltd.	27	33822
保定市玉兰香直隶会馆餐饮有限公司	Yulanxiang Zhili Huiguan Co., Ltd. for Food and Beverage, Baoding	28	32685
张家口市恒通酒店管理有限责任公司	Zhangjiakou Hengtong Hotel Management Co., Ltd.	29	31879
河北思特利贸易有限公司	Hebei Silite Trading Co., Ltd.	30	29848
唐山市路北区绿洲大酒店	Tangshan Lubei Lvzhou Grand Hotel	31	29494
廊坊市沁元春餐饮酒店管理有限公司	Langfang Qinyuanchun Beverage,Food and Hotel Management Co., Ltd.	32	28333
承德市乾隆餐饮有限公司	Chengde Qianlong Food and Beverage Co., Ltd.	33	27675
石家庄市裕华区光明渔港饭店	Guangming Yugang Restaurant, Yuhua District, Shijiazhuang	34	27590
石家庄市桥西区光明渔港	Guangming Yugang Restaurant, Qiaoxi District, Shijiazhuang	35	26933
保定市老城根餐饮发展有限公司	Baoding Laochenggen Food and Beverage Co., Ltd.	36	25697
河北省高速公路禄发实业总公司香河服务区	Xianghe Service Area of Hebei Expressway, Lufa Industrial Controlling Company	37	25336
秦皇岛海洋天堂度假村有限公司	Ocean Paradise Resort Co.， Ltd., Qinhuangdao	38	25306
邢台市唐潮壹品餐饮有限公司	Tangchao Yipin Food and Beverage Co., Ltd., Xingtai	39	24768
秦皇岛市北纬主题酒店管理有限公司	Qinhuangdao Beiwei Theme Hotel Management Co., Ltd.	40	23982
沧州市天厨饮食有限公司	Cangzhou Tianchu Food and Beverage Co., Ltd.	41	23698
迁安市九江大酒店	Qianan Jiujiang Hotel	42	23212
沧州市全聚德烤鸭店有限公司	Quanjude Roasted Duck Restaurant Co.， Ltd., Cangzhou	43	23210
承德市特别特餐饮有限责任公司	Chengde Tebiete Food and Beverage Co., Ltd.	44	21917
承德市顺凯达海洋康乐城有限公司	Shunkaida Haiyang Recreation Center Co. Ltd. , Chengde	45	21911
唐山锦绣香江商务酒店	Jinxiu Xiangjiang Business Hotel， Tangshan	46	21395
三河市琨博大酒店	Sanhe Kunbo Grand Hotel	47	21117
唐山市蓝天大酒店	Tangshan Lantian Grand Hotel	48	20930
邯郸新梅林大酒店有限公司	Xinmeilin Grand Hotel Co., Ltd., Handan	49	20808
河北人家奇芳阁酒楼	HebeiRenjia Qifangge Restaurant	50	20439

营业收入前50名的住宿企业（2011年）
The Top 50 Hotels of Business Revenue (2011)

单位：千元 (1000 yuan)

企 业 名 称	Name of Enterprises	位 次 Position	营业收入 Business Revenue
河北世纪大饭店有限公司	Hebei Century Grand Hotel Co., Ltd.	1	184299
河北宾馆有限公司	Hebei-binguan Hotel Co., Ltd.	2	159671
河北建投能源投资股份公司国际大厦酒店	Guojidasha Hotel of Hebei Jointo Energy Investment Co., Ltd.	3	140319
石家庄世贸广场酒店有限公司	World Trade Plaza Hotel, Shijiazhuang	4	130237
河北白鹿温泉旅游度假股份有限公司	Hebei Bailu Hot-pot Tourism Co., Ltd.	5	106526
秦皇岛秦皇国际大酒店有限公司	Qinhuangdao International Grand Hotel	6	101410
廊坊国际饭店	International Hotel, Langfang	7	96522
福成国际大酒店有限公司	Fucheng International Grand Hotel Co., Ltd.	8	94675
新奥集团艾力枫社酒店有限公司	Golden Elephant Hotel Co., Ltd. Of XinAo Gas Holdings Limited	9	87904
保定源盛融通发展有限公司电谷酒店分公司	Electricity Valley Hotel Company of Yuansheng Rongtong Development Co., Ltd., Baoding	10	85257
唐山国际饭店有限公司	International Hotel Co., Ltd., Tangshan	11	82734
武安财富国际酒店有限公司	Wu'an Caifu International Co., Ltd.	12	80212
河北太行国宾馆	Taihang State Guest House Hotel	13	80158
武安市蓝天宾馆	Wu'an Lantian Hotel	14	80003
石家庄国宾大酒店有限公司	Guobin Grand Hotel Co., Ltd., Shijiazhuang	15	77009
河北中国大酒店	Hebei China Hotel	16	69523
沧州金狮国际酒店有限责任公司	Gold Lion International Hotel Co., Ltd., Cangzhou	17	67605
河北燕山大酒店有限责任公司	Hebei Yanshan Grand Hotel Co., Ltd.	18	64459
邯郸市招商大酒店有限公司	Handan Merchants Hotel Co., Ltd.	19	64183
唐山宾馆	Tangshan Hotel	20	63584
保定国际俱乐部有限公司	Baoding International Club Co., Ltd.	21	62248
保定星光国际商务酒店有限公司	Xingguang International Business Hotel Co., Ltd., Baoding	22	60621
邯郸金都饭店有限公司	Handan Jindu Hotel Co., Ltd.	23	59603
石家庄美丽华大酒店有限公司	Shijiazhuang Meilihua Grand Hotel Co., Ltd.	24	59558
石家庄亚太大酒店	Shijiazhuang Yatai Grand Hotel	25	58389
河北金圆大厦有限公司	Hebei Jinyuan Grand Hotel Co., Ltd.	26	57273
沧州市人民政府招待处	Guest house of Cangzhou Government	27	52814
张家口市蓝鲸大厦餐饮娱乐有限公司	Zhangjiakou Lanjing Grand Hotel Co., Ltd.	28	52553
河北汇源大酒店	Hebei Huiyuan Grand Hotel	29	50944
石家庄市燕春饭店有限公司	Yanchun Hotel Co., Ltd., Shijiazhuang	30	50586
秦皇岛海景酒店有限公司	Haijing Holiday Hotel of Qinhuangdao Haijing Holiday Hotel Co., Ltd.	31	47502
唐山石油宾馆有限公司	Tangshan Petroleum Hotel Co., Ltd.	32	46210
三河汇福餐饮有限公司	Huifu Food and Beverage Co., Ltd., Sanhe	33	46180
河北信达金建投资有限公司	Hebei Xindajin Construction and Investment Co., Ltd.	34	45449
河北青泉企业集团公司宇宙宾馆	Yuzhou Hotel of Hebei Qingquan Group Co., Ltd.	35	45440
河北卓正国际酒店有限公司	Hebei Zhuozheng International Hotel Co., Ltd.	36	44669
唐山新华大酒店有限责任公司	Tangshan Xinhua Grand Hotel Co., Ltd.	37	43977
秦皇岛市长城酒店	Qinhuangdao Great-Wall Hotel	38	43966
张家口市国宾东升大酒店	Guobin Dongsheng Grand Hotel, Zhangjiakou	39	43779
承德天宝假日酒店有限公司	Chengde Tianbao Holiday Hotel	40	43583
渤海国际会议中心有限公司	Bohai International Conference Center Co., Ltd.	41	42589
河北汇宾大酒店	Hebei Huibin Grand Hotel	42	42444
廊坊市天都大酒店	Tiandu Grand Hotel, Langfang	43	40690
沧州阿尔卡迪亚国际酒店有限公司	Cangzhou Arcadia International Hotel	44	39300
邯郸赵王宾馆有限公司	Handan Zhaowang Hotel Co., Ltd.	45	39176
石家庄市燕春花园酒店管理有限公司	Shijiazhuang Yanchun Garden Hotel Management Co., Ltd.	46	38279
承德山庄宾馆	Chengde Shanzhuang Hotel	47	37230
肃宁县华阳大酒店有限责任公司	Suning Huayang Grand Hotel Co., Ltd.	48	37181
承德云山饭店有限公司	Yunshan Hotel Co., Ltd., Chengde	49	36541
涉县龙山宾馆	Longshan Hotel, She County	50	35833

亿元以上商品市场成交额排序（2011年）

Transaction Value of Commodity Markets Over 100 Million Yuan (2011)

单位：万元 (10000 yuan)

市场名称	Name of Market	位次 Position	成交额 Transaction Value
白沟新城	Baigou new city	1	4573795
石家庄市新华集贸市场	Xinhua Market, Shijiazhuang	2	4180000
石家庄市南三条小商品批发市场	Nansantiao small commodity Wholesale Market, Shijiazhuang	3	3655000
河北省香河家具城	XiangHe Furniture Market	4	2400000
永年县标准件市场	Yongnian Standardized Component Market	5	1256000
肃宁县尚村皮毛交易市场	Shangcun Fur & Feather Market, Suning	6	1206080
安国市东方药城交易大厅	Dongfang Herb-medicine Market, Anguo	7	1050000
石家庄桥西蔬菜中心批发市场	Qiaoxi Vegetable Wholesale Market, Shijiazhuang	8	702661
高阳县庞口汽车农机配件城	Pangkou Market of Motor and Agricultural Machinery Component, Gaoyang	9	700000
鸦鸿桥镇河西日杂市场	Hexi Grocery Market, Yahongqiao Town	10	586450
中国大营国际皮草交易市场	Daying International Fur & Feather Trading Center	11	580000
安平县丝网大世界管理委员会	Administrative Committee of Wire Mesh World, Anping	12	550000
沧州崔尔庄枣业有限公司	Cuierzhuang Chinese Date Co. Ltd., Cangzhou	13	530000
怀来县土木煤炭市场物流服务中心	Logistics Service Center of Huailai Tumu Market	14	522582
河北省邯郸市冀南针纺城	Jinan Knitting Textile Market, Handan	15	500000
定州市鲜活农产品批发市场	Dingzhou Wholesale Market of Agricultural Products	16	481708
馆陶县金凤禽蛋农贸批发市场	Jinfeng Wholesale Market of Poultry and Agricultural Products, Guantao	17	469727
高阳县纺织商贸城	Gaoyang Textile Trading Market	18	435000
秦皇岛海阳农副产品批发市场	Wholesale Market of Agricultural Products, Haiyang, Qinhuangdao	19	410000
文安县小王东机床市场	Xiaowangdong Machine tool Market, Wenan	20	400000
昌黎县佳朋皮毛交易市场	Jiapeng Fur & Leather Market, Changli	21	400000
邯郸市魏县天仙果菜批发市场	Tianxian Wholesale Market of Fruit and Vegetable, Wei County, Handan	22	394800
饶阳县瓜菜果品交易市场	Raoyang Fruit and Vegetable Market	23	375900
鸦鸿桥河西村鞋市	Hexi Shoes City, Yahongqiao Town, Yutian County	24	375000
正定县恒山板材批发市场	Hengshan Wholesale Market of Sheet Material, Zhengding County	25	362422
孟村县辛大管件市场	Xinda Pipe Fitting Market, Mengcun	26	358250
晋州市新世纪商城	New-Century Market, Jinzhou	27	309870
河北高邑蔬菜批发市场	Gaoyi Vegetable Wholesale Market	28	306000
中国香河国际农产品交易物流中心	China International Trading Center of Agricultural Products, Xianghe	29	305456
清河县绒毛交易市场	Qinghe Fur Market	30	301233
邯郸市科技城农副水产批发市场	Wholesale Market of Agricultural and Aquatic Products, Science and Technology City, Handan	31	297000
鸦鸿桥镇小商品城	Yahongqiao Small Commodity City	32	296550
唐山和平钢铁物流有限公司	Tangshan Heping Steel Logistics Co., Ltd.	33	289000
中国自行车零件城	China Bicycle Component Market	34	281870
乐亭县冀东果菜批发市场	Jidong Wholesale Market of Fruits and Vegetables, Laoting	35	277550
邯郸市永年县中原农副产品批发市场	Zhongyuan Wholesale Market of Agricultural Products, Yongnian	36	277540
永年县南大堡蔬菜批发市场	Nandabao Fruit and Vegetable Market, Yongnian	37	258600
河间市堤口农产品批发市场	Dikou Wholesale Market of Agricultural Products, Hejian	38	254980
中国轴承大世界	China Shaft Bearing Market	39	250000
魏县天龙建筑建材批发市场	Tianlong Wholesale Market of Construction Materials, Weixian	40	231000
路南区小山服装批发市场	Xiaoshan Clothing Wholesale Market, Lunan District	41	229000
唐山金玉农产品综合交易中心	Jinyu Trading Center of Agriculture Products, Tangshan	42	228561
宁晋县大陆村镇农机配件市场	Dalu Market of Agricultural Machinery Components, Ningjin	43	211473
邯郸市涉县商贸城	Shexian Trading Center, Handan	44	208000
河北衡水橡胶城	Hengshui Rubber Market, Hebei	45	200500
保定市工农路批发市场	Gongnong-road Wholesale Market, Baoding	46	195000
青县盘古市场管理处	Administration of Pangu Market, Qing County	47	183550
张家口市宣化盛发蔬菜副食市场	Xuanhua Agricultural Product Market, Zhangjiakou	48	181186
怀来县京西果菜批发市场有限责任公司	Jingxi Wholesale Market of Fruits and Vegetables, Huailai	49	181000
承德市裕华路市场	Yuhua-road Market, Chengde	50	177608
东联汽车配件市场	Donglian Market of Auto Components	51	175741
邯郸市陶山市场	Taoshan Market, Handan	52	161358
路南区南新道水产批发市场	Nanxindao Wholesale Market of Aquatic Products, Lunan District	53	160000
石家庄时代汽车广场	Shijiazhuang Shidai Motor Plaza	54	155000
顺平县果品蔬菜交易市场	Shunping Market of Fruits and Vegetables	55	154639

亿元以上商品市场成交额排序（2011年）(续一)
Transaction Value of Commodity Markets Over 100 Million Yuan (2011)

单位：万元 (10000 yuan)

市场名称	Name of Market	位次 Position	成交额 Transaction Value
路南区荷花坑市场	Hehuakeng Market, Lunan District	56	154020
廊坊市钢材交易市场有限公司	Langfang Steel Market Co., Ltd.	57	153618
邯郸市启信商城	Qixin Market, Handan	58	150000
藁城市丰农农副产品市场	Fengnong Market of Agricultural Products, Gaocheng	59	149635
长安装饰材料和平路市场	Heping-Road Branch of Changan Decorative Material Market, Shijiazhuang	60	140500
辛集市商业城制衣工业区市场	Market of Clothing Manufacturing Zone, Shangyecheng, Xinji	61	139470
河北省河间市米各庄汽配城	MigeZhuang Auto Component Market, Hejian, Hebei	62	138000
秦皇岛农副产品批发市场	Qinhuangdao Wholesale Market of Agricultural Products	63	136336
昌黎县新集农副产品批发	Xinji Market of Agricultural Products, Changli	64	130500
运河区沧州市四合菜市场有限公司	Sihe Vegetable Market Co., Ltd., Yunhe District, Cangzhou	65	128739
永清县大辛阁瓜果蔬菜批发市场	Daxinge Market of Fruits and Vegetables, Yongqing	66	127000
藁城市稚翔禽蛋市场	Zhixiang Poultry Product Market, Gaocheng	67	121423
保定天惠副食果品有限公司果品批发	Wholesale Market of Fruits, Tianhui Agricultural Products Co., Ltd., Baoding	68	120000
定州市中山市场	Zhongshan Market, Dingzhou	69	118532
兴隆县佟家沟农副产品批发市场服务有限公司	Tongjiagou Wholesale Market Co., Ltd of Agricultural Products ., Xinglong	70	115000
藁城市惠农粮食贸易市场	Huinong Grain Market, Gaocheng	71	114358
衡水东明实业有限公司蔬菜果品批发市场	Wholesale Market of Fruits and Vegetables, Dongming Industrial Co.，Ltd., Hengshui	72	114200
广阳区王寨蔬菜批发市场	Wangzhai Wholesale Market of Vegetables, Guangyang	73	113254
留史皮毛市场	Liushi Fur and Leather Market	74	112656
平泉县榆树林子蔬菜果品批发市场	Yushulinzi Fruit and Vegetable Wholesale Market Co., Ltd., Pingquan	75	110000
石家庄华北五金机电城	North-China Market of Hardwares and Mechanical & Electrical Products，Shijiazhuang	76	106000
遵化市鑫海钢材市场	Xinhai Market of Steel Products, Zunhua	77	105000
景县橡塑制品专业市场	Rubber and Plastic Product Market, Jingxian County	78	104830
藁城市益农达蔬菜市场	Yinongda Vegetable Market, Gaocheng	79	102436
沧州市冀沧果品蔬菜市场有限公司	Jicang Fruit and Vegetable Market Co., Ltd., Cangzhou	80	100000
沧州市王御史五金汽配城	Wangyushi Market of Auto Components and Hardwares	81	100000
清河县羊绒制品城	Qinghe Pashm Trading Center	82	100000
正定县恒山家具市场	Hengshan Furniture Market, Zhengding	83	99987
霸州宾鹏钢木家具城	Binpeng Market Of Steel-and-Wood Structured Furniture, Bazhou	84	98000
霸州市益津市场	Yijin Market, Bazhou	85	97130
威县冀南瓜菜蔬菜批发市场	Shidai Motor Plaza, Hebei	86	94000
正定国际小商品市场	Zhengding International Small Commodity Market	87	91239
晋州市农副产品批发市场	Jinzhou Wholesale Market of Agricultural Products	88	88920
张家口市张北县华北牲畜交易市场	North-China Live-stock Market, Zhangbei, Zhangjiakou	89	88000
长安装饰材料北宋路市场	Beisong-Road Branch of Changan Decorative Material Market, Shijiazhuang	90	86400
冀州市辣椒专业市场	Jizhou Capsicum Market	91	81800
遵化市燕山果菜批发市场有限公司	Yanshan Fruit and Vegetable Wholesale Market Co., Ltd., Zunhua	92	81000
徐水县白塔铺蔬菜批发市场	Baitapu Whole Sale Market of vegetables, Xushui	93	80890
张家口市宣化区煤炭市场	Coal Market, Xuanhua District, Zhangjiakou	94	80000
沧州国富市场服务有限公司	Guofu Market, Cangzhou	95	80000
魏县当歌酒类专业批发市场	Dangge Wine Wholesale Market, Weixian County	96	78850
晋州市古城禽蛋市场	Gucheng Poultry Product Market, Jinzhou	97	78460
鼎坚五金机电市场	Dingjian Market of Hardwares and Mechanical & Electrical Products	98	77020
深州市贸易城	Shenzhou Maoyicheng Market	99	76640
承德燕塞商贸有限责任公司	Yansai Trading Co., Ltd., Chengde	100	75320
河北汽车贸易中心	Hebei Auto Trading Center	101	75035
沧州聚鑫钢材交易市场	Juxin Steel Product Market, Cangzhou	102	75000
万全县逯家湾煤炭市场	Lujiawan Coal Market, Wanquan	103	75000
康保县杂粮市场	Coarse Cereals Market, Kangbao	104	73440
晋州市东寺果品市场	Dongsi Fruit Market, Jinzhou	105	73052
海兴县辛集镇鱼子鱼粉市场	Xinji Market of Roe and Fish Powder, Haixing	106	72000
邯郸市大名县南李庄花生市场	Nanlizhuang Peanut Market, Daming, Handan	107	72000
秦皇岛旧机动车交易市场	Qinhuangdao Second-hand Auto Market	108	71741
迁安市市场建设服务中心	Qianan Market Service Center	109	67100
武安市建材市场	Wu'an Market of Building Materials	110	66704
佳农市场	Jianong Market	111	64216

亿元以上商品市场成交额排序（2011年）(续二)
Transaction Value of Commodity Markets Over 100 Million Yuan (2011)

单位：万元 (10000 yuan)

市场名称	Name of Market	位次 Position	成交额 Transaction Value
邯郸市磁县新市场	New Market, Cixian County, Handan	112	64137
邯郸市魏县天民粮油批发交易市场	Tianmin Grain Wholesale Market, Weixian County, Handan	113	63200
张家口市蔬菜水产市场	Zhangjiakou Market of Vegetables and Aquatic Products	114	62300
武安市杜庄农副产品批发市场	Duzhuang Wholesale Market of Agricultural Products, Wu'an	115	60195
沧州市新华区道东菜市场	Daodong Vegetable Market, Xinhua District, Cangzhou	116	60000
新乐市花生米市场	Xinle Peanut Market	117	58140
沧州富华鞋城有限公司	Fuhua Shoes Trading Center Co.，Ltd., Cangzhou	118	58000
红星美凯龙世博家居广场	Red Star Macalline International Plaza of Furniture and Building Materials, Shijiazhuang	119	57550
万全县马连堡煤炭市场	Malianbao Coal Market, Wanquan	120	56000
任丘市张刘庄铝型材市场	Zhangliuzhuang Aluminum Product Market， Renqiu	121	55478
平泉县六河源牲畜交易市场	Liuheyuan Live-stock Market, Pingquan	122	54111
涿州市新发地农产品市场有限公司	Xinfadi Agricultural Product Market Co. Ltd., Zhuozhou	123	54075
石家庄市白佛钢材交易中心	Baifo Steel Product Trading Center	124	53480
唐山市丰南区通达商贸城有限公司	Tongda Shangmaocheng Trading Center Col, Ltd., Fengnan，Tangshan	125	52864
鸡泽县辣椒工贸城	Jize Processing and Trading Center of Capsicum	126	52000
承德万泉花卉市场服务有限公司	Wanquan Flower Market Service Co., Ltd., Chengde	127	51500
平乡县滏兴蔬菜交易有限公司	Fuxing Vegetable Trading Center Co., Ltd. , Pingxiang	128	51170
定州市高篷布匹批发市场	Gaopeng Cloth Wholesale Market, Dingzhou	129	50970
路南区吉祥实业集团公司	Jixiang Industrial Corp., Ltd., Lunan, Tangshan	130	50110
承德市蔬菜果品批发市场	Chengde Wholesale Market of Fruits and Vegetables	131	49711
邯郸市磁州商都	Cizhou Shangdu Trading Center, Handan	132	48938
定州市地道桥市场	Didaoqiao Market, Dingzhou	133	47433
邯郸市涉县清漳批发市场	Qingzhang Wholesale Market, Shexian County, Handan	134	45100
河北鑫顺石材石雕艺术交易市场	Xinshun Market Co., Ltd. of Rough Stone and Carved Stone, Hebei	135	45078
沧县兴济蔬菜批发市场	Xinji Vegetable Whole Sale Market, Cangxian County	136	43800
海龙电子城	Hailong Trading Center of Electronic Products	137	43322
和平路建材广场	Heping-Road Plaza of Building Materials	138	43152
唐山市吉祥旧机动车交易市场	Jixiang Second-hand Auto Market, Tangshan	139	42140
邢台市蔬菜公司顺兴综合商场	Shunxing Store of Xingtai Vegetable Co., Ltd.	140	41986
吴桥县荣昌市场	Rongchang Market, Wuqiao	141	41545
邢台市荣昌果品商贸总汇	Rongchang Fruit Market, Xingtai	142	41030
顺平县城北市场	Chengbei Market, Shunping	143	40810
正定县西关蔬菜市场	Xiguan Vegetable Wholesale Market, Zhengding	144	40032
新乐市集贸市场	Xinle Fair Market	145	39970
黄骅市海鲜城综合贸易市场	Huanghua Haixiancheng Sea-food Market	146	39550
河北瑞邦房地产燕山商城分公司	Yanshan Shangcheng Branch Company of Hebei Ruibang Real Estate Co., Ltd.	147	39411
大城县东阜市场	Dongfu Market, Dacheng	148	38536
顺平县废旧塑料交易市场	Shunping Market of Second-hand Plastics Products	149	38500
河北省泊头市红旗综合批发市场	Hongqi-road Comprehensive Wholesale Market, Botou	150	37915
肃宁县兴宁综合交易市场	Xingning Market, Suning, Cangzhou	151	35904
唐海县农副产品市场	Tanghai Market of Agricultural Products	152	35670
盐山县兴隆果菜批发市场	Xinglong Wholesale Market of Fruits and Vegetables	153	35550
康保县蔬菜批发市场	Kangbao Vegetable Wholesale Market	154	35000
石家庄红星美凯龙	Red Star Macalline International Plaza of Furniture and Building Materials, Shijiazhuang	155	35000
长安建华不锈钢市场	Changan Jianhua Stainless Steel Market, Shijiazhuang	156	34990
容城县沟西蔬菜瓜果批发市场	Gouxi Wholesale Market of Fruits and Vegetables, Rongcheng	157	34627
任丘市废旧钢铁市场	Renqiu Market of Scrapped and Second-hand Steel Products	158	34250
任丘市西环建材市场	Renqiu Xihuan Market of Building Materials	159	34216
北戴河石塘路市场	Shitang-road Market, Beidaihe	160	33875
由由水鲜城	Youyou Trading Center of Aquatic Products	161	33670
秦皇岛市供销合作社贸易服务公司果菜批发市场分公司	Fruit and Vegetable Wholesale Market of Trading and Service Co. Ltd. of Qinhuangdao Supply and Marketing Cooperative	162	33000
井陉县中心市场	Jingxing Central Market	163	32480
文安县芦阜庄钢材市场	Lufuzhuang Market of Steel Products, Wenan	164	31926
赵县梨乡商城	Lixiang Trading Center, Zhaoxian County	165	31644
沧州车站工业品批发市场	Chezhan Industrial Product Market, Cangzhou	166	31600

亿元以上商品市场成交额排序（2011年)(续三)
Transaction Value of Commodity Markets Over 100 Million Yuan (2011)

单位：万元 (10000 yuan)

市场名称	Name of Market	位次 Position	成交额 Transaction Value
张家口市钢材市场	Zhangjiakou Steel Product Market	167	31250
任丘市华油东风市场	Huayou Dongfeng Market, Renqiu	168	31079
容城兴农大棚西瓜专业合作社	Xingnong Cooperative of Vinylhouse Watermelon, Rongcheng	169	31000
赵县集贸市场	Zhaoxian Market of Agricultural Products	170	30344
宁晋县绿源果品批发市场有限公司	Lvyuan Fruit and Vegetable Wholesale Market Co. Ltd, Ningjin	171	30157
阜城县衡德瓜菜批市场	Hengde Wholesale Market of Fruits and Vegetables, Fucheng	172	29000
北市区市场建设服务中心建华路市场	Jianhua-road Market of Beishiqu Market Developing and Service Center	173	28020
长安装饰材料跃进路市场	Yuejin-road Branch of Changan Decorative Material Market	174	27769
廊坊市兴安市场	Xingan Market, Langfang	175	27430
邢台市第一农业生产资料总公司批发市场	Wholesale Market of Xingtai First General Company of Agricultural Capital Goods	176	27200
秦皇岛市华运建筑装饰材料城	Huayun Market for Building and Decorative Materials, Qinhuangdao	177	27000
河北东明国际家具博览有限公司	Hebei Dongming International Furniture Exhibition Center Co., Ltd.	178	26450
定兴县一市场	The First Market, Dingxing	179	26383
固安县方城农副产品批发市场	Fangcheng Wholesale Market of Agricultural Products, Gu'an	180	26120
肃宁县张大蔬菜批发市场	Zhangda Wholesale Market, Suning	181	25880
隆尧县兴隆市场	Xinglong Market, Longyao	182	25295
魏县飞天干菜食品市场	Feitian Market of Dried Vegetables and Foods, Weixian County	183	25256
河北省石材市场	Hebei Rough Stone Market	184	25100
昌黎县碣石山市场	Jieshishan Market, Changli	185	24410
辛集市河北一集商品市场	Hebei's First Fair Market, Xinji	186	24394
乐亭县冀东皮毛交易市场	Jidong Fur and Leather Market, Laoting	187	24000
曲周县城北蔬菜市场	Chengbei Vegetable Market, Quzhou	188	24000
任丘市西环蔬菜水果市场	Xihuan Market of Fruits and Vegetables, Renqiu	189	23975
固安县京南刘园农副产品批发市场	Jingnan Liuyuan Market of Fruits and Vegetables, Gu'an	190	23810
平山县古月集贸市场	Guyue Market of Agricultural Products, Pingshan	191	23322
大红门石材市场	Dahongmen Rough Stone Market	192	23086
任丘市裕华市场	Yuhua Market, Renqiu	193	22340
银白佛蔬菜批发市场	Yinbaifo Wholesale market of Vegetables	194	22246
新乐市承安集贸市场	Chengan Market of Agricultural Products, Xinle	195	21902
抚宁县关内第一集	Guannei Diyiji Market, Funing	196	21864
武安市工矿机电设备市场	Wu'an Market of Industrial and Mineral Machinery	197	21780
肃宁县恒通蔬菜交易市场	Hengtong Vegetable Market, Suning	198	21780
行唐县龙洲商城	Longzhou Trading Center, Xingtang	199	21366
承德市商城	Chengde Shangcheng Trading Center	200	21240
邢台市中北商城有限公司	Zhongbei Shangcheng Co., Ltd., Xingtai	201	21050
廊坊北方农贸批发市场	Beifang Wholesale Market of Agricultural Products, Langfang	202	21000
徐水县钢铁市场	Xushui Iron and Steel Market	203	20600
新乐市三轮车市场	Xinle Motorized Tricycle Market	204	20470
冀州市迎宾市场	Yingbin Market, Jizhou	205	20420
大城县平舒市场	Pingshu Market, Dacheng	206	20387
正定县东权城禽蛋市场	Dongquancheng Wholesale Market of Poultry Products, Zhengding	207	20106
沧州市天河副食有限公司	Tianhe Non-staple Food Co., Ltd., Cangzhou	208	20000
宣化县煤炭市场	Xuanhua Coal Market	209	18900
沽源县高山堡乡大西洼蔬菜市场	Daxiwa Vegetable Market, Gaoshanbao, Guyuan	210	18800
运河区沧州市富强市场服务有限公司	Fuqiang Market Service Co., Ltd., Yunhe District, Cangzhou	211	18600
泊头市刘庄蔬菜批发市	Liuzhuang Vegetable Wholesale Market, Botou	212	18300
迁西县紫玉街市场	Ziyu-Street Market, Qianxi	213	18200
张北县坝上蔬菜产业有限公司	Bashang Vegetable Industrial Co., Ltd., Zhangbei	214	18100
鸡泽县综合商贸城	Jize Trade City	215	18062
霸州胜芳镇星光商城	Xingguang Trading Center, Shengfang Town, Bazhou	216	18030
平山县石材市场	Pingshan Rough Stone Market	217	18000
石家庄怀特装饰材料市场	Huaite Market of Decorative Materials, Shijiazhuang	218	18000
沧州旧货贸易有限公司旧货交易市场	Second-hand Goods Market, Cangzhou Second-hand Goods Trading Co., Ltd	219	18000
廊坊市安次区隆福市场	Longfu Market, Anci District	220	18000
青县天华蔬菜种植专业合作社	Tianhua Vegetable Cooperative, Qingxian County	221	17860
武安市钢材市场	Wu'an Steel Product Market	222	17568

亿元以上商品市场成交额排序（2011年)(续四）

Transaction Value of Commodity Markets Over 100 Million Yuan (2011)

单位：万元 (10000 yuan)

市场名称	Name of Market	位次 Position	成交额 Transaction Value
张北县康源蔬菜交易市场	Kangyuan Vegetable Market, Zhangbei	223	17000
宁晋县华鑫建材市场有限公司	Huaxin Construction Material Market，Ningjin	224	17000
冀北粮油市场	Jibei Grain Wholesale Market, Zhangjiakou	225	17000
秦皇岛北方机动车配件交易城	Beifang Auto Component Market, Qinhuangdao	226	17000
饶阳县果品蔬菜市场	Raoyang Fruit and Vegetable Market	227	16902
枣强县玻璃钢城原辅材料市场	Material Market of Fiberglass Epoxy City, Zaoqiang	228	16542
正定县梅山商城	Meishan Shangcheng Market, Zhengding	229	16223
正定县恒州肉食批发市场	Hengzhou Meat Wholesale Market, Zhengding	230	16045
抚宁县城关商贸中心	Funing Chengguan Trading Center	231	15740
邯郸市冀粤建材市场	Jiyue Construction Material Market, Handan	232	15650
沽源县闪电河蔬菜交易市场	Shandianhe Vegetable Market, Guyuan	233	15600
深州果品专业市场	Shenzhou Fruit Market	234	15600
城关市场	Chengguan Market	235	15515
马坊市场	Mafang Market	236	15379
定兴县北河镇市场	Beihe Market, Dingxing	237	15266
张家口北华果蔬市场	Beihua Fruit and Vegetable Market, Zhangjiakou	238	15112
围场满蒙自治县棋盘山大牲畜交易市场	Qipanshan Market Large Live-stock, Weichang	239	15000
河间市故仙乡神农农产品批发市场	Shennong Wholesale Market of Agriculture Products, Guxian, Hejian	240	15000
三河市北方运河源建材家居批发市场	Beifang Yunheyuan Wholesale Market of Building Materials and Furniture, Sanhe	241	15000
运河区沧州宝丰商城有限责任公司	Baofeng Trading Center Co., Ltd., Yunhe District, Cangzhou	242	14851
平泉县台头山乡打鹿沟蔬菜批发市场	Dalugou Vegetable Wholesale Market, Taitoushan, Pingquan	243	14760
张家口市纬一路万博大市场	Wanbo Market, Weiyi-road, Zhangjiakou	244	14530
平山县中山广场	Zhongshan Plaza, Pingshan	245	14200
邯郸市峰峰矿区蔬菜副食品批发市场	Agricultural Product Wholesale Market, Fengfeng Mining Area, Handan	246	14100
保定市民天农业生产资料有限公司利民科技市场	Limin Technology Market of Mintian Agricultural Capital Goods Co., Ltd., Baoding	247	14065
兴隆县市场服务中心	Xinglong Market Service Center	248	13595
任县农产品市场	Agricultural Product Market, Renxian County	249	13260
定兴县北庄头蔬菜批发市场	Beizhuangtou Fruit Wholesale Market, Dingxing	250	13110
邯郸市磁县粮油食品市场	Grain Market, Cixian County, Handan	251	12880
石家庄跃进路手机广场	Yuejin-road Mobile Phone Plaza	252	12730
张家口市忠利源商农产品交易市场	Zhongliyuan Market of Agricultural Product, Zhangjiakou	253	12367
玉田县二郎庙市场	Erlangmiao Market, Yutian	254	12110
乐亭县市场服务中心富强街市场	Fuqiang-street Market, Laoting Market Service Center	255	12100
阜城县古城灯具批发市场	Gucheng Lamp and Lantern Market, Fucheng	256	12000
沧州市富园菜市场	Fuyuan Vegetable Wholesale Market, Cangzhou	257	12000
遵化市贸易城综合市场	Zunhua Maoyicheng Comprehensive Market	258	12000
唐海县建材市场	Tanghai Construction Material Market	259	12000
邯郸市乾政农贸市场	Qianzheng Market of Agricultural Products, Handan	260	11861
平山县宅北乡会口山货市场	Huikou Mountain Product Market, Zhaibei, Pingshan	261	11859
平山县下槐镇西柏坡山珍山货市场	Xibaipo Mountain Product Market, Xiahuai Town, Pingshan	262	11650
围场满蒙自治县二道河子胡萝卜市场	Erdaohezi Carrot Market, Weichang	263	11300
衡水市商贸中心物业管理处	Administrative Agency of Hengshui Trading Center	264	11252
宣化县沙岭子大市场	Shalingzi Market, Xuanhua County	265	11182
宣化县容源蔬菜有限公司	Rongyuan Vegetable Co., Ltd., Xuanhua County	266	11090
天桥市场	Tianqiao Market	267	11060
平山县苏家庄核桃交易市场	Sujiazhuang Walnut Market, Pingshan	268	11030
辛兴毛线市场	Xinxing Knitting Wool Market	269	11000
乐亭县市场服务中心北新路市场	Beixin-road Market，Laoting Market Service Center	270	10920
围场县兴源农产品交易综合服务中心	Xingyuan Composite Service Center for Agricultural Product Trade, Weichang	271	10560
五交化采购站工业品批发市场	Industrial Product Wholesale Market of Cangzhou Purchasing Station of Metal product, Vehicle and Chemical Product	272	10500
阜城县崔庙镇粮保器材批发市场	Cuimiao Wholesale Market of Grain Reservation Equipments, Fucheng	273	10400
沧州市维明路菜市场	Weiming-Road Vegetable Market, Cangzhou	274	10329
邯山区农林路农贸市场	Nonglin-Road Market of Agricultural Products, Hanshan District	275	10126
围场满蒙自治县腰栈时差蔬菜市场	Yaozhan Time-Different Vegetable Market, Weichang	276	10080
河间市卧佛堂五村市场	Wucun Market, Wofotang Town, Hejian	277	10080
邯山区中原副食城	Zhongyuan Non-staple Food Market, Hanshan District	278	10000

海关进出口贸易总额

Total Value of Imports and Exports by Customs

单位：万美元　　(USD 10000)

年 份 Year	进出口贸易总额 Total Value of Imports and Exports	出口总额 Total Exports	进口总额 Total Imports	进出口差额(+、-) Balance
1989	219587	179905	39682	140223
1990	226785	190069	36716	153353
1991	240550	202052	38498	163554
1992	246227	194801	51426	143375
1993	243727	167991	75736	92255
1994	316065	230303	85762	144541
1995	392804	286635	106169	180466
1996	420412	308989	111423	197566
1997	411928	325480	86448	239032
1998	422917	311632	111286	200346
1999	458038	311957	146081	165876
2000	523460	370685	152775	217910
2001	573775	395613	178163	217450
2002	666565	459402	207163	252239
2003	897892	592863	305029	287834
2004	1352624	934031	418593	515438
2005	1607132	1092685	514447	578238
2006	1852616	1283469	569147	714322
2007	2553848	1701651	852197	849454
2008	3841850	2402981	1438870	964111
2009	2961131	1569129	1392002	177127
2010	4193116	2257003	1936113	320890
2011	5359910	2858386	2501524	356862

石家庄海关按贸易方式分进出口商品总额

Total Value of Imports and Exports through Shijiazhuang Customs by Customs Regime

单位：万美元　　(USD 10000)

年 份 Year	一般贸易 Ordinary Trade		加工贸易 Processing Trade		其他贸易 Others	
	出 口 Exports	进 口 Imports	出 口 Exports	进 口 Imports	出 口 Exports	进 口 Imports
2000	301994	103967	67990	31558	3	136
2001	334620	127234	59057	29080	7	100
2002	386892	152537	67331	38453	98	121
2003	49860	23057	8796	5116	1	17
2004	814664	310919	112621	63899		225
2005	934921	403849	145311	75709	8	182
2006	1087143	453300	174552	80613	58	239
2007	1439235	686524	233864	123066	193	436
2008	2007767	1187130	340108	153103	167	734
2009	1232708	1228780	285241	115779	125	953
2010	1799712	1719740	409743	177965	743	1199
2011	2389590	2204243	419651	202084	782	1611

石家庄海关按国别(地区)分的进出口商品总额
Import and Export Value through Shijiazhuang Customs by Country and Region

单位：万美元 (USD 10000)

国别(地区)	Country (Region)	2010			2011		
		进出口 Total Imports and Exports	出口 Exports	进口 Imports	进出口 Total Imports and Exports	出口 Exports	进口 Imports
合　计	**Total**	**4193116**	**2257003**	**1936113**	**5359910**	**2858386**	**2501524**
亚　洲	**Asia**	**1351603**	**865750**	**485853**	**1743435**	**1145993**	**597442**
阿富汗	Afghanistan	467	457	11	755	729	26
巴林	Bahrain	4425	2266	2159	6989	5181	1808
孟加拉国	Bangladesh	11657	10795	862	13788	12219	1569
不丹	Bhutan	7	7		3	3	
文莱	Brunei	931	535	396	1007	692	315
缅甸	Myanmar	5357	5354	2	20280	20157	123
柬埔寨	Cambodia	2007	2007		2796	2784	12
塞浦路斯	Cyprus	3862	3858	4	1341	1323	18
朝鲜	Korea DPR	4863	1427	3436	8725	2555	6170
香港	Hong Kong,China	38808	36712	2096	45246	41226	4020
印度	India	231133	93268	137865	308515	126018	182497
印度尼西亚	Indonesia	59565	35887	23679	92273	46948	45325
伊朗	Iran	33468	25520	7948	41081	32675	8406
伊拉克	Iraq	10967	10967		18004	17989	15
以色列	Israel	13721	12679	1042	23126	21787	1339
日本	Japan	226221	116426	109795	241490	139619	101871
约旦	Jordan	3300	3292	8	4490	4490	
科威特	Kuwait	5451	4814	637	9043	8367	676
老挝	Laos	493	491	2	154	152	3
黎巴嫩	Lebanon	1924	1916	8	2451	2430	21
澳门	Macao,China	335	335		262	262	
马来西亚	Malaysia	43669	29427	14242	63132	41022	22110
马尔代夫	Maldives	49	49		94	94	
蒙古	Mongolia	4695	3218	1476	6577	4758	1818
尼泊尔	Nepal	210	210		296	296	
阿曼	Oman	2436	1849	587	5402	3568	1835
巴基斯坦	Pakistan	15415	14025	1389	22523	19538	2984
巴勒斯坦	Palestine	11	11		85	25	59
菲律宾	Philippines	25265	20057	5208	41549	29293	12256
卡塔尔	Qatar	3963	2582	1381	8740	4399	4341
沙特阿拉伯	Saudi Arabia	29418	26961	2457	48761	45790	2971
新加坡	Singapore	23636	18503	5133	33340	26658	6682
韩国	Korea Rep.	268582	177209	91373	329350	229404	99946
斯里兰卡	Sri Lanka	4255	4088	166	5487	5319	168
叙利亚	Syrian	10889	10885	4	11131	11130	1
泰国	Thailand	31340	26588	4752	41708	35050	6658
土耳其	Turkey	24878	21545	3333	39136	34303	4834
阿联酋	United Arab Emirates	51693	44774	6919	65975	57542	8433
也门	Republic of Yemen	4266	4188	78	3769	3681	88
越南	Vietnam	33025	32227	799	43576	42393	1183
中国	China	23518		23518	18767		18767
台澎金马关税区	Taiwan, China	71958	40333	31625	89339	43809	45530
东帝汶	East Timor	131	131		78	78	
哈萨克斯坦	Kazakhstan	5065	3848	1217	9538	7133	2406

石家庄海关按国别(地区)分的进出口商品总额（续一）
Import and Export Value through Shijiazhuang Customs by Country and Region

单位：万美元 (USD 10000)

国别(地区)	Country (Region)	2010 进出口 Total Imports and Exports	2010 出口 Exports	2010 进口 Imports	2011 进出口 Total Imports and Exports	2011 出口 Exports	2011 进口 Imports
吉尔吉斯	Kirghizia	8026	8026		5345	5345	
塔吉克斯坦	Tadzhikistan	2248	2238	10	2225	2225	
土库曼斯坦	Turkmenistan	1275	1190	85	2369	2357	12
乌兹别克斯坦	Uzbekistan	2727	2577	150	3324	3178	146
亚洲其他国家(地区)	Others Countries						
非　洲	**Africa**	**180652**	**133972**	**46679**	**254891**	**167281**	**87611**
阿尔及利亚	Algeria	11783	11777	6	15083	15042	42
安哥拉	Angola	3434	3420	14	7157	7157	
贝宁	Benin	2651	2389	262	4739	4356	383
博茨瓦那	Botswana	266	266		263	263	
布隆迪	Burundi	119	119		68	68	
喀麦隆	Cameroon	2503	1975	528	3995	3536	460
加那利群岛	Canary Is.	23	23		16	16	
佛得角	Cape Verde	45	45		115	115	
中非共和国	Central Africa	11	11		5	5	
乍得	Chad	553	553		1266	1266	
科摩罗	Comoros	17	17		27	27	
刚果	Congo (B)	366	366		473	473	
吉布提	Djibouti	838	838		1507	1507	
埃及	Egypt	12421	11781	640	11952	11024	927
赤道几内亚	Eq. Guinea	414	414		254	254	
埃塞俄比亚	Ethiopia	2913	2554	359	3660	3079	580
加蓬	Gabon	1269	972	297	938	938	
冈比亚	Gambia	575	575		758	758	
加纳	Ghana	5019	4998	21	10014	9961	53
几内亚	Guinea	586	586		987	986	1
几内亚(比绍)	Guinea Bissau	21	21		46	46	
科特迪瓦	Cote d'Lvoire	2079	1993	86	2184	2184	
肯尼亚	Kenya	4552	4495	56	8279	8263	16
利比里亚	Liberia	2317	2317		1199	654	546
利比亚	Libyan	5906	5906		2451	1842	610
马达加斯加	Madagascar	1560	1489	71	2506	2267	239
马拉维	Malawi	228	228		251	251	
马里	Mali	1717	473	1245	3219	554	2665
毛里塔尼亚	Mauritania	459	459		9121	1184	7937
毛里求斯	Mauritius	1646	1644	2	2096	2095	1
摩洛哥	Morocco	6341	6295	46	5106	4927	179
莫桑比克	Mozambique	544	499	45	1578	1389	189
纳米比亚	Namibia	114	114		268	268	
尼日尔	Niger	1501	1501		1277	1277	
尼日利亚	Nigeria	24006	24003	4	25876	25862	15
留尼汪	Reunion	187	187		294	294	
卢旺达	Rwanda	57	57		304	304	
圣多美和普林西比	Sao Tome & Principe	12	12		14	14	
塞内加尔	Senegal	2148	2148		2750	2750	
塞舌尔	Seychelles	67	67		95	95	
塞拉利昂	Sierra Leone	434	434		894	561	333

石家庄海关按国别(地区)分的进出口商品总额（续二）

Import and Export Value through Shijiazhuang Customs by Country and Region

单位：万美元 (USD 10000)

国别(地区)	Country (Region)	2010 进出口 Total Imports and Exports	2010 出口 Exports	2010 进口 Imports	2011 进出口 Total Imports and Exports	2011 出口 Exports	2011 进口 Imports
索马里	Somalia	165	63	102	145	80	66
南非	S. Africa	61835	21180	40656	97422	28029	69393
苏丹	Sudan	5041	4419	622	5416	4823	593
坦桑尼亚	Tanzania	3825	3417	408	5307	5070	237
多哥	Togo	1167	1154	14	1659	1655	5
突尼斯	Tunisia	2812	2134	678	3505	2606	898
乌干达	Uganda	796	747	49	1448	1250	198
布基纳法索	Burkina Faso	206	206		1143	547	597
民主刚果	Congo(J)	1800	1800		3915	3909	7
赞比亚	Zambia	450	302	149	710	282	428
津巴布韦	Zimbabwe	675	360	315	911	895	16
莱索托	Lesotho	5	5		12	12	
梅利利亚	Melilla				5	5	
斯威士兰	Swaziland	103	103		105	105	
厄立特里亚	Eritrea	43	37	6	74	74	
马约特岛	Mayo Is.	15	15		30	30	
非洲其他国家(地区)	Other Countries	10	10				
欧　洲	**Europe**	**1047895**	**757421**	**290474**	**1232822**	**907303**	**325519**
比利时	Belgium	45276	35142	10133	61348	54166	7182
丹麦	Denmark	10146	5416	4730	13259	8210	5049
英国	United Kingdom	54517	44979	9538	78892	66594	12298
德国	Germany	310750	153363	157387	315011	169002	146009
法国	France	36295	25448	10847	53341	39901	13440
爱尔兰	Ireland	2979	2250	728	3411	2665	746
意大利	Italy	112684	92891	19793	129943	105319	24624
卢森堡	Luxembourg	1919	105	1814	1791	243	1548
荷兰	Netherlands	84337	71242	13095	84022	73012	11011
希腊	Greece	5712	5527	185	4909	4474	435
葡萄牙	Portugal	5538	5191	347	5470	5029	441
西班牙	Spain	46844	39236	7608	55142	43904	11238
阿尔巴尼亚	Albania	547	547		848	798	50
安道尔	Andorra	1	1				
奥地利	Austria	9056	1350	7706	7710	1578	6131
保加利亚	Bulgaria	1645	1272	373	3871	3104	767
芬兰	Finland	14624	12304	2320	14129	9946	4183
直布罗陀	Gibraltar				2	2	
匈牙利	Hungary	24757	24267	490	18136	17337	799
冰岛	Iceland	224	224		95	95	
列支敦士登	Liechtenstein				30	30	1
马耳他	Malta	543	368	175	491	360	131
摩纳哥	Monaco	31	30	1	48	48	
挪威	Norway	3228	2866	362	3291	2869	422
波兰	Poland	11084	10153	930	18167	17580	587
罗马尼亚	Romania	7855	6984	872	11568	9835	1732
圣马力诺	Sanmarino				…	…	
瑞典	Sweden	10809	6994	3814	14340	9491	4848

石家庄海关按国别(地区)分的进出口商品总额（续三）

Import and Export Value through Shijiazhuang Customs by Country and Region

单位：万美元 (USD 10000)

国别(地区)	Country (Region)	2010			2011		
		进出口 Total Imports and Exports	出口 Exports	进口 Imports	进出口 Total Imports and Exports	出口 Exports	进口 Imports
瑞士	Switzerland	11338	1543	9795	23623	1955	21669
爱沙尼亚	Estonia	688	665	23	1880	1637	243
拉脱维亚	Latvia Armenia	1734	1498	236	1938	1885	54
立陶宛	Lithuania	1593	1570	24	2607	2604	2
格鲁吉亚	Georgia	1030	1030		2104	2104	
亚美尼亚	Armenia	79	79		149	149	
阿塞拜疆	Azerbaijan	5905	5901	4	1522	1522	
白俄罗斯	Belorussia	1092	1002	90	842	689	153
摩尔多瓦	Moldavia	89	88	1	157	151	5
俄罗斯联邦	Russia	180478	160602	19876	242227	210213	32014
乌克兰	Ukraine	19869	14204	5666	36175	21062	15114
塞尔维亚和黑山	Serbia and Montenegro						
斯洛文尼亚	Slovenia	8248	8134	115	6352	6137	214
克罗地亚	Croatia	1938	1923	15	2751	2740	11
捷克共和国	Czech	10821	9638	1182	9130	7224	1905
斯洛伐克	Slovakia	914	716	199	1506	1043	463
马其顿	Macedonia	22	22		25	25	…
波斯尼亚-黑塞哥维那	Bosnia&Hercegovina	46	45	1	61	61	…
法罗群岛	Faroe Lslands						
塞尔维亚	Serbie	491	491		395	395	
黑山	Montenegro	123	123		113	113	
拉丁美洲	**Latin America**	**605125**	**133832**	**471293**	**773732**	**187568**	**586164**
安提瓜和巴布达	Antigua & Barbuda	8	8		15	14	1
阿根廷	Argentina	13035	4772	8263	8204	7201	1003
阿鲁巴岛	Aruba	25	25		103	103	
巴哈马	Bahamas	11	11		13	12	2
巴巴多斯	Barbados	64	63	1	128	128	
伯利兹	Belize	72	72		132	132	
玻利维亚	Bolivia	367	326	41	986	905	81
博内尔	Bonner				…	…	
巴西	Brazil	469650	46911	422738	582501	53299	529203
开曼群岛	Cayman Islands				3	3	
智利	Chile	33640	22332	11308	54225	27819	26406
哥伦比亚	Colombia	5858	5669	189	13208	10290	2918
多米尼亚共和国	Dominica	18	18		69	69	…
哥斯达黎加	Costa Rica	1233	1223	10	1518	1511	8
古巴	Cuba	701	701		851	851	
库腊索岛	Curacao	9	9		41	41	
多米尼加共和国	Dominica Rep.	2387	2386	1	2214	2214	
厄瓜多尔	Ecuador	4130	4090	41	6297	6236	60
法属圭亚那	French Guyana	14	14		22	22	
格林纳达	Grenada	23	23		8	8	
瓜德罗普	Guadaloupe	110	110		121	121	
危地马拉	Guatemala	2095	2081	14	2018	1995	23
圭亚那	Guyana	509	509		661	661	
海地	Haiti	1103	1103		1674	1674	

石家庄海关按国别(地区)分的进出口商品总额（续四）

Import and Export Value through Shijiazhuang Customs by Country and Region

单位：万美元 (USD 10000)

国别(地区)	Country (Region)	2010 进出口 Total Imports and Exports	2010 出口 Exports	2010 进口 Imports	2011 进出口 Total Imports and Exports	2011 出口 Exports	2011 进口 Imports
洪都拉斯	Honduras	541	335	207	1552	742	810
牙买加	Jamaica	401	401		853	849	4
马提尼克	Martinique	65	65		23	23	
墨西哥	Mexico	14070	11799	2270	31006	29990	1016
尼加拉瓜	Nicaragua	1809	1807	2	2664	2662	2
巴拿马	Panama	4859	4852	8	6275	6271	4
巴拉圭	Paraguay	896	878	19	1413	1395	18
秘鲁	Peru	15162	10430	4731	17812	12892	4920
波多黎各	PuertoRico	3367	1229	2138	7237	4602	2635
圣卢西亚	Saint Lucia	16	16		22	22	
圣马丁岛	Saint Martin Is.	10	10		5	5	
圣文森特和格林纳丁斯	Saint Vincent & Grenadines	7	7		224	223	…
萨尔瓦多	EL Salvador	491	487	4	769	769	
苏里南	Suriname	381	381		650	650	
特立尼达和多巴哥	Trinidad & Tobago	2460	1668	792	2018	1724	295
特克斯和凯科斯群岛	Tueks and Caicos Is.	4	4				
乌拉圭	Uruguay	2523	2189	334	3303	3054	249
委内瑞拉	Venezuela	22849	4668	18182	22706	6198	16508
英属维尔京群岛	Br.VirginIS.	53	53		23	23	
圣其茨–尼维斯	St.Kitts-Nevis	10	10		3	3	
荷属安地列斯群岛	Netherlands Antilles	89	89		163	163	
北美洲	**North America**	**479397**	**324443**	**154954**	**592526**	**390698**	**201828**
加拿大	Canada	57793	37998	19795	75305	43671	31634
美国	United States	421416	286259	135157	517216	347024	170192
格陵兰	Greenland				2		2
百慕大	Bermuda	186	186		3	3	
大洋洲	**Oceanic & Pacific**	**528445**	**41585**	**486861**	**762503**	**59544**	**702959**
澳大利亚	Australia	516445	34008	482437	747784	49755	698029
库克群岛	Cook Islands	10	10		9	9	
斐济	Fiji	458	458		460	460	
新喀里多尼亚	New Caledonia	630	629	1	765	765	
瓦努阿图	Vanuatu	50	50		28	28	
新西兰	New Zealand	7958	4167	3791	10691	6196	4496
诺福克岛	Norfolk Island				19	19	
巴布亚新几内亚	Papua New Guinea	1971	1339	632	1901	1467	434
社会群岛	Society Islands	5	5		9	9	
所罗门群岛	Solomon Is.	363	363		465	465	
汤加	Tonga	24	24		24	24	
萨摩亚	Samoa	96	96		130	130	
基里巴斯	Kiribati	8	8		12	12	
图瓦卢	Tuvalu				37	37	
密克罗尼西亚联邦	Micronesia FS	24	24		4	4	
马绍尔群岛	Marshall Is.	337	337		86	86	
法属波利尼西亚	French Polynesia	45	45		67	67	
瓦利斯和浮图纳	Wallis and Budo Satisfied	5	5		10	10	
大洋洲其他国家(地区)	Other Countries	6	6		1	1	
国别(地区)不详的	**Country (region) of unknown**			1		1	

利用外资概况
Utilization of Foreign Capital

项目单位：个 金额单位：万美元 (unit, USD 10000)

年 份 Year	总 计 Total		对外借款 Foreign Loans		外商直接投资 Foreign Direct Investment		外商其他投资 Other Foreign Investment	
	项 目 Number of Projects	金 额 Value	项 目 Number of Projects	金 额 Value	项 目 Number of Projects	金 额 Value	项 目 Number of Projects	金 额 Value
合同利用外资额 Total Amount of Contracted Foreign Investment								
1985	53	4804	1	175	39	4093	13	536
1990	110	8877			110	8593		284
1995	1220	188794	16	19445	1204	168656		693
1996	923	210368	17	30777	906	179216		375
1997	742	172670	11	20175	731	142088		10407
1998	652	128467	9	12004	643	111611		4852
1999	530	113879	6	21645	524	91057		1177
2000	510	94822	9	19624	501	72445		2753
2001	507	107759	4	3332	503	99763		4664
2002	482	136259	8	3540	474	127929		4790
2003	586	251313	13	27703	573	196502		27108
2004	603	244047	9	2614	594	214731		26702
2005	581	272736	4	742	577	253154		18840
2006	447	177048	1	495	446	150625		25928
2007	369	357085			369	311892		45193
2008	252	300118	4	495	248	288913		10710
2009	215	266027			215	260727		5300
2010	248	376971	2	1417	246	329314		46240
2011	199	477064	4	1555	195	422376		53133
实际利用外资额 Total Amount of Contracted Investment Actually Utilized								
1985		1423		597		393		433
1990		4447				3935		512
1995		108620		29924		78061		635
1996		160062		36035		123652		375
1997		213649		53622		149620		10407
1998		210348		41603		163893		4852
1999		193747		48292		144278		1177
2000		139378		34249		102376		2753
2001		93521		13196		75661		4664
2002		104793		17558		82445		4790
2003		155800		17125		111567		27108
2004		197856		8813		162341		26702
2005		227890		17794		191256		18840
2006		238274		10912		201434		25928
2007		300722		13908		241621		45193
2008		363395		10817		341868		10710
2009		369316		4192		359824		5300
2010		436597		7283		383074		46240
2011		526016		4788		468095		53133

注：1990年以前年度数据为部门数，仅供参考使用。

a) The data for 1990 and before are from the ministries other than Hebei Bureau of Statistics. They are listed here as comparable data.

外商直接投资情况（2011年）

单位：万美元

项目	Item	新批合同 New Contract Signed		
		项目个数(个) Number of Projects (unit)	项目总投资 Total Investment	合同外资额 Contracted Value
合计	**Total**	**195**	**926787**	**422376**
按投资方式分组	**Grouped by Investment by Type**			
港、澳、台投资经济	Enterprises with Funds from Hong Kong, Macao and Taiwan	121	593987	291408
港澳台合资经营企业	Joint-venture from Hong Kong, Macao and Taiwan	38	280176	113572
港澳台合作经营企业	Cooperation Enterprises from Hong Kong, Macao and Taiwan	8	25725	12163
港澳台独资经营企业	Enterprises with Sole Fund from Hong Kong, Macao and Taiwan	75	287870	165635
港澳台投资股份公司	Share-holding Corporations Ltd from Hong Kong, Macao and Taiwan		216	38
外商投资经济	Foreign Funded Enterprises	74	332800	130968
中外合资经营企业	Joint-venture Enterprises	34	126842	37661
中外合作经营企业	Cooperation Enterprises	3	10062	4865
外资企业	Enterprises with Sole Fund	37	195896	88442
外商投资股份公司	Share-holding Corporations Ltd			
按产业分组	**Grouped by Industry**			
第一产业	Primary Industry	9	27294	12088
第二产业	Secondary Industry	135	639315	281120
第三产业	Tertiary Industry	51	260178	129168
按国民经济行业分组	**Grouped by Sector**			
农、林、牧、渔业	Agriculture, Forestry, Animal Husbandry and Fishery	9	27294	12088
采矿业	Mining	1	11805	6093
制造业	Manufacturing	128	583803	259794
电力、燃气及水的生产和供应业	Production and Distribution of Electricity, Gas and Water	4	28040	11184
建筑业	Construction	2	15667	4049
批发和零售业	Wholesale and Retail Trades	11	9229	5599
交通运输、仓储和邮政业	Traffic, Transport, Storage and Post	5	26415	10648
住宿和餐饮业	Hotels and Catering Services	4	24454	14970
信息传输、计算机服务和软件业	Information Transmission, Computer Services and Software	3	10330	1710
金融业	Financial Intermediation	2	43546	38763
房地产业	Real Estate	6	36324	23088
租赁和商务服务业	Leasing and Business Services	9	38512	10512
科学研究、技术服务和地质勘查业	Scientific Research, Technical Service and Geologic Prospecting	4	567	344
水利、环境和公共设施管理业	Management of Water Conservancy, Environment and Public Facilities	4	42876	16725
居民服务和其他服务业	Services to Households and Other Services	1	309	155
教育	Education			
卫生、社会保障和社会福利业	Health, Social Security and Social Welfare			
文化、体育和娱乐业	Culture, Sports and Entertainment	2	27616	6654

Statistics on Foreign Direct Investment (2011)

(USD 10000)

外商直接投资 Foreign Direct Investment	新注册三资企业 Newly Registered Enterprises with Hongkong,Macao, Taiwan and Foreign Funds				期末实有三资企业(个) Number of Registered Enterprises in the Year-end			
	注册户数(户) Number of Registered Enterprises (unit)	投资总额 Total Investment	注册资本 Registered Capital	外商注册资本 Capital Invested by Foreign Partner	合计 Total	开工在建 Under Construction	投产企业 Enterprises that have come into Operation	#当年 The Present Year
468095	**190**	**571475**	**407861**	**332501**	**3619**	**335**	**1989**	**20**
274429	119	412325	285708	236686	1475	160	681	8
110421	35	133954	123498	73724	825	76	443	5
4569	8	25725	13327	12170	95	7	36	
145991	76	252646	148883	150792	550	76	198	3
13448					5	1	4	
193666	71	159150	122153	95815	2144	175	1308	12
66296	33	94441	57840	33577	1149	83	720	7
1005	4	9171	6121	4046	103	7	55	
126365	34	55538	58192	58192	890	85	532	5
					2		1	
7010	8	16971	11886	9813	101	15	28	
352015	130	342639	247268	198059	2940	239	1723	14
109070	52	211865	148707	124629	578	81	238	6
7010	8	16971	11886	9813	101	15	28	
6344	1	5000	3941	2125	37	8	14	
333061	124	317493	236187	188808	2779	222	1636	14
12550	3	4594	2855	3077	85	7	59	
60	2	15552	4285	4049	39	2	14	
14784	14	9494	6192	5813	97	6	44	1
14669	5	16149	11950	10461	71	5	43	
6012	4	24842	18702	16851	67	13	25	1
1043	2	1330	956	956	27	6	12	
18899	2	43608	43608	38845	11	2	4	
33537	6	23527	18218	17521	143	23	59	2
5686	8	40551	19159	10619	55	4	23	1
1485	4	177	173	120	34	7	8	
2364	4	42876	22874	16722	16	3	2	
339	1	309	309	155	22	1	8	1
					5	3	1	
					3			
10252	2	9002	6566	6566	27	8	9	

外商直接投资情况（2011年）(续)

单位：万美元

项　　目	Item	新批合同 New Contract Signed			外商直接投资 Foreign Direct Investment
		项目个数(个) Number of Projects (unit)	项目总投资 Total Investment	合同外资额 Contracted Value	
按投资国别、地区分组	**Grouped by Country and Region**				
亚　洲	**Asia**	**159**	**675541**	**325299**	**334258**
#香　港	Hong Kong China	117	588537	288233	269370
澳　门	Macao China				469
台　湾	Taiwan China	4	5450	3175	4590
印度尼西亚	Indonesia		-1111	-578	31
日　本	Japan	16	17480	5848	17013
马来西亚	Malaysia	1	78	576	6724
菲律宾	Philippines		630	630	630
新加坡	Singapore	2	13029	8838	15641
韩　国	Republic of Korea	13	11231	7863	8615
泰　国	Thailand	1	29350	3395	450
#东南亚联盟	Association of Southeast Asian Nations	4	41976	12861	25880
非　洲	**Africa**	**1**	**2513**	**1193**	**1228**
欧　洲	**Europe**	**12**	**28716**	**11668**	**29395**
#比利时	Belgium				**23**
丹　麦	Denmark	1	5829	2398	905
英　国	United Kingdom	1	6842	1393	9316
德　国	Germany	4	6274	3576	3389
法　国	France	1	511	418	1559
爱尔兰	Ireland				
意大利	Italy	1	1386	697	953
卢森堡	Luxembourg				398
荷　兰	Netherlands				5564
希　腊	Greece				
葡萄牙	Portugal				
西班牙	Spain		8	8	35
芬　兰	Finland				
瑞　士	Switzerland	2	7033	2077	3170
#欧　盟(27国)	European Union (27 Coumtries)	9	21217	9347	25673
拉丁美洲	**Latin America**	**5**	**132770**	**50486**	**55419**
#开曼群岛	Cayman Islands	1	42056	20304	35224
英属维尔京群岛	Virgin Islands	3	90712	30356	19977
北美洲	**North America**	**13**	**28056**	**16890**	**28204**
#加拿大	Canada	1	940	768	2083
美　国	United States	9	21808	13159	18003
大洋洲	**Oceanic**	**3**	**41885**	**12032**	**18761**
#澳大利亚	Australia	2	16688	5834	4356
新西兰	New Zealand				

Statistics on Foreign Direct Investment (2011)

(USD 10000)

新注册三资企业 Newly Registered Enterprises with Hongkong, Macao, Taiwan and Foreign Funds				期末实有三资企业(个) Number of Registered Enterprises in the Year-end (unit)			
注册户数(户) Number of Registered Enterprises (unit)	投资总额 Total Investment	注册资本 Registered Capital	外商注册资本 Capital Invested by Foreign Partner	合　计 Total	开工在建 Under Construction	投产企业 Enterprises that have come into Operation	#当　年 The Present Year
157	**470827**	**321032**	**260805**	**2408**	**222**	**1249**	**15**
115	411653	283302	234700	1259	133	565	7
				7	2	2	
4	672	2406	1986	209	25	114	1
				11		7	2
15	4878	4546	3320	326	22	202	2
1	54	584	576	24	2	15	
		350	350	10		8	
2	5100	4050	4026	122	10	87	
13	10162	6460	5911	368	23	215	3
1	29000	10500	3395	12	1	4	
4	34154	15484	8347	186	15	125	2
1	**2117**	**1613**	**1193**	**24**	**1**	**18**	
11	**15694**	**15388**	**11630**	**381**	**35**	**235**	**1**
				6	1	5	
1	4971	1810	1810	10	1	7	
1	2913	3503	1799	64	8	36	
3	3925	4882	3461	72	6	52	
1		163	160	31	5	13	
				33	1	20	
				3	1		
				21		15	
		8	8	20	2	13	
2	1349	2587	2077	7	1	3	
8	14329	12335	9095	321	27	205	1
6	**44190**	**38701**	**31994**	**216**	**19**	**147**	**1**
1	3043	6704	5804	26	2	14	
4	41145	31995	26364	176	16	126	1
10	**18933**	**18895**	**15885**	**468**	**44**	**265**	**1**
1	651	928	768	93	14	51	
8	18082	17602	15031	367	30	210	1
3	**3008**	**7424**	**6186**	**113**	**14**	**71**	**1**
2	33	-9	-25	76	6	46	1
				11	1	7	

对外承包工程

Contracted Projects with Foreign Countries and Territories

年　份 Year	签订合同的国家(地区) (个) Number of Coutries Made Contracts with China for Projects and Labor (unit)	合同份数 (份) Number of Contracts (unit)	合同金额 (万美元) Contracted Value (10000 USD)	派出人次 (人次) Number of Labor Send abroad (person-times)	完成营业额 (万美元) Value of Business Fulfilled (10000 USD)
1985	4	4	321		466
1990	9	9	327	121	584
1995	7	16	2127	428	1798
1996	4	9	317	113	902
1997	6	60	1518	330	1467
1998	11	26	5187	855	2486
1999	12	24	5770	836	4001
2000	13	50	9440	1170	4624
2001	16	26	5265	662	2412
2002	22	38	21329	2998	12022
2003	25	40	31669	1509	17940
2004	25	69	48200	1484	23095
2005	35	91	107533	1832	54139
2006	29	84	171035	3176	78583
2007	41	119	172954	7241	123912
2008	37	73	393774	5271	155593
2009	47	186	266678	8097	287157
2010	50	190	294596	7033	285351
2011	51	214	328203	6599	243461

对外投资和劳务合作（2011年）

Outward Foreign Direct Investment and Labor Services (2011)

单位：万美元　　　　(USD 10000)

项　　目	Item	2011	比上年增长(%) Growth Rate (%)
对外投资	**Outward Foreign Direct Investment**		
新核准家数	Enterprise Approved to Invest Abroad	83	22.06
对外投资总额	Total Value of the Outward-FDI by the Enterprises	111020.41	16.32
中方对外投资额	FDI by Domestic Chinese Investors	90851.51	20.64
对外劳务合作	**Labor Services**		
新签合同工资总额	Gross Payroll in Newly Signed Contracts	4663	27.37
实际收入总额	Realized Payroll	1428	-49.42
派出人数	Workers Sent Abroad for the Year	587	-66.03
期末在外人数	Workers Abroad at the Year-end	3429	-24.35

旅游事业发展情况

Development of International Tourism

人数单位：人　金额单位：万美元　　(person, USD 10000)

指　标	Item	2000	2005	2010	2011
海外旅游人数总计	**Number of International Tourisrs Received**	**400464**	**626484**	**977447**	**1141439**
外国人	Foreigners	345494	573890	853110	982681
港澳和台湾同胞	Compatriots fyom Hong Kong,Macao,Taiwan	54970	52594	124337	158758
按国别和地区分	**Grouped by Country and Region**				
亚　洲	**Asia**	**199170**	**299196**	**375299**	**420347**
#日　本	Japan	48613	84874	100415	95555
韩　国	Republic of Korea	25220	81216	97439	99578
蒙　古	Mongolia	4805	4130	13709	16986
印度尼西亚	Indonesia	8004	7552	17469	19314
马来西亚	Malaysia		59506	43712	54113
菲律宾	Philippines	7039	5831	12489	16514
新加坡	Singapoye	23686	34688	38493	47905
泰　国	Thailand	7650	6911	16395	17452
印　度	India	3022	3658	12108	15290
越　南	Vietnam				2828
缅　甸	Myanmar				2153
朝　鲜	Korea,D.P.Rep				3084
巴基斯坦	Pakistan				3743
其　他	Others		10830	23070	25832
美　洲	**North America**	**26131**	**46713**	**99468**	**114378**
#美　国	United States	17309	27164	55980	65948
加拿大	Canada	5510	13163	28758	31351
其　他	Others		6386	14730	17079
欧　洲	**Europe**	**102396**	**200693**	**313047**	**375401**
#英　国	United Kingdom	18007	43615	52606	62577
法　国	France	11392	34070	46000	57752
德　国	Germany	11123	26020	42882	57025
意大利	Italy	12531	10207	27099	36402
瑞　士	Switzerland	3390	3866	12363	14184
瑞　典	Sweden	2897	5116	9339	11611
荷　兰	Netherlands	11012	3044		
俄罗斯	Russia	22801	56231	84704	87807
西班牙	Spain	1476	3615	12592	13277
其　他	Others		14909	25462	34766
大洋洲	**Oceanic**	**15659**	**20378**	**38293**	**46130**
#澳大利亚	Australia	8042	10782	20442	27726
新西兰	New Zealand	2989	5022	9942	10761
其　他	Others		4574	7909	7643
其他(含非洲)	**Others(including Africa)**	**57108**	**6910**	**27003**	**26425**
旅游外汇收入总额	**Income of International Tourisrs Received**	**13035**	**20917**	**35071**	**44765**

金融机构年末存贷款
Deposits and Loans Balances of Financial Institutions at Year-end

单位：亿元 (100 million Yuan)

年 份 Year	各项存款 Deposits Balances	#单位存款 Deposits of Organizations	#储蓄存款 Saving Deposits	财政性存款 Treasury Deposits	各项贷款 Loans Balances	#中长期贷款 Medium- and Long-term Loans	农村信用社贷款 Deposits of Rural Loan Society
1978	77.23	16.35			91.51		2.91
1980	100.91	23.65			114.13		3.84
1985	195.64	69.99			219.36	22.26	27.45
1990	554.15	135.20			631.31	76.59	136.42
1995	1694.65	465.34			1578.21	262.85	385.25
1996	2159.37	612.33			1894.66	295.75	488.05
1997	2591.11	780.30			2372.15	337.00	541.86
1998	3030.11	822.06			2795.20	444.56	617.14
1999	3306.12	818.40			3038.32	539.79	738.77
2000	3780.74	1020.15			2933.19	784.92	895.71
2001	4053.75	983.52			3098.89	1019.51	996.75
2002	4543.39	993.92			3488.18	1207.92	1077.09
2003	5273.35	1138.11			3854.72	1442.65	1207.89
2004	9249.94	2083.56			6152.24	1949.57	1353.50
2005	10764.93	2360.31			6415.23	2474.74	1362.36
2006	12551.62	2825.42			7411.88	3033.10	1623.99
2007	14355.59	3532.72			8397.82	3883.28	1893.13
2008	17709.02	4049.73			9453.30	4684.42	2084.29
2009	22361.37	6003.08			13123.80	7143.58	2541.76
2010	26099.00	6508.21			15755.74	9073.08	3033.53
2011	29563.77	10841.38	17824.33	448.24	18143.99	10505.32	3535.19

注：1. 2003年及以前年份为银行存贷款，2004年及以后年份为全部金融机构数据。2. 中长期贷款1993年及以前年份为固定资产贷款。3. 单位存款2010年及以前年份为企业存款。

(a) Financial institutes refer to banks only prior to 2003.

(b) Prior to 1993, Medium-and-Long-term loans equal fixed asset loans.

(c) Prior to 2010, deposits of organizations refer to deposit from enterprises.

城乡居民储蓄存款年末余额

Outstanding Amount of Saving Deposits in Urban and Rural Areas

单位：亿元 (100 million yuan)

年 份 Year	城乡居民储蓄存款年末余额 Outstanding Amount of Saving Deposit	定期储蓄 Fixed Deposits	活期储蓄 Current Deposits
1996	2288.77	1943.06	345.70
1997	2712.98	2284.55	428.43
1998	3207.62	2693.00	514.62
1999	3681.89	3022.04	659.84
2000	3957.07	3152.36	804.71
2001	4364.18	3419.48	944.70
2002	4811.30	3680.17	1131.13
2003	5457.00	4064.09	1392.91
2004	6207.48	4517.25	1690.23
2005	7084.03	5096.75	1987.28
2006	8014.16	5606.72	2407.44
2007	8922.41	6094.72	2827.69
2008	11435.60	7974.18	3461.42
2009	13551.06	9138.95	4412.11
2010	15678.43	10127.45	5550.99
2011	17948.32	11834.30	6114.03

注：本表为全部金融机构数。

a) Data in this table are statement of financial institutions.

保险业务经济技术指标

Economic and Technical Indicators of Insurance Business

年 份 Year	保险业务收入（万元） Premium (10000 yuan)	保险金额（亿元） Amount Insured (100 million yuan)	已决赔款（万元） Claim and Payment (10000 yuan)
1993	121274	2163	73260
1994	159981	2660	97910
1995	187354	2678	104327
1996	216803	3633	117235
1997	373377	5376	124631
1998	403400	5858	123200
1999	436000	5215	164900
2000	565800	6625	165700
2001	764100	7376	268500
2002	1126300	12094	267900
2003	1671000	10804	283300
2004	2054031	14450	367911
2005	2173133	25152	404183
2006	2533740	30088	523107
2007	3322513	36473	1024014
2008	4805928	55400	1476827
2009	6010900	63244	1429800
2010	7464000	71933	1453800
2011	7328900	78738	1834700

各级各类学校数

Number of Schools by Level and Type of School

单位：所 (unit)

年份 Year	普通高等学校 Regular Institutions of Higher Education	普通中学 Regular Secondary Schools	高中 Senior Secondary Schools	初中 Junior Secondary Schools	职业中学 Vocational Secondary Schools	普通小学 Primary Schools
1990	50	5403	181	4745	362	48568
1991	50	5321	199	4687	313	48414
1992	48	5314	206	4712	323	48189
1993	54	5260	212	4680	318	47975
1994	52	5294	257	4723	358	47623
1995	47	5256	250	4695	359	47133
1996	45	5175	273	4598	392	465.3
1997	46	5076	301	4465	436	46243
1998	46	4984	325	4338	474	45343
1999	48	4949	358	4272	494	39770
2000	47	4910	380	4194	463	36465
2001	63	5098	377	4024	362	31529
2002	75	5053	390	3908	369	28433
2003	83	5024	394	3863	361	25700
2004	87	4917	814	4103	313	22953
2005	86	4734	1136	4320	288	20883
2006	88	4464	801	3343	290	19162
2007	88	4164	761	3755	291	17340
2008	87	3885	713	3484	292	16205
2009	109	3548	661	3177	267	14447
2010	110	3264	615	2649	267	13563
2011	112	3132	598	2534	235	13274

注：1. 2004年以前年份的职业中学包括职业高中与职业初中，2005年后为职业高中(以下各表同) <旧标准>。

2. 2007年教育年报中“职业初中”再次出现数据,职业中学包括职业高中和职业初中(以下各表同) <新标准>。

3. 普通高等学校指的是普通本专科,即小口径。

a) Vocational middle schools before 2004 covered vocational senior middle schools and vocational junior middle schools, and those after 2005 are vocational senior middle schools. (the below sheets are the same) (old standards).

b) In Year-2007 Education Report, data of "vocational junior middle schools" turned up again, and vocational middle schools covered vocational senior middle schools and vocational junior middle schools. (the below sheets are the same) (new standards).

c) Ordinary institutions of higher learning refer to ordinary universities/colle -ges and junior colleges, namely small statistical caliber.

各级各类学校专任教师数

Number of Full-time Teachers by Level and Type of School

年 份 Year	普通高等学校 (人) Regular Institutions of Higher Education (person)	普通中学 (万人) Regular Secondary Schools (10000 persons)	高 中 Senior Secondary Schools	初 中 Junior Secondary Schools	职业中学 (人) Vocational Secondary Schools (person)	普通小学 (万人) Primary Schools (10000 persons)
1990	13585	15.59	2.55	13.04	11312	26.99
1995	14808	17.95	2.59	15.37	16621	27.01
1996	15514	19.43	2.88	16.56	19854	27.73
1997	16656	21.06	3.25	17.81	22303	28.98
1998	16622	22.57	3.65	18.91	24544	30.29
1999	17263	23.98	4.05	19.93	25002	31.54
2000	19414	25.37	4.37	21.00	23782	32.95
2001	23707	26.92	4.82	22.10	21824	33.28
2002	28091	27.73	5.35	22.37	21110	33.22
2003	34542	28.59	6.13	22.46	19990	32.92
2004	39235	29.01	6.75	22.25	19782	32.48
2005	46538	29.00	7.34	21.66	19223	32.01
2006	47428	28.71	7.82	20.89	20788	31.53
2007	52809	28.26	8.12	20.14	21973	31.60
2008	55125	27.43	8.07	19.36	22064	31.67
2009	58394	26.79	8.18	18.62	22846	32.12
2010	60769	26.07	8.30	17.77	23750	31.90
2011	62715	25.59	8.34	17.25	25458	31.65

各级各类学校招生数

Number of New Students Enrollment by Level and Type of School

年 份 Year	普通高等学校 (人) Regular Institutions of Higher Education (person)	普通中学 (万人) Regular Secondary Schools (10000 persons)	高 中 Senior Secondary Schools	初 中 Junior Secondary Schools	职业中学 (人) Vocational Secondary Schools (person)	普通小学 (万人) Primary Schools (10000 persons)
1990	23803	75.78	10.81	64.97	51512	125.33
1995	43027	120.64	14.66	105.98	95099	162.60
1996	42796	129.43	15.76	113.67	125393	156.74
1997	46357	140.14	18.77	121.37	154997	148.33
1998	49578	149.84	21.61	128.23	187611	128.24
1999	76900	163.12	23.22	139.90	169533	116.15
2000	106447	177.22	26.22	151.00	134336	107.05
2001	148260	181.02	31.20	149.82	137325	93.34
2002	170792	185.65	37.96	147.69	135341	78.96
2003	192135	187.90	44.93	142.97	144724	72.74
2004	238597	172.40	46.40	126.00	128854	71.50
2005	256873	164.67	49.47	115.20	181050	72.00
2006	297058	157.19	49.70	107.49	207170	80.07
2007	303294	138.61	93.37	45.25	202145	88.52
2008	339527	124.93	44.85	80.08	175406	91.44
2009	332278	118.08	44.72	73.36	201940	87.58
2010	346478	114.18	42.02	72.16	171300	95.60
2011	350466	112.50	39.78	72.72	180921	103.85

各级各类学校在校学生数
Number of Students Enrollment by Level and Type of School

年 份 Year	普通高等学校 (人) Regular Institutions of Higher Education (person)	普通中学 (万人) Regular Secondary Schools (10000 persons)	高 中 Senior Secondary Schools	初 中 Junior Secondary Schools	职业中学 (人) Vocational Secondary Schools (person)	普通小学 (万人) Primary Schools (10000 persons)
1990	76018	207.61	31.24	176.37	126727	705.48
1995	126290	310.24	35.58	274.66	242698	851.31
1996	126645	350.09	41.39	308.70	303659	882.85
1997	135974	389.35	48.78	340.57	373509	901.12
1998	144383	416.08	55.87	360.21	446580	895.44
1999	180700	447.43	62.99	384.44	465441	864.35
2000	243847	481.75	70.04	411.71	416143	813.73
2001	350518	501.76	80.39	421.37	353652	747.65
2002	472966	528.05	94.80	433.25	342748	674.55
2003	553255	543.72	114.23	429.49	349822	606.58
2004	697440	532.92	129.39	403.53	337000	547.00
2005	789792	509.54	139.11	370.43	391232	500.36
2006	827127	480.63	143.81	336.83	471121	470.25
2007	902165	447.10	140.86	306.24	515629	465.44
2008	1000033	409.30	135.12	274.18	505295	475.66
2009	1030262	372.73	130.87	241.86	519262	488.65
2010	1105000	348.76	127.51	221.25	504000	511.59
2011	1153941	338.35	123.32	215.03	533603	541.09

各级各类学校毕业生数
Number of Graduates by Level and Type of School

年 份 Year	普通高等学校 (人) Regular Institutions of Higher Education (person)	普通中学 (万人) Regular Secondary Schools (10000 persons)	高 中 Senior Secondary Schools	初 中 Junior Secondary Schools	职业中学 (人) Vocational Secondary Schools (person)	普通小学 (万人) Primary Schools (10000 persons)
1990	22762	65.70	10.54	55.16	39780	82.56
1995	36388	75.35	66.50	8.84	57460	119.22
1996	41837	82.84	9.34	73.50	83979	121.62
1997	42234	97.24	11.33	85.91	97938	124.72
1998	40562	116.52	14.06	102.46	114501	132.68
1999	39606	124.61	15.82	108.79	133644	144.52
2000	41255	131.42	18.16	113.42	151104	154.93
2001	15871	137.08	21.28	115.80	147822	153.78
2002	62910	147.54	23.48	124.06	123220	152.69
2003	107562	163.10	26.49	136.61	100617	145.92
2004	143148	173.06	31.87	141.19	100150	128.09
2005	183213	178.03	39.63	138.40	91352	117.46
2006	207566	178.09	45.06	133.03	114058	108.58
2007	228193	162.54	47.22	115.32	134110	93.54
2008	271335	153.50	48.23	105.27	156842	80.20
2009	272247	145.97	46.90	99.07	171653	73.39
2010	297100	130.35	42.66	87.69	161616	72.18
2011	311141	118.04	42.79	75.25	177719	73.28

高等教育学校(机构)数 (2011年)

Number of School or Institution of Higher Education (2011)

单位：所 (unit)

项目	Item	总计 Total	中央部委 Central Ministries and Agencies	其他部委 Other Ministries	地方部门 Local Depart-ments	#教育部门 Depart-ments of Education	民办 Private
研究生培养机构	**Institutions Providing Postgraduate Programs**	**18**	**3**	**3**	**15**	**15**	
普通高校	Regular Institutions of Higher Education	16	1	1	15	15	
科研机构	Research Institutions	2	2	2			
普通高校	**Regular Institutions of Higher Education**	**112**	**4**	**4**	**74**	**56**	**34**
本科院校	Universities with Full Undergraduate Courses	54	4	4	29	28	21
专科院校	Colleges with Specialized Courses	58			45	28	13
#高等职业学校	Vocational and Technical Colleges	51			40	25	11
成人高等学校	**Adult Institutions of Higher Education**	**7**			**7**	**4**	
民办的其他高等教育机构	**Other Private Institutions of Higher Education**	**36**					**36**

高等学校(机构)学生数 (2011年)

Number of Students in Regular Institutions of Higher Education (2011)

单位：人 (person)

项目	Item	招生数 New Enrollment	在校学生数 Total Enrollment	毕(结)业生数 Graduates with Degrees or Diplomas	授予学位数 Degrees Conferred
研究生	Postgraduates	11795	34085	9106	9007
博士	Doctor's Degree	525	2064	375	360
硕士	Master's Degree	11270	32021	8731	8647
普通本科、专科生	Regular Undergraduates and College Students	359209	1149252	311141	117660
本科	Enrolled in Full Undergraduate Courses	162109	591987	120276	117660
专科	Enrolled in Specialized Courses	197100	557265	190865	
成人本科、专科生	Adult Undergraduates and College Students	95160	260050	71942	4166
本科	Enrolled in Full Undergraduate Courses	48125	123923	30429	4166
专科	Enrolled in Specialized Courses	47035	136127	41513	
在职人员攻读博士硕士学位	Employees Enrolled in Graduate Programs Leading to Doctor or Master Degrees	2626	7921		2263
自考助学班	Classes for Self-learning Programs		1042	216	
研究生课程进修班	Postgraduate Courses for Advanced Study		927	880	
普通预科生	College Preparatory Courses		663		
进修及培训	In-service Training Courses		36079	86447	
留学生	Overseas Students	776	1716	657	380

分学科研究生情况（2011年）

Number of Postgraduate Students by Field of Study (2011)

单位：人 (person)

项目	Item	招生数 New Enrollment	博士 Doctor's Degree	硕士 Master's Degree	在校学生数 Total Enrollment	博士 Doctor's Degree	硕士 Master's Degree	毕业生数 Graduates	博士 Doctor's Degree	硕士 Master's Degree
分学科研究生数（总计）	**Total**	**11795**	**525**	**11270**	**34085**	**2064**	**32021**	**9106**	**375**	**8731**
哲学	Philosophy	83	3	80	281	11	270	101	3	98
经济学	Economics	441	10	431	1159	28	1131	333	3	330
法学	Law	639	14	625	1984	48	1936	674	9	665
教育学	Education	540	8	532	1530	31	1499	335	6	329
文学	Literature	1057	19	1038	2775	56	2719	805	15	790
历史学	History	137	17	120	417	51	366	141	11	130
理学	Science	947	61	886	3030	193	2837	853	40	813
工学	Engineering	4455	211	4244	12710	943	11767	3065	157	2908
农学	Agriculture	407	32	375	1128	139	989	290	15	275
医学	Medicine	1671	97	1574	5107	294	4813	1529	83	1446
军事学	Military	75		75	240		240	55		55
管理学	Management	1343	53	1290	3724	270	3454	925	33	892
分学科研究生数（普通高校）	**Regular Colleges**	**11762**	**525**	**11237**	**33991**	**2064**	**31927**	**9078**	**375**	**8703**
哲学	Philosophy	83	3	80	281	11	270	101	3	98
经济学	Economics	441	10	431	1159	28	1131	333	3	330
法学	Law	639	14	625	1984	48	1936	674	9	665
教育学	Education	540	8	532	1530	31	1499	335	6	329
文学	Literature	1057	19	1038	2775	56	2719	805	15	790
历史学	History	137	17	120	417	51	366	141	11	130
理学	Science	947	61	886	3030	193	2837	853	40	813
工学	Engineering	4422	211	4211	12616	943	11673	3037	157	2880
农学	Agriculture	407	32	375	1128	139	989	290	15	275
医学	Medicine	1671	97	1574	5107	294	4813	1529	83	1446
军事学	Military	75		75	240		240	55		55
管理学	Management	1343	53	1290	3724	270	3454	925	33	892
分学科研究生数（科研机构）	**Research Institutions**	**33**		**33**	**94**		**94**	**28**		
工学	Engineering	33		33	94		94	28		

本、专科分学科学生数（2011年）
Number of Students in Undergraduate and Junior Colleges by Field of Study (2011)

单位：人 (person)

项　　目	Item	招生数 New Enrollment		在校学生数 Total Enrollment		毕业生数 Graduates	
		普通高校 Regular Institutions	成人高校 Adult Institutions	普通高校 Regular Institutions	成人高校 Adult Institutions	普通高校 Regular Institutions	成人高校 Adult Institutions
本　科	**Undergraduate**	**162109**	**48125**	**591987**	**123923**	**120276**	**35989**
#师范生	Teacher Training	18232	4901	67484	14080	16416	4505
按学科分	**by Field of Study**						
哲　学	Philosophy	41		142		37	
经济学	Economics	8468	839	31237	2341	7042	560
法　学	Law	5598	2700	21633	8348	5846	2872
教育学	Education	6618	2971	21721	7631	4118	2216
文　学	Literature	25939	4619	88445	12862	17183	3760
#外　语	Foreign Languages	7152	1179	26464	3445	5632	1209
艺　术	Art	12557	1030	38075	3210	6540	602
历　史	History	835	111	2815	293	572	109
理　学	Science	13829	610	50911	1947	11246	606
工　学	Engineering	55603	15888	204778	40244	42173	10629
农　学	Agriculture	3043	433	9982	1223	2322	365
医　学	Medicine	13712	9378	58968	23639	10221	7835
管理学	Management	28423	10576	101355	25395	19516	7037
专　科	**Junior Colleges**	**188357**	**8743**	**530130**	**27135**	**180170**	**10695**
#师范生	Teacher Training	10139	1129	27033		10154	667
按学科分	**by Field of Study**						
农林牧渔类	Agriculture, Forestry, Animal Husbandry and Fishery	3538		11034		4269	55
交通运输类	Transport	4798		13474		4320	
生化与药品类	Biochemical and Pharmaceutical	5063	21	16091	335	5233	175
资源开发与测绘类	Resource Development and Mapping	2177	945	6640	2713	2324	925
材料与能源类	Materials and Energy	2748		7947		2756	
土建类	Civil Engineering	23626	570	57255	2059	14747	715
水利类	Water Conservancy	315		953		277	
制造类	Manufacturing	21230	41	61682	348	21819	197
电子信息类	Electronic Information	19431	608	59665	2176	21441	1115
环保、气象与安全类	Environmental Protection, Meteorological and Safety	722	386	2191	1492	1012	463
轻纺食品类	Textile and Food	1880	83	6233	371	2144	194
财经类	Financial	39920	2072	110119	6235	33310	3230
医药卫生类	Leisure and Health	23005	575	61627	1658	19910	821
旅游类	Tourism	5482	323	16435	1130	6443	274
公共事业类	Public Management and Services	1875	695	5408	1934	2158	514
文化教育类	Culture and Education	19216	1424	54730	3517	23099	1099
艺术设计传媒类	Art Design Media	10693	739	29733	2335	10265	694
公安类	Public Security	13		802		842	
法律类	Law	2625	261	8111	832	3801	224

中等职业学校机构数（2011年）
Number of Secondary Vocational Schools (2011)

单位：个 (unit)

项目	Item	总计 Total	中央部门 Central Ministries and Agencies	地方部门 Local Departments	教育部门 Departments of Education	非教育部门 Departments of Non-Education	民办 Private
中等职业学校	**Secondary Vocational Schools**	**696**	**1**	**461**	**395**	**66**	**234**
普通中等专业学校	Regular Specialized Secondary School	302	1	105	48	57	196
成人中等专业学校	Adult Specialized Secondary School	169		155	147	8	14
职业高中学校	Vocational Junior Secondary School	225		201	200	1	24
其他机构(教学点)(不计校数)	**Other Institutions**	**30**		**22**	**19**	**3**	**8**

注：中等职业学校未含技工学校数据(以下各表均同)。
a) Number of secondary vocational schools do not include the number of skilled-worker schools. The same applies to the tables following.

中等职业学校(机构)学生分科类情况（2011年）
Students in Secondary Vocational Schools by Field of Study (2011)

单位：人 (person)

项目	Item	招生数 New Enrollment	#初中毕业生 Junior Secondary School Graduates	#应届毕业生 Current Year Graduates	在校学生数 Total Enrollment	毕业生数 Graduates	#获得职业资格证书 With Certificate on Professional Competence
总　　计	**Total**	**356853**	**265692**	**285872**	**1065994**	**355816**	**180710**
农林类	Agriculture and Forestry	122159	73706	79038	355189	39188	19183
资源与环境类	Resources and Environment	2125	1548	1776	5521	2579	1233
能源类	Energy	2458	2177	2281	6349	2174	1922
土木水利工程类	Civil and Hydraulic Engineering	11272	9512	10315	31567	10453	7659
加工制造类	Manufacturing	45777	39798	43149	147223	76915	47615
交通运输类	Communication & Transportation	18266	15345	16955	51045	17700	7984
信息技术类	Information Technologies	47410	39511	41305	153118	81152	43595
医药卫生类	Medicine and Health	23170	14121	15999	78583	29943	5968
财经商贸类	Trade and Tourism	27606	22011	24105	81640	34508	17840
旅游服务类	Finance and Economics	7447	5983	6863	22340	9991	5267
文化艺术与体育类	Culture, Arts and Physical Education	14768	13028	13409	42553	17752	9202
公共管理与服务类	Public Affairs	1118	718	778	3121	1460	440
教育类	Teacher Training						
其　他	Other	1883	1785	1856	6137	3016	1380

普通高中学校和学生情况（2011年）
Statistics on Regular Senior Secondary Schools and Students (2011)

项目	Item	学校数（所）Schools (unit)	高级中学 Senior Secondary Schools	完全中学 Six-grades Secondary Schools	招生数（人）New Enrollment (person)	在校学生数（人）Total Enrollment (person)	毕业生数（人）Graduates (person)
总计	**Total**	**575**	**369**	**206**	**397819**	**1233223**	**427876**
教育部门和集体办	Run by Education Departments and Collectives	**491**	329	162			
民办	Run by Private Institutions	**84**	40	44			
其他部门办	Run by Other Departments						
城市	**Cities**	**240**	**121**	**119**	**158629**	**488490**	**167115**
教育部门和集体办	Run by Education Departments and Collectives	**191**	97	94			
民办	Run by Private Institutions	**49**	24	25			
其他部门办	Run by Other Departments						
县镇	**Counties and Towns**	**306**	**230**	**76**	**225422**	**700898**	**244131**
教育部门和集体办	Run by Education Departments and Collectives	**277**	215	62			
民办	Run by Private Institutions	**29**	15	14			
其他部门办	Run by Other Departments						
农村	**Rural**	**29**	**18**	**11**	**13768**	**43835**	**16630**
教育部门和集体办	Run by Education Departments and Collectives	**23**	17	6			
民办	Run by Private Institutions	**6**	1	5			
其他部门办	Run by Other Departments						

普通初中学校和学生情况（2011年）
Statistics on Regular Junior Secondary Schools and Students (2011)

项目	Item	学校数（所）Number of Schools (unit)	#初级中学 Junior Secondary Schools	#九年一贯制 9-Year Primary-Secondary Schools	招生数（人）New Enrollment (person)	在校学生数（人）Total Enrollment (person)	毕业生数（人）Graduates (person)
总计	**Total**	**2534**	**2165**	**369**	**727190**	**2150335**	**752512**
教育部门和集体办	Run by Education Departments and Collectives	2340	2096	244			
民办	Run by Private Institutions	188	67	121			
其他部门办	Run by Other Departments	6	2	4			
城市	**Cities**	**368**	**282**	**86**	**198580**	**582271**	**190021**
教育部门和集体办	Run by Education Departments and Collectives	320	265	55			
民办	Run by Private Institutions	45	16	29			
其他部门办	Run by Other Departments	3	1	2			
县镇	**Counties and Towns**	**1139**	**981**	**158**	**375231**	**1104894**	**384129**
教育部门和集体办	Run by Education Departments and Collectives	1031	939	92			
民办	Run by Private Institutions	105	41	64			
其他部门办	Run by Other Departments	3	1	2			
农村	**Rural**	**1027**	**902**	**125**	**153379**	**463170**	**178362**
教育部门和集体办	Run by Education Departments and Collectives	989	892	97			
民办	Run by Private Institutions	38	10	28			
其他部门办	Run by Other Departments						

普通小学学校和学生情况（2011年）

Statistics on Regular Primary Schools and Students (2011)

项　目	Item	学校数（所）Schools (unit)	招生数（人）New Enrollment (person)	在校学生数（人）Total Enrollment (person)	毕业生数（人）Graduates (person)
总　计	**Total**	**13274**	**1038453**	**5410910**	**732753**
教育部门和集体办	Run by Education Departments and Collectives	12965			
民　办	Run by Private Institutions	302			
其他部门办	Run by Other Departments	7			
城　市	**Cities**	**1335**	**195162**	**1055900**	**158899**
教育部门和集体办	Run by Education Departments and Collectives	1282			
民　办	Run by Private Institutions	50			
其他部门办	Run by Other Departments	3			
县　镇	**Counties and Towns**	**3327**	**344778**	**1841024**	**247585**
教育部门和集体办	Run by Education Departments and Collectives	3188			
民　办	Run by Private Institutions	137			
其他部门办	Run by Other Departments	2			
农　村	**Rural**	**8612**	**498513**	**2513986**	**326269**
教育部门和集体办	Run by Education Departments and Collectives	8495			
民　办	Run by Private Institutions	115			
其他部门办	Run by Other Departments	2			

各类技工学校情况

Statistics on Technical Schools

指　标	Item	2008	2009	2010	2011
学校数(所)	Number of Schools (unit)	161	164	166	168
在校学生数(人)	Number of Students (person)	174421	169663	158592	145870
教职工数(人)	Teachers and Staff (person)	12133	12597	12743	12686
专任教师数(人)	Full-time Teachers (person)	10881	11196	11109	8865
文化技术理论课指导教师(人)	Classroom Teachers (person)	6352	6101	6046	6310
生产实习课指导教师(人)	Practical Training Teachers (person)	2571	2917	2826	2555
理论实习一体化教师(人)	Classroom cum Practical Training Teachers (person)	1958	2178	2237	2387

每万人口在校学生数和中小学升学情况
Number of Students Per 10000 Population and Enrollment Rate of Secondary and Primary Schools

年 份 Year	各级学校学生占全省人口(%) Percentage of Student to Total Population (%)	平均每万人口中 Per 10000 Population			小学学龄儿童入学率(%) Enrollment Rate of School-age Children (%)	小学毕业生升学率(%) Primary School Graduates Entering into Junior Secondary Schools (%)	初中毕业生升学率(%) Junior Secondary Graduates Entering into Senior Secondary Schools (%)
		大学生(人) Undergraduates (person)	中学生(人) Middle School Student (person)	小学生(人) Primary School Students (person)			
1980	20.8	8	650	1421	97.0	82.3	41.3
1985	15.8	10	484	1084	97.7	70.1	33.1
1990	15.8	12	394	1171	99.0	79.9	35.3
1995	19.0	20	567	1333	99.2	90.2	47.3
1996	20.2	20	636	1367	99.7	93.5	21.4
1997	21.1	21	726	1386	99.8	98.8	49.0
1998	21.4	22	755	1368	99.8	98.1	47.1
1999	15.9	27	800	1316	99.9	98.0	42.3
2000	20.8	37	832	1225	99.9	98.7	43.3
2001	20.2	52	845	1118	99.5	98.8	43.4
2002	19.5	70	875	1002	99.5	96.7	39.5
2003	18.8	82	902	896	99.4	98.0	32.9
2004	17.9	102	886	803	99.8	98.4	32.9
2005	17.1	115	864	730	99.7	98.1	39.0
2006	16.4	119	837	682	99.4	99.0	37.4
2007	16.1	130	814	670	99.5	99.8	39.2
2008	15.7	143	749	681	99.7	99.8	42.6
2009	15.5	151	702	695	99.7	99.95	45.1
2010	15.1	154	641	712	99.8	99.98	85.6
2011	15.3	153	634	747	99.8	99.97	86.2

注：1．大学生为普通高校在校学生数(普通本、专科)。
2．中学生包括中等专业学校、技工学校、普通中学和农、职中学。

a) College students are students in regular colleges and universities.

b) Middle school students are not only students in regular middle schools, but also those in polytechnic schools, vestibule schools, agricultural schools and specialized middle school.

各级学校生师比

Student-teacher Ratio by Level of Schools

年 份 Year	高等学校 Institutions of Higher Education		中等学校 Secondary Schools		小 学 Primary Schools	
	教师数（万人） Teachers (10000 persons)	生师比 Student-teacher Ratio	教师数（万人） Teachers (10000 persons)	生师比 Student-teacher Ratio	教师数（万人） Teachers (10000 persons)	生师比 Student-teacher Ratio
1980	0.9	4.9	20.1	16.7	27.1	27.1
1985	1.2	4.9	17.2	15.6	24.7	24.3
1990	1.4	5.6	18.6	12.8	27.0	26.1
1991	1.3	5.7	18.9	13.4	27.2	26.6
1992	1.3	6.3	19.4	14.1	26.9	27.8
1993	1.4	7.3	19.8	14.5	27.2	28.6
1994	1.5	8.2	20.6	15.5	27.2	30.0
1995	1.5	8.4	21.8	16.6	27.0	31.5
1996	1.6	8.2	23.7	17.3	27.7	32.5
1997	1.7	8.2	25.6	17.3	29.0	31.1
1998	1.7	8.7	27.3	18.1	30.3	29.6
1999	1.7	10.4	28.8	18.3	31.5	27.4
2000	1.9	12.6	29.9	18.5	33.0	24.7
2001	2.4	14.8	31.1	18.2	33.3	22.5
2002	2.8	16.8	31.8	18.5	33.2	20.3
2003	3.5	15.8	32.2	19.0	32.9	18.4
2004	3.9	18.2	31.8	19.0	32.5	16.8
2005	4.7	22.0	33.8	17.8	32.0	15.6
2006	5.1	16.9	32.8	17.6	31.5	14.9
2007	5.6	21.5	33.9	16.7	31.6	14.7
2008	5.7	22.7	33.3	16.0	31.7	15.0
2009	6.0	22.3	32.7	15.3	32.1	15.2
2010	7.72	21.2	32.09	14.9	31.90	16.0
2011	7.74	22.10	32.21	15.01	31.65	17.1

注：1. 高等学校是指普通高校、成人高校、民办的其他高等教育机构。

2. 中等学校包括中等专业学校、技工学校、普通中学和农、职业中学。

a) Institutions of high educations include not only regular colleges and universities, but also adult colleges and universities, non-governmental colleges and universities and other institutions of high education.

b) Secondary schools include not only regular middle schools, but also polytechnic schools, vestibule schools, agricultural schools and specialized middle schools.

科技活动基本情况
Basic Statistics on Scientific and Technological Activities

指　　标	Item	2005	2010	2011
研究与试验发展(R&D)投入情况	**Statistics on R&D Input**			
R&D人员全时当量(人/年)	Full-time Equivalent of R&D Personnel (man-year)	41990.2	62302.3	73024.8
#基础研究	Basic Research	2281.2	3807.1	4445.1
应用研究	Applied Research	8859.4	10576.6	10560.0
试验发展	Experimental Development	30849.6	47918.5	58026.7
R&D经费内部支出(万元)	Intramural Expenditure on R&D (10000 yuan)	593190.1	1554487.8	2013376.5
#基础研究	Basic Research	23025.1	52824.2	63349.7
应用研究	Applied Research	149354.2	230884.4	257791.5
试验发展	Experimental Development	401311.1	1270778.2	1692229.3
#政府资金	Government Funds		273893.4	324406.3
企业资金	Self-raised Funds by Enterprises		1220159.6	1666238.6
R&D经费内部支出相当于GDP比例(%)	Proportion of Intramural Expenditure on R&D to GDP (%)	0.59	0.76	0.82
专利申请数(件)	Number of Patents Application Accepted (piece)	1912	5112	7463
#发明专利	Inventions	716	1774	2579
专利授权数(件)	Number of Patents Application Granted (piece)		877	1170
#发明专利	Inventions		292	472
科技产出及成果情况	**Statistics on S&T Outputs and Results**			
发表科技论文(篇)	Scientific Papers Issued (pieces)	32164	40425	42142
出版科技著作(种)	Publication on Science and Technology (kind)	1041	917	933

科学研究与开发机构基本情况

Basic Statistics on Scientific Research and Development Institutions

指　标	Item	2005	2010	2011
机构基本情况	**Basic Statistics on Institutions**			
机构数（个）	Number of R&D Institutions (unit)	78	75	75
#中央属	Subordinated to Central Level	8	8	9
地方属	Subordinated to Local Level	70	67	66
研究与试验发展(R&D)投入情况	**Statistics on R&D Input**			
R&D人员(人)	R&D Personnel (person)		6551	6926
R&D人员全时当量（人年）	Full-time Equivalent of R&D Personnel (man-year)	4592	6201	6423.0
#基础研究	Basic Research	189	669	985.0
应用研究	Applied Research	3011	4072	4055.0
试验发展	Experimental Development	1392	1460	1383.0
R&D经费内部支出(万元)	Intramural Expenditure on R&D (10000 yuan)	127984	212542.0	224911.0
#基础研究	Basic Research	13728	24796	25443.0
应用研究	Applied Research	100860	141414	152280.0
试验发展	Experimental Development	13395	46331	47188.0
#政府资金	Government Appropriation Funds	120142	175190	213270.0
企业资金	Self-raised Funds by Enterprises	6758	51	1961.0
R&D项目(课题)情况	**Statistics on R&D Topics**			
R&D项目(课题)数(项)	Projects of R&D (item)		572	544
R&D项目(课题)人员全时当量(人年)	Participants (man-year)		5690	5935.0
R&D项目(课题)经费内部支出(万元)	Intramural Expenditure (10000 yuan)		106116	124769.0
科技产出及成果情况	**Statistics on S&T Outputs and Results**			
发表科技论文(篇)	Scientific Papers Issued (piece)	2114	1935	2761
#国外发表	Published in Foreign Periodicals			
出版科技著作(种)	Publication on Science and Technology (kind)	54	35	75
专利申请受理数(件)	Number of Patents Applications Accepted (piece)	64	244	247
#发明专利	Inventions	31	151	151
专利申请授权数(件)	Number of Patents Applications Granted (piece)		150	158
#发明专利	Inventions		62	97

高等学校科技活动情况

Basic Statistics on Higher Education for Scientific and Technological Activities

指　标	Item	2005	2010	2011
机构基本情况	**Basic Statistics on Institutions**			
机构数（个）	Number of R&D Institutions (unit)	**78**	**162**	**167**
#中央属	Subordinated to Central Level		6	6
地方属	Subordinated to Local Level		156	161
研究与试验发展(R&D)投入情况	**Statistics on R&D Input**			
R&D人员(人)	R&D Personnel (person)		16842	18621
R&D人员全时当量（人年）	Full-time Equivalent of R&D Personnel (man-year)	**5540.6**	**7388.4**	**7716.4**
#基础研究	Basic Research	1532.4	2980.7	3317.1
应用研究	Applied Research	3369.1	4092.1	4120.6
试验发展	Experimental Development	639.1	318.5	276.7
R&D经费内部支出(万元)	Intramural Expenditure on R&D (10000 yuan)	**37303**	**74597.0**	**84408.1**
#基础研究	Basic Research	7452	27030.2	37039.1
应用研究	Applied Research	21063	41075.6	42158.7
试验发展	Experimental Development	2802	6486.2	5204.3
#政府资金	Government Appropriation Funds		39915.1	43310.9
企业资金	Self-raised Funds by Enterprises		29337.5	32783.7
R&D项目(课题)情况	**Statistics on R&D Topics**			
R&D项目(课题)数(项)	Projects of R&D (item)		13301	14922
R&D项目(课题)人员全时当量(人年)	Participants (man-year)		7384.9	7711.0
R&D项目(课题)经费内部支出(万元)	Intramural Expenditure (10000 yuan)		54999.4	59339.2
科技产出及成果情况	**Statistics on S&T Outputs and Results**			
发表科技论文(篇)	Scientific Papers Issued (piece)	**25818**	**30426**	**31142**
出版科技著作(种)	Publication on Science and Technology (kind)	849	743	718
专利申请受理数(件)	Number of Patents Applications Accepted (piece)	**268**	**937**	**1156**
#发明专利	Inventions	151	430	578
专利申请授权数(件)	Number of Patents Applications Granted (piece)		649	956
#发明专利	Inventions		211	339

规模以上工业企业的科技活动基本情况
Basic Statistics on Science and Technology Activities of Industrial Enterprises above Designated Size

指　标	Item	2004	2010	2011
企业基本情况	**Statistics on Industrial Enterprises**			
有R&D活动企业数(个)	Number of Enterprises Having R&D Activities (unit)	441	546	656
有R&D活动企业所占比重(%)	Percentage of Enterprises Having R&D Activities to Total Number of Enterprises (%)	4.75	3.92	5.67
R&D活动情况	**Statistics on R&D Activities**			
R&D人员全时当量(人年)	Full-time Equivalent of R&D Personnel (man-year)	19451	41632.2	51498.4
R&D经费内部支出(万元)	Intramural Expenditure on R&D (10000 yuan)	260405.0	1149280.1	1586188.6
R&D经费内部支出与主营业务收入之比 (%)	Percentage of Intramural Expenditure on R&D to Sales Revenue (%)	0.32	0.36	0.39
R&D项目数 (项)	Projects of R&D (item)	1744	4976	6055
R&D项目经费内部支出(万元)	Intramural Expenditure on R&D Projects (10000 yuan)	232470.0	979938.9	1360220.8
企业办科技机构情况	**Statistics on Science and Technology Institutions**			
机构数(个)	Number of R&D Institutions (unit)	588	529	748
机构人员数(人)	R&D Personnel (person)	24335	43038	53095
机构经费支出(万元)	Expenditure on R&D (10000 yuan)	205154.0	771782.8	858510.6
新产品开发及生产情况	**Statistics on New Products Development and Production**			
新产品开发项目数(个)	Number of New Products (unit)	2324	4892	6292
新产品开发经费支出(万元)	Expenditure on New Products Development (10000 yuan)	219191.0	1081733.6	1496754.8
新产品销售收入(万元)	Sales Revenue of New Products (10000 yuan)	3694885.8	13857107.8	18992289.0
#新产品出口	Export	396336.0	1480374.9	2288188.1
专利情况	**Statistics on Patent**			
专利申请数(件)	Patent Applications (piece)	1205	3581	5771
#发明专利	Inventions	398	1072	1756
有效发明专利数(件)	Number of Patents In Force (piece)	638	1545	2601
技术获取和技术改造情况	**Statistics on Technology Acquisition and Technology Reconstruction**			
引进国外技术经费支出(万元)	Expenditure for Acquisition of Foreign Technology (10000 yuan)	137597.0	134132.2	81806.8
引进技术消化吸收经费支出(万元)	Expenditure for Assimilation of Technology (10000 yuan)	19419.0	190810.8	23331.9
购买国内技术经费支出(万元)	Expenditure for Purchase of Domestic Technology (10000 yuan)	30812.0	31476.4	146646.1
技术改造经费支出(万元)	Expenditure for Technical Renovation (10000 yuan)	1025393.0	1714642.3	1908089.1

按行业分规上工业企业研究与试验发展(R&D)活动情况（2011年）

Basic Statistics on R&D Activities of Industrial Enterprises above Designated Size by Industrial Sector (2011)

行　　业	Sector	R&D人员全时当量（人年） Full-time Equivalent of R&D Personnel (man-year)	R&D经费（万元） Expenditure on R&D (10000 yuan)	R&D项目数（项） R&D Projects (unit)
全省总计	**Total**	**51498.4**	**1586188.6**	**6055**
煤炭开采和洗选业	Mining and Washing of Coal	3380.4	159335.1	263
石油和天然气开采业	Extraction of Petroleum and Natural Gas	1272.8	16499.7	133
黑色金属矿采选业	Mining of Ferrous Metal Ores	58.1	982.7	20
有色金属矿采选业	Mining of Non-ferrous Metal Ores			
非金属矿采选业	Mining and Processing of Nonmetal Ores	49.3	2441.1	5
农副食品加工业	Processing of Food from Agricultural Products	224.1	8440.3	58
食品制造业	Manufacture of Foods	803.4	20135.5	181
饮料制造业	Manufacture of Beverage	422.6	8967.7	74
烟草制品业	Manufacture of Tobacco			
纺织业	Manufacture of Textile	1772.8	17000.8	111
纺织服装、鞋、帽制造业	Manufacture of Textile Wearing Apparel, Footwear, and Caps	478.7	6079.4	100
皮革、毛皮、羽毛(绒)及其制品业	Manufacture of Leather, Fur, Feather & Its Products	173.1	1984.0	8
木材加工及木、竹、藤、棕、草制品业	Processing of Timbers, Manufacture of Wood, Bamboo, Rattan, Palm, and Straw Products			
家具制造业	Manufacture of Furniture	13.1	576.1	1
造纸及纸制品业	Manufacture of Paper and Paper Products	141.1	7620.5	78
印刷业和记录媒介的复制	Printing, Reproduction of Recording Media	227.6	3646.0	33
文教体育用品制造业	Manufacture of Articles for Culture, Education and Sport Activities			
石油加工、炼焦及核燃料加工业	Processing of Petroleum, Coking, Processing of Nuclear Fuel	509.5	13991.8	62
化学原料及化学制品制造业	Manufacture of Chemical Raw Material and Chemical Products	4525.0	98287.2	394
医药制造业	Manufacture of Medicines	4586.5	84876.9	786
化学纤维制造业	Manufacture of Chemical Fiber	406.3	5319.9	37
橡胶制品业	Manufacture of Rubber	260.1	5079.1	43
塑料制品业	Manufacture of Plastic	516.1	7235.9	64
非金属矿物制品业	Manufacture of Nonmetallic Mineral Products	2854.5	36210.6	216
黑色金属冶炼及压延加工业	Manufacture and Processing of Ferrous Metals	6770.5	512451.8	715
有色金属冶炼及压延加工业	Manufacture & Processing of Non-ferrous Metals	540.6	22043.3	52
金属制品业	Manufacture of Metal Products	1393.8	28854.0	186
通用设备制造业	Manufacture of General Purpose Machinery	2577.5	44842.5	339
专用设备制造业	Manufacture of Special Purpose Machinery	4415.6	74323.3	525
交通运输设备制造业	Manufacture of Transport Equipment	7232.0	192798.0	734
电气机械及器材制造业	Manufacture of Electrical Machinery & Equipment	3967.8	173932.9	590
通信设备、计算机及其他电子设备制造业	Manufacture of Communication Equipment, Computer and Other Electronic Equipment	950.7	20755.4	108
仪器仪表及文化、办公用机械制造业	Manufacture of Measuring Instrument and Machinery for Cultural Activity & Office Work	664.2	8739.6	103
工艺品及其他制造业	Manufacture of Artwork, Other Manufacture	6.0	137.0	1
电力、热力的生产和供应业	Production and Supply of Electric Power and Heat Powe	297.7	2529.1	34
燃气生产和供应业	Production and Distribution of Gas			
水的生产和供应业	Production and Distribution of Water	7.0	71.4	1

大中型工业企业科技活动基本情况
Basic Statistics on Science and Technology Activities of Large and Medium-sized Industrial Enterprises

指　标	Item	2005	2010	2011
企业基本情况	**Statistics on Industrial Enterprises**			
有R&D活动企业数（个）	Number of Enterprises Having R&D Activities (unit)	199	290	361
有R&D活动企业所占比重(%)	Percentage of Enterprises Having R&D Activities to Total Number of Enterprises (%)	16.5	17.82	17.74
R&D活动情况	**Statistics on R&D Activities**			
R&D人员全时当量(人年)	Full-time Equivalent of R&D Personnel (man-year)	23052	37814.5	46782.6
R&D经费内部支出(万元)	Intramural Expenditure on R&D (10000 yuan)	348195.0	1078941.2	1481235.2
R&D经费内部支出与主营业务收入之比(%)	Percentage of Intramural Expenditure on R&D to Sales Revenue (%)	0.47	0.52	0.55
R&D项目数(项)	Projects of R&D (item)	2320	4346	5177
R&D项目经费内部支出(万元)	Intramural Expenditure on R&D (10000 yuan)	315057.0	926520.2	1278575.6
企业办R&D机构情况	**Statistics on R&D Institutions**			
机构数(个)	Number of R&D Institutions (unit)	342	365	466
机构人员数（人）	R&D Personnel (person)	24317	39860	47033
机构经费支出(万元)	Expenditure on R&D (10000 yuan)	267781	737155.5	792916.6
新产品开发及生产情况	**Statistics on New Products Development and Production**			
新产品开发项目数(个)	Number of New Products (unit)	2386	4048	5323
新产品开发经费支出(万元)	Expenditure on New Products Development (10000 yuan)	359941	983795.8	1375037.1
新产品销售收入(万元)	Sales Revenue of New Products (10000 yuan)	4364557	13062232.8	17847621.6
#新产品出口	Export	292458	1428054.4	2227807.0
专利情况	**Statistics on Patent**			
专利申请数(件)	Patent Applications (piece)	797	2827	4814
#发明专利	Inventions	313	820	1373
有效发明专利数(件)	Number of Patents In Force (piece)	521	1218	1979
技术获取和技术改造情况	**Statistics on Technology Acquisition and Technology Reconstruction**			
引进国外技术经费支出(万元)	Expenditure for Acquisition of Foreign Technology (10000 yuan)	69069	132991.6	80919.3
引进技术消化吸收经费支出(万元)	Expenditure for Assimilation of Technology (10000 yuan)	16002	189600.8	22834.8
购买国内技术经费支出(万元)	Expenditure for Purchase of Domestic Technology (10000 yuan)	11813	30970.8	146155.6
技术改造经费支出(万元)	Expenditure for Technical Renovation (10000 yuan)	926436	1701417.4	1885425.0

注：2005年企业办R&D机构为“企业科技机构”。

a) R&D agency supported by enterprises for 2005, refers to those R&D agencies which are attached to enterprises.

国有地方企事业单位各部门专业技术人员
Number of Scientific and Technical Personnel in Local State-owned Enterprises and Institutions

单位：人 (person)

项　目	Item	2005	2010	2011
全 省 总 计	**Total**	**1131635**	**1139161**	**1157712**
农、林、牧、渔业	Agriculture, Forestry, Animal Husbandry and Fishery	38189	33597	33528
采矿业	Mining	22779	29550	30782
制造业	Manufacturing	65311	44892	41778
电力、煤气及水的生产和供应业	Production and Supply of Electricity, Gas and Water	9760	9745	8592
建筑业	Construction	19534	21332	18532
交通运输 、仓储和邮政业	Transport, Storage and Post	21305	26071	27584
信息传输、计算机服务和软件业	Information Transmission, Computer Services and Software	737	1089	1195
批发和零售业	Wholesale and Retail Trades	13313	9488	7083
住宿和餐饮业	Hotels and Catering Services	1029	1003	732
金融业	Financial Intermediation	2536	2618	2650
房地产业	Real Estate	4317	3387	3747
租赁和商务服务业	Leasing and Business Services	952	1153	1001
科学研究、技术服务和地质勘查业	Scientific Research, Technical Service and Geologic Environment Prospecting	14834	14870	14211
水利、环境和公共设施管理业	Management of Water Conservancy, and Public Facilities	20153	27013	25114
居民服务和其他服务业	Services to Households and Other Services	4630	4927	4383
教　育	Education	700685	665785	704119
卫生、社会保障和社会福利业	Health, Social Security and Social Welfare	138063	173742	178197
文化、体育和娱乐业	Culture, Sports and Entertainment	31489	22319	25073
公共管理和社会组织	Public Management and Social Organization	22019	46571	29411

省内三种专利申请受理量及授权量

Three Kinds of Patent Applications Examined and Granted

单位：件 (unit)

项　　目	Item	2000	2005	2010	2011
申请量合计	**Total Applications Examined**	**3848**	**6401**	**12300**	**17595**
发　明	Inventions	601	1273	3269	4651
实用新型	Utility Models	2429	3618	7095	10423
外观设计	Designs	818	1510	1936	2521
在三种专利申请量中	**In the Three Types of Patent Applications Examined**				
非职务	Non-official	3080	4705	5707	6805
职　务	Official	768	1696	6593	10790
大专院校	Universities and Colleges	27	218	810	1208
科研单位	Research Institutions	45	103	394	449
工矿企业	Enterprises	682	1353	5296	8964
机关团体	Government Agencies and Organization	14	22	93	169
授权量合计	**Three Kinds of Patents Granted**	**2812**	**3585**	**10061**	**11119**
发　明	Inventions	221	371	954	1470
实用新型	Utility Models	1917	2246	6838	7489
外观设计	Designs	674	968	2269	2160
在三种专利授权量中	**In the Three Types of Patent Applications Certified**				
非职务	Non-official	2137	2650	4919	4539
职　务	Official	675	935	5142	6580
大专院校	Universities and Colleges	27	80	586	702
科研单位	Research Institutions	61	56	265	279
工矿企业	Enterprises	568	791	4231	5521
机关团体	Government Agencies and Organization	19	8	60	78

文化、文物事业机构、人员数（2011年）
Number of Institution and Personnel in Culture and Cultural Relics (2011)

机构类别	Category of Institution	机构数(个) Number of Institutions (unit)	从业人数(人) Number of Employed Persons (person)
文化及相关产业合计	**Culture and Related Industry**	**13351**	**74805**
艺术业	Arts	426	10286
艺术表演团体	Arts Performance Troupes	312	8714
#话剧、儿童剧、滑稽剧团	Drama, Plays for Children and Comedy Troupes	2	149
歌舞团、轻音乐团	Song and Dance Troupe, Light Music Troupe	67	1367
文工团、文宣队、乌兰牧骑	Cultural and Performance Troupes and Ulanmuchi (equestrian art troupes)	6	77
戏曲剧团	Local Opera Troupes	125	4025
#京　剧	Beijing Opera Troupes	5	342
曲艺、杂技、木偶、皮影团	Recitation and Ballad Troupes, Acrobatics and Circus Troupes, Puppet Show Troupes and Shadow Play Troupes	20	754
艺术表演场所	Arts Centers	113	1550
#剧场、影剧院	Cinemas, Theaters and Music Halls	81	1141
艺术创作机构	Art Creation Institutions	1	22
图书馆	Public Libraries	166	1823
群众文化服务	Mass Culture	2360	6851
群众艺术馆、文化馆（省级、地市级）	Mass Art Centers and Cultural Centers (Province and City Level)	14	539
群众艺术馆、文化馆(县市级)	Mass Art Centers and Cultural Centers (County Level)	163	2013
文化站	Cultural Stations	2183	4299
#乡镇文化站	Township Cultural Stations	1968	3834
艺术教育业	Culture and Education	5	562
文化市场经营机构	Business Units Dealing in Culture Market	9721	41505
文艺科研	Art Research Institutions	12	166
文物业	Cultural Relics	254	6936
文物保护管理机构	Agencies of Historical Relics Preservation	175	4351
文物科研机构	Scientific and Research Historical Relics Agencies	4	172
其他文物机构	Other Historical Relics Agencies	3	450
博物馆	Museums	69	1950
综合性博物馆	Comprehensive Museums	29	522
历史类博物馆	History Museums	30	1116
艺术类博物馆	Arts Museums	4	83
文物商店	Cultural Relics Shops	3	13
其他文化及相关产业	Others Culture and Related Industry	407	6676
艺术展览机构	Art Exhibition Institutions	12	166
其　他	Others		

艺术表演团体演出情况（2011年）
Basic Statistics on Performance of Art Troupes (2011)

种类	Item	演出场次(万场) Number of Performances (10000 shows)	#到农村演出 Shows in Rural Areas	国内观众人数(万人次) Number of Spectators (10000 person-times)
全省总计	**Total**	**5.21**	**3.13**	**3379.35**
# 话剧、儿童剧、滑稽剧团	Drama, Plays for Children and Comedy Troupes	0.03	0.01	20.53
歌舞团、轻音乐团	Song and Dance Troupe, Light Music Troupes	0.88	0.57	367.84
文工团、文宣队、乌兰牧骑	Cultural and Performance Troupes and Ulanmuchi (equestrian art troupes)	0.03	0.02	34.10
戏曲剧团	Local Opera Troupes	2.17	1.75	2159.90
#京剧	Beijing Opera Troupes	0.06	0.04	61.40
曲、杂、木、皮团	Recitation and Ballad Troupes, Acrobatics and Circus Troupes, Puppet Show Troupes, and Shadow Play Troupes	1.15	0.27	224.22
综合性艺术表演团体	Comprehensive Art Performance Troupes	0.85	0.49	515.22

群众艺术馆、文化馆(站)业务活动及经费收支（2011年）
Basic Statistics on Activities and Expenditures of Mass Art Centers and Cultural Centers (2011)

项目	Item	总计 Total	群众艺术馆、文化馆(省、地市级) Mass Art Centers and Cultural Centers (Province and City Level)	群众艺术馆、文化馆(县市级) Mass Art Centers and Cultural Centers (County Level)	文化站 Cultural Stations
机构数(个)	Number of Units (unit)	2360	14	163	2183
举办展览(个)	Number of Exhibitions (unit)	5375	115	913	4347
组织文艺活动(次)	Art Performances and Story-telling Sessions (times)	29338	1371	6324	21643
举办训练班	Training Courses				
班次(次)	Number of Classes (times)	11486	1084	2213	8189
培训人次(万人次)	Number of Persons Completing Courses (1000 person-times)	79.50	6.80	13.800	58.80
负责指导单位	Centers and Cultural Centers				
馆办文艺团体(个)	Art Performance Troupes (unit)	395	48	347	
群众业余演出团(队)(个)	Part-time Art Groups (unit)	16102	244	2779	13079
总支出(万元)	Total Expenditures (10000 yuan)	30898.8	6108.3	13079.3	11711.2
	Maintenance Expenses				
各种设备购置费	Purchase of Instruments	704.9	218.9	131.7	354.3

公共图书馆及博物馆、文物机构业务活动及经费收支（2011年）
Facilities, Services and Expenditures of Public Libraries, Museums and Cultural Relics Agencies (2011)

项　　目	Item	总　计 Total	#地(市)级图书馆 Public Libraries at City Level	#县(市)区级图书馆 Public Libraries at County Level
总藏量(万册、件)	Total Collections (10000 volumes)	1738.6	709.7	835.3
书架单层总长度(万米)	Total Length of Bookshelves (10000 m)	377421.0	137075.0	153406.0
图书流通情况	Circulation of Books			
总流通人次(万人次)	Total Number of Circulation (10000 person-times)	795.8	379.1	395.6
有效借书证数(万个)	Number of Valid Library Cards (10000 units)	608.3	233.0	215.6
为读者服务举办各种活动	Service Activities Provided for Readers			
次　　数(次)	Number of Activities (times)	2077.0	591.0	1428.0
参加人数(万人次)	Number of Readers Involved (10000 person-times)	40.2	11.7	27.9
总支出(万元)	Total Expenditures (10000 yuan)	3073.8	1476.0	870.1
#新增藏量购置费	New Books Acquisition	1919.6	791.7	697.9
本年新购藏量(万册)	Number of Books Purchased During the Year (10000 volumes)	58.2	17.6	29.9
实际使用公用房屋建筑面积(万	Floor Space of Public Buildings in Use (10000 sq.m)	30.4	7.6	17.9
#书　库	Stack Rooms	7.9	2.0	4.4
阅览室座席(万个)	Seating Capacity of Reading Rooms (10000 seats)	2.7	0.4	1.9

广播、电视事业发展情况
Basic Statistics on Broadcasting and Television Stations

项　　目	Item	2000	2005	2010	2011
职工年末人数(人)	Number of Staff and Workers (person)	21779	27367	34853	35905
广播电台(座)	Number of Broadcasting Stations (set)	12	12	12	12
发射台及转播(中波)(座)	Number of Transmission and Relaying Stations of Medium Wave Broadcast (set)	30	30	31	31
发射机功率(中波)(千瓦)	Power of Transmitters of Medium Wave Broadcast (kw)	40/288	40/268	49/352	49/352
广播覆盖率(%)	Radio Coverage of Population (%)	97.9	98.63	99.32	99.33
县广播电视站(台)(座)	Number of Broadcast-Television Stations (set)	128	139	139	139
电视台(座)	Number of Television Stations (set)	11	12	12	12
电视发射台及转播台(座)	Television Transmission Stations and Relaying Stations (set)	593	362	251	251
发射机功率(千瓦)	Power of Television Transmitters (kw)	695/219	441/260.9	440/498.68	440/498.68
电视覆盖率(%)	TV Coverage of Population (%)	97.42	98.62	99.26	99.26

图书、报纸、杂志出版种类和数量(2011年)

Number of Books,Newspaper and Magazines Published (2011)

门　　类	Category	本版图书种类(种) Number of Publications (items)	总印数(万册) Printed Copies (10000 copies)	总印张(千印张) Printed Sheets (1000 sheets)
图　书	**Books Published**	**2971**	**16693.47**	**1088620.34**
马克思主义、列宁主义、毛泽东思想	Marxism-Leninism, Mao Zedong Thought	3	0.63	84.17
哲　学	Philosophy	16	10.32	1144.79
社会科学总论	General Social Sciences	13	10.99	1172.73
政治、法律	Politics and Law	65	90.83	9249.99
军　事	Military Affairs			
经　济	Economics	58	38.30	3899.37
文化、科学、教育、体育	Culture, Science, Education and Sports	2028	15546.80	980204.30
语言、文字	Languages	124	89.24	9669.75
文　学	Literature	145	127.24	19117.10
艺　术	Arts	184	209.92	17358.05
历史、地理	History and Geography	73	173.35	14425.93
自然科学总论	General Natural Sciences			
数理科学、化学	Mathematics and Chemistry	3	1.39	161.90
天文学、地理科学	Astronomy and Geology	5	17.67	1415.36
医药、卫生	Medicine and Health Care	103	82.12	8957.02
农业科学	Agricultural Science	51	73.98	6203.50
工业技术	Industrial Technology	22	128.98	8291.70
交通运输	Transportation	3	0.34	43.65
环境科学	Environmental Science	2	1.70	151.60
综合性图书	General Books	73	89.67	7069.43
报　纸	**Newspapers Published**	**64**	**144841.49**	**4238613.74**
省　级	Province	24	93311.70	2540148.94
市　级	Prefecture	39	51332.99	1694528.80
县　级	County	1	196.80	3936.00
杂　志	**Magazines Published**	**219**	**5251.85**	**235959.63**
综合类	General Magazines	9	27.10	1659.28
哲学、社会科学类	Philosophy and Social Sciences	54	2443.24	115688.64
自然科学、技术类	Natural Sciences and Technology	109	797.60	53285.37
文化、教育类	Culture and Education	34	1708.79	51254.04
文学、艺术类	Literature and Arts	13	275.12	14072.30
画　刊	Pictures	2	24.00	1360.20
少年儿童读物	Books for Children	3	707.27	12312.49

体委系统职工人数（2011年）
Number of Staff and Workers in Sports Commissions (2011)

单位：人　　(person)

项　目	Item	总　计 Total	#各级体委机关 Sports Commissions at All Levels	#体育运动学校 Physical Education and Sports Schools	#业余体校 Spare-time Sports Schools	#优秀运动队 Excellent Sports Teams
全省总计	**Total**	**5908**	**1244**	**612**	**1207**	**1248**
运动员	Athletes	690				690
专职教练员	Full-time Coaches	960		164	606	142
专职文化教师	Full-time Teachers	791		202	255	
科研人员	Scientific and Technical Personnel	43		3		7
公务员	Orderly	835	833			
医务人员	Medical Personnel	51		6	4	13
管理人员	Administrative Personnel	1200	212	145	150	174
其他人员	Others	1338	199	92	192	222

等级运动员、裁判员分项发展人数（2011年）
Number of Athletes and Referees in Grades by Type of Sports (2011)

单位：人　　(person)

运动项目	Item	等级运动员 Number of Athletes in Grades	#女　性 Female	#一级运动员 First Grades	#二级运动员 Second Grades	等级裁判员 Number of Referees in Grades	#女　性 Female	#一　级 First Grades	#二　级 Second Grades
全省总计	**Total**	**2489**	**958**	**458**	**1961**	**1838**	**491**	**388**	**1439**
#田　径	Track and Field	711	180	29	682	679	209	59	619
游　泳	Swimming	94	41	14	77	24	16	20	4
举　重	Weight Lifting	4	1	2	2	9	1	9	
体　操	Gymnastics	2	1	2		9	6	7	4
射　击	Fire	83	28	52	31	28	10	27	1
国际式摔跤	International -like Wrestling	33	9	2	28	5	2	5	
柔　道	Judo	38	16	8	21	3	3	3	
篮　球	Basketball	290	102	61	228	330	58	17	313
排　球	Volleyball	196	95	38	56	39	9	7	32
乒乓球	Ping pong	137	73	7	129	156	44	14	142
羽毛球	Badminton	37	17	1	36	105	27	25	80
足　球	Football	191	90	37	154	40	4	6	34
武　术	Martial Arts	96	46	23	69	17	3		17

卫生机构、床位、人员数（2011年）

机 构 类 别		机构数（个）Institutions (unit)	床位数（张）Beds (unit)	全部职工（人）Total of Persons (person)	卫生技术人员 Medical Technical Personnel
全省总计	**Total**	**14855**	**266904**	**351322**	**289492**
医院合计	Total Number of Hospital	1248	187659	224057	183729
综合医院	General Hospital	825	141087	169148	139942
中医医院	Hospital of Chinese Medicine	179	23257	28363	22928
中西医结合医院	Hospital Combining Chinese and Western Medicine	35	4483	5421	4514
专科医院	Specialized Hospital	209	18832	21125	16345
＃口腔医院	Hospitals for Mouth Cavity Diseases Care	13	192	796	648
眼科医院	Hospitals for Eye Care	17	1448	2366	1919
耳鼻喉科医院	Otolaryngology Hospital	2	115	314	282
肿瘤医院	Tumor Hospital	8	820	837	669
精神病医院	Mental Hospitals	36	3629	2414	1771
传染病医院	Hospitals of Infections Diseases	12	2928	2872	2172
结核病医院	Tuberculosis Hospitals	2	336	308	188
骨科医院	Orthopaedics Hospitals	26	2217	2642	2045
疗养院	Sanatorium	5	1415	362	217
社区卫生服务中心	Community Sanitation Service Center	249	5161	7291	6195
卫生院	Heath Center	1960	58777	55076	45685
门诊部	Clinics	166	706	2007	1687
急救中心	First-aid Center	5	99	388	283
采供血机构	Collecting and Supply Institutions for Blood	14		1685	973
妇幼保健院(所、站)	Maternity and Children Care Centers	185	8853	15452	12410
专科疾病防治院（所、站）	Specialized Prevention& Treatment Centers or Stations	8	700	979	799
疾病预防控制中心（防疫站）	Center for Disease Prevention and Control	196		9442	6706
卫生监督所	Sanitation Supervision Stations	185		4906	3436
卫生监督检验（监测、检测)所(站)	Sanitary Supervision Examination (Monitor, Examination) institutions	1		28	5
医学科学研究机构	Research Institutions of Medical Science	2		71	9
医学在职培训机构	Medicine on-the-job Training Organization				
健康教育所(站、中心)	Health Education Station or Center	2		19	10
其他卫生机构	Others	86		1450	672

注：本表不包含农村卫生室。

Number of Health Institutions, Beds and Persons Engaged (2011)

执业医师 Physician	执业助理医师 Certified Assistant Doctors	注册护士 Registered Nurses	药师(士) Pharmacists	检验师 Laboratory Technicians	其他 Others	其他技术人员 Other Technical Personnel	管理人员 Managerial Personnel	工勤人员 Logistics Workers
98990	**26188**	**92872**	**13919**	**16783**	**40740**	**18921**	**14820**	**28089**
65335	8691	73095	9132	11225	16251	11141	10210	18977
49802	5815	57593	6368	8353	12011	7934	7484	13788
8707	1790	7022	1695	1543	2171	1676	1174	2585
1604	209	1569	208	269	655	248	188	471
5222	877	6911	861	1060	1414	1283	1364	2133
282	87	128	15	20	116	66	45	37
711	49	831	117	64	147	99	167	181
125	21	65	13	15	43	7	14	11
186	46	255	33	47	102	53	38	77
428	162	774	91	101	215	152	149	342
698	40	984	147	178	125	188	109	403
51	6	88	12	15	16	9	29	82
687	120	879	100	125	134	135	236	226
58	7	93	11	12	36	18	61	66
2162	610	1899	412	419	693	337	271	488
11397	11371	5637	2577	2300	12403	3945	1676	3770
683	186	439	111	94	174	100	112	108
88	3	141	10	6	35	45	12	48
165	28	361	39	219	161	280	105	327
4488	1201	3889	601	864	1367	1088	564	1390
207	21	357	24	30	160	34	53	93
2426	706	281	128	1192	1973	847	576	1313
					3436	424	497	549
	5					3	9	11
3		2		1	3	48	3	11
3		2			5	1	6	2
241	103	48	19	17	244	360	282	136

a) Data in this table don't cover village clinics.

医疗机构诊疗人次及入院人数（2011年）
Hospital Patients (2011)

医疗机构	Medical Institution	诊疗人次（人次）Visits (person-time)	#门、急诊 Out-patients and Emergency Patients	入院人数（人）Inpatients (person)	每百诊次入院人数（人）Hospital Admissions per 100 Outpatient Times (person)	出院人数（人）Number of People Discharged from Hospital (person)	#治愈 Recovered
全省总计	**Total**	**171061583**	**163808744**	**7767096**	**5**	**7790748**	**66.51**
医院	Hospital	82531728	79751008	5676091	7.1	5673468	59.11
综合医院	General Hospital	62325022	60147633	4534905	7.5	4527731	58.25
中医医院	Hospital of Chinese Medicine	12315374	11895640	654373	5.5	664072	61.55
中西医结合医院	Hospital Combining Chinese and Western Medicine	1709636	1638756	131983	8.1	131353	58.00
专科医院	Specialized Hospital	6181696	6068979	354830	5.8	350312	66.11
口腔医院	Hospitals for Mouth Cavity Diseases Care	453707	453707	880	0.2	910	98.90
眼科医院	Hospitals for Eye Care	1241333	1237853	53353	4.3	53323	87.50
耳鼻喉科医院	Otolaryngology Hospital	51348	51348	2459	4.8	2461	89.44
肿瘤医院	Tumor Hospital	140724	140218	20450	14.6	19695	37.06
精神病医院	Mental Hospitals	453717	412087	21020	5.1	19896	46.13
传染病医院	Hospitals of Infections Diseases	451039	449751	49977	11.1	50127	23.34
结核病医院	Tuberculosis Hospitals	17154	17154	3446	20.1	3437	0.84
骨科医院	Orthopaedics Hospitals	643032	592780	46189	7.8	46025	80.86
疗养院	Sanatorium	148264	146243	935	0.6	1398	96.92
社区卫生服务中心(站)	Community Sanitation Service Center	13695492	12203089	105248	0.9	122239	79.86
卫生院	Township Hospital	37590128	36066855	1553902	4.3	1564851	86.54
门诊部	Clinic	1380858	1352959	8524	0.6	8479	87.11
诊所.卫生所.医务室	County (District) Clinics, Sanitation Office and Medical Matter Centers Sanatorium Service Station	27787674	26761131				
急救中心(站)	First-aid Center	77564	77564				
妇幼保健院(所、站)	MCH Center	7735948	7335968	412512	5.6	410120	89.02
专科疾病防治院(所、站)	Specialized Disease Prevention & Treatment Institution	113927	113927	9884	8.7	10193	22.88

社会福利事业、企业单位和工作人员数

Number of Social Welfare Institutions and Enterprises and Persons Engaged

项　目	Item	单位数(个) Number of Institutions (unit)			工作人员(人) Number of Personnel Engaged (person)		
		2009	2010	2011	2009	2010	2011
烈士纪念建筑物管理单位	Army Supply Transfer Stations	90	90	92	829	816	905
救助类单位	Salvation Institutions	25	29	39	403	402	402
#救助管理站	Collecting and Repatriating Units	22	27	37	360	364	364
流浪儿童保护中心	Aftercare Farms	3	2		43	38	
殡仪馆	Funeral Parlor	154	154	155	2813	2782	2862
殡葬管理服务单位	Funeral and Burial Management Service Units	18	16	15	366	318	169
社会福利企业单位	Social Welfare Enterprises	1142	1071	1021	55906	55027	52664

收养性社会福利单位基本情况（2011年）

Basic Statistics on Social Welfare Institutions (2011)

项　目	Item	院数(个) Number of Homes (unit)	工作人员(人) Number of Staff and Workers (person)	床位(张) Number of Beds (unit)	年末收养人数(人) Number of Persons Housed (year-end) (person)
全省收养性单位总计	**Total**	**1825**	**17051**	**167920**	**127153**
荣誉军人康复医院	Convalescent Hospitals for Honorable Serviceman	1	216	500	132
复员军人慢性病疗养院	Sanatoriums for Ex-serviceman	7	912	1702	1433
复退军人精神病院	Mental Hospitals for Ex-serviceman	2	529	943	810
光荣院	Homes for Disabled Veterans	149	1844	13006	6774
社会福利院	Social Welfare Homes	38	875	5972	4409
儿童福利院	Baby Welfare Homes	8	76	545	427
社会福利医院	Psychopathy Welfare Homes				
城镇收养性老年福利机构	Urban Elderly Welfare Homes	192	3452	26942	18097
农村五保供养服务机构	Rural Elderly Welfare Homes	1256	8215	113806	91705
其他福利机构	Other Adopting Units	172	932	4504	3366

国内公证文书分类

Domestic Notary Documents by Type

项目	Item	2010		2011	
		办理公证(件) Number of Notarial Documents Issued (piece)	比重(%) Percentage (%)	办理公证(件) Number of Notarial Documents Issued (piece)	比重(%) Percentage (%)
经济公证	**Notarized Documents on Economic Affairs**	**69487**	**100.00**	**66472**	**100.00**
购　　销	Purchases and Sales of Products	550	0.79	565	0.85
建筑工程承包	Construction Project Contracts	95	0.14	81	0.12
联　　营	Joint Business	136	0.20	141	0.21
拍　　卖	Auctions	723	1.04	576	0.87
财产租赁	Property Leases	870	1.25	550	0.83
贷　　款	Loans	15595	22.44	22396	33.69
担 保 书	Guarantees	1604	2.31	2078	3.13
科技协作	Scientific and Technological Contracts	32	0.05	29	0.04
招标、投标	Bidding	2503	3.60	2755	4.14
农林牧副	Agriculture, Forestry, Animal Husbandry, Sideline Production and Fishery Contracts	2770	3.99	1882	2.83
乡镇企业承包	Township Enterprise Contracts	73	0.11	105	0.16
供 用 电	Supply and Use of Electric Power	87	0.13	5	0.01
企业租赁	Leases of Enterprise	211	0.30	740	1.11
资产经营责任制	Asset Business Contracts	1	0.00	5	0.01
工商服务业承包	Industrial and Commercial Service Contracts	39	0.06	71	0.11
劳务合同	Labour Contracts	1078	1.55	1158	1.74
其他经济合同	Other Business Contracts	14391	20.71	8658	13.03
法人(代表人)资格	Artificial Person (agent) Identification	1218	1.75	1704	2.56
法人委托书	Trust Deeds of Artificial Person	9100	13.10	10588	15.93
执行许可证明	Operating Permits	112	0.16	101	0.15
其　　他	Others	18299	26.33	12284	18.48
民事公证合计	**Notarized Documents on Civil Legal Relations**	**149340**	**100.00**	**126588**	**100.00**
收　　养	Child Adoption	44	0.03	23	0.02
解除收养	Adoption Renouncements	7	0.00	165	0.13
继 承 权	Rights of Inheritance	21259	14.24	22814	18.02
遗　　嘱	Testaments	4161	2.79	4439	3.51
产　　权	Property Rights	602	0.40	228	0.18
亲属关系	Kinship Confirmation	3680	2.46	4189	3.31
房屋买卖	Purchases and Sales of Houses	3925	2.63	3121	2.47
房屋租赁	House Leases	1072	0.72	1215	0.96
留学协议	Foreign Study Contracts	497	0.33	572	0.45
遗赠抚养协议	Donations and Family Fostering	868	0.58	662	0.52
其他民事协议	Other Civil Agreements	7936	5.31	7371	5.82
委 托 书	Trust Deeds	40882	27.38	34274	27.08
赠 与 书	Presentation Documents	11333	7.59	7721	6.10
声 明 书	Declarations	11017	7.38	12881	10.18
现场监督	Field Supervision	2227	1.49	3030	2.39
文本相符	Confirmation of Copies and Photo-offset Copies to Originals	1748	1.17	2161	1.71
宅基地使用权	Rights to Housing Site	959	0.64	484	0.38
证据保全	Evidence Preservation	4580	3.07	8656	6.84
计划生育	Housing Demolition Agreements	208	0.14	184	0.15
死　　亡	Death Certificates	323	0.22	304	0.24
其　　他	Others	32012	21.44	12094	9.55

涉外公证文书分类
Foreign-related Notary Documents by Type

项　　目	Item	2010		2011	
		办理公证(件) Number of Notarial Documents Issued (piece)	比重(%) Percentage (%)	办理公证(件) Number of Notarial Documents Issued (piece)	比重(%) Percentage (%)
合　计	**Total**	**60398**	**100.00**	**64739**	**100.00**
出　生	Births	7848	12.99	8865	13.69
学　历	Schooling	10061	16.66	11319	17.48
经　历	Personal Histories	924	1.53	1007	1.56
生存、居住	Survival and Residence	1060	1.76	500	0.77
死　亡	Deaths	85	0.14	71	0.11
国　籍	Nationality	578	0.96	432	0.67
收养子女	Child Adoption	112	0.19	108	0.17
亲属关系	Kinship Confirmation	5714	9.46	6934	10.71
婚姻状况	Marital Status	2942	4.87	3733	5.77
继承权	Rights of Inheritance	122	0.20	40	0.06
受、未受刑事处分	Criminal Records	7176	11.88	7382	11.40
委托书	Proxy	1407	2.33	1953	3.02
职　称	Professional Certificates	284	0.47	146	0.23
声明书	Announcement	789	1.31	1023	1.58
文本相符	Confirmation of Copies and Photo-offset Copies to Originals	7331	12.14	6039	9.33
其　他	Others	13965	23.12	9206	14.22

享受救济、补助人员情况
Persons Relief Funds or Receiving Subsidies

项　　目	Item	2008	2009	2010	2011
城镇居民最低生活保障人数(人)	Number of Persons Receiving Minimum Living Allowance in Urban Areas (person)	935119	896736	883475	880811
城镇临时救济人次数(人次)	Number of Persons Receiving Temporary Relief in Urban Areas (person-time)	7879	20099	6949	26275
农村居民最低生活保障人数(人)	Number of Persons Receiving Minimum Living Allowance in Rural Areas (person)	1715248	1761144	1912638	2084281
农村临时救济人次数(人次)	Number of Persons Receiving Temporary Relief in Rural Areas (person-time)	49928	112753	64053	65809
农村传统救济人数(人)	Number of Persons Receiving Traditional Relief in Rural Areas (person)	18924	15732	9274	6829
农村集体五保供养户(户)	Number of Persons Reveiving Livelihood Guaranteed in Five Aspects in Rural Households (household)	67495	91842	95530	99811
农村分散五保供养户(户)	Number of Persons Reveiving Livelihood Guaranteed in Five Aspects in Rural Households (household)	182013	156175	149382	142039

社会保险基本情况
Basic Statistics of Social Insurance

项　　目	Item	2010	2011
失业保险	**Unemployment Insurance**		
年末参保人数(万人)	Contributors at Year-end (10000 persons)	493.41	498.70
全年发放失业保险金人数(万人)	Beneficiaries of Unemployment Insurance Fund (10000 persons)	9.01	8.35
全年发放失业保险金(万元)	Unemployed Relief (10000 yuan)	235100	64124.37
城镇职工基本医疗保险	**Basic Medical Care Insurance**		
年末参保职工人数(万人)	Contributors at Year-end (10000 persons)	610.00	627.31
年末参保退休人员(万人)	Retirees (10000 persons)	238.01	248.23
工伤保险	**Work Injury Insurance**		
年末参保人数(万人)	Contributors at Year-end (10000 persons)	594.44	640.39
年末享受工伤待遇的人数(万人)	Beneficiaries at Year-end (10000 persons)	7.50	8.65
年末参加生育保险人数(万人)	**Maternity Insurance Contributors at Year-end (10000 persons)**	**561.50**	**593.1**
参加城镇基本养老保险人数(万人)	**Number of People Participated in Urban Basic Pension Insurance (10000 persons)**	**988.44**	**1059.80**
职　工	Number of Employees	728.94	774.50
企　业(含其他)	Enterprises (including others)	602.69	645.39
离退休人员	Number of Retirees	259.50	285.31
企　业(含其他)	Enterprises (including others)	219.71	244.34
社会保险基金收支及累计结余(亿元)	**Revenue, Expenses and Balance of Social Insurance Fund (10000 yuan)**		
基金收入	**Revenue**	**776.50**	**793.49**
基本养老保险	Basic Pension Insurance	568.90	561.33
失业保险	Unemployment Insurance	27.62	32.70
城镇基本医疗保险	Basic Medical Care Insurance	159.18	172.49
工伤保险	Work Injury Insurance	16.09	21.12
生育保险	Maternity Insurance	4.71	5.85
基金支出	**Expenses**	**610.90**	**620.49**
基本养老保险	Basic Pension Insurance	454.09	447.87
失业保险	Unemployment Insurance	23.51	16.78
城镇基本医疗保险	Basic Medical Care Insurance	117.49	133.12
工伤保险	Work Injury Insurance	13.28	19.25
生育保险	Maternity Insurance	2.53	3.47
累计结余	**Balance at Year-end**	**833.02**	**927.82**
基本养老保险	Basic Pension Insurance	562.82	610.66
失业保险	Unemployment Insurance	54.75	70.64
城镇基本医疗保险	Basic Medical Care Insurance	189.92	216.74
工伤保险	Work Injury Insurance	18.77	20.64
生育保险	Maternity Insurance	6.76	9.14

婚姻登记情况
Basic Statistics on Marriage Registration

年份 Year	结婚登记对数(对) Total Number of Registered Marriages (couple)	内地居民登记结婚 Registered Marriages in the Mainland	初婚(人) First Marriages (person)	再婚(人) Re-marriages (person)	涉外登记结婚 Registered Marriages with Foreigner	离婚(对) Divorces (couple)	粗离婚率(‰) Crude Divorce Rate (‰)
1985	468351	468342	914957	21727	9	7604	0.14
1990	447334	447300	854367	40233	34	10010	0.17
1991	446848	446801	858537	35065	47	10037	0.16
1992	440035	439976	848865	31087	59	10349	0.17
1993	430412	430337	827386	33288	75	11353	0.18
1994	471868	471782	901803	41761	86	12167	0.19
1995	434418	434310	824330	44290	108	11163	0.17
1996	430740	430602	809736	51468	138	12445	0.19
1997	442655	442515	824323	60707	140	13681	0.21
1998	439580	439424	817935	60913	156	15344	0.23
1999	479783	479627	893670	65584	156	15608	0.24
2000	475291	475153	881891	68415	138	17084	0.26
2001	445606	445421	816272	74570	185	19321	0.29
2002	470692	470499	851947	89051	193	22924	0.34
2003	524260	524041	952850	95232	219	25785	0.38
2004	574838	574611	1041641	107581	227	43117	0.64
2005	537796	537521	947158	100884	275	50280	0.74
2006	554925	554615	1003450	105780	310	56926	0.83
2007	603901	603581	1093448	113714	320	60483	0.87
2008	663144	662756	1203102	122410	388	73066	1.05
2009	719961	719547	1300578	139344	414	86707	1.23
2010	750291	749885	1355779	144803	406	98792	1.39
2011	777160	776674	1370018	184302	486	109600	1.52

注：粗离婚率计算方法：离婚对数除以当期人口平均数。此方法为国际惯用方法。

a) Method for computing the Crude Divorce Rate: number of divorced couples is divided by the average population in the current period. This method is commonly used internationally.

各城市地区生产总值（2011年）
Gross Domestic Product (2011)

单位：亿元 (100 million yuan)

城市	City	地区生产总值 Gross Domestic Product	第一产业 Primary Industry	第二产业 Secondary Industry	#工业 Industry	第三产业 Tertiary Industry
城市合计	**Total**	**8217.55**	**206.72**	**4277.14**	**3758.88**	**3733.69**
石家庄市	Shijiazhuang	1469.96	6.32	462.16	344.37	1001.48
承德市	Chengde	249.54	4.86	149.49	124.40	95.19
张家口市	Zhangjiakou	396.49	9.75	212.05	191.92	174.69
秦皇岛市	Qinhuangdao	589.51	8.83	219.97	173.17	360.71
唐山市	Tangshan	2749.92	111.51	1680.76	1579.41	957.65
廊坊市	Langfang	389.69	21.44	142.91	106.88	225.33
保定市	Baoding	686.07	9.28	446.45	370.39	230.34
沧州市	Cangzhou	539.56	5.81	294.76	254.13	238.99
衡水市	Hengshui	208.28	17.87	128.66	121.53	61.74
邢台市	Xingtai	272.25	4.21	171.36	159.03	96.68
邯郸市	Handan	666.28	6.83	368.55	333.64	290.89

城市	City	#交通运输、仓储和邮政业 Traffic, Transport, Storage and Pos	#金融业 Financial Intermediation	#房地产业 Real Estate	地区生产总值增长率(%) Growth Rate of Gross Domestic Product (%)	人均地区生产总值(元) Per Capita Gross Domestic Product (yuan)
城市合计	**Total**	**838.41**	**385.18**	**332.37**		
石家庄市	Shijiazhuang	174.06	144.30	89.21	12.5	50823
承德市	Chengde	9.19	19.23	7.42	12.8	39061
张家口市	Zhangjiakou	31.06	16.63	19.69	10.7	36485
秦皇岛市	Qinhuangdao	95.38	31.72	39.02	17.0	61689
唐山市	Tangshan	361.70	67.50	59.72	11.6	89393
廊坊市	Langfang	17.97	10.17	5.08	4.0	38910
保定市	Baoding	16.16	36.44	37.34	12.6	59098
沧州市	Cangzhou	59.26	21.07	19.29	16.4	90108
衡水市	Hengshui	6.29	7.34	5.91	11.7	38534
邢台市	Xingtai	6.74	5.88	17.20	11.2	30050
邯郸市	Handan	60.61	24.89	32.47	11.4	42010

各城市就业人员（2011年底）
Employed Persons (End of 2011)

单位：万人 (10000 persons)

城　市	City	年末单位就业人员 Employed Persons (year-end)	第一产业 Primary Industry	第二产业 Secondary Industry	#制造业 Manufacturing	第三产业 Tertiary Industry	私营和个体就业人员 Persons Employed in Private Enterprises and Self-Employed Individuals
城市合计	**Total**	**273.27**	**1.10**	**134.59**	**81.27**	**137.58**	**90.90**
石家庄市	Shijiazhuang	53.00	0.21	20.13	14.07	32.66	16.60
承德市	Chengde	10.49	0.01	3.78	2.63	6.70	3.65
张家口市	Zhangjiakou	16.88	0.01	7.63	4.96	9.24	1.72
秦皇岛市	Qinhuangdao	20.83	0.04	8.55	6.74	12.24	8.86
唐山市	Tangshan	56.95	0.26	34.70	18.16	21.99	15.46
廊坊市	Langfang	18.02	0.03	10.28	8.35	7.71	6.33
保定市	Baoding	28.55	0.06	16.93	11.95	11.56	2.42
沧州市	Cangzhou	14.67	0.42	5.58	2.91	8.67	2.75
衡水市	Hengshui	8.93	0.01	2.84	1.79	6.08	7.11
邢台市	Xingtai	14.92	0.01	7.70	3.16	7.21	6.86
邯郸市	Handan	30.03	0.04	16.47	6.55	13.52	19.15

各城市固定资产投资（2011年）
Investment in Fixed Assets (2011)

城　市	City	固定资产投资 (亿元) Total Investment in Fixed Assets (100 million yuan)	施工项目个数 (个) Number of Projects under Construction (unit)	商品房屋销售面积 (万平方米) Floor Space of Commercialized Building Sold (10000 sq.m)	商品房屋待售面积 (万平方米) Total Area of Commercialized Building for Sale (10000 sq.m)	商品房屋销售额 (亿元) Total Sale of Commercialized Building (100 million yuan)
城市合计	**Total**	**5519.25**	**3437**	**2816.83**	**535.17**	**1357.37**
石家庄市	Shijiazhuang	1352.70	564	606.72	95.50	339.25
承德市	Chengde	196.00	121	165.30	16.72	72.16
张家口市	Zhangjiakou	231.70	239	362.79	41.43	123.10
秦皇岛市	Qinhuangdao	369.11	428	242.80	53.20	135.01
唐山市	Tangshan	1373.80	950	410.77	113.52	256.37
廊坊市	Langfang	209.38	167	149.74	9.01	99.49
保定市	Baoding	489.46	200	91.19	110.71	37.90
沧州市	Cangzhou	424.95	72	293.20	9.30	110.97
衡水市	Hengshui	119.04	108	152.57	5.11	44.20
邢台市	Xingtai	152.75	180	146.49	7.15	53.05
邯郸市	Handan	600.37	408	195.26	73.52	85.87

注：固定资产投资不包含农户投资。

a) Total investment in fixed assets excludes the investment made by agricultural households.

各城市财政、金融主要经济指标（2011年）
Major Indicators of Public Finance and Banking (2011)

单位：亿元 (100 million yuan)

城市	City	地方财政一般预算收入 General Budget of Financial Revenue	财政支出 Expenditure	#一般性公共服务支出 General Public Services	年末金融机构存款余额 Deposits of Financial Institutions at year-end	#城乡居民储蓄存款余额 Residents' Saving Deposits of Financial Institutions in Urban and Rural Areas	年末金融机构贷款余额 Loans of Financial Institutions at year-end
城市合计	**Total**	**716.12**	**1137.46**	**123.06**	**15357.89**	**7509.41**	**10106.79**
石家庄市	Shijiazhuang	143.00	197.37	19.37	4616.33	1811.31	2854.17
承德市	Chengde	36.46	68.96	6.55	527.96	289.52	483.54
张家口市	Zhangjiakou	11.17	28.86	4.14	738.09	457.75	652.54
秦皇岛市	Qinhuangdao	66.88	106.56	10.20	1214.01	615.22	901.56
唐山市	Tangshan	167.11	261.05	28.37	3029.54	1601.75	1899.83
廊坊市	Langfang	55.22	84.96	9.71	893.79	417.46	575.56
保定市	Baoding	56.83	97.32	10.25	1114.68	591.61	575.05
沧州市	Cangzhou	48.09	83.27	9.34	655.79	324.74	482.89
衡水市	Hengshui	18.88	42.47	5.18	461.68	290.30	246.05
邢台市	Xingtai	35.00	59.12	6.28	700.19	389.86	465.06
邯郸市	Handan	77.49	107.51	13.69	1405.83	719.90	970.53

各城市规模以上工业企业主要经济指标（2011年）
Major Indicators on Economic Benefit of Industrial Enterprises Above Designated Size (2011)

单位：亿元 (100 million yuan)

城市	City	工业企业数(个) Number of Industrial Enterprises (unit)	从业人员年平均人数(万人) Annual Average Employment Personnel (10000 persons)	固定资产合计(亿元) Fixed Assets (100 million yuan)	主营业务收入 Revenue from Principal Business	本年应交增值税 Value-added Tax Payable	工业利润总额 Total Profits
城市合计	**Total**	**2116**	**128.37**	**6135.49**	**15139.41**	**384.54**	**630.42**
石家庄市	Shijiazhuang	219	15.96	479.52	1166.68	30.07	39.60
承德市	Chengde	79	4.60	338.42	590.03	16.24	13.49
张家口市	Zhangjiakou	136	7.33	329.64	616.55	18.74	23.37
秦皇岛市	Qinhuangdao	222	8.96	317.85	908.79	18.44	32.17
唐山市	Tangshan	543	42.00	2249.39	5548.88	119.76	165.64
廊坊市	Langfang	187	8.82	218.53	575.95	16.61	33.11
保定市	Baoding	183	12.30	533.26	1259.80	45.43	121.65
沧州市	Cangzhou	155	4.80	389.23	1188.84	36.11	76.20
衡水市	Hengshui	139	2.12	93.13	407.42	8.48	27.31
邢台市	Xingtai	79	6.82	238.60	599.72	23.37	34.53
邯郸市	Handan	174	14.66	947.92	2276.74	51.31	63.34

各城市交通、邮电及用电情况（2011年）

Conditions of Transportation, Post and Telecommunications Services and Electricity Consumption (2011)

城市	City	民用汽车拥有量(万辆) Possession of Civil Vehicles (10000 units)	公路客运量(万人) Passenger Traffic of Highways (10000 persons)	公路货运量(万吨) Freight Traffic of Highways (10000 tons)	年末邮政局(所)数(处) Number of Postal and Offices (unit)	互联网宽带接入用户数(万户) Number of Internet (10000 subscribers)
城市合计	**Total**	**676.36**	**91857**	**162213**	**372**	**336.02**
石家庄市	Shijiazhuang	107.52	12436	22870	67	68.19
承德市	Chengde	23.02	4807	6397	27	11.51
张家口市	Zhangjiakou	35.31	3889	5156	24	21.77
秦皇岛市	Qinhuangdao	34.43	2308	4534	39	33.91
唐山市	Tangshan	96.91	12939	33005	70	58.33
廊坊市	Langfang	60.75	4539	9156	25	17.81
保定市	Baoding	97.19	14680	18298	23	23.44
沧州市	Cangzhou	73.07	9914	24487	17	12.47
衡水市	Hengshui	33.86	2764	4467	17	13.51
邢台市	Xingtai	47.57	8062	11762	15	16.60
邯郸市	Handan	66.75	15519	26548	48	58.48

城市	City	电话用户数(万户) Number of Telephones (10000 Subscribers)	固定电话用户数 Number of Fixed Telephone Subscribers	移动电话用户数 Number of Mobile Telephone Subscribers	全年用电量(亿千瓦小时) Annual Electricity Consumption (100 million kwh)	#工业用电 for Industrial
城市合计	**Total**	**2345.26**	**388.98**	**1956.28**	**1113.62**	**910.02**
石家庄市	Shijiazhuang	393.05	63.51	329.54	142.17	89.12
承德市	Chengde	89.74	13.77	75.97	47.90	42.11
张家口市	Zhangjiakou	115.23	31.99	83.24	73.44	60.52
秦皇岛市	Qinhuangdao	189.72	44.14	145.58	44.74	36.92
唐山市	Tangshan	644.50	94.54	549.96	475.38	437.05
廊坊市	Langfang	141.22	26.92	114.30	52.43	37.14
保定市	Baoding	197.29	38.96	158.33	75.59	54.75
沧州市	Cangzhou	114.58	18.52	96.06	57.41	39.09
衡水市	Hengshui	92.71	15.32	77.39	27.48	18.63
邢台市	Xingtai	117.46	18.53	98.93	53.43	42.48
邯郸市	Handan	249.76	22.78	226.98	63.64	52.22

注：民用汽车拥有量、公路客运量、公路货运量为全市数据。

a) Possession of Civil Vehicles of a city is the totals of civil vihicles owned by residents of the prefectural city, i.e. residents of not only the municipall districts, but also the counties charged by the prefectural government. So do the data of Passenger Traffic of Highways and Freight Traffic of Highways.

各城市教育事业及专业技术人员主要指标（2011年）
Conditions of Education and Scientific and Technical Personnel (2011)

城市	City	学校数（个） Number of Schools (unit)				专任教师数（人） Number of Full-time Teachers (person)			
		普通高等学校 Regular Institutions of Higher Education	中等职业技术学校 Secondary Vocational Schools	普通中学 Regular Secondary Schools	小学 Primary Schools	普通高等学校 Regular Institutions of Higher Education	中等职业技术学校 Secondary Vocational Schools	普通中学 Regular Secondary Schools	小学 Primary Schools
城市合计	**Total**	**107**	**381**	**535**	**1517**	**56526**	**21874**	**57474**	**49359**
石家庄市	Shijiazhuang	45	127	83	211	21488	6419	9645	7684
承德市	Chengde	5	18	23	90	2286	1116	2611	2138
张家口市	Zhangjiakou	4	19	42	104	2257	1162	4680	3183
秦皇岛市	Qinhuangdao	7	19	47	80	5125	903	4161	4272
唐山市	Tangshan	9	43	117	410	5733	2485	11244	10909
廊坊市	Langfang	7	9	28	141	2100	368	2991	3545
保定市	Baoding	14	26	37	106	9105	2081	3406	3188
沧州市	Cangzhou	5	21	27	72	1804	1591	2895	2799
衡水市	Hengshui	2	24	21	55	991	1541	3156	2269
邢台市	Xingtai	4	26	49	107	2322	1639	4750	3522
邯郸市	Handan	5	49	61	141	3315	2569	7935	5850

城市	City	在校学生数（万人） Number of Higher Education (10000 persons)						各类专业技术人员（万人） Scientific and Technical Personnel (10000 persons)	#中级技术职称以上人员 Above Medium Professional Certification
		普通高等学校 Regular Institutions of Higher Education	中等职业技术学校 Secondary Vocational Schools	普通中学 Regular Middle Schools	高中阶段 Senior	小学 Primary Schools	成人高等教育学校 Institutions of Higher Learning for Adults		
城市合计	**Total**	**103.85**	**50.00**	**77.80**	**82.42**	**89.62**	**25.68**	**29.95**	**17.30**
石家庄市	Shijiazhuang	38.31	18.20	14.61	23.15	16.65	8.01	3.61	2.20
承德市	Chengde	4.03	2.29	3.35	3.99	3.51	1.12	1.72	0.99
张家口市	Zhangjiakou	4.32	2.66	6.52	2.82	6.17	1.24	1.04	0.38
秦皇岛市	Qinhuangdao	8.98	1.38	4.17	5.55	5.58	1.91	2.14	1.20
唐山市	Tangshan	10.59	4.67	12.70	9.57	17.73	5.57	5.61	3.44
廊坊市	Langfang	4.50	1.46	4.44	3.72	5.47	1.48	1.66	0.83
保定市	Baoding	16.63	3.46	5.23	5.71	6.90	3.61	2.90	1.39
沧州市	Cangzhou	3.69	2.76	4.66	4.99	4.29	0.09	1.81	1.16
衡水市	Hengshui	1.78	3.18	4.64	5.56	4.04	0.08	2.61	1.28
邢台市	Xingtai	4.84	5.02	6.56	8.34	6.86	0.69	1.53	0.80
邯郸市	Handan	6.20	4.93	10.92	9.01	12.42	1.90	5.30	3.63

各城市内贸、外经主要经济指标（2011年）
Major Indicators of Domestic Trade and Foreign Economy Trade (2011)

城　市	City	社会消费品零售总额（亿元） Total Retail Sale of Consumer Goods (100 million yuan)	限额以上批发零售贸易企业（个） Number of Enterprises above Designated Size (unit)	当年新签项目（合同）个数（个） Number of New Contract Signed (unit)	当年实际利用外资金额（万美元） Amount of Foreign Capital Actually Utilized (USD 10000)	#外商直接投资额 Foreign Direct Investment
城市合计	**Total**	**2878.42**	**1387**	**78**	**297097**	**248431**
石家庄市	Shijiazhuang	705.08	211	15	66157	22075
承 德 市	Chengde	97.69	80	2	1154	1154
张家口市	Zhangjiakou	165.66	86	3	2244	2244
秦皇岛市	Qinhuangdao	268.91	165	9	36623	36623
唐 山 市	Tangshan	647.78	238	15	73501	72698
廊 坊 市	Langfang	119.95	86	12	42302	42302
保 定 市	Baoding	277.16	128	4	36705	36705
沧 州 市	Cangzhou	100.49	119	6	8231	8231
衡 水 市	Hengshui	96.10	54	2	3282	3282
邢 台 市	Xingtai	129.86	97	1	3781	
邯 郸 市	Handan	269.74	123	9	23117	23117

各城市文化、卫生及社会保障情况（2011年）
Conditions of Culture, Public Health, Social Security (2011)

城　市	City	公共图书馆数（个） Number of Public Libraries (unit)	公共图书馆图书藏量(千册) Total Collections (1000 volumes)	医院、卫生院（个） Hospitals and Health Centers (unit)	医院、卫生院床位数(张) Number of Hospital Beds (bed)	医生数（人） Doctors (person)	注册护士数（人） Number of Registered Nurses (person)
城市合计	**Total**	**30**	**9922**	**643**	**95213**	**52792**	**49925**
石家庄市	Shijiazhuang	8	3522	93	18640	12550	11079
承 德 市	Chengde	3	315	32	4470	2266	2254
张家口市	Zhangjiakou	2	754	40	5860	2817	2568
秦皇岛市	Qinhuangdao	2	605	55	6014	3642	3169
唐 山 市	Tangshan	5	1235	144	17550	9309	10057
廊 坊 市	Langfang	2	1358	45	3813	2567	1953
保 定 市	Baoding	1	750	41	10385	4731	5131
沧 州 市	Cangzhou	1	270	14	5974	3281	3374
衡 水 市	Hengshui	1	133	35	3575	2483	1623
邢 台 市	Xingtai	1	365	52	6537	3387	3215
邯 郸 市	Handan	4	615	92	12395	5759	5502

各城市市政公用事业（2011年）

Basic Statistics on Urban Public Utilities (2011)

城　　市	City	年末实有城市道路面积（万平方米）Area of Paved Roads (year-end) (10000 sq.m)	排水管道长度（公里）Length of City Sewage Pipes (km)	供水综合生产能力（万立方米/日）Production Capacity of Tap Water Supply(10000 cu.m/day)	供水总量（万立方米）Annual Supply of Tap Water (10000 cu.m)	用水人口（万人）Number of Residents with Access to Tap Water (10000 persons)	煤气(人工、天然气)供气总量（万立方米）Volume of Gas Supply (10000 cu.m)	用煤气(人工、天然气)人口（万人）Population with Access to Gas (10000 persons)
城市合计	**Total**	**20094**	**11610**	**759.15**	**133294**	**1170.02**	**204030**	**942.92**
石家庄市	Shijiazhuang	4212	2151	126.73	34521	248.48	24568	231.36
承 德 市	Chengde	698	359	30.61	6144	53.24	3296	13.59
张家口市	Zhangjiakou	1296	664	100.30	8281	86.40	5931	74.95
秦皇岛市	Qinhuangdao	1841	1369	41.70	11991	94.46	22892	82.62
唐 山 市	Tangshan	3011	2251	129.91	24615	197.03	73229	189.15
廊 坊 市	Langfang	871	422	22.50	4553	52.00	8949	48.00
保 定 市	Baoding	1930	1153	119.00	10380	114.97	8500	73.27
沧 州 市	Cangzhou	939	521	25.00	3739	61.35	5300	37.18
衡 水 市	Hengshui	678	388	11.30	3737	38.20	2093	6.60
邢 台 市	Xingtai	1435	801	53.60	8817	70.87	26918	60.50
邯 郸 市	Handan	3184	1532	98.50	16517	153.02	22354	125.70

城　　市	City	液化石油气供气总量（吨）Liquefied Petroleum Gas (ton)	用液化气人口（万人）Population with Access to Liquefied Petroleum Gas (10000 persons)	公共交通运营车（辆）Number of Public Vehicles under Operation (unit)	全年公共汽(电)车客运总量（万人次）Number of Passengers Carried of Bus (10000 person-times)	年末实有出租汽车（辆）Number of Taxi at Year-end (unit)	园林绿地面积（公顷）Area of Urban Gardens and Green Areas (hectare)	建成区绿化覆盖面积（公顷）Green Covered Areas (hectare)
城市合计	**Total**	**96405**	**225.02**	**14231**	**180936**	**64226**	**54636**	**52877**
石家庄市	Shijiazhuang	33457	17.12	4748	58962	9932	9275	9917
承 德 市	Chengde	4876	39.56	686	13000	5880	3855	4179
张家口市	Zhangjiakou	5640	10.93	616	9552	5333	3083	3463
秦皇岛市	Qinhuangdao	7350	11.84	929	13803	4327	4951	4545
唐 山 市	Tangshan	11000	7.88	1936	27261	4941	8736	9374
廊 坊 市	Langfang	2700	4.00	517	3200	6744	4282	2817
保 定 市	Baoding	13061	41.17	1048	13356	6441	5177	5970
沧 州 市	Cangzhou	3200	24.17	633	8100	7180	1863	2176
衡 水 市	Hengshui	4300	31.30	296	2685	2307	1647	1891
邢 台 市	Xingtai	4700	9.73	1033	13049	4143	3771	2815
邯 郸 市	Handan	6121	27.32	1789	17968	6998	7996	5730

各市地区生产总值及指数（2011年）
Gross Domestic Product and Its Indices (2011)

市	City	地区生产总值(亿元) Gross Domestic Product (100 million yuan)	第一产业 Primary Industry	第二产业 Secondary Industry	工业 Industry	建筑业 Construction	第三产业 Tertiary Industry
全省	**Total**	**24515.76**	**2905.73**	**13126.86**	**11770.38**	**1356.48**	**8483.17**
石家庄市	Shijiazhuang	4082.68	415.00	2031.90	1808.66	223.24	1635.79
承德市	Chengde	1104.20	165.55	605.43	541.77	63.66	333.22
张家口市	Zhangjiakou	1118.61	180.28	494.38	415.47	78.91	443.96
秦皇岛市	Qinhuangdao	1070.08	139.94	419.48	354.68	64.80	510.66
唐山市	Tangshan	5442.45	486.53	3269.93	3057.90	212.03	1686.00
廊坊市	Langfang	1611.42	174.28	875.50	744.66	130.84	561.64
保定市	Baoding	2449.90	343.02	1338.49	1122.88	215.61	768.38
沧州市	Cangzhou	2585.20	295.84	1358.70	1229.47	129.23	930.66
衡水市	Hengshui	929.07	174.54	488.33	444.82	43.51	266.20
邢台市	Xingtai	1428.92	218.83	793.38	731.97	61.41	416.71
邯郸市	Handan	2789.03	350.61	1527.43	1394.20	133.23	910.98

市	City	地区生产总值指数(上年=100) Gross Domestic Product (preceding year=100)	第一产业 Primary Industry	第二产业 Secondary Industry	工业 Industry	建筑业 Construction	第三产业 Tertiary Industry
全省	**Total**	**111.3**	**104.2**	**113.4**	**114.1**	**108.0**	**110.5**
石家庄市	Shijiazhuang	112.0	104.3	113.6	113.5	114.5	112.1
承德市	Chengde	112.1	108.0	114.0	114.9	107.7	111.1
张家口市	Zhangjiakou	111.5	108.4	114.5	114.9	111.8	109.5
秦皇岛市	Qinhuangdao	112.0	105.2	116.2	114.3	128.8	110.4
唐山市	Tangshan	111.7	105.0	113.1	114.4	98.5	110.9
廊坊市	Langfang	111.5	102.4	113.7	114.2	111.0	111.3
保定市	Baoding	112.0	105.5	114.1	114.9	110.5	111.4
沧州市	Cangzhou	112.3	105.3	113.4	113.8	109.6	112.8
衡水市	Hengshui	112.1	105.3	115.5	114.7	123.9	110.9
邢台市	Xingtai	111.6	105.4	113.4	113.4	114.7	111.5
邯郸市	Handan	112.2	105.8	113.4	114.5	102.6	112.6

各市地区生产总值
Gross Domestic Product

单位：亿元 (100 million yuan)

市	City	2005	2006	2007	2008	2009	2010	2011
全　省	**Total**	**10012.11**	**11467.60**	**13607.32**	**16011.97**	**17235.48**	**20394.26**	**24515.76**
石家庄市	Shijiazhuang	1670.80	1902.52	2268.84	2723.55	3001.28	3401.02	4082.68
承 德 市	Chengde	353.20	427.50	569.81	743.68	760.11	888.96	1104.20
张家口市	Zhangjiakou	425.81	501.44	592.23	746.52	800.34	966.42	1118.61
秦皇岛市	Qinhuangdao	453.18	534.36	647.71	760.63	804.54	930.50	1070.08
唐 山 市	Tangshan	2007.31	2335.53	2779.42	3537.47	3812.72	4469.16	5442.45
廊 坊 市	Langfang	609.57	715.98	883.93	1061.49	1147.48	1351.10	1611.42
保 定 市	Baoding	1040.57	1153.92	1336.73	1525.82	1730.00	2050.30	2449.90
沧 州 市	Cangzhou	1055.51	1208.93	1386.72	1620.16	1801.23	2203.12	2585.20
衡 水 市	Hengshui	510.94	524.21	536.09	603.81	652.11	781.82	929.07
邢 台 市	Xingtai	671.04	776.94	890.75	970.01	1056.29	1212.09	1428.92
邯 郸 市	Handan	1098.51	1354.80	1608.13	1906.36	2015.28	2361.56	2789.03

各市支出法计算的地区生产总值（2011年）
Gross Domestic Product by Expenditure Approach (2011)

单位：亿元 (100 million yuan)

市	City	支出法地区生产总值 Gross Regional Product by Expenditure Approach	最终消费 Final Consumption Expenditures	居民消费 Household Consumption Expenditures	政府消费 Government Consumption Expenditures	资本形成总额 Gross Capital Formation	货物和服务净流出 Net Outflow of Goods and Services
全　省	**Total**	**24515.76**	**9633.82**	**6892.66**	**2741.16**	**13890.37**	**991.57**
石家庄市	Shijiazhuang	4082.68	1613.87	1133.38	480.49	2333.89	134.92
承 德 市	Chengde	1104.20	418.99	272.05	146.94	724.34	-39.14
张家口市	Zhangjiakou	1118.61	454.39	339.32	115.07	650.66	13.56
秦皇岛市	Qinhuangdao	1070.08	416.66	311.97	104.70	631.52	21.90
唐 山 市	Tangshan	5442.45	1351.65	1061.33	290.33	2551.65	1539.15
廊 坊 市	Langfang	1611.42	651.33	518.56	132.77	954.19	5.90
保 定 市	Baoding	2449.90	1148.87	923.44	225.42	1685.40	-384.37
沧 州 市	Cangzhou	2585.20	876.38	638.03	238.35	1468.39	240.42
衡 水 市	Hengshui	929.07	399.27	320.38	78.90	499.71	30.09
邢 台 市	Xingtai	1428.92	582.90	473.85	109.05	829.82	16.20
邯 郸 市	Handan	2789.03	940.07	807.31	132.76	1772.18	76.77

各市人口数及人口自然变动（2011年）

Total Population and Natural Changes of Population (2011)

市	City	总人口（万人）Total Population (10000 persons)	#男 Male	出生率（‰）Birth Rate (‰)	死亡率（‰）Death Rate (‰)	自然增长率（‰）Natural Growth Rate (‰)
全　省	**Total**	**7240.51**	**3742.63**	**13.02**	**6.52**	**6.50**
石家庄市	Shijiazhuang	1027.98	515.09	12.80	6.13	6.67
承德市	Chengde	348.91	179.07	12.91	6.42	6.49
张家口市	Zhangjiakou	437.37	225.42	12.49	7.12	5.37
秦皇岛市	Qinhuangdao	300.62	152.56	10.92	6.46	4.46
唐山市	Tangshan	762.74	388.24	10.11	6.79	3.32
廊坊市	Langfang	440.03	225.76	10.76	5.86	4.90
保定市	Baoding	1127.23	574.61	13.98	7.01	6.97
沧州市	Cangzhou	719.77	366.45	13.95	6.47	7.48
衡水市	Hengshui	436.39	221.99	13.35	6.57	6.78
邢台市	Xingtai	715.55	356.98	14.56	6.60	7.96
邯郸市	Handan	923.92	463.94	14.48	6.18	8.30

注：全省男女人口按国家样本数据推算，各市男女人口按省样本数据推算。

a) The provincial number of male and female are estimated on the base of the sample data for the whole country. The number of male and female for the cities are estimated on the base of the sample data for Hebei Province.

各市户数、人口数和性别比

Total Households, Residents and Sex Ratio of the Prefecture Cities

市	Prefecture City	户数（户）Total households (household)	家庭户 Family Households	集体户 Non-family Households	家庭户规模（人/户）Average Family Household Size (person/household)	人口数（人）Total Population (person)	男 Male	女 Female	性别比（女=100）Sex Ratio (Female=100)
全　省	**Total**	**20813492**	**20395116**	**418376**	**3.36**	**71854210**	**36430286**	**35423924**	**102.84**
石家庄市	Shijiazhuang	2795346	2720331	75015	3.47	10163788	5087913	5075875	100.24
承德市	Chengde	1046297	1024783	21514	3.23	3473201	1782914	1690287	105.48
张家口市	Zhangjiakou	1504873	1481690	23183	2.81	4345485	2225425	2120060	104.97
秦皇岛市	Qinhuangdao	986756	957621	29135	2.94	2987605	1516194	1471411	103.04
唐山市	Tangshan	2428752	2375634	53118	3.04	7577289	3871292	3705997	104.46
廊坊市	Langfang	1250396	1204601	45795	3.37	4358839	2233100	2125739	105.05
保定市	Baoding	3108674	3039158	69516	3.53	11194382	5650947	5543435	101.94
沧州市	Cangzhou	2083216	2056649	26567	3.37	7134062	3647202	3486860	104.60
衡水市	Hengshui	1277786	1258305	19481	3.29	4340773	2191113	2149660	101.93
邢台市	Xingtai	1941607	1916890	24717	3.57	7104103	3606588	3497515	103.12
邯郸市	Handan	2389789	2359454	30335	3.77	9174683	4617598	4557085	101.33

注：本表是2010年第六次全国人口普查的2010年11月1日零时数据，以下各表同。

a) Data in this table are from the 6th National Population Census, with zero hour of November 1st, 2010 as the reference time.The same applies to the taboes following.

各市户数、人口数和性别比（续）
Total Households, Residents and Sex Ratio of the Prefecture Cities

市	City	家庭户 Household Family	男 Male	女 Female	性别比 (女=100) Sex Ratio (Female=100)	集体户 Non-household Family	男 Male	女 Female	性别比 (女=100) Sex Ratio (Female=100)
全省	**Total**	**68538709**	**34552649**	**33986060**	**101.67**	**3315501**	**1877637**	**1437864**	**130.59**
石家庄市	Shijiazhuang	9443736	4726647	4717089	100.20	720052	361266	358786	100.69
承德市	Chengde	3310423	1688911	1621512	104.16	162778	94003	68775	136.68
张家口市	Zhangjiakou	4164494	2117066	2047428	103.40	180991	108359	72632	149.19
秦皇岛市	Qinhuangdao	2811972	1421407	1390565	102.22	175633	94787	80846	117.24
唐山市	Tangshan	7218922	3635855	3583067	101.47	358367	235437	122930	191.52
廊坊市	Langfang	4057714	2055185	2002529	102.63	301125	177915	123210	144.40
保定市	Baoding	10719345	5390579	5328766	101.16	475037	260368	214669	121.29
沧州市	Cangzhou	6924685	3532074	3392611	104.11	209377	115128	94249	122.15
衡水市	Hengshui	4135786	2080095	2055691	101.19	204987	111018	93969	118.14
邢台市	Xingtai	6849264	3461272	3387992	102.16	254839	145316	109523	132.68
邯郸市	Handan	8902368	4443558	4458810	99.66	272315	174040	98275	177.09

各市分性别、户口登记状况的人口
Prefecture Population Grouped by Gender and Registration

单位：人 (person)

市	City	人口数 Population	男 Male	女 Female	居住本乡、镇、街道，户口在本乡、镇、街道 Residents with Registered Residency of the Local Township, Town or Subdistrict 人口数 Population	男 Male	女 Female
全省	**Total**	**71854210**	**36430286**	**35423924**	**62987340**	**31967050**	**31020290**
石家庄市	Shijiazhuang	10163788	5087913	5075875	8585930	4319937	4265993
承德市	Chengde	3473201	1782914	1690287	3011521	1550488	1461033
张家口市	Zhangjiakou	4345485	2225425	2120060	3361060	1736070	1624990
秦皇岛市	Qinhuangdao	2987605	1516194	1471411	2477844	1257792	1220052
唐山市	Tangshan	7577289	3871292	3705997	6582381	3352610	3229771
廊坊市	Langfang	4358839	2233100	2125739	3623689	1844398	1779291
保定市	Baoding	11194382	5650947	5543435	10008594	5064477	4944117
沧州市	Cangzhou	7134062	3647202	3486860	6461718	3311783	3149935
衡水市	Hengshui	4340773	2191113	2149660	4032924	2033905	1999019
邢台市	Xingtai	7104103	3606588	3497515	6531822	3314976	3216846
邯郸市	Handan	9174683	4617598	4557085	8309857	4180614	4129243

各市分性别、户口登记状况的人口（续）

Prefecture Population Grouped by Gender and Registration

单位：人 (person)

市 Prefecture City	居住本乡、镇、街道，户口在外乡、镇、街道，离开户口登记地半年以上 Residents Emigrated from Residency-Registered townships, towns or Sub-districts for More than 6 Months			居住本乡、镇、街道，户口待定 Residents with Unknown Residency Registration			原住本乡、镇、街道，现在国外工作学习 People Studying or Working Abroad, and Inhabited in Local Township, Town or Subdirticts		
	人口数 Population	男 Male	女 Female	人口数 Population	男 Male	女 Female	人口数 Population	男 Male	女 Female
全　省 Total	**8297279**	**4170076**	**4127203**	**549998**	**280250**	**269748**	**19593**	**12910**	**6683**
石家庄市 Shijiazhuang	1542493	750966	791527	30391	14231	16160	4974	2779	2195
承德市 Chengde	440390	220214	220176	20685	11857	8828	605	355	250
张家口市 Zhangjiakou	941060	468409	472651	42944	20711	22233	421	235	186
秦皇岛市 Qinhuangdao	495302	250448	244854	11285	5739	5546	3174	2215	959
唐山市 Tangshan	956409	498910	457499	37002	18921	18081	1497	851	646
廊坊市 Langfang	684626	364090	320536	50116	24377	25739	408	235	173
保定市 Baoding	1117253	547523	569730	64080	35386	28694	4455	3561	894
沧州市 Cangzhou	592100	293327	298773	78895	41391	37504	1349	701	648
衡水市 Hengshui	293860	148332	145528	12776	7915	4861	1213	961	252
邢台市 Xingtai	515579	263281	252298	56298	28096	28202	404	235	169
邯郸市 Handan	718207	364576	353631	145526	71626	73900	1093	782	311

各市分性别的户籍人口状况

Population with Local Residency Registration (Grouped by Gender)

单位：人、% (Person, %)

市 City	户籍人口 Population with Local Residency Registration			外出半年以上人口 Population with Local Residency Registration and been Inhabiting out of the city for over half a year			外出半年以上人口占总人口比重 Ratio of the Population with Local Residency Registration and been Inhabiting out of the City for over half a year		
	合计 Total	男 Male	女 Female	合计 Total	男 Male	女 Female	合计 Total	男 Male	女 Female
全　省 Total	**71910486**	**36624017**	**35286469**	**7971782**	**4158707**	**3813075**	**11.09**	**11.36**	**10.81**
石家庄市 Shijiazhuang	9810454	4934769	4875685	1080484	540564	539920	11.01	10.95	11.07
承德市 Chengde	3716445	1925124	1791321	647324	343905	303419	17.42	17.86	16.94
张家口市 Zhangjiakou	4637341	2399418	2237923	1200523	625755	574768	25.89	26.08	25.68
秦皇岛市 Qinhuangdao	2879710	1466781	1412929	347016	180175	166841	12.05	12.28	11.81
唐山市 Tangshan	7335290	3720400	3614890	675052	328853	346199	9.20	8.84	9.58
廊坊市 Langfang	4132357	2100860	2031497	444069	223081	220988	10.75	10.62	10.88
保定市 Baoding	11280217	5723624	5556593	1166331	603390	562941	10.34	10.54	10.13
沧州市 Cangzhou	7161336	3673808	3487528	600761	309269	291492	8.39	8.42	8.36
衡水市 Hengshui	4358082	2209946	2148136	320301	172084	148217	7.35	7.79	6.90
邢台市 Xingtai	7222603	3682412	3540191	594309	316196	278113	8.23	8.59	7.86
邯郸市 Handan	9376651	4786875	4589776	895612	515435	380177	9.55	10.77	8.28

各市分性别的户口登记地在外乡镇街道的人口状况
Population with Residency Registration of other Townships, Town or Sub districts (Grouped by Gender)

单位：人 (person)

市	City	合计 Total 合计 Total	合计 Total 男 Male	合计 Total 女 Female	本县(市、区) Local County, City or Subarea 合计 Total	本县(市、区) 男 Male	本县(市、区) 女 Female
全　省	**Total**	**8297279**	**4170076**	**4127203**	**4263957**	**2053769**	**2210188**
石家庄市	Shijiazhuang	1542493	750966	791527	633436	293686	339750
承 德 市	Chengde	440390	220214	220176	276477	136179	140298
张家口市	Zhangjiakou	941060	468409	472651	534186	263621	270565
秦皇岛市	Qinhuangdao	495302	250448	244854	208005	101593	106412
唐 山 市	Tangshan	956409	498910	457499	529111	253077	276034
廊 坊 市	Langfang	684626	364090	320536	248082	121155	126927
保 定 市	Baoding	1117253	547523	569730	546788	257068	289720
沧 州 市	Cangzhou	592100	293327	298773	347392	164908	182484
衡 水 市	Hengshui	293860	148332	145528	209392	104123	105269
邢 台 市	Xingtai	515579	263281	252298	309577	151463	158114
邯 郸 市	Handan	718207	364576	353631	421511	206896	214615

市	City	本省其他县(市、区) Other Counties, Cities or Subareas of Hebei Province 小计 Sub-total	本省其他县(市、区) 男 Male	本省其他县(市、区) 女 Female	省外 Counties, Cities or Subareas out of Hebei Province 小计 Sub-total	省外 男 Male	省外 女 Female
全　省	**Total**	**2628649**	**1318058**	**1310591**	**1404673**	**798249**	**606424**
石家庄市	Shijiazhuang	707898	342497	365401	201159	114783	86376
承 德 市	Chengde	114161	56415	57746	49752	27620	22132
张家口市	Zhangjiakou	322109	160913	161196	84765	43875	40890
秦皇岛市	Qinhuangdao	138966	69170	69796	148331	79685	68646
唐 山 市	Tangshan	237972	129584	108388	189326	116249	73077
廊 坊 市	Langfang	116890	58823	58067	319654	184112	135542
保 定 市	Baoding	362953	176712	186241	207512	113743	93769
沧 州 市	Cangzhou	143711	70844	72867	100997	57575	43422
衡 水 市	Hengshui	59705	29799	29906	24763	14410	10353
邢 台 市	Xingtai	173341	92207	81134	32661	19611	13050
邯 郸 市	Handan	250943	131094	119849	45753	26586	19167

各市家庭户住房情况
Housing Conditions of Family Households

市	City	家庭户户数 (户) Total of Family Households (household)	家庭户人数 (户) Population of Family Households (household)	平均每户住房间数 (间／户) Average Number of Rooms Owned by Family Residents (room/household)	人均住房建筑面积 (平方米／人) Floor Area Per Capita (m²/person)	人均住房间数 (间／人) living Rooms Per capita (room/person)
全　省	**Total**	**20395116**	**68538709**	**3.57**	**30.24**	**1.06**
石家庄市	Shijiazhuang	2720331	9443736	3.94	34.07	1.14
承德市	Chengde	1024783	3310423	2.62	23.75	0.81
张家口市	Zhangjiakou	1481690	4164494	2.77	23.18	0.98
秦皇岛市	Qinhuangdao	957621	2811972	2.60	30.52	0.89
唐山市	Tangshan	2375634	7218922	2.60	28.04	0.85
廊坊市	Langfang	1204601	4057714	3.81	31.23	1.13
保定市	Baoding	3039158	10719345	3.59	32.38	1.02
沧州市	Cangzhou	2056649	6924685	3.35	28.78	1.00
衡水市	Hengshui	1258305	4135786	3.67	30.99	1.12
邢台市	Xingtai	1916890	6849264	4.29	31.31	1.20
邯郸市	Handan	2359454	8902368	4.84	30.55	1.28

各市职工人数（2011年底）
Number of Staff and Workers (End of 2011)

单位：万人　　(10000 persons)

市	City	职工人数 Number of Staff and Workers	#国有经济 State-Owned	#城镇集体经济 Urban Collective-Owned	在岗职工人数 Number of Staff and Workers on-post	#国有经济 State-Owned	#城镇集体经济 Urban Collective-Owned
全　省	**Total**	**537.85**	**317.71**	**26.59**	**507.40**	**302.01**	**21.05**
石家庄市	Shijiazhuang	87.14	60.36	5.88	80.85	56.50	4.84
承德市	Chengde	24.36	15.20	0.78	23.58	14.85	0.71
张家口市	Zhangjiakou	37.64	22.90	3.40	33.92	21.57	2.22
秦皇岛市	Qinhuangdao	28.19	15.02	0.75	26.95	14.59	0.65
唐山市	Tangshan	84.03	36.30	3.39	79.26	34.62	2.80
廊坊市	Langfang	37.85	18.22	1.06	37.09	17.62	1.01
保定市	Baoding	71.74	38.83	1.61	69.98	37.60	1.43
沧州市	Cangzhou	44.92	28.04	0.85	44.14	27.52	0.83
衡水市	Hengshui	26.45	15.25	1.89	26.00	15.11	1.76
邢台市	Xingtai	35.83	24.79	2.59	33.20	23.07	2.18
邯郸市	Handan	59.70	42.80	4.39	52.43	38.96	2.62

各市城镇单位就业人员工资总额（2011年）
Gross Payments to Employees in Urban Areas (2011)

单位：万元 (10000 yuan)

市	Prefecture-level City	就业人员 工资总额 Gross Payments to Employees in Urban Areas	在岗职工 工资总额 Payments to Full-time Employees	#国有经济 By State-owned econmy	#城镇集体经济 By Urban Collective-owned Economy	劳务派遣人员 工资总额 Payments to Dispatched Employees	其他就业人员 工资总额 Payments to Others Types of Employees
全省	**Total**	**19752516**	**18369456**	**11077774**	**542680**	**790733**	**592327**
石家庄市	Shijiazhuang	2961943	2852697	2124278	113015	41990	67256
承德市	Chengde	869136	835331	524613	24143	15926	17879
张家口市	Zhangjiakou	1242721	1162274	718366	65337	54744	25703
秦皇岛市	Qinhuangdao	1184642	1111388	557328	16999	46084	27170
唐山市	Tangshan	3605981	3315279	1423136	67924	200389	90313
廊坊市	Langfang	1595183	1490022	691035	28231	80299	24862
保定市	Baoding	2574377	2240072	1296116	39238	145725	188580
沧州市	Cangzhou	1711852	1598219	1072689	29051	60627	53006
衡水市	Hengshui	748790	730500	448536	43669	5485	12805
邢台市	Xingtai	2041213	1882899	722238	53758	95115	63199
邯郸市	Handan	1216678	1150775	1499439	61315	44349	21554

各市在岗职工工资总额及平均工资（2011年）
Total Wages and Average Wage of Staff and Workers (on Post) (2011)

市	City	在岗职工工资总额（万元） Total Wages (10000 Yuan)	国有经济 State-Owned	城镇集体经济 Urban Collective-Owned	其他经济类型 Others	在岗职工平均工资（元） Average Wage of Staff and Workers on-post (yuan)	国有经济 State-Owned	城镇集体经济 Urban Collective-Owned	其他经济类型 Others
全省	**Total**	**18369456**	**11077774**	**542680**	**6749002**	**36166**	**36782**	**25196**	**36440**
石家庄市	Shijiazhuang	2852697	2124278	113015	615404	35132	37477	22941	31414
承德市	Chengde	835331	524613	24143	286575	34134	35113	34172	32475
张家口市	Zhangjiakou	1162274	718366	65337	378571	33437	33512	27644	34540
秦皇岛市	Qinhuangdao	1111388	557328	16999	537061	40518	37650	25229	44931
唐山市	Tangshan	3315279	1423136	67924	1824219	42029	41210	24423	43887
廊坊市	Langfang	1490022	691035	28231	770756	39976	39290	28418	41237
保定市	Baoding	2240072	1296116	39238	904718	32277	34580	24146	29864
沧州市	Cangzhou	1598219	1072689	29051	496479	36201	39498	29818	31000
衡水市	Hengshui	730500	448536	43669	238295	28994	30088	26633	27556
邢台市	Xingtai	1150775	722238	53758	374779	34829	31523	24107	47445
邯郸市	Handan	1882899	1499439	61315	322145	36122	38710	23363	29918

各市城镇私营单位就业人员平均工资
Average Wage of Employed persons in Urban Private Enterprises

单位：元 (yuan)

市	City	平均工资 Average Wage 2008	2009	2010	2011	2011年比上年增长 Growth Rate over Preceding Year 绝对值 Absolute Value	指数(%) Index
全　省	**Total**	**13688**	**15111**	**17914**	**21729**	**3815**	**21.30**
石家庄市	Shijiazhuang	13060	14310	17790	22200	4410	24.79
承 德 市	Chengde	13204	15181	17781	21189	3408	19.17
张家口市	Zhangjiakou	12243	14161	16891	21805	4914	29.09
秦皇岛市	Qinhuangdao	16346	18141	19997	22893	2896	14.48
唐 山 市	Tangshan	16588	18389	21077	24736	3659	17.36
廊 坊 市	Langfang	16133	16980	19884	22626	2742	13.79
保 定 市	Baoding	12516	13553	16461	20579	4118	25.02
沧 州 市	Cangzhou	12683	13802	17430	22422	4992	28.64
衡 水 市	Hengshui	11876	13384	16435	19928	3493	21.25
邢 台 市	Xingtai	11422	12521	15156	18782	3626	23.92
邯 郸 市	Handan	11603	12972	15513	18768	3255	20.98

各市全社会固定资产投资（2011年）
Total Investment in Fixed Assets (2011)

单位：万元 (10000 yuan)

市	City	全社会投资总额 Total Investment	固定资产投资 Investment in Fixed Assets	建设项目 Construction Projects	房地产开发 Real Estate Development	农　户 Agricultural Households
全　省	**Total**	**163893254**	**157802568**	**127256671**	**30545897**	**6090686**
石家庄市	Shijiazhuang	31066426	30269778	22378365	7891413	796648
承 德 市	Chengde	8295752	7973624	6539587	1434037	322128
张家口市	Zhangjiakou	9873942	9670897	7585296	2085601	203045
秦皇岛市	Qinhuangdao	6146736	5980309	4335962	1644347	166427
唐 山 市	Tangshan	25450636	24919095	19856378	5062717	531541
廊 坊 市	Langfang	10886988	10563172	7621382	2941790	323816
保 定 市	Baoding	16567833	15581131	12042822	3538309	986702
沧 州 市	Cangzhou	15977540	15303896	13775956	1527940	673644
衡 水 市	Hengshui	5620739	5199938	4032196	1167742	420801
邢 台 市	Xingtai	10485992	9785990	8936890	849100	700002
邯 郸 市	Handan	19853997	18888065	16485164	2402901	965932

注：全省农村农户投资为抽样调查数，各市为全面调查数。

a) The provincial data of individual investment in fixed assets in the rural area are estimator on the base of sample surveys. owever, the corresponding data for the cities are results of overall statistical surveys.

各市按构成和建设性质分的建设项目投资（2011年）
Investment in Capital Construction Projects by Use of Funds and Type of Construction (2011)

单位：万元 (10000 yuan)

市	City	投资总额 Total Invstment	按构成分 by Composition of Funds #建筑工程 Construction	#安装工程 Installation	#设备工器具购置 Purchase of Equipment and Instruments	按建设性质分 by Type of Construction #新建 New Construction	#扩建 Expansion	#改建和技术改造 Reconstruction
全省	**Total**	**127256671**	**67887917**	**9132535**	**36900731**	**71585176**	**28817263**	**20351173**
石家庄市	Shijiazhuang	22378365	11232764	1859202	6717646	13173591	3930832	4128235
承德市	Chengde	6539587	3562801	371479	1752544	3144992	1756232	1415473
张家口市	Zhangjiakou	7585296	3865865	508426	2459203	4351471	2110592	883700
秦皇岛市	Qinhuangdao	4335962	2834302	338073	824760	2626791	926539	564589
唐山市	Tangshan	19856378	12048526	1080638	5119431	12377360	3647222	2789185
廊坊市	Langfang	7621382	4698080	294431	2125898	4355579	1866197	1202373
保定市	Baoding	12042822	6904667	788744	3114676	7480285	2379611	1202028
沧州市	Cangzhou	13775956	6905523	1290905	4663621	6260702	5865869	1359909
衡水市	Hengshui	4032196	1976762	136706	1645191	1745905	1229449	728838
邢台市	Xingtai	8936890	3672443	571221	3599890	4660636	1772598	1950519
邯郸市	Handan	16485164	9203463	1200243	3973639	8754906	2321265	4123466

各市建设项目施工、投产个数和新增固定资产（2011年）
Number of Capital Construction Projects under Construction and Put into Use and Newly Increased Fixed Assets (2011)

市	City	施工项目（个） Number of Projects under Construction (unit)	全部建成投产项目个数（个） Number of Projects Completed and Put into Use (unit)	项目建成投产率（%） Rate of Construction Projects Completed and Put into Use (%)	新增固定资产（万元） Newly Increased Fixed Assets (10000 yuan)	固定资产交付使用率（%） Rate of Projects of Fixed Assets Completed and Put into Use (%)
全省	**Total**	**23978**	**16020**	**66.81**	**84951401**	**66.76**
石家庄市	Shijiazhuang	5308	4395	82.80	16069047	71.81
承德市	Chengde	1511	1057	69.95	4870634	74.48
张家口市	Zhangjiakou	1522	984	64.65	3767361	49.67
秦皇岛市	Qinhuangdao	1043	669	64.14	2644611	60.99
唐山市	Tangshan	2579	1463	56.73	12803969	64.48
廊坊市	Langfang	1487	1014	68.19	5870199	77.02
保定市	Baoding	1972	1073	54.41	7520975	62.45
沧州市	Cangzhou	2781	1841	66.20	10119456	73.46
衡水市	Hengshui	826	552	66.83	3053621	75.73
邢台市	Xingtai	2055	1291	62.82	5925111	66.30
邯郸市	Handan	2884	1679	58.22	11595454	70.34

注：全省总计中含不分地区数，不等于各市合计。

a)The data by city didn't contained of others so total isn't equal to the figure of whole province,same as following tables.

各市建设项目施工、竣工房屋建筑面积及价值（2011）

Floor Space of Buildings under Construction, Completed and Value in Capital Construction Projects (2011)

市	City	施工面积（万平方米）Floor Space under Construction (10000 sq.m)	#住宅 Residential Building	竣工面积（万平方米）Floor Space Completed (10000 sq.m)	#住宅 Residential Building	竣工房屋价值（万元）Value of building Completed (10000 yuan)	#住宅 Residential Building
全　省	**Total**	**24384.5**	**4637.2**	**7212.2**	**1180.1**	**11858800**	**1936013**
石家庄市	Shijiazhuang	3633.0	1006.6	1165.7	119.2	1806284	230890
承德市	Chengde	559.4	91.5	80.9	28.2	138623	55613
张家口市	Zhangjiakou	470.3	154.9	40.4	23.1	61916	40490
秦皇岛市	Qinhuangdao	784.0	291.6	249.2	57.1	437091	91332
唐山市	Tangshan	2138.9	769.2	666.8	306.2	1134920	568743
廊坊市	Langfang	2461.8	123.8	551.7	66.5	953795	117604
保定市	Baoding	3457.9	575.6	1159.8	87.7	2178828	172195
沧州市	Cangzhou	3563.6	183.7	1237.4	50.1	2248542	83521
衡水市	Hengshui	1252.1	238.8	318.3	29.3	399908	35965
邢台市	Xingtai	1834.6	339.4	502.8	58.6	763597	53934
邯郸市	Handan	4226.5	862.0	1237.8	354.1	1734578	485726

注：全省总计中含不分地区数，不等于各市合计。

a)The data by city didn't contained of others so total isn't equal to the figure of whole province, same as following tables.

各市能源工业投资（2011年）

Investment in Energy Industry (2011)

单位：万元　　(10000 yuan)

市	City	合计 Total	煤炭开采和洗选业 Mining and Washing of Coal	石油和天然气开采业 Extraction of Petroleum and Natural Gas	石油加工、炼焦及核燃料加工业 Processing of Petroleum, Coking,	电力、煤气生产和供应业 Production and Supply of Electricity, Gas and Water
全　省	**Total**	**9604391**	**1326939**	**367939**	**1370299**	**6539214**
石家庄市	Shijiazhuang	692829	158079		194481	340269
承德市	Chengde	398934	42475		300	356159
张家口市	Zhangjiakou	2230156	175807		5373	2048976
秦皇岛市	Qinhuangdao	47875	1990		3105	42780
唐山市	Tangshan	1298574	170439	311839	287540	528756
廊坊市	Langfang	158306	4500		9506	144300
保定市	Baoding	532576	1900	1300	117881	411495
沧州市	Cangzhou	768878		52500	405777	310601
衡水市	Hengshui	26309			3200	23109
邢台市	Xingtai	401718	41898	2300	24100	333420
邯郸市	Handan	1428698	729851		319036	379811

各市建设项目资金来源（2011年）
Source of Funds of Investment in Capital Construction Projects (2011)

单位：万元 (10000 yuan)

市	City	本年 资金来源 Total Funds This Year	国家预算内资金 State Budget	国内贷款 Domestic Loans	债券 Bond	利用外资 Foreign Investment	自筹资金 Self-raising Funds	其他资金 Others
全省	**Total**	**139388016**	**3799846**	**13534305**	**360185**	**970633**	**115190050**	**5532997**
石家庄市	Shijiazhuang	26585313	1388675	877997	4160	38303	22696700	1579478
承德市	Chengde	6820226	274575	425066		141439	5789298	189848
张家口市	Zhangjiakou	8848371	361765	2141103	49616	51398	5845386	399103
秦皇岛市	Qinhuangdao	4339552	196528	227233	1400	165795	3529381	219215
唐山市	Tangshan	19964882	185111	2486726		81154	16856002	355889
廊坊市	Langfang	8271595	119036	166328		53691	7886901	45639
保定市	Baoding	13303329	215360	2519515		52618	10349606	166230
沧州市	Cangzhou	16127343	488891	1331514	3567	147737	13411640	743994
衡水市	Hengshui	4963493	77473	393060	379	7256	4324615	160710
邢台市	Xingtai	9411115	83723	594936		75440	8052793	604223
邯郸市	Handan	17035615	346070	930273	31197	155802	14513105	1059168

各市分行业建设项目投资（2011年）
Investment in Capital Construction Projects by Sector (2011)

单位：万元 (10000 yuan)

市	City	投资总额 Total	农林牧渔业 Agriculture, Forestry, Animal Husbandry and Fishery	采矿业 Mining	制造业 Manufacturing	电力、燃气及水的生产和供应业 Production and Supply of Electricity, Gas and Water	建筑业 Construction	交通运输、仓储和邮政业 Transport, Storage and Post
全省	**Total**	**127256671**	**4281008**	**5763461**	**61122829**	**7169717**	**420091**	**13960322**
石家庄市	Shijiazhuang	22378365	577048	500585	9668152	506348	140815	2097071
承德市	Chengde	6539587	444885	1681827	1890850	432746	2199	632276
张家口市	Zhangjiakou	7585296	479328	544005	1571048	2069403	16872	1259013
秦皇岛市	Qinhuangdao	4335962	169326	189196	1479184	52058	6440	762022
唐山市	Tangshan	19856378	459124	1387379	8289307	671960	57011	2732472
廊坊市	Langfang	7621382	109819	76972	4769609	153500	44490	742130
保定市	Baoding	12042822	398572	126340	6394303	462184	2315	939118
沧州市	Cangzhou	13775956	411523	55400	9812027	397068	64088	1006225
衡水市	Hengshui	4032196	60836	3590	3296770	23944	936	123545
邢台市	Xingtai	8936890	229992	168227	5963381	348425	29015	458976
邯郸市	Handan	16485164	940555	1029940	7988198	432543	55910	1655399

各市分行业建设项目投资（2011年)(续)

Investment in Capital Construction Projects by Sector (2011)

单位：万元 (10000 yuan)

市	City	信息传输、计算机服务和软件业 Information Transmission, Computer Services and Software	批发和零售业 Wholesale and Retail Trades	住宿和餐饮业 Hotels and Catering Services	金融业 Financial Inter-mediation	房地产业 Real Estate	租赁和商务服务业 Leasing and Business Services	科学研究、技术服务和地质勘查业 Scientific Research, Technical Services, and Geological Prospecting
全　省	**Total**	**786363**	**4426217**	**1304140**	**231421**	**10108879**	**808128**	**732826**
石家庄市	Shijiazhuang	214898	1126667	349259	135463	3321289	233503	58348
承德市	Chengde	8003	107466	137899		299376	30067	71338
张家口市	Zhangjiakou		274485	118144	400	430455	2300	20490
秦皇岛市	Qinhuangdao	1008	87755	44381		510020	45531	45216
唐山市	Tangshan	5227	695178	176913	1200	1445751	106479	21274
廊坊市	Langfang	14481	362958	127256	20401	374609	8750	86407
保定市	Baoding	7960	487487	131210	7126	1070353	78788	293899
沧州市	Cangzhou	6475	227808	71390	5130	535916	166061	4100
衡水市	Hengshui	9500	64499	54800		92196	7718	36900
邢台市	Xingtai	3530	249086	49130	39500	713628	28272	30722
邯郸市	Handan	23079	742828	43758	22201	1315286	100659	64132

市	City	水利、环境和公共设施管理业 Management of Water Conservancy, Environment and Public Facilities	居民服务和其他服务业 Services to Households and Other Services	教育 Education	卫生、社会保障和社会福利业 Health, Social Securities and Social Welfare	文化、体育和娱乐业 Culture, Sports and Entertainment	公共管理和社会组织 Public Management and Social Organizations
全　省	**Total**	**10666057**	**475627**	**1432977**	**910297**	**1578139**	**1078172**
石家庄市	Shijiazhuang	1994638	187196	422176	273558	270225	301126
承德市	Chengde	471489	8200	50117	13248	207534	50067
张家口市	Zhangjiakou	523774	22307	57311	64406	86191	45364
秦皇岛市	Qinhuangdao	534736	12197	92801	57360	85700	161031
唐山市	Tangshan	3251990	169662	114136	47069	194556	29690
廊坊市	Langfang	398809	2740	78247	51567	104942	93695
保定市	Baoding	1037406	31913	149236	118716	210760	95136
沧州市	Cangzhou	670434	8523	100134	65687	110900	57067
衡水市	Hengshui	162045	1820	38567	7304	20460	26766
邢台市	Xingtai	408720	9569	100715	49265	49358	7379
邯郸市	Handan	1212016	21500	226679	162117	237513	210851

各市房地产开发企业个数和从业人员（2011年）
Number of Enterprises and Employed Persons of Real Estate Development (2011)

市	City	企业个数（个）Number of Enterprises (unit)	内资企业 Domestic Funded	港澳台投资企业 Enterprises with Funds from Hong Kong, Macao and Taiwan	外商投资企业 Foreign Funded	年平均从业人员（人）Average Number of Employed Persons (person)	内资企业 Domestic Funded	港澳台投资企业 Enterprises with Funds from Hong Kong, Macao and Taiwan	外商投资企业 Foreign Funded
全　省	**Total**	**3226**	**3159**	**39**	**28**	**88021**	**85946**	**1183**	**892**
石家庄市	Shijiazhuang	512	491	11	10	15391	14739	350	302
承德市	Chengde	236	232	2	2	4309	4251	16	42
张家口市	Zhangjiakou	344	340	4		8513	8334	179	
秦皇岛市	Qinhuangdao	241	235	2	4	5757	5663	37	57
唐山市	Tangshan	438	428	6	4	11526	11248	223	55
廊坊市	Langfang	260	255	2	3	9525	9183	56	286
保定市	Baoding	392	389	1	2	12226	12105	9	112
沧州市	Cangzhou	200	196	4		5241	5081	160	
衡水市	Hengshui	167	167			4033	4033		
邢台市	Xingtai	175	170	3	2	4841	4725	78	38
邯郸市	Handan	261	256	4	1	6659	6584	75	

各市房地产开发企业建设总规模、完成投资及新增固定资产（2011年）
Total Size of Construction, Actually Completed Investment and Newly Increased Fixed Assets for Real Estate Development (2011)

单位：万元　　(10000 yuan)

市	City	计划总投资 Total Investment Planed	自开始建设累计完成投资 Accumulated Investment Completed	本年完成投资 Investment Completed This Year	#配套工程投资 Investment in Commercial Buildings	本年新增固定资产 Newly Increased Fixed Assets
全　省	**Total**	**111971742**	**61446608**	**30545897**	**324366**	**17534484**
石家庄市	Shijiazhuang	27698823	15866734	7891413	112669	4034481
承德市	Chengde	3866800	2642467	1434037	12976	663519
张家口市	Zhangjiakou	8008826	4273824	2085601	19584	1020663
秦皇岛市	Qinhuangdao	6144007	3679417	1644347	25975	647593
唐山市	Tangshan	20973641	9416991	5062717	70947	1578806
廊坊市	Langfang	10966504	6991217	2941790	10947	3975887
保定市	Baoding	13345581	6684384	3538309	30283	1855895
沧州市	Cangzhou	5507265	2887407	1527940	9461	1025835
衡水市	Hengshui	3755864	2218186	1167742	5329	766683
邢台市	Xingtai	3073749	1877661	849100	12634	396507
邯郸市	Handan	8630682	4908320	2402901	13561	1568615

各市房地产开发完成投资情况（2011年）

Completed Investment of Real Estate Development (2011)

单位：万元 (10000 yuan)

市	City	完成投资额 Investment Completed	按工程用途分 by Use 住宅 Residential Buildings	#90平方米以下 90 sq.m below	#别墅、高档公寓 Villas, High-grade Apartments	办公楼 Office Buildings	商业营业用房 Houses for Business Use	其他 Other
全省	**Total**	**30545897**	**22825658**	**8953655**	**734527**	**865631**	**4355168**	**2499440**
石家庄市	Shijiazhuang	7891413	5486650	1721455	198427	386247	1434085	584431
承德市	Chengde	1434037	1038163	236868	265	21837	236629	137408
张家口市	Zhangjiakou	2085601	1592798	759393	55539	30582	344759	117462
秦皇岛市	Qinhuangdao	1644347	1195045	545064	88128	14065	244030	191207
唐山市	Tangshan	5062717	3714484	1843324	257277	159756	721584	466893
廊坊市	Langfang	2941790	2260378	1032279	92126	86623	396837	197952
保定市	Baoding	3538309	3063693	1389593	13254	29451	257533	187632
沧州市	Cangzhou	1527940	1204801	399913	19200	48600	182058	92481
衡水市	Hengshui	1167742	967752	309013	875	1864	168514	29612
邢台市	Xingtai	849100	721405	204162	9196	9092	69231	49372
邯郸市	Handan	2402901	1580489	512591	240	77514	299908	444990

各市房地产开发企业的土地开发及购置

Land Development and Purchase of Enterprises for Real Estate Development

市	City	土地购置费用(万元) Total Value of Land Purchased (10000 yuan)		待开发的土地面积(平方米) Land Space Pending Development (sq.m)		本年购置土地面积(平方米) Land Space Purchased This Year (sq.m)	
		2010	2011	2010	2011	2010	2011
全省	**Total**	**3682745**	**4089845**	**6303619**	**7902040**	**30241508**	**27995870**
石家庄市	Shijiazhuang	718933	742112	1973487	271458	7068460	4343479
承德市	Chengde	183965	196151	330985	384881	1085191	1387259
张家口市	Zhangjiakou	270299	303398	478334	2915555	3171044	4753385
秦皇岛市	Qinhuangdao	273453	408213	451950	503935	2188510	4342491
唐山市	Tangshan	647136	937614	527693	620531	4046662	3174406
廊坊市	Langfang	341490	231414	267465	1009853	975405	1347215
保定市	Baoding	415656	457708	620274	670684	4092362	2857775
沧州市	Cangzhou	276941	235655	126631	182836	2519610	2271632
衡水市	Hengshui	70996	125029	202564	191098	1012552	1396314
邢台市	Xingtai	66049	133111	721478	379912	1038007	820187
邯郸市	Handan	417827	319440	602758	771297	3043705	1301727

各市房地产开发企业的资金来源（2011年）
Source of Funds of Enterprises for Real Estate Development (2011)

单位：万元 (10000 yuan)

市	City	本年资金来源小计 Total Funds This Year	国内贷款 Domestic Loans	#银行贷款 Bank Loans	利用外资 Foreign Direct Investment	自筹资金 Self-raising Funds	其他资金来源 Others
全　省	**Total**	**34991837**	**2895517**	**2499989**	**145178**	**20286933**	**11664209**
石家庄市	Shijiazhuang	8159425	878247	728306		4637124	2644054
承德市	Chengde	1525401	161983	131138		721323	642095
张家口市	Zhangjiakou	2238482	217463	202346		1021741	999278
秦皇岛市	Qinhuangdao	2148053	195965	190142		859002	1093086
唐山市	Tangshan	5945826	396529	371108	140178	3721056	1688063
廊坊市	Langfang	3915004	244229	205020		2276021	1394754
保定市	Baoding	3832568	305104	232608	5000	2750757	771707
沧州市	Cangzhou	1646852	192905	188845		548676	905271
衡水市	Hengshui	1378525	34301	30901		918596	425628
邢台市	Xingtai	1010956	80579	78649		339405	590972
邯郸市	Handan	3190745	188212	140926		2493232	509301

各市房地产开发建设房屋建筑面积和造价（2011年）
Floor Space of Building and Their Cost in Real Estate Development (2011)

市	City	施工房屋面积（平方米） Floor Space under Construction (sq.m)	竣工房屋面积（平方米） Floor Space Completed (sq.m)	#住宅 Residential Building	房屋面积竣工率（%） Rate of Floor Space of Buildings Completed (%)	竣工房屋价值（万元） Value of building Completed (10000 yuan)	竣工房屋造价（元／平方米） Cost of Buildings Completed (yuan/sq.m)	竣工房屋住宅套数（套） Number of building Completed (unit)
全　省	**Total**	**266708108**	**51805091**	**42736869**	**19.4**	**12820847**	**2475**	**418562**
石家庄市	Shijiazhuang	49644639	10964990	8892216	22.1	3001285	2737	83065
承德市	Chengde	13738192	2222283	1888308	16.2	520799	2344	17527
张家口市	Zhangjiakou	24624740	4467705	3804836	18.1	872408	1953	40004
秦皇岛市	Qinhuangdao	18110370	1791537	1513709	9.9	533620	2979	16952
唐山市	Tangshan	35259506	4552621	3624935	12.9	1176217	2584	40135
廊坊市	Langfang	26451854	7479703	6449416	28.3	2199767	2941	63854
保定市	Baoding	31817409	5144157	4714267	16.2	1144922	2226	43404
沧州市	Cangzhou	17301454	3896505	3117547	22.5	966787	2481	29008
衡水市	Hengshui	13685936	3860416	3341581	28.2	689642	1786	31953
邢台市	Xingtai	12497059	1947266	1644018	15.6	388927	1997	15435
邯郸市	Handan	23576949	5477908	3746036	23.2	1326473	2421	37225

各市商品房屋销售情况（2011年）
Selling of Commercial Houses (2011)

市	City	商品房销售面积（平方米）Floor Space of Commercialized Buildings Sold (sq.m)	#住宅 Residential Buildings	商品房销售额（万元）Total Sales of Commercialized Buildings (10000 yuan)	#住宅 Residential Buildings	商品房平均售价（元/平方米）Average Selling Price of Commercialized Buildings (yuan/sq.m)	#住宅 Residential Buildings
全　省	**Total**	**58883274**	**52931776**	**23452299**	**19938101**	**3983**	**3767**
石家庄市	Shijiazhuang	9222363	7832013	4371858	3408610	4740	4352
承 德 市	Chengde	3296277	2831735	1226081	954865	3720	3372
张家口市	Zhangjiakou	7665817	7049933	2281012	2002370	2976	2840
秦皇岛市	Qinhuangdao	3352608	3101872	1653175	1511152	4931	4872
唐 山 市	Tangshan	6867848	5956464	3559805	2916081	5183	4896
廊 坊 市	Langfang	7287904	6748149	3895235	3421636	5345	5070
保 定 市	Baoding	4776618	4450957	1432811	1327139	3000	2982
沧 州 市	Cangzhou	5326032	4843556	1817839	1581365	3413	3265
衡 水 市	Hengshui	4352403	3897521	1061100	923014	2438	2368
邢 台 市	Xingtai	2928264	2650528	832293	695837	2842	2625
邯 郸 市	Handan	3807140	3569048	1321090	1196032	3470	3351

各市按用途分的商品房屋销售面积（2011年）
Floor Space of Buildings Actually Sold by Use (2011)

单位：平方米 (sq.m)

市	City	商品房销售面积 Floor Space of Commercialized Buildings Sold	住宅 Residential Buildings	#90平方米以下 90 sq.m below	#别墅、高档公寓 Villas, High-grade Apartments	办公楼 Office Buildings	商业营业用房 Houses for Business Use	其他 Other
全　省	**Total**	**58883274**	**52931776**	**17206251**	**691327**	**592375**	**3660063**	**1699060**
石家庄市	Shijiazhuang	9222363	7832013	2844708	146348	121027	885373	383950
承 德 市	Chengde	3296277	2831735	419692	1914	76216	279696	108630
张家口市	Zhangjiakou	7665817	7049933	3343207	53543	18166	516149	81569
秦皇岛市	Qinhuangdao	3352608	3101872	1066981	85875	10941	153986	85809
唐 山 市	Tangshan	6867848	5956464	2041018	95986	75298	398860	437226
廊 坊 市	Langfang	7287904	6748149	2486408	264228	81960	281173	176622
保 定 市	Baoding	4776618	4450957	1115903	5460	6700	160485	158476
沧 州 市	Cangzhou	5326032	4843556	985125	4270	98862	260972	122642
衡 水 市	Hengshui	4352403	3897521	1202378	7236	6990	387149	60743
邢 台 市	Xingtai	2928264	2650528	629782	9656		206074	71662
邯 郸 市	Handan	3807140	3569048	1071049	16811	96215	130146	11731

各市按用途分的商品房屋平均销售价格（2011年）
Average Selling Price of Commercial Houses by Use (2011)

单位：元/平方米 (yuan/sq.m)

市	City	商品房平均销售价格 Average Selling Price of Commercialized Buildings	住宅 Residential Buildings	#90平方米以下 90 sq.m below	#别墅、高档公寓 Villas, High-grade Apartments	办公楼 Office Buildings	商业营业用房 Houses for Business Use	其他 Other
全　省	**Total**	**3983**	**3767**	**3817**	**8319**	**6900**	**7059**	**3071**
石家庄市	Shijiazhuang	4740	4352	4192	7690	9455	8101	3428
承德市	Chengde	3720	3372	3383	8485	5089	7395	2357
张家口市	Zhangjiakou	2976	2840	2702	8397	5619	4975	1427
秦皇岛市	Qinhuangdao	4931	4872	4873	8761	5387	6717	3811
唐山市	Tangshan	5183	4896	4059	16160	11841	10197	3381
廊坊市	Langfang	5345	5070	5677	6191	7451	11995	4261
保定市	Baoding	3000	2982	3488	3663	2397	4434	2077
沧州市	Cangzhou	3413	3265	3384	4888	3617	6488	2561
衡水市	Hengshui	2438	2368	2248	3279	2834	3084	2752
邢台市	Xingtai	2842	2625	3098	4127	-1.#IND	5979	1847
邯郸市	Handan	3470	3351	3564	6931	5184	5563	2374

各市按销售方式分的商品房销售面积及平均销售价格（2011年）
Floor Space of Buildings Actually Sold and Average Selling Price of Commercial Houses by Sale Method (2011)

市	City	商品房销售面积（平方米）Floor Space of Commercialized Buildings Sold (sq.m)	现房 Completed Buildings	期房 Buildings Completed in Future	商品房平均销售价格（元/平方米）Average Selling Price of Commercialized Buildings (yuan/sq.m)	现房 Completed Buildings	期房 Buildings Completed in Future
全　省	**Total**	**58883274**	**14925796**	**43957478**	**3983**	**3561**	**4126**
石家庄市	Shijiazhuang	9222363	3328658	5893705	4740	3924	5202
承德市	Chengde	3296277	669394	2626883	3720	3400	3801
张家口市	Zhangjiakou	7665817	2149880	5515937	2976	2866	3018
秦皇岛市	Qinhuangdao	3352608	539220	2813388	4931	5165	4886
唐山市	Tangshan	6867848	1466715	5401133	5183	4119	5472
廊坊市	Langfang	7287904	2020762	5267142	5345	4511	5665
保定市	Baoding	4776618	1178793	3597825	3000	2626	3122
沧州市	Cangzhou	5326032	93586	5232446	3413	3299	3415
衡水市	Hengshui	4352403	1397229	2955174	2438	2355	2477
邢台市	Xingtai	2928264	251322	2676942	2842	1907	2930
邯郸市	Handan	3807140	1830237	1976903	3470	3568	3379

各市房地产开发经营情况（2011年）
Real Estate Development and Management (2011)

单位：万元 (10000 yuan)

市	City	主营业务收入 Revenue from Principal Business	土地转让收入 Land Transferred	商品房屋销售收入 Commercial Houses Sold	房屋出租收入 Houses Leased	其他收入 Others	主营业务税金及附加 Taxes and Other Charges on Principal Business	利润总额 Total Profits
全　省	**Total**	**12265500**	**20416**	**11971578**	**40879**	**232627**	**978886**	**850145**
石家庄市	Shijiazhuang	2492874	6144	2317346	16627	152756	184518	182098
承德市	Chengde	708768	482	705424	501	2361	54343	66903
张家口市	Zhangjiakou	954529	5764	944737	412	3616	70904	6954
秦皇岛市	Qinhuangdao	671492		666535	3991	966	59873	19790
唐山市	Tangshan	1629257		1611708	6371	11179	149789	87
廊坊市	Langfang	1834445	1153	1822557	1850	8885	132602	386296
保定市	Baoding	1480120	1217	1462648	491	15765	115489	77242
沧州市	Cangzhou	878690	74	862894	1205	14517	70965	61082
衡水市	Hengshui	493174		478348	119	14707	32690	14124
邢台市	Xingtai	424575	348	423267	758	203	44664	13766
邯郸市	Handan	697577	5234	676115	8555	7674	63049	21804

各设区市单位GDP能耗（2011年）
Energy Consumption by GDP by City (2011)

市	City	单位GDP能耗 Energy Consumption by GDP		单位工业增加值能耗 Energy Consumption by Add-value of Industry	单位GDP电耗 Electricity Consumption by GDP
		指标值(吨标准煤/万元) Index (ton of SCE/10000 yuan)	上升或下降 Change(+%)	上升或下降 Change(+%)	上升或下降 Change(+%)
全　省	**Total**	**1.300**	**-3.69**	**-6.68**	**-0.36**
石家庄市	Shijiazhuang	1.243	-4.19	-8.33	-3.79
承德市	Chengde	1.266	-3.90	-5.30	0.45
张家口市	Zhangjiakou	1.537	-4.13	-2.30	1.17
秦皇岛市	Qinhuangdao	0.971	-3.66	-4.94	4.30
唐山市	Tangshan	1.915	-4.15	-6.24	-3.10
廊坊市	Langfang	1.241	-3.67	-8.66	5.06
保定市	Baoding	1.086	-3.50	-7.41	1.05
沧州市	Cangzhou	1.273	-3.66	-4.66	2.65
衡水市	Hengshui	1.274	-3.44	-3.14	3.58
邢台市	Xingtai	1.593	-4.18	-8.81	-2.75
邯郸市	Handan	1.631	-4.21	-8.62	-3.24

注：1．计算单位GDP能耗上升或降低率时，两年单位GDP能耗数据均保留4位小数。
2．单位工业增加值能耗的统计范围是年主营业务收入2000万元及以上的工业法人企业。
3．GDP按照2010年价格计算,工业增加值按照可比价计算。

a) When calculating the change rate of energy consumption by GDP, both the numerator and denominator are accurate to four decimal places.

b) The data of energy consumption by industrial value-added are based on survey of industrial legal-person enterprises, whose major-business annual incomes are no less than 20 million yuan.

c) GDP and industrial value-added are in constant RMB Yuan, and the base year is 2010.

各市规模以上工业企业能源消耗情况
Consumption of Main Energy Sources in above Designated Size Industrial Enterprises by City

单位：万吨标准煤 (10000 tons of SCE)

市	City	2005	2006	2007	2008	2009	2010	2011
全　省	**Total**	**13976.29**	**15859.48**	**16991.34**	**16683.83**	**17159.63**	**18117.87**	**19996.33**
石家庄市	Shijiazhuang	2256.15	2625.32	2808.98	2703.67	2655.43	2778.90	2883.07
承 德 市	Chengde	483.90	580.41	679.11	669.06	717.69	733.29	801.23
张家口市	Zhangjiakou	894.44	963.71	1061.49	981.54	902.59	952.48	1070.68
秦皇岛市	Qinhuangdao	519.92	592.53	645.54	645.22	628.84	674.38	707.25
唐 山 市	Tangshan	4672.85	5288.68	5579.78	5630.49	6009.78	6280.62	7175.48
廊 坊 市	Langfang	279.76	343.53	430.34	471.90	495.69	558.45	593.02
保 定 市	Baoding	590.36	607.98	605.60	598.60	614.99	720.11	766.51
沧 州 市	Cangzhou	474.89	554.19	603.60	598.21	741.66	763.75	1014.06
衡 水 市	Hengshui	306.36	313.27	303.78	294.14	267.08	271.99	309.06
邢 台 市	Xingtai	942.99	1111.79	1207.04	1148.53	1107.97	1178.53	1295.97
邯 郸 市	Handan	2554.67	2878.07	3066.09	2942.47	3017.91	3205.38	3380.01

各市规模以上工业企业水消费(取水总量)
Consumption of Water in above Designated Size Industrial Enterprises by City

单位：万立方米 (10000 m³)

市	City	2006	2007	2008	2009	2010	2011
全　省	**Total**	**321764.73**	**435242.57**	**401427.31**	**210425.65**	**231593.98**	**200493.23**
石家庄市	Shijiazhuang	27180.08	32841.02	36174.28	33636.54	32264.03	33613.69
承 德 市	Chengde	9589.41	11333.56	14419.52	12234.52	14976.11	16238.25
张家口市	Zhangjiakou	11352.18	11069.89	11066.37	10336.89	9984.96	10262.42
秦皇岛市	Qinhuangdao	36180.38	41205.99	44745.48	46746.28	53050.65	18107.56
唐 山 市	Tangshan	181901.44	283194.85	242139.18	54441.44	64398.13	60808.11
廊 坊 市	Langfang	2970.80	3135.38	4010.11	4325.28	4688.63	5082.93
保 定 市	Baoding	10056.83	9600.38	9035.03	9158.28	9655.55	10821.34
沧 州 市	Cangzhou	7619.92	6087.53	5770.77	7136.11	7514.14	10199.60
衡 水 市	Hengshui	3803.35	3725.92	3213.45	3017.68	3170.33	3434.23
邢 台 市	Xingtai	9334.37	9730.09	10088.68	8538.32	9182.51	9902.90
邯 郸 市	Handan	21775.97	23317.94	20764.43	20854.32	22708.94	22022.21

注：1．2009年以后取水总量不包括水的生产和供应业行业。
　　2．2009年以后取水总量不包括河湖海冷却水用量。

a) Data of 2009 do not cover the industry of production and supply of water.
b) Data of 2009 do not include cooling water directly from rivers, lakes and seas.

各市地方财政收入及支出（2011年）
Local Revenue and Expenditures (2011)

单位：万元 (10000 yuan)

市	City	地方财政收入 Local Revenue	#增值税 Value-added Tax	#营业税 Operation Tax	地方财政支出 Local Expenditure	#一般公共服务 General Public Services
全　省	**Total**	**1737.77**	**229.85**	**457.27**	**3537.39**	**414.93**
石家庄市	Shijiazhuang	221.23	18.13	74.32	403.54	41.58
承 德 市	Chengde	71.10	7.20	23.12	192.36	21.45
张家口市	Zhangjiakou	82.99	7.03	25.90	231.52	25.25
秦皇岛市	Qinhuangdao	86.64	6.65	28.60	168.62	17.94
唐 山 市	Tangshan	255.56	33.19	69.6	441.68	52.10
廊 坊 市	Langfang	140.25	8.64	52.89	227.95	27.76
保 定 市	Baoding	128.59	12.83	30.44	332.67	39.16
沧 州 市	Cangzhou	116.49	14.61	33.10	264.35	35.09
衡 水 市	Hengshui	37.25	3.95	10.61	137.42	17.86
邢 台 市	Xingtai	70.58	9.26	17.79	214.61	24.62
邯 郸 市	Handan	158.95	16.42	31.88	328.63	39.67

注：全省总计数中含省本级数，故不等于各市相加。

a) The total revenues are not equal to the sum of the prefectures' revenues. This is because the former are the total of both provincial and prefectural Revenues. So do the total expenditures.

各市农、林、牧、渔业总产值（2011年）
Gross Output Value of Farming, Forestry, Animal Husbandry and Fishery (2011)

单位：万元 (10000 yuan)

市	City	农林牧渔业 Farming, Forestry, Animal Husbandry and Fishery	农业 Farming	林业 Forestry	牧业 Animal Husbandry	渔业 Fishery	农林牧渔服务业 Service for Farming, Forestry, Animal Husbandry and Fishery
全　省	**Total**	**48958751**	**27752674**	**587770**	**16740403**	**1635781**	**2242123**
石家庄市	Shijiazhuang	7272965	3870787	66753	3030654	44243	260528
承 德 市	Cangzhou	2807001	1389623	181031	1142571	36762	57014
张家口市	Baoding	3216829	1451091	76036	1585751	14542	89409
秦皇岛市	Zhangjiakou	2536512	1055955	41666	1248101	151244	39546
唐 山 市	Chengde	7574835	4308097	46566	2353451	702345	164376
廊 坊 市	Hengshui	3213022	1861751	34189	1213401	46822	56859
保 定 市	Langfang	5994036	3638035	64036	2067274	74790	149901
沧 州 市	Xingtai	5353072	2899808	35718	1555278	233084	629184
衡 水 市	Handan	3318734	2059140	20237	1112328	8040	118989
邢 台 市	Tangshan	3824242	2350796	37629	1159673	6786	269358
邯 郸 市	Qinhuangdao	6206530	3291093	52386	2530854	59697	272500

各市农、林、牧、渔业中间消耗（2011年）
Intermediate Exertion of Farming, Forestry, Animal Husbandry and Fishery (2011)

单位：万元 (10000 yuan)

市	City	农林牧渔业中间消耗 Intermediate Exertion	农业 Farming	林业 Forestry	牧业 Animal Husbandry	渔业 Fishery	农林牧渔服务业 Service for Farming, Forestry, Animal Husbandry and Fishery
全省	**Total**	**19901385**	**8984594**	**167074**	**8835307**	**668911**	**1245499**
石家庄市	Shijiazhuang	3122999	1349743	13435	1605944	19887	133990
承德市	Chengde	1151539	489147	42180	577684	14705	27823
张家口市	Zhangjiakou	1414049	616632	32828	717725	7147	39717
秦皇岛市	Qinhuangdao	1137089	310451	10571	722650	66169	27248
唐山市	Tangshan	2709527	1213160	11311	1129656	280938	74462
廊坊市	Langfang	1470245	749051	14032	659097	19825	28240
保定市	Baoding	2563800	1257375	24715	1172843	34968	73899
沧州市	Cangzhou	2394706	1060407	12501	840297	116574	364927
衡水市	Hengshui	1573341	852890	6900	638158	4000	71393
邢台市	Xingtai	1635908	819741	25024	610778	3154	177211
邯郸市	Handan	2700434	1151455	24453	1348409	28967	147150

各市农、林、牧、渔业增加值（2011年）
The Added Value of Farming, Forestry, Animal Husbandry and Fishery (2011)

单位：万元 (10000 yuan)

市	City	农林牧渔业增加值 Added Value	农业 Farming	林业 Forestry	牧业 Animal Husbandry	渔业 Fishery	农林牧渔服务业 Service for Farming, Forestry, Animal Husbandry and Fishery
全省	**Total**	**29057366**	**18768080**	**420696**	**7905096**	**966870**	**996624**
石家庄市	Shijiazhuang	4149966	2521044	53318	1424710	24356	126538
承德市	Chengde	1655462	900476	138851	564887	22057	29191
张家口市	Zhangjiakou	1802780	834459	43208	868026	7395	49692
秦皇岛市	Qinhuangdao	1399423	745504	31095	525451	85075	12298
唐山市	Tangshan	4865308	3094937	35255	1223795	421407	89914
廊坊市	Langfang	1742777	1112700	20157	554304	26997	28619
保定市	Baoding	3430236	2380660	39321	894431	39822	76002
沧州市	Cangzhou	2958366	1839401	23217	714981	116510	264257
衡水市	Hengshui	1745393	1206250	13337	474170	4040	47596
邢台市	Xingtai	2188334	1531055	12605	548895	3632	92147
邯郸市	Handan	3506096	2139638	27933	1182445	30730	125350

各市农、林、牧、渔业中间消耗、增加值占总产值的比重（2011年）
Intermediate Consumption and Value-added of Farming, Forestry, Animal Husbandry and Fishery as Percentage of Gross Output Value (2011)

单位：% (%)

市	City	农业 Agriculture		林业 Forestry		牧业 Animal Husbandry		渔业 Fishery		农林牧渔服务业 Service to Farming, Forestry, Animal Husbandry and Fishery	
		中间消耗 Intermediate Exertion	增加值 Added Value	中间消耗 Intermediate Exertion	增加值 Added Value	中间消耗 Intermediate Exertion	增加值 Added Value	中间消耗 Intermediate Exertion	增加值 Added Value	中间消耗 Intermediate Exertion	增加值 Added Value
全　省	**Total**	**32.37**	**67.63**	**28.43**	**71.57**	**52.78**	**47.22**	**40.89**	**59.11**	**55.55**	**44.45**
石家庄市	Shijiazhuang	34.87	65.13	20.13	79.87	52.99	47.01	44.95	55.05	51.43	48.57
承 德 市	Chengde	35.20	64.80	23.30	76.70	50.56	49.44	40.00	60.00	48.80	51.20
张家口市	Zhangjiakou	42.49	57.51	43.17	56.83	45.26	54.74	49.15	50.85	44.42	55.58
秦皇岛市	Qinhuangdao	29.40	70.60	25.37	74.63	57.90	42.10	43.75	56.25	68.90	31.10
唐 山 市	Tangshan	28.16	71.84	24.29	75.71	48.00	52.00	40.00	60.00	45.30	54.70
廊 坊 市	Langfang	40.23	59.77	41.04	58.96	54.32	45.68	42.34	57.66	49.67	50.33
保 定 市	Baoding	34.56	65.44	38.60	61.40	56.73	43.27	46.75	53.25	49.30	50.70
沧 州 市	Cangzhou	36.57	63.43	35.00	65.00	54.03	45.97	50.01	49.99	58.00	42.00
衡 水 市	Hengshui	41.42	58.58	34.10	65.90	57.37	42.63	49.75	50.25	60.00	40.00
邢 台 市	Xingtai	34.87	65.13	66.50	33.50	52.67	47.33	46.48	53.52	65.79	34.21
邯 郸 市	Handan	34.99	65.01	46.68	53.32	53.28	46.72	48.52	51.48	54.00	46.00

注：本表按当年价格计算。

a) Data in value in this table are calculated at current prices.

各市农、林、牧、渔业总产值指数（2011年，上年＝100）
Indices of Gross Output Value of Farming，Forestry，Animal Husbandry and Fishery (2011, Preceding Year=100)

市	City	农林牧渔业 Farming, Forestry, Animal Husbandry and Fishery	农业 Farming	林业 Forestry	牧业 Animal Husbandry	渔业 Fishery	农林牧渔服务业 Service for Farming, Forestry, Animal Husbandry and Fishery
全省	**Total**	**103.9**	**105.5**	**103.6**	**101.1**	**101.8**	**105.0**
石家庄市	Shijiazhuang	103.1	103.3	108.6	102.6	100.4	105.0
承德市	Chengde	107.9	111.3	101.1	105.4	102.3	104.8
张家口市	Zhangjiakou	108.4	113.3	111.0	103.8	106.1	105.4
秦皇岛市	Qinhuangdao	105.0	106.4	107.1	105.3	92.4	104.4
唐山市	Tangshan	105.0	105.0	109.6	105.9	99.5	110.4
廊坊市	Langfang	102.2	102.9	102.5	100.8	103.5	102.4
保定市	Baoding	105.6	105.1	108.6	106.6	108.1	104.0
沧州市	Cangzhou	105.3	106.6	104.3	104.5	101.2	103.0
衡水市	Hengshui	105.1	106.3	109.7	103.3	107.2	100.1
邢台市	Xingtai	105.4	107.9	104.2	100.4	121.7	104.0
邯郸市	Handan	105.5	106.8	99.7	103.6	109.9	105.1

注：本表按可比价格计算。
a) Data in value in this table are calculated at current prices.

各市主要农产品产量（2011年）
Yield of Major Farm Crops (2011)

市	City	粮食（万吨） Grain (10000 tons)	谷物 Cereal	#稻谷 Rice	#小麦 Wheat	#玉米 Corn	豆类 Beans	薯类 Tubers
全省	**Total**	**3172.60**	**3032.31**	**60.18**	**1276.12**	**1639.64**	**35.73**	**104.56**
石家庄市	Shijiazhuang	531.72	520.70	0.14	252.71	265.69	2.01	9.01
承德市	Chengde	140.50	115.73	13.73		93.83	3.23	21.54
张家口市	Zhangjiakou	154.70	117.01	1.16		85.00	3.03	34.66
秦皇岛市	Qinhuangdao	89.19	73.75	7.28	4.17	59.19	2.79	12.65
唐山市	Tangshan	317.76	301.46	47.83	62.70	189.66	4.76	11.53
廊坊市	Langfang	193.67	187.60	0.01	51.60	135.48	3.24	2.84
保定市	Baoding	614.70	587.82	1.08	247.67	334.73	4.11	22.77
沧州市	Cangzhou	494.27	480.86		199.82	277.77	7.21	6.19
衡水市	Hengshui	378.62	373.48		179.13	191.94	2.44	2.70
邢台市	Xingtai	452.76	445.42		215.55	217.22	3.18	4.15
邯郸市	Handan	528.29	519.66	1.10	242.11	261.52	2.94	5.70

各市主要农产品产量（2011年）(续)
Yield of Major Farm Crops (2011)

市	City	棉花（吨）Cotton (ton)	油料（吨）Oil-bearing Crops (ton)	#芝麻 Sesame	#花生 Peanut	麻类（吨）Fiber Crops (ton)	#黄红麻 Jute and Ambary Hemp	烟叶（吨）Tobacco (ton)	#烤烟 Flue-cured Tobacco
全　省	**Total**	**653445**	**1417786**	**10375**	**1289166**	**729**	**688**	**6812**	**4159**
石家庄市	Shijiazhuang	12629	215067	884	199784			1101	1101
承德市	Chengde		12909	156	978	22		56	
张家口市	Zhangjiakou		49303		2322	1		2973	2763
秦皇岛市	Qinhuangdao	2880	72385	187	71834				
唐山市	Tangshan	30732	283620	235	283367	693	688	1588	
廊坊市	Langfang	50610	36905	631	34216			6	
保定市	Baoding	32347	276649	1061	269993	9		948	155
沧州市	Cangzhou	138055	97324	2407	88429			140	140
衡水市	Hengshui	163291	105950	1332	102873				
邢台市	Xingtai	222593	121243	2095	100164				
邯郸市	Handan	144038	146431	1387	135206	4			

注：全省粮食(包括分品种)产量系抽样调查推算数，各市为全面调查数。

a) The provincial products of grain (contained grain differentiated according to variety) are reckoned figure of sampling estigation, the civil products are figure of comprehensive investigation.

各市农业机械化、能源、化肥、水利（2011年）
Mechanization, Energy Resources, Chemical Fertilizer and Water Conservancy of Agriculture (2011)

市	City	农业机械化情况 Agriculture Mechanization			农村能源情况 Agriculture Energy			农用化肥施用量 Consumption of Chemical Fertilizer	农田水利情况 Farm Water Conservancy
		机耕面积（公顷）Area Cultivated by Machine (hectare)	机播面积（公顷）Area Sown by Machine (hectare)	机收面积（公顷）Mechanical Harvest Area (hectare)	农村用电量（万千瓦小时）Electricity Consumed in Rural Area (10000 kvh)	乡、村办水电站（个）Hydropower Station in Rural Area (unit)	乡、村办水电站发电量（万千瓦小时）Electricity (10000 kwh)	折纯量（吨）by 100% Effective Component (ton)	有效灌溉面积（公顷）Effective Irrigated Areas (hectare)
全　省	**Total**	**5332017**	**6451908**	**3715279**	**5592151**	**239**	**42607.3**	**3262786**	**4596607**
石家庄市	Shijiazhuang	483511	669358	489459	747484	56	7801.4	486890	501124
承德市	Chengde	203672	171238	71241	157585	28	6361.5	108001	149913
张家口市	Zhangjiakou	534792	381523	202819	98043	14	1347.0	101306	262430
秦皇岛市	Qinhuangdao	183873	82890	42250	231746	6	3411.9	143112	134440
唐山市	Tangshan	524843	515560	219997	1419280	14	4195.9	379543	498830
廊坊市	Langfang	306749	354948	180554	709277			167130	275060
保定市	Baoding	627306	859289	559625	413433	48	9369.3	461145	660510
沧州市	Cangzhou	715494	1007383	575175	701757			319173	533450
衡水市	Hengshui	521336	766937	427099	279406			272366	477980
邢台市	Xingtai	611200	843117	458058	298194	11	487.3	352447	553180
邯郸市	Handan	619241	799665	489002	535946	62	9633.1	471673	549690

各市主要农业机械和农产品加工机械拥有量（2011年底）
Ownership of Agricultural Machinery and Machinery for Processing Farm Products (End of 2011)

市	City	农业机械总动力（万千瓦）Total Power of Agricultural Machinery (10000 kw)	大中型拖拉机（混合台）Large and Medium Agricultural Tractors (unit)	小型拖拉机（台）Mini-Tractor (unit)	排灌用电动机(台) Electrical Engines(unit)	排灌用柴油机(台) Diesel Engines(unit)	联合收割机（台）(unit)	农用运输车（辆）Agricultural Vehicles (unit)
全　省	**Total**	**10349.19**	**197882**	**1491043**	**1487619**	**1093616**	**85926**	**2685065**
石家庄市	Shijiazhuang	1977.01	28514	173181	234325	196659	20347	477961
承德市	Chengde	329.62	8724	39592	34073	10639	149	79536
张家口市	Zhangjiakou	298.66	7835	74101	17572	3469	379	68135
秦皇岛市	Qinhuangdao	296.84	4092	49149	47955	25863	150	103872
唐山市	Tangshan	1114.42	20365	148325	267207	56962	1881	266769
廊坊市	Langfang	677.77	12284	71105	91094	43247	4268	258899
保定市	Baoding	1191.88	29947	134863	153590	110848	14825	396515
沧州市	Cangzhou	1197.72	25191	251569	146428	289031	10188	279691
衡水市	Hengshui	912.34	18268	231041	104123	131248	10039	121410
邢台市	Xingtai	933.37	21805	224181	174739	79908	11182	192694
邯郸市	Handan	1419.56	20857	93936	216513	145742	12518	439583

各市大牲畜头数（2011年底）
Number of Large Livestock (End of 2011)

单位：百头　　(100 units)

市	City	大牲畜年末数 Large Animals (year-end)	牛 Cattle and Buffaloes	马 Horses	驴 Donkeys	骡 Mules
全　省	**Total**	**49572**	**40031**	**1820**	**5580**	**2141**
石家庄市	Shijiazhuang	8939	8203	154	469	113
承德市	Chengde	8955	7665	567	381	342
张家口市	Zhangjiakou	7801	5936	261	911	693
秦皇岛市	Qinhuangdao	2528	2222	17	258	31
唐山市	Tangshan	9404	8238	113	884	169
廊坊市	Langfang	4907	4060	110	610	127
保定市	Baoding	5035	4448	53	491	43
沧州市	Cangzhou	6435	5633	167	444	191
衡水市	Hengshui	4627	4126	122	320	59
邢台市	Xingtai	3016	2721	40	219	36
邯郸市	Handan	5148	4002	216	593	337

各市肉类总产量、牛奶产量及猪、羊头数（2011年）

Output of Meat， Milk and Number of Hogs，Sheep and Goats (2011)

市	City	猪牛羊肉产量（万吨）Output of Pork, Beef and Mutton (10000 tons)	年末出栏肉猪（万头）Slaughtered Fattened Hogs (year-end) (10000 heads)	生猪存栏头数（万头）Number of Hogs at Year-end (10000 heads)	羊存栏只数（万只）Number of Sheep and Goats (10000 units)	山羊 Goats	绵羊 Sheep	牛奶产量（万吨）Output of Cow Milk (10000 tons)
全省	**Total**	**329.47**	**3235.82**	**1885.20**	**1457.20**	**467.54**	**989.66**	**458.90**
石家庄市	Shijiazhuang	55.78	577.05	356.32	127.57	44.25	83.32	118.77
承德市	Chengde	27.29	227.01	157.12	97.18	56.02	41.16	13.27
张家口市	Zhangjiakou	28.28	251.08	145.92	183.26	22.08	161.18	122.50
秦皇岛市	Qinhuangdao	25.44	247.56	142.61	113.53	50.73	62.80	9.27
唐山市	Tangshan	57.00	615.65	415.19	90.10	37.19	52.91	175.95
廊坊市	Langfang	28.79	236.02	154.94	185.11	44.69	140.42	22.91
保定市	Baoding	54.49	615.02	403.10	212.22	68.15	144.07	79.14
沧州市	Cangzhou	29.21	246.00	174.84	194.60	95.33	99.27	11.18
衡水市	Hengshui	30.65	316.90	233.71	136.63	83.33	53.30	8.48
邢台市	Xingtai	23.19	248.30	175.12	99.29	56.30	42.99	26.53
邯郸市	Handan	48.50	515.61	345.86	349.10	229.34	119.76	22.29

各市水产品产量（2011年）

Output of Aquatic Products (2011)

单位：吨 (ton)

市	City	水产品总产量 Total Aquatic Products	海水产品 Seawater Aquatic Products	#鱼类 Fish	#虾蟹类 Carapace	淡水水域水产品 Freshwater Aquatic Products	#鱼类 Fish	#虾蟹类 Carapace
全省	**Total**	**1067131**	**563281**	**145094**	**71757**	**503850**	**464896**	**28464**
石家庄市	Shijiazhuang	34619				34619	31838	1227
承德市	Chengde	35504				35504	35392	107
张家口市	Zhangjiakou	11450				11450	10343	1107
秦皇岛市	Qinhuangdao	208752	201625	11624	4270	7127	6717	310
唐山市	Tangshan	500779	263831	60792	47194	236948	216398	20197
廊坊市	Langfang	35016	5214	4856	356	29802	29725	8
保定市	Baoding	54030				54030	43397	2357
沧州市	Cangzhou	122035	92611	67822	19937	29424	27659	1755
衡水市	Hengshui	7386				7386	7296	90
邢台市	Xingtai	4922				4922	4855	9
邯郸市	Handan	52638				52638	51276	1297

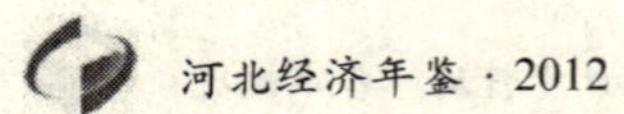

各市规模以上工业企业个数和工业总产值（2011年）
Number and Gross Industrial Value of Industrial Enterprises above Designated Size (2011)

个数单位：个　产值单位：亿元　　(unit, 100 million yuan)

市	City	全部工业 Total		内资企业 Domestic Funded Enterprises		#国有企业 State-owned Enterprises		#集体企业 Collective-owned Enterprises	
		企业个数 Number of Enterprises	工业总产值 Gross Industrial Output Value	企业个数 Number of Enterprises	工业总产值 Gross Industrial Output Value	企业个数 Number of Enterprises	工业总产值 Gross Industrial Output Value	企业个数 Number of Enterprises	工业总产值 Gross Industrial Output Value
全　省	**Total**	**11570**	**39698.80**	**10651**	**34167.05**	**321**	**3601.06**	**213**	**506.26**
石家庄市	Shijiazhuang	2379	7260.56	2264	6766.58	43	753.86	55	237.70
承德市	Chengde	422	1611.14	413	1593.46	14	53.36	3	2.39
张家口市	Zhangjiakou	415	1112.21	384	1013.13	25	180.28	17	10.52
秦皇岛市	Qinhuangdao	379	1412.06	292	845.11	16	112.70	6	3.44
唐山市	Tangshan	1288	9573.67	1173	8178.52	40	788.34	30	96.74
廊坊市	Langfang	986	2788.00	807	2263.28	23	81.18	19	34.89
保定市	Baoding	1491	3627.85	1363	3125.68	53	323.17	21	39.95
沧州市	Cangzhou	1610	3707.36	1503	3197.32	28	519.98	4	2.33
衡水市	Hengshui	856	1255.80	804	1162.03	17	66.42	14	8.52
邢台市	Xingtai	869	2254.90	820	1741.42	19	129.63	20	16.09
邯郸市	Handan	875	5095.24	828	4280.53	43	592.14	24	53.69

市	City	股份制经济 Cooperative Enterprise		中外合资、合作企业 Joint Venture, Cooperative Operation Enterprise		外资企业 Foreign Funded Enterprises		港、澳、台投资企业 Funds from Hong Kong, Macao and Taiwan	
		企业个数 Number of Enterprises	工业总产值 Gross Industrial Output Value	企业个数 Number of Enterprises	工业总产值 Gross Industrial Output Value	企业个数 Number of Enterprises	工业总产值 Gross Industrial Output Value	企业个数 Number of Enterprises	工业总产值 Gross Industrial Output Value
全　省	**Total**	**8210**	**26183.39**	**389**	**1851.37**	**256**	**979.23**	**268**	**2307.39**
石家庄市	Shijiazhuang	1548	4374.38	57	162.40	16	59.96	40	239.18
承德市	Chengde	356	1447.08	7	8.40			2	9.29
张家口市	Zhangjiakou	321	809.59	17	48.25	7	36.86	7	13.97
秦皇岛市	Qinhuangdao	248	709.38	34	189.48	31	131.86	22	245.60
唐山市	Tangshan	781	6038.25	41	194.69	37	129.61	36	712.16
廊坊市	Langfang	640	1988.97	49	109.73	92	258.71	38	156.28
保定市	Baoding	1129	2553.66	71	277.76	19	51.76	38	172.66
沧州市	Cangzhou	1236	2330.73	47	347.80	30	42.77	28	117.28
衡水市	Hengshui	627	969.35	23	33.75	11	9.96	17	49.63
邢台市	Xingtai	651	1453.12	25	33.96	8	252.35	16	227.18
邯郸市	Handan	673	3508.89	18	445.15	5	5.40	24	364.16

各市规模以上工业企业主要指标（2011年）

Main Indicators of Industrial Enterprises above Designated Size (2011)

单位：亿元 (100 million yuan)

市	City	企业单位数（个） Number of Enterprises (unit)	从业人员（万人） Number of Employed Persons (10000 persons)	实收资本 Total Capital Hold	流动资产合计 Total Working Capitals	#存货 Inventory
全　省	**Total**	**11570**	**356.03**	**5405.10**	**12692.76**	**3382.55**
石家庄市	Shijiazhuang	2379	77.61	723.19	1314.92	369.14
承德市	Chengde	422	13.94	204.13	676.36	172.41
张家口市	Zhangjiakou	415	13.40	242.30	517.65	180.98
秦皇岛市	Qinhuangdao	379	14.11	319.91	834.38	269.09
唐山市	Tangshan	1288	66.59	1480.63	3350.86	948.13
廊坊市	Langfang	986	23.83	303.15	877.58	210.11
保定市	Baoding	1491	40.16	519.01	1522.97	340.23
沧州市	Cangzhou	1610	29.57	604.44	823.89	230.25
衡水市	Hengshui	856	12.52	176.25	366.35	92.95
邢台市	Xingtai	869	27.13	289.27	858.38	179.06
邯郸市	Handan	875	37.16	542.84	1549.41	390.18

市	City	#产成品 Finished Products	固定资产合计 Fixed Assets	固定资产原价 Original Value of Fixed Assets	累计折旧 Accumulated Depreciation	资产总计 Total Assets	流动负债合计 Total Working Liabilities
全　省	**Total**	**1136.15**	**13019.72**	**18359.33**	**6766.37**	**29687.55**	**13494.48**
石家庄市	Shijiazhuang	136.57	1725.20	2346.41	818.01	3451.97	1375.55
承德市	Chengde	46.95	706.92	784.58	216.31	1547.40	959.99
张家口市	Zhangjiakou	45.10	726.25	964.04	304.76	1440.84	666.82
秦皇岛市	Qinhuangdao	94.61	531.81	748.20	268.01	1513.32	858.05
唐山市	Tangshan	259.27	3606.78	4866.06	1561.44	8427.32	4018.13
廊坊市	Langfang	78.84	677.13	1112.17	482.88	1665.86	897.59
保定市	Baoding	142.67	1004.04	1232.75	383.00	2882.65	1275.83
沧州市	Cangzhou	88.91	1241.37	1849.16	664.76	2238.01	696.22
衡水市	Hengshui	40.39	266.83	396.11	158.44	688.12	294.51
邢台市	Xingtai	64.61	723.23	1382.79	701.21	2053.24	769.26
邯郸市	Handan	138.24	1810.15	2677.09	1207.55	3778.83	1682.54

各市规模以上工业企业主要指标（2011年）(续)

Main Indicators of Industrial Enterprises above Designated Size (2011)

单位：亿元　(100 million yuan)

市	City	非流动负债合计 Total Non Working Liabilities	所有者权益合计 Total Owners' Equities	主营业务收入 Revenue from Principal Business	主营业务成本 Cost of Principal Business	主营业务税金及附加 Taxes and Other Charges on Principal Business	本年应交增值税 Value-added Tax Payable
全　省	**Total**	**3693.04**	**11714.09**	**40201.02**	**34556.85**	**361.13**	**1062.04**
石家庄市	Shijiazhuang	324.80	1630.96	7194.45	6109.80	94.13	176.77
承德市	Chengde	112.78	447.39	1562.89	1294.97	15.10	62.87
张家口市	Zhangjiakou	313.21	418.08	1029.76	810.88	36.04	36.10
秦皇岛市	Qinhuangdao	182.24	451.87	1446.03	1296.58	7.63	32.67
唐山市	Tangshan	1264.53	3035.61	9584.12	8196.82	37.14	271.52
廊坊市	Langfang	69.10	631.98	2773.20	2432.09	8.27	54.95
保定市	Baoding	430.31	1136.41	3508.25	2922.17	35.17	108.26
沧州市	Cangzhou	265.14	1176.71	3792.54	3154.94	99.40	104.68
衡水市	Hengshui	46.95	330.00	1182.79	1022.83	5.28	24.55
邢台市	Xingtai	183.19	959.55	2315.66	2055.31	7.84	65.06
邯郸市	Handan	500.79	1495.54	5811.33	5260.46	15.15	124.61

各市国有及国有控股工业企业主要指标（2011年）

Main Indicators of State-owned and State-holding Industrial Enterprises (2011)

单位：亿元　(100 million yuan)

市	City	企业单位数（个） Number of Enterprises (unit)	从业人员（万人） Number of Employed Persons (10000 persons)	实收资本 Total Capital Hold	流动资产合计 Total Working Capitals	#存货 Inventory	#产成品 Finished Products	固定资产合计 Fixed Assets	固定资产原价 Original Value of Fixed Assets
全　省	**Total**	**690**	**92.2**	**2513.92**	**4670.22**	**1347.45**	**359.84**	**6454.99**	**9058.84**
石家庄市	Shijiazhuang	88	12.55	223.34	460.37	154.79	43.65	632.74	1027.58
承德市	Chengde	43	3.67	90.62	208.86	83.99	10.18	364.17	378.96
张家口市	Zhangjiakou	73	7.31	185.75	312.75	120.38	16.85	608.28	809.22
秦皇岛市	Qinhuangdao	46	3.39	113.90	292.53	118.23	33.91	193.48	315.13
唐山市	Tangshan	92	25.06	877.83	1519.95	443.31	97.89	2213.85	3073.14
廊坊市	Langfang	51	1.86	50.54	57.26	16.82	4.14	142.28	235.62
保定市	Baoding	95	8.12	150.91	485.00	132.71	58.82	443.57	541.86
沧州市	Cangzhou	48	7.73	343.73	237.85	67.60	24.52	526.43	928.02
衡水市	Hengshui	30	1.81	27.05	37.61	13.05	4.62	73.64	144.81
邢台市	Xingtai	39	5.67	86.81	256.10	17.72	5.39	194.19	352.47
邯郸市	Handan	85	15.02	363.44	801.96	178.85	59.86	1062.37	1252.04

各市国有及国有控股工业企业主要指标（2011年）(续)

Main Indicators of State-owned and State-holding Industrial Enterprises (2011)

单位：亿元 (100 million yuan)

市 City		累计折旧 Accumulated Depreciation	资产总计 Total Assets	流动负债合计 Total Working Liabilities	非流动负债合计 Total Non Working Liabilities	所有者权益合计 Total Owners' Equities	主营业务收入 Revenue from Principal Business	主营业务成本 Cost of Principal Business	主营业务税金及附加 Taxes and Other Charges on Principal Business	本年应交增值税 Value-added Tax Payable
全　省	**Total**	**3397.37**	**13506.43**	**5963.28**	**2671.92**	**4682.88**	**11554.45**	**10047.34**	**228.58**	**378.96**
石家庄市	Shijiazhuang	444.35	1290.15	668.55	176.27	397.06	1306.49	1155.81	60.22	36.17
承 德 市	Chengde	117.55	645.14	418.06	85.95	141.43	517.89	462.64	1.58	12.97
张家口市	Zhangjiakou	252.82	1084.76	482.95	268.14	296.55	678.60	554.43	30.41	23.26
秦皇岛市	Qinhuangdao	134.28	569.67	299.79	117.54	152.32	454.70	400.72	4.03	10.78
唐 山 市	Tangshan	980.38	4935.96	2076.78	1019.48	1830.54	3161.10	2821.09	14.78	90.59
廊 坊 市	Langfang	94.53	221.22	106.31	32.62	76.87	252.29	234.75	0.97	6.75
保 定 市	Baoding	197.82	1099.28	460.62	273.91	362.20	892.69	730.05	11.82	34.87
沧 州 市	Cangzhou	430.62	824.79	222.03	158.93	382.96	1173.07	879.89	92.44	63.84
衡 水 市	Hengshui	75.25	122.59	48.87	21.52	50.10	154.66	139.12	2.16	4.66
邢 台 市	Xingtai	167.84	526.43	203.48	82.19	236.61	380.28	321.20	2.68	19.53
邯 郸 市	Handan	501.94	2186.46	975.84	435.36	756.24	2582.69	2347.64	7.48	75.54

各市私营工业企业主要指标（2011年）

Main Indicators of Private Enterprises (2011)

单位：亿元 (100 million yuan)

市	City	企业单位数（个） Number of Enterprises (unit)	从业人员（万人） Number of Employed Persons (10000 persons)	实收资本 Total Capital Hold	流动资产合计 Total Working Capitals	#存货 Inventory
全　省	**Total**	**7302**	**138.47**	**1349.74**	**3218.22**	**778.51**
石家庄市	Shijiazhuang	1739	42.66	282.41	323.56	78.83
承 德 市	Chengde	262	7.07	73.90	300.89	56.29
张家口市	Zhangjiakou	202	2.77	18.83	78.39	22.43
秦皇岛市	Qinhuangdao	171	4.47	45.40	165.88	36.61
唐 山 市	Tangshan	794	21.47	337.19	807.24	211.19
廊 坊 市	Langfang	507	7.92	74.08	319.22	53.82
保 定 市	Baoding	927	13.99	98.94	239.69	76.90
沧 州 市	Cangzhou	1114	12.94	143.08	306.37	74.40
衡 水 市	Hengshui	600	6.25	93.45	188.11	36.94
邢 台 市	Xingtai	492	9.86	88.37	209.64	55.43
邯 郸 市	Handan	494	9.07	94.08	279.24	75.65

各市私营工业企业主要指标（2011年）(续)
Main Indicators of Private Enterprises (2011)

单位：亿元 (100 million yuan)

市	City	#产成品 Finished Products	固定资产合计 Fixed Assets	固定资产原价 Original Value of Fixed Assets	累计折旧 Accumulated Depreciation	资产总计 Total Assets	流动负债合计 Total Working Liabilities
全　省	**Total**	**344.73**	**3045.66**	**3972.58**	**1192.35**	**6733.58**	**3060.87**
石家庄市	Shijiazhuang	37.97	615.46	754.52	189.60	1018.60	274.08
承 德 市	Chengde	23.11	238.35	276.88	65.03	597.33	376.28
张家口市	Zhangjiakou	13.03	46.27	55.04	18.43	137.37	80.62
秦皇岛市	Qinhuangdao	16.09	106.64	127.51	30.31	294.30	186.38
唐 山 市	Tangshan	77.02	695.30	845.20	246.01	1618.65	919.88
廊 坊 市	Langfang	27.10	179.32	367.43	195.83	519.58	280.80
保 定 市	Baoding	33.83	159.13	186.56	43.50	434.38	176.59
沧 州 市	Cangzhou	36.84	427.49	551.09	135.21	778.49	246.34
衡 水 市	Hengshui	18.27	116.92	152.09	48.09	327.86	134.81
邢 台 市	Xingtai	24.15	180.23	234.69	65.48	422.43	181.07
邯 郸 市	Handan	37.33	280.55	421.57	154.86	584.57	204.02

市	City	非流动负债合计 Total Working Liabilities	所有者权益合计 Total Owners' Equities	主营业务收入 Revenue from Principal Business	主营业务成本 Cost of Principal Business	主营业务税金及附加 Taxes and Other Charges on Principal Business	本年应交增值税 Value-added Tax Payable
全　省	**Total**	**227.72**	**3154.02**	**15029.16**	**12866.25**	**76.82**	**380.43**
石家庄市	Shijiazhuang	45.24	650.35	3829.22	3213.73	24.60	94.51
承 德 市	Chengde	15.32	193.14	714.49	586.95	8.24	32.66
张家口市	Zhangjiakou	15.03	38.18	167.09	123.89	2.78	6.00
秦皇岛市	Qinhuangdao	22.78	83.90	339.32	304.99	1.67	10.50
唐 山 市	Tangshan	41.60	576.22	3234.27	2693.07	14.29	114.59
廊 坊 市	Langfang	4.67	197.99	1117.58	997.81	3.05	15.45
保 定 市	Baoding	11.38	224.35	1173.10	1006.99	10.19	28.02
沧 州 市	Cangzhou	8.36	497.41	1676.83	1468.84	3.58	26.97
衡 水 市	Hengshui	13.06	169.64	658.47	570.97	2.19	11.80
邢 台 市	Xingtai	24.48	204.42	783.26	688.60	2.57	20.48
邯 郸 市	Handan	25.80	318.42	1335.53	1210.42	3.66	19.43

各市建筑业生产情况(2011年)
Productive Indicators on Construction Enterprises (2011)

市 City		建筑企业个数 (个) Number of Construction Enterprises (unit)	从业人员 (人) Number of Employed persons (person)	建筑企业平均人数 (人) Annual Average Employed Personnel (person)	建筑业总产值 (万元) Gross Output Value of Construction (10000 yuan)	房屋建筑施工面积 (万平方米) Floor Space of Building and Construction (10000 sq.m)	房屋建筑竣工面积 (万平方米) Floor Space of Building Completed (10000 sq.m)	#住宅 Residential Building
全　省	**Total**	**2290**	**1204966**	**1523081**	**3972662**	**30832.74**	**10641.80**	**7445.93**
石家庄市	Shijiazhuang	263	131121	138895	729880	4883.92	1372.17	865.45
承 德 市	Chengde	193	56781	83734	166173	1028.26	473.61	385.05
张家口市	Zhangjiakou	134	39991	85668	236292	2248.01	1056.94	882.24
秦皇岛市	Qinhuangdao	200	49269	62674	201186	1436.81	389.04	242.87
唐 山 市	Tangshan	302	169602	191317	587326	4254.39	1239.68	819.09
廊 坊 市	Langfang	207	137429	248070	477452	3595.68	948.84	525.80
保 定 市	Baoding	269	279535	364550	801629	6851.10	2418.36	1866.95
沧 州 市	Cangzhou	208	107853	110001	255096	2164.71	848.36	518.15
衡 水 市	Hengshui	121	56584	55025	80958	864.04	478.60	355.64
邢 台 市	Xingtai	158	58293	60371	104922	910.71	415.02	306.01
邯 郸 市	Handan	235	118508	122776	331747	2595.10	1001.18	678.66

各市建筑业主要财务指标（2011年）
Major Financial Indicators on Construction Enterprises (2011)

单位：万元　　　　(10000 yuan)

市 City		资产合计 Total Assets	#流动资产合计 Total Working Capitals	#固定资产合计 Fixed Assets	负债合计 Total Liabilities	流动负债 Liquid Liabilities	非流动负债合计 Total Non Working Liabilities	所有者权益 Owners' Equity	#实收资本 Capitals Hold
全　省	**Total**	**26449087**	**20437660**	**3898763**	**17711579**	**16207837**	**972071**	**8737508**	**5479408**
石家庄市	Shijiazhuang	4205910	3352186	621665	3042785	2917959	65543	1163124	808341
承 德 市	Chengde	1175933	890628	237848	593526	548852	37780	582407	377107
张家口市	Zhangjiakou	1174627	931852	135465	861112	775728	49831	313515	202906
秦皇岛市	Qinhuangdao	2248397	1773450	275388	1617496	1471226	80139	630901	361051
唐 山 市	Tangshan	5527962	4513713	653800	4168121	3781534	320060	1359840	761683
廊 坊 市	Langfang	2288798	1851920	280485	1490709	1335778	38196	798088	446752
保 定 市	Baoding	4151272	3222023	644070	2745835	2581031	56638	1405437	783454
沧 州 市	Cangzhou	1377839	1064971	212055	842925	819308	4877	534914	379330
衡 水 市	Hengshui	482638	305114	158072	144774	126943	9619	337864	173333
邢 台 市	Xingtai	1325305	831579	229158	821571	610751	195487	503735	357049
邯 郸 市	Handan	2490410	1700224	450759	1382727	1238728	113902	1107683	828402

各市社会消费品零售总额及亿元以上商品交易市场基本情况（2011年）

Total Retail Sales of Consumer Goods and Commodity Markets on Sales Value Over 100 Million Yuan (2011)

单位：亿元　　(100 million yuan)

市	City	社会消费品 零售总额 Total Retail Sales of Consumer Goods	城镇 Urban Areas	城区 City Proper	乡村 Rural Areas	亿元以上商品交易市场 ets on Sales Value Over 100 Million 摊位数（个）Number of Booths (unit)	市场成交额 Transaction Value of Markets
全　省	**Total**	**8035.5**	**6159.1**	**4031.0**	**1876.4**	**306369**	**4430.6**
石家庄市	Shijiazhuang	1663.0	1301.6	982.8	361.3	65940	1245.9
承德市	Chengde	303.9	220.4	89.4	83.4	45244	402.5
张家口市	Zhangjiakou	382.0	299.7	223.0	82.3	55484	844.8
秦皇岛市	Qinhuangdao	394.4	328.4	268.9	66.1	6521	155.5
唐山市	Tangshan	1334.8	1083.0	789.6	251.8	8863	74.5
廊坊市	Langfang	493.1	313.2	135.5	179.9	16668	150.7
保定市	Baoding	1018.5	788.4	438.5	230.1	17280	393.5
沧州市	Cangzhou	683.8	490.2	343.9	193.7	17183	221.6
衡水市	Hengshui	374.7	269.4	179.2	105.3	21495	493.6
邢台市	Xingtai	542.1	412.5	309.2	129.6	17124	313.1
邯郸市	Handan	845.2	652.3	271.0	192.9	34567	134.8

各市限额以上批发和零售业基本情况（2011年）

Basic Indicators of Enterprises above Designated Size in Wholesale and Retail Sale Trade (2011)

单位：万元　　(10000 yuan)

市	City	法人企业（个）Number of Corporation Enterprises (unit)	年末从业人员（人）Engaged Persons at Year-end (person)	购进总额 Total Purchases	销售总额 Total Sales	#零售 Retail Value	年末库存总额 Total Stock to Year-end	年末零售营业面积（万平方米）Operational Area of Retail Sale Trade (10000 sq.m)
全　省	**Total**	**2943**	**312243**	**73084572.0**	**80070873.1**	**19828230.2**	**4319077.9**	**1291.2**
石家庄市	Shijiazhuang	322	50557	14896841.0	15749168.5	5114344.5	775683.3	197.7
承德市	Chengde	178	12819	1893798.3	2342843.3	615678.7	175879.6	58.2
张家口市	Zhangjiakou	177	14410	2699196.3	2800291.0	701617.5	202757.0	116.4
秦皇岛市	Qinhuangdao	206	15983	6881787.0	7623377.1	1249139.0	374756.8	53.5
唐山市	Tangshan	399	70003	18968445.3	20691379.2	3414343.4	1037609.8	266.8
廊坊市	Langfang	191	15410	2865677.9	3203768.0	1129741.2	236792.4	102.6
保定市	Baoding	352	39821	7122385.6	7827310.0	2294867.6	413031.6	124.5
沧州市	Cangzhou	315	32956	4205943.1	5020314.5	1606890.3	394224.5	96.5
衡水市	Hengshui	138	10855	1979109.8	2176206.1	783030.3	166166.8	87.4
邢台市	Xingtai	229	20708	2789029.0	3114560.9	817899.8	200187.5	67.2
邯郸市	Handan	436	28721	8782358.7	9521654.5	2100677.9	341988.6	120.4

各市限额以上住宿业和餐饮业基本情况（2011年）

Basic Indicators of Hotels and Catering Services above Designated Size (2011)

市	City	法人企业（个）Number of Corporation Enterprises (unit)	从业人数（人）Engaged Persons (person)	营业额（万元）Business Revenue (10000 yuan)	#客房收入 From Hotel Rooms	#餐费收入 Revenue from Meals	#商品销售收入 Total Sales of Commodities
全　省	**Total**	**900**	**115743**	**1274166.0**	**381573.2**	**792391.9**	**29659.2**
石家庄市	Shijiazhuang	112	22977	272963.2	78663.2	166821.8	4693.5
承 德 市	Chengde	61	5319	69146.2	23624.0	41250.7	78.9
张家口市	Zhangjiakou	100	11388	93700.4	31921.1	53557.8	2341.7
秦皇岛市	Qinhuangdao	83	9074	100978.4	33222.6	62791.1	957.7
唐 山 市	Tangshan	102	16732	192001.9	49965.0	131465.3	2808.0
廊 坊 市	Langfang	58	9623	107804.5	35082.3	59748.8	3562.8
保 定 市	Baoding	124	14604	138565.5	37038.8	85834.5	7685.7
沧 州 市	Cangzhou	58	6911	72325.1	21091.9	47338.2	630.6
衡 水 市	Hengshui	38	2982	33769.2	11949.2	21287.2	282.2
邢 台 市	Xingtai	58	5743	50384.3	15111.1	32763.6	2074.0
邯 郸 市	Handan	106	10390	142527.3	43904.0	89532.9	4544.1

各市外商投资企业情况（2011年）

Basic Condition of foreign funded Enterprises (2011)

金额单位：万美元　企业单位：个　　　(USD 10000, unit)

市	City	批准合同 合同个数 Number of Contracts	批准合同 合同总金额 Total Value of the Contracts	批准合同 合同外资额 FDI Contracted	注册 个数 Number of Enterprises with FDI	注册 注册资本 Registered Capital	注册 外方注册资本 Registered Capital from FDI	外商直接投资额 Foreign Direct Invest	到2010年底实有外商投资企业数 Actual Number of Enterprises with FDI at the End of 2009	#开工在建企业 Enterprises under construction	#投产（开业）企业 Enterprises on Operation
全　省	**Total**	**195**	**926787**	**422376**	**190**	**407861**	**332501**	**468095**	**3619**	**335**	**1989**
石家庄市	Shijiazhuang	19	86863	47191	21	50461	46514	36726	493	1	354
承 德 市	Chengde	7	24400	9080	6	4122	2840	5235	123	21	35
张家口市	Zhangjiakou	10	106457	41557	9	33785	24757	13681	120	24	60
秦皇岛市	Qinhuangdao	10	103581	44767	10	26969	22131	59900	376	62	166
唐 山 市	Tangshan	24	162448	69718	21	72744	67289	108123	346	26	241
廊 坊 市	Langfang	20	84965	40298	19	23413	18497	57521	524	33	295
保 定 市	Baoding	12	105519	27294	13	57833	27343	43375	431	41	357
沧 州 市	Cangzhou	14	71409	36674	11	40283	34467	28934	418	12	203
衡 水 市	Hengshui	14	24621	16313	13	19542	16256	14723	228	28	91
邢 台 市	Xingtai	15	73698	29051	16	17173	14806	36185	170	41	88
邯 郸 市	Handan	50	82826	60433	51	61536	57601	63692	390	46	99

各市科技、教育主要指标
Major Indicators of Science, Technology and Education

市	City	专利申请受理量(件) Applications Accepted (unit)		专利申请授权量(件) Paten Granted (unit)		普通中学在校学生数(万人) Student Enrollment Regular Secondary Schools (10000 persons)		小学在校学生数(万人) Student Enrollment Primary Schools (10000 persons)	
		2010	2011	2010	2011	2010	2011	2010	2011
全　省	**Total**	**12300**	**17595**	**10061**	**11119**	**348.75**	**338.35**	**511.6**	**541.09**
石家庄市	Shijiazhuang	2865	3726	2299	2487	52.47	49.68	67.19	70.07
承德市	Chengde	270	410	214	242	18.44	17.65	22.73	23.87
张家口市	Zhangjiakou	242	322	205	161	22.51	22.03	28.60	29.40
秦皇岛市	Qinhuangdao	1178	1563	930	1013	13.47	13.00	16.91	17.67
唐山市	Tangshan	1686	2353	1378	1525	34.29	33.46	44.10	46.61
廊坊市	Langfang	1248	1543	982	897	22.35	21.30	28.91	30.83
保定市	Baoding	1813	3182	1454	1812	50.08	48.47	80.76	85.37
沧州市	Cangzhou	848	1165	821	832	31.21	30.22	48.10	51.68
衡水市	Hengshui	648	995	648	698	23.28	22.43	29.65	31.22
邢台市	Xingtai	499	1004	405	530	34.78	34.29	58.29	61.26
邯郸市	Handan	1003	1332	725	922	45.86	45.82	86.34	93.12

各市文化、卫生主要指标（2011年）
Major Indicators of Culture and Public Health (2011)

市	City	公共图书馆(个) Public Libraries (unit)	公共图书馆图书藏量(千册) Total Collections of Public Libraries (1000 volumes)	卫生机构数(个) Number of Health Institutions (unit)	卫生机构床位数(张) Beds in Health Care Institutions (unit)	卫生技术人员(人) Medical Technical Personnel (person)	#执业(助理)医师 Licensed (Assistant) Doctors
全　省	**Total**	**166**	**13,494,335**	**14855**	**266904**	**289492**	**125178**
石家庄市	Shijiazhuang	25	2,528,655	2427	40811	48750	21961
承德市	Chengde	10	639,064	1767	35001	38680	16106
张家口市	Zhangjiakou	15	1,035,964	670	13896	14386	6569
秦皇岛市	Qinhuangdao	6	861,323	1075	33282	31049	13061
唐山市	Tangshan	13	1,513,554	1023	23472	23250	10529
廊坊市	Langfang	10	973,591	2284	35113	39657	16510
保定市	Baoding	23	1,444,358	1786	16531	16033	6260
沧州市	Cangzhou	14	648,082	1174	14308	16098	6963
衡水市	Hengshui	11	478,215	1144	25332	28120	12264
邢台市	Xingtai	18	640,808	934	15879	18590	7937
邯郸市	Handan	20	1,219,455	571	13279	14879	7018

注：卫生统计不包含农村卫生室。
a) Major indicators of public healthdon't cover village clinics.

各市人才状况

Basic Condition on Talent

市	City	人才资源总量(人) Total Human Resources (person)					
		2006	2007	2008	2009	2010	2011
全　省	**Total**	**4304405**	**4421189**	**4544059**	**4564653**	**4849155**	**5065699**
石家庄市	Shijiazhuang	717861	761665	771031	777212	822837	874724
承 德 市	Chengde	171700	180561	190192	206088	218933	235868
张家口市	Zhangjiakou	223952	228188	235848	251240	275482	288493
秦皇岛市	Qinhuangdao	210624	217034	191788	197076	204463	205196
唐 山 市	Tangshan	481460	510307	594848	630952	667952	648720
廊 坊 市	Langfang	241818	266406	271993	296669	348624	356040
保 定 市	Baoding	496696	519243	527025	522819	549692	580951
沧 州 市	Cangzhou	429213	451277	464224	484441	498826	509230
衡 水 市	Hengshui	214208	221258	227553	242089	258046	264669
邢 台 市	Xingtai	329842	340137	356084	360111	365330	405244
邯 郸 市	Handan	494046	502424	547284	596721	638970	696564

市	City	人才密度指数(%) Talented Person Density Index					
		2006	2007	2008	2009	2010	2011
全　省	**Total**	**9.4**	**9.7**	**9.75**	**9.83**	**10.26**	**10.79**
石家庄市	Shijiazhuang	10.9	11.6	11.69	11.81	11.94	12.88
承 德 市	Chengde	7.4	7.7	8.07	8.25	9.61	10.38
张家口市	Zhangjiakou	8.0	8.2	8.46	9.04	9.93	10.44
秦皇岛市	Qinhuangdao	10.9	11.3	10.02	10.35	10.3	10.40
唐 山 市	Tangshan	9.9	10.5	12.26	13.12	13.32	13.06
廊 坊 市	Langfang	8.7	9.6	9.67	9.80	11.67	11.97
保 定 市	Baoding	6.8	7.2	7.46	7.19	7.49	7.97
沧 州 市	Cangzhou	9.3	9.7	9.96	10.43	10.84	11.13
衡 水 市	Hengshui	7.7	7.7	7.92	8.46	9.15	9.44
邢 台 市	Xingtai	6.4	6.6	6.81	7.51	7.75	8.64
邯 郸 市	Handan	7.8	8.3	9.01	9.83	10.89	11.91

各县(市)在岗职工平均工资(2011年)

Average Wage of Staff and Workers (on Post) (2011)

单位：元 (yuan)

县（市）	County (City)	在岗职工平均工资 Average Wage of Staff and Workers	位次 Position	县（市）	County (City)	在岗职工平均工资 Average Wage of Staff and Workers	位次 Position	县（市）	County (City)	在岗职工平均工资 Average Wage of Staff and Workers	位次 Position
任丘市	Renqiu	50558	1	雄　县	Xiongxian	30360	44	临西县	Linxi	27295	91
迁安市	Qian'an	45008	2	兴隆县	Xinglong	30348	45	新河县	Xinhe	27263	92
涿州市	Zhuozhou	43339	3	邢台县	Xingtai	30206	46	冀州市	Jizhou	27209	93
三河市	Sanhe	41151	4	宁晋县	Ningjin	30140	47	武强县	Wuqiang	27183	94
武安市	Wu'an	41069	5	南宫市	Nangong	30058	48	易　县	Yixian	27099	95
磁　县	Cixian	40994	6	围场满蒙自治县	Weichang	30048	49	安新县	Anxin	27056	96
青　县	Qingxian	40280	7					灵寿县	Lingshou	27044	97
大厂回族自治县	Dachang	38434	8	容城县	Rongcheng	30044	50	博野县	Boye	27019	98
				满城县	Mancheng	30016	51	安平县	Anping	27014	99
遵化市	Zuihua	37387	9	平乡县	Pingxiang	29971	52	故城县	Gucheng	27002	100
霸州市	Bazhou	36774	10	滦平县	Luanping	29957	53	景　县	Jingxian	26981	101
张北县	Zhangbei	36131	11	承德县	Chengde	29918	54	曲周县	Quzhou	26906	102
宽城满族自治县	Kuancheng	36092	12	临城县	Lincheng	29878	55	辛集市	Xinji	26832	103
				平泉县	Pingquan	29859	56	新乐市	Xinle	26827	104
黄骅市	Huanghua	35545	13	沽源县	Guyuan	29807	57	海兴县	Haixing	26820	105
迁西县	Qianxi	35406	14	永清县	Yongqing	29594	58	涞水县	Laishui	26706	106
乐亭县	Leting	35393	15	盐山县	Yanshan	29573	59	大名县	Daming	26687	107
滦　县	Luanxian	34979	16	高阳县	Gaoyang	29551	60	河间市	Hejian	26595	108
平山县	Pingshan	34854	17	清苑县	Qingyuan	29534	61	蠡　县	Lixian	26548	109
怀来县	Huailai	34364	18	栾城县	Luancheng	29443	62	安国市	Anguo	26479	110
肃宁县	Suning	34000	19	卢龙县	Lulong	29354	63	行唐县	Xingtang	26464	111
蔚　县	Yuxian	33584	20	涞源县	Laiyuan	29321	64	阜平县	Fuping	26192	112
香河县	Xianghe	33089	21	崇礼县	Chongli	29292	65	赵　县	Zhaoxian	26107	113
孟村回族自治县	Mengcun	32948	22	昌黎县	Changli	29196	66	晋州市	Jinzhou	25887	114
				邯郸县	Handan	29155	67	饶阳县	Raoyang	25745	115
滦南县	Luannan	32742	23	定州市	Dingzhou	29077	68	涿鹿县	Zhuolu	25704	116
藁城市	Gaocheng	32626	24	尚义县	Shangyi	29076	69	广宗县	Guangzong	25639	117
沧　县	Cangxian	32583	25	巨鹿县	Julu	29042	70	吴桥县	Wuqiao	25518	118
高碑店市	Gaobeidian	32483	26	井陉县	Jingxing	28976	71	深州市	Shenzhou	25510	119
抚宁县	Funing	32391	27	鸡泽县	Jize	28903	72	魏　县	Weixian	25417	120
南和县	Nanhe	32176	28	唐　县	Tangxian	28777	73	武邑县	Wuyi	25402	121
涉　县	Shexian	32059	29	定兴县	Dingxing	28748	74	元氏县	Yuanshi	25338	122
玉田县	Yutian	32022	30	任　县	Renxian	28676	75	阜城县	Fucheng	25212	123
丰宁满族自治县	Fengning	31900	31	固安县	Gu'an	28516	76	顺平县	Shunping	24935	124
				大城县	Dacheng	28495	77	肥乡县	Feixiang	24721	125
鹿泉市	Luquan	31658	32	东光县	Dongguang	28445	78	临漳县	Linzhang	24695	126
正定县	Zhengding	31553	33	隆化县	Longhua	28307	79	馆陶县	Guantao	24678	127
沙河市	Shahe	31495	34	邱　县	Qiuxian	28287	80	无极县	Wuji	24441	128
徐水县	Xushui	31333	35	隆尧县	Longyao	28277	81	阳原县	Yangyuan	24108	129
献　县	Xianxian	31240	36	永年县	Yongnian	28221	82	威　县	Weixian	23819	130
望都县	Wangdu	31175	37	宣化县	Xuanhua	28102	83	深泽县	Shenze	23277	131
青龙满族自治县	Qinglong	30955	38	成安县	Cheng'an	28017	84	高邑县	Gaoyi	22485	132
				广平县	Guangping	28017	85	怀安县	Huai'an	22305	133
清河县	Qinghe	30894	39	文安县	Wen'an	28000	86	曲阳县	Quyang	22094	134
康保县	Kangbao	30889	40	柏乡县	Baixiang	27735	87	赞皇县	Zanhuang	21095	135
万全县	Wanquan	30813	41	泊头市	Botou	27635	88	唐海县	Tanghai	16252	136
南皮县	Nanpi	30677	42	枣强县	Zaoqiang	27589	89				
赤城县	Chicheng	30450	43	内丘县	Neiqiu	27514	90				

各县(市)全社会固定资产投资总额（2011年）

Total Investment in Fixed Assets (2011)

单位：万元 (10000 yuan)

县（市）	County (City)	全社会固定资产投资总额 Total Investment in Fixed Assets	位次 Position
迁安市	Qian'an	2915415	1
三河市	Sanhe	2562850	2
武安市	Wu'an	1854857	3
藁城市	Gaocheng	1786000	4
鹿泉市	Luquan	1727000	5
涉　县	Shexian	1490194	6
滦　县	Luanxian	1486536	7
辛集市	Xinji	1463000	8
遵化市	Zuihua	1450094	9
霸州市	Bazhou	1415181	10
永年县	Yongnian	1388333	11
井陉县	Jingxing	1368000	12
玉田县	Yutian	1352340	13
磁　县	Cixian	1320410	14
正定县	Zhengding	1294000	15
晋州市	Jinzhou	1279000	16
邯郸县	Handan	1274247	17
定州市	Dingzhou	1274082	18
涿州市	Zhuozhou	1265237	19
黄骅市	Huanghua	1240888	20
宁晋县	Ningjin	1234395	21
乐亭县	Leting	1205106	22
张北县	Zhangbei	1190005	23
沙河市	Shahe	1186244	24
沧　县	Cangxian	1163684	25
滦南县	Luannan	1132365	26
新乐市	Xinle	1125000	27
迁西县	Qianxi	1108957	28
文安县	Wen'an	1104564	29
任丘市	Renqiu	1082248	30
平山县	Pingshan	1076000	31
唐海县	Tanghai	1061825	32
元氏县	Yuanshi	1057000	33
栾城县	Luancheng	1034000	34
泊头市	Botou	987882	35
河间市	Hejian	978741	36
平泉县	Pingquan	967004	37
宽城满族自治县	Kuancheng	945180	38
献　县	Xianxian	943647	39
青　县	Qingxian	916861	40
肃宁县	Suning	906337	41
景　县	Jingxian	906285	42
魏　县	Weixian	900669	43
大名县	Daming	878056	44
盐山县	Yanshan	870348	45
承德县	Chengde	865331	46
滦平县	Luanping	863170	47
丰宁满族自治县	Fengning	852983	48
行唐县	Xingtang	852000	49
兴隆县	Xinglong	836531	50
香河县	Xianghe	810574	51
赵　县	Zhaoxian	792000	52
成安县	Cheng'an	759811	53
安国市	Anguo	759715	54
固安县	Gu'an	758162	55
深州市	Shenzhou	746794	56
清河县	Qinghe	740420	57
永清县	Yongqing	739892	58
昌黎县	Changli	736568	59
临漳县	Linzhang	725860	60
赞皇县	Zanhuang	716000	61
大城县	Dacheng	714122	62
曲周县	Quzhou	698822	63
抚宁县	Funing	692300	64
徐水县	Xushui	681826	65
无极县	Wuji	677000	66
隆化县	Longhua	660978	67
东光县	Dongguang	641286	68
南皮县	Nanpi	635931	69
故城县	Gucheng	635311	70
青龙满族自治县	Qinglong	627316	71
馆陶县	Guantao	623820	72
南宫市	Nangong	620717	73
清苑县	Qingyuan	612655	74
大厂回族自治县	Dachang	607918	75
易　县	Yixian	601457	76
内丘县	Neiqiu	599702	77
鸡泽县	Jize	580933	78
涿鹿县	Zhuolu	576705	79
广平县	Guangping	569752	80
定兴县	Dingxing	566188	81
灵寿县	Lingshou	564000	82
怀来县	Huailai	554049	83
冀州市	Jizhou	541505	84
邢台县	Xingtai	537704	85
高碑店市	Gaobeidian	533631	86
孟村回族自治县	Mengcun	518600	87
吴桥县	Wuqiao	500615	88
隆尧县	Longyao	492517	89
怀安县	Huai'an	491534	90
肥乡县	Feixiang	490125	91
涞水县	Laishui	486604	92
巨鹿县	Julu	466081	93
赤城县	Chicheng	449029	94
万全县	Wanquan	444407	95
顺平县	Shunping	425994	96
安新县	Anxin	425138	97
高阳县	Gaoyang	422982	98
枣强县	Zaoqiang	420039	99
雄　县	Xiongxian	419885	100
宣化县	Xuanhua	416924	101
卢龙县	Lulong	395456	102
临西县	Linxi	386507	103
蔚　县	Yuxian	384960	104
深泽县	Shenze	377000	105
康保县	Kangbao	375438	106
威　县	Weixian	369193	107
沽源县	Guyuan	368455	108
尚义县	Shangyi	360424	109
平乡县	Pingxiang	357783	110
崇礼县	Chongli	354802	111
高邑县	Gaoyi	352000	112
围场满蒙自治县	Weichang	351627	113
涞源县	Laiyuan	349491	114
唐　县	Tangxian	340441	115
临城县	Lincheng	334344	116
南和县	Nanhe	332831	117
满城县	Mancheng	330846	118
安平县	Anping	327975	119
邱　县	Qiuxian	324380	120
广宗县	Guangzong	310447	121
容城县	Rongcheng	303098	122
任　县	Renxian	300446	123
望都县	Wangdu	285677	124
武邑县	Wuyi	280112	125
阜平县	Fuping	263663	126
蠡　县	Lixian	259295	127
饶阳县	Raoyang	257776	128
博野县	Boye	227696	129
海兴县	Haixing	224741	130
阳原县	Yangyuan	219010	131
阜城县	Fucheng	192375	132
新河县	Xinhe	185575	133
柏乡县	Baixiang	178782	134
曲阳县	Quyang	133591	135
武强县	Wuqiang	125428	136

各县(市)地方财政一般预算收入（2011年）

Local Revenue (2011)

单位：万元 (10000 yuan)

县（市）	County (City)	公共财政预算收入 Local Revenue	位次 Position
三河市	Sanhe	358032	1
迁安市	Qian'an	308239	2
武安市	Wu'an	282227	3
任丘市	Renqiu	173675	4
霸州市	Bazhou	131832	5
涿州市	Zhuozhou	128528	6
遵化市	Zuihua	125375	7
涉　县	Shexian	124699	8
藁城市	Gaocheng	120317	9
香河县	Xianghe	115969	10
磁　县	Cixian	113524	11
定州市	Dingzhou	97737	12
鹿泉市	Luquan	93480	13
滦　县	Luanxian	92413	14
固安县	Gu'an	87039	15
永年县	Yongnian	84889	16
平山县	Pingshan	82985	17
迁西县	Qianxi	81707	18
滦南县	Luannan	78909	19
黄骅市	Huanghua	71890	20
乐亭县	Leting	71678	21
辛集市	Xinji	70551	22
怀来县	Huailai	67496	23
玉田县	Yutian	66181	24
抚宁县	Funing	64437	25
肃宁县	Suning	62763	26
正定县	Zhengding	61735	27
沙河市	Shahe	61243	28
唐海县	Tanghai	60000	29
平泉县	Pingquan	58942	30
宽城满族自治县	Kuancheng	58408	31
青龙满族自治县	Qinglong	57431	32
河间市	Hejian	56481	33
承德县	Chengde	54992	34
宁晋县	Ningjin	52991	35
涞源县	Laiyuan	51264	36
邯郸县	Handan	50451	37
栾城县	Luancheng	50425	38
昌黎县	Changli	50284	39
滦平县	Luanping	49001	40
泊头市	Botou	48489	41
文安县	Wen'an	46163	42
沧　县	Cangxian	46157	43
徐水县	Xushui	45971	44
井陉县	Jingxing	44620	45
高碑店市	Gaobeidian	44291	46
赤城县	Chicheng	44016	47
晋州市	Jinzhou	42933	48
张北县	Zhangbei	42749	49
大厂回族自治县	Dachang	41825	50
青　县	Qingxian	40431	51
永清县	Yongqing	39321	52
东光县	Donggua	36071	53
隆化县	Longhua	35632	54
盐山县	Yanshan	34902	55
兴隆县	Xinglong	34494	56
蔚　县	Yuxian	33727	57
邢台县	Xingtai	32966	58
元氏县	Yuanshi	32759	59
高阳县	Gaoyang	32613	60
丰宁满族自治县	Fengning	31580	61
新乐市	Xinle	31140	62
大城县	Dacheng	30154	63
魏　县	Weixian	30083	64
南皮县	Nanpi	29881	65
献　县	Xianxian	29152	66
崇礼县	Chongli	28511	67
冀州市	Jizhou	26967	68
清河县	Qinghe	26644	69
卢龙县	Lulong	25537	70
安国市	Anguo	25137	71
雄　县	Xiongxia	25100	72
隆尧县	Longyao	24826	73
景　县	Jingxian	24634	74
赵　县	Zhaoxian	24264	75
涿鹿县	Zhuolu	24018	76
内丘县	Neiqiu	23920	77
宣化县	Xuanhua	23410	78
定兴县	Dingxing	23357	79
围场满蒙自治县	Weichang	23340	80
清苑县	Qingyuan	22842	81
无极县	Wuji	22307	82
深州市	Shenzhou	21951	83
万全县	Wanquan	21928	84
易　县	Yixian	21633	85
怀安县	Huai'an	21602	86
容城县	Rongchen	21600	87
满城县	Manchen	21549	88
安平县	Anping	21147	89
故城县	Gucheng	20219	90
吴桥县	Wuqiao	19991	91
涞水县	Laishui	19925	92
孟村回族自治县	Mengcun	19650	93
深泽县	Shenze	19645	94
枣强县	Zaoqiang	19492	95
武邑县	Wuyi	19396	96
蠡　县	Lixian	19387	97
成安县	Cheng'an	18661	98
行唐县	Xingtang	18367	99
曲阳县	Quyang	18111	100
安新县	Anxin	17866	101
肥乡县	Feixiang	17041	102
馆陶县	Guantao	16697	103
南宫市	Nangong	16386	104
高邑县	Gaoyi	16065	105
临城县	Lincheng	15909	106
灵寿县	Lingshou	15805	107
临漳县	Linzhang	15317	108
望都县	Wangdu	15291	109
赞皇县	Zanhuang	15132	110
阳原县	Yangyuan	14743	111
海兴县	Haixing	14450	112
平乡县	Pingxiang	14320	113
大名县	Daming	14268	114
曲周县	Quzhou	14263	115
南和县	Nanhe	14205	116
威　县	Weixian	14020	117
巨鹿县	Julu	13912	118
临西县	Linxi	13739	119
唐　县	Tangxian	13724	120
沽源县	Guyuan	13585	121
阜平县	Fuping	12700	122
顺平县	Shunping	12636	123
任　县	Renxian	12116	124
广平县	Guangping	11459	125
鸡泽县	Jize	10781	126
博野县	Boye	10511	127
武强县	Wuqiang	10382	128
邱　县	Qiuxian	10290	129
阜城县	Fucheng	10245	130
康保县	Kangbao	10160	131
饶阳县	Raoyang	9255	132
尚义县	Shangyi	8908	133
柏乡县	Baixiang	5922	134
新河县	Xinhe	5471	135
广宗县	Guangzong	4774	136

各县(市)农民人均纯收入（2011年）

Rural Household Per Capital Net Income (2011)

单位：元 (yuan)

县（市）	County (City)	农民人均纯收入 Per Capital Net Income	位次 Position
迁安市	Qian'an	12698	1
三河市	Sanhe	10613	2
香河县	Xianghe	10337	3
唐海县	Tanghai	10281	4
鹿泉市	Luquan	10063	5
藁城市	Gaocheng	9999	6
晋州市	Jinzhou	9675	7
霸州市	Bazhou	9638	8
大厂回族自治县	Dachang	9590	9
乐亭县	Leting	9492	10
正定县	Zhengding	9459	11
迁西县	Qianxi	9360	12
涿州市	Zhuozhou	9337	13
栾城县	Luancheng	9226	14
文安县	Wen'an	9052	15
滦　县	Luanxian	9048	16
新乐市	Xinle	9035	17
玉田县	Yutian	8920	18
遵化市	Zuihua	8890	19
黄骅市	Huanghua	8850	20
辛集市	Xinji	8789	21
任丘市	Renqiu	8545	22
武安市	Wu'an	8510	23
容城县	Rongcheng	8508	24
昌黎县	Changli	8430	25
永年县	Yongnian	8430	26
磁　县	Cixian	8380	27
邯郸县	Handan	8288	28
高阳县	Gaoyang	8175	29
固安县	Gu'an	8055	30
安国市	Anguo	8027	31
青　县	Qingxian	8007	32
清苑县	Qingyuan	7941	33
赵　县	Zhaoxian	7910	34
滦南县	Luannan	7891	35
抚宁县	Funing	7887	36
无极县	Wuji	7876	37
怀来县	Huailai	7876	38
临漳县	Linzhang	7864	39
永清县	Yongqing	7823	40
徐水县	Xushui	7817	41
大城县	Dacheng	7773	42
雄　县	Xiongxian	7748	43
肥乡县	Feixiang	7686	44
元氏县	Yuanshi	7656	45
河间市	Hejian	7652	46
沧　县	Cangxian	7633	47
沙河市	Shahe	7590	48
邢台县	Xingtai	7534	49
安平县	Anping	7482	50
清河县	Qinghe	7466	51
安新县	Anxin	7465	52
满城县	Mancheng	7457	53
定州市	Dingzhou	7432	54
曲周县	Quzhou	7428	55
高碑店市	Gaobeidian	7401	56
蠡　县	Lixian	7344	57
成安县	Cheng'an	7335	58
定兴县	Dingxing	7257	59
宁晋县	Ningjin	7220	60
卢龙县	Lulong	7206	61
高邑县	Gaoyi	7204	62
鸡泽县	Jize	7155	63
邱　县	Qiuxian	7038	64
井陉县	Jingxing	6961	65
深州市	Shenzhou	6888	66
景　县	Jingxian	6852	67
隆尧县	Longyao	6835	68
深泽县	Shenze	6671	69
泊头市	Botou	6639	70
冀州市	Jizhou	6632	71
广平县	Guangping	6616	72
肃宁县	Suning	6585	73
吴桥县	Wuqiao	6491	74
临西县	Linxi	6283	75
南和县	Nanhe	6280	76
柏乡县	Baixiang	6141	77
涉　县	Shexian	6064	78
南宫市	Nangong	6008	79
宽城满族自治县	Kuancheng	5986	80
东光县	Dongguang	5958	81
魏　县	Weixian	5910	82
任　县	Renxian	5891	83
博野县	Boye	5793	84
望都县	Wangdu	5779	85
馆陶县	Guantao	5747	86
兴隆县	Xinglong	5680	87
平泉县	Pingquan	5677	88
内丘县	Neiqiu	5655	89
涿鹿县	Zhuolu	5633	90
宣化县	Xuanhua	5550	91
孟村回族自治县	Mengcun	5429	92
大名县	Daming	5428	93
献　县	Xianxian	5343	94
枣强县	Zaoqiang	5149	95
故城县	Gucheng	5126	96
承德县	Chengde	5028	97
盐山县	Yanshan	4810	98
怀安县	Huai'an	4750	99
南皮县	Nanpi	4716	100
崇礼县	Chongli	4481	101
青龙满族自治县	Qinglong	4418	102
平乡县	Pingxiang	4396	103
万全县	Wanquan	4360	104
威　县	Weixian	4290	105
涞水县	Laishui	4224	106
平山县	Pingshan	4168	107
张北县	Zhangbei	4165	108
隆化县	Longhua	4131	109
蔚　县	Yuxian	4100	110
滦平县	Luanping	4095	111
新河县	Xinhe	4086	112
易　县	Yixian	4037	113
赤城县	Chicheng	4021	114
行唐县	Xingtang	3995	115
临城县	Lincheng	3990	116
阳原县	Yangyuan	3963	117
沽源县	Guyuan	3913	118
康保县	Kangbao	3904	119
尚义县	Shangyi	3876	120
武邑县	Wuyi	3788	121
巨鹿县	Julu	3739	122
广宗县	Guangzong	3691	123
海兴县	Haixing	3586	124
武强县	Wuqiang	3580	125
围场满蒙自治县	Weichang	3532	126
丰宁满族自治县	Fengning	3470	127
灵寿县	Lingshou	3455	128
赞皇县	Zanhuang	3405	129
饶阳县	Raoyang	3327	130
阜城县	Fucheng	3285	131
唐　县	Tangxian	3066	132
曲阳县	Quyang	2876	133
阜平县	Fuping	2704	134
顺平县	Shunping	2698	135
涞源县	Laiyuan	2566	136

各县(市)城乡居民储蓄存款年末余额（2011年）

Saving Deposit in Urban and Rural Areas (2011)

单位：万元 (10000 yuan)

县（市）	County (City)	城乡居民储蓄存款年末余额 Saving Deposit	位次 Position
迁安市	Qian'an	3247643	1
任丘市	Renqiu	2514555	2
武安市	Wu'an	2385434	3
三河市	Sanhe	2342068	4
遵化市	Zuihua	2287760	5
辛集市	Xinji	1756448	6
霸州市	Bazhou	1748219	7
定州市	Dingzhou	1743031	8
涿州市	Zhuozhou	1734427	9
高碑店市	Gaobeidian	1564267	10
正定县	Zhengding	1543373	11
玉田县	Yutian	1533490	12
河间市	Hejian	1519223	13
迁西县	Qianxi	1422277	14
香河县	Xianghe	1357940	15
藁城市	Gaocheng	1303369	16
沙河市	Shahe	1199126	17
昌黎县	Changli	1198503	18
乐亭县	Leting	1163652	19
泊头市	Botou	1163508	20
抚宁县	Funing	1154471	21
鹿泉市	Luquan	1149869	22
晋州市	Jinzhou	1143758	23
文安县	Wen'an	1138793	24
滦　县	Luanxian	1136539	25
景　县	Jingxian	1090459	26
黄骅市	Huanghua	1071721	27
永年县	Yongnian	1065870	28
滦南县	Luannan	1011368	29
大城县	Dacheng	1008671	30
枣强县	Zaoqiang	1005112	31
徐水县	Xushui	983497	32
宁晋县	Ningjin	971481	33
清苑县	Qingyuan	948404	34
冀州市	Jizhou	892595	35
蔚　县	Yuxian	882885	36
蠡　县	Lixian	877737	37
沧　县	Cangxian	874017	38
平山县	Pingshan	842290	39
固安县	Gu'an	839299	40
无极县	Wuji	832315	41
唐　县	Tangxian	824952	42
深州市	Shenzhou	812652	43
青　县	Qingxian	801760	44
献　县	Xianxian	769710	45
满城县	Mancheng	769176	46
怀来县	Huailai	758836	47
平泉县	Pingquan	754968	48
安国市	Anguo	753196	49
清河县	Qinghe	744453	50
安平县	Anping	733878	51
邢台县	Xingtai	730806	52
易　县	Yixian	730532	53
故城县	Gucheng	721943	54
东光县	Dongguang	719786	55
宽城满族自治县	Kuancheng	715534	56
卢龙县	Lulong	715369	57
井陉县	Jingxing	713976	58
青龙满族自治县	Qinglong	703707	59
高阳县	Gaoyang	697924	60
新乐市	Xinle	685595	61
南宫市	Nangong	680717	62
肃宁县	Suning	678564	63
磁　县	Cixian	656277	64
栾城县	Luancheng	649548	65
曲阳县	Quyang	645375	66
赵　县	Zhaoxian	637962	67
定兴县	Dingxing	634947	68
安新县	Anxin	631282	69
涉　县	Shexian	628915	70
兴隆县	Xinglong	621175	71
承德县	Chengde	620575	72
行唐县	Xingtang	606989	73
唐海县	Tanghai	592464	74
元氏县	Yuanshi	579652	75
阜城县	Fucheng	568148	76
深泽县	Shenze	561101	77
宣化县	Xuanhua	553008	78
雄　县	Xiongxian	550069	79
隆尧县	Longyao	547121	80
灵寿县	Lingshou	546620	81
大名县	Daming	546388	82
隆化县	Longhua	536980	83
邯郸县	Handan	531795	84
武邑县	Wuyi	519690	85
围场满蒙自治县	Weichang	506447	86
涿鹿县	Zhuolu	506186	87
涞水县	Laishui	500307	88
滦平县	Luanping	499416	89
永清县	Yongqing	498049	90
丰宁满族自治县	Fengning	495923	91
南皮县	Nanpi	492811	92
内丘县	Neiqiu	490239	93
容城县	Rongcheng	490066	94
魏　县	Weixian	488168	95
盐山县	Yanshan	487184	96
吴桥县	Wuqiao	484246	97
巨鹿县	Julu	466698	98
涞源县	Laiyuan	463400	99
威　县	Weixian	452406	100
望都县	Wangdu	448793	101
饶阳县	Raoyang	442884	102
大厂回族自治县	Dachang	438422	103
平乡县	Pingxiang	417316	104
赤城县	Chicheng	414898	105
临漳县	Linzhang	412880	106
临城县	Lincheng	411145	107
顺平县	Shunping	398113	108
阜平县	Fuping	397156	109
曲周县	Quzhou	367511	110
阳原县	Yangyuan	364242	111
武强县	Wuqiang	354514	112
赞皇县	Zanhuang	347289	113
怀安县	Huai'an	347243	114
南和县	Nanhe	345296	115
高邑县	Gaoyi	342300	116
张北县	Zhangbei	338699	117
万全县	Wanquan	319653	118
临西县	Linxi	318690	119
博野县	Boye	316031	120
任　县	Renxian	303165	121
孟村回族自治县	Mengcun	283031	122
成安县	Cheng'an	274598	123
肥乡县	Feixiang	265378	124
新河县	Xinhe	240261	125
海兴县	Haixing	236425	126
馆陶县	Guantao	232702	127
鸡泽县	Jize	225746	128
广平县	Guangping	221011	129
邱　县	Qiuxian	202851	130
柏乡县	Baixiang	194841	131
广宗县	Guangzong	181783	132
崇礼县	Chongli	151836	133
沽源县	Guyuan	150743	134
康保县	Kangbao	149005	135
尚义县	Shangyi	146903	136

各县(市)粮食总产量（2011年）
Output of Grain (2011)

单位：吨 (ton)

县（市）	County (City)	粮食总产量 Output of Grain	位次 Position
宁晋县	Ningjin	750124	1
定州市	Dingzhou	739500	2
大名县	Daming	695282	3
深州市	Shenzhou	642703	4
景　县	Jingxian	602579	5
魏　县	Weixian	590403	6
临漳县	Linzhang	587962	7
沧　县	Cangxian	578779	8
藁城市	Gaocheng	571041	9
隆尧县	Longyao	567025	10
赵　县	Zhaoxian	566976	11
辛集市	Xinji	542272	12
永年县	Yongnian	529585	13
玉田县	Yutian	526129	14
河间市	Hejian	524686	15
定兴县	Dingxing	514074	16
清苑县	Qingyuan	474485	17
任丘市	Renqiu	449148	18
滦南县	Luannan	448601	19
泊头市	Botou	423196	20
徐水县	Xushui	409559	21
曲周县	Quzhou	408077	22
献　县	Xianxian	402918	23
晋州市	Jinzhou	375179	24
任　县	Renxian	363540	25
无极县	Wuji	362863	26
高碑店市	Gaobeidian	361795	27
磁　县	Cixian	352912	28
黄骅市	Huanghua	351108	29
枣强县	Zaoqiang	350881	30
吴桥县	Wuqiao	349192	31
涿州市	Zhuozhou	345813	32
元氏县	Yuanshi	340214	33
新乐市	Xinle	337997	34
肥乡县	Feixiang	336167	35
正定县	Zhengding	332078	36
故城县	Gucheng	331132	37
昌黎县	Changli	330580	38
青　县	Qingxian	329318	39
乐亭县	Leting	318960	40
阜城县	Fucheng	317929	41
临西县	Linxi	309888	42
行唐县	Xingtang	308788	43
隆化县	Longhua	308048	44
滦　县	Luanxian	308021	45
武邑县	Wuyi	306470	46
南皮县	Nanpi	299720	47
大城县	Dacheng	296331	48
武安市	Wu'an	294483	49
盐山县	Yanshan	294471	50
南和县	Nanhe	289571	51
安国市	Anguo	283024	52
馆陶县	Guantao	279966	53
东光县	Dongguang	278650	54
成安县	Cheng'an	277891	55
栾城县	Luancheng	276118	56
平泉县	Pingquan	273823	57
固安县	Gu'an	273469	58
望都县	Wangdu	266551	59
遵化市	Zuihua	265058	60
文安县	Wen'an	264817	61
肃宁县	Suning	263457	62
围场满蒙自治县	Weichang	260420	63
安平县	Anping	257151	64
雄　县	Xiongxian	256505	65
蠡　县	Lixian	256254	66
三河市	Sanhe	253103	67
武强县	Wuqiang	252767	68
清河县	Qinghe	252634	69
安新县	Anxin	247570	70
邯郸县	Handan	243866	71
易　县	Yixian	239839	72
霸州市	Bazhou	239026	73
卢龙县	Lulong	231233	74
饶阳县	Raoyang	230948	75
平乡县	Pingxiang	221308	76
冀州市	Jizhou	221017	77
容城县	Rongcheng	220116	78
迁安市	Qian'an	216847	79
平山县	Pingshan	215351	80
广平县	Guangping	213061	81
唐　县	Tangxian	209183	82
鹿泉市	Luquan	208797	83
南宫市	Nangong	208414	84
柏乡县	Baixiang	206335	85
宣化县	Xuanhua	204122	86
曲阳县	Quyang	202803	87
博野县	Boye	199784	88
唐海县	Tanghai	196582	89
鸡泽县	Jize	195680	90
深泽县	Shenze	193342	91
满城县	Mancheng	179139	92
内丘县	Neiqiu	175449	93
香河县	Xianghe	174448	94
永清县	Yongqing	174373	95
涿鹿县	Zhuolu	174223	96
高阳县	Gaoyang	171038	97
巨鹿县	Julu	170838	98
孟村回族自治县	Mengcun	169959	99
威　县	Weixian	169033	100
抚宁县	Funing	160843	101
新河县	Xinhe	158693	102
高邑县	Gaoyi	156826	103
承德县	Chengde	155154	104
灵寿县	Lingshou	154058	105
邢台县	Xingtai	152396	106
丰宁满族自治县	Fengning	148235	107
涞水县	Laishui	146597	108
沙河市	Shahe	136319	109
顺平县	Shunping	132230	110
青龙满族自治县	Qinglong	131648	111
海兴县	Haixing	130384	112
万全县	Wanquan	128718	113
赞皇县	Zanhuang	126093	114
怀安县	Huai'an	123873	115
康保县	Kangbao	121813	116
蔚　县	Yuxian	119868	117
井陉县	Jingxing	114734	118
临城县	Lincheng	112480	119
沽源县	Guyuan	106115	120
赤城县	Chicheng	105050	121
怀来县	Huailai	101775	122
涉　县	Shexian	95646	123
大厂回族自治县	Dachang	93993	124
滦平县	Luanping	91967	125
张北县	Zhangbei	89990	126
迁西县	Qianxi	86900	127
邱　县	Qiuxian	85832	128
阳原县	Yangyuan	80259	129
宽城满族自治县	Kuancheng	78800	130
涞源县	Laiyuan	75801	131
阜平县	Fuping	70154	132
广宗县	Guangzong	61867	133
尚义县	Shangyi	55857	134
兴隆县	Xinglong	40465	135
崇礼县	Chongli	25520	136

各县(市)棉花总产量（2011年）
Output of Cotton (2011)

单位：吨 (ton)

县（市）	County (City)	棉花总产量 Output of Cotton	位次 Postion	县（市）	County (City)	棉花总产量 Output of Cotton	位次 Postion	县（市）	County (City)	棉花总产量 Output of Cotton	位次 Postion
威　县	Weixian	68806	1	武强县	Wuqiang	4414	40	定兴县	Dingxing	514	78
南宫市	Nangong	42424	2	蠡　县	Lixian	4336	41	雄　县	Xiongxian	505	79
邱　县	Qiuxian	35766	3	磁　县	Cixian	4241	42	固安县	Gu'an	502	80
故城县	Gucheng	30906	4	盐山县	Yanshan	3674	43	满城县	Mancheng	481	81
广宗县	Guangzong	29498	5	青　县	Qingxian	3665	44	行唐县	Xingtang	452	82
枣强县	Zaoqiang	28609	6	海兴县	Haixing	3614	45	柏乡县	Baixiang	440	83
东光县	Dongguang	25723	7	临漳县	Linzhang	3394	46	徐水县	Xushui	427	84
冀州市	Jizhou	25684	8	饶阳县	Raoyang	3339	47	藁城市	Gaocheng	424	85
成安县	Cheng'an	24830	9	武安市	Wu'an	3294	48	曲阳县	Quyang	370	86
景　县	Jingxian	24731	10	永年县	Yongnian	3198	49	望都县	Wangdu	350	87
文安县	Wen'an	18711	11	泊头市	Botou	3061	50	昌黎县	Changli	286	88
肥乡县	Feixiang	18343	12	邯郸县	Handan	2986	51	滦　县	Luanxian	277	89
吴桥县	Wuqiao	17931	13	魏　县	Weixian	2936	52	迁西县	Qianxi	266	90
献　县	Xianxian	17730	14	大名县	Daming	2912	53	沙河市	Shahe	266	91
河间市	Hejian	17464	15	任　县	Renxian	2784	54	正定县	Zhengding	252	92
曲周县	Quzhou	17255	16	玉田县	Yutian	2471	55	无极县	Wuji	250	93
清河县	Qinghe	17124	17	清苑县	Qingyuan	2234	56	鹿泉市	Luquan	232	94
巨鹿县	Julu	16384	18	安平县	Anping	2186	57	容城县	Rongcheng	210	95
南皮县	Nanpi	16030	19	南和县	Nanhe	2185	58	新乐市	Xinle	177	96
武邑县	Wuyi	13779	20	博野县	Boye	1971	59	灵寿县	Lingshou	170	97
深州市	Shenzhou	13110	21	卢龙县	Lulong	1808	60	三河市	Sanhe	166	98
临西县	Linxi	12249	22	肃宁县	Suning	1662	61	迁安市	Qian'an	124	99
霸州市	Bazhou	10189	23	乐亭县	Leting	1323	62	井陉县	Jingxing	121	100
任丘市	Renqiu	10131	24	邢台县	Xingtai	1243	63	赵　县	Zhaoxian	109	101
高阳县	Gaoyang	9386	25	唐海县	Tanghai	1107	64	高邑县	Gaoyi	108	102
鸡泽县	Jize	9055	26	定州市	Dingzhou	1082	65	顺平县	Shunping	106	103
阜城县	Fucheng	8873	27	滦南县	Luannan	1008	66	香河县	Xianghe	103	104
馆陶县	Guantao	8521	28	唐　县	Tangxian	943	67	赞皇县	Zanhuang	96	105
辛集市	Xinji	8006	29	内丘县	Neiqiu	900	68	遵化市	Zuihua	83	106
安新县	Anxin	7365	30	抚宁县	Funing	784	69	涞水县	Laishui	57	107
平乡县	Pingxiang	7315	31	孟村回族自治县	Mengcun	738	70	晋州市	Jinzhou	54	108
新河县	Xinhe	6872	32					大厂回族自治县	Dachang	54	109
广平县	Guangping	6521	33	安国市	Anguo	710	71				
隆尧县	Longyao	6353	34	元氏县	Yuanshi	700	72	涉　县	Shexian	42	110
黄骅市	Huanghua	6118	35	临城县	Lincheng	658	73	栾城县	Luancheng	37	111
宁晋县	Ningjin	6041	36	平山县	Pingshan	640	74	涿州市	Zhuozhou	1	112
大城县	Dacheng	6000	37	高碑店市	Gaobeidian	630	75				
沧　县	Cangxian	4922	38	深泽县	Shenze	606	76				
永清县	Yongqing	4592	39	易　县	Yixian	589	77				

各县(市)油料总产量 (2011年)

Output of Oil-bearing Crops (2011)

单位：吨 (ton)

县（市）	County (City)	油料总产量 Output of Oil-bearing	位次 Position
大名县	Daming	81044	1
定州市	Dingzhou	71119	2
滦南县	Luannan	58766	3
滦　县	Luanxian	54221	4
遵化市	Zuihua	45795	5
河间市	Hejian	37707	6
新乐市	Xinle	36893	7
迁安市	Qian'an	36111	8
昌黎县	Changli	35991	9
辛集市	Xinji	35719	10
高碑店市	Gaobeidian	31652	11
深州市	Shenzhou	30410	12
献　县	Xianxian	26400	13
行唐县	Xingtang	20301	14
清苑县	Qingyuan	19962	15
安国市	Anguo	19863	16
正定县	Zhengding	19685	17
定兴县	Dingxing	17320	18
无极县	Wuji	16350	19
馆陶县	Guantao	16148	20
蠡　县	Lixian	15634	21
赞皇县	Zanhuang	15605	22
抚宁县	Funing	15434	23
南宫市	Nangong	14373	24
卢龙县	Lulong	14286	25
内丘县	Neiqiu	13948	26
饶阳县	Raoyang	13725	27
隆尧县	Longyao	13644	28
涿州市	Zhuozhou	13520	29
易　县	Yixian	13499	30
乐亭县	Leting	13144	31
邢台县	Xingtai	12795	32
巨鹿县	Julu	12199	33
景　县	Jingxian	11647	34
藁城市	Gaocheng	11530	35
博野县	Boye	11441	36
涞水县	Laishui	10205	37
武邑县	Wuyi	9768	38
晋州市	Jinzhou	9699	39
永清县	Yongqing	9596	40
张北县	Zhangbei	9435	41
故城县	Gucheng	9095	42
平山县	Pingshan	8937	43
固安县	Gu'an	8690	44
肃宁县	Suning	8558	45
冀州市	Jizhou	8440	46
永年县	Yongnian	8238	47
平乡县	Pingxiang	8106	48
安平县	Anping	7668	49
元氏县	Yuanshi	7622	50
枣强县	Zaoqiang	7404	51
曲阳县	Quyang	7266	52
广宗县	Guangzong	7086	53
望都县	Wangdu	6895	54
宁晋县	Ningjin	6794	55
深泽县	Shenze	6603	56
临城县	Lincheng	6371	57
隆化县	Longhua	6122	58
霸州市	Bazhou	6087	59
井陉县	Jingxing	5975	60
迁西县	Qianxi	5885	61
沽源县	Guyuan	5841	62
临漳县	Linzhang	5737	63
阳原县	Yangyuan	5688	64
任丘市	Renqiu	5573	65
尚义县	Shangyi	5517	66
容城县	Rongcheng	5446	67
徐水县	Xushui	5411	68
灵寿县	Lingshou	5169	69
魏　县	Weixian	5112	70
康保县	Kangbao	5014	71
磁　县	Cixian	5001	72
威　县	Weixian	4999	73
雄　县	Xiongxian	4922	74
柏乡县	Baixiang	4693	75
高邑县	Gaoyi	4663	76
沙河市	Shahe	4635	77
顺平县	Shunping	4442	78
广平县	Guangping	4392	79
成安县	Cheng'an	4220	80
黄骅市	Huanghua	4107	81
高阳县	Gaoyang	4080	82
唐　县	Tangxian	4049	83
鹿泉市	Luquan	3904	84
赵　县	Zhaoxian	3876	85
武强县	Wuqiang	3848	86
玉田县	Yutian	3835	87
怀安县	Huai'an	3609	88
曲周县	Quzhou	3458	89
武安市	Wu'an	3457	90
丰宁满族自治县	Fengning	3312	91
肥乡县	Feixiang	3298	92
蔚　县	Yuxian	3189	93
新河县	Xinhe	3022	94
满城县	Mancheng	2705	95
南皮县	Nanpi	2479	96
邱　县	Qiuxian	2475	97
赤城县	Chicheng	2259	98
南和县	Nanhe	2236	99
宣化县	Xuanhua	2230	100
东光县	Dongguang	2045	101
青龙满族自治县	Qinglong	2031	102
海兴县	Haixing	2030	103
孟村回族自治县	Mengcun	1874	104
沧　县	Cangxian	1770	105
邯郸县	Handan	1746	106
任　县	Renxian	1706	107
涿鹿县	Zhuolu	1665	108
青　县	Qingxian	1583	109
盐山县	Yanshan	1564	110
万全县	Wanquan	1538	111
临西县	Linxi	1514	112
怀来县	Huailai	1441	113
大城县	Dacheng	1440	114
围场满蒙自治县	Weichang	1439	115
栾城县	Luancheng	1432	116
阜城县	Fucheng	1200	117
鸡泽县	Jize	1195	118
阜平县	Fuping	1182	119
吴桥县	Wuqiao	1134	120
文安县	Wen'an	970	121
唐海县	Tanghai	712	122
安新县	Anxin	673	123
涉　县	Shexian	657	124
平泉县	Pingquan	510	125
宽城满族自治县	Kuancheng	506	126
崇礼县	Chongli	488	127
兴隆县	Xinglong	438	128
泊头市	Botou	432	129
清河县	Qinghe	424	130
三河市	Sanhe	419	131
涞源县	Laiyuan	360	132
承德县	Chengde	343	133
滦平县	Luanping	183	134
香河县	Xianghe	159	135
大厂回族自治县	Dachang	60	136

各县(市)猪牛羊肉产量（2011年）

Output of Pork, Beef and Mutton (2011)

单位：吨 (ton)

县（市）	County (City)	猪牛羊肉产量 Output of Pork Beaf and Mutton	位次 Position
滦南县	Luannan	96944	1
玉田县	Yutian	94355	2
抚宁县	Funing	91821	3
定州市	Dingzhou	87843	4
遵化市	Zuihua	69518	5
三河市	Sanhe	68639	6
迁安市	Qian'an	67933	7
安平县	Anping	65515	8
武安市	Wu'an	64968	9
永清县	Yongqing	61965	10
大名县	Daming	60737	11
隆化县	Longhua	57470	12
易　县	Yixian	56715	13
辛集市	Xinji	56195	14
正定县	Zhengding	56017	15
藁城市	Gaocheng	55967	16
青龙满族自治县	Qinglong	53397	17
卢龙县	Lulong	52137	18
定兴县	Dingxing	51533	19
徐水县	Xushui	49117	20
深州市	Shenzhou	48190	21
昌黎县	Changli	47063	22
宣化县	Xuanhua	46287	23
滦　县	Luanxian	45455	24
永年县	Yongnian	43233	25
围场满蒙自治县	Weichang	42673	26
盐山县	Yanshan	41239	27
滦平县	Luanping	40931	28
固安县	Gu'an	39867	29
丰宁满族自治县	Fengning	39630	30
献　县	Xianxian	39271	31
无极县	Wuji	38188	32
新乐市	Xinle	38149	33
魏　县	Weixian	37313	34
晋州市	Jinzhou	36940	35
赵　县	Zhaoxian	35938	36
临漳县	Linzhang	35256	37
涿鹿县	Zhuolu	34275	38
黄骅市	Huanghua	33912	39
栾城县	Luancheng	33597	40
元氏县	Yuanshi	33208	41
宁晋县	Ningjin	32927	42
沧　县	Cangxian	31767	43
行唐县	Xingtang	31745	44
承德县	Chengde	31503	45
故城县	Gucheng	30582	46
景　县	Jingxian	29906	47
大厂回族自治县	Dachang	29777	48
蔚　县	Yuxian	29390	49
唐　县	Tangxian	28985	50
肥乡县	Feixiang	28154	51
磁　县	Cixian	28103	52
涿州市	Zhuozhou	28086	53
馆陶县	Guantao	27663	54
高碑店市	Gaobeidian	27419	55
曲周县	Quzhou	27265	56
武邑县	Wuyi	26873	57
容城县	Rongcheng	26710	58
康保县	Kangbao	26383	59
灵寿县	Lingshou	25090	60
乐亭县	Leting	24888	61
成安县	Cheng'an	24788	62
赤城县	Chicheng	23592	63
大城县	Dacheng	23501	64
吴桥县	Wuqiao	23230	65
鹿泉市	Luquan	22819	66
邯郸县	Handan	22484	67
隆尧县	Longyao	22474	68
赞皇县	Zanhuang	22271	69
内丘县	Neiqiu	21633	70
曲阳县	Quyang	21615	71
安国市	Anguo	21336	72
饶阳县	Raoyang	20701	73
涞水县	Laishui	20362	74
泊头市	Botou	19712	75
满城县	Mancheng	19546	76
怀安县	Huai'an	19521	77
南宫市	Nangong	19232	78
平泉县	Pingquan	19152	79
井陉县	Jingxing	19089	80
深泽县	Shenze	18958	81
宽城满族自治县	Kuancheng	18850	82
霸州市	Bazhou	18594	83
威　县	Weixian	18578	84
张北县	Zhangbei	18560	85
平山县	Pingshan	18542	86
枣强县	Zaoqiang	18340	87
鸡泽县	Jize	18232	88
迁西县	Qianxi	17971	89
唐海县	Tanghai	17811	90
清苑县	Qingyuan	17716	91
万全县	Wanquan	17092	92
河间市	Hejian	16387	93
兴隆县	Xinglong	16143	94
阳原县	Yangyuan	15766	95
涉　县	Shexian	15697	96
东光县	Dongguang	15374	97
青　县	Qingxian	15173	98
望都县	Wangdu	14221	99
南皮县	Nanpi	13965	100
文安县	Wen'an	13916	101
南和县	Nanhe	13282	102
怀来县	Huailai	12996	103
邱　县	Qiuxian	12712	104
邢台县	Xingtai	12649	105
阜城县	Fucheng	12566	106
广平县	Guangping	12241	107
香河县	Xianghe	12201	108
任丘市	Renqiu	12137	109
临城县	Lincheng	11883	110
博野县	Boye	11642	111
尚义县	Shangyi	11525	112
顺平县	Shunping	11473	113
临西县	Linxi	11291	114
广宗县	Guangzong	11239	115
冀州市	Jizhou	10575	116
武强县	Wuqiang	10104	117
柏乡县	Baixiang	10016	118
巨鹿县	Julu	9634	119
雄　县	Xiongxian	9503	120
肃宁县	Suning	9242	121
沽源县	Guyuan	8913	122
孟村回族自治县	Mengcun	8760	123
高邑县	Gaoyi	8228	124
平乡县	Pingxiang	7467	125
沙河市	Shahe	7369	126
海兴县	Haixing	6711	127
任　县	Renxian	6679	128
阜平县	Fuping	6624	129
涞源县	Laiyuan	5987	130
蠡　县	Lixian	5801	131
高阳县	Gaoyang	5534	132
安新县	Anxin	5255	133
新河县	Xinhe	4634	134
崇礼县	Chongli	4295	135
清河县	Qinghe	3276	136

各县(市)社会消费品零售总额 (2011年)

Total Retail Sales of Consumer Goods (2011)

单位：万元　　　　(10000 yuan)

县（市）	County (City)	社会消费品零售总额 Total Retail Sales	位次 Position
辛集市	Xinji	1588807	1
迁安市	Qian'an	1370629	2
遵化市	Zuihua	1180359	3
任丘市	Renqiu	1106860	4
藁城市	Gaocheng	1065379	5
滦南县	Luannan	990986	6
河间市	Hejian	940835	7
武安市	Wu'an	929195	8
定州市	Dingzhou	880713	9
三河市	Sanhe	878915	10
滦　县	Luanxian	835520	11
涿州市	Zhuozhou	830676	12
乐亭县	Leting	822622	13
永年县	Yongnian	808874	14
玉田县	Yutian	782201	15
鹿泉市	Luquan	747626	16
霸州市	Bazhou	733400	17
正定县	Zhengding	722245	18
无极县	Wuji	712232	19
晋州市	Jinzhou	686448	20
赵　县	Zhaoxian	684852	21
新乐市	Xinle	636573	22
香河县	Xianghe	629641	23
沧　县	Cangxian	595100	24
迁西县	Qianxi	589857	25
黄骅市	Huanghua	583801	26
磁　县	Cixian	568179	27
泊头市	Botou	561112	28
宁晋县	Ningjin	531413	29
徐水县	Xushui	486010	30
魏　县	Weixian	475985	31
栾城县	Luancheng	472578	32
涉　县	Shexian	464893	33
清河县	Qinghe	457469	34
文安县	Wen'an	455611	35
安国市	Anguo	438450	36
沙河市	Shahe	437436	37
大名县	Daming	430082	38
深州市	Shenzhou	417889	39
景　县	Jingxian	414645	40
抚宁县	Funing	404405	41
清苑县	Qingyuan	401013	42
昌黎县	Changli	393906	43
蠡　县	Lixian	382769	44
大城县	Dacheng	379437	45
青　县	Qingxian	372644	46
行唐县	Xingtang	368003	47
曲周县	Quzhou	355599	48
高碑店市	Gaobeidian	349988	49
邯郸县	Handan	341263	50
平山县	Pingshan	335696	51
隆尧县	Longyao	326271	52
满城县	Mancheng	324423	53
故城县	Gucheng	324131	54
怀来县	Huailai	321207	55
元氏县	Yuanshi	319778	56
高阳县	Gaoyang	317309	57
平泉县	Pingquan	315351	58
安平县	Anping	313543	59
南宫市	Nangong	311189	60
雄　县	Xiongxian	292092	61
冀州市	Jizhou	287954	62
承德县	Chengde	287728	63
定兴县	Dingxing	283388	64
兴隆县	Xinglong	282138	65
固安县	Gu'an	280852	66
安新县	Anxin	280270	67
井陉县	Jingxing	275297	68
盐山县	Yanshan	271132	69
献　县	Xianxian	268139	70
成安县	Cheng'an	264737	71
易　县	Yixian	262099	72
临漳县	Linzhang	259194	73
永清县	Yongqing	258004	74
深泽县	Shenze	257999	75
蔚　县	Yuxian	255090	76
赞皇县	Zanhuang	254233	77
围场满蒙自治县	Weichang	250392	78
巨鹿县	Julu	250118	79
灵寿县	Lingshou	248811	80
容城县	Rongcheng	243438	81
卢龙县	Lulong	238300	82
滦平县	Luanping	237990	83
肃宁县	Suning	236210	84
曲阳县	Quyang	236071	85
武邑县	Wuyi	234726	86
涿鹿县	Zhuolu	233881	87
隆化县	Longhua	232169	88
东光县	Dongguang	228734	89
丰宁满族自治县	Fengning	228437	90
宽城满族自治县	Kuancheng	227688	91
威　县	Weixian	225469	92
内丘县	Neiqiu	219338	93
青龙满族自治县	Qinglong	218772	94
枣强县	Zaoqiang	217533	95
临西县	Linxi	214575	96
任　县	Renxian	208968	97
唐海县	Tanghai	207951	98
饶阳县	Raoyang	203583	99
高邑县	Gaoyi	202474	100
馆陶县	Guantao	193291	101
唐　县	Tangxian	188376	102
宣化县	Xuanhua	187759	103
广平县	Guangping	187689	104
南和县	Nanhe	185725	105
肥乡县	Feixiang	184265	106
南皮县	Nanpi	180972	107
涞水县	Laishui	178966	108
平乡县	Pingxiang	172848	109
阳原县	Yangyuan	172497	110
鸡泽县	Jize	168338	111
张北县	Zhangbei	167750	112
顺平县	Shunping	166447	113
阜城县	Fucheng	163616	114
万全县	Wanquan	155749	115
武强县	Wuqiang	155374	116
孟村回族自治县	Mengcun	152563	117
吴桥县	Wuqiao	149264	118
临城县	Lincheng	145014	119
怀安县	Huai'an	141480	120
博野县	Boye	135950	121
赤城县	Chicheng	134492	122
康保县	Kangbao	124103	123
邱　县	Qiuxian	123085	124
望都县	Wangdu	121728	125
新河县	Xinhe	116876	126
柏乡县	Baixiang	116417	127
大厂回族自治县	Dachang	115786	128
广宗县	Guangzong	111889	129
阜平县	Fuping	108754	130
涞源县	Laiyuan	100628	131
沽源县	Guyuan	97474	132
海兴县	Haixing	82181	133
尚义县	Shangyi	73321	134
崇礼县	Chongli	62744	135
邢台县	Xingtai	60359	136

各县(市)主要国民经济指标（2011年)(1-1)

县（市）	County (City)	行政区域土地面积(平方公里) Land Area (sq.km)	乡镇个数(个) Number of Regions at Townships Level (unit)	村民委员会个数(个) Number of Villagers' Committees (unit)	#自来水受益村 Number of Administrative Village Access to Tap Water	#通电话的村 Number of Administrative Village Access to Telephone in Rural Area	地区生产总值(万元) Gross Domestic Product (10000 yuan)
石家庄市	**Shijiazhuang**						
井陉县	Jingxing	1381	17	318	275	317	1201654
正定县	Zhengding	468	8	154	154	154	1980979
栾城县	Luancheng	320	7	173	173	173	1446088
行唐县	Xingtang	1025	15	330	256	330	1095571
灵寿县	Lingshou	1066	15	279	183	279	727978
高邑县	Gaoyi	222	5	107	107	107	545686
深泽县	Shenze	296	6	125	125	125	677857
赞皇县	Zanhuang	1210	11	212	135	212	701028
无极县	Wuji	524	11	213	213	213	1321149
平山县	Pingshan	2648	23	717	690	717	1927428
元氏县	Yuanshi	676	15	208	157	208	1278985
赵　县	Zhaoxian	674	11	281	281	281	1627153
辛集市	Xinji	951	15	344	344	344	3181873
藁城市	Gaocheng	813	14	239	239	239	3905029
晋州市	Jinzhou	619	10	224	224	224	1779161
新乐市	Xinle	524	11	160	160	160	1431748
鹿泉市	Luquan	603	12	208	207	208	2614124
承德市	**Chengde**						
承德县	Chengde	3648	23	378	266	378	957549
兴隆县	Xinglong	3123	20	290	120	290	730130
平泉县	Pingquan	3296	19	291	181	291	1031913
滦平县	Luanping	2993	20	200	98	200	1115727
隆化县	Longhua	5475	25	362	225	362	863668
丰宁满族自治县	Fengning	8765	26	309	284	309	666050
宽城满族自治县	Kuancheng	1936	18	205	148	205	2159217
围场满蒙自治县	Weichang	9220	37	312	245	312	717311
张家口市	**Zhangjiakou**						
宣化县	Xuanhua	2057	13	305	298	305	619178
张北县	Zhangbei	3863	18	366	189	366	628400
康保县	Kangbao	3365	15	326	138	318	328654
沽源县	Guyuan	3388	14	233	68	228	280680
尚义县	Shangyi	2601	14	172	159	167	259048
蔚　县	Yuxian	3220	22	547	344	547	803244
阳原县	Yangyuan	1849	14	301	181	301	463672
怀安县	Huai'an	1706	11	273	242	272	512698
万全县	Wanquan	1162	11	172	161	172	444067

Major Indicators of National Economy by County or City (2011)(1-1)

			地区生产总值指数 (上年=100) Indices of Gross Domestic Product (preceding year=100)				年末总人口 (万人) Total Population (year-end) (10000 persons)	年末总户数 (户) Number of Total Households (household)
第一产业 Primary Industry	第二产业 Secondary Industry	第三产业 Tertiary Industry		第一产业 Primary Industry	第二产业 Secondary Industry	第三产业 Tertiary Industry		
93275	615742	492637	112.7	104.5	114.9	111.6	32.9	107102
269762	945553	765664	108.7	103.3	106.8	113.0	47.5	126136
277853	835408	332827	112.3	103.1	115.2	113.4	32.7	88287
205642	667162	222767	112.6	106.2	115.6	111.0	45.0	140930
129005	415823	183150	111.5	104.2	114.4	110.5	33.5	101142
87924	318883	138879	112.7	104.4	116.2	112.0	19.2	52151
121820	415005	141032	112.6	106.0	116.6	108.0	25.8	81357
125614	446113	129301	112.8	105.4	115.7	111.5	26.2	84899
215551	741618	363980	111.8	102.2	114.9	111.3	51.7	140851
203314	1311051	413063	110.6	105.5	111.5	110.7	48.5	154680
200464	683176	395345	112.2	103.7	115.0	112.3	42.7	98632
295039	1024318	307796	111.6	103.3	115.9	106.8	58.8	165950
433276	2058761	689836	111.9	101.5	115.4	109.3	62.7	207797
599692	2439422	865915	111.9	103.7	115.9	107.4	79.8	215076
239012	962166	577983	112.6	100.0	117.9	110.6	54.3	153364
225000	830394	376354	111.5	101.8	116.4	108.1	50.0	131939
200111	1567280	846733	112.4	102.5	113.6	112.8	39.1	115350
202962	492580	262007	109.6	105.9	108.7	114.5	41.9	142978
129894	389898	210338	111.0	110.9	112.5	108.4	32.6	114404
282776	452654	296483	110.4	111.8	108.8	111.5	47.5	160943
170556	665219	279952	112.4	109.0	115.7	107.9	31.8	112873
218727	429732	215209	109.7	107.6	110.3	110.9	43.9	145273
169569	268425	228056	110.0	104.5	113.4	111.0	39.9	146590
123234	1640120	395863	116.6	111.7	117.1	116.2	24.9	77712
286308	215667	215336	112.5	109.7	116.4	113.0	53.3	179616
180128	217205	221845	114.9	109.2	125.5	109.7	28.4	112971
165140	316138	147122	115.0	106.5	125.9	107.2	36.5	148009
143413	91153	94088	113.8	112.1	121.3	110.2	28.0	106998
119266	80126	81288	114.9	111.2	131.4	109.1	22.6	86366
68879	116712	73457	111.0	103.0	122.4	106.6	19.4	75756
117518	331113	354613	111.9	109.0	113.8	111.0	49.5	171027
93716	107455	262501	101.8	108.4	105.5	98.2	28.0	107963
86056	167148	259494	116.4	110.2	127.4	111.7	24.7	96010
105533	172353	166181	112.6	108.1	114.9	113.4	22.8	84915

各县(市)主要国民经济指标（2011年)(1-2)

县 （市）	County (City)	行政区域土地面积（平方公里）Land Area (sq.km)	乡镇个数（个）Number of Regions at Townships Level (unit)	村民委员会个数（个）Number of Villagers' Committees (unit)	#自来水受益村 Number of Administrative Village Access to Tap Water	#通电话的村 Number of Administrative Village Access to Telephone in Rural Area	地区生产总值（万元）Gross Domestic Product (10000 yuan)
涿鹿县	Zhuolu	2802	17	373	360	373	657538
赤城县	Chicheng	5287	18	440	334	440	561215
崇礼县	Chongli	2324	10	211	206	211	305256
秦皇岛市	**Qinhuangdao**						
青龙满族自治县	Qinglong	3510	25	396	208	396	1036314
昌黎县	Changli	1212	16	446	207	446	1607053
抚宁县	Funing	1619	11	569	273	569	1466938
卢龙县	Lulong	961	12	548	95	548	856568
唐山市	**Tangshan**						
滦 县	Luanxian	1027	12	504	448	504	3173919
滦南县	Luannan	1270	17	594	594	594	2772046
乐亭县	Leting	1417	14	533	533	533	2750203
迁西县	Qianxi	1439	17	417	274	417	3666351
玉田县	Yutian	1165	20	420	420	420	2827628
唐海县	Tanghai	788	1				836142
遵化市	Zuihua	1509	25	648	648	648	4852585
迁安市	Qian'an	1208	17	459	412	459	8082032
廊坊市	**Langfang**						
固安县	Gu'an	697	9	419	419	419	772993
永清县	Yongqing	774	10	386	380	386	720757
香河县	Xianghe	458	9	300	300	300	1172825
大城县	Dacheng	910	10	394	394	394	851926
文安县	Wen'an	1038	13	383	383	383	1373901
大厂回族自治县	Dachang	176	5	105	105	105	629422
霸州市	Bazhou	801	12	377	377	377	2940908
三河市	Sanhe	643	10	395	395	395	3754564
保定市	**Baoding**						
满城县	Mancheng	629	11	183	183	183	737328
清苑县	Qingyuan	867	18	266	253	266	927304
涞水县	Laishui	1658	15	284	135	284	381630
阜平县	Fuping	2495	13	209	209	209	258065
徐水县	Xushui	723	14	304	279	304	1249740
定兴县	Dingxing	714	16	274	39	274	788508
唐 县	Tangxian	1417	20	345	217	345	549147
高阳县	Gaoyang	497	9	170	170	170	873295
容城县	Rongcheng	314	8	127	115	127	487102

Major Indicators of National Economy by County or City (2011)(1-2)

第一产业 Primary Industry	第二产业 Secondary Industry	第三产业 Tertiary Industry	地区生产总值指数 (上年=100) Indices of Gross Domestic Product (preceding year=100)	第一产业 Primary Industry	第二产业 Secondary Industry	第三产业 Tertiary Industry	年末总人口 (万人) Total Population (year-end) (10000 persons)	年末总户数 (户) Number of Total Households (household)
213912	199223	244403	111.7	108.5	115.0	111.7	34.9	141748
139145	285232	136838	113.4	105.7	121.0	107.8	29.6	121009
62713	177391	65152	113.8	107.0	117.4	112.3	12.5	50809
204245	526953	305116	114.2	107.8	120.0	110.7	55.0	186933
556419	658342	392292	113.0	108.7	120.7	108.0	55.9	216751
413346	589269	464323	110.6	104.6	112.5	113.9	49.4	193663
228172	290639	337757	113.8	102.9	140.3	104.9	42.2	154367
327358	1900519	946042	117.0	104.8	119.4	116.8	55.4	160215
673346	1084617	1014083	111.5	107.7	111.0	114.7	58.2	172364
648522	1095255	1006426	110.7	105.0	111.0	114.0	49.4	161240
198600	2373239	1094512	112.9	109.2	114.0	111.2	38.5	108188
526740	1371768	929120	114.6	104.0	119.2	113.8	67.7	200221
162667	347138	326337	108.0	106.0	105.5	111.6	14.4	49046
352587	2662718	1837280	113.6	104.9	114.7	113.6	73.2	230328
308306	5393740	2379986	115.2	105.3	116.8	112.7	72.7	232932
248084	309275	215634	111.2	100.3	114.7	122.2	43.9	131553
269389	335609	115759	107.9	105.1	110.5	108.1	38.8	109888
168263	625508	379054	110.3	95.2	113.8	111.7	32.6	110402
146099	536661	169166	109.2	104.0	111.1	107.3	48.8	167902
143205	901576	329120	111.0	105.0	114.2	106.2	49.6	141659
99465	358840	171117	113.7	105.6	115.8	114.6	12.2	50732
159137	1995582	786189	113.1	102.2	116.6	107.4	62.0	165992
294728	2262782	1197054	109.0	103.0	114.3	101.8	56.1	164063
149924	391577	195827	110.1	102.6	113.4	109.6	39.1	121674
232754	461899	232651	112.6	105.7	117.7	109.4	65.5	169241
87634	96938	197058	112.7	107.0	117.8	112.8	35.2	144060
62980	60148	134937	109.2	107.8	108.0	110.5	22.3	80232
219792	679860	350088	113.0	105.8	118.2	109.1	59.1	188466
238456	334552	215500	112.2	105.9	117.2	112.8	58.3	163145
142005	240760	166382	111.0	106.8	115.0	109.2	58.3	172502
85658	600326	187311	112.1	108.3	114.9	106.0	33.8	107287
95588	275505	116009	113.1	105.0	116.8	109.3	26.6	80553

各县(市)主要国民经济指标（2011年）(1-3)

县 (市)	County (City)	行政区域土地面积 (平方公里) Land Area (sq.km)	乡镇个数 (个) Number of Regions at Townships Level (unit)	村民委员会个数 (个) Number of Villagers' Committees (unit)	#自来水受益村 Number of Administrative Village Access to Tap Water	#通电话的村 Number of Administrative Village Access to Telephone in Rural Area	地区生产总值 (万元) Gross Domestic Product (10000 yuan)
望都县	Wangdu	370	8	142	136	142	435301
安新县	Anxin	724	12	207	207	207	632468
易　县	Yixian	2534	27	469	300	469	760404
曲阳县	Quyang	1084	18	367	127	367	530647
蠡　县	Lixian	652	13	232	232	232	706732
顺平县	Shunping	708	10	237	205	237	371247
博野县	Boye	331	7	133	133	133	343747
雄　县	Xiongxian	524	9	223	215	223	690366
涿州市	Zhuozhou	742	11	404	217	404	1832070
定州市	Dingzhou	1274	22	485	282	485	2148144
安国市	Anguo	486	10	198	191	198	836125
高碑店市	Gaobeidian	618	9	409	182	409	1084492
沧州市	**Cangzhou**						
沧　县	Cangxian	1520	19	515	515	515	1857034
青　县	Qingxian	968	10	345	345	345	1323207
东光县	Dongguang	711	9	447	443	447	1085333
海兴县	Haixing	919	7	197	197	197	269696
盐山县	Yanshan	795	12	450	450	450	1075850
肃宁县	Suning	515	9	253	253	253	1095107
南皮县	Nanpi	790	9	312	312	312	678509
吴桥县	Wuqiao	583	10	473	473	473	555536
献　县	Xianxian	1173	18	500	500	500	1311306
孟村回族自治县	Mengcun	387	6	126	126	126	640865
泊头市	Botou	1007	12	657	657	657	1467348
任丘市	Renqiu	1012	15	413	413	413	5085960
黄骅市	Huanghua	1545	10	327	327	327	2000418
河间市	Hejian	1333	20	615	615	615	2017666
衡水市	**Hengshui**						
枣强县	Zaoqiang	905	11	553	553	553	716156
武邑县	Wuyi	832	9	545	545	545	635346
武强县	Wuqiang	443	6	238	238	238	417711
饶阳县	Raoyang	572	7	197	197	197	396062
安平县	Anping	496	8	230	230	230	810320
故城县	Gucheng	941	13	538	531	538	770421
景　县	Jingxian	1188	16	848	848	848	1112975
阜城县	Fucheng	695	10	610	610	610	488329
冀州市	Jizhou	877	10	382	382	382	741268
深州市	Shenzhou	1245	17	465	465	465	1091099

Major Indicators of National Economy by County or City (2011)(1-3)

			地区生产总值指数(上年=100) Indices of Gross Domestic Product (preceding year=100)				年末总人口(万人) Total Population (year-end) (10000 persons)	年末总户数(户) Number of Total Households (household)
第一产业 Primary Industry	第二产业 Secondary Industry	第三产业 Tertiary Industry		第一产业 Primary Industry	第二产业 Secondary Industry	第三产业 Tertiary Industry		
124346	198692	112263	112.8	105.4	119.8	110.1	26.8	77564
88168	385282	159018	109.0	106.9	111.6	105.0	44.4	139093
195086	314853	250465	111.7	105.7	116.9	110.2	56.7	192249
98551	217931	214165	109.3	105.1	112.4	107.9	61.4	179179
127233	398133	181366	112.0	107.7	114.6	110.0	52.7	143232
114081	164822	92344	111.0	106.0	116.0	109.8	31.3	94008
104649	142598	96500	111.8	105.1	116.5	112.6	26.9	74512
94464	440833	155069	111.1	105.3	113.7	107.5	37.9	112911
182699	702403	946968	110.0	105.2	109.2	111.4	64.5	236421
598902	1082624	466618	113.0	108.3	115.8	112.7	121.2	338653
199388	397032	239705	111.3	103.6	117.6	107.5	41.1	135016
138485	662352	283655	113.1	105.8	115.0	112.5	56.0	157179
252996	860101	743937	114.2	107.0	116.1	114.6	69.2	188973
348144	575338	399725	112.6	106.4	110.4	121.7	41.4	132156
211382	454655	419296	114.2	111.6	118.6	111.1	36.9	118839
65038	116335	88323	118.2	103.7	133.5	109.7	23.4	78673
134878	737308	203664	117.4	105.6	124.0	101.6	45.8	138781
205065	452639	437403	112.5	108.5	120.7	105.8	34.5	108949
163625	266443	248441	117.5	109.3	117.4	123.5	37.9	114723
236017	96431	223088	112.7	110.0	120.8	109.8	28.7	108651
273124	668228	369954	117.0	104.3	119.5	121.5	61.1	177173
62843	390125	187897	118.1	112.3	119.6	116.9	21.8	71777
201830	754671	510847	114.0	104.5	118.5	111.4	60.4	192153
170611	3616825	1298524	108.5	102.9	104.0	120.5	83.3	322418
238139	853805	908474	117.2	115.3	120.4	115.0	45.8	125693
206926	862103	948637	114.2	105.1	116.3	114.3	81.7	227929
178279	382588	155289	112.0	105.8	117.1	109.4	40.5	123989
191902	316350	127094	113.1	105.8	119.4	112.2	33.0	101899
99520	215035	103156	111.9	106.0	113.9	113.7	21.9	66694
132570	163750	99742	112.0	105.9	115.3	115.2	29.1	83225
115613	453734	240973	113.0	105.3	114.5	114.3	32.9	98315
240422	290290	239709	111.9	105.8	116.0	113.7	51.5	158775
215972	652841	244162	112.6	104.7	115.6	113.1	54.0	160265
122223	274573	91533	112.7	105.8	116.0	112.5	35.6	120125
132122	407235	201911	111.6	106.1	113.3	112.1	34.6	122090
286826	561798	242475	112.5	106.8	115.8	112.3	56.9	181528

各县(市)主要国民经济指标 (2011年)(1-4)

县 (市)	County (City)	行政区域土地面积 (平方公里) Land Area (sq.km)	乡镇个数 (个) Number of Regions at Townships Level (unit)	村民委员会个数 (个) Number of Villagers' Committees (unit)	#自来水受益村 Number of Administrative Village Access to Tap Water	#通电话的村 Number of Administrative Village Access to Telephone in Rural Area	地区生产总值 (万元) Gross Domestic Product (10000 yuan)
邢台市	**Xingtai**						
邢台县	Xingtai	1848	16	519	513	519	1126335
临城县	Lincheng	797	8	220	180	220	514169
内丘县	Neiqiu	788	9	309	289	309	758913
柏乡县	Baixiang	268	6	121	121	121	232360
隆尧县	Longyao	749	12	276	276	276	837285
任　县	Renxian	431	8	140	140	140	294431
南和县	Nanhe	405	8	218	218	218	317994
宁晋县	Ningjin	1032	14	346	346	346	1470311
巨鹿县	Julu	631	10	255	255	255	443101
新河县	Xinhe	366	6	169	169	169	205412
广宗县	Guangzong	503	8	213	205	213	305956
平乡县	Pingxiang	406	7	246	246	246	328297
威　县	Weixian	994	16	522	510	522	441159
清河县	Qinghe	500	6	305	305	305	986154
临西县	Linxi	542	9	299	299	299	479498
南宫市	Nangong	861	11	440	440	440	718846
沙河市	Shahe	859	8	242	220	241	1855614
邯郸市	**Handan**						
邯郸县	Handan	463	10	225	210	225	1835791
临漳县	Linzhang	744	14	425	425	425	922414
成安县	Cheng'an	482	9	234	234	234	1038632
大名县	Daming	1053	20	651	407	651	1041664
涉　县	Shexian	1509	17	308	259	308	2366288
磁　县	Cixian	1015	19	358	239	358	2022545
肥乡县	Feixiang	503	9	263	263	263	648618
永年县	Yongnian	898	20	429	429	429	2235099
邱　县	Qiuxian	449	7	218	218	218	542348
鸡泽县	Jize	336	7	169	169	169	658617
广平县	Guangping	320	7	169	164	169	636205
馆陶县	Guantao	456	8	277	277	277	728630
魏　县	Weixian	864	21	541	541	541	1100266
曲周县	Quzhou	677	10	338	338	338	979518
武安市	Wu'an	1806	22	502	382	502	5283003

Major Indicators of National Economy by County or City (2011)(1-4)

第一产业 Primary Industry	第二产业 Secondary Industry	第三产业 Tertiary Industry	地区生产总值指数(上年=100) Indices of Gross Domestic Product (preceding year=100)	第一产业 Primary Industry	第二产业 Secondary Industry	第三产业 Tertiary Industry	年末总人口(万人) Total Population (year-end) (10000 persons)	年末总户数(户) Number of Total Households (household)
88970	852532	184833	111.5	104.5	113.0	108.5	33.5	117581
70950	352356	90863	115.2	114.4	116.9	111.2	21.0	73589
77541	488088	193284	113.3	112.5	113.4	113.4	27.7	83137
66240	113598	52522	111.5	106.8	115.8	108.8	19.8	65170
197924	340186	299175	111.2	102.6	113.9	113.4	52.5	151161
90434	108255	95742	113.7	106.0	121.1	113.1	35.4	94791
118186	98878	100930	112.5	109.2	116.7	112.4	35.7	105334
265142	860883	344286	110.1	104.5	112.6	107.1	74.7	228673
111947	207404	123750	112.6	111.7	113.8	111.3	39.7	124162
51148	90977	63287	112.6	104.2	117.1	113.5	17.2	58156
124125	111035	70796	112.0	106.1	118.0	113.9	31.1	94246
80804	134707	112786	114.9	118.5	117.2	110.4	32.9	87983
194599	139029	107531	116.0	106.8	136.2	114.5	59.3	175192
87014	548208	350932	107.8	116.4	106.0	108.5	40.7	114670
108139	181873	189486	112.4	104.3	115.1	115.0	37.5	101375
129940	361763	227143	112.4	102.3	115.9	113.2	47.6	127404
57262	1243881	554471	115.0	108.3	116.3	113.1	41.8	118418
125639	896574	813578	111.3	105.6	110.2	113.3	37.9	87184
268041	343914	310459	114.2	103.5	121.5	118.4	69.8	170100
220762	533287	284583	114.1	106.3	119.5	113.2	43.2	114270
309261	417691	314712	113.9	104.3	121.8	113.5	87.6	219942
90012	1678595	597681	113.0	104.0	110.6	122.5	40.6	146005
197697	1032210	792638	112.8	107.0	112.5	114.4	63.7	190903
189197	279174	180247	114.3	107.4	120.6	114.5	37.4	88684
709625	953939	571535	110.0	109.4	112.5	106.6	103.6	253762
144694	228142	169512	114.1	103.8	119.4	117.3	24.4	64183
145225	337778	175614	114.6	105.6	117.4	118.7	29.7	61478
112540	336191	187474	114.2	108.0	117.5	113.4	28.6	69488
218592	338102	171936	114.4	105.7	121.1	115.5	34.3	81898
215515	371381	513370	113.9	104.6	116.3	115.9	95.3	222606
242489	509926	227103	114.2	106.9	118.3	116.1	45.9	116533
168020	3582500	1532483	113.1	108.7	111.2	118.1	79.1	240594

各县(市)主要国民经济指标 (2011年)(2-1)

县 (市)	County (City)	#乡村户数 Rural Households	年末单位从业人员(人) Total Employed Persons (year-end) (person)	#第二产业 Secondary Industry	#第三产业 Tertiary Industry	乡村从业人员(人) Number of Rural Laborers (person)	#农林牧渔业 Farming, Forestry, Animal Husbandry & Fishery
石家庄市	**Shijiazhuang**						
井陉县	Jingxing	82312	28774	14989	13643	146633	62126
正定县	Zhengding	98835	25448	7568	17725	224297	69516
栾城县	Luancheng	72209	19333	9036	10037	163956	44109
行唐县	Xingtang	106661	12167	1079	10785	187638	87530
灵寿县	Lingshou	72445	14388	4207	10119	135836	82130
高邑县	Gaoyi	44213	9543	3065	6450	97067	47070
深泽县	Shenze	61161	7244	518	6726	127365	49664
赞皇县	Zanhuang	60920	14266	4245	9922	124993	49372
无极县	Wuji	115694	16685	4769	11824	248574	116374
平山县	Pingshan	115763	19409	4511	14675	235183	152675
元氏县	Yuanshi	97261	15846	4513	11278	239413	159238
赵　县	Zhaoxian	124115	15704	1090	14474	288365	102549
辛集市	Xinji	153313	25281	6858	18423	301476	97749
藁城市	Gaocheng	186499	34187	16199	17968	396468	82080
晋州市	Jinzhou	123980	16722	3270	13318	259123	94236
新乐市	Xinle	102161	16291	4113	11981	221169	53320
鹿泉市	Luquan	93529	27572	12438	15134	168249	70858
承德市	**Chengde**						
承德县	Chengde	110563	20057	6376	13313	210940	129369
兴隆县	Xinglong	81959	18393	5185	12721	152924	99952
平泉县	Pingquan	119162	24505	8727	15106	217219	111533
滦平县	Luanping	82955	13723	3005	10688	149971	69094
隆化县	Longhua	110855	18350	3053	14782	225082	142875
丰宁满族自治县	Fengning	107436	19417	4483	14073	181879	110912
宽城满族自治县	Kuancheng	61460	13782	4105	9677	108057	53895
围场满蒙自治县	Weichang	129453	21213	4277	16010	238956	180817
张家口市	**Zhangjiakou**						
宣化县	Xuanhua	94597	15947	3908	11841	148399	89488
张北县	Zhangbei	99616	14606	2358	12149	179792	107036
康保县	Kangbao	85724	12711	3719	8783	134513	93571
沽源县	Guyuan	73004	8474	849	7394	132191	103368
尚义县	Shangyi	55965	9104	2272	6763	92149	60951
蔚　县	Yuxian	152456	30844	12938	17627	194094	135281
阳原县	Yangyuan	82716	13588	1632	1731	120688	74866
怀安县	Huai'an	73734	14184	3812	10342	118826	70964
万全县	Wanquan	69272	13707	3958	9672	110806	72975

Major Indicators of National Economy by County or City (2011)(2-1)

城镇在岗职工人数（人）Staff and Workers in Urban Areas (person)	城镇在岗职工工资总额（万元）Total Wages Bill of and Workers (10000 yuan)	在岗职工平均工资（元）Average Wage of Staff and Workers (yuan)	全社会固定资产投资额（万元）Total Investment in Fixed Assets (10000 yuan)	地方财政一般预算收入（万元）Local Revenue (10000 yuan)	一般预算支出（万元）Local Expenditure (10000 yuan)	农村居民人均纯收入（元）Per Capita Annual Net Income of Rural Households (yuan)	农林牧渔业总产值（万元）Gross Output Value (10000 yuan)	农林牧渔业总产值指数（上年=100）Indices of Gross Output Value (preceding year=100)
28044	81260.9	28976	1368000	44620	99145	6961	162262	103.49
24457	77170.3	31553	1294000	61735	127517	9459	564592	101.70
19100	56235.5	29443	1034000	50425	95391	9226	507418	101.71
12003	31765.0	26464	852000	18367	102063	3995	386495	105.39
14202	38407.4	27044	564000	15805	96699	3455	238326	103.32
9380	21090.6	22485	352000	16065	60807	7204	156893	102.97
7010	16317.5	23277	377000	19645	68803	6671	225147	104.82
14438	30457.5	21095	716000	15132	77617	3405	209595	108.58
16121	39401.8	24441	677000	22307	100263	7876	417627	101.17
18793	65501.4	34854	1076000	82985	188811	4168	333215	105.03
15343	38876.8	25338	1057000	32759	104424	7656	371169	102.90
14679	38322.9	26107	792000	24264	124151	7910	502332	102.61
24848	66672.9	26832	1463000	70551	160420	8789	809687	100.31
33195	108301.0	32626	1786000	120317	224392	9999	1084171	102.46
16699	43229.2	25887	1279000	42933	123193	9675	442060	99.25
15151	40644.9	26827	1125000	31140	104538	9035	407850	101.28
26107	82649.8	31658	1727000	93480	156918	10063	339730	101.67
18823	56314.4	29918	865331	54992	150778	5028	353044	105.02
16585	50332.2	30348	836531	34494	120908	5680	236696	109.98
25857	77207.5	29859	967004	58942	179725	5677	446650	111.39
13082	39189.9	29957	863170	49001	148143	4095	304952	108.94
19635	55581.1	28307	660978	35632	155152	4131	377845	107.34
18720	59715.9	31900	852983	31580	163202	3470	291548	103.70
13035	47045.3	36092	945180	58408	151505	5986	203800	111.14
19324	58065.5	30048	351627	23340	164551	3532	473927	109.81
15779	44341.6	28102	416924	23410	82511	5550	331741	109.51
12913	46655.8	36131	1190005	42749	153232	4165	285363	106.30
10670	32958.3	30889	375438	10160	92459	3904	275621	111.47
7730	23040.8	29807	368455	13585	89388	3913	218663	111.49
8294	24115.9	29076	360424	8908	83043	3876	131357	103.20
24786	83241.6	33584	384960	33727	131733	4100	212329	108.83
12016	28967.7	24108	219010	14743	84618	3963	168069	109.42
18894	42143.5	22305	491534	21602	83005	4750	139679	111.67
12691	39105.3	30813	444407	21928	78519	4360	170216	108.10

各县(市)主要国民经济指标（2011年)(2–2)

县（市）	County (City)	#乡村户数 Rural Households	年末单位从业人员（人） Total Employed Persons (year-end) (person)	#第二产业 Secondary Industry	#第三产业 Tertiary Industry	乡村从业人员（人） Number of Rural Laborers (person)	#农林牧渔业 Farming, Forestry, Animal Husbandry & Fishery
怀来县	Huailai	95595	20646	7569	13060	164355	102596
涿鹿县	Zhuolu	99994	22296	8838	12743	161188	116815
赤城县	Chicheng	95568	12185	1811	9903	115881	80692
崇礼县	Chongli	36097	10641	2927	7586	60600	40375
秦皇岛市	**Qinhuangdao**						
青龙满族自治县	Qinglong	139247	14905	1008	13729	278675	159542
昌黎县	Changli	174385	22671	3989	18232	284752	178547
抚宁县	Funing	137036	35579	17152	18340	230328	156333
卢龙县	Lulong	122392	17401	3726	13498	223430	152268
唐山市	**Tangshan**						
滦　县	Luanxian	150744	48881	2619	46166	282910	130501
滦南县	Luannan	157808	30847	14423	16394	292727	183788
乐亭县	Leting	142069	25387	10706	14642	264829	116195
迁西县	Qianxi	100541	44773	28493	16263	184873	80842
玉田县	Yutian	162020	34076	16501	17575	329743	87575
唐海县	Tanghai	39083	43700	10446	7807	69526	34547
遵化市	Zuihua	191151	29808	5305	24220	324507	107386
迁安市	Qian'an	154471	68850	39491	29359	290356	65981
廊坊市	**Langfang**						
固安县	Gu'an	90495	19144	5859	13285	181116	142090
永清县	Yongqing	83567	18563	7706	10798	179107	115211
香河县	Xianghe	76951	23062	7857	15205	135381	55296
大城县	Dacheng	110910	19377	3744	15633	207870	110073
文安县	Wen'an	112643	18970	2187	15748	219553	77152
大厂回族自治县	Dachang	30440	14119	6428	7653	44465	16959
霸州市	Bazhou	121296	36137	14138	21991	256282	69733
三河市	Sanhe	88617	65796	36263	29533	167535	61271
保定市	**Baoding**						
满城县	Mancheng	87010	15374	3883	11491	183585	111944
清苑县	Qingyuan	150054	28985	12168	16817	340639	199019
涞水县	Laishui	88220	14882	5007	9875	179849	119123
阜平县	Fuping	55105	10102	1619	8355	86837	60384
徐水县	Xushui	144299	28903	10913	17563	293808	161122
定兴县	Dingxing	131874	30279	16261	14018	306342	171172
唐　县	Tangxian	132385	58168	46490	11448	262961	161816
高阳县	Gaoyang	74561	11693	1092	10601	171954	71798
容城县	Rongcheng	53359	9292	951	8341	128014	47038

Major Indicators of National Economy by County or City (2011)(2-2)

城镇在岗职工人数（人）Staff and Workers in Urban Areas (person)	城镇在岗职工工资总额（万元）Total Wages Bill of and Workers (10000 yuan)	在岗职工平均工资（元）Average Wage of Staff and Workers (yuan)	全社会固定资产投资额（万元）Total Investment in Fixed Assets (10000 yuan)	地方财政一般预算收入（万元）Local Revenue (10000 yuan)	一般预算支出（万元）Local Expenditure (10000 yuan)	农村居民人均纯收入（元）Per Capita Annual Net Income of Rural Households (yuan)	农林牧渔业总产值（万元）Gross Output Value (10000 yuan)	农林牧渔业总产值指数（上年=100）Indices of Gross Output Value (preceding year=100)
18187	62497.6	34364	554049	67496	145857	7876	259007	105.75
24868	63920.4	25704	576705	24018	127235	5633	374116	109.58
13484	41058.9	30450	449029	44016	114181	4021	232245	105.31
10088	29550.1	29292	354802	28511	72996	4481	101008	108.14
14194	43937.5	30955	627316	57431	185493	4418	374481	107.74
21544	62900.8	29196	736568	50284	158822	8430	930233	106.70
32429	105039.5	32391	692300	64437	150279	7887	686841	100.48
17115	50239.7	29354	395456	25537	125952	7206	450452	102.98
42024	146994.2	34979	1486536	92413	191883	9048	539304	104.63
30766	100735.3	32742	1132365	78909	201916	7891	1092332	106.59
21458	75945.4	35393	1205106	71678	196870	9492	975495	104.07
25872	91601.8	35406	1108957	81707	193187	9360	294693	109.00
34251	109678.1	32022	1352340	66181	176476	8920	922938	104.24
38699	62893.1	16252	1061825	60000	131033	10281	302217	106.20
28245	105599.0	37387	1450094	125375	262135	8890	597552	104.81
60886	274035.7	45008	2915415	308239	452832	12698	500158	105.44
18780	53553.2	28516	758162	87039	149308	8055	501116	101.67
18413	54491.3	29594	739892	39321	114709	7823	566712	106.62
23219	76830.2	33089	810574	115969	178425	10337	283497	96.24
19376	55212.3	28495	714122	30154	114710	7773	282080	103.10
18708	52382.3	28000	1104564	46163	129051	9052	251647	105.12
13105	50368.0	38434	607918	41825	89066	9590	168010	104.85
34905	128361.3	36774	1415181	131832	224255	9638	271031	101.95
54304	223467.6	41151	2562850	358032	430369	10613	529347	101.96
15509	46552.5	30016	330846	21549	84595	7457	267069	102.88
28723	84831.0	29534	612655	22842	101754	7941	414163	106.31
14328	38263.9	26706	486604	19925	95924	4224	159819	106.79
9394	24604.6	26192	263663	12700	73366	2704	106618	108.05
26469	82934.4	31333	681826	45971	122929	7817	399799	105.83
28223	81135.1	28748	566188	23357	115372	7257	425603	106.00
22873	65821.6	28777	340441	13724	106523	3066	253672	106.61
10613	31362.3	29551	422982	32613	85476	8175	147709	106.94
9248	27784.9	30044	303098	21600	68273	8508	169440	105.03

各县(市)主要国民经济指标 (2011年)(2—3)

县　(市)	County (City)	#乡村户数 Rural Households	年末单位从业人员(人) Total Employed Persons (year-end) (person)	#第二产业 Secondary Industry	#第三产业 Tertiary Industry	乡　村 从业人员(人) Number of Rural Laborers (person)	#农　林 牧渔业 Farming, Forestry, Animal Husbandry & Fishery
涞源县	Laiyuan	71429	13063	1625	11438	124471	85971
望都县	Wangdu	59036	12394	4814	7525	127671	88046
安新县	Anxin	114839	12181	1241	10930	244119	135160
易　县	Yixian	140817	25381	9016	16176	260650	160833
曲阳县	Quyang	133001	20919	7851	12852	265169	163449
蠡　县	Lixian	108915	15846	1515	14024	266330	147983
顺平县	Shunping	75840	12123	3349	8774	156799	109748
博野县	Boye	50725	7825	1394	6418	147184	61707
雄　县	Xiongxian	83292	10511	1372	9129	193024	93663
涿州市	Zhuozhou	111683	86504	46577	25021	247691	148658
定州市	Dingzhou	267668	48979	20836	28143	635862	222951
安国市	Anguo	88608	13681	2106	11439	208167	101048
高碑店市	Gaobeidian	97641	39265	24585	14642	234848	134932
沧州市	**Cangzhou**						
沧　县	Cangxian	175013	26108	10811	15280	367000	83076
青　县	Qingxian	95716	19585	5840	12169	200735	59160
东光县	Dongguang	95057	18217	7471	10746	162600	66916
海兴县	Haixing	54380	12061	3700	8267	104296	64479
盐山县	Yanshan	104840	19423	6472	12951	212526	100909
肃宁县	Suning	82541	14300	2824	11462	194994	63720
南皮县	Nanpi	87732	14713	4336	10377	176680	103638
吴桥县	Wuqiao	70008	13931	3392	10431	149579	66025
献　县	Xianxian	137746	15672	1945	13727	274101	106555
孟村回族自治县	Mengcun	43896	9222	855	8367	89489	40183
泊头市	Botou	144994	27362	5226	22136	262951	70248
任丘市	Renqiu	158195	91185	45229	45398	289323	61735
黄骅市	Huanghua	98513	32888	11091	21797	180762	37727
河间市	Hejian	187348	26886	6535	20158	409037	94459
衡水市	**Hengshui**						
枣强县	Zaoqiang	106302	15388	4307	10985	169313	90552
武邑县	Wuyi	74765	17527	8357	9170	149247	74094
武强县	Wuqiang	52474	13726	6282	7444	100835	58805
饶阳县	Raoyang	71324	12932	3793	8860	152799	55316
安平县	Anping	81975	16800	5542	10708	147026	46131
故城县	Gucheng	112006	24960	11597	13324	208420	108780
景　县	Jingxian	118973	18606	4750	13777	224505	101138
阜城县	Fucheng	101024	12174	1838	10137	176823	76129
冀州市	Jizhou	91424	20824	9630	11159	149245	72120
深州市	Shenzhou	155822	27420	12723	14558	284099	111579

Major Indicators of National Economy by County or City (2011)(2-3)

城镇在岗职工人数(人) Staff and Workers in Urban Areas (person)	城镇在岗职工工资总额(万元) Total Wages Bill of and Workers (10000 yuan)	在岗职工平均工资(元) Average Wage of Staff and Workers (yuan)	全社会固定资产投资额(万元) Total Investment in Fixed Assets (10000 yuan)	地方财政一般预算收入(万元) Local Revenue (10000 yuan)	一般预算支出(万元) Local Expenditure (10000 yuan)	农村居民人均纯收入(元) Per Capita Annual Net Income of Rural Households (yuan)	农林牧渔业总产值(万元) Gross Output Value (10000 yuan)	农林牧渔业总产值指数(上年=100) Indices of Gross Output Value (preceding year=100)
11880	34833.7	29321	349491	51264	109463	2566	64339	109.72
12354	38513.3	31175	285677	15291	67507	5779	212551	105.72
11938	32299.2	27056	425138	17866	88749	7465	164094	106.76
19147	51886.4	27099	601457	21633	131440	4037	358773	105.63
14687	32449.6	22094	133591	18111	98988	2876	191322	105.52
13825	36702.4	26548	259295	19387	103297	7344	234988	107.36
11998	29917.5	24935	425994	12636	75376	2698	201728	106.00
7291	19699.7	27019	227696	10511	59755	5793	182432	105.01
10167	30867.1	30360	419885	25100	80559	7748	157524	105.64
74020	320794.7	43339	1265237	128528	210534	9337	317726	105.00
46446	135050.0	29077	1274082	97737	261774	7432	1032166	108.22
13394	35466.0	26479	759715	25137	89553	8027	293963	103.63
39266	127546.5	32483	533631	44291	122291	7401	267276	105.77
24363	79382.7	32583	1163684	46157	154828	7633	438458	106.41
16845	67852.5	40280	916861	40431	119939	8007	530701	105.25
16562	47109.9	28445	641286	36071	111503	5958	408544	111.40
11942	32028.8	26820	224741	14450	72864	3586	126566	102.81
19350	57222.9	29573	870348	34902	122092	4810	260881	105.49
13620	46307.4	34000	906337	62763	112177	6585	365313	107.09
13420	41168.0	30677	635931	29881	102043	4716	283165	108.94
13884	35428.7	25518	500615	19991	78869	6491	423421	112.17
15163	47369.5	31240	943647	29152	127119	5343	523159	104.89
8603	28345.0	32948	518600	19650	73433	5429	118970	112.19
25732	71111.5	27635	987882	48489	138675	6639	366821	102.98
83799	423670.9	50558	1082248	173675	247147	8545	327828	103.20
29676	105484.8	35545	1240888	71890	178163	8850	460639	115.65
25033	66575.1	26595	978741	56481	171957	7652	393529	104.83
14764	40733.1	27589	420039	19492	96478	5149	304586	105.81
17108	43457.2	25402	280112	19396	96862	3788	337991	106.15
13547	36824.3	27183	125428	10382	61208	3580	176454	106.34
11446	29467.5	25745	257776	9255	70320	3327	272834	105.94
15805	42695.9	27014	327975	21147	93957	7482	237166	105.63
19675	53126.7	27002	635311	20219	110552	5126	422982	104.73
17800	48025.7	26981	906285	24634	111525	6852	405638	104.50
12113	30539.1	25212	192375	10245	80701	3285	253755	106.14
20875	56798.2	27209	541505	26967	117365	6632	241230	101.88
26525	67665.3	25510	746794	21951	110479	6888	586738	106.57

各县(市)主要国民经济指标 (2011年)(2-4)

县 (市)	County (City)	#乡村户数 Rural Households	年末单位从业人员(人) Total Employed Persons (year-end) (person)	#第二产业 Secondary Industry	#第三产业 Tertiary Industry	乡村从业人员(人) Number of Rural Laborers (person)	#农林牧渔业 Farming, Forestry, Animal Husbandry & Fishery
邢台市	**Xingtai**						
邢台县	Xingtai	94584	14266	3483	10501	164080	53329
临城县	Lincheng	46763	7676	1271	6405	86805	62831
内丘县	Neiqiu	61908	10972	3592	7379	118222	66287
柏乡县	Baixiang	44072	7148	2065	5083	86321	45682
隆尧县	Longyao	114792	14361	1518	12228	224020	86040
任 县	Renxian	73182	9530	1317	8213	151868	58553
南和县	Nanhe	81020	8040	1273	6719	162588	78642
宁晋县	Ningjin	166410	29807	15201	14592	337834	169890
巨鹿县	Julu	104958	9972	865	9107	195194	118351
新河县	Xinhe	44435	5692	1254	4438	71407	41941
广宗县	Guangzong	72981	7097	802	6295	141297	68013
平乡县	Pingxiang	65638	10413	2543	7870	137151	47202
威 县	Weixian	141080	12752	2344	10269	278666	162963
清河县	Qinghe	82187	13277	1059	12218	152193	35076
临西县	Linxi	74668	10673	3008	5298	143607	67862
南宫市	Nangong	107752	13497	2217	11236	202372	110051
沙河市	Shahe	87258	24581	7807	16617	156557	68392
邯郸市	**Handan**						
邯郸县	Handan	77513	15296	2967	12266	156640	72763
临漳县	Linzhang	143135	15723	2505	13218	376985	261270
成安县	Cheng'an	85381	11455	797	10534	195472	70143
大名县	Daming	157778	19972	2519	17318	355363	280254
涉 县	Shexian	114817	28452	10396	17976	192669	63530
磁 县	Cixian	139737	28357	8215	19926	284197	78123
肥乡县	Feixiang	77450	11580	1988	9557	177315	71142
永年县	Yongnian	199277	30067	5430	24346	431562	145334
邱 县	Qiuxian	50565	9049	505	8274	106350	60284
鸡泽县	Jize	56570	8223	628	7535	122192	31167
广平县	Guangping	54588	11792	3877	7915	135146	70305
馆陶县	Guantao	68371	14427	3944	10471	148111	80048
魏 县	Weixian	187669	17750	1223	16509	360266	264763
曲周县	Quzhou	93074	28887	17449	11438	212361	78997
武安市	Wu'an	226900	46901	13505	33014	353003	130695

Major Indicators of National Economy by County or City (2011)(2-4)

城镇在岗职工人数（人）Staff and Workers in Urban Areas (person)	城镇在岗职工工资总额（万元）Total Wages Bill of and Workers (10000 yuan)	在岗职工平均工资（元）Average Wage of Staff and Workers (yuan)	全社会固定资产投资额（万元）Total Investment in Fixed Assets (10000 yuan)	地方财政一般预算收入（万元）Local Revenue (10000 yuan)	一般预算支出（万元）Local Expenditure (10000 yuan)	农村居民人均纯收入（元）Per Capita Annual Net Income of Rural Households (yuan)	农林牧渔业总产值（万元）Gross Output Value (10000 yuan)	农林牧渔业总产值指数（上年=100）Indices of Gross Output Value (preceding year=100)
13396	40464.1	30206	537704	32966	116197	7534	172492	103.90
7260	21691.5	29878	334344	15909	74394	3990	140886	112.90
10291	28314.8	27514	599702	23920	71660	5655	150002	114.82
7066	19597.3	27735	178782	5922	54392	6141	153491	104.26
13109	37068.2	28277	492517	24826	98216	6835	375143	102.19
8607	24681.5	28676	300446	12116	77558	5891	164120	105.69
7375	23729.8	32176	332831	14205	73713	6280	227171	109.34
27751	83640.6	30140	1234395	52991	151852	7220	489528	104.10
8863	25739.9	29042	466081	13912	100243	3739	216766	107.33
5191	14152.4	27263	185575	5471	50758	4086	119767	104.21
6560	16819.1	25639	310447	4774	61989	3691	227480	101.92
9156	27441.7	29971	357783	14320	82192	4396	147168	120.93
11343	27018.1	23819	369193	14020	99003	4290	421030	107.77
12843	39677.0	30894	740420	26644	100026	7466	184183	114.25
9145	24960.9	27295	386507	13739	74598	6283	212675	104.35
13835	41585.9	30058	620717	16386	111351	6008	272418	102.62
23909	75302.2	31495	1186244	61243	145486	7590	124035	100.50
14318	41744.4	29155	1274247	50451	113480	8288	218339	105.06
14218	35110.8	24695	725860	15317	118738	7864	498047	103.71
10154	28448.4	28017	759811	18661	98288	7335	424194	106.55
17695	47223.0	26687	878056	14268	166108	5428	592281	104.15
23467	75231.7	32059	1490194	124699	197058	6064	179423	103.87
26716	109520.0	40994	1320410	113524	206410	8380	355422	106.60
9553	23615.9	24721	490125	17041	92631	7686	422154	106.86
28515	80471.1	28221	1388333	84889	215166	8430	1252337	107.98
8192	23172.5	28287	324380	10290	60822	7038	284767	102.30
7863	22726.6	28903	580933	10781	73287	7155	256676	105.01
10542	29535.2	28017	569752	11459	78562	6616	190745	106.56
13514	33350.3	24678	623820	16697	88739	5747	518494	107.35
16822	42757.2	25417	900669	30083	169728	5910	419872	103.01
13688	36828.5	26906	698822	14263	99086	7428	445332	107.47
40559	166573.1	41069	1854857	282227	433088	8510	318099	106.44

各县(市)主要国民经济指标 (2011年)(3−1)

县(市)	County (City)	农业机械总动力(万千瓦) Total Power of Agricultural Machinery (10000 kw)	化肥使用量(折纯量)(吨) Consumption of Chemical Fertilizer (ton)	农村用电量(万千瓦时) Electricity Consumed in Rural Areas (10000 kwh)	有效灌溉面积(公顷) Irrigated Area (hectare)	总播种面积(公顷) Total Sown Area (hectare)	#粮食作物播种面积 Sown Area of Grain Crops
石家庄市	**Shijiazhuang**						
井陉县	Jingxing	46.0	11272	17903	12000	32226	25579
正定县	Zhengding	144.3	45067	17035	29890	55737	42300
栾城县	Luancheng	60.5	16438	14440	24880	48895	34474
行唐县	Xingtang	136.0	24250	21977	28270	59250	46311
灵寿县	Lingshou	54.5	10038	26508	18490	36869	30670
高邑县	Gaoyi	39.6	11690	12183	16110	31018	22911
深泽县	Shenze	63.3	15512	24960	18880	35014	27372
赞皇县	Zanhuang	46.2	12674	38335	10330	35176	25877
无极县	Wuji	96.8	28740	38572	35190	64461	49262
平山县	Pingshan	94.7	14434	15148	17400	46371	36611
元氏县	Yuanshi	62.8	32450	19002	26540	63185	53333
赵　县	Zhaoxian	258.3	58121	45737	48220	85834	71452
辛集市	Xinji	197.4	63473	34096	55857	102718	76814
藁城市	Gaocheng	224.8	58879	91740	54440	109568	71446
晋州市	Jinzhou	137.1	32733	215006	40740	63720	54185
新乐市	Xinle	235.1	23175	23538	27500	64937	44563
鹿泉市	Luquan	63.1	15656	48730	23760	47652	34965
承德市	**Chengde**						
承德县	Chengde	28.7	15827	13354	15940	35605	28924
兴隆县	Xinglong	26.0	8201	10556	6430	10877	9614
平泉县	Pingquan	42.6	18724	14100	21130	50505	43751
滦平县	Luanping	36.6	9545	32771	14640	26290	19557
隆化县	Longhua	48.1	15531	6167	28970	56371	42430
丰宁满族自治县	Fengning	46.1	11397	8248	26440	72127	54592
宽城满族自治县	Kuancheng	18.4	5739	54216	3740	18810	14267
围场满蒙自治县	Weichang	60.6	18994	9999	26223	86242	67520
张家口市	**Zhangjiakou**						
宣化县	Xuanhua	18.0	8731	5565	27340	44437	36943
张北县	Zhangbei	35.3	6939	6309	26100	100694	49866
康保县	Kangbao	30.1	3879	2629	15810	95395	63930
沽源县	Guyuan	48.1	5419	3766	22630	81958	45073
尚义县	Shangyi	8.6	5057	2804	13230	41046	25669
蔚　县	Yuxian	31.4	10511	9186	28290	72970	61800
阳原县	Yangyuan	11.3	8213	4713	21910	49664	41857
怀安县	Huai'an	10.8	10478	10248	18430	33435	27012
万全县	Wanquan	11.4	4440	12007	19510	24024	19958

Major Indicators of National Economy by County or City (2011)(3-1)

粮食产量 (吨) Output of Grain (ton)	棉花产量 (吨) Output of Cotton (ton)	油料产量 (吨) Output of Oil-bearing (ton)	猪肉产量 (吨) Output of Pork (ton)	牛肉产量 (吨) Output of Beef (ton)	羊肉产量 (吨) Output of Mutton (ton)	奶类产量 (吨) Output of Milk (ton)	水产品产量 (吨) Total Aquatic Products (ton)
114734	121	5975	10393	6768	1928	10280	553
332078	252	19685	43077	12274	666	109162	1580
276118	37	1432	25575	7301	721	124501	6
308788	452	20301	20287	10623	835	273196	1997
154058	170	5169	20992	3289	809	43392	8050
156826	108	4663	7561	336	331	7561	
193342	606	6603	16112	1440	1406	40396	104
126093	96	15605	9660	11918	693		1100
362863	250	16350	25986	10075	2127	95100	60
215351	640	8937	15440	2080	1022	13393	13680
340214	700	7622	22073	8873	2262	79250	1032
566976	109	3876	32388	2521	1029	40050	3
542272	8006	35719	51911	2166	2118	69352	42
571041	424	11530	44460	9261	2246	95224	54
375179	54	9699	31844	3310	1786	21789	
337997	177	36893	34598	3273	278	91015	21
208797	232	3904	20177	2101	541	66581	6223
155154		343	23737	6360	1406	60	1123
40465		438	13312	1358	1473	1749	5800
273823		510	11430	5776	1946	2150	1120
91967		183	36960	2528	1443	9161	1200
308048		6122	25551	27600	4319	4225	602
148235		3312	17364	19968	2298	80821	4800
78800		506	16560	928	1362	6783	18006
260420		1439	19608	20285	2780	23787	1628
204122		2230	33506	6125	6656	99993	480
89990		9435	8263	7926	2371	199588	240
121813		5014	13563	5848	6972	101725	80
106115		5841	2956	3832	2125	109829	2658
55857		5517	5738	3755	2032	5205	149
119868		3189	19316	4817	5257	23200	660
80259		5688	10909	1924	2933	9983	550
123873		3609	17471	631	1419	32448	312
128718		1538	13782	2108	1202	60020	4

各县(市)主要国民经济指标（2011年)(3-2)

县（市）	County (City)	农业机械总动力（万千瓦）Total Power of Agricultural Machinery (10000 kw)	化肥使用量（折纯量）（吨）Consumption of Chemical Fertilizer (ton)	农村用电量（万千瓦时）Electricity Consumed in Rural Areas (10000 kwh)	有效灌溉面积（公顷）Irrigated Area (hectare)	总播种面积（公顷）Total Sown Area (hectare)	#粮食作物播种面积 Sown Area Area of Grain Crops
怀来县	Huailai	25.1	12347	11871	20050	30850	25349
涿鹿县	Zhuolu	21.6	15583	11899	16520	30917	26816
赤城县	Chicheng	23.3	3536	3033	9950	38522	29082
崇礼县	Chongli	8.6	3069	2244	5760	17080	8352
秦皇岛市	**Qinhuangdao**						
青龙满族自治县	Qinglong	27.8	19481	9663	18640	33684	28318
昌黎县	Changli	89.3	56832	169041	50400	79435	55683
抚宁县	Funing	69.7	23623	28404	27900	51804	23623
卢龙县	Lulong	96.0	38867	13532	29530	42793	33508
唐山市	**Tangshan**						
滦　县	Luanxian	88.4	44492	24432	47200	71152	45472
滦南县	Luannan	126.5	42032	25012	71500	123442	67007
乐亭县	Leting	109.4	75842	11826	62820	91040	50874
迁西县	Qianxi	36.9	16982	24059	12300	18034	13607
玉田县	Yutian	116.1	48971	128678	63750	125105	86730
唐海县	Tanghai	39.5	9642	31234	24390	23438	20335
遵化市	Zuihua	136.5	31845	221998	38950	64507	43678
迁安市	Qian'an	202.3	15461	266131	39980	60571	36629
廊坊市	**Langfang**						
固安县	Gu'an	107.0	24932	14214	39630	79416	44075
永清县	Yongqing	108.1	19998	15571	32930	61928	28044
香河县	Xianghe	45.8	20768	16609	23440	39601	27001
大城县	Dacheng	74.6	11439	36279	31400	62814	51066
文安县	Wen'an	76.4	14324	115476	35430	62928	43036
大厂回族自治县	Dachang	27.7	5101	5720	9450	16855	14049
霸州市	Bazhou	109.9	26573	443721	40250	57204	37444
三河市	Sanhe	85.8	29918	45356	29580	52864	38179
保定市	**Baoding**						
满城县	Mancheng	49.1	12734	21417	21050	38652	28415
清苑县	Qingyuan	80.1	42952	24212	58250	97445	67755
涞水县	Laishui	27.2	8202	11217	11390	32620	26403
阜平县	Fuping	26.0	5164	3602	5240	14074	12616
徐水县	Xushui	86.9	30393	27401	40400	72746	60006
定兴县	Dingxing	57.0	35040	17957	46450	85002	69959
唐　县	Tangxian	51.1	22787	11555	18150	44353	36433
高阳县	Gaoyang	22.3	11966	24557	26920	39941	26330
容城县	Rongcheng	48.5	9481	9163	20670	35373	30719

Major Indicators of National Economy by County or City (2011)(3-2)

粮食产量 (吨) Output of Grain (ton)	棉花产量 (吨) Output of Cotton (ton)	油料产量 (吨) Output of Oil-bearing (ton)	猪肉产量 (吨) Output of Pork (ton)	牛肉产量 (吨) Output of Beef (ton)	羊肉产量 (吨) Output of Mutton (ton)	奶类产量 (吨) Output of Milk (ton)	水产品产量 (吨) Total Aquatic Products (ton)
101775		1441	10282	1293	1421	85958	4964
174223		1665	28017	1462	4796	102846	360
105050		2259	12277	7249	4066	10203	718
25520		488	2722	1200	373	32307	15
131648		2031	41238	5625	6534	1457	1620
330580	286	35991	29860	10784	6419	39955	139177
160843	784	15434	83577	5772	2472	21243	58150
231233	1808	14286	35909	6816	9412	26728	1853
308021	277	54221	28175	15900	1380	398647	3467
448601	1008	58766	88080	8214	650	505721	109759
318960	1323	13144	20169	2722	1997	65514	146249
86900	266	5885	12471	2000	3500	18428	38800
526129	2471	3835	77843	15312	1200	21000	5200
196582	1107	712	17719	46	46	2570	66371
265058	83	45795	53350	13851	2317	20175	3485
216847	124	36111	53533	13000	1400	118825	590
273469	502	8690	26975	8621	4271	20454	298
174373	4592	9596	44354	9568	8043	56586	504
174448	103	159	9525	1776	900	6945	2635
296331	6000	1440	12448	7151	3902	17627	970
264817	18711	970	7163	2695	4058	1240	9047
93993	54	60	8005	20754	1018		2436
239026	10189	6087	14940	1056	2598	5780	6730
253103	166	419	39176	23936	5527	84510	10580
179139	481	2705	18247	551	748	32645	750
474485	2234	19962	16268	720	728	75245	95
146597	57	10205	15789	1817	2756	7534	520
70154		1182	5501	518	605	7260	6300
409559	427	5411	43827	4618	672	117005	310
514074	514	17320	45717	2736	3080	18075	620
209183	943	4049	22163	1296	5526	14763	1648
171038	9386	4080	5031	108	395	13271	360
220116	210	5446	25360	864	486	15550	1453

各县(市)主要国民经济指标（2011年)(3−3)

县（市）	County (City)	农业机械总动力（万千瓦）Total Power of Agricultural Machinery (10000 kw)	化肥使用量（折纯量）（吨）Consumption of Chemical Fertilizer (ton)	农村用电量（万千瓦时）Electricity Consumed in Rural Areas (10000 kwh)	有效灌溉面积（公顷）Irrigated Area (hectare)	总播种面积（公顷）Total Sown Area (hectare)	#粮食作物播种面积 Sown Area Area of Grain Crops
涞源县	Laiyuan	18.8	4081	2858	6080	21661	19509
望都县	Wangdu	38.3	18857	7649	22920	41632	34369
安新县	Anxin	49.4	10692	9407	24890	48572	40822
易　县	Yixian	27.1	19662	12892	24000	53357	43548
曲阳县	Quyang	51.6	12253	4653	18970	39402	33926
蠡　县	Lixian	59.1	20823	9871	43390	60913	41278
顺平县	Shunping	40.2	16325	20186	18460	31457	23754
博野县	Boye	35.9	18685	13645	21600	39162	27393
雄　县	Xiongxian	30.3	11883	64786	19100	43913	38081
涿州市	Zhuozhou	50.2	26145	47431	46200	73360	54639
定州市	Dingzhou	207.5	70061	23740	82600	161238	100546
安国市	Anguo	66.0	22331	6859	32910	57093	38801
高碑店市	Gaobeidian	39.2	15995	15039	37045	66677	51471
沧州市	**Cangzhou**						
沧　县	Cangxian	141.8	39846	82034	53260	123078	113886
青　县	Qingxian	90.7	22330	60958	32890	91392	59087
东光县	Dongguang	52.7	23506	30522	46390	64263	40601
海兴县	Haixing	35.8	9265	10589	11970	44487	35881
盐山县	Yanshan	53.6	11158	11315	30500	71153	63771
肃宁县	Suning	62.7	24830	37931	36370	54835	42059
南皮县	Nanpi	87.1	15571	17861	32780	70191	49671
吴桥县	Wuqiao	56.8	21601	10528	36720	67483	46860
献　县	Xianxian	80.9	27177	55263	53230	109536	76380
孟村回族自治县	Mengcun	30.2	7707	59622	13790	35178	33489
泊头市	Botou	130.1	36071	59043	44860	77704	72838
任丘市	Renqiu	100.9	31694	83955	49680	97397	75266
黄骅市	Huanghua	107.2	16688	69549	20940	95218	79408
河间市	Hejian	135.0	27427	87901	60480	125838	89882
衡水市	**Hengshui**						
枣强县	Zaoqiang	36.1	19165	21066	54210	80813	54699
武邑县	Wuyi	48.0	17478	16375	44100	77027	50599
武强县	Wuqiang	51.6	7695	14571	22990	49425	40656
饶阳县	Raoyang	75.8	19513	16319	35360	66590	36938
安平县	Anping	45.6	14399	27186	31590	49946	42342
故城县	Gucheng	142.3	38095	19261	41060	91751	53016
景　县	Jingxian	104.6	35306	15269	71960	121069	91067
阜城县	Fucheng	66.2	19421	18819	35880	71200	54800
冀州市	Jizhou	70.6	27294	28347	49000	72676	37100
深州市	Shenzhou	214.1	62509	45032	63520	120435	95694

Major Indicators of National Economy by County or City (2011)(3-3)

粮食产量 (吨) Output of Grain (ton)	棉花产量 (吨) Output of Cotton (ton)	油料产量 (吨) Output of Oil-bearing (ton)	猪肉产量 (吨) Output of Pork (ton)	牛肉产量 (吨) Output of Beef (ton)	羊肉产量 (吨) Output of Mutton (ton)	奶类产量 (吨) Output of Milk (ton)	水产品产量 (吨) Total Aquatic Products (ton)
75801		360	4285	572	1130		518
266551	350	6895	12582	800	839	49285	73
247570	7365	673	4595	329	331	7202	30803
239839	589	13499	39456	11902	5357	5688	5700
202803	370	7266	16800	2944	1871	49718	2750
256254	4336	15634	5085	292	424	11893	
132230	106	4442	9735	1136	602	8254	80
199784	1971	11441	10552	315	775	3396	23
256505	505	4922	8398	160	945	1540	580
345813	1	13520	24696	998	2392	27709	1100
739500	1082	71119	73672	10430	3741	202941	126
283024	710	19863	19646	851	839	12751	
361795	630	31652	23152	2488	1779	17544	201
578779	4922	1770	17346	10755	3666	11300	260
329318	3665	1583	8481	4327	2365	45118	454
278650	25723	2045	7630	5952	1792	975	775
130384	3614	2030	4467	1600	644	1974	6554
294471	3674	1564	24760	13728	2751		353
263457	1662	8558	7877	513	852	4366	1
299720	16030	2479	6683	6048	1234		546
349192	17931	1134	12453	8620	2157	325	114
402918	17730	26400	27250	7420	4601	13000	4550
169959	738	1874	2948	4212	1600		62
423196	3061	432	14805	2720	2187	600	675
449148	10131	5573	9361	1317	1459	6719	15000
351108	6118	4107	26088	4652	3172	6144	78630
524686	17464	37707	11417	2867	2103	89	593
350881	28609	7404	12702	3952	1686	3205	65
306470	13779	9768	14063	9996	2814	8456	177
252767	4414	3848	7564	1708	832	16680	122
230948	3339	13725	19359	580	762	13993	
257151	2186	7668	64814	251	450	3675	197
331132	30906	9095	21042	5281	4259	12224	2080
602579	24731	11647	21657	6933	1316	4300	105
317929	8873	1200	9877	1204	1485	2000	102
221017	25684	8440	7418	2168	989	2290	1809
642703	13110	30410	39815	5541	2834	3950	240

各县(市)主要国民经济指标（2011年）(3–4)

县（市）	County (City)	农业机械总动力（万千瓦）Total Power of Agricultural Machinery (10000 kw)	化肥使用量（折纯量）（吨）Consumption of Chemical Fertilizer (ton)	农村用电量（万千瓦时）Electricity Consumed in Rural Areas (10000 kwh)	有效灌溉面积（公顷）Irrigated Area (hectare)	总播种面积（公顷）Total Sown Area (hectare)	#粮食作物播种面积 Sown Area Area of Grain Crops
邢台市	**Xingtai**						
邢台县	Xingtai	30.8	13362	18240	19330	40099	30939
临城县	Lincheng	23.8	8575	5206	9800	30830	25072
内丘县	Neiqiu	24.9	8295	7561	16950	46592	34162
柏乡县	Baixiang	29.9	14061	6162	18830	33093	28719
隆尧县	Longyao	89.9	41842	43831	48020	96040	78734
任　县	Renxian	53.6	16145	28745	30190	55741	48463
南和县	Nanhe	53.5	16382	12409	28620	53632	44915
宁晋县	Ningjin	105.1	44344	30921	66910	124057	107442
巨鹿县	Julu	61.3	14358	13675	31220	61759	30723
新河县	Xinhe	31.2	6521	7264	20500	36419	28491
广宗县	Guangzong	28.6	13337	7181	22230	39488	10934
平乡县	Pingxiang	34.3	17846	19304	20920	47241	34143
威　县	Weixian	75.3	37012	10137	67500	89322	29526
清河县	Qinghe	52.6	20605	24624	33750	48650	33680
临西县	Linxi	56.3	27078	11422	33710	59290	47485
南宫市	Nangong	85.6	25135	14210	44590	85780	39915
沙河市	Shahe	55.2	10701	14596	19790	33618	29483
邯郸市	**Handan**						
邯郸县	Handan	65.2	21705	23217	19050	41530	36540
临漳县	Linzhang	107.5	48102	11340	48900	93108	78229
成安县	Cheng'an	74.9	43793	17623	35250	63300	38228
大名县	Daming	94.5	44320	17824	66070	131403	99347
涉　县	Shexian	53.7	7735	8024	5670	25709	24000
磁　县	Cixian	180.8	26548	69134	32850	73138	61194
肥乡县	Feixiang	69.8	39765	10937	38470	72178	46010
永年县	Yongnian	155.5	54554	73500	56720	128420	70638
邱　县	Qiuxian	42.4	23019	3128	27580	44065	12819
鸡泽县	Jize	33.6	19203	17503	23390	46501	28767
广平县	Guangping	37.2	16129	7902	23090	39763	30845
馆陶县	Guantao	73.3	23671	12615	28620	56860	38936
魏　县	Weixian	117.8	28344	12155	53670	95911	85187
曲周县	Quzhou	89.8	47119	21791	41420	76739	54626
武安市	Wu'an	201.3	18731	217038	36090	66155	57831

Major Indicators of National Economy by County or City (2011)(3-4)

粮食产量 (吨) Output of Grain (ton)	棉花产量 (吨) Output of Cotton (ton)	油料产量 (吨) Output of Oil-bearing (ton)	猪肉产量 (吨) Output of Pork (ton)	牛肉产量 (吨) Output of Beef (ton)	羊肉产量 (吨) Output of Mutton (ton)	奶类产量 (吨) Output of Milk (ton)	水产品产量 (吨) Total Aquatic Products (ton)
152396	1243	12795	9356	2272	1021		828
112480	658	6371	8058	2970	855		1150
175449	900	13948	20129	1300	204		16
206335	440	4693	9667	234	115	2530	
567025	6353	13644	19517	1840	1117	11980	
363540	2784	1706	5973	170	536	310	50
289571	2185	2236	12336	740	206	11000	
750124	6041	6794	29109	3106	712	146433	40
170838	16384	12199	6870	2211	553	6658	55
158693	6872	3022	2067	2229	338	8200	472
61867	29498	7086	7747	2339	1153		41
221308	7315	8106	5173	1626	668	4200	225
169033	68806	4999	12995	3040	2543		250
252634	17124	424	2497	336	443	1285	468
309888	12249	1514	5850	3604	1837	1800	150
208414	42424	14373	14001	3312	1919		326
136319	266	4635	5644	952	773	1501	292
243866	2986	1746	19050	1408	2026	33600	420
587962	3394	5737	22770	5632	6854	7673	13
277891	24830	4220	18000	2800	3988	22920	11
695282	2912	81044	47078	7472	6187	4370	450
95646	42	657	11456	2733	1508		2400
352912	4241	5001	23643	2496	1964	19944	32100
336167	18343	3298	20816	3280	4058	16620	33
529585	3198	8238	32862	5424	4947	65263	10149
85832	35766	2475	7486	1401	3825	1268	110
195680	9055	1195	14123	1936	2173	6525	75
213061	6521	4392	9989	656	1596	1579	50
279966	8521	16148	23133	2574	1956	6187	22
590403	2936	5112	31204	1436	4673	621	100
408077	17255	3458	19012	4816	3437	15199	3600
294483	3294	3457	61963	2528	477	3987	1355

各县(市)主要国民经济指标 (2011年)(4-1)

县 (市)	County (City)	规模以上工业总产值 (万元) Gross Industrial Output Value (10000 yuan)	#内资企业 Domestic Funded	#港澳台商投资企业 Enterprises with Funds from Hong Kong, Macao and Taiwan	#外商投资企业 Foreign Funded Enterprises	流动资产合计 (万元) Total Circulating Funds (10000 yuan)	固定资产净值 (万元) Net Value of Fixed Assets (10000 yuan)
石家庄市	**Shijiazhuang**						
井陉县	Jingxing	1782604	1757636	20215	4753	428808	737886
正定县	Zhengding	4228296	4191755	12337	24204	356959	984040
栾城县	Luancheng	2435237	2118680	44194	272363	689516	489337
行唐县	Xingtang	2416759	2348418	68341		88509	
灵寿县	Lingshou	1491174	1343775	117080	30319	143040	112528
高邑县	Gaoyi	825902	825902			128718	199623
深泽县	Shenze	1389785	1299538		90247	62700	138835
赞皇县	Zanhuang	1502763	1199606		303157	114908	255279
无极县	Wuji	2285676	1995515	201504	88657	101346	309216
平山县	Pingshan	5953849	5845473	73770	34606	631016	1427404
元氏县	Yuanshi	2298118	2283002		15116	307184	180221
赵 县	Zhaoxian	4654157	4429346	99811	125000	167647	613083
辛集市	Xinji	6565563	6041873	292801	230889	812376	1076350
藁城市	Gaocheng	11881708	11454821	37264	389623	1831769	1792503
晋州市	Jinzhou	3494661	3451296	12367	30998	306717	883338
新乐市	Xinle	3006125	3001929		4196	237556	466565
鹿泉市	Luquan	6016792	5758613	7197	250982	1076561	1310300
承德市	**Chengde**						
承德县	Chengde	1248947	1248947			358879	319475
兴隆县	Xinglong	1107412	1089837	15839	1736	259129	373939
平泉县	Pingquan	998588	977018		21570	532301	2802780
滦平县	Luanping	1470150	1393127	77023		441493	299100
隆化县	Longhua	830421	830421			397374	203738
丰宁满族自治县	Fengning	481107	481107			226007	298400
宽城满族自治县	Kuancheng	4044548	4044548			1891827	109500
围场满蒙自治县	Weichang	201604	179744		21860	134715	606860
张家口市	**Zhangjiakou**						
宣化县	Xuanhua	393658	393658			11239	31949
张北县	Zhangbei	364783	232377	80448	51958	284742	703147
康保县	Kangbao	82877	82877			43586	185792
沽源县	Guyuan	45580	45580			74896	43051
尚义县	Shangyi	103344	29741	38731	34872	86714	535171
蔚 县	Yuxian	473037	473037			204918	285696
阳原县	Yangyuan	73118	68315		4803	29878	22545
怀安县	Huai'an	295855	295855			81081	213692
万全县	Wanquan	305700	300500		5200	270835	147577

Major Indicators of National Economy by County or City (2011)(4-1)

主营业务收入（万元）Revenue from Principal Business (10000 yuan)	本年应交增值税（万元）Value-added Tax Payable (10000 yuan)	利润总额（万元）Total Profits (10000 yuan)	公路里程（公里）Total Length of Highways (km)	民用汽车拥有量（辆）Possession of Civil Vehicles (unit)	固定电话年末用户（户）Number of Fixed Telephone Subscribers (year-end) (subscribers)	移动电话年末用户（户）Number of Mobile Telephone Subscribers (year-end) (subscribers)	社会消费品零售总额（万元）Total Retail Sales of Consumer Goods (10000 yuan)
1748302	49346	81767	1023	64102	41390	151000	275297
4157315	55453	253005	1117	42106	78757	351000	722245
2331092	92983	264931	520	8663	47301	276342	472578
2398962	110479	275697	1179	11500	35453	217000	368003
1447538	25689	141336	991	3153	28840	151170	248811
917439	17218	70086	659	2980	23746	57118	202474
1319456	20029	36758	378	2562	29245	202453	257999
1502032	25359	161508	756	14251	14516	142392	254233
2269517	27937	163447	635	10439	54984	191000	712232
4733840	72296	101094	2644	28696	26067	91286	335696
2223889	45005	196548	823	20328	42391	202389	319778
4573664	99280	251451	640	14212	39627	369604	684852
6529880	188865	643767	1044	36701	85692	270846	1588807
11697973	312990	702169	1265	28200	85882	455067	1065379
3474053	106943	340930	729	31256	71227	329995	686448
2987957	87534	318640	848	46995	80602	324286	636573
5959934	129623	629537	808	30762	56174	333032	747626
1125669	50956	160423	2442	28690	32200	264400	287728
1123920	27214	43951	2669	9395	32760	125000	282138
950144	48593	121983	1922	6804	39573	255883	315351
1122842	85905	161373	2002	21330	27861	208000	237990
786362	34521	71597	2484	49006	36518	235867	232169
431151	26215	75326	2405	4776	29329	226000	228437
3990289	190298	424787	1366	16991	28093	156525	227688
198277	2642	50189	2670	50979	39450	311000	250392
335361	7592	22474	1043	3225	36054	195000	187759
291913	14309	68185	2300	12765	21500	156900	167750
79484	14033	8334	2478	5865	14001	78312	124103
43411	-2347	13895	1543	8000	12600	110000	97474
89768	5031	36701	994	2400	8350	67000	73321
965586	31369	38459	1853	29224	38849	52932	255090
71955	2873	8089	1019	7830	26000	124400	172497
290434	12012	49205	1474	5103	28849	161000	141480
255178	4374	12882	897	25890	19718	158366	155749

各县(市)主要国民经济指标（2011年)(4—2)

县（市）	County (City)	规模以上工业总产值（万元）Gross Industrial Output Value (10000 yuan)	#内资企业 Domestic Funded	#港澳台商投资企业 Enterprises with Funds from Hong Kong, Macao and Taiwan	#外商投资企业 Foreign Funded Enterprises	流动资产合计（万元）Total Circulating Funds (10000 yuan)	固定资产净值（万元）Net Value of Fixed Assets (10000 yuan)
怀来县	Huailai	370581	160509		210072	175246	204227
涿鹿县	Zhuolu	410553	390293		20260	229462	198853
赤城县	Chicheng	464647	464647			229947	175167
崇礼县	Chongli	276046	276046			131726	227621
秦皇岛市	**Qinhuangdao**						
青龙满族自治县	Qinglong	888331	882378	5953		431373	307845
昌黎县	Changli	1835089	1731631		103458	689052	285548
抚宁县	Funing	2056035	847817	1135340	72878	767125	1090811
卢龙县	Lulong	685112	678617		6495	276384	394297
唐山市	**Tangshan**						
滦　县	Luanxian	4155240	4115739	22481	17020	727020	1614748
滦南县	Luannan	2074969	1558459	191600	324910	654890	437460
乐亭县	Leting	2604676	1999266	184853	420557	767679	1091180
迁西县	Qianxi	5763398	2151395		3612003	1731047	902481
玉田县	Yutian	3271911	3109051	159465	3395	544862	766707
唐海县	Tanghai	555885	555885			142258	146898
遵化市	Zuihua	6419786	4707681	1635848	76257	1871560	1063115
迁安市	Qian'an	15990989	15472699	135346	382944	5896491	5826596
廊坊市	**Langfang**						
固安县	Gu'an	681220	514033		167187	229142	245307
永清县	Yongqing	725392	594223	79779	51390	198633	157540
香河县	Xianghe	2233547	1904066	181660	147822	183167	844960
大城县	Dacheng	961666	961666			93335	67830
文安县	Wen'an	2654902	2625687		29215	543932	427280
大厂回族自治县	Dachang	1116514	927587	20349	168578	394556	174825
霸州市	Bazhou	8100136	7823565	84878	191692	2776173	1095212
三河市	Sanhe	5821046	5091382	324108	405556	1595552	1303245
保定市	**Baoding**						
满城县	Mancheng	1104100	1081372		22728	180050	200969
清苑县	Qingyuan	1776205	1771737		4468	237992	137334
涞水县	Laishui	144178	144178			27880	36389
阜平县	Fuping	70663	70663			15779	40493
徐水县	Xushui	1725836	1653058	3897	68881	725217	413223
定兴县	Dingxing	752208	626680	123313	2215	340124	193303
唐　县	Tangxian	340953	323271	3574	14108	123339	149299
高阳县	Gaoyang	1548487	1280619	77839	190029	397403	204860
容城县	Rongcheng	558580	392077	35870	130633	141398	56186

Major Indicators of National Economy by County or City (2011)(4-2)

主营业务收入 (万元) Revenue from Principal Business (10000 yuan)	本年应交增值税 (万元) Value-added Tax Payable (10000 yuan)	利润总额 (万元) Total Profits (10000 yuan)	公路里程 (公里) Total Length of Highways (km)	民用汽车拥有量 (辆) Possession of Civil Vehicles (unit)	固定电话年末用户 (户) Number of Fixed Telephone Subscribers (year-end) (subscribers)	移动电话年末用户 (户) Number of Mobile Telephone Subscribers (year-end) (subscribers)	社会消费品零售总额 (万元) Total Retail Sales of Consumer Goods (10000 yuan)
338181	19493	36933	1172	6710	36988	252219	321207
341803	9510	12652	1069	1632	49700	199000	233881
422117	29032	80373	1596	4852	22191	158911	134492
188486	9027	58398	1008	4714	9910	73388	62744
1001950	59302	143408	2250	19850	52514	305013	218772
1694157	41479	62679	1903	72677	87440	402736	393906
1964715	31653	-18479	1957	54629	84345	440031	404405
711601	9850	8186	1590	7214	58733	279114	238300
4245284	280995	665481	1185	95609	157335	399424	835520
2054741	25018	43839	1477	41797	73554	424077	990986
2580975	45336	7871	1512	44802	62317	318282	822622
5617237	202356	450203	1200	36492	70454	274560	589857
3143455	56353	210194	2077	51016	126798	332699	782201
557809	14680	26844	610	23342	44720	130620	207951
6342097	427231	782879	1422	63869	143269	615000	1180359
15810734	465618	1949571	2972	127945	132753	651119	1370629
671346	16137	52533	1016	46268	73944	308680	280852
735747	13262	32523	983	32320	58480	258782	258004
2095633	20117	93149	895	30049	93037	329953	629641
964617	32464	74097	1042	40806	92009	371162	379437
2379877	32262	318263	1431	62773	114316	496318	455611
1162044	17810	78346	369	13808	31434	108992	115786
8273176	88708	301674	1204	82642	143007	722063	733400
5690073	162629	413221	1139	40881	136773	644439	878915
1050728	30621	92038	736	43805	82587	342198	324423
1775283	52547	105194	1050	72077	69718	558026	401013
133902	4980	3224	1260	31992	35292	175400	178966
70121	1464	600	1769	29057	31560	130256	108754
1688636	71052	181527	1393	47000	75418	369801	486010
738792	17135	74506	802	35275	66398	452042	283388
302087	6050	11812	950	34331	62185	285176	188376
1497047	55338	124101	480	44927	54202	301067	317309
433051	3352	18514	309	25816	24938	130000	243438

各县(市)主要国民经济指标（2011年)(4−3)

县（市）	County (City)	规模以上工业总产值（万元）Gross Industrial Output Value (10000 yuan)	#内资企业 Domestic Funded	#港澳台商投资企业 Enterprises with Funds from Hong Kong, Macao and Taiwan	#外商投资企业 Foreign Funded Enterprises	流动资产合计（万元）Total Circulating Funds (10000 yuan)	固定资产净值（万元）Net Value of Fixed Assets (10000 yuan)
涞源县	Laiyuan	861417	855477	5940		211993	149640
望都县	Wangdu	412843	399314	9529	4000	88172	48159
安新县	Anxin	1638300	1455600	182700		385000	115000
易　县	Yixian	1036235	997001	2946	36288	124227	157867
曲阳县	Quyang	219556	210188		9368	84908	100135
蠡　县	Lixian	1198729	1170844	20473	7412	191495	217297
顺平县	Shunping	408312	284033	30356	93923	156320	65177
博野县	Boye	394660	377535		17125	93761	48791
雄　县	Xiongxian	1232918	1226432		6486	178740	84002
涿州市	Zhuozhou	1997464	1576541	238521	182402	1051441	435190
定州市	Dingzhou	2624007	1890589	703212	30206	771374	901485
安国市	Anguo	1409170	1405834	3336		191388	141213
高碑店市	Gaobeidian	1291943	1213328		78615	657133	294769
沧州市	**Cangzhou**						
沧　县	Cangxian	2156860	2145502	6218	5140	342914	160857
青　县	Qingxian	1980560	1915437	4555	60568	794079	211413
东光县	Dongguang	861662	849911		11751	260976	132490
海兴县	Haixing	101153	101153			49129	57658
盐山县	Yanshan	2989627	2974637		14990	670304	1712701
肃宁县	Suning	1098937	1090418		8519	189264	75259
南皮县	Nanpi	413943	406695		7248	159191	53529
吴桥县	Wuqiao	248219	159421	83912	4887	72614	70789
献　县	Xianxian	2149588	1981768	55758	112062	283329	787093
孟村回族自治县	Mengcun	1033341	903257	104720	25364	321002	111179
泊头市	Botou	1807297	1790852	8774	7671	235052	195084
任丘市	Renqiu	7584721	7362990	162245	59486	1383517	3355877
黄骅市	Huanghua	1955219	1733730	152344	69145	495572	500248
河间市	Hejian	1875867	1851073		24795	421212	181818
衡水市	**Hengshui**						
枣强县	Zaoqiang	708516	708516			205227	109715
武邑县	Wuyi	899364	888606		10758	219923	168279
武强县	Wuqiang	483799	403270		80529	149623	72842
饶阳县	Raoyang	350821	327223	4376	19222	41114	62546
安平县	Anping	751565	535446	30283	185836	315370	95350
故城县	Gucheng	545906	498508		47398	152877	56023
景　县	Jingxian	1600901	1569770		31131	316041	402425
阜城县	Fucheng	530175	525561	4614		98189	119173
冀州市	Jizhou	926736	926736			235838	160568
深州市	Shenzhou	1351830	1316310		35520	288734	254052

Major Indicators of National Economy by County or City (2011)(4-3)

主营业务收入(万元) Revenue from Principal Business (10000 yuan)	本年应交增值税(万元) Value-added Tax Payable (10000 yuan)	利润总额(万元) Total Profits (10000 yuan)	公路里程(公里) Total Length of Highways (km)	民用汽车拥有量(辆) Possession of Civil Vehicles (unit)	固定电话年末用户(户) Number of Fixed Telephone Subscribers (year-end) (subscribers)	移动电话年末用户(户) Number of Mobile Telephone Subscribers (year-end) (subscribers)	社会消费品零售总额(万元) Total Retail Sales of Consumer Goods (10000 yuan)
847300	37074	110194	1432	17132	23907	250000	100628
410024	6768	17290	555	21013	38074	236472	121728
1542400	40500	201000	517	25414	58034	224068	280270
1024887	18624	34999	1547	36914	79013	191002	262099
221170	6194	9620	1022	52430	55127	215000	236071
1175756	12563	47137	713	51769	61408	484398	382769
390890	6539	13836	820	25233	29069	276207	166447
361814	6053	18632	377	9486	25383	112661	135950
1233521	9292	42164	551	26000	73535	253565	292092
1853997	54785	193594	950	79618	121241	489801	830676
2551557	137649	146241	1797	65616	702568	833324	880713
1324256	26247	149561	566	34128	63318	310300	438450
1287416	23020	166683	935	63947	70728	373069	349988
2133628	50962	169497	1945	34521	183303	375098	595100
1882174	25942	176405	919	26800	76060	328291	372644
851572	15928	55315	1187	28900	68884	257220	228734
77675	5782	5314	704	5300	22000	144800	82181
2995065	76698	146394	978	6830	66960	187500	271132
1084041	9977	80240	554	10343	44480	244695	236210
399544	10394	16711	848	11058	38809	283300	180972
242192	868	6589	892	6570	59620	142528	149264
2144398	31630	231577	1443	76318	77157	345996	268139
1031380	14585	60054	526	3669	42181	94171	152563
1843143	52732	168791	992	78000	82746	417643	561112
7594751	329232	1409528	1781	98311	236426	730428	1106860
1896232	25633	38465	1698	33531	125854	593226	583801
1861161	31384	189119	1326	78500	177959	533912	940835
706075	18513	54975	1008	32249	74705	281082	217533
820011	25741	68662	1132	13406	41226	190382	234726
470624	5762	24019	644	8397	30623	163097	155374
348347	7284	23284	659	11063	38782	185040	203583
715403	13137	29806	705	25335	71464	293174	313543
560381	11313	22157	939	26102	75920	300170	324131
1410358	33268	129271	1504	25957	82669	324767	414645
524774	14926	48965	1062	13390	46297	207151	163616
881069	15222	28979	1123	18440	81511	262393	287954
1316663	15608	92378	1482	21252	81884	362760	417889

各县(市)主要国民经济指标（2011年)(4–4)

县（市）	County (City)	规模以上工业总产值（万元）Gross Industrial Output Value (10000 yuan)	#内资企业 Domestic Funded	#港澳台商投资企业 Enterprises with Funds from Hong Kong, Macao and Taiwan	#外商投资企业 Foreign Funded Enterprises	流动资产合计（万元）Total Circulating Funds (10000 yuan)	固定资产净值（万元）Net Value of Fixed Assets (10000 yuan)
邢台市	**Xingtai**						
邢台县	Xingtai	2734943	250881	284493	2199569	685199	978155
临城县	Lincheng	921961	856545	65417		201104	349250
内丘县	Neiqiu	1795363	1135206	660157		516939	530854
柏乡县	Baixiang	172525	160345	9134	3046	50791	31583
隆尧县	Longyao	1344386	1335003	4218	5165	472754	305830
任　县	Renxian	218108	218108			67818	81874
南和县	Nanhe	278102	278102			76451	48746
宁晋县	Ningjin	3070191	2932555		137636	1371538	594361
巨鹿县	Julu	490774	471596		19178	206241	172309
新河县	Xinhe	165534	154054		11481	30058	18575
广宗县	Guangzong	203077	199195		3883	49327	60961
平乡县	Pingxiang	248745	205021	30288	13435	77132	48367
威　县	Weixian	248745	205021	30288	13435	63046	66716
清河县	Qinghe	893960	807386	28183	58391	366150	121576
临西县	Linxi	262167	259874		2293	67353	63213
南宫市	Nangong	955391	922072	2522	30798	236946	192952
沙河市	Shahe	2787326	2777317	2334	7675	829238	875472
邯郸市	**Handan**						
邯郸县	Handan	2387695	601021	63373	1723301	869317	553034
临漳县	Linzhang	517406	512188		5218	64917	69371
成安县	Cheng'an	1517607	1517607			544436	170485
大名县	Daming	1371299	1287040	2447	81812	244125	108438
涉　县	Shexian	4974400	4974400			896298	1221578
磁　县	Cixian	1514142	1514142			560183	176360
肥乡县	Feixiang	658525	617302	29760	11463	88377	64337
永年县	Yongnian	2861780	2841891		19889	404718	374133
邱　县	Qiuxian	731449	642726	88724		81626	114083
鸡泽县	Jize	1253037	1253037			80166	277121
广平县	Guangping	1105531	807530		298001	123946	398687
馆陶县	Guantao	1061909	909208	152701		102530	101295
魏　县	Weixian	909197	877010	13336	18852	165383	114598
曲周县	Quzhou	1659398	1659398			245061	566581
武安市	Wu'an	12532853	7453722	3076211	2002919	3318621	3945034

Major Indicators of National Economy by County or City (2011)(4-4)

主营业务收入（万元）Revenue from Principal Business (10000 yuan)	本年应交增值税（万元）Value-added Tax Payable (10000 yuan)	利润总额（万元）Total Profits (10000 yuan)	公路里程（公里）Total Length of Highways (km)	民用汽车拥有量（辆）Possession of Civil Vehicles (unit)	固定电话年末用户（户）Number of Fixed Telephone Subscribers (year-end) (subscribers)	移动电话年末用户（户）Number of Mobile Telephone Subscribers (year-end) (subscribers)	社会消费品零售总额（万元）Total Retail Sales of Consumer Goods (10000 yuan)
2924529	47515	96726	1626	7324	40681	117612	60359
946643	26444	50205	700	3464	23246	103976	145014
1739409	37405	54284	831	2438	48000	141000	219338
171762	3287	5698	289	297	18307	106407	116417
1355330	26481	40162	980	12285	159000	288321	326271
237905	4375	14735	420	4100	31000	193700	208968
274221	2736	8363	494	6341	27530	133111	185725
3323344	54183	292770	1797	43896	117259	468647	531413
426211	4561	22823	957	19275	74018	164979	250118
154710	2807	9459	486	546	29609	23800	116876
198584	4957	9253	586	2970	10855	58271	111889
234226	6619	12052	788	2580	31100	142473	172848
211437	4253	10346	1492	9826	35534	232308	225469
948320	25979	75611	719	19897	47671	149774	457469
259554	8382	15740	785	1960	35545	154555	214575
967707	15809	105850	899	3250	59268	129281	311189
2714262	139017	270056	1553	22840	128302	372342	437436
2357397	49831	183709	811	25523	61765	154081	341263
528039	5092	17789	1161	12391	33194	261040	259194
1504898	8763	66820	1049	19548	20602	200564	264737
1368241	6337	88572	1553	8021	67296	321874	430082
4942200	213510	370696	2027	40900	133439	254147	464893
1448161	59095	122896	1993	19357	67597	506112	568179
652868	6608	37077	968	7302	17432	216643	184265
2678351	30280	146675	1817	118353	64953	423665	808874
715595	6626	19131	528	6855	12528	143639	123085
1233999	13917	137713	755	5416	36524	135018	168338
1093741	49647	72472	387	1144	10951	64040	187689
1027666	23127	66290	845	11000	27892	86935	193291
892358	18595	72119	1654	18726	126465	687558	475985
1643981	67679	153323	928	7855	25444	264898	355599
13258375	173919	367308	1321	61489	133505	601269	929195

各县(市)主要国民经济指标(2011年)(5-1)

县(市)	County (City)	城乡居民储蓄存款年末余额(万元) Outstanding Amount of Saving Deposit (10000 yuan)	学龄儿童入学率(%) Net Enrollment Rate of School-Age Children (%)	小学学校(所) Number of Regular Primary Schools (unit)	小学专任教师(人) Number of Full-time Teachers of Regular Primary Schools (person)	小学在校学生(人) Total of Regular Primary Schools (person)	普通中学学校(所) Number of Regular Secondary Schools (unit)
石家庄市	**Shijiazhuang**						
井陉县	Jingxing	713976	100	61	1997	20819	15
正定县	Zhengding	1543373	100	108	2265	33145	22
栾城县	Luancheng	649548	100	55	1647	19561	14
行唐县	Xingtang	606989	100	84	1919	41344	19
灵寿县	Lingshou	546620	100	85	1728	30689	20
高邑县	Gaoyi	342300	100	70	1055	12111	12
深泽县	Shenze	561101	100	34	1046	15376	9
赞皇县	Zanhuang	347289	100	93	1270	25394	13
无极县	Wuji	832315	100	88	2348	33589	19
平山县	Pingshan	842290	100	140	2106	33252	25
元氏县	Yuanshi	579652	100	46	2209	39313	14
赵县	Zhaoxian	637962	100	88	2347	41211	29
辛集市	Xinji	1756448	100	116	2190	39540	36
藁城市	Gaocheng	1303369	100	105	3486	45342	31
晋州市	Jinzhou	1143758	100	161	1943	33578	24
新乐市	Xinle	685595	100	80	1648	38293	30
鹿泉市	Luquan	1149869	100	63	1821	26348	14
承德市	**Chengde**						
承德县	Chengde	620575	100	129	1732	20667	14
兴隆县	Xinglong	621175	100	70	1549	22240	15
平泉县	Pingquan	754968	100	87	2403	30320	15
滦平县	Luanping	499416	100	124	1542	18723	11
隆化县	Longhua	536980	100	49	1949	30612	19
丰宁满族自治县	Fengning	495923	100	64	1544	24289	16
宽城满族自治县	Kuancheng	715534	100	61	1107	16811	24
围场满蒙自治县	Weichang	506447	100	75	1848	36662	16
张家口市	**Zhangjiakou**						
宣化县	Xuanhua	553008	100	67	1063	17422	12
张北县	Zhangbei	338699	100	32	1488	19401	9
康保县	Kangbao	149005	99	22	1009	12008	6
沽源县	Guyuan	150743	99	20	1060	7724	9
尚义县	Shangyi	146903	100	17	700	10010	5
蔚县	Yuxian	882885	100	61	1913	39863	18
阳原县	Yangyuan	364242	98	66	932	23853	20
怀安县	Huai'an	347243	99	36	1921	14127	7
万全县	Wanquan	319653	100	25	1004	15078	8

Major Indicators of National Economy by County or City (2011)(5-1)

普通中学专任教师（人）Number of Full-time Teachers of Regular Secondary Schools (person)	普通中学在校学生（人）Total Enrollment of Regular Secondary Schools (person)	农业技术人员（人）Number of Professional Technical Personnel in Agriculture (person)	医院、卫生院（个）Number of Hospital and Township Hospital (unit)	医院、卫生院床位数（床）Beds of Hospital and Township Hospital (bed)	医院、卫生院技术人员（人）Medical Technical Personnel of Hospital and Township Hospital (person)	参加农村新型合作医疗人数（人）Personnel Participated in New Rural Cooperative Medical Service (person)	参加农村社会养老保险人数（人）Personnel Participated in Rural Pension Insurance (person)
1476	18788	230	19	1052	676	262642	20356
4003	52757	4509	30	1552	1566	340122	141716
1358	14369	91	18	1824	750	290738	139362
1458	21652	6064	17	1007	1093	353528	200084
1248	17060	1995	17	780	961	266858	3029
1045	11015	451	7	478	290	155370	47839
507	10323	396	13	616	698	206043	701
853	7785	2220	13	629	516	205396	112315
1090	11879	680	13	765	596	434066	4610
2365	29049	623	27	971	1156	405206	15060
1755	23095	265	21	1118	1127	352389	172986
2778	43969	1076	13	1634	1248	472221	279274
3282	35682	291	27	1537	1489	488404	51115
3305	34275	869	17	1572	1426	665770	457096
1876	25075	2361	14	902	935	435921	305616
1883	35034	5530	15	1523	1382	383397	3290
1627	18649	399	21	1179	1146	326418	154961
1855	15434	255	25	1327	1025	321955	205940
1061	11495	359	23	1119	1040	251094	172745
1356	25494	915	23	1263	868	364284	271053
1017	15454	744	24	976	1096	252671	167400
1591	21711	825	28	1118	1078	325383	178494
1425	20923	370	29	1209	1091	309035	207466
993	9281	420	21	768	627	189401	91464
1587	31651	510	43	1205	1017	407258	221888
1039	11858	56	17	875	513	212971	172285
1347	22267	29	24	1178	799	282350	210552
513	8342	199	17	390	446	214777	20325
727	7857	353	17	538	334	178687	5292
555	6233	48	17	492	313	129111	14233
1370	21184	94	26	907	746	374629	25075
1026	11901	77	16	625	525	186231	6880
2350	7099	51	13	459	467	161730	111664
620	8854	195	13	667	569	168933	128438

各县(市)主要国民经济指标（2011年）(5–2)

县（市）	County (City)	城乡居民储蓄存款年末余额（万元）Outstanding Amount of Saving Deposit (10000 yuan)	学龄儿童入学率（%）Net Enrollment Rate of School-Age Children (%)	小学学校（所）Number of Regular Primary Schools (unit)	小学专任教师（人）Number of Full-time Teachers of Regular Primary Schools (person)	小学在校学生（人）Total of Regular Primary Schools (person)	普通中学学校（所）Number of Regular Secondary Schools (unit)
怀来县	Huailai	758836	100	87	1407	20351	12
涿鹿县	Zhuolu	506186	100	115	1898	20666	12
赤城县	Chicheng	414898	100	21	1089	17131	17
崇礼县	Chongli	151836	100	25	553	7802	3
秦皇岛市	**Qinhuangdao**						
青龙满族自治县	Qinglong	703707	100	74	2186	32719	27
昌黎县	Changli	1198503	100	136	2445	33678	29
抚宁县	Funing	1154471	100	85	2194	28914	34
卢龙县	Lulong	715369	100	105	2067	25604	28
唐山市	**Tangshan**						
滦　县	Luanxian	1136539	100	104	2118	36477	33
滦南县	Luannan	1011368	100	105	2469	35116	27
乐亭县	Leting	1163652	100	106	1941	27545	30
迁西县	Qianxi	1422277	100	99	2368	30351	23
玉田县	Yutian	1533490	100	122	3332	45007	28
唐海县	Tanghai	592464	98	21	695	8252	4
遵化市	Zuihua	2287760	100	134	3356	58080	37
迁安市	Qian'an	3247643	100	134	3075	46357	43
廊坊市	**Langfang**						
固安县	Gu'an	839299	100	79	2070	24644	17
永清县	Yongqing	498049	100	94	1729	24400	18
香河县	Xianghe	1357940	100	67	1662	18774	15
大城县	Dacheng	1008671	100	74	3511	41269	33
文安县	Wen'an	1138793	100	137	2718	45766	21
大厂回族自治县	Dachang	438422	100	18	427	6056	5
霸州市	Bazhou	1748219	100	133	3283	52160	26
三河市	Sanhe	2342068	100	65	2155	40539	19
保定市	**Baoding**						
满城县	Mancheng	769176	100	66	1790	31489	15
清苑县	Qingyuan	948404	100	133	2174	43765	28
涞水县	Laishui	500307	100	62	1596	19061	12
阜平县	Fuping	397156	100	94	1003	17577	15
徐水县	Xushui	983497	100	89	1875	36163	18
定兴县	Dingxing	634947	99	117	3326	36015	16
唐　县	Tangxian	824952	100	150	2213	50376	34
高阳县	Gaoyang	697924	100	94	1636	26923	11
容城县	Rongcheng	490066	100	62	2445	18039	12

Major Indicators of National Economy by County or City (2011)(5-2)

普通中学专任教师 (人) Number of Full-time Teachers of Regular Secondary Schools (person)	普通中学在校学生 (人) Total Enrollment of Regular Secondary Schools (person)	农业技术人员 (人) Number of Professional Technical Personnel in Agriculture (person)	医院、卫生院 (个) Number of Hospital and Township Hospital (unit)	医院、卫生院床位数 (床) Beds of Hospital and Township Hospital (bed)	医院、卫生院技术人员 (人) Medical Technical Personnel of Hospital and Township Hospital (person)	参加农村新型合作医疗人数 (人) Personnel Participated in New Rural Cooperative Medical Service (person)	参加农村社会养老保险人数 (人) Personnel Participated in Rural Pension Insurance (person)
1562	17655	240	22	1075	734	249358	3375
1010	15726	2719	23	814	621	261608	196644
842	9871	223	21	716	419	232991	157702
374	4570	72	12	352	226	91402	66342
1393	12057	328	27	1445	1295	468497	233683
2149	25119	620	26	1984	1918	432550	316781
2173	20934	240	25	1319	1151	400923	270944
1964	21738	536	16	951	805	363190	188801
3303	27482	842	16	1657	1568	449858	255081
2562	31053	467	23	1438	1432	470780	406137
2168	23907	927	18	1181	921	402740	308897
2260	20369	770	21	1471	1084	306758	204612
2953	27701	845	34	2579	1882	576292	396486
654	6742	261	12	664	605	119443	38925
3081	36143	447	40	2319	2494	573723	257359
3471	44783	905	27	3246	3128	506394	308153
1404	15620	63	11	683	811	331519	181088
1326	23166	63	12	649	569	309730	202802
1418	15972	68	17	1523	1214	235030	199418
1914	22821	81	13	1180	1346	370205	6124
1491	20084	133	15	1275	844	393470	43726
539	6462	83	7	391	435	85961	60199
2304	32306	51	19	1718	1943	474665	303440
2246	32175	213	38	3741	3604	329894	215754
1089	9727	88	17	1285	1132	305720	3125
2099	23158	2423	20	780	842	528910	18327
1313	16373	46	19	597	724	283046	194624
600	10622	271	15	466	450	160469	67977
1727	26289	68	17	1253	1352	470208	345946
1756	25308	1640	18	841	697	468899	27638
1872	26937	195	26	1381	675	450395	
1194	15301	131	14	803	868	237258	179968
795	9514	115	11	1070	581	188638	148889

各县(市)主要国民经济指标 (2011年)(5-3)

县（市）	County (City)	城乡居民储蓄存款年末余额(万元) Outstanding Amount of Saving Deposit (10000 yuan)	学龄儿童入学率(%) Net Enrollment Rate of School-Age Children (%)	小学学校(所) Number of Regular Primary Schools (unit)	小学专任教师(人) Number of Full-time Teachers of Regular Primary Schools (person)	小学在校学生(人) Total of Regular Primary Schools (person)	普通中学学校(所) Number of Regular Secondary Schools (unit)
涞源县	Laiyuan	463400	100	194	1358	21726	12
望都县	Wangdu	448793	100	27	1281	16663	7
安新县	Anxin	631282	100	78	2589	29483	18
易　县	Yixian	730532	100	45	2767	44918	15
曲阳县	Quyang	645375	100	138	2700	59578	35
蠡　县	Lixian	877737	100	120	1993	38017	17
顺平县	Shunping	398113	100	111	1129	22368	13
博野县	Boye	316031	100	69	702	19276	9
雄　县	Xiongxian	550069	100	117	1887	32078	16
涿州市	Zhuozhou	1734427	100	87	1811	35446	24
定州市	Dingzhou	1743031	100	250	4411	101642	39
安国市	Anguo	753196	100	91	1861	27322	10
高碑店市	Gaobeidian	1564267	100	87	1580	32005	25
沧州市	**Cangzhou**						
沧　县	Cangxian	874017	100	189	3378	43203	38
青　县	Qingxian	801760	100	99	2116	26640	17
东光县	Dongguang	719786	100	56	2201	23404	11
海兴县	Haixing	236425	100	64	1134	16973	11
盐山县	Yanshan	487184	85	82	1965	35350	17
肃宁县	Suning	678564	100	61	1473	23128	15
南皮县	Nanpi	492811	100	84	2049	25979	15
吴桥县	Wuqiao	484246	100	42	1550	17082	10
献　县	Xianxian	769710	99	111	3004	46734	27
孟村回族自治县	Mengcun	283031	100	53	1124	16726	5
泊头市	Botou	1163508	100	73	3119	42398	17
任丘市	Renqiu	2514555	100	156	3465	62808	59
黄骅市	Huanghua	1071721	100	85	3082	34676	27
河间市	Hejian	1519223	100	160	3772	56769	33
衡水市	**Hengshui**						
枣强县	Zaoqiang	1005112	100	86	1805	29435	16
武邑县	Wuyi	519690	100	75	1541	24764	15
武强县	Wuqiang	354514	100	22	1019	14575	9
饶阳县	Raoyang	442884	100	72	1140	12941	10
安平县	Anping	733878	100	112	2124	23591	8
故城县	Gucheng	721943	100	101	2102	40431	21
景　县	Jingxian	1090459	100	94	2421	39626	27
阜城县	Fucheng	568148	100	72	1746	31924	13
冀州市	Jizhou	892595	100	38	1675	23934	16
深州市	Shenzhou	812652	100	190	2362	30571	34

Major Indicators of National Economy by County or City (2011)(5-3)

普通中学专任教师 (人) Number of Full-time Teachers of Regular Secondary Schools (person)	普通中学在校学生 (人) Total Enrollment of Regular Secondary Schools (person)	农业技术人员 (人) Number of Professional Technical Personnel in Agriculture (person)	医院、卫生院 (个) Number of Hospital and Township Hospital (unit)	医院、卫生院床位数 (床) Beds of Hospital and Township Hospital (bed)	医院、卫生院技术人员 (人) Medical Technical Personnel of Hospital and Township Hospital (person)	参加农村新型合作医疗人数 (人) Personnel Participated in New Rural Cooperative Medical Service (person)	参加农村社会养老保险人数 (人) Personnel Participated in Rural Pension Insurance (person)
602	11218	400	20	697	727	214151	146408
1294	10640	92	17	643	663	214968	3478
1320	13195	182	16	709	645	343782	11590
1501	26240	215	30	1282	914	434633	323195
1878	23843	956	24	1718	1362	454951	36
1597	24334	569	15	723	911	405402	277693
948	10763	45	12	756	675	241991	166784
703	8840	140	9	548	573	198682	165
961	9853	199	13	732	623	252842	1116
2220	22999	154	22	2289	2163	389702	264295
3896	58175	488	28	1923	2220	913317	72495
1397	16795	1259	14	808	948	328112	51000
1554	21290	198	27	1243	1614	373084	220796
2226	28083	398	23	1283	1067	564112	431951
1088	14549	1374	15	1016	1188	319935	238182
1036	12734	64	12	1078	1107	295871	169936
725	8284	135	11	465	467	168038	1954
1019	13386	232	18	1007	837	374301	137612
1079	12818	580	14	929	812	286225	209685
1052	14098	216	14	1113	931	303989	2403
870	10922	673	14	967	729	227631	164460
1615	29462	1870	25	1370	1080	506940	344970
535	9165	255	8	459	327	163103	105772
1873	21047	375	20	996	1498	429073	1941
3739	29059	2849	46	3024	3462	535433	292750
1762	24231	816	25	2390	2359	343524	214295
2291	22618	3252	30	1578	1470	650820	488987
1711	17982	115	18	730	570	303733	218699
1614	27291	65	11	676	545	248415	172422
808	8679	212	10	482	377	170729	574
873	9260	133	22	903	794	238553	1596
946	9738	119	22	1018	936	247837	182883
1678	24189	415	23	1311	1210	389039	266142
2030	23399	289	18	1200	965	417536	290822
1223	15955	120	12	485	577	270700	6866
2068	21118	508	14	759	754	287642	226709
1926	20311	323	22	1180	1044	475124	31827

各县(市)主要国民经济指标（2011年)(5-4)

县（市）	County (City)	城乡居民储蓄存款年末余额（万元）Outstanding Amount of Saving Deposit (10000 yuan)	学龄儿童入学率（%）Net Enrollment Rate of School-Age Children (%)	小学学校（所）Number of Regular Primary Schools (unit)	小学专任教师（人）Number of Full-time Teachers of Regular Primary Schools (person)	小学在校学生（人）Total of Regular Primary Schools (person)	普通中学学校（所）Number of Regular Secondary Schools (unit)
邢台市	**Xingtai**						
邢台县	Xingtai	730806	100	64	1394	19996	9
临城县	Lincheng	411145	100	32	686	19407	10
内丘县	Neiqiu	490239	100	79	1369	22809	10
柏乡县	Baixiang	194841	100	43	947	17143	6
隆尧县	Longyao	547121	100	137	2635	40557	15
任　县	Renxian	303165	100	74	1524	31975	12
南和县	Nanhe	345296	100	75	1182	32321	8
宁晋县	Ningjin	971481	100	240	3322	42407	33
巨鹿县	Julu	466698	100	110	1879	29065	5
新河县	Xinhe	240261	100	67	792	18184	8
广宗县	Guangzong	181783	100	106	1229	28760	8
平乡县	Pingxiang	417316	100	74	1595	36297	16
威　县	Weixian	452406	100	122	2097	46863	25
清河县	Qinghe	744453	100	59	1985	27600	21
临西县	Linxi	318690	100	71	2147	37077	9
南宫市	Nangong	680717	100	89	2091	32289	14
沙河市	Shahe	1199126	100	105	2784	41182	29
邯郸市	**Handan**						
邯郸县	Handan	531795	100	99	2352	42922	19
临漳县	Linzhang	412880	100	125	2355	66069	28
成安县	Cheng'an	274598	100	116	2315	41354	18
大名县	Daming	546388	100	204	3705	101943	29
涉　县	Shexian	628915	100	75	1685	31072	15
磁　县	Cixian	656277	100	188	2854	56637	36
肥乡县	Feixiang	265378	100	64	1648	40214	15
永年县	Yongnian	1065870	100	341	4524	89784	49
邱　县	Qiuxian	202851	99	79	1457	27456	12
鸡泽县	Jize	225746	100	86	1937	36325	5
广平县	Guangping	221011	100	40	993	24446	15
馆陶县	Guantao	232702	100	71	1692	44868	19
魏　县	Weixian	488168	100	257	5205	72942	39
曲周县	Quzhou	367511	100	130	2389	59529	22
武安市	Wu'an	2385434	100	130	4560	73985	44

Major Indicators of National Economy by County or City (2011)(5-4)

普通中学专任教师（人）Number of Full-time Teachers of Regular Secondary Schools (person)	普通中学在校学生（人）Total Enrollment of Regular Secondary Schools (person)	农业技术人员（人）Number of Professional Technical Personnel in Agriculture (person)	医院、卫生院（个）Number of Hospital and Township Hospital (unit)	医院、卫生院床位数（床）Beds of Hospital and Township Hospital (bed)	医院、卫生院技术人员（人）Medical Technical Personnel of Hospital and Township Hospital (person)	参加农村新型合作医疗人数（人）Personnel Participated in New Rural Cooperative Medical Service (person)	参加农村社会养老保险人数（人）Personnel Participated in Rural Pension Insurance (person)
1687	14060	502	23	1502	1311	342783	197367
760	13391	139	11	588	601	172216	
1027	16082	145	11	911	613	233409	1815
575	7749	98	8	377	403	158133	
1109	17714	312	16	893	893	452606	4357
1296	14091	130	11	783	540	290545	
431	9663	631	11	636	515	289028	
2038	22231	269	22	1055	1174	631768	381032
1308	23452	780	15	962	421	327266	197000
912	14319	340	10	587	443	136201	91634
551	7135	782	16	641	628	255184	
714	12914	260	12	950	599	260753	178798
1620	22247	2056	18	1950	912	455082	287613
1403	13241	71	10	1112	1360	319598	201000
756	19439	1275	18	1105	524	275439	
1679	20343	1568	17	950	755	358254	281997
2433	33487	370	22	1106	1136	370983	213212
2823	34640	568	20	1276	933	308721	136762
1683	21415	209	16	789	687	533149	4000
2355	19832	753	17	694	836	330967	193146
2431	28612	186	27	1680	821	637832	404431
1896	24653	734	24	1449	862	330011	200100
2564	36670	245	25	1423	1150	538924	293357
1522	16856	66	12	912	654	319994	196933
3378	40082	488	27	1988	1844	794036	617000
857	9498	193	9	507	503	194320	131000
835	13349	125	9	666	523	216159	808
1020	15074	94	13	625	600	227725	144019
1406	14536	125	12	1758	869	257405	2567
3668	52408	2252	27	1995	1611	694081	299
1655	23715	512	12	614	721	395433	264405
4054	43963	268	40	2397	2152	643355	356368

主要统计指标解释

森林覆盖率 通常是指森林面积占土地总面积之比，是反映一个国家或地区森林资源和绿化水平的重要指标。国家规定在计算森林覆盖率时，森林面积还包括灌木林面积、农田林网树占地面积以及四旁树木的覆盖面积。计算公式为：

$$森林覆盖率(\%)=\frac{森林面积}{土地总面积}\times 100\%$$

本《年鉴》森林覆盖率是按有林地面积计算的。

可比价格 指计算各种总量指标所采用的扣除了价格变动因素的价格，和进行不同时期总量指标的对比。按可比价格计算总量指标有两种方法：一种是直接用产品产量乘某一年的不变价格计算；另一种是用价格指数进行伸缩。

不变价格 指以同类产品某年的平均价格作为固定价格，用于计算各年的产品价值。按不变价格计算的产品价值消除了价格变动因素，不同时期对比可以反映生产的发展速度。新中国成立后，随着工农业产品价格水平的变化，国家统计局先后五次制定了全国统一的工业产品不变价格和农业产品不变价格。从1949年到1957年使用1952年工（农）业产品不变价格，从1957年到1971年使用1957年不变价格，从1971年到1981年使用1970年不变价格，从1981年到1990年使用1980年不变价格，从1991年到2000年使用1990年不变价格，从2001年开始使用2000年不变价。

平均增长速度 我国计算平均增长速度有两种方法：一种是习惯上经常使用的“水平法”，又称几何平均法，是以间隔期最后一年的水平同基期水平对比来计算平均每年增长（或下降）速度；另一种是“累积法”，又称代数平均法或方程法，是以间隔期内各年水平的总和同基期水平对比来计算平均每年增长（或下降）速度。

在一般正常情况下，两种方法计算的平均每年增长速度比较接近；但在经济发展不平衡、出现大起大落时，两种方法计算的结果差别较大。

本《年鉴》内所列的平均增长速度，除固定资产投资用“累积法”计算外，其余均用“水平法”计算。从某年到某年平均增长速度的年份，均不包括基期年在内。如建国四十三年的平均增长速度是以1949年为基期计算的，则写为1950—1992年平均增长速度，其余类推。

各个计划时期 年鉴中各个“时期”代表的年份如下：恢复时期为1950年到1952年；第一个五年计划时期（简称一五时期）为1953年到1957年；第二个五年计划时期（简称二五时期）为1958年到1962年；第三个五年计划时期（简称三五时期）为1966年到1970年；第四个五年计划时期（简称四五时期）为1970年到1975年；第五个五年计划时期（简称五五时期）为1976年到1980年；第六个五年计划时期（简称六五时期）为1981年到1985年；第七个五年计划时期（简称七五时期）为1986年到1990年；第八个五年计划时期（简称八五时期）为1991年到1995年；第九个五年计划时期（简称九五时期）为1996年到2000年；第十个五年计划时期（简称十五时期）为2001年到2005年；第十一个五年计划时期（简称十一五时期）为2006到2010年。

企业（单位）登记注册类型 是以在工商行政管理机关登记注册的各类企业为划分对象，以工商行政管理部门对企业登记注册的类型为依据，将企业登记注册类型分为内资企业、港澳台商投资企业和外商投资企业三大类。内资企业包括国有企业、集体企业、股份合作企业、联营企业、有限责任公司、股份有限公司、私营公司和其他企业；港澳台商投资企业和外商投资企业分别包括合资经营企业、合作经营企业、独资经营企业和股份有限公司。对不在工商行政管理部门进行登记注册的行政机关、事业单位和社会团体，主要按其经费来源和管理方式进行划分。

国内生产总值（GDP） 指按市场价格计算的一个国家（或地区）所有常住单位在一定时期内生产活动的最终成果。国内生产总值有三种表现形态，即价值形态、收入形态和产品形态。从价值形态看，它是所有常住单位在一定时期内生产的全部货物和服务价值超过同期投入的全部非固定资产货物和服务价值的差额，即所有常住单位的增加值之和；从收入形态看，它是所有常住单位在一定时期内创造并分配给常住单位和非常住单位的初次收入之和；从产品形态看，它是所有常住单位在一定时期内最终使用的货物和服务价值减去货物和服务进口价值。在实际核算中，国内生产总值有三种计算方法，即生产法、收入法和支出法。三种方法分别从不同的方面反映国内生产总值及其构成。

国民总收入（GNI） 即国民生产总值，指一个国家（或地区）所有常住单位在一定时期内收入初次分配的最终结果。一国常住单位从事生产活动所创造的增加值在初次分配中主要分配给该国的常住单位，但也有一部分以生产税及进口税（扣除生产和进口补贴）、劳动者报酬和财产收入等形式分配给非常住单位；同时，国外生产所创造的增加值也有一部分以生产税及进口税（扣除生产和进口补贴）、劳动者报酬和财产收入等形式分配给该国的常住单位，从而产生了国民总收入的概念。它等于国内生产总值加上来自国外的净要素收入。与国内生产总值不同，国民总收入是个收入概念，而国内生产总值是个生产概念。

三次产业 三产业的划分是世界上较为常用的产业结构分类，但各国的划分不尽一致。我国三次产业划分：

第一产业是指农、林、牧、渔业。

第二产业是指采矿业，制造业，电力、煤气及水的生产和供应业，建筑业。

第三产业是指除第一、二产业以外的其他行业。

劳动者报酬 指劳动者因从事生产活动所获得的全部报酬。包括劳动者获得的各种形式的工资、奖金和津贴，既包括货币形式的，也包括实物形式的，还包括劳动者所享受的公费医疗和医药卫生费、上下班交通补贴、单位支付的社会保险费、住房公积金等。对于个体经济来说，其所有者所获得的劳动报酬和经营利润不易区分，这两部分统一作为劳动者报酬处理。

生产税净额 指生产税减生产补贴后的余额。生产税指政府对生产单位从事生产、销售和经营活动以及因从事生产活动使用某些生产要素（如固定资产、土地、劳动力）所征收的各种税、附加费和规费。生产补贴与生产税相反，指政府对生产单位的单方面转移支出，因此视为负生产税，包括政策亏损补贴、价格补贴等。

固定资产折旧 指一定时期内为弥补固定资产损耗按照规定的固定资产折旧率提取的固定资产折旧，或按国民经济核算统一规定的折旧率虚拟计算的固定资产折旧。它反映了固定资产在当期生产中的转移价值。各类企业和企业化管理的事业单位的固定资产折旧是指实际计提的折旧费；不计提折旧的政府机关、非企业化管理的事业单位和居民住房的固定资产折旧是按照统一规定的折旧率和固定资产原值计算的虚拟折旧。原则上，固定资产折旧应按固定资产的重置价值计算，但是目前我国尚不具备对全社会固定资产进行重估价的基础，所以暂时只能采用上述办法。

营业盈余 指常住单位创造的增加值扣除劳动者报酬、生产税净额和固定资产折旧后的余额。它相当于企业的营业利润加上生产补贴，但要扣除从利润中开支的工资和福利等。

支出法国内生产总值 是从最终使用的角度反映一个国家（或地区）一定时期内生产活动最终成果的一种方法，包括最终消费、资本形成总额及货物和服务净出口三部分。计算公式为：

支出法国内生产总值＝最终消费＋资本形成总额＋货物和服务净出口

最终消费 指常住单位为满足物质、文化和精神生活的需要，从本国经济领土和国外购买的货物和服务的支出。它不包括非常住单位在本国经济领土内的消费支出。最终消费分为居民消费和政府消费。

居民消费 指常住住户在一定时期内对于货物和服务的全部最终消费支出。居民消费除了直接以货币形式购买的货物和服务的消费支出外，还包括以其他方式获得的货物和服务的消费支出，即所谓的虚拟消费支出。居民虚拟消费支出包括如下几种类型：单位以实物报酬及实物转移的形式提供给劳动者的货物和服务；住户生产并由本住户消费了的货物和服务，其中的服务仅指住户的自有住房服务和付酬的家庭雇员提供的家庭和个人服务；金融机构提供的金融媒介服务；保险公司提供的保险服务。

政府消费 指政府部门为全社会提供的公共服务的消费支出和免费或以较低的价格向居民住户提供的货物和服务的净支出，前者等于政府服务的产出价值减去政府单位所获得的经营收入的价值，后者等于政府部门免费或以较低价格向居民住户提供的货物和服务的市场价值减去向住户收取的价值。

资本形成总额 指常住单位在一定时期内获得减去处置的固定资产和存货的净额，包括固定资本形成总额和存货增加两部分。

固定资本形成总额 指生产者在一定时期内获得的固定资产减处置的固定资产的价值总额。固定资产是通过生产活动生产出来的，且其使用年限在一年以上、单位价值在规定标准以上的资产，不包括自然资产。可分为有形固定资本形成总额和无形固定资本形成总额。有形固定资本形成总额包括一定时期内完成的建筑工程、安装工程和设备工器具购置（减处置）价值，以及土地改良、新增役、种、奶、毛、娱乐用牲畜和新增经济林木价值。无形固定资本形成总额包括矿藏的勘探、计算机软件等获得减处置。

存货增加 指常住单位在一定时期内存货实物量变动的市场价值，即期末价值减期初价值的差额，再扣除当期由于价格变动而产生的持有收益。存货增加可以是正值，也可以是负值，正值表示存货上升，负值表示存货下降。存货包括生产单位购进的原材料、燃料和储备物资等存货，以及生产单位生产的产成品、在制品和半成品等存货。

货物和服务净出口 指货物和服务出口减货物和服务进口的差额。出口包括常住单位向非常住单位出售或无偿转让的各种货物和服务的价值；进口包括常住单位从非常住单位购买或无偿得到的各种货物和服务的价值。由于服务活动的提供与使用同时发生，一般把常住单位从非常住单位得到的服务作为进口，非常住单位从常住单位得到的服务作为出口。货物的出口和进口都按离岸价格计算。

机构单位 指有权拥有资产和承担负债，能够独立地从事经济活动并与其他实体进行交易的经济实体。

机构部门 将相同性质的机构单位归并在一起，就形成机构部门。资金流量核算将常住机构单位划分为以下四个机构部门：非金融企业部门、金融机构部门、政府部门、住户部门。与常住单位发生经济往来关系的非常住单位组成国外部门，在资金流量核算中也视同机构部门。

非金融企业与非金融企业部门 非金融企业指主要从事市场货物生产和提供非金融市场服务的常住企业，它主要包括从事上述活动的各类法人企业。所有非金融企业归并在一起，就形成非金融企业部门。

金融机构与金融机构部门 金融机构指主要从事金融媒介以及与金融媒介密切相关的辅助金融活动的常住单位，它主要包括中央银行、商业银行和政策性银行、非银行信贷机构和保险公司。所有金融机构归并在一起，就形成金融机构部门。

政府单位与政府部门 政府单位指在我国境内通过政治程序建立的、在一特定区域内对其他机构单位拥有立法、司法和行政权的法律实体及其附属单位。政府单位的主要职能是利用征税和其他方式获得的资金向社会和公众提供公共服务。通过转移支付，对社会收入和财产进行再分配。它主要包括各种行政单位和非营利性事业单位。所有政府单位归并在一起，就形成政府部门。

住户与住户部门 住户指共享同一生活设施、部分或全部收入和财产集中使用、共同消费住房、食品和其他消费品与消费服务的常住个人或个人群体。所有住户归并在一起，就形成住户部门。

非常住单位与国外部门 所有不具有常住性的机构单位都是非常住单位。将所有与我国常住单位发生交易的非常住单位归并在一起，就形成国外部门。

初次分配总收入 初次分配是生产活动形成的净成果在参与生产活动的生产要素的所有者及政府之间的分配。生产活动的净成果是增加值。生产要素包括劳动力、土地、资本。劳动力所有者因提供劳动而获得劳动报酬；土地所有者因出租土地而获得地租；资本的所有者因资本的形态不同而获得不同形式的收入：借贷资本所有者获得利息收入；股权所有者获得红利或未分配利润；政府因直接或间接介入生产过程而获得生产税或支付补贴。初次分配的结果形成各个机构部门的初次分配总收入。各部门的初次分配总收入之和就等于国民总收入，亦即国民生产总值。

经常转移 转移是一个机构单位向另一个机构单位提供货物、服务或资产，而同时并没有从后一机构单位获得任何货物、服务或资产作为回报的一种交易。经常转移包括扣除资本转移外的所有转移。其形式有收入税、社会保险付款、社会补助和其他经常转移。

可支配总收入 在初次分配总收入的基础上，通过经常转移的形式对初次分配总收入进行再次分配。再分配的结果形成各个机构部门的可支配总收入。各部门的可支配总收入之和称为国民可支配总收入。

总储蓄 指可支配总收入用于最终消费后的余额。各部门的总储蓄之和称为国民总储蓄。

资本转移 指一个部门无偿地向另一个部门支付用于非金融投资的资金，是一种不从对方获取任何对应物作为回报的交易。资本转移具有不同于经常转移的两个特征，一是转移的目的是用于投资，而不是用于消费；二是资本转移其实物形式往往涉及除存货和现金以外资产所有权的转移；其现金形式往往涉及除存货以外的资产的处置。资本转移包括投资性补助和其他资本转移。

净金融投资 它反映机构部门或经济总体资金富余或短缺的状况。从实物交易角度看，它是指总储蓄加资本转移收入减资本转移支出减非金融投资后的差额。从金融交易角度看，它是金融资产的增加额减金融负债的增加额之后的差额。

通货 指以现金形式存在于市场流通中的货币，包括本币和外币。

存款 指金融机构接受客户存入的货币款项，存款人可随时或按约定时间支取款项的信用业务。包括活期存款、定期存款、住户储蓄存款、财政存款、外汇存款和其他存款等。

贷款 指金融机构将其所吸收的资金，按一定的利率贷放给客户并约期归还的信用业务。包括短期贷款、中长期贷款、财政贷款、外汇贷款和其他贷款。

证券（不含股票） 由债券购买者承购的或因销售产品而拥有的，可在金融市场上交易并代表一定债权的书面证明。包括政府债券、金融债券、企业债券、商业票据、支付固定收入但不提供法人企业残余价值分享权的优先股等。

股票及其他股权 指股票购买者及直接投资者对其投资企业净资产所拥有的权益。股票是股份公司签发的证明股东投资并按其所持股份享有权益和承担义务的权益性证券。其他股权是机构单位以直接投资的方式用除股票、债权性证券以外的土地、房屋及建筑物、机器设备、存货、资源资产等实物资产，商标、专利权、土地使用权、特许使用权、商誉等无形资产及货币资金直接向其他单位进行的投资。通常以股权证、出资证明书、参与证或类似的单据为凭证。

保险准备金 指对人寿保险准备金和养恤基金的净权益、保险费预付款和未结索赔准备金。

结算资金 指金融机构用于结算目的汇兑在途的资金。

金融机构往来 指各金融机构之间的资金往来，包括同业存放款和同业拆借款。

准备金 指各金融机构在中央银行的存款及缴存中央银行的法定准备金。

中央银行贷款 指中央银行向各金融机构的贷款。

经常项目 包括货物、服务、收益及经常性转移。

货物进出口 指通过我国海关进出口的货物。货物的进出口值都按离岸价格估价。离岸价格可视为进口商在出口商边境领取货物时支付的购买者价格。当进口商领取该货物时，该货物已装载到进口商自己的运载工具或其他运载工具，出口商已为该货物支付了出口税或获得了出口

退税。

服务进出口 指常住单位与非常住单位之间相互提供的服务。包括运输服务、旅游服务、通讯服务、建筑服务、保险服务、金融服务、计算机和信息服务、咨询服务、广告、宣传服务、电影音像服务、专有权力使用费和特许费、其他商务服务、政府服务。

收益 指常住单位与非常住单位之间因相互提供生产要素而产生的收入，包括劳动者报酬和投资收益。其中投资收益包括直接投资、证券投资和其他投资的收益和支出，以及直接投资收益的再投资。

资本项目 包括移民转移、债务减免等资本性转移。

金融项目 包括直接投资、证券投资和其他投资。

直接投资 指外国、港澳台地区在我国和我国在外国、港澳台地区以独资、合资、合作及合作勘探开发方式进行的投资。

证券投资 指我国对外国、港澳台地区发行的股票、债券等有价证券和我国购买外国、港澳台地区发行的股票、债券等有价证券。

其他投资 指除直接投资和证券投资以外的所有对外金融资产与负债交易项目。包括外国提供给我国和我国提供给外国的贸易信贷、贷款、货币和存款以及其他资产。

储备资产增减额 指我国在黄金储备、外汇储备、在国际货币基金组织的储备头寸、特别提款权、使用基金信贷等方面本年末与上年末余额之间的差额。负号表示储备资产增加，正号表示储备资产减少。

企业景气调查 企业景气调查的对象是企业主要负责人。调查方式是问卷调查，收集企业家对本行业景气状况和生产经营状况的判断以及对本行业、企业未来发展的预期，由企业主要负责人亲自填表。企业景气调查为季度调查。全省共抽中样本单位1120多家，包括全部大型企业和部分中小型企业；调查范围覆盖国民经济六个主要行业，即工业，建筑业，交通运输、仓储及邮电通信业，批发和零售贸易、餐饮业，房地产业和社会服务业等。企业景气指数通常用百分数表示，0.00%—100%表示景气，0.00%——100%表示不景气，一般说来，正值越高越景气，负值越高越不景气。

出生率（又称粗出生率） 指在一定时期内（通常为一年）平均每千人所出生的人数的比率，一般用千分率表示。计算公式为：

$$出生率=\frac{年出生人数}{年平均人数}\times 1000‰$$

式中：出生人数指活产婴儿，即胎儿脱离母体时（不管怀孕月数），有过呼吸或其他生命现象。年平均人数指年初、年底人口数的平均数，也可用年中人口数代替。

死亡率（又称粗死亡率） 指在一定时期内（通常为一年）一定地区的死亡人数与同期平均人数（或期中人数）之比，一般用千分率表示。计算公式为：

$$死亡率=\frac{年死亡人数}{年平均人数}\times 1000‰$$

人口自然增长率 指在一定时期内（通常为一年）人口自然增加数（出生人数减死亡人数）与该时期内平均人数（或期中人数）之比，一般用千分率表示。计算公式为：

人口自然增长率

$$=\frac{本年出生人数-本年死亡人数}{年平均人数}\times 1000‰$$

=人口出生率－人口死亡率

总抚养比 也称总负担系数。指人口总体中非劳动年龄人口数与劳动年龄人口数之比。通常用百分比表示。说明每100名劳动年龄人口大致要负担多少名非劳动年龄人口。用于从人口角度反映人口与经济发展的基本关系。计算公式为：

$$GDR=P_{0\sim14}+P\,65+/\,P_{15\sim64}\times 100\%$$

其中：GDR为总抚养比；$P_{0\sim14}$为0～14岁少年儿童人口数；P_{65+}为65岁及65岁以上的老年人口数；$P_{15\sim64}$为15～64岁劳动年龄人口数。

老年人口抚养比 也称老年人口抚养系数。指某一人口中老年人口数与劳动年龄人口数之比。通常用百分比表示。用以表明每100名劳动年龄人口要负担多少名老年人。老年人口抚养比是从经济角度反映人口老化社会后果的指标之一。计算公式为：

$$ODR=P_{65+}/P_{15\sim64}\times 100\%$$

其中：ODR为老年人口抚养比；P_{65+}为65岁及65岁以上的老年人口数；$P_{15\sim64}$为15～64岁的劳动年龄人口数。

少年儿童抚养比 也称少年儿童抚养系数。指某一人口中少年儿童人口数与劳动年龄人口数之比。通常用百分比表示。以反映每100名劳动年龄人口要负担多少名少年儿童。计算公式为：

$$CDR=P_{0\sim14}/P_{15\sim64}\times 100\%$$

其中：CDR为少年儿童抚养比；$P_{0\sim14}$为0～14岁少年儿童人口数；$P_{15\sim64}$为15～64岁劳动年龄人口数。

就业人员 指从事一定社会劳动并取得劳动报酬或经营收入的人员，包括在岗职工、再就业的离退休人员、私营业主、个体户主、私营和个体就业人员、乡镇企业就业人员、农村就业人员、其他就业人员（包括民办教师、宗教职业者、现役军人等）。这一指标反映了一定时期内全部劳动力资源的实际利用情况，是研究我国基本国情国力的重要指标。

各单位的就业人员 指在各级国家机关、政党机关、社会团体及企业、事业单位中工作，取得工资或其他形式的劳动报酬的全部人员。包括在岗职工、再就业的离退休人员、民办教师以及在各单位中工作的外方人员和港澳台方人员、兼职人员、借用的外单位人员和第二职业者。不包括离开本单位仍保留劳动关系的职工。各单位的就业人员反映了各单位实际参加生产或工作的全部劳动力。

城镇私营和个体就业人员 城镇私营就业人员指在工

商管理部门注册登记，其经营地址设在县城关镇（含县城关镇）以上的私营企业就业人员，包括私营企业投资者和雇工。城镇个体就业人员指在工商管理部门注册登记，并持有城镇户口或在城镇长期居住，经批准从事个体工商经营的就业人员，包括个体经营者和在个体工商户劳动的家庭帮工和雇工。

职工 指在国有、城镇集体、联营、股份制、外商和港、澳、台投资、其他单位及其附属机构工作，并由其支付工资的各类人员。不包括下列人员：(1) 乡镇企业就业人员；(2) 私营企业就业人员；(3) 城镇个体劳动者；(4) 离休、退休、退职人员；(5) 再就业的离、退休人员；(6) 民办教师；(7) 在城镇单位中工作的外方及港、澳、台人员；(8) 其他按有关规定不列入职工统计范围的人员。

在岗职工 指在本单位工作并由单位支付工资的人员，以及有工作岗位，但由于学习、病伤产假等原因暂未工作，仍由单位支付工资的人员。

工资总额 指各单位在一定时期内直接支付给本单位全部职工的劳动报酬总额。工资总额的计算原则应以直接支付给职工的全部劳动报酬为根据。各单位支付给职工的劳动报酬以及其他根据有关规定支付的工资，不论是计入成本的还是不计入成本的，不论是按国家规定列入计征奖金税项目的，还是未列入计征奖金税项目的，不论是以货币形式支付的还是以实物形式支付的，均包括在工资总额内。

平均工资 指企业、事业、机关单位的职工在一定时期内平均每人所得的货币工资额。它表明一定时期职工工资收入的高低程度，是反映职工工资水平的主要指标。计算公式为：

$$平均工资=\frac{报告期实际支付的全部职工工资总额}{报告期全部职工平均人数}$$

平均工资指数 指报告期职工平均工资与基期职工平均工资的比率，是反映不同时期职工货币工资水平变动情况的相对数。计算公式为：

$$平均工资指数=\frac{报告期职工平均工资}{基期职工平均工资}\times 100\%$$

平均实际工资指数 职工平均实际工资指扣除物价变动因素后的职工平均工资。职工平均实际工资指数是反映实际工资变动情况的相对数，表明职工实际工资水平提高或降低的程度。计算公式为：

$$平均实际工资指数=\frac{报告期职工平均工资指数}{报告期城镇居民消费价格指数}\times 100\%$$

在业人口（又称就业人口） 指十五周岁及十五周岁以上人口中从事一定社会劳动并取得劳动报酬或经营收入的人口。

不在业人口 指十五周岁及十五周岁以上人口中未从事社会劳动的人口，包括在校学生、料理家务、待升学、市镇待业、离退休、退职、丧失劳动能力等非在业人口。

城镇登记失业人员 指有非农业户口，在一定的劳动年龄内，有劳动能力，无业而要求就业，并在当地就业服务机构进行求职登记的人员。

城镇登记失业率 指城镇登记失业人数同城镇从业人数与城镇登记失业人数之和的比。计算公式为：

$$城镇登记失业率=\frac{城镇登记失业人数}{城镇从业人数+城镇登记失业人数}\times 100\%$$

职工平均实际工资 扣除物价变动因素后的职工平均工资。计算公式为：

$$职工平均实际工资=\frac{报告期职工平均工资}{报告期城镇居民消费价格指数}$$

全社会固定资产投资 以货币形式表现的在一定时期内全社会建造和购置固定资产的工作量以及与此有关的费用的总称。该指标是反映固定资产投资规模、结构和发展速度的综合性指标，又是观察工程进度和考核投资效果的重要依据。全社会固定资产投资按登记注册类型可分为国有、集体、个体、联营、股份制、外商、港澳台商、其他等。

城镇固定资产投资 指城镇各种登记注册类型的企业、事业、行政单位及个体户进行的计划总投资（或实际需要总投资）50万元及50万元以上的建设项目投资、房地产开发投资、城镇和工矿区私人建房投资。县城及以上区域内发生的投资，县及县以上各级政府及主管部门直接领导、管理的建设项目和企业事业单位的投资均为城镇固定资产投资。

房地产开发投资 指各种登记注册类型的房地产开发公司、商品房建设公司及其他房地产开发法人单位和附属于其他法人单位实际从事房地产开发或经营活动的单位统一开发的包括统代建、拆迁还建的住宅、厂房、仓库、饭店、宾馆、度假村、写字楼、办公楼等房屋建筑物和配套的服务设施，土地开发工程（如道路、给水、排水、供电、供热、通讯、平整场地等基础设施工程）的投资；不包括单纯的土地交易活动。

城镇和工矿区私人建房投资 包括市、县城、城关镇、工矿区所辖范围内的全部私人建房，不论其房主是否系本地的常住户口均应包括。

农村投资 包括在农村区域范围内进行固定资产投资活动的企业、事业、行政单位及农村个人投资。

建设总规模 是指在报告期内所有施工项目的计划总投资。这个指标和施工项目相对应。

在建总规模 是指在报告期末所有在建项目的计划总投资。

在建净规模 是指报告期末所有在建项目建成投产尚需的投资总量。在建净规模＝在建总规模－累计完成投资。

固定资产投资的资金来源 根据固定资产投资的资金来源不同，分为国家预算内资金、国内贷款、利用外资、自筹资金和其他资金。

(1) 国家预算内资金：分为财政拨款和财政安排的贷款两部分。包括中央财政的基本建设基金（分经营性基金和非经营性基金两部分）、专项支出（如煤代油专项等）、收回再贷、贴息资金，财政安排的挖潜改造和新产品试制支出、城建支出、商业部门简易建筑支出、不发达地区发展基金等资金中用于固定资产投资的资金；地方财政中由国家统筹安排的资金等。

(2) 国内贷款：指报告期固定资产投资单位向银行及非银行金融机构借入的用于固定资产投资的各种国内借款，包括银行利用自有资金及吸收的存款发放的贷款、上级主管部门拨入的国内贷款、国家专项贷款（包括煤代油贷款、劳改煤矿专项贷款等）、地方财政专项资金安排的贷款、国内储备贷款、周转贷款等。

(3) 利用外资：指报告期收到的用于固定资产建造和购置的国外资金（包括设备、材料、技术在内）。包括对外借款（外国政府、国际金融组织贷款、出口信贷、外国银行商业贷款、对外发行债券和股票）、外商直接投资及外商其他投资。不包括我国自有外汇资金（国家外汇、地方外汇、留成外汇、调剂外汇和中国银行自有资金发行的外汇贷款等）。计算利用外资时，需要折算成人民币，折算中所使用的外汇汇率按现汇计算，即按使用外汇时的汇率计算。

(4) 自筹资金：指固定资产投资单位报告期收到的，由各地区、各部门及企、事业单位筹集用于固定资产投资的预算外资金，包括中央各部门、各级地方和企、事业单位的自筹资金。

(5) 其他资金：指在报告期收到的除以上各种资金之外其他用于固定资产投资的资金，包括企业或金融机构通过发行各种债券筹集到的资金、群众集资、个人资金、无偿捐赠的资金及其他单位拨入的资金等。

固定资产投资按国民经济行业分 根据建设项目建成投产后的主要产品或主要用途及社会经济活动性质来确定国民经济行业。一般情况下，一个建设项目或一个企业、事业单位只能属于一种国民经济行业。

固定资产投资按隶属关系分 是按建设单位或企业、事业、行政单位的主管上级机关确定的。

(1) 中央：是指中共中央、人大常委会和国务院各部、委、局、总公司以及直属机构直接领导的建设项目和企业、事业、行政单位。这些单位的固定资产投资计划由国务院各部门直接编制和下达，建设中所需物资、主要设备以及建设中的问题都由中央有关部门安排和解决。

(2) 地方：是由省（自治区、直辖市）、地区（州、盟、省辖市）、县（旗、县级市）三级政府及业务主管部门直接领导和管理的建设项目、企业、事业、行政单位。地方项目还包括不隶属以上各级政府及主管部门的建设项目和企业、事业单位，如外商投资企业和无主管部门的企业等。

固定资产投资按建设性质分 根据整个建设项目情况来确定。建设项目的性质一般分为新建、扩建、改建和技术改造、迁建、恢复。房地产开发单位、农村投资、城镇工矿区私人建房投资不划分建设性质。

(1) 新建：一般指从无到有"平地起家"开始建设的企业、事业和行政单位或建设项目。现有企业、事业、行政单位一般不属于新建。但如有的单位原有基础很小，经过建设后新增的固定资产价值超过该企、事业、行政单位原有固定资产价值（原值）三倍以上的也应作为新建。

(2) 扩建：指在厂内或其他地点，为扩大原有产品的生产能力（或效益）或增加新的产品生产能力，而增建主要的生产车间（或主要工程）、分厂、独立的生产线。行政、事业单位在原单位增建业务用房（如学校增建教学用房、医院增建门诊部、病房等）也作为扩建。

现有企、事业单位为扩大原有主要产品生产能力或增加新的产品生产能力，增建一个或几个主要生产车间（或主要工程）、分厂，同时进行一些更新改造工程的，也应作为扩建。

(3) 改建和技术改造：指现有企业、事业单位，对原有设施进行技术改造或更新（包括相应配套的辅助性生产、生活福利设施）的建设项目。现有企业、事业单位为适应市场变化的需要，而改变企业的主要产品种类（如军工企业转产民用品等）的建设项目，应作为改建。原有产品生产作业线由于各工序（车间）之间能力不平衡，为填平补齐充分发挥原有生产能力而增建不增加本企业主要产品设计能力的车间，也应作为改建。技术改造是指企业、事业单位在现有基础上，用先进的技术代替落后的技术，用先进的工艺和装备代替落后的工艺和装备，以改变企业落后的技术经济面貌，实现以内涵为主的扩大再生产，达到提高产品质量、促进产品更新换代、节约能源、降低消耗、扩大生产规模、全面提高社会经济效益的目的。技术改造具体包括以下内容：机器设备和工具的更新改造；生产工艺改革、节约能源和原材料的改造；厂房建筑和公共设施的改造；劳动条件和生产环境的改造等。

固定资产投资按构成分 固定资产投资活动按其工作内容和实现方式分为建筑安装工程，设备、工具、器具购置，其他费用三个部分。

(1) 建筑安装工程（建筑安装工作量）：指各种房屋、建筑物的建造工程和各种设备、装置的安装工程。包括各种房屋建造工程，各种用途设备基础和各种工业窑炉的砌筑工程及金属结构工程；为施工而进行的各种准备工作和临时工程以及完工后的清理工作等；铁路、道路的铺设，矿井的开凿及石油管道的架设等；水利工程；防空地下建筑等特殊工程；列入房屋工程预算内的暖气、卫生、通风、照明、煤气等设备的价值及装设油饰工程；列入建筑工程预算内的各种管道（蒸汽、压缩空气、石油、给排水等管道）、电力、电讯电缆导线等的敷设工程；以及各种机械设备的安装工程；为测定安装工程质量，对设备进行的试运工作；房地产开发单位进行的商品房屋开发建设工程、土地开发工程。在安装工程中，不包括被安装设备本身的价值。

（2）设备、工具、器具购置：指建设单位或企、事业单位购置或自制的，达到固定资产标准的设备、工具、器具的价值。新建单位及扩建单位的新建车间，按照设计或计划要求购置或自制的全部设备、工具、器具，不论是否达到固定资产标准均计入“设备、工具、器具购置”中。

（3）其他费用：指在固定资产建造和购置过程中发生的，除上述几项内容以外的各种应分摊计入固定资产的费用。

施工项目 指报告期内进行过建筑或安装施工活动的项目。凡是报告期内施过工的建设项目，不论施工时间长短，均作为施工项目统计。施工项目个数可以反映一定时期固定资产投资的实际规模，与同期全部建成投产项目个数相比，可以从建设速度的角度反映固定资产投资的效果。根据建设项目施工活动的不同性质，施工项目又分为：本年正式施工项目、本年收尾项目和以前年度全部停缓建项目。

全部建成投产项目 工业项目指设计文件规定形成生产能力的主体工程及其相应配套的辅助设施全部建成，经负荷试运转，证明具备生产设计规定合格产品的条件，并经过验收鉴定合格或达到竣工验收标准，与生产性工程配套的生活福利设施可以满足近期正常生产的需要，正式移交生产的建设项目。非工业项目指设计文件规定的主体工程和相应的配套工程全部建成，能够发挥设计规定的全部效益，经验收鉴定合格或达到竣工验收标准，正式移交使用的建设项目。

新增生产能力（或工程效益） 指通过固定资产投资活动而增加的设计能力（或工程效益），该指标是以实物形态表现的反映固定资产投资成果的指标，也是考核投资经济效果的重要依据之一。新增生产能力（或工程效益）一般有以下几种表现形式：

（1）用产品数量表示，以工程在单位时间内（一般是一年）所能生产的产品数量（即年产量）表示。如原煤开采用万吨/年表示，化学农药用吨/年表示，拖拉机制造用台/年表示等。某些化工产品由于含量差别较大，按其设计含量计算折合量表示，如硫酸、纯碱、烧碱等。

（2）用单位时间内所能处理的原料数量表示，以工程每天（或小时）所能处理原料的数量表示。如机制糖工程日处理原料吨，食用植物油日处理原料吨，城市污水处理能力用万吨/日表示等。

（3）用新增加的主要设备的数量或容量表示，如新增棉布织机、丝织机等台数，毛纺锭等锭数，发电厂新增发电机组容量用千瓦表示等。

（4）用建筑物容积、容量、面积、长度表示，是非工业项目或工程新增效益的一种表现形式。如铁路投产里程、新建公路、水库容量、粮食仓库、学校学生席位、医院病床、有效灌溉面积等。

根据工程的特点，有时需要用两种或两种以上的复合计量单位表示新增生产能力（或工程效益），如新增内燃机生产能力同时用年产台数、千瓦数表示等。

为了规范新增生产能力（或工程效益）的名称和计算单位，国家统计局制订了《新增生产能力（或工程效益）目录及代码》。各固定资产投资单位在统计新增生产能力（或工程效益）时，必须按目录中规定的名称、计量单位和代码填报。

房屋建筑面积 指房屋建筑物勒脚以上外墙外围的水平截面面积，包括房屋建筑物的有效面积和结构面积。该指标是从实物形态上反映建设规模和建设成果的重要指标之一，也是检查工程形象进度、计算工程造价、分析投资效果、研究施工任务和建筑材料之间平衡情况的重要依据。

住宅建筑面积 指施工和竣工房屋建筑面积中供居住用的房屋建筑面积。

施工面积 指报告期内施工的全部房屋建筑面积。包括本期新开工的面积和上期开工跨入本期继续施工的房屋面积，以及上期已停建在本期恢复施工的房屋面积。本期竣工和本期施工后又停缓建的房屋，其建筑面积仍计入本期房屋施工面积中。

竣工面积 指在报告期内房屋建筑按照设计要求已经全部完工，达到住人和使用条件，经验收鉴定合格（或达到竣工验收标准），正式移交使用单位的各栋房屋建筑面积的总和。

房屋建筑面积竣工率 指一定时期内房屋竣工面积占同期房屋施工面积的比率。是从房屋建筑施工速度的角度反映投资效果的指标。

新增固定资产 指报告期内已经完成建造和购置过程，并已交付生产或使用单位的固定资产价值。该指标是表示固定资产投资成果的价值指标，也是反映建设进度，计算固定资产投资效果的重要指标。

建设项目投产率 指一定时期内全部建成投产项目个数与同期施工项目个数的比率。该指标是从建设单位建设速度的角度反映投资效果的指标。

固定资产交付使用率 指一定时期新增固定资产与同期完成投资额的比率。该指标是反映固定资产动用速度，衡量建设过程中宏观投资效果的综合指标。由于新增固定资产是较长时期内形成的结果，而投资额则是当年完成的，因此，该指标一般适宜于反映较长时期内固定资产的动用情况。

经济适用房 指根据地方经济适用房计划安排建设的政策性住宅。经济是指房屋建筑造价和销售价格低于一般商品住宅；适用是指适合中低收入家庭购买使用。经济适用房主要是由国家统一下达投资计划，房地产公司开发，对外销售；用地一般采用行政划拨或招标投标方式，免收土地出让金；对各种经批准的收费减半征收，开发利润不超过3%；销售价格实行政府指导价。该指标可以分析房地产投资结构，反映中低收入家庭商品住宅的供求平衡情况。

财政收入 指国家财政参与社会产品分配所取得的收入，是实现国家职能的财力保证。财政收入所包括的内容几经变化，目前主要包括：营业税，地方企业所得税，利息所得税之外的个人所得税地方分享的部分，城镇土地使用税，固定资产投资方向调节税，城镇维护建设税，房产税，车船使用税，印花税，屠宰税，农牧业税，农业特产税，耕地占用税，契税，土地增值税、国有土地有偿使用收入，增值税25%部分，证券交易税（印花税）6%部分和除海洋石油资源税以外的其他资源税。

财政支出 国家财政将筹集起来的资金进行分配使用，以满足经济建设和各项事业的需要，主要包括：地方行政管理和各项事业费，地方统筹的基本建设、技术改造支出，支援农村生产支出，城市维护和建设经费，价格补贴支出等。

预算外资金收支 预算外资金指国家机关、事业单位和社会团体为履行或代行政府职能，依据国家法律、法规和具有法律效力的规章而收取、提取和安排使用的未纳入国家预算管理的各种财政性资金。其范围主要包括：法律、法规规定的行政事业性收费、政府性基金和附加收入等；国务院或省级人民政府及其财政、计划（物价）部门审批的行政事业性收费；国务院及财政部审批建立的政府性基金、附加收入等；主管部门所属单位集中上缴资金；用于乡镇政府开支的乡自筹和乡统筹资金；其他未纳入预算管理的财政性资金。社会保障基金在国家财政尚未建立社会保障预算制度以前，先按预算外资金管理制度进行管理，专款专用。财政部门在银行开设统一的专户，用于预算外资金收入和支出管理。部门和单位的预算外收入必须上缴同级财政专户，支出由同级财政按预算外资金收支计划和单位财务收支计划统筹安排，从财政专户中拨付，实行收支两条线管理。

居民消费价格指数 是反映一定时期内城乡居民所购买的生活消费品价格和服务项目价格变动趋势和程度的相对数，是对城市居民消费价格指数和农村居民消费价格指数进行综合汇总计算的结果。该指数可以观察和分析消费品的零售价格和服务价格变动对城乡居民实际生活费支出的影响程度。

城市居民消费价格指数 是反映一定时期内城市居民家庭所购买的生活消费品价格和服务项目价格变动趋势和程度的相对数。该指数可以观察和分析消费品的零售价格和服务项目价格变动对职工货币工资的影响，作为研究职工生活和确定工资政策的依据。

农村居民消费价格指数 是反映一定时期内农村居民家庭所购买的生活消费品价格和服务项目价格变动趋势和程度的相对数。该指数可以观察农村消费品的零售价格和服务项目价格变动对农村居民生活消费支出的影响，直接反映农民生活水平的实际变化情况，为分析和研究农村居民生活问题提供依据。

商品零售价格指数 是反映一定时期内城乡商品零售价格变动趋势和程度的相对数。商品零售物价的变动直接影响到城乡居民的生活支出和国家的财政收入，影响居民购买力和市场供需的平衡，影响到消费与积累的比例关系。因此，该指数可以从一个侧面对上述经济活动进行观察和分析。

农业生产资料价格指数 指反映一定时期内农业生产资料价格变动趋势和程度的相对数。农业生产资料价格指数分为小农具、饲料、幼禽家畜、半机械化农具、机械化农具、化学肥料、农药及农药械、农机用油等八大类。其编制目的是了解农业生产中物质资料投入价格的变动状况，服务于国民经济核算。1994年以前，农业生产资料价格指数仅仅是商品零售价格指数的一个类别，此后，从商品零售价格指数中分离出来，单独编制。

农产品生产价格指数 是反映一定时期内，农产品生产者出售农产品价格水平变动趋势及幅度的相对数。该指数可以客观反映农产品生产价格水平和结构变动情况，满足农业与国民经济核算需要。其中某代表品生产价格指数是通过对全部有出售该产品行为的调查单位的个体指数进行几何平均求得的，类价格指数是通过对其所属的类（或代表品）的价格指数进行加权平均求得的。季度累计价格指数的计算方法与分季指数的计算方法相同。

工业品出厂价格指数 是反映一定时期内全部工业产品出厂价格总水平的变动趋势和程度的相对数，包括工业企业售给本企业以外所有单位的各种产品和直接售给居民用于生活消费的产品。该指数可以观察出厂价格变动对工业总产值及增加值的影响。

原材料、燃料和动力购进价格指数 是反映工业企业作为生产投入，而从物资交易市场和能源、原材料生产企业购买原材料、燃料和动力产品时，所支付的价格水平变动趋势和程度的统计指标，是扣除工业企业物质消耗成本中的价格变动影响的重要依据。

目前，我国编制的原材料、燃料和动力购进价格指数所调查的产品包括燃料动力、黑色金属、有色金属、化工、建材等九大类的900多种产品。

固定资产投资价格指数 是反映一定时期内固定资产投资品及项目的价格变动趋势和程度的相对数。固定资产投资额是由建筑安装工程投资完成额、设备工器具购置投资完成额和其他费用投资完成额三部分组成的。编制固定资产投资价格指数应首先分别编制上述三部分投资的价格指数，然后采用加权算术平均法求出固定资产投资价格总指数。

该指数可以准确地反映固定资产投资中涉及的各类投资品和取费项目价格变动趋势和变动幅度，消除按现价计算的固定资产投资指标中的价格变动因素，真实地反映固定资产投资的规模、速度、结构和效益，为国家科学地制定、检查固定资产投资计划并提高宏观调控水平，为完善国民经济核算体系提供科学的、可靠的依据。

城镇居民家庭总收入 指家庭成员得到的工薪收入、经营净收入、财产性收入、转移性收入之和，不包括出售财物收入和借贷收入。

城镇居民家庭可支配收入 指家庭成员得到可用于最终消费支出和其它非义务性支出以及储蓄的总和，即居民家庭可以用来自由支配的收入。它是家庭总收入扣除交纳的所得税、个人交纳的社会保障支出以及记账补贴后的收入。计算公式为：

可支配收入＝家庭总收入－交纳所得税－个人交纳的社会保障支出－记账补贴

城镇居民家庭消费性支出 指家庭用于日常生活的支出，包括食品、衣着、家庭设备用品及服务、医疗保健、交通和通信、娱乐教育文化服务、居住、杂项商品和服务等八大类支出。

城镇家庭服务性消费支出 指家庭用于支付社会提供的各种非商品性服务费用。

城镇居民家庭购买商品支出 指被调查的城镇居民家庭为自用或赠送亲友而购买商品的全部支出，包括从商店、工厂、饮食业、工作单位食堂、集市以及直接从农民手中购买各种商品的开支。商品支出分为以下八类：食品；衣着；家庭设备用品及服务；医疗保健、交通与通信；娱乐、教育、文化服务；居住；杂项商品和服务。

城镇家庭收入分组方法 将所有调查户依户人均可支配收入由低到高排队，按10%，10%，20%，20%，20%，10%，10%的比例依次分成：最低收入户、低收入户、中等偏下收入户、中等收入户、中等偏上收入户、高收入户、最高收入户等七组。总体中最低5%的户为困难户。

农村居民家庭总收入 指调查期内农村住户和住户成员从各种来源渠道得到的收入总和。按收入的性质划分为工资性收入、家庭经营收入、财产性收入和转移性收入。

农村居民家庭工资性收入 指农村住户成员受雇于单位或个人，靠出卖劳动而获得的收入。

家庭经营收入 指农村住户以家庭为生产经营单位进行生产筹划和管理而获得的收入。农村住户家庭经营活动按行业划分为农业、林业、牧业、渔业、工业、建筑业、交通运输业邮电业、批发和零售贸易餐饮业、社会服务业、文教卫生业和其他家庭经营。

农村居民家庭财产性收入 指金融资产或有形非生产性资产的所有者向其他机构单位提供资金或将有形非生产性资产供其支配，作为回报而从中获得的收入。

农村居民家庭转移性收入 指农村住户和住户成员无须付出任何对应物而获得的货物、服务、资金或资产所有权等，不包括无偿提供的用于固定资本形成的资金。一般情况下，是指农村住户在二次分配中的所有收入。

农村居民家庭现金收入 指农村住户和住户成员在调查期内得到以现金形态表现的收入。按来源分成工资性收入、家庭经营现金收入、财产性收入、转移性收入。

农村居民家庭纯收入 指农村住户当年从各个来源得到的总收入相应地扣除所发生的费用后的收入总和。计算方法：

纯收入＝总收入－税费支出－家庭经营费用支出－税费支出－生产性固定资产折旧－调查补贴－赠送农村外部亲友支出

纯收入主要用于再生产投入和当年生活消费支出，也可用于储蓄和各种非义务性支出。“农民人均纯收入”按人口平均的纯收入水平，反映的是一个地区或一个农户农村居民的平均收入水平。

农村居民家庭生活消费支出 指农村常住居民家庭用于日常生活的全部开支，是反映和研究农民家庭实际生活消费水平高低的重要指标。

恩格尔系数 指食物支出金额在生活消费总支出金额中所占的比例。计算公式为：

$$恩格尔系数=\frac{食品支出金额}{生活消费总支出金额}\times 100\%$$

农林牧渔业总产值 指以货币表现的农、林、牧、渔业全部产品和对农林牧渔业生产活动进行的各种支持性服务活动的价值总量，它反映一定时期内农林牧渔业生产总规模和总成果。1957年以前的农林牧渔业总产值中包括了厩肥和农民自给性手工业（如农民自制衣服、鞋、袜，自己从事粮食初步加工等）。1958年及以后，林业中增加了村及村以下竹木采伐产值；牧业中取消了厩肥产值；副业中取消了农民自给性手工业产值，增加了村及村以下办的工业产值；渔业中增加了海洋捕捞水产品产值。1980年及以后，在副业中增加了农民家庭兼营工业商品部分的产值。从1984年起村及村以下工业产值划归工业。从1993年起取消副业，将野生动物的捕猎划入牧业、野生植物采集和农民家庭兼营商品性工业划归农业。从2003年起，执行新的国民经济行业分类标准，农林牧渔业总产值中包括了农林牧渔服务业产值。林业中增加了森林采运业产值。农业中取消了家庭兼营商品性工业产值，将野生林产品的采集划归林业。第一次农业普查以后，由于畜牧业产品年报数据与普查数据之间存在一定的差距，国家统计局农调总队对畜牧业年报数据与普查数据进行衔接，相应的畜牧业产值进行调整。

农林牧渔业总产值的计算方法通常是按农、林、牧、渔业产品及其副产品的产量分别乘以各自单位产品价格求得；少数生产周期较长，当年没有产品或产品产量不易统计的，则采用间接方法匡算其产值；然后将四业产品产值相加即为农林牧渔业总产值。

粮食产量 指全社会的产量。包括国有经济经营的、集体统一经营的和农民家庭经营的粮食产量，还包括工矿企业办的农场和其他生产单位的产量。粮食除包括稻谷、小麦、玉米、高粱、谷子及其他杂粮外，还包括薯类和豆类。其产量计算方法，豆类按去豆荚后的干豆计算；薯类（包括甘薯和马铃薯，不包括芋头和木薯）1963年以前按每4公斤鲜薯折1公斤粮食计算，从1964年开始改为按5公斤鲜薯折1公斤粮食计算。城市郊区作为蔬菜的薯类（如马铃薯等）按鲜品计算，并且不作粮食统计。其他粮食一律按脱粒后的原粮计算。

棉花产量 指全社会的产量。包括春播棉和夏播棉。产量按皮棉计算。3公斤籽棉折1公斤皮棉，不包括木棉。

油料产量 指全部油料作物的生产量。包括花生、油菜籽、芝麻、向日葵籽、（亚麻籽）和其他油料，不包括大豆、木本油料和野生油料。花生以带壳干花生计算。

水产品产量 指人工养殖的水产品和天然生长的水产品的捕捞量。包括海水的鱼类、虾蟹类、贝类和藻类以及内陆水域的鱼类、虾蟹类和贝类，不包括淡水生植物。水产品产量是通过各级水产和统计部门逐级上报取得数据。1995年及以前，贝类中牡蛎按鲜肉计算；蚶、蛤、蛏按5斤鲜品折1斤计算。1996年以后则统一按鲜品计算。

猪、牛、羊肉产量 指当年出栏并已屠宰、除去头蹄下水后带骨肉（即胴体重）的重量。

耕地面积 是指耕地总资源中专门种植农作物并经常进行耕种、能够正常收获的土地。包括当年实际耕种的熟地；弃耕、休闲不满三年，随时可以复耕的地；开荒利用三年以上的土地。在统计口径上包括南方小于1米、北方小于2米宽的沟、渠、路和田埸。不包括临时种植农作物的坡度在25度以上的陡坡地；在河套、湖畔、库区临时开发的成片或零星土地；也不包括已列为国家和省（区、市）退耕计划但临时耕种的土地。

农作物播种面积 指实际播种或移植有农作物面积。凡是实际种植有农作物的面积，不论种植在耕地上还是种植在非耕地上，均包括在农作物播种面积中。在播种季节基本结束后，因遭灾而重新改种和补种的农作物面积，也包括在内。它是反映我国耕地面积利用情况的一个重要指标。目前，农作物播种面积主要包括粮食、棉花、油料、糖料、麻类、烟叶、蔬菜和瓜类、药材和其它农作物九大类。

农用化肥施用量 指本年内实际用于农业生产的化肥数量，包括氮肥、磷肥、钾肥和复合肥。化肥施用量要求按折纯量计算数量。折纯量是指把氮肥、磷肥、钾肥分别按含氮、含五氧化二磷、含氧化钾的百分之百成份进行折算后的数量。复合肥按其所含主要成分折算。公式为：

折纯量＝ 实物量 × 某种化肥有效成份含量的百分比

农业机械总动力 指主要用于农、林、牧、渔业的各种动力机械的动力总和。包括耕作机械、排灌机械、收获机械、农用运输机械、植物保护机械、牧业机械、林业机械、渔业机械和其他农用机械内燃机按引擎马力折成瓦（特）计算、电动机按功率折成瓦（特）计算不包括专门用于乡、镇、村、组办工业、基本建设、非农业运输、科学试验和教学等非农业生产方面用的动力机械与作业机械。

乡村从业人员 指乡村人口中劳动年龄在16周岁以上实际参加生产经营活动并取得实物或货币收入的人员，包括劳动年龄内经常参加劳动的人员，也包括超过劳动年龄但经常参加劳动的人员，但不包括户口在家的在外学生、现役军人和丧失劳动能力的人，也不包括待业人员和家务劳动者。从业人员按从事主业时间最长（时间相同按收入）分为农业从业人员、工业从业人员、建筑业从业人员、交运仓储及邮电业从业人员、批零贸易及餐饮业从业人员、其它从业人员。

工业 工业 指从事自然资源的开采，对采掘品和农产品进行加工和再加工的物质生产部门。具体包括：(1)对自然资源的开采，如采矿、晒盐等（但不包括禽兽捕猎和水产捕捞）；(2)对农副产品的加工、再加工，如粮油加工、食品加工、缫丝、纺织、制革等；(3)对采掘品的加工、再加工，如炼铁、炼钢、化工生产、石油加工、机器制造、木材加工等，以及电力、自来水、煤气的生产和供应等；(4)对工业品的修理、翻新，如机器设备的修理、交通运输工具（包括小卧车）的修理等。

1984年以前农村的村及村以下办工业归属农业，1984年以后划归工业。

工业统计调查单位为独立核算法人工业企业。

独立核算法人工业企业指从事工业生产经营活动的单位。独立核算法人工业企业应同时具备以下条件：①依法成立，有自己的名称、组织机构和场所，能够承担民事责任；②独立拥有和使用资产，承担负债，有权与其他单位签订合同；③独立核算盈亏，并能够编制资产负债表。

本年鉴中涉及的企业登记注册类型：

国有及国有控股企业 指国有企业加上国有控股企业。国有企业（即原全民所有制工业或国营工业）指企业全部资产归国家所有，并按《中华人民共和国企业法人登记管理条例》规定登记注册的非公司制的经济组织。包括国有企业、国有独资公司和国有联营企业。1957年以前的公私合营和私营工业，后均改造为国营工业，1992年改为国有工业，这部分工业的资料不单独分列时，均包括在国有企业内。国有控股企业是对混合所有制经济的企业进行的“国有控股”分类。它是指这些企业的全部资产中国有资产（股份）相对其他所有者中的任何一个所有者占资（股）最多的企业。该分组反映了国有经济控股情况。

集体企业 指企业资产归集体所有，并按《中华人民共和国企业法人登记管理条例》规定登记注册的经济组织。是社会主义公有制经济的组成部分。包括城乡所有使用集体投资举办的企业，以及部分个人通过集资自愿放弃所有权并依法经工商行政管理机关认定为集体所有制的企业。

股份合作企业 指以合作制为基础，由企业职工共同出资入股，吸收一定比例的社会资产投资组建，实行自主经营，自负盈亏，共同劳动，民主管理，按劳分配与按股分红相结合的一种集体经济组织。

联营企业 指两个及两个以上相同或不同所有制性质

的企业法人或事业单位法人，按自愿、平等、互利的原则，共同投资组成的经济组织。联营企业包括：

国有联营企业指国有企业与国有企业间的联营；

集体联营企业指集体企业与集体企业间的联营；

国有与集体联营企业指国有企业与集体企业间的联营。

有限责任公司 指根据《中华人民共和国公司登记管理条例》规定登记注册，由两个以上，五十个以下的股东共同出资，每个股东以其所认缴的出资额对公司承担有限责任，公司以其全部资产对其债务承担责任的经济组织。

有限责任公司包括国有独资公司以及其他有限责任公司。

股份有限公司 指根据《中华人民共和国企业法人登记管理条例》规定登记注册，其全部注册资本由等额股份构成并通过发行股票筹集资本，股东以其认购的股份对公司承担有限责任，公司以其全部资产对其债务承担责任的经济组织。

私营企业 指由自然人投资设立或由自然人控股，以雇佣劳动为基础的营利性经济组织。包括按照《公司法》、《合伙企业法》、《私营企业暂行条例》规定登记注册的私营有限责任公司、私营股份有限公司、私营合伙企业和私营独资企业。

港、澳、台商投资企业 指企业注册登记类型中的港、澳、台资合资、合作、独资经营企业和股份有限公司之和。

外商投资企业 指企业注册登记类型中的中外合资、合作经营企业、外资企业和外商投资股份有限公司之和。

“三资”企业系指港、澳、台商投资企业和外资企业的简称。

轻工业 指主要提供生活消费品和制作手工工具的工业。按其所使用的原料不同，可分为两大类：(1) 以农产品为原料的轻工业，是指直接或间接以农产品为基本原料的轻工业。主要包括食品制造、饮料制造、烟草加工、纺织、缝纫、皮革和毛皮制作、造纸以及印刷等工业；(2) 以非农产品为原料的轻工业，是指以工业品为原料的轻工业。主要包括文教体育用品、化学药品制造、合成纤维制造、日用化学制品、日用玻璃制品、日用金属制品、手工工具制造、医疗器械制造、文化和办公用机械制造等工业。

重工业 指为国民经济各部门提供物质技术基础的主要生产资料的工业。按其生产性质和产品用途，可以分为下列三类：(1) 采掘（伐）工业，是指对自然资源的开采，包括石油开采、煤炭开采、金属矿开采、非金属矿开采等工业；(2) 原材料工业，指向国民经济各部门提供基本材料、动力和燃料的工业。包括金属冶炼及加工、炼焦及焦炭、化学、化工原料、水泥、人造板以及电力、石油和煤炭加工等工业；(3) 加工工业，是指对工业原材料进行再加工制造的工业。包括装备国民经济各部门的机械设备制造工业、金属结构、水泥制品等工业，以及为农业提供的生产资料如化肥、农药等工业。

根据上述划分原则，修理业中以重工业产品为修理作业对象的划为重工业，反之划为轻工业。

工业增加值 指工业企业在报告期内以货币表现的工业生产活动的最终成果。

工业增加值有两种计算方法：一是生产法，即工业总产出减去工业中间投入加上应交增值税；二是收入法，即从收入的角度出发，根据生产要素在生产过程中应得到的收入份额计算，具体构成项目有固定资产折旧、劳动者报酬、生产税净额、营业盈余，这种方法也称要素分配法。本年鉴中的工业增加值是以生产法计算的。

生产法工业增加值的计算方法为：

工业增加值＝工业总产出－工业中间投入＋应交增值税

(1) 工业总产出：指工业企业在一定时期内工业生产活动的总成果。工业总产出包括：成品生产价值，对外加工费收入，自制半成品、在产品期末期初差额价值。1995年后用新规定计算的工业总产值代替。

(2) 工业中间投入：指工业企业在工业生产活动中消耗的外购物质产品和对外支付的服务费用。服务费用包括支付给物质生产部门（工业、农业、批发零售贸易业、建筑业、运输邮电业）的服务费用和支付给非物质生产部门（如保险、金融、文化教育、科学研究、医疗卫生、行政管理等）的服务费用。工业中间投入的确定须遵循以下原则：必须从外部购入的，并已计入工业总产出的产品和服务价值；必须是本期投入生产，并一次性消耗掉（包括本期摊销的低值易耗品等）的产品和服务价值。

工业中间投入包括直接材料费用、制造费用中的工业中间投入、管理费用中的工业中间投入、销售费用中的工业中间投入和利息支出五部分。

资产总计 指企业拥有或控制的能以货币计量的经济资源，包括各种财产、债权和其他权利。资产按流动性分为流动资产、长期投资、固定资产、无形资产、递延资产和其他资产。该指标根据企业会计“资产负债表”中“资产总计”项目的期末数增列。

流动资产平均余额 指企业在报告期内全部流动资产的平均余额。

固定资产净值年平均余额 指固定资产净值在报告期内余额的平均数。计算公式为：

$$固定资产净值年平均余额=\frac{1至12月各月月初、月末固定资产净值之和}{24}$$

该指标根据“资产负债表”中“固定资产原价”、“累计折旧”指标的期初、期末数计算填列。

固定资产净值 指固定资产原价减去历年已提折旧额后的净额。计算公式为：

固定资产净值＝固定资产原价－累计折旧

负债合计 指企业所承担的能以货币计量，将以资产或劳务偿付的债务，偿还形式包括货币、资产或提供劳务。负债一般按偿还期长短分为流动负债和长期负债。根据会计“资产负债表”中“负债合计”的年末数填列。

产品销售收入 指企业在报告期内生产的成品、自制半成品和工业性劳务取得的收入。

产品销售成本 指企业在报告期内销售本企业生产的成品、自制半成品和工业性劳务等的实际成本。

产品销售费用 指工业企业销售产品和提供劳务等过程中所发生的费用。该指标根据工业企业会计“利润表”中“产品销售费用”项的数值填列。

产品销售税金及附加 指企业在报告期内销售产品、提供的劳务等主要经营业务应负担的城市维护建设税、消费税、资源税和教育费附加等。

利润总额 指企业生产经营活动的最终成果，是企业在一定时期内实现的盈亏相抵后的利润总额（亏损以“一”号表示），它等于营业利润加上补贴收入加上投资收益加上营业外净收入再加上以前年度损益调整。

本年应交增值税 指企业在报告期内应交纳的增值税额。它等于本年销项税额加上出口退税加上进项税额转出数减去本年进项税额。小规模纳税企业直接按全年计税销售额乘以征收率计算取得。

从业人员平均人数 是指报告期内每天拥有的从业人员人数。其计算公式为：

$$月平均人数=\frac{报告月内每天实有人数之和}{报告月日历日数}$$

$$季平均人数=\frac{季内各月平均人数之和}{3}$$

$$年平均人数=\frac{年内各月平均人数之和}{12}$$

总资产贡献率 反映企业全部资产的获利能力，是企业经营业绩和管理水平的集中体现，是评价和考核企业盈利能力的核心指标。计算公式为：

$$总资产贡献率(\%)=\frac{利润总额+税金总额+利息支出}{平均资金总额}\times 100\%$$

公式中：税金总额为产品销售税金及附加与应交增值税之和；平均资产总额为期初期末资产之和的算术平均值。

资产负债率 该指标既反映企业经营风险的大小，也反映企业利用债权人提供的资金从事经营活动的能力。计算公式为：

$$资产负债率(\%)=\frac{负债总额}{资产总额}\times 100\%$$

资产与负债均为报告期期末数。

流动资产周转次数 指一定时期内流动资产完成的周转次数，反映投入工业企业流动资金的周转速度。计算公式为：

$$流动资产周转资转=\frac{产品销售收入}{全部流动资产平均余额}$$

公式中：全部流动资产平均余额为期初和期末的流动资产之和的算术平均值。

成本费用利润率 反映企业投入的生产成本及费用的经济效益，同时也反映企业降低成本所取得的经济效益。计算公式为：

$$成本费用利润(\%)=\frac{利润总额}{成本费用总额}\times 100\%$$

公式中：成本费用总额为产品销售成本、销售费用、管理费用、财务费用之和。

建筑业统计单位 指从事房屋、构筑物建造和设备安装活动的法人企业。建筑业法人企业应同时具备的条件是：① 依法成立，有自己的名称、组织机构和场所，能够承担民事责任；②独立拥有和使用资产，承担负债，有权与其他单位签订合同；③独立核算盈亏，能够编制资产负债表。

建筑业总产值（自行完成施工产值） 是以货币表现的建筑企业在一定时期内生产的建筑业产品和服务的总和。建筑业总产值包括建筑工程产值、安装工程产值和其他产值三部分内容。

(1) 建筑工程产值：指列入建筑工程预算内的各种工程价值。

(2) 安装工程产值：指设备安装工程价值，不包括被安装设备本身价值。

(3) 其他产值：建筑业总产值中除建筑工程、安装工程以外的产值。包括房屋构筑物修理产值、非标准设备制造产值、总包企业向分包企业收取的管理费以及不能明确划分的施工活动所完成的产值。

建筑业增加值 指建筑业企业在报告期内以货币表现的建筑业生产经营活动的最终成果。目前建筑业增加值采用分类法（收入法）计算，即从收入的角度出发，根据生产要素在生产过程中应得到的收入份额计算。具体计算公式为：

建筑业增加值＝本年固定资产折旧＋本年应付工资＋本年应付福利费总额＋工程结算税金及附加＋营业利润＋管理费用中的税金＋劳动失业保险费

房屋建筑施工面积 指在报告期内施工的全部房屋建筑面积，包括本期新开工的房屋面积、上期施工跨入本期继续施工的房屋面积、上期停缓建在本期恢复施工的房屋面积、本期竣工的房屋面积及本期施工后又停缓建的房屋面积。

房屋建筑竣工面积 指在报告期内房屋建筑按照设计要求全部完工，达到了住人和使用条件，经验收鉴定合格，正式移交使用单位的房屋建筑面积。

公路里程 指在一定时期内实际达到《公路工程技术标准 JTJ01－88》规定的等级公路，并经公路主管部门正式验收交付使用的公路里程数。包括大中城市的郊区公路以及通过小城镇街道部分的公路里程和桥梁、渡口的长度，不包括大中城市的街道、厂矿、林区生产用道和农业生产用道的里程。两条或多条公路共同经由同一路段，只计算一次，不得重复计算里程长度。它是反映公路建设发展规模的重要指标，也是计算运输网密度等指标的基础资料。

货（客）运量 指在一定时期内，各种运输工具实际运送货物（旅客）数量。它是反映运输业为国民经济和人民生活服务的数量指标，也是制订和检查运输生产计划、研究运输发展规模和速度的重要指标。货运按吨计算，客运按人计算。货物不论运输距离长短、货物类别，均按实际重量统计。旅客不论行程远近或票价多少，均按一人一次客运量统计；半价票、小孩票也按一人统计。

货物（旅客）周转量 指在一定时期内，由各种运输工具运送的货物（旅客）数量与其相应运输距离的乘积之总和。它是反映运输业生产总成果的重要指标，也是编制和检查运输生产计划，计算运输效率、劳动生产率以及核算运输单位成本的主要基础资料。计算货物周转量通常按发出站与到达站之间的最短距离，也就是计费距离计算。

邮电业务总量 指以价值量形式表现的邮电通信企业为社会提供各类邮电通信服务的总数量。邮电业务量按专业分类包括函件、包件、汇票、报刊发行、邮政快件、特快专递、邮政储蓄、集邮、公众电报、用户电报、传真、长途电话、出租电路、无线寻呼、移动电话、分组交换数据通信、出租代维等。计算方法为各类产品乘以相应的平均单价（不变价）之和，再加上出租电路和设备、代用户维护电话交换机和线路等的服务收入。它综合反映了一定时期邮电业务发展的总成果，是研究邮电业务量构成和发展趋势的重要指标。计算公式为：

邮电业务总量＝∑（各类邮电业务量×不变单价）＋出租代维及其他业务收入

社会消费品零售总额 指批发和零售业、餐饮业、新闻出版业、邮政业和其他服务业等，售予城乡居民用于生活消费的商品和社会集团用于公共消费的商品之总量。社会消费品零售总额包括：

1. 批发和零售业企业（单位）：

（1）售予城乡居民的各种生活消费品；

（2）售予入境旅游的外国人、华侨、港澳台同胞的各类商品；

（3）售予行政事业单位、社会团体、军队和武警等机构的商品，以及以零售方式售予各类企业的商品。具体包括：用于非生产和社会交往的办公用品，如通讯设备、计算器具和设备、电讯网络设备、文印设备、音像视听器材和设备、纸张、本册、文具及装订文印材料、家具、日用电器、针纺织品、清洁卫生用品、文体用品、奖品、纪念品、礼品等；供内部人员乘坐的交通工具和燃料；用于办公设施修缮的各类配件、材料、工具等；用于取暖和防暑降温的设备、燃料、材料及食品等；专用于教学的用品和设备；非营利医疗机构的中、西药品、中药材和医疗设备器材；非专用的劳动保护用品；不对外营业的内部食堂用的餐具、炊具、设备、清洁卫生工具和食品、燃料等；军队、武警用于其人员生活的衣着品和个人用品；其他各类非生产性设备和用品。

2. 餐饮业出售的主食、菜肴、烟酒饮料和其他商品。

3. 新闻出版业、邮政业售予城乡居民、企事业单位、军队和武警等机构的书报杂志、音像制品、邮品等。

4. 其他服务业出售的食品、烟酒饮料、服装鞋帽、日常生活用品、医药保健用品、艺术品、工艺美术品、玩具、殡葬用品以及其他消费品。

消费品市场成交额 指从事消费品交易的商品市场的全部商品成交金额。消费品市场包括农副产品市场和工业消费品市场。

进出口总额 海关进出口总额指实际进出我国国境的货物总金额。包括对外贸易实际进出口货物，来料加工装配进出口货物，国家间、联合国及国际组织无偿援助物资和赠送品，华侨、港澳台同胞和外籍华人捐赠品，租赁期满归承租人所有的租赁货物，进料加工进出口货物，边境地方贸易及边境地区小额贸易进出口货物（边民互市贸易除外），中外合资经营企业、中外合作经营企业、外资独资经营企业进口货物和公用物品，到、离岸价格在规定限额以上的进出口货样和广告品（无商业价值、无使用价值和免费提供出口的除外），从保税仓库提取在中国境内销售的进口货物，以及其他进口货物。进出口总额用以观察一个国家在对外贸易方面的总规模。我国规定出口货物按离岸价格统计，进口货物按到岸价格统计。

利用外资 指我国各级政府、部门、企业和其他经济组织通过对外借款、吸收外资直接投资以及用其他方式筹措的境外现汇、设备、技术等。

对外借款 是我国利用外资的主要部分。指通过对外正式签订借款协议、从境外筹措的资金，包括外国政府贷款、国际金融组织贷款、外国银行商业贷款、出口信贷以及对外发行债券等。1996 年及以前还包括对外发行股票。

外商直接投资 指外国企业和经营组织和个人（包括华侨、港澳台胞以及我国在境外注册的企业）按我国有关政策、法规，用现汇、实物、技术等在我国境内开办外商独资企业、与我国境内的企业和经济组织共同举办中外合资经营企业、合作经营企业或合作开发资源的投资（包括外商投资收益的再投资）以及经政府有关部门批准的项目投资总额，企业从境外借入的资金。

对外承包工程 指各对外承包公司以招标议标承包方式承揽的下列业务：（1）承包国外工程建设项目，（2）承包我国对外经援项目，（3）承包我国驻外机构的工程建设项目，（4）承包我国境内利用外资进行建设的工程项目，（5）与外国承包公司合营或联合承包工程项目时我国公司分包部分，（6）对外承包兼营的房屋开发业务。对外承包工程的营业额是以货币表现的本期内完成的对外承包工程的工作量，包括以前年度签订的合同和本年度新签订的合同在报告期内完成的工作量。

对外劳务合作 指已收取工资的形式向业主或承包商提供技术和劳动服务的活动。我国对外承包公司在境外开办的合营企业，中国公司同时又提供劳务的，其劳务部分也纳入劳务合作统计。劳务合作经营额按报告期内向雇主提交的结算数（包括工资、加班费和奖金等）统计。

存款 指企业、机关、团体和居民根据资金必须收回的原则，把货币资金存入银行和其他信用机构保管并取得一定利息的一种信用活动形式。根据存款对象的不同可划分为企业存款、财政存款、基本建设存款、城镇储蓄存款、农村存款等科目。它是银行信贷资金的主要来源。

贷款 指银行或其他信用机构根据资金必须归还的原则按一定利率，为企业、个人等提供资金的一种信用活动形式。我国银行贷款分为流动资金贷款、固定资产贷款、城乡个体工商户贷款以及农业贷款等科目。

城乡居民储蓄存款余额 指某一时点城乡居民存入银行及农村信用 的储蓄金额，包括城镇居民储蓄存款和农民个人储蓄存款，不包括居民的手存现金和工矿企业、部队、机关、团体等单位存款。

保险金额 指保险人承担赔偿或或者给付保险金责任的最高限额。

小学学龄儿童入学率 指调查范围内已入小学学习的学龄儿童占校内外学龄儿童总数（包括弱智儿童在内，但不包括盲聋哑儿童）的比重。计算公式为：

小学学龄儿童入学率

$$=\frac{\text{已入学的小学学龄儿童数}}{\text{校内外小学学龄儿童总数}}\times 100\%$$

工程技术人员 指在国民经济各行业中从事工程技术工作的自然科学技术专业人员，包括高级工程师、工程师、助理工程师、技术员和未评定职称的技术人员。

农业技术人员 指在国民经济各行业中从事农业技术工作的自然科学技术专业人员，包括高级农艺师、农艺师、助理农艺师、技术员和未评定职称的技术人员。

卫生技术人员 指在国民经济各行业中从事卫生医务工作的自然科学技术专业人员，包括正副主任医师、主治医师、医师、医（护）士和未评定职称的技术人员。

科学研究人员 指在国民经济各行业中从事科学技术活动的自然科学技术专业人员，包括正副研究员、助理研究员、研究实习员、技术员和未评定职称的技术人员。

教学人员 指在国民经济各行业中从事教学活动的专业人员，包括正副教授、讲师、助教、教师和在中学从事教学活动的人员。

等级运动员人数 指经过考试正式批准授予等级运动员称号的人数。运动员等级分为国际级运动健将、运动健将、一级运动员、二级运动员、三级运动员、少年级运动员。

等级裁判员人数 指经考试正式批准授予等级裁判员称号的人数。裁判员等级分为国际裁判、国家级裁判、一级裁判、二级裁判、三级裁判。

医院 指设有固定床位，能收容病人住院并能为病人提供医疗、护理服务的医疗机构，包括县及县以上医院、农村乡卫生院和其他医院三部分。医院按所属性质不同分为卫生部门、工业及其他部门和集体经济单位三类。县及县以上医院按业务性质不同分为综合医院和专科医院。

卫生技术人员 指卫生事业机构支付工资的全部职工中现任职务为卫生技术工作的专业人员，包括中医师、西医师、中西医结合高级医师、护师、中药师、西药师、检验师、其他技师、中医士、西医士、护士、助产士、中药剂师、西药剂师、检验士、其他技士、其他中医、护理员、中药剂员、西药剂员、检验员和其他初级卫生技术人员。

医生 指经卫生部门审查合格，从事医疗工作的专业人员。分为中医医生和西医医生。包括卫生技术人员中的中医师、西医师、中西医结合高级医师、中医士、西医士和其他中医。

社会福利事业单位 指集中收养社会孤老、残、幼的机构，包括由民政部门管理的社会福利院、儿童福利院、精神病人福利院和城镇集体举办的福利院及农村集体举办的敬老院。

社会福利事业单位收养人数 包括民政部门管理和城镇、农村集体举办的社会福利事业单位中收养的老人、少年儿童、缺乏生活自理能力的残疾人员和精神病人。

公证人员 指在国家公证机关依法办理公证事务的司法人员，包括公证员、助理公证员和在公证处工作的其他人员。

调解民间纠纷 指调解委员会依照法律规定，根据自愿原则，用说服教育的方法调解民间发生的有关民事权利和义务的争执，促成当事双方达到协议和谅解，解决纠纷。包括婚姻家庭纠纷，财产权益纠纷等，不包括法院受理调解的民事案件数。

全年供水总量 指公用自来水厂和自备水源的社会单位全年的供水总量，包括有效供给量及损失水量。

生活用水量 指居民日常生活与公共福利设施的用水量，包括居民、饮食店、旅馆、医院、理发店、浴池、洗衣店、游泳池、商店、学校、机关、部队等单位的用水量。

年底实有铺装道路长度 指除土路外，路面经过铺装宽度在 3.5 米以上的道路，包括高级、次高级道路和普通道路。

城市下水道总长度 指所有排水总管、干管、支管及暗渠、检查井、连接井进出水口等长度之和。

能源生产总量 指一定时期内全国（地区）一次能源生产量的总和，是观察全国（地区）能源生产水平、规模、过程构成和发展速度的总量指标。一次能源生产量包括原煤、原油、天然气、水电、核电及其他动力能（如风能、地热能等）发电量。不包括低热值燃料生产量、生物质能、太阳能等的利用和由一次能源加工转换而成的二次能源产量。

能源消费总量 指一定时期内全国（地区）各行业和居民生活消费的各种能源的核算能源消费总量指标。能源消费总量包括原煤、原油及其制品、天然气、电力。不包括低热值燃料、生物质能和太阳能等的利用。能源消费总量分为三部分，即终端能源消费量、能源加工转换损失量和损失量。

终端能源消费量 指一定时期内全国（地区）各行业和居民生活消费的各种能源在扣除了用于加工转换二次能源消费量和损失量以后的数量。

能源加工转换损失量 指一定时期内全国（地区）投入加工转换的各种能源数量之和与产出各种能源产品之和的差额。它是观察能源在加工转换过程中损失量变化的指标。

能源损失量 指一定时期内能源在输送、分配、储存过程中发生的损失和由客观原因造成的各种损失量。不包括各种气体能源放空、放散量。

$$\text{单位 GDP 能耗}=\frac{\text{能源消费总量}}{\text{GDP}}$$

$$\text{单位 GDP 电耗}=\frac{\text{全社会用电量}}{\text{GDP}}$$

$$\text{单位工业增加值能耗}=\frac{\text{工业能源消费量}}{\text{工业增加值}}$$

能源加工转换效率 指一定时期内能源经过加工转换后，产出的各种能源产品的数量与投入加工转换的各种能源数量的比率。它是观察能源加工转换装置和生产工艺先进与落后、管理水平高低等的重要指标。计算公式：

$$\text{能源加工转换效率}=\frac{\text{加工转换产出量}}{\text{加工转换投入量}}\times 100\%$$

大事记

EVENTS

2011年河北省经济与社会发展大事记

一　月

一月四日

下午，全省技能大师培养工程启动仪式暨高技能人才颁奖典礼在省会举行。省委副书记付志方，省委常委、组织部长梁滨，副省长宋恩华出席仪式。

一月五日

下午，省政府召开全省“十二五”规划纲要（草案）座谈会。省委常委、常务副省长赵勇主持座谈会。吕传赞、赵金铎等省级老领导，部分省委委员、省人大代表、省政协委员、人民团体和民主党派代表参加座谈会。

下午，省委常委、常务副省长赵勇在省会中国大酒店会见了日本伊藤忠商事株式会社常务执行董事、中国总代表佐佐木淳一率领的商社代表团一行。

今天，河北省2010年度及“十一五”主要污染物总量减排核查工作汇报会在省会召开。副省长张杰辉出席汇报会。

晚上，“钻石杯”2010年河北十大新闻、年度十大新闻人物评选揭晓暨颁奖典礼在省会河北会堂举行。河北“十一五”十大成就同步揭晓，燕赵都市报感动河北年度人物同时颁奖。

一月六日

上午，冀中能源集团2010年销售收入超千亿利税超百亿元庆祝大会在省会河北会堂召开。省委副书记、省长陈全国，国家安监总局副局长、国家煤矿安监局局长赵铁锤出席庆祝大会并致辞，省人大常委会副主任王增力、省政协副主席赵文鹤出席庆祝大会，省长助理、省政府秘书长尹亚力宣读了省政府贺信。

今天，河北省女性创业促进会年会在省会召开。副省长宋恩华出席会议并讲话。

一月七日

今天，省委、省政府在涿州市召开全省群众工作现场交流会。省委副书记付志方出席会议并讲话，省委常委、组织部长梁滨主持会议，省委常委、政法委书记张越，省人大常委会副主任、省总工会主席马兰翠，副省长龙庄伟，省委秘书长景春华出席会议。

今天，全省科技工作会议在省会召开。副省长龙庄伟出席会议并讲话，省政协副主席段惠军出席会议。

下午，承德避暑山庄及周围寺庙文化遗产保护工程领导小组第一次会议在承德召开。工程领导小组组长、国家文物局局长单霁翔，副省长孙士彬出席会议并讲话。

一月八日

今天，省委副书记、省长陈全国到围场满族蒙古族自治县看望慰问基层干部群众，就贯彻落实胡锦涛总书记视察御道口村时的重要讲话精神、深入推进社会主义新农村建设进行调研。省委常委、组织部长梁滨一同调研。省长助理、省政府秘书长尹亚力陪同调研。

今天，省委常委、常务副省长赵勇在创先争优活动联系点固安县调研。

下午，华药集团华民公司与九州通医药公司、广东济生堂药业公司等大型医药商业企业在北京钓鱼台国宾馆签署战略合作协议。副省长孙士彬、省政协副主席王玉梅出席签约仪式。

一月九日

今天，省十一届人大常委会第二十一次会议在石家庄举行。

一月十日

上午，美的邯郸工业园生产的首台家用空调正式下线。省委副书记、省长陈全国宣布生产线正式投产。省委常委、副省长杨崇勇，美的集团董事局主席何享健出席仪式。

上午，邯郸市政府与美的集团签署了地产、现代物流基地合作协议。陈全国、杨崇勇、何享健出席签约仪式。

上午，现代（邯郸）国际汽贸城在邯郸市开工建设。省委副书记、省长陈全国宣布项目开工。省委常委、副省长杨崇勇，韩国现代建设集团代表理事金正浩出席开工仪式。

上午，河北省重点引智工程启动暨第二批院士工作站授牌仪式在石药集团举行。

上午，民盟河北省委召开九届四次全委会。副省长、民盟省委主委龙庄伟出席会议并作常委会工作报告。

下午，省委常委、常务副省长赵勇在省会中国大酒店会见了香港特别行政区政府驻京办主任曹万泰一行。

下午，全省推广建筑劳务实名制“一卡通”工作电视电话会议在省会召开。副省长宋恩华出席会议并讲话。

一月十一日

上午，政协河北省第十届委员会第四次会议在省会河北会堂开幕。省政协主席刘德旺，副主席高喜同、赵文鹤、王玉梅、田向利、段惠军、丛斌、孔小均、武四海、王刚，秘书长安云昉在主席台前排就座。刘德旺向大会作政协河北省第十届委员会常务委员会工作报告。应邀出席大会并在主席台就座的有中共河北省委、省人大常委会、省政府、省军区领导，省法院院长、省检察院检察长：张云川、陈全国、付志方、赵勇、杨崇勇、梁滨、张彦欣、刘永瑞、聂辰席、孙瑞彬、景春华、柳宝全、宋长瑞、侯志奎、王增力、马兰翠、黄荣、宋恩华、张和、孙士彬、龙庄伟、张杰辉、高勇、张德利。十一届全国政协民族和宗教委员会副主任赵金铎，曾担任过省级领导职务的部分同志叶连松、李文珊、吕传赞、赵世居、刘作田、张士儒、何少存、吴振华、韩葆珍、张群生、王加林、白润璋、杨新农、郭世昌、冯文海、刘健生、陈秀芳、秦朝镇、王建忠、赵铁练、刘德忠、李有成也应邀出席大会并在主席台就座。

下午，省委书记张云川在省会石家庄会见了中国商用飞机有限公司董事长、常委书记张庆伟一行。省委常委、常务副省长赵勇，省委常委、秘书长景春华，副省长宋恩华参加会见。

晚上，省委副书记、省长陈全国，省委常委、常务副省长赵勇，省委常委、石家庄市委书记孙瑞彬，副省长宋恩华考察了省会石家庄的夜景工程。

一月十二日

上午，省十一届人大四次会议在省会河北会堂开幕。主席团常务主席张云川、柳宝全、宋长瑞、侯志奎、王增力、马兰翠、黄荣、赵曙光在主席台前排就座。张云川主持会议。省长陈全国代表省政府向大会作了《关于河北省国民经济和社会发展第十二个五年规划纲要的报告》。出席大会并在主席台就座的有：陈全国、付志方、刘德旺、赵勇、杨崇勇、梁滨、臧胜业、张彦欣、刘永瑞、聂辰席、孙瑞彬、景春华、芇福成、宋恩华、张和、孙士彬、龙庄伟、张杰辉、高喜同、赵文鹤、王玉梅、田向利、段惠军、丛斌、孔小均、武四海、王刚、高勇、张德利、张树德、李庆安、赵海滨、张圣荣、郭新元、赵建军、薛爱国、宋兵役、王成、杨隽。十一届全国人大代表刘振华、余振贵、詹福瑞，十一届全国政协民族和宗教委员会副主任赵金铎应邀在主席台就座。原省领导赵世居、吴振华、韩葆珍、张群生、王加林、白润璋、杨新农、冯文海、刘健生出席大会并在主席台就座。担任过省级领导职务的老同志叶连松、李文珊、吕传赞、刘作田、张士儒、何少存、陈秀芳、秦朝镇、赵铁练、刘德忠、李有成应邀出席大会并在主席台就座。

下午，省委副书记、省长陈全国参加了沧州代表团和张家口代表团的审议。

一月十三日

上午，省委副书记、省长陈全国参加了省政协十届四次会议经济二组的讨论。

下午，省政协十届四次会议举行第二次全体会议，13位省政协委员发言，为推进河北省经济社会又好又快发展建言献策。省领导张云川、陈全国、付志方、赵勇、梁滨、臧胜业、张彦欣、刘永瑞、聂辰席、张越、孙瑞彬、景春华、宋恩华、孙士彬、龙庄伟、张杰辉到会听取发言。

下午，副省长宋恩华在省会中国大酒店会见了东方航空集团党组副书记、东航股份有限公司总经理马须伦一行。

一月十四日

1月12日至今日，农业部副部长张桃林率国务院打击侵犯知识产权和制售假冒伪劣商品专项行动督查组在石家庄和廊坊督导检查工作，并听取河北省打击侵犯知识产权和制售假冒伪劣商品专项行动情况汇报。省委常委、副省长杨崇勇主持汇报会。

下午，省委常委、常务副省长赵勇在中国大酒店会见了神华集团总经理张玉卓一行。

一月十五日

下午，政协河北省第十届委员会第四次会议在石家庄闭幕。省政协主席刘德旺主持会议，副主席赵文鹤、王玉梅、田向利、段惠军、丛斌、孔小均、武四海、王刚、崔江水，秘书长安云昉在主席台前排就座。张云川、陈全国、付志方、赵勇、杨崇勇、梁滨、臧胜业、张彦欣、刘永瑞、聂辰席、张越、孙瑞彬、景春华、柳宝全、宋长瑞、侯志奎、王增力、马兰翠、黄荣、宋恩华、张和、孙士彬、龙庄伟、张杰辉、高喜同、高勇、张德利等应邀出席大会并在主席台就座。曾担任过省级领导职务的部分同志应邀出席大会并在主席台就座。

一月十六日

下午，省十一届人大四次会议在石家庄闭幕。主席团常务主席张云川、柳宝全、宋长瑞、侯志奎、王增力、马兰翠、黄荣、赵曙光在主席台前排就座。张云川主持会议。出席大会并在主席台就座的有：陈全国、付志方、刘德旺、赵勇、杨崇勇、梁滨、臧胜业、张彦欣、刘永瑞、聂辰席、张越、孙瑞彬、景春华、芇福成、谢计来、宋恩华、张和、孙士彬、龙庄伟、张杰辉、沈小平、高喜同、赵文鹤、王玉梅、田向利、段惠军、孔小均、王刚、崔江水、高勇、张德利、李庆安、赵海滨、赵建军、薛爱国、宋兵役、王成、张圣荣、郭新元。担任过省级领导职务的老同志应邀出席大会并在主席台就座。

今天，河北省第十一届人民代表大会第四次会议主席团发布公告：河北省第十一届人民代表大会第四次会议于2011年1月16日选举沈小平为河北省人民政府副省长。

日前，省委副书记、省长陈全国在石家庄会见了国家开发银行监事长姚中民一行。省委副书记付志方，省委常委、常务副省长赵勇，省长助理、省金融办主任江波一同会见。

一月十七日

上午，省委常委、常务副省长赵勇在中国大酒店会见了中石化集团公司总经理助理、中石化北京燕山分公司董事长、常委书记王永健一行。

下午，省委副书记、省长陈全国在省直文化系统调研。省委常委、常务副省长赵勇，省委常委、宣传部长聂辰席，副省长孙士彬一同调研。

日前，副省长张杰辉在石家庄市就工业经济发展情况进行调研。

一月十八日

上午，省委召开议军会议，传达上级军事机关有关会议精神，听取省军区工作汇报，对进一步加强国防后备力量建设问题进行研究。省委书记、省军区党委第一书记张云川，省委副书记、省长陈全国讲话。省领导和省军区领导付志方、刘德旺、赵勇、杨崇勇、臧胜业、张彦欣、芇福成、聂辰席、张越、孙瑞彬、景春华、柳宝全、宋恩华、丁振华、赵海滨、李光聚、李钟铮、邓汉桥、张圣荣等出席。省委常委、省军区政委张彦欣汇报了省军区2010年度工作任务完成情况和新一年度工作安排意见，省军区司令员芇福成传达了上级军事机关有关会议精神。

上午，全省党管武装工作述职电视电话会议在省军区召开。省委书记、省军区党委第一书记张云川主持会议并讲话。省领导及省军区领导陈全国、赵勇、杨崇勇、张彦欣、芇福成、景春华、宋恩华、丁振华、赵海滨、李光聚、李钟铮、邓汉桥、张圣荣等在主会场出席会议。

下午，省委副书记、省长陈全国、副省长张和在廊坊会见了中国联通集团公司总经理陆益民一行。

一月十九日

下午，省委、省政府在省会河北会堂召开全省人才工作座谈会。省委副书记付志方出席并讲话，省委常委、常务副省长赵勇发表书面讲话，省委常委、组织部长梁滨主持会议，省人大常委会副主任、省委组织部副部长谢计来出席会议。

一月二十日

上午，省委常委、常务副省长赵勇在省会中国大酒店会见了中国保监会副主席杨明生一行。省长助理、省金融办主任江波参加会见。

上午，省政协十届四次会议提案交办会在省会召开。省政协主席刘德旺，省委常委、常务副省长赵勇，省委常委、秘书长景春华出席会议并讲话。省政协副主席赵文鹤主持会议。省政协秘书长安云昉出席会议。

下午，省委常委、常务副省长赵勇在省会中国大酒店会见了中美可持续发展中心美方理事长威廉·麦克唐纳一行。

下午，省政府与中国华电集团公司在省会河北会堂签署《深化战略合作框架协议》。省委常委、常务副省长赵勇，中国华电集团公司总经理云公民出席签字仪式。签字仪式前，赵勇会见了云公民一行。

今天，省十一届人大四次会议代表建议交办暨2010年度优秀代表建议和先进承办单位表彰会议在省会召开。省委常委、常务副省长赵勇，省人大常委会常务副主任柳宝全，副主任侯志奎，秘书长赵曙光出席会议。

今天，省委常委、副省长杨崇勇，省人大常委会副主任谢主来，省政协副主席田向利一行到秦皇岛市走访慰问。

今天，全省政法工作会议在省会召开。

今天，河北煤矿安全监察工作会议在省会召开，副省长张杰辉出席会议并讲话。

一月二十一日

上午，全国国企改革发展工作会议在省会河北会堂召开。副省长张杰辉出席会议并讲话。

今天，省直（中直）机关老同志工作通报会在省会河北会堂召开。省委常委、常务副省长赵勇，省委常委、组织部长梁滨代表省委、省政府向省直（中直）机关老领导、老同志分别通报了近几年河北省经济社会发展形势和党的建设工作情况。

一月二十三日

中午，副省长张杰辉在省会中国大酒店会见了首钢董事长朱继民一行。

一月二十四日

下午，省委副书记、省长陈全国在省会石家庄会见了中国建设银行董事长郭树清一行。省委常委、常务副省长赵勇，省长助理、省政府秘书长尹亚力，省长助理、省金融办主任江波一同会见。

下午，河北省召开金牌工人、能工巧匠座谈会，省人大常委会副主任、省总工会主席马兰翠主持，副省长张杰辉出席会议并讲话。

一月二十五日

上午，省委副书记、省长陈全国，省委常委、政法委书记张越，省人大常委会常务副主任柳宝全，省政协副主席赵文鹤到衡水饶阳县走访慰问老党员、劳动模范、特困职工和困难群众。

上午，副省长孙士彬带领检查组在石家庄检查药品企业安全生产工作。

今天，省委常委、常务副省长赵勇，省人大常委会副主任马兰翠，省政协副主席崔江水到邯郸走访慰问。

今天，省委常委、省纪委书记臧胜业，副省长龙庄伟，省政协副主席段惠军到沧州走访慰问。

今天，省委常委、省军区政委张彦欣，副省长张杰辉，省政协副主席孔小均到承德走访慰问。

一月二十六日

上午，省委、省政府在石家庄召开全省文化建设工作会议，省委书记、省人大常委会主任张云川主持会议并讲话，省委副书记、省长陈全国出席会议并讲话。

一月二十七日

下午，省政府召开全省食品安全专项整治行动动员和安全生产电视电话会议。省委常委、常务副省长赵勇，副省长孙士彬、张杰辉出席会议。

下午，省委常委、常务副省长赵勇在省会中国大酒店会见华润（集团）有限公司副董事长王帅廷一行。副省长沈小平参加会见。

下午，副省长宋恩华来到石家庄火车站，检查春运工作。

下午，全省统战系统举行迎新春联欢会，省委常委、统战部长刘永瑞，省人大常委会副主任、省工商联主席黄荣，副省长、省民盟主委龙庄伟出席联欢会。

今天，全省机构编制工作会议在石家庄召开，省委常委、常务副省长赵勇出席会议并讲话。

今天，省委常委、常务副省长赵勇在省会中国大酒店会见中国航空工业集团公司副总经理耿汝光一行。

今天，省卫生厅——德国国际合作机构食品安全合作项目签约仪式在省会亚太大酒店举行。副省长孙士彬出席签约仪式。

一月二十八日

下午，省长陈全国主持召开省政府第八十次常务会议，安排部署春节前后各项工作。会议还研究了其他事项。

下午，省政府在省会河北会堂召开"一抗双保"工作电视电话会议。副省长沈小平出席会议并讲话。

一月二十九日

1月27日至今日，省委、省政府领导分组走访慰问驻石的原省委书记、省军区正军职以上离退休老干部、驻石的副省级以上离退休老干部、享受副省级医疗待遇老干部及部分住院的地厅级离休干部，向他们致以新春的祝福。省委副书记、省长陈全国，省委常委、常务副省长赵勇，省委常委、副省长杨崇勇进行了走访慰问。

上午，省委副书记、省长陈全国在石家庄检查市场供应、春运、社会治安和安全生产工作。省委常委、副省长杨崇勇，省委常委、石家庄市委书记孙瑞彬，副省长宋恩华一同检查。

下午，省政府顾问张和来到省通信管理局、省专用通信局、中国电信石家庄分公司，慰问坚守岗位的一线职工。

一月三十日

上午，河北省暨石家庄市军地领导在河北会堂举行座谈，喜迎新春佳节，畅叙鱼水情谊，共商发展大计。省委书记、省人大常委会主任张云川主持会议。

上午，省委副书记、省长陈全国在石家庄会见了国家质检总局局长支树平一行。省委常委、副省长杨崇勇，省长助理、省政府秘书长尹亚力一同会见。

上午，省委、省政府和石家庄市委、市政府在省会中国大酒店举行2011年春节团拜会。省委书记、省人大常委会主任张云川，省委副书记、省长陈全国，省政协主席刘德旺等省领导同各界人士600多人欢聚一堂，辞旧迎新，同贺新春，共庆佳节。陈全国发表讲话，省委常委、常务副省长赵勇主持团拜会。

上午，省委副书记、省长陈全国在石家庄会见了来河北省检查节日市场供应情况的商务部副部长高虎城一行。省委常委、常务副省长赵勇，副省长沈小平一同会见。

今天，商务部副部长高虎城来河北省调研市场供应情况并与省商务部门及蔬菜供销企业负责人举行座谈会。副省长孙士彬主持会议，副省长沈小平陪同考察。

下午，副省长张杰辉在省会石家庄检查安全生产工作。

晚上，省军民迎新春双拥文艺晚会在省会河北会堂举行。省领导及驻冀部队领导梁滨、张彦欣、刘永瑞、聂辰席、芾福成、侯志奎、孙士彬、田向利出席晚会。

一月三十一日

今天，省政府办公厅转发《国务院办公厅关于进一步做好当前抗旱工作的通知》，并要求加强对抗旱工作的领导，搞好旱情监测预报，切实做好抗旱的各项准备，最大程度减轻干旱损失。

二　月

二月三日

2月1日至今日，中共中央总书记、国家主席、中央军委主席胡锦涛和随行的中共中央书记处书记、中央办公厅主任令计划，中共中央书记处书记、中央政策研究室主任王沪宁，在省委书记张云川，省长陈全国，省委常委、政法委书记张越，省委常委、秘书长景春华和保定市领导的陪同下，来到保定市看望慰问基层干部群众，与大家共度春节。胡锦涛先后到保定市区、易县等地，走进车站、下到麦田、访问农家、看望情况部队官兵。在保定期间，胡锦涛听取了河北省委和省政府的工作汇报，对"十一五"时期河北改革开放和社会主义现代化建设取得的成绩给予充分肯定。总书记希望河北广大干部群众高举中国特色社会主义伟大旗帜，以邓小平理论和"三个代表"重要思想为指导，深入贯彻落实科学发展观，按照党的十七大和十七届三中、四中、五中全会精神及中央经济工作会议提出的要求，坚持以科学发展为主题、以加快转变经济发展方式为主线，牢牢把握机遇，不断开拓进取，做好改革发展稳定各项工作，努力实现"十二五"时期河北经济社会发展良好开局，以优异成绩迎接中国共产党成立90周年。

下午，省委常委会在保定市召开会议，传达学习胡锦涛总书记考察河北时的重要讲话精神。省委书记张云川主持会议并讲话。省委常委在讨论中认为，2月1日至今日，胡锦涛总书记来到保定市，看望慰问基层干部群众，同大家一起喜迎新春并考察指导工作，这充分体现了以胡锦涛同志为总书记的党中央以人为本、执政为民的情怀和深入基层、求真务实的作风，体现了对河北人民的亲切关怀，对河北各项工作是极大的促进。胡锦涛总书记视察河北期间所作的重要讲话，内涵丰富、思想深刻、语重心长，对河北发展具有十分重大和深远的指导意义。总书记对河北省工作的肯定，是对全省各级干部莫大的鼓舞和鞭策，坚定了我们办好河北事情的信心和决心；对下一步发展提出的希望和要求，给我们指明了今后的发展方向，给了我们强大的精神动力。我们要把学习贯彻胡锦涛总书记的重要讲话精神，作为当前的一项重要政治任务，引导全省各级党委、政府和广大党员干部，领会精神实质，把握主要要求，以高度负责的态度扎实有效地做好各项工作。

二月九日

下午，省长陈全国主持召开省政府第八十一次常务会议，传达学习胡锦涛总书记考察河北时的重要讲话精神，安排部署当前工作。

二月十日

上午，省政府召开全省抗旱促春管电视电话会议。省委副书记、省长陈全国出席会议并讲话。省委常委、省纪委书记、省农村工作领导小组组长臧胜业主持会议，副省长沈小平对加强春季麦田管理作了具体部署。省长助理、省金融办主任江波出席会议。

上午，省委常委、常务副省长、省民营经济领导小组组长赵勇主持召开省民营经济领导小组第一次全体会议，省人大常委会副主任、省工商联主席黄荣，副省长、省民营经济领导小组副组长张杰辉出席会议。

下午，全国粮食生产电视电话会议后，河北省在河北会堂召开电视电话会议，贯彻国务院会议精神，安排部署河北省粮食生产工作。省委副书记、省长陈全国出席会议并讲话，副省长沈小平主持会议。

下午，省政府召开食品安全专项整治专题会议，省委常委、常务副省长、省食品安全专项整治行动领导小组组长赵勇，副省长、省食品安全专项整治行动领导小组副组长孙士彬出席会议并讲话。

二月十一日

上午，省委副书记、省长陈全国在石家庄市调研工业项目技改升级工作。省委常委、石家庄市委书记孙瑞彬，副省长张杰辉，省长助理、省政府秘书长尹亚力一同调研。

上午，省委常委、常务副省长赵勇到京石客运专线正定机场站和石家庄新客站建设工地现场办公，专题调度工程建设情况。

下午，省人口与计划生育领导小组组长、省长陈全国主持召开省人口与计划生育领导小组会议。省委常委、宣传部长聂辰席，省人大常委会副主任马兰翠，副省长孙士彬出席会议。

今天，全省城镇建设三年上水平工作领导小组会议在省会召开。副省长宋恩华出席会议并讲话。

今天，省安委会第十一次全体会议在省会召开。副省长张杰辉出席会议并讲话。

今天，副省长沈小平在邯郸、邢台等地就小麦苗情和抗旱准备工作进行调研。

二月十二日

上午，西柏坡干部学院（河北行政学院）及西柏坡圣地城红色胜典主题公园一期工程举行开工奠基仪式。

今天，省委副书记、省长陈全国在西柏坡高速公路现场办公并召开会议，听取省交通运输厅关于西柏坡高速公路建设进展情况汇报，对下步工作进行安排部署。省委常委、常务副省长赵勇，省委常委、石家庄市委书记孙瑞彬，副省长宋恩华，省长助理、省政府秘书长尹亚力参加现场办公。

二月十四日

上午，省委书记张云川来到河北钢铁集团就进一步推动企业和河北省钢铁产业发展同集团领导班子进行座谈。省委常委、秘书长景春华，副省长张杰辉参加座谈。

上午，省委副书记、省长陈全国到石家庄市实地考察了正定新区三里屯回迁区、太行大街和环城水系三标段泊水公园施工现场。

下午，陈全国主持召开省政府第八十二次常务会议，研究部署正定新区和环城水系建设工作。会议还研究了其他事项。

今天，省现代物流业发展领导小组会议在省会召开。省委常委、副省长杨崇勇出席会议并讲话。

二月十五日

2月14日至今日，国务院残工委副主任、民政部副部长窦玉沛，中国残联副主席吕世明率国务院残工委检查组在河北省检查残疾人事业“十一五”发展纲要落实情况。省委副书记付志方，省委常委、常务副省长赵勇分别会见了检查组一行，省委常委、统战部长刘永瑞代表河北省与检查组交换了意见，副省长宋恩华汇报了河北省残疾人事业“十一五”工作情况。

二月十六日

上午，省委、省政府在石家庄召开全省对外开放大会。省委副书记、省长陈全国出席会议并讲话，省委常委、副省长杨崇勇讲话，省委常委、省纪委书记臧胜业主持会议，省人大常委会副主任黄荣、省政协副主席赵文鹤出席会议，省长助理、省政府秘书长尹亚力宣读了省政府关于表彰全省对外开放先进单位的决定。与会领导为受表彰的先进单位代表颁发了奖牌。

下午，省委副书记、省长陈全国在石家庄会见了民政部部长李立国一行。省委常委、石家庄市委书记孙瑞彬，副省长宋恩华、张杰辉，省长助理、省政府秘书长尹亚力一同会见。

2月15日至今日，民政部部长李立国一行就农村社会养老工作到邯郸市调研。副省长宋恩华陪同调研。

二月十七日

上午，省政府在省会河北会堂召开全省安全生产工作电视电话会议，省委副书记、省长陈全国出席会议并讲话。会议通报了2010年安全生产责任目标考核结果，陈全国与设区市代表和省直单位代表签订了2011年安全生产目标管理责任书，副省长张杰辉出席会议并讲话，省长助理、省政府秘书长尹亚力主持会议。

今天，省委常委、常务副省长赵勇带领省直相关部门负责同志到保定市进行现场办公。

二月十八日

今天，河北省在涿州市召开一季度环首都片重点建设项目调度会议。省委常委、常务副省长赵勇出席会议并讲话，副省长张杰辉主持会议。

今天，副省长宋恩华率省民政厅负责同志和有关人员到顺平县调研养老服务体系建设工作。

下午，河北省环首都绿色经济圈建设领导小组召开第二次会议。省委常委、常务副省长、环首都绿色经济圈建设领导小组组长赵勇出席会议并讲话。

二月二十日

上午，省委常委、副省长杨崇勇在省会白楼宾馆会见了西藏自治区阿里地委副书记、行署专员达娃扎西率领的代表团。

上午，全省百机千人抗旱找水打井大会战正式拉开序幕，副省长张杰辉、国土资源部副部长汪民在易县石家统村共同启动钻机。

二月二十一日

上午，省委常委、常务副省长赵勇在省会中国大酒店会见了日本双日株式会社中国总代表川崎一彦一行。

下午，省处理信访突出问题及群体性事件联席会议2011年第一次全体会议召开。

二月二十二日

下午，在收听收看了全国加强职业培训工作电视电话会议后，河北省召开加强职业培训工作会议。

下午，全省化解农村义务教育债务工作电视电话会议在省会召开。省委常委、常务副省长赵勇出席会议并讲话，副省长龙庄伟主持会议。

今天，省委常委、常务副省长赵勇在石家庄中国大酒店会见了华北电网有限公司董事长、常组书记马宗林一行。

今天，全省食品药品监管工作会议在省会召开。副省长孙士彬出席会议并讲话。

今天，农业部副部长高鸿宾一行到石家庄市督导抗旱促春管工作，副省长沈小平陪同督导。

二月二十三日

今天，省综治委2011年第一次全体会议在省会召开。

下午，省委常委、常务副省长赵勇就医改工作到唐山进行调研。

二月二十四日

上午，省委书记、省人大常委会主任张云川，省委副书记、省长陈全国在省会会见了中央纪委副书记干以胜一行。省委常委、省纪委书记臧胜业，省委常委、秘书长景春华参加会见。

上午，曹妃甸内蒙古临港产业园建设座谈会在唐山市曹妃甸新区举行。

今天，省政府办公厅下发《关于全力以赴打好以抗旱浇麦为主的麦田管理攻坚战的紧急通知》，从2月25日到3月27日，派出由省有关部门组成的督导组，对54个小麦主产县（市、区）的抗旱促春管工作进行督导。

二月二十五日

2月24日至今日，全省农村工作会议在省会召开。省委书记张云川，省委副书记、省长陈全国，省委常委、省纪委书记臧胜业，省委常委、秘书长景春华，省政府顾问张和、副省长沈小平会见了受表彰的县（市）村代表。陈全国、臧胜业、张和、沈小平出席会议并讲话，景春华宣读了省委、省政府关于表彰2010年度河北省推进社会主义新农村建设先进县（市）和农村新民居建设优秀示范村的决定和关于表彰农村改革先进县（市）的决定。与会领导为获奖代表颁发了奖牌。

下午，唐山国家高新技术产业开发区揭牌仪式暨建设推进大会在唐山南湖维景国际酒店会议中心隆重举行。全国政协副主席、科技部部长万钢，省委常委、常务副省长赵勇共同为唐山国家高新技术产业开发区揭牌。科技部副部长曹健林宣读了《国务院关于同意唐山高新技术产业园区升级为国家高新技术产业开发区的批复》。副省长龙庄伟、省政协副主席王玉梅出席会议。

二月二十八日

上午，省委、省政府在石家庄河北会堂召开全省科学技术奖励大会。省领导张云川、陈全国、付志方、刘德旺、梁滨、聂辰席、景春华、柳宝全、龙庄伟出席大会并为获奖代表颁奖。省委副书记、省长陈全国讲话，省委副书记付志方主持会议。

上午，省委、省政府在省会河北会堂召开大会，总结河北省对口支援四川平武县地震灾后恢复重建和参与2010年上海世博会工作，表彰作出突出贡献的先进集体、工作模范和先进个人。省领导张云川、陈全国、付志方、杨崇勇、梁滨、聂辰席、景春华、王增力、沈小平、赵文鹤会见了先进集体、工作模范和先进个人代表，并与大家合影留念。杨崇勇出席总结表彰大会并讲话，王增力、赵文鹤出席大会。

上午，省委副书记、省长陈全国在石家庄会见了春秋航空股份有限公司董事长王正华一行。副省长宋恩华一同会见。会见后，省政府与春秋航空公司签署了《共同推进河北航空运输发展的战略合作框架协议》，宋恩华、王正华分别代表双方签字。

上午，省政府在省会河北会堂召开全省推动商贸流通业发展电视电话会议。省委常委、副省长杨崇勇出席会议并讲话。

上午，中国（衡水）英利光伏产业园一期150兆瓦太阳能完整产业链项目签约奠基仪式在衡水经济开发区北区举行。副省长沈小平参加签约奠基仪式。

下午，省政府在省会河北会堂召开药品安全专项整治工作电视电话会议。副省长孙士彬出席会议并讲话。

下午，省政府在邯郸召开全省工业企业技术改造现场会。省委副书记、省长陈全国作书面讲话。副省长张杰辉出席会议并讲话，省长助理、省政府秘书长尹亚力，省长助理、省金融办主任江波出席会议。

今天，副省长沈小平在衡水就农业产业化和抗旱促春管工作进行调研。

三　月

三月一日

今天，省委、省政府在省会河北会堂召开全省教育工作会议。省委书记张云川，省委副书记、省长陈全国出席会议并讲话。省委副书记付志方主持会议。教育部党组副书记、副部长杜玉波到会并讲话。省领导刘德旺、梁滨、景春华、柳宝全、马兰翠、龙庄伟、王玉梅出席会议。会上，表彰了2010年全省教育工作先进县（市、区），并向获奖代表颁发了奖牌。

今天，刘永瑞、王刚等部分驻冀全国政协委员乘火车抵达北京，出席即将召开的全国政协十一届四次会议。

下午，国务院贯彻落实《全民健身计划（2011—2015年）》电视电话会议后，省政府召开电视电话会议，就贯彻实施《计划》进行了全面部署。副省长孙士彬出席会议并讲话。

三月二日

上午，省政府在省会河北会堂召开全省保障性安居工程工作电视电话会议。省委副书记、省长陈全国代表省委、省政府致信。副省长宋恩华出席会议并讲话。

上午，省工业和信息化厅在石家庄举行“河北省民营经济组织人才队伍建设提高工程暨河北省中小企业发展名家讲坛”启动仪式。省委常委、组织部长梁滨宣布工程启动，副省长张杰辉讲话。

下午，出席十一届全国人大四次会议的省直和石家庄市部分代表从石家庄乘火车抵京。

三月三日

下午，出席十一届全国人大四次会议的河北省代表团举行全体会议。省委书记、省人大常委会主任张云川主持会议。经表决，推选张云川为河北代表团团长，陈全国、付志方、柳宝全、黄荣、沈小平、丛斌为副团长。

三月五日

2月28日至今日，省委常委、常务副省长赵勇率省经贸代表团访问日本。访日期间，代表团就深化河北省与日本的经贸合作、推进中日唐山曹妃甸生态工业园的开发建设，与日本政界、经济界、新闻界等社会各界人士进行了广泛接触，达成了广泛共识，收到了良好效果。

三月六日

上午，省政府在涿州市召开环首都绿色经济圈造林绿化动员大会。

上午，河北人才家园首期项目在涿州举行开工奠基仪式，保定、廊坊两市8县（市、区）的“人才家园”工程同时启动。省委常委、常务副省长赵勇出席开工奠基仪式并宣布环首都绿色经济圈“人才家园”工程项目开工，副省长宋恩华出席并讲话。

三月七日

上午，河北省南水北调工程文物保护成果展在省博物馆开幕。副省长孙士彬出席开幕式。

三月八日

上午，中共中央政治局常委、全国人大常委会委员长吴邦国参加了在人民大会堂河北厅举行的河北省代表团全体会议，与代表们一同审议报告。中共中央政治局委员、国务委员刘延东，全国人大常委会副委员长周铁农，全国人大常委会副委员长兼秘书长李建国参加审议。省委书记、省人大常委会主任张云川主持会议。陈全国、刘学库、陈国鹰、王义芳、王志刚、王社平、赵宝勤、柳宝全等代表先后发言。

上午，全省旅游业发展电视电话会议在省会河北会堂召开。省委常委、副省长杨崇勇出席会议并讲话。

三月九日

今天，全省环境保护工作会议在省会召开。省长陈全国代表省委、省政府致信会议。副省长张杰辉出席会议并讲话。

下午，省政府与铁道部在北京举行推进河北铁路建设发展座谈会。铁道部部长盛光祖、副部长陆东福，省委副书记、省长陈全国，省委常委、常务副省长赵勇出席座谈会。

三月十一日

上午，省委副书记、省长陈全国在北京会见了雨润集团董事局主席祝义才一行。副省长沈小平，省长助理、省政府秘书长尹亚力一同会见。

今天，省政府与国家开发银行在北京签署“十二五”开发性金融合作备忘录。省委书记张云川，省委副书记、省长陈全国，省委常委、常务副省长赵勇，省委常委、秘书长景春华，副省长宋恩华；国家开发银行董事长陈元、行长蒋超良、监事长姚中民、副行长李吉平等出席签字仪式。

今天，省委常委、副省长杨崇勇在北京拜会了中国医药集团、中国建材集团董事长宋志平，并代表省政府与中国医药集团签署战略合作框架协议。

三月十二日

今天，全省深化农村医药卫生体制综合改革试点工作动员会议在香河县召开。

三月十五日

上午，河北省旭阳集团与卡博特（中国）投资有限公司在北京钓鱼台国宾馆正式签署协议，双方将合作在邢台县建设优质炭黑项目。

三月十六日

今天，省领导张云川、陈全国、付志方、刘德旺、刘永瑞、孙瑞彬、柳宝全、侯志奎、马兰翠、张杰辉、沈小平、赵文鹤、段惠军、丛斌、孔小均、王刚等，与省会各界干部群众共3000余人，来到平山西柏坡参加义务植树活动。

3月14日至今日，由广西壮族自治区党委书记、自治区人大常委会主任郭声琨，自治区党委副书记、自治区主席马飚率领的广西党政代表团到河北省考察访问。省委书记、省人大常委会主任张云川，省委副书记、省长陈全国等陪同部分考察活动并与代表团一行进行座谈。

下午，省委副书记、省长陈全国在石家庄会见了国务院南水北调办公室副主任于幼军一行。省政府顾问张和，省长助理、省政府秘书长尹亚力一同会见。

三月十七日

上午，河北省人才工作信息化建设工程正式启动，河北人才网同时开通。省委常委、组织部长梁滨宣布省人才工作信息化建设工程启动，与副省长宋恩华共同开启新版河北人才网。

下午，省政府召开全省春季麦田管理工作电视电话会议。省委副书记、省长陈全国出席会议并讲话。副省长沈小平对小麦春管工作进行了部署，省长助理、省政府秘书长尹亚力主持会议。

今天，省地方志编纂委员会工作会议在省会召开。省委常委、常务副省长、省地方志编纂委员会主任赵勇出席会议并讲话，省人大常委会原副主任、省地方志编纂委员会副主任、《河北省志》总纂龚焕文出席会议。

三月十八日

上午，省委副书记、省长陈全国在石家庄会见了新恒基国际集团董事局主席高敬德一行。副省长宋恩华，省长助理、省政府秘书长尹亚力一同会见。

上午，全省应对食盐抢购确保食盐供应和价格稳定电视电话会议在省会河北会堂召开。省委常委、常务副省长赵勇出席会议并讲话。

下午，省长陈全国主持召开省政府第八十四次常务会议，听取全省食品药品安全工作情况汇报，学习传达国务院南水北调工程建设委员会第五次全体会议精神，安排部署本省南水北调工程建设工作。会议还研究了其他事项。

三月二十一日

下午，省委副书记、省长陈全国召开会议听取全省工业经济运行和工业重点项目建设情况汇报。省委常委、常务副省长赵勇，副省长张杰辉，省长助理、省政府秘书长尹亚力，省长助理、省金融办主任江波一同听取汇报。

三月二十二日

下午，省委副书记、省长陈全国召开会议专题听取石家庄新客站、正定机场高铁站建设情况汇报。省委常委、常务副省长赵勇，省委常委、石家庄市委书记孙瑞彬，省长助理、省政府秘书长尹亚力一同听取汇报。

三月二十三日

今天，2011年全省保障性安居工程建设项目集中开工仪式在邯郸市利民苑小区举行，邯郸市利民苑小区等三个保障性安居工程集中开工。副省长宋恩华出席开工仪式。

三月二十四日

3月21日至今日，中共中央政治局委员、中央政法委副书记、中央综治委副主任王乐泉在省委书记张云川、省长陈全国分别陪同下，到沧州市、衡水市、石家庄市，深入了解各地经济社会发展和基层政法综治工作情况，就全国“两会”精神、省部级主要领导干部社会管理及其创新忖题研讨班的重要部署和全国政法工作会议精神的贯彻落实进行调研。省领导付志方、张越、孙瑞彬、景春华、宋恩华等也分别陪同调研。

今天，省政府在省会河北会堂召开全省金融工作电视电话会议。

三月二十五日

今天，省政府在省会河北会堂召开全省深化医药卫生体制改革工作会议。省委副书记、省长陈全国，国家发改委副主任、国务院医改办主任孙志刚，省委常委、常务副省长赵勇出席会议并讲话，副省长孙士彬主持会议并作总结讲话。会上，赵勇代表省政府与各设区市签订了《医药卫生体制五项重点改革2011年度主要工作任务责任书》。

下午，全省农业产业化企业家座谈会在唐山召开。

三月二十八日

3月26日至今日，由内蒙古自治区党委书记、自治区人大常委会主任胡春华，自治区党委副书记、自治区主席巴特尔率领的内蒙古党政代表团来河北省考察访问。省委书记、省人大常委会主任张云川，省委副书记、省长陈全国等陪同部分考察活动并与代表团一行进行座谈。代表团考察期间，还与河北省签署了有关建设项目的合作协议。

下午，国家科技部、省政府在燕郊高新区举行燕郊国家高新技术产业开发区揭牌仪式。科技部副部长曹健林、副省长沈小平为燕郊国家高新技术产业开发区揭牌。

三月二十九日

今天，省委、省政府在省会河北会堂召开全省人口和计划生育工作电视电话会议。省委副书记、省长陈全国出席会议并讲话。省委常委、省委秘书长景春华主持会议，省人大常委会副主任马兰翠、副省长孙士彬、省政协副主席王玉梅出席会议，省长助理、省政府秘书长尹亚力宣读了表彰决定。

上午，省十一届人大常委会第二十二次会议在石家庄开始举行。省人大常委会常务副主任柳宝全主持会议。

上午，国家矿山应急救援开滦队基地在唐山举行奠基仪式。国家安全监管总局局长骆琳，国家安全监管总局副局长王德学，副省长张杰辉出席奠基仪式。

上午，2011年河北省（香港）投资贸易洽谈会在香港特别行政区开幕并举行河北“十二五”发展规划及战略重点说明会。省委常委、副省长杨崇勇作主旨演讲。

下午，环首都绿色经济圈京北生态新区、廊北新区、保北新区概念性总体规划评审会在省会举行，省委常委、常务副省长赵勇出席会议并讲话。

三月三十日

上午，黄骅港综合港区20万吨级航道北防波堤延伸工程及相关码头泊位工程正式开工建设。省委副书记、省长陈全国出席黄骅港综合港区二期工程暨重点项目开工奠基仪式，并宣布工程开工。副省长宋恩华致辞，省长助理、省政府秘书长尹亚力出席仪式。

下午，省十一届人大常委会第二十二次会议完成各项议程，在石家庄闭幕。

三月三十一日

今天，省委常委、常务副省长赵勇带领省直有关部门负责同志到沧州市现场办公。

今天，副省长宋恩华在保定交通运输集团调研。

四　月

四月一日

上午，河北省“临港人才聚集区构建工程”启动暨“渤海新区人才特区”揭牌仪式在沧州国际会展中心举行。

上午，全省2011年一季度沿海片重点建设项目调度会在沧州市召开。

下午，省委常委、常务副省长赵勇主持召开省沿海地区开发建设领导小组第二次会议。

3月28日至今日，省政府顾问张和就加快推进引黄应急工程和南水北调配套工程建设到邯郸、邢台、衡水、沧州、保定五市进行调研。

四月二日

上午，京石铁路客运专线石家庄机场站站房工程开工建设，省委常委、常务副省长赵勇宣布开工。

四月六日

上午，加快推进环首都绿色经济圈建设专题培训班开班，环首都14个县（市、区）党政班子成员分批赴江苏昆山进行集中培训。

四月八日

上午，省长陈全国主持召开省政府第八十五次常务会议，听取一季度全省重点项目建设情况汇报。他强调，要以贯彻落实胡锦涛总书记视察河北时的重要讲话和全国“两会”精神为契机，以科学发展观为统领，强力推动项目建设，为保持经济平稳较快增长、加快转变经济发展方式、实现“十二五”良好开局奠定坚实基础。

上午，河北省加快推进新型城镇化建设领导干部培训班在国家行政学院开班。国家行政学院党委书记、常务副院长魏礼群，省委副书记、省长陈全国，省委常委、组织部长梁滨出席开班仪式，副省长宋恩华主持。

下午，省委副书记、省长陈全国在北京拜访了国家商务部，与部长陈德铭、副部长王超、部长助理房爱卿举行了工作会议。

下午，阿拉伯国家驻华使节考察团一行39人，来河北省考察访问。

下午，省工业和信息化厅与建设银行河北省分行、河北银行等7家商业银行在省会河北会堂签订政银合作协议。

今天，省委常委、常务副省长赵勇带领省发改委、国土资源厅等有关部门负责同志，就进一步加快中日唐山曹妃甸生态工业园开发建设在唐山市调研。

四月十一日

上午，省政府在平山县举行西阜高速公路（西柏坡—阜平）开工奠基仪式。

今天，省住房和城乡建设厅与北京万科企业有限公司签订了《河北省保障性住房建设战略合作协议框架协议》。

四月十二日

今天，秦皇岛抚宁县大新寨镇大石窟村附近山林起火，火势迅速蔓延，过火面积超过2000亩。接到火情报告后，省委副书记、省长陈全国，省委常委、政法委书记张越，副省长沈小平带领省直相关部门负责人连夜赶赴现场组织指挥扑救。

4月11日至今日，国务院南水北调办公室主任鄂竟平到河北省调研南水北调工作，省政府顾问张和陪同调研。

下午，省委常委、常务副省长、省深化医药卫生体制改革领导小组组长赵勇主持召开省深化医药卫生体制改革领导小组第五次全体会议，副省长、省深化医药卫生体制改革领导小组副组长孙士彬出席会议。

四月十四日

4月13日至今日，全国供销合作总社党组书记、理事会主任李成玉到石家庄市及正定、无极、藁城、鹿泉等地进行考察。省委书记张云川会见了李成玉一行，省领导付志方、赵勇、孙瑞彬、景春华、张和等分别参加会见或陪同考察。

今天，秦皇岛“4·12”森林火灾灭火工作已取得阶段性成效，着火的13个区域缩减为4个区域。省委书记张云川多次通过电话了解火情，对扑救工作提出明确要求。省长、“4·12”火灾扑救指挥部指挥长陈全国13日凌晨带领指挥部成员和有关专家，进一步深入火场一线查看火情，多次主持召开碰头会、调度会，研究部署灭火工作。根据火情变化，决定在总指挥部下成立前线指挥部，由省军区司令员苗福成，武警河北部队总队长王成，秦皇岛市市长朱浩文等任指挥长，统一协调指挥扑救工作。

晚上，省委副书记、省长陈全国主持召开调度会，对秦皇岛“4·12”森林火灾灭火工作进行再动员、再部署。

四月十五日

今天，省委、省政府在省会河北会堂召开全省春季农业生产暨2010年粮食生产总结表彰电视电话会议。省委书记、省人大常委会主任张云川，省委副书记、省长陈全国，省委常委、纪委书记、省农村工作领导小组组长臧胜业，省委常委、省委秘书长景春华出席会议，省政府顾问张和主持，省长助理、省政府秘书长尹亚力宣读了省政府关于表彰2010年全省粮食生产先进单位和先进个人的决定。与会领导为受表彰的先进单位和个人代表颁发了奖牌。

今天，中国·廊坊国际经济贸易洽谈会筹备工作调度会在省会召开。省委常委、副省长杨崇勇出席调度会并讲话。

四月十六日

今天，纪念中国共产党成立90周年全国名家书画艺术大展在省博物馆开幕。

四月十七日

今天，省委书记张云川在秦皇岛“4·12”森林火灾扑救现场视察指挥扑救工作，看望坚守阵地的人民解放军、武警官兵、公安干警和干部群众。省长陈全国，省军区司令员苗福成，省委常委、政法委书记张越，省委常委、秘书长景春华，副省长沈小平，武警河北总队总队长王成等一同视察和看望。

上午，武警部队司令员王建平到秦皇岛“4·12”森林火灾一线，检查指导扑救工作，慰问英勇奋战的武警官兵。省长、“4·12”森林火灾扑救指挥部总指挥陈全国陪同视察和慰问。

上午，省长、秦皇岛“4·12”森林火灾扑救指挥部总指挥陈全国到温泉堡、马驿沟等火场，了解火情，指挥灭火，亲切慰问英勇奋战在灭火一线的广大官兵和干部群众。

上午，省委常委、副省长杨崇勇出席国药乐仁堂医药有限公司揭牌仪式。中国医药集团正式入主乐仁堂医药集团，共同投资组建国药乐仁堂医药有限公司。

四月十八日

上午，省委常委、副省长杨崇勇带领省有关部门和石家庄市负责同志赴平山，就加快大西柏坡项目建设进行督导。

今天，省长、“4·12”森林火灾扑救指挥部总指挥陈全国再次率指挥部成员深入火场一线，检查指导火场清理工作，慰问参战指导战员和干部群众。省军区司令员苪福成，国家林业局副局长孙扎根，驻冀部队及武警森林指挥部、武警河北总队领导冷杰松、王佐明、王成等一同检查、慰问。

今天，省政府向清华大学百年校庆赠雪松仪式在清华大学举行。副省长龙庄伟为赠送雪松纪念石揭牌。

今天，省政府与中国世贸集团在省会签署合作框架协议。副省长张杰辉、中国世贸集团主席曾智雄等出席签约仪式。

四月十九日

上午，秦皇岛“4·12”森林火灾扑救指挥部召开会议，会商火情。截至上午10时，火场各区域明火全部扑灭、火场基本清理完毕。省长、火灾扑救指挥部总指挥陈全国宣布“4·12”森林火灾集中扑救行动胜利结束。省军区司令员苪福成，国家林业局副局长孙扎根，省委常委、政法委书记张越，副省长沈小平，国家森林防火指挥部办公室副主任杜永胜，武警森林指挥部主任王佐明、副主任李全海，武警河北总队总队长王成，省军区及驻冀部队首长赵海滨、张晓明、冷杰松、张圣荣，省长助理、省政府秘书长尹亚力等参加指挥部会议。

下午，省长、火灾扑救指挥部总指挥陈全国与秦皇岛市和抚宁县干部群众一起，欢送参加“4·12”森林火灾扑救工作的驻冀某部官兵返回驻地。省军区司令员苪福成，省委常委、政法委书记张越，副省长沈小平，省军区领导赵海滨、张圣荣，省长助理、省政府秘书长尹亚力一同欢送。

下午，省政府召开会议，研究分析全省一季度经济形势，安排部署下一阶段经济工作。

四月二十日

上午，省委副书记、省长陈全国在秦皇岛市北戴河区调研。省长助理、省政府秘书长尹亚力陪同调研。

上午，冀中南经济区重点建设项目调度会在邯郸市召开。省委常委、常务副省长赵勇出席会议并讲话，副省长张杰辉主持会议。

上午，省老科技工作者协会第五次全省会员代表大会在省会召开。中国老科协会长程连昌，省委常委、统战部长刘永瑞，省人大常委会副主任黄荣，副省长龙庄伟出席会议。

下午，省委常委、常务副省长赵勇在邯郸市就加快实施引黄入冀工程、支持冀南新区和邯钢发展、推动重大战略项目建设等问题进行现场办公。副省长张杰辉出席。

今天，国务院食品安全整顿考评组抵达河北省，对食品安全整顿情况展开为期3天的检查。副省长孙士彬出席汇报会。

四月二十二日

今天，全省市县领导干部医改工作培训班在省会举办，邀请安徽省医改宣讲团介绍安徽省深化医药卫生体制改革的经验和做法。省委常委、常务副省长、省深化医药卫生体制改革领导小组组长赵勇出席会议并讲话，副省长、省深化医药卫生体制改革领导小组副组长孙士彬主持会议。

上午，全省海防工作会议在省会河北会堂召开。副省长宋恩华出席会议并讲话。

四月二十三日

4月21日至今日，国土资源部部长徐绍史在河北省调研。省委副书记、省长陈全国，省委常委、常务副省长赵勇，省委常委、纪委书记臧胜业，省委常委、石家庄市委书记孙瑞彬，副省长张杰辉，省长助理、省政府秘书长尹亚力分别陪同调研。

四月二十四日

4月23日至今日，新疆维吾尔自治区政协党组书记、主席艾斯海提·克里木拜率新疆党政代表团来河北省考察并举行座谈会。省委副书记付志方会见了新疆党政代表团一行。省政协主席刘德旺主持上午的座谈会，省委常委、副省长杨崇勇讲话。

四月二十五日

上午，省政府在省会河北会堂召开全省推进劳务经济工作电视电话会议。

上午，秦皇岛市旅游综合改革试点方案汇报会在省会召开。

下午，省委副书记、省长陈全国在石家庄会见了中国工商银行董事长姜建清一行。省委常委、常务副省长赵勇，省长助理、金融办主任江波一同会见。

下午，河北省召开加快推进惩治和预防腐败体系建设电视电话会议。省委副书记付志方出席会议并讲话，省委常委、常务副省长赵勇宣读省委《关于进一步加快推进全省惩治和预防腐败体系建设的意见》，省委常委、省纪委书记臧胜业主持会议。

今天，全省推进家庭服务业发展电视电话会议在省会河北会堂召开。

四月二十六日

上午，全省11个设区市和81个县（市、区）的第二批保障性安居工程项目开工建设。

上午，2011年中国·石家庄（正定）国际小商品博览会在正定国际小商品市场广场开幕。省委常委、副省长杨崇勇，省委常委、石家庄市委书记孙瑞彬，中国商业联合会会长张志刚共同为小商品博览会启幕。中国商业联合会名誉会长何济海、省政协副主席崔江水出席开幕式。

下午，省政府在省会河北会堂召开第四次廉政工作会议。

今天，省委常委、常务副省长赵勇带领省直有关部门负责同志，就进一步加快县域经济发展到石家庄调研。

今天，蒙牛集团衡水高端奶暨现代牧场项目开工仪式在衡水武强县举行，省政府顾问张和出席开工仪式。

四月二十七日

上午，省委副书记、省长陈全国在石家庄会见了国家文物局局长单霁翔一行。

上午，国家文物局局长单霁翔一行在副省长孙士彬的陪同下，视察了省博物馆新馆工地，参观了南水北调文物保护成果展，并参加了省博物馆新馆陈列大纲论证会。

下午，省委、省政府举行仪式，启动高层次创新型人才开发工程和人才发展区域城乡统筹促进工程，命名第六批省管优秀专家。

今天，省重点项目和企业融资对接会在石家庄举行。省委常委、常务副省长赵勇出席会议并讲话，省长助理、省金融办主任江波主持会议。

四月二十八日

上午，省委、省政府召开全省加强和创新社会管理工作电视电话会议。省委书记张云川，省委副书记、省长陈全国出席会议并讲话。省委副书记付志方主持会议。

上午，河北融投控股集团正式揭牌成立。

下午，河北省在省会河北会堂召开全省民营经济表彰大会，隆重表彰2010年度全省民营经济发展先进市县、百强民营企业、优秀民营企业家和创业功臣。省委副书记、省长陈全国出席会议并讲话，省委常委、常务副省长赵勇主持会议，省委常委、统战部长刘永瑞，省人大常委会副主任黄荣，副省长张杰辉，省政协副主席赵文鹤，省长助理、省政府秘书长尹亚力出席会议。与会领导为受表彰的单位和个人代表颁发了奖牌。张杰辉宣读了省政府表彰决定。

下午，河北省召开环首都绿色经济圈总体规划第二次评审会。省委常委、常务副省长赵勇出席会议并讲话。

今天，省政府召开全省防治艾滋病工作委员会全体会议。

四月二十九日

上午，省委、省政府在省会河北会堂召开庆祝“五一”国际劳动节暨建功立业表彰大会。省委书记、省人大常委会主任张云川，省委副书记、省长陈全国，省政协主席刘德旺，省委常委、组织部长梁滨，省委常委、省委秘书长景春华，省人大常委会副主任、省总工会主席马兰翠，副省长张杰辉出席大会。省委副书记付志方主持大会，与会领导为受表彰的先进集体和个人代表颁奖。

上午，河北省召开环首都绿色经济圈建设工作调度会议。省委常委、常务副省长赵勇出席会议并讲话。

下午，省政府在省会河北会堂召开加强政府网站建设暨评估结果发布电视电话会议。

今天，省政府召开全省保障性安居工程第二次推进会。

四月三十日

今天，省委书记、省人大常委会主任张云川，省委副书记、省长陈全国来到唐山市，亲切慰问节假日期间坚守岗位的广大劳动者，并就进一步加快转方式调结构步伐、深入推进城镇建设三年上水平等进行调研。省委常委、秘书长景春华参加调研。

五　月

五月四日

下午，省委书记张云川、省长陈全国在省会看望了由全国人大常委会副委员长、民革中央主席周铁农，全国政协副主席、民革中央常务副主席厉无畏率领的民革中央调研团一行。民革中央副主席齐续春、修福金、何丕洁、郑建邦，省领导付志方、刘永瑞、景春华、黄荣、孔小均参加会见。

五月五日

上午，省委书记张云川、省长陈全国在省会中国大酒店会见了北京军区政治部主任崔昌军一行。省委常委、省军区政委张彦欣，省委常委、秘书长景春华，省长助理、省政府秘书长尹亚力参加会见。北京军区政治部干部部部长喻军，省军区司令员史鲁泽，省军区原司令员芾福成，省军区政治部主任张圣荣，北京军区驻冀某集团军军长薛爱国、政委程亶一会见时在座。

今天，2011年中国·廊坊经济贸易洽谈会组委会在廊坊召开工作调度会。省委常委、副省长杨崇勇出席会议并讲话。

五月六日

5月5日至今日，省委常委、副省长杨崇勇就加快狼牙山红色旅游发展，帮助老区群众致富工作在易县进行调研。

五月七日

5月4日至今日，副省长宋恩华带领河北省养老服务体系考察团，赴北京、山东、上海、浙江等地学习考察。

五月八日

5月4日至今日，全国人大常委会副委员长、民革中央主席周铁农，全国政协副主席、民革中央常务副主席厉无畏率民革中央调研团在河北省围绕“发展农村现代服务业，进一步推动我国农业现代化进程”进行调研。

五月九日

下午，省政府与省总工会召开第五次联席会议。省委副书记、省长陈全国主持会议，省人大常委会副主任、省总工会主席马兰翠，副省长宋恩华、张杰辉，省长助理、省政府秘书长尹亚力出席会议。

五月十日

下午，省委书记张云川在省会石家庄会见了中国光大集团、中国光大银行党委书记、董事长唐双宁一行。省委常委、秘书长景春华，副省长张杰辉，省长助理、省金融办主任江波参加会见。

五月十一日

下午，省政府与水利部在北京举行座谈会，共商加快河北水利事业发展大计。水利部部长陈雷，副部长矫勇、刘宁，省委副书记、省长陈全国，省政府顾问张和、副省长沈小平，省长助理，省政府秘书长尹亚力出席座谈会。

五月十二日

上午，河北省沿海地区总体规划方案汇报会在北京举行。省委常委、常务副省长赵勇出席会议。

五月十三日

5月12日至今日，全国人大常委会副委员长、民建中央主席陈昌智一行就抽水蓄能电站项目进展情况到丰宁满族自治区考察。国家电网公司总经理、党组书记刘振亚，省长陈全国，省委常委、常务副省长赵勇，省人大常委会副主任马兰翠等陪同考察。

五月十六日

今天，省委副书记、省长陈全国到石家庄市平山县就大西柏坡开发建设进行调研。省委常委、石家庄市委书记孙瑞彬，省长助理、省政府秘书长尹亚力一同调研。

今天，科技部副部长张来武一行就粮食稳定增产行动实施情况来河北省督导检查。副省长沈小平陪同督导。

下午，省委常委、常务副省长赵勇主持召开会议，研究《河北省金融产业“十二五”发展规划》。省长助理、省金融办主任江波出席会议。

五月十七日

上午，河北省召开食品安全行政执法与刑事司法衔接工作协调会议。省委常委、常务副省长赵勇，省委常委、政法委书记张越出席会议并讲话，省法院院长高勇、省检察院检察长张德利出席会议。

下午，全国政协副主席黄孟复，省委书记、省人大常委会主任张云川，省委副书记、省长陈全国，5·18洽谈会组委会副主任、商务部副部长钟山在廊坊国际会展中心会见了出席洽谈会的国家部委有关领导和环渤海兄弟省区市代表团负责人。省领导付志方、赵勇、杨崇勇、景春华、黄荣、张杰辉、赵文鹤等参加会见。

下午，省委副书记、省长陈全国在廊坊国际会展中心会见了出席5·18洽谈会的澳大利亚前总理约翰·霍华德及部分世界500强企业高管。商务部副部长钟山，省委常委、副省长杨崇勇，省长助理、省政府秘书长尹亚力一同会见。

下午，省委常委、常务副省长赵勇在廊坊会见了香港胜记仓集团总裁林志明。

下午，省委常委、常务副省长赵勇在廊坊会见了中信产业投资基金管理有限公司董事长刘乐飞。

下午，省委常委、副省长杨崇勇在廊坊会见了中美商会500强会员企业负责人。

下午，副省长张杰辉在廊坊会见了中国香港商会会长赵淑楷、沃尔玛（中国）投资公司北方区总监罗大铭、香港置地集团公司高级副总裁汤耀宗等知名跨国企业负责人。

晚上，中国·廊坊国际经济贸易洽谈会在廊坊国际会展中心开幕。全国政协副主席黄孟复出席开幕式，省委书记张云川宣布开幕，省长陈全国、商务部副部长钟山致辞，黄孟复、张云川、陈全国、钟山共同启动开幕按钮。省领导付志方、赵勇、杨崇勇、景春华、黄荣、张杰辉、赵文鹤出席开幕式。澳大利亚前总理约翰·霍华德、中国国际贸易促进委员会副会长于平、中国国际公共关系协会会长李道豫、原外经贸部副部长龙永图、国家旅游局副局长刘金平、北京市人大常委会副主任赵凤山、天津市政协副主席王文华、河南省副省长史济春、山东省副省长黄胜应邀出席开幕式。

五月十八日

上午，第二届亚太经合组织“智慧城市智能产业高端会议”在廊坊召开。全国政协副主席黄孟复、省长陈全国致辞，外交部副部长李金章、省委副书记付志方、省人大常委会副主任黄荣出席，澳大利亚前总理霍华德、APEC国际秘书处首席运营官沈之永发表演讲，中国APEC发展理事会理事长张力军致欢迎辞。

上午，省委副书记、省长陈全国在廊坊分别会见了出席中国·廊坊国际经贸洽谈会的中英低碳科技示范园合作项目负责人、英国政府科技顾问、东英吉利大学常务副校长戴维斯和四川航空公司总经理王凤朝一行。

上午，河北省环首都绿色经济圈项目洽谈会在廊坊举行，16个重点项目在会上签约。省委常委、常务副省长赵勇出席并讲话。

上午，5·18经洽会举办跨国公司与河北省重点园区交流对接会，沃尔玛、麦当劳等55家跨国公司与河北省50家园区深入洽谈，探讨合作渠道。省委常委、副省长杨崇勇出席并讲话。

上午，台港澳侨合作项目恳谈会在廊坊举行，数百名台港澳侨客商参会。省委常委、副省长杨崇勇出席会议并致辞。

下午，5·18经洽会举行集中签约仪式，40个重点项目正式签约。

下午，以“首都经济圈，发展新商机”为主题的2011京津冀区域合作高端会议在廊坊举行。省委常委、常务副省长赵勇出席会议并致辞。

下午，休闲旅游产业项目对接会在廊坊国际饭店召开，总投资90多亿元的5个旅游项目在会上签约，总投资330多亿元的20个旅游产业招商项目同时在会上发布。省委常委、副省长杨崇勇出席会议并致辞。

下午，省委常委、副省长杨崇勇在廊坊会见了台湾两岸农渔业交流发展投资协会理事长林享能带领的台湾代表团一行。

下午，“保定·中国汽车城”汽车产业投资环境说明会在廊坊召开。省委常委、副省长杨崇勇出席签约仪式并讲话。

下午，副省长张杰辉会见了前来参加5·18经洽会的央企负责人。

五月十九日

今天，省委副书记、省长陈全国到位于天津市的河北工业大学，看望广大教职员工和在校学生，了解学校建设发展情况。

今天，省委常委、副省长杨崇勇在承德考察兴隆雾灵山景区、宽城蟠龙湖景区和双滦区“鼎盛王朝·康熙大典大型实景演出”项目。

上午，保定石油化工厂20万吨/年道路沥青调合项目开工。省委常委、常务副省长赵勇出席开工仪式。

上午，省委常委、常务副省长赵勇率省政府有关部门负责同志到长城汽车股份有限公司考察，并召开现场办公会，协调解决企业发展中面临的问题。

下午，河北省召开食品安全专项整治行动领导小组会议。

下午，省委常委、常务副省长赵勇在河北会堂会见了澳洲联邦银行集团副行长白力恩一行。

日前，副省长孙士彬来到河北博物馆新馆、省图书馆改扩建工程建设现场，对两馆工程进展及河北博物馆夜景照明、东西下沉庭院设计等方案进行调研。

五月二十日

5月19日至今日，全国城市街道社区创先争优活动经验交流会议在承德市召开。民政部部长李立国、副部长姜力，副省长宋恩华出席会议。

五月二十四日

上午，省十一届人大常委会第二十三次会议在石家庄开始举行。

下午，省长陈全国主持召开省政府第八十六次常务会议，传达贯彻全国现代农作物种业工作会议精神，听取关于全省夏粮生产和加强麦田管理工作汇报，就抗灾夺丰收工作进行部署。听取本省援疆工作进展情况汇报，研究部署下一步推动疆工作。会议还研究了其他事项。

今天，省农民工工作联席会议在省会召开。副省长宋恩华出席会议并讲话。

五月二十五日

今天，省委副书记、省长陈全国在北京分别拜会了国家海关总署和中国民生银行，与海关总署署长于广洲、民生银行董事长董文标进行了工作会谈。省委常委、常务副省长赵勇，省长助理、省政府秘书长尹亚力一同拜会。

今天，副省长宋恩华在省会世贸广场酒店会见中国民用航空华北地区管理局局长刘雪松、副局长辛天河一行。

五月二十六日

5月25日至今日，中共中央政治局委员、国务院副总理回良玉在河北省考察夏粮生产。考察期间，回良玉主持召开了粮食生产座谈会，认真听取河北省的汇报，对河北“三农”工作特别是夏粮生产予以充分肯定。省委书记张云川，省委副书记、省长陈全国、副省长沈小平陪同考察。

上午，省十一届人大常委会第二十三次会议完成各项议程后在石家庄闭幕。

五月二十七日

上午，省委、省政府召开全省规范土地管理电视电话会议。省委副书记、省长陈全国出席会议并讲话，省委常委、常务副省长赵勇主持会议，副省长张杰辉通报了香河县土地违规问题处理情况。

上午，庆祝省社科院建院30周年会议在省会河北会堂举行。全国政协副主席、中国社科院党组书记、院长陈奎元为省社科院建院30周年题词。中国社科院党组成员、副院长武寅出席会议并致辞。省委常委、宣传部长聂辰席，省人大常委会副主任马兰翠，副省长龙庄伟，省政协副主席王玉梅，福建省政协副主席、省社科院院长张帆等出席会议。

下午，省委书记张云川、省长陈全国在石家庄会见了正在河北省调研的中央纪委副书记张惠新一行。

下午，全省小麦后期管理工作电视电话会议在省会河北会堂召开。省政府顾问张和主持会议，副省长沈小平出席并讲话。

五月三十一日

上午，省政府在省会河北会堂召开全省工业企业转方式调结构座谈会。

上午，省委、省政府在石家庄召开全省民主评议暨机关效能建设工作电视电话会议。省委常委、常务副省长赵勇主持会议，省委常委、省纪委书记臧胜业出席会议并讲话，省人大常委会副主任侯志奎宣读了省委、省政府《关于2010年民主评价结果的通报》，省政协副主席赵文鹤出席会议。

下午，省长陈全国主持召开省政府第八十七次常务会议，审议并原则通过《河北省现代服务业“十二五”发展规划实施意见》。会议强调，要坚持以科学发展为主题，以加快转变经济发展方式为主线，全面落实《河北省现代服务业“十二五”发展规划》，以更大的力度、更大的决心，确保圆满完成各项规划目标，推动全省现代服务业又好又快发展。会议还研究了其他事项。

六　月

六月一日

上午，省委书记张云川到石家庄市考察保障性安居工程建设情况。省委常委、石家庄市委书记孙瑞彬，省委常委、秘书长景春华，副省长宋恩华参加考察。

上午，全省“安全生产月”启动仪式暨执法监察利剑行动和安全生产宣传教育“燕赵行”出征仪式在省会文化广场举行。副省长张杰辉宣布出征仪式启动，国家安全监管总局副局长杨元元出席仪式。

今天，北汽福田承德发动机部件制造中心暨福田雷萨泵送机械宣化工厂二期技改项目投资签约仪式在北京举行。北京市委常委、常务副市长吉林，省委常委、常务副省长赵勇出席签约仪式。

5月23日至今日，应加拿大不列颠哥伦比亚省政府和美国美铝集团邀请，省委常委、副省长杨崇勇率河北省经济项目合作代表团对加拿大、美国进行了访问。

六月二日

今天，河北省举行省直部门对口指导石家庄市社会管理创新综合试点工作对接会。

下午，省委常委、常务副省长赵勇在北京会见了前来参加2011中日绿色博览会的日本经济团联合会会长米仓弘昌一行。

下午，全省普通高校毕业生就业工作电视电话会议在省会河北会堂召开。副省长宋恩华出席会议并讲话，副省长龙庄伟主持会议。

六月三日

上午，省政府召开全省保障性安居工程第三次推进会议。

六月七日

上午，省委常委、常务副省长、省中日曹妃甸生态工业园领导小组组长赵勇在曹妃甸渤海国际会议中心主持召开省中日曹妃甸生态工业园领导小组会议，研究解决工业园建设有关问题。

上午，副省长沈小平在省会河北会堂会见了前来考察项目投资的丰益国际有限公司董事长郭孔丰一行。

下午，省长陈全国主持召开省政府第八十八次常务会议，听取全省防汛工作情况汇报，对防汛抗旱工作进行安排部署。

下午，省委常委、常务副省长、省曹妃甸新区建设领导小组组长赵勇主持召开省曹妃甸新区建设领导小组会议，研究解决曹妃甸新区建设有关问题。

六月八日

今天，全省农村养老服务体系建设工作会议在保定市顺平县召开。

六月九日

下午，省委书记张云川、省长陈全国在省会看望了由全国政协副主席阿不来提·阿不都热西提率领的全国政协民族和宗教委员会专题调研组一行。

下午，全省开展加快转变经济发展方式监督检查工作电视电话会议在石家庄召开。

今天，全省文物保护项目工作会议在张家口蔚县召开。副省长孙士彬出席会议并讲话。

今天，全省防汛抗旱暨"三夏"生产工作电视电话会议在省会河北会堂召开。省委常委、省纪委书记、省农村工作领导小组组长臧胜业主持会议，副省长沈小平出席会议并讲话。

6月8日至今日，省委常委、常务副省长、环首都绿色经济圈建设领导小组组长赵勇率领环首都4个设区市和14个县（市、区）负责同志，现场观摩秦皇岛暑期重点项目。

六月十日

下午，海河防总在河北省石家庄市召开工作会议，对海河流域防汛抗旱工作进行安排部署。海河防总总指挥、省长陈全国，北京市副市长夏占义、天津市副市长李文喜、河南省副省长刘满仓、河北省政府顾问张和、山东省政府特邀咨询阎启俊及国家防办、海河水利委员会、北京军区负责同志出席会议并讲话。

下午，省政府与美国衣阿华州代表团进行了两省州政府工作会谈。省委常委、副省长杨崇勇，美国衣阿华州副州长金·雷诺兹及我国驻芝加哥总领事杨国强参加会谈。

六月十一日

今天，中共中央政治局常委、国务院副总理李克强在河北省石家庄市出席部分省市保障性安居工程工作会议并讲话。李克强在省委书记张云川，省委副书记、省长陈全国等陪同下，到石家庄市建华家园考察保障性安居工程建设情况，国务院有关部门负责人、有关省（区、市）政府负责人参加了考察和会议。省委常委、常务副省长赵勇，副省长宋恩华陪同考察并参加会议。

六月十三日

6月12日至今日，中共中央政治局委员、国务委员刘延东在保定市调研。她强调，要抓住机遇、统筹规划，明确方向、重点推进，把加强科技创新与实现产业化结合起来，提升产业核心竞争力，推动战略性新兴产业尽快成为先导产业和支柱产业，为促进经济社会可持续发展作出贡献。省领导张云川、陈全国、赵勇、聂辰席、景春华、龙庄伟陪同调研。

六月十五日

下午，省长陈全国主持召开省政府第八十九次常务会议，传达学习中共中央政治局常委、国务院副总理李克强，中共中央政治局委员、国务院副总理回良玉，中共中央政治局委员、国务委员刘延东在河北省考察时的重要讲话精神，研究贯彻落实意见，安排部署相关工作。

6月13日至今日，全国双拥模范城（县）检查考核组先后赴唐山市和石家庄市，检查河北省双拥模范城（县）创建情况。上午，河北省与检查考核组交换意见。省委常委、省军区政委、省双拥工作领导小组组长张彦欣，副省长、省双拥工作领导小组副组长宋恩华，省军区副政委、省双拥工作领导小组成员李光聚参加了交换意见会。

6月13日至今日，副省长张杰辉带领省直有关部门负责同志，就工业经济运行、民营经济发展和小煤矿关闭整合等到唐山市调研。

6月14日至今日，副省长沈小平带领省直有关部门负责同志，到保定、廊坊检查大清河水系防汛工作。

六月十六日

今天，省委副书记、省长陈全国在衡水市枣强县调研指导创先争优活动。

6月15日至今日，全国民族自治县（旗）科学发展经验交流会在大厂回族自治县召开，南方省区的60个民族自治县负责同志和民委主任，7个省区民委负责同志，中央有关部委负责同志参加会议。国家民委党组书记杨传堂出席会议并讲话。省委常委、统战部长刘永瑞，副省长孙士彬出席会议并致辞。

上午，省委常委、常务副省长赵勇在中国电子科技集团公司党组书记、副总经理樊友山和副总经理张冬辰陪同下，到中国电科 13 所、54 所现场办公。

上午，副省长龙庄伟检查了河北省 2011 年普通高校招生考试阅卷工作，详细了解高考阅卷情况并看望了阅卷老师。

下午，河北省召开超千亿元园区调度会。省委常委、常务副省长赵勇，副省长宋恩华、龙庄伟出席会议并讲话。

下午，中国侨联、中国进出口银行和省政府共同举办的 2011 企业“走出去”海外合作推介交流会在石家庄召开。省委常委、副省长杨崇勇出席会议并讲话，省委常委、统战部长刘永瑞主持会议。中国侨联副主席王永乐，中国进出口银行副行长苏中，省人大常委会副主任黄荣，省政协副主席孔小均出席会议。

六月十七日

6 月 16 日至今日，省政府党组副书记、省政府顾问张和到正在建设的南水北调配套工程廊涿干渠进行调研。

下午，全省统一战线庆祝中国共产党成立 90 周年座谈会在省会召开。省委常委、统战部长刘永瑞出席会议并讲话。省政协副主席、民革省委主委孔小均，省政府副省长、民盟省委主委龙庄伟，省政协副主席、农工党省委主委段惠军，省人大常委会副主任、省工商联主席黄荣参加座谈会。

下午，副省长沈小平到藁城考察小麦高产地块实打实收情况，对小麦抢收抢打进行调研。

六月十八日

晚上，中国首都大型皇家文化实景演出《鼎盛王朝·康熙大典》在承德市双滦区元宝山风景区公演。

晚上，“中华诵·颂歌献给党”河北省教育系统庆祝建党 90 周年文艺晚会在省会河北会堂举行。省委副书记付志方，教育部副部长李卫红，省委常委、组织部长梁滨，省委常委、宣传部长聂辰席，副省长龙庄伟，省政协副主席王玉梅等共同观看了演出。

近日，副省长张杰辉带领省政府有关部门负责同志在保定市就工业经济运行及技改、民营经济发展、小煤矿关闭整合等工作进行调研。

六月十九日

上午，全国妇联副主席、书记处书记陈秀榕一行到西柏坡调研指导中央妇委旧址修复工作。省委副书记付志方在省会中国大酒店会见了陈秀榕一行。副省长龙庄伟陪同考察。

六月二十日

今天，全省医药卫生体制改革工作调度会议在省会召开。

上午，副省长沈小平到省会岗南水库和黄壁庄水库检查防汛准备工作。

晚上，省国资委系统庆祝建党 90 周年文艺晚会在省艺术中心举行。

六月二十一日

上午，省委副书记、省长陈全国考察西柏坡高速公路建设情况。

下午，河北省召开军转安置工作电视电话会议。省委副书记、省军转安置工作领导小组组长付志方，省委常委、组织部长、省军转安置工作领导小组副组长梁滨，省委常委、省军区政委、省军转安置工作领导小组副组长张彦欣出席会议并讲话。副省长、省军转安置工作领导小组副组长宋恩华就“十一五”期间河北省军转工作情况和今年的主要任务作了工作报告。

下午，副省长、省民航发展建设领导小组组长宋恩华到新组建的省民航办调研，省军区原司令员、省民航发展建设领导小组副组长韦福成参加调研。

六月二十二日

上午，省委常委、常务副省长赵勇主持召开省“十二五”专项规划编制汇报会。副省长宋恩华、龙庄伟出席会议。

下午，省长陈全国主持召开省政府第九十次常务会议，听取关于全国城镇居民社会养老保险试点工作部署暨新型农村社会养老保险试点经验交流会议精神和河北省贯彻落实意见的汇报，研究省政府《关于开展城镇居民社会养老保险试点的实施意见》。会议还研究了其他事项。

六月二十三日

上午，全省离退休干部庆祝建党 90 周年文艺演出在省艺术中心举行。

6 月 22 日至今日，副省长张杰辉带领省直有关部门负责同志，就工业经济运行、工业企业技术改造等重点工作到张家口市调研。

六月二十四日

上午，“党旗飘扬·希望河北”全省离退休干部书画摄影展在石家庄美术馆开展。

上午，副省长宋恩华带领省政府有关部门负责同志到渤海新区现场办公。

上午，省政府在张北县召开帮扶喜顺沟村工作调度会。副省长沈小平出席调度会并讲话。

今天，省委常委、副省长杨崇勇就加快邢台大峡谷旅游开发到邢台进行专题调研。

晚上，省委常委、宣传部长聂辰席，副省长孙士彬在石家庄会见了前来参加“2011 中国·西柏坡红色电影周”的国家广电总局副局长张丕民、八一电影制片厂厂长明振江以及电影界老艺术家于蓝、王晓棠、庞学勤、谢芳、张目、祝希娟、村里、郭法曾等。

六月二十五日

上午，河北省在平山县西柏坡隆重举行革命旧址开放仪式。省委书记、省人大常委会主任张云川宣布西柏坡革命旧址正式开放。

上午，“2C11 中国·西柏坡红色电影周”在平山县西柏坡纪念馆广场开幕。省领导张云川、陈全国、赵勇、梁滨、张彦欣、聂辰席、孙瑞彬、景春华、马兰翠、孙士彬、田向利，国家广电总局副局长张丕民、八一电影制片厂厂长明振江、中国文联副主席丁荫楠等出席开幕式。陈全国宣布“2011 中国·西柏坡红色电影周”开幕。张丕民、聂辰席分别致辞。省长助理、省政府秘书长尹亚力出席开幕仪式。

晚上，庆祝建党90周年中国红色电影盛典·红色电影之夜文艺晚会在省会河北艺术中心举行。

6月24日至今日，副省长张杰辉带领省直有关部门负责同志，就工业经济运行、工业企业技术改造等工作到承德市调研。

六月二十六日

上午，省体检中心大楼竣工启用。

今天，由全国妇联党组书记、副主席、书记处第一书记宋秀岩带队的全国妇联党组成员一行赴西柏坡开展党日活动，并参观西柏坡。省委常委、石家庄市委书记孙瑞彬，副省长龙庄伟陪同参观。

六月二十七日

今天，省委常委、常务副省长赵勇在邯郸磁县辛庄营乡北豆公村慰问了老党员。

上午，河北省离退休干部庆祝建党90周年专著文集和文艺作品集中展示活动在河北文学馆开展。

下午，庆祝中国共产党成立90周年全省群众文艺汇演《永远跟党走》在省体育馆举行。

六月二十八日

上午，全省居民和新型农村社会养老保险试点工作电视电话会议在省会河北会堂召开。省委副书记、省长陈全国，副省长宋恩华出席会议并讲话。

上午，河北省庆祝中国共产党成立90周年《永恒瞬间·红色经典》雕塑作品展开幕式在石家庄万象天成广场举行。

下午，全省第二次对口支援新疆工作电视电话会议在省会河北会堂召开。

下午，省委副书记、省长陈全国考察了西柏坡红色胜典主题公园和西柏坡干部学院。省长助理、省政府秘书长尹亚力陪同考察。

晚上，河北省庆祝建党90周年大型实景演出《人间正道》在西柏坡平山革命历史陈列馆广场首演。陈全国、刘德旺、赵勇、杨崇勇、梁滨、张彦欣、聂辰席、孙瑞彬、景春华、史鲁泽、宋长瑞、孙士彬、张杰辉、赵文鹤等省委、省人大常委会、省政府、省政协、省军区领导与2000多名观众一起观看了演出。

6月27日至今日，省委常委、常务副省长赵勇率省直有关部门负责同志就当前经济运行、工业聚集区建设和医改等到邯郸市调研。

6月27日至今日，副省长张杰辉带领省有关部门负责同志，就工业发展运行、工业企业技术改造等重点工作到廊坊市进行调研。

六月二十九日

上午，全省宣传文化系统庆祝建党90周年暨先进表彰会在石家庄举行。

下午，河北省召开专题会议，研究全省新农村建设"十二五"专项规划，省委常委、常务副省长赵勇，省委常委、省纪委书记、省农村工作领导小组组长臧胜业，副省长沈小平出席会议并讲话。

下午，河北省召开专题会议，研究河北省水利发展"十二五"专项规划，省委常委、常务副省长赵勇，省委常委、省纪委书记臧胜业，副省长沈小平出席会议并讲话。

今天，省委常委、常务副省长赵勇到省农村信用社联合社调研。

六月三十日

上午，中共河北省委在河北会堂召开大会，隆重庆祝中国共产党成立90周年，并对全省先进基层党组织、优秀共产党员、优秀党务工作者和基层党建工作先进县（市、区）、优秀村（城市社区）党组织书记进行表彰。省委书记张云川作重要讲话。省委副书记、省长陈全国主持会议。省委常委、省人大常委会、省政府、省政协党员领导同志，省军区、武警河北总队主要负责同志，省法院院长、省检察院检察长等出席大会。

上午，省委常委、副省长杨崇勇在河北会堂会见了前来参加"2011河北行"活动的海外华侨华人专业人士一行。

上午，省委、省人大常委会、省政府、省政协、省军区领导付志方、刘德旺、杨崇勇、梁滨、臧胜业、张彦欣、刘永瑞、聂辰席、宋长瑞、王增力、马兰翠、张和、孙士彬、龙庄伟、王玉梅、田向利，以及省检察院检察长张德利参加集体党日活动，到省博物馆参观了省直机关创先争优活动成果展览和河北省五大文化品牌展。

今天，省政府与中国大唐集团公司签署战略合作框架协议。省委常委、常务副省长赵勇，中国大唐集团公司总经理陈进行出席签字仪式。

七　月

七月一日

晚上，河北省庆祝中国共产党成立90周年文艺晚会在省会河北会堂举行。张云川、陈全国、刘德旺等省委、省人大常委会、省政府、省政协领导同志，省军区、武警河北省总队主要负责同志与省会各界群众代表观看演出。

七月二日

7月1日至今日，中共中央政治局委员、国务院副总理王岐山在石家庄市考察工作，并主持召开小企业金融服务座谈会。他强调，就业是民生之本，小企业的生存与发展直接关乎就业增长、经济转型和社会稳定。要从战略和全局高度，加快转变金融业发展方式，推进结构调整和改革创新，全面提高对小企业的金融服务水平。1日下午，王岐山还专程参观了革命圣地西柏坡。国务院有关部门、国有商业银行负责同志陪同考察。省领导张云川、陈全国、付志方、赵勇、孙瑞彬、景春华、龙庄伟等分别陪同考察或参加座谈。

七月四日

上午，省长陈全国主持召开省政府第九十一次常务会议，研究部署加强河北省政府性债务管理工作，听取关于进一步加快中日唐山曹妃甸生态工业园开发建设的汇报。会议还研究了其他事项。

七月五日

上午，省政府与中国钢研科技集团有限公司在石家庄签署了关于进一步深化加强战略合作的协议。省委常委、常务副省长赵勇，中国钢研总经理才让分别代表双方签署了战略合作协议。

七月六日

上午，第二届中国剪纸艺术节和首届蔚县国际剪纸艺术节在蔚县拉开帷幕，中国蔚县剪纸博物馆同日开馆。全国政协副主席孙家正发来贺信，全国政协副主席罗富和宣布开幕。

上午，省委常委、常务副省长赵勇在省会中国大酒店会见了中国工商银行总行副行长罗熹一行。省长助理、省金融办主任江波参加会见。

下午，省委常委、常务副省长赵勇在省会中国大酒店会见了国家海洋局党组书记、局长刘赐贵一行。副省长张杰辉参加会见。

下午，省委常委、常务副省长赵勇主持召开省“十二五”专项规划编制汇报会。副省长张杰辉出席。

七月七日

上午，全省加强预算管理工作电视电话会议在省会河北会堂召开。

下午，省政府与国家质量监督检验检疫总局在北京签署关于实施质量兴冀、推动河北外向型经济发展战略合作备忘录。国家质检总局局长支树平，省委副书记、省长陈全国代表双方签字并致辞。

七月八日

上午，全省文化产业发展现场会在承德市召开。

七月十二日

7月10日至今日，中共中央政治局委员、中央书记处书记、中宣部部长刘云山在省委书记张云川、省长陈全国等陪同下，参观了西柏坡革命纪念地，深入农村、企业、社区和宣传文化单位进行调研，并同基层宣传文化干部座谈，对河北经济社会发展和宣传思想文化工作给予充分肯定。随刘云山前来调研的还有：中宣部副部长、国家广电总局局长蔡赴朝，人民日报社社长张研农，新华社社长李从军，中宣部副部长申维辰，文化部副部长欧阳坚，中央电视台台长焦利等。省委常委、宣传部长聂辰席，省委常委、石家庄市委书记孙瑞彬，省委常委、秘书长景春华等分别陪同调研。

下午，省长陈全国主持召开省政府第九十二次常务会议，审议并原则通过《河北省民航“十二五”发展规划》，研究部署振兴和发展全省中医药产业。会议还研究了其他事项。

七月十三日

下午，省委、省政府召开全省节能减排工作电视电话会议。省委书记、省人大常委会主任张云川，省委副书记、省长陈全国出席会议并讲话，省委常委、常务副省长赵勇主持会议。赵勇、张杰辉代表省政府分别与设区市政府、“双三十”单位代表签订了《“十二五”节能减排目标责任书》。

七月十四日

今天，省委、省政府在省会河北会堂召开“五五”普法总结表彰暨“六五”普法动员大会。省领导张云川、陈全国、梁滨、景春华、宋长瑞等接见了受表彰的先进集体、先进个人代表和与会的基层代表。省领导付志方、侯志奎、宋恩华、田向利，省法院院长高勇一同接见并出席会议向受表彰代表颁奖。

下午，河北省召开保障性安居工程工作会议。省委副书记、省长陈全国出席会议并讲话。省委常委、常务副省长赵勇主持会议，副省长宋恩华对推进全省保障性安居工程建设进行了具体部署，省长助理、省金融办主任江波出席会议。

7月13日至今日，山东省副省长黄胜率山东省教育代表团就义务教育均衡发展到河北省学习考察并召开座谈会。副省长龙庄伟出席座谈会。

七月十五日

上午，省委书记张云川、省长陈全国在石家庄会见了武警部队政委许耀元一行。省委常委、省委政法委书记张越，省委常委、秘书长景春华，副省长宋恩华等参加会见。

上午，“大西柏坡”建设重点工程——红色胜典景区正式开放。副省长张杰辉、省政协副主席王刚出席景区开放仪式。

上午，省交通战备工作会议在省会河北会堂召开。省国防动员委员会常务副主任、省军区司令员史鲁泽，省国防动员委员会委员、副省长宋恩华，省国防动员委员会委员、省军区副司令员丁振华以及总后勤部、北京军区有关领导出席会议并讲话。

七月十六日

今天，省委副书记、省长陈全国在北戴河会见了国土资源部部长徐绍史、副部长张少农、国家土地副总督察甘藏春一行。省委常委、常务副省长赵勇，副省长张杰辉，省长助理、省政府秘书长尹亚力一同会见。

七月十七日

上午，河北鹏远企业集团与美国通用电气照明有限公司在秦皇岛签署全面战略合作协议。省委常委、常务副省长赵勇，省委常委、统战部长刘永瑞，省人大常委会副主任黄荣出席签约仪式，并与通用公司客人进行会谈。

七月十八日

今天，省委理论学习中心组学习在北戴河开始举行。省委书记张云川主持学习会议。省委常委，省人大常委会、省政府、省政协领导同志，省法院院长，省检察院检察长，省长助理，各市党政主要负责同志，省直各部门负责同志及部分企业负责人参加学习。

七月二十一日

今天，为期4天的省委理论学习中心组学习会议在北戴河结束。省委书记张云川，省委副书记、省长陈全国出席会议并讲话。

七月二十二日

上午，省委书记张云川，省委副书记、省长陈全国在北戴河同各市市委书记座谈。省委常委，省人大常委会、省政府、省政协领导，省法院院长，省长助理等出席。省直各部门负责人及各市市长也参加了座谈。

下午，全国科技成果巡回展在秦皇岛开幕。全国政协副主席、科技部部长万钢宣布开幕并致辞，省委副书记、省长陈全国致辞，科技部副部长张来武，省委常委、常务副省长赵勇，副省长龙庄伟，省长助理、省政府秘书长尹亚力出席。

七月二十三日

今天，省委、省政府在北戴河召开全省城镇建设三年上水平工作会议。省委书记张云川，省委副书记、省长陈全国出席会议并讲话。省委常委、常务副省长赵勇主持，副省长宋恩华作具体工作部署。

七月二十五日

上午，省十一届人大常委会第二十四次会议在石家庄举行。省人大常委会副主任宋长瑞主持会议，听取了副省长沈小平作的关于河北省水利改革发展情况的报告。

下午，省政府顾问张和在省会与来河北省考察工作的国务院南水北调办公室副主任于幼军一行举行座谈。

七月二十六日

下午，省十一届人大常委会第二十四次会议完成各项议程，在石家庄闭幕。

七月二十七日

上午，2011年度全省第一批小煤矿关闭集中行动在唐山、承德、张家口、邢台、邯郸同时启动，副省长张杰辉在唐山市华亚煤矿出席启动仪式并宣布集中行动开始，国家能源局、国家煤监局负责同志应邀到现场指导。

七月二十八日

下午，省委常委、常务副省长赵勇在北戴河召开会议，听取了唐山轨道客车有限责任公司工作汇报。

7月27日至今日，国务院医改督导调研组来河北省对医改工作进行督导调研。上午，在石家庄召开了河北、山东、河南、黑龙江四省医改集中督导座谈会，听取了四省医改工作的情况汇报。副省长孙士彬出席座谈会并讲话。

今天，我国首个国家防震减灾科普示范基地在唐山地震遗址纪念公园正式揭牌。中国地震局局长陈建民、副省长龙庄伟、国家文物局副局长宋新潮出席揭牌仪式并致辞。

七月二十九日

今天，由中宣部和国家广电总局共同主办的全国县级城市数字影院建设工作现场会在唐山召开。中宣部副部长、国家广电总局局长蔡赴朝，中宣部副部长孙志军，国家广电总局副局长张丕民，省委常委、宣传部长聂辰席，省人大常委会副主任黄荣，副省长龙庄伟，省政协副主席段惠军出席现场会。

7月28日至今日，全省农民专业合作社观摩调度会在衡水召开。省委常委、省纪委书记、省农村工作领导小组组长臧胜业出席并讲话，副省长、省农村工作领导小组副组长沈小平主持会议。

今天，交通运输部低碳交通运输体系建设城市试点推进会在保定召开。副省长宋恩华、交通运输部副部长高宏峰出席会议。

八　月

八月二日

上午，全省医改督导组工作汇报会议在秦皇岛召开。省委常委、常务副省长、省深化医药卫生体制改革领导小组组长赵勇出席会议并讲话。副省长、省深化医药卫生体制改革领导小组副组长孙士彬主持会议。

上午，省政府召开全省旅游重点项目调度会。省委常委、副省长杨崇勇出席会议并讲话。

今天，省政府召开全省外经贸工作暨开发区工作座谈会。省委常委、副省长杨崇勇出席座谈会并讲话。

今天，副省长张杰辉率省直有关部门负责同志到张家口，就汛期安全生产工作进行调研。

八月三日

上午，省蔬菜产业发展领导小组会议在石家庄召开。省委常委、省纪委书记、省农村工作领导小组组长臧胜业，副省长沈小平出席会议并讲话。

八月四日

上午，省级老同志座谈会在北戴河召开。省委书记张云川主持会议。省委副书记、省长陈全国通报了经济社会发展情况及下半年工作安排。省领导付志方、刘德旺、赵勇、杨崇勇、刘永瑞、聂辰席、张越、景春华、宋长瑞出席座谈会。赵金铎、叶连松、杨泽江、郭志、李文珊、吕传赞等近40位省级老同志参加座谈会。

下午，省委书记张云川，省委副书记、省长陈全国在北戴河会见了武警部队司令员王建平一行。省领导付志方、赵勇、张越、景春华、宋恩华参加会见。

下午，副省长宋恩华在秦皇岛会见了中远集团副总裁孙家康一行。

八月五日

上午，首届环渤海地区北戴河消夏图书交易博览会暨第四届河北省图书交易博览会在秦皇岛开幕。十届全国人大常委会副委员长许嘉璐宣布书博会开幕，省委书记张云川出席开幕式，新闻出版总署署长柳斌杰、省长陈全国致辞。

上午，三河市政府、河北建投集团、力宝集团在石家庄签订合资合作协议，合作开发建设燕郊高新技术创业园。省委常委、常务副省长赵勇出席签约仪式，副省长张杰辉出席并讲话。

下午，国家新闻出版总署署长、国家版权局局长柳斌杰到燕山大学调研。副省长孙士彬、龙庄伟陪同调研。

八月八日

上午，省政府召开北戴河机场和承德机场建设调度会，省委常委、常务副省长赵勇主持会议并讲话，副省长宋恩华、张杰辉出席会议。

下午，第十届冀台经济合作洽谈会在张家口市开幕。中共中央台湾工作办公室、国务院台湾事务办公室主任王毅，中国国民党副主席林丰正，海峡两岸关系协会会长陈云林，省委副书记付志方，省委常委、副省长杨崇勇，全国台湾同胞投资企业联谊会会长郭山辉，以及来自台湾的工商、文化、旅游界人士约500人出席洽谈会。

下午，省委副书记付志方会见了参加第十届冀台经济合作洽谈会的全国台湾同胞投资企业联谊会会长、台升国际集团董事长郭山辉，台湾工商协进会荣誉理事长、台湾东元集团会长黄茂雄等台商。省委常委、副省长杨崇勇参加会见。

下午，省委常委、常务副省长赵勇，副省长宋恩华、张杰辉在秦皇岛调度秦皇岛港西港搬迁改造工程。

八月九日

上午，海峡两岸同胞共祭中华三祖大典在三祖圣地涿鹿县举行。全国政协副主席、中央统战部部长杜青林，中国国民党副主席林丰正，海峡两岸关系协会会长陈云林，省委常委、副省长杨崇勇，省委常委、统战部长刘永瑞，全国政协常委、中国侨联顾问林明江，全国台湾同胞投资企业联谊会会长郭山辉在涿鹿中华合符坛广场参加了公祭典礼。

今天，省委常委、常务副省长赵勇在秦皇岛主持会议研究明年秦皇岛暑期重点项目。

八月十日

今天，全省中小学校舍安全工程现场会在邯郸举行。副省长龙庄伟出席会议并讲话。

八月十一日

上午，省委常委、常务副省长赵勇在任丘市会见了中国石油天然气集团公司党组书记、总经理蒋洁敏一行。

八月十二日

下午，省长陈全国主持召开省政府第九十三次常务会议，听取全省秋粮生产情况汇报，会议审议并原则通过了关于进一步加强森林草原防火工作的意见。

八月十三日

下午，省政府召开全省安全生产督导检查动员会。副省长张杰辉出席会议并讲话，省政府将组织督导检查组，赴各市开展为期半个月的安全生产督导检查。

八月十五日

上午，河北省新华书店建店70周年暨河北出版物发行中心开业运营仪式在石家庄市高新区举行。省委常委、宣传部长聂辰席，省政府副省长孙士彬，省政协副主席王玉梅出席仪式并剪彩。

下午，河北省召开加强和改进工商联工作会议。省委副书记付志方出席会议并讲话。省委常委、副省长杨崇勇主持会议。省委常委、统战部长刘永瑞，省人大常委会副主任、省工商联主席黄荣，省政协副主席崔江水出席会议。

八月十六日

上午，省委常委、常务副省长、省医改领导小组组长赵勇带领省直有关部门负责人到栾城县就基层综合医改进行调研。

八月十七日

今天，全省推进国有企业改革重组上市工作会议在省会召开。副省长张杰辉出席会议并讲话。

今天，冀中南片重点建设项目二季度调度会在邢台市召开。省委常委、常务副省长赵勇出席会议并讲话，副省长张杰辉主持会议。

八月十八日

上午，就港澳高速公路石家庄至磁县（冀豫界）段改扩建工程建设动员大会在邢台市召开，副省长宋恩华出席会议并讲话。

下午，省委书记张云川、省长陈全国在石家庄会见了应省委、省政府邀请来河北参观考察的新疆农二师老军垦战士考察团。

八月十九日

今天，省委副书记、省长陈全国在保定市阜平县调研。调研期间，陈全国瞻仰了晋察冀边区革命纪念馆，向聂荣臻元帅塑像敬献了花篮。省长助理、省政府秘书长尹亚力及省直有关部门负责同志陪同调研。

今天，全省沿海片重点建设项目二季度调度会议在唐山召开。

上午，冀中南、冀东北工业聚集区开发建设工作办公室揭牌。省委常委、常务副省长、省沿海地区开发建设领导小组组长赵勇出席揭牌仪式并致辞，副省长张杰辉主持仪式。

八月二十一日

今天，副省长沈小平在衡水市会见了国务院扶贫办副主任郑文凯一行。

八月二十二日

今天，环首都片重点建设项目二季度调度会在三河市召开。

下午，副省长孙士彬在中国大酒店接见了第七届"中华人口奖"获得者清河县计划生育服务站站长孙彦荣。

八月二十四日

上午，省委召开常委扩大会议，省委、省人大常委会、省政府、省政协领导班子成员，省法院院长，省检察院检察长，武警河北省总队主要负责人；省长助理；省委主要工作部门有关负责人参加会议。省委书记张云川主持会议。中组部部务委员、干部二局局长潘立刚宣布了中央决定：张庆伟同志任河北省委委员、常委、副书记；陈全国同志不再担任河北省委副书记、常委、委员职务。

上午，省委常委、副省长杨崇勇代表省政府在河北会堂与玻利维亚科恰班巴省省长诺维略举行会谈。

八月二十六日

今天，省委副书记张庆伟在邯郸调研。他强调，要坚持把转变经济发展方式作为深入贯彻落实科学发展观的战略举措，大力推进科技创新，提高技术装备水平，加大调整优化结构力度；要大力保障和改善民生，提高百姓幸福指数，坚持让发展成果惠及最广大人民群众。省长助理、省政府秘书长尹亚力及省直有关部门负责人陪同调研。

八月二十七日

下午，省十一届人大常委会第二十五次会议在石家庄举行，省委书记、省人大常委会主任张云川主持会议并讲话。会议听取了省委常委、组织部长梁滨作的关于提请省十一届人大常委会决定任命省政府副省长、代理省长的说明，张庆伟到会与常委会组成人员见面。会议以民主表决的方式通过了省人大常委会关于接受陈全国辞去河北省人民政府省长职务的请求的决定；决定任命张庆伟为河北省人民政府副省长，代理省长。省人大常委会副主任宋长瑞、侯志奎、王增力、马兰翠、黄荣、谢计来，秘书长赵曙光出席会议。省政府副省长宋恩华，省法院副院长穆思山，省检察院检察长张德利等列席会议。

八月二十八日

8月27日至今日，在新学期和第27个教师节即将来临之际，中共中央政治局常委、国务院总理温家宝在张北县第三中学为广大农村教师作了题为《一定要把农村教育办得更好》的报告。27日下午，温家宝到沽源县白土窑乡寄宿制学校与学前班的孩子们一起做手工和游戏，在七年级1班听了一段语文课，并且在操场上同老师和同学们谈心。28日上午，报告会前，温家宝到张北三中学生宿舍察看了学生住宿情况。省委副书记、代省长张庆伟，省委常委、副省长赵勇，省委常委、秘书长景春华，副省长龙庄伟，省长助理、省政府秘书长尹亚力陪同调研。

下午，省委在石家庄召开全省领导干部会议，中央组织部副部长张纪南受中央委派，在会上宣布了中央关于河北省委主要负责同志职务调整的决定。中央决定：张庆黎同志任河北省委委员、常委、书记，张云川同志不再担任河北省委书记、常委、委员职务。张云川主持会议。省委常委，省人大常委会、省政府、省政协领导成员，省军区司令员，省法院院长、省检察院检察长，武警河北省总队总队长、政委，其他省级干部，副省级以上老同志；省长助理；省委委员、候补省委委员；各市市委书记、市长；省直各单位主要负责人，中直驻冀单位主要负责人；省各民主党派、工商联主要负责人；省委管理领导人员企业、省属本科骨干院校主要负责人出席会议。

八月二十九日

上午，副省长宋恩华在张家口市主持召开协调会，部署处置8·28张家口重大交通事故有关工作。

上午，2011年冀港澳台中华传统医药文化论坛在省会开幕。农工党中央副主席、中华中医药学会副会长张大宁，省委常委、统战部长刘永瑞分别致辞。副省长孙士彬、省政协副主席段惠军出席开幕式。

八月三十日

今天，省委常委、常务副省长赵勇在河北会堂会见了台湾远东集团董事长徐旭东一行。

八月三十一日

下午，省政府党组召开扩大会议，就认真贯彻落实省委常委（扩大）会议精神，进一步加强省政府领导班子建设，切实做好当前各项工作，进行了研究安排。省委副书记、省政府党组书记、代省长张庆伟主持会议。会议要求，要按照省委常委（扩大）会议提出的要求，瞄准全年目标，逐项排队算账，逐项检查督导，逐项推动落实，确保全年目标任务的顺利完成。

九　　月

九月二日

今天，省委副书记、代省长张庆伟在石家庄调研，参观了西柏坡纪念馆、中共中央和解放军总部旧址、七届二中全会会址，瞻仰了老一辈革命家的旧居和中央军委作战室旧址，向五大书记铜像敬献花篮。他强调，要始终牢记“两个务必”，继承和发扬西柏坡精神，推进河北经济社会又好又快发展；要扎实推进城镇化建设，坚持上水平、出品位、聚产业、生财富、惠民生，在更高起点上抓好城镇规划、建设、管理。省委常委、石家庄市委书记孙瑞彬参加调研。省长助理、省政府秘书长尹亚力陪同调研。

九月五日

今天，省农村信用社联合社召开第二届社员大会第一次会议，省委常委、常务副省长赵勇出席会议并讲话，省长助理、省金融办主任江波出席会议。

下午，副省长、第十三届吴桥国际杂技艺术节组委会主任孙士彬主持召开专题会议，研究部署第十三届吴桥杂技节筹备工作。

九月六日

9月5日至今日，省委副书记、代省长张庆伟就推进沿海发展战略，发展农业产业化、光伏产业到沧州、衡水、邢台进行调研。他强调，要紧紧抓住河北沿海发展战略即将上升为国家战略的机遇，增强沿海意识，发挥好沿海新优势，大力推进沿海经济发展；在推进农业产业化进程中，要注重培育壮大龙头企业，发挥好龙头企业的带动作用，促进农业发展方式转变；要不断加强新能源产业的自主创新能力，增加产品附加值，提高市场竞争力。省长助理、省政府秘书长尹亚力及省直有关部门负责同志陪同调研。

下午，省委书记张庆黎，省委副书记、代省长张庆伟在石家庄会见了武警部队参谋长牛志忠一行。省委常委、政法委书记、省公安厅厅长张越，省委常委、秘书长景春华，副省长宋恩华参加会见。省武警总队总队长王成，省武警总队政委宋兵役，省长助理、省政府秘书长尹亚力会见时在座。

九月七日

上午，武警石家庄士官学校举行挂牌仪式暨开学典礼。武警部队参谋长牛志忠，省委常委、省军区政委张彦欣，省委常委、政法委书记张越，省委常委、石家庄市委书记孙瑞彬，副省长宋恩华等出席。经中央军委批准，武警石家庄指挥学院改建为武警石家庄士官学校，成为武警部队两所士官学校之一。

今天，副省长沈小平带领省直有关部门负责同志，到石家庄市藁城益海粮油、现代农业观光园和晋州双鸽食品等龙头企业，就农业产业化进行调研。

九月八日

今天，省委副书记、代省长张庆伟在张家口市调研，并到张家口市职教中心、张家口市第一中学，亲切看望在校师生，向全省广大老师和教育工作者致以节日的祝贺和诚挚的问候。他强调，百年大计，教育为本，要坚持教育优先发展，建设一支高素质的教师队伍，为全社会培养更多优秀人才，为科学发展、富民强省提供强有力的人才和知识保障。调研期间听取了张家口市主城区总体规划和新区规划情况的汇报。省长助理、省政府秘书长尹亚力及省直有关部门负责同志陪同调研。

下午，河北省召开全省国有企业党的建设工作会议。省委副书记付志方出席会议并讲话。省委常委、组织部长梁滨主持会议。副省长张杰辉就国有企业改革发展讲了意见。

今天，东风实业有限公司、河北诚实实业集团及赞皇县政府共同建立东风汽车改装车产业园项目战略合作框架协议在石家庄市签约。副省长张杰辉出席签约仪式。

九月九日

上午，全省2011年夏粮生产总结表彰暨“三秋”农业生产电视电话会议在省会河北会堂召开。省委常委、省纪委书记臧胜业出席会议并讲话，副省长沈小平主持会议。会议对夏粮生产先进单位进行了表彰。

上午，南水北调中线干线河北段工程劳动竞赛动员大会在省会举行。

下午，中秋茶话会在石家庄太行国宾馆举行。省委书记张庆黎致辞，省委副书记、代省长张庆伟主持。省委副书记付志方，省政协主席刘德旺等省委、省人大常委会、省政府、省政协的领导同志，省军区、省法院、省检察院、武警河北总队的主要负责同志，其他省级干部，副省级以上老同志，省长助理等出席茶话会。

九月十三日

今天，省委副书记、代省长张庆伟在廊坊市调研。他强调，要紧紧围绕转方式、调结构的要求，进一步转变发展观念，拓宽发展思路，着力提高现代服务业发展水平和在三次产业结构中的比重，加快培育新的经济增长点，促进经济社会实现又好又快发展。省长助理、省政府秘书长尹亚力及省直有关部门负责同志陪同调研。

下午，省委常委、常务副省长赵勇在省会中国大酒店会见了交通银行总行行长牛锡明一行。省长助理、省金融办主任江波参加会见。

九月十四日

上午，中共河北省委在省会河北会堂召开全省领导干部会议。省委书记张庆黎作重要讲话，省委副书记、代省长张庆伟主持会议。

下午，省委常委、常务副省长赵勇带领省直有关部门负责人到省科学院进行现场办公。副省长龙庄伟对筹建海洋经济研究院作出具体安排，省政协副主席、省科学院院长王刚就有关工作作了汇报。

今天，副省长宋恩华在廊坊市会见了出席第16届城博会的住建部副部长陈大卫和国内外重要来宾、参会城市代表。

晚上，副省长宋恩华出席第16届城博会开幕式并致辞。

九月十五日

今天，省委副书记、代省长张庆伟来到省公安厅交管局指挥中心、高速交警总队指挥中心、省安全生产监督管理局，就贯彻落实全省领导干部会议精神特别是省委书记张庆黎提出的狠抓安全生产、加强交通安全管理的要求进行调研。副省长张杰辉，省长助理、省政府秘书长尹亚力陪同调研。

下午，省委书记张庆黎，省委副书记、代省长张庆伟同四川省委副书记、省长蒋巨峰率领的四川省党政代表团举行座谈会，就进一步加强两省交往与合作进行交流。省委常委、副省长杨崇勇，省委常委、石家庄市委书记孙瑞彬，省委常委、省委秘书长景春华，省长助理、省政府秘书长尹亚力，以及四川省政府副省长张作哈出席座谈会。石家庄市及省直有关部门负责人和四川省有关部门负责人参加座谈。

晚上，第二届中国·曹妃甸临港产业国际投资贸易洽谈会开幕式在唐山市丰南区市民广场举行。全国人大常委会副委员长华建敏，全国政协原副主席李蒙，商务部原副部长刘向东，省委常委、常务副省长赵勇，省人大常委会副主任黄荣，省政协副主席段惠军出席开幕式。

九月十六日

9月15日至今日，水利部长陈雷带领各司局主要负责同志到张家口市就水利工作进行调研并听取了河北省水利工作和张家口市经济社会发展情况的汇报。副省长沈小平陪同并主持汇报会。

上午，第十四届唐山中国陶瓷博览会在唐山市国际会展中心开幕。全国人大常委会副委员长华建敏，全国政协原副主席李蒙，省委常委、常务副省长赵勇，省人大常委会副主任黄荣，省政协副主席段惠军出席开幕式并为大会剪彩。

下午，省委常委、常务副省长赵勇出席第二届曹洽会中日唐山曹妃甸生态工业园项目对接洽谈会。

九月十七日

今天，河北省第七届农民运动会在霸州市海润体育场开幕。省委常委、省纪委书记臧胜业宣布本届农民运动会开幕，副省长孙士彬致开幕词。

上午，第九届全国科普日河北系列活动在邯郸博物馆广场启动，副省长龙庄伟出席启动仪式。

九月十八日

9月16日至今日，2011中国企业家论坛夏季高峰会议在廊坊举行。省委常委、常务副省长赵勇出席开幕仪式并致辞。

九月十九日

上午，全省外贸工作调度会在河北会堂召开。省委常委、副省长杨崇勇出席会议并讲话。

下午，省委书记张庆黎来到省政府，首先看望了省政府应急管理办公室的工作人员，并通过视频系统与有关部门通了话。张庆黎与省政府领导班子进行了座谈，充分肯定了近年来省政府在省委领导下各项工作所取得的成绩，并对省政府今后的工作提出了希望和要求。

下午，省委书记张庆黎，省委副书记、代省长张庆伟在石家庄会见了前来河北省出席环渤海工经联第五次联席会议的全国政协经济委员会副主任、工业和信息化部原部长李毅中一行。省委常委、秘书长景春华，副省长张杰辉参加会见。省长助理、省政府秘书长尹亚力会见时在座。

下午，省政府食品安全委员会召开第一次全体会议。省委常委、常务副省长、省政府食品安全委员会主任赵勇主持会议，省委常委、副省长杨崇勇，副省长孙士彬、沈小平出席会议。

九月二十日

上午，副省长宋恩华在石家庄市就人防工程重点项目建设情况进行专题调研。

下午，省委副书记、代省长张庆伟参观了在省博物馆举办的全国窃密案例警示教育展。省委常委、常务副省长赵勇，省长助理、省政府秘书长尹亚力一同参观。

下午，省委书记张庆黎，省委副书记、代省长张庆伟在石家庄会见了前来河北省了解贯彻落实《政府参事工作条例》情况的国务院参事室党组书记、主任陈进玉一行。省委常委、常务副省长赵勇，省委常委、秘书长景春华，副省长张杰辉参加会见。省长助理、省政府秘书长尹亚力会见时在座。

下午，国务院参事室主任陈进玉一行与省政府参事和省文史馆馆员进行座谈。副省长张杰辉出席座谈会。

九月二十一日

上午，省委常委、常务副省长赵勇主持会议专题研究河北省城镇化、综合交通体系等“十二五”专项规划，副省长宋恩华出席会议。

上午，河北省食品安全委员会办公室在石家庄举行揭牌仪式。副省长孙士彬出席仪式并为河北省食品安全委员会办公室揭牌。

九月二十二日

今天，副省长宋恩华带领交通运输厅和保定市政府负责同志，就高速公路项目建设进行专题调研。

下午，河北省全民健身工作联席会议第一次全体会议在省会召开。副省长孙士彬出席会议并讲话。

九月二十三日

9月21日至今日，省委副书记、代省长张庆伟就沿海产业和服务业发展、工业聚集区建设、扶贫开发工作等到秦皇岛、唐山、承德进行调研。他强调，要发挥好环渤海的区位优势，把握河北沿海战略即将上升为国家战略的机遇，创造良好的发展环境，加快沿海产业和服务业发展；要以科学发展为主题，以转方式调结构为主线，规划好、建设好、管理好工业聚集区，推进产业升级迈出实质性步伐；要坚持不懈地抓紧抓好扶贫工作，坚持“输血”与“造血”相结合，既解决群众的基本生活困难，又要探索建立长效机制，帮助群众找到脱贫致富的有效路径。省长助理、省政府秘书长尹亚力及省直有关部门负责同志陪同调研。

上午，2011河北国际信息产业周在石家庄国际科技博览中心开幕。副省长张杰辉宣布活动开幕。

九月二十六日

上午，省委副书记、代省长张庆伟在石家庄检查节日市场供应。

上午，东方航空集团在西柏坡举行捐建“西柏坡领袖风范雕塑园”落成典礼。副省长宋恩华，东方航空集团党委书记李军出席典礼并讲话。

上午，第十五届中国（廊坊）农产品交易会在廊坊会展中心开幕。全国政协副主席阿不来提·阿不都热西提发来贺信，省领导臧胜业、沈小平，全国供销合作总社副主任赵显人，农业部党组成员、总经济师张玉香等为农交会开幕剪彩。

下午，省委书记张庆黎，省委副书记、代省长张庆伟在石家庄会见了前来河北省参加省政府与中国国电集团签署战略合作框架协议暨国电河北分公司揭牌仪式的中国国电集团公司总经理、党组副书记朱永芃，中国国电集团公司党组书记、副总经理乔保平一行。省委常委、常务副省长赵勇，省委常委、秘书长景春华参加会见。省长助理、省政府秘书长尹亚力及石家庄市和省直有关部门负责人会见时在座。

下午，省政府与中国国电集团在石家庄签署战略合作框架协议，国电河北分公司同时举行揭牌仪式。

9月20日至今日，中纪委驻住建部纪检组长杜鹏率领的中央加快转变经济发展方式检查组在河北省就中央加快转变经济发展方式决策部署、中央加快水利改革发展决定和保障房安居工程建设政策在河北的贯彻落实情况进行检查。检查期间，省领导赵勇、臧胜业、宋恩华、沈小平分别出席了汇报会。今天下午，检查组在廊坊向河北省反馈了检查意见。省委常委、省纪委书记臧胜业代表省委、省政府听取意见反馈。

九月二十七日

上午，省十一届人大常委会第二十六次会议在石家庄举行。

九月二十八日

上午，代省长张庆伟主持召开省政府第九十四次常务会议。会议分析了当前全省经济形势，研究部署下一步经济工作。会议强调，要认真落实全省领导干部会议特别是省委书记张庆黎的重要讲话精神，按照“全年倒计时、强力往前推、铁腕抓落实、确保好结果”的总要求，对照年初目标任务，针对当前经济运行中的突出问题，逐项制定有效措施，落实责任、强化督查，倒排工期、挂图作战，确保实现“十二五”良好开局。会议传达了第171次国务院常务会议有关精神，研究部署加强渤海环境保护工作。会议还研究了其他事项。

晚上，省政府在石家庄太行国宾馆举行盛大招待会，热烈庆祝中华人民共和国成立62周年。省委书记张庆黎，省委副书记、代省长张庆伟，省委副书记付志方，省政协主席刘德旺等省委、省人大常委会、省政府、省政协领导同志，以及省法院、省检察院和省直有关部门的主要负责同志出席招待会。应邀出席招待会的来宾有：省军区、驻冀集团军、军级以上驻石部队、武警河北总队主官，省各民主党派、工商联主要负责人，无党派人士代表，省政府参事代表，在冀港澳台同胞，华人华侨代表，获燕赵友谊奖的外国专家和教师，在冀投资外商、海外归国和留学人才代表，金融、科技、教育、卫生、文化、艺术、民族宗教、体育、妇女、青年界代表，劳动模范代表，政法干警英模代表，省属部分重点国企负责人，省内部分民营企业负责人，中央驻冀部分单位主要负责人，石家庄市四大班子主要负责人。招待会由省委常委、常务副省长赵勇主持。张庆伟发表了讲话。

下午，河北省2011年度“燕赵友谊奖”颁奖大会在石家庄举行。副省长宋恩华为获奖的外国专家颁奖并讲话。

今天，省政协十届十六次常委会议在省会召开，副省长龙庄伟介绍了本省基础教育工作。

九月二十九日

上午，省十一届人大常委会第二十六次会议完成各项议程，在石家庄闭幕。

下午，省委常委、常务副省长赵勇在省会太行国宾馆会见了中国人民保险集团股份有限公司董事长吴焰一行。省长助理、省金融办主任江波参加会见。

九月三十日

上午，省会军民向英烈纪念碑敬献花篮仪式在河北省英烈纪念园举行。省领导张彦欣讲话，副省长宋恩华主持仪式，省领导杨崇勇、聂辰席、侯志奎出席仪式。

今天，省政府办公厅下发《关于确保市场供应稳定消费价格总水平的通知》，要求各级各部门从保障和改善民生、促进社会和谐稳定的高度，充分认识做好市场供应和稳定物价的重要性，采取切实措施保供应、稳物价、促消费、惠民生。

十　月

十月一日

上午，省会庆祝新中国成立62周年升国旗仪式在省会民心广场举行。省委书记张庆黎，省委副书记、代省长张庆伟，省委副书记付志方，省政协主席刘德旺等省委、省人大常委会、省政府、省政协领导，省军区、省武警总队领导，以及省法院院长、省检察院检察长，省长助理，省各民主党派、工商联负责人出席了今天的升国旗仪式。省委常委、石家庄市委书记孙瑞彬主持仪式。

十月七日

下午，一辆河北省大客车在滨保高速公路天津界内发生重特大交通事故。得悉这一消息后，省委书记张庆黎，省委副书记、代省长张庆伟立即作出重要批示，要求全力抢救受伤人员，做好遇难者家属工作，并认真汲取教训，全力抓好交通等各项安全管理工作，坚决防止类似事故再次发生。晚上，副省长龙庄伟带领省有关部门负责同志抵达天津，协助天津市全力做好伤员抢救、事故调查和善后处理等工作。

十月八日

下午，省政府召开全省道路交通安全工作电视电话会议，会议强调，要强化全社会的道路交通安全意识，深刻汲取血的教训，保持严管高压态势，严防重特大道路安全事故再次发生。省委副书记、代省长张庆伟，副省长宋恩华出席会议并讲话。省长助理、省政府秘书长尹亚力通报“10·7”重特大交通事故相关情况。

今天，副省长沈小平带领省直有关部门负责同志，深入到邢台市任县就秋收秋种进行调研。

十月九日

下午，河北省召开全省征兵工作电视电话会议。省征兵工作领导小组组长、代省长张庆伟出席会议并讲话，省军区司令员史鲁泽对全省今冬征兵工作进行了安排部署，副省长宋恩华宣读了河北省今冬征兵命令，省军区副司令员丁振华、赵海滨，副政委李光聚、李志强等出席会议。会议由省委常委、省军区政委张彦欣主持。

下午，省委常委、常务副省长赵勇在河北会堂会见了来访的美国奥钛纳米技术有限公司董事局主席魏银仓一行。

下午，“城市因你而美丽”——首届河北省规划大师授予仪式在河北电视台举行。副省长宋恩华出席仪式。

十月十日

下午，省委书记张庆黎，省委副书记、代省长张庆伟在石家庄会见了新疆巴音郭楞蒙古自治州党委书记彭家瑞率领的巴州党政代表团一行。省委常委、副省长杨崇勇，省委常委、组织部长梁滨，省委常委、秘书长景春华参加会见。省长助理、省政府秘书长尹亚力会见时在座。

下午，副省长宋恩华在省会中国大酒店会见了中国商用飞机有限责任公司副总经理史坚忠一行。

十月十一日

10月10日至今日，全省水利工作会议在省会河北会堂召开。省委书记张庆黎，省委副书记、代省长张庆伟作重要讲话。省委常委、省政协主席，省人大常委会主持日常工作的副主任，省政府副省长、顾问，省军区、武警河北总队主要负责同志，省长助理出席会议。省委常委、常务副省长赵勇主持会议。

上午，河北省冀商联合会召开成立大会。省委常委、副省长杨崇勇，省政协副主席赵文鹤、崔江水，宁夏回族自治区政协副主席解孟林共同接见了新当选的省冀商联合会负责人，原省领导郭世昌、秦朝镇一同参加会见。

下午，第八届全国残疾人运动会开幕式在浙江举行。开幕式前，副省长宋恩华在浙江宾馆接见了参加残运会的河北省残疾人体育代表团的部分选手。

今天，河北·南澳州贸易与资源投资推介会在省会举行，副省长张杰辉，原省领导吕传赞、何少存出席。

十月十二日

10月11日至今日，全国人大常委会副委员长、民盟中央主席蒋树声率领考察团到广宗考察调研。民盟中央副主席李重庵、国务院扶贫办副主任郑文凯、省人大常委会副主任谢计来、副省长龙庄伟陪同调研。

上午，省委副书记、代省长张庆伟在石家庄会见了国家烟草专卖局局长姜成康、副局长李克明一行。副省长张杰辉，省长助理、省政府秘书长尹亚力一同会见。

下午，省委常委、副省长杨崇勇在省会中国大酒店会见了西藏自治区副主席丁业现率领的考察团。

十月十三日

上午，省委书记张庆黎，省委副书记、代省长张庆伟在北京与国土资源部党组书记、部长、国家土地总督察徐绍史等举行了工作会谈。省委常委、秘书长景春华，副省长张杰辉，国土资源部党组成员、副部长负小苏，国土资源部党组成员、中央纪委驻部纪检组组长王寿祥参加会谈。

上午，省治理工程建设领域突出问题工作领导小组召开工作会议。省委常委、常务副省长赵勇主持会议。省委常委、纪委书记臧胜业出席会议并讲话。

10月12日至今日，副省长沈小平带领省直有关部门负责同志，深入涞水县、赤城县就扶贫开发工作进行调研。

今天，2011年全国环保局长论坛在省会石家庄市举行。环境保护部副部长潘岳出席论坛并作主旨演讲。

十月十四日

今天，河北西藏两省区民航工作座谈会在省会河北会堂召开，副省长宋恩华、西藏自治区副主席丁业现出席座谈会并讲话。

十月十六日

上午，省委书记张庆黎，省委副书记、代省长张庆伟在北京与国务院国资委主任王勇等举行工作会谈。

十月十七日

10月15日至今日，省委书记张庆黎，省委副书记、代省长张庆伟在北京先后同中国石油化工集团公司董事长傅成玉，中国石油天然气集团公司总经理蒋洁敏，国家电网公司总经理刘振亚等举行会谈，就深化双方合作进行深入交流。同时，省政府分别与中石化、中石油签署了战略合作框架协议和合作发展协议。省领导赵勇、景春华、张杰辉参加会谈。

十月十八日

今天，河北大学举行庆祝建校九十周年大会。全国人大常委会副委员长周铁农发来贺词。省委书记张庆黎，省委副书记、代省长张庆伟致信祝贺。省委常委、统战部长刘永瑞，全国政协党委、中央纪委原副书记刘峰岩，副省长龙庄伟、沈小平，省军区副政委李志强，省政府原副省长、省政协原副主席刘健生和中科院院士印象初等出席大会。

十月十九日

上午，河北省排污权交易在河北环境能源交易所交易大厅正式启动，排污权有偿使用和交易进入实施阶段。

下午，副省长、第十三届中国吴桥国际杂技艺术节组委会主任孙士彬，省长助理、省政府秘书长、杂技节组委会副主任尹亚力带领省、石家庄市有关部门负责人，就杂技节的各项准备工作进行检查指导。

十月二十日

上午，由中国民主建国会中央委员会、工业和信息化部、河北省人民政府共同主办的2011中国（河北）非公有制经济发展论坛在石家庄开幕。全国人大常委会副委员长、民建中央主席陈昌智出席开幕式并作主旨演讲，省委书记张庆黎出席，省委副书记、代省长张庆伟致辞，工业和信息化部副部长苏波，省委常委、常务副省长赵勇作演讲，副省长张杰辉主持。民建中央常务副主席马培华，民建中央副主席辜胜阻，省委常委、石家庄市委书记孙瑞彬，省委常委、秘书长景春华，中国光大集团董事长唐双宁，省政协副主席、民建河北省委主委武四海，珠海格力电器股份有限公司总裁董明珠，北京金和软件股份有限公司董事长栾润峰等出席开幕式。

十月二十一日

上午，京津冀银行业监管合作备忘录签字仪式在廊坊举行。省长助理、省金融办主任江波出席签字仪式。

十月二十二日

晚上，由文化部和省政府共同主办的第13届中国吴桥国际杂技艺术节在省会河北艺术中心开幕。代省长张庆伟致辞并宣布第13届中国吴桥国际杂技艺术节开幕。文化部党组成员、中纪委驻文化部纪检组组长李洪峰致辞。副省长孙士彬主持开幕式。省委副书记付志方，省委常委、常务副省长赵勇，省委常委、宣传部长聂辰席，省委常委、石家庄市委书记孙瑞彬等省委、省人大常委会、省政府、省政协领导同志，省法院院长、省检察院检察长，省军区、武警河北总队军政主要领导，省长助理，曾担任河北省正省级领导职务的离退休老同志出席开幕式。

十月二十三日

下午，省委常委、常务副省长赵勇带领省直有关部门负责同志，到井陉县考察中小企业经营情况。

十月二十四日

今天，全省惩治和预防腐败体系建设工作电视电话会议在省会河北会堂召开。省委常委、常务副省长赵勇主持会议。省委常委、省纪委书记臧胜业出席会议并讲话。

今天，“双三十”节能减排工作调度会在省会召开。副省长张杰辉主持会议并讲话。

十月二十五日

上午，省委副书记、代省长张庆伟在石家庄钢铁有限责任公司、石家庄飞机工业有限责任公司调研。省委常委、石家庄市委书记孙瑞彬，副省长张杰辉参加调研。省长助理、省政府秘书长尹亚力陪同调研。

下午，正在河北省访问的比利时东佛兰德省代表团一行，与河北省进行了两省政府工作会谈。省委常委、常务副省长赵勇，比利时东佛兰德省副省长德布克、副省长道威出席会谈。

十月二十六日

上午，副省长宋恩华就推进绿色建筑工作在河北省中加生态技术交流中心考察。

下午，代省长张庆伟主持召开省会规划建设委员会第八次会议，听取石家庄市城市总体规划情况汇报。

下午，省政府召开金融支持小微企业发展座谈会。省委常委、常务副省长赵勇出席会议并讲话，省长助理、省金融办主任江波主持会议。

下午，省安委会第十二次全体会议在省会太行国宾馆召开，省委副书记、代省长张庆伟就安全生产工作作出重要批示。副省长张杰辉出席会议并讲话。

今天，海内外异地河北商会恳谈会在省会召开，来自北京、天津、山西等地及俄罗斯、加拿大的20余家河北商会的负责人参加会议。省委常委、统战部长刘永瑞，副省长张杰辉出席会议并讲话。省人大常委会副主任、省工商联主席黄荣主持会议，省政协原副主席、省冀商文化研究会会长刘健生出席。

十月二十七日

上午，2011中国·石家庄第六届国际动漫博览交易会在石家庄市人民会堂开幕。全国政协副主席张梅颖宣布开幕。

上午，经文化部授权，由中华文化促进会与石家庄市合作建设的中国动漫实训与考级中心揭牌。副省长孙士彬出席揭牌仪式。

下午，省政府与华润（集团）有限公司在石家庄举行“十二五”投资合作协议签字仪式暨河北省华润助学基金捐赠仪式。省委书记张庆黎，省委副书记、代省长张庆伟，华润集团董事长宋林，省委副书记付志方，省委常委、石家庄市委书记孙瑞彬，省委常委、省委秘书长景春华，副省长龙庄伟，华润集团副总经理王印、朱金坤等出席签约及捐赠仪式。省委常委、常务副省长赵勇，华润集团总经理乔世波代表双方签署合作协议。省长助理、省政府秘书长尹亚力主持签约及捐赠仪式。签约仪式前，张庆伟会见了宋林一行。

今天，全省医药卫生体制改革工作调度会议在石家庄召开。省委常委、常务副省长赵勇出席会议并讲话，副省长孙士彬主持会议。

十月二十八日

上午，省政府在省会河北会堂召开全省节能减排工作电视电话会议，代省长张庆伟作重要讲话。省委常委、常务副省长赵勇主持会议，副省长张杰辉就深入推进节能减排工作讲了具体意见。

上午，西柏坡华润希望小镇落成典礼在西柏坡举行。省委副书记付志方，省委常委、石家庄市委书记孙瑞彬，副省长宋恩华，华润（集团）有限公司董事长宋林等出席落成典礼。

上午，第20届中国·大营国际皮草交易会在枣强县大营镇文化休闲广场举行开幕式。副省长孙士彬出席并宣布开幕。

下午，全省社会保障“一卡通”工程动员大会在省会召开。副省长宋恩华出席会议并考察了省社会保障卡管理中心。

10月24日至今日，全国政协副主席、民盟中央第一副主席张梅颖率全国政协“调整国民收入分配结构、深化收入分配制度改革”专题调研组，先后到邯郸、石家庄和保定市进行实地调研，听取了河北省及三市的情况汇报。省委书记张庆黎，省委副书记、代省长张庆伟，省政协主席刘德旺以及省委常委、石家庄市委书记孙瑞彬，副省长龙庄伟，省政协副主席王玉梅等看望张梅颖及调研组一行。

十月三十日

今天，第九届中国国际农产品交易会在四川成都开幕。副省长沈小平出席开幕式并参观河北省展区。

晚上，第13届中国吴桥国际杂技艺术节，在完成石家庄主会场的各项赛事和演出后，在河北艺术中心落下帷幕。张庆黎、张庆伟、刘德旺、臧胜业、张彦欣、聂辰席、孙瑞彬、景春华等省委、省人大常委会、省政府、省政协、省军区领导同志，人力资源和社会保障部副部长王晓初，文化部党组成员、部长助理高树勋，曾担任我省正省级领导职务的离退休老同志，国内外演职员、评委、杂技界贵宾出席闭幕式。

十月三十一日

上午，省政府与中国科学院在石家庄举行科技合作座谈会，并签署省政府与中科院“十二五”全面战略科技合作协议。省委书记张庆黎，中科院院长、党组书记白春礼出席会议并讲话，省委副书记、代省长张庆伟主持会议。中科院还分别与廊坊市和唐山市签署了合作协议。

今天，台湾远东航空公司在石家庄正定国际机场举行通航仪式。

10月30日至今日，人力资源和社会保障部副部长王晓初就人力资源和社会保障重点工作在石家庄市考察。副省长宋恩华陪同考察。

十一月

十一月一日

上午，省委副书记、代省长张庆伟在省科学院调研。他强调，要紧紧围绕科教兴省、人才强省战略，不断增强自主创新能力，创新体制机制，加大引进和培养高素质人才力度，进一步提高科研水平，注重产学研相结合，为建设经济强省、和谐河北作出更大贡献。

上午，省委副书记、代省长张庆伟在石家庄会见了国务院南水北调办公室主任鄂竟平一行。省政府顾问张和，省长助理、省政府秘书长尹亚力等一同会见。

上午，第二届中国河北海内外高层次人才洽谈会暨河北省秋季人才交流大会，在省会东开发区火炬广场开幕。省委常委、组织部长梁滨致辞并宣布大会开幕，副省长宋恩华出席开幕式。

下午，全省卫生系统学习刘琼芳同志先进事迹报告会在省会河北会堂举行。省委常委、组织部长梁滨，省委常委、宣传部长聂辰席，省人大常委会副主任侯志奎，副省长孙士彬和省政协副主席王刚接见了报告团成员并出席报告会。

晚上，副省长宋恩华在省会中国大酒店会见了前来参加河北省外国专家组织项目洽谈会的外国专家代表一行。

今天，中国国际工业博览会在上海新国际博览中心开幕。副省长张杰辉出席开幕式，并参观河北展馆。

十一月二日

上午，省委常委、常务副省长赵勇主持召开河北省“十二五”专项规划编制汇报会。

下午，全省冬春农田水利基本建设电视电话会议在省会河北会堂召开。副省长沈小平出席会议并讲话。

十一月三日

上午，省委副书记、代省长张庆伟来到省药品检验所、省疾病预防控制中心、省质监局检测中心进行调研。省长助理、省政府秘书长尹亚力及省直有关部门负责同志陪同调研。

上午，副省长宋恩华到石家庄机场就改扩建工程进行调研。

下午，副省长宋恩华带领省直有关部门负责同志赴内蒙古自治区，就加强铁路、交通合作工作，与内蒙古自治区政府进行会谈。

十一月四日

上午，由河北建投投资集团有限公司投资兴建的（固安）农业科技产业园项目在固安县开工奠基。副省长张杰辉出席奠基仪式。

下午，全省治理车辆超限超载工作电视电话会议在省会召开。副省长宋恩华出席会议并讲话。

晚上，第13届中国吴桥国际杂技艺术节沧州分会场开幕式暨2011中国沧州杂技盛典大型杂技文艺晚会在沧州体育馆举行。副省长孙士彬出席开幕式并宣布吴桥杂技艺术节沧州分会场开幕。

十一月五日

上午，第二届中国（沧州）国际塑料工业展览会暨经贸洽谈会开幕式在沧州国际展览中心开幕。副省长孙士彬出席开幕式。

十一月六日

下午，省委副书记、代省长张庆伟在石家庄会见海关总署党组成员、副署长孙毅彪一行。省委常委、常务副省长赵勇，省长助理、省政府秘书长尹亚力一同会见。

晚上，2011中国·石家庄国际投资合作洽谈会开幕。省委常委、副省长杨崇勇宣布开幕，省委常委、石家庄市委书记孙瑞彬致辞。

十一月七日

上午，省委常委、常务副省长赵勇在省会中国大酒店会见了由美国白宫管理与预算办公室前主任詹姆斯·米勒率领的美国对外政策理事会代表团一行。

下午，省委书记张庆黎，省委副书记、代省长张庆伟在石家庄会见了武警部队司令员王建平一行。省委常委、政法委书记、省公安厅厅长张越，省委常委、秘书长景春华参加会见。武警河北总队总队长王成，武警河北总队政委宋兵役会见时在座。

今天，第六届中国·曲阳雕刻艺术节在曲阳雕刻广场举行。副省长孙士彬出席并宣布艺术节开幕。

十一月八日

上午，河北电力监管业务办公室揭牌，副省长张杰辉出席揭牌仪式。河北电力监管业务办公室是根据中央机构编制委员会办公室批复和国家电力监管委员会要求，国家电力监管委员会华北监管局决定在河北省设立的。

十一月九日

上午，代省长张庆伟主持召开了省政府第九十六次常务会议。听取了关于省级统筹部分农田水利建设资金的汇报，就统筹部分建设资金、加快农田水利建设工作进行了研究部署。会议还听取了关于2011年度依法进行行政考核的汇报，研究部署了依法行政工作。会议还研究了其他事项。

上午，2011第五届中国·河北专利周启动仪式在石家庄举行。副省长龙庄伟出席仪式并讲话。

晚上，副省长宋恩华就石家庄清剿火患战役、省八次党代会执勤备战和冬季防火等工作，到石家庄公安消防支队、北国电器广场检查指导。

十一月十日

今天，《河北日报》刊登了省政府代省长、省征兵工作领导小组组长张庆伟致全省广大适龄青年及家长朋友们的公开信。希望广大适龄青年积极响应祖国的召唤，自觉接受祖国的挑选，在部队的广阔天地里和军队现代化建设中做一名新时代的好战士。

上午，省委副书记、代省长张庆伟在石家庄会见了中国香港中旅集团公司董事长张学武一行。省委常委、常务副省长赵勇，省长助理、省政府秘书长尹亚力等一同会见。

上午，国家民委在大厂回族自治县举行仪式，授予大厂回族自治县“全国民族自治县（旗）科学发展示范县”荣誉称号。国家民委主任、党组书记杨晶，省委常委、统战部长刘永瑞，副省长孙士彬出席授牌仪式。

下午，省委书记张庆黎，省委副书记、代省长张庆伟在石家庄会见了中国东方航空集团公司总经理刘绍勇一行。省委常委、秘书长景春华，副省长宋恩华参加会见。

近日，国务院批复《河北沿海地区发展规划》，标志着河北省沿海地区发展正式上升为国家战略。这是我国在实施“十二五”规划开局之年，推动科学发展、加快转变经济发展方式的重要战略部署，也是支持我国东部地区率先发展、促进京津冀和全国区域协调发展的重大举措。

十一月十一日

上午，省委、省政府召开全省分类推进事业单位改革工作电视电话会议。

上午，河北医科大学附属以岭医院举行揭牌仪式。

下午，副省长宋恩华就河北航空事业发展有关事项拜访北京军区空军司令部。

11月10日至今日，全省农业产业化工作会议在衡水、沧州举行。

十一月十二日

上午，总投资40亿元的华药新工业园区新制剂项目正式竣工投产。

上午，2011燕赵心血管病论坛第一届疑难病例研讨会在白求恩国际和平医院举行。

十一月十三日

11月12日至今日，中共中央政治局委员、中央书记处书记、中央组织部部长李源潮深入河北省城镇乡村，调研创先争优活动，与河北省领导干部和党员代表座谈。他指出，要深入贯彻党的十七届六中全会精神，组织基层党组织和党员紧紧围绕本地党代会确定的科学发展新目标新任务创先争优，立足本职、争创一流，为民服务、多作贡献，以科学发展的新成绩迎接党的十八大召开。12日，李源潮参观了西柏坡纪念馆、中共中央旧址、中央组织部旧址，并到平山县梁家沟村调研。今天上午，李源潮考察了石家庄职工服务中心、京石高速西兆通服务区和石家庄城市规划馆。今天下午，李源潮在石家庄召开创先争优调研座谈会。省委书记张庆黎主持会议，并代表省委、省政府汇报河北省主要工作情况。省委副书记、代省长张庆伟，省委副书记付志方，省政协主席刘德旺等省领导参加座谈会。省委常委、省政协主席，省人大常委会主持日常工作的副主任，省政府副省长，省委创先争优活动领导小组成员，省直有关部门负责同志，以及党员干部代表参加座谈会。在河北省期间，省领导张庆黎、张庆伟、梁滨、孙瑞彬、景春华分别陪同调研。中央组织部秘书长邓声明一同调研。

11月11日至今日，以农业部副部长陈晓华为组长的国务院食品安全委员会第二督查组先后来到保定、石家庄，督导检查河北省食品安全工作。今天下午，督查组与省政府交换意见，副省长孙士彬代表省政府出席会议。

上午，省中医院新门诊医技楼正式启用。

十一月十四日

下午，省委常委、常务副省长赵勇在省会太行国宾馆会见了中国银监会副主席周慕冰一行。省长助理、省金融办主任江波参加会见。

十一月十五日

11月14日至今日，省委副书记、代省长张庆伟在邢台清河县、邢台县、沙河市，就羊绒、汽车、煤化工等产业进行调研。他强调，要坚持以科学发展观为统领，紧紧围绕转方式、调结构的要求，立足本地实际，发挥比较优势，理清发展思路，培育壮大特色产业，加快发展县域经济，实现高质量的经济增长，为建设经济强省、和谐河北奠定坚实基础。副省长张杰辉，省长助理、省政府秘书长尹亚力陪同调研。

上午，冀中能源邢台矿区采煤沉陷区综合治理项目正式开工。省委副书记、代省长张庆伟为项目开工奠基，副省长张杰辉致辞，省长助理、省政府秘书长尹亚力出席开工仪式。

下午，省委书记张庆黎，省委副书记、代省长张庆伟在石家庄会见了前来河北省考察指导工作的全国人大常委会副委员长桑国卫、卫生部副部长刘谦一行。省委常委、石家庄市委书记孙瑞彬，省委常委、秘书长景春华，省人大常委会副主任马兰翠一同会见。

下午，省委常委、常务副省长赵勇就了解当前经济形势、谋划明年经济工作，带领省有关部门负责同志到保定市进行调研。

今天，全省劳动人事争议调解仲裁委员会工作视频会议在省会召开。副省长宋恩华出席并讲话。

十一月十六日

下午，省委书记张庆黎，省委副书记、代省长张庆伟，省委副书记付志方，省委常委史鲁泽、赵勇、杨崇勇、梁滨、臧胜业、刘永瑞、聂辰席、张越、孙瑞彬、景春华，在省会石家庄分别看望了出席中国共产党河北省第八次代表大会的代表。

今天，“重大新药创制”科技重大专项产学研技术创新联盟与综合性大平台项目对接和成果交流会在石家庄举行。全国人大常委会副委员长桑国卫、卫生部副部长刘谦、省人大常委会副主任马兰翠、副省长孙士彬出席会议。

十一月十七日

今天，“新型药物制剂与辅料”国家重点实验室暨石药集团中央药物研究院在石家庄高新区正式启用，全国人大常委会副委员长桑国卫、卫生部副部长刘谦、省人大常委会副主任马兰翠、副省长龙庄伟出席启用仪式。

十一月十八日

上午，中国共产党河北省第八次代表大会在省会河北会堂开幕。张庆黎代表中共河北省第七届委员会向大会作了题为《深入贯彻落实科学发展观，为建设经济强省和谐河北而奋斗》的报告。大会执行主席、大会主席团常务委员会委员张庆黎、张庆伟、付志方、史鲁泽、赵勇、杨崇勇、梁滨、臧胜业、刘永瑞、聂辰席、张越、孙瑞彬、景春华在主席台前排就座。主席团其他成员刘德旺、张彦欣、吕传赞、宋长瑞、侯志奎、王增力、马兰翠、谢计来、宋恩华、张和、孙士彬、张杰辉、沈小平、赵文鹤、王玉梅、田向利、崔江水、高勇、张德利、王成、宋兵役、王金义、李岗、张圣荣、刘作田、郭世昌等在主席台就座。大会由张庆伟同志主持。河北省各民主党派、工商联主要负责人黄荣、龙庄伟、段惠军、丛斌、孔小均、武四海应邀参加今天的大会。曾担任过省级领导职务的部分同志赵金铎、叶连松、杨泽江、郭志、李文珊、吴显国、柳宝全、高喜同、陈来立、李炳良、张震环、张建新、郝廷华、龚焕文、张士儒、何少存、吴振华、张群生、王加林、白润璋、韩立成、郭洪岐、李月辉、杨国春、冯文海、刘健生、陈秀芳、秦朝镇、王建忠、赵铁练、刘德忠等，七届省委委员、侯补委员和省纪委委员，有关部门和单位的党员主要负责同志列席大会。

下午，张庆伟同志在邯郸代表团与代表们共同讨论审查七届省委的工作报告。

下午，赵勇、杨崇勇同志分别与代表们一起，认真审查张庆黎同志代表第七届省委所作的报告。

十一月二十日

11月19日至今日，张庆伟同志先后来到石家庄市、保定市、衡水市、解放军武警部队代表团，与代表们一起讨论审查报告。

十一月二十二日

下午，中国共产党河北省第八次代表大会在河北会堂胜利闭幕。大会由张庆黎同志主持。大会执行主席、大会主席团常务委员会委员张庆黎、张庆伟、付志方、史鲁泽、赵勇、杨崇勇、梁滨、臧胜业、刘永瑞、聂辰席、张越、孙瑞彬、景春华在主席台前排就座。主席团其他成员刘德旺、张彦欣、吕传赞、宋长瑞、侯志奎、王增力、马兰翠、谢计来、宋恩华、张和、孙士彬、宋杰辉、沈小平、赵文鹤、王玉梅、田向利、崔江水、高勇、张德利、王成、宋兵役、王金义、李岗、张圣荣、刘作田、郭世昌等在主席台就座。河北省各民主党派、工商联主要负责人黄荣、龙庄伟、段惠军、孔小均、武四海、王刚应邀参加大会。曾担任过省级领导职务的部分同志赵金铎、叶连松、杨泽江、郭志、李文珊、吴显国、柳宝全、高喜同、陈来立、李炳良、张震环、张建新、郝廷华、龚焕文、何少存、吴振华、张群生、王加林、王润璋、韩立成、郭洪岐、李月辉、杨国春、冯文海、刘健生、陈秀芳、秦朝镇、王建忠、赵铁练、刘德忠等，七届省委委员、侯补委员和省纪委委员，有关部门和单位的主要负责同志列席大会。

下午，中国共产党河北省第八届委员会第一次全体会议在省会河北会堂举行。张庆黎同志主持会议并作重要讲话。八届省委委员、候补委员出席会议。会议选举产生了中国共产党河北省第八届委员会常务委员会委员，中国共产党河北省第八届委员会书记、副书记。通过了中国共产党河北省第八届纪律检查委员会第一次全体会议选举产生的常务委员会委员和书记、副书记。张庆黎同志当选中共河北省第八届委员会书记，张庆伟、赵勇当选副书记。当选省委常委的还有：史鲁泽、杨崇勇、梁滨、臧胜业、聂辰席、张越、孙瑞彬、景春华、田向利、艾文礼。

十一月二十三日

下午，省委副书记、省政府党组书记、代省长张庆伟主持召开省政府党组（扩大）会议，学习贯彻省第八次党代会、省委八届一次全会精神和省委书记张庆黎在西柏坡召开的省委常委会上的重要讲话精神，统一思想认识，交流学习体会，以奋发有为的精神做好政府各项工作。

晚上，“法制与你同行”法制专题文艺晚会在河北电视台举行。

十一月二十四日

下午，省委书记张庆黎，省委副书记、代省长张庆伟在石家庄与国务院国资委主任、党委书记王勇等国资委领导和110家央企负责人举行座谈。省委副书记、常务副省长赵勇，省政协主席刘德旺等省委常委会、省人大常委会、省政府、省政协的领导同志参加会见。

下午，省十一届人大常委会第二十七次会议举行第二次全体会议，省人大常委会副主任宋长瑞主持会议。会议听取了省委副书记、代省长张庆伟就提请省人大常委会决定任命省政府副省长作的说明。听取了省委副书记、省政府常务副省长赵勇作的关于推进经济结构调整、加快发展方式转变的报告。省人大常委会副主任侯志奎、王增力、马兰翠、黄荣、谢计来，秘书长赵曙光出席会议。省委副书记、省政府常务副省长赵勇，省法院院长高勇，省检察院检察长张德利等列席会议。

十一月二十五日

今天，中共中央政治局常委、国务院副总理李克强在河北省廊坊市召开保障房建设现场座谈会并讲话。他指出，要继续扎实推进保障性安居工程建设，把好质量安全关、公平分配关，更好地发挥保障房建设惠民生、稳房价、扩内需、促发展的多重作用。省委书记张庆黎主持座谈会。国务院有关部门负责人参加了会议。省委常委、政法委书记、省公安厅厅长张越，省委常委、秘书长景春华，副省长宋恩华参加会议。

今天，中共中央政治局常委、国务院副总理李克强在省委书记张庆黎的陪同下，到廊坊市实地了解各项政策措施落实情况和成效。国务院有关部门负责同志陪同考察。省委常委、政法委书记、省公安厅厅长张越，省委常委、秘书长景春华，副省长宋恩华陪同考察。

上午，百家央企走进河北战略合作恳谈会在石家庄太行国宾馆举行。省委副书记、代省长张庆伟，国务院国资委主任、党委书记王勇分别讲话，并代表省政府、国务院国资委签署《河北省人民政府国务院国资委战略合作备忘录》。省委副书记、常务副省长赵勇介绍了河北“十二五”经济社会发展规划及战略投资重点，中国航天科技集团、中国石油天然气集团、中国华能集团、中国国电集团、中国建材集团等央企负责人在会上发言。副省长张杰辉主持恳谈会。赵勇、杨崇勇代表省政府分别与26家央企签署战略合作框架协议；省有关部门、设区市、县（市区）政府和企业分别与15家央企签署投资合作协议，意向总投资约6700亿元。国务院国资委领导黄丹华、姜志刚和111家中央企业负责同志，河北省领导刘德旺、梁滨、孙瑞彬、田向利、艾文礼、宋长瑞、张和、孙士彬、龙庄伟、沈小平，省长助理尹亚力、江波出席恳谈会。11个设区市市长，省有关部门和金融机构主要负责同志，部分重点企业负责人参加了恳谈会。

下午，副省长孙士彬到省疾病预防控制中心、省血液中心，考察调研艾滋病防治工作，慰问艾滋病防治工作人员。

下午，国务院国资委副主任黄丹华、姜志刚一行赴省国资委调研，副省长张杰辉陪同调研。

十一月二十六日

下午，省十一届人大常委会第二十七次会议完成各项议程，在石家庄闭幕。省人大常委会副主任宋长瑞主持会议。会议通过了省人大常委会关于接受张云川辞去省第十一届人大常委会主任职务的请求的决定、关于接受赵勇辞去省政府副省长职务的请求的决定，决定任命聂辰席为省政府副省长。省人大常委会副主任侯志奎、王增力、马兰翠、黄荣、谢计来，秘书长赵曙光出席会议。省委常委、省政府副省长杨崇勇，省法院院长高勇，省检察院检察长张德利等列席会议。

今天，河北省人民代表大会常务委员会发布第46号公告：河北省第十一届人民代表大会常务委员会第二十七次会议于2011年11月26日决定：接受张云川辞去河北省第十一届人民代表大会常务委员会主任职务的请求，接受赵勇辞去河北省人民政府副省长职务的请求。

今天，河北省人民代表大会常务委员会发布第47号公告：河北省第十一届人民代表大会常务委员会第二十七次会议于2011年11月26日决定任命聂辰席为河北省人民政府副省长。

今天，副省长宋恩华就贯彻落实省第八次党代会精神，加快新型城镇化进程到廊坊市进行调研。

十一月二十九日

上午，省职工（技师）创新协会举行六届一次理事会，河北西柏坡发电有限责任公司除尘脱硫班等40个单位被授予“河北省工人先锋号”荣誉称号。省人大常委会副主任、省总工会主席马兰翠宣读表彰决定，副省长张杰辉出席会议并讲话。

下午，省委常委、副省长聂辰席在省会中国大酒店会见了行署副专员吕新民率领的西藏自治区阿里地区代表团。

晚上，省第三届少数民族文艺调演开幕式在河北艺术中心举行。

十一月三十日

今天，河北省召开全省村“两委”换届工作电视电话会议。省委副书记、省农村“两委”换届工作领导小组组长赵勇出席会议并讲话。省委常委、组织部长梁滨主持，省人大常委会副主任侯志奎、副省长宋恩华出席会议。

11月29日至今日，省委常委、常务副省长杨崇勇就学习贯彻省第八次党代会精神到省直部门督导。

今天，河北省首批建筑设计大师授予仪式在石家庄举行。副省长宋恩华授予首批五位建筑设计大师荣誉奖杯。

十二月

十二月一日

今天，省国防动员委员会第六次全体会议在石家庄召开。省委书记、省军区党委第一书记、省国防动员委员会第一主任张庆黎，北京军区副司令员张宝书出席会议并讲话。省委副书记、代省长、省国防动员委员会主任张庆伟作国防动员工作报告。省委常委、省军区司令员、省国防动员委员会常务副主任史鲁泽传达国家国防动员委员会和北京军区国防动员委员会有关会议精神。省军地领导张彦欣、景春华、宋恩华、丁振华、赵海滨、李志强、王舜、张圣荣、李毅等出席会议。国家国防动员委员会和北京军区国防动员委员会有关部门负责人出席会议。

上午，国务院新闻办公室举行新闻发布会，通报国务院日前批复的《河北沿海地区发展规划》有关情况。国家发展改革委副主任杜鹰，省委副书记赵勇，省委常委、副省长聂辰席出席新闻发布会。杜鹰、赵勇介绍有关情况，并回答了记者提问。

今天是第24个世界艾滋病日。上午，副省长孙士彬带领省直有关部门负责同志到省会文化广场参加艾滋病防治宣传活动。

近日，第三届“清风杯”美术书法摄影比赛举行颁奖仪式，副省长张杰辉出席，并为获奖作者代表颁奖。

十二月三日

上午，省委书记张庆黎，省委副书记、代省长张庆伟在石家庄会见了前来河北省出席振兴中医药事业大会的卫生部部长陈竺一行。省委副书记赵勇，省委常委、秘书长景春华，副省长孙士彬参加会见。

上午，省政府在省会河北会堂召开河北省振兴中医药事业大会。省委副书记、代省长张庆伟，卫生部部长陈竺出席会议并讲话。省委常委、常务副省长杨崇勇主持会议。省委常委、宣传部长、石家庄市市长艾文礼，省人大常委会副主任马兰翠，省政协副主席段惠军、王刚出席会议。副省长孙士彬作工作报告。省长助理、省政府秘书长尹亚力宣读张庆黎书记重要批示。

十二月五日

上午，代省长张庆伟主持召开了省政府第九十七次常务会议。会议听取了中央扶贫开发工作会议精神和河北省贯彻落实会议精神的汇报，就下一步河北省扶贫开发工作进行了研究部署。会议还听取了《关于河北省2011年国民经济和社会发展计划执行情况和2012年国民经济和社会发展计划（草案）报告》、《关于2011年预算执行和2012年预算草案报告》，并就2012年财政预算工作进行了研究部署。

十二月六日

上午，河北省重点水利枢纽工程双峰寺水库工程正式开工建设。省委副书记、代省长张庆伟，水利部部长陈雷出席开工奠基仪式并致辞。全国政协社会和法制委员会副主任曹康泰，副省长沈小平，省长助理、省政府秘书长尹亚力等出席开工奠基仪式。开工奠基仪式结束后，张庆伟、陈雷到承德市水资源会商决策中心进行调研。现场观看并听取了承德市关于水资源实时监控与管理系统的演示和汇报。副省长沈小平，省长助理、省政府秘书长尹亚力一同调研。

上午，河北省召开央企走进河北恳谈会项目跟踪落实调度会议，省委常委、常务副省长杨崇勇出席会议并讲话。副省长张杰辉主持会议。

十二月七日

上午，省委书记张庆黎到省国资委及其监管企业冀中能源集团石家庄煤矿机械有限责任公司、河北钢铁集团石家庄钢铁有限责任公司调研。省委常委、秘书长景春华，副省长张杰辉参加调研。

十二月八日

上午，冀晋蒙辽豫陕检验检疫快速通关合作备忘录签字仪式在省会太行国宾馆举行。河北出入境检验检疫局与山西、内蒙古、辽宁、河南、陕西五省区出入境检验检疫局签署了快速通关合作备忘录。国家质检总局副局长魏传忠，省委常委、副省长聂辰席出席签字仪式并致辞。

上午，国家质检总局副局长魏传忠到河北出入境检验检疫局调研。省委常委、副省长聂辰席陪同调研。

今天，全省现代畜牧业发展工作会议在唐山市召开。副省长沈小平出席会议并讲话。

十二月九日

下午，省委书记、省军区党委第一书记、省国动委第一主任张庆黎，省委副书记、代省长、省国动委主任张庆伟在北京与北京军区司令员房峰辉，北京军区政委刘福连等领导举行座谈。北京军区领导黄汉标、段端武、张宝书、黄建国、程童一、王宁、崔昌军、董明祥、王小京，省领导史鲁泽、景春华、张彦欣、宋恩华参加座谈会。

今天，首届“药检杯”勤政廉政书画展在石家庄市博物馆开展。

12 月 5 日至今日，以公安部消防局副局长单于广为组长的国务院安委会安全生产综合督查组一行，先后在石家庄、邢台、邯郸三市进行督导检查，并与省政府交换意见，副省长张杰辉出席会议并讲话。

晚上，中德被动式低能耗建筑技术合作（河北）签约仪式在北京举行。副省长宋恩华会见了出席签约仪式的德国能源署总裁科勒一行。

十二月十日

下午，河北省与神华集团在北京举行深化合作座谈会。省委书记张庆黎，省委副书记、代省长张庆伟，神华集团有限责任公司董事长、党组书记张喜武，总经理张玉卓等出席会议。省委常委、常务副省长杨崇勇就加强双方合作有关事项讲了意见。省委常委、秘书长景春华出席座谈会。

今天，第十一届中国崇礼国际滑雪节在崇礼县万龙滑雪场开幕。中国奥林匹克委员会副主席崔大林致辞，省委常委、副省长聂辰席宣布开幕。

十二月十一日

下午，省委书记张庆黎，省委副书记、代省长张庆伟在北京与铁道部党组书记、部长盛光祖等领导举行会谈。

十二月十二日

上午，冀中能源宁晋盐化工项目举行奠基仪式。冀中能源将斥资 160 亿元，建设盐化工项目。副省长张杰辉出席奠基仪式。

下午，省委书记张庆黎，省委副书记、代省长张庆伟在北京与住房和城乡建设部党组书记、部长姜伟新等领导举行会谈。

十二月十三日

下午，全省残疾人事业发展电视电话会议在省会河北会堂召开。

今天，白求恩生平展石家庄巡展暨全国巡展闭幕式在白求恩军医学院举行。副省长孙士彬、加拿大驻华大使马大维、宋庆龄基金会副主席唐闻生出席仪式并参观了展览。

今天，副省长龙庄伟在赞皇县、元氏县部分山区中小学校，就山区教育扶贫工作进行调研。

十二月十四日

下午，省委书记张庆黎，省委副书记、代省长张庆伟在北京与水利部部长陈雷等领导举行会谈。张庆伟、陈雷分别代表河北省和水利部签署了河北省水利部贯彻落实中央一号文件共同推动河北水利改革发展合作备忘录。

下午，中共中央政策研究室、国务院研究室等 15 个中央机关、国家部委及研究机构 27 名专家组成的联合课题研究组撰写的《开滦集团转型发展研究课题报告》正式对外发布。副省长张杰辉出席发布会并讲话。

十二月十五日

上午，省委副书记、代省长张庆伟在石家庄会见中国民生银行党委书记、董事长董文标一行。副省长孙士彬，省长助理、省金融办主任江波一同会见。会见前，孙士彬、江波、董文标出席了民生银行大厦封顶仪式。

下午，省委副书记、代省长张庆伟在省会河北会堂主持召开座谈会，征求河北省各民主党派、工商联负责人、无党派人士和部分企业界、卫生界、科技界、教育界等省人大代表、专家学者对即将提交省十一届人大五次会议审议的《政府工作报告（征求意见稿）》的意见和建议。省长助理、省政府秘书长尹亚力出席座谈会。

下午，省国资委系统人才工作会议在省会召开。省委常委、组织部长梁滨，副省长张杰辉出席会议。

今天，中国妇女发展基金会扶贫公益项目实施暨全省农村妇女创业就业促进大会在省会召开。全国妇联副主席甄砚、副省长龙庄伟出席大会并讲话。

十二月十七日

今天，为期两天的河北省科学技术协会第八次代表大会在河北会堂闭幕。省委副书记赵勇，省人大常委会副主任马兰翠，副省长龙庄伟，省政协副主席、省科协主席段惠军，省政协原副主席、七届省科协主席李有成出席闭幕式。

十二月二十日

上午，中共河北省委在石家庄召开各民主党派、工商联负责人和无党派人士代表座谈会。省委书记张庆黎主持会议并讲话。省委副书记、代省长张庆伟通报 2011 年全省经济工作有关情况和省委、省政府关于明年经济工作的考虑和安排。省政协主席刘德旺，省委常委、副省长聂辰席，省委常委、统战部长田向利出席会议。

上午，全省政府绩效管理试点工作动员会在省会河北会堂召开。省委常委、常务副省长杨崇勇，省委常委、省纪委书记臧胜业出席会议并讲话。

上午，燕山大学出版社有限公司揭牌仪式在燕山大学举行。省委副书记赵勇，省委常委、宣传部长艾文礼发来贺信，新闻出版总署副署长邬书林、省政府副省长孙士彬出席揭牌仪式并参观了燕山大学国家重点实验室。

十二月二十一日

上午，省委、省人大常委会、省政府、省政协领导分别在各自选区参加投票或委托他人投票，选举所在地的区级人大代表。省领导张庆黎、张庆伟、赵勇、刘德旺、杨崇勇、梁滨、臧胜业、孙瑞彬、景春华、田向利、艾文礼在石家庄市桥西区59号选区省委省政府机关投票站投了票。在各自选区投票或委托他人投票的省领导还有：聂辰席、宋长瑞、侯志奎、王增力、马兰翠、黄荣、谢计来、宋恩华、张和、孙士彬、龙庄伟、张杰辉、沈小平、赵文鹤、王玉梅、王刚、崔江水。

上午，河北省第十六届文化科技卫生“三下乡”活动启动仪式暨省直今冬明春第一次“三下乡”集中示范活动在南和县和阳广场举行。副省长孙士彬出席活动。

十二月二十二日

上午，全省经济工作会议在石家庄河北会堂开幕。省委书记张庆黎出席会议并讲话，省委副书记、代省长张庆伟主持上午的会议并在下午的会议上讲话。省委副书记赵勇主持下午的会议。省委常委、省人大常委会、省政府、省政协领导成员，省军区、武警河北省总队主要负责人，省法院院长、省检察院检察长；省长助理；各市市委书记、市长、发展改革委主任；省直各单位主要负责人，省各民主党派、工商联主要负责人，中直驻冀单位和企业、金融单位主要负责人；省国资委监管企业董事长（总经理）；部分高等院校和科研院所主要负责人；各县（市、区）委书记、县（市、区）长出席会议。

上午，国家商务部、发展改革委等七部委联合召开了贯彻落实《关于加强鲜活农产品流通体系建设的意见》电视电话会议，省委常委、副省长聂辰席在河北省分会场参加会议并代表河北省作典型发言。

今天，省政府办公厅发出《关于做好2012年元旦春节暨“两会”期间食品安全工作的通知》，要求做好“两节”和省“两会”期间食品安全工作，确保消费者身体健康和饮食安全，防止重大食品安全事故发生，让人民群众过一个欢乐、祥和的节日。

十二月二十三日

下午，全省经济工作会议在省会河北会堂闭幕。张庆黎、张庆伟等参加了分组讨论并出席闭幕会。省委常委、常务副省长杨崇勇主持会议并作总结讲话。省委常委、省人大常委会、省政府、省政协领导成员，省军区、武警河北省总队主要负责人，省法院院长、省检察院检察长；省长助理；各市市委书记、市长、发展改革委主任；省直各单位主要负责人，省各民主党派、工商联主要负责人，中直驻冀单位和企业、金融单位主要负责人；省国资委监管企业董事长（总经理）；部分高等院校和科研院所主要负责人；各县（市、区）委书记、县（市、区）长出席闭幕会。

下午，河北省召开保障性安居工程工作会议。省委副书记、代省长张庆伟出席会议并讲话。副省长宋恩华代表省政府与各设区市、省政府有关部门代表签订了目标责任书。省长助理、省政府秘书长尹亚力主持会议。省长助理、省金融办主任江波出席会议。

十二月二十四日

上午，全省信访工作会议在石家庄召开。省委书记张庆黎出席会议并讲话。省委副书记、代省长张庆伟、省政协主席刘德旺出席会议，省委副书记赵勇出席会议并讲话，省委常委、秘书长景春华主持会议。全国人大常委会副秘书长何晔晖率领的中央信访工作督导组莅临大会指导。省委常委、省人大常委会主持日常工作的副主任，省政府副省长，省长助理出席会议。

十二月二十五日

晚上，大型现代评剧《宋庆龄与新中国》在石家庄人民会堂上演。省领导张庆黎、臧胜业、孙瑞彬、景春华、田向利、艾文礼、马兰翠、孙士彬、王玉梅等，与省会各界群众一同观看演出。

十二月二十六日

今天，全省发展和改革工作会议在省会河北会堂召开。省委常委、常务副省长杨崇勇出席会议并讲话。

上午，省委常委、副省长聂辰席带领省直有关部门负责同志，在石家庄市调研元旦、春节市场供应工作。

下午，副省长孙士彬主持召开省非物质文化遗产保护工作领导小组第四次会议。

十二月二十七日

上午，省政府与国家文物局在石家庄太行国宾馆签署共同推进河北文物博物馆事业发展合作框架协议。省委书记张庆黎，省委副书记、代省长张庆伟会见了前来出席签字仪式的国家文物局局长单霁翔一行。张庆伟、单霁翔分别代表省政府和国家文物局在协议上签字。省委常委、秘书长景春华参加会见；省委常委、宣传部长艾文礼，副省长孙士彬出席签字仪式并参加会见；省长助理、省政府秘书长尹亚力主持签字仪式并参加会见。

上午，全省深入推进行政审批制度改革工作电视电话会议在省会河北会堂召开。省委副书记、代省长张庆伟出席会议并讲话。省委常委、省纪委书记臧胜业，副省长宋恩华、孙士彬、龙庄伟、张杰辉，省长助理、省政府秘书长尹亚力，省长助理、省金融办主任江波出席会议。省委常委、副省长聂辰席主持会议。

下午，省委副书记、代省长张庆伟在石家庄会见中兴通讯股份有限公司董事长侯为贵一行。副省长张杰辉，省长助理、省政府秘书长尹亚力一同会见。

下午，全省财政工作电视电话会议在省会河北会堂召开。省委常委、常务副省长杨崇勇出席会议并讲话。省人大常委会副主任宋长瑞、省政协副主席崔江水出席会议。

今天，全省开放系统工作会议在省会召开。省委常委、副省长聂辰席出席会议并讲话。

十二月二十八日

今天，省委副书记、代省长张庆伟考察了石家庄机场改扩建工程，检查了石家庄机场安全运营工作，并出席河北航空投资集团新飞机投入运行启动仪式。

今天，省委常委、常务副省长杨崇勇主持召开省政府专题会议，研究曹妃甸开发建设问题。

今天，全省科技工作会议在省会石家庄召开。副省长龙庄伟出席会议并讲话。

十二月二十九日

上午，河北省行政管理体制改革与机构编制管理研究会在石家庄成立。省委常委、常务副省长杨崇勇出席大会并致辞，省编委办主任赵继春当选研究会会长。

上午，对外开放形势报告会在省会太行国宾馆举行，报告会邀请原外经贸部副部长、博鳌亚洲论坛原秘书长龙永图作专题报告。省委常委、副省长聂辰席主持报告会。

上午，全国药品安全专项整治工作总结电视电话会议召开。副省长孙士彬在河北省分会场参加会议并代表河北省发言。

上午，黄骅港举行吞吐量突破亿吨暨多用途码头通航仪式。副省长张杰辉出席并宣布多用途码头正式通航。

下午，省委副书记、代省长张庆伟主持召开民营企业座谈会。省委常委、统战部长田向利，省人大常委会副主任、省工商联主席黄荣，省长助理、省政府秘书长尹亚力，省长助理、省金融办主任江波参加座谈会。

下午，省委副书记、代省长张庆伟在石家庄会见中国光华科技基金会理事长兼秘书长任晋阳一行。副省长沈小平、省长助理、省政府秘书长尹亚力参加会见。

今天，省委人才工作协调小组召开第七次会议。

今天，“2011年度河北十大经济新闻暨河北十大经济风云人物”评选揭晓。省委常委、常务副省长杨崇勇，省委常委、宣传部长艾文礼，省人大常委会副主任马兰翠出席会议并为获奖者颁奖。

十二月三十日

上午，省委副书记、代省长张庆伟到石家庄检查指导长途客车运营安全、城市居民供暖等工作。省委常委、石家庄市委书记孙瑞彬，省长助理、省政府秘书长尹亚力陪同检查。

上午，中国光华科技基金会来河北省向革命老区送温暖捐赠衣物仪式在平山县下槐镇西黄泥村举行。中国光华科技基金会理事长兼秘书长任晋阳出席仪式。副省长沈小平代表老区人民接受捐赠。

下午，省委常委、常务副省长杨崇勇到省内部分金融机构走访慰问，向金融系统广大干部职工致以节日的问候。省长助理、省金融办主任江波陪同走访慰问。

今天，河北省人类精子库在省计划生育科学技术研究院正式成立。副省长孙士彬出席成立仪式并为精子库揭牌。

十二月三十一日

上午，全省人力资源和社会保障工作会议在省会召开。副省长宋恩华出席会议并讲话。

下午，省委统战部召开党外人士情况通报会，向党外人士通报全省经济工作会议精神。省委常委、统战部长田向利出席会议并讲话，省各民主党派及工商联负责人孔小均、龙庄伟、王刚、段惠军、丛斌、黄荣等参加会议。

今天，省委省政府农村工作领导小组召开会议。省委副书记、省委省政府农村工作领导小组组长赵勇，副省长、省委省政府农村工作领导小组副组长沈小平出席会议并讲话。

（编辑部辑录）

附录

APPENDIX

企业介绍
（排名不分先后）

河北钢铁集团

2011年，河北钢铁集团与组建之初相比，集团综合实力和影响力稳步提升。具备了5000万吨完全符合国家产业政策的优质产能，粗钢产量连续四年位居国内第一、世界第二，营业收入从1248亿元增长到2503亿元，总资产由1480亿元增长到3162亿元，实现双翻番。连续三年位居世界500强，位次由第375位前进到279位；2011年居中国企业500强第28位、中国制造业500强第9位。荣获“全国五一劳动奖状”。

一、首开国内钢铁企业实质性整合先河，构建钢铁主业一体化运作的资源整合和业务协同优势，走出了一条优化钢铁产业链之路。按照“产业重组、布局调整、淘汰落后、提高效率”的原则和“总体谋划、先易后难、分步实施”的整合方针，开拓创新，卓有成效地实行了国有钢铁企业的实质性重组。

“七统一”管理实现高效一体化运作。加强发展规划、资产资源、资本运作、市场营销、人力资源、技术研发、审计监督“七统一管理”，构建符合现代企业制度要求的母子公司治理结构和决策机制，形成统一的市场竞争主体。

跨行业、跨所有制兼并重组获重大突破。收购控股石钢，增添特钢板块；正式接管宣工，进军装备制造业；首创国内“渐进式股权融合”重组模式，联合重组省内13家民营钢铁企业。实现资源跨地区、跨矿种、跨所有制整合，铁矿石资源掌控量由8.9亿吨增长到50亿吨，位居行业前列。

充分发挥整合优势和协同效应，综合实力得到显著提升。通过大宗原燃材料集中采购、钢材产品统一销售和物流统一优化，加强资金的集中管控和资本的统一运作，取得与市场因素无关的营销协同效益101亿元，获得境内外授信规模折合人民币2700亿元，比组建初增加1230亿元。四年取得与市场因素无关、在单个子公司分散经营的情况下都无法实现的整合效益130亿元。

实质性整合经验得到社会各界充分肯定。《求是》杂志专门撰文介绍集团实质性整合经验，中企联、中钢协、国务院发展研究中心于2011年2月26日在北京人民大会堂举行“中国钢铁产业重组与发展高峰论坛——河北钢铁整合实践”，剖析河北钢铁样板，推荐集团整合经验。

二、依靠科技创新，推进结构调整和产业升级，走出了一条相对落后钢铁企业实现装备大型化、现代化和产品升级换代的跨越式发展之路。严格控制单纯的规模扩张和低水平重复建设项目，投入550亿元加快结构调整和产业升级改造，建成投产以邯钢新区为代表的一大批国际一流装备，形成了国内品种规格最全、产能规模最大、节能环保指标一流的技术装备优势。

投入技术开发费用72亿元，获得省级以上科学技术奖58项，拥有608项自主知识产权和5项国家产品标准；申请计算机软件著作权330项，累计开发新产品469个，品种钢比例超过60%。超厚规格热轧镀锌产品SGH340等十余项产品填补国内空白，镀铝锌硅产品等数十个新品种填补河北省空白，200多个产品成功替代进口；攻克汽车用钢领域200余项关键技术，成为具备汽车整车98%用钢生产能力的钢铁企业，成为国内核电用钢领军者、国内唯一能够自主生产大厚度海洋平台用调质高强钢企业。

“舞钢牌”被评为“中国驰名商标”，旗下舞钢公司荣获“全国质量奖”，有42个产品荣获冶金产品实物质量“金杯奖”、冶金行业品质卓越奖。

三、加强全员全方位精细化管理，走出了一条依靠内涵式挖潜增效，卓有成效应对严峻市场挑战的奋发图强之路。以挖潜增效为主线，以精细化管理为主要抓手，集团成本控制能力和整体运行效益显著提高。在行业25项主要指标对比中，16项指标进入行业前三名，其中工序能耗、成材率等10项指标位居行业第一名；集团荣获河北省首届品牌建设对标示范企业，4家子公司分别荣获节能减排、经营管理对标示范企业，累计同口径成本降低额达到282亿元。

四、以发展循环经济的理念，深入开展创科学发展示范企业活动，走出了一条绿色发展、低碳制造的可持续发展之路。淘汰炼铁落后产能560多万吨、炼钢落后产能300万吨，相当于一座大型钢铁企业的产能，按国家产业政策标准提前一年全部淘汰落后产能。

投资50亿元完成142个重点节能减排项目，推广应用了世界钢铁行业领先的六大节能技术，主要节能环保指标达到国内一流水平。

累计实现节能量214.83万吨标准煤，二氧化硫排放量削减1.46万吨，COD排放量削减1023吨。圆满完成省“双三十”节能减排责任状，向全省人民交出精彩答卷。

集团清洁生产、绿色发展的做法得到社会各界的充分肯定。旗下的唐钢公司被誉为“世界最清洁钢厂”，荣获首批“全国生态文化示范企业”称号，成为国家创建“资源节约型、环境友好型企业”试点单位；三家子公司被认定为河北省首批工业旅游示范点；矿业公司被国家批准建设冀东地区铁矿资源综合利用示范基地，荣获国家矿产资源节约与综合利用特等奖。国家工信部在解读《钢铁工业十二五发展规划》时，明确将河北钢铁集团确定为城市型钢厂转型发展的学习标竿。

五、配合钢铁主业发展，适时适度推进相关多元产业，走出了一条由钢铁主业产业链向相关产业链延伸的扩展之路。围绕“做强钢铁主业，服务全产业链”，充分利用现有的资源和区域优势，加强统筹规划、顶层设计、优化整合，重点发展金融服务、现代物流、装备制造等相关产业，积极培育多元产业优势，基本形成一业为主、多元协同的产业格局。

六、融入中心抓党建，争创一流促发展，走出了一条国有企业独特的政治优势转化为企业强大核心竞争力的创新发展之路。坚持“融入中心抓党建，争创一流促发展”总体目标，以“融入中心、服务大局、突出重点、重心下移、形成特色、发挥作用”为基本工作思路，持续推进基础、提升、创新、凝聚“四大工程”，为集团的整合与发展提供了组织保证、精神动力和人才支撑，成为企业价值链上的重要环节和企业核心竞争力的重要组成部分。开展深入学习实践科学发展观活动，群众综合满意度为100%。集团《党员干部对职定责对标践诺》获全国创先争优最佳案例。先后引进硕士、博士 330 人，聘请 32 名业内著名专家组成集团专家委员会、战略咨询委员会，构建起高端人才引领的“金字塔”形员工队伍结构。集团党委先后获得河北省先进基层党组织、省国资委“十佳基层党组织”、省属企业“百千万”活动优秀组织单位奖等荣誉称号。集团被授予“2010－2011 年度全国企业文化优秀成果”奖。

七、关爱职工，回馈社会，走出了一条企业发展与成就职工、企业与社会双赢的和谐发展之路。集团连续四年发布年度企业社会责任报告。2011 年，集团社会贡献总额为 310.97 亿元，社会贡献率为 10.4%；2008 年至 2011 年，累计实现社会贡献总额 1041.17 亿元，社会贡献率始终保持在 10%以上的水平。

职工人均年收入由组建前的 3.7 万元提高到现在的 5.67 万元，社会捐赠总额达到近 2 亿元。

“十二五”，集团以科学发展观为指导，以当好钢铁产业调结构转方式的引领者、示范者为己任，突出由大到强主题，坚持提质增效主线，实施全面转型升级主体战略和“三高一新带动、全产业链优化、绿色引领、有限多元、管理创新和人本强企”六大战略，到“十二五”末，实现钢铁总量不增，收入、效益双倍增，发展成为钢铁报国、奉献社会的“科学发展”示范者，人、钢铁、环境和谐共生的“绿色钢铁”引领者，促进员工全面发展的“幸福钢铁”实践者，建设国内领先、国际一流的现代化钢铁企业。

冀中能源集团

冀中能源集团有限责任公司（简称冀中能源集团）是经河北省人民政府批准，于 2008 年 6 月由金能集团和峰峰集团联合重组而成。原煤炭部在河北 8 家直属单位中的 6 家已经融入冀中能源集团。2009 年 6 月重组了华北制药集团。2010 年 6 月组建了河北航空投资集团和河北航空公司。现已发展成为以煤炭为主业，医药、航空、化工、电力、装备制造、现代物流等多产业综合发展的特大型现代企业集团。拥有峰峰、邯郸、邢台、井陉、张家口、山西晋中和内蒙等 7 个生产矿区，下辖峰峰集团、华北制药集团、河北航空投资集团、冀中股份、邯矿集团、张矿集团、井矿集团、邢矿集团、山西矿业集团、机械装备集团和国际物流公司等 11 个子公司。在深、沪两市拥有冀中能源、华北制药和金牛化工 3 家上市公司，并拥有一家企业财务公司。企业资产总额 1160 亿元，在册职工 13 万人，世界 500 强第 458 位，中国企业 500 强第 60 位，综合实力位居全国煤炭企业第 3 位。

2011 年是冀中能源集团发展史上具有里程碑意义的一年，是企业改革发展取得历史性突破，实现历史性跨越的一年。这一年，集团以科学发展观为统领，围绕“煤炭产量过亿吨、销售收入 2000 亿元”总体目标，以“转方式、调结构、促升级、增效益”为主线，科学谋划，全面部署，广泛发动，奋力跨越，各单位、各产业板块协调推进、竞相发展，实现了“十二五”的良好开局，取得了彪炳史册的辉煌成就。

一、经济总量大幅攀升，企业发展迈上新台阶。以挺进世界 500 强为动力，自我加压，勇挑重担，争创一流，争作贡献，主要经济指标再创历史新水平。目前，集团公司资产总额 1160 亿元，同比增加 230 亿元，增幅 24.7%；全年销售收入 2176 亿元，同比增加 737 亿元，增幅 40.3%，提前完成“十二五”规划目标，实现了“资产总额过千亿，销售收入双千亿”。全年预计利税 140 亿元，其中利润 50 亿元，连续三年位居省属国有企业首位。名列 2011 中国企业 500 强第 60 位，世界 500 强第 458 位，成为河北省第二家、煤炭行业第三家入围企业，标志着冀中能源集团已经步入国际一流企业行列。

二、煤炭主业强势增长，亿吨级目标提前实现。继续把煤炭作为兴企之源、强企之本，集中要素资源，予以优先发展，全年煤炭产量 1.02 亿吨，同比增加 3178 万吨，增幅 45.3%，成为全国 7 个亿吨级煤炭企业之一，提前实现了“十二五前两年产量过亿吨”目标。精煤产量 3000 万吨，同比增加 600 万吨，继续巩固了全国第二大焦煤基地地位。总进尺 67.8 万米，同比增加 14.8 万米，实现了采掘衔接总体平衡，保持了煤炭“三量”科学合理。生产集约化程度大幅提高。通过现有矿井技改挖潜、装备升级，建成 500 万吨以上矿井 1 个，300 万吨以上矿井 8 个，百万吨以上矿井总数达到 32 个，其中高效采煤队产量占到总产量60%以上。峰峰集团公司油房渠矿，张矿集团公司神通矿、来叶沟矿建成了人均工效过万吨矿井。新井建设稳步推进。邯矿集团公司文水赤峪煤矿项目历经五年艰苦跑办，在冀中能源集团新建矿井中率先通过国家发改委正式核准。股份公司沽源榆树沟煤矿项目进展顺利，近期有望获得国家发改委核准。峰峰集团公司查干淖尔一号井副井、风井已贯通，磁西一号井主、副、风井均已开工。邢矿集团公司城梁煤矿列入国家煤炭工业“十二五”规划，开工前期工作基本就绪。资源整合成效显著。积极开展省内地方煤矿整合和省外资源扩张，全年新整合矿井29个，增加产能2200多万吨。峰峰集团公司整合资源思想解放，措施有力，成效突出，外埠产量达到1485万吨，相当于新增了一个千万吨矿区。股份公司克服上市公司限制政策多、工作难度大等困难，实现了内蒙古资源整合的历史性突破。山西矿业公司创新合资合作模式，加速矿井技改步伐，全年煤炭产量达到400万吨。2012年，晋蒙两地煤炭产量预计5500万吨，首次超过本部矿区。安全形势总体稳定。在煤炭产量大幅增长，整合矿井不断增多，生产条件日趋复杂的情况下，投入安全资金19.7亿元，提升保障能力，夯实基础管理，强化监督检查，有效杜绝了重大事故，实现了平稳健康发展。

三、多元发展步伐稳健，一体两翼布局向纵深推进。华北制药全面打响转型升级攻坚战，新头孢项目放量生产，新制剂项目顺利竣工。新头孢等生产线率先通过国家新版GMP认证，形成了专业化生产基地，打造了制剂高端平台和青类、头孢类、维生素产业链条。积极推进营销体制改革，基药招标工作处于行业领先地位。全年销售收入130亿元。河北航空以转机型发展为重点，与川航、厦航深度合作，全年引进飞行员100多名，正在形成以B737和E190为主要机型的自主运力体系。积极开辟优质航线，已通航25个城市23条航线。石家庄国际机场改扩建航站楼主体工程已经竣工，航空城基地项目积极推进。旅游投资、房地产开发等关联产业相继启动，航空运输及相关产业一体化发展格局初步形成。物流产业成为集团公司重要经济增长极。国际物流公司成立仅一年，就在钢铁、煤炭、焦炭、铁矿石等领域建立了稳定的贸易合作群，全年销售收入280亿元，利润8000万元。化工板块，峰峰煤化工二期四座焦炉全部投产，焦化系统具备生产条件，甲醇系统土建工程基本完工。宁晋盐化工项目资源勘探完成，一期工程正式奠基。装备制造、电力等其他产业，继续保持稳步发展。全年发电29亿千瓦时，生产焦炭560万吨，甲醇28万吨，PVC16万吨，钾碱（折百）7.8万吨，硝盐9.5万吨，机械装备制造总量11.5万吨，水泥280万吨，水泥熟料175万吨，玻纤原丝8万吨，同比均有不同程度增长。

四、科技创新再结硕果，核心竞争力不断增强。始终把科技作为第一生产力，实施重点跨越，助推了企业科学发展。创新基础平台进一步完善。成功申请成立了冀中能源集团国家级企业技术中心和院士工作站，河北省充填采煤工程技术研究中心通过了有关厅局联合认定。科技创新成果喜获丰收。围绕制约发展的重大共性技术难题，深入开展科技攻关，共取得省部级以上科技成果33项，其中国家科技进步二等奖一项，河北省科技进步一等奖一项，获得授权专利41项。自主研发、首倡推广的“绿色开采生态矿山建设”项目，获中国煤炭工业科技进步特等奖，是行业三个特等奖之一，引领了煤炭工业发展方向。新品研发取得重要突破。装备公司以“863”项目为带动，自主研发的远程智能硬岩掘进机、综采充填液压支架填补了行业空白。天择公司研制成功国内最大的可调高滚筒式露天采煤机。华药的药用辅料级基因重组人血白蛋白、埃博霉素等国家一类新药进入临床试验阶段。节能减排工作扎实推进。投资3.1亿元，实施节能减排项目73个，5个新老“双三十”单位全部完成任务目标。在“十一五”全国煤炭工业能源消费和综合利用表彰会上，受表彰的30家单位，冀中能源集团占了3个。

五、管控能力持续强化，企业运营质量进一步提升。夯实管理基础，加强集中管控，集团整体优势得到彰显。全年获得企业管理现代化创新成果国家级二等奖一项，河北省一等奖31项。集中管控进一步加强。充分利用现有资金管理平台，加强对银行账户和大额资金支付监管，实现了资金流的实时监控，加速了资金周转，提高了使用效率。销售“五统一”管理向深层次推进，邯郸、邢台矿区实现了局矿两级销售向子公司一级销售转变。除电煤外，集团公司重点用户煤炭价格均处于全国较高水平。加快“三集中一统一”物供体制改革，依托国际物流公司，建立健全了物资集中管理制度，基本实现了集中招标，统一采购，代储代销，统一配送，全年共组织大型物资招标19次，节约资金近8000万元。全面预算管理进一步完善。矿厂层面成本费用预算管理实现了全覆盖，子公司层面预算管理正在推行，集团三级预算管控体系基本建立。资本运营能力进一步提升。股份公司在国家调高存准率之前发行40亿元企业债，与银行同期贷款利率相比，年节约财务费用近7000万元；峰峰集团公司发行中期票据19亿元，引进战略投资6.5亿元。全集团通过发行企业债、争取贷款、引进战略投资者等方式，实现融资180亿元。三个上市公司资本运作均有较大举措，股份公司完成了对山西矿业公司的股权收购，为企业发展提供资金支持17.7亿元；华北制药、金牛化工非公开发行股票方案已经省国资委批准，完成后，华北制药河北省国有资本持股比例将从27.9%增长到46.2%，华药负债率将下降26个百分点；金牛化工可募集资金22亿元，其中拟从证券市场募集6—10亿元，将进一步改善资产质量，提升融资能力。

六、以人为本惠及民生，和谐企业建设卓有成效。始终坚持共建共享、和谐发展。职工人均年收入6.3万元，继续保持了两位数以上增长。“两区”治理改造进展顺利。邢台矿区沉陷区治理项目正式启动，标志着冀中能源集团六个矿区的沉陷区治理项目全面开工。棚户区2012年新开工17365套，连续两年超额完成省国资委考核指标。2012年“两区”项目累计11054套交付使用。井矿集团公司平涉小区被国家发改委专项稽查组评为“进度最快、效果最好、工作最扎实”的项目。积极构建困难职工帮扶长效机制。全年筹措资金1600多万元，组织开展了扶贫帮困、金秋助学、重大疾病医疗救助等活动。认真做好矛盾排查和梳理。抓好信访积案化解，为企业发展创造了和谐稳定的内部环境。集团公司先后荣获“全国模范劳动关系和谐企业”和“全国文明单位”称号。

开滦集团

开滦集团始建于1878年，已有134年开采历史，被称为中国煤炭工业源头和中国北方工业摇篮。目前拥有46个分公司、60个子公司，1个上市公司，企业在册员工71798人，资产总额610亿元。是一个集煤炭生产、洗选加工、煤化工、现代物流、煤电热、装备制造、文化旅游、节能环保、建筑施工等多业并举的跨地区、跨行业、跨所有制、跨国的大型能源化工企业集团。

2008年以来，开滦集团在省委省政府及省国资委的正确领导下，认真贯彻落实科学发展观，着力推进结构调整和经济转型，比较成功地走出了一条资源型企业可持续发展之路。

一、转型发展的主要做法

（一）调整企业发展战略，从战略层面推进企业转型。进入新世纪以来，开滦集团面临着资源枯竭、矿区衰老、开采成本上升，产业结构单一、企业办社会负担沉重等前所未有的困难。2002年至2007年，开滦集团在全国500强企业的排名后移了30位。资源可以枯竭，但思路不能枯竭。面对危及企业生存发展的严峻形势，开滦集团党政以积极的态度主动提出转型。首先坚持从战略层面引导转型。2008年制定了《开滦集团2008—2010年及“十二五”发展战略规划》，提出了“开放融入、调整转型、科学发展、做大做强”的战略方针，确定了转型发展的指导思想、战略目标、产业格局、规划布局、规划措施等，从发展战略上将企业全面引入了转型发展的轨道。

（二）以产业结构调整为核心，推进企业多元化发展。开滦集团作为资源型老企业，在推进转型发展过程中，牢牢抓住了产业结构调整这个主要矛盾，立足煤、延伸煤、跳出煤，从单纯的挖煤、洗煤，再到煤化工、现代物流、文化旅游等，多种业态综合发展

一是支柱产业向产业基础转变。把发展煤炭产业作为转型发展的一个坚实基础，主要措施是实施“内挖外扩”战略，对唐山区域加大技术改造、资源挖潜力度，重点解决“三下”压煤和深部开采等问题，延长开采寿命，稳定总部经济。把增产的空间放在“外扩”上，到外埠扩张资源。通过“内挖外扩”，构建了煤炭产业“五大区域”、“七大基地”的格局，累计可控制煤炭资源232亿多吨。

二是煤炭生产向煤化工产业转变。把发展煤化工产业作为转型发展的一个新举措，走大型化、基地化、园区化、低碳化、循环发展的发展路径，形成了“煤焦化、煤气化、化工新材料和精细化工”三条产业链条。年产焦炭720万吨、焦油加工30万吨、甲醇20万吨、粗苯加氢精制20万吨的生产规模，在独立煤化工企业中，焦炭规模全省最大、产业链最长，园区循环经济综合利用水平国内领先。2011年开滦能源化工股份公司位列中国化工500强企业第25位，中国化工领先企业100强第16位。

三是煤基工业向煤基服务业转变。盘活企业大量的存量资产，发展现代生产服务业，把现代物流作为转型发展的一个新舞台。目前已形成了煤炭专业物流、物资第三方物流、国际物流、汽车物流、逆向物流等五大业务板块。正在开发的其它服务业有金融板块和健康服务业板块。2011年，开滦国际物流公司在全国物流百强企业排名第5位，荣获全国先进物流企业、中国能源物流最佳示范基地等称号。

四是工业遗产向文化旅游产业转变。把发展文化旅游产业作为转型发展的一个新亮点。开滦作为中国洋务运动最早的民族企业之一，具有许多珍贵的矿山遗迹和文献。以开滦国家矿山公园为核心，建设矿业文化产业集群，打造世界一流的矿业文化园区。开滦国家矿山公园已接待各级领导和中外来宾12万多人，其中党和国家领导人6位，省部级领导400余位。先后荣获中国十佳工业旅游景区”、“全国科普教育基地”、“全国国土资源科普基地”、“国家4A级旅游景区”、“全国红色旅游经典景区”等荣誉称号。

五是配套装备向装备制造产业转变。把发展装备制造产业作为转型发展的一个新优势。由原来的以修理、配套为主，转向以研发、制造为主，形成煤矿、煤化工、冶金、节能环保装备四个板块。

六是废弃物利用向节能环保产业转变。把发展节能环保产业作为转型发展的一个新成果。围绕废气、废水、废弃物综合利用三个主攻方向，形成了矿井水处理利用、矿井水余热回收利用、煤矸石建材和发电、瓦斯抽采发电、塌陷地生态环境治理五条产业链。建成5座矸石发电厂，10座矿井水处理厂，1座瓦斯发电厂，2座矸石砖厂。矸石利用率达到100%，矿井水利用率达到78%，瓦斯利用率达到60%。

七是传统产业向替代产业和战略性新兴产业转变。把培育发展战略性新兴产业作为转型发展的一个新动力，加大培育力度，主要领域包括：高端装备制造；新材料、新能源产业；电子信息产业等

（三）提高科技创新能力，促进各产业高端化发展。一是加大技术创新投入。基础产业技术创新投入不低于营业收入的2%，煤化工和装备制造产业技术创新投入占到了3～5%。二是建立了开滦国家级技术中心、国家级煤化工研发中心、煤炭开采技术研究中心，省市重点专业实验室等，组织科技人员立项攻关、研发创新。3年多来投入35亿元，开展了煤矿深部开采技术试验研究，煤化工合成材料、精细化工、新能源、新材料研发等，实施重点科技攻关项目892项。申报国家专利12项，有2项达到国际领先水平。三是构建人才支撑体系。成立了博士后工作站和院士工作站，2008年以来先后引进各产业人才

4000余名，其中具有硕士研究生学历的155人。自己培养研究生420人。煤化工公司大专以上学历员工达到70.3%。

（四）树立开放式思维，实现资源整合全球化。把内外部资源整合作为促进转型发展的重要推动力，跳出企业求发展，走出国门求发展。一是推进煤炭资源的整合。从2008年开始，加大“走出去”步伐，先后在山西、内蒙、新疆、加拿大开发占有煤炭资源量达到232亿吨。特别是加拿大的煤炭资源属我国紧缺煤种，开滦占有量达50多亿吨，成为我国第二家走出国门、开发煤炭资源的煤炭企业，大大增强了煤炭产业发展后劲。二是积极利用国内外两种资源，两个市场，加强横向战略合作。与美国考伯斯公司、加拿大德华公司、首钢、河钢、沙钢、国电、大唐、北燃集团、北京茂华等国内外著名大公司建立了战略合作关系，一批重大项目相继落地、建成投产，实现了借势借力发展。

二、转型发展的主要成效

一是企业实现了跨越式发展。2008年至2011年原煤产量增长了145%，营业收入增长了828%，利润总额增长了492%，资产总额增长了141%。

二是经济结构得到了优化升级。非煤产业收入占总收入比重由20%上升到75%，接续产业和替代产业已经成为了主体产业，从“一业独大”转向多种业态综合发展，企业抗风险能力明显增强。

三是企业综合竞争力大幅度提升。2011年在中国500强企业排名中，由第291位跃居到第91位，三年上升了200位。2012年有望进入世界500强。

四是安全生产水平创新高。2011年安全生产百万吨死亡率达到0.042（全国煤矿为0.546），达到世界先进水平。

五是员工收入和生活水平大大改善。从2008年开始，推出了每年为员工办10件实事工程；2008年至2011年，在岗员工人年均收入增长了98.4%；累计投入37.8亿元完成棚户区改造253万平方米，实施再就业工程，解决员工子女就业7970多人。保证全体员工共享发展成果。

开滦集团转型发展的作法，得到了中央国家有关部委的高度重视。由中央政策研究室牵头，国务院研究室、国家发改委、国务院发展研究中心等组成的“开滦集团转型发展研究课题组”专门到开滦调研，对开滦转型给予充分肯定。调研报告评价：“开滦集团创造了国有大型企业转变发展方式的新经验、资源型企业转型的新路子，为资源型城市转型这一世界难题提供了鲜活案例，对我国新型工业化道路发展具有重要启示意义。”

资源型企业转型发展是一个世界性难题。面对“十二五”我国经济发展的重要战略机遇期，河北省京津冀区域经济一体化、首都经济圈纳入国家“十二五”规划，河北沿海地区发展规划上升为国家战略的历史性机遇。开滦集团提出，2012年原煤产量完成8000万吨以上，营业收入完成1600亿元以上。到“十二五”末，原煤产量达到1亿吨，营业收入达到2500亿元。进入世界企业500强，全力打造行业“航空母舰”，探索出一条资源型老企业成功转型、可持续发展之路。

河北敬业集团

河北敬业集团位于革命老区平山县，毗邻革命圣地西柏坡，是一家以钢铁为主业，兼营化工、酒店、房地产、贸易等的大型集团公司。主要产品为螺纹钢、中厚板、热卷板、水杨酸、阿斯匹林。现有员工15000名，总资产120亿元，已形成铁钢材各800万吨的规模，是全国最大的水杨酸生产基地。2011年集团实现销售收入426亿元，上缴税金6.3亿元，在中国500强企业名列234位，河北百强第6名，石家庄百强企业第一位，是河北省委常委、石家庄市委书记孙瑞彬的重点联系企业。

2011年，在全体干部员工的努力奋斗下，集团取得了很大成绩，主要有以下九个方面：

一、全面落实联效承包责任制，提高企业效益。大力搞承包，将承包推行到最基层，是企业提高效益的有效措施之一。为落实集团公司提出的“完成指标挣工资，超额利润分奖金”的管理理念，实现权力下放、自主经营，经营者与企业利益共享，风险共担，2011年集团对各生产厂制定考核方案，以成本、产量、安全等关键指标对各厂长进行整体承包。在厂长和子公司经理的带动下，他们又分别对下级进行了承包，将承包推行到最基层。这是集团对联效承包责任制的深入贯彻和全面推行，层层联效承包调动了广大干部员工的生产积极性，有力地促进了各项任务指标的完成。

二、对标创效，争创同行业同装备最好效益。对标越深入、改革越彻底、成效越显著，要想创同行业同装备最好效益就要放下大架子甘当小学生。河北敬业集团带着自己的问题和差距到先进单位找经验，一次学不来两次，两次学不来三次，三次学不来就住下，第一烧结厂去对标单位学习10次，队伍一住就是7天。每个单位都找到了自己的对标单位，学有目标赶有榜样。

三、集团实现铁钢材各800万吨规模。2011年在全体干部员工的共同努力下，集团通过挖潜改造实现了铁钢材各800万吨的产能，这是敬业历史上又一次重要的跨越，集团经济效益和社会效益得到进一步提升。目前，集团钢材的终端产品主要有：螺纹钢、盘螺、中厚板、热轧卷板。

四、全方位改革，打破不适应集团发展的各种机构和制度。引进管理新模式，才能促进企业大发展，用新思想、新思路、新观念、新举措推进集团各项工作上水平。2011年，集团大胆进行了各方面的改革，重用了更多的人才，发挥了广大干部员工的积极性。集团引进了5S和TPM管理模式。各种改革和先进的管理办法的引进大大提高了集团效益。同时，集团还理顺流程、简化制度，对集团制度进行检查整理，改革一切不合理的制度，更好地促进企业发展。

五、集团设立“带队伍育人才对标创效特别奖、”“技术创新、设备管理创新奖”，重奖先进，促进集团发展。科技创新是企业发展之本，人才培养是企业发展之魂。2011年，集团首次设立了“带队伍育人才对标创效特别奖、”“技术创新、设备管理创新奖”，并将这几个奖项作为一项制度，每年进行评选。通过这些有效的激励机制，促进集团的人才培养、技术创新，对集团可持续发展具有重大意义。

六、敬业集团成为市委书记孙瑞彬书记的重点联系单位。随着集团不断发展壮大，经济效益增加，社会地位也逐步提高。2011年敬业集团在全国五百强企业排名234位，在石家庄市百强企业综合排名第一名。自2009年开始，集团已经连续3年在全市排名第一，成为石家庄市名副其实的领头羊企业。3月30日，在石家庄市举行的市领导联系企业制度启动仪式上，敬业集团成为市委书记孙瑞彬书记的重点联系单位。

七、提高环保治理标准，全力打造绿色钢城。环保工作的好坏影响到省会的空气质量和水质，更与每位敬业人的工作生活息息相关，2011年集团进行大规模的环保整治：拆除旧建筑增加绿地面积，全面美化环境，在料场安装防风抑尘墙，对烧结机除尘系统进行扩容改造，加强环境全方位监测，将环保指标列入重点考核，对现有高炉焦炭、烧结矿等原料实施进仓存放，并计划聘请设计院对集团做整体规划，全力打造绿色钢城，使环保再上台阶。

八、技术创新取得突出成绩。2011年11月，敬业集团技术中心被河北省发改委、河北省财政厅、河北省国家税务局、河北省地方税务局、石家庄海关联合认定为省级企业技术中心。继上年集团热轧钢筋荣获中国钢铁工业协会冶金产品实物质量金杯奖后，集团另一主导产品B、C、D、E级系列低合金高强度钢板又获此殊荣。

九、提升企业文化内涵，全员学习《弟子规》。弘扬传统文化，增强企业凝聚力，促进企业发展。一个有社会责任感的企业，不但在经济上回报社会，更要塑造员工的优秀品德，以精神力量促进企业发展，带动社会前进。2011年，集团企业文化有一项重要内容，就是全员学习《弟子规》。弟子规具体列述了弟子在家、出外、待人、接物与学习上应该恪守的守则规范。教育员工“入则孝、出则悌、谨而信、泛爱众、而亲仁、有余力则学文”。6月14日，集团为每位员工发放了《弟子规》，将其作为企业文化学习材料，组织干部员工进行学习，要求人人会背诵，人人会讲解。在《弟子规》孝文化的感召下，敬业集团王晓丽、南甸四妯娌等员工被平山县妇联评为“孝老爱亲”模范。

冀中能源股份有限公司

冀中能源股份有限公司是世界500强企业——冀中能源集团的核心子公司，总部位于河北省邢台市。1999年9月在深交所成功上市，股票代码000937，股票简称“冀中能源”。现有企业总资产380.5亿元，在册员工5万余人。公司下辖邢台、邯郸、峰峰、张家口、山西寿阳、内蒙六个矿区24座矿井，拥有7万吨玻纤原丝、300万吨水泥、150万吨焦炭和20万吨甲醇产能，控股一家上市公司——河北金牛化工股份有限公司，是以煤炭为主业，建材、化工、电力、物流等产业多元发展的特大型现代化能源企业。在2011年财富中文网发布的中国500强排行榜中位列第121位。

2011年，冀中能源股份有限公司多项经济指标再创历史新高。全年实现原煤产量3414.6万吨，营业收入375.7亿元，利润总额41.7亿元，实现了26年连续盈利。

冀中能源股份有限公司，产品丰富，市场竞争力强。商品煤品种覆盖1/3焦煤、主焦煤、无烟煤等多个重要的工业用煤品种，是中国重要的焦煤生产基地；咏宁牌水泥为“中国著名品牌”；邢台金牛玻纤有限责任公司是环渤海经济带最大的玻璃纤维生产企业，产品远销西欧、北美、中东等地区。

冀中能源股份有限公司，大力开展技术创新，取得显著成效。急倾斜煤层综采、沿空留巷、下组煤开采底板加固及注浆堵水等多项技术，达到世界先进水平，综合机械化率达到100%。大力开展绿色生态矿山建设，首创矸石井下充填新技术，井下洗洗预排矸新技术、综合机械化充填开采新技术、保水开采新工艺，引领了绿色生态矿山建设的潮流。仅“十一五”期间，获得省、部级科技进步奖42项，国家技术发明二等奖1项，国家科技进步二等奖1项，90多个科技项目达到国际领先水平，邢台矿区被评为“全国首个中华环境友好煤炭示范矿区”，邢东矿建成了河北省首批工业旅游示范点，4个单位被评为生态矿山建设示范点，2011年9月28日，全国煤炭工业绿色开采生态矿山建设现场会在冀中能源隆重召开。

冀中能源股份公司，全面加强企业管理，积极推行精细化管理，深入开展安全质量标准化建设，全面推广卓越绩效管理，大力开展企业文化建设，全面导入质量/环境/职业健康安全管理体系，成为煤炭行业首个通过三大体系认证的企业，荣获“河北省政府质量奖”。安全生产形势持续稳定，安全生产水平全国行业领先。

公司先后荣获中国煤炭工业“科技进步十佳企业”、“煤炭工业节能减排先进企业”、“上市公司金牛百强采掘行业第一名”、“上市公司金牛奖综合百强企业”、“上市公司金牛奖收入百强企业”、“上市公司金牛奖市值百强企业”、“中国最具影响力企业”等多项称号，连续入选“深证成指”、“深证100”及“巨潮100”指数。

唐山国丰钢铁有限公司

唐山国丰钢铁有限公司成立于1993年，是由国务院国资委下属的中央骨干企业——香港中旅集团有限公司与唐山市丰南区丰南镇经济发展总公司共同出资兴办的钢铁联合企业，注册资本12.38亿元（人民币），其中港中旅集团控股51%，丰南镇占股49%。

2003年10月，为了实现集中发展，规避低水平重复建设，在区委、区政府的积极推动下，国丰以资本为纽带，完成"三丰"整合（国丰、新丰、银丰钢铁、银丰烧结），被誉为河北省钢铁企业联合重组的开山之作，2005年又整体收购了唐山群利钢铁有限公司，从此国丰步入跨越式发展快车道。

企业整合以来，国丰先后投资140多亿元实施了装备升级、结构调整和技术改造，1450mm热连轧生产线等部分工艺装备达到了国内同行业先进水平。同时，淘汰小烧结、小高炉、小转炉等落后装备，共淘汰炼铁能力200万吨，炼钢能力150万吨。2011年，国丰又投资20.6亿元启动了南区综合技改工程，涉及料场改造、环保治理、节能减排、信息化升级、生活区完善、620mm带钢线以及厂区形象提升7大系统33个项目，到年底已竣工项目17个，230平方米烧结机脱硫、转炉余热发电、烧结余热发电、50MW煤气发电以及能源管控中心等一批节能减排项目相继投入运行，二次能源综合利用效率显著提高，全年循环经济创效2.9亿元。

2011年，公司生产铁水852万吨，钢坯821万吨，钢材797万吨，均创历史最高水平。实现销售收入329亿元，利税20.56亿元，其中利润15亿元。销售利润率、资产负债率、成本费用利润率、资本收益率、三项费用等指标均处于行业先进水平。其中销售利润率4.56%，比全国大中型钢铁企业主业销售利润率高2.17个百分点。

截至到2011年年底，公司拥有总资产279亿元、净资产94亿元，职工14500人，名列全国民营企业500强第42位、制造业500强第28位。

承德钢铁集团有限公司

承德钢铁集团有限公司（简称承钢）始建于1954年，是国家"一五"时期前苏联援建的156项重点工程之一。2006年1月，承钢与河北省内国有钢铁企业唐钢、宣钢共同组建成立了唐钢集团。2008年6月，唐钢集团与邯钢集团合并成立河北钢铁集团，承钢成为河北钢铁集团的一级子公司。承钢现有职工1.55万人，具备年产800万吨钢、36万吨钒渣、3万吨钒产品的综合生产能力。拥有2500立方米高炉三座，是迄今为止世界上最大的冶炼钒钛磁铁矿的高炉。

2011年承钢荣获"全国文明单位"、"全国企业文化建设优秀单位"、中国质协"冶金行业品质卓越产品"、"河北省诚信企业"、"河北省企业管理创新优胜企业"、"河北省'双三十'节能减排工作先进集体"、"河北省信息化与工业化融合示范企业"、"河北省先进基层党组织"等荣誉称号。

截至2011年底，承钢总资产358.15亿元，同比增加0.69亿元；所有者权益59.72亿元，同比增加0.32亿元。完成生铁产量761.3万吨，比上年增长4.4%；钢716.7万吨，比上年增长2.3%；钢材703万吨，比上年增长4.1%；钒渣18.1万吨，比上年增长25.3%；钒产品1.44万吨，比上年增长32.1%。实现营业收入316亿元，实现利润5108万元，利税7.6亿元。

重点项目。技改工程重点项目完成投资12亿元，其中，焦化二期按期投产，稳定了高炉燃料结构；120吨提钒转炉升级改造工程投产，为铁钢平衡衔接奠定基础。节能减排项目完成投资4.5亿元，其中炼钢饱和蒸汽发电、烧结机余热发电项目陆续建成投产，节能减排水平得到进一步提升。在线技改项目完成投资5.6亿元，公辅项目完成投资2500万元。

节能减排。深入开展能源环保对标，环境明显改善。全年实现吨钢综合能耗657.2公斤标准煤，比上年降低25.1公斤标煤/吨钢，COD排放量206.5吨，SO2排放量1.9万吨，超额完成省政府下达的任务。全年自发电总量达到8.04亿度，比上年增发3.1亿度；转炉煤气回收量由上年的吨钢34立方米提高到71.4立方米；高炉煤气放散率由上年的3.1%降到0.6%；吨钢耗新水量2.4吨，比上年降低0.7吨，达到全国同行业先进水平。推进钢渣、尾渣、氧化铁皮等含铁物料的循环利用，增加杂料在烧结矿中的配加比例，加大对含铁物料及库存杂料的消耗力度，进一步提高资源、能源综合利用水平。

科技创新。深入开展科研攻关和新产品开发，关键技术实现新突破。科研项目立项246项，完成率达95%以上，承担了33项国家、省、集团重点产学研项目。全年申报专利65项，其中发明专利19项，比上年增长43%。提出并组织制定"Q/CB401－2010氮化钒铁"企标并报批国家标准，组织参加"GB/T4139钒铁"国家标准的修订，提高钒产品生产技术的影响力；与河北钢铁技术研究总院共同开展"超细晶钢"等5个科研项目，超细晶钢项目已率先试制成功。"2500立方米高炉钒钛磁铁矿冶炼新技术"荣获中国钢铁工业协会、中国金属学会联合颁发的冶金科学技术三等奖；《大型钢铁企业技术创新项目全过程管理与实施》项目获省级企业管理现代化创新成果一等奖。

研发HRB600高强抗震钢筋，填补国内空白；首次成功试轧四切分Φ12mm螺纹钢筋，提高生产效率；应用含钒铁水及钒渣直接合金化生产Ⅲ级螺纹钢筋；研发生产高纯粉剂钒、氮化钒新产品。全年开发X70管线钢、汽车箱体钢等20项新产品，为调整品种钢结构奠定基础。成功研制出氮化钒系列新产品VN16合金，其含氮量达14～18%。承钢英标螺纹钢产品正式通过CARES认证，承钢螺纹钢产品获准进入欧洲市场。

资本运作。完成"承德中滦煤化工有限公司"第二次注资。开滦股份注入现金6419万元，承钢以评估后的土地使用权注入6168.17万元，合计12587.17万元，注册资本变更为7.78亿元，全部完成承钢与开滦投资的焦化合作项目。与承德县正桥矿业有限公司合作开发冶金工业白灰项目。退出承德天运物流有限公司等改制单位股权，完成股权转让和交割，收回股权转让价款547.73万元。与承钢参股的改制企业承德华泰工程设计有限公司、承德恒达工程建设监理有限公司2家企业协商退出股权。

海外发展。全年出口钢材53651吨，其中热卷47815吨、螺纹钢1636吨、线材4200吨；累计发货55863吨。稳定保持对新西兰澳标钢筋的出口，全年出口1677.347吨，平均吨钢创收457元；成功销往日本SAE1012B、SAE1017B品种线材4300余吨，首次进入日本市场的承钢产品受到用户广泛好评；800吨分卷和515吨切板销往韩国和智利，弥补了承钢生产线不能二次加工的空白，为拓宽销售渠道打下良好基础。全年签订进口备件合同47项，合同总额216万美元，折合人民币1382.4万元，直接采购比率达99%，实现降低费用25.5万美元。

安全生产。结合公司管理实际，新制定、下发《安全设备设施管理制度》、《安全管理基本规定》、《安全档案管理办法》、《安全标准化岗建设实施办法》等；根据人员和机构变动及时修订《安全生产责任制》、《伤亡事故报告和调查处理制度》、《设备检修安全管理制度》等；修订完善岗位作业指导书，进一步完善"三项制度"建设。

开展烧结和轧钢工序冶金企业安全生产标准化二级企业达标创建工作，并首批通过省安监局验收；组织并通过公司危险化学品从业单位安全生产标准化二级企业复评；开展安全标准化岗建设，全公司811个岗位参与评价，达标岗位701个，安全标准化岗达标率为86%。组织深化隐患排查与治理，继续开展安全专项整治，全年共排查安全隐患5540项，整改5501项，整改率99.3%。加强对重大危险源的安全管理，组织对煤气柜区、球罐区、锅炉区等5个重大危险源进行安全评估。

中国石油天然气管道局

2011年，全局上下认真贯彻落实集团公司、河北省各项决策部署，突出发展、转变、和谐三件大事，深入推进人才、市场、国际化和管理精细化四大战略，科学组织工程建设，扎实推进三基工作，全面加强党的建设，圆满完成各项任务，全年中标市场合同额超过300亿元，实现收入260亿元，上报利润6.06亿元，员工人均收入同比上年增长11.82%，实现了"十二五"良好开局。

（一）战略思路更加清晰，战略举措稳步推进。在深入推进人才战略、管理精细化战略实施的同时，全面分析管道局市场开发和国际化发展现状、发展前景、政策环境、基础管理、资源占有等情况，进一步明确了推进市场战略、国际化战略实施的基本要求、主要目标和重点举措，完善了体系，健全了机制，优化了布局，落实了责任。目前全局上下思想高度统一，各项举措扎实推进。

（二）工程建设保障有力，工期目标按期实现。全年共承担国内外重点工程26项，在建管道里程近7800公里，完成管道安装3739公里。西二线东段干线全线贯通、提前半年投产，湘潭、十堰支干线按期投产，上海、广深、广南支干线有序推进。兰郑长长江穿越回拖成功。日东管道如期达到投产条件。山西煤层气（天然气）管道一期工程顺利投产。兰成/中贵、长呼、独乌、湘娄邵、锦郑等管道稳步推进。中缅管道国内段开工准备就绪，国外段米坦格河跨越和伊洛瓦底江主河道穿越顺利完成，线路施工加快推进。中亚管道C线开工建设。伊拉克艾哈代布管道仅用83天完成主体焊接，创造了"中国速度"。肯尼亚4号线、乍得管道、尼日尔油田地面工程及管道、哈中二期11号泵站均按期投产。伊拉克哈法亚气管道和中间泵站、鲁迈拉井口管道等项目有序推进。

（三）市场体系基本形成，市场布局更加优化。国内，建立了市场研究、市场信息、客户管理、投标报价四大基础平台，健全了任务分配、分级管理、绩效考核、激励约束机制，设立了8个区域市场开发部，初步建立起较为系统的市场开发体系；充分发挥管道建设完整产业链优势，积极推广"一站式"服务、战略合作等市场开发模式，与一些地方省级燃气管网公司，与长庆油田、塔里木油田、西部管道等系统内单位，与系统外一些公司签订了战略合作协议，拓展了市场领域和市场空间。

国际，制定了市场开发管理、投标管理、风险管理等制度办法，新成立了伊拉克、阿联酋等分子公司和古巴办事处，进一步完善了市场开发管理体制；以中亚、非洲、中东、亚太、中南美五大区域为重点，加大市场开发力度，管道局进入伊拉克国家石油部优秀承包商名录，继中标艾哈代布、哈法亚、鲁迈拉油田管道项目后，又中标壳牌公司井口管线安装工程，巩固扩大了中东市场；中标加蓬输电线路建设项目，实现了以融资方式开发市场的突破；中标系统外缅泰管道项目，巩固了亚太市场。

技术服务市场，与股份公司签订了"保驾＋抢险"协议，为维抢修业务的持续发展提供了市场保障；与苏丹石油管道控股公司（SPPHC）签署了"一揽子"合作协议，与中石化储运公司签订了检测服务合作协议；中标太钢矿浆管道检测项目，开创了矿浆管道检测先河；卫星通信业务不断拓展，信息技术服务能力进一步增强，成为集团公司信息技术支持中心和应急通信保障中心。

教育培训、酒店服务、医疗卫生等社会服务业务，市场开发力度进一步加大，提升了管道局的品牌形象，取得了良好的经济和社会效益。

（四）三基工作扎实推进，基层基础不断夯实。基层建设方面，基层组织更加健全，基层班子更富战斗力，基层自我管理能力不断提高；培养选树了20个基层建设先进典型，其中13个被评为集团公司基层建设千队示范工程示范单位。

基础工作方面，质量管理体系、内控体系平稳运行，预算管理体系、大司库管理体系、应急管理体系不断完善，ERP资源管理系统持续深化应用，工程项目管理平台完成二期系统开发，已应用于国内新开工项目；健全完善了市场准入、工程造价、招投标、预算、分包、合同、设备等管理办法；严格落实"三控制一规范"要求，"五定"工作基本完成；务实推进全员绩效考核，激励作用更加明显；在持续优化工程项目管理一二级流程的基础上，又编制三级流程154个；编制局本部主要业务流程139个；主编国标、行标、企标23项；编制了内部工程预算定额；编制了工程项目管理、施工管理、HSE管理、会计管理手册和员工手册；档案管理系统、业务协同管理平台、桌面安全管理系统上线运行。

基本素质方面，加大全员培训力度，建立了专兼职培训师队伍，完成了处级干部和机组长首轮培训，组织了3期基层党支部书记和1期中青班培训，启动了项目经理和专业技术骨干轮训，15人从卡尔加里大学深造归国，已充实到国际项目管理团队；进一步完善人才成长通道配套机制，启动了全员职业生涯规划，聘任了4名首席技术专家、26名技术专家。全年参加和举办各类培训2386期、培训74918人次，队伍结构进一步优化，整体素质明显提高。

（五）国际业务管理更加规范，国际化水平稳步提升。一是着眼于提高EPC总承包管理能力，完善了国际项目管理、QHSE管理、绩效考核等体系，建立了设计资源、投标报价、采办物流、市场调研、分包商资源等基础数据库，规范了项目管理，推进了知识共享，提升了效率效益。二是着眼于提高商务运作水平，推广应用税务筹划手册，加强资金管理，降低了涉税风险；规范合同管理，制定了法律合同技术标准，增强了合同执行和结算索赔能力。三是着眼于增强资源整合配置能力，加强与国际知名工程公司及律师事务所交流合作，与55家优秀供货商建立了密切合作关系；建立了本土化用工从招聘、培训到使用、考核完整的管理办法，国际业务本土化用工比例提高到57%。四是着眼于推进质量标准与国际接轨，将质量过程管理纳入业绩考核范畴，工程质量整体受控，赢得了市场尊重，提升了品牌形象。

（六）HSE体系加快建设，安全局面持续好转。一是持续开展“两全”工作，全员安全意识普遍提高，安全技防措施得到有效落实，避免了低级事故、同类事故重复发生。二是HSE管理体系加快建设，严格落实个人安全行动计划等制度，推广应用工前安全分析、目视化、安全经验分享等管理工具，有感领导、直线责任、属地管理有效落实。三是安全管理关口进一步前移，构建了安全监督三级网络，重点工程全面实施第三方监督；认真开展百万工时安全统计工作，安全管理的重点正逐步前移到违章违规行为、急救箱事件、轻微事件、损工事件上；车辆GPS监控管理更加严格，全年违章超速下降89%。四是完善了海外社会安全风险数据库，健全了防恐应急预案，各项安全及防恐措施有效落实，海外安全管理全面受控。五是环保意识进一步增强，建设绿色管道、构建生态和谐已成为全员共识，赢得了社会尊重和沿线群众称赞，展现了负责任公司形象。

（七）科技创新亮点纷呈，支撑保障更加有力。全年开展科研课题139项，认定专利78项、省部级以上工法13项，荣获省部级以上科技奖励8项。一是瞄准管道科技前沿，大力开展重大科技攻关，研发了基于应变的管道设计、高钢级大口径管道施工等先进技术，掌握了X80钢不同壁厚热煨弯管和管件制造、大变形钢管低温喷涂、聚氨酯液态防腐补口等先进工艺，为大口径高钢级高压力长输管道建设提供了有力技术支撑。二是立足工程实际，集中开展关键技术研究和重要装备研发。开展非开挖技术研究，解决了钱塘江盾构和兰郑长长江、西二线渭河定向钻等穿越难题。开展机械化防腐补口工作站、速度控制清管器等先进装备研发，提高了管道施工关键工序的质量和效率。开展带压封堵技术研究，成功实施西二线渭河穿越不停输开孔封堵作业，开创了国内X80钢级、1219毫米管径、12兆帕管道带压封堵先河；应用“干式箱封堵”法，成功实施马广输油管线海底封堵改线作业，填补了国内空白。三是集中开展技术应用与标准化研究，将成熟的技术、工艺、工法固化为设计标准，促进了设计与施工的紧密结合，提高了工程建设整体效率。四是广泛开展革新创造，涌现出以钱塘江盾构项目部为代表的先进典型，形成了一批现场急需、适用性强的革新成果，提高了作业效率，降低了劳动强度。油气管道输送安全国家工程实验室建成投用，通过国家验收，科技创新平台更加完善。

（八）新兴业务打开局面，发展空间不断拓展。海洋管道业务迈出实质步伐，管道局在系统内的主导建设地位得到集团公司明确；月东海底管道基本建成，深港支线海底管道建设有序展开。LNG接收站业务积极推进，集团公司已明确管道局可以发展LNG接收站业务，目前已与挪威、日本的公司在海上浮式LNG接收站、低温储罐建设等方面开展合作。地下储库业务进入实施阶段，编制的施工技术规范已成为集团公司企业标准，锦州国储建设全面开工。采办物流业务发展思路已经明确，形成了“先整合、后拓展”两步走的实施方案。

（九）企业党建持续加强，政治优势充分发挥。按照集团公司党组、河北省国资委党委的整体部署，认真学习贯彻党的十七届五中、六中全会和胡锦涛总书记七一讲话精神，扎实开展创先争优和庆祝建党90周年系列活动，党委的政治核心作用、基层党支部的战斗堡垒作用和党员的先锋模范作用得到充分发挥。一是持续加强领导班子和干部队伍建设，以优化结构、提升能力、完善功能为目的，调整交流102名处级领导干部，两级班子引领发展、破解难题的本领明显提高。二是深入开展创先争优活动，形成了一批有价值、有影响的理论成果，提升了党建工作的科学化、制度化水平。三是扎实推进惩防体系建设，认真开展“作风建设年”活动，探索实施廉政风险评估办法，试点开展干部任前考廉工作，进一步增强了领导干部廉洁从业意识；高度重视信访件的核实和违法违纪案件的查处工作，营造了风清气正的发展环境；深入开展工程建设领域突出问题和“小金库”专项治理工作；配合国家审计署对西二线东段、漠大线等项目进行了跟踪审计，规范了项目管理和经营行为。四是深入推进企业文化建设，唱红色歌曲、传管道文化，激发了员工群众爱党爱国爱企热情；持续开展“六个一”文化下基层活动，核心价值理念更加深入人心；开通了英文门户网站，启动了博物馆改造和网上博物馆建设，文化传播载体更加丰富；建立了新闻发言人支持制度，加强与中央媒体合作交流，在中央电视台、新华社、人民日报等媒体播发了一批有影响力的新闻稿件，提升了宣传层次，扩大了企业影响。五是充分发挥群团工作优势，在工程一线全面组织劳动竞赛和“青年文明号”等各类主题实践活动，有力推动了重点工程建设；落实厂务公开和民主管理，建立了局处两级群众工作室；广泛开展形式多样的文体活动，丰富了员工精神文化生活。

管道局党委荣获河北省国资委系统“红旗党委”荣誉，135个集体和个人荣获中央企业、集团公司和河北省国资委先进党组织、优秀党员、优秀党务工作者称号。

（十）民生工程加快实施，和谐稳定局面良好。认真践行以人为本理念，大力实施四项民生工程。一是“五五六”住房保障工程，整体规划方案已经成熟，建设用地初步落实，目前廊坊基地一区改造完成主体5层建设，盛通国际交付使用，356名员工乔迁新居；铁岭基地旧房改造进入主体建设阶段；徐州基地1～4号楼主体完工、通过验收；中牟基地旧房改造主体封顶。二是和谐矿区建设工程，正按计划稳步实施，目前总医院综合住院楼北楼已投入使用，西楼已进入系统安装和装修阶段，南楼已拆除完毕；廊坊基地取暖费“暗补”改“明补”和“煤改气”项目一期工程已完成，对具备条件的小区开展了既有建筑节能保温改造，开通了廊坊基地440服务热线；真情关爱离退休老同志，不断丰富文化生活，持续提高节日慰问标准，全年发放慰问金8827万元；一公司员工家属户籍迁移问题得到有效解决。三是基本保险保障工程，员工家属参加基本医疗保险工作全部完成；家属工参加基本养老保险工作，除沈阳、铁岭基地外，其他基地全部完成；员工未就业残疾子女参加企业职工基本养老保险工作已启动实施。四是困难群体帮扶工程，帮扶力度不断加大，惠民成效更加明显，提高了各类群体生活补贴标准；招录安置员工待业子女207名，对2000多名无固定工作且达到法定退休年龄的员工配偶开展了定期体检，将改制人员纳入帮扶范围，实现了困难群体帮扶全覆盖。

河北省国有资产控股运营有限公司

2011年，河北国控在省国资委的正确领导下，深入贯彻落实科学发展观，按照省委省政府建设“经济强省、和谐河北”和省国资委“转方式、调结构、促升级、增效益”的部署要求，紧紧围绕提高整体素质和经济效益下功夫，全面加强干部队伍建设，积极引进人才、资金、技术，加快项目建设，盘活闲置资产，各项工作实现重大突破，主要经济指标再创历史新高，并先后荣获省国资委“首季开门红特别奖”、“红旗党委”、“投资管理先进单位”、“‘五五’法制宣传教育先进集体”等多项荣誉称号，实现了跨越式发展。截至2011年底，公司资产总额123.7亿元，同比增长75.31%；净资产93.95亿元，同比增长66.18%。全年实现营业收入127.69亿元，同比增长164.45%；实现利润3.68亿元，同比增长62.17%，圆满实现了“十二五”开门红。

一、坚持把提高经济运行质量和效益作为着力点，狠抓提质增效，推动公司快速发展。针对矿产、房产项目多处于培育成长期，公司持有的多数股权难于形成规模收益的实际，为快速增加现金流，提高效益，公司突出发挥商贸物流企业的经营优势，坚持重点先行，以点带面，多措并举，全面发展。入统企业全部盈利，彻底消灭了亏损源。一是全面加强经济运行分析。建立了主要领导负总责、分管领导具体负责、责任部门和人员专门负责的经济运行调度分析制度。多次组织召开经济运行会、项目调度会、专题汇报会等，帮助企业分析形势，查找不足，谋策定略，特别是深入分析政策调整、市场供求变化对经营活动的影响，不断加强市场走势研判，提前提出经营预警，指导企业及时调整经营策略，扩大营销，增收增益。二是着力拓展经营范围。面对激烈竞争的市场环境，认真研究市场需求变化，及时调整产品结构，“借梯上楼”、“借鸡下蛋”、“借船出海”，开展多种经营，抢资源、抢客户、抢市场，打造了泊里、大同、朔州、铁屯4个百万吨级煤炭运销核心业务点，依托中国国际招标公司的工程建设招标代理资质，签订了总价值26亿元的煤矿招标代理协议等，为公司快速发展奠定了扎实基础。三是不断创新营销模式。以开拓创新精神，探索发展了电子商务、套期保值、拍卖、网上营销等新型营销模式，实现了现代营销与传统营销的互补，促进了业务快速增长。四是大力盘活现有资产。加大开发力度，盘活了企业煤炭经营资质、土地房产等要素，增强了活力，提高了效益。五是深入开展降本降耗活动。牢固树立全成本意识，大力推进精细化管理，全面降低实物消耗，严格控制费用支出，合理安排资金支出，优化融资结构，降低融资成本。三项费用低于营业收入增长率88.51个百分点，降本降耗成效显著。

二、坚持把扩大投资作为结构调整的重要抓手，全力推进项目建设，发展后劲持续增强。累计完成投资4.97亿元，其中，矿产、民爆投资占80%以上，增强了持续发展的后劲。一是矿业发展实现新的重大突破。公司紧紧围绕省政府和省国资委有关矿产资源整合开发的部署要求，高站位解放思想，高起点谋划工作，高标准推动落实，在产矿狠抓安全生产、在建矿狠抓工程建设、整合矿狠抓跑办落实，探矿工作狠抓快速推进，初步形成了铁矿、有色金属矿、煤矿三位一体的经营格局。二是民爆发展迈上了新台阶。制定了河北国控化工集团有限公司组建方案，并获得了省国资委的批准，民爆行业整合工作有序开展。以3920万元回购信达公司所持卫星厂债权1.04亿元，并签署了战略合作协议，企业改革方案已获省国资委批准，上市工作按计划稳步推进。累计投资3200万元，先后实施、完成各类技术改造项目13项、工艺改进项目6项；研制了水枪弹和爆炸灰2项高科技新产品；与央企合作研发的尖端数码电子雷管项目进展顺利；引进美国的高强度雷管生产线预计3季度投入使用。三是房产置业项目全面展开。以国有资产保值增值为核心，狠抓组织落实，房产项目全面展开。新合作大厦、河北饭店、省纺销公司和定州冷冻厂土地开发等项目的实施，将有效盘活公司储备的200多亩土地、10多万平方米房产，实现资产价值30亿元、利润5亿元以上，较好地实现国有资产的保值增值。成立了国控房地产公司，调研了正定新区旧城改造等一批房产开发项目。四是现代服务业培育了新的效益增长点。与沙河市政府签署了战略合作协议，将对提高公司效益和促进区域经济发展发挥积极作用。地煤在大同等地增设发煤站，年增销售25亿元以上；食品公司投资100多万元，进口先进检测设备10多台，使检测品种、项目分别达到了380多种、1200余项，为进一步做大做强检测业务奠定了基础。友爱医院投资460多万元，购置了东芝全自动生化仪等大型设备，医疗诊治服务水平显著提高。通力公司优钢经营中心、机电产品贸易中心及其他物流企业项目按计划稳步推进。

三、坚持把加大集团管控作为提升管理质量的核心，全面加强管控建设，管理水平迈上了新台阶。按照加强集团管控体系建设的总体要求，创新工作举措，完善工作措施，深化管控建设，管理水平明显提高。一是加强了企业战略规划管理。结合"十二五"规划的制定，明确了各企业的发展方向和重点，同时，指导各企业结合自身实际，研究制定了企业"十二五"规划。二是加强了投资管理。制定实施《出资企业投资项目审批工作规程》，规范了项目报批程序；加大了项目调研、审核、论证、把关力度，重大项目统一决策、统一调度，保证了投资项目与战略方向的一致性。三是加强了基础制度建设。全系统全年共修订、新订220多项制度，其中，公司本部修改完善了原有的68项制度，新定了《信息报送管理暂行办法》等6项制度。四是加强了财务管控体系建设。着力强化财务预决算和产权管理，认真开展审计评估工作，探索实施了总会计师或财务总监委派制。资金收付管理及时、准确，保证了资金安全，初步探索了以建设公司资金池为中心的资金集中管控模式，尝试了资金集中管理、调度、使用的路径。五是加强了劳动用工管理。将各企业列入公司劳动备案范围，实行劳动用工统一申报、统一备案，解决了企业违规进人、用工不规范问题，有效防范了用工风险。六是加强了法律风险防控体系建设。在全系统推行了总法律顾问制度，建立了应收账款风险预警和涉诉案件备案制度。解决了友爱医院与美国圣妮莱福投资纠纷，妥善应对了定州冷冻厂等十多起诉讼案件，其中，3起已胜诉终结，最大程度地保护了国有资产的安全。七是加强了安全生产管理。建立了安全生产管理机制，完善了应急预案，累计下发安全生产专题通知12个，督导检查150多人次，排查整改安全隐患680多项，全年未发生安全生产责任事故。

四、坚持把强化保障作为跨越发展的重要支撑，多措并举，公司实现了快速发展。一是加大跑办力度，争取政府支持。通过积极跑办，先后被省政府批准为国有资产授权经营主体、非煤矿山采选整合主体、煤矿资源整合主体，被省国资委、省工信厅确定为省内民爆企业整合重组主体，探矿权主体资质近期内也将由丙级升级为乙级。目前，公司是全省唯一一家集煤矿、非煤矿山的探、采、整合的主体，也是省国资委监管企业中各种主体资格最多的企业。二是融资保障实现重大突破。去年，全系统融资18.93亿元，特别是成功发行了中期票据，打通了公司直接融资的通道。另外，中信银行承诺给予闫庄铁矿5年期并购贷款及项目后续资金支持，与民生银行研究了投行及并购贷款业务，与建行达成了为小寺沟项目进行信托融资的合作意向，与富德资本探索了私募股权基金融资事项等。三是人才保障实现新提高。按照公开、公平、公正、择优的原则，全系统累计引进专家、专业技术人员、业务骨干170余人。采取"走出去、请进来"等形式，组织各种培训2000多人次，较好地提升了干部员工的综合素质和能力。在所属企业大胆引入竞争机制，实行中层竞聘上岗，一批有知识、有能力、德才兼备的优秀人员走上了管理岗位，竞争机制的引入，改变了职工的传统观念，激发了企业活力。四是作风建设实现了新加强。为营造良好的发展环境，狠抓作风建设，公司领导班子，以身作则，亲自带队，下车间、矿井、煤场，现场办公，帮助企业研究解决生产经营中的难点、热点问题，推动了经营工作上台阶、上水平。各部门高度树立大局观念，强化责任和服务意识，积极参与项目调研，对企业需要协调解决的问题，不遗余力跑办，有力地促进了工作开展。

五、坚持把加强企业党建作为加快发展的重要动力，把党组织的政治优势、思想优势加速转化为发展优势和竞争优势。一是深入开展创先争优活动。积极发挥党组织的政治核心和战斗堡垒作用，引导职工紧紧围绕中心任务积极开展工作。在做好亮牌示范、夺旗争星、认责承诺等"规定动作"的同时，开展了国控春节晚会、"七一"红色教育、我心目中的国控征文等"自选动作"；同时，深入推进企业文化建设和思想政治工作有机结合，充分发挥工青妇在生产经营中的作用，增强了职工的凝聚力和向心力，干部职工的思想和行动进一步统一到了发展上来。二是充分发挥纪检监察保驾护航的作用。按照惩防体系并重原则，深入贯彻落实"三重一大"决策制度，严格落实党风廉政责任制要求，举办了"做党的忠诚卫士、当群众的贴心人"主题活动，开展了工程建设领域突出问题和"小金库"专项治理、反商业贿赂监督检查等工作，在工程招标中，实现了全方位、全过程的有效监督，有效发挥了纪检监察保驾护航的作用。三是着力构建和谐国控。始终带着感情和责任开展群众工作，对群众反映的问题，记在心、抓在手、跑在前，积极协调，妥善解决，较好地维护了企业和社会的和谐稳定。（杨书林）

河北钢铁集团矿业有限公司

一、公司简介。河北钢铁集团矿业有限公司是河北钢铁集团的全资子公司，总部位于河北省唐山市。2008年9月由原唐钢集团和邯钢集团所属矿山整合组建而成，是以铁矿山采选加工为主业的国有大型冶金矿山企业。主要产品有：铁精粉、钼精粉、白云石粉、硅锰合金等。拥有直属公司、矿山22个，分布在河北省7个设区市及内蒙古自治区。2011年末，公司拥有职工12500余人，资产总额220亿元，铁矿石及有色金属资源掌控总量超过50亿吨。

公司以科学发展观为指导，以服务钢铁主业为宗旨，以做大做强为目标，努力建设“国内最大、国际一流”的矿业基地。力争到“十二五”末，铁精粉产能达到3500万吨，成为河北钢铁主业战略发展的有力支撑和新的产业支柱。

二、2011年度企业管理与改革发展成果。把“生产经营上规模”作为生产工作的主攻目标。在生产组织上突出抓好四个关键环节：一是全力组织主体矿山开足马力实现高产超产；二是加大老矿山技改力度，实现稳产高产；三是多措并举拓宽资源渠道，保证资源枯竭矿山正常生产；四是加快重点项目建设及达产达效进度，发挥“大项目”的支撑作用。2011年，生产铁精粉707万吨，创历史最高水平。

坚定不移把“对标挖潜上效益”作为经营工作的指导思想。进一步深入开展“对标挖潜，指标创优，目标升级”活动，创建了具有矿山特点的递进升级成本管理体系，荣获河北省和全国冶金系统现代化管理创新成果一等奖。公司铁精粉成本连续多年大幅度下降，2011年实现营业收入83亿元，实现利润25亿元，位居河北钢铁集团利润之首。

紧紧围绕转变资源利用方式和矿山开发方式，科学谋划并全面加快新矿业、大矿业的发展步伐。研山铁矿创造了18个月建成，3个月达产的全国最好水平；石人沟铁矿三期工程首采矿块开始出矿；河北省冶金矿山首家地下矿山充填站在石人沟铁矿建成并投入使用；黑山铁矿露天转井下工程开始生产过渡；田兴铁矿和中关铁矿井建工程治水取得阶段性成果。2011年完成项目投资20.7亿元，公司组建三年累计完成投资近百亿元，奠定了跨越发展的坚实基础。

围绕资源整合和项目建设，全力推进并组织完成7个专项的报告书73项，通过国家和省审查并取得批复文件30项。年内新增资源权属2.155亿吨，累计取得权属资源28.282亿吨，铁矿资源掌控总量超过50亿吨。公司牵头承建的《冀东地区铁矿资源综合利用示范基地》正式获批，成为河北唯一一个示范基地和全国黑色金属矿山四个示范基地之一；司家营铁矿获得2011年度全国金属矿山唯一的矿产资源节约和综合利用特等奖2000万元。

围绕建设现代化矿山这一宏伟目标，建立和完善了科技创新体制，科研管理综合水平显著提高。跟踪全球矿业生产前沿技术，大胆采用先进技术、先进工艺、先进装备，企业综合竞争能力持续增强。产学研合作不断取得成果，公司先后独立完成矿山设计7项，合作课题14项，8项专利获得国家授权，两套开发软件获得国家计算机软件著作权。“十一五”国家科技支撑计划项目“露天转地下开采平稳过渡关键技术研究”通过专家鉴定，司家营铁矿“赤铁矿石高浓度反浮选工艺”研究成果填补国内同行业空白。

以6S管理为抓手，强化建章立制和执行力建设，提升了精益管理的广度和深度。资产财务管理成效显著，财务管理中心地位日益突出；经营管理、专业技术、岗位操作三支人才队伍共同培育发展机制初步建立，绩效考核办法逐步完善；设备管理不断加强，设备作业率达到行业先进水平；ERP系统高效运行，为进一步提升公司管理水平和管控能力创造了条件。

以“学习新三矿、安全上台阶”活动为抓手，用煤矿安全管理的理念、力度、标准管理冶金矿山，全面推行“三全”、“五精”管理模式，广泛开展“手指口述，岗位描述”、安全确认等活动，努力做到安全生产可防可控。结合矿山生产特点，突出“六大安全体系”建设，开展安全标准化矿山创建活动，构建安全长效机制，各矿山安全生产形势基本平稳。

以创先争优活动为抓手，开展了多种形式的党建活动。加强各级领导班子和干部队伍建设，开展基层干部科学发展和社会管理主题培训，全面推进“六位一体”惩防体系建设。积极推进厂务公开，自觉接受职工群众监督。加大职工福利投入，提高了职工生活品质。公司先后荣获“河北省职代会星级单位”、“河北省劳动竞赛先进集体”和省、市“模范职工之家”荣誉称号。

公司整合重组的探索实践和发展成就受到中央和省主流媒体和各大新闻网站的高度关注。其中《人民日报》、《光明日报》、新华社、中央电视台、中央人民广播电台、《工人日报》、《经济日报》、《中国冶金报》、《中国矿业报》、《中国改革报》、《河北日报》、河北电视台等一大批有影响力的媒体前来公司作深入采访报道。《人民日报》以1500字的篇幅刊载了公司董事长王洪仁的署名文章《推进“五个转变”，实现科学发展》；《光明日报》刊登了公司建设亚洲最大铁矿山的消息；新华社报道了公司循环经济发展模式；中央电视台报道了公司掌控资源、做大做强的途径；中央人民广播电台报道了公司发展民族矿山、抵御外矿垄断的经验；《中国冶金报》、《中国矿业报》、《中国改革报》大篇幅报道了公司取得的重大成就及发展战略；河北电视台多次报道公司调结构、转方式及发展特大型矿山支撑地区经济发展等。（金晓明）

冀中能源邯矿集团

邯郸矿业集团有限公司（简称邯矿集团）是冀中能原集团的子公司，成立于1958年4月，原为煤炭部直管，1998年8月下放河北省管理。2002年12月，改制为邯矿集团。2004年2月，与张家口盛源矿业集团有限公司进行跨地区联合重组。2005年12月，邯矿集团与邢矿集团联合，组建河北金牛能源集团有限责任公司，现为冀中能源集团的子公司，拥有邯郸和山西两个矿区，拥有6个全资子公司，7个控股子公司，5个参股子公司，10个分公司，从业人员19000余人。主要产品生产能力为：原煤1800万吨/年，精煤700万吨/年，玻璃纤维10000吨/年，发电11亿千瓦时/年，焦炭60万吨/年。邯矿集团是全国重要的无烟煤生产基地之一，品种包括块煤、精末煤、精粒煤、无烟混煤、电煤等，具有低磷、低硫、低灰、低挥发份特点，是冶金、发电、化工、建材及民用优质原料和燃料。企业曾荣获国家科技进步二等奖、中国企业信息化标杆企业、全国企业文化建设优秀单位、河北省明星企业、河北省思想政治工作优秀企业、AAA＋级河北质量信用企业等荣誉称号。

2011年，公司牢固树立科学发展观，以“调结构、促升级、增效益”为主线，实施精煤战略，投资6400多万元，新建、技改5个洗煤厂，全公司原煤入洗率达到80%，提高收入10亿元。物流产业规范业务流程，努力扩大经营范围，收入完成190亿元，同比增长1倍。节能减排圆满完成年度考核指标，获河北省“双三十”考核双优单位。云驾岭煤矿数字化矿山建设起步良好，综合数字化平台顺利建成，实现了生产管理的自动化、信息化、数字化。产品和产业结构得到优化，赢利利水平不断攀升，全公司利润再创历史新水平。企业实现了规模和效益齐步同升，综合实力和社会影响力进一步增强。

全面预算管理持续深入，有效地控制了生产成本，全公司煤炭单位成本控制在380元/吨以内。资金管理不断加强，严格资金审批和支付顺序，多渠道筹集资金，金地公司10亿元融资顺利到位，保证了生产经营和项目建设需要。

牢固树立“科技兴煤、科技兴安”的指导思想，围绕制约矿井安全生产、上产提效等系列技术难题，组织强有力的攻关队伍，积极与科研院校合作，加大科技攻关力度。确立瓦斯综合治理、高水材料充填、薄煤层自动化开采、特厚煤层综采、洗选工艺等10余项研究课题，基本掌握了一批在全国采掘业处于领先水平的核心技术。

紧紧把握全省整合地方小煤矿的战略机遇，按照“找煤扩量、挖潜增效、解放资源，稳定规模”的发展思路，打破常规，采用买断、控股等多种方式，实施煤炭资源扩张。在邯郸本部，对太行、招贤、周庄整合方案已经通过专家组审查备案，并且成功组建了太行矿业公司，矿井技改工作正有序展开。原临漳煤矿依法进行了破产，正式并入邯矿集团。武安市境内贺庄、金铭煤矿列入邯矿的整合名单，正在跑办当中有关整合手续。同时在冀中能源大力支持下，先后成功重组保定碳灰铺、灵山一号、灵山三号等5个地方煤矿，成立了炭灰铺煤矿筹备处，研究制定了保定地区矿井技改方案。同时，成立三个项目攻关小组，确立山西、青海、新疆等富煤省份整合方向和重点，千方百计争取更多的资源，为企业长远发展筑牢根基。通过省内和域外煤炭资源的整合重组，邯矿集团的资源储量大大增加，为建设百年邯矿打下了坚实的物质基础。

冀中能源邢矿集团

冀中能源邢矿集团是冀中能源集团的全资子公司，截至2011年底公司拥有总资产56.39亿元，净资产27.71亿元，资产负债率50.85%。下辖8个全资子公司、4个控股子公司、11个分公司和9个参股公司，产业涉及煤炭、化工、科研、教育、服务、医疗等。职工总人数3607人，专科以上学历1747人，占48.4%。

按区域划分，邢矿集团所属产业地跨河北、内蒙、山西、新疆四省区。在河北，主要以非煤产业为主。金牛钾碱分公司氢氧化钾单厂产能8.2万吨，连续三年被评为中国化工企业500强；天津金牛电源材料公司是我国唯一一个拥有锂盐自主研发和生产的高新技术企业，也是世界上知名的五大锂盐生产商之一；邢矿硅业公司拥有2台年产能1万吨的三氯氢硅合成炉，单套装置全国规模最大；河北煤炭科学研究院是河北省唯一的煤炭研究机构，设有河北省防治水中心和全国柴油机械防爆检测检验中心。在内蒙，拥有22亿吨优质煤炭资源，正在建设“煤电化路”一体化的大型煤炭生产基地。其中，产能为600万吨/a的城梁煤矿马上开工建设，计划2014年投产运营。与香港华润集团合作建设的2×350MW电厂已于2009年并网发电。五原“3052”化肥项目于2010年奠基，正在建设当中。参股5%的鄂尔多斯沿河铁路部分路段已建成通车。在山西，拥有煤炭资源整合主体资格，并整合了古县5号和3号规划区，获得焦煤储量7150万吨。当前，3号、5号规划区正在进行60万吨技改，预计5号规划区（老母坡矿）2012年底前正式投产运营，3号规划区（金谷煤业）2013年底前正式投产运营。在新疆，一方面，与美克集团达成合作意向，拟合作开发新疆巴州2亿吨煤炭资源，建设一座年产120万吨的大型矿井。另一方面，积极争取罗南5000平方公里钾盐资源，进一步延伸集团公司钾化工产业链。

冀中能源井矿集团

冀中能源井矿集团是冀中能源集团全资子公司，前身为井陉矿务局，从1898年建井开采至今已有110多年历史，曾以盛产优质主焦煤著称全国，六十年代主焦煤和冶炼精煤产量分居全国煤炭行业第二位、第六位。2006年6月16日与河北金能集团（冀中能源集团前身）联合重组，2008年完成整体改制，2008年6月冀中能源集团成立，成为其子公司。

“十一五”期间，井矿集团在省国资委和冀中能源集团的正确领导下，坚持以科学发展观为指导，通过解放思想、挺进山西扩张资源、深化内部改革、实现全局整体改制、制定“三步走、翻两番，再造新井矿”发展战略、着力建设三大基地、推行精细化管理等一系列发展举措，着力推进资源枯竭型矿山的转型发展，使百年井矿在发展方式上实现了三大转变，取得了八大历史突破，迈上了科学发展的快车道。2011年，井矿集团立足新起点、开启新征程，科学谋划“十二五”发展规划，坚持“以煤为主、扩展多元”发展战略，推进产业结构优化调整，抢抓机遇建设三大基地，千方百计调结构转方式，深入开展“质量效益年”活动，全面提升发展质量，继续保持了良好的发展态势，实现“商品煤销量过千万吨、销售收入过百亿元”目标，七项指标再创历史新高，取得了“十二五”良好开局，向建设千万吨能源强企迈出了坚实的第一步。

煤炭主业加快发展。大力实施“稳定老区、向外扩张”资源战略，统筹推进煤炭生产、扩能技改、资源整合，培育发展优势，增强发展后劲，煤炭主业呈现新活力。在稳定老区方面，努力挖掘潜力，解放煤炭资源，建设元氏矿业南三采区，启动三矿复产工程，实施充填开采项目，延长了老矿服务年限。抢抓河北省煤矿企业兼并重组的政策机遇，成功重组了临城县5个地方煤矿，技改后可形成100万吨产能。在对外扩张方面，先后重组了山西左权天一煤业、天达煤业、佳新能源三座矿井，以“以矿养矿”的模式打造晋中煤炭生产基地，扩能技改工作稳步推进，600万吨生产能力设计已获得批复。

物流产业取得突破。充分发挥井陉老区区位优势，积极盘活专用铁路线、铁路中转站等生产要素，建设完善储、装、配、运系统，建立以煤炭运销分公司为主体，其他物流单位为依托的区域联合体，构建河北西部煤炭配送集散中心，走出去跨区域发展物流业务，实现“企业物流”向“物流企业”的转变。煤炭物流经营规模快速提升、物流总量大幅增长，全年完成煤炭物流700万吨，实现物流收入67亿元，同比分别增加134万吨、10亿元。

煤化工产业稳中求进。坚持把煤化工基地建设作为稳定老区、复兴老区、发展老区的重要举措。在焦化厂实现煤气发电、供暖的同时，积极谋划推进焦炉煤气制天然气项目，完成了可研报告、专家评审及有关手续办理，签署了合作协议，煤化工产业链延伸的前期准备工作有序推进，预计2012年竣工试生产。项目建成投产后，实现销售收入28亿元，利税5.3亿元。每年可消减二氧化碳排放60多万吨，二氧化硫2300多吨，相当于植树355万棵，经济效益、环境效益和社会效益非常显著。积极实施硝盐生产线改造，生产规模居华北第一、全国第二，产品辐射国内13个省、4个直辖市，并远销日本、尼日利亚、蒙古、南非等国。

转变增长方式彰显成效。坚持以“提质增效”为目标，大力开展“质量效益年”活动，组织开展全员质量承诺，以提高工作质量促进产品质量提升，以提高产品质量促进经济效益提升，实现经济增长方式的转变。大力实施精煤战略，加强生产矿井源头管理，研究改进采煤工艺、煤层搭配等技术，严抓矸石分装分运，原煤质量实现大幅提升。加强洗煤厂标准化建设，持续优化洗煤工艺，原煤入洗率和精煤回收率不断提高，精煤产量同比增长8.6%。物流单位积极开发精煤业务，提供优质高效产品，实现物流利润3000余万元。通过实施精煤战略，在2011年市场整体偏紧、原材料价格大幅上涨的不利情况下，利润同比增长近5个百分点。努力提高非煤发展质量，积极调整焦炭结构，提高副产品质量，促进了新晶焦化扭亏。实施硝盐生产线改造，硝盐产量、质量有了明显提升。通过开展“质量效益年”活动，实现提质增效，全年多创效5000多万元。

河北渤海投资集团有限公司

2011年以来，在沧州市委、市政府和渤海新区党工委、管委会的正确领导下，经过河北渤海投资集团公有限公司（以下简称公司）全体干部员工的拼搏奉献，公司各项工作取得了跨越式发展，综合实力明显增强，融资工作取得新突破，基础设施建设取得新进展，现代企业制度建设进一步完善。获得了沧州渤海新区2011年度开发建设特殊贡献奖荣誉。2011年主要工作业绩，具体如下：

一、综合经济实力迈上新台阶。做大做强公司是沧州市委、市政府和渤海新区党工委、管委会赋予公司的三大战略任务之一。至2011年底，公司总资产达到175.62亿元，较2008年底总资产14.77亿元增长12.2倍，较2010年底增长28.4%；归属母公司所有者权益37.25亿元，资产负债率为77.44%。办理海域使用权7350亩。

二、融资工作实现新突破。作为渤海新区建设的投融资平台，融资工作是渤海新区赋予公司的三大战略任务之二。至2011年底，与民生银行达成100亿元授信战略合作意向，落实了回购综合大港航道和防波堤等基础设施的银团贷款36亿元；BT引资6.2亿元；发行企业债券10亿元，5月25日资金到位，成为2011年沧州市第一家、河北省第三家成功发行企业债券的企业。成功发行本期债券，进一步优化了公司财务结构，降低了财务费用，创新了公司融资模式，拓宽了公司的融资渠道。

三、基础设施项目建设稳步推进。承担“港、产、城”各项基础设施工程建设是渤海新区赋予公司的三大战略任务之三。2011年，公司承担了7大类22个子项的重点项目和重点工作，全年累计完成基础设施投资13亿元，完成嘉吉粮油填方、渤海新区核心功能区部分地块土地整理二期工程、综合港区后方吹填项目东围堤工程填方和吹填700万方，面积为3100亩，为渤海新区打造了良好招商引资环境，有利地促进了渤海新区经济社会发展，取得了较好的社会效益。

四、经营领域不断拓展。近几年，公司先后组建了17家全资、控股和参股公司。2011年，和嘉吉投资（中国）公司合作建设大豆油项目，组建合资公司前期工作完成。至2011年底，公司经营领域涉及文化产业、土地整理及吹填造陆、船舶燃料供应、弱电建设与经营、绿化、房地产开发、综合港务、物流、燃气及人力资源开发等方面，为公司长远发展打下了坚实基础。

五、所属公司生产经营逐步步入正轨。公司所属海丰公司、华海市政公司、域通公司、锦辉绿化公司主营经营业务收入实现新突破，其中：海丰公司完成主营业务收入3.2亿元。圣捷污水公司委托运营工作达成合作。惠民集中供热公司保证了居民正常供热。渤海新区北方人力资源公司，在新区人才引进和建设“人才特区”方面发挥了重要作用。新城地产公司推进了渤海航运中心大厦建设。

所属参股公司渤海港务公司2011年货物吞吐量已突破1000万吨；沧州中油燃气公司完成了马黄主输气管道建设及与新区城市燃气公司的整合工作；致远国际物流公司和天交所渤海股权交易中心有限公司按照《公司章程》实现规范运作。

六、节能减排工作成效显著。圣捷污水处理厂。日处理污水能力为2.5万吨。2011年1月15日，环保部减排核查组对圣捷污水处理厂现场运行、在线设备、中控检测、运行台账逐项进行检查，通过检查验收；一级A提标升级改造工程完成，调试工作正常进行。

港城污水处理厂。日处理污水能力为10万吨。至年底工程建设工作基本完成，北线2.5万吨/日年底完成通水调试试运行。

七、制度建设实现创新。公司明确了公司三大战略任务。一是不断做大做强公司，综合经济实力要迈上新台阶；二是作为沧州渤海新区建设的投融资平台，融资支持新区基础设施建设；三是要全力推进承担的“港、产、城”各项基础设施工程建设。

加强了对所属公司的宏观管理和监督考核，按照沧州市国资委制定的监督考核管理办法内容，起草了相关办法，引进了相关经营人才，实现了责权利的统一和对等。

出台和修订了公文管理、安全生产督导、合同管理、人力资源管理以及档案管理等若干新的管理制度，鼓励员工为公司献计献策，为公司发展进行谋划。明确了公司班子成员管理职责、权限和职能，做到了工作制度化、科学化、规范化，工作效率、效能显著提高。

八、企业文化和廉政工作实现常态化。企业文化。进一步形成了以企业精神为核心理念和以管理方式、用人机制、行为准则为外在形式的企业文化。“创新、务实、廉洁、高效”企业精神，具体的管理方式、用人机制、行为准则都以制度的方式固定下来。

廉政工作。一是公司制定了廉政责任制，公开明确了工程招投标、工程管理、资金支付、竣工验收和审计等各环节人员的责任和职责。二是建立了中层干部定期向全体干部员工述职机制。三是重大项目要求纪检监察机关参与，形成惩防工作协调配合机制。2011年5月初，公司所有中层干部集中学习了省交通厅在工程建设领域“十大公开”经典做法，明确将所有环节都进行公开、公示，建设阳光工程。2011年底，集中学习了原省人民检察院检察长侯磊同志关于廉政建设方面报告，进一步深入开展廉政教育工作。

河北帝华企业集团

帝华企业集团始创于1984年，是中国经济改革开放初期第一代民营建筑承包企业；也是改革开放后第一批民营经贸企业，起步于国际和国内贸易。90年代初在北京二次创业，兴办钢材交易市场并建设钢管厂。1994年在河北唐山建设钢铁生产基地，1998年在河北石家庄正式进军房地产业。

帝华企业集团现已发展成以房地产为主业，电梯制造、建筑施工、金融服务、农业种植等多业并举的大型企业集团，总注册资本金超过20亿元。集团业务覆盖三省七市，其中房地产开发遍及河北石家庄，河南郑州、洛阳、商丘、驻马店，山东济南、潍坊等地，拥有国家住房和城乡建设部批准的房地产开发一级资质。集团拥有河北帝华、河南缔华、商丘缔华、洛阳帝华、济南帝华、潍坊帝华等以房地产为主业的18家具有独立法人资格的关联控股公司。集团连续五年位居中国房地产企业100强，2010年入选“中国最具生命力百强企业”。

帝华企业集团仅房地产版块有员工1500余人。其中：40岁以下中青年员工占90%，专科以上学历人数占70%，本科以上学历人数占50%，硕士、博士研究生近30人。总经理助理以上中高层管理人员82人，总经理以上高管人员23人，大多数为35～45岁间年富力强的青年干部，这是帝华企业集团最宝贵的财富之一。企业在充分结合集团中长期发展战略规划的同时，积极进行各类人才储备，进行人力资源挖潜整合，先后与河北建工学院、天津建工学院、青岛理工学院等多所院校建立了良好的校企战略合作伙伴关系。

帝华企业集团自专业从事房地产开发14年以来，已先后在河北省会石家庄开发了龙泉花园、龙海新区、龙头花园、龙洲新城、龙海南苑、西部峰景、水岸华苑、财富公馆和龙湖水岸等系列新城。在河南省境内开发建设了郑州东方现代城、郑州星城国际、商丘帝景花园南苑、帝景花园北苑、洛阳帝都国际城等项目群。在山东开发建设济南北岸新城、潍坊帝景国际、潍坊滨海星城等大型海景园林生态建筑群。

截至目前，集团房地产开发项目22个，竣工面积800万平米，在建工程面积达1300万平米，未来规划建筑面积将达2000万平米。已经开发和准备开发的土地面积约3500亩，仅在山东区域就已储备房地产开发建设用地2000余亩。项目在规划设计方面，与北方设计院、成都美厦、青岛腾远、青岛易境、北京威斯顿、加拿大ABCP等国内、国际先进知名规划设计公司强强联手，采用国际先进和谐人居设计理念，倾力打造环境优美、配套齐全、服务上乘的高品质山水宜居之城。这些住宅和城市综合体，已成为这些大中城市格外引人注目的靓丽风景线，成为引领新城发展潮流的标志性建筑群。

总部地址：中国·河北省石家庄市自强路112号

电话：0311—87889363　87884217

传真：0311—87887632　87874209

保定卷烟厂

2011年，是保定卷烟厂各项管理取得新成效、各项指标取得新突破的一年，也是“十二五”规划取得良好开局的一年。一年来，在河北中烟有限责任公司的正确领导下，全体干部职工凝心聚力，真抓实干，奋发有为，全力提升企业核心制造力，圆满完成了全年各项目标任务，实现了企业持续、稳定、和谐发展。

全年生产卷烟26万箱，同比增长5.3%；实现工业总产值19.9亿元，同比增长15.5%；实现利税12.08亿元，同比增长21.2%，主要经济指标再创历史最好水平。

——生产管理再上新水平。结合公司下达的生产计划，统筹安排，科学调度，以绩效考核为牵引，切实建立起“效率高、反应快、质量好、成本低”的柔性化生产体系，实现了生产效率、工艺质量、设备保障、成本控制上水平。对公司下达的26项对标创优指标，重点从同比优化指标、达到省内领先指标、达到行业创优指标三个层次，进行目标达成分析与责任分解；各课题组围绕质量、消耗、成本、台效，组织开展课题攻关，合力改善短板指标；2011年度，在26项指标中，保定卷烟厂18项同比有所优化，其中设备台效、综合能耗等16项指标，位居全省行业第一。

——计划管理再创新成效。按照“规划、策划、经营、增值”的思想，各部门在计划制定中，做到“三个结合”，与工作报告相结合，与重点工作相结合，与课题立项相结合，确保部门计划与厂部各项方针政策无脱节、无遗漏；建立严格的评估评价体系，制定下发考评实施细则，进行动态监督与检查，促使各部门敬畏目标、尊重目标、实现目标；实施项目经理负责制，全面负责项目性计划的实施与管理，充分发挥其主观能动性与过程管控作用；创新推进SOP管理，在生产环节，以试点车间为案例，规范生产操作，保障工艺质量。

——内控水平再有新提升。按照“精打细算、当家理财”的思路，加大预算考核力度，提高预算有效执行率，顺利完成全年预算目标；建立资金审批会制度，成立资金监管检查小组，确保资金使用合理有效；深入推进两项工作，继续规范招投标管理，建立评标专家库，开辟职工监督途径，扩大公开招标范围，确保招标工作规范透明，阳光操作，做到了“应招尽招”；认真贯彻落实专卖管理工作规范，突出监管重点，完善检查机制；按照全面审计部署要求，成立组织机构，健全工作机制，制定自查方案，顺利通过复查，取得阶段性成果。

——硬件建设再添新亮点。按照“十二五”总体投资规划，有计划、有步骤地推进技改工作。7月份，新立体库顺利竣工，随着旧平房库的拆除，保定卷烟厂彻底告别了平房三级库的使用历史，使库区环境及硬件设施有了质的改善。与此相适应，努力探索建立新的辅料、原料作业模式和流程，极大节约了作业时间与人力；不断提高信息化管理水平，数采、MES系统投入使用，提升了企业数据共享、及时传递、系统分析的能力。同时，大力绿化、美化、亮化企业环境，深入推进6S管理，实现了6S管理常态化、科学化。

——人才队伍再展新活力。人才结构逐步优化，高技能人才队伍逐步壮大；培训工作凸显特色，全年参与培训3125人次，逐步形成了立体式、全方位的培训管理模式；战训结合，实施全员岗位竞赛，开展“精品课”评审，建立设备维修“案例库”等，以考促学，以赛促练，促进了“学与用、知与行、说与做”的统一；2011年度，保定卷烟厂荣获“中国教育企业先进单位百强”称号。同时，班组建设深入开展，QC活动成绩斐然，2011年保定卷烟厂发布QC课题25项，其中《提高支重控制精度》成果荣获国家局一等奖，这是保定卷烟厂连续三年获此殊荣。

——和谐保烟再注新气息。一是强化思想政治工作。在党员中深入开展“三讲三爱”活动，促使广大党员全面提升党性修养；以廉政文化建设为载体，加强惩防体系建设，营造清洁廉政氛围；成功举办“激情飞扬”大型歌会，为建党九十周年隆重献礼。二是深入推进文化落地。使共好文化进部门、入班组、到岗位，熔铸于企业的各个层面；开展“共好之星”评选活动，举办“一流愿景·共好故事”大讲堂，选送故事荣获行业决赛三等奖；新创《保烟人》杂志，以全新的视角，深度的报道，展示管理亮点，树立企业品牌。2011年度，保定卷烟厂荣获“河北省职工文化建设先进单位”、“保定市文化名城建设先进单位”。三是有序开展“纪念日”活动。围绕“团队日”“愿景日”“学习日”“6S管理日”“共好文化节”保烟特色纪念日，开展拓展训练、知识竞赛等各种主题活动，营造“工作快乐、快乐工作”的和谐氛围，让员工在保烟特有的节日中，感悟家园的美好与温馨。四是大力推进民主管理。修改完善《合理化建议管理规定》，突出征集建议的常态化、流程化、科学化，全年共征集建议2500余项，采纳落实233项，有力消除和化解了管理中的隐患与漏洞，也使一些有思想、想干事的人才脱颖而出。同时，积极开展职工群众喜闻乐见的文娱活动，凝聚了人心，激发了活力，促进了工作。

站在新的起点，再铸新的辉煌，是时代赋予保烟人的光荣使命，保烟将继续高扬“打造一流企业”的发展主旋律，以坚韧不拔的意志、勇往直前的决心、敢于胜利的信念，抢抓机遇，开拓创新、追求卓越，谱写企业又好又快发展的新篇章！

沧州港务集团有限公司

2011年，沧州港务集团坚持以科学发展观为指导，以《河北沿海地区发展规划》上升国家战略为契机，紧紧围绕建设沿海经济强省、强市及渤海新区“港、产、城”三位一体发展战略，科学实践“地主港”管理模式。在切实抓好生产经营的同时，加大招商引资力度，加快推进综合大港二期建设进度，强化企业内部管理，稳步推进集团公司现代化、科学化改革进程，各项事业平稳、较快、健康发展。

一、全面实现黄骅综合大港向“地主港”转变

2010年以来，根据省政府和市委、市政府的决定和部署，集团投入大量人力、财力成立专门工作机构，就回购黄骅综合大港公共基础设施资产事宜，与河北港口集团

方面进行了多轮协商与谈判，通过不懈努力，双方于2011年1月6日隆重举行了《黄骅港综合港区公共基础设施资产转让框架协议》的签约仪式。2011年2月15日，省审计厅正式出据了《冀审投报〔2011〕1号审计报告》，确定转让价格为52.18亿元。截至目前，沧州港务集团有限公司已全额拨付上述款项，双方正在进行资产及工程档案的移交工作。这不仅标志着黄骅综合大港正式实现了由“业主港”向“地主港”的转变，更加为综合大港、渤海新区及沧州未来的建设与发展赢得了千载良机。

二、全力推动黄骅综合大港二期工程建设

黄骅综合大港二期工程于2011年3月30日正式开工，主要建设内容包括一条58.8公里的20万吨级深水航道；26个（初步计划）5至20万吨级各类专业化泊位。

2011年以来，集团公司精心组织、周密部署，根据港口建设需要，以港口基础工程和重点项目前期审批等工作为主，夯实大港建设的发展基础。主要有以下几个方面的工作：

1.20万吨级航道工程。自2011年3月份开始，两次委托中交第一航务勘察设计院对20万吨级航道开挖方案进行了优化设计，最终优化方案确定后，总投资约为37.6亿元，比原计划减少投资6.4亿元，并将航道设计通航能力预留至25万吨级。目前该项目前期各项审批及论证均已办理齐全，计划于10月份正式开工。

2.20万吨级航道北防波堤延伸工程。北防波堤延伸工程于2011年7月正式开工建设，工程施工长度为4.4公里，工程总造价2.36亿元，该工程已完成投资2.06亿元，5月底将按时完工。20万吨级航道北防波堤延伸工程是二期工程首个开工的项目。施工中，在有关部门和施工单位、监理单位共同努力下，创造了黄骅港建港史上第一个施工质量“零问题”和安全生产“零事故”的纪录，赢得了大港二期建设的“开门红”。

3. 综合港区一、二港池围堰工程。该工程于2011年10月份正式开工建设，工程施工总长度12552.67米，总投资6.35亿元，工期12个月，预计2012年10月底完工。

4.20万吨级矿石码头临时性施工通道工程。该工程是在散货港区修建一条长度为2.7公里临时性施工通道，总投资5700万元，2011年10月份正式开工建设，2012年4月份已全面竣工。该工程将为20万吨级矿石泊位建设发挥重要的基础作用。

5.5至20万吨级泊位建设。按照《黄骅港总体规划》黄骅综合大港可利用岸线总长度45527米，可利用土地（海域）78641亩，可建设5—20万吨级各类码头泊位101个。

2011年，在省、市及新区政府的政策支持下，集团公司加大招商引资力度，科学实践“地主港”建港模式，通过多种渠道吸引各方实力企业来港投资，港口各类专业化泊位的建设进度得到了有效提高。这其中包括：美国嘉吉、上海宝钢、中电投、河北钢铁、河北港口、冀中能源、华润电力等“中”字号、“国”字号和世界“500强”的大公司。综合港区、散货港区拟建的煤炭、通用散杂货、矿石、液体化工、成品油等各类专业泊位26个，其中包括：

（1）美国嘉吉集团河北嘉吉粮油储运有限公司投资建设的1个10万吨级粮油专用泊位，预计项目投资1.01亿美元，折合6.7亿元人民币（实际以工可研批复为准）。项目工可研报告即将批复，地质勘察、初步设计、施工图设计已基本完成，后方堆场处理施工已完成近70%，预计2012年上半年前期准备工作就绪，计划于2012年10月正式开工。

（2）上海宝钢集团旗下上海宝钢物流有限公司投资建设的4个10万吨级通用散杂泊位，项目总投资45亿元（实际以工可研批复为准），占地1250亩，计划建设10万吨级通用散货泊位3个、10万吨级件杂泊位1个，同时在散货港区大宗散货物流园建设400亩钢铁物流园区。预计2012年10月开工建设。

（3）浙江泰地控股集团有限公司投资建设的2个5万吨级液体化工泊位总投资16亿元（实际以工可研批复为准），占地465亩，建设2个5万吨级液体化工泊位及后方60万立方库区，计划于2012年10月份动工。

（4）散货港区4个20万吨级矿石泊位由河北港口集团计划总投资64亿元（实际以工可研批复为准），是黄骅综合大港二期二程第一个确立的20万吨级泊位。目前该项目的工可研编制工作已经完成，预计2012年4月份前进行堆场处理。

（5）河北钢铁集团国际物流公司计划投资50亿元（实际以工可研批复为准）在综合港区投资建设4个10万吨级通用散杂泊位。

（6）中商诚大（北京）国际贸易有限责任公司投资的2个10万吨级煤炭专业化泊位总投资约为55亿元（实际以工可研批复为准），计划在散货港区建设2个10万吨级煤炭专业化泊位及3100亩大宗散货物流园区，预计2012年10月开建。

（7）散货港区5个10万吨级煤炭泊位初步计划是由冀中能源集团和华润电力物流公司共同投资建设的，预计投资42.5亿元，目前该项目的具体合作事项正在进一步协商当中。

（8）中国电力投资集团计划投资16亿元，在散货港区建设年吞吐量约1400万吨的2个10万吨级煤炭专用泊位，为其在渤海新区煤化工园区煤气化项目和2 X 1000MW火电机组提供基础用煤。目前该泊位的具体合作事项正在进一步协商当中。

在大力推动综合大港建设的同时，一方面，沧州港务集团有限公司积极开发了河口港区Ⅴ区码头群等重点项目建设。近年来，通过几届领导班子的不懈努力，河口港区已形成了以“Ⅴ区码头群”项目为代表的经济发展新高地。按照规划，在“十二五”期间，河口港区将建设几十个油品和液体化工泊位，形成2500万吨的年吞吐量。目前，Ⅴ区码头群围堰已经基本完成围埝合拢和陆域吹填工程，在谋划浚深河口港区3000吨级以上航道的基础上，集团计划将拟建的两个3000吨级液体化工泊位提升至5000吨级，并适时启动申报河口港区“保税区”、“保税仓库”，进一步提高河口港区中小型泊位的市场竞争力。建成后，河口港区产业拉动效果明显、经营项目灵活多样的优势将得以充分体现。另一方面，集团公司发挥现有技术优势，积极承揽港口和基础设施工程建设。集团公司下属的航务工程公司一直以来是全市、全区港口工程和基础设施建设的生力军。2011年以来，他们充分发挥了有资质、有人才、有队伍、有海上施工经验的优势，积极承揽了“美国嘉吉粮油泊位前期堆场处理工程”、“一、二港池围堰W25－W28标段”、“北防波堤延伸工程”、“散货港区临时性施工通道”等一大批重点工程项目，总承包工程造价达7.6亿元。在做好本地工程市场的同时，航务工程公司不断开拓新市场、开辟新领域，在山东滨州承揽了“北海新区产业园区防潮坝”等项目，在外地市场也站稳了脚跟、赢得了声誉。

三、倾力打造优质融资平台，为大港建设蓄积持续发展动力

2011年，集团签约项目用地（海域）5927.8亩，签约投资总额122.7亿元。2012年，一大批基础设施项目和10多个专业化泊位准备破土动工，港口建设总投资将超100亿元。因此，建港资金是保证大港二期建设进度的重要保证。为有效缓解巨大的资金压力，2011年以来，集团公司把招商引资作为一项重中之重的工作来抓，变资源为资本，科学性、战略性的实施省市及新区制定的融资计划和要求，以综合港区、散货港区总计6.97万亩土地为基础，倾力打造一方投资新热土，充分做好“变资源为资本”这篇文章，吸引那些目光高远、实力雄厚的企业来港投资，为综合大港建设带来新的活力与动力，从而推动集团公司各项事业的平稳、较快和健康发展。

根据工作需要，本着超前谋划，提前入手的原则，2012年集团公司将继续加快大港二期开发建设的步伐，重点抓好以“123”工程为主的多个大项目、大工程，“123”工程即：开挖1条20万吨级航道；推进“一、二港池、航道南围堰二期”2项围堰工程；开工建设“大宗干散货作业区和物流中心、航道南围堰二期封闭区、一、二港池围堰封闭区”3处吹填造陆工程，要在2012年彻底打响综合大港基础建设的“攻坚战”。

开滦国际物流公司

开滦集团国际物流有限责任公司是开滦集团所属全资子公司，是开滦集团主要支柱企业之一，是生产服务性、综合服务型物流企业，是开滦物流产业发展的突出代表。

公司下设铁路运输分公司、港口储运分公司、进出口分公司、中煤物资分公司、开滦物流中心、汽车运输分公司6个分公司；代表集团公司管理香港公司、香港国际公司、唐山曹妃甸动力煤储配有限公司、唐山湾炼焦煤储配有限公司、通达物流公司、沙钢能源公司、华南公司、宁波公司、上海贸易公司等9个全资或多元控股子公司。运营网络分布于东北、华北、华南、华东、西北和香港等地区。经营范围涵盖国内外煤炭流通加工、物资分拣、加工、仓储、配送，铁路、公路运输、港口储运中转、进出口贸易、物流园区、电子商务、船代、货代等业务；服务于煤炭生产、洗选加工、煤机制造、冶金、焦化、电力、化工等供应链上下游客户。公司基础设施齐全，拥有自营铁路线路和内燃机车资源，年运输能力5000万吨以上；拥有丰富的仓储资源、专业运输车队、配煤加工场地及设施、国家二级质检化验机构。

2011年，国际物流公司做为开滦集团公司全资子公司独立运转的第一年，全年营业收入完成373亿元，为开滦物流产业以及开滦转型发展做出了突出贡献。

主要指标完成情况：营业收入全年完成373亿元；企业利润全年完成4580万元；应收款项截至2011年末控制在9.95亿元；全年煤炭采购量完成3977万吨；铁路运量全年完成1384万吨，其中社会资源运量完成360.59万吨；港口过港量全年完成302万吨，其中社会过港量完成100万吨。

重点工作：

（一）强化科学规范运作，体制、机制建设取得新突破。2011年，国际物流公司着眼于做大做高做强物流产业，公司体制、机制得到健全，构建了公司机关“九部一室”管理格局和“两港”公司“三部一室”管理框架，组建了海运公司和交易市场筹备组，建立健全了《国际物流公司预算管理办法》、《安全生产考核奖惩办法》等75项管理制度，实现了公司的科学规范运作。

（二）坚持可持续发展，物流重点项目建设取得新进展。坚持在建、可研和谋划项目同步实施，其中“两港”储配煤基地项目完成了土地整理和部分设备招标，钱家营快装线项目具备了精煤快装条件；大宗商品交易市场、海运公司等项目已完成可研；唐山空港物流项目总体规划和论证有序推进。

（三）践行合作双赢理念，多元子公司的作用得到进一步发挥。注重发挥多元子公司在行业、区域、人才、资金以及管理等方面的综合优势，不断拓宽合作空间和业务领域。全年多元公司实现销售收入134亿元，获利2174万元，分别占公司营业收入总数的27.8%和34%，形成了分（子）公司竞相发展的局面。

（四）落实科学发展观，党的建设和和谐企业建设取得新成效。深入推进创先争优活动，党的思想、组织、作风和廉政建设全面推进，思想政治工作得到全面加强；实施人才兴企战略，全年共引进各类专业人才110名（其中引进本科毕业生93人），近70名员工晋升专业技术职务和技术等级，物流人才队伍得到了有序补充和接替；物流文化课题研究扎实推进，具有开滦物流特点的企业文化初步形成；积极关注和维护员工利益，不断用企业发展成果惠及员工，对困难职工子女考入大学进行补助等10件实事全部落实，在岗员工收入高于集团公司的平均增长水平，员工幸福指数得到提升。

（五）坚持安全第一，实现企业和谐发展。坚持把强化安全生产作为公司的头等大事，围绕规范管理和操作行为、质量标准化上档次工作主线，健全完善了安全生产管理制度，建立了心脑血管疾病重点人群健康档案，推行了“可追溯性”安全质量标准化工作机制。深入开展了事故案例、职业健康、员工危害辨识等专题培训教育活动，克服了员工麻痹松懈思想，规范了两个行为，确保了安全的持续稳定。

获得荣誉：2011 年，国际物流公司影响力实现了新的提升，先后获得“全国物流行业先进集体”、“全国制造业与物流业联动示范企业”、“最佳创新能力物流企业”、“全国先进物流企业”、“2011 中国物流信息化十佳应用企业”、“中国能源物流最佳示范基地”、“中国能源物流最佳企业”以及“中国供应链管理杰出服务商”等荣誉称号，公司的稳步健康发展为能源企业“调结构、转方式”探索出了一条特色之路，并成为了行业的标杆。

北人集团

石家庄北国人百集团成立于 2000 年 7 月 4 日，是一家跨区域、多业态的大型连锁商业企业，集百货、超市、家电、珠宝以及租赁会展五大业态于一身，总门店数量超过 150 家，是河北省商贸流通领域重点骨干、省市政府重点扶持的大型零售集团，也是河北商业首家“百亿级企业”，位列中国企业五百强。

从 10.8 亿元起步，北人集团年销售额每年以超过 35%的速度增长，2011 年实现销售 218.7 亿元。目前，北人集团在石家庄、保定拥有 12 家购物中心或百货店，拥有大型超市和便利店 25 家，拥有电器连锁门店市区 9 家、县乡 12 家，拥有珠宝品牌连锁店逾 70 家以及会展仓储业 5 家，员工总数 3.8 万，总营业面积超过 105 万平米，经营网点遍及河北、河南、山西、山东、内蒙古、北京及天津七省（市）23 座城市。

北国百货秉承“出售时尚与文化，赢得厚爱与永恒”的宗旨，从年轻时尚的 MALL 到全国一流的购物中心，全部囊括。北国超市平抑物价、保障民生，多举措确保食品安全，拥有 90 个农超对接基地，并建成 2.5 万平米的果蔬配送中心以及现代化食品加工基地，覆盖省会 500 多个小区，拥有 120 万忠实会员，深受百姓信赖与爱戴。北国电器发展至今，电器事业部与电器总公司紧密结合，分别锁定城市与乡村，树立家乡品牌，繁荣农村经济，以石家庄 65%以上的市场份额，稳居河北电器区域零售企业首席，是老百姓一辈子放心的选择。北国珠宝创国内零售企业品牌规模连锁之先河，逾 70 家门店构建京、津、晋、冀、鲁、豫、蒙网状连锁布局，专业品质、稳健发展，是北人集团勇闯全国的先锋！会展租赁业态，刺激贸易，促进流通，填补了石家庄会展业的空白，已逐步形成一种会展经济。

历经十二年发展，北人集团载誉披肩。2003 年北人集团跻身中国商业零售十强并荣获“河北省诚信示范单位”；2006 年，北国商城荣获全国“百城万店无假货”先进单位；2007 年、2009 年、2011 年，北国商城三次跃居全国零售单店第五；2010 年，北人集团、北国商城双双获得全国“冠军之星企业”大奖；2012 年北人集团荣获“全国五一劳动奖状”。

扎根燕赵沃土，感恩社会恩泽，北人集团提倡社会效益高于企业自身利益，不遗余力为建设幸福城市增砖添瓦。促进商贸流通，传递国际风尚，繁荣乡村经济，缓解就业压力。同时，北人集团关爱弱势群体、关注公益事业，倡导环保、倡导节约，从印度洋海啸到汶川地震，从建设希望小学、资助贫困大学生，到孤寡老人孤残儿童救助、连续 3 年向市区特困低保家庭发放过冬白菜……北人集团用实际行动履行社会责任。

历经十二年发展，北人集团积累了一批高品质的企业品牌，形成了一种先进的企业文化，培育了一支优秀的员工队伍，探索了一个高效的盈利模式，建立了一套科学的管理体系，“北人”与“北国”成为百姓心中最为信赖的金字招牌。

目前，北人集团正在筹备以北国股份 A 股上市。未来三年，北人集团将在 2011 年开疆拓土的基础上，以石家庄为中心，冀中南为重点，辐射华北，进军全国，全力扩大企业规模，同时，将在原有传统的五大业态的基础上，积极发展电子商务，运营商业管理公司，组建农产品市场，探索新兴领域，开发市场蓝海。到 2015 年，北人集团年销售额将实现 500 亿元，成为国内具有较大影响力的大型商业集团和上市公司！

聚诚集团

成立于 2005 年 5 月 20 日的聚诚集团，是一家以商贸、物流、陶瓷、担保、高端会所、文化旅游、房地产为主体的跨行业的多元化集团型企业。其下属公司包括：聚诚集团有限公司、石家庄丽池龙道商务酒店有限公司、聚诚河北文化产业投资有限公司、井陉拉花聚诚文化传播有限公司、河北宸源房地产开发有限公司、井陉县正大信用担保有限责任公司、聚诚河北龙盘陉山旅游投资有限公司等。2009 年至 2011 年三年累计实现税收超过 1 个亿，集团公司实现了高速增长和雄厚的积累。

聚诚集团前身为河北聚诚商贸有限公司，主要业务为煤炭购销。投资 6 个亿的在建项目“聚诚集团煤炭集散中心”，已被列为市重点建设项目之一。建成后，预计全年实现煤炭购销 350 万吨，营业额达到 30 亿元，纳税突破 5000 万，力争实现 6000 万。

聚诚公司积极认领捐建全县十大景观点之一的绿化工程，示范引领广大民营企业参与植树绿化。坚持低碳环保化发展，打造花园式绿色企业典范，为构筑生态屏障贡献力量。

为进一步实现繁荣井陉县文化名城，打造文化强县。

聚诚集团积极投身于井陉县文化建设的大潮之中。井陉拉花聚诚文化传播有限公司应邀参加上海世博会为期7个月的全程演出，并多次到港澳地区及国外演出等。为发展井陉县文化产业，聚诚公司出资1100万元注册“聚诚河北文化产业投资有限公司”。由井陉县文化产业协会和聚诚河北文化投资公司联合打造的《井陉文库丛书》一套六本，已陆续开始发行。河北聚诚文化投资有限公司立项以宣传“千年古县—井陉”为主要题材的多集纪录片，已进入创作、拍摄准备阶段，并争取在央视频道播出。

“取之社会，用之社会”是聚诚的社会责任理念，聚诚人一直热心社会公益事业，捐资总额逾人民币上百万元。多次通过井陉县关心下一代工作委员会这一平台为失学儿童捐款。聚诚公司被授予“十佳助学先进单位”，聚诚集团董事长陈志强被聘为“井陉县关工委爱心救助基金会名誉会长”。

聚诚集团先后荣获纳税先进单位、纳税红旗单位、河北省著名商标、文明诚信私营企业、2010年度河北省“百名创业功臣”、2011年度石家庄十大创业明星、2011年度文化产业先进单位等诸多荣誉。2011年聚诚集团被河北省企业家协会授予“企业家协会文化建设先进单位”。

丽池·龙道（石家庄）CEO会所是聚诚集团和丽池集团精心雕琢的一家集养生、休闲、商务娱乐为一体的高端主题会所，主打“高端养生会所”的理念。丽池集团已经历经了15个年头，丽池·龙道CEO会所成立于2011年5月20日，会所设名媛会、名仕会、养生馆、御足宫、会员酒店、御茶坊、多功能厅、红酒雪茄馆、KTV包房、高尔夫球馆、瑜伽馆、健身房等功能性区域，作为中国主题会所第一品牌，丽池红酒文化沙龙、丽池美食节、星韵1954茶文化沙龙、丽池礼仪文化沙龙、丽池书法名画鉴赏沙龙等等也将拉开帷幕，为会员朋友提供更贴心的增值服务。

贵宾预定热线：0311－85111111

地址：石家庄市长安区广安大街与谈南路交叉口丽池·龙道CEO会所

石家庄市原火陶瓷有限责任公司始建于1956年2月，其前身是井陉县第一陶瓷厂，1996年7月转制为有限责任公司。公司占地面积12万平方米，注册资本3600万元，资产规模1亿，现有员工800多人，生产日用陶瓷，主要产品原火牌白砂锅，年产各种产品720万件，年产值近1个亿，实现利税1000万元。

井陉拉花，是河北省井陉县独有的民间艺术瑰宝，是河北省三大民间舞种之一，首批国家级非物质文化遗产保护项目。“井陉拉花”代表河北文化名片，以国家首批非物质文化的优秀民间舞蹈参演了在中国最美丽的乡村江西省婺源县举办的“首届全国农民艺术节非物质文化遗产展演暨2010婺源·中国乡村文化旅游节”等等一系列的活动，不仅让世人看到了井陉拉花那独具魅力的舞姿和强烈的感染力，更使得祖国的艺术园地里多了一支芬芳艳丽的艺术之花。

唐港铁路有限责任公司

唐港铁路有限责任公司是在原唐山滦港铁路有限责任公司基础上，以“增资扩股、变更登记”的方式，由太原铁路局（投资比例19.73%）、唐山港口投资有限公司（投资比例18.28%）、国投交通公司（投资比例15.13%）、唐山曹妃甸实业开发有限责任公司（投资比例15.13%）、河北大唐国际唐山热电有限责任公司（投资比例13.97%）、河北省建设投资公司（投资比例11.64%）、华润电力（唐山曹妃甸）有限公司（投资比例5.82%）七家企业共同出资组建的合资铁路公司，公司于2005年8月19日正式挂牌成立，注册资本17.1839亿元。目前公司所辖迁曹线、滦港线两条主要干线，线路北起大秦线迁安北站，经过京秦线的滦县站，南至曹妃甸港和京唐港，贯穿迁安市、滦县、滦南县、唐海县、南堡盐场、曹妃甸工业区、乐亭县、海港开发区等五县（市）、两区、一盐场，营业里程210公里，正线延展里程369公里。?公司属于铁路运输行业，主营业务范围是铁路运输及其服务，主要是运输煤炭、焦碳、钢材、矿粉等运输。

2011年度主要经营指标完成情况

1. 生产经营：2011年实现运输收入24.12亿元，比2010年多完成3.34亿元，同比增长16%。完成年度计划23.78亿元的101%，完成考核目标的107%。实现利润7.43亿元，完成年度计划的110%，完成考核目标的124%，较年度计划多完成7045万元，上缴各种税赋2.67亿元。

2. 运输情况：2011年货运周转量完成176.09亿吨公里，比上年同期的153.22亿吨公里增长了15%。东港、曹西均创下日接卸22列以上万吨大列，线内周转时间压缩至22小时以下，同比下降1.5小时，东港、曹西主要卸车站平均卸车时间在2小时以下，京唐港专用线卸车时间平均在3.5小时以下，运输效率大幅提高。全年剥岩土运输1500万吨，货运量完成1.50亿吨，较2010年的1.34亿吨多完成1614万吨，同比增长12%。

3. 安全生产：消灭了人身、行车等一切责任事故，截止到2011年12月31日，公司实现了安全生产1641天无事故的好成绩，实现了四创安全年。

4. 工程建设：2011年建设项目完成验工2.03亿元。完成了滦南腰岔改造、京唐港线电化、电厂线电化、曹南矿石专用线电化等短平快施工任务，并全部竣工验收投入使用。平改立工程年计划17处。开工14处，竣工7处，施工中7处，未施工1处，2处需要与地方政府协调解决，已经拆除道口8处。铁路护网完成了迁安至曹妃甸间的护网工程共计219公里，并于10月份投入使用。

神华黄骅港务有限责任公司

2011年是黄骅港开港运行十周年，同时也是一个丰收年。黄骅港全体员工一心一意抓管理，聚精会神过亿吨，脚踏实地搞建设，全年各项工作迈上新台阶，并取得了五大亮点：

一是黄骅港正式跨入亿吨级大港行列，全年完成吞吐量10058万吨。

二是三期工程全面开工，质量、安全、投资全面受控，工程进度好于预期。

三是企业效益显著提升，全年实现收入22.99亿元，同比增长8.1%；实现利润4.63亿元，同比增长88.9%。

四是"八个无"目标顺利实现，本安体系建设达到集团公司先进水平，并连续第八年获得全国"安康杯"竞赛优胜单位称号。

五是经营质量持续提升，三亿吨大港规划体系全面建立，一体化、专业化水平明显加强。

2011年，港务公司突出三大任务，就是突出抓好生产、基建、安全三大中心工作。

一是瞄准全年吞吐量过亿吨，认真抓好生产组织。2011年，黄骅港克服冰凌、大风等困难，重点抓好重车接卸，有效地降低了车辆周时；努力加快自有船舶周转，使神华自有船舶平均在港停时较年初缩短52%；注意做好扩容完善项目的消缺，提升生产作业能力；发挥专业化优势，积极推进设备分类分级管理，保证设备良好的运行状态；认真做好国家应急煤炭储备，积极开展高场存条件下生产效率分析，有力保证了各项生产指标的圆满完成。一年来，黄骅港先后创造了单月装船892万吨；单月卸车913万吨；单日卸车87列、35万吨；单日装船39万吨等多项生产新纪录，提前5天实现了过亿吨目标。

二是以三期工程建设为核心，全面加强基建管控。深入开展"基建安全年"活动，颁布施行了基建本安体系考核奖惩办法和评分标准，形成了基建本安体系框架；全面加强质量管控，将筒仓的灌注桩检测由设计提出的12根静载检测桩增加至24根，使每个筒仓均有1根，提高了静载检测的代表性；把握施工过程中的关键环节，组织开展施工夜查并形成常态，重点检查施工记录和监理旁站，有效保证了夜间施工；合理优化调整施工网络计划，进一步明确了各阶段进度及施工管理目标，确保了工程整体可控。专门成立三期运营筹备组，负责编制制度流程，培养岗位人才，为确保三期工程顺利投入运行提供了保障。截止目前，三期码头和翻车机房进度均超预期；筒仓工程完成14个筒仓主体及24个筒仓承台的建设，较计划多完成2个筒仓主体；装卸设备于10月12日全面进入生产制造阶段，并实现了"主要设备制造加工完成50%"的预定目标。

三是紧盯"八个无"目标，确保港口安稳长满优运行。着力完善本安体系，对考核评分标准和奖惩办法进行系统优化，借助本安信息系统，使本安体系在黄骅港实现全覆盖；全面落实"四不放过"原则，针对生产过程中出现的各类轻微事故及事故隐患，黄骅港都在第一时间召开安全会议分析原因、落实责任；深入开展风险管控和隐患排查，以施工安全和海上安全为重点，成功开展海上搜救、基建消防等一系列应急演练，确保了全港的正常运行。此外，针对港口的气候特点，还重点加强了夏季"三防"和冬季"六防"工作，严格落实并不断完善相关预案，切实做到了防患于未然，确保了全年"八个无"目标的顺利实现。

推进了四项工作：

一是理清思路做好规划研究。根据渤海新区的总体战略部署，完成了3亿吨大港总规方案的编制，并以此为基础形成了路网、房建、绿化等十个子规划，理清未来发展思路。积极与地方规划相衔接，把港务公司的发展规划纳入地方政府的总体规划之中，抓住市长办公会等时机，争取地方政府支持，为五期、六期以及南港区等后续发展赢得了先机和资源。在此基础上，黄骅港还加快推进以四期工程为重点的若干项目前期工作，并开始了国家煤炭应急储备基地改造项目建设，有力地推动了黄骅港的可持续发展。

二是全面优化生产管控模式。按照一体化原则，对比较分散的生产部门、设备维修管理部门进行了调整，将装卸系统进行整合，成立了生产一部和生产二部。同时，进一步凸显设备维修和生产调度的专业化特征，成立了设备维修保障中心和生产指挥中心。通过一系列的改革，理顺了生产流程，提高了运行效率，明确了责任边界，在实现全港生产统筹运行和资源充分利用的基础上，初步建起了专门的技术队伍和专家型人才发展通道。

三是正式启动数字化港口建设。认真谋划和推进数字化港口建设工作。着手编制数字化港口建设规划，并结合三期工程管控一体化体系建设，统筹考虑一期工程和二期工程的技术改造，加速全港生产调度和设备管理信息化、智能化步伐。在集团公司信息中心的大力支持下，与神信公司合作，着手制定和推进数字化港口落地方案，力争2013年底黄骅港初步实现数字化港口的目标。

四是着力加强人才队伍建设。下大力气改善人才结构，加大中高级人才引进力度，出台《硕士、博士及特殊人才的引进与管理办法》，招聘博士1人、硕士17人；认真贯彻集团"双六工程"要求，完成大学生村官招聘13人；加大教育培训力度，组织中高层管理人员能力提升等培训30项，参训人员2142人次；同时全面推进三支队伍建设，编制实施了专业技术人才和技能操作人才的职业发展管理实施细则，拓展了员工职业发展通道，增强了员工立足岗位奉献港口的信心和决心。

河北广电信息网络集团股份有限公司

2011年，河北广电信息网络集团股份有限公司（以下简称"集团公司"）以科学发展为主题，以加快转变经济发展方式为主线，以"推网改、扩用户、抓服务、促增长"为各项工作的主攻方向和着力点，依靠科技进步，坚持改革创新，统筹城市市场与农村市场，统筹基本业务与增值业务，统筹网络改造与业务拓展，全面提升集团公司的安全保障能力、传输覆盖能力、运营服务能力、产业竞争能力、科技创新能力，增强在三网融合中的竞争实力。

2011年全省有线电视用户总数达820万户，其中数字电视用户474万户，新增104万户；双向网覆盖用户达384万户，新增116万户，均圆满完成年度目标任务。

一是建网络、扩用户，产业根基更加坚实稳固。完成了省干线网三个环网的扩容升级，进一步提高了干线网传输的安全可靠性，各设区市已基本完成城区双向网覆盖，实现光纤到楼，部分县分（子）公司也已提前完成县城双向网建设任务，较好地完成了省、市、县、乡四级政法网建设任务，同时也实现了广电网络“乡乡通”，为拓展农网覆盖，应对三网融合，实现有线电视“村村通”奠定了坚实的基础。大力发展集团用户，力争做到无缝隙覆盖，加大数字电视整转力度，全省90%以上的县已基本完成城区整转；紧紧抓住政法网和新民居建设契机，采取行政推动、合资合作、试点先行等有效办法，发展农村数字电视用户。加大力度统一节目源，取得了央视3、5、6、8频道在全省境内的播控权，配合执法部门加大对小片网和非法安装卫星接收设施的整治力度，为扩大用户规模创造了良好的外部发展环境。加快推进直播卫星公共服务试点工作，选取邢台、鹿泉作为试点，第一批设备已投入正常使用。二是抓创新、促增长，增值业务取得新突破。省、市两级双向平台已建设完成并调试完毕，与CNTV（中国网络电视台）达成签约意向，将依托央视节目库，大力发展视频点播业务；按照“一地一策”的营销政策，通过加大宣传力度、组织营销队伍、精心策划营销方案、推出优惠套餐等灵活的营销策略，积极开展高清等付费节目销售；全省互联网接入系统和DNS域名管理系统已完成招标和设备准备工作，各分（子）公司采取宽带业务和数字电视打包销售等有力措施，大力开展互联网业务，抢占市场；完成了全省政法网、宣传网1.2万个节点的数据专网建设任务，各分（子）公司结合当地实际，积极为政府、公安、交通、城建、金融等企事业单位提供数据专线，承揽专网业务；项目管理逐步走入制度化，广电网络双向化升级改造项目、全省IP城域数据网建设技术规范已制定并开始着手实施；省、市两级视频会议系统、网上营业厅已正式开通运行。三是重改革、强管理，企业发展焕发新活力。基本完成了全省“一张网”、人财物分离、领导兼职三项改革扫尾工作，进一步理顺了内部关系，确立了市场主体；全省财务信息联网已基本完成，建立了全面、科学、合理的刚性预算制度，完成了全省151家分（子）公司的上市摸底审计工作，为整体上市打下了良好的基础；建立健全人才引进、培养和激励机制，实行以业绩为导向的绩效考评机制，将年度考核与日常考核紧密结合，落实责任，严格奖惩，积极组织开展专业培训，不断加强人才队伍建设；积极开展“对标先进，晋档升级”活动，并将对标完成情况纳入各县公司年度考核范围，各县分（子）公司形成了比、学、赶、帮、超的浓厚氛围。四是转观念、强措施，服务水平再上新台阶。强化“用心服务”的理念，深入开展“四全服务”活动，全面建立推广户管员制度，细化市场，细分用户群；积极筹措资金，加大对营业厅、呼叫中心等硬件设施的投入力度，进一步完善服务功能，建设完成了网上营业厅系统和全省统一综合支付平台；强化以服务打造品牌、以品牌创造财富的意识，坚持依托科技进步，不断完善和创新服务手段，在以优质的服务赢得用户、赢得市场的同时，树立和展示河北广电网络集团公司的良好形象。五是建组织、促发展，党建工作开创新局面。成立了集团公司党委和设区市分（子）公司党委，建立完善了党委会、党政联席会、总经理办公例会等制度；组织开展了党风廉政教育、创建学习型党组织活动、建党90周年活动和创先争优活动，不断加强企业文化建设；按照省委宣传部关于宣传思想文化战线“走转改”活动精神，组织实施了“走基层、摸实情、谋发展”活动，通过深入了解各分（子）公司的产业发展状况，全面了解用户需求，摸清市场情况，为集团公司科学决策提供重要的依据和基础。六是重责任、强防范，安保工作取得新成绩。坚持安全播出“一把手”责任制，不断完善应急预案，加强模拟演练，人防、技防、物防相结合，严防死守，圆满完成了建党90周年、十七届六中全会和省第八次党代会等重要保障期的安全播出工作。

河北电机股份有限公司

河北电机股份有限公司成立于1953年，是生产、出口高效节能电机和专用特种电机的专业电机研发生产企业。公司根据用户需要提供随需应变的产品及服务。市场覆盖了全国所有省市和自治区，出口美欧等24个国家和地区，能为世界压缩机、水泵、制冷、减速机、电梯、印染等行业领袖企业提供产品服务，专特电机产品成为跨国公司在中国采购的首选品牌。公司现有职工1600人，其中工程技术人员150人，厂区占地总面积23万平方米，2011年共生产电机410万千瓦，完成销售收入7.45亿元，出口额3492万美元，实现利税4550万元，创历史新高。公司生产的专用特种电机已获国际市场的认可，成为跨国公司在国内采购的首选品牌。

实施品牌战略，树立名牌意识。公司以市场为导向，紧跟世界电机发展方向，管理与国际接轨，确立与跨国公司“同步成长”规划，通过科技创新，管理创新，技术创新，创建品牌企业，树立品牌意识，全方位提升“冠生”品牌的溢价能力，创建品牌知名度和品牌忠诚度。公司以保护环境，节约能源为目标，致力于高效节能产品的研发与营销，通过严格生产过程控制，不断提高产品质量和服务质量，依靠科技进步打造品牌的核心竞争力。

在公司全体员工的共同努力下，公司产品分别荣获《中国名牌产品》《河北省名牌产品》《全国用户满意产品》《河北省用户满意产品》《原机械工业部名牌产品》《中国优质产品》等荣誉。企业被评为《中国机械500强》，《全国中小型电机行业优秀企业》，《品牌与服务双优企业》，《质量信得过明星企业》，《全国“抓质量、讲信誉”名优企业》，《河北省企业管理创新优胜企业》，《河北省质量效益型先进企业》，《河北省诚信企业》，《河北省明星企业》，《高新技术企业》，《安全生产标准化二级企业》等。

依靠先进技术，打造高端市场品牌。公司以打造高端市场品牌为动力，以自主研发高端技术和产品为支撑，坚定地实施产品战略转型计划，大力发展出口和替代进口产品，主动退出通用类电机市场，全力拓展全球专特高端市场，增强企业国际竞争力。

公司主要产品有变频电机、制动电机、电梯电机、辊道电机、NEMA 标准电机、高压电机、曳引机、机车电机、Y 系列电机和 Y2 系列电机等 15 大系列万余种规格。

高效和超高效（NEMA Premium 标准）电机产品是公司依靠自主创新精心打造的制胜利剑。1988 年公司成功立足美国和加拿大市场后，依靠国产材料和自主创新技术，超前自主开发出了具有完全自主知识产权的、完全符合美国 NEMA Premium 标准的超高效电机系列产品，同时批量出口美国。由于产品质量稳定，故障率水平低于美国本土产品，出口量迅速增加。同年取得了国家出口质量许可证。河北电机以自主研发的卓越成果，成为国内电机大批量出口到北美发达国家做得最早、数额最大的电机出口企业，为“中国创造”打开了世界之门。

公司实施 ERP 企业资源计划，建立和运用 ERP 管理系统使企业基础信息管理，生产管理，财务管理集计算机网络技术于一体，实现了数据共享，从而使产品开发，质量管理，生产制造，产品销售等全过程更加规范化、严细化，实现了与国际先进企业管理接轨，成为公司吸引更多跨国公司的管理优势。许多国际知名跨国公司纷纷慕名而来，产品以其品质优良，供货及时，服务高效而受到用户的欢迎，满足了高端产品市场的个性化配套需求。

完善质量控制，奠定品牌基石。公司始终以“一切从用户出发，为用户着想持续改进，让用户满意”为服务宗旨，不断根据市场要求及行业应用特点研发和改进产品，满足市场日异变化的需求。倡导精细质量文化和零缺陷工作理念，学习先进的质量管理思想和方法，加强生产过程控制，不断改进产品质量，让用户百分之百满意。

在公司全体员工的共同努力下，公司产品全部通过了 ISO9001 质量体系认证，CCC 认证，CSA 认证，UL 认证，CE 认证和节能产品认证。公司品质保证部确保 ISO9001 质量保证体系的有效运行和持续改进。对每个订单用户建立质量档案，实行与客户沟通制度，定期回访、收集和倾听不同顾客的意见和建议，为产品质量的持续改进提供依据，及时调整下一阶段的质量管理目标。

高素质的职工队伍，完善的质量保证体系，先进的生产设备和试验检测设备，确保了高质量产品的输出，奠定了品牌的发展基础，大大提升了品牌竞争优势。公司以“让用户满意”为标准，致力于不断提升自身经营及服务意识，坚持持续改进、完善服务，以客户化、人性化、专业化的行为准则缔造河北电机品牌。

中盐长芦沧州盐化集团有限公司

2011 年，中盐长芦沧州盐化集团有限公司以科学发展为主题，以转变经济发展方式为主线，坚持“立足盐业谋发展，融入大局求跨越”发展战略，坚持“抓管理、降成本、增效益、促发展”经营方针，强化生产调度，加强企业管理，优化营销策略，调整产业结构，努力打造“原盐、综合化工、绿色海盐、临港开发”四大产业板块，企业整体运行保持了良好态势。全年生产原盐 85 万吨，生产工业溴 1956 吨，生产食用盐 56547 吨；销售原盐 75 万吨，销售工业溴 2378 吨，销售食盐 4.3 万吨；实现营业收入 33477 万元，比上年增长 21.85%；实现各项税金 5066 万元，比上年增长 5.04%；实现利润总额 2037 万元，比上年增长 55.73%；净资产收益率为 12.51%，国有资产保值增值率为 110.85%；安全生产保持平稳态势。

一、克服不利因素影响，稳步打造原盐产业板块。近几年来，受渤海新区开发建设影响，公司制卤面积不断萎缩，主业——原盐产业受到挑战。针对此种现状，公司积极谋划，努力稳定原盐产能。先后投资 400 万元，更新塑苫面积 9300 公亩；投资 30 万元，对引潮沟、导水路、排淡沟进行了疏通清理，对池埝进行了加固修整；投资 80 万元，实施了机改电技术改造，修建了泵站，更新了一批超期服役的盐田设备；投资 100 万元，对车口、桥涵、机房、仓库、低压线路等进行了更新改造；投资 75 万元，开展了汛期和冬季机械修滩工作；提高了滩田制卤、储卤和纳潮、防汛能力。

为了保证卤水供应，灵活掌握生产措施，科学把握制卤规律。一是强化初级制卤管理，积极协调外部环境，狠抓细节管理，抓回收、抢纳潮、多储备。二是从冬季的制卤、修滩、结晶管理等基础工作入手，因时制宜，因地制宜，灵活掌握生产措施，保证了各个生产阶段的衔接。三是科学组织春扒秋扒生产，减少了扒盐次数，缓解了人力、卤水短缺的矛盾，减轻了职工劳动负荷。四是对各种沟壕进行清淤和护坡固埝，增强了滩田抵御灾害性天气的能力。

积极与相关单位沟通，大力推进浓海水综合利用项目。在与国华电厂达成合作意向的基础上，又与渤海新区、阿科凌公司签订海水淡化综合利用项目框架协议。及时对制盐三场储卤池进行了清淤、加深改造，为提高浓海水引进场区后的储存能力打下了基础。

二、完善产业结构布局，科学打造化工产业板块。公司通过巩固传统的溴素产业、实施 EDOT 光电转换材料项目、推进中盐沧盐渤海化工园项目建设，为打造化工产业板块奠定了良好的基础。

2011 年，公司对三个溴素厂实行了新一轮的承包经营，使三个溴素厂年上交利润达 1280 万元/年，比上一轮承包每年多创效 927 万元。承包后的三个溴素厂密切关注市场，认真组织产销工作，溴素销售收入创历史最好水平。

2010 年底从国外引进的 EDOT 光电转换材料技术，经过外聘专家和公司技术人员的不懈努力，先后通过了小试、中试，于 8 月初成功提取到公斤级产品，质量全部达到 99.5%以上．超过国家标准。此后，EDOT 项目入选中国盐业总公司 2011 年度科技发展计划项目，并成为

2011年沧州临港经济技术开发区九项入园项目之一。

积极推进中盐渤海化工园项目，并得到了中国盐业总公司和沧州市政府的大力支持，在项目用地、项目资金、项目规划等方面达成共识及合作意向，项目推动进入到实质性阶段。

三、发挥天然海盐优势，精心打造食盐产业板块。公司充分发挥天然海盐的优势，精心打造沧盐绿色海盐食盐品牌，食盐产能由不足5万吨提高到16万吨，并成为国内海盐食盐的重要生产基地。

投资2600万元的银山食盐公司技改工程，在工期紧、改造项目多、施工难度大的情况下，施工各方通力合作，精益求精，严把程序关、质量关、施工关，于5月底完成技改任务，并一次试车成功。技改后的银山食盐公司生产工艺为三粉四洗，可生产三个系列八个品种，年产能达到10万～12万吨，生产设备、产品质量达到国内领先水平。

投资150万元对多品种盐厂实施了技术改造，生产能力由4～5吨/小时提高到8～10吨/小时，年产能达到6万吨，损耗由原来的15%下降到10%以下，吨盐成本下降了30%以上。

两个食盐生产厂技改完成后，食盐生产质量进一步提高，均获得了国家食盐定点生产企业资格，并有11个食盐品种获得农业部绿标认证中心认证。

另外，在3月17日的食盐抢购事件中，公司迅速反应，及时行动，科学应对，并严格按照中国盐业总公司的部署，加快食盐生产，为保障食盐供应、稳定食盐市场做出了贡献。

四、融入渤海新区建设，全力打造临港产业板块。充分发挥资源优势、区位优势、交通优势和临港优势，着力壮大临港产业，全力推进中盐沧盐现代物流园项目建设。

物流园项目按照总体规划、分步实施、滚动发展的原则，自主开发与招商引资开发相结合的发展方式，正在积极推进，规划面积7200亩，并已完成部分场地的垫工工程。该项目规划正式纳入了渤海新区物流产业的统一规划。同时，与北京路局签订了共同开发协议，修复了废弃的铁路专用线，为拉动物流产业的发展奠定了坚实基础。

抓住渤海新区快速发展的有利时机，积极依托港城，扩大营业范围，主动参与市场竞争，并紧密结合项目建设和滩田技改加大资源开发力度，取得了良好的经济效益。

五、以对标行动为契机，推动管理水平提升。公司认真开展对标行动，着力解决制约公司生产经营、持续发展的突出问题，提升企业管理水平。对标行动开展以来，努力收集了国内同行业和先进企业在技术装备、产品研发、节能降耗、经营管理、人才队伍建设等方面的关键参数，建立了一整套的标杆指标体系，促进了管理水平的提升。

全面推进预算管理。在已确定的预算管理目标的基础上，分解指标，制定措施，落实责任。做到日常监控、月度总结、季度分析，对经济运行中出现的问题，及时发现及时解决；全力抓好资金调度工作，加强应收账款管理，让有限的资金既保障物资供应、工资发放、应交税费及社会保险，也保障了在建项目的正常推进。

推进了人力资源管理制度建设，制定出台了相关制度，拟定了《全员业绩考核实施方案》；实施了薪酬分配制度改革，打破了原有的档案工资制；进一步加强了“五险一金”的管理、缴纳工作；同时，加强人才队伍建设，公开招聘了高学历人才，为公司做强做优补充了新鲜血液。

进一步完善了物资采购审批程序，建立健全了相关制度。积极制定并严格执行采购计划，并推行了集中采购、规模采购、招标采购、低价采购的采购模式。

六、强化安全工作，切实保障职工身体健康。继续推行“安全生产风险抵押金”和“职工人身意外伤害互助保险金”制度；积极推进安全标准化建设，加强安全生产目标化管理；强化安全生产教育与培训，加大安全检查和整改力度；积极开展了“安全生产月活动”，举办了“2011年度危化品和消防应急救援演练”，提升了应对和处理突发事件的能力，使安全生产继续保持了平稳态势。

大港油田公司第二采油厂

2011年，大港油田公司第二采油厂面对全年增加配产1300万吨、综合成本费用缺口2000万元等重重难题，厂领导班子以贯彻落实油田公司‘两会’精神为动力，将全厂干部群众凝聚到突出抓好发展、转变、和谐“三件大事”、全力打赢“四大战役”、大力实施“四项工程”、切实做好“四篇文章”的大方向上来，扎实推进落实本厂确定的“134”（紧紧围绕夺油上产1个中心；重点推进安全环保精细管理、投资成本精细管理、基础工作精细管理等3项精细管理工程；着力落实强化两级班子建设、大力实施人才强企和科技兴油战略、充分发挥政策激励导向作用、积极推进和谐矿区构建等4项保证措施）工作举措，周密部署、精心组织、强力推进、狠抓落实，各项工作取得了新的进步。2011年，采油二厂圆满完成年度原油生产任务；实现了操作费用控制的可控运行；安全环保工作达到四个杜绝、一个不超、一个达标的工作目标，环境保护工作得到国务院七部委陆源溢油检查组和沧州市政府的充分肯定；面对重重困难和艰巨的任务，员工福祉不断改善，队伍凝聚力显著增强；三基工作持续上水平；多种经营成效显著；油区治安维持稳定，油地关系进一步和谐发展。

一、油田开发

1. 强化精细注水工程。以精细注水、“双控”工作为核心的区块立体治理全面展开，2011年实施各类水井措施57井次，累计注水9.6万方，超额完成年计划，水驱控制程度持续保持高位运行，自然递减下降了1.35%，两大主力油田保持一类油田开发水平。

2. 积极开展滚动评价。重点在歧南西斜坡、刘官庄、赵北断层上升盘等地区开展。共部署滚动井6口，试油、试采3井次，新增地质储量200余万吨，滚动新井年产油0.8万吨。

3. 扎实推进产能建设。完钻新井16口，投产油井13

口，总日产水平 61.74 吨，单井日产水平 4.75 吨，新建生产能力 2.64 万吨，累计产油 1.18 万吨。

4. 强力实施措施挖潜。以产能建设规模展开为契机，调整措施结构，优化措施方案，实施各类油井措施 34 井次，日增油 90 吨，累计增油 1.77 万吨；长停井恢复 7 井次，恢复日产油能力 11.3 吨，累计增油 856 吨。

二、科技工作

油藏描述技术不断升级，地质研究实现从宏观向微观整体跨越，构造解释更加精确，层系重组更加精细，认识单砂体、研究剩余油分布规律更加深入。采注系统形成实用工艺系列，工艺的先进性、适用性、有效性全面进步。分注技术工艺得到长足发展，分注合格率达到 82.3%。调剖、解堵、大修技术成功应用，水井利用率明显提高。在低效井治理措施方面形成以补层、换层、卡堵水为主的技术系列，注重推广射采连作、新型低固相保护液等油层保护技术、低能耗螺杆泵等配套工艺，有效降低油层污染，延长措施有效期，纯抽泵效达到 54.1%，比去年底提高 1.8%。

三、经营管理

1. 操作费用得到有效控制。预算管理形成投资、薪酬、效益一体化、各类业务统筹协调的新格局。建立完善横向到边、纵向到底、导向明确、指标量化的成本考核体系，经营工作主动向生产现场延伸，优化成本运行，设备维修、隐患治理、项目投资控制更加科学规范，管理水平稳步提升。全员节约、科技降耗、管理创效成效显著，实施无形上产措施 765 井次，增油 3233 吨；天然气发动机负载率稳定在 80%左右，安装使用各类节能设备 40 台，取得较好节电效果。动态调整油水井护理措施，优化热洗方案及清防蜡方式，加强设备维护，控躺井、提时率，延长油井检泵周期，综合单耗控制在 9.73 千克标煤/吨液，节约维护性作业和设备维修费用 130 万元。一年来，在物价上涨、措施工作量增加的情况下，经过全厂上下共同努力，成本目标圆满实现。

2. 安全环保保持平稳态势。全厂逐级签订安全环保责任书 941 份，自下而上做出 HSE 承诺，认真梳理内控业务流程，修改程序文件、作业文件、作业指导书 13 个，新增管理制度 8 项。开展“事故案例分析”、“安全环保经验分享”系列安全教育 2350 人次，10 批次 66 名员工参加特殊工种取换证培训。严格执行中石油“六条禁令”，狠抓生产施工全过程监督检查，切实加大“反三违”工作力度，奖罚并重，成效显著。共筹集奖励资金 42 万元，对 HSE 工作表现出色的 8 个单位、80 余名个人进行奖励。对 10 个单位、17 名管理人员及 6 个外来施工单位依规予以惩戒。自筹资金 230 万元，整改一般性隐患 19 项，封井 9 口，检修线路 50 多公里，维修消防器材 608 具，检测设施 5865 点/套，按规定安全动火 429 次。实现了四个杜绝、一个不超、一个达标的工作目标。环境保护工作得到国务院七部委陆源溢油检查组和沧州市政府的充分肯定。

3. 多种经营成效显著。广源实业中心和东方开发服务中心两个多元经济实体，以“服务主业，创效增收”为目标，一心一意搞创收，千方百计增效益，实现年产值 5488 万元，创造了可观的经济效益和社会效益。广源实业中心，积极开拓内外市场，掌握市场行情，拓宽销售渠道，液化气、轻质油销售再创新高。东方开发服务中心，不断拓展业务范围，延伸产业链条，由单一施工变为一体化服务，保证了单井点原油生产和拉运，天然气发电量和服务项目创收都有较大幅度提升。多种经营的健康发展，为员工增加福利、提供就业岗位、减轻主业成本压力、维护基地和谐稳定起到了重要支撑作用。

4. 基础管理进一步规范。体系运行更加有序，管理制度更加完善，监督网络更加健全，操作标准更加规范。班站信息化建设取得长足进步，基础网络延伸到井站，建光缆 23 条 53 公里。基础管理水平持续有效提升。油井免修期延长到 675 天，最长达到 2848 天，躺井率下降到 4.98%，处于油田公司领先水平。五型班组创建率达到 100%，新歧五站被油田公司命名为安全型“五型班组”，输注一队推荐为中石油绿色基层队。

四、队伍建设

1. 两级班子建设有效加强。以建设学习型党组织为抓手，以建设“四好”班子为目标，以提升领导班子综合素质和领导能力为重点，大力开展“三个一”读书活动，完善学习交流和考评机制，促使中心组学习常态化、制度化、自觉化。制定了采油二厂《中、基层管理人员选拔任用管理办法》，对开展竞争上岗进行了规范，对于各级管理者的聘用，突出业绩、能力、作风、素质、形象，进行综合考评，择优聘用。对于一般管理人员和专业技术人员的聘用，采取公开竞聘的方式进行。2011 年，依此原则，调整、交流科职干部 36 人次，队职干部 25 人次；对安全环保科副科长、团委副书记、基层队技术员、地质工艺两所技术人员、产能建设部岗位人员等 28 个岗位，组织了 3 次大规模的公开竞聘，有 130 人次参加了现场竞聘发言，24 名素质高、能力强、业务精的青年大学生通过竞争走上了新的工作岗位，为基层班子和干部队伍增添了活力。

2. 员工综合素质全面提升。以生产需求为导向，以提升素质为目标，大力实施培训工程。2011 年，采油二厂共举办各类培训班 54 期，培训人员 1187 人次，外送培训 167 人次，员工综合素质和技能水平明显提升。青年员工郝峰在中石油维修电工职业技能竞赛中取得铜牌，在 2011 年举办的大港油田公司技能大赛上，采油二厂参赛团队取得了一金一银三铜一优秀的好成绩。4 名员工，依靠突出工作表现，用工身份由市场化用工转换为合同化员工。

大港油田公司第三采油厂

2011 年，第三采油厂在油田公司的正确领导下，在沧县各级政府、部门的大力支持下，全体干部员工积极发扬三厂精神，咬定目标、奋力拼搏，全力以赴、攻坚克难，圆满完成了各项业绩指标，各项工作不断取得新的进步。

1. 精细治理，夯实油田稳产基础。在注水工作上，强化专项治理，改善了水驱效果，油田稳产基础进一步增强。其中，小集油田综合治理示范工程取得显著成效，形成了“五个精细”的老油田精细开发模式，探索出老油田治理稳产的创新之路，并在中国石油2011年度油田开发年会上做了典型发言，得到股份公司领导的高度好评。在注水水质及腐蚀结垢治理方面，不断优化污水处理工艺，全年水质综合达标率始终保持高位运行，地面系统平均腐蚀速率和结垢现象得到明显控制。

2. 加强研究，提高油井生产能力。在提高油井生产能力上，创新应用措施培植模式，加大以压裂、补孔为主的工作力度，创新油层复查新方法，强化产液结构调整，转变低效井治理方式,使沉寂多年的老井苏醒,使老油田焕发了青春,稳定并提高了单井日产量,综合效益显著提高。

3. 立足自我，实现产量有效接替。在产量接替上，积极寻找滚动增储目标，新增地质储量600多万吨。产能建设工作取得新突破，新建产能23万吨；在新井组织运行过程中，优化方案设计，精细过程管理，强化生产衔接，钻井技术指标较往年大幅度改善。目前，沧1断块天然气井前期准备工作稳步推进，在天然气资源上，第三采油厂将对沧州市经济建设添砖加瓦。

4. 探索创新，增强科技支撑作用。在科技工作上，创新思维，刻苦攻关，在水井调驱调剖、攻欠增注上，在油层保护上，在系统简化优化上，研究并实施了一系列适应南部油田特点的优势特色技术，特别是在油井杆管偏磨腐蚀治理上，自主研发和生产了高分子聚乙烯内衬油管，实现油管报废率大幅度降低，降低了综合成本，实现可持续发展，长远效益明显。第三采油厂荣获大港油田公司“十一五”科技工作先进单位，科技进步再创佳绩。

5. 精雕细刻，提升基础管理水平。在油田管理上，围绕精细管理这一主题，一手抓硬件、树形象，扎实开展23个后勤场站建设，基层面貌焕然一新，基层硬件水平逐步提高，实现“硬发展”；一手抓软件、练内功，大力开展油水井动态分析和无形上产工作，员工整体技能显著提高，培育“软实力”。不断优化电网管理机制，电网运行水平持续提升，为原油生产保驾护航。加强质量管理，深入开展群众性QC质量管理活动，全员质量管理意识明显增强，质量管理水平持续提升。

6. 精打细算，操作成本受控运行。在财务工作上，面对“成本开支增加因素多、投资大幅缩减”所带来的压力，科学分析风险、精细挖掘潜力，操作成本实现了受控运行。系统推动低效井治理，优化采油和注水系统运行，实现了单位能耗的持续下降。在调剖调驱、酸化、压裂、大修等措施上，推动整体承包，有效规避经营风险。深化套管气回收利用，积极盘活闲置资产，开展修旧利废，有效降低物资购置成本。

7. 加强监管，安全环保形势稳定。在安全环保上，以提升安全环保技术为基础，以安全环保文化为引领，加强过程监管，全年实现了5个为零，7个100%的安全环保控制指标。强化责任归位，推进属地管理，落实直线责任。从严承包商施工管理，开展雨季和冬季安全专项审核，确保特殊时段安全生产。严格落实行车监管，实现了交通安全平稳运行。强化井控监管，把住井控设计源头关，落实“积极井控”理念，实现井控安全。强化应急能力建设，集中开展了1000余人参加的应急管理能力培训，组织防中毒、防火及跨河管线防污染等抢险演练10余次，提升了整体应急工作水平。

8. 强化培训，员工素质稳步提升。在人才培养上，全面实施以业绩考核为主的德、能、勤、绩、廉综合考核体系，围绕管理艺术、团队意识等方面组织管理者培训，积极开展“我知我岗、我尽我责”、“人人都是讲解员”等特色活动，干部队伍综合素质、专业技术人员业务能力、操作员工技能水平大幅度提升。2011年，在中油集团公司组织的维修电工技能大赛中夺得银牌，在油田公司组织的二届职业技能大赛中再创两金四银五铜五优秀的新佳绩。

9. 发挥优势，充分提供坚强保障。在企业文化上，积极研究建设具有三厂特色的精神文化、廉洁文化、学习文化、管理文化、安全文化，用文化的力量凝聚人心，推动发展，荣获“中国企业文化建设2011年度优秀单位”荣誉称号。进一步完善维稳工作保障机制，定期超前开展员工思想动态调研，员工队伍保持稳定。

10. 油地共建，和谐氛围更加浓厚。长期以来，采油三厂按照“依靠政府、依法维权、互利互惠、共同发展”的总体原则，积极发展油地关系，油田生产发展得到了地方政府的大力支持。与此同时，采油厂始终践行“奉献能源、创造和谐”的企业宗旨，积极履行国有大型企业政治责任、社会责任和经济责任，为推动地方经济发展做出了突出贡献，沧县县委、县政府授予大港油田公司“经济社会发展特别奖”。当前，治安环境持续好转，油地建设不断规范，真正实现了和谐共赢，与沧县政府交互举办新春联欢晚会正是对油地联系日趋紧密的最好见证。

大港油田公司第六采油厂

2011年，第六采油厂在油田公司、地方政府关怀帮助下，团结带领干部员工，持之以恒强三基，全力以赴抓落实，实现油田开发良性循环，顺利完成各项业绩指标，为“十一五”画上圆满句号。主要工作开展情况如下：

一、精细调整治理，开发水平持续提升。一是精细注水成效显著。扎实开展注水示范工程和注水专项治理，平面上完善单砂体井网，精调配注、精调注水周期，纵向上细化分注、调剖调驱，创建了孔店油田精细注水开发先进模式。二是单井产量稳中有升。按照“油藏—井筒—地面”三位一体的思路，新老井并重、油水井并重，依托精细油藏描述成果，优化措施结构和产能方案，完善配套技术，强化无形上产，实现老油田单井产量稳中有升。三是基础研究持续深化。精细刻画砂体分布，开展井震结合砂体旋回对比工作，做到研究对象更细；精细剩余油定量描

述，分区块、分层位建立解释模型，做到潜力目标更清；精细油气运移和成藏规律研究，完成潜力目标区块论证。四是生产保障能力大幅提升。加强生产组织管理，严细设备运维管理，精细采注、集输和电力系统运行，加强油地和谐共建，狠抓外部环境治理，精心开展十创十优、反攻上产等竞赛，牢牢掌握生产主动权。通过努力，油藏“五率”持续向好，精细开发水平显著提升。

二、加强科技应用，技术支撑坚实有力。按照“先进实用、完善配套”的思路，强化技术应用，为油田高效开发提供有力支撑。一方面，采油工艺更加完善。应用水平井分段开采、中心管采油等技术，挖掘水平井潜力；加大油层保护力度，优化修井工艺设计，强化砂害治理；应用机采系统优化软件，调整举升工艺参数，合理配套防偏磨技术，机采工艺指标再攀新高。另一方面，注水工艺不断升级。推广防返吐工艺，解决分注井返吐难题；应用桥式偏心分注工艺，实现注水井两级三段以上分注；开展分注工艺调整，将地面分注调整为地下分注，减少注水对套管的伤害；引进射流除垢技术，实施管线清洗解堵，降低注水压力损失。工艺“五率”继续保持在油田公司前列。

三、注重规范精细，经营管理再创佳绩。面对老油田开发工作量增多、投入增加和物价上涨的压力，推行“三化”管理，实现操作成本有效控制，管理水平持续提升。一是成本控制系统化。在资金管理上，业务预算与财务预算同步进行，优化支出结构，实施成本切块包干，纵向到底、横向到边。在油藏经营上，按区块进行效益评价，按单井进行成本核算，大力开展节能降耗和群众性挖潜工作，确保成本均衡受控运行。二是投资效益最大化。按照“先算后干、高效优先”的思路，加强投资计划管理，严格大额支出项目审查，狠抓项目前期设计、过程控制和验收评价，确保决策最优、效益最大。三是现场管理精细化。推进精细化、标准化管理，深化达标夺旗活动，打造了布局合理、标识清晰、整洁规范的现场环境，培育了严细认真、精益求精、追求卓越的精细文化。采油厂在油田公司红旗单位审核验收中名列前茅。

四、打造安全文化，安全管理再上水平。围绕转变观念、培养习惯、提高技能，率先建设先进的安全文化，全面提高本质安全水平。一是强化HSE培训，安全能力持续提高。深化三级安全教育，建立培训矩阵，践行有感领导，开展安全经验分享、行为观察与沟通及实战演练活动，员工安全意识和安全技能不断增强，行为习惯更加安全。二是强化体系管理，安全基础不断夯实。推进安全文化与HSE体系深度融合，修订交通安全、井控管理等体系文件，完善作业指导书；落实属地责任，推行目视化管理，加强日常督查，突出承包商、特殊作业和关键环节监管，实现责任全覆盖、管理无缝隙。三是强化风险治理，生产过程安全受控。以HSE过程控制平台为基础，加大隐患排查治理，分层建立危险因素清单，及时识别消除风险；以集输大站为重点，推行HAZOP分析方法，落实防范措施，提高工艺安全性和可操作性。通过努力，采油厂安全文化建设成效逐步显现，安全环保形势保持稳定，取得了“四个杜绝、四个为零、一个不超、四个100%”的好成绩。

五、立足全面发展，队伍素质稳步提升。一是发挥思想引领，政治素养不断增强。以创先争优为载体，深化大庆精神铁人精神再学习，开展形势任务和职业道德教育，强化观念引导、舆论引导、行为引导和典型引导，培育员工健康文明、积极向上的精神风貌，增强员工政治素质和职业素养，打造了一支朝气蓬勃、团结奋进和勤劳朴实的员工队伍。二是强化全员培训，业务素质持续提高。以全员基本素质和岗位基本要求为重点，整合培训资源，采取管理研讨、岗位练兵和网络竞答等方式，分专业、分工种、分岗位开展轮训，实现技能操作员工100%持证上岗，高中级工比例达83%，一专多能人员达24%。三是搭建成长平台，优秀人才脱颖而出。实施《优秀员工选树激励办法》，强化典型引路，采取技能竞赛、项目攻关、拓展训练等形式，促进员工成长成才。共评聘技术骨干7名、技师8名，有34人次获得局级和省部级表彰。

六、共享发展成果，和谐氛围更加浓厚。本着“发展依靠员工、发展成果惠及员工”的理念，尽心竭力为员工办实事、做好事。一是持续改善员工工作条件。坚持绿化到班站、美化到岗位，加大设备设施维护改造力度，统一现场视觉形象，添置办公学习用品，打造了整洁优美的工作环境。二是不断提升员工生活品质。完成房屋回迁和无房户承租，扩建孔店油田职工食堂，改造基地倒班公寓，铺设塑胶篮球场地，组织健康查体、疗养休假和文体活动，营造了温馨舒适的生活环境。三是热心解决员工实际困难。坚持心理疏导和物质帮扶相结合，做到节假日慰问、困难时帮助，冬送温暖、夏送清凉。通过以上措施，有效激发员工工作热情和活力，增强了队伍凝聚力和向心力，形成了心齐气顺劲足家和的崭新局面。

石家庄飞机工业有限责任公司

石家庄飞机工业有限责任公司（简称：中航工业石飞）隶属于中国航空工业集团公司，是中航工业通飞板块的骨干企业。公司始建于1970年，弘扬“航空报国、强军富民”的集团宗旨，践行“敬业诚信、创新超越”的集团理念，实施“两融、三新、五化、万亿”的发展战略，经过四十年的发展和建设，现已成为集航空产品、非航空产品科研生产经营为一体的技术密集型国有独资企业，连续多年被河北省工商行政管理局授予“守合同重信誉企业”，2007年获得“河北省诚信企业”荣誉。

2011年，中航工业石飞紧紧围绕“搬迁再造、学习创新、产业发展”的工作主题，克服公司发展中的挑战和困难，完成了中航工业通飞下达的科研生产经营任务。现价工业总产值完成2.36亿元，同比增长17.1%；工业增加值完成7020万元，同比增长15.1%；营业收入完成2.35亿元，同比增长15.5%；实现利润818.3万元，同比增加232.2万元。

(一)航空产品批生产任务全面完成。2011年航空产品批生产任务艰巨繁重，运五B飞机、小鹰500飞机的批生产任务和海鸥300飞机型号研制、非航空民品生产同时开展，公司干部职工克服种种困难，较好地完成了整机生产任务。全年生产交付Y5B飞机5架，小鹰500飞机20架，Y12飞机部件生产交付10架份，Y5/Y5B飞机大修交付8架。

(二)创新营销模式，开拓国内外市场。运五B飞机根据市场情况，制定不同策略，为通航新老客户提供服务；小鹰500飞机采取内外并举的营销策略，既服务好国内重点用户，以点带面，扩大市场影响力，又加强国际市场开拓，借助外力实现突破；同时，利用各种展会和通用航空大会的机会，进行产品宣传展示和现场飞行表演，利用各大媒体专题报道，增加市场关注度和影响力；继续充实营销队伍，制定营销激励政策，加大对市场营销人员的奖励力度，为完成全年经营目标提供市场保证。

(三)科研项目有序推进。海鸥300飞机完成首飞后，围绕型号适航取证，组织完成飞机的重新组装、地面调试、交付试飞院进行测试设备加改装、试飞准备等工作，与试飞方、设计方和适航管理部门加强协调配合，完成了基本型飞机调整试飞和适航验证试飞前期准备工作，即将全面转入试飞验证阶段。

——复合材料项目：小鹰500飞机复合材料设计与工艺研究项目是工信部立项的科研项目。经过调研论证，建立项目协调机制，确定项目的材料体系和试验单位，确定工艺方案，项目取得实质性进展。

——Y15－2000项目：该项目在工信部立项后，组织研发团队细划了飞机总体设计方案，积极开展国际合作，初步确定了联合研制途径。

——高分专项项目：经过积极努力争取，国防科工委重大专项工程中心、中科院高分专项办公室，已经将石飞公司Y5B飞机纳入到高分平台保障体系框架中。

——Y5B飞机在换装发动机、换装综合航电和舱内视频系统、增加应急定位发射机、应答机、夜间跳伞功能、改善驾驶舱和客舱环境、仪表照明的改进等方面制定出综合改进方案。

(四)航空产品国外转包、国内协作取得实质性进展。努力开拓国际市场合作，与美国穆尼公司正式签订MT20通用系列飞机转包生产合同，石飞公司作为其全球唯一供应商生产大部件，确定了前三年的订单数量。实现了国际转包生产新突破。

与陕飞Y8飞机大部件协作生产正式启动，开始了零件生产投入；明确了与182厂后续战略合作思路，将成为其重要部件供应商。与中国商飞也已初步达成配套意向，将为中国自己的大飞机提供配套服务。积极争取成为通飞公司蛟龙600大部件的主要供应商，结合公司生产能力，初步确定了承担项目的内容，为下一步生产配套作好了准备。

与河北省体育局正式签署战略合作协议，合作成立河北保定国际通用航空俱乐部，充分利用双方优势，开展通航飞行员培训、航空体育、飞行俱乐部及其它航空服务业务。

(五)非航空民品生产转机建制取得实质性进展。2011年非航空民品生产坚持两级开发。继续加大公司级非航空民品开发力度，扩大合作范围，增加合作规模；矿用设备种类增多，形成系列化发展；航空、航天工艺装备制造对外合作取得突破；全年完成非航空民品产值8400万元，同比增长15%。

借助外部资本、技术和市场资源，共同出资组建成立石家庄峡峰科技有限责任公司，面向国内外生产制造超硬合金刀具，增强航空复合材料加工能力。与国内外一流企业合作，积极开展储油罐清洗设备的调研论证工作，力争打造石飞公司新的支柱民品产业。

(六)大力推动石家庄通用航空产业基地建设。进一步争取地方政府的重视和政策支持，为使通用航空产业融入河北的发展布局中，张庆伟省长亲自到石飞公司调研，表示要大力支持石飞公司发展，支持石家庄通用航空产业基地建设。要求省市有关部门给予政策支持。2011年底，集团公司与河北省政府签署了战略合作协议，将重点支持河北省、石家庄通用航空产业发展。

石家庄通用航空产业基地8座生产厂房、8个配套设施、两座办公科研培训设施、一个通航机场建设基本竣工，进入验收阶段。确立了快速、不停产搬迁思路。编制了新厂区工艺布置、生产流程方案，制定了新厂区技改计划，积极组织开展全员培训。

(七)加强基础管理，提升企业管理水平。

——推进综合平衡计分卡管理。完成了全方位的培训，完成了图卡的编制并发布，对关键绩效指标进行汇总。

——认真开展质量超差、工艺质量管理、质量改进管理、质量培训管理“四个整顿”，质量意识和质量执行力明显提升。

——加大力度继续推进6S管理工作。制定《6S管理规定》、《6S管理实施细则》、《定置管理办法》、《6S管理检查与考核办法》。加强检查考核，使公司6S管理水平得到进一步提升。

——积极拓展外部融资渠道，多方筹资为公司科研生产和基地建设提供资金保障。认真开展会计基础工作规范化达标工作，并通过集团验收。积极推进全面预算管理，加强资金的管理和使用。推进审计工作战略转型，由财务收支审计向管理审计转变，增加了管理工作审计内容。积极开展风险管理工作，保障企业健康发展。

——围绕企业经营工作，有针对性的开展效能监察工作。2012年重点实施了通用航空产业基地建设项目和应收账款效能监察。对三年来时间较长、金额较大的合同执行过程进行梳理检查；对新厂区建设项目公司专门成立效能监察领导小组，对重点工程全过程监控；对效能监察过程中发现的问题发出效能监察建议书，限期整改，拉条挂账督促落实。

——牢固树立“安全第一”、“责任重于泰山”的思想观念。总经理与公司领导班子成员、生产管理行政一把手以及相关单位行政一把手签订年度安全生产目标责任书，实行安全生产风险抵押金制度，层层签订安全责任书。全年无重大安全事故发生。认真作好保密监督检查工作，取得了二级保密认证。

承德供电公司

冀北承德供电公司（以下简称“承德供电公司”）作为国家大型供电企业，始终坚持以科学发展观为统领，以创先争优为主线，以服务地方经济发展为已任，大力弘扬“努力超越、追求卓越”的企业精神，不断加快电网建设步伐，全力助推区域经济社会发展，加快实施新一轮农网改造升级工程，扎实做好服务“三农”工作。2011 年，承德供电公司内强管理、外塑形象、提升软实力、提高硬指标，展现了全新的发展面貌，全年售电量再次突破历史记录，达 136.68 亿千瓦时。截止到 2011 年底，承德地区已拥有 500 千伏变电站 2 座，220 千伏变电站 11 座，110 千伏变电站 48 座。110 千伏及以上变电容量达 1018 万千伏安，输电线路 4567 公里。全社会用电量 147 亿千瓦时，同比增长 12.6%，其中，第一产业用电量 0.98 亿千瓦时，第二产业用电量 128.1 亿千瓦时，第三产业用电 7.6 亿千瓦时，城乡居民生活用电量 10.3 亿千瓦时。城市供电可靠率 99.93%，农网供电可靠率 99.77%，城市综合电压合格率 99.67%，农网综合电压合格率 97.85%。

建党九十周年保供电。为确保建党九十周年可靠供电，切实保障区域经济社会平稳发展。承德供电公司提前开展保电部署，针对建党九十周年庆典期间，承德地区夏季山区雷雨、高温、湿热等恶劣天气，电网部分输变电设备重载、过载情况，加强故障分析和安全校核，制订完善《建党九十周年暨迎峰度夏期间承德电网安全反事故预案》和《事故处理预案》，先后组织开展 3 次迎峰度夏联合反事故演习；强化应急抢险队伍建设，确保应急物资、备品备件储备充足，值班人员 24 小时常态备勤；利用红外测温等技术手段，加强对高温、雷雨等天气下重载设备的安全检查；加强农、配网巡视、处缺，重点保证党政机关、部队、医院和人民群众生活正常用电。通过采取多种有利措施，确保了承德电网建党九十周年期间的可靠供电。

电网网架更加完善。编制完成《承德“十二五”电力市场分析及预测报告》和《承德电网“十二五”规划滚动修编报告》。完成天文台等 3 项 220 千伏和巴克什营等 3 项 110 千伏输变电工程可研报告，并通过国网公司审查。承德主网全年完成投资 21.6 亿元。金山岭 500 千伏、都山等 3 项 220 千伏和张百湾、卧龙 2 项 110 千伏输变电工程如期投运，新增 110 千伏及以上变电容量 115 万千伏安，输电线路 247 公里，承德主网真正意义上形成了以 500 千伏站为电源支撑，以 220 千伏双环网为骨干网架，110 千伏及以下电网协调发展的合理布局。

强化管理提升形象。大力转变工作作风，强化团队意识，突出高效执行，增强“公转”执行力。开展“走基层、送服务”主题活动，不断提升机关工作效能。切实增强营销系统服务意识、自律意识、奉献意识，提高优质服务品质。依托 SG186 营销稽查监控系统，构建三级稽查网络体系。强势启动反窃电专项治理，成立用电稽查队，严厉打击违章窃电行为。

配、农网发展迅猛。加快推进智能电网建设，完成电动汽车充、换电站实施方案设计，国网系统首个智能微电网控制项目——围场御道口风光储工程并网发电，为推动智能农、配网发展奠定基础。超前完成 2010 年度 63 个农网改造升级工程建设任务，新建及改造 35 千伏变电站 7 座、台区 157 个、低压线路 800 公里，并顺利通过国网公司检查验收。加大配网建设改造力度，大力实施城市配网入地改造工程，完成基建、技改、大修配网工程 60 项，城市供电能力有效提升。

积极履行社会责任。深入推进“塑、强、铸”供电服务提升工程，建成 VIP 客户服务大厅。拓宽自助缴费渠道，着力打造“十分钟服务圈”。依托大客户沟通平台，实时通报电网供需形势，不断提升主动服务意识。全力服务“三农”，高标准完成围场御道口新民居配套建设任务，全部消除 43667 户农网“低电压”问题，累计建成 4 个电气化县、52 个电气化乡、698 个电气化村，提前 4 年完成“十二五”新农村电气化建设目标。加大纠风行风建设力度，地方行风评议进入先进行列，客户服务第三方评议连续 5 年位居冀北五公司首位，公司荣获“全国电力行业用户满意企业”、“河北省服务名牌”荣誉称号。

全力助推风电发展。承德清洁能源发展迅猛，围场坝上百万风电基地的建成，标志着承德地区的风电发展步入了快速发展的新纪元。截止 2011 年底，承德地区已实现红松风电、龙源建投、华润风电、河北建投、华能风电、大唐风电六家风电公司全部并网发电，实际并网容量已达 148.74 万千瓦。承德供电公司全力服务清洁能源发展，提前建成投运华润、爱风等 5 项风电送出工程，建成百万风电送出高速公路，为围场坝上百万风电送出提供坚强保障。

创先争优特色鲜明。以“为民服务创先争优”为主线，全面贯彻国网公司“你用电，我用心，打造 95598 光明服务”工程总体要求，围绕践行“四个服务”企业宗旨，开展“三电三心”惠民行动。以纪念建党九十周年为契机，组织开展红色珍藏大家看、红色歌曲大家唱、红色知识大家学等主题活动。认真落实“三亮、三创、三新、三评”工作部署，以党员责任区、先锋队、示范岗为平台，充分发挥先锋模范带头作用。以培树先进典型为引领，马背电工、“绿舟”服务队等事迹被新华社、中央电视台、中国青年报、国家电网报等多家媒体宣传报道。

企业文化成果显著。立足“五统一”要求，推进企业文化进班子、进部门、进现场、进岗位。开展“企业文化大讲堂——我的文化大厦”主题活动，建设企业文化中心。举办“我安全、我幸福”征文演讲比赛，安全文化入脑入心。深化精神文明“四级联创”活动，评选文明单位、文明部室、文明供电所、文明窗口。开展员工职业道德建设，编印《职业道德建设应用指导手册》。1个县分公司荣获2009—2010年度国网公司“文明单位”称号，2名员工被评为承德市道德模范，公司社会影响力显著提升。

河北省国控矿业开发投资有限公司

2008年6月，经河北省人民政府批准，在省国资委统一组织下，由河北省国有资产控股运营有限公司联合邯郸钢铁集团共同组建，肩负“提高国有资本资源掌控力、优化国有资本资源布局”重责的河北省国控矿业开发投资有限公司应运而生。至今，省国控矿业公司已成立三年。到2011年，全年实现营业收入1.28亿元；资产总额达到7.33亿元；净资产达到4.75亿元；掌控资源量达到3.2亿吨。

2011年，作为“十二五”开局之年，省国控矿业公司在省政府“培育壮大国控矿业”的大背景下，顺势而为，开展了资源整合、资本运作、现代企业内部管理与企业文化建设等一系列工作，为公司持续、健康、快速发展奠定了坚实基础。具体发展成果如下：

一、整合开发闫庄铁矿。成立河北国控金石矿业有限公司，出资9800万元正式收购了昌黎建龙矿业有限公司51%的股权，完成了资产财务交接、章程修订、工商变更、人员进驻等一系列工作，新增掌控铁矿资源9500万吨。根据250万吨/年的采选规模，闫庄铁矿建设总投资为13.71亿元，矿山的服务年限预计可达23年，总的经济价值在57亿元左右。目前，金石公司相继完成了35kv变电站建设、10kv线路架设申请、临时办公楼、宿舍施工图设计及《开发利用方案》、《安全预评价》、《项目申请报告》和《节能专项报告》等工作。

二、整合开发承德小寺沟铜钼矿。小寺沟矿位于承德市平泉县境内，现有资源储量钼金属量4.52万吨，铜金属量13.67万吨，矿山目前具备采选能力100万吨/年。由于采矿权到期且缺乏资金，该矿山自2008年11月停产至今。

按照省政府、省国资委指示精神，结合承德市政府具体要求，在省国资委和省国控公司全力支持下，经多方接洽协调，公司就承德小寺沟矿区整合项目已分别与承德市国有资产经营有限公司、丰宁鑫源矿业有限公司签署《股权转让协议书》、《联合整合小寺沟矿协议书》，待取得省国资委正式批准后即完成股权收购工作。整合后，以小寺沟矿为主体进行矿山建设投资，边生产、边建设。该矿的采选能力将扩大至180万吨/年，2013年底180万吨采选规模达产。

三、按计划推进南李庄铁矿建设。南李庄铁矿为国控矿业控股子公司邯郸县金源矿业有限公司的下属矿山，资源储量2285.7万吨，平均品位为TFe39.60%，设计生产能力为80万吨/年，矿山基建期为4年。金源公司克服大水矿山等实际困难，全年完成投资额5031.21万元，完成土建工程11000m²，完成井下基建工程量30m/183m³，计划2014年采选工程基本竣工，2015年80万吨项目达产，达产期可年产铁精粉30万吨。

四、整合中小煤矿。按照省政府《关于加大小煤矿关闭力度，加快推进煤矿企业兼并重组的决定》（冀政〔2011〕45号）文件精神，在有关部门的大力支持下，经多次磋商，公司已同沙河市、邢台县等地20余家中小煤矿草签了整合协议，编制了各区域煤矿整合方案，相关的储量核实、技术论证等具体工作正在抓紧进行。此举标志着公司在2011年取得全省非煤矿山和煤矿整合主体资格后，正式成为全省唯一一家具备非煤矿山和煤矿整合“双主体资格”的矿山企业。

五、深入开展安全生产、资源勘查、扩大安全评价业务。继续加大安全投入，促使金山公司西郝庄铁矿在地标检测、安全制度建设等方面迈上了新台阶，成为沙河市唯一的一家三级标准化矿山。

继续加大对金地公司的支持力度，提升金地公司的技术水平，选定条件较好的资源靶区深入开展勘查工作。全年金地公司在协助开展胡峪东南矿地质勘查工程、煤矿整合项目的同时，重点调研考察了省内外数家资源优势铁矿、金矿、有色金属矿等多个矿产勘查项目。

继续巩固汇正公司“安全评价业务”，不断扩大省内、外安全评价市场。目前正在加紧申请增加煤矿、电力、道路等行业安全评价资质，地质灾害危险性评估、设计、监理等资质。矿业公司将在企业运作资金上对汇正公司予以大力支持，计划在“十二五”期间适时展开行业内或相关行业的兼并重组，迅速扩张势力，力争到2015年发展成为省内外有较大影响，国内知名的中介技术服务机构。

六、创新完善管理机制。进一步完善公司法人治理机构，建立现代企业制度，创新体制、机制是公司管理的目标之一。按照分级管理、权责明确、目标导向、计划调控、层层考核等原则，公司创新求变，先后制定实施了资金管理、工程招标、绩效考核等101项制度和管理细则，同期完善了党建廉政制度，初步建立了权力运行风险机制，切实提高了公司整体的决策力、执行力和管理力。

作为省政府和省国资委重点打造的矿产资源整合平台和省国控公司“十二五”期间重点发展板块，国控矿业公司结合发展实际，遵循“固本图强、内外并举”的跨越式发展总体工作思路，已绘制出切实可行的发展规划。蓝图已定，只待奋发，公司全体员工将以更加饱满的工作热情继续为打造大型综合性矿业投资开发集团的宏伟目标而努力奋斗。

唐山冀东装备工程股份有限公司

2011年8月18日，唐山冀东装备工程股份有限公司正式揭牌成立，终结了唐山市装备制造业无上市公司的历史，开辟了冀东发展装备工程板块发展的新纪元。如何将本公司四家子公司的传统业务在新的平台上快速做大做强，实现公司的稳步成长？装备股份公司总经理部以市场为导向，着力抓好发展转型、规范运作、机制创新、营销奠基、国际化发展五方面工作，取得了显著成效。

一、发展转型。公司坚持以市场为导向，以产品为龙头，以新技术开发应用为手段，以提高企业经济效益、增强市场竞争力和培育新的经济增长点为目标。

有着百年水泥机械制造历史的盾石机械公司，积极开发新产品，拓展公司经营新领域。将目光瞄准节能环保型产品，相继开发、制造、优化矿渣立磨系列产品，积极将市场向钢铁、冶金、化工机械等新领域拓展；同时以向曹妃甸搬迁扩能为契机，通过自主创新和合作联盟的方式广泛吸收国内外先进技术和工艺，在曹妃甸新厂区打造国际先进水平的耐磨耐热中心和堆焊中心。

盾石建筑公司积极开拓国内外市场，以总包、项目管理等多种形式开拓外部市场，增强公司市场竞争力。以承揽EPC总承包项目为核心营销方针，锁定水泥生产单体企业，重点面向钢铁、煤炭、化工等综合能源型企业；通过以维修或技改业务为切入点、密切与设计单位联系、与监理企业建立伙伴关系等各种渠道，获取信息并拓展项目；依托冀东曹妃甸基地，以外来进曹企业为目标，在钢结构制作领域实现新突破。

盾石筑炉公司全面向特色维修产业发展。在区域维修整合基础上，坚持做精筑炉、大中修项目，全力推行与市场相适应的带备件维修、带方案维修、包保等多种维修模式，加大篦冷机、堆取料机、收尘器及其它备件的制作数量，着力突破和拓展国内水泥生产线节能技改市场，寻求和壮大新的经济增长点。

盾石电气公司在与浙江中控合作的基础上，以研发新型节能减排智能化电气成套产品为导向，着力扩展工业电气自动化工程的系统集成、调试、培训和服务业务，进一步加强自动化产品的开发与项目实施能力，横向拓宽市场。在原有中低压产品线的基础上，充分挖掘产能，细分市场，推出电柜系统新产品，液压站、润滑站、液压缸适应立磨、辊压机、风机等大型设备的润滑液压系统产品，努力构建新的盈利模式。

二、规范运作。结合企业实际和上市公司发展的需要，公司对未来5年发展作了明确定位："以技术创新为龙头，以节能装备、特色维修为主攻方向，实施差异化发展战略"，着力打造装备技术研发、装备制造、建筑与维修工程四大业务板块。力争用5年的时间，将公司打造成为世界知名、中国著名的装备制造与工程服务类上市公司。

为实现这一战略目标，公司建立了完善的组织架构，配置了高效、简捷、高素质的管理团队，正在进一步完善各部门职责，建立符合公司特点的薪酬及考评体系，对通用制度、专业制度进行全面梳理，全方位建立符合上市公司需求的基础管理体系、营销管理体系、技术研发体系、生产运营管理体系、财务管理体系，全面构建符合公司特点的规范化的管理平台。

公司坚持严格按照上市公司有关规定从事生产经营管理各项工作，按照规定建立和完善了各项规章制度和责任体系，积极组织高管和相关人员参加上市公司监管培训，严格信息披露程序，努力扩大外部市场，降低内部关联交易，力争全面实现公司上市各项承诺。

三、机制创新。按照张增光董事长2011年10月1日关于事业部制的要求，公司总经理部10月份连续召开了多次办公会议，反复研究探索，最终确定了机械制造事业部的组织架构，事业部下设研发中心、营销中心和制造中心三大业务板块。研发中心、营销中心为利润中心，制造中心为成本中心，并根据三个业务板块的不同特点制定了符合各自实际的薪酬考核体系及工作流程。

事业部制在体制机制上的创新，从市场营销、运营管理、人力资源管理等各方面建立起灵活有效的运行体系，充分调动了研发、制造、营销各级管理人员的积极性和创造性，对于公司直面市场、改善服务理念、理顺责任关系起到了积极作用，实现了市场反应、效益和研发有机结合。

盾石电气公司根据市场需求和业务的发展，按照"三个业务层"和"六条产品线"的思路，全面推进营销中心和区域市场建设，成立高低压系统部、自动化系统部、电柜系统部、流体系统部、电务服务及备件中心，注重通过"培训管理、薪酬管理、绩效管理、职业规划"四位一体建立有效激励机制，全力应对市场挑战，加快进军外部市场。

盾石建筑和盾石筑炉公司也根据市场拓展的需要，对内部组织架构和人员进行了调整优化，全力开拓外部市场，实现流程再造，完善薪酬考核体系。

四、营销奠基。2011年9月份以来，公司总经理部多次召开专门会议，研究公司整体营销工作体制和机制，落实四个子公司2012年订单和外部市场开拓问题，要求各级领导提高认识，把营销工作作为首要任务来抓，所有工作都要以营销为中心，所有工作必须服从和服务于营销工作。明确提出各级一把手是本单位营销工作的第一责任人，要亲自抓营销工作、亲自做市场、亲自做销售，亲自制定营销战略和营销计划，亲自抓营销队伍建设。要求各级人员都要把思想认识转变到自己工作是否有利于公司营销上来，实现从由生产型向经营型、盈利型转变，确保产品能适应和满足市场需求。

公司总经理部协助每个公司逐一确立营销战略，选准目标市场，制定科学的营销管理措施，要求通过分析市场、挖掘市场、评估市场机会、选择目标市场，进行组合出击，不断提高市场占有率，提高营销管理水平。各子公司根据行业和企业特点，重新设置了面向市场的营销组织机构，全面加强营销队伍建设，以顾客满意为中心，强化客户管理。深入挖掘多角化市场，打造服务型企业，提升公司的系统集成能力，通过提升产品质量和管控水平，努力把传统产品做成精品，把营销工作做精做细，建立规范标准的的市场销售网络布局。公司还通过召开维修模式推介会、参加行业重要会议，在《中国建材报》、《中国建材》、《中国水泥》等专业性较强的报刊杂志上刊登广告和专业性文章，子公司网站日常宣传，邀请行业和国内外有关人士来公司考察等各种形式，进一步加强对产品、营销、企业文化、企业形象的宣传，对外部市场开拓营造了良好的氛围。

五、国际化发展。在集团公司的大力支持下，8月18日，盾石电气公司与天辰工程有限公司合作，共同承揽了越南朱莱纯碱股份有限公司年产20万吨纯碱EPC项目，这是公司国际化发展方面取得的重要成果。

9月29日，公司与中建材（北京）环保工程发展有限公司合资组建冀东国际工程有限公司，标志着公司海外事业发展又迈出了可喜的一步，必将使冀东装备工程板块在技术力量配给、市场分布、市场占有、公司规模、装备供应、工程实施等诸多方面更趋于合理，整体实力会跃上一个新台阶。

经与日本太平洋水泥公司的多轮商谈与沟通，拟组建合资公司，进行水泥企业节能环保改造和生活垃圾处理及其他环保项目。经与德国客锐飞帆及奥地利利岑机械公司的多轮商谈与沟通，12月2日，双方签订组建合资公司协议，并就移动破碎和移动筛分设备的技术合作达成共识。已与奥地利利岑机械公司进行了铸造车间的技术交流，基本确定生产能力和规模；在年底前将就热加工中心铸造车间与奥地利利岑机械公司进行技术交流，以确定工艺布置和生产能力。

目前公司总经理部已对南非水泥项目的报价、地质、承揽模式、人员设置方案、临建搭建，以及利润中心和成本中心的设置、考核、用工方式、运输、包装、通关等事项作了深入研究。目前正在积极组织南非2500T/D生产线项目和阿曼2000T/D改造项目投标报价工作。

这一系列重要发展举措，将进一步增强公司开拓海外市场的竞争力，进一步加快冀东发展集团“国际化”步伐。

晨光生物科技集团股份有限公司

晨光生物科技集团股份有限公司（证券代码300138），是一家集农产品精深加工、天然植物提取为一体的出口创汇型企业，拥有15家子（分）公司，主要研制和生产天然色素、天然香辛料提取物和精油、天然营养及药用提取物、油脂和蛋白四大系列80多种产品，其中天然色素产销量居全国之首、世界前列，是全球最大的辣椒红色素生产供应商。

“人与企业共发展”是晨光集团的核心文化理念，以博士生、研究生为核心、大学生为骨干、庞大专业人才为主体的开拓型、创新型优秀人才队伍，再加上先进的设备工艺和科学高效的技术创新体系，使晨光集团的技术和产品稳居国际前沿。

晨光生物是国家高新技术企业、农业产业化国家重点龙头企业；建有国家认定企业技术中心、院士工作站、省级天然色素工程技术研究中心等科研平台；检测中心通过了国家实验室认可；“晨光”商标为中国驰名商标；拥有四十多项国家专利技术、五项国家重点新产品、二十九项省部级科技成果，其中“辣椒红色素、辣椒素的规模化生产工艺技术”获河北省科技进步一等奖，“辣椒红、辣椒素连续生产技术和装备研发及产业化”获中国轻工业联合会科技进步一等奖。

十余年创业，晨光生物依靠自身实力提升了全国辣椒红色素生产在世界上的地位，使中国一跃成为世界辣椒红色素生产强国，生产模式从无到有，不断超越，已步入国际最先进行列。公司先后通过了ISO9001认证、ISO22000认证、ISO14000认证、OHSAS18000认证、KOSHER认证、HALAL认证、FAMI－QS认证及美国FDA产品注册。公司产品符合联合国粮农组织、世界卫生组织及国家标准要求，70%以上出口，主要销往欧洲、美洲、澳洲及俄、日、韩、东南亚部分国家和地区，出口创汇连年居全国植物提取物行业第一名。

晨光生物的发展目标是：用十年左右时间，建成世界天然提取物产业基地。品质卓越，自然领先！公司愿举全员之力，创新无限，再谱新篇，为社会经济发展和人类健康做出更大的贡献！

唐山陡河青龙河开发建设投资有限责任公司

唐山陡河青龙河开发建设投资有限责任公司是经唐山市人民政府批准、市国资委出资成立的国有独资企业，公司注册资本3.7亿元，主要承担唐山市环城水系基础设施投资、融资、建设、运营以及管理，区域开发建设和公共服务，对市政府授权确定的城市基础设施项目、城市建设的政策性投资项目和符合政策导向并具有良好经济效益和发展前景的相关项目进行开发、投资和管理，确保国有资产的保值、增值。

公司成立三年来，在市委、市政府正确领导下，在市有关部门的大力支持下，经过公司全体员工共同努力，发展迅速，现已拥有唐山市环城水系旅游公司、唐山唐龙房地产开发有限公司等全资子公司两家，业务涵盖环城水系及周边区域开发改造、公共事业、旅游、房地产开发等板块，2010年被评为“河北省城镇面貌三年大变样工作模范集体”，环城水系被评为“2011年河北省人居环境范例奖”。

环城水系工程，是唐山市打造科学发展示范区和人民群众幸福之都的重要决策，是完善市区防洪排涝体系的重要举措，是落实河北省城镇面貌三年大变样的重要成果。唐山市委、市政府对唐山的城市水系进行了统一规划，建设57公里的环城水系，提升城市形象和竞争力，打造成市民休闲、娱乐、健身和生态绿化为一体的滨水长廊，打造成城市生态景观带、休闲旅游带、文化展示带和产业升级带。工程对唐山市增强防洪排涝、改善生态环境、推动城市转型和促进经济发展具有极其重要的意义。

经过 3 年的艰苦施工，环城水系工程基本完成，共完成投资 52.2 亿元，57 公里的环城水系全部实现通水通航，水系周边建成公园 3 个，广场 3 个，已经初具规模，初见成效。环城水系的通水通航标志着唐山作为北方水城的框架基本形成，标志着生态城市建设迈出了新的步伐。“城在水中、水绕城流”的江南美景出现在百年工业重镇，实现了唐山由工业城市到山水生态城市的华丽蜕变。

一是以水带绿，改善了生态环境。环城水系工程充分整合了唐山市水资源，将唐河、青龙河流经市区的水体、雨水、污水处理后的中水及工矿企业的排干水充分利用起来，形成了蓄水面积 16.5 平方公里、蓄水量 1948 万立方米的环城水系，相当于三个西湖大小的水面。河道周边实施大规模绿化工程，青龙河沿线绿化面积 22 公顷，唐河沿线绿化面积 60.7 公顷，营造出了水绿交融、和谐共生的自然生态景观。

二是以水惠民，提升了人居质量。环城水系工程大幅提高了唐山市防洪排涝能力，唐河防洪标准提高为 100 年一遇，青龙河防洪标准提高为 50 年一遇。2011 年，唐山市主汛期降雨量较上年同期增加 43.7%，唐河、青龙河经受住了严峻考验，安全度过主汛期。这项工程改变了沿河两岸及更大范围的人居环境，使近 90 平方公里的居民生活在滨水或近水环境。同时，公司在两河周边建设了一批休闲、旅游、度假等各种服务设施，形成了一条集休闲、娱乐、健身为一体的滨水长廊，让市民在家门口就能享受滨水空间带来的怡人景观和滨水乐趣。

三是以水造势，提高了城市品位。在工程建设中，公司经过聘请设计院及知名城市设计师，巧妙而生动地把水文化与唐山地域文化、历史文化、工业文化融为一体，通过建设主题公园、文化公园、城市雕塑群等方法，在打造丰富多彩的滨水景观带的同时，充分展示唐山悠久的古代文明和近代唐山百年工业文化，丰富了城市底蕴，提高了城市品位。

四是以水兴业，推动了城市转型。在“政府主导，市场运作，以水带地，以地生财”原则指导下，公司通过对河道景观改造和城市规划调整，对唐河青龙河周边 90 平方公里滨水区域中的 45 平方公里进行开发，促进了经济增长，增加就业机会。通过对两河周边数十家高能耗、高污染的企业搬迁，拆除有碍观瞻的老旧建筑，腾出了空间发展文化创意、高新技术、休闲度假等产业，重点培养布局集中、特色鲜明、低能耗、无污染、高效益的高新技术产业园区和居民住宅小区，调整优化产业结构，推动唐山市“退二进三”和经济结构转型，促进经济发展方式转变；打造唐山绿色增长高地，走可持续发展道路。环城水系工程的实施，还推动了沿岸大城山、弯道山、凤山、青龙湖、大洪桥、河北桥等六大片区的开发改造，唐人文化园、弯道山陶瓷主题公园已经开工建设，环城水系旅游产业、大体量的商业服务业、文化产业、特色街区和商贸综合体正在规划设计之中，一批集文化展示、商务会展、居住休闲、运动娱乐为一体，各具特色、多姿多彩、景色宜人、舒适宜居的现代化都市新社区即将呈现在唐山市民面前。

展望未来，唐山陡河青龙河开发建设投资有限责任公司董事长、总经理夏宝胜同志将携公司全体员工，在唐山市委、市政府的正确领导下，继续坚持“政府主导，市场运作”的工作思路，树立经营城市的理念，抢抓机遇，加快发展，争做城市建设的领先者，为把环城水系打造成城市生态景观带、休闲旅游带、文化展示带和产业升级带，为把唐山建设成为现代化生态城市做出积极贡献。

河北临港富瑞商贸集团有限公司

河北临港富瑞商贸集团有限公司前身是黄骅市临港产业商贸有限公司，于 1993 年以港而立。2009 年 3 月正式成立集团公司，现有员工 800 多人，注册资金 3000 万元，固定资产 7000 万元，年经济效益 1200 万元，年上交利税 350 万元。

集团公司下设临港富达搬运公司，临港物业公司，临海电力燃料公司，海富农产品经销公司，富奥房地产公司，安保公司，路特坦物流有限公司等多个子公司。经营范围包括：销售钢材、劳保用品、办公用品、五金电料；房地产开发；物业服务；土石方工程；一般货物仓储、装卸；货物运输代理；货物进出口。

多年来集团公司按照“依托港口，做大做强集团产业；服务港口，全力优化发展环境”的发展方针和工作思路，紧紧围绕黄骅港和渤海新区建设，全方位搞好系列化服务，大力发展物业保安保洁，煤炭污油清理回收，农副产品供应等特色产业，在自身经济实力不断壮大的同时，也取得了巨大的社会效益，为黄骅港和渤海新区创造了安定的社会环境和舒适的生活环境。

河北博纳德能源科技有限公司

博纳德中国——即河北博纳德能源科技有限公司是专业从事地源热泵系统及纺织行业空调设备的研发、生产、销售、服务、设计、安装于一体的高科技企业，属河北省重点项目。公司成立于 2009 年 5 月 14 日，注册资本 1000 万元人民币，占地 127.6 亩，一期投资 1.1 亿元人民币。公司位于河北省晋州市纺织工业园区，南邻 307 国道 2.5 公里，北临石黄高速 1.5 公里，石（家庄）—德（州）铁路穿城而过，距石家庄国际机场 70 公里，距北京首都机场及天津新港 300 公里，交通四通八达，非常便利。公司技术力量雄厚、研发能力强，现有各类中高级技术人员 40 多人，中级技术职工 200 人，拥有国内外最先进的、成熟的地源热利用技术。公司先后与德国纽伦堡博纳德地源热泵研发机构、德国西门子公司等精诚合作，引进国外先进技术，不断推出高性价比的系统节能解决方案。同时有河北工业大学、天津大学大专院校（所）的强大理论和技术支持，并在公司设有工作站。公司拥有合肥通用所设计承建的国家级大型水源热泵测试实验中心及国家二级机电设备安装资质，公司业已成为国内地源热泵系统，射流式大空间节能空调，风机盘管，新风机组及纺织行业空调设备的大型研发和生产基地。

能源是国民经济的基础，是综合国力的有机组成部分，也是经济社会可持续发展的重要制约因素之一。因此，充分利用能源、节约能源是保障国家能源安全和经济持续增长的必然选择，是转变经济增长方式的重要途径，也是保护环境、实施可持续发展战略的重要措施。而地源热泵系列产品是目前国家大力推广、财政补贴的高科技、绿色环保型产品（见国家财、建 2009（360 号）文），有着广阔的发展前景和良好的社会效益。较之传统的燃煤锅炉，地源热泵系统系列产品具有独特的优势：环保、清洁、安全、能耗低、寿命长（传统锅炉的 3－5 倍），24 小时保持恒温、运行和维护费用低等。

面向未来，公司将以科学发展观为指导，解放思想、坚定信心、抢抓机遇、加快发展，以“继承、开拓、务实、高效”的工作方针，落实效益、创新两大任务，坚持又好又快的发展方式，抓好经营质量、劳动效率、技术创新、执行能力、企业和谐五大重点，努力实现科学发展，以优秀的业绩回报客户、回报员工、回报股东、回报社会，为经济和社会发展做出新的贡献。

河北省环渤海湾经济技术集团有限公司

集团公司是 1993 年由原省顾问委员会牵头成立，迄今已经走过了 19 年的发展历程。集团现由八个子集团和一个发展研究院、一个吉隆坡商业协会、一个世界商业联合体组成，分别是：中国旅游资源控股有限公司（河北省环渤海湾旅游开发股份有限公司）、中国文化资源控股有限公司（河北省玄元文化产业发展股份有限公司）、中国国际投资集团有限公司（河北振海旅游投资股份有限公司）、中国传媒国际集团有限公司（河北华天影视传媒有限公司）、中国金融国际集团股份有限公司（河北省环海股权投资基金股份有限公司）、中国环渤海农业开发集团有限公司（河北振海农业科技股份有限公司）、中国老年产业集团有限公司、中国环渤海湾集团发展研究院等。已形成了“事业至上，诚信为本，恒久发展，文化为魂，深耕企业，服务社会”的理念；“全面预算管理，全面效益管理，全面风险控制管理”的模式；“做事，做实，增效，创优”的作风。

集团由著名企业家王小朋先生担任董事局主席兼首席执行官，在旅游、投融资、传媒、影视、房地产、农业开发、老年产业等方面进行了大量资金投入，开发建设了省内外多个旅游景区，成立了股权基金公司和管理公司，拍摄了受到国家文化电影电视部门推荐并在国内外获奖的数字电影。集团还致力于文化产业的发展，下大力投资于文化产业的重组和改革，打造“玄元”系列文化产品的销售、艺术品收藏、鉴赏等。此外，集团拥有自己的食品科技基地，拥有自己的制酒厂，拥有自己的现代农业、生物技术生产研发基地和工厂，拥有自己的连锁超市。目前集团已形成了良性发展的产业链，并拥有百亿元的资产。

集团多年来致力于社会公益慈善事业，斥巨资捐助贫困人群，资助 100 名因各种原因造成贫困的大中小学生到大学毕业，集团把回报社会作为自己的责任。

集团公司已经通过国际 IS09001：2000 质量管理体系认证。被评为中国爱国先进单位、全国质量信得过单位、诚信建设示范单位、中国河北城市名片、河北品牌建设典范单位、质量诚信 3A 品牌企业、河北最具创新力品牌、河北最佳企业公众形象奖、十强文化企业等。王小朋先生被评为中国优秀民营企业家、中国诚信企业家、全国先进爱国企业家、中国慈善家、中国区域经济建设百名功勋企业家、最具社会责任感企业家、河北省文化产业十佳领军人物、冀商领袖等。

邯郸市富恒食品有限公司

邯郸市富恒食品有限公司坐落于邯郸市梦湖风景区内，环境优美、交通便利，是一家专业生产酱卤肉食品的民营企业，公司自 2006 年成立以来，以其雄厚的经济实力、严格的管理制度、完善的服务措施，并承蒙社会各界的大力支持和厚爱，已发展成为华北地区酱卤肉食品的知名企业。

公司严格执行国家的各项指标要求和检测标准，获得了消费者的认可和有关部门的表彰，产品先后被评为：“邯郸市第八届消费者信得过单位”、“邯郸名优特食品”、“河北省中小企业质量信得过产品”、“河北省第九届消费者信得过单位”，由于企业管理制度健全、产品质量有保证，2011 年公司还被中国质量诚信企业协会、中国品牌价值评估中心、河北质量诚信监督委员会评为“河北质量诚信 AAA 品牌企业”。

公司所生产的“恒融”牌系列产品，色泽亮丽、香气浓郁、味道鲜美，高蛋白、低脂肪，是居家旅游、馈赠亲友、宾馆饭店的首选上乘佳品。

邯郸市富恒食品有限公司始终以民众健康为己任，真诚地愿与各界朋友携手并进，共创美好的明天！

中国统计出版社最新图书简目

（仅供参考，以最后出书为准）

统计资料

中国统计年鉴-2012
中国统计摘要-2012
国际统计年鉴-2012
2012中国发展报告
中国第三产业统计年鉴-2012
中国区域经济统计年鉴-2012
中国劳动统计年鉴-2012
中国社会统计年鉴-2012
中国城市统计年鉴-2009
中国建筑业统计年鉴-2012
中国人口和就业统计年鉴-2012
中国工业经济统计年鉴-2012
中国商品交易市场统计年鉴-2012
中国房地产统计年鉴-2012
中国能源统计年鉴-2012
中国民政统计年鉴-2012
中国贸易外经统计年鉴-2012
2012中国地区经济监测报告
中国科技统计年鉴-2012
中国农村统计年鉴-2012
中国农产品价格调查年鉴-2012
中国高技术产业统计年鉴-2012
中国教育经费统计年鉴-2010
中国农村贫困监测报告-2012
全国农产品成本收益资料汇编-2012
中国科学技术协会统计年鉴-2012
工业企业科技活动资料-2012
大中型批发零售和住宿餐饮企业统计年鉴-2012
中国城市（镇）生活与价格年鉴-2012
中国县（市）社会经济统计年鉴-2012
中国农村住户调查年鉴-2012（中、英文）
中国农村全面建设小康监测报告-2012
第二次全国R&D资源清查资料汇编—综合卷
第二次全国R&D资源清查资料汇编—工业企业卷
中国零售和餐饮连锁企业统计年鉴-2012
中国民族统计年鉴2011、2012
2010年中国第六次人口普查公报

2012年省级综合统计年鉴系列

北京 天津 河北 山西 内蒙古
辽宁 吉林 黑龙江 上海 江苏
浙江 安徽 福建 江西 山东
河南 湖北 湖南 广东 广西
海南 重庆 四川 贵州 云南
西藏 陕西 甘肃 青海 宁夏
新疆 新疆生产建设兵团

2012年市（县）级综合统计年鉴系列

天津滨海新区
石家庄 唐山 邯郸 太原 大同
长治 阳泉 晋城 朔州 晋中
运城 忻州 临汾 呼和浩特
包头 沈阳 大连 长春 吉林市
四平 哈尔滨 黑龙江垦区
上海浦东新区
苏州 无锡 常州 徐州 南通
盐城 镇江 江阴 丹阳
杭州 宁波 绍兴 台州 温州
金华 嘉兴 衢州
福州 福州经济技术开发区
厦门经济特区 南昌 上饶
济南 青岛 潍坊 郑州
洛阳 三门峡 南阳 武汉 宜昌
十堰 荆州 咸宁 长沙 广州
东莞 惠州 深圳 桂林 南宁
柳州 来宾 河池 海口 成都 绵阳
贵阳 昆明 庆阳 西安
兰州 银川 乌鲁木齐

2010年人口普查资料系列

中国2010年人口普查资料
北京 天津 河北 山西 内蒙古
辽宁 吉林 黑龙江 上海 江苏
浙江 安徽 福建 江西 山东
河南 湖北 湖南 广东 广西
海南 重庆 四川 贵州 云南
西藏 陕西 甘肃 青海 宁夏
新疆 新疆生产建设兵团
河南省各市2010年人口普查资料丛书
中国分县2010年人口普查资料
中国分乡镇、街道2010年人口普查资料
中国分民族2010年人口普查资料

“十一五”规划教材

非参数统计　医学统计学
概率论与数理统计　统计学
现代金融投资统计分析
多元统计分析　经济计量学教程
应用时间序列分析
统计指数理论及应用
统计数据处理概论
质量管理统计方法　社会统计学
多元统计分析实验
企业经营管理统计
市场调查与预测
统计学原理（非统计专业使用）
统计学:从数据到结论
国民经济核算教程（国民经济统计学）
概率论与数理统计（经济、管理类专业使用）

重点图书

挑大学选专业2012—高考志愿填报指南　　挑大学选专业2012—考研择校指南

欲购以上图书请与中国统计出版社发行部联系

电话：（010）63376907，63376908　同椲行书店电话：68783171，68783172

通讯地址：北京市西城区三里河月坛南街57号　邮政编码：100826

网址：http://csp.stats.gov.cn

石家庄市农村信用合作社联合社

石家庄市联社理事长　陈树松

石家庄市农村信用合作社联合社（以下简称“石家庄市联社”）2000年11月经中国人民银行总行批准正式挂牌成立，承担对辖内农信社的指导、管理、服务和协调四大职能。机构遍布城乡，是由社员社入股组成、实行民主管理、主要为社员社服务的合作金融组织。成立以来，石家庄市联社始终秉承农村信用社的优良传统，充分发挥地方性金融机构人熟、地熟、情况熟的特点和优势，以支持“三农”和地方经济发展为己任，以建设“标准化、规范化、流程化、专业化、信息化”的现代化流程银行为目标，紧紧围绕“服务三农、面向县域（社区）、服务中小企业”的市场定位，建立健全现代金融企业管理制度，实施资源整合改革，制定战略规划，依托现代科技手段，加快金融产品和服务功能的创新，突出个人业务、零售业务，全面服务城乡居民生活，积极向产权清晰、经营情况良好的中小企业、微小企业倾斜，始终是支持地方经济发展的主力军。

开展“农信进万家”宣传活动

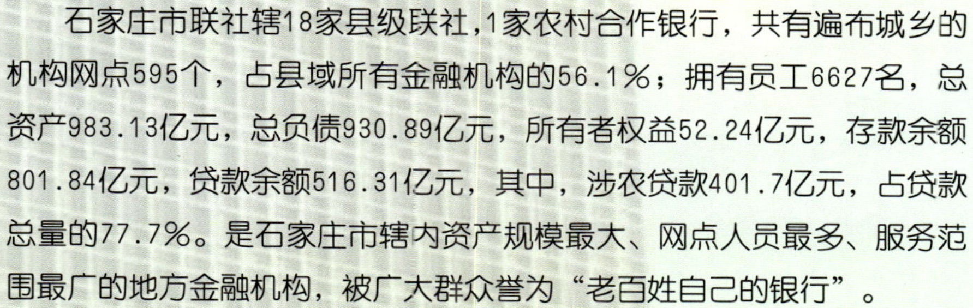

石家庄市联社辖18家县级联社，1家农村合作银行，共有遍布城乡的机构网点595个，占县域所有金融机构的56.1%；拥有员工6627名，总资产983.13亿元，总负债930.89亿元，所有者权益52.24亿元，存款余额801.84亿元，贷款余额516.31亿元，其中，涉农贷款401.7亿元，占贷款总量的77.7%。是石家庄市辖内资产规模最大、网点人员最多、服务范围最广的地方金融机构，被广大群众誉为“老百姓自己的银行”。

十年披荆斩棘，改革铸就英雄。作为专门为“三农”和中小企业服务而设立的信用社，石家庄市联社在区域化市场上精耕细作，在环渤海商圈的快速发展中巍然崛起。先后推出了功能齐全、独具特色的“三农速贷通”、“农信村村通”等金融产品，全方位满足不同层次的客户需求，为客户提供简捷高效的“一站式”服务。同时，积极发挥本土银行“蓄水池”作用，千方百计组织资金，多措并举吸收存款，对石家庄市打造京津冀第三极，实施城镇化、工业化“双轮驱动”战略的重点区域、重点产业、重点工程、重点项目予以贷款倾斜，为促进石家庄市经济发展做出了重要贡献。

客户经理使用小额贷款信息化系统到客户家中采集信息

支持养鸡专业户

银企座谈会

现代化的营业大厅

中国工商银行

工行河北省分行许杰行长带队参加省电台第35期“阳光热线”节目

工行河北省分行许杰行长到到石市专业市场调研

中国工商银行河北省分行成立于1985年，目前在全省拥有11家二级分行，823个分支机构，在职员工2万余人，是河北资产规模、信贷规模最大的国有股份制商业银行。截至2011年末，资产总额超4600亿元，人民币各项贷款超余额逾2650亿元，全部存款余额超4400亿元；不良贷款余额及不良贷款率连续11年双下降。票据累贴量居同业首位，在全国一级分行系统排名第3位。实现经济增加值52亿元，增幅超20%，创历史最好水平。

近年来，工行河北省分行不断加大对河北经济强省建设的支持力度，“十一五”时期各项贷款不到5年时间增长了1.44倍，在同业中率先突破2000亿元，位居全省各家商业银行之首。紧跟“十二五”国家战略规划和河北加快经济发展方式转变的战略机遇，对接环首都经济圈、冀中南经济区和沿海隆起带区域发展，瞄准“一圈一带一区一批”战略重点，全力争取加大信贷投放，各项贷款累计投放总量达到1148亿元。重点支持中小企业加快发展，累计为908户中型企业、1998户小企业办理融资760多亿元，为河北经济社会发展做出了突出贡献，成为省内同业中唯一一家连续五年荣获省政府“金融贡献奖”的大型股份制商业银行。

不断创新提升服务，开展“改革流程、改进服务年”、“治理客户投诉”等专项活动。客户投诉总量同比下降51%，零投诉网点占比41%。在2011年燕赵都市网、河北新闻网组织的网民调查评选活

工行河北省分行员工与希望小学孩子们共度六一

工行河北省分行举行纪念建党九十周年“颂歌献给党”大型史诗音乐会

河北省分行

动中，高分获评“河北消费者最喜爱的银行品牌”和“河北网民最信赖的银行品牌”。

目前，工行河北省分行为超18万法人客户和1600多万个人客户提供多元化的金融服务，并为省内400多家中小金融机构提供结算代理服务，在省内金融市场的竞争优势不断扩大。在金融改革加速推进的今天，工行河北省分行正向着建设省内“最盈利、最优秀、最受尊重”银行的宏伟目标全速迈进！

媒体刊发有关工行支持地方经济社会建设的报道

工行河北省分行荣获“2011年度河北网民最信赖的银行品牌”

工行河北省分行与省住房和城乡建设厅举行“建工灵通卡”项目合作框架协议签约仪式

工行河北省分行唐海支行荣获全国工人先锋号揭牌仪式

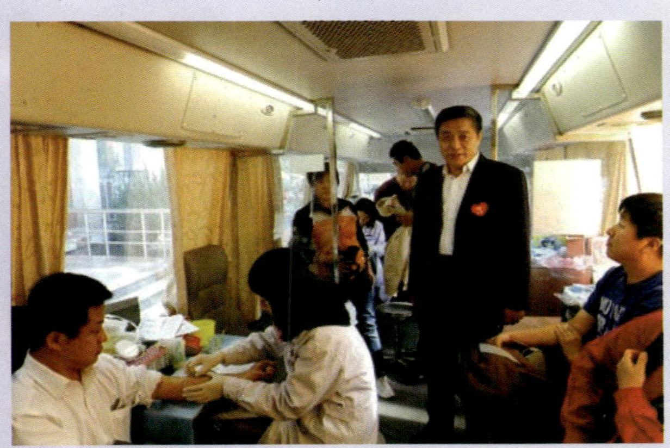

工行河北省分行组织员工积极献血

工行代表队在河北省全能系统职工技能大赛中荣获一等奖

交通银行

2011年9月13日，交通银行总行行长牛锡明拜会赵勇副省长

交通银行河北省分行2011年工作会议

交通银行创立于1908年，创立初衷是为了赎回京汉铁路，经管轮、路、电、邮四政收支和办理国外汇兑。交通银行是中国历史最为悠久的现代商业银行，也是中国近代史上的四大发钞行之一。

近年来，交通银行客户服务功能持续提升，市场竞争力进一步加强，为客户在公司金融、个人金融、国际金融和中间业务等领域提供全面周到的专业化服务。交通银行对公领域的“蕴通财富”、对私领域的“私人银行”、“沃德财富”、“领汇财富”、“交银理财”和“快捷理财”均是以财富管理功能为特色的服务品牌。交通银行拥有在市场享有盛誉的“外汇宝”、“太平洋卡”、“基金超市”等为代表的一批品牌产品，市场份额在业内名列前茅。交通银行高度重视、改革创新，先后推出了得利宝“七彩”理财产品和“基金定投”、“智慧选基”、“基金营养组合”等一系列金融新业务，建成了24小时跨时区外汇资金运作系统，成为第二家将亚洲、欧洲、美洲三地外汇资金交易联为一体、为客户提供24小时不间断外汇资金交易和支付清算服务的中资商业银行。交通银行作为2010年上海世博会唯一商业银行全球合作伙伴，为国内外客户提供了高效优质的金融服务。

交通银行奉行“责任立业、创新超越”的核心价值观，坚持“诚信永恒、稳健致远”的经营理念，确立了“走国际化、综合化道路，建设以财富管理为特色的一流公众持股银行集团”的战略目标，以“提供更优金融方案，持续创造共同价值”为企业使命，正在建设价值卓越的一流国际金融集团的道路上阔步前进。

交通银行河北省分行成立于1990年，现有服务网点共76个、员工2000人，遍及石家庄、唐山、秦皇岛、邯

交通银行保定分行开业典礼

交通银行河北省分行积极参“助力小微　共创和谐”银企承诺活动

河北省分行

郸、保定、沧州、廊坊，本外币业务辐射全省。成立二十年来，河北省分行抢抓环渤海区域经济崛起带来的发展机遇，服务社会，支持地方经济，各项业务连续多年保持了高位运行的良好态势。太平洋卡和财富管理等品牌业务初具规模，实现了本外币一卡通、全国通，并积极推广网上银行、手机银行、自助银行等现代化服务手段，集中资金支持了一批国家、省、市重点企业和项目，为促进地方经济发展、方便人民生活做出了积极贡献。

客服电话：95559　　网址：www.bankcomm.com

2011年12月30日，杨崇勇常委副省长到交通银行河北省分行新年慰问

交通银行河北省分行与张家口市人民政府签署银政战略合作协议

交通银行河北省分行金牌服务柜员评选&颁奖活动

交通银行河北省分行职工运动会

Bank 中国光大银行股份

2011年9月28日，中国光大银行廊坊分行正式开业（右5为中国光大银行副行长马腾，左4为中国光大银行石家庄分行行长高名安）

2011年，中国光大银行股份有限公司石家庄分行（简称：中国光大银行石家庄分行），深入贯彻落实科学发展观，认真落实中央经济工作会议精神，面对较为复杂的经济形势，以“更有内涵的发展”为指引，在创新中稳步前进，两家新建异地二级分行顺利开业，一家同城支行获准筹建，整体经营管理工作取得长足进步，为河北省经济发展做出了积极贡献，荣获河北省政府颁发的金融创新奖。

面对较为复杂的经济形势，该分行积极应对，顺势而为，制定了对公业务紧抓“存款、利差、中间业务收入”三大核心工作、零售业务做好“营销渠道建设和业务品牌建设”两大关键环节的工作思路，各项经营管理工作取得了优异成绩，圆满地完成了总行下达的各项主要指标任务。

存款规模稳健快速增长。截至2011年末，该行一般存款时点余额达230亿元，较年初增加71亿元，增长44%。一般存款日均余额达173亿元，较年初增加44亿元，增长34%。在总行全辖排名增幅第1名、净增量第4名。获得总行的充分肯定，该行荣获总行“2011年度对公存款先进分行”和“贸易融资综合先进分行”称号，该行贸易金融部和二级分行邯郸分行当选为总行“2011年度先进集体”。

贷款规模稳步提升。截至2011年末，各项贷款时点余额为210亿元，较年初增加 37亿元，增长22%；各项贷款日均余额为190亿元，较年初增加22亿元，增长13%。其中，对公贷款时点余额171亿元，较年初增加28亿元，增长20%；对公贷款日均余额156亿元，较年初增加12亿元，增长8%；银承、国内证等表外余额238亿元，较年初增加80亿元，增长50%；对私贷款时点余额达39亿元，较年初增加9亿元，增长31%；对私贷款日均余额

2011年10月15日，中国光大银行石家庄分行召开第四届秋季运动会

2011年7月2日，中国光大银行石家庄分行、光大永明人寿河北分公司联合举办纪念中国共产党建党90周年红歌演唱会

达34亿元，较年初增加10亿元，增长42%。

中间业务收入快速提升。截至2011年末，实现中间业务净收入（税后）1.30亿元，较去年同期增加3003万元，增幅为30%。

资产质量持续提高。截至2011年末，不良贷款余额659万元，比年初下806万元，降幅 55%；不良资产率0.03%，比年初下降 0.05个百分点。与年初相比保持双降态势。

利润指标实现新的突破。截至2011年末，实现账面税后利润4亿多元。

2011年5月18日，中国光大银行邯郸分行正式开业

信贷结构不断优化。该行积极调整信贷结构：积极支持交通、省市政府建设重点项目，积极支持省内重点行业钢铁、汽车、煤化工等企业的日常流动资金需求，对产能过剩行业、造船行业严格按照符合产业政策、土地规划、环评审批等手续齐全等要求审批。在客户结构上，以钢铁、汽车等大客户为依托、以货押、全程通、国内证等产品为手段、以担保融资平台、专业市场模式为支撑，大力发展中小企业客户融资。在业务结构上，在做好传统公司贷款业务的同时，积极发展对私贷款，拓展托管、年金、现金管理等产品，以满足市内企业日益丰富的金融需求。零售业务方面，在做好工程机械按揭贷款，商业用房按揭贷款的同时，个人助业贷款、平安小额信用贷款等业务取得较快发展。

投行等创新业务发展迅速 该行充分利用光大集团金融牌照齐全、功能全面的独特优势，联合金控公司、金融租赁公司等兄弟企业，综合运用短债、中票、理财、信托、企业债等投行类业务产品，为河北省企业直接融资金额36.5亿元，为企业融资提供了新的渠道，有效降低了企业融资成本，有力地支持了河北省一大批上市和拟上市企业的业务发展。

2011年7月，中国光大银行石家庄分行组织员工赴延安开展“发扬优良传统 重温入党誓词”活动

2011年5月7日，中国光大银行石家庄分行组织青年员工义务植树

中国邮政储蓄

2011年7月2日，王岐山副总理在河北省委书记张云川，省委副书记、省长陈全国等陪同下到中国邮政储蓄银行石家庄分行裕东支行调研时，详细了解银行的经营情况

1986年，河北邮政储蓄恢复开办。2008年1月18日，中国邮政储蓄银行河北省分行挂牌成立。经过20多年的发展，在各级党委政府的亲切关怀和社会各界的大力支持下，为满足城乡居民日益增长的金融服务需求，服务“三农”，支援河北经济建设及保持国家金融稳定做出了积极的贡献。

一是业务规模日益壮大。截至2011年底，全省各项存款余额达到1863亿元，开立个人储蓄账户3800多万户，持有邮政储蓄绿卡的客户超过1584万户；每年通过邮政金融办理的个人结算金额达7000多亿元。贷款业务从无到有，累计发放各类贷款459亿元，贷款结余208亿元；已有700多亿元的邮储资金，通过银团贷款等方式回流河北。

二是业务产品不断丰富。该行不断拓展服务领域，现已开办了本外币储蓄存款业务、公司业务、银行卡业务、信用卡业务、小额贷款业务、个人商务贷款、理财业务、结售汇、汇兑业务、各种代收代付业务以及小企业贷款业务、银团贷款业务、同业拆借业务、票据业务等各种银行业务，基本形成了包括负债业务、中间业务、资产业务在内的业务种类较为齐全的金融业务框架。

组织省分行机关全体党员到李大钊纪念馆接受爱国主义教育

银行河北省分行

三是内控管理更加严密。该行认真贯彻执行国家金融政策和法律、法规，依法合规经营，建立健全了审计检查队伍，形成了较为完善的内部风险防范控制体系，有效地防范和化解了金融风险，良好的资产质量和企业形象，得到了社会公众的充分信任和高度赞誉。

创富先锋—2011中国邮政储蓄银行河北省分行百姓创富大赛启动仪式

四是网络实力进一步加强。全省1335个邮政储蓄网点，70%以上分布在县及县以下农村地区，建成了全省覆盖城乡网点面最广，交易额最多的个人金融服务网络；拥有ATM机974台，POS机4477台。邮政储蓄计算机网络系统已成为我国最大的个人金融实时处理系统。

今后，中国邮政储蓄银行河北省分行将进一步发挥邮政储蓄网络覆盖城乡二元经济的优势，按照服务城乡大众，支持“三农”的零售银行定位，努力促进地方经济发展与和谐社会建设，为促进经济强省和谐河北建设做出新的更大的贡献。

参加庆七一 唱红歌 爱祖国歌咏比赛

河北省农村

召开全省农信社年度工作会议，深入分析面临的形势和发展机遇，全面部署2011年改革发展各项工作

抓住全省农村信用社各项存款余额突破5000亿元契机，加大对外宣传力度，树立良好的河北农信新形象

河北省农村信用社联合社（简称省联社）于2005年6月29日挂牌开业，是由河北省辖内3家市级联社和154家县级联社发起设立，经中国银行业监督管理委员会批准、在工商行政管理部门注册登记，具有独立企业法人资格的地方性金融机构，注册资本2.018亿元。根据国务院批复的《河北省深化农村信用社改革实施方案》，在省政府的授权下，省联社承担对全省农村信用社（含农村合作银行、农村商业银行，下同）的管理、指导、协调和服务职能。目前，全省农村信用社共有营业网点4919个，从业人员53926人。

2011年，在省委、省政府的坚强领导和有关部门的大力支持下，全省农村信用社坚持科学发展观和服务“三农”市场定位，深化改革、加快发展、创新机制、防控风险、强化管理，业务经营指标快速增长，市场份额继续位居全省银行业金融机构之首；效益性指标创历年最好，县级机构首次实现全部盈余；新业务拓展指标全部超额完成，电子银行业务发展迅速；县级机构农商行、股份公司改制工作取得明显进展，股份制改革全面推进。截至2011年末，全省农村信用社各项存款余额5678亿元，净增787.2亿元，增长16.1%。各项贷款余额3619.9亿元，净增486.3亿元，增长15.5%，其中涉农贷款余额3065.2亿元，净增449.9亿元，占比84.7%，占全省金融机构涉农贷款的45.9%。实现拨备前利润136亿

积极对接省重点项目，主动与相关企业洽谈，努力破解中小微企业融资难题

深入田间地头了解旱情，安排100亿元信贷资金力保春耕促生产，不断加大对农田水利基础设施建设的信贷支持力度

信用社联合社

元（扣除拨备后实现利润60亿元），同比增加40.7亿元，增长42.4%。文安、大厂、宣化区、宽城、滦平、南皮6家县级机构的农村商业银行组建工作已获银监部门批准筹建，赵县、新乐两家联社组建股份公司工作获批开业。作为农村金融的主力军，全省农信社是县域及乡村机构网点分布最广、涉农信贷投放最多、农村普惠制金融服务贡献度最大的银行机构，已成为联系广大农民群众的金融纽带，是支持地方经济发展不可或缺的重要力量。

积极组织党委中心组学习，开展视频大讲堂，邀请知名专家为全省农信社各级高管授课

在衡水市武强县召开现场会深入推进"农信进万家"活动，进一步提升支农水平

组织举办股权合作洽谈会，全力推动县级联社股份制改革工作，为省属国有企业、优质民营企业参与县级联社股份制改革及时搭建交流合作平台

启动"农信村村通"工程，在乡村积极布放EPOS自助服务终端，使农民群众足不出村即可办理基础金融业务

组织举办业务技能比赛，提高员工业务技能

石家庄汇融

为了确保全年工作任务的圆满完成，樊浩峰行长2011年2月12日与各支行行长、部室经理签订目标责任书仪式

2008年3月26日，经中国银行业监督管理委员会批准，在原石家庄市区农村信用联社基础上改制设立的石家庄汇融农村合作银行挂牌成立，它是河北省首家获准开业的农村合作银行，是立足于石家庄市区，服务于区域经济的一家股份合作制银行。

石家庄汇融农村合作银行注册资本6亿元人民币，实行"三会一层"（股东代表大会、董事会、监事会、以行长为首的经营管理层）的新型法人治理结构，自主经营、自担风险、自负盈亏、自我约束。汇融银行股东由战略大股东中电投财务有限公司及金龙控股投资集团、广东银达担保投资集团、兰普电器有限公司、河北金源盛有限公司、石家庄新东方商务酒店有限公司、石家庄金世界城市广场投资有限公司、内蒙古乾方钢铁有限公司及辖内企业法人、工商户和其他社会自然人组成。现有员工800余人，下辖一家营业部、十三家支行、四十二家分理处、二十一家储蓄所，营业网点遍布石家庄市裕华、新华、桥东、桥西、长安五大城区，是一家经济效益好、信誉度高、综合实力强的金融企业。

石家庄市区农村信用社有着50多年的历史。50多年来，市区农村信用社一直伴随着石家庄城郊经济的发展而发展，为地方经济又好又快发展做出了贡献。特别是近几年，顺应石家庄城市发展的步伐，通过进一步加大信贷投放力度，培植出了年产土霉素近万吨，产量占世界二分之一强，产品远销欧、美等世界各地的石家庄华曙制药集团；年销售额3亿元以上，链轮、齿轮等产品年出口创汇达3100万美元，产量居亚洲之首的石家庄链轮厂；充分发挥地域优势，利用"城中村"改造优惠政策，大力打造"黄金商圈"，坐拥资产数十亿元的怀特集团；石家庄市最大"城中村"改造项目，位于平安南大街一中北侧，建筑面积达65万平方米的中基礼域住宅开发项目；地处省会最繁华地段之一，旧城区改造面积超10万余平方米，与南三条市场相呼应的大经街改造项目；全国十大集贸市场之一——新华集贸市场的重要组成部分金亿城服装批发中心；河北省餐饮业规模最大的连锁企业——新燕春集团；河北音像市场规模大，经营品种全，拥有33家营业网点的精彩无限音像连锁集团有

为了打通全员晋升渠道，汇融银行于2011年4月11日举办了后备干部演讲比赛

为提高员工营销意识，2011年2月13日对中层以上干部、客户经理进行对公营销培训

农村合作银行

限公司等一大批民营经济的龙头企业。

石家庄汇融农村合作银行将继续秉承农村信用社优良传统，充分发挥地方性股份合作制银行在地缘、人缘、机制等方面的特点和优势，以支持地方经济发展为己任，紧紧围绕“以市场为导向，以客户为中心”的经营理念，健全现代企业制度，依托现代科技手段，加快金融产品和服务功能的创新，突出个人业务、零售业务，全面服务百姓生活，努力向全国最好的股份制银行迈进。

石家庄汇融银行股东大会于2011年9月26日在河北省军区招待所胜利召开

为了提高全行员工吸储揽存工作的积极性，汇融银行举办了“百日创佳绩”活动。图为颁奖仪式

为了增强企业竞争力，提高员工业务素质，汇融银行举办了财务、信贷业务技术比赛

为庆祝中国共产党成立90周年，汇融银行于“七一”前夕举办了演讲比赛

PICC 中国人民财产保险股份

PICC PROPERTY AND CASUALTY COMPANY LIMITED

人保财险河北省分公司总经理　魏丙申

举行“客户节职场开放日”

中国人民财产保险股份有限公司河北省分公司（简称：中国人保财险河北省分公司）目前已为全省10万多个企业，100多万个家庭，260多万辆机动车、3000多万亩农作物和林木、90多万头各类牲畜办理了各种保险，为社会提供2.12万亿风险保障。仅自1998年以来，人保财险河北省分公司就处理各类保险赔案500多万件，共计赔款近400亿元。2011年，人保财险河北省分公司处理各类赔案66万多件，赔款49亿多元，为千千万万个企业和家庭及时提供了经济补偿，在经济生活中充分发挥了保险补偿作用和社会管理功能，有力地促进了河北省经济的稳定持续快速发展。中国人保财险河北省分公司注重保持公众公司形象，注重社会责任，努力为我省企事业单位、及城乡百姓提供更广泛的险种。公司在广泛开展企业财产保险、机动车辆保险等传统险种的基础上，不断开发适销对路的产品。目前，中国人保财险河北省分公司已开办的险种达600多个，涉及财产保险、机动车辆保险、责任保险、意外伤害保险、健康保险、保证保险等众多方面，最大限度地满足社会需求。中国人保财险河北省分公司还积极发展农村保险，积极承担社会责任，重信践诺，倡导优质服务，为农民提供必要的财产、人身保障，为建设新农村保驾护航。为了更好的为全省城乡百姓提供优质的保险保障服务，人保财险河北省分公司在全省系统启动了“金牌服务工程”，在全省开通了365天*24小时的全天候95518

人保财险石家庄分公司连续4年护航“正博会”

快速理赔“信发商厦”火灾受客户好评

有限公司 河北省分公司

专线服务电话，赢得了广大客户的赞誉。人保财险河北分公司连续六年被河北省委、省政府授予“民主评议行风优秀单位”，评议成绩始终位居行业第一；连续四年被省政府授予“金融贡献奖”荣誉称号；获得了“河北省服务名牌”和“河北网友最信赖的品牌”荣誉称号；在人保财险总公司委托第三方开展的2011年下半年客户满意度调查结果位列全国系统第一，在河北省保险行业2011年上半年“服务质量评价”中排名财险公司第一名，在河北保监局2011年两次车险理赔服务现场测评中均名列前茅。被河北省社会治安综合治理委员会办公室、见义勇为基金会授予“支持见义勇为、弘扬社会正气”荣誉单位，被河北省工商行政管理学会授予“2010－2011年度重质量守信誉优秀服务单位”。

深入到玉米受灾现场查勘受灾情况

河北省分公司开展“情系‘三农’、 保险下乡、真诚服务” “三下乡”宣传活动

召开小麦赔款现场兑现会

组织开开展“情系三农 保险下乡 真诚服务 真情回报塑造形象”主题活动

举办读书分享知识竞赛活动

与石家庄常山集团共同举办”人保财险杯“消防运动会

冀中能源

冀中能源股份有限公司是世界500强企业——冀中能源集团的核心子公司，总部位于河北省邢台市。1999年9月在深交所成功上市，股票代码000937，股票简称“冀中能源”。现有企业总资产380.5亿元，在册员工5万余人。公司下辖邢台、邯郸、峰峰、张家口、山西寿阳、内蒙六个矿区24座矿井，拥有7万吨玻纤原丝、300万吨水泥、150万吨焦炭和20万吨甲醇产能，控股一家上市公司——河北金牛化工股份有限公司，是以煤炭为主业，建材、化工、电力、物流等产业多元发展的特大型现代化能源企业。2011年，冀中能源股份有限公司多项经济指标再创历史新高。全年实现原煤产量3414.6万吨，营业收入375.7亿元，利润总额41.7亿元，实现了26年连续盈利。在2011年财富中文网发布的中国500强排行榜中位列第121位。

公司产品各类丰富，市场竞争力强。商品煤品种覆盖1/3焦煤、主焦煤、无烟煤等多个重要的工业用煤品种，是中国重要的焦煤生产基地；咏宁牌水泥为“中国著名品牌”；邢台金牛玻纤有限责任公司是环渤海经济带最大的玻璃纤维生产企业，产品远销西欧、北美、中东等地区。

公司大力开展技术创新，取得显著成效。急倾斜煤层综采、沿空留巷、下组煤开采底板加固及注浆堵水等多项技术，达到世界先进水平，综合机械化率达到100%。大力开展绿色生态矿山建设，首创矸石井下充填新技术，井下洗洗预排矸新技术、综合机械化充填开采新技术、保水开采新工艺，引领了绿色生态矿山建设的潮流。仅“十一五”期间，获得省、部级科技进步奖42项，国家技术发明二等奖1项，国家科技进步二等奖1项，90多个科技项目达到国际领先水平，邢台矿区被评为“全国首个中华环境友好煤炭示范矿区”，邢东矿建成了河北省首批工业旅游示范点，4个单位被评为

国家安全生产监督管理总局局长骆琳（左二）来冀中股份公司参观（左三为董事长王社平、右一为总经理祁泽民）

全国政协常委、中国煤炭工业协会会长王显政（中）到公司调研充填开采、低碳生态矿山建设情况（右一为董事长王社平）

6.5米一次采全高综采工作面，采煤技术国内一流

冀中股份公司东庞矿

井下预排矸系统

股份有限公司

生态矿山建设示范点，2011年9月28日，全国煤炭工业绿色开采生态矿山建设现场会在冀中能源隆重召开。

公司全面加强企业管理，积极推行精细化管理，深入开展安全质量标准化建设，全面推广卓越绩效管理，大力开展企业文化建设，全面导入质量/环境/职业健康安全管理体系，成为煤炭行业首个通过三大体系认证的企业，荣获“河北省政府质量奖”。安全生产形势持续稳定，安全生产水平全国行业领先。

河北省委副书记、省长张庆伟（右一）到冀中能源股份公司视察(左一为冀中股份董事长王社平)

公司先后荣获中国煤炭工业“科技进步十佳企业”、“煤炭工业节能减排先进企业”、“上市公司金牛百强采掘行业第一名”、“上市公司金牛奖综合百强企业”、“上市公司金牛奖收入百强企业”、“上市公司金牛奖市值百强企业”、“中国最具影响力企业”等多项称号，连续入选“深证成指”、“深证100”及“巨潮100”指数。

冀中能源股份公司获得河北省政府质量奖

冀中能源股份公司矸石充填技术国内首创

冀中股份公司邢东矿

公司大楼

中国500强企业

集团办公楼

河北敬业集团落于革命老区平山县，毗邻革命圣地西柏坡，是一家以钢铁为主业，兼营化工、酒店、房地产、贸易等的大型集团公司。主要产品为螺纹钢、中厚板、热卷板、水杨酸、阿斯匹林。现有员工15000名，总资产120亿元，已形成铁钢材各800万吨的规模，是全国最大的水杨酸生产基地。2011年集团实现销售收入426亿元，上缴税金6.3亿元，在中国500强企业名列234位，河北百强第6名，石家庄百强企业第一位，是河北省委常委、石家庄市委书记孙瑞彬的重点联系企业。集团曾多次荣获石家庄市30家重点工业利税大户、河北省百强企业、河北省百强民营企业、全国500强企业等荣誉称号。敬业集团创始人、董事长李赶坡先后荣获“第四届全国乡镇企业家”、“第五届全国乡镇企业家”、“河北省优秀乡镇企业家”、“河北省百名杰出企业家”、“石家庄市十大知名乡镇企业家”、“石家庄市十大经济风云人物”等荣誉称号。

敬业集团切实转变发展观念，加大节能减排和环境保护工作力度，不断淘汰落后装备和工艺，近年来在节能环保方面的投资近12亿元，包括：两座污水处理厂、除尘设备、煤气柜、5万千瓦煤气发电、余热发电、钢渣处理、矿渣微粉等项目，以上设施的完善使所有用水循环使用，不外排，粉尘全部达标排放，所有资源得到充分回收利用，集团及周边的环境状况得到了极大的改善，基本实现了“三废”回收再利用。

敬业集团坚持以市场为导向，不断优化产品结构，开发满足顾客个性需求的新品种，集团已成功开发了船板、桥梁板、锅炉板、压力容器板、抗震螺纹钢等高附加值品种。目前已获得中国船级社认证、欧盟CE认证、八国船级社认证，锅炉板系列、压力容器板系列认证，螺纹钢产品获得了中国冶金产品最高奖——金杯奖，产品畅销国内并出口到30多个国家和地区，参与到世博会中国馆、三峡工程、太原大剧院、太原火车站等国家重点工程建设中。

敬业集团十分注重企业文化建设，营造了“请人、留人、育人、用人”以人为本的企业文化，不断整合人力资源、打造学习型团队。目前，企业有来自全国各地的大学生3600多名，各类专业技术人员1000余名，高级职称35名，中级职称86名，各厂厂长全部是高薪外聘能人。为了留住人才，集团投资近5000万元建了四星级设施的专家公寓、200亩的绿地花园及健身房、

中板生产线

线材生产线

螺纹生产线

承德钢铁集

河北钢铁集团副总经理、承钢董事长 褚建东

承德钢铁集团有限公司（以下简称承钢）始建于1954年，是国家“一五”时期苏联援建的156项重点工程之一。1958年建起了小规模冶炼系统，1965年由国务院副总理李富春亲自挂帅，带领全国108名冶炼专家与承钢技术人员一起，在承钢一号高炉进行钒钛磁铁矿高炉冶炼技术攻关获得成功，解决了钒钛磁铁矿高炉冶炼技术的世界性难题，奠定了中国钒钛钢铁产业发展基础。这项技术于1979年获得建国以来冶金领域唯一的“国家科技发明一等奖”。

承钢班子合影

2006年1月，承钢与唐钢、宣钢组建成立了唐钢集团。2008年6月，唐钢集团与邯钢集团组建成立了河北钢铁集团，承钢成为河北钢铁集团一级子公司。

近60年来，承钢不断发展和完善钒钛磁铁矿的冶炼技术、钒的提取技术和加工应用技术，逐步形成了以钒钛产品和冶炼、轧制含钒钛低合金钢材为主业，冶、炼、轧、钒工序配套的钒钢生产体系。由于国家投入少，基本靠企业自我积累发展，到九十年代中期年钢产量一直在50万吨左右徘徊。到2000年，钢产量才突破100万吨，产钒渣5.2万吨。经过近年的技术改造，淘汰小高炉、小转炉和小烧结机等落后装备，承钢实现了一年上一个台阶。2004年产钢突破200万吨，产钒渣5.3万吨，2007年产钢突破400万吨，产钒渣12.1万吨，2009年形成钢产能800万吨、钒渣产能36万吨、钒产品产能3万吨规模，主体装备实现了大型化、现代化。拥有迄今为

承钢板带产品

承钢系列螺纹钢产品

钢铁有限公司

2011年，公司生产铁水852万吨，钢坯821万吨，钢材797万吨，均创历史最高水平。实现销售收入329亿元，利税20.56亿元，其中利润15亿元。销售利润率、资产负债率、成本费用利润率、资本收益率、三项费用等指标均处于行业先进水平。其中销售利润率4.56%，比全国大中型钢铁企业主业销售利润率高2.17个百分点。

截至到2011年年底，公司拥有总资产279亿元、净资产94亿元，职工14500人，名列全国民营企业500强第42位、制造业500强第28位。

热轧宽带钢

热连轧板带生产线

炼钢转炉

厂区绿化

唐山国丰

公司办公大楼

唐山国丰钢铁有限公司成立于1993年，是由国务院国资委下属的中央骨干企业——香港中旅集团有限公司与唐山市丰南区丰南镇经济发展总公司共同出资兴办的钢铁联合企业，注册资本12.38亿元（人民币），其中港中旅集团控股51%，丰南镇占股49%。

2003年10月，为了实现集中发展，规避低水平重复建设，在区委、区政府的积极推动下，国丰以资本为纽带，完成“三丰”整合（国丰、新丰、银丰钢铁、银丰烧结），被誉为河北省钢铁企业联合重组的开山之作，2005年又整体收购了唐山群利钢铁有限公司，从此国丰步入跨越式发展快车道。

厂区一角

企业整合以来，国丰先后投资140多亿元实施了装备升级、结构调整和技术改造，1450mm热连轧生产线等部分工艺装备达到了国内同行业先进水平。同时，淘汰小烧结、小高炉、小转炉等落后装备，共淘汰炼铁能力200万吨，炼钢能力150万吨。2011年，国丰又投资20.6亿元启动了南区综合技改工程，涉及料场改造、环保治理、节能减排、信息化升级、生活区完善、620mm带钢线以及厂区形象提升7大系统33个项目，到年底已竣工项目17个，230平方米烧结机脱硫、转炉余热发电、烧结余热发电、50MW煤气发电以及能源管控中心等一批节能减排项目相继投入运行，二次能源综合利用效率显著提高，全年循环经济创效2.9亿元。

板坯连铸车间

厂区全景

——河北敬业集团

游泳馆、图书馆等，为来自全国各地的技术、管理人才创建舒适的生活、学习环境。为不断提高员工素质，集团创办了职工大学，有针对性地开办不同专业不同层次的学习班，初中生上技校，高中生上大专，大专进修本科，不断提高员工素质，适应企业快速发展的需求。在用人机制上变相马为赛马，即在公开、公正、公平的原则下，提供目标、规则、场地，通过竞争机制出人才，干部全部竞争上岗，使人才自己掌握自己的命运。

敬业集团认真执行党和国家的各项方针政策，致力于企业的发展壮大，共安置劳动力15000余名，还带动了周边地区餐饮业、运输业的发展，间接安排就业2万余人，带动了一方农民致富。同时还积极参与修路、建学校、救灾、捐资贫困山区等公益事业，累计捐款达2亿元。

在“十二五”期间，敬业集团将做好三篇文章：搞好技能减排循环经济、对现有装备进行挖潜改造、变单纯的制作业为个性化加工配送服务，并逐步扩大非钢经济，培育新的效益增长点，年销售收入递增25%，在2015年底达到1050亿元，税金达到 16亿元。

集团厂区

150吨转炉主控室

集团厂区

螺纹钢产品

热轧卷板产品

中厚板产品

团有限公司

止世界上最大的冶炼钒钛磁铁矿的2500立方米高炉3座，世界最大的150吨提钒转炉1座，世界上规模最大的单体钒产品生产线。

承钢主要产品有长材、板材、钒产品、钛产品四大系列。长材主要有含钒低合金螺纹钢、高速线材、圆钢，主要用于建筑和机械行业，Ⅲ级螺纹钢筋（HRB400）、Ⅳ级螺纹钢筋（HRB500）、高强抗震钢筋（HRB600）和盘螺等产品广泛用于高铁、核电站、电视塔、奥运会馆等国家重点工程。板材主要有热轧卷板、热轧中等宽度带钢等优质钢材系列产品，主要品种有管线钢X70、石油套管L360、汽车箱体C600XT、汽车大梁钢510L等，主要应用于汽车、机械、建筑、桥梁等制造业。钒产品主要有五氧化二钒、三氧化二钒、50钒铁、80钒铁、氮化钒、高纯粉剂钒等钒系列产品，钛产品主要有高、低品位钛精粉等，应用于冶金、化工、陶瓷等领域。

承钢总经理　王竹民

承钢文化生活

承钢是中国钒钛磁铁矿冶炼和钒提取加工技术的发祥地。率先在我国研制、供应含钒新Ⅲ级螺纹钢筋，成为我国螺纹钢筋升级换代的先导企业。2011年，承钢率先研发HRB600高强抗震钢筋，填补了国内空白，推动了国内建筑钢材升级换代的步伐。承钢是中国最大钒产品生产企业，“鸡冠山牌”钒产品产量占国内产量的35%，占世界产量的16%，其中粉剂钒占国内产量的65%。销往亚、欧二十几个国家和地区，被墨西哥国际市场研究会评为“国际质量钻石星奖”。

五氧化二钒（片）

氮化钒

承钢热轧卷板1780生产线

承钢绿色厂区

石家庄北国

2008年北人集团向汶川灾区捐款100万元

北国公益 百名主持人义卖

石家庄北国人百集团成立于2000年7月4日，是一家跨区域、多业态的大型连锁商业企业，集百货、超市、家电、珠宝以及租赁会展五大业态于一身，总门店数量超过150家，是河北省商贸流通领域重点骨干、省市政府重点扶持的大型零售集团，也是河北商业首家"百亿级企业"，位列中国企业五百强。2003年北人集团跻身中国商业零售十强并荣获"河北省诚信示范单位"；2006年，北国商城荣获全国"百城万店无假货"先进单位；2007年、2009年、2011年，北国商城三次跃居全国零售单店第五名；2010年，北人集团、北国商城双双获得全国"冠军之星企业"大奖；2012年北人集团荣获"全国五一劳动奖状"。

从10.8亿元起步，北人集团年销售额每年以超过35%的速度增长，2011年实现销售218.7亿元。目前，北人集团在石家庄、保定拥有12家购物中心或百货店，拥有大型超市和便利店25家，拥有电器连锁门店市区9家、县乡12家，拥有珠宝品牌连锁店逾70家以及会展仓储业5家，员工总数3.8万人，总营业面积超过105万平米，经营网点遍及河北、河南、山西、山东、内蒙古、北京及天津七省（市）23座城市。

北国百货秉承"出售时尚与文化，赢得厚爱与永恒"的宗旨，从年轻时尚的MALL到全国一流的购物中心，全部囊括。北国超市平抑物价、保障民生，多举措确保食品安全，拥有90个农超对接基地，并建成2.5万平米的果蔬配送中心以及现代化食品加工基地，覆盖省会500多个小区，拥有120万忠实会员，深受百姓信赖与爱戴。北国电器发展至今，电器事业部与电器总公司紧密结合，分别锁定城市与乡村，树立家乡品牌，繁荣农村经济，以石家庄65%以上的市场份额，稳居河北电器区域零售企业首席。北国珠宝创国内零售企业品牌规模连锁之先河，

2011年北人集团阳泉北国商城开业

北人集团社区百货 贴近百姓

人百集团

逾70家门店构建京、津、晋、冀、鲁、豫、蒙网状连锁布局，专业品质、稳健发展，是北人集团勇闯全国的先锋！会展租赁业态，刺激贸易，促进流通，填补了石家庄会展业的空白，已逐步形成一种会展经济。

扎根燕赵沃土，感恩社会恩泽，北人集团提倡社会效益高于企业自身利益，不遗余力为建设幸福城市增砖添瓦。促进商贸流通，传递国际风尚，繁荣乡村经济，缓解就业压力。同时，北人集团关爱弱势群体、关注公益事业，倡导环保、倡导节约，从印度洋海啸到汶川地震，从建设希望小学、资助贫困大学生，救助孤寡，连续3年向市区特困低保家庭发放过冬白菜……北人集团用实际行动履行社会责任。

北人集团每年一度的北人功勋奖大会

目前，北人集团正在筹备以北国股份A股上市。未来三年，北人集团将在2011年开疆拓土的基础上，以石家庄为中心，冀中南为重点，辐射华北，进军全国，全力扩大企业规模，同时，将在原有传统的五大业态的基础上，积极发展电子商务，运营商业管理公司，组建农产品市场，探索新兴领域，开发市场蓝海。到2015年，北人集团年销售额将实现500亿元，成为国内具有较大影响力的大型商业集团和上市公司！

北国百货 传递世界风尚

北人集团是周大福珠宝全国最大的代理商

北人集团是驻石部队规模供应商

北国超市 老百姓身边的好邻居

北国电器 家乡人一辈子放心的选择

河北省国控矿业

公司党委书记、董事长　付存利

公司领导与邢台市安监局领导一同为“安全知识竞赛”获奖选手颁奖

河北省国控矿业开发投资有限公司（简称国控矿业）是经省政府批准，在省国资委的统一组织下，于2008年由河北省国有资产控股运营有限公司联合邯郸钢铁集团有限责任公司共同组建成立的。公司注册资本2.565亿元。省政府赋予公司的战略定位是“整合全省分散矿产资源，提高国有资本的资源掌控力，服务我省大型钢铁企业”。在2010年的全省“两会”上，《省政府工作报告》明确提出要“培育壮大国控矿业公司，推进全省资源整合工作”。

公司成立三年多来，在上级及各方的大力支持下，经过艰苦努力，成功整合了多个矿产资源项目，实现了快速发展---公司现有金石矿业、金源矿业、金山矿业、汇正工程技术、金地矿业咨询有限公司等五家全资及控股子公司，另有承德铜兴矿山工程有限公司一家参股公司。截至2011年底，资产规模从成立之初的1亿元增长到7.33亿元，净资产达到4.75亿元，掌控资源量达到3.2亿吨（不包括已协议重组的煤矿资源）。2011年公司实现营业收入1.28亿元。

在“十二五”开局之年，基于当前实际状况，公司致力于推进“短平快”项目，着力提升盈利能力；着眼于通过探矿和争取协议配置来实现低成本扩张，在资源布局中实施以有色产业为龙头，同时掌控铁矿资源、整合煤炭资源的“三位一体”发展战略：

构建承德有色金属矿产基地。公司计划在整合承德小寺沟铜

公司运动会上职工奋勇争先

公司开展“今冬送暖”助教公益活动

开发投资有限公司

钼矿的基础上，集约利用周边有色金属资源以及张家口、保定等地的铜钼铅锌乃至金银等矿产资源，构建一个立足承德、涵盖全省、辐射华北的大型有色金属产业基地。项目总投资预计15亿元，目标年产值达到100亿元、年利润总额10亿元，上缴税费5亿元。

金山公司“技能比武”中的获奖职工笑逐颜开

综合规划建设邯郸市胡峪工业区。利用南李庄铁矿、胡峪东南矿及其紧邻的丰富煤矿资源，创建集铁、煤等资源为主导的新兴工业区。南李庄铁矿和胡峪东南矿位于邯郸县和武安市交界处，相距仅1公里。两矿共计拥有铁矿资源储量4500万吨，石膏矿1亿吨。“十二五”期间，公司计划投资10亿元，建成一个年处理铁矿石180万吨、年产石膏矿250万吨的综合性大型铁矿、煤矿及石膏矿深加工工业区。实现年产值12.27亿元，利润总额3.66亿元。

金地公司职工开展野外勘察

大力实施人才兴企战略，创新管理机制。紧紧抓住引进、培养和使用三个关键环节，使人才“引的进，留的住，用的好”，为公司整体形成“找矿探矿、评价设计、基建施工、采矿选矿、物流配送”的全产业链业务结构提供充足的智力支持和人才保障。按照扁平化管理的原则，进一步优化完善组织机构，深化权责清晰、责任明确、运行顺畅、监督有力的经营体制和运行机制。

公司计划到“十二五”末，控制各类矿产资源8亿吨，实现资产总额70亿元，年营业收入50亿元、利润总额7亿元以上。形成“生产一批、建设一批、勘查储备一批”的梯次资源格局；秉承“安全、效益、全面、可持续”的企业发展理念和“安全、绿色、科技、效益”的特色办矿模式。着力打造“河北大有色产业”，最终实现规模大、效益好、技术精、特色鲜明的企业目标，成为集“探、采、研”相结合、“煤、铁、有色”于一体的大型综合性矿业开发投资集团。

金源公司南李庄铁矿实施帷幕注浆工程

金石公司闫庄铁矿35KV变电站一角

汇正公司开展竞聘上岗

冀中能源

河北省国资委副主任刘清芳视察老母坡矿区

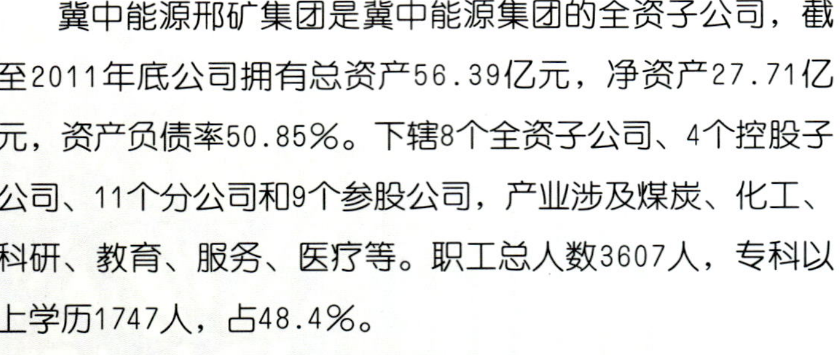

冀中能源邢矿集团是冀中能源集团的全资子公司，截至2011年底公司拥有总资产56.39亿元，净资产27.71亿元，资产负债率50.85%。下辖8个全资子公司、4个控股子公司、11个分公司和9个参股公司，产业涉及煤炭、化工、科研、教育、服务、医疗等。职工总人数3607人，专科以上学历1747人，占48.4%。

按区域划分，邢矿集团所属产业地跨河北、内蒙、山西、新疆四省区。在河北，主要以非煤产业为主。金牛钾碱分公司氢氧化钾单厂产能8.2万吨，连续三年被评为中国化工企业500强；天津金牛电源材料公司是我国唯一一个拥有锂盐自主研发和生产的高新技术企业，也是世界上知名的五大锂盐生产商之一；邢矿硅业公司拥有2台年产能1万吨的三氯氢硅合成炉，单套装置全国规模最大；河北煤炭科学研究院是河北省唯一的煤炭研究机构，设有河北省防治水中心和全国柴油机械防爆检测检验中心。在内

邢矿集团高级技校获得“冀中工程技师学院（本科）”、“国家二级安全培训”办学资格

河北邢矿硅业科技有限公司

办公大楼

邢矿集团

蒙，拥有22亿吨优质煤炭资源，正在建设“煤电化路”一体化的大型煤炭生产基地。其中，产能为600万吨/a的城梁煤矿马上开工建设，计划2014年投产运营。与香港华润集团合作建设的2×350MW电厂已于2009年并网发电。五原“3052”化肥项目于2010年奠基，正在建设当中。参股5%的鄂尔多斯沿河铁路部分路段已建成通车。在山西，拥有煤炭资源整合主体资格，并整合了古县5号和3号规划区，获得焦煤储量7150万吨。当前，3号、5号规划区正在进行60万吨技改，预计5号规划区（老母坡矿）2012年底前正式投产运营，3号规划区（金谷煤业）2013年底前正式投产运营。在新疆，一方面，与美克集团达成合作意向，拟合作开发新疆巴州2亿吨煤炭资源，建设一座年产120万吨的大型矿井。另一方面，积极争取罗南5000平方公里钾盐资源，进一步延伸集团公司钾化工产业链。

2010年11月19日，冀中能源邢矿集团内蒙古五原煤化项目开工奠基仪式

邢矿集团天津电源材料作为全国唯一一家拥有自主知识产权的锂电材料生产企业，产品在国内市场占有率达到了30%，雄居全国第一

总医院骨科被列入“河北省重点发展学科”，医疗救援中心大楼正在加紧建设，为打造冀南一流强院奠定了坚实基础

冀中能源邯郸矿

邯郸矿业集团董事长　班士杰

团结奋进的邯矿集团领导班子

邯矿集团董事长班士杰到井下现场办公

邯郸矿业集团有限公司（简称邯矿集团）是冀中能源集团的子公司，成立于1958年4月，原为煤炭部直管，1998年8月下放河北省管理。2002年12月，改制为邯矿集团。2004年2月，与张家口盛源矿业集团有限公司进行跨地区联合重组。2005年12月，邯矿集团与邢矿集团联合，组建河北金牛能源集团有限责任公司，现为冀中能源集团的子公司，拥有邯郸和山西两个矿区，拥有6个全资子公司，7个控股子公司，5个参股子公司，10个分公司，从业人员19000余人。主要产品生产能力为：原煤1800万吨/年，精煤700万吨/年，玻璃纤维10000吨/年，发电11亿千瓦时/年，焦炭60万吨/年。邯矿集团是全国重要的无烟煤生产基地之一，品种包括块煤、精末煤、精粒煤、无烟混煤、电煤等，具有低磷、低硫、低灰、低挥发份特点，是冶金、发电、化工、建材及民用优质原料和燃料。企业曾荣获国家科技进步二等奖、中国企业信息化标杆企业、全国企业文化建设优秀单位、河北省明星企业、河北省思想政治工作优秀企业、AAA+级河北质量信用企业等荣誉称号。

2011年，公司牢固树立科学发展观，以“调结构、促升级、增效益”为主线，实施精煤战略，投资6400多万元，新建、技改5个洗煤厂，全公司原煤入洗率达到80%，提高收入10亿元。物流产业规范业务流程，努力扩大经营范围，收入完成190亿元，同比增长1倍。节能减排圆满完成年度考核指标，获河北省“双三十”考核双优单位。云驾岭煤矿数字化矿山建设起步良好，综合数字化平台顺利建成，实现了生产管理的自动化、信息化、数字化。产品和产业结构得到优化，赢利利水平不断攀升，全公司利润再创历史新水平。企业实现了规模和效益齐步同升，综合实力和社会影响力进一步增强。

邯矿集团“百日万人解放思想大讨论”活动蓬勃开展

邯矿集团山西金地循环经济园区洗煤厂

邯矿集团安全月活动启动仪式

业集团有限公司

全面预算管理持续深入，有效地控制了生产成本，全公司煤炭单位成本控制在380元/吨以内。资金管理不断加强，严格资金审批和支付顺序，多渠道筹集资金，金地公司10亿元融资顺利到位，保证了生产经营和项目建设需要。

牢固树立“科技兴煤、科技兴安”的指导思想，围绕制约矿井安全生产、上产提效等系列技术难题，组织强有力的攻关队伍，积极与科研院校合作，加大科技攻关力度。确立瓦斯综合治理、高水材料充填、薄煤层自动化开采、特厚煤层综采、洗选工艺等10余项研究课题，基本掌握了一批在全国采掘业处于领先水平的核心技术。

紧紧把握全省整合地方小煤矿的战略机遇，按照“找煤扩量、挖潜增效、解放资源，稳定规模”的发展思路，打破常规，采用买断、控股等多种方式，实施煤炭资源扩张。在邯郸本部，对太行、招贤、周庄整合方案已经通过专家组审查备案，并且成功组建了太行矿业公司，矿井技改工作正有序展开。原临漳煤矿依法进行了破产，正式并入邯矿集团。武安市境内贺庄、金铭煤矿列入邯矿的整合名单，正在跑办当中有关整合手续。同时在冀中能源大力支持下，先后成功重组保定碳灰铺、灵山一号、灵山三号等5个地方煤矿，成立了炭灰铺煤矿筹备处，研究制定了保定地区矿井技改方案。同时，成立三个项目攻关小组，确立山西、青海、新疆等富煤省份整合方向和重点，千方百计争取更多的资源，为企业长远发展筑牢根基。通过省内和域外煤炭资源的整合重组，邯矿集团的资源储量大大增加，为建设百年邯矿打下了坚实的物质基础。

冀中能源董事长王社平参观邯矿集团

感动邯矿十大矿工颁奖仪式

邯矿集团棚户区奠基仪式

建设中的邯矿集团安全生产调度中心

邯矿集团云驾岭矿洗煤厂

冀中能源

2008年8月5日，河北省政府副秘书长于万魁和冀中能源集团董事长、党委书记、总经理王社平为冀中能源井矿集团有限公司揭牌

冀中能源井矿集团是冀中能源集团全资子公司，前身为井陉矿务局，从1898年建井开采至今已有110多年历史，曾以盛产优质主焦煤著称全国，六十年代主焦煤和冶炼精煤产量分居全国煤炭行业第二位、第六位。2006年6月16日与河北金能集团（冀中能源集团前身）联合重组，2008年完成整体改制，2008年6月冀中能源集团成立，成为其子公司。

“十一五”期间，井矿集团在省国资委和冀中能源集团的正确领导下，坚持以科学发展观为指导，通过解放思想、挺进山西扩张资源、深化内部改革、实现全局整体改制、制定“三步走、翻两番，再造新井矿”发展战略、着力建设三大基地、推行精细化管理等一系列发展举措，着力推进资源枯竭型矿山的转型发展，使百年井矿在发展方式上实现了三大转变，取得了八大历史突破，迈上了科学发展的快车道。2011年，井矿集团立足新起点、开启新征程，科学谋划“十二五”发展规划，坚持“以煤为主、扩展多元”发展战略，推进产业结构优化调整，抢抓机遇建设三大基地，千方百计调结构转方式，深入开展“质量效益年”活动，全面提升发展质量，继续保持了良好的发展态势，实现“商品煤销量过千万吨、销售收入过百亿元”目标，七项指标再创历史新高，取得了“十二五”良好开局，向建设千万吨能源强企迈出了坚实的第一步。

集团煤炭生产基地

煤炭主业加快发展。大力实施“稳定老区、向外扩张”资源战略，统筹推进煤炭生产、扩能技改、资源整合，培育发展优势，增强发展后劲，煤炭主业呈现新活力。在稳定老区方面，努力挖掘潜力，解放煤炭资源，建设元氏矿业南三采区，启动三矿复产工程，实施充填开采项目，延长了老矿服务年限。抢抓河北省煤矿企业兼并重组的政策机遇，成功重组了临城县5个地方煤矿，技改后可形成100万吨产能。在对外扩张方面，先后重组了山西左权天一煤业、天达煤业、佳新能源三座矿井，以“以矿养矿”的模式打造晋中煤炭生产基地，扩能技改工作稳步推进，600万吨生产能力设计已获得批复。

物流产业取得突破。充分发挥井陉老区区位优势，积极盘活专用铁路线、铁路中转站等生产要素，建设完善储、装、配、运系统，建立以煤炭运销分公司为主体，其他物流单位为依托的区域联合体，构建河北西部煤炭配送集散中心，走出去跨区域发展物流业务，实现“企业物流”向“物流企业”的转变。煤炭物流经营规模

集团煤炭物流基地

段家楼

花园式社区

井矿集团

快速提升、物流总量大幅增长，全年完成煤炭物流700万吨，实现物流收入67亿元，同比分别增加134万吨、10亿元。

矿工万岁雕塑

煤化工产业稳中求进。坚持把煤化工基地建设作为稳定老区、复兴老区、发展老区的重要举措。在焦化厂实现煤气发电、供暖的同时，积极谋划推进焦炉煤气制天然气项目，完成了可研报告、专家评审及有关手续办理，签署了合作协议，煤化工产业链延伸的前期准备工作有序推进，预计今年竣工试生产。项目建成投产后，实现销售收入28亿元，利税5.3亿元。每年可消减二氧化碳排放60多万吨，二氧化硫2300多吨，相当于植树355万棵，经济效益、环境效益和社会效益非常显著。积极实施硝盐生产线改造，生产规模居华北第一、全国第二，产品辐射国内13个省、4个直辖市，并远销日本、尼日利亚、蒙古、南非等国。

集团标志性建筑——皇冠塔风光

转变增长方式彰显成效。坚持以“提质增效”为目标，大力开展“质量效益年”活动，组织开展全员质量承诺，以提高工作质量促进产品质量提升，以提高产品质量促进经济效益提升，实现经济增长方式的转变。大力实施精煤战略，加强生产矿井源头管理，研究改进采煤工艺、煤层搭配等技术，严抓矸石分装分运，原煤质量实现大幅提升。加强洗煤厂标准化建设，持续优化洗煤工艺，原煤入洗率和精煤回收率不断提高，精煤产量同比增长8.6%。物流单位积极开发精煤业务，提供优质高效产品，实现物流利润3000余万元。通过实施精煤战略，在去年市场整体偏紧、原材料价格大幅上涨的不利情况下，利润同比增长近5个百分点。努力提高非煤发展质量，积极调整焦炭结构，提高副产品质量，促进了新晶焦化扭亏。实施硝盐生产线改造，硝盐产量、质量有了明显提升。通过开展“质量效益年”活动，实现提质增效，全年多创效5000多万元。

集团企业风貌

集团煤化工基地

中电投河北

CHINA POWER INVESTMENT

总经理 安建国

中电投河北电力有限公司（简称中电投河北公司），成立于2010年7月9日，全面负责管理中国电力投资集团公司在河北境内拥有的资产和股权，并受托管理东方热电集团公司及东方热电股份公司。

公司本部设立13个职能部室，分别是办公室、计划发展部、人力资源部、财务部（资本市场与股权部）、政策与法律部（体改办）、生产技术部（科技信息部）、工程管理部、市场营销部、燃料与物资部、安全与环境保护监察部、审计与内控部、政治工作部（工会办公室）、监察部。

公司所属16个单位，其中全资公司3个：中电投廊坊热电有限公司、中电投潮白生物质发电有限公司、中电投张家口新能源发电分公司；控股公司3个：石家庄良村热电有限公司、中电投张北风力发电有限公司、中电投石家庄供热有限公司；委托管理企业2个：石家庄东方热电集团有限公司、石家庄东方热电股份有限公司；区域及直管项目单位8个：承德新能源发电项目部、秦皇岛新能源发电项目部（与承德项目部合署办公）、保定新能

团结合作的领导班子

张家口分公司开展庆五一趣味活动

张家口分公司风电场

二厂厂区

电力有限公司

CORPORATION HEBEI POWER Co.,Ltd.

源发电项目部、沧州渤海新区综合能源项目部、新项目开发部、北郊热电项目部、新乐热电项目部、宁晋热电项目部。

公司成立以来，认真贯彻科学发展观，紧紧围绕中电投集团“三步走”发展战略，结合河北省建设经济强省、和谐河北的战略规划，以“建设区域清洁型能源企业”为目标，按照“坚持一个理念，打造三个基地，用好三个资源”的发展思路及“一年起好步，三年打基础，五年上台阶”的发展步骤，全力加快项目发展，狠抓生产经营管理，着力强化管控改革，全面维护和谐稳定，公司热电联产基地、清洁能源基地及综合能源基地建设取得了重大进展，胜利完成了“一年起好步”的既定目标，初步实现了由单一的热电企业向热电、新能源及综合产业并举的清洁型能源企业的转变。截至2011年底，公司资产总额51.43亿元，总装机容量100.9万千瓦，总工业热负荷666t/h，供热面积3024万平方米，职工总数3660人（含东方热电）。

党委书记甄秀兰带队作客市电台新闻882行风热线

东方热电检修公司在诚峰检修

中宝风电场运维人员定期检查设备

良村热电公司升压站

1号站供暖设备

河北渤海投资集团有限公司

公司董事长　杨树增

河北渤海投资集团有限公司（简称渤投集团公司）是隶属沧州市政府管辖的国有公司，市政府授权渤海新区管委会管理，渤海新区建设的投融资平台。主营业务为涉及港口建设的重大产业结构调整和土地、能源、交通等需要政府控制的投融资项目。公司总部设综合管理部、发展策划部、资金管理部、工程管理部、土地经营部、资产管理部等部及相关项目部。总部员工50人，其中博士1人、硕士1人，中高级职称以上人员18人，注册会计师、二级建造师职业资格以上人员5人。

航运中心效果图

公司前身为沧州港口投资开发有限公司，2005年4月28日正式挂牌成立，注册资本1000万元，由沧州渤海新区土地交易中心（原黄骅港开发区土地储备中心）、沧州市建设投资集团公司、沧州市黄骅港务局共同出资组建。2006年4月18日完成第一轮增资扩股，各股东共同增资至3000万元。2007年12月3日，公司正式更名为河北渤海投资有限公司，注册资本增至2.5亿元。2010年，公司与沧州市建设投资集团公司共同注资沧州市黄骅港务局，组建沧州港务集团有限公司，成为沧州港务集团有限公司控股股东，持股比例75%。2012年3月23日，河北渤海投资有限公司更名为河北渤海投资集团有限公司，注册资本增至20亿元。

已建成的化工管廊一期

公司自成立以来，在沧州市委、市政府和新区党工委、管委会的正确领导下，秉承“创新、务实、廉洁、高效”企业精神，努力服务于新区“港、产、城”建设三大战略任务，承担了为综合大港和新区基础设施融资重任。公司实力明显增强。截至2011年底，资产总额175.62亿元，同比增长25.3%，较2008年底增长12.2倍；归属母公司所有者权益37.25亿元。同时，公司的产业投资领域不断拓展，已拥有11家全资和控股公司、5家参股公司，经营领域涉及港口开发建设、市政建设、化工管廊、土地整理、船舶燃料供应、弱电建设经营、绿化、房地产开发、物流、燃气及人力资源开发等方面。先后获得2010年河北省政府综合大港建设先进集体，沧州渤海新区2010年度、2011年度开发建设特殊贡献奖荣誉。

公司控股公司海丰公司油品库区远景

投资建设并已通车的12号路

开滦集团国际物流有限责任公司

KAILUAN GROUP INTERNATIONAL LOGISTICS CO.,LTD

开滦集团国际物流有限责任公司是开滦集团所属全资子公司，是开滦集团主要支柱企业之一，是生产服务性、综合服务型物流企业，是开滦物流产业发展的突出代表。

开滦集团公司副总经理 吴爱民

公司下设铁路运输分公司、港口储运分公司、进出口分公司、中煤物资分公司、开滦物流中心、汽车运输分公司6个分公司；代表集团公司管理香港公司、香港国际公司、唐山曹妃甸动力煤储配有限公司、唐山湾炼焦煤储配有限公司、通达物流公司、沙钢能源公司、华南公司、宁波公司、上海贸易公司等9个全资或多元控股子公司。运营网络分布于东北、华北、华南、华东、西北和香港等地区。经营范围涵盖国内外煤炭流通加工、物资分拣、加工、仓储、配送，铁路、公路运输、港口储运中转、进出口贸易、物流园区、电子商务、船代、货代等业务；服务于煤炭生产、洗选加工、煤机制造、冶金、焦化、电力、化工等供应链上下游客户。公司基础设施齐全，拥有自营铁路线路和内燃机车资源，年运输能力5000万吨以上；拥有丰富的仓储资源、专业运输车队、配煤加工场地及设施、国家二级质检化验机构。

2011年，国际物流公司着眼于做大做高做强物流产业，公司体制、机制得到健全，构建了公司机关“九部一室”管理格局和“两港”公司“三部一室”管理框架，组建了海运公司和交易市场筹备组，建立健全了《国际物流公司预算管理办法》、《安全生产考核奖惩办法》等75项管理制度，实现了公司的科学规范运作。

坚持在建、可研和谋划项目同步实施，其中“两港”储配煤基地项目完成了土地整理和部分设备招标，钱家营快装线项目具备了精煤快装条件；大宗商品交易市场、海运公司等项目已完成可研；唐山空港物流项目总体规划和论证有序推进。注重发挥多元子公司在行业、区域、人才、资金以及管理等方面的综合优势，不断拓宽合作空间和业务领域。全年多元公司实现销售收入134亿元，获利2174万元，分别占公司营业收入总数的27.8%和34%，形成了分（子）公司竞相发展的局面。

2011年是国际物流公司做为开滦集团公司全资子公司独立运转的第一年，全年营业收入完成482亿元，为开滦物流产业以及开滦转型发展做出了突出贡献。同时，国际物流公司影响力实现了新的提升，先后获得“全国物流行业先进集体”、“全国制造业与物流业联动示范企业”、“最佳创新能力物流企业”、“全国先进物流企业”、“2011中国物流信息化十佳应用企业”、“中国能源物流最佳示范基地”、“中国能源物流最佳企业”以及“中国供应链管理杰出服务商”等荣誉称号，公司的稳步健康发展为能源企业“调结构、转方式”探索出了一条特色之路，并成为了行业的标杆。

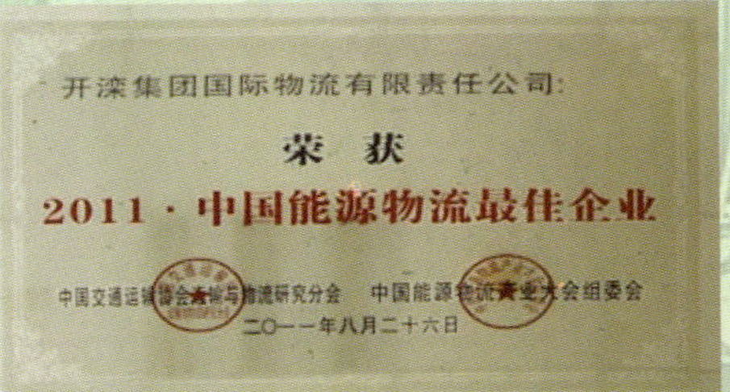

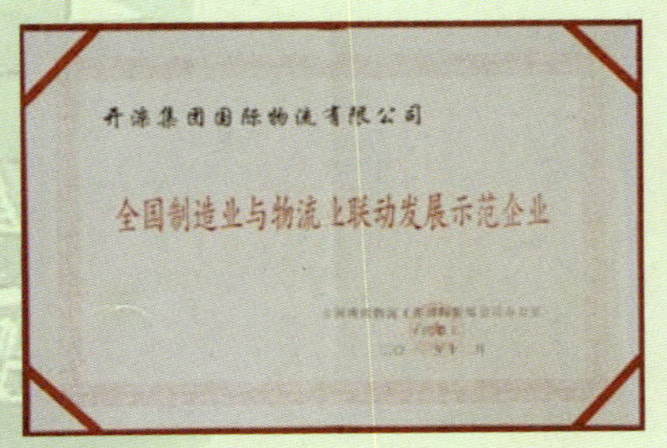

沧州港务集团有限公司

公司董事长　杨树增

沧州港务集团有限公司是按照河北省人民政府确立的“地主港”管理模式，根据沧州市人民政府的决定，由“河北渤海投资有限公司”和“沧州市建设投资有限公司”注资“沧州市黄骅港务局”，于2010年9月注册成立的大型国有独资企业。2011年6月24日，经工商等有关部门批准，由“沧州港务有限公司”正式更名为“沧州港务集团有限公司”。公司注册资本金7.2亿元人民币，是一家以港口经营开发为主，汇集航务工程、码头经营、航道疏浚、城建开发、劳务派遣、船务代理、船舶综合服务等多个产业为一体的综合性集团企业，旗下拥有7家全资、2家控股和1家参股子公司，在岗干部职工410多人，目前集团公司资产总额已达72.6亿元。

2011年9月5日，河北省委副书记、省长张庆伟视察黄骅综合大港

作为黄骅港综合港区、散货港区和河口港区的唯一业主单位，集团公司全体干部职工始终坚持以“打造现代化一流港口”为已任，科学实践“地主港”管理模式，全面致力于三个港区的开发、建设和经营。目前，在黄骅港综合港区一期工程建成44公里10万吨级航道、4个10万吨级通用散杂和4个集装箱泊位的基础上，深入贯彻落实河北省、沧州市及渤海新区的统一部署，全力推进“河北省重点工程　黄骅综合大港二期工程”。在二期工程开工仪式上，省领导明确指出：“黄骅综合大港二期工程是河北省打造冀中南区域发展增长极和隆起带的又一重大举措，黄骅港将向着多功能、现代化的综合性大港，向着真正意义上的‘亚欧大陆桥新通道桥头堡’迈出极为重要的一步。”黄骅综合大港二期工程主要包括20万吨级航道、5至20万吨级煤炭、通用散杂货、矿石、集装箱、液体化工、成品油等专业化泊位、2条铁路、2条高速公路等一系列建设项目，总投资1000多亿元。

省市领导为综合港区二期工程奠基

一期通用散杂货泊位

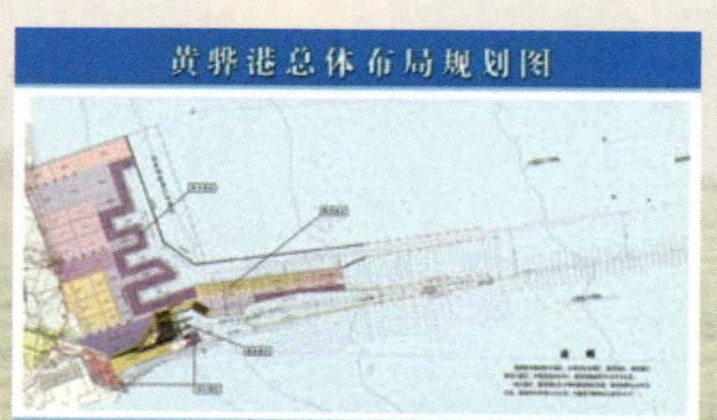

黄骅港总体规划布置图

河北博纳德能源科技有限公司

河北博纳德能源科技有限公司是专业从事地源热泵系统及纺织行业空调设备的集研发、生产、销售、服务、设计、安装于一体的高科技企业，属河北省重点项目。公司位于河北省晋州市纺织工业园区，成立于2009年5月14日，注册资本1000万元人民币，占地127.6亩，一期投资1.1亿元人民币。公司技术力量雄厚、研发能力强，现有各类中高级技术人员40多人，中级技术职工200人，拥有国内外最先进的、成熟的地源热利用技术。公司先后与德国纽伦堡博纳德地源热泵研发机构、德国西门子公司等精诚合作，引进国外先进技术，不断推出高性价比的系统节能解决方案。同时有河北工业大学、天津大学大专院校（所）的强大理论和技术支持，并在公司设有工作站。公司拥有合肥通用所设计承建的国家级大型水源热泵测试实验中心及国家二级机电设备安装资质，业已成为国内地源热泵系统，射流式大空间节能空调，风机盘管，新风机组及纺织行业空调设备的大型研发和生产基地。

刘树旗董事长致辞

能源是国民经济的基础，是综合国力的有机组成部分，也是经济社会可持续发展的重要制约因素之一。而地源热泵系列产品是目前国家大力推广、财政补贴的高科技、绿色环保型产品，有着广阔的发展前景和良好的社会效益。较之传统的燃煤锅炉，地源热泵系统系列产品具有独特的优势：环保、清洁、安全、能耗低、寿命长（传统锅炉的3-5倍），24小时保持恒温、运行和维护费用低等。

面向未来，公司将以科学发展观为指导，解放思想、坚定信心、抢抓机遇、加快发展，以“继承、开拓、务实、高效”的工作方针，落实效益、创新两大任务，坚持又好又快的发展方式，抓好经营质量、劳动效率、技术创新、执行能力、企业和谐五大重点，以优秀的业绩回报客户、回报员工、回报股东、回报社会，为经济和社会发展做出新的贡献。

2011年12月15日，石家庄市委副书记，市政府党组书记、市长姜德果到公司调研

河北省省长助理江波、石家庄副市长王大军到公司考察

办公楼外观

厂房全景

神华黄骅港务

进场车流

神华黄骅港务有限责任公司（以下简称黄骅港务公司）成立于1997年，为神华集团有限责任公司的控股子公司，是神华系统工程重要组成部分，负责国家西煤东运第二大通道出海口。主要承担神华煤炭下水转运任务，经营煤炭、杂货和油品等接卸业务。

上世纪80年代初，国家决定采用矿路港一体化的模式开发神府东胜煤田，在渤海湾建设大型煤炭下水港。历经12年比选论证，最后确定黄骅港为出海口。1997年9月，国务院正式批准黄骅港开工建设，2001年11月开港运营，经过15年的持续开发，现已逐步发展成为以煤炭装卸为主，兼顾散杂货、油品的亿吨级大港，是国内仅次于秦皇岛港的第二大煤炭输出港。2009年，张喜武董事长曾亲自组织调研、测算，对神华煤而言，从黄骅港下水一吨煤，比秦皇岛港、天津港可节约60元和40元，综合效益十分明显。在集团公司高效组织下，公司充分发挥“资源共享、深度合作、协同效应和低成本运营”的枢纽作用，努力克服冰凌、天气等困难，全面加强重车接卸、船舶周转、设备养护等关键工作，坚持以黄骅港煤炭下水量的最大化来支持神华整体效益、效率的最大化。三年来，企业生产效率显著提升，其中翻车机使用率由41.3%提升至49.6%；装船机使用率由53.3%提升至56%。2011年黄骅港人均效率达到316.7万元/人年，较2009年增长28.6%，位居国内港口行业第一名。

黄骅港务公司现有资产75亿元，员工690名。拥有可供开发建设的海岸线12.5公里，陆域面积11平方公里，水域面积6.8平方公里。已建成煤一期工程、煤一期扩容完善工程、煤二期工程、煤二期扩容完善工程等专业

黄骅港堆场作业场景

取料机

有限责任公司

化、自动化煤炭码头4座，共拥有万吨级泊位1个、3.5万吨级泊位1个、5万吨级泊位5个和10万吨级泊位1个，年吞吐能力1亿吨；多用途码头和化工码头各1座，年吞吐能力600万吨。在建的煤三期工程，新增5万吨级泊位4个，年吞吐能力5000万吨，计划于2012年底空载联动，2013年初建成投产。2010年，公司实现吞吐量9359万吨，其中煤炭8903万吨，实现营业收入21.27亿元。

蓬勃兴起的黄骅港杂货码头

黄骅港务公司自2001年底开港运营以来，充分利用神华矿路港航电油一体化的独特优势，保持了高位平台上的高效率、高效益运营。十年间，有五个年度实现了吞吐量千万吨增长，在较短时间内跻身成为全国第二大煤炭下水港，并成为国家重要的储煤基地。全面构建了本质安全管理体系、NOSA五星管理体系，安全生产居于国内先进水平。依靠科技进步，开展技术创新，增强员工素质，提升生产效率。公司先后荣获全国“五一”劳动奖状、全国设备管理先进单位、全国信息化标杆企业、全国信息化500强企业、全国模范职工之家、神华集团质量标准化特级单位等荣誉称号，连续八年荣获全国“安康杯”竞赛优胜单位称号。

港池码头

正在等待装船作业的船舶

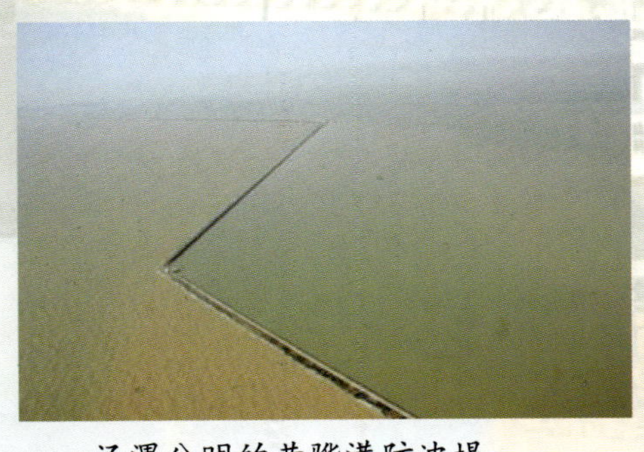

泾渭分明的黄骅港防波堤

黄骅港堆料机作业

河北临港富瑞商

董事长　郑富升

政协会后沧州市委书记郭华与郑富升同志亲切交谈

河北临港富瑞商贸集团有限公司前身是黄骅市临港产业商贸有限公司，于1993年以港而立。2009年3月正式成立集团公司，现有员工800多人，注册资金3000万元，固定资产7000万元，年经济效益1200万元，年上交利税350万元。

集团公司下设临港富达搬运公司，临港物业公司，临海电力燃料公司，海富农产品经销公司，富奥房地产公司，安保公司，路特坦物流有限公司等多个子公司。经营范围包括：销售钢材、劳保用品、办公用品、五金电料；房地产开发；物业服务；土石方工程；一般货物仓储、装卸；货物运输代理；货物进出口。

多年来，集团公司按照“依托港口，做大做强集团产业；服务港口，全力优化发展环境”的发展方针和工作思路，紧紧围绕黄骅港和渤海新区建设，全方位搞好系列化服务，大力发展物业保安保洁，煤炭污油清理回收，农副产品供应等特色产业，在自身经济实力不断壮大的同时，也取得了巨大的社会效益，为黄骅港和渤海新区创造了安定的社会环境和舒适的生活环境。

富奥房地产公司开发的富奥广场

贸集团有限公司

公司下设的超市

应急演练

富奥地产

清煤现场

保洁服务

安全保卫

河北省国有资产

河北省国有资产控股运营有限公司是于2006年5月经省政府批准，由省国资委出资设立的大型综合性国有资产经营管理公司，是省政府和省国资委打造的国有资产运营、管理和投融资平台。公司注册资本20亿元，现有所属企业23家，参股企业9家。包括：全国最大的化学制药企业——华北制药集团、全省大型钢铁企业——石家庄钢铁有限责任公司、全省唯一的综合类证券经营机构——财达证券有限责任公司、全省重要的工程机械制造上市企业——河北宣化工程股份有限公司、全省中小型矿产资源整合开发平台——河北省国控矿业开发投资有限公司、全省最大的担保航母——河北省国控担保集团、省内民爆化工行业重组整合和上市企业培育平台——河北国控化工有限责任公司、房产置业和实业投资发展平台——河北国控实业有限公司等。

2011年，河北国控在省国资委的正确领导下，深入贯彻落实科学发展观，按照省委省政府建设"经济强省、和谐河北"和省国资委"转方式、调结构、促升级、增效益"的部署要求，紧紧围绕提高整体素质和经济效益下功夫，全面加强干部队伍建设，积极引进人才、资金、技术，加快项目建设，盘活闲置资产，各项工作实现重大突破，主要经济指标再创历史新高，并先后荣获省国资委"首季开门红特别奖"、"红旗党委"、"投资管理先进单位"、"'五五'法制宣传教育先进集体"等多项荣誉称号，实现了跨越式发展。截至2011年底，公司资产总额123.7亿元，同比增长75.31%；净资产93.95亿元，同比增长66.18%。全年实现营业收入127.69亿元，同比增长164.45%；实现利润3.68亿元，同比增长62.17%，圆满实现了"十二五"开门红。

控股运营有限公司

“十二五”期间，公司以有效发挥资本运作平台、国有资产经营管理平台、企业战略重组平台、不良资产处置平台和新兴产业发展平台的综合作用为抓手，以大力发展矿产资源整合开发、民爆化工、现代服务业为重点，以资源整合、资本运作、资产经营为手段，锐意创新，开拓进取，到“十二五”末，实现资产总额150亿元、净资产130亿元、利润10亿元以上，拥有3-4家大型企业集团，把公司打造为资本运作能力强、产业布局结构优、持续发展潜力大、承载职责功能多的大型综合性国有资产经营管理公司，为建设经济强省、和谐河北做出新的贡献！

晨光生物科技

卢庆国总经理在中国天然色素产业基地授牌仪式上讲话

晨光生物科技集团股份有限公司（证券代码300138），是一家集农产品精深加工、天然植物提取为一体的出口创汇型企业，拥有15家子（分）公司，主要研制和生产天然色素、天然香辛料提取物和精油、天然营养及药用提取物、油脂和蛋白四大系列80多种产品，其中天然色素产销量居全国之首、世界前列，是全球最大的辣椒红色素生产供应商。

“人与企业共发展”是晨光集团的核心文化理念，以博士生、研究生为核心、大学生为骨干、庞大专业人才为主体的开拓型、创新型优秀人才队伍，再加上先进的设备工艺和科学高效的技术创新体系，使晨光集团的技术和产品稳居国际前沿。

河北省委副书记赵勇到公司视察

晨光生物是国家高新技术企业、农业产业化国家重点龙头企业；建有国家认定企业技术中心、院士工作站、省级天然色素工程技术研究中心等科研平台；检测中心通过了国家实验室认可；“晨光”商标为中国驰名商标；拥有四十多项国家专利技术、五项国家重点新产品、二十九项省部级科技成果，其中“辣椒红色素、辣椒素的规模化生产工艺技术”获河北省科技进步一等奖，“辣椒红、辣椒素连续生产技术和装备研发及产业化”获中国轻工业联合会科技进步一等奖。

十余年创业，晨光生物依靠自身实力提升了全国辣椒红色素生产在世界上的地位，使中国一跃成为世界辣椒红色素生产强国，生产模式从无到有，不断超越，已步入国际最先进行列。公司先后通过了ISO9001认证、

河北省委常委、统战部长田向利来公司视察

农业产业化国家重点龙头企业授牌

集团股份有限公司

ISO22000认证、ISO14000认证、OHSAS18000认证、KOSHER认证、HALAL认证、FAMI-QS认证及美国FDA产品注册。公司产品符合联合国粮农组织、世界卫生组织及国家标准要求，70%以上出口，主要销往欧洲、美洲、澳洲及俄、日、韩、东南亚部分国家和地区，出口创汇连年居全国植物提取物行业第一名。

河北省科技厅副厅长郭玉明到晨光公司调研

公司股票在创业板上市

厂区一角

液质联用仪

中试线

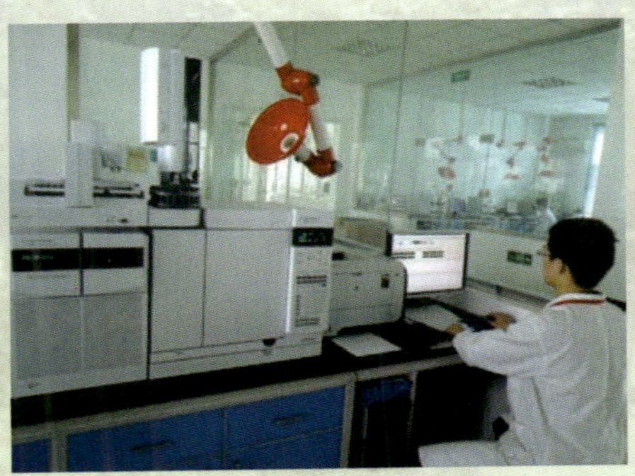

气象色谱—串联质谱联用仪

唐山冀东装备工

总经理　于宝池

唐山冀东装备工程股份有限公司是2011年将冀东发展集团有限责任公司所属的唐山盾石机械有限责任公司、唐山盾石建筑工程有限责任公司、唐山盾石筑炉工程有限责任公司和唐山盾石电气有限责任公司的资产置入唐山陶瓷股份公司后，成立的上市公司。

公司实施“以市场为先导，以技术创新推动产品结构调整和产业升级，实施产品创新、装备升级、管理优化、人才建设四大工程，走突出重点、局部超越的差异化发展之路，打造服务型装备制造产业集群”的发展战略，已经发展成为拥有装备技术研发、装备制造、建筑与维修工程三大业务板块，集水泥装备研发、生产线设计，节能装备、新能源装备、建材装备制造，国内外建筑、维修工程于一体的上市公司。公司具备日产2000吨至12000吨新型干法水泥熟料生产线的工艺设计、装备制造、建筑、安装、调试、保驾、维修、技改的系统服务能力和海外水泥生产线EPC“交钥匙”总包工程资质，是国内一流，世界知名的水泥装备制造商与水泥建筑、维修工程服务商。公司主要有装备制造、建筑与维修工程三大业务板块。

唐山盾石电气有限责任公司

自主研发产品——DY25260型篦冷机液压站

一、装备制造板块　唐山盾石机械制造公司前身唐山水泥机械厂始建于1910年，是中国创建最早、规模最大的水泥机械生产企业之一，被誉为“中国水泥机械的摇篮”。公司年装备制造能力10万吨，生产1000T/D至12000T/D水泥生产线使用的优质原料立磨、水泥立磨、回转窑、管磨、破碎机、选粉机等系列产品，覆盖全国市场，并出口到美国等二十多个国家和地区。公司被中国建材机械工业协会评为中国建材机械行业“龙头企业”，产品获“中国品牌”称号。唐山盾石电气有限责任公司是国家级高新技术企业，拥有几十项专利技术。公司与德国西门子公司、浙江中控公司、北方交通大学、燕山大学等开展深层次的技术合作，生产国际领先、国内一流的工业用35千伏以下智能电力配电控制中心、电动机控制中心、自动化控制系统装备、交直流传动节能设备、集装箱变配电控制站等高新技术电气产品。

大同冀东水泥有限责任公司二期日产4500吨新型干法水泥生产线窑吊装现场

盾石机械制造公司回转窑系列产品：　ф3.2X50M—ф5.2X78M

程股份有限公司

二、工程建筑板块　盾石建筑工程有限责任公司具备建筑、安装贰级总承包，筑炉专业贰级资质；具备新型干法水泥生产线EPC总承包、EP项目管理、PMC项目管理、土建施工、安装施工的能力。先后承接了冀东海德堡（扶风）水泥公司二期EPC项目、冀东水泥滦县有限公司二期PMC项目、冀东水泥三期项目（三条生产线同时安装）。安徽相山水泥有限公司、新疆圣雄能源水泥有限公司以及海德堡印尼水泥项目等日产2000吨至—7200吨新型干法水泥熟料生产线建设项目30多条，这些项目工程建设质量、工期管控均优于或达到客户要求。公司承建的水泥生产线项目烧成系统72小时达产达标纪录一次次被刷新，其中凤翔项目仅用7天半的时间就实现了水泥窑72小时达产达标，被外国同行誉为“世界水泥工业建设史上的奇迹”。

国际合作　共创共赢

三、工程维修板块　盾石筑炉工程有限责任公司是集机械维修、电气维修、炉窑工程专业承包、技改技措于一体的水泥生产线专业维修公司，可为水泥生产企业提供技术支持、备件供应、维修施工、生产维护一体化等多种服务。拥有炉窑工程专业承包贰级资质，年可承接100条日产200至10000万吨水泥窑砌筑工程。具备机械、电气、窑炉砌筑多专业大兵团作战实力，每年可完成冀东水泥43条熟料水泥生产线及外部生产线36条大中修和保驾任务。由公司保驾的生产线曾创下了国内水泥行业生产线年运转率98.06%的最高纪录。

唐山盾石机械制造公司

公司承揽的首个水泥熟料生产线EPC工程——冀东海德堡（扶风）5000td水泥熟料生产线项目

自主研发产品——大型石灰石堆取料机

唐山盾石建筑工程有限责任公司

中国石油

管道与自然的和谐

中国石油天然气管道局（英文简称CPP），成立于1973年，是中国石油天然气集团公司（CNPC）的管道工程专业化公司。管道局秉持创造与奉献无极限的理念，奉行“挑战、精细、创新、团队、和谐”的核心价值观，致力于建设国内第一、国际一流的国际管道工程总承包商，为国家建设油气战略通道、为集团公司建设综合性国际能源公司提供服务与保障，为业主、员工和社会创造财富与价值。2011年，全局上下认真贯彻落实集团公司、河北省各项决策部署，突出发展、转变、和谐三件大事，深入推进人才、市场、国际化和管理精细化四大战略，科学组织工程建设，扎实推进三基工作，全面加强党的建设，圆满完成各项任务。全年中标市场合同额超过300亿元，实现收入260亿元，上报利润6.06亿元，员工人均收入同比去年增长11.82%，实现了“十二五”良好开局。

管道局坚持以管道工程为核心、高端业务为重点、施工能力为基础，实施储运建设一体化、施工服务一体化、国际国内一体化、陆上海洋一体化的产业发展思路。拥有从管道科研、勘察、咨询、设计、采办、施工、防腐、管件制造到检测、维抢修、数字通信、投产试运完整的管道建设产业链及其核心技术，能为客户提供“一揽子”解决方案和“一站式”服务。

管道局具有化工石油工程施工总承包特级资质，工程设计综合甲级资质，管道工程勘察、咨询、设计、监理甲级，通信工程总承包一级资质，通过了质量、健康、安全、环保标准体系认证。具备EPC总承包管理、PMC项目管理能力，拥有国家级勘察设计大师3名，集团公司专家10名，管道局专家50名，职业项目经理人和管理骨干1139名，一级建造师、造价工程师、监理工程师等高级技术人才1345名。拥有标准化管线、储罐、定向钻穿越和盾构施工机组，大型施工装备8500台（套），年陆上大口径管道施工能力6000公里，年海洋管道（浅海）施工能力100公里，年储罐施工能力1000万立方米，年穿越施工能力140公里，具备较强的油田地面建

海外项目设备集港

西二线黄土塬施工

天然气管道局

设和炼化装置施工安装能力。

2000年至今，管道局累计在国内外建设大型长输管道40多条、近5万公里，建设国家和企业储备库2000万立方米。其中在国内建设了西气东输天然气管道、西气东输二线天然气管道、兰郑长成品油管道、涩宁兰天然气管道、涩宁兰复线天然气管道、陕京二线天然气管道、陕京三线天然气管道、西部原油成品油管道、兰银线天然气管道、漠大线原油管道、兰成渝成品油管道、忠武天然气管道等工程，发挥了管道建设主力军作用；在国外，先后在苏丹、利比亚、莫桑比克、印度、泰国、哈萨克斯坦、乌兹别克斯坦、俄罗斯、阿联酋、乍得、尼日尔、缅甸、伊拉克等国家，承建了80多个油气管道、储罐项目，其中EPC总承包项目30多个，PMC项目4个，建设管道1万公里，树立了国际知名品牌。

管道局大厦夜景

兰郑长管道施工

严格管理的施工机组

哈中原油管道

陕京三线昼夜施工

奉献管道 无怨无悔

管道山区作业

河北省高速公路

雪中送温情

河北省高速公路管理局（集团）于2009年1月6日正式成立，是为适应高速公路快速发展和网络化需要，经河北省政府批准，在成功整合原高速公路管理局、国际金融组织贷款项目办公室、道路开发中心和引资办四家单位基础上，组建的负责省属高速公路的建设、管理工作的副厅级事业单位。它的成立，对于提高高速公路管理效率，充分利用国家统贷统还政策，搭建筹融资平台，进一步增强投融资能力，推动全省高速公路又好又快发展具有重要意义。

客服热线96122

河北省高速公路管理局（集团）主要负责省属高速公路的建设，承担项目法人和投资主体职责；负责省属高速公路的投融资工作，根据国务院《收费公路管理条例》有关规定，对省管收费公路实行统贷统还；负责省属高速公路的养护、通行费征收、服务设施管理、科技研发及智能交通建设；负责省管一般收费公路的管理；受交通厅委托负责省属高速公路的路政管理，保护路产路权。

河北省高速公路管理局（集团）现辖运营高速公路17条段、在建高速公路5条段，计划开工和处于前期工作阶段8条段。局机关内设办公室、计划统计部、财务与投融资部、人力资源部、工程管理部、养护管理部、收费管理部、党委办公室8个部门，直属指挥调度中心、高速公路路政总队、服务管理中心3个事业单位，管辖10个管理处、7个筹建处、6家合资合作公司。

近年来，河北省高速公路管理局（集团）系统荣获“全国五一劳动奖状”、“全国青年文明号”、全国工人先锋号、“全国巾帼文明岗”、“全国交通运输行业文化建设示范单位”、“全国交通运输系统文明执法示范窗口”、“全国模范职工之家”等国家级荣誉18项，荣获省劳动竞赛先进集体、省级“工人先锋号”、省级“巾帼文明岗”等省级荣誉51项。

设施完善的服务区

大广高速公路衡大段30米T梁吊装施工现场

用心服务 满意100

路政执法

文明服务

办公大楼

公路养护

承秦高速公路秦皇

河北省交通运输厅党组书记、厅长高金浩（前排左二），省高管局局长康彦民（前排左一）到十一合同视察工作

河北省高速公路承秦筹建处于2009年3月由省交通运输厅以冀交人劳[2009]97号文批准组建。2009年7月1日筹建处在秦皇岛市正式揭牌办公。2010年6月11日，河北省机构编制委员会以冀机编[2010]91号文批复成立河北省高速公路承秦筹建处，正处级事业单位，全面负责承秦高速公路秦皇岛段的建设管理工作。

承秦高速公路秦皇岛段2009年正式开工奠基，2010年全面开工建设，2011年进入工程建设的关键年、攻坚年。截至2011年底，承秦高速公路秦皇岛段路基工程完成了全部土石方，其中挖方完成1990万方，填方完成1190万方；桥梁桩基全部完成，墩柱完成91%，梁板预制完成88%，架设完成54%；隧道掘进完成总量的98%，衬砌完成总量的92%。路面工程完成了拌合设备的安装、调试，完成石料70%及沥青50%的备料工作，开始了路面底基层施工（单幅完成9.7公里）；房建主体工程基本完成。全年计划完成投资35亿元，百日决战调整计划为40亿元，全年实际完成投资43.755亿元，完成调整计划的109.39%；自开工以来累计完成投资76.68亿元，占总投资的75%。

2011年，承秦筹建处在狠抓工程质量和加快工程进度的同时，认真开展“平安工地”建设活动，突出打造平安工程。安全生产无小事。为了确保施工安全，杜绝责任事故，承秦筹建处先后制定了《安全生产管理办法》等11项相关安全管理制度。针对重点及危险性较大的关键工程安全技术，编制了《隧道安全技术专项施工方案》、《桥梁安全技术专项施工方案》等专项方案。开展“安全生产月”活动，通过观看系列安全生产事故警示教育片，召开事故反思会和安全宣誓、签名，“安全生产宣传咨询日”，组织“应急演练”等形式和活动，进一步增强了现场作业人员的安全意识，完善了应急物资储备，提高了应急处理能力。同时，筹建处将承

方家沟2号大桥全长449m，上部结构采用11×40m预应力混凝土连续T梁。下部采用薄壁墩、桩基础

后抄道沟大桥全长489m，上部结构采用12×40m预应力混凝土连续T梁。下部结构采用薄壁墩、桩基础

岛段建设稳步推进

秦高速公路秦皇岛段十一合同确定为“平安工地”示范工地，加强指导，重点管理。2010年8月，十一合同被河北省交通运输厅列为“平安工地”示范工地，2011年5月，被交通运输部提名为第一批部级“平安工地”示范项目。在取得荣誉的同时，筹建处及时总结十一合同建设“平安工地”的经验，并组织各单位观摩、交流、推广，在全线营造了创建“平安工地”的浓厚氛围。通过深入开展“平安工地”建设活动，排查各类安全隐患，对存在的问题逐一整改，全线安全生产处于受控状态。全年未发生一起安全生产责任事故。

2011年，是承秦高速公路秦皇岛段工程建设不平凡的一年，是关键之年，攻坚之年。在这一年里，承秦筹建处在省交通运输厅、省高管局的直接领导下，在地方各级政府和广大人民群众的大力支持下，紧紧围绕工程建设目标，科学管理，奋力拼搏，以创先争优为动力，圆满完成了全年工程建设任务目标，各项工作取得了优异成绩，被省交通运输厅授予“2011年度交通重点建设项目突出贡献单位”，“2011年度全省交通运输系统安全生产先进单位”；被省高管局授予“2011年度先进单位”，被秦皇岛市预防职务犯罪协会授予“预防职务犯罪先进单位”。

程家沟隧道施工现场

施工人员正在进行钢筋笼加工

施工人员正在进行T梁吊装

小梨园大桥全长609m，上部结构采用15×40m预应力混凝土连续T梁。下部采用薄壁墩、桩基础

河北省交通运输厅

河北省交通运输厅党组成员、厅港航管理局局长　屈朝彬

屈朝彬局长在唐山港货物吞吐量突破3亿吨总结表彰大会上为获奖单位颁奖

河北省交通运输厅港航管理局为依照国家公务员制度管理的副厅级事业机构。主要职责：行使全省港口行政管理职能；负责编制全省港口、航运的发展战略和港口、航道、水路运输的总体、中长期发展规划、年度计划、并监督实施；负责拟订全省港口、航运管理的规章和管理规定；管理全省港口内的岸线、陆域和水域；负责全省水运工程建设的行业管理，指导港口建设的前期工作，对水运工程新建、改建、扩建和技术改造项目进行审查，并监督实施；负责全省港口公用基础设施（航道、防波堤、锚地、道路等）的建设、维护和管理；对全省从事港口、水路运输经营单位和个人进行管理；负责对全省港口、水路运输的经营秩序、安全生产、环境进行管理；负责全省水路交通战备并协调国家重点物资、军用物资以及抢险救灾物资的水路运输工作；按有关规定代征港口建设费；负责全省港口及水路运输的招商引资工作；受厅委托，管理所属企业的国有资产；监督管理全省水运工程质量、造价、港口引航、地方海事；负责对全省港口、水路运输从业人员业务培训；协调与国家海事机构、船舶检验机构的关系；对设区市的港航管理机构、水路运输管理机构进行业务指导。

内设机构：局机关设综合办公室、港口管理处、航运管理处、技术安全处、人事劳动教育处、规划统计处、财务审计处7个处（室）。另设纪委会、机关党委和老干部处。

屈朝彬局长陪同省交通运输厅厅长高金浩视察唐山港曹妃甸港区通用码头

屈朝彬局长在全省港航系统“学习党代会　落实两个率先　全面完成各项目标任务”会议上讲话

港航管理局

直属单位：

一、河北省地方海事局（河北省船舶检验局），主要职责是对全省内河水上交通安全实施监督管理和进行船舶检验，业务上受交通运输部海事局指导。

二、河北省水运工程质量安全监督局（河北省水运工程定额站），主要职责是对全省水运工程质量和施工安全进行监督，负责水运工程定额编制管理，业务上受交通运输部质监总站、水运工程定额站指导。

三、河北省唐山船舶检验处，主要负责唐山港（包括京唐港区和曹妃甸港区）辖区所属业务范围内的船舶检验登记、船舶建造检验和营运检验。

屈朝彬局长陪同省交通运输厅厅长高金浩调研唐山港

四、河北省交通运输厅港航管理局航道处，主要负责全省航道整治、清障、疏浚、养护和航标的设置、维护和管理等工作。

五、河北省水运工程规划设计院，主要业务是水运工程的规划、勘测、设计、咨询和监理等，具有国家发改委等相关部委颁发的相应工程甲、乙级资质。

行业管理体制：港口行政实行省、市两级管理体制，即省交通运输厅港航管理局和秦皇岛、唐山、沧州三市港航管理局；水路运政和地方海事实行省、市、县三级管理体制，省地方海事局和除廊坊外的10个设区市、65个县设立地方海事局、处，履行辖区内水路运政和地方海事管理职能。

省交通运输厅副厅长刘广海、厅港航局局长屈朝彬出席全省港口货物吞吐量突破7亿吨新闻发布会

中国电信

2011年4月，赵麦庆总经理在河北电信信息技术展览会上致辞

中国电信河北分公司是由中国电信全资设立的电信运营企业，于2002年12月24日正式挂牌运营，下设11个市级分公司、149个县级分公司。

中国电信河北分公司自成立以来，始终坚持“与用户共享利益，与竞争者合作发展，与科技共同进步”的经营理念，立足省情，开拓创新，拼搏进取，实现了快速成长，网络能力、服务领域、经营管理水平都实现了明显提升，为服务社会经济发展做出了应有的贡献。

网络能力明显增强。目前中国电信河北分公司的固定、移动通信网络在省内均已实现优质覆盖。其中，Chinanet骨干网省际出口扩容至360G，省内带宽达到460G，光纤宽带网络已覆盖县以上城区及重点乡镇、行政村；移动通信基站达1万多个，EVDO基站占比达97%，3G信号已覆盖全省绝大多数乡镇以上区域和重要旅游景区及所有交通干线。

2011年4月，河北电信与共青团河北省委共同举办“河北电信信息技术交流会”

服务领域全面拓展。中国电信河北分公司以服务地方发展、助力政府、企业信息化建设为己任，为党政军（如部队、司法、警务、执法等）、行业用户（如金融、教育、医疗、物流、烟草、渔业等）和众多企业用户提供成熟度高、定制化、一揽子的通信服务和信息化应用方案。同时，为广大家庭、个人客户提供了全业务、多网络融合的综合信息服务。

运营体系逐步完善。中国电信河北分公司不断深化品牌经营，推出了“商务领航”、“天翼e家”客户品牌

2011年9月，河北电信举办的“尊享10000翼网打进” 羽毛球总决赛完圆满结束

2011年，河北电信全面实施营业厅卖场化改造，推行体验式营销服务

2011年4月，河北电信隆重举办全省渠道伙伴交流会

河北分公司

和“号码百事通”、“天翼”等业务品牌，覆盖各类客户群。强化了以客户为中心的市场、产品、渠道、营销和服务统筹，建立了纵向一体化营销和全业务服务体系，完善了社会渠道和电子渠道，建成全业务融合的信息化支撑系统。

——服务水平不断提升。全省自办营业厅点已达400多处，社会代理网点7000多家，缴费站近3万处。同时全面推广10000号受理和网厅、掌厅、自助营业厅等电子化服务模式，有效提高了用户使用电信业务的方便性。在对行业客户、重点客户的服务保障方面，通过推行“绿色通道”、“一站式”服务，提升了客户感知度，促进了服务水平的提高。

——社会责任认真履行。始终坚持依法、诚信经营，积极为优秀大学生提供实习就业岗位，努力推进生产环节的节能减排，配合有关部门完成公益短信群发、整治手机淫秽色情专项行动等工作。并以多种形式积极回报社会，贫困生助学计划的实施、四川汶川、青海玉树地震发生后的积极援助、412抚宁山火通信保障的全力响应，都充分体现了河北电信对社会、对人民的大爱之情。

今后，中国电信河北分公司将继续秉承“用户至上，用心服务”的服务理念，以品质高、容量大、速率快、安全性强的现代通信网络和完善的业务产品、服务支撑体系为基础，努力向“智能管道的主导者、综合平台的提供者、内容和应用的参与者”迈进，为繁荣全省通信事业，推动经济社会发展做出更大的贡献。

2011年11月，中国电信集团公司杨杰总经理在石家庄终端直供中心视察

2011年5月，河北电信分公司参加省通信发展30年成果展。省委副书记付志方参观电信智能3G手机展区

2011年1月，中国电信集团公司与冀东发展集团公司（唐山）举行业务签约仪式

2011年底，河北电信终端售后服务中心成立

2011年，河北电信全面实行财务集中核算。图为财务共享服务中心

2011年，河北电信在4.12抚宁山火扑救过程中出色完成应急通信保障任务

中国移动通信集团

共青团河北省委书记梅世彤与中国移动河北公司总经理李连贵共同签署《河北省促进大学生就业创业专项活动战略合作协议》

中国移动通信集团河北有限公司于1999年8月16日正式挂牌成立，2000年10月在香港和纽约同时上市，成为由中国移动通信集团公司控股的中国移动有限公司的全资子公司之一。主要经营移动电话通信（包括话音、数据、多媒体等）、IP电话及互联网接入服务等业务。拥有“全球通”、“神州行”、“动感地带”等著名服务品牌，客户号码段包括“139”、“138”、“137”、“136”、“135”、“134（0至8号段）”、“147”“159”、“158”、“157”、“152”、“151”、“150”、“188”“187”、“183”、“182”。公司注册资金43亿元，资产总额超过300亿元。2011年，公司员工近2.4万人，客户总数超过3200万户，移动电话客户市场份额始终保持省内第一。

“彩传河北　红满燕赵”河北省首届红色手机文化创作传播活动启动仪式

中国移动河北公司始终致力于“做优秀企业公民、促和谐社会构建”，勇担社会责任，积极回报社会，在建设能源节约型社会、环保友好型社会和构建和谐社会等方面做出了积极贡献。在持续快速的发展过程中，公司积极引进现代化管理模式和先进的管理理念，努力打造卓越的运营体系，建设卓越的组织，培育卓越的人才。

多年来，在省委、省政府和社会各界的关怀、支持下，中国移动河北公司建成了完善的“三张网”：

建设优质的通信网。累计投资近千亿元，建成了覆盖范围广、通信质量高、业务品种丰富、服务水平一流的移

2012年4月12日下午16时40分，在抚宁着火点现场，公司应急通信车已到位并推出了绿色通道服务

中国移动中小企业信息化巡展

河北有限公司

动通信网络，且已实现了全省城市、县城和发达乡镇的3G（TD-SCDMA）覆盖，将农村网络全部升级为EDGE（2.75G）网络，无线宽带网络（WLAN）覆盖热点近万个。

中国移动通信集团参加河北省“百家央企走进河北”战略合作签约仪式

建设一流的服务网。6.4万余个实体渠道网点，覆盖了全省各市、县、乡、村；电子渠道服务体系已实现实体渠道业务的100%承载；南、北区客户服务中心有2000多名话务员，为全省客户提供7*24小时优质服务（接入号码为10086）；积极开展“为民服务创先争优”活动。

建设完善的信息网，做广大用户的身边的移动信息专家。建设农村信息网：累计投资40多亿元，提高农村网络覆盖能力；推出“农信通”、“农政通”等业务，提升农村信息化水平。推进城市信息化：同省政府签订了共建“无线城市群”战略合作协议，十二五期间计划投资306亿，提高全省信息化建设和应用水平，提升城市综合竞争力。全省无线城市统一门户平台（访问地址：http://www.hbwxcs.cn、http://wap.hbwxcs.cn）已接入应用60项。

中国移动河北公司与河北省政法系统签订政法信息化战略合作协议

公司的优良业绩、优质服务和对社会的突出贡献，赢得了社会广泛认可。公司先后荣获“全国五一劳动奖状”、“全国青年文明号”、“中央先进企业”、“全国用户满意服务”、“中国用户满意鼎”、“全国诚信维权单位”等十几个国家级奖项和荣誉称号，以及“河北省消费者满意单位”、“行风建设优秀单位”、“河北省捐资助学先进单位”、“河北省AAA级劳动关系和谐企业”等几十个省级荣誉奖项。

“蓝色梦想、牵手未来”——大学生驻厅勤工俭学实践活动

TD智能手机推介会

中国联合网络通信有限公司

河北省委常委、政法委书记，省公安厅党委书记、厅长张越在省公司韦秀长总经理、范福州副总经理陪同下莅临全业务体验中心

中国联合网络通信有限公司石家庄市分公司（以下简称石家庄联通）是中国联合网络通信有限公司在石家庄区域内的分支机构，是省会境内实力雄厚且具有电信全业务经营资质的宽带通信与综合信息服务主导运营企业。

根据工业和信息化部等国家三部委《关于深化电信体制改革的通告》精神，2009年1月，石家庄联通由原石家庄网通和原石家庄联通合并组成。公司现设主体公司及网络分公司两部分。主体公司设立19个县（市、区）分公司、5个区域营销服务中心、18个职能部（室）、8个直属中心，网络分公司设立3个部门8个中心，并按照《工会法》设置工会。截至2011年，资产规模达到51.87亿元人民币，员工总数4850人，2010年度上交税金约4800万元。合并后的石家庄联通，形成了区域内产品类型完备，各类业务发展均衡的产品和服务体系，除拥有固定电话、宽带、GSM、WCDMA 3G等业务外，还拥有接入类、应用类、内容类、服务类等综合业务达30余种。目前，拥有移动客户240万户，固定电话客户170万户，宽带客户超100万户。

营销服务人员对候车人员进行宣传

作为推动省会城市乃至辐射河北省信息化建设的主导力量，石家庄联通始终坚持服务地方经济发展和信息化建设，凭借“技术、网络、客户规模、多渠道的战略合作资源”四大优势着力打造石家庄市的信息化“高速公路”。为家庭信息化、公众服务信息化、企业信息化、行业信息化提供的一揽子通信解决方案已广泛应用于政府、金融、制造、服务等多个行业及领域，形成了成熟的“接入+应用+内容+服务”的业务链。目前，石家庄联通已承建了电子政务网、电子党务网等重大通信专网项目，全市95%以上的党政军部门、金融、教育、科研机构、医疗卫生、企事业单位及客户都选用了石家庄联通提供的服务。联通公司已与国税局合作实现了全国第一家网上电子报税；与省政府合作建设了“省委一号台”；与市政府合作开通了“12345”市长热线；为政府倡导“平安城市”、“平安农村”提供了宽视界/神眼监控、家庭安

石家庄第二长途电信枢纽楼

2010年6月1日，与河北日报报业集团签约

集团公司组成的校园营销现场督导小组，莅临石家庄市分公司校园营销现场视察

石家庄市分公司

防服务；为中小企业事业单位提供“网络领航员”、“信息魅力”、“品牌建站”、“商务品牌宽带”、“车务通”等综合信息服务和一揽子解决方案；为个人、家庭及企事业单位提供“PTT手机对讲”、“家世通”、“一卡通”、“影信通”、“个人定位”、“移动信息化”、“网络教育”等综合信息化产品。同时，依托WCDMA具备数据传输快、网上应用多等优势，相继推出了“移动OA”、“3G眼”等多项行业应用产品，并与政府、企业、新闻单位等多家客户建立了合作关系。

石家庄联通始终将以客户满意为标准，以客户感动为目标的理念贯穿企业发展过程。经过不断的建设和完善，石家庄联通不仅拥有由固定网、移动网和宽带互联网组成的全区覆盖、技术领先、规模庞大、安全可靠的现代化综合通信网络，并且建立了以客户为中心的营销服务体系，实施差异化、标准化、一站式服务，同时健全10010客服热线、网上营业厅、手机营业厅、自助服务终端等电子渠道，共建有各类服务网点约7000个，为广大客户提供了足不出户的便捷服务。目前，石家庄联通正在加快移动通信网络建设步伐，加大固定宽带网络建设力度，积极推进固定和移动网络的宽带化，加强技术、业务、应用和产品创新，推进行业信息化建设，着力为广大客户提供全方位、高品质的宽带通信和信息服务。

河北省原副省长张和，河北省办公厅巡视员于万魁，河北省通信管理局局长徐世奎等领导莅临石家庄市分公司。省公司韦秀长总经理，范福州、陈利民副总经理，市分公司雷云总经理，武文柱、何伟副总经理等领导陪同视察

以全国劳模吴建辉的名字命名的“吴建辉创新工作室”正式揭牌

此外，石家庄联通积极履行社会责任，主动承担全市村通工程的主要任务，担负多次重大政治和社会活动的通信保障服务工作，圆满完成了“神舟”五号、六号、七号载人航天飞行、5.12汶川大地震、4.14玉树大地震、建国60周年海上大阅兵等多项重大活动的通信保障任务，完成了国家及省、市各类大型展会、重要活动的应急通信保障，得到社会各界赞誉。

面向未来，石家庄联通将深入贯彻落实市委市政府发展战略，全面贯彻实践科学发展观，大力推进全业务经营，充分发挥未来移动通信发展的优势，努力将公司建设成为业界领先的宽带通信和信息服务提供商，为建设繁荣、文明、和谐的新石家庄做出更大贡献！

3G专区向客户展示联通公司各类综合业务及行业信息化应用产品

联通业务深入石家庄各高校校园

2010年9月3日，河北省信息产业周现场宣传各类联通业务

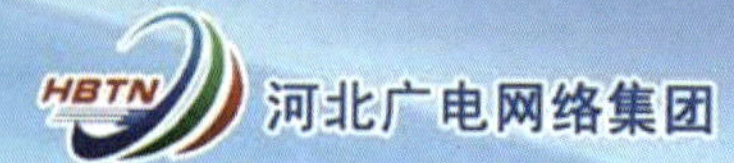

公司简介

董事长杨能斌

党委书记杨国钧

河北广电信息网络集团股份有限公司于2005年7月12日正式挂牌成立，为省属大型文化企业。现有151家分(子)公司、总资产近40亿元、员工近万名，主营全省有线电视传输基本业务和付费电视、高清电视、数据专线 、互联网宽带等增值业务。公司按照《公司法》和现代企业管理体系的要求，建立健全了股东会、董事会和监事会等法人治理结构，做到了产权清晰、权责明确、政企分开、管理科学。按照省、市、县“三级贯通”和统一规划、统一建设、统一管理、统一运营“四个统一”的要求，搭建了全省数字电视平台、传输平台和增值业务平台，大力实施模拟变数字、标清变高清、单向变双向、看电视变用电视四大工程，努力推动集团公司又好又快发展，为建设经济强省、和谐河北做出积极贡献。

石家庄市分公司

防服务；为中小企业事业单位提供“网络领航员”、“信息魅力”、“品牌建站”、“商务品牌宽带”、“车务通”等综合信息服务和一揽子解决方案；为个人、家庭及企事业单位提供“PTT手机对讲”、“家世通”、“一卡通”、“影信通”、“个人定位”、“移动信息化”、“网络教育”等综合信息化产品。同时，依托WCDMA具备数据传输快、网上应用多等优势，相继推出了“移动OA”、“3G眼”等多项行业应用产品，并与政府、企业、新闻单位等多家客户建立了合作关系。

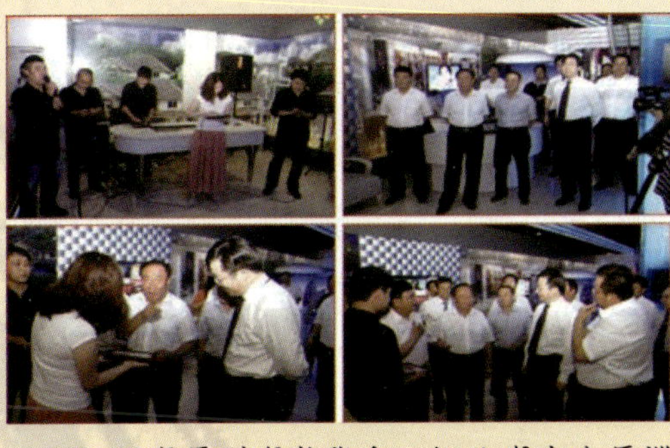

河北省原副省长张和，河北省办公厅巡视员于万魁，河北省通信管理局局长徐世奎等领导莅临石家庄市分公司。省公司韦秀长总经理，范福州、陈利民副总经理，市分公司雷云总经理，武文柱、何伟副总经理等领导陪同视察

石家庄联通始终将以客户满意为标准，以客户感动为目标的理念贯穿企业发展过程。经过不断的建设和完善，石家庄联通不仅拥有由固定网、移动网和宽带互联网组成的全区覆盖、技术领先、规模庞大、安全可靠的现代化综合通信网络，并且建立了以客户为中心的营销服务体系，实施差异化、标准化、一站式服务，同时健全10010客服热线、网上营业厅、手机营业厅、自助服务终端等电子渠道，共建有各类服务网点约7000个，为广大客户提供了足不出户的便捷服务。目前，石家庄联通正在加快移动通信网络建设步伐，加大固定宽带网络建设力度，积极推进固定和移动网络的宽带化，加强技术、业务、应用和产品创新，推进行业信息化建设，着力为广大客户提供全方位、高品质的宽带通信和信息服务。

以全国劳模吴建辉的名字命名的“吴建辉创新工作室”正式揭牌

此外，石家庄联通积极履行社会责任，主动承担全市村通工程的主要任务，担负多次重大政治和社会活动的通信保障服务工作，圆满完成了“神舟”五号、六号、七号载人航天飞行、5.12汶川大地震、4.14玉树大地震、建国60周年海上大阅兵等多项重大活动的通信保障任务，完成了国家及省、市各类大型展会、重要活动的应急通信保障，得到社会各界赞誉。

面向未来，石家庄联通将深入贯彻落实市委市政府发展战略，全面贯彻实践科学发展观，大力推进全业务经营，充分发挥未来移动通信发展的优势，努力将公司建设成为业界领先的宽带通信和信息服务提供商，为建设繁荣、文明、和谐的新石家庄做出更大贡献！

3G专区向客户展示联通公司各类综合业务及行业信息化应用产品

联通业务深入石家庄各高校校园

2010年9月3日，河北省信息产业周现场宣传各类联通业务

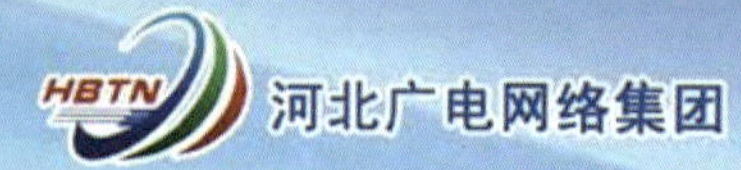

公司简介

董事长杨能斌

党委书记杨国钧

河北广电信息网络集团股份有限公司于2005年7月12日正式挂牌成立，为省属大型文化企业。现有151家分(子)公司、总资产近40亿元、员工近万名，主营全省有线电视传输基本业务和付费电视、高清电视、数据专线 、互联网宽带等增值业务。公司按照《公司法》和现代企业管理体系的要求，建立健全了股东会、董事会和监事会等法人治理结构，做到了产权清晰、权责明确、政企分开、管理科学。按照省、市、县“三级贯通”和统一规划、统一建设、统一管理、统一运营“四个统一”的要求，搭建了全省数字电视平台、传输平台和增值业务平台，大力实施模拟变数字、标清变高清、单向变双向、看电视变用电视四大工程，努力推动集团公司又好又快发展，为建设经济强省、和谐河北做出积极贡献。

业务介绍

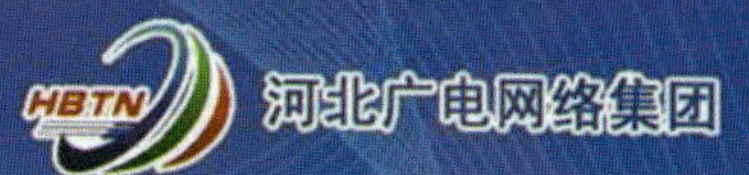

1、基本数字电视广播

提供包括中央电视台、河北电视台、各地卫视在内的基本电视节目。

2、数字音频广播

提供中央人民广播电台、河北人民广播电台数字广播节目共26套。

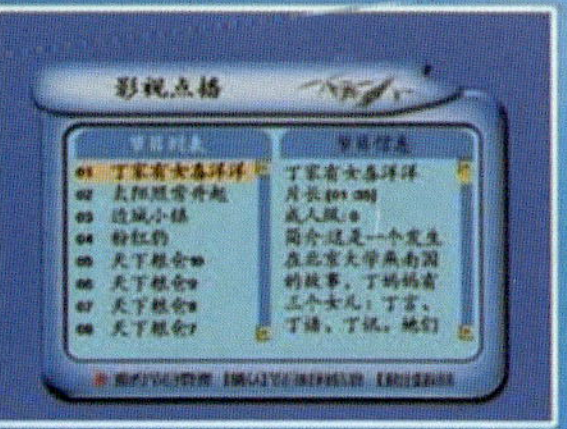

3、准影视点播（NVOD）

每天同时播出4部电影、4集电视剧，供观众免费点播。

4、付费频道

为满足广大数字电视用户更加专业、更高品质的追求，我集团公司为此精心挑选了几十套制作精良、内容丰富的付费频道供用户选择购买。

5、高清及3D电视节目

共提供15套高清电视节目，16：9画面、1080分辨率、五声道音质，有免费和付费两种供用户选择收看。

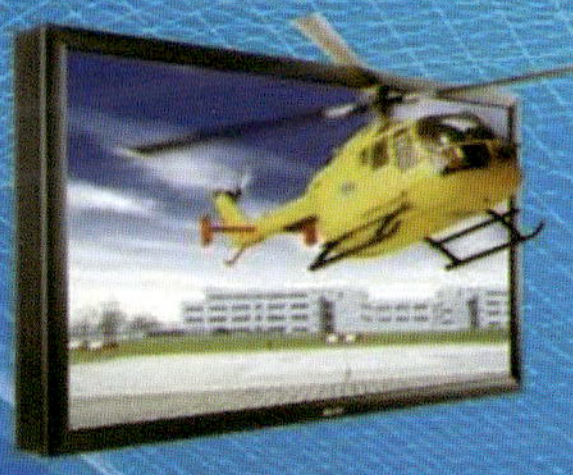

6、VOD视频点播

视频点播（Video On Demand），也称交互式电视点播，，改变了被动看电视的模式。用户可随时付费点播喜爱的电影电视剧、新闻、综艺、新闻、咨讯等类别节目。

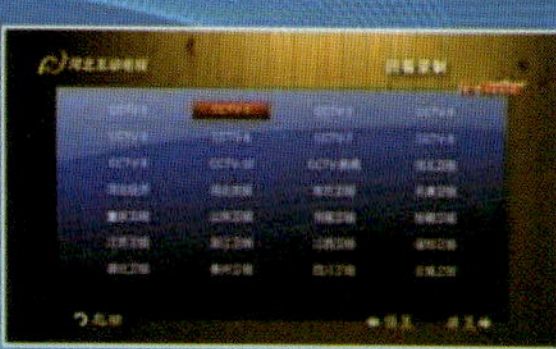

7、回看录制

回看功能可以暂停、快退、快进当前的电视节目，还可以选择收看过去七天播放的节目。录制功能可以预订录制将要播放的电视节目。

8、电视教育业务

基于有线电视网络、教学视频资料库和交互业务软硬件平台，提供面向个人、基于交互电视的远程教育服务。

9、基于广电网的互联网接入业务

利用有线电视网络上网不需要重新布线，能够同时传送丰富的电视节目和海量的Internet数据，凭借广电丰富的音视频节目源和媒体优势，使用户以平价的上网资费，享受到高品质的网络生活。

10、电视支付

电视支付业务通过银行卡与电视机机顶盒建立对应关系，运用数字电视的交互功能，市民只需按动电视遥控器就可完成各类缴费、购物、交易等操作。

百年企业再扬帆

2011年6月15日，保定卷烟厂庆祝建党九十周年，举办“共好保烟劲扬帆”拔河比赛，厂领导参加到比赛中

2011年6月15日 保定卷烟厂庆祝建党九十周年举办“激情飞扬”大型歌会

保定卷烟厂创办于1902年，是中国国办第一家卷烟厂，现有职工1700余人。其中各类专业技术人员近300名，拥有固定资产原值6.12亿元，年生产能力40万箱，是河北省骨干企业、保定市利税大户。先后荣获“河北省质量效益型先进企业”、“河北省百强工业企业”、“河北省企业文化建设先进单位”、“保定市工业企业50强”等荣誉称号，为河北省、保定市的经济发展做出了积极贡献。

近年来，保烟紧紧围绕“打造全国一流的卷烟生产企业”的奋斗目标，以生产为中心，以强内力、激活力、促发展为主旨，从规范化管理，标准化操作，精细化实施入手，坚持科学发展，实施精细管理，培养人才队伍，打造着“富有保烟特质的管理品牌”，企业各项工作都取得了长足的进步，经济效益日新月异，利税连年递增，步入了健康、快速发展的轨道。通过实施大规模技改工程，整体装备水平跨入国内先进水平，生产制造工艺达到国际标准。2001年顺利通过ISO9002质量体系认证，2006年通过“三标一体”体系认证。2011年生产卷烟26万箱，实现利税12.08亿元。

厂区厂景

保定卷烟厂

保定卷烟厂秉承“国家利益至上、消费者利益至上”的行业共同价值观，并在实践中提炼、升华，构建了独具特色的“共好”文化。共：即“共识、共勉、共存、共创、共享”，好：就是“好员工、好企业、好愿景、好日子”。保烟以“铸常青基业，谋员工福祉”为企业使命，号召全体员工“以此为生，精于此道”，共同营造了“风正气顺、相互关爱、和谐共处”的企业氛围。

百年的文化积淀，创新的企业管理，精良的技术装备，直追一流的产品和质量，保烟在成长中壮大，连续几年来利税以每年一个亿的速度递增。如今，一个百年历史的企业从陈旧、封闭的老厂，逐渐变成开放的、花园式的工厂，并向园林型、现代化的工业园区迈进。

2010年11月25日，保定卷烟厂庆祝建厂108周年活动

厂休闲厅——憩园

多功能综合楼

2008年5月21日保定卷烟厂 第二届员工运动会

卷接包车间

卷接包车间南立面外景

制丝车间

冀北承德

河北省“五一劳动奖章”获得者，总经理刘晓辉

冀北承德供电公司地处燕山腹地、河北省最北部承德市中心，隶属冀北电力有限公司，属国家大型供电企业，负责承德市八县三区3.9519万平方公里，369万人口的输、配、供、用电管理工作。公司现有13个机关职能部门，下属24个基层单位（其中8个县级供电分公司），员工总人数2653人。2011年，公司售电量突破历史记录，达136.68亿千瓦时。

公司领导关心离退休职工生活，每逢春节、假日到离退休职工家中走访慰问

近年来，承德供电公司广大干部员工在企业发展中，全力拼搏，屡创佳绩，先后荣获“全国五一劳动奖状”、“全国精神文明建设先进单位”、“全国企业文化建设先进单位”、“全国电力行业用户满意企业”、“全国模范职工之家”、全国“安康杯”竞赛优胜单位、“河北省五一劳动奖状”、“河北省文明单位”、“河北省先进集体”、“河北省服务名牌”、“河北省先进基层党组织”、“河北省企业文化建设示范单位”、“河北省职工文化建设先进单位”、“河北省学习型组织标兵单位”、“河北省扶贫开发工作先进集体”、“河北省农村精神文明建设帮建工作先进单位”、“国家一流供电企业”、“国家电网公司文明单位”、全国供电系统“安全文明生产达标企业”等荣誉称号，连续多年被评为承德市业绩突出单位、优秀企业和先进集体，在地方万人评行风和“三杯”竞赛活动中，多次摘得桂冠，客户服务第三方评议连续5年位居冀北五公司首位。公司“马背电工”、“绿舟服务队”等国家电网共产党员服务队先进事迹多次走进中央电视台、中国青年报等多家中央媒体。公司所属8个县级供电企业中已有4个县级供电企业跨入国家电网公司一流县供电企业行列，4个县分公司位列国网公司百强县级企业。

国家电网“董存瑞”电力共产党员服务队深入田间地头，帮助农户维修灌溉设备

圆满完成重要节日、重大活动保电任务

积极开展“社企和谐兴冀 社区光明同行”活动，树立冀北特色服务品牌

有限责任公司

吨公里增长了15%。东港、曹西均创下日接卸22列以上万吨大列，线内周转时间压缩至22小时以下，同比下降1.5小时，东港、曹西主要卸车站平均卸车时间在2小时以下，京唐港专用线卸车时间平均在3.5小时以下，运输效率大幅提高。三是经营收入持续攀升。2011年实现运输收入241152万元，比2010年多完成33387万元，同比增长16%。完成年度计划237848万元的101%，完成考核目标的107%。实现利润74262万元，完成年度计划的110%，完成考核目标的124%，较年度计划多完成7045万元，上缴各种税赋2.67亿元。四是设备质量稳步提高。科学加大设备补强，投入资金10742万元，对设备设施进行整修、更新，行车设备质量明显提高。五是基本建设扎实推进。2011年建设项目完成验工20339万元。完成了滦南腰岱改造、京唐港线电化、电厂线电化、曹南矿石专用线电化等短平快施工任务，并全部竣工验收投入使用。平改立工程年计划17处。开工14处，竣工7处，施工中7处，未施工1处，2处需要与地方政府协调解决，已经拆除道口8处。铁路护网完成了迁安至曹妃甸间的护网工程共计219公里，并于10月份投入使用。六是民生“八小工程”建设成效显著。投资640万元对房屋、伙食团等基础设施进行了修缮改造，投资500万元对三所公寓进行了装修，改善了职工的生产生活环境。

和谐务实的公司领导班子

清洁优美的站容站貌

精检细修保畅通

针对海域特点全力抓好防洪抗汛工作

一流的设备确保运输安全畅通

万吨大列驶入国投翻煤机房

河北电机

2008年12月30日，时任河北省长胡春华来公司视察

德国西门子公司人员来访

河北电机股份有限公司成立于1953年，是生产、出口高效节能电机和专用特种电机的专业电机研发生产企业。产品畅销全国所有省市和自治区，并出口美欧等24个国家和地区，能为世界压缩机、水泵、制冷、减速机、电梯、印染等行业领袖企业提供产品服务，专特电机产品成为跨国公司在中国采购的首选品牌。公司现有职工1600人，其中工程技术人员150人，厂区占地总面积23万平方米。2011年共生产电机410万千瓦，完成销售收入74479万元，出口额3492万美元，实现利税4550万元，创历史新高。

公司以市场为导向，紧跟世界电机发展方向，通过科技创新，管理创新，技术创新，创建品牌企业，树立品牌意识，全方位提升“冠生”品牌的溢价能力。公司产品全部通过了ISO9001质量体系认证，CCC认证，CSA认证，UL认证，CE认证和节能产品认证。荣获《中国名牌产品》《河北省名牌产品》《全国用户满意产品》《河北省用户满意产品》《原机械工业部名牌产品》《中国优质产品》等荣誉。企业被评为《中国机械500强》《全国中小型

研发中心

股份有限公司

电机行业优秀企业》《品牌与服务双优企业》《质量信得过明星企业》《全国“抓质量、讲信誉”名优企业》《河北省企业管理创新优胜企业》《河北省质量效益型先进企业》《河北省诚信企业》《河北省明星企业》《河北省认定企业技术中心》《高新技术企业》《安全生产标准化二级企业》等。

美国客户来访

公司以打造高端市场品牌为动力，以自主研发高端技术和产品为支撑，坚定地实施产品战略转型计划，大力发展出口和替代进口产品，主动退出通用类电机市场，全力拓展全球专特高端市场，增强企业国际竞争力。公司主要产品有变频电机、制动电机、电梯电机、辊道电机、NEMA标准电机、高压电机、曳引机、机车电机、Y系列电机和Y2系列电机等15大系列近两万种规格。

高素质的职工队伍，完善的质量保证体系，先进的生产设备和试验检测设备，确保了高质量产品的输出，奠定了品牌的发展基础，大大提升了品牌竞争优势。公司以“让用户满意”为标准，致力于不断提升自身经营及服务意识，坚持持续改进、完善服务，以客户化、人性化、专业化的行为准则缔造河北电机品牌。

金工车间

电机车间

公司一角

美国一公司总裁来访

石家庄市

石家庄市地产集团是石家庄市委、市政府为完善土地收购储备制度，加大土地一级开发力度，加速土地市场建设，建立投融资平台而专门设立的市属大型国有企业。集团于2007年5月25日注册登记，2008年12月24日正式揭牌成立，与原有事业机构的石家庄市土地储备中心合二为一，实行“一套人马、两块牌子”运作模式。

作为石家庄市市场化运作的主要投融资平台之一和土地储备机构，地产集团的主要职责是土地储备、大片区土地征收储备、土地一级开发、承担实施大型土地开发整理项目、储备土地经营、土地开发投融资、房地产开发经营等。集团现划分六个业务板块，分别是土地储备板块、规划征收板块、计划发展板块、行政财审板块、工程板块、项目经营板块。集团依靠全员军事化、制度化、市场化的管理模式，积极推行政府主导下的土地储备制度，多渠道筹措土地储备和重点项目的资金，2009年—2011年连续三年超额完成土地收储和融资任务，出色承担并完成了被誉为省政府“眼珠子、脸蛋子”工程的民心广场拆迁建设，多次受到石家庄市委、市政府的高度评价和肯定。

地产集团原总经理赵志武同志从事城建工作二十多年，先后荣立二等功3次、三等功2次；连续7年被市委、市政府评为年度优秀干部；先后多次获得“石家庄市劳动模范”、“建设系统先进工作者”、“河北省先进工作

供电公司

截至2011年底，承德地区拥有500千伏变电站2座；220千伏变电站12座；110 千伏变电站48座。110千伏及以上变电容量达1018万千伏安，输电线路4567公里。承德主网真正意义上形成了以500千伏站为电源支撑，以220千伏双环网为骨干网架，110千伏及以下电网协调发展的合理布局。

党委书记、副总经理　马力

加强业务技能培训，不断提升优质服务品质

马背电工李国军把光明和温暖送给家乡的父老乡亲

蓬勃的电力惠泽承德地方区域经济发展

“绿舟”服务队为村民服务不计回报，成为潘家口库区最美的风景

河北聚

聚诚集团董事长　陈志强

成立于2005年5月20日的聚诚集团，是一家以商贸、物流、陶瓷、担保、高端会所、文化旅游、房地产为主体的跨行业的多元化集团型企业。其下属公司包括：聚诚集团有限公司、石家庄丽池龙道商务酒店有限公司、聚诚河北文化产业投资有限公司、井陉拉花聚诚文化传播有限公司、河北宸源房地产开发有限公司、井陉县正大信用担保有限责任公司、聚诚河北龙盘陉山旅游投资有限公司等。2009年至2011年三年累计实现税收超过1个亿，集团公司实现了高速增长和雄厚的积累。

聚诚集团前身为河北聚诚商贸有限公司，主要业务为煤炭购销。投资6个亿的在建项目“聚诚集团煤炭集散中心”，已被列为市重点建设项目之一。建成后，预计全年实现煤炭购销350万吨，营业额达到30亿元，纳税突破5000万，力争实现6000万。在党的政策积极引导和当地政府的大力支持和帮助下，相信聚诚集团该项目，会成为“打造河北西部煤炭储备基地”的中坚力量之一。

为进一步实现繁荣井陉县文化名城，打造文化强县，聚诚集团积极投身于井陉县文化建设的大潮之中。井陉拉花，是河北省井陉县独有的民间艺术瑰宝，是河北省三大民间舞种之一，首批国家级非物质文化遗产保护项目。井陉拉花聚诚文化传播有限公司应邀参加上海世博会为期7个月的全程演出，并多次到港澳地区及国外演出等。为发展井陉县文化产业，聚诚公司出资1100万元注册“聚诚河北文化产业投资有限公司”。由井陉县文化产业协会和聚诚河北文化投资公司联合打造的《井陉文库丛书》一套六本，已陆续开始发行。河北聚诚文化投资有限公司立项以宣传“千年古县—井陉”为主要题材的

井陉拉花—首批国家级非物质文化遗产保护项目

井陉拉花在上海世博会上表演

多集纪录片，已进入创作、拍摄准备阶段，并争取在央视频道播出。

“取之社会，用之社会”是聚诚的社会责任理念，聚诚人一直热心社会公益事业，捐资总额逾人民币上百万元。聚诚公司认领捐建全县十大景观点之一的绿化工程，示范引领广大民营企业参与植树绿化。多次通过井陉县关心下一代工作委员会这一平台为失学儿童捐款。聚诚公司被授予“十佳助学先进单位”，聚诚集团董事长陈志强被聘为“井陉县关工委爱心救助基金会名誉会长”。

聚诚集团先后荣获纳税先进单位、纳税红旗单位、河北省著名商标、文明诚信私营企业、2010年度河北省“百名创业功臣”、2011年度石家庄十大创业明星、2011年度文化产业先进单位、2011年聚诚集团被河北省企业家协会授予“企业家协会文化建设先进单位” 等诸多荣誉。

丽池 龙道（石家庄）CEO会所是聚诚集团和丽池集团精心雕琢的一家集养生、休闲、商务娱乐为一体的高端主题会所，主打“高端养生会所”的理念。丽池集团已经历经了15个年头，丽池 龙道CEO会所成立于2011年5月20日，会所设名媛会、名仕会、养生馆、御足宫、会员酒店、御茶坊、多功能厅、红酒雪茄馆、KTV包房、高尔夫球馆、瑜伽馆、健身房等功能性区域，作为中国主题会所第一品牌，丽池红酒文化沙龙、丽池美食节、星韵1954茶文化沙龙、丽池礼仪文化沙龙、丽池书法名画鉴赏沙龙等等也将拉开帷幕，为会员朋友提供更贴心的增值服务。

贵宾预定热线：0311-85111111

地址：石家庄市长安区广安大街与谈南路交叉口丽池 龙道CEO会所

石家庄市原火陶瓷有限责任公司始建于1956年2月，其前身是井陉县第一陶瓷厂，1996年7月转制为有限责任公司。公司占地面积12万平方米，注册资本3600万元，资产规模1亿，现有员工800多人，生产日用陶瓷，主要产品原火牌白砂锅，年产各种产品720万件，年产值近1个亿，实现利税1000万元。

石家庄丽池会所厅廊

石家庄丽池会所一角

原火陶瓷公司办公大楼

唐港铁路

总经理　赵培基

唐港铁路有限责任公司是在原唐山滦港铁路有限责任公司基础上，以“增资扩股、变更登记”的方式，由太原铁路局（投资比例19.73%）、唐山港口投资有限公司（投资比例18.28%）、国投交通公司（投资比例15.13%）、唐山曹妃甸实业开发有限责任公司（投资比例15.13%）、河北大唐国际唐山热电有限责任公司（投资比例13.97%）、河北省建设投资公司（投资比例11.64%）、华润电力（唐山曹妃甸）有限公司（投资比例5.82%）七家企业共同出资组建的合资铁路公司，公司于2005年8月19日正式挂牌成立，注册资本17.1839亿元。目前公司所辖迁曹线、滦港线两条主要干线，线路北起大秦线迁安北站，经过京秦线的滦县站，南至曹妃甸港和京唐港，贯穿迁安市、滦县、滦南县、唐海县、南堡盐场、曹妃甸工业区、乐亭县、海港开发区等五县（市）、两区、一盐场，营业里程210公里，正线延展里程369公里。公司属于铁路运输行业，主营业务范围是铁路运输及其服务，主要是运输煤炭、焦碳、钢材、矿粉等运输。

公司领导现场督导施工安全

2011年唐港铁路有限责任公司，强化安全监管力度，内挖潜力，外拓市场，实现了公司的安全发展、科学发展、和谐发展。 一是安全生产有序可控。截至到2011年12月31日18:00，公司实现了安全生产1641天无一切事故的好成绩，实现了四创安全年；二是运输任务再创新高。认真做好运输综合协调，全年货运量完成14967.6万吨，完成年度计划的107%，再创运输新纪录。货运周转量完成1760870万吨公里，比上年同期的1532194万

安全高效的2万吨重载列车

地产集团

者”、“全国先进工作者”、“优秀共产党员”、“人大优秀代表”、“优秀军转干部”、“房地产开发先进工作者”、“旧城改造先进个人”等荣誉称号。在任期间，他提出了“专注、忠诚、服从、宽容、奉献”五种精神和“磨劲、拼劲、韧劲、干劲、牛劲、钻劲、闯劲、跑劲、学劲、管劲”十股劲儿的企业文化理念，整个集团上下呈现了人心齐、作风正、干劲足的良好局面。

现任地产集团党支部书记、总经理郝平同志，具有长期基层管理工作经验，精通金融、房地产政策法规，具备经济形势分析能力，善于处理复杂问题。1994年至2009年在河北银行任职期间，被评为石家庄市杰出青年岗位能手；数次获得总行授予的年度先进工作者、行长特别奖、优秀党务工作者、行风先进个人等荣誉称号；个人撰写的论文在全国性理论与实务研讨活动中多次获得全国城市经济期刊一、二等奖和优秀论文奖。2009年被市委、市政府选调就任以来，创新融资工作模式，通过项目捆绑间接融资模式成功引进恒大、保利、万达、华润、华强等知名企业投资落户石家庄，为我市引入资金近千亿元；2011年8月份成功将地产集团退出银监会对政府融资平台监管名单，成为石家庄市第一家也是目前唯一一家退出监管的政府融资平台；2012年主持申报发行了28亿企业债券、20亿中期票据和20亿短期融资券业务，三年来累计实现银行贷款融资近300亿元，间接融资近50亿元，在金融界积累了很高的信用度，为石家庄市的城市建设和经济发展作出了突出贡献。

蓬勃发展的

帝华企业集团董事局主席　李在明

帝华企业集团始创于1984年，是中国经济改革开放初期第一代民营建筑承包企业；也是改革开放后第一批民营经贸企业，起步于国际和国内贸易。90年代初在北京二次创业，兴办钢材交易市场并建设钢管厂。1994年在河北唐山建设钢铁生产基地，1998年在河北石家庄正式进军房地产业。

帝华企业集团现已发展成以房地产为主业，电梯制造、建筑施工、金融服务、农业种植等多业并举的大型企业集团，总注册资本金超过20亿元。集团业务覆盖三省七市，其中房地产开发遍及河北石家庄，河南郑州、洛阳、商丘、驻马店，山东济南、潍坊等地，拥有国家住房和城乡建设部批准的房地产开发一级资质。集团拥有河北帝华、河南缔华、商丘缔华、洛阳帝华、济南帝华、潍坊帝华等以房地产为主业的18家具有独立法人资格的关联控股公司。集团连续五年位居中国房地产企业100强，2010年入选“中国最具生命力百强企业”。

帝华企业集团仅房地产版块员工1500余人。其中：40岁以下中青年员工占90%，专科以上学历人数占70%，本科以上学历人数占50%，硕士、博士研究生近30人。总经理助理以上中高层管理人员82人，总经理以上高管人员23人，大多数为35～45岁间年富力强的青年干部，这是帝华企业集团最宝贵的财富之一。企业在充分结合集团中长期发展战略规划的同时，积极进行各类人才储备，进行人力资源挖潜整合，先后与河北建工学院、天津建工学院、青岛理工学院等多所院校建立了良好的校企战略合作伙伴关系。

帝华企业集团自专业从事房地产开发14年以来，已先后在河北省会石家庄开发了龙泉花园、龙海新区、龙头花园、龙洲新城、龙海南苑、西部峰景、水岸华苑、财富公馆和龙湖水岸等系列新城。在河南省境内开发建设了郑州东方现代城、郑州星城国际、商丘帝景花园南苑、帝景花园北苑、洛阳帝都国际城等项目群。在山东开发建设济南北岸新城、潍坊帝景国际、潍坊滨海星城等大型海景园林生态建筑群。

西部峰景项目园林绿化景观图

截至目前，集团房地产开发项目22个，竣工面积800万平米，在建工程面积达1300万平米，未来规划建筑面积将达2000万平米。已经开发和准备开发的土地面积约3500亩，仅在山东区

帝华企业集团

域就已储备房地产开发建设用地2000余亩。项目在规划设计方面，与北方设计院、成都美厦、青岛腾远、青岛易境、北京威斯顿、加拿大ABCP等国内、国际先进知名规划设计公司强强联手，采用国际先进和谐人居设计理念，倾力打造环境优美、配套齐全、服务上乘的高品质山水宜居之城。这些住宅和城市综合体，已成为这些大中城市格外引人注目的靓丽风景线，成为引领新城发展潮流的标志性建筑群。

帝华企业集团公益捐款

帝华企业集团
总部地址：中国·河北省石家庄市自强路112号
电　　话：0311—87889363、87884217
传　　真：0311—87887632、87874209

西部峰景项目鸟瞰图

西部峰景项目庭院景观

西部峰景项目立面景观

南湖生态城——

丹凤朝阳

南湖生态城位于唐山市南部、紧邻市中心，东至陡河、西至新京山铁路、南至唐津高速公路、北至南新道，总体规划面积91平方公里，与曹妃甸生态城、凤凰新城和空港城构成唐山“城市四大主体功能区”。整个生态城包括南湖生态城核心区（南湖生态风景区）、西南片区、东南片区、205国道以南片区、丰南片区。位于市中心区南部两公里处的150公顷塌陷地已建成生态园林建设效果的南湖公园，并于2009年5月1日正式开园。园内树木成荫、草坪翠绿、湖水清澈，成为市民休闲娱乐的场所。并先后荣获河北省“人居环境奖”“中国人居环境范例奖”、联合国“迪拜国际改善居住环境最佳范例奖”。

2011年，南湖生态城管委会认真贯彻落实市委八届七次全会、市第九次党代会、全市城镇建设三年上水平动员大会、全市城建重点工作调度会，以及张庆黎书记到唐山调研时的讲话精神，以创建5A级景区为统揽，强化规划设计，强力推进项目建设，加快完善基础设施，狠抓景区精细化管理，景区功能逐步完善，景区管理水平进一步提高，安全生产良好形势进一步巩固，班子队伍整体素质全面提升，圆满完成各项年度目标任务。

（一）规划设计实现全覆盖。西北片区、东北片区控规已编制完成；西南片区、东南片区控规已完成初步方案；正在开展体育休闲运动基地规划功能分区及项目选址；进行东南及西南片区路、水、电、讯、暖专项规划编制；按照雪峰书记到西安世博园考察时提出的用产业提升南湖人气，促进南湖全面繁荣的指示精神，迅速启动南湖景区七条商业带规划建设，谋划餐饮、运动、休闲、生态旅游等商业服务配套项目44项。

（二）西北片区棚户区改造项目取得重大进展。该项目为路南区19个村、2.3万名群众的安居工程，是唐山市最大的民生工程。一年来，把西北片区棚户区改造项目作为南湖生态城开发建设的“一号工程”，集中一

南湖夜景

一片“希望的田野”

切人力、财力，全力保证工程建设顺利实施。截至2011年底，139栋回迁楼已全部封顶，完成二次结构施工，进入装修阶段，另外1栋已完成地上13层施工。

（三）景区功能逐步提升。南湖之门、大型主题雕塑“丹凤朝阳”、体育休闲示范区扩湖堆山、活水公园、绿城公园等5个工程已基本完工；访客中心，完成主体封顶；龙泉寺复建，完成侍者房桩基浇注，计划年底前竣工；电影《唐山大地震拍摄基地》复建，25个单体建筑已完工13个，周边道路预计2012年6月底完工，9月底全面投入运营；文化会展广场，已开工建设。

云凤岛

（四）基础设施日臻完善。南湖大道（西电路段）、学院路南延、南湖迎宾大道已竣工通车；西北片区“三纵七横”路网，有8条完成机动车道，正在进行路灯安装和电力管网铺设，其余2条完成路基施工；电力设施改造提升，完成西电路电缆铺设、环网柜组装和10KV开闭站基础打桩。

（五）城市开发加速推进。24家房地产开发企业的商住开发项目，已开工9个，引进省外资金18.16亿元。万科南湖红郡一期121栋低密度住宅已完工，正在进行二期基础施工；绿城南湖春晓、天泽瑞宫、仁恒湖滨城、中骏南湖香郡、新华联国际花园、新华联丽景湾国际酒店正在进行主体施工；慧祥御园会所、大阳公馆已进场施工；瑞昊南湖、恒天花园、唐山润泽、迁安鹏程4个项目正办理前期手续。

（六）旅游工作再上新台阶。制定出台了《景区商业活动管理办法》、《旅游经营项目管理办法》、《景区车辆管理办法》，景区管理制度进一步健全，商业经营活动更加规范；完善了标识牌、环卫、餐饮等旅游硬件服务设施；实现导游、接待等日常工作规范化、标准化，提高了旅游服务软实力；积极拓展省内及京、津等地旅游市场，全年完成各级领导参观视察和住地安保任务745次，接待党和国家领导人19次，省部级领导56次，一般性政务接待670次，旅游人次突破了1000万，实现旅游收入191万元，是旅游公司成立以来总收益的1.5倍。

（七）高标准完成国家生态园林城、文明城、卫生城创建任务。提升景区绿化水平，新栽植乔灌木1.06万株，地被9.7万平方米，修建园路446平方米，新建景观桥梁2座，新增绿化面积11.4万平方米；完成迎宾大道唐胥路段、学院路南延2条新建道路绿化；对公园东门、凤凰台下、市民广场等4座停车场实施绿化改造，指标大大超过林荫停车场标准。提升景区亮化净化水平，高标准实施南湖迎宾馆亮化工程，增设照明设施300余套，对环湖路损坏的地灯、射灯和太阳能路灯进行全面维修，对现有10座公厕进行改造，更换垃圾桶、垃圾斗215个，做到垃圾日产日清，无害化处理，以最佳的景观效果顺利通过了专家组验收。

南湖美景

南湖生态之美

音乐喷泉

管委会主任林澎在向客人讲解生态城发展规划

唐山湾生态城位于渤海之滨的唐山市南部沿海，曹妃甸新区东部，唐山港曹妃甸港区和京唐港区之间，距唐山主城区80公里、距北京220公里、天津120公里、秦皇岛170公里，远期规划建成面积150平方公里、人口100万的生态城市。

开发建设唐山湾生态城，是唐山市贯彻落实胡锦涛总书记“把曹妃甸建设成为科学发展示范区”、温家宝总理“把曹妃甸建设成为现代化的港口、港区和港城”的指示精神做出的重大战略决策，按照国务院批复的《河北沿海地区发展规划》，唐山湾生态城将按照国际化、现代化和生态型目标，建成京津冀重要的生产服务性中心、高教科研及产业化基地和环渤海重要的滨海城市。

2011年12月23日　与北大资源集团签署战略合作协议

2007年1月，唐山市委、市政府启动唐山湾生态城的勘测选址、规划设计等工作。2008年12月，河北省政府正式批复《唐山市曹妃甸新城总体规划（2008-2020年）》。2009年3月11日，唐山市委、市政府举行唐山湾生态城开工奠基仪式，唐山湾生态城正式开工建设，按照 “三年出框架，五年见规模”的目标，唐山湾生态城的开发建设全面展开、快速推进。

2011年，生态城管委会领导班子在曹妃甸新区党工委、管委会的正确领导下，认真贯彻落实曹妃甸新区“九大攻坚战”的工作部署，以科学发展观为统领，以建设生态城市为目标，发扬“敢于承担、敢于超越”的曹妃甸精神，团结一心，负重奋进，攻坚克难，全力推进生态城市开发建设。

建设中的唐山湾生态城

基础设施与重点项目建设扎实推进。2011年，唐山湾生态城共谋划、实施项目75个，组织实施续建、新开工项目44个，完成固定资产投资140.5亿元。其中，实施基础设施类项目32项，总投资282.41亿元，年度计划完成111.86亿元，现已完成投资92.24亿元。基本完成了12平方公里起步区道路和西区路网建设，北区路网建设全面展开；生态城滨湖东区水系岸线整理、内湖西区滨湖景观工程正在施工。实施产业类项目43项，总投资411.31亿元，年度计划完成102.41亿元，已完成投资48.26亿元。工职院新校区项目总建筑面积约50万平方米，总投资约17.8亿元，一期11万平米主体结构已基本完成，二期14万平方米已完成工程量的40%，为校区配套的5万平方米的青龙湖商业街项目目前主体已完工；曹妃甸第一中学一期宿舍

生态城航拍实景

唐山湾生态城

楼已经封顶；可持续发展展示中心主体结构基本完成；央企生活基地小区幼儿园正在进行装修，央企生活服务基地二期造地完成试桩，英伦小镇项目已经开工建设。

招商合作取得突破性进展。在金融形势和房地产市场不利的情况下，不断加强招商宣传、扩大招商合作，先后赴北京、鄂尔多斯和日本东京举办了招商推介会，强力推进唐山湾生态城的招商合作工作，并取得了突破性进展。一是中日合作实现突破。生态城参加了中日投资贸易洽谈会和中日绿色博览会，在日本东京举办了生态城推介会，加强与日本经济产业省、国际贸易促进机构及野村综合研究所、日本松下电工、大和房屋工业株式会社等企业联系，就在唐山湾生态城开展住宅产业化与“中日生态社区”开发达成了合作意向。二是中瑞合作继续推进。在加强中瑞合作中，完成了世博会瑞典馆搬迁工程，并就中瑞示范区项目的规划设计合作事项与瑞典使馆商务参赞托尼 柯拉克先生和6家瑞典设计单位进行了洽谈；组织了两次“唐-马培训”，增进了与瑞方的交流合作。三是推进了与房地产企业的合作。已与万科、金科等大型房地产企业签订了合作协议，和泓等地产公司已进驻生态城进行保障性住房开发；与上海文广集团合作开发的英伦小镇项目已经开工。四是促进了教育产业发展。西南交通大学唐山学院规划已经完成，力争2013年开学；加强了与对外经贸大学、中国石油大学的沟通联系，积极推进合作进程，市政府与对外经贸大学签订了《对外经贸大学(曹妃甸)分校合作办学框架协议书》，确定了选址和以租代购办学模式。五是推进了基础设施投资合作。与河北冀能科技有限公司就科研楼、光伏长廊、电动汽车充换站、智能小区、软件园五个项目达成了初步合作共识；与安防运营服务(中国)有限公司就以BT模式参与生态城市民服务中心、钻石大厦、信息大厦等公建设施项目达成初步意向；与北大资源集团达成了合作开发4.5平方公里中日生态社区的合作协议意向，准备组建项目公司进行合作开发。

2011年3月17日 管委会主任林澎带领瑞典建筑设计联合体代表团就“中瑞创新岛”规划设计工作进行实地考察

2011年2月17日 内海旅游概念规划方案征集启动仪式

2011年5月28日，生态城保障性住房项目集中开工

生态城西区景观

唐山陡河青龙河开发

公司董事长、总经理　夏宝胜

唐山陡河青龙河开发建设投资有限责任公司是经唐山市人民政府批准、市国资委出资成立的国有独资企业，公司注册资本3.7亿元，主要承担唐山市环城水系基础设施投资、融资、建设、运营以及管理，区域开发建设和公共服务，对市政府授权确定的城市基础设施项目、城市建设的政策性投资项目和符合政策导向并具有良好经济效益和发展前景的相关项目进行开发、投资和管理，确保国有资产的保值、增值。

青龙湖风景

公司成立三年来，在市委、市政府正确领导下，在市有关部门的大力支持下，经过公司全体员工共同努力，发展迅速，现已拥有唐山市环城水系旅游公司、唐山唐龙房地产开发有限公司等全资子公司两家，业务涵盖环城水系及周边区域开发改造、公共事业、旅游、房地产开发等板块，2010年被评为“河北省城镇面貌三年大变样工作模范集体”，环城水系被评为“2011年河北省人居环境范例奖”。

环城水系工程，是唐山市打造科学发展示范区和人民群众幸福之都的重要决策，是完善市区防洪排涝体系的重要举措，是落实河北省城镇面貌三年大变样的重要成果。唐山市委、市政府对唐山的城市水系进行了统一规划，建设57公里的环城水系，提升城市形象和竞争力，打造成市民休闲、娱乐、健身和生态绿化为一体的滨水长廊，打造成城市生态景观带、休闲旅游带、文化展示带和产业升级带。工程对唐山市增强防洪排涝、改善生态环境、推动城市转型和促进经济发展具有极其重

大城山码头效果图

市民在青龙湖湖面驾船游玩

建设投资有限责任公司

要的意义。

经过3年的艰苦施工，环城水系工程基本完成，共完成投资52.2亿元，57公里的环城水系全部实现通水通航，水系周边建成公园3个，广场3个，已经初具规模，初见成效。环城水系的通水通航标志着唐山作为北方水城的框架基本形成，标志着生态城市建设迈出了新的步伐。“城在水中、水绕城流”的江南美景出现在百年工业重镇，实现了唐山由工业城市到山水生态城市的华丽蜕变。

弯道山码头景色

唐河朝阳门广场雕塑

市民在唐河岸边晨练

延伸扩建的青龙河及岸边风景

河北省环渤海湾经济

集团董事局主席、总裁王小朋出席“撼动乐势力摇滚巨星”演唱会

王主席与张艺谋在环球文化大使上开启活动

河北省玄元文化与美国体育有限公司签署美国体育走进中国战略合作协议

集团总部位于河北省省会石家庄市，集团1993年由原省会顾问委员会牵头成立，迄今已经走过了19年的发展历程。像其他大公司一样，集团经历了许多转变。这些转变是必然的，因为集团要创新发展。

集团由八个子集团和一个发展研究院、一个吉隆坡商业协会、一个世界商业联合体组成，分别是：中国旅游资源控股有限公司（河北省环渤海湾旅游开发股份有限公司）、中国文化资源控股有限公司（河北省玄元文化产业发展股份有限公司）、中国国际投资集团有限公司（河北振海旅游投资股份有限公司）、中国传媒国际集团有限公司（河北华天影视传媒有限公司）、中国金融国际集团股份有限公司（河北省环海股权投资基金股份有限公司）、中国环渤海农业开发集团有限公司（河北振海农业科技股份有限公司）、中国老年产业集团有限公司、中国环渤海湾集团发展研究院等。

集团由著名企业家王小朋先生担任董事局主席兼首席执行官。在王小朋先生的领导下，集团不断开拓创新，向多元化发展。其主要商业活动集中在国内，尤其是河北省内。除国内业务外，集团还不断走出境外、走向世界与美国、加拿大、英国、澳大利亚以及东南亚国家等，与港、澳、台进行多方面多项产业的密切合作。

集团在旅游、投融资、传媒、影视、房地产、农业开发、老年产业等方面进行了大量资金，开发建设了省内外多个旅游景区，成立了股权基金公司和管理公司，拍摄了受到国家文化电影电视部门推荐并在国内外获奖的数字电影。集团还致力于文化产业的发展，下大力投资于文化产业的重组和改革，打造“玄元”系列文化产品的销售、艺术品收藏、鉴赏等。此外，集团拥有自己的食品科技基地，拥有自己的制酒厂，拥有自己的现代农业、生物技术生产研发基地和工厂，拥有自己的连锁超市。目前集团已形成了良性发展的产业链，并拥有百亿元的资产。

凭借多年的从业经验和良好的集团形象，王小朋主席被选为中国环渤海湾旅游运营商战略联盟主席。中国环渤海湾旅游运营商战略联盟目前拥有遍布京、冀、鲁、晋、辽、鄂、苏、湘、豫、桂等省市，近500家成员单位。

作为有责任感的企业，集团多年来致力于社会公益慈善事业，赤巨资捐助贫困人群，需要救助的老人、见义勇为的英雄、资助100名因各种原因造成贫困的大中小学生到大学毕业，集团把回报社会作为自己的责任。

集团公司已经通过国际IS09001：2000质量管理体系认证。被评为中国爱国先进单位、全国质量信得过单位、诚信建设示范单位、中国河北城市名片、河北品牌建设典范单位、质量诚信3A品牌企业、河北最具创新力

品牌、河北最佳企业公众形象奖、十强文化企业等。王小朋先生被评为中国优秀民营企业家、中国诚信企业家、全国先进爱国企业家、中国慈善家、中国区域经济建设百名功勋企业家、最具社会责任感企业家、河北省文化产业十佳领军人物、冀商领袖等。

集团已经形成了“事业至上，诚信为本，恒久发展，文化为魂，深耕企业，服务社会”的理念；“全面预算管理，全面效益管理，全面风险控制管理”的模式；“做事，做实，增效，创优”的作风。

2009年河北省玄元文化产业发展股份有限公司旅游产业高峰论坛

玄元连锁

河北隆润·埃比生物科技股份有限公司

中盐长芦沧州盐化

董事长、党委书记　赵代勇

中盐长芦沧州盐化集团有限公司是由中国盐业总公司和沧州市人民政府共同出资设立，以生产海盐为主，集食盐、加工盐、盐化工、海水养殖、盐机制造、塑料加工、工程施工等多业并举的国有企业，始建于1958年。公司现有职工4200人，资产总额6亿元。

公司地理位置优越，交通便利。位于环渤海经济开发区的沧州渤海新区境内，东临渤海，南接山东，朔黄铁路、石黄高速公路、沿海高速公路贯穿场区，拥有海上运输、铁路运输、公路运输三位一体的物流运输网络。

2011年，公司以科学发展为主题，以转变经济发展方式为主线，坚持“立足盐业谋发展，融入大局求跨越”发展战略，坚持“抓管理、降成本、增效益、促发展”经营方针，强化生产调度，加强企业管理，优化营销策略，调

中盐现代物流园区项目通过专家论证

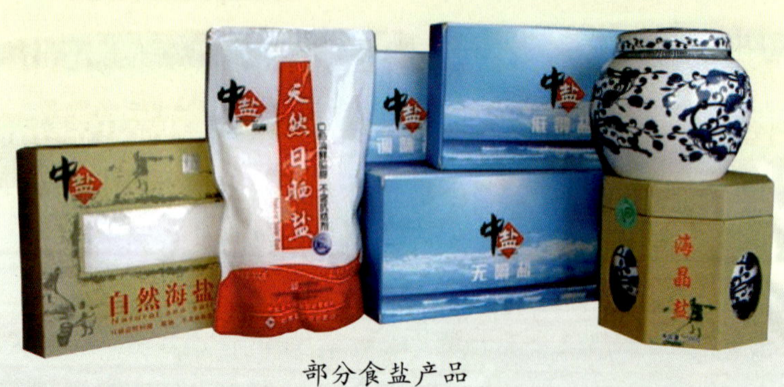

部分食盐产品

银山食盐公司

集团有限公司

整产业结构，努力打造“原盐、综合化工、绿色海盐、临港开发”四大产业板块，企业整体运行保持了良好态势。全年生产原盐85万吨，生产工业溴 1956吨，生产食用盐56547吨；销售原盐75万吨，销售工业溴2378吨，销售食盐4.3万吨；实现营业收入 33477万元，比去年增长21.86%；实现各项税金5066万元，比去年增长5.04%；实现利润总额2037万元，比去年增长55.73%；净资产收益率为12.51%，国有资产保值增值率为110.85%；安全生产保持平稳态势。

总经理、党委副书记　刘建军

按照中盐总公司“两步走”发展战略，公司将充分利用和挖掘资源优势，围绕“立足盐业谋发展，融入大局求跨越”的战略定位，切实转变经济发展方式，加快构建以“原盐产业为基础、综合化工产业为主导、绿色食盐产业为亮点、临港产业为突破”的四大产业板块，促进产业升级，提高企业核心竞争力，努力把企业做优做强，为振兴地方经济，促进盐业发展再作新贡献。

海晶盐通过绿色食品认证

加碘精制盐通过绿色食品认证

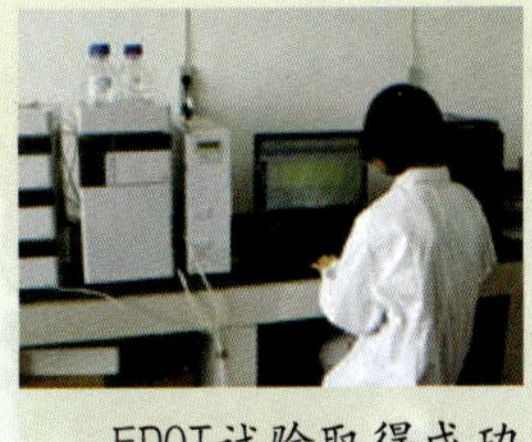

EDOT试验取得成功

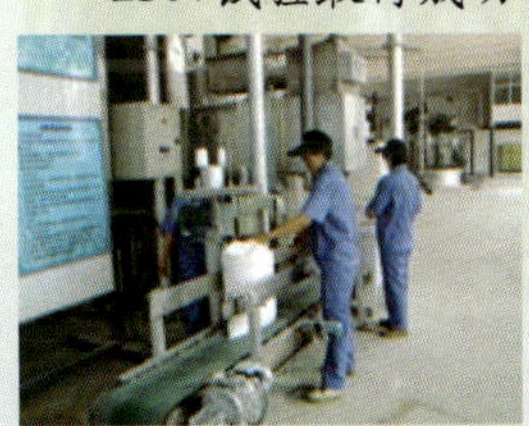

职工正在进行食盐生产

原盐集港

每年签订工资协议保障职工合法权益

成品工业溴

大港油田公司第二采油厂

6月10日，油田公司总经理李建青一行来到采油二厂调研指导工作

6月20日上午，河北省安监局监管一处杨惠东处长一行5人，来采油二厂检查指导安全工作。采油厂厂长、党委书记何鲜、副厂长郭立伟、安全总监于安胜、安全科、生产科和人事科相关负责人参加迎检工作

大港油田公司第二采油厂（以下简称采油二厂）位于河北省沧州市南大港管理区，是中国石油大港油田公司下属的集采、注、输为一体的综合性原油生产单位。

随着1965年4月以王徐庄地区为中心的南部勘探会战的有序开展，1966年4月以歧3井试油自喷标志勘探告捷，1965年4月6日歧2井开钻标志着南部王徐庄油田正式投入勘探。1979年1月成立大港石油管理局第二采油指挥部，即采油二厂的前身。2005年5月作业三区又更名为大港油田公司第二采油厂。

截至2011年底，采油二厂开发生产区域2000多平方公里，探明含油面积62.9平方公里，地质储量6616.38万吨，可采储量2086.7万吨。有员工1110人，其中管理人员236人，专业技术人员105人，操作岗位员工772人。机构设置为8个职能科室、11个直属单位、12个基层单位。担负着羊二庄、王徐庄、南中段、友谊、张巨河等油田的开发生产及本厂、三厂、六厂的原油外输任务，管理着2座联合大站、5座油气混输站、8座注水泵站和31个拉油点。

采油二厂在多年的生产实践中，不仅为国家建设做出了应有的贡献，也造就出一支能征善战、实干善谋的高素质队伍，培育了“勇创一流，敢为人先”的二厂精神，逐步确立了“人才为兴企之本，知识是立身之魂”、“人管人管死人，文化管人管住魂”等现代先进理念；在底水油藏、生物灰岩油藏、复杂难采区块、滚动增储等开发领域积累了许多成功经验，有些技术应用达到国内领先水平，羊二庄油田两次荣获全国高效开发老油田称号；经营管理工作立足传统，不唯传统，在探索中改进，在实践中提高，从严格化、制度化逐步向规范化、科学化、信息化迈进，多次荣获天津市安全生产先进单位和设备管理优秀单位称号；党的建设、班子建设、队伍建设、基层建设、企业文化建设蓬勃开展，“三心一忠实”工程持续深化，内部凝聚力不断增强，队伍士气不断提高。厂区环境大为改观，员工的生产生活条件明显改善，昔日的盐碱荒滩、苇塘水洼，如今已是绿树成荫、青草遍地、道路宽阔、高楼林立的现代化石油矿区。一个崭新的二厂正在蓬勃发展，迎接新的挑战。

4月19日上午，采油厂首届“和谐杯”羽毛球比赛在羽毛球馆鸣锣开赛

6月20日晚，在油田公司庆祝建党90周年“石油工人心向党”首场红歌汇演

8月23日，采油二厂组织召开了2011年度金秋助学座谈会，并为职工子女送上了助学用品和助学金

大港油田公司第三采油厂

第三采油厂隶属于中国石油大港油田公司，于1988年3月建厂，是目前大港油田原油产量最多、生产规模最大、员工总数最多、地理位置最偏远的采油厂。

1971年3月，位于王官屯村西的官1井首获工业油流，揭开了大港南部油田勘探开发的序幕。2009年，大港油田推行南部油区一体化管理，采油三厂党政主要领导兼任港狮矿区管理处主要领导。目前，第三采油厂组织模式为“采油厂—作业区—队（站）”三级扁平式管理模式，采油厂机构设置10个机关部室，11个直附属单位，8个所属作业区。全厂现有员工3968人，管理着95个基层单位，担负着大港南部油田的原油生产和集输任务。

3月15日，大港油田公司总经理李建青，总经理助理李华林、王学成带领油田公司有关部门负责人来到南部油区调研指导工作

第三采油厂开发范围地跨河北省黄骅市、沧县、南皮县“一市两县”，油气开发面积1900平方公里，管辖枣园、王官屯、小集等7个油田102个开发单元，共有油井1357口、注水井837口，年生产能力为140万吨。

2月21日，沧县县委、县政府隆重召开表彰大会，授予大港油田公司“经济社会发展特别奖”

几十年来，三厂精神激励着一代又一代南部石油人拼搏奉献。第三采油厂大力实施人才开发、科技兴油、可持续发展“三大战略”，开拓创新，拼搏进取，各项工作不断取得新的进步，圆满完成了历年各项业绩指标。在矿区建设、精神文明建设、油地和谐发展等方面也取得了丰硕成果，多次被各级地方政府授予“纳税功臣”、“经济社会发展特别奖”，近年又获得了天津市五一劳动奖状、河北省3A级和谐劳动关系企业、中国企业文化建设优秀单位等多项荣誉称号。

沐浴着新世纪的春风，沧州转身向海，从大运河走向渤海湾，谋划跨越发展新战略，打造沿海经济强市。与此同时，同在这片热土上的第三采油厂，也明确提出了打造中国石油先进采油厂的宏伟目标，向着到十二五末油气当量实现150万吨的目标奋进。

1月19日，第三采油厂召开二届四次职代会暨2011年（党委）工作会、先进表彰会

11月15日，沧州市政府召开沧1断块油气藏开发协调会，第三采油厂厂长李强参加协调会，并向沧州市领导汇报沧1断块油气藏开发情况

2月23日－26日，沧州市第十二届人民代表大会第四次会议在沧州大剧院隆重召开。第三采油厂厂长李强、党委书记佟江作为沧州市人大代表参加了会议

大港油田公司第六采油厂

采油六厂全景

采油六厂丛式井

采油六厂职工公寓

第六采油厂隶属于中国石油大港油田公司，位于河北省黄骅市北10Km处，是一家集采、注、输、勘探开发技术研究为一体的综合性原油生产单位。目前，管理着羊三木、孔店、扣村和齐家务四个油田，生产区域分布在黄骅市羊三木、官庄、滕庄三个乡镇和南大港农场两个分场。机构设置为8个职能科室，9个直属单位，9个基层单位，其中采油队3个，输注队2个，交接油队、综合车队、维修队、综合服务队各1个。

1971年，羊三木油田羊1井喜获工业油流，从而揭开了第六采油厂的勘探开发的序幕。40多年的创业发展过程中，六厂人秉承“爱国、创业、求实、奉献”的企业精神，攻坚克难、拼搏进取，圆满完成了历年各项业绩指标。特别是近年来，面对老油田开发面临的重重挑战，第六采油厂立足实际，解放思想，创新举措，探索出了“高效开发、精细管理、文化引领、政治保障”的现代化油田管理模式，开创了开发生产、经营管理、安全环保、队伍建设等各项工作齐头并进、卓有成效的喜人局面，实现老油田连续多年稳产超产。同时，在矿区建设、精神文明建设、油地和谐发展等方面也取得了丰硕成果。采油六厂先后被评为“全国企业文化建设优秀单位”，中油集团公司“先进基层党组织”、“油田开发管理先进单位”，天津市“五一模范集体”、“设备管理先进单位”，大港油田公司“思想政治工作先进集体”、“十一五科技工作先进单位”、“安全环保先进单位”等多项荣誉称号。

新的形势下，第六采油厂将以科学发展观为统领，在油田公司和地方政府的指导帮助下，紧紧围绕“建设大油田、建设示范石油矿区”战略部署，秉承“追求卓越，创造一流”的工作理念，以“强三基、固根本、促发展”为主线，围绕抓好发展、转变、和谐三件大事，按照“老区深化挖潜硬稳定，新区滚动评价求突破，成本严格控制增效益，管理规范精细上水平”的发展思路，以坚韧不拔的毅力、不畏艰难的勇气、锲而不舍的意志、战无不胜的信心，锐意进取、扎实工作，全力打造“安全六厂”、“文化六厂”、“和谐六厂”，不断开创采油六厂科学发展新局面！

采油六厂基层班站

采油六厂基层员工

采油六厂红歌汇演

廊坊经济技术开发区

廊坊经济技术开发区座落于首都北京和天津之间，被誉为共和国黄金通道的京津塘高速公路穿区而过。廊坊开发区于1992年6月26日奠基起步，2009年7月20日，经国务院批准，升级为国家级经济技术开发区，目前已汇聚了来自全球30多个国家和地区的1800多家企业，已成为河北省对外开放的重要窗口和廊坊市经济建设的排头兵，先后被批准为“中国青年科技创新活动示范基地”、“国家火炬计划廊坊信息产业基地”、“河北省服务外包示范区”和国家级“廊坊出口加工区”。

2011年度工作表彰大会

2011年，廊坊开发区工委、管委按照“高端定位、创新发展、进位赶超”的总体要求，以科学发展为主题，以创先争优和服务效能提升年活动为载体，团结带领广大干部群众，扎实推进科学发展实力、产业发展层次、投资发展环境、城区建管质量、社会管理能力和党的建设工作提档次、上水平，较好地完成了各项重点工作任务，经济社会发展呈现出增长较快、产业趋优、民生改善、和谐稳定的良好局面，实现了“十二五”良好开局。全区完成地区生产总值234亿元，同比增长20%；财政收入46.1亿元，增长28.5%，超额完成1.2亿元，实现升级后三年翻一番目标；其中地方一般预算收入10.4亿元，增长41.6%；实际利用外资3.98亿美元，同比增长87.9%，超额完成1.68亿美元。2010年，在90家国家级开发区中，廊坊开发区综合评价排名第32位，比上年提高5位；其中在新升级的36家国家级开发区中综合评价排名第4位。

2011年10月，廊坊开发区成立云存储数据中心专家委员会

2011年3月，“梦廊坊”文化产业园奠基

2011年11月，万达学院竣工揭牌

新奥光伏能源生产线

电科东芝避雷器有限公司生产线

保定国家高新技

2011年9月4日，河北省委书记张庆黎来到保定高新区，在参观新能源企业后，来到茗畅园社区与居民亲切交谈

宋太平、李光耀、马誉峰、崔启慧、刘颖等领导为中国电谷2011年重点项目奠基

保定国家高新技术产业开发区（简称保定高新区）是国家级高新技术产业开发区之一，1992年11月9日经国务院批准设立，初期批设面积12平方公里（包括中心区、西区和东区）。2003年4月，以科技部批准设立国家级新能源基地为标志，成为国内最早涉足新能源领域的高新区。2006年，市委、市政府提出发挥高新区优势、打造“中国电谷”（即建设以光伏发电、风力发电为核心，以输变电、节电、储电、电力自动化为基础的新能源与能源设备企业群和产业群）的战略构想，全面确立了以新能源和能源设备制造为主导的产业体系；2008年，市委、市政府出台《进一步加快高新区发展的意见》，大面积拓展园区发展空间，形成“以国务院批准区为核心、托管两乡、共建一园”的空间格局（托管大马坊和贤台乡，与徐水共建大王店工业园），实际控制面积60平方公里，辖两个乡、一个街道，共34个行政村、3个社区，总人口6.6万。

高新区党工委、管委会作为市委、市政府派出机构，内部机构设置集中体现“精简、统一、高效”和“小政府、大服务”的原则，班子成员13人，副县级以上干部26人，下设10个职能部门（八局、一室、一部）、7个派驻单位、4个直属公司。

近年来，在市委、市政府的正确领导下，高新区紧紧围绕“产业集聚、创新驱动、突出特色”的发展思路，大力培植龙头企业、壮大产业集群，走出了一条具有区域特色的新能源发展之路。光伏产业国内领先。领军企业英利集团，建成国内唯一的全产业链晶硅电池生产体系，2011年光伏电池产量1.7G瓦，实现销售收入175亿元，市场份额占全球10%；随着六九硅业项目投产、天威薄膜实现量产、巨力集团1G瓦光伏电池项目启动，中国电谷在光伏制造产业化、规模化、国际化方面已经处于国内领先地位。风电产业体系完备。拥有风电企业23家，涵盖整机、叶片、变流器、控制系统等产业链关键环节。国电联合动力、天威风电、惠德风电三大支柱企业，

国电联合动力技术（保定）有限公司2011年产能已超过1000台套，位居国内三甲。图为公司员工正在进行风电整机的组装

巨力集团“十二五”重大战略产业支撑项目签约仪式在保定高新区举行

英利生产的太阳能电池为高海拔地区牧民提供了便利，被牧民亲切地称为“牛背上的太阳”

术产业开发区

整机产能已突破1500台。其中国电联合动力在不到两年时间内，跃居中国风电整机行业前三强，2011年生产风电整机910台（套），产值48亿元，成为国内风电行业发展速度最快的企业。电力设备制造优势突出。以世界著名的超大变压器制造商天威集团为龙头的输变电产业、以风帆锂电为龙头的新型储电产业和以三伊电子、天河电子等为代表的高成长性电力设备制造企业集群快速发展，同时吸引了日本三菱、美国江森、中国国电、中国兵装、中航集团等知名企业投资入驻，电谷产业集聚效应充分显现。创新资源加速汇集。截至目前，高新区拥有4个国家级重点实验室，6个国家级企业技术中心，10个省级企业技术中心，25个高新区级企业技术中心；取得国家、行业标准200余项，专利超过3000项，多项成果已经达到国际、国内领先水平，拥有新能源领域多项第一。政策平台形成强大支撑。中国电谷的辐射带动优势，得到了国家发改委、科技部、国家能源局等部委的高度评价与支持，近年来先后获批国家可再生能源产业化基地、国家新能源高技术产业基地等8个国家级称号。

当前，把握以新能源为代表低碳绿色产业发展机遇期，保定高新区继续做大做强中国电谷，130平方公里的“生态电谷、低碳新城”宏大规划已全面启动，正在为低碳和谐发展做出新的贡献。

2011中国电谷·低碳保定项目恳谈会在香港举行，河北副省长杨崇勇出席并讲话。保定市委常委、常务副市长马誉峰、副市长周省时参加

国电公司获批的“风力发电技术与设备国家重点实验室”举行了奠基仪式

风电产业园

中国电谷的又一发展平台——大学科技园，已经完成一期建设，目前入驻企业50余家

英利三期全景图

中国电谷夜景

沧州临港经济

沧州市委书记郭华、市长焦彦龙到到中国化工集团公司就异氰酸酯一体化项目进行洽谈

加拿大鲁伯特王子市政府副市长、市议员希莉娅.戈登.佩恩女士率代表团到临港开发区考察调研

中国开发区协会原会长赵云栋到临港开发区调研

日友好考察团到临港开发区做投资调研

沧州临港（国家级）经济技术开发区，其前身为河北沧州临港化工产业园区，2003年5月，临港化工园区被河北省政府批准为省级经济技术开发区。2006年7月经国家发改委审核确定为“河北沧州临港化工产业园区”。同年，被河北省政府确定为“河北省循环经济示范区”，2010年11月11日，国务院正式批准临港化工产业园区升级为国家级经济技术开发区，定名为“沧州临港经济技术开发区”。开发区充分发挥沧州沿海临港和化工资源丰富、产业基础雄厚的优势，全力构建中国长江以北重要化工产业基地和国家级循环经济示范区。2011年，全年完成国民生产总值115.07亿元，同比增长7.14%；工业总产值454.48亿元，同比增长69.29%；固定资产投资259.52亿元，同比增长13.93%；财政收入37.01亿元，同比增长2.44%。

招商引资　2011年，沧州临港经济技术开发区招商引资实现新突破，全年在谈项目15个，总投资280亿元。主要包括：中国化工集团投资102亿元的异氰酸脂一体化、沧州临港化工品交易市场有限公司投资40亿元的建设大厦及产品交易市场及仓储物流、浙江新和成集团投资30亿元的己内酰胺、浙江新凤鸣集团投资35亿元的120万吨/年的PTA等项目。12月份9个大项目同时签约，总投资820多亿元，分别是：河北欧亚集团输气管道系列项目、化工交易市场项目、中盐长芦沧州盐化项目、黄骅信诺立兴项目、CM国际集团（美国）项目、郑州天途项目、上海植信化工项目、大连瑞克科技项目等。

投资环境　硬环境方面，基础设施不断完善，项目承载力大幅提升。2011年基础设施项目相继完工，主要包括：投资1600万元的经四路翻新改造工程；投资1900万元的经三路、经四路、纬二路的绿化和亮化工程；投资3000万元的圣捷污水处理厂改造工程；投资100万元的雨水泵站工程；投资1250万元的西区生态公园建设及绿化工程；投50万元的纬二路雨水管网改造工程。开发区围绕企业厂区内及厂区外的道路、空地两大部分展开绿化，绿化面积已达15万平方米，全面打造“绿廊花海”，建设绿色和谐开发区。软环境方面，挖掘服务潜力，使优质服务成为开发区招商引资的又一优势。一是实行统一归口管理（即封闭式管理），实行一企一策，特事特办，积极引导。二是牢固树立了“亲商、富商、安商”和“服务是第一竞

争力”的观念，成立投产企业经济运行服务小组，着力为投产企业达产达标协调解决人才、融资、物流、技术、信息、市场等方面的问题，优化投资软环境。三是建立无收费区，实行全程代理，努力打造“特区”模式和政策“洼地”，实现服务的品牌效应。

项目建设　随着《河北省沿海发展规划》的批复，渤海新区“港、产、城”三大任务都已纳入了国家战略，沧州临港经济技术开发区把做大做强石化产业，推动产业结构优化升级做为工作重点。按照“三个一批”，即“投产一批、开工一批、谋划一批”的工作思路，抓紧调度、全力推进，招商引资和重点项目建设呈现出较好的局面。开发区新开工项目13个，总投资98亿元。拟开工项目12个，总投资73.2亿元。2011年内竣工项目14个，总投资25.3亿元。

社会发展　临港开发区推行领导班子“一线办公”制度，开发区安监局和环保局办公地点也前移至一线，执行24小时值班制度，确保开发区绿色安全发展。为维护社会稳定，临港开发区每年分两次深入各企业调查民工工资发放情况，并由建设单位、施工单位、监理单位、民工代表4方签字，由开发区建设局监督执行；严格落实环保安全主体责任，积极开展环保安全专项治理活动，确保生产装置有效运行。近年来，未发生一件重大群众上访问题，形成区域内民企和谐共存，共同发展的良好局面。

沧州市政府市长焦彦龙到临港开发区调研

开发区管委会主任张召堂到正元化工现场办公协调项目进度

临港开发区与九大项目签署入区协议，一次性引进投资820多亿元

沿海地区开发建设领导小组专职副组长郭凤集一行就沧州市沿海地区重大项目开工建设情况到沧州临港经济技术开发区调研

临港开发区绿化一角

临港开发区组织举办职工篮球比赛

承德市高新技

2011年3月4日，承德市长赵风楼（左二）到承德颈复康药业集团调研

承德市高新技术产业开发区（以下简称承德高新区）是1992年6月经河北省人民政府批准建立的省级高新技术产业开发区，批准规划面积6.2平方公里。2009年7月，经河北省人民政府批准，承德高新区成功实现扩区18.5平方公里，扩区后总面积24.7平方公里。2009年3月，唐山曹妃甸承德临港工业园正式挂牌成立，规划面积20平方公里。为理顺管理体制，市委、市政府于2009年5月批准高新区对扩区范围的镇村实施了行政托管，目前，高新区管辖区面积246平方公里，人口4.5万人。2011年完成地区生产总值76.39亿元，同比增长107%；工业总产值完成106.04亿元，同比增长33.15%；主营业务收入完成101.17亿元，同比增长23.11%；固定资产投资完成39.01亿元，同比增长34.42%；财政收入完成14.99亿元，同比增长33.6%；外贸出口创汇1500万美元；实际利用外资完成1144万美元。

截至2011年底，全区累计注册工商企业501家，其中工业企业204家，规模以上企业31家。经过20年的建设与发展，已形成绿色饮料食品制造、生物医药制造、智能化仪器仪表、汽车零部件、装备制造五大主导产业。

截至2011年底，现有高新技术企业7家，组织实施省级以上科技攻关项目46项，承担国家火炬计划项目4项，完成科技成果31项。2011年全年共申报专利58件，获得专利授权40件，发明专利授权5件。全区现拥有各类科研机构36家，建成孵化面积4.8万平方米的创业服务中心，目前在孵企业98家，2011年被科技部批准为国家级科技孵化器。2011年，地区生产总值完成76.39亿元，同比增长107%；工业总产值完成106.04亿元，同比增长33.15%；主营业务收入完成101.17亿元，同比增长23.11%；固定资产投资完成39.01亿元，同比增长

承德颈复康药业现代中药加工车间

2011年12月21日，承德高新区与中国航空国际建设有限公司签订上板城工业区白河南污水处理厂BOT项目合作协议

术产业开发区

34.42%；财政收入完成14.99亿元，同比增长33.6%；外贸出口创汇1500万美元；实际利用外资完成1144万美元。

“十二五”期间，承德高新区经济和社会发展的总体思路是：紧紧围绕建设国际旅游城市的总要求，坚持以科学发展观为指导，突出加快发展主题，以争列国家高新技术产业开发区、创建国家级生态产业园区和建设科学发展示范区为目标，以开放创新为动力，以转变经济发展方式、培育战略性支撑产业为核心任务，全力推进核心区、上板城工业聚集区和曹妃甸承德临港工业园“三大板块”开发建设和城乡统筹发展，在发展高新技术产业、培育战略支撑产业、推动全市旅游城市建设和新城核心区建设中发挥先导、引擎和主力军作用，在全市科学发展、和谐发展、跨越发展中实现率先突破、率先跨越，成为全市的重要增长极。

2011年11月2日，省科技厅厅长贾红星（左三）视察高新区孵化企业盛方电子有限公司

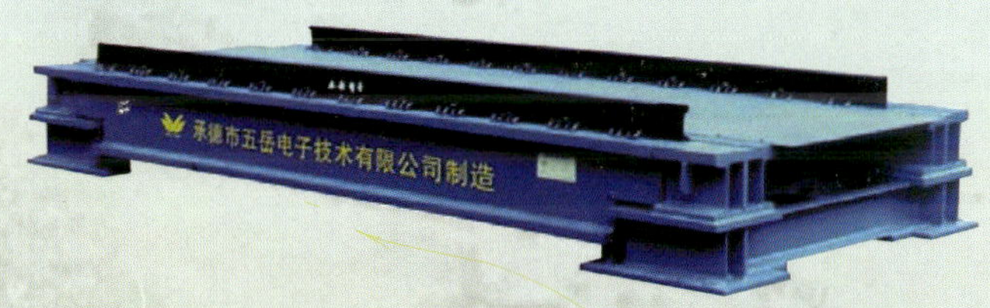

承德市五岳电子技术有限公司的机械秤量台面

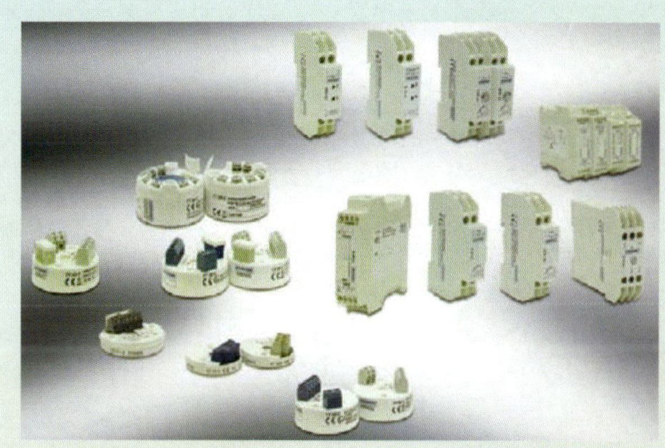

承德热河克罗尼有限公司的温度变送器

2011年8月5日，河北承德露露股份有限公司50万吨技改扩能项目启动仪式

2011年8月11日，承德高新区与北京方恒置业股份有限公司签订《闫营子区域合作开发框架协议》

河北唐山海港

党工委书记、管委会主任袁志刚在京唐港区现场办公

河北唐山海港经济开发区是1993年6月经河北省人民政府批准成立的省级开发区，规划面积32.85平方公里。建区以来，在省委、省政府的亲切关怀和市委、市政府的正确领导下，开发区从一片盐碱滩涂上起步，从无到有，从小到大。目前，开发区常住人口3万，建成区面积达19平方公里，各类企业702家。

海港经济开发区毗邻京津、临港沿海，地处国家重大战略实施的重要区域，基础条件优越，开发潜力巨大。区位优势独特。位于京津唐秦四市环抱之中，距北京230公里、天津150公里、唐山80公里、秦皇岛118公里，内有京唐港，西邻曹妃甸，与辽东半岛、山东半岛遥相呼应，面向东北亚经济区，处在渤海湾和京津冀都市圈的重要地带。港口优势突出。作为河北省唯一一个综合性港口，唐山港京唐港区已建成区面积10平方公里，已建成0.7—20万吨级泊位33个，建有各类货物堆场近300

2011年8月3日，佳华公司甲醛和干熄焦项目开工仪式

2011年10月9日，纪念辛亥革命100周年

2011年4月19日，乐亭新区成立

经济开发区

万平方米，货种涵盖煤炭、钢材、矿石、集装箱等十多大类上百个品种，航线通达50多个国家（地区）、120多个港口。2011年吞吐量达到1.37亿吨，钢材出口量全国第三，焦煤进口量全国第一。交通便捷。唐港铁路、迁曹铁路贯穿南北，与国铁干线京山线、京秦线接轨；唐港高速、沿海高速、滨海公路、滨海大道交汇贯通。周边有首都机场、天津机场、唐山机场、秦皇岛机场，依托海洋、走向世界的交通条件非常便利。产业基础较好。西班牙ACS集团、德国蒂森克虏勃等世界500强企业以及大唐国际、北燃集团、中钢集团、中冶集团、首钢集团、中材集团等国内知名企业相继落户，形成了煤化工、精品钢材、装备制造、现代物流等支柱产业，区内有河北省煤化工特色产业基地和省级首批交通枢纽型物流产业聚集区。发展潜力巨大。河北省沿海地区发展规划上升为国家战略，京津冀一体化发展，唐山市“两极三带”战略的实施，乐亭新区体制机制的逐步完善，使海港开发区面临难得的发展机遇和广阔的发展前景。

2011年12月9日，副省长沈小平到唐山海港开发区圣昊农科有限公司考察

20111月18日，唐山海港开发区与燕郊开发区缔结为友好开发区

2011年，海港经济开发区认真贯彻落实省、市决策部署，全面加快发展步伐，实现了“十二五”发展良好开局。全区生产总值完成130亿元，同比增长49.4 %；财政收入完成28.5亿元，同比增长30.5%；规模以上企业工业增加值完成68亿元，同比增长33 %；固定资产投资完成111.1亿元，同比增长35.4%；工业固定资产投资完成33.7亿元；综合经济实力得到进一步提升。

2011年6月9日，湖林新河生态公园建成开园

2011年6月18日，乐亭新区投资环境暨优势产业推介会

行唐经济

2012年7月11日石家庄市长姜德果视察河北食品添加剂有限公司

行唐经济开发区成立于2010年7月，于2011年7月被河北省政府正式纳入省级开发区（园区）管理序列。总规划面积15.22平方公里，辖9个社区，1.7万人口，分南区和北区，南区位于行唐县城西南2.5公里处，毗邻京昆高速行唐南口，北区位于行唐县中部，京昆高速行唐口以北2公里处。

行唐经济开发区紧紧围绕“突出项目立县，推进转型突破，实现实力跃升，建设和谐行唐”总目标，以项目促发展，组建专业招商队伍，制定优惠政策，创新服务方式，简化工作流程，打造项目入区“绿色通道”。围绕新材料、新型建材、农产品深加工三大主导产业，着力引进关联度高、链条长、产品附加值高的大型优势企业。

行唐县玉龙镜业成品库

行唐经济开发区基础设施建设完备。园区累计投资5.8亿元，修建了玉晶路、光明路、新合街、玉晶中路、科技大街等8000米长主干路；完成了陕京二线天然气管道铺设；架设了双回路电力专线；园区污水处理厂、天然气门站、CNG标准加气站、园区供水厂、110KV变电站正在建设；园区新民居工程“乐居社区”规划面积138.53公顷，人口规模3.3万人，近期等待周转用地审批后建设。

在新型建材产业方面，行唐经济开发区内有石家庄玉晶玻璃公司、行唐县玉龙镜业公司、石家庄盈进玻璃公司等企业。石家庄玉晶玻璃有限公司目前拥有4条浮法玻璃生产线，即将启动汽车玻璃和离线Low-E玻璃等4条玻璃深加工生产线，行唐县玉龙镜业公司以玉晶玻璃公司产品为原料，生产各种高档眼镜片和水银镜，产品

河北迈尔斯通电子材料有限公司外景

石家庄鹏锋化纤有限公司生产线

畅销国内外。目前开发区内新型建材产业已经在全省具有一定知名度和影响力。

在新材料产业方面，行唐经济开发区内有石家庄鹏锋化纤有限公司、河北迈尔斯通有限公司、河北木源泵业有限公司、石家庄长宏阀门有限公司、石家庄恒熙新材料有限公司等企业。石家庄鹏锋化纤公司主要生产涤纶短纤维，公司实力雄厚，原料来源广泛，产品供不应求。

河北食品添加剂开工仪式

在农产品深加工产业方面，行唐经济开发区内有河北食品添加剂公司、石家庄明旺乳业公司、万国红酒业公司等企业。河北食品添加剂公司建有年产1600吨天然色素生产线，正在全力打造成绿色食品行业的龙头企业。

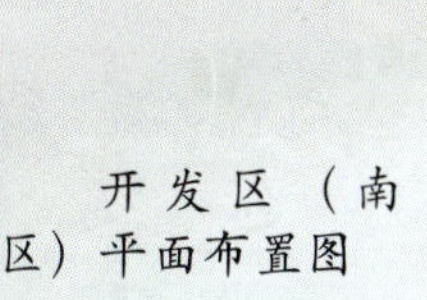

开发区（南区）平面布置图

行唐县玉龙镜业办公楼

石家庄玉晶玻璃有限公司生产线

河北无极经济开发区

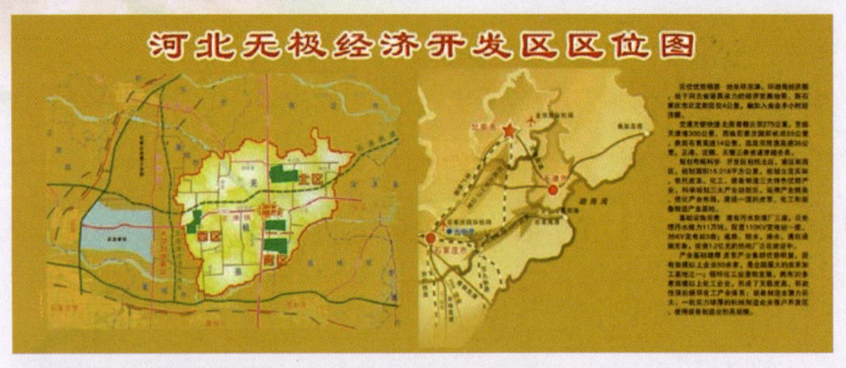

经济开发区区位图

河北无极经济开发区始建于2005年，2011年7月被纳入省级开发区管理序列，分为北区、南区和西区，总规划面积15.216平方公里，辖22个村，人口50076人，耕地面积58497亩。截至2011年底，开发区共入驻企业131家，外商投资总额累计1.1亿美元。2011年，开发区固定资产投资完成7.58亿元，实现税收2.5亿元。

区位优势明显。地处环京津、环渤海经济圈，处于河北省最具活力的经济发展地带，距石家庄市正定新区仅4公里，融入了省会半小时经济圈。

交通方便快捷。北距首都北京275公里，东距天津港300公里，西距石家庄国际机场、京港澳高速35公里，南距石黄高速14公里，正港、定魏、无繁三条省道穿区而过。

基础设施完善。建有污水处理厂3座，日处理污水能力达到了11万吨；配备110KV变电站1座、35KV变电站3座；道路、给水、排水、供汽、供热、通讯等设施完备，实现了“九通一平”。

规划布局科学，开发区按照“规划超前、布局合理、功能完善、特色突出”的原则，紧紧依托皮革、化工、装备制造三大特色优势产业，科学规划了三大产业功能区，通过优化产业布局，延伸产业链条，把开发区打造成国内一流的皮革、化工和装备制造产业基地。

产业基础雄厚。皮革业，主要集中在经济开发区南区，是无极县的支柱产业，现有规模以上皮革企业80家，从业人员10万余人，形成了以沙发革、鞋面革、汽车座套革、箱包革等为主的产业集群，年加工能力3.2亿平方尺，全国市场占有率达5.19%，已成为全国重要的成品革生产基地。化工业，主要集中在开发区北区和西区，是无极县的基础优势产业，现拥有中冀正元公司、和合化工化肥有限公司等30余家规模以上化工企业，主要产品有硫酸、硝基苯、苯胺、环己胺、糠醛、糠醇等30余种化工产品，形成了关联度高、带动性强的循环化工体系。其中，中冀正元公司环己胺的生产技术处于国内领先地位，生产规模在华北地区位居前列。装备制造业主要集中在经济开发区北区，以河北力钧长恒专用汽车制造有限公司、石家庄金太行重工机械有限公司等为龙头，现有规模以上企业7家。主要产品有汽车厢体、通讯电力塔架、农业机械、建筑机械等，是无极县的新兴产业之一。

南区规划图

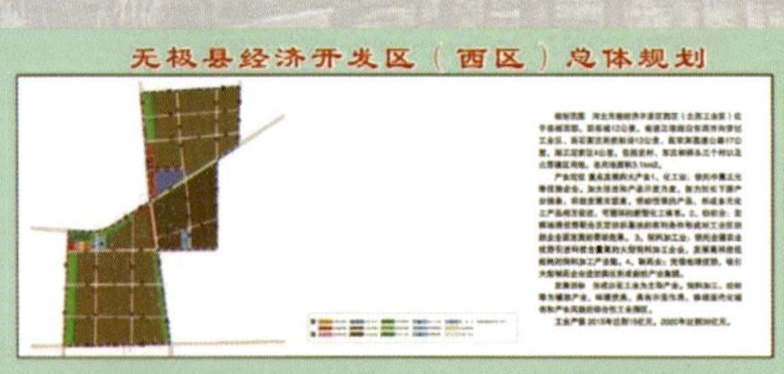

西区规划图

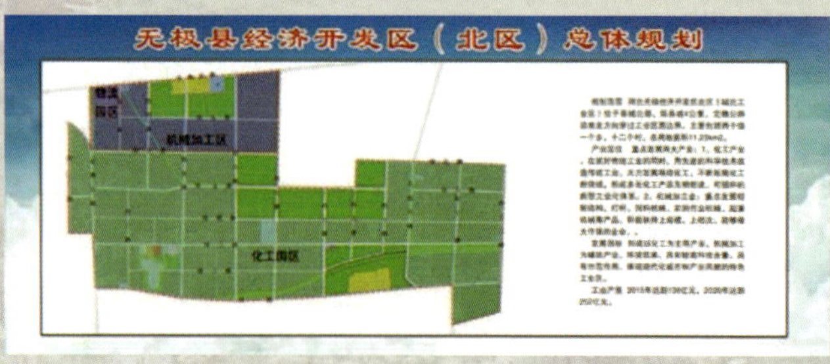

北区规划图

河北隆尧经济开发区

河北隆尧经济开发区距省会石家庄80公里，距北京、天津、太原、济南、郑州均在300公里左右，京港澳高速、石武高铁和3条国省道穿境而过，地理区位优越。开发区规划面积27.3平方公里，分为装备制造园和食品制造园两个组团。经过几年的发展，已经具备较强的产业基础，形成了装备制造和食品制造两大特色主导产业，实现了通路、通电、排水、供热、通讯、通网、通邮和土地平整等“七通一平” 和“建设零干扰、服务全承办”的优良发展环境。区内现已入驻铭恒数控设备、正大集团、今麦郎食品、嘉士利食品、远大阀门等企业136家，拥有中国驰名商标3件、中国名牌产品2个，河北省著名商标28个，是世界最大的方便面生产基地，是首批“国家农业产业化示范基地”。

专家别墅

园区环境

为促进开发区又好又快发展，聘请上海同济大学、天津大学和省发改委宏观经济研究院，遵循“一区两园、生态文明、产业集聚、多元复合”的思路，对开发区进行了科学规划，远期规划面积40平方公里，装备制造产业园重点发展装备制造、汽车零部件、现代物流等产业，食品产业园重点发展食品制造、营养保健和生物基制品等产业，力争到2015年，完成投入150亿元，主营业务收入突破500亿元，建成全国知名的现代化食品制造基地和河北省新兴装备制造业基地。

邢台三厦铸铁有限公司高档炊具

今麦郎厂区

园区路网

河北化大科技有限公司

河北滏澧纺织有限公司

石家庄聚

董事长 林福根

国家公路枢纽投资研讨会与会人员合影

石家庄聚和港物流园（石家庄物流配送中心）是《石家庄国家公路运输枢纽总体规划》的七大物流园区之一，由石家庄市交通运输局、聚和港物流园有限公司负责筹建。 2010年9月开工，是河北省政府重点建设项目。2011年列入国家交通运输部试点物流园区。园区先后被中共石家庄市桥东区委、石家庄市桥东区人民政府、石家庄市交通运输局授予桥东区2010、2011年度项目建设突出贡献企业、2010、2011年度交通重点项目建设先进单位。

园区的战略定位是以物流园区基础设施和公共信息服务、物流金融服务三大平台为重点，发挥组织、整合、提升三大功能，实现社会需求、物流企业、物流园区之间跨地域、远程实时信息互动和资源优化配置，打造交通物流业首个物联网综合物流服务平台。

企业发展立足点是，充分利用国家振兴物流产业的政策机遇；发挥石家庄位于京津冀都市圈和环渤海经济区枢纽，华北、华东、东北和西北四大经济区交汇之地，是《国家公路运输枢纽布局规划》的重要区域性综合交通枢纽的区位优势；抢抓区域经济总量快速增长，产业结构逐步优化，居民生活水平不断提高，物流业发展空间巨大的发展机遇；针对目前物流园区规模小，布局散，经营理念和管理手段落后，信息化水平差，滞后于社会物流发展需求的现状，通过物联网技术和物流园区基础设施的有效衔接，资源跨地域统筹利用，强化组织功能，整合社会资源，提升服务质量，实现规模化、集约化、信息化、专业化发展，打造交通运输行业综合型物流园区试点和示范效应先行标杆项目。

园区的市场定位是物流平台运营商。本着提供优质、快捷、高效的物流服务平台，专业服务物流商，让物流商更好的服务社会。其功能定位是建设具备两大平台，四大系统，六大板块的综合服务平台，以有效整合社

奠基仪式

奠基仪式

建设中的物流园

和港物流园

会物流资源为手段，为市区商贸、生产企业提供商贸、会展、快递、仓储、运输、甩挂运输、配货、货代、分拣、包装、结算、电子商务等物流链综合服务，实现物流服务组织与管理功能和综合服务经济开发的功能，打造各种运输方式无缝衔接的综合性、一体化物流服务平台，构筑集商流、物流、人才流、信息流、资金流和物联网为一体的低碳、绿色综合物流园区。

园区位于石太高速和京广铁路交汇处，东临107国道，距石太高速西古城出口300米，西邻京广高铁和京广铁路，南联北二环，北接北外环，周边路网发达，交通便利。处于著名的石家庄南三条市场群、新华集贸市场群、正定小商品市场群的核心位置，一公里半径涵盖了华北鞋城、灯具城、北方汽配等数十家大型市场。园区总规划2000亩，总建筑面积100万平方米，总投资24.3亿。其中一期占地155.6亩，建筑11万平方米，投资5.3亿；二期占地450亩，投资6.4亿；其余为三期，总体计划于2016年完工。园区建成后，可提供30万平米的仓储能力，入驻约1500家物流运营商，日车流量10000辆，整合社会车辆50万辆，年吞吐量1780万吨，提供约5000个就业岗位，可降低周边企业物流成本40%。

聚和港物流园的建设运营，为物流产业集团化、集约化、优化资源配置提供平台，有利于社会资源的有效整合，提高物流效率，降低流通成本，缓解交通压力，减少环境污染，提升城市管理水平，增强商品集散和辐射的能力。对石家庄市区域经济持续快速发展具有强大的推动作用。

2010年9月10日上午，石家庄聚和港物流园隆重举行奠基仪。石家庄市交通局党组书纪、局长贾连海主持仪式，桥东区政府区长陈彦报、石家庄市副市长张殿奎、石家庄市人大副主任王中联出席出席了奠基仪式

2011年9月27日，国家公路货运枢纽（物流园区）试点项目投资政策研讨会

园区效果图

信息中心

河间工业聚集区

重点项目开工仪式

光远电力实业公司

电线电缆生产车间

河间工业聚集区2003年开始建设，位于市区东部，东临齐会大街、西至古洋河、南到沧保路、北依朔黄铁路，总规划面积7.8平方公里，托管周边6个村庄，2011年5月被河北省政府批准为省级工业聚集区。

聚集区坚持“高起点规划”原则，聘请国家发改委经济研究院、河北省城乡规划设计院 、河北师范大学编制了“三规一评”，确定了聚集区的产业定位为“电线电缆、通讯器材、汽车配件、家居家饰、生物产业”；发展目标为“发展资源节约、环境友好的新型低碳工业，创建综合型、创新型、生态型产业园区，打造河北省级工业聚集区、河间市域经济增长极、河间市中心城区重要功能组团”。

几年来，聚集区按照“高强度投入、高标准建设、高规格配套”要求，已累计投入建设资金3亿元，完成3平方公里土地的开发建设，基础设施日趋完善，基本实现“九通一平”，区内20公里路网已与市区联通，进一步增强了聚集区与市区的联系、促进了资源的共享，提升了聚集区的承载能力。

聚集区坚持“产业向园区聚集、园区向城镇集中”的发展思路，截至目前，已吸纳93家企业入区发展，其中具有龙头带动作用的企业有：总投资3亿元河北光远电力实业有限公司，总投资1.5亿元河北金锐石化有限公司，总投资2.1亿元河北同创线缆有限公司等。2011年，聚集区完成固定资产投资22.9亿元，主营业务收入137.3亿元，财政收入2.6亿元，到位省外资金3.44亿元。

“十二五”期间，开发区将继续坚持“工业强区、项目立区、特色兴区、产业聚集、产城融合”的发展战略，突出产业发展重点、优先推进产业链招商，促进发展方式转变和产业优化升级，努力打造一批规模大、创新能力和核心竞争力强、在国内外有较强影响的骨干核心企业，加快培育若干关联配套、上下游有机衔接的优势特色产业链和产业集群，努力建设成优势突出、特色鲜明的工业聚集区。

广科集团

聚集区办公楼

曹妃甸·承德临港工业园

2011年，承德临港工业园在承德高新区工、管委的正确领导下，按照高新区总体工作安排部署，以科学发展观统领全局，紧抓“建设冀东北经济区，打造新的增长极”的难得发展机遇，统筹兼顾各方面优势资源，在各级、各部门的关心和鼎力支持下，突出工作重点、攻克难点，扎实、稳妥、着力推进园区开发建设工作。园区合作开发机制进一步理顺，土地开发，招商引资，项目建设，园区规划，园区综合环境影响评价等工作均取得一定进展，完成了今年的既定工作任务和目标。

杨文东主任为客商介绍园区情况

增强服务意识，提高服务能力，提升服务水平，总体实现两个入园项目正式开工建设，园区基本建设取得较快发展。目前已有两个项目正式破土动工，其中路神专用汽车制造项目施工建设单位已经正式进场，已完成厂区综合楼、综合车间的打桩施工，开始启动厂房地面以上建设。该项目总投资12.4亿元，总占地630亩，年产15000台专用车。项目一期投资6.25亿元，建成后实现10000台专用汽车生产规模，可实现年销售收入20亿元，实现利税3亿元。煤炭及矿石检验研发中心项目已完成厂区地基施工和土地整理工作，项目已正式进驻开始建设。该项目总投资21208.3万元，占地100亩。园区土地整理工作取得较大进展。截止到目前，园区（已入园开工项目）已总体完成土地整理750亩，基本保证已入园项目的建设需求。启动园区基础设施建设。按照规划要求，着手实施起步区部分道路路基施工，目前，已完成项目厂区内道路路基施工4000米。启动协调与唐海的水、电、路、讯等基础设施的接口衔接问题，已完成园区东西主干路的开口衔接工作。

园区领导视察施工现场

项目开工典礼园区领导和项目方、施工方，监理方合影

加大宣传力度，拓宽招商渠道，谋求更多项目到曹妃甸承德临港工业园考察洽谈。2011年，园区先后接待二十多批次客商到临港工业园（曹妃甸）进行商务、项目投资考察。

曹妃甸承德临港工业园俯视图

沧州渤海新区

友谊广场

中捷七星湖公园

中捷区域面积为268平方公里，其中55平方公里为百万人口黄骅新城的规划区。辖属29个村队、5个社区工作站，261家企业、总人口4.2万人。1个港口，5条国道，5条高速，2条铁路交汇于此，资源、区位、环境优势得天独厚。

2011年，中捷实现社会总产值207亿元，GDP72亿元，财政收入31.4亿元。财政总量居位河北省省级开发区第一，全国农垦第一，沧州县市区第三。

中捷拥有悠久的对外开放历史。中捷的前身“中捷友谊农场”，1956年初朱德副主席率团出访捷克斯洛伐克共和国，捷政府赠送给中国670台件可耕种10万亩土地的现代化农业机械设备。为永久纪念中国和捷克斯洛伐克两国人民的友谊，经国务院批准，周恩来总理亲自命名了接收这批设备的地域为“中捷友谊农场”。

中捷举办了的各种联谊活动，两国大使年均10余次到访，大大拓展了中捷的知名度。以联谊为基础，文化交流为纽带，经济合作与互信不断扩大，以葡萄酒合作项目为突破口，形成了独特的外交文化经济区。

中捷占据先进体制前沿。1956年的农垦体制，2003年的开发区体制，2007年的新区体制。中捷一直站位于经济、体制的最前沿。特备是2007年，河北省批准建立渤海新区，中捷成为核心区，享受省委、省政府赋予渤海新区的各项优惠政策，规划人口100万，面积110平方公里的沿海中心城市——黄骅新城，有55平方公里坐落在中捷境内，中捷处在港、产、城的结合带，同时，中捷高标准的城市与产业规划，赢得广大客商的关注。

中捷将是人员聚集的宜居之城。休闲是中捷的品位，宜居是中捷的追求。多年来，中捷斥巨资聘请全国知名专业规划机构，完成了全区所有城市、产业、生态项目的总规和控规以及部分项目的修建性详规。中捷拥有了27洞高尔夫球场，远期规划是81洞高尔夫，可举办世界级赛事。中捷拥有了标准的集洗浴、娱乐、度假为一体的五星级酒店，实现了农垦人的质变梦想。在中捷，中斯合作的葡萄酒堡，被建成一座休闲、娱乐的公园式

中海中捷石化有限公司

中捷27洞高尔夫球场

中捷产业园区

庄园；儿童游乐场，被做成了一座游乐、水系为主的七星湖公园；在中捷，一座大学城高楼林立，四所大学签约建设，一所大学实现招生，中捷的大街上走的是成群结队的大学生。在中捷，城市建设日新月异，年均新增民居楼房100万平米，百万人口规划目标在将不再是梦想。

中捷已形成科学发展的优化模式。“一带三景多园”的规划，将现代城市、现代农业、生态旅游、休闲度假融为一体发展；农村城市化、农垦集镇化、城区小区化的新农垦建设，将城市建设、三产发展融为一体发展；城南高新区、石化工业区、盐场物流区、都市产业区的四大园区规划和建设，使中捷占据了园区聚商的制高点。当前中捷拥有全国农垦最大工业企业--中海油中捷石化公司，年销售收入100多亿元，投资35亿元的安全环保与清洁燃料升级项目已获审批，2013年建成后，中捷财政将再次翻番增倍；全国物流的一个亮点--由中国铁路物资总公司开发，投资13亿元的中铁物流园区，集煤炭、铁矿石、集装箱物流为一体，加上投资10亿元的建材物流园区，中捷将不再平静，串流的火车、汽车呈现的是中捷的活力与魅力；国家级增殖放流基地--中捷罗非鱼养殖有限公司，2010年再获殊荣，成为国家级养殖示范区，示范范围覆盖河北省沿海滩涂及浅海养殖，辐射北方沿海地区；渤海湾的绿色之星--中捷农科所，自主研发种子品种13项，深受天津、山东及农场周边县市农户及种子公司的青睐，每年都是供不应求；省级名牌产品--乡谣乳业，奶牛养殖、乳品加工一体化模式，在食品安全专项检查中受到了国家、省市领导的好评，方琼做品牌代言的系列产品，深受广大群众的欢迎。

河北农业大学渤海校区

中斯葡萄酒庄园

中捷青少年活动中心

五星级盛泰名人大酒店

中捷朱胡新村

中捷乡谣奶

唐山（丰润）

党工委书记、管委会主任　贾颖

唐山（丰润）•中国动车城是丰润区委、区政府抓住唐车公司快速扩能和国家振兴装备制造业的机遇，在省、市领导的高度关注和大力支持下，依托唐车公司特别是新一代高速动车组项目，在原有省级装备制造业产业聚集区的基础上，谋划建设的以轨道交通设备产业为特色和主体的综合性产业聚集区项目。2010年11月9日，经河北省机构编制委员会批准组建中共唐山（丰润）•中国动车城工作委员会和唐山（丰润）•中国动车城管理委员会，按副县级架构设置。动车城党工委、管委会分别为丰润区委、区政府的派出机构，根据区委、区政府的授权对辖区党的建设和经济工作行使管理、协调、服务职能。

总的构想是：以唐车公司为龙头，以丰润原有省级装备制造业聚集区为平台，以高速动车组研发制造为特色，以先进装备制造业为引领，打造相关产业配套和科技研发、人才培训、生活服务为一体的现代化综合性产业聚集区。动车城总体规划面积39.11平方公里，新投入建设7.2平方公里。

动车城自2009年启动建设以来，得到了上级领导的高度重视。党和国家主要领导同志以及铁道部和省、市领导先后到丰润区视察唐车公司新一代高速动车组项目，对打造中国动车城的发展战略给予充分肯定。省、市两级政府分别与中国北车签订了战略合作框架协议，成立专门组织，强力推进。国家科技部将动车城批准为国家高速动车组高新技术产业化基地；省政府将动车城确定为设区市周边省级重点工业聚集区，确定为省级经济开发区和省“十二五”期间规划建设的“千亿元”产业园区，批准为河北省中小企业创业辅导基地和新型工业化产业示范基地；唐山市委、市政府专门出台了《支持唐山（丰润）•中国动车城加快发展的决定》，从强化组织领导、税收返还、科技研发等方面给予倾斜支持。截止2011年底，园区共拥有工业企业133家。2011年，园区完成主营业务收入330亿元、财政收入8.6亿元、固定资产投资32.4亿元。

项目建设取得突破性进展。通过外出推介、以商引商、网上招商、创优环境招商、强化组团招商等形式，积极引进战略投资者，强化项目储备。动车城项目启动以来，先后引进工业项目38个，总投资109.9亿元；目前，已有投资6.5亿元的唐山唐车威奥轨道交通设备有限公司、投资8.3亿元的河北鑫铭制管有限公司等14个项目竣工投产。

规划和基础设施建设逐步完善。聘请国内高水平规划设计单位，先后完成了动车城总体规划、产业发展规划、市政专项规划、配套区控制性详细规划和国家高速动车组高新技术产业化基地发展规划，形成了内容详

唐山科奥浦森轨道交通设备有限公司线缆生产车间

唐山唐车威奥轨道交通设备有限公司水切割车间

唐车公司动车组总装车间

·中国动车城

尽、涵盖全面、相对超前的规划体系。投资近2亿元启动建设了总长8497米的12条园区道路，已有10条道路竣工通车。与此同时，供热、供水、供电、通讯等配套设施同步跟进，满足了项目入驻需求。

平台建设得到有效推进。在土地方面，积极稳妥地完成了5835亩土地征占工作，争得了1200亩用地指标，同时取得了油葫芦泊水库8162亩土地指标增减挂钩项目的突破性进展。在融资方面，通过银行贷款、企业拆借、广泛利用社会资金等形式多渠道进行融资，累计筹措到位资金6.3亿元，保证了建设需求；同时积极搭建融资平台，组建了唐山动车城实业公司和创业辅导基地有限公司，正在筹建动车城担保公司。在宣传方面，充分利用动车城网站、国家和省、市各级新闻媒体，先后组织报刊专版和电视专题新闻近10期，提升了动车城的知名度和美誉度。在其他方面，为适应园区发展需求，制定了园区管理办法，正在积极组建动车城治安办，理顺城市管理体制，以逐步实现协调、服务、管理职能的具体化、规范化。

2012年，动车城按照“锁定一个目标（即以建设千亿元产业园区为目标），坚持两个并重（即支持唐车公司与园区自身发展并重、以高速动车为代表的轨道客车的生产制造与发展其他先进装备制造业并重），实现三个突破（即实现固定资产投资总量、项目质量、园区空间拓展的突破）”的工作思路，正在积极推进总投资89.2亿元的24个项目建设，确保年内完成40亿元固定资产投资。到“十二五”末，吸引入驻配套及关联企业100家以上，年实现主营业务收入1000亿元以上，形成省内领先、国内一流的现代化综合性产业聚集区。

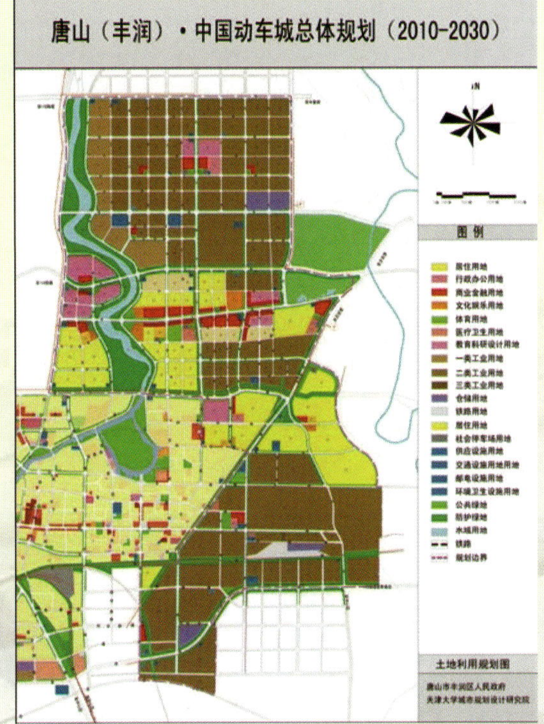

动车城总规图

动车城龙头企业——唐车公司新一代高速动车组

唐山兴唐金属工具制造有限公司产品

唐山车城保时达汽车零部件有限公司产品

迁安市东

区党工委书记、管委会主任　冯尚

迁安市东部工业区管委会大楼

迁安市东部工业区位于市区东侧，一期规划面积15平方公里，二期将达到24平方公里，2007年8月筹建，2011年5月被河北省政府批准为省级工业园区。

迁安市东部工业区位于环渤海经济圈与京津冀经济圈交汇处，西距京、津不超过200公里，距秦皇岛港、京唐港、曹妃甸港不超过150公里，距京沈高速、102国道仅20公里。工业区基础设施配套，市政府已累计投入近8亿元建设、完善区内水、电、路、讯、热、气等基础设施，建成区全部达到“七通一平”。

工业区规划定位为“一台、一区、一基地”，即华北高端装备制造产业创新平台、北方战略性新兴产业示范区、全国冶金矿山设备和工程机械生产销售基地。现已开发面积10平方公里，建成区面积7平方公里。区内共有规模以上企业41家，2011年实现主营业收入100亿元，税收5亿元，销售收入超亿元企业达到18家。

根据《迁安市招商引资优惠政策》、《迁安市人民政府关于促进产业结构优化升级的意见》，入区企业享受以下优惠政策：（一）、土地政策。按区域造地成本价供地，固定资产投资额达到1.5亿元以上的项目，土地价格优惠10%；达到5亿元以上的项目，优惠30%；达到10亿元以上项目，优惠50%。（二）、税收政策。入区项目除水资源费、排污费等法律、法规规定的刚性收费之外，迁安本级的行政事业性收费自项目投产年度起5年内免收。对固定资产投资在1000万元以上的农副产品深加工项目投产后5年内返还税收地方留成部分的60%；对固定资产投资在2亿元以上的装备制造业项目、1亿元以上的战略性新兴产业项目投产后5年内返还税收地方留成部分的40%。（三）、“特惠”政策。对世界500强、国内100强、高新技术、外资等投资规模超过5亿元的项目，给予“一事一议”的特殊优惠政策。

经过几年的建设，工业区已初步形成了高端装备制造、食品制药、特色轻工、电子能源产业四大产业集群。高端装备制造产业集群以首钢与柳工合作的重型汽车制造和大型矿山采掘设备生产基地为龙头，聚集了彦

迁安英诺特生物技术有限公司

太原双合成食品加工项目在工业区成功签约

迁安三元乳业生产线

部工业区

中央、省委领导视察迁安市东部工业区

博彩板、津唐球墨铸管、布朗多尼阀门公司及三一重工、厦工迁安区域再制造中心等一批延伸钢铁产业链条项目，总投资达到120亿元。电子能源产业集群以迪信通信息产业园为龙头，聚集了大唐热电、华电迁安分布式能源、恒晖热电、双洋锂离子动力电池、新拓电子、LED冷光源等一批生产项目，总投资超过100亿元。特色轻工产业集群以华北地区最大的彩印包装企业河北正元集团公司为龙头，聚集了弘业地毯、翔远帽业、昌泰服装等一批轻工业项目，总投资超过60亿元。食品制药产业集群以葵花药业为龙头，聚集了百善药业、天圣制药、北京英诺特生物制剂、中都果糖、三元乳业等一批食品制药项目，总投资超过50亿元。

到2015年，工业区将建成高端装备制造产业的初步体系，建成区面积达到10平方公里，引进企业20—30家，安排就业岗位3万个，工业区总产值达到500亿元，税收达到50亿元。用10到15年时间，建成国内知名的高端装备产业制造、研发基地和生物医药生产基地，总开发面积达到24平方公里，投资10亿元以上规模企业达到30家以上，安排就业岗位7万个，工业区总产值达到1000亿元，税收达到100亿元

河北正元国际印刷包装生产车间

迁安首钢重型汽车制造

大唐国际迁安热电有限责任公司

迁安弘业地毯生产车间

中国特色魅力

河北省委书记张庆黎（右三）来承调研，承德市委书记杨汭（右二）、市长赵凤楼（左三）、常务副市长宋立民（左二）陪同调研

承德市位于河北省东北部，南邻京津，北倚辽蒙，是环京津、环渤海及冀辽蒙交界地区的重要城市，全市总面积3.95万平方公里，辖8县、3区、1个经济技术开发区，205个乡镇，2516个行政村，161个居民委员会。总人口347.32万人，其中农业人口207.37万人。

承德地处燕山腹地，地域广袤。北部是七老图山脉，有茫茫林海，广袤草原；中部属燕山山脉，为低山丘陵区，林木茂盛；南部属燕山山脉东段之延续，峰峦重迭，峡谷幽深。海拔200—1600米，最高峰雾灵山2118米。属亚温带向亚寒带过渡地带，半湿润半干旱、大陆性季风型气候，四季分明，光照充足，昼夜温差大，年均气温8.9C0，无霜期160天左右。夏季多温凉，冬季少严寒，年降水量350—650毫米。

承德历史悠久，旅游资源得天独厚，风格奇特，素有“紫塞明珠”之美誉。境内文物古迹荟萃，自然风光秀丽，民俗风情浓郁。始建于1703年的避暑山庄及周围寺庙，是世界现存最大的皇家园林和寺庙群，1994年被联合国教科文组织列入世界文化遗产名录，从而使承德步入了世界文化名城的行列。拥有中国十大风景名胜、全国旅游胜地四十佳、国家重点风景名胜区、中国摄影之乡等多项桂冠，是国家甲类开放城市。

承德物产资源丰富。境内有滦河、潮河、辽河、大凌河四大水系，年径流量37.6亿立方米，是北京、天津和唐山地区的重要水源地，潘家口水库93.4%、密云水库56.7%的水来自于承德。全市有林地面积2580万亩，草地面积2800万亩，分别占河北省的47.1%和43.7%，森林覆盖率55.8%，是京津的重要生态屏障和绿色食品生产供应基地，是华北地区最大的食用菌生产基地，是中国北方地区重要的中药材生产基地。已发现的矿产有128种，开发利用50种。超贫钒钛磁铁矿资源居全国第二位，是我国除四川攀枝花外唯一的大型钒钛磁铁矿基地，已探明储备量3.57亿吨，超贫钒钛磁铁矿资源量75.59亿吨；黄金产量居河北省第一位；钼、银、铜、铅锌和花岗岩、大理石等资源丰富。

2011年4月29日，丰宁环首都绿色经济圈16个重点项目集中开工奠基仪式

2011年7月9日河北席奥飞机制造项目奠基仪式举行

城市200强——承德市

2010年12月26日，承德民用机场试验段工程举行开工奠基仪式，这标志着承德民用机场建设进入实质性阶段

2011年是“十二五”开局之年，面对复杂的国际国内经济环境，承德市委、市政府带领全市人民深入贯彻落实科学发展观，以建设国际旅游城市为目标，突出“加快发展、加速转型”两大任务，把“稳增长、调结构、控物价、惠民生”作为主攻方向和着力点，经济呈较快发展态势，运行质量持续向好。

经济总量突破千亿元大关。2011年，全市经济总量达到1100.8亿元，按可比价格计算，比上年增长12.1%。其中第一产业增加值165.5亿元，增长7.9%；第二产业增加值605.4亿元，增长14%；第三产业增加值329.9亿元，增长11.1%。财政收入创历史最高水平。全年完成全部财政收入153.4亿元，创历史新高，增长34.5%。其中地方一般预算收入71.1亿元，增长29.7%。财政各项支出稳定增长，全市一般预算支出186.7亿元，同比增长24.9%。规模以上工业生产提速。全年实现增加值478亿元，增长16.5%，比上年增速提高5个百分点。实现主营业务收入1559.9亿元，增长28.5%，实现利税192.9亿元，增长71.5%，其中利润117.9亿元，增长70.1%。固定资产投资增速加快。全年累计完成固定资产投资830亿元，增长30%，其中城乡建设和房地产投资完成797.8亿元，增长29%。消费品市场稳步增长。全市实现社会消费品零售总额303.9亿元，比上年增长17.8%。居民生活不断改善。据抽样调查，2011年全市城镇居民家庭人均可支配收入15037.6元，比上年增长13.8%。其中，城市居民家庭人均可支配收入16637.6元，增长13.4%。城市居民人均消费支出10902.6元，增长14.9%。农村居民人均纯收入4935元，比上年增长12.6%。人均生活消费支出4984元，增长35.7%。

河北北汽福田汽车部件有限公司奠基仪式：2011年10月，河北北汽福田汽车部件有限公司奠基仪式在承德市双滦工业园区举行，常务副市长宋立民（前排左一）主持奠基仪式，市五大班子主要负责人出席，居中为市委书记杨汭

河北人民广播电台

望长城内外　传时代强音

省委书记张庆黎到河北电台调研

省委常委、宣传部长艾文礼到河北电台调研

2011年12月26日，河北广播网改版上线仪式在河北电台举行。标志着有着60多年历史的河北电台全面跨入新媒体领域

河北人民广播电台成立于1949年9月1日，现有新闻、经济、交通、文艺、生活、音乐、农民、旅游文化等8个专业化广播频道10套节目、一家网站河北广播网以及一家全资企业河北文广传媒公司，日播出时长230余小时。先后荣获中国新闻奖、长江韬奋奖、中国广播影视大奖等国家级政府奖上百项。被中央文明委授予“全国文明单位”称号。

2011年，是十二五开局之年，是深入贯彻落实科学发展观、加快转变经济发展方式关键之年，适逢中国共产党诞生90年，党的十七届六中全会和省八次党代会召开。河北电台紧紧围绕省委省政府中心工作，坚持以科学发展观为统领，坚持改革创新，秉承“靠节目赢得市场，靠影响力赢得社会尊重，靠品牌广告提升经济实力”理念，全面打造有传播力、影响力、公信力、竞争力的一流广播媒体成效显著。

把握正确导向，着力提升舆论引导能力。坚持新闻立台，坚守媒体责任，新闻频道探索类型化道路，倾力打造24小时“全新闻”广播；所属8个频道全部实现省会24小时播出，扩大舆论阵地。坚持特色立台，内容为王，按照“新闻性、思想性、知识性、欣赏性、服务性”要求，精办节目、提高品质，把新闻、交通、音乐三个频道打造成为拉动河北电台快速发展的“三驾马车”。

完善传播体系，着力提升传播与服务能力。全力推进传统广播覆盖，加快发展网络广播建设，着手广播应急体系建设，着力构建无线、有线、卫星、互联网等多手段并用的立体传播体系。斥资2000万元兴建的全媒体中心可实现音视频、网络同步直播，大大提升广播制作、传播能力，为融媒体时代广播的新发展奠定坚实基础。

加快产业布局，着力提升产业发展能力。主动“调结构、转方式”，积极构建现代广播产业体系，依托品牌广告提创收，依托电台频率资源办活动，依托河北文广传媒做实体，依托河北广播网培育新业态，全面提升广播媒体的文化创造力和竞争力。2011年广告收入1.8亿元，同比增幅27%，其中品牌广告增幅超过124%。

深化人事改革，着力提升队伍支撑能力。建立全新的绩效考核和薪酬分配机制，完善责任目标承诺制，频道总监先领任务指标先交纳风险抵押金再上岗；完成8个频道科级干部竞聘上岗和全员双向选择，实现能上能下、多劳多得、优劳优酬；面向社会公开招聘60多名本科生、研究生，为河北广播注入新鲜血液。

2011年12月31日，“新起点、新目标、新征程”新年晚会在河北会堂隆重举行。这是河北电台首次举办大型新年晚会

马来顺台长到邢台前南峪村深入农家与农民促膝交谈

河北电台深入开展“走转改”活动，8月29日走进沧州颐和文园小区，近距离倾听群众呼声

河北民族师范学院

教学科研工作会议

校企合作签约仪式

河北民族师范学院坐落在闻名中外的世界历史文化名城——承德市，是河北省唯一一所民族本科高校，其前身是始建于1907年经光绪皇帝御批设立的热河速成法政学堂，隶属学部。期间几经易名， 2010年3月，经教育部批准，由原来的承德民族师范高等专科学校升格更名为河北民族师范学院。

学院占地976.5亩，建筑面积27万平方米。现有教学科研仪器设备总值6000万元，各类实验、实训室155个，多媒体教室61个，图书馆纸质藏书80万册，中外期刊1200多种，有先进的图书网络自动检索、借阅系统，开通了中国知识资源总库（CNKI）等网络资源。

学院拥有一支素质优良、结构合理、专兼结合、富有活力的教师队伍。现有教职工761人，专任教师460人，其中教授51人，副教授166人，高职比47.7%，有博士、硕士214人，高学历比46.5%。

学院现有中文、法政、数学与计算机、物理、旅游管理、化学、外语、美术、音乐、体育、初等教育等11个系和信息中心、社科部、公共课部3个教学部（中心）。现设本科专业17个，专科专业50个，初步形成了以人文学科、理学为主干学科，涵盖社会学科、工学、管理学等多学科交叉渗透、多专业协调发展的学科专业格局。全日制普通本专科在校生9885人。

学院在保持和弘扬传统的师范教育特色的同时，注重彰显地方特色和民族特色。形成了教师教育研究、满族研究和避暑山庄研究三大特色。设有全国家庭教育研究实验基地、河北省民族教育基地、河北省少数民族传统体育项目训练基地，是河北省旅游行业岗位培训规范单位。学院以避暑山庄研究、纳兰性德研究为重点，组建“避暑山庄、纳兰性德”等专门研究机构，经过多年的建设，产生了一定的社会影响，成为全国“纳兰性德研究”和“避暑山庄研究”中心。学院满族传统体育项目《二贵摔跤》连续两届代表河北省参加全国民运会，获得了第八届全国民运会表演项目金奖和第九届全国民运会表演项目一等奖。由学院音乐系师生和离退休老教师成立的“承德清音会”被列入河北省“非物质文化遗产”名录。

对口援疆培训工作

河北省非物质文化遗产清音会演出

学院传统民族体育项目二贵摔跤代表河北省参加全国民运会，获得第九届全国民运会表演项目一等奖

河北省水运工程质量安全监督局

局长　马玉臣

河北省水运工程质量安全监督局系省财政性资金基本保证的事业单位，经省编办批准，1994年12月成立河北省水运工程质量监督站，与河北省水运工程定额站合署办公，定编20人，处级领导职数3人。2007年9月，经省财政供养总控办和省编办批准，更名为河北省水运工程质量安全监督局，保留河北省水运工程定额站，一个机构两块牌子。受上级交通主管部门委托，具体实施全省水运工程质量监督、水上施工安全监管以及水运工程定额编制管理工作。

部领导现场督查

1994年单位成立以来，从京唐港、黄骅港的最初介入，目前已发展到自北向南覆盖了秦皇岛港、山海关港、唐山港曹妃甸港区、京唐港区、神华黄骅港以及黄骅港综合港区工程，业务已由过去单一的以现场工程质量监督为主，发展到实施水运工程质量监督、工程定额造价管理、监理、试验检测资质管理以及水运施工安全等全方位的监管，全省的港口建设驶上了前所未有的快车道。目前，港口工程实行“政府监督、法人管理、社会监理、企业自检”的质量保证体系。

爱国教育参观

十几年来，在交通运输部工程质量监督局、省交通运输厅、省港航局的正确领导下，在全局职工的共同努力下，求真务实，扎实工作，赢得了参建各方的广泛赞誉。2011年荣获全省港航系统“百日决战”先进集体；全省港航系统“创先争优”活动的“十佳先锋旗”；省港航系统安全生产及安全隐患大排查大整改的先进集体；省交通运输系统政风行风建设先进基层单位等荣誉称号。随着河北沿海地区发展规划上升为国家战略，《河北省港口条例》的颁布实施，全局人员将以更加饱满的工作热情，强化跨越式的发展理念，开拓思路，积极作为，为实现“建设经济强省，和谐河北”战略目标，开创全省港口建设事业发展新局面而努力奋斗！

混凝土通病治理经验交流会

交工验收资料审查

华北建陶之都—高邑县

县长　杨国芳

高邑县位于石家庄市最南端，县域面积230平方公里，辖三乡三镇，107个行政村，人口20万，耕地25万亩。区位优越交通便利。京珠高速公路、107国道、京广铁路、石武客专高速铁路、石邢公路（红旗大街南延）纵贯县域南北，连接晋冀鲁三省的393省道横穿东西，是“西煤东输”的重要通道。园区建设成效突出。规划建设了凤凰山开发区、城东工业区、锌业园区三个工业聚集区。凤凰山开发区位于县域西部，是石家庄南部工业区的组成部分，已列入省级工业聚集区。工业经济发展迅猛。形成了建陶、化工、纺织三大传统特色产业。建陶产业是石家庄市十大特色产业之一和石家庄市“十一五”期间发展的重点产业集群，被评为“河北省建筑陶瓷特色产业基地”和“河北省中小企业特色产业集群”。农业产业稳步提升，被命名为全省“无公害蔬菜生产基地县”、“河北省黄瓜之乡”，“全国无公害蔬菜丰收计划项目示范县”。县城建设日新月异，被评为“省级园林县城”，

高邑纺织业

2011年，全县地区生产总值实现54.6亿元，财政收入实现3.06亿元，其中一般预算收入1.6亿元，城镇居民可支配收入15229元，农民人均纯收入7204元，金融机构存款余额达到42.21亿元，贷款余额达到17.57亿元。

县城鸟瞰图

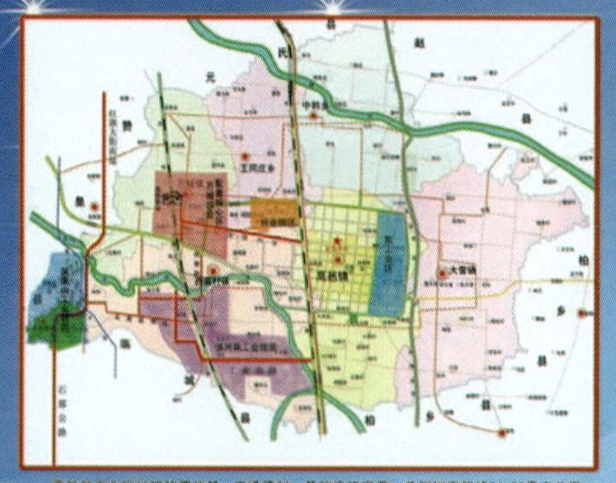

高邑县工业区地理位置优越，交通便利，基础设施完善，总规划面积约34.88平方公里，包括三部分：

城东工业区规划面积5.4平方公里，发展定位为以光电信息、装备制造、新材料生产等为主导产业。区内建有110KV和35KV变电站各一座；日供水能力2.5万吨的统一供水项目和日处理能力4万吨的污水处理厂均已建成投用，可满足企业需求。区内现有企业26家，高邑天山光电信息产业园、国辉电器、粤东纸业、鹏烨制剂、文杰制衣等省市重点项目正在加速建设中。

锌业园区规划面积1.98平方公里，是与葫芦岛、柳州齐名的全国三大锌业生产基地之一，区内有锌品生产企业43家，年产能10万吨，产值10亿元。

凤凰山开发区规划面积27.5平方公里，区内工业南路、北高路、恒泰路形成环状连接的交通路网；供水厂、污水处理厂已立项，即将开工建设；110KV电站和工业南路下穿京广铁路立交桥工程6月底即可完工。该区是石家庄南部工业区的重要组成部分，有三个工业组团，其中：万城综合配套服务核心区定位为商贸、生活服务产业园，面积9.16平方公里；泲河南工业组团定位为建陶、水泥产业园，面积16.84平方公里，有建陶生产线60条，年产建筑陶瓷3亿平米；凤凰山工业组团定位为煤焦化循环经济产业园，面积约1.5平方公里。

高邑县工业区基本概况

明朝“东林三君”之一吏部尚书赵南星祠堂

高邑亿博建材城

休闲新区、经济

鹿泉市委书记 郝竹山

鹿泉市位于河北省中西部，西倚太行山，东环省会主城区，辖12个乡镇和2个省级开发区， 208个行政村，户籍人口38万，常住人口50万，总面积603平方公里，是省会中部片区组团城市之一。近年来，围绕建设“休闲新区、经济强市、幸福鹿泉”的奋斗目标，鹿泉市全力优化产业结构，加快转变发展方式，着力提升综合竞争力，加大改善民生力度，推动了经济社会又好又快发展。2011年，全市生产总值完成261.4亿元，财政收入完成17.2亿元，全社会固定资产投资完成172.7亿元，城镇居民人均可支配收入达到19441元，农民人均纯收入达到10063元，同比分别增长12.4%、26.5%、26.3%、13.2%和16%。

历史文化源远流长。鹿泉距今已有4000余年的历史。战国时称为石邑，隋朝改为鹿泉县，唐朝改称获鹿县，以后又称镇宁州、西宁州，明清恢复获鹿县建制。1994年5月18 日经国务院批准，撤销获鹿县，设立鹿泉市。境内自然、人文、历史景观达200多处。

道路交通方便快捷。8个乡镇（区）与省会主城区直接接壤，11条主干线对接省会。距北京270公里，天津315公里，石家庄火车站15公里，石家庄民航机场20公里。石太等7条铁路、青银等4条高速公路和307国道等9条国省干道穿境而过，通车总里程达到864.8公里，公路密度1.4公里/平方公里，境内共有7个高速上下口，石家庄铁路货运编组站位于市域南部，成为环渤海地区南部重要的交通枢纽。

项目建设成效显著。实施“四区”带动战略，规划建设了鹿泉经济开发区、绿岛火炬开发区、西部山前生态新区和西北部工业区，以园区建设为载体，全力实施招大引强，先后引进建设了恒大金碧天下、西部长青、

石家庄市植物园

石家庄市动物园

槐安路鹿泉段

鹿泉金隅鼎鑫水泥有限公司

强市、幸福鹿泉

鹿华热电、三一重工、河北融投总部等一批重大优质项目，投资鹿泉的国内外500强企业达到13家。2011年，共引进建设千万元以上项目159个，总投资达到1308亿元，其中亿元以上项目119个，为跨越发展夯实了基础。

产业结构优化升级。以列为全省首批节能减排“双三十”单位为契机，全部拆除了境内水泥机立窑，大气和水环境持续好转，产业结构日趋优化，基本形成了以休闲服务和电子信息、轻工食品、装备制造、新型建材为主的“1+4”特色产业新格局。2011年，主导税收占比达到61.9%，初步实现了资源型经济向多元化新型经济转变。

社会建设全面进步。坚持以人为本，民生为重，制定了民生财政增长机制，下大力解决老百姓最关心、最直接、最现实的利益问题，率先启动了新农合、新农保和全民健康促进等民心工程，全力促进科技教育、文化卫生、社会稳定等各项社会建设和谐健康发展，广大群众的幸福感、自豪感和归属感持续增强。

鹿泉市委副书记、市长 周永会

河北远东哈里斯通信有限公司

河北珠江啤酒有限公司

石太高速鹿泉段

鹿泉城区夜景

鹿泉城区鸟瞰

承德市双桥区

打造靓丽核心区、

2011年5月，承德市委书记杨汭(左三)、市长赵风楼（右一）陪同国家民政部部长李立国（右三）和副省长宋恩华（右二）视察社区工作

双桥区位于承德市核心区，是市委、市政府所在地。成立于1980年，由原虹桥区和翠桥区合并组建而成，历经三次区划调整，现行政区域总面积651.67平方公里，下辖6个镇、7个街道、64个行政村、68个社区。户籍人口37.37万人，其中农业人口5.1万人；另有常住流动人口约10万人。区内有满族、回族、蒙古族、壮族等25个少数民族4.6万人。地理坐标位于东经117° 48′ —118° 03′，北纬40° 57′ —41° 05′之间，距省会石家庄435公里，距北京市225公里。气候属于温带半湿润半干旱大陆性季风型山地气候，具有四季分明、雨热同期、昼夜温差大的特点。年平均气温9度。

副省长宋恩华同志视察外八庙景区周边环境综合整治及城中村改造工程

境内旅游资源丰富，有A级景区11个，其中：避暑山庄、普宁寺等5A级景区7个，3A、4A景区各1个，2A景区2个，避暑山庄及周围寺庙景区1994年被列入世界文化遗产名录，是全国首批24座历史文化名城、中国十大风景名胜、旅游胜地四十佳、国家重点风景名胜区。具有深厚的文化底蕴，5000年的红山文化、300年的山庄文化纵贯古今，特别是避暑山庄，融合中原文化、满蒙文化与草原文化于一体，形成了博大精深、独具特色的“大避暑山庄文化”。交通条件便利，境内有京承、锦承、京通、承隆、张双五条铁路线，国家干线公路5条，随着京承、承朝、承唐、承秦、承赤等“一环八射”高速路网及5条城市快速路、“四纵五横”城市内循环道路的建成通车，民用机场和京沈高铁今后的开工建设，将使双桥区成为连接京津冀辽蒙的重要交通节点。

社区一站式服务大厅

承德北部新城双峰寺及老西营地段鸟瞰图

建设国际旅游城

区委书记杨宏（左四）、区长方志勇（左二）视察环境卫生综合整治工作

近年来，坚持高标准建设、高水平管理城市，努力把双桥率先建成一个产业发达、功能完备、环境优美、品牌响亮，体现“精致、独特、典雅、生态、宜居、宜游”城市特质的核心区。启动了总投资9.9亿元的武烈河综合治理工程；投资1.4亿元的二仙居旱河综合治理工程顺利竣工；制定了百条街巷治理规划，打造了旱河北路、桃李街、南兴隆街等精品街巷；实施了17个村31个地块的城中村改造工程；完成了外八庙景区周边6081户、2万多人、150余万平方米的拆迁重任；北部佛文化产业园区和空港城建设加快推进；持续开展市容市貌综合整治活动，城乡环境卫生质量明显改善；争取并整合了村镇规划审查、城管执法、交通管理和环卫执法等职能，初步实现了城市管理的责权统一，城市管理水平大幅提升。先后被确定为全国和谐社区示范区、全国社区管理和服务创新实验区、全国生态文明建设试点地区、全国残疾人社区康复示范区、全国白内障无障碍区、省级文明城区。

2011年，全年地区生产总值完成127.9亿元，增长10.6%；全部财政收入完成14.55亿元，增长17.1%；全社会固定资产投资完成75亿元，增长31.2%；社会消费品零售总额完成75亿元，增长18.3%；城镇居民人均可支配收入达到16420元，增长12.8%；农民人均纯收入达到6150元，增长10.5%。

治理后的二仙居旱河

旱河北路步行街

外八庙景区周围改造前和改造后规划鸟瞰图

发展中的双桥

承德市双滦区

2012年3月27日，区委书记路立营在项目集体开工仪式上致辞

双滦区位于河北省承德市，因境内双塔山和滦河水而得名。全区总面积452平方公里，总人口14.4万人，其中非农业人口6.8万人，辖4镇、2乡、2街道，63个行政村、18个社区居委会，是承德建设国际旅游城市核心发展区。区位优越，交通便捷，距北京180公里、天津320公里，京承、承唐、承赤、承张高速及拟建的京沈高铁均穿区而过；历史悠久，底蕴深厚，燕存遗迹，汉筑城垣，辽修双塔，清建行宫，主要遗存有修建于1650年的喀喇河屯行宫（早于避暑山庄53年），康熙皇帝五十岁寿辰时兴建的穹览寺，琳霄观、关帝庙、滦河老街（历史文化保护街区）等珍贵人文景观；资源丰富，山形水胜，区内铁、钒、钛、磷等资源丰富，其中已探明钒钛磁铁矿达2.5亿吨；拥有古热河十大名胜之广仁岭、元宝山、双塔山三处山体奇观，滦河、伊逊河贯穿区境。享有“承德山水的精华、山庄文化的源头、五代清帝的行踪、两个王朝的背影”之美誉。

近年来，双滦区牢牢把握“稳中求快、快中求好”的工作主基调，坚持“文化产业立区、工业经济强区、商贸流通活区、改革开放兴区”的工作思路和理念，把握形势、抢抓机遇、创新创业、积极作为，成功引领了双滦由郊区向现代化主城区的加快转型，由老工业区向新型工业区的调整升级，由从属旅游区向国际旅游城市核心区的加速转变，综合实力跃上新台阶，园区建设取得新成效，城乡面貌呈现新变化，人民生活达到新水平，社会建设实现新进步，全区经济社会发展取得了令人瞩目的成绩。到2011年底，地区生产总值完成94.1亿元；全部财政收入完成10.5亿元；全社会固定资产投资完成92亿元；社会消费品零售总额完成10.4亿元，城镇居民人均可支配收入、农民人均纯收入分别达到17080元、5764元。

“十二五”是双滦站在新的历史起点上实现科学发展、和谐发展、跨越发展的关键时期。双滦区第七次党代会确定，未来五年，将继续坚持以科学发展观为指导，以科学发展为主题，以加快转变经济发展方式为主线，以“打造新型工业与文化产业高度融合的现代化主城区，建设国际旅游城市核心区”为奋斗目标，以

隆基泰和国际广场效果图

行宫大酒店项目

钒电池项目效果图

着力打造现代化主城区
建设国际旅游城市核心区

“一区两带三园”为战略重点，坚持“文化产业立区、工业经济强区、商贸流通活区、改革开放兴区”工作思路和理念，奋力攻坚，强力突破，力争在新的更高起点上实现更好发展、更大跨越，谱写建设“魅力双滦、活力双滦、富饶双滦、平安双滦、幸福双滦”的新篇章。到2015年，城区规划面积达到151平方公里，建成区面积达到35平方公里，城市化率提高到70%以上，人口达到20万人以上；地区生产总值达到160亿元以上，经济增长速度确保14%以上；全部财政收入确保翻一番，力争达到20亿元以上，固定资产投资、城乡居民收入等主要经济指标位居全市前列，在全省位次前移；覆盖城乡的交通道路、供电、供水、供热、供气和教育、文化、卫生、体育、养老等公共服务体系更加完善，将双滦区初步建设成为交通便捷、功能完善、产业发达、环境优美、生态宜居、品牌响亮的现代化主城区、国际旅游城市核心区。

2011年10月22日，区长祁海东在河北北汽福田汽车配件项目奠基仪式上致辞

《鼎盛王朝》大型实景演出

2011年5月9日，原省委副书记付志方参观双滦社区建设

锦绣城小区

承钢全景

承德市双滦区实验中学

元宝山滑雪场

平泉县：辽河源头、契丹

首届中华菌文化节开幕

中国著名音乐家、作曲家王立平来平泉，参观山庄老酒文化产业园

平泉位于冀辽蒙三省区交界处，因清康熙大帝见平地涌泉兴赞“圣地平泉”而得名。全县总面积3296平方公里，耕地62万亩，辖10镇9乡1个街道办事处，260个行政村、12个社区，总人口47.41万，是国家扶贫开发重点县、河北省少数民族县、全国文明县城。平泉历史悠久，文化底蕴厚重，这里西汉初期属右北平郡，魏晋、南北朝时属鲜卑地，辽金元时期设置泽州（辽开泰时1012年，下领神山、滦阳县）、惠州（明改为会州），为辽中京的京畿重地，清雍正七年（1729年）始设八沟(领域地)直隶厅，康乾年间发展为商贸重镇，素有“拉不败的哈达（赤峰）、填不满的八沟（平泉）”之盛誉。“契丹祖源、圣地平泉”的城市品牌和“辽河源头、契丹祖源、中国菌乡、神州炭都”四张名片展示着平泉独特的魅力。**辽河源头**。平泉是中国七大河流之一辽河的发源地，座落在我县西北部的辽河源国家森林公园，四季分明，景色宜人，保存着华北最大的天然次生林群落，有高山、森林、草原、花海、奇石、清泉、古树、古墓八景，森林覆盖率90%以上，是天然氧吧、科普胜地、省级自然保护区。**契丹祖源**。五千多年的红山文化、一千多年的辽金文化、三百年的大清文化在这里传承、融合，特别是辽文化将平泉与契丹——这个曾经主宰中国北方200多年的神秘民族紧紧地联系在一起。现存会州城、辽大长公主墓、窦景庸墓等古遗址、古墓群160多处，有馆藏文物1.8万件，其中三级以上446件，辽金文物占70%，以辽河源头——老哈河为主脉的契丹始祖传说被列入国家级非物质文化遗产保护名

专家学者视察中华菌文化博览中心

中央七《乡约》拍摄即将结束，县委书记董正国向栏目组赠送活性炭画

祖源、中国菌乡、神州炭都

录。平泉被国家和河北省文物专家誉为“南有定州定瓷好，北有平泉辽金文物精”。**中国菌乡**。平泉发展食用菌产业已有三十多年，经历了调结构扩规模、做品牌提档次、出精品上高端三个发展阶段，现已成为立县富民产业，综合发展水平位列全国第三，正与中国农科院、中国农大和北京林大合作建设国家食用菌产业技术研发中心、北方食用菌研究中心、北方林业教学科研实践基地。先后荣膺“中国食用菌之乡”、“中国滑子菇之乡”、“全国食用菌行业十强基地县”、“中国产业集群品牌50强”等多项殊荣，“平泉香菇”、“平泉滑子菇”被列为国家农产品地理标志产品。**神州炭都**。平泉是全国最大的果壳活性炭生产基地，年总产量3.5万吨，占全国的34%左右，拥有“绿世界”、“华净”等多个活性炭产品知名品牌，被誉为“中国活性炭之乡”。目前正在实施总投资10亿元的活性炭文化产业园项目，重点发展活性炭创意文化产品、旅游观光等相关产业，力争到2015年初步建设成为国内果壳（核）活性炭产品研发中心、价格形成中心和炭文化产业示范基地。

河北席奥飞机制造项目奠基仪式

平泉20个重点项目集中开工

《聚焦承德》摄制组走进平泉

科学快速发

金山岭生态文化旅游经济区12个项目集中开工

政府综合办公楼

滦平县位于河北省东北部，全县总面积2993平方公里，辖20个乡镇、1个街道办事处，200个行政村、9个居委会，总人口31.5万，以满族为主的少数民族人口19.4万，占总人口的61.8%。县内区位优势明显，交通便捷，西南距北京市区165公里，东与承德市区毗邻；京承高速、京通铁路、101国道、112线贯穿全县，是内联京津、外通辽蒙的交通枢纽。县内资源丰富，景观独特，历史悠久，文化底蕴丰厚。目前已发现可利用矿产30多种，其中铁矿资源远景储量达30亿吨，占承德市的30%以上；境内有潮河、滦河两大河流，是京津两市的重要水源地。被誉为“万里长城，金山独秀”的世界文化遗产金山岭长城是国家一级旅游景区，目前正在争创5A级景区；白草洼国家级森林公园，是华北地区自然植物群落保存最好的景区之一；境内小兴洲是与山西洪洞齐名的中国历史上八大移民基地和十大寻根圣地之一；清代御路、行宫、敕建寺庙等历史文化遗址、遗迹都具有很好的开发前景。

近年来，县委、县政府坚持以科学发展观为指导，牢牢把握“提速、增效、进位”的总体思路和目标，以京津冀一

城市建设日新月异

展的新滦平

体化发展和环首都绿色经济圈建设为契机，解放思想、真抓实干，确定了以红旗矿业循环经济统筹区、新兴产业示范区、金山岭生态文化旅游经济区三大重点经济板块的率先突破推动经济转型和跨越发展的总体思路，通过强力推动“三大板块”建设，为全县经济社会又好又快发展科学构建了强大引擎，各项工作取得明显成效。县域经济综合实力稳步提升。2011年，全县生产总值完成111亿元，是2006年的2.8倍，年均递增15.6%；全部财政收入完成17.3亿元，是2006年的2.9倍，年均分别递增24%；社会消费品零售总额达到23.8亿元，是2006年的2.3倍，年均递增18%；城镇居民人均可支配收入和农民人均纯收入分别达到15873元和4095元，年均分别递增13.7%和9.9%。县域经济综合竞争力在全省排位由“十五”末的第70位上升至2009年的第38位，前移了32位，位居全市第二。

香港恒达投资有限公司投资85亿元的“滦阳溪谷“滑雪度假区项目正式签约

全国扶贫项目成果展示暨金融扶贫促进产业发展现场会在滦平召开

新建成的偏桥小学

今后，县委、县政府将进一步深入贯彻落实科学发展观，以“科学发展、富民强县”为主题，以加快转变经济发展方式为主线，以环首都绿色经济圈建设和环首都地区扶贫攻坚为统领，以进入全省“30强”为目标，带领全县人民全力推进三大重点经济板块建设，积极构建环首都绿色经济圈生态经济发展先行区，建设更加富裕、和谐的新滦平。

秀美的金山岭长城

隆化：全县经济快速增长

陆文龙县长陪同承德市委书记杨汭到枫水湾（国际）森林温泉城和茅荆坝国家森林公园检查指导工作

9月26日下午，隆化县与中国科学院合作召开项目发布会

隆化县代表承德市接受省创先争优活动调研督导组的检查

隆化县地处河北省东北部，是“八山一水一分田”的山区农业大县，全国著名战斗英雄董存瑞就牺牲在该县。全县下辖25个乡镇、1个街道、5个社区、362个行政村，总人口43.9万人，其中满、蒙、回等少数民族人口25万人，是国家重点扶贫县，也是河北省政府确定的民族县。

隆化县物富源丰。全县国土总面积5475平方公里，其中耕地面积86.47万亩、林地面积437.6万亩，森林覆盖率58%，林木蓄积量605.8万立方米。茅荆坝自然保护区为国家级自然保护区。境内自然资源丰富，探明铁、锌、铅、钛、铜、钼、萤石等矿产资源40余种，开发利用22种，此外，已探明出水温度高、日出水量大、地热面积广的地热温泉5处。境内分布滦河、伊马吐河、伊逊河、鹦鹉河、茅沟河五条主要河流，常年地表水流量9.4亿立方米，可开采地下水4亿立方米。

隆化县人文浓厚。境内历史悠久，文物古迹众多，有古代民族历史文化遗存600余处，有53处省级、县级重点文物保护单位。张三营行宫、唐三营木兰围场总管府等一批清代古迹文物，形成了独具一格的皇家文化旅游风景。“二贵摔跤”、“一百家子白荞面”、“八大怪”、“中幡”等一批独具满蒙特色的国家级、省级非物质文化遗产享誉中外。县董存瑞烈士陵园为国家AAAA级旅游景区，并被命名为首批“国家级国防教育基地”。隆化县被中国书法家协会命名为“中国书法之乡”，县文化馆晋升为国家二级馆，连续13年被河北省政府确定为“全省文化先进县”。

纪念董存瑞烈士英勇牺牲60周年文艺演出《英雄颂》

国家非物质文化遗产“二贵摔跤”于北京天安门调演

2011年2月12日，隆化县举行项目集中签约仪式

综合实力明显提升

隆化县经济渐强。近年来，全县在省委、省政府以及市委、市政府的正确领导下，立足县情，突出发展主题，加快产业结构调整，加快转变发展方式，全力推进县域经济又好又快发展。工业方面，牢固树立“工业立县”思想，工业经济由弱变强，发展步伐由慢到快，结构调整初见成效，产业体系日渐完备。农业方面，充分发挥我县生态优势，强龙头、壮基地、拓市场、树品牌，形成了“主导产业为引领，特色产业为补充”的农业产业化发展格局。服务业方面，按照“第三产业抓拓展”思路，加快以休闲旅游和商贸物流为主的第三产业建设步伐，着力打造县域经济新的增长点。

2011年4月14日，隆化县在县城苔山轻化工业园区隆重举行重点项目集中开工仪式

2011年5月6日，隆化县与无锡正邦车业有限公司举行电动车、助力车产业项目签约仪式

2011年，全县紧紧围绕“加快发展、加速转型”两大任务，抢抓机遇，强化举措，第二产业突出抓好矿产品开采加工、装备制造和农副产品加工三大主导产业，第一产业坚持不懈地扶持培育“肉牛、蔬菜、杏果、水稻”四大主导产业，第三产业加快发展以休闲旅游和现代物流为主的服务业，“342”主导产业发展架构日益完善，产业结构日趋合理，全县总体经济实力显著提升。2011年，实现第一产业增加值21.9亿元，同比增长7.5%，第二产业增加值42.9亿元，同比增长10.3%，其中工业增加值37.1亿元，同比增长11.2%，第三产业增加值21.6亿元，同比增长10.9%。

县城兴洲广场鸟瞰图

2011年4月10日，承德隆鑫矿业有限公司马栅子金矿技改扩能项目正式开工

丰宁满族自治县

浮选工段

丰宁满族自治县位于河北省北部，总面积8765平方公里，国土面积全省第二大县，分坝上、接坝、坝下三个地貌单元，辖9镇17乡、309个行政村，总人口39.8万人，满族人口占63.9%。是河北省6个坝上县、32个环京津县、22个扩权县、14个环首都绿色经济圈建设县之一。

丰宁历史悠久，文化底蕴深厚。是天下第一鸟“华美金凤鸟”的故乡。满族传统文化各具特色，滕氏布糊画获得中国民间文艺“山花奖”金奖；丰宁满族剪纸相继被评为国家级和世界级非物质文化遗产。

缘天然集团养殖场内景

丰宁地域辽阔，资源丰富。全县有耕地108万亩，草场762万亩，林地606万亩，森林覆盖率46.23%。水资源丰富，全县有潮河、 牛河、天河、汤河、滦河5条河流，是京津重要的生态屏障和水源地。全县已探明钼、铁、金银、铂钯、油母页岩等金属、非金属矿藏30多种，钼资源储量位居全国第四位。

凤山铁营蔬菜园区

丰宁生态旅游资源得天独厚，境内山川、森林、草原、峡谷、温泉、古洞、奇松等旅游资源呈多样化配置，京北第一草原被评为4A级景区、京北最佳休闲旅游目的地、河北省著名风景名胜区。交通基础设施建设蓄势待发，“十二五”期间将成为承德市交通建设主战场，随着虎蓝铁路、张唐铁路和怀丰一级公路、张承高速公路的相继贯通，将形成“双十字”格局，成为连接京冀蒙的重要能源通道和承德交通次枢纽。

2011年，全县完成地区生产总值65.4亿元，比上年增长10.1%；财政收入8.1亿元，增长50.1%；财政支出163478万元，增长43.7%；固定资产投资84.5亿元，增长40.2%；职工年平均工资31900元，增长21.7%；农民人均纯收入达到3470元，年均增长7.9%；城镇居民人均可支配收入达到11900元，年均增长11.7%；年末城乡居民存款余额495923万元，增长23.4 %。

缘天然集团有机奶生产车间

胡麻营设施蔬菜园区

御道口牧场

21011年6月30日，国家旅游局党组成员、规划财务司司长吴文学带领相关部门检查指导御道口牧场草原风景区旅游工作。承德市副市长贯玉英、御道口牧场场长徐卫东、副场长刘学平陪同检查

御道口牧场纪念建党90周年及"双优双先"表彰大会

御道口牧场地处河北省最北部的坝上地区，西接内蒙古多伦县，东部、北部与机械林场相连，南部与围场县毗邻，距历史文化名城承德市260公路，距首都北京400公里，全场总面积149.5万亩，其中林地面积60余万亩；天然草场80余万亩。海拔1230米至1820米，有植物50科659种，野生动物100多种，山野珍品几十种，是国家4A级草原森林风景区和省级自然保护区。

"天苍苍，野茫茫，风吹草低见牛羊"，清风送爽，高天流云，盘旋的飞鸟，悠然的羊群，汇成一首诗、一卷画、一串秋日的私语、一曲悠扬的赞歌，这就是御道口牧场的真实写照。这里是清代木兰围场皇家猎苑的重要组成部分，木兰围场七十二围中这里有最具代表性的八围，是清帝北巡及"七溪会阅"的通路，故名御道口。近年来，场党政以富民强场为目标，强力推进"林、牧、游、电"四大主导产业建设进程，形成以四大主导产业为支撑的经济发展格局。这里风能资源丰富，规划装机容量150万千瓦，以"皇家、生态、民俗"为特色的休闲旅游业发展迅速，被誉为"水的源头、云的故乡、花的世界、林的海洋、摄影家的天堂"，成为京北黄金旅游线上的一颗璀璨的明珠。

丰富独特的资源禀赋、优美怡人的自然风光，深邃厚重的历史内涵、风情浓郁的满蒙民俗，共同赋予了这片土地富饶与神奇。勤劳朴实的御道口牧场人民在场党政的带领下，正以只争朝夕的精神，同心协力，艰苦奋斗，全面开创全场经济社会又好又快发展的新局面，一个开放、富强、文明、和谐的新牧场正展现在世人面前。

城镇建设

风电产业

畜牧业

宽城满族

县委书记　傅海旺

宽城满族自治县位于河北省东北部、承德市东南部，与秦皇岛市、唐山市、辽宁省朝阳市交界，1963年建县，1989年成立满族自治县，总面积1952平方公里，有耕地12万亩、山场240万亩，辖7镇、11乡、1个城区街道办事处，205个行政村、5个居委会，共有14个民族，总人口24.9万，其中满族人口占64.5%。境内山场广阔，物产丰富，钒钛磁铁矿、鞍山式磁铁矿保有储量超过30亿吨和2亿吨，素有“中国板栗之乡”、“河北桑蚕之乡”、“河北金都”之称。历史文化底蕴深厚，万塔黄崖寺是辽金时期汉传佛教圣地；喜峰口长城是《大刀进行曲》诞生地，列入全国红色旅游经典景区名录；王厂沟曾为冀东、热南抗战指挥中心。自然风光绮丽多姿，蟠龙湖湖光山色、雄奇秀美，被誉为“塞外桂林”；都山植被茂盛，被誉为华北地区珍稀植物宝库；千鹤谷百鸟翔集，是省级鸟类自然保护区。

承德市委书记郑雪碧到宽城调研

立足于得天独厚的资源禀赋和区位优势，宽城牢牢把握“转型创新、绿色崛起、全面进步、和谐发展”主基调，深入实施园区建设和特色中等城市建设两大战略，全力做好构建现代产业体系、统筹城乡发展、加强和改善民生、破解生产要素制约四篇文章，经济社会健康快速发展。2011年，全县生产总值达到215亿元、全部财政收入达到22亿元、城镇居民人均可支配收入和农民人均纯收入分别达到16856元和5986元，经济综合实力位居承德市

城市面貌日新月异

蟠龙湖十里画廊

省级农业产业化龙头企业神栗公司

钒钛制品业蓬勃发展

全国文明县城

自治县

县长　徐尚武

县长徐尚武深入企业调研

首位、河北省20强。**园区建设卓有成效。**长河矿业经济区、龙城新型材料产业聚集区被省政府确定为首批中小企业示范产业集群和省级工业聚集区，产业集群效应日益显现。**新型工业焕发生机。**矿山采选业、钒钛制品业、新型材料业竞相发展，“因铁而兴”到“依铁而强”迈出铿锵步履。**现代农业快速发展。**现有省级农业龙头2家、农民专业合作经济组织123个，建设了覆盖东部四乡镇的农业循环经济区，着力构建种植——养殖——废弃物综合利用的“闭合式”农业生产体系，形成了上、中、下游完整的循环链条。**休闲旅游业健康发展。**按照承德市建设国际旅游城市战略总部署，在西部五乡镇建设了以蟠龙湖为中心，以都山、千鹤谷、万塔黄崖寺、王厂沟等景区为支撑的生态休闲旅游区，构筑了融红色教育游、山水风光游、生态休闲游和乡村游、沟域游、农家游于一体的文化旅游产业链，打造了京承秦黄金旅游圈上的精品节点。**城乡面貌日新月异。**荣膺省级园林县城和全国文明县城两项桂冠。基础设施明显改善。拥有了融入京津承唐秦等周边大中城市1-2小时交通圈的铁路和高速公路，建成了全国县级领先、手拉手环网运行的现代化坚强电网，构筑了可支撑长远发展的综合水利保障体系，具备了在更高起点上实现快发展、大发展的坚实基础。**民生幸福指数全面提升。**民族教育园区设施全省县级一流，县医院综合门诊楼硬件条件达到市内县级最好水平，乡镇卫生院全部达到省级标准，新农合参合率达到95%以上，城乡养老保险、医疗保险实现全覆盖。

站在新的起点，宽城将继续唱响“转型创新、绿色崛起、全面进步、和谐发展”主基调，集中精力建园区、上项目，全力打造安全宽城、平安宽城、廉洁宽城、诚信宽城，不断加强和改进党的建设，努力开创全县经济社会又好又快发展的新局面，争创全省十强县。

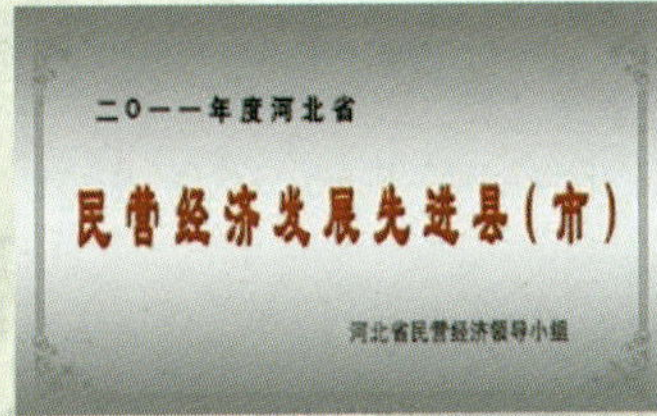

市民休闲公园—泽园

特色中等城市建设

新农村新民居

科学发展、跨越赶超

区委书记　陈晓明

汇聚全市五个第一的尚峰国际项目鸟瞰图

张家口市桥西区是张家口市的主城区，张家口市的发祥地，是全市的政治生活中心、文化教育中心，商贸物流中心、旅游服务中心。2011年，全区以科学发展观为统领，以党的十七大和十七届四中全会精神为指针，按照市委提出的“4+3”产业发展定位，大力实施工业立区、商贸强区、文化兴区、民营活区“四区战略”，全力打造制造业名品、旅游业精品、商贸业极品和现代文明人品，全面构筑城区中心商贸圈、主城区旅游服务圈和“三园一带”战略发展圈，在逆境中奋进，在奋进中创新，逐步将一个旧城区、老城区，转变成为一个基础功能完善、城市形象靓丽、生态环境优美、社会稳定和谐的新桥西。2011年，全区生产总值达到55.35亿元，比2006年实际增加32.76亿元，增长145%；全部财政收入达到6.07亿元，比2006年实际增加3.25亿元，增长115%；一般预算收入完成1.48亿元，比2006年实际增加1.13亿元，增长315%。

紧紧围绕强基固本，加速主导产业优化布局、扩大规模、提升档次，发展支撑更加坚实。大力发展科技含量高、附加值高、税收贡献率高的装备制造业，积极帮助斯必克公司发展成为拥有核心技术、全球最大的制冷换热设备生产基地，先后实施新产品开发项目12个，其中斯必克空冷设备等5项新产品、新技术达到国际领先水平。按照“大体量、大集聚、大品牌、大服务”的商贸发展思路，先后实施亿元以上商贸项目12项，累计完成投资21.8亿元，新增商业面积54.1万平方米，百盛街、凯博风尚等一批大型商贸项目相继投入运营，苏宁电器、天元名品等知名商业品牌陆续入驻，全区商品交易市场达到27个，年成交额达到31亿元，比2006年实际增加15.3亿元，增长97%。大力发展旅游文化产业，累计投资7亿多元，先后建成5大景区，50多个景点，先后成功举办了“大境门文化旅游节”、“张家口堡文化旅游节”和张台道源长老佛学文化交流活动，桥西的对外知名度、美誉度和影响力大幅提升，2011年接待游客120万人次，是2006年的近10倍。

紧紧围绕城乡统筹，全面推进空间拓展、功能提升、环境优化，城乡建设取得巨大突破。累计投入资金180亿元，完成拆迁184万平方米，先后对总里程50公里的12条主要道路实施了拓宽改造，形成了“五纵七横”的城市路网框架。拆违拆临982处，对170栋既有建筑实施了综合景观提升改造工程。完成季园、西泽园等5个游园景观建设工程，绿地面积达到12.8万平方米，是2006年的2.1倍，城市绿化覆盖率达到40.7%，比2006年提高9.7个百分点。全面完成“增绿添彩”工程和29平方公里清水河上游水土保持治理工

抡才书院

大力开展“法律法规进课堂”等普法工作

——张家口市桥西区

区长　王亚军

程。累计完成13个旧小区改善工程；对总面积3600亩的21个棚户区实施了改建，新建小区23个，近10万人喜迁新居，全区新增住宅面积145万平方米，人均住房面积由2006年的19平方米增加到26平方米。大力发展特色农业，累计引进粮食蔬菜新品种6个，改造乡村道路36公里，全区19个村实现通村公路全覆盖。

紧紧围绕增强活力，强力推进项目建设、招商引资、改革创新，竞争优势更加突显。五年来，全区共实施重点项目95个，其中亿元以上项目达到69个，列入省市重点的31个，累计完成投资174.73亿元，仅2011年完成项目投资49.85亿元，是2006年的6.7倍。不断强化大开发、大开放、大招商理念，2011年，引进区外资金13.06亿元，是2006年的2.6倍。在全区积极推广使用节能新产品、新技术，大力营造低碳环保生产生活新风尚。2011年，全区规模以上工业企业万元增加值能耗比2006年下降42.9%，化学需氧量、二氧化硫排放量分别比2006年削减56.7%和26.1%。

紧紧围绕民生改善，着力提升保障水平、大力发展社会事业，全力维护和谐稳定，群众幸福指数明显提高。五年来，累计新增就业岗位7.05万个，就业困难人员累计实现再就业1.6万人，城镇登记失业率控制在4%以内。城乡低保实现了动态管理下的应保尽保，居民医保、新农合参保率达到90%以上，建设廉租房等保障性住房2422套，极大改善了低收入住房困难群众居住条件。着力推进教育教学改革和教育布局优化调整，先后完成了十六中扩建，九中扩模以及大境门小学搬迁等工程以及总投资7000万元的十九中新建工程，全面完成14个社区卫生服务机构和15个农村标准化卫生室建设改造。同时，积极推进平安桥西创建活动，进一步加强社会治安综合治理，严厉打击各类刑事犯罪，人民群众的安全感、幸福感大幅。

桥西区秀水怡园项目奠基仪式

环境市容整治

东窑子镇特色养殖业

佛教圣地赐儿山夜景

丰富多彩的文化娱乐活动

斯必克冷却技术（张家口）有限公司生产车间

宣化区 京西第一府

区委书记　何亚星

张家口市宣化区位于市区东南28公里处，东临首都北京，西连煤都大同，北靠内蒙古草原，南接华北腹地，山川秀美，人杰地灵。全区总面积276平方公里，建城区37平方公里，张家口市辖三乡一镇54个行政村、7个街道办事处47个社区居委会，常住人口40万。近年来，区委、区政府坚持以科学发展为主题，以转变经济发展方式为主线，深入实施“工业立区、文化兴区、商贸活区、民营富区、城建强区”五大主体战略，区域经济实现较快发展，综合实力得到持续增强。2011年，全区地区生产总值完成162.4亿元，全部财政收入完成13.6亿元，全社会固定资产投资完成59.9亿元，城镇居民人均可支配收入达到1.6万元，农民人均纯收入达到6997元。连续五年跻身“全国最具投资潜力中小城市百强”，连续四年入选“全国最具区域带动力中小城市百强”。

历史悠久，文化底蕴深厚。宣化有着1267年的建城史，夏商时属古幽州，秦为上谷郡，唐为文德县，明为宣府镇，清为宣化府。1992年，宣化区被省政府命名为河北历史文化名城；2006年，宣化古城晋升为国家级重点文物保护单位；2009年，当选为河北文化形象名片——河北十大历史文化名城之一，享有“京西第一府”之美誉。现有国家级文物保护单位3处，省级文物保护单位5处。有京西第一钟楼——清远楼，京西第一墓——辽代古墓，京西第一砖雕——五龙壁砖雕等9个“京西第一”。

特色鲜明，工业基础雄厚。宣化区是一座综合性工业城市，具有雄厚的工业基础优势，是河北省“北厢”地区重要的工业核心区。工业经济已成为全区国民经济发展的主体和核心，区域内现有规模以上工业企业42家，形成了以冶金、机械制造、酿酒、电力、化工、装潢印刷、建材等行业为主体，门类比较齐全的工业体系。特别是钻机产业发展迅速，共有钻机生产及配套加工、经销企业200余家，被业界誉为“钻机之乡”，宣化钻机产业集群成功入选“中国县域产业集群竞争力百强”。2011年，全区规模以上工业增加值完成102亿元，同比增长10.9%。

交通便捷，商贸物流繁荣。宣化区地处京、冀、晋、蒙四省通衢，自古为京津连接西北必经之道。如今，110和112国道、京包铁路、京张城际铁路穿境而过，京张、宣大、丹拉、张石等多条高速公路在此交汇，已成为连接京津、沟通晋蒙的重要交通枢纽。自古以来，宣化就是贸易繁荣的物资集散地，素有“陆路商埠”之称。目前，全区拥有蔬菜、煤炭、钢材、建材等31个专业市场，年成交额突破27亿元，辐射周边县区及京、津、晋、蒙等20多个省市。全区有各类商贸企业1500家，营业面积3000平方米以上的达到20家；超市、专卖店、连锁经营、网上购物、中介服务等新型业态蓬勃发展，市场辐射能力明显增强。2011年，全社会消费品零

拱极楼

清远楼

大新门

塞外古名城

售总额达47.8亿元，同比增长13.4%。

功能完备，人居环境优越。近年来，宣化区委、区政府持续加大城市建设改造力度，全力打造环境优美、特色突出、功能完善、宜居宜业的现代生态园林城市，先后实施了苏园景区、万柳公园、大新门、中山广场等城市景观建设工程，建成了一批品位较高、特色鲜明的住宅小区和精品工程，新、改、扩建城市道路210条，完成了热电联产、污水和垃圾处理厂等一批重点基础设施建设项目，城市功能和人居环境得到进一步改善。目前，结合城镇建设“三年上水平”工作，实施“基础设施建设、城市景观整治、环境质量改善、城镇住房保障、重点区域建设”五大工程，全力构建“两线、三区、六桥、六横、九纵”的现代化中等城市总体格局，着力把宣化区建设成为一个设施齐全、功能完善、社会稳定、环境优雅的新型城市。

区长　岑万俊

宣化福田雷萨泵送机械厂

河北省副省长张杰辉视察宣钢公司

大唐国际张家口发电厂

宣化区机关办公中心

张家口市市长王晓东视察宣化煤气公司

宣化工程机械厂

钻机企业

宣化钢铁集团有限公司

宣化县打造新兴产业隆起带

县委书记　郝富国

2011年是“十二五”奠基之年，也是宣化县致力跨越赶超、绿色崛起的关键之年。一年来，全县上下紧密围绕“打造新兴产业隆起带，建设强市名城核心区”的发展定位，团结一致，奋力拼搏，促进了经济社会的长足发展。2011年，全县地区生产总值完成61.9亿元，同比增长15.3%。全部财政收入完成6.1亿元，同比增长20%；其中地方一般预算收入完成2.3亿元，同比增长40.3%。全社会固定资产投资完成39.4亿元，同比增长38.9%。城镇居民人均可支配收入和农民人均纯收入分别达到14080元、5550元。

省委张庆黎书记到宣化县视察

抓牢园区项目核心，推动经济加速发展。东山园区已累计投资6亿多元，“七通一平”工程基本完成，总投资近70亿元的35个项目入驻，成为张家口市最具魅力、最具活力、最有潜力的高新技术产业高地，现已被列为省级高新技术产业园区。望山园区基础建设已累计完成投资7亿元，盛华氯碱基地项目全面开工，高端氟化工项目积极推进，成为大工业、大基地的突出代表，现已被列为省级循环经济园区和工业综合利用示范基地。西控太阳能新城，将投资50亿美元，打造年产值超千亿元、入驻企业超百家、人口规模超10万的国家级太阳能产业基地，以及国际一流的太阳能新概念城市；现已组建了太阳能新城国际委员会，总投资8.8亿美元的光技术研究院、LED生产销售基地等4个项目已签约落地，近期即将动工建设。园区建设已经成为我县加快发展的最大优势、最强特色、最靓名片，先后得到省委张庆黎书记、省纪委臧胜业书记等省市领导的充分肯定和高度赞誉。在园区带动下，2011年，全县在建、在谈项目达140项，总投资736亿元，项目数量、投资总量均创历史新高。

夯实现代农业基础，确保农民增收致富。2011年，全县农业总产值达到34.1亿元，同比增长10.5%；粮食总产量达到21.73万吨，同比增长9.2%。该县先后被评为全国玉米高产创建示范县、保护性耕作示范县和生猪养殖大县，河北省生猪标准化养殖示范县、全省粮食生产大县和粮食生产先进县。加大主导产业培育力度，全县规模以上标准化养殖小区突破80家；全县蔬菜种植总面积达到7.4万亩；全县发展张杂谷13万亩，建成全市最

赵川文化广场

生态廊道景观

东山省级高新技术产业园区

建设强市名城核心区

大的万亩张杂谷良种繁育示范基地。提高农业组织化程度，全县共发展各类专业合作组织80家，年实现农业产值12亿元，农民人均实现增收1200元。加大龙头品牌培养力度，集中实施了中信黄羊滩综合种养、晟佳农业科技示范园等一批投资超亿元的农业开发项目，全县农业龙头企业发展到30多家，其中市级龙头企业18家，孕育出“巡天”玉米种、“100分”蛋品、“京西第一滩”蔬菜等一批知名农业品牌。

县长　王小军

切实加强城乡统筹，力促人居环境改善。坚持把推进城镇化作为加快科学发展、实现绿色崛起的重要抓手，先后规划建设了洋河新区、洋河南新区两大城区。目前，洋河新区已成为全市中心城区的重要组成部分，洋河南新区已成为太阳能新城项目的主要平台。与此同时，大力推进“三年上水平”工程建设，先后实施了总投资32亿元的13项城建重点工程，13.8亿元的年度投资计划已全部完成，促进了沙岭子、赵川等中心城镇面貌的较大改善；积极推进新民居建设，突出“节地、兴业、富民”重点，在7个乡镇整合16个村实行集中联建，受益群众超万人，农村面貌得到显著改观。

庞大汽贸

全面落实民本理念，不断促进民生改善。投资2750万元，实施道路新建、改造工程23项，惠及9个乡镇24个行政村，新增通车里程62公里；投资500万元，解决涉及8个村1万人的安全饮水问题；投资1580万元，完成沙岭子中心实验小学、县第三中学等10所中小学教室新建工程。积极推进新农保试点，全县已完成参保17.1万人，占应参保人数17.7万人的96.5%，位居全市第一。建成农村中心和区域敬老院5座，农村五保老人集中供养率达到18.6%。全县社会保障水平进一步提升，其中，“大病、医疗、工伤、生育、养老”五项保险已基本实现全覆盖，成为全市唯一且执行标准最高的县区。

盛华氯碱项目

新民居建设

西控太阳能新城

黄羊滩湿地

张北县 充分发挥 建设坝上

建设中的张北县城远景

博天糖业张北分公司

张北县地处河北省西北部，内蒙古高原南缘的坝上地区。全县共辖18个乡镇、366个行政村、1167个自然村，总人口37.2万人，其中农业人口29.1万人。全县总面积4185平方公里，其中耕地面积182万亩、林地面积169万亩、草地面积159万亩。

历史悠久。境内存有战国（燕、赵）、秦、汉、南北朝（北魏、北齐）、明、清六代长城。战国“无穷之门”位于坝头野狐岭一带，为赵长城北部最重要的关隘。北魏置怀荒镇。辽金时期为皇家重要的“纳钵”之所、帝后巡幸之地。辽代属西京道归化州。金设抚州。元代为朝廷“腹里”，大德十一年元武宗海山建中都于旺兀察都（今白城子）。明初置兴和守御千户所。清雍正二年，属张家口理事同知厅。民国二年改厅设县，属察哈尔特别行政区，因位于张家口之北而得名。1928年属察哈尔省。1952年改隶河北省，先后为察北专区和坝上五县合并后县府所在地。2005年被列为河北省首批扩权强县之一。

区位优越。地处坝首，背靠内蒙，面临京津，扼南北交通之咽喉，俗有“坝上重镇”之称。古“北方丝绸之路”--张（张家口）库（仑）商道纵贯全境。县城距北京225公里，距石家庄560公里，交通便利。207国道、张化、张商等六条国省干线和张石高速公路聚集辐射，构成了以县城为枢纽的交通运输网络，使张北成为京津唐、晋冀蒙重要的交通枢纽和物流中心。

气候独特。县内海拔1400—1600米，年降雨量350毫米左右，无霜期90—110天，年均气温3.2℃，有“夏季爽天下”之美称。

资源丰富。农产品以冷凉作物为主，主要盛产甜菜、蔬菜、杂豆、亚麻、马铃薯、裸燕麦等。是晋、冀、蒙重要的畜产品集散地和华北地区重要的牛羊肉肉食品生产基地之一。境内风能可开发资源达500万千瓦以上，

张北县天地人和牌楼

张北县满井风电场

区位和资源优势 区域性中心城市

是国家级优质风能资源区，已被国家发改委列入全国六大风电基地之一；矿藏已发现和探明金银、铅锌、铁、褐煤、硅藻土、萤石等4大类型38个矿种。褐煤、铅锌、铁等主要矿藏储量分别达4.6亿吨、144万吨和500万吨。其中，蔡家营铅锌矿是我国罕见的特大型多金属矿床，储量位居全省之首；海流图硅藻土矿是华北地区最大的硅藻土矿。有距北京最近的坝上草原，自然风光秀美，天蓝、云白、草碧、水清，气候凉爽宜人，夏季气温一般不超过30℃，是夏秋避暑和生态休闲旅游胜地。塞外第一高峰——桦皮岭、国家级重点文物保护单位——元中都遗址、距离北京最近的国际烈士陵园——苏蒙联军烈士陵园和战国、秦、汉、南北朝、明、清六代长城遗址等众多自然人文景观，与原始的生态风光、厚重的蒙汉交融文化相得益彰，形成了独特而迷人的张北风光。

张北中都原始草原度假村。属于国家4A级景区，也是距离北京最近、保存最完好的原始草原

张北县无公害绿色、错季蔬菜生产基地

座落在南山公园中的“无穷之门”

张北县安固里大道北环

康保县：坝上

县委书记　张锐

美丽的四季风光

有机果蔬生产基地

康保县地处河北省西北部坝上高原，取蒙语“康巴诺尔”谐音而得名，语意为美丽的湖泊，县境东、北、西三面与内蒙古接壤。县域总面积3366平方公里，辖7镇8乡，326个行政村，总人口28.1万人。全县气候环境独特、生态环境良好、矿产资源丰富、农牧资源发达，是全省光照时间最长的县，是生态保护最完好的县，是京津农产品供应基地县。

2011年，全县按照“深化调整转型、加快绿色崛起、实现跨越发展”总要求，全力推进经济结构调整和发展方式转变，全县经济社会发展取得较好成效，实现了“十二五”的良好开局。全年完成地区生产总值32.7亿元，同比增长13.7%；全社会固定资产投资36.4亿元，同比增长33.6%；全部财政收入1.82亿元，同比增长33.2%，其中一般预算收入完成1.02亿元，增长39.9%，首次突破亿元大关。农民人均纯收入、城镇居民人均可支配收入达到3904元和13347元，分别增长19%和12.8%。

主导产业势头强劲。全年共引进实施项目155个，总投资341.3亿元，列入省市级重点项目11个，项目总数、投资总额、到位资金、项目质量均创历年之最，为特色产业发展提供了有力支撑。新型能源业，充分发挥风能、光能资源优势，立足打造“百万千瓦风电基地”，与建投、国电、华电、鲁能等12家大公司签订了480万千瓦的风电开发协议，建成规模达到48万千瓦，120万千瓦在建或开展前期工作。矿产开发业，加大煤炭资源整合力度，年原煤产能达到100万吨。立足打造“中国北方花岗岩加工集散基地”和“华北最大萤石开采加工基地”。农畜产品加工业，产业龙头进一步壮大，百绿公司成为河北最大的偶蹄类熟食加工企业，带动全县年肉食加工量达到2.5万吨，出口产品3000吨；杂粮市场年交易量30多万吨，是国家农业部定点市场。生态旅游业，瞄准“草原深处是康保”的特色定位，充分发挥生态、冰雪、文化优势，打造“京北草原生态旅游西线品牌”。

农业特色更加明显。立足打造“全市有机农业第一县”，把旱作、节水、高效农业作为主攻方向，农业效益稳步提升。全县以马铃薯、燕麦、杂粮杂豆为主的“百万亩旱作基地”，良种率达到95%以上。建成20万亩错季有机蔬菜基地，各类蔬菜年总产量、销售额分别达到8.2亿公斤和8.3亿元。以肉牛、肉羊、奶牛、生猪为主的各类规模养殖场区发展到118个，建成了“百万头畜牧养殖基地”，奶牛规模养殖率100%。口蘑栽培面积达到40万平方米，年产鲜口蘑230万公斤。累计实施生态治理工程300万亩，生态建设成果进一步巩固。

城乡面貌焕然一新。以打造“坝上草原文化新城”为目标，全力推进城镇建设“三年上水平”，全年实施

草原新城

县长　冀晓东

城建重点工程22项，城区面积由5.6平方公里拓展到9平方公里，基础更加完善。外联道路取得重大突破，二秦高速康保段项目奠基开工，将结束康保没有高速的历史。完成140套新民居建设任务，实施农村危房改造500套；解决2.3万农村人口饮水安全问题；修筑各类乡村道路104公里，农村生产生活条件显著改善。

民营经济活力增强。组织实施了“684221”工程，全县固定资产投资500万元以上企业发展到70家，5000万元以上企业达到8家，野茫茫、塞星、绿坝等9个民营品牌成为省著名商标，其中“康巴诺尔”牌系列产品被认证为国家A级绿色产品。民营经济增加值超过全县经济总量的三分之二，成为县域经济发展的重要支撑。

民生事业蓬勃发展。投资3亿多元，发展教育、卫生、文化事业。完成6所学校餐厅、学生公寓、教学楼的改造和新建工程，办学条件进一步改善；县幼儿园成为全省坝上地区唯一一所“省级示范园”。投资4300多万元的县医院整体搬迁工程主体完工；新型农村合作医疗参合率达到91.7%；城镇居民医疗保险基本实现全覆盖；城乡居民健康档案建档率达到73%。残疾人事业成效显著，被中残联和省分别评为“农村残疾人扶贫开发工作先进集体”和“全省残疾人工作先进单位”。建成保障性住房324套，困难群体的基本生活得到了有效保障。

候鸟的天堂——康巴诺尔湖

避暑胜地——康巴诺尔假日庄园

中国北方花岗岩石材加工集散基地

百万头畜牧养殖基地

国家非物质文化遗产——康保东路二人台

百万千瓦风电开发基地

沽源县

县委书记　刘富城

“草原水城”鸟瞰效果图

沽源县位于河北省西北部坝上地区，全县总面积3654平方公里，辖4镇10乡1个街道办事处，共233个行政村，总人口23万人。

沽源气候独特，生态良好。平均海拔1536米，年均气温2.1摄氏度。滦河、白河、黑河发源于此，境内有水面6.1万亩、林草面积420万亩，是京津地区重要水源地和生态功能区。原生态的自然环境造就了闪电河湿地、滦河神韵、五华草甸等优美景观，其中闪电河湿地是河北省唯一一处国家级湿地公园，并成功入选“中国特色旅游最佳湿地”。沽源历史文化底蕴深厚，曾是辽、金、元三代帝王的避暑胜地，境内有察汗脑儿行宫、元代梳妆楼、九连城遗址、历代长城、张库古商道等多处历史文化遗址。这为发展旅游业奠定了得天独厚的基础。

沽源资源丰富，前景广阔。340万千瓦的最佳风能，600多万千瓦的优质太阳能，储量相当的铀资源为新型能源发展奠定了坚实的基础；错季蔬菜、奶牛、肉牛、肉羊、食用菌等特色农牧产品享誉全国，被誉为“出自最佳生态环境的绿色有机食品”；优质褐煤、铀钼、铅锌、沸石等20余种矿藏遍布全县，其中钼、褐煤、沸石三大矿藏储量分别达到11万吨、3.37亿吨和10亿立方米。

沽源区位优越，蓄势待发。207国道和半虎线、宝平线、张沽线三条省道纵横贯穿，张石、张承、二秦高速和蓝张铁路“三高一铁”交通路网加速构建，重点打造以加工、包装、集散、信息、金融等现代服务业为主要内容的现代商贸物流城，将成为链接张承蒙的旱码头、辐射京西北的桥头堡，服务京津冀的后花园。

沽源环境开放，商机无限。按照“产业向园区集中、人口向社区集中”的思路，规划建设了占地5000亩工业聚集园、3000亩的物流园区，为产业发展搭建了良好的载体平台。同时，制定出台了一系列政策规定，形成了一套健全、稳定的投融资优惠政策体系，为投资创业营造了便捷、优越、开放、宽松的投资环境。

沽源水城崛起，生机盎然。依托青年湖贯通县城南北、湿地草原环绕县城周边的独特自然禀赋，制定完善

铀钼矿厂区

现代化农牧业

构建生态产业体系 "草原水城"正在崛起

了总面积24.5平方公里、可聚集10万人口的草原水城远景规划。水城广场、滨湖公园、青年湖大桥和融金广场等一大批地标建筑已经完成，湿地公园、滦河路、外环路等重大城建项目相继实施，"七横十纵一环水、四园五湖九组团"的城市格局正在形成。生态和谐、品味独特的宜居、宜业、舒适、繁荣的草原水城正加速崛起。

近年来，沽源县以科学发展观为统领，深入实施"面向京津、背靠内蒙"经济发展战略，紧紧围绕构建生态产业体系，加速推进生态旅游强县、新型能源示范县、特色农产品生产基地县和矿业综合开发大县建设，培强壮大工业聚集园、生态农业示范园和现代商贸物流园，全力打造草原水城和环城经济圈，经济社会呈现出科学发展的良好态势。以塞外庄园、沽水福源、天鹅湖为代表的28个景区景点，年接待游客超过80万人次，实现旅游综合收入6亿元；全县风电项目累计装机容量达到73万千瓦，并网发电达到48万千瓦；一批肉牛深加工、獭兔深加工、马铃薯深加工等农业产业化龙头企业正在兴建；460铀钼矿冶综合回收项目实现投产达效，高端沸石开发，煤化工、煤电路一体化项目正在成为沽源的攻坚目标。

县长　郭有和

现代农业

天鹅群集

风力发电

闪电河库区

滦河神韵

元代梳妆楼古墓葬

塞外明珠

积极推进校安工程建设。全县共有各级各类学校 26所，其中教师进修学校1所，高中2所（普通高中、职业高中），初中4所，小学18所,特殊教育学校1所

尚义县位于河北省西北部，内蒙古高原南缘。总面积2632.47平方公里，辖7镇7乡，172个行政村，622个自然村，6个居委会，总人口19.43万人。全县分坝上和坝下两个地貌单元，坝上以草原地貌为主，区域地势平坦，碧草丰美，风清气爽，生态良好；坝下属丘陵浅山区，区域峰峦连绵，山石奇特，泉清水碧，自然条件独特。

生态良好，旅游资源丰富。平均海拔1300米，年均气温3.5℃。境内有水面160万亩，林草面积323万亩，是京津地区重要绿色屏障保护地。独特的气侯条件和原生态自然环境造就了大青山森林公园、石人背地质公园、察汗淖湿地等风貌迥异的自然景观，其中大青山森林公园被列为省级森林公园。尚义历史文化底蕴深厚，曾是辽、金、元、清皇家避暑狩猎的胜地，境内有仰韶文化遗址、北魏柔玄镇遗址、明长城遗址、张库大道等多处历史人文景观。现建成风电山庄、察哈尔私人牧场、五台蒙古营等旅游度假区，是避暑、休闲、度假和养生的理想之地。

区位独特，交通便利快捷。地处晋冀蒙三省交界处，是张家口的“西大门”。京藏高速、110国道、东尚公路、张尚公路、白郭公路和张集铁路纵横贯穿，构成了“三纵六横”的交通路网。独特的区位优势和便捷的交

按照“高起点规划、高标准建设、高品位包装、高效益推进”的思路，现已建成风电山庄、察哈尔私人牧场、察汗淖度假村等旅游景点

膜下滴灌面积发展到9.5万亩，被评为“全国节水灌溉重点示范县

按照大公司、大集团风电开发战略，2011年底全县风电装机达到130.2万千瓦，其中投产发电115.35万千瓦

按照龙头带动、产业推动的原则，全县省市级龙头企业发展到8家；专业合作社108家

双千头奶牛养殖园区成为农民致富聚宝盆

积极发展设施农业，全县冬暖式日光温室达到72个

绿色尚义

通优势，为发展商贸物流产业奠定了坚实的基础。现正在规划建设的占地5平方公里的工业园区、西环路综合服务区、中国商贸城和煤炭物流综合园区，必将为尚义商贸物流业的发展插上腾飞的翅膀。

资源丰富，发展前景广阔。风力资源充足，属风能资源丰富区，绝大多数时间内风速处于可利用范围内，年满负荷利用时数时数平均在2200小时以上。全县风电装机容量和并网发电容量分别达到130.2万千瓦和115.35万千瓦，已建成全市首个百万千瓦风电基地。光照充足、昼夜温差大，发展绿色农业得天独厚，现已建成16万亩无公害绿色蔬菜生产基地。农畜产品绿色天然、品质优良，节水蔬菜出口量连续八年位居全市第一，被评为“全国农业节水示范县”，以绿色蔬菜和绿色肉制品为主的30多个农产品品种，畅销海内外10多个国家和地区。矿产资源丰富，已探明煤、磁铁、泥炭等10类40多个矿种，极具开发和利用价值。

辽阔的草原赋予了尚义人民广博的胸怀，起伏的群山造就了尚义人民纯朴的性格。尚德重义、豁达诚信、勤劳坚韧、善良包容的尚义人，将以超越的思维，全新的理念，空前的活力，张开跨越腾飞的双翼，飞向更加灿烂辉煌的明天。

大力发展绿色无公害蔬菜，被评为河北省蔬菜出口示范县

按照抓点带面、示范引导、分批推进、逐步提高的原则，形成了以乡村为主体、部门驻村矿帮扶、县级领导包村、全县上下共同参与的新民居建设氛围

立足宜居宜业城镇建设目标，全力推进城镇建设

蔚县：中国

城镇新貌

蔚县古称蔚州，又名萝川，殷商时期为古代国地，战国归赵，秦时为代郡，北周宣武帝时（公元580年）始置蔚州，民国年间改州为县至今。该县位于河北省西北部，张家口市最南端，处在三山（恒山、太行山、燕山）交汇一河（壶流河）纵贯，连结两省（河北省、山西省）通衢七县（涿鹿县、涞水县、涞源县、灵丘县、广灵县、阳原县、宣化县）的重要位置，县域东西横距74.55公里，南北纵距71.25公里。全县呈盆地状，总面积3220平方公里，辖11镇、11乡、561个行政村，总人口49.5万人，农业人口42万人。

蔚县文化底蕴深厚。境内名胜古迹不胜枚举，有东亚人类起源地的泥河湾遗址，雄伟壮观的赵长城遗址，挺拔隽秀的南安寺塔，斗拱飞檐的玉皇阁，风格独特的暖泉西古堡“瓮城”，梵唱缭绕的重泰古寺，京西现有保存最完整的蔚州古城，还有最负盛名的古堡和戏楼。全县现有文物遗存点800余处，其中国保9处，省保30处，县保25处，是全国第二、河北省第一国保文物大县，被誉为“河北省古建筑艺术博物馆”。民间艺术独具风情，蔚县是“中国民间艺术之乡”、“中国剪纸艺术之乡”、“中国剪纸艺术研究基地”。蔚县剪纸被列为第一批国家级非物质文化遗产名录，2009年被列入《人类非物质文化遗产代表作名录》。拜灯山、蔚县秧歌被列为第二批国家级非物质文化遗产名录；打树花、蔚县古民居建筑艺术被列为省级非物质文化遗产。

蔚县生态资源独特。自然风光千姿百态，堪为京西旅游胜地。南部深山区有34万亩原始森林，生长着1310

飞狐峪·空中草原景区

剪纸艺术之乡

余种植物和47种动物；海拔2158米、面积33平方公里的“空中草原”，每到夏秋时节，高贵、圣洁的中国雪绒花就在这里遍野盛开；飞狐峪被誉为大秦古道，是3000多年前的南北丝绸之路。海拔2882米的小五台山为河北第一峰，是国家级自然保护区和军事禁区，充满着神秘感，是登山爱好者的乐园。

民俗活动打树花

蔚县煤炭资源丰富。是全国100个重点产煤县之一，煤田总面积264平方公里，现已探明储量14.93亿吨，远景储量24亿吨，专家预测40亿吨，是河北省尚未大规模开采且保护较完整的煤田，素有“燕赵煤仓”之称。其他矿产资源有铁、锗、锰、金、萤石、重晶石、大理石、石灰石、云母、石棉等30多种。

推动科学发展实现富民强县掠影

蔚县农业特色鲜明。杏扁产业基地面积达50万亩，是“中国仁用杏之乡”、“河北省优质仁用杏基地”。烟叶产业享誉省内外，是河北省第一烤烟大县和张家口卷烟厂原料供应基地。中部河川地势平坦，土地肥沃，水源充沛，历史上就是京西著名的“米粮川”，蔚县“桃花米”明清年间与济南章丘“龙山小米”、山西沁州“黄小米”、金乡县“金米”并称为全国“四大贡米”而久负盛名，如今的“蔚州”牌贡米为国家绿色食品指定标志产品，荣获“全国信誉名优产品”称号。

蔚县交通优势明显。蔚县处于京津冀、晋冀蒙两大经济圈和环渤海都市圈重合地带，国道109线、112线纵横交贯全境，沙蔚地方铁路建成通车，张石高速全县贯通，京蔚高速奠基开工。高速路网建成后，县境内将形成贯通南北、连接东西的“十字型”高速路网，全县出境口达到8个，蔚县将成为重要的陆上物流港。

蔚县剪纸

中华三祖圣地

文化广场

涿鹿县位于河北省西北部，东与北京市门头沟区接壤，是河北省十四个环首都县区之一。全县辖1区、13镇、4乡、373个行政村，总人口34.5万，总面积2802平方公里。在京津冀区域经济一体化加速推进、首都经济圈纳入国家“十二五”规划的深刻背景下，涿鹿人民正以“一线四新”战略（以弘扬三祖文化为主线，全力打造以“一河两城”为主的新型城市经济、以生物工程为主的新型产业经济、以中华灵山开发为主的新型生态旅游经济、以农产品物流园为主的新型物流经济）为指引，满怀豪情地向着“实力涿鹿、魅力涿鹿、活力涿鹿、人文涿鹿、生态涿鹿”的宏伟目标大步迈进！

区位优越 交通发达。县城距北京市中心125公里，京藏高速（G6）、京新高速（G7）、110国道、109国道、张涿高速、京蔚高速、涿京一级路纵横交错，涿鹿日益成为连接中西部与首都、东南沿海地区的交通节点，成为京西北地区东进西出、南下北上的重要枢纽。

三祖文化 源远流长。五千年前，中华民族三大人文始祖黄帝、炎帝、蚩尤在涿鹿征战、耕作、融合，创造了中华民族共认的“龙”图腾，开创了中华五千年的文明史，实现了中华民族的大融合。著名历史学家顾颉刚用“千古文明开涿鹿”来评价涿鹿在中国历史上的地位。“三祖文化”成功列入了河北省非物质文化遗产，“中华文明从这里走来”已成为河北省三大文化品牌之一。

桑干河文化 品牌无限。源远流长的桑干河不仅哺育了两岸的人民，也成为从远古流淌至今生生不息的文脉。现代著名作家丁玲以温泉屯土改为背景，创作完成的长篇小说《太阳照在桑干河上》，成为延安文艺座谈

住宅区施工

四星级中华大酒店

金隅水泥

涿鹿县城

从这里走来

会后第一部农村题材并且影响深远的长篇小说，中国现代文学史上第一部获外国文学奖（斯大林文学奖）的长篇小说。丁铃用自己的奖金和稿费筹建了新中国第一所农民文化站——温泉屯文化站。“太阳照在桑干河上”成为涿鹿乃至张家口的响亮品牌。

北京—涿鹿880公交车

生态资源　独具魅力。涿鹿山水秀丽，风光旖旎，生态资源极其丰富。小五台山自然风景区、黄羊山国家级森林公园、东西灵山生态旅游区构成了天然的生态景观，涿鹿已成为京西地区知名的休闲、度假、避暑、祭祖和观光胜地。

工业提升　前景广阔。涿鹿工业基础较为雄厚，电子信息、装备制造、太阳能光伏、食品加工、矿产开发等产业齐头并进。以涿鹿省级工业园区为核心的工业聚集区发展初具规模，先后与中盐、中粮、首航、京仪、金隅等几十家“央字号”、“国字号”及全国500强企业实现了成功对接，入驻企业近百家。科技孵化器公司成为京北地区唯一的国家级科技企业孵化器。

中华合符坛

特色农业　天然禀赋。“千里桑干，唯富涿鹿”。桑干河、洋河交汇于涿鹿之野，桑洋盆地成为华北地区最大的优质葡萄主产区之一，葡萄和杏扁产业已成为最具特色的农业主导产业，全县农产品加工企业发展到百余家，中粮长城（涿鹿）、益利、果仁公司等一批农业产业化企业的龙头带动效应日趋明显，涿鹿已成为京畿地区物华天宝的“魅力果园”。

城市建设　日新月异。四星级中华大酒店、三祖文化广场等地标性建筑相继建成，提升了城市的形象和品位；“一河、两环、三区、七纵、七横”的城市框架基本形成，城区面积拓展到50平方公里；一大批公共设施的建设，使城市承载能力稳步提升。成功晋升为省级园林城市。随着“一河两城”战略的深入推进，一座“居住着自豪、旅游者留恋、投资者向往”的环首都卫星城正在迅速崛起。

区位图

城市规划馆鸟瞰

园林

崇礼县：滑雪胜地

县委书记　褚国儒

崇礼县位于河北省西北部，属内蒙古高原与华北平原过渡地带，总面积2334平方公里。境内气候冷凉、土质肥沃、水源清洁，是发展错季蔬菜的天然基地。矿产资源储量丰富，有金、银、铜、铁等8大类36种；其中，黄金远景储量140吨，磁铁1.2亿吨，褐煤1.3亿吨，玄武岩10亿立方米。风能储量优厚，达到110万千瓦。生态优越，森林覆盖率达44.81%，是河北省天然次生林面积最大的县份，夏季平均气温19℃，空气中负氧离子浓度达到1万个/立方厘米，是城市的10倍，是休闲避暑的理想胜地。冬季年均降雪量60多厘米，累计积雪量达1米左右，存雪期长达150多天，雪质参数均符合滑雪标准，平均气温零下12℃，平均风速2级，山地坡度多在5度—35度，被誉为“华北地区最理想的滑雪地域”。

蔬菜产业　被国家发改委、农业部列为全国蔬菜产业重点县

2011年，崇礼县坚持以科学发展观为指导，大力实施“旅游立县,产业富民”战略，以建设中国雪都和打造东方“达沃斯”为目标，着力构建以健康产业为核心的现代产业体系，全县经济保持了较好的发展势头。2011年，全县地区生产总值完成30.2亿元，同比增长14.5%；全部财政收入完成50080万元，同比增长56.1%，增速全市排名第一；其中地方一般预算收入完成28511万元，同比增长66.1%；全社会固定资产投资完成35亿元，同比增长33.5%；城镇居民人均可支配收入达到14291元，同比增长13.7%；农民人均纯收入达到4481元，同比增长18.3%。

一、项目建设实现突破。突出“全党抓项目，全民抓项目，全面抓项目，全年抓项目”主基调，实行“三方四包”责任制，全年共实施千万元以上重点项目100个，开工项目达到91个，总投资212.4亿元，占项目总投

密苑·云顶乐园滑雪场　总投资150亿元,已建成雪道24条17公里。建成后，将成为集生态观光、避暑胜地、冰雪世界、休闲度假融为一体且功能齐备的生态旅游休闲产业示范区

梦特芳丹酒店　集住宿、餐饮、休闲娱乐、展览、商务会议、度假养生为一体的五星级度假酒店

避暑乐园　越野天堂

资的73.3%，同比增长41.6%；已完成投资41.2亿元，同比增长17.4%。

县长　李莉

二、旅游产业提档升级。深入推进“旅游立县”战略，万龙、多乐美地、长城岭进一步改造升级，云顶乐园雪场投入运营，亚龙湾国际度假村、梦特芳丹假日酒店、多乐美地酒店式公寓建成运营，旅游商务新区服务设施项目加快推进，全县星级酒店达到9家。成功举办了第十一届中国　崇礼国际滑雪节。全县接待游客106万人次，实现旅游综合收入6.89亿元，同比分别增长27.7%和38.3%。

三、城镇建设成效明显。牢固树立“围绕旅游抓城建，抓好城建促旅游”的理念，致力建设北京周边以滑雪为核心的精品旅游城市，完成城建投资20.3亿元，重点实施了新区建设、拆迁改造、市政基础、景观建设、住房保障五大工程。

城镇面貌　致力打造北京周边以滑雪为核心的精品旅游城市，实施了道路、桥梁、河道、绿化、住房、景观等工程，城市面貌焕然一新

四、工业经济提质增效。继续实行县级领导分包重点矿山企业“三定四包”责任制，全县实现工业总产值37.4亿元，同比增长35%。规模以上工业增加值、利税分别完成10.7亿元和7.4亿元，同比分别增长17%和40%。民营经济快速发展，预计完成增加值18.6亿元，上缴税金2.5亿元，同比分别增长34%和15%。

五、“三农”工作稳步推进。坚定不移地实施“蔬菜富民”战略，全年新增设施蔬菜4600亩，全县“三品一标”（无公害、绿色、有机，地理标志）农产品认证面积达17.3万亩。坚定不移地实施“龙头带动”战略，市级龙头企业达到13家，新建农业合作组织10个，农业产业化经营率达到71.8%。坚定不移地实施“生态保障”战略，完成造林13.9万亩，全县森林覆盖率达到 44.81%。

六、社会事业取得新进步。大力实施了“富民增收、社会保障、城乡建设、公共事业、生态治理、平安建设”六大民生工程，预计全年财政预算内民生支出将达到2.67亿元，占全年可用财力支出的58.6%。

夏季　天蓝云白风轻，山花烂漫，姹紫嫣红，群山叠翠，凉爽宜人，空气负离子浓度达10000个/立方厘米，是休闲避暑、观光度假、生态疗养的最佳胜地

张家口市

区党工委书记　刘海斌

现代小区人居和谐

张家口市察北管理区位于河北省北部，内蒙古高原南端，207国道与张石高速纵贯全区，2003年8月建区，其前身是河北省国营察北牧场，是前苏联援建我国两个样板农牧场之一。全区总面积373平方公里，辖两乡镇（沙沟镇、宇宙营乡）、五管理处（白塔管理处、石门管理处、乌兰管理处、金沙管理处、黄山管理处），总人口3万人。是“国家级农垦现代农业示范区、省级循环经济示范区、市级现代农业高新技术示范区”三大功能示范区。

2011年全区经济保持平稳较快发展态势。地区生产总值完成14.5亿元，同比增长12%，高出全市平均水平0.5个百分点；固定资产投资完成13.5亿元，同比增长30.3%；全部财政收入完成1.05亿元，同比增长49%，高出全市平均水平25个百分点，提前42天完成全年任务，首次突破亿元大关，其中地方一般预算收入完成4161万元，同比增长56.2%，高出全市平均水平23个百分点；规模以上工业增加值完成7.5亿元，同比增长22.3%；城镇居民可支配收入达到14518元，同比增长12.8%；农民人均纯收入达到5698元，同比增长12.4%。是经济增速较快、影响力迅速提升、人民群众得到实惠最多的一年。

大力实施重点项目，扎实开展“项目攻坚年”、“招商提升年”活动，项目数量大幅增加。全年实施3000万元以上项目22个，完成投资13.53亿元，项目规模明显扩大。特别是雪川公司马铃薯产业化、现代牧业万头奶牛养殖场、蒙牛高端奶生产线技改、圣元固态奶粉生产线等项目，夯实了主导产业基础，推进了产业化进程。还有新签订的旅游休闲港湾、风力发电、太阳能发电、太阳能发电组件生产基地等项目继续孕育着新的竞争优势。

大农业经济日益成熟。一是以现代牧业为重点的规模化养殖小区达到15个，组建奶牛合作社和奶牛协会14个，品种改良站点36个、可控奶站49个，规模养殖率达到100%，全区奶牛存栏5万头，鲜奶总产量20万吨；二是随着蒙牛乳业日加工能力160吨的“新养道”高端奶生产线的投产，目前区内四家乳品企业已拥有高中低端生产线30条，形成了以蒙牛特仑苏、新养道、液态奶和圣元配方奶粉、福星奶茶粉为主的29个乳产品品种，日加工鲜奶能力1600吨，形成了辐射周边200公里的乳业经济圈。三是雪川公司订购荷兰先进的薯条、薯泥生产线3

现代马铃薯产业基地

农业循环经济的典范——金农生物有机肥厂区

优质草场

察北管理区

管委会主任　王向明

条，今年即可投产，届时雪川将成为集新品种研发、新品种选育、脱毒薯苗培育、良种繁育、微型薯生产、商品薯深加工为一体的综合性农业产业化龙头企业；四是代牧业投资6000万元，引进德国克拉斯牧草机械设备，为订单户从种植、中耕、收割、晾晒、打捆、储存、运输全程机械化作业，成为比种植其它经济作物更有保障的一大产业。目前全区已建成稳定的牧草基地20万亩，年产优质牧草40多万吨。

现代旅游服务业闪亮登场。坚持以旅游业为龙头，把第三产业作为经济跨越式发展的重头戏来抓。依托现代牧业、恒盛牧业现代化牧场和区内14家规模化养殖小区，察北管理区通过推行舍饲禁牧恢复植被，再现了“天苍苍，野茫茫”的草原生态景观。该区引进香港南丰集团总投资5亿元的中国国际马城项目，建设以“马文化”为主题，集马业博览、马主公寓和私家牧场于一体的高端旅游业。引进了北京鹏春房地产开发公司总投资5亿元开发建设的集草原文化、休闲、避暑、度假、影视基地为一体的国际旅游港湾。启动了察北旅游新规划，同步开发了以察北军马场红色旅游、农业生态绿色观光、奶业文化白色体验为主导的红、绿、白三大特色文化旅游，将生态资源转化为生态生产力。

可再生清洁能源得到充分利用。充分利用可再生清洁能源，在引进中广核一期投资10亿元10万千瓦风电项目并网发电的基础上，又先后引进中广核二期总投资5亿元5万千瓦风电项目、大唐国际发电公司总投资100亿元30万千瓦太阳能光伏发电项目、国电华北公司总投资80亿元的20万千瓦风光一体化项目。目前，该区共规划建设风电项目8个，太阳能光伏发电项目14个，总投资370亿元，年可发电32亿度，续写新型能源开发的新篇章。

五牛文化广场鸟瞰

世界最大单体牛舍

现代化的挤奶大厅

蒙牛外景

蓬勃发展的新能源产业

张家口市

工委书记　李晓红

区领导与全体教职员工在教师节合影

塞北管理区位于内蒙古高原东南边缘，河北省北部坝上地区。全区总面积267平方公里，耕地面积8056.37公顷，林地3414.92公顷，草地10111.33公顷。辖4个管理处、12个居委会、24个自然村。总人口2.4万，人口自然增长率5.03‰。2011年，全区完成地区生产总值12.34亿元，同比增长16.7%；完成财政收入1.21亿元，同比增长19.8%，其中地方一般预算收入0.56亿元，同比增长144.69%，增速排名全市第一；完成全社会固定资产投资12.23亿元，同比增长32.7%；规模以上工业增加值8.25亿元，同比增长20.1%；社会消费品零售总额0.35亿元，同比增长18%；家庭农牧场人均收入6005元，同比增长18.6元；城镇居民人均可支配收入13416元，同比增长12.9%；职工平均工资21467元，同比增长14.5%；单位生产总值能源消耗比2010年同比下降4%；空气质量二级以上天数累计达到340天，同比增加2.4%。

经济建设跨上新台阶。牢固树立经济工作项目化的理念，紧紧围绕"食品加工、新型能源、旅游服务"三大循环经济产业，重点抓好富民强区的大项目和实体项目，始终保持项目建设的强劲态势。2011年，全区共实施重点项目15项，其中列入省重点3项（冀中能源集团榆树沟煤矿、弘基马铃薯组培种薯产业化示范项目、华电国际西山风电场项目），市重点8项。年计划完成投资9.15亿元，实际完成投资10.77亿元，占年计划的117.7%。同时，通过多次外出洽谈招商，参加5.18廊坊国际经济贸易洽谈会、东盟博览会等招商接洽会议，精心谋划了有助于延伸和完善产业链条、调整产业结构、转变发展方式的招商项目20多个，主动接洽了南京雨润、江苏欣辉食品有限公司等企业40多家，发放项目宣传册500多本，达成投资意向项目2个。

城镇面貌得到新改观。坚持把加快城镇建设步伐作为提升群众生活品质、提高文明程度和社会管理水平的

汇林包装——先进的生产设备

蒙牛塞北乳业包装车间忙碌的智能化机械手臂

丰富的干部生活——职工篮球赛

塞北管理区

重要举措，致力打造“特色彰显、功能完备、产业集聚、环境优美”的绿色魅力草原乳城。2011年，实施重点城建工程18项，年计划完成投资0.4亿元，累计完成投资1.1亿元，完成年计划的276%。按照“科学规划、产业兴城、以城促产”的思路，进一步提高规划设计水平，明确城镇发展文化主题、建筑风格，不断完善城镇规划体系，完成了城区建设控制性详细规划。修建了6公里的环城框架路、9条总长26.8公里的“村村通”水泥路，进一步改善了城乡交通状况。完成了弘基写字楼、环境监测中心、假日酒店等建设工程，进一步增强了城镇功能。实施了集中供水、供热、供气管道延伸及生活污水处理厂等建设工程，进一步完善城镇基础设施建设。

工委副书记、管委会主任　冀连生

社会事业迈开新步伐。把改善民生作为一切工作的根本出发点和落脚点，不断加大投入，拓宽领域，推动社会事业实现了全面发展。率先在全市实行了中小学集中办学，投资520万元完成幼儿园新建工程、青少年活动中心续建工程，配置仪器、器材近3000套件；投资100万元建成了疾病防控中心，配备救护车、大功率X光机等设备，完成了3个管理处标准化村级卫生室改扩建任务。全力推行农村新型合作医疗制度，参合人数达到2713人，参合率达到95%以上，全面改善了医疗卫生条件，群众就医有了切实保障。投资7533万元实施了文化广场续建、保障性住房、污水处理厂等9项民生工程，人民群众幸福指数得到大幅提升。完成了行政服务中心、联合接访中心、群众工作站“三大群众服务平台”建设任务，为群众畅通诉求、解决难题、化解矛盾搭建了便利平台。

华电国际塞北西山风电场一期工程奠基

现代化的挤奶大厅

土豆喜获丰收

青龙满族自治县

县委书记　于春海

河北省首批非物质文化遗产——猴打棒

青龙满族自治县位于河北省东北部，燕山东麓，古长城北侧，因青龙河由北向南贯穿全境而得名。地处京津冀都市圈和环渤海经济圈中，东部、北部、西部和西南部分别与辽宁省、承德市和唐山市相邻，距北京市250公里，天津市265公里，县城距京沈高速公路70公里，秦皇岛市区120公里。全县总面积3510平方公里，辖11个镇14个乡，396个村。总人口54.98万。是少数民族自治县和革命老区，国家扶贫开发重点县。

青龙地域广阔，素有“八山一水一分田”之称，温带大陆性半湿润气候，气候宜人，四季分明。年平均气温8.9℃，年平均降水量715.9毫米，空气湿度40%，无霜期162天。是“国家万两黄金县”、“中国奚族文化之乡”、“中国苹果之乡”、“中国栲胶之乡”和“河北杂粮之乡”。境内主要有四大资源：一是矿产资源。有铁、金、石等矿藏40余种，储量大、开采价值高。其中铁矿探明储量15亿吨，远景储量50亿吨，年产铁精粉600万吨；黄金远景储量80余吨，年产量近3万两；花岗岩总储量26亿立方米，年产石板材400万平方米。二是林果资源。现有苹果、板栗等各类干鲜果树61万亩，果品常年产量18万吨。“龙富”牌红富士苹果获得国家绿色食品认证，“青龙甘栗”是京东板栗的代表产品，远销日本和东南亚。三是山野资源。全县山场面积406万亩，森林覆盖率达61%，居河北省第二位。有野生动物130多种，野生中药材450余种，年产各类中药材2万吨，“燕山黄芪”、“金丝黄芩”、“都山党参”、“木头凳枸杞”久负盛名，畅

青龙县城远景

最具发展潜力旅游县
国家万两黄金县

销全国，出口韩国和东南亚。四是旅游资源。大自然的鬼斧神工造就了青龙迷人旖旎的风光，山川壮丽秀美，四季如诗如画，祖山奇胜、都山积雪、青龙水影、仙缘双月、冷口温泉、大象飞泉、黄金溶洞、阳山古洞等各具特色与韵味，让人流连忘返。明长城蜿蜒起伏，绕境而出，弥漫着古战场和抗日的烽火，花厂峪根据地记载着老区人民对革命的贡献。优良的生态环境和丰富的历史文化，使青龙成为秦皇岛天然氧吧和爱国主义教育基地。2011年，荣获“亚洲金旅奖 最具发展潜力旅游县”称号。

县长张立群在“满韵清风 生态青龙”东北地区·秦皇岛周青龙满族自治县招商项目推介会介绍青龙

2011年，全县地区生产总值完成103.6亿元，比上年增长14.2%；全部财政收入完成17亿元，增长57.3%，其中地方一般预算收入完成5.7亿元，增长47.4%；全社会固定资产投资完成62.7亿元，增长35.4%；社会消费品零售总额实现21.9亿元，增长18%；城镇居民人均可支配收入达到18876元，增长12.1%；农民人均纯收入达到4418元，增长13.1%。

河北青龙经济开发区

满族风情街——金源街

凤苑公园

县民族文化广场

边塞梨花

丰南区 全力打造

唐山国丰钢铁有限公司1450mm中薄板坯连铸连轧生产线

唐山市丰南区地处渤海之滨，居环京津和环渤海双重经济圈腹地，是1988年国务院确定的沿海开放县。1994年撤县建市，2002年撤市设区，是唐山市唯一沿海主城区。全区总面积1568平方公里，海岸线长23.5公里，辖15个乡镇，1个街道办事处，总人口52万。2011年，全区完成地区生产总值568亿元，全部财政收入50.4亿元，全社会固定资产投资172亿元，农民人均纯收入9420元，城镇居民人均可支配收入21500元。2011年9月，区委决定加快推进 “一港三区”建设，力争把“一港三区”建设成为调结构、促转变的先行区和“产业高端、环境生态、发展可持续”的样板区。

“一港”，即唐山港丰南港区。是唐山港的重要组成部分，建港区位于黑沿子沙河入海口至涧河陡河入海口之间，岸线长7.2公里。国家交通运输部规划研究院编制的《唐山港丰南港区建港条件及规划方案研究》已经完成。港区规划陆域面积39.27平方公里，水域面积11.51平方公里，码头岸线20.5公里，可建2万吨级以上泊位80个。基本功能和主要发展方向是作为唐山港的重要补充，为后方冶金、装备制造等临港产业服务，发展成为区域综合运输服务的综合性港区。目前，丰南港区已经列入《国家“十二五”口岸开放发展规划》和《河北省综合交通体系建设“十二五”规划》、《河北省海洋经济发展“十二五”规划》，港区开发建设启动实施，

丰南区小学生专用校车授车仪式

运河唐人街

沿海工业区

丰南一中

“一港三区”发展平台

投资3.2亿元、双向8车道、全长4.5公里的疏港路竣工通车。

“三区”，即沿海工业区、经济开发区、小集工业区。沿海工业区，东与曹妃甸新区相邻，西与天津滨海新区接壤，总规划面积130平方公里，已建成区面积10平方公里，累计完成投资13.4亿元，实施了水、电、路、讯、气等基础设施建设。进区建设及储备项目63个，计划总投资1276.12亿元，累计完成固定资产投资105亿元，初步形成了装备制造、精品陶瓷、精品钢铁三大产业基地。经济开发区，位于丰南城区南端，2000年6月经省政府批准挂牌、2005年12月经国家发改委审核命名，规划面积10平方公里。有投资500万元以上的各类企业73家、外商投资企业6家，世界500强外商企业3家，高新技术企业6家，初步形成以装备制造、高新技术、陶瓷、化工、食品、电子信息等为主的产业格局。小集工业区，位于小集镇北部，面积20平方公里。目前，区内共有企业27家，总资产101亿元，从业人员1.1万人，企业主营业务收入230亿元，初步形成了以冶金为主导产业，钢铁压延、机械制造、工业陶瓷等为补充的产业格局。2011年，三个园区共有千万元以上建设项目70个，计划总投资235亿元，累计完成投资142.3亿元，2011年完成固定资产投资93.5亿元。唐山惠达陶瓷集团五金洁具、橱柜项目、唐山北方瓷都陶瓷集团有限责任公司高档陶瓷部分项目、百威啤酒（唐山）有限公司二期项目等年内相继完工投产。

“篓子秧歌”荣获省级非物质文艺遗产

惠丰湖全景

规模化养殖奶牛

唐山三商食品有限公司

中国最具投资价值

滦州古城

滦县古称滦州，位于唐山市东部，总面积1028平方公里，辖12个镇、2个街道办事处，504个行政村、26个居委会，人口55万。2011年，完成地区生产总值317亿元，比上年增长17%；完成全部财政收入23亿元，比上年增长41%，其中一般预算收入9.24亿元，比上年增长48.4%；完成固定资产投资150亿元，比上年增长50.9%；完成社会消费品零售总额84亿元；单位生产总值能源消耗比上年下降3.9%；全年实施重点建设项目102个，其中投资超亿元项目83个、超10亿元项目23个、超50亿元特大项目3个，14个列入省重点项目；城镇居民人均可支配收入达到21480元，农民人均纯收入达到9048元，分别比上年增长10.2%和16%；县域经济综合实力自2006年以来始终位列河北省30强行列，2011年列第17位。

产业结构优化升级。三次产业结构比调整为10.3：59.9：29.8，现代产业体系逐步建立。现代农业。5000亩现代农业示范园区完成投资2.3亿元，进驻11家企业，全县累计建成省级标准化示范场6个，千头以上大型牧场达到46个；引进北京首农集团等龙头企业3家，累计达到62家，农业产业化经营率达到70%；成功培育“燕滦”、“郎红”、“冀生”等河北省著名商标和“宝之福”等知名农产品品牌。立县工业。矿山开采、钢铁冶金、水泥建材等主导产业实现产值144.9亿元，全县规模以上工业企业达到59家，骨干工业企业实现税收11.6亿元。滦县经济开发区、工业聚集区成功获批省级开发区，经济开发区、装备制造产业园等工业园区实现产值267亿元，占全县工业总产值的66.1%。节能减排深入推进，单位工业增加值能耗下降9.15%，二氧化硫排放量、化学需氧量消减率均达到1.5%。第三产业。“滦州古城”被确定为“中国最具国际影响力旅游区”，青龙山风景区被评为“省级风景名胜区”，司家营铁矿被授予“河北省首批工业旅游示范点”，全年各主要景区累计接待游客213万人次，旅游业正在迅速成为滦县经济发展新的增长极。庞大集团成功上市，成为滦县本土企业第一家上市公司、国内第一家通过IPO实现登陆A股的汽贸集团，2011年列中国企业500强第152位。

城乡统筹协调发展。 坚持以工促农、以城带乡，加快城乡一体化进程。中等城市建设初具规模。新城中心区、古城旅游区、响嘡工贸区“三区一河”主城区建成面积达到20.1平方公里，人口达到18万人；“三横三纵”大城区路网框架体系、以县城为中心的“半小时交通圈”和京津秦“一小时交通圈”初步形成；城区供热、燃气、供水普及率分别达到90%、99%、100%，污水处理厂、垃圾填埋场日处理能力分别达到4万

研山风景区

响嘡镇研山新村

旅游城市——滦县

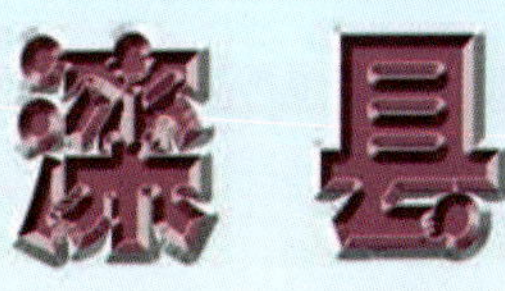

吨和200吨，成功创建“河北省级生态园林县城”。新农村建设扎实推进。累计投入资金17.8亿元，建成新民居示范村16个、改造提升36个，投资5亿元的邢各庄四村联建工程稳步推进；投资2亿元实施文明生态精品村创建、村街道路硬化和“户户通”工程，改造农村公路26条，建成“户户通”工程村60个，新增100个村街道路全部硬化村；全年新增有效灌溉面积1万亩，改善有效灌溉面积3万亩，治理水土流失8平方千米，人工植树造林1.83万亩。

城门楼

滦河

改革开放成效凸显。把改革开放作为经济社会发展的动力，在更宽领域、更深层次推进改革、扩大开放。稳步推进重点领域改革。深化人事制度改革，公开招录高校优秀毕业生33名；有序推进农村土地承包经营权流转；拨付财政资金8200多万元，落实全县1万多名在职及退休事业单位人员绩效工资；镇级零散税收、综合预算等财税体制改革不断深化。对外开放成效显著。成功举办第二届“走进滦县•携手发展”招商洽谈会，在福州、北京、深圳等地积极开展系列招商活动，签约项目20个；全年实际利用外资2850万美元，出口创汇2826万美元。被中国民协命名为“中国滦河文化之乡”，建立了“中国滦河文化研究中心”，成功举办了首届“中国滦河文化节”和辛亥滦州起义100周年纪念活动，荣获“中国最具投资价值旅游城市”称号，滦县的知名度、美誉度和影响力显著提升。

滦州古城沙盘

司家营铁矿

青龙山景区

滦县新城夜景

新城高层建筑群

中国最具投资潜力百

图书馆

霸州北依京都，东接津门，距北京80公里、天津市区70公里，属环京津、环渤海城市群，史称“帝阙下临通万国，行人至此望燕山”。全市幅员面积784平方公里，辖7镇5乡1区和两个办事处，总人口60万。改革开放以来，霸州取得了一个又一个的骄人成绩。河北省第一个亿元镇（胜芳镇）、亿元村（东升街）都诞生在霸州。特别是近几年，霸州市委、市政府坚持以科学发展观为指导，紧紧围绕“京津冀电子信息走廊、环渤海休闲商务中心”发展定位，抢抓机遇、开拓创新，全市经济社会实现了快速、健康、持续、协调发展。先后荣获中国特色魅力城市、中国最具投资潜力百强城市、省级双拥模范城、省级城市建设“燕赵杯”金奖等省级以上荣誉称号50余项。

历史悠久，文化繁荣。秦属广阳郡，汉属益昌县，五代后建置霸州。民国二年改霸州为霸县，1990年撤县建市，为省辖县级市。2005年被河北省政府确定为首批扩权县（市）。先后建成了李少春纪念馆（大剧院）、中华戏曲文化大观园、益津书院、华夏民间收藏馆、清真寺、胜芳大悲寺、游泳馆、科技馆、胜芳古镇等文化设施，自行车馆被国务院批准为“霸州中国自行车博物馆”，成为全省首家国字号文化场馆；荣高堂纪念馆、牛河历史文化公园、生态公园、7家星级温泉酒店等一批精品文化工程将逐步竣工；两年一度的“霸州文化艺术节”已成为“创国家级品牌、造国际性影响”的文化盛会。

交通便捷，路网畅通。京九、津霸铁路、津保高铁，津保、京开、大广、廊沧高速公路以及106、112国道贯境而过。百公里半径内有首都、天津两大国际机场及天津港，便捷的交通网络使霸州成为华北地区重要的交通枢纽。

平畴百里，资源丰富。全市盛产小麦、玉米、大豆、棉花、蔬菜和苹果、桃、葡萄等鲜果。霸州境内蕴藏有丰富的石油、天然气、地热等资源。热水田面积达500平方公里，热水储量达220亿立方米，地热富含的多种微量元素，可广泛应用于工业干燥、供暖及特种植物、珍稀名贵动物的种养殖，开发利用前景广阔。2007年12月，霸州被中国矿业联合会命名为全国第8个“中国温泉之乡”。

经济发达，产业鲜明。“十一五”以来，霸州市围绕“争创经济强市、建设文化名城、打造品质霸州”

前进钢厂

霸州市益津书院

强城市——霸州市

的三大目标，确定了以先进制造业为主体，以现代服务业、高效都市农业为支撑的“一体两翼”的产业定位，形成了以开发区、胜芳经济协作区和津港工业园三大经济板块为载体，以金属延压、钢木家具、塑料加工、机械加工、林木加工、食品加工、线缆制造、乐器制造等优势产业为支撑，分工合理、功能完善、产业集中、产品市场占有率较高的实体经济体系。

胜芳古镇文昌阁

胜芳大悲寺

霸州博物馆

胜芳古镇王家大院

霸州市迎宾大厦

李少春大剧院

三 河 市

三河人民公园

东方夏威夷小区

三河因泃河、洳河、鲍邱河三水流经县域而得名，现辖10镇、4区（燕郊国家高新技术产业开发区、国家级农业科技园区、工业新区和三河经济开发区）、5个街道（已建4个，1个正在筹建）、395个村街。三河户籍总人口56万，实有人口82万。

三河历史沿袭久远。三河春秋战国属燕，秦属渔阳郡，汉属幽州潞县，唐武德二年（627年）置临泃县，唐开元四年（716年）建三河县。建国后，属河北省通县专区，1958年改隶唐山专区，后又改隶唐山市、天津市、天津专区、廊坊地区、廊坊市。1993年撤县设市。2005年被河北省确定为首批扩权县，是省政府重点培育的12个新兴中等城市之一，处于环首都绿色经济圈战略的最前沿。先后被国家和省命名为“全国科技百强县（市）”、“全国文化工作先进市”、“全国教育改革先进市”、“省级卫生城市”、“省级文明城市”、“省级园林城市”等称号。

三河区位优势突出。三河地处北京东大门，西与北京通州隔潮白河相望，西距天安门和首都机场均30公里，是全国离天安门最近的县市，燕郊与北京朝阳CBD、通州新城三点一线。南距天津125公里、东到唐山121公里。“半小时能上天、1小时可下海”是对这里的生动写照。京秦、大秦电气化铁路、102国道和正在建设中的密涿支线高速公路贯穿全市，密涿主线高速公路廊坊至北三县（三河）段工程即将实施，京沈高速擦肩而过，与周边形成集高速、铁路、公路并举的“五横八纵”立体交通网络。

三河夜景

三河经济蓬勃发展。2000年以来，综合经济实力连续六年跻身“全国百强”，十一年位列“河北十强”。“十一五”期间财政收入保持在15%以上的增速。2011年作为“十二五”开局之年，财政收入达到56.9亿元；地方一般预算收入达到35.8亿元，位居全省县级第一名。目前，世界500强、食品行业世界第二的美国通用磨坊公司、唯一打入微软公司的汉字处理系统的汉王制造公司、中国通讯巨头之一的中兴通讯公司、中国规模最大条件最优的中药水针剂生产企业神威药业等著名企业相继落户燕郊高新区、工业新区。

科学发展 创先争优 建设繁荣幸福新三河

三河产业特色鲜明。一产上，重点培育了汇福粮油、福成养牛、明慧养猪3家国家级龙头企业。福成集团2004年7月在沪市成功上市，汇福集团是亚州最大的粮油加工企业之一，“福成及图”和“汇福英文及图”商标评为中国驰名商标。二产上，以电子信息、新能源、新材料、现代制造为主的“三高”（高端、高新技术、高附加值）产业异军突起，汉能全球研发中心、晶龙太阳能、日本富士星光PS版、韩国世原精工汽车配件等项目不断涌入。三产上，以医疗健康、休闲旅游、现代物流、文化创意为主的“新兴”产业迅速崛起。特别是以燕达国际健康城等项目为代表医疗健康产业在河北率先发展，成功举办了第五届世界养生大会暨首届燕郊健康论坛，在国内外叫响了“世界养生看中国，中国养生看三河”的品牌效应。目前，三河拥有12家星级酒店、3个高尔夫球场和1家马术俱乐部等，沃尔玛、家乐福、乐天玛特等世界著名商业品牌，港中旅海泉湾、安邦财险后援服务中心、空港物流等大项目纷纷入驻三河。

市区西出口标志性建筑

燕达国际建康城

三河发展环境优越。生活环境宜居。全市城乡环境达到二类区标准，林木覆盖率达到29.8%，城市建成区绿地率32%，人均公共绿地面积10.54平方米，逐渐成为京东地区最具实力、活力、竞争力的商务休闲中心和宜居新城。政策环境宽松。设立了高科技发展基金、中小企业贷款担保基金和农业产业化发展基金，制定了关于支持实体经济发展的实施意见，以及地方财源建设基金管理办法等政策，逐步形成扶持产业发展的完整政策体系。服务环境高效。燕郊高新区被评为“跨国公司最佳投资开发区”。 唯一连续三次被评为廊坊地区AAA级金融生态市，连续4年存贷比突破100%，中小企业信用担保中心担保规模全省第一。治安环境良好。治安人防、技防、物防达到河北省乃至全国一流水平，燕郊地区连续五年违法犯罪率全省最低。

燕郊燕顺路街景

三河社会文明和谐。市内有50家中央部委直属单位，9所大专院校，各类专业技术人才2万余名，受过高等教育人员5万余人，高素质人口密度33.5%。拥有各类科研机构30余家，并与国家外专局、清华大学、北京大学等单位建立了长期合作关系，具有强大的科技创造和支撑能力,完全能够满足企业对从业高素质人才的需求。三河在河北省率先免除农业税，率先启动新型农村合作医疗、城乡养老保险，率先实现村村通柏油路、村村通自来水的目标，率先免除农村中小学学杂费和高中阶段孤儿全部费用。2010年元旦，胡锦涛总书记到三河视察“三农”工作，对新民居建设和农业产业化工作给予了充分肯定。

固安：加快实现

2011年12月14日，廊坊市市长聂瑞平到固安县调研

总投资达220亿元的固安总部公园项目奠基仪式

固安县隶属河北省廊坊市，位于京津冀核心部位，是首都“零距离”县之一，与北京市大兴区仅以永定河相隔，距北京天安门50公里，是河北省环首都绿色经济圈建设的一个重点县份。固安古有“天子脚下”之称，今有“京南第一县”的美誉。全县幅员面积696平方公里，辖12个乡镇、5个园区，1个街道办事处，419个行政村，耕地65万亩，人口43.3万。固安域内，京九铁路、106国道、大广高速公路纵贯南北，有“北京新七环”之称的涿密高速公路及省道廊涿公路横穿东西。固安地热资源充沛，地热总面积120平方公里，出水平均温度80°C以上，是国内最好的一类富热田。矿泉水资源分布在境内地下300至800米处，是国家地矿部门认定的优质矿泉水，已有万悦、柳泉、路缘泉等品牌矿泉水畅销市场。其中，“万悦”牌矿泉水为中南海特供饮用水。

2011年，全县地区生产总值完成77亿元，同比增长11.7%；财政收入完成13.28亿元，同比增长56.3%；全社会固定资产投资完成75.8亿元，同比增长48%；规模以上工业增加值完成16.1亿元，同比增长18%；城镇居民人均可支配收入达到19882元，同比增长12.7%；农民人均纯收入达到8058元，同比增长19%，均达到或超额完成了年初计划，顺利实现“十二五”良好开局。

项目建设稳步发展。全年签约千万元以上项目200个，总投资873.4亿元，增长13.4%。实施建设千万元以上项目243个，总投资329.1亿元，增长69.7%。争列省重点项目14个，数量居全市前列。并且，按照老园区上水平、新园区快起步的原则，不断壮大园区平台，集聚整合优质要素，着力打造特色各异、功能互补、覆盖全县的园区发展集群。固安工业区整体水平不断提高，全年完成财政收入5.2亿元，增长34.6%，占全县财政收入的41.1%。温泉商务产业园区、新兴产业示范区、现代物流园区加快建设，相继被批准为省级园区，全县省级园区数量达到4家。

城市面貌有效改观。按照五年内城市整体扩容达到30平方公里、人口规模达到30万左右的目标要求，聘请中国城市规划设计研究院、清华大学建筑设计研究院等知名规划设计单位，组织开展了县域城乡总体规划、城市总体规划修编等15项规划的编制工作，为高标准建设提供引领和依据。同时，不断加大规划检查、执法力

固安是京南蔬菜生产基地

固安是京南花卉生产基地

固安工业区一角

顶级发展富民强县

度，确保规划的刚性，做到“规划即法，执法如山”。并且，启动了总投资130多亿元的96项城乡建设重点工程，城市客厅综合体、3000亩森林公园、城区休闲广场等工程加快推进。

新农村建设有力推进。总投资10亿元、占地1万亩的农业休闲观光基地正在稳步推进，围绕固安工业区、温泉园区和城市重要节点种植薰衣草150亩、油葵2250亩。创建蔬菜种植专业合作社22家，完成绿色、无公害蔬菜认证51个。同时，围绕进一步提高农村基础设施建设水平，启动了农村路网、电网、燃气网等工程建设。其中，总投资1.83亿元、全长54.8公里的固雄、东高、牛新三条农村公路已全部竣工通车，进一步畅通了县域之间的通道、加强了固安与周边地区的联系。总投资4200万元的农村电网改造升级工程已全部完成。总投资3200万元、从永清气源点到城区的燃气管线建设工程已进入实质建设阶段。

2011年11月4日，河北建投（固安）农业科技产业园项目开工奠基

国家级非物质文化遗产：固安屈家营音乐会。图为会堂

民生工作扎实推进。社保扩面工作。2011年，全县养老、医疗、工伤、失业各项社会保险共征缴社保基金1.93亿元，发放各项保险待遇1.97亿元，新增参保3113人。新型农村和城镇居民社会养老保险工作进展迅速，目前，参保率达到92%。医药卫生体制改革工作。已在全县所有政府举办的卫生院实行了基本药物零差率销售，落实了绩效考核制度。同时，启动了60所村卫生室一体化试点工作。新农合工作。新农合参合率超过90 %，累计补偿51万余人次，补偿金额达到3150万元。城乡医疗救助工作。在全市率先开展了城乡居民医疗救助“一站式”即时结算救助服务工作，累计发放救助金26.7万元。保障性住房建设工作。继续大力推进廉租住房、经济适用住房、公共租赁住房建设，同时，积极谋划400套限价商品房建设。目前，各类保障性住房已开工2145套。固安县保障性住房工作处于全市领先水平。城区供水工作。谋划启动了总投资3862万元、占地40.32亩的县城供水一期工程。目前，水厂厂区土建工程主体基本完工。

固安县城东公园一角

固安县林城村新民居

永清县：先进产业聚集地

2011年10月18日，总投资12亿元的河北视窗玻璃项目正式点火投产。主要生产高档建筑玻璃和超薄电子基板，产品技术中国第一、世界第三

永清县隶属河北省廊坊市，位于环渤海经济圈腹地，幅员面积776平方公里，辖5个镇、4个乡、1个城区街道办事处，拥有5个省级园区、386个行政村，总人口38.2万人，其中农业人口32万人。耕地面积63.9万亩，城镇化率41.4%，城镇绿化率9.5%。2011年，全县GDP完成72.9亿元，同比增长9%；全部财政收入完成8.0168亿元，同比增长44.8%，其中地方一般预算收入完成3.9322亿元，同比增长66.9%；固定资产投资完成73.5亿元，同比增长52.7%；城镇居民人均可支配收入达到20163元，同比增长12.5%；农民人均纯收入达到7823元，同比增长13.8%。

永清县地处京畿重地。距京津两市各60公里，距首都机场80公里，距天津新港100公里。域内交通发达，半小时圈内有京津、京石、津保、京深四条高速公路和102、106两条国道以及京九铁路；1小时圈内有京津两大直辖市、首都国际机场和天津新港，即将动工建设的首都新机场距离仅10公里。拥有廊霸、廊涿、廊大3条省道和廊沧、廊涿2条高速连接线，廊沧高速即将全线贯通，京台高速2013年可建成，届时“通达全国、链接京津”的高等级路网将全面构建。目前，全县通车总里程达到969公里，县域“一刻钟高速圈”初现雏形。现有采油井568眼，天然气储量50亿立方米。地热面积300多平方公里，地热水储量7亿立方米，水温50—80℃。森林覆盖率达到43%，是华北地区绿化率最高的平原县。

近年来，永清县委、县政府按照“精良管理、高端发展”要求，以加快转变经济发展方式和调整产业结构为主线，以“强县富民”为主题，围绕打造“先进产业聚集地，生态宜居幸福城”发展定位，大力实施“园区提升、环境优化、民生幸福、基础强化”五大战略，全面快速对接京津廊，加快推进农业产业化、工业化和

2011年，首个央企项目——中轻造纸装备基地项目落户永清工业园区。项目计划总投资18.7亿元，占地600亩，项目全部建成后，年可生产现代化大型纸机15台(套)，实现纳税1.3亿元

大力实施新民居建设。55个村街列入省级新民居建设示范村，47个村街主体工程建设完毕，全县有1200户农民喜迁新居

生态宜居幸福城

农村城镇化进程。目前，永清县已成为京津地区最大的无公害蔬菜生产基地，先后荣获“国家级无公害蔬菜生产示范基地”、“环首都无公害蔬菜生产区中心县”等称号。此外，还先后荣获了“全国绿化模范县”、“全国绿色小康县”、“全国绿化先进县”、“国家级秸秆养羊示范县”、“河北省奶牛养殖30强县”、“河北秸秆综合利用先进县”、“河北省推进社会主义新农村建设先进县”等多个国家、省级荣誉。

加快老城改造步伐。累计拆迁面积3万平方米，建成金地天一城等一批高档住宅小区

着力发展特色乡村游。2011年，接待国内外游客17.2万人次，实现旅游综合收入4000多万元

2011年5月，河北恒都美业现代农业园区举行了盛大的开园仪式。园区计划总投资100亿元，占地19万亩

在廊坊市率先建成的县人民公园，占地123亩，投资4800万，动用土石5.5万方

集体婚礼

中国绿色保温建材

大城县委书记高树民（前排右一）、县长朱建强（前排右二）参加大城县承办的全国第三十届（2010春季）全国摩托车及配件展示交易会

河北省委副书记付志方到大城县行政服务中心调研指导工作

大城县滨河公园

大城地处黑龙港流域，位于廊坊市最南端，距北京140公里，距天津55公里，东、南、西、北分别与天津静海，沧州青县、河间、任丘，廊坊文安接壤，全县幅员面积904平方公里，人口48万，辖10个乡镇，1个省级工业园区，1个城区办事处，394个村街。

历史悠久，文化底蕴丰厚。大城西汉置县，以人性平和宽舒称“平舒”，五代时改为大城。境内有古文化遗迹燕赵古长城、秦始皇幼子墓、姜太公钓鱼台等等。大城名人辈出，著名爱国总理张绍曾，爱国将领张学良，胡子将军孙毅，当代著名书画家史国良、刘进安等，都是大城人民的杰出代表。

毗邻京津，地理区位优越。大城地处京津走廊之间，距首都机场150公里，距天津机场70公里，距天津港80公里，距黄骅港130公里，距京沪高速公路、高速铁路20公里，西至京九铁路15公里，东至京福高速、京沪铁路均为8公里。全县公路通车总里程1013.7公里，密度1.2公里/平方公里。省道津保南线、廊泊路贯穿全县东西、南北。2011年建成通车的廊沧高速及其县城、龙街连接线，打通了通往北京、天津的快速通道，使大城真正从空间上融入“一小时入京、半小时下卫”的环京津经济圈。

特色突出，民营经济发达。大城人经商传统悠久，有近2万人的营销队伍遍布于全国各地，经过多年的积累与发展，形成了保温建材、化工、有色金属加工贸易、汽摩配件、食品、仿古家具和建筑业等特色产业。大城保温建材全国闻名，产品全国市场占有量达到40%以上，被命名为中国绿色保温建材之都、全国保温建材特色产业基地等称号；有色金属拆解加工产业集群，被河北省确定为第一批循环经济示范试点单位；仿古家具产业集群与福建仙游、广东中山并称中国红木家具三大生产基地，是中国北方最大的生产销售基地；摩配市场是全国三大摩配市场之一。

资源丰富，后发优势明显。矿产资源，大城煤炭资源1500米以浅储量约为64亿吨，是全国奇缺的“气肥煤”，煤炭中含有大量煤层气，总储量2050多亿立方米，属最容易开采成功的气田。从2011年开始，河北煤田地质局和开滦集团投资3.9亿元，利用两年半时间对大城煤田进行详查和精查，2013年达到建井条件。大城县属京南温泉带，全县地热异常区526.16平方公里，地热水资源出口温度达60℃以上，出水量100吨/小时，开发前景广阔。土地资源，全县未利用地高达8.8万亩，居廊坊之首，在京津周边更不可多得。全县土地利用总体规划

蓬勃发展的大城新城区

之都——大城县

获省政府批准，争取到2020年建设用地总规模140平方公里，为未来发展提供了充足空间保障。人力资源，全县拥有23万人的劳动力大军，每年约有2000名高中毕业生免费接受县政府技能培训；全县经验丰富、技术娴熟的产业工人高达9万多人，能够充裕满足企业用工需求。

平台完备，招商政策优惠。园区平台，2008年开发建设的现代制造业工业园区，被省政府批准为省级工业园区。起步区已实现路、水、电、气等“九通一平”，为项目入驻提供了良好的基础条件。招商中心、商务会馆建成投入使用。深圳前景、融信华创等大批国内外知名企业纷至沓来，一批亿元项目在建在谈。招商政策，2011年，出台《关于鼓励招商引资的实施办法》，对成功引进域外客商到大城兴办企业的有功人员，根据企业实际投资额度，对引资人按照相应的奖项给予现金奖励。其中，对引进固定资产投资10亿元（含）以上重大项目的，实行“暴富式重奖”，一次性奖励引资人300万元。行政服务，将25个行政审批部门集中到县行政服务中心统一办公；连续多年实行绿色通行卡、企业静心工作日等相关制度，企业生产经营“静心工作日”期间，任何部门和单位均不得到企业检查和收费；对重点项目，实行县四大班子领导分包负责制，县级领导亲自协调解决项目建设过程中一切手续。

大城县政府县长朱建强（前排左二）视察城市滨河带状公园同庆广场建设

省委常委、组织部长梁滨到大城现代制造业工业园调研指导工作（前排左三为梁滨、右二为大城县委书记高树民，左一为大城政府县长朱建强）

2011年8月30日，大城煤田综合勘探合作项目启动仪式

2011年3月9日大城千万元以上项目集体开工仪式

改造后的白马河

大城县运动公园

大城县现代制造业工业园招商中心

全国民族自治县十强

国家民委主任、党组书记杨晶为大厂回族自治县授牌

大厂回族自治县位于华北平原北部燕山南麓，河北省中部。西隔潮白河与北京市通州区相望。是距首都北京最近的少数民族自治县。县政府驻地距首都北京47.90公里，距省会石家庄275.50公里，距廊坊市47.50公里，距天津市107公里。地处环渤海经济区和京津都市圈。京哈公路（102国道）和京秦电气化铁路在县域北部夏垫镇内自西向东穿过；西北经通州区可达空港首都机场；南距京沈高速公路香河收费站11公里；经香河、天津可到海港塘沽。具有公路、铁路连通国内，“上天”、“入海”连接国际的区位交通优势。

县文化活动广场

大厂回族自治县总面积176平方公里，年末耕地面积9565公顷。辖3个镇（大厂镇、夏垫镇、祁各庄镇）、2个乡（邵府乡、陈府乡）、1个街道办事处（城区街道办事处），105个行政村。2011年，全县总人口121700人，其中回族25604人。县域地貌形态为单一的平原区，地势自西北向东南微缓倾斜。鲍邱河与潮白河流经县域，流向与地势相同。县域属暖温带亚湿润气候区，是四季分明的大陆性季风气候。境内鲍邱河沿岸有文物古迹多处，现保存较好的有大小坨头遗址，大小坨头墓群，明代建的北坞清真寺等。

市民休闲广场

大厂回族自治县经济和社会各项事业蓬勃发展。首钢装备制造、金隅环保建材、顶新国际食品等一批事关长远发展的重大产业项目取得突破进展，全年实施千万元以上项目125个（其中亿元以上项目66个），完成投资154.3亿元。综合经济实力跃居全国民族自治县前十强，圆满完成承办全国民族自治县（旗）科学发展经验交流会，成为全国惟一一个民族自治县（旗）科学发展示范县。获得全国计划生育优质服务县、河北省园林县城、2011年基层医疗卫生机构实施国家基本药物制度和综合改革优秀档次、河北省普及特殊教育达标县、河北省农村义务教育经费管理示

金隅现代工业园

鲍邱河

一 大厂回族自治县

范县、河北省义务教育均衡发展示范县、河北省乡镇卫生院综合改革考评验收为优秀、河北省2011年度安全生产先进单位、廊坊市依法行政先进单位、廊坊市城镇面貌三年大变样工作进步奖等多项殊荣。

2011年，大厂回族自治县坚持发展主题，全力促进经济增长，综合实力稳步提升。预计全县地区生产总值完成61亿元，同比增长12%；财政收入7.78亿元，增长34%，其中地方一般预算收入4.18亿元，增长43%；固定资产投资60亿元，增长45.2%；城镇居民人均可支配收入23870元，增长14%；农村居民人均纯收入9590元，增长24.6%。全县实施亿元以上项目66个，完成投资121.7亿元，同比增长48.7%。以康师傅饮品为代表的66个新开工项目进展顺利。全县规模以上工业增加值预计达到28亿元，同比增长21%。新兴产业培育步伐加快，全年实施新兴产业项目52个，完成投资53.5亿元，分别占工业项目的68.4%和67.6%。第三产业预计实现增加值17亿元，同比增长13%，实现税收4.6亿元，占全部税收的63%。金融机构各项存款余额76.5亿元，贷款余额67亿元，存贷比达到87.6%，金融生态环境被评为全市最高的AAA等级。

总投资173.5亿元的29个亿元以上项目集中开工

大厂回族自治县环首都绿色经济圈规划展

首钢装备制造业基地

清真古寺

潮白河

富邦德石油机械项目

中国商贸名城

2010年6月22日，河北省长陈全国视察白沟新城建设

白沟新城由原白沟镇与原白洋淀温泉城开发区合并组建，2010年8月，省委批准组建白沟新城管理机构。9月16日，白沟新城正式揭牌。白沟新城总面积64.03平方公里，建成区面积25平方公里，辖33个村街，常住人口15万，其中户籍人口5万。

白沟新城位于“京津冀经济圈”的核心地区，可快速通达北京（110公里，约60分钟）、天津（90公里，约50分钟）、保定（80公里，约40分钟）、石家庄（210公里，约120分钟）等城市。路网贯通，交通便利，京白路、保津高速、112国道贯穿全境。大广高速引线直通白沟新城，保津高铁将在白沟新城设一大站，北京至高碑店轻轨将延伸至白沟新城。

白沟公园

合并组建以来，白沟新城经济持续保持了健康快速的发展势头，形成了三大支柱产业：一是商贸流通业。目前，已经形成了集箱包、服装、鞋帽、小商品等十几大行业于一体的的大型综合商贸集群，吸引了国内外近7000个品牌入驻，上市商品达80大类，100多万个品种。近年来，白沟先后被国家发改委等11部委确定为“全国小城镇发展改革试点镇”，被中国世界贸易组织研究会授予“中国商贸名城”和“中国产业集群品牌50强”称号，被联合国开发计划署命名为“中国可持续发展小城镇试点”，在全国具有很高的知名度和美誉度。二是箱包制造业。目前，拥规模企业300多家，加工企业3000多家，个体加工户近万家，形成了从原辅材料生产到成品销售的庞大产业链和产业集群，年产箱包达5亿只，是全国最大的箱包产销基地。有150多家企业在130多个国家和地区建立了直销窗口或公司。近年来，先后被中塑协命名为“中国合成革产销基地”，被中皮协授予“中国箱包之都”称号。三是旅游休闲业。白沟•白洋淀温泉城开发区自然资源丰富，拥有独特的“三水”资源：白洋淀水、温泉水、矿泉水。白沟新城依托“三水”资源，以打造环京津地区高端商务休闲中心和旅

白沟箱包城

建设中的商贸城

白沟道路

白沟新城

游度假基地为目标，以香港华润集团、北京城建集团和香港中基集团等企业为龙头，已完成投资近百亿元，建成开放了一批品质高、功能完备的旅游休闲项目。初步形成了集高尔夫运动、温泉疗养、高端商务、会议培训、休闲度假、旅游购物于一体的多业态综合旅游休闲产业带。平均日客流达25万人次，节假日高峰期可突破30万人次。在第二届中国旅游营销年会上被评为“中国最受游客喜爱的地方”，在2007博鳌国际旅游论坛上被授牌为“中国最佳旅游商品基地”。

白沟新城的成立和建设为区域经济发展，增加了一个强有力的引擎和更有活力的经济增长板块。预计到“十二五”末期，地区生产总值达到100亿元，比2010年增加59.19亿元，年均增长20%，规模以上工业增加值达到33.87亿元，比2010年增加25.41亿元，年均增长32%，财政收入达到5.2亿元，比2010年增加3.8亿元，年均增长30%。市场成交额达到1000亿元，年均增长22%。

白沟中学

白沟书法展

工业区远景

定州市　国家现代农业示范区

定州全貌

绿色生态城市

鲜花簇拥的文博园

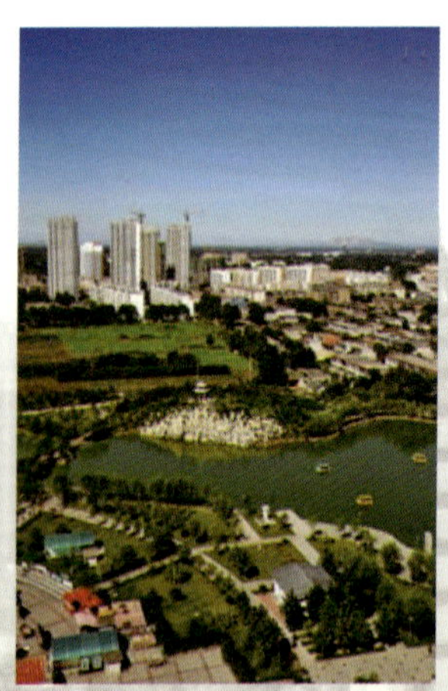
中山公园新貌

定州市辖25个乡镇（城区），518个村（社区），总面积1274平方公里，总人口121万。2011年，完成生产总值217亿元，财政收入20.2亿元，荣膺“中国最具投资价值城市”。

联合国地名组织命名的“千年古县”。新石器时代先人就在此繁衍生息，战国和汉代3次建立中山国都，后历代设州置府。现有国家级文保单位7处，省级15处，市级54处，馆藏文物5万余件，居河北省各市县首位，是全国秧歌文化之乡、全国吹歌文化之乡，河北省十大历史文化名城之一。

华北地区重要的交通枢纽。地处京津之翼、石保之间，京广铁路、107国道、京港澳高速公路和京石高速铁路纵贯南北，朔黄铁路和即将建设的石港高速公路支线横穿东西，石家庄机场航站楼、朔黄铁路货运站今年建设，打造“两高三铁”双十交叉口，建成通铁、通航、通港、通高速的“四通”城市。

河北省“十二五”销售收入超千亿元产业聚集区。唐河循环经济产业园区规划面积43平方公里，重点建设汽车、能源、食品、物流4个产业园，2011年建成区面积8.43平方公里，入园企业75家，实现主营业务收入271.8亿元，利税13.86亿元。沙河工业园区规划面积52平方公里，正在申报省级园区。

国家现代农业示范区。培育形成蔬菜、畜牧、花木三大特色产业，首农循环农业科技示范区、息仲现代农业科技园区等一批重大项目正在建设，先后被命名为全国无公害农产品生产基地、国家蔬菜产业重点县和全国

长安汽车河北基地

长安汽车河北新区总装车间

河北长安星卡SC1026、SC1028和长安星光4500系列产品生产厂区

区域性物流商贸中心

粮食、生猪、油料生产大县，2011年被评为全国粮食生产先进单位，受到国务院表彰奖励。

河北重要的新兴工业基地。汽车产业形成40万辆产能，到2015年建成年产80万台整车、60万台发动机和200家配套企业的“千亿元汽车城”。煤化工产业形成370万吨焦炭、35万吨甲醇产能，到2015年建成年产500万吨焦炭、100万吨甲醇等深加工产品，国内最大的煤化工基地。定洲电厂装机容量达到240万千瓦，随着太阳能电池、热电联产、光伏发电、垃圾发电等项目的实施，打造河北重要的能源基地。定州伊利日处理鲜奶2000吨，成为亚洲最大的单体液态奶生产基地。

区域性物流商贸中心。有各类市场150多处，其中国家级“定点市场”、全省十大农副产品市场各一处，市场总量和种类居河北省首位，粮食、汽车、焦炭物流中心正在加快建设。

河北省重点培育的中等城市。城市规划占地40平方公里，常住人口31万，目前建成区面积28平方公里，常住人口31万。市区基础设施完善，建成一批公园广场、高层住宅、星级宾馆、综合商厦，教育、卫生设施居全省前列，是全国文化工作先进市。2011年被命名为省级园林城市。到2015年将建成100平方公里、容纳50万人口的中等城市框架。

社区艺术节在开元寺塔广场开幕

开元寺塔文化广场上的民俗表演

富有现代气息的中等城市

千年药都

安国市委书记　韩占山

区域位置　安国市位于河北省中部，保定市境南端。地处京、津、石三角中心地带，环京津和环渤海经济圈中。北距北京220公里（距保定62公里），南距石家庄113公里，东北距天津235公里。全市总面积486平方公里。县境与定州市、望都县、清苑县、博野县、安平县、深泽县等6县（市）接壤。

行政区划　辖11个乡镇（办事处）：6镇（祁州镇、伍仁桥镇、石佛镇、郑章镇、大五女镇、西佛落镇）、4乡（南娄底乡、明官店乡、西城乡、北段村乡）、1个办事处（祁州药市办事处），198个行政村，人口41万。1991年撤县建市，是国内最早的对外开放县市之一，2005年被省确定为首批扩权县（市）。

省领导视察

资源条件　地处华北平原腹地，地貌以洪积、冲积平原为主，地势平坦，土地肥沃，全市耕地面积50万亩，电力设施完备，各类基础服务设施一应俱全。

历史文化　古称祁州、义丰、蒲阴，有两千余年文字可考的文明史，文化底蕴深厚。药业文化源远流长，是中药文化发祥地之一。药业历史始于宋，盛于明清，迄今已逾千年，素有“药都”、“天下第一药市”之称，享有“草到安国方成药，药经祁州始生香”的美誉。拥有全国重点文物保护单位——药王庙，供奉的邳彤是中国历史上唯一一位皇封药王。2006年安国药市被列入国家首批非物质文化遗产。安国是世界文化名人、元代戏剧家关汉卿的故里，安国籍吴弘道、杨果等文学家、戏剧家在中国古典文学史上占有重要地位。解放后，毛泽东、刘少奇、周恩来等老一辈革命家先后视察安国，并建有毛主席视察纪念馆，收藏了许多珍贵的照片资料。

祁菊花

千年药都大门

药王庙

魅力安国

传统技能　历来有传统中药材炮制及丸、散、膏、丹等各种剂型的加工技能优势，安国籍药工遍布全国各地，“百刀槟榔、蝉翼清夏、云片鹿茸、镑制犀角”号称祁州四绝。

安国市人民政府市长　张贺良

特色产业　安国药业特色鲜明，药业经济涵盖了一二三产业，是县域经济的支柱。中药材种植品种300多个，年提供中药材近4000万公斤，占全省药材产量的70%以上，其中，鸡冠花、芥穗占全国产量的70%以上，防风占全国产量的50%以上，瓜蒌、北沙参、紫菀占全国产量的30%以上，从事中药材种植的农户5万户，占总农户的50%以上，是国务院命名的“中国中药材之乡”和全国首批中药材种植无公害生产示范县。中药材专业市场经营辐射全国各地及欧美、东南亚等20多个国家和地区，经营品种2800多种，常用品种450多种，通过GSP认证的企业73家，从业人员2.5万人。2011年中药材市场成交额达100多亿元，饮片生产8万吨、24亿元左右，是全国最大的中药材集散地和出口基地。中药加工业初具规模，拥有GMP认证的制药和饮片加工企业29家，有生产批号的中成药品种510个。药业对整体经济的支撑拉动作用明显，来自药业的GDP、财政收入、农民人均纯收入均达到30%以上。除药业外，纺织、机械制造也有一定基础，伍仁桥棉织工业园区、石佛水泵工业园区已初具规模。

药都集团产品

河北安国中学

制药生产车间

药交会药王祭礼

药都新貌

北方服装

大力开展城市建设，不断改善群众居住条件，建成了一批高品质住宅小区

容城县地处北纬38° 57′ 04″～39° 08′ 32″，东经115° 45′ 26″～116° 04′ 02″之间，位于太行山东麓、冀中平原中部、南拒马河下游南岸，在大清河水系冲积扇上，属太行山麓平原的过渡带。东与雄县、白沟白洋淀温泉城接壤，北与定兴县相连，西与徐水县交界，南与安新县毗邻。总面积314平方公里，现有耕地面积31.2万亩。现辖5镇3乡，127个行政村，总人口26.58万人，其中城镇人口9.09万人。民族构成99.9%以上为汉族，有极少量满、蒙、回族等少数民族。

容城位于京、津、石三角腹地，距石家庄160公里，距北京、天津均为120公里，位于“两环”（环京津、环渤海）经济圈内。西临京广铁路和京深高速公路，津保公路和保津高速公路横贯全境，已经开工建设的津保城际铁路从县城北部经过，白洋淀站设在容城境内。容城县乡村公路纵横交错，四通八达，交通十分便利。

容城自汉景帝中元三年（公元前154年）置县，至今历经2000余载，境内有属商代文化层的上坡遗址、燕国重要城邑南阳遗址、燕桓公与宋代杨延昭阅兵之地晾马台遗址。元初理学家、诗人刘因、明朝忠臣杨继盛、清初大儒孙奇逢并称“容城三贤”，更有狼牙山五壮士中的胡德林、胡福才，为容城增添了新的光彩。

党的十一届三中全会以来，容城服装业从起步到兴起、从万人裤子大军闯市场到联合办厂、再到股份制、股份合作制企业的形成，始终呈现出蓬勃发展的良好势头，逐步发展成为县域特色支柱产业。特别是近年来，容城县委、县政府审时度势，强力推进服装业“二次创业”，通过品牌创建、产业招商等重大战略措施的实施，使容城服装进入了一个崭新发展阶段，成为闻名全国的“北方服装之乡”，与浙江义乌、诸暨并称全国三

服装是容城的特色产业，全县拥有服装企业1500多家.图为澳森制衣有限公司现代化生产车间

之乡—容城县

大衬衫基地，素有“南石狮、北容城”之誉，1999年、2000年、2001年连续被中国服装协会评为“中国服装名城”，全县拥有服装企业920家，其中规模企业159家，年产值超亿元的企业12家，已经形成了龙头企业带动、骨干企业支撑、服装加工户遍地开花的产业格局。

2011年，全县生产总值完成48.7亿元，同比增长13.1%；全部财政收入完成3.25亿元，同比增长25%，地方一般预算收入完成2.16亿元，同比增长56%；固定资产投资完成26.3亿元，同比增长30%；城镇居民人均可支配收入、农民人均纯收入分别完成1.58万元、8312元，同比分别增长13.6%、23.1%。

容城县在上海举办了服装产业战略协作峰会，签订了多份战略合作协议，为服装产业发展搭建了广阔平台

比琦集团外景

大水集团办公楼

迎宾门

2008年建设的新容文化广场，占地100亩，健身设施齐全

中国桃之乡

县委书记　张丽娟

手工制作—桃木剑

顺平县地处太行山东麓，华北平原西部，总面积708平方公里。地形呈西北至东南斜长，地势西北高，东南低，分中低山、丘陵、平原三种地貌。西北部为太行山区，面积约占全县总面积的三分之二，东南部为平原。最高的山峰白洋坨，海拔1006.7米，中低山海拔300—500米，丘陵地区一般海拔200米左右，平原一般海拔为35—65米。主要河流有曲逆河、蒲阳河、界河、金线河、七节河，均为季节河。全县属东部季风暖温带半干旱大陆性气候，四季分明。全县耕地面积26076公顷，多年平均自产地表水资源量0.96亿立方米，地下水平均资源量0.97亿立方米。非金属除石灰岩储量15亿吨，其中高级石灰岩1亿吨外，还有石英岩和石英砂岩，白云岩、大理石、石板等；金属矿有金矿、银矿、磁铁和褐铁矿。距北京162公里，石家庄102公里，保定32公里。张石、保阜高速，保阜、保涞、107国道等公路和京广铁路穿境而过。全县共5镇5乡，辖237个行政村，人口31.32万。

春秋战国时置县，名曲逆。西汉王莽改为顺平。东汉时改为蒲阴。南北朝北齐天保七年（公元556年）更名北平。金贞 二年（1214年）升县为州，名完州。明洪武二年（公元1369年），完州降为完县。1993年8月，经国务院批准，更名顺平县。

特色产业。农业以林果为主。果树总面积30.7万亩，果品年产量2.01亿斤。红富士苹果、大久保蜜桃、磨盘柿为国宴果品。被国家农业部、林业总局命名为“中国苹果之乡”、“中国桃之乡”。工业以肠衣、食品、塑料、建材加工行业为主。肠衣加工为顺平传统特色产业，是河北省政府命名的25个特色经济产业之一，全县共有

养老服务中心

华北最大的果汁加工企业——汇源公司

顺平县经济开发区用地布局规划(2010—2020)

——顺

肠衣加工企业二百余家，产品80%出口，占全国肠衣出口总量的20%以上，占世界出口总量的14%，年出口额达3000多万美元。

县长　王永建

旅游景点。腰山王氏庄园是华北现存最完整的清代民居建筑群，国家重点文物保护单位，砖雕、石雕、木雕有“三绝”之称。伊祁山是尧帝诞生之所，又是历代佛教活动的圣地。依托山下百里桃园举办的“桃花节”为保定市重大旅游节庆活动之一。

2011年，顺平县围绕全市“一主三次”、“工业西进”和“对接京津”总体部署，突出“跨越发展、强县富民”两大主题，狠抓项目、城建、旅游、民生等重点工作，全县经济建设和各项社会事业呈现出良好的发展势头。全县地区生产总值完成31.32亿元，可比增长11.0%；全社会固定资产投资完成42.6亿元，同比增长27.3%；财政收入完成2.6亿元，可比增长15.0%；城镇居民人均可支配收入达到24935元，同比增长10.8%；农民人均纯收入2698元，增长7.0%；单位GDP能耗1.199吨标准煤，降低3.5%，规模以上工业增加值能耗2.6717万吨；化学需氧量减排48.96吨、二氧化硫减排20.19吨、氨氮减排2.95吨、氮氧化物减排3.48吨，均完成或超额完成市核任务。

顺平桃花

顺富牌红富士苹果

腰山王氏庄园

博野县：提速发展、

保定市委书记许宁到博野调研

河北省非物质文化遗产—— 花鼓落子

博野县辖3镇4乡、133个行政村、5个社区，总面积331平方公里，总人口26.9万人。

博野县地处河北省中部，冀中平原腹地、潴龙河流域，北距保定50公里，西南距石家庄100公里，北偏东距北京200公里。东西横距28公里，南北纵距30公里。博野是传统农业县，耕地面积32.4万亩，粮食总产突破20万吨，是全国商品粮基地县。朔黄铁路、定（州）河（间）公路横贯东西。规划建设的石港、曲港、清新高速穿越我县。

博野历史悠久，是千年古县。东汉本初元年（公元146年）设博野县，因地处博水之野故名，建县至今已有近2000年历史，是明代史学家刘吉，清代思想家、教育家颜元，现代天体物理学家程茂兰，世界著名生物学家牛满江的故乡。境内有西汉蠡吾城旧址，战国时期的王子墓，唐塔、习斋祠堂等古迹。颜元所著《存性》、《存学》、《存治》、《存人》四编，合称《四存》。颜元与弟子李　创立的颜李学派，提倡“实学”，主张“实文、实行、实体、实用”，受到毛泽东同志的高度评价。

近年来，博野县紧紧围绕“提速发展、强县富民”中心任务，以“现代农业、工商重镇、宜业宜居、文明和谐”为战略定位，牢牢把握“夯基础、聚产业、惠民生、保稳定”工作主线，按照“一产抓特色、二产抓提升、三产抓拓展”的要求，大力实施招商引资年、城市品位提升年、农业结构调整年三个年活动，县域三次产业均保持了稳健、快速增长的良好势头。大力发展现代农业，粮食总产突破20万吨，实现“八连增”，该县被

整洁美丽的博野县城

省级绿色居民住宅小区—— 博雅嘉园小区

强县富民

评为全省粮食生产先进县；培育了六个农业产业链条（粮食深加工、蔬菜深加工、肉食品养加销、果品种植、花生加工销售、生猪养殖）。培育了在全市有一定影响的城东苗木花卉种植基地。培育了橡胶机带、食品、机械制造、轻纺、有色金属加工、化工六个行业。橡胶机带行业主要产品有普通输送带、阻燃带、PVC、PVG等，该县被命名为河北省橡胶机带特色产业基地；食品行业主要产品有饼干、腌渍菜、肉制品；有色金属加工行业主要产品有铜杆、钛锭、拔丝；化工行业主要产品有高档油漆、硝化棉、石油树脂；轻纺行业主要产品有服装衬布、工业衬布、印染；机械制造行业主要产品有精密铸件、特种工业水泵、机械配件等。积极发展现代服务业，总投资7.5亿元的恒鼎商业街投入试运营，成为保定市南部地区最大的商业步行街。

县长陈春霞陪同外商到全国蔬菜标准园——大营设施蔬菜园考察

清代著名思想家、教育家——颜元雕像

新建的博野县医院

2011年，全县地方生产总值完成34.98亿元，同比增长11.9%，增速在全市排第14位。全部财政收入完成2.16亿元，同比增长35%，增速在全市排第5位；其中一般预算收入完成1.05亿元，同比增长54.9%，增速在全市排第5位；一般预算支出5.88亿元，同比增长28.5%，增速在全市排第8位。实际利用外资890万美元，是市核任务的2.6倍，在全市排第4位。

刚刚落成的博野县新汽车站

建设中的博野县工业园区

保定南部最大的商业步行街——恒鼎商业街

中国裘皮之都

县委书记　安伟华

中央综治委调研组到肃宁县进行调研指导社会管理创新综合试点工作

2011年，肃宁县委、县政府坚持科学统筹发展，抢抓机遇乘势而上，开拓进取创新图强，以事争一流的勇气、坚韧不拔的毅力，实现了“十二五”开门红，全县经济和社会各项事业取得了快速发展。

经济发展实现大跨越。2011年，全县生产总值突破百亿元大关，完成104亿元，同比增长12.5%；全部财政收入完成13亿元，总量稳居沧州市第四，同比增长22.6%；一般预算收入6.3亿元，位居沧州市第三；外贸出口完成1.65亿美元，同比增长50.7%；农民人均纯收入达到6570元，同比增长8%；城镇居民人均可支配收入完成18580元，同比增长8%。2009年全省县域经济综合发展评价，肃宁县位列第34位。2011年全省排队，位次仍有望前移。

园区建设取得突破性进展。“省级工业聚集区”和“省级物流产业聚集区”正式获批，起步区基础设施建设已基本完成，裘都商城被认定为国家3A级商贸旅游景区，全国首家毛皮价格指数发布平台、河北省首家毛皮产品质检站和沧州市首家公用型保税仓库正式投入运营。8个亿元以上项目已谈妥确定，其中4个已开工建设。针纺产业园12栋标准厂房已经封顶。电器电料工业园完成起步区路基建设。2011年“两区”实现税收7.4亿元，占全县总量的57%。

城区面貌发生巨大变化。集中财力物力，全力打造了5.1平方公里的城市示范新区，城区面积由10.9平方公里扩大到16平方公里。先后投入70多亿元，实施了人民公园、体育场馆、小白河滨水景观带改造等50多项拓展城区布局、增强承载能力、服务居民生活、提升城市形象的精品工程，改写了肃宁县没有大型公园、大型体育场馆的历史。数字化城管监督指挥中心获得“省人居环境范例奖”，人民公园被命名为省“十佳公园”。肃宁县先后被评为“省级园林县城”和“省级卫生县城”，成为开展“三年上水平”以来，沧州市唯一一个年内同时摘取两项桂冠的县。

农业现代化水平不断提高。建立各类农村经济合作组织341个，遍及全县218个村，带动农户5.5万户，农业社会化、组织化、市场化程度迅速

投资3000万元正在建设的生态湿地水景公园

——肃 宁

提高。2011年，全县农业产业化率达到78.8%，居沧州市首位。华斯公司被评为国家级农业产业化龙头企业。先后被认定为“河北省蔬菜生产核心县”、“河北省农产品加工示范基地县”、“国家级现代农业示范区”。

社会事业全面进步，民生得以保障。秉持“和人民群众坐在一条板凳上”的执政理念，争取到全国首批新农保试点县，有效解决了全县29万农民的“老有所养”问题。加大对困难群体、贫困家庭的救助力度，建立长效救助机制，做到了全县无一个家庭因条件困难而满足不了温饱，无一名学生因家庭贫困而失学。全面实施城乡低保和城镇职工“五险”提标扩面，实现了应保尽保。投资1.6亿元，解决了全县农村的饮水、出行、用电问题和困难群众住有所居问题。教育发展水平不断提高。累计投入1.05亿元，足额落实了新机制经费，改扩建中小学29所，对35所中小学进行了危房改造，对全部中小学进行了供暖改造，极大地改善了办学条件。卫生事业快速发展。医药卫生体制改革顺利推进，投资1.1亿元先后建成了县医院病房楼、门诊楼，购置了一批大型医疗设备，完成了9个乡镇卫生院的改扩建和医疗设备更新，村级卫生室、计生服务站建设水平明显提高，改善了城乡居民就医条件。人口与计划生育工作不断加强，被评为“全国计划生育优质服务先进单位”。文体事业蓬勃兴起。县体育场、体育馆建成投入使用，乡村文化站、农村文化书屋发展迅猛，群众性文体活动健康丰富。人民生活水平明显提高。全县公教人员工资福利大幅提高；住房公积金缴存基数提高了7个百分点，缴存覆盖率达到90%以上；科技、电力、通信、广电、扶贫、民族宗教等各项社会事业协调发展。

县长　杨双桥

全国首家毛皮价格指数发布平台启动，使肃宁进一步掌握了毛皮皮张的定价权

华斯公司被评为国家级农业产业化龙头企业

投资3200万元正在实施全长3000米的小白河城区滨水景观改造工程

投资500万元，建成了沧州市第一家数字化城管系统

中国弯头管件之都

县委书记　刘俊义

孟村回族自治县辖4镇2乡、126个行政村。总面积387平方公里，耕地面积31.3万亩。人口19.91万人，自然增长率7.6‰。2011年全县地区生产总值完成64.1亿元，增长18.1。全社会固定值产投资完成51.9亿元，增长29.4%。单位生产总值能源消耗达到0.9396吨标煤/万元，下降3.66%。财政收入完成50984万元，增长24.8%，其中地方一般预算收入完成19650万元，增长29%；财政支出73433万元，增长19.5%。城镇居民人均可支配收入达到17296元，增加14.9%；农民人均纯收入达到5429元，增长15.5%；年末城乡居民存款余额达到29亿元，增长0.5%。外贸出口总值完成13290万美元，同比增长48.6%。

特色产业加速提升。打造领军企业，提升发展水平，力促产业升级。加快培育壮大产业龙头，2011年，纳税超千万民营企业6家，华洋钢管纳税超过2000万元，“海浩”荣获中国驰名商标，升级著名商标、名优产品达到23个。完善生产力促进中心职能，加快国家级产品检测实验建设，加强校企对接、推进强强联合，提高科技研发水平，承接技术转移20项，龙马公司纳入国家科技创新火炬计划，中通、友发、亚都、盛森源等十余家企业获得API、CE和船级社认证，高端市场开拓能力不断增强。同时，建筑扣件业规范步伐加快，年产量20万吨，产值超10亿元。

县城建设实现突破。按照规划先行、集中打造、破解瓶颈、创造环境的建设思路，深入实施省级园林县城创建和城建三年上水平行动。总投资19.2亿元的五大城建工程全面实施，朝阳大街、汇通路等县城主干道路全线贯通，完成民族街拓宽改造。饶安公园、体育场馆等公共服务设施建设进展顺利；东方骏景、金都国际城等商住小区开工建设，完成863套（户）保障性安居工程建设任务，代表沧州通过省级验收；制定出台《城市管理办法》，加强城市环境治理，县城管理走上规范化、法制化、科学化轨道。

农业农村工作全面加强。把社会主义新农村建设作为长期性的战略任务，推进农业产业化、农村现代化、农村文明化，以“三化”解“三农”，千方百计促进农业增效益，农村增活力，农民增收入。各项强农惠农政策全面落实，累计发放粮食直补和综合直补、良种补贴、农机补贴、退耕还林补贴等各类资金2840万元。2011年粮食总产量达到17.4万吨，连续8年保持增产。培育农村合作组织40家，农业产业化水平显著提高，发展克伦生葡萄、库尔

中国驰名商标“海浩”系列产品

青少年活动中心

孟村县文化艺术中心

——孟村回族自治县

勒香梨等果品及蔬菜种植2000亩。投资5000万元，实施董林、卜老桥等5个村的新居民二期工程，开工598户，建筑面积5.2万平方米。加大资金整合投入，完善农村基础设施，改造中低产业4000亩，新增节水灌溉面积5000亩，实施12个村电气改造，完成农村公路建设24公里。

保障和改善民生。把保障和改善民生作为经济工作的出发点和落脚点，努力让群众在发展中得到更多实惠。实现黄河水村村通工程，完成牛进庄、王庄子2座水厂及配套管道建设，县城及78个村的入户改造工程扎实推进，13万人喝上安全水、放心水。优先发展教育事业，制定《城区教育布局调整三年规划》，启动育才小学迁建工程，王史中学建成投用，完成9所中小学教育布局调整，不断加强师资队伍建设。深化医药卫生体制改革，完善公共医疗卫生服务体系，完成县医院整体搬迁，新县卫生院和7个村级卫生室全部竣工，医疗条件大幅跃升。不断加强巩固社会保障体系，大力实施就业再就业工程，新增城镇就业岗位1814个，失业人员再就业1315人，城镇登记失业率控制在4.5%以下，农民工就地就近转移2.3万人；城镇养老保险、医疗保险、城乡最低生活保障覆盖面不断扩大，新农保、新农合参合率均达到92%以上。乡镇综合文化站、农家书屋等文化惠民工程深入实施，全民健身活动蓬勃开展。加强和巩固民族团结，狠抓安全生产管理，计生、残联、武装等各项事业扎实推进，全县呈现出社会安定、和谐稳定的良好局面。

县长　戴强

省市领导来孟村调研

阳光名城小区

县委宣传部组织的演讲比赛

民间文艺表演

庆祝建党90周年花会表演

京南桃花源

深州市委书记　牟景山

深州市位于河北省东南部，总面积1252平方公里，辖18个乡镇区，465个行政村，人口57万，耕地130万亩，是形意拳的发源地，全国武术之乡。深州历史悠久，汉初设县，隋初置州。1994年6月，撤县建市。深州蜜桃驰名中外，至今已有2000多年的栽培历史，被誉为“桃中之王”。近年来，通过全市上下的共同努力，深州经济实力明显增强。2011年，全市完成生产总值111亿元。全部财政收入完成4.56亿元。全社会固定资产投资完成74亿元。城镇居民人均可支配收入12875元，农民人均纯收入6888元。

区位优势明显。京九铁路纵跨南北，石德铁路横贯东西；石黄高速、大广高速在市域交汇；307国道与省道保衡线、肃临线、衡井线贯穿深州全境。处于国省干线、高速公路、铁路动脉的“黄金十字交叉点”。以深州市为中心，3小时车程内可以达到北京、天津、石家庄、济南、太原、保定等11个400万以上人口的大中城市。

丰富多彩的群众文化生活

物产资源丰富。深州生态资源丰富，拥有40万亩果园、10万亩林木、1000亩城区水面，森林覆盖率达40%，空气负氧离子丰富，享有“天然氧吧”的美誉，是国家级生态示范区、国家级旅游风景区。深州地下矿藏丰富，石油探明储量1000万吨，地热探明储量300亿立方米。深州农业资源丰富，是国家优质粮食、棉花、花生、果品生产基地，先后被列为“全国粮食生产先进市(县)”、“全国平原绿化先进单位”、“国家商品粮基地市(县)”、“国家经济林之乡”、“国家蜜桃生产基地县”、“全国棉花生产百强县”以及“河北花生之乡”。

工业基础较好。深州现有各类工业企业1252家，从业人员6万人。已初步形成农副产品加工、机械制造业

河北省亚泰电化有限公司

深州鲁花浓香花生油有限公司

形意拳

江北温泉城—深州

深州市政府市长　孙云霞

和化工化肥三大特色产业。农副产品加工业，拥有加工企业190家。其中，国家级重点龙头企业5家，省级4家。2008、2009年，深州先后被确定为“全国农产品加工示范基地”、“全国农产品加工创业基地”。机械制造业，拥有加工企业150家，具备50万台套缸体、缸盖、200万套方向机、50万台套刹车制动总成、30万套活塞、120万套柱塞套的生产能力。化学工业，主要有煤化工、盐化工、生物化工和医药化工。拥有山西阳煤集团深州化工有限公司、河北亚泰电化有限公司等20多家重点企业，其中“亚泰”商标被确定为“中国驰名商标”。工业园区承载能力不断加强，2011年，深州市区工业城被确定为省级经济开发区。

城镇面貌喜人。近年来，城乡建设力度不断加大，城乡面貌明显改善。共新建改建长江路、长城路等11条城区道路，兴建桃源广场、长城公园、站前广场等4个主题公园，开发桃源居、方兴花园等10个住宅小区。累计拆迁192万平方米，新建198万平方米，新增道路158万平方米，新增绿地149万平方米。同时，扎实推进新民居建设，全市共有14个新民居示范点开工建设。

深州市蜜桃观光园

深州市第一中学

深州市迎宾大道—长江路

河北瑞丰动力缸体有限公司

中国玻璃产业

中共沙河市委书记　曲斌

沙河市省级经济开发区

人民大街

人民公园

沙河市位于河北省南部，太行山东麓，全市总面积999平方公里，辖15个乡镇、办事处，290个行政村，总人口48万。地势西高东低，山区、丘陵、平原大体各占三分之一。2011年，全市生产总值完成185.7亿元，财政收入达到20亿元，全社会固定资产投资完成118.6亿元。县域经济综合实力连续多年进入河北省30强县（市）之列，位居邢台市之首。

历史悠久，人杰地灵。沙河古为冀州地，春秋时属晋，战国时属赵，隋开皇16年置县，至今已有1400多年的历史。始于汉魏时期的沙河冶铁业，到宋代在全国占有举足轻重的地位。在数千年的历史长河中，沙河涌现出唐代名相宋璟、元代中书左丞张文谦、明代右副都御史朱裳等历史文化名人，中国人民志愿军一级战斗英雄杨春增是战争年代沙河优秀儿女的杰出代表。深远的历史积淀、丰厚的文化熏陶，形成了沙河人民吃苦耐劳、纯朴聪慧、开拓创新、诚信友善的优良传统。

区位优越，交通便利。沙河地处晋、冀、鲁、豫接壤地带，是承东启西、沟通南北的重要通道和支点。京广铁路、107国道、京珠高速公路和京广高速铁路四条南北交通大动脉纵贯市区，褡午铁路西延中部，邯黄铁路穿境而过，邢峰、平涉、南石公路等省、市干线纵横交错，沟通山东、山西的邢临—邢和高速公路擦境而过。本市距天津港500公里、距黄骅港400公里、距青岛港550公里。到石家庄、邯郸机场分别为90、40分钟车程，建设中的邢台机场位于沙河市区西侧5公里处。优越的区位、便利的交通，使得沙河具有良好的产品辐射和物流条件。

资源丰富，风景宜人。沙河矿产丰富，现已发现的矿藏有40余种，探明储量的10余种。年产煤400万吨，铁矿石400万吨，铁精粉350万吨，瓷土120万吨，是全国100个重点产煤县（市）之一和全国著名的优质铁矿石、优质瓷土产地。沙河旅游业基础优异，秦王湖、北武当山风景区是省级重点风景名胜区，太行三峡开发前景良好，广阳山是老子修行六年得道之仙山，融汇南北建筑风格、集历史文化与自然风光于一体的王硇古石楼群保存完好，还拥有唐代著名书法家颜真卿亲笔书写的宋璟碑、清乾隆皇帝御笔真迹《梅花赋》等人文景观，构成了独具特色的旅游文化。

基地——沙河市

经济快速发展，综合实力增强。沙河位于邯（郸）邢（台）经济走廊中心，全市形成了新型建材、采掘、冶金制造、医药化工和农副产品加工等传统主导产业，正在培育壮大先进制造、新能源、新材料和现代服务业等新兴产业。其中，玻璃产业已成为全国最大的平板玻璃生产销售基地；炭黑产业的区域产能位居全国第一，其龙头企业龙星化工集团在全国同行业排名第二；冶金及产品制造业，拥有全国品质最好的球墨铸铁和北方最具发展潜力的机械通用零部件市场；新能源产业，风电装备制造和非晶硅光伏产业正在迅速崛起；新材料产业基地正在加快建设。

城市功能完善，基础设施齐备。以“中原最具活力的新型工业化生态中等城市”为发展定位，坚持高起点规划、高标准建设、高效能管理，城市基础设施日臻完善，城市功能进一步增强，城市承载力明显提高。目前，城市规划区面积为50平方公里，建成区18平方公里，绿化覆盖率达36.14%，市区人口13万人，城市化率达45%，是“省级园林城市”和“省级卫生城”，正在创建国家级园林城市。

沙河市人民政府市长　刘果芳

城市俯瞰

河北省沙河玻璃技术研究院

优质浮法玻璃生产线

龙星化工集团

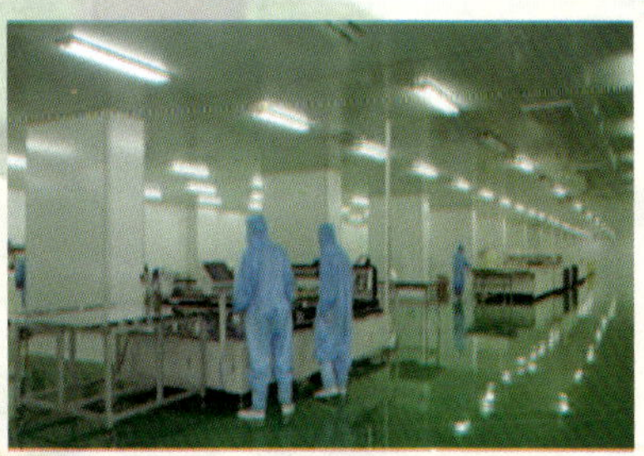
非晶硅薄膜太阳能电池生产线

陶瓷生产线

中国民营经济发展

中央委员、国务委员刘延东莅宁视察

宁晋盐化工园区开园

宁晋县位于河北省中南部，辖10镇4乡，1个省级开发区和1个省级工业聚集区，346个行政村，面积1046平方公里，人口73万。

宁晋历史悠久，人杰地灵，《尚书　尧典》称杨纡，汉置瘿陶郡，唐改称宁晋，寓“安宁晋福”之意。区位优越，交通便捷，距省会石家庄60公里，距北京、天津均在单日往返里程之内。西临京广铁路、京珠高速、107国道，青银高速和308国道穿境而过。2005年，被列为全省首批扩权县。先后获中国民营经济发展最具潜力县、中国电线电缆之乡、中国休闲服装名城、中国民间文化艺术之乡、全国商标发展百强县、全国百佳全民创业示范县、全国食品工业强县、全国粮食生产先进县、全国梨产业十强县、全国可再生能源建筑示范县、全国生态示范区等荣誉称号。

农业生产。耕地100万亩，粮食总产79.3万吨左右。形成了奶牛、食用菌、粮食深加工三条龙型经济和优质梨特色产业，玉锋集团是世界规模最大的VB12生产基地，健民公司是全国最大的土霉素碱生产企业，国宾公司是华北最大的食用菌生产加工企业，“宁晋鸭梨”是国家地理标志产品和河北省重点推介品牌。

工业经济。2011年，全县民营经济营业收入765亿元、上缴税金12.6亿元，形成了以光伏、盐化工、生物制药三个新兴产业和电线电缆、纺织服装、机械制造三个传统特色产业为主的“三新三特”产业体系。晶龙集团是国家级技术创新示范企业，被列为省重点培育的十

宁纺集团制衣车间

宁纺集团无梭织机

最具潜力县——宁晋

家超千亿元企业之一，列世界新能源500强企业第8位、中国企业500强第280位。国家特种电缆监督检验中心投入使用，大陆村农机配件交易市场居全国第二。拥有全国驰名商标4件，省著名商标44件，省名牌产品28个。

盐矿开发。依托蕴藏的千亿吨岩盐资源，县委、县政府谋划实施了总投资800多亿元、20平方公里以上的国家级盐化工循环经济园区。目前，盐化工园区建设全面铺开，投资1.4亿元的主干道已竣工通车，总投资276亿元的36个项目入驻园区，其中中盐公司、冀中能源等企业投资140亿元的一期项目已经启动。

城乡建设。近年来，先后投资60亿元，建设了一批精品工程，水厂、天然气、污水处理厂、垃圾处理场等基础设施齐全，城区道路形成了城区大外环和“八纵九横”的路网框架。目前，县城建成区面积21.5平方公里，城镇化率47.5%。凤凰镇被评为“全国环境优美乡镇”，大陆村镇被评为“河北省文明小城镇”。小河庄、黄儿营西村被评为“省新民居建设优秀示范村”。

改善民生。工笔画知名度和影响力进一步提高，中央电视台7套进行了专题报道，被列为全国最具活力的12个文化产业项目之一、省“十二五”重大文化产业项目之一。民生得到更高水平的保障和改善，投入40亿元，相继实施了90项民生实事，缓解了群众出行、就医、教育、社保等方面的实际问题，群众生活更加便利幸福。

省委书记张庆黎来宁调研指导工作

宁晋首届纺织服装节

宁晋县行政服务中心

宁晋第一届全民运动会

民乐园

中国自行车城——平乡县

平乡县位于邢台中东部，总面积406平方公里，辖3镇4乡，253个行政村，32万人口。经过改革开放30年的不懈奋斗，平乡已逐步形成了自行车、标准件、电子配件、机械铸造、塑料化工、制鞋、纺织品、纸制品、农产品深加工等九大特色产业。其中，自行车业是平乡最具特色、最具活力的主导产业，成为继长三角、珠三角、天津之后的第四大自行车产业板块。目前自行车产业已被列入“全国县域产业集群竞争力100强”，河北省“50个重点产业集群”、河北省“十大健康产业”、河北省“知名特色产业”。2010年，平乡县荣膺“河北省自行车产业名县”，河古庙镇因自行车产业成功入选上海世博会中国馆参展。

大行折叠车生产车间

中国自行车零件城开业现场

近年来，平乡县委、县政府深入贯彻落实科学发展观，紧紧围绕“1345”框架思路（紧紧围绕一个主题：“内学宁清、外学江浙”，抢抓机遇，积极赶超，以项目建设、产业升级引领科学发展主旋律，靠工业化和城镇化双轮驱动，加快实现传统农业县向新型工业县转变的跨越，推动实现快速崛起，全力打造“实力平乡、活力平乡、魅力平乡、幸福平乡”；扎实打好三个基础：稳定一方的基础、人口与计划生育基础、基层组织和人才队伍基础；牢牢抓住四个重点：全力搭建工业园区平台、强力促进产业升级、下力推动产业多样化、合力加快城镇建设；持续硬化五项措施：解放思想换理念、坚持不懈抓项目、千方百计活主体、全力以赴大招商、强化服务优环境）和“四个更加完善、四个加快推进”（ 进一步完善产业布局，加快推进项目建设“投百亿、促翻番”；进一步完善城市规划体系，加快推进“车城水乡”建设；进一步完善投入导向机制，加快推进全县的民生和公益事业；进一步完善问责督查制度建设，加快推进干部作风的转变）的战略构想，团结带领全县人民，积极应对风险挑战，解放思想，开拓进取，经济社会等各项事业均取得显著成就。2011年，全县生产总值完成33亿元；全部财政收入完成2.6128亿元；全社会固定资产投资完成31亿元；规模以上工业增加值完成5.8亿元。

平乡县中华路街景

自行车零配件生产

好孩子北方生产基地项目奠基仪式

平安广场名仕佳园鸟瞰

自行车博物馆

中国最佳投资环境县——巨鹿县

巨鹿黄巾大道鸟瞰

食品加工业—河北燕南集团

巨鹿魏征公园

巨鹿县地处太行山前冲积平原，属黑龙港流域，是国家级生态示范区。全县总面积631平方公里，耕地64万亩，辖6镇4乡1个省级经济开发区，总人口39万，是国家级扶贫开发工作重点县。巨鹿历史文化底蕴深厚，秦代为三十六郡之一，是巨鹿之战、黄巾起义的发源地，也是大唐名相魏征等历史名人的故里，组织挖掘整理22项非物质文化遗产，杨武乡“西路乱弹”被列入省级非物质文化遗产。境内有邢德线、南郝线和定魏线三条省级交通动脉，公路总里程达到957公里，青银高速、京珠高速、京广铁路、京九铁路夹道而行，正在建设的邯黄铁路、邢衡高速横穿境内，巨鹿正在成为邢台东部“西联东出”的重要交通枢纽。

近年来，巨鹿县紧紧围绕“发展经济、改善民生”两条主线，全力建设“幸福新巨鹿”，经济建设和各项社会事业呈现出持续健康发展的良好态势。2011年，全县生产总值完成41.8亿元，同比增长12%；全部财政收入完成2.48亿元，同比增长55.2%；全社会固定资产投资完成46.6亿元，同比增32%；规模以上工业增加值完成10.9亿元，同比增17.6%。巨鹿县是“中国道地药材产业之乡”、“中国金银花之乡”、“中国枸杞之乡”、“中国串枝红杏之乡”、“国家级小杂粮良种繁育基地”、“中国杂交谷子繁育基地”、全国“杏良种示范推广基地”，相继被命名为国家级生态示范区、中国最佳生态宜居县、中国最佳投资环境县、省级园林县城和省级卫生县城，培育了全国首家500AH大动力聚合物锂离子电池生产企业——河北神州巨电新能源科技开发有限公司。民生事业上更是走在全省乃至全国前列。第一个在全国实施了“政府花钱买岗位，村村设立救助员”的社会救助新机制，被民政部授予“社会救助工作探索创新奖”；第一个在全省贫困县中创建了“两个组织”信贷扶贫模式，受到回良玉副总理的肯定性批示，经验在全省推广；第一个在全省贫困县中创建了农村五保集中供养“村居点”模式；第一个在全国平原缺水地区实现了农村“户户通自来水”；第一个在全省贫困县中建立了农村最低生活保障机制，获“全国基层低保规范化建设示范县”称号。

纺织产业

巨鹿枸杞

巨鹿神州巨电新能源

巨鹿二中

峰峰矿区：全力打造实力峰峰、

区委书记李士海调研城建工程

峰峰矿区位于河北省南部，是邯郸市“1+6”中心城市之一，1950年建区，1952年归河北省直辖，1955年改为省辖峰峰市，1956年撤市设区，归邯郸市所辖至今。全区面积320平方公里，辖9个镇、148个农村社区、68个城市社区，总人口50.8万，其中城镇人口31.6万，是一个工农交叉、城乡交错的资源型老工矿区。

峰峰历史源远流长，文化底蕴深厚。区内现有名胜古迹120多处，其中南北响堂石窟、磁州窑遗址和玉皇阁等国家和省市重点文物保护单位有23处，北齐石窟文化和磁州窑文化列入邯郸十大文化脉系。南北响堂石窟集中国石窟雕刻艺术之大成，雕刻精美，气势恢弘，现有16窟，大小佛像4300多尊，刻经6万多字，堪称中国北朝晚期石窟艺术中的一朵奇葩，响堂山景区被评为国家4A级旅游景区；磁州窑系中国最大的民窑体系，万年窑火相传，百代历久弥新，是目前国内保存规模最大、现状最为完好的古陶瓷文化遗存，素有“南有景德，北有彭城”之美誉。“磁州窑制瓷技艺”、“王看苇子灯阵”等18项非物质文化遗产列入国家和省市保护名录，全区规模化特色文化户达到200家，特色文化户发展到3000多户，其中刘立忠被联合

国家重点文物保护单位——磁州窑遗址

滏阳河源头——黑龙洞、风云关

峰峰矿区全景

生态峰峰、和谐峰峰

区委副书记、区长李增良深入企业调研

国科教文组织授予“国际民间艺术大师”称号，闫保山、任双合被评为“中国陶瓷艺术大师”称号，蔺文艺、安际衡、魏启山、蔺丰山等入选国家和省非物质文化遗产代表性传承人。

自然资源丰富，发展优势突出。已探明具有可开采价值的资源有煤、瓷土、石灰石等30多种。区内行业门类齐全，主导产业为煤化工、陶瓷、建材、电力、钢铁等，机械制造、食品加工、电子电器等快速发展。现有各类工矿企业1000余家，其中冀中能源峰峰集团、华能集团邯峰电厂、金隅集团太行水泥有限责任公司均在境内，河北钢铁邯钢集团、中冶科工、雨润集团等国内外500强企业在峰投资置业。周恩来、刘少奇、郭沫若、黄华、李铁映等党和国家领导人先后到峰峰视察。

城市山水相依，商贸物流繁荣。滏阳河自西向东蜿蜒流畅， 连续9年实施综合治理，建成5道橡胶坝，使城区段形成了观光水面、滨河游园、滨河道路、亲水走廊“四个100万平方米”；元宝山横亘南北绵延灵动，元宝亭、福塔、峰峰书院成为一道道靓丽风景。区内建有景观游园25处，其中元宝山森林公园被评为国家3A级旅游景区和国家级森林公园，荣获“河北省人居环境奖”，昭德广场被评为省级精品公园。全区森林覆盖率达21%，建成区人均绿地面积达13平方米，绿地率和绿化覆盖率分别达到33%和43%。城区供水、供电、供气、供暖、通信和有线电视等基础设施完善，城市管理与公安天网、交警监控实现了数字化“三网合一”。上海世纪华联、邯郸阳光集团、美食林集团等一批知名商贸企业落户峰峰，区域商贸物流等服务业日益繁荣。

综合实力强劲，工作成绩斐然。截至2011年底，全区生产总值完成160.2亿元，同比增长11.2%，全部财政收入突破30亿元大关，达到30.6亿元，同比增长17.9%，占到了全市总收入十分之一，其它各项指标均达到历史最好水平。先后被评为“全国再就业工作先进单位”、“全国服务农民、服务基层文化建设先进集体”、“全国科技先进区”、“全国县级防震减灾工作先进单位”、“全国科普示范城区”、“全国先进文化区”、“全国绿化先进集体”、“全国质量兴市先进区”、“国家级瘦肉型猪标准化示范区”、“国家太行山星火产业带中草药产业科技示范基地”等，享有“中国磁州窑之乡”、“中国民窑研究基地”、“全国武术之乡”和“中国生猪之乡”等荣誉称号。

国家4A级旅游景区、省级风景名胜区——响堂山景区

全国第一批重点文物保护单位——响堂山石窟大佛

国家级森林公园、3A级旅游景区——元宝山森林公园

邯郸县 争当区域中心城市

邯郸县委书记张臣良（中）调研重点项目建设

邯郸县总面积440平方公里，辖4镇、6乡、2个街道，225个行政村，总人口37.9万。区位优势明显，铁路、公路纵横交错，邯郸机场座落县域南郊；文化底蕴深厚，战国时为赵国都城，是梦文化发祥地、中华马姓起源地、中国成语典故之都；名胜古迹众多，省、市级重点文物古迹达100余处；矿产资源丰富，煤炭、膨润土、高岭土等资源丰富，储量巨大；工业基础雄厚，共有工业企业320多家，现已形成钢铁、装备制造、服装、建材、化工等较完整的工业体系，工业产品达22个门类、67个品种，是全国中宽带钢和节能玻璃生产基地。自2003年以来，连续8年进入河北省县域经济30强县（市）。2009年，城镇化率位居全省之首。2011年，邯郸县在上级党委、政府的正确领导下，深入贯彻落实科学发展观，全力保增长、调结构、惠民生，经济社会实现了平稳较快发展。全县生产总值完成183.6亿元，同比增长11.3%；全部财政收入完成150亿元，增长24.3%；全社会固定资产投资完成127.4亿元，增长45.8%；农民人均纯收入达到8288元，增长20.8%。

抓项目促增长，发展后劲得到新增强。全年共实施千万元以上项目121个，总投资392.6 亿元，当年完成投资108.7亿元，争列省、市重点项目各11个，均居邯郸市前列。内外开放成效显著，实际利用外资3260万美元，增长16.2%；出口创汇3157.8万美元，增长54%。

抓产业促升级，结构调整迈出新步伐。三次产业比由上年的7.1：49.1：43.8调整为6.8：48.8：44.4，产业结构进一步优化。一是农业农村经济稳步发展。建设吨粮田20万亩，小麦、玉米单产均创历史最高水平，全

中华马姓起源地——紫山

规划建设中的石武高铁东站

邯郸红星美凯龙全球家居广场

生态绿化建设的典范——北湖景区

特色种殖面积不断扩大，形成了赵王仙桃等一批农业品牌

和北方江南水城建设排头兵

县粮食连续8年丰产。规模化、标准化奶牛小区达到19个，机械挤奶厅达到25个，奶牛入区饲养率达100%，均居邯郸市之首。二是工业和民营经济效益良好。深入开展民营经济“五个一”工程，组建企业集团9家，壮大规模型企业85家，培育成长型企业870家，发展企业摊点1.3万个。入统工业总产值、实缴税金和民营经济增加值分别增长18.5%、27%、26.3%。三是服务业拉动作用明显增强。新、改建社区综合服务中心4个、农家店140家，农村市场体系更加健全。投资655万元对乾政市场进行改造提升，积极开展车载流通蔬菜市场进社区活动，方便了居民生活。乾亿担保公司等民间金融机构实力不断增强，新增担保资本金1亿元，为14家中小企业提供贷款3.4亿元。

邯郸县县长梁振江（右二）深入重点项目现场办工

“吨粮田”建设面积已达到15万亩

抓城建促提升，城乡面貌呈现新变化。举全县之力强力开展拆违、拆临、拆旧、拆破、拆陋行动，全年累计拆迁48万平方米，圆满完成“三路一场”征收、黄粱梦滞洪区建设、霍北南水北调进地等各项工作。投资100万元完成了明珠广场等夜景亮化任务和东柳西街综合改造工程，提升了城市品位。完成邯临快速路等重点路网协建工程，新、改建乡村道路66.5公里，开展了“两路四口”环境整治工作，提升了城镇整体形象。完成县域镇村体系规划编制和10个村庄建设规划，建成11个新民居示范村，新、改建2500余户，入住2100余户，新硬化街道面积1万平米，农村面貌得到较大改善。

抓民生促和谐，社会事业开创新局面。投资2000多万元完成了24个校安工程建设，高考一本上线376人，居各县（市、区）之首。城镇登记失业率为1.21%，严格控制在市定目标3%以内。社会保障不断完善，发放低保金、优扶金、特殊群体救助金970万元，受益群众达1万余人（次）；新农保、新农合、城镇居民医疗保险参保率分别达94.6%、95.8%、100%。扎实开展基层医改工作，10所卫生院基本改革到位。切实做好食品药品安全、烟花爆竹、危险化学品等行业安全监管，高标完成农村警务室建设，确保了人民群众生命财产安全。

裕佳节能玻璃生产基地

天下第一龙——古石龙景区

全国最具投资潜力中小

中央电视台“心连心”艺术团赴涉县演出现场

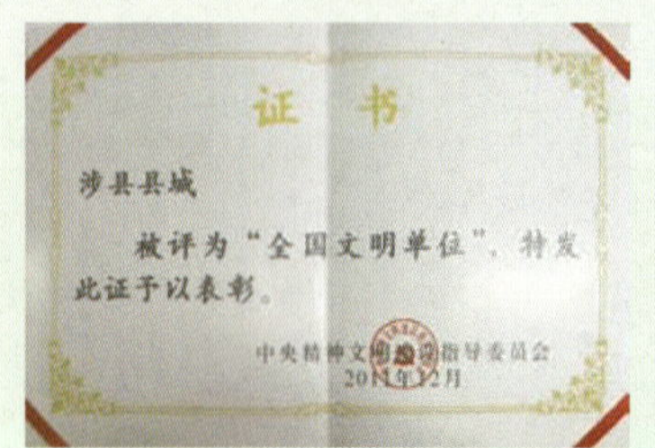

证书

涉县县城

被评为“全国文明单位”，特发此证予以表彰。

中央精神文明建设指导委员会

2011年12月

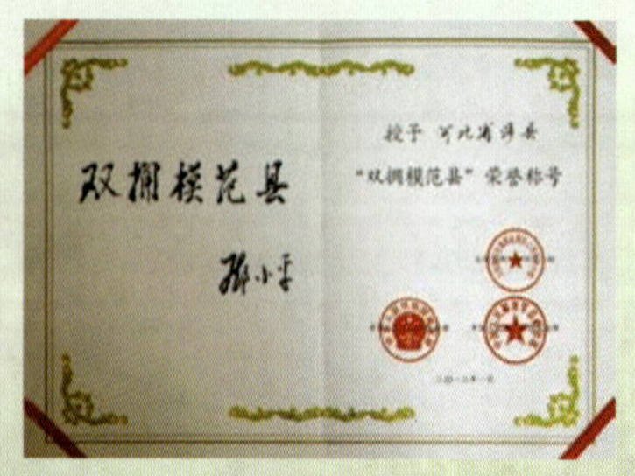

双拥模范县

授予 河北省涉县 “双拥模范县”荣誉称号

概况　县域总面积1509平方公里。2011年末，耕地面积13854公顷；人口40.59万，人口自然增长率为8.71‰。2011年，全县生产总值完成235.86亿元，居全市第2位，增长13%；其中，第一、二、三产业增加值分别完成8.23亿元、167.86亿元和59.77亿元，分别增长1%、10.6%和22.6%。全部财政收入达到20.18亿元，增长5.1%；全部财政支出19.65亿元，增长3.1%。农民人均纯收入达到6064元，增长12.9%；在岗职工平均工资为32047元，增长9.5%。社会固定资产投资完成149.02亿元，增长23.3%。全县社会消费品零售总额为46.49亿元，增长16.8%。全年粮食总产量达到9.6万吨，增长12.9%。全县民营经济增加值完成140.08亿元，增长29.6%。年末城乡居民储蓄存款余额为62.89亿元，增长16.8%。城区环境空气质量达到国家环境空气质量二级标准，境内二级优良天数达到321天。

农业　大力发展核桃、花椒、设施蔬菜、冷水鱼、中药材等特色农业，全县新增核桃等特色经济林面积1.6万亩、设施蔬菜1000亩、中药材1.6万亩，新桥现代农业、冷泉渔业等示范园区规模进一步扩大。全年粮食产量再创新高，被评为全省夏粮生产先进县。农产品流通经纪人协会荣获全国优秀协会一等奖，崇香牌花椒被认定为全国供销合作社标准化农产品品牌。中国农产品区域公用品牌价值评估课题组评估“涉县核桃”、“涉县花椒”的品牌价值分别为5.31亿元、3.16亿元。

工业　以经济开发区、涉县　天铁循环经济示范区、井店循环经济生态产业园和龙西工业聚集区“三区一园”为平台，大力实施项目带动战略，重点实施的92个项目中，崇钢年产125万吨球团、天利焦炉改造等39个项目竣工投产或完成年度任务，完成投资82.8亿元。工业经济保持平稳增长，规模以上工业总产值、增加值完成494.59亿元、109.84亿元，分别增长3.9%、9.8%。民营经济发展势头强劲，被评为全省民营经济发展先进县。龙电二号机组分离器改造、清漳污水处理厂升级改造等28个节能减排工程竣工投产，淘汰落后铁产能40万吨、水泥80万吨，顺利完成“双三十”各项任务目标。龙西工业聚集区建设取得阶段性成果，完成区内“一纵五横”路坝建设，建成区面积达到5平方公里；奥德凯农业机械、五色石包装等一批项目相继入园，被评为市级工业聚集区。

城市百强县·涉县

旅游　全面理顺旅游管理经营体制，明确了职能，激发了活力。完成娲皇宫景区、清泉寺景区整体开发等规划修编，启动清漳河旅游规划编制，进一步提升了旅游规划水平。历时一个半月建成佛趾山滑雪场，创造了涉县项目建设的“滑雪速度”，填补了邯郸乃至冀南地区冬季滑雪项目的空白；娲皇宫补天湖完成蓄水，门区牌坊完成主体；清泉寺景区综合开发全面启动；成功举办女娲公祭大典。全年共接待游客179.2万人次，旅游综合收入达到1.68亿元。

中国·涉县·辛卯年公祭女娲大典

商贸　商贸物流业快速发展，西岗平安综合市场、太行商务中心等一批市场投入运营，北关凤凰大厦、河南店长生地市场等项目推进顺利。积极参与对外合作，与山西煤销集团成功签约了总投资15亿元、年吞吐量达500万吨的冀南最大的煤炭物流项目，煤炭物流行业重组取得重大进展。组团参加河北香港经贸洽谈会、广交会等招商活动，引进福泉轻纺童装、江海纺织等一批项目。全年实际利用外资2507万美元，出口创汇654万美元。

涉县佛趾山滑雪场

城乡统筹　深入推进城镇建设三年上水平、出品位工作，城乡总体规划完成编制，开元大街北延、平乐路东延等路网工程建成投用，将军大道具备通车条件，东湖公园等24项工程推进顺利，735套保障性住房全部开工建设，城区新增绿化面积106万平米。共建共享新民居6800套，群众生产生活条件进一步改善。造林绿化、护林防火、封山禁牧等工作扎实推进，生态优势进一步巩固。相继荣获全国文明县城、国家级生态示范区、全国休闲农业与乡村旅游示范县等称号。

社会事业　实验小学重建、第五中学教学楼等工程竣工投用；为全县135个教学点配备电暖气、小锅炉等取暖设施。纪念建党90周年大型活动、中央电视台“心连心”慰问演出取得圆满成功；新建农家书屋252个，308个行政村全部实现“一村一屋”。新农合参合率达到96%。顺利通过新一届全国双拥模范县检查验收。十大民心工程全部兑现，集中供热一期工程竣工投用，供热面积达到17万平方米；2400多名贫困家庭大学生和高中生获得财政救助；城乡公交开通线路39条；全县31个村、2.2万口人的饮水安全和30个村、2.8万口人的饮水应急问题得到有效解决；一批群众关心关注的热点、难点问题得到较好解决。

中国最具特色经济

县委书记　宋仁堂

县领导班子在商讨发展规划

肥乡县位于河北省南部，是邯郸市“1+6”中心城市，辖2镇7乡，265个行政村，总面积503平方公里，总人口37.4万，耕地57.8万亩。

肥乡历史悠久，在三国魏文帝曹丕黄初二年（公元221年）建县，至今已近1800年历史。肥乡文化底蕴深厚，土纺土织、四股弦、皮影戏被列入“国家级非物质文化遗产”，现存有平原君赵胜墓、圣井、窦默墓三个省级文物保护单位和井堂寺、李沆碑等历史文化古迹，相关历史典故30多个。肥乡区位独特，县界西端距邯郸主城区9公里，距邯郸机场30公里。肥乡交通便利，西邻京广铁路、京珠高速公路和107国道，309国道、邯济铁路、青兰高速公路横贯东西，省道定魏线纵穿南北，正在建设的邯黄铁路从县城东侧4公里处穿过，县道、乡道纵横交错。肥乡农业资源丰富，素有“华北粮仓、冀南棉海”之称，是“中国圆葱之乡”、“中国食用菌”之乡、“中国优质棉基地县”、“中国优质小麦基地县”、河北省粮食核心生产区。肥乡生态环境良好，森林覆盖率达到12%，被评为河北省平原绿化先进县、河北省通道绿化先进县，县城被评为省级园林县城。肥乡县经济发展环境优越，拥有省级经济开发区、市级工业聚集区，是中国最佳投资环境县、中国最具吸引力特色县、中国最具特色经济发展潜力县，是投资的沃土和创业的宝地。近年来，肥乡县抢抓邯郸市实施“东部振兴”战略、建设“1+6”中心城市等战略机遇，励精图治，弯道赶超，经济社会呈现出又好又快发展的强劲态势。

开放的肥乡大地春潮涌动。肥乡县将紧紧围绕建设邯郸东部经济社会发展强县目标，牢牢把握县第十次党代会确定的“科学发展、跨越赶超”主题，坚定实施开放兴县、工业立县、民营强县、商贸活县四大战略，大

县一中体育场全民运动会

邯郸市装备制造工业园区

发展潜力县——肥乡

力推进工业化、城镇化、农业现代化，培育壮大装备制造、农副产品加工和现代服务业三大产业，保障改善民生，维护社会稳定，加强党的建设，保持经济社会又好又快发展的强劲态势，努力建设经济繁荣的“实力肥乡”、环境优美的“宜居肥乡”、人民幸福的“富裕肥乡”，社会安定的“和谐肥乡”，激情创业的“活力肥乡”！

县长　赵洪山

庞大集团肥乡汽车园

县城出入口

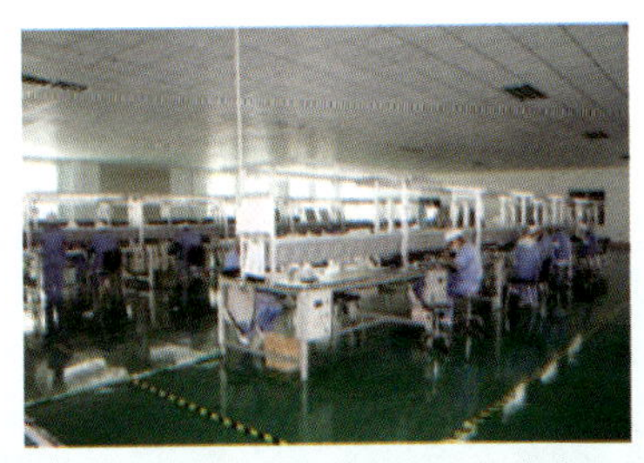

华昊太阳生产车间

邯郸东郊热电工程

圣雪海羊绒厂

广安公园一角

县城一角

邱县：平原林海

县委书记　乔朝英

邱县位于河北省东南部，邯郸市东北部，面积455平方公里，耕地58万亩，辖4镇3乡1个街道办事处、218个行政村，人口24.5万。邱县交通便利，大广高速、106国道纵穿南北，邯临公路横贯东西。邱县历史悠久，文化底蕴深厚，破釜沉舟、虎守杏林的历史典故就发源于此，青蛙农民漫画闻名中外。邱县是革命老区，抗战时期宋任穷等老一辈革命家曾长期在这里战斗，陈赓将军指挥的香城固战役作为平原伏击战的典范载入军史。

书记乔朝英、县长李红光陪同邯郸市市委书记郭大建、市长高宏志深入企业调研

近年来，在上级党委、政府的正确领导下，邱县立足实际，深入实施“开放兴县、工业强县、商贸活县、环境立县”四大战略，扎实推进新型工业化、新型城镇化和农业现代化“三化”互动，全力建设华北重要的纺织基地、板材基地、宜居绿城和创业新城，经济发展实力迈上新台阶。先后荣获全国优质棉基地县、全国绿化先进集体、中国民间文化艺术之乡、省级园林县城、河北省纺织服装名县等10余项国家级荣誉。2011年，地区生产总值完成53.5亿元，增长14.1%；全部财政收入完成1.66亿元，增长26.04%；全社会固定资产投资完成32.4亿元，增长44.56%；规模以上工业增加值完成14.4亿元，增长40.2%；社会消费品零售总额完成12.4亿元，增长16.5%；农民人均纯收入实现7038元，增长25.1%，顺利实现“十二五”开门红。

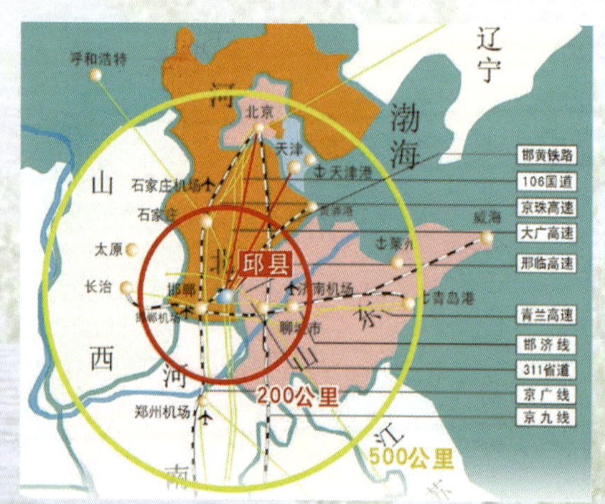

邱县区位图

河北天姿家纺有限公司

宜居绿城　创业新城

政府县长　李红光

邱县农业资源丰富，常年植棉面积45万亩以上，年产籽棉14万吨以上，全国棉花百强县；林地面积20万亩、树木存量1000多万株，为纺织产业、林板产业发展奠定雄厚基础。林下肉鸭、肉鸡养殖蓬勃发展，万亩棉花标准化示范区、万亩通道绿化和万亩苗木花卉基地等特色农业初具规模。立足丰富的农产品资源，按照“依托优势建企业、围绕企业壮产业、产业链上谋项目、延伸链条搞增值”的思路，大力培树特色主导产业，初步形成了棉纺、林板、食品加工、化工医药、机械装备制造五大产业。县工业聚集区被确定为省级经济开发区，邱县被中国社科院确定为循环经济科研基地，为今后科学发展奠定了坚实基础。

全面加快新型城镇化进程，按照“东扩、南延、西联、北拓、中优”的发展思路，实现县城扩容升级。投资5000万元，完成振兴路标志性景观道路建设、新城东路改造、东方大街改造等工程。高标准实施振兴路、邯临公路等道路亮化，县城街道面貌焕然一新。完成平恩公园升级提档及夜景亮化等工程建设，提升了公园品位。总投资5亿元的城市广场和总投资4.5亿元的城市艺墅工程16栋楼房达到入住条件。探索推进环卫保洁市场化运作，更换县城垃圾转运设施，县城更加优美整洁，更加宜居。

全国棉花百强县

邱县和众康复橡胶制品有限公司

扭扭（河北）食品有限公司

河北康芝制药有限公司

建设中的宝慧制管公司

中国梨乡水城·魏

魏县人民政府县长卢健深入企业调研工业运行工作

魏县隶属邯郸市，地处冀、豫两省交界处，总面积863.6平方公里，辖22个乡镇（街道办），561个行政村（居委会），总人口95万，是中国鸭梨之乡、“千年古县”、国家扶贫开发工作重点县。

魏县历史悠久，文化底蕴深厚。战国时期，魏国魏文侯曾以此为都城，开创了魏国百年霸业，赋予了“华夏魏都”、“中州州中”的美誉。秦始皇十九年（前228），首次在今境内设县，名棘蒲。汉高祖十二年（前195），置魏县，属魏郡。后朝代更迭，几度兴废，但以“魏”为县名历千年而不改，沿用至今。特殊的地理位置和久远的历史，积淀了独具特色的魏文化、梨文化、水文化和龙文化。

魏县县委常委、常务副县长张顺桥深入企业调研指导工作

生态环境优美，城镇功能齐全。县城规划区面积36平方公里，常住人口22万人。邯大公路、安聊公路、定魏公路、魏峰公路和邯大高速穿越县境，大广高速设有魏县连接线。近年来，围绕建设梨乡水城·魏都，打造冀东南区域中心城市，实施了城建“66226”和“五河一湾、五湖一源、36桥景观”工程，建成环城生态水系66公里，新建神龟驮城文化公园等大型综合性公园10个，建成墨池 礼贤台等一大批标志性文化景观，先后荣获全国绿化工作模范县、河北省城镇面貌三年大变样工作先进县、河北省文明县城、河北省园林县城、河北省卫生县城等荣誉称号。

经济发展迅速，产业特色明显。粮食复种面积120万亩，鸭梨种植面积20万亩，是国家粮食产能县、河北省无公害果菜基地县。劳动力资源丰富，常年外出务工人员达26万人，是国家确定的劳务输出试点县。建有1个省级经济开发区和3个特色产业聚集区，初步形成了以纺织服装、再生资源回收利用、农产品加工为主的特色产业，拥有新正源纺织服装园、爱美森木材优化产业园等产业龙头，建有天仙果菜等10大专业市场，梨文化旅游节被列为邯郸市乡村游精品线路。

魏县省级经济开发区一角

河北爱美森木材加工有限公司

都——魏县

2011年，全县生产总值完成110.02亿元，同比增长13.9%；一产增加值21.13亿元，同比增长9.8%；二产增加值35.14亿元，同比增长15.9%；三产增加值53.75亿元，同比增长14.1%；单位生产总值能耗降低3.52%；民营经济增加值完成81.2亿元，同比增长15.11%；粮食总产量59万吨；棉花总产量2936吨；财政收入完成4.72亿元，同比增长43.6%，其中，地方一般预算收入完成3.00亿元，同比增长42.8%；全社会消费品零售总额完成47.60亿元，同比增长16.40%；全社会固定资产投资完成90.07亿元，同比增长38.5%；在岗职工年平均工资25417元，同比增长4.4%；农民人均纯收入达到5910元，同比增长25.9%；城镇居民人均可支配收入达到11852元，同比增长11.2%。

邯郸·魏县政银企合作项目推介会

中国·魏县第十一届梨文化旅游节开幕式

魏县与时俱进文化广场

中国·魏县第二届全国龙舟赛开幕式

魏县永丰果蔬汁有限公司生产车间

魏县兴达实业有限公司生产车间

争先创优的

唐山市地税局党组书记、局长马志华一行到中国石油冀东油田公司调研

2011年，唐山市地税系统紧紧依靠省局和市委、市政府的坚强领导，在“定好位、带好队、收好税”的总体思路下，讲政治、顾大局，确定了向信心、向重点行业和重点税种、向小税种、向纳税评估和税务稽查、向推进既有企业发展现代服务业、向征管质量考核、向纳税服务、向干部能力素质八个方面要收入，充分发挥了职能作用，圆满完成了以组织收入为中心的各项任务。

2011年，全市地税系统完成各项收入328.68亿元，同比增长29.33%，稳居全省首位。其中，税收收入完成224.78亿元，同比增长32.36%，税收总量连续七年稳居全省第一位；社保费收入完成87.81亿元，同比增长20.87%；其他规费收入完成16.09亿元，同比增长37.81%。市县级税收收入完成158.13亿元，同比增长33.29%，地税占地方一般预算收入的比重达到61.88%，同比提高1.3个百分点。市委书记王雪峰、市长陈国鹰、市政协主席张国栋、市委常委、常务副市长陈学军、市委常委、秘书长刘建国等领导分别对地税工作作出了批示肯定。

举行首届地税文化节

在组织收入中，唐山地税坚持组织收入原则，科学合理调度税收收入，提高征管质量和纳税遵从度，加强科级领导班子建设，努力完成省局和市政府核定的各项指标，实现了“十二五”规划的良好开局。一是加强重点行业管理。年内完成了对建筑业、采矿业、交通运输业三大行业的集中整治，做到“整顿一个行业、规范一个行业”。2011年，以上三行业分别实现税收39.34亿元、25.97亿元和19.83亿元，同比分别增长26.75%、31.38%和25.89%。二是加强小税种管理。充分认识小税种对于增加地方一般预算收入的重要意义，坚持向小税种要收入。2011年，车船税、土地增值税、房产税、土地使

市局在唐山市职业技术学校举行纳税人学校揭牌仪式

市局在江西省委党校举办市局机关第一期知识更新培训班

唐山地税

用税、印花税、契税和耕地占用税、资源税累计实现税收48.77亿元，同比增长43.95%，有力地促进了地方可用财力提升。三是推进既有企业发展现代服务业。以制造业、采矿业、批发零售业企业和混凝土搅拌行业为重点，积极拓展分离项目和领域，全年共辅导分离企业616户，其中年纳税额100万元以上企业434户，增加地税收入4.3亿元。四是创新税务稽查。在全省率先实施了电子查账，市稽查局利用查账软件成功查处4起大案要案，查补收入208万元。2011年，全系统实现稽查收入5.99亿元。五是提高纳税服务水平。在巩固和完善网上报税、“一窗式” 和“一站式”办税、同城通办、POS机刷卡缴税等措施的基础上，不断开辟服务新渠道：不断开辟服务新渠道：上线运行24小时自助办税终端、逐步实行集中征收模式。同时，广泛深入地开展强国地税合作，议定了27个合作事项，涉及税务登记、个体管理、委托代征、信息管税等诸多领域，初步形成了国税、地税、纳税人三方共赢的局面。六是不断加强科级领导班子建设。出台了4大类11项干部队伍管理制度，通过“三轮四次推荐+竞职演讲”的选配方式，选拔出了10名正科级干部和17名副科级干部，并对机关6名副处长（副主任）进行了交流任职，优化了班子的年龄和知识结构。七是大力实施“人才兴税”工程。全系统组织外出知识更新培训31期1061人；邀请专家授课5次；组织近2400人次参加各类考试、竞赛20余次；制定出台了《全市地税系统兼职教师选聘实施方案》，先后已有9名地税干部走上讲台，面向全系统和纳税人授课，以点带面，提升了全员的业务水平，展示了地税干部的业务素质。八是创先争优活动不断深入。深入推进“创先争优”活动，在系统上下形成了“风正、气顺、心齐、劲足”的和谐氛围，《唐山劳动日报》整版刊登了该局“创先争优、跨越发展”的长篇报道，全面展示了唐山地税的良好形象。该局以优异的工作成绩得到了省、市各级领导的高度评价，并被中央文明委授予了“全国文明单位”的光荣称号。

原市委常委、常务副市长陈学军亲切慰问地税干部

唐山市纪检监察系统“对标履职，我思我行”工作论坛在唐山地税局召开，省委常委、省纪委书记臧胜业等领导出席

唐山市委副书记周仲明到办税服务厅现场观摩“对标赶超 创先争优”活动成果

全国文明单位

中央精神文明建设指导委员会

2011年12月

迁安市交

迁安市委书记胡国辉视察交通工作

2011年，迁安市交通运输局采取措施，深入实施大交通战略，加快构筑交通大格局，转型发展取得丰硕成果，再度获得河北省“五一”劳动奖状，实现了“十二五”良好开局，成为全省交通运输系统的佼佼者。

京秦高速公路迁安支线开始大规模建设，第三通道工程前期迅速推进，社会化投资成为推动大交通战略的新力量；农村公路“再造工程”强势推进，统筹发展成为交通建设的新目标；北部长城绿道建设全面铺开，绿化投入逐年增加，生态效应成为迁安路网建设的新追求；新增出租运力逐步规范，城乡公交一体化工作进入攻坚阶段，公共交通发展呈现新局面；爱岗敬业、自主创新、微笑服务、救死扶伤事迹大量涌现，塑造了交通行业新形象，交通运输事业创造了新的辉煌。

项目先行，经济发展推动力进一步提升。坚持经济发展，交通先行的理念，积极争取上级补助，积极争取社会资金，积极协调镇乡投资，交通建设的基础性、先导性、服务性进一步发挥。全年完成投资18.5亿元，全市公路通车总里程达到2406.80公里，现代化路网格局骨架日臻完善。

民生为本，交通运输服务力进一步提升。开通运营里程最长的城乡公交17路，全程运营43公里，为缓解西部群众出行难、开发西部旅游资源提供了便捷的出行条件，全市城乡公交线路达到15条。按照“一路一特色、

和谐之路——三抚公路

通运输局

一路一景观”的设计理念，着力打造特色景观大道，塑造独特的公路绿化景观。完成绿化补栽植284.7公里97万多株，形成了以三抚路、祺光路、钢城路、102国道和平青乐公路、迁擂公路、万太公路为主线的四横三纵绿色生态路网。

多措并举，工程市场竞争力进一步提升。按照立足域内市场，开拓域外市场的原则，提高施工资质，购置先进的维特根铣刨机、CL—5000型沥青拌和设备以及高效清扫设备，机械设备装备水平明显提升。保质保量完成全长19公里的卢昌公路大中修工程、12.5公里的津宁高速十四标段沥青路面摊铺工程，受到业主的高度评价，迁安交通的品牌效应逐步显现，市场影响力明显增强。自主研发的沥青拌和料智能控制系统实现了安全性、经济性的高效统一，被交通运输部评定为沥青拌和行业领先水平。

自主研发的沥青拌和控制软件被评定为业界领先

创先争优，交通发展软实力进一步提升。创新载体，创新机制，深入开展创先争优活动，对标达标，赶超先进，极大调动和激发了全体干部职工的积极性、主动性、创造性。“三城”同创工作深入开展，健康机关创建工作成为全市典型，羽毛球赛、篮球赛、乒乓球赛等文体活动陆续开展，获得“钢城之夜”群众文化展演一等奖，全面展示了行业活力、交通魅力。

英姿飒爽

使命光荣

运营里程43公里的城乡公交17路开通

精心呵护

国际先进的维特根铣刨机

廊坊市国土资源局

局长、党委书记　孙大起

廊坊市国土资源局成立于2002年，由原廊坊市土地局和地矿局合并组建而成，是主管全市土地、地矿、测绘管理职能的政府工作部门，下辖6个分局，内设16个行政科室、8个事业单位，现有干部职工512人，其中党员349名，占干部职工总数的68%。多年来，该局在河北省国土资源厅和廊坊市委、市政府的正确领导下，坚持以科学发展观为统揽，围绕全市发展中心，不断提升“保护资源、保障发展”的“双保”能力，积极主动服务，严格规范管理，拓展部门职能，全面创先争优，圆满完成了各项工作任务，为全市经济精良增长提供了坚实的国土资源支撑。连续14年被评为市级文明单位，连续12年被评为省级文明单位，两次被评为全国精神文明建设工作先进单位，连续4年被省国土资源厅评为“政风行风建设先进单位”。耕地保护、地籍管理、依法行政、党风廉政和政风行风建设等多项工作走在全省乃至全国前列，被国土资源部授予“全国‘双保行动’成效显著单位”荣誉称号。

廊坊市市长聂瑞平（右一）到市国土资源局调研

河北省国土资源厅厅长张绍廉（右三）在廊坊市国土资源局局长孙大起（右四）陪同下，前往廊坊土地例行督察现场，慰问例行督察组全体成员，并与国家土地督察北京局副专员任洪昌（右二）亲切交换意见

国土资源部部长徐绍史（中）在三河市对新民居建设进行调研

廊坊市国土资源局召开正科级职位竞争上岗讲测评大会，使14名年富力强的青年干部走上中层岗位，为国土事业带来了生机活力

廊坊市国土资源局召开庆祝大会，纪念中国共产党建党90周年，表彰优秀共产党员、先进党支部和先进党务工作者